Zugang zur Online-Datenbank:

http://www.stotax-portal.de/anmelden

Bitte folgenden Registrierungscode im Eingabefeld „Benutzername/Registrierungscode" eingeben

63H6W74D59

und mit „Enter" bestätigen. Nach erfolgter Registrierung erhalten Sie für die Aktivierung Ihrer persönlichen Zugangsdaten eine E-Mail.

Stollfuß Medien GmbH & Co. KG

UMSATZSTEUER HANDAUSGABE 2011/12

Bitte wichtige Hinweise auf der Seite 4 beachten!

Für den Voranmeldungszeitraum 2012 sind anzuwenden

- Das **Umsatzsteuergesetz** in der Fassung der Bekanntmachung vom 21. Februar 2005 (BGBl. 2005 I S. 386, BStBl 2005 I S. 505) unter Berücksichtigung der Änderungen durch das Beitreibungsrichtlinie-Umsetzungsgesetz vom 7. 12. 2011 (BGBl. 2011 I S. 2592, BStBl 2011 I S. 1171).

- Die **Umsatzsteuer-Durchführungsverordnung** in der Fassung der Bekanntmachung vom 21. Februar 2005 (BGBl. 2005 I S. 434), geändert durch die Zweite Verordnung zur Änderung steuerlicher Verordnungen vom 2. 12. 2011 (BGBl. 2011 I S. 2416, BStBl 2011 I S. 1167).

- Der **Umsatzsteuer-Anwendungserlass** vom 1. 10. 2010 (BStBl 2010 I S. 846) in der jeweils geltenden Fassung.

Aktuelle Gesetzesentwicklungen können Sie auf unserer Homepage unter http://www.stollfuss.de einsehen.

Umsatzsteuer Handausgabe 2011/12

Umsatzsteuergesetz
mit Durchführungsverordnungen, Anwendungserlass,
Hinweisen, Rechtsprechung in Leitsätzen,
Nebenbestimmungen

Bearbeitet von

Michael Langer
Regierungsdirektor
im Bundesministerium der Finanzen

Michael Vellen
Oberamtsrat
im Bundesministerium der Finanzen

Ausgabe Februar 2012

Hinweise

Die über die Amtliche Handausgabe hinausgehenden Texte sind grau unterlegt.

- Die Umsatzsteuer Handausgabe 2011/12 enthält die im Zeitpunkt ihres Erscheinens aktuellen Rechtstexte.

- Änderungen des Umsatzsteuergesetzes, der Umsatzsteuer-Durchführungsverordnung und des Umsatzsteuer-Anwendungserlasses gegenüber der vorjährigen Ausgabe werden halbfett kursiv gedruckt. Weggefallene Textstellen werden durch senkrechte Randstriche gekennzeichnet.
  Wegen der Fundstellen der für den Besteuerungszeitraum 2011 und die Voranmeldungszeiträume 2012 anzuwendenden Vorschriften vgl. Seite 21 ff.

- **Hinweise** auf BMF-Schreiben, Ländererlasse, OFD-Verfügungen und Tagungsentscheidungen sind jeweils im Anschluss an den betreffenden Paragraphen des Umsatzsteuergesetzes und die dazugehörigen Verordnungsvorschriften und Richtlinienabschnitte abgedruckt.

- In der Umsatzsteuer Handausgabe werden allgemeine Verwaltungsvorschriften (z. B. der Umsatzsteuer-Anwendungserlass) und Verwaltungsanordnungen mit **Randzahlen** (Rz) gekennzeichnet und gegliedert.

Verwaltungsvorschriften und -anordnungen

AE = Umsatzsteuer-Anwendungserlass
H = BdF- und BMF-Erlasse, BMF-Schreiben und BMF-Dienstanweisungen
H = Erlasse der obersten Finanzbehörden der Länder – Ländererlasse –
H = OFD-Verfügungen
H = Tagungsentscheidungen

Rechtsprechung

Rsp = Rechtsprechung
Rsp I = EuGH (Europäischer Gerichtshof)
Rsp II = BVerfG (Bundesverfassungsgericht)
Rsp III = BFH (Bundesfinanzhof)
Rsp IV = Sonstige Gerichte (BGH, BVerwG, OLG, LG, AG usw.)

Abgekürzte Zitierweise: z. B. Langer/Vellen, USt-HA 2011/12 **1** AE 1.1 (2)
z. B. Langer/Vellen, USt-HA 2011/12 **4** H 3
z. B. Langer/Vellen, USt-HA 2011/12 **10** Rsp III

Bibliografische Information der Deutschen Nationalbibliothek
Die Deutsche Nationalbibliothek verzeichnet diese Publikation in der Deutschen Nationalbibliografie; detaillierte bibliografische Daten sind im Internet über http://dnb.d-nb.de abrufbar.

ISBN 978-3-08-**361611-5**

Stollfuß Medien GmbH & Co. KG 2012 · Alle Rechte vorbehalten
Satz: Reemers Publishing Services GmbH, Krefeld
Druck und Verarbeitung: Bonner Universitäts-Buchdruckerei (bub)

Vorwort

Am Beginn des Jahres 2012 wird wieder eine neue Umsatzsteuer Handausgabe vorgelegt, die Sie – wie jedes Jahr – umfassend über das Umsatzsteuerrecht nach dem neuesten Stand informiert. Im gerade abgelaufenen Jahr 2011 wurde das Umsatzsteuerrecht mehrfach geändert. Änderungen des UStG und der UStDV, die im Laufe des Jahres 2011 oder zum 1.1.2012 in Kraft getreten sind, enthalten vor allem:
- Artikel 2 des Gesetzes zur bestätigenden Regelung verschiedener steuerlicher und verkehrsrechtlicher Vorschriften des Haushaltsbegleitgesetzes 2004 vom 5.4.2011 (BGBl. 2011 I S. 554),
- Artikel 6 des Sechsten Gesetzes zur Änderung von Verbrauchsteuergesetzen vom 16.6.2011 (BGBl. 2011 I S. 1090),
- das Steuervereinfachungsgesetz 2011 vom 1.11.2011 (BGBl. 2011 I S. 2131),
- die Zweite Verordnung zur Änderung steuerlicher Verordnungen vom 2.12.2011 (BGBl. 2011 I S. 2416),
- das Dritte Gesetz zur Änderung des Umsatzsteuergesetzes vom 6.12.2011 (BGBl. 2011 I S. 2562) und
- das Beitreibungsrichtlinie-Umsetzungsgesetz vom 7.12.2011 (BGBl. 2011 I S. 2592).

Mit dem Gesetz vom 5.4.2011 wird die bereits im Haushaltsbegleitgesetz 2004 enthaltene zeitliche Einschränkung der Option für Lieferungen von Grundstücken im Zwangsversteigerungsverfahren nach § 9 Abs. 3 UStG im Hinblick auf die Rechtsprechung des Bundesverfassungsgerichts zur Wirksamkeit dieses Gesetzes vorsichtshalber bestätigt. Eine materiell-rechtliche Änderung ist damit nicht verbunden.

Mit dem Gesetz vom 16.6.2011 wird die Steuerschuldnerschaft des Leistungsempfängers erweitert auf Lieferungen von Mobilfunkgeräten und integrierten Schaltkreisen an Unternehmer (§ 13b Abs. 2 Nr. 10 und Abs. 5 Satz 2 zweiter Halbsatz UStG). Voraussetzung ist, dass die Summe der für die steuerpflichtigen Lieferungen dieser Gegenstände in Rechnung zu stellenden Bemessungsgrundlagen mindestens 5 000 € beträgt. Abzustellen ist dabei auf alle im Rahmen eines zusammenhängenden wirtschaftlichen Vorgangs gelieferten Gegenstände der genannten Art. Die Regelung trat zum 1.7.2011 in Kraft.

Das Steuervereinfachungsgesetz 2011 vom 1.11.2011 vereinfacht die Rechnungstellung bei der Umsatzsteuer. Insbesondere werden elektronische Rechnungen Papierrechnungen gleichgestellt und die Anforderungen an eine elektronische Rechnung für die Belange der Umsatzsteuer deutlich reduziert. Damit wird ein wichtiger Beitrag zum Bürokratieabbau geleistet. Die entsprechenden Änderungen des § 14 Abs. 1 und 3 UStDV sind zum 1.7.2011 in Kraft getreten.

Durch die Zweite Verordnung zur Änderung steuerlicher Verordnungen wird im Wesentlichen die Umsatzsteuer-Durchführungsverordnung geändert. Vor allem werden die Regelungen über den Beleg- und Buchnachweis bei Ausfuhrlieferungen (§§ 9 bis 17 UStDV) an das elektronische Ausfuhrverfahren angepasst. Um zum einen dem liefernden Unternehmer die Nachweisführung zu erleichtern und zum anderen die Kontrollmöglichkeiten durch die Finanzverwaltung zu verbessern, werden ab 1.1.2012 einfachere und eindeutigere Nachweisregelungen für innergemeinschaftliche Lieferungen in §§ 17a bis 17c UStDV geschaffen. Das Gelangen in den Bestimmungsmitgliedstaat ist nunmehr neben dem bisher bereits erforderlichen Doppel der Rechnung durch eine entsprechende Bestätigung des Abnehmers über das Gelangen des Liefergegenstands in das übrige Gemeinschaftsgebiet (Gelangensbestätigung) nachzuweisen.

Mit der Änderung durch das Dritte Gesetz zur Änderung des Umsatzsteuergesetzes vom 6.12.2011 wird die Umsatzgrenze bei der Berechnung der Umsatzsteuer nach vereinnahmten Entgelten in § 20 UStG ab 1.1.2012 dauerhaft von 250 000 € auf 500 000 € angehoben. Diese Grenze gilt bundeseinheitlich für alle Unternehmer.

Schließlich ändert das Beitreibungsrichtlinie-Umsetzungsgesetz vom 7.12.2011 die Ortsregelung in § 3a Abs. 8 UStG. Danach verlagert sich der Leistungsort bei sog. Veranstaltungsleistungen im Zusammenhang mit Messen und Ausstellungen im Drittlandsgebiet, die eigentlich im Inland der Besteuerung unterliegen, in das Drittlandsgebiet, wenn dort die Nutzung oder Auswertung erfolgt.

Der UStAE wurde im Jahr 2011 mehr als 40-mal durch BMF-Schreiben geändert; zu nennen sind insbesondere die BMF-Schreiben
- vom 4.2.2011 zu den Änderungen des Ortes der sonstigen Leistung (§ 3a UStG) durch das Jahressteuergesetz 2010,
- vom 4.2.2011 zu den Änderungen der Steuerschuldnerschaft des Leistungsempfängers (§ 13b UStG) durch das Jahressteuergesetz 2010,
- vom 11.4.2011 zu den Auswirkungen des EuGH-Urteils vom 7.12.2006, C-240/05, Eurodental,
- vom 15.4.2011 zur Umsatzbesteuerung von Anzahlungen beim Tausch oder tauschähnlichen Umsätzen,

Vorwort

- vom 10.6.2011 zu den Auswirkungen der Durchführungsverordnung (EU) Nr. 282/2011 des Rates vom 15.3.2011 auf den Leistungsort mit Wirkung vom 1.7.2011,
- vom 22.6.2011 zur Neuregelung des Vorsteuerabzugs bei teilunternehmerisch genutzten Grundstücken ab dem 1.1.2011 in § 15 Abs. 1b UStG,
- vom 24.6.2011 und vom 22.9.2011 zur Erweiterung der Steuerschuldnerschaft des Leistungsempfängers (§ 13b UStG) auf bestimmte Lieferungen von Mobilfunkgeräten und integrierten Schaltkreisen,
- vom 31.8.2011 zur Anpassung der umsatzsteuerlichen Behandlung von Geschenken von geringem Wert und Warenmustern, die unentgeltlich zugewendet werden, an die EuGH-Rechtsprechung,
- vom 30.9.2011 zum Umfang der Steuerermäßigung nach § 12 Abs. 2 Nr. 7 Buchst. a UStG sowie
- vom 12.12.2011 mit der Einarbeitung von Rechtsprechung und redaktionellen Änderungen.

Die am 1.1.2012 geltende Fassung wurde in die neue Umsatzsteuer Handausgabe aufgenommen. Zur Erleichterung der Arbeit sind die materiell-rechtlichen Änderungen gegenüber den zum 1.1.2011 geltenden Regelungen – abgesehen von den Überschriften der einzelnen Abschnitte – im Text des UStAE in kursivem Fettdruck hervorgehoben. Streichungen von Textpassagen gegenüber der Fassung zum 1.1.2011 sind von der Verwaltung zwar nicht gesondert gekennzeichnet worden, aber in der Umsatzsteuer Handausgabe durch Randstriche markiert.

Ergänzt worden ist die neue Umsatzsteuer Handausgabe um weitere aktuelle Verwaltungsanweisungen (BMF-Schreiben, Erlasse der obersten Finanzbehörden der Länder, OFD-Verfügungen) bzw. entsprechende Hinweise, soweit diese nicht Eingang in den UStAE gefunden haben.

Ist der Text von Verwaltungsanweisungen nicht im Wortlaut enthalten, kann dieser dem kostenlosen – **regelmäßig aktualisierten** – Online-Zugang zur Umsatzsteuer Handausgabe entnommen werden.

Umfangreich aktualisiert und ergänzt wurde auch der Rechtsprechungsteil. Er enthält Hinweise auf die im Jahr 2011 veröffentlichten neuen Entscheidungen, insbesondere des EuGH, des BVerfG und des BFH, zur Umsatzsteuer.

Wir hoffen, mit der Umsatzsteuer Handausgabe 2011/12 vor allem den Anwendern in Wirtschaft, Steuerberatung und Verwaltung wiederum ein praktikables und zuverlässiges Arbeitsmittel an die Hand zu geben. Anregungen und Vorschläge zur Verbesserung der Handausgabe nehmen wir dankbar entgegen.

Bonn/Neuenhagen bei Berlin, im Februar 2012

Michael Langer   Michael Vellen

Inhaltsübersicht

	Seite
Abkürzungsverzeichnis	13

A. Umsatzsteuergesetz (UStG)

	Seite
Rechtsquellenzusammenstellung	
Umsatzsteuer-Durchführungsverordnungen	23
Umsatzsteuer-Richtlinien	24
Einführung	25
Umsatzsteuer-Anwendungserlass	25
Gemeinschafts-Umsatzsteuerrecht	25

ALLGEMEINES

Hinweise	26
Rechtsprechung	29
Europäischer Gerichtshof	29
Bundesfinanzhof	38

Erster Abschnitt
Steuergegenstand und Geltungsbereich

§ 1	**Steuerbare Umsätze**	38
	UStAE – Abschnitte 1.1. – 1.12.	39
	Hinweise	61
	Rechtsprechung	66
	Europäischer Gerichtshof	66
	Bundesfinanzhof	70
§ 1a	**Innergemeinschaftlicher Erwerb**	75
	UStAE – Abschnitte 1a.1. – 1a.2.	76
	Hinweise	81
§ 1b	**Innergemeinschaftlicher Erwerb neuer Fahrzeuge**	81
	UStAE – Abschnitt 1b.1.	81
	Hinweise	82
	Rechtsprechung	82
	Bundesfinanzhof	82
§ 1c	**Innergemeinschaftlicher Erwerb durch diplomatische Missionen, zwischenstaatliche Einrichtungen und Streitkräfte der Vertragsparteien des Nordatlantikvertrags**	82
	UStAE – Abschnitt 1c.1.	83
§ 2	**Unternehmer, Unternehmen**	83
	UStAE – Abschnitte 2.1. – 2.11.	84
	Hinweise	109

		Seite
	Rechtsprechung	113
	Europäischer Gerichtshof	113
	Bundesfinanzhof	118
§ 2a	**Fahrzeuglieferer**	121
§ 3	**Lieferung, sonstige Leistung**	121
	UStAE – Abschnitte 3.1. – 3.15.	123
	Hinweise	153
	Rechtsprechung	157
	Europäischer Gerichtshof	157
	Bundesfinanzhof	160
§ 3a	**Ort der sonstigen Leistung**	164
	UStDV – § 1	166
	UStAE – Abschnitte 3a.1 – 3a.16	166
	Hinweise	191
	Rechtsprechung	194
	Europäischer Gerichtshof	194
	Bundesfinanzhof	197
§ 3b	**Ort der Beförderungsleistungen und der damit zusammenhängenden sonstigen Leistungen**	198
	UStDV – § 2 – § 7	199
	UStAE – Abschnitte 3b.1 – 3b.4	200
	Hinweise	206
	Rechtsprechung	207
	Bundesfinanzhof	207
§ 3c	**Ort der Lieferung in besonderen Fällen**	207
	UStAE – Abschnitt 3c.1	208
§ 3d	**Ort des innergemeinschaftlichen Erwerbs**	209
	UStAE – Abschnitt 3d.1	209
§ 3e	**Ort der Lieferungen und Restaurationsleistungen während einer Beförderung an Bord eines Schiffs, in einem Luftfahrzeug oder in einer Eisenbahn**	210
	UStAE – Abschnitt 3e.1	210
	Hinweise	211
	Rechtsprechung	211

Inhaltsübersicht

		Seite			Seite
	Europäischer Gerichtshof	211		Europäischer Gerichtshof	379
	Bundesfinanzhof	211		Bundesfinanzhof	381
§ 3f	**Ort der unentgeltlichen Lieferungen und sonstigen Leistungen**	211	§ 7	**Lohnveredelung an Gegenständen der Ausfuhr**	382
	UStAE – Abschnitt 3f.1	212		UStAE – Abschnitte 7.1. – 7.4.	383
§ 3g	**Ort der Lieferung von Gas, Elektrizität, Wärme oder Kälte**	212	§ 8	**Umsätze für die Seeschifffahrt und für die Luftfahrt**	385
	UStAE – Abschnitt 3g.1	212		UStDV – § 13 – § 18	386
	Hinweis	214		UStAE – Abschnitte 8.1. – 8.3.	387
				Hinweise	390
				Rechtsprechung	392
				Europäischer Gerichtshof	392

Zweiter Abschnitt
Steuerbefreiung und Steuervergütung

		Seite			Seite
§ 4	**Steuerbefreiungen bei Lieferungen und sonstigen Leistungen**	214	§ 9	**Verzicht auf Steuerbefreiungen**	393
	UStDv – § 8 – § 23	222		UStAE – Abschnitte 9.1. – 9.2.	393
	UStAE – Abschnitte 4.1.1. – 4.28.1.	231		Hinweise	397
	Hinweise	303		Rechtsprechung	397
	Rechtsprechung	314		Europäischer Gerichtshof	397
	Europäischer Gerichtshof	314		Bundesfinanzhof	399
	Bundesfinanzhof	330			

Dritter Abschnitt
Bemessungsgrundlagen

		Seite			Seite
§ 4a	**Steuervergütung**	336	§ 10	**Bemessungsgrundlage für Lieferungen, sonstige Leistungen und innergemeinschaftliche Erwerbe**	399
	UStDv – § 24	337		UStDV – § 25	400
	UStAE Abschnitte 4a.1 – 4a.5	337		UStAE – Abschnitte 10.1. – 10.8.	400
	Hinweis	339		Hinweise	417
§ 4b	**Steuerbefreiung beim innergemeinschaftlichen Erwerb von Gegenständen**	340		Rechtsprechung	418
	UStAE – Abschnitt 4b.1	340		Europäischer Gerichtshof	418
	Hinweis	341		Bundesfinanzhof	422
§ 5	**Steuerbefreiungen bei der Einfuhr**	341	§ 11	**Bemessungsgrundlage für die Einfuhr**	423
	EUStBV – §§ 1–16	342		Hinweis	424
	Hinweis	347		Rechtsprechung	424
	Rechtsprechung	347		Bundesfinanzhof	424
	Europäischer Gerichtshof	347			

Vierter Abschnitt
Steuer und Vorsteuer

		Seite			Seite
§ 6	**Ausfuhrlieferung**	348	§ 12	**Steuersätze**	425
	UStAE – Abschnitte 6.1. – 6.12.	349		UStDV § 30	426
	Hinweise	365		UStAE – Abschnitte 12.1. – 12.16.	426
	Rechtsprechung	366		Hinweise	449
	Europäischer Gerichtshof	366		Rechtsprechung	452
	Bundesfinanzhof	367		Europäischer Gerichtshof	452
§ 6a	**Innergemeinschaftliche Lieferung**	367		Bundesfinanzhof	453
	UStAE Abschnitte 6a.1 – 6a.8	368			
	Hinweise	378			
	Rechtsprechung	379			

Inhaltsübersicht

	Seite
§ 13 Entstehung der Steuer	454
UStAE – Abschnitte 13.1. – 13.6.	455
Hinweise	459
Rechtsprechung	460
Europäischer Gerichtshof	460
§ 13a Steuerschuldner	460
Hinweis	461
§ 13b Leistungsempfänger als Steuerschuldner	461
UStDV – § 30a	463
UStAE – Abschnitte 13b.1. – 13b.18.	463
Hinweise	479
Rechtsprechung	487
Europäischer Gerichtshof	487
Bundesfinanzhof	487
§ 13c Haftung bei Abtretung, Verpfändung oder Pfändung von Forderungen	488
UStAE – Abschnitt 13c.1	489
Hinweise	495
§ 13d (aufgehoben)	496
§ 14 Ausstellung von Rechnungen	496
UStDV – §§ 31 – 34	497
UStAE – Abschnitte 14.1. – 14.11.	499
Hinweise	513
Rechtsprechung	513
Europäischer Gerichtshof	513
Bundesfinanzhof	515
Sonstige Gerichte	515
§ 14a Zusätzliche Pflichten bei der Ausstellung von Rechnungen in besonderen Fällen	515
UStAE – Abschnitt 14a.1	516
§ 14b Aufbewahrung von Rechnungen	517
UStAE – Abschnitt 14b.1	518
§ 14c Unrichtiger oder unberechtigter Steuerausweis	520
UStAE – Abschnitte 14c.1 – 14c.2	520
Hinweis	524
Rechtsprechung	524
Europäischer Gerichtshof	524
Bundesfinanzhof	525

	Seite
§ 15 Vorsteuerabzug	525
UStDV – § 35 – § 43	526
UStAE – Abschnitte 15.1. – 15.22.	528
Hinweise	564
Rechtsprechung	575
Europäischer Gerichtshof	575
Bundesfinanzhof	587
§ 15a Berichtigung des Vorsteuerabzugs	593
UStDV – § 44 – § 45	595
UStAE – Abschnitte 15a.1 – 15a.12	595
Hinweise	617
Rechtsprechung	618
Europäischer Gerichtshof	618
Bundesfinanzhof	619

Fünfter Abschnitt
Besteuerung

	Seite
§ 16 Steuerberechnung, Besteuerungszeitraum und Einzelbesteuerung	620
UStAE – Abschnitte 16.1. – 16.4.	621
Hinweise	623
Rechtsprechung	626
Bundesfinanzhof	626
§ 17 Änderung der Bemessungsgrundlage	626
UStAE – Abschnitte 17.1. – 17.2.	627
Hinweise	635
Rechtsprechung	636
Bundesfinanzhof	636
§ 18 Besteuerungsverfahren	637
UStDV – § 46 – 62a, 74a	640
UStAE – Abschnitte 18.1. – 18.17.	644
Hinweise	654
Rechtsprechung	663
Europäischer Gerichtshof	663
Bundesfinanzhof	667
§ 18a Zusammenfassende Meldung	668
UStAE – Abschnitte 18.a1 – 18.a5	671
Hinweise	673
§ 18b Gesonderte Erklärung innergemeinschaftlicher Lieferungen und bestimmter sonstiger Leistungen im Besteuerungsverfahren	674
§ 18c Meldepflicht bei der Lieferung neuer Fahrzeuge	674
UStAE – Abschnitt 18c.1	675

Inhaltsübersicht

	Seite
§ 18d Vorlage von Urkunden	675
UStAE – Abschnitt 18d.1	676
§ 18e Bestätigungsverfahren	676
UStAE – Abschnitte 18e.1 – 18e.2	676
§ 18f Sicherheitsleistung	677
UStAE – Abschnitt 18f.1	677
Hinweis	677
§ 18g Abgabe des Antrags auf Vergütung von Vorsteuerbeträgen in einem anderen Mitgliedstaat	678
UStAE – Abschnitt 18g.1.	679
§ 19 Besteuerung der Kleinunternehmer	680
UStAE – Abschnitte 19.1. – 19.5.	681
Hinweise	684
Rechtsprechung	686
Europäischer Gerichtshof	686
§ 20 Berechnung der Steuer nach vereinnahmten Entgelten	686
UStAE – Abschnitt 20.1.	687
Hinweise	687
Rechtsprechung	688
Bundesfinanzhof	688
§ 21 Besondere Vorschriften für die Einfuhrumsatzsteuer	689
Rechtsprechung	690
Europäischer Gerichtshof	690
§ 22 Aufzeichnungspflichten	691
UStDV – § 63 – 68	692
UStAE – Abschnitte 22.1. – 22.6.	694
Hinweise	702
Rechtsprechung	704
Bundesfinanzhof	704
§ 22a Fiskalvertretung	704
Hinweis	704
§ 22b Rechte und Pflichten des Fiskalvertreters	704
§ 22c Ausstellung von Rechnungen im Fall der Fiskalvertretung	705

	Seite
§ 22d Steuernummer und zuständiges Finanzamt	705
§ 22e Untersagung der Fiskalvertretung	705

Sechster Abschnitt
Sonderregelungen

	Seite
§ 23 Allgemeine Durchschnittssätze	706
UStDV – § 66, 69, 70	706
Anlage (zu den §§ 69 und 70)	707
UStAE – Abschnitte 23.1. – 23.4.	711
§ 23a Durchschnittssatz für Körperschaften, Personenvereinigungen und Vermögensmassen im Sinne des § 5 Abs. 1 Nr. 9 des Körperschaftsteuergesetzes	713
UStDV – § 66a	713
§ 24 Durchschnittssätze für land- und forstwirtschaftliche Betriebe	714
UStDV – § 67, 71	714
UStAE – Abschnitte 24.1. – 24.9.	715
Hinweise	723
Rechtsprechung	727
Europäischer Gerichtshof	727
Bundesfinanzhof	727
§ 25 Besteuerung von Reiseleistungen	728
UStDV – § 72	729
UStAE – Abschnitte 25.1. – 25.5.	729
Hinweise	740
Rechtsprechung	741
Europäischer Gerichtshof	741
Bundesfinanzhof	742
§ 25a Differenzbesteuerung	742
UStAE – Abschnitt 25a.1	743
Hinweis	748
Rechtsprechung	749
Europäischer Gerichtshof	749
Bundesfinanzhof	750
§ 25b Innergemeinschaftliche Dreiecksgeschäfte	750
UStAE – Abschnitt 25b.1	751
Hinweis	755
Rechtsprechung	755
Europäischer Gerichtshof	755

Inhaltsübersicht

	Seite
§ 25c Besteuerung von Umsätzen mit Anlagegold	756
UStAE – Abschnitt 25c.1	757
Hinweise	758
§ 25d Haftung für die schuldhaft nicht abgeführte Steuer	759
UStAE – Abschnitt 25d.1	759
Rechtsprechung	760
Europäischer Gerichtshof	760

Siebenter Abschnitt
Durchführung, Bußgeld-, Straf-, Verfahrens-, Übergangs- und Schlussvorschriften

	Seite
§ 26 Durchführung	761
UStDV – § 73	762
UStAE – Abschnitte 26.1. – 26.5.	762
Hinweise	764
§ 26a Bußgeldvorschriften	766
§ 26b Schädigung des Umsatzsteueraufkommens	766
§ 26c Gewerbsmäßige oder bandenmäßige Schädigung des Umsatzsteueraufkommens	766
§ 27 Allgemeine Übergangsvorschriften	766
UStDV – § 74a	768
UStAE – Abschnitt 27.1.	768
§ 27a Umsatzsteuer-Identifikationsnummer	769
UStAE – Abschnitt 27a.1	769
Hinweise	770
§ 27b Umsatzsteuer-Nachschau	770
UStAE – Abschnitt 27b.1	771
Rechtsprechung	772
Bundesfinanzhof	772
§ 28 Zeitlich begrenzte Fassungen einzelner Gesetzesvorschriften	772
UStDV – § 74	773
§ 29 Umstellung langfristiger Verträge	773
UStAE – Abschnitt 29.1.	773
UStDV – §§ 75, 76	774
UStAE – Abschnitt 29.2.	774
Anlage 1 (zu § 4 Nr. 4a)	775
Anlage 2 (zu § 12 Abs. 2 Nrn. 1 und 2)	776
Liste der dem ermäßigten Steuersatz unterliegenden Gegenstände	776
UStDV – §§ 26 – 29	780
Hinweise	780
Rechtsprechung	866
Europäischer Gerichtshof	866
Bundesfinanzhof	870
Anlage 3 (zu § 13b Absatz 2 Nr. 7)	872
Liste der Gegenstände im Sinne des § 13b Absatz 2 Nummer 7	872

B. Anhänge

		Seite
1	Ergänzende Regelungen für das Umsatzsteuerrecht und Übersichten	873
2	Diplomatische Missionen und berufskonsularische Vertretungen	875
3	Offshore-Umsatzsteuervergünstigungen	876
	Abkommen zwischen der Bundesrepublik Deutschland und den Vereinigten Staaten von Amerika über die von der Bundesrepublik zu gewährenden Abgabenvergünstigungen für die von den Vereinigten Staaten im Interesse der gemeinsamen Verteidigung geleisteten Ausgaben	876
	Anhang zu dem Abkommen zwischen der Bundesrepublik Deutschland und den Vereinigten Staaten von Amerika über die von der Bundesrepublik zu gewährenden Abgabenvergünstigungen für die von den Vereinigten Staaten im Interesse der gemeinsamen Verteidigung geleisteten Ausgaben	876
	Hinweis	876
4	NATO-Stationierungs-Umsatzsteuervergünstigungen	876
	Abkommen zwischen den Parteien des Nordatlantikvertrags über die Rechtsstellung ihrer Truppen – NATO-Truppenstatut –	876

Inhaltsübersicht

	Seite
Zusatzabkommen zu dem Abkommen zwischen den Parteien des Nordatlantikvertrags über die Rechtsstellung ihrer Truppen hinsichtlich der in der Bundesrepublik Deutschland stationierten ausländischen Truppen – ZA-NTS –	876
Unterzeichnungsprotokoll zum Zusatzabkommen	876
Hinweise	877
Rechtsprechung	879
Bundesfinanzhof	879

5 NATO-Hauptquartiere-Umsatzsteuervergünstigungen ... 879

Gesetz zu dem Protokoll vom 28. August 1952 über die Rechtsstellung der auf Grund des Nordatlantikvertrags errichteten internationalen militärischen Hauptquartiere und zu den dieses Protokoll ergänzenden Vereinbarungen (Gesetz zum Protokoll über die NATO-Hauptquartiere und zu den Ergänzungsvereinbarungen) ... 879

Protokoll über die Rechtsstellung der auf Grund des Nordatlantikvertrags errichteten internationalen militärischen Hauptquartiere ... 880

Abkommen zwischen der Bundesrepublik Deutschland und dem Obersten Hauptquartier der Alliierten Mächte, Europa, über die besonderen Bedingungen für die Einrichtung und den Betrieb internationaler militärischer Hauptquartiere in der Bundesrepublik Deutschland (Ergänzungsabkommen) ... 880

Unterzeichnungsprotokoll zu dem Abkommen über die besonderen Bedingungen für die Einrichtung und den Betrieb internationaler militärischer Hauptquartiere in der Bundesrepublik Deutschland ... 880

Hinweise ... 880

6 Zuständigkeit der Finanzbehörden für die Umsatzsteuer ... 881

Abgabenordnung ... 881

Verordnung über die örtliche Zuständigkeit für die Umsatzsteuer im Ausland ansässiger Unternehmer (Umsatzsteuerzuständigkeitsverordnung – UStZustV) ... 881

7 Richtlinie 2006/112/EG des Rates vom 28. 11. 2006 über das gemeinsame Mehrwertsteuersystem – MWSt-Richtlinie des Rates – ... 883

C. Stichwortverzeichnis
(Seite 975)

Abkürzungsverzeichnis

A

a. a. O.	am angeführten/angegebenen Ort
ABD	Ausfuhrbegleitdokument
ABl. EG	Amtsblatt der Europäischen Gemeinschaften
ABl. EU	Amtsblatt der Europäischen Union
ABMG	Autobahnmautgesetz
AdV	Aussetzung der Vollziehung
AE	Ausfuhrerklärung
AEAO	Anwendungserlass zur Abgabenordnung
AES	Automated Export System
AfA	Absetzungen für Abnutzung
AFG	Arbeitsförderungsgesetz
AfZSt	Ausfuhrzollstelle
AG	Aktiengesellschaft
AGB	Allgemeine Geschäftsbedingungen
AGBG	Gesetz zur Regelung des Rechts der Allgemeinen Geschäftsbedingungen
AgZSt	Ausgangszollstelle
AktG	Aktiengesetz
ALG	Gesetz über die Alterssicherung der Landwirte
ÄndV(O)	Änderungsverordnung
AO	Abgabenordnung (AO 1977)
AO a. F.	Reichsabgabenordnung – alter Fassung –
ASiG	Gesetz über Betriebsärzte, Sicherheitsingenieure und andere Fachkräfte für Arbeitssicherheit
ATLAS	Automatisiertes Tarif- und Lokales Zollabwicklungssystem
AusglMechV	Verordnung zur Weiterentwicklung des bundesweiten Ausgleichsmechanismus
AVB/AVB'n	Allgemeine Versorgungsbedingungen
AWV	– Außenwirtschaftsverordnung – Ausschuss für wirtschaftliche Verwaltung in Wirtschaft und öffentlicher Hand e. V.
AZO	Allgemeine Zollordnung

B

BA	Bundesagentur für Arbeit
BAG	Bundesarbeitsgericht
BAnz.	Bundesanzeiger
BauGB	Baugesetzbuch
BayBS	Bereinigte Sammlung des Bayerischen Landesrechts 1802 – 1956, Bd. I–V
BB	Der Betriebs-Berater
BBauG	Bundesbaugesetz
BdF	Bundesminister der Finanzen
BDF	Bundesverband des Deutschen Güterfernverkehrs e. V.
BerlinFG	Gesetz zur Förderung der Berliner Wirtschaft (Berlinförderungsgesetz)
BewG	Bewertungsgesetz
BfF	Bundesamt für Finanzen
BFH	Bundesfinanzhof
BFHE	Sammlung der Entscheidungen des Bundesfinanzhofs
BFH-EntlG	Gesetz zur Entlastung des Bundesfinanzhofs
BFH/NV	Sammlung amtlich nicht veröffentlichter Entscheidungen des Bundesfinanzhofs (Zeitschrift, seit November 1985)
BFH/R	Sammlung amtlich veröffentlichter Entscheidungen des Bundesfinanzhofs
BFH-Urt.	Urteil des Bundesfinanzhofs
BGB	Bürgerliches Gesetzbuch
BGBl.	Bundesgesetzblatt (I = Teil I, II = Teil II)
BGH	Bundesgerichtshof
BGHZ	Sammlung der Entscheidungen des Bundesgerichtshofs in Zivilsachen (ab 1951)
BHO	Bundeshaushaltsordnung
BliwaG	Blindenwarenvertriebsgesetz
BMBau	Bundesminister(ium) für Raumordnung, Bauwesen und Städtebau
BMELF	Bundesminister(ium) für Ernährung, Landwirtschaft und Forsten
BMF	Bundesminister(ium) der Finanzen (= Bundesfinanzministerium)
BMFT	Bundesminister(ium) für Forschung und Technologie
BML	Bundesminister(ium) für Ernährung, Landwirtschaft und Forsten
BMV	Bundesminister(ium) für Verkehr
BMVg	Bundesminister(ium) der Verteidigung
BMWF	Bundesminister(ium) für Wirtschaft und Finanzen
BNotO	Bundesnotarordnung
BpO	Betriebsprüfungsordnung (Steuer)
BRAGO	Bundesgebührenordnung für Rechtsanwälte
BRAO	Bundesrechtsanwaltsordnung
BSchVG	Gesetz über den gewerblichen Binnenschiffsverkehr
BSHG	Bundessozialhilfegesetz
BStBl	Bundessteuerblatt (I = Teil I, II = Teil II, III = Teil III)
BVerfG	Bundesverfassungsgericht
BVerwG	Bundesverwaltungsgericht
BVG	Bundesverfassungsgericht
BVO	Berechnungsverordnung
BVwG	Bundesverwaltungsgericht
BZBl.	Bundeszollblatt
BZSt	Bundeszentralamt für Steuern

C

CEREC	Ceramic Reconstruction (keramische Rekonstruktion)
CIM	Internationales Übereinkommen über den Eisenbahnfrachtverkehr
CIV	Convention internationale concernant le transport des voyageurs et des bagages par chemins de fer (Internationales Übereinkommen über den Eisenbahnfrachtverkehr)

Abkürzungsverzeichnis

CuR	Computer und Recht (Zeitschrift, seit Oktober 1985)
D	
DAR	Deutsches Autorecht
DB	Deutsche Bundesbahn/Der Betrieb
DEGT	Deutscher Eisenbahngütertarif
DFST	Deutsch-Französischer Straßen-Gütertarif
DGStZ	Deutsche Gemeindesteuerzeitung
DIST	Deutsch-Italienischer Straßen-Gütertarif
DJH	Deutsches Jugendherbergswerk, Hauptverband für Jugendwandern und Jugendherbergen e. V., Detmold
DLST	Deutsch-Luxemburgischer Straßen-Gütertarif
DNST	Deutsch-Niederländischer Straßen-Gütertarif
DSD	Duales System Deutschland GmbH
DStR	Deutsches Steuerrecht – Wochenschrift für Steuerrecht, Gesellschaftsrecht und Betriebswirtschaft –
DStZ	Deutsche Steuer-Zeitung (–/A = Ausgabe A, –/B = Ausgabe B – Eildienst –)
DVOBliwaG	Verordnung zur Durchführung des Blindenwarenvertriebsgesetzes
DVR	– Datenverarbeitung im Recht (Zeitschrift) – Deutsche Verkehrsteuer-Rundschau (Zeitschrift)
E	
ECS	Export Control System
ECU	European Currency Unit (Europäische Währungseinheit, Kernstück des Europäischen Währungssystems – EWS –)
EDIFACT	Electronic Data Exchange For Administration, Commerce and Transport (Branchenübergreifender internationaler Standard für das Format elektronischer Daten im Geschäftsverkehr)
EDStZ	Deutsche Steuer-Zeitung Ausgabe B – Eildienst –
EF	Entsorgungsfirmen
EF-ÄndV	Verordnung zur Änderung der Einreise-Freimengen-Verordnung
EFG	Entscheidungen der Finanzgerichte
EF-VO	Verordnung über die Eingangsabgabenfreiheit von Waren im persönlichen Gepäck der Reisenden – Einreise-Freimengen-Verordnung –
EG	Einfuhrgenehmigung/Europäische Gemeinschaften
EGBGB	Einführungsgesetz zum Bürgerlichen Gesetzbuch
EG-Richtlinie	Richtlinie des Rats der Europäischen Gemeinschaften
EnergieStG	Energiesteuergesetz
ENeuOG	Eisenbahnneuordnungsgesetz (Gesetz zur Neuordnung des Eisenbahnwesens)
EnEV	Energieeinsparverordnung
EStDV	Einkommensteuer-Durchführungsverordnung
EStG	Einkommensteuergesetz
EStR	Einkommensteuer-Richtlinien
EU	Europäische Union
EuGH	Europäischer Gerichtshof
EuGHE	Amtliche Sammlung der Entscheidungen des Europäischen Gerichtshofs
EUSt	Einfuhrumsatzsteuer
EUStBV	Einfuhrumsatzsteuer-Befreiungsverordnung
EVM	Einheitliches Verdingungsmuster
EVM(B)ZVB (1973)	Einheitliches Verdingungsmuster für die Finanzbauverwaltungen
EVO	Eisenbahnverkehrsordnung
EWG	Europäische Wirtschaftsgemeinschaft
EWGV	Vertrag zur Gründung der Europäischen Wirtschaftsgemeinschaft
EWG-VO	Verordnung des Rats der Europäischen Wirtschaftsgemeinschaft
F	
FA	Finanzamt
FahrlG	Fahrlehrergesetz
FAnOG	Gesetz zur Anpassung verschiedener Vorschriften über die Finanzbeziehungen zwischen dem Bund und den Ländern an die Neuregelung der Finanzverfassung (Finanzanpassungsgesetz)
FG	Finanzgericht(e)
FGO	Finanzgerichtsordnung
FinÄZVO	Verordnung über die Zuständigkeiten der Finanzämter
FKPG	Gesetz zur Umsetzung des Föderalen Konsolidierungsprogramms vom 23. 6. 1993 (BGBl. 1993 I S. 944, BStBl 1993 I S. 510)
FlurbG	Flurbereinigungsgesetz
FME	Entscheidung des (Bayer.) Ministeriums der Finanzen
FMS	Minister für Finanzen und Forsten des Saarlandes
FVG	Gesetz über die Finanzverwaltung – Finanzverwaltungsgesetz –
FzgLiefgMeldV	Fahrzeuglieferungs-Meldepflichtverordnung
FZV	Fahrzeugzulassungsverordnung
G	
GAL	Gesetz über eine Altershilfe für Landwirte
GbR	Gesellschaft bürgerlichen Rechts
GEMA	Gesellschaft für musikalische Aufführungs- und mechanische Vervielfältigungsrechte
GenG	Gesetz betreffend die Erwerbs- und Wirtschaftsgenossenschaften
GewO	Gewerbeordnung

Abkürzungsverzeichnis

GewStDV	Gewerbesteuer-Durchführungsverordnung
GewStG	Gewerbesteuergesetz
GewStR	Gewerbesteuer-Richtlinien
GG	Grundgesetz für die Bundesrepublik Deutschland
GmbH	Gesellschaft mit beschränkter Haftung
GMBl.	Gemeinsames Ministerialblatt
GOI	Gebührenordnung für Ingenieure
GOZ	Gebührenordnung für Zahnärzte
GrEStG	Grunderwerbsteuergesetz (Gesetze einzelner Bundesländer)
GRUR	Gewerblicher Rechtsschutz und Urheberrecht, 69469 Weinheim/Bergstraße (1896–1944, ab 1948)
GüKG	Güterkraftverkehrsgesetz
GVBl.	Gesetz- und Verordnungsblatt (auch: GVOBl.)
GVBl.NW	Gesetz- und Verordnungsblatt für Nordrhein-Westfalen
GVG	Gerichtsverfassungsgesetz
GVNW	Gesetz- und Verordnungsblatt für Nordrhein-Westfalen
gVV	gemeinschaftliches Versandverfahren
GZT	Gemeinsamer Zolltarif
H	
HeimG	Heimgesetz
HFR	Höchstrichterliche Finanzrechtsprechung
HGB	Handelsgesetzbuch
HMdF	Der Hessische Minister der Finanzen
HOAI	Verordnung über die Honorare für Leistungen der Architekten und Ingenieure – Honorarordnung für Architekten und Ingenieure –
HStruktG	Haushaltsstrukturgesetz – Gesetz zur Verbesserung der Haushaltsstruktur –
2. HStruktG	Zweites Haushaltsstrukturgesetz – Zweites Gesetz zur Verbesserung der Haushaltsstruktur –
HwO	Gesetz zur Ordnung des Handwerks – Handwerksordnung
I	
IATA	International Air Transport Association (Internationale Flug-Transport-Vereinigung)
InsO	Insolvenzordnung
InvG	Investmentgesetz
IStR	Internationales Steuerrecht
IZH-DV	Verordnung zur Durchführungsverordnung der Interzonenhandelsverordnung
J	
JÖSchG	Gesetz zum Schutz der Jugend in der Öffentlichkeit
JuSchG	Jugendschutzgesetz
JVEG	Justizvergütungs- und -entschädigungsgesetz
JWG	Gesetz für Jugendwohlfahrt
K	
KAG	Kommunalabgabengesetz
KAGG	Gesetz über die Kapitalanlagegesellschaften
KF-VO	Verordnung über die Eingangsabgabenfreiheit von Waren in Kleinsendungen nichtkommerzieller Art – Kleinsendungs-Einfuhrfreimengen-Verordnung –
KG	Kommanditgesellschaft
KGaA	Kommanditgesellschaft auf Aktien
KHG	Krankenhausfinanzierungsgesetz
KN	Kombinierte Nomenklatur (= Gemeinsamer Zolltarif)
KO	Konkursordnung
KöR	Körperschaft(en) des öffentlichen Rechts
KostO	Kostenordnung (freiwillige Gerichtsbarkeit)
KraftStG	Kraftfahrzeugsteuergesetz
KSt	Körperschaftsteuer
KStDV	Körperschaftsteuer-Durchführungsverordnung
KStG	Körperschaftsteuergesetz
KStR	Körperschaftsteuer-Richtlinien
KVLG 1989	Zweites Gesetz über die Krankenversicherung der Landwirte
KWG	Gesetz über das Kreditwesen
kWh	Kilowattstunde
KWK	Kraft-Wärme-Kopplung
KWKG	Gesetz für die Erhaltung, die Modernisierung und den Ausbau der Kraft-Wärme-Kopplung – Kraft-Wärme-Kopplungsgesetz
L	
LBO	Landesbauordnung
LG	Landgericht
LJG	Landesjagdgesetz
LöschG	Löschungsgesetz (Gesetz über die Auflösung und Löschung von Gesellschaften und Genossenschaften)
LSt	Lohnsteuer
LStDV	Lohnsteuer-Durchführungsverordnung
LStR	Lohnsteuer-Richtlinien
LuftVG	Luftverkehrsgesetz
M	
MAVG	Gesetz über die Gewährung einer Vergütung für die Aufgabe der Milcherzeugung für den Markt vom 17. 7. 1984 (BGBl. 1984 I S. 942)
MAVV	Verordnung über die Gewährung einer Vergütung für die Aufgabe der Milcherzeugung für den Markt (Milchaufgabevergütungsverordnung) vom 24. 7. 1987 (BGBl. 1987 I S. 1699)
MBl.	Ministerialblatt
MdF	Minister(ium) der Finanzen
MDR	Monatsschrift für Deutsches Recht
MF	Ministerium der Finanzen
MinBl Fin	Ministerialblatt des Bundesministers der Finanzen

Abkürzungsverzeichnis

MinBl WF(F)	Ministerialblatt des Bundesministers für Wirtschaft und Finanzen – Bereich Finanzen –
MRN	Movement Reference Number
MwSt	Mehrwertsteuer (für Umsatzsteuer nach dem System einer Mehrwertsteuer mit Vorsteuerabzug)
MwStSystRL	Richtlinie 2006/112/EG des Rates vom 28. 11. 2006 über das gemeinsame Mehrwertsteuersystem (Mehrwertsteuer-Systemrichtlinie; ABl. EU Nr. L 347 S. 1) in der geltenden Fassung
MwStVO	Durchführungsverordnung (EU) Nr. 282/2011, ABl. EU 2011 Nr. L 77 S. 1

N

NATO	North Atlantic Treaty Organization (Organisation für den Nord-Atlantik-Vertrag)
NATO-Hauptquartiere USt-Verg.	NATO-Hauptquartiere-Umsatzsteuervergünstigungen
NATO-HQ-UStDV	Verordnung zur Durchführung der umsatzsteuerrechtlichen Bestimmungen des Abkommens zwischen der Bundesrepublik Deutschland und dem Obersten Hauptquartier der Alliierten Mächte, Europa, über die besonderen Bedingungen für die Einrichtung und den Betrieb internationaler militärischer Hauptquartiere in der Bundesrepublik Deutschland (Ergänzungsabkommen)
NATO-Stat-USt-Verg.	NATO-Stationierungs-Umsatzsteuervergünstigungen
NATO-Truppenstatut	Abkommen zwischen den Parteien des Nordatlantikvertrags über die Rechtsstellung ihrer Truppen
NATO-ZAbk	Zusatzabkommen zu dem Abkommen zwischen den Parteien des Nordatlantikvertrags über die Rechtsstellung ihrer Truppen hinsichtlich der in der Bundesrepublik stationierten ausländischen Truppen
NATO-ZAbk-UStDV	Verordnung zur Durchführung der umsatzsteuerrechtlichen Vorschriften des Zusatzabkommens vom 3. 8. 1959 zu dem Abkommen zwischen den Parteien des Nordatlantikvertrags vom 19. 6. 1951 über die Rechtsstellung ihrer Truppen – NATO-Truppenstatut –
NJW	Neue Juristische Wochenschrift
NMdF	Niedersächsische(r) Minister(in) der Finanzen
NRW	Nordrhein-Westfalen
NW	Nordrhein-Westfalen

O

OFD	Oberfinanzdirektion(en)
Offshore-Steuerabkommen	Abkommen zwischen der Bundesrepublik Deutschland und den Vereinigten Staaten von Amerika über die von der Bundesrepublik zu gewährenden Abgabenvergünstigungen für die von den Vereinigten Staaten im Interesse der gemeinsamen Verteidigung geleisteten Ausgaben
Offshore-Steuer-VO	Verordnung zur Durchführung der umsatzsteuerrechtlichen Bestimmungen des am 15. 10. 1954 abgeschlossenen Offshore-Steuerabkommens
Offshore-USt-Verg.	Offshore-Umsatzsteuervergünstigungen
OffshStA	Abkommen zwischen der Bundesrepublik Deutschland und den Vereinigten Staaten von Amerika über die von der Bundesrepublik zu gewährenden Abgabenvergünstigungen für die von den Vereinigten Staaten im Interesse der gemeinsamen Verteidigung geleisteten Ausgaben
OffshStG	Offshore-Steuergesetz
OffshStVO	Verordnung zur Durchführung der umsatzsteuerrechtlichen Bestimmungen des am 15. 10. 1954 abgeschlossenen Offshore-Steuerabkommens
OHG	Offene Handelsgesellschaft
OLG	Oberlandesgericht

P

PBefG	Personenbeförderungsgesetz
PostG	Postgesetz
PostO	Postordnung
PUDLV	Post-Universaldienstleistungsverordnung
PR	Preisverordnung (Verordnung auf dem Gebiete des Preisrechts)

R

Randnr.	Randnummer
RatVG	Gesetz zur Förderung der Rationalisierung im Steinkohlenbergbau
RdF	Reichsminister der Finanzen
Rdvfg.	Rundverfügung
RennwLottG	Rennwett- und Lotteriegesetz
RFH	Reichsfinanzhof
RGBl.	Reichsgesetzblatt
RGStr.	Entscheidungen des Reichsgerichts in Strafsachen
RGZ	Entscheidungen des Reichsgerichts in Zivilsachen (1880 – 1944)
RKT	Reichskraftwagentarif
RMBl	Reichsministerialblatt (1923 – 1945)
RStBl	Reichssteuerblatt
RVG	Gesetz über die Vergütung der Rechtsanwältinnen und Rechtsanwälte
Rz	Randzahl(en) Sie werden zum leichteren Zitieren in dieser Handausgabe verwendet und sind am Rand des jeweiligen Textes angegeben (ausgenommen Gesetzes- und Verordnungstexte). Zitierweisen: Forst/Treptow/Langer, USt-HA 1998/99 2 R 5; Forst/Treptow/Langer, USt-HA 1998/99 12 H 4;

Abkürzungsverzeichnis

	Forst/Treptow/Langer, USt-HA 1998/99 15 Rsp III 1.
S	
SachBezV	Verordnung über den Wert der Sachbezüge in der Sozialversicherung für das Kalenderjahr ... – Sachbezugsverordnung –
ScheckG	Scheckgesetz
SGB	Sozialgesetzbuch
SigG	Signaturgesetz
Slg. Bd.	Sammlung der Entscheidungen und Gutachten des Bundesfinanzhofs, Band ...
SortSchG	Sortenschutzgesetz
StADV	Verordnung über die Abgabe von Steueranmeldungen auf maschinell verwertbaren Datenträgern – Steueranmeldungs-Datenträger-Verordnung –
StAnpG	Steueranpassungsgesetz
StAnz.	Staatsanzeiger
StBÄndG, 7.	Gesetz zur Änderung von Vorschriften über die Tätigkeit der Steuerberater
StBauFG	Städtebauförderungsgesetz
StBereinG 1999	Gesetz zur Bereinigung von steuerlichen Vorschriften (Steuerbereinigungsgesetz 1999)
StBerG	Steuerberatungsgesetz
StBGebV	Gebührenverordnung für Steuerberater, Steuerbevollmächtigte und Steuerberatungsgesellschaften
StDÜV	Verordnung zur elektronischen Übermittlung von Steuererklärungen und sonstigen für das Besteuerungsverfahren erforderlichen Daten – Steuerdaten-Übermittlungsverordnung –
StEd	Steuer-Eildienst
StGB	Strafgesetzbuch
StMBG	Missbrauchsbekämpfungs- und Steuerbereinigungsgesetz (Gesetz zur Bekämpfung des Missbrauchs und zur Bereinigung des Steuerrechts)
StPO	Strafprozessordnung
StSenkG	Gesetz zur Senkung der Steuersätze und zur Reform der Unternehmensbesteuerung (Steuersenkungsgesetz)
StuZBl.Berlin	Steuer- und Zollblatt für Berlin (Amtsblatt für Berlin – Teil II)
StVG	Straßenverkehrsgesetz
StVO	Straßenverkehrsordnung
StVollzG	Gesetz über den Vollzug der Freiheitsstrafe und der freiheitsentziehenden Maßregeln der Besserung und Sicherung – Strafvollzugsgesetz
StVZO	Straßenverkehrs-Zulassungs-Ordnung
StZBl.Bln.	Steuer- und Zollblatt für Berlin (Amtsblatt für Berlin – Teil II)
SvEV	Sozialversicherungsentgeltverordnung

T	
TEHG	Treibhausgas-Emissionshandelsgesetz
TierZG	Tierzuchtgesetz
TruppenzollDA	Dienstanweisung zu den abgabenrechtlichen Bestimmungen des NATO-Truppenstatuts und des Zusatzabkommens dazu sowie zum Truppenzollgesetz 1962 und zur Truppenzollordnung
Truppenzollgesetz 1962	Gesetz zur Ausführung der zoll- und steuerrechtlichen Bestimmungen des Abkommens zwischen den Parteien des Nordatlantikvertrags vom 19. 6. 1951 über die Rechtsstellung ihrer Truppen (NATO-Truppenstatut) und des Zusatzabkommens vom 3. 8. 1959 zu diesem Abkommen hinsichtlich der in der Bundesrepublik Deutschland stationierten ausländischen Truppen
TV	Truppenvertrag
Tz.	Textzahl, Textziffer
TZ	Textzahl(en) Sie even leichteren Zitieren in den früheren Umsatzsteuer-Handausgaben (bis USt-HA 1980) verwendet und am Rand des jeweiligen Textes (ausgenommen Gesetzestexte) angegeben worden.
U	
UBGG	Gesetz über Unternehmensbeteiligungsgesellschaften
UFITA	Archiv für Urheber-, Film-, Funk- und Theaterrecht, Berlin (ab 1928)
UmwG	Gesetz über die Umwandlung von Kapitalgesellschaften – Umwandlungsgesetz –
UmwStG	Gesetz über steuerliche Maßnahmen bei Änderung der Unternehmensform – Umwandlungssteuergesetz – (UmwStG 1977)
UnBefG	Gesetz über die unentgeltliche Beförderung von Kriegs- und Wehrdienstbeschädigten sowie von anderen Behinderten im Nahverkehr
UNICEF	United Nations International Children's Emergency Fund (Weltkinderhilfswerk)
UR	Umsatzsteuer-Rundschau (ab 1. 1. 1984 geltende Abkürzung; bis 31. 12. 1983 verwandte Abkürzung: UStR)
UrhG	Gesetz über Urheberrecht und verwandte Schutzrechte (Urheberrechtsgesetz)
USt	Umsatzsteuer-Besprechung
UStÄndG	Gesetz zur Änderung des Umsatzsteuergesetzes
UStÄR 1992	Allgemeine Verwaltungsvorschrift über die Änderung der Umsatzsteuer-Richtlinien 1985
UStDB	Durchführungsbestimmungen zum Umsatzsteuergesetz (z. B. 1934 und 1951)

Abkürzungsverzeichnis

UStDV	Verordnung zur Durchführung des Umsatzsteuergesetzes – Umsatzsteuer-Durchführungsverordnung –
UStErstV	Umsatzsteuererstattungsverordnung
UStG	Umsatzsteuergesetz
USt-HA	Umsatzsteuer-Handausgabe (z. B. USt-HA 1979, USt-HA 1982, USt-HA 1985/86, USt-HA 1993/94, USt-HA 1998/99, USt-HA 1999/2000)
USt-IdNr	Umsatzsteuer-Identifikationsnummer
USt-Kartei	a) Erlass-, Verfügungs- und Rechtsprechungssammlung zum Umsatzsteuerrecht (von einzelnen Oberfinanzdirektionen für den Dienstgebrauch herausgegeben) b) Erlass- und Schreibensammlung des Bundesministeriums der Finanzen zum Umsatzsteuergesetz 1967/1973/1980/1991/1993
UStR	a) Umsatzsteuer-Rundschau – bis 31. 12. 1983; ab 1. 1. 1984: UR – b) Umsatzsteuer-Richtlinie(n)
USt-Richtlinie	Richtlinie des Rats der Europäischen Gemeinschaften zur Harmonisierung der Rechtsvorschriften der Mitgliedstaaten über die Umsatzsteuern – Mehrwertsteuer – (z. B. 6. USt-Richtlinie)
UStZustV	Umsatzsteuerzuständigkeitsverordnung
UVR	Umsatzsteuer- und Verkehrsteuer-Recht
V	
VA	Voranmeldung
VAT	value-added tax = Mehrwertsteuer
VE	Vieheinheiten
VerlG	Gesetz über das Verlagsrecht
VersStG	Versicherungsteuergesetz
VglO	Vergleichsordnung
VO	Verordnung
VOB	Vergabe- und Vertragsordnung für Bauleistungen (–/A = Teil A, –/B = Teil B, –/C = Teil C)
VOL	Vergabe- und Vertragsordnung für Leistungen, ausgenommen Bauleistungen (–/A = Teil A, –/B = Teil B)
Vorl. VV-BHO	Vorläufige Verwaltungsvorschriften zur Bundeshaushaltsordnung
VSF	Vorschriftensammlung der Bundesfinanzverwaltung (Loseblattsammlung)
VwV	Verwaltungsvorschrift
vZTA	verbindliche Zolltarifauskunft
W	
WEG	Gesetz über das Wohnungseigentum und das Dauerwohnrecht – Wohnungseigentumsgesetz –
WertZO	Wertzollordnung
WG	Wechselgesetz
WGG	Gesetz über die Gemeinnützigkeit im Wohnungswesen – Wohnungsgemeinnützigkeitsgesetz –
WGS	Westgruppe der Gemeinschaft unabhängiger Staaten
WoEigG	Wohnungseigentumsgesetz
WoPG	Wohnungsbau-Prämiengesetz
Wpg.	Die Wirtschaftsprüfung
WpHG	Wertpapierhandelsgesetz
WPO	Wirtschaftsprüferordnung
Z	
ZA	Zollamt
ZAbk	Zusatzabkommen zu dem Abkommen zwischen den Parteien des Nordatlantikvertrags über die Rechtsstellung ihrer Truppen hinsichtlich der in der Bundesrepublik Deutschland stationierten ausländischen Truppen
ZfZ	Zeitschrift für Zölle und Verbrauchsteuern
ZG	Zollgesetz
ZK	Zollkodex (Verordnung (EWG) Nr. 2913/92 des Rates)
ZK-DVO	Zollkodex-Durchführungsverordnung (Verordnung (EWG) Nr. 2454/93 der Kommission)
ZMDV	Verordnung über die Abgabe von Zusammenfassenden Meldungen auf maschinell verwertbaren Datenträgern (Datenträger-Verordnung über die Abgabe Zusammenfassender Meldungen – ZMDV –)
ZnA	Zollabfertigung nach Aufzeichnung
ZnG	Zollbehandlung nach Gestellungsbefreiung
ZnV	Zollabfertigung nach vereinfachter Zollanmeldung
ZollV	Zollverordnung
ZollVG	Zollverwaltungsgesetz
Zollwert-VO (EWG)	a) Verordnung (EWG Nr. 803/68 des Rats über den Zollwert der Waren vom 27. 6. 1968 b) Verordnung (EWG) Nr. 1224/80 des Rats über den Zollwert der Waren vom 28. 5. 1980
ZPO	Zivilprozessordnung
ZSEG	Gesetz über die Entschädigung von Zeugen und Sachverständigen
ZT	Zolltarif – Deutscher Zolltarif –
ZTA	Zolltarifauskunft
ZT-Nr.	Zolltarifnummer (= Nummer des Deutschen Zolltarifs)
ZuSEntschG	Gesetz über die Entschädigung von Zeugen und Sachverständigen
ZVB	Zusätzliche Vertragsbedingungen für die Ausführung von Bauleistungen
ZVG	Gesetz über die Zwangsversteigerung und die Zwangsverwaltung
ZWVO	Verordnung (EWG) Nr. 1224/80 des Rats über den Zollwert der Waren vom 28. 5. 1980 in der jeweils geltenden Fassung

A.
Umsatzsteuergesetz (UStG)

Bekanntmachung der Neufassung des Umsatzsteuergesetzes
vom 21. 2. 2005
(BGBl. 2005 I S. 386, BStBl 2005 I S. 505)
unter Berücksichtigung der Änderungen durch

Lfd. Nr.	Änderungsgesetz	Datum	Fundstelle BGBl. I Jahrg./S.	Fundstelle BStBl I Jahrg./S.	Geänderte Vorschriften	Art der Änderung
1	Gesetz zur Neuorganisation der Bundesfinanzverwaltung und zur Schaffung eines Refinanzierungsregisters	22. 9. 2005	2005/ 2809		§ 14 Abs. 4 Satz 1 Nr. 2	geändert
					§ 18 Abs. 4c Satz 1 zweiter Halbsatz	geändert
					§ 18 Abs. 4c Satz 3, 5 und 6	geändert
					§ 18a Abs. 1 Satz 1, 6 und 8	geändert
					§ 18e	geändert
					§ 22 Abs. 1 Satz 4	geändert
					§ 27a Abs. 1 Satz 1 und 2	geändert
					§ 27a Abs. 2 Satz 1 und 3	geändert
2	Gesetz zur steuerlichen Förderung von Wachstum und Beschäftigung	26. 4. 2006	2006/ 1091	2006/ 350	§ 20 Abs. 1 Satz 1 Nr. 1	geändert
					§ 20 Abs. 2	geändert
3	Gesetz zur Eindämmung missbräuchlicher Steuergestaltungen	28. 4. 2006	2006/ 1095	2006/ 353	§ 4 Nr. 9 Buchst. b Satz 1	geändert
4	Haushaltsbegleitgesetz 2006 (HBeglG 2006)	29. 6. 2006	2006/ 1402	2006/ 410	§ 12 Abs. 1	geändert
					§ 24 Abs. 1 Satz 1 Nr. 1	geändert
					§ 24 Abs. 1 Satz 1 Nr. 2	geändert
					§ 24 Abs. 1 Satz 1 Nr. 3	geändert
					§ 24 Abs. 1 Satz 3	geändert
					§ 27 Abs. 1 Satz 2	neu gefasst
5	Erstes Gesetz zum Abbau bürokratischer Hemmnisse insbesondere in der mittelständischen Wirtschaft	22. 8. 2006	2006/ 1970	2006/ 486	§ 15a Abs. 3	ergänzt
					§ 15a Abs. 4	ergänzt
					§ 27 Abs. 12	eingefügt
6	Jahressteuergesetz 2007	13. 12. 2006	2006/ 2878	2007/ 28	§ 1 Abs. 3 Satz 1 Nr. 1	neu gefasst
					§ 1 Abs. 3 Satz 1 Nr. 2	neu gefasst
					§ 1 Abs. 3 Satz 1 Nr. 6	aufgehoben
					§ 3a Abs. 4 Nr. 6 Buchst. a	neu gefasst
					§ 4 Nr. 14 Satz 4 Buchst. b	geändert
					§ 4 Nr. 19 Buchst. a Satz 2	neu gefasst
					§ 8 Abs. 1 Nr. 1	geändert
					§ 8 Abs. 1 Nr. 4	geändert
					§ 12 Abs. 2 Nr. 8 Buchst. a Satz 2	geändert
					§ 12 Abs. 2 Nr. 8 Buchst. a Satz 3	angefügt
					§ 12 Abs. 2 Nr. 10	geändert
					§ 13b Abs. 3 Nr. 2	neu gefasst

Lfd. Nr.	Änderungsgesetz	Datum	Fundstelle BGBl. I Jahrg./S.	Fundstelle BStBl I Jahrg./S.	Geänderte Vorschriften	Art der Änderung
					§ 13b Abs. 3 Nr. 3	geändert
					§ 13b Abs. 3 Nr. 4	angefügt
					§ 13b Abs. 3 Nr. 5	angefügt
					§ 14 Abs. 4 Satz 1 Nr. 6	neu gefasst
					§ 15 Abs. 1a	neu gefasst
					§ 15 Abs. 2 Satz 1 Nr. 2	geändert
					§ 15 Abs. 2 Satz 1 Nr. 3	aufgehoben
					§ 15 Abs. 3 Nr. 2	geändert
					§ 18a Abs. 1 Satz 1	geändert
					§ 18a Abs. 1 Satz 4 und 5	eingefügt
					§ 18a Abs. 1 Satz 6	geändert
					§ 25a Abs. 2 Satz 1 Nr. 1	geändert
					§ 27 Abs. 13	angefügt
					§ 28 Abs. 4	geändert
					Anlage 1	neu gefasst
					Anlage 2	neu gefasst
7	Zweites Gesetz zum Abbau bürokratischer Hemmnisse insbesondere in der mittelständischen Wirtschaft	7. 9. 2007	2007/ 2246		§ 4 Nr. 19 Buchst. a	geändert
8	Gesetz zur weiteren Stärkung des bürgerlichen Engagements	10. 10. 2007	2007/ 2332	2007/ 815	§ 23a Abs. 2	geändert
9	Jahressteuergesetz 2008	20. 12. 2007	2007/ 3150	2008/ 218	Inhaltsübersicht	geändert
					§ 1 Abs. 3 Satz 2	geändert
					§ 3 Abs. 9 Satz 4 und 5	aufgehoben
					§ 4 Nr. 6 Buchst. e Satz 1	geändert
					§ 4 Nr. 8 Buchst. h	geändert
					§ 4 Nr. 23 Satz 1	angefügt
					§ 4 Nr. 23 Satz 4	neu gefasst
					§ 4 Nr. 25	geändert
					§ 4 Nr. 28	neu gefasst
					§ 12 Abs. 2 Nr. 10	aufgehoben
					§ 13d	geändert
					§ 22 Abs. 4e Satz 1	geändert
					§ 24 Abs. 1 Satz 1 Nr. 2	aufgehoben
					§ 27 Abs. 7 Satz 2	neu gefasst
					§ 28 Abs. 4 Nr. 40 Buchst. a der Anlage 2	geändert
10	Jahressteuergesetz 2009	19. 12. 2008	2008/ 2794	2009/ 74	§ 3a	neu gefasst
					§ 3b	neu gefasst
					§ 3e	neu gefasst
					§ 4 Nr. 7 Sätze 2, 3 und 5	geändert
					§ 4 Nr. 14	neu gefasst
					§ 4 Nr. 16	neu gefasst
					§ 4 Nr. 27	geändert
					§ 6 Abs. 1 Satz 1 Nr. 3 Buchst. a	neu gefasst
					§ 12 Abs. 2 Nr. 6	geändert
					§ 13b Abs. 4 Satz 1	neu gefasst
					§ 14a Abs. 1	neu gefasst
					§ 14b Abs. 5	angefügt
					§ 15 Abs. 4b	geändert
					§ 16 Abs. 1a Satz 2	geändert
					§ 17 Abs. 2 Nr. 5	geändert
					§ 18 Abs. 4c Satz 1 und 3	geändert
					§ 18 Abs. 4d	geändert
					§ 18 Abs. 9	neu gefasst
					§ 18 Abs. 10 Nr. 2 und 3	geändert
					§ 18a Abs. 1 Satz 2	neu gefasst
					§ 18a Abs. 4 Satz 1	geändert
					§ 18a Abs. 5 Satz 1	neu gefasst
					§ 18a Abs. 6 Satz 1	neu gefasst

Lfd. Nr.	Änderungsgesetz	Datum	Fundstelle BGBl. I Jahrg./S.	Fundstelle BStBl I Jahrg./S.	Geänderte Vorschriften	Art der Änderung
11	Steuerbürokratieabbaugesetz	20. 12. 2008	2008/ 2850	2009/ 124	§ 18a Abs. 8 § 18b § 18g § 22 Abs. 4b § 26a Abs. 1 Nr. 5 § 27 Abs. 14 § 14 Abs. 2 Satz 1 Nr. 2	neu gefasst neu gefasst eingefügt geändert geändert angefügt neu gefasst
12	Gesetz zur verbesserten steuerlichen Berücksichtigung von Vorsorgeaufwendungen (Bürgerentlastungsgesetz Krankenversicherung)	16. 6. 2009	2009/ 1959	2009/ 782	§ 14 Abs. 3 Nr. 2 § 18 Abs. 1 § 18 Abs. 2 Satz 2 und 3 § 18 Abs. 2a Satz 1 § 18a Abs. 1 Satz 1 § 18a Abs. 1 Satz 4 § 27 Abs. 15 § 20 Abs. 2	neu gefasst neu gefasst geändert geändert neu gefasst neu gefasst angefügt neu gefasst
13	Wachstumsbeschleunigungsgesetz	22. 12. 2009	2009/ 3950	2010/ 2	§ 12 Abs. 2 Nr. 11	angefügt
14	Gesetz zur Umsetzung steuerlicher EU-Vorgaben sowie zur Änderung steuerlicher Vorschriften	8. 4. 2010	2010/ 386	2010/ 334	§ 28 Abs. 4 § 3d Satz 2 § 4 Nr. 11b § 13b § 14a Abs. 1 § 14a Abs. 5 Satz 1 § 14b Abs. 1 Satz 4 Nr. 3 § 15 Abs. 1 Satz 1 Nr. 4 Satz 1 § 15 Abs. 4b § 18 Abs. 4a Satz 1 § 18 Abs. 12 Satz 1 § 18a § 18b Satz 1 Nr. 2 § 18b Sätze 2 und 3 § 19 Abs. 1 Satz 3 § 22 Abs. 1 Satz 2 § 22 Abs. 2 Nr. 8 § 25a Abs. 5 Satz 3 § 26a Nr. 5 § 27 Abs. 1 Satz 2 § 27a Abs. 1	geändert geändert neu gefasst neu gefasst geändert geändert geändert geändert geändert geändert geändert neu gefasst geändert neu gefasst geändert geändert geändert geändert neu gefasst geändert geändert
15	Gesetz zur Weiterentwicklung der Organisation der Grundsicherung für Arbeitssuchende	3. 8. 2010	2010/ 1112		§ 4 Nr. 15	geändert
16	Jahressteuergesetz 2010	8. 12. 2010	2010/ 1768	2010/ 1394	§ 1a Abs. 4 § 3 Abs. 9a Nr. 1 § 3a Abs. 1 Satz 1 § 3a Abs. 2 Satz 1 § 3a Abs. 3 Nr. 2 Satz 2 § 3a Abs. 3 Nr. 3 Buchst. a § 3a Abs. 3 Nr. 5 § 3a Abs. 4 Satz 2 Nr. 14 § 3a Abs. 6 Satz 1 Nr. 2 § 3a Abs. 8 § 3g Überschrift § 3g Abs. 1 Satz 1 § 3g Abs. 2 Satz 1 § 3g Abs. 2 Satz 2	neu gefasst geändert geändert geändert geändert geändert angefügt neu gefasst neu gefasst angefügt neu gefasst neu gefasst neu gefasst geändert

Lfd. Nr.	Änderungsgesetz	Datum	Fundstelle BGBl. I Jahrg./S.	Fundstelle BStBl I Jahrg./S.	Geänderte Vorschriften	Art der Änderung
					§ 4 Nr. 20 Buchst. a Satz 3	eingefügt
					§ 5 Abs. 1 Nr. 3	neu gefasst
					§ 5 Abs. 1 Nr. 6	neu gefasst
					§ 13b Abs. 2 Nr. 5	neu gefasst
					§ 13b Abs. 2 Nr. 6	geändert
					§ 13b Abs. 2 Nr. 7	angefügt
					§ 13b Abs. 2 Nr. 8	angefügt
					§ 13b Abs. 2 Nr. 9	angefügt
					§ 13b Abs. 5 Satz 1 und 2	geändert
					§ 13b Abs. 6 Nr. 4 und 5	geändert
					§ 13b Abs. 6 Nr. 6	angefügt
					§ 15 Abs. 1b	eingefügt
					§ 15 Abs. 4 Satz 4	angefügt
					§ 15a Abs. 6a	eingefügt
					§ 15a Abs. 8 Satz 2	angefügt
					§ 18 Abs. 3	neu gefasst
					§ 18 Abs. 10 Nr. 1 Buchst. a	neu gefasst
					§ 18 Abs. 10 Nr. 2	neu gefasst
					§ 27 Abs. 16	angefügt
					§ 27 Abs. 17	angefügt
					Anlage 3	angefügt
17	Artikel 11 des Gesetzes zur Ermittlung von Regelbedarfen und zur Änderung des Zweiten und Zwölften Buches Sozialgesetzbuch	24. 3. 2011	2011/ 453		§ 4 Nr. 15a	geändert
18	Artikel 2 des Gesetzes zur bestätigenden Regelung verschiedener steuerlicher und verkehrsrechtlicher Vorschriften des Haushaltsbegleitgesetzes 2004	5. 4. 2011	2011/ 554	2011/ 310	§ 9 Abs. 3 Satz 2	bestätigend geändert
19	Artikel 6 des Sechsten Gesetzes zur Änderung von Verbrauchsteuergesetzen	16. 6. 2011	2011/ 1090	2011/ 978	§ 13b Abs. 2 Nr. 9	geändert
					§ 13b Abs. 2 Nr. 10	angefügt
					§ 13b Abs. 5 Satz 1	geändert
20	Artikel 13 des Gesetzes zur Anpassung der Rechtsgrundlagen für die Fortentwicklung des Emissionshandels	21. 7. 2011	2011/ 1475	2011/ 979	§ 13b Abs. 2 Nr. 6	geändert
21	Steuervereinfachungsgesetz 2011	1. 11. 2011	2011/ 2131	2011/ 966	§ 14 Abs. 1	neu gefasst
					§ 14 Abs. 3	neu gefasst
					§ 14b Abs. 1 Satz 2	neu gefasst
					§ 27 Abs. 18	angefügt
					§ 27b Abs. 2 Sätze 2 und 3	angefügt
22	Drittes Gesetz zur Änderung des Umsatzsteuergesetzes	6. 12. 2011	2011/ 2562	2011/ 1271	§ 20 Abs. 1 Satz 1 Nr. 1	geändert
					§ 20 Abs. 2	aufgehoben
23	Beitreibungsrichtlinie-Umsetzungsgesetz	7. 12. 2011	2011/ 2592	2011/ 1171	§ 3a Abs. 8 Satz 1	neu gefasst

Umsatzsteuer-Durchführungsverordnungen

I. Umsatzsteuer-Durchführungsverordnung (UStDV) – Bekanntmachung der Neufassung der Umsatzsteuer-Durchführungsverordnung vom 21. 2. 2005 (BGBl. 2005 I S. 434).
Die Verordnung ist inzwischen weiter geändert worden durch

Lfd. Nr.	Änderungsgesetz	Datum	Fundstelle BGBl. I Jahrg.	S.	BStBl Jahrg.	S.	Geänderte Vorschriften	Art der Änderung
1	Gesetz zur Neuorganisation der Bundesfinanzverwaltung und zur Schaffung eines Refinanzierungsregisters	22. 9. 2005	2005	2809			§ 61 Abs. 1	geändert
2	Erstes Gesetz zum Abbau bürokratischer Hemmnisse insbesondere in der mittelständischen Wirtschaft	22. 8. 2006	2006	1970	2006	486	§ 33 Satz 1	geändert
3	Jahressteuergesetz 2007	13. 12. 2006	2006	2878	2007	28	§ 48 Abs. 4	neu gefasst
4	Jahressteuergesetz 2008	20. 12. 2007	2007	3150			§ 23	neu gefasst
5	Jahressteuergesetz 2009	19. 12. 2008	2008	2794	2009	74	§ 1	aufgehoben
							§ 17c Abs. 2 Nr. 4 und 5	neu gefasst
							§ 20 Abs. 1 Satz 1	geändert
							§ 20 Abs. 2	geändert
							§ 21 Satz 1	geändert
							§ 59	neu gefasst
							§ 61	neu gefasst
							§ 61a	eingefügt
							§ 74a	eingefügt
6	Steuerbürokratieabbaugesetz	20. 12. 2008	2008	2850	2009	124	§ 48 Abs. 1	geändert
							§ 48 Abs. 2	geändert
7	Drittes Gesetz zum Abbau bürokratischer Hemmnisse insbesondere in der mittelständischen Wirtschaft (Drittes Mittelstandsentlastungsgesetz)	17. 3. 2009	2009	550	2009		§ 68 Abs. 1 Nr. 4	eingefügt
8	Gesetz zur Umsetzung steuerlicher EU-Vorgaben sowie zur Änderung steuerlicher Vorschriften	8. 4. 2010	2010	386	2010	334	§ 30a Satz 1	geändert
9	Verordnung zur Änderung steuerlicher Verordnungen	17. 11. 2010	2010	1544	2010	1282	§ 59 Satz 2	neu gefasst
10	Zweite Verordnung zur Änderung steuerlicher Verordnungen	2. 12. 2011	2011	2416	2011	1167	§ 9	neu gefasst
							§ 10	neu gefasst
							§ 11	neu gefasst
							§ 13	neu gefasst
							§ 17	neu gefasst
							§ 17a	neu gefasst
							§ 17b	neu gefasst
							§ 17c	neu gefasst
							§ 43 Nr. 3	neu gefasst
							§ 44 Abs. 3	gestrichen
							§ 44 Abs. 4	geändert
							§ 44 Abs. 5	geändert
							§ 74a Abs. 2	angefügt

II. Einfuhrumsatzsteuer-Befreiungsverordnung – EUStBV – vom 11. 8. 1992 (BGBl. 1992 I S. 1526, BStBl 1992 I S. 756),
geändert durch:

Lfd. Nr.	Änderungsgesetz	Datum	Fundstelle BGBl. I Jahrg.	S.	BStBl Jahrg.	S.	Geänderte Vorschriften	Art der Änderung
1	Erste Verordnung zur Änderung der Einfuhrumsatzsteuer-Befreiungsverordnung 1993	9. 2. 1994	1994	302	1994	191	§ 1 Abs. 2	neu gefasst
							§ 1 Abs. 2a	eingefügt
							§ 1 Abs. 3	neu gefasst
							§ 3	geändert
							§ 11 Abs. 1	neu gefasst
							§ 11 Abs. 2	geändert
							§ 11 Abs. 3	neu gefasst
							§ 12 Abs. 1	aufgehoben
							§ 12 Abs. 2	geändert
							§ 12a	eingefügt
							§ 12b	eingefügt
							§ 14 Abs. 1	neu gefasst
							§ 14 Abs. 2 Satz 2	neu gefasst
2	Berichtigung der Ersten Verordnung zur Änderung der Einfuhrumsatzsteuer-Befreiungsverordnung 1993	9. 3. 1994	1994	523			§ 1 Abs. 3	geändert
3	Verordnung zur Änderung der Zollverordnung und anderer Verordnungen	22. 12. 2003	2004	21			§ 1 Abs. 1a	eingefügt
							§ 1 Abs. 2	geändert
							§ 11 Abs. 1	geändert
							§ 11 Abs. 2	geändert
							§ 15	geändert
4	Verordnung zur Änderung der Zollverordnung und der Einfuhrumsatzsteuer-Befreiungsverordnung 1993	24. 11. 2008	2008	2322			Überschrift	neu gefasst
							§ 1 Abs. 1	neu gefasst
							§ 19	eingefügt

III. Verordnung über die elektronische Übermittlung von für das Besteuerungsverfahren erforderlichen Daten (Steuerdaten-Übermittlungsverordnung – StDÜV) vom 28. 1. 2003 (BGBl. 2003 I S. 139, BStBl 2003 I S. 162) zuletzt geändert durch das Steuervereinfachungsgesetz 2011 (StVereinfG 2011) vom 1. 11. 2011 (BGBl. 2011 I S. 2131)

IV. § 21 AO 1977 und die Verordnung über die örtliche Zuständigkeit für die Umsatzsteuer im Ausland ansässiger Unternehmer (Umsatzsteuerzuständigkeitsverordnung – UStZustV –) vom 20. 12. 2001 (BGBl. 2001 I S. 3794, BStBl 2002 I S. 4) zuletzt geändert durch Art. 5 des Jahressteuergesetzes 2010 (JStG 2010) vom 8. 12. 2010 (BGBl. I 2010 S. 1768)

V. Verordnung über die Erstattung von Umsatzsteuer an ausländische ständige diplomatische Missionen und berufskonsularische Vertretungen sowie an ihre ausländischen Mitglieder (Umsatzsteuererstattungsverordnung – UStErstV) vom 3. 10. 1988 (BGBl. 1988 I S. 1780), zuletzt geändert durch Art. 8 des Gesetzes zur Umsetzung steuerlicher EU-Vorgaben sowie zur Änderung steuerlicher Vorschriften vom 8. 4. 2010 (BGBl. 2010 I S. 386).

Umsatzsteuer-Richtlinien

Allgemeine Verwaltungsvorschrift zur Ausführung des Umsatzsteuergesetzes (Umsatzsteuer-Richtlinien 2008 – UStR 2008 –) vom 10. 12. 2007 (BStBl 2007 I Sondernummer 2/2007, BAnz. Nr. 240a vom 22. 12. 2007) – bis 31. 10. 2010; aufgehoben durch die Allgemeine Verwaltungsvorschrift zur Aufhebung der Allgemeinen Verwaltungsvorschrift zur Ausführung des Umsatzsteuergesetzes (Umsatzsteuer-Richtlinien 2008 – UStR 2008) vom 6. 10. 2010 (BStBl I S. 769, BAnz. Nr. 165 vom 29. 10. 2010)

Einführung

¹Die Umsatzsteuer-Richtlinien 2008 behandeln Zweifelsfragen und Auslegungsfragen von allgemeiner Bedeutung, um eine einheitliche Anwendung des Umsatzsteuerrechts durch die Behörden der Finanzverwaltung sicherzustellen. ²Sie enthalten außerdem Regelungen, wie zur Vermeidung unbilliger Härten und zur Verwaltungsvereinfachung in bestimmten Fällen zu verfahren ist.

Umsatzsteuer-Anwendungserlass

Umsatzsteuer-Anwendungserlass (UStAE) vom 1. 10. 2010 (BStBl 2010 I S. 846) – seit 1. 11. 2010¹), zuletzt geändert durch BMF-Schreiben vom 12. 12. 2011 (IV D 3 – S 7015/11/10003 [2011/0994839]; siehe Allgemeines H 13).

Gemeinschafts-Umsatzsteuerrecht

Dem deutschen Umsatzsteuerrecht liegen gemeinschaftsrechtliche Regelungen zugrunde, die der Rat der Europäischen Gemeinschaften in besonderen Richtlinien getroffen hat. Derzeit gelten folgende Richtlinien:

- Mehrwertsteuer-Systemrichtlinie (MwSt-SystRL) – Richtlinie 2006/112/EG des Rates vom 28. 11. 2006 über das gemeinsame Mehrwertsteuersystem – (ABl. EU Nr. L 347 vom 11. 12. 2006, S. 1), zuletzt geändert durch die Richtlinie 2010/88/EU des Rates vom 7. 12. 2010 zur Änderung der Richtlinie 2006/112/EG über das gemeinsame Mehrwertsteuersystem in Bezug auf die Dauer der Verpflichtung, einen Mindestnormalsatz einzuhalten (ABl. EU 2010 Nr. L 326 S. 1),
- Verordnung (EG) Nr. 1777/2005 des Rates vom 17. 10. 2005 zur Festlegung von Durchführungsvorschriften zur 6. EG-Richtlinie (ABl. EU 2005 Nr. L 288 S. 1),
- Durchführungsverordnung (EU) Nr. 282/2011 des Rates vom 15. 3. 2011 zur Festlegung von Durchführungsvorschriften zur Richtlinie 2006/112/EG über das gemeinsame Mehrwertsteuersystem (ABl. EU 2011 Nr. L 77 S. 1),
- Richtlinie 2008/9/EG – des Rates vom 12. 2. 2008 zur Regelung der Erstattung der Mehrwertsteuer gemäß der Richtlinie 2006/112/EG an nicht im Mitgliedstaat der Erstattung, sondern in einem anderen Mitgliedstaat ansässige Steuerpflichtige (ABl.EU Nr. L 44 vom 20. 2. 2008 S. 23),
- 13. EG-Umsatzsteuer-Richtlinie – vom 17. 11. 1986 – Verfahren der Erstattung der Mehrwertsteuer an nicht im Gebiet der Gemeinschaft ansässige Steuerpflichtige – (ABl. EG Nr. L 316 vom 21. 11. 1986, S. 40),
- die Ratsrichtlinien 2009/132/EG vom 19. 10. 2009 (ABl. EU Nr. L 292 vom 10. 11. 2009, S. 5), 69/169/EWG vom 28. 5. 1969 (ABl. EG Nr. L 133, S. 6) – zuletzt geändert durch Richtlinie 94/4/EG vom 14. 2. 1994 (ABl. EG Nr. L 60 vom 3. 3. 1994, S. 14) –, 74/651/EWG vom 19. 12. 1974 (ABl. EG Nr. L 354 vom 30. 12. 1974, S. 57) – zuletzt geändert durch Richtlinie 88/663/EWG vom 21. 12. 1988 (ABl. EG Nr. L 382 vom 31. 12. 1988, S. 40) – und 78/1035/EWG vom 19. 12. 1978 (ABl. EG Nr. L 366 vom 28. 12. 1978, S. 34) – zuletzt geändert durch Richtlinie 85/576/EWG vom 20. 12. 1985 (ABl. EG Nr. L 372 vom 31. 12. 1985, S. 30) – sowie
- Verordnung (EWG) Nr. 1798/2003 vom 7. 10. 2003 über die Zusammenarbeit der Verwaltungsbehörden auf dem Gebiet der Mehrwertsteuer und zur Aufhebung der Verordnung (EWG) Nr. 218/92 (ABl. EU 2003 Nr. L 264 S. 1).

---

¹) Die hochgestellten Ziffern geben die laufenden Nummern der Sätze an.

ALLGEMEINES

Hinweise

1 Erstattung von Vorsteuern in Ungarn

(BMF vom 31. 3. 1989 – IV A 1 – S 7057 – 10/89 –)

Ungarn hat zum 1. 1. 1988 eine Umsatzsteuer nach dem Mehrwertsteuersystem eingeführt. Die Verordnung des ungarischen Ministerrats Nr. 43/1988 vom 31. 5. 1988 regelt die Rückerstattung der ungarischen Umsatzsteuer an nicht in Ungarn ansässige Unternehmer. Danach können Unternehmer, die in Ungarn weder ihren Sitz, Wohnsitz oder gewöhnlichen Aufenthalt haben, ab 1988 die Rückerstattung der ihnen für bestimmte Leistungen (wie z. B. Wartung und Reparatur von Beförderungsmitteln, Leistungen im Zusammenhang mit Messen und Ausstellungen, Werbeleistungen) in Rechnung gestellten ungarischen Umsatzsteuer beantragen. Der Antrag ist auf dem als Muster beigefügten Vordruck zu stellen. Auf dem Antrag hat das für den Antragsteller zuständige Finanzamt zu bestätigen, dass der Unternehmer im Kalenderjahr, für das der Antrag gestellt wird, mehrwertsteuerpflichtig war.

Erstattungsanträge sind innerhalb eines Zeitraums von sechs Monaten nach Ablauf des Kalenderjahres, für das die Erstattung beantragt wird, zu stellen. Eine Erstattung erfolgt jedoch nur in Höhe des 5 000 Forint übersteigenden Betrags. Über den Antrag auf Erstattung entscheidet die zuständige Erstattungsbehörde innerhalb von 30 Tagen. Gegen die Entscheidung sind Rechtsmittel möglich.

Anträge auf Erstattung ungarischer Mehrwertsteuer sind an folgende Erstattungsbehörde zu richten:

Fövárosi Adófelügyeloség
Haamaan Katoo ut. 3 – 5
Postfach 39
H-1435 Budapest IX.

Bei dieser Behörde sind Antragsformulare sowie ein Merkblatt erhältlich, dem die Einzelheiten des Erstattungsverfahrens zu entnehmen sind.

2 Erstattung von Vorsteuern in der Schweiz

(BMF vom 31. 8. 1995 – IV C 2 – S 7057 – 23/95 –)

– 2 Anlagen –[1])

Die Schweiz hat zum 1. 1. 1995 eine Umsatzsteuer nach dem Mehrwertsteuersystem eingeführt. Die Verordnung des Eidgenössischen Finanzdepartements (VO) vom 14. 12. 1994 regelt die Rückerstattung der schweizerischen Umsatzsteuer an nicht in der Schweiz ansässige Unternehmer. Danach können Unternehmer, die in der Schweiz weder ihren Sitz, Wohnsitz oder gewöhnlichen Aufenthalt haben, ab 1. 1. 1995 die Rückerstattung der ihnen für bestimmte Leistungen (wie z. B. Wartung und Reparatur von Beförderungsmitteln, Leistungen im Zusammenhang mit Messen und Ausstellungen, Werbeleistungen) in Rechnung gestellten schweizerischen Umsatzsteuer beantragen. Der Antrag ist auf dem als Muster beigefügten Vordruck (Anlage 1) in einer Amtssprache der Schweiz (deutsch, französisch, italienisch), mit Schreibmaschine oder in Druckschrift ausgefüllt, zu stellen. Mit dem Antrag ist ein Nachweis der Eintragung als Umsatzsteuerpflichtiger (Mehrwertsteuer) (Anlage 2) einzureichen. Auf diesem Antrag hat das für den Antragsteller zuständige Finanzamt zu bestätigen, dass der Unternehmer als Mehrwertsteuerpflichtiger umsatzsteuerlich erfasst ist.

Der Antragsteller hat weiterhin für seinen Antrag eine natürliche oder juristische Person mit Sitz oder Wohnsitz in der Schweiz als umsatzsteuerlichen Vertreter zu bestellen. Auf dem Antrag ist eine entsprechende Vollmacht zu erteilen.

Erstattungsanträge sind innerhalb eines Zeitraums von 6 Monaten nach Ablauf des Kalenderjahres, für das die Erstattung beantragt wird, zu stellen. Eine Erstattung erfolgt jedoch nur dann, wenn der Erstattungsbetrag mindestens 500 Franken beträgt.

Dem Antrag sind die Originale der Rechnungen, die Einfuhrdokumente sowie die Zahlungsnachweise beizufügen. Die Rechnungen müssen insbesondere enthalten:

– Name und Adresse des leistenden Unternehmers sowie die Nummer, unter der er im Register der Steuerpflichtigen in der Schweiz eingetragen ist (MWSt-Nr.),

– Name und Adresse des Leistungsempfängers (Antragsteller),

– Datum oder Zeitraum der Lieferung oder der Dienstleistung,

– Art, Gegenstand und Umfang der Lieferung oder Dienstleistung,

---

[1]) Anm.: Anlagen nicht abgedruckt.

- das Entgelt für den Umsatz,
- den auf das Entgelt entfallenden Steuerbetrag oder die Angabe des Steuersatzes.

Die Steuererstattung ist nur dann möglich, wenn die bezogenen Umsätze zur Erzielung von Umsätzen dienen, die in der Schweiz der Mehrwertsteuer unterliegen würden. Ein Anspruch auf Erstattung besteht für ausländische Unternehmer nur insoweit, als der Staat, in dem sie ihren Sitz oder Wohnsitz haben, schweizerischen Unternehmen die dortige Mehrwertsteuer in gleichem Umfang erstattet.

Ausgeschlossen ist die Erstattung der in Rechnung gestellten Steuer bei Vorbezügen für steuerfreie Umsätze, bei Vergnügungsleistungen (z. B. Ausflug mit Kunden) sowie für die Anschaffung und den Unterhalt von Motorrädern mit einem Hubraum von mehr als 125 ccm, von Segel- und Motorbooten und von Sportflugzeugen. Darüber hinaus sind Steuerbeträge in Höhe von 50 v. H. von einer Erstattung ausgeschlossen, die sich beziehen auf

- Kosten für Unterkunft, Verpflegung und Getränke,
- die Beförderung bei Geschäftsreisen des ausländischen Unternehmers und seines Personals,
- die Anschaffung, die Herstellung, das Leasing oder die Miete, die Verwendung, den Umbau, die Instandsetzung und Instandhaltung von Personenwagen sowie die Lieferungen (insbesondere von Treibstoffen) und die Dienstleistungen für Personenwagen, soweit diese nicht aufgrund ihrer Ausstattung ausschließlich geschäftlichen Zwecken dienen.

Anträge auf Erstattung schweizerischer Mehrwertsteuer sind an folgende Erstattungsbehörde zu richten:

Eidgenössische Steuerverwaltung
Hauptabteilung Mehrwertsteuer
Schwarztorstr. 50
CH – 3003 Bern
Telefon: 0041 31 322 75 33
Telefax: 0041 31 322 78 90

Bei dieser Behörde sind Antragsformulare sowie ein Merkblatt erhältlich, dem die Einzelheiten des Erstattungsverfahrens zu entnehmen sind.

Zentrale Erstattungsbehörden in den EU-Mitgliedstaaten für die Erstattung von Vorsteuern an Steuerpflichtige, die im Ausland ansässig sind   3

(BMF vom 4. 10. 1999, BStBl 1999 I S. 933)
Siehe USt-HA 2008/09 Allgemeines H 3.

Auswirkungen durch den Beitritt Estlands, Lettlands, Litauens, Maltas, Polens, der Slowakei, Sloweniens, der Tschechischen Republik, Ungarns und Zyperns   4

(BMF vom 28. 4. 2004, BStBl 2004 I S. 480)
Siehe USt-HA 2004/05 Allgemeines H 4.

Bedeutung von EG-Richtlinien und Anwendungsvorrang, von Vorabentscheidungsersuchen der Gerichte und von Vorabentscheidungen des EuGH für das deutsche Umsatzsteuerrecht   5

(OFD Hannover, Vfg. vom 28. 7. 2004, – S 7056b – 3 – StO 351 –, – S 7056b – 1 – StH 441 –, UVR 2005 S. 32)

Steuerliche Maßnahmen zur Unterstützung der Opfer der Seebeben-Katastrophe im Dezember 2004 in Indien, Sri Lanka, Thailand, Malaysia, Birma (Myanmar), Bangladesch, auf den Malediven, den Seychellen sowie in Kenia, Tansania und Somalia   6

(BMF vom 14. 1. 2005, – IV C 4 – S 2223 – 48/05 –, StEd 2005 S. 91)
Siehe USt-HA 2005/06 Allgemeines H 6.

Eindämmung der Normenflut;
BMF-Schreiben zur Aufhebung der vor dem 1. 1. 1980 ergangenen BMF-Schreiben   7

(BMF vom 7. 6. 2005, BStBl 2005 I S. 717)
Siehe USt-HA 2005/06 Allgemeines H 7.

UStG Allgemeines
H

8 Grundzüge der Richtlinie 2006/112/EG des Rates vom 28. 11. 2006 über das gemeinsame Mehrwertsteuersystem

(BMF-Schreiben vom 11. 1. 2007 – IV A 2 – S 7056 – 6/07, UR 2007 S. 178)

Der ECOFIN-Rat hat am 28. November 2006 die Richtlinie 2006/112/EG des Rates über das gemeinsame Mehrwertsteuersystem verabschiedet. Mit der Richtlinie wird insbesondere die 6. EG-Richtlinie (Basisrechtsakt) neu gefasst. Die Neufassung ist am 1. Januar 2007 in Kraft getreten. Zum gleichen Zeitpunkt wurden die 1. EG-Richtlinie, die 6. EG-Richtlinie und die jeweiligen Änderungsrechtsakte aufgehoben.

Mit der Neufassung des geltenden Gemeinschaftsrechts durch die Richtlinie 2006/112/EG sind grundsätzlich keine Änderungen des geltenden Rechts verbunden. Dies ergibt sich auch aus dem dritten Erwägungsgrund und einer Protokollerklärung zur Richtlinie 2006/112/EG. Gleichwohl kann es bezogen auf einzelne Mitgliedstaaten durch Angleichungen der jeweiligen Sprachfassung zu Änderungen gegenüber dem geltenden nationalen Recht kommen. Die sich möglicherweise ergebenden Rechtsänderungen sind abschließend in Artikel 412 der Richtlinie 2006/112/EG aufgezählt. Etwaige Rechtsänderungen sind zum 1. Januar 2008 in das nationale Recht umzusetzen. Bezogen auf das deutsche Recht ergeben sich aber auch insoweit keine Rechtsänderungen, da es bereits den dort aufgeführten Vorschriften entspricht.

Aus der Protokollerklärung zur Richtlinie 2006/112/EG ergibt sich auch, dass – trotz der Aufhebung der 1. EG-Richtlinie, der 6. EG-Richtlinie und der jeweiligen Änderungsrechtsakte – die dazu ergangenen Begründungen in den Erwägungsgründen und die Protokollerklärungen weiterhin gelten.

Einen Abdruck der Richtlinie 2006/112/EG (Anlage 1) und der Protokollerklärungen zur Richtlinie 2006/112/EG (Anlage 2) füge ich zu Ihrer Information bei. Ergänzend weise ich darauf hin, dass die Richtlinie 2006/112/EG bereits am 19. Dezember 2006 durch die Richtlinie 2006/138/EG des Rates zur Änderung der Richtlinie 2006/112/EG über das gemeinsame Mehrwertsteuersystem bezüglich der Geltungsdauer der Mehrwertsteuerregelung für Rundfunk- und Fernsehdienstleistungen sowie bestimmte elektronisch erbrachte Dienstleistungen (ABl. EU 2006 Nr. L 384 S. 92) geändert wurde. Diese Änderung ist im übersandten Abdruck der Richtlinie 2006/112/EG nicht berücksichtigt.

Ab dem 1. Januar 2007 bildet die Richtlinie 2006/112/EG die Grundlage für das harmonisierte Mehrwertsteuerrecht. Im Zusammenhang mit Verweisen auf die Richtlinie 2006/112/EG stellt sich die Frage, wie die Richtlinie prägnant bezeichnet werden kann. Die Arbeitsbezeichnung sollte auf der einen Seite kurz sein, auf der anderen Seite aber auch auf den Inhalt des zitierten Gemeinschaftsrechtsaktes schließen lassen. Es bietet sich deshalb an, die Richtlinie 2006/112/EG als „Mehrwertsteuer-Systemrichtlinie" (abgekürzt: „MwStSystRL") zu bezeichnen. BMF wird ab sofort diese Bezeichnungen verwenden. Ich wäre Ihnen dankbar, wenn Sie – um eine einheitliche Zitierweise zu erreichen – entsprechend verfahren würden.

9 Auswirkungen durch den Beitritt Bulgariens und Rumäniens zur Europäischen Union

(BMF vom 26. 1. 2007, BStBl 2007 I S. 208)

Siehe Online-Datenbank der USt-HA.

10 Eindämmung der Normenflut;
BMF-Schreiben, die vom 1. Januar 1980 bis zum 31. Dezember 2004 ergangen sind

(BMF vom 29. 3. 2007, BStBl 2007 I S. 369)

Siehe Online-Datenbank der USt-HA.

11 Eindämmung der Normenflut;
BMF-Schreiben, die bis zum 31. Dezember 2009 ergangen sind

(BMF vom 23. 4. 2010, BStBl 2010 I S. 391)

Siehe Online-Datenbank der USt-HA.

12 Anwendung von BMF-Schreiben;
BMF-Schreiben, die bis zum 1. April 2011 ergangen sind

(BMF vom 4. 4. 2011, BStBl 2011 I S. 356)

Siehe Online-Datenbank der USt-HA.

Änderungen zum 31. Dezember 2011 (Einarbeitung von Rechtsprechung und redaktionelle Änderung)

13

(BMF vom 12. 12. 2011, BStBl 2011 I S. 1289)

Der Umsatzsteuer-Anwendungserlass berücksichtigt zum Teil noch nicht die seit dem 1. November 2010 ergangene Rechtsprechung, soweit diese im Bundessteuerblatt Teil II veröffentlicht worden ist. Außerdem enthält der Umsatzsteuer-Anwendungserlass in gewissem Umfang redaktionelle Unebenheiten, die beseitigt werden müssen. Weiterhin bedarf der unübersichtlich gewordene bisherige Abschnitt 13b.1 einer Aufgliederung, um eine bessere Lesbarkeit für die Anwender zu erreichen. Schließlich sind die Regelungen in den Abschnitten zu § 18a UStG an die ab dem 1. Januar 2012 geltende Rechtslage zur Abgabe monatlicher Zusammenfassender Meldungen anzupassen.

Unter Bezugnahme auf das Ergebnis der Erörterungen mit den obersten Finanzbehörden der Länder wird der Umsatzsteuer-Anwendungserlass vom 1. Oktober 2010, BStBl I S. 846, der zuletzt durch das BMF-Schreiben vom 9. Dezember 2011 – IV D 3 - S 7360/11/10003 (2011/ 0990487) –, BStBl I S. 12, geändert worden ist, deshalb wie folgt geändert:[1]

Rechtsprechung

Rsp

EUROPÄISCHER GERICHTSHOF

Rsp I

EuGH vom 3. 2. 2000 – Rs. C-12/98 – (HFR 2000 S. 317, UVR 2000 S. 143)

Spanische Mehrwertsteuer auf die Vermietung von Grundstücken

Art. 13 Teil B Buchst. b 6. USt-Richtlinie gestattet es den Mitgliedstaaten, die Vermietung von Grundstücken durch eine allgemeine Vorschrift der Mehrwertsteuer zu unterwerfen und nur die Vermietung von Grundstücken, die zu Wohnzwecken bestimmt sind, durch eine Ausnahmevorschrift von der Mehrwertsteuer zu befreien.

EuGH vom 3. 2. 2000 – Rs. C-228/98 – (HFR 2000 S. 314)

Berechnung des steuerlichen Werts von nach Griechenland eingeführten Waren

Zur steuerlichen und verfahrensrechtlichen Diskriminierung

1. Art. 95 EG-Vertrag (nach Änderung jetzt Art. 90 EG) steht einer nationalen Regelung wie derjenigen des Ausgangsverfahrens entgegen, die für die Erhebung von Umsatzsteuer, Stempelsteuer und besonderer Verbrauchsteuer eine Methode für die Berechnung des steuerlichen Wertes vorsieht, wenn diese Methode danach unterscheidet, ob es sich um Steuern auf inländische Erzeugnisse oder auf eingeführte Erzeugnisse handelt, dergestalt, dass sie zu einer höheren Belastung der letztgenannten Erzeugnisse führt. Die Bezugnahme der nationalen Regelung auf die VO Nr. 1224/80 für die Bestimmung des steuerlichen Wertes der Erzeugnisse aus anderen Mitgliedstaaten verstößt als solche nicht gegen den EG-Vertrag.
2. Art. 95 bzw. die Art. 9 und 12 EG-Vertrag (nach Änderung jetzt Art. 23 und 25 EG) stehen einer nationalen Regelung betreffend die Erhebung einer Steuer wie der im Ausgangsverfahren streitigen Ausgleichsteuer entgegen, nach der Waren aus einem anderen Mitgliedstaat entsprechend dieser Steuer unterworfen werden, während entsprechende, im Inland hergestellte Waren ihr nicht unterliegen.
3. Die VO Nr. 1224/80 ist auf den Handelsverkehr zwischen Mitgliedstaaten nicht anwendbar.
4. Das Gemeinschaftsrecht steht einer nationalen Regelung entgegen, nach der die Zollbehörden verpflichtet sind, die eingeführten Waren im Fall einer Streitigkeit über die Höhe der verlangten Steuern einzubehalten, sofern der Betroffene diesen Betrag nicht entrichtet, wenn dieses Verfahren ungünstiger gestaltet ist als bei entsprechenden Rechtsbehelfen, die nur innerstaatliches Recht betreffen, oder wenn es die Einfuhr von Erzeugnissen aus anderen Mitgliedstaaten praktisch unmöglich macht oder übermäßig erschwert.
5. Der Vertrag steht einer nationalen Vorschrift, nach der Streitigkeiten über die Erhebung von Steuern auf eingeführte Erzeugnisse im Rahmen eines Verwaltungsverfahrens entschieden werden, das sich auf die Einfuhr der Erzeugnisse auswirken kann, nicht entgegen, sofern es kein vergleichbares Verfahren für Streitigkeiten betreffend inländische Erzeugnisse gibt, das für diese günstiger ist, und sofern die Verwaltungsentscheidungen, durch die die Einfuhr von Erzeugnissen verweigert oder eingeschränkt wird, gerichtlich angefochten werden können.

---

[1] Anm.: Die Änderungen wurden in den Text des USt-HA in der seit dem 1.1.2012 geltenden Fassung übernommen.

6. Das Gemeinschaftsrecht steht einer nationalen Regelung, nach der im Fall einer Klage auf Ersatz eines durch einen Verstoß gegen das Gemeinschaftsrecht entstandenen Schadens im Rahmen der Staatshaftung ein Zeugenbeweis nur in Ausnahmefällen möglich ist, nicht entgegen, wenn diese Vorschrift auch für entsprechende Klagen gilt, die nur innerstaatliches Recht betreffen, und sofern sie den Rechtsuchenden nicht an der Geltendmachung der ihm aufgrund der unmittelbaren Wirkung des Gemeinschaftsrechts zustehenden Rechte hindert.

EuGH vom 9. 3. 2000 – Rs. C-437/97 – (UVR 2000 S. 178, UR 2000 S. 242, IStR 2000 S. 211)

Beibehaltung einer Getränkesteuer neben der Mehrwertsteuer, zeitliche Begrenzung eines Urteils zur Rückzahlung bisher rechtsgrundlos (gemeinschaftsrechtswidrig) erhobener Steuer

1. Artikel 33 6. USt-Richtlinie in der Fassung der Richtlinie 91/680/EWG des Rates vom 16. 12. 1991 zur Ergänzung des gemeinsamen Mehrwertsteuersystems und zur Änderung der Richtlinie 77/388 im Hinblick auf die Beseitigung der Steuergrenzen steht der Beibehaltung einer Abgabe wie der im Ausgangsverfahren streitigen Getränkesteuer, die auf die entgeltliche Lieferung von Speiseeis einschließlich darin verarbeiteter oder dazu verabreichter Früchte und von Getränken, jeweils einschließlich der mitverkauften Umschließung und des mitverkauften Zubehörs, erhoben wird, nicht entgegen.
2. Artikel 3 Absatz 3 Richtlinie 92/12/EWG des Rates vom 25. Februar 1992 über das allgemeine System, den Besitz, die Beförderung und die Kontrolle verbrauchsteuerpflichtiger Waren steht der Beibehaltung einer auf alkoholfreie Getränke und Speiseeis erhobenen Steuer wie der im Ausgangsverfahren streitigen nicht entgegen. Artikel 3 Absatz 2 dieser Richtlinie steht jedoch der Beibehaltung einer auf alkoholische Getränke erhobenen Steuer wie derjenigen entgegen, um die es im Ausgangsverfahren geht.
3. Niemand kann sich auf Artikel 3 Absatz 2 Richtlinie 92/12/EWG berufen, um Ansprüche betreffend Abgaben wie die Steuer auf alkoholische Getränke, die vor Erlass dieses Urteils entrichtet wurden oder fällig geworden sind, geltend zu machen, es sei denn, er hätte vor diesem Zeitpunkt Klage erhoben oder einen entsprechenden Rechtsbehelf eingelegt.

EuGH vom 13. 7. 2000 – Rs. C-36/99 – (UR 2000 S. 381, HFR 2000 S. 761, UVR 2000 S. 392)

Keine gemeinschaftsrechtswidrige Ungleichbehandlung zwischen umsatzsteuerbefreiter grenzüberschreitender Personenbeförderung mit Luftfahrzeugen und umsatzsteuerpflichtiger grenzüberschreitender Personenbeförderung mit Bussen.

Beim gegenwärtigen Stand der Harmonisierung der Rechtsvorschriften der Mitgliedstaaten betreffend das gemeinsame Mehrwertsteuersystem steht der gemeinschaftsrechtliche Grundsatz der Gleichbehandlung Rechtsvorschriften eines Mitgliedstaats nicht entgegen, nach denen grenzüberschreitende Personenbeförderungen mit Luftfahrzeugen entsprechend Art. 28 Abs. 3 Buchst. b 6. USt-Richtlinie, in der Fassung, wie sie sich aus der Richtlinie 96/95/EG des Rates vom 20. 12. 1996 zur Änderung der Richtlinie 77/388/EWG hinsichtlich der Höhe des Normalsteuersatzes ergibt, weiterhin von der Steuer befreit sind, während grenzüberschreitende Personenbeförderungen mit Bussen besteuert werden.

EuGH vom 19. 9. 2000 – Rs. C-177/99 und C-181/99 – (BFH/NV 2001 Beilage 2 S. 116)

Vorsteuerabzug, Repräsentationsaufwendungen, Vorsteuerausschluss, Verhältnismäßigkeit, Gültigkeit einer Ratsermächtigung, Frankreich

Die Entscheidung 89/487/EWG des Rates vom 28. 7. 1989 zur Ermächtigung der Französischen Republik, eine von Art. 17 Abs. 6 Unterabs. 2 6. USt-Richtlinie abweichende Sondermaßnahmen zu treffen, ist ungültig.

EuGH vom 14. 11. 2000 – Rs. C-142/99 – (UVR 2001 S. 191)

Vorsteuerabzug bei Unternehmen, das nur für einen Teil seiner Umsätze steuerpflichtig ist, sog. Pro-rata-Abzug nach Umsatzschlüssel, Dividenden und Darlehenszinseinnahmen einer Holdinggesellschaft von ihren Tochtergesellschaften

Nach Art. 19 6. USt-Richtlinie müssen im Nenner des Bruchs, der zur Berechnung des Pro-rata-Satzes des Vorsteuerabzugs dient, unberücksichtigt bleiben

- zum einen Dividenden, die Tochtergesellschaften an eine Holdinggesellschaft ausschütten, die wegen anderer Tätigkeiten mehrwertsteuerpflichtig ist und die für diese Tochtergesellschaften Verwaltungsdienstleistungen erbringt, und
- zum anderen Zinsen, die Tochtergesellschaften dieser Holdinggesellschaft für ihnen gewährte Darlehen zahlen, wenn diese Darlehensumsätze keine wirtschaftliche Tätigkeit der Holdinggesellschaft im Sinne des Art. 4 Absatz 2 6. USt-Richtlinie darstellen.

EuGH vom 18. 1. 2001 – Rs. C-83/99 – (DB 2001 S. 314, UR 2001 S. 210)

Gemeinschaftsrechtswidrigkeit eines ermäßigten Steuersatzes auf Autobahnmaut in Spanien
Spanien hat dadurch seine Verpflichtungen aus Art. 12 Abs. 3 Buchst. a 6. USt-Richtlinie in der Fassung der Richtlinie 96/95/EG des Rates vom 20. 12. 1996 verstoßen, dass es einen ermäßigten Mehrwertsteuersatz auf die Dienstleistung angewandt hat, die in der Gestattung der Benutzung einer Straßenanlage gegen eine Gebühr besteht.

EuGH vom 25. 1. 2001 – Rs. C-429/97 – (DB 2001 S. 366, UVR 2001 S. 142)

Vergütungsverfahren bei der Umsatzsteuer auch dann zulässig, wenn ausländisches Unternehmen im Rahmen der Müllbeseitigung Unteraufträge an inländisches Unternehmen vergibt, komplexe Leistungen im Bereich der Müllbeseitigung am Sitzort des Leistenden zu besteuern
Die Französische Republik hat dadurch gegen ihre Verpflichtungen aus der 8. USt-Richtlinie, insbesondere aus deren Art. 2, verstoßen, dass sie die Erstattung der Mehrwertsteuer an in einem anderen Mitgliedstaat ansässige Steuerpflichtige ablehnte, die diese als Hauptunternehmen im Rahmen eines Vertrages über eine komplexe Leistung auf dem Gebiet der Abfallbeseitigung an den französischen Staat entrichten mussten, wenn sie einen Teil der in diesem Vertrag bedungenen Arbeiten an ein in Frankreich ansässiges mehrwertsteuerpflichtiges Subunternehmen vergeben hatten.

EuGH vom 8. 3. 2001 – Rs. C-276/98 – (HFR 2001 S. 633,)

Ermäßigte Mehrwertsteuersätze auf bestimmte Produkte in Portugal rechtswidrig; zur Maut für die Benutzung der Tejo-Brücke
Portugal hat gegen seine Verpflichtungen aus den Art. 12 und 28 Abs. 2 6. USt-Richtlinie in der durch die RL 92/77/EWG geänderten Fassung verstoßen, indem es einen ermäßigten Mehrwertsteuersatz von 5 v. H. auf Umsätze mit den in den Punkten 1.8, 2.11 und 3.8 der Liste I im Anhang zum portugiesischen Mehrwertsteuergesetz aufgeführten Gegenständen, darunter Weine, zur Erforschung alternativer Energien bestimmte Maschinen und Ausrüstungsgegenstände sowie landwirtschaftliche Geräte und Ausrüstungsgegenstände, aufrechterhalten hat.

EuGH vom 3. 5. 2001 – Rs. C-481/98 – (HFR 2001 S. 720)

Frankreichs Mehrwertsteuerregelung für im Rahmen der sozialen Sicherheit erstattungsfähige Arzneimittel rechtmäßig
Frankreich hat nicht dadurch gegen seine Verpflichtungen aus Art. 12 6. USt-Richtlinie verstoßen, dass es eine Mehrwertsteuerregelung eingeführt und beibehalten hat, nach der die im Rahmen der sozialen Sicherheit erstattungsfähigen Arzneimittel zu einem Steuersatz von 2,1 v. H. besteuert werden, während die übrigen Arzneimittel zum ermäßigten Steuersatz von 5,5 v. H. besteuert werden.

EuGH vom 14. 6. 2001 – Rs. C-345/99 – (HFR 2001 S. 923, UR 2001 S. 405)

Abzugsfähigkeit der Mehrwertsteuer auf den Erwerb von Fahrzeugen für den Fahrunterricht in Frankreich
Frankreich hat nicht gegen seine Verpflichtungen aus Art. 17 Abs. 2 6. USt-Richtlinie verstoßen, indem es für Fahrzeuge, die von dem Steuerpflichtigen für den Fahrunterricht verwendet werden, nur dann ein Recht auf Abzug der auf den Erwerb dieser Gegenstände erhobenen Mehrwertsteuer einräumt, wenn die Fahrzeuge ausschließlich für die genannte Tätigkeit verwendet werden.

EuGH vom 14. 6. 2001 – Rs. C-40/00 – (HFR 2001 S. 924, UVR 2002 S. 219)

Frankreichs Wiedereinführung des vollständigen Ausschlusses des Rechts auf Abzug der Mehrwertsteuer für Dieselkraftstoff ist rechtswidrig
Frankreich hat gegen seine Verpflichtungen aus Art. 17 Abs. 2 6. USt-Richtlinie i. d. F. der RL 95/7/EG verstoßen, indem es den vollständigen Ausschluss des Rechts auf Abzug der Mehrwertsteuer für Dieselkraftstoff, der als Treibstoff für Kraftfahrzeuge und Maschinen verwendet wird, die nicht zum Vorsteuerabzug berechtigen, mit Wirkung vom 1. 1. 1998 an wieder eingeführt hat, nachdem es vorher ein begrenztes Recht auf einen Abzug geschaffen hatte.

EuGH vom 7. 3. 2002 – Rs. C-169/00 – (HFR 2002 S. 563, UVR 2002 S. 225)

Steuerbefreiung der Dienstleistungen der Autoren, Künstler und Interpreten von Kunstwerken
Finnland hat gegen seine Verpflichtungen aus Art. 2 6. USt-Richtlinie verstoßen, indem es eine Regelung beibehalten hat, nach der sowohl der Verkauf eines Kunstgegenstands unmittelbar durch dessen Urheber oder einen Vermittler als auch die Einfuhr eines Kunstwerks durch den Urheber, der zugleich Eigentümer ist, von der Mehrwertsteuer befreit sind.

EuGH vom 19. 9. 2002 – Rs. C-101/00 – (DB 2002 S. 2201, HFR 2003 S. 92)

Zur gemeinschaftsrechtlichen Zulässigkeit von Kfz-Zulassungssteuern für „eingeführte" Fahrzeuge – Finnische Zulassungssteuer ist keine Umsatzsteuer

1. Art. 95 Abs. 1 EG-Vertrag (nach Änderung jetzt Art. 90 Abs. 1 EGV n. F.) erlaubt es einem Mitgliedstaat, auf aus einem anderen Mitgliedstaat eingeführte Gebrauchtfahrzeuge eine Steuerregelung anzuwenden, nach der der Steuerwert durch Verweisung auf den Zollwert i. S. der VO (EWG) Nr. 2913/92 des Rats vom 12. 10. 1992 zur Festlegung des Zollkodex der Gemeinschaften und Nr. 2454/93 der Kommission vom 2. 7. 1993 mit Durchführungsvorschriften zu der Verordnung Nr. 2913/92 bestimmt wird, lässt es aber nicht zu, dass der Steuerwert je nach Handelsstufe variiert, wenn dadurch zumindest in bestimmten Fällen die Steuer für ein eingeführtes Gebrauchtfahrzeug höher sein kann als die Reststeuer, die noch im Wert eines im Inland bereits zugelassenen gleichartigen Gebrauchtfahrzeugs enthalten ist.

2. Art. 95 Abs. 1 EG-Vertrag verbietet es einem Mitgliedstaat, auf aus einem anderen Mitgliedstaat eingeführte Gebrauchtfahrzeuge eine Steuerregelung anzuwenden, nach der die Steuer für diese Kraftfahrzeuge
   – in den ersten sechs Monaten nach der Zulassung oder der Inbetriebnahme des Fahrzeugs ebenso hoch ist wie die Steuer für ein gleichartiges Neufahrzeug und
   – vom 7. bis 150. Monat der Nutzung des Fahrzeugs ebenso hoch ist wie die linear um 0,5 % für jeden vollen Kalendermonat ermäßigte Steuer für ein gleichartiges Neufahrzeug, da eine solche Steuerregelung dem tatsächlichen Wertverlust des Fahrzeugs nicht Rechnung trägt und nicht in jedem Fall gewährleisten kann, dass diese Steuer nicht höher ist als die Reststeuer, die noch im Wert eines im Inland bereits zugelassenen gleichartigen Gebrauchtfahrzeugs enthalten ist.

3. Ein Mitgliedstaat ist, wenn er auf die aus einem anderen Mitgliedstaat eingeführten Gebrauchtfahrzeuge eine Steuerregelung anwendet, nach der der tatsächliche Wertverlust der Fahrzeuge allgemein und abstrakt anhand in nationalen Rechtsvorschriften festgelegter Kriterien bestimmt wird, nach Art. 95 Abs. 1 EG-Vertrag verpflichtet, diese Steuerregelung so auszugestalten, dass unter Berücksichtigung der Tatsache, dass jede derartige Regelung auf angemessenen Schätzungen beruht, jede diskriminierende Wirkung ausgeschlossen ist. Dazu ist zum einen erforderlich, dass die Kriterien, auf denen die pauschale Berechnung des Wertverlusts der Fahrzeuge beruht, öffentlich bekannt gemacht werden, und zum anderen, dass der Eigentümer eines aus einem anderen Mitgliedstaat eingeführten Gebrauchtfahrzeugs die Möglichkeit hat, die Anwendung einer pauschalen Berechnungsmethode auf sein Fahrzeug anzufechten, so dass es sich als notwendig erweisen kann, die individuellen Merkmale des Fahrzeugs zu prüfen, um sicherzustellen, dass die festgesetzte Steuer nicht höher ist als die Reststeuer, die noch im Wert eines im Inland bereits zugelassenen gleichartigen Fahrzeugs enthalten ist.

4. Eine Steuer wie die im Ausgangsverfahren streitige, die in den nationalen Rechtsvorschriften als eine Mehrwertsteuer bezeichnet wird, die auf die Kraftfahrzeugsteuer erhoben wird, stellt keine Mehrwertsteuer i. S. der 6. USt-Richtlinie i. d. F. der RL 92/111/EWG des Rats vom 14. 12. 1992 dar und ist mit Art. 33 dieser Richtlinie vereinbar.

5. Art. 95 Abs. 1 EG-Vertrag steht der Erhebung einer Steuer wie der im Ausgangsverfahren streitigen, die auf die Kraftfahrzeugsteuer erhoben wird, entgegen, wenn der Betrag, der gemäß dieser Steuer für ein aus einem anderen Mitgliedstaat eingeführtes Gebrauchtfahrzeug zu entrichten ist, den Betrag der Reststeuer übersteigt, der noch im Wert eines im Inland bereits zugelassenen gleichartigen Gebrauchtfahrzeugs enthalten ist.

EuGH vom 11. 9. 2003 – Rs. C-155/01 – (HFR 2003 S. 1109, UVR 2004 S. 76)

Österreichische Eigenverbrauchsbesteuerung für in Deutschland durch österreichische Unternehmer verausgabte betriebliche Fahrzeugmiete verletzt EU-Recht
Die 6. USt-Richtlinie steht einer Bestimmung eines Mitgliedstaats entgegen, nach der das Tätigen von Ausgaben, die Dienstleistungen betreffen, die einem in diesem Mitgliedstaat ansässigen Empfänger in anderen Mitgliedstaaten erbracht wurden, der Mehrwertsteuer unterliegt, wäh-

rend die betreffenden Dienstleistungen, wären sie demselben Empfänger im Inland erbracht worden, diesen nicht zum Vorsteuerabzug berechtigt hätten.

EuGH vom 29. 4. 2004 – Rs. C-387/01 – (BFH/NV 2004 Beilage 3 S. 243)

Grundsätze zur Beurteilung von Abgaben gemäß dem gemeinschaftsrechtlichen Diskriminierungsverbot
1. Die Art. 39 EG und 12 EG stehen dem nicht entgegen, dass einer Privatperson aus einem Mitgliedstaat, die sich aufgrund eines Arbeitsplatzwechsels in einem anderen Mitgliedstaat niederlässt und dabei ihr Kraftfahrzeug in den letztgenannten Staat einführt, eine Verbrauchssteuer wie die im Ausgangsverfahren streitige Normverbrauchs-Grundabgabe auferlegt wird.
2. Eine Verbrauchsabgabe wie die im Ausgangsverfahren streitige Normverbrauchs-Grundabgabe ist eine inländische Abgabe, deren Vereinbarkeit mit dem Gemeinschaftsrecht nicht anhand der Art. 23 EG und 25 EG, sondern anhand des Art. 90 EG zu prüfen ist.
3. Art. 90 EG ist dahin auszulegen, dass er einer Verbrauchsabgabe wie der im Ausgangsverfahren streitigen Normverbrauchs-Grundabgabe nicht entgegensteht, soweit deren Beträge den tatsächlichen Wertverlust der von einer Privatperson eingeführten gebrauchten Kraftfahrzeuge genau widerspiegeln und die Erreichung des Zieles ermöglichen, derartige Fahrzeuge so zu besteuern, dass auf keinen Fall der Betrag der Restabgabe überschritten wird, der im Wert gleichartiger, im Inland bereits zugelassener Gebrauchtfahrzeuge enthalten ist.
4. Art. 90 EG ist dahin auszulegen, dass er im Fall der Einfuhr eines Gebrauchtfahrzeugs aus einem anderen Mitgliedstaat durch eine Privatperson der Erhebung eines Zuschlags von 20 % auf eine Abgabe mit den Merkmalen der im Ausgangsverfahren streitigen Normverbrauchs-Grundabgabe entgegensteht.

EuGH vom 21. 7. 2005 – Rs. C-349/03 – (HFR 2005 S. 1130)

Anwendung der zwischenstaatlichen Amtshilfe auf Gibraltar

Das Vereinigte Königreich Großbritannien und Nordirland hat dadurch gegen seine Verpflichtungen aus dem EG-Vertrag verstoßen, dass es in den Bereichen Mehrwertsteuer und Verbrauchsteuern die Richtlinie (EWG) Nr. 799/77 des Rates vom 19. 12. 1977 über die gegenseitige Amtshilfe zwischen den zuständigen Behörden der Mitgliedstaaten im Bereich der direkten und indirekten Steuern in der durch die Richtlinien (EWG) Nr. 1070/79 des Rates vom 6. 12. 1979 und 12/92 des Rates vom 25. 2. 1992 über das allgemeine System, den Besitz, die Beförderung und die Kontrolle verbrauchsteuerpflichtiger Waren geänderten Fassung nicht auf das Gebiet von Gibraltar anwendet.

EuGH vom 8. 12. 2005 – Rs. C-220/03 – (BFH/NV 2006 Beilage zu Heft 4 S. 156)

Erstattung von Umsatzsteuer an die EZB aufgrund des Protokolls über die Vorrechte und Befreiungen der Europäischen Gemeinschaften und des Abkommens über den Sitz der EZB

Die Bundesrepublik Deutschland ist nicht gemäß Artikel 8 Abs. 1 des Abkommens zwischen der Regierung der Bundesrepublik Deutschland und der Europäischen Zentralbank (EZB) über den Sitz der EZB in Verbindung mit Art. 3 Abs. 2 und Artikel 23 Abs. 1 des Protokolls über die Vorrechte und Befreiungen der Europäischen Gemeinschaften verpflichtet, für sämtliche Lieferungen und sonstige Leistungen, die die EZB für ihren Dienstbedarf in Deutschland kauft oder in Anspruch nimmt, die Umsatzsteuerbeträge zu erstatten, die gegenüber der EZB nicht gesondert ausgewiesen, aber von ihren Vertragspartnern als Vorsteuer entrichtet worden sind und so die der EZB in Rechnung gestellten Preise (insbesondere für die Anmietung von Immobilien, Nebenkosten und für verschiedene Arbeiten in Verbindung mit den Mietobjekten) beeinflusst haben können.

EuGH vom 19. 1. 2006 – Rs. C-90/05 – (UR 2007 S. 313)

Verstoß gegen die 8. USt-Richtlinie

Das Großherzogtum Luxemburg hat dadurch gegen seine Verpflichtungen aus Art. 7 Abs. 4 der 8. USt-Richtlinie verstoßen, dass es die Frist von sechs Monaten für die Erstattung der Mehrwertsteuer an nicht im Inland ansässige Steuerpflichtige nicht beachtet.

EuGH vom 15. 6. 2006 – Rs. C-494/04 – (HFR 2006 S. 1047, UR 2007 S. 260)

Verschwinden von Steuerbanderolen
1. Weder die Richtlinie 92/12/EWG des Rates vom 25. 2. 1992 über das allgemeine System, den Besitz, die Beförderung und die Kontrolle verbrauchsteuerpflichtiger Waren noch der Grundsatz der Verhältnismäßigkeit hindern die Mitgliedstaaten am Erlass einer Regelung, wonach

in dem Fall, dass Verbrauchsteuerzeichen vor ihrer Anbringung auf den Tabakerzeugnissen verschwunden sind, sofern dieses Verschwinden nicht auf höhere Gewalt oder Unfall zurückzuführen ist und nicht nachgewiesen ist, dass die Steuerzeichen vernichtet oder endgültig unbrauchbar gemacht worden sind, der entrichtete Verbrauchsteuerbetrag nicht zu erstatten ist und somit das finanzielle Risiko des Verlustes von Steuerzeichen dem Erwerber zugewiesen wird.

2. Art. 27 Abs. 5 der 6. USt-Richtlinie ist dahin auszulegen, dass die Nichteinhaltung der Mitteilungsfrist keinen wesentlichen Verfahrensverstoß darstellt, der zur Unanwendbarkeit der verspätet mitgeteilten abweichenden Maßnahme führen kann.

3. Art. 27 Abs. 1 und 5 der 6. USt-Richtlinie ist dahin auszulegen, dass eine Sonderregelung der Erhebung der Mehrwertsteuer mittels Steuerzeichen wie die des Art. 28 der Wet op de omzetbelasting vom 28. 6. 1968 mit den in diesen Richtlinienbestimmungen vorgesehenen Anforderungen vereinbar ist und nicht über das hinausgeht, was erforderlich ist, um die Erhebung der Mehrwertsteuer zu vereinfachen.

4. Das Fehlen einer Verpflichtung zur Erstattung der für den Erwerb von Verbrauchsteuerzeichen gezahlten, der Mehrwertsteuer entsprechenden Beträge in dem Fall, dass diese Steuerzeichen vor ihrer Anbringung auf den Tabakerzeugnissen verschwunden sind, sofern dieses Verschwinden nicht auf höhere Gewalt oder Unfall zurückzuführen ist und nicht nachgewiesen ist, dass die Steuerzeichen vernichtet oder endgültig unbrauchbar gemacht worden sind, ist nicht mit der der 6. USt-Richtlinie, insbesondere deren Art. 27 Abs. 1 und 5, unvereinbar.

EuGH vom 15. 6. 2006 – Rs. C-249/05 – (HFR 2006 S. 1171, UR 2007 S. 314)

Vertragsverletzung durch Verpflichtung, einen Steuervertreter zu benennen

Finnland hat gegen seine Verpflichtungen aus den Art. 21 und 22 der 6. USt-Richtlinie in der Fassung der Richtlinie 2001/115/EG des Rates vom 20. 12. 2001 verstoßen, indem es einem gebietsfremden Steuerpflichtigen, der in Finnland aber steuerpflichtige Umsätze bewirkt und in einem anderen Mitgliedstaat oder einem Drittstaat ansässig ist, mit dem ein Abkommen über die gegenseitige Amtshilfe der zuständigen Behörden bezüglich der indirekten Steuern besteht, dessen Anwendungsbereich dem der Richtlinie 76/308/EWG des Rates vom 15. 3. 1976 über die gegenseitige Unterstützung bei der Beitreibung von Forderungen im Zusammenhang mit Abschöpfungen, Zöllen und anderen Maßnahmen und der Verordnung (EG) Nr. 1798/2003 des Rates vom 7. 10. 2003 über die Zusammenarbeit der Verwaltungsbehörden auf dem Gebiet der Mehrwertsteuer und Aufhebung der Verordnung (EWG) Nr. 218/92 entspricht, die Pflicht zur Benennung eines Vertreters auferlegt.

EuGH vom 3. 10. 2006 – Rs. C-475/03 – (HFR 2006 S. 1286, IStR 2006 S. 783)

Italienische Regionalsteuer auf Produktionstätigkeiten (IRAP) hat nicht den Charakter von Umsatzsteuern

Art. 33 der 6. USt-Richtlinie in der durch die Richtlinie 91/680/EWG des Rates vom 16. 9. 1991 geänderten Fassung ist dahin auszulegen, dass er nicht der Beibehaltung einer Abgabe entgegensteht, die Merkmale wie diejenigen der im Ausgangsverfahren in Rede stehenden Steuer aufweist.

EuGH vom 5. 10. 2006 – Rs. C-290/05 und C-330/05 – (DB 2006 S. 2615)

Ungarische Zulassungssteuer auf Kraftfahrzeuge hat nicht den Charakter von Umsatzsteuern

1. Eine Steuer, wie sie mit dem Gesetz Nr. CX/2003 über die Zulassungssteuer in Ungarn eingeführt worden ist und die Personenkraftwagen nicht wegen des Überschreitens der Grenze auferlegt wird, ist weder ein Einfuhrzoll noch eine Abgabe gleicher Wirkung i. S. der Art. 23 EG und 25 EG.

2. Art. 90 Abs. 1 EG ist dahin auszulegen, dass er einer Steuer, wie sie mit dem Zulassungssteuergesetz eingeführt worden ist, entgegensteht, soweit
   – sie auf Gebrauchtwagen bei ihrer ersten Inbetriebnahme im Hoheitsgebiet dieses Mitgliedstaats erhoben wird und
   – bei der Ermittlung ihrer Höhe, die sich ausschließlich nach technischen Merkmalen (Motortyp, Hubraum) sowie einer Einstufung nach Umweltschutzerwägungen richtet, der Wertverlust nicht berücksichtigt wird, so dass sie bei ihrer Anwendung auf aus anderen Mitgliedstaaten eingeführte Gebrauchtwagen den Betrag der Zulassungssteuer übersteigt, die im Restwert gleichartiger Gebrauchtwagen enthalten ist, die im Mitgliedstaat der Einfuhr bereits zugelassen worden sind.
   Ein Vergleich mit Gebrauchtwagen, die vor Einführung der Zulassungssteuer in dem betreffenden Mitgliedstaat in Betrieb genommen worden sind, ist irrelevant.

3. Art. 33 der 6. USt-Richtlinie steht nicht der Erhebung einer Steuer entgegen, wie sie mit dem Zulassungssteuergesetz eingeführt worden ist, deren Bemessungsgrundlage nicht der Umsatz ist und die im Verkehr zwischen den Mitgliedstaaten nicht mit Formalitäten beim Grenzübergang verbunden ist.

EuGH vom 26. 10. 2006 – Rs. C-199/05 –(BFH/NV Beilage zu Heft 1/2007 S. 13)

Protokoll über die Vorrechte und Befreiungen der Europäischen Gemeinschaften
1. Gebühren wie die Eintragungsgebühren, die infolge von Urteilen nationaler Gerichte, mit denen eine Verurteilung zur Zahlung von Geldbeträgen oder eine Liquidation von Wertpapieren ausgesprochen wird, zu entrichten sind, stellen lediglich die Vergütung für Leistungen gemeinnütziger Versorgungsbetriebe im Sinne von Art. 3 Abs. 3 des Protokolls über die Vorrechte und Befreiungen der Europäischen Gemeinschaften dar.
2. Art. 3 Abs. 2 dieses Protokolls ist dahin auszulegen, dass Gebühren wie die Eintragungsgebühren, die infolge von Urteilen nationaler Gerichte, mit denen eine Verurteilung zur Zahlung von Geldbeträgen oder eine Liquidation von Wertpapieren ausgesprochen wird, zu entrichten sind, nicht in den Anwendungsbereich dieser Vorschrift fallen.

EuGH vom 11. 10. 2007 – Rs. C-283/06 und C-312/06 – (HFR 2007 S. 1262, UR 2007 S. 906)

Lokale Unternehmenssteuer in Ungarn ist rechtmäßig
Art. 33 Abs. 1 6. USt-Richtlinie in der durch die Richtlinie 91/680/EWG des Rates vom 16. 12. 1991 zur Ergänzung des gemeinsamen Mehrwertsteuersystems und zur Änderung der 6. USt-Richtlinie im Hinblick auf die Beseitigung der Steuergrenzen geänderten Fassung ist dahin auszulegen, dass er nicht der Beibehaltung einer Abgabe entgegensteht, die Merkmale wie diejenigen der in den Ausgangsverfahren in Rede stehenden Steuer aufweist.

EuGH vom 12. 6. 2008 – Rs. C-462/05 –(BFH/NV 2008 S. 279, UR 2008 S. 653)

Ermäßigter Steuersatz für die Straßenbenutzungsgebühren für die Tejo-Brücke in Portugal
Die Portugiesische Republik hat dadurch gegen ihre Verpflichtungen aus den Art. 12 und 28 6. USt-Richtlinie in der durch die Richtlinie 2001/4/EG des Rates vom 19. 1. 2001 geänderten Fassung verstoßen, dass sie bei der Maut für die Straßenbrücken über den Tejo in Lissabon einen ermäßigten Mehrwertsteuersatz von 5 % beibehalten hat.

EuGH vom 17. 7. 2008 – Rs. C-132/06 – (BFH/NV 2008 S. 288, IStR 2008 S. 593)

Verzicht auf die Überprüfung steuerbarer Umsätze in Italien
Die Italienische Republik hat dadurch gegen ihre Verpflichtungen aus den Art. 2 und 22 6. USt-Richtlinie sowie aus Art. 10 EG verstoßen, dass sie in den Art. 8 und 9 der Legge n. 289 concernente le disposizioni per la formazione del bilancio annuale e pluriennale dello Stato (legge finanziaria 2003; (Gesetz Nr. 289 über die Bestimmungen zur Festlegung des Jahres- und Mehrjahreshaushalts des Staates [Haushaltsgesetz 2003]) einen allgemeinen und undifferenzierten Verzicht auf die Überprüfung der in mehreren Besteuerungszeiträumen bewirkten steuerbaren Umsätze vorgesehen hat.

EuGH vom 27. 11. 2008 – Rs. C-151/08 – (ABl EU 2009 Nr. C 90 S. 6)

Begriff der Umsatzsteuer
Art. 33 Abs. 1 6. USt-Richtlinie in der durch die Richtlinie 91/680/EWG des Rates vom 16. 12. 1991 geänderten Fassung ist dahin auszulegen, dass er der Erhebung des gestaffelten oder proportionalen Satzes der Steuer auf vermögensrechtliche Übertragungen und beurkundete Rechtsakte nicht entgegensteht, wenn dieser Satz auf den Abschluss eines Kaufvertrages durch einen Unternehmer angewendet wird, dessen Tätigkeit im Kauf und Verkauf von Grundstücken oder ihrem Kauf zum Zweck ihrer späteren Umgestaltung oder Vermietung besteht.

EuGH vom 11. 12. 2008 – Rs. C-174/07 – (ABl EU 2009 Nr. C 32 S. 3)

Verzicht auf die Überprüfung steuerbarer Umsätze in Italien
Die Italienische Republik hat dadurch, dass sie mit Art. 2 Abs. 44 der legge n. 350, disposizioni per la formazione del bilancio annuale e pluriennale dello Stato (legge finanziaria 2004) (Gesetz Nr. 350 über den Jahres- und Mehrjahreshaushalt des Staats, Haushaltsgesetz 2004), vom 24. 12. 2003 die in den Art. 8 und 9 der legge n. 289, disposizioni per la formazione del bilancio annuale e pluriennale dello Stato (legge finanziaria 2003) (Gesetz Nr. 289 über den Jahres- und Mehrjahreshaushalt des Staats, Haushaltsgesetz 2003), vom 27. 12. 2002 vorgesehene Steuer-

amnestie auf das Jahr 2002 ausgedehnt und somit einen allgemeinen und undifferenzierten Verzicht auf die Überprüfung der im Besteuerungszeitraum 2002 bewirkten steuerbaren Umsätze vorgesehen hat, gegen ihre Verpflichtungen aus Art. 2 Abs. 1 Buchst. a, c und d und aus den Art. 193 bis 273 MwStSystRL, durch die die Art. 2 und 22 6. USt-Richtlinie ab 1.1.2007 ersetzt worden sind, sowie aus Art. 10 EG verstoßen.

Die Italienische Republik trägt die Kosten.

EuGH vom 5.2.2009 – Rs. C-119/08 – (ABl EU 2009 Nr. C 113 S. 16)

Begriff der Umsatzsteuer

Art. 33 der 6. USt-Richtlinie in der durch die Richtlinie 91/680/EWG des Rates vom 16.12.1991 geänderten Fassung ist dahin auszulegen, dass er der Erhebung einer Steuer wie der im Gesetz der Republik Litauen zur Finanzierung des Programms für den Unterhalt und den Ausbau des Straßennetzes (Lietuvos Respublikos keliu prieziuros ir pletros programos finansavimo istatymas) vorgesehenen Abzüge vom Einkommen nicht entgegensteht.

EuGH vom 19.3.2009 – Rs. C-10/08 – (ABl EU 2009 Nr. C 113 S. 9, HFR 2009 S. 727)

Finnische Steuer auf ein in einem anderen Mitgliedstaat erworbenes Gebrauchtfahrzeug

1. Die Republik Finnland hat dadurch gegen ihre Verpflichtungen aus Art. 90 Abs. 1 EG und Art. 17 Abs. 1 und 2 der 6. USt-Richtlinie, jetzt Art. 167 und 168 MwStSystRL, verstoßen, dass sie den Abzug der Steuer gemäß § 5 des Gesetzes Nr. 1482/1994 über die Kraftfahrzeugsteuer (Autoverolaki 1482/1994) von der Mehrwertsteuer gemäß § 102 Abs. 1 Nr. 4 des Gesetzes Nr. 1501/1993 über die Mehrwertsteuer (Arvonlisäverolaki 1501/1993) gestattet.
2. Die Republik Finnland hat dadurch gegen ihre Verpflichtungen aus Art. 90 Abs. 1 EG verstoßen, dass sie im Rahmen der Kraftfahrzeugsteuer bei weniger als drei Monate alten Fahrzeugen denselben Steuerwert wie bei Neufahrzeugen ansetzt.
3. Im Übrigen wird die Klage abgewiesen.
4. Die Republik Finnland trägt neben ihren eigenen Kosten drei Viertel der Kosten der Kommission der Europäischen Gemeinschaften.
5. Im Übrigen trägt die Kommission der Europäischen Gemeinschaften ihre eigenen Kosten.

EuGH vom 16.7.2009 – Rs. C-554/07 – (HFR 2009 S. 1149)

Wirtschaftliche Tätigkeiten von Einrichtungen der öffentlichen Hand

1. Irland hat dadurch gegen seine Verpflichtungen aus den Art. 2, 9 und 13 MwStSystRL verstoßen,
   – dass es im nationalen Recht keine allgemeine Vorschrift vorgesehen hat, nach der wirtschaftliche Tätigkeiten von Einrichtungen des öffentlichen Rechts, soweit diese nicht in Ausübung öffentlicher Gewalt handeln, der Mehrwertsteuer unterliegen,
   – dass es im nationalen Recht weder eine allgemeine Vorschrift vorgesehen hat, nach der die in Ausübung öffentlicher Gewalt handelnden Einrichtungen des öffentlichen Rechts der Mehrwertsteuer unterliegen, wenn ihre Behandlung als Nichtsteuerpflichtige zu größeren Wettbewerbsverzerrungen führen könnte, noch ein Kriterium, um das insoweit bestehende Ermessen des Finanzministers einzugrenzen, und
   – dass es im nationalen Recht keine allgemeine Vorschrift vorgesehen hat, wonach Einrichtungen des öffentlichen Rechts, die in Anhang I der MwStSystRL aufgeführte Tätigkeiten ausüben, der Mehrwertsteuer unterliegen, sofern der Umfang dieser Tätigkeiten nicht unbedeutend ist.
2. Irland trägt die Kosten.

EuGH vom 3.9.2009 – Rs. C-2/08 – (BFH/NV 2009 S. 1762, IStR 2009 S. 727)

Rechtskraftdurchbrechung aufgrund von Gemeinschaftsrecht

Das Gemeinschaftsrecht steht bei einer Sachlage wie der des Ausgangsverfahrens der Anwendung einer Vorschrift des nationalen Rechts wie Art. 2909 des Codice civile in einem die Mehrwertsteuer betreffenden Rechtsstreit, der ein Veranlagungsjahr betrifft, für das noch keine endgültige gerichtliche Entscheidung ergangen ist, entgegen, soweit diese Vorschrift das mit dem *Rechtsstreit* befasste Gericht an der Berücksichtigung gemeinschaftsrechtlicher Bestimmungen zu missbräuchlichen Praktiken auf dem Gebiet der Mehrwertsteuer hindert.

EuGH vom 20. 5. 2010 – Rs. C-228/09 – (HFR 2010 S. 883)

Einbeziehung von Abgaben in die Steuerbemessungsgrundlage

Die Republik Polen hat nicht dadurch gegen ihre Verpflichtungen aus Art. 78, 79, 83 und 86 MwStSystRL verstoßen, dass sie den Betrag der „oplata rejestracyjna" (Zulassungsgebühr) in die Besteuerungsgrundlage für die in Polen auf die Lieferung, den innergemeinschaftlichen Erwerb oder die Einfuhr eines Personenkraftfahrzeugs erhobene Mehrwertsteuer einbezieht.

EuGH vom 29. 7. 2010 – Rs. C-248/09 – (ABl. EU 2010 Nr. C 246 S. 9)

Begriff der „Einfuhrabgaben"

1. Anhang IV Kapitel 5 Nr. 1 der Akte über die Bedingungen des Beitritts der Tschechischen Republik, der Republik Estland, der Republik Zypern, der Republik Lettland, der Republik Litauen, der Republik Ungarn, der Republik Malta, der Republik Polen, der Republik Slowenien und der Slowakischen Republik und die Anpassungen der die Europäische Union begründenden Verträge ist dahin auszulegen, dass es für die Prüfung, ob die dort aufgeführten Ausfuhrförmlichkeiten erfüllt sind, irrelevant ist, ob die in Art. 448 der Verordnung (EWG) Nr. 2454/93 der Kommission vom 2. 7. 1993 mit Durchführungsvorschriften zu der Verordnung (EWG) Nr. 2913/92 des Rates zur Festlegung des Zollkodex der Gemeinschaft in der durch die Verordnung (EG) Nr. 2787/2000 der Kommission vom 15. 12. 2000 geänderten Fassung vorgesehenen Maßnahmen durchgeführt worden sind, selbst wenn ein Frachtmanifest ausgefertigt worden ist.

2. Die Verordnung (EWG) Nr. 2913/92 des Rates vom 12. 10. 1992 zur Festlegung des Zollkodex der Gemeinschaften in der durch die Verordnung (EG) Nr. 82/97 des Europäischen Parlaments und des Rates vom 19. 12. 1996 geänderten Fassung und die Verordnung Nr. 2454/93 in der durch die Verordnung Nr. 2787/2000 geänderten Fassung gelten in den neuen Mitgliedstaaten seit 1. 5. 2004, ohne dass die Vergünstigung aus der Regelung nach Anhang IV Kapitel 5 Nr. 1 dieser Beitrittsakte in Anspruch genommen werden kann, wenn die dort vorgesehenen Ausfuhrförmlichkeiten für die am Tag des Beitritts dieser neuen Mitgliedstaaten zur Union in der erweiterten Gemeinschaft transportierten Waren nicht erfüllt worden sind.

3. Art. 4 Nr. 10 der Verordnung Nr. 2913/92 in der durch die Verordnung Nr. 82/97 geänderten Fassung ist dahin auszulegen, dass der Begriff „Einfuhrabgaben" nicht die Mehrwertsteuer umfasst, die auf die Einfuhr von Gegenständen zu erheben ist.

4. Bei der Einfuhr einer Ware trifft die Verpflichtung zur Zahlung der Mehrwertsteuer die Person oder Personen, die vom Mitgliedstaat der Einfuhr als Steuerschuldner bezeichnet oder anerkannt werden.

EuGH vom 27. 1. 2011 – Rs. C-489/09 – (HFR 2011 S. 368, UR 2011 S. 951)

Zulässige Vereinfachungsmaßnahme für die Besteuerung von Tabakwaren

Art. 11 Teil C Abs. 1 und Art. 27 Abs. 1 und 5 der 6. USt-Richtlinie in der durch die Richtlinie 2004/7/EG des Rates vom 20.1.2004 geänderten Fassung sind dahin auszulegen, dass sie einer nationalen Regelung wie der im Ausgangsverfahren in Rede stehenden nicht entgegenstehen, die dadurch, dass sie bei Tabakwaren zur Vereinfachung der Erhebung der Mehrwertsteuer und zur Bekämpfung der Steuerhinterziehung oder Steuerumgehung vorsieht, dass die Mehrwertsteuer mittels Steuerbanderolen in einem Mal und an der Quelle beim Hersteller oder Importeur der Tabakwaren erhoben wird, für Zwischenlieferanten, die zu einem späteren Zeitpunkt in der Kette der aufeinanderfolgenden Lieferungen tätig werden, das Recht auf Erstattung der Mehrwertsteuer ausschließt, wenn der Erwerber den Preis für diese Waren nicht zahlt.

EuGH vom 15. 11. 2011 – Rs. C-539/09 – (DStR-Kompakt 46/2011 S. XI)

Prüfungsrecht des EuRH

Die Bundesrepublik Deutschland hat dadurch gegen ihre Verpflichtungen aus Art. 248 Abs. 1–3 EG verstoßen, dass sie sich geweigert hat, dem EuRH zu gestatten, in Deutschland Prüfungen hinsichtlich der in der Verordnung (EG) Nr. 1798/2003 des Rates vom 7.10.2003 über die Zusammenarbeit der Verwaltungsbehörden auf dem Gebiet der Mehrwertsteuer und den einschlägigen Durchführungsvorschriften geregelten Zusammenarbeit der Verwaltungsbehörden durchzuführen.

Allgemeines, § 1 UStG
Rsp III

Rsp III   BUNDESFINANZHOF

BFH vom 1. 7. 2010 – V B 62/09 – (BFH/NV 2010 S. 2136, UR 2011 S. 13)

Vollzugsdefizite bei der Besteuerung von Umsätzen im Inland und im Unionsgebiet

1. Eine Belastungsungleichheit durch Vollzugsmängel bei der Steuererhebung führt erst dann zur Verfassungswidrigkeit der materiell-rechtlichen Norm, wenn sich eine Erhebungsregelung gegenüber einem Besteuerungstatbestand in der Weise strukturell gegenläufig auswirkt, dass der Besteuerungsanspruch weitgehend nicht durchgesetzt werden kann. Dies setzt „wesentliche" Erhebungsdefizite bzw. „gravierende" Erhebungsmängel für den Regelfall des Besteuerungsverfahrens voraus.

2. Ein Verstoß gegen den unionsrechtlichen Gleichbehandlungsgrundsatz wird nicht hinreichend dargelegt, wenn der Kläger lediglich behauptet, dass bestimmte Umsätze in mehreren Mitgliedstaaten nicht besteuert würden, aber nicht (durch Bezeichnung von Rechtsgrundlagen und/oder Zitieren von Gerichtsentscheidungen) konkretisiert, worauf die Nichtbesteuerung beruht.

BFH vom 16. 9. 2010 – V R 57/09 – (BFH/NV 2010 S. 99, DB 2010 S. 2592, UR 2011 S. 228)

Keine Durchbrechung der Bestandskraft bei nachträglich erkanntem Verstoß gegen das Unionsrecht

Ein Steuerbescheid ist auch bei einem erst nachträglich erkannten Verstoß gegen das Unionsrecht nicht unter günstigeren Bedingungen als bei einer Verletzung innerstaatlichen Rechts änderbar. Das Korrektursystem der §§ 172 ff. AO regelt die Durchsetzung der sich aus dem Unionsrecht ergebenden Ansprüche abschließend. Nach den Vorgaben des Unionsrechts muss das steuerrechtliche Verfahrensrecht auch keine weitergehenden Korrekturmöglichkeiten für Steuerbescheide vorsehen (Bestätigung des BFH-Urteils vom 23. 11. 2006 V R 67/05, BFHE 216, 357, BStBl II 2007, 436).

Erster Abschnitt
Steuergegenstand und Geltungsbereich

UStG

§ 1 Steuerbare Umsätze

(1) Der Umsatzsteuer unterliegen die folgenden Umsätze:

S 7100 1. ¹die Lieferungen und sonstigen Leistungen, die ein Unternehmer im Inland gegen Entgelt im Rahmen seines Unternehmens ausführt. ²Die Steuerbarkeit entfällt nicht, wenn der Umsatz auf Grund gesetzlicher oder behördlicher Anordnung ausgeführt wird oder nach gesetzlicher Vorschrift als ausgeführt gilt;

S 7102 2. (weggefallen)

S 7100 3. (weggefallen)

S 7103 4. die Einfuhr von Gegenständen im Inland oder in den österreichischen Gebieten Jungholz und Mittelberg (Einfuhrumsatzsteuer);

S 7103-a 5. der innergemeinschaftliche Erwerb im Inland gegen Entgelt.

(1a) ¹Die Umsätze im Rahmen einer Geschäftsveräußerung an einen anderen Unternehmer für dessen Unternehmen unterliegen nicht der Umsatzsteuer. ²Eine Geschäftsveräußerung liegt vor, wenn ein Unternehmen oder ein in der Gliederung eines Unternehmens gesondert geführter Betrieb im Ganzen entgeltlich oder unentgeltlich übereignet oder in eine Gesellschaft eingebracht wird. ³Der erwerbende Unternehmer tritt an die Stelle des Veräußerers.

S 7101 (2) ¹Inland im Sinne dieses Gesetzes ist das Gebiet der Bundesrepublik Deutschland mit Ausnahme des Gebiets von Büsingen, der Insel Helgoland, der Freizonen des Kontrolltyps I nach § 1 Abs. 1 Satz 1 des Zollverwaltungsgesetzes (Freihäfen), der Gewässer und Watten zwischen der Hoheitsgrenze und der jeweiligen Strandlinie sowie der deutschen Schiffe und der deutschen Luftfahrzeuge in Gebieten, die zu keinem Zollgebiet gehören. ²Ausland im Sinne dieses Gesetzes ist das Gebiet, das danach nicht Inland ist. ³Wird ein Umsatz im Inland ausgeführt, so kommt es für die Besteuerung nicht darauf an, ob der Unternehmer deutscher Staatsangehöriger ist, seinen Wohnsitz oder Sitz im Inland hat, im Inland eine Betriebsstätte unterhält, die Rechnung erteilt oder die Zahlung empfängt.

§ 1 UStG
AE 1.1

(2a) ¹Das Gemeinschaftsgebiet im Sinne dieses Gesetzes umfasst das Inland im Sinne des Absatzes 2 Satz 1 und die Gebiete der übrigen Mitgliedstaaten der Europäischen Gemeinschaft, die nach dem Gemeinschaftsrecht als Inland dieser Mitgliedstaaten gelten (übriges Gemeinschaftsgebiet). ²Das Fürstentum Monaco gilt als Gebiet der Französischen Republik; die Insel Man gilt als Gebiet des Vereinigten Königreichs Großbritannien und Nordirland. ³Drittlandsgebiet im Sinne dieses Gesetzes ist das Gebiet, das nicht Gemeinschaftsgebiet ist. — S 7101-a

(3) ¹Folgende Umsätze, die in den Freihäfen und in den Gewässern und Watten zwischen der Hoheitsgrenze und der jeweiligen Strandlinie bewirkt werden, sind wie Umsätze im Inland zu behandeln: — S 7120
1. die Lieferungen und die innergemeinschaftliche Erwerbe von Gegenständen, die zum Gebrauch oder Verbrauch in den bezeichneten Gebieten oder zur Ausrüstung oder Versorgung eines Beförderungsmittels bestimmt sind, wenn die Gegenstände
   a) nicht für das Unternehmen des Abnehmers erworben werden, oder
   b) vom Abnehmer ausschließlich oder zum Teil für eine nach § 4 Nr. 8 bis 27 steuerfreie Tätigkeit verwendet werden;
2. die sonstigen Leistungen, die
   a) nicht für das Unternehmen des Leistungsempfängers ausgeführt werden, oder
   b) vom Leistungsempfänger ausschließlich oder zum Teil für eine nach § 4 Nr. 8 bis 27 steuerfreie Tätigkeit verwendet werden;
3. die Lieferungen im Sinne des § 3 Abs. 1b und die sonstigen Leistungen im Sinne des § 3 Abs. 9a;
4. die Lieferungen von Gegenständen, die sich im Zeitpunkt der Lieferung
   a) in einem zollamtlich bewilligten Freihafen-Veredelungsverkehr oder in einer zollamtlich besonders zugelassenen Freihafenlagerung oder
   b) einfuhrumsatzsteuerrechtlich im freien Verkehr befinden;
5. die sonstigen Leistungen, die im Rahmen eines Veredelungsverkehrs oder einer Lagerung im Sinne der Nummer 4 Buchstabe a ausgeführt werden;
6. (aufgehoben)
7. der innergemeinschaftliche Erwerb eines neuen Fahrzeugs durch die in § 1a Abs. 3 und § 1b Abs. 1 genannten Erwerber.

²Lieferungen und sonstige Leistungen an juristische Personen des öffentlichen Rechts sowie deren innergemeinschaftlicher Erwerb in den bezeichneten Gebieten sind als Umsätze im Sinne der Nummern 1 und 2 anzusehen, soweit der Unternehmer nicht anhand von Aufzeichnungen und Belegen das Gegenteil glaubhaft macht.

Vorschriften des Gemeinschaftsrechts

Art. 2 Abs. 1, Art. 5 bis 8, Art. 14 Abs. 2 Buchst. a, Art. 16 Abs. 1 und 2, Art. 18, Art. 19, Art. 24 bis 26, Art. 29, Art. 30, Art. 60, Art. 61, Art. 164, Art. 166, Art. 167, Art. 176 sowie Art. 394 der MWSt-Richtlinie (bis 31. 12. 2006: Art. 2 Nrn. 1 und 2, Art. 3, Art. 5 Abs. 4 Buchst. a, Abs. 6, Abs. 7 und Abs. 8, Art. 6 Abs. 1, Abs. 2 und Abs. 5, Art. 7, Art. 16, Art. 17 Abs. 6 und Art. 27 Abs. 5 sowie Art. 28a der 6. USt-Richtlinie; Protokollerklärung 2 zu Art. 3 der 6. USt-Richtlinie).

1.1. Leistungsaustausch   AE 1.1

(1) ¹Ein Leistungsaustausch setzt voraus, dass Leistender und Leistungsempfänger vorhanden sind und der Leistung eine Gegenleistung (Entgelt) gegenübersteht. ²Für die Annahme eines Leistungsaustauschs müssen Leistung und Gegenleistung in einem wechselseitigen Zusammenhang stehen. ³§ 1 Abs. 1 Nr. 1 UStG setzt für den Leistungsaustausch einen unmittelbaren, nicht aber einen inneren (synallagmatischen) Zusammenhang zwischen Leistung und Entgelt voraus (BFH-Urteil vom 15. 4. 2010, V R 10/08, BStBl II 879). ⁴Bei Leistungen, zu deren Ausführung sich die Vertragsparteien in einem gegenseitigen Vertrag verpflichtet haben, liegt grundsätzlich ein Leistungsaustausch vor (BFH-Urteil vom 8. 11. 2007, V R 20/05, BStBl 2009 II S. 483). ⁵Auch wenn die Gegenleistung für die Leistung des Unternehmers nur im nichtunternehmerischen Bereich verwendbar ist (z. B. eine zugewendete Reise), kann sie Entgelt sein. ⁶Der Annahme eines Leistungsaustauschs steht nicht entgegen, dass sich die Entgeltserwartung nicht erfüllt, dass das Entgelt uneinbringlich wird oder dass es sich nachträglich mindert (vgl. BFH-Urteil vom 22. 6. 1989, V R 37/84, BStBl II S. 913). ⁷Dies gilt regelmäßig auch bei – vorübergehenden – Liquiditätsschwierigkeiten des Entgeltschuldners (vgl. BFH-Urteil vom 16. 3. 1993, XI R 52/90, BStBl II S. 562). ⁸Auch wenn eine — S 7100

Gegenleistung freiwillig erbracht wird, kann ein Leistungsaustausch vorliegen (vgl. BFH-Urteil vom 17. 2. 1972, V R 118/71, BStBl II S. 405). [9]Leistung und Gegenleistung brauchen sich nicht gleichwertig gegenüberzustehen (vgl. BFH-Urteil vom 22. 6. 1989, a. a. O.). [10]An einem Leistungsaustausch fehlt es in der Regel, wenn eine Gesellschaft Geldmittel nur erhält, damit sie in die Lage versetzt wird, sich in Erfüllung ihres Gesellschaftszwecks zu betätigen (vgl. BFH-Urteil vom 20. 4. 1988, X R 3/82, BStBl II S. 792; vgl. auch Abschn. 1.6).

(2) [1]Zur Prüfung der Leistungsbeziehungen zwischen nahen Angehörigen, wenn der Leistungsempfänger die Leistung für Umsätze in Anspruch nimmt, die den Vorsteuerabzug nicht ausschließen, vgl. BFH-Urteil vom 15. 3. 1993, V R 109/89, BStBl II S. 728. [2]Zur rechtsmissbräuchlichen Gestaltung nach § 42 AO bei „Vorschaltung" von Minderjährigen in den Erwerb und die Vermietung von Gegenständen (vgl. BFH-Urteile vom 21. 11. 1991, V R 20/87, BStBl 1992 II S. 446, und vom 4. 5. 1994, XI R 67/93, BStBl II S. 829). [3]Ist der Leistungsempfänger ganz oder teilweise nicht zum Vorsteuerabzug berechtigt, ist der Missbrauch von rechtlichen Gestaltungsmöglichkeiten sowohl bei der „Vorschaltung" von Ehegatten als auch bei der „Vorschaltung" von Gesellschaften nach den Grundsätzen der BFH-Urteile vom 22. 10. 1992, V R 33/90, BStBl 1993 II S. 210, vom 4. 5. 1994, a. a. O., und vom 18. 12. 1996, XI R 12/96, BStBl 1997 II S. 374, zu prüfen.

(3) [1]Der Leistungsaustausch umfasst alles, was Gegenstand eines Rechtsverkehrs sein kann. [2]Leistungen im Rechtssinne unterliegen aber nur insoweit der Umsatzsteuer, als sie auch Leistungen im wirtschaftlichen Sinne sind, d. h. Leistungen, bei denen ein über die reine Entgeltsentrichtung hinausgehendes eigenes wirtschaftliches Interesse des Entrichtenden verfolgt wird (vgl. BFH-Urteil vom 31. 7. 1969, V 94/65, BStBl II S. 637). [3]Die bloße Entgeltsentrichtung, insbesondere die Geldzahlung oder Überweisung, ist keine Leistung im wirtschaftlichen Sinne. [4]Das Anbieten von Leistungen (Leistungsbereitschaft) kann eine steuerbare Leistung sein, wenn dafür ein Entgelt gezahlt wird (vgl. BFH-Urteil vom 27. 8. 1970, V R 159/66, BStBl 1971 II S. 6). [5]Unter welchen Voraussetzungen bei der Schuldübernahme eine Leistung im wirtschaftlichen Sinne anzunehmen ist vgl. die BFH-Urteile vom 18. 4. 1962, V 246/59 S, BStBl III S. 292, und vom 31. 7. 1969, a. a. O.

(4) [1]Ein Leistungsaustausch liegt nicht vor, wenn eine Lieferung rückgängig gemacht wird (Rückgabe). [2]Ob eine nicht steuerbare Rückgabe oder eine steuerbare Rücklieferung vorliegt, ist aus der Sicht des ursprünglichen Lieferungsempfängers und nicht aus der Sicht des ursprünglichen Lieferers zu beurteilen (vgl. BFH-Urteil vom 27. 6. 1995, V R 27/94, BStBl II S. 756; und vom 12. 11. 2008, XI R 46/07, BStBl 2009 II S. 558).

(5) Zur Errichtung von Gebäuden auf fremdem Boden vgl. BMF-Schreiben vom 23. 7. 1986, BStBl I S. 432, zur umsatzsteuerrechtlichen Behandlung von Erschließungsmaßnahmen vgl. BMF-Schreiben vom 31. 5. 2002, BStBl I S. 631, und zu Kraftstofflieferungen im Kfz-Leasingbereich vgl. BMF-Schreiben vom 15. 6. 2004, BStBl I S. 605.

(6) [1]Bei der Abgrenzung zwischen steuerbarer Leistung und nicht steuerbarer Beistellung von Personal des Auftraggebers ist unter entsprechender Anwendung der Grundsätze der sog. Materialbeistellung (vgl. Abschnitt 3.8 Abs. 2 bis 4) darauf abzustellen, ob der Auftraggeber an den Auftragnehmer selbst eine Leistung (als Gegenleistung) bewirken oder nur zur Erbringung der Leistung durch den Auftragnehmer beitragen will. [2]Soweit der Auftraggeber mit der Beistellung seines Personals an der Erbringung der bestellten Leistung mitwirkt, wird dadurch zugleich auch der Inhalt der gewollten Leistung näher bestimmt. [3]Ohne entsprechende Beistellung ist es Aufgabe des Auftragnehmers, sämtliche Mittel für die Leistungserbringung aufzuwenden. [4]Daher sind Beistellungen nicht Bestandteil des Leistungsaustauschs, wenn sie nicht im Austausch für die gewollte Leistung aufgewendet werden *(vgl. BFH-Urteil vom 15. 4. 2010, V R 10/08, BStBl II S. 879)*.

(7) [1]Eine nicht steuerbare Beistellung von Personal des Auftraggebers setzt voraus, dass das Personal nur im Rahmen der Leistung des Auftragnehmers für den Auftraggeber eingesetzt wird (vgl. BFH-Urteil vom 6. 12. 2007, V R 42/06, BStBl 2009 II S. 493). [2]Der Einsatz von Personal des Auftraggebers für Umsätze des Auftragnehmers an Drittkunden muss vertraglich und tatsächlich ausgeschlossen sein. [3]Der Auftragnehmer hat dies sicherzustellen und trägt hierfür die objektive Beweislast. [4]Die Entlohnung des überlassenen Personals muss weiterhin ausschließlich durch den Auftraggeber erfolgen. [5]Ihm allein muss auch grundsätzlich das Weisungsrecht obliegen. [6]Dies kann nur in dem Umfang eingeschränkt und auf den Auftragnehmer übertragen werden, soweit es zur Erbringung der Leistung erforderlich ist.

Beispiele für einen Leistungsaustausch

(8) [1]Die Übernahme einer Baulast gegen ein Darlehen zu marktunüblich niedrigen Zinsen kann einen steuerbaren Umsatz darstellen (vgl. BFH-Beschluss vom 12. 11. 1987, V B 52/86, BStBl 1988 II S. 156). [2]Vereinbart der Bauherr einer Tiefgarage mit einer Gemeinde den Bau und die Zurverfügungstellung von Stellplätzen für die Allgemeinheit und erhält er dafür einen Geldbetrag, ist in der Durchführung dieses Vertrags ein Leistungsaustausch mit der Gemeinde zu sehen (vgl. BFH-Urteil vom 13. 11. 1997, V R 11/97, BStBl 1998 II S. 169).

§ 1 UStG
AE 1.1

(8a) Die Zustimmung zur vorzeitigen Auflösung eines Beratervertrages gegen „Schadensersatz" kann eine sonstige Leistung sein (BFH-Urteil vom 7. 7. 2005, V R 34/03, BStBl 2007 II S. 66).

(9) ¹Die geschäftsmäßige Ausgabe nicht börsengängiger sog. Optionen (Privatoptionen) auf Warenterminkontrakte gegen Zahlung einer Prämie ist eine steuerbare Leistung (BFH-Urteil vom 28. 11. 1985, V R 169/82, BStBl 1986 II S. 160). ²Die entgeltliche Anlage und Verwaltung von Vermögenswerten ist grundsätzlich steuerbar. ³Dies gilt auch dann, wenn sich der Unternehmer im Auftrag der Geldgeber treuhänderisch an einer Anlagegesellschaft beteiligt und deren Geschäfte führt (BFH-Urteil vom 29. 1. 1998, V R 67/96, BStBl II S. 413).

(10) Zahlt ein Apotheker einem Hauseigentümer dafür etwas, dass dieser Praxisräume einem Arzt (mietweise oder unentgeltlich) überlässt, kann zwischen dem Apotheker und dem Hauseigentümer ein eigener Leistungsaustausch vorliegen (BFH-Urteile vom 20. 2. 1992, V R 107/87, BStBl II S. 705, *und vom 15. 10. 2009, XI R 82/07, BStBl 2010 II S. 214*).

(11) ¹Die Freigabe eines Fußballvertragsspielers oder Lizenzspielers gegen Zahlung einer Ablöseentschädigung vollzieht sich im Rahmen eines Leistungsaustauschs zwischen abgebendem und aufnehmendem Verein (vgl. BFH-Urteil vom 31. 8. 1955, V 108/55 U, BStBl III S. 333). ²Das gilt auch, wenn die Ablöseentschädigung für die Abwanderung eines Fußballspielers in das Ausland von dem ausländischen Verein gezahlt wird; zum Ort der Leistung in derartigen Fällen vgl. Abschnitt 3a.9 Abs. 2 Satz 4.

(12) ¹Für die Frage, ob im Verhältnis zwischen Gesellschaft und Gesellschafter entgeltliche Leistungen vorliegen, gelten keine Besonderheiten, so dass es nur darauf ankommt, ob zwischen Leistenden und Leistungsempfänger ein Rechtsverhältnis besteht, das einen unmittelbaren Zusammenhang zwischen der Leistung und einem erhaltenen Gegenwert begründet (vgl. BFH-Urteile vom 6. 6. 2002, V R 43/01, BStBl 2003 II S. 36, und vom 5. 12. 2007, V R 60/05, BStBl 2009 II S. 486, und Abschnitt 1.6). ²Entgeltliche Geschäftsführungs- und Vertretungsleistungen sind unabhängig von der Rechtsform des Leistungsempfängers auch dann steuerbar, wenn es sich beim Leistenden um ein Organ des Leistungsempfängers handelt. ³Geschäftsführungs- und Vertretungsleistungen, die ein Mitglied des Vereinsvorstands gegenüber dem Verein gegen Gewährung von Aufwendungsersatz erbringt, sind deshalb ebenso steuerbar wie die entgeltliche Tätigkeit eines Kassenarztes als Vorstandsmitglied einer kassenärztlichen Vereinigung (vgl. BFH-Urteil vom 14. 5. 2008, XI R 70/07, BStBl II S. 912).

(13) ¹Werden auf Grund des BauGB Betriebsverlagerungen vorgenommen, handelt es sich dabei um umsatzsteuerbare Leistungen des betreffenden Unternehmers an die Gemeinde oder den Sanierungsträger; das Entgelt für diese Leistungen besteht in den Entschädigungsleistungen. ²Reichen die normalen Entschädigungsleistungen nach dem BauGB nicht aus und werden zur anderweitigen Unterbringung eines von der städtebaulichen Sanierungsmaßnahme betroffenen gewerblichen Betriebs zusätzliche Sanierungsfördermittel in Form von Zuschüssen eingesetzt, sind sie als Teil des Entgelts für die oben bezeichnete Leistung des Unternehmers anzusehen.

Kein Leistungsaustausch

(14) Die Unterhaltung von Giro-, Bauspar- und Sparkonten stellt für sich allein keine Leistung im wirtschaftlichen Sinne dar (vgl. BFH-Urteil vom 1. 2. 1973, V R 2/70, BStBl II S. 172).

(15) ¹Eine Personengesellschaft erbringt bei der Aufnahme eines Gesellschafters gegen Bar- oder Sacheinlage an diesen keinen steuerbaren Umsatz (vgl. BFH-Urteil vom 1. 7. 2004, V R 32/00, BStBl II S. 1022). ²Nicht steuerbar sind auch die Ausgabe von neuen Aktien zur Aufbringung von Kapital, die Aufnahme von atypisch stillen Gesellschaftern und die Ausgabe von nichtverbrieften Genussrechten, die ein Recht am Gewinn eines Unternehmens begründen.

(16) ¹Personalgestellungen und -überlassungen gegen Entgelt, auch gegen Aufwendungsersatz, erfolgen grundsätzlich im Rahmen eines Leistungsaustauschs. ²In den folgenden Beispielsfällen liegt bei der Freistellung von Arbeitnehmern durch den Unternehmer gegen Erstattung der Aufwendungen wie Lohnkosten, Sozialversicherungsbeiträge und dgl. jedoch mangels eines konkretisierbaren Leistungsempfängers kein Leistungsaustausch vor:

Freistellung
1. für Luftschutz- und Katastrophenschutzübungen;
2. für Sitzungen des Gemeinderats oder seiner Ausschüsse;
3. an das Deutsche Rote Kreuz, das Technische Hilfswerk, den Malteser Hilfsdienst, die Johanniter Unfallhilfe oder den Arbeiter Samariter Bund;
4. an die Feuerwehr für Zwecke der Ausbildung, zu Übungen und zu Einsätzen;
5. für Wehrübungen;
6. zur Teilnahme an der Vollversammlung einer Handwerkskammer, an Konferenzen, Lehrgängen und dgl. einer Industriegewerkschaft, für eine Tätigkeit im Vorstand des Zentralverbands

Deutscher Schornsteinfeger e. V., für die Durchführung der Gesellenprüfung im Schornsteinfegerhandwerk, zur Mitwirkung im Gesellenausschuss nach § 69 Abs. 4 HwO;

7. für Sitzungen der Vertreterversammlung und des Vorstands der Verwaltungsstellen der Bundesknappschaft;
8. für die ehrenamtliche Tätigkeit in den Selbstverwaltungsorganen der Allgemeinen Ortskrankenkassen, bei Innungskrankenkassen und ihren Verbänden;
9. als Heimleiter in Jugenderholungsheimen einer Industriegewerkschaft;
10. von Bergleuten für Untersuchungen durch das Berufsgenossenschaftliche Forschungsinstitut für Arbeitsmedizin;
11. für Kurse der Berufsgenossenschaft zur Unfallverhütung.
12. Personalkostenerstattung nach § 147 Abs. 2a SGB V für die Überlassung von Personal durch den Arbeitgeber an eine Betriebskrankenkasse.

³Dies gilt entsprechend für Fälle, in denen der Unternehmer zur Freistellung eines Arbeitnehmers für öffentliche oder gemeinnützige Zwecke nach einem Gesetz verpflichtet ist, soweit dieses Gesetz den Ersatz der insoweit entstandenen Lohn- und Lohnnebenkosten vorschreibt.

(17) ¹Das Bestehen einer Gewinngemeinschaft (Gewinnpooling) beinhaltet für sich allein noch keinen Leistungsaustausch zwischen den Beteiligten (vgl. BFH-Urteil vom 26. 7. 1973, V R 42/70, BStBl II S. 766). ²Bei einer Innengesellschaft ist kein Leistungsaustausch zwischen Gesellschaftern und Innengesellschaft, sondern nur unter den Gesellschaftern denkbar (vgl. BFH-Urteil vom 27. 5. 1982, V R 110 und 111/81, BStBl II S. 678).

(18) ¹Nach § 181 BauGB soll die Gemeinde bei der Durchführung des BauGB zur Vermeidung oder zum Ausgleich wirtschaftlicher Nachteile, die für den Betroffenen in seinen persönlichen Lebensumständen eine besondere Härte bedeuten, auf Antrag einen Geldausgleich im Billigkeitswege gewähren. ²Ein solcher Härteausgleich ist, wenn er einem Unternehmer gezahlt wird, nicht als Entgelt für eine steuerbare Leistung des Unternehmers gegenüber der Gemeinde anzusehen; es handelt sich vielmehr um eine nicht steuerbare Zuwendung. ³Das Gleiche gilt, wenn dem Eigentümer eines Gebäudes ein Zuschuss gewährt wird

1. für Modernisierungs- und Instandsetzungsmaßnahmen nach § 177 BauGB;
2. für Modernisierungs- und Instandsetzungsmaßnahmen im Sinne des § 177 BauGB, zu deren Durchführung sich der Eigentümer gegenüber der Gemeinde vertraglich verpflichtet hat;
3. für andere der Erhaltung, Erneuerung und funktionsgerechten Verwendung dienende Maßnahmen an einem Gebäude, das wegen seiner geschichtlichen, künstlerischen oder städtebaulichen Bedeutung erhalten bleiben soll, zu deren Durchführung sich der Eigentümer gegenüber der Gemeinde vertraglich verpflichtet hat;
4. ¹für die Durchführung einer Ordnungsmaßnahme nach § 146 Abs. 3 BauGB, soweit der Zuschuss dem Grundstückseigentümer als Gebäude-Restwertentschädigung gezahlt wird. ²Werden im Rahmen der Maßnahme die beim Grundstückseigentümer anfallenden Abbruchkosten gesondert vergütet, sind diese Beträge Entgelt für eine steuerbare und steuerpflichtige Leistung des Grundstückseigentümers an die Gemeinde.

⁴Voraussetzung ist, dass in den Fällen der Nummern 2 und 3 der Zuschuss aus Sanierungsförderungsmitteln zur Deckung der Kosten der Modernisierung und Instandsetzung nur insoweit gewährt wird, als diese Kosten nicht vom Eigentümer zu tragen sind.

(19) ¹Der Übergang eines Grundstücks im Flurbereinigungsverfahren nach dem FlurbG und im Umlegungsverfahren nach dem BauGB unterliegt grundsätzlich nicht der Umsatzsteuer. ²In den Fällen der Unternehmensflurbereinigung (§§ 87 bis 89 FlurbG) ist die Bereitstellung von Flächen insoweit umsatzsteuerbar, als dafür eine Geldentschädigung gezahlt wird. ³Ggf. kommt die Steuerbefreiung nach § 4 Nr. 9 Buchstabe a UStG in Betracht.

(20) ¹Die Teilnahme eines Händlers an einem Verkaufswettbewerb seines Lieferanten, dessen Gegenstand die vertriebenen Produkte sind, begründet regelmäßig keinen Leistungsaustausch (BFH-Urteil vom 9. 11. 1994, XI R 81/92, BStBl 1995 II S. 277). ²Zur umsatzsteuerlichen Behandlung von Verkaufswettbewerben vgl. auch Abschnitte 10.1 und 10.3.

(21) In den Fällen des Folgerechts beim Weiterverkauf des Originals eines Werks der bildenden Künste (vgl. § 26 UrhG) besteht zwischen dem Anspruchsberechtigten (Urheber bzw. Rechtsnachfolger) und dem Zahlungsverpflichteten (Veräußerer) auf Grund mangelnder vertraglicher Beziehungen kein Leistungsaustauschverhältnis.

(22) ¹Das Rechtsinstitut der „Fautfracht" (§ 415 Abs. 2 HGB) versteht sich als eine gesetzlich festgelegte, pauschale Kündigungsentschädigung, die weder Leistungsentgelt noch Schadensersatz ist. ²Entsprechendes gilt für andere vergleichbare pauschale Kündigungsentschädigungen wie z.B. sog. Bereitstellungsentgelte, die ein Speditionsunternehmen erhält, wenn eine Zwangsräumung kurzfristig von dem Gerichtsvollzieher abgesagt wird (vgl. BFH-Urteil vom 30. 6. 2010, XI R 22/08, BStBl II S. 1084).

1.2. Verwertung von Sachen

AE 1.2

(1) ¹Bei der Sicherungsübereignung erlangt der Sicherungsnehmer zu dem Zeitpunkt, in dem er von seinem Verwertungsrecht Gebrauch macht, auch die Verfügungsmacht über das Sicherungsgut. ²Die Verwertung der zur Sicherheit übereigneten Gegenstände durch den Sicherungsnehmer außerhalb des Insolvenzverfahrens führt zu zwei Umsätzen (sog. Doppelumsatz), und zwar zu einer Lieferung des Sicherungsgebers an den Sicherungsnehmer und zu einer Lieferung des Sicherungsnehmers an den Erwerber (vgl. BFH-Urteil vom 4. 6. 1987, V R 57/79, BStBl II S. 741 und BFH-Beschluss vom 19. 7. 2007, V B 222/06, BStBl 2008 II S. 163). ³Entsprechendes gilt bei der Versteigerung verfallener Pfandsachen durch den Pfandleiher (vgl. BFH-Urteil vom 16. 4. 1997, XI R 87/96, BStBl II S. 585). ⁴Zwei Umsätze liegen vor, wenn die Verwertung vereinbarungsgemäß vom Sicherungsgeber im Namen des Sicherungsnehmers vorgenommen wird oder die Verwertung zwar durch den Sicherungsnehmer, aber im Auftrag und für Rechnung des Sicherungsgebers in dessen Namen stattfindet.

(1a) ¹Veräußert der Sicherungsgeber das Sicherungsgut im eigenen Namen auf Rechnung des Sicherungsnehmers, erstarkt die ursprüngliche Sicherungsübereignung **hingegen** zu einer Lieferung des Sicherungsgebers an den Sicherungsnehmer, während zugleich zwischen dem Sicherungsnehmer (Kommittent) und dem Sicherungsgeber (Kommissionär) eine Lieferung nach § 3 Abs. 3 UStG vorliegt, bei der der Sicherungsgeber (Verkäufer, Kommissionär) als Abnehmer gilt; die entgeltliche Lieferung gegenüber dem Dritten wird in der Folge vom Sicherungsgeber ausgeführt (Dreifachumsatz, vgl. BFH-Urteile vom 6. 10. 2005, V R 20/04, BStBl 2006 II S. 931, und vom 30. 3. 2006, V R 9/03, BStBl II S. 933). ²Voraussetzung für die Annahme eines Dreifachumsatzes ist, dass das Sicherungsgut erst nach Eintritt der Verwertungsreife durch den Sicherungsgeber veräußert wird und es sich hierbei nach den Vereinbarungen zwischen Sicherungsgeber und Sicherungsnehmer um ein Verwertungsgeschäft handelt, um die vom Sicherungsgeber gewährten Darlehen zurückzuführen. ³Nicht ausreichend ist eine Veräußerung, die der Sicherungsgeber im Rahmen seiner ordentlichen Geschäftstätigkeit vornimmt und dabei berechtigt ist, den Verwertungserlös anstelle zur Rückführung des Kredits anderweitig z. B. für den Erwerb neuer Waren zu verwenden (BFH-Urteil vom 23. 7. 2009, V R 27/07, BStBl 2010 II S. 859), oder wenn die Veräußerung zum Zwecke der Auswechslung des Sicherungsgebers unter Fortführung des Sicherungseigentums durch den Erwerber erfolgt (vgl. BFH-Urteil vom 9. 3. 1995, V R 102/89, BStBl II S. 564). ⁴In diesen Fällen liegt eine bloße Lieferung des Sicherungsgebers an den Erwerber vor.

(1b) Ein Doppel- oder Dreifachumsatz ist auch nicht gegeben, wenn das Sicherungsgut bereits vor Eintritt der Verwertungsreife vom Sicherungsgeber an einen Dritten geliefert wird (BFH-Urteil vom 23. 7. 2009, V R 27/07, a. a. O.) oder wenn bei der Sicherungsverwertung im Insolvenzverfahren der Insolvenzverwalter von seinem Recht zur freihändigen Verwertung eines sicherungsübereigneten Gegenstands nach § 166 Abs. 1 InsO Gebrauch macht.

(2) Wird im Rahmen der Zwangsvollstreckung eine Sache durch den Gerichtsvollzieher oder ein anderes staatliches Vollstreckungsorgan öffentlich versteigert oder freihändig verkauft, liegt darin keine Lieferung des Vollstreckungsschuldners an das jeweilige Bundesland, dem die Vollstreckungsorgane angehören, und keine Lieferung durch dieses an den Erwerber, sondern es handelt sich um eine Lieferung des Vollstreckungsschuldners unmittelbar an den Erwerber (vgl. BFH-Urteile vom 19. 12. 1985, V R 139/76, BStBl 1986 II S. 500, und vom 16. 4. 1997, XI R 87/96, BStBl II S. 585).

(3) ¹Werden während des Insolvenzverfahrens über das Vermögen eines Sicherungsgebers Wirtschaftsgüter verwertet, an denen ein Sicherungseigentum bestellt war, legt § 171 Abs. 1 und 2 InsO dem Sicherungsnehmer einen Kostenbeitrag auf. ²Die Feststellungskostenpauschale und die Verwertungskostenpauschale bzw. die tatsächlichen Kosten der Verwertung sind kein Entgelt für eine steuerbare und steuerpflichtige Leistung des Insolvenzschuldners – vertreten durch den Insolvenzverwalter – an den Sicherungsnehmer. ³Vereinbaren der absonderungsberechtigte Gläubiger und der Insolvenzverwalter, dass der Insolvenzverwalter den Gegenstand, der den Gläubiger zur Absonderung berechtigt, z. B. ein Grundstück, für Rechnung des Gläubigers (hier: des Grundpfandgläubigers) veräußert und vom Veräußerungserlös einen bestimmten Betrag für die Masse einbehalten darf, führt der Insolvenzverwalter neben der Grundstückslieferung an den Erwerber eine sonstige entgeltliche Leistung an den Grundpfandgläubiger aus. ⁴Der für die Masse einbehaltene Betrag ist in diesem Fall Entgelt für eine Leistung; mit der freihändigen Verwertung eines Gegenstands, an dem ein Absonderungsrecht eines Sicherungsnehmers besteht, erbringt der Insolvenzverwalter hingegen diesem gegenüber keine Leistung (vgl. BFH-Urteil vom 18. 8. 2005, V R 31/04, BStBl 2007 II S. 103).

(4) Zur Steuerschuldnerschaft des Leistungsempfängers bei der Lieferung sicherungsübereigneter Gegenstände durch den Sicherungsgeber an den Sicherungsnehmer außerhalb des Insolvenzverfahrens vgl. § 13b Abs. **2** Nr. 2 UStG und Abschnitt 13b.1 Abs. 2 Satz 1 Nr. 4.

§ 1 UStG
AE 1.3

AE 1.3
1.3. Schadensersatz

Allgemeines

S 7100 (1) ¹Im Falle einer echten Schadensersatzleistung fehlt es an einem Leistungsaustausch. ²Der Schadensersatz wird nicht geleistet, weil der Leistende eine Lieferung oder sonstige Leistung erhalten hat, sondern weil er nach Gesetz oder Vertrag für den Schaden und seine Folgen einzustehen hat. ³Echter Schadensersatz ist insbesondere gegeben bei Schadensbeseitigung durch den Schädiger oder durch einen von ihm beauftragten selbständigen Erfüllungsgehilfen, bei Zahlung einer Geldentschädigung durch den Schädiger, bei Schadensbeseitigung durch den Geschädigten oder durch einen Dritten ohne einen besonderen Auftrag des Ersatzverpflichteten; in Leasingfällen vgl. Absatz 17. ⁴Ein Schadensersatz ist dagegen dann nicht anzunehmen, wenn die Ersatzleistung tatsächlich die – wenn auch nur teilweise – Gegenleistung für eine Lieferung oder sonstige Leistung darstellt (vgl. BFH-Urteile vom 22. 11. 1962, V 192/60 U, BStBl 1963 III S. 106, und vom 19. 10. 2001, V R 48/00, BStBl 2003 II S. 210, sowie Abschnitt 10.2 Abs. 3 Satz 6). ⁵Von echtem Schadensersatz ist ebenfalls nicht auszugehen, wenn der Besteller eines Werks, das sich als mangelhaft erweist, vom Auftragnehmer Schadensersatz wegen Nichterfüllung verlangt; in der Zahlung des Auftragnehmers liegt vielmehr eine Minderung des Entgelts i. S. von § 17 Abs. 1 UStG (vgl. BFH-Urteil vom 16. 1. 2003, V R 72/01, BStBl II S. 620).

(2) ¹Wegen der Einzelheiten bei der umsatzsteuerrechtlichen Beurteilung von Garantieleistungen und Freiinspektionen in der Kraftfahrzeugwirtschaft vgl. BMF-Schreiben vom 3. 12. 1975, BStBl I S. 1132. ²Zur umsatzsteuerlichen Behandlung von Garantieleistungen in der Reifenindustrie vgl. BMF-Schreiben vom 21. 11. 1974, BStBl I S. 1021.

Echter Schadensersatz

(3) ¹Vertragsstrafen, die wegen Nichterfüllung oder wegen nicht gehöriger Erfüllung (§§ 340, 341 BGB) geleistet werden, haben Schadensersatzcharakter (vgl. auch BFH-Urteil vom 10. 7. 1997, V R 94/96, BStBl II S. 707). ²Hat der Leistungsempfänger die Vertragsstrafe an den leistenden Unternehmer zu zahlen, ist sie deshalb nicht Teil des Entgelts für die Leistung. ³Zahlt der leistende Unternehmer die Vertragsstrafe an den Leistungsempfänger, liegt darin keine Entgeltsminderung (vgl. BFH-Urteil vom 4. 5. 1994, XI R 58/93, BStBl II S. 589). ⁴Die Entschädigung, die ein Verkäufer nach den Geschäftsbedingungen vom Käufer verlangen kann, wenn dieser innerhalb bestimmter Fristen seinen Verpflichtungen aus dem Kaufvertrag nicht nachkommt (Schadensersatz wegen Nichterfüllung), ist nicht Entgelt, sondern Schadensersatz (vgl. BFH-Urteil vom 27. 4. 1961, V 263/58 U, BStBl III S. 300).

(4) ¹Eine Willenserklärung, durch die der Unternehmer seinem zur Übertragung eines Vertragsgegenstands unfähig gewordenen Schuldner eine Ersatzleistung in Geld gestattet, kann nicht als sonstige Leistung (Rechtsverzicht) beurteilt werden. ²Die Ersatzleistung ist echter Schadensersatz (vgl. BFH-Urteil vom 12. 11. 1970, V R 52/67, BStBl 1971 II S. 38).

(5) ¹ Die Vergütung, die der Unternehmer nach Kündigung oder vertraglicher Auflösung eines Werklieferungsvertrags vereinnahmt, ohne an den Besteller die bereitgestellten Werkstoffe oder das teilweise vollendete Werk geliefert zu haben, ist kein Entgelt im Sinne des Umsatzsteuerrechts (vgl. BFH-Urteil vom 27. 8. 1970, V R 159/66, BStBl 1971 II S. 6). ²Zum Leistungsgegenstand bei noch nicht abgeschlossenen Werklieferungen vgl. Abschnitt 3.9.

(6) ¹Erhält ein Unternehmer die Kosten eines gerichtlichen Mahnverfahrens erstattet, handelt es sich dabei nicht um einen Teil des Entgelts für eine steuerbare Leistung, sondern um Schadensersatz. ²Die Mahngebühren oder Mahnkosten, die ein Unternehmer von säumigen Zahlern erhebt und auf Grund seiner Geschäftsbedingungen oder anderer Unterlagen – z. B. Mahnschreiben – als solche nachweist, sind ebenfalls nicht das Entgelt für eine besondere Leistung. ³Verzugszinsen, Fälligkeitszinsen und Prozesszinsen (vgl. z. B. §§ 288, 291 BGB; § 353 HGB) sind als Schadensersatz zu behandeln. ⁴Das Gleiche gilt für Nutzungszinsen, die z. B. nach § 641 Abs. 4 BGB von der Abnahme des Werkes an erhoben werden. ⁵Als Schadensersatz sind auch die nach den Artikeln 48 und 49 WG sowie den Artikeln 45 und 46 ScheckG im Falle des Rückgriffs zu zahlenden Zinsen, Kosten des Protestes und Vergütungen zu behandeln.

(7) ¹Die Ersatzleistung auf Grund einer Warenkreditversicherung stellt nicht die Gegenleistung für eine Lieferung oder sonstige Leistung dar, sondern Schadensersatz. ²Zur Frage des Leistungsaustauschs bei Zahlungen von Fautfrachten wegen Nichterfüllung eines Chartervertrags vgl. BFH-Urteil vom **30. 6. 2010, XI R 22/08, BStBl II S. 1084**.

(8) ¹In Gewährleistungsfällen ist die Erstattung der Material- und Lohnkosten, die ein Vertragshändler auf Grund vertraglicher Vereinbarungen für die Beseitigung von Mängeln an den bei ihm gekauften Gegenständen vom Hersteller ersetzt bekommt, echter Schadensersatz, wenn sich der Gewährleistungsanspruch des Kunden nicht gegen den Hersteller, sondern gegen den Vertragshändler richtet (vgl. BFH-Urteil vom 16. 7. 1964, V 23/60 U, BStBl III S. 516). ²In diesen Fällen erfüllt der Händler mit der Garantieleistung unentgeltlich eine eigene Verpflichtung gegenüber dem Kunden aus dem Kaufvertrag und erhält auf Grund seiner Vereinbarung mit dem Herstellerwerk

von diesem den durch den Materialfehler erlittenen, vom Werk zu vertretenden Schaden ersetzt (BFH-Urteil vom 17. 2. 1966, V 58/63, BStBl III S. 261).

(9) Die Entschädigung der Zeugen (vgl. Abschnitt 15) und der ehrenamtlichen Richter nach dem JVEG ist echter Schadensersatz.

(10) Zu Stornogebühren bei Reiseleistungen vgl. Abschnitt 25.1 Abs. 14.

Kein Schadensersatz

(11) [1]Beseitigt der Geschädigte im Auftrag des Schädigers einen ihm zugefügten Schaden selbst, ist die Schadensersatzleistung als Entgelt im Rahmen eines Leistungsaustauschs anzusehen (vgl. BFH-Urteil vom 11. 3. 1965, V 37/62 S, BStBl III S. 303). [2]Zur Abgrenzung zur sonstigen Leistung vgl. auch Abschnitt 3.1.

(12) [1]Die Ausgleichszahlung für Handelsvertreter nach § 89b HGB ist kein Schadensersatz, sondern eine Gegenleistung des Geschäftsherrn für erlangte Vorteile aus der Tätigkeit als Handelsvertreter. [2]Dies gilt auch dann, wenn der Ausgleichsanspruch durch den Tod des Handelsvertreters fällig wird (BFH-Urteile vom 26. 9. 1968, V 196/65, BStBl 1969 II S. 210, und vom 25. 6. 1998, V R 57/97, BStBl 1999 II S. 102).

(13) [1]Entschädigungen an den Mieter oder Vermieter für die vorzeitige Räumung der Mieträume und die Aufgabe des noch laufenden Mietvertrags sind nicht Schadensersatz, sondern Leistungsentgelt (vgl. BFH-Urteil vom 27. 2. 1969, V 102/65, BStBl II S. 386 und Abschnitt 4.12.1 Abs. 1). [2]Das gilt auch dann, wenn der Unternehmer zur Vermeidung einer Enteignung auf die vertragliche Regelung eingegangen ist. [3]Ob die Vertragsparteien die Zahlung als Schadensersatz bezeichnen oder vereinbaren, nur die durch die Freimachung entstandenen tatsächlichen Aufwendungen zu erstatten, ist unbeachtlich (vgl. BFH-Urteile vom 27. 2. 1969, V 144/65, BStBl II S. 387, und vom 7. 8. 1969, V 177/65, BStBl II S. 696).

(14) Entschädigungen, die als Folgewirkung einer Enteignung nach § 96 BauGB gezahlt werden, sind kein Schadensersatz und daher steuerbar (BFH-Urteil vom 10. 2. 1972, V R 119/68, BStBl II S. 403; vgl. auch BFH-Urteil vom 24. 6. 1992, V R 60/88, BStBl II S. 986).

(15) [1]Die Vergütung von Sachverständigen, Dolmetschern und Übersetzern nach Abschnitt 3 JVEG ist Entgelt für eine Leistung. [2]Ob jemand als Zeuge, sachverständiger Zeuge oder Sachverständiger anzusehen ist, richtet sich nach der tatsächlich erbrachten Tätigkeit. [3]Für die Einordnung ist ausschlaggebend, ob er als Zeuge „unersetzlich" oder als Sachverständiger „auswechselbar" ist. [4]Bei ärztlichen Befundberichten kann regelmäßig auf die Abrechnung nach dem JVEG abgestellt werden.

Beispiel 1:

[1]Der behandelnde Arzt erteilt einem Gericht einen Bericht über den bei seinem Patienten festgestellten Befund und erhält eine Vergütung nach § 10 Abs. 1 JVEG in Verbindung mit Anlage 2 Nr. 200 bzw. Nr. 201 des JVEG.

[2]Der Arzt handelt als „unersetzlicher" sachverständiger Zeuge. [3]Die Vergütung ist echter Schadensersatz (vgl. Absatz 9).

Beispiel 2:

[1]Ein hinzugezogener Arzt erstellt für ein Gericht ein Gutachten über den Gesundheitszustand einer Person und erhält eine Vergütung nach § 10 Abs. 1 JVEG in Verbindung mit Anlage 2 Nr. 202 bzw. Nr. 203 des JVEG.

[2]Der Arzt handelt als „auswechselbarer" Sachverständiger. [3]Die Vergütung ist Leistungsentgelt.

(16) Die Ausgleichszahlung für beim Bau einer Überlandleitung entstehende Flurschäden durch deren Betreiber an den Grundstückseigentümer ist kein Schadensersatz, sondern Entgelt für die Duldung der Flurschäden durch den Eigentümer (vgl. BFH-Urteil vom 11. 11. 2004, V R 30/04, BStBl 2005 II S. 802).

Leasing

(17) [1]Für die Beurteilung von Ausgleichszahlungen im Zusammenhang mit der Beendigung von Leasingverträgen ist entscheidend, ob der Zahlung für den jeweiligen „Schadensfall" eine mit ihr eng verknüpfte Leistung gegenübersteht (vgl. BMF-Schreiben vom 22. 5. 2008, BStBl I S. 632). [2]Die Zahlung eines Minderwertausgleichs ist nicht als Schadensersatz, sondern als Entgelt für die bereits erfolgte Gebrauchsüberlassung und Duldung der Nutzung über den vertragsgemäßen Gebrauch hinaus zu beurteilen. [3]Auf die Art des Leasingvertrags und des überlassenen Leasinggegenstands sowie die Ursache für die Wertminderung kommt es dabei nicht an. [4]Soweit bei Kündigung des Leasingverhältnisses Ausgleichszahlungen für künftige Leasingraten geleistet werden, handelt es sich um echten Schadensersatz, da durch die Kündigung die vertragliche Hauptleistungspflicht des Leasinggebers beendet und deren Erbringung tatsächlich nicht mehr möglich ist.

⁵Dies gilt nicht nicht für die Fälle des Finanzierungsleasings, bei denen eine Lieferung an den Leasingnehmer vorliegt, vgl. Abschnitt 3.5 Abs. 5.

AE 1.4

1.4. Mitgliederbeiträge

S 7100

(1) ¹Soweit eine Vereinigung zur Erfüllung ihrer den Gesamtbelangen sämtlicher Mitglieder dienenden satzungsgemäßen Gemeinschaftszwecke tätig wird und dafür echte Mitgliederbeiträge erhebt, die dazu bestimmt sind, ihr die Erfüllung dieser Aufgaben zu ermöglichen, fehlt es an einem Leistungsaustausch mit dem einzelnen Mitglied. ²Erbringt die Vereinigung dagegen Leistungen, die den Sonderbelangen der einzelnen Mitglieder dienen, und erhebt sie dafür Beiträge entsprechend der tatsächlichen oder vermuteten Inanspruchnahme ihrer Tätigkeit, liegt ein Leistungsaustausch vor (vgl. BFH-Urteile vom 4. 7. 1985, V R 107/76, BStBl 1986 II S. 153, und vom 7. 11. 1996, V R 34/96, BStBl 1997 II S. 366).

(2) ¹Voraussetzung für die Annahme echter Mitgliederbeiträge ist, dass die Beiträge gleich hoch sind oder nach einem für alle Mitglieder verbindlichen Bemessungsmaßstab gleichmäßig errechnet werden. ²Die Gleichheit ist auch dann gewahrt, wenn die Beiträge nach einer für alle Mitglieder einheitlichen Staffel erhoben werden oder die Höhe der Beiträge nach persönlichen Merkmalen der Mitglieder, z. B. Lebensalter, Stand, Vermögen, Einkommen, Umsatz, abgestuft wird (vgl. BFH-Urteil vom 8. 9. 1994, V R 46/92, BStBl II S. 957). ³Allein aus der Gleichheit oder aus einem gleichen Bemessungsmaßstab kann auf die Eigenschaft der Zahlungen als echte Mitgliederbeiträge nicht geschlossen werden (vgl. BFH-Urteil vom 8. 9. 1994, a. a. O.).

(3) ¹Beitragszahlungen, die Mitglieder einer Interessenvereinigung der Lohnsteuerzahler, z. B. Lohnsteuerhilfeverein, erbringen, um deren in der Satzung vorgesehene Hilfe in Lohnsteuersachen in Anspruch nehmen zu können, sind Entgelte für steuerbare Sonderleistungen dieser Vereinigung. ²Dies gilt auch dann, wenn ein Mitglied im Einzelfall trotz Beitragszahlung auf die Dienste der Interessenvereinigung verzichtet, weil die Bereitschaft der Interessenvereinigung, für dieses Mitglied tätig zu werden, eine Sonderleistung ist (vgl. BFH-Urteil vom 9. 5. 1974, V R 128/71, BStBl II S. 530).

(4) Umlagen, die ein Wasserversorgungszweckverband satzungsgemäß zur Finanzierung der gemeinsamen Anlagen, der betriebsnotwendigen Vorratshaltung und der Darlehenstilgung entsprechend der Wasserabnahme durch die Mitgliedsgemeinden erhebt, sind Leistungsentgelte (BFH-Urteil vom 4. 7. 1985, V R 35/78, BStBl II S. 559).

(5) ¹Eine aus Mietern und Grundstückseigentümern eines Einkaufszentrums bestehende Werbegemeinschaft erbringt gegenüber ihren Gesellschaftern steuerbare Leistungen, wenn sie Werbemaßnahmen für das Einkaufszentrum vermittelt oder ausführt und zur Deckung der dabei entstehenden Kosten entsprechend den Laden- bzw. Verkaufsflächen gestaffelte Umlagen von ihren Gesellschaftern erhebt (BFH-Urteil vom 4. 7. 1985, V R 107/76, BStBl 1986 II S. 153). ²Allein die unterschiedliche Höhe der von Mitgliedern erhobenen Umlagen führt nicht zur Annahme eines Leistungsaustausches zwischen der Gemeinschaft und ihren Mitgliedern (vgl. BFH-Urteil vom 18. 4. 1996, V R 123/93, BStBl II S. 387).

(6) ¹Die Abgabe von Druckerzeugnissen an die Mitglieder ist nicht als steuerbare Leistung der Vereinigung anzusehen, wenn es sich um Informationen und Nachrichten aus dem Leben der Vereinigung handelt. ²Steuerbare Sonderleistungen liegen jedoch vor, wenn es sich um Fachzeitschriften handelt, die das Mitglied andernfalls gegen Entgelt im freien Handel beziehen müsste.

(7) ¹Bewirkt eine Vereinigung Leistungen, die zum Teil den Einzelbelangen, zum Teil den Gesamtbelangen der Mitglieder dienen, sind die Beitragszahlungen in Entgelte für steuerbare Leistungen und in echte Mitgliederbeiträge aufzuteilen (vgl. BFH-Urteil vom 22. 11. 1963, V 47/61 U, BStBl 1964 III S. 147). ²Der auf die steuerbaren Leistungen entfallende Anteil der Beiträge entspricht der Bemessungsgrundlage, die nach § 10 Abs. 5 Nr. 1 i. V. m. § 10 Abs. 4 UStG anzusetzen ist (vgl. Abschnitt 10.7 Abs. 1).

AE 1.5

1.5. Geschäftsveräußerung

Geschäftsveräußerung im Ganzen

S 7100-b

(1) ¹Eine Geschäftsveräußerung im Sinne des § 1 Abs. 1a UStG liegt vor, wenn die wesentlichen Grundlagen eines Unternehmens oder eines gesondert geführten Betriebs an einen Unternehmer für dessen Unternehmen übertragen werden, wobei die unternehmerische Tätigkeit des Erwerbers auch erst mit dem Erwerb des Unternehmens oder des gesondert geführten Betriebs beginnen kann (vgl. Abschnitt 2.6 Abs. 1).²Entscheidend ist, dass die übertragenen Vermögensgegenstände ein hinreichendes Ganzes bilden, um dem Erwerber die Fortsetzung einer bisher durch den Veräußerer ausgeübten unternehmerischen Tätigkeit zu ermöglichen, und der Erwerber dies auch tatsächlich tut (vgl. BFH-Urteil vom 18. 9. 2008, V R 21/07, BStBl 2009 II S. 254). ³Dabei sind im Rahmen einer Gesamtwürdigung die Art der übertragenen Vermögensgegenstände und der Grad der Übereinstimmung oder Ähnlichkeit zwischen den vor und nach der Übertragung ausgeübten

Tätigkeiten zu berücksichtigen (BFH-Urteil vom 23. 8. 2007, V R 14/05, BStBl 2008 II S. 165). [4]Der Fortsetzung der bisher durch den Veräußerer ausgeübten Tätigkeit steht es nicht entgegen, wenn der Erwerber den von ihm erworbenen Geschäftsbetrieb in seinem Zuschnitt ändert oder modernisiert (vgl. BFH-Urteil vom 23. 8. 2007, V R 14/05, BStBl 2008 II S. 165). [5]Die sofortige Abwicklung der übernommenen Geschäftstätigkeit schließt jedoch eine Geschäftsveräußerung aus (vgl. EuGH-Urteil vom 27. 11. 2003, C-497/01, EuGHE I S. 14393). [6]Das Vorliegen der Voraussetzungen für eine nicht steuerbare Geschäftsveräußerung kann nicht mit der Begründung verneint werden, es werde noch kein „lebendes Unternehmen" übertragen, da der tatsächliche Betrieb des Unternehmens noch nicht aufgenommen worden sei (vgl. BFH-Urteil vom 8. 3. 2001, V R 24/98, BStBl 2003 II S. 430).

(2) [1]Die Lieferung eines weder vermieteten noch verpachteten Grundstücks ist im Regelfall keine Geschäftsveräußerung (BFH-Urteil vom 11. 10. 2007, V R 57/06, BStBl 2008 II S. 447). [2]*Ist der Gegenstand der Geschäftsveräußerung ein Vermietungsunternehmen, muss der Erwerber umsatzsteuerrechtlich die Fortsetzung der Vermietungstätigkeit beabsichtigen (vgl. BFH-Urteil vom 6. 5. 2010, V R 26/09, BStBl II S. 1114).* [3]Bei der Veräußerung eines vermieteten Objekts an den bisherigen Mieter zu dessen eigenen wirtschaftlichen Zwecken ohne Fortführung des Vermietungsunternehmens liegt *daher* keine Geschäftsveräußerung vor (vgl. BFH-Urteil vom 24. 9. 2009, V R 6/08, BStBl 2010 II S. 315). [4]Bei der Übertragung von nur teilweise vermieteten oder verpachteten Grundstücken liegt eine Geschäftsveräußerung vor, wenn die nicht genutzten Flächen zur Vermietung oder Verpachtung bereitstehen und die Vermietungstätigkeit vom Erwerber für eine nicht unwesentliche Fläche fortgesetzt wird (vgl. BFH-Urteil vom 30. 4. 2009, V R 4/07, BStBl II S. 863). [5]Entsteht eine Bruchteilsgemeinschaft durch Einräumung eines Miteigentumsanteils an einem durch den bisherigen Alleineigentümer in vollem Umfang vermieteten Grundstück, liegt eine Geschäftsveräußerung vor (vgl. BFH-Urteil vom 6. 9. 2007, V R 41/05, BStBl 2008 II S. 65). [6]*Die Übertragung an eine Organgesellschaft vermieteten Grundstücks auf den Organträger führt nicht zu einer Geschäftsveräußerung, da der Organträger umsatzsteuerrechtlich keine Vermietungstätigkeit fortsetzt, sondern das Grundstück im Rahmen seines Unternehmens selbst nutzt (vgl. BFH-Urteil vom 6. 5. 2010, V R 26/09, BStBl II S. 1114).* [7]Zum Vorliegen einer Geschäftsveräußerung, wenn das Grundstück, an dem der Miteigentumsanteil eingeräumt wird, nur teilweise vermietet ist und im Übrigen vom vormaligen Alleineigentümer weiterhin für eigene unternehmerische Zwecke genutzt wird, vgl. BFH-Urteil vom 22. 11. 2007, V R 5/06, BStBl 2008 II S. 448.

Wesentliche Grundlagen

(3) [1]Bei entgeltlicher oder unentgeltlicher Übereignung eines Unternehmens oder eines gesondert geführten Betriebs im Ganzen ist eine nicht steuerbare Geschäftsveräußerung auch dann anzunehmen, wenn einzelne unwesentliche Wirtschaftsgüter davon ausgenommen werden (vgl. BFH-Urteil vom 1. 8. 2002, V R 17/01, BStBl 2004 II S. 626). [2]Eine nicht steuerbare Geschäftsveräußerung im Ganzen liegt z. B. bei einer Einbringung eines Betriebs in die Gesellschaft auch dann vor, wenn einzelne wesentliche Wirtschaftsgüter, insbesondere auch die dem Unternehmen dienenden Grundstücke, nicht mit dinglicher Wirkung übertragen, sondern an den Erwerber vermietet oder verpachtet werden und eine dauerhafte Fortführung des Unternehmens oder des gesondert geführten Betriebs durch den Erwerber gewährleistet ist (vgl. BFH-Urteile vom 15. 10. 1998, V R 69/97, BStBl 1999 II S. 41, und vom 4. 7. 2002, V R 10/01, BStBl 2004 II S. 662). [3]Hierfür reicht eine langfristige Vermietung für z. B. acht Jahre aus (vgl. BFH-Urteil vom 23. 8. 2007, V R 14/05, BStBl 2008 II S 165).

(4) [1]Die Übertragung aller wesentlichen Betriebsgrundlagen und die Möglichkeit zur Unternehmensfortführung ohne großen finanziellen Aufwand ist im Rahmen der Gesamtwürdigung zu berücksichtigen, aus der sich ergibt, ob das übertragene Unternehmensvermögen als hinreichendes Ganzes die Ausübung einer wirtschaftlichen Tätigkeit ermöglicht (vgl. BFH-Urteil vom 23. 8. 2007, V R 14/05, BStBl 2008 II S. 165). [2]Welches die wesentlichen Grundlagen sind, richtet sich nach den tatsächlichen Verhältnissen im Zeitpunkt der Übereignung (BFH-Urteil vom 25. 11. 1965, V 173/63 U, BStBl 1966 III S. 333). [3]Auch ein einzelnes Grundstück kann wesentliche Betriebsgrundlage sein. [4]Bei einem Herstellungsunternehmer bilden die Betriebsgrundstücke mit den Maschinen und sonstigen der Fertigung dienenden Anlagen regelmäßig die wesentlichen Grundlagen des Unternehmens (vgl. BFH-Urteil vom 5. 2. 1970, V R 161/66, BStBl II S. 365). [5]Gehören zu den wesentlichen Grundlagen des Unternehmens bzw. des Betriebs nicht eigentumsfähige Güter, z. B. Gebrauchs- und Nutzungsrechte an Sachen, Forderungen, Dienstverträge, Geschäftsbeziehungen usw., muss der Unternehmer diese Rechte auf den Erwerber übertragen, soweit sie für die Fortführung des Unternehmens erforderlich sind. [6]Wird das Unternehmen bzw. der Betrieb in gepachteten Räumen und mit gepachteten Maschinen unterhalten, gehört das Pachtrecht zu den wesentlichen Grundlagen. [7]Dieses Pachtrecht muss der Veräußerer auf den Erwerber übertragen, d. h. ihm die Möglichkeit verschafft, mit dem Verpächter einen neuen Pachtvertrag abzuschließen, so dass der Erwerber die dem bisherigen Betrieb dienenden Räume usw. unverändert nutzen kann (vgl. BFH-Urteil vom 19. 12. 1968, V 225/65, BStBl 1969 II S. 303).

(5) ¹Eine nicht steuerbare Geschäftsveräußerung kann auf mehreren zeitlich versetzten Kausalgeschäften beruhen, wenn diese in einem engen sachlichen und zeitlichen Zusammenhang stehen und die Übertragung des ganzen Vermögens auf einen Erwerber zur Beendigung der bisherigen gewerblichen Tätigkeit – insbesondere auch für den Erwerber – offensichtlich ist (BFH-Urteil vom 1. 8. 2002, V R 17/01, BStBl 2004 II S. 626). ²Eine nicht steuerbare Geschäftsveräußerung eines Unternehmens kann auch vorliegen, wenn im Zeitpunkt der Veräußerung eines verpachteten Grundstücks aus unternehmerischen Gründen vorübergehend auf die Pachtzinszahlungen verzichtet wird (vgl. BFH-Urteil vom 7. 7. 2005, V R 78/03, BStBl II S. 849). ³Eine Übereignung in mehreren Akten ist dann als eine Geschäftsveräußerung anzusehen, wenn die einzelnen Teilakte in wirtschaftlichem Zusammenhang stehen und der Wille auf Erwerb des Unternehmens gerichtet ist (vgl. BFH-Urteil vom 16. 3. 1982, VII R 105/79, BStBl II S. 483). ⁴Eine Übereignung ist auch anzunehmen, wenn der Erwerber beim Übergang des Unternehmens Einrichtungsgegenstände, die ihm bereits vorher zur Sicherung übereignet worden sind, und Waren, die er früher unter Eigentumsvorbehalt geliefert hat, übernimmt (vgl. BFH-Urteil vom 20. 7. 1967, V 240/64, BStBl III S. 684).

In der Gliederung des Unternehmens gesondert geführte Betriebe

(6) ¹Ein in der Gliederung eines Unternehmens gesondert geführter Betrieb liegt vor, wenn er wirtschaftlich selbständig ist. ²Dies setzt voraus, dass der veräußerte Teil des Unternehmens einen für sich lebensfähigen Organismus gebildet hat, der unabhängig von den anderen Geschäften des Unternehmens nach Art eines selbständigen Unternehmens betrieben worden ist und nach außen hin ein selbständiges, in sich abgeschlossenes Wirtschaftsgebilde gewesen ist. ³Dabei ist nicht Voraussetzung, dass mit dem Unternehmen oder mit dem in der Gliederung des Unternehmens gesondert geführten Teil in der Vergangenheit bereits Umsätze erzielt wurden; die Absicht, Umsätze erzielen zu wollen, muss jedoch anhand objektiver, vom Unternehmer nachzuweisender Anhaltspunkte spätestens im Zeitpunkt der Übergabe bestanden haben (vgl. BFH-Urteil vom 8. 3. 2001, V R 24/98, BStBl 2003 II S. 430) ⁴Soweit einkommensteuerrechtlich eine Teilbetriebsveräußerung angenommen wird (vgl. R 16 Abs. 3 EStR 2008), kann umsatzsteuerrechtlich von der Veräußerung eines gesondert geführten Betriebs ausgegangen werden. ⁵Veräußert ein Beförderungsunternehmer, der Güterbeförderungen mit mehreren Kraftfahrzeugen betreibt, einen dem Güterfernverkehr dienenden Lastzug und verzichtet er auf die Konzession zugunsten des Erwerbers, so liegt nicht die Übereignung eines in der Gliederung des Unternehmens gesondert geführten Betriebs vor (vgl. BFH-Urteil vom 1. 12. 1966 – BStBl 1967 III S. 161).

(7) ¹Eine nicht steuerbare Geschäftsveräußerung ist kein Verwendungsumsatz i. S. des § 15 Abs. 2 UStG (BFH-Urteil vom 8. 3. 2001, V 226/64, V R 24/98, BStBl 2003 II S. 430). ²Zur Vorsteuerberichtigung des Erwerbers vgl. Abschnitt 15a.4 ff.

(8) Liegen bei einer unentgeltlichen Übertragung die Voraussetzungen für eine Geschäftsveräußerung nicht vor, kann eine steuerbare unentgeltliche Wertabgabe (vgl. Abschnitt 3.2) in Betracht kommen.

1.6. Leistungsaustausch bei Gesellschaftsverhältnissen

(1) ¹Zwischen Personen- und Kapitalgesellschaften und ihren Gesellschaftern ist ein Leistungsaustausch möglich (vgl. BFH-Urteil vom 23. 7. 1959, V 6/58 U, BStBl III S. 379, und vom 5. 12. 2007, V R 60/05, BStBl 2009 II S. 486). ²Unentgeltliche Leistungen von Gesellschaften an ihre Gesellschafter werden durch § 3 Abs. 1b und Abs. 9a UStG erfasst (vgl. Abschnitte 3.2 bis 3.4). ³An einem Leistungsaustausch fehlt es in der Regel, wenn die Gesellschaft Geldmittel nur erhält, damit sie in die Lage versetzt wird, sich in Erfüllung ihres Gesellschaftszwecks zu betätigen (vgl. BFH-Urteil vom 20. 4. 1988, X R 3/82, BStBl II S. 792). ⁴Das ist z. B. der Fall, wenn ein Gesellschafter aus Gründen, die im Gesellschaftsverhältnis begründet sind, die Verluste seiner Gesellschaft übernimmt, um ihr die weitere Tätigkeit zu ermöglichen (vgl. BFH-Urteil vom 11. 4. 2002, V R 65/00, BStBl II S. 782).

Gründung von Gesellschaften, Eintritt neuer Gesellschafter

(2) ¹Eine Personengesellschaft erbringt bei der Aufnahme eines Gesellschafters an diesen keinen steuerbaren Umsatz (vgl. BFH-Urteil vom 1. 7. 2004, V R 32/00, BStBl II S. 1022). ²Dies gilt auch für Kapitalgesellschaften bei der erstmaligen Ausgabe von Anteilen (vgl. EuGH-Urteil vom 26. 5. 2005, C-465/03, EuGHE I S. 4357). ³Zur Übertragung von Gesellschaftsanteilen vgl. Abschnitt 3.5 Abs. 8. ⁴Dagegen sind Sacheinlagen eines Gesellschafters umsatzsteuerbar, wenn es sich um Lieferungen und sonstige Leistungen im Rahmen seines Unternehmens handelt und keine Geschäftsveräußerung im Sinne des § 1 Abs. 1a UStG vorliegt. ⁵Die Einbringung von Wirtschaftsgütern durch den bisherigen Einzelunternehmer in die neu gegründete Gesellschaft ist auf die Übertragung der Gesellschaftsrechte gerichtet (vgl. BFH-Urteile vom 8. 11. 1995, XI R 63/94, BStBl 1996 II S. 114, und vom 15. 5. 1997, V R 67/94, BStBl II S. 705). ⁶Als Entgelt für die Einbringung von Wirtschaftsgütern in eine Gesellschaft kommt neben der Verschaffung der Beteiligung an der Gesellschaft auch die Übernahme von Schulden des Gesellschafters durch die Gesellschaft in Betracht, wenn

der einbringende Gesellschafter dadurch wirtschaftlich entlastet wird (vgl. BFH-Urteil vom 15.5.1997, a.a.O.). [7]Zum Nachweis der Voraussetzung, dass der Leistungsaustausch zwischen Gesellschafter und Gesellschaft tatsächlich vollzogen worden ist, vgl. BFH-Urteil vom 8.11.1995, a.a.O.

Leistungsaustausch oder nicht steuerbarer Gesellschafterbeitrag

(3) [1]Ein Gesellschafter kann an die Gesellschaft sowohl Leistungen erbringen, die ihren Grund in einem gesellschaftsrechtlichen Beitragsverhältnis haben, als auch Leistungen, die auf einem gesonderten schuldrechtlichen Austauschverhältnis beruhen. [2]Die umsatzsteuerrechtliche Behandlung dieser Leistungen richtet sich danach, ob es sich um Leistungen handelt, die als Gesellschafterbeitrag durch die Beteiligung am Gewinn oder Verlust der Gesellschaft abgegolten werden, oder um Leistungen, die gegen Sonderentgelt ausgeführt werden und damit auf einen Leistungsaustausch gerichtet sind. [3]Entscheidend ist die tatsächliche Ausführung des Leistungsaustauschs und nicht allein die gesellschaftsrechtliche Verpflichtung.[4]Dabei ist es unerheblich, dass der Gesellschafter zugleich seine Mitgliedschaftsrechte ausübt. [5]Umsatzsteuerrechtlich maßgebend ist das Vorliegen eines Leistungsaustauschs ist, dass ein Leistender und ein Leistungsempfänger vorhanden sind und der Leistung eine Gegenleistung gegenübersteht. [6]Die Steuerbarkeit der Geschäftsführungs- und Vertretungsleistungen eines Gesellschafters an die Gesellschaft setzt das Bestehen eines unmittelbaren Zusammenhangs zwischen der erbrachten Leistung und dem empfangenen Sonderentgelt voraus (vgl. BFH-Urteile vom 6.6.2002, V R 43/01, BStBl 2003 II S. 36, und vom 16.1.2003, V R 92/01, BStBl II S. 732). [7]Für die Annahme eines unmittelbaren Zusammenhangs im Sinne eines Austauschs von Leistung und Gegenleistung genügt es nicht schon, dass die Mitglieder der Personenvereinigung lediglich gemeinschaftlich die Kosten für den Erwerb und die Unterhaltung eines Wirtschaftsguts tragen, das sie gemeinsam nutzen wollen oder nutzen (vgl. BFH-Urteil vom 28.11.2002, V R 18/01, BStBl 2003 II S. 443). [8]Der Gesellschafter einer Personengesellschaft kann grundsätzlich frei entscheiden, in welcher Eigenschaft er für die Gesellschaft tätig wird. [9]Der Gesellschafter kann wählen, ob er einen Gegenstand verkauft, vermietet oder ihn selbst bzw. seine Nutzung als Einlage einbringt (vgl. BFH-Urteil vom 18.12.1996, XI R 12/96, BStBl 1997 II S. 374). [10]Eine sonstige Leistung durch Überlassung der Nutzung eines Gegenstandes muss beim Leistungsempfänger die Möglichkeit begründen, den Gegenstand für seine Zwecke zu verwenden. [11]Soweit die Verwendung durch den Leistungsempfänger in der Rücküberlassung der Nutzung an den Leistenden besteht, muss deutlich erkennbar sein, dass dieser nunmehr sein Recht zur Nutzung aus dem Nutzungsrecht des Leistungsempfängers ableitet (BFH-Urteil vom 9.9.1993, V R 88/88, BStBl 1994 II S. 56).

(4) [1]Auf die Bezeichnung der Gegenleistung z.B. als Gewinnvorab/Vorabgewinn, als Vorwegvergütung, als Aufwendungsersatz, als Umsatzbeteiligung oder als Kostenerstattung kommt es nicht an.

Beispiel 1:
[1]Den Gesellschaftern einer OHG obliegt die Führung der Geschäfte und die Vertretung der OHG. [2]Diese Leistungen werden mit dem nach der Anzahl der beteiligten Gesellschafter und ihrem Kapitaleinsatz bemessenen Anteil am Ergebnis (Gewinn und Verlust) der OHG abgegolten.

[3]Die Ergebnisanteile sind kein Sonderentgelt; die Geschäftsführungs- und Vertretungsleistungen werden nicht im Rahmen eines Leistungsaustauschs ausgeführt, sondern als Gesellschafterbeitrag erbracht.

[2]Dies gilt auch, wenn nicht alle Gesellschafter tatsächlich die Führung der Geschäfte und die Vertretung der Gesellschaft übernehmen bzw. die Geschäftsführungs- und Vertretungsleistungen mit einem erhöhten Anteil am Ergebnis (Gewinn und Verlust) oder am Gewinn der Gesellschaft abgegolten werden.

Beispiel 2:
[1]Die Führung der Geschäfte und die Vertretung der aus den Gesellschaftern A, B und C bestehenden OHG obliegt nach den gesellschaftsrechtlichen Vereinbarungen ausschließlich dem C.
a) Die Leistung des C ist mit seinem nach der Anzahl der beteiligten Gesellschafter und ihrem Kapitaleinsatz bemessenen Anteil am Ergebnis (Gewinn und Verlust) der OHG abgegolten; A, B und C sind zu gleichen Teilen daran beteiligt.
b) C ist mit 40 %, A und B mit jeweils 30 % am Ergebnis (Gewinn und Verlust) der OHG beteiligt.
c) C erhält im Gewinnfall 25 % des Gewinns vorab, im Übrigen wird der Gewinn nach der Anzahl der Gesellschafter und ihrem Kapitaleinsatz verteilt; ein Verlust wird ausschließlich nach der Anzahl der Gesellschafter und ihrem Kapitaleinsatz verteilt.

[2]Die ergebnisabhängigen Gewinn- bzw. Verlustanteile des C sind kein Sonderentgelt; C führt seine Geschäftsführungs- und Vertretungsleistungen nicht im Rahmen eines Leistungsaustauschs aus, sondern erbringt jeweils Gesellschafterbeiträge.

Beispiel 3:

¹Eine Beratungsgesellschaft betreibt verschiedene Beratungsstellen, an denen ortsansässige Berater jeweils atypisch still beteiligt sind. ²Diese sind neben ihrer Kapitalbeteiligung zur Erbringung ihrer Arbeitskraft als Einlage verpflichtet. ³Sie erhalten für ihre Tätigkeit einen Vorabgewinn. ⁴Die auf den Vorabgewinn getätigten Entnahmen werden nicht als Aufwand behandelt. ⁵Die Zuweisung des Vorabgewinns und die Verteilung des verbleibenden Gewinns erfolgen im Rahmen der Gewinnverteilung.

⁶Der Vorabgewinn ist kein Sonderentgelt; die Gesellschafter führen ihre Tätigkeiten im Rahmen eines gesellschaftsrechtlichen Beitragsverhältnisses aus.

³Bei Leistungen auf Grund eines gegenseitigen Vertrags (vgl. §§ 320 ff. BGB), durch den sich der Gesellschafter zu einem Tun, Dulden oder Unterlassen und die Gesellschaft sich hierfür zur Zahlung einer Gegenleistung verpflichtet, sind die Voraussetzungen des § 1 Abs. 1 Nr. 1 Satz 1 UStG für einen steuerbaren Leistungsaustausch hingegen regelmäßig erfüllt, falls der Gesellschafter Unternehmer ist; dies gilt auch, wenn Austausch- und Gesellschaftsvertrag miteinander verbunden sind. ⁴Ein Leistungsaustausch zwischen Gesellschafter und Gesellschaft liegt vor, wenn der Gesellschafter z. B. für seine Geschäftsführungs- und Vertretungsleistung an die Gesellschaft eine Vergütung erhält (auch wenn diese als Gewinnvorab bezeichnet wird), die im Rahmen der Ergebnisermittlung als Aufwand behandelt wird. ⁵Die Vergütung ist in diesem Fall Gegenleistung für die erbrachte Leistung.

Beispiel 4:

¹Der Gesellschafter einer OHG erhält neben seinem nach der Anzahl der Gesellschafter und ihrem Kapitaleinsatz bemessenen Gewinnanteil für die Führung der Geschäfte und die Vertretung der OHG eine zu Lasten des Geschäftsergebnisses verbuchte Vorwegvergütung von jährlich 120 000 € als Festbetrag.

²Die Vorwegvergütung ist Sonderentgelt; der Gesellschafter führt seine Geschäftsführungs- und Vertretungsleistungen im Rahmen eines Leistungsaustauschs aus.

Beispiel 5:

¹Wie Beispiel 3, jedoch erhält ein atypisch stiller Gesellschafter im Rahmen seines Niederlassungsleiter-Anstellungsvertrags eine Vergütung, die handelsrechtlich als Aufwand behandelt werden muss.

²Die Vergütung ist Sonderentgelt; die Geschäftsführungs- und Vertretungsleistungen werden im Rahmen eines Leistungsaustauschverhältnisses ausgeführt. ³Zur Frage der unabhängig von der ertragsteuerrechtlichen Beurteilung als Einkünfte aus Gewerbebetrieb nach § 15 Abs. 1 Nr. 2 EStG zu beurteilenden Frage nach der umsatzsteuerrechtlichen Selbständigkeit vgl. Abschnitt 2.2. ⁴Im Rahmen von Niederlassungsleiter-Anstellungsverträgen tätige Personen sind danach im Allgemeinen selbständig tätig.

⁶Ist die Vergütung für die Leistungen des Gesellschafters im Gesellschaftsvertrag als Teil der Ergebnisverwendung geregelt, liegt ein Leistungsaustausch vor, wenn sich aus den geschlossenen Vereinbarungen und deren tatsächlicher Durchführung ergibt, dass die Leistungen nicht lediglich durch eine Beteiligung am Gewinn und Verlust der Gesellschaft abgegolten, sondern gegen Sonderentgelt ausgeführt werden. ⁷Ein Leistungsaustausch zwischen Gesellschaft und Gesellschafter liegt demnach auch vor, wenn die Vergütung des Gesellschafters zwar nicht im Rahmen der Ergebnisermittlung als Aufwand behandelt wird, sich jedoch gleichwohl ergebnismindernd auswirkt oder es sich aus den Gesamtumständen des Einzelfalls ergibt, dass sie nach den Vorstellungen der Gesellschafter als umsatzsteuerrechtliches Sonderentgelt gewährt werden soll.

Beispiel 6:

¹Eine GmbH betreut als alleinige Komplementärin einer Fonds-KG ohne eigenen Vermögensanteil die Geschäfte der Fonds-KG, deren Kommanditanteile von Investoren (Firmen und Privatpersonen) gehalten werden. ²Nach den Regelungen im Gesellschaftsvertrag zur Ergebnisverteilung, zum Gewinnvorab und zu den Entnahmen erhält die GmbH

a) ¹eine jährliche Management-Fee. ²Bei der Fonds-KG handelt es sich um eine vermögensverwaltende Gesellschaft, bei der grundsätzlich nur eine Ermittlung von Kapitaleinkünften durch die Gegenüberstellung von Einnahmen und Werbungskosten vorgesehen ist. ³Sie verbucht die Zahlung der Management-Fee in der Ergebnisermittlung nicht als Aufwand, sondern ordnet sie bei der Ermittlung der Einnahmen aus Kapitalvermögen und Werbungskosten für die Anleger, die ihre Anteile im Privatvermögen halten, in voller Höhe den Werbungskosten der Anleger zu,

b) ¹eine als gewinnabhängig bezeichnete Management-Fee. ²Da die erwirtschafteten Jahresüberschüsse jedoch zur Finanzierung der Management-Fee nicht ausreichen, wird ein Bilanzgewinn durch die Auflösung von eigens dafür gebildeten Kapitalrücklagen ausgewiesen.

c) ¹eine als gewinnabhängig bezeichnete Jahresvergütung. ²Der für die Zahlung der Vergütung bereitzustellende Bilanzgewinn wird aus einer Gewinnrücklage gebildet, welche aus Verwaltungskostenvorauszahlungen der Kommanditisten gespeist wurde. ³Die Verwaltungskosten stellen Werbungskosten der Kommanditisten dar.

d) ¹eine einmalige Gebühr („Konzeptions-Fee"). ²Die Fonds-KG hat die Zahlung in der Ergebnisermittlung nicht als Aufwand verbucht. ³Die Gebühr wird neben dem Agio in dem Beteiligungsangebot zur Fonds-KG als Kosten für die Investoren ausgewiesen. ⁴Gebühr/Konzeptions-Fee sowie Aufwendungen und Kosten der Fonds-KG werden auf die zum letzten Zeichnungsschluss vorhandenen Gesellschafter umgelegt.

³Die Vergütungen sind jeweils Sonderentgelt; die GmbH führt die Leistungen jeweils im Rahmen eines Leistungsaustauschs aus.

Beispiel 7:
¹Der Gesellschafter einer OHG erhält neben seinem nach der Anzahl der Gesellschafter und ihrem Kapitaleinsatz bemessenen Gewinnanteil für die Führung der Geschäfte und die Vertretung der OHG im Rahmen der Gewinnverteilung auch im Verlustfall einen festen Betrag von 120 000 € vorab zugewiesen (Vorabvergütung).

²Der vorab zugewiesene Gewinn ist Sonderentgelt; der Gesellschafter führt seine Geschäftsführungs- und Vertretungsleistungen im Rahmen eines Leistungsaustauschs aus.

⁸Gewinnabhängige Vergütungen können auch ein zur Steuerbarkeit führendes Sonderentgelt darstellen, wenn sie sich nicht nach den vermuteten, sondern nach den tatsächlich erbrachten Gesellschafterleistungen bemessen. ⁹Verteilt eine Gesellschaft bürgerlichen Rechts nach dem Gesellschaftsvertrag den gesamten festgestellten Gewinn je Geschäftsjahr an ihre Gesellschafter nach der Menge der jeweils gelieferten Gegenstände, handelt es sich – unabhängig von der Bezeichnung als Gewinnverteilung – umsatzsteuerrechtlich um Entgelt für die Lieferungen der Gesellschafter an die Gesellschaft (vgl. BFH-Urteil vom 10. 5. 1990, V R 47/86, BStBl II S. 757). ¹⁰Zur Überlassung von Gegenständen gegen jährliche Pauschalvergütung vgl. BFH-Urteil vom 16. 3. 1993, XI R 44/90, BStBl II S. 529, und gegen Gutschriften auf dem Eigenkapitalkonto vgl. BFH-Urteil vom 16. 3. 1993, XI R 52/90, BStBl II S. 562. ¹¹Ohne Bedeutung ist, ob der Gesellschafter zunächst nur Abschlagszahlungen erhält und der ihm zustehende Betrag erst im Rahmen der Überschussermittlung verrechnet wird. ¹²Entnahmen, zu denen der Gesellschafter nach Art eines Abschlags auf den nach der Anzahl der Gesellschafter und ihrem Kapitaleinsatz bemessenen Anteil am Gewinn der Gesellschaft berechtigt ist, begründen grundsätzlich kein Leistungsaustauschverhältnis. ¹³Ein gesellschaftsvertraglich vereinbartes garantiertes Entnahmerecht, nach dem die den Gewinnanteil übersteigenden Entnahmen nicht zu einer Rückzahlungsverpflichtung führen, führt wie die Vereinbarung einer Vorwegvergütung zu einem Leistungsaustausch (vgl. Beispiele 4 und 7). ¹⁴Die Tätigkeit eines Kommanditisten als Beiratsmitglied, dem vor allem Zustimmungs- und Kontrollrechte übertragen werden, kann eine Sonderleistung sein (vgl. BFH-Urteil vom 24. 8. 1994, XI R 74/93, BStBl 1995 II S. 150). ¹⁵Ein zwischen Gesellschafter und Gesellschaft vorliegender Leistungsaustausch hat keinen Einfluss auf die Beurteilung der Leistungen der Gesellschaft Dritten gegenüber. ¹⁶Insbesondere sind in der Person des Gesellschafters vorliegende oder an seine Person geknüpfte Tatbestandsmerkmale, wie z. B. die Zugehörigkeit zu einer bestimmten Berufsgruppe (z. B. Land- und Forstwirt) oder die Erlaubnis zur Führung bestimmter Geschäfte (z. B. Bankgeschäfte) hinsichtlich der Beurteilung der Leistungen der Gesellschaft unbeachtlich. ¹⁷Da der Gesellschafter bei der Geschäftsführung und Vertretung im Namen der Gesellschaft tätig wird und somit nicht im eigenen Namen gegenüber den Kunden der Gesellschaft auftritt, liegt auch kein Fall der Dienstleistungskommission (§ 3 Abs. 11 UStG) vor.

Beispiel 8:
¹Bei einem in der Rechtsform der KGaA geführten Kreditinstitut ist ausschließlich dem persönlich haftenden Gesellschafter-Geschäftsführer die Erlaubnis zur Führung der Bankgeschäfte erteilt worden.

²Die für die Leistungen des Kreditinstituts geltende Steuerbefreiung des § 4 Nr. 8 UStG ist nicht auf die Geschäftsführungs- und Vertretungsleistung des Gesellschafters anwendbar.

(5) ¹Wird für Leistungen des Gesellschafters an die Gesellschaft neben einem Sonderentgelt auch eine gewinnabhängige Vergütung (vgl. Absatz 4 Satz 2 Beispiele 1 und 2) gezahlt (sog. Mischentgelt), sind das Sonderentgelt und die gewinnabhängige Vergütung umsatzsteuerrechtlich getrennt zu beurteilen. ²Das Sonderentgelt ist als Entgelt einzuordnen, da es einer bestimmten Leistung zugeordnet werden kann. ³Diese gewinnabhängige Vergütung ist dagegen kein Entgelt.

Beispiel:
¹Der Gesellschafter einer OHG erhält für die Führung der Geschäfte und die Vertretung der OHG im Rahmen der Gewinnverteilung 25 % des Gewinns, mindestens jedoch 60 000 € vorab zugewiesen.

²Der Festbetrag von 60 000 € ist Sonderentgelt und wird im Rahmen eines Leistungsaustauschs gezahlt; im Übrigen wird der Gesellschafter auf Grund eines gesellschaftsrechtlichen Beitragsverhältnisses tätig.

(6) ¹Auch andere gesellschaftsrechtlich zu erbringende Leistungen der Gesellschafter an die Gesellschaft können bei Zahlung eines Sonderentgelts als Gegenleistung für diese Leistung einen umsatzsteuerbaren Leistungsaustausch begründen. ²*Sowohl die Haftungsübernahme als auch die Geschäftsführung und Vertretung besitzen ihrer Art nach Leistungscharakter und können daher auch im Fall der isolierten Erbringung Gegenstand eines umsatzsteuerbaren Leistungsaustausches sein.*

Beispiel:
¹Der geschäftsführungs- und vertretungsberechtigte Komplementär einer KG erhält für die Geschäftsführung, Vertretung und Haftung eine Festvergütung.
²Die Festvergütung ist als Entgelt für die einheitliche Leistung, die Geschäftsführung, Vertretung und Haftung umfasst, umsatzsteuerbar und umsatzsteuerpflichtig (vgl. BFH-Urteil vom 3. 3. 2011, V R 24/10, BStBl II S. 950). ³Weder die Geschäftsführung und Vertretung noch die Haftung nach §§ 161, 128 HGB haben den Charakter eines Finanzgeschäfts im Sinne des § 4 Nr. 8 Buchst. g UStG.

(6a) ¹Erbringt eine Gesellschaft auf schuldrechtlicher Grundlage an ihre Gesellschafter Leistungen gegen Entgelt und stellen ihr die Gesellschafter in unmittelbarem Zusammenhang hiermit auf gesellschaftsrechtlicher Grundlage Personal zur Verfügung, liegt ein tauschähnlicher Umsatz vor. ²Um eine Besteuerung anstelle eines tauschähnlichen Umsatzes handelt es sich nur dann, wenn das vom jeweiligen Gesellschafter überlassene Personal ausschließlich für Zwecke der Leistungserbringung an den jeweiligen Gesellschafter verwendet wird (vgl. BFH-Urteil vom 15. 4. 2010, V R 10/08, BStBl II S. 879).

Einzelfälle

(7) Ein Gesellschafter kann seine Verhältnisse so gestalten, dass sie zu einer möglichst geringen steuerlichen Belastung führen (BFH-Urteil vom 16. 3. 1993, XI R 45/90, BStBl II S. 530).

1. ¹Der Gesellschafter erwirbt einen Gegenstand, den er der Gesellschaft zur Nutzung überlässt. ²Der Gesellschafter ist nur als Gesellschafter tätig.

   a) Der Gesellschafter überlässt den Gegenstand zur Nutzung gegen Sonderentgelt.

   Beispiel 1:
   ¹Der Gesellschafter erwirbt für eigene Rechnung einen Pkw, den er in vollem Umfang seinem Unternehmen zuordnet, auf seinen Namen zulässt und den er in vollem Umfang der Gesellschaft zur Nutzung überlässt. ²Die Gesellschaft zahlt dem Gesellschafter für die Nutzung des Pkw eine besondere Vergütung, z. B. einen feststehenden Mietzins oder eine nach der tatsächlichen Fahrleistung bemessene Vergütung.
   ³Nach den Grundsätzen der BFH-Urteile vom 7. 11. 1991, V R 116/86, BStBl 1992 II S. 269, und vom 16. 3. 1993, XI R 52/90, BStBl II S. 562, ist die Unternehmereigenschaft des Gesellschafters zu bejahen. ⁴Er bewirkt mit der Überlassung des Pkw eine steuerbare Leistung an die Gesellschaft. ⁵Das Entgelt dafür besteht in der von der Gesellschaft gezahlten besonderen Vergütung. ⁶Die Mindestbemessungsgrundlage ist zu beachten. ⁷Ein Leistungsaustausch kann auch dann vorliegen, wenn der Gesellschafter den Pkw ausschließlich selbst nutzt (vgl. BFH-Urteil vom 16. 3. 1993, XI R 45/90, BStBl II S. 530).
   ⁸Der Gesellschafter, nicht die Gesellschaft, ist zum Vorsteuerabzug aus dem Erwerb des Pkw berechtigt (vgl. Abschnitt 15.20 Abs. 1).

   Beispiel 2:
   ¹Sachverhalt wie Beispiel 1, jedoch mit der Abweichung, dass der Pkw nur zu 70 % der Gesellschaft überlassen und zu 30 % für eigene unternehmensfremde Zwecke des Gesellschafters genutzt wird.
   ²Ein Leistungsaustausch zwischen Gesellschafter und Gesellschaft findet nur insoweit statt, als der Gegenstand für Zwecke der Gesellschaft überlassen wird. ³Das Entgelt dafür besteht in der von der Gesellschaft gezahlten besonderen Vergütung. ⁴Die Mindestbemessungsgrundlage ist zu beachten. ⁵Insoweit als der Gesellschafter den Gegenstand für eigene unternehmensfremde Zwecke verwendet, liegt bei ihm eine nach § 3 Abs. 9a Nr. 1 UStG nicht steuerbare unentgeltliche Wertabgabe vor.

   b) Der Gesellschafter überlässt den Gegenstand zur Nutzung gegen eine Beteiligung am Gewinn oder Verlust der Gesellschaft.

   Beispiel 3:
   ¹Der Gesellschafter erwirbt für eigene Rechnung einen Pkw, den er auf seinen Namen zulässt und den er in vollem Umfang der Gesellschaft zur Nutzung überlässt. ²Der Gesell-

schafter erhält hierfür jedoch keine besondere Vergütung; ihm steht lediglich der im Gesellschaftsvertrag bestimmte Gewinnanteil zu.

[3]Überlässt der Gesellschafter der Gesellschaft den Gegenstand gegen eine Beteiligung am Gewinn oder Verlust der Gesellschaft zur Nutzung, handelt er insoweit nicht als Unternehmer. [4]Weder der Gesellschafter noch die Gesellschaft sind berechtigt, die dem Gesellschafter beim Erwerb des Gegenstandes in Rechnung gestellte Umsatzsteuer als Vorsteuer abzuziehen (vgl. Abschnitt 15.20 Abs. 1 Satz 7). [5]Eine Zuordnung zum Unternehmen kommt daher nicht in Betracht.

2. [1]Der Gesellschafter ist selbst als Unternehmer tätig. [2]Er überlässt der Gesellschaft einen Gegenstand seines dem Unternehmen dienenden Vermögens zur Nutzung.

   a) [1]Der Gesellschafter überlässt den Gegenstand zur Nutzung gegen Sonderentgelt.

   Bei der Nutzungsüberlassung gegen Sonderentgelt handelt es sich um einen steuerbaren Umsatz im Rahmen des Unternehmens. [3]Das Entgelt besteht in der von der Gesellschaft gezahlten besonderen Vergütung. [4]Die Mindestbemessungsgrundlage ist zu beachten. [5]Zum Vorsteuerabzug des Gesellschafters und der Gesellschaft vgl. Abschnitt 15.20 Abs. 2 und 3.

   b) Der Gesellschafter überlässt den Gegenstand zur Nutzung gegen eine Beteiligung am Gewinn oder Verlust der Gesellschaft.

   Beispiel 4:

   [1]Ein Bauunternehmer ist Mitglied einer Arbeitsgemeinschaft und stellt dieser gegen eine Beteiligung am Gewinn oder Verlust der Gesellschaft Baumaschinen zur Verfügung.

   [2]Die Überlassung des Gegenstandes an die Gesellschaft gegen eine Beteiligung am Gewinn oder Verlust der Gesellschaft ist beim Gesellschafter keine unentgeltliche Wertabgabe, wenn dafür unternehmerische Gründe ausschlaggebend waren. [3]Es handelt sich mangels Sonderentgelt um eine nicht steuerbare sonstige Leistung im Rahmen des Unternehmens (vgl. auch Abs. 8).

   [4]Wird der Gegenstand aus unternehmensfremden Gründen überlassen, liegt beim Gesellschafter unter den Voraussetzungen des § 3 Abs. 9a UStG eine unentgeltliche Wertabgabe vor. [5]Das kann beispielsweise im Einzelfall bei der Überlassung von Gegenständen an Familiengesellschaften der Fall sein. [6]Unternehmensfremde Gründe liegen nicht allein deshalb vor, weil der Gesellschafter die Anteile an der Gesellschaft nicht in seinem Betriebsvermögen hält (vgl. BFH-Urteil vom 20. 12. 1962, V 111/61 U, BStBl 1963 III S. 169).

   [7]Zum Vorsteuerabzug des Gesellschafters und der Gesellschaft vgl. Abschnitt 15.20 Abs. 2 und 3.

3. [1]Der Gesellschafter ist selbst als Unternehmer tätig. [2]Er liefert der Gesellschaft einen Gegenstand aus seinem Unternehmen unentgeltlich. [3]Er ist nur am Gewinn oder Verlust der Gesellschaft beteiligt.

   a) [1]Der Gesellschafter ist zum Vorsteuerabzug aus dem Erwerb des Gegenstands berechtigt.

   Es liegt eine unentgeltliche Wertabgabe nach § 3 Abs. 1b Satz 1 Nr. 1 oder 3 UStG vor.

   b) [1]Der Gesellschafter ist nicht zum Vorsteuerabzug aus dem Erwerb des Gegenstands berechtigt.

   Es liegt nach § 3 Abs. 1b Satz 2 UStG keine einer entgeltlichen Lieferung gleichgestellte unentgeltliche Wertabgabe vor.

Leistungsaustausch bei Arbeitsgemeinschaften des Baugewerbes

(8) [1]Überlassen die Gesellschafter einer Arbeitsgemeinschaft des Baugewerbes dieser für die Ausführung des Bauauftrages Baugeräte (Gerätevorhaltung), kann sich die Überlassung im Rahmen eines Leistungsaustausches vollziehen. [2]Vereinbaren die Gesellschafter, dass die Baugeräte von den Partnern der Arbeitsgemeinschaft kostenlos zur Verfügung zu stellen sind, ist die Überlassung der Baugeräte keine steuerbare Leistung, wenn der die Geräte beistellende Gesellschafter die Überlassung der Geräte der Arbeitsgemeinschaft nicht berechnet und sich mit dem ihm zustehenden Gewinnanteil begnügt. [3]Wird die Überlassung der Baugeräte seitens des Bauunternehmers an die Arbeitsgemeinschaft vor der Verteilung des Gewinns entsprechend dem Geräteeinsatz ausgeglichen oder wird der Gewinn entsprechend der Gerätevorhaltung aufgeteilt, obwohl sie nach dem Vertrag „kostenlos" zu erbringen ist, handelt es sich im wirtschaftlichen Ergebnis um besonders berechnete sonstige Leistungen (vgl. BFH-Urteil vom 18. 3. 1988, V R 178/83, BStBl II S. 646, zur unentgeltlichen Gegenstandsüberlassung vgl. Absatz 7 Nr. 2 Buchstabe b Beispiel 4). [4]Das gilt auch dann, wenn die Differenz zwischen vereinbarter und tatsächlicher Geräteüberlassung unmittelbar zwischen den Arbeitsgemeinschaftspartnern abgegolten (Spitzenausgleich) und der Gewinn formell von Ausgleichszahlungen unbeeinflusst verteilt wird (BFH-Urteile vom 21. 3. 1968, V R 43/65, BStBl II S. 449, und vom 11. 12. 1969, V R 91/68, BStBl 1970 II S. 356). [5]In den Fällen, in denen im Arbeitsgemeinschaftsvertrag ein Spitzenausgleich der Mehr- und Minderleistungen und der

darauf entfallenden Entgelte außerhalb der Arbeitsgemeinschaft zwischen den Partnern unmittelbar vereinbart und auch tatsächlich dementsprechend durchgeführt wird, ist ein Leistungsaustausch zwischen den Arbeitsgemeinschaftsmitgliedern und der Arbeitsgemeinschaft nicht feststellbar. [6]Die Leistungen (Gerätevorhaltungen) der Partner an die Arbeitsgemeinschaft sind in diesen Fällen nicht steuerbar (BFH-Urteil vom 11. 12. 1969, V R 129/68, BStBl 1970 II S. 358). [7]Die Anwendung der in den Sätzen 1 bis 6 genannten Grundsätze ist nicht auf Gerätevorhaltungen im Rahmen von Arbeitsgemeinschaften des Baugewerbes beschränkt, sondern allgemein anwendbar, z. B. auf im Rahmen eines Konsortialvertrags erbrachte Arbeitsanteile (vgl. EuGH-Urteil vom 29. 4. 2004, C-77/01, EuGHE I S. 4295).

AE 1.7   1.7. Lieferung von Gas oder Elektrizität

(1) [1]Die Abgabe von Energie durch einen Übertragungsnetzbetreiber im Rahmen des sog. Bilanzkreis- oder Regelzonenausgleichs vollzieht sich nicht als eigenständige Lieferung, sondern im Rahmen einer sonstigen Leistung und bleibt dementsprechend bei der Beurteilung der Wiederverkäufereigenschaft unberücksichtigt (vgl. Abschnitt 3g.1 Abs. 2). [2]Die zwischen den Netzbetreibern zum Ausgleich der unterschiedlichen Kosten für die unentgeltliche Durchleitung der Energie gezahlten Beträge (sog. Differenzausgleich) sind kein Entgelt für eine steuerbare Leistung des Netzbetreibers. [3]Gibt ein Energieversorger seine am Markt nicht mehr zu einem positiven Kaufpreis veräußerbaren überschüssigen Kapazitäten in Verbindung mit einer Zuzahlung ab, um sich eigene Aufwendungen für das Zurückfahren der eigenen Produktionsanlagen zu ersparen, liegt keine Lieferung z. B. der Elektrizität vor, sondern eine sonstige Leistung des Abnehmers.

(2) [1]Der nach § 9 KWKG zwischen den Netzbetreibern vorzunehmende Belastungsausgleich vollzieht sich nicht im Rahmen eines Leistungsaustauschs. [2]Gleiches gilt für den ab dem 1.1.2010 vorzunehmenden Belastungsausgleich nach der Verordnung zur Weiterentwicklung des bundesweiten Ausgleichsmechanismus vom 17.7.2009 (AusglMechV, BGBl. I S. 2101) bezüglich des Ausgleichs zwischen Übertragungsnetzbetreibern und Elektrizitätsversorgungsunternehmen (Zahlung der EEG-Umlage nach § 3 AusglMechV). [3]Bei diesen Umlagen zum Ausgleich der den Unternehmen entstehenden unterschiedlichen Kosten im Zusammenhang mit der Abnahme von Strom aus KWK- bzw. EEG-Anlagen handelt es sich nicht um Entgelte für steuerbare Leistungen. [4]Die vorstehenden Ausführungen sind nicht anzuwenden, soweit Belastungsausgleich-Endabrechnungen der Kalenderjahre 2008 und 2009 betroffen sind (vgl. § 12 AusglMechV).

AE 1.8   1.8. Sachzuwendungen und sonstige Leistungen an das Personal

S 7100 **Allgemeines**

(1) [1]Wendet der Unternehmer (Arbeitgeber) seinem Personal (seinen Arbeitnehmern) als Vergütung für geleistete Dienste neben dem Barlohn auch einen Sachlohn zu, bewirkt der Unternehmer mit dieser Sachzuwendung eine entgeltliche Leistung im Sinne des § 1 Abs. 1 Nr. 1 Satz 1 UStG, für die der Arbeitnehmer einen Teil seiner Arbeitsleistung als Gegenleistung aufwendet. [2]Wegen des Begriffs der Vergütung für geleistete Dienste vgl. Abschnitt 4.18.1 Abs. 7. [3]Ebenfalls nach § 1 Abs. 1 Nr. 1 Satz 1 UStG steuerbar sind Lieferungen oder sonstige Leistungen, die der Unternehmer an seine Arbeitnehmer oder deren Angehörige aufgrund des Dienstverhältnisses gegen besonders berechnetes Entgelt, aber verbilligt, ausführt. [4]Von einer entgeltlichen Leistung in diesem Sinne ist auszugehen, wenn der Unternehmer für die Leistung gegenüber dem einzelnen Arbeitnehmer einen unmittelbaren Anspruch auf eine Geldzahlung oder eine andere – nicht in der Arbeitsleistung bestehende – Gegenleistung in Geldeswert hat. [5]Für die Steuerbarkeit kommt es nicht darauf an, ob der Arbeitnehmer das Entgelt gesondert an den Unternehmer entrichtet oder ob der Unternehmer den entsprechenden Betrag vom Barlohn einbehält. [6]Die Gewährung von Personalrabatt durch den Unternehmer beim Einkauf von Waren durch seine Mitarbeiter ist keine Leistung gegen Entgelt, sondern Preisnachlass (BFH-Beschluss vom 17. 9. 1981, V B 43/80, BStBl II S. 775).

(2) [1]Zuwendungen von Gegenständen (Sachzuwendungen) und sonstige Leistungen an das Personal für dessen privaten Bedarf sind nach § 3 Abs. 1b Satz 1 Nr. 2 und § 3 Abs. 9a UStG auch dann steuerbar, wenn sie unentgeltlich sind (vgl. Abschnitt 3.3 Abs. 9). [2]Die Steuerbarkeit setzt voraus, dass Leistungen aus unternehmerischen (betrieblichen) Gründen für den privaten, außerhalb des Dienstverhältnisses liegenden Bedarf des Arbeitnehmers ausgeführt werden (vgl. BFH-Urteile vom 11. 3. 1988, V R 30/84, – BStBl II S. 643, und V R 114/83, BStBl II S. 651). [3]Der Arbeitnehmer erhält Sachzuwendungen und sonstige Leistungen unentgeltlich, wenn er seine Arbeit lediglich für den vereinbarten Barlohn und unabhängig von dem an alle Arbeitnehmer gerichteten Angebot (vgl. BFH-Urteil vom 10. 6. 1999, V R 104/98, BStBl II S. 582) oder unabhängig von dem Umfang der gewährten Zuwendungen leistet. [4]Hieran ändert der Umstand nichts, dass der Unternehmer die Zuwendungen zur Ablösung tarifvertraglicher Verpflichtungen erbringt (vgl. BFH-Urteil vom 11. 5. 2000, V R 73/99, – BStBl II S. 505). [5]Steuerbar sind auch Leistungen an ausgeschiedene Arbeitnehmer auf Grund eines früheren Dienstverhältnisses sowie Leistungen an Auszubildende.

§ 1 UStG
AE 1.8

⁶Bei unentgeltlichen Zuwendungen eines Gegenstands an das Personal oder der Verwendung eines dem Unternehmen zugeordneten Gegenstands für den privaten Bedarf des Personals setzt die Steuerbarkeit voraus, dass der Gegenstand oder seine Bestandteile zumindest zu einem teilweisen Vorsteuerabzug berechtigt haben (vgl. Abschnitt 3.3 und 3.4). ⁷Keine steuerbaren Umsätze sind Aufmerksamkeiten und Leistungen, die überwiegend durch das betriebliche Interesse des Arbeitgebers veranlasst sind (vgl. BFH-Urteil vom 9. 7. 1998, V R 105/92, BStBl II S. 635).

(3) ¹Aufmerksamkeiten sind Zuwendungen des Arbeitgebers, die nach ihrer Art und nach ihrem Wert Geschenken entsprechen, die im gesellschaftlichen Verkehr üblicherweise ausgetauscht werden und zu keiner ins Gewicht fallenden Bereicherung des Arbeitnehmers führen (vgl. BFH-Urteil vom 22. 3. 1985, VI R 26/82, BStBl II S. 641, R 19.6 LStR *2011*). ²Zu den Aufmerksamkeiten rechnen danach gelegentliche Sachzuwendungen bis zu einem Wert von 40 €, z. B. Blumen, Genussmittel, ein Buch oder ein Tonträger, die dem Arbeitnehmer oder seinen Angehörigen aus Anlass eines besonderen persönlichen Ereignisses zugewendet werden. ³Gleiches gilt für Getränke und Genussmittel, die der Arbeitgeber den Arbeitnehmern zum Verzehr im Betrieb unentgeltlich überlässt.

(4) ¹Nicht steuerbare Leistungen, die überwiegend durch das betriebliche Interesse des Arbeitgebers veranlasst sind, liegen vor, wenn betrieblich veranlasste Maßnahmen zwar auch die Befriedigung eines privaten Bedarfs der Arbeitnehmer zur Folge haben, diese Folge aber durch die mit den Maßnahmen angestrebten betrieblichen Zwecke überlagert wird (vgl. EuGH-Urteil vom 11. 12. 2008, C-371/07, EuGHE I S. 9549). ²Dies ist regelmäßig anzunehmen, wenn die Maßnahme die dem Arbeitgeber obliegende Gestaltung der Dienstausübung betrifft (vgl. BFH-Urteil vom 9. 7. 1998, V R 105/92, BStBl II S. 635). ³Hierzu gehören insbesondere:

1. ¹Leistungen zur Verbesserung der Arbeitsbedingungen, z. B. die Bereitstellung von Aufenthalts- und Erholungsräumen sowie von betriebseigenen Duschanlagen, die grundsätzlich von allen Betriebsangehörigen in Anspruch genommen werden können. ²Auch die Bereitstellung von Bade- und Sportanlagen kann überwiegend betrieblich veranlasst sein, wenn in der Zurverfügungstellung der Anlagen nach der Verkehrsauffassung kein geldwerter Vorteil zu sehen ist. ³Z. B. ist die Bereitstellung von Fußball- oder Handballsportplätzen kein geldwerter Vorteil, wohl aber bei die Bereitstellung von Tennis- oder Golfplätzen (vgl. auch BFH-Urteil vom 27. 9. 1996, VI R 44/96, BStBl 1997 II S. 146);

2. die betriebsärztliche Betreuung sowie die Vorsorgeuntersuchung des Arbeitnehmers, wenn sie im ganz überwiegenden betrieblichen Interesse des Arbeitgebers liegt (vgl. BFH-Urteil vom 17. 9. 1982, VI R 75/79, BStBl 1983 II S. 39);

3. betriebliche Fort- und Weiterbildungsleistungen;

4. die Überlassung von Arbeitsmitteln zur beruflichen Nutzung einschließlich der Arbeitskleidung, wenn es sich um typische Berufskleidung, insbesondere um Arbeitsschutzkleidung, handelt, deren private Nutzung so gut wie ausgeschlossen ist;

5. das Zurverfügungstellen von Parkplätzen auf dem Betriebsgelände;

6. ¹Zuwendungen im Rahmen von Betriebsveranstaltungen, soweit sie sich im üblichen Rahmen halten. ²Die Üblichkeit der Zuwendungen ist bis zu einer Höhe von 110 € einschließlich Umsatzsteuer je Arbeitnehmer und Betriebsveranstaltung nicht zu prüfen. ³Satz 2 gilt nicht bei mehr als zwei Betriebsveranstaltungen im Jahr. ⁴Die lohnsteuerrechtliche Beurteilung gilt entsprechend (vgl. R 19.5 LStR 2011);

7. das Zurverfügungstellen von Betriebskindergärten;

8. das Zurverfügungstellen von Übernachtungsmöglichkeiten in gemieteten Zimmern, wenn der Arbeitnehmer an weit von seinem Heimatort entfernten Tätigkeitsstellen eingesetzt wird (vgl. BFH-Urteil vom 21. 7. 1994, V R 21/92, BStBl II S. 881);

9. Schaffung und Förderung der Rahmenbedingungen für die Teilnahme an einem Verkaufswettbewerb (vgl. BFH-Urteil vom 16. 3. 1995, V R 128/92, BStBl II S. 651);

10. die Sammelbeförderung unter den in Absatz 14 Satz 2 bezeichneten Voraussetzungen;

11. die unentgeltliche Abgabe von Speisen anlässlich und während eines außergewöhnlichen Arbeitseinsatzes, z. B. während einer außergewöhnlichen betrieblichen Besprechung oder Sitzung (vgl. EuGH-Urteil vom 11. 12. 2008, a. a. O.).

(5) ¹Nach § 1 Abs. 1 Nr. 1 Satz 1, § 3 Abs. 1b oder § 3 Abs. 9a UStG steuerbare Umsätze an Arbeitnehmer können steuerfrei, z. B. nach § 4 Nr. 10 Buchstabe b, Nr. 12, 18, 23 bis 25 UStG, sein. ²Die Überlassung von Werkdienstwohnungen durch Arbeitgeber an Arbeitnehmer ist nach § 4 Nr. 12 UStG steuerfrei (vgl. BFH-Urteile vom 30. 7. 1986, V R 99/76, BStBl II S. 877, und vom 7. 10. 1987, V R 2/79, BStBl 1988 II S. 88). ³Überlässt ein Unternehmer in seiner Pension Räume an eigene Saison-Arbeitnehmer, ist diese Leistung nach § 4 Nr. 12 Satz 2 UStG steuerpflichtig, wenn diese Räume wahlweise zur vorübergehenden Beherbergung von Gästen oder zur Unterbringung des Saisonpersonals bereitgehalten werden (vgl. BFH-Urteil vom 13. 9. 1988, V R 46/83, BStBl II S. 1021); vgl. auch Abschnitt 4.12.9 Abs. 2.

Bemessungsgrundlage

(6) ¹Bei der Ermittlung der Bemessungsgrundlage für die entgeltlichen Lieferungen und sonstigen Leistungen an Arbeitnehmer (Absatz 1) ist die Vorschrift über die Mindestbemessungsgrundlage in § 10 Abs. 5 Nr. 2 UStG zu beachten. ²Danach ist als Bemessungsgrundlage mindestens der in § 10 Abs. 4 UStG bezeichnete Wert (Einkaufspreis, Selbstkosten, Ausgaben, vgl. Absatz 7) abzüglich der Umsatzsteuer anzusetzen, wenn dieser den vom Arbeitnehmer tatsächlich aufgewendeten (gezahlten) Betrag abzüglich der Umsatzsteuer übersteigt. ³Beruht die Verbilligung auf einem Belegschaftsrabatt, z. B. bei der Lieferung von sog. Jahreswagen an Werksangehörige in der Automobilindustrie, liegen die Voraussetzungen für die Anwendung der Vorschrift des § 10 Abs. 5 Nr. 2 UStG regelmäßig nicht vor; Bemessungsgrundlage ist dann der tatsächlich aufgewendete Betrag abzüglich Umsatzsteuer. ⁴Zuwendungen, die der Unternehmer in Form eines Sachlohns als Vergütung für geleistete Dienste gewährt, sind nach den Werten des § 10 Abs. 4 UStG zu bemessen; dabei sind auch die nicht zum Vorsteuerabzug berechtigenden Ausgaben in die Bemessungsgrundlage einzubeziehen. ⁵Eine Leistung unterliegt nur dann der Mindestbemessungsgrundlage nach § 10 Abs. 5 Nr. 2 UStG, wenn sie ohne Entgeltvereinbarung als unentgeltliche Leistung steuerbar wäre (vgl. BFH-Urteile vom 15. 11. 2007, V R 15/06, BStBl 2009 II S. 423, vom 27. 2. 2008, XI R 50/07, BStBl 2009 II S. 426, und vom 29. 5. 2008, V R 12/07, BStBl 2009 II S. 428 sowie Abschnitt 10.7).

(7) ¹Die Bemessungsgrundlage für die unentgeltlichen Lieferungen und sonstigen Leistungen an Arbeitnehmer (Absatz 2) ist in § 10 Abs. 4 UStG geregelt. ²Bei der Ermittlung der Bemessungsgrundlage für unentgeltliche Lieferungen (§ 10 Abs. 4 Satz 1 Nr. 1 UStG) ist vom Einkaufspreis zuzüglich der Nebenkosten für den Gegenstand oder für einen gleichartigen Gegenstand oder mangels eines Einkaufspreises von den Selbstkosten, jeweils zum Zeitpunkt des Umsatzes, auszugehen. ³Der Einkaufspreis entspricht in der Regel dem Wiederbeschaffungspreis des Unternehmers. ⁴Die Selbstkosten umfassen alle durch den betrieblichen Leistungsprozess entstehenden Ausgaben. ⁵Bei der Ermittlung der Bemessungsgrundlage für unentgeltliche sonstige Leistungen (§ 10 Abs. 4 Satz 1 Nr. 2 UStG) ist von den bei der Ausführung dieser Leistungen entstandenen Ausgaben auszugehen. ⁶Hierzu gehören auch die anteiligen Gemeinkosten. ⁷In den Fällen des § 10 Abs. 4 Satz 1 Nr. 2 UStG sind aus der Bemessungsgrundlage solche Ausgaben auszuscheiden, die nicht zum vollen oder teilweisen Vorsteuerabzug berechtigt haben.

(8) ¹Die in § 10 Abs. 4 UStG vorgeschriebenen Werte weichen grundsätzlich von den für Lohnsteuerzwecke anzusetzenden Werten (§ 8 Abs. 2 und 3 EStG, *R 8.1*, R 8.2 LStR **2011**) ab. ²In bestimmten Fällen (vgl. Absätze 9, 11, 14, 18) ist es jedoch aus Vereinfachungsgründen nicht zu beanstanden, wenn für die umsatzsteuerrechtliche Bemessungsgrundlage von den lohnsteuerrechtlichen Werten ausgegangen wird. ³Diese Werte sind grundsätzlich als Bruttowerte anzusehen, aus denen zur Ermittlung der Bemessungsgrundlage die Umsatzsteuer herauszurechnen ist. ⁴Der Freibetrag nach § 8 Abs. 3 Satz 2 EStG von 1 080 € bleibt bei der umsatzsteuerrechtlichen Bemessungsgrundlage unberücksichtigt.

Einzelfälle

(9) ¹Erhalten Arbeitnehmer von ihrem Arbeitgeber freie Verpflegung, freie Unterkunft oder freie Wohnung, ist von den Werten auszugehen, die in der SvEV in der jeweils geltenden Fassung festgesetzt sind. ²Für die Gewährung von Unterkunft und Wohnung kann unter den Voraussetzungen des § 4 Nr. 12 Satz 1 Buchst. a UStG Steuerfreiheit in Betracht kommen (vgl. aber Absatz 5 Satz 3). ³Die Gewährung der Verpflegung unterliegt dem allgemeinen Steuersatz (vgl. BFH-Urteil vom 24. 11. 1988 – BStBl 1989 II S. 210; Abschnitt 3.6).

(10) ¹Bei der Abgabe von Mahlzeiten an die Arbeitnehmer ist hinsichtlich der Ermittlung der Bemessungsgrundlage zu unterscheiden, ob es sich um eine unternehmenseigene Kantine oder um eine vom Unternehmer (Arbeitgeber) nicht selbst betriebene Kantine handelt. ²Eine unternehmenseigene Kantine ist nur anzunehmen, wenn der Unternehmer die Mahlzeiten entweder selbst herstellt oder die Mahlzeiten vor der Abgabe an die Arbeitnehmer mehr als nur geringfügig be- oder verarbeitet bzw. aufbereitet oder ergänzt. ³Von einer nicht selbst betriebenen Kantine ist auszugehen, wenn die Mahlzeiten nicht vom Arbeitgeber/Unternehmer selbst (d. h. durch eigenes Personal) zubereitet und an die Arbeitnehmer abgegeben werden. ⁴Überlässt der Unternehmer (Arbeitgeber) im Rahmen der Fremdbewirtschaftung Küchen- und Kantinenräume, Einrichtungs- und Ausstattungsgegenstände sowie Koch- und Küchengeräte u. Ä., ist der Wert dieser Gebrauchsüberlassung bei der Ermittlung der Bemessungsgrundlage für die Mahlzeiten nicht zu berücksichtigen.

(11) ¹Bei der unentgeltlichen Abgabe von Mahlzeiten an die Arbeitnehmer durch unternehmenseigene Kantinen ist aus Vereinfachungsgründen bei der Ermittlung der Bemessungsgrundlage von dem Wert auszugehen, der dem amtlichen Sachbezugswert nach der SvEv entspricht (vgl. R 8.1 Abs. 7 LStR 2011). ²Werden die Mahlzeiten in unternehmenseigenen Kantinen entgeltlich abgegeben, ist der vom Arbeitnehmer gezahlte Essenspreis, mindestens jedoch der Wert der Besteuerung zugrunde zu legen, der dem amtlichen Sachbezugswert entspricht. ³Abschläge für Jugendliche, Auszubildende und Angehörige der Arbeitnehmer sind nicht zulässig.

§ 1 UStG
AE 1.8

Beispiel 1:
Wert der Mahlzeit	2,83 €
Zahlung des Arbeitnehmers	1,– €
maßgeblicher Wert	2,80 €
darin enthalten $^{19}/_{119}$ Umsatzsteuer (Steuersatz 19 %)	./. 0,45 €
Bemessungsgrundlage	2,38 €

Beispiel 2:
Wert der Mahlzeit	2,83 €
Zahlung des Arbeitnehmers	3,– €
maßgeblicher Wert	3,– €
darin enthalten $^{19}/_{119}$ Umsatzsteuer (Steuersatz 19 %)	./. 0,48 €
Bemessungsgrundlage	2,52 €

[4]In den Beispielen 1 und 2 wird von den Sachbezugswerten 2011 ausgegangen (vgl. BMF-Schreiben vom **17. 12. 2010, BStBl 2011 I S. 42**). [5]Soweit unterschiedliche Mahlzeiten zu unterschiedlichen Preisen verbilligt an die Arbeitnehmer abgegeben werden, kann bei der umsatzsteuerrechtlichen Bemessungsgrundlage von dem für Lohnsteuerzwecke gebildeten Durchschnittswert ausgegangen werden.

(12) Bei der Abgabe von Mahlzeiten durch eine vom Unternehmer (Arbeitgeber) nicht selbst betriebene Kantine oder Gaststätte gilt Folgendes:

1. [1]Vereinbart der Arbeitgeber mit dem Kantinenbetreiber. Gastwirt die Zubereitung und die Abgabe von Essen an die Arbeitnehmer zum Verzehr an Ort und Stelle und hat der Kantinenbetreiber bzw. Gastwirt einen Zahlungsanspruch gegen den Arbeitgeber, liegt einerseits ein Leistungsaustausch zwischen Kantinenbetreiber bzw. Gastwirt und Arbeitgeber und andererseits ein Leistungsaustausch des Arbeitgebers gegenüber dem Arbeitnehmer vor. [2]Der Arbeitgeber bedient sich in diesen Fällen des Kantinenbetreibers bzw. Gastwirts zur Beköstigung seiner Arbeitnehmer. [3]Sowohl in dem Verhältnis Kantinenbetreiber bzw. Gastwirt – Arbeitgeber als auch im Verhältnis Arbeitgeber – Arbeitnehmer liegt eine sonstige Leistung vor.

   Beispiel 1:
   [1]Der Arbeitgeber vereinbart mit einem Gastwirt die Abgabe von Essen an seine Arbeitnehmer zu einem Preis von 3 € je Essen. [2]Der Gastwirt rechnet über die ausgegebenen Essen mit dem Arbeitgeber auf der Grundlage dieses Preises ab. [3]Die Arbeitnehmer haben einen Anteil am Essenspreis von 1 € zu entrichten, den der Arbeitgeber von den Arbeitslöhnen einbehält.
   [4]Nach § 3 Abs. 9 UStG erbringen der Gastwirt an den Arbeitgeber und der Arbeitgeber an den Arbeitnehmer je eine sonstige Leistung. [5]Der Preis je Essen beträgt für den Arbeitgeber 3 €. [6]Als Bemessungsgrundlage für die Abgabe der Mahlzeiten des Arbeitgebers an den Arbeitnehmer ist der Betrag von 2,52 € (3 € abzüglich 19/119 Umsatzsteuer) anzusetzen. [7]Der Arbeitgeber kann die ihm vom Gastwirt für die Beköstigungsleistungen gesondert in Rechnung gestellte Umsatzsteuer unter den Voraussetzungen des § 15 UStG als Vorsteuer abziehen.

2. [1]Bestellt der Arbeitnehmer in einer Gaststätte selbst sein gewünschtes Essen nach der Speisekarte und bezahlt dem Gastwirt den – ggf. um einen Arbeitgeberzuschuss geminderten – Essenspreis, liegt eine sonstige Leistung des Gaststwirts an den Arbeitnehmer vor. [2]Ein Umsatzgeschäft zwischen Arbeitgeber und Gastwirt besteht nicht. [3]Im Verhältnis des Arbeitgebers zum Arbeitnehmer ist die Zahlung des Essenszuschusses ein nicht umsatzsteuerbarer Vorgang. [4]Bemessungsgrundlage der sonstigen Leistung des Gastwirts an den Arbeitnehmer ist der von dem Arbeitnehmer an den Gastwirt gezahlte Essenspreis zuzüglich des ggf. gezahlten Arbeitgeberzuschusses (Entgelt von dritter Seite).

   Beispiel 2:
   [1]Der Arbeitnehmer kauft in einer Gaststätte ein Mittagessen, welches mit einem Preis von 4 € ausgezeichnet ist. [2]Er übergibt dem Gastwirt eine Essensmarke des Arbeitgebers im Wert von 1 € und zahlt die Differenz in Höhe von 3 €. [3]Der Gastwirt läßt sich den Wert der Essensmarken wöchentlich vom Arbeitgeber erstatten.
   [4]Bemessungsgrundlage beim Gastwirt ist der Betrag von 4 € abzüglich Umsatzsteuer. [5]Die Erstattung der Essensmarke (Arbeitgeberzuschuss) führt nicht zu einer steuerbaren Sachzuwendung an den Arbeitnehmer. [6]Der Arbeitgeber kann aus der Abrechnung des Gastwirts keinen Vorsteuerabzug geltend machen.

3. Vereinbart der Arbeitgeber mit einem selbständigen Kantinenpächter (z. B. Caterer), dass dieser die Kantine in den Räumen des Arbeitgebers betreibt und die Verpflegungsleistungen an die Arbeitnehmer im eigenen Namen und für eigene Rechnung erbringt, liegt ein Leistungsaustausch zwischen Caterer und Arbeitnehmer vor (vgl. BFH-Beschluss vom 18. 7. 2002, V B 112/01, BStBl 2003 II S. 675).

Beispiel 3:

^{1}Der Arbeitgeber und der Caterer vereinbaren, dass der Caterer die Preise für die Mittagsverpflegung mit dem Arbeitgeber abzustimmen hat. ^{2}Der Arbeitgeber zahlt dem Caterer einen jährlichen (pauschalen) Zuschuss (Arbeitgeberzuschuss). ^{3}Der Zuschuss wird anhand der Zahl der durchschnittlich ausgegebenen Essen je Kalenderjahr ermittelt oder basiert auf einem prognostizierten „Verlust" (Differenz zwischen den voraussichtlichen Zahlungen der Arbeitnehmer und Kosten der Mittagsverpflegung).

^{4}Ein Leistungsaustausch zwischen Arbeitgeber und Caterer sowie zwischen Arbeitgeber und Arbeitnehmer besteht nicht. ^{5}Bemessungsgrundlage der sonstigen Leistung des Caterers an den Arbeitnehmer ist der von dem Arbeitnehmer an den Caterer gezahlte Essenspreis zuzüglich des ggf. gezahlten Arbeitgeberzuschusses. ^{6}Diese vom Arbeitgeber in pauschalierter Form gezahlten Beträge sind Entgelt von dritter Seite (vgl. Abschnitt 10.2 Abs. 5 Satz 5). ^{7}Da der Arbeitgeber keine Leistung vom Caterer erhält, ist er nicht zum Vorsteuerabzug aus der Zahlung des Zuschusses an den Caterer berechtigt.

(13) ^{1}In den Fällen, in denen Verpflegungsleistungen anlässlich einer unternehmerisch bedingten Auswärtstätigkeit des Arbeitnehmers vom Arbeitgeber empfangen und in voller Höhe getragen werden, kann der Arbeitgeber den Vorsteuerabzug aus den entstandenen Verpflegungskosten in Anspruch nehmen, wenn die Aufwendungen durch Rechnungen mit gesondertem Ausweis der Umsatzsteuer auf den Namen des Unternehmers oder durch Kleinbetragsrechnungen im Sinne des § 33 UStDV belegt sind. ^{2}Es liegt keine einer entgeltlichen Leistung gleichgestellte unentgeltliche Wertabgabe vor. *^{3}Übernimmt der Arbeitgeber die Kosten des Arbeitnehmers für eine dienstlich veranlasste Hotelübernachtung einschließlich Frühstück und kürzt der Arbeitgeber wegen des Frühstücks dem Arbeitnehmer den ihm zustehenden Reisekostenzuschuss auch um einen höheren Betrag als den maßgeblichen Sachbezugswert, liegt keine entgeltliche Frühstücksgestellung des Arbeitgebers an den Arbeitnehmer vor.*

(14) ^{1}Zu den unentgeltlichen Wertabgaben rechnen auch unentgeltliche Deputate, z. B. im Bergbau und in der Land- und Forstwirtschaft, und die unentgeltliche Abgabe von Getränken und Genussmitteln zum häuslichen Verzehr, z. B. Haustrunk im Brauereigewerbe, Freitabakwaren in der Tabakwarenindustrie. ^{2}Das Gleiche gilt für Sachgeschenke, Jubiläumsgeschenke und ähnliche Zuwendungen aus Anlass von Betriebsveranstaltungen, soweit diese Zuwendungen weder Aufmerksamkeiten (vgl. Absatz 3) noch Leistungen im überwiegenden betrieblichen Interesse des Arbeitgebers (vgl. Absatz 4) sind. ^{3}Als Bemessungsgrundlage sind in diesen Fällen grundsätzlich die in § 10 Abs. 4 Satz 1 Nr. 1 UStG bezeichneten Werte anzusetzen. ^{4}Aus Vereinfachungsgründen kann von den nach den lohnsteuerrechtlichen Regelungen (vgl. R 8.1 Abs. 2, R 8.2 Abs. 2 LStR 2011) ermittelten Werten ausgegangen werden.

(15) ^{1}Unentgeltliche Beförderungen der Arbeitnehmer von ihrem Wohnsitz, gewöhnlichen Aufenthaltsort oder von einer Sammelhaltestelle, z. B. einem Bahnhof, zum Arbeitsplatz durch betriebseigene Kraftfahrzeuge oder durch vom Arbeitgeber beauftragte Beförderungsunternehmer sind nach § 3 Abs. 9a Nr. 2 UStG steuerbar, sofern sie nicht im überwiegenden betrieblichen Interesse des Arbeitgebers liegen. ^{2}Nicht steuerbare Leistungen im überwiegenden betrieblichen Interesse sind z. B. in den Fällen anzunehmen, in denen

1. die Beförderung mit öffentlichen Verkehrsmitteln nicht oder nur mit unverhältnismäßig hohem Zeitaufwand durchgeführt werden könnte (vgl. BFH-Urteil vom 15. 11. 2007, V R 15/06, BStBl 2009 II S. 423),

2. die Arbeitnehmer an ständig wechselnden Tätigkeitsstätten oder an verschiedenen Stellen eines weiträumigen Arbeitsgebiets eingesetzt werden, oder

3. im Einzelfall die Beförderungsleistungen wegen eines außergewöhnlichen Arbeitseinsatzes erforderlich werden oder wenn sie hauptsächlich dem Materialtransport an die Arbeitsstelle dienen und der Arbeitgeber dabei einige Arbeitnehmer unentgeltlich mitnimmt (vgl. BFH-Urteil vom 9. 7. 1998, V R 105/92, BStBl II S. 635).

^{3}Ergänzend wird auf das BFH-Urteil vom 11. 5. 2000, V R 73/99, BStBl II S. 505, verwiesen. ^{4}Danach ist das Gesamtbild der Verhältnisse entscheidend. ^{5}Die Entfernung zwischen Wohnung und Arbeitsstätte ist nur ein Umstand, der neben anderen in die tatsächliche Würdigung einfließt.

(16) ^{1}Die Bemessungsgrundlage für die unentgeltlichen Beförderungsleistungen des Arbeitgebers richtet sich nach den bei der Ausführung der Umsätze entstandenen Ausgaben (§ 10 Abs. 4 Satz 1 Nr. 3 UStG). ^{2}Es ist nicht zu beanstanden, wenn der Arbeitgeber die entstandenen Ausgaben schätzt, soweit er die Beförderung mit betriebseigenen Fahrzeugen durchführt. ^{3}Die Bemessungsgrundlage für die Beförderungsleistungen eines Monats kann z. B. pauschal aus der Zahl der durchschnittlich beförderten Arbeitnehmer und aus dem Preis für eine Monatskarte für die kürzeste und weiteste gefahrene Strecke (Durchschnitt) abgeleitet werden.

Beispiel:

^{1}Ein Unternehmer hat in einem Monat durchschnittlich 6 Arbeitnehmer mit einem betriebseigenen Fahrzeug unentgeltlich von ihrer Wohnung zur Arbeitsstätte befördert. ^{2}Die kürzeste

Strecke von der Wohnung eines Arbeitnehmers zur Arbeitsstätte beträgt 10 km, die weiteste 30 km (Durchschnitt 20 km).
[3]Die Bemessungsgrundlage für die Beförderungsleistungen in diesem Monat berechnet sich wie folgt:
6 Arbeitnehmer × 76 € (Monatskarte für 20 km) = 456 € abzüglich 29,83 € Umsatzsteuer (Steuersatz 7 %) = 426,17 €.
[4]Zur Anwendung der Steuerermäßigung des § 12 Abs. 2 Nr. 10 Buchstabe b UStG vgl. Abschnitt 12.15.

(17) [1]Werden von Verkehrsbetrieben die F r e i f a h r t e n aus betrieblichen Gründen für den privaten, außerhalb des Dienstverhältnisses liegenden Bedarf der Arbeitnehmer, ihrer Angehörigen und der Pensionäre gewährt, sind die Freifahrten nach § 3 Abs. 9a Satz 1 Nr. 2 UStG steuerbar. [2]Die als Bemessungsgrundlage anzusetzenden Ausgaben sind nach den jeweiligen örtlichen Verhältnissen zu ermitteln und können im Allgemeinen mit 25 % des normalen Preises für den überlassenen Fahrausweis oder eines der Fahrberechtigung entsprechenden Fahrausweises angenommen werden. [3]Die Umsatzsteuer ist herauszurechnen.

(18) [1]Zur umsatzsteuerrechtlichen Behandlung der Überlassung von Kraftfahrzeugen an Arbeitnehmer zu deren privater Nutzung vgl. Tz. 4 des BMF-Schreibens vom 27. 8. 2004, BStBl I S. 864. [2]Leistet der Arbeitnehmer in diesen Fällen Zuzahlungen vgl. BMF-Schreiben vom 30. 12. 1997, BStBl 1998 I S. 110.

(19) [1]Zur umsatzsteuerrechtlichen Behandlung unentgeltlicher oder verbilligter Reisen für Betriebsangehörige vgl. Abschnitt 25.3 Abs. 5. [2]Wendet ein Hersteller bei einem Verkaufswettbewerb ausgelobte Reiseleistungen seinen Vertragshändlern unter der Auflage zu, die Reisen bestimmten Arbeitnehmern zu gewähren, sind der Händler steuerbare Reiseleistungen an seine Arbeitnehmer ausführen. [3]Wendet der Hersteller Reiseleistungen unmittelbar Arbeitnehmern seiner Vertragshändler zu, erbringt der Vertragshändler insoweit keine steuerbaren Leistungen an seine Arbeitnehmer (vgl. BFH-Urteil vom 16. 3. 1995, V R 128/92, BStBl II S. 651).

1.9. Inland – Ausland   AE 1.9

(1) [1]Das Inland umfasst das Hoheitsgebiet der Bundesrepublik Deutschland mit Ausnahme der in § 1 Abs. 2 Satz 1 UStG bezeichneten Gebiete, zu denen unter anderem die Freizonen des Kontrolltyps I im Sinne des § 1 Abs. 1 Satz 1 ZollVG gehören. [2]Es handelt sich dabei um die Freihäfen Bremen, Bremerhaven, Cuxhaven und Hamburg, die vom übrigen deutschen Teil des Zollgebietes der Gemeinschaft getrennt sind; die Freizonen des Kontrolltyps II Deggendorf und Duisburg sind hingegen ab dem 1. Januar 2004 als Inland zu behandeln. [3]Botschaften, Gesandtschaften und Konsulate anderer Staaten gehören selbst bei bestehender Exterritorialität zum Inland. [4]Das Gleiche gilt für Einrichtungen, die von Truppen anderer Staaten im Inland unterhalten werden. [5]Zum Inland gehört auch der Transitbereich deutscher Flughäfen (vgl. BFH-Urteil vom 3. 11. 2005, V R 63/02, BStBl 2006 II S. 337).

(2) [1]Zum Ausland gehören das Drittlandsgebiet (einschließlich der Gebiete, die nach § 1 Abs. 2 Satz 1 UStG vom Inland ausgenommen sind) und das übrige Gemeinschaftsgebiet (vgl. Abschnitt 1.10). [2]Die österreichischen Gemeinden Mittelberg (Kleines Walsertal) und Jungholz in Tirol gehören zum Ausland im Sinne des § 1 Abs. 2 Satz 2 UStG; die Einfuhr in diese Gebiete unterliegt jedoch der deutschen Einfuhrumsatzsteuer (§ 1 Abs. 1 Nr. 4 UStG).

(3) Als Strandlinie im Sinne des § 1 Abs. 2 Satz 1 UStG gelten die normalen und geraden Basislinien im Sinne der Artikel 5 und 7 des Seerechtsübereinkommens der Vereinten Nationen vom 10. 12.1982, das für Deutschland am 16.11.1994 in Kraft getreten ist (BGBl. 1994 II S. 1798, BGBl. 1995 II S. 602).

1.10. Gemeinschaftsgebiet – Drittlandsgebiet   AE 1.10

(1) [1]Das Gemeinschaftsgebiet umfasst das Inland der Bundesrepublik Deutschland im Sinne des § 1 Abs. 2 Satz 1 UStG sowie die gemeinschaftsrechtlichen Inlandsgebiete der übrigen EU-Mitgliedstaaten (übriges Gemeinschaftsgebiet). [2]Zum übrigen Gemeinschaftsgebiet gehören:
– Belgien
– Bulgarien,
– Dänemark (ohne Grönland und die Färöer)
– Estland
– Finnland (ohne die Åland-Inseln)
– Frankreich (ohne die überseeischen Departements Guadeloupe, Guyana, Martinique und Réunion **und ohne die Inseln Saint-Martin und Saint-Barthélemy**) zuzüglich des Fürstentums Monaco

§ 1 UStG
AE 1.10–AE 1.12

- Griechenland (ohne Berg Athos)
- Irland
- Italien (ohne Livigno, Campione d'Italia, San Marino und den zum italienischen Hoheitsgebiet gehörenden Teil des Luganer Sees)
- Lettland
- Litauen
- Luxemburg
- Malta
- Niederlande (ohne **das überseeische Gebiet** Aruba und **ohne die Inseln Curaçao, Sint Maarten, Bonaire, Saba und Sint Eustatius**)
- Österreich
- Polen
- Portugal (einschließlich Madeira und der Azoren)
- Rumänien,
- Schweden
- Slowakei
- Slowenien
- Spanien (einschließlich Balearen, ohne Kanarische Inseln, Ceuta und Melilla)
- Tschechien
- Ungarn
- Vereinigtes Königreich Großbritannien und Nordirland (ohne die überseeischen Länder und Gebiete und die Selbstverwaltungsgebiete der Kanalinseln Jersey und Guernsey) zuzüglich der Insel Man.
- Zypern (ohne die Landesteile, in denen die Regierung der Republik Zypern keine tatsächliche Kontrolle ausübt) einschließlich der Hoheitszonen des Vereinigten Königreichs Großbritannien und Nordirland (Akrotiri und Dhekalia) auf Zypern.

(2) ¹Das Drittlandsgebiet umfasst die Gebiete, die nicht zum Gemeinschaftsgebiet gehören, u. a. auch Andorra, Gibraltar und den Vatikan. ²Als Drittlandsgebiet werden auch die Teile der Insel Zypern behandelt, in denen die Regierung der Republik Zypern keine tatsächliche Kontrolle ausübt.

AE 1.11

S 7120

1.11. Umsätze in Freihäfen usw. (§ 1 Abs. 3 Satz 1 Nr. 1 bis 3 UStG)

(1) Unter § 1 Abs. 3 Satz 1 Nr. 1 UStG fallen z. B. der Verkauf von Tabakwaren aus Automaten in Freizonen des Kontrolltyps I nach § 1 Abs. 1 Satz 1 ZollVG (Freihäfen) sowie Lieferungen und innergemeinschaftliche Erwerbe von Schiffsausrüstungsgegenständen, Treibstoff und Proviant an private Schiffseigentümer zur Ausrüstung und Versorgung von Wassersportfahrzeugen.

(2) Unter § 1 Abs. 3 Satz 1 Nr. 2 UStG fallen z. B. die Abgabe von Speisen und Getränken zum Verzehr an Ort und Stelle, Beförderungen für private Zwecke, Reparaturen an Wassersportfahrzeugen und die Veranstaltung von Wassersport-Lehrgängen und die Vermietung eines Röntgengerätes an einen Arzt.

(3) Bei Lieferungen und sonstigen Leistungen an juristische Personen des öffentlichen Rechts sowie bei deren innergemeinschaftlichem Erwerb in den bezeichneten Gebieten enthält § 1 Abs. 3 Satz 2 UStG eine Vermutung, dass die Umsätze an diese Personen für ihren hoheitlichen und nicht für ihren unternehmerischen Bereich ausgeführt werden. Der Unternehmer kann jedoch anhand von Aufzeichnungen und Belegen, z. B. durch eine Bescheinigung des Abnehmers, das Gegenteil glaubhaft machen.

AE 1.12

S 7120

1.12. Freihafen-Veredelungsverkehr, Freihafenlagerung und einfuhrumsatzsteuerrechtlich freier Verkehr (§ 1 Abs. 3 Satz 1 Nr. 4 und 5 UStG)

(1) ¹Der Freihafen-Veredelungsverkehr im Sinne von § 12b EUStBV dient der Veredelung von Gemeinschaftswaren (Art. 4 Nr. 7 ZK), die in eine Freizone des Kontrolltyps I nach § 1 Abs. 1 Satz 1 ZollVG (Freihafen) bearbeitet oder verarbeitet und anschließend im Inland oder in den österreichischen Gebieten Jungholz und Mittelberg eingeführt werden. ²Die vorübergehende Lagerung von Gemeinschaftswaren nach § 12a EUStBV im Freihafen ist zugelassen werden, wenn dort für den Außenhandel geschaffene Anlagen sonst nicht wirtschaftlich ausgenutzt werden können und der Freihafen durch die Lagerung seinem Zweck nicht entfremdet wird. ³Bei der Einfuhr der veredelten oder vorübergehend gelagerten Gegenstände im Inland oder in den österreichischen Gebieten Jungholz und Mittelberg wird keine Einfuhrumsatzsteuer erhoben.

(2) Steuerbare Lieferungen liegen nach § 1 Abs. 3 Satz 1 Nr. 4 Buchstabe a UStG vor, wenn sich der Lieferungsgegenstand im Zeitpunkt der jeweiligen Lieferung in einem zollamtlich bewilligten Freihafen-Veredelungsverkehr oder in einer zollamtlich besonders zugelassenen Freihafenlagerung befindet.

Beispiel:
^{1}Der Unternehmer A in Hannover übersendet dem Freihafen-Unternehmer B Rohlinge. ^{2}Er beauftragt ihn, daraus Zahnräder herzustellen. ^{3}B versendet die von ihm im Rahmen eines bewilligten Freihafen-Veredelungsverkehrs gefertigten Zahnräder auf Weisung des A an dessen Abnehmer C in Lübeck. ^{4}Für die Einfuhr wird keine Einfuhrumsatzsteuer erhoben.
^{5}Die nach § 3 Abs. 6 UStG im Freihafen bewirkte Lieferung des A an C ist nach § 1 Abs. 3 Satz 1 Nr. 4 Buchstabe a UStG wie eine Lieferung im Inland zu behandeln.

(3) Steuerbare Lieferungen nach § 1 Abs. 3 Satz 1 Nr. 4 Buchstabe a UStG liegen nicht vor, wenn der Lieferungsgegenstand nicht in das Inland gelangt oder wenn die Befreiung von der Einfuhrumsatzsteuer auf anderen Vorschriften als den §§ 12a oder 12b EUStBV beruht.

(4) Durch die Regelung des § 1 Abs. 3 Satz 1 Nr. 4 Buchstabe b UStG werden insbesondere in Abholfällen technische Schwierigkeiten beim Abzug der Einfuhrumsatzsteuer als Vorsteuer vermieden.

Beispiel:
^{1}Ein Importeur lässt einen im Freihafen lagernden, aus dem Drittlandsgebiet stammenden Gegenstand bei einer vorgeschobenen Zollstelle (§ 21 Abs. 2a UStG) in den freien Verkehr überführen (Artikel 79 Zollkodex). ^{2}Anschließend veräußert er den Gegenstand. ^{3}Der Abnehmer holt den Gegenstand im Freihafen ab und verbringt ihn in das Inland.
^{4}Die Lieferung des Importeurs unterliegt nach § 1 Abs. 3 Satz 1 Nr. 4 Buchstabe b UStG der Umsatzsteuer. ^{5}Er kann die entrichtete Einfuhrumsatzsteuer nach § 15 Abs. 1 Satz 1 Nr. 2 UStG als Vorsteuer abziehen. ^{6}Der Abnehmer ist unter den Voraussetzungen des § 15 UStG zum Vorsteuerabzug berechtigt.

(5) ^{1}Unter § 1 Abs. 3 Satz 1 Nr. 5 UStG fallen insbesondere die sonstigen Leistungen des Veredelers, des Lagerhalters und des Beförderungsunternehmers im Rahmen eines zollamtlich bewilligten Freihafen-Veredelungsverkehrs oder einer zollamtlich besonders zugelassenen Freihafenlagerung. ^{2}Beförderungen der veredelten Gegenstände aus dem Freihafen in das Inland sind deshalb insgesamt steuerbar und aufgrund des § 4 Nr. 3 Satz 1 Buchstabe a Doppelbuchstabe bb Satz 2 UStG auch insgesamt steuerpflichtig.

Hinweise

Behandlung der Kraft- und Schmierstofflieferungen für den Eigenbedarf der Tankstellenagenten — H 1

(BMF vom 16. 4. 1973 – IV A 2 – S 7100 – 43/72 –)
Siehe USt-HA 1984/85 § 1 B 2.

Umsatzsteuer bei Garantieleistungen in der Reifenindustrie — H 2

(BMF vom 21. 11. 1974 – IV A 2 – S 7100 – 35/74 –)
Siehe USt-HA 1984/85 § 1 B 3.

Umsatzsteuer bei Garantieleistungen und Freiinspektionen in der Kraftfahrzeugwirtschaft — H 3

(BMF vom 3. 12. 1975, BStBl I S. 1132)
Siehe USt-HA 1984/85 § 1 B 4.

Umsatzsteuerrechtliche Behandlung der Nutzungsüberlassung von Sportanlagen, Anwendungsbereich des Urteils des Bundesfinanzhofs (BFH) vom 31. Mai 2001 (V R 97/98, BStBl II S. 658) — H 4

(BMF vom 17. 4. 2003, BStBl 2003 I S. 279)
Siehe USt-HA 2003/04 § 1 H 52.

Umsatzsteuerrechtliche Beurteilung der Einschaltung von Unternehmern in die Erfüllung hoheitlicher Aufgaben — H 5

(BMF v. 10. 12. 2003, BStBl 2003 II S. 785)
Siehe USt-HA 2004/05 § 1 H 6.

6	**Umsatzsteuerliche Behandlung des Sponsorings**
	(OFD Erfurt, Vfg. vom 15. 1. 2004 – S 7100A – 71 – L 243 –, UVR 2004 S. 142)
7	**Umsatzsteuerliche Behandlung von Kraftstofflieferungen im Kfz-Leasingbereich**
	(BMF vom 15. 6. 2004, BStBl 2004 I S. 605)
	Siehe USt-HA 2004/05 § 1 H 9.
8	**Geschäftsveräußerungen**
	(OFD Frankfurt am Main, Vfg. vom 5. 1. 2005 – S 7100b A – 1 – St I 1.10 –, UVR 2005 S. 222)
9	**Umsatzsteuerrechtliche Beurteilung des Emissionshandelssystems für Treibhausgase**
	(BMF vom 2. 2. 2005, BStBl 2005 I S. 494)
	Siehe USt-HA 2005/06 § 1 H 12.
10	**Umsatzsteuerliche Behandlung der Drittmittelforschung betreibenden Forschungseinrichtungen des privaten Rechts; Umsatzsteuerliche Behandlung ab dem 1. Januar 1997**
	(OFD Frankfurt am Main, Vfg. vom 11. 2. 2005 – S 7104 A – 1 – St I 1.10 –, UVR 2005 S. 287)
11	**Veräußerungen von dem Unternehmen zugeordneten Gegenständen, bei deren Bezug oder Nutzung ein Vorsteuerabzug ganz oder teilweise ausgeschlossen war**
	(OFD Frankfurt am Main, Vfg. vom 5. 4. 2005 – S 7100 A – 198 – St I 1.10 –, StEd 2005 S. 391)
12	**Umsatzsteuerliche Behandlung von Sachzuwendungen und sonstigen Leistungen an Arbeitnehmer**
	(OFD Hannover, Vfg. vom 2. 6. 2005 – S 7100 – 220 – StO 172 –, UVR 2005 S. 344)
13	**Überlassung eines Pkw zwischen Personengesellschaft und Gesellschafter**
	(OFD Hannover, Vfg. vom 29. 6. 2005 – S 7100 – 421 – StO 171 –, DStZ 2005 S. 650)
14	**Überlassung eines Pkw an den Gesellschafter-Geschäftsführer einer GmbH zur privaten Nutzung**
	(OFD Hannover, Vfg. vom 29. 6. 2005 – S 7100 – 421 – StO 171 –, StEd 2005 S. 489)
15	**Abgrenzung zwischen Lieferungen und sonstigen Leistungen; Leistungen im Zusammenhang mit der Abgabe von Saatgut**
	(BMF vom 14. 2. 2006, BStBl 2006 I S. 240)
	Siehe USt-HA 2006/07 § 1 H 18.
16	**Abgrenzung zwischen Schadensersatzleistungen und Leistungsaustausch; Umsatzsteuerrechtliche Behandlung des Minderwertausgleichs bei der Rückgabe von Leasinggegenständen**
	(BMF vom 20. 2. 2006, BStBl 2006 I S. 241)
	Siehe USt-HA 2006/07 § 1 H 19.
17	**Umsatzsteuerliche Fragen im Zusammenhang mit Maßnahmen zur beruflichen Eingliederung bestimmter Zielgruppen des Ausbildungs- und Arbeitsmarktes, insbesondere zur sog. „Malus-Komponente"**
	(OFD Frankfurt am Main, Vfg. vom 5. 4. 2006 – S 7100 A – 261 – St 11 –, StEd 2006 S. 430)
18	**Einsammeln und Verwertung wertstoffhaltiger Abfälle durch private Abfallentsorger und Vereine**
	(OFD Koblenz, Vfg. vom 11. 4. 2006 – S 7100 –, StEd 2006 S. 573)

Umsatzsteuerliche Behandlung der entgeltlichen und unentgeltlichen Geschäftsveräußerung (OFD Hannover, Vfg. vom 31. 5. 2006 – S 7100b – 1 – StO 171 –, StEd 2006 S. 510)	19
Geschäftsführungs- und Vertretungsleistungen der Gesellschafter an die Gesellschaft (OFD Frankfurt am Main, Vfg. vom 9. 8. 2006 – S 7100 A 82 – St 11 –, StEd 2006 S. 637)	20
Abgrenzung zwischen nicht steuerbarem Zuschuss und Entgelt; Umsatzsteuerrechtliche Behandlung von Zuwendungen aus öffentlichen Kassen zur Projektförderung sowie zur institutionellen Förderung (BMF vom 15. 8. 2006, BStBl 2006 I S. 502) Siehe USt-HA 2006/07 § 1 H 24.	21
Geschäftsführungs- und Vertretungsleistungen der Gesellschafter an die Gesellschaft (OFD Frankfurt am Main, Vfg. vom 29. 9. 2006 – S 7100 A – 82 – St 11 –, StEd 2006 S. 749)	22
Umsatzsteuerliche Fragen im Zusammenhang mit dem Handel von „Ökopunkten" (OFD Frankfurt am Main, Vfg. vom 15. 1. 2007 – S 7100 A – 266 – St 11 –, StEd 2007 S. 204)	23
Nichtunternehmerische Nutzung eines dem Unternehmensvermögen der Gesellschaft zugeordneten Fahrzeugs durch Gesellschafter sowie Fahrzeugüberlassung des Gesellschafters an die Gesellschaft (OFD Frankfurt am Main, Vfg. vom 23. 4. 2007 – S 7100 A – 68 – St 11 –, StEd 2007 S. 585)	24
Geschäftsführungs- und Vertretungsleistungen der Gesellschafter an die Gesellschaft (OFD Frankfurt am Main, Vfg. vom 27. 6. 2007 – S 7100 A – 82 – St 11 –, StEd 2007 S. 619)	25
Umsatzsteuerliche Behandlung der Leistungen kommunaler Wasserversorgungsunternehmen (OFD Hannover, Vfg. vom 14. 12. 2007 – S 7100 – 174 – StO 172 –, StEd 2008 S. 93, 158)	26
Leistungsaustausch zwischen Gliederungen des Deutschen Roten Kreuzes (DRK) und der „Blutspendedienst Hessen des Deutschen Roten Kreuzes GmbH" (OFD Frankfurt am Main, Vfg. vom 5. 3. 2008 – S 7100 A – 144 – St 11 –, StEd 2008 S. 461)	27
Grundstücksübertragungen zwischen Angehörigen (OFD Hannover, Vfg. vom 11. 6. 2008 – S 7109 – 10 – StO 172 –, StEd 2008 S. 474)	28
Freistellung von Arbeitnehmern gegen Aufwendungsersatz (OFD Hannover, Vfg. vom 17. 6. 2008 – S 7100 – 37 – StO 171 –, StEd 2008 S. 538)	29
Umsatzsteuer bei „Stornokosten" im Beherbergungsgewerbe (OFD Frankfurt am Main, Vfg. vom 5. 8. 2008 – S 7100 A – 199 – St 1 10 –, StEd 2008 S. 620)	30
Umsatzsteuerliche Behandlung des Sponsoring (OFD Frankfurt am Main, Vfg. vom 18. 3. 2009 – S 7100 A – 203 – St 1 10 –, StEd 2009 S. 265)	31
Umsatzsteuerliche Behandlung von Ausgleichsansprüchen nach Beendigung eines Leasingvertrags; Mehrerlös bei vorzeitiger Rückgabe des Leasinggegenstands (OFD Frankfurt am Main, Vfg. vom 19. 5. 2009 – S 7100 A – 114 – St 1 10 –, StEd 2009 S. 479)	32

33 **Leistungsbeziehungen bei Telekommunikationsdienstleistungen; Zusammenarbeit zwischen Telekommunikationsdienstleistungsanbietern und anderen Verbindungs- oder Diensteanbietern**

(OFD Hannover, Vfg. vom 6. 8. 2009 – S 7100 – 497 – StO 172 –, StEd 2009 S. 620)

34 **Unternehmereigenschaft eines Insolvenzverwalters; Leistungen eines in einer Rechtsanwaltskanzlei als Insolvenzverwalter tätigen Rechtsanwalts**

(BMF vom 28. 7. 2009, BStBl 2009 I S. 864)

Siehe USt-HA 2009/10 § 1 H 40.

35 **Umsatzsteuerliche Behandlung von Ausgleichszahlungen nach Beendigung eines Leasingvertrags**

(OFD Hannover, Vfg. vom 22. 10. 2009 – S 7100 – 619 – StO 171 –, StEd 2010 S. 123)

36 **Umsatzsteuerliche Behandlung verschiedener Leasingmodelle**

(OFD Hannover, Vfg. vom 22. 10. 2009 – S 7100 – 611 – StO 171 –, StEd 2010 S. 109)

37 **Umsatzsteuerliche Behandlung der Leistungen kommunaler Wasserversorgungsunternehmen**

(OFD Niedersachsen, Vfg. vom 20. 4. 2011 – S 7100 – 174 – St 171 –, StEd 2011 S. 412)

38 **Leistungsbeziehungen bei Telekommunikationsdienstleistungen; Zusammenarbeit von Telekommunikationsdienstleistungsanbietern und anderen Verbindungs- oder Diensteanbietern**

(OFD Niedersachsen, Vfg. vom 26. 8. 2011 – S 7100 – 497 – St 172 –, StEd 2011 S. 666)

39 **Verbilligter Zins als Absatzförderung der Automobilindustrie**

(BMF vom 28. 9. 2011, BStBl 2011 I S. 935)

Zur Frage von verbilligten Zinsen bzw. Leasingraten zum Zwecke der Absatzförderung in der Automobilindustrie gilt unter Bezugnahme auf das Ergebnis der Erörterungen mit den obersten Finanzbehörden der Länder Folgendes:

1. Zinssubventionen im Bereich der Kundenfinanzierung

Die dem Händlernetz der Vertriebsgesellschaft eines Fahrzeugherstellers angehörenden Autohäuser haben die Möglichkeit, ihren Kunden beim Fahrzeugkauf eine Finanzierung durch eine Bank, die in der Regel als Tochtergesellschaft des Herstellers Autofinanzierungen tätigt (Autobank), anzubieten, deren Zinskonditionen zum Teil deutlich unter dem am Markt üblichen Niveau liegen. Hierzu werden von der Konzernzentrale des Fahrzeugherstellers Finanzierungskonditionen auferlegt, bei denen sich die Fahrzeughändler an dem für den Fahrzeugkäufer vergünstigten Zinssatz zu beteiligen haben. Die dem Fahrzeugkäufer angebotene Finanzierung wird somit teilweise von dem jeweiligen Fahrzeughändler übernommen (Händleranteil). Dieser Händleranteil wird dem Händler bei Abschluss des Darlehensvertrages zwischen Autobank und Fahrzeugkäufer belastet. In dem zwischen Autobank und Fahrzeugkäufer abgeschlossenen Darlehensvertrag wird daher lediglich der bereits ermäßigte Zinssatz ausgewiesen. Der Fahrzeugkäufer kann deshalb keine Rückschlüsse auf Art und Höhe der Beteiligung des Fahrzeughändlers bzw. der Vertriebsgesellschaft an der Finanzierung ziehen. Die Beteiligung des Fahrzeughändlers an der Subventionierung des Zinssatzes für die Fahrzeugfinanzierung hat regelmäßig Auswirkungen auf den dem Fahrzeugkäufer gewährten Preisnachlass.

Im vorstehend geschilderten Sachverhalt und in vergleichbaren Fällen liegt hinsichtlich der Zahlung des Fahrzeughändlers an die finanzierende Bank ein Entgelt für eine Leistung eigener Art der Bank an den Händler vor. Die Leistung der Bank besteht in der Förderung des Absatzgeschäftes des Fahrzeughändlers durch das Angebot von unter dem Marktniveau liegenden Fahrzeugfinanzierungen. Es handelt sich bei der Zahlung nicht um ein Entgelt von dritter Seite hinsichtlich der Finanzierungsleistung der Bank an den Fahrzeugkäufer. Die Leistung der Bank an den Fahrzeughändler ist mangels Steuerbefreiung steuerpflichtig.

Die vorstehenden Ausführungen gelten sinngemäß auch in den Fällen der Hersteller- oder Händlerbeteiligungen durch Verkaufsagenten und in den Fällen, in denen ein Fahrzeughändler an eine Leasinggesellschaft Zahlungen zur Subventionierung der Leasingraten leistet.

2. Zinssubventionen im Bereich der Händlerfinanzierung

Vertriebsgesellschaften von Fahrzeugherstellern haben ein Interesse daran, dass das Händlernetz vor Ort über einen ausreichenden Bestand an Fahrzeugen verfügt, damit der potenzielle Fahrzeugkäufer die Möglichkeit hat, die Produkte vor dem Kauf zu besichtigen. Die von der Vertriebsgesellschaft an den Fahrzeughändler gelieferten Fahrzeuge wie Vorführwagen, Dienstwagen oder Warenbestand werden in der Regel im Interesse des Konzerns von der Autobank finanziert, d.h., zwischen der Bank und dem Fahrzeughändler wird ein Darlehensverhältnis begründet. Die Kaufpreiszahlung erfolgt durch die Bank; zwischen der Bank und dem Fahrzeughändler wird gleichzeitig ein Darlehensverhältnis begründet. Dieses Darlehensverhältnis ist durch Zahlungen der Vertriebsgesellschaft regelmäßig für eine Anlaufzeit zinsfrei. Danach beteiligt sich die Vertriebsgesellschaft regelmäßig an den entstehenden Zinsen.

Im vorstehend geschilderten Sachverhalt und in vergleichbaren Fällen liegt hinsichtlich der Zahlung der Vertriebsgesellschaft an die finanzierende Bank ein Entgelt für eine Leistung eigener Art der finanzierenden Bank an die Vertriebsgesellschaft vor. Die Leistung besteht in der Förderung des Absatzes der Vertriebsgesellschaft über ihr Händlernetz. Es handelt sich bei der Zahlung nicht um ein Entgelt von dritter Seite hinsichtlich der Finanzierungsleistung der Bank an den Fahrzeughändler. Die Leistung der Bank an die Vertriebsgesellschaft ist mangels Steuerbefreiung steuerpflichtig.

3. Anwendung

Die unter 1. und 2. dargestellten Grundsätze sind in allen offenen Fällen anzuwenden. Es wird jedoch nicht beanstandet, wenn für Umsätze, die vor dem 1. Januar 2012 getätigt werden, in den unter

1. dargestellten Sachverhalten und in vergleichbaren Fällen hinsichtlich der Zahlungen des Fahrzeughändlers an die finanzierende Bank von einem Entgelt von dritter Seite in Bezug auf die Finanzierungsleistung zwischen der finanzierenden Bank und dem Fahrzeugkäufer,
2. dargestellten Sachverhalten und in vergleichbaren Fällen hinsichtlich der Zahlungen der Vertriebsgesellschaft an die finanzierende Bank von einem Entgelt von dritter Seite in Bezug auf die Finanzierungsleistung zwischen der finanzierenden Bank und dem Fahrzeughändler

ausgegangen wird.

Ebenso wird es für Umsätze, die vor dem 1. Januar 2012 ausgeführt werden, nicht beanstandet, soweit leistender Unternehmer und Leistungsempfänger einvernehmlich die vorstehend beschriebenen Leistungen eigener Art der Besteuerung unterworfen haben, weil ein korrespondierender Vorsteuerabzug beim Zahlenden bestand. In Zweifelsfällen hat der leistende Unternehmer einen Nachweis über das Einvernehmen beizubringen.

Haftungsvergütung einer Personengesellschaft an einen persönlich haftenden Gesellschafter 40
(BMF vom 14. 11. 2011, BStBl 2011 I S. 1158)

Mit Urteil vom 3. März 2011, V R 24/10, hat der BFH entschieden, dass die Festvergütung, die der geschäftsführungs- und vertretungsberechtigte Komplementär einer KG von dieser für seine Haftung nach §§ 161, 128 HGB erhält, als Entgelt für eine einheitliche Leistung, die Geschäftsführung, Vertretung und Haftung umfasst, umsatzsteuerpflichtig ist.

Die Haftungsübernahme besitzt ihrer Art nach Leistungscharakter und kann im Falle einer isolierten Erbringung Gegenstand eines umsatzsteuerbaren Leistungsaustausches zwischen Gesellschaft und Gesellschafter sein.

Unter Bezugnahme auf das Ergebnis der Erörterungen mit den obersten Finanzbehörden der Länder wird der Umsatzsteuer-Anwendungserlass vom 1. Oktober 2010 (BStBl I S. 846), der zuletzt durch das BMF-Schreiben vom 11. Oktober 2011, IV D 2 – S 7421/07/10002 (2011/0800930), BStBl I S. 983, geändert worden ist, wie folgt geändert:[1]

....

Die Grundsätze dieses Schreibens sind in allen offenen Fällen anzuwenden. Es wird nicht beanstandet, wenn eine gegen Sonderentgelt erbrachte isolierte Haftungsübernahme vor dem 1. Januar 2012 als nicht umsatzsteuerbar behandelt wird. Dies gilt nicht für die Fälle, in denen der persönlich haftende Gesellschafter gegenüber der Personengesellschaft zudem umsatzsteuerbare Geschäftsführungs- und Vertretungsleistungen erbringt.

---

[1] Anm.: Änderung in Abschnitt 1.6 Abs. 6 UStAE in vollem Umfang übernommen (vgl. AE 1.6).

Rechtsprechung

EUROPÄISCHER GERICHTSHOF

EuGH vom 28. 1. 1999 – Rs. C-181/97 – (HFR 1999 S. 420, UR 1999 S. 452)

Zum Begriff „Verbringen in die Gemeinschaft"

Das Verbringen eines Gegenstands aus den Niederländischen Antillen in einen Mitgliedstaat ist als Verbringen in die Gemeinschaft i. S. des Art. 7 Abs. 1 6. USt-Richtlinie i. d. F. der RL 91/680/EWG anzusehen.

EuGH vom 27. 4. 1999 – Rs. C-48/97 – (HFR 1999 S. 590, UR 1999 S. 278, UVR 1999 S. 219)

Umsatzsteuer für angebotene Waren im Rahmen von Werbeaktionen
1. Art. 11 Teil A Abs. 3 Buchst. b 6. USt-Richtlinie ist so auszulegen, daß die Begriffe „Rabatte" und „Rückvergütungen" keinen Preisnachlaß in Höhe der Gesamtkosten einer Lieferung von Gegenständen umfassen können.
2. Art. 5 Abs. 6 6. USt-Richtlinie ist so auszulegen, daß die Entnahme von Gegenständen durch eine Erdölgesellschaft, die an einen Treibstoffkäufer gegen Gutscheine weitergegeben werden, die er nach Maßgabe der gekauften Menge gegen Zahlung des vollen Endverkaufspreises des Treibstoffs an der Tankstelle im Rahmen einer Werbeaktion wie der des Ausgangsverfahrens erhalten hat, einer Lieferung gegen Entgelt i. S. dieser Bestimmung gleichzustellen ist.

EuGH vom 29. 6. 1999 – Rs. C-158/98 – (HFR 1999 S. 755, UR 1999 S. 364, DB 1999 S. 1538)

Die Vermietung eines Platzes zum Verkauf weicher Drogen – z. B. von Cannabiserzeugnissen in niederländischen Coffeeshops – ist umsatzsteuerpflichtig.
Art. 2 6. USt-Richtlinie ist so auszulegen, daß die Vermietung eines für den Verkauf von Betäubungsmitteln benutzten Platzes unter Voraussetzungen, wie sie im Ausgangsverfahren vorliegen, in den Anwendungsbereich dieser Richtlinie fällt.

EuGH vom 29. 6. 2000 – Rs. C-455/98 – (UR 2000 S. 379, HFR 2000 S. 764, IStR 2000 S. 521)

Anwendbarkeit der 6. USt-Richtlinie auf eingeschmuggelten Ethylalkohol aus Drittstaat
Die 6. USt-Richtlinie, die Richtlinie 92/12/EWG des Rates vom 25. 2. 1992 über das allgemeine System, den Besitz, die Beförderung und die Kontrolle verbrauchsteuerpflichtiger Waren, die Richtlinie 92/83/EWG des Rates vom 19. 10. 1992 zur Harmonisierung der Struktur der Verbrauchsteuern auf Alkohol und alkoholische Getränke und die Verordnung (EWG) Nr. 2913/92 des Rates vom 12. 10. 1992 zur Festlegung des Zollkodex der Gemeinschaften sind dahin auszulegen, daß die Bestimmungen über die Steuerbarkeit und über die Zollschuld auch auf den Schmuggel von Ethylalkohol aus Drittländern in das Zollgebiet der Gemeinschaft anwendbar sind.

EuGH vom 22. 2. 2001 – Rs. C-408/98 – (HFR 2001 S. 514, UVR 2001 S. 228)

Vorsteuerabzug auf Übertragungskosten bei Geschäftsveräußerung
Hat ein Mitgliedstaat von der in Art. 5 Abs. 8 6. USt-Richtlinie vorgesehenen Möglichkeit Gebrauch gemacht, dass die Übertragung eines Gesamtvermögens oder eines Teilvermögens so behandelt wird, als ob keine Lieferung von Gegenständen vorliegt, so gehören die Ausgaben des Übertragenden für die Dienstleistungen, die er zur Durchführung der Übertragung in Anspruch nimmt, zu seinen allgemeinen Kosten; sie weisen damit grundsätzlich einen direkten und unmittelbaren Zusammenhang mit seiner gesamten wirtschaftlichen Tätigkeit auf. Führt der Übertragende sowohl Umsätze aus, für die ein Recht auf Vorsteuerabzug besteht, als auch Umsätze, für die dieses Recht nicht besteht, kann er deshalb gemäß Art. 17 Absatz 5 6. USt-Richtlinie nur den Teil der Mehrwertsteuer abziehen, der auf den Betrag der erstgenannten Umsätze entfällt. Weisen jedoch die verschiedenen Dienstleistungen, die der Übertragende für die Durchführung der Übertragung in Anspruch genommen hat, einen direkten und unmittelbaren Zusammenhang mit einem klar abgegrenzten Teil seiner wirtschaftlichen Tätigkeit auf, so dass die Kosten dieser Dienstleistungen zu den allgemeinen Kosten dieses Unternehmensteils gehören, und unterliegen alle Umsätze dieses Unternehmensteils der Mehrwertsteuer, so kann der Steuerpflichtige die gesamte Mehrwertsteuer abziehen, die seine Ausgaben für die Vergütung dieser Dienstleistungen belastet.

EuGH vom 8. 3. 2001 – Rs. C-415/98 – (HFR 2001 S. 632, UVR 2001 S. 262)

Zuordnung eines – von einem Privaten ohne Vorsteuerabzugabzugsrecht – erworbenen gemischt (privat und unternehmerisch) genutzten PKW zum Unternehmen, Steuerpflicht des Verkaufs des dem Unternehmen zugeordneten Gegenstands

1. Ein Steuerpflichtiger kann ein Investitionsgut, das er sowohl für unternehmerische als auch für private Zwecke erwirbt, in vollem Umfang in seinem Privatvermögen belassen und dadurch vollständig dem Mehrwertsteuersystem entziehen.
2. Die Veräußerung eines Investitionsguts, das der Steuerpflichtige in vollem Umfang seinem Unternehmensvermögen zugeführt hat und das er sowohl unternehmerisch als auch privat nutzt, unterliegt nach den Art. 2 Nr. 1 und 11 Teil A Abs. 1 Buchst. a 6. USt-Richtlinie in vollem Umfang der Mehrwertsteuer. Hat der Steuerpflichtige nur den unternehmerisch genutzten Teil des Gegenstands seinem Unternehmensvermögen zugeführt, unterliegt nur die Veräußerung dieses Teils der Mehrwertsteuer. Der Umstand, dass der Steuerpflichtige den Gegenstand gebraucht von einem Nichtsteuerpflichtigen erworben hat und daher nicht die auf ihm lastende restliche Vorsteuer abziehen konnte, ist insoweit ohne Bedeutung. Entnimmt der Steuerpflichtige jedoch einen solchen Gegenstand, der nicht zum Abzug der Mehrwertsteuer im Sinne von Art. 5 Abs. 6 6. USt-Richtlinie berechtigt hat, aus seinem Unternehmen, so ist es daher unzulässig, die Entnahme nach dieser Vorschrift zu besteuern. Wenn der Steuerpflichtige den Gegenstand später veräußert, so ist diese Leistung seinem privaten Bereich zuzurechnen; sie unterliegt daher nicht dem Mehrwertsteuersystem.

EuGH vom 17. 5. 2001 – Rs. C-322/99 und C-323/99 – (HFR 2001 S. 811, UVR 2001 S. 390)

Entnahme eines Betriebsgegenstands zu privaten Zwecken

1. Ein Steuerpflichtiger, der einen Gegenstand (hier einen PKW), den er ohne Berechtigung zum Vorsteuerabzug erworben hat und der nach seiner Anschaffung Gegenstand von Arbeiten war, für die die Mehrwertsteuer abgezogen wurde, zu unternehmensfremden Zwecken entnimmt, hat die nach Art. 5 Abs. 6 6. USt-Richtlinie geschuldete Mehrwertsteuer nur für die Bestandteile zu entrichten, die zum Vorsteuerabzug berechtigt haben, d. h. diejenigen, die ihre körperliche und wirtschaftliche Eigenart endgültig verloren haben, als sie nach Anschaffung des PKWs und im Anschluss an Umsätze, die durch Lieferungen von Gegenständen erzielt worden sind und zu einer dauerhaften, im Zeitpunkt der Entnahme nicht vollständig verbrauchten Werterhöhung des PKWs geführt haben, in den PKW eingebaut worden sind.
2. Im Fall einer nach Art. 5 Abs. 6 6. USt-Richtlinie steuerpflichtigen Entnahme, insbesondere der Entnahme eines Gegenstands (hier eines PKWs),
   – der ohne Berechtigung zum Vorsteuerabzug erworben wurde
   – und an dem Arbeiten ausgeführt worden sind, die zum Vorsteuerabzug berechtigt und zum Einbau von „Bestandteilen" geführt haben,
   ist die Besteuerungsgrundlage i. S. von Art. 11 Teil A Abs. 1 Buchst. b 6. USt-Richtlinie unter Bezugnahme auf den im Zeitpunkt der Entnahme geltenden Preis für diejenigen in den PKW eingegangenen Gegenstände zu bestimmen, die Bestandteile des entnommenen Gegenstands i. S. von Art. 5 Abs. 6 dieser Richtlinie sind.
3. Der auf Grund von Arbeiten, die nach Anschaffung des Gegenstands (hier eines PKWs) ausgeführt worden sind und zum Vorsteuerabzug berechtigt haben, in Anspruch genommene Vorsteuerabzug ist Gegenstand einer Berichtigung nach Art. 20 Abs. 1 Buchst. b 6. USt-Richtlinie, wenn diese Arbeiten nicht zur Mehrwertsteuerpflicht gemäß Art. 5 Abs. 6 6. USt-Richtlinie bei der Entnahme des PKWs geführt haben und ihr Wert nicht im Rahmen der beruflichen Tätigkeit des Steuerpflichtigen vor der Überführung des Fahrzeugs in sein Privatvermögen vollständig verbraucht worden sind.

EuGH vom 21. 3. 2002 – Rs. C-174/00 – (HFR 2002 S. 560, UVR 2002 S. 154)

Mitgliedsbeiträge an einen Sportverein als Gegenleistung, Steuerbefreiung für „Einrichtungen ohne Gewinnstreben"

1. Art. 13 Teil A Abs. 1 Buchst. m 6. USt-Richtlinie ist dahin auszulegen, dass bei der Beurteilung der Frage, ob es sich um eine Einrichtung „ohne Gewinnstreben" handelt, sämtliche Tätigkeiten dieser Einrichtung zu berücksichtigen sind.
2. Art. 13 Teil A Abs. 1 Buchst. m 6. USt-Richtlinie ist dahin auszulegen, dass eine Einrichtung als eine solche „ohne Gewinnstreben" qualifiziert werden kann, auch wenn sie systematisch danach strebt, Überschüsse zu erwirtschaften, die sie anschließend für die Durchführung ihrer Leistungen verwendet. Der erste Teil der in Art. 13 Teil A Abs. 2 Buchst. a erster Gedankenstrich 6. USt-Richtlinie enthaltenen fakultativen Bedingung ist in der gleichen Weise auszulegen.

3. Art. 2 Nr. 1 6. USt-Richtlinie ist dahin auszulegen, dass die Jahresbeiträge der Mitglieder eines Sportvereins wie des im Ausgangsverfahren in Rede stehenden die Gegenleistung für die von diesem Verein erbrachten Dienstleistungen darstellen können, auch wenn diejenigen Mitglieder, die die Einrichtungen des Vereins nicht oder nicht regelmäßig nutzen, verpflichtet sind, ihren Jahresbeitrag zu zahlen.

EuGH vom 6. 2. 2003 – Rs. C-185/01 – (BStBl 2004 II S. 573, HFR 2003 S. 422, UVR 2003 S. 137)

Behandlung von Kfz-Leasing mit Kraftstoffverwaltung

Art. 5 Abs. 1 6. USt-Richtlinie ist dahin auszulegen, dass in einem Fall, in dem ein Leasingnehmer das geleaste Fahrzeug im Namen und für Rechnung des Leasinggebers bei Tankstellen betankt, keine Kraftstofflieferung des Leasinggebers an den Leasingnehmer vorliegt.

EuGH vom 8. 5. 2003 – Rs. C-269/00 – (BStBl 2004 II S. 378, HFR 2003 S. 738, UVR 2003 S. 232)

Vorsteuerabzug trotz Verwendung einer Wohnung zu eigenen Wohnzwecken

Die Art. 6 Abs. 2 Unterabs. 1 Buchst. a und 13 Teil B Buchst. b 6. USt-Richtlinie sind so auszulegen, dass sie nationalen Rechtsvorschriften entgegenstehen, wonach die Verwendung eines Teils eines insgesamt dem Unternehmen zugeordneten Betriebsgebäudes für den privaten Bedarf des Steuerpflichtigen als eine – als Vermietung oder Verpachtung eines Grundstücks i. S. des Art. 13 Teil B Buchst. b 6. USt-Richtlinie – steuerfreie Dienstleistung behandelt wird.

EuGH vom 26. 6. 2003 – Rs. C-305/01 – (BStBl 2004 II S. 688, HFR 2003 S. 919, UR 2003 S. 399)

Keine Steuerbefreiung des Forderungskaufs einer Factoring-Gesellschaft unter Übernahme des Ausfallrisikos

1. Die 6. USt-Richtlinie ist dahin auszulegen, dass ein Wirtschaftsteilnehmer, der Forderungen unter Übernahme des Ausfallrisikos aufkauft und seinen Kunden dafür Gebühren berechnet, eine wirtschaftliche Tätigkeit i. S. d. Art. 2 und 4 6. USt-Richtlinie ausübt, so dass er die Eigenschaft eines Steuerpflichtigen hat und daher gem. Art. 17 6. USt-Richtlinie zum Vorsteuerabzug berechtigt ist.
2. Eine wirtschaftliche Tätigkeit, die darin besteht, dass ein Wirtschaftsteilnehmer Forderungen unter Übernahme des Ausfallrisikos aufkauft und seinem Kunden dafür Gebühren berechnet, stellt eine Einziehung von Forderungen i. S. v. Art. 13 Teil B Buchst. d Nr. 3 6. USt-Richtlinie dar und ist damit von der mit dieser Bestimmung eingeführten Steuerbefreiung ausgeschlossen.

EuGH vom 26. 6. 2003 – Rs. C-442/01 – (HFR 2003 S. 922, UR 2003 S. 443)

Aufnahme eines Gesellschafters in eine Personengesellschaft gegen Bareinlage ist kein steuerbarer Umsatz

Eine Personengesellschaft erbringt bei der Aufnahme eines Gesellschafters gegen Zahlung einer Bareinlage an diesen keine Dienstleistung gegen Entgelt i. S. des Art. 2 Nr. 1 6. USt-Richtlinie.

EuGH vom 27. 11. 2003 – Rs. C-497/01 – (HFR 2004 S. 402, UR 2004 S. 19)

Steuerliche Behandlung der Übertragung einer Vermögensmasse

1. Art. 5 Abs. 8 6. USt-Richtlinie i. d. F. der RL 95/7/EG ist dahin auszulegen, dass, wenn ein Mitgliedstaat von der Befugnis nach Art. 5 Abs. 8 Satz 1 6. USt-Richtlinie Gebrauch gemacht hat, die Übertragung einer Vermögensmasse für Mehrwertsteuerzwecke nicht als Lieferung von Gegenständen zu behandeln, dieser Grundsatz der Nicht-Lieferung – vorbehaltlich einer etwaigen Inanspruchnahme der Befugnis, seine Geltung unter den Umständen des Art. 5 Abs. 8 Satz 1 6. USt-Richtlinie zu beschränken – für jede Übertragung eines Geschäftsbetriebs oder eines selbständigen Unternehmensteils gilt, die jeweils materielle und gegebenenfalls immaterielle Bestandteile umfassen, die zusammen genommen ein Unternehmen oder einen Unternehmensteil bilden, mit dem eine selbständige wirtschaftliche Tätigkeit fortgeführt werden kann. Der durch die Übertragung Begünstigte muss jedoch beabsichtigen, den übertragenen Geschäftsbetrieb oder Unternehmensteil zu betreiben und nicht nur die betreffende Geschäftstätigkeit sofort abzuwickeln sowie gegebenenfalls den Warenbestand zu verkaufen.
2. Ein Mitgliedstaat, der von der Möglichkeit nach Art. 5 Abs. 8 Satz 1 6. USt-Richtlinie i. d. F. der RL 95/7/EG Gebrauch gemacht hat, die Übertragung einer Vermögensmasse für Mehrwertsteuerzwecke nicht als Lieferung von Gegenständen zu behandeln, darf nach der genannten Bestimmung diesen Grundsatz der Nicht-Lieferung nicht auf die Fälle der Übertragung einer Vermögensmasse beschränken, in denen der Begünstigte eine Gewerbegenehmigung für die wirtschaftliche Tätigkeit besitzt, die mit dieser Vermögensmasse ausgeübt werden kann.

EuGH vom 26. 5. 2005 – Rs. C-465/03 – (HFR 2005 S. 912, UVR 2005 S. 278)

Vorsteuerabzug bei Börsengang eines Unternehmens
1. Die Ausgabe neuer Aktien stellt keinen Umsatz dar, der in den Anwendungsbereich von Art. 2 Nr. 1 6. USt-Richtlinie in der durch die RL 95/7/EG des Rates vom 10. 4. 1995 geänderten Fassung fällt.
2. Nach Art. 17 Abs. 1 und 2 6. USt-Richtlinie in der durch die RL 95/7/EG geänderten Fassung besteht ein Recht auf Abzug der gesamten Vorsteuer, die die Aufwendungen eines Steuerpflichtigen für die verschiedenen Leistungen belastet, die er im Rahmen einer Ausgabe von Aktien bezogen hat, sofern es sich bei sämtlichen Umsätzen, die dieser Steuerpflichtige im Rahmen seiner wirtschaftlichen Tätigkeit vornimmt, um besteuerte Umsätze handelt.

EuGH vom 14. 7. 2005 – Rs. C-434/03 – (HFR 2005 S. 1034, UVR 2005 S. 337)

Vorsteuerabzug bei Vermietung eines Ferienbungalows, nationale Beschränkung des Vorsteuerabzugsrechts
Die Art. 6 Abs. 2 und 17 Abs. 2 und 6 6. USt-Richtlinie sind dahin auszulegen, dass sie einer vor Inkrafttreten dieser Richtlinie erlassenen nationalen Regelung wie der des Ausgangsverfahrens entgegenstehen, die es ausschließt, dass ein Steuerpflichtiger ein Investitionsgut, das zum Teil für Zwecke des Unternehmens und zum Teil für andere Zwecke verwendet wird, insgesamt seinem Unternehmen zuordnet und gegebenenfalls die beim Erwerb dieses Gegenstands geschuldete Mehrwertsteuer vollständig und sofort abzieht.

EuGH vom 14. 7. 2005 – Rs. C-435/03 – (HFR 2005 S. 1033, UVR 2005 S. 390)

Diebstahl von Waren aus einem Steuerlager keine Lieferung von Gegenständen gegen Entgelt
1. Der Diebstahl von Waren stellt keine „Lieferung von Gegenständen gegen Entgelt" i. S. von Art. 2 6. USt-Richtlinie dar und kann daher nicht als solcher der Mehrwertsteuer unterliegen. Der Umstand, dass Waren wie diejenigen, um die es im Ausgangsverfahren geht, einer Verbrauchsteuer unterliegen, hat hierauf keinen Einfluss.
2. Die einem Mitgliedstaat auf der Grundlage von Art. 27 Abs. 5 6. USt-Richtlinie erteilte Ermächtigung zur Durchführung von Maßnahmen zur Erleichterung der Kontrolle der Erhebung der Mehrwertsteuer ermächtigt diesen Staat nicht dazu, andere Umsätze als die in Art. 2 6. USt-Richtlinie aufgeführten der Mehrwertsteuer zu unterwerfen. Eine solche Ermächtigung kann daher keine Rechtsgrundlage für eine nationale Regelung darstellen, mit der der Diebstahl von Waren aus einem Steuerlager der Mehrwertsteuer unterworfen wird.

EuGH vom 26. 6. 2007 – Rs. C-284/04 – (HFR 2007 S. 918, UR 2007 S. 607)

Zuteilung von Nutzungsrechten für einen bestimmten, den Telekommunikationsdiensten vorbehaltenen Teil des Funkfrequenzspektrums keine wirtschaftliche Tätigkeit
Art. 4 Abs. 2 der 6. USt-Richtlinie ist dahin auszulegen, dass die Zuteilung von Rechten wie Nutzungsrechten für Frequenzen des elektromagnetischen Spektrums zur Erbringung öffentlicher Mobilfunkdienste durch die für die Frequenzzuteilung zuständige nationale Regulierungsbehörde im Wege der Versteigerung keine wirtschaftliche Tätigkeit im Sinne der betreffenden Bestimmung ist und folglich nicht in den Anwendungsbereich der 6. USt-Richtlinie fällt.

EuGH vom 26. 6. 2007 – Rs. C-369/04 – (HFR 2007 S. 918, UR 2007 S. 613)

Vergabe von Lizenzen für einen bestimmten, den Telekommunikationsdiensten vorbehaltenen Teil des Funkfrequenzspektrums keine wirtschaftliche Tätigkeit
Art. 4 Abs. 1 und 2 der 6. USt-Richtlinie ist dahin auszulegen, dass die Vergabe von Lizenzen wie den Lizenzen für Mobilfunk der dritten Generation, UMTS-Lizenzen genannt, durch die für die Frequenzzuteilung zuständige nationale Regulierungsbehörde im Wege der Versteigerung der Nutzungsrechte für Telekommunikationsanlagen keine wirtschaftliche Tätigkeit im Sinne der betreffenden Bestimmung ist und folglich nicht in den Anwendungsbereich der 6. USt-Richtlinie fällt.

EuGH vom 18. 7. 2007 – Rs. C-277/05 – (HFR 2007 S. 1053, UR 2007 S. 643)

Keine Umsatzsteuerbarkeit einer nach Vertragsrücktritt als pauschalierter Schadensersatz einbehaltenen Anzahlung
Art. 2 Nr. 1 und Art. 6 Abs. 1 der 6. USt-Richtlinie sind in dem Sinne auszulegen, dass die Beträge, die im Rahmen von Verträgen, die der Mehrwertsteuer unterliegende Beherbergungsdienstleistungen zum Gegenstand haben, als Angeld geleistet worden sind, in Fällen, in denen der Erwer-

ber von der ihm eröffneten Möglichkeit des Rücktritts Gebrauch macht und der Hotelbetreiber diese Beträge einbehält, als pauschalierte Entschädigung zum Ausgleich des infolge des Vertragsrücktritts des Gastes enstandenen Schadens – ohne direkten Bezug zu einer entgeltlichen Dienstleistung – und als solche nicht als mehrwertsteuerpflichtig anzusehen sind.

EuGH vom 29. 10. 2009 – Rs. C-246/08 – (HFR 2010 S. 197, UR 2010 S. 224)

Wirtschaftliche Tätigkeit eines öffentlichen Rechtshilfebüros

Die Republik Finnland hat nicht dadurch gegen ihre Verpflichtungen aus Art. 2 Nr. 1 und Art. 4 Abs. 1, 2 und 5 6. USt-Richtlinie verstoßen, dass sie gemäß den finnischen Rechtsvorschriften über die Rechtshilfe keine Mehrwertsteuer auf die Rechtsberatungsdienste erhebt, die die in öffentlichen Rechtshilfebüros beschäftigten öffentlichen Rechtsberater gegen eine Teilvergütung erbringen, während die gleichen Dienste wenn sie von privaten Beratern erbracht werden, mehrwertsteuerpflichtig sind.

EuGH vom 12. 11. 2009 – Rs. C-154/08 – (HFR 2010 S. 420)

Steuerpflicht der spanischen Grundbuchführer in ihrer Eigenschaft als Steuereinzugsbehörde

Das Königreich Spanien hat dadurch gegen seine Verpflichtungen aus Art. 2 und Art. 4 Abs. 1 und 2 6. USt-Richtlinie, dass es die Leistungen, die die „Registradores de la propiedad" in ihrer Eigenschaft als Steuereinzugsbehörde für den Grundbuchbezirk („oficina liquidadora de distrito hipotecario") für eine Autonome Gemeinschaft erbringen, als nicht mehrwertsteuerpflichtig ansieht.

EuGH vom 29. 7. 2010 – Rs. C-40/09 – (HFR 2010 S. 1116, UR 2010 S. 734)[1]

Überlassung von Einkaufsgutscheinen an das Personal im Rahmen der Vergütung als entgeltliche Dienstleistungen eines Unternehmens

Art. 2 Nr. 1 6. USt-Richtlinie ist dahin auszulegen, dass die Aushändigung eines Einkaufsgutscheins durch ein Unternehmen, das diesen Gutschein zu einem Preis einschließlich Mehrwertsteuer erworben hat, an seine Bediensteten gegen deren Verzicht auf einen Teil ihrer Barvergütung eine Dienstleistung gegen Entgelt im Sinne dieser Bestimmung darstellt.

EuGH vom 10.11.2011 – Rs. C-444/10 – (DB 2011 S. 2583, DStR 2011 S. 2196, UR 2011 S. 937)

Geschäftsveräußerung im Ganzen bei Vermietung von Geschäftsräumen an Erwerber

Art. 5 Abs. 8 der 6. USt-Richtlinie ist dahin auszulegen, dass die Übereignung des Warenbestands und der Geschäftsausstattung eines Einzelhandelsgeschäfts unter gleichzeitiger Vermietung des Ladenlokals an den Erwerber auf unbestimmte Zeit, allerdings aufgrund eines von beiden Parteien kurzfristig kündbaren Vertrags, eine Übertragung eines Gesamt- oder Teilvermögens im Sinne dieser Bestimmung darstellt, sofern die übertragenen Sachen hinreichen, damit der Erwerber eine selbständige wirtschaftliche Tätigkeit dauerhaft fortführen kann.

Rsp III BUNDESFINANZHOF

BFH vom 10. 12. 2009 – V R 18/08 – (BStBl 2010 II S. 654, HFR 2010 S. 1089)

Steuerpflichtige Leistung des Forderungskäufers beim Erwerb zahlungsgestörter Forderungen (Vorlage an den EuGH)

1. Zur Auslegung von Art. 2 Nr. 1 und Art. 4 6. USt-Richtlinie:

   Liegt beim Verkauf (Kauf) zahlungsgestörter Forderungen aufgrund der Übernahme von Forderungseinzug und Ausfallrisiko auch dann eine entgeltliche Leistung und eine wirtschaftliche Tätigkeit des Forderungskäufers vor, wenn sich der Kaufpreis
   – nicht nach dem Nennwert der Forderungen unter Vereinbarung eines pauschalen Abschlags für die Übernahme von Forderungseinzug und des Ausfallrisikos bemisst, sondern
   – nach dem für die jeweilige Forderung geschätzten Ausfallrisiko richtet und dem Forderungseinzug im Verhältnis zu dem auf das Ausfallrisiko entfallenden Abschlag nur untergeordnete Bedeutung zukommt?

---

[1] Vgl. hierzu BMF vom 20.12.2010, § 10 H 19.

2. Falls Frage 1 zu bejahen ist, zur Auslegung von Art. 13 Teil B Buchst. d Nr. 2 und 3 6. USt-Richtlinie:
   a) Ist die Übernahme des Ausfallrisikos durch den Forderungskäufer beim Erwerb zahlungsgestörter Forderungen zu einem erheblich unter dem Nennwert der Forderungen liegenden Kaufpreis als Gewährung einer anderen Sicherheit oder Garantie steuerfrei?
   b) Falls eine steuerfreie Risikoübernahme vorliegt:
      Ist der Forderungseinzug als Teil einer einheitlichen Leistung oder als Nebenleistung steuerfrei oder als eigenständige Leistung steuerpflichtig?
3. Falls Frage 1 zu bejahen ist und keine steuerfreie Leistung vorliegt, zur Auslegung von Art. 11 Teil A Buchst. a 6. USt-Richtlinie:
   Bestimmt sich das Entgelt für die steuerpflichtige Leistung nach den von den Parteien vermuteten oder nach den tatsächlichen Einziehungskosten?[1])

BFH vom 13. 1. 2010 – V R 24/07 – (BStBl 2011 II S. 241, StEd 2010 S. 374, UR 2010 S. 489)

Steuerpflichtige Veräußerung eines Gegenstandes des Unternehmensvermögens durch den Gesamtrechtsnachfolger

Die Veräußerung eines zum Unternehmensvermögen des Erblassers gehörenden Gegenstandes durch den Gesamtrechtsnachfolger ist eine steuerbare und steuerpflichtige Lieferung.

BFH vom 11. 2. 2010 – V R 30/08 – (BFH/NV 2010 S. 2125, HFR 2010 S. 1189)

Übernahme einer kommunalen Aufgabe durch Unternehmer
1. Die Übernahme und Durchführung einer kommunalen Pflichtaufgabe durch einen Unternehmer gegen Entgelt für eine Körperschaft des öffentlichen Rechts ist steuerbar.
2. Verpflichtet sich der Unternehmer gegen Entgelt zur Errichtung und Betrieb eines Schwimmbads für 10 Jahre, erbringt er beim Fehlen von Teilleistungen seine Leistung erst mit Ablauf des Betriebszeitraums.

BFH vom 17. 3. 2010 – XI R 2/08 – (StEd 2010 S. 469, UR 2010 S. 619)

Umsatzsteuer aufgrund einer unternehmerischen Tätigkeit des Schuldners nach Eröffnung des Insolvenzverfahrens

Übt der Schuldner nach Eröffnung des Insolvenzverfahrens eine unternehmerische Tätigkeit aus, ist die Umsatzsteuer aus dieser Tätigkeit nicht bereits deshalb eine Masseverbindlichkeit i. S. des § 55 Abs. 1 Nr. 1 InsO, weil der Schuldner dabei mit Billigung des Insolvenzverwalters u. a. auch Massegegenstände verwendet.

BFH vom 17. 3. 2010 – XI R 30/08 – (BFH/NV 2010 S. 2128)

Umsatzsteuer aufgrund einer unternehmerischen Tätigkeit des Schuldners nach Eröffnung des Insolvenzverfahrens
1. Übt der Schuldner nach Eröffnung des Insolvenzverfahrens eine unternehmerische Tätigkeit aus, ist die Umsatzsteuer aus dieser Tätigkeit keine Masseverbindlichkeit i. S. des § 55 Abs. 1 Nr. 1 InsO, wenn weder die Gläubigerversammlung noch der Insolvenzverwalter den Schuldner beauftragt hat, den Betrieb auf Rechnung der Insolvenzmasse fortzuführen, und der Schuldner keine Massegegenstände ertragbringend nutzt.
2. Die eigene Arbeitskraft des Schuldners fällt nicht in die Insolvenzmasse und kann deshalb auch nicht der Nutzung eines Massegegenstandes gleichgesetzt werden.

BFH vom 18. 3. 2010 – V R 12/09 – (BFH/NV 2010 S. 1500, UR 2010 S. 622)

Kein Eigenverbrauch bei Zahlung eines Dritten

Der Unternehmer führt keine Leistung für Zwecke aus, die „außerhalb des Unternehmens" liegen (Eigenverbrauch), wenn er die Leistungen zwar unentgeltlich erbringt, er hierfür aber ein als „Zuschuss" bezeichnetes Entgelt eines Dritten (§ 10 Abs. 1 Satz 3 UStG) erhalten hat.

---

[1]) Anm.: Vgl. hierzu EuGH-Urteil vom 27.10.2011 – Rs. C-93/10 –, § 2 Rsp I.

BFH vom 6. 5. 2010 – V R 25/09 – (BFH/NV 2010 S. 1873, HFR 2010 S. 1187)

Geschäftsveräußerung durch Grundstücksübertragung ohne Übergang eines Mietvertrages

1. Eine nach § 1 Abs. 1a UStG nicht steuerbare Geschäftsveräußerung durch Grundstücksübertragung kann im Rahmen der erforderlichen Gesamtwürdigung aufgrund besonderer Umstände auch dann vorliegen, wenn auf den Erwerber kein bestehender Mietvertrag übergeht (Abgrenzung zu BFH-Urteil in BFHE 219, 284, BStBl II 2008, 447).
2. Dies kann der Fall sein, wenn der Alteigentümer
   - den mit einer GmbH bestehenden Mietvertrag kündigt,
   - das unvermietete Grundstück auf den Geschäftsführer und Alleingesellschafter der GmbH überträgt,
   - das Unternehmen der GmbH übernimmt,
   - mit dem Erwerber des Grundstücks (Geschäftsführer und Alleingesellschafter der GmbH) einen neuen Mietvertrag abschließt und
   - Kündigung des Mietvertrages, Grundstücksübertragung, Unternehmenserwerb und Neuabschluss des Mietvertrages in engem zeitlichem Zusammenhang miteinander stehen.

BFH vom 6. 5. 2010 – V R 26/09 – (HFR 2011 S. 61, BFH/NV 2010 S. 2204, StEd 2010 S. 678)

Keine Geschäftsveräußerung bei Übertragung eines an die Organschaft vermieteten Grundstücks auf den Organträger

1. Eine Geschäftsveräußerung liegt nur vor, wenn der Erwerber die vom Veräußerer ausgeübte Unternehmenstätigkeit fortsetzt oder dies zumindest beabsichtigt.
2. Ist der Gegenstand der Geschäftsveräußerung ein Vermietungsunternehmen, muss der Erwerber umsatzsteuerrechtlich die Fortsetzung der Vermietungstätigkeit beabsichtigen.
3. Die Übertragung eines an eine Organgesellschaft vermieteten Grundstücks auf den Organträger führt nicht zu einer Geschäftsveräußerung, da der Organträger umsatzsteuerrechtlich keine Vermietungstätigkeit fortsetzt, sondern das Grundstück im Rahmen seines Unternehmens selbst nutzt.

BFH vom 30. 6. 2010 – XI R 22/08 – (BStBl 2010 II S. 1084, DStR 2010 S. 2184, HFR 2011 S. 54)

Bereitstellungsentgelte eines Speditionsunternehmens sind Entschädigung

So genannte Bereitstellungsentgelte, die ein Speditionsunternehmen erhält, wenn eine Zwangsräumung kurzfristig von dem Gerichtsvollzieher abgesagt wird, stellen eine pauschalierte Entschädigung dar und unterliegen mangels eines Leistungsaustauschs nicht der Umsatzsteuer.

BFH vom 14. 7. 2010 – XI R 27/08 – (BFH/NV 2010 S. 2213, HFR 2010 S. 1329)

Voraussetzungen einer nicht steuerbaren Geschäftsveräußerung im Ganzen (Vorlage an den EuGH)

Dem EuGH werden folgende Fragen zur Vorabentscheidung vorgelegt:

1. Liegt eine „Übertragung" eines Gesamtvermögens i. S. von Art. 5 Abs. 8 6. USt-Richtlinie vor, wenn ein Unternehmer den Warenbestand und die Geschäftsausstattung seines Einzelhandelsgeschäfts an einen Erwerber übereignet und ihm das in seinem Eigentum stehende Ladenlokal lediglich vermietet?
2. Kommt es dabei darauf an, ob das Ladenlokal durch einen auf lange Dauer abgeschlossenen Mietvertrag zur Nutzung überlassen wurde oder ob der Mietvertrag auf unbestimmte Zeit läuft und von beiden Parteien kurzfristig kündbar ist?[1]

BFH vom 15. 7. 2010 – XI B 47/09 – (BFH/NV 2010 S. 2138, UR 2010 S. 814)

Anforderungen an einen Leistungsaustausch

1. Eine Leistung wird i. S. von § 1 Abs. 1 Nr. 1 Satz 1 UStG gegen Entgelt erbracht, wenn zwischen dem Leistenden und dem Leistungsempfänger ein Rechtsverhältnis besteht, in dessen Rahmen gegenseitige Leistungen ausgetauscht werden, wobei die vom Leistenden empfangene Vergütung den tatsächlichen Gegenwert für die dem Leistungsempfänger erbrachte Leistung bildet.

---

[1] Anm.: Vgl. hierzu EuGH-Urteil vom 10.11.2011 – Rs. C-444/10 –, § 1 Rsp I.

2. Auf die zivilrechtliche Wirksamkeit des zu Grunde liegenden Vertrages kommt es insoweit nicht an.
3. Ein Rückzahlungsanspruch des Zahlenden aus ungerechtfertigter Bereicherung steht dem Charakter einer tatsächlich erhaltenen Zahlung als Entgelt nicht entgegen.

BFH vom 1.9.2010 – V R 6/10 – (BFH/NV 2011 S. 80, HFR 2011 S. 57, UR 2001 S. 254)

Pkw-Nutzung durch Mitglieder einer Sozietät für Fahrten zwischen Wohnung und Kanzlei
Stellt eine Sozietät ihren Mitgliedern Pkws für Fahrten zwischen Wohnort und Kanzlei zur Verfügung und belastet sie hierfür deren Privatkonten, liegt ein steuerbarer und steuerpflichtiger Leistungsaustausch vor.

BFH vom 2.9.2010 – V R 23/09 – (BFH/NV 2011 S. 458, HFR 2011 S. 343)

Leistungsaustausch zwischen gesetzlich zuständiger Körperschaft und Beliehenem bei der Tierkörperbeseitigung
Erstattet ein Zweckverband einem beliehenen privatrechtlichen Unternehmer, der die gesetzlichen Aufgaben der Tierkörperbeseitigung im eigenen Namen wahrnimmt, für die vertraglich vereinbarte Beseitigung von Tierkörpern i.S.d. Viehseuchengesetzes die nicht bereits durch die Tierseuchenkasse erstatteten Aufwendungen, ist die Zahlung Entgelt für diese Leistungen.

BFH vom 19.10.2010 – V B 103/09 – (BFH/NV 2011 S. 327, UR 2011 S. 341)

Aufhebung eines Mietvertrages gegen Abfindungszahlung als steuerbare Leistung
Ein steuerbarer Verzicht liegt auch vor, wenn der Vermieter der Auflösung des Mietvertrages gegen Abfindungszahlung zustimmt und damit auf die weitere Durchführung des Mietvertrages verzichtet.

BFH vom 28.10.2010 – V R 22/09 – (BFH/NV 2011 S. 854, HFR 2011 S. 565)

Anforderungen an Geschäftsveräußerung
Es liegt keine Geschäftsveräußerung vor, wenn die unternehmerische Tätigkeit des Veräußerers im Wesentlichen darin besteht, ein Gebäude zu errichten und Mieter für die einzelnen Mieteinheiten zu finden, um es im Anschluss an die Fertigstellung aufgrund der bereits erfolgten Vermietung besser veräußern zu können.

BFH vom 29.10.2010 – V B 48/10 – (BFH/NV 2011 S 856, UR 2011 S. 616)

Nicht steuerbare Geschäftsveräußerung
Es ist durch die BFH-Rechtsprechung geklärt, dass der Empfänger einer nach § 1 Abs. 1a UStG 1993 nicht steuerbaren Geschäftsveräußerung aus einer hierüber mit gesondertem Steuerausweis erteilten Rechnung nicht zum Vorsteuerabzug berechtigt ist und im Fall einer rechtswidrigen Inanspruchnahme des Vorsteuerabzugs der Vollverzinsung nach § 233a AO unterliegt.

BFH vom 16.12.2010 – V R 16/10 – (BFH/NV 2011 S. 1028, HFR 2011 S. 796)

Leistungsaustausch bei Zuschuss zum Ausbau von Schienenkreuzungen
1. Das von einem Bundesland nach § 13 Abs. 1 EKrG zu zahlende „Staatsdrittel" ist kein Entgelt für eine an das Land erbrachte Leistung.
2. Das Staatsdrittel ist auch kein Entgelt eines Dritten i.S.v. § 10 Abs. 1 Satz 3 UStG für eine an den Straßenbaulastträger erbrachte Leistung.

BFH vom 28.12.2010 – XI B 109/09 – (BFH/NV 2011 S. 858)

Zuschusszahlungen an kommunale Abwasserbeseitigungs-GmbH als Entgelt
Es ist höchstrichterlich geklärt, nach welchen Grundsätzen zu entscheiden ist, ob Fördermittel einer Körperschaft des öffentlichen Rechts als unechte Zuschüsse der Umsatzsteuer unterliegen. In Fällen, in denen ein anderer Unternehmer die Erfüllung der Aufgaben einer juristischen Person des öffentlichen Rechts übernimmt und im Zusammenhang damit Geldzahlungen erhält, bestimmt sich in erster Linie nach den Vereinbarungen des Leistenden mit dem Zahlenden, ob die Leistung des Unternehmers derart mit der Zahlung („Zuschuss") verknüpft ist, dass sie sich auf die Erlangung einer Gegenleistung (Zahlung) richtet.

BFH vom 27.1.2011 – V R 6/09 – (BFH/NV 2011 S. 1733)

Leistungsaustausch bei „Verkaufswettbewerben"

Lobt der Handelsvertreter zugunsten seiner Verkaufsvermittler „Wettbewerbspreise" im eigenen Namen aus, sind diese zusätzliches Entgelt für die Vermittlungsleistung, die der den Preis erhaltende Vermittler an den Handelsvertreter erbringt.

BFH vom 27.1.2011 – V R 7/09 – (BFH/NV 2011 S. 1030, HFR 2011 S. 794)

Leistungsaustausch bei „Verkaufswettbewerben"

Lobt der Handelsvertreter zugunsten seiner Verkaufsvermittler „Wettbewerbspreise" im eigenen Namen aus, sind diese zusätzliches Entgelt für die Vermittlungsleistung, die der den Preis erhaltende Vermittler an den Handelsvertreter erbringt.

BFH vom 3.3.2011 – V R 24/10 – (BStBl 2011 II S. 950, HFR 2011 S. 792, UR 2011 S. 585)

Haftungsvergütung als Entgelt für eine steuerpflichtige Leistung des Komplementärs an seine KG

Die Festvergütung, die der geschäftsführungs- und vertretungsberechtigte Komplementär einer KG von dieser für seine Haftung nach §§ 161, 128 HGB erhält, ist als Entgelt für eine einheitliche Leistung, die Geschäftsführung, Vertretung und Haftung umfasst, umsatzsteuerpflichtig.[1]

BFH vom 5.4.2011 – XI S 28/10 – (BFH/NV 2011 S. 1746)

AdV-Antrag gegen USt-Bescheid betr. entgeltlicher Übertragung einer Milchquote

1. Dass die Verkaufsstelle hoheitlich handelt und nur allgemeinen öffentlichen Interessen dient, steht der Steuerbarkeit der an sie erbrachten Leistung nicht entgegen.
2. Dass die Verkaufsstelle die mit den angebotenen Milchquoten verbundene Möglichkeit, Milch abgabenfrei anzuliefern, nicht selbst in diesem Sinne nutzen will, steht der Annahme eines Vorteils, der zu einem Verbrauch im Sinne des gemeinsamen Mehrwertsteuerrechts führt, nicht entgegen.
3. Der Einwand, durch die Einschaltung der Verkaufsstellen werde es den beteiligten Unternehmen verwehrt, der Umsatzsteuerbelastung des Anbieters eine betragsidentische Vorsteuerentlastung auf der Seite des Nachfragers gegenüberzustellen, richtet sich gegen das Übertragungsverfahren gem. §§ 8–11 MilchAbgV und nicht gegen die steuerrechtliche Beurteilung der gesetzlich vorgesehenen Transaktionen.
4. Dem BFH ist es im Verfahren über die Aussetzung der Vollziehung versagt, einen anderen als den vom FG festgestellten Sachverhalt der Entscheidung zugrunde zu legen, soweit die Klägerin im Revisionsverfahren keine Sachverhaltsrügen erhoben hat, die den Voraussetzungen des § 118 Abs. 2 FGO entsprechen.

BFH vom 17.5.2011 – V B 73/10 – (BFH/NV 2011 S. 1544)

Abgrenzung Schadensersatz/Leistungsaustausch

1. Wird ein Anwaltshonorar großen Umfangs wegen Zahlungsschwierigkeiten des Mandanten durch eine lebenslange Rente ersetzt, liegt ein unmittelbarer Zusammenhang zwischen Leistung und Gegenleistung vor, wenn ein anderer Grund als die Erbringung der Beratungsleistung für die Einräumung des Rentenstammrechts nicht ersichtlich ist und es sich somit lediglich um die modifizierte Erfüllung der Hauptverbindlichkeit handelt.
2. Unerheblich ist, ob die Einräumung des Rentenstammrechts nach nationalem Zivilrecht als Schadensersatz zu beurteilen wäre.

BFH vom 28.7.2011 – V R 28/09 – (BFH/NV 2011 S. 1985, StEd 2011 S. 630, HFR 2011 S. 1323, UR 2011 S. 855)

Sog. „kalte Zwangsvollstreckung" und „kalte Zwangsverwaltung" durch Insolvenzverwalter

1. Veräußert ein Insolvenzverwalter ein mit einem Grundpfandrecht belastetes Grundstück freihändig aufgrund einer mit dem Grundpfandgläubiger getroffenen Vereinbarung, liegt neben der Lieferung des Grundstücks durch die Masse an den Erwerber auch eine steuerpflichtige entgeltliche Geschäftsbesorgungsleistung der Masse an den Grundpfandgläubiger vor, wenn

---

[1] Anm.: Vgl. hierzu BMF vom 14.11.2011, § 1 H 40.

der Insolvenzverwalter vom Verwertungserlös einen „Massekostenbeitrag" zugunsten der Masse einbehalten darf. Vergleichbares gilt für die freihändige Verwaltung grundpfandrechtsbelasteter Grundstücke durch den Insolvenzverwalter.
2. Eine steuerbare Leistung liegt auch bei der freihändigen Verwertung von Sicherungsgut durch den Insolvenzverwalter vor (Änderung der Rechtsprechung).

BFH vom 28.7.2011 – V B 115/10 – (BFH/NV 2011 S. 1931)
Rechnungskorrekturen bei Geschäftsveräußerung im Ganzen
1. Es ist geklärt, dass bei der Korrektur einer Rechnung mit offenem Umsatzsteuerausweis, bei der übersehen wurde, dass die Voraussetzungen einer Geschäftsveräußerung im Ganzen vorliegen, diese erst im Veranlagungszeitraum der Korrektur wirksam wird.
2. Ein Erlass aus Billigkeitsgründen scheidet bei einer bestandskräftigen, vom Kläger nicht angefochtenen Umsatzsteuerfestsetzung aus, wenn die Steuerfestsetzung nicht offensichtlich und eindeutig unzutreffend ist.

§ 1a   Innergemeinschaftlicher Erwerb   UStG

(1) Ein innergemeinschaftlicher Erwerb gegen Entgelt liegt vor, wenn die folgenden Voraussetzungen erfüllt sind: S 7103-a
1. Ein Gegenstand gelangt bei einer Lieferung an den Abnehmer (Erwerber) aus dem Gebiet eines Mitgliedstaates in das Gebiet eines anderen Mitgliedstaates oder aus dem übrigen Gemeinschaftsgebiet in die in § 1 Abs. 3 bezeichneten Gebiete, auch wenn der Lieferer den Gegenstand in das Gemeinschaftsgebiet eingeführt hat,
2. der Erwerber ist
   a) ein Unternehmer, der den Gegenstand für sein Unternehmen erwirbt, oder
   b) eine juristische Person, die nicht Unternehmer ist oder die den Gegenstand nicht für ihr Unternehmen erwirbt,
   und
3. die Lieferung an den Erwerber
   a) wird durch einen Unternehmer gegen Entgelt im Rahmen seines Unternehmens ausgeführt und
   b) ist nach dem Recht des Mitgliedstaates, der für die Besteuerung des Lieferers zuständig ist, nicht auf Grund der Sonderregelung für Kleinunternehmer steuerfrei.

(2) ¹Als innergemeinschaftlicher Erwerb gegen Entgelt gilt das Verbringen eines Gegenstands des Unternehmens aus dem übrigen Gemeinschaftsgebiet in das Inland durch einen Unternehmer zu seiner Verfügung, ausgenommen zu einer nur vorübergehenden Verwendung, auch wenn der Unternehmer den Gegenstand in das Gemeinschaftsgebiet eingeführt hat. ²Der Unternehmer gilt als Erwerber.   S 7100-a

(3) Ein innergemeinschaftlicher Erwerb im Sinne der Absätze 1 und 2 liegt nicht vor, wenn die folgenden Voraussetzungen erfüllt sind:
1. Der Erwerber ist
   a) ein Unternehmer, der nur steuerfreie Umsätze ausführt, die zum Ausschluss vom Vorsteuerabzug führen,
   b) ein Unternehmer, für dessen Umsätze Umsatzsteuer nach § 19 Abs. 1 nicht erhoben wird,
   c) ein Unternehmer, der den Gegenstand zur Ausführung von Umsätzen verwendet, für die die Steuer nach den Durchschnittssätzen des § 24 festgesetzt ist, oder
   d) eine juristische Person, die nicht Unternehmer ist oder die den Gegenstand nicht für ihr Unternehmen erwirbt,
   und
2. der Gesamtbetrag der Entgelte für Erwerbe im Sinne des Absatzes 1 Nr. 1 und des Absatzes 2 hat den Betrag von 12 500 Euro im vorangegangenen Kalenderjahr nicht überstiegen und wird diesen Betrag im laufenden Kalenderjahr voraussichtlich nicht übersteigen (Erwerbsschwelle).

§ 1a UStG
AE 1a.1

(4) ¹Der Erwerber kann auf die Anwendung des Absatzes 3 verzichten. ²Als Verzicht gilt die Verwendung einer dem Erwerber erteilten Umsatzsteuer-Identifikationsnummer gegenüber dem Lieferer. ³Der Verzicht bindet den Erwerber mindestens für zwei Kalenderjahre.

(5) ¹Absatz 3 gilt nicht für den Erwerb neuer Fahrzeuge und verbrauchsteuerpflichtiger Waren. ²Verbrauchsteuerpflichtige Waren im Sinne dieses Gesetzes sind Mineralöle, Alkohol und alkoholische Getränke sowie Tabakwaren.

Vorschriften des Gemeinschaftsrechts

Art. 2 Abs. 1 Buchst. b und 2, Art. 3 Abs. 1 und 2, Art. 9 Abs. 2, Art. 20 Abs. 1 und 2, Art. 17, Art. 21 bis 23 und Art. 172 der MWSt-Richtlinie (bis 31. 12. 2006: Art. 28a der 6. USt-Richtlinie).

AE 1a.1
S 7103-a

1a.1. Innergemeinschaftlicher Erwerb

(1) ¹Ein innergemeinschaftlicher Erwerb setzt insbesondere voraus, dass an den Erwerber eine Lieferung ausgeführt wird und der Gegenstand dieser Lieferung aus dem Gebiet eines EU-Mitgliedstaates in das Gebiet eines anderen EU-Mitgliedstaates oder aus dem übrigen Gemeinschaftsgebiet in die in § 1 Abs. 3 UStG bezeichneten Gebiete gelangt. ²Zum Begriff Gegenstand vgl. Abschnitt 3.1 Abs. 1. ³Ein Gegenstand gelangt aus dem Gebiet eines EU-Mitgliedstaates in das Gebiet eines anderen EU-Mitgliedstaates, wenn die Beförderung oder Versendung durch den Lieferer oder durch den Abnehmer im Gebiet eines EU-Mitgliedstaates beginnt und im Gebiet des anderen EU-Mitgliedstaates endet. ⁴Dies gilt auch dann, wenn die Beförderung oder Versendung im Drittlandsgebiet beginnt und der Gegenstand im Gebiet eines EU-Mitgliedstaates der Einfuhrumsatzsteuer unterworfen wird, bevor er in das Gebiet des anderen EU-Mitgliedstaates gelangt. ⁵Kein Fall des innergemeinschaftlichen Erwerbs liegt demnach vor, wenn die Ware aus einem Drittland im Wege der Durchfuhr durch das Gebiet eines anderen EU-Mitgliedstaates in das Inland gelangt und erst hier einfuhrumsatzsteuerrechtlich zum freien Verkehr abgefertigt wird. ⁶Als innergemeinschaftlicher Erwerb gegen Entgelt gilt auch das innergemeinschaftliche Verbringen eines Gegenstandes in das Inland (vgl. Abschnitt 1a.2). ⁷Bei der Lieferung von Gas über das Erdgasnetz und von Elektrizität liegt kein innergemeinschaftlicher Erwerb und kein innergemeinschaftliches Verbringen vor (vgl. Abschnitt 3g.1 Abs. 6). ⁸Zur Bemessungsgrundlage eines innergemeinschaftlichen Erwerbs von werthaltigen Abfällen vgl. Abschnitt 10.5 Abs. 2.

(2) ¹Ein innergemeinschaftlicher Erwerb ist bei einem Unternehmer, der ganz oder zum Teil zum Vorsteuerabzug berechtigt ist, unabhängig von einer Erwerbsschwelle steuerbar. ²Bei

a) einem Unternehmer, der nur steuerfreie Umsätze ausführt, die zum Ausschluss vom Vorsteuerabzug führen,

b) einem Unternehmer, für dessen Umsätze Umsatzsteuer nach § 19 Abs. 1 UStG nicht erhoben wird,

c) einem Unternehmer, der den Gegenstand zur Ausführung von Umsätzen verwendet, für die die Steuer nach den Durchschnittsätzen des § 24 UStG festgesetzt ist, oder

d) einer juristischen Person des öffentlichen oder privaten Rechts, die nicht Unternehmer ist oder den Gegenstand nicht für ihr Unternehmen erwirbt,

liegt ein steuerbarer innergemeinschaftlicher Erwerb nur vor, wenn der Gesamtbetrag der innergemeinschaftlichen Erwerbe nach § 1a Abs. 1 Nr. 1 und Abs. 2 UStG aus allen EU-Mitgliedstaaten mit Ausnahme der Erwerbe neuer Fahrzeuge und verbrauchsteuerpflichtiger Waren über der Erwerbsschwelle von 12 500 € liegt oder wenn nach § 1a Abs. 4 UStG zur Erwerbsbesteuerung optiert wird. ³Bei dem in Satz 2 genannten Personenkreis unterliegt der innergemeinschaftliche Erwerb neuer Fahrzeuge und verbrauchsteuerpflichtiger Waren unabhängig von der Erwerbsschwelle stets der Erwerbsbesteuerung. ⁴Liegen die Voraussetzungen der Sätze 2 und 3 nicht vor, ist die Besteuerung des Lieferers zu prüfen (vgl. Abschnitt 3c.1). ⁵Wurde die Erwerbsschwelle im vorangegangenen Kalenderjahr nicht überschritten und ist zu erwarten, dass sie auch im laufenden Kalenderjahr nicht überschritten wird, kann die Erwerbsbesteuerung unterbleiben, auch wenn die tatsächlichen innergemeinschaftlichen Erwerbe im Laufe des Kalenderjahres die Grenze von 12 500 € überschreiten. ⁶Der Erwerber kann dem Finanzamt erklären, dass er auf die Anwendung der Erwerbsschwelle verzichtet. ⁷Er unterliegt dann in jedem Fall der Erwerbsbesteuerung nach § 1a Abs. 1 und 2 UStG. ⁸Für die Erklärung ist keine bestimmte Form vorgeschrieben. ⁹Die Erklärung bindet den Erwerber mindestens für zwei Kalenderjahre.

(3) ¹Juristische Personen des öffentlichen Rechts haben grundsätzlich alle in ihrem Bereich vorgenommenen innergemeinschaftlichen Erwerbe zusammenzufassen. ²Bei den großen Gebietskör-

perschaften Bund und Länder können auch einzelne Organisationseinheiten (z. B. Ressorts, Behörden, Ämter) für ihre innergemeinschaftlichen Erwerbe als Steuerpflichtige behandelt werden. ³Dabei wird aus Vereinfachungsgründen davon ausgegangen, dass die Erwerbsschwelle überschritten ist. ⁴In diesem Fall können die einzelnen Organisationseinheiten eine eigene USt-IdNr. erhalten (vgl. Abschnitt 27a.1 Abs. 3).

1a.2. Innergemeinschaftliches Verbringen

AE 1a.2

Allgemeines

(1) ¹Das innergemeinschaftliche Verbringen eines Gegenstandes gilt unter den Voraussetzungen des § 3 Abs. 1a UStG als Lieferung und unter den entsprechenden Voraussetzungen des § 1a Abs. 2 UStG als innergemeinschaftlicher Erwerb gegen Entgelt. ²Ein innergemeinschaftliches Verbringen liegt vor, wenn ein Unternehmer

- einen Gegenstand seines Unternehmens aus dem Gebiet eines EU-Mitgliedstaates (Ausgangsmitgliedstaat) zu seiner Verfügung in das Gebiet eines anderen EU-Mitgliedstaates (Bestimmungsmitgliedstaat) befördert oder versendet und
- den Gegenstand im Bestimmungsmitgliedstaat nicht nur vorübergehend verwendet.

³Der Unternehmer gilt im Ausgangsmitgliedstaat als Lieferer, im Bestimmungsmitgliedstaat als Erwerber.

(2) ¹Ein innergemeinschaftliches Verbringen, bei dem der Gegenstand vom Inland in das Gebiet eines anderen EU-Mitgliedstaates gelangt, ist nach § 3 Abs. 1a UStG einer Lieferung gegen Entgelt gleichgestellt. ²Diese Lieferung gilt nach § 6a Abs. 2 UStG als innergemeinschaftliche Lieferung, die unter den weiteren Voraussetzungen des § 6a UStG nach § 4 Nr. 1 Buchstabe b UStG steuerfrei ist. ³Ein innergemeinschaftliches Verbringen, bei dem der Gegenstand aus dem übrigen Gemeinschaftsgebiet in das Inland gelangt, gilt nach § 1a Abs. 2 UStG als innergemeinschaftlicher Erwerb gegen Entgelt. ⁴Lieferung und innergemeinschaftlicher Erwerb sind nach dem Einkaufspreis zuzüglich der Nebenkosten für den Gegenstand oder mangels eines Einkaufspreises nach den Selbstkosten, jeweils zum Zeitpunkt des Umsatzes und ohne Umsatzsteuer, zu bemessen (§ 10 Abs. 4 Satz 1 Nr. 1 UStG). ⁵§ 3c UStG ist bei einem innergemeinschaftlichen Verbringen nicht anzuwenden.

Voraussetzungen

(3) ¹Ein Verbringen ist innergemeinschaftlich, wenn der Gegenstand auf Veranlassung des Unternehmers vom Ausgangsmitgliedstaat in den Bestimmungsmitgliedstaat gelangt. ²Es ist unerheblich, ob der Unternehmer den Gegenstand selbst befördert oder ob er die Beförderung durch einen selbständigen Beauftragten ausführen oder besorgen lässt.

(4) ¹Ein innergemeinschaftliches Verbringen setzt voraus, dass der Gegenstand im Ausgangsmitgliedstaat bereits dem Unternehmen zugeordnet war und sich bei Beendigung der Beförderung oder Versendung im Bestimmungsmitgliedstaat weiterhin in der Verfügungsmacht des Unternehmers befindet. ²Diese Voraussetzung ist insbesondere dann erfüllt, wenn der Gegenstand von dem im Ausgangsmitgliedstaat gelegenen Unternehmensteil erworben, hergestellt oder in diesen EU-Mitgliedstaat eingeführt, zur Verfügung des Unternehmers in den Bestimmungsmitgliedstaat verbracht und anschließend von dem dort gelegenen Unternehmensteil auf Dauer verwendet oder verbraucht wird.

> **Beispiel:**
> ¹Der französische Unternehmer F verbringt eine Maschine aus seinem Unternehmen in Frankreich in seinen Zweigbetrieb nach Deutschland, um sie dort auf Dauer einzusetzen. ²Der deutsche Zweigbetrieb kauft in Deutschland Heizöl und verbringt es in die französische Zentrale, um damit das Bürogebäude zu beheizen.
>
> ³F bewirkt mit dem Verbringen der Maschine nach § 1a Abs. 2 UStG einen innergemeinschaftlichen Erwerb in Deutschland. ⁴Das Verbringen des Heizöls ist in Deutschland eine innergemeinschaftliche Lieferung im Sinne des § 3 Abs. 1a i. V. m. § 6a Abs. 2 UStG.

(5) ¹Weitere Voraussetzung ist, dass der Gegenstand zu einer nicht nur vorübergehenden Verwendung durch den Unternehmer in den Bestimmungsmitgliedstaat gelangt. ²Diese Voraussetzung ist immer dann erfüllt, wenn der Gegenstand in dem dort gelegenen Unternehmensteil entweder dem Anlagevermögen zugeführt oder als Roh-, Hilfs- oder Betriebsstoff verarbeitet oder verbraucht wird.

(6) ¹Eine nicht nur vorübergehende Verwendung liegt auch dann vor, wenn der Unternehmer den Gegenstand mit der konkreten Absicht in den Bestimmungsmitgliedstaat verbringt, ihn dort

S 7100-a

(unverändert) weiterzuliefern (z. B. Verbringen in ein Auslieferungs- oder Konsignationslager). ²Zur Annahme einer innergemeinschaftlichen Lieferung bei Auslieferung über ein inländisches Lager unter dem Vorbehalt einer gesonderten Freigabeerklärung vgl. BFH-Urteil vom 30. 7. 2008, XI R 67/07, BStBl 2009 II S. 552. ³In den vorgenannten Fällen ist es nicht erforderlich, dass der Unternehmensteil im Bestimmungsmitgliedstaat die abgabenrechtlichen Voraussetzungen einer Betriebsstätte (vgl. Abschnitt 3a.1 Abs. 3) erfüllt. ⁴Verbringt der Unternehmer Gegenstände zum Zwecke des Verkaufs außerhalb einer Betriebsstätte in den Bestimmungsmitgliedstaat und gelangen die nicht verkauften Waren unmittelbar anschließend wieder in den Ausgangsmitgliedstaat zurück, kann das innergemeinschaftliche Verbringen aus Vereinfachungsgründen auf die tatsächlich verkaufte Warenmenge beschränkt werden.

Beispiel:

¹Der niederländische Blumenhändler N befördert im eigenen LKW Blumen nach Köln, um sie dort auf dem Wochenmarkt zu verkaufen. ²Die nicht verkauften Blumen nimmt er am selben Tag wieder mit zurück in die Niederlande.

³N bewirkt in Bezug auf die verkauften Blumen einen innergemeinschaftlichen Erwerb nach § 1a Abs. 2 UStG in Deutschland. ⁴Er hat den Verkauf der Blumen als Inlandslieferung zu versteuern. ⁵Das Verbringen der nicht verkauften Blumen ins Inland muss nicht als innergemeinschaftlicher Erwerb im Sinne des § 1a Abs. 2 UStG, das Zurückverbringen der nicht verkauften Blumen muss nicht als innergemeinschaftliche Lieferung im Sinne des § 3 Abs. 1a i. V. m. § 6a Abs. 2 UStG behandelt werden.

(7) ¹Bei der Verkaufskommission liegt zwar eine Lieferung des Kommittenten an den Kommissionär erst im Zeitpunkt der Lieferung des Kommissionsgutes an den Abnehmer vor (vgl. BFH-Urteil vom 25. 11. 1986, V R 102/78, BStBl 1987 II S. 278). ²Gelangt das Kommissionsgut bei der Zurverfügungstellung an den Kommissionär vom Ausgangs- in den Bestimmungsmitgliedstaat, kann die Lieferung des Kommittenten an den Kommissionär jedoch nach dem Sinn und Zweck der Regelung bereits zu diesem Zeitpunkt als erbracht angesehen werden. ³Gleichzeitig ist demnach der innergemeinschaftliche Erwerb beim Kommissionär der Besteuerung zu unterwerfen.

(8) Bei einer grenzüberschreitenden Organschaft (vgl. Abschnitt 2.9) sind Warenbewegungen zwischen den im Inland und den im übrigen Gemeinschaftsgebiet gelegenen Unternehmensteilen Lieferungen, die beim liefernden inländischen Unternehmensteil nach § 3 Abs. 1 i. V. m. § 6a Abs. 1 UStG, beim erwerbenden inländischen Unternehmensteil nach § 1a Abs. 1 Nr. 1 UStG zu beurteilen sind.

Ausnahmen

(9) ¹Nach dem Wortlaut der gesetzlichen Vorschriften ist das Verbringen zu einer nur vorübergehenden Verwendung von der Lieferungs- und Erwerbsfiktion ausgenommen. ²Diese Ausnahmeregelung ist unter Beachtung von Artikel 17 und 23 MwStSystRL auszulegen. ³Danach liegt kein innergemeinschaftliches Verbringen vor, wenn die Verwendung des Gegenstandes im Bestimmungsmitgliedstaat

– ihrer Art nach nur vorübergehend ist (vgl. Absatz 10 und 11) oder

– befristet ist (vgl. Absatz 12 und 13).

Der Art nach vorübergehende Verwendung

(10) Eine ihrer Art nach vorübergehende Verwendung liegt in folgenden Fällen vor:

1. ¹Der Unternehmer verwendet den Gegenstand bei einer Werklieferung, die im Bestimmungsmitgliedstaat steuerbar ist. ²Es ist gleichgültig, ob der Gegenstand Bestandteil der Lieferung wird und im Bestimmungsmitgliedstaat verbleibt oder ob er als Hilfsmittel verwendet wird und später wieder in den Ausgangsmitgliedstaat zurückgelangt.

    Beispiel 1:

    ¹Der deutsche Bauunternehmer D errichtet in Frankreich ein Hotel. ²Er verbringt zu diesem Zwecke Baumaterial und einen Baukran an die Baustelle. ³Der Baukran gelangt nach Fertigstellung des Hotels nach Deutschland zurück.

    ⁴Das Verbringen des Baumaterials und des Baukrans ist keine innergemeinschaftliche Lieferung im Sinne des § 3 Abs. 1a und § 6a Abs. 2 UStG. ⁵Beim Zurückgelangen des Baukrans in das Inland liegt ein innergemeinschaftlicher Erwerb im Sinne des § 1a Abs. 2 UStG nicht vor.

2. Der Unternehmer verbringt den Gegenstand im Rahmen oder in unmittelbarem Zusammenhang mit einer sonstigen Leistung in den Bestimmungsmitgliedstaat.

Beispiel 2:
a) Der deutsche Unternehmer D vermietet eine Baumaschine an den niederländischen Bauunternehmer N und verbringt die Maschine zu diesem Zweck in die Niederlande.
b) Der französische Gärtner F führt im Inland Baumschneidearbeiten aus und verbringt zu diesem Zweck Arbeitsmaterial und Leitern in das Inland.

In beiden Fällen ist ein innergemeinschaftliches Verbringen nicht anzunehmen.

3. Der Unternehmer lässt an dem Gegenstand im Bestimmungsmitgliedstaat eine sonstige Leistung (z. B. Reparatur) ausführen.
4. Der Unternehmer überlässt einen Gegenstand an eine Arbeitsgemeinschaft als Gesellschafterbeitrag und verbringt den Gegenstand dazu in den Bestimmungsmitgliedstaat.

(11) ¹Bei einer ihrer Art nach vorübergehenden Verwendung kommt es auf die Dauer der tatsächlichen Verwendung des Gegenstandes im Bestimmungsmitgliedstaat nicht an. ²Geht der Gegenstand unter, nachdem er in den Bestimmungsmitgliedstaat gelangt ist, gilt er in diesem Zeitpunkt als geliefert. ³Das Gleiche gilt, wenn zunächst eine ihrer Art nach vorübergehende Verwendung vorlag, der Gegenstand aber dann im Bestimmungsmitgliedstaat veräußert wird (z. B. wenn ein Gegenstand zunächst vermietet und dann verkauft wird).

Befristete Verwendung

(12) ¹Von einer befristeten Verwendung ist auszugehen, wenn der Unternehmer einen Gegenstand in den Bestimmungsmitgliedstaat im Rahmen eines Vorgangs verbringt, für den bei einer entsprechenden Einfuhr im Inland wegen vorübergehender Verwendung eine vollständige Befreiung von den Einfuhrabgaben bestehen würde. ²Die zu der zoll- und einfuhrumsatzsteuerrechtlichen Abgabenbefreiung erlassenen Rechts- und Verwaltungsvorschriften sind entsprechend anzuwenden. ³Dies gilt insbesondere für

– Artikel 137 bis 144 ZK und
– Artikel 496 bis 514, 519, 520, 523 und 553 bis 584 ZK-DVO.

⁴Die Höchstdauer der Verwendung (Verwendungsfrist) ist danach grundsätzlich auf 24 Monate festgelegt (Artikel 140 Abs. 2 ZK); für bestimmte Gegenstände gelten kürzere Verwendungsfristen. ⁵Fälle der vorübergehenden Verwendung mit einer Verwendungsfrist von 24 Monaten sind z. B. die Verwendung von

– Paletten (Artikel 556 ZK-DVO),
– Behälter (Artikel 557 ZK-DVO),
– persönlichen Gebrauchsgegenständen und zu Sportzwecken verwendete Waren (Artikel 563 ZK-DVO),
– Betreuungsgut für Seeleute (Artikel 564 ZK-DVO),
– Material für Katastropheneinsätze (Artikel 565 ZK-DVO),
– medizinisch-chirurgischer und labortechnischer Ausrüstung (Artikel 566 ZK-DVO),
– lebenden Tieren (Artikel 567 Unterabs. 1 ZK-DVO),
– Ausrüstung oder Waren, die für den Bau, die Instandhaltung oder Instandsetzung von Infrastrukturen in einer Grenzzone unter Aufsicht von Behörden verwendet werden (Artikel 567 Unterabs. 2 ZK-DVO),
– Waren, die als Träger von Ton, Bild oder Informationen der Datenverarbeitung dienen oder ausschließlich zur Werbung verwendet werden (Artikel 568 ZK-DVO),
– Berufsausrüstung (Artikel 569 ZK-DVO),
– pädagogischem Material und wissenschaftlichem Gerät (Artikel 570 ZK-DVO),
– Umschließungen (Artikel 571 ZK-DVO),
– Formen, Matrizen, Klischees, Zeichnungen, Modelle, Geräte zum Messen, Überprüfen oder Überwachen und ähnliche Gegenstände (Artikel 572 ZK-DVO),
– Waren, die Gegenstand von Tests, Experimenten oder Vorführungen sind oder zur Durchführung von Tests, Experimenten oder Vorführungen ohne Gewinnabsicht verwendet werden (Artikel 573 Buchstabe a und c ZK-DVO),
– Mustern in angemessenen Mengen, die ausschließlich zu Vorführ- und Ausstellungszwecken verwendet werden (Artikel 574 ZK-DVO),
– Waren, die im Rahmen einer öffentlich zugänglichen Veranstaltung ausgestellt oder verwendet oder aus in das Verfahren übergeführten Waren gewonnen werden (Artikel 576 Abs. 1 ZK-DVO),
– Kunstgegenständen, Sammlungsstücken und Antiquitäten, die ausgestellt und ggf. verkauft werden, sowie anderer als neu hergestellter Waren, die im Hinblick auf ihre Versteigerung eingeführt wurden (Artikel 576 Abs. 3 ZK-DVO),

- Ersatzteilen, Zubehör und Ausrüstungen, die für Zwecke der Ausbesserung, Wartungsarbeiten und Maßnahmen zum Erhalt für in das Verfahren übergeführte Waren verwendet werden (Artikel 577 ZK-DVO).

[6]Eine Verwendungsfrist von 18 Monaten gilt für zum eigenen Gebrauch verwendete Beförderungsmittel der See- und Binnenschifffahrt (Artikel 562 Buchstabe e ZK-DVO).

[7]Eine Verwendungsfrist von 12 Monaten gilt für Schienenbeförderungsmittel (Artikel 562 Buchstabe a ZK-DVO).

[8]Eine Verwendungsfrist von 6 Monaten gilt u. a. für
- Straßenbeförderungsmittel und Beförderungsmittel des Luftverkehrs, die jeweils zum eigenen Gebrauch verwendet werden (Artikel 562 Buchstabe c und d ZK-DVO),
- Waren, die im Rahmen eines Kaufvertrages mit Erprobungsvorbehalt eingeführt und dieser Erprobung unterzogen werden (Artikel 573 Buchstabe b ZK-DVO),
- Austauschproduktionsmittel, die einem Kunden vom Lieferanten oder Ausbesserer bis zur Lieferung oder Reparatur gleichartiger Waren vorübergehend zur Verfügung gestellt werden (Artikel 575 ZK-DVO).

[9]Eine Verwendungsfrist von 2 Monaten gilt u. a. für Waren zur Ansicht, die nicht als Muster eingeführt werden können und für die von Seiten des Versenders eine Verkaufsabsicht und beim Empfänger eine mögliche Kaufabsicht nach Ansicht besteht (Artikel 576 Abs. 2 ZK-DVO).

(13) [1]Werden die in Absatz 12 bezeichneten Verwendungsfristen überschritten, ist im Zeitpunkt des Überschreitens ein innergemeinschaftliches Verbringen mit den sich aus § 1a Abs. 2 und § 3 Abs. 1a UStG ergebenden Wirkungen anzunehmen. [2]Entsprechendes gilt, wenn der Gegenstand innerhalb der Verwendungsfrist untergeht oder veräußert (geliefert) wird. [3]Das Zurückgelangen des Gegenstandes in den Ausgangsmitgliedstaat nach einer befristeten Verwendung ist umsatzsteuerrechtlich unbeachtlich.

Entsprechende Anwendung des § 3 Abs. 8 UStG

(14) [1]§ 1a Abs. 2 und § 3 Abs. 1a UStG sind grundsätzlich nicht anzuwenden, wenn der Gegenstand im Rahmen einer im Ausgangsmitgliedstaat steuerbaren Lieferung in den Bestimmungsmitgliedstaat gelangt, d. h., wenn der Abnehmer bei Beginn des Transports im Ausgangsmitgliedstaat feststeht und der Gegenstand an ihn unmittelbar ausgeliefert wird. [2]Aus Vereinfachungsgründen kann in diesen Fällen jedoch unter folgenden Voraussetzungen ein innergemeinschaftliches Verbringen angenommen werden:
1. Die Lieferungen werden regelmäßig an eine größere Zahl von Abnehmern im Bestimmungsland ausgeführt.
2. Bei entsprechenden Lieferungen aus dem Drittlandsgebiet wären die Voraussetzungen für eine Verlagerung des Ortes der Lieferung in das Gemeinschaftsgebiet nach § 3 Abs. 8 UStG erfüllt.
3. [1]Der liefernde Unternehmer behandelt die Lieferung im Bestimmungsmitgliedstaat als steuerbar. [2]Er wird bei einem Finanzamt des Bestimmungsmitgliedstaates für Umsatzsteuerzwecke geführt. [3]Er gibt in den Rechnungen seine USt-IdNr. des Bestimmungsmitgliedstaates an.
4. Die beteiligten Steuerbehörden im Ausgangs- und Bestimmungsmitgliedstaat sind mit dieser Behandlung einverstanden.

Beispiel:
[1]Der niederländische Großhändler N in Venlo beliefert im grenznahen deutschen Raum eine Vielzahl von Kleinabnehmern (z. B. Imbissbuden, Gaststätten und Kasinos) mit Pommes frites.
[2]N verpackt und portioniert die Waren bereits in Venlo nach den Bestellungen der Abnehmer und liefert sie an diese mit eigenem LKW aus.
[3]N kann die Gesamtsendung als innergemeinschaftliches Verbringen (innergemeinschaftlicher Erwerb nach § 1a Abs. 2 UStG) behandeln und die Lieferungen als Inlandslieferungen bei dem zuständigen inländischen Finanzamt versteuern, sofern er in den Rechnungen seine deutsche USt-IdNr. angibt und seine örtlich zuständige niederländische Steuerbehörde diesem Verfahren zustimmt.

Belegaustausch und Aufzeichnungspflichten

(15) Wegen des Belegaustauschs und der Aufzeichnungspflichten in Fällen des innergemeinschaftlichen Verbringens vgl. Abschnitte 14a.1 Abs. 3 und 22.3 Abs. 1.

Hinweise

Behandlung innergemeinschaftlicher Erwerbe bei Unternehmen, die unter die Durchschnittsatzbesteuerung nach § 24 UStG fallen (§ 1a Abs. 3 Nr. 1c UStG)

(OFD Hannover, Vfg. vom 16. 12. 1999 – S 7103a – 14 – StO 355 – / – S 7103a 17 – StH 533 –, UVR 2000 S. 234)

Siehe USt-HA 2000/01 § 1a H 4.

Besteuerungsverfahren im Zusammenhang mit umsatzsteuerpflichtigen innergemeinschaftlichen Erwerben

(OFD Saarbrücken, Vfg. vom 4. 5. 2000 – S 7103a – 6 – St 241 –, StEd 2000 S. 754)

Innergemeinschaftliches Verbringen zu einer nur vorübergehenden Verwendung

(BMF vom 28. 8. 2008 – IV B 8 – S 7100-a/0 (2008/0468220) –, UR 2008 S. 831)

Siehe USt-HA 2008/09 § 1a H 3.

Behandlung des innergemeinschaftlichen Verbringens; Vereinfachungsregelung bei der Verkaufskommission

(OFD Frankfurt am Main, Vfg. vom 24. 9. 2009 – S 7103 A – 8 – St 110 –, StEd 2010 S. 61)

§ 1b Innergemeinschaftlicher Erwerb neuer Fahrzeuge

(1) Der Erwerb eines neuen Fahrzeugs durch einen Erwerber, der nicht zu den in § 1a Abs. 1 Nr. 2 genannten Personen gehört, ist unter den Voraussetzungen des § 1a Abs. 1 Nr. 1 innergemeinschaftlicher Erwerb.

(2) ¹Fahrzeuge im Sinne dieses Gesetzes sind
1. motorbetriebene Landfahrzeuge mit einem Hubraum von mehr als 48 Kubikzentimetern oder einer Leistung von mehr als 7,2 Kilowatt;
2. Wasserfahrzeuge mit einer Länge von mehr als 7,5 Metern;
3. Luftfahrzeuge, deren Starthöchstmasse mehr als 1 550 Kilogramm beträgt.

²Satz 1 gilt nicht für die in § 4 Nr. 12 Satz 2 und Nr. 17 Buchstabe b bezeichneten Fahrzeuge.

(3) Ein Fahrzeug gilt als neu, wenn das
1. Landfahrzeug nicht mehr als 6 000 Kilometer zurückgelegt hat oder wenn seine erste Inbetriebnahme im Zeitpunkt des Erwerbs nicht mehr als sechs Monate zurückliegt;
2. Wasserfahrzeug nicht mehr als 100 Betriebsstunden auf dem Wasser zurückgelegt hat oder wenn seine erste Inbetriebnahme im Zeitpunkt des Erwerbs nicht mehr als drei Monate zurückliegt;
3. Luftfahrzeug nicht länger als 40 Betriebsstunden genutzt worden ist oder wenn seine erste Inbetriebnahme im Zeitpunkt der Erwerbs nicht mehr als drei Monate zurückliegt.

Vorschriften des Gemeinschaftsrechts

Art. 2 Abs. 1 Buchst. b Ziffer ii und 2 der MWSt-Richtlinie (bis 31. 12. 2006: Art. 28a Abs. 1 Buchst. b und Abs. 2 der 6. USt-Richtlinie).

1b.1. Innergemeinschaftlicher Erwerb neuer Fahrzeuge

¹Der entgeltliche innergemeinschaftliche Erwerb eines neuen Fahrzeuges unterliegt auch bei Privatpersonen, nichtunternehmerisch tätigen Personenvereinigungen und Unternehmern, die das Fahrzeug für ihren nichtunternehmerischen Bereich beziehen, der Besteuerung. ²Fahrzeuge im Sinne des § 1b UStG sind zur Personen- oder Güterbeförderung bestimmte Wasserfahrzeuge, Luftfahrzeuge und motorbetriebene Landfahrzeuge, die die in § 1b Abs. 2 UStG bezeichneten Merkmale aufweisen. ³Zu den Landfahrzeugen gehören insbesondere Personenkraftwagen, Lastkraft-

wagen, Motorräder, Motorroller, Mopeds und motorbetriebene Wohnmobile und Caravane. [4]Die straßenverkehrsrechtliche Zulassung ist nicht erforderlich. [5]Keine Landfahrzeuge sind dagegen Wohnwagen, Packwagen und andere Anhänger ohne eigenen Motor, die nur von Kraftfahrzeugen mitgeführt werden können, sowie selbstfahrende Arbeitsmaschinen und land- und forstwirtschaftliche Zugmaschinen, die nach ihrer Bauart oder ihren besonderen, mit dem Fahrzeug fest verbundenen Einrichtungen nicht zur Beförderung von Personen oder Gütern bestimmt und geeignet sind.

Hinweis

1 **Veräußerung eines Fahrzeugs, das sich in der besonderen Verwendung der Streitkräfte befand**

(OFD Karlsruhe/Stuttgart, Vfg. vom 9. 12. 2002 – USt-Kartei S 7103b Karte 2 –, UR 2003 S. 303)

Rechtsprechung

Rsp III BUNDESFINANZHOF

BFH vom 16.6.2011 – XI B 103/10 – (BFH/NV 2011 S. 1739)

Innergemeinschaftlicher Erwerb neuer Fahrzeuge

Im Rahmen der Besteuerung des innergemeinschaftlichen Erwerbs neuer Fahrzeuge gilt ein PKW als neu, wenn er nicht mehr als 6 000 km zurückgelegt hat oder wenn seine erste Inbetriebnahme im Zeitpunkt des Erwerbs nicht mehr als sechs Monate zurückliegt. Danach ist der Zustand des Fahrzeugs – z.B. ob es beschädigt ist – unerheblich.

§ 1c Innergemeinschaftlicher Erwerb durch diplomatische Missionen, zwischenstaatliche Einrichtungen und Streitkräfte der Vertragsparteien des Nordatlantikvertrags

S 7103-c

(1) [1]Ein innergemeinschaftlicher Erwerb im Sinne des § 1a liegt nicht vor, wenn ein Gegenstand bei einer Lieferung aus dem Gebiet eines anderen Mitgliedstaates in das Inland gelangt und die Erwerber folgende Einrichtungen sind, soweit sie nicht Unternehmer sind oder den Gegenstand nicht für ihr Unternehmen erwerben:
1. im Inland ansässige ständige diplomatische Missionen und berufskonsularische Vertretungen,
2. im Inland ansässige zwischenstaatliche Einrichtungen oder
3. im Inland stationierte Streitkräfte anderer Vertragsparteien des Nordatlantikvertrags.

[2]Diese Einrichtungen gelten nicht als Erwerber im Sinne des § 1a Abs. 1 Nr. 2. § 1b bleibt unberührt.

(2) Als innergemeinschaftlicher Erwerb gegen Entgelt im Sinne des § 1a Abs. 2 gilt das Verbringen eines Gegenstands durch die deutschen Streitkräfte aus dem übrigen Gemeinschaftsgebiet in das Inland für den Gebrauch oder Verbrauch dieser Streitkräfte oder ihres zivilen Begleitpersonals, wenn die Lieferung des Gegenstands an die deutschen Streitkräfte im übrigen Gemeinschaftsgebiet oder die Einfuhr durch diese Streitkräfte nicht der Besteuerung unterlegen hat.

Vorschriften des Gemeinschaftsrechts

Art. 3 Abs. 1, Art. 21 und Art. 22 der MWSt-Richtlinie (bis 31. 12. 2006: Art. 28a Abs. 1 Buchst. a Unterabsatz 2, Absatz 1a Buchst. a und Absatz 6 der 6. USt-Richtlinie).

1c.1. Ausnahme vom innergemeinschaftlichen Erwerb bei diplomatischen Missionen usw. (§ 1c Abs. 1 UStG)

AE 1c.1

¹Ständige diplomatische Missionen und berufskonsularische Vertretungen, zwischenstaatliche Einrichtungen und Streitkräfte anderer Vertragsparteien des Nordatlantikvertrags sind nach Maßgabe des § 1c Abs. 1 UStG vom innergemeinschaftlichen Erwerb nach § 1a UStG ausgenommen. ²Diese Einrichtungen werden nicht dem in § 1a Abs. 1 Nr. 2 UStG genannten Personenkreis zugeordnet. ³Dies hat zur Folge, dass

- diesen Einrichtungen grundsätzlich keine USt-IdNr. zu erteilen ist,
- bei Lieferungen aus anderen EU-Mitgliedstaaten an diese Einrichtungen der Ort der Lieferung unter den Voraussetzungen des § 3c UStG in das Inland verlagert wird und
- diese Einrichtungen nur beim innergemeinschaftlichen Erwerb eines neuen Fahrzeugs der Erwerbsbesteuerung nach § 1b UStG unterliegen.

⁴Soweit die genannten Einrichtungen Unternehmer im Sinne des § 2 UStG sind und den Gegenstand für ihr Unternehmen erwerben, ist die Ausnahmeregelung des § 1c Abs. 1 UStG nicht anzuwenden.

§ 2 Unternehmer, Unternehmen

(1) ¹Unternehmer ist, wer eine gewerbliche oder berufliche Tätigkeit selbständig ausübt. ²Das Unternehmen umfasst die gesamte gewerbliche oder berufliche Tätigkeit des Unternehmers. ³Gewerblich oder beruflich ist jede nachhaltige Tätigkeit zur Erzielung von Einnahmen, auch wenn die Absicht, Gewinn zu erzielen, fehlt oder eine Personenvereinigung nur gegenüber ihren Mitgliedern tätig wird.

(2) Die gewerbliche oder berufliche Tätigkeit wird nicht selbständig ausgeübt,
1. soweit natürliche Personen, einzeln oder zusammengeschlossen, einem Unternehmen so eingegliedert sind, dass sie den Weisungen des Unternehmers zu folgen verpflichtet sind;
2. ¹wenn eine juristische Person nach dem Gesamtbild der tatsächlichen Verhältnisse finanziell, wirtschaftlich und organisatorisch in das Unternehmen des Organträgers eingegliedert ist (Organschaft). ²Die Wirkungen der Organschaft sind auf Innenleistungen zwischen den im Inland gelegenen Unternehmensteilen beschränkt. ³Diese Unternehmensteile sind als ein Unternehmen zu behandeln. ⁴Hat der Organträger seine Geschäftsleitung im Ausland, gilt der wirtschaftlich bedeutendste Unternehmensteil im Inland als der Unternehmer.

(3) ¹Die juristischen Personen des öffentlichen Rechts sind nur im Rahmen ihrer Betriebe gewerblicher Art (§ 1 Abs. 1 Nr. 6, § 4 des Körperschaftsteuergesetzes) und ihrer land- oder forstwirtschaftlichen Betriebe gewerblich oder beruflich tätig. ²Auch wenn die Voraussetzungen des Satzes 1 nicht gegeben sind, gelten als gewerbliche oder berufliche Tätigkeit im Sinne dieses Gesetzes

1. (weggefallen)
2. die Tätigkeit der Notare im Landesdienst und der Ratschreiber im Land Baden-Württemberg, soweit Leistungen ausgeführt werden, für die nach der Bundesnotarordnung die Notare zuständig sind;
3. die Abgabe von Brillen und Brillenteilen einschließlich der Reparaturarbeiten durch Selbstabgabestellen der gesetzlichen Träger der Sozialversicherung;
4. die Leistungen der Vermessungs- und Katasterbehörden bei der Wahrnehmung von Aufgaben der Landesvermessung und des Liegenschaftskatasters mit Ausnahme der Amtshilfe;
5. die Tätigkeit der Bundesanstalt für Landwirtschaft und Ernährung, soweit Aufgaben der Marktordnung, der Vorratshaltung und der Nahrungsmittelhilfe wahrgenommen werden.

Vorschriften des Gemeinschaftsrechts

Art. 9 Abs. 1 Unterabs. 1 und 2, Art. 10 bis 13 der MWSt-Richtlinie (bis 31. 12. 2006: Art. 4 Abs. 1 – 5 der 6. USt-Richtlinie)

2.1. Unternehmer

Allgemeines

S 7104

(1) ¹Natürliche und juristische Personen sowie Personenzusammenschlüsse können Unternehmer sein. ²Unternehmer ist jedes selbständig tätige Wirtschaftsgebilde, das nachhaltig Leistungen gegen Entgelt ausführt (vgl. BFH-Urteil vom 4. 7. 1956, V 56/55 U, BStBl III S. 275) oder die durch objektive Anhaltspunkte belegte Absicht hat, eine unternehmerische Tätigkeit gegen Entgelt und selbständig auszuüben und erste Investitionsausgaben für diesen Zweck tätigt (vgl. BFH-Urteile vom 22. 2. 2001, V R 77/96, BStBl 2003 II S. 426, und vom 8. 3. 2001, V R 24/98, BStBl 2003 II S. 430). ³Dabei kommt es weder auf die Rechtsform noch auf die Rechtsfähigkeit des Leistenden an (vgl. BFH-Urteil vom 21. 4. 1994, V R 105/91, BStBl II S. 671). ⁴Auch eine Personenvereinigung, die nur gegenüber ihren Mitgliedern tätig wird, kann mit der entgeltlichen Überlassung von Gemeinschaftsanlagen unternehmerisch tätig sein (BFH-Urteil vom 28. 11. 2002, V R 18/01, BStBl 2003 II S. 443).

Gesellschaften und Gemeinschaften

(2) ¹Für die Unternehmereigenschaft einer Personengesellschaft ist es unerheblich, ob ihre Gesellschafter Mitunternehmer im Sinne des § 15 Abs. 1 Nr. 2 EStG sind (vgl. BFH-Urteil vom 18. 12. 1980, V R 142/73, BStBl 1981 II S. 408). ²Unternehmer kann auch eine Bruchteilsgemeinschaft sein. ³Vermieten Ehegatten mehrere in ihrem Bruchteilseigentum stehende Grundstücke, ist die jeweilige Bruchteilsgemeinschaft ein gesonderter Unternehmer, wenn auf Grund unterschiedlicher Beteiligungsverhältnisse im Vergleich mit den anderen Bruchteilsgemeinschaften eine einheitliche Willensbildung nicht gewährleistet ist (vgl. BFH-Urteile vom 25. 3. 1993, V R 42/89, BStBl II S. 729, und vom 29. 4. 1993, V R 38/89, BStBl II S. 734). ⁴Ob der Erwerber eines Miteigentumsanteils eines vermieteten Grundstücks Unternehmer ist oder nicht, hängt von der Art der Überlassung seines Miteigentumsanteils an die Gemeinschaft ab. ⁵Die zivilrechtliche Stellung als Mitvermieter ist für die Unternehmereigenschaft allein nicht ausreichend (vgl. BFH-Urteil vom 27. 6. 1995, V R 36/94, BStBl II S. 915). ⁶Überträgt ein Vermietungsunternehmer das Eigentum an dem vermieteten Grundstück zur Hälfte auf seinen Ehegatten, ist nunmehr allein die neu entstandene Bruchteilsgemeinschaft Unternehmer (vgl. BFH-Urteil vom 6. 9. 2007, V R 41/05, BStBl 2008 II S. 65).

Leistender

(3) ¹Wem eine Leistung als Unternehmer zuzurechnen ist, richtet sich danach, wer dem Leistungsempfänger gegenüber als Schuldner der Leistung auftritt. ²Dies ergibt sich regelmäßig aus den abgeschlossenen zivilrechtlichen Vereinbarungen. ³Leistender ist in der Regel derjenige, der die Lieferungen oder sonstigen Leistungen im eigenen Namen gegenüber einem anderen selbst oder durch einen Beauftragten ausführt. ⁴Ob eine Leistung dem Handelnden oder einem anderen zuzurechnen ist, hängt grundsätzlich davon ab, ob der Handelnde gegenüber Dritten im eigenen Namen oder berechtigterweise im Namen eines anderen bei Ausführung entgeltlicher Leistungen aufgetreten ist. ⁵Somit ist ein sog. Strohmann, der im eigenen Namen Gegenstände verkauft und dem Abnehmer die Verfügungsmacht einräumt, umsatzsteuerrechtlich Leistender (vgl. BFH-Urteil vom 28. 1. 1999, V R 4/89, BStBl II S. 628, und BFH-Beschluss vom 31. 1. 2002, V B 108/01, BStBl 2004 II S. 622). ⁶Bei Schein- oder Strohmanngeschäften können die Leistungen jedoch auch einer anderen als der nach außen auftretenden Person (Strohmann) zuzurechnen sein (vgl. BFH-Urteil vom 15. 9. 1994, XI R 56/93, BStBl 1995 II S. 275). ⁷Das ist jedenfalls dann der Fall, wenn das Rechtsgeschäft zwischen dem Leistungsempfänger und dem Strohmann nur zum Schein abgeschlossen worden ist und der Leistungsempfänger wusste oder davon ausgehen musste, dass der als Leistender Auftretende (Strohmann) keine eigene Verpflichtung aus dem Rechtsgeschäft eingehen und dementsprechend auch keine eigenen Leistungen versteuern wollte (BFH-Beschluss vom 31. 1. 2002, a. a. O.). ⁸Zur Frage des Vorsteuerabzugs aus Rechnungen über Strohmanngeschäfte vgl. Abschnitt 15.2 Abs. 15.

Einzelfälle

(4) ¹Schließt eine Arbeitsgemeinschaft des Baugewerbes allein die Bauverträge mit dem Auftraggeber ab, entstehen unmittelbare Rechtsbeziehungen nur zwischen dem Auftraggeber und der Arbeitsgemeinschaft, nicht aber zwischen dem Auftraggeber und den einzelnen Mitgliedern der Gemeinschaft. ²In diesem Fall ist die Arbeitsgemeinschaft Unternehmer (vgl. BFH-Urteil vom 21. 5. 1971, V R 117/67, BStBl II S. 540). ³Zur Frage des Leistungsaustausches zwischen einer Arbeitsgemeinschaft des Baugewerbes und ihren Mitgliedern vgl. Abschnitt 6 Abs. 8. ⁴Nach außen auftretende Rechtsanwaltsgemeinschaften können auch mit den Notariatsgeschäften ihrer Mitglieder Unternehmer sein (vgl. BFH-Urteile vom 5. 9. 1963, V 117/60 V, BStBl III S. 520, vom 17. 12. 1964, V 228/62 U, BStBl 1965 III S. 155, und vom 27. 8. 1970, V R 72/66, BStBl II S. 833). ⁵Zur Bestimmung des Leistenden, wenn in einer Sozietät zusammengeschlossene Rechtsanwälte Testa-

mentsvollstreckungen ausführen, vgl. BFH-Urteil vom 13. 3. 1987, V R 33/79, BStBl II S. 524. [6]Zur Frage, wer bei einem Sechs-Tage-Rennen Werbeleistungen an die Prämienzahler bewirkt, vgl. BFH-Urteil vom 28. 11. 1990, V R 31/85, BStBl 1991 II S. 381. [7]Zur Frage, wer bei der Durchführung von Gastspielen (z. B. Gastspiel eines Theaterensembles) als Veranstalter anzusehen ist, vgl. BFH-Urteil vom 11. 8. 1960, V 188/58 U, BStBl III S. 476. [8]Zur steuerlichen Behandlung einer aus Mietern und Grundstückseigentümern bestehenden Werbegemeinschaft vgl. Abschnitt 1.4 Abs. 5.

Innengesellschaften

(5) [1]Innengesellschaften, die ohne eigenes Vermögen, ohne Betrieb, ohne Rechtsfähigkeit und ohne Firma bestehen, sind umsatzsteuerrechtlich unbeachtlich, weil ihnen mangels Auftretens nach außen die Unternehmereigenschaft fehlt. [2]Unternehmer sind – beim Vorliegen der sonstigen Voraussetzungen – nur die an der Innengesellschaft beteiligten Personen oder Personenzusammenschlüsse (BFH-Urteil vom 11. 11. 1965, V 146/63 S, BStBl 1966 III S. 28). [3]Zu den Innengesellschaften gehört auch die – typische oder atypische – stille Gesellschaft. [4]Eine besondere Art der Innengesellschaft ist die Meta-Verbindung (vgl. BFH-Urteil vom 21. 12. 1955, V 161/55 U, BStBl 1956 III S. 58). [5]Bei einer Gewinnpoolung sind Unternehmer nur die beteiligten Personen, die ihre Geschäfte ebenfalls nach außen in eigenem Namen betreiben, im Gegensatz zur Meta-Verbindung aber nicht in einem Leistungsaustauschverhältnis miteinander stehen (vgl. BFH-Urteil vom 12. 2. 1970, V R 50/66, BStBl II S. 477).

Sportveranstaltungen

(6) [1]Bei Sportveranstaltungen auf eigenem Sportplatz ist der Platzverein als Unternehmer anzusehen und mit den gesamten Einnahmen zur Umsatzsteuer heranzuziehen. [2]Der Gastverein hat die ihm aus dieser Veranstaltung zufließenden Beträge nicht zu versteuern. [3]Bei Sportveranstaltungen auf fremdem Platz hat der mit der Durchführung der Veranstaltung und insbesondere mit der Erledigung der Kassengeschäfte und der Abrechnung beauftragte Verein als Unternehmer die gesamten Einnahmen der Umsatzsteuer zu unterwerfen, während der andere Verein die ihm zufließenden Beträge nicht zu versteuern hat. [4]Tritt bei einer Sportveranstaltung nicht einer der beteiligten Vereine, sondern der jeweilige Verband als Veranstalter auf, hat der veranstaltende Verband die Gesamteinnahmen aus der jeweiligen Veranstaltung zu versteuern, während die Einnahmeanteile der beteiligten Vereine nicht der Umsatzsteuer unterworfen werden.

Insolvenzverwalter, Testamentsvollstrecker

(7) [1]Wird ein Unternehmen von einem Zwangsverwalter im Rahmen seiner Verwaltungstätigkeit nach § 152 Abs. 1 ZVG, einem vorläufigen Insolvenzverwalter oder einem Insolvenzverwalter geführt, ist nicht dieser der Unternehmer, sondern der Inhaber der Vermögensmasse, für die er tätig wird (vgl. BFH-Urteil vom 23. 6. 1988, V R 203/83, BStBl II S. 920, für den Zwangsverwalter und BFH-Urteile vom 20. 2. 1986, V R 16/81, BStBl II S. 579, und vom 16. 7. 1987, V R 80/82, BStBl II S. 691, für den Konkursverwalter nach der KO). [2]Dieselben Grundsätze gelten auch dann, wenn ein zum Nachlass gehörendes Unternehmen vom Testamentsvollstrecker als solchem für den Erben fortgeführt wird. [3]Führt ein Testamentsvollstrecker jedoch ein Handelsgeschäft als Treuhänder der Erben im eigenen Namen weiter, ist er der Unternehmer und Steuerschuldner (vgl. BFH-Urteil vom 11. 10. 1990, V R 75/85, BStBl 1991 II S. 191). [4]Zur verfahrensrechtlichen Besonderheit bei der Zwangsverwaltung von mehreren Grundstücken vgl. Abschnitt 18.6 Abs. 4.

2.2. Selbständigkeit

Allgemeines

(1) [1]Eine selbständige Tätigkeit liegt vor, wenn sie auf eigene Rechnung und auf eigene Verantwortung ausgeübt wird. [2]Ob Selbständigkeit oder Unselbständigkeit anzunehmen ist, richtet sich grundsätzlich nach dem Innenverhältnis zum Auftraggeber. [3]Aus dem Außenverhältnis zur Kundschaft lassen sich im Allgemeinen nur Beweisanzeichen herleiten (vgl. BFH-Urteil vom 6. 12. 1956, V 137/55 U, BStBl 1957 III S. 42). [4]Dabei kommt es nicht allein auf die vertragliche Bezeichnung, die Art der Tätigkeit oder die Form der Entlohnung an. [5]Entscheidend ist das Gesamtbild der Verhältnisse. [6]Es müssen die für und gegen die Selbständigkeit sprechenden Umstände gegeneinander abgewogen werden; die gewichtigeren Merkmale sind dann für die Gesamtbeurteilung maßgebend (vgl. BFH-Urteile vom 24. 11. 1961, VI 208/61 U, BStBl 1962 III S. 125, und vom 30. 5. 1996, V R 2/95, BStBl II S. 493). [7]Arbeitnehmer und damit nicht selbständig tätig kann auch sein, wer nach außen wie ein Kaufmann auftritt (vgl. BFH-Urteil vom 15. 7. 1987, X R 19/80, BStBl II S. 746). [8]Unternehmerstellung und Beitragspflicht zur gesetzlichen Sozialversicherung schließen sich im Regelfall aus (vgl. BFH-Urteil vom 25. 6. 2009, V R 37/08, BStBl II S. 873).

Natürliche Personen

(2) ¹Die Frage der Selbständigkeit natürlicher Personen ist für die Umsatzsteuer, Einkommensteuer und Gewerbesteuer nach denselben Grundsätzen zu beurteilen (vgl. BFH-Urteile vom 2. 12. 1998, X R 83/96, BStBl 1999 II S 534, und vom 11. 10. 2007, V R 77/05, BStBl 2008 II S. 443, sowie H 19.0 (Allgemeines) LStH **2011**). ²Dies gilt jedoch nicht, wenn Vergütungen für die Ausübung einer bei Anwendung dieser Grundsätze nichtselbständig ausgeübten Tätigkeit ertragsteuerrechtlich auf Grund der Sonderregelung des § 15 Abs. 1 Satz 1 Nr. 2 EStG zu Gewinneinkünften umqualifiziert werden. ³*Zur Nichtselbständigkeit des Gesellschafters einer Personengesellschaft bei der Wahrnehmung von Geschäftsführungs- und Vertretungsleistungen vgl. BFH-Urteil vom 14. 4. 2010, XI R 14/09, BStBl 2011 II S. 433.* ⁴Geschäftsführungsleistungen eines GmbH-Geschäftsführers können als selbständig im Sinne des § 2 Abs. 2 Nr. 1 UStG zu beurteilen sein. ⁵Die Organstellung des GmbH-Geschäftsführers steht dem nicht entgegen (BFH-Urteil vom 10. 3. 2005, V R 29/03, BStBl II S. 730). ⁶Auch ein Mitglied eines Vereinsvorstands kann im Rahmen seiner Geschäftsführungstätigkeit gegenüber dem Verein selbständig tätig werden (vgl. BFH-Urteil vom 14. 5. 2008, XI R 70/07, BStBl II S. 912). ⁷*Ebenso erfolgt die Tätigkeit als Aufsichtsratsmitglied selbständig (vgl. BFH-Urteile vom 27. 7. 1972, V R 136/71, BStBl II S. 810, und vom 20. 8. 2009, V R 32/08, BStBl 2010 II S. 88).*

Beispiel 1:
¹Der Aktionär einer AG erhält von dieser eine Tätigkeitsvergütung für seine Geschäftsführungsleistung gegenüber der AG. ²Zwischen den Parteien ist ein Arbeitsvertrag geschlossen, der u. a. Urlaubsanspruch, feste Arbeitszeiten, Lohnfortzahlung im Krankheitsfall und Weisungsgebundenheit regelt und bei Anwendung der für das Ertrag- und Umsatzsteuerrecht einheitlichen Abgrenzungskriterien zu Einkünften aus nichtselbständiger Arbeit führt.

³Der Aktionär ist auch umsatzsteuerrechtlich nicht selbständig tätig.

Beispiel 2:
¹Der Kommanditist einer KG erhält von dieser eine Tätigkeitsvergütung für seine Geschäftsführungsleistung gegenüber der KG. ²Zwischen den Parteien ist ein Arbeitsvertrag geschlossen, der u. a. Urlaubsanspruch, feste Arbeitszeiten, Lohnfortzahlung im Krankheitsfall und Weisungsgebundenheit regelt und bei Anwendung der für das Ertrag- und Umsatzsteuerrecht einheitlichen Abgrenzungskriterien zu Einkünften aus nichtselbständiger Arbeit führen würde.

³Einkommensteuerrechtlich erzielt der Kommanditist aus der Tätigkeit Einkünfte aus Gewerbebetrieb nach § 15 Abs. 1 Satz 1 Nr. 2 EStG; umsatzsteuerrechtlich ist er dagegen nicht selbständig tätig.

Beispiel 3:
¹Ein bei einer Komplementär-GmbH angestellter Geschäftsführer, der gleichzeitig Kommanditist der GmbH & Co. KG ist, erbringt Geschäftsführungs- und Vertretungsleistungen gegenüber der GmbH.

²Aus ertragsteuerrechtlicher Sicht wird unterstellt, dass die Tätigkeit selbständig ausgeübt wird; die Vergütung für die Geschäftsführungs- und Vertretungsleistung gegenüber der Komplementär-GmbH gehört zu den Einkünften als (selbständiger) Mitunternehmer der KG und wird zu gewerblichen Einkünften im Sinne des § 15 Abs. 1 Satz 1 Nr. 2 EStG umqualifiziert. ³In umsatzsteuerrechtlicher Hinsicht ist die Frage der Selbständigkeit jedoch weiterhin unter Anwendung der allgemeinen Grundsätze zu klären.

(3) ¹Ein Kommanditist ist als Mitglied eines Beirates, dem vor allem Zustimmungs- und Kontrollrechte übertragen sind, gegenüber der Gesellschaft selbständig tätig (vgl. BFH-Urteil vom 24. 8. 1994, XI R 74/93, BStBl 1995 II S. 150). ²Fahrlehrer, denen keine Fahrschulerlaubnis erteilt ist, können im Verhältnis zu dem Inhaber der Fahrschule selbständig sein (vgl. BFH-Urteil vom 17. 10. 1996, V R 63/94, BStBl 1997 II S. 188). ³Ein Rundfunksprecher, der einer Rundfunkanstalt auf Dauer zur Verfügung steht, kann auch dann nicht als Unternehmer beurteilt werden, wenn er von der Rundfunkanstalt für jeden Einzelfall seiner Mitwirkung durch besonderen Vertrag verpflichtet wird (BFH-Urteil vom 14. 10. 1976, V R 137/73, BStBl 1977 II S. 50). ⁴Wegen der Behandlung der Versicherungsvertreter, Hausgewerbetreibenden und Heimarbeiter vgl. R 15.1 Abs. 1 und 2 EStR 2008. ⁵Eine natürliche Person ist mit ihrer Tätigkeit im Rahmen eines Arbeitnehmer-Überlassungsvertrages Arbeitnehmer und nicht Unternehmer im Rahmen eines Werk- oder Dienstvertrages (vgl. BFH-Urteil vom 20. 4. 1988, X R 40/81, BStBl II S. 804). ⁶Ein Rechtsanwalt, der für eine Rechtsanwaltskanzlei als Insolvenzverwalter tätig wird, ist insoweit nicht als Unternehmer zu beurteilen. ⁷Dies gilt sowohl für einen angestellten als auch für einen an der Kanzlei als Gesellschafter beteiligten Rechtsanwalt, selbst wenn dieser ausschließlich als Insolvenzverwalter tätig ist und im eigenen Namen handelt.

(4) ¹Natürliche Personen können zum Teil selbständig, zum Teil unselbständig sein. ²In Krankenanstalten angestellte Ärzte sind nur insoweit selbständig tätig, als ihnen für die Behandlung von Patienten ein von der Krankenanstalt unabhängiges Liquidationsrecht zusteht (vgl. BFH-Urteil

vom 5. 10. 2005, VI R 152/01, BStBl 2006 II S. 94). ³Auch die Tätigkeit der Honorarprofessoren ohne Lehrauftrag wird selbständig ausgeübt. ⁴Ein Arbeitnehmer kann mit der Vermietung seines Pkw an den Arbeitgeber selbständig tätig werden (vgl. BFH-Urteil vom 11. 10. 2007, V R 77/05, BStBl 2008 II S. 443). ⁵Zur Frage, ob eine **Neben- und Aushilfstätigkeit** selbständig oder unselbständig ausgeübt wird, vgl. H 19.2 LStH *2011*.

Personengesellschaften

(5) ¹Eine Personengesellschaft des Handelsrechts ist stets selbständig. ²Lediglich nicht rechtsfähige Personenvereinigungen können als kollektive Zusammenschlüsse von Arbeitnehmern zwecks Anbietung der Arbeitskraft gegenüber einem gemeinsamen Arbeitgeber unselbständig sein (vgl. BFH-Urteil vom 8. 2. 1979, V R 101/78, BStBl II S. 362).

Juristische Personen

(6) ¹Eine Kapitalgesellschaft ist stets selbständig, wenn sie nicht nach § 2 Abs. 2 UStG in das Unternehmen eines Organträgers eingegliedert ist; dies gilt insbesondere hinsichtlich ihrer gegen Entgelt ausgeübten Geschäftsführungs- und Vertretungsleistungen gegenüber einer Personengesellschaft (BFH-Urteil vom 6. 6. 2002, V R 43/01, BStBl 2003 II S. 36). ²Auch das Weisungsrecht der Gesellschafterversammlung gegenüber der juristischen Person als Geschäftsführerin führt nicht zur Unselbständigkeit. ³Die Komplementär-GmbH einer sog. Einheits-GmbH & Co. KG (100 %ige unmittelbare Beteiligung der KG an der GmbH) kann ihre Tätigkeit jedoch nicht selbständig ausüben, vgl. Abschnitt 2.8 Abs. 2 Satz 5.

Beispiel 1:

¹Die Komplementär-GmbH erbringt Geschäftsführungs- und Vertretungsleistungen gegen Sonderentgelt an die KG. ²Der Kommanditist dieser KG ist gleichzeitig Geschäftsführer der Komplementär-GmbH.

³Die Komplementär-GmbH ist mit ihren Geschäftsführungs- und Vertretungsleistungen selbständig tätig. ⁴Diese werden von der Komplementär-GmbH an die KG im Rahmen eines umsatzsteuerbaren Leistungsaustausches erbracht, auch wenn z. B. die Vergütung unmittelbar an den Geschäftsführer der Komplementär-GmbH gezahlt wird.

Beispiel 2:

¹Die Komplementär-GmbH einer GmbH & Co. KG erbringt Geschäftsführungs- und Vertretungsleistungen gegen Sonderentgelt an die KG, die gleichzeitig Alleingesellschafterin ihrer Komplementär-GmbH ist, wodurch die Mehrheit der Stimmrechte in der Gesellschafterversammlung der Komplementär-GmbH gewährleistet ist. ²Die Komplementär-GmbH ist finanziell in das Unternehmen der KG eingegliedert.

³Bei Vorliegen der übrigen Eingliederungsvoraussetzungen übt sie ihre Geschäftsführungs- und Vertretungsleistungen gegenüber der KG nicht selbständig (§ 2 Abs. 2 Nr. 2 UStG) aus.

(7) ¹Regionale Untergliederungen (Landes-, Bezirks-, Ortsverbände) von Großvereinen sind neben dem Hauptverein selbständige Unternehmer, wenn sie über eigene satzungsgemäße Organe (Vorstand, Mitgliederversammlung) verfügen und über diese auf Dauer nach außen im eigenen Namen auftreten sowie eine eigene Kassenführung haben. ²Es ist nicht erforderlich, dass die regionalen Untergliederungen – neben der Satzung des Hauptvereins – noch eine eigene Satzung haben. ³Zweck, Aufgabe und Organisation der Untergliederungen können sich aus der Satzung des Hauptvereins ergeben.

2.3. Gewerbliche oder berufliche Tätigkeit

AE 2.3

(1) ¹Der Begriff der gewerblichen oder beruflichen Tätigkeit im Sinne des UStG geht über den Begriff des Gewerbebetriebes nach dem EStG und dem GewStG hinaus (vgl. BFH-Urteil vom 5. 9. 1963, V 117/60 U, BStBl III S. 520). ²Eine gewerbliche oder berufliche Tätigkeit setzt voraus, dass Leistungen im wirtschaftlichen Sinn ausgeführt werden. ³Betätigungen, die sich nur als Leistungen im Rechtssinn, nicht aber zugleich auch als Leistungen im wirtschaftlichen Sinne darstellen, werden von der Umsatzsteuer nicht erfasst. ⁴Leistungen, bei denen ein über die reine Entgeltsentrichtung hinausgehendes eigenes wirtschaftliches Interesse des Entrichtenden nicht verfolgt wird, sind zwar Leistungen im Rechtssinn, aber keine Leistungen im wirtschaftlichen Sinn (vgl. BFH-Urteil vom 31. 7. 1969, V 94/65, BStBl II S. 637). ⁵Die Unterhaltung von Giro-, Bauspar- und Sparkonten sowie das Eigentum an Wertpapieren begründen für sich allein noch nicht die Unternehmereigenschaft einer natürlichen Person (vgl. BFH-Urteile vom 1. 2. 1973, V R 2/70, BStBl II S. 172, und vom 11. 10. 1973, V R 14/73, BStBl 1974 II S. 47).

S 7104

(1a) ¹Von der gewerblichen oder beruflichen Tätigkeit sind die nichtunternehmerischen Tätigkeiten zu unterscheiden. ²Diese Tätigkeiten umfassen die nichtwirtschaftlichen Tätigkeiten im engeren Sinne (nichtwirtschaftliche Tätigkeiten i.e.S.) und die unternehmensfremden Tätigkeiten. ³Als

unternehmensfremde Tätigkeiten gelten Entnahmen für den privaten Bedarf des Unternehmers als natürliche Person, für den privaten Bedarf seines Personals oder für private Zwecke des Gesellschafters (vgl. BFH-Urteile vom 3. 3. 2011, V R 23/10, BStBl 2012 II S. 3 und vom 12. 1. 2011, XI R 9/08, BStBl 2012 II S. 58). [4]*Nichtwirtschaftliche Tätigkeiten i.e.S. sind alle nichtunternehmerischen Tätigkeiten, die nicht unternehmensfremd (privat) sind, z.B.:*

- *unentgeltliche Tätigkeiten eines Vereins, die aus ideellen Vereinszwecken verfolgt werden (vgl. BFH-Urteil vom 6. 5. 2010, V R 29/09, BStBl II S. 885),*
- *hoheitliche Tätigkeiten juristischer Personen des öffentlichen Rechts (vgl. BFH-Urteil vom 3. 3. 2011, V R 23/10, BStBl 2012 II S. 3),*
- *bloßes Erwerben, Halten und Veräußern von gesellschaftsrechtlichen Beteiligungen (vgl. Abs. 2 bis 4).*

Gesellschaftsrechtliche Beteilungen

(2) [1]Das bloße Erwerben, Halten und Veräußern von gesellschaftsrechtlichen Beteiligungen ist keine unternehmerische Tätigkeit (vgl. EuGH-Urteile vom 14. 11. 2000, C-142/99, EuGHE I 2000 S. 9567, vom 27. 9. 2001, C-16/00, EuGHE I S. 6663, und vom 29. 4. 2004, C-77/01; EuGHE I S. 4295). [2]Wer sich an einer Personen- oder Kapitalgesellschaft beteiligt, übt zwar eine „Tätigkeit zur Erzielung von Einnahmen" aus. [3]Gleichwohl ist er im Regelfall nicht Unternehmer im Sinne des UStG, weil Dividenden und andere Gewinnbeteiligungen aus Gesellschaftsverhältnissen nicht als umsatzsteuerrechtliches Entgelt im Rahmen eines Leistungsaustauschs anzusehen sind (vgl. EuGH-Urteil vom 21. 10. 2004, C-8/03, EuGHE I S. 10157). [4]Soweit daneben eine weitergehende Geschäftstätigkeit ausgeübt wird, die für sich die Unternehmereigenschaft begründet, ist diese vom nichtunternehmerischen Bereich zu trennen. [5]Unternehmer, die neben ihrer unternehmerischen Betätigung auch Beteiligungen an anderen Gesellschaften halten, können diese Beteiligungen grundsätzlich nicht dem Unternehmen zuordnen. [6]Bei diesen Unternehmern ist deshalb eine Trennung des unternehmerischen Bereichs vom nichtunternehmerischen Bereich geboten. [7]Dieser Grundsatz gilt für alle Unternehmer gleich welcher Rechtsform (vgl. BFH-Urteil vom 20. 12. 1984, V R 25/76, BStBl II 1985 S. 176).

(3) [1]Auch Erwerbsgesellschaften können gesellschaftsrechtliche Beteiligungen im nichtunternehmerischen Bereich halten. [2]Dies bedeutet, dass eine Holding, deren Zweck sich auf das Halten und Verwalten gesellschaftsrechtlicher Beteiligungen beschränkt und die keine Leistungen gegen Entgelt erbringt (sog. Finanzholding), nicht Unternehmer im Sinne des § 2 UStG ist. [3]Demgegenüber ist eine Holding, die im Sinne einer einheitlichen Leitung aktiv in das laufende Tagesgeschäft ihrer Tochtergesellschaften eingreift (sog. Führungs- oder Funktionsholding), unternehmerisch tätig. [4]Wird eine Holding nur gegenüber einigen Tochtergesellschaften geschäftsleitend tätig, während sie Beteiligungen an anderen Tochtergesellschaften lediglich hält und verwaltet (sog. gemischte Holding), hat sie sowohl einen unternehmerischen als auch einen nichtunternehmerischen Bereich. [5]Das Erwerben, Halten und Veräußern einer gesellschaftsrechtlichen Beteiligung stellt nur dann eine unternehmerische Tätigkeit dar (vgl. EuGH-Urteil vom 6. 2. 1997, C-80/95, EuGHE I S. 745),

1. soweit Beteiligungen im Sinne eines gewerblichen Wertpapierhandels gewerbsmäßig erworben und veräußert werden und dadurch eine nachhaltige, auf Einnahmeerzielungsabsicht gerichtete Tätigkeit entfaltet wird (vgl. BFH-Urteil vom 15. 1. 1987, V R 3/77, BStBl II S. 512, und EuGH-Urteil vom 29. 4. 2004, C-77/01, EuGHE I S. 4295) oder

2. wenn die Beteiligung nicht um ihrer selbst willen (bloßer Wille, Dividenden zu erhalten) gehalten wird, sondern der Förderung einer bestehenden oder beabsichtigten unternehmerischen Tätigkeit (z. B. Sicherung günstiger Einkaufskonditionen, Verschaffung von Einfluss bei potenziellen Konkurrenten, Sicherung günstiger Absatzkonditionen) dient (vgl. EuGH-Urteil vom 11. 7. 1996, C-306/94, EuGHE I S. 3695), oder

3. [1]soweit die Beteiligung, abgesehen von der Ausübung der Rechte als Gesellschafter oder Aktionär, zum Zweck des unmittelbaren Eingreifens in die Verwaltung der Gesellschaften, an denen die Beteiligung besteht, erfolgt (vgl. EuGH-Urteil vom 20. 6. 1991, C-60/90, EuGHE I S. 3111). [2]Die Eingriffe müssen dabei zwingend durch unternehmerische Leistungen im Sinne der § 1 Abs. 1 Nr. 1 und § 2 Abs. 1 UStG erfolgen, z. B. durch das entgeltliche Erbringen von administrativen, finanziellen, kaufmännischen und technischen Dienstleistungen an die jeweilige Beteiligungsgesellschaft (vgl. EuGH-Urteile vom 27. 9. 2001, C-16/00, EuGHE I S. 6663, und vom 12. 7. 2001, C-102/00, EuGHE I S. 5679).

(4) [1]Das Innehaben einer gesellschaftsrechtlichen Beteiligung stellt, abgesehen von den Fällen des gewerblichen Wertpapierhandels, nur dann eine unternehmerische Tätigkeit dar, wenn die gesellschaftsrechtliche Beteiligung im Zusammenhang mit einem unternehmerischen Grundgeschäft erworben, gehalten und veräußert wird, es sich hierbei also um Hilfsgeschäfte handelt (vgl. Abschnitt 2.7 Abs. 2). [2]Dabei reicht nicht jeder beliebige Zusammenhang zwischen dem Erwerb und Halten der gesellschaftsrechtlichen Beteiligung und der unternehmerischen Haupt-

tätigkeit aus. ³Vielmehr muss zwischen der gesellschaftsrechtlichen Beteiligung und der unternehmerischen Haupttätigkeit ein erkennbarer und objektiver wirtschaftlicher Zusammenhang bestehen (vgl. Abschnitt 15.2 Abs. 17). ⁴Das ist der Fall, wenn die Aufwendungen für die gesellschaftsrechtliche Beteiligung zu den Kostenelementen der Umsätze aus der Haupttätigkeit gehören (vgl. EuGH-Urteil vom 26. 5. 2005, C-465/03. EuGHE I S. 4357, und BFH-Urteil vom 10. 4. 1997, V R 26/96, BStBl II S. 552).

Nachhaltigkeit

(5) ¹Die gewerbliche oder berufliche Tätigkeit wird nachhaltig ausgeübt, wenn sie auf Dauer zur Erzielung von Entgelten angelegt ist (vgl. BFH-Urteile vom 30. 7. 1986, V R 41/76, BStBl II S. 874, und vom 18. 7. 1991, BStBl II S. 776). ²Ob dies der Fall ist, richtet sich nach dem Gesamtbild der Verhältnisse im Einzelfall. ³Die für und gegen die Nachhaltigkeit sprechenden Merkmale müssen gegeneinander abgewogen werden. ⁴Als Kriterien, die für die Nachhaltigkeit sprechen können, kommen nach dem BFH-Urteil vom 18. 7. 1991, a. a. O., insbesondere in Betracht:

- mehrjährige Tätigkeit,
- planmäßiges Handeln,
- auf Wiederholung angelegte Tätigkeit,
- die Ausführung mehr als nur eines Umsatzes,
- Vornahme mehrerer gleichartiger Handlungen unter Ausnutzung derselben Gelegenheit oder desselben dauernden Verhältnisses,
- langfristige Duldung eines Eingriffs in den eigenen Rechtskreis,
- Intensität des Tätigwerdens,
- Beteiligung am Markt,
- Auftreten wie ein Händler,
- Unterhalten eines Geschäftslokals,
- Auftreten nach außen, z. B. gegenüber Behörden.

(6) ¹Nachhaltig ist in der Regel:
- eine Verwaltungs- oder eine Auseinandersetzungs-Testamentsvollstreckung, die sich über mehrere Jahre erstreckt, auch wenn sie aus privatem Anlass vorgenommen wird (vgl. BFH-Urteile vom 7. 8. 1975, V R 43/71, BStBl 1976 II S. 57, vom 26. 9. 1991, V R 1/87, UR 1993 S. 194, vom 30. 5. 1996, V R 26/93, UR 1997 S. 143, und vom 7. 9. 2006, V R 6/05, BStBl 2007 II S. 148),
- die einmalige Bestellung eines Nießbrauchs an seinem Grundstück – Duldungsleistung – (vgl. BFH-Urteil vom 16. 12. 1971, V R 41/68, BStBl 1972 II S. 238),
- die Vermietung allein eines Gegenstandes durch den Gesellschafter einer Gesellschaft des bürgerlichen Rechts an die Gesellschaft (vgl. BFH-Urteil vom 7. 11. 1991, V R 116/86, BStBl 1992 II S. 269),
- der An- und Verkauf mehrerer neuer Kfz, auch wenn es sich um „private Gefälligkeiten" gehandelt habe (vgl. BFH-Urteil vom 7. 9. 1995, V R 25/94, BStBl 1996 II S. 109) und
- die entgeltliche Unterlassung von Wettbewerb über einen längeren Zeitraum von z. B. fünf Jahren, wobei die vereinbarte Vergütung bereits ein Indiz für das wirtschaftliche Gewicht der Tätigkeit darstellt (vgl. BFH-Urteil vom 13. 11. 2003, V R 59/02, BStBl 2004 II S. 472); nicht erforderlich ist ein enger Zusammenhang mit einer anderen Tätigkeit des Steuerpflichtigen oder die Absicht, in weiteren Fällen gegen Vergütung ein Wettbewerbsverbot einzugehen.

²Nicht nachhaltig als Unternehmer wird dagegen tätig:
- ein Angehöriger einer Automobilfabrik, der von dieser unter Inanspruchnahme des Werksangehörigenrabatts fabrikneue Automobile erwirbt und diese nach einer Behaltefrist von mehr als einem Jahr wieder verkauft (vgl. BFH-Urteil vom 18. 7. 1991, V R 86/87, BStBl II S. 776),
- ein Briefmarken- oder Münzsammler, der aus privaten Neigungen sammelt, soweit er Einzelstücke veräußert (wegtauscht), die Sammlung teilweise umschichtet oder die Sammlung ganz oder teilweise veräußert (vgl. BFH-Urteile vom 29. 6. 1987, X R 23/82, BStBl II S. 744, und vom 16. 7. 1987, X R 48/82, BStBl II S. 752) oder
- wer ein Einzelunternehmen zu dem Zweck erwirbt, es unmittelbar in eine Personengesellschaft einzubringen, begründet keine unternehmerische Betätigung, weil damit regelmäßig keine auf gewisse Dauer angelegte geschäftliche Tätigkeit entfaltet wird (vgl. BFH-Urteil vom 15. 1. 1987, V R 3/77, BStBl II S. 512).

(7) ¹Bei der Vermietung von Gegenständen, die ihrer Art nach sowohl für unternehmerische als auch für nichtunternehmerische Zwecke verwendet werden können (z. B. sog. Freizeitgegenstände), sind alle Umstände ihrer Nutzung zu prüfen, um festzustellen, ob sie tatsächlich zur nachhaltigen Erzielung von Einnahmen verwendet werden (vgl. EuGH-Urteil vom 26. 9. 1996, C-230/94, UR 1996 S. 418). ²Die nur gelegentliche Vermietung eines derartigen, im Übrigen privat genutzten

Gegenstandes (z. B. Wohnmobil, Segelboot) durch den Eigentümer ist keine unternehmerische Tätigkeit. ³Bei der Beurteilung, ob zur nachhaltigen Erzielung von Einnahmen vermietet wird, kann ins Gewicht fallen, dass
- nur ein einziger, seiner Art nach für die Freizeitgestaltung geeigneter Gegenstand angeschafft wurde,
- dieser überwiegend für private eigene Zwecke oder für nichtunternehmerische Zwecke des Ehegatten genutzt worden ist,
- der Gegenstand nur mit Verlusten eingesetzt und weitestgehend von dem Ehegatten finanziert und unterhalten wurde,
- er nur für die Zeit der tatsächlichen Vermietung versichert worden war und
- dass weder ein Büro noch besondere Einrichtungen (z. B. zur Unterbringung und Pflege des Gegenstandes) vorhanden waren

(vgl. BFH-Urteil vom 12. 12. 1996, V R 23/93, BStBl 1997 II S. 368).

Tätigkeit zur Erzielung von Einnahmen

(8) ¹Die Tätigkeit muss auf die Erzielung von Einnahmen gerichtet sein. ²Die Absicht, Gewinn zu erzielen, ist nicht erforderlich. ³Eine Tätigkeit zur Erzielung von Einnahmen liegt vor, wenn diese im Rahmen eines Leistungsaustausches ausgeübt wird. ⁴Die Unternehmereigenschaft setzt grundsätzlich voraus, dass Lieferungen oder sonstige Leistungen gegen Entgelt bewirkt werden. ⁵Bei einem vorübergehenden Verzicht auf Einnahmen kann in der Regel nicht bereits eine unentgeltliche nichtunternehmerische Tätigkeit angenommen werden (vgl. BFH-Urteil vom 7. 7. 2005, V R 78/03, BStBl II S. 849). ⁶Zur Unternehmereigenschaft bei Vorbereitungshandlungen für eine beabsichtigte unternehmerische Tätigkeit, die nicht zu Umsätzen führt, vgl. Abschnitt 2.6 Abs. 1 bis 4.

(9) ¹ Die entgeltliche Tätigkeit eines Kommanditisten als Mitglied eines Beirates, dem vor allem Zustimmungs- und Kontrollrechte übertragen sind, ist als unternehmerisch zu beurteilen (vgl. BFH-Urteil vom 24. 8. 1994, XI R 74/93, BStBl 1995 II S. 150). ²Dies gilt auch für die Tätigkeit einer GmbH als Liquidator einer GmbH & Co. KG, deren Geschäfte sie als alleiniger persönlich haftender Gesellschafter geführt hatte, wenn hierfür ein Sonderentgelt vereinbart wurde (vgl. BFH-Urteil vom 8. 11. 1995, V R 8/94, BStBl 1996 II S. 176).

2.4. Forderungskauf und Forderungseinzug

(1) ¹Infolge des Urteils des EuGH vom 26. 6. 2003, C-305/01, BStBl 2004 II S. 688, ist der Forderungskauf, bei dem der Forderungseinzug durch den Forderungskäufer in eigenem Namen und für eigene Rechnung erfolgt, wie folgt zu beurteilen: ²Im Falle des echten Factoring liegt eine unternehmerische Tätigkeit des Forderungskäufers (Factor) vor, wenn seine Dienstleistung im Wesentlichen darin besteht, dass der Forderungsverkäufer (Anschlusskunde) von der Einziehung der Forderung und dem Risiko ihrer Nichterfüllung entlastet wird (vgl. Randnr. 49 und 52 des EuGH-Urteils vom 26. 6. 2003, a. a. O.). ³Im Falle des unechten Factoring (der Anschlusskunde wird aufgrund eines dem Factor zustehenden Rückgriffsrechts bei Ausfall der Forderung nicht vom Ausfallrisiko der abgetretenen Forderung entlastet) gilt das Gleiche, wenn der Factor den Forderungseinzug übernimmt (vgl. Randnr. 52 und 54 des EuGH-Urteils vom 26. 6. 2003, a. a. O.).

(2) ¹Im Falle des Forderungskaufs ohne Übernahme des tatsächlichen Forderungseinzugs durch den Forderungskäufer (Forderungseinzug durch den Forderungsverkäufer in eigenem Namen und für fremde Rechnung) übt der Forderungskäufer unabhängig davon, ob ihm ein Rückgriffsrecht gegen den Forderungsverkäufer zusteht oder nicht, zwar unter den weiteren Voraussetzungen des § 2 Abs. 1 UStG eine unternehmerische Tätigkeit aus; diese ist jedoch keine Factoringleistung i. S. des o. g. EuGH-Urteils. ²Dies gilt insbesondere für die Abtretung von Forderungen in den Fällen der stillen Zession, z. B. zur Sicherung im Zusammenhang mit einer Kreditgewährung, oder für den entsprechend gestalteten Erwerb von Forderungen „a forfait", z. B. bei Transaktionen im Rahmen sog. „Asset-Backed-Securities (ABS)"-Modelle. ³Der Einzug einer Forderung durch einen Dritten in fremdem Namen und für fremde Rechnung (Inkasso) fällt ebenfalls nicht unter den Anwendungsbereich des EuGH-Urteils vom 26. 6. 2003, C-305/01, BStBl 2004 II S. 688; es liegt gleichwohl eine unternehmerische Tätigkeit vor.

Forderungsverkäufer

(3) ¹Beim Forderungskauf mit Übernahme des tatsächlichen Einzugs und ggf. des Ausfallrisikos durch den Forderungskäufer (Absatz 1 Sätze 2 und 3) erbringt der Forderungsverkäufer (Anschlusskunde) mit der Abtretung seiner Forderung keine Leistung an den Factor (BFH-Urteil vom 4. 9. 2003, V R 34/99, BStBl 2004 II S. 666). ²Vielmehr ist der Anschlusskunde Empfänger einer Leistung des Factors. ³Die Abtretung seiner Forderung vollzieht sich im Rahmen einer nicht steuer-

baren Leistungsbeistellung. ⁴Dies gilt nicht in den Fällen des Forderungskaufs ohne Übernahme des tatsächlichen Einzugs der Forderung durch den Forderungskäufer (Absatz 2 Sätze 1 und 2). ⁵Die Abtretung einer solchen Forderung stellt einen nach § 4 Nr. 8 Buchstabe c UStG steuerfreien Umsatz im Geschäft mit Forderungen dar. ⁶Mit dem Einzug der abgetretenen Forderung (Servicing) erbringt der Forderungsverkäufer dann keine weitere Leistung an den Forderungskäufer, wenn er aufgrund eines eigenen, vorbehaltenen Rechts mit dem Einzug der Forderung im eigenen Interesse tätig wird. ⁷Beruht seine Tätigkeit dagegen auf einer gesonderten Vereinbarung, ist sie regelmäßig als Nebenleistung zu dem nach § 4 Nr. 8 Buchstabe c UStG steuerfreien Umsatz im Geschäft mit Forderungen anzusehen.

Forderungskäufer

(4) ¹Der wirtschaftliche Gehalt der Leistung des Factors (Absatz 1 Sätze 2 und 3, Absatz 3 Sätze 1 bis 3) besteht im Wesentlichen im Einzug von Forderungen. ²Die Factoringleistung fällt in den Katalog der Leistungsbeschreibungen des § 3a Abs. 4 Nr. 6 Buchstabe a UStG (vgl. Abschnitt 3a.9 Abs. 17). ³Die Leistung ist von der Steuerbefreiung nach § 4 Nr. 8 Buchst. c UStG ausgenommen und damit grundsätzlich steuerpflichtig. ⁴Eine ggf. mit der Factoringleistung einhergehende Kreditgewährung des Factors an die Anschlusskunden ist regelmäßig von untergeordneter Bedeutung und teilt daher als unselbständige Nebenleistung das Schicksal der Hauptleistung. ⁵Abweichend davon kann die Kreditgewährung jedoch dann als eigenständige Hauptleistung zu beurteilen sein, wenn sie eine eigene wirtschaftliche Bedeutung hat. ⁶Hiervon ist insbesondere auszugehen, wenn die Forderung in mehreren Raten oder insgesamt nicht vor Ablauf eines Jahres nach der Übertragung fällig ist oder die Voraussetzungen des Abschn. 3.11 Abs. 2 erfüllt sind.

(5) ¹Beim Forderungskauf ohne Übernahme des tatsächlichen Forderungseinzugs erbringt der Forderungskäufer keine Factoringleistung (vgl. Absatz 2 Sätze 1 und 2). ²Der Forderungskauf stellt sich in diesen Fällen, sofern nicht lediglich eine Sicherungsabtretung vorliegt, umsatzsteuerrechtlich damit insgesamt als Rechtsgeschäft dar, bei dem der Forderungskäufer neben der Zahlung des Kaufpreises einen Kredit gewährt und der Forderungsverkäufer als Gegenleistung seine Forderung abtritt, auch wenn der Forderungskauf zivilrechtlich, handels- und steuerbilanziell nicht als Kreditgewährung, sondern als echter Verkauf („true sale") zu betrachten ist. ³Damit liegt ein tauschähnlicher Umsatz mit Baraufgabe vor (vgl. § 3 Abs. 12 Satz 2 UStG). ⁴Umsatzsteuerrechtlich ist es ohne Bedeutung, ob die Forderungen nach Handels- und Ertragsteuerrecht beim Verkäufer oder beim Käufer zu bilanzieren sind. ⁵Die Kreditgewährung in den Fällen der Sätze 1 bis 4 und des Absatzes 4 Sätze 5 und 6 ist nach § 4 Nr. 8 Buchstabe a UStG steuerfrei; sie kann unter den Voraussetzungen des § 9 Abs. 1 UStG als steuerpflichtig behandelt werden. ⁶Zur Ermittlung der Bemessungsgrundlage vgl. Abschnitt 10.5 Abs. 6.

Bemessungsgrundlage Factoringleistung / Vorsteuerabzug

(6) ¹Bemessungsgrundlage für die Factoringleistung (Absatz 1 Sätze 2 und 3, Abs. 3 Sätze 1 bis 3) ist grundsätzlich die Differenz zwischen dem Nennwert der dem Factor abgetretenen Forderungen und dem Betrag, den der Factor seinem Anschlusskunden als Preis für diese Forderungen zahlt, abzüglich der in dem Differenzbetrag enthaltenen Umsatzsteuer (§ 10 UStG). ²Wird für diese Leistung zusätzlich oder ausschließlich eine Gebühr gesondert vereinbart, gehört diese zur Bemessungsgrundlage. ³Bei Portfolioverkäufen ist es nicht zu beanstanden, wenn eine nach Durchschnittswerten bemessene Gebühr in Ansatz gebracht wird. ⁴Der Umsatz unterliegt dem allgemeinen Steuersatz, § 12 Abs. 1 UStG. ⁵Ist beim Factoring unter den in Absatz 4 Sätze 5 und 6 genannten Voraussetzungen eine Kreditgewährung als eigenständige Hauptleistung anzunehmen, gehört der Teil der Differenz, der als Entgelt für die Kreditgewährung gesondert vereinbart wurde, nicht zur Bemessungsgrundlage der Factoringleistung. ⁶Der Verkäufer der Forderung kann unter den Voraussetzungen des § 15 UStG den Vorsteuerabzug aus der Leistung des Käufers der Forderung in Anspruch nehmen, soweit die verkaufte Forderung durch einen Umsatz des Verkäufers der Forderung begründet wurde, der bei diesem den Vorsteuerabzug nicht ausschließt.

Bemessungsgrundlage Factoringleistung – zahlungsgestörte Forderungen

(7) ¹Eine Forderung (bestehend aus Rückzahlungs- und Zinsanspruch) ist insgesamt zahlungsgestört, wenn sie insoweit, als sie fällig ist, ganz oder zu einem nicht nur geringfügigen Teil seit mehr als sechs Monaten nicht ausgeglichen wurde. ²Eine Kreditforderung ist auch zahlungsgestört, wenn die Voraussetzungen für die Kündigung des ihr zu Grunde liegenden Kreditvertrags durch den Gläubiger vorliegen; gleiches gilt nach erfolgter Kündigung für den Anspruch auf Rückzahlung. ³Das Vorliegen dieser Voraussetzungen ist vom Forderungskäufer nachzuweisen. ⁴Liegen diese Voraussetzungen nicht vor, hat der Factor im Einzelnen nachzuweisen, dass er eine zahlungsgestörte Forderung erworben hat, deren tatsächlicher Wert nicht dem Nennwert entspricht.

(8) ¹Berücksichtigt die vertragliche Vereinbarung einen für die Wirtschaftsbeteiligten erkennbaren und offen ausgewiesenen kalkulatorischen Teilbetrag für tatsächlich eintretende oder von

den Parteien zum Zeitpunkt des Vertragsabschlusses erwartete Forderungsausfälle, kann dieser bei der Ermittlung der Bemessungsgrundlage entsprechend in Abzug gebracht werden, da der Wesensgehalt dieser Leistung insoweit nicht im Factoring besteht. ²Bemessungsgrundlage für die Leistung des Factors beim Kauf solcher zahlungsgestörten Forderungen ist die Differenz zwischen dem im Abtretungszeitpunkt nach Ansicht der Parteien voraussichtlich realisierbaren Teil der dem Factor abzutretenden Forderungen (wirtschaftlicher Nennwert) und dem Betrag, den der Factor seinem Anschlusskunden als Preis für diese Forderungen zahlt, abzüglich der in dem Differenzbetrag enthaltenen Umsatzsteuer (§ 10 UStG). ³Der wirtschaftliche Nennwert entspricht regelmäßig dem Wert, den die Beteiligten der Forderung tatsächlich beimessen, einschließlich der Vergütung für den Einzug der Forderung und der Delkrederegebühr oder vergleichbarer Zahlungen, die der Factor für das Risiko des Forderungsausfalls erhält und die als Gegenleistung für eine Leistung des Factors anzusehen sind. ⁴Wird der Anschlusskunde an dem vom Factor gegenüber dem zunächst vereinbarten wirtschaftlichen Nennwert erzielten Mehr- oder Mindererlös beteiligt, entspricht die Leistung des Factors von ihrem wirtschaftlichen Gehalt einer Inkassoleistung; bei der Berechnung der geänderten Bemessungsgrundlage ist in diesem Fall der tatsächlich vom Factor erzielte Betrag als wirtschaftlicher Nennwert zu Grunde zu legen.

AE 2.5 2.5. Betrieb von Anlagen zur Energieerzeugung

(1) ¹Soweit der Betreiber einer unter § 3 EEG fallenden Anlage *oder einer unter § 5 KWKG fallenden Anlage* oder einer unter § 5 KWKG fallenden Anlage zur Stromgewinnung den erzeugten Strom ganz oder teilweise, regelmäßig und nicht nur gelegentlich in das allgemeine Stromnetz einspeist, dient diese Anlage *ausschließlich* der nachhaltigen Erzielung von Einnahmen aus der Stromerzeugung *(vgl. BFH-Urteil vom 18. 12. 2008, V R 80/07, BStBl II S. 292)*. ²*Eine solche Tätigkeit begründet daher – unabhängig von der Höhe der erzielten Einnahmen und unabhängig von der leistungsmäßigen Auslegung der Anlage – die Unternehmereigenschaft des Betreibers, sofern dieser nicht bereits anderweitig unternehmerisch tätig ist.* ³Ist eine solche Anlage – unmittelbar oder mittelbar – mit dem allgemeinen Stromnetz verbunden, kann davon ausgegangen werden, dass der Anlagenbetreiber eine unternehmerische Tätigkeit im Sinne der Sätze 1 und 2 ausübt. ⁴Eine Unternehmereigenschaft des Betreibers der Anlage ist grundsätzlich nicht gegeben, wenn eine physische Einspeisung des erzeugten Stroms nicht möglich ist (z. B. auf Grund unterschiedlicher Netzspannungen), weil hierbei kein Leistungsaustausch zwischen dem Betreiber der Anlage und dem des allgemeinen Stromnetzes vorliegt.

Kaufmännisch-bilanzielle Einspeisung nach § 8 Abs. 2 EEG

(2) Die bei der sog. kaufmännisch-bilanziellen Einspeisung nach § 8 Abs. 2 EEG in ein Netz nach § 3 Nr. 7 EEG angebotene und nach § 16 Abs. 1 EEG vergütete Elektrizität wird umsatzsteuerrechtlich auch dann vom EEG-Anlagenbetreiber an den vergütungspflichtigen Netzbetreiber im Sinne von § 3 Nr. 8 EEG geliefert, wenn der Verbrauch tatsächlich innerhalb eines Netzes erfolgt, das kein Netz für die allgemeine Versorgung nach § 3 Nr. 7 EEG und das vom Anlagenbetreiber selbst oder einem Dritten, der kein Netzbetreiber im Sinne von § 3 Nr. 8 EEG ist, betrieben wird.

Direktverbrauch nach § 33 Abs. 2 EEG (Photovoltaikanlagen)

(3) ¹Nach §§ 8, 16 und 18 ff. EEG ist ein Netzbetreiber zur Abnahme, Weiterleitung und Verteilung sowie Vergütung der gesamten vom Betreiber einer Anlage im Sinne des § 33 Abs. 2 EEG (installierte Leistung nicht mehr als 500 kW) erzeugten Elektrizität verpflichtet. ²Soweit die erzeugte Energie vom Anlagenbetreiber nachweislich dezentral verbraucht wird (sog. Direktverbrauch), kann sie mit dem nach § 33 Abs. 2 EEG geltenden Betrag vergütet werden. ³Nach § 18 Abs. 3 EEG ist die Umsatzsteuer in den im EEG genannten Vergütungsbeträgen nicht enthalten.

(4) ¹Umsatzsteuerrechtlich wird die gesamte vom Anlagenbetreiber aus solarer Strahlungsenergie erzeugte Elektrizität an den Netzbetreiber geliefert. ²Dies gilt – entsprechend der Regelung zur sog. kaufmännisch-bilanziellen Einspeisung in Absatz 2 – unabhängig davon, wo die Elektrizität tatsächlich verbraucht wird und ob sich der Vergütungsanspruch des Anlagenbetreibers nach § 33 Abs. 1 EEG oder nach § 33 Abs. 2 EEG richtet. ³Die Einspeisevergütung ist in jedem Fall Entgelt für Lieferungen des Anlagenbetreibers und kein Zuschuss. ⁴Soweit der Anlagenbetreiber bei Inanspruchnahme der Vergütung nach § 33 Abs. 2 EEG Elektrizität dezentral verbraucht, liegt umsatzsteuerrechtlich eine (Rück-) Lieferung des Netzbetreibers an ihn vor.

(5) ¹Entgelt für die (Rück-)Lieferung des Netzbetreibers ist alles, was der Anlagenbetreiber für diese (Rück-) Lieferung aufwendet, abzüglich der Umsatzsteuer. ²Entgelt für die Lieferung des Anlagenbetreibers ist alles, was der Netzbetreiber hierfür aufwendet, abzüglich der Umsatzsteuer.

Beispiel:

¹Die Einspeisevergütung nach § 33 Abs. 1 Nr. 1 EEG beträgt für eine Anlage mit einer Leistung bis einschließlich 30 kW, die nach dem **31. 12. 2010 und vor dem 1. 1. 2012** in Betrieb genommen wurde, **28,74** Cent / kWh. ²Nach § 33 Abs. 2 Satz 1 Nr. 1 EEG verringert sich diese Vergütung um 16,38 Cent / kWh für den Anteil des direkt verbrauchten Stroms, der 30 % der im selben Jahr durch die Anlage erzeugten Strommenge nicht übersteigt, und um 12 Cent / kWh für den darüber hinausgehenden Anteil dieses Stroms.

³Die Bemessungsgrundlage für die (Rück-) Lieferung des Netzbetreibers entspricht der Differenz zwischen der Einspeisevergütung nach § 33 Abs. 1 Nr. 1 EEG und der Vergütung nach § 33 Abs. 2 Satz 2 EEG; da es sich bei diesen Beträgen um Nettobeträge handelt, ist die Umsatzsteuer zur Ermittlung der Bemessungsgrundlage nicht herauszurechnen. ⁴Die Vergütung nach § 33 Abs. 2 EEG beträgt im Fall eines Anteils des direkt verbrauchten Stroms von bis zu 30 % an der gesamten erzeugten Strommenge **28,74** Cent / kWh, verringert um 16,38 Cent / kWh, also **12,36** Cent / kWh. ⁵Die Bemessungsgrundlage für die **(Rück-)**Lieferung des Netzbetreibers beträgt somit **28,74** Cent / KWh, verringert um **12,36** Cent / KWh, also 16,38 Cent / KWh. ⁶Die Bemessungsgrundlage für die Lieferung des Anlagenbetreibers umfasst neben der für den vom Anlagenbetreiber selbst erzeugten (und umsatzsteuerrechtlich gelieferten) Strom geschuldeten Vergütung von **12,36** Cent / kWh auch die Vergütung für die (Rück-) Lieferung des Netzbetreibers an den Anlagenbetreiber von 16,38 Cent / kWh (vgl. Satz 5). ⁷Die Bemessungsgrundlage ergibt sich entsprechend den o. g. Grundsätzen aus der Summe dieser beiden Werte und beträgt somit **28,74** Cent / kWh.

³Die Lieferung des Anlagenbetreibers kann nicht – auch nicht im Wege der Vereinfachung unter Außerachtlassung der Rücklieferung des Netzbetreibers – lediglich mit der reduzierten Vergütung nach § 33 Abs. 2 EEG bemessen werden, weil der Umfang der nicht zum Vorsteuerabzug berechtigenden Nutzung der Anlage letztendlich über den Vorsteuerabzug aus der Rücklieferung abgebildet wird.

(6) ¹Der Anlagenbetreiber hat die Photovoltaikanlage unter den in Absatz 1 Sätze 1 bis 3 genannten Voraussetzungen vollständig seinem Unternehmen zuzuordnen. ²Aus der Errichtung und dem Betrieb der Anlage steht ihm unter den allgemeinen Voraussetzungen des § 15 UStG der Vorsteuerabzug zu. ³Der Anlagenbetreiber kann die auf die Rücklieferung entfallende Umsatzsteuer unter den allgemeinen Voraussetzungen des § 15 UStG als Vorsteuer abziehen. ⁴Der Vorsteuerabzug ist somit insbesondere ausgeschlossen bei Verwendung des Stroms für nichtunternehmerische Zwecke oder zur Ausführung von Umsätzen, die unter die Durchschnittssatzbesteuerung des § 24 UStG fallen. ⁵Eine unentgeltliche Wertabgabe liegt insoweit hinsichtlich des dezentral verbrauchten Stroms nicht vor.

Kraft-Wärme-Kopplungsanlagen (KWK-Anlagen)

(7) ¹Nach § 4 Abs. 3a KWKG wird auch der sog. Direktverbrauch (dezentraler Verbrauch von Strom durch den Anlagenbetreiber oder einen Dritten) gefördert. ²Hinsichtlich der Beurteilung des Direktverbrauchs bei KWK-Anlagen sind die Grundsätze der Absätze 4 und 5 für die Beurteilung des Direktverbrauchs bei Photovoltaikanlagen entsprechend anzuwenden. ³Umsatzsteuerrechtlich wird demnach auch der gesamte selbst erzeugte und dezentral verbrauchte Strom an den Netzbetreiber geliefert und von diesem an den Anlagenbetreiber zurückgeliefert. ⁴Die Hin- und Rücklieferungen beim dezentralen Verbrauch von Strom liegen nur vor, wenn der Anlagenbetreiber für den dezentral verbrauchten Strom eine Vergütung nach dem EEG oder einen Zuschlag nach dem KWKG in Anspruch genommen hat. ⁵Sie sind nur für Zwecke der Umsatzsteuer anzunehmen.

Bemessungsgrundlage bei dezentralem Verbrauch von Strom

(8) ¹Wird der vom Anlagenbetreiber oder von einem Dritten dezentral verbrauchte Strom nach KWKG vergütet, entspricht die Bemessungsgrundlage für die Lieferung des Anlagenbetreibers dem üblichen Preis zuzüglich der nach dem KWKG vom Netzbetreiber zu zahlenden Zuschläge und ggf. der sog. vermiedenen Netznutzungsentgelte (Vergütung für den Teil der Netznutzungsentgelte, der durch die dezentrale Einspeisung durch die KWK-Anlage vermieden wird, vgl. § 4 Abs. 3 Satz 2 KWKG), abzüglich einer eventuell enthaltenen Umsatzsteuer. ²Als üblicher Preis gilt bei KWK-Anlagen mit einer elektrischen Leistung von bis zu 2 Megawatt der durchschnittliche Preis für Grundlaststrom an der Strombörse EEX in Leipzig im jeweils vorangegangenen Quartal (§ 4 Abs. 3 KWKG); für umsatzsteuerrechtliche Zwecke bestehen keine Bedenken, diesen Wert als üblichen Preis bei KWK-Anlagen zu übernehmen. ³Die Bemessungsgrundlage für die Rücklieferung des Netzbetreibers entspricht der Bemessungsgrundlage für die Hinlieferung ohne Berücksichtigung der nach dem KWKG vom Netzbetreiber zu zahlenden Zuschläge.

Beispiel:
(Anlage mit Einspeisung ins Niederspannungsnetz des Netzbetreibers)

1. *Bemessungsgrundlage der Lieferung des Anlagenbetreibers:*

EEX-Referenzpreis	4,152 Cent / kWh
Vermiedene Netznutzungsentgelte	0,12 Cent / kWh
Zuschlag nach § 7 Abs. 6 KWKG	5,11 Cent / kWh
Summe	9,382 Cent / kWh.

2. *Bemessungsgrundlage für die Rücklieferung des Netzbetreibers:*

EEX-Referenzpreis	4,152 Cent / kWh
Vermiedene Netznutzungsentgelte	0,12 Cent / kWh
Summe	4,272 Cent / kWh.

[4]Bei der Abgabe von elektrischer Energie bestehen hinsichtlich der Anwendung der Bemessungsgrundlagen nach § 10 Abs. 4 und Abs. 5 UStG keine Bedenken dagegen, den Marktpreis unter Berücksichtigung von Mengenrabatten zu bestimmen; Abschnitt 10.7 Abs. 1 Satz 5 bleibt unberührt. [5]Ungeachtet der umsatzsteuerrechtlichen Bemessungsgrundlage für die Hinlieferung des Anlagenbetreibers an den Netzbetreiber hat dieser keinen höheren Betrag zu entrichten als den nach dem KWKG geschuldeten Zuschlag bzw. die Vergütung nach dem EEG.

Mindestbemessungsgrundlage bei der Abgabe von Wärme

(9) [1]Wird die mittels Kraft-Wärme-Kopplung erzeugte Wärme an einen Dritten geliefert, ist Bemessungsgrundlage für diese Lieferung grundsätzlich das vereinbarte Entgelt (§ 10 Abs. 1 UStG). [2]Handelt es sich bei dem Dritten um eine nahe stehende Person, ist die Mindestbemessungsgrundlage des § 10 Abs. 5 Nr. 1 UStG zu prüfen. [3]Hierbei ist – ebenso wie bei der Ermittlung der Bemessungsgrundlage nach § 10 Abs. 4 Nr. 1 UStG im Falle der unentgeltlichen Wertabgabe von Wärme nach § 3 Abs. 1b Satz 1 Nr. 1 UStG – stets von den Selbstkosten auszugehen, weil die Wärme vom Betreiber der KWK-Anlage selbst erzeugt wird und es somit keinen vom Betreiber zu zahlenden Einkaufspreis für die Wärme gibt. [4]Bei der Ermittlung der Selbstkosten sind die Anschaffungs- und Herstellungskosten der KWK-Anlage auf die betriebsgewöhnliche Nutzungsdauer von zehn Jahren zu verteilen (vgl. BMF-Schreiben vom 15. 12. 2000, BStBl I S. 1532; AfA-Tabelle AV Fundstelle 3.1.4). [5]Darüber hinaus ist zu beachten, dass nicht eines der Endprodukte Elektrizität oder Wärme ein Nebenprodukt der Gewinnung des anderen Produkts darstellt. [6]Die Selbstkosten sind daher stets aufzuteilen, z. B. im Verhältnis der erzeugten Mengen an elektrischer und thermischer Energie oder anhand der Leistungskennzahlen der Anlage (sofern diese keine variable Steuerung in Abhängigkeit von nur einer der beiden angeforderten Energiearten zulässt). [7]Einheitliche Messgröße für die elektrische und thermische Energie sind kWh.

(10) [1]Die Bemessungsgrundlage wird nach § 10 Abs. 5 i. V. m. Abs. 4 Satz 1 Nr. 1 UStG bestimmt, wenn das tatsächliche Entgelt niedriger als diese Mindestbemessungsgrundlage ist und auch das marktübliche Entgelt nicht erreicht (vgl. Abschnitt 10.7 Abs. 1 Satz 4). [2]Für die Ermittlung des marktüblichen Entgelts (Marktpreis) sind die konkreten Verhältnisse am Standort des Energieverbrauchers, also im Regelfall des Betriebs des Leistungsempfängers, entscheidend. [3]Ein niedrigeres marktübliches Entgelt ist daher nur anzusetzen, wenn der Leistungsempfänger die bezogene Menge an thermischer Energie auch tatsächlich von einem Dritten beziehen könnte. [4]Der Ort, an dem der Leistungsempfänger die Energie verbraucht, muss also in dem Versorgungsgebiet eines entsprechenden Wärmeversorgungsunternehmens gelegen sein; ggf. erforderliche Anschlusskosten sind zu berücksichtigen. [5]Ein pauschaler Ansatz kann insoweit nur in Ausnahmefällen und regional begrenzt in Betracht kommen, soweit in diesem Gebiet allgemein zugängliche Bezugsquellen mit entsprechendem Belieferungspotential vorhanden sind.

Vorsteuerabzug

(11) [1]Der Vorsteuerabzug aus der Anschaffung oder Herstellung von KWK-Anlagen beurteilt sich nach den Grundsätzen in Abschnitt 15.2 Abs. 21 Nr. 2. [2]Der Unternehmer kann bei Herstellung oder Anschaffung der Anlage diese entweder insgesamt seinem Unternehmen (voller Vorsteuerabzug unter den allgemeinen Voraussetzungen des § 15 UStG, anschließend Besteuerung der privaten Entnahme von Wärme als Wertabgabe nach § 3 Abs. 1b Satz 1 Nr. 1 UStG), im Umfang der unternehmerischen Nutzung seinem Unternehmen (anteiliger Vorsteuerabzug) oder ganz dem nichtunternehmerischen Bereich (kein Vorsteuerabzug) zuordnen. [3]Satz 2 gilt nur,

soweit die Anlage nicht für nichtwirtschaftliche Tätigkeiten i.e.S. verwendet wird (vgl. Abschnitt 2.3. Abs. 1a). ⁴Ändern sich bei Zuordnung der Anlage zum Unternehmen die für den Vorsteuerabzug maßgeblichen Verhältnisse innerhalb von zehn Jahren (vgl. BFH-Urteil vom 14. 7. 2010, XI R 9/09, BStBl II S. 1086), ist der Vorsteuerabzug gemäß § 15a UStG zu berichtigen.

2.6. Beginn und Ende der Unternehmereigenschaft

(1) ¹Die Unternehmereigenschaft beginnt mit dem ersten nach außen erkennbaren, auf eine Unternehmertätigkeit gerichteten Tätigwerden, wenn die spätere Ausführung entgeltlicher Leistungen beabsichtigt ist (Verwendungsabsicht) und die Ernsthaftigkeit dieser Absicht durch objektive Merkmale nachgewiesen oder glaubhaft gemacht wird. ²In diesem Fall entfällt die Unternehmereigenschaft – außer in den Fällen von Betrug und Missbrauch – nicht rückwirkend, wenn es später nicht oder nicht nachhaltig zur Ausführung entgeltlicher Leistungen kommt. ³Vorsteuerbeträge, die den beabsichtigten Umsätzen, bei denen der Vorsteuerabzug – auch auf Grund von Option – nicht ausgeschlossen wäre, zuzurechnen sind, können dann auch auf Grund von Gesetzesänderungen nicht zurückgefordert werden (vgl. EuGH-Urteile vom 29. 2. 1996, C-110/94, BStBl II S. 655, und vom 8. 6. 2000, C-400/98, BStBl 2003 II S. 452, und BFH-Urteile vom 22. 2. 2001, V R 77/96, BStBl 2003 II S. 426, und vom 8. 3. 2001, V R 24/98, BStBl 2003 II S. 430).

(2) ¹Als Nachweis für die Ernsthaftigkeit sind Vorbereitungshandlungen anzusehen, wenn bezogene Gegenstände oder in Anspruch genommene sonstige Leistungen (Eingangsleistungen) ihrer Art nach nur zur unternehmerischen Verwendung oder Nutzung bestimmt sind oder in einem objektiven und zweifelsfrei erkennbaren Zusammenhang mit der beabsichtigten unternehmerischen Tätigkeit stehen (unternehmensbezogene Vorbereitungshandlungen). ²Solche Vorbereitungshandlungen können insbesondere sein:
– der Erwerb umfangreichen Inventars, z. B. Maschinen oder Fuhrpark,
– der Wareneinkauf vor Betriebseröffnung,
– die Anmietung oder die Errichtung von Büro- oder Lagerräumen,
– der Erwerb eines Grundstücks,
– die Anforderung einer Rentabilitätsstudie,
– die Beauftragung eines Architekten,
– die Durchführung einer größeren Anzeigenaktion,
– die Abgabe eines Angebotes für eine Lieferung oder eine sonstige Leistung gegen Entgelt.

³Maßgebend ist stets das Gesamtbild der Verhältnisse im Einzelfall. Die in Abschn. 203 Abs. 1 bis 3 und 5 dargelegten Grundsätze gelten dabei sinngemäß.

(3) ¹Insbesondere bei Vorbereitungshandlungen, die ihrer Art nach sowohl zur unternehmerischen als auch zur nichtunternehmerischen Verwendung bestimmt sein können (z. B. Erwerb eines Computers oder Kraftfahrzeugs), ist vor der ersten Steuerfestsetzung zu prüfen, ob die Verwendungsabsicht durch objektive Anhaltspunkte nachgewiesen ist. ²Soweit Vorbereitungshandlungen ihrer Art nach typischerweise zur nichtunternehmerischen Verwendung oder Nutzung bestimmt sind (z. B. der Erwerb eines Wohnmobils, Segelschiffes oder sonstigen Freizeitgegenstands), ist bei dieser Prüfung ein besonders hoher Maßstab anzulegen. ³Lassen sich diese objektiven Anhaltspunkte nicht an Amtsstelle ermitteln, ist zunächst grundsätzlich nicht von der Unternehmereigenschaft auszugehen. ⁴Eine zunächst angenommene Unternehmereigenschaft ist nur dann nach § 164 Abs. 2, § 165 Abs. 2 oder § 173 Abs. 1 AO durch Änderung der ursprünglichen Steuerfestsetzung rückgängig zu machen, wenn später festgestellt wird, dass objektive Anhaltspunkte für die Verwendungsabsicht im Zeitpunkt des Leistungsbezugs nicht vorlagen, die Verwendungsabsicht nicht in gutem Glauben erklärt wurde oder ein Fall von Betrug oder Missbrauch vorliegt. ⁵Zur Vermeidung der Inanspruchnahme erheblicher ungerechtfertigter Steuervorteile oder zur Beschleunigung des Verfahrens kann die Einnahme des Augenscheins (§ 98 AO) oder die Durchführung einer Umsatzsteuer-Nachschau (§ 27b UStG) angebracht sein.

(4) ¹Die Absätze 1 bis 3 gelten entsprechend bei der Aufnahme einer neuen Tätigkeit im Rahmen eines bereits bestehenden Unternehmens, wenn die Vorbereitungshandlungen nicht in einem sachlichen Zusammenhang mit der bisherigen unternehmerischen Tätigkeit stehen. ²Besteht dagegen ein sachlicher Zusammenhang, sind erfolglose Vorbereitungshandlungen der unternehmerischen Sphäre zuzurechnen (vgl. BFH-Urteil vom 16. 12. 1993, V R 103/88, BStBl 1994 II S. 278).

(5) ¹Die Unternehmereigenschaft kann nicht im Erbgang übergehen (vgl. BFH-Urteil vom 19. 11. 1970, V R 14/67, BStBl 1971 II S. 121). ²Der Erbe wird nur dann zum Unternehmer, wenn in seiner Person die Voraussetzungen erfüllt werden, an die das Umsatzsteuerrecht die Unternehmereigenschaft knüpft. ³Zur Unternehmereigenschaft des Erben einer Kunstsammlung vgl. BFH-Urteil vom 24. 11. 1992, V R 8/89, BStBl 1993 II S. 379 **und zur Unternehmereigenschaft bei der Veräußerung von Gegenständen eines ererbten Unternehmensvermögens vgl. BFH-Urteil vom 13. 1. 2010, V R 24/07, BStBl 2011 II S. 241.**

(6) ¹Die Unternehmereigenschaft endet mit dem letzten Tätigwerden. ²Der Zeitpunkt der Einstellung oder Abmeldung eines Gewerbebetriebs ist unbeachtlich. ³Unternehmen und Unternehmereigenschaft erlöschen erst, wenn der Unternehmer alle Rechtsbeziehungen abgewickelt hat, die mit dem (aufgegebenen) Betrieb in Zusammenhang stehen (BFH-Urteil vom 21. 4. 1993, XI R 50/90, BStBl II S. 696; *vgl. auch BFH-Urteil vom 19. 11. 2009, V R 16/08, BStBl 2010 II S. 319*). ⁴Die spätere Veräußerung von Gegenständen des Betriebsvermögens oder die nachträgliche Vereinnahmung von Entgelten gehören noch zur Unternehmertätigkeit. ⁵Eine Einstellung der gewerblichen oder beruflichen Tätigkeit liegt nicht vor, wenn den Umständen zu entnehmen ist, dass der Unternehmer die Absicht hat, das Unternehmen weiterzuführen oder in absehbarer Zeit wiederaufleben zu lassen; es ist nicht erforderlich, dass laufend Umsätze bewirkt werden (vgl. BFH-Urteile vom 13. 12. 1963, V 77/61 U, BStBl 1964 III S. 90, und vom 15. 3. 1993, V R 18/89, BStBl II S. 561). ⁶Eine Gesellschaft besteht als Unternehmer so lange fort, bis alle Rechtsbeziehungen, zu denen auch das Rechtsverhältnis zwischen der Gesellschaft und dem Finanzamt gehört, beseitigt sind (vgl. BFH-Urteil vom 21. 5. 1971, V R 117/67, BStBl II S. 540, – und vom 18. 11. 1999, V R 22/99, BStBl II 1999, 241). ⁷Die Unternehmereigenschaft einer GmbH ist weder von ihrem Vermögensstand noch von ihrer Eintragung im Handelsregister abhängig. ⁸Eine aufgelöste GmbH kann auch noch nach ihrer Löschung im Handelsregister Umsätze im Rahmen ihres Unternehmens ausführen (vgl. BFH-Urteil vom 9. 12. 1993, V R 108/91, BStBl 1994 II S. 483). ⁹Zum Sonderfall des Ausscheidens eines Gesellschafters aus einer zweigliedrigen Personengesellschaft (Anwachsen) vgl. BFH-Urteil vom 18. 9. 1980, V R 175/74, BStBl 1981 II S. 293.

AE 2.7

2.7. Unternehmen

S 7104

(1) ¹Zum Unternehmen gehören sämtliche Betriebe oder berufliche Tätigkeiten desselben Unternehmers. ²Organgesellschaften sind – unter Berücksichtigung der Einschränkungen in § 2 Abs. 2 Nr. 2 Sätze 2 bis 4 UStG (vgl. Abschnitt 2.9) – Teile des einheitlichen Unternehmens eines Unternehmers. ³Innerhalb des einheitlichen Unternehmens sind steuerbare Umsätze grundsätzlich nicht möglich; zu den Besonderheiten beim innergemeinschaftlichen Verbringen vgl. Abschnitt 1a.2.

(2) ¹In den Rahmen des Unternehmens fallen nicht nur die Grundgeschäfte, die den eigentlichen Gegenstand der geschäftlichen Betätigung bilden, sondern auch die Hilfsgeschäfte (vgl. BFH-Urteil vom 24. 2. 1988, X R 67/82, BStBl II S. 622). ²Zu den Hilfsgeschäften gehört jede Tätigkeit, die die Haupttätigkeit mit sich bringt (vgl. BFH-Urteil vom 28. 10. 1964, V 227/62 U, BStBl 1965 III S. 34). ³Auf die Nachhaltigkeit der Hilfsgeschäfte kommt es nicht an (vgl. BFH-Urteil vom 20. 9. 1990, V R 92/85, BStBl 1991 II S. 35). ⁴Ein Verkauf von Vermögensgegenständen fällt somit ohne Rücksicht auf die Nachhaltigkeit in den Rahmen des Unternehmens, wenn der Gegenstand zum unternehmerischen Bereich des Veräußerers gehörte. ⁵Bei einem gemeinnützigen Verein fallen Veräußerungen von Gegenständen, die von Todes wegen erworben sind, nur dann in den Rahmen des Unternehmens, wenn sie für sich nachhaltig sind (vgl. BFH-Urteil vom 9. 9. 1993, V R 24/89, BStBl 1994 II S. 57).

AE 2.8

2.8. Organschaft

Allgemeines

S 7106

(1) ¹Organschaft nach § 2 Abs. 2 Nr. 2 UStG liegt vor, wenn eine juristische Person nach dem Gesamtbild der tatsächlichen Verhältnisse finanziell, wirtschaftlich und organisatorisch in ein Unternehmen eingegliedert ist. ²Es ist nicht erforderlich, dass alle drei Eingliederungsmerkmale gleichermaßen ausgeprägt sind. ³Organschaft kann deshalb auch gegeben sein, wenn die Eingliederung auf einem dieser drei Gebiete nicht vollständig, dafür aber auf den anderen Gebieten um so eindeutiger ist, sodass sich die Eingliederung aus dem Gesamtbild der tatsächlichen Verhältnisse ergibt (vgl. BFH-Urteil vom 23. 4. 1964, V 184/61 U, BStBl III S. 346, und vom 22. 6. 1967, V R 89/66, BStBl III S. 715). ⁴Von der finanziellen Eingliederung kann weder auf die wirtschaftliche noch auf die organisatorische Eingliederung geschlossen werden (vgl. BFH-Urteile vom 5. 12. 2007, V R 26/06, BStBl 2008 II S. 451, und vom 3. 4. 2008, V R 76/05, BStBl II S. 905). ⁵Die Organschaft umfasst nur den unternehmerischen Bereich der Organgesellschaft. ⁶Liegt Organschaft vor, sind die untergeordneten juristischen Personen (Organgesellschaften, Tochtergesellschaften) ähnlich wie Angestellte des übergeordneten Unternehmens (Organträger, Muttergesellschaft) als unselbständig anzusehen; Unternehmer ist der Organträger. ⁷Eine Gesellschaft kann bereits zu einem Zeitpunkt in das Unternehmen des Organträgers eingegliedert sein, zu dem sie selbst noch keine Umsätze ausführt, dies gilt insbesondere für eine Auffanggesellschaft im Rahmen des Konzepts einer „übertragenden Sanierung" (vgl. BFH-Urteil vom 17. 1. 2002, V R 37/00, BStBl II S. 373). ⁸War die seit dem Abschluss eines Gesellschaftsvertrages bestehende Gründergesellschaft einer später in das Handelsregister eingetragenen GmbH nach dem Gesamtbild der tatsächlichen Verhältnisse finanziell, wirtschaftlich und organisatorisch in ein Unternehmen eingegliedert, besteht die Organschaft zwischen der GmbH und dem Unternehmen bereits für die Zeit vor der Eintragung der GmbH in das Handelsregister (vgl. BFH-Urteil vom 9. 3. 1978, V R 90/74, BStBl II S. 486).

(2) ¹Als Organgesellschaften kommen regelmäßig nur juristische Personen des Zivil- und Handelsrechts in Betracht (vgl. BFH-Urteil vom 20. 12. 1973, V R 87/70, BStBl 1974 II S. 311). ²Organträger kann jeder Unternehmer sein. ³Eine GmbH, die an einer Kommanditgesellschaft als persönlich haftende Gesellschafterin beteiligt ist, kann grundsätzlich nicht als Organgesellschaft in das Unternehmen dieser Kommanditgesellschaft eingegliedert sein (BFH-Urteil vom 14. 12. 1978, V R 85/74, BStBl 1979 II S. 288). ⁴Dies gilt auch in den Fällen, in denen die übrigen Kommanditisten der KG sämtliche Gesellschaftsanteile der GmbH halten (vgl. BFH-Urteil vom 19. 5. 2005, V R 31/03, BStBl II S. 671). ⁵Bei der sog. Einheits-GmbH & Co. KG (100 %ige unmittelbare Beteiligung der KG an der GmbH) kann die GmbH jedoch als Organgesellschaft in die KG eingegliedert sein, da die KG auf Grund ihrer Gesellschafterstellung sicherstellen kann, dass ihr Wille auch in der GmbH durchgesetzt wird, vgl. auch Abschnitt 2.2 Abs. 6 Beispiel 2. ⁶Auch eine juristische Person des öffentlichen Rechts kann Organträger sein, wenn und soweit sie unternehmerisch tätig ist. ⁷Die die Unternehmereigenschaft begründenden entgeltlichen Leistungen können auch gegenüber einer Gesellschaft erbracht werden, mit der als Folge dieser Leistungstätigkeit eine organschaftliche Verbindung besteht (vgl. BFH-Urteil vom 9. 10. 2002, V R 64/99, BStBl 2003 II S. 375).

(3) ¹Die Voraussetzungen für die umsatzsteuerliche Organschaft sind nicht identisch mit den Voraussetzungen der körperschaftsteuerlichen und gewerbesteuerlichen Organschaft. ²Eine gleichzeitige Eingliederung einer Organgesellschaft in die Unternehmen mehrerer Organträger (sog. Mehrmütterorganschaft) ist nicht möglich.

(4) Weder das Umsatzsteuergesetz noch das Gemeinschaftsrecht sehen ein Wahlrecht für den Eintritt der Rechtsfolgen einer Organschaft vor (vgl. BFH-Urteil vom 29. 10. 2008, XI R 74/07, BStBl 2009 II S. 256).

Finanzielle Eingliederung

(5) ¹Unter der finanziellen Eingliederung ist der Besitz der entscheidenden Anteilsmehrheit an der Organgesellschaft zu verstehen, die es *dem Organträger* ermöglicht, *durch Mehrheitsbeschlüsse seinen Willen* in der Organgesellschaft durchzusetzen. ²Entsprechen die Beteiligungsverhältnisse den Stimmrechtsverhältnissen, ist die finanzielle Eingliederung gegeben, wenn die Beteiligung mehr als 50 % beträgt*, sofern keine höhere qualifizierte Mehrheit für die Beschlussfassung in der Organgesellschaft erforderlich ist (vgl. BFH-Urteil vom 1. 12. 2010, XI R 43/08, BStBl 2011 II S. 600).* ³*Eine finanzielle Eingliederung setzt eine unmittelbare oder mittelbare Beteiligung des Organträgers an der Organgesellschaft voraus.* ⁴Es ist ausreichend, wenn die finanzielle Eingliederung mittelbar über eine *unternehmerisch* oder *nichtunternehmerisch tätige* Tochtergesellschaft des Organträgers erfolgt. ⁵*Eine* nichtunternehmerisch tätige Tochtergesellschaft wird dadurch jedoch nicht Bestandteil des Organkreises. ⁶*Ist eine Kapital- oder Personengesellschaft nicht selbst an der Organgesellschaft beteiligt, reicht es für die finanzielle Eingliederung nicht aus, dass nur ein oder mehrere Gesellschafter auch mit Stimmenmehrheit an der Organgesellschaft beteiligt sind* (vgl. BFH-Urteile vom 2. 8. 1979, V R 111/77, BStBl 1980 II S. 20, vom 22. 4. 2010, V R 9/09, BStBl 2011 II S. 597, und vom 1. 12. 2010, XI R 43/08, a. a. O.). ⁷In diesem Fall ist keine der beiden Gesellschaften in das Gefüge des anderen Unternehmens eingeordnet, sondern es handelt sich vielmehr um gleich geordnete Schwestergesellschaften. ⁸*Dies gilt auch dann, wenn die Beteiligung eines Gesellschafters an einer Kapitalgesellschaft ertragsteuerlich zu dessen Sonderbetriebsvermögen bei einer Personengesellschaft gehört.* ⁹*Das Fehlen einer eigenen unmittelbaren oder mittelbaren Beteiligung der Gesellschaft kann nicht durch einen Beherrschungsvertrag und Gewinnabführungsvertrag ersetzt werden* (BFH-Urteil vom 1. 12. 2010, XI R 43/08, a. a. O.).

Wirtschaftliche Eingliederung

(6) ¹Wirtschaftliche Eingliederung bedeutet, dass die Organgesellschaft gemäß dem Willen des Unternehmers im Rahmen des Gesamtunternehmens, und zwar in engem wirtschaftlichen Zusammenhang mit diesem, wirtschaftlich tätig ist (vgl. BFH-Urteil vom 22. 6. 1967, V R 89/66, BStBl III S. 715). ²Voraussetzung *für eine wirtschaftliche Eingliederung* ist jedoch, dass die Beteiligung an der Kapitalgesellschaft dem unternehmerischen Bereich des Anteilseigners zugeordnet werden kann (vgl. Abschnitt 2.3 Abs. 2). ³Sie kann bei entsprechend deutlicher Ausprägung der finanziellen und organisatorischen Eingliederung bereits dann vorliegen, wenn zwischen dem Organträger und der Organgesellschaft auf Grund gegenseitiger Förderung und Ergänzung mehr als nur unerhebliche wirtschaftliche Beziehungen bestehen (vgl. BFH-Urteil vom 29. 10. 2008, XI R 74/07, BStBl 2009 II S. 256), insbesondere braucht dann die Organgesellschaft nicht vom Organträger abhängig zu sein (vgl. BFH-Urteil vom 3. 4. 2003, V R 63/01, BStBl 2004 II S. 434). ⁴*Die wirtschaftliche Eingliederung kann sich auch aus einer Verflechtung zwischen den Unternehmensbereichen verschiedener Organgesellschaften ergeben* (vgl. BFH-Urteil vom 20. 8. 2009, V R 30/06, BStBl 2010 II S. 863). ⁵*Beruht die wirtschaftliche Eingliederung auf Leistungen des Organträgers gegenüber seiner Organgesellschaft, müssen jedoch entgeltliche Leistungen vorliegen, denen für das Unternehmen der Organgesellschaft mehr als nur unwesentliche Bedeutung zukommt* (vgl.

BFH-Urteil vom 18. 6. 2009, V R 4/08, BStBl 2010 II S. 310, und vom 6. 5. 2010, V R 26/09, BStBl II S. 1114). ⁶Stellt der Organträger für eine von der Organgesellschaft bezogene Leistung unentgeltlich Material bei, reicht dies zur Begründung der wirtschaftlichen Eingliederung nicht aus (vgl. *BFH-Urteil vom 20. 8. 2009, V R 30/06, a.a.O.).*

(6a) ¹Für die Frage der wirtschaftlichen Verflechtung kommt der Entstehungsgeschichte der Tochtergesellschaft eine wesentliche Bedeutung zu. ²Die Unselbständigkeit einer hauptsächlich im Interesse einer anderen Firma ins Leben gerufenen Produktionsfirma braucht nicht daran zu scheitern, dass sie einen Teil ihrer Erzeugnisse auf dem freien Markt absetzt. ³Ist dagegen eine Produktionsgesellschaft zur Versorgung eines bestimmten Marktes gegründet worden, kann ihre wirtschaftliche Eingliederung als Organgesellschaft auch dann gegeben sein, wenn zwischen ihr und der Muttergesellschaft Warenlieferungen nur in geringem Umfange oder überhaupt nicht vorkommen (vgl. BFH-Urteil vom 15. 6. 1972, V R 15/69, BStBl II S. 840.

(6b) ¹Bei einer Betriebsaufspaltung in ein Besitzunternehmen (z. B. Personengesellschaft) und eine Betriebsgesellschaft (Kapitalgesellschaft) und Verpachtung des Betriebsvermögens durch das Besitzunternehmen an die Betriebsgesellschaft steht die durch die Betriebsaufspaltung entstandene Kapitalgesellschaft im Allgemeinen in einem Abhängigkeitsverhältnis zum Besitzunternehmen (vgl. BFH-Urteile vom 28. 1. 1965, V 126/62 U, BStBl III S. 243, und vom 17. 11. 1966, V 113/65, BStBl 1967 III S. 103). ²Auch wenn bei einer Betriebsaufspaltung nur das Betriebsgrundstück ohne andere Anlagegegenstände verpachtet wird, kann eine wirtschaftliche Eingliederung vorliegen (BFH-Urteil vom 9. 9. 1993, V R 124/89, BStBl 1994 II S. 129).

(6c) ¹Die wirtschaftliche Eingliederung wird jedoch nicht auf Grund von Liquiditätsproblemen der Organtochter beendet (vgl. BFH-Urteil vom 19. 10. 1995, V R 128/93, UR 1996 S. 265). ²Die wirtschaftliche Eingliederung auf Grund der Vermietung eines Grundstücks, das die räumliche und funktionale Geschäftstätigkeit der Organgesellschaft bildet, entfällt nicht bereits dadurch, dass für das betreffende Grundstück Zwangsverwaltung und Zwangsversteigerung angeordnet wird *(vgl. BMF-Schreiben vom 1. 12. 2009, BStBl I S. 1609).* ³Eine Entflechtung vollzieht sich erst im Zeitpunkt der tatsächlichen Beendigung des Nutzungsverhältnisses zwischen dem Organträger und der Organgesellschaft.

Organisatorische Eingliederung

(7) ¹Die organisatorische Eingliederung liegt vor, wenn der Organträger durch organisatorische Maßnahmen sicherstellt, dass in der Organgesellschaft sein Wille auch tatsächlich ausgeführt wird. ²Die organisatorische Eingliederung setzt in aller Regel die personelle Verflechtung der Geschäftsführungen des Organträgers und der Organgesellschaft voraus (BFH-Urteil vom 3. 4. 2008, V R 76/05, BStBl II S. 905).³Dies ist z. B. durch Personalunion der Geschäftsführer in beiden Gesellschaften der Fall (vgl. BFH-Urteile vom 23. 4. 1959, V 66/57 U, BStBl III S. 256, und vom 13. 4. 1961, V 81/59 U, BStBl III S. 343). ⁴Nicht von ausschlaggebender Bedeutung ist, dass die Organgesellschaft in eigenen Räumen arbeitet, eine eigene Buchhaltung und eigene Einkaufs- und Verkaufsabteilungen hat, da dies dem Willen des Organträgers entsprechen kann (vgl. BFH-Urteil vom 23. 7. 1959, V 176/55 U, BStBl III S. 376). ⁵Der aktienrechtlichen Abhängigkeitsvermutung aus § 17 AktG kommt keine Bedeutung im Hinblick auf die organisatorische Eingliederung zu (vgl. BFH-Urteil vom 3. 4. 2008, a. a. O.). ⁶Zum Wegfall der organisatorischen Eingliederung bei Anordnung der Zwangsverwaltung und Zwangsversteigerung für ein Grundstück vgl. BMF-Schreiben vom 1. 12. 2009, BStBl I. S. 1609.

Insolvenzverfahren

(8) ¹Bei Organgesellschaften, bei denen der Organträger Geschäftsführer der Organgesellschaft ist, endet die Organschaft nur dann bereits vor Eröffnung des Insolvenzverfahrens mit der Bestellung eines vorläufigen Insolvenzverwalters im Rahmen der Anordnung von Sicherungsmaßnahmen, wenn der vorläufige Insolvenzverwalter den maßgeblichen Einfluss auf die Organgesellschaft erhält und ihm eine vom Willen des Organträgers abweichende Willensbildung in der Organgesellschaft möglich ist (vgl. BFH-Urteil vom 13. 3. 1997, V R 96/96, BStBl II S. 580, für den Sequester nach der KO). ²Dies gilt auch bei einer Insolvenz des Organträgers. ³Das Insolvenzverfahren steht der Organschaft grundsätzlich nicht entgegen, solange dem vorläufigen Insolvenzverwalter keine vom Willen des Vorstands abweichende Willensbildung beim Organträger nicht möglich ist. ⁴Die Organschaft kann aber ausnahmsweise mit der Insolvenz des Organträgers enden, wenn sich die Insolvenz nicht auf die Organgesellschaft erstreckt (vgl. BFH-Urteil vom 28. 1. 1999, V R 32/98, BStBl II S. 258, für das Konkursverfahren nach der KO).

2.9. Beschränkung der Organschaft auf das Inland

Allgemeines

(1) ¹Die Wirkungen der Organschaft sind nach § 2 Abs. 2 Nr. 2 Satz 2 UStG auf Innenleistungen zwischen den im Inland gelegenen Unternehmensteilen beschränkt. ²Sie bestehen nicht im Verhältnis zu den im Ausland gelegenen Unternehmensteilen sowie zwischen diesen Unternehmensteilen. ³Die im Inland gelegenen Unternehmensteile sind nach § 2 Abs. 2 Nr. 2 Satz 3 UStG als ein Unternehmen zu behandeln.

(2) ¹Der Begriff des Unternehmens in § 2 Abs. 1 Satz 2 UStG bleibt von der Beschränkung der Organschaft auf das Inland unberührt. ²Daher sind grenzüberschreitende Leistungen innerhalb des Unternehmens, insbesondere zwischen dem Unternehmer, z. B. Organträger oder Organgesellschaft, und seinen Betriebsstätten (Abschnitt 3a.1 Abs. 3) oder umgekehrt – mit Ausnahme von Warenbewegungen aufgrund eines innergemeinschaftlichen Verbringens (vgl. Abschnitt 1a.2) – nicht steuerbare Innenumsätze.

Im Inland gelegene Unternehmensteile

(3) Im Inland gelegene Unternehmensteile im Sinne der Vorschrift sind
1. der Organträger, sofern er im Inland ansässig ist,
2. die im Inland ansässigen Organgesellschaften des in Nummer 1 bezeichneten Organträgers,
3. die im Inland gelegenen Betriebsstätten, z. B. Zweigniederlassungen, des in Nummer 1 bezeichneten Organträgers und seiner im Inland und Ausland ansässigen Organgesellschaften,
4. die im Inland ansässigen Organgesellschaften eines Organträgers, der im Ausland ansässig ist;
5. die im Inland gelegenen Betriebsstätten, z. B. Zweigniederlassungen, des im Ausland ansässigen Organträgers und seiner im Inland und Ausland ansässigen Organgesellschaften.

(4) ¹Die Ansässigkeit des Organträgers und der Organgesellschaften beurteilt sich danach, wo sie ihre Geschäftsleitung haben. ²Im Inland gelegene und vermietete Grundstücke sind wie Betriebsstätten zu behandeln.

(5) ¹Die im Inland gelegenen Unternehmensteile sind auch dann als ein Unternehmen zu behandeln, wenn zwischen ihnen keine Innenleistungen ausgeführt werden. ²Das gilt aber nicht, soweit im Ausland Betriebsstätten unterhalten werden (vgl. Absätze 6 und 8).

Organträger im Inland

(6) ¹Ist der Organträger im Inland ansässig, umfasst das Unternehmen die in Absatz 3 Nr. 1 bis 3 bezeichneten Unternehmensteile. ²Es umfasst nach Absatz 2 auch die im Ausland gelegenen Betriebsstätten des Organträgers. ³Unternehmer und damit Steuerschuldner im Sinne des § 13a Abs. 1 Satz 1 UStG ist der Organträger. ⁴Hat der Organträger Organgesellschaften im Ausland, so gehören diese umsatzsteuerrechtlich nicht zum Unternehmen des Organträgers. ⁵Die Organgesellschaften im Ausland können somit im Verhältnis zum Unternehmen des Organträgers und zu Dritten sowohl Umsätze ausführen als auch Leistungsempfänger sein. ⁶Bei der Erfassung von steuerbaren Umsätzen im Inland sowie bei Anwendung der Steuerschuldnerschaft des Leistungsempfängers (vgl. Abschnitte 13b.1 **und 13b.11**) und des Vorsteuer-Vergütungsverfahrens sind sie jeweils für sich als im Ausland ansässige Unternehmer anzusehen. ⁷Im Ausland gelegene Betriebsstätten von Organgesellschaften im Inland sind zwar den jeweiligen Organgesellschaften zuzurechnen, gehören aber nicht zum Unternehmen des Organträgers (vgl. Absatz 2). ⁸Leistungen zwischen den Betriebsstätten und dem Organträger oder anderen Organgesellschaften sind daher keine Innenumsätze.

Beispiel 1:

¹Der im Inland ansässige Organträger O hat im Inland eine Organgesellschaft T 1, in Frankreich eine Organgesellschaft T 2 und in der Schweiz eine Betriebsstätte B. ²O versendet Waren an T 1, T 2 und B.
³Zum Unternehmen des O (Unternehmer) gehören T 1 und B. ⁴Zwischen O und T 1 sowie zwischen O und B liegen nicht steuerbare Innenleistungen vor. ⁵O bewirkt an T 2 steuerbare Lieferungen, auf die unter den Voraussetzungen der § 4 Nr. 1 Buchstabe b, § 6a UStG als innergemeinschaftliche Lieferungen steuerfrei sind.

Beispiel 2:

¹Sachverhalt wie Beispiel 1. ²T 2 errichtet im Auftrag von T 1 eine Anlage im Inland. ³Sie befördert dazu Gegenstände aus Frankreich zu ihrer Verfügung in das Inland.
⁴T 2 bewirkt eine steuerbare und steuerpflichtige Werklieferung (§ 13b Abs. 1 Satz 1 Nr. 1 UStG) an O. ⁵O schuldet die Steuer für diese Lieferung nach § 13b Abs. 2 Satz 1 UStG. ⁶Die

Beförderung der Gegenstände in das Inland ist kein innergemeinschaftliches Verbringen (vgl. Abschnitt 1a.2 Abs. 10 Nr. 1).

Beispiel 3:
[1]Sachverhalt wie in Beispiel 1, aber mit der Abweichung, dass B die (schweizerische) Betriebsstätte der im Inland ansässigen Organgesellschaft T 1 ist. [2]O versendet Waren an B und an T 1. [3]T 1 versendet die ihr von O zugesandten Waren an B.

[4]O bewirkt an B steuerbare Lieferungen, die unter den Voraussetzungen der § 4 Nr. 1 Buchstabe a, § 6 UStG als Ausfuhrlieferungen steuerfrei sind. [5]Zwischen O und T 1 sowie T 1 und B werden durch das Versenden von Waren nicht steuerbare Innenleistungen bewirkt.

Organträger im Ausland

(7) [1]Ist der Organträger im Ausland ansässig, so ist die Gesamtheit der in Absatz 3 Nr. 4 und 5 bezeichneten Unternehmensteile als ein Unternehmen zu behandeln. [2]In diesem Fall gilt nach § 2 Abs. 2 Nr. 2 Satz 4 UStG der wirtschaftlich bedeutendste Unternehmensteil im Inland als der Unternehmer und damit als der Steuerschuldner im Sinne des § 13a Abs. 1 UStG. [3]Wirtschaftlich bedeutendster Unternehmensteil im Sinne des § 2 Abs. 2 Nr. 2 Satz 4 UStG kann grundsätzlich nur eine im Inland ansässige juristische Person (Organgesellschaft) sein; beim Vorliegen der Voraussetzungen des § 18 KStG ist es jedoch die Zweigniederlassung. [4]Hat der Organträger mehrere Organgesellschaften im Inland, kann der wirtschaftlich bedeutendste Unternehmensteil nach der Höhe des Umsatzes bestimmt werden, sofern sich die in Betracht kommenden Finanzämter nicht auf Antrag der Organgesellschaften über einen anderen Maßstab verständigen. [5]Diese Grundsätze gelten entsprechend, wenn die im Inland gelegenen Unternehmensteile nur aus rechtlich unselbständigen Betriebsstätten bestehen. [6]Bereitet die Feststellung des wirtschaftlich bedeutendsten Unternehmensteils Schwierigkeiten oder erscheint es aus anderen Gründen geboten, kann zugelassen werden, dass der im Ausland ansässige Organträger als Bevollmächtigter für den wirtschaftlich bedeutendsten Unternehmensteil dessen steuerliche Pflichten erfüllt. [7]Ist der Organträger ein ausländisches Versicherungsunternehmen im Sinne des VAG, gilt als wirtschaftlich bedeutendster Unternehmensteil im Inland die Niederlassung, für die nach § 106 Abs. 3 VAG ein Hauptbevollmächtigter bestellt ist; bestehen mehrere derartige Niederlassungen, gilt Satz 4 entsprechend.

(8) [1]Unterhalten die im Inland ansässigen Organgesellschaften Betriebsstätten im Ausland, so sind diese der jeweiligen Organgesellschaft zuzurechnen, gehören aber nicht zur Gesamtheit der im Inland gelegenen Unternehmensteile. [2]Leistungen zwischen den Betriebsstätten und den anderen Unternehmensteilen sind daher keine Innenumsätze.

(9) [1]Der Organträger und seine im Ausland ansässigen Organgesellschaften bilden jeweils gesonderte Unternehmen. [2]Sie können somit an die im Inland ansässigen Organgesellschaften Umsätze ausführen und Empfänger von Leistungen dieser Organgesellschaften sein. [3]Auch für die Erfassung der im Inland bewirkten steuerbaren Umsätze sowie für die Anwendung des Vorsteuer-Vergütungsverfahrens gelten sie einzeln als im Ausland ansässige Unternehmer. [4]Die im Inland gelegenen Organgesellschaften und Betriebsstätten sind als ein gesondertes Unternehmen zu behandeln.

Beispiel 1:
[1]Der in Frankreich ansässige Organträger O hat im Inland die Organgesellschaften T 1 (Jahresumsatz 2 Mio. €) und T 2 (Jahresumsatz 1 Mio. €) sowie die Betriebsstätte B (Jahresumsatz 2 Mio. €). [2]In Belgien hat O noch eine weitere Organgesellschaft T 3. [3]Zwischen T 1, T 2 und B finden Warenlieferungen statt. [4]O und T 3 versenden Waren an B (§ 3 Abs. 6 UStG).

[5]T 1, T 2 und B bilden das Unternehmen im Sinne von § 2 Abs. 2 Nr. 2 Satz 3 UStG. [6]T 1 ist als wirtschaftlich bedeutendster Unternehmensteil der Unternehmer. [7]Die Warenlieferungen zwischen T 1, T 2 und B sind als Innenleistungen nicht steuerbar. [8]T 1 hat die von O und T 3 an B versandten Waren als innergemeinschaftlichen Erwerb zu versteuern.

Beispiel 2:
[1]Sachverhalt wie Beispiel 1. [2]T 3 führt im Auftrag von T 2 eine sonstige Leistung im Sinne des § 3a Abs. 4 UStG aus.

[3]Es liegt eine Leistung an einen Unternehmer vor, der sein Unternehmen im Inland betreibt. [4]Die Leistung ist nach § 3a Abs. 3 UStG steuerbar und steuerpflichtig. [5]T 1 als Unternehmer und umsatzsteuerrechtlicher Leistungsempfänger schuldet die Steuer nach § 13b Abs. 2 UStG.

Beispiel 3:
[1]Der Organträger O in Frankreich hat die Organgesellschaften T 1 in Belgien und T 2 in den Niederlanden. [2]Im Inland hat er keine Organgesellschaft. [3]T 1 hat im Inland die Betriebsstätte B 1 (Jahresumsatz 500 000 €), T 2 die Betriebsstätte B 2 (Jahresumsatz 300 000 €). [4]O hat abziehbare Vorsteuerbeträge aus der Anmietung einer Lagerhalle im Inland.

⁵B 1 und B 2 bilden das Unternehmen im Sinne von § 2 Abs. 2 Nr. 2 Satz 3 UStG. ⁶B 1 ist als wirtschaftlich bedeutendster Unternehmensteil der Unternehmer. ⁷O kann die abziehbaren Vorsteuerbeträge im Vorsteuer-Vergütungsverfahren geltend machen.

Beispiel 4:
¹Der in Japan ansässige Organträger O hat in der Schweiz die Organgesellschaft T und im Inland die Betriebsstätte B. ²O und T versenden Waren an B und umgekehrt. ³Außerdem hat O abziehbare Vorsteuerbeträge aus der Anmietung einer Lagerhalle im Inland. ⁴B gehört einerseits zum Unternehmen des O (§ 2 Abs. 1 Satz 2 UStG) und ist andererseits nach § 2 Abs. 2 Nr. 2 Satz 3 UStG ein Unternehmen im Inland. ⁵Die bei der Einfuhr der an B versandten Waren anfallende Einfuhrumsatzsteuer ist unter den Voraussetzungen des § 15 UStG bei B als Vorsteuer abziehbar. ⁶Soweit B an O Waren versendet, werden Innenleistungen bewirkt, die deshalb nicht steuerbar sind. ⁷Die Lieferungen von B an T sind steuerbar und unter den Voraussetzungen der § 4 Nr. 1 Buchstabe a, § 6 UStG als Ausfuhrlieferungen steuerfrei. ⁸O kann die abziehbaren Vorsteuerbeträge im Vorsteuer-Vergütungsverfahren geltend machen, da mit Japan Gegenseitigkeit besteht und somit eine Vergütung nach § 18 Abs. 9 Satz 6 UStG nicht ausgeschlossen ist (vgl. Abschnitt 18.11 Abs. 4).

2.10. Unternehmereigenschaft und Vorsteuerabzug bei Vereinen, Forschungsbetrieben und ähnlichen Einrichtungen

Unternehmereigenschaft

(1) ¹Soweit Vereine Mitgliederbeiträge vereinnahmen, um in Erfüllung ihres satzungsmäßigen Gemeinschaftszwecks die Gesamtbelange ihrer Mitglieder wahrzunehmen, ist ein Leistungsaustausch nicht gegeben (vgl. BFH-Urteil – vom 12. 4. 1962, V R 32/98, BStBl III S. 260, und Abschnitt 1.4 Abs. 1). ²In Wahrnehmung dieser Aufgaben sind die Vereine daher nicht Unternehmer (vgl. BFH-Urteile vom 28. 11. 1963, II 181/61 U, BStBl 1964 III S. 114, und vom 30. 9. 1965, V 176/63 U, BStBl III S. 682). ³Das Gleiche gilt für Einrichtungen, deren Aufgaben ausschließlich durch Zuschüsse finanziert werden, die nicht das Entgelt für eine Leistung darstellen, z. B. Forschungsbetriebe. ⁴Vereinnahmen Vereine, Forschungsbetriebe oder ähnliche Einrichtungen neben echten Mitgliederbeiträgen und Zuschüssen auch Entgelte für Lieferungen oder sonstige Leistungen, sind sie nur insoweit Unternehmer, als ihre Tätigkeit darauf gerichtet ist, nachhaltig entgeltliche Lieferungen oder sonstige Leistungen zu bewirken. ⁵Daher ist eine nach der Verordnung (EWG) Nr. 2137/85 vom 25. 7. 1985 (ABl. EG Nr. L 199 S. 1) gegründete Europäische wirtschaftliche Interessenvereinigung (EWIV), die gegen Entgelt Lieferungen von Gegenständen oder sonstige Leistungen an ihre Mitglieder oder an Dritte bewirkt, Unternehmer (vgl. Artikel **5 der MwStVO**). ⁶Der unternehmerische Bereich umfasst die gesamte zur Ausführung der entgeltlichen Leistungen entfaltete Tätigkeit einschließlich aller unmittelbar hierfür dienenden Vorbereitungen. ⁷Diese Beurteilung gilt ohne Rücksicht auf die Rechtsform, in der die Tätigkeit ausgeübt wird. ⁸Der umsatzsteuerrechtliche Unternehmerbegriff stellt nicht auf die Rechtsform ab (vgl. Abschnitt 2.1 Abs. 1). ⁹Außer Vereinen, Stiftungen, Genossenschaften können auch z. B. Kapitalgesellschaften oder Personengesellschaften einen nichtunternehmerischen Bereich besitzen (vgl. BFH-Urteil vom 20. 12. 1984, V R 25/76, BStBl 1985 II S. 176). ¹⁰Sogenannte Hilfsgeschäfte, die der Betrieb des nichtunternehmerischen Bereichs bei Vereinen und Erwerbsgesellschaften mit sich bringt, sind auch dann als nicht steuerbar zu behandeln, wenn sie wiederholt oder mit einer gewissen Regelmäßigkeit ausgeführt werden. ¹⁰Als Hilfsgeschäfte in diesem Sinne sind z. B. anzusehen:

1. Veräußerungen von Gegenständen, die im nichtunternehmerischen Bereich eingesetzt waren, z. B. der Verkauf von gebrauchten Kraftfahrzeugen, Einrichtungsgegenständen und Altpapier.
2. Überlassung des Telefons an im nichtunternehmerischen Bereich tätige Arbeitnehmer zur privaten Nutzung;
3. Überlassung von im nichtunternehmerischen Bereich eingesetzten Kraftfahrzeugen an Arbeitnehmer zur privaten Nutzung.

Gesonderter Steuerausweis und Vorsteuerabzug

(2) ¹Einrichtungen im Sinne des Absatzes 1, die außerhalb des unternehmerischen Bereichs tätig werden, sind insoweit nicht berechtigt, Rechnungen mit gesondertem Steuerausweis auszustellen. ²Ein trotzdem ausgewiesener Steuerbetrag wird nach § 14c Abs. 2 UStG geschuldet. ³Der Leistungsempfänger ist nicht berechtigt, diesen Steuerbetrag als Vorsteuer abzuziehen. ⁴Zur Möglichkeit einer Rechnungsberichtigung aus Billigkeitsgründen vgl. Abschnitt 14c.2 d Abs. 3 und 4.

(3) ¹Unter den Voraussetzungen des § 15 UStG können die Einrichtungen die Steuerbeträge abziehen, die auf Lieferungen, sonstige Leistungen, den innergemeinschaftlichen Erwerb oder die Einfuhr von Gegenständen für den unternehmerischen Bereich entfallen **(vgl. Abschnitt 15.2 Abs. 15a)**. ²Abziehbar sind danach z. B. auch Steuerbeträge für Umsätze, die nur dazu dienen, den

unternehmerischen Bereich in Ordnung zu halten oder eine Leistungssteigerung in diesem Bereich herbeizuführen. ³Maßgebend sind die Verhältnisse im Zeitpunkt des Umsatzes an die Einrichtung.

(4) ¹Für Gegenstände, die zunächst nur im unternehmerischen Bereich verwendet worden sind, später aber zeitweise dem nichtunternehmerischen Bereich überlassen werden, bleibt der Vorsteuerabzug erhalten. ²Die **nichtunternehmerische** Verwendung unterliegt aber nach § 3 Abs. 9a Nr. 1 UStG der Umsatzsteuer. ³Auch eine spätere Überführung in den nichtunternehmerischen Bereich beeinflusst den ursprünglichen Vorsteuerabzug nicht; sie ist eine steuerbare Wertabgabe nach § 3 Abs. 1b Satz 1 Nr. 1 UStG.

(5) Ist ein Gegenstand oder eine sonstige Leistung sowohl für **die** den unternehmerischen als auch für **die** den nichtunternehmerischen Bereich der Einrichtung bestimmt, **kann der Vorsteuerabzug grundsätzlich nur insoweit in Anspruch genommen werden, als die Aufwendungen hierfür der unternehmerischen Tätigkeit zuzurechnen sind (vgl. BFH-Urteil vom 3. 3. 2011, V R 23/10, BStBl 2012 II S. 74, Abschnitt 15.2 Abs. 15a).** 2Hinsichtlich der Änderung des Nutzungsumfangs vgl. Abschnitte 3.3, 3.4 und 15a.1 Abs. 7.

Erleichterungen beim Vorsteuerabzug

(6) ¹Wegen der Schwierigkeiten bei der sachgerechten Zuordnung der Vorsteuern und bei der Versteuerung der unentgeltlichen Wertabgaben kann das Finanzamt auf Antrag folgende Erleichterungen gewähren:

²Die Vorsteuern, die teilweise dem unternehmerischen und teilweise dem nichtunternehmerischen Bereich zuzurechnen sind, werden auf diese Bereiche nach dem Verhältnis aufgeteilt, das sich aus folgender Gegenüberstellung ergibt:

1. Einnahmen aus dem unternehmerischen Bereich abzüglich der Einnahmen aus Hilfsgeschäften dieses Bereichs

   und

2. Einnahmen aus dem nichtunternehmerischen Bereich abzüglich der Einnahmen aus Hilfsgeschäften dieses Bereichs.

³Hierzu gehören alle Einnahmen, die der betreffenden Einrichtung zufließen, insbesondere die Einnahmen aus Umsätzen, z. B. Veranstaltungen, Gutachten, Lizenzüberlassungen, sowie die Mitgliederbeiträge, Zuschüsse, Spenden usw. ⁴Das Finanzamt kann hierbei anordnen, dass bei der Gegenüberstellung das Verhältnis des laufenden, eines früheren oder mehrerer Kalenderjahre zu Grunde gelegt wird. ⁵Falls erforderlich, z. B. bei Zugrundelegung des laufenden Kalenderjahres, kann für die Voranmeldungszeiträume die Aufteilung zunächst nach dem Verhältnis eines anderen Zeitraums zugelassen werden. ⁶Außerdem können alle Vorsteuerbeträge, die sich auf die sog. Verwaltungsgemeinkosten beziehen, z. B. die Vorsteuern für die Beschaffung des Büromaterials, einheitlich in den Aufteilungsschlüssel einbezogen werden, auch wenn einzelne dieser Vorsteuerbeträge an sich dem unternehmerischen oder dem nichtunternehmerischen Bereich ausschließlich zuzurechnen wären. ⁷Werden in diese Aufteilung Vorsteuerbeträge einbezogen, die durch die Anschaffung, die Herstellung, den innergemeinschaftlichen Erwerb oder die Einfuhr einheitlicher Gegenstände, ausgenommen Fahrzeuge im Sinne des § 1b Abs. 2 UStG, angefallen sind, z. B. durch den Ankauf eines für den unternehmerischen und den nichtunternehmerischen Bereich bestimmten Computers, braucht der Anteil der nichtunternehmerischen Verwendung des Gegenstands nicht als unentgeltliche Wertabgabe im Sinne des § 3 Abs. 9a Nr. 1 UStG versteuert zu werden. ⁸Dafür sind jedoch alle durch die Verwendung oder Nutzung dieses Gegenstands anfallenden Vorsteuerbeträge in die Aufteilung einzubeziehen. ⁹Die Versteuerung der Überführung eines solchen Gegenstands in den nichtunternehmerischen Bereich als unentgeltliche Wertabgabe (§ 3 Abs. 1b Satz 1 Nr. 1 UStG) bleibt unberührt.

(7) ¹Das Finanzamt kann im Einzelfall ein anderes Aufteilungsverfahren zulassen. ²Zum Beispiel kann es gestatten, dass die teilweise dem unternehmerischen Bereich zuzurechnenden Vorsteuern, die auf die Anschaffung, Herstellung und Unterhaltung eines Gebäudes entfallen, insoweit als das Gebäude dauernd zu einem feststehenden Anteil für Unternehmenszwecke verwendet wird, entsprechend der beabsichtigten bzw. tatsächlichen Verwendung und im Übrigen nach dem in Absatz 6 bezeichneten Verfahren aufgeteilt werden.

Beispiel:

¹Bei einem Vereinsgebäude, das nach seiner Beschaffenheit dauernd zu 75 % als Gastwirtschaft und im Übrigen mit wechselndem Anteil für unternehmerische und nichtunternehmerische Vereinszwecke verwendet wird, können die nicht ausschließlich zurechenbaren Vorsteuern von vornherein zu 75 % als abziehbar behandelt werden. ²Der restliche Teil von 25 % kann entsprechend dem jeweiligen Einnahmeverhältnis (vgl. Absatz 6) in einen abziehbaren und einen nichtabziehbaren Teil aufgeteilt werden.

(8) ¹Ein vereinfachtes Aufteilungsverfahren ist nur unter dem Vorbehalt des jederzeitigen Widerrufs zu genehmigen und kann mit Auflagen verbunden werden. ²Es darf nicht zu einem offensichtlich unzutreffenden Ergebnis führen. ³Außerdem muss sich die Einrichtung verpflichten, das Ver-

fahren mindestens für fünf Kalenderjahre anzuwenden. [4]Ein Wechsel des Verfahrens ist jeweils nur zu Beginn eines Besteuerungszeitraums zu gestatten.

(9) Beispiele zur Unternehmereigenschaft und zum Vorsteuerabzug:

Beispiel 1:

[1]Ein Verein hat die Aufgabe, die allgemeinen ideellen und wirtschaftlichen Interessen eines Berufsstandes wahrzunehmen (Berufsverband). [2]Er dient nur den Gesamtbelangen aller Mitglieder. [3]Die Einnahmen des Berufsverbandes setzen sich ausschließlich aus Mitgliederbeiträgen zusammen.

[4]Der Berufsverband wird nicht im Rahmen eines Leistungsaustausches tätig. [5]Er ist nicht Unternehmer. [6]Ein Vorsteuerabzug kommt nicht in Betracht.

Beispiel 2:

[1]Der in Beispiel 1 bezeichnete Berufsverband übt seine Tätigkeit in gemieteten Räumen aus. [2]Im Laufe des Jahres hat er seine Geschäftsräume gewechselt, weil die bisher genutzten Räume vom Vermieter selbst beansprucht wurden. [3]Für die vorzeitige Freigabe der Räume hat der Verein vom Vermieter eine Abstandszahlung erhalten. [4]Die übrigen Einnahmen des Vereins bestehen ausschließlich aus Mitgliederbeiträgen.

[5]Hinsichtlich seiner Verbandstätigkeit, die außerhalb eines Leistungsaustausches ausgeübt wird, ist der Verein nicht Unternehmer. [6]Bei der Freigabe der Geschäftsräume gegen Entgelt liegt zwar ein Leistungsaustausch vor. [7]Die Leistung des Vereins ist aber nicht steuerbar, weil die Geschäftsräume nicht im Rahmen eines Unternehmens genutzt worden sind. [8]Der Verein ist nicht berechtigt, für die Leistung eine Rechnung mit gesondertem Ausweis der Steuer zu erteilen. [9]Ein Vorsteuerabzug kommt nicht in Betracht.

Beispiel 3:

[1]Der in Beispiel 1 bezeichnete Berufsverband betreibt neben seiner nicht steuerbaren Verbandstätigkeit eine Kantine, in der seine Angestellten gegen Entgelt beköstigt werden. [2]Für die Verbandstätigkeit und die Kantine besteht eine gemeinsame Verwaltungsstelle. [3]Der Kantinenbetrieb war in gemieteten Räumen untergebracht. [4]Der Verein löst das bisherige Mietverhältnis und mietet neue Kantinenräume. [5]Vom bisherigen Vermieter erhält er für die Freigabe der Räume eine Abstandszahlung. [6]Die Einnahmen des Vereins bestehen aus Mitgliederbeiträgen, Kantinenentgelten und der vom Vermieter gezahlten Abstandszahlung.

[7]Der Verein ist hinsichtlich seiner nicht steuerbaren Verbandstätigkeit nicht Unternehmer. [8]Nur im Rahmen des Kantinenbetriebs übt er eine unternehmerische Tätigkeit aus. [9]In den unternehmerischen Bereich fällt auch die entgeltliche Freigabe der Kantinenräume. [10]Diese Leistung ist daher steuerbar, aber als eine der Vermietung eines Grundstücks gleichzusetzende Leistung nach § 4 Nr. 12 Satz 1 Buchstabe a UStG steuerfrei (vgl. EuGH-Urteil vom 15. 12. 1993, C-63/92, BStBl 1995 II S. 480). [11]Die Vorsteuerbeträge, die dieser Leistung zuzurechnen sind, sind nicht abziehbar. [12]Lediglich die den Kantinenumsätzen zuzurechnenden Vorsteuern können abgezogen werden.

[13]Wendet der Verein eine Vereinfachungsregelung an, so kann er die Vorsteuern, die den Kantinenumsätzen ausschließlich zuzurechnen sind, z. B. den Einkauf der Kantinenwaren und des Kantineninventars, voll abziehen. [14]Die für die gemeinsame Verwaltungsstelle angefallenen Vorsteuern, z. B. für Büromöbel und Büromaterial, sind nach dem Verhältnis der Einnahmen aus Mitgliederbeiträgen und der Freigabe der Kantinenräume zu den Einnahmen aus dem Kantinenbetrieb aufzuteilen. [15]Die Verwendung der Büromöbel der gemeinsamen Verwaltungsstelle für den nichtunternehmerischen Bereich braucht in diesem Fall nicht als unentgeltliche Wertabgabe nach § 3 Abs. 9a Nr. 1 UStG versteuert zu werden.

Beispiel 4:

[1]Ein Verein, der ausschließlich satzungsmäßige Gemeinschaftsaufgaben wahrnimmt, erzielt außer echten Mitgliederbeiträgen Einnahmen aus gelegentlichen Verkäufen von im Verein angefallenen Altmaterial und aus der Erstattung von Fernsprechkosten für private Ferngespräche seiner Angestellten.

[2]Die Altmaterialverkäufe und die Überlassung des Telefons an die Angestellten unterliegen als Hilfsgeschäfte zur nichtunternehmerischen Tätigkeit nicht der Umsatzsteuer. [3]Der Verein ist nicht Unternehmer. [4]Ein Vorsteuerabzug kommt nicht in Betracht.

Beispiel 5:

[1]Mehrere juristische Personen des öffentlichen Rechts gründen eine GmbH zu dem Zweck, die Möglichkeiten einer Verwaltungsvereinfachung zu untersuchen. [2]Die Ergebnisse der Untersuchungen sollen in einem Bericht zusammengefasst werden, der allen interessierten Verwaltungsstellen auf Anforderung kostenlos zu überlassen ist. [3]Die Tätigkeit der GmbH wird ausschließlich durch echte Zuschüsse der öffentlichen Hand finanziert. [4]Weitere Einnahmen erzielt die GmbH nicht.

⁵Die Tätigkeit der GmbH vollzieht sich außerhalb eines Leistungsaustausches. ⁶Die GmbH ist nicht Unternehmer und daher nicht zum Vorsteuerabzug berechtigt.

Beispiel 6:

¹Die im Beispiel 5 bezeichnete GmbH verwendet für ihre Aufgabe eine Datenverarbeitungsanlage. ²Die Kapazität der Anlage ist mit den eigenen Arbeiten nur zu 80 % ausgelastet. ³Um die Kapazität der Anlage voll auszunutzen, überlässt die GmbH die Anlage einem Unternehmer gegen Entgelt zur Benutzung. ⁴Die Einnahmen der GmbH bestehen außer dem Benutzungsentgelt nur in Zuschüssen der öffentlichen Hand.

⁵Die entgeltliche Überlassung der Datenverarbeitungsanlage ist eine nachhaltige Tätigkeit zur Erzielung von Einnahmen. ⁶Insoweit ist die GmbH Unternehmer. ⁷Die Leistung unterliegt der Umsatzsteuer. ⁸Die Unternehmereigenschaft erstreckt sich nicht auf die unentgeltliche Forschungstätigkeit der GmbH.

⁹Für die Überlassung der Datenverarbeitungsanlage sind von der GmbH Rechnungen mit gesondertem Ausweis der Steuer zu erteilen. ¹⁰Die Vorsteuern für die Anschaffung und Nutzung der Datenverarbeitungsanlage *sind nur im Umfang der Verwendung für die unternehmerische Tätigkeit abzugsfähig (vgl. Abschnitt 15.2 Abs. 15a).* ¹¹Außerdem können die der entgeltlichen Überlassung der Datenverarbeitungsanlage zuzurechnenden Vorsteuerbeträge, insbesondere in dem Bereich der Verwaltungsgemeinkosten, abgezogen werden. ¹²Die Verwendung der Datenverarbeitungsanlage für den nichtunternehmerischen Bereich ist bei voller Zuordnung der Anlage zum Unternehmen als unentgeltliche Wertabgabe nach § 3 Abs. 9a Nr. 1 UStG zu versteuern.

¹³Bei Anwendung einer Vereinfachungsregelung kann die GmbH die Vorsteuern für die Verwaltungsgemeinkosten sowie die durch die Anschaffung und Nutzung der Datenverarbeitungsanlage angefallenen Vorsteuerbeträge nach dem Verhältnis der Einnahmen aus der Überlassung der Anlage an den Unternehmer zu den öffentlichen Zuschüssen auf den unternehmerischen und den nichtunternehmerischen Bereich aufteilen. ¹⁴Die unentgeltliche Wertabgabe durch die Verwendung der Datenverarbeitungsanlage für den nichtunternehmerischen Bereich ist dann nicht zur Umsatzsteuer heranzuziehen.

Beispiel 7:

¹Mehrere Industriefirmen oder juristische Personen des öffentlichen Rechts gründen gemeinsam eine GmbH zum Zwecke der Forschung. ²Die Forschungstätigkeit wird vorwiegend durch echte Zuschüsse der Gesellschafter finanziert. ³Außerdem erzielt die GmbH Einnahmen aus der Verwertung der Ergebnisse ihrer Forschungstätigkeit, z. B. aus der Vergabe von Lizenzen an ihren Erfindungen.

⁴Die Vergabe von Lizenzen gegen Entgelt ist eine nachhaltige Tätigkeit zur Erzielung von Einnahmen. ⁵Mit dieser Tätigkeit erfüllt die GmbH die Voraussetzungen für die Unternehmereigenschaft. ⁶Die vorausgegangene Forschungstätigkeit steht mit der Lizenzvergabe in unmittelbarem Zusammenhang. ⁷Sie stellt die Vorbereitungshandlung für die unternehmerische Verwertung der Erfindungen dar und kann daher nicht aus dem unternehmerischen Bereich der GmbH ausgeschieden werden (vgl. auch BFH-Urteil vom 30. 9. 1965, V 176/63 U, a. a. O.). ⁸Auf das Verhältnis der echten Zuschüsse zu den Lizenzeinnahmen kommt es bei dieser Beurteilung nicht an. ⁹Unter den Voraussetzungen des § 15 UStG ist die GmbH in vollem Umfang zum Vorsteuerabzug berechtigt. ¹⁰Außerdem hat sie für ihre Leistungen Rechnungen mit gesondertem Steuerausweis zu erteilen.

¹¹Dies gilt nicht, soweit die GmbH in einem abgrenzbaren Teilbereich die Forschung ohne die Absicht betreibt, Einnahmen zu erzielen.

Beispiel 8:

¹Einige Wirtschaftsverbände haben eine GmbH zur Untersuchung wirtschafts- und steuerrechtlicher Grundsatzfragen gegründet. ²Zu den Aufgaben der GmbH gehört auch die Erstellung von Gutachten auf diesem Gebiet gegen Entgelt. ³Die Einnahmen der GmbH setzen sich zusammen aus echten Zuschüssen der beteiligten Verbände und aus Vergütungen, die für die Erstattung der Gutachten von den Auftraggebern gezahlt worden sind.

⁴Die Erstellung von Gutachten ist eine nachhaltige Tätigkeit zur Erzielung von Einnahmen. ⁵Die GmbH übt diese Tätigkeit als Unternehmer aus. ⁶In der Regel wird davon auszugehen sein, dass die Auftraggeber Gutachten bei der GmbH bestellen, weil sie annehmen, dass die GmbH aufgrund ihrer Forschungstätigkeit über besondere Kenntnisse und Erfahrungen auf dem betreffenden Gebiet verfügt. ⁷Die Auftraggeber erwarten, dass die von der GmbH gewonnenen Erkenntnisse in dem Gutachten verwertet werden. ⁸Die Forschungstätigkeit steht hiernach mit der Tätigkeit als Gutachter in engem Zusammenhang. ⁹Sie ist daher in den unternehmerischen Bereich einzubeziehen. ¹⁰Vorsteuerabzug und gesonderter Steuerausweis wie im Beispiel 7.

Beispiel 9:
¹Eine Industriefirma unterhält ein eigenes Forschungslabor. ²Darin werden die im Unternehmen hergestellten Erzeugnisse auf Beschaffenheit und Einsatzfähigkeit untersucht und neue Stoffe entwickelt. ³Die Entwicklungsarbeiten setzen eine gewisse Grundlagenforschung voraus, die durch echte Zuschüsse der öffentlichen Hand gefördert wird. ⁴Die Firma ist verpflichtet, die Erkenntnisse, die sie im Rahmen des durch öffentliche Mittel geförderten Forschungsvorhabens gewinnt, der Allgemeinheit zugänglich zu machen. ⁵Die Firma übt mit ihren Lieferungen und sonstigen Leistungen eine unternehmerische Tätigkeit aus. ⁶Auch die Grundlagenforschung soll dazu dienen, die Verkaufstätigkeit zu steigern und die Marktposition zu festigen. ⁷Obwohl es insoweit an einem Leistungsaustausch fehlt, steht die Grundlagenforschung in unmittelbarem Zusammenhang mit der unternehmerischen Tätigkeit. ⁸Die Grundlagenforschung wird daher im Rahmen des Unternehmens ausgeübt. ⁹Vorsteuerabzug und gesonderter Steuerausweis wie im Beispiel 7.

2.11. Juristische Personen des öffentlichen Rechts

Allgemeines

(1) ¹Juristische Personen des öffentlichen Rechts im Sinne von § 2 Abs. 3 UStG sind insbesondere die Gebietskörperschaften (Bund, Länder, Gemeinden, Gemeindeverbände, Zweckverbände), die öffentlich-rechtlichen Religionsgemeinschaften, die Innungen, Handwerkskammern, Industrie- und Handelskammern und sonstige Gebilde, die auf Grund öffentlichen Rechts eigene Rechtspersönlichkeit besitzen. ²Dazu gehören neben Körperschaften auch Anstalten und Stiftungen des öffentlichen Rechts, z. B. Rundfunkanstalten des öffentlichen Rechts. ³Zur Frage, unter welchen Voraussetzungen kirchliche Orden juristische Personen des öffentlichen Rechts sind, vgl. das BFH-Urteil vom 8. 7. 1971, V R 1/68, BStBl 1972 II S. 70. ⁴Auf ausländische juristische Personen des öffentlichen Rechts ist die Vorschrift des § 2 Abs. 3 UStG analog anzuwenden. ⁵Ob eine solche Einrichtung eine juristische Person des öffentlichen Rechts ist, ist grundsätzlich nach deutschem Recht zu beurteilen. ⁶Das schließt jedoch nicht aus, dass für die Bestimmung öffentlich-rechtlicher Begriffe die ausländischen Rechtssätze mit herangezogen werden.

(2) ¹Die Gesamtheit aller Betriebe gewerblicher Art im Sinne von § 1 Abs. 1 Nr. 6, § 4 KStG und aller land- und forstwirtschaftlichen Betriebe stellt das Unternehmen der juristischen Person des öffentlichen Rechts dar (vgl. BFH-Urteil vom 18. 8. 1988, V R 194/83, BStBl II S. 932). ²Das Unternehmen erstreckt sich auch auf die Tätigkeitsbereiche, die nach § 2 Abs. 3 Satz 2 UStG als unternehmerische Tätigkeiten gelten. ³Nur die in diesen Betrieben und Tätigkeitsbereichen ausgeführten Umsätze unterliegen der Umsatzsteuer. ⁴Andere Leistungen sind nicht steuerbar, auch wenn sie nicht in Ausübung öffentlicher Gewalt bewirkt werden, es sei denn, die Behandlung als nichtsteuerbar würde zu größeren Wettbewerbsverzerrungen führen (vgl. BFH-Urteil vom 11. 6. 1997, XI R 33/94, BStBl 1999 II S. 418).

(3) ¹Eine Tätigkeit, die der Erfüllung von Hoheitsaufgaben dient, ist steuerbar, wenn sie nicht von einer juristischen Person des öffentlichen Rechts, sondern von Unternehmern des privaten Rechts (z. B. von sog. beliehenen Unternehmern) ausgeübt wird (vgl. BFH-Urteile vom 10. 11. 1977, V R 115/74, BStBl 1978 II S. 80, und vom 18. 1. 1995, XI R 71/93, BStBl II S. 559). ²Ein mit der Durchführung einer hoheitlichen Pflichtaufgabe betrauter Unternehmer ist als Leistender an den Dritten anzusehen, wenn er bei der Ausführung der Leistung diesem gegenüber – unabhängig von der öffentlich-rechtlichen Berechtigung – im eigenen Namen und für eigene Rechnung auftritt, leistet und abrechnet (BFH-Urteil vom 28. 2. 2002, V R 19/01, BStBl 2003 II S. 950). ³Durch den Leistungsaustausch zwischen dem beauftragten Unternehmer und dem Dritten wird das weiterhin bestehende Leistungsverhältnis zwischen dem Unternehmer und dem Hoheitsträger sowie die hoheitliche Ausübung der Tätigkeit durch den Hoheitsträger nicht berührt. ⁴Zur umsatzsteuerrechtlichen Beurteilung, wenn der Hoheitsträger dagegen zulässigerweise nur die tatsächliche Durchführung seiner gesetzlichen Pflichtaufgabe auf den eingeschalteten Unternehmer überträgt und dieser entsprechend den öffentlich-rechtlichen Vorgaben als Erfüllungsgehilfe des Hoheitsträgers auftritt, vgl. BMF-Schreiben vom 27. 12. 1990 – BStBl 1991 I S. 81.

(4) ¹Für die Frage, ob ein Betrieb gewerblicher Art vorliegt, ist auf § 1 Abs. 1 Nr. 6 und § 4 KStG in der jeweils geltenden Fassung abzustellen. ²Die zu diesen Vorschriften von Rechtsprechung und Verwaltung für das Gebiet der Körperschaftsteuer entwickelten Grundsätze sind anzuwenden (vgl. insbesondere R 6 KStR 2004). ³Über die Anwendung der Umsatzgrenzen von 130 000 € (R 6 Abs. 4 KStR 2004) und 30 678 € (R 6 Abs. 5 KStR 2004) ist bei der Umsatzsteuer und bei der Körperschaftsteuer einheitlich zu entscheiden.

(5) Die Frage, ob ein land- und forstwirtschaftlicher Betrieb vorliegt, ist unabhängig von einer Umsatzgrenze nach den gleichen Merkmalen zu beurteilen, die grundsätzlich auch bei der Durchschnittsbesteuerung nach § 24 UStG maßgebend sind (vgl. § 24 Abs. 2 UStG, Abschnitt 24.1 Abs. 2).

(6) ¹Auch wenn die Voraussetzungen eines Betriebes gewerblicher Art oder eines land- und forstwirtschaftlichen Betriebes nicht gegeben sind, gelten die in § 2 Abs. 3 Satz 2 Nr. 2 bis 5 UStG

bezeichneten Tätigkeitsbereiche als unternehmerische Tätigkeiten (zu § 2 Abs. 3 Satz 2 Nr. 4 UStG vgl. Absätze 7 bis 11).

Vermessungs- und Katasterbehörden

(7) ¹Bei den Vermessungs- und Katasterbehörden unterliegen nach Sinn und Zweck des § 2 Abs. 3 Satz 2 Nr. 4 UStG solche Tätigkeiten der Umsatzsteuer, die ihrer Art nach auch von den in fast allen Bundesländern zugelassenen öffentlich bestellten Vermessungsingenieuren ausgeführt werden. ²Die Vorschrift beschränkt sich auf hoheitliche Vermessungen, deren Ergebnisse zur Fortführung des Liegenschaftskatasters bestimmt sind (Teilungsvermessungen, Grenzfeststellungen und Gebäudeeinmessungen). ³Nicht dazu gehören hoheitliche Leistungen, wie z. B. die Führung und Neueinrichtung des Liegenschaftskatasters. ⁴Die entgeltliche Erteilung von Auszügen aus dem Liegenschaftskataster durch Vermessungs- und Katasterbehörden gilt nach § 2 Abs. 3 Satz 2 Nr. 4 UStG als unternehmerische Tätigkeit, soweit in den betreffenden Bundesland nach den jeweiligen landesrechtlichen Gegebenheiten eine entgeltliche Erteilung von Auszügen aus dem Liegenschaftskataster auch durch öffentlich bestellte Vermessungsingenieure rechtlich und technisch möglich ist. ⁵Dies gilt jedoch nicht, soweit öffentlich bestellte Vermessungsingenieure nach den jeweiligen landesrechtlichen Bestimmungen lediglich als Erfüllungsgehilfen der Vermessungs- und Katasterbehörden tätig werden. ⁶Soweit Gemeinden entgeltlich Auszüge aus dem Liegenschaftskataster erteilen, gelten sie als Vermessungs- und Katasterbehörden i. S. v. § 2 Abs. 3 Satz 2 Nr. 4 UStG.⁷Der Umsatzsteuer unterliegen nur Leistungen an Dritte, dagegen nicht unentgeltliche Wertabgaben, z. B. Vermessungsleistungen für den Hoheitsbereich der eigenen Trägerkörperschaft.

(8) ¹Die Unternehmereigenschaft erstreckt sich nicht auf die Amtshilfe, z. B. Überlassung von Unterlagen an die Grundbuchämter und Finanzämter. ²Keine Amtshilfe liegt vor, wenn Leistungen an juristische Personen des öffentlichen Rechts ausgeführt werden, denen nach Landesgesetzen keine Vermessungsaufgaben als eigene Aufgaben oblegen.

(9) ¹Wirtschaftliche Tätigkeiten der Kataster- und Vermessungsbehörden fallen nicht unter § 2 Abs. 3 Satz 2 Nr. 4 UStG. ²Sie sind – ebenso wie Vermessungsleistungen anderer Behörden – nach § 2 Abs. 3 Satz 1 UStG steuerbar, sofern die körperschaftsteuerlichen Voraussetzungen eines Betriebes gewerblicher Art vorliegen. ³Wirtschaftliche Tätigkeiten sind z. B. der Verkauf von Landkarten, Leistungen auf dem Gebiet der Planung wie Anfertigung von Bebauungsplänen, und ingenieurtechnische Vermessungsleistungen.

(10) ¹Die Vorsteuerbeträge, die dem unternehmerischen Bereich zuzuordnen sind, können unter den Voraussetzungen des § 15 UStG abgezogen werden. ²Für Vorsteuerbeträge, die sowohl dem unternehmerischen als auch dem nichtunternehmerischen Bereich zuzuordnen sind, beurteilt sich der Vorsteuerabzug nach Abschnitt 15.19 Abs. 3.

(11) ¹Aus Vereinfachungsgründen bestehen keine Bedenken, wenn die insgesamt abziehbaren Vorsteuerbeträge mit 1,9 % der Bemessungsgrundlage für die steuerpflichtigen Vermessungsumsätze ermittelt werden. ²Die Verwendung der Anlagegegenstände für nichtunternehmerische Zwecke ist dann nicht als Wertabgabe nach § 3 Abs. 9a Nr. 1 UStG zu versteuern. *³Bei einer Änderung der Anteile an der Verwendung der Anlagegegenstände für unternehmerische und nichtunternehmerische Tätigkeiten (vgl. Abschnitt 2.3 Abs. 1a), kommt auch keine Vorsteuerberichtigung nach § 15a UStG aus Billigkeitsgründen in Betracht (vgl. Abschnitt 15a.1 Abs. 7).* ⁴Dagegen ist die Veräußerung von Gegenständen, die ganz oder teilweise für den unternehmerischen Bereich bezogen wurden, der Umsatzsteuer zu unterwerfen. ⁴An die Vereinfachungsregelung ist die jeweilige Vermessungs- und Katasterbehörde für mindestens fünf Kalenderjahre gebunden. ⁵Ein Wechsel ist nur zum Beginn eines Kalenderjahres zulässig.

Einzelfälle

(12) ¹Betreibt eine Gemeinde ein Parkhaus, kann ein Betrieb gewerblicher Art auch dann anzunehmen sein, wenn sie sich mit einer Benutzungssatzung der Handlungsformen des öffentlichen Rechts bedient (BFH-Urteil vom 10. 12. 1992, V R 31/88, BStBl 1993 II S. 380). ²Überlässt sie hingegen aufgrund der Straßenverkehrsordnung Parkplätze durch Aufstellung von Parkscheinautomaten gegen Parkgebühren, handelt sie nicht als Unternehmer i. S. des Umsatzsteuerrechts (BFH-Urteil vom 27. 2. 2003, V R 78/01, BStBl 2004 II S. 431).

(13) ¹Gemeindliche Kurverwaltungen, die Kurtaxen und Kurförderungsabgaben erheben, sind in der Regel Betriebe gewerblicher Art (vgl. BFH-Urteil vom 15. 10. 1962, I 53/61 U, BStBl III S. 542). ²Sofern die Voraussetzungen von R 6 Abs. 4 und 5 KStR 2004 gegeben sind, unterliegen die Gemeinden mit den durch die Kurtaxe abgegoltenen Leistungen der Umsatzsteuer. ³Die Kurförderungsabgaben (Fremdenverkehrsbeiträge A) sind dagegen nicht als Entgelte für Leistungen der Gemeinden zu betrachten und nicht der Steuer zu unterwerfen.

(14) ¹Die staatlichen Materialprüfungsanstalten oder Materialprüfungsämter üben neben ihrer hoheitlichen Tätigkeit vielfach auch Tätigkeiten wirtschaftlicher Natur, z. B. entgeltliche Unter-

suchungs-, Beratungs- und Begutachtungsleistungen für private Auftraggeber, aus. ²Unter den Voraussetzungen von R 6 Abs. 4 und 5 KStR 2004 sind in diesen Fällen Betriebe gewerblicher Art anzunehmen.

(15) ¹Die Gestellung von Personal durch juristische Personen des öffentlichen Rechts gegen Erstattung der Kosten stellt grundsätzlich einen Leistungsaustausch dar, sofern die gestellende juristische Person Arbeitgeber bleibt. ²Ob dieser Leistungsaustausch der Umsatzsteuer unterliegt, hängt gemäß § 2 Abs. 3 UStG davon ab, ob die Personalgestellung im Rahmen eines Betriebes gewerblicher Art im Sinne von § 1 Abs. 1 Nr. 6, § 4 KStG vorgenommen wird.

Beispiel 1:

¹Eine juristische Person des öffentlichen Rechts setzt Bedienstete ihres Hoheitsbereichs in eigenen Betrieben gewerblicher Art ein.

²Es handelt sich um einen nicht steuerbaren Vorgang (Innenleistung).

Beispiel 2:

¹Eine juristische Person des öffentlichen Rechts stellt Bedienstete aus ihrem Hoheitsbereich an den Hoheitsbereich einer anderen juristischen Person des öffentlichen Rechts ab.

²Es handelt sich um einen nicht steuerbaren Vorgang.

Beispiel 3:

¹Eine juristische Person des öffentlichen Rechts stellt Bedienstete aus ihrem Hoheitsbereich an Betriebe gewerblicher Art anderer juristischer Personen des öffentlichen Rechts ab.

²Die Personalgestellung ist nicht durch hoheitliche Zwecke veranlasst, sondern dient wirtschaftlichen Zielen. ³Sie ist insgesamt als Betrieb gewerblicher Art zu beurteilen, sofern die Voraussetzungen von R 6 Abs. 4 und 5 KStR 2004 gegeben sind. ⁴Es liegen in diesem Fall steuerbare Leistungen vor.

Beispiel 4:

¹Eine juristische Person des öffentlichen Rechts stellt Bedienstete aus ihrem Hoheitsbereich an privatrechtliche Unternehmer ab.

²Beurteilung wie zu Beispiel 3.

Beispiel 5:

¹Eine juristische Person des öffentlichen Rechts stellt Bedienstete aus ihrem Hoheitsbereich an einen als gemeinnützig anerkannten eingetragenen Verein ab, der nicht unternehmerisch tätig ist. ²Mitglieder des Vereins sind neben der gestellenden Person des öffentlichen Rechts weitere juristische Personen des öffentlichen Rechts, Verbände und sonstige Einrichtungen.

³Beurteilung wie zu Beispiel 3.

Beispiel 6:

¹Eine juristische Person des öffentlichen Rechts stellt Bedienstete aus einem ihrer Betriebe gewerblicher Art an den Hoheitsbereich einer anderen juristischen Person des öffentlichen Rechts ab.

²Es ist eine steuerbare Leistung im Rahmen des Betriebs gewerblicher Art anzunehmen, wenn die Personalkostenerstattung unmittelbar dem Betrieb gewerblicher Art zufließt. ³Die Personalgestellung kann jedoch dem hoheitlichen Bereich zugerechnet werden, sofern der Bedienstete zunächst in den Hoheitsbereich zurückberufen und von dort abgestellt wird und der Erstattungsbetrag dem Hoheitsbereich zufließt.

Beispiel 7:

¹Eine juristische Person des öffentlichen Rechts stellt Bedienstete aus einem ihrer Betriebe gewerblicher Art an einen Betrieb gewerblicher Art einer anderen juristischen Person des öffentlichen Rechts oder an einen privatrechtlichen Unternehmer ab.

²Es liegt eine steuerbare Leistung im Rahmen des Betriebes gewerblicher Art vor.

Beispiel 8:

¹Eine juristische Person des öffentlichen Rechts stellt Bedienstete aus einer ihrer Betriebe gewerblicher Art an den eigenen Hoheitsbereich ab.

²Die Überlassung des Personals ist dann nicht als steuerbare Wertabgabe im Sinne von § 3 Abs. 9a Nr. 2 UStG anzusehen, wenn beim Personaleinsatz eine eindeutige und leicht nachvollziehbare Trennung zwischen dem unternehmerischen Bereich (Betrieb gewerblicher Art) und dem Hoheitsbereich vorgenommen wird.

(16) Betriebe von juristischen Personen des öffentlichen Rechts, die vorwiegend zum Zwecke der Versorgung des Hoheitsbereichs der juristischen Person des öffentlichen Rechts errichtet worden sind (Selbstversorgungsbetriebe), sind nur dann Betriebe gewerblicher Art, wenn bezüglich der Umsätze an Dritte die Voraussetzung R 6 Abs. 5 KStR 2004 erfüllt ist.

(17) Eine von einem Bundesland eingerichtete sog. „Milchquoten-Verkaufsstelle", die Anlieferungs-Referenzmengen an Milcherzeuger überträgt, handelt bei dieser Tätigkeit nicht als Unternehmer (vgl. BFH-Urteil vom 3. 7. 2008, V R 40/04, BStBl 2009 II S. 208).

Gemeindliche Schwimmbäder

(18) [1]Wird ein gemeindliches Schwimmbad sowohl für das Schulschwimmen **(nichtwirtschaftliche Tätigkeit i.e.S.)** als auch für den öffentlichen Badebetrieb genutzt, ist unabhängig davon, welche Nutzung überwiegt, die Nutzung für den öffentlichen Badebetrieb grundsätzlich als wirtschaftlich selbständige Tätigkeit im Sinne des § 4 Abs. 1 KStG anzusehen. [2]Die wirtschaftliche Tätigkeit ist unter der Voraussetzung von R 6 Abs. 5 KStR 2004 ein Betrieb gewerblicher Art. [3]***Vorsteuerbeträge, die durch den Erwerb, die Herstellung sowie die Verwendung des Schwimmbades anfallen, sind nach § 15 UStG nur abziehbar, soweit sie auf die Verwendung für den öffentlichen Badebetrieb entfallen (vgl. Abschnitt 15.2 Abs. 15a).*** [4]Ist der öffentliche Badebetrieb nicht als Betrieb gewerblicher Art zu behandeln, weil die Voraussetzungen von R 6 Abs. 5 KStR 2004 nicht erfüllt sind, ***rechnet die Gesamttätigkeit des gemeindlichen Schwimmbades zum nichtunternehmerischen Hoheitsbereich mit der Folge, dass ein Vorsteuerabzug nicht in Betracht kommt.*** [5]***In den Fällen, die der Übergangsregelung nach § 27 Abs. 16 UStG unterliegen, ist die Verwendung des Gegenstands für hoheitliche Zwecke (Schulschwimmen) unabhängig davon, ob den Schulen das Schwimmbad zeitweise ganz überlassen wird (vgl. BFH-Urteil vom 31. 5. 2001, V R 97/98, BStBl II S. 658, Abschnitt 4.12.11) oder das Schulschwimmen während des öffentlichen Badebetriebs stattfindet (vgl. BFH-Urteil vom 10. 2. 1994, V R 33/92, BStBl II S.668, Abschnitt 4.12.6 Abs. 2 Nr. 10), nach § 3 Abs. 9a Nr. 1 UStG als steuerbare und steuerpflichtige Wertabgabe zu behandeln, sofern der Erwerb oder die Herstellung des Schwimmbades auch insoweit zum Vorsteuerabzug berechtigt hat.*** [6]***Bemessungsgrundlage für die unentgeltliche Wertabgabe sind nach § 10 Abs. 4 Satz 1 Nr. 2 UStG die durch die Überlassung des Schwimmbades für das Schulschwimmen entstandenen Ausgaben des Unternehmers für die Erbringung der sonstigen Leistung; vgl. Abschnitt 10.6 Abs. 3.*** [7]***Die Wertabgabe kann nach den im öffentlichen Badebetrieb erhobenen Eintrittsgeldern bemessen werden; vgl. Abschnitt 10.7 Abs. 1 Satz 4.***

> **Beispiel:**
>
> [1]***Eine* Gemeinde*, die selbst Schulträger ist,*** errichtet ein Schwimmbad, das ***sie*** von vornherein sowohl ***für das*** Schulschwimmen als auch ***für den*** öffentlichen Badebetrieb ***nutzt.*** [2]Die Gemeinde ordnet das Schwimmbad nach Abschnitt 15.2 Abs. 21 vollumfänglich ihrem Unternehmen zu.
>
> [3]Vorsteuerbeträge, die durch den Erwerb, die Herstellung sowie die Verwendung der Gesamtanlage Schwimmbad, anfallen, sind unter den Voraussetzungen des § 15 UStG *(*vgl. Abschnitt 15.2 Abs. 21*)* **nach § 15 Abs. 1b UStG nur abziehbar, soweit sie auf die Verwendung für den öffentlichen Badebetrieb entfallen (vgl. Abschnitt 15.6a).** [4]***In den Fällen, die der Übergangsregelung nach § 27 Abs. 16 UStG unterliegen,*** ist die Verwendung des Gegenstandes für hoheitliche Zwecke (Schulschwimmen) unabhängig davon, ob den Schulen das Schwimmbad zeitweise ganz überlassen wird (vgl. BFH-Urteil vom 31. 5. 2001, V R 97/98, BStBl II S. 658, Abschnitt 4.12.11) oder das Schulschwimmen während des öffentlichen Badebetriebs stattfindet (vgl. BFH-Urteil vom 10. 2. 1994, V R 33/92, BStBl II S. 668, Abschnitt 4.12.6 Abs. 2 Nr. 10), nach § 3 Abs. 9a Nr. 1 UStG als steuerbare und steuerpflichtige Wertabgabe zu behandeln.
>
> [5]Bemessungsgrundlage für die unentgeltliche Wertabgabe sind gemäß § 10 Abs. 4 Satz 1 Nr. 2 UStG die durch die Überlassung des Schwimmbades für das Schulschwimmen entstandenen Ausgaben des Unternehmers für die Erbringung der sonstigen Leistung –, vgl. Abschnitt 10.6 Abs. 3. [6]Die Wertabgabe kann nach den im öffentlichen Badebetrieb erhobenen Eintrittsgeldern bemessen werden; vgl. Abschnitt 10.7 Abs. 1 Satz 4.

Eigenjagdverpachtung

(19) [1]Eine juristische Person des öffentlichen Rechts wird mit der Verpachtung ihrer Eigenjagd im Rahmen ihres bestehenden land- und forstwirtschaftlichen Betriebs nach § 2 Abs. 3 UStG gewerblich oder beruflich tätig. [2]Dies gilt unabhängig davon, dass die Umsätze aus der Jagdverpachtung nicht der Durchschnittssatzbesteuerung nach § 24 UStG unterliegen (vgl. BFH-Urteil vom 22. 9. 2005, V R 28/03, BStBl 2006 II S. 280).

Betriebe in privatrechtlicher Form

(20) [1]Von den Betrieben gewerblicher Art einer juristischen Person des öffentlichen Rechts sind die Betriebe zu unterscheiden, die in einer privatrechtlichen Form (z. B. AG, GmbH) gekleidet sind. [2]Solche Eigengesellschaften sind grundsätzlich selbständige Unternehmer. [3]Sie können jedoch nach den umsatzsteuerrechtlichen Vorschriften über die Organschaft unselbständig sein, und zwar auch gegenüber der juristischen Person des öffentlichen Rechts. [4]Da Organschaft die Eingliederung in ein Unternehmen voraussetzt, kann eine Kapitalgesellschaft nur dann Organgesellschaft

einer juristischen Person des öffentlichen Rechts sein, wenn sie in den Unternehmensbereich dieser juristischen Person des öffentlichen Rechts eingegliedert ist. [5]Die finanzielle Eingliederung wird in diesen Fällen nicht dadurch ausgeschlossen, dass die Anteile an der juristischen Person nicht im Unternehmensbereich, sondern im nichtunternehmerischen Bereich der juristischen Person des öffentlichen Rechts verwaltet werden. [6]Eine wirtschaftliche Eingliederung in den Unternehmensbereich ist gegeben, wenn die Organgesellschaft Betrieben gewerblicher Art oder land- und forstwirtschaftlichen Betrieben der juristischen Person des öffentlichen Rechts wirtschaftlich untergeordnet ist. [7]Zur Organträgerschaft einer juristischen Person des öffentlichen Rechts vgl. Abschnitt 2.8 Abs. 2 Sätze 5 und 6. [8]Tätigkeiten, die der Erfüllung öffentlich-rechtlicher Aufgaben dienen, können grundsätzlich eine wirtschaftliche Eingliederung in den Unternehmensbereich nicht begründen.

Hinweise

Umsatzsteuer der politischen Parteien — H 1

(BMF vom 1. 3. 1991 – IV A 2 – S 7104 – 6/91 –)
Siehe USt-HA 1991/92 § 2 B 8.

Umsatzsteuerrechtliche Behandlung der Geschäftsführungs- und Vertretungsleistungen der Gesellschafter an die Gesellschaft; — 2
BFH-Urteil vom 6. Juni 2002 (V R 43/01)

(BMF vom 13. 12. 2002 und 17. 6. 2003, BStBl 2003 I S. 68 und 378)
Siehe USt-HA 2002/03 § 1 H 30.

Umsatzsteuerliche Behandlung der Vergütung für Standortvermietungen durch juristische Personen des öffentlichen Rechts — 3

(OFD Chemnitz, Vfg. vom 1. 2. 2005 – S 7106 – 82/3 – St 23 –, StEd 2005 S. 141)

Umsatzsteuerrechtliche Behandlung der Geschäftsführungs- und Vertretungsleistungen der Gesellschafter an die Gesellschaft; Anwendung des BFH-Urteils vom 10. März 2005 – V R 29/03 – — 4

(BMF vom 21. 9. 2005, BStBl 2005 I S. 936)
Siehe USt-HA 2005/06 § 2 H 7.

Beginn und Ende der Unternehmereigenschaft einer Kapitalgesellschaft — 5

(OFD Frankfurt am Main, Vfg. vom 11. 7. 2006 – S 7104 A – 47 – St I 1.10 –, StEd 2006 S. 605)

Abfallentsorgung: Durchführung der Entsorgung durch private Unternehmen und Vereine — 6

(OFD Frankfurt am Main, Vfg. vom 13. 3. 2007 – S 7106 A – 1/80 – St 11 –, StEd 2007 S. 301)

Umsatzsteuer bei Forschungstätigkeiten der Hochschulen — 7

(OFD Frankfurt am Main, Vfg. vom 15. 5. 2007 – S 7106 A – 2/84 – St 11 –, StEd 2007 S. 600)

Rechtsfolgen bei Beendigung der Organschaft — 8

(OFD Hannover, Vfg. vom 6. 8. 2007 – S 7105 – 49 – StO 172 –, StEd 2007 S. 665)

Umsatzsteuerrechtliche Behandlung der entgeltlichen Erteilung von Auszügen aus dem Liegenschaftskataster — 9

(BMF vom 28. 1. 2008, BStBl 2008 I S. 382)
Siehe USt-HA 2008/09 § 2 H 11.

Umsatzsteuerliche Behandlung von Blockheizkraftwerken — 10

(OFD Frankfurt am Main, Vfg. vom 4. 2. 2008 – S 7104 A – 080 – St 11 –, StEd 2008 S. 251)

11 Umsatzsteuerliche Behandlung der Vermessung einer Liegenschaft und der Erteilung von Auszügen aus dem Liegenschaftskataster durch die Vermessungs- und Katasterverwaltung, öffentlich bestellte Vermessungsingenieure und Gemeinden

(OFD Hannover, Vfg. vom 1. 4. 2008 – S 7106 – 264 – StO 171 –, StEd 2008 S. 360)

12 Abfallentsorgung;
Durchführung der Entsorgung von Abfallstoffen durch private Unternehmen und Vereine

(OFD Frankfurt am Main, Vfg. vom 24. 3. 2009 – S 7106 A – 1/80 – St 1 10 –, StEd 2009 S. 300)

13 Novelle des Erneuerbare-Energien-Gesetz (EEG 2009);
Umsatzsteuerrechtliche Behandlung des sog. Direktverbrauchs nach dem Erneuerbare-Energien-Gesetz ab dem 1. Januar 2009 (§ 33 Abs. 2 EEG)

(BMF vom 8. 4. 2009, BStBl 2009 I S. 523)
Siehe USt-HA 2009/10 § 2 H 15.

14 Leistungsbeziehungen zwischen einer Rechtsanwaltssozietät und einem als Insolvenzverwalter tätigen Anwalt

(OFD Frankfurt am Main, Vfg. vom 13. 5. 2009 – S 7104 A – 81 – St 1 10 –, StEd 2009 S. 426)

15 Unternehmereigenschaft bei Kapitalanlagegesellschaften und deren Sondervermögen bzw. bei Investmentaktiengesellschaften und deren Teilgesellschaftsvermögen

(OFD Frankfurt am Main, Vfg. vom 16. 6. 2009 – S 7104 A – 061 – St 1 10 –, StEd 2009 S. 490)

16 Beendigung der umsatzsteuerlichen Organschaft, insbesondere in Fällen der Insolvenz

(OFD Frankfurt am Main, Vfg. vom 20. 7. 2009 – S 7105 A – 21 – St 1 10 –, StEd 2009 S. 600)

17 Zuständigkeit für die Entscheidung über das Vorliegen einer Geschäftsveräußerung oder eines Organschaftsverhältnisses

(OFD Hannover, Vfg. vom 9. 10. 2009 – S 7500 – 466 – StO 171 –, StEd 2009 S. 796)

18 Umsatzsteuerrechtliche Organschaft (§ 2 Abs. 2 Nr. 2 UStG);
Konsequenzen des BFH-Urteils vom 29. Januar 2009 – V R 67/07 –

(BMF vom 1. 12. 2009, BStBl 2009 I S. 1609)
Siehe USt-HA 2009/10 § 2 H 19.

19 Umsatzsteuerrechtliche Organschaft
mittelbare finanzielle Eingliederung

(OFD Niedersachsen, Vfg. vom 10. 12. 2010 – S 7105 – 94 – St 171 –, StEd 2011 S. 140)

20 Urteil des Bundesfinanzhofs (BFH) vom 18. Dezember 2008; V R 80/07;
Unternehmereigenschaft, Vorsteuerabzug und Bemessungsgrundlage beim Betrieb von Kraft-Wärmekopplungsanlagen (KWK-Anlagen), insbesondere von Blockheizkraftwerken (BHKW);
Dezentraler Stromverbrauch beim Betrieb von KWK-Anlagen;
Belastungsausgleich unter Netzbetreibern;
Neufassung der Abschnitte 1.7, 2.5 und 10.7 UStAE

(BMF vom 14. 3. 2011, BStBl 2011 I S. 254)

Eine Kraft-Wärme-Kopplungsanlage (KWK-Anlage) dient der Erzeugung von elektrischer und thermischer Energie (Strom und Wärme, sog. Kraft-Wärme-Kopplung – KWK -) in einem Block.

Eine Form der KWK ist die Erzeugung in Blockheizkraftwerken (BHKW). Dabei wird mit einem Motor zunächst mechanische Energie erzeugt und diese durch einen Generator in Strom umgewandelt, wobei die beim Betrieb von Motor und Generator anfallende (Ab-)Wärme i. d. R. am Standort der Anlage oder in deren unmittelbarer Umgebung für Zwecke der Heizungs- und Brauchwassererwärmung, ggf. auch zu Kühlungszwecken verwendet wird. KWK-Anlagen in Gebäuden arbeiten i. d. R. wärmegeführt, d.h. in Abhängigkeit von der benötigten thermischen Energie; in diesem Fall erzeugt die Anlage nur dann elektrische Energie, wenn auch Wärme benötigt wird.

Netzbetreiber sind im Rahmen des KWK-Gesetzes (KWKG) zur Abnahme und Vergütung von Strom aus KWK-Anlagen verpflichtet. Die Höhe der Vergütung ist unter Berücksichtigung der Zuschläge nach dem KWKG – im Gegensatz zu Photovoltaikanlagen – geringer als der übliche Bezugspreis für Strom. Selbst erzeugter Strom wird daher vorrangig zu eigenen Zwecken verwendet, eine Einspeisung in das öffentliche Netz erfolgt, wenn Überschüsse erzeugt werden. Ein möglichst gleich bleibender Wärmebedarf und gleichzeitiger Strombedarf erhöhen daher die Wirtschaftlichkeit der KWK-Anlage.

Unternehmereigenschaft des Betreibers einer KWK-Anlage

Der Bundesfinanzhof (BFH) hat mit Urteil vom 18. Dezember 2008, V R 80/07, zum Betrieb eines BHKW entschieden:

1. Ein in ein Einfamilienhaus eingebautes Blockheizkraftwerk, mit dem neben Wärme auch Strom erzeugt wird, der ganz oder teilweise, regelmäßig und nicht nur gelegentlich gegen Entgelt in das allgemeine Stromnetz eingespeist wird, dient der nachhaltigen Erzielung von Einnahmen aus der Stromerzeugung.
2. Eine solche Tätigkeit begründet daher – unabhängig von der Höhe der erzielten Einnahmen – die Unternehmereigenschaft des Betreibers, auch wenn dieser daneben nicht anderweitig unternehmerisch tätig ist.
3. Der Vorsteuerabzug aus der Anschaffung des Blockheizkraftwerks ist unter den allgemeinen Voraussetzungen des § 15 UStG zu gewähren.

Leistungsbeziehungen beim dezentralen Verbrauch von (elektrischer) Energie

Seit dem 1. Januar 2009 wird auch der sog. Direktverbrauch (dezentraler Verbrauch von Strom durch den Anlagenbetreiber oder einen Dritten) bei KWK-Anlagen nach § 4 Abs. 3a KWKG gefördert. Im Unterschied zur Förderung nach dem Erneuerbare-Energien-Gesetz (EEG), die nur für nach dem 31. Dezember 2008 erstmals installierte Photovoltaikanlagen gewährt wird, gilt die Förderung nach dem KWKG auch für bereits installierte KWK-Anlagen, die die Fördervoraussetzungen nach dem KWKG erfüllen. Eine Förderung von KWK-Anlagen, die bereits eine Förderung nach dem EEG in Anspruch nehmen, wird hingegen nicht gewährt.

Die unterschiedliche Art der Energieerzeugung (aus solarer Strahlungsenergie bei Photovoltaikanlagen bzw. mittels Verbrennungsprozess bei KWK-Anlagen) sowie die unterschiedlichen Antriebe bei KWK-Anlagen (fossile Brennstoffe wie Heizöl, Erdgas oder Flüssiggas bei Anlagen nach dem KWKG bzw. Brennstoffe aus nachwachsenden Rohstoffen wie Biomasse, Holz- oder Strohpellets, Pflanzenöl, Bioethanol oder Biogas, ggf. auch solare Strahlungsenergie bei Anlagen, die unter das EEG fallen) haben keinen Einfluss auf die Beurteilung der umsatzsteuerrechtlichen Leistungsbeziehungen.

Unter Bezugnahme auf das Ergebnis der Erörterungen mit den obersten Finanzbehörden der Länder werden die Abschnitte 1.7, 2.5 und 10.7 des Umsatzsteuer-Anwendungserlasses vom 1. Oktober 2010 (BStBl I S. 846), der zuletzt mit BMF-Schreiben vom 3. März 2011 – IV D 3 – S 7180/10/10001 (2011/0166944), BStBl I S. 233 – geändert worden ist, wie folgt geändert:[1]

1.
2.
3.
4. Das Abkürzungsverzeichnis wird um folgende Begriffe ergänzt:

„AusglMechV	= Ausgleichsmechanismusverordnung
KWK	= Kraft-Wärme-Kopplung
KWKG	= Kraft-Wärme-Kopplungs-Gesetz"

Die Grundsätze dieses Schreibens sind in allen offenen Fällen anzuwenden. Sofern bisher ergangene Anweisungen dem entgegenstehen, sind diese nicht mehr anzuwenden.

---

[1] Anm.: Text wurde inhaltlich unverändert in Abschn. 1.7, 2.5 und 10.7 UStAE übernommen (siehe AE 1.7, AE 2.5, AE 10.7).

§ 2 UStG
H

21 **Unternehmereigenschaft des geschäftsführenden Komplementärs einer Kommanditgesellschaft, Konsequenzen des BFH-Urteils vom 14. April 2010 Konsequenzen der BFH-Urteile vom 22. April 2010 – V R 9/09 – und vom 1. Dezember 2010 – XI R 43/08 – XI R 14/09 (BStBl 2011 II S. 433)**

(BMF vom 2. 5. 2011, BStBl 2011 I S. 490)

Mit Urteil vom 14. April 2010 - XI R 14/09 - (BStBl 2011 II S. 433) hat der BFH entschieden, dass die Tätigkeit eines geschäftsführenden Komplementärs einer Kommanditgesellschaft umsatzsteuerrechtlich nicht selbständig ausgeübt werden kann.

Unter Bezugnahme auf das Ergebnis der Erörterungen mit den obersten Finanzbehörden der Länder gilt Folgendes:

1. Der Umsatzsteuer-Anwendungserlass vom 1. Oktober 2010 (BStBl I S. 846), der zuletzt durch das BMF-Schreiben vom 15. April 2011 - IV D 2 - S 7270/10/10001 (2011/0304805) - (BStBl I S. 489) geändert worden ist, wird wie folgt geändert:
   a) Abschnitt 2.2 Abs. 2 Satz 3 wird wie folgt gefasst:[1]
   b) Das Beispiel 1 in Abschnitt 2.2 Abs. 2 wird gestrichen.[2]
2. Beispiel 1 des BMF-Schreibens vom 31. Mai 2007 - IV A 5 - S 7100/07/0031 (2007/0222008) - (BStBl I S. 503)[3] ist nicht mehr anzuwenden.

Diese Regelungen sind auf alle offenen Fälle anzuwenden.

Für vor dem 1. Juli 2011 ausgeführte Umsätze wird es nicht beanstandet, wenn die Tätigkeit eines Gesellschafters einer Personengesellschaft trotz eines gesellschaftsvertraglich vereinbarten Weisungsrechts der Gesellschaft als selbständig im Sinne des § 2 Abs. 1 UStG behandelt wird.

22 **Umsatzbesteuerung bei Erbfällen**

(OFD Frankfurt am Main, Vfg. vom 19. 5. 2011 – S 7104 A – 43 – St 1 10 –, StEd 2011 S. 429

23 **Umsatzsteuerrechtliche Organschaft (§ 2 Abs. 2 Nr. 2 UStG); Konsequenzen der BFH-Urteile vom 22. April 2010 – V R 9/09 – und vom 1. Dezember 2010 – XI R 43/08 –**

(BMF vom 5. 7. 2011, BStBl 2011 I S. 703)

Gemäß § 2 Abs. 2 Nr. 2 UStG wird eine gewerbliche oder berufliche Tätigkeit nicht selbständig ausgeübt, wenn eine juristische Person nach dem Gesamtbild der tatsächlichen Verhältnisse finanziell, wirtschaftlich und organisatorisch in das Unternehmen des Organträgers eingegliedert ist (Organschaft). Unter der finanziellen Eingliederung ist der Besitz der entscheidenden Anteilsmehrheit an der Organgesellschaft zu verstehen, die es ermöglicht, Beschlüsse in der Organgesellschaft durchzusetzen.

Mit Urteilen vom 22. April 2010 - V R 9/09 – (BStBl II S. 597) und vom 1. Dezember 2010 - XI R 43/08 - (BStBl II S. 600) hat der BFH entschieden, dass eine finanzielle Eingliederung sowohl bei einer Kapital- als auch bei einer Personengesellschaft als Organträger eine unmittelbare oder mittelbare Beteiligung der Kapital- oder Personengesellschaft an der Organgesellschaft voraussetzt. Deshalb reicht es auch für die finanzielle Eingliederung einer GmbH in eine Personengesellschaft nicht aus, dass letztere nicht selbst, sondern nur ihr Gesellschafter mit Stimmenmehrheit an der GmbH beteiligt ist. Das Fehlen einer eigenen mittelbaren oder unmittelbaren Beteiligung der Gesellschaft kann nicht durch einen Beherrschungsvertrag und Gewinnabführungsvertrag ersetzt werden.

Unter Bezugnahme auf das Ergebnis der Erörterungen mit den obersten Finanzbehörden der Länder wird Abschnitt 2.8 Abs. 5 des Umsatzsteuer-Anwendungserlasses vom 1. Oktober 2010 (BStBl I S. 846), der zuletzt durch das BMF-Schreiben vom 29. Juni 2011 - IV D 2 - S 7234/07/10001 (2011/0515189) – (BStBl I S. 702) geändert worden ist, wie folgt gefasst:[4]

Die Grundsätze dieses Schreibens sind in allen offenen Fällen anzuwenden. Für die Zurechnung von vor dem 1. Januar 2012 ausgeführten Umsätzen wird es nicht beanstandet, wenn die am vermeintlichen Organkreis beteiligten Unternehmer unter Berufung auf Abschnitt 2.8 Abs. 5 UStAE in der am 4. Juli 2011 geltenden Fassung übereinstimmend eine finanzielle Eingliederung annehmen.

---

[1] Anm.: Text wurde inhaltlich unverändert in Abschn. 2.2 Abs. 2 Satz 3 UStAE übernommen (siehe AE 2.2).
[2] Anm.: Streichung wurde entsprechend in Abschn. 2.2 Abs. 2 UStAE vorgenommen (siehe AE 3a.2).
[3] Anm.: Siehe USt-HA 2007/08 § 3 H 10.
[4] Anm.: Text wurde inhaltlich unverändert in Abschn. 2.8 Abs. 5 UStAE übernommen (siehe AE 2.8).

Rechtsprechung

EUROPÄISCHER GERICHTSHOF

EuGH vom 6. 2. 1997 – Rs. C-247/95 – (BStBl 1999 II S. 426)

Ausübung öffentlicher Gewalt auch bei Betätigungen in der Weise privater Wirtschaftsteilnehmer
Art. 4 Abs. 5 Unterabs. 4 6. USt-Richtlinie ist so auszulegen, daß er es den Mitgliedstaaten erlaubt, die in Art. 13 dieser Richtlinie aufgezählten Tätigkeiten bei Einrichtungen des öffentlichen Rechts als Tätigkeiten zu behandeln, die diesen im Rahmen der öffentlichen Gewalt obliegen, obwohl sie sie in gleicher Weise ausüben wie private Wirtschaftsteilnehmer.

EuGH vom 12. 11. 1998 – Rs. C-149/97 – (HFR 1999 S. 132, UVR 1999 S. 28)

Einrichtungen ohne Gewinnstreben, die gewerkschaftliche Ziele verfolgen
Eine Einrichtung, die Ziele „de nature syndicale" verfolgt, i. S. d. Art. 13 Teil A Abs. 1 Buchst. l 6. USt-Richtlinie, bezeichnet eine Organisation, deren Hauptziel die Verteidigung der gemeinsamen Interessen ihrer Mitglieder – unabhängig davon, ob es sich dabei um Arbeitnehmer, Arbeitgeber, Angehörige freier Berufe oder Personen handelt, die eine bestimmte wirtschaftliche Tätigkeit ausüben – und deren Vertretung gegenüber betroffenen Dritten einschließlich staatlicher Stellen ist.

EuGH vom 27. 1. 2000 – Rs. C-23/98 – (HFR 2000 S. 316, UVR 2000 S. 141)

Vermietung durch einen Gesellschafter an die Gesellschaft
Besteht die einzige wirtschaftliche Tätigkeit einer Person i. S. des Art. 4 Abs. 1 6. USt-Richtlinie darin, einen körperlichen Gegenstand an eine Gesellschaft wie eine niederländische Gesellschaft bürgerlichen Rechts zu vermieten, deren Gesellschafter sie ist, so ist diese Vermietung als i. S. dieser Bestimmung selbständig ausgeübt anzusehen.

EuGH vom 14. 12. 2000 – Rs. C-446/98 (HFR 2001 S. 306, UVR 2001 S. 71)

Vermietung von Plätzen für das Abstellen von Fahrzeugen durch Stadtverwaltung (öffentlich-rechtliche Einrichtung), im Rahmen öffentlicher Gewalt oder umsatzsteuerbar, größere Wettbewerbsverzerrung

1. Bei der Vermietung von Plätzen für das Abstellen von Fahrzeugen handelt es sich um eine Tätigkeit, die einer Einrichtung des öffentlichen Rechts von Art. 4 Abs. 5 Unterabs. 1 6. USt-Richtlinie im Rahmen der öffentlichen Gewalt obliegt, wenn sie im Rahmen einer öffentlich-rechtlichen Sonderregelung erfolgt. Dies ist dann der Fall, wenn die Ausübung dieser Tätigkeit das Gebrauchmachen von hoheitlichen Befugnissen umfasst.
2. Art. 4 Abs. 5 Unterabs. 3 6. USt-Richtlinie ist so auszulegen, dass Einrichtungen des öffentlichen Rechts in Bezug auf von ihnen ausgeführte nicht unbedeutende Tätigkeiten nicht immer als Steuerpflichtige gelten. Nur dann, wenn diese Einrichtungen eine in Anhang D 6. USt-Richtlinie aufgeführte Tätigkeit ausüben oder eine dort aufgeführten Umsatz tätigen, ist eine unbedeutende Tätigkeit oder ein entsprechender Umsatz von der Mehrwertsteuer befreit, sofern das nationale Recht von der in Art. 4 Abs. 5 Unterabs. 3 6. USt-Richtlinie vorgesehenen Befugnis Gebrauch gemacht hat.
3. Der Finanzminister eines Mitgliedstaats kann durch ein nationales Gesetz ermächtigt werden, festzulegen, was unter dem Begriff der größeren Wettbewerbsverzerrungen im Sinne von Art. 4 Abs. 5 Unterabs. 2 6. USt-Richtlinie und was unter in nicht unbedeutendem Umfang ausgeführten Tätigkeiten im Sinne von Art. 4 Abs. 5 Unterabs. 3 6. USt-Richtlinie zu verstehen ist, sofern eine Entscheidung von den nationalen Gerichten überprüft werden kann.
4. Art. 4 Abs. 5 Unterabs. 4 6. USt-Richtlinie ist so auszulegen, dass das Unterbleiben der Steuerbefreiung für die Vermietung von Plätzen für das Abstellen von Fahrzeugen gemäß Art. 13 Teil B Buchst. b dieser Richtlinie es nicht verhindert, dass die Einrichtungen des öffentlichen Rechts, die diese Tätigkeit ausüben, für diese nicht mehrwertsteuerpflichtig sind, wenn die Voraussetzungen in den Unterabs. 1 und 2 dieser Bestimmung erfüllt sind.
5. Das nationale Gericht ist berechtigt und gegebenenfalls verpflichtet, dem Gerichtshof, auch von Amts wegen, eine Frage nach der Auslegung der 6. USt-Richtlinie vorzulegen, wenn es der Ansicht ist, dass eine Entscheidung des Gerichtshofes zu diesem Punkt für den Erlass seines Urteils erforderlich ist und dass es bei seiner endgültigen Entscheidung an die Entscheidung des Gerichtshofes gebunden ist.

EuGH vom 12. 7. 2001 – Rs. C-102/00 – (HFR 2001 S. 1118, UVR 2002 S. 21)

Zum Begriff „Wirtschaftliche Tätigkeit", Holdinggesellschaft, kein Vorsteuerabzug bei unentgeltlicher Verwaltungstätigkeit

Die Eingriffe einer Holdinggesellschaft in die Verwaltung ihrer Tochtergesellschaften stellen nur dann eine wirtschaftliche Tätigkeit i. S. von Art. 4 Abs. 2 6. USt-Richtlinie dar, wenn sie die Ausübung von Tätigkeiten einschließen, die gemäß Art. 2 6. USt-Richtlinie der Umsatzsteuer unterliegen.

EuGH vom 29. 4. 2004 – Rs. C-77/01 – (HFR 2004 S. 812, UR 2004 S. 292)

Zu den Begriffen „wirtschaftliche Tätigkeiten" und „Hilfsumsätze im Bereich der Finanzgeschäfte"

1. In einer Situation wie der des Ausgangsrechtsstreits gilt Folgendes:
   - Tätigkeiten, die im bloßen Verkauf von Aktien und sonstigen Wertpapieren wie etwa Beteiligungen an Investmentfonds bestehen, stellen keine wirtschaftlichen Tätigkeiten i. S. von Art. 4 Abs. 2 6. USt-Richtlinie dar und fallen somit nicht in deren Anwendungsbereich;

   Anlagen in Investmentfonds sind keine Dienstleistung „gegen Entgelt" i. S. von Art. 2 Nr. 1 6. USt-Richtlinie und fallen deshalb ebenfalls nicht in den Anwendungsbereich der Mehrwertsteuer;

   der auf diese Umsätze entfallende Betrag muss folglich bei der Berechnung des Pro-rata-Satzes des Vorsteuerabzugs i. S. der Art. 17 und 19 6. USt-Richtlinie unberücksichtigt bleiben.

   - Die jährliche Gewährung verzinslicher Darlehen durch eine Holdinggesellschaft an ihre Beteiligungsgesellschaft und die Anlagen der Holdinggesellschaft in Form von Bankeinlagen oder in Titel wie Schatzanweisungen oder Zertifikate stellen dagegen wirtschaftliche Tätigkeiten, die ein Stpfl. als solcher ausführt, i. S. von Art. 2 Nr. 1 und 4 Abs. 2 6. USt-Richtlinie dar;

   diese Umsätze sind jedoch gemäß Art. 13 Teil B Buchst. d Nr. 1 und 5 6. USt-Richtlinie von der Mehrwertsteuer befreit;

   bei der Berechnung des Pro-rata-Satzes des Vorsteuerabzugs i. S. der Art. 17 und 19 6. USt-Richtlinie sind diese Umsätze als Hilfsumsätze i. S. von Art. 19 Abs. 2 Satz 2 6. USt-Richtlinie anzusehen, soweit Gegenstände oder Dienstleistungen, die der Mehrwertsteuer unterliegen, nur in sehr geringem Umfang für diese Geschäfte verwendet werden; zwar kann der Umfang der durch die Finanzgeschäfte, die in den Anwendungsbereich der 6. USt-Richtlinie fallen, erzielten Einkünfte ein Indiz dafür sein, dass diese Umsätze nicht als Hilfsumsätze i. S. dieser Bestimmung anzusehen sind, doch reicht der Umstand, dass die Einkünfte aus diesen Umsätzen höher sind als die Einkünfte aus der Tätigkeit, die nach Angabe des betreffenden Unternehmens seine Haupttätigkeit darstellt, allein nicht aus, um ihre Einordnung als „Hilfsumsätze" auszuschließen;

   es ist Sache des vorlegenden Gerichts, festzustellen, ob Gegenstände oder Dienstleistungen, die der Mehrwertsteuer unterliegen, nur in sehr geringem Umfang für die im Ausgangsrechtsstreit fraglichen Geschäfte verwendet werden, und gegebenenfalls die Zinsen aus diesen Umsätzen im Nenner des Bruches für die Berechnung des Pro-rata-Satzes des Vorsteuerabzugs unberücksichtigt zu lassen.

2. Arbeiten wie die im Ausgangsverfahren streitigen, die die Mitglieder eines Konsortiums gemäß den Klauseln eines Konsortialvertrags entsprechend ihrem jeweiligen in diesem Vertrag festgelegten Arbeitsanteil durchführen, stellen keine „gegen Entgelt ausgeführte" Lieferung von Gegenständen oder Dienstleistungen i. S. von Art. 2 Nr. 1 6. USt-Richtlinie und damit auch keinen gemäß dieser Richtlinie steuerbaren Umsatz dar. Der Umstand, dass das Mitglied des Konsortiums, das die Arbeiten durchführt, zugleich dessen Geschäftsführer ist, ist insoweit unerheblich. Wenn dagegen die Arbeiten über den im Vertrag festgelegten Arbeitsanteil eines Mitglieds des Konsortiums hinausgehen und dies dazu führt, dass die anderen Mitglieder des Konsortiums eine Gegenleistung für die über diesen Arbeitsanteil hinausgehenden Arbeiten zahlen, so stellen diese eine Lieferung von Gegenständen oder eine Dienstleistung i. S. von Art. 2 Nr. 1 6. USt-Richtlinie dar.

EuGH vom 29. 4. 2004 – Rs. C-137/02 – (HFR 2004 S. 708, UR 2004 S. 362)

Vorsteuerabzug für Leistungsbezüge einer Vorgründungsgesellschaft ohne eigene Umsätze

Eine allein mit dem Ziel der Gründung einer Kapitalgesellschaft errichtete Personengesellschaft ist zum Abzug der Vorsteuer für den Bezug von Dienstleistungen und Gegenständen berechtigt, wenn entsprechend ihrem Gesellschaftszweck ihr einziger Ausgangsumsatz die Übertragung der bezogenen Leistungen mittels eines Aktes gegen Entgelt an die Kapitalgesellschaft nach deren Gründung war und wenn, weil der betreffende Mitgliedstaat von der in den Art. 5 Abs. 8 und 6 Abs. 5 6. USt-Richtlinie i. d. F. der RL 95/7/EG vorgesehenen Möglichkeit Gebrauch gemacht hat, die Übertragung des Gesamtvermögens so behandelt wird, als ob keine Lieferung oder Dienstleistung vorliegt.

EuGH vom 3. 3. 2005 – Rs. C-32/03 – (HFR 2005 S. 484, UVR 2005 S. 319)

Unternehmereigenschaft nach Aufgabe des Geschäftsbetriebs bei Andauern des gewerblichen Mietverhältnisses, Vorsteuerabzug in derartigen Fällen für Vorbezüge noch möglich

Art. 4 Abs. 1 bis 3 6. USt-Richtlinie i. d. F. der Richtlinie 95/7/EG des Rates vom 10. 4. 1995 ist dahin auszulegen, dass derjenige, der seine wirtschaftliche Tätigkeit eingestellt hat, aber für die Räume, die er für diese Tätigkeit genutzt hatte, wegen einer Unkündbarkeitsklausel im Mietvertrag weiterhin Miete und Nebenkosten zahlt, als Steuerpflichtiger i. S. dieser Vorschrift anzusehen ist und die Vorsteuer auf die entsprechenden Beträge abziehen kann, soweit zwischen den geleisteten Zahlungen und der wirtschaftlichen Tätigkeit ein direkter und unmittelbarer Zusammenhang besteht und feststeht, dass keine betrügerische oder missbräuchliche Absicht vorliegt.

EuGH vom 23. 3. 2006 – Rs. C-210/04 – (HFR 2006 S. 624, UR 2006 S. 331)

Keine Steuerpflichtigeneigenschaft einer festen Niederlassung durch Bezug entgeltlicher Dienstleistungen von einem mit ihr verbundenen gebietsfremden Unternehmen

Art. 2 Nr. 1 und Art. 9 Abs. 1 der 6. USt-Richtlinie sind dahin auszulegen, dass eine feste Niederlassung in einem anderen Mitgliedstaat, die kein von dem Unternehmen, zu dem sie gehört, verschiedenes Rechtssubjekt ist und der das Unternehmen Dienstleistungen erbringt, nicht aufgrund der Kosten, mit denen sie wegen der genannten Dienstleistungen belastet wird, als Steuerpflichtiger anzusehen ist.

EuGH vom 8. 6. 2006 – Rs. C-430/04 – (HFR 2006 S. 830, UR 2006 S. 459)

Drittschützende Wirkung des Wettbewerbsvorbehalt bei erwerbswirtschaftlicher Betätigung der öffentlichen Hand

Ein Einzelner, der mit einer Einrichtung des öffentlichen Rechts im Wettbewerb steht und der geltend macht, diese Einrichtung werde für die Tätigkeiten, die sie im Rahmen der öffentlichen Gewalt ausübe, nicht oder zu niedrig zur Mehrwertsteuer herangezogen, kann sich im Rahmen eines Rechtsstreits gegen die nationale Steuerverwaltung wie des Ausgangsrechtsstreits auf Art. 4 Abs. 5 Unterabs. 2 der 6. USt-Richtlinie berufen.

EuGH vom 18. 10. 2007 – Rs. C-355/06 –(DStR 2007 S. 1958, UR 2007 S. 889)

Keine Unternehmereigenschaft einer natürlichen Person als alleiniger Geschäftsführer, Gesellschafter und Arbeitnehmer einer GmbH

Eine natürliche Person, die aufgrund eines Arbeitsvertrags mit einer steuerpflichtigen Gesellschaft, deren einziger Gesellschafter, Geschäftsführer und Mitarbeiter sie im Übrigen ist, alle Arbeiten im Namen und auf Rechnung dieser Gesellschaft ausführt, gilt für die Zwecke von Art. 4 Abs. 4 Unterabs. 2 der 6. USt-Richtlinie selbst nicht als Steuerpflichtiger im Sinne von Art. 4 Abs. 1 der 6. USt-Richtlinie.

EuGH vom 13. 12. 2007 – Rs. C-408/06 – (HFR 2008 S. 193, UR 2008 S. 296)

Keine größeren Wettbewerbsverzerrungen im räumlich relevanten Markt durch die Behandlung einer Milchquoten-Verkaufsstelle als Nichtsteuerpflichtige für deren ihr im Rahmen der öffentlichen Gewalt obliegenden Tätigkeiten

1. Eine Milchquoten-Verkaufsstelle ist weder eine landwirtschaftliche Interventionsstelle i. S. von Art. 4 Abs. 5 Unterabs. 3 i. V. mit Anhang D Nr. 7 6. USt-Richtlinie in der durch die Richtlinie 2001/4/EG des Rates vom 19. 1. 2001 geänderten Fassung noch eine Verkaufsstelle i. S. von Art. 4 Abs. 5 Unterabs. 3 i. V. mit Anhang D Nr. 12 6. USt-Richtlinie.
2. Die Behandlung einer Milchquoten-Verkaufsstelle als Nichtsteuerpflichtige, soweit sie i. S. von Art. 4 Abs. 5 6. USt-Richtlinie in der durch die Richtlinie 2001/4/EG geänderten Fassung Tätigkeiten ausübt oder Leistungen erbringt, die ihr im Rahmen der öffentlichen Gewalt obliegen, kann nicht zu größeren Wettbewerbsverzerrungen führen, da diese Verkaufsstelle in einer Situation wie der des Ausgangsverfahrens nicht mit privaten Wirtschaftsteilnehmern konfrontiert ist, die Leistungen erbringen, die mit den öffentlichen Leistungen konkurrieren. Da dies für jede Milchquoten-Verkaufsstelle gilt, die in einem von dem betreffenden Mitgliedstaat definierten Übertragungsbereich für Anlieferungs-Referenzmengen tätig ist, ist

dieser Übertragungsbereich der räumlich relevante Markt für die Feststellung größerer Wettbewerbsverzerrungen.

EuGH vom 3. 4. 2008 – Rs. C-442/05 – (BStBl 2009 II S. 328, HFR 2008 S. 648)

Hausanschluss als Teil der steuerpflichtigen Wasserversorgung

1. Art. 4 Abs. 5 und Anhang D Nr. 2 6. USt-Richtlinie sind dahin auszulegen, dass unter den Begriff „Lieferungen von Wasser" im Sinne dieses Anhangs das Legen eines Hausanschlusses fällt, das wie im Ausgangsverfahren in der Verlegung einer Leitung besteht, die die Verbindung des Wasserverteilungsnetzes mit der Wasseranlage eines Grundstücks ermöglicht, so dass eine Einrichtung des öffentlichen Rechts, die im Rahmen der öffentlichen Gewalt tätig wird, für diese Leistung als Steuerpflichtiger gilt.
2. Art. 12 Abs. 3 Buchst. a und Anhang H Kategorie 2 6. USt-Richtlinie sind dahin auszulegen, dass unter den Begriff „Lieferungen von Wasser" das Legen eines Hausanschlusses fällt, das wie im Ausgangsverfahren in der Verlegung einer Leitung besteht, die die Verbindung des Wasserverteilungsnetzes mit der Wasseranlage eines Grundstücks ermöglicht. Zudem können die Mitgliedstaaten konkrete und spezifische Aspekte der „Lieferungen von Wasser" – wie das im Ausgangsverfahren fragliche Legen eines Hausanschlusses – mit einem ermäßigten Mehrwertsteuersatz belegen, vorausgesetzt, sie beachten den Grundsatz der steuerlichen Neutralität, der dem gemeinsamen Mehrwertsteuersystem zugrunde liegt.

EuGH vom 22. 5. 2008 – Rs. C-162/07 – (DB 2008 S. 1250, UR 2008 S. 534)

Anwendung der Organschaftsregelung ohne Konsultation des Mehrwertsteuer-Ausschusses auf Gemeinschaftsebene stellt Verfahrensverstoß dar

1. Bei Art. 4 Abs. 4 Unterabs. 2 6. USt-Richtlinie handelt es sich um eine Norm, deren Umsetzung durch einen Mitgliedstaat die vorherige Konsultation des Beratenden Ausschusses für die Mehrwertsteuer durch den Mitgliedstaat und den Erlass einer nationalen Regelung voraussetzt, die es im Inland ansässigen Personen, insbesondere Gesellschaften, die rechtlich unabhängig, aber durch gegenseitige finanzielle, wirtschaftliche und organisatorische Beziehungen eng miteinander verbunden sind, gestattet, nicht mehr als getrennte Mehrwertsteuerpflichtige, sondern zusammen als ein Steuerpflichtiger behandelt zu werden, dem allein eine persönliche Identifikationsnummer für diese Steuer zugeteilt wird und der allein infolgedessen Mehrwertsteuererklärungen abgeben kann. Es ist Sache des nationalen Gerichts, zu prüfen, ob eine nationale Regelung wie die im Ausgangsverfahren in Rede stehende diese Kriterien erfüllt, wobei eine nationale Regelung, die diese Kriterien erfüllen sollte, ohne vorherige Konsultation des Beratenden Ausschusses für die Mehrwertsteuer eine Umsetzung unter Verstoß gegen das in Art. 4 Abs. 4 Unterabs. 2 6. USt-Richtlinie aufgestellte Verfahrenserfordernis wäre.
2. Der Grundsatz der Steuerneutralität steht einer nationalen Regelung nicht entgegen, die sich darauf beschränkte, Steuerpflichtige, die sich für ein System von vereinfachter Mehrwertsteuererklärung und -zahlung entscheiden möchten, danach unterschiedlich zu behandeln, ob das Mutterunternehmen oder die Muttergesellschaft mindestens seit Beginn des dem Jahr der Erklärung vorangegangenen Kalenderjahrs mehr als 50 % der Aktien oder Anteile an den untergeordneten Personen hält oder diese Voraussetzungen im Gegenteil erst nach diesem Zeitpunkt erfüllt. Es ist Sache des nationalen Gerichts, zu prüfen, ob eine nationale Regelung wie die im Ausgangsverfahren in Rede stehende eine solche Regelung darstellt. Darüber hinaus stehen weder das Rechtsmissbrauchsverbot noch der Verhältnismäßigkeitsgrundsatz einer solchen Regelung entgegen.

EuGH vom 16. 9. 2008 – Rs. C-288/07 –(IStR 2008 S. 734, UR 2008 S. 816)

Mehrwertsteuerpflicht von Einrichtungen des öffentlichen Rechts für die Bewirtschaftung von abgeschlossenen Parkeinrichtungen für PKW

1. Art. 4 Abs. 5 Unterabs. 2 6. USt-Richtlinie ist dahin auszulegen, dass die Frage, ob die Behandlung von Einrichtungen des öffentlichen Rechts, die im Rahmen der öffentlichen Gewalt tätig werden, als Nichtsteuerpflichtige zu größeren Wettbewerbsverzerrungen führen würde, mit Bezug auf die fragliche Tätigkeit als solche zu beurteilen ist, ohne dass sich diese Beurteilung auf einen lokalen Markt im Besonderen bezieht.
2. Der Begriff „führen würde" i. S. des Art. 4 Abs. 5 Unterabs. 2 6. USt-Richtlinie ist dahin auszulegen, dass er nicht nur den gegenwärtigen, sondern auch den potenziellen Wettbewerb umfasst, sofern die Möglichkeit für einen privaten Wirtschaftsteilnehmer, in den relevanten Markt einzutreten, real und nicht rein hypothetisch ist.

3. Der Begriff „größere" i. S. des Art. 4 Abs. 5 Unterabs. 2 6. USt-Richtlinie ist dahin zu verstehen, dass die gegenwärtigen oder potenziellen Wettbewerbsverzerrungen mehr als unbedeutend sein müssen.

EuGH vom 4. 6. 2009 – Rs. C-102/08 – (BFH/NV 2009 S. 1222, UR 2009 S. 484)

Befugnis der Mitgliedstaaten, die Tätigkeiten von Einrichtungen des öffentlichen Rechts als Tätigkeiten zu behandeln, die ihnen im Rahmen der öffentlichen Gewalt obliegen

1. Die Mitgliedstaaten müssen eine ausdrückliche Regelung vorsehen, um sich auf die in Art. 4 Abs. 5 Unterabs. 4 6. USt-Richtlinie vorgesehene Befugnis berufen zu können, die Tätigkeiten der Einrichtungen des öffentlichen Rechts, die nach Art. 13 oder 28 6. USt-Richtlinie von der Steuer befreit sind, als Tätigkeiten zu behandeln, die ihnen im Rahmen der öffentlichen Gewalt obliegen.
2. Art. 4 Abs. 5 Unterabs. 2 6. USt-Richtlinie ist dahin auszulegen, dass die Einrichtungen des öffentlichen Rechts, soweit sie Tätigkeiten ausüben oder Leistungen erbringen, die ihnen im Rahmen der öffentlichen Gewalt obliegen, nicht nur dann als Steuerpflichtige gelten, wenn ihre Behandlung als Nichtsteuerpflichtige aufgrund des Art. 4 Abs. 5 Unterabs. 1 oder 4 6. USt-Richtlinie zu größeren Wettbewerbsverzerrungen zulasten ihrer privaten Wettbewerber führen würde, sondern auch dann, wenn sie derartige Verzerrungen zu ihren eigenen Lasten zur Folge hätte.

EuGH vom 6. 10. 2009 – Rs. C-267/08 – (HFR 2009 S. 1263, UR 2009 S. 760)

Keine wirtschaftliche Tätigkeit einer politischen Partei durch Werbeaktivitäten

Art 4 Abs. 1 und 2 6. USt-Richtlinie ist dahin auszulegen, dass Tätigkeiten der Außenwerbung der Unterorganisation einer politischen Partei eines Mitgliedstaates nicht als wirtschaftliche Tätigkeit anzusehen sind.

EuGH vom 15.9.2011 – Rs. C-180/10 und C-181/10 – (DB 2011 S. 2471, DStRE 2011 S. 1417)

Lieferung von Baugrundstücken ist eine unternehmerische Tätigkeit

Die Lieferung eines für eine Bebauung vorgesehenen Grundstücks unterliegt nach dem nationalen Recht eines Mitgliedstaats der Mehrwertsteuer, wenn dieser Mitgliedstaat von der Befugnis nach Art. 12 Abs. 1 MwStSystRL in der durch die Richtlinie 2006/138/EG des Rates vom 19.12.2006 geänderten Fassung Gebrauch gemacht hat, unabhängig davon, ob der Umsatz nachhaltig ist oder ob die Person, die die Lieferung getätigt hat, als Erzeuger, Händler oder Dienstleistender tätig ist, soweit dieser Umsatz nicht als die bloße Ausübung des Eigentums durch seinen Inhaber darstellt.

Eine natürliche Person, die eine landwirtschaftliche Tätigkeit auf einem Grundstück ausgeübt hat, das aufgrund einer Änderung der Bebauungspläne, die aus vom Willen dieser Person unabhängigen Gründen erfolgte, in ein für eine Bebauung vorgesehenes Grundstück umklassifiziert wurde, ist nicht als mehrwertsteuerpflichtig i.S.d. Art. 9 Abs. 1 und 12 Abs. 1 MwStSystRL in der durch die Richtlinie 2006/138 geänderten Fassung anzusehen, wenn sie begonnen hat, das Grundstück zu verkaufen, falls die Verkäufe im Rahmen der Verwaltung des Privatvermögens dieser Person erfolgen.

Unternimmt diese Person hingegen zur Vornahme der Verkäufe aktive Schritte zum Vertrieb von Grund und Boden, indem sie sich ähnlicher Mittel bedient wie ein Erzeuger, Händler oder Dienstleistender i.S.v. Art. 9 Abs. 1 Unterabs. 2 MwStSystRL in der durch die Richtlinie 2006/138 geänderten Fassung, übt sie eine „wirtschaftliche Tätigkeit" im Sinne dieses Artikels aus und ist folglich als mehrwertsteuerpflichtig anzusehen.

Dass diese Person ein „Pauschallandwirt" i.S.v. Art. 295 Abs. 1 Nr. 3 MwStSystRL in der durch die Richtlinie 2006/138 geänderten Fassung ist, ist dabei unbeachtlich.

EuGH vom 27.10.2011 – Rs. C-93/10 – (DB 2011 S. 2642, DStR 2011 S. 2093, HFR 2011 S. 1390)

Verkauf zahlungsgestörter Forderungen ist keine der Umsatzsteuer unterliegende Leistung

Art. 2 Nr. 1 und Art. 4 der 6. USt-Richtlinie sind dahin auszulegen, dass ein Wirtschaftsteilnehmer, der auf eigenes Risiko zahlungsgestörte Forderungen zu einem unter ihrem Nennwert liegenden Preis kauft, keine entgeltliche Dienstleistung i.S.v. Art. 2 Nr. 1 der 6. USt-Richtlinie erbringt und keine in ihren Geltungsbereich fallende wirtschaftliche Tätigkeit ausübt, wenn die Differenz zwischen dem Nennwert dieser Forderungen und deren Kaufpreis den tatsächlichen wirtschaftlichen Wert der betreffenden Forderungen zum Zeitpunkt ihrer Übertragung widerspiegelt.

BUNDESFINANZHOF

BFH vom 20. 1. 2010 – XI R 13/08 – (HFR 2010 S. 748, UR 2010 S. 452)

Unternehmereigenschaft bei unentgeltlicher Überlassung eines Hotel-Appartements an Hotel-Betriebsgesellschaft

Sind die Miteigentümer eines Hotel-Appartements zugleich Gesellschafter einer Hotel-Betriebsgesellschaft in der Rechtsform einer OHG und verzichten sie ab einem bestimmten Zeitpunkt auf unbestimmte Zeit auf ein Entgelt für die Überlassung des Appartements, ist zweifelhaft, ob eine ernsthafte Einnahmeerzielungsabsicht der Gemeinschaft fortbestanden hat oder ob die Unternehmereigenschaft entfallen war.

BFH vom 17. 3. 2010 – XI R 17/08 – (BFH/NV 2010 S. 2359, DStR 2010 S. 2234, HFR 2011 S. 58)

Öffentliche Hand als Unternehmer

Eine Gemeinde, die sich als Gegenleistung für die Übereignung eines mit Werbeaufdrucken versehenen Fahrzeugs (Werbemobil) verpflichtet, dieses für die Dauer von fünf Jahren in der Öffentlichkeit zu bewegen, ist Unternehmerin. Dies gilt auch dann, wenn die in Abschn. 23 Abs. 4 UStR 2005 genannte Umsatzgrenze von 30.678 € nicht erreicht wird.

BFH vom 18. 3. 2010 – V B 57/08 – (BFH/NV 2010 S. 1312, UR 2010 S. 492)

Wirtschaftliche Eingliederung bei Vorliegen einer wirtschaftlichen Einheit, Kooperation oder Verflechtung

1. Es ist bereits geklärt, dass für eine wirtschaftliche Eingliederung das Bestehen von mehr als nur unerheblichen Beziehungen zwischen Organträger und Organgesellschaft ausreicht; das gilt insbesondere bei deutlicher Ausprägung der finanziellen und organisatorischen Eingliederung.
2. Für die Rüge, das FG habe einen Beweisantrag übergangen, hat der Kläger vorzutragen, dass er die unterlassene Beweisaufnahme in der mündlichen Verhandlung vor dem FG gerügt, eine Protokollierung der Rüge verlangt und – im Falle der Weigerung des Gerichts, die Protokollierung vorzunehmen – eine Protokollberichtigung beantragt habe.

BFH vom 14. 4. 2010 – XI R 14/09 – (BFH/NV 2010 S. 2201, BStBl 2011 II S. 433, HFR 2010 S. 1331)

Unternehmereigenschaft eines geschäftsführenden Komplementärs einer KG

Ein geschäftsführender Komplementär einer KG kann umsatzsteuerrechtlich unselbständig sein (entgegen Abschn. 17 Abs. 2 Satz 3 UStR 2005/2008 und BMF-Schreiben vom 23. 12. 2003 IV B 7 – S 7100 – 246/03, BStBl I 2004, 240, unter A.1.).[1]

BFH vom 15. 4. 2010 – V R 10/09 – (HFR 2010 S. 1083, UR 2010 S. 646)

Privatrechtliche Vermögensverwaltung durch Gestattung einer Automatenaufstellung sowie öffentlich-rechtliche Überlassung von Personal und Sachmitteln als „Betrieb gewerblicher Art" einer Universität

1. Dem Begriff der „Vermögensverwaltung" kommt umsatzsteuerrechtlich für die Unternehmerstellung einer juristischen Person des öffentlichen Rechts durch einen „Betrieb gewerblicher Art" keine Bedeutung zu.
2. Gestattet eine Universität als juristische Person des öffentlichen Rechts durch privatrechtlichen Vertrag das Aufstellen von Automaten gegen Entgelt, erbringt sie als Unternehmer steuerbare und steuerpflichtige Leistungen (richtlinienkonforme Auslegung von § 2 Abs. 3 Satz 1 UStG i. V. m. § 4 Abs. 1 KStG entsprechend Art. 4 6. USt-Richtlinie).
3. Überlässt die Universität auf öffentlich-rechtlicher Rechtsgrundlage Personal und Sachmittel gegen Entgelt, ist sie Unternehmer, wenn eine Behandlung als Nichtunternehmer zu größeren Wettbewerbsverzerrungen führen würde (richtlinienkonforme Auslegung von § 2 Abs. 3 Satz 1 UStG i. V. m. § 4 Abs. 5 KStG entsprechend Art. 4 Abs. 5 6. USt-Richtlinie).

BFH vom 22. 4. 2010 – V R 9/09 – (BStBl 2011 II S. 597, HFR 2010 S. 1080, UR 2010 S. 579)

Keine umsatzrechtsteuerliche Organschaft bei mehreren Gesellschaftern nur gemeinsam zustehender Anteilsmehrheit an Besitz- und Betriebsgesellschaft

---

[1] Anm.: Vgl. hierzu BMF vom 2. 5. 2011, § 2 H 21.

Verfügen mehrere Gesellschafter nur gemeinsam über die Anteilsmehrheit an einer GmbH und einer Personengesellschaft, ist die GmbH nicht finanziell in die Personengesellschaft eingegliedert (Änderung der Rechtsprechung).[1]

BFH vom 6.5.2010 – V R 24/09 – (BFH/NV 2011 S. 76, DB 2011 S. 219)

Mittelbare finanzielle Eingliederung bei Organschaft
Eine GmbH kann auch nicht über zwei gemeinsame Gesellschafter mittelbar finanziell in eine GbR eingegliedert sein (Fortführung von BFH vom 22.4.2010 – V R 9/09 –).

BFH vom 10.6.2010 – V R 62/09 – (BFH/NV 2011 S. 79, UR 2010 S. 907)

Keine umsatzsteuerliche Organschaft bei mehreren Gesellschaftern nur gemeinsam zustehender Anteilsmehrheit an der Besitz- und Betriebsgesellschaft
Eine GmbH ist nicht finanziell in eine Personengesellschaft eingegliedert, wenn mehrere Gesellschafter nur gemeinsam über die Anteilsmehrheit an der GmbH und der Personengesellschaft verfügen.

BFH vom 1.9.2010 – XI S 6/10 – (BFH/NV 2010 S. 2140, UR 2010 S. 905)

Unternehmereigenschaft einer Grundstücksgemeinschaft
1. Vermieten die Miteigentümer eines Grundstücks dieses an eine dritte Person, können sie dies als Gemeinschaft tun. Umsatzsteuerrechtlich werden die Vermietungsleistungen von der Gemeinschaft ausgeführt. Der Teilhaber wird nicht allein durch seine zivilrechtliche Stellung als Mitvermieter Unternehmer. Nur die Gemeinschaft ist (wegen dieser Vermietungsumsätze) Unternehmer i. S. des § 2 Abs. 1 UStG.
2. Richtet sich ein Umsatzsteuerbescheid gegen eine Grundstücksgemeinschaft als Steuerschuldnerin, muss eine Klage im Namen der Gemeinschaft, und zwar gemäß § 744 Abs. 1 BGB durch alle Gemeinschafter, erhoben werden.
3. Eine Bruchteilsgemeinschaft besteht in der Regel so lange als Unternehmer i. S. des Umsatzsteuerrechts fort, bis alle Rechtsbeziehungen zwischen der Gemeinschaft und dem Finanzamt beendet sind.
4. Klagt eine Bruchteilsgemeinschaft gegen einen an sie gerichteten Umsatzsteuerbescheid, gehört sie zu den parteifähigen Vereinigungen i. S. des § 142 Abs. 1 FGO i. V. m. § 116 Satz 1 Nr. 2 ZPO.

BFH vom 28.10.2010 – V R 7/10 – (BStBl 2011 II S. 391, HFR 2011 S. 457, UR 2011 S. 256)

Keine Steuerschuld einer Organgesellschaft aufgrund Rechnungserteilung an Organträger
1. Erteilt eine Organgesellschaft für Innenleistungen (§ 2 Abs. 2 Nr. 2 Satz 2 UStG) Rechnungen mit gesondertem Steuerausweis an den Organträger, begründet dies für die Organgesellschaft weder nach § 14 Abs. 2 UStG 1993 noch nach § 14 Abs. 3 UStG 1993 eine Steuerschuld.
2. Zu den Voraussetzungen der organisatorischen Eingliederung.

BFH vom 10.11.2010 – XI R 15/09 – (BFH/NV 2011 S. 867, HFR 2011 S. 677)

Umsatzsteuerrechtliche Leistungserbringung durch Strohmann
1. Tritt jemand im Rechtsverkehr – als sog. „Strohmann" – im eigenen Namen, aber für Rechnung eines anderen auf, der nicht selbst als berechtigter oder verpflichteter Vertragspartner in Erscheinung treten will, ist zivilrechtlich grundsätzlich nur der „Strohmann" aus dem Rechtsgeschäft berechtigt und verpflichtet.
2. Die gegenteiligen Rechtsgrundsätze in dem BFH-Urteil vom 15.9.1994 – XI R 56/93, BFHE 176, 285, BStBl II 1995, 275, dass die von einem (weisungsabhängigen) Strohmann bewirkten Leistungen trotz selbständigen Auftretens im Außenverhältnis dem Hintermann als Leistenden zuzurechnen seien, sind zwischenzeitlich aufgegeben worden (Rechtsprechung).

BFH vom 1.12.2010 – XI R 43/08 – (BStBl 2011 II S. 600, HFR 2011 S. 674, UR 2011 S. 456)

Zu den Voraussetzungen einer finanziellen Eingliederung einer Organgesellschaft in eine Kapitalgesellschaft oder Personengesellschaft
1. Eine finanzielle Eingliederung i.S.d. § 2 Abs. 2 Nr. 2 Satz 1 UStG setzt sowohl bei einer Kapitalgesellschaft als auch bei einer Personengesellschaft als Organträger eine unmittelbare

---

[1] Anm.: Vgl. hierzu BMF vom 5.7.2011, § 2 H 23.

oder mittelbare Beteiligung der Kapital- oder Personengesellschaft an der Organgesellschaft voraus. Deshalb reicht es auch für die finanzielle Eingliederung einer GmbH in eine Personengesellschaft nicht aus, dass letztere nicht selbst, sondern nur ihr Gesellschafter mit Stimmenmehrheit an der GmbH beteiligt ist (Änderung der Rechtsprechung im BFH-Urteil vom 20.1.1999 – XI R 69/97, BFH/NV 1999, 1136).

2. Das Fehlen einer eigenen mittelbaren oder unmittelbaren Beteiligung der Gesellschaft kann nicht durch einen Beherrschungs- und Gewinnabführungsvertrag ersetzt werden.[1])

BFH vom 3.12.2010 – V B 35/10 – (BFH/NV 2011 S. 462)

Steuersubjekt bei Betrieb gewerblicher Art

Es ist nicht klärungsbedürftig, dass bei einer Körperschaft des öffentlichen Rechts, die einen oder mehrere Betriebe gewerblicher Art betreibt, Umsatzsteuerbescheide ausschließlich an die Körperschaft und nicht an den Betrieb gewerblicher Art zu richten sind, da allein die Körperschaft Träger von Rechten und Pflichten sein kann und das Unternehmen nach § 2 Abs. 1 Satz 2 UStG die gesamte berufliche und gewerbliche Tätigkeit eines Unternehmers umfasst.

BFH vom 16.12.2010 – V B 46/10 – (BFH/NV 2011 S. 857)

Finanzielle Eingliederung einer GmbH in eine Personengesellschaft

Für die finanzielle Eingliederung einer GmbH in das Unternehmen einer GbR kommt es auf die rechtlichen Durchsetzungsmöglichkeiten an, die der GbR kraft ihres Stimmrechts in der GmbH zustehen. Die Art und Weise der Willensbildung in der Gesellschafterversammlung der GbR aufgrund einer Stimmrechtsverteilung, die von den Kapitalanteilen der GbR-Gesellschafter abweicht, spielt für die finanzielle Eingliederung der GmbH in das Unternehmen der GbR keine Rolle.

BFH vom 27.1.2011 – V R 21/09 – (BStBl 2011 II S. 525, HFR 2011 S. 672, UR 2011 S. 379)

Abgrenzung Unternehmereigenschaft von privater Sammeltätigkeit

Eine zum Vorsteuerabzug berechtigende unternehmerische wirtschaftliche Tätigkeit setzt gegenüber einer privaten Sammlertätigkeit (hier: beim Aufbau einer Fahrzeugsammlung und ihrer museumsartigen Einlagerung in einer Tiefgarage) voraus, dass sich der Sammler bereits während des Aufbaus der Sammlung wie ein Händler verhält (Bestätigung der BFH-Urteile vom 29.6.1987 – X R 23/82, BFHE 150, 218, BStBl II 1987, 744, und vom 16.7.1987 – X R 48/82, BFHE 150, 224, BStBl II 1987, 752).

BFH vom 2.3.2011 – XI R 65/07 – (BFH/NV 2011 S. 1454, UR 2011 S. 657)

Unternehmereigenschaft eines kommunalen Wasserbeschaffungsverbandes

Ein kommunaler Zweckverband in der Rechtsform einer Körperschaft des öffentlichen Rechts, der eine Wasserversorgungsanlage zur Förderung und Abgabe von Trink- und Gebrauchswasser betreibt, ist bei richtlinienkonformer Auslegung des § 2 Abs. 3 Satz 1 UStG i.V.m. § 4 Abs. 3 und 5 KStG Unternehmer.

BFH vom 3.3.2011 – V R 23/10 – (BFH/NV 2011 S. 1261, UR 2011 S. 617)

Anteiliger Vorsteuerabzug einer Gemeinde aus den Kosten einer Marktplatzsanierung

1. Eine juristische Person des öffentlichen Rechts ist Unternehmer, wenn sie eine wirtschaftliche Tätigkeit ausübt, die sich aus ihrer Gesamtbetätigung heraushebt (richtlinienkonforme Auslegung des § 2 Abs. 3 Satz 1 UStG 1999 i.V.m. § 4 KStG entsprechend Art. 4 Abs. 5 der 6. USt-Richtlinie).
2. Handelt sie dabei auf privatrechtlicher Grundlage durch Vertrag, kommt es für ihre Unternehmereigenschaft auf weitere Voraussetzungen nicht an. Übt sie ihre Tätigkeit auf öffentlich-rechtlicher Grundlage z.B. durch Verwaltungsakt aus, ist sie Unternehmer, wenn eine Behandlung als Nichtunternehmer zu größeren Wettbewerbsverzerrungen führen würde.
3. Eine Gemeinde, die einen Marktplatz sowohl für eine steuerpflichtige wirtschaftliche Tätigkeit als auch als Straßenbaulastträger für hoheitliche Zwecke verwendet, ist aus den von ihr bezogenen Leistungen für die Sanierung des Marktplatzes zum anteiligen Vorsteuerabzug berechtigt.

---

[1]) Anm.: Vgl. hierzu BMF vom 5. 7. 2011, § 2 H 23.

4. Auf die Vorsteueraufteilung für Leistungsbezüge, die einer wirtschaftlichen und einer nichtwirtschaftlichen Tätigkeit des Unternehmers dienen, ist § 15 Abs. 4 UStG 1999 analog anzuwenden.

BFH vom 12.5.2011 – V R 25/10 – (BFH/NV 2011 S. 1541, HFR 2011 S. 1014)

Leistungsbeziehungen des Strohmanns und des „Hintermanns" in einem Strohmannverhältnis

Sind die Kommissionsgrundsätze maßgebend, gelten für die Leistungen des „Hintermanns" und dessen Unternehmereigenschaft gemäß § 2 Abs. 1 UStG dieselben Kriterien, die für die Beurteilung der Leistungen des Kommissionärs bzw. Strohmanns im Auftrag und für Rechnung des „Hintermanns" gegenüber Dritten maßgeblich sind. Ist die Tätigkeit für den Auftraggeber (Kommittent oder „Hintermann") nachhaltig i.S.d. § 2 Abs. 1 UStG, hat auch dieser die ihm nach § 3 Abs. 3 UStG oder § 3 Abs. 11 UStG zuzurechnenden Leistungen als Unternehmer erbracht.

BFH vom 7.7.2011 – V R 53/10 – (DStR 2011 S. 2044, HFR 2011 S. 1326, StEd 2011 S. 693, UR 2011 S. 943)

Umsatzsteuerrechtliche Organschaft: Anforderungen an organisatorische Eingliederung

1. Die organisatorische Eingliederung einer GmbH im Rahmen einer Organschaft (§ 2 Abs. 2 Nr. 2 UStG) kann sich daraus ergeben, dass der Geschäftsführer der GmbH leitender Mitarbeiter des Organträgers ist, der Organträger über ein umfassendes Weisungsrecht gegenüber der Geschäftsführung der GmbH verfügt und zur Bestellung und Abberufung des GmbH-Geschäftsführers berechtigt ist.
2. Offen bleibt, ob an der bisherigen Rechtsprechung festzuhalten ist, nach der es für die organisatorische Eingliederung ausreicht, dass bei der Organgesellschaft eine vom Willen des Organträgers abweichende Willensbildung ausgeschlossen ist.

§ 2a Fahrzeuglieferer

[1]Wer im Inland ein neues Fahrzeug liefert, das bei der Lieferung in das übrige Gemeinschaftsgebiet gelangt, wird, wenn er nicht Unternehmer im Sinne des § 2 ist, für diese Lieferung wie ein Unternehmer behandelt. [2]Dasselbe gilt, wenn der Lieferer eines neuen Fahrzeugs Unternehmer im Sinne des § 2 ist und die Lieferung nicht im Rahmen des Unternehmens ausführt.

Vorschriften des Gemeinschaftsrechts

Art. 9 Abs. 2 und Art. 172 der MWSt-Richtlinie (bis 31. 12. 2006: Art. 28a Abs. 4 der 6. USt-Richtlinie).

§ 3 Lieferung, sonstige Leistung

(1) Lieferungen eines Unternehmers sind Leistungen, durch die er oder in seinem Auftrag ein Dritter den Abnehmer oder in dessen Auftrag einen Dritten befähigt, im eigenen Namen über einen Gegenstand zu verfügen (Verschaffung der Verfügungsmacht).

(1a) [1]Als Lieferung gegen Entgelt gilt das Verbringen eines Gegenstands des Unternehmens aus dem Inland in das übrige Gemeinschaftsgebiet durch einen Unternehmer zu seiner Verfügung, ausgenommen zu einer nur vorübergehenden Verwendung, auch wenn der Unternehmer den Gegenstand in das Inland eingeführt hat. [2]Der Unternehmer gilt als Lieferer.

(1b) [1]Einer Lieferung gegen Entgelt werden gleichgestellt
1. die Entnahme eines Gegenstands durch einen Unternehmer aus seinem Unternehmen für Zwecke, die außerhalb des Unternehmens liegen;
2. die unentgeltliche Zuwendung eines Gegenstands durch einen Unternehmer an sein Personal für dessen privaten Bedarf, sofern keine Aufmerksamkeiten vorliegen;
3. jede andere unentgeltliche Zuwendung eines Gegenstands, ausgenommen Geschenke von geringem Wert und Warenmuster für Zwecke des Unternehmens.

[2]Voraussetzung ist, dass der Gegenstand oder seine Bestandteile zum vollen oder teilweisen Vorsteuerabzug berechtigt haben.

§ 3 UStG

(2) (weggefallen)

S 7110 (3) ¹Beim Kommissionsgeschäft (§ 383 des Handelsgesetzbuchs) liegt zwischen dem Kommittenten und dem Kommissionär eine Lieferung vor. ²Bei der Verkaufskommission gilt der Kommissionär, bei der Einkaufskommission der Kommittent als Abnehmer.

S 7112 (4) ¹Hat der Unternehmer die Bearbeitung oder Verarbeitung eines Gegenstands übernommen und verwendet er hierbei Stoffe, die er selbst beschafft, so ist die Leistung als Lieferung anzusehen (Werklieferung), wenn es sich bei den Stoffen nicht nur um Zutaten oder sonstige Nebensachen handelt. ²Das gilt auch dann, wenn die Gegenstände mit dem Grund und Boden fest verbunden werden.

S 7113 (5) ¹Hat ein Abnehmer dem Lieferer die Nebenerzeugnisse oder Abfälle, die bei der Bearbeitung oder Verarbeitung des ihm übergebenen Gegenstands entstehen, zurückzugeben, so beschränkt sich die Lieferung auf den Gehalt des Gegenstands an den Bestandteilen, die dem Abnehmer verbleiben. ²Das gilt auch dann, wenn der Abnehmer an Stelle der bei der Bearbeitung oder Verarbeitung entstehenden Nebenerzeugnisse oder Abfälle Gegenstände gleicher Art zurückgibt, wie sie in seinem Unternehmen regelmäßig anfallen.

S 7116 (5a) Der Ort der Lieferung richtet sich vorbehaltlich der §§ 3c, 3e, 3f und 3g nach den Absätzen 6 bis 8.

S 7116
S 7116-a (6) ¹Wird der Gegenstand der Lieferung durch den Lieferer, den Abnehmer oder einen vom Lieferer oder vom Abnehmer beauftragten Dritten befördert oder versendet, gilt die Lieferung dort als ausgeführt, wo die Beförderung oder Versendung an den Abnehmer oder in dessen Auftrag an einen Dritten beginnt. ²Befördern ist jede Fortbewegung eines Gegenstands. ³Versenden liegt vor, wenn jemand die Beförderung durch einen selbständigen Beauftragten ausführen oder besorgen lässt. ⁴Die Versendung beginnt mit der Übergabe des Gegenstands an den Beauftragten. ⁵Schließen mehrere Unternehmer über denselben Gegenstand Umsatzgeschäfte ab und gelangt dieser Gegenstand bei der Beförderung oder Versendung unmittelbar vom ersten Unternehmer an den letzten Abnehmer, ist die Beförderung oder Versendung des Gegenstands nur einer der Lieferungen zuzuordnen. ⁶Wird der Gegenstand der Lieferung dabei durch einen Abnehmer befördert oder versendet, der zugleich Lieferer ist, ist die Beförderung oder Versendung der Lieferung an ihn zuzuordnen, es sei denn, er weist nach, dass er den Gegenstand als Lieferer befördert oder versendet hat.

S 7116
S 7116-a (7) ¹Wird der Gegenstand der Lieferung nicht befördert oder versendet, wird die Lieferung dort ausgeführt, wo sich der Gegenstand zur Zeit der Verschaffung der Verfügungsmacht befindet. ²In den Fällen des Absatzes 6 Satz 5 gilt Folgendes:

1. Lieferungen, die der Beförderungs- oder Versendungslieferung vorangehen, gelten dort als ausgeführt, wo die Beförderung oder Versendung des Gegenstands beginnt,
2. Lieferungen, die der Beförderungs- oder Versendungslieferung folgen, gelten dort als ausgeführt, wo die Beförderung oder Versendung des Gegenstands endet.

S 7114 (8) Gelangt der Gegenstand der Lieferung bei der Beförderung oder Versendung aus dem Drittlandsgebiet in das Inland, gilt der Ort der Lieferung dieses Gegenstands als im Inland gelegen, wenn der Lieferer oder sein Beauftragter Schuldner der Einfuhrumsatzsteuer ist.

(8a) (weggefallen)

S 7100 (9) ¹Sonstige Leistungen sind Leistungen, die keine Lieferungen sind. ²Sie können auch in einem Unterlassen oder im Dulden einer Handlung oder eines Zustands bestehen. ³In den Fällen der §§ 27 und 54 des Urheberrechtsgesetzes führen die Verwertungsgesellschaften und die Urheber sonstige Leistungen aus.

S 7109 (9a) Einer sonstigen Leistung gegen Entgelt werden gleichgestellt

1. die Verwendung eines dem Unternehmen zugeordneten Gegenstands, der zum vollen oder teilweisen Vorsteuerabzug berechtigt hat, durch einen Unternehmer für Zwecke, die außerhalb des Unternehmens liegen, oder für den privaten Bedarf seines Personals, sofern keine Aufmerksamkeiten vorliegen; dies gilt nicht, wenn der Vorsteuerabzug nach § 15 Absatz 1b ausgeschlossen oder wenn eine Vorsteuerberichtigung nach § 15a Absatz 6a durchzuführen ist;
2. die unentgeltliche Erbringung einer anderen sonstigen Leistung durch den Unternehmer für Zwecke, die außerhalb des Unternehmens liegen, oder für den privaten Bedarf seines Personals, sofern keine Aufmerksamkeiten vorliegen.

S 7100 (10) Überlässt ein Unternehmer einem Auftraggeber, der ihm einen Stoff zur Herstellung eines Gegenstands übergeben hat, an Stelle des herzustellenden Gegenstands einen gleichartigen Gegenstand, wie er ihn in seinem Unternehmen aus solchem Stoff herzustellen pflegt, so gilt die Leistung des Unternehmers als Werkleistung, wenn das Entgelt für die Leistung nach Art eines Werklohns unabhängig vom Unterschied zwischen dem Marktpreis des empfangenen Stoffs und dem des überlassenen Gegenstands berechnet wird.

(11) Wird ein Unternehmer in die Erbringung einer sonstigen Leistung eingeschaltet und handelt er dabei im eigenen Namen, jedoch für fremde Rechnung, gilt diese Leistung als an ihn und von ihm erbracht.

(12) ¹Ein Tausch liegt vor, wenn das Entgelt für eine Lieferung in einer Lieferung besteht. ²Ein tauschähnlicher Umsatz liegt vor, wenn das Entgelt für eine sonstige Leistung in einer Lieferung oder sonstigen Leistung besteht.

Vorschriften des Gemeinschaftsrechts

Art. 14, Art. 15 Abs. 1, Art. 17, Art. 24, Art. 25, Art. 28, Art. 31, Art. 32 bis 34 und Art. 36 der MWSt-Richtlinie (bis 31. 12. 2006: Art. 5 Abs. 1, 2, 4 u. 5, Art. 6 Abs. 1 u. 4, Art. 8 Abs. 1 u. 2, Art. 28a Abs. 5 und Art. 28b Teil B der 6. USt-Richtlinie).

3.1. Lieferungen und sonstige Leistungen

Lieferungen

(1) ¹Eine Lieferung liegt vor, wenn die Verfügungsmacht an einem Gegenstand verschafft wird. ²Gegenstände im Sinne von § 3 Abs. 1 UStG sind körperliche Gegenstände (Sachen gemäß § 90 BGB, Tiere gemäß § 90a BGB), Sachgesamtheiten und solche Wirtschaftsgüter, die im Wirtschaftsverkehr wie körperliche Sachen behandelt werden, z. B. Elektrizität, Wärme und Wasserkraft; zur Übertragung von Gesellschaftsanteilen vgl. Abschnitt 3.5 Abs. 8. ³Eine Sachgesamtheit stellt die Zusammenfassung mehrerer selbständiger Gegenstände zu einem einheitlichen Ganzen dar, das wirtschaftlich als ein anderes Verkehrsgut angesehen wird als die Summe der einzelnen Gegenstände (vgl. BFH-Urteil vom 25. 1. 1968, V 161/64, BStBl II S. 331). ⁴Ungetrennte Bodenerzeugnisse, z. B. stehende Ernte, sowie Rebanlagen können selbständig nutzungsfähiger und gegenüber dem Grund und Boden eigenständiger Liefergegenstand sein (vgl. BFH-Urteil vom 8. 11. 1995, XI R 63/94, BStBl 1996 II S. 114). ⁵Rechte sind dagegen keine Gegenstände, die im Rahmen einer Lieferung übertragen werden können; die Übertragung von Rechten stellt eine sonstige Leistung dar (vgl. BFH-Urteil vom 16. 7. 1970, V R 95/66, BStBl II S. 706).

(2) ¹Die Verschaffung der Verfügungsmacht beinhaltet den von den Beteiligten endgültig gewollten Übergang von wirtschaftlicher Substanz, Wert und Ertrag eines Gegenstands vom Leistenden auf den Leistungsempfänger (vgl. BFH-Urteile vom 18. 11. 1999, V R 13/99, BStBl 2000 II S. 153, und vom 16. 3. 2000, V R 44/99, BStBl II S. 361). ²Der Abnehmer muss faktisch in der Lage sein, mit dem Gegenstand nach Belieben zu verfahren, insbesondere ihn als Eigentümer zu nutzen und veräußern zu können (vgl. BFH-Urteil vom 12. 5. 1993, XI R 56/90, BStBl II S. 847). ³Keine Lieferung, sondern eine sonstige Leistung ist danach die entgeltlich eingeräumte Bereitschaft zur Verschaffung der Verfügungsmacht (vgl. BFH-Urteil vom 25. 10. 1990, V R 20/85, BStBl 1991 II S. 193). ⁴Die Verschaffung der Verfügungsmacht ist ein Vorgang vorwiegend tatsächlicher Natur, der in der Regel mit dem bürgerlich-rechtlichen Eigentumsübergang verbunden ist, aber nicht notwendigerweise verbunden sein muss (BFH-Urteil vom 24. 4. 1969, V 176/64, BStBl II S. 451).

(3) ¹An einem zur Sicherheit übereigneten Gegenstand wird durch die Übertragung des Eigentums noch keine Verfügungsmacht verschafft. ²Entsprechendes gilt bei der rechtsgeschäftlichen Verpfändung eines Gegenstandes (vgl. BFH-Urteil vom 16. 4. 1997, XI R 87/96, BStBl II S. 585). ³Zur Verwertung von Sicherungsgut vgl. Abschnitt 1.2. ⁴Dagegen liegt eine Lieferung vor, wenn ein Gegenstand unter Eigentumsvorbehalt verkauft und übergeben wird. ⁵Bei einem Kauf auf Probe (§ 454 BGB) wird die Verfügungsmacht erst nach Billigung des Angebots durch den Empfänger verschafft (vgl. BFH-Urteil vom 6. 12. 2007, V R 24/05, BStBl 2009 II S. 490, Abschnitt 13.1 Abs. 6 Sätze 1 und 2). ⁶Dagegen wird bei einem Kauf mit Rückgaberecht die Verfügungsmacht mit der Zusendung der Ware verschafft (vgl. Abschnitt 13.1 Abs. 6 Satz 3). ⁷Beim Kommissionsgeschäft (§ 3 Abs. 3 UStG) liegt eine Lieferung des Kommittenten an den Kommissionär erst im Zeitpunkt der Lieferung des Kommissionsgutes an den Abnehmer vor (vgl. BFH-Urteil vom 25. 11. 1986, V R 102/78, BStBl 1987 II S. 278). ⁸Gelangt das Kommissionsgut bei der Zurverfügungstellung an den Kommissionär im Wege des innergemeinschaftlichen Verbringens vom Ausgangs- in den Bestimmungsmitgliedstaat, kann die Lieferung jedoch nach dem Sinn und Zweck der Regelung bereits zu diesem Zeitpunkt als erbracht angesehen werden (vgl. Abschnitt 1a.2 Abs. 7).

Sonstige Leistungen

(4) ¹Sonstige Leistungen sind Leistungen, die keine Lieferungen sind (§ 3 Abs. 9 Satz 1 UStG). ²Als sonstige Leistungen kommen insbesondere in Betracht: Dienstleistungen, Gebrauchs- und Nutzungsüberlassungen – z. B. Vermietung, Verpachtung, Darlehensgewährung, Einräumung

eines Nießbrauchs-, Einräumung, Übertragung und Wahrnehmung von Patenten, Urheberrechten, Markenzeichenrechten und ähnlichen Rechten –, Reiseleistungen im Sinne des § 25 Abs. 1 UStG, **Übertragung immaterieller Wirtschaftsgüter wie z.B. Firmenwert, Kundenstamm oder Lebensrückversicherungsverträge (vgl. EuGH-Urteil vom 22. 10. 2009, C-242/08, BStBl 2011 II S. 559),** der Verzicht auf die Ausübung einer Tätigkeit (vgl. BFH-Urteile vom 6. 5. 2004, V R 40/02, BStBl II S. 854, vom 7. 7. 2005, V R 34/03, BStBl 2007 II S. 66, und vom 24. 8. 2006, V R 19/05, BStBl 2007 II S. 187) oder die entgeltliche Unterlassung von Wettbewerb (vgl. BFH-Urteil vom 13. 11. 2003, V R 59/02, BStBl 2004 II S. 472).[3]Die Bestellung eines Nießbrauchs und eines Erbbaurechts ist eine Duldungsleistung in der Form der Dauerleistung im Sinne von § 3 Abs. 9 Satz 2 UStG (vgl. BFH-Urteil vom 20. 4. 1988, X R 4/80, BStBl II S. 744). [4]Zur Behandlung des sog. Quotennießbrauchs vgl. BFH-Urteil vom 28. 2. 1991, V R 12/85, BStBl II S. 649.

(5) Zur Abgrenzung zwischen Lieferungen und sonstigen Leistungen vgl. Abschnitt 3.5.

AE 3.2

3.2. Unentgeltliche Wertabgaben

S 7109

(1) [1]Unentgeltliche Wertabgaben aus dem Unternehmen sind, soweit sie in der Abgabe von Gegenständen bestehen, nach § 3 Abs. 1b UStG den entgeltlichen Lieferungen und, soweit sie in der Abgabe oder Ausführung von sonstigen Leistungen bestehen, nach § 3 Abs. 9a UStG den entgeltlichen sonstigen Leistungen gleichgestellt. [2]Solche Wertabgaben sind sowohl bei Einzelunternehmern als auch bei Personen- und Kapitalgesellschaften sowie bei Vereinen und bei Betrieben gewerblicher Art oder land- und forstwirtschaftlichen Betrieben von juristischen Personen des öffentlichen Rechts möglich. [3]Sie umfassen im Wesentlichen die Tatbestände, die bis zum 31. 3. 1999 als Eigenverbrauch nach § 1 Abs. 1 Nr. 2 Buchstabe a und b UStG 1993, als sog. Gesellschafterverbrauch nach § 1 Abs. 1 Nr. 3 UStG 1993, sowie als unentgeltliche Sachzuwendungen und sonstige Leistungen an Arbeitnehmer nach § 1 Abs. 1 Nr. 1 Satz 2 Buchstabe b UStG 1993 der Steuer unterlagen. [4]Die zu diesen Tatbeständen ergangene Rechtsprechung des BFH ist sinngemäß weiter anzuwenden.

(2) [1]Für unentgeltliche Wertabgaben im Sinne des § 3 Abs. 1b UStG ist die Steuerbefreiung für Ausfuhrlieferungen ausgeschlossen (§ 6 Abs. 5 UStG). [2]Bei unentgeltlichen Wertabgaben im Sinne des § 3 Abs. 9a Nr. 2 UStG entfällt die Steuerbefreiung für Lohnveredelungen an Gegenständen der Ausfuhr (§ 7 Abs. 5 UStG). 3Die übrigen Steuerbefreiungen sowie die Steuerermäßigungen sind auf unentgeltliche Wertabgaben anzuwenden, wenn die in den §§ 4 und 12 UStG bezeichneten Voraussetzungen vorliegen. [4]Eine Option zur Steuerpflicht nach § 9 UStG kommt allenfalls bei unentgeltlichen Wertabgaben nach § 3 Abs. 1b Nr. 3 UStG an einen anderen Unternehmer für dessen Unternehmen in Betracht. [5]Über eine unentgeltliche Wertabgabe, die in der unmittelbaren Zuwendung eines Gegenstands oder in der Ausführung einer sonstigen Leistung an einen Dritten besteht, kann nicht mit einer Rechnung im Sinne des § 14 UStG abgerechnet werden. [6]Die vom Zuwender oder Leistenden geschuldete Umsatzsteuer kann deshalb vom Empfänger nicht als Vorsteuer abgezogen werden. [7]Zur Bemessungsgrundlage bei unentgeltlichen Wertabgaben vgl. Abschnitt 10.6.

AE 3.3

3.3. Den Lieferungen gleichgestellte Wertabgaben

S 7109

Allgemeines

(1) [1]Die nach § 3 Abs. 1b UStG einer entgeltlichen Lieferung gleichgestellte Entnahme oder unentgeltliche Zuwendung eines Gegenstands aus dem Unternehmen setzt die Zugehörigkeit des Gegenstands zum Unternehmen voraus. [2]Die Zuordnung eines Gegenstands zum Unternehmen richtet sich nicht nach ertragsteuerrechtlichen Merkmalen, also nicht nach der Einordnung als Betriebs- oder Privatvermögen. [3]Maßgebend ist, ob der Unternehmer den Gegenstand dem unternehmerischen oder dem nichtunternehmerischen Tätigkeitsbereich zugewiesen hat (vgl. BFH-Urteil vom 21. 4. 1988, V R 135/83, BStBl II S. 746). [4]**Zum nichtunternehmerischen Bereich gehören sowohl nichtwirtschaftliche Tätigkeiten i.e.S. als auch unternehmensfremde Tätigkeiten (vgl. Abschnitt 2.3 Abs. 1a).** [5]Bei Gegenständen, die sowohl unternehmerisch als auch **unternehmensfremd** genutzt werden sollen, hat der Unternehmer unter den Voraussetzungen, die durch die Auslegung des Tatbestandsmerkmals „für sein Unternehmen" in § 15 Abs. 1 UStG zu bestimmen sind, grundsätzlich die Wahl der Zuordnung *(vgl. BFH-Urteil vom 3. 3 2011, V R 23/10, BStBl 2012 II S. 74).* [6]Beträgt die unternehmerische Nutzung jedoch weniger als 10 %, ist die Zuordnung des Gegenstandes zum Unternehmen unzulässig (§ 15 Abs. 1 Satz 2 UStG). [7]**Kein Recht auf Zuordnung zum Unternehmen besteht auch, wenn der Unternehmer bereits bei Leistungsbezug beabsichtigt, die bezogene Leistung ausschließlich und unmittelbar für eine steuerbare unentgeltliche Wertabgabe im Sinne des** § 3 Abs. 1b oder 9a UStG **zu verwenden (vgl. BFH-Urteil vom 9. 12. 2010, V R 17/10, BStBl 2012 II S. 53).** [8]**Zum Vorsteuerabzug beim Bezug von Leistungen sowohl für Zwecke unternehmerischer als auch nichtunternehmerischer Tätigkeit vgl. im Übrigen Abschnitt 15.2 Abs. 15a und 21.**

Berechtigung zum Vorsteuerabzug für den Gegenstand oder seine Bestandteile (§ 3 Abs. 1b Satz 2 UStG)

(2) Die Entnahme eines dem Unternehmen zugeordneten Gegenstands wird nach § 3 Abs. 1b UStG nur dann einer entgeltlichen Lieferung gleichgestellt, wenn der entnommene oder zugewendete Gegenstand oder seine Bestandteile zum vollen oder teilweisen Vorsteuerabzug berechtigt haben. ²Falls an einem Gegenstand (z. B. PKW), der ohne Berechtigung zum Vorsteuerabzug erworben wurde, nach seiner Anschaffung Arbeiten ausgeführt worden sind, die zum Einbau von Bestandteilen geführt haben und für die der Unternehmer zum Vorsteuerabzug berechtigt war, unterliegen bei einer Entnahme des Gegenstands nur diese Bestandteile der Umsatzbesteuerung. ³Bestandteile eines Gegenstands sind diejenigen gelieferten Gegenstände, die auf Grund ihres Einbaus ihre körperliche und wirtschaftliche Eigenart endgültig verloren haben und die zu einer dauerhaften, im Zeitpunkt der Entnahme nicht vollständig verbrauchten Werterhöhung des Gegenstands geführt haben (z. B. eine nachträglich in einen Pkw eingebaute Klimaanlage). ⁴Dienstleistungen (sonstige Leistungen) einschließlich derjenigen, für die zusätzlich kleinere Lieferungen von Gegenständen erforderlich sind (z. B. Karosserie- und Lackarbeiten an einem PKW), führen nicht zu Bestandteilen des Gegenstands (vgl. BFH-Urteile vom 18. 10. 2001, V R 106/98, BStBl 2002 II S. 551, und vom 20. 12. 2001, V R 8/98, BStBl 2002 II S. 557).

(3) ¹Der Einbau eines Bestandteils in einen Gegenstand hat nur dann zu einer dauerhaften, im Zeitpunkt der Entnahme nicht vollständig verbrauchten Werterhöhung des Gegenstands geführt, wenn er nicht lediglich zur Werterhaltung des Gegenstands beigetragen hat. ²Unterhalb einer gewissen Bagatellgrenze liegende Aufwendungen für den Einbau von Bestandteilen führen nicht zu einer dauerhaften Werterhöhung des Gegenstands (vgl. BFH-Urteil vom 18. 10. 2001, V R 106/98, BStBl 2002 II S. 551).

(4) ¹Aus Vereinfachungsgründen wird keine dauerhafte Werterhöhung des Gegenstands angenommen, wenn die vorsteuerentlasteten Aufwendungen für den Einbau von Bestandteilen **weder** 20 % der Anschaffungskosten des Gegenstands **noch** einen Betrag von 1 000 € nicht übersteigen. ²In diesen Fällen kann auf eine Besteuerung der Bestandteile nach § 3 Abs. 1b Satz 1 Nr. 1 i. V. m. Satz 2 UStG bei der Entnahme eines dem Unternehmen zugeordneten Gegenstands, den der Unternehmer ohne Berechtigung zum Vorsteuerabzug erworben hat, verzichtet werden. ³Werden an einem Wirtschaftsgut mehrere Bestandteile in einem zeitlichen oder sachlichen Zusammenhang eingebaut, handelt es sich nicht um eine Maßnahme, auf die in der Summe die Bagatellregelung angewendet werden soll. ⁴Es ist vielmehr für jede einzelne Maßnahme die Vereinfachungsregelung zu prüfen.

Beispiel:
¹Ein Unternehmer erwirbt am 1. 7. 01 aus privater Hand einen gebrauchten PKW für 10 000 € und ordnet ihn zulässigerweise seinem Unternehmen zu. ²Am 1. 3. 02 lässt er in den PKW nachträglich eine Klimaanlage einbauen (Entgelt 2 500 €) und am 1. 8. 02 die Windschutzscheibe erneuern (Entgelt 500 €). ³Für beide Leistungen nimmt der Unternehmer den Vorsteuerabzug in Anspruch. ⁴Am 1. 3. 03 entnimmt der Unternehmer den PKW in sein Privatvermögen (Aufschlag nach „Schwacke-Liste" auf den Marktwert des PKW im Zeitpunkt der Entnahme für die Klimaanlage 1 500 €, für die Windschutzscheibe 50 €).

⁵Das aufgewendete Entgelt für den nachträglichen Einbau der Windschutzscheibe beträgt 500 €, also weniger als 20 % der ursprünglichen Anschaffungskosten des PKW, und übersteigt auch nicht den Betrag von 1 000 €. ⁶Aus Vereinfachungsgründen wird für den Einbau der Windschutzscheibe keine dauerhafte Werterhöhung des Gegenstands angenommen.

⁷Das aufgewendete Entgelt für den nachträglichen Einbau der Klimaanlage beträgt 2 500 €, also mehr als 20 % der ursprünglichen Anschaffungskosten des PKW. ⁸Mit dem Einbau der Klimaanlage in den PKW hat diese ihre körperliche und wirtschaftliche Eigenart endgültig verloren und zu einer dauerhaften, im Zeitpunkt der Entnahme nicht vollständig verbrauchten Werterhöhung des Gegenstands geführt. ⁹Die Entnahme der Klimaanlage unterliegt deshalb nach § 3 Abs. 1b Satz 1 Nr. 1 i. V. m. Satz 2 UStG mit einer Bemessungsgrundlage nach § 10 Abs. 4 Satz 1 Nr. 1 UStG i.H.v. 1 500 € der Umsatzsteuer.

⁵Die vorstehende Bagatellgrenze gilt auch für entsprechende unentgeltliche Zuwendungen eines Gegenstands im Sinne des § 3 Abs. 1b Satz 1 Nr. 2 und 3 UStG.

Entnahme von Gegenständen (§ 3 Abs. 1b Satz 1 Nr. 1 UStG)

(5) ¹Eine Entnahme eines Gegenstandes aus dem Unternehmen im Sinne des § 3 Abs. 1b Satz 1 Nr. 1 UStG liegt nur dann vor, wenn der Vorgang bei entsprechender Ausführung an einen Dritten als Lieferung – einschließlich Werklieferung – anzusehen wäre. ²Ein Vorgang, der Dritten gegenüber als sonstige Leistung – einschließlich Werkleistung – zu beurteilen wäre, erfüllt zwar die Voraussetzungen des § 3 Abs. 1b Satz 1 Nr. 1 UStG nicht, kann aber nach § 3 Abs. 9a Nr. 2 UStG steuerbar sein (siehe Abschnitt 3.4). ³Das gilt auch insoweit, als dabei Gegenstände, z. B. Materialien, verbraucht werden (vgl. BFH-Urteil vom 13. 2. 1964, V 99/63 U, BStBl III S. 174). ⁴Der Grund-

satz der Einheitlichkeit der Leistung (vgl. Abschnitt 3.10) gilt auch für die unentgeltlichen Wertabgaben (vgl. BFH-Urteil vom 3. 11. 1983, V R 4/73, BStBl 1984 II S. 169).

(6) [1]Wird ein dem Unternehmen dienender Gegenstand während der Dauer einer nichtunternehmerischen Verwendung auf Grund äußerer Einwirkung zerstört, z. B. Totalschaden eines Personenkraftwagens infolge Unfalls auf einer Privatfahrt, liegt keine Entnahme eines Gegenstandes aus dem Unternehmen vor. [2]Das Schadensereignis fällt in den Vorgang der nichtunternehmerischen Verwendung und beendet sie wegen Untergangs der Sache. [3]Eine Entnahmehandlung ist in Bezug auf den unzerstörten Gegenstand nicht mehr möglich (vgl. BFH-Urteile vom 28. 2. 1980, V R 138/72, BStBl II S. 309, und vom 28. 6. 1995, XI R 66/94, BStBl II S. 705).

(7) [1]Bei einem Rohbauunternehmer, der für eigene Wohnzwecke ein schlüsselfertiges Haus mit Mitteln des Unternehmens errichtet, ist Gegenstand der Entnahme das schlüsselfertige Haus, nicht lediglich der Rohbau (vgl. BFH-Urteil vom 3. 11. 1983, V R 4/73, BStBl 1984 II S. 169). [2]Entscheidend ist nicht, was der Unternehmer in der Regel im Rahmen seines Unternehmens herstellt, sondern was im konkreten Fall Gegenstand der Wertabgabe des Unternehmens ist (vgl. BFH-Urteil vom 21. 4. 1988, V R 135/83, BStBl II S. 746). [3]Wird ein Einfamilienhaus für unternehmensfremde Zwecke auf einem zum Betriebsvermögen gehörenden Grundstück errichtet, überführt der Bauunternehmer das Grundstück in aller Regel spätestens im Zeitpunkt des Baubeginns in sein Privatvermögen. [4]Dieser Vorgang ist unter den Voraussetzungen des § 3 Abs. 1b Satz 2 UStG eine nach § 4 Nr. 9 Buchstabe a UStG steuerfreie Lieferung im Sinne des § 3 Abs. 1b Satz 1 Nr. 1 UStG.

(8) [1]Die unentgeltliche Übertragung eines Betriebsgrundstücks durch einen Unternehmer auf seine Kinder unter Anrechnung auf deren Erb- und Pflichtteil – wenn nicht die Voraussetzungen des § 1 Abs. 1a UStG vorliegen (vgl. Abschnitt 1.5) – eine steuerfreie Lieferung im Sinne des § 3 Abs. 1b Satz 1 Nr. 1 UStG, auch wenn das Grundstück auf Grund eines mit den Kindern geschlossenen Pachtvertrages weiterhin für die Zwecke des Unternehmens verwendet wird und die Kinder als Nachfolger des Unternehmers nach dessen Tod vorgesehen sind (vgl. BFH-Urteil vom 2. 10. 1986, V R 91/78, BStBl 1987 II S. 44). [2]Die unentgeltliche Übertragung des Miteigentums an einem Betriebsgrundstück durch einen Unternehmer auf seinen Ehegatten ist eine nach § 4 Nr. 9 Buchstabe a UStG steuerfreie Wertabgabe des Unternehmers, auch wenn das Grundstück weiterhin für die Zwecke des Unternehmens verwendet wird. [3]Hinsichtlich des dem Unternehmer verbleibenden Miteigentumsanteils liegt keine unentgeltliche Wertabgabe im Sinne des § 3 Abs. 1b oder Abs. 9a UStG vor (vgl. BFH-Urteile vom 6. 9. 2007, V R 41/05, BStBl 2008 II S. 65, und vom 22. 11. 2007, V R 5/06, BStBl 2008 II S. 448). [4]Zur Vorsteuerberichtigung nach § 15a UStG vgl. Abschnitt 15a.2 Abs. 6 Nr. 3 und zur Bestellung eines lebenslänglichen unentgeltlichen Nießbrauchs an einem unternehmerisch genutzten bebauten Grundstück vgl. BFH-Urteil vom 16. 9. 1987, X R 51/81, BStBl 1988 II S. 205.

Sachzuwendungen an das Personal (§ 3 Abs. 1b Satz 1 Nr. 2 UStG)

(9) [1]Zuwendungen von Gegenständen (Sachzuwendungen) an das Personal für dessen privaten Bedarf sind auch dann steuerbar, wenn sie unentgeltlich sind, d. h. wenn sie keine Vergütungen für die Dienstleistung des Arbeitnehmers darstellen (vgl. hierzu Abschnitt 1.8). [2] **Abs. 1 Sätze 7 und 8 bleiben unberührt.**

Andere unentgeltliche Zuwendungen (§ 3 Abs. 1b Satz 1 Nr. 3 UStG)

(10) [1]Unentgeltliche Zuwendungen von Gegenständen, die nicht bereits in der Entnahme von Gegenständen oder in Sachzuwendungen an das Personal bestehen, werden Lieferungen gegen Entgelt gleichgestellt. [2]Ausgenommen sind Geschenke von geringem Wert und Warenmuster für Zwecke des Unternehmens. [3]Der Begriff „unentgeltliche Zuwendung" im Sinne von § 3 Abs. 1 Satz 1 Nr. 3 UStG setzt nicht lediglich die Unentgeltlichkeit einer Lieferung voraus, sondern verlangt darüber hinaus, dass der Zuwendende dem Empfänger zielgerichtet einen Vermögensvorteil verschafft (BFH-Urteil vom 14. 5. 2008, XI R 60/07, BStBl II S. 721). [4]Voraussetzung für die Steuerbarkeit ist, dass der Gegenstand oder seine Bestandteile zum vollen oder teilweisen Vorsteuerabzug berechtigt haben (§ 3 Abs. 1b Satz 2 UStG). [5]Mit der Regelung soll ein umsatzsteuerlich unbelasteter **Endverbrauch** vermieden werden. [6]Gleichwohl entfällt die Steuerbarkeit nicht, wenn der Empfänger die zugewendeten Geschenke in seinem Unternehmen verwendet. [7]Gegenstände des Unternehmens, die der Unternehmer aus **unternehmensfremden** (privaten) Gründen abgibt, werden als Entnahmen nach § 3 Abs. 1b Satz 1 Nr. 1 UStG besteuert (vgl. Absätze 5 bis 8). [8]Gegenstände des Unternehmens, die der Unternehmer aus unternehmerischen Gründen abgibt, **sind** als unentgeltliche Zuwendungen nach § 3 Abs. 1b Satz 1 Nr. 3 UStG **zu beurteilen**. [9]Hierzu gehört die Abgabe von neuen oder gebrauchten Gegenständen insbesondere zu Werbezwecken, zur Verkaufsförderung oder zur Imagepflege, z. B. Sachspenden an Vereine oder Schulen, Warenabgaben anlässlich von Preisausschreiben, Verlosungen usw. zu Werbezwecken. [10]Nicht steuerbar ist dagegen die Gewährung unentgeltlicher sonstiger Leistungen aus unternehmerischen Gründen (vgl. Abschnitt 3.4 Abs. 1). [11]Hierunter fällt z. B. die unentgeltliche Überlassung von Gegenständen, die

im Eigentum des Zuwendenden verbleiben und die der Empfänger später an den Zuwendenden zurückgeben muss.

(11) [1]Die Abgabe von Geschenken von geringem Wert ist nicht steuerbar. [2]Derartige Geschenke liegen vor, wenn die Anschaffungs- oder Herstellungskosten der dem Empfänger im Kalenderjahr zugewendeten Gegenstände insgesamt 35 € (Nettobetrag ohne Umsatzsteuer) nicht übersteigen. [3]Dies kann bei geringwertigen Werbeträgern (z. B. Kugelschreiber, Feuerzeuge, Kalender usw.) unterstellt werden.

(12) [1]Bei Geschenken über 35 €, für die nach § 15 Abs. 1a UStG i. V. m. § 4 Abs. 5 Satz 1 Nr. 1 EStG kein Vorsteuerabzug vorgenommen werden kann, entfällt nach § 3 Abs. 1b Satz 2 UStG eine Besteuerung der Zuwendungen. [2]Deshalb ist zunächst anhand der ertragsteuerrechtlichen Regelungen (vgl. R 4.10 Abs. 2 bis 4 EStR 2009) zu prüfen, ob es sich bei einem abgegebenen Gegenstand begrifflich um ein „Geschenk" handelt. [3]Insbesondere setzt ein Geschenk eine unentgeltliche Zuwendung an einen Dritten voraus. [4]Die Unentgeltlichkeit ist nicht gegeben, wenn die Zuwendung als Entgelt für eine bestimmte Gegenleistung des Empfängers anzusehen ist. [5]Falls danach ein Geschenk vorliegt, ist weiter zu prüfen, ob hierfür der Vorsteuerabzug nach § 15 Abs. 1a UStG ausgeschlossen ist (vgl. Abschnitt 15.6 Abs. 4 und 5). [6]Nur wenn danach der Gegenstand oder seine Bestandteile zum vollen oder teilweisen Vorsteuerabzug berechtigt haben, kommt eine Besteuerung als unentgeltliche Wertabgabe in Betracht.

(13) [1]Warenmuster sind ausdrücklich von der Steuerbarkeit ausgenommen. ***[2]Ein Warenmuster ist ein Probeexemplar eines Produkts, durch das dessen Absatz gefördert werden soll und das eine Bewertung der Merkmale und der Qualität dieses Produkts ermöglicht, ohne zu einem anderen als solchen Werbeumsätzen naturgemäß verbundenen Endverbrauch zu führen (vgl. EuGH-Urteil vom 30. 9. 2010, C-581/08, EuGHE I S. 7). [3]Ist das Probeexemplar ganz oder im Wesentlichen identisch mit dem im allgemeinen Verkauf erhältlichen Produkt, kann es sich gleichwohl um ein Warenmuster handeln, wenn die Übereinstimmung mit dem verkaufsfertigen Produkt für die Bewertung durch den potenziellen oder tatsächlichen Käufer erforderlich ist und die Absicht der Absatzförderung des Produkts im Vordergrund steht. [4]Die Abgabe eines Warenmusters soll in erster Linie nicht dem Empfänger den Kauf ersparen, sondern ihn oder Dritte zum Kauf anregen.*** [5]Ohne Bedeutung ist, ob Warenmuster einem anderen Unternehmer für dessen unternehmerische Zwecke oder einem ***Endverbraucher*** zugewendet werden. [6]Nicht steuerbar ist somit auch die Abgabe sog. Probierpackungen im Getränke- und Lebensmitteleinzelhandel (z. B. die kostenlose Abgabe von losen oder verpackten Getränken und Lebensmitteln im Rahmen von Verkaufsaktionen, Lebensmittelprobierpackungen, Probepackungen usw.) an ***Endverbraucher***.

(14) [1]Unentgeltlich abgegebene Verkaufskataloge, Versandhauskataloge, Reisekataloge, Werbeprospekte und -handzettel, Veranstaltungsprogramme und -kalender usw. dienen der Werbung, insbesondere der Anbahnung eines späteren Umsatzes. [2]Eine (private) Bereicherung des Empfängers ist damit regelmäßig nicht verbunden. [3]Dies gilt auch für Anzeigenblätter mit einem redaktionellen Teil (z. B. für Lokales, Vereinsnachrichten usw.), die an alle Haushalte in einem bestimmten Gebiet kostenlos verteilt werden. [4]Bei der Abgabe derartiger Erzeugnisse handelt es sich nicht um unentgeltliche Zuwendungen i. S. d. § 3 Abs. 1b Satz 1 Nr. 3 UStG.

(15) [1]Die unentgeltliche Abgabe von Werbe- und Dekorationsmaterial, das nach Ablauf der Werbe- oder Verkaufsaktion vernichtet wird oder bei dem Empfänger nicht zu einer (privaten) Bereicherung führt (z. B. Verkaufsschilder, Preisschilder, sog. Displays), an andere Unternehmer (z. B. vom Hersteller an Großhändler oder vom Großhändler an Einzelhändler) dient ebenfalls der Werbung bzw. Verkaufsförderung. [2]Das Gleiche gilt für sog. Verkaufshilfen oder -ständer (z. B. Suppenständer, Süßwarenständer), die z. B. von Herstellern oder Großhändlern an Einzelhändler ohne besondere Berechnung abgegeben werden, wenn beim Empfänger eine Verwendung dieser Gegenstände im nichtunternehmerischen Bereich ausgeschlossen ist. [3]Bei der Abgabe derartiger Erzeugnisse handelt es sich nicht um unentgeltliche Zuwendungen i. S. d. § 3 Abs. 1b Satz 1 Nr. 3 UStG. [4]Dagegen handelt es sich bei der unentgeltlichen Abgabe auch nichtunternehmerisch verwendbarer Gegenstände, die nach Ablauf von Werbe- oder Verkaufsaktionen für den Empfänger noch einen Gebrauchswert haben (z. B. Fahrzeuge, Spielzeug, Sport- und Freizeitartikel), um unentgeltliche Zuwendungen i. S. d. § 3 Abs. 1b Satz 1 Nr. 3 UStG.

(16) Bei der unentgeltlichen Abgabe von Blutzuckermessgeräten über Ärzte, Schulungs-zentren für Diabetiker und sonstige Laboreinrichtungen an die Patienten ***vgl. Abschnitt 15.2 Abs. 1a.***

(17) [1]Wenn der Empfänger eines scheinbar kostenlos abgegebenen Gegenstands für den Erhalt dieses Gegenstands tatsächlich eine Gegenleistung erbringt, ist die Abgabe dieses Gegenstands nicht als unentgeltliche Zuwendung nach § 3 Abs. 1b Satz 1 Nr. 3 UStG, sondern als entgeltliche Lieferung nach § 1 Abs. 1 Nr. 1 UStG steuerbar. [2]Die Gegenleistung des Empfängers kann in Geld oder in Form einer Lieferung bzw. sonstigen Leistung bestehen (vgl. § 3 Abs. 12 UStG).

Einzelfälle

(18) [1]Falls ein Unternehmer dem Abnehmer bei Abnahme einer bestimmten Menge zusätzliche Stücke desselben Gegenstands ohne Berechnung zukommen lässt (z. B. elf Stücke zum Preis von

zehn Stücken), handelt es sich bei wirtschaftlicher Betrachtung auch hinsichtlich der zusätzlichen Stücke um eine insgesamt entgeltliche Lieferung. ²Ähnlich wie bei einer Staffelung des Preises nach Abnahmemengen hat in diesem Fall der Abnehmer mit dem Preis für die berechneten Stücke die unberechneten Stücke mitbezahlt. ³Wenn ein Unternehmer dem Abnehmer bei Abnahme einer bestimmten Menge zusätzlich andere Gegenstände ohne Berechnung zukommen lässt (z. B. bei Abnahme von 20 Kühlschränken wird ein Mikrowellengerät ohne Berechnung mitgeliefert), handelt es sich bei wirtschaftlicher Betrachtungsweise ebenfalls um eine insgesamt entgeltliche Lieferung.

(19) Eine insgesamt entgeltliche Lieferung ist auch die unberechnete Abgabe von Untersetzern (Bierdeckel), Saugdecken (Tropfdeckchen), Aschenbechern und Gläsern einer Brauerei oder eines Getränkevertriebs an einen Gastwirt im Rahmen einer Getränkelieferung, die unberechnete Abgabe von Autozubehörteilen (Fußmatten, Warndreiecke) und Pflegemitteln usw. eines Fahrzeughändlers an den Käufer eines Neuwagens oder die unberechnete Abgabe von Schuhpflegemitteln eines Schuhhändlers an einen Schuhkäufer.

(20) In folgenden Fällen liegen ebenfalls regelmäßig entgeltliche Lieferungen bzw. einheitliche entgeltliche Leistungen vor:

– unberechnete Übereignung eines Mobilfunk-Geräts (Handy) von einem Mobilfunk-Anbieter an einen neuen Kunden, der gleichzeitig einen längerfristigen Netzbenutzungsvertrag abschließt;

– Sachprämien von Zeitungs- und Zeitschriftenverlagen an die Neuabonnenten einer Zeitschrift, die ein längerfristiges Abonnement abgeschlossen haben;

– ¹Sachprämien an Altkunden für die Vermittlung von Neukunden. ²Der Sachprämie steht eine Vermittlungsleistung des Altkunden gegenüber;

– Sachprämien eines Automobilherstellers an das Verkaufspersonal eines Vertragshändlers, wenn dieses Personal damit für besondere Verkaufserfolge belohnt wird.

AE 3.4 3.4. Den sonstigen Leistungen gleichgestellte Wertabgaben

S 7109

(1) ¹Die unentgeltlichen Wertabgaben im Sinne des § 3 Abs. 9a UStG umfassen alle sonstigen Leistungen, die ein Unternehmer im Rahmen seines Unternehmens für eigene, außerhalb des Unternehmens liegende Zwecke oder für den privaten Bedarf seines Personals ausführt. ²Sie erstrecken sich auf alles, was seiner Art nach Gegenstand einer sonstigen Leistung im Sinne des § 3 Abs. 9 UStG sein kann. ³Nicht steuerbar ist dagegen die Gewährung unentgeltlicher sonstiger Leistungen aus unternehmerischen Gründen. ⁴Zu den unentgeltlichen sonstigen Leistungen für den privaten Bedarf des Personals i. S. d. § 3 Abs. 9a UStG vgl. Abschnitt 1.8.

(2) ¹Eine Wertabgabe im Sinne von § 3 Abs. 9a Nr. 1 UStG setzt voraus, dass der verwendete Gegenstand dem Unternehmen zugeordnet ist und die unternehmerische Nutzung des Gegenstands zum vollen oder teilweisen Vorsteuerabzug berechtigt hat. ²Zur Frage der Zuordnung zum Unternehmen gilt Abschnitt 3.3 Abs. 1 entsprechend; *vgl. dazu auch Abschnitt 15.2 Abs. 15a.* ³Wird ein dem Unternehmen zugeordneter Gegenstand, bei dem kein Recht zum Vorsteuerabzug bestand (z. B. ein von einer Privatperson erworbener Computer), für nichtunternehmerische Zwecke genutzt, liegt eine sonstige Leistung im Sinne des § 3 Abs. 9a Nr. 1 UStG nicht vor. *⁴Ändern sich bei einem dem unternehmerischen Bereich zugeordneten Gegenstand die Verhältnisse für den Vorsteuerabzug durch Erhöhung der Nutzung für nichtwirtschaftliche Tätigkeiten i.e.S., ist eine unentgeltliche Wertabgabe nach § 3 Abs. 9a Nr. 1 UStG zu versteuern. ⁵Ändern sich die Verhältnisse durch Erhöhung der Nutzung für unternehmerische Tätigkeiten, kann eine Vorsteuerberichtigung nach § 15a UStG in Betracht kommen (vgl. Abschnitt 15.1 Abs. 7).* ⁶Bei einer teilunternehmerischen Nutzung von Grundstücken sind die Absätze 5a bis 8 zu beachten.

(3) ¹Unter den Tatbestand des § 3 Abs. 9a Nr. 1 UStG fällt grundsätzlich auch die private Nutzung eines unternehmenseigenen Fahrzeugs durch den Unternehmer oder den Gesellschafter.

(4) ¹Umsatzsteuer aus den Anschaffungskosten unternehmerisch genutzter Telekommunikationsgeräte (z. B. von Telefonanlagen nebst Zubehör, Faxgeräten, Mobilfunkeinrichtungen) kann der Unternehmer unter der Voraussetzungen des § 15 UStG in voller Höhe als Vorsteuer abziehen. ²Die **unternehmensfremde** (private) Nutzung dieser Geräte unterliegt nach § 3 Abs. 9a Nr. 1 UStG der Umsatzsteuer (vgl. Abschnitt 15.2 Abs. 21 Nr. 2). ³Bemessungsgrundlage sind die Ausgaben für die jeweiligen Geräte (vgl. Abschnitt 155 Abs. 3). ⁴Nicht zur Bemessungsgrundlage gehören die Grund- und Gesprächsgebühren (vgl. BFH-Urteil vom 23. 9. 1993, V R 87/89, BStBl 1994 II S. 200). ⁵Die auf diese Gebühren entfallenden Vorsteuern sind in einen abziehbaren und einen nichtabziehbaren Anteil aufzuteilen (vgl. Abschnitt 15.2 Abs. 21 Nr. 2).

(5) Der Einsatz betrieblicher Arbeitskräfte für **unternehmensfremde** (private) Zwecke zu Lasten des Unternehmens (z. B. Einsatz von Betriebspersonal im Privatgarten oder im Haushalt des Unternehmers) ist grundsätzlich eine steuerbare Wertabgabe nach § 3 Abs. 9a Nr. 2 UStG (vgl. BFH-Urteil vom 18. 5. 1993, V R 134/89, BStBl II S. 885).

§ 3 UStG
AE 3.4

Wertabgabenbesteuerung nach § 3 Abs. 9a Nr. 1 UStG bei teilunternehmerisch genutzten Grundstücken im Sinne des § 15 Abs. 1b UStG, die unter die Übergangsregelung nach § 27 Abs. 16 UStG fallen

Teilunternehmerische Nutzung von Grundstücken

(5a) [1]*Ist der dem Unternehmen zugeordnete Gegenstand ein Grundstück – insbesondere ein Gebäude als wesentlicher Bestandteil eines Grundstücks – und wird das Grundstück teilweise für unternehmensfremde (private) Tätigkeiten genutzt, so dass der Vorsteuerabzug nach § 15 Abs. 1b UStG insoweit ausgeschlossen ist (vgl. Abschnitt 15.6a), entfällt eine Wertabgabenbesteuerung nach § 3 Abs. 9a Nr. 1 UStG.* [2]*Sofern sich später der Anteil der unternehmensfremden Nutzung des dem Unternehmensvermögen insgesamt zugeordneten Grundstücks im Sinne des § 15 Abs. 1b UStG erhöht, erfolgt eine Berichtigung nach § 15a Abs. 6a UStG (vgl. Abschnitt 15.6a Abs. 5) und keine Wertabgabenbesteuerung nach § 3 Abs. 9a Nr. 1 UStG.* [3]*Wird das Grundstück nicht für unternehmensfremde, sondern für nichtwirtschaftliche Tätigkeiten i.e.S. verwendet (z.B. für ideelle Zwecke eines Vereins, vgl. Abschnitt 2.3 Abs. 1a), ist insoweit eine Zuordnung nach § 15 Abs. 1 UStG nicht möglich (vgl. BFH-Urteil vom 3. 3. 2011, V R 23/10, BStBl 2012 II S. 74, Abschnitt 15.2 Abs. 15a).* [4]*Erhöht sich später der Anteil der Nutzung des Grundstücks für nichtwirtschaftliche Tätigkeiten i.e.S., erfolgt eine Wertabgabenbesteuerung nach § 3 Abs. 9a Nr. 1 UStG.* [5]*Vermindert sich später der Anteil der Nutzung des Grundstücks für nichtwirtschaftliche Tätigkeiten i.e.S., kann der Unternehmer aus Billigkeitsgründen eine Berichtigung entsprechend § 15a Abs. 1 UStG vornehmen (vgl. Abschnitt 15a.1 Abs. 7).*

(6) [1]Überlässt eine Gemeinde im Rahmen eines Betriebs gewerblicher Art eine Mehrzweckhalle unentgeltlich an Schulen, Vereine usw., **handelt es sich um eine Nutzung für nichtwirtschaftliche Tätigkeiten i.e.S.** (vgl. Abschnitt 2.3 Abs. 1a); insoweit ist eine Zuordnung der Halle zum Unternehmen nach § 15 Abs. 1 UStG nicht möglich (vgl. Abs. 5a Satz 3 sowie Abschnitt 15.2 Abs. 15a) und dementsprechend **keine unentgeltliche Wertabgabe zu besteuern**. [2]**Das gilt nicht,** wenn die Halle ausnahmsweise zur Anbahnung späterer Geschäftsbeziehungen mit Mietern für kurze Zeit unentgeltlich überlassen wird (vgl. BFH-Urteil vom 28. 11. 1991, V R 95/86, BStBl 1992 II S. 569). [3]**Auf Grund eines partiellen Zuordnungsverbots** liegt auch **keine unentgeltliche Wertabgabe** vor, wenn Schulen und Vereine ein gemeindliches Schwimmbad unentgeltlich nutzen können (vgl. Abschnitt 2.11 Abs. 18). [4]Die Mitbenutzung von Parkanlagen, die eine Gemeinde ihrem unternehmerischen Bereich – Kurbetrieb als Betrieb gewerblicher Art – zugeordnet hat, durch Personen, die nicht Kurgäste sind, führt bei der Gemeinde weder zu **einem partiellen Zuordnungsverbot noch zu einer** steuerbaren **unentgeltlichen Wertabgabe** (vgl. BFH-Urteil vom 18. 8. 1988, V R 18/83, BStBl II S. 971). [5]Das Gleiche gilt, wenn eine Gemeinde ein Parkhaus den Benutzern zeitweise (z. B. in der Weihnachtszeit) gebührenfrei zur Verfügung stellt, wenn damit neben dem Zweck der Verkehrsberuhigung auch dem Parkhausunternehmen dienende Zwecke (z. B. Kundenwerbung) verfolgt werden (vgl. BFH-Urteil vom 10. 12. 1992, V R 3/88, BStBl 1993 II S. 380).

Wertabgabenbesteuerung nach § 3 Abs. 9a Nr. 1 UStG bei teilunternehmerisch genutzten Grundstücken, die die zeitlichen Grenzen des § 27 Abs. 16 UStG erfüllen

(7) [1]Die Verwendung von Räumen in einem dem Unternehmen zugeordneten Gebäude für Zwecke außerhalb des Unternehmens kann eine steuerbare oder nicht steuerbare Wertabgabe sein. [2]Diese Nutzung ist nur steuerbar, wenn die unternehmerische Nutzung der Räume zum vollen oder teilweisen Vorsteuerabzug berechtigt hat (vgl. BFH-Urteile vom 8. 10. 2008, XI R 58/07, BStBl 2009 II S. 394, und vom 11. 3. 2009, XI R 69/07, BStBl II S. 496). [3]Ist die unentgeltliche Wertabgabe steuerbar, kommt die Anwendung der Steuerbefreiung nach § 4 Nr. 12 UStG nicht in Betracht (vgl. Abschnitt 4.12.1 Abs. 1 und 3).

Beispiel 1:
[1]U hat ein Zweifamilienhaus, in dem er eine Wohnung steuerfrei vermietet und die andere Wohnung für eigene Wohnzwecke nutzt, insgesamt seinem Unternehmen zugeordnet.

[2]U steht hinsichtlich der steuerfrei vermieteten Wohnung kein Vorsteuerabzug zu (§ 15 Abs. 2 Satz 1 Nr. 1 UStG). [3]Die private Nutzung ist keine steuerbare unentgeltliche Wertabgabe i. S. d. § 3 Abs. 9a Nr. 1 UStG, da der dem Unternehmen zugeordnete Gegenstand nicht zum vollen oder teilweisen Vorsteuerabzug berechtigt hat.

Beispiel 2:
[1]U ist Arzt und nutzt in seinem Einfamilienhaus, das er zulässigerweise insgesamt seinem Unternehmen zugeordnet hat, das Erdgeschoss für seine unternehmerische Tätigkeit und das Obergeschoss für eigene Wohnzwecke. [2]Er erzielt nur steuerfreie Umsätze i. S. d. § 4 Nr. 14 UStG, die den Vorsteuerabzug ausschließen.

[3]U steht kein Vorsteuerabzug zu. [4]Die private Nutzung des Obergeschosses ist keine steuerbare unentgeltliche Wertabgabe i. S. d. § 3 Abs. 9a Nr. 1 UStG, da das dem Unternehmen zugeordnete Gebäude hinsichtlich des unternehmerisch genutzten Gebäudeteils nicht zum Vorsteuerabzug berechtigt hat.

Beispiel 3:

[1]U ist Schriftsteller und nutzt in seinem ansonsten für eigene Wohnzwecke genutzten Einfamilienhaus, das er insgesamt seinem Unternehmen zugeordnet hat, ein Arbeitszimmer für seine unternehmerische Tätigkeit.

[2]U steht hinsichtlich des gesamten Gebäudes der Vorsteuerabzug zu. [3]Die private Nutzung der übrigen Räume ist eine unentgeltliche Wertabgabe i. S. d. § 3 Abs. 9a Nr. 1 UStG, da der dem Unternehmen zugeordnete Gegenstand hinsichtlich des unternehmerisch genutzten Gebäudeteils zum Vorsteuerabzug berechtigt hat.[4]Die unentgeltliche Wertabgabe ist steuerpflichtig.

[4]Das gilt auch, wenn die Nutzung für Zwecke außerhalb des Unternehmens in der unentgeltlichen Überlassung an Dritte besteht.

Beispiel 4:

[1]U hat ein Haus, in dem er Büroräume im Erdgeschoss steuerpflichtig vermietet und die Wohnung im Obergeschoss unentgeltlich an die Tochter überlässt, insgesamt seinem Unternehmen zugeordnet.

[2]U steht hinsichtlich des gesamten Gebäudes der Vorsteuerabzug zu. [3]Die Überlassung an die Tochter ist eine steuerbare unentgeltliche Wertabgabe i. S. d. § 3 Abs. 9a Nr. 1 UStG, weil das dem Unternehmen zugeordnete Gebäude hinsichtlich des unternehmerisch genutzten Gebäudeteils zum Vorsteuerabzug berechtigt hat. [4]Die unentgeltliche Wertabgabe ist steuerpflichtig.

Beispiel 5:

[1]U hat ein Zweifamilienhaus, das er im Jahr 01 zu 50 % für eigene unternehmerische Zwecke und zum Vorsteuerabzug berechtigende Zwecke (Büroräume) nutzt und zu 50 % steuerfrei vermietet, insgesamt seinem Unternehmen zugeordnet. [2]Ab dem Jahr 04 nutzt er die Büroräume ausschließlich für eigene Wohnzwecke.

[3]U steht ab dem Jahr 01 nur hinsichtlich der Büroräume der Vorsteuerabzug zu; für den steuerfrei vermieteten Gebäudeteil ist der Vorsteuerabzug hingegen ausgeschlossen. [4]Ab dem Jahr 04 unterliegt die Nutzung der Büroräume zu eigenen Wohnzwecken des U als steuerbare unentgeltliche Wertabgabe i. S. d. § 3 Abs. 9a Nr. 1 UStG der Umsatzsteuer, da das dem Unternehmen zugeordnete Gebäude hinsichtlich der vorher als Büro genutzten Räume zum Vorsteuerabzug berechtigt hat. [5]Die unentgeltliche Wertabgabe ist steuerpflichtig. [6]Eine Änderung der Verhältnisse i. S. d. § 15a UStG liegt nicht vor.

(8) [1]Verwendet ein Gemeinschafter seinen Miteigentumsanteil, welchen er seinem Unternehmen zugeordnet und für den er den Vorsteuerabzug beansprucht hat, für nichtunternehmerische Zwecke, ist diese Verwendung eine steuerpflichtige unentgeltliche Wertabgabe im Sinne des § 3 Abs. 9a Nr. 1 UStG.

Beispiel:

[1]U und seine Ehefrau E erwerben zu 25 % bzw. 75 % Miteigentum an einem unbebauten Grundstück, das sie von einem Generalunternehmer mit einem Einfamilienhaus bebauen lassen. [2]U nutzt im Einfamilienhaus einen Raum, der 9 % der Fläche des Gebäudes ausmacht für seine unternehmerische Tätigkeit. [3]Die übrigen Räume des Hauses werden durch U und E für eigene Wohnzwecke genutzt. [4]U macht 25 % der auf die Baukosten entfallenden Vorsteuern geltend.

[5]Durch die Geltendmachung des Vorsteuerabzuges aus 25 % der Baukosten gibt U zu erkennen, dass er seinen Miteigentumsanteil in vollem Umfang seinem Unternehmen zugeordnet hat. [6]U kann daher unter den weiteren Voraussetzungen des § 15 UStG 25 % der auf die Baukosten entfallenden Vorsteuern abziehen. 7Soweit U den seinem Unternehmen zugeordneten Miteigentumsanteil für private Zwecke nutzt (16 % der Baukosten), muss er nach § 3 Abs. 9a Nr. 1 UStG eine unentgeltliche Wertabgabe versteuern.

[2]Zur Wertabgabe bei der Übertragung von Miteigentumsanteilen an Grundstücken vgl. Abschnitt 3.3 Abs. 8.

3.5. Abgrenzung zwischen Lieferungen und sonstigen Leistungen

Allgemeine Grundsätze

(1) Bei einer einheitlichen Leistung, die sowohl Lieferungselemente als auch Elemente einer sonstigen Leistung enthält, richtet sich die Einstufung als Lieferung oder sonstige Leistung danach, welche Leistungselemente aus der Sicht des Durchschnittsverbrauchers und unter Berücksichtigung des Willens der Vertragsparteien den wirtschaftlichen Gehalt der Leistungen bestimmen (vgl. BFH-Urteil vom 19. 12. 1991, V R 107/86, BStBl 1992 II S. 449, und BFH-Urteil vom 21. 6. 2001, V R 80/99, BStBl 2003 II S. 810).

(2) Lieferungen sind z. B.:
1. der Verkauf von Standard-Software und sog. Updates auf Datenträgern;
2. die Anfertigung von Kopien, wenn sich die Tätigkeit auf die bloße Vervielfältigung von Dokumenten beschränkt (vgl. EuGH-Urteil vom 11. 2. 2010, C-88/09, UR 2010 S. 230) oder wenn hieraus zugleich neue Gegenstände (Bücher, Broschüren) hergestellt und den Abnehmern an diesen Gegenständen Verfügungsmacht verschafft wird (vgl. BFH-Urteil vom 19. 12. 1991, V R 107/86, BStBl 1992 II S. 449);
3. die Überlassung von Offsetfilmen, die unmittelbar zum Druck von Reklamematerial im Offsetverfahren verwendet werden können (vgl. BFH-Urteil vom 25. 11. 1976, V R 71/72, BStBl 1977 II S. 270);
4. [1]die Abgabe von Basissaatgut an Züchter im Rahmen sog. Vermehrerverträge sowie die Abgabe des daraus gewonnenen sog. zertifizierten Saatguts an Landwirte zur Produktion von Konsumgetreide oder an Handelsunternehmen. [2]Zur Anwendung der Durchschnittssatzbesteuerung nach § 24 UStG vgl. Abschnitte 24.1 und 24.2;
5. [1]die Entwicklung eines vom Kunden belichteten Films sowie die Bearbeitung von auf physischen Datenträgern oder auf elektronischem Weg übersandten Bilddateien, wenn gleichzeitig Abzüge angefertigt werden oder dem Kunden die bearbeiteten Bilder auf einem anderen Datenträger übergeben werden. [2]In diesen Fällen stellt das Entwickeln des Films und das Bearbeiten der Bilder eine unselbständige Nebenleistung zu einer einheitlichen Werklieferung dar.

(3) Sonstige Leistungen sind z. B.:
1. die Übermittlung von Nachrichten zur Veröffentlichung;
2. die Übertragung ideeller Eigentumsanteile – Miteigentumsanteile –, siehe aber z. B. für Anlagegold Abschnitt 256c.1;
3. die Überlassung von Lichtbildern zu Werbezwecken (vgl. BFH-Urteil vom 12. 1. 1956, V 272/55 S, BStBl III S. 62);
4. die Überlassung von Konstruktionszeichnungen und Plänen für technische Bauvorhaben sowie die Überlassung nicht geschützter Erfahrungen und technischer Kenntnisse (vgl. BFH-Urteil vom 18. 5. 1956, V 276/55 U, BStBl III S. 198);
5. die Veräußerung von Modellskizzen (vgl. BFH-Urteil vom 26. 10. 1961, V 307/59, HFR 1962 S. 118);
6. die Übertragung eines Verlagsrechts (vgl. BFH-Urteil vom 16. 7. 1970, V R 95/66, BStBl II S. 706);
7. die Überlassung von Know-how und von Ergebnissen einer Meinungsumfrage auf dem Gebiet der Marktforschung (vgl. BFH-Urteil vom 22. 11. 1973, V R 164/72, BStBl 1974 II S. 259);
8. [1]die Überlassung von nicht standardisierter Software, die speziell nach den Anforderungen des Anwenders erstellt wird oder die eine vorhandene Software den Bedürfnissen des Anwenders individuell anpasst. [2]Gleiches gilt für die Übertragung von Standard-Software oder Individual-Software auf elektronischem Weg (z. B. über Internet);
9. die Überlassung sendefertiger Filme durch einen Filmhersteller im Sinne von § 94 UrhG – sog. Auftragsproduktion – (vgl. BFH-Urteil vom 19. 2. 1976, V R 92/74, BStBl II S. 515);
10. die Überlassung von Fotografien zur Veröffentlichung durch Zeitungs- oder Zeitschriftenverlage (vgl. BFH-Urteil vom 12. 5. 1977, V R 111/73, BStBl II S. 808);
11. die Entwicklung eines vom Kunden belichteten Films sowie die Bearbeitung von auf physischen Datenträgern oder auf elektronischem Weg übersandten Bilddateien;
12. die Herstellung von Fotokopien, wenn über das bloße Vervielfältigen hinaus weitere Dienstleistungen erbracht werden, insbesondere Beratung des Kunden und Anpassung, Umgestaltung oder Verfremdung des Originals (vgl. EuGH-Urteil vom 11. 2. 2010, C-88/09, UR 2010 S. 230);
13. [1]Nachbaugebühren im Sinne des § 10a Abs. 2 ff. SortSchG, die ein Landwirt dem Inhaber des Sortenschutzes zu erstatten hat, werden als Entgelt für eine sonstige Leistung des Sortenschutzinhabers gezahlt, welche in der Duldung des Nachbaus durch den Landwirt besteht. [2]Bei der Überlassung von Vorstufen- oder Basissaatgut im Rahmen sog. Vertriebsorganisationsverträgen handelt es sich ebenfalls um eine sonstige Leistung des Sortenschutzinhabers, welche in der Überlassung des Rechts, eine Saatgutsorte zu produzieren und zu vermarkten, und der Überlassung des hierzu erforderlichen Saatguts besteht. [3]Zur Anwendung der Durchschnittssatzbesteuerung nach § 24 UStG vgl. Abschnitte 24.1 und 24.2;
14. die entgeltliche Überlassung von Eintrittskarten (vgl. BFH-Urteil vom 3. 6. 2009, XI R 34/08, BStBl 2010 II S. 857);
15. [1]die Abgabe eines sog. Mobilfunk-Startpakets ohne Mobilfunkgerät. [2]Leistungsinhalt ist hierbei die Gewährung eines Anspruchs auf Abschluss eines Mobilfunkvertrags einschließlich

Zugang zu einem Mobilfunknetz. ³Zur Abgabe von Startpaketen mit Mobilfunkgerät vgl. BMF-Schreiben vom 3. 12. 2001, BStBl I S. 1010);

16. *der* Verkauf einer Option und *der* Zusammenbau einer Maschine, vgl. Art. **8 und 9 der;**
17. **der An- und Verkauf in- und ausländischer Banknoten und Münzen im Rahmen von Sortengeschäften (Geldwechselgeschäft) (vgl. BFH-Urteil vom 19. 5. 2010, XI R 6/09, BStBl 2011 II S. 831).**

(4) ¹Die Überlassung von Matern, Klischees und Abzügen kann sowohl eine Lieferung als auch eine sonstige Leistung sein (vgl. BFH-Urteile vom 13. 10. 1960, V 299/58 U, BStBl 1961 III S. 26, und vom 14. 2. 1974, V R 129/70, BStBl II S. 261). ²Kauft ein Unternehmer von einem Waldbesitzer Holz und beauftragt dieser den Holzkäufer mit der Fällung, Aufarbeitung und Rückung des Holzes (sog. Selbstwerbung), kann sowohl ein tauschähnlicher Umsatz (Waldarbeiten gegen Lieferung des Holzes mit Baraufgabe) als auch eine bloße Holzlieferung in Betracht kommen (vgl. BFH-Urteil vom 19. 2. 2004, V R 10/03, BStBl II S. 675).

Lieferungen und sonstige Leistungen bei Leasingverträgen

(5) ¹Werden Gegenstände im Leasing-Verfahren überlassen, ist die Übergabe des Leasing-Gegenstandes durch den Leasing-Geber an den Leasing-Nehmer eine Lieferung, wenn der Leasing-Nehmer nach den vertraglichen Vereinbarungen und deren tatsächlicher Durchführung berechtigt ist, wie ein Eigentümer über den Leasing-Gegenstand zu verfügen. ²Hiervon kann in der Regel ausgegangen werden, wenn der Leasing-Gegenstand einkommensteuerrechtlich dem Leasing-Nehmer zuzurechnen ist. ³Auf das BFH-Urteil vom 1. 10. 1970, V R 49/70, BStBl 1971 II S. 34, wird hingewiesen. ⁴Erfolgt bei einer grenzüberschreitenden Überlassung eines Leasing-Gegenstands (sog. Cross-Boarder-Leasing) die Zuordnung dieses Gegenstands auf Grund des Rechts eines anderen Mitgliedstaates ausnahmsweise abweichend von den Sätzen 1 und 2 bei dem im Inland ansässigen Vertragspartner, ist dieser Zuordnung zur Vermeidung von endgültigen Steuerausfällen zu folgen; ist die Zuordnung dabei abweichend von den Sätzen 1 und 2 bei dem im anderen Mitgliedstaat ansässigen Vertragspartner erfolgt, kann dieser gefolgt werden, wenn der Nachweis erbracht wird, dass die Überlassung in dem anderen Mitgliedstaat der Besteuerung unterlegen hat.

(6) ¹Erfolgt die Überlassung eines Gegenstands außerhalb des Leasing-Verfahrens (z. B. bei Mietverträgen im Sinne des § 535 BGB mit dem Recht zum Kauf), gilt Folgendes:

1. Die Überlassung eines Gegenstands auf Grund eines Vertrags, der die Vermietung oder die Verpachtung dieses Gegenstands während eines bestimmten Zeitraums oder den Verkauf dieses Gegenstands gegen eine nicht nur einmalige Zahlung vorsieht, ist eine Lieferung, wenn der Vertrag den Übergang des zivilrechtlichen Eigentums an dem Gegenstand spätestens mit der letzten vereinbarten fälligen Zahlung vorsieht.
2. ¹Ist der Übergang des zivilrechtlichen Eigentums von weiteren Willenserklärungen, z. B. der Ausübung eines Optionsrechts abhängig, liegt eine Lieferung erst in dem Zeitpunkt vor, in dem dieser Wille übereinstimmend erklärt wird. ²Bis zu diesem Zeitpunkt ist die Überlassung des Gegenstands eine sonstige Leistung. ³Die sonstige Leistung und die später folgende Lieferung sind hinsichtlich Steuerbarkeit, Steuerpflicht und anzuwendendem Steuersatz getrennt voneinander zu beurteilen. ⁴Wird das für die Nutzungsüberlassung vereinbarte Entgelt ganz oder teilweise auf die für die Lieferung vereinbarte Gegenleistung angerechnet, liegt insoweit eine Änderung der Bemessungsgrundlage für die sonstige Leistung vor (vgl. Abschnitt 17.1).

²Satz 1 gilt entsprechend, wenn bei einer Überlassung eines Gegenstands im Leasing-Verfahren trotz ertragsteuerrechtlicher Zurechnung des Leasing-Gegenstands beim Leasing-Nehmer die Voraussetzungen des Absatzes 5 Satz 1 ausnahmsweise nicht erfüllt sind.

(7) ¹Die Annahme einer Lieferung nach den Grundsätzen der Absätze 5 und 6 setzt voraus, dass die Verfügungsmacht an dem Gegenstand bei dem Unternehmer liegt, der den Gegenstand überlässt. ²In den Fällen, in denen der Überlassung des Gegenstands eine zivilrechtliche Eigentumsübertragung vom späteren Nutzenden des Gegenstands an den überlassenden Unternehmer vorausgeht (z. B. beim sog. sale-and-lease-back), ist daher zu prüfen, ob die Verfügungsmacht an dem Gegenstand sowohl im Rahmen dieser Eigentumsübertragung, als auch im Rahmen der nachfolgenden Nutzungsüberlassung jeweils tatsächlich übertragen wird und damit eine Hin- und Rücklieferung stattfindet oder ob dem der Nutzung vorangehenden Übergang des zivilrechtlichen Eigentums an dem Gegenstand vielmehr eine bloße Sicherungs- und Finanzierungsfunktion zukommt, so dass insgesamt eine Kreditgewährung des Leasing-Gebers an den Leasing-Nehmer vorliegt (vgl. BFH-Urteil vom 9. 2. 2006, V R 22/03, BStBl II S. 727). ³Diese Prüfung richtet sich nach dem Gesamtbild der Verhältnisse des Einzelfalls, d. h. den konkreten vertraglichen Vereinbarungen und deren jeweiliger tatsächlicher Durchführung unter Berücksichtigung der Interessenlage der Beteiligten. ⁴Von einem Finanzierungsgeschäft ist insbesondere auszugehen, wenn die Vereinbarungen über die Eigentumsübertragung und über das Leasingverhältnis bzw. über die Rückvermietung in einem unmittelbaren sachlichen Zusammenhang stehen und eine Ratenkauf- oder

Mietkaufvereinbarung geschlossen wird, auf Grund derer das zivilrechtliche Eigentum mit Ablauf der Vertragslaufzeit wieder auf den Nutzenden zurückfällt oder den Überlassenden zur Rückübertragung des Eigentums verpflichtet. ⁵Daher ist z. B. bei einer nach Absatz 6 Satz 1 Nr. 1 als Lieferung zu qualifizierenden Nutzungsüberlassung mit vorangehender Eigentumsübertragung auf den Überlassenden (sog. sale-and-Mietkauf-back) ein Finanzierungsgeschäft anzunehmen.

Beispiel 1:
¹Der Hersteller von Kopiergeräten H und die Kopierervermietungsgesellschaft V schließen einen Kaufvertrag über die Lieferung von Kopiergeräten, wobei das zivilrechtliche Eigentum auf die Vermietungsgesellschaft übergeht. ²Gleichzeitig verpflichtet sich V, dem Hersteller H die Rückübertragung der Kopiergeräte nach Ablauf von 12 Monaten anzudienen, H macht regelmäßig von seinem Rücknahmerecht Gebrauch. ³Zur endgültigen Rückübertragung bedarf es eines weiteren Vertrags, in dem die endgültigen Rückgabe – und Rücknahmekonditionen einschließlich des Rückkaufpreises festgelegt werden. ⁴Während der „Vertragslaufzeit" von 12 Monaten vermietet die Vermietungsgesellschaft die Kopiergeräte an ihre Kunden.
⁵Umsatzsteuerrechtlich liegen zwei voneinander getrennt zu beurteilende Lieferungen i. S. d. § 3 Abs. 1 UStG vor. ⁶Die Verfügungsmacht an den Kopiergeräten geht zunächst auf V über und fällt nach Ablauf von 12 Monaten bei regelmäßigem Ablauf durch einen neuen Vertragsabschluss wieder an H zurück.

Beispiel 2:
¹Wie Beispiel 1, wobei V nunmehr einen weiteren Vertrag mit der Leasinggesellschaft L zur Finanzierung des Geschäfts mit H schließt. ²Hiernach verkauft V die Kopiergeräte an L weiter und least sie gleichzeitig von L zurück, die sich ihrerseits unwiderruflich zur Rückübertragung des Eigentums nach Ablauf des Leasingzeitraums verpflichtet. ³Das zivilrechtliche Eigentum wird übertragen und L ermächtigt V, die geleasten Kopiergeräte im Rahmen des Vermietungsgeschäfts für ihre Zwecke zu nutzen. ⁴Die Laufzeit des Vertrags beschränkt sich auf 12 Monate und die für die spätere Bestimmung des Rückkaufpreises maßgebenden Konditionen werden bereits jetzt vereinbart.
⁵In der Veräußerung der Kopiergeräte von H an V und deren Rückübertragung nach 12 Monaten liegen entsprechend den Ausführungen zum Ausgangsfall zwei voneinander zu trennende Lieferungen vor.
⁶Die Übertragung des zivilrechtlichen Eigentums an den Kopiergeräten durch V an L dient dagegen lediglich der Besicherung der Refinanzierung des V bei L. ⁷Es findet keine Übertragung von Substanz, Wert und Ertrag der Kopiergeräte statt. ⁸Die Gesamtbetrachtung aller Umstände und vertraglichen Vereinbarungen des Einzelfalls führt zu dem Ergebnis, dass insgesamt nur eine Kreditgewährung von L an V vorliegt. ⁹Im Gegensatz zum Ausgangsfall wird die Verfügungsmacht an den Kopiergeräten nicht übertragen.

Beispiel 3:
¹Wie Beispiel 1, wobei die Leasinggesellschaft L dem zuvor zwischen H und V geschlossenen Kaufvertrag mit Rückandienungsverpflichtung in Form von Nachtragsvereinbarungen beitritt, bevor die Kopiergeräte von H an V ausgeliefert werden. ²Infolge des Vertragsbeitritts wird L schuldrechtlich neben V Vertragspartnerin der späteren Kauf- und Rückkaufverträge mit H. ³Über die Auslieferung der Kopiergeräte rechnet H mit L ab, welche anschließend einen Leasingvertrag bis zum Rückkauftermin mit V abschließt. ⁴Im Unternehmen der V werden die Kopiergeräte den Planungen entsprechend ausschließlich für Vermietungszwecke genutzt. ⁵Zum Rückkauf-Termin nach 12 Monaten werden die Geräte gemäß den vereinbarten Konditionen von V an H zurückgegeben.
⁶Die Vorstellungen der Beteiligten H, V und L sind bei der gebotenen Gesamtbetrachtung darauf gerichtet, V unmittelbar die Verfügungsmacht an den Geräten zu verschaffen, während L lediglich die Finanzierung des Geschäfts übernehmen soll. ⁷Mit der Übergabe der Geräte werden diese deshalb durch H an V geliefert. ⁸Es findet mithin weder eine (Weiter-)Lieferung der Geräte von V an L noch eine Rückvermietung der Geräte durch L an V statt. ⁹L erbringt vielmehr eine sonstige Leistung in Form der Kreditgewährung an V. ¹⁰Die Rückübertragung der Geräte an H nach Ablauf der 12 Monate führt zu einer Lieferung von V an H.

Übertragung von Gesellschaftsanteilen

(8) ¹Die Übertragung von Anteilen an Personen- oder Kapitalgesellschaften (Gesellschaftsanteile, vgl. Abschnitt 4. 8. 10) ist als sonstige Leistung zu beurteilen (vgl. EuGH-Urteil vom 26. 5. 2005, C-465/03, EuGHE I S. 4257). ²Dies gilt entsprechend für die Übertragung von Wertpapieren anderer Art, z. B. Fondsanteilen oder festverzinslichen Wertpapieren; zur Steuerbarkeit bei der Ausgabe nichtverbriefter Genussrechte vgl. Abschnitt 1.1 Abs. 15. ³Ist das übertragene Recht in einem Papier verbrieft, kommt es nicht darauf an, ob das Papier effektiv übertragen oder in einem Sammeldepot verwahrt wird.

§ 3 UStG
AE 3.6, AE 3.7

AE 3.6   **3.6. Abgrenzung von Lieferungen und sonstigen Leistungen bei der Abgabe von Speisen und Getränken**

S 7100   Zur Abgrenzung von Lieferungen und sonstigen Leistungen bei der Abgabe von Speisen und Getränken sind die Grundsätze der BMF-Schreiben vom 16.10.2008, BStBl I S. 949, und vom 29.3.2010, BStBl I S. 330, anzuwenden.[1]

AE 3.7   **3.7. Vermittlung oder Eigenhandel**

S 7110   (1) [1]Ob jemand eine Vermittlungsleistung erbringt oder als Eigenhändler tätig wird, ist nach den Leistungsbeziehungen zwischen den Beteiligten zu entscheiden. [2]Maßgebend für die Bestimmung der umsatzsteuerrechtlichen Leistungsbeziehungen ist grundsätzlich das Zivilrecht; ob der Vermittler gegenüber dem Leistungsempfänger oder dem Leistenden tätig wird, ist insoweit ohne Bedeutung. [3]Entsprechend der Regelung des § 164 Abs. 1 BGB liegt danach eine Vermittlungsleistung umsatzsteuerrechtlich grundsätzlich nur vor, wenn der Vertreter – Vermittler – das Umsatzgeschäft erkennbar im Namen des Vertretenen abgeschlossen hat. [4]Das gilt jedoch nicht, wenn durch das Handeln in fremdem Namen lediglich verdeckt wird, dass der Vertreter und nicht der Vertretene das Umsatzgeschäft ausführt (vgl. BFH-Urteile vom 25.6.1987, V R 78/79, BStBl II S. 657, und vom 29.9.1987, X R 13/81, BStBl 1988 II S. 153). [5]Dies kann der Fall sein, wenn dem Vertreter von dem Vertretenen Substanz, Wert und Ertrag des Liefergegenstands vor der Weiterlieferung an den Leistungsempfänger übertragen worden ist (BFH-Urteil vom 16.3.2000, V R 44/99, BStBl II S. 361). [6]Dem Leistungsempfänger muss beim Abschluss des Umsatzgeschäfts nach den Umständen des Falls bekannt sein, dass er zu einem Dritten in unmittelbare Rechtsbeziehungen tritt (vgl. BFH-Urteil vom 21.12.1965, V 241/63 U, BStBl 1966 III S. 162); dies setzt nicht voraus, dass der Name des Vertretenen bei Vertragsabschluss genannt wird, sofern er feststellbar ist (vgl. BFH-Urteil vom 16.3.2000, V R 44/99, BStBl II S. 361). [7]Werden Zahlungen für das Umsatzgeschäft an den Vertreter geleistet, so ist es zur Beschränkung des Entgelts auf die Vermittlungsprovision nach § 10 Abs. 1 Satz 6 UStG erforderlich, dass der Vertreter nicht nur im Namen, sondern auch für Rechnung des Vertretenen handelt (vgl. auch Absatz 7 und Abschnitt 10.4).

(2) [1]Werden beim Abschluss von Verträgen über die Vermittlung des Verkaufs von Kraftfahrzeugen vom Kraftfahrzeughändler die vom Zentralverband des Kraftfahrzeuggewerbes e. V. (ZDK) empfohlenen Vertragsmuster „Vertrag über die Vermittlung eines privaten Kraftfahrzeugs" (Stand: 2007) und „Verbindlicher Vermittlungsauftrag zum Erwerb eines neuen Kraftfahrzeugs" (Stand: 2007) nebst „Allgemeinen Geschäftsbedingungen" verwendet, ist die Leistung des Kraftfahrzeughändlers als Vermittlungsleistung anzusehen, wenn die tatsächliche Geschäftsabwicklung den Voraussetzungen für die Annahme von Vermittlungsleistungen entspricht (vgl. Absatz 1). [2]Unschädlich ist jedoch, dass ein Kraftfahrzeughändler einem Gebrauchtwagenverkäufer die Höhe des über den vereinbarten Mindestverkaufspreis hinaus erzielten Erlöses nicht mitteilt (vgl. BFH-Urteil vom 27.7.1988, X R 40/82, BStBl II S. 1017). [3]Entscheidend – insbesondere in Verbindung mit Neuwagengeschäften – ist, dass mit der Übergabe des Gebrauchtfahrzeugs an den Kraftfahrzeughändler das volle Verkaufsrisiko nicht auf diesen übergeht. [4]Nicht gegen die Annahme eines Vermittlungsgeschäfts spricht die Aufnahme einer Vereinbarung in einen Neuwagenkaufvertrag, wonach dem Neuwagenkäufer, der ein Gebrauchtfahrzeug zur Vermittlung übergeben hat, in Höhe der Preisuntergrenze des Gebrauchtfahrzeugs ein zinsloser Kredit bis zu einem bestimmten Termin, z. B. 6 Monate, eingeräumt wird.

(3) [1]Bei einem sog. Minusgeschäft wird der Kraftfahrzeughändler nicht als Vermittler tätig. [2]Ein Minusgeschäft ist gegeben, wenn ein Kraftfahrzeughändler den bei einem Neuwagengeschäft in Zahlung genommenen Gebrauchtwagen unter dem vereinbarten Mindestverkaufspreis verkauft, den vereinbarten Mindestverkaufspreis aber auf den Kaufpreis des Neuwagens voll anrechnet (vgl. BFH-Urteil vom 29.9.1987, X R 13/81, BStBl 1988 II S. 153). [3]Das Gleiche gilt für Fälle, bei denen im Kaufvertrag über den Neuwagen vorgesehen ist, dass der Kraftfahrzeughändler einen Gebrauchtwagen unter Anrechnung auf den Kaufpreis des Neuwagens „in Zahlung nimmt" und nach der Bezahlung des nicht zur Verrechnung vorgesehenen Teils des Kaufpreises und der Hingabe des Gebrauchtwagens der Neuwagenverkauf endgültig abgewickelt ist, ohne Rücksicht darauf, ob der festgesetzte Preis für den Gebrauchtwagen erzielt wird oder nicht (vgl. BFH-Urteil vom 25.6.1987, V R 78/79, BStBl II S. 657). [4]Zur Besteuerung der Umsätze von Gebrauchtfahrzeugen (Differenzbesteuerung) vgl. Abschnitt 25a.1.

(4) [1]Die Abgabe von Autoschmierstoffen durch Tankstellen und Kraftfahrzeug-Reparaturwerkstätten ist wie folgt zu beurteilen: Wird lediglich ein Ölwechsel (Ablassen und Entsorgung des Altöls, Einfüllen des neuen Öls) vorgenommen, liegt eine Lieferung von Öl vor. [2]Wird die Lieferung im fremden Namen und für fremde Rechnung ausgeführt, handelt es sich um eine Vermittlungsleistung. [3]Das im Rahmen einer Inspektion im eigenen Namen abgegebene Motoröl ist jedoch Teil einer einheitlichen sonstigen Leistung (vgl. BFH-Urteil vom 30.9.1999, V R 77/98, BStBl 2000 II S. 14).

---

[1]) Anm.: Siehe USt-HA 2008/09 § 3 H 29 und § 3 H 31.

§ 3 UStG
AE 3.7

(5) ¹Kraftfahrzeugunternehmer, z. B. Tankstellenagenten, Kraftfahrzeug-Reparaturwerkstätten, entnehmen für eigene unternehmerische Zwecke Kraft- und Schmierstoffe und stellen hierfür Rechnungen aus, in denen zum Ausdruck kommt, dass sie diese Waren im Namen und für Rechnung der betreffenden Mineralölgesellschaft an sich selbst veräußern. ²Grundsätzlich ist davon auszugehen, dass Bestellungen, die ein Handelsvertreter bei dem Unternehmer für eigene Rechnung macht, in der Regel keinen Anspruch auf Handelsvertreterprovisionen nach § 87 Abs. 1 HGB begründen. ³Ist jedoch etwas anderes vereinbart und sind Provisionszahlungen auch für eigene Bestellungen in dem betreffenden Handelszweig üblich, und steht ferner fest, dass der Handelsvertreter nicht zu besonderen Preisen bezieht, kann gleichwohl ein Provisionsanspruch des Vertreters begründet sein. ⁴Bei dieser Sachlage ist das zivilrechtlich gewollte In-sich-Geschäft mit Provisionsanspruch auch umsatzsteuerrechtlich als solches anzuerkennen.

(6) ¹Der Versteigerer, der Gegenstände im eigenen Namen versteigert, wird als Eigenhändler behandelt und bewirkt Lieferungen. ²Dabei macht es umsatzsteuerrechtlich keinen Unterschied aus, ob der Versteigerer die Gegenstände für eigene Rechnung oder für die Rechnung eines anderen, des Einlieferers, versteigert. ³Wenn der Auktionator jedoch Gegenstände im fremden Namen und für fremde Rechnung, d. h. im Namen und für Rechnung des Einlieferers, versteigert, führt er lediglich Vermittlungsleistungen aus. ⁴Für die umsatzsteuerrechtliche Beurteilung kommt es entscheidend darauf an, wie der Auktionator nach außen den Abnehmern (Ersteigerern) gegenüber auftritt. ⁵Der Versteigerer kann grundsätzlich nur dann als Vermittler (Handelsmakler) anerkannt werden, wenn er bei der Versteigerung erkennbar im fremden Namen und für fremde Rechnung auftritt. ⁶Das Handeln des Auktionators im fremden Namen und für fremde Rechnung muss in den Geschäfts- und Versteigerungsbedingungen oder an anderer Stelle mit hinreichender Deutlichkeit zum Ausdruck kommen. ⁷Zwar braucht dem Ersteigerer nicht sogleich bei Vertragsabschluss der Name des Einlieferers mitgeteilt zu werden. ⁸Er muss aber die Möglichkeit haben, jederzeit den Namen und die Anschrift des Einlieferers zu erfahren (vgl. BFH-Urteil vom 24. 5. 1960, V 152/58 U, BStBl III S. 374).

(7) ¹Unternehmer, die im eigenen Laden – dazu gehören auch gemietete Geschäftsräume – Waren verkaufen, sind umsatzsteuerrechtlich grundsätzlich als Eigenhändler anzusehen. ²Vermittler kann ein Ladeninhaber nur sein, wenn zwischen demjenigen, von dem er die Ware bezieht, und dem Käufer unmittelbare Rechtsbeziehungen zustande kommen. ³Auf das Innenverhältnis des Ladeninhabers zu seinem Vertragspartner, der die Ware zur Verfügung stellt, kommt es für die Frage, ob Eigenhandels- oder Vermittlungsgeschäfte vorliegen, nicht entscheidend an. ⁴Wesentlich ist das Außenverhältnis, d. h. das Auftreten des Ladeninhabers gegenüber dem Kunden. ⁵Wenn der Ladeninhaber eindeutig vor oder bei dem Geschäftsabschluss zu erkennen gibt, dass er in fremdem Namen und für fremde Rechnung handelt, kann seine Vermittlereigenschaft umsatzsteuerrechtlich anerkannt werden. ⁶Deshalb können bei entsprechender Ausgestaltung des Geschäftsablaufs auch beim Verkauf von Gebrauchtwaren in Secondhandshops Vermittlungsleistungen angenommen werden (vgl. auch Abschnitt 25a.1). ⁷Die für Verkäufe im eigenen Laden aufgestellten Grundsätze sind auch auf Fälle anwendbar, in denen der Ladeninhaber nicht liefert, sondern wegen der Art des Betriebs seinen Kunden gegenüber lediglich sonstige Leistungen erbringt (BFH-Urteil vom 9. 4. 1970, V R 80/66, BStBl II S. 506). ⁸Beim Bestehen einer echten Ladengemeinschaft sind die o. a. Grundsätze nicht anzuwenden. ⁹Eine echte Ladengemeinschaft ist anzuerkennen, wenn mehrere Unternehmer in einem Laden mehrere Betriebe unterhalten und dort Waren in eigenen Namen und für eigene Rechnung verkaufen. ¹⁰In einem solchen Fall handelt es sich um verschiedene Unternehmer, die mit den Entgelten der von ihnen bewirkten Lieferungen zur Umsatzsteuer heranzuziehen sind, ohne dass die Umsätze des einen dem anderen zugerechnet werden dürfen (vgl. BFH-Urteil vom 6. 3. 1969, V 23/65, BStBl II S. 361).

(8) ¹Die Grundsätze über den Verkauf im eigenen Laden (vgl. Absatz 7) gelten nicht für den Verkauf von Waren, z. B. Blumen, Zeitschriften, die durch Angestellte eines anderen Unternehmers in Gastwirtschaften angeboten werden (vgl. BFH-Urteil vom 7. 6. 1962, V 214/59 U, BStBl III S. 361). ²Werden in Gastwirtschaften mit Genehmigung des Gastwirts Warenautomaten aufgestellt, liefert der Aufsteller die Waren an die Benutzer der Automaten. ³Der Gastwirt bewirkt eine steuerpflichtige sonstige Leistung an den Aufsteller, die darin besteht, dass er die Aufstellung der Automaten in seinen Räumen gestattet. ⁴Entsprechendes gilt für die Aufstellung von Spielautomaten in Gastwirtschaften. ⁵Als Unternehmer, der den Spielautomat in eigenem Namen und für eigene Rechnung betreibt, ist in der Regel der Automatenaufsteller anzusehen (vgl. BFH-Urteil vom 24. 9. 1987, V R 152/78, BStBl II S. 29).

(9) ¹Mit dem Verkauf von Eintrittskarten, die z. B. ein Reisebüro vom Veranstalter zu Festpreisen (ohne Ausweis einer Provision) oder von Dritten erworben hat und mit eigenen Preisaufschlägen weiterveräußert, erbringt das Reisebüro keine Vermittlungsleistung, wenn nach der Vertragsgestaltung das Reisebüro das volle Unternehmerrisiko trägt. ²Dies ist der Fall, wenn das Reisebüro die Karten nicht zurückgeben kann.

(10) Zu den Grundsätzen des Handelns von sog. Konsolidierern bei postvorbereitenden Leistungen vgl. BMF-Schreiben vom 13. 12. 2006, BStBl 2007 I S. 119.

3.8. Werklieferung, Werkleistung

(1) ¹Eine Werklieferung liegt vor, wenn der Werkhersteller für das Werk selbstbeschaffte Stoffe verwendet, die nicht nur Zutaten oder sonstige Nebensachen sind. ²Besteht das Werk aus mehreren Hauptstoffen, bewirkt der Werkunternehmer bereits dann eine Werklieferung, wenn er nur einen Hauptstoff oder einen Teil eines Hauptstoffes selbst beschafft hat, während alle übrigen Stoffe vom Besteller beigestellt werden. ³Verwendet der Werkunternehmer bei seiner Leistung keinerlei selbstbeschaffte Stoffe oder nur Stoffe, die als Zutaten oder sonstige Nebensachen anzusehen sind, so handelt es sich um eine Werkleistung. ⁴Unter Zutaten und sonstigen Nebensachen im Sinne des § 3 Abs. 4 Satz 1 UStG sind Lieferungen zu verstehen, die bei einer Gesamtbetrachtung aus der Sicht des Durchschnittsbetrachters nicht das Wesen des Umsatzes bestimmen (vgl. BFH-Urteil vom 9. 6. 2005, V R 50/02, BStBl 2006 II S. 98). ⁵Für die Frage, ob es sich um Zutaten oder sonstige Nebensachen handelt, kommt es daher nicht auf das Verhältnis des Wertes der Arbeit oder des Arbeitserfolges zum Wert der vom Unternehmer beschafften Stoffe an, sondern darauf, ob diese Stoffe ihrer Art nach sowie nach dem Willen der Beteiligten als Hauptstoffe oder als Nebenstoffe bzw. Zutaten des herzustellenden Werkes anzusehen sind (vgl. BFH-Urteil vom 28. 5. 1953, V 22/53 U, BStBl III S. 217). ⁶Die Unentbehrlichkeit eines Gegenstandes allein macht diesen noch nicht zu einem Hauptstoff. ⁷Kleinere technische Hilfsmittel, z. B. Nägel, Schrauben, Splinte usw., sind in aller Regel Nebensachen. ⁸Beim Austausch eines unbrauchbar gewordenen Teilstücks, dem eine gewisse selbständige Bedeutung zukommt, z. B. Kurbelwelle eines Kraftfahrzeugs, kann nicht mehr von einer Nebensache gesprochen werden (vgl. BFH-Urteil vom 25. 3. 1965, V 253/63 U, BStBl III S. 338). ⁹Haupt- oder Nebenstoffe sind Werkstoffe, die gegenständlich im fertigen Werk enthalten sein müssen. ¹⁰Elektrizität, die bei der Herstellung des Werkes verwendet wird, ist kein Werkstoff (vgl. BFH-Urteil vom 8. 7. 1971, V R 38/68, BStBl 1972 II S. 44). ¹¹Zur Abgrenzung von Werklieferungen und Werkleistungen in Ausfuhrfällen vgl. Abschnitt 7.4 Abs. 2.

(2) ¹Bei Werklieferungen scheiden Materialbeistellungen des Bestellers aus dem Leistungsaustausch aus. ²Das Material, das der Besteller dem Auftragnehmer zur Bewirkung der Werklieferung beistellt, geht nicht in die Verfügungsmacht des Werkherstellers über (vgl. BFH-Urteil vom 17. 1. 1957, V 157/55 U, BStBl III S. 92). ³Die beigestellte Sache kann ein Hauptstoff sein, die Beistellung kann sich aber auch auf Nebenstoffe oder sonstige Beistellungen, z. B. Arbeitskräfte, Maschinen, Hilfsstoffe wie Strom, Kohle, Baustrom und Bauwasser oder ähnliche Betriebsmittel, beziehen (vgl. BFH-Urteil vom 12. 3. 1959, V 205/56 S, BStBl III S. 227), nicht dagegen auf die Bauwesenversicherung. ⁴Gibt der Auftraggeber zur Herstellung des Werks den gesamten Hauptstoff hin, so liegt eine Materialgestellung vor (vgl. BFH-Urteil vom 10. 9. 1959, V 32/57 U, BStBl III S. 435).

(3) ¹Es gehört grundsätzlich zu den Voraussetzungen für das Vorliegen einer Materialbeistellung, dass das beigestellte Material im Rahmen einer Werklieferung für den Auftraggeber be- oder verarbeitet wird. ²Der Werkunternehmer muss sich verpflichtet haben, die ihm überlassenen Stoffe ausschließlich zur Herstellung des bestellten Werkes zu verwenden (vgl. BFH-Urteil vom 17. 1. 1957, V 157/55 U, BStBl III S. 92). ³Auf das Erfordernis der Stoffidentität kann verzichtet werden, wenn die anderen Voraussetzungen für die Materialbeistellung zusammen gegeben sind, der Auftragnehmer den vom Auftraggeber zur Verfügung gestellten Stoff gegen gleichartiges und gleichwertiges Material austauscht und der Austausch wirtschaftlich geboten ist (vgl. BFH-Urteile vom 10. 2. 1966, V 105/63, BStBl III S. 257, und vom 3. 12. 1970, V R 122/67, BStBl 1971 II S. 355). ⁴Eine Materialbeistellung ist jedoch zu verneinen, wenn der beigestellte Stoff ausgetauscht wird und der mit der Herstellung des Gegenstands beauftragte Unternehmer den Auftrag weitergibt (BFH-Urteil vom 21. 9. 1970, V R 76/67, BStBl 1971 II S. 77).

(4) ¹Eine Materialbeistellung liegt nicht vor, wenn der Werkunternehmer an der Beschaffung der Werkstoffe als Kommissionär (§ 3 Abs. 3 UStG) mitgewirkt hat. ²In diesem Fall umfasst die Lieferung des Werkunternehmers auch die beschafften Stoffe. ³Eine Materialbeistellung ist aber anzunehmen, wenn der Werkunternehmer nur als Agent oder Berater an der Stoffbeschaffung beteiligt ist und dementsprechend zwischen dem Lieferer und dem Besteller der Werkstoffe unmittelbare Rechtsbeziehungen begründet werden. ⁴Die Annahme einer Materialbeistellung hat zur Folge, dass der Umsatz des Werkunternehmers sich nicht auf die vom Besteller eingekauften Stoffe erstreckt. ⁵Wenn dagegen unmittelbare Rechtsbeziehungen zwischen dem Lieferer der Werkstoffe und dem Werkunternehmer und eine Werklieferung dieses Unternehmers an den Besteller vorliegt, so ist davon auszugehen, dass eine Lieferung der Stoffe vom Lieferer an den Werkunternehmer und eine Werklieferung dieses Unternehmers an den Besteller vorliegen. ⁶In einem solchen Fall schließt die Werklieferung den vom Werkunternehmer beschafften Stoff ein.

(5) Zur umsatzsteuerrechtlichen Behandlung der Beistellung von Personal zu sonstigen Leistungen vgl. Abschnitt 1.1 Abs. 6 und 7.

3.9. Lieferungsgegenstand bei noch nicht abgeschlossenen Werklieferungen AE 3.9

(1) ¹Wird über das Vermögen eines Unternehmers vor Lieferung des auf einem fremden Grundstück errichteten Bauwerks das Insolvenzverfahren eröffnet und lehnt der Insolvenzverwalter die weitere Erfüllung des Werkvertrages nach § 103 InsO ab, ist neu bestimmter Gegenstand der Werklieferung das nicht fertiggestellte Bauwerk (vgl. BFH-Urteil vom 2. 2. 1978, V R 128/76, BStBl II S. 483, zum Werkunternehmer-Konkurs). ²Wird über das Vermögen des Bestellers eines Werkes vor dessen Fertigstellung das Insolvenzverfahren eröffnet und lehnt der Insolvenzverwalter die weitere Erfüllung des Werkvertrages ab, so beschränkt sich der Leistungsaustausch zwischen Werkunternehmer und Besteller auf den vom Werkunternehmer gelieferten Teil des Werkes, der gemäß § 105 InsO nicht mehr zurückgefordert werden kann (vgl. BFH-Beschluss vom 24. 4. 1980, V S 14/79, BStBl II S. 541, zum Besteller-Konkurs).

(2) Die Ausführungen in Absatz 1 gelten entsprechend, wenn der Werkunternehmer aus anderen Gründen die Arbeiten vorzeitig und endgültig einstellt (vgl. BFH-Urteil vom 28. 2. 1980, V R 90/75, BStBl II S. 541).

(3) Zur Entstehung der Steuer in diesen Fällen vgl. Abschnitt 13.2.

3.10. Einheitlichkeit der Leistung AE 3.10

Allgemeine Grundsätze

(1) ¹Ob von einer einheitlichen Leistung oder von mehreren getrennt zu beurteilenden selbständigen Einzelleistungen auszugehen ist, hat umsatzsteuerrechtlich insbesondere Bedeutung für die Bestimmung des Orts und des Zeitpunkts der Leistung sowie für die Anwendung von Befreiungsvorschriften und des Steuersatzes. ²Es ist das Wesen des fraglichen Umsatzes zu ermitteln, um festzustellen, ob der Unternehmer dem Abnehmer mehrere selbständige Hauptleistungen oder eine einheitliche Leistung erbringt. ³Dabei ist auf die Sicht des Durchschnittsverbrauchers abzustellen (vgl. BFH-Urteile vom 31. 5. 2001, V R 97/98, BStBl II S. 658, und vom 24. 1. 2008, V R 42/05, BStBl II S. 697).

(2) ¹In der Regel ist jede Lieferung und jede sonstige Leistung als eigene selbständige Leistung zu betrachten (vgl. EuGH-Urteil vom 25. 2. 1999, C-349/96, EuGHE I S. 973). ²Deshalb können zusammengehörige Vorgänge nicht bereits als einheitliche Leistung angesehen werden, weil sie einem einheitlichen wirtschaftlichen Ziel dienen. ³Wenn mehrere, untereinander gleichzuwertende Faktoren zur Erreichung dieses Ziels beitragen und aus diesem Grund zusammengehören, ist die Annahme einer einheitlichen Leistung nur gerechtfertigt, wenn die einzelnen Faktoren so ineinandergreifen, dass sie bei natürlicher Betrachtung hinter dem Ganzen zurücktreten. ⁴Dass die einzelnen Leistungen auf einem einheitlichen Vertrag beruhen und für sie ein Gesamtentgelt entrichtet wird, reicht ebenfalls noch nicht aus, sie umsatzsteuerrechtlich als Einheit zu behandeln. ⁵Entscheidend ist der wirtschaftliche Gehalt der erbrachten Leistungen (vgl. BFH-Urteil vom 24. 11. 1994, V R 30/92, BStBl 1995 II S. 151). ⁶Die dem Leistungsempfänger aufgezwungene Koppelung mehrerer Leistungen allein, führt nicht zu einer einheitlichen Leistung (vgl. BFH-Urteil vom 13. 7. 2006, V R 24/02, BStBl II S. 935).

(3) ¹Allerdings darf ein einheitlicher wirtschaftlicher Vorgang umsatzsteuerrechtlich nicht in mehrere Leistungen aufgeteilt werden. ²Dies gilt auch dann, wenn sich die Abnehmer dem leistenden Unternehmer gegenüber mit einer solchen Aufspaltung einverstanden erklären (vgl. BFH-Urteile vom 20. 10. 1966, V 169/63, BStBl 1967 III S. 159, und vom 12. 12. 1969, V R 105/69, BStBl 1970 II S. 362). ³Zur Qualifizierung einer einheitlichen Leistung, die sowohl Lieferungselemente als auch Elemente sonstiger Leistungen aufweist, vgl. Abschnitt 3.5.

(4) ¹Voraussetzung für das Vorliegen einer einheitlichen Leistung anstelle mehrerer selbständiger Leistungen ist stets, dass es sich um Tätigkeiten desselben Unternehmers handelt. ²Entgeltliche Leistungen verschiedener Unternehmer sind auch dann jeweils für sich zu beurteilen, wenn sie gegenüber demselben Leistungsempfänger erbracht werden und die weiteren Voraussetzungen für das Vorliegen einer einheitlichen Leistung erfüllt sind. ³Eine einheitliche Leistung kann, im Gegensatz zur Beurteilung bei Leistungen mehrerer Unternehmer, allerdings im Verhältnis von Organträger und Organgesellschaft vorliegen (vgl. BFH-Urteil vom 29. 10. 2008, XI R 74/07, BStBl 2009 II S. 256).

Abgrenzung von Haupt- und Nebenleistung

(5) ¹Nebenleistungen teilen umsatzsteuerrechtlich das Schicksal der Hauptleistung. ²Das gilt auch dann, wenn für die Nebenleistung ein besonderes Entgelt verlangt und entrichtet wird (vgl. BFH-Urteil vom 28. 4. 1966, V 58/63, BStBl III S. 476). ³Eine Leistung ist grundsätzlich dann als Nebenleistung zu einer Hauptleistung anzusehen, wenn sie im Vergleich zu der Hauptleistung nebensächlich ist, mit ihr eng – im Sinne einer wirtschaftlich gerechtfertigten Abrundung und Ergänzung – zusammenhängt und üblicherweise in ihrem Gefolge vorkommt (vgl. BFH-Urteil vom 10. 9. 1992, V R 99/88, BStBl 1993 II S. 316). ⁴Davon ist insbesondere auszugehen, wenn die Leis-

tung für den Leistungsempfänger keinen eigenen Zweck, sondern das Mittel darstellt, um die Hauptleistung des Leistenden unter optimalen Bedingungen in Anspruch zu nehmen (vgl. BFH-Urteil vom 31. 5. 2001, V R 97/98, BStBl II S. 658). [5]Gegenstand einer Nebenleistung kann sowohl eine unselbständige Lieferung von Gegenständen als auch eine unselbständige sonstige Leistung sein.

Einzelfälle

(6) Einzelfälle zur Abgrenzung einer einheitlichen Leistung von mehreren Hauptleistungen und zur Abgrenzung von Haupt- und Nebenleistung:

1. zur Einheitlichkeit der Leistung bei Erbringung der üblichen Baubetreuung im Rahmen von Bauherrenmodellen vgl. BMF-Schreiben vom 27. 6. 1986, BStBl I S. 352, und BFH-Urteil vom 10. 9. 1992, V R 99/88, BStBl 1993 II S. 316;
2. zur Einheitlichkeit der Leistung bei der Nutzungsüberlassung von Sportanlagen vgl. Abschnitt 4.12.11 und BMF-Schreiben vom 17. 4. 2003, BStBl I S. 279;
3. zur Abgrenzung von Haupt- und Nebenleistung bei der Verschaffung von Versicherungsschutz durch einen Kraftfahrzeughändler im Zusammenhang mit einer Fahrzeuglieferung vgl. BFH-Urteile vom 9. 10. 2002, V R 67/01, BStBl 2003 II S. 378, und vom 10. 2. 2010, XI R 49/07, BStBl II S. 1109;
4. zur Qualifizierung der Lieferung von Saatgut und dessen Einsaat bzw. der Lieferung von Pflanzen und deren Einpflanzen durch denselben Unternehmer als jeweils selbständige Hauptleistungen vgl. BFH-Urteile vom 9. 10. 2002, V R 5/02, BStBl 2004 II S. 470, und vom 25. 6. 2009, V R 25/07, BStBl 2010 II S. 239;
5. [1]bei der Überlassung von Grundstücksteilen zur Errichtung von Strommasten für eine Überlandleitung, der Einräumung des Rechts zur Überspannung der Grundstücke und der Bewilligung einer beschränkten persönlichen Dienstbarkeit zur dinglichen Sicherung dieser Rechte handelt es sich um eine nach § 4 Nr. 12 Satz 1 Buchstabe a UStG steuerbefreite einheitliche sonstige Leistung. [2]Eine damit im Zusammenhang stehende Duldung der Verursachung baubedingter Flur- und Aufwuchsschäden stellt im Verhältnis hierzu eine Nebenleistung dar. [3]Das gilt auch dann, wenn Zahlungen sowohl an den Grundstückseigentümer, z. B. für die Rechtseinräumung, als auch an den Pächter, z. B. für die Flur- und Aufwuchsschäden, erfolgen (vgl. BFH-Urteil vom 11. 11. 2004, V R 30/04, BStBl 2005 II S. 802);
6. die unentgeltliche Abgabe von Hardwarekomponenten im Zusammenhang mit dem Abschluss eines längerfristigen Netzbenutzungsvertrags ist eine unselbständige Nebenleistung zu der (einheitlichen) Telekommunikationsleistung (vgl. Abschnitt 3.3 Abs. 20) oder der auf elektronischem Weg erbrachten sonstigen Leistung; bei der Entrichtung einer Zuzahlung ist diese regelmäßig Entgelt für die Lieferung des Wirtschaftsguts;
7. die Übertragung und spätere Rückübertragung von Wertpapieren oder Emissionszertifikaten nach dem TEHG im Rahmen von Pensionsgeschäften (§ 340b HGB) ist jeweils gesondert als sonstige Leistung zu beurteilen;
8. bei der Verwaltung fremden Vermögens, die zwar entsprechend hierzu vereinbarter allgemeiner Anlagerichtlinien oder -strategien, jedoch im eigenen Ermessen und ohne vorherige Einholung von Einzelfallweisungen des Kunden erfolgt (Portfolioverwaltung), beinhaltet die einheitliche sonstige Leistung der Vermögensverwaltung auch die in diesem Rahmen erforderlichen Transaktionsleistungen bei Wertpapieren, vgl. BMF-Schreiben vom 9. 12. 2008, BStBl I S. 1086;
9. zur Einheitlichkeit der Leistung bei betriebsärztlichen Leistungen nach § 3 ASiG vgl. BMF-Schreiben vom 4. 5. 2007, BStBl I S. 481;
10. zur Frage der Einheitlichkeit der Leistung bei Leistungen, die sowohl den Charakter bzw. Elemente einer Grundstücksüberlassung als auch anderer Leistungen aufweisen, vgl. Abschnitt 4.12.5;
11. zu Gegenstand und Umfang der Werklieferung eines Gebäudes vgl. BFH-Urteil vom 24. 1. 2008, V R 42/05, BStBl II S. 697;
12. zum Vorliegen einer einheitlichen Leistung bei der Lieferung eines noch zu bebauenden Grundstücks vgl. BFH-Urteil vom 19. 3. 2009, V R 50/07, BStBl II S. 78;
13. die Verpflegung von Hotelgästen ist keine Nebenleistung zur Übernachtungsleistung, vgl. BMF-Schreiben vom 4. 5. 2010, BStBl I S. 490;
14. *zur Behandlung des verbilligten Zinses als Absatzförderung der Automobilindustrie vgl. BMF-Schreiben vom 28. 9. 2011, BStBl I S. 935.*

3.11. Kreditgewährung im Zusammenhang mit anderen Umsätzen

Inhalt des Leistungsaustauschs

(1) ¹Im Falle der Kreditgewährung im Zusammenhang mit einer Lieferung oder sonstigen Leistung erbringt der Verkäufer zwei Leistungen, einerseits die Warenlieferung und andererseits die Bewilligung der Teilzahlung gegen jeweils gesondert vereinbartes und berechnetes Entgelt (vgl. BFH-Beschluss vom 18. 12. 1980, V B 24/80, BStBl 1981 II S. 197). ²Die Teilzahlungszuschläge sind daher das Entgelt für eine gesondert zu beurteilende Kreditleistung.

(2) ¹Die Kreditgewährung ist jedoch nur dann als gesonderte Leistung anzusehen, wenn eine eindeutige Trennung zwischen dem Kreditgeschäft und der Lieferung bzw. sonstigen Leistung vorliegt. ²Dazu ist erforderlich:

1. ¹Die Lieferung oder sonstige Leistung und die Kreditgewährung mit den dafür aufzuwendenden Entgelten müssen bei Abschluss des Umsatzgeschäfts je für sich gesondert vereinbart worden sein. ²Das für ein Umsatzgeschäft vereinbarte Entgelt kann nicht nachträglich in ein Entgelt für die Lieferung oder sonstige Leistung und ein Entgelt für die Kreditgewährung aufgeteilt werden.
2. In der Vereinbarung über die Kreditgewährung muss auch der Jahreszins angegeben werden.
3. Die Entgelte für die beiden Leistungen müssen getrennt abgerechnet werden.

³Zur Kreditgewährung im Zusammenhang mit einem Forderungskauf vgl. Abschnitt 2.4; zur Kreditgewährung im Zusammenhang mit Leistungen im Rahmen sog. Public-Private-Partnerships (PPP) im Bundesfernstraßenbau vgl. BMF-Schreiben vom 3. 2. 2005, BStBl I S. 414.

(3) ¹Als Entgelt für gesonderte Kreditleistungen können in entsprechender Anwendung des Absatzes 2 z. B. angesehen werden:

1. ¹Stundungszinsen. ²Sie werden berechnet, wenn dem Leistungsempfänger, der bei Fälligkeit der Kaufpreisforderung nicht zahlen kann, gestattet wird, die Zahlung zu einem späteren Termin zu leisten;
2. ¹Zielzinsen. ²Sie werden erhoben, wenn dem Leistungsempfänger zur Wahl gestellt wird, entweder bei kurzfristiger Zahlung den Barpreis oder bei Inanspruchnahme des Zahlungsziels einen höheren Zielpreis für die Leistung zu entrichten. ³Für die Annahme einer Kreditleistung reicht jedoch die bloße Gegenüberstellung von Barpreis und Zielpreis nicht aus; es müssen vielmehr die in Absatz 2 Satz 2 Nr. 1 bis 3 geforderten Angaben gemacht werden.

(4) ¹Kontokorrentzinsen sind stets Entgelt für eine Kreditgewährung, wenn zwischen den beteiligten Unternehmern ein echtes Kontokorrentverhältnis im Sinne des § 355 HGB vereinbart worden ist, bei dem die gegenseitigen Forderungen aufgerechnet werden und bei dem der jeweilige Saldo an die Stelle der einzelnen Forderungen tritt. ²Besteht kein echtes Kontokorrentverhältnis, können die neben dem Entgelt für die Lieferung erhobenen Zinsen nur dann als Entgelt für eine Kreditleistung behandelt werden, wenn entsprechende Vereinbarungen (vgl. Absatz 2) vorliegen.

(5) ¹Bietet ein Unternehmer in seinen Zahlungsbedingungen die Gewährung eines Nachlasses (Skonto, Rabatt) auf den ausgezeichneten Preis bei vorzeitiger Zahlung an und macht der Leistungsempfänger davon Gebrauch, führt der Preisnachlass zu einer Entgeltsminderung. ²Nimmt der Leistungsempfänger jedoch keinen Preisnachlass in Anspruch und entrichtet den Kaufpreis erst mit Ablauf der Zahlungsfrist, bewirkt der Unternehmer in Höhe des angebotenen Preisnachlasses keine Kreditleistung (vgl. BFH-Urteil vom 28. 1. 1993, V R 43/89, BStBl II S. 360).

Beispiel:
¹Ein Unternehmer liefert eine Ware für 1 000 € (einschließlich Umsatzsteuer), zahlbar nach 6 Wochen. ²Bei Zahlung innerhalb von 10 Tagen wird ein Skonto von 3 % des Kaufpreises gewährt. ³Der Leistungsempfänger zahlt nach 6 Wochen den vollen Kaufpreis von 1 000 €. ⁴Der Unternehmer darf seine Leistung nicht in eine steuerpflichtige Warenlieferung in Höhe von 970 € (einschließlich Umsatzsteuer) und eine steuerfreie Kreditleistung in Höhe von 30 € aufteilen.

Steuerfreiheit der Kreditgewährung

(6) ¹Ist die Kreditgewährung als selbständige Leistung anzusehen, fällt sie unter die Steuerbefreiung nach § 4 Nr. 8 Buchstabe a UStG. ²Unberührt bleibt die Möglichkeit, unter den Voraussetzungen des § 9 UStG auf die Steuerbefreiung zu verzichten.

Entgeltminderungen

(7) ¹Entgeltminderungen, die sowohl auf steuerpflichtige Umsätze als auch auf die im Zusammenhang damit erbrachten steuerfreien Kreditgewährungen entfallen, sind anteilig dem jeweiligen Umsatz zuzuordnen. ²Deshalb hat z. B. bei Uneinbringlichkeit von Teilzahlungen der Unternehmer die Steuer für die Warenlieferung entsprechend ihrem Anteil zu berichtigen (§ 17 Abs. 2

§ 3 UStG
AE 3.11, AE 3.12

Nr. 1 i. V. m. Abs. 1 UStG). ³Bei der Zuordnung der Entgeltminderung zu den steuerpflichtigen und steuerfreien Umsätzen kann nach Abschnitt 22.6 Abs. 20 und 21 verfahren werden. ⁴Fällt eine Einzelforderung, die in ein Kontokorrent im Sinne des § 355 HGB eingestellt wurde, vor der Anerkennung des Saldos am Ende eines Abrechnungszeitraums ganz oder zum Teil aus, mindert sich dadurch das Entgelt für die der Forderung zugrundeliegende Warenlieferung.

Auswirkungen auf den Vorsteuerabzug des leistenden Unternehmers

(8) ¹Die den steuerfreien Kreditgewährungen zuzurechnenden Vorsteuerbeträge sind unter den Voraussetzungen des § 15 Abs. 2 und 3 UStG vom Abzug ausgeschlossen. ²Das gilt auch für solche Vorsteuerbeträge, die lediglich in mittelbarem wirtschaftlichem Zusammenhang mit diesen Umsätzen stehen, z. B. Vorsteuerbeträge, die im Bereich der Gemeinkosten anfallen. ³Vorsteuerbeträge, die den Kreditgewährungen nur teilweise zuzurechnen sind, hat der Unternehmer nach den Grundsätzen des § 15 Abs. 4 UStG in einen abziehbaren und einen nichtabziehbaren Teil aufzuteilen (vgl. im Übrigen Abschnitte 15.16 ff.). ⁴Die Vorschrift des § 43 UStDV kann auf die den Kreditgewährungen zuzurechnenden Vorsteuerbeträge nicht angewendet werden. ⁵Werden die Kredite im Zusammenhang mit einer zum Vorsteuerabzug berechtigenden Lieferung oder sonstigen Leistung an einen Unternehmer gewährt, ist es jedoch nicht zu beanstanden, wenn aus Vereinfachungsgründen die Vorsteuern abgezogen werden, die den Kreditgewährungen nicht ausschließlich zuzurechnen sind.

Beispiel:

¹Ein Maschinenhersteller M liefert eine Maschine an den Unternehmer U in der Schweiz. ²Für die Entrichtung des Kaufpreises räumt M dem U einen Kredit ein, der als selbständige Leistung zu behandeln ist.

³Die Lieferung der Maschine ist nach § 4 Nr. 1 Buchstabe a, § 6 UStG steuerfrei und berechtigt zum Vorsteuerabzug. ⁴Die Kreditgewährung ist nach § 3a Abs. **2** UStG nicht steuerbar und schließt nach § 15 Abs. 2 und 3 UStG den Vorsteuerabzug aus. ⁵Aus Vereinfachungsgründen kann jedoch M die Vorsteuern, die der Kreditgewährung nicht ausschließlich zuzurechnen sind, z. B. Vorsteuern im Bereich der Verwaltungsgemeinkosten, in vollem Umfang abziehen.

AE 3.12

S 7116

3.12. Ort der Lieferung

(1) ¹Lieferungen gelten – vorbehaltlich der Sonderregelungen in den §§ 3c bis 3g UStG – nach § 3 Abs. 6 Satz 1 UStG grundsätzlich dort als ausgeführt, wo die Beförderung oder Versendung an den Abnehmer oder in dessen Auftrag an einen Dritten (z. B. einen Lohnveredeler oder Lagerhalter) beginnt. ²Dies gilt sowohl für Fälle, in denen der Unternehmer selbst oder ein von ihm beauftragter Dritter den Gegenstand der Lieferung befördert oder versendet, als auch für Fälle, in denen der Abnehmer oder ein von ihm beauftragter Dritter den Gegenstand bei dem Lieferer abholt (Abholfall). ³Auch der sog. Handkauf ist damit als Beförderungs- oder Versendungslieferung anzusehen.

(2) ¹Eine Beförderungslieferung im Sinne des § 3 Abs. 6 Satz 1 UStG setzt voraus, dass der liefernde Unternehmer, der Abnehmer oder ein unselbständiger Erfüllungsgehilfe den Gegenstand der Lieferung befördert. ²Eine Beförderung liegt auch vor, wenn der Gegenstand der Lieferung mit eigener Kraft fortbewegt wird, z. B. bei Kraftfahrzeugen auf eigener Achse, bei Schiffen auf eigenem Kiel vgl. BFH-Urteil vom 20. 12. 2006, V R 11/06, BStBl 2007 II S. 424. ³Die Bewegung eines Gegenstandes innerhalb des Unternehmens, die lediglich der Vorbereitung des Transports dient, stellt keine Beförderung an den Abnehmer im Sinne des § 3 Abs. 6 Satz 1 UStG dar. ⁴Befördert im Falle eines Kommissionsgeschäftes (§ 3 Abs. 3 UStG) der Kommittent das Kommissionsgut mit eigenem Fahrzeug an den im Ausland ansässigen Kommissionär, liegt eine Lieferung im Inland nach § 3 Abs. 6 Satz 1 UStG nicht vor, weil die – anschließende – Übergabe des Kommissionsgutes an den Verkaufskommissionär keine Lieferung im Sinne des § 3 Abs. 1 UStG ist (vgl. BFH-Urteil vom 25. 11. 1986, V R 102/78, BStBl 1987 II S. 278, Abschnitt 3.1 Abs. 2). ⁵Zur Ausnahmeregelung bei innergemeinschaftlichen Kommissionsgeschäften vgl. Abschnitt 1a.2 Abs. 7.

(3) ¹Eine Versendungslieferung im Sinne des § 3 Abs. 6 Satz 1 UStG setzt voraus, dass der Gegenstand an den Abnehmer oder in dessen Auftrag an einen Dritten versendet wird, d. h. die Beförderung durch einen selbständigen Beauftragten ausgeführt oder besorgt wird. ²Die Versendung beginnt mit der Übergabe des Gegenstandes an den Beauftragten. ³Der Lieferer muss bei der Übergabe des Gegenstandes an den Beauftragten alles Erforderliche getan haben, um den Gegenstand an den bereits feststehenden Abnehmer, der sich grundsätzlich aus den Versendungsunterlagen ergibt, gelangen zu lassen. ⁴Von einem feststehenden Abnehmer ist auch dann auszugehen, wenn er zwar dem mit der Versendung Beauftragten im Zeitpunkt der Übergabe des Gegenstands nicht bekannt ist, aber mit hinreichender Sicherheit leicht und einwandfrei aus den unstreitigen Umständen, insbesondere aus Unterlagen abgeleitet werden kann (vgl. BFH-Urteil vom 30. 7. 2008, XI R 67/07, BStBl 2009 II S. 552). ⁵Dem steht nicht entgegen, dass der Gegenstand von dem mit der Versendung Beauftragten zunächst in ein inländisches Lager des Lieferanten gebracht und erst

nach Eingang der Zahlung durch eine Freigabeerklärung des Lieferanten an den Abnehmer herausgegeben wird (vgl. BFH-Urteil vom 30. 7. 2008, a. a. O.) ⁶Entscheidend ist, dass der Lieferant im Zeitpunkt der Übergabe des Gegenstands an den Beauftragten die Verfügungsmacht dem zu diesem Zeitpunkt feststehenden Abnehmer verschaffen will. ⁷Im Unterschied dazu liegt bei einem Verbringen in ein Auslieferungs- oder Konsignationslager im Zeitpunkt des Beginns der Versendung des Gegenstands in das Lager keine Verschaffung der Verfügungsmacht gegenüber einem feststehenden Abnehmer vor (vgl. Abschnitt 1a.2 Abs. 6).

(4) ¹Der Ort der Lieferung bestimmt sich nicht nach § 3 Abs. 6 UStG, wenn der Gegenstand der Lieferung nach dem Beginn der Beförderung oder nach der Übergabe des Gegenstandes an den Beauftragten vom Lieferer noch einer Behandlung unterzogen wird, die seine Marktgängigkeit ändert. ²Denn in diesen Fällen wird nicht der Liefergegenstand, sondern ein Gegenstand anderer Wesensart befördert. ³Das ist insbesondere dann der Fall, wenn Gegenstand der Lieferung eine vom Lieferer errichtete ortsgebundene Anlage oder eine einzelne Maschine ist, die am Bestimmungsort fundamentiert oder funktionsfähig gemacht wird, indem sie in einen Satz bereits vorhandener Maschinen eingefügt und hinsichtlich ihrer Arbeitsgänge auf diese Maschinen abgestimmt wird. ⁴Das Gleiche gilt für Einbauten, Umbauten und Anbauten bei Maschinen – Modernisierungsarbeiten – sowie für Reparaturen. ⁵Da die einzelnen Teile einer Maschine ein Gegenstand anderer Marktgängigkeit sind als die ganze Maschine, ist § 3 Abs. 6 UStG auch dann nicht anzuwenden, wenn die einzelnen Teile einer Maschine zum Abnehmer befördert werden und dort vom Lieferer zu der betriebsfertigen Maschine zusammengesetzt werden. ⁶Ob die Montagekosten dem Abnehmer gesondert in Rechnung gestellt werden, ist unerheblich. ⁷Dagegen bestimmt sich der Ort der Lieferung nach § 3 Abs. 6 UStG, wenn eine betriebsfertig hergestellte Maschine lediglich zum Zwecke eines besseren und leichteren Transports in einzelne Teile zerlegt und dann von einem Monteur des Lieferers am Bestimmungsort wieder zusammengesetzt wird. ⁸Zur betriebsfertigen Herstellung beim Lieferer gehört in der Regel ein dort vorgenommener Probelauf. ⁹Ein nach der Wiederzusammensetzung beim Abnehmer vom Lieferer durchgeführter erneuter Probelauf ist unschädlich. ¹⁰§ 3 Abs. 6 UStG ist auch dann anzuwenden, wenn die Bearbeitung oder Verarbeitung, die sich an die Beförderung oder Versendung des Liefergegenstandes anschließt, vom Abnehmer selbst oder in seinem Auftrag von einem Dritten vorgenommen wird.

(5) Erstreckt sich der Gegenstand einer Werklieferung auf das Gebiet verschiedener Staaten (z. B. bei der Errichtung von Verkehrsverbindungen, der Verlegung von Telefon- und Glasfaserkabeln sowie von Elektrizitäts-, Gas- und Wasserleitungen), kann diese Werklieferung verschiedene Lieferorte haben, auf die die Bemessungsgrundlage jeweils aufzuteilen ist (vgl. EuGH-Urteil vom 29. 3. 2007, C-111/05, HFR 2007 S. 612).

(6) ¹Wird der Gegenstand der Lieferung nicht befördert oder versendet, ist § 3 Abs. 7 UStG anzuwenden. ²§ 3 Abs. 7 Satz 1 UStG gilt insbesondere für Fälle, in denen die Verfügungsmacht z. B. durch Vereinbarung eines Besitzkonstituts (§ 930 BGB), durch Abtretung des Herausgabeanspruchs (§ 931 BGB) oder durch Übergabe von Traditionspapieren (Ladescheine, Lagerscheine, Konnossemente, §§ 444, 475c, 647 HGB) verschafft wird. ³§ 3 Abs. 7 Satz 2 UStG bestimmt den Lieferort für die Fälle des § 3 Abs. 6 Satz 5 UStG, in denen mehrere Unternehmer über denselben Gegenstand Umsatzgeschäfte abschließen und diese Geschäfte dadurch erfüllen, dass der Gegenstand der Lieferungen unmittelbar vom ersten Unternehmer an den letzten Abnehmer befördert oder versendet wird (Reihengeschäft vgl. Abschnitt 3.14).

(7) ¹§ 3 Abs. 6 und 7 UStG regeln den Lieferort und damit zugleich auch den Zeitpunkt der Lieferung (vgl. BFH-Urteil vom 6. 12. 2007, V R 24/05, BStBl 2009 II S. 490, Abschnitt 13.1 Abs. 2 und 6). ²Die Anwendbarkeit von § 3 Abs. 6 und 7 UStG setzt dabei voraus, dass tatsächlich eine Lieferung zu Stande gekommen ist.

3.13. Lieferort in besonderen Fällen (§ 3 Abs. 8 UStG)

(1) ¹§ 3 Abs. 8 UStG regelt den Lieferungsort in den Fällen, in denen der Gegenstand der Lieferung bei der Beförderung oder Versendung aus dem Drittlandsgebiet in das Inland gelangt und der Lieferer oder sein Beauftragter Schuldner der Einfuhrumsatzsteuer ist. ²Unabhängig von den Lieferkonditionen ist maßgblich, wer nach den zollrechtlichen Vorschriften Schuldner der Einfuhrumsatzsteuer ist. ³Abweichend von § 3 Abs. 6 UStG gilt der Ort der Lieferung dieses Gegenstandes als im Inland gelegen. ⁴Der Ort der Lieferung bestimmt sich auch dann nach § 3 Abs. 8 UStG, wenn der Lieferer Schuldner der Einfuhrumsatzsteuer ist, diese jedoch nach der EUStBV nicht erhoben wird. ⁵Die örtliche Zuständigkeit eines Finanzamts für die Umsatzsteuer im Ausland ansässiger Unternehmer richtet sich vorbehaltlich einer abweichenden Zuständigkeitsvereinbarung (§ 27 AO) nach § 21 Abs. 1 Satz 2 AO i. V. m. der UStZustV.

(2) ¹Entrichtet der Lieferer die Steuer für die Einfuhr des Gegenstandes, wird diese Steuer unter Umständen von einer niedrigeren Bemessungsgrundlage als dem Veräußerungsentgelt erhoben. ²In diesen Fällen wird durch die Verlagerung des Ortes der Lieferung in das Inland erreicht, dass der Umsatz mit der Steuer belastet wird, die für die Lieferung im Inland in Betracht kommt.

Beispiel 1:

[1]Der Unternehmer B in Bern liefert Gegenstände, die er mit eigenem Lkw befördert, an seinen Abnehmer K in Köln. [2]K lässt die Gegenstände in den freien Verkehr überführen und entrichtet dementsprechend die Einfuhrumsatzsteuer (Lieferkondition „unversteuert und unverzollt").

[3]Ort der Lieferung ist Bern (§ 3 Abs. 6 UStG). [4]K kann die entrichtete Einfuhrumsatzsteuer als Vorsteuer abziehen, da die Gegenstände für sein Unternehmen in das Inland eingeführt worden sind.

Beispiel 2:

[1]Wie Beispiel 1, jedoch lässt B die Gegenstände in den freien Verkehr überführen und entrichtet dementsprechend die Einfuhrumsatzsteuer (Lieferkondition „verzollt und versteuert").

[2]Der Ort der Lieferung gilt als im Inland gelegen (§ 3 Abs. 8 UStG). [3]B hat den Umsatz im Inland zu versteuern. [4]Er ist zum Abzug der Einfuhrumsatzsteuer als Vorsteuer berechtigt, da die Gegenstände für sein Unternehmen eingeführt worden sind.

[3]In den Fällen des Reihengeschäfts kann eine Verlagerung des Lieferorts nach § 3 Abs. 8 UStG nur für die Beförderungs- oder Versendungslieferung in Betracht kommen (vgl. Abschnitt 3.14 Abs. 15 und 16).

(3) Zur Frage der Anwendung der Regelung des § 3 Abs. 8 UStG in Sonderfällen des innergemeinschaftlichen Warenverkehrs vgl. Abschnitt 1a.2 Abs. 14. [2]§ 3 Abs. 8 UStG ist nicht anzuwenden, wenn der Ort für die Lieferung von Erdgas oder Elektrizität nach § 3g UStG zu bestimmen ist (vgl. Abschnitt 3g.1 Abs. 6 Sätze 5 und 6).

AE 3.14
3.14. Reihengeschäfte

S 7116-a **Begriff des Reihengeschäfts (§ 3 Abs. 6 Satz 5 UStG)**

(1) [1]Umsatzgeschäfte im Sinne des § 3 Abs. 6 Satz 5 UStG, die von mehreren Unternehmern über denselben Gegenstand abgeschlossen werden und bei denen dieser Gegenstand im Rahmen einer Beförderung oder Versendung unmittelbar vom ersten Unternehmer (Ort der Lieferung des ersten Unternehmers) an den letzten Abnehmer gelangt, werden nachfolgend als Reihengeschäfte bezeichnet. [2]Ein besonderer Fall des Reihengeschäfts ist das innergemeinschaftliche Dreiecksgeschäft im Sinne des § 25b Abs. 1 UStG (vgl. Abschnitt 25b.1).

(2) [1]Bei Reihengeschäften werden im Rahmen einer Warenbewegung (Beförderung oder Versendung) mehrere Lieferungen ausgeführt, die in Bezug auf den Lieferort und den Lieferzeitpunkt jeweils gesondert betrachtet werden müssen. [2]Die Beförderung oder Versendung des Gegenstandes ist nur e i n e r der Lieferungen zuzuordnen (§ 3 Abs. 6 Satz 5 UStG). [3]Diese ist die Beförderungs- oder Versendungslieferung; nur bei ihr kommt die Steuerbefreiung für Ausfuhrlieferungen (§ 6 UStG) oder für innergemeinschaftliche Lieferungen (§ 6a UStG) in Betracht. [4]Bei allen anderen Lieferungen in der Reihe findet keine Beförderung oder Versendung statt (ruhende Lieferungen). [5]Sie werden entweder vor oder nach der Beförderungs- oder Versendungslieferung ausgeführt (§ 3 Abs. 7 Satz 2 UStG). [6]Umsatzgeschäfte, die von mehreren Unternehmern über denselben Gegenstand abgeschlossen werden und bei denen keine Beförderung oder Versendung stattfindet (z. B. Grundstückslieferungen oder Lieferungen, bei denen die Verfügungsmacht durch Vereinbarung eines Besitzkonstituts oder durch Abtretung des Herausgabeanspruchs verschafft wird), können nicht Gegenstand eines Reihengeschäfts sein.

(3) [1]Die Beförderung oder Versendung kann durch den Lieferer, den Abnehmer oder einen vom Lieferer oder vom Abnehmer beauftragten Dritten durchgeführt werden (§ 3 Abs. 6 Satz 1 UStG). [2]Ein Beförderungs- oder Versendungsfall liegt daher auch dann vor, wenn ein an einem Reihengeschäft beteiligter Abnehmer den Gegenstand der Lieferung selbst abholt oder abholen lässt (Abholfall). [3]Beauftragter Dritter kann z. B. ein Lohnveredelungsunternehmer oder ein Lagerhalter sein, der jeweils nicht unmittelbar in die Liefervorgänge eingebunden ist. [4]Beauftragter Dritter ist nicht der selbständige Spediteur, da der Transport in diesem Fall dem Auftraggeber zugerechnet wird (Versendungsfall).

(4) [1]Das unmittelbare Gelangen i. S. d. § 3 Abs. 6 Satz 5 UStG setzt grundsätzlich e i n e Beförderung oder Versendung durch e i n e n am Reihengeschäft beteiligten Unternehmer voraus; diese Voraussetzung ist bei der Beförderung oder Versendung durch m e h r e r e beteiligte Unternehmer (sog. gebrochene Beförderung oder Versendung) nicht erfüllt. [2]Der Gegenstand der Lieferung gelangt auch dann unmittelbar an den letzten Abnehmer, wenn die Beförderung oder Versendung an einen beauftragten Dritten ausgeführt wird, der nicht unmittelbar in die Liefervorgänge eingebunden ist, z. B. an einen Lohnveredeler oder Lagerhalter. [3]Im Fall der vorhergehenden Be- oder Verarbeitung des Gegenstandes durch einen vom Lieferer beauftragten Dritten ist Gegenstand der Lieferung der be- oder verarbeitete Gegenstand.

Beispiel 1:

[1]Der Unternehmer D 1 in Köln bestellt bei dem Großhändler D 2 in Hamburg eine dort nicht vorrätige Maschine. [2]D 2 gibt die Bestellung an den Hersteller DK in Dänemark weiter. [3]DK befördert die Maschine mit eigenem Lkw unmittelbar nach Köln und übergibt sie dort D 1.

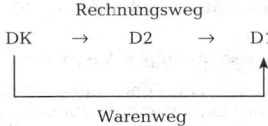

[4]Es liegt ein Reihengeschäft im Sinne des § 3 Abs. 6 Satz 5 UStG vor, da mehrere Unternehmer über dieselbe Maschine Umsatzgeschäfte abschließen und die Maschine im Rahmen einer Beförderung unmittelbar vom ersten Unternehmer (DK) an den letzten Abnehmer (D 1) gelangt.

Beispiel 2:

[1]Sachverhalt wie Beispiel 1. [2]D 2 weist DK an, die Maschine zur Zwischenlagerung an einen von D 1 benannten Lagerhalter nach Hannover zu befördern.

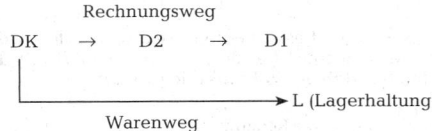

[3]Es liegt wie im Beispiel 1 ein Reihengeschäft im Sinne des § 3 Abs. 6 Satz 5 UStG vor, da mehrere Unternehmer über dieselbe Maschine Umsatzgeschäfte abschließen und die Maschine unmittelbar vom ersten Unternehmer (DK) an einen vom letzten Abnehmer (D 1) benannten Lagerhalter (L) befördert wird. [4]Mit der auftragsgemäßen Übergabe der Maschine an den Lagerhalter ist die Voraussetzung des unmittelbaren Gelangens an den letzten Abnehmer erfüllt.

Ort der Lieferungen (§ 3 Abs. 6 und Abs. 7 UStG)

(5) [1]Für die in einem Reihengeschäft ausgeführten Lieferungen ergeben sich die Lieferorte sowohl aus § 3 Abs. 6 als auch aus § 3 Abs. 7 UStG. [2]Im Fall der Beförderungs- oder Versendungslieferung gilt die Lieferung dort als ausgeführt, wo die Beförderung oder Versendung an den Abnehmer oder in dessen Auftrag an einen Dritten beginnt (§ 3 Abs. 6 Satz 1 UStG). [3]In den Fällen der ruhenden Lieferungen ist der Lieferort nach § 3 Abs. 7 Satz 2 UStG zu bestimmen.

(6) [1]Die ruhenden Lieferungen, die der Beförderungs- oder Versendungslieferung vorangehen, gelten an dem Ort als ausgeführt, an dem die Beförderung oder Versendung des Gegenstandes beginnt. [2]Die ruhenden Lieferungen, die der Beförderungs- oder Versendungslieferung nachfolgen, gelten an dem Ort als ausgeführt, an dem die Beförderung oder Versendung des Gegenstandes endet.

Beispiel:

[1]Der Unternehmer B 1 in Belgien bestellt bei dem ebenfalls in Belgien ansässigen Großhändler B 2 eine dort nicht vorrätige Ware. [2]B 2 gibt die Bestellung an den Großhändler D 1 in Frankfurt weiter. [3]D 1 bestellt die Ware beim Hersteller D 2 in Köln. [4]D 2 befördert die Ware von Köln mit eigenem Lkw unmittelbar nach Belgien und übergibt sie dort B 1.

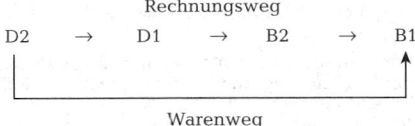

⁵Bei diesem Reihengeschäft werden nacheinander drei Lieferungen (D 2 an D 1, D 1 an B 2 und B 2 an B 1) ausgeführt. ⁶Die erste Lieferung D 2 an D 1 ist die Beförderungslieferung. ⁷Der Ort der Lieferung liegt nach § 3 Abs. 6 Satz 5 i. V. m. Satz 1 UStG in Deutschland (Beginn der Beförderung). ⁸Die zweite Lieferung D 1 an B 2 und die dritte Lieferung B 2 an B 1 sind ruhende Lieferungen. ⁹Für diese Lieferungen liegt der Lieferort nach § 3 Abs. 7 Satz 2 Nr. 2 UStG jeweils in Belgien (Ende der Beförderung), da sie der Beförderungslieferung folgen.

Zuordnung der Beförderung oder Versendung (§ 3 Abs. 6 Satz 6 UStG)

(7) ¹Die Zuordnung der Beförderung oder Versendung zu einer der Lieferungen des Reihengeschäfts ist davon abhängig, ob der Gegenstand der Lieferung durch den ersten Unternehmer, den letzten Abnehmer oder einen mittleren Unternehmer in der Reihe befördert oder versendet wird. ²Die Zuordnungsentscheidung muss einheitlich für alle Beteiligten getroffen werden. ³Aus den vorhandenen Belegen muss sich eindeutig und leicht nachprüfbar ergeben, wer die Beförderung durchgeführt oder die Versendung veranlasst hat. ⁴Im Fall der Versendung ist dabei auf die Auftragserteilung an den selbständigen Beauftragten abzustellen. ⁵Sollte sich aus den Geschäftsunterlagen nichts anderes ergeben, ist auf die Frachtzahlerkonditionen abzustellen.

(8) ¹Wird der Gegenstand der Lieferung durch den ersten Unternehmer in der Reihe befördert oder versendet, ist seiner Lieferung die Beförderung oder Versendung zuzuordnen. ²Wird der Liefergegenstand durch den letzten Abnehmer befördert oder versendet, ist die Beförderung oder Versendung der Lieferung des letzten Lieferers in der Reihe zuzuordnen.

Beispiel:
¹Der Unternehmer SP aus Spanien bestellt eine Maschine bei dem Unternehmer D 1 in Kassel. ²D 1 bestellt die Maschine seinerseits bei dem Großhändler D 2 in Bielefeld. ³D 2 wiederum gibt die Bestellung an den Hersteller F in Frankreich weiter.

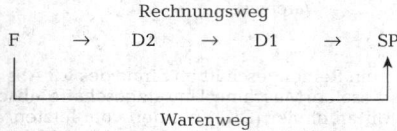

a) ¹F lässt die Maschine durch einen Beförderungsunternehmer von Frankreich unmittelbar nach Spanien an SP transportieren.

²Bei diesem Reihengeschäft werden nacheinander drei Lieferungen (F an D 2, D 2 an D 1 und D 1 an SP) ausgeführt. ³Die Versendung ist der ersten Lieferung F an D 2 zuzuordnen, da F als erster Unternehmer in der Reihe die Maschine versendet. ⁴Der Ort der Lieferung liegt nach § 3 Abs. 6 Satz 5 i. V. m. Satz 1 UStG in Frankreich (Beginn der Versendung). ⁵Die zweite Lieferung D 2 an D 1 und die dritte Lieferung D 1 an SP sind ruhende Lieferungen. ⁶Für diese Lieferungen liegt der Lieferort nach § 3 Abs. 7 Satz 2 Nr. 2 UStG jeweils in Spanien (Ende der Versendung), da sie der Versendungslieferung folgen. ⁷D 2 und D 1 müssen sich demnach in Spanien steuerlich registrieren lassen.

b) ¹SP holt die Maschine mit eigenem Lkw bei F in Frankreich ab und transportiert sie unmittelbar nach Spanien.

²Bei diesem Reihengeschäft werden nacheinander drei Lieferungen (F an D 2, D 2 an D 1 und D 1 an SP) ausgeführt. ³Die Beförderung ist der dritten Lieferung D 1 an SP zuzuordnen, da SP als letzter Abnehmer in der Reihe die Maschine befördert (Abholfall). ⁴Der Ort der Lieferung liegt nach § 3 Abs. 6 Satz 5 i. V. m. Satz 1 UStG in Frankreich (Beginn der Beförderung). ⁵Die erste Lieferung F an D 2 und die zweite Lieferung D 2 an D 1 sind ruhende Lieferungen. ⁶Für diese Lieferungen liegt der Lieferort nach § 3 Abs. 7 Satz 2 Nr. 1 UStG ebenfalls jeweils in Frankreich (Beginn der Beförderung), da sie der Beförderungslieferung vorangehen. ⁷D 2 und D 1 müssen sich demnach in Frankreich steuerlich registrieren lassen.

(9) ¹Befördert oder versendet ein mittlerer Unternehmer in der Reihe den Liefergegenstand, ist dieser zugleich Abnehmer der Vorlieferung und Lieferer seiner eigenen Lieferung. ²In diesem Fall ist die Beförderung oder Versendung nach § 3 Abs. 6 Satz 6, 1. Halbsatz UStG grundsätzlich der Lieferung des vorangehenden Unternehmers zuzuordnen (widerlegbare Vermutung). ³Der befördernde oder versendende Unternehmer kann jedoch anhand von Belegen, z. B. durch eine Auftragsbestätigung, das Doppel der Rechnung oder andere handelsübliche Belege, und Aufzeichnungen nachweisen, dass er als Lieferer aufgetreten ist und die Beförderung oder Versendung dementsprechend seiner eigenen Lieferung zuzuordnen ist (§ 3 Abs. 6 Satz 6, 2. Halbsatz UStG).

(10) ¹Aus den Belegen im Sinne des Absatzes 9 muss sich eindeutig und leicht nachprüfbar ergeben, dass der Unternehmer die Beförderung oder Versendung in seiner Eigenschaft als Lieferer getätigt hat und nicht als Abnehmer der Vorlieferung. ²Hiervon kann regelmäßig ausgegangen werden, wenn der Unternehmer unter der Umsatzsteuer-Identifikationsnummer (USt-IdNr.) des Mitgliedstaates auftritt, in dem die Beförderung oder Versendung des Gegenstandes beginnt, und wenn er auf Grund der mit seinem Vorlieferanten und seinem Auftraggeber vereinbarten Lieferkonditionen Gefahr und Kosten der Beförderung oder Versendung übernommen hat. ³Den Anforderungen an die Lieferkonditionen ist genügt, wenn handelsübliche Lieferklauseln (z. B. Incoterms) verwendet werden. ⁴Wird die Beförderung oder Versendung der Lieferung des mittleren Unternehmers zugeordnet, muss dieser die Voraussetzungen der Zuordnung nachweisen (z. B. über den belegmäßigen und den buchmäßigen Nachweis der Voraussetzungen für seine Ausfuhrlieferung – §§ 8 bis 17 UStDV – oder innergemeinschaftliche Lieferung – §§ 17a bis 17c UStDV –).

Beispiel:
¹Der Unternehmer SP aus Spanien bestellt eine Maschine bei dem Unternehmer D 1 in Kassel. ²D 1 bestellt die Maschine seinerseits bei dem Großhändler D 2 in Bielefeld. ³D 2 wiederum gibt die Bestellung an den Hersteller D 3 in Dortmund weiter. ⁴D 2 lässt die Maschine durch einen Transportunternehmer bei D 3 abholen und sie von Dortmund unmittelbar nach Spanien transportieren. ⁵Dort übergibt sie der Transportunternehmer an SP. ⁶Alle Beteiligten treten unter der USt-IdNr. ihres Landes auf.

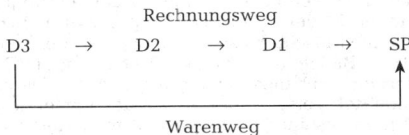

a) ¹Es werden keine besonderen Lieferklauseln vereinbart.

²Bei diesem Reihengeschäft werden nacheinander drei Lieferungen (D 3 an D 2, D 2 an D 1 und D 1 an SP) ausgeführt. ³Die Versendung ist der ersten Lieferung D 3 an D 2 zuzuordnen, da D 2 als mittlerer Unternehmer in der Reihe die Maschine mangels besonderer Lieferklauseln in seiner Eigenschaft als Abnehmer der Lieferung des D 3 transportieren lässt. ⁴Der Ort der Lieferung liegt nach § 3 Abs. 6 Satz 5 i. V. m. Satz 1 UStG in Deutschland (Beginn der Versendung). ⁵Die zweite Lieferung D 2 an D 1 und die dritte Lieferung D 1 an SP sind ruhende Lieferungen. ⁶Für diese Lieferungen liegt der Lieferort nach § 3 Abs. 7 Satz 2 Nr. 2 UStG jeweils in Spanien (Ende der Versendung), da sie der Versendungslieferung folgen; sie sind daher nach spanischem Recht zu beurteilen. ⁷D 2 und D 1 müssen sich demnach in Spanien steuerlich registrieren lassen.

b) ¹Es werden folgende Lieferklauseln vereinbart: D 2 vereinbart mit D 1 „Lieferung frei Haus Spanien (Lieferklausel DDP)" und mit D 3 „Lieferung ab Werk Dortmund (Lieferklausel EXW)". ²Die vereinbarten Lieferklauseln ergeben sich sowohl aus der Rechnungsdurchschrift als auch aus der Buchhaltung des D 2.

³Bei diesem Reihengeschäft werden nacheinander drei Lieferungen (D 3 an D 2, D 2 an D 1 und D 1 an SP) ausgeführt. ⁴Die Versendung kann in diesem Fall der zweiten Lieferung D 2 an D 1 zugeordnet werden, da D 2 als mittlerer Unternehmer in der Reihe die Maschine in seiner Eigenschaft als Lieferer versendet. ⁵Er tritt unter seiner deutschen USt-IdNr. auf und hat wegen der Lieferklauseln DDP mit seinem Kunden und EXW mit seinem Vorlieferanten Gefahr und Kosten des Transports übernommen. ⁶Darüber hinaus kann D 2 nachweisen, dass die Voraussetzungen für die Zuordnung der Versendung zu seiner Lieferung erfüllt sind. ⁷Der Ort der Lieferung liegt nach § 3 Abs. 6 Satz 5 i. V. m. Satz 1 UStG in Deutschland (Beginn der Versendung). ⁸Die erste Lieferung D 3 an D 2 und die dritte Lieferung D 1 an SP sind ruhende Lieferungen. ⁹Da die erste Lieferung der Versendungslieferung vorangeht, gilt sie nach § 3 Abs. 7 Satz 2 Nr. 1 UStG ebenfalls als in Deutschland ausgeführt (Beginn der Versendung). ¹⁰Für die dritte Lieferung liegt der Lieferort nach § 3 Abs. 7 Satz 2 Nr. 2 UStG in Spanien (Ende der Versendung), sie ist daher nach spanischem Recht zu beurteilen. ¹¹D 1 muss sich demnach in Spanien steuerlich registrieren lassen. ¹²Die Registrierung von D 2 in Spanien ist nicht erforderlich.

(11) Ist die Zuordnung der Beförderung oder Versendung zu einer der Lieferungen von einem an dem Reihengeschäft beteiligten Unternehmer auf Grund des Rechts eines anderen Mitgliedstaates ausnahmsweise abweichend von den Absätzen 7 bis 10 vorgenommen worden, ist es nicht zu beanstanden, wenn dieser Zuordnung gefolgt wird.

§ 3 UStG
AE 3.14

Auf das Inland beschränkte Warenbewegungen

(12) ¹Die Grundsätze der Absätze 1 bis 10 finden auch bei Reihengeschäften Anwendung, bei denen keine grenzüberschreitende Warenbewegung stattfindet. ²Ist an solchen Reihengeschäften ein in einem anderen Mitgliedstaat oder im Drittland ansässiger Unternehmer beteiligt, muss er sich wegen der im Inland steuerbaren Lieferung stets im Inland steuerlich registrieren lassen.

Beispiel:

¹Der Unternehmer D 1 aus Essen bestellt eine Maschine bei dem Unternehmer B in Belgien. ²B bestellt die Maschine seinerseits bei dem Großhändler D 2 in Bielefeld. ³D 2 lässt die Maschine durch einen Beförderungsunternehmer von Bielefeld unmittelbar nach Essen an D 1 transportieren.

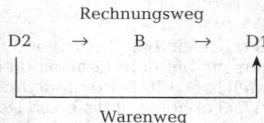

⁴Bei diesem Reihengeschäft werden nacheinander zwei Lieferungen (D 2 an B und B an D 1) ausgeführt. ⁵Die Versendung ist der ersten Lieferung D 2 an B zuzuordnen, da D 2 als erster Unternehmer in der Reihe die Maschine versendet. ⁶Der Ort der Lieferung liegt nach § 3 Abs. 6 Satz 5 i. V. m. Satz 1 UStG in Bielefeld (Beginn der Versendung). ⁷Die zweite Lieferung B an D 1 ist eine ruhende Lieferung. ⁸Für diese Lieferung liegt der Lieferort nach § 3 Abs. 7 Satz 2 Nr. 2 UStG in Essen (Ende der Versendung), da sie der Versendungslieferung folgt. ⁹B muss sich in Deutschland bei dem zuständigen Finanzamt registrieren lassen und seine Lieferung zur Umsatzbesteuerung erklären.

Innergemeinschaftliche Lieferung und innergemeinschaftlicher Erwerb

(13) ¹Im Rahmen eines Reihengeschäfts, bei dem die Warenbewegung im Inland beginnt und im Gebiet eines anderen Mitgliedstaates endet, kann mit der Beförderung oder Versendung des Liefergegenstandes in das übrige Gemeinschaftsgebiet nur e i n e innergemeinschaftliche Lieferung im Sinne des § 6a UStG bewirkt werden. ²Die Steuerbefreiung nach § 4 Nr. 1 Buchstabe b UStG kommt demnach nur bei der Beförderungs- oder Versendungslieferung zur Anwendung. ³Beginnt die Warenbewegung in einem anderen Mitgliedstaat und endet sie im Inland, ist von den beteiligten Unternehmern nur derjenige Erwerber im Sinne des § 1a UStG, an den die Beförderungs- oder Versendungslieferung ausgeführt wird.

Beispiel:

¹Der Unternehmer B 1 in Belgien bestellt bei dem ebenfalls in Belgien ansässigen Großhändler B 2 eine dort nicht vorrätige Ware. ²B 2 gibt die Bestellung an den Großhändler D 1 in Frankfurt weiter. ³D 1 bestellt die Ware beim Hersteller D 2 in Köln. ⁴Alle Beteiligten treten unter der USt-IdNr. ihres Landes auf.

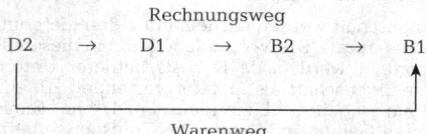

a) ¹D 2 befördert die Ware von Köln mit eigenem Lkw unmittelbar nach Belgien und übergibt sie dort B 1.

²Es werden nacheinander drei Lieferungen (D 2 an D 1, D 1 an B 2 und B 2 an B 1) ausgeführt. ³Die erste Lieferung D 2 an D 1 ist die Beförderungslieferung. ⁴Der Ort der Lieferung liegt nach § 3 Abs. 6 Satz 5 i. V. m. Satz 1 UStG in Deutschland (Beginn der Beförderung). ⁵Die Lieferung ist im Inland steuerbar und steuerpflichtig, da D 1 ebenfalls mit deutscher USt-IdNr. auftritt. ⁶Der Erwerb der Ware unterliegt bei D 1 der Besteuerung des innergemeinschaftlichen Erwerbs in Belgien, weil die Warenbewegung dort endet (§ 3d Satz 1 UStG). ⁷Solange D 1 eine Besteuerung des innergemeinschaftlichen Erwerbs in Belgien nicht nachweisen kann, hat er einen innergemeinschaftlichen Erwerb in Deutschland zu besteuern (§ 3d Satz 2 UStG). ⁸Die zweite Lieferung D 1 an B 2 und die dritte Lieferung B 2 an B 1 sind ruhende Lieferungen. ⁹Für diese Lieferungen liegt der Lieferort nach § 3

Abs. 7 Satz 2 Nr. 2 UStG jeweils in Belgien (Ende der Beförderung), da sie der Beförderungslieferung folgen. [10]Beide Lieferungen sind nach belgischem Recht zu beurteilen. [11]D 1 muss sich in Belgien umsatzsteuerlich registrieren lassen.

[12]Würde D 1 mit belgischer USt-IdNr. auftreten, wäre die Lieferung des D 2 an D 1 als innergemeinschaftliche Lieferung steuerfrei, wenn D 2 die Voraussetzungen hierfür nachweist.

b) [1]D 1 befördert die Ware von Köln mit eigenem Lkw unmittelbar nach Belgien an den B 1 und tritt hierbei in seiner Eigenschaft als Abnehmer der Vorlieferung auf.

[2]Da D 1 in seiner Eigenschaft als Abnehmer der Vorlieferung auftritt, ist die Beförderung der ersten Lieferung (D 2 an D 1) zuzuordnen (§ 3 Abs. 6 Satz 6 UStG). [3]Die Beurteilung entspricht daher der von Fall a.

c) [1]B 2 befördert die Ware von Köln mit eigenem Lkw unmittelbar nach Belgien an den B 1 und tritt hierbei in seiner Eigenschaft als Abnehmer der Vorlieferung auf.

[2]Da B 2 in seiner Eigenschaft als Abnehmer der Vorlieferung auftritt, ist die Beförderung der zweiten Lieferung (D 1 an B 2) zuzuordnen (§ 3 Abs. 6 Satz 6 UStG). [3]Diese Lieferung ist die Beförderungslieferung. [4]Der Ort der Lieferung liegt nach § 3 Abs. 6 Satz 5 i. V. m. Satz 1 UStG in Deutschland (Beginn der Beförderung). [5]Die Lieferung ist bei Nachweis der Voraussetzungen des § 6a UStG als innergemeinschaftliche Lieferung nach § 4 Nr. 1 Buchstabe b UStG steuerfrei. [6]Der Erwerb der Ware unterliegt bei B 2 der Besteuerung des innergemeinschaftlichen Erwerbs in Belgien, weil die Warenbewegung dort endet (§ 3d Satz 1 UStG). [7]Die erste Lieferung D 2 an D 1 und die dritte Lieferung B 2 an B 1 sind ruhende Lieferungen. [8]Der Lieferort für die erste Lieferung liegt nach § 3 Abs. 7 Satz 2 Nr. 1 UStG in Deutschland (Beginn der Beförderung), da sie der Beförderungslieferung vorangeht. [9]Sie ist eine steuerbare und steuerpflichtige Lieferung in Deutschland. [10]Der Lieferort für die dritte Lieferung liegt nach § 3 Abs. 7 Satz 2 Nr. 2 UStG in Belgien (Ende der Beförderung), da sie der Beförderungslieferung folgt. [11]Sie ist nach belgischem Recht zu beurteilen.

d) [1]B 1 holt die Ware bei D 2 in Köln ab und befördert sie von dort mit eigenem Lkw nach Belgien.

[2]Die Beförderung ist in diesem Fall der dritten Lieferung (B 2 an B 1) zuzuordnen, da der letzte Abnehmer die Ware selbst befördert (Abholfall). [3]Diese Lieferung ist die Beförderungslieferung. [4]Der Ort der Lieferung liegt nach § 3 Abs. 6 Satz 5 i. V. m. Satz 1 UStG in Deutschland (Beginn der Beförderung). [5]Die Lieferung des B 2 ist bei Nachweis der Voraussetzungen des § 6a UStG als innergemeinschaftliche Lieferung nach § 4 Nr. 1 Buchstabe b UStG steuerfrei. [6]Der Erwerb der Ware unterliegt bei B 1 der Besteuerung des innergemeinschaftlichen Erwerbs in Belgien, weil die innergemeinschaftliche Warenbewegung dort endet (§ 3d Satz 1 UStG). [7]Die erste Lieferung D 2 an D 1 und die zweite Lieferung D 1 an B 2 sind ruhende Lieferungen. [8]Für diese Lieferungen liegt der Lieferort nach § 3 Abs. 7 Satz 2 Nr. 1 UStG jeweils in Deutschland (Beginn der Beförderung), da sie der Beförderungslieferung vorangehen. [9]Beide Lieferungen sind steuerbare und steuerpflichtige Lieferungen in Deutschland. [10]D 2, D 1 und B 2 müssen ihre Lieferungen zur Umsatzbesteuerung erklären.

Warenbewegungen im Verhältnis zum Drittland

(14) [1]Im Rahmen eines Reihengeschäfts, bei dem die Warenbewegung im Inland beginnt und im Drittlandsgebiet endet, kann mit der Beförderung oder Versendung des Liefergegenstands in das Drittlandsgebiet nur e i n e Ausfuhrlieferung im Sinne des § 6 UStG bewirkt werden. [2]Die Steuerbefreiung nach § 4 Nr. 1 Buchstabe a UStG kommt demnach nur bei der Beförderungs- oder Versendungslieferung zur Anwendung.

Beispiel:

[1]Der russische Unternehmer R bestellt eine Werkzeugmaschine bei dem Unternehmer S aus der Schweiz. [2]S bestellt die Maschine bei D 1 in Frankfurt, der die Bestellung an den Hersteller D 2 in Stuttgart weitergibt. [3]S holt die Maschine in Stuttgart ab und befördert sie mit eigenem Lkw unmittelbar nach Russland zu R.

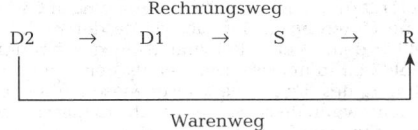

§ 3 UStG
AE 3.14

⁴Bei diesem Reihengeschäft werden drei Lieferungen (D 2 an D 1, D 1 an S und S an R) ausgeführt. ⁵Die Beförderung ist nach § 3 Abs. 6 Satz 5 und Satz 6 UStG der zweiten Lieferung D 1 an S zuzuordnen, da S als mittlerer Unternehmer in der Reihe offensichtlich in seiner Eigenschaft als Abnehmer der Vorlieferung auftritt. ⁶Ort der Beförderungslieferung ist nach § 3 Abs. 6 Satz 5 i. V. m. Satz 1 UStG Stuttgart (Beginn der Beförderung). ⁷Die Lieferung ist bei Nachweis der Voraussetzungen des § 6 UStG als Ausfuhrlieferung nach § 4 Nr. 1 Buchstabe a UStG steuerfrei. ⁸Die erste Lieferung D 2 an D 1 und die dritte Lieferung S an R sind ruhende Lieferungen. ⁹Der Lieferort für die erste Lieferung liegt nach § 3 Abs. 7 Satz 2 Nr. 1 UStG in Deutschland (Beginn der Beförderung), da sie der Beförderungslieferung vorangeht. ¹⁰Sie ist eine steuerbare und steuerpflichtige Lieferung in Deutschland. ¹¹Die Steuerbefreiung für Ausfuhrlieferungen kommt bei ruhenden Lieferungen nicht in Betracht. ¹²Der Lieferort für die dritte Lieferung liegt nach § 3 Abs. 7 Satz 2 Nr. 2 UStG in Russland (Ende der Beförderung), da sie der Beförderungslieferung folgt.

¹³Holt im vorliegenden Fall R die Maschine selbst bei D 2 in Stuttgart ab und befördert sie mit eigenem Lkw nach Russland, ist die Beförderung der dritten Lieferung (S an R) zuzuordnen. ¹⁴Ort der Beförderungslieferung ist nach § 3 Abs. 6 Satz 5 i. V. m. Satz 1 UStG Stuttgart (Beginn der Beförderung). ¹⁵Die Lieferung ist bei Nachweis der Voraussetzungen des § 6 UStG als Ausfuhrlieferung nach § 4 Nr. 1 Buchstabe a UStG steuerfrei. ¹⁶Die erste Lieferung (D 2 an D 1) und die zweite Lieferung (D 1 an S) sind als ruhende Lieferungen jeweils in Deutschland steuerbar und steuerpflichtig, da sie der Beförderungslieferung vorangehen (§ 3 Abs. 7 Satz 2 Nr. 1 UStG). ¹⁷S muss seine Lieferung beim zuständigen Finanzamt in Deutschland zur Umsatzbesteuerung erklären.

(15) ¹Gelangt im Rahmen eines Reihengeschäfts der Gegenstand der Lieferungen aus dem Drittlandsgebiet in das Inland, kann eine Verlagerung des Lieferorts nach § 3 Abs. 8 UStG nur für die Beförderungs- oder Versendungslieferung in Betracht kommen. ²Dazu muss derjenige Unternehmer, dessen Lieferung im Rahmen des Reihengeschäfts die Beförderung oder Versendung zuzuordnen ist, oder sein Beauftragter zugleich auch Schuldner der Einfuhrumsatzsteuer sein.

(16) ¹Gelangt der Gegenstand der Lieferungen im Rahmen eines Reihengeschäfts aus dem Drittlandsgebiet in das Inland und hat ein Abnehmer in der Reihe oder dessen Beauftragter den Gegenstand der Lieferung eingeführt, sind die der Einfuhr in der Lieferkette vorausgegangenen Lieferungen nach § 4 Nr. 4b UStG steuerfrei.

Beispiel:
¹Der deutsche Unternehmer D bestellt bei dem französischen Unternehmer F Computerteile. ²Dieser bestellt die Computerteile seinerseits bei dem Hersteller S in der Schweiz. ³S befördert die Teile im Auftrag des F unmittelbar an D nach Deutschland.

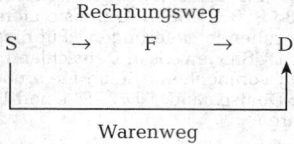

a) ¹D überführt die Teile in den zoll- und steuerrechtlich freien Verkehr, nachdem ihm S die Computerteile übergeben hat.

²Bei diesem Reihengeschäft werden zwei Lieferungen (S an F und F an D) ausgeführt. ³Die Beförderung ist nach § 3 Abs. 6 Satz 5 und Satz 1 UStG der ersten Lieferung S an F zuzuordnen, da der S als erster Unternehmer in der Reihe die Computerteile selbst befördert. ⁴Lieferort ist nach § 3 Abs. 6 Satz 5 i. V. m. Satz 1 UStG die Schweiz (Beginn der Beförderung). ⁵Die Lieferung des S unterliegt bei der Einfuhr nach Deutschland der deutschen Einfuhrumsatzsteuer. ⁶Eine Verlagerung des Lieferorts nach § 3 Abs. 8 UStG kommt nicht in Betracht, da S als Lieferer der Beförderungslieferung nicht zugleich Schuldner der Einfuhrumsatzsteuer ist. ⁷Die zweite Lieferung (F an D) ist eine ruhende Lieferung. ⁸Sie gilt nach § 3 Abs. 7 Satz 2 Nr. 2 UStG in Deutschland als ausgeführt (Ende der Beförderung), da sie der Beförderung nachfolgt. ⁹F führt eine nach § 4 Nr. 4b UStG steuerfreie Lieferung aus, da seine Lieferung in der Lieferkette der Einfuhr durch den Abnehmer D vorausgeht. ¹⁰Erteilt F dem D eine Rechnung mit gesondertem Steuerausweis, kann D lediglich die geschuldete Einfuhrumsatzsteuer als Vorsteuer abziehen. ¹¹Ein Abzug der in einer solchen Rechnung des F gesondert ausgewiesenen Steuer als Vorsteuer kommt für D nur dann in Betracht, wenn diese Steuer gesetzlich geschuldet ist. ¹²Kann F den Nachweis nicht erbringen, dass sein Folgeabnehmer D die Computerteile zum zoll- und steuerrechtlich freien Verkehr abfertigt, muss er die Lieferung an D als steuerpflichtig behandeln. ¹³Die Umsatzsteuer ist dann gesetzlich geschuldet und D kann in diesem Fall die in

der Rechnung des F gesondert ausgewiesene Umsatzsteuer nach § 15 Abs. 1 Satz 1 Nr. 1 UStG neben der von ihm entrichteten Einfuhrumsatzsteuer nach § 15 Abs. 1 Satz 1 Nr. 2 UStG als Vorsteuer abziehen, vgl. Abschnitt 15.8 Abs. 10 Satz 3.

b) ¹Die Computerteile werden bereits bei Grenzübertritt für F in den zoll- und steuerrechtlich freien Verkehr überführt. ²Es liegt wie im Fall a) ein Reihengeschäft vor, bei dem die (Beförderungs-)Lieferung des S an F mit Beginn der Beförderung in der Schweiz (§ 3 Abs. 6 Satz 5 i. V. m. Satz 1 UStG) und die ruhende Lieferung des F an D am Ende der Beförderung in Deutschland ausgeführt wird (§ 3 Abs. 7 Satz 2 Nr. 2 UStG). ³Im Zeitpunkt der Überführung in den zoll- und steuerrechtlich freien Verkehr hat F die Verfügungsmacht über die eingeführten Computerteile, weil die Lieferung des S an ihn bereits in der Schweiz und seine Lieferung an D erst mit der Übergabe der Waren an D im Inland als ausgeführt gilt. ⁴Die angefallene Einfuhrumsatzsteuer kann daher von F als Vorsteuer abgezogen werden. ⁵Die Lieferung des F an D ist nicht nach § 4 Nr. 4b UStG steuerfrei, da sie innerhalb der Lieferkette der Einfuhr nachgeht. ⁶Erteilt F dem D eine Rechnung mit gesondertem Steuerausweis, kann D diese unter den allgemeinen Voraussetzungen des § 15 UStG als Vorsteuer abziehen.

(17) Die Absätze 14 bis 16 gelten entsprechend, wenn bei der Warenbewegung vom Inland in das Drittlandsgebiet (oder umgekehrt) das Gebiet eines anderen Mitgliedstaates berührt wird.

Reihengeschäfte mit privaten Endabnehmern

(18) ¹An Reihengeschäften können auch Nichtunternehmer als letzte Abnehmer in der Reihe beteiligt sein. ²Die Grundsätze der Absätze 1 bis 11 sind auch in diesen Fällen anzuwenden. ³Wenn der letzte Abnehmer im Rahmen eines Reihengeschäfts, bei dem die Warenbewegung im Inland beginnt und im Gebiet eines anderen Mitgliedstaates endet (oder umgekehrt), nicht die subjektiven Voraussetzungen für die Besteuerung des innergemeinschaftlichen Erwerbs erfüllt und demzufolge nicht mit einer USt-IdNr. auftritt, ist § 3c UStG zu beachten, wenn der letzten Lieferung in der Reihe die Beförderung oder Versendung zugeordnet wird; dies gilt nicht, wenn der private Endabnehmer den Gegenstand abholt.

Beispiel:
¹Der niederländische Privatmann NL kauft für sein Einfamilienhaus in Venlo Möbel beim Möbelhaus D 1 in Köln. ²D 1 bestellt die Möbel bei der Möbelfabrik D 2 in Münster. ³D 2 versendet die Möbel unmittelbar zu NL nach Venlo. ⁴D 1 und D 2 treten jeweils unter ihrer deutschen USt-IdNr. auf.

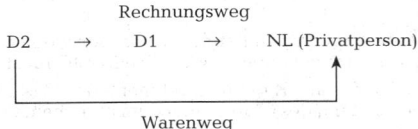

⁵Bei diesem Reihengeschäft werden nacheinander zwei Lieferungen (D 2 an D 1 und D 1 an NL) ausgeführt. ⁶Die erste Lieferung D 2 an D 1 ist die Versendungslieferung, da D 2 als erster Unternehmer in der Reihe den Transport durchführen lässt. ⁷Der Ort der Lieferung liegt nach § 3 Abs. 6 Satz 5 i. V. m. Satz 1 UStG in Deutschland (Beginn der Versendung). ⁸Die Lieferung ist im Inland steuerbar und steuerpflichtig, da D 1 ebenfalls mit deutscher USt-IdNr. auftritt. ⁹Der Erwerb der Ware unterliegt bei D 1 der Besteuerung des innergemeinschaftlichen Erwerbs in den Niederlanden, weil die innergemeinschaftliche Warenbewegung dort endet (§ 3d Satz 1 UStG). ¹⁰Solange D 1 einen innergemeinschaftlichen Erwerb in den Niederlanden nicht nachweisen kann, hat er einen innergemeinschaftlichen Erwerb in Deutschland zu besteuern (§ 3d Satz 2 UStG). ¹¹Die zweite Lieferung D 1 an NL ist eine ruhende Lieferung. ¹²Die Lieferung des D 1 an NL fällt deshalb nicht unter die Regelung des § 3c UStG. ¹³Der Lieferort für diese Lieferung liegt nach § 3 Abs. 7 Satz 2 Nr. 2 UStG in den Niederlanden (Ende der Versendung), da sie der Versendungslieferung folgt. ¹⁴Die Lieferung ist nach niederländischem Recht zu beurteilen. ¹⁵D 1 muss sich in den Niederlanden umsatzsteuerlich registrieren lassen.

¹⁶Würde D 1 mit niederländischer USt-IdNr. auftreten, wäre die Lieferung des D 2 an D 1 als innergemeinschaftliche Lieferung steuerfrei, wenn D 2 die Voraussetzungen hierfür nachweist.

¹⁷Würde die Versendung im vorliegenden Fall allerdings der zweiten Lieferung (D 1 an NL) zuzuordnen sein, wäre diese Lieferung nach § 3c UStG zu beurteilen, da der Gegenstand vom

Lieferer in einen anderen Mitgliedstaat versendet wird und der Abnehmer NL als Privatperson nicht zu den in § 1a Abs. 1 Nr. 2 UStG genannten Personen gehört.

AE 3.15

3.15. Dienstleistungskommission (§ 3 Abs. 11 UStG)

S 7110

(1) ¹Wird ein Unternehmer (Auftragnehmer) in die Erbringung einer sonstigen Leistung eingeschaltet und handelt er dabei im eigenen Namen und für fremde Rechnung (Dienstleistungskommission), gilt diese sonstige Leistung als an ihn und von ihm erbracht. ²Dabei wird eine Leistungskette fingiert. ³Sie behandelt den Auftragnehmer als Leistungsempfänger und zugleich Leistenden. ⁴Die Dienstleistungskommission erfasst die Fälle des sog. Leistungseinkaufs und des sog. Leistungsverkaufs. ⁵Ein sog. Leistungseinkauf liegt vor, wenn ein von einem Auftraggeber bei der Beschaffung einer sonstigen Leistung eingeschalteter Unternehmer (Auftragnehmer) für Rechnung des Auftraggebers im eigenen Namen eine sonstige Leistung durch einen Dritten erbringen lässt. ⁶Ein sog. Leistungsverkauf liegt vor, wenn ein von einem Auftraggeber bei der Erbringung einer sonstigen Leistung eingeschalteter Unternehmer (Auftragnehmer) für Rechnung des Auftraggebers im eigenen Namen eine sonstige Leistung an einen Dritten erbringt.

(2) ¹Die Leistungen der Leistungskette, d. h. die an den Auftragnehmer erbrachte und die von ihm ausgeführte Leistung, werden bezüglich ihres Leistungsinhalts gleich behandelt. ²Die Leistungen werden zum selben Zeitpunkt erbracht. ³Im Übrigen ist jede der beiden Leistungen unter Berücksichtigung der Leistungsbeziehung gesondert für sich nach den allgemeinen Regeln des UStG zu beurteilen. ⁴Dies gilt z. B. in den Fällen des Verzichts auf die Steuerbefreiung gemäß § 9 UStG (Option). ⁵Fungiert ein Unternehmer bei der Erbringung einer steuerfreien sonstigen Leistung als Strohmann für einen Dritten („Hintermann"), liegt ein Kommissionsgeschäft nach § 3 Abs. 11 UStG vor mit der Folge, dass auch die Besorgungsleistung des Hintermanns steuerfrei zu behandeln ist (vgl. BFH-Urteil vom 22. 9. 2005, V R 52/01, BStBl II S. 278).

(3) ¹Personenbezogene Merkmale der an der Leistungskette Beteiligten sind weiterhin für jede Leistung innerhalb einer Dienstleistungskommission gesondert für sich in die umsatzsteuerrechtliche Beurteilung einzubeziehen. ²Dies kann z. B. für die Anwendung von Steuerbefreiungsvorschriften von Bedeutung sein (vgl. z. B. § 4 Nr. 19 Buchstabe a UStG) oder für die Bestimmung des Orts der sonstigen Leistung, wenn er davon abhängig ist, ob die Leistung an einen Unternehmer oder einen Nichtunternehmer erbracht wird. ³Die Steuer kann nach § 13 UStG für die jeweilige Leistung zu unterschiedlichen Zeitpunkten entstehen; z. B. wenn der Auftraggeber der Leistung die Steuer nach vereinbarten und der Auftragnehmer die Steuer nach vereinnahmten Entgelten berechnet. ⁴Außerdem ist z. B. zu berücksichtigen, ob die an der Leistungskette Beteiligten Nichtunternehmer, Kleinunternehmer (§ 19 UStG), Land- und Forstwirte, die für ihren Betrieb die Durchschnittssatzbesteuerung nach § 24 UStG anwenden, sind.

Beispiel:

¹Der Bauunternehmer G besorgt für den Bauherrn B die sonstige Leistung des Handwerkers C, für dessen Umsätze die Umsatzsteuer gemäß § 19 Abs. 1 UStG nicht erhoben wird.

²Das personenbezogene Merkmal – Kleinunternehmer – des C ist nicht auf den Bauunternehmer G übertragbar. ³Die Leistung des G unterliegt dem allgemeinen Steuersatz.

(4) ¹Die zivilrechtlich vom Auftragnehmer an den Auftraggeber erbrachte Besorgungsleistung bleibt umsatzsteuerrechtlich ebenso wie beim Kommissionsgeschäft nach § 3 Abs. 3 UStG unberücksichtigt. ²Der Auftragnehmer erbringt im Rahmen einer Dienstleistungskommission nicht noch eine (andere) Leistung (Vermittlungsleistung). ³Der Auftragnehmer darf für die vereinbarte Geschäftsbesorgung keine Rechnung erstellen. ⁴Eine solche Rechnung, in der die Umsatzsteuer offen ausgewiesen ist, führt zu einer Steuer nach § 14c Abs. 2 UStG. ⁵Soweit der Auftragnehmer im eigenen Namen für fremde Rechnung auftritt, findet § 25 UStG keine Anwendung.

(5) ¹Erbringen Sanierungsträger, die ihre Aufgaben nach § 159 Abs. 1 BauGB im eigenen Namen und für Rechnung der auftraggebenden Körperschaften des öffentlichen Rechts (Gemeinden) als deren Treuhänder erfüllen, Leistungen nach § 157 BauGB und beauftragen sie zur Erbringung dieser Leistungen andere Unternehmer, gelten die von den beauftragten Unternehmern erbrachten Leistungen als an den Sanierungsträger und von diesem an die treugebende Gemeinde erbracht. ²Satz 1 gilt entsprechend für vergleichbare Leistungen der Entwicklungsträger nach § 167 BauGB.

(6) Beispiele zur sog. Leistungseinkaufskommission:

Beispiel 1:

¹Der im Inland ansässige Spediteur G besorgt für den im Inland ansässigen Unternehmer B im eigenen Namen und für Rechnung des B die inländische Beförderung eines Gegenstands von München nach Berlin. ²Die Beförderungsleistung bewirkt der im Inland ansässige Unternehmer C.

³Da G in die Erbringung einer Beförderungsleistung eingeschaltet wird und dabei im eigenen Namen, jedoch für fremde Rechnung handelt, gilt diese Leistung als an ihn und von ihm erbracht.

B	←	G	←	C
	Beförderungsleistung		Beförderungsleistung	

⁴Die Leistungskette wird fingiert. ⁵Die zivilrechtlich vereinbarte Geschäftsbesorgungsleistung ist umsatzsteuerrechtlich unbeachtlich.
⁶C erbringt an G eine im Inland steuerpflichtige Beförderungsleistung (§ 3a Abs. 2 UStG).
⁷G hat gegenüber B ebenfalls eine im Inland steuerpflichtige Beförderungsleistung (§ 3a Abs. 2 UStG) abzurechnen.

Beispiel 2:
¹Der im Inland ansässige Spediteur G besorgt für den in Frankreich ansässigen Unternehmer F im eigenen Namen und für Rechnung des F die Beförderung eines Gegenstands von Paris nach München. ²Die Beförderungsleistung bewirkt der im Inland ansässige Unternehmer C. ³G und C verwenden jeweils ihre deutsche, F seine französische Umsatzsteuer-Identifikationsnummer.

F	←	G	←	C
	Beförderungsleistung		Beförderungsleistung	

⁴Die Leistungskette wird fingiert. ⁵Die zivilrechtlich vereinbarte Geschäftsbesorgungsleistung ist umsatzsteuerrechtlich unbeachtlich.
⁶C erbringt an G eine in Deutschland steuerbare Beförderungsleistung (§ 3a Abs. 2 Satz 2 UStG). ⁷G hat gegenüber F eine nach § 3a Abs. 2 UStG in Frankreich steuerbare Beförderungsleistung abzurechnen. ⁸Die Verwendung der französischen USt-IdNr. durch F hat auf die Ortsbestimmung keine Auswirkung.

Beispiel 3:
¹Der private Endverbraucher E beauftragt das im Inland ansässige Reisebüro R mit der Beschaffung der für die Reise notwendigen Betreuungsleistungen durch das Referenzunternehmen D mit Sitz im Drittland. ²R besorgt diese sonstige Leistung im eigenen Namen, für Rechnung des E.
³Da R in die Erbringung einer sonstigen Leistung eingeschaltet wird und dabei im eigenen Namen, jedoch für fremde Rechnung handelt, gilt diese Leistung als an ihn und von ihm erbracht.

E	←	R	←	D
	Betreuungsleistung		Betreuungsleistung	

⁴Die Leistungskette wird fingiert. ⁵Die zivilrechtlich vereinbarte Geschäftsbesorgungsleistung ist umsatzsteuerrechtlich unbeachtlich. ⁶Die Leistungen der Leistungskette, d. h. die an R erbrachte und die von R ausgeführte Leistung, werden bezüglich des Leistungsinhalts gleich behandelt. ⁷Im Übrigen ist jede der beiden Leistungen unter Berücksichtigung der Leistungsbeziehungen gesondert für sich nach den allgemeinen Regeln des UStG zu beurteilen (vgl. Absatz 2).
⁸Die von D an R erbrachte Betreuungsleistung wird als sonstige Leistung an dem Ort ausgeführt, von dem aus der Leistungsempfänger sein Unternehmen betreibt (§ 3a Abs. 2 UStG), also im Inland. ⁹R ist für die Leistung des D Steuerschuldner (§ 13b Abs. 2 Nr. 1 und Abs. 5 Satz 1 UStG). ¹⁰R erbringt nach § 3 Abs. 11 UStG ebenfalls eine Betreuungsleistung, die nach § 3a Abs. 1 UStG an dem Ort ausgeführt wird, von dem aus R sein Unternehmen betreibt, also im Inland. ¹¹Sie ist damit steuerbar und, soweit keine Steuerbefreiung greift, steuerpflichtig.
¹²§ 25 UStG findet in diesem Fall keine Anwendung (vgl. Absatz 4 Satz 5).
(7) Beispiele zur sog. Leistungsverkaufskommission:

Kurzfristige Vermietung von Ferienhäusern

Beispiel 1:
¹Der im Inland ansässige Eigentümer E eines im Inland belegenen Ferienhauses beauftragt G mit Sitz im Inland im eigenen Namen und für Rechnung des E, Mieter für kurzfristige Ferienaufenthalte in seinem Ferienhaus zu besorgen.
²Da G in die Erbringung sonstiger Leistungen (kurzfristige – steuerpflichtige – Vermietungsleistungen gemäß § 4 Nr. 12 Satz 2 UStG) eingeschaltet wird und dabei im eigenen Namen, jedoch für fremde Rechnung handelt, gelten die Leistungen als an ihn und von ihm erbracht.

E	→	G	→	Mieter
	kurzfristige Vermietungsleistungen		kurzfristige Vermietungsleistungen	

³Die Leistungskette wird fingiert. ⁴Die zivilrechtlich vereinbarte Geschäftsbesorgungsleistung ist umsatzsteuerrechtlich unbeachtlich.

⁵Die Vermietungsleistungen des E an G sind im Inland steuerbar (§ 3a Abs. 3 Nr. 1 Satz 2 Buchstabe a UStG) und als kurzfristige Vermietungsleistungen (§ 4 Nr. 12 Satz 2 UStG) steuerpflichtig.

⁶G erbringt steuerbare und steuerpflichtige Vermietungsleistungen an die Mieter (§ 3a Abs. 3 Nr. 1 Satz 2 Buchstabe a UStG, § 4 Nr. 12 Satz 2 UStG).

Beispiel 2:

¹Sachverhalt wie in Beispiel 1, jedoch befindet sich das Ferienhaus des E in Belgien.

²Die Vermietungsleistungen des E an G und die Vermietungsleistungen des G an die Mieter sind im Inland nicht steuerbar. ³Der Ort der sonstigen Leistungen ist gemäß § 3a Abs. 3 Nr. 1 Satz 2 Buchstabe a UStG Belgien (Belegenheitsort). ⁴Die Besteuerung von E und G in Belgien erfolgt nach belgischem Recht.

Beispiel 3:

¹Sachverhalt wie in Beispiel 1, jedoch ist G Unternehmer mit Sitz in Belgien.

²Die Vermietungsleistungen des E an G und die Vermietungsleistungen des G an die Mieter sind im Inland steuerbar (§ 3a Abs. 3 Nr. 1 Satz 2 Buchstabe a UStG) und als kurzfristige Vermietungsleistungen (§ 4 Nr. 12 Satz 2 UStG) steuerpflichtig. ³G muss sich in Deutschland für Zwecke der Umsatzbesteuerung registrieren lassen, soweit die Mieter Nichtunternehmer sind. ⁴Ist ein Mieter Unternehmer oder juristische Person des öffentlichen Rechts, schuldet dieser als Leistungsempfänger die Steuer, auch wenn die Leistung für den nichtunternehmerischen Bereich bezogen worden ist (§ 13b Abs. 1 und 2 UStG).

Leistungen in der Kreditwirtschaft

Beispiel 4:

¹Ein nicht im Inland ansässiges Kreditinstitut K (ausländischer Geldgeber) beauftragt eine im Inland ansässige GmbH G mit der Anlage von Termingeldern im eigenen Namen für fremde Rechnung bei inländischen Banken.

²Da G als Unternehmer in die Erbringung einer sonstigen Leistung (Kreditgewährungsleistung i. S. d. § 4 Nr. 8 Buchstabe a UStG) eingeschaltet wird und dabei im eigenen Namen, jedoch für fremde Rechnung handelt, gilt die Leistung als an sie und von ihr erbracht.

K	→	G	→	inländische Banken
	Anlage von Termingeldern (steuerfreie Kreditgewährung)		Anlage von Termingeldern (steuerfreie Kreditgewährung)	

³Die Leistungskette wird fingiert. ⁴Die zivilrechtlich vereinbarte Geschäftsbesorgungsleistung ist umsatzsteuerrechtlich unbeachtlich.

⁵K erbringt an G und G an die inländischen Banken durch die Kreditgewährung im Inland steuerbare (§ 3a Abs. 2 UStG), jedoch steuerfreie Leistungen (§ 4 Nr. 8 Buchstabe a UStG).

Vermietung beweglicher körperlicher Gegenstände

Beispiel 5:

¹Ein im Inland ansässiger Netzbetreiber T beauftragt eine im Inland ansässige GmbH G mit der Vermietung von Telekommunikationsanlagen (ohne Einräumung von Nutzungsmöglichkeiten von Übertragungskapazitäten) im eigenen Namen für fremde Rechnung an den im Ausland ansässigen Unternehmer U.

²Da G als Unternehmer in die Erbringung einer sonstigen Leistung (Vermietung beweglicher körperlicher Gegenstände) eingeschaltet wird und dabei im eigenen Namen, jedoch für fremde Rechnung handelt, gilt die Leistung als an sie und von ihr erbracht.

T	→	G	→	U
	Vermietung		Vermietung	

³Die Leistungskette wird fingiert. ⁴Die zivilrechtlich vereinbarte Geschäftsbesorgungsleistung ist umsatzsteuerrechtlich unbeachtlich. ⁵Die Leistungen der Leistungskette, d. h. die an G erbrachte und die von G ausgeführte Leistung, werden bezüglich des Leistungsinhalts gleich behandelt. ⁶Im Übrigen ist jede der beiden Leistungen unter Berücksichtigung der Leistungsbeziehungen gesondert für sich nach den allgemeinen Regeln des UStG zu beurteilen (vgl. Absatz 2).

[7]T erbringt an G durch die Vermietung beweglicher körperlicher Gegenstände im Inland steuerbare (§ 3a Abs. 2 UStG) und, soweit keine Steuerbefreiung greift, steuerpflichtige Leistungen.

[8]G erbringt an den im Ausland ansässigen U durch die Vermietung beweglicher körperlicher Gegenstände nicht im Inland steuerbare (§ 3a Abs. 2 UStG) Leistungen.

Hinweise

Vermittlungsleistungen oder Eigenhandel beim Verkauf von gebrauchten Kraftfahrzeugen — H 1
(BMF vom 29. 12. 1982, BStBl 1983 I S. 20, USt-Kartei § 3 UStG 1980 S 7110 K. 10)
Siehe USt-HA 1984/85 § 3 B 4.

Vermittlungsleistungen oder Eigenhandel beim Verkauf von gebrauchten Kraftfahrzeugen bei Wechsel der Unternehmensrechtsform oder Veräußerung des Unternehmens — 2
(BMF vom 1. 3. 1983 – IV A 2 – S 7110 – 2/83 –, DB 1983 S. 915)
Siehe USt-HA 1984/85 § 3 B 5.

Vermittlungsleistungen oder Eigenhandel beim Verkauf von gebrauchten Kraftfahrzeugen; Ermittlung der Kosten bei Pflege- und Instandsetzungsarbeiten — 3
(BMF vom 5. 7. 1984, BStBl 1984 I S. 397, USt-Kartei § 3 S 7110 K. 11)
Siehe USt-HA 1984/85 § 3 B 6.

Vermittlungsleistungen oder Eigenhandel beim Verkauf von gebrauchten Kraftfahrzeugen, die umgerüstet werden — 4
(BMF vom 5. 5. 1986, BStBl 1986 I S. 265, USt-Kartei § 3 UStG 1980 S 7110 K. 12)
Siehe USt-HA 1986/87 § 3 B 4.

Umsatzsteuerrechtliche Behandlung der Beistellung von Personal zu sonstigen Leistungen — 5
(BMF vom 30. 1. 2003, BStBl 2003 I S. 154)
Siehe USt-HA 2003/04 § 3 H 28.

Umsatzsteuerliche Behandlung des Lufthansa-Bonusmeilen-Programms „Miles & More" — 6
(OFD Düsseldorf, Vfg. vom 27. 4. 2004 – S 7109 A – St 442 –, UR 2004 S. 435)

Umsatzsteuerrechtliche Behandlung der Überlassung von Sportanlagen — 7
(OFD Frankfurt am Main, Vfg. vom 24. 6. 2004 – S 7168 A-42-St I 2.30 –, StEd 2004 S. 567).

Umsatzsteuerrechtliche Behandlung von Sachlotterien — 8
(OFD Hannover, Vfg. vom 7. 9. 2004 – S 7109 – 5 – StO 351 – / – S 7109 – 2 – StH 444 –, StEd 2004 S. 734).

Besteuerung unentgeltlicher Wertabgaben nach § 3 Abs. 1b Satz 1 Nr. 3 UStG; verbilligte bzw. kostenlose Abgabe von Mitarbeiterabonnements, Kennziffer-Zeitschriften, berufsständischen Zeitschriften u. Ä. — 9
(OFD Frankfurt am Main, Vfg. vom 29. 9. 2004 – S 7109 A-2-St I 1.10 –, StEd 2005 S. 62)

Umsatzsteuer bei den Lieferungen gleichgestellten unentgeltlichen Wertabgaben von Gegenständen, bei deren Anschaffung kein Vorsteuerabzug möglich war; Einführung einer Bagatellgrenze — 10
(BMF vom 26. 11. 2004, BStBl 2004 I S. 1127)
Siehe USt-HA 2005/06 H 11.

Umsatzsteuer beim Verzehr an Ort und Stelle (Restaurationsumsätze) — 11
(OFD Hannover, Vfg. vom 13. 12. 2004 – S 7100 – 441 – StO 171 –, StEd 2005 S. 76)

§ 3 UStG
H

12 Public-Private-Partnerships (PPP) im Bundesfernstraßenbau;
I. Modelle nach dem FStrPrivFinG
II. Errichtung und Erhalt von Streckenabschnitten nach dem ABMG
III. Mauterhebung nach dem ABMG

(BMF vom 3. 2. 2005, BStBl 2005 I S. 414)
Siehe USt-HA 2005/06 H 13.

13 Besteuerung von Restaurationsumsätzen, insbesondere bei sog. Außer-Haus-Verkäufen

(OFD Frankfurt am Main, Vfg. vom 18. 3. 2005 – S 7100 A – 204 – St I 1.10 –, UVR 2005 S. 253)

14 Überlassung eines Pkw zwischen Personengesellschaft und Gesellschafter

(OFD Hannover, Vfg. vom 29. 6. 2005 – S 7100 A – 421 – StO 171 –, DStZ 2005 S. 650)

15 Public-Private-Partnership (PPP) im Bundesfernstraßenbau – Modelle nach dem Autobahnmautgesetz – A-Modelle –

(BMF vom 26. 9. 2005, – IV A 5 – S 7100 – 149/05 –, DB 2005 S. 2326)
Siehe USt-HA 2005/06 H 16.

16 Umsatzsteuerrechtliche Behandlung der unentgeltlichen Übertragung eines unternehmerisch genutzten Grundstücks bei gleichzeitiger Einräumung eines Vorbehaltsnießbrauchs zugunsten des Schenkers

(OFD Koblenz, Vfg. vom 5. 10. 2005 – S 7100 A – 421 – St 44 3 –, StEd 2005 S. 762)

17 Leistungen der Sanierungs- und Entwicklungsträger nach § 157 und § 167 Baugesetzbuch (BauGB)

(BMF vom 17. 10. 2005, BStBl 2005 I S. 938)
Siehe USt-HA 2005/06 H 18.

18 Überlassung von Grundstücksflächen beim Bau von Überlandleitungen und im Zusammenhang damit bestellten Dienstbarkeiten und vereinbarten Ausgleichszahlungen;
BFH-Urteil vom 11. November 2004 – V R 30/04 –

(BMF vom 18. 10. 2005, BStBl 2005 I S. 997)
Siehe USt-HA 2005/06 H 19.

19 Grundstücksübertragungen zwischen Angehörigen

(OFD Hannover, Vfg. vom 15. 8. 2006 – S 7109 – 10 – StO 171 –, StEd 2006 S. 618)

20 Umsatzsteuerrechtliche Behandlung der Überlassung von so genannten VIP-Logen und des Bezugs von Hospitality-Leistungen

(BMF vom 28. 11. 2006, BStBl 2006 I S. 791)
Siehe USt-HA 2006/07 § 2 H 21.

21 Abgrenzung zwischen Lieferungen und sonstigen Leistungen;
Behandlung der Übertragung von Wertpapieren und Anteilen

(BMF vom 30. 11. 2006, BStBl 2006 I S. 793)
Siehe USt-HA 2006/07 § 2 H 22.

22 Umsatzsteuerrechtliche Behandlung der Entgelte für postvorbereitende Leistungen durch einen sog. Konsolidierer (§ 51 Abs. 1 Satz 2 Nr. 5 PostG)

(BMF vom 13. 12. 2006 – IV A 5 – S 7100 – 177/06 –)
Siehe USt-HA 2006/07 § 2 H 23.

23 Vermittlungsleistungen oder Eigengeschäft beim Verkauf gebrauchter Kraftfahrzeuge

(OFD Hannover, Vfg. vom 8. 8. 2007 – S 7110 – 3 – StO 172 –, StEd 2007 S. 602, 647)

Zentralisierter Vertrieb von Kleinsendungen aus dem Drittland; 24
Anwendung des BFH-Urteils vom 21. März 2007, V R 32/05

(BMF vom 1. 2. 2008, BStBl 2008 I S. 295)
Siehe USt-HA 2008/09 § 2 H 25.

Abgrenzung zwischen Lieferung und sonstiger Leistung bei Abgabe von Speisen und Getränken 25

(OFD Hannover, Vfg. vom 9. 4. 2008 – S 7100 – 441 – StO 171 –, StEd 2008 S. 395)

Umsatzsteuerrechtliche Behandlung der Überlassung von Fahrzeugen (Werbemobilen) an soziale Institutionen, Sportvereine und Kommunen 26

(OFD Frankfurt am Main, Vfg. vom 26. 8. 2008 – S 7119 A – 5 – St I 110 –, StEd 2008 S. 652)

Abgrenzung von Lieferungen und sonstigen Leistungen bei der Abgabe von Speisen und Getränken 27

(BMF vom 16. 10. 2008, BStBl 2008 I S. 949)
Siehe USt-HA 2008/09 § 2 H 29.

Umsatzsteuerliche Behandlung von sale-and-lease-back-Geschäften 28

(BMF vom 4. 12. 2008, BStBl 2008 I S. 1084)
Siehe USt-HA 2009/10 § 3 H 30.

Umsatzsteuerliche Behandlung der Leistungen im Zusammenhang mit sog. Startpaketen; Einheitlichkeit der Leistung; Vermittlung; Steuerentstehung 29

(BMF vom 15. 2. 2010 – IV D 2 – S 7100/08/10004:001 UR 2010 S. 250)
Siehe USt-HA 2009/10 § 3 H 30.

Warenlieferungen in und aus Konsignationslagern 30

(OFD Frankfurt am Main, Vfg. vom 17. 3. 2010 – S 7100a A – 4 – St I 1 10 –, StEd 2010 S. 346)

Abgrenzung von Lieferungen und sonstigen Leistungen bei der Abgabe von Speisen und Getränken; 31
Konsequenzen der BFH-Beschlüsse vom 15. Oktober 2009 – XI R 6/08 – und XI R 37/08 – sowie vom 27. Oktober 2009 – V R 3/07 – und – R 35/08 –

(BMF vom 29. 3. 2010, BStBl 2010 I S. 330)
Siehe USt-HA 2010/11 § 3 H 31.

Nebenleistungen zu Übernachtungsumsätzen; 32
Konsequenzen aus dem BFH-Urteil vom 15. Januar 2009 – V R 9/06 – (BStBl 2010 II S. 376)

(BMF vom 4. 5. 2010, BStBl 2010 I S. 490)
Siehe USt-HA 2010/11 § 3 H 32.

Überlassung eines Fahrzeugs an freie Mitarbeiter 33

(OFD Niedersachsen, Vfg. vom 26. 4. 2011 – S 7100 – 445 – St 171 –, StEd 2011 S. 399)

Übertragung immaterieller Wirtschaftsgüter (z. B. Firmenwert, Kundenstamm) 34

(BMF vom 8. 6. 2011, BStBl 2011 I S. 582)
In seinem Urteil C-242/08 (Swiss Re Germany Holding) vom 22. Oktober 2009 (BStBl 2011 II S. 559) hat der EuGH ausgeführt, dass die Übertragung von Lebensrückversicherungsverträgen eine sonstige Leistung und keine Lieferung darstellt. Bei diesen Verträgen handele es sich zum einen nicht um körperliche Gegenstände i. S. d. Artikels 5 Abs. 1 der 6. EG-Richtlinie (entspricht Artikel 14 Abs. 1 MwStSystRL). Zum anderen sei die Übertragung von Verträgen als Abtretung eines unkörperlichen Gegenstands nach Artikel 6 Abs. 1 Unterabs. 2 1. Anstrich der 6. EG-Richtlinie (entspricht Artikel 25 Buchst. a MwStSystRL) und damit als sonstige Leistung zu beurteilen.

Das Urteil hat auch Auswirkungen auf die Übertragung anderer immaterieller Wirtschaftsgüter wie z. B. eines Firmenwerts oder eines Kundenstamms. Die Übertragung solcher immaterieller Wirtschaftsgüter ist ebenfalls eine sonstige Leistung im Sinne des § 3 Abs. 9 Satz 1 UStG.

Unter Bezugnahme auf das Ergebnis der Erörterungen mit den obersten Finanzbehörden der Länder wird der Umsatzsteuer-Anwendungserlass vom 1. Oktober 2010 (BStBl I S. 846), der zuletzt durch das BMF-Schreiben vom 12. Mai 2011 – IV D 3 – S 7134/10/10001 (2011/0388187) – BStBl I S. 535 -, geändert worden ist, wie folgt geändert:

Abschnitt 3.1 Abs. 4 Satz 2 wird wie folgt gefasst:[1]

Die Grundsätze dieses Schreibens sind in allen offenen Fällen anzuwenden. Aus Vereinfachungsgründen wird es jedoch nicht beanstandet, wenn der Unternehmer die Übertragung solcher immaterieller Wirtschaftsgüter, die vor dem 1. Juli 2011 vorgenommen wird, abweichend hiervon als Lieferung behandelt (vgl. Abschnitt 24 Abs. 1 Satz 2 UStR 2008).

35 **EuGH-Urteil vom 30. September 2010, C-581/08 (EMI Group); Anpassung des Abschnitts 3.3 Absatz 13 UStAE**

(BMF vom 31. 8. 2011, BStBl 2011 I S. 825)

In seinem Urteil Geschenke von geringem Wert und Warenmuster, die unentgeltlich zugewendet werden, unterliegen nicht der Wertabgabenbesteuerung nach § 3 Absatz 1b Satz 1 Nr. 3 UStG. Diese Regelung entspricht der unionsrechtlichen Regelung in Art. 16 MwStSystRL.

Mit Urteil vom 30. September 2010, C-581/08 (EMI Group), hat der EuGH u. a. entschieden, dass ein Warenmuster im Sinne des Art. 16 MwStSystRL ein Probeexemplar eines Produkts ist, durch das dessen Absatz gefördert werden soll und das eine Bewertung der Merkmale und der Qualität dieses Produkts ermöglicht, ohne zu einem anderen als dem mit solchen Werbeumsätzen naturgemäß verbundenen Endverbrauch zu führen. Dieser Begriff kann nicht durch eine nationale Regelung allgemein auf Probeexemplare beschränkt werden, die in einer nicht im Verkauf erhältlichen Form abgegeben werden, oder auf das erste Exemplar einer Reihe identischer Probeexemplare, die von einem Steuerpflichtigen an denselben Empfänger übergeben werden, ohne dass diese Regelung es erlaubt, die Art des repräsentierten Produkts und den kommerziellen Kontext jedes einzelnen Vorgangs, in dessen Rahmen diese Probeexemplare übergeben werden, zu berücksichtigen.

Unter Bezugnahme auf das Ergebnis der Erörterungen mit den obersten Finanzbehörden der Länder wird der Umsatzsteuer-Anwendungserlass vom 1. Oktober 2010 (BStBl I S. 846), der zuletzt durch das BMF-Schreiben vom 2. August 2011, IV D 2 – S 7243/11/10001 (2011/0607021), BStBl I S. 754 – geändert worden ist, wie folgt geändert:

Abschnitt 3.3 Absatz 13 UStAE wird wie folgt gefasst:[2]

Die Regelung ist in allen offenen Fällen anzuwenden.

36 **Umsatzsteuerrechtliche Behandlung der Umsätze aus Sortengeschäften einer Wechselstube; BFH-Urteil vom 19. Mai 2010, XI R 6/09 (BStBl II S. 831)**

(BMF vom 5. 10. 2011, BStBl 2011 I S. 981)

Mit Urteil vom 19. Mai 2010, XI R 6/09, hat der BFH entschieden, dass ein Unternehmer, der in- und ausländische Banknoten und Münzen im Rahmen von Sortengeschäften an- und verkauft, keine Lieferungen, sondern sonstige Leistungen ausführt. Der BFH hat in diesem Zusammenhang weiter entschieden, dass die Bestimmungen über Buch- und Belegnachweise bei Ausfuhrlieferungen nach den §§ 8 und 17 UStDV auf den Nachweis des Wohnsitzes des Empfängers einer sonstigen Leistung nicht analog anwendbar sind.

Unter Bezugnahme auf das Ergebnis der Erörterungen mit den obersten Finanzbehörden der Länder wird der Umsatzsteuer-Anwendungserlass vom 1. Oktober 2010 (BStBl I S. 846), der zuletzt durch das BMF-Schreiben vom 30. September 2011 – IV D 2 – S 7238/11/10001 – BStBl I S. 981 – geändert worden ist, wie folgt geändert:

1. Nach Abschnitt 3.1 Absatz 4 wird folgender Absatz 5 angefügt:[3]
2. In Abschnitt 3.5 Absatz 3 wird der Punkt hinter der Nummer 16 durch ein Semikolon ersetzt und folgende Nummer 17 angefügt:[4]
3. In Abschnitt 4.8.3 Absatz 1 wird Satz 2 wie folgt gefasst:[5]

---

[1] Anm.: Text wurde inhaltlich unverändert in Abschn. 3.1 Abs. 4 Satz 2 UStAE übernommen (siehe AE 3.1).
[2] Anm.: Text wurde inhaltlich unverändert in Abschn. 3.3 Abs. 13 übernommen (siehe AE 3.3).
[3] Anm.: Text wurde inhaltlich unverändert in Abschn. 3.1 Abs. 5 übernommen (siehe AE 3.1).
[4] Anm.: Text wurde inhaltlich unverändert in Abschn. 3.5 Abs. 3 übernommen (siehe AE 3.5).
[5] Anm.: Text wurde inhaltlich unverändert in Abschn. 4.8.3 Abs. 1 übernommen (siehe AE 4.8.3).

4. In Abschnitt 4b.1 Absatz 1 Satz 3 wird Buchstabe b wie folgt gefasst:[1])
5. In Abschnitt 15.18 Absatz 5 Satz 3 Nr. 1 wird folgender Satz 2 angefügt:[2])

Die Grundsätze dieses Schreibens sind in allen offenen Fällen anzuwenden. Aus Vereinfachungsgründen wird es jedoch nicht beanstandet, wenn der Unternehmer die vor dem 1. Oktober 2011 ausgeführten Umsätze aus dem An- und Verkauf in- und ausländischer Münzen und Banknoten im Rahmen von Sortengeschäften abweichend hiervon als Lieferung behandelt. In diesen Fällen geht die Steuerbefreiung nach § 4 Nr. 8 Buchst. b UStG für Umsätze von gesetzlichen Zahlungsmitteln der Steuerbefreiung nach § 4 Nr. 1 Buchst. a i. V. m. § 6 UStG für Ausfuhrlieferungen bzw. der Steuerbefreiung nach § 4 Nr. 1 Buchst. b i. V. m. § 6a UStG für innergemeinschaftliche Lieferungen vor (vgl. BMF-Schreiben vom 11. April 2011 – IV D 3 – S 7130/07/10008 [2011/0294414] –, BStBl I S. 459).[3]

Rechtsprechung

EUROPÄISCHER GERICHTSHOF

EuGH vom 20. 1. 2005 – Rs. C-412/03 – (HFR 2005 S. 371, UVR 2005 S. 152, 247)

Abgabe von Mahlzeiten in der Kantine einer Gesellschaft zu einem Preis unter dem Selbstkostenpreis, Besteuerungsgrundlage

Die Art. 2, 5 Abs. 6 und 6 Abs. 2 Buchst. b 6. USt-Richtlinie sind dahin auszulegen, dass sie einer nationalen Regelung entgegenstehen, nach der Umsätze, für die eine tatsächliche Gegenleistung gezahlt wird, als Entnahme eines Gegenstandes oder Erbringung einer Dienstleistung für den privaten Bedarf angesehen werden, auch wenn diese Gegenleistung unter dem Selbstkostenpreis für den gelieferten Gegenstand oder die erbrachte Dienstleistung liegt.

EuGH vom 27. 10. 2005 – Rs. C-41/04 – (HFR 2006 S. 95, IStR 2005 S. 775)

Zum Begriff der „Einheitlichkeit der Leistung"

1. Art. 2 Abs. 1 6. USt-Richtlinie ist dahin auszulegen, dass dann, wenn ein Steuerpflichtiger für einen Verbraucher, wobei auf einen Durchschnittsverbraucher abzustellen ist, zwei oder mehr Handlungen vornimmt oder Elemente liefert, die so eng miteinander verbunden sind, dass sie in wirtschaftlicher Hinsicht objektiv ein Ganzes bilden, dessen Aufspaltung wirklichkeitsfremd wäre, alle diese Handlungen oder Elemente in mehrwertsteuerrechtlicher Hinsicht eine einheitliche Leistung darstellen.
2. Das ist bei einem Umsatz, bei dem ein Steuerpflichtiger einem Verbraucher eine zuvor entwickelte und im Verkehr gebrachte, auf einem Datenträger gespeicherte Standard-Software überlässt und anschließend an die besonderen Bedürfnisse dieses Erwerbers anpasst, auch dann der Fall, wenn dafür zwei getrennte Preise gezahlt werden.
3. Art. 6 Abs. 1 6. USt-Richtlinie ist dahin auszulegen, dass eine einheitliche Leistung wie die in Nummer 2 dieses Tenors genannte als „Dienstleistung" einzustufen ist, wenn die fragliche Anpassung weder unbedeutend noch nebensächlich, sondern vielmehr von ausschlaggebender Bedeutung ist; das ist insbesondere dann der Fall, wenn diese Anpassung angesichts von Umständen wie ihrem Umfang, ihren Kosten oder ihrer Dauer entscheidend dafür ist, dass der Erwerber eine auf ihn zugeschnittene Software nutzen kann.
4. Art. 9 Abs. 2 Buchst. e dritter Gedankenstrich 6. USt-Richtlinie ist dahin auszulegen, dass er auf eine einheitliche Dienstleistung wie die in Nummer 3 dieses Tenors genannte Anwendung findet, wenn sie einem innerhalb der Gemeinschaft, jedoch außerhalb des Landes des Dienstleistenden ansässigen Steuerpflichtigen erbracht wird.

EuGH vom 6. 4. 2006 – Rs. C-245/04 – (HFR 2006 S. 626, UR 2006 S. 342)

Lieferort bei innergemeinschaftlicher Versendung oder Beförderung von Gegenständen im Reihengeschäft

1. Führen zwei aufeinanderfolgende Lieferungen desselben Gegenstands, die gegen Entgelt zwischen Steuerpflichtigen, die als solche handeln, vorgenommen werden, zu einer einzigen innergemeinschaftlichen Versendung oder Beförderung dieses Gegenstands, so kann diese Versendung oder Beförderung nur einer der beiden Lieferungen zugeordnet werden, die als

---
[1]) Anm.: Text wurde inhaltlich unverändert in Abschn. 4b.1 Abs. 1 übernommen (siehe AE 4b.1).
[2]) Anm.: Text wurde inhaltlich unverändert in Abschn. 15.18 Abs. 5 übernommen (siehe AE 15.18).
[3]) Anm.: Siehe § 4 H 43.

einzige befreit ist nach Art. 28c Teil A Buchst. a Unterabs. 1 der 6. USt-Richtlinie in der Fassung der Richtlinie 95/7/EG des Rates vom 10. 4. 1995.

Diese Auslegung gilt unabhängig davon, in der Verfügungsmacht welches Steuerpflichtigen – des Erstverkäufers, des Zwischenerwerbers oder des Zweiterwerbers – sich der Gegenstand während dieser Versendung oder Beförderung befindet.

2. Nur der Ort der Lieferung, die zur innergemeinschaftlichen Versendung oder Beförderung von Gegenständen führt, bestimmt sich nach Art. 8 Abs. 1 Buchst. a der 6. USt-Richtlinie in der Fassung der Richtlinie 95/7/EG; er befindet sich im Mitgliedstaat des Beginns dieser Versendung oder Beförderung. Der Ort der anderen Lieferung bestimmt sich nach Art. 8 Abs. 1 Buchst. b der 6. USt-Richtlinie; er befindet sich entweder im Mitgliedstaat des Beginns oder im Mitgliedstaat der Ankunft dieser Versendung oder Beförderung, je nachdem, ob diese Lieferung die erste oder die zweite der beiden aufeinanderfolgenden Lieferungen ist.

EuGH vom 1. 6. 2006 – Rs. C-233/05 –(UR 2007 S. 304)

Dressiertes und trainiertes Pferd kein aufgrund eines Werkvertrags hergestellter Gegenstand

1. Art. 5 Abs. 5 Buchst. a der 6. USt-Richtlinie in der durch die Richtlinie 94/76/EG des Rates vom 22. 12. 1994 durch Übergangsmaßnahmen auf dem Gebiet der Mehrwertsteuer im Zusammenhang mit der Erweiterung der Europäischen Union zum 1. 1. 1995 geänderten Fassung ist dahin auszulegen, dass keine Herstellung im Rahmen eines Werkvertrags vorliegt, wenn ein Pferd trainiert wird, um es für eine Verwendung als sattelfrommes oder als Dressurpferd und zur Teilnahme an Prüfungen zu befähigen, und dass ein solches Pferd unter diesen Umständen nicht als ein hergestellter Gegenstand angesehen werden kann.

2. Der Mehrwertsteueranspruch hinsichtlich der Beträge, die in regelmäßigen Abständen als Entgelt für die Dienstleistungen vereinnahmt werden, die die Tätigkeiten des Trainierens und der Dressur von Pferden darstellen, wird nach den Voraussetzungen des Art. 10 Abs. 2 der 6. USt-Richtlinie bestimmt.

EuGH vom 6. 7. 2006 – Rs. C-251/05 – (HFR 2006 S. 936, UR 2006 S. 582)

Partielle Besteuerung einer einheitlichen Leistung

Die Tatsache, dass bestimmte Gegenstände eine einheitliche Lieferung bilden, die zum einen eine Hauptleistung, die nach dem Recht eines Mitgliedstaats unter eine die Rückerstattung der gezahlten Steuer vorsehende Ausnahmeregelung i. S. von Art. 28 Abs. 2 Buchst. a der 6. USt-Richtlinie in ihrer durch die Richtlinie 92/77/EWG des Rates vom 19. 10. 1992 zur Ergänzung des gemeinsamen Mehrwertsteuersystems und zur Änderung der 6. USt-Richtlinie (Annäherung der MWSt.-Sätze) geänderten Fassung fällt, und zum anderen Gegenstände umfasst, die nach dem genannten Recht von dieser Ausnahmeregelung ausgeschlossen sind, hindert den betreffenden Mitgliedstaat nicht daran, auf die Lieferung dieser ausgeschlossenen Gegenstände Mehrwertsteuer zum Normalsatz zu erheben.

EuGH vom 29. 3. 2007 – Rs. C-111/05 – (HFR 2007 S. 612, UR 2007 S. 420)

Besteuerung der Lieferung und Verlegung eines zwei Mitgliedstaaten verbindenden und teilweise außerhalb des Hoheitsgebiets der Gemeinschaft liegenden Glasfaserkabels

1. Eine Leistung, die in der Lieferung und Verlegung eines Glasfaserkabels besteht, das zwei Mitgliedstaaten verbindet und teilweise außerhalb des Hoheitsgebiets der Gemeinschaft liegt, ist als eine Lieferung von Gegenständen im Sinne des Art. 5 Abs. 1 der 6. USt-Richtlinie in der durch die Richtlinie 2002/93/EG des Rates vom 3. 12. 2002 geänderten Fassung anzusehen, wenn das Kabel im Anschluss an vom Lieferer durchgeführte Funktionsprüfungen auf den Kunden übertragen wird, der dann als Eigentümer darüber verfügen kann, der Preis des Kabels den eindeutig überwiegenden Teil der Gesamtkosten dieser Leistung ausmacht und die Dienstleistungen des Lieferers sich auf die Verlegung des Kabels beschränken, ohne dieses der Art nach zu verändern oder den besonderen Bedürfnissen des Kunden anzupassen.

2. Art. 8 Abs. 1 Buchst. a der 6. USt-Richtlinie ist dahin auszulegen, dass die Befugnis zur Besteuerung der Lieferung und Verlegung eines Glasfaserkabels, das zwei Mitgliedstaaten verbindet und teilweise außerhalb des Hoheitsgebiets der Gemeinschaft liegt, dem einzelnen Mitgliedstaat sowohl in Bezug auf den Preis für das Kabel und das übrige Material als auch in Bezug auf die Kosten der mit der Verlegung dieses Kabels zusammenhängenden Dienstleistungen anteilig nach der Länge des sich auf seinem Hoheitsgebiet befindlichen Kabels zusteht.

3. Art. 8 Abs. 1 Buchst. a der 6. USt-Richtlinie in Verbindung mit Art. 2 Nr. 1 und Art. 3 dieser Richtlinie ist dahin auszulegen, dass die Lieferung und Verlegung eines Glasfaserkabels, das

zwei Mitgliedstaaten verbindet, bezüglich des Teils der Leistung, der in der ausschließlichen Wirtschaftszone, auf dem Festlandssockel und auf hoher See erbracht wird, nicht der Mehrwertsteuer unterliegt.

EuGH vom 21. 2. 2008 – Rs. C-425/06 – (HFR 2008 S. 528, UR 2008 S. 461)

Missbräuchliche Praxis bei künstlicher Aufspaltung der Leistung in mehrere Bestandteile
1. Die 6. USt-Richtlinie ist dahin auszulegen, dass eine missbräuchliche Praxis vorliegt, wenn mit dem fraglichen Umsatz oder den fraglichen Umsätzen im Wesentlichen ein Steuervorteil erlangt werden soll.
2. Es ist Sache des vorlegenden Gerichts, im Licht der im vorliegenden Urteil enthaltenen Auslegungshinweise zu bestimmen, ob Umsätze wie die im Ausgangsverfahren fraglichen im Rahmen der Mehrwertsteuererhebung im Hinblick auf die 6. USt-Richtlinie als Teil einer missbräuchlichen Praxis anzusehen sind.

EuGH vom 11. 2. 2010 – Rs. C-88/09 – (HFR 2010 S. 542, UR 2010 S. 230)

Reprographietätigkeit als Lieferung oder Dienstleistung
Art. 5 Abs. 1 6. USt-Richtlinie ist dahin auszulegen, dass die Reprografietätigkeit die Merkmale einer Lieferung von Gegenständen aufweist, soweit sie sich auf eine bloße Vervielfältigung von Dokumenten auf Trägern beschränkt, wobei die Befugnis, über diese zu verfügen, vom Reprografen auf den Kunden übertragen wird, der die Kopien des Originals bestellt hat. Eine solche Tätigkeit ist jedoch als „Dienstleistung" im Sinne von Art. 6 Abs. 1 6. USt-Richtlinie einzustufen, wenn sich erweist, dass sie mit ergänzenden Dienstleistungen verbunden ist, die wegen der Bedeutung, die sie für ihren Abnehmer haben, der Zeit, die für ihre Ausführung nötig ist, der erforderlichen Behandlung der Originaldokumente und des Anteils an den Gesamtkosten, der auf diese Dienstleistungen entfällt, im Vergleich zur Lieferung von Gegenständen überwiegen, so dass sie für den Empfänger einen eigenen Zweck darstellen.

EuGH vom 30. 9. 2010 – Rs. C-581/08 – (DB 2010 S. 2264, HFR 2010 S. 1361)

Unentgeltliche Abgabe eines Warenmusters oder Geschenks von geringem Wert zu Werbezwecken
1. Ein „Warenmuster" im Sinne von Art. 5 Abs. 6 Satz 2 6. USt-Richtlinie ist ein Probeexemplar eines Produkts, durch das dessen Absatz gefördert werden soll und das eine Bewertung der Merkmale und der Qualität dieses Produkts ermöglicht, ohne zu einem anderen als dem mit solchen Werbeumsätzen naturgemäß verbundenen Endverbrauch zu führen. Dieser Begriff kann nicht durch eine nationale Regelung allgemein auf Probeexemplare beschränkt werden, die in einer nicht im Verkauf erhältlichen Form abgegeben werden, oder auf das erste Exemplar einer Reihe identischer Probeexemplare, die von einem Steuerpflichtigen an denselben Empfänger übergeben werden, ohne dass diese Regelung es erlaubt, die Art des repräsentierten Produkts und den kommerziellen Kontext jedes einzelnen Vorgangs, in dessen Rahmen diese Probeexemplare übergeben werden, zu berücksichtigen.
2. Der Begriff „Geschenke von geringem Wert" im Sinne von Art. 5 Abs. 6 Satz 2 6. USt-Richtlinie ist dahin auszulegen, dass er einer nationalen Regelung nicht entgegensteht, mit der für Geschenke, die derselben Person innerhalb eines Zeitraums von zwölf Monaten oder auch als Teil einer Reihe oder Folge von Geschenken gemacht werden, eine monetäre Obergrenze in einer Größenordnung, wie sie in den Ausgangsverfahren in Rede stehenden Rechtsvorschriften vorgesehen ist, d. h. in einer Größenordnung von 50 GBP, festgelegt wird.
3. Art. 5 Abs. 6 Satz 2 6. USt-Richtlinie steht einer nationalen Regelung entgegen, wonach vermutet wird, dass Gegenstände, die „Geschenke von geringem Wert" im Sinne dieser Bestimmung darstellen und von einem Steuerpflichtigen an verschiedene Personen übergeben werden, die einen gemeinsamen Arbeitgeber haben, als Geschenke an ein und dieselbe Person gelten.
4. Der steuerliche Status des Empfängers von Warenmustern hat keine Auswirkungen auf die Antworten auf die übrigen Fragen.[1])

EuGH vom 30.3.2011 – Rs. C-497/09, C-499/09, C-501/09 und C-502/09 – (BFH/NV 2011 S. 956, HFR 2011 S. 605, UR 2011 S. 272)

Qualifizierung einer Abgabe von Mahlzeiten oder Speisen zum sofortigen Verzehr als Lieferung von Gegenständen oder als Dienstleistung – Auslegung des Begriffs „Nahrungsmittel"

---
[1]) Vgl. hierzu BMF vom 31. 8. 2011, § 3 H 35.

1. Die Art. 5 und 6 der 6. USt-Richtlinie in der durch die Richtlinie 92/111/EWG des Rates vom 14.12.1992 geänderten Fassung sind dahin auszulegen, dass
   - die Abgabe frisch zubereiteter Speisen oder Nahrungsmittel zum sofortigen Verzehr an Imbissständen oder -wagen oder in Kino-Foyers eine Lieferung von Gegenständen im Sinne des genannten Art. 5 ist, wenn eine qualitative Prüfung des gesamten Umsatzes ergibt, dass die Dienstleistungselemente, die der Lieferung der Nahrungsmittel voraus- und mit ihr einhergehen, nicht überwiegen;
   - die Tätigkeiten eines Partyservice außer in den Fällen, in denen dieser lediglich Standardspeisen ohne zusätzliches Dienstleistungselement liefert oder in denen weitere, besondere Umstände belegen, dass die Lieferung der Speisen der dominierende Bestandteil des Umsatzes ist, Dienstleistungen im Sinne des genannten Art. 6 darstellen.
2. Bei Lieferung von Gegenständen ist der Begriff „Nahrungsmittel" in Anhang H Kategorie 1 der durch die Richtlinie 92/111 geänderten 6. USt-Richtlinie dahin auszulegen, dass er auch Speisen oder Mahlzeiten umfasst, die durch Kochen, Braten, Backen oder auf sonstige Weise zum sofortigen Verzehr zubereitet worden sind.[1]

Rsp III BUNDESFINANZHOF

BFH vom 15. 10. 2009 – XI R 6/08 – (BStBl 2010 II S. 364, HFR 2010 S. 149)

Qualifizierung der Leistung eines Partyservices (Vorlage an den EuGH)

Dem EuGH werden folgende Fragen zur Vorabentscheidung vorgelegt:
1. Ist der Begriff „Nahrungsmittel" in Anhang H Kategorie 1 6. USt-Richtlinie dahin auszulegen, dass darunter nur Nahrungsmittel „zum Mitnehmen" fallen, wie sie typischerweise im Lebensmittelhandel verkauft werden, oder fallen darunter auch Speisen oder Mahlzeiten, die – durch Kochen, Braten, Backen oder auf sonstige Weise – zum sofortigen Verzehr zubereitet worden sind?
2. Falls „Nahrungsmittel" im Sinne des Anhangs H Kategorie 1 6. USt-Richtlinie auch Speisen oder Mahlzeiten zum sofortigen Verzehr sind:

   Ist der Vorgang der Zubereitung der Speisen oder Mahlzeiten als Dienstleistungselement zu berücksichtigen, wenn zu entscheiden ist, ob die einheitliche Leistung eines Partyservice-Unternehmens (Überlassung von verzehrfertigen Speisen oder Mahlzeiten sowie deren Transport und gegebenenfalls Überlassung von Besteck und Geschirr und/oder von Stehtischen sowie das Abholen der zur Nutzung überlassenen Gegenstände) als steuerbegünstigte Lieferung von Nahrungsmitteln (Anhang H Kategorie 1 6. USt-Richtlinie) oder als nicht steuerbegünstigte Dienstleistung (Art. 6 Abs. 1 6. USt-Richtlinie) zu qualifizieren ist?
3. Falls die Frage zu 2 verneint wird:

   Ist es mit Art. 2 Nr. 1 i. V. m. Art. 5 Abs. 1 und Art. 6 Abs. 1 6. USt-Richtlinie vereinbar, bei der Qualifizierung der einheitlichen Leistung eines Partyservice-Unternehmens entweder als Warenlieferung oder als Dienstleistung eigener Art typisierend allein auf die Anzahl der Elemente mit Dienstleistungscharakter (zwei oder mehr) gegenüber dem Lieferungsanteil abzustellen oder sind die Elemente mit Dienstleistungscharakter unabhängig von ihrer Zahl zwingend – und bejahendenfalls nach welchen Merkmalen – zu gewichten?[2]

BFH vom 15. 10. 2009 – XI R 37/08 – (BStBl 2010 II S. 368, HFR 2010 S. 153)

Abgrenzung von Restaurationsleistungen und Lieferungen von Nahrungsmitteln (Vorlage an den EuGH)

Dem EuGH werden folgende Fragen zur Vorabentscheidung vorgelegt:
1. Ist der Begriff „Nahrungsmittel" in Anhang H Kategorie 1 6. USt-Richtlinie dahin auszulegen, dass darunter nur Nahrungsmittel „zum Mitnehmen" fallen, wie sie typischerweise im Lebensmittelhandel verkauft werden, oder fallen darunter auch Speisen oder Mahlzeiten, die – durch Kochen, Braten, Backen oder auf sonstige Weise – zum sofortigen Verzehr zubereitet worden sind?

---

[1] Anm.: Vgl. BFH-Folgeentscheidungen vom 8.6.2011 – XI R 33/08 –, vom 8.6.2011 – XI R 37/08 –, vom 30.6.2011 – V R 3/07 – und vom 30.6.2011 – V R 35/08 –, § 3 Rsp III.

[2] Anm.: Vgl. hierzu auch BMF vom 29. 3. 2010, § 3 H 31. Vgl. hierzu EuGH-Urteil vom 30.3.2011 – Rs. C-497/09, C-499/09, C-501/09 und C-502/09 –, § 3 Rsp I.

2. Falls „Nahrungsmittel" im Sinne des Anhangs H Kategorie 1 6. USt-Richtlinie auch Speisen oder Mahlzeiten zum sofortigen Verzehr sind:
Ist Art. 6 Abs. 1 Satz 1 6. USt-Richtlinie dahin auszulegen, dass darunter die Abgabe frisch zubereiteter Speisen oder Mahlzeiten fällt, die der Abnehmer unter Inanspruchnahme von Verzehrvorrichtungen, wie z. B. Ablagebrettern, Stehtischen oder Ähnlichem, an Ort und Stelle verzehrt und nicht mitnimmt?[1]

BFH vom 27. 10. 2009 – V R 3/07 – (BStBl 2010 II S. 372, HFR 2010 S. 277)

Abgrenzung von Restaurationsleistungen und Lieferungen von Nahrungsmitteln (Vorlage an den EuGH)
Dem EuGH werden folgende Fragen zur Vorabentscheidung vorgelegt:
1. Handelt es sich um eine Lieferung i. S. von Art. 5 6. USt-Richtlinie, wenn zum sofortigen Verzehr zubereitete Speisen oder Mahlzeiten abgegeben werden?
2. Kommt es für die Beantwortung der Frage 1 darauf an, ob zusätzliche Dienstleistungselemente erbracht werden (Nutzungsüberlassung von Tischen, Stühlen, sonstigen Verzehrvorrichtungen, Präsentation eines Kinoerlebnisses)?
3. Falls die Frage zu 1 bejaht wird: Ist der Begriff „Nahrungsmittel" im Anhang H Kategorie 1 6. USt-Richtlinie dahin auszulegen, dass darunter nur Nahrungsmittel „zum Mitnehmen" fallen, wie sie typischerweise im Lebensmittelhandel verkauft werden, oder fallen darunter auch Speisen oder Mahlzeiten, die – durch Kochen, Braten, Backen oder auf sonstige Weise – zum sofortigen Verzehr zubereitet worden sind?[2]

BFH vom 27. 10. 2009 – V R 35/08 – (BStBl 2010 II S. 376, HFR 2010 S. 280)

Abgrenzung von Restaurationsleistungen und Lieferungen von Nahrungsmitteln (Vorlage an den EuGH)
Dem Gerichtshof der Europäischen Gemeinschaften werden folgende Fragen zur Vorabentscheidung vorgelegt:
1. Handelt es sich um eine Lieferung i. S. von Art. 5 6. USt-Richtlinie, wenn zum sofortigen Verzehr zubereitete Speisen oder Mahlzeiten abgegeben werden?
2. Kommt es für die Beantwortung der Frage 1 darauf an, ob zusätzliche Dienstleistungselemente erbracht werden (Bereitstellung von Verzehrvorrichtungen)?
3. Falls die Frage zu 1 bejaht wird: Ist der Begriff „Nahrungsmittel" im Anhang H Kategorie 1 6. USt-Richtlinie dahin auszulegen, dass darunter nur Nahrungsmittel „zum Mitnehmen" fallen, wie sie typischerweise im Lebensmittelhandel verkauft werden, oder fallen darunter auch Speisen oder Mahlzeiten, die – durch Kochen, Braten, Backen oder auf sonstige Weise – zum sofortigen Verzehr zubereitet worden sind?[3]

BFH vom 31. 3. 2010 – V B 112/09 – (BFH/NV 2010 S. 1313, UR 2010 S. 584)

Betriebsveranstaltung als unentgeltliche Arbeitnehmerzuwendung
Die Rechtsfrage, ob bei einer im Streitjahr 2000 durchgeführten Betriebsveranstaltung mit Kosten von über 200 DM pro Arbeitnehmer (hier: 245 DM) eine steuerbare unentgeltliche Zuwendung an den Arbeitnehmer nach § 3 Abs. 1 Nr. 2 UStG 1999 vorliegt oder ob diese noch im überwiegenden betrieblichen Interesse des Arbeitgebers liegt, ist nicht von grundsätzlicher Bedeutung.

BFH vom 15. 4. 2010 – V R 10/08 – (BStBl 2010 II S. 879, HFR 2010 S. 1087)

Personalgestellung durch Gesellschafter als Teil des Entgelts für die durch die Gesellschaft erbrachte Leistung
1. § 1 Abs. 1 Nr. 1 UStG setzt für den Leistungsaustausch einen unmittelbaren, nicht aber einen inneren (synallagmatischen) Zusammenhang zwischen Leistung und Entgelt voraus. Dies gilt auch für Tausch und tauschähnliche Umsätze (§ 3 Abs. 12 UStG).
2. Ein tauschähnlicher Umsatz mit Baraufgabe liegt auch dann vor, wenn
   – eine Gesellschaft auf schuldrechtlicher Grundlage an ihre beiden Gesellschafter Leistungen gegen Entgelt erbringt und

---

[1] Anm.: Vgl. hierzu auch BMF vom 29. 3. 2010, § 3 H 31. Vgl. hierzu EuGH-Urteil vom 30.3.2011 – Rs. C-497/09, C-499/09, C-501/09 und C-502/09 –, § 3 Rsp I.
[2] Anm.: Vgl. hierzu auch BMF vom 29. 3. 2010, § 3 H 31. Vgl. hierzu EuGH-Urteil vom 30.3.2011 – Rs. C-497/09, C-499/09, C-501/09 und C-502/09 –, § 3 Rsp I.
[3] Anm.: Vgl. hierzu auch BMF vom 29. 3. 2010, § 3 H 31. Vgl. hierzu EuGH-Urteil vom 30.3.2011 – Rs. C-497/09, C-499/09, C-501/09 und C-502/09 –, § 3 Rsp I.

- ihr die beiden Gesellschafter in unmittelbarem Zusammenhang hiermit auf gesellschaftsrechtlicher Grundlage Personal zur Verfügung stellen.
3. Um eine Beistellung anstelle eines tauschähnlichen Umsatzes handelt es sich nur, wenn das vom jeweiligen Gesellschafter überlassene Personal ausschließlich für Zwecke der Leistungserbringung an den jeweiligen Gesellschafter verwendet wird.

BFH vom 28. 4. 2010 – VIII R 54/07 – (UR 2010 S. 655)

Behandlung der Umsatzsteuer bei der 1-%-Regelung

Das Bundesministerium der Finanzen wird zur Frage der Behandlung der Umsatzsteuer bei der 1-%-Regelung gemäß § 122 Abs. 2 Satz 3 FGO zum Beitritt aufgefordert.

BFH vom 19. 5. 2010 – XI R 6/09 – (BStBl 2011 II S. 871, HFR 2010 S. 1337)

Sortenwechsel als sonstige Leistung
1. Ein Unternehmer, der in- und ausländische Banknoten und Münzen im Rahmen von Sortengeschäften an- und verkauft, führt keine Lieferungen, sondern sonstige Leistungen aus.
2. Die Bestimmungen über Buch- und Belegnachweise bei Ausfuhrlieferungen (§§ 8 und 17 UStDV 1993/1999) sind auf den Nachweis des Wohnsitzes des Empfängers einer sonstigen Leistung i. S. des § 3a Abs. 3 Satz 3 UStG 1993/1999 nicht analog anwendbar.[1]

BFH vom 22.7.2010 – V R 14/09 – (BFH/NV 2011 S. 166, HFR 2011 S. 443, UR 2011 S. 57)

Leistungsbeziehungen bei der Herstellung von Erschließungsanlagen durch einen Unternehmer
1. Verpflichtet sich ein Unternehmer gegenüber einer Gemeinde und zusätzlich in privatrechtlichen Verträgen auch gegenüber den Grundstückseigentümern gegen Entgelt zur Herstellung von Erschließungsanlagen auf öffentlichen Flächen einer Gemeinde, erbringt der Unternehmer gegenüber der Gemeinde eine entgeltliche Werklieferung. Es liegt keine sonstige Leistung gegenüber den Eigentümern der im Erschließungsgebiet gelegenen Grundstücke vor (entgegen BMF-Schreiben vom 31. 5. 2002, BStBl I 2002, 631, unter II.2.c).
2. Zahlungen der Eigentümer an den Unternehmer im unmittelbaren Zusammenhang mit der Erschließung sind Drittentgelte i.S.v. § 10 Abs. 1 Satz 3 UStG.

BFH vom 6. 8. 2010 – V B 65/09 – (BFH/NV 2010 S. 2111, UR 2010 S. 824)

Betreiben eines Asylbewerberheims als einheitliche wirtschaftliche Leistung

Ob die Aufteilung der erbrachten Leistungen zu einer künstlichen Aufspaltung einer wirtschaftlichen Leistung führt, ist das Ergebnis einer tatsächlichen Würdigung des Finanzgerichts, an die der Bundesfinanzhof grundsätzlich gebunden ist. Dasselbe gilt für die Frage, ob eine von mehreren Leistungen für die wirtschaftliche Gesamtleistung prägend ist.

BFH vom 4.4.2011 – V B 87/10 – (BFH/NV 2011 S. 1745)

Umsatzsteuerliche Beurteilung eines Leistungsbündels zum Zwecke der Freizeitgestaltung
1. Ein Leistungsbündel zum Zwecke der Freizeitgestaltung ist nicht stets, sondern nur in Abhängigkeit der Umstände des jeweiligen Einzelfalls einheitlich zu beurteilen.
2. Eine tatsächliche Verständigung setzt eine eindeutige Willensäußerung über Inhalt und Gegenstand der Verständigung voraus. Hierfür reicht die in einem Schreiben des FA enthaltene Formulierung „es bestünden keine Bedenken" nicht aus.
3. Nach § 81 Abs. 2 FGO kann eine Inaugenscheinnahme auch nur durch ein Mitglied des FG-Senats erfolgen.

BFH vom 8.6.2011 – XI R 33/08 – (BFH/NV 2011 S. 1927)

Umsatzsteuerrechtliche Abgrenzung von Lieferung und Restaurationsleistung

Der Verkauf von zubereiteten Pizzateilen an einem Imbissstand im Gastronomiebereich eines Fußballstadions unterliegt als Lieferung dem ermäßigten Steuersatz.[2]

---

[1] Vgl. hierzu BMF vom 5. 10. 2011, § 3 H 36.
[2] Anm.: Folgeentscheidung zum EuGH-Urteil vom 30.3.2011 – Rs. C-497/09, C-499/09, C-501/09 und C-502/09 –, § 3 Rsp I.

BFH vom 8.6.2011 – XI R 37/08 – (BFH/NV 2011 S. 1976, StEd 2011 S. 613, UR 2012 S. 34)

Umsatzsteuerrechtliche Abgrenzung von Lieferung und Restaurationsleistung

Die Abgabe von Würsten, Pommes frites und ähnlichen standardisiert zubereiteten Speisen an einem nur mit behelfsmäßigen Verzehrvorrichtungen ausgestatteten Imbissstand ist eine einheitliche Leistung, die als Lieferung dem ermäßigten Steuersatz unterliegt.[1]

BFH vom 10.6.2011 – V B 74/09 – (BFH/NV 2011 S. 1547, HFR 2011 S. 1028)

Leistungen eines Partyservice unterliegen dem Regelsteuersatz

Die Klärungsbedürftigkeit der Frage, ob auf die Umsätze eines Partyservices der ermäßigte Steuersatz des § 12 Abs. 2 Nr. 1 UStG Anwendung finden kann, ist durch das EuGH-Urteil vom 10.3.2011 (C-497/09, C-499/09, C-501/09, C-502/09, Bog. u.a., ABl EU 2011, Nr. C 130, 6, UR 2011, 272) entfallen.

BFH vom 30.6.2011 – V R 3/07 – (DB 2011 S. 2356, DStR 2011 S. 1995, StEd 2011 S. 876, UR 2012 S. 37)

Verkauf von Popcorn und Nachos in Kinos als Lieferung

1. Die Umsätze aus dem Verkauf von Nachos und Popcorn an Verkaufstheken im Eingangsbereich zu Kinosälen unterliegen als Lieferungen dem ermäßigten Steuersatz.
2. Als Dienstleistungselement ist bereitgestelltes Mobiliar des Leistenden nicht zu berücksichtigen, wenn es nicht ausschließlich dazu bestimmt ist, den Verzehr von Lebensmitteln zu erleichtern (Nachfolgeentscheidung zum EuGH-Urteil vom 10.3.2011 – C-497/09, C-499/09, C-501/09, C-502/09, Bog u.a. in UR 2011, 272).[2]

BFH vom 30.6.2011 – V R 35/08 – (BFH/NV 2011 S. 1811, StEd 2011 S. 552, UR 2011 S. 696)

Umsatzsteuerrechtliche Abgrenzung von Lieferung und Restaurationsleistung

Die Abgabe von Bratwürsten, Pommes frites und ähnlichen standardisiert zubereiteten Speisen an einem nur mit behelfsmäßigen Verzehrvorrichtungen ausgestatteten Imbissstand ist eine einheitliche Leistung, die als Lieferung dem ermäßigten Steuersatz unterliegt (Nachfolgeentscheidung zum EuGH-Urteil vom 10.3.2011 – C-497/09, C-499/09, C-501/09, C-502/09, Bog u.a., UR 2011, 272).[3]

BFH vom 30.6.2011 – V R 18/10 – (BFH/NV 2011 S. 1813, HFR 2011 S. 1345, StEd 2011 S. 551, UR 2011 S. 699)

Umsatzsteuerrechtliche Abgrenzung von Lieferung und Restaurationsleistung

1. Verzehrvorrichtungen dürfen nur als Dienstleistungselement berücksichtigt werden, wenn sie vom Leistenden als Teil einer einheitlichen Leistung zur Verfügung gestellt werden (Änderung der Rechtsprechung).
2. Die Abgabe von Bratwürsten, Pommes frites und ähnlichen standardisiert zubereiteten Speisen zum Verzehr an einem Tisch mit Sitzgelegenheiten führt zu einem dem Regelsteuersatz unterliegenden Restaurationsumsatz.

BFH vom 14.7.2011 – V S 8/11 (PKH) – (BFH/NV 2011 S. 1741)

Keine Erfolgsaussichten bei Klage gegen Regelsteuersatz für Menüservice an Schulen und Kindergärten einer Gemeinde

Bei summarischer Prüfung handelt es sich nicht um die Abgabe von Standardspeisen als Ergebnis einfacher und standardisierter Zubereitungsvorgänge nach Art eines z.B. Imbissstandes, wenn der Unternehmer mit seinen Speisen vertragliche Verpflichtungen zur Berücksichtigung der „ernährungsphysiologischen Bedürfnisse der Essensteilnehmer", und zur Darreichung „eines altersgerechten und abwechslungsreichen Essens" sowie zur Darreichung „abwechslungsreicher Kost" in Kindertageseinrichtungen erfüllen soll.

---

[1] Anm.: Folgeentscheidung zum EuGH-Urteil vom 30.3.2011 – Rs. C-497/09, C-499/09, C-501/09 und C-502/09 –, § 3 Rsp I.
[2] Anm.: Folgeentscheidung zum EuGH-Urteil vom 30.3.2011 – Rs. C-497/09, C-499/09, C-501/09 und C-502/09 –, § 3 Rsp I.
[3] Anm.: Folgeentscheidung zum EuGH-Urteil vom 30.3.2011 – Rs. C-497/09, C-499/09, C-501/09 und C-502/09 –, § 3 Rsp I.

§ 3a   Ort der sonstigen Leistung

(1) ¹Eine sonstige Leistung wird vorbehaltlich der Absätze 2 bis 8 und der §§ 3b, 3e und 3f an dem Ort ausgeführt, von dem aus der Unternehmer sein Unternehmen betreibt. ²Wird die sonstige Leistung von einer Betriebsstätte ausgeführt, gilt die Betriebsstätte als der Ort der sonstigen Leistung.

(2) ¹Eine sonstige Leistung, die an einen Unternehmer für dessen Unternehmen ausgeführt wird, wird vorbehaltlich der Absätze 3 bis 8 und der §§ 3b, 3e und 3f an dem Ort ausgeführt, von dem aus der Empfänger sein Unternehmen betreibt. ²Wird die sonstige Leistung an die Betriebsstätte eines Unternehmers ausgeführt, ist stattdessen der Ort der Betriebsstätte maßgebend. ³Die Sätze 1 und 2 gelten entsprechend bei einer sonstigen Leistung an eine nicht unternehmerisch tätige juristische Person, der eine Umsatzsteuer-Identifikationsnummer erteilt worden ist.

(3) Abweichend von den Absätzen 1 und 2 gilt:

1. ¹Eine sonstige Leistung im Zusammenhang mit einem Grundstück wird dort ausgeführt, wo das Grundstück liegt. ²Als sonstige Leistungen im Zusammenhang mit einem Grundstück sind insbesondere anzusehen:
   a) sonstige Leistungen der in § 4 Nr. 12 bezeichneten Art,
   b) sonstige Leistungen im Zusammenhang mit der Veräußerung oder dem Erwerb von Grundstücken,
   c) sonstige Leistungen, die der Erschließung von Grundstücken oder der Vorbereitung oder der Ausführung von Bauleistungen dienen.
2. ¹Die kurzfristige Vermietung eines Beförderungsmittels wird an dem Ort ausgeführt, an dem dieses Beförderungsmittel dem Empfänger tatsächlich zur Verfügung gestellt wird. ²Als kurzfristig im Sinne des Satzes 1 gilt eine Vermietung über einen ununterbrochenen Zeitraum
   a) von nicht mehr als 90 Tagen bei Wasserfahrzeugen,
   b) von nicht mehr als 30 Tagen bei anderen Beförderungsmitteln.
3. Die folgenden sonstigen Leistungen werden dort ausgeführt, wo sie vom Unternehmer tatsächlich erbracht werden:
   a) kulturelle, künstlerische, wissenschaftliche, unterrichtende, sportliche, unterhaltende oder ähnliche Leistungen wie Leistungen im Zusammenhang mit Messen und Ausstellungen, einschließlich der Leistungen der jeweiligen Veranstalter sowie die damit zusammenhängenden Tätigkeiten, die für die Ausübung der Leistungen unerlässlich sind, an einen Empfänger, der weder ein Unternehmer ist, für dessen Unternehmen die Leistung bezogen wird, noch eine nicht unternehmerisch tätige juristische Person, der eine Umsatzsteuer-Identifikationsnummer erteilt worden ist,
   b) die Abgabe von Speisen und Getränken zum Verzehr an Ort und Stelle (Restaurationsleistung), wenn diese Abgabe nicht an Bord eines Schiffs, in einem Luftfahrzeug oder in einer Eisenbahn während einer Beförderung innerhalb des Gemeinschaftsgebiets erfolgt,
   c) Arbeiten an beweglichen körperlichen Gegenständen und die Begutachtung dieser Gegenstände für einen Empfänger, der weder ein Unternehmer ist, für dessen Unternehmen die Leistung ausgeführt wird, noch eine nicht unternehmerisch tätige juristische Person, der eine Umsatzsteuer-Identifikationsnummer erteilt worden ist.
4. Eine Vermittlungsleistung an einen Empfänger, der weder ein Unternehmer ist, für dessen Unternehmen die Leistung bezogen wird, noch eine nicht unternehmerisch tätige juristische Person, der eine Umsatzsteuer-Identifikationsnummer erteilt worden ist, wird an dem Ort erbracht, an dem der vermittelte Umsatz als ausgeführt gilt.
5. Die Einräumung der Eintrittsberechtigung zu kulturellen, künstlerischen, wissenschaftlichen, unterrichtenden, sportlichen, unterhaltenden oder ähnlichen Veranstaltungen, wie Messen und Ausstellungen, sowie die damit zusammenhängenden sonstigen Leistungen an einen Unternehmer für dessen Unternehmen oder an eine nicht unternehmerisch tätige juristische Person, der eine Umsatzsteuer-Identifikationsnummer erteilt worden ist, wird an dem Ort erbracht, an dem die Veranstaltung tatsächlich durchgeführt wird.

(4) ¹Ist der Empfänger einer der in Satz 2 bezeichneten sonstigen Leistungen weder ein Unternehmer, für dessen Unternehmen die Leistung bezogen wird, noch eine nicht unternehmerisch tätige juristische Person, der eine Umsatzsteuer-Identifikationsnummer erteilt worden ist, und hat er seinen Wohnsitz oder Sitz im Drittlandsgebiet, wird die sonstige Leistung an seinem Wohnsitz oder Sitz ausgeführt. ²Sonstige Leistungen im Sinne des Satzes 1 sind:

1. die Einräumung, Übertragung und Wahrnehmung von Patenten, Urheberrechten, Markenrechten und ähnlichen Rechten;
2. die sonstigen Leistungen, die der Werbung oder der Öffentlichkeitsarbeit dienen, einschließlich der Leistungen der Werbungsmittler und der Werbeagenturen;

3. die sonstigen Leistungen aus der Tätigkeit als Rechtsanwalt, Patentanwalt, Steuerberater, Steuerbevollmächtigter, Wirtschaftsprüfer, vereidigter Buchprüfer, Sachverständiger, Ingenieur, Aufsichtsratsmitglied, Dolmetscher und Übersetzer sowie ähnliche Leistungen anderer Unternehmer, insbesondere die rechtliche, wirtschaftliche und technische Beratung;
4. die Datenverarbeitung;
5. die Überlassung von Informationen einschließlich gewerblicher Verfahren und Erfahrungen;
6. a) die sonstigen Leistungen der in § 4 Nr. 8 Buchstabe a bis h und Nr. 10 bezeichneten Art sowie die Verwaltung von Krediten und Kreditsicherheiten,
   b) ¹die sonstigen Leistungen im Geschäft mit Gold, Silber und Platin. ²Das gilt nicht für Münzen und Medaillen aus diesen Edelmetallen;
7. die Gestellung von Personal;
8. der Verzicht auf Ausübung eines der in Nummer 1 bezeichneten Rechte;
9. der Verzicht, ganz oder teilweise eine gewerbliche oder berufliche Tätigkeit auszuüben;
10. die Vermietung beweglicher körperlicher Gegenstände, ausgenommen Beförderungsmittel;   S 7117-e
11. die sonstigen Leistungen auf dem Gebiet der Telekommunikation;   S 7117-f
12. die Rundfunk- und Fernsehdienstleistungen;
13. die auf elektronischem Weg erbrachten sonstigen Leistungen;
14. die Gewährung des Zugangs zu Erdgasnetz, zum Elektrizitätsnetz oder zu Wärme- oder Kältenetzen und die Fernleitung, die Übertragung oder die Verteilung über diese Netze sowie die Erbringung anderer damit unmittelbar zusammenhängender sonstiger Leistungen.

(5) Ist der Empfänger einer in Absatz 4 Satz 2 Nr. 13 bezeichneten sonstigen Leistung weder ein   S 7117 g
Unternehmer, für dessen Unternehmen die Leistung bezogen wird, noch eine nicht unternehmerisch tätige juristische Person, der eine Umsatzsteuer-Identifikationsnummer erteilt worden ist, und hat er seinen Wohnsitz oder Sitz im Gemeinschaftsgebiet, wird die sonstige Leistung abweichend von Absatz 1 dort ausgeführt, wo er seinen Wohnsitz oder Sitz hat, wenn die sonstige Leistung von einem Unternehmer ausgeführt wird, der im Drittlandsgebiet ansässig ist oder dort eine Betriebsstätte hat, von der die Leistung ausgeführt wird.

(6) ¹Erbringt ein Unternehmer, der sein Unternehmen von einem im Drittlandsgebiet liegenden Ort aus betreibt,
1. eine in Absatz 3 Nr. 2 bezeichnete Leistung oder die langfristige Vermietung eines Beförderungsmittels,
2. eine in Absatz 4 Satz 2 Nr. 1 bis 10 bezeichnete Leistung an eine im Inland ansässige juristische Person des öffentlichen Rechts oder
3. eine in Absatz 4 Satz 2 Nr. 11 und 12 bezeichnete Leistung

ist diese Leistung abweichend von Absatz 1, Absatz 3 Nr. 2 oder Absatz 4 Satz 1 als im Inland ausgeführt zu behandeln, wenn sie dort genutzt oder ausgewertet wird. ²Wird die Leistung von einer Betriebsstätte eines Unternehmers ausgeführt, gilt Satz 1 entsprechend, wenn die Betriebsstätte im Drittlandsgebiet liegt.

(7) ¹Vermietet ein Unternehmer, der sein Unternehmen vom Inland aus betreibt, kurzfristig ein Schienenfahrzeug, einen Kraftomnibus oder ein ausschließlich zur Beförderung von Gegenständen bestimmtes Straßenfahrzeug, ist diese Leistung abweichend von Absatz 3 Nr. 2 als im Drittlandsgebiet ausgeführt zu behandeln, wenn die Leistung an einen im Drittlandsgebiet ansässigen Unternehmer erbracht wird, das Fahrzeug für dessen Unternehmen bestimmt ist und im Drittlandsgebiet genutzt wird. ²Wird die Vermietung des Fahrzeugs von einer Betriebsstätte eines Unternehmers ausgeführt, gilt Satz 1 entsprechend, wenn die Betriebsstätte im Inland liegt.

(8) ¹Erbringt ein Unternehmer eine Güterbeförderungsleistung, ein Beladen, Entladen, Umschlagen oder ähnliche mit der Beförderung eines Gegenstandes im Zusammenhang stehende Leistungen im Sinne des § 3b Absatz 2, eine Arbeit an beweglichen körperlichen Gegenständen oder eine Begutachtung dieser Gegenstände, eine Reisevorleistung im Sinne des § 25 Absatz 1 Satz 5 *oder eine Veranstaltungsleistung im Zusammenhang mit Messen und Ausstellungen*, ist diese Leistung abweichend von Absatz 2 als im Drittlandsgebiet ausgeführt zu behandeln, wenn die Leistung dort genutzt oder ausgewertet wird. ²Erbringt ein Unternehmer eine sonstige Leis-

---

¹) Anm.: Durch Art. 23 des Beitreibungsrichtlinien-Umsetzungsgesetzes vom 7. 12.2011 (BGBl. 2011 I S. 2592, BStBl 2011 I S. 1171) wurde § 3a Abs. 8 Satz 1 UStG mit Wirkung vom 1. 7. 2011 neu gefasst. Bis zum 30. 6. 2011 geltende Fassung:
„¹Erbringt ein Unternehmer eine Güterbeförderungsleistung, ein Beladen, Entladen, Umschlagen oder ähnliche mit der Beförderung eines Gegenstandes im Zusammenhang stehende Leistungen im Sinne des § 3b Absatz 2, eine Arbeit an beweglichen körperlichen Gegenständen oder eine Begutachtung dieser Gegenstände oder eine Reisevorleistung im Sinne des § 25 Absatz 1 Satz 5, ist diese Leistung abweichend von Absatz 2 als im Drittlandsgebiet ausgeführt zu behandeln, wenn die Leistung dort genutzt oder ausgewertet wird."

tung auf dem Gebiet der Telekommunikation, ist diese Leistung abweichend von Absatz 1 als im Drittlandsgebiet ausgeführt zu behandeln, wenn die Leistung dort genutzt oder ausgewertet wird. ³Die Sätze 1 und 2 gelten nicht, wenn die dort genannten Leistungen in einem der in § 1 Absatz 3 genannten Gebiete tatsächlich ausgeführt werden.

Vorschriften des Gemeinschaftsrechts

Art. 24, Art. 43 bis 47, Art. 53 bis 56, Art. 58 bis 59b der MWSt-Richtlinie.

UStDV

§ 1 *(weggefallen)*

AE 3a.1

3a.1. Ort der sonstigen Leistung bei Leistungen an Nichtunternehmer

S 7117

(1) ¹Der Ort der sonstigen Leistung bestimmt sich nach § 3a Abs. 1 UStG nur bei Leistungen an
- Leistungsempfänger, die nicht Unternehmer sind,
- Unternehmer, wenn die Leistung nicht für ihr Unternehmen bezogen wird *und es sich nicht um eine juristische Person handelt*, oder
- nicht unternehmerisch tätige juristische Personen, denen keine USt-IdNr. erteilt worden ist

(Nichtunternehmer*); maßgebend für diese Beurteilung ist der Zeitpunkt, in dem die Leistung an den Leistungsempfänger erbracht wird (vgl. Artikel 25 der MwStVO)* ²Der Leistungsort bestimmt sich außerdem nur nach § 3a Abs. 1 UStG, wenn kein Tatbestand des § 3a Abs. 3 bis 8 UStG, des § 3b UStG, des § 3e oder des § 3f UStG vorliegt. *³Maßgeblich ist grundsätzlich der Ort, von dem aus der Unternehmer sein Unternehmen betreibt (bei Körperschaften, Personenvereinigungen oder Vermögensmassen ist dabei der Ort der Geschäftsleitung maßgeblich). ⁴Das ist der Ort, an dem die Handlungen zur zentralen Verwaltung des Unternehmens vorgenommen werden; hierbei werden der Ort, an dem die wesentlichen Entscheidungen zur allgemeinen Leitung des Unternehmens getroffen werden, der Ort seines satzungsmäßigen Sitzes und der Ort, an dem die Unternehmensleitung zusammenkommt, berücksichtigt. ⁵Kann danach der Ort, von dem aus der Unternehmer sein Unternehmen betreibt, nicht mit Sicherheit bestimmt werden, ist der Ort, an dem die wesentlichen Entscheidungen zur allgemeinen Leitung des Unternehmens getroffen werden, vorrangiger Anknüpfungspunkt. ⁶Allein aus dem Vorliegen einer Postanschrift kann nicht geschlossen werden, dass sich dort der Ort befindet, von dem aus der Unternehmer sein Unternehmen betreibt (vgl. Artikel 10 der MwStVO). ⁷Wird die Leistung tatsächlich von einer Betriebsstätte erbracht, ist dort der Leistungsort (vgl. Absatz 2 und 3). ⁸Verfügt eine natürliche Person weder über einen Unternehmenssitz noch über eine Betriebsstätte, kommen als Leistungsort der Wohnsitz des leistenden Unternehmers oder der Ort seines gewöhnlichen Aufenthalts in Betracht. ⁹Als Wohnsitz einer natürlichen Person gilt der im Melderegister oder in einem ähnlichen Register eingetragene Wohnsitz oder der Wohnsitz, den die betreffende Person bei der zuständigen Steuerbehörde angegeben hat, es sei denn, es liegen Anhaltspunkte dafür vor, dass diese Eintragung nicht die tatsächlichen Gegebenheiten widerspiegelt (vgl. Artikel 12 der MwStVO). ¹⁰Als gewöhnlicher Aufenthaltsort einer natürlichen Person gilt der Ort, an dem diese aufgrund persönlicher und beruflicher Bindungen gewöhnlich lebt. ¹¹Liegen die beruflichen Bindungen einer natürlichen Person in einem anderen Land als dem ihrer persönlichen Bindungen oder gibt es keine beruflichen Bindungen, bestimmt sich der gewöhnliche Aufenthaltsort nach den persönlichen Bindungen, die enge Beziehungen zwischen der natürlichen Person und einem Wohnort erkennen lassen (vgl. Artikel 13 der MwStVO). ¹²Als gewöhnlicher Aufenthalt im Inland ist stets ein zeitlich zusammenhängender Aufenthalt von mehr als sechs Monaten Dauer anzusehen; kurzfristige Unterbrechungen bleiben unberücksichtigt. ¹³Dies gilt nicht, wenn der Aufenthalt ausschließlich zu Besuchs-, Erholungs-, Kur- oder ähnlichen privaten Zwecken genommen wird und nicht länger als ein Jahr dauert. ¹⁴*Der Ort einer einheitlichen sonstigen Leistung liegt nach § 3a Abs. 1 UStG auch dann an dem Ort, von dem aus der Unternehmer sein Unternehmen betreibt, wenn einzelne Leistungsteile nicht von diesem Ort aus erbracht werden (vgl. BFH-Urteil vom 26. 3. 1992, V R 16/88, BStBl II S. 929).

(2) ¹Der Ort einer Betriebsstätte ist nach § 3a Abs. 1 Satz 2 UStG Leistungsort, wenn die sonstige Leistung von dort ausgeführt wird, d. h. die sonstige Leistung muss der Betriebsstätte tatsächlich zuzurechnen sein. ²Dies ist der Fall, wenn die für die sonstige Leistung erforderlichen einzelnen Arbeiten ganz oder überwiegend durch Angehörige oder Einrichtungen der Betriebsstätte ausgeführt werden. ³Es ist nicht erforderlich, dass das Umsatzgeschäft von der Betriebsstätte aus abgeschlossen wird. ⁴Wird ein Umsatz sowohl an dem Ort, von dem aus der Unternehmer sein Unternehmen betreibt, als auch von einer Betriebsstätte ausgeführt, ist der Leistungsort nach dem Ort zu bestimmen, an dem die sonstige Leistung überwiegend erbracht wird.

(3) ¹Betriebsstätte im Sinne des Umsatzsteuerrechts ist jede feste Geschäftseinrichtung oder Anlage, die der Tätigkeit des Unternehmers dient. ²Eine solche Einrichtung oder Anlage kann aber nur dann als Betriebsstätte angesehen werden, wenn sie über einen ausreichenden Mindestbestand an Personal- und Sachmitteln verfügt, der für die Erbringung der betreffenden Dienstleistungen erforderlich ist. ³Außerdem muss die Einrichtung oder Anlage einen hinreichenden Grad an Beständigkeit sowie eine Struktur aufweisen, die von der personellen und technischen Ausstattung her eine autonome Erbringung der jeweiligen Dienstleistungen ermöglicht (vgl. hierzu EuGH-Urteile vom 4.7.1985, Rs. 168/84, EuGHE S. 2251, vom 2.5.1996, Rs. C-231/94, EuGHE I S. 2395, vom 17.7.1997, Rs. C-190/95, EuGHE I S. 4383, und vom 20.2.1997, Rs. C-260/95, EuGHE I S. 1005, **und Artikel 11 der MwStVO**). ⁴Eine solche beständige Struktur liegt z. B. vor, wenn die Einrichtung über eine Anzahl von Beschäftigten verfügt, von hier aus Verträge abgeschlossen werden können, Rechnungslegung und Aufzeichnungen dort erfolgen und Entscheidungen getroffen werden, z. B. über den Wareneinkauf. ⁵Betriebsstätte kann auch eine Organgesellschaft im Sinne des § 2 Abs. 2 Nr. 2 UStG sein. ⁶Der Ort sonstiger Leistungen, die an Bord eines Schiffes tatsächlich von einer dort belegenen Betriebsstätte erbracht werden, bestimmt sich nach § 3a Abs. 1 Satz 2 UStG. ⁷Hierzu können z. B. Leistungen in den Bereichen Friseurhandwerk, Kosmetik, Massage und Landausflüge gehören.

(4) Die Leistungsortbestimmung nach § 3a Abs. 1 UStG kommt z. B. in folgenden Fällen in Betracht:
- Reiseleistungen (§ 25 Abs. 1 Satz 4 UStG),
- Reisebetreuungsleistungen von angestellten Reiseleitern (vgl. BFH-Urteil vom 23.9.1993, V R 132/99, BStBl 1994 II S. 272),
- Leistungen der Vermögensverwalter und Testamentsvollstrecker (vgl. EuGH-Urteil vom 6.12.2008, Rs. C-401/06, EuGHE I S. 10609),
- Leistungen der Notare, soweit sie nicht Grundstücksgeschäfte beurkunden (vgl. Abschnitt 3a.3 Abs. 6 und 8) oder nicht selbständige Beratungsleistungen an im Drittlandsgebiet ansässige Leistungsempfänger erbringen (vgl. Abschnitt 3a.9 Abs. 11),
- die in § 3a Abs. 4 Satz 2 UStG bezeichneten sonstigen Leistungen, wenn der Leistungsempfänger kein Unternehmer und innerhalb der EG ansässig ist (vgl. jedoch Abschnitt 3a.14),
- sonstige Leistungen im Rahmen einer Bestattung, soweit diese Leistungen als einheitliche Leistungen (vgl. **Artikel 28 der MwStVO**),
- langfristige Vermietung eines Beförderungsmittels (zur kurzfristigen Vermietung siehe § 3a Abs. 3 Nr. 2 UStG, vgl. Abschnitt 3a.5; zum Begriff des Beförderungsmittels vgl. Abschnitt 3a.5 Abs. 3).

(5) Zur Sonderregelung für den Ort der sonstigen Leistung nach § 3a Abs. 6 **und 8 Sätze 2 und 3** UStG wird auf Abschnitt 3a.14 verwiesen.

3a.2. Ort der sonstigen Leistung bei Leistungen an Unternehmer und diesen gleichgestellte juristische Personen

AE 3a.2

S 7117

(1) ¹Voraussetzung für die Anwendung des § 3a Abs. 2 UStG ist, dass der Leistungsempfänger ein Unternehmer ist und die Leistung für sein Unternehmen bezogen hat (vgl. im Einzelnen Absätze 8 bis 12) oder eine nicht unternehmerisch tätige juristische Person ist, der eine USt-IdNr. erteilt worden ist (einem Unternehmer gleichgestellte juristische Person; vgl. Absatz 7)**; maßgebend für diese Beurteilung ist der Zeitpunkt, in dem die Leistung erbracht wird (vgl. Artikel 25 der MwStVO)**. ²Der Leistungsort bestimmt sich nur dann nach § 3a Abs. 2 UStG, wenn kein Tatbestand des § 3a Abs. 3 Nrn. 1, 2 und **3 Buchstabe b und Nr. 5**, Abs. 6 Satz 1 Nr. 1, Abs. 7 **und Abs. 8 Sätze 1 und 3** UStG, des § 3b Abs. 1 Sätze 1 und 2 UStG, des § 3e UStG oder des § 3f UStG vorliegt.

(2) ¹Als Leistungsempfänger im umsatzsteuerrechtlichen Sinn ist grundsätzlich derjenige zu behandeln, in dessen Auftrag die Leistung ausgeführt wird (vgl. Abschn. 15.2 Abs. 16). ²Aus Vereinfachungsgründen ist bei steuerpflichtigen Güterbeförderungen, steuerpflichtigen selbständigen Nebenleistungen hierzu und bei der steuerpflichtigen Vermittlung der vorgenannten Leistungen, bei denen sich der Leistungsort nach § 3a Abs. 2 UStG richtet, der Rechnungsempfänger auch als Leistungsempfänger anzusehen.

Beispiel:
¹Der in Deutschland ansässige Unternehmer U versendet Güter per Frachtnachnahme an den Unternehmer D mit Sitz in Dänemark. ²Die Güterbeförderungsleistung ist für unternehmerische Zwecke des D bestimmt.

³Bei Frachtnachnahmen wird regelmäßig vereinbart, dass der Beförderungsunternehmer die Beförderungskosten dem Empfänger der Sendung in Rechnung stellt und dieser die Beförde-

rungskosten bezahlt. ⁴Der Rechnungsempfänger der innergemeinschaftlichen Güterbeförderung ist als Empfänger der Beförderungsleistung und damit als Leistungsempfänger anzusehen, auch wenn er den Transportauftrag nicht unmittelbar erteilt hat.

³Hierdurch wird erreicht, dass diese Leistungen in dem Staat besteuert werden, in dem der Rechnungsempfänger umsatzsteuerlich erfasst ist.

(3) ¹Nach § 3a Abs. 2 UStG bestimmt sich der Leistungsort maßgeblich nach dem Ort, von dem aus der Leistungsempfänger sein Unternehmen betreibt; *zur Definition vgl. Abschnitt 3a.1 Abs. 1.* ²*Wird die Leistung tatsächlich an eine Betriebsstätte (vgl. Abschnitt 3a.1 Abs. 3) erbracht, ist dort der Leistungsort (vgl. hierzu im Einzelnen Absätze 4 und 6).* ³Verfügt eine natürliche Person weder über einen Unternehmenssitz noch über eine Betriebsstätte, kommen als Leistungsort der Wohnsitz des Leistungsempfängers oder der Ort seines gewöhnlichen Aufenthalts in Betracht *(vgl. Artikel 21 der MwStVO).* ⁴*Zu den Begriffen „Sitz", „Wohnsitz" und „Ort des gewöhnlichen Aufenthalts" vgl. Abschnitt 3a.1 Abs. 1.*

(4) ¹Die sonstige Leistung kann auch an eine Betriebsstätte des Leistungsempfängers ausgeführt werden (zum Begriff der Betriebsstätte vgl. Abschnitt 3a.1 Abs. 3). ²Dies ist der Fall, wenn die Leistung ausschließlich oder überwiegend für die Betriebsstätte bestimmt ist, *also dort verwendet werden soll (vgl. Artikel 21 Abs. 2 der MwStVO).* ³*In diesem Fall ist es* nicht erforderlich, dass der Auftrag von der Betriebsstätte aus an den leistenden Unternehmer erteilt wird, die sonstige Leistung durchführt, z.B. Verleger, Werbeagentur, Werbungsmittler; *a*uch ist unerheblich, ob das Entgelt für die Leistung von der Betriebsstätte aus bezahlt wird.

Beispiel:

¹Ein Unternehmen mit Sitz im Inland unterhält im Ausland Betriebsstätten. ²Durch Aufnahme von Werbeanzeigen in ausländischen Zeitungen und Zeitschriften wird für die Betriebsstätten geworben. ³Die Anzeigenaufträge werden an ausländische Verleger durch eine inländische Werbeagentur im Auftrag des im Inland ansässigen Unternehmens erteilt.

⁴Die ausländischen Verleger und die inländische Werbeagentur unterliegen mit ihren Leistungen für die im Ausland befindlichen Betriebsstätten nicht der deutschen Umsatzsteuer.

⁴*Kann der leistende Unternehmer weder anhand der Art der von ihm erbrachten sonstigen Leistung noch ihrer Verwendung ermitteln, ob und ggf. an welche Betriebsstätte des Leistungsempfängers die Leistung erbracht wird, hat er anhand anderer Kriterien, insbesondere des mit dem Leistungsempfänger geschlossenen Vertrags, der vereinbarten Bedingungen für die Leistungserbringung, der vom Leistungsempfänger verwendeten USt-IdNr. und der Bezahlung der Leistung festzustellen, ob die von ihm erbrachte Leistung tatsächlich für eine Betriebsstätte des Leistungsempfängers bestimmt ist (vgl. Artikel 22 Abs. 1 Unterabs. 2 der MwStVO).* ⁵*Kann der leistende Unternehmer anhand dieser Kriterien nicht bestimmen, ob die Leistung tatsächlich an eine Betriebsstätte des Leistungsempfängers erbracht wird, oder ist bei Vereinbarungen über eine oder mehrere sonstige Leistungen nicht feststellbar, ob diese Leistungen tatsächlich vom Sitz oder von einer bzw. mehreren Betriebsstätten des Leistungsempfängers genutzt werden, kann der Unternehmer davon ausgehen, dass der Leistungsort an dem Ort ist, von dem aus der Leistungsempfänger sein Unternehmen betreibt (vgl. Artikel 22 Abs. 1 Unterabs. 3 der MwStVO).* ⁶*Zur Regelung in Zweifelsfällen vgl. Absatz 6.*

(5) Bei Werbeanzeigen in Zeitungen und Zeitschriften und bei Werbesendungen in Rundfunk und Fernsehen oder im Internet ist davon auszugehen, dass sie ausschließlich oder überwiegend für im Ausland belegene Betriebsstätten bestimmt und daher im Inland nicht steuerbar sind, wenn die folgenden Voraussetzungen erfüllt sind:

1. Es handelt sich um

    a) fremdsprachige Zeitungen und Zeitschriften, um fremdsprachige Rundfunk- und Fernsehsendungen oder um fremdsprachige Internet-Seiten oder

    b) deutschsprachige Zeitungen und Zeitschriften oder um deutschsprachige Rundfunk- und Fernsehsendungen, die überwiegend im Ausland verbreitet werden.

2. Die im Ausland belegenen Betriebsstätten sind in der Lage, die Leistungen zu erbringen, für die geworben wird.

(6) ¹Bei einer einheitlichen sonstigen Leistung *(vgl. Abschnitt 3.10 Abs. 1 bis 4)* ist es nicht möglich, für einen Teil der Leistung den Ort der Betriebsstätte und für den anderen Teil den Sitz des Unternehmens als maßgebend anzusehen und die Leistung entsprechend aufzuteilen.²Ist die Zuordnung zu einer Betriebsstätte **nach den Grundsätzen des Absatzes 4** zweifelhaft und verwendet der Leistungsempfänger eine ihm von einem anderen EU-Mitgliedstaat erteilte USt-IdNr., kann davon ausgegangen werden, dass die Leistung für die im EU-Mitgliedstaat der verwendeten USt-IdNr. belegene Betriebsstätte bestimmt ist. ³Entsprechendes gilt bei Verwendung einer deutschen USt-IdNr.

(7) ¹Für Zwecke der Bestimmung des Leistungsorts werden nach § 3a Abs. 2 Satz 3 UStG nicht unternehmerisch tätige juristische Personen, denen für die Umsatzbesteuerung innergemeinschaftlicher Erwerbe eine USt-IdNr. erteilt wurde – die also für umsatzsteuerliche Zwecke erfasst sind –,

einem Unternehmer gleichgestellt. ²Hierunter fallen insbesondere juristische Personen des öffentlichen Rechts, die ausschließlich hoheitlich tätig sind, aber auch juristische Personen, die nicht Unternehmer sind (z. B. eine Holding, die ausschließlich eine bloße Vermögensverwaltungstätigkeit ausübt). ³Ausschließlich nicht unternehmerisch tätige juristische Personen, denen eine USt-IdNr. erteilt worden ist, müssen diese gegenüber dem leistenden Unternehmer verwenden, damit dieser die Leistungsortregelung des § 3a Abs. 2 UStG anwenden kann; *Absatz 9 Sätze 4 bis 10 gilt entsprechend.* ⁴Verwendet die nicht unternehmerisch tätige juristische Person als Leistungsempfänger keine USt-IdNr., hat der leistende Unternehmer nachzufragen, ob ihr eine solche Nummer erteilt worden ist.

Beispiel:
¹Der in Belgien ansässige Unternehmer U erbringt an eine juristische Person des öffentlichen Rechts J mit Sitz in Deutschland eine Beratungsleistung. ²J verwendet für diesen Umsatz keine USt-IdNr. ³Auf Nachfrage teilt J dem U mit, ihr sei keine USt-IdNr. erteilt worden.

⁴Da J angegeben hat, ihr sei keine USt-IdNr. erteilt worden, kann U davon ausgehen, dass die Voraussetzungen des § 3a Abs. 2 Satz 3 UStG nicht erfüllt sind. ⁵Der Ort der Beratungsleistung des U an J liegt in Belgien (§ 3a Abs. 1 UStG).

⁵Zur Bestimmung des Leistungsorts bei sonstigen Leistungen an juristische Personen, die sowohl unternehmerisch als auch nicht unternehmerisch tätig sind, vgl. Abs. 13 bis 15.

(8) ¹Voraussetzung für die Anwendung der Ortsbestimmung nach § 3a Abs. 2 Satz 1 UStG ist, dass die Leistung für den unternehmerischen Bereich des Leistungsempfängers ausgeführt worden ist. ²Hierunter fallen auch Leistungen an einen Unternehmer, soweit diese Leistungen für die Erbringung von der Art nach nicht steuerbaren Umsätzen (z. B. Geschäftsveräußerungen im Ganzen) bestimmt sind. ³Wird eine der Art nach in § 3a Abs. 2 UStG erfasste sonstige Leistung sowohl für den unternehmerischen als auch für den nicht unternehmerischen Bereich des Leistungsempfängers erbracht, ist der Leistungsort einheitlich nach § 3a Abs. 2 Satz 1 UStG zu bestimmen *(vgl. Artikel 19 Abs. 3 der MwStVO).* ⁴Zur Bestimmung des Leistungsorts bei sonstigen Leistungen an juristische Personen, die sowohl unternehmerisch als auch nicht unternehmerisch tätig sind, vgl. Absätze 13 bis 15.

(9) ¹§ 3a Abs. 2 UStG regelt nicht, wie der leistende Unternehmer nachzuweisen hat, dass sein Leistungsempfänger Unternehmer ist, der die sonstige Leistung für den unternehmerischen Bereich bezieht. *²Bezieht ein im Gemeinschaftsgebiet ansässiger Unternehmer eine sonstige Leistung, die der Art nach unter § 3a Abs. 2 UStG fällt, für seinen unternehmerischen Bereich, muss er die ihm von dem EU-Mitgliedstaat, von dem aus er sein Unternehmen betreibt, erteilte USt-IdNr. für diesen Umsatz gegenüber seinem Auftragnehmer verwenden; wird die Leistung tatsächlich durch eine Betriebsstätte des Leistungsempfängers bezogen, ist die der Betriebsstätte erteilte USt-IdNr. zu verwenden (vgl. Artikel 55 Abs. 1 der MwStVO).* ³Satz 2 gilt entsprechend für einen Unternehmer,

- *der nur steuerfreie Umsätze ausführt, die zum Ausschluss vom Vorsteuerabzug führen,*
- *für dessen Umsätze Umsatzsteuer nach § 19 Abs. 1 UStG nicht erhoben wird oder*
- *der die Leistung zur Ausführung von Umsätzen verwendet, für die die Steuer nach den Durchschnittssätzen des § 24 UStG festgesetzt wird,*

und der weder zur Besteuerung seiner innergemeinschaftlichen Erwerbe verpflichtet ist, weil er die Erwerbsschwelle nicht überschreitet, noch zur Erwerbsbesteuerung nach § 1a Abs. 4 UStG optiert hat. ⁴ Verwendet der Leistungsempfänger gegenüber seinem Auftragnehmer eine ihm von einem Mitgliedstaat erteilte USt-IdNr., kann dieser regelmäßig davon ausgehen, dass der Leistungsempfänger Unternehmer ist und die Leistung für dessen unternehmerischen Bereich bezogen wird *(vgl. Artikel 18 Abs. 1 und Artikel 19 Abs. 2 der MwStVO);* dies gilt auch dann, wenn sich nachträglich herausstellt, dass die Leistung vom Leistungsempfänger tatsächlich für nicht unternehmerische Zwecke verwendet worden ist. *⁵Voraussetzung ist, dass der leistende Unternehmer nach § 18e UStG von der Möglichkeit Gebrauch gemacht hat, sich die Gültigkeit einer USt-IdNr. eines anderen EU-Mitgliedstaates sowie den Namen und die Anschrift der Person, der diese Nummer erteilt wurde, durch das BZSt bestätigen zu lassen (vgl. Artikel 18 Abs. 1 Buchst. a der MwStVO).*

Beispiel:
¹Der Schreiner S mit Sitz in Frankreich erneuert für den Unternehmer U mit Sitz in Freiburg einen Aktenschrank. ²U verwendet für diesen Umsatz seine deutsche USt-IdNr. ³Bei einer Betriebsprüfung stellt sich im Nachhinein heraus, dass U den Aktenschrank für seinen privaten Bereich verwendet.

⁴Der Leistungsort für die Reparatur des Schranks ist nach § 3a Abs. 2 UStG in Deutschland. ⁵Da U gegenüber S seine USt-IdNr. verwendet hat, gilt die Leistung als für das Unternehmen des U bezogen. ⁶Unbeachtlich ist, dass der Aktenschrank tatsächlich von U für nicht unternehmerische Zwecke verwendet wurde. ⁷U ist für die Leistung des S Steuerschuldner (§ 13b Abs. 1 und Abs. 5 Satz 1 UStG). ⁸U ist allerdings hinsichtlich der angemeldeten Steuer nicht zum Vorsteuerabzug berechtigt, da die Leistung nicht für unternehmerische Zwecke bestimmt ist.

§ 3a UStG
AE 3a.2

[6]Hat der Leistungsempfänger noch keine USt-IdNr. erhalten, eine solche Nummer aber bei der zuständigen Behörde des EU-Mitgliedstaats, von dem aus er sein Unternehmen betreibt oder eine Betriebsstätte unterhält, beantragt, bleibt es dem leistenden Unternehmer überlassen, auf welche Weise er den Nachweis der Unternehmereigenschaft und der unternehmerischen Verwendung führt (vgl. Artikel 18 Abs. 1 Buchst. b der MwStVO). [7]Dieser Nachweis hat nur vorläufigen Charakter. [8]Für den endgültigen Nachweis bedarf es der Vorlage der dem Leistungsempfänger erteilten USt-IdNr.; dieser Nachweis kann bis zur letzten mündlichen Verhandlung vor dem Finanzgericht geführt werden. [9]Verwendet ein im Gemeinschaftsgebiet ansässiger Leistungsempfänger gegenüber seinem Auftragnehmer keine USt-IdNr., kann dieser grundsätzlich davon ausgehen, dass sein Leistungsempfänger ein Nichtunternehmer ist oder ein Unternehmer, der die Leistung für den nicht unternehmerischen Bereich bezieht, sofern ihm keine anderen Informationen vorliegen (vgl. Artikel 18 Abs. 2 der MwStVO); in diesem Fall bestimmt sich der Leistungsort nach § 3a Abs. 1 UStG, soweit kein Tatbestand des § 3a Abs. 3 bis 8 UStG, des § 3b UStG, des § 3e oder des § 3f UStG vorliegt.

(10) [1]Verwendet der Leistungsempfänger eine USt-IdNr., soll dies grundsätzlich vor Ausführung der Leistung erfolgen und in dem jeweiligen Auftragsdokument schriftlich festgehalten werden. [2]Der Begriff „Verwendung" einer USt-IdNr. setzt ein positives Tun des Leistungsempfängers, in der Regel bereits bei Vertragsabschluss, voraus. [3]So kann z. B. auch bei mündlichem Abschluss eines Auftrags zur Erbringung einer sonstigen Leistung eine Erklärung über die Unternehmereigenschaft und den unternehmerischen Bezug durch Verwendung einer bestimmten USt-IdNr. abgegeben und dies vom Auftragnehmer aufgezeichnet werden. [4]Es reicht ebenfalls aus, wenn bei der erstmaligen Erfassung der Stammdaten eines Leistungsempfängers zusammen mit der für diesen Zweck erfragten USt-IdNr. zur Feststellung der Unternehmereigenschaft und des unternehmerischen Bezugs zusätzlich eine Erklärung des Leistungsempfängers aufgenommen wird, dass diese USt-IdNr. bei allen künftigen – unternehmerischen – Einzelaufträgen verwendet werden soll. [5]Eine im Briefkopf eingedruckte USt-IdNr. oder eine in einer Gutschrift des Leistungsempfängers formularmäßig eingedruckte USt-IdNr. reicht allein nicht aus, um die Unternehmereigenschaft und den unternehmerischen Bezug der zu erbringenden Leistung zu dokumentieren. [6]Unschädlich ist es im Einzelfall, wenn der Leistungsempfänger eine USt-IdNr. erst nachträglich verwendet oder durch eine andere ersetzt. [7]In diesem Fall muss ggf. die Besteuerung in dem einen EU-Mitgliedstaat rückgängig gemacht und in dem anderen EU-Mitgliedstaat nachgeholt und ggf. die abgegebene ZM berichtigt werden. [8]In einer bereits erteilten Rechnung sind die USt-IdNr. des Leistungsempfängers (vgl. § 14a Abs. 1 UStG) und ggf. ein gesonderter Steuerausweis (vgl. § 14 Abs. 4 Nr. 8 und § 14c Abs. 1 UStG) zu berichtigen. [9]Die nachträgliche Angabe oder Änderung einer USt-IdNr. als Nachweis der Unternehmereigenschaft und des unternehmerischen Bezugs ist der Umsatzsteuerfestsetzung nur zu Grunde zu legen, wenn die Steuerfestsetzung in der Bundesrepublik Deutschland noch änderbar ist.

(11) [1]Ist der Leistungsempfänger im Drittlandsgebiet ansässig, kann der Nachweis der Unternehmereigenschaft durch eine Bescheinigung einer Behörde des Sitzstaates geführt werden, in der diese bescheinigt, dass der Leistungsempfänger dort als Unternehmer erfasst ist. [2]Die Bescheinigung sollte inhaltlich der Unternehmerbescheinigung nach § 61a Abs. 4 UStDV entsprechen (vgl. Abschnitt 18.14 Abs. 7). [3]Kann der Leistungsempfänger den Nachweis nicht anhand einer Bescheinigung nach Satz 1 und 2 führen, bleibt es dem leistenden Unternehmer überlassen, auf welche Weise er nachweist, dass der im Drittlandsgebiet ansässige Leistungsempfänger Unternehmer ist (vgl. Artikel 18 Abs. 3 der MwStVO).

(12) [1]Erbringt der leistende Unternehmer gegenüber einem im Drittlandsgebiet ansässigen Auftraggeber eine in § 3a Abs. 4 Satz 2 UStG bezeichnete Leistung, muss der leistende Unternehmer grundsätzlich nicht prüfen, ob der Leistungsempfänger Unternehmer oder Nichtunternehmer ist, da der Leistungsort – unabhängig vom Status des Leistungsempfängers – im Drittlandsgebiet liegt (§ 3a Abs. 2 UStG oder § 3a Abs. 4 Satz 1 UStG). [2]Dies gilt nicht für die in § 3a Abs. 4 Satz 2 Nr. 11 und 12 UStG bezeichneten Leistungen, bei denen die Nutzung oder Auswertung im Inland erfolgt, so dass der Leistungsort nach § 3a Abs. 6 Satz 1 Nr. 3 UStG im Inland liegen würde, wenn der Leistungsempfänger kein Unternehmer wäre (vgl. Abschnitt 3a.14). [3]Eine Prüfung der Unternehmereigenschaft entfällt auch bei Vermittlungsleistungen gegenüber einem im Drittlandsgebiet ansässigen Auftraggeber, wenn der Ort der vermittelten Leistung im Drittlandsgebiet liegt, da der Ort der Vermittlungsleistung – unabhängig vom Status des Leistungsempfängers – in solchen Fällen immer im Drittlandsgebiet liegt (§ 3a Abs. 2 UStG, § 3a Abs. 3 Nr. 1 oder 4 UStG).

(13) [1]Bei Leistungsbezügen juristischer Personen **des privaten Rechts**, die sowohl unternehmerisch als auch nichtunternehmerisch tätig sind, kommt es für die Frage der Ortsbestimmung **nicht** darauf an, ob die Leistung für das Unternehmen ausgeführt worden ist. [2]§ 3a Abs. 2 Satz 3 UStG findet in diesen Fällen keine Anwendung. [3]**Absatz 14 Sätze 2 bis 7 gilt entsprechend.**

(14) [1]Bei Leistungsbezügen juristischer Personen des öffentlichen Rechts, die hoheitlich und im Rahmen eines Betriebs gewerblicher Art (§ 2 Abs. 3 UStG) unternehmerisch tätig sind, kommt es für die Frage der Ortsbestimmung **nicht** darauf an, ob die Leistung für **den unternehmerischen oder den hoheitlichen Bereich** ausgeführt worden ist; **bei den Gebietskörperschaften Bund und**

§ 3a UStG
AE 3a.2

Länder ist stets davon auszugehen, dass sie sowohl hoheitlich als auch unternehmerisch tätig sind. ²*Der Leistungsort bestimmt sich in diesen Fällen – unabhängig davon, ob die Leistung für den hoheitlichen oder den unternehmerischen Bereich bezogen wird – nach* § 3a Abs. 2 Satz *1* UStG. ³*Ausgeschlossen sind nur die der Art nach unter § 3a Abs. 2 UStG fallenden sonstigen Leistungen, die für den privaten Bedarf des Personals der juristischen Person des öffentlichen Rechts bestimmt sind.* ⁴*Ist einer in Satz 1 genannten juristischen Person des öffentlichen Rechts eine USt-IdNr. erteilt worden, ist diese USt-IdNr. auch dann zu verwenden, wenn die bezogene Leistung ausschließlich für den hoheitlichen Bereich oder sowohl für den unternehmerischen als auch für den hoheitlichen Bereich bestimmt ist.* ⁵Haben die Gebietskörperschaften Bund und Länder für einzelne Organisationseinheiten (z. B. Ressorts, Behörden und Ämter) von der Vereinfachungsregelung in Abschnitt 27a.1 Abs. 3 *Sätze 4 und 5* Gebrauch gemacht, ist *für den einzelnen Leistungsbezug stets* die jeweilige, der einzelnen Organisationseinheit erteilte USt-IdNr. zu verwenden, *unabhängig davon, ob* dieser Leistungsbezug *für den unternehmerischen Bereich,* für den hoheitlichen Bereich *oder sowohl für den unternehmerischen als auch für den hoheitlichen Bereich* erfolgt. ⁶Dies gilt *auch dann,* wenn die *einzelne* Organisationseinheit ausschließlich hoheitlich tätig ist und ihr eine USt-IdNr. nur für Zwecke der Umsatzbesteuerung innergemeinschaftlicher Erwerbe erteilt wurde.

Beispiel:

¹Der in Luxemburg ansässige Unternehmer U erbringt an eine *ausschließlich hoheitlich tätige Behörde A eines deutschen Bundeslandes B* eine Beratungsleistung ausschließlich für deren Hoheitsbereich. ²*B* hat neben dem hoheitlichen Bereich noch einen Betrieb gewerblicher Art, der für umsatzsteuerliche Zwecke erfasst und dem eine USt-IdNr. erteilt worden ist. ³*A* ist eine *gesonderte* USt-IdNr. für Zwecke der Besteuerung des innergemeinschaftlicher Erwerbe erteilt worden.

⁴*Der Leistungsort für die Leistung des U an A richtet sich nach § 3a Abs. 2 Satz 1 UStG und liegt in Deutschland.* ⁵*A* hat die ihr für Zwecke der Besteuerung *innergemeinschaftlicher Erwerbe* erteilte USt-IdNr. zu verwenden.

⁷*Bezieht eine sowohl unternehmerisch als auch hoheitlich tätige juristische Person des öffentlichen Rechts die empfangene Leistung für den privaten Bedarf ihres Personals, hat sie weder die ihr für den unternehmerischen Bereich noch die ihr für Zwecke der Umsatzbesteuerung innergemeinschaftlicher Erwerbe erteilte USt-IdNr. zu verwenden.*

(15) ¹Soweit inländische und ausländische Rundfunkanstalten des öffentlichen Rechts untereinander entgeltliche sonstige Leistungen ausführen, gelten hinsichtlich der Umsatzbesteuerung solcher *grenzüberschreitender* sonstiger Leistungen die allgemeinen Regelungen zum Leistungsort. ²Der Leistungsort bestimmt sich bei *grenzüberschreitenden* Leistungen der Rundfunkanstalten nach § 3a Abs. 2 UStG, wenn die die Leistung empfangende Rundfunkanstalt

– Unternehmer ist und die Leistung entweder ausschließlich für den unternehmerischen oder sowohl für den unternehmerischen als auch den nicht unternehmerischen Bereich bezogen wurde oder
– *eine juristische Person des öffentlichen Rechts ist, die sowohl nicht unternehmerisch (hoheitlich) als auch unternehmerisch tätig ist, sofern die Leistung nicht für den privaten Bedarf des Personals bezogen wird,*
– eine einem Unternehmer gleichgestellte juristische Person ist (siehe Absatz 1).

(16) ¹Grundsätzlich fallen unter die Ortsregelung des § 3a Abs. 2 UStG alle sonstigen Leistungen an einen Unternehmer, soweit sich nicht aus § 3a Abs. 3 Nr. 1, 2 und Nr. 1, 2, 3 Buchstabe b und Nr. 5, Abs. 6 Satz 1 Nr. 1 und 3, Abs. 7 *und Abs. 8 Sätze 1 und 2*, § 3b Abs. 1 Sätze 1 und 2, § 3e und 3f UStG eine andere Ortsregelung ergibt.²Sonstige Leistungen, die unter die Ortsbestimmung nach § 3a Abs. 2 UStG fallen, sind insbesondere:

– Arbeiten an beweglichen körperlichen Gegenständen und die Begutachtung dieser Gegenstände,
– alle Vermittlungsleistungen, soweit diese nicht unter § 3a Abs. 3 Nr. 1 UStG fallen,
– Leistungen, die in § 3a Abs. 4 Satz 2 UStG genannt sind,
– die langfristige Vermietung eines Beförderungsmittels,
– Güterbeförderungen, einschließlich innergemeinschaftlicher Güterbeförderungen sowie der Vor- und Nachläufe zu innergemeinschaftlichen Güterbeförderungen (Beförderungen eines Gegenstands, die in dem Gebiet desselben Mitgliedstaats beginnt und endet, wenn diese Beförderung unmittelbar einer innergemeinschaftlichen Güterbeförderung vorangeht oder folgt),
– das Beladen, Entladen, Umschlagen und ähnliche mit einer Güterbeförderung im Zusammenhang stehende selbständige Leistungen.

(17) *Zu den sonstigen Leistungen, die unter § 3a Abs. 2 Satz 1 UStG fallen, gehören auch sonstige Leistungen, die im Zusammenhang mit der Beantragung oder Vereinnahmung der Steuer im Vorsteuer-Vergütungsverfahren (§ 18 Abs. 9 UStG) stehen (vgl. auch Artikel 27 der MwStVO).*

(18) Wird ein Gegenstand im Zusammenhang mit einer Ausfuhr oder einer Einfuhr grenzüberschreitend befördert und ist der Leistungsort für diese Leistung unter Anwendung von § 3a Abs. 2 UStG im Inland, ist dieser Umsatz unter den weiteren Voraussetzungen des § 4 Nr. 3 UStG steuerfrei (§ 4 Nr. 3 Satz 1 Buchstabe a UStG), auch wenn bei dieser Beförderung das Inland nicht berührt wird.

(19) Nicht unter die Ortsregelung des § 3a Abs. 2 UStG fallen folgende sonstigen Leistungen:
– Sonstige Leistungen im Zusammenhang mit einem Grundstück (§ 3a Abs. 3 Nr. 1 UStG, vgl. Abschnitt 3a.3),
– die kurzfristige Vermietung von Beförderungsmitteln (§ 3a Abs. 3 Nr. 2 und Abs. 7 UStG; vgl. Abschnitte 3a.5 und 3a.14 Abs. 4),
– **die Einräumung der Eintrittsberechtigung zu kulturellen, künstlerischen, wissenschaftlichen, unterrichtenden, sportlichen, unterhaltenden oder ähnlichen Veranstaltungen, wie Messen und Ausstellungen, sowie die damit zusammenhängenden sonstigen Leistungen (§ 3a Abs. 3 Nr. 5 UStG; vgl. Abschnitt 3a.6 Abs. 13);**
– kulturelle, künstlerische, wissenschaftliche, unterrichtende, sportliche, unterhaltende oder ähnliche Leistungen, wie Leistungen im Zusammenhang mit Messen und Ausstellungen einschließlich der Leistungen der jeweiligen Veranstalter sowie die damit zusammenhängenden Tätigkeiten, die für die Ausübung der Leistungen unerlässlich sind (§ 3a Abs. 3 Nr. 3 Buchstabe a UStG; vgl. Abschnitt 3a.6 Abs. 2 bis 7),
– die Abgabe von Speisen und Getränken zum Verzehr an Ort und Stelle (Restaurationsleistungen) nach § 3a Abs. 3 Nr. 3 Buchstabe b UStG (vgl. Abschnitt 3a.6 Abs. 8 und 9) und nach § 3e UStG (vgl. Abschnitt 3e.1),
– Personenbeförderungen (§ 3b Abs. 1 Sätze 1 und 2 UStG; vgl. Abschnitt 3b.1).

3a.3. Leistungen im Zusammenhang mit einem Grundstück

(1) § 3a Abs. 3 Nr. 1 UStG gilt sowohl für sonstige Leistungen an Nichtunternehmer (siehe Abschnitt 3a.1 Abs. 1) als auch an Unternehmer und diesen gleichgestellte juristische Personen (siehe Abschnitt 3a.2 Abs. 1).

(2) ¹Für den Ort einer sonstigen Leistung – einschließlich Werkleistung – im Zusammenhang mit einem Grundstück ist die Lage des Grundstücks entscheidend. ²Als Grundstück im Sinne des § 3a Abs. 3 Nr. 1 UStG ist auch der Meeresboden anzusehen. ³Zu einem Grundstück gehören auch dessen wesentliche Bestandteile (§ 94 BGB), selbst wenn sie ertragsteuerlich selbständige Wirtschaftsgüter sind. ⁴Auch sonstige Leistungen an Scheinbestandteilen (§ 95 BGB) stehen im Zusammenhang mit einem Grundstück. ⁵Dies gilt jedoch nicht für sonstige Leistungen am Zubehör (§ 97 BGB).

Beispiel:
¹Ein Industrieunternehmer hat anderen Unternehmern übertragen: die Pflege der Grünflächen des Betriebsgrundstücks, die Gebäudereinigung, die Wartung der Heizungsanlage und die Pflege und Wartung der Aufzugsanlagen.

²Es handelt sich in allen Fällen um sonstige Leistungen, die im Zusammenhang mit einem Grundstück stehen.

(3) ¹Die sonstige Leistung muß nach Sinn und Zweck der Vorschrift in engem Zusammenhang mit dem Grundstück stehen. ²Ein enger Zusammenhang ist gegeben, wenn sich die sonstige Leistung nach den tatsächlichen Umständen überwiegend auf die Bebauung, Verwertung, Nutzung oder Unterhaltung des Grundstücks selbst bezieht.

(4) ¹Zu den in § 4 Nr. 12 UStG der Art nach bezeichneten sonstigen Leistungen (§ 3a Abs. 3 Nr. 1 Satz 2 Buchstabe a UStG), gehört die Vermietung und die Verpachtung von Grundstücken. ²Die Begriffe Vermietung und Verpachtung sind grundsätzlich nach bürgerlichem Recht zu beurteilen. ³Es kommt nicht darauf an, ob die Vermietungs- oder Verpachtungsleistung nach § 4 Nr. 12 UStG steuerfrei ist. ⁴Auch die Vermietung von Wohn- und Schlafräumen, die ein Unternehmer bereithält, um kurzfristig Fremde zu beherbergen, die Vermietung von Plätzen, zum Abstellen von Fahrzeugen, die Überlassung von Wasser- und Bootsliegeplätzen für Sportboote (vgl. BFH-Urteil vom 8. 10. 1991, V R 46/88, BStBl 1992 II S. 368), die kurzfristige Vermietung auf Campingplätzen, die entgeltliche Unterbringung auf einem Schiff, das für längere Zeit auf einem Liegeplatz befestigt ist (vgl. BFH-Urteil vom 7. 3. 1996, V R 29/95, BStBl II S. 341), die Überlassung von Wochenmarkt-Standplätzen an Marktbändler (vgl. BFH-Urteil vom 24. 1. 2008, V R 12/05, BStBl 2009 II S. 60) und die Überlassung von Räumlichkeiten für Aufnahme- und Sendezwecke von inländischen und ausländischen Rundfunkanstalten des öffentlichen Rechts untereinander fallen unter § 3a Abs. 3 Nr. 1 Satz 2 Buchstabe a UStG. ⁵Das gilt auch für die Vermietung und Verpachtung von Maschinen und Vorrichtungen aller Art, die zu einer Betriebsanlage gehören, wenn sie wesentliche Bestandteile oder Scheinbestandteile eines Grundstücks sind. ⁶Zum Begriff der Vermietung und Verpachtung von Grundstücken vgl. im Einzelnen Abschnitt 4.12.1.

(5) ¹Die Überlassung von Camping-, Park- und Bootsliegeplätzen steht auch dann im Zusammenhang mit einem Grundstück, wenn sie nach den Grundsätzen des BFH-Urteils vom 4. 12. 1980, V R 60/79, BStBl 1981 II S. 231, bürgerlich-rechtlich nicht auf einem Mietvertrag beruht. ²Vermieten Unternehmer Wohnwagen, die auf Campingplätzen aufgestellt sind und ausschließlich zum stationären Gebrauch als Wohnung überlassen werden, ist die Vermietung als sonstige Leistung im Zusammenhang mit einem Grundstück anzusehen (§ 3a Abs. 3 Nr. 1 UStG). ³Dies gilt auch in den Fällen, in denen die Wohnwagen nicht fest mit dem Grund und Boden verbunden sind und deshalb auch als Beförderungsmittel verwendet werden könnten. ⁴Maßgebend ist nicht die abstrakte Eignung eines Gegenstands als Beförderungsmittel. ⁵Entscheidend ist, dass die Wohnwagen nach dem Inhalt der abgeschlossenen Mietverträge nicht als Beförderungsmittel, sondern zum stationären Gebrauch als Wohnungen überlassen werden. ⁶Das gilt ferner in den Fällen, in denen die Vermietung der Wohnwagen nicht die Überlassung des jeweiligen Standplatzes umfasst und die Mieter deshalb über die Standplätze besondere Verträge mit den Inhabern der Campingplätze abschließen müssen.

(6) Zu den Leistungen der in § 4 Nr. 12 UStG bezeichneten Art zählen auch die Überlassung von Grundstücken und Grundstücksteilen zur Nutzung aufgrund eines auf Übertragung des Eigentums gerichteten Vertrages oder Vorvertrages (§ 4 Nr. 12 Satz 1 Buchstabe b UStG) sowie die Bestellung und Veräußerung von Dauerwohnrechten und Dauernutzungsrechten (§ 4 Nr. 12 Satz 1 Buchstabe c UStG).

(7) ¹Zu den sonstigen Leistungen im Zusammenhang mit der Veräußerung oder dem Erwerb von Grundstücken (§ 3a Abs. 3 Nr. 1 Satz 2 Buchstabe b UStG) gehören die sonstigen Leistungen der Grundstücksmakler und Grundstückssachverständigen sowie der Notare bei der Beurkundung von Grundstückskaufverträgen und anderen Verträgen, die auf die Veränderung von Rechten an einem Grundstück gerichtet sind und deshalb zwingend einer notariellen Beurkundung bedürfen, z. B. Bestellung einer Grundschuld. ²Bei selbständigen Beratungsleistungen der Notare, die nicht im Zusammenhang mit der Beurkundung von Grundstückskaufverträgen und Grundstücksrechten stehen, richtet sich der Leistungsort nach § 3a Abs. 1, 2 oder 4 Sätze 1 und 2 Nr. 3 UStG.

(8) ¹Zu den sonstigen Leistungen, die der Erschließung von Grundstücken oder der Vorbereitung oder der Ausführung von Bauleistungen dienen (§ 3a Abs. 3 Nr. 1 Satz 2 Buchstabe c UStG), gehören z. B. die Leistungen der Architekten, Bauingenieure, Vermessungsingenieure, Bauträgergesellschaften, Sanierungsträger sowie der Unternehmer, die Abbruch- und Erdarbeiten ausführen. ²Dazu gehören ferner Leistungen zum Aufsuchen oder Gewinnen von Bodenschätzen. ³In Betracht kommen Leistungen aller Art, die sonstige Leistungen sind. ⁴Die Vorschrift erfasst auch die Begutachtung von Grundstücken.

(9) ¹Im engen Zusammenhang mit einem Grundstück stehen auch die Einräumung dinglicher Rechte, z. B. dinglicher Nießbrauch, Dienstbarkeiten, Erbbaurechte, sowie sonstige Leistungen, die dabei ausgeführt werden, z. B. Beurkundungsleistungen eines Notars. ²Unter die Vorschrift fällt ferner die Vermittlung von Vermietungen von Grundstücken, Wohnungen, nicht aber die Vermittlung der kurzfristigen Vermietung von Zimmern in Hotels, Gaststätten oder Pensionen, von Fremdenzimmern, Ferienwohnungen, Ferienhäusern und vergleichbaren Einrichtungen.

(10) Nicht im engen Zusammenhang mit einem Grundstück stehen folgende Leistungen, sofern sie selbständige Leistungen sind:

1. der Verkauf von Anteilen und die Vermittlung der Umsätze von Anteilen an Grundstücksgesellschaften;
2. die Veröffentlichung von Immobilienanzeigen, z. B. durch Zeitungen;
3. die Finanzierung und Finanzierungsberatung im Zusammenhang mit dem Erwerb eines Grundstücks und dessen Bebauung;
4. die Rechts- und Steuerberatung in Grundstückssachen.

3a.4. Ort der sonstigen Leistungen bei Messen und Ausstellungen

AE 3a.4

S 7117-a

(1) ¹Bei der Überlassung von Standflächen auf Messen und Ausstellungen durch die Veranstalter an die Aussteller handelt es sich um sonstige Leistungen im Zusammenhang mit einem Grundstück. ²Diese Leistungen werden im Rahmen eines Vertrages besonderer Art (vgl. Abschnitt 4.12.6 Abs. 2 Nr. 1) dort ausgeführt, wo die Standflächen liegen (§ 3a Abs. 2 Nr. 1 UStG). ³Die vorstehenden Ausführungen gelten entsprechend für folgende Leistungen an die Aussteller:

1. Überlassung von Räumen und ihren Einrichtungen auf dem Messegelände für Informationsveranstaltungen einschließlich der üblichen Nebenleistungen;
2. Überlassung von Parkplätzen auf dem Messegelände.

⁴Als Messegelände sind auch örtlich getrennte Kongreßzentren anzusehen. ⁵Übliche Nebenleistungen sind z. B. die Überlassung von Mikrofonanlagen und Simultandolmetscheranlagen sowie Bestuhlungsdienste, Garderobendienste und Hinweisdienste.

(2) ¹In der Regel erbringen **Unternehmer** neben der Überlassung von Standflächen usw. (Absatz 1) eine Reihe weiterer Leistungen an die Aussteller. ² **Es kann sich dabei insbesondere um folgende sonstige Leistungen handeln:**

1. ¹Technische Versorgung der überlassenen Stände. ²Hierzu gehören z. B.
   a) Herstellung der Anschlüsse für Strom, Gas, Wasser, Wärme, Druckluft, Telefon, Telex, Internetzugang und Lautsprecheranlagen,
   b) die Abgabe von Energie, z. B. Strom, Gas, Wasser und Druckluft, wenn diese Leistungen umsatzsteuerrechtlich Nebenleistungen zur Hauptleistung der Überlassung der Standflächen darstellen;
2. ¹Planung, Gestaltung sowie Aufbau, Umbau und Abbau von Ständen. ²Unter die „Planung" fallen insbesondere Architektenleistungen, z. B. Anfertigung des Entwurfs für einen Stand. ³Zur „Gestaltung" zählt z. B. die Leistung eines Gartengestalters oder eines Beleuchtungsfachmannes;
3. Überlassung von Standbauteilen und Einrichtungsgegenständen, einschließlich Miet-System-Ständen;
4. Standbetreuung und Standbewachung;
5. Reinigung von Ständen;
6. Überlassung von Garderoben und Schließfächern auf dem Messegelände;
7. Überlassung von Eintrittsausweisen einschließlich Eintrittskarten;
8. Überlassung von Telefonapparaten, Telefaxgeräten und sonstigen Kommunikationsmitteln zur Nutzung durch die Aussteller;
9. Überlassung von Informationssystemen, z. B. von Bildschirmgeräten oder Lautsprecheranlagen, mit deren Hilfe die Besucher der Messen und Ausstellungen unterrichtet werden sollen;
10. Schreibdienste und ähnliche sonstige Leistungen auf dem Messegelände;
11. Beförderung und Lagerung von Ausstellungsgegenständen wie Exponaten und Standausrüstungen;
12. Übersetzungsdienste;
13. Eintragungen in Messekatalogen, Aufnahme von Werbeanzeigen usw. in Messekatalogen, Zeitungen, Zeitschriften usw., Anbringen von Werbeplakaten, Verteilung von Werbeprospekten und ähnliche Werbemaßnahmen;
14. **Besuchermarketing;**
15. **Vorbereitung und Durchführung von Foren und Sonderschauen, von Pressekonferenzen, von Eröffnungsveranstaltungen und Ausstellerabenden.**

³Handelt es sich um eine einheitliche Leistung – *sog. Veranstaltungsleistung* – *(vgl. Abschnitt 3.10 und EuGH-Urteil vom 9. 3. 2006, C-114/05, EuGHE I S. 2427), bestimmt sich der Ort dieser sonstigen Leistung nach § 3a Abs. 2 UStG, wenn der Leistungsempfänger ein Unternehmer oder eine einem Unternehmer gleichgestellte juristische Person ist (siehe Abschnitt 3a.2 Abs. 1).* ⁴*Ist in derartigen Fällen der Leistungsempfänger ein Nichtunternehmer (siehe Abschnitt 3a.1 Abs. 1), richtet sich der Leistungsort nach § 3a Abs. 3 Nr. 3 Buchstabe a UStG.* ⁵*Eine Veranstaltungsleistung im Sinne von Satz 3 kann dann angenommen werden, wenn neben der Überlassung von Standflächen zumindest noch drei weitere Leistungen der in Satz 2 genannten Leistungen vertraglich vereinbart worden sind und auch tatsächlich erbracht werden.* ⁶*Werden nachträglich die Erbringung einer weiteren Leistung oder mehrere weiterer Leistungen zwischen Auftragnehmer und Auftraggeber vereinbart, gilt dies als Vertragsergänzung und wird in die Beurteilung für das Vorliegen einer Veranstaltungsleistung einbezogen.*

(3) Werden die in Absatz 2 Satz 2 bezeichneten sonstigen Leistungen *nicht im Rahmen einer einheitlichen Leistung im Sinne des Absatzes 2 Satz 5, sondern* als selbständige Leistungen einzeln erbracht, gilt Folgendes:

1. ¹Die in Absatz 2 Satz 2 Nr. 1 bis 6 bezeichneten Leistungen fallen unter § 3a Abs. 3 Nr. 1 UStG. ²Wegen der sonstigen Leistungen, die die Planung und den Aufbau eines Messestandes betreffen, vgl. insbesondere BFH-Urteil vom 24. 11. 1994, V R 39/92, BStBl 1995 II S. 151.
2. *Der Leistungsort der in Absatz 2 Satz 2 Nr. 7 bezeichneten Leistungen richtet sich nach § 3a Abs. 3 Nr. 3 Buchstabe a oder Nr. 5 UStG.*
3. Der Leistungsort der in Absatz 2 Satz 2 Nr. 8 bezeichneten sonstigen Leistungen richtet sich nach § 3a Abs. 1, 2 oder 4 Sätze 1 und 2 Nr. 11 *und Abs. 6 Satz 1 Nr. 3* UStG.
4. Der Leistungsort der in Absatz 2 Satz 2 Nr. 9 und 10 bezeichneten sonstigen Leistungen richtet sich nach § 3a Abs. 1 oder 2 UStG.
5. Der Leistungsort der in Absatz 2 Satz 2 Nr. 11 bezeichneten Beförderungsleistungen richtet sich nach § 3a Abs. 2 *und 8 Sätze 1 und 3*, § 3b Abs. 1 oder 3 UStG.

6. Der Leistungsort der in Absatz 2 Satz 2 Nr. 11 bezeichnete Lagerung von Ausstellungsgegenständen richtet sich nach § 3a Abs. **2 und 8 Sätze 1 und 3** oder § 3b Abs. 2 UStG.
7. Der Leistungsort der in Absatz 2 Satz 2 Nr. 12 bezeichneten Übersetzungsleistungen richtet sich nach § 3a Abs. 1, 2 oder 4 Sätze 1 und 2 Nr. 3 **und Abs. 6 Satz 1 Nr. 2** UStG.
8. Der Leistungsort der in Absatz 2 Satz 2 Nr. 13 bezeichneten Werbeleistungen richtet sich nach § 3a Abs. 1, 2 oder 4 Sätze 1 und 2 Nr. 2 **und Abs. 6 Satz 1 Nr. 2** UStG.
9. *Der Leistungsort der in Absatz 2 Satz 2 Nr. 14 und 15 bezeichneten Leistungen richtet sich grundsätzlich nach § 3a Abs. 1 oder 2 UStG; soweit es sich um Werbeleistungen handelt, kommt auch die Ortsbestimmung nach § 3a Abs. 4 Sätze 1 und 2 Nr. 2 und Abs. 6 Satz 1 Nr. 2 UStG in Betracht.*

Sonstige Leistungen ausländischer Durchführungsgesellschaften

(4) ¹Im Rahmen von Messen und Ausstellungen werden auch Gemeinschaftsausstellungen durchgeführt, z. B. von Ausstellern, die in demselben ausländischen Staat ansässig sind. ²Vielfach ist in diesen Fällen zwischen dem Veranstalter und den Ausstellern ein Unternehmen eingeschaltet, das im eigenen Namen die Gemeinschaftsausstellung organisiert (so genannte Durchführungsgesellschaft). ³In diesen Fällen erbringt der Veranstalter in den Absätzen 1 und 2 bezeichneten sonstigen Leistungen an die zwischengeschaltete Durchführungsgesellschaft. ⁴Diese erbringt die sonstigen Leistungen an die an der Gemeinschaftsausstellung beteiligten Aussteller. ⁵Für die umsatzsteuerliche Behandlung der Leistungen der Durchführungsgesellschaft gelten die Ausführungen in den Absätzen 1 bis 3 entsprechend. ⁶Zur Steuerschuldnerschaft des Leistungsempfängers bei Leistungen im Ausland ansässiger Durchführungsgesellschaften vgl. Abschnitt *13b.10 Abs. 3.*

(5) ¹Einige ausländische Staaten beauftragen mit der Organisation von Gemeinschaftsausstellungen keine Durchführungsgesellschaft, sondern eine staatliche Stelle, z. B. ein Ministerium. ²Im Inland werden die ausländischen staatlichen Stellen vielfach von den Botschaften oder Konsulaten der betreffenden ausländischen Staaten vertreten. ³Im Übrigen werden Gemeinschaftsausstellungen entsprechend den Ausführungen in Absatz 4 durchgeführt. ⁴Hierbei erheben die ausländischen staatlichen Stellen von den einzelnen Ausstellern ihres Landes Entgelte, die sich in der Regel nach der beanspruchten Ausstellungsfläche richten. ⁵Bei dieser Gestaltung sind die ausländischen staatlichen Stellen als Unternehmer im Sinne des § 2 Abs. 3 UStG anzusehen. ⁶Die Ausführungen in Absatz 4 gelten deshalb für die ausländischen staatlichen Stellen entsprechend.

(6) *Ist die Festlegung des Leistungsortes bei Veranstaltungsleistungen im Sinne des Absatzes 2 auf Grund des Rechts eines anderen Mitgliedstaates ausnahmsweise abweichend von Absatz 2 vorgenommen worden, ist es nicht zu beanstanden, wenn dieser Ortsregelung gefolgt wird.*

*(7) Zur Übergangsregelung bei der Anwendung des Leistungsortes bei Veranstaltungsleistungen im Zusammenhang mit Messen und Ausstellungen, vgl. Abschnitt II Nr. 1 des BMF-Schreiben vom 4. 2. 2011, BStBl I S. 162.*¹⁾

3a.5. Ort der kurzfristigen Vermietung eines Beförderungsmittels

AE 3a.5

(1) ¹Die Ortsbestimmung des § 3a Abs. 3 Nr. 2 UStG gilt für die kurzfristige Vermietungsleistung von Beförderungsmitteln sowohl an Nichtunternehmer (siehe Abschnitt 3a.1 Abs. 1) als auch an Unternehmer und diesen gleichgestellte juristische Personen (siehe Abschnitt 3a.2 Abs. 1). ²Zum Ort der kurzfristigen Fahrzeugvermietung zur Nutzung im Drittlandsgebiet vgl. Abschnitt 3a.14 Abs. 4.

(2) ¹**Leistungsort** bei der kurzfristigen Vermietung eines Beförderungsmittels ist regelmäßig der Ort, an dem das Beförderungsmittel dem Leistungsempfänger tatsächlich zur Verfügung gestellt wird, das ist der Ort, an dem das Beförderungsmittel dem Leistungsempfänger übergeben wird **(vgl. Artikel 40 der MwStVO)**. ²Eine kurzfristige Vermietung liegt vor, wenn die Vermietung über einen ununterbrochenen Zeitraum von nicht mehr als 90 Tagen bei Wasserfahrzeugen und von nicht mehr als 30 Tagen bei anderen Beförderungsmitteln erfolgt.

Beispiel:
¹Das Bootsvermietungsunternehmen B mit Sitz in Düsseldorf vermietet an den Unternehmer U eine Yacht für drei Wochen. ²Die Übergabe der Yacht erfolgt an der Betriebsstätte des B in einem italienischen Adriahafen.

³Der Leistungsort für die Vermietungsleistung des B an U ist in Italien, dem Ort, an dem das vermietete Boot tatsächlich von B an U übergeben wird.

³Die Dauer der Vermietung richtet sich nach der tatsächlichen Dauer der Nutzungsüberlassung; *wird der Zeitraum der Vermietung auf Grund höherer Gewalt verlängert, ist dieser Zeitraum bei*

---
1) Anm.: Siehe § 3a H 9.

der Abgrenzung einer kurzfristigen von einer langfristigen Vermietung nicht zu berücksichtigen *(vgl. Artikel 39 Abs. 1 Unterabs. 3 MwStVO).* ⁴Wird ein **Beförderungsmittel** mehrfach unmittelbar hintereinander **an denselben Leistungsempfänger** für einen Zeitraum vermietet, liegt eine kurzfristige Vermietung grundsätzlich nur dann vor, wenn der ununterbrochene Vermietungszeitraum von nicht mehr als 90 Tagen bzw. 30 Tagen insgesamt nicht überschritten wird *(vgl. Artikel 39 Abs. 1 Unterabs. 1 und 2 und Abs. 2 Unterabs. 1 und 2 der MwStVO).* ⁵Wird ein Beförderungsmittel zunächst kurzfristig und anschließend über einen als langfristig geltenden Zeitraum an denselben Leistungsempfänger vermietet, sind die beiden Vermietungszeiträume abweichend von Satz 4 getrennt voneinander zu betrachten, sofern diese vertraglichen Regelungen nicht zur Erlangung steuerrechtlicher Vorteile erfolgten *(vgl. Artikel 39 Abs. 2 Unterabs. 3 der MwStVO).* ⁶Werden aufeinander folgende Verträge über die Vermietung von Beförderungsmitteln geschlossen, die tatsächlich unterschiedliche Beförderungsmittel betreffen, sind die jeweiligen Vermietungen gesondert zu betrachten, sofern diese vertraglichen Regelungen nicht zur Erlangung steuerrechtlicher Vorteile erfolgten *(vgl. Artikel 39 Abs. 3 der MwStVO).*

(3) ¹Als Beförderungsmittel sind Gegenstände anzusehen, deren Hauptzweck auf die Beförderung von Personen und Gütern zu Lande, zu Wasser oder in der Luft gerichtet ist und die sich auch tatsächlich fortbewegen *(vgl. Artikel 38 Abs. 1 der MwStVO).* ²Zu den Beförderungsmitteln gehören auch Auflieger, Sattelanhänger, Fahrzeuganhänger, Eisenbahnwaggons, Elektro-Caddywagen, Transportbetonmischer, Segelboote, Ruderboote, Paddelboote, Motorboote, Sportflugzeuge, Segelflugzeuge, Wohnmobile, Wohnwagen (vgl. jedoch Abschnitt 3a.3 Abs. 5) **sowie landwirtschaftliche Zugmaschinen und andere landwirtschaftliche Fahrzeuge, Fahrzeuge, die speziell für den Transport von kranken oder verletzten Menschen konzipiert sind, und Rollstühle und ähnliche Fahrzeuge für kranke und körperbehinderte Menschen, mit mechanischen oder elektronischen Vorrichtungen zur Fortbewegung** *(vgl. Artikel 38 Abs. 2 der MwStVO).* ³Keine Beförderungsmittel sind z. B. Bagger, Planierraupen, Bergungskräne, Schwertransportkräne, Transportbänder, Gabelstapler, Elektrokarren, Rohrleitungen, Ladekräne, Schwimmkräne, Schwimmrammen, Container, militärische Kampffahrzeuge, z. B. Kriegsschiffe – ausgenommen Versorgungsfahrzeuge –, Kampfflugzeuge, Panzer, **und Fahrzeuge, die dauerhaft stillgelegt worden sind** *(vgl. Artikel 38 Abs. 3 der MwStVO).* ⁴Unabhängig hiervon kann jedoch mit diesen Gegenständen eine Beförderungsleistung ausgeführt werden. ⁵Als Vermietung von Beförderungsmitteln gilt auch die Überlassung von betrieblichen Kraftfahrzeugen durch Arbeitgeber an ihre Arbeitnehmer zur privaten Nutzung sowie die Überlassung eines Rundfunk- oder Fernsehübertragungswagens oder eines sonstigen Beförderungsmittels inländischer und ausländischer Rundfunkanstalten des öffentlichen Rechts untereinander.

(4) ¹Wird eine Segel- oder Motoryacht oder ein Luftfahrzeug ohne Besatzung verchartert, ist eine Vermietung eines Beförderungsmittels anzunehmen. ²Bei einer Vercharterung mit Besatzung ohne im Chartervertrag festgelegte Reiseroute ist ebenfalls eine Vermietung eines Beförderungsmittels anzunehmen. ³Das gilt auch, wenn die Yacht oder das Luftfahrzeug mit Besatzung an eine geschlossene Gruppe vermietet wird, die mit dem Vercharterer vorher die Reiseroute festgelegt hat, diese Reiseroute aber im Verlauf der Reise ändern oder in anderer Weise auf den Ablauf der Reise Einfluss nehmen kann. ⁴Eine Beförderungsleistung ist dagegen anzunehmen, wenn nach dem Chartervertrag eine bestimmte Beförderung geschuldet wird und der Unternehmer diese unter eigener Verantwortung vornimmt, z. B. bei einer vom Vercharterer organisierten Rundreise mit Teilnehmern, die auf Ablauf und nähere Ausgestaltung der Reise keinen Einfluss haben.

(5) Werden Beförderungsmittel langfristig vermietet, bestimmt sich bei der Vermietung an Nichtunternehmer nach § 3a Abs. 1 oder § 3a Abs. 6 Satz 1 Nr. 1 UStG und bei der Vermietung an Unternehmer für deren Unternehmen oder an eine einem Unternehmer gleichgestellte juristische Person (siehe Abschnitt 3a.2 Abs. 1) nach § 3a Abs. 2 UStG.

Beispiel:
¹Ein kanadischer Staatsbürger tritt eine private Europareise in München an und mietet ein Kraftfahrzeug bei einem Unternehmer mit Sitz in München für vier Monate. ²Das Fahrzeug soll sowohl im Inland als auch im Ausland genutzt werden.

³Es handelt sich nicht um eine kurzfristige Vermietung. ⁴Der Leistungsort ist deshalb nach § 3a Abs. 1 UStG zu bestimmen. ⁵Die Vermietung des Kraftfahrzeugs durch einen im Inland ansässigen Unternehmer ist insgesamt im Inland steuerbar, auch wenn das vermietete Beförderungsmittel während der Vermietung im Ausland genutzt wird.

3a.6. Ort der Tätigkeit

(1) ¹Die Regelung des § 3a Abs. 3 Nr. 3 UStG gilt nur für sonstige Leistungen, die in einem positiven Tun bestehen. ²Bei diesen Leistungen bestimmt sich der Leistungsort nach dem Ort, an dem die sonstige Leistung tatsächlich bewirkt wird (vgl. EuGH-Urteil vom 9. 3. 2006, C-114/05, EuGHE I S. 2427). ³Der Ort, an dem der Erfolg eintritt oder die sonstige Leistung sich auswirkt, ist ohne Bedeutung (BFH-Urteil vom 4. 4. 1974, V R 161/72, BStBl II S. 532). ⁴Dabei kommt es nicht entschei-

dend darauf an, wo der Unternehmer, z. B. Künstler, im Rahmen seiner Gesamttätigkeit überwiegend tätig wird; vielmehr ist der jeweilige Umsatz zu betrachten. ⁵Es ist nicht erforderlich, dass der Unternehmer im Rahmen einer Veranstaltung tätig wird.

Leistungen nach § 3a Abs. 3 Nr. 3 Buchstabe a UStG

(2) *§ 3a Abs. 3 Nr. 3 Buchstabe a UStG **gilt nur für sonstige Leistungen an Nichtunternehmer (siehe Abschnitt 3a.1 Abs. 1).***

(3) ¹Leistungen, die im Zusammenhang mit Leistungen im Sinne des § 3a Abs. 3 Nr. 3 Buchstabe a UStG unerlässlich sind, werden an dem Ort erbracht, an dem diese Leistungen tatsächlich bewirkt werden. ²Hierzu können auch tontechnische Leistungen im Zusammenhang mit künstlerischen oder unterhaltenden Leistungen gehören (EuGH-Urteil vom 26. 9. 1996, C-327/94, EuGHE I 1996 S. 4595, BStBl 1998 II S. 313).

(4) ¹**Insbesondere bei künstlerischen und wissenschaftlichen Leistungen ist zu beachten, dass sich im Falle der reinen Übertragung von Nutzungsrechten an Urheberrechten und ähnlichen Rechten (vgl. Abschnitt 3a.9 Abs. 1 und 2 sowie Abschnitt 12.7) der Leistungsort nicht nach § 3a Abs. 3 Nr. 3 Buchstabe a UStG richtet.** ²**Der Leistungsort bestimmt sich nach § 3a Abs. 1 UStG (vgl. Abschnitt 3a.1) oder nach § 3a Abs. 4 Sätze 1 und 2 Nr. 1 UStG (vgl. Abschnitt 3a.9 Abs. 1 und 2).**

(5) ¹Die Frage, ob bei einem wissenschaftlichen Gutachten eine wissenschaftliche Leistung nach § 3a Abs. 3 Nr. 3 Buchstabe a UStG oder eine Beratungsleistung vorliegt, ist nach dem Zweck zu beurteilen, den der Auftraggeber mit dem von ihm bestellten Gutachten verfolgt. ²Eine wissenschaftliche Leistung im Sinne des § 3a Abs. 3 Nr. 3 Buchstabe a UStG setzt voraus, dass das erstellte Gutachten nicht auf Beratung des Auftraggebers gerichtet ist; dies ist der Fall, wenn das Gutachten nach seinem Zweck keine konkrete Entscheidungshilfe für den Auftraggeber darstellt. ³Soll das Gutachten dem Auftraggeber dagegen als Entscheidungshilfe für die Lösung konkreter technischer, wirtschaftlicher oder rechtlicher Fragen dienen, liegt eine Beratungsleistung vor. ⁴Der Leistungsort bestimmt sich **bei Leistungen an Nichtunternehmer (siehe Abschnitt 3a.1 Abs. 1)** nach § 3a Abs. 1, 2 oder 4 Satz 1 UStG.

Beispiel 1:

¹Ein Hochschullehrer hält im Auftrag eines **ausschließlich nicht unternehmerisch tätigen** Verbandes, **dem für Umsatzsteuerzwecke keine USt-IdNr. erteilt worden ist,** auf einem Fachkongress einen Vortrag. ²Inhalt des Vortrags ist die Mitteilung und Erläuterung der von ihm auf seinem Forschungsgebiet, z. B. Maschinenbau, gefundenen Ergebnisse. ³Zugleich händigt der Hochschullehrer allen Teilnehmern ein Manuskript seines Vortrags aus. ⁴Vortrag und Manuskript haben nach Inhalt und Form den Charakter eines wissenschaftlichen Gutachtens. ⁵Sie sollen allen Teilnehmern des Fachkongresses zur Erweiterung ihrer beruflichen Kenntnisse dienen.

⁶Der Leistungsort bestimmt sich nach § 3a Abs. 3 Nr. 3 Buchstabe a UStG.

Beispiel 2:

¹Ein Wirtschaftsforschungsunternehmen erhält von einer inländischen juristischen Person des öffentlichen Rechts, die nicht unternehmerisch tätig und der keine USt-IdNr. erteilt worden ist, den Auftrag, in Form eines Gutachtens Struktur- und Standortanalysen für die Errichtung von Gewerbebetrieben zu erstellen.

²Auch wenn das Gutachten nach wissenschaftlichen Grundsätzen erstellt worden ist, handelt es sich um eine Beratung, da das Gutachten zur Lösung konkreter wirtschaftlicher Fragen verwendet werden soll. ³Der Leistungsort bestimmt sich nach § 3a Abs. 1 UStG.

(6) ¹Eine sonstige Leistung, die darin besteht, der Allgemeinheit gegen Entgelt die Benutzung von Geldspielautomaten zu ermöglichen, die in Spielhallen aufgestellt sind, ist als unterhaltende oder ähnliche Tätigkeit nach § 3a Abs. 3 Nr. 3 Buchstabe a UStG anzusehen (vgl. EuGH-Urteil vom 12. 5. 2005, C-452/03, EuGHE I S. 3947). ²Für die Benutzung von Geldspielautomaten außerhalb von Spielhallen richtet sich der Leistungsort nach § 3a Abs. 1 UStG (vgl. EuGH-Urteil vom 4. 7. 1985, 168/84, EuGHE S. 2251).

(7) Zum Ort der sonstigen Leistung bei Messen und Ausstellungen vgl. Abschnitt 3a.4.

Leistungen nach § 3a Abs. 3 Nr. 3 Buchstabe b UStG

(8) § 3a Abs. 3 Nr. 3 Buchstabe b UStG gilt sowohl für sonstige Leistungen an Nichtunternehmer (siehe Abschnitt 3a.1 Abs. 1) als auch an Unternehmer und diesen gleichgestellte juristische Personen (siehe Abschnitt 3a.2 Abs. 1).

(9) ¹Bei der Abgabe von Speisen und Getränken zum Verzehr an Ort und Stelle (Restaurationsleistung) richtet sich der Leistungsort nach dem Ort, an dem diese Leistung tatsächlich erbracht wird (§ 3a Abs. 3 Nr. 3 Buchstabe b UStG). ²Die Restaurationsleistung muss aber als sonstige Leistung anzusehen sein; zur Abgrenzung zwischen Lieferung und sonstiger Leistung bei der Abgabe von Speisen und Getränken wird auf **die** BMF-Schreiben vom 16. 10. 2008, BStBl I S. 949, **und vom**

29. 3. 2010, BStBl I S. 330,[1]) verwiesen. ³Die Ortsregelung gilt nicht für Restaurationsleistungen an Bord eines Schiffs, in einem Luftfahrzeug oder in einer Eisenbahn während einer Beförderung im Inland oder im übrigen Gemeinschaftsgebiet. ⁴In diesen Fällen bestimmt sich der Leistungsort nach § 3e UStG (vgl. Abschnitt 3e.1).

Leistungen nach § 3a Abs. 3 Nr. 3 Buchstabe c UStG

(10) ¹Bei Arbeiten an beweglichen körperlichen Gegenständen und bei der Begutachtung dieser Gegenstände für Nichtunternehmer (siehe Abschnitt 3a.1 Abs. 1) bestimmt sich der Leistungsort nach dem Ort, an dem der Unternehmer tatsächlich die Leistung ausführt (§ 3a Abs. 3 Nr. 3 Buchstabe c UStG). ²Ist der Leistungsempfänger ein Unternehmer oder eine gleichgestellte juristische Person (siehe Abschnitt 3a.2 Abs. 1), richtet sich der Leistungsort nach § 3a Abs. 2 UStG (vgl. Abschnitt 3a.2).

(11) ¹Als Arbeiten an beweglichen körperlichen Gegenständen sind insbesondere Werkleistungen in Gestalt der Bearbeitung oder Verarbeitung von beweglichen körperlichen Gegenständen anzusehen. ²Hierzu ist grundsätzlich eine Veränderung des beweglichen Gegenstands erforderlich. ³Wartungsleistungen an Anlagen, Maschinen und Kraftfahrzeugen können als Werkleistungen angesehen werden. ⁴Verwendet der Unternehmer bei der Be- oder Verarbeitung eines Gegenstands selbstbeschaffte Stoffe, die nicht nur Zutaten oder sonstige Nebensachen sind, ist keine Werkleistung, sondern eine Werklieferung gegeben (§ 3 Abs. 4 UStG). ⁵Baut der leistende Unternehmer die ihm vom Leistungsempfänger sämtlich zur Verfügung gestellten Teile einer Maschine nur zusammen und wird die zusammengebaute Maschine nicht Bestandteil eines Grundstücks, bestimmt sich der Ort der sonstigen Leistung nach § 3a Abs. 3 Nr. 3 Buchstabe c UStG *(vgl. Artikel 8 und 34 der MwStVO)*, wenn der Leistungsempfänger ein Nichtunternehmer ist.

(12) ¹Bei der Begutachtung beweglicher körperlicher Gegenstände durch Sachverständige hat § 3a Abs. 3 Nr. 3 Buchstabe c UStG Vorrang vor § 3a Abs. 4 Satz 1 und 2 Nr. 3 UStG. ²Wegen der Leistungen von Handelschemikern vgl. Abschnitt 3a.9 Abs. 12 Satz 3.

Leistungen nach § 3a Abs. 3 Nr. 5 UStG

(13) ¹§ 3a Abs. 3 Nr. 5 UStG gilt nur für Leistungen an einen Unternehmer für dessen unternehmerischen Bereich oder an eine einem Unternehmer gleichgestellte juristische Person (siehe Abschnitt 3a.2 Abs. 1). ²Werden die in der Vorschrift genannten sonstigen Leistungen an Nichtunternehmer (siehe Abschnitt 3a.1 Abs. 1) erbracht, richtet sich der Leistungsort nach § 3a Abs. 3 Nr. 3 Buchstabe a UStG; beim Verkauf von Eintrittskarten im eigenen Namen und auf eigene Rechnung durch einen anderen Unternehmer als den Veranstalter richtet sich der Leistungsort dagegen nach § 3a Abs. 1 UStG (vgl. BFH-Urteil vom 3. 6. 2009, XI R 34/08, BStBl 2010 II S. 857). ³Zu den Eintrittsberechtigungen gehören insbesondere (vgl. Artikel 32 Abs. 1 und 2 der MwStVO):

1. *das Recht auf Zugang zu Darbietungen, Theateraufführungen, Zirkusvorstellungen, Freizeitparks, Konzerten, Ausstellungen sowie zu anderen ähnlichen kulturellen Veranstaltungen, auch wenn das Entgelt in Form eines Abonnements oder eines Jahresbeitrags entrichtet wird;*

2. *das Recht auf Zugang zu Sportveranstaltungen wie Spiele und Wettkämpfe gegen Entgelt, auch wenn das Entgelt in Form einer Zahlung für einen bestimmten Zeitraum oder eine festgelegte Anzahl von Veranstaltungen in einem Betrag erfolgt;*

3. *¹das Recht auf Zugang zu der Allgemeinheit offen stehenden Veranstaltungen auf dem Gebiet des Unterrichts und der Wissenschaft, wie beispielsweise Konferenzen und Seminare. ²Dies gilt unabhängig davon, ob der Unternehmer selbst oder ein Arbeitnehmer an der Veranstaltung teilnimmt und das Entgelt vom Unternehmer (Arbeitgeber) entrichtet wird.*

    Beispiel 1:

    ¹Der Seminarveranstalter S mit Sitz in Salzburg (Österreich) veranstaltet ein Seminar zum aktuellen Umsatzsteuerrecht in der Europäischen Union in Berlin; das Seminar wird europaweit beworben. ²Teilnahmebeschränkungen gibt es nicht. ³An dem Seminar nehmen Unternehmer mit Sitz in Österreich, Belgien, Deutschland und Frankreich teil.

    ⁴Der Ort der Leistung ist nach § 3a Abs. 3 Nr. 5 UStG am Veranstaltungsort in Deutschland.

    Beispiel 2:

    ¹Die international tätige Wirtschaftsprüfungsgesellschaft W mit Sitz in Berlin beauftragt den Seminarveranstalter S mit Sitz in Salzburg (Österreich) mit der Durchführung eines Inhouse-Seminars zum aktuellen Umsatzsteuerrecht in der Europäischen Union in Salzburg. ²An dem Seminar können nur Mitarbeiter der W teilnehmen. ³Das Seminar wird im Januar 2011 durchgeführt. ⁴Es nehmen 20 Angestellte des W teil.

---

1) Anm.: Siehe USt-HA 2010/11 § 3 H 31.

⁵*Da das Seminar nicht für die Öffentlichkeit allgemein zugänglich ist, fällt der Umsatz nicht unter die Eintrittsberechtigungen nach § 3a Abs. 3 Nr. 5 UStG.* ⁶*Der Leistungsort ist nach § 3a Abs. 2 Satz 1 UStG am Sitzort der W in Berlin.*
⁴Zu den Eintrittsberechtigungen für Messen, Ausstellungen und Kongresse gehören insbesondere Leistungen, für die der Leistungsempfänger Kongress-, Teilnehmer- oder Seminarentgelte entrichtet, sowie damit im Zusammenhang stehende Nebenleistungen, wie z.B. Beförderungsleistungen, Vermietung von Fahrzeugen oder Unterbringung, wenn diese Leistungen vom Veranstalter der Messe, der Ausstellung oder des Kongresses zusammen mit der Einräumung der Eintrittsberechtigung als einheitliche Leistung (vgl. Abschnitt 3.10) angeboten werden. ⁵Zu den mit den in § 3a Abs. 3 Nr. 5 UStG genannten Veranstaltungen zusammenhängenden sonstigen Leistungen gehören auch die Nutzung von Garderoben und von sanitären Einrichtungen gegen gesondertes Entgelt (vgl. Artikel 33 der MwStVO),. ⁶Nicht unter § 3a Abs. 3 Nr. 5 UStG fällt die Berechtigung zur Nutzung von Räumlichkeiten, wie beispielsweise Turnhallen oder anderen Räumen, gegen Entgelt (vgl. Artikel 32 Abs. 3 der MwStVO). ⁷Auch die Vermittlung von Eintrittsberechtigungen fällt nicht unter § 3a Abs. 3 Nr. 5 UStG; der Leistungsort dieser Umsätze richtet sich bei Leistungen an einen Unternehmer für dessen unternehmerischen Bereich oder an eine einem Unternehmer gleichgestellte juristische Person (siehe Abschnitt 3a.2 Abs. 1) nach § 3a Abs. 2 UStG, bei Leistungen an einen Nichtunternehmer (siehe Abschnitt 3a.1 Abs. 1) nach § 3a Abs. 3 Nr. 4 UStG.

3a.7. Ort der Vermittlungsleistung

AE 3a.7

(1) ¹Unter den Begriff Vermittlungsleistung fallen sowohl Vermittlungsleistungen, die im Namen und für Rechnung des Empfängers der vermittelten Leistung erbracht werden, als auch Vermittlungsleistungen, die im Namen und für Rechnung des Unternehmers erbracht werden, der die vermittelte Leistung ausführt **(vgl. Artikel 30 der MwStVO)**. ²Der Leistungsort einer Vermittlungsleistung bestimmt sich nur bei Leistungen an Nichtunternehmer (siehe Abschnitt 3a.1 Abs. 1) nach § 3a Abs. 3 Nr. 4 UStG. ³Hierunter fällt auch die Vermittlung der kurzfristigen Vermietung von Zimmern in Hotels, Gaststätten oder Pensionen, von Fremdenzimmern, Ferienwohnungen, Ferienhäusern und vergleichbaren Einrichtungen an Nichtunternehmer **(vgl. Artikel 31 Buchst. b der MwStVO)**. ⁴Bei Leistungen an einen Unternehmer oder an eine gleichgestellte juristische Person (siehe Abschnitt 3a.2 Abs. 1) richtet sich der Leistungsort nach § 3a Abs. 2 UStG (vgl. **Artikel 31 Buchst. a der MwStVO, und** Abschnitt 3a.2), bei der Vermittlung von Vermietungen von Grundstücken nach § 3a Abs. 3 Nr. 1 UStG.⁵Zur Abgrenzung der Vermittlungsleistung vom Eigenhandel vgl. Abschnitt 3.7.

(2) Die Vermittlung einer nicht steuerbaren Leistung zwischen Nichtunternehmern wird an dem Ort erbracht, an dem die vermittelte Leistung ausgeführt wird (vgl. EuGH-Urteil vom 27. 5. 2004, C-68/03, EuGHE I S. 5879).

3a.8. Ort der in § 3a Abs. 4 Satz 2 UStG bezeichneten sonstigen Leistungen

AE 3a.8

(1) ¹Bei der Bestimmung des Leistungsorts für die in § 3a Abs. 4 Satz 2 UStG bezeichneten Leistungen sind folgende Fälle zu unterscheiden:

1. Ist der Empfänger der sonstigen Leistung ein ein Nichtunternehmer (siehe Abschnitt 3a.1 Abs. 1) und hat er seinen Wohnsitz oder Sitz außerhalb des Gemeinschaftsgebiets (vgl. Abschnitt 1.10 Abs. 1), wird die sonstige Leistung dort ausgeführt, wo der Empfänger seinen Wohnsitz oder Sitz hat (§ 3a Abs. 4 Satz 1 UStG).
2. ¹Ist der Empfänger der sonstigen Leistungen ein Nichtunternehmer (siehe Abschnitt 3a.1 Abs. 1) und hat er seinen Wohnsitz oder Sitz innerhalb des Gemeinschaftsgebiets (vgl. Abschnitt 1.10 Abs. 1), wird die sonstige Leistung dort ausgeführt, wo der leistende Unternehmer sein Unternehmen betreibt. ²Insoweit verbleibt es bei der Regelung des § 3a Abs. 1 UStG (vgl. jedoch § 3a Abs. 5 UStG sowie § 3a Abs. 6 UStG und Abschnitt 3a.14 Abs. 1 bis 3 **sowie § 3a Abs. 8 Sätze 2 und 3 UStG** und **Abschnitt 3a.14 Abs. 6**).
3. Ist der Empfänger der sonstigen Leistung ein Unternehmer oder eine einem Unternehmer gleichgestellte juristische Person (siehe Abschnitt 3a.2 Abs. 1), wird die sonstige Leistung dort ausgeführt, wo der Empfänger sein Unternehmen betreibt bzw. die juristische Person ihren Sitz hat (§ 3a Abs. 2 UStG; vgl. Abschnitt 3a.2).

§ 3a UStG
AE 3a.9

AE 3a.9   **3a.9. Leistungskatalog des § 3a Abs. 4 Satz 2 Nr. 1 bis 10 UStG**

S 7117-e
S 7117-f

Patente, Urheberrechte, Markenrechte

(1) Sonstige Leistungen im Sinne des § 3a Abs. 4 Satz 2 Nr. 1 UStG ergeben sich u. a. auf Grund folgender Gesetze:

1. Gesetz über Urheberrecht und verwandte Schutzrechte;
2. Gesetz über die Wahrnehmung von Urheberrechten und verwandten Schutzrechten;
3. Patentgesetz;
4. Markenrechtsreformgesetz;
5. Gesetz über das Verlagsrecht;
6. Gebrauchsmustergesetz.

(2) [1]Hinsichtlich der Leistungen auf dem Gebiet des Urheberrechts vgl. Abschnitt 3a.6 Abs. 4. [2]Außerdem sind die Ausführungen in Abschnitt 12.7 zu beachten. [3]Bei der Auftragsproduktion von Filmen wird auf die Rechtsprechung des BFH zur Abgrenzung zwischen Lieferung und sonstiger Leistung hingewiesen (vgl. BFH-Urteil vom 19. 2. 1976, V R 92/74, BStBl II S. 515). [4]Die Überlassung von Fernsehübertragungsrechten und die Freigabe eines Berufsfußballspielers gegen Ablösezahlung sind als ähnliche Rechte im Sinne des § 3a Abs. 4 Satz 2 Nr. 1 UStG anzusehen.

Werbung, Öffentlichkeitsarbeit, Werbungsmittler, Werbeagenturen

(3) [1]Unter dem Begriff „Leistungen, die der Werbung dienen" im Sinne des § 3a Abs. 4 Satz 2 Nr. 2 UStG sind die Leistungen zu verstehen, die bei den Werbeadressaten den Entschluss zum Erwerb von Gegenständen oder zur Inanspruchnahme von sonstigen Leistungen auslösen sollen (vgl. BFH-Urteil vom 24. 9. 1987, V R 105/77, BStBl 1988 II S. 303). [2]Unter den Begriff fallen auch die Leistungen, die bei den Werbeadressaten ein bestimmtes außerwirtschaftliches, z. B. politisches, soziales, religiöses, Verhalten herbeiführen sollen. [3]Es ist nicht erforderlich, dass die Leistungen üblicherweise und ausschließlich der Werbung dienen.

(4) Zu den Leistungen, die der Werbung dienen, gehören insbesondere:

1. [1]**die Werbeberatung**. [2]Hierbei handelt es sich um die Unterrichtung über die Möglichkeiten der Werbung;
2. [1]**die Werbevorbereitung und die Werbeplanung**. [2]Bei ihr handelt es sich um die Erforschung und Planung der Grundlagen für einen Werbeeinsatz, z. B. die Markterkundung, die Verbraucheranalyse, die Erforschung von Konsumgewohnheiten, die Entwicklung einer Marktstrategie und die Entwicklung von Werbekonzeptionen;
3. [1]**die Werbegestaltung**. [2]Hierzu zählen die graphische Arbeit, die Abfassung von Werbetexten und die vorbereitenden Arbeiten für die Film-, Funk- und Fernsehproduktion;
4. [1]**die Werbemittelherstellung**. [2]Hierzu gehört die Herstellung oder Beschaffung der Unterlagen, die für die Werbung notwendig sind, z. B. Reinzeichnungen und Tiefdruckvorlagen für Anzeigen, Prospekte, Plakate usw., Druckstöcke, Bild- und Tonträger, einschließlich der Überwachung der Herstellungsvorgänge;
5. [1]**die Werbemittlung** (vgl. Absatz 7). [2]Der Begriff umfasst die Auftragsabwicklung in dem Bereich, in dem die Werbeeinsätze erfolgen sollen, z. B. die Erteilung von Anzeigenaufträgen an die Verleger von Zeitungen, Zeitschriften, Fachblättern und Adressbüchern sowie die Erteilung von Werbeaufträgen an Funk- und Fernsehanstalten und an sonstige Unternehmer, die Werbung durchführen;
6. [1]**die Durchführung von Werbung**. [2]Hierzu gehören insbesondere die Aufnahmen von Werbeanzeigen in Zeitungen, Zeitschriften, Fachblättern, auf Bild- und Tonträgern und in Adressbüchern, die sonstige Adresswerbung, z. B. Zusatzeintragungen oder hervorgehobene Eintragungen, die Beiheftung, Beifügung oder Verteilung von Prospekten oder sonstige Formen der Direktwerbung, das Anbringen von Werbeplakaten und Werbetexten an Werbeflächen, Verkehrsmitteln usw., das Abspielen von Werbefilmen in Filmtheatern oder die Ausstrahlung von Werbesendungen im Fernsehen oder Rundfunk.

(5) [1]Zeitungsanzeigen von Unternehmern, die Stellenangebote enthalten, ausgenommen Chiffreanzeigen, und sogenannte Finanzanzeigen, z. B. Veröffentlichung von Bilanzen, Emissionen, Börsenzulassungsprospekten usw., sind Werbeleistungen. [2]Zeitungsanzeigen von Nichtunternehmern, z. B. Stellengesuche, Stellenangebote von juristischen Personen des öffentlichen Rechts **für den hoheitlichen Bereich**, Familienanzeigen, Kleinanzeigen, sind dagegen als nicht der Werbung dienend anzusehen.

(6) [1]Unter Leistungen, die der Öffentlichkeitsarbeit dienen, sind die Leistungen zu verstehen, durch die Verständnis, Wohlwollen und Vertrauen erreicht oder erhalten werden sollen. [2]Es handelt sich hierbei in der Regel um die Unterrichtung der Öffentlichkeit über die Zielsetzungen, Leis-

tungen und die soziale Aufgeschlossenheit staatlicher oder privater Stellen. ³Die Ausführungen in den Absätzen 3 und 4 gelten entsprechend.

(7) Werbungsmittler ist, wer Unternehmern, die Werbung für andere durchführen, Werbeaufträge für andere im eigenen Namen und für eigene Rechnung erteilt (vgl. Absatz 4 Nr. 5).

(8) ¹Eine Werbeagentur ist ein Unternehmer, der neben der Tätigkeit eines Werbungsmittlers weitere Leistungen, die der Werbung dienen, ausführt. ²Bei den weiteren Leistungen handelt es sich insbesondere um Werbeberatung, Werbeplanung, Werbegestaltung, Beschaffung von Werbemitteln und Überwachung der Werbemittelherstellung (vgl. Absatz 4 Nr. 1 bis 4).

Beratungs- und Ingenieurleistungen

(9) ¹§ 3a Abs. 4 Satz 2 Nr. 3 UStG ist z. B. bei folgenden sonstigen Leistungen anzuwenden, wenn sie Hauptleistungen sind: Rechts-, Steuer- und Wirtschaftsberatung. ²Nicht unter § 3a Abs. 4 Satz 2 Nr. 3 UStG fallen Beratungsleistungen, wenn die Beratung nach den allgemeinen Grundsätzen des Umsatzsteuerrechts nur als Nebenleistung z. B. zu einer Werklieferung zu beurteilen ist.

(10) ¹Bei Rechtsanwälten, Patentanwälten, Steuerberatern und Wirtschaftsprüfern fallen alle berufstypischen Leistungen unter § 3a Abs. 4 Satz 2 Nr. 3 UStG. ²Zur Beratungstätigkeit gehören daher z. B. bei einem Rechtsanwalt die Prozessführung, bei einem Wirtschaftsprüfer auch die im Rahmen von Abschlussprüfungen erbrachten Leistungen. ³Keine berufstypische Leistung eines Rechtsanwaltes oder Steuerberaters ist die Tätigkeit als Testamentsvollstrecker oder Nachlasspfleger (vgl. BFH-Urteil vom 3. 4. 2008, V R 62/05, BStBl II S. 900).

(11) ¹§ 3a Abs. 4 Satz 2 Nr. 3 UStG erfasst auch die selbständigen Beratungsleistungen der Notare. ²Sie erbringen jedoch nur dann selbständige Beratungsleistungen, wenn die Beratungen nicht im Zusammenhang mit einer Beurkundung stehen. ³Das sind insbesondere die Fälle, in denen sich die Tätigkeit der Notare auf die Betreuung der Beteiligten auf dem Gebiet der vorsorgenden Rechtspflege, insbesondere die Anfertigung von Urkundsentwürfen und die Beratung der Beteiligten, beschränkt (vgl. § 24 BNotO und §§ 145 und 147 Abs. 2 KostO).

(12) ¹Unter § 3a Abs. 4 Satz 2 Nr. 3 UStG fallen auch die Beratungsleistungen von Sachverständigen. ²Hierzu gehören z. B. die Anfertigung von rechtlichen, wirtschaftlichen und technischen Gutachten, soweit letztere nicht in engem Zusammenhang mit einem Grundstück (§ 3a Abs. 3 Nr. 1 UStG und Abschnitt 3a.3 Abs. 3) oder mit beweglichen Gegenständen (§ 3a Abs. 3 Nr. 3 Buchstabe c UStG und Abschnitt 3a.6 Abs. 12) stehen, sowie die Aufstellung von Finanzierungsplänen, die Auswahl von Herstellungsverfahren und die Prüfung ihrer Wirtschaftlichkeit. ³Leistungen von Handelschemikern sind als Beratungsleistungen im Sinne des § 3a Abs. 4 Satz 2 Nr. 3 UStG zu beurteilen, wenn sie Auftraggeber neben der chemischen Analyse von Warenproben insbesondere über Kennzeichnungsfragen beraten.

(13) ¹Ingenieurleistungen sind alle sonstigen Leistungen, die zum Berufsbild eines Ingenieurs gehören, also nicht nur beratende Tätigkeiten; *die Ausübung von Ingenieurleistungen ist dadurch gekennzeichnet, Kenntnisse und bestehende Prozesse auf konkrete Probleme anzuwenden sowie neue Kenntnisse zu erwerben und neue Prozesse zur Lösung dieser und neuer Probleme zu entwickeln (vgl. EuGH-Urteil vom 7. 10. 2010, C-222/09, HFR S. 1367, und BFH-Urteil vom 13. 1. 2011, V R 63/09, BStBl II S. 461).* ²Es ist nicht erforderlich, dass der leistende Unternehmer Ingenieur. ³Nicht hierzu zählen Ingenieurleistungen in engem Zusammenhang mit einem Grundstück (vgl. Abschnitt 3a.3 Abs. 3 und 8). ⁴Die Anpassung von Software an die besonderen Bedürfnisse des Abnehmers gehört zu den sonstigen Leistungen, die von Ingenieuren erbracht werden, oder zu denen, die Ingenieurleistungen ähnlich sind (vgl. EuGH-Urteil vom 27. 10. 2005, C-41/04, EuGHE I S. 9433). *⁵Ebenso sind Leistungen eines Ingenieurs, die in Forschungs- und Entwicklungsarbeiten, z.B. im Umwelt- und Technologiebereich bestehen, Ingenieurleistungen im Sinne des § 3a Abs. 4 Satz 2 Nr. 3 UStG (vgl. EuGH-Urteil vom 7. 10. 2010, C-222/09, a.a.O.).*

(14) Zu den unter § 3a Abs. 4 Satz 2 Nr. 3 UStG fallenden sonstigen Leistungen der Übersetzer gehören auch die Übersetzungen von Texten *(vgl. Artikel 41 der MwStVO)*, soweit es sich nicht um urheberrechtlich geschützte Übersetzungen handelt (vgl. auch Abschnitt 12.7 Abs. 12).

Datenverarbeitung

(15) ¹Unter Datenverarbeitung im Sinne des § 3a Abs. 4 Satz 2 Nr. 4 UStG ist die manuelle, mechanische oder elektronische Speicherung, Umwandlung, Verknüpfung und Verarbeitung von Daten zu verstehen. ²Hierzu gehören insbesondere die Automatisierung von gleichförmig wiederholbaren Abläufen, die Sammlung, Aufbereitung, Organisation, Speicherung und Wiedergewinnung von Informationsmengen sowie die Verknüpfung von Datenmengen oder Datenstrukturen mit der Verarbeitung dieser Informationen aufgrund computerorientierter Verfahren. ³Die Erstellung von Datenverarbeitungsprogrammen (Software) ist keine Datenverarbeitung im Sinne von § 3a Abs. 4 Satz 2 Nr. 4 UStG (vgl. aber Abschnitt 3a.12).

Überlassung von Informationen

(16) ¹§ 3a Abs. 4 Satz 2 Nr. 5 UStG behandelt die Überlassung von Informationen einschließlich gewerblicher Verfahren und Erfahrungen, soweit diese sonstigen Leistungen nicht bereits unter § 3a Abs. 4 Satz 2 Nr. 1, 3 und 4 UStG fallen. ²Gewerbliche Verfahren und Erfahrungen können im Rahmen der laufenden Produktion oder der laufenden Handelsgeschäfte gesammelt werden und daher bei einer Auftragserteilung bereits vorliegen, z. B. Überlassung von Betriebsvorschriften, Unterrichtung über Fabrikationsverbesserungen, Unterweisung von Arbeitern des Auftraggebers im Betrieb des Unternehmers. ³Gewerbliche Verfahren und Erfahrungen können auch auf Grund besonderer Auftragsforschung gewonnen werden, z. B. Analysen für chemische Produkte, Methoden der Stahlgewinnung, Formeln für die Automation. ⁴Es ist ohne Belang, in welcher Weise die Verfahren und Erfahrungen übermittelt werden, z. B. durch Vortrag, Zeichnungen, Gutachten oder durch Übergabe von Mustern und Prototypen. ⁵Unter die Vorschrift fällt die Überlassung aller Erkenntnisse, die ihrer Art nach geeignet sind, technisch oder wirtschaftlich verwendet zu werden. ⁶Dies gilt z. B. auch für die Überlassung von Know-how und von Ergebnissen einer Meinungsumfrage auf dem Gebiet der Marktforschung (BFH-Urteil vom 22. 11. 1973, V R 164/72, BStBl 1974 II S. 259) sowie für die Überlassung von Informationen durch Journalisten oder Pressedienste, soweit es sich nicht um die Überlassung urheberrechtlich geschützter Rechte handelt (vgl. Abschnitt 12.7 Abs. 9 bis 11). ⁷Bei den sonstigen Leistungen der Erbenermittler und Detektive handelt es sich um Überlassungen von Informationen im Sinne des § 3a Abs. 4 Satz 2 Nr. 5 UStG. ⁸Dagegen stellt die Unterrichtung des Erben über den Erbfall durch einen Erbenermittler keine Überlassung von Informationen dar (vgl. BFH-Urteil vom 3. 4. 2008, V R 62/05, BStBl II S. 900).

Finanzumsätze

(17) ¹Wegen der sonstigen Leistungen, die in § 4 Nr. 8 Buchstabe a bis g und Nr. 10 UStG bezeichnet sind, vgl. Abschnitte 4.8.1 bis 4.8.13 und Abschnitte 4.10.1 und 4.10.2. ²Die Verweisung auf § 4 Nr. 8 Buchstabe a bis h und Nr. 10 UStG in § 3a Abs. 4 Satz 2 Nr. 6 Buchstabe a UStG erfasst auch die dort als nicht steuerfrei bezeichneten Leistungen.

Edelmetallumsätze

(18) ¹Zu den sonstigen Leistungen im Geschäft mit Platin nach § 3a Abs. 4 Satz 2 Nr. 6 Buchstabe b UStG gehört auch der börsenmäßige Handel mit Platinmetallen (Palladium, Rhodium, Iridium, Osmium, Ruthenium). ²Dies gilt jedoch nicht für Geschäfte mit Platinmetallen, bei denen die Versorgungsfunktion der Verarbeitungsunternehmen im Vordergrund steht. ³Hierbei handelt es sich um Warengeschäfte.

3a.10. Sonstige Leistungen auf dem Gebiet der Telekommunikation

(1) ¹Als sonstige Leistungen auf dem Gebiet der Telekommunikation im Sinne des § 3a Abs. 4 Satz 2 Nr. 11 UStG sind die Leistungen anzusehen, mit denen die Übertragung, die Ausstrahlung oder der Empfang von Signalen, Schrift, Bild und Ton oder Informationen jeglicher Art über Draht, Funk, optische oder sonstige elektromagnetische Medien ermöglicht und gewährleistet werden, einschließlich der damit im Zusammenhang stehenden Abtretung und Einräumung von Nutzungsrechten an Einrichtungen zur Übertragung, zur Ausstrahlung oder zum Empfang. ²Der Ort dieser Telekommunikationsleistungen bestimmt sich nach § 3a Abs. 4 Satz 1 UStG, wenn der Leistungsempfänger weder ein Unternehmer, für dessen Unternehmen die Leistung bezogen wird, noch eine einem Unternehmer gleichgestellte juristische Person (siehe Abschnitt 3a.2 Abs. 1) ist und er seinen Wohnsitz oder Sitz im Drittlandsgebiet hat (vgl. hierzu Abschnitt 3a.8 Nr. 1). ³Für den per Telekommunikation übertragenen Inhalt bestimmt sich der Ort der sonstigen Leistung grundsätzlich nach der Art der Leistung (vgl. auch Absatz 4). ⁴Hierbei ist der Grundsatz der Einheitlichkeit der Leistung zu beachten (vgl. hierzu Abschnitt 3.10).

(2) Zu den sonstigen Leistungen im Sinne des Absatzes 1 gehören insbesondere:

1. ¹Die Übertragung von Signalen, Schrift, Bild, Ton, Sprache oder Informationen jeglicher Art
    a) via Festnetz,
    b) via Mobilfunk,
    c) via Satellitenkommunikation,
    d) via Internet.

    ²Hierzu gehören auch Videoübertragungen und Schaltungen von Videokonferenzen;

2. ¹die Bereitstellung von Leitungskapazitäten oder Frequenzen im Zusammenhang mit der Einräumung von Übertragungskapazitäten
    a) im Festnetz,
    b) im Mobilfunknetz,

c) in der Satellitenkommunikation,
d) im Rundfunk- und Fernsehnetz,
e) beim Kabelfernsehen.

²Dazu gehören auch Kontroll- und Überwachungsmaßnahmen im Zusammenhang mit der Einräumung von Übertragungskapazitäten zur Sicherung der Betriebsbereitschaft durch Fernüberwachung oder Vor-Ort-Service;

3. ¹die Verschaffung von Zugangsberechtigungen zu
   a) den Festnetzen,
   b) den Mobilfunknetzen,
   c) der Satellitenkommunikation,
   d) dem Internet,
   e) dem Kabelfernsehen.

²Hierzu gehört auch die Überlassung von sogenannten „Calling-Cards", bei denen die Telefongespräche, unabhängig von welchem Apparat sie geführt werden, über die Telefonrechnung für den Anschluss im Heimatland abgerechnet werden;

4. ¹die Vermietung und das Zurverfügungstellen von Telekommunikationsanlagen im Zusammenhang mit der Einräumung von Nutzungsmöglichkeiten der verschiedenen Übertragungskapazitäten. ²Dagegen handelt es sich bei der Vermietung von Telekommunikationsanlagen ohne Einräumung von Nutzungsmöglichkeiten von Übertragungskapazitäten um die Vermietung beweglicher körperlicher Gegenstände im Sinne des § 3a Abs. 4 Satz 2 Nr. 10 UStG;

5. die Einrichtung von „voice-mail-box-Systemen".

(3) ¹Von den Telekommunikationsleistungen im Sinne des § 3a Abs. 4 Satz 2 Nr. 11 UStG sind u. a. die über globale Informationsnetze (z. B. Online-Dienste, Internet) entgeltlich angebotenen Inhalte der übertragenen Leistungen zu unterscheiden. ²Hierbei handelt es sich um gesondert zu beurteilende selbständige Leistungen, deren Art für die umsatzsteuerrechtliche Beurteilung maßgebend ist.

(4) ¹Nicht zu den Telekommunikationsleistungen im Sinne des § 3a Abs. 4 Satz 2 Nr. 11 UStG gehören insbesondere:

1. Angebote im Bereich Onlinebanking und Datenaustausch;
2. Angebote zur Information (Datendienste, z. B. Verkehrs-, Wetter-, Umwelt- und Börsendaten, Verbreitung von Informationen über Waren und Dienstleistungsangebote);
3. Angebote zur Nutzung des Internets oder weiterer Netze (z. B. Navigationshilfen);
4. Angebote zur Nutzung von Onlinespielen;
5. Angebote von Waren und Dienstleistungen in elektronisch abrufbaren Datenbanken mit interaktivem Zugriff und unmittelbarer Bestellmöglichkeit.

²Der Inhalt dieser Leistungen kann z. B. in der Einräumung, Übertragung und Wahrnehmung von bestimmten Rechten (§ 3a Abs. 4 Satz 2 Nr. 1 UStG), in der Werbung und Öffentlichkeitsarbeit (§ 3a Abs. 4 Satz 2 Nr. 2 UStG), in der rechtlichen, wirtschaftlichen und technischen Beratung (§ 3a Abs. 4 Satz 2 Nr. 3 UStG), in der Datenverarbeitung (§ 3a Abs. 4 Satz 2 Nr. 4 UStG), in der Überlassung von Informationen (§ 3a Abs. 4 Satz 2 Nr. 5 UStG) oder in einer auf elektronischem Weg erbrachten sonstigen Leistung (§ 3a Abs. 4 Satz 2 Nr. 13 UStG) bestehen.

(5) ¹Die Anbieter globaler Informationsnetze (sog. Online-Anbieter) erbringen häufig ein Bündel sonstiger Leistungen an ihre Abnehmer. ²Zu den sonstigen Leistungen der Online-Anbieter auf dem Gebiet der Telekommunikation im Sinne des § 3a Abs. 4 Satz 2 Nr. 11 UStG gehören insbesondere:

1. Die Einräumung des Zugangs zum Internet;
2. die Ermöglichung des Bewegens im Internet;
3. die Übertragung elektronischer Post (E-Mail) einschließlich der Zeit, die der Anwender zur Abfassung und Entgegennahme dieser Nachrichten benötigt, sowie die Einrichtung einer Mailbox.

(6) Die Leistungen der Online-Anbieter sind wie folgt zu beurteilen:

1. Grundsätzlich ist jede einzelne sonstige Leistung gesondert zu beurteilen.
2. ¹Besteht die vom Online-Anbieter als sog. „Zugangs-Anbieter" erbrachte sonstige Leistung allerdings vornehmlich darin, dem Abnehmer den Zugang zum Internet oder das Bewegen im Internet zu ermöglichen (Telekommunikationsleistung im Sinne des § 3a Abs. 4 Nr. 12 UStG), handelt es sich bei daneben erbrachten sonstigen Leistungen zwar nicht um Telekommunikationsleistungen. ²Sie sind jedoch Nebenleistungen, die das Schicksal der Hauptleistung teilen.

§ 3a UStG
AE 3a.10

Beispiel:

¹Der Zugangs-Anbieter Z ermöglicht dem Abnehmer A entgeltlich den Zugang zum Internet, ohne eigene Dienste anzubieten. ²Es wird lediglich eine Anwenderunterstützung (Navigationshilfe) zum Bewegen im Internet angeboten.

³Die Leistung des Z ist insgesamt eine Telekommunikationsleistung im Sinne des § 3a Abs. 4 Satz 2 Nr. 11 UStG.

3. Erbringt der Online-Anbieter dagegen als Zugangs- und sog. Inhalts-Anbieter („Misch-Anbieter") neben den Telekommunikationsleistungen im Sinne des § 3a Abs. 4 Satz 2 Nr. 11 UStG weitere sonstige Leistungen, die nicht als Nebenleistungen zu den Leistungen auf dem Gebiet der Telekommunikation anzusehen sind, handelt es sich insoweit um selbständige Hauptleistungen, die gesondert zu beurteilen sind.

Beispiel:

¹Der Misch-Anbieter M bietet die entgeltliche Nutzung eines Online-Dienstes an. ²Der Anwender B hat die Möglichkeit, neben dem Online-Dienst auch die Zugangsmöglichkeit für das Internet zu nutzen. ³Neben der Zugangsberechtigung zum Internet werden Leistungen im Bereich des Datenaustausches angeboten.

⁴Bei den Leistungen des M handelt es sich um selbständige Hauptleistungen, die gesondert zu beurteilen sind.

(7) ¹Wird vom Misch-Anbieter für die selbständigen Leistungen jeweils ein gesondertes Entgelt erhoben, ist es den jeweiligen Leistungen zuzuordnen. ²Wird ein einheitliches Entgelt entrichtet, ist es grundsätzlich auf die jeweils damit vergüteten Leistungen aufzuteilen. ³Eine Aufteilung des Gesamtentgelts ist allerdings nicht erforderlich, wenn die sonstigen Leistungen – vorbehaltlich der Regelung nach § 3a Abs. 3 UStG – insgesamt am Sitz des Leistungsempfängers (§ 3a Abs. 2 oder Abs. 4 Satz 1 UStG) oder am Sitz des leistenden Unternehmers ausgeführt werden (§ 3a Abs. 1 UStG). ⁴Eine Aufteilung kann allerdings erforderlich sein, wenn die erbrachten Leistungen ganz oder teilweise dem ermäßigten Steuersatz unterliegen oder steuerfrei sind.

Beispiel 1:

¹Der Privatmann C mit Sitz in Los Angeles zahlt an den Misch-Anbieter M mit Sitz in München ein monatliches Gesamtentgelt. ²C nutzt zum einen den Zugang zum Internet und zum anderen die von M im Online-Dienst angebotene Leistung, sich über Waren und Dienstleistungsangebote zu informieren. ³Sämtliche Leistungen unterliegen dem allgemeinen Steuersatz.

⁴Die Nutzung des Zugangs zum Internet ist eine Telekommunikationsleistung im Sinne des § 3a Abs. 4 Satz 2 Nr. 11 UStG. ⁵Dagegen ist die Information über Waren und Dienstleistungsangebote eine auf elektronischem Weg erbrachte sonstige Leistung im Sinne des § 3a Abs. 4 Satz 2 Nr. 13 UStG. ⁶Eine Aufteilung des Gesamtentgelts ist nicht erforderlich, da die sonstigen Leistungen insgesamt in Los Angeles erbracht werden (§ 3a Abs. 4 Satz 1 UStG).

Beispiel 2:

¹Der Privatmann F mit Wohnsitz in Paris zahlt an den Misch-Anbieter M mit Sitz in Hamburg ein monatliches Gesamtentgelt. ²F nutzt zum einen den Zugang zum Internet und zum anderen die von M im Online-Dienst angebotene Leistung, sich über Börsendaten zu informieren.

³Die Nutzung des Zugangs zum Internet ist eine Telekommunikationsleistung im Sinne des § 3a Abs. 4 Satz 2 Nr. 11 UStG. ⁴Dagegen ist die Information über Börsendaten eine auf elektronischem Weg erbrachte sonstige Leistung im Sinne des § 3a Abs. 4 Satz 2 Nr. 13 UStG. ⁵Eine Aufteilung des Gesamtentgelts ist nicht erforderlich. ⁶Die sonstigen Leistungen werden insgesamt am Sitz des Misch-Anbieters M in Hamburg ausgeführt (§ 3a Abs. 1 UStG).

(8) ¹Ist ein einheitlich entrichtetes Gesamtentgelt aufzuteilen, kann die Aufteilung im Schätzungswege vorgenommen werden. ²Das Aufteilungsverhältnis der Telekommunikationsleistungen im Sinne des § 3a Abs. 4 Satz 2 Nr. 11 UStG und der übrigen sonstigen Leistungen bestimmt sich nach den Nutzungszeiten für die Inanspruchnahme der einzelnen sonstigen Leistungen durch die Anwender. ³Das Finanzamt kann gestatten, dass ein anderer Aufteilungsmaßstab verwendet wird, wenn dieser Aufteilungsmaßstab nicht zu einem unzutreffenden Ergebnis führt.

Beispiel:

¹Der Misch-Anbieter M führt in den Voranmeldungszeiträumen Januar bis März sowohl Telekommunikationsleistungen als auch andere sonstige Leistungen im Sinne des § 3a Abs. 4 UStG aus, für die er ein einheitliches Gesamtentgelt vereinnahmt hat.

²Das Gesamtentgelt kann entsprechend dem Verhältnis der jeweils genutzten Einzelleistungen zur gesamten Anwendernutzzeit aufgeteilt werden.

3a.11. Rundfunk- und Fernsehdienstleistungen

AE 3a.11

(1) ¹Rundfunk- und Fernsehdienstleistungen sind Rundfunk- und Fernsehprogramme, die über Kabel, Antenne oder Satellit verbreitet werden. ²Dies gilt auch dann, wenn die Verbreitung gleichzeitig über das Internet oder ein ähnliches elektronisches Netz erfolgt. ³Der Ort dieser Rundfunk- und Fernsehdienstleistungen bestimmt sich nach § 3a Abs. 4 Satz 1 UStG, wenn der Leistungsempfänger weder ein Unternehmer, für dessen Unternehmen die Leistung bezogen wird, noch eine einem Unternehmer gleichgestellte juristische Person (siehe Abschnitt 3a.2 Abs. 1) ist und er seinen Wohnsitz oder Sitz im Drittlandsgebiet hat (vgl. hierzu Abschnitt 3a.8 Nr. 1).

S 7117-f

(2) ¹Ein Rundfunk- und Fernsehprogramm, das nur über das Internet oder ein ähnliches elektronisches Netz verbreitet wird, gilt dagegen als auf elektronischem Weg erbrachte sonstige Leistung (§ 3a Abs. 4 Satz 2 Nr. 13 UStG). ²Die Bereitstellung von Sendungen und Veranstaltungen aus den Bereichen Politik, Kultur, Kunst, Sport, Wissenschaft und Unterhaltung ist ebenfalls eine auf elektronischem Weg erbrachte sonstige Leistung *(vgl. Abschnitt 3a.12 Abs. 3 Nr. 8)*. ³Hierunter fällt der Web-Rundfunk, der ausschließlich über das Internet oder ähnliche elektronische Netze und nicht gleichzeitig über Kabel, Antenne oder Satellit verbreitet wird.

(3) Zum Leistungsort bei sonstigen Leistungen inländischer und ausländischer Rundfunkanstalten des öffentlichen Rechts untereinander vgl. Abschnitt 3a.2 Abs. 13.

3a.12. Auf elektronischem Weg erbrachte sonstige Leistungen

AE 3a.12

Anwendungsbereich

(1) ¹Eine auf elektronischem Weg erbrachte sonstige Leistung im Sinne des § 3a Abs. 4 Satz 2 Nr. 13 UStG ist eine Leistung, die über das Internet oder ein elektronisches Netz, einschließlich Netze zur Übermittlung digitaler Inhalte, erbracht wird und deren Erbringung auf Grund der Merkmale der sonstigen Leistung in hohem Maße auf Informationstechnologie angewiesen ist; d. h., die Leistung ist im Wesentlichen automatisiert, wird nur mit minimaler menschlicher Beteiligung erbracht und wäre ohne Informationstechnologie nicht möglich *(vgl. Artikel 7 sowie Anhang I der MwStVO)*. ²Der Ort der auf elektronischem Weg erbrachten sonstigen Leistungen bestimmt sich nach § 3a Abs. 4 Satz 1 UStG, wenn der Leistungsempfänger weder ein Unternehmer, für dessen Unternehmen die Leistung bezogen wird, noch eine einem Unternehmer gleichgestellte juristische Person (siehe Abschnitt 3a.2 Abs. 1) ist und er seinen Wohnsitz oder Sitz im Drittlandsgebiet hat (vgl. hierzu Abschnitt 3a.8 Nr. 1); hat der Leistungsempfänger seinen Wohnsitz im Gemeinschaftsgebiet und wird die Leistung von einem Unternehmer erbracht, der im Drittlandsgebiet ansässig ist oder die Leistung tatsächlich von einer im Drittlandsgebiet ansässigen Betriebsstätte *(vgl. Abschnitt 3a.1 Abs. 3)* erbringt, bestimmt sich der Leistungsort nach § 3a Abs. 5 UStG.

S 7117-f

(2) Auf elektronischem Weg erbrachte sonstige Leistungen umfassen im Wesentlichen:
1. Digitale Produkte, wie z. B. Software und zugehörige Änderungen oder Updates;
2. Dienste, die in elektronischen Netzen eine Präsenz zu geschäftlichen oder persönlichen Zwecken vermitteln oder unterstützen (z. B. Website, Webpage);
3. von einem Computer automatisch generierte Dienstleistungen über das Internet oder ein elektronisches Netz auf der Grundlage spezifischer Dateneingabe des Leistungsempfängers;
4. sonstige automatisierte Dienstleistungen, für deren Erbringung das Internet oder ein elektronisches Netz erforderlich ist (z. B. Dienstleistungen, die von Online-Markt-Anbietern erbracht und die z. B. über Provisionen und andere Entgelte für erfolgreiche Vermittlungen abgerechnet werden).

(3) Auf elektronischem Weg erbrachte sonstige Leistungen sind insbesondere:
1. ¹Bereitstellung von Websites, Webhosting, Fernwartung von Programmen und Ausrüstungen.
   Hierzu gehören z. B. die automatisierte Online-Fernwartung von Programmen, die Fernverwaltung von Systemen, das Online-Data-Warehousing (Datenspeicherung und -abruf auf elektronischem Weg), Online-Bereitstellung von Speicherplatz nach Bedarf;
2. ¹Bereitstellung von Software und deren Aktualisierung.
   ²Hierzu gehört z. B. die Gewährung des Zugangs zu oder das Herunterladen von Software (wie z. B. Beschaffungs- oder Buchhaltungsprogramme, Software zur Virusbekämpfung) und Updates, Bannerblocker (Software zur Unterdrückung der Anzeige von Webbannern), Herunterladen von Treibern (z. B. Software für Schnittstellen zwischen PC und Peripheriegeräten wie z. B. Drucker), automatisierte Online-Installation von Filtern auf Websites und automatisierte Online-Installation von Firewalls;
3. Bereitstellung von Bildern, wie z. B. die Gewährung des Zugangs zu oder das Herunterladen von Desktop-Gestaltungen oder von Fotos, Bildern und Bildschirmschonern;

4. ¹Bereitstellung von Texten und Informationen.

²Hierzu gehören z. B. E-Books und andere elektronische Publikationen, Abonnements von Online-Zeitungen und Online-Zeitschriften, Web-Protokolle und Website-Statistiken, Online-Nachrichten, Online-Verkehrsinformationen und Online-Wetterberichte, Online-Informationen, die automatisch anhand spezifischer vom Leistungsempfänger eingegebener Daten etwa aus dem Rechts- und Finanzbereich generiert werden (z. B. regelmäßig aktualisierte Börsendaten), Werbung in elektronischen Netzen und Bereitstellung von Werbeplätzen (z. B. Bannerwerbung auf Websites und Webpages);

5. Bereitstellung von Datenbanken, wie z. B. die Benutzung von Suchmaschinen und Internetverzeichnissen;

6. Bereitstellung von Musik (z. B. die Gewährung des Zugangs zu oder das Herunterladen von Musik auf PC, Mobiltelefone usw. und die Gewährung des Zugangs zu oder das Herunterladen von Jingles, Ausschnitten, Klingeltönen und anderen Tönen);

7. ¹Bereitstellung von Filmen und Spielen, einschließlich Glücksspielen und Lotterien.

²Hierzu gehören z. B. die Gewährung des Zugangs zu oder das Herunterladen von Filmen und die Gewährung des Zugangs zu automatisierten Online-Spielen, die nur über das Internet oder ähnliche elektronische Netze laufen und bei denen die Spieler räumlich voneinander getrennt sind;

8. ¹Bereitstellung von Sendungen und Veranstaltungen aus den Bereichen Politik, Kultur, Kunst, Sport, Wissenschaft und Unterhaltung.

Hierzu gehört z. B. der Web-Rundfunk, der ausschließlich über das Internet oder ähnliche elektronische Netze verbreitet und nicht gleichzeitig auf herkömmlichen Weg ausgestrahlt wird;

9. ¹Erbringung von Fernunterrichtsleistungen.

²Hierzu gehört z. B. der automatisierte Unterricht, der auf das Internet oder ähnliche elektronische Netze angewiesen ist, auch sogenannte virtuelle Klassenzimmer. ³Dazu gehören auch Arbeitsunterlagen, die vom Schüler online bearbeitet und anschließend ohne menschliches Eingreifen automatisch korrigiert werden;

10. Online-Versteigerungen (soweit es sich nicht bereits um Web-Hosting-Leistungen handelt) über automatisierte Datenbanken und mit Dateneingabe durch den Leistungsempfänger, die kein oder nur wenig menschliches Eingreifen erfordern (z. B. Online-Marktplatz, Online-Einkaufsportal);

11. Internet Service-Pakete, die mehr als nur die Gewährung des Zugangs zum Internet ermöglichen und weitere Elemente umfassen (z. B. Nachrichten, Wetterbericht, Reiseinformationen, Spielforen, Webhosting, Zugang zu Chatlines usw.).

(4) Von den auf elektronischem Weg erbrachten sonstigen Leistungen sind die Leistungen zu unterscheiden, bei denen es sich um Lieferungen oder um andere sonstige Leistungen im Sinne des § 3a UStG handelt.

(5) Insbesondere in den folgenden Fällen handelt es sich um Lieferungen, so dass keine auf elektronischem Weg erbrachte sonstige Leistungen vorliegen:

1. Lieferungen von Gegenständen nach elektronischer Bestellung und Auftragsbearbeitung;

2. Lieferungen von CD-ROM, Disketten und ähnlichen körperlichen Datenträgern;

3. Lieferungen von Druckerzeugnissen wie Büchern, Newsletters, Zeitungen und Zeitschriften;

4. Lieferungen von CD, Audiokassetten, Videokassetten und DVD;

5. Lieferungen von Spielen auf CD-ROM.

(6) In den folgenden Fällen handelt es sich um andere als auf elektronischem Weg erbrachte sonstige Leistungen im Sinne des § 3a Abs. 4 Satz 2 Nr. 13 UStG, d. h. Dienstleistungen, die zum wesentlichen Teil durch Menschen erbracht werden, wobei das Internet oder ein elektronisches Netz nur als Kommunikationsmittel dient:

1. ¹Data-Warehousing – offline –. ²Der Leistungsort richtet sich nach § 3a Abs. 1 oder 2 UStG.

2. ¹Versteigerungen herkömmlicher Art, bei denen Menschen direkt tätig werden, unabhängig davon, wie die Gebote abgegeben werden – z. B. persönlich, per Internet oder per Telefon. ²Der Leistungsort richtet sich nach § 3a Abs. 1 oder 2 UStG.

3. ¹Fernunterricht, z. B. per Post. ²Der Leistungsort richtet sich nach **§ 3a Abs. 2 oder** § 3a Abs. 3 Nr. 3 Buchstabe a UStG.

4. ¹Reparatur von EDV-Ausrüstung. ²Der Leistungsort richtet sich nach § 3a Abs. 2 oder 3 Nr. 3 Buchstabe c UStG (vgl. Abschnitt 3a.6 Abs. 10 und 11).

5. ¹Zeitungs-, Plakat- und Fernsehwerbung (§ 3a Abs. 4 Satz 2 Nr. 2 UStG; vgl. Abschnitt 3a.9 Abs. 3 bis 5). ²Der Leistungsort richtet sich nach § 3a Abs. 1, 2 oder 4 Satz 1 UStG.

6. ¹Beratungsleistungen von Rechtsanwälten und Finanzberatern usw. per E-Mail (§ 3a Abs. 4 Satz 2 Nr. 3 UStG; vgl. Abschnitt 3a.9 Abs. 9 bis 13). ²Der Leistungsort richtet sich nach § 3a Abs. 1, 2 oder 4 Satz 1 UStG.
7. ¹Anpassung von Software an die besonderen Bedürfnisse des Abnehmers (§ 3a Abs. 4 Satz 2 Nr. 3 UStG, vgl. Abschnitt 3a.9 Abs. 13). ²Der Leistungsort richtet sich nach § 3a Abs. 1, 2 oder 4 Satz 1 UStG.
8. ¹Internettelefonie (§ 3a Abs. 4 Satz 2 Nr. 11 UStG). ²Der Leistungsort richtet sich nach § 3a Abs. 1, 2 oder 4 Satz 1 UStG.
9. ¹Kommunikation, wie z. B. E-Mail (§ 3a Abs. 4 Satz 2 Nr. 11 UStG). ²Der Leistungsort richtet sich nach § 3a Abs. 1, 2 oder 4 Satz 1 UStG.
10. ¹Telefon-Helpdesks (§ 3a Abs. 4 Satz 2 Nr. 11 UStG). ²Der Leistungsort richtet sich nach § 3a Abs. 1, 2 oder 4 Satz 1 UStG;.
11. ¹Videofonie, d. h. Telefonie mit Video-Komponente (§ 3a Abs. 4 Satz 2 Nr. 11 UStG). ²Der Leistungsort richtet sich nach § 3a Abs. 1, 2 oder 4 Satz 1 UStG.
12. ¹Zugang zum Internet und World Wide Web (§ 3a Abs. 4 Satz 2 Nr. 11 UStG). ²Der Leistungsort richtet sich nach § 3a Abs. 1, 2 oder 4 Satz 1 UStG.
13. ¹Rundfunk- und Fernsehdienstleistungen über das Internet oder ein ähnliches elektronisches Netz bei gleichzeitiger Übertragung der Sendung auf herkömmlichem Weg (§ 3a Abs. 4 Satz 2 Nr. 12 UStG, vgl. Abschnitt 3a.11). ²Der Leistungsort richtet sich nach § 3a Abs. 1, 2 oder 4 Satz 1 UStG.

Besteuerungsverfahren und Aufzeichnungspflichten

(7) Zum Besteuerungsverfahren für nicht im Gemeinschaftsgebiet ansässige Unternehmer, die im Gemeinschaftsgebiet als Steuerschuldner ausschließlich sonstige Leistungen auf elektronischem Weg an in der EU ansässige Nichtunternehmer erbringen (§ 3a Abs. 5 UStG), vgl. Abschnitt 3a.16 Abs. 8 bis 14.

(8) ¹Der nicht im Gemeinschaftsgebiet ansässige Unternehmer hat über die im Rahmen der Regelung nach § 18 Abs. 4c und 4d UStG getätigten Umsätze Aufzeichnungen mit ausreichenden Angaben zu führen. ²Diese Aufzeichnungen sind dem BZSt auf Anfrage auf elektronischem Weg zur Verfügung zu stellen (§ 22 Abs. 1 Satz 4 UStG). ³Die Aufbewahrungsfrist beträgt zehn Jahre (§ 147 Abs. 3 AO).

3a.13. Gewährung des Zugangs zu Erdgas- und Elektrizitätsnetzen und die Fernleitung, die Übertragung oder die Verteilung über diese Netze sowie damit unmittelbar zusammenhängende sonstige Leistungen

(1) ¹Bei bestimmten sonstigen Leistungen im Zusammenhang mit Lieferungen von Gas über das Erdgasnetz oder von Elektrizität **über das Elektrizitätsnetz oder von Wärme oder Kälte über Wärme- oder Kältenetze** (§ 3a Abs. 4 Satz 2 Nr. 14 UStG) richtet sich der Leistungsort bei Leistungen an im Drittlandsgebiet ansässige Nichtunternehmer regelmäßig nach § 3a Abs. 4 Satz 1 UStG. ²Zu diesen Leistungen gehören die Gewährung des Zugangs zu Erdgas- und Elektrizitätsnetzen, die Fernleitung, die Übertragung oder die Verteilung über diese Netze sowie andere mit diesen Leistungen unmittelbar zusammenhängende Umsätze in Bezug auf Gas für alle Druckstufen und in Bezug auf Elektrizität für alle Spannungsstufen **sowie in Bezug auf Wärme und auf Kälte**.

(2) Zu den mit der Gewährung des Zugangs zu Erdgas- oder Elektrizitäts-, **Wärme- oder Kälte**netzen und der Fernleitung, der Übertragung oder der Verteilung über diese Netze unmittelbar zusammenhängenden Umsätzen gehören insbesondere Serviceleistungen wie Überwachung, Netzoptimierung, Notrufbereitschaften.

(3) Der Ort der Vermittlung von unter § 3a Abs. 4 Satz 2 Nr. 14 UStG fallenden Leistungen bestimmt sich grundsätzlich nach § 3a Abs. 2 und 3 Nr. 4 UStG.

3a.14. Sonderfälle des Orts der sonstigen Leistung

Nutzung und Auswertung bestimmter sonstiger Leistungen im Inland (§ 3a Abs. 6 UStG)

(1) Die Sonderregelung des § 3a Abs. 6 UStG betrifft sonstige Leistungen, die von einem im Drittlandsgebiet ansässigen Unternehmer oder von einer dort belegenen Betriebsstätte erbracht und im Inland genutzt oder ausgewertet werden.

(2) Die Ortsbestimmung richtet sich nur bei der kurzfristigen Vermietung eines Beförderungsmittels an Unternehmer und gleichgestellte juristische Personen (siehe Abschnitt 3a.2 Abs. 1) oder an Nichtunternehmer (siehe Abschnitt 3a.1 Abs. 1) und bei langfristiger Vermietung an Nichtunternehmer nach § 3a Abs. 6 Satz 1 Nr. 1 UStG.

Beispiel:
¹Der im Inland ansässige Privatmann P mietet bei einem in der Schweiz ansässigen Autovermieter S einen Personenkraftwagen für ein Jahr und nutzt ihn im Inland.
²Der Ort der Leistung bei der langfristigen Vermietung des Beförderungsmittels richtet sich nach § 3a Abs. 1 UStG (vgl. Abschnitt 3a.1 Abs. 4). ³Da der Personenkraftwagen im Inland genutzt wird, ist die Leistung jedoch nach § 3a Abs. 6 Satz 1 Nr. 1 UStG als im Inland ausgeführt zu behandeln. ⁴Steuerschuldner ist S (§ 13a Abs. 1 Nr. 1 UStG).

(3) ¹§ 3a Abs. 6 Satz 1 Nr. 2 UStG gilt nur für Leistungen an im Inland ansässige juristische Personen des öffentlichen Rechts, *wenn diese*
– *Unternehmer sind und die Leistung nicht für ihr Unternehmen bezogen wird oder*
– *nicht Unternehmer sind und ihnen keine USt-IdNr. erteilt worden ist.*

²Die Leistungen eines Aufsichtsratmitgliedes werden am Sitz der Gesellschaft genutzt oder ausgewertet. ³Sonstige Leistungen, die der Werbung oder der Öffentlichkeitsarbeit dienen (vgl. Abschnitt 3a.9 Abs. 4 bis 8), werden dort genutzt oder ausgewertet, wo die Werbung oder Öffentlichkeitsarbeit wahrgenommen werden soll. ⁴Wird eine sonstige Leistung sowohl im Inland als auch im Ausland genutzt oder ausgewertet, ist darauf abzustellen, wo die Leistung überwiegend genutzt oder ausgewertet wird.

Beispiel 1:
¹Die Stadt M (juristische Person des öffentlichen Rechts ohne USt-IdNr.) im Inland platziert im Wege der Öffentlichkeitsarbeit eine Anzeige für eine Behörden-Service-Nummer über einen in der Schweiz ansässigen Werbungsmittler W in einer deutschen Zeitung.
²Die Werbeleistung der deutschen Zeitung an W ist im Inland nicht steuerbar (§ 3a Abs. 2 UStG). ³Der Ort der Leistung des W an M liegt nach § 3a Abs. 6 Satz 1 Nr. 2 UStG im Inland. ⁴Steuerschuldner für die Leistung des W ist M (§ 13b Abs. 5 Satz 1 UStG).

Beispiel 2:
¹Die im Inland ansässige Rundfunkanstalt R (*unternehmerisch tätige* juristische Person des öffentlichen Rechts *mit* USt-IdNr.) verpflichtet *für ihren nicht unternehmerischen Bereich*
1. den in Norwegen ansässigen Künstler N für die Aufnahme und Sendung einer künstlerischen Darbietung;
2. den in der Schweiz ansässigen Journalisten S, Nachrichten, Übersetzungen und Interviews auf Tonträgern und in Manuskriptform zu verfassen.

²N und S räumen R das Nutzungsrecht am Urheberrecht ein. ³Die Sendungen werden sowohl in das Inland als auch in das Ausland ausgestrahlt.

⁴Die Leistungen des N und des S sind in § 3a Abs. 4 Satz 2 Nr. 1 UStG bezeichnete sonstige Leistungen. ⁵Der Ort dieser Leistungen liegt im Inland, da sie von R hier genutzt werden (§ 3a Abs. 6 Satz 1 Nr. 2 UStG). ⁶Es kommt nicht darauf an, wohin die Sendungen ausgestrahlt werden. Steuerschuldner für die Leistungen des N und des S ist R (§ 13b Abs. 5 Satz 1 UStG).

⁵§ 3a Abs. 6 Satz 1 Nr. 3 UStG gilt für Leistungen an Nichtunternehmer.

Kurzfristige Fahrzeugvermietung zur Nutzung im Drittlandsgebiet (§ 3a Abs. 7 UStG)

(4) ¹Die Sonderregelung des § 3a Abs. 7 UStG betrifft ausschließlich die kurzfristige Vermietung eines Schienenfahrzeugs, eines Kraftomnibusses oder eines ausschließlich zur Güterbeförderung bestimmten Straßenfahrzeugs, die an einen in einem Drittlandsgebiet ansässigen Unternehmer oder an eine dort belegene Betriebsstätte eines Unternehmers erbracht wird, das Fahrzeug für dessen Unternehmen bestimmt ist und im Drittlandsgebiet auch tatsächlich genutzt wird. ²Wird eine sonstige Leistung sowohl im Inland als auch im Drittlandsgebiet genutzt, ist darauf abzustellen, wo die Leistung überwiegend genutzt wird.

Beispiel:
¹Der im Inland ansässige Unternehmer U vermietet an einen in der Schweiz ansässigen Vermieter S einen Lkw für drei Wochen. ²Der Lkw wird von S bei U abgeholt. ³Der Lkw wird ausschließlich in der Schweiz genutzt.

⁴Der Ort der Leistung bei der kurzfristigen Vermietung des Beförderungsmittels richtet sich grundsätzlich nach § 3a Abs. 3 Nr. 2 UStG (vgl. Abschnitt 3a.5 Abs. 1 und 2). ⁵Da der Lkw aber nicht im Inland, sondern in der Schweiz genutzt wird, ist die Leistung nach § 3a Abs. 7 UStG als in der Schweiz ausgeführt zu behandeln.

Sonstige im Drittlandsgebiet ausgeführte Leistungen an Unternehmer

(5) ¹§ 3a Abs. 8 Sätze 1 und 3 UStG gilt nur für sonstige Leistungen an Unternehmer und diesen gleichgestellte juristische Personen (siehe Abschnitt 3a.2 Abs. 1). ²Güterbeförderungsleistungen, im Zusammenhang mit einer Güterbeförderung stehende Leistungen wie Beladen, Entladen,

Umschlagen oder ähnliche mit der Beförderung eines Gegenstands im Zusammenhang stehende Leistungen (vgl. § 3b Abs. 2 UStG und Abschnitt 3b.2), Arbeiten an und Begutachtungen von beweglichen körperlichen Gegenständen (vgl. Abschnitt 3a.6 Abs. 11) oder Reisevorleistungen im Sinne des § 25 Abs. 1 Satz 5 UStG werden regelmäßig im Drittlandsgebiet genutzt oder ausgewertet, wenn sie tatsächlich ausschließlich dort in Anspruch genommen werden können. ³Ausgenommen hiervon sind Leistungen, die in einem der in § 1 Abs. 3 UStG genannten Gebiete (insbesondere Freihäfen) erbracht werden. ⁴Die Regelung gilt nur in den Fällen, in denen der Leistungsort für die in § 3a Abs. 8 Satz 1 UStG genannten Leistungen unter Anwendung von § 3a Abs. 2 UStG im Inland liegen würde und

– der leistende Unternehmer für den jeweiligen Umsatz Steuerschuldner nach § 13a Abs. 1 Nr. 1 UStG wäre, oder
– der Leistungsempfänger für den jeweiligen Umsatz Steuerschuldner nach § 13b Abs. 1 und Abs. 5 Satz 1 UStG wäre.

Im Drittlandsgebiet ausgeführte Telekommunikationsleistungen an Nichtunternehmer

(6) ¹§ 3a Abs. 8 Sätze 2 und 3 UStG gilt nur für Telekommunikationsleistungen an Nichtunternehmer (siehe Abschnitt 3a.1 Abs. 1). ²Zum Begriff der Telekommunikationsleistungen vgl. im Einzelnen Abschnitt 3a.10 Abs. 1 bis 4. ³Die Regelung gilt nur in den Fällen, in denen der Leistungsempfänger der Telekommunikationsleistung im Gemeinschaftsgebiet ansässig ist, sich aber tatsächlich vorübergehend im Drittlandsgebiet aufhält und der Leistungsort unter Anwendung von § 3a Abs. 1 UStG im Inland liegen würde. ⁴Telekommunikationsleistungen werden regelmäßig nur dann im Drittlandsgebiet genutzt oder ausgewertet, wenn sie tatsächlich ausschließlich dort in Anspruch genommen werden können. ⁵Ausgenommen hiervon sind die Telekommunikationsleistungen, die in einem der in § 1 Abs. 3 UStG genannten Gebiete (insbesondere Freihäfen) erbracht werden.

Beispiel 1:

¹*Der Unternehmer A mit Sitz in Hannover schließt einen Vertrag über die Erbringung von Telekommunikationsleistungen (Übertragung von Signalen, Schrift, Bild, Ton oder Sprache via Mobilfunk) mit der im Inland ansässigen Privatperson P ab, die für drei Monate eine Tätigkeit in Russland ausübt. ²Danach werden an P nur Telekommunikationsleistungen erbracht, wenn er von Russland aus sein Handy benutzt. ³Das Entgelt wird über Prepaid-Karten von P an A entrichtet. ⁴Eine Verwendung des Guthabens auf der Prepaid-Karte für Telekommunikationsdienstleistungen im Gemeinschaftsgebiet ist vertraglich ausgeschlossen.*

⁵*Trotz der vorübergehenden Auslandstätigkeit ist P nicht im Drittland, sondern im Inland ansässig, weil er weiterhin hier seinen Wohnsitz hat. ⁶Der Leistungsort für die von A erbrachten Telekommunikationsleistungen wäre grundsätzlich nach § 3a Abs. 1 UStG im Inland. ⁷Da P aber die von A vertraglich zu erbringenden Telekommunikationsleistungen nur im Drittlandsgebiet in Anspruch nehmen kann, verlagert sich der Leistungsort für diese Leistungen in das Drittlandsgebiet (§ 3a Abs. 8 Satz 2 UStG).*

Beispiel 2:

¹*Der Unternehmer A mit Sitz in Hannover schließt einen Vertrag über die Erbringung von Telekommunikationsleistungen (Übertragung von Signalen, Schrift, Bild, Ton oder Sprache via Mobilfunk) mit der im Inland ansässigen Privatperson P ab. ²Eine Nutzungsbeschränkung ist nicht vorgesehen. ³P fährt für drei Wochen nach Russland im Urlaub und führt in dieser Zeit von Russland aus Telefonate. ⁴Das Entgelt wird über Prepaid-Karten von P an A entrichtet. ⁵Die Verwendung des Guthabens auf der Prepaid-Karte ist vertraglich nicht eingeschränkt.*

⁶*Der Leistungsort für die von A erbrachten Telekommunikationsleistungen ist nach § 3a Abs. 1 UStG im Inland. ⁷Eine Verlagerung des Leistungsortes nach § 3a Abs. 8 Satz 2 UStG erfolgt nicht, weil vertraglich nicht festgelegt ist, dass die zu erbringenden Telekommunikationsleistungen nur im Drittlandsgebiet in Anspruch genommen werden können.*

3a.15. Ort der sonstigen Leistung bei Einschaltung eines Erfüllungsgehilfen

Bedient sich der Unternehmer bei Ausführung einer sonstigen Leistung eines anderen Unternehmers als Erfüllungsgehilfen, der die sonstige Leistung im eigenen Namen und für eigene Rechnung ausführt, ist der Ort der Leistung für jede dieser Leistungen für sich zu bestimmen.

Beispiel:

¹*Die juristische Person des öffentlichen Rechts P mit Sitz im Inland, der keine USt-IdNr. zugeteilt worden ist, erteilt dem Unternehmer F in Frankreich den Auftrag, ein Gutachten zu erstellen, das P in ihrem Hoheitsbereich auswerten will. ²F vergibt bestimmte Teilbereiche an den Unternehmer U im Inland und beauftragt ihn, die Ergebnisse seiner Ermittlungen unmittelbar P zur Verfügung zu stellen.*

§ 3a UStG
AE 3a.15, AE 3a.16

³Die Leistung des U wird nach § 3a Abs. 2 UStG dort ausgeführt, wo F sein Unternehmen betreibt, sie ist daher im Inland nicht steuerbar. ⁴Der Ort der Leistung des F an P ist nach § 3a Abs. 1 UStG zu bestimmen; die Leistung ist damit ebenfalls im Inland nicht steuerbar.

AE 3a.16

3a.16. Besteuerungsverfahren bei sonstigen Leistungen

Leistungsort in der Bundesrepublik Deutschland

(1) ¹Bei im Inland erbrachten sonstigen Leistungen ist der leistende Unternehmer der Steuerschuldner, wenn er im Inland ansässig ist. ²Die Umsätze sind im allgemeinen Besteuerungsverfahren nach § 16 und § 18 Abs. 1 bis 4 UStG zu versteuern.

(2) Ist der leistende Unternehmer im Ausland ansässig, schuldet der Leistungsempfänger nach § 13b Abs. 5 Satz 1 UStG die Steuer, wenn er ein Unternehmer oder eine juristische Person ist (vgl. hierzu Abschnitt 13b.1).

(3) Ist der Empfänger einer sonstigen Leistung weder ein Unternehmer noch eine juristische Person, hat der leistende ausländische Unternehmer diesen Umsatz im Inland im allgemeinen Besteuerungsverfahren nach § 16 und § 18 Abs. 1 bis 4 UStG zu versteuern.

Leistungsort in anderen EU-Mitgliedstaaten

(4) Grundsätzlich ist der Unternehmer, der sonstige Leistungen in einem anderen EU-Mitgliedstaat ausführt, in diesem EU-Mitgliedstaat Steuerschuldner der Umsatzsteuer (Artikel 193 MwStSystRL).

(5) Liegt der Ort einer sonstigen Leistung, bei der sich der Leistungsort nach § 3a Abs. 2 UStG bestimmt, in einem EU-Mitgliedstaat, und ist der leistende Unternehmer dort nicht ansässig, schuldet der Leistungsempfänger die Umsatzsteuer, wenn er in diesem EU-Mitgliedstaat als Unternehmer für Umsatzsteuerzwecke erfasst ist oder eine nicht steuerpflichtige juristische Person mit USt-IdNr. ist (vgl. Artikel 196 MwStSystRL).

(6) ¹Ist der Leistungsempfänger Steuerschuldner, darf in der Rechnung des in einem anderen EU-Mitgliedstaat ansässigen leistenden Unternehmers keine Umsatzsteuer im Rechnungsbetrag gesondert ausgewiesen sein. ²In der Rechnung ist auf die Steuerschuldnerschaft des Leistungsempfängers besonders hinzuweisen.

(7) Steuerpflichtige sonstige Leistungen nach § 3a Abs. 2 UStG, für die der in einem anderen Mitgliedstaat ansässige Leistungsempfänger die Steuer dort schuldet, hat der leistende Unternehmer in der Voranmeldung und der Umsatzsteuererklärung für das Kalenderjahr (§ 18b Satz 1 Nr. 2 UStG) und in der ZM (§ 18a UStG) anzugeben.

Besteuerungsverfahren für nicht im Gemeinschaftsgebiet ansässige Unternehmer, die ausschließlich sonstige Leistungen nach § 3a Abs. 5 UStG erbringen

(8) ¹Nicht im Gemeinschaftsgebiet ansässige Unternehmer, die im Gemeinschaftsgebiet als Steuerschuldner ausschließlich sonstige Leistungen auf elektronischem Weg an in der EU ansässige Nichtunternehmer erbringen, können sich abweichend von § 18 Abs. 1 bis 4 UStG unter bestimmten Bedingungen dafür entscheiden, nur in einem EU-Mitgliedstaat erfasst zu werden (§ 18 Abs. 4c UStG). ²Macht ein Unternehmer von diesem Wahlrecht Gebrauch und entscheidet sich dafür, sich nur in Deutschland erfassen zu lassen, muss er dies dem für dieses Besteuerungsverfahren zuständigen BZSt vor Beginn seiner Tätigkeit in der EU auf dem amtlich vorgeschriebenen, elektronisch zu übermittelnden Dokument anzeigen.

(9) ¹Abweichend von § 18 Abs. 1 bis 4 UStG hat der Unternehmer in jedem Kalendervierteljahr (= Besteuerungszeitraum) eine Steuererklärung bis zum 20. Tag nach Ablauf des Besteuerungszeitraums elektronisch beim BZSt abzugeben. ²Hierbei hat er die auf den jeweiligen Mitgliedstaat entfallenden Umsätze zu trennen und dem im betreffenden Mitgliedstaat geltenden Steuersatz zu unterwerfen. ³Der Unternehmer hat die Steuer entsprechend § 16 Abs. 1a UStG selbst zu berechnen (§ 18 Abs. 4c Satz 1 UStG). ⁴Die Steuer ist spätestens am 20. Tag nach Ende des Besteuerungszeitraums zu entrichten (§ 18 Abs. 4c Satz 2 UStG).

(10) ¹Bei der Umrechnung von Werten in fremder Währung muss der Unternehmer einheitlich den von der Europäischen Zentralbank festgestellten Umrechnungskurs des letzten Tages des Besteuerungszeitraums bzw., falls für diesen Tag kein Umrechnungskurs festgelegt wurde, den für den nächsten Tag nach Ablauf des Besteuerungszeitraums festgelegten Umrechnungskurs anwenden (§ 16 Abs. 6 Sätze 4 und 5 UStG). ²Die Anwendung eines monatlichen Durchschnittskurses entsprechend § 16 Abs. 6 Sätze 1 bis 3 UStG ist ausgeschlossen.

(11) ¹Der Unternehmer kann die Ausübung des Wahlrechts widerrufen (§ 18 Abs. 4c Satz 4 UStG). ²Ein Widerruf ist nur bis zum Beginn eines neuen Kalendervierteljahres (= Besteuerungszeitraum) mit Wirkung ab diesem Zeitraum möglich (§ 18 Abs. 4c Satz 5 UStG). ³Das allgemeine Besteuerungs-

verfahren (§ 18 Abs. 1 bis 4 UStG) und das Besteuerungsverfahren nach § 18 Abs. 4c UStG schließen sich gegenseitig aus.

(12) Das BZSt kann den Unternehmer von dem Besteuerungsverfahren nach § 18 Abs. 4c UStG ausschließen, wenn er seinen Verpflichtungen nach § 18 Abs. 4c Sätze 1 bis 3 UStG oder seinen Aufzeichnungspflichten (§ 22 Abs. 1 UStG) in diesem Verfahren wiederholt nicht oder nicht rechtzeitig nachkommt.

(13) Nicht im Gemeinschaftsgebiet ansässige Unternehmer, die im Inland als Steuerschuldner nur steuerbare sonstige Leistungen auf elektronischem Weg an Nichtunternehmer erbringen, die Umsatzbesteuerung aber in einem dem Besteuerungsverfahren nach § 18 Abs. 4c UStG entsprechenden Verfahren in einem anderen EU-Mitgliedstaat durchgeführt wird, sind nach § 18 Abs. 4d UStG von der Verpflichtung zur Abgabe von Voranmeldungen und der Steuererklärung für das Kalenderjahr im Inland befreit.

(14) ¹Nicht im Gemeinschaftsgebiet ansässige Unternehmer, die im Gemeinschaftsgebiet als Steuerschuldner ausschließlich sonstige Leistungen auf elektronischem Weg an in der EU ansässige Nichtunternehmer erbringen und von dem Wahlrecht der steuerlichen Erfassung in nur einem EU-Mitgliedstaat Gebrauch machen, können Vorsteuerbeträge nur im Rahmen des Vorsteuer-Vergütungsverfahrens geltend machen (§ 18 Abs. 9 Satz 6 UStG i. V. m. § 59 Satz 1 Nr. 4 und § 61a UStDV). ²In diesen Fällen sind die Einschränkungen des § 18 Abs. 9 Sätze 4 und 5 UStG nicht anzuwenden. ³Voraussetzung ist, dass die Steuer für die auf elektronischem Weg erbrachten sonstigen Leistungen entrichtet wurde und dass die Vorsteuerbeträge im Zusammenhang mit diesen Umsätzen stehen. ⁴Für Vorsteuerbeträge im Zusammenhang mit anderen Umsätzen (z. B. elektronisch erbrachte sonstige Leistungen durch einen nicht in der Gemeinschaft ansässigen Unternehmer an einen in der Gemeinschaft ansässigen Unternehmer, der Steuerschuldner ist) gelten die Einschränkungen des § 18 Abs. 9 Sätze 4 und 5 UStG unverändert.

Hinweise

Personenbeförderungen auf dem Bodensee — H 1

(BMF vom 11. 12. 1990 – IV A 3 – S 7118 – 11/90 –)

Unter Bezugnahme auf das Ergebnis der Erörterung mit den obersten Finanzbehörden der Länder gilt Folgendes:
Die Übergangsregelung für Beförderungen von Personen auf dem Bodensee (Obersee einschließlich Überlingersee) vom 27. Juni 1984 – IV A 3 – S 7118 – 17/84 –¹) wird bis auf weiteres verlängert.

Auswirkungen des BFH-Urteils vom 11. Oktober 2007 – V R 22/04 – zur umsatzsteuerlichen Behandlung der Vermögensverwaltung (Portfolioverwaltung) — 2

(BMF vom 9. 12. 2008, BStBl 2008 I S. 1086)
Siehe USt-HA 2008/09 § 3a H 4.

Ort der Leistungen eines Abschleppunternehmers an ausländische Unternehmer — 3

(LFD Thüringen, Vfg. vom 18. 12. 2008 – S 7117 A – 10 – A 3.11 –, UR 2009 S. 174)
Siehe USt-HA 2010/11 § 3a H 3.

Umsatzsteuerliche Behandlung der Leistungen von Firmenkunden-Reisebüros; Leistungsinhalt und Einheitlichkeit der Leistung — 4

(OFD Frankfurt am Main, Vfg. vom 16. 6. 2009 – S 7117 A – 29 – St 1 10 –, StEd 2009 S. 622)

Ort der sonstigen Leistung nach §§ 3a, 3b und 3e UStG ab 1. Januar 2010 — 5

(BMF vom 4. 9. 2009 und 8. 12. 2009, BStBl 2009 I S. 1005 und 1612)
Siehe USt-HA 2009/10 § 3a H 9.

Ergänzung des BMF-Schreibens vom 4. September 2009 – IV B 9 – S 7117/08/10001 – / – 2009/ 0580334 – (BStBl I S. 1005) — 6

(BMF vom 18. 3. 2010, BStBl 2010 I S. 256)

---

¹) Anm.: Siehe USt-HA 1984/85 § 3a B 7.

§ 3a UStG
H

Unter Bezugnahme auf das Ergebnis der Erörterungen mit den obersten Finanzbehörden der Länder werden zur Klarstellung die Rz. 13 und 19 des BMF-Schreibens vom 4.9.2009 – IV B 9 – S 7117/08/10001 (2009/0580334) – (BStBl I S. 1005) neu gefasst und das BMF-Schreiben um die neuen Rz. 19a und 19b ergänzt:

„13 (7)[1]

19 (13)[2]

19a (13a)[3]

19b (13b)[4]"

7 Leistungsort von Restaurationsleistungen im Zusammenhang mit Reiseleistungen ab 1. Januar 2010

(OFD Niedersachsen, Vfg. vom 27. 5. 2010 – S 7117 – 38 – St 171 –, StEd 2010 S. 457)

8 Ergänzung des BMF-Schreibens vom 4. September 2009 – IV B 9 – S 7117/08/10001 – / – 2009/0580334 – (BStBl I S. 1005) – Vermittlung von Beherbergungsleistungen an Unternehmer

(BMF vom 14. 6. 2010, BStBl 2010 I S. 568)

Unter Bezugnahme auf das Ergebnis der Erörterungen mit den obersten Finanzbehörden der Länder werden die Rz. 32 und 57 des BMF-Schreibens vom 4. 9. 2009 – IV B 9 – S 7117/08/10001 (2009/0580334) – (BStBl I S. 1005) wie folgt gefasst:

„32 (9)[5]

57 (1)[6]"

Dieses Schreiben ist auf Umsätze anzuwenden, die nach dem 30. Juni 2010 ausgeführt werden.

9 Änderungen des Ortes der sonstigen Leistung (§ 3a UStG) durch das Jahressteuergesetz 2010 – Anpassung der Abschnitte 3a.1, 3a.2, 3a.4, 3a.6, 3a.8, 3a.12, 3a.13 und 3a.14 UStAE

(BMF vom 4. 2. 2011, BStBl 2011 I S. 162)

Durch Artikel 4 Nr. 4 und Artikel 32 Abs. 5 des Jahressteuergesetzes 2010 – JStG 2010 – vom 8. Dezember 2010 (BGBl. I S. 1768) wurden mit Wirkung vom 1. Januar 2011 die Regelungen zum Ort der sonstigen Leistung nach § 3a UStG mehrfach geändert.

I. Änderungen des Umsatzsteuer-Anwendungserlasses

Unter Bezugnahme auf das Ergebnis der Erörterungen mit den obersten Finanzbehörden der Länder werden die Abschnitte 3a.1, 3a.2, 3a.4, 3a.6, 3a.8, 3a.12, 3a.13 und 3a.14 des Umsatzsteuer-Anwendungserlasses vom 1. Oktober 2010 (BStBl I S. 846), der zuletzt durch das BMF-Schreiben vom 4. Februar 2011 - IV D 3 - S 7279/10/10006 (2011/0093284) - geändert worden ist, wie folgt geändert:[7]

...

Diese Regelungen sind auf Umsätze anzuwenden, die nach dem 31. Dezember 2010 ausgeführt werden.

II. Übergangsregelung bei der Anwendung des Leistungsortes bei sog. einheitlichen Veranstaltungsleistungen im Zusammenhang mit Messen und Ausstellungen ab 1. Januar 2011

Unter Bezugnahme auf das Ergebnis der Erörterungen mit den obersten Finanzbehörden der Länder gilt bei der Anwendung des Leistungsortes bei sog. einheitlichen Veranstaltungsleistungen (vgl. Abschn. 3a.4 Abs. 2 Satz 3 UStAE) im Zusammenhang mit Messen und Ausstellungen ab 1. Januar 2011 Folgendes:

Die Bestimmung des Leistungsortes bei Veranstaltungsleistungen im Zusammenhang mit Messen und Ausstellungen nach § 3a Absatz 2 UStG, wenn der Leistungsempfänger ein Unternehmer oder eine einem Unternehmer gleichgestellte juristische Person ist (siehe Abschnitt 3a.2 Abs. 1), ist auf Umsätze und Teilleistungen anzuwenden, die nach dem 31. Dezember 2010 ausgeführt

---

[1] Anm.: Text wurde inhaltlich unverändert in Abschn. 3a.2 Abs. 7 UStAE übernommen (siehe AE 3a.2).
[2] Anm.: Text wurde inhaltlich unverändert in Abschn. 3a.2 Abs. 13 UStAE übernommen (siehe AE 3a.2).
[3] Anm.: Text wurde inhaltlich unverändert in Abschn. 3a.2 Abs. 14 UStAE übernommen (siehe AE 3a.2).
[4] Anm.: Text wurde inhaltlich unverändert in Abschn. 3a.2 Abs. 15 UStAE übernommen (siehe AE 3a.2).
[5] Anm.: Text wurde inhaltlich unverändert in Abschn. 3a.8 Abs. 9 UStAE übernommen (siehe AE 3a.2).
[6] Anm.: Text wurde inhaltlich unverändert in Abschn. 3a.7 Abs. 1 Sätze 2 bis 4 UStAE übernommen (siehe AE 3a.2).
[7] Anm.: Text wurde inhaltlich unverändert in Abschn. 3a.1, 3a.2, 3a.4, 3a.6, 3a.8, 3a.12, 3a.13, 3a.14 UStAE übernommen (siehe AE 3a.1, AE 3a.2, AE 3a.4, 3a.6, 3a.8, 3a.12, 3a.13, 3a.14).

werden (§ 27 Abs. 1 Satz 1 UStG), auch dann, wenn das Entgelt oder ein Teil des Entgelts vor dem 1. Januar 2011 vereinnahmt wird und die Leistung erst nach dem 31. Dezember 2010 ausgeführt wird (§ 27 Abs. 1 Satz 2 UStG).

1. Schlussrechnung über nach dem 31. Dezember 2010 erbrachte Leistungen bei Abschlagszahlungen vor dem 1. Januar 2011

Bei nach dem 31. Dezember 2010 ausgeführten Veranstaltungsleistungen im Zusammenhang mit Messen und Ausstellungen an einen Leistungsempfänger, der ein Unternehmer oder eine einem Unternehmer gleichgestellte juristische Person ist, ist der Leistungsort an dem Ort, an dem der Leistungsempfänger seinen Sitz oder eine Betriebsstätte hat, an die die Leistung tatsächlich erbracht wird (§ 3a Absatz 2 UStG). Befindet sich der Leistungsort danach im Ausland, hat der leistende Unternehmer eine Rechnung auszustellen, in der das (Netto-)Entgelt anzugeben ist und auf die Steuerschuldnerschaft des Leistungsempfängers hinzuweisen ist (§ 14a Abs. 5 UStG). Dies gilt unabhängig davon, ob der leistende Unternehmer das Entgelt oder Teile des Entgelts vor dem 1. Januar 2011 vereinnahmt hat oder nicht.

Hat der leistende Unternehmer in diesen Fällen das Entgelt oder Teile des Entgelts vor dem 1. Januar 2011 vereinnahmt und hierfür auch eine Rechnung mit offenem Steuerausweis erstellt, hat er die Rechnung(en) über diese Zahlungen im Voranmeldungszeitraum der tatsächlichen Ausführung der Leistung zu berichtigen (§ 27 Abs. 1 Satz 3 UStG, § 14c Abs. 1 Sätze 1 und 2 UStG). In der Schlussrechnung sind die gezahlten Abschlagszahlungen nur dann mit ihrem Bruttobetrag (einschließlich Umsatzsteuer) anzurechnen, wenn die Umsatzsteuer bis zum Zeitpunkt der Erteilung der Schlussrechnung nicht an den Leistungsempfänger zurückerstattet wurde.

Es ist jedoch nicht zu beanstanden, wenn es bei der Abrechnung des ursprünglichen vor dem 1. Januar 2011 vom leistenden Unternehmer vereinnahmten Entgelts oder der vereinnahmten Teile des Entgelts mit gesondertem Steuerausweis verbleibt. Voraussetzung hierfür ist, dass das vor dem 1. Januar 2011 vereinnahmte Entgelt oder die vereinnahmten Teile des Entgelts vom leistenden Unternehmer in zutreffender Höhe versteuert (= in einer Voranmeldung oder in einer Umsatzsteuererklärung für das Kalenderjahr angemeldet) wurden. In derartigen Fällen ist keine Berichtigung der über geleistete Abschlagszahlungen erteilten Rechnungen durchzuführen.

2. Berichtigung einer vor dem 1. Januar 2011 erstellten Rechnung über Anzahlungen, wenn die Zahlung erst nach dem 31. Dezember 2010 erfolgt

Wurden für Veranstaltungsleistungen im Zusammenhang mit Messen und Ausstellungen an einen Leistungsempfänger, der ein Unternehmer oder eine einem Unternehmer gleichgestellte juristische Person ist, Abschlagszahlungen oder Anzahlungen vereinnahmt, bevor die Leistung oder die Teilleistung ausgeführt worden ist, entsteht die Steuer mit Ablauf des Voranmeldungszeitraums, in dem das Entgelt oder Teilentgelt vereinnahmt worden ist (§ 13 Abs. 1 Nr. 1 Buchstabe a Satz 4 UStG). Entscheidend für die Steuerentstehung ist nicht, wann die Rechnung erstellt worden ist, sondern der Zeitpunkt der Vereinnahmung des entsprechenden Entgelts oder des Teilentgelts. Vereinnahmt der leistende Unternehmer das Entgelt oder Teilentgelt für die vorgenannten Leistungen nach dem 31. Dezember 2010, bestimmt sich der Leistungsort nach dem Sitz oder der Betriebsstätte des Leistungsempfängers, wenn die Leistung tatsächlich an diese erbracht wird (§ 3a Absatz 2 UStG). Ist die Rechnung hierfür vom leistenden Unternehmer vor dem 1. Januar 2011 erstellt worden, hat der Leistungsempfänger seinen Sitz im Ausland und wurde die – inländische – Umsatzsteuer gesondert ausgewiesen, ist die Rechnung entsprechend zu berichtigen.

Einwegpfand-Clearing;   **10**
Unternehmereigenschaft des Leistungsempfängers zur Anwendung der Leistungsortregelung des § 3a Abs. 2 UStG

(OFD Frankfurt am Main, Vfg. vom 9. 3. 2011 – S 7117 A – 38 – St 1 10 –, StEd 2011 S. 254)

Ort der sonstigen Leistung (§ 3a UStG) – Anpassung der Abschnitte 3a.1, 3a.2, 3a.5, 3a.6, 3a.7,   **11**
3a.9, 13b.1 und 27a.1 UStAE an die Durchführungsverordnung (EU) Nr. 282/2011 des Rates vom 15. März 2011 mit Wirkung vom 1. Juli 2011

(BMF vom 10. 6. 2011, BStBl 2011 I S. 583)

Mit der Durchführungsverordnung (EU) Nr. 282/2011 des Rates vom 15. März 2011 zur Festlegung von Durchführungsvorschriften zur Richtlinie 2006/112/EG über das gemeinsame Mehrwertsteuersystem (ABl. EU 2011 Nr. L 77 S. 1) werden bestimmte Vorschriften der MwStSystRL mit Wirkung vom 1. Juli 2011 konkretisiert, insbesondere die Artikel 43 bis 59b MwStSystRL. Außerdem haben die Artikel 3, 10 bis 13 und 55 der Durchführungsverordnung (EU) Nr. 282/

2011 Auswirkungen auf die Anwendung der Ortsregelungen für sonstige Leistungen nach Artikel 43 ff. MwStSystRL (= § 3a UStG).

Die Durchführungsverordnung (EU) Nr. 282/2011 ist in den EU-Mitgliedstaaten unmittelbar anzuwenden. Zur Klarheit werden die Auswirkungen dieser Durchführungsverordnung auf die Verwaltungsauffassung in den entsprechenden Regelungen des UStAE ihren Niederschlag finden.

Unter Bezugnahme auf das Ergebnis der Erörterungen mit den obersten Finanzbehörden der Länder werden deshalb die Abschnitte 3a.1, 3a.2, 3a.5, 3a.6, 3a.7, 3a.9, 13b.1 und 27a.1 des Umsatzsteuer-Anwendungserlasses vom 1. Oktober 2010, der zuletzt durch das BMF-Schreiben vom 10. Juni 2011 - IV D 2 - S 7238/10/10001 (2011/0465568) -, BStBl I S. 583, geändert worden ist, wie folgt geändert:[1]

Diese Regelungen sind auf Umsätze anzuwenden, die nach dem 30. Juni 2011 ausgeführt werden.

Rechtsprechung

EUROPÄISCHER GERICHTSHOF

EuGH vom 7. 5. 1998 – Rs. C-390/96 – (HFR 1998 S. 697, UVR 1998 S. 233, UR 1998 S. 343)

Begriff „feste Niederlassung"

Leistungsort bei grenzüberschreitendem PKW-Leasing – Anforderungen an die Verzinsung von USt-Erstattungsbeträgen –

1. Der Begriff „feste Niederlassung" in Art. 9 Abs. 1 6. USt-Richtlinie ist so auszulegen, daß ein Unternehmen aus einem Mitgliedstaat, das eine Reihe von Fahrzeugen an Kunden vermietet oder least, die in einem anderen Mitgliedstaat ansässig sind, nicht allein schon aufgrund dieser Vermietung über eine feste Niederlassung in diesem anderen Mitgliedstaat verfügt.
2. Art. 59 EGV steht einer nationalen Regelung entgegen, wonach nicht in einem Mitgliedstaat ansässigen Steuerpflichtigen, die gemäß der 8. USt-Richtlinie eine Mehrwertsteuer beantragen, Zinsen erst vom Zeitpunkt der Inverzugsetzung dieses Mitgliedstaats an und zu einem niedrigeren Satz als der gewährt werden, der für Zinsen gilt, die in diesem Staat ansässige Steuerpflichtige nach Ablauf der gesetzlichen Erstattungsfrist ohne weiteres erhalten.

EuGH vom 15. 3. 2001 – Rs. C-108/00 – (HFR 2001 S. 635, UVR 2001 S. 326)

Ort der Leistung, Leistungen auf dem Gebiet der Werbung, Einbeziehung der Leistungen, die durch einen Dritten erbracht werden

Art. 9 Abs. 2 Buchst. e zweiter Gedankenstrich 6. USt-Richtlinie ist dahin auszulegen, dass er nicht nur für Leistungen auf dem Gebiet der Werbung gilt, die der Dienstleistende einem mehrwertsteuerpflichtigen Werbetreibenden unmittelbar erbringt und in Rechnung stellt, sondern auch für Leistungen, die dem Werbetreibenden mittelbar erbracht und einem Dritten in Rechnung gestellt werden, der sie dem Werbetreibenden berechnet.

EuGH vom 5. 6. 2003 – Rs. C-438/01 – (HFR 2003 S. 923, UR 2003 S. 344)

Leistungsort einer mittelbar über Zwischenempfänger erbrachten Werbeleistung

Art. 9 Abs. 2 Buchst. e 6. USt-Richtlinie erfasst Leistungen auf dem Gebiet der Werbung, die dem Werbetreibenden indirekt erbracht und einem Zwischenempfänger in Rechnung gestellt werden, der sie seinerseits dem Werbetreibenden in Rechnung stellt. Dass dieser keine Ware oder Dienstleistung herstellt, in deren Preis die Kosten der genannten Leistungen eingehen könnten, ist für die Bestimmung des Ortes der dem Zwischenempfänger erbrachten Dienstleistungen nicht von Belang.

EuGH vom 27. 5. 2004 – Rs. C-68/03 – (UR 2004 S. 355)

Leistungsort für innergemeinschaftlich an nicht steuerpflichtigen Empfänger erbrachten Vermittlungsumsatz

---

[1] Anm.: Die Änderungen wurden inhaltlich unverändert in Abschn. 3a.1, 3a.2, 3a.5, 3a.6, 3a.7, 3a.9, 13b.1 und 27a.1 UStAE übernommen (siehe AE 3a.1, AE 3a.2, AE 3a.5, AE 3a.6, AE 3a.7, AE 3a.9, AE 13b.1 und AE 27a.1).

1. Art. 28b Teil E Abs. 3 6. USt-Richtlinie ist nicht so auszulegen, dass er nur Vermittlungsleistungen betrifft, deren Empfänger ein Steuerpflichtiger oder eine nicht mehrwertsteuerpflichtige juristische Person ist.
2. Fällt ein Vermittlungsumsatz unter Art. 28b Teil E Abs. 3 6. USt-Richtlinie in der geänderten Fassung, so ist für die Bestimmung des Ortes, an dem die den Vermittlungsleistungen zugrunde liegenden Umsätze getätigt worden sind, Art. 28b Teile A und B 6. USt-Richtlinie heranzuziehen.

EuGH vom 21. 10. 2004 – Rs. C-8/03 – (HFR 2005 S. 72, UVR 2005 S. 24)

Begriff „Steuerpflichtiger" und „Ort der Dienstleistung"

Die Investmentgesellschaften mit variablem Grundkapital (societes d'investissement a capital variable, SICAV), deren ausschließlicher Zweck i. S. der Richtlinie 85/611/EWG des Rates vom 20. 12. 1985 zur Koordinierung der Rechts- und Verwaltungsvorschriften betreffend bestimmte Organismen für gemeinsame Anlagen in Wertpapieren (OGAW) es ist, beim Publikum beschaffte Gelder für gemeinsame Rechnung anzulegen, sind nach Art. 4 6. USt-Richtlinie mehrwertsteuerpflichtig, so dass der Ort der in Art. 9 Abs. 2 Buchst. e dieser Richtlinie genannten Dienstleistungen, die solchen SICAV erbracht werden, die in einem anderen Mitgliedstaat ansässig sind als der Dienstleistende, der Ort ist, an dem diese SICAV den Sitz ihrer wirtschaftlichen Tätigkeit haben.

EuGH vom 12. 5. 2005 – Rs. C-452/03 – (HFR 2005 S. 792, UR 2005 S. 443)

Geldspielautomatenumsätze sind unterhaltende Leistungen, Umsatzbesteuerung am Ort der tatsächlichen Leistungserbringung

Die Dienstleistung, die darin besteht, der Allgemeinheit gegen Entgelt die Benutzung lizenzierter Geldspielautomaten zu ermöglichen, die in Spielhallen im Gebiet eines Mitgliedstaats aufgestellt sind, ist als Tätigkeit auf dem Gebiet der Unterhaltung oder ähnliche Tätigkeit i. S. von Art. 9 Abs. 2 Buchst. c erster Gedankenstrich 6. USt-Richtlinie anzusehen, so dass der Ort dieser Leistungserbringung der Ort ist, an dem sie tatsächlich bewirkt wird.

EuGH vom 9. 3. 2006 – Rs. C-114/05 – (HFR 2006 S. 628, UR 2006 S. 350)

Ort des steuerbaren Umsatzes bei im Rahmen von Schiffsmessen erbrachten Dienstleistungen

Art. 9 Abs. 2 Buchst. c erster Gedankenstrich der 6. USt-Richtlinie ist dahin auszulegen, dass die umfassende Leistung, die der Veranstalter einer Messe oder Ausstellung den Ausstellern erbringt, unter die in dieser Bestimmung genannte Kategorie von Dienstleistungen fällt.

EuGH vom 7. 9. 2006 – Rs. C-166/05 – (HFR 2006 S. 1167, UR 2006 S. 632)

Einräumung der Berechtigung zur Ausübung der Fischerei an bestimmten Teilstücken eines Wasserlaufs als Dienstleistung im Zusammenhang mit einem Grundstück

Die Einräumung der Berechtigung zur Ausübung der Fischerei in Form einer entgeltlichen Übertragung von Fischereikarten stellt eine Dienstleistung im Zusammenhang mit einem Grundstück i. S. von Art. 9 Abs. 2 Buchst. a der 6. USt-Richtlinie dar.

EuGH vom 6. 12. 2007 – Rs. C-401/06 – (HFR 2008 S. 195, UR 2008 S. 117)

Ort der Leistungserbringung eines Testamentsvollstreckers am Ort seiner wirtschaftlichen Tätigkeit

Die Bundesrepublik Deutschland hat nicht dadurch gegen ihre Verpflichtungen aus Art. 9 Abs. 2 Buchst. e 6. USt-Richtlinie verstoßen, dass sich nach deutschem Recht der Ort der Dienstleistungen eines Testamentsvollstreckers nicht nach dieser Vorschrift bestimmt, wenn die Dienstleistungen an außerhalb der Europäischen Gemeinschaft ansässige Empfänger oder an innerhalb der Gemeinschaft, jedoch außerhalb des Staates des Dienstleistenden ansässige Steuerpflichtige erbracht werden. Der Ort der Dienstleistung eines Testamentsvollstreckers ist der Ort, an dem der leistende Unternehmer den Sitz seiner wirtschaftlichen Tätigkeit oder eine feste Niederlassung hat, von wo aus die Dienstleistung erbracht wird (Art. 9 Abs. 1 6. USt-Richtlinie).

EuGH vom 6. 11. 2008 – Rs. C-291/07 – (HFR 2009 S. 85, UR 2008 S. 925)

Ort des steuerbaren Umsatzes für einer nationalen, wirtschaftlichen und nichtwirtschaftlichen Tätigkeiten ausübenden Stiftung erbrachte Dienstleistungen

Art. 9 Abs. 2 Buchst. e 6. USt-Richtlinie in der durch die Richtlinie 1999/59/EG des Rates vom 17. 6. 1999 geänderten Fassung und Art. 56 Abs. 1 Buchst. c MwStSystRL sind dahin auszulegen, dass derjenige, der bei einem in einem anderen Mitgliedstaat ansässigen Steuerpflichtigen Beratungsdienstleistungen in Anspruch nimmt und selbst gleichzeitig wirtschaftliche Tätigkeiten und außerhalb des Anwendungsbereichs dieser Richtlinien liegende Tätigkeiten ausübt, als Steuerpflichtiger anzusehen ist, selbst wenn die Dienstleistungen nur für Zwecke der letztgenannten Tätigkeiten genutzt werden.

EuGH vom 19. 2. 2009 – Rs. C-1/08 – (BFH/NV 2009 S. 687, HFR 2009 S. 423)

Ort der Leistung bei Leistungen auf dem Gebiet der Werbung

Bei Leistungen auf dem Gebiet der Werbung ist der Ort der Leistung nach Art. 9 Abs. 2 Buchst. e 6. USt-Richtlinie in der durch die Zehnte Richtlinie 84/386/EWG des Rates vom 31. 7. 1984 geänderten Fassung grundsätzlich der Sitz des Dienstleistungsempfängers, wenn dieser außerhalb der Europäischen Gemeinschaft ansässig ist. Die Mitgliedstaaten können jedoch von diesem Grundsatz abweichen und von der in Art. 9 Abs. 3 Buchst. b 6. USt-Richtlinie in der geänderten Fassung vorgesehenen Möglichkeit Gebrauch machen und den Ort der fraglichen Leistung im Inland festlegen.

Wenn von der in Art. 9 Abs. 3 Buchst. b 6. USt-Richtlinie in der geänderten Fassung vorgesehenen Möglichkeit Gebrauch gemacht wird, gilt eine von einem in der Europäischen Gemeinschaft ansässigen Dienstleistenden zugunsten eines in einem Drittstaat niedergelassenen Empfängers, sei dieser End- oder Zwischenempfänger, erbrachte Leistung auf dem Gebiet der Werbung als in der Europäischen Gemeinschaft erbracht, vorausgesetzt, dass die tatsächliche Nutzung oder Auswertung im Sinne von Art. 9 Abs. 3 Buchst. b 6. USt-Richtlinie in der geänderten Fassung im Inland des betreffenden Mitgliedstaats erfolgt. Dies ist bei Leistungen auf dem Gebiet der Werbung der Fall, wenn die Werbebotschaften, die Gegenstand der Dienstleistung sind, von dem betreffenden Mitgliedstaat aus verbreitet werden.

Art. 9 Abs. 3 Buchst. b der 6. USt-Richtlinie in der geänderten Fassung kann nicht zur Besteuerung von Leistungen im Bereich der Werbung führen, die ein außerhalb der Europäischen Gemeinschaft ansässiger Dienstleistender seinen eigenen Kunden erbracht hat, auch wenn dieser Dienstleistende als Zwischenempfänger bei einer früheren Dienstleistung aufgetreten ist, da eine solche Leistung nicht in den Anwendungsbereich von Art. 9 Abs. 2 Buchst. e dieser Richtlinie und, allgemeiner, von Art. 9 der Richtlinie insgesamt fällt, auf die Art. 9 Abs. 3 Buchst. b dieser Richtlinie ausdrücklich verweist.

Der Umstand, dass die Dienstleistung nach Art. 9 Abs. 3 Buchst. b 6. USt-Richtlinie in der geänderten Fassung der Steuer unterliegt, steht dem Erstattungsanspruch des Steuerpflichtigen nicht entgegen, wenn er die Voraussetzungen von Art. 2 13. USt-Richtlinie erfüllt.

Die Benennung eines Steuervertreters als solche hat keine Auswirkung darauf, ob von der vertretenen Person erhaltene oder erbrachte Leistungen der Steuer unterliegen.

EuGH vom 3. 9. 2009 – Rs. C-37/08 – (DB 2009 S. 2026, HFR 2009 S. 1147)

Ort der Leistung bei Dienstleistungen im Zusammenhang mit einem Grundstück

Art. 9 Abs. 2 Buchst. a 6. USt-Richtlinie ist dahin auszulegen, dass der Ort einer Dienstleistung, die von einer Vereinigung erbracht wird, deren Tätigkeit darin besteht, den Tausch von Teilzeitnutzungsrechten an Ferienwohnungen zwischen ihren Mitgliedern zu organisieren, wofür diese Vereinigung als Gegenleistung von ihren Mitgliedern Beitrittsentgelte, Mitgliedsbeiträge und Tauschentgelte erhebt, der Ort ist, an dem die Immobilie, an der das Teilnutzungsrecht des betreffenden Mitglieds besteht, gelegen ist.

EuGH vom 22. 10. 2009 – Rs. C-242/08 – (DStR 2009 S. 2245, HFR 2010 S. 83)[1]

Steuerbefreiung der entgeltlichen Übertragung von Lebensrückversicherungsverträgen

1. Eine von einer in einem Mitgliedstaat ansässigen Gesellschaft vorgenommene entgeltliche Übertragung eines Bestands von Lebensrückversicherungsverträgen auf ein in einem Drittstaat ansässiges Versicherungsunternehmen, durch die dieses Unternehmen alle Rechte und Pflichten aus diesen Verträgen mit Zustimmung der Versicherungsnehmer übernommen hat, stellt weder einen unter die Art. 9 Abs. 2 Buchst. e fünfter Gedankenstrich und 13 Teil B Buchst. a der 6. USt-Richtlinie noch einen unter Art. 13 Teil B Buchst. d Nr. 2 i. V. mit Nr. 3 dieser Richtlinie fallenden Umsatz dar.
2. Bei einer entgeltlichen Übertragung eines Bestands von 195 Lebensrückversicherungsverträgen wirkt sich der Umstand, dass nicht der Zessionar, sondern der Zedent für die Übernahme von 18 dieser Verträge ein Entgelt – nämlich durch Ansetzung eines negativen Werts – entrichtet, auf die Beantwortung der ersten Frage nicht aus.

---

[1] Vgl. hierzu BMF vom 8.6.2011, § 3 H 34.

3. Art. 13 Teil B Buchst. c der 6. USt-Richtlinie ist dahin auszulegen, dass er auf eine entgeltliche Übertragung eines Bestands von Lebensrückversicherungsverträgen wie die im Ausgangsverfahren fragliche nicht anwendbar ist.

EuGH vom 7. 10. 2010 – Rs. C-222/09 – (BFH/NV 2010 S. 2377, HFR 2010 S. 1367)

Ort der Dienstleistungserbringung bei von Ingenieuren durchgeführten Forschungs- und Entwicklungsarbeiten

Dienstleistungen, die darin bestehen, Forschungs- und Entwicklungsarbeiten im Umwelt- und Technologiebereich auszuführen, und die von in einem Mitgliedstaat ansässigen Ingenieuren im Auftrag und zugunsten eines Dienstleistungsempfängers erbracht werden, der in einem anderen Mitgliedstaat ansässig ist, sind als „Leistungen von Ingenieuren" im Sinne von Art. 9 Abs. 2 Buchst. e 6. USt-Richtlinie einzustufen.

EuGH vom 27.10.2011 – Rs. C-530/09 – (DB 2011 S. 2586, DStR 2011 S. 2145, HFR 2011 S. 1391, UR 2011 S. 894)

Ort der Dienstleistungen in Verbindung mit Messeständen

Die MwStSystRL ist dahin auszulegen, dass eine Dienstleistung, die darin besteht, für Kunden, die ihre Waren oder Dienstleistungen auf Messen und Ausstellungen vorstellen, einen Messe- oder Ausstellungsstand zu entwerfen, vorübergehend bereitzustellen und, gegebenenfalls, zu befördern und aufzustellen, unter folgende Bestimmungen dieser Richtlinie fallen kann:

– unter Art. 56 Abs. 1 Buchst. b MwStSystRL, wenn der betreffende Stand für Werbezwecke entworfen oder verwendet wird;
– unter deren Art. 52 Buchst. a MwStSystRL, wenn der betreffende Stand für eine bestimmte Messe oder Ausstellung zu einem Thema aus dem Bereich der Kultur, der Künste, des Sports, der Wissenschaften, des Unterrichts, der Unterhaltung oder einem ähnlichen Gebiet entworfen und bereitgestellt wird oder wenn der Stand einem Modell entspricht, dessen Form, Größe, materielle Beschaffenheit oder Aussehen vom Veranstalter einer bestimmten Messe oder Ausstellung festgelegt wurde;
– unter Art. 56 Abs. 1 Buchst. g MwStSystRL, wenn die entgeltliche vorübergehende Bereitstellung der materiellen Bestandteile, die den betreffenden Stand bilden, ein bestimmendes Element dieser Dienstleistung ist.

BUNDESFINANZHOF

Rsp III

BFH vom 1. 4. 2009 – XI R 52/07 – (BStBl 2009 II S. 563, HFR 2009 S. 808)

Leistungsort und Einordnung einer Gewebezüchtung in Laborunternehmen (Vorlage an den EuGH)

Dem EuGH werden die folgenden Fragen zur Vorabentscheidung vorgelegt:

1. Ist Art. 28b Teil F Unterabs. 1 6. USt-Richtlinie dahin auszulegen, dass
   a) das einem Menschen entnommene Knorpelmaterial („Biopsat"), welches einem Unternehmer zum Zweck der Zellvermehrung und anschließenden Rückgabe als Implantat für den betroffenen Patienten überlassen wird, ein „beweglicher körperlicher Gegenstand" im Sinne dieser Bestimmung ist,
   b) das Herauslösen der Gelenkknorpelzellen aus dem Knorpelmaterial und die anschließende Zellvermehrung „Arbeiten" an beweglichen körperlichen Gegenständen im Sinne dieser Bestimmung sind,
   c) die Dienstleistung dem Empfänger bereits dann „unter seiner Umsatzsteuer-Identifikationsnummer erbracht" worden ist, wenn diese in der Rechnung des Erbringers der Dienstleistung angeführt ist, ohne dass eine ausdrückliche schriftliche Vereinbarung über ihre Verwendung getroffen wurde?
2. Falls eine der vorstehenden Fragen verneint wird: Ist Art. 13 Teil A Buchst. c 6. USt-Richtlinie dahin auszulegen, dass das Herauslösen der Gelenkknorpelzellen aus dem einem Menschen entnommenen Knorpelmaterial und die anschließende Zellvermehrung dann eine „Heilbehandlung im Bereich der Humanmedizin" ist, wenn die durch die Zellvermehrung gewonnenen Zellen dem Spender wieder implantiert werden?[1]

---

[1] Anm.: Vgl. hierzu EuGH-Urteil vom 18. 11. 2010 – Rs. C-156/09 –, § 4 Rsp I.

BFH vom 14. 4. 2010 – V B 157/08 – (BFH/NV 2010 S. 1315, UR 2010 S. 494)

Richtlinienkonforme Auslegung des Begriffs der Betriebsstätte

Die Frage, ob der in § 3a Abs. 1 Satz 2, Abs. 3 Satz 3 UStG erwähnte Begriff der Betriebsstätte bei richtlinienkonformer Auslegung mit dem in Art. 9 6. USt-Richtlinie bezeichneten Begriff der festen Niederlassung übereinstimmt, hat keine grundsätzliche Bedeutung.

BFH vom 10.11.2010 – V R 40/09 – (BFH/NV 2011 S. 1026, HFR 2011 S. 798)

Leistungsort bei Laboruntersuchungen an Probenmaterial von Versuchstieren

1. Medizinische Analysen und Laboruntersuchungen, durch die nicht Feststellungen zum menschlichen, sondern zum tierischen Gesundheitszustand getroffen werden, sind weder Begutachtung noch Arbeiten an beweglichen Gegenständen i.S.v. § 3a Abs. 2 Nr. 3 Buchst. c UStG a.F.
2. Tierärztliche Leistungen, zu denen auch die Labor- und Analysetätigkeit gehört, sind nach der EuGH-Rechtsprechung keine Beratungsleistungen i.S.v. § 3a Abs. 4 Nr. 3 UStG.

BFH vom 1.12.2010 – XI R 27/09 – (BFH/NV 2011 S. 938, BStBl 2011 II S. 458)

Ort der Leistung bei einem Rennservice für im Ausland veranstaltete Motorradrennen

Stellt ein Unternehmer mit Sitz im Inland einem Motorradrennfahrer einen vollständigen Rennservice mit Fahrzeug für im Ausland veranstaltete Motorradrennen zur Verfügung, führt er damit eine einheitliche sonstige Leistung aus, die im Inland der Umsatzbesteuerung unterliegt.

BFH vom 13.1.2011 – V R 63/09 – (BFH/NV 2011 S. 944, BStBl 2011 II S. 461)

Ort der sonstigen Leistung bei Übernahme von radioaktiven Strahlenquellen

1. Die Übernahme von ausgedienten Strahlenquellen durch einen inländischen Unternehmer im Ausland kann im Verhältnis zu den in diesem Zusammenhang erbrachten weiteren Leistungen als Hauptleistung anzusehen sein, die gemäß § 3a Abs. 1 Satz 1 UStG im Inland ausgeführt wird.
2. Bei dem Ausbau und der Übernahme von Strahlenquellen handelt es sich nicht um Arbeiten an beweglichen körperlichen Gegenständen i.S.v. § 3a Abs. 2 Nr. 3 Buchst. c UStG.
3. Der Ausbau und die Übernahme von Strahlenquellen als maßgebliche Hauptleistung gehören nicht zu den Tätigkeiten, die im Rahmen des Ingenieurberufs hauptsächlich und gewöhnlich erbracht werden.

UStG

§ 3b Ort der Beförderungsleistungen und der damit zusammenhängenden sonstigen Leistungen

S 7118

(1) ¹Eine Beförderung einer Person wird dort ausgeführt, wo die Beförderung bewirkt wird. ²Erstreckt sich eine solche Beförderung nicht nur auf das Inland, fällt nur der Teil der Leistung unter dieses Gesetz, der auf das Inland entfällt. ³Die Sätze 1 und 2 gelten entsprechend für die Beförderung von Gegenständen, die keine innergemeinschaftliche Beförderung eines Gegenstands im Sinne des Absatzes 3 ist, wenn der Empfänger weder ein Unternehmer, für dessen Unternehmen die Leistung bezogen wird, noch eine nicht unternehmerisch tätige juristische Person ist, der eine Umsatzsteuer-Identifikationsnummer erteilt worden ist. ⁴Die Bundesregierung kann mit Zustimmung des Bundesrates durch Rechtsverordnung zur Vereinfachung des Besteuerungsverfahrens bestimmen, dass bei Beförderungen, die sich sowohl auf das Inland als auch auf das Ausland erstrecken (grenzüberschreitende Beförderungen),

1. kurze inländische Beförderungsstrecken als ausländische und kurze ausländische Beförderungsstrecken als inländische angesehen werden;
2. Beförderungen über kurze Beförderungsstrecken in den in § 1 Abs. 3 bezeichneten Gebieten nicht wie Umsätze im Inland behandelt werden.

S 7118-a

(2) Das Beladen, Entladen, Umschlagen und ähnliche mit der Beförderung eines Gegenstands im Zusammenhang stehende Leistungen an einen Empfänger, der weder ein Unternehmer ist, für dessen Unternehmen die Leistung bezogen wird, noch eine nicht unternehmerisch tätige juristische Person ist, der eine Umsatzsteuer-Identifikationsnummer erteilt worden ist, werden dort ausgeführt, wo sie vom Unternehmer tatsächlich erbracht werden.

(3) Die Beförderung eines Gegenstands, die in dem Gebiet eines Mitgliedstaates beginnt und in dem Gebiet eines anderen Mitgliedstaates endet (innergemeinschaftliche Beförderung eines Gegenstands), an einen Empfänger, der weder ein Unternehmer ist, für dessen Unternehmen die Leistung bezogen wird, noch eine nicht unternehmerisch tätige juristische Person, der eine Umsatzsteuer-Identifikationsnummer erteilt worden ist, wird an dem Ort ausgeführt, an dem die Beförderung des Gegenstands beginnt.

Vorschriften des Gemeinschaftsrechts

Art. 48 bis 51, Art. 54 Buchst. a und Art. 394 der MWSt-Richtlinie.

§ 2   Verbindungsstrecken im Inland

UStDV

¹Bei grenzüberschreitenden Beförderungen ist die Verbindungsstrecke zwischen zwei Orten im Ausland, die über das Inland führt, als ausländische Beförderungsstrecke anzusehen, wenn diese Verbindungsstrecke den nächsten oder verkehrstechnisch günstigsten Weg darstellt und der inländische Streckenanteil nicht länger als 30 Kilometer ist. ²Dies gilt nicht für Personenbeförderungen im Linienverkehr mit Kraftfahrzeugen. ³§ 7 bleibt unberührt.

§ 3   Verbindungsstrecken im Ausland

¹Bei grenzüberschreitenden Beförderungen ist die Verbindungsstrecke zwischen zwei Orten im Inland, die über das Ausland führt, als inländische Beförderungsstrecke anzusehen, wenn der ausländische Streckenanteil nicht länger als zehn Kilometer ist. ²Dies gilt nicht für Personenbeförderungen im Linienverkehr mit Kraftfahrzeugen. ³§ 7 bleibt unberührt.

§ 4   Anschlussstrecken im Schienenbahnverkehr

Bei grenzüberschreitenden Personenbeförderungen mit Schienenbahnen sind anzusehen:
1. als inländische Beförderungsstrecken die Anschlussstrecken im Ausland, die von Eisenbahnverwaltungen mit Sitz im Inland betrieben werden, sowie Schienenbahnstrecken in den in § 1 Abs. 3 des Gesetzes bezeichneten Gebieten;
2. als ausländische Beförderungsstrecken die inländischen Anschlussstrecken, die von Eisenbahnverwaltungen mit Sitz im Ausland betrieben werden.

§ 5   Kurze Straßenstrecken im Inland

¹Bei grenzüberschreitenden Personenbeförderungen im Gelegenheitsverkehr mit Kraftfahrzeugen sind inländische Streckenanteile, die in einer Fahrtrichtung nicht länger als zehn Kilometer sind, als ausländische Beförderungsstrecken anzusehen. ²§ 6 bleibt unberührt.

§ 6   Straßenstrecken in den in § 1 Abs. 3 des Gesetzes bezeichneten Gebieten

Bei grenzüberschreitenden Personenbeförderungen mit Kraftfahrzeugen von und zu den in § 1 Abs. 3 des Gesetzes bezeichneten Gebieten sowie zwischen diesen Gebieten sind die Streckenanteile in diesen Gebieten als inländische Beförderungsstrecken anzusehen.

§ 7   Kurze Strecken im grenzüberschreitenden Verkehr mit Wasserfahrzeugen

(1) Bei grenzüberschreitenden Beförderungen im Passagier- und Fährverkehr mit Wasserfahrzeugen, die sich ausschließlich auf das Inland und die in § 1 Abs. 3 des Gesetzes bezeichneten Gebiete erstrecken, sind die Streckenanteile in den in § 1 Abs. 3 des Gesetzes bezeichneten Gebieten als inländische Beförderungsstrecken anzusehen.

(2) ¹Bei grenzüberschreitenden Beförderungen im Passagier- und Fährverkehr mit Wasserfahrzeugen, die in inländischen Häfen beginnen und enden, sind

1. ausländische Streckenanteile als inländische Beförderungsstrecken anzusehen, wenn die ausländischen Streckenanteile nicht länger als zehn Kilometer sind, und
2. inländische Streckenanteile als ausländische Beförderungsstrecken anzusehen, wenn
   a) die ausländischen Streckenanteile länger als zehn Kilometer und
   b) die inländischen Streckenanteile nicht länger als 20 Kilometer sind.

²Streckenanteile in den in § 1 Abs. 3 des Gesetzes bezeichneten Gebieten sind in diesen Fällen als inländische Beförderungsstrecken anzusehen.

(3) Bei grenzüberschreitenden Beförderungen im Passagier- und Fährverkehr mit Wasserfahrzeugen für die Seeschiffahrt, die zwischen ausländischen Seehäfen oder zwischen einem inländischen Seehafen und einem ausländischen Seehafen durchgeführt werden, sind inländische Streckenanteile als ausländische Beförderungsstrecken anzusehen und Beförderungen in den in § 1 Abs. 3 des Gesetzes bezeichneten Gebieten nicht wie Umsätze im Inland zu behandeln.

(4) Inländische Häfen im Sinne dieser Vorschrift sind auch Freihäfen und die Insel Helgoland.

(5) Bei grenzüberschreitenden Beförderungen im Fährverkehr über den Rhein, die Donau, die Elbe, die Neiße und die Oder sind die inländischen Streckenanteile als ausländische Beförderungsstrecken anzusehen.

AE 3b.1   3b.1. Ort einer Personenbeförderung und Ort einer Güterbeförderung, die keine innergemeinschaftliche Güterbeförderung ist

S 7118

(1) Die Ortsbestimmung des § 3b Abs. 1 Sätze 1 und 2 UStG (Personenbeförderung) ist bei sonstigen Leistungen sowohl an Nichtunternehmer (siehe Abschnitt 3a.1 Abs. 1) als auch an Unternehmer und diesen gleichgestellten juristischen Personen (siehe Abschnitt 3a.2 Abs. 1) anzuwenden.

(2) ¹Der Ort einer Personenbeförderung liegt dort, wo die Beförderung tatsächlich bewirkt wird (§ 3b Abs. 1 Satz 1 UStG). ²Hieraus folgt für diejenigen Beförderungsfälle, in denen der mit der Beförderung beauftragte Unternehmer (Hauptunternehmer) die Beförderung durch einen anderen Unternehmer (Subunternehmer) ausführen lässt, dass sowohl die Beförderungsleistung des Hauptunternehmers als auch diejenige des Subunternehmers dort ausgeführt werden, wo der Subunternehmer die Beförderung bewirkt. ³Die Sonderregelung über die Besteuerung von Reiseleistungen (§ 25 Abs. 1 UStG) bleibt jedoch unberührt.

Beispiel:

¹Der Reiseveranstalter A veranstaltet im eigenen Namen und für eigene Rechnung einen Tagesausflug. ²Er befördert die teilnehmenden Reisenden (Nichtunternehmer) jedoch nicht selbst, sondern bedient sich zur Ausführung der Beförderung des Omnibusunternehmers B. ³Dieser bewirkt an A eine Beförderungsleistung, indem er die Beförderung im eigenen Namen, unter eigener Verantwortung und für eigene Rechnung durchführt.
⁴Der Ort der Beförderungsleistung des B liegt dort, wo dieser die Beförderung bewirkt. ⁵Für A stellt die Beförderungsleistung des B eine Reisevorleistung dar. ⁶A führt deshalb umsatzsteuerlich keine Beförderungsleistung, sondern eine sonstige Leistung im Sinne des § 25 Abs. 1 UStG aus. ⁷Diese sonstige Leistung wird dort ausgeführt, von wo aus A sein Unternehmen betreibt (§ 3a Abs. 1 UStG).

(3) ¹Die Ortsbestimmung des § 3b Abs. 1 Satz 3 UStG (Güterbeförderung) ist nur bei Güterbeförderungen, die keine innergemeinschaftlichen Güterbeförderungen im Sinne des § 3b Abs. 3 UStG sind, an Nichtunternehmer (siehe Abschnitt 3a.1 Abs. 1) anzuwenden. ²Der Leistungsort liegt danach dort, wo die Beförderung tatsächlich bewirkt wird. ³Der Ort einer Güterbeförderung, die keine innergemeinschaftliche Güterbeförderung ist, an einen Unternehmer oder eine gleichgestellte juristische Person richtet sich nach § 3a Abs. 2 UStG. ⁴Auf Abschnitt 3a.2 wird verwiesen.

Grenzüberschreitende Beförderungen

(4) ¹Grenzüberschreitende Beförderungen – Personenbeförderungen sowie Güterbeförderungen an Nichtunternehmer (siehe Abschnitt 3a.1 Abs. 1) mit Ausnahme der innergemeinschaftlichen Güterbeförderungen im Sinne des § 3b Abs. 3 UStG – sind in einen steuerbaren und einen nicht steuerbaren Leistungsteil aufzuteilen (§ 3b Abs. 1 Satz 2 UStG). ²Die Aufteilung unterbleibt jedoch bei grenzüberschreitenden Beförderungen mit kurzen in- oder ausländischen Beförderungsstrecken, wenn diese Beförderungen entweder insgesamt als steuerbar oder insgesamt als nicht steuerbar zu behandeln sind (siehe auch Absätze 7 bis 17). ³Wegen der Auswirkung der Sonderregelung des § 1 Abs. 3 Satz 1 Nr. 2 und 3 UStG auf Beförderungen – in der Regel in Verbindung mit den §§ 4, 6 oder 7 UStDV – wird auf die Absätze 11 und 13 bis 17 verwiesen.

(5) ¹Bei einer Beförderungsleistung, bei der nur ein Teil der Leistung steuerbar ist und bei der die Umsatzsteuer für diesen Teil auch erhoben wird, ist Bemessungsgrundlage das Entgelt, das auf

diesen Teil entfällt. ²Bei Personenbeförderungen im Gelegenheitsverkehr mit Kraftomnibussen, die nicht im Inland zugelassen sind und die bei der Ein- oder Ausreise eine Grenze zu einem Drittland überqueren, ist ein Durchschnittsbeförderungsentgelt für den Streckenanteil im Inland maßgebend (vgl. Abschnitte 10.8 und 16.2). ³In allen übrigen Fällen ist das auf den steuerbaren Leistungsteil entfallende tatsächlich vereinbarte oder vereinnahmte Entgelt zu ermitteln (vgl. hierzu Absatz 6). ⁴Das Finanzamt kann jedoch Unternehmer, die nach § 4 Nr. 3 UStG steuerfreie Umsätze bewirken, von der Verpflichtung befreien, die Entgelte für die vorbezeichneten steuerfreien Umsätze und die Entgelte für nicht steuerbare Beförderungen getrennt aufzuzeichnen (vgl. Abschnitt 22.6 Abs. 18 und 19).

(6) ¹Wird bei einer Beförderungsleistung, die sich nicht nur auf das Inland erstreckt und bei der kein Durchschnittsbeförderungsentgelt maßgebend ist, ein Gesamtpreis vereinbart oder vereinnahmt, so ist der auf den inländischen Streckenanteil entfallende Entgeltsanteil anhand dieses Gesamtpreises zu ermitteln. ²Hierzu gilt folgendes:

1. ¹Grundsätzlich ist vom vereinbarten oder vereinnahmten Nettobeförderungspreis auszugehen. ²Zum Nettobeförderungspreis gehören nicht die Umsatzsteuer für die Beförderungsleistung im Inland und die für den nicht steuerbaren Leistungsanteil in anderen Staaten zu zahlende Umsatzsteuer oder ähnliche Steuer. ³Sofern nicht besondere Umstände (wie z. B. tarifliche Vereinbarungen im internationalen Eisenbahnverkehr) eine andere Aufteilung rechtfertigen, ist der Nettobeförderungspreis für jede einzelne Beförderungsleistung im Verhältnis der Längen der inländischen und ausländischen Streckenanteile – einschließlich sog. Leerkilometer – aufzuteilen (vgl. BFH-Urteil vom 12. 3. 1998, V R 17/93, BStBl II S. 523). ⁴Unter Leerkilometer sind dabei nur die während der Beförderungsleistung ohne die beförderten Personen zurückgelegten Streckenanteile zu verstehen. ⁵Die Hin- bzw. Rückfahrt vom bzw. zum Betriebshof – ohne zu befördernde Personen – ist nicht Teil der Beförderungsleistung und damit auch nicht bei der Aufteilung der Streckenanteile zu berücksichtigen. ⁶Das auf den inländischen Streckenanteil entfallende Entgelt kann nach folgender Formel ermittelt werden:

$$\text{Entgelt für den inländischen Streckenanteil} = \frac{\text{Nettobeförderungspreis für die Gesamtstrecke} \times \text{Anzahl der km des inländischen Streckenanteils}}{\text{Anzahl der km der Gesamtstrecke}}$$

2. ¹Bei Personenbeförderungen ist es nicht zu beanstanden, wenn zur Ermittlung des auf den inländischen Streckenanteil entfallenden Entgelts nicht vom Nettobeförderungspreis ausgegangen wird, sondern von dem für die Gesamtstrecke vereinbarten oder vereinnahmten Bruttobeförderungspreis, z. B. Gesamtpreis einschließlich der im Inland und im Ausland erhobenen Umsatzsteuer oder ähnlichen Steuer. ²Für die Entgeltsermittlung kann in diesem Falle die folgende geänderte Berechnungsformel dienen:

$$\text{Bruttoentgelt (Entgelt zuzüglich Umsatzsteuer) für den inländischen Streckenanteil} = \frac{\text{Bruttobeförderungspreis für die Gesamtstrecke} \times \text{Anzahl der km des inländischen Streckenanteils}}{\text{Anzahl der km der Gesamtstrecke}}$$

³Innerhalb eines Besteuerungszeitraumes muß bei allen Beförderungen einer Verkehrsart, z. B. bei Personenbeförderungen im Gelegenheitsverkehr mit Kraftfahrzeugen, nach ein und derselben Methode verfahren werden.

Verbindungsstrecken im Inland

(7) ¹Zu den Verbindungsstrecken im Inland nach § 2 UStDV gehören insbesondere diejenigen Verbindungsstrecken von nicht mehr als 30 km Länge, für die in den folgenden Abkommen und Verträgen Erleichterungen für den Durchgangsverkehr vereinbart worden sind:
1. Deutsch-Schweizerisches Abkommen vom 5. 2. 1958, Anlage III (BGBl. 1960 II S. 2162), geändert durch Vereinbarung vom 15. 5. 1981 (BGBl. II S. 211);
2. Deutsch-Österreichisches Abkommen vom 14. 9. 1955, Artikel 1 Abs. 1 (BGBl. 1957 II S. 586);
3. Deutsch-Österreichisches Abkommen vom 14. 9. 1955, Artikel 1 (BGBl. 1957 II S. 589);
4. Deutsch-Österreichischer Vertrag vom 6. 9. 1962, Anlage II (BGBl. 1963 II S. 1280), zuletzt geändert durch Vereinbarung vom 3. 12. 1981 (BGBl. 1982 II S. 28);
5. Deutsch-Österreichischer Vertrag vom 17. 2. 1966, Artikel 1 und 14 (BGBl. 1967 II S. 2092);
6. Deutsch-Niederländischer Vertrag vom 8. 4. 1960, Artikel 33 (BGBl. 1963 II S. 463).

²Bei diesen Strecken ist eine Prüfung, ob sie den nächsten oder verkehrstechnisch günstigsten Weg darstellen, nicht erforderlich. ³Bei anderen Verbindungsstrecken muß diese Voraussetzung im Einzelfall geprüft werden.

(8) ¹§ 2 UStDV umfasst die grenzüberschreitenden Personen- und Güterbeförderungen, die von im Inland oder im Ausland ansässigen Unternehmern bewirkt werden, mit Ausnahme der Personenbeförderungen im Linienverkehr mit Kraftfahrzeugen. ²Bei grenzüberschreitenden Beförderungen im Passagier- und Fährverkehr mit Wasserfahrzeugen hat § 7 Abs. 2, 3 und 5 UStDV Vorrang (vgl. Absätze 13 bis 15).

Verbindungsstrecken im Ausland

(9) Zu den Verbindungsstrecken im Ausland nach § 3 UStDV gehören insbesondere diejenigen Verbindungsstrecken von nicht mehr als 10 km Länge, die in der in Absatz 5 und in den nachfolgend aufgeführten Abkommen und Verträgen enthalten sind:

1. Deutsch-Österreichischer Vertrag vom 17. 2. 1966, Artikel 1 (BGBl. 1967 II S. 2086);

2. Deutsch-Belgischer Vertrag vom 24. 9. 1956, Artikel 12 (BGBl. 1958 II S. 263).

(10) ¹Der Anwendungsbereich des § 3 UStDV umfasst die grenzüberschreitenden Personen- und Güterbeförderungen, die von im Inland oder im Ausland ansässigen Unternehmern durchgeführt werden, mit Ausnahme der Personenbeförderungen im Linienverkehr mit Kraftfahrzeugen. ²Bei grenzüberschreitenden Beförderungen im Passagier- und Fährverkehr mit Wasserfahrzeugen hat § 7 Abs. 2, 3 und 5 UStDV Vorrang (vgl. Absätze 15 bis 17).

Anschlussstrecken im Schienenbahnverkehr

(11) ¹Im Eisenbahnverkehr enden die Beförderungsstrecken der nationalen Eisenbahnverwaltungen in der Regel an der Grenze des jeweiligen Hoheitsgebietes. ²In Ausnahmefällen betreiben jedoch die Eisenbahnverwaltungen kurze Beförderungsstrecken im Nachbarstaat bis zu einem dort befindlichen vertraglich festgelegten Gemeinschafts- oder Betriebswechselbahnhof (Anschlussstrecken). ³Bei Personenbeförderungen im grenzüberschreitenden Eisenbahnverkehr sind die nach § 4 UStDV von inländischen Eisenbahnverwaltungen im Ausland betriebenen Anschlussstrecken als inländische Beförderungsstrecken und die von ausländischen Eisenbahnverwaltungen im Inland betriebenen Anschlussstrecken als ausländische Beförderungsstrecken anzusehen. ⁴Ferner gelten bei Personenbeförderungen Schienenbahnstrecken in den in § 1 Abs. 3 UStG bezeichneten Gebieten als inländische Beförderungsstrecken.

Kurze Straßenstrecken im Inland

(12) ¹Bei grenzüberschreitenden Personenbeförderungen im Gelegenheitsverkehr mit im Inland oder im Ausland zugelassenen Kraftfahrzeugen sind inländische Streckenanteile, die in einer Fahrtrichtung nicht länger als 10 km sind, nach § 5 UStDV als ausländische Beförderungsstrecken anzusehen. ²Die Regelung gilt jedoch nicht für Personenbeförderungen von und zu den in § 1 Abs. 3 UStG bezeichneten Gebieten (vgl. auch Absatz 13). ³Der „Gelegenheitsverkehr mit Kraftfahrzeugen" umfasst nach § 46 PBefG den Verkehr mit Taxen (§ 47 PBefG), die Ausflugsfahrten und Ferienziel-Reisen (§ 48 PBefG) und den Verkehr mit Mietomnibussen und Mietwagen (§ 49 PBefG).

Straßenstrecken in den in § 1 Abs. 3 UStG bezeichneten Gebieten

(13) ¹Bei grenzüberschreitenden Personenbeförderungen mit Kraftfahrzeugen, die von im Inland oder im Ausland ansässigen Unternehmern von und zu den in § 1 Abs. 3 UStG bezeichneten Gebieten sowie zwischen diesen Gebieten bewirkt werden, sind die Streckenanteile in diesen Gebieten nach § 6 UStDV als inländische Beförderungsstrecken anzusehen. ²Damit sind diese Beförderungen insgesamt steuerbar und mangels einer Befreiungsvorschrift auch steuerpflichtig.

Kurze Strecken im grenzüberschreitenden Verkehr mit Wasserfahrzeugen

(14) ¹Bei grenzüberschreitenden Beförderungen im Passagier- und Fährverkehr mit Wasserfahrzeugen jeglicher Art, die lediglich im Inland und in den in § 1 Abs. 3 UStG bezeichneten Gebieten ausgeführt werden, sind nach § 7 Abs. 1 UStDV die Streckenanteile in den in § 1 Abs. 3 UStG bezeichneten Gebieten als inländische Beförderungsstrecken anzusehen. ²Hieraus ergibt sich, dass diese Beförderungen insgesamt steuerbar sind. ³Unter die Regelung fallen insbesondere folgende Sachverhalte:

1. Grenzüberschreitende Beförderungen zwischen Hafengebieten im Inland und Freihäfen.

    Beispiel:
    Ein Unternehmer befördert mit seinem Schiff Personen zwischen dem Hamburger Freihafen und dem übrigen Hamburger Hafengebiet.

§ 3b UStG
AE 3b.1

2. Grenzüberschreitende Beförderungen, die zwischen inländischen Häfen durchgeführt werden und bei denen neben dem Inland lediglich die in § 1 Abs. 3 UStG bezeichneten Gebiete durchfahren werden.

Beispiel:
¹Ein Unternehmer befördert mit seinem Schiff Touristen zwischen den ostfriesischen Inseln und benutzt hierbei den Seeweg nördlich der Inseln. ²Bei den Fahrten wird jedoch die Hoheitsgrenze nicht überschritten.

(15) Für grenzüberschreitende Beförderungen im Passagier- und Fährverkehr mit Wasserfahrzeugen jeglicher Art, die zwischen inländischen Häfen durchgeführt werden, bei denen jedoch nicht lediglich das Inland und die in § 1 Abs. 3 UStG bezeichneten Gebiete, sondern auch das übrige Ausland berührt werden, enthält § 7 Abs. 2 UStDV folgende Sonderregelungen:

1. ¹Ausländische Beförderungsstrecken sind als inländische Beförderungsstrecken anzusehen, wenn die ausländischen Streckenanteile außerhalb der in § 1 Abs. 3 UStG bezeichneten Gebiete jeweils nicht mehr als 10 km betragen (§ 7 Abs. 2 Satz 1 Nr. 1 UStDV). ²Die Vorschrift ist im Ergebnis eine Ergänzung des § 7 Abs. 1 UStDV.

   Beispiel:
   ¹Ein Unternehmer befördert Touristen mit seinem Schiff zwischen den Nordseeinseln und legt dabei nicht mehr als 10 km jenseits der Hoheitsgrenze zurück.

   ²Die Beförderungen im Seegebiet bis zur Hoheitsgrenze sind ohne Rücksicht auf die Länge der Beförderungsstrecke steuerbar. ³Die Beförderungen im Seegebiet jenseits der Hoheitsgrenze sind ebenfalls steuerbar, weil die Beförderungsstrecke hier nicht länger als 10 km ist.

2. ¹Inländische Streckenanteile sind als ausländische Beförderungsstrecken anzusehen, und Beförderungsleistungen, die auf die in § 1 Abs. 3 UStG bezeichneten Gebiete entfallen, sind nicht wie Umsätze im Inland zu behandeln, wenn bei der einzelnen Beförderung

   a) der ausländische Streckenanteil außerhalb der in § 1 Abs. 3 UStG bezeichneten Gebiete länger als 10 km und

   b) der Streckenanteil im Inland und in den in § 1 Abs. 3 UStG bezeichneten Gebieten nicht länger als 20 km

   sind (§ 7 Abs. 2 Satz 1 Nr. 2 UStDV). ²Die Beförderungen sind deshalb insgesamt nicht steuerbar.

(16) ¹Keine Sonderregelung besteht für die Fälle, in denen die ausländischen Streckenanteile außerhalb der in § 1 Abs. 3 UStG bezeichneten Gebiete jeweils länger als 10 km und die Streckenanteile im Inland und in den vorbezeichneten Gebieten jeweils länger als 20 km sind. ²In diesen Fällen ist deshalb die jeweilige Beförderungsleistung in einen steuerbaren Teil und einen nicht steuerbaren Teil aufzuteilen. ³Bei der Aufteilung ist zu beachten, dass Beförderungen in den in § 1 Abs. 3 UStG bezeichneten Gebieten steuerbar sind, wenn sie für unternehmensfremde Zwecke des Auftraggebers ausgeführt werden oder eine sonstige Leistung im Sinne von § 3 Abs. 9a Nr. 2 UStG vorliegt.

Beispiel:
¹Ein Unternehmer befördert mit seinem Schiff Touristen auf die hohe See hinaus. ²Der Streckenanteil vom Hafen bis zur Hoheitsgrenze hin und zurück beträgt 50 km. ³Der Streckenanteil jenseits der Hoheitsgrenze beträgt 12,5 km.

⁴Die Beförderung ist zu 80 % steuerbar und zu 20 % nicht steuerbar.

(17) ¹Bei grenzüberschreitenden Beförderungen im Passagier- und Fährverkehr mit Wasserfahrzeugen für die Seeschifffahrt nach § 7 Abs. 3 UStDV handelt es sich um folgende Beförderungen:

1. Beförderungen, die zwischen ausländischen Seehäfen durchgeführt werden und durch das Inland oder durch die in § 1 Abs. 3 UStG bezeichneten Gebiete führen.

   Beispiel:
   ¹Ein Unternehmer befördert Touristen mit seinem Schiff von Stockholm durch den Nord-Ostsee-Kanal nach London. ²Die Strecke durch den Nord-Ostsee-Kanal ist als ausländischer Streckenanteil anzusehen.

2. ¹Beförderungen, die zwischen einem inländischen Seehafen und einem ausländischen Seehafen durchgeführt werden. ²Inländische Seehäfen sind nach § 7 Abs. 4 UStDV auch die Freihäfen und die Insel Helgoland.

   Beispiel 1:
   Beförderungen im Passagier- und Fährverkehr zwischen Hamburg (Seehafen) oder Bremerhaven (Freihafen) und Harwich (Vereinigtes Königreich).

203

Beispiel 2:
Beförderungen im Rahmen von Kreuzfahrten, die zwar in ein und demselben inländischen Seehafen beginnen und enden, bei denen aber zwischendurch mindestens ein ausländischer Seehafen angelaufen wird.

²Die Regelung des § 7 Abs. 3 UStDV hat zur Folge, dass die Beförderungen insgesamt nicht steuerbar sind. ³Das gilt unter bestimmten Voraussetzungen auch für die Gewährung von Unterbringung und Verpflegung **sowie die Erbringung sonstiger – im Zusammenhang mit der Reise stehender – Dienstleistungen** an die beförderten Personen, soweit **diese Leistungen** erforderlich sind, um die Personenbeförderung planmäßig durchführen **und optimal in Anspruch nehmen** zu können **(vgl. BFH-Urteile vom 1. 8. 1996, V R 58/94, BStBl 1997 II S. 160, und vom 2. 3. 2011, XI R 25/09, BStBl II S. 737).**

(18) Bei Beförderungen von Personen mit Schiffen auf dem Rhein zwischen Basel (Rhein- km 170) und Neuburgweier (Rhein- km 353) über insgesamt 183 km ist hinsichtlich der einzelnen Streckenanteile wie folgt zu verfahren:

1. Streckenanteil zwischen der Grenze bei Basel (Rhein- km 170) und Breisach (Rhein- km 227) über insgesamt 57 km:

    ¹Die Beförderungen erfolgen hier auf dem in Frankreich gelegenen Rheinseitenkanal. ²Sie unterliegen deshalb auf diesem Streckenanteil nicht der deutschen Umsatzsteuer.

2. Streckenanteil zwischen Breisach (Rhein- km 227) und Straßburg (Rhein- km 295) über insgesamt 68 km:

    a) ¹Hier werden die Beförderungen auf einzelnen Streckenabschnitten (Schleusen und Schleusenkanälen) von zusammen 34 km auf französischem Hoheitsgebiet durchgeführt. ²Die Beförderungen unterliegen insoweit nicht der deutschen Umsatzsteuer.

    b) ¹Auf einzelnen anderen Streckenabschnitten von zusammen 34 km finden die Beförderungen auf dem Rheinstrom statt. ²Die Hoheitsgrenze zwischen Frankreich und der Bundesrepublik Deutschland wird durch die Achse des Talwegs bestimmt. ³Bedingt durch den Verlauf der Fahrrinne und mit Rücksicht auf den übrigen Verkehr muss die Schifffahrt häufig die Hoheitsgrenze überfahren. ⁴In der Regel wird der Verkehr je zur Hälfte (= 17 km) auf deutschem und französischem Hoheitsgebiet abgewickelt.

3. Streckenanteil zwischen Straßburg (Rhein- km 295) und der Grenze bei Neuburgweier (Rhein- km 353) über insgesamt 58 km:

    ¹Die Hoheitsgrenze im Rhein wird auch hier durch die Achse des Talwegs bestimmt. ²Deshalb ist auch hier davon auszugehen, dass die Beförderungen nur zur Hälfte (= 29 km) im Inland stattfinden.

AE 3b.2   3b.2. Ort der Leistung, die im Zusammenhang mit einer Güterbeförderung steht

(1) ¹Die Ortsregelung des § 3b Abs. 2 UStG ist nur bei Leistungen an Nichtunternehmer (siehe Abschnitt 3a.1 Abs. 1) anzuwenden. ²Werden mit der Beförderung eines Gegenstands in Zusammenhang stehende Leistungen an einen Unternehmer oder an eine gleichgestellte juristische Person erbracht (siehe Abschnitt 3a.2 Abs. 1) erbracht, richtet sich der Leistungsort nach § 3a Abs. 2 UStG.

(2) ¹Für den Ort einer Leistung, die im Zusammenhang mit einer Güterbeförderung steht (§ 3b Abs. 2 UStG), gelten die Ausführungen in Abschnitt 3a.6 Abs. 1 sinngemäß. ²Bei der Anwendung der Ortsregelung kommt es nicht darauf an, ob die Leistung mit einer rein inländischen, einer grenzüberschreitenden oder einer innergemeinschaftlichen Güterbeförderung im Zusammenhang steht.

(3) ¹Die Regelung des § 3b Abs. 2 UStG gilt für Umsätze, die selbständige Leistungen sind. ²Sofern das Beladen, das Entladen, der Umschlag, die Lagerung oder eine andere sonstige Leistung Nebenleistungen zu einer Güterbeförderung darstellen, teilen sie deren umsatzsteuerliches Schicksal.

AE 3b.3   3b.3. Ort der innergemeinschaftlichen Güterbeförderung

(1) ¹§ 3b Abs. 3 UStG ist nur anzuwenden, wenn die innergemeinschaftliche Beförderung eines Gegenstands (innergemeinschaftliche Güterbeförderung) an einen Nichtunternehmer (siehe Abschnitt 3a.1 Abs. 1) erfolgt. ²In diesen Fällen wird die Leistung an dem Ort ausgeführt, an dem die Beförderung des Gegenstands beginnt (Abgangsort). ³Wird eine innergemeinschaftliche Güterbeförderung an einen Unternehmer oder an eine gleichgestellte juristische Person (siehe Abschnitt 3a.2 Abs. 1) ausgeführt, richtet sich der Leistungsort nach § 3a Abs. 2 UStG.

(2) ¹Eine innergemeinschaftliche Güterbeförderung liegt nach § 3b Abs. 3 Satz 1 UStG vor, wenn sie in dem Gebiet von zwei verschiedenen EU-Mitgliedstaaten beginnt (Abgangsort) und endet

(Ankunftsort). ²Eine Anfahrt des Beförderungsunternehmers zum Abgangsort ist unmaßgeblich. ³Entsprechendes gilt für den Ankunftsort. ⁴Die Voraussetzungen einer innergemeinschaftlichen Güterbeförderung sind für jeden Beförderungsauftrag gesondert zu prüfen; sie müssen sich aus den im Beförderungs- und Speditionsgewerbe üblicherweise verwendeten Unterlagen (z. B. schriftlicher Speditionsauftrag oder Frachtbrief) ergeben. ⁵Für die Annahme einer innergemeinschaftlichen Güterbeförderung ist es unerheblich, ob die Beförderungsstrecke ausschließlich über Gemeinschaftsgebiet oder auch über Drittlandsgebiet führt (vgl. Absatz 4 Beispiel 2).

(3) ¹Die deutschen Freihäfen gehören gemeinschaftsrechtlich zum Gebiet der Bundesrepublik Deutschland (Artikel 5 MwStSystRL). ²Deshalb ist eine innergemeinschaftliche Güterbeförderung auch dann gegeben, wenn die Beförderung in einem deutschen Freihafen beginnt und in einem anderen EU-Mitgliedstaat endet und umgekehrt.

(4) Beispielsfälle für innergemeinschaftliche Güterbeförderungen:

Beispiel 1:

¹Die Privatperson P aus Deutschland beauftragt den deutschen Frachtführer F, Güter von Spanien nach Deutschland zu befördern.

²Bei der Beförderungsleistung des F handelt es sich um eine innergemeinschaftliche Güterbeförderung, weil der Transport in einem EU-Mitgliedstaat beginnt und in einem anderen EU-Mitgliedstaat endet. ³Der Ort dieser Beförderungsleistung liegt in Spanien, da die Beförderung der Güter in Spanien beginnt (§ 3b Abs. 3 UStG). ⁴F ist Steuerschuldner in Spanien (Artikel 193 MwStSystRL; vgl. auch Abschnitt 3a.16 Abs. 4). ⁵Die Abrechnung richtet sich nach den Regelungen des spanischen Umsatzsteuerrechts.

Beispiel 2:

¹Die Privatperson P aus Italien beauftragt den in der Schweiz ansässigen Frachtführer F, Güter von Deutschland über die Schweiz nach Italien zu befördern.

²Bei der Beförderungsleistung des F handelt es sich um eine innergemeinschaftliche Güterbeförderung, weil der Transport in zwei verschiedenen EU-Mitgliedstaaten beginnt und endet. ³Der Ort dieser Leistung bestimmt sich nach dem inländischen Abgangsort (§ 3b Abs. 3 UStG). ⁴Die Leistung ist in Deutschland steuerbar und steuerpflichtig. ⁵Unbeachtet ist dabei, dass ein Teil der Beförderungsstrecke auf das Drittland Schweiz entfällt (vgl. Absatz 2 Satz 5). ⁶Der leistende Unternehmer F ist Steuerschuldner (§ 13a Abs. 1 Nr. 1 UStG) und hat den Umsatz im Rahmen des allgemeinen Besteuerungsverfahrens (§ 18 Abs. 1 bis 4 UStG) zu versteuern (vgl. hierzu Abschnitt 3a.16 Abs. 3).

3b.4. Ort der gebrochenen innergemeinschaftlichen Güterbeförderung

(1) ¹Eine gebrochene Güterbeförderung liegt vor, wenn einem Beförderungsunternehmer für eine Güterbeförderung über die gesamte Beförderungsstrecke ein Auftrag erteilt wird, jedoch bei der Durchführung der Beförderung mehrere Beförderungsunternehmer nacheinander mitwirken. ²Liegen Beginn und Ende der gesamten Beförderung in den Gebieten verschiedener EU-Mitgliedstaaten, ist hinsichtlich der Beförderungsleistung des Beförderungsunternehmers an den Auftraggeber eine gebrochene innergemeinschaftliche Güterbeförderung nach § 3b Abs. 3 UStG gegeben, wenn der Auftraggeber ein Nichtunternehmer (siehe Abschnitt 3a.1 Abs. 1) ist. ³Die Beförderungsleistungen der vom Auftragnehmer eingeschalteten weiteren Beförderungsunternehmer sind für sich zu beurteilen. ⁴Da es sich insoweit jeweils um Leistungen an einen anderen Unternehmer für dessen unternehmerischen Bereich handelt, richtet sich der Leistungsort für diese Beförderungsleistungen nicht nach § 3b Abs. 1 Sätze 1 bis 3 oder Abs. 3 UStG, sondern nach § 3a Abs. 2 UStG.

Beispiel 1:

¹Die in Deutschland ansässige Privatperson P beauftragt den in Frankreich ansässigen Frachtführer S, Güter von Paris nach Rostock zu befördern. ²S befördert die Güter von Paris nach Aachen und beauftragt für die Strecke von Aachen nach Rostock den in Köln ansässigen Unterfrachtführer F mit der Beförderung. ³Dabei teilt S im Frachtbrief an F den Abgangsort und den Bestimmungsort der Gesamtbeförderung mit. ⁴S verwendet gegenüber F seine französische USt-IdNr.

⁵Die Beförderungsleistung des S an seinen Auftraggeber P umfasst die Gesamtbeförderung von Paris nach Rostock. ⁶Die Leistung ist in Deutschland nicht steuerbar, da der Abgangsort in Frankreich liegt (§ 3b Abs. 3 UStG).

⁷Die Beförderungsleistung des F von Aachen nach Rostock an seinen Auftraggeber S ist keine innergemeinschaftliche Güterbeförderung, sondern eine inländische Güterbeförderung. ⁸Da aber S Unternehmer ist und den Umsatz zur Ausführung von Umsätzen, die er in seinem unternehmerischen Bereich verwendet, ist der Leistungsort in Frankreich (§ 3a Abs. 2 UStG). ⁹Steuerschuldner der französischen Umsatzsteuer ist der Leistungsempfänger S, da der leistende Unternehmer F nicht in Frankreich ansässig ist (vgl. Artikel 196 MwStSystRL). ¹⁰In der Rechnung an S darf keine französische Umsatzsteuer enthalten sein.

Beispiel 2:

¹Die deutsche Privatperson P beauftragt den in Deutschland ansässigen Frachtführer S, Güter von Amsterdam nach Dresden zu befördern. ²S beauftragt den in den Niederlanden ansässigen Unterfrachtführer F, die Güter von Amsterdam nach Venlo zu bringen. ³Dort übernimmt S die Güter und befördert sie weiter nach Dresden. ⁴Dabei teilt S im Frachtbrief an F den Abgangsort und den Bestimmungsort der Gesamtbeförderung mit. ⁵S verwendet gegenüber F seine deutsche USt-IdNr.

⁶Die Beförderungsleistung des S an seinen Auftraggeber P umfasst die Gesamtbeförderung von Amsterdam nach Dresden. ⁷Die Leistung ist in Deutschland nicht steuerbar, da der Leistungsort in den Niederlanden ist (§ 3b Abs. 3 UStG). ⁸Steuerschuldner in den Niederlanden ist der leistende Unternehmer S (Art. 193 MwStSystRL).

⁹Die Beförderungsleistung des F an seinen Auftraggeber S von Amsterdam nach Venlo ist keine innergemeinschaftliche Güterbeförderung, sondern eine inländische Güterbeförderung in den Niederlanden. ¹⁰Da S Unternehmer ist und den Umsatz zur Ausführung von Umsätzen, also für den unternehmerischen Bereich verwendet, ist der Leistungsort in Deutschland (§ 3a Abs. 2 UStG). ¹¹Steuerschuldner in Deutschland ist der Leistungsempfänger S (§ 13b Abs. 1 und Abs. 5 Satz 1 UStG). ¹²F darf in der Rechnung an S die deutsche Umsatzsteuer nicht gesondert ausweisen.

(2) ¹Wird bei Vertragsabschluss einer gebrochenen innergemeinschaftlichen Güterbeförderung eine „unfreie Versendung" bzw. „Nachnahme der Fracht beim Empfänger" vereinbart, trägt der Empfänger der Frachtsendung die gesamten Beförderungskosten. ²Dabei erhält jeder nachfolgende Beförderungsunternehmer die Rechnung des vorhergehenden Beförderungsunternehmers über die Kosten der bisherigen Teilbeförderung. ³Der letzte Beförderungsunternehmer rechnet beim Empfänger der Ware über die Gesamtbeförderung ab. ⁴In diesen Fällen ist jeder Rechnungsempfänger als Leistungsempfänger im Sinne des § 3b Abs. 3 UStG bzw. des § 3a Abs. 2 UStG anzusehen (vgl. Abschnitt 3a.2 Abs. 2).

Beispiel:

¹Die deutsche Privatperson P beauftragt den deutschen Frachtführer S, Güter von Potsdam nach Bordeaux zu befördern. ²Die Beförderungskosten sollen dem Empfänger (Privatperson) A in Bordeaux in Rechnung gestellt werden (Frachtnachnahme). ³S befördert die Güter zu seinem Unterfrachtführer F in Paris und stellt diesem seine Kosten für die Beförderung bis Paris in Rechnung. ⁴F befördert die Güter nach Bordeaux und berechnet dem Empfänger A die Kosten der Gesamtbeförderung. ⁵Bei Auftragserteilung wird angegeben, dass F gegenüber S seine französischen USt-IdNr. verwendet.

⁶Als Leistungsempfänger des S ist F anzusehen, da S gegenüber F abrechnet und F die Frachtkosten des S als eigene Schuld übernommen hat. ⁷Als Leistungsempfänger von F ist A anzusehen, da F gegenüber A abrechnet (vgl. Abschnitt 3a.2 Abs. 2).

⁸Die Beförderungsleistung des S an F umfasst die Beförderung von Potsdam nach Paris. ⁹Die Leistung ist in Frankreich steuerbar, da der Leistungsempfänger F Unternehmer ist und den Umsatz zur Ausführung von Umsätzen, also für den unternehmerischen Bereich verwendet (§ 3a Abs. 2 UStG). ¹⁰Steuerschuldner der französischen Umsatzsteuer ist der Leistungsempfänger F, da der leistende Unternehmer S nicht in Frankreich ansässig ist (vgl. Artikel 196 MwStSystRL, vgl. auch Abschnitt 3a.16 Abs. 5). ¹¹In der Rechnung an F darf keine französische Umsatzsteuer enthalten sein (vgl. hierzu Abschnitt 3a.16 Abs. 6); auf die Steuerschuldnerschaft des F ist in der Rechnung hinzuweisen.

¹²Da F gegenüber A die gesamte Beförderung abrechnet, ist F so zu behandeln, als ob er die Gesamtbeförderung von Potsdam nach Bordeaux erbracht hätte. ¹³Die Leistung ist als innergemeinschaftliche Güterbeförderung in Deutschland steuerbar und steuerpflichtig (§ 3b Abs. 3 UStG). ¹⁴Steuerschuldner der deutschen Umsatzsteuer ist der leistende Unternehmer F (§ 13a Abs. 1 Nr. 1 UStG; vgl. auch Abschnitt 3a.16 Abs. 3).

Hinweise

1 Ort der Beförderung bei einer gebrochenen innergemeinschaftlichen Güterbeförderung

(BMF vom 10. 5. 1996, BStBl 1996 I S. 634)

Siehe USt-HA 1997/98 § 3b H 1.

2 Ort der sonstigen Leistung nach §§ 3a, 3b und 3e UStG ab 1. Januar 2010

(BMF vom 4. 9. 2009 und 8. 12. 2009, BStBl 2009 I S. 1005 und 1612)

Siehe USt-HA 2009/10 § 3a H 9.

Rechtsprechung

BUNDESFINANZHOF

BFH vom 2.3.2011 – XI R 25/09 – (BFH/NV 2011 S. 1458, BStBl 2011 II S. 737)

Hochseeangelreisen als einheitliche Beförderungsleistung
Bei einer mehrtägigen Hochseeangelreise stellen die Unterkunft und Verpflegung sowie diejenigen Dienstleistungen, die dazu dienen, dass die Passagiere den Angelsport optimal ausüben und das Fanggut transportieren können, Nebenleistungen zu der Personenbeförderung dar.

§ 3c Ort der Lieferung in besonderen Fällen

(1) [1]Wird bei einer Lieferung der Gegenstand durch den Lieferer oder einen von ihm beauftragten Dritten aus dem Gebiet eines Mitgliedstaates in das Gebiet eines anderen Mitgliedstaates oder aus dem übrigen Gemeinschaftsgebiet in die in § 1 Abs. 3 bezeichneten Gebiete befördert oder versendet, so gilt die Lieferung nach Maßgabe der Absätze 2 bis 5 dort als ausgeführt, wo die Beförderung oder Versendung endet. [2]Das gilt auch, wenn der Lieferer den Gegenstand in das Gemeinschaftsgebiet eingeführt hat.

(2) [1]Absatz 1 ist anzuwenden, wenn der Abnehmer
1. nicht zu den in § 1a Abs. 1 Nr. 2 genannten Personen gehört oder
2. a) ein Unternehmer ist, der nur steuerfreie Umsätze ausführt, die zum Ausschluss vom Vorsteuerabzug führen, oder
    b) ein Kleinunternehmer ist, der nach dem Recht des für die Besteuerung zuständigen Mitgliedstaates von der Steuer befreit ist oder auf andere Weise von der Besteuerung ausgenommen ist, oder
    c) ein Unternehmer ist, der nach dem Recht des für die Besteuerung zuständigen Mitgliedstaates die Pauschalregelung für landwirtschaftliche Erzeuger anwendet, oder
    d) eine juristische Person ist, die nicht Unternehmer ist oder die den Gegenstand nicht für ihr Unternehmen erwirbt,

und als einer der in den Buchstaben a bis d genannten Abnehmer weder die maßgebende Erwerbsschwelle überschreitet noch auf ihre Anwendung verzichtet. [2]Im Fall der Beendigung der Beförderung oder Versendung im Gebiet eines anderen Mitgliedstaates ist die von diesem Mitgliedstaat festgesetzte Erwerbsschwelle maßgebend.

(3) [1]Absatz 1 ist nicht anzuwenden, wenn der Lieferer der Gegenstand der Gesamtbetrag der Entgelte, der den Lieferungen in einen Mitgliedstaat zuzurechnen ist, die maßgebliche Lieferschwelle im laufenden Kalenderjahr nicht überschreitet und im vorangegangenen Kalenderjahr nicht überschritten hat. [2]Maßgebende Lieferschwelle ist
1. im Fall der Beendigung der Beförderung oder Versendung im Inland oder in den in § 1 Abs. 3 bezeichneten Gebieten der Betrag von 100 000 Euro,
2. im Fall der Beendigung der Beförderung oder Versendung im Gebiet eines anderen Mitgliedstaates der von diesem Mitgliedstaat festgesetzte Betrag.

(4) [1]Wird die maßgebende Lieferschwelle nicht überschritten, gilt die Lieferung auch dann am Ort der Beendigung der Beförderung oder Versendung als ausgeführt, wenn der Lieferer auf die Anwendung des Absatzes 3 verzichtet. [2]Der Verzicht ist gegenüber der zuständigen Behörde zu erklären. [3]Er bindet den Lieferer mindestens für zwei Kalenderjahre.

(5) [1]Die Absätze 1 bis 4 gelten nicht für die Lieferung neuer Fahrzeuge. [2]Absatz 2 Nr. 2 und Absatz 3 gelten nicht für die Lieferung verbrauchsteuerpflichtiger Waren.

Vorschriften des Gemeinschaftsrechts

Art. 33 und 34 der MWSt-Richtlinie (bis 31. 12. 2006: Art. 28b Teil B der 6. USt-Richtlinie).

§ 3c UStG
AE 3c.1

AE 3c.1   **3c1. Ort der Lieferung bei innergemeinschaftlichen Beförderungs- und Versendungslieferungen an bestimmte Abnehmer (§ 3c UStG)**

S 7115   (1) ¹§ 3c UStG regelt den Lieferungsort für die Fälle, in denen der Lieferer Gegenstände – ausgenommen neue Fahrzeuge im Sinne von § 1b Abs. 2 und 3 UStG – in einen anderen EU-Mitgliedstaat befördert oder versendet und der Abnehmer einen innergemeinschaftlichen Erwerb nicht zu versteuern hat. ²Abweichend von § 3 Abs. 6 bis 8 UStG ist die Lieferung danach in dem EU-Mitgliedstaat als ausgeführt zu behandeln, in dem die Beförderung oder Versendung des Gegenstandes endet, wenn der Lieferer die maßgebende Lieferschwelle überschreitet oder auf deren Anwendung verzichtet. ³Maßgeblich ist, dass der liefernde Unternehmer die Beförderung oder Versendung veranlasst haben muss.

(2) ¹Zu dem in § 3c Abs. 2 Nr. 1 UStG genannten Abnehmerkreis gehören insbesondere Privatpersonen. ²Die in § 3c Abs. 2 Nr. 2 UStG bezeichneten Abnehmer sind im Inland mit dem Erwerberkreis identisch, der nach § 1a Abs. 3 UStG die tatbestandsmäßigen Voraussetzungen des innergemeinschaftlichen Erwerbs nicht erfüllt und nicht für die Erwerbsbesteuerung optiert hat (vgl. Abschnitt 15a Abs. 2). ³Bei Beförderungs- oder Versendungslieferungen in das übrige Gemeinschaftsgebiet ist der Abnehmerkreis – unter Berücksichtigung der von dem jeweiligen EU-Mitgliedstaat festgesetzten Erwerbsschwelle – entsprechend abzugrenzen. ⁴Die Erwerbsschwellen in den anderen EU-Mitgliedstaaten betragen nach nicht amtlicher Veröffentlichung der EU-Kommission zum 1. 9. **2011**:

Belgien:	11 200 €
Bulgarien:	20 000 BGN
Dänemark:	80 000 DKK
Estland:	**10 226 €**
Finnland:	10 000 €
Frankreich:	10 000 €
Griechenland:	10 000 €
Irland:	41 000 €
Italien:	10 000 €
Lettland:	7 000 LVL
Litauen:	35 000 LTL
Luxemburg:	10 000 €
Malta:	10 000 €
Niederlande:	10 000 €
Österreich:	11 000 €
Polen:	50 000 PLN
Portugal:	10 000 €
Rumänien:	**34 000** RON
Schweden:	90 000 SEK
Slowakei:	13 941 €
Slowenien:	10 000 €
Spanien:	10 000 €
Tschechien:	326 000 CZK
Ungarn:	2 500 000 HUF
Vereinigtes Königreich:	**70 000** GBP
Zypern:	10 251 €

(3) ¹Für die Ermittlung der jeweiligen Lieferschwelle ist von dem Gesamtbetrag der Entgelte, der den Lieferungen im Sinne von § 3c UStG in einen EG-Mitgliedstaat zuzurechnen ist, auszugehen. ²Die maßgebenden Lieferschwellen in den anderen EU-Mitgliedstaaten betragen nach nicht amtlicher Veröffentlichung der EU-Kommission zum 1. 9. **2011**):

Belgien:	35 000 €
Bulgarien:	70 000 BGN
Dänemark:	280 000 DKK
Estland:	**35 151 €**
Finnland:	35 000 €
Frankreich:	100 000 €
Griechenland:	35 000 €

Irland:	35 000 €
Italien:	**100 000 €**
Lettland:	24 000 LVL
Litauen:	125 000 LTL
Luxemburg:	100 000 €
Malta:	35 000 €
Niederlande:	100 000 €
Österreich:	**35 000 €**
Polen:	160 000 PLN
Portugal:	35 000 €
Rumänien:	118 000 RON
Schweden:	320 000 SEK
Slowakei:	35 000 €
Slowenien:	35 000 €
Spanien:	35 000 €
Tschechien:	1 140 000 CZK
Ungarn:	8 800 000 HUF
Vereinigtes Königreich:	70 000 GBP
Zypern:	35 000 €

[3]Die Lieferung verbrauchsteuerpflichtiger Waren bleibt bei der Ermittlung der Lieferschwelle unberücksichtigt. [4]Befördert oder versendet der Lieferer verbrauchsteuerpflichtige Waren in einen anderen EU-Mitgliedstaat an Privatpersonen, verlagert sich der Ort der Lieferung unabhängig von einer Lieferschwelle stets in den Bestimmungsmitgliedstaat. [5]Die Verlagerung des Lieferungsorts nach § 3c Abs. 1 UStG tritt ein, sobald die Lieferschwelle im laufenden Kalenderjahr überschritten wird. [6]Dies gilt bereits für den Umsatz, der zur Überschreitung der Lieferschwelle führt.

Beispiel:
[1]Der deutsche Versandhändler hat im Kalenderjahr 01 Elektrogeräte an Privatabnehmer in den Niederlanden ohne USt-IdNr. für 95 000 € (Gesamtbetrag der Entgelte) geliefert. [2]In der Zeit vom 1. 1. 02 bis zum 10. 9. 02 beträgt der Gesamtbetrag der Entgelte für Versandhandelsumsätze in den Niederlanden 99 000 €. [3]Am 11. 9. 02 erbringt er einen weiteren Umsatz an eine niederländische Privatperson von 5 000 €.

[4]Bereits für den am 11. 9. 02 ausgeführten Umsatz verlagert sich der Lieferort in die Niederlande.

§ 3d Ort des innergemeinschaftlichen Erwerbs

[1]Der innergemeinschaftliche Erwerb wird in dem Gebiet des Mitgliedstaates bewirkt, in dem sich der Gegenstand am Ende der Beförderung oder Versendung befindet. [2]Verwendet der Erwerber gegenüber dem Lieferer eine ihm von einem anderen Mitgliedstaat erteilte Umsatzsteuer-Identifikationsnummer, gilt der Erwerb so lange in dem Gebiet dieses Mitgliedstaates als bewirkt, bis der Erwerber nachweist, dass der Erwerb durch den in Satz 1 bezeichneten Mitgliedstaat besteuert worden ist oder nach § 25b Abs. 3 als besteuert gilt, sofern der erste Abnehmer seiner Erklärungspflicht nach § 18a Absatz 7 Satz 1 Nummer 4 nachgekommen ist.

Vorschriften des Gemeinschaftsrechts

Art. 40 bis 42 der MWSt-Richtlinie (bis 31. 12. 2006: Art. 28b Teil A der 6. USt-Richtlinie).

3d.1. Ort des innergemeinschaftlichen Erwerbs

(1) [1]Die Beurteilung der Frage, in welchem Mitgliedstaat die Beförderung eines Gegenstands endet, ist im Wesentlichen das Ergebnis einer Würdigung der tatsächlichen Umstände. [2]Beim

§§ 3d, 3e UStG
AE 3d.1, AE 3e.1

Erwerb einer Yacht können die Angaben im sog. „T2L"-Papier im Sinne des Artikel 315 ZK-DVO sowie ein im Schiffsregister eingetragener Heimathafen Anhaltspunkte sein (vgl. BFH-Urteil vom 20. 12. 2006, V R 11/06, BStBl 2007 II S. 424).

(2) ¹Der EU-Mitgliedstaat, in dem der innergemeinschaftliche Erwerb bewirkt wird oder als bewirkt gilt, nimmt seine Besteuerungskompetenz unabhängig von der umsatzsteuerlichen Behandlung des Vorgangs im EU-Mitgliedstaat des Beginns der Beförderung oder Versendung des Gegenstands wahr. ²Dabei ist unbeachtlich, ob der Umsatz bereits im EU-Mitgliedstaat des Beginns der Beförderung oder Versendung besteuert wurde. ³Etwaige Anträge auf Berichtigung einer vom Abgangsstaat festgesetzten Steuer werden von diesem Staat nach dessen nationalen Vorschriften bearbeitet (vgl. **Artikel 16 der MwStVO**).

(3) Zur Verwendung einer USt-IdNr. vgl. Abschnitt 3a.2 Abs. 10.

UStG

§ 3e Ort der Lieferungen und Restaurationsleistungen während einer Beförderung an Bord eines Schiffs, in einem Luftfahrzeug oder in einer Eisenbahn

S 7122

(1) Wird ein Gegenstand an Bord eines Schiffs, in einem Luftfahrzeug oder in einer Eisenbahn während einer Beförderung innerhalb des Gemeinschaftsgebiets geliefert oder dort eine sonstige Leistung ausgeführt, die in der Abgabe von Speisen und Getränken zum Verzehr an Ort und Stelle (Restaurationsleistung) besteht, gilt der Abgangsort des jeweiligen Beförderungsmittels im Gemeinschaftsgebiet als Ort der Lieferung oder der sonstigen Leistung.

(2) ¹Als Beförderung innerhalb des Gemeinschaftsgebiets im Sinne des Absatzes 1 gilt die Beförderung oder der Teil der Beförderung zwischen dem Abgangsort und dem Ankunftsort des Beförderungsmittels im Gemeinschaftsgebiet ohne Zwischenaufenthalt außerhalb des Gemeinschaftsgebiets. ²Abgangsort im Sinne des Satzes 1 ist der erste Ort innerhalb des Gemeinschaftsgebiets, an dem Reisende in das Beförderungsmittel einsteigen können. ³Ankunftsort im Sinne des Satzes 1 ist der letzte Ort innerhalb des Gemeinschaftsgebiets, an dem Reisende das Beförderungsmittel verlassen können. ⁴Hin- und Rückfahrt gelten als gesonderte Beförderungen.

Vorschriften des Gemeinschaftsrechts

Art. 37 und Art. 57 der MWSt-Richtlinie.

AE 3e.1

3e.1. Ort der Lieferung und der Restaurationsleistung während einer Beförderung an Bord eines Schiffs, in einem Luftfahrzeug oder in der Eisenbahn (§ 3e UStG)

S 7122

¹Der Ort der Lieferung von Gegenständen sowie der Ort der Abgabe von Speisen und Getränken zum Verzehr an Ort und Stelle (Restaurationsleistung) während einer Beförderung an Bord eines Schiffs, in einem Luftfahrzeug oder in der Eisenbahn ist grundsätzlich nach § 3e UStG im Inland belegen, wenn die Beförderung im Inland beginnt bzw. der Abgangsort des Beförderungsmittels im Inland belegen ist und die Beförderung im Gemeinschaftsgebiet endet bzw. der Ankunftsort des Beförderungsmittels im Gemeinschaftsgebiet belegen ist. ²Ausgenommen sind dabei lediglich Lieferungen und Restaurationsleistungen während eines Zwischenaufenthalts eines Schiffs im Drittland, bei dem die Reisenden das Schiff, und sei es nur für kurze Zeit, verlassen können, sowie während des Aufenthalts des Schiffs im Hoheitsgebiet dieses Staates. ³Lieferungen von Gegenständen und Restaurationsleistungen auf einem Schiff während eines solchen Zwischenaufenthalts und im Verlauf der Beförderung im Hoheitsgebiet dieses Staates, unterliegen der Besteuerungskompetenz des Staates, in dem der Zwischenaufenthalt erfolgt (vgl. EuGH-Urteil vom 15. 9. 2005, C-58/04, BStBl 2007 II S. 150, sowie BFH-Urteil vom 20. 12. 2005, V R 30/02, BStBl 2007 II S. 139). ⁴Gilt der Abgangsort des Beförderungsmittels nicht als Ort der Lieferung oder Restaurationsleistung, bestimmt sich dieser nach § 3 Abs. 6 bis 8 UStG bzw. nach § 3a Abs. 3 Nr. 3 Buchstabe b UStG (vgl. Abschnitt 3a.6 Abs. 9).

Hinweise

Übergangsregelung für Lieferungen von nicht zum Verzehr an Ort und Stelle bestimmten Gegenständen im Rahmen der Ausflugsschiffahrt auf der Nord- und Ostsee (§ 3e, § 4 Nr. 6 Buchst. b UStG)

(Finanzministerium Schleswig-Holstein, Erlass vom 21. 4. 1994 – VI 360a – S 7056 – 211 –, UR 1994 S. 447)
Siehe USt-HA 1997/98 § 3e H 1.

Wegfall der Tax-Free-Regelungen zum 1. Juli 1999

(BMF vom 5. 7. 1999 – IV B 2 – S 7055 – 21/99 –, UR 1999 S. 339)
Siehe USt-HA 2001/02 § 3e H 2.

Ort der sonstigen Leistung nach §§ 3a, 3b und 3e UStG ab 1. Januar 2010

(BMF vom 4. 9. 2009, BStBl 2009 I S. 1005)
Siehe USt-HA 2009/10 § 3a H 9.

Rechtsprechung

EUROPÄISCHER GERICHTSHOF

EuGH vom 15.9.2005 – Rs. C-58/04 – (BStBl 2007 II S. 150, HFR 2005 S. 1229)

Lieferort während einer Kreuzfahrt mit Start- und Zielhäfen im Gemeinschaftsgebiet und kurzen Besichtigungslandgängen in Drittlandshäfen

Aufenthalte eines Schiffes in Häfen von Drittländern, bei denen die Reisenden das Schiff, und sei es nur für kurze Zeit, verlassen können, sind „Zwischenaufenthalte außerhalb der Gemeinschaft" i. S. des Art. 8 Abs. 1 Buchst. c 6. USt-Richtlinie i. d. F. der Richtlinie 92/111/EWG des Rates vom 14. 12. 1992 zur Änderung der 6. USt-Richtlinie und zur Einführung von Vereinfachungsmaßnahmen im Bereich der Mehrwertsteuer.

BUNDESFINANZHOF

BFH vom 2. 2. 2010 – XI B 36/09 – (BFH/NV 2010 S. 1500, UR 2010 S. 661)

Anwendungsbereich der Ortsregelungen für eine Lieferung an Bord eines Schiffes innerhalb der Gemeinschaft

Wird ein Gegenstand an Bord eines Schiffes während einer Beförderung innerhalb des Gemeinschaftsgebiets geliefert, so gilt nach § 3e UStG der Abgangsort des Schiffes im Gemeinschaftsgebiet als Ort der Lieferung unabhängig davon, ob die gelieferten Gegenstände zur Mitnahme von Bord bestimmt sind.

§ 3f Ort der unentgeltlichen Lieferungen und sonstigen Leistungen

[1]Lieferungen im Sinne des § 3 Abs. 1b und sonstige Leistungen im Sinne des § 3 Abs. 9a werden an dem Ort ausgeführt, von dem aus der Unternehmer sein Unternehmen betreibt. [2]Werden diese Leistungen von einer Betriebsstätte ausgeführt, gilt die Betriebsstätte als Ort der Leistungen.

3f.1. Ort der unentgeltlichen Wertabgaben

AE 3f.1

S 7123 ¹Für unentgeltliche Wertabgaben gilt nach § 3f UStG ein einheitlicher Leistungsort. ²Danach ist grundsätzlich der Ort maßgebend, von dem aus der Unternehmer sein Unternehmen betreibt. ³Geschieht die Wertabgabe von einer Betriebsstätte aus, ist die Belegenheit der Betriebsstätte maßgebend. ⁴Abschnitt 3a.1 Abs. 2 und 3 ist entsprechend anzuwenden.

§ 3g Ort der Lieferung von Gas, Elektrizität, Wärme oder Kälte

UStG

S 7124 (1) ¹Bei einer Lieferung von Gas über das Erdgasnetz, von Elektrizität oder von Wärme oder Kälte über Wärme- oder Kältenetze an einen Unternehmer, dessen Haupttätigkeit in Bezug auf den Erwerb dieser Gegenstände in deren Lieferung besteht und dessen eigener Verbrauch dieser Gegenstände von untergeordneter Bedeutung ist, gilt als Ort dieser Lieferung der Ort, an dem der Abnehmer sein Unternehmen betreibt. ²Wird die Lieferung an die Betriebsstätte eines Unternehmers im Sinne des Satzes 1 ausgeführt, so ist stattdessen der Ort der Betriebsstätte maßgebend.

(2) ¹Bei einer Lieferung von Gas über das Erdgasnetz, von Elektrizität oder von Wärme oder Kälte über Wärme- oder Kältenetze an andere als die in Absatz 1 bezeichneten Abnehmer gilt als Ort der Lieferung der Ort, wo der Abnehmer die Gegenstände tatsächlich nutzt oder verbraucht. ²Soweit die Gegenstände von diesem Abnehmer nicht tatsächlich genutzt oder verbraucht werden, gelten sie als an dem Ort genutzt oder verbraucht, an dem der Abnehmer seinen Sitz, eine Betriebsstätte, an die die Gegenstände geliefert werden, oder seinen Wohnsitz hat.

(3) Auf Gegenstände, deren Lieferungsort sich nach Absatz 1 oder Absatz 2 bestimmt, sind die Vorschriften des § 1a Abs. 2 und § 3 Abs. 1a nicht anzuwenden.

Vorschriften des Gemeinschaftsrechts

Art. 38 und 39 der MWSt-Richtlinie bis 31. 12. 2006: Art. 8 Abs. 1 Buchst. d und e der 6. USt-Richtlinie).

3g.1. Ort der Lieferung von Gas oder Elektrizität

AE 3g.1

Allgemeines

S 7124 (1) ¹§ 3g UStG ist in Bezug auf Gas für alle Druckstufen und in Bezug auf Elektrizität für alle Spannungsstufen anzuwenden. ²Bezüglich der Lieferung von Gas ist die Anwendung auf Lieferungen über das Erdgasnetz beschränkt und findet z. B. keine Anwendung auf den Verkauf von Gas in Flaschen oder die Befüllung von Gastanks mittels Tanklastzügen. ³Zur Steuerbarkeit von Umsätzen im Zusammenhang mit der Abgabe von Energie durch einen Netzbetreiber vgl. Abschnitt 1.7 Abs. 1.

Wiederverkäufer

(2) ¹Bei der Lieferung von Gas über das Erdgasnetz oder Elektrizität ist danach zu unterscheiden, ob diese Lieferung an einen Unternehmer, dessen Haupttätigkeit in Bezug auf den Erwerb dieser Gegenstände in deren Lieferung besteht und dessen eigener Verbrauch dieser Gegenstände von untergeordneter Bedeutung ist (sog. Wiederverkäufer von Gas oder Elektrizität), oder an einen anderen Abnehmer erfolgt. ²Die Haupttätigkeit des Unternehmers in Bezug auf den Erwerb von Gas über das Erdgasverteilungsnetz oder von Elektrizität besteht dann in deren Lieferung, d. h. im Wiederverkauf dieser Gegenstände, wenn der Unternehmer mehr als die Hälfte der von ihm erworbenen Menge weiterveräußert. ³Der eigene Gas- bzw. Elektrizitätsverbrauch des Unternehmers ist von untergeordneter Bedeutung, wenn nicht mehr als 5 % der erworbenen Menge zu eigenen (unternehmerischen sowie nichtunternehmerischen) Zwecken verwendet wird. ⁴Die Bereiche „Gas" und „Elektrizität" sind dabei getrennt, jedoch für das gesamte Unternehmen im Sinne des § 2 UStG zu beurteilen. ⁵In der Folge werden grenzüberschreitende Leistungen zwischen Unternehmensteilen, die als nicht steuerbare Innenumsätze zu behandeln sind und die nach § 3g Abs. 3 UStG auch keinen Verbringungstatbestand erfüllen, in diese Betrachtung einbezogen. ⁶Außerdem ist damit ein Unternehmer, der z. B. nur im Bereich „Elektrizität" mehr als die Hälfte der von ihm

erworbenen Menge weiterveräußert und nicht mehr als 5 % zu eigenen Zwecken verwendet, diese Voraussetzungen aber für den Bereich „Gas" nicht erfüllt, nur für Lieferungen an ihn im Bereich „Elektrizität" als Wiederverkäufer anzusehen.

(3) [1]Maßgeblich sind die Verhältnisse im vorangegangenen Kalenderjahr. [2]Verwendet der Unternehmer zwar mehr als 5 %, jedoch nicht mehr als 10 % der erworbenen Menge an Gas oder Elektrizität zu eigenen Zwecken, ist weiterhin von einer untergeordneten Bedeutung auszugehen, wenn die im Mittel der vorangegangenen drei Jahre zu eigenen Zwecken verbrauchte Menge 5 % der in diesem Zeitraum erworbenen Menge nicht überschritten hat. [3]Im Unternehmen selbst erzeugte Mengen bleiben bei der Beurteilung unberücksichtigt. [4]Ob die selbst erzeugte Menge veräußert oder zum eigenen Verbrauch im Unternehmen verwendet wird, ist daher unbeachtlich. [5]Ebenso ist die veräußerte Energiemenge, die selbst erzeugt wurde, hinsichtlich der Beurteilung der Wiederverkäufereigenschaft aus der Gesamtmenge der veräußerten Energie auszuscheiden; auch sie beeinflusst die nach Absatz 2 Sätze 1 und 2 einzuhaltenden Grenzwerte nicht. [6]Sowohl hinsichtlich der erworbenen als auch hinsichtlich der veräußerten Menge an Energie ist wegen der Betrachtung des gesamten Unternehmens darauf abzustellen, ob die Energie von einem anderen Unternehmen erworben bzw. an ein anderes Unternehmen veräußert worden ist. [7]Netzverluste bleiben bei der Ermittlung der Menge der zu eigenen Zwecken verwendeten Energie außer Betracht. [8]Anderer Abnehmer ist ein Abnehmer, der nicht Wiederverkäufer ist.

Ort der Lieferung von Gas oder Elektrizität

(4) [1]Bei der Lieferung von Gas oder Elektrizität an einen Wiederverkäufer gilt entweder der Ort, von dem aus dieser sein Unternehmen betreibt, oder – wenn die Lieferung an eine Betriebsstätte des Wiederverkäufers ausgeführt wird – der Ort dieser Betriebsstätte als Ort der Lieferung. [2]Eine Lieferung erfolgt an eine Betriebsstätte, wenn sie ausschließlich oder überwiegend für diese bestimmt ist; Abschnitt 3a.2 Abs. 4 gilt sinngemäß. [3]Dementsprechend ist auf die Bestellung durch und die Abrechnung für Rechnung der Betriebsstätte abzustellen. [4]Es kommt nicht darauf an, wie und wo der Wiederverkäufer die gelieferten Gegenstände tatsächlich verwendet. [5]Somit gilt diese Regelung auch für die für den eigenen Verbrauch des Wiederverkäufers gelieferte Menge. [6]Dies ist insbesondere von Bedeutung bei der Verwendung für eigene Zwecke in eigenen ausländischen Betriebsstätten und ausländischen Betriebsstätten des Organträgers; auch insoweit verbleibt es bei der Besteuerung im Sitzstaat, soweit nicht unmittelbar an die ausländische Betriebsstätte geliefert wird.

(5) [1]Bei der Lieferung von Gas oder Elektrizität an einen anderen Abnehmer wird grundsätzlich auf den Ort des tatsächlichen Verbrauchs dieser Gegenstände abgestellt. [2]Das ist regelmäßig der Ort, wo sich der Zähler des Abnehmers befindet. [3]Sollte der andere Abnehmer die an ihn gelieferten Gegenstände nicht tatsächlich verbrauchen (z. B. bei Weiterverkauf von Überkapazitäten), wird insoweit für die Lieferung an diesen Abnehmer der Verbrauch nach § 3g Abs. 2 Satz 2 UStG dort fingiert, wo dieser sein Unternehmen betreibt oder eine Betriebsstätte hat, an die die Gegenstände geliefert werden. [4]Im Ergebnis führt dies dazu, dass im Falle des Weiterverkaufs von Gas über das Erdgasnetz oder Elektrizität für den Erwerb dieser Gegenstände stets das Empfängerortprinzip gilt. [5]Da Gas und Elektrizität allenfalls in begrenztem Umfang gespeichert werden, steht regelmäßig bereits bei Abnahme von Gas über das Erdgasnetz oder Elektrizität fest, in welchem Umfang ein Wiederverkauf erfolgt.

Innergemeinschaftlicher Erwerb, innergemeinschaftliches Verbringen sowie Einfuhr von Gas oder Elektrizität

(6) [1]Durch die spezielle Ortsregelung für die Lieferung von Gas über das Erdgasnetz oder Elektrizität wird klargestellt, dass Lieferungen dieser Gegenstände keine bewegten Lieferungen sind. [2]Daraus folgt, dass weder eine Ausfuhrlieferung noch § 6 UStG noch eine innergemeinschaftliche Lieferung nach § 6a UStG vorliegen kann. [3]Bei Lieferungen von Gas über das Erdgasnetz und von Elektrizität unter den Bedingungen von § 3g Abs. 1 oder 2 UStG liegt weder ein innergemeinschaftliches Verbringen noch ein innergemeinschaftlicher Erwerb vor. [4]Die Einfuhr von Gas über das Erdgasnetz oder von Elektrizität ist nach § 5 Abs. 1 Nr. 6 UStG steuerfrei. [5]§ 3g UStG gilt auch im Verhältnis zum Drittlandsgebiet; die Anwendung von § 3 Abs. 8 UStG ist demgegenüber mangels Beförderung oder Versendung ausgeschlossen. [6]Die Lieferung von Gas über das Erdgasnetz und von Elektrizität aus dem Drittlandsgebiet in das Inland ist damit im Inland steuerbar und steuerpflichtig; die Steuerschuldnerschaft des Leistungsempfängers unter den Voraussetzungen des § 13b Abs. 2 Nr. 5 und Abs. 5 Satz 1 UStG ist zu beachten (vgl. Abschnitt 13b.1). [7]Die Lieferung von Gas über das Erdgasnetz und von Elektrizität aus dem Inland in das Drittlandsgebiet ist eine im Inland nicht steuerbare Lieferung.

H

Hinweis

1 Lieferungen von Elektrizität und damit zusammenhängende sonstige Leistungen; Kaufmännisch-bilanzielle Einspeisung von Elektrizität

(BMF vom 15. 1. 2007 – IV A 5 – S 7124 – 1/07, UR 2007 S. 234)
Siehe USt-HA 2009/10 § 3g H 3.

Zweiter Abschnitt
Steuerbefreiungen und Steuervergütungen

§ 4 Steuerbefreiungen bei Lieferungen und sonstigen Leistungen

Von den unter § 1 Abs. 1 Nr. 1 fallenden Umsätzen sind steuerfrei:

1. a) die Ausfuhrlieferungen (§ 6) und die Lohnveredelungen an Gegenständen der Ausfuhr (§ 7),
   b) die innergemeinschaftlichen Lieferungen (§ 6a);
2. die Umsätze für die Seeschifffahrt und für die Luftfahrt (§ 8);
3. ¹die folgenden sonstigen Leistungen:
   a) die grenzüberschreitenden Beförderungen von Gegenständen, die Beförderungen im internationalen Eisenbahnfrachtverkehr und andere sonstige Leistungen, wenn sich die Leistungen
      aa) unmittelbar auf Gegenstände der Ausfuhr beziehen oder auf eingeführte Gegenstände beziehen, die im externen Versandverfahren in das Drittlandsgebiet befördert werden, oder
      bb) ¹auf Gegenstände der Einfuhr in das Gebiet eines Mitgliedstaates der Europäischen Gemeinschaft beziehen und die Kosten für die Leistungen in der Bemessungsgrundlage für diese Einfuhr enthalten sind. ²Nicht befreit sind die Beförderungen der in § 1 Abs. 3 Nr. 4 Buchstabe a bezeichneten Gegenstände aus einem Freihafen in das Inland.
   b) die Beförderungen von Gegenständen nach und von den Inseln, die die autonomen Regionen Azoren und Madeira bilden,
   c) ¹sonstige Leistungen, die sich unmittelbar auf eingeführte Gegenstände beziehen, für die zollamtlich eine vorübergehende Verwendung in den in § 1 Abs. 1 Nr. 4 bezeichneten Gebieten bewilligt worden ist, wenn der Leistungsempfänger ein ausländischer Auftraggeber (§ 7 Abs. 2) ist. ²Dies gilt nicht für sonstige Leistungen, die sich auf Beförderungsmittel, Paletten und Container beziehen.

   ²Die Vorschrift gilt nicht für die in den Nummern 8, 10 und 11 bezeichneten Umsätze und für die Bearbeitung oder Verarbeitung eines Gegenstands einschließlich der Werkleistung im Sinne des § 3 Abs. 10. ³Die Voraussetzungen der Steuerbefreiung müssen vom Unternehmer nachgewiesen sein. ⁴Das Bundesministerium der Finanzen kann mit Zustimmung des Bundesrates durch Rechtsverordnung bestimmen, wie der Unternehmer den Nachweis zu führen hat;
4. die Lieferungen von Gold an Zentralbanken;
4a. ¹die folgenden Umsätze:
   a) ¹die Lieferungen der in der Anlage 1 bezeichneten Gegenstände an einen Unternehmer für sein Unternehmen, wenn der Gegenstand der Lieferung im Zusammenhang mit der Lieferung in ein Umsatzsteuerlager eingelagert wird oder sich in einem Umsatzsteuerlager befindet. ²Mit der Auslagerung eines Gegenstands aus einem Umsatzsteuerlager entfällt die Steuerbefreiung für die der Auslagerung vorangegangene Lieferung, den der Auslagerung vorangegangenen innergemeinschaftlichen Erwerb oder die der Auslagerung vorangegangene Einfuhr; dies gilt nicht, wenn der Gegenstand im Zusammenhang mit der Auslagerung in ein anderes Umsatzsteuerlager im Inland eingelagert wird. ³Eine Auslagerung ist die endgültige Herausnahme eines Gegenstands aus einem Umsatzsteuerlager. ⁴Der endgültigen Herausnahme steht gleich der sonstige Wegfall der Voraussetzungen für die Steuerbefreiung sowie die Erbringung einer nicht nach Buchstabe b begünstigten Leistung an den eingelagerten Gegenständen,

§ 4 UStG

b) ¹die Leistungen, die mit der Lagerung, der Erhaltung, der Verbesserung der Aufmachung und Handelsgüte oder der Vorbereitung des Vertriebs oder Weiterverkaufs der eingelagerten Gegenstände unmittelbar zusammenhängen. ²Dies gilt nicht, wenn durch die Leistungen die Gegenstände so aufbereitet werden, dass sie zur Lieferung auf der Einzelhandelsstufe geeignet sind.

²Die Steuerbefreiung gilt nicht für Leistungen an Unternehmer, die diese zur Ausführung von Umsätzen verwenden, für die die Steuer nach den Durchschnittssätzen des § 24 festgesetzt ist. ³Die Voraussetzungen der Steuerbefreiung müssen vom Unternehmer eindeutig und leicht nachprüfbar nachgewiesen sein. ⁴Umsatzsteuerlager kann jedes Grundstück oder Grundstücksteil im Inland sein, das zur Lagerung der in Anlage 1 genannten Gegenstände dienen soll und von einem Lagerhalter betrieben wird. ⁵Es kann mehrere Lagerorte umfassen. ⁶Das Umsatzsteuerlager bedarf der Bewilligung des für den Lagerhalter zuständigen Finanzamts. ⁷Der Antrag ist schriftlich zu stellen. ⁸Die Bewilligung ist zu erteilen, wenn ein wirtschaftliches Bedürfnis für den Betrieb des Umsatzsteuerlagers besteht und der Lagerhalter die Gewähr für dessen ordnungsgemäße Verwaltung bietet;

4b. ¹die einer Einfuhr vorangehende Lieferung von Gegenständen, wenn der Abnehmer oder dessen Beauftragter den Gegenstand der Lieferung einführt. ²Dies gilt entsprechend für Lieferungen, die den in Satz 1 genannten Lieferungen vorausgegangen sind. ³Die Voraussetzungen der Steuerbefreiung müssen vom Unternehmer eindeutig und leicht nachprüfbar nachgewiesen sein; S 7157-a

5. ¹die Vermittlung S 7156-d

    a) der unter der Nummer 1 Buchstabe a, Nummern 2 bis 4b und Nummern 6 und 7 fallenden Umsätze,

    b) der grenzüberschreitenden Beförderungen von Personen mit Luftfahrzeugen oder Seeschiffen,

    c) der Umsätze, die ausschließlich im Drittlandsgebiet bewirkt werden,

    d) der Lieferungen, die nach § 3 Abs. 8 als im Inland ausgeführt zu behandeln sind.

²Nicht befreit ist die Vermittlung von Umsätzen durch Reisebüros für Reisende. ³Die Voraussetzungen der Steuerbefreiung müssen vom Unternehmer nachgewiesen sein. ⁴Das Bundesministerium der Finanzen kann mit Zustimmung des Bundesrates durch Rechtsverordnung bestimmen, wie der Unternehmer den Nachweis zu führen hat; S 7156-e

6.   a) die Lieferungen und sonstigen Leistungen der Eisenbahnen des Bundes auf Gemeinschaftsbahnhöfen, Betriebswechselbahnhöfen, Grenzbetriebsstrecken und Durchgangsstrecken an Eisenbahnverwaltungen mit Sitz im Ausland, S 7156-f

    b) (weggefallen) S 7156-i

    c) ¹die Lieferungen von eingeführten Gegenständen an im Drittlandsgebiet, ausgenommen Gebiete nach § 1 Abs. 3, ansässige Abnehmer, soweit für die Gegenstände zollamtlich eine vorübergehende Verwendung in den in § 1 Abs. 1 Nr. 4 bezeichneten Gebieten bewilligt worden ist und diese Bewilligung auch nach der Lieferung gilt. ²Nicht befreit sind die Lieferungen von Beförderungsmitteln, Paletten und Containern, S 7156-h

    d) Personenbeförderungen im Passagier- und Fährverkehr mit Wasserfahrzeugen für die Seeschifffahrt, wenn die Personenbeförderungen zwischen inländischen Seehäfen und der Insel Helgoland durchgeführt werden, S 7156-j

    e) ¹die Abgabe von Speisen und Getränken zum Verzehr an Ort und Stelle im Verkehr mit Wasserfahrzeugen für die Seeschifffahrt zwischen einem inländischen und ausländischen Seehafen und zwischen zwei ausländischen Seehäfen. ²Inländische Seehäfen im Sinne des Satzes 1 sind auch die Freihäfen und Häfen auf der Insel Helgoland;

7. ¹die Lieferungen, ausgenommen Lieferungen neuer Fahrzeuge im Sinne des § 1b Abs. 2 und 3, und die sonstigen Leistungen S 7158

    a) an im Gebiet eines anderen Mitgliedstaates stationierten Streitkräfte der Vertragsparteien des Nordatlantikvertrags, die nicht unter die in § 26 Abs. 5 bezeichneten Steuerbefreiungen fallen, wenn die Umsätze für den Gebrauch oder Verbrauch durch die Streitkräfte dieser Vertragsparteien, ihr ziviles Begleitpersonal oder für die Versorgung ihrer Kasinos oder Kantinen bestimmt sind und die Streitkräfte der gemeinsamen Verteidigungsanstrengung dienen,

    b) an die in dem Gebiet eines anderen Mitgliedstaates stationierten Streitkräfte der Vertragsparteien des Nordatlantikvertrags, soweit sie nicht an die Streitkräfte dieses Mitgliedstaates ausgeführt werden, S 7158-a

    c) an die in dem Gebiet eines anderen Mitgliedstaates ansässigen ständigen diplomatischen Missionen und berufskonsularischen Vertretungen sowie deren Mitglieder und S 7158-b

    d) an die in dem Gebiet eines anderen Mitgliedstaates ansässigen zwischenstaatlichen Einrichtungen sowie deren Mitglieder. S 7158-c

²Der Gegenstand der Lieferung muss in den Fällen des Satzes 1 Buchstaben b bis d in das Gebiet des anderen Mitgliedstaates befördert oder versendet werden. ³Für die Steuerbefreiungen nach Satz 1 Buchstabe b bis d sind die in dem anderen Mitgliedstaat geltenden Voraussetzungen maßgebend. ⁴Die Voraussetzungen der Steuerbefreiungen müssen vom Unternehmer nachgewiesen sein. ⁵Bei den Steuerbefreiungen nach Satz 1 Buchstabe b bis d hat der Unternehmer die in dem anderen Mitgliedstaat geltenden Voraussetzungen dadurch nachzuweisen, dass ihm der Abnehmer eine von der zuständigen Behörde des anderen Mitgliedstaates oder, wenn er hierzu ermächtigt ist, eine selbst ausgestellte Bescheinigung nach amtlich vorgeschriebenem Muster aushändigt. ⁶Das Bundesministerium der Finanzen kann mit Zustimmung des Bundesrates durch Rechtsverordnung bestimmen, wie der Unternehmer die übrigen Voraussetzungen nachzuweisen hat;

8. a) die Gewährung und die Vermittlung von Krediten,

b) ¹die Umsätze und die Vermittlung der Umsätze von gesetzlichen Zahlungsmitteln. ²Das gilt nicht, wenn die Zahlungsmittel wegen ihres Metallgehalts oder ihres Sammlerwerts umgesetzt werden,

c) die Umsätze im Geschäft mit Forderungen, Schecks und anderen Handelspapieren sowie die Vermittlung dieser Umsätze, ausgenommen die Einziehung von Forderungen,

d) die Umsätze und die Vermittlung der Umsätze im Einlagengeschäft, im Kontokorrentverkehr, im Zahlungs- und Überweisungsverkehr und das Inkasso von Handelspapieren,

e) die Umsätze im Geschäft mit Wertpapieren und die Vermittlung dieser Umsätze, ausgenommen die Verwahrung und die Verwaltung von Wertpapieren,

f) die Umsätze und die Vermittlung der Umsätze von Anteilen an Gesellschaften und anderen Vereinigungen,

g) die Übernahme von Verbindlichkeiten, von Bürgschaften und anderen Sicherheiten sowie die Vermittlung dieser Umsätze,

h) die Verwaltung von Investmentvermögen nach dem Investmentgesetz und die Verwaltung von Versorgungseinrichtungen im Sinne des Versicherungsaufsichtsgesetzes,

i) die Umsätze der im Inland gültigen amtlichen Wertzeichen zum aufgedruckten Wert;

j) (weggefallen)

k) (weggefallen)

9. a) die Umsätze, die unter das Grunderwerbsteuergesetz fallen,

b) ¹die Umsätze, die unter das Rennwett- und Lotteriegesetz fallen. ²Nicht befreit sind die unter das Rennwett- und Lotteriegesetz fallenden Umsätze, die von der Rennwett- und Lotteriesteuer befreit sind oder von denen diese Steuer allgemein nicht erhoben wird;

10. a) ¹die Leistungen auf Grund eines Versicherungsverhältnisses im Sinne des Versicherungsteuergesetzes. ²Das gilt auch, wenn die Zahlung des Versicherungsentgelts nicht der Versicherungsteuer unterliegt,

b) die Leistungen, die darin bestehen, dass anderen Personen Versicherungsschutz verschafft wird;

11. die Umsätze aus der Tätigkeit als Bausparkassenvertreter, Versicherungsvertreter und Versicherungsmakler;

11a. die folgenden vom 1. Januar 1993 bis zum 31. Dezember 1995 ausgeführten Umsätze der Deutschen Bundespost TELEKOM und der Deutsche Telekom AG:

a) die Überlassung von Anschlüssen des Telefonnetzes und des diensteintegrierenden digitalen Fernmeldenetzes sowie die Bereitstellung der von diesen Anschlüssen ausgehenden Verbindungen innerhalb dieser Netze und zu Mobilfunkendeinrichtungen,

b) die Überlassung von Übertragungswegen im Netzmonopol des Bundes,

c) die Ausstrahlung und Übertragung von Rundfunksignalen einschließlich der Überlassung der dazu erforderlichen Sendeanlagen und sonstigen Einrichtungen sowie das Empfangen und Verteilen von Rundfunksignalen in Breitbandverteilnetzen einschließlich der Überlassung von Kabelanschlüssen;

11b. ¹Universaldienstleistungen nach Artikel 3 Absatz 4 der Richtlinie 97/67/EG des Europäischen Parlaments und des Rates vom 15. Dezember 1997 über gemeinsame Vorschriften für die Entwicklung des Binnenmarktes der Postdienste der Gemeinschaft und die Verbesserung der Dienstequalität (ABl. L 15 vom 21. 1. 1998, S. 14, L 23 vom 30. 1. 1998, S. 39), die zuletzt durch die Richtlinie 2008/6/EG des Europäischen Parlaments und des Rates vom 20. Februar 2008 (ABl. L 52 vom 27. 2. 2008, S. 3) geändert worden ist, in der jeweils geltenden Fassung. ²Die Steuerbefreiung setzt voraus, dass der Unternehmer sich entsprechend einer Bescheinigung des Bundeszentralamtes für Steuern gegenüber dieser Behörde verpflichtet hat, flächendeckend im gesamten Gebiet der Bundesrepublik Deutschland die Gesamtheit der Universaldienstleistungen oder einen Teilbereich dieser Leistungen nach Satz 1 anzubieten. ³Die Steuerbefreiung gilt nicht für Leistungen, die der Unternehmer erbringt

    a) auf Grund individuell ausgehandelter Vereinbarungen oder

    b) auf Grund allgemeiner Geschäftsbedingungen zu abweichenden Qualitätsbedingungen oder zu günstigeren Preisen als den nach den allgemein für jedermann zugänglichen Tarifen oder als den nach § 19 des Postgesetzes vom 22. Dezember 1997 (BGBl. I S. 3294), das zuletzt durch Artikel 272 der Verordnung vom 31. Oktober 2006 (BGBl. I S. 2407) geändert worden ist, in der jeweils geltenden Fassung, genehmigten Entgelten;

12. ¹a) die Vermietung und die Verpachtung von Grundstücken, von Berechtigungen, für die die Vorschriften des bürgerlichen Rechts über Grundstücke gelten, und von staatlichen Hoheitsrechten, die Nutzungen von Grund und Boden betreffen,   S 7168

    b) die Überlassung von Grundstücken und Grundstücksteilen zur Nutzung auf Grund eines auf Übertragung des Eigentums gerichteten Vertrags oder Vorvertrags,

    c) die Bestellung, die Übertragung und die Überlassung der Ausübung von dinglichen Nutzungsrechten an Grundstücken.

²Nicht befreit sind die Vermietung von Wohn- und Schlafräumen, die ein Unternehmer zur kurzfristigen Beherbergung von Fremden bereithält, die Vermietung von Plätzen für das Abstellen von Fahrzeugen, die kurzfristige Vermietung auf Campingplätzen und die Vermietung und die Verpachtung von Maschinen und sonstigen Vorrichtungen aller Art, die zu einer Betriebsanlage gehören (Betriebsvorrichtungen), auch wenn sie wesentliche Bestandteile eines Grundstücks sind;

13. die Leistungen, die die Gemeinschaften der Wohnungseigentümer im Sinne des Wohnungseigentumsgesetzes in der im Bundesgesetzblatt Teil III, Gliederungsnummer 403-1, veröffentlichten bereinigten Fassung, in der jeweils geltenden Fassung an die Wohnungseigentümer und Teileigentümer erbringen, soweit sie in der Überlassung des gemeinschaftlichen Eigentums zum Gebrauch, seiner Instandhaltung, Instandsetzung und sonstigen Verwaltung sowie der Lieferung von Wärme und ähnlichen Gegenständen bestehen;   S 7169

14. a) ¹Heilbehandlungen im Bereich der Humanmedizin, die im Rahmen der Ausübung der Tätigkeit als Arzt, Zahnarzt, Heilpraktiker, Physiotherapeut, Hebamme oder einer ähnlichen heilberuflichen Tätigkeit durchgeführt werden. ²Satz 1 gilt nicht für die Lieferung oder Wiederherstellung von Zahnprothesen (aus Unterpositionen 9021 21 und 9021 29 00 des Zolltarifs) und kieferorthopädischen Apparaten (aus Unterposition 9021 10 des Zolltarifs), soweit sie der Unternehmer in seinem Unternehmen hergestellt oder wiederhergestellt hat;   S 7170

    b) ¹Krankenhausbehandlungen und ärztliche Heilbehandlungen einschließlich der Diagnostik, Befunderhebung, Vorsorge, Rehabilitation, Geburtshilfe und Hospizleistungen sowie damit eng verbundene Umsätze, die von Einrichtungen des öffentlichen Rechts erbracht werden. ²Die in Satz 1 bezeichneten Leistungen sind auch steuerfrei, wenn sie von

        aa) zugelassenen Krankenhäusern nach § 108 des Fünften Buches Sozialgesetzbuch,

        bb) Zentren für ärztliche Heilbehandlung und Diagnostik oder Befunderhebung, die an der vertragsärztlichen Versorgung nach § 95 des Fünften Buches Sozialgesetzbuch teilnehmen oder für die Regelungen nach § 115 des Fünften Buches Sozialgesetzbuch gelten,

        cc) Einrichtungen, die von den Trägern der gesetzlichen Unfallversicherung nach § 34 des Siebten Buches Sozialgesetzbuch an der Versorgung beteiligt worden sind,

        dd) Einrichtungen, mit denen Versorgungsverträge nach den §§ 111 und 111a des Fünften Buches Sozialgesetzbuch bestehen,

        ee) Rehabilitationseinrichtungen, mit denen Verträge nach § 21 des Neunten Buches Sozialgesetzbuch bestehen,

        ff) Einrichtungen zur Geburtshilfe, für die Verträge nach § 134a des Fünften Buches Sozialgesetzbuch gelten, oder

        gg) Hospizen, mit denen Verträge nach § 39a Abs. 1 des Fünften Buches Sozialgesetzbuch bestehen, erbracht werden und es sich ihrer Art nach um Leistungen handelt, auf die sich die Zulassung, der Vertrag oder die Regelung nach dem Sozialgesetzbuch jeweils bezieht, oder

hh) von Einrichtungen nach § 138 Abs. 1 Satz 1 Strafvollzugsgesetz erbracht werden;

c) Leistungen nach den Buchstaben a und b, die von Einrichtungen nach § 140b Abs. 1 des Fünften Buches Sozialgesetzbuch erbracht werden, mit denen Verträge zur integrierten Versorgung nach § 140a des Fünften Buches Sozialgesetzbuch bestehen;

d) sonstige Leistungen von Gemeinschaften, deren Mitglieder Angehörige der in Buchstabe a bezeichneten Berufe oder Einrichtungen im Sinne des Buchstaben b sind, gegenüber ihren Mitgliedern, soweit diese Leistungen für unmittelbare Zwecke der Ausübung der Tätigkeiten nach Buchstabe a oder Buchstabe b verwendet werden und die Gemeinschaft von ihren Mitgliedern lediglich die genaue Erstattung des jeweiligen Anteils an den gemeinsamen Kosten fordert;

15. die Umsätze der gesetzlichen Träger der Sozialversicherung, der gesetzlichen Träger der Grundsicherung für Arbeitsuchende nach dem Zweiten Buch Sozialgesetzbuch sowie der gemeinsamen Einrichtungen nach § 44b Abs. 1 des Zweiten Buches Sozialgesetzbuch, der örtlichen und überörtlichen Träger der Sozialhilfe sowie der Verwaltungsbehörden und sonstigen Stellen der Kriegsopferversorgung einschließlich der Träger der Kriegsopferfürsorge

a) untereinander,

b) ¹an die Versicherten, die Bezieher von Leistungen nach dem Zweiten Buch Sozialgesetzbuch, die Empfänger von Sozialhilfe oder die Versorgungsberechtigten. ²Das gilt nicht für die Abgabe von Brillen und Brillenteilen einschließlich der Reparaturarbeiten durch Selbstabgabestellen der gesetzlichen Träger der Sozialversicherung;

15a. die auf Gesetz beruhenden Leistungen der Medizinischen Dienste der Krankenversicherung (§ 278 SGB V) und des Medizinischen Dienstes der Spitzenverbände der Krankenkassen (§ 282 SGB V) untereinander und für die gesetzlichen Träger der Sozialversicherung und deren Verbände *und für die Träger der Grundsicherung für Arbeitsuchende nach dem Zweiten Buch Sozialgesetzbuch sowie die gemeinsamen Einrichtungen nach § 44b des Zweiten Buches Sozialgesetzbuch;*¹⁾

16. ¹die mit dem Betrieb von Einrichtungen zur Betreuung oder Pflege körperlich, geistig oder seelisch hilfsbedürftiger Personen eng verbundenen Leistungen, die von

a) juristischen Personen des öffentlichen Rechts,

b) Einrichtungen, mit denen ein Vertrag nach § 132 des Fünften Buches Sozialgesetzbuch besteht,

c) Einrichtungen, mit denen ein Vertrag nach § 132a des Fünften Buches Sozialgesetzbuch, § 72 oder § 77 des Elften Buches Sozialgesetzbuch besteht oder die Leistungen zur häuslichen Pflege oder zur Heimpflege erbringen und die hierzu nach § 26 Abs. 5 in Verbindung mit § 44 des Siebten Buches Sozialgesetzbuch bestimmt sind,

d) Einrichtungen, die Leistungen der häuslichen Krankenpflege oder Haushaltshilfe erbringen und die hierzu nach § 26 Abs. 5 in Verbindung mit § 32 und § 42 des Siebten Buches Sozialgesetzbuch bestimmt sind,

e) Einrichtungen, mit denen eine Vereinbarung nach § 111 des Neunten Buches Sozialgesetzbuch besteht,

f) Einrichtungen, die nach § 142 des Neunten Buches Sozialgesetzbuch anerkannt sind,

g) Einrichtungen, soweit sie Leistungen erbringen, die landesrechtlich als niedrigschwellige Betreuungsangebote nach § 45b des Elften Buches Sozialgesetzbuch anerkannt sind,

h) Einrichtungen, mit denen eine Vereinbarung nach § 75 des Zwölften Buches Sozialgesetzbuch besteht,

i) Einrichtungen, mit denen ein Vertrag nach § 16 des Zweiten Gesetzes über die Krankenversicherung der Landwirte, nach § 53 Abs. 2 Nr. 1 in Verbindung mit § 10 des Gesetzes über die Alterssicherung der Landwirte oder nach § 143e Abs. 4 Nr. 2 in Verbindung mit § 54 Abs. 2 des Siebten Buches Sozialgesetzbuch über die Gewährung von häuslicher Krankenpflege oder Haushaltshilfe, besteht,

---

¹) Anm.: Durch Art. 11 des Gesetzes vom 24. 3. 2011 (BGBl. 2011 I S. 453) wurden in § 4 Nummer 15a UStG nach den Wörtern „und deren Verbände" die Wörter „und für die Träger der Grundsicherung für Arbeitsuchende nach dem Zweiten Buch Sozialgesetzbuch sowie die gemeinsamen Einrichtungen nach § 44b des Zweiten Buches Sozialgesetzbuch" mit Wirkung vom 1. 1. 2011 ersetzt.

j) Einrichtungen, die aufgrund einer Landesrahmenempfehlung nach § 2 Frühförderungsverordnung als fachlich geeignete interdisziplinäre Frühförderstellen anerkannt sind, oder

k) Einrichtungen, bei denen im vorangegangenen Kalenderjahr die Betreuungs- oder Pflegekosten in mindestens 40 Prozent der Fälle von den gesetzlichen Trägern der Sozialversicherung oder der Sozialhilfe oder der für die Durchführung der Kriegsopferversorgung zuständigen Versorgungsverwaltung einschließlich der Träger der Kriegsopferfürsorge ganz oder zum überwiegenden Teil vergütet worden sind,

erbracht werden. ²Leistungen im Sinne des Satzes 1, die von Einrichtungen nach den Buchstaben b bis k erbracht werden, sind befreit, soweit es sich ihrer Art nach um Leistungen handelt, auf die sich die Anerkennung, der Vertrag oder die Vereinbarung nach Sozialrecht oder die Vergütung jeweils bezieht;

17. a) die Lieferungen von menschlichen Organen, menschlichem Blut und Frauenmilch;   S 7173

b) die Beförderungen von kranken und verletzten Personen mit Fahrzeugen, die hierfür besonders eingerichtet sind;   S 7174

18. ¹die Leistungen der amtlich anerkannten Verbände der freien Wohlfahrtspflege und der der freien Wohlfahrtspflege dienenden Körperschaften, Personenvereinigungen und Vermögensmassen, die einem Wohlfahrtsverband als Mitglied angeschlossen sind, wenn   S 7175

a) diese Unternehmer ausschließlich und unmittelbar gemeinnützigen, mildtätigen oder kirchlichen Zwecken dienen,

b) die Leistungen unmittelbar dem nach der Satzung, Stiftung oder sonstigen Verfassung begünstigten Personenkreis zugute kommen und

c) die Entgelte für die in Betracht kommenden Leistungen hinter den durchschnittlich für gleichartige Leistungen von Erwerbsunternehmen verlangten Entgelten zurückbleiben.

²Steuerfrei sind auch die Beherbergung, Beköstigung und die üblichen Naturalleistungen, die diese Unternehmer den Personen, die bei den Leistungen nach Satz 1 tätig sind, als Vergütung für die geleisteten Dienste gewähren;

18a. die Leistungen zwischen den selbständigen Gliederungen einer politischen Partei, soweit diese Leistungen im Rahmen der satzungsgemäßen Aufgaben gegen Kostenerstattung ausgeführt werden;   S 7175-a

19. a) ¹die Umsätze der Blinden, die nicht mehr als zwei Arbeitnehmer beschäftigen. ²Nicht als Arbeitnehmer gelten der Ehegatte, die minderjährigen Abkömmlinge, die Eltern des Blinden und die Lehrlinge. ³Die Blindheit ist nach den für die Besteuerung des Einkommens maßgebenden Vorschriften nachzuweisen. ⁴Die Steuerfreiheit gilt nicht für die Lieferungen von Energieerzeugnissen im Sinne des § 1 Abs. 2 und 3 des Energiesteuergesetzes und Branntweinen, wenn der Blinde für diese Erzeugnisse Energiesteuer oder Branntweinabgaben zu entrichten hat, und für Lieferungen im Sinne der Nummer 4a Satz 1 Buchstabe a Satz 2,   S 7176

b) die folgenden Umsätze der nicht unter Buchstabe a fallenden Inhaber von anerkannten Blindenwerkstätten und der anerkannten Zusammenschlüsse von Blindenwerkstätten im Sinne des § 143 des Neunten Buches Sozialgesetzbuch:

    aa) die Lieferungen von Blindenwaren und Zusatzwaren,

    bb) die sonstigen Leistungen, soweit bei ihrer Ausführung ausschließlich Blinde mitgewirkt haben;

20. a) ¹die Umsätze folgender Einrichtungen des Bundes, der Länder, der Gemeinden oder der Gemeindeverbände: Theater, Orchester, Kammermusikensembles, Chöre, Museen, botanische Gärten, zoologische Gärten, Tierparks, Archive, Büchereien sowie Denkmäler der Bau- und Gartenbaukunst. ²Das Gleiche gilt für die Umsätze gleichartiger Einrichtungen anderer Unternehmer, wenn die zuständige Landesbehörde bescheinigt, dass sie die gleichen kulturellen Aufgaben wie die in Satz 1 bezeichneten Einrichtungen erfüllen. ³Für die Erteilung der Bescheinigung gelten § 181 Absatz 1 und 5 der Abgabenordnung entsprechend. ⁴Museen im Sinne dieser Vorschrift sind wissenschaftliche Sammlungen und Kunstsammlungen.   S 7177

b) die Veranstaltung von Theatervorführungen und Konzerten durch andere Unternehmer, wenn die Darbietungen von den unter Buchstabe a bezeichneten Theatern, Orchestern, Kammermusikensembles oder Chören erbracht werden;

21. a) die unmittelbar dem Schul- und Bildungszweck dienenden Leistungen privater Schulen und anderer allgemeinbildender oder berufsbildender Einrichtungen,   S 7179

    aa) wenn sie als Ersatzschulen gemäß Artikel 7 Abs. 4 des Grundgesetzes staatlich genehmigt oder nach Landesrecht erlaubt sind oder bb) wenn die zuständige Landesbehörde bescheinigt, dass sie auf einen Beruf oder eine vor einer juristischen Person des öffentlichen Rechts abzulegende Prüfung ordnungsgemäß vorbereiten,

 b) die unmittelbar dem Schul- und Bildungszweck dienenden Unterrichtsleistungen selbständiger Lehrer

  aa) an Hochschulen im Sinne der §§ 1 und 70 des Hochschulrahmengesetzes und öffentlichen allgemeinbildenden oder berufsbildenden Schulen oder

  bb) an privaten Schulen und anderen allgemeinbildenden oder berufsbildenden Einrichtungen, soweit diese die Voraussetzungen des Buchstabens a erfüllen;

21a. (weggefallen)

[S 7180] 22. a) die Vorträge, Kurse und anderen Veranstaltungen wissenschaftlicher oder belehrender Art, die von juristischen Personen des öffentlichen Rechts, von Verwaltungs- und Wirtschaftsakademien, von Volkshochschulen oder von Einrichtungen, die gemeinnützigen Zwecken oder dem Zweck eines Berufsverbandes dienen, durchgeführt werden, wenn die Einnahmen überwiegend zur Deckung der Kosten verwendet werden,

 b) andere kulturelle und sportliche Veranstaltungen, die von den in Buchstabe a genannten Unternehmern durchgeführt werden, soweit das Entgelt in Teilnehmergebühren besteht;

[S 7181] 23. ^{1}die Gewährung von Beherbergung, Beköstigung und der üblichen Naturalleistungen durch Einrichtungen, wenn sie überwiegend Jugendliche für Erziehungs-, Ausbildungs- oder Fortbildungszwecke oder für Zwecke der Säuglingspflege bei sich aufnehmen, soweit die Leistungen an die Jugendlichen oder an die bei ihrer Erziehung, Ausbildung, Fortbildung oder Pflege tätigen Personen ausgeführt werden. ^{2}Jugendliche im Sinne dieser Vorschrift sind alle Personen vor Vollendung des 27. Lebensjahres. ^{3}Steuerfrei sind auch die Beherbergung, Beköstigung und die üblichen Naturalleistungen, die diese Unternehmer den Personen, die bei den Leistungen nach Satz 1 tätig sind, als Vergütung für die geleisteten Dienste gewähren. ^{4}Die Sätze 1 bis 3 gelten nicht, soweit eine Leistung der Jugendhilfe des Achten Buches Sozialgesetzbuch erbracht wird;

[S 7182] 24. ^{1}die Leistungen des Deutschen Jugendherbergswerkes, Hauptverband für Jugendwandern und Jugendherbergen e. V., einschließlich der diesem Verband angeschlossenen Untergliederungen, Einrichtungen und Jugendherbergen, soweit die Leistungen den Satzungszwecken unmittelbar dienen oder Personen, die bei diesen Leistungen tätig sind, Beherbergung, Beköstigung und die üblichen Naturalleistungen als Vergütung für die geleisteten Dienste gewährt werden. ^{2}Das Gleiche gilt für die Leistungen anderer Vereinigungen, die gleiche Aufgaben unter denselben Voraussetzungen erfüllen;

[S 7183] 25. ^{1}Leistungen der Jugendhilfe nach § 2 Abs. 2 des Achten Buches Sozialgesetzbuch und die Inobhutnahme nach § 42 des Achten Buches Sozialgesetzbuch, wenn diese Leistungen von Trägern der öffentlichen Jugendhilfe oder anderen Einrichtungen mit sozialem Charakter erbracht werden. ^{2}Andere Einrichtungen mit sozialem Charakter im Sinne dieser Vorschrift sind

 a) von der zuständigen Jugendbehörde anerkannte Träger der freien Jugendhilfe, die Kirchen und Religionsgemeinschaften des öffentlichen Rechts sowie die amtlich anerkannten Verbände der freien Wohlfahrtspflege,

 b) Einrichtungen, soweit sie

  aa) für ihre Leistungen eine im Achten Buch Sozialgesetzbuch geforderte Erlaubnis besitzen oder nach § 44 oder § 45 Abs. 1 Nr. 1 und 2 des Achten Buches Sozialgesetzbuch einer Erlaubnis nicht bedürfen,

  bb) Leistungen erbringen, die im vorangegangenen Kalenderjahr ganz oder zum überwiegenden Teil durch Träger der öffentlichen Jugendhilfe oder Einrichtungen nach Buchstabe a vergütet wurden sind

  cc) Leistungen der Kindertagespflege erbringen, für die sie nach § 24 Abs. 5 des Achten Buches Sozialgesetzbuch vermittelt werden können.

^{3}Steuerfrei sind auch

 a) die Durchführung von kulturellen und sportlichen Veranstaltungen, wenn die Darbietungen von den von der Jugendhilfe begünstigten Personen selbst erbracht oder die Einnahmen überwiegend zur Deckung der Kosten verwendet werden und diese Leistungen in engem Zusammenhang mit den in Satz 1 bezeichneten Leistungen stehen,

 b) die Beherbergung, Beköstigung und die üblichen Naturalleistungen, die diese Einrichtungen den Empfängern der Jugendhilfeleistungen und Mitarbeitern in der Jugendhilfe sowie den bei den Leistungen nach Satz 1 tätigen Personen als Vergütung für die geleisteten Dienste gewähren;

26. die ehrenamtliche Tätigkeit, S 7185
   a) wenn sie für juristische Personen des öffentlichen Rechts ausgeübt wird oder
   b) wenn das Entgelt für diese Tätigkeit nur in Auslagenersatz und einer angemessenen Entschädigung für Zeitversäumnis besteht;
27. a) die Gestellung von Mitgliedern geistlicher Genossenschaften und Angehörigen von Mutterhäusern für gemeinnützige, mildtätige, kirchliche oder schulische Zwecke, S 7187
   b) die Gestellung von land- und forstwirtschaftlichen Arbeitskräften durch juristische Personen des privaten oder des öffentlichen Rechts für land- und forstwirtschaftliche Betriebe (§ 24 Abs. 2) mit höchstens drei Vollarbeitskräften zur Überbrückung des Ausfalls des Betriebsinhabers oder dessen voll mitarbeitenden Familienangehörigen wegen Krankheit, Unfalls, Schwangerschaft, eingeschränkter Erwerbsfähigkeit oder Todes sowie die Gestellung von Betriebshelfern an die gesetzlichen Träger der Sozialversicherung; S 7187-a
28. die Lieferungen von Gegenständen, für die der Vorsteuerabzug nach § 15 Abs. 1a ausgeschlossen ist oder wenn der Unternehmer die gelieferten Gegenstände ausschließlich für eine nach den Nummern 8 bis 27 steuerfreie Tätigkeit verwendet hat. S 7188

Vorschriften des Gemeinschaftsrechts

Zu Nr. 1: Art. 146, Art. 147 und Art. 156 der MWSt-Richtlinie (bis 31. 12. 2006: Art. 15 Nrn. 1 – 3, Art. 16 Abs. 1 Unterabs. 1 Teil B der 6. USt-Richtlinie).

Zu Nr. 2: Art. 148 und Art. 150 der MWSt-Richtlinie (bis 31. 12. 2006: Art. 15 Nrn. 4 – 9 der 6. USt-Richtlinie).

Zu Nr. 3: Art. 144, Art. 146 Abs. 1 Buchst. e und Art. 156 der MWSt-Richtlinie (bis 31. 12. 2006: Art. 14 Abs. 1 Buchst. i, Art. 15 Nr. 13 u. Art. 16 Abs. 1 Unterabs. 1 Teil B der 6. USt-Richtlinie).

Zu Nr. 4: Art. 152 der MWSt-Richtlinie (bis 31. 12. 2006: Art. 15 Nr. 11 der 6. USt-Richtlinie).

Zu Nr. 4a: Art. 156, Art. 158 bis 160 der MWSt-Richtlinie (bis 31. 12. 2006: Art. 16 Abs. 1 Unterabs. 1 Teil B Buchst. e, Teil C, Teil D, Unterabs. 2 der 6. USt-Richtlinie).

Zu Nr. 4b: Art. 156 und Art. 158 der MWSt-Richtlinie (bis 31. 12. 2006: Art. 16 Abs. 1 Unterabs. 1 Teil B Buchst. a und e, Teil D der 6. USt-Richtlinie).

Zu Nr. 5: Art. 153, Art. 370 u. Anhang X Teil A Nr. 4 und Art. 371 u. Anhang X Teil B Nr. 10 der MWSt-Richtlinie (bis 31. 12. 2006: Art. 15 Nr. 14, Art. 28 Abs. 3 Buchst. a u. Anhang E Nr. 15, Art. 28 Abs. 3 Buchst. b u. Anhang F Nr. 17 der 6. USt-Richtlinie).

Zu Nr. 6: Art. 161, Art. 371 u. Anhang X Teil B Nr. 10, Art. 397 aus MwSt-Richtlinie (bis 31. 12. 2006: Art. 16 Abs. 1 Teil E, Art. 27, Art. 28 Abs. 3 Buchst. b u. Anhang F Nr. 17 der 6. USt-Richtlinie).

Zu Nr. 7: Art. 151 der MWSt-Richtlinie (bis 31. 12. 2006: Art. 15 Nr. 10 der 6. USt-Richtlinie).

Zu Nr. 8: Art. 135 Abs. 1 Buchst. b bis h der MWSt-Richtlinie (bis 31. 12. 2006: Art. 13 Teil B Buchst. d u. Buchst. e der 6. USt-Richtlinie).

Zu Nr. 9 Buchst. a: Art. 135 Abs. 1 Buchst. j und k, Art. 371 u. Anhang X Teil B Nr. 9 der MWSt-Richtlinie (bis 31. 12. 2006: Art. 13 Teil B Buchst. g u. h, Art. 28 Abs. 3 Buchst. b u. Anhang F Nr. 16 der 6. USt-Richtlinie).

Zu Nr. 9 Buchst. b: Art. 135 Abs. 1 Buchst. i der MWSt-Richtlinie (bis 31. 12. 2006: Art. 13 Teil B Buchst. f der 6. USt-Richtlinie).

Zu Nr. 10: Art. 135 Abs. 1 Buchst. a der MWSt-Richtlinie (bis 31. 12. 2006: Art. 13 Teil B Buchst. a der 6. USt-Richtlinie).

Zu Nr. 11: Art. 135 Abs. 1 Buchst. a der MWSt-Richtlinie (bis 31. 12. 2006: Art. 13 Teil B Buchst. a der 6. USt-Richtlinie).

Zu Nr. 11b: Art. 132 Abs. 1 Buchst. a der MWSt-Richtlinie (bis 31. 12. 2006: Art. 13 Teil A Abs. 1 Buchst. a der 6. USt-Richtlinie).

Zu Nr. 12: Art. 135 der MWSt-Richtlinie (bis 31. 12. 2006: Art. 13 Teil B Buchst. b der 6. USt-Richtlinie).

Zu Nr. 13: Protokollerklärung Nr. 7 zu Art. 13 der 6. USt-Richtlinie.

Zu Nr. 14: Art. 132 Abs. 1 Buchst. c, e u. f, Art. 370 u. Anhang X Teil A Nr. 1 der MWSt-Richtlinie (bis 31. 12. 2006: Art. 13 Teil A Abs. 1 Buchst. c, e u. f, Art. 28 Abs. 3 Buchst. a u. Anhang E Nr. 2 der 6. USt-Richtlinie).

Zu Nr. 15 und 15a: Art. 132 Abs. 1 Buchst. g der MWSt-Richtlinie (bis 31. 12. 2006: Art. 13 Teil A Abs. 1 Buchst. g der 6. USt-Richtlinie).

Zu Nr. 16: Art. 132 Abs. 1 Buchst. b u. g der MWSt-Richtlinie (bis 31. 12. 2006: Art. 13 Teil A Abs. 1 Buchst. b u. g der 6. USt-Richtlinie).
Zu Nr. 17: Art. 132 Abs. 1 Buchst. d u. p der MWSt-Richtlinie (bis 31. 12. 2006: Art. 13 Teil A Abs. 1 Buchst. d u. p der 6. USt-Richtlinie).
Zu Nr. 18: Art. 132 Abs. 1 Buchst. g der MWSt-Richtlinie (bis 31. 12. 2006: Art. 13 Teil A Abs. 1 Buchst. g der 6. USt-Richtlinie).
Zu Nr. 18a: Art. 132 Abs. 1 Buchst. l der MWSt-Richtlinie (bis 31. 12. 2006: Art. 13 Teil A Abs. 1 Buchst. l der 6. USt-Richtlinie).
Zu Nr. 19: Art. 132 Abs. 1 Buchst. b u. Anhang X Teil B Nr. 5 der MWSt-Richtlinie (bis 31. 12. 2006: Art. 28 Abs. 3 Buchst. b u. Anhang F Nr. 7 der 6. USt-Richtlinie).
Zu Nr. 20: Art. 132 Abs. 1 Buchst. n der MWSt-Richtlinie (bis 31. 12. 2006: Art. 13 Teil A Abs. 1 Buchst. n der 6. USt-Richtlinie).
Zu Nr. 21: Art. 132 Abs. 1 Buchst. i u. j der MWSt-Richtlinie (bis 31. 12. 2006: Art. 13 Teil A Abs. 1 Buchst. i u. j der 6. USt-Richtlinie).
Zu Nr. 22: Art. 132 Abs. 1 Buchst. i, m u. n der MWSt-Richtlinie (bis 31. 12. 2006: Art. 13 Teil A Abs. 1 Buchst. i, m u. n der 6. USt-Richtlinie).
Zu Nr. 23: Art. 132 Abs. 1 Buchst. h u. i der MWSt-Richtlinie (bis 31. 12. 2006: Art. 13 Teil A Abs. 1 Buchst. h u. i der 6. USt-Richtlinie).
Zu Nr. 24: Art. 132 Abs. 1 Buchst. h der MWSt-Richtlinie (bis 31. 12. 2006: Art. 13 Teil A Abs. 1 Buchst. h der 6. USt-Richtlinie).
Zu Nr. 25: Art. 132 Abs. 1 Buchst. h, m u. n der MWSt-Richtlinie (bis 31. 12. 2006: Art. 13 Teil A Abs. 1 Buchst. h, m u. n der 6. USt-Richtlinie).
Zu Nr. 26: Protokollerklärung zu Art. 4 der 6. USt-Richtlinie.
Zu Nr. 27: Art. 132 Abs. 1 Buchst. g u. k der MWSt-Richtlinie (bis 31. 12. 2006: Art. 13 Teil A Abs. 1 Buchst. g u. k der 6. USt-Richtlinie).
Zu Nr. 28: Art. 132 Abs. 1 Buchst. c und Art. 16 der MWSt-Richtlinie (bis 31. 12. 2006: Art. 13 Teil B Buchst. c u. Art. 5 der 6. USt-Richtlinie).

UStDV **Ausfuhrnachweis und buchmäßiger Nachweis bei Ausfuhrlieferungen und Lohnveredelungen an Gegenständen der Ausfuhr**

§ 8 Grundsätze für den Ausfuhrnachweis bei Ausfuhrlieferungen

S 7134

(1) ¹Bei Ausfuhrlieferungen (§ 6 des Gesetzes) muss der Unternehmer im Geltungsbereich dieser Verordnung durch Belege nachweisen, dass er oder der Abnehmer den Gegenstand der Lieferung in das Drittlandsgebiet befördert oder versendet hat (Ausfuhrnachweis). ²Die Voraussetzung muss sich aus den Belegen eindeutig und leicht nachprüfbar ergeben.

(2) Ist der Gegenstand der Lieferung durch Beauftragte vor der Ausfuhr bearbeitet oder verarbeitet worden (§ 6 Abs. 1 Satz 2 des Gesetzes), so muss sich auch dies aus den Belegen nach Absatz 1 eindeutig und leicht nachprüfbar ergeben.

§ 9 Ausfuhrnachweis bei Ausfuhrlieferungen in Beförderungsfällen¹⁾

S 7134

(1) ¹Hat der Unternehmer oder der Abnehmer den Gegenstand der Lieferung in das Drittlandsgebiet befördert, hat der Unternehmer den Ausfuhrnachweis durch folgenden Beleg zu führen:

---

1) Anm.: Durch Art. 1 Nr. 1 der 2. Verordnung zur Änderung steuerlicher Verordnungen vom 2. 12. 2011 (BGBl. 2011 I S. 2416, BStBl 2011 I S. 1167) wurde § 9 UStDV mit Wirkung vom 1. 1. 2012 neu gefasst. Bis 31. 12. 2011 geltende Fassung:
„§ 9 Ausfuhrnachweis bei Ausfuhrlieferungen in Beförderungsfällen
(1) In den Fällen, in denen der Unternehmer oder der Abnehmer den Gegenstand der Lieferung in das Drittlandsgebiet befördert hat (Beförderungsfälle), soll der Unternehmer den Ausfuhrnachweis regelmäßig durch einen Beleg führen, der Folgendes enthält:
1. den Namen und die Anschrift des Unternehmers;
2. die handelsübliche Bezeichnung und die Menge des ausgeführten Gegenstands;
3. den Ort und den Tag der Ausfuhr;
4. eine Ausfuhrbestätigung der den Ausgang des Gegenstands aus dem Gemeinschaftsgebiet überwachenden Grenzzollstelle eines Mitgliedstaates.
(2) An die Stelle der Ausfuhrbestätigung nach Absatz 1 Nr. 4 tritt bei einer Ausfuhr im gemeinsamen oder im gemeinschaftlichen Versandverfahren oder bei einer Ausfuhr mit Carnet TIR, wenn

1. bei Ausfuhranmeldung im elektronischen Ausfuhrverfahren nach Artikel 787 der Durchführungsverordnung zum Zollkodex mit der durch die zuständige Ausfuhrzollstelle auf elektronischem Weg übermittelten Bestätigung, dass der Gegenstand ausgeführt wurde (Ausgangsvermerk);
2. bei allen anderen Ausfuhranmeldungen durch einen Beleg, der folgende Angaben zu enthalten hat:
   a) den Namen und die Anschrift des liefernden Unternehmers,
   b) die Menge des ausgeführten Gegenstands und die handelsübliche Bezeichnung,
   c) den Ort und den Tag der Ausfuhr sowie
   d) eine Ausfuhrbestätigung der Grenzzollstelle eines Mitgliedstaates, die den Ausgang des Gegenstands aus dem Gemeinschaftsgebiet überwacht.

²Hat der Unternehmer statt des Ausgangsvermerks eine von der Ausfuhrzollstelle auf elektronischem Weg übermittelte alternative Bestätigung, dass der Gegenstand ausgeführt wurde (Alternativ-Ausgangsvermerk), gilt diese als Ausfuhrnachweis.

(2) ¹Bei der Ausfuhr von für den Straßenverkehr zugelassenen Fahrzeugen muss
1. der Beleg nach Absatz 1 auch die Fahrzeug-Identifikationsnummer im Sinne des § 6 Absatz 5 Nummer 5 der Fahrzeug-Zulassungsverordnung enthalten und
2. der Unternehmer zusätzlich über eine Bescheinigung über die Zulassung, die Verzollung oder die Einfuhrbesteuerung im Drittland verfügen.

²Dies gilt nicht in den Fällen, in denen das Fahrzeug mit einem Ausfuhrkennzeichen ausgeführt wird, wenn aus dem Beleg nach Satz 1 dem Nummer des Ausfuhrkennzeichens ersichtlich ist.

(3) ¹An die Stelle der Ausfuhrbestätigung nach Absatz 1 Satz 1 Nummer 2 Buchstabe d tritt bei einer Ausfuhr im gemeinsamen oder gemeinschaftlichen Versandverfahren oder bei einer Ausfuhr mit Carnets TIR, wenn diese Verfahren nicht bei einer Grenzzollstelle beginnen, eine Ausfuhrbestätigung der Abgangsstelle. ²Diese Ausfuhrbestätigung wird nach Eingang des Beendigungsnachweises für das Versandverfahren erteilt, sofern sich aus ihr die Ausfuhr ergibt.

(4) Im Sinne dieser Verordnung gilt als Durchführungsverordnung zum Zollkodex die Verordnung (EWG) Nr. 2454/93 der Kommission vom 2. Juli 1993 mit Durchführungsvorschriften zu der Verordnung (EWG) Nr. 2913/92 des Rates zur Festlegung des Zollkodex der Gemeinschaften (ABl. L 253 vom 11. 10. 1993, S. 1), die zuletzt durch die Verordnung (EU) Nr. 1063/2010 (ABl. L 307 vom 23. 11. 2010, S. 1) geändert worden ist, in der jeweils geltenden Fassung.

§ 10 Ausfuhrnachweis bei Ausfuhrlieferungen in Versendungsfällen[1])

(1) ¹Hat der Unternehmer oder der Abnehmer den Gegenstand der Lieferung in das Drittlandsgebiet versendet, hat der Unternehmer den Ausfuhrnachweis durch folgenden Beleg zu führen:

S 7134

> diese Verfahren nicht bei einer Grenzzollstelle beginnen,
> 1. eine Ausfuhrbestätigung der Abgangsstelle, die bei einer Ausfuhr im gemeinsamen oder im gemeinschaftlichen Versandverfahren nach Eingang des Rückscheins, bei einer Ausfuhr mit Carnet TIR nach Eingang der Erledigungsbestätigung erteilt wird, sofern sich daraus die Ausfuhr ergibt, oder
> 2. eine Abfertigungsbestätigung der Abgangsstelle in Verbindung mit einer Eingangsbescheinigung der Bestimmungsstelle im Drittlandsgebiet."

[1]) Anm.: Durch Art. 1 Nr. 1 der 2. Verordnung zur Änderung steuerlicher Verordnungen vom 2. 12. 2011 (BGBl. 2011 I S. 2416, BStBl 2011 I S. 1167) wurde § 10 UStDV mit Wirkung vom 1. 1. 2012 neu gefasst. Bis 31. 12. 2011 geltende Fassung:
§ 10 Ausfuhrnachweis bei Ausfuhrlieferungen in Versendungsfällen
„(1) In den Fällen, in denen der Unternehmer oder der Abnehmer den Gegenstand der Lieferung in das Drittlandsgebiet versendet hat (Versendungsfälle), soll der Unternehmer den Ausfuhrnachweis regelmäßig wie folgt führen:
1. durch einen Versendungsbeleg, insbesondere durch Frachtbrief, Konnossement, Posteinlieferungsschein oder deren Doppelstücke, oder
2. ¹durch einen sonstigen handelsüblichen Beleg, insbesondere durch eine Bescheinigung des beauftragten Spediteurs oder durch eine Versandbestätigung des Lieferers. ²Der sonstige Beleg soll enthalten:
a) den Namen und die Anschrift des Ausstellers sowie den Tag der Ausstellung,
b) den Namen und die Anschrift des Unternehmers sowie des Auftraggebers, wenn dieser nicht der Unternehmer ist,
c) die handelsübliche Bezeichnung und die Menge des ausgeführten Gegenstands,
d) den Ort und den Tag der Ausfuhr oder den Ort und den Tag der Versendung in das Drittlandsgebiet,
e) den Empfänger und den Bestimmungsort im Drittlandsgebiet,
f) eine Versicherung des Ausstellers, dass die Angaben in dem Beleg auf Grund von Geschäftsunterlagen gemacht wurden, die im Gemeinschaftsgebiet nachprüfbar sind,

1. bei Ausfuhranmeldung im elektronischen Ausfuhrverfahren nach Artikel 787 der Durchführungsverordnung zum Zollkodex mit dem Ausgangsvermerk;
2. bei allen anderen Ausfuhranmeldungen:
   a) mit einem Versendungsbeleg, insbesondere durch handelsrechtlichen Frachtbrief, der vom Auftraggeber des Frachtführers unterzeichnet ist, mit einem Konnossement, mit einem Einlieferungsschein für im Postverkehr beförderte Sendungen oder deren Doppelstücke, oder
   b) mit einem anderen handelsüblichen Beleg als den Belegen nach Buchstabe a, insbesondere mit einer Bescheinigung des beauftragten Spediteurs; dieser Beleg hat folgende Angaben zu enthalten:
      aa) den Namen und die Anschrift des Ausstellers des Belegs sowie das Ausstellungsdatum,
      bb) den Namen und die Anschrift des liefernden Unternehmers und des Auftraggebers der Versendung,
      cc) die Menge und die Art (handelsübliche Bezeichnung) des ausgeführten Gegenstands,
      dd) den Ort und den Tag der Ausfuhr oder den Ort und den Tag der Versendung des ausgeführten Gegenstands in das Drittlandsgebiet,
      ee) den Empfänger des ausgeführten Gegenstands und den Bestimmungsort im Drittlandsgebiet,
      ff) eine Versicherung des Ausstellers des Belegs darüber, dass die Angaben im Beleg auf der Grundlage von Geschäftsunterlagen gemacht wurden, die im Gemeinschaftsgebiet nachprüfbar sind, sowie
      gg) die Unterschrift des Ausstellers des Belegs.

²Hat der Unternehmer statt des Ausgangsvermerks einen Alternativ-Ausgangsvermerk, gilt dieser als Ausfuhrnachweis.

(2) ¹Bei der Ausfuhr von für den Straßenverkehr zugelassenen Fahrzeugen muss
1. der Beleg nach Absatz 1 auch die Fahrzeug-Identifikationsnummer enthalten und
2. der Unternehmer zusätzlich über eine Bescheinigung über die Zulassung, die Verzollung oder die Einfuhrbesteuerung im Drittland verfügen.

²Dies gilt nicht in den Fällen, in denen das Fahrzeug mit einem Ausfuhrkennzeichen ausgeführt wird, wenn aus dem Beleg nach Satz 1 die Nummer des Ausfuhrkennzeichens ersichtlich ist.

(3) ¹Ist eine Ausfuhr elektronisch angemeldet worden und ist es dem Unternehmer nicht möglich oder nicht zumutbar, den Ausfuhrnachweis nach Absatz 1 Satz 1 Nummer 1 zu führen, kann dieser die Ausfuhr mit den in Absatz 1 Satz 1 Nummer 2 genannten Belegen nachweisen. ²In den Fällen nach Satz 1 muss der Beleg zusätzlich zu den Angaben nach Absatz 1 Satz 1 Nummer 2 die Versendungsbezugsnummer der Ausfuhranmeldung nach Artikel 796c Satz 3 der Durchführungsverordnung zum Zollkodex (Movement Reference Number – MRN) enthalten.

(4) Ist es dem Unternehmer nicht möglich oder nicht zumutbar, den Ausfuhrnachweis nach Absatz 1 Satz 1 Nummer 2 zu führen, kann er die Ausfuhr wie in Beförderungsfällen nach § 9 Absatz 1 Satz 1 Nummer 2 nachweisen.

§ 11 Ausfuhrnachweis bei Ausfuhrlieferungen in Bearbeitungs- und Verarbeitungsfällen[1])

S 7134

(1) Hat ein Beauftragter den Gegenstand der Lieferung vor der Ausfuhr bearbeitet oder verarbeitet, hat der liefernde Unternehmer den Ausfuhrnachweis durch einen Beleg nach § 9 oder § 10 zu führen, der zusätzlich folgende Angaben zu enthalten hat:

---

g) die Unterschrift des Ausstellers.
(2) Ist es dem Unternehmer in den Versendungsfällen nicht möglich oder nicht zumutbar, den Ausfuhrnachweis nach Absatz 1 zu führen, so kann er die Ausfuhr wie bei den Beförderungsfällen (§ 9) nachweisen."

1) Anm.: Durch Art. 1 Nr. 1 der 2. Verordnung zur Änderung steuerlicher Verordnungen vom 2.12.2011 (BGBl. 2011 I S. 2416, BStBl 2011 I S. 1167) wurde § 11 UStDV mit Wirkung vom 1.1.2012 neu gefasst. Bis 31.12.2011 geltende Fassung:
„§ 11 Ausfuhrnachweis bei Ausfuhrlieferungen in Bearbeitungs- und Verarbeitungsfällen
(1) In den Fällen, in denen der Gegenstand der Lieferung durch einen Beauftragten vor der Ausfuhr bearbeitet oder verarbeitet worden ist (Bearbeitungs- und Verarbeitungsfälle), soll der Unternehmer den Ausfuhrnachweis regelmäßig durch einen Beleg nach § 9 oder § 10 führen, der zusätzlich folgende Angaben enthält:
1. den Namen und die Anschrift des Beauftragten;

§§ 11–13 UStDV § 4 UStG

1. den Namen und die Anschrift des Beauftragten,
2. die Menge und die handelsübliche Bezeichnung des Gegenstands, der an den Beauftragten übergeben oder versendet wurde,
3. den Ort und den Tag der Entgegennahme des Gegenstands durch den Beauftragten sowie
4. die Bezeichnung des Auftrags sowie die Bezeichnung der Bearbeitung oder Verarbeitung, die vom Beauftragten vorgenommen wurde.

(2) Haben mehrere Beauftragte den Gegenstand der Lieferung bearbeitet oder verarbeitet, hat der liefernde Unternehmer die in Absatz 1 genannten Angaben für jeden Beauftragten, der die Bearbeitung oder Verarbeitung vornimmt, zu machen.

§ 12 Ausfuhrnachweis bei Lohnveredelungen an Gegenständen der Ausfuhr

Bei Lohnveredelungen an Gegenständen der Ausfuhr (§ 7 des Gesetzes) sind die Vorschriften über die Führung des Ausfuhrnachweises bei Ausfuhrlieferungen (§§ 8 bis 11) entsprechend anzuwenden.

S 7136

§ 13 Buchmäßiger Nachweis bei Ausfuhrlieferungen und Lohnveredelungen an Gegenständen der Ausfuhr¹)

(1) ¹Bei Ausfuhrlieferungen und Lohnveredelungen an Gegenständen der Ausfuhr (§§ 6 und 7 des Gesetzes) hat der Unternehmer im Geltungsbereich des Gesetzes die Voraussetzungen der

S 7134
S 7136

---

2. die handelsübliche Bezeichnung und die Menge des an den Beauftragten übergebenen oder versendeten Gegenstands;
3. den Ort und den Tag der Entgegennahme des Gegenstands durch den Beauftragten;
4. die Bezeichnung des Auftrags und der vom Beauftragten vorgenommenen Bearbeitung oder Verarbeitung.
(2) Ist der Gegenstand der Lieferung durch mehrere Beauftragte bearbeitet oder verarbeitet worden, so haben sich die in Absatz 1 bezeichneten Angaben auf die Bearbeitungen oder Verarbeitungen eines jeden Beauftragten zu erstrecken."

¹) Anm.: Durch Art. 1 Nr. 2 der 2. Verordnung zur Änderung steuerlicher Verordnungen vom 2. 12. 2011 (BGBl. 2011 I S. 2416, BStBl 2011 I S. 1167) wurde § 13 UStDV mit Wirkung vom 1. 1. 2012 neu gefasst. Bis 31. 12. 2011 geltende Fassung:
„§ 13 Buchmäßiger Nachweis bei Ausfuhrlieferungen und Lohnveredelungen an Gegenständen der Ausfuhr
(1) ¹Bei Ausfuhrlieferungen und Lohnveredelungen an Gegenständen der Ausfuhr (§§ 6 und 7 des Gesetzes) muss der Unternehmer im Geltungsbereich dieser Verordnung die Voraussetzungen der Steuerbefreiung buchmäßig nachweisen. ²Die Voraussetzungen müssen eindeutig und leicht nachprüfbar aus der Buchführung zu ersehen sein.
(2) Der Unternehmer soll regelmäßig Folgendes aufzeichnen:
1. die handelsübliche Bezeichnung und die Menge des Gegenstands der Lieferung oder die Art und den Umfang der Lohnveredelung;
2. den Namen und die Anschrift des Abnehmers oder Auftraggebers;
3. den Tag der Lieferung oder der Lohnveredelung;
4. das vereinbarte Entgelt oder bei der Besteuerung nach vereinnahmten Entgelten das vereinnahmte Entgelt und den Tag der Vereinnahmung;
5. die Art und den Umfang einer Bearbeitung oder Verarbeitung vor der Ausfuhr (§ 6 Abs. 1 Satz 2, § 7 Abs. 1 Satz 2 des Gesetzes);
6. die Ausfuhr.
(3) In den Fällen des § 6 Abs. 1 Satz 1 Nr. 1 des Gesetzes, in denen der Abnehmer kein ausländischer Abnehmer ist, soll der Unternehmer zusätzlich zu den Angaben nach Absatz 2 aufzeichnen:
1. die Beförderung oder Versendung durch ihn selbst;
2. den Bestimmungsort.
(4) In den Fällen des § 6 Abs. 1 Satz 1 Nr. 3 des Gesetzes soll der Unternehmer zusätzlich zu den Angaben nach Absatz 2 aufzeichnen:
1. die Beförderung oder Versendung;
2. den Bestimmungsort;
3. in den Fällen, in denen der Abnehmer ein Unternehmer ist, auch den Gewerbezweig oder Beruf des Abnehmers und den Erwerbszweck.
(4a) In den Fällen des § 6 Abs. 1 Satz 1 Nr. 2 und 3 des Gesetzes, in denen der Abnehmer ein Unternehmer ist und er oder sein Beauftragter den Gegenstand der Lieferung im persönlichen Reisegepäck ausführt, soll der Unternehmer zusätzlich zu den Angaben nach Absatz 2 auch den Gewerbezweig oder Beruf des Abnehmers und den Erwerbszweck aufzeichnen.
(5) In den Fällen des § 6 Abs. 3 des Gesetzes soll der Unternehmer zusätzlich zu den Angaben nach Absatz 2 aufzeichnen:
1. den Gewerbezweig oder Beruf des Abnehmers;
2. den Verwendungszweck des Beförderungsmittels.
(6) In den Fällen des § 7 Abs. 1 Satz 1 Nr. 1 des Gesetzes, in denen der Auftraggeber kein ausländi-

Steuerbefreiung buchmäßig nachzuweisen. ²Die Voraussetzungen müssen eindeutig und leicht nachprüfbar aus der Buchführung zu ersehen sein.

(2) Der Unternehmer hat regelmäßig Folgendes aufzuzeichnen:
1. die Menge des Gegenstands der Lieferung oder die Art und den Umfang der Lohnveredelung sowie die handelsübliche Bezeichnung einschließlich der Fahrzeug-Identifikationsnummer bei Fahrzeugen im Sinne des § 1b Absatz 2 des Gesetzes,
2. den Namen und die Anschrift des Abnehmers oder Auftraggebers,
3. den Tag der Lieferung oder der Lohnveredelung,
4. das vereinbarte Entgelt oder bei der Besteuerung nach vereinnahmten Entgelten das vereinnahmte Entgelt und den Tag der Vereinnahmung,
5. die Art und den Umfang einer Bearbeitung oder Verarbeitung vor der Ausfuhr (§ 6 Absatz 1 Satz 2, § 7 Absatz 1 Satz 2 des Gesetzes),
6. den Tag der Ausfuhr sowie
7. in den Fällen des § 9 Absatz 1 Satz 1 Nummer 1, des § 10 Absatz 1 Satz 1 Nummer 1 und des § 10 Absatz 3 die Movement Reference Number – MRN.

(3) In den Fällen des § 6 Absatz 1 Satz 1 Nummer 1 des Gesetzes, in denen der Abnehmer kein ausländischer Abnehmer ist, hat der Unternehmer zusätzlich zu den Angaben nach Absatz 2 aufzuzeichnen:
1. die Beförderung oder Versendung durch ihn selbst sowie
2. den Bestimmungsort.

(4) In den Fällen des § 6 Absatz 1 Satz 1 Nummer 3 des Gesetzes hat der Unternehmer zusätzlich zu den Angaben nach Absatz 2 aufzuzeichnen:
1. die Beförderung oder Versendung,
2. den Bestimmungsort sowie
3. in den Fällen, in denen der Abnehmer ein Unternehmer ist, auch den Gewerbezweig oder Beruf des Abnehmers und den Erwerbszweck.

(5) In den Fällen des § 6 Absatz 1 Satz 1 Nummer 2 und 3 des Gesetzes, in denen der Abnehmer ein Unternehmer ist und er oder sein Beauftragter den Gegenstand der Lieferung im persönlichen Reisegepäck ausführt, hat der Unternehmer zusätzlich zu den Angaben nach Absatz 2 auch den Gewerbezweig oder Beruf des Abnehmers und den Erwerbszweck aufzuzeichnen.

(6) In den Fällen des § 6 Absatz 3 des Gesetzes hat der Unternehmer zusätzlich zu den Angaben nach Absatz 2 Folgendes aufzuzeichnen:
1. den Gewerbezweig oder Beruf des Abnehmers sowie
2. den Verwendungszweck des Beförderungsmittels.

(7) ¹In den Fällen des § 7 Absatz 1 Satz 1 Nummer 1 des Gesetzes, in denen der Auftraggeber kein ausländischer Auftraggeber ist, ist Absatz 3 entsprechend anzuwenden. ²In den Fällen des § 7 Absatz 1 Satz 1 Nummer 3 Buchstabe b des Gesetzes ist Absatz 4 entsprechend anzuwenden.

§§ 14 bis 16

(weggefallen)

§ 17 Abnehmernachweis bei Ausfuhrlieferungen im nichtkommerziellen Reiseverkehr¹)

S 7137 In den Fällen des § 6 Abs. 3a des Gesetzes **hat** der Beleg nach § 9 zusätzlich folgende Angaben zu enthalten:

---

scher Auftraggeber ist, ist Absatz 3 und in den Fällen des § 7 Abs. 1 Satz 1 Nr. 3 Buchstabe b des Gesetzes Absatz 4 entsprechend anzuwenden.

¹) Anm.: Durch Art. 1 Nr. 3 der 2. Verordnung zur Änderung steuerlicher Verordnungen vom 2.12.2011 (BGBl. 2011 I S. 2416, BStBl 2011 I S. 1167) wurde § 17 UStDV mit Wirkung vom 1.1.2012 neu gefasst. Bis 31.12.2011 geltende Fassung:
„§ 17 Abnehmernachweis bei Ausfuhrlieferungen im nichtkommerziellen Reiseverkehr
In den Fällen des § 6 Abs. 3a des Gesetzes soll der Beleg nach § 9 zusätzlich folgende Angaben enthalten:
1. den Namen und die Anschrift des Abnehmers;
2. eine Bestätigung der den Ausgang des Gegenstands der Lieferung aus dem Gemeinschaftsgebiet überwachenden Grenzzollstelle eines Mitgliedstaates, dass die nach Nummer 1 gemachten

§§ 17, 17a UStDV   § 4 UStG

1. den Namen und die Anschrift des Abnehmers **sowie**
2. **eine Bestätigung der Grenzzollstelle eines Mitgliedstaates, die den Ausgang des Gegenstands der Lieferung aus dem Gemeinschaftsgebiet überwacht, dass die nach Nummer 1 gemachten Angaben mit den Eintragungen in dem vorgelegten Pass oder sonstigen Grenzübertrittspapier desjenigen übereinstimmen, der den Gegenstand in das Drittlandsgebiet verbringt.**

§ 17a   Nachweis bei innergemeinschaftlichen Lieferungen in Beförderungs- und Versendungsfällen[1])

(1) ¹Bei innergemeinschaftlichen Lieferungen (§ 6a Absatz 1 des Gesetzes) hat der Unternehmer im Geltungsbereich des Gesetzes durch Belege nachzuweisen, dass er oder der Abnehmer den Gegenstand der Lieferung in das übrige Gemeinschaftsgebiet befördert oder versendet hat. ²Dies muss sich aus den Belegen eindeutig und leicht nachprüfbar ergeben.

(2) ¹Der Unternehmer hat den Nachweis nach Absatz 1 wie folgt zu führen:
1. durch das Doppel der Rechnung (§§ 14 und 14a des Gesetzes) und
2. durch eine Bestätigung des Abnehmers gegenüber dem Unternehmer oder dem mit der Beförderung beauftragten selbständigen Dritten, dass der Gegenstand der Lieferung in das übrige Gemeinschaftsgebiet gelangt ist (Gelangensbestätigung). Der Beleg hat folgende Angaben zu enthalten:
   a) den Namen und die Anschrift des Abnehmers,
   b) die Menge des Gegenstands der Lieferung und die handelsübliche Bezeichnung einschließlich der Fahrzeug-Identifikationsnummer bei Fahrzeugen im Sinne des § 1b Absatz 2 des Gesetzes,
   c) im Fall der Beförderung oder Versendung durch den Unternehmer oder im Fall der Versendung durch den Abnehmer den Ort und Tag des Erhalts des Gegenstands im übrigen Gemeinschaftsgebiet und im Fall der Beförderung des Gegenstands durch den Abnehmer den Ort und Tag des Endes der Beförderung des Gegenstands im übrigen Gemeinschaftsgebiet,
   d) das Ausstellungsdatum der Bestätigung sowie
   e) die Unterschrift des Abnehmers.

S 7140

---

[1]) Anm.: Durch Art. 1 Nr. 3 der 2. Verordnung zur Änderung steuerlicher Verordnungen vom 2. 12. 2011 (BGBl. I S. 2416, BStBl 2011 I S. 1167) wurde § 17a UStDV mit Wirkung vom 1. 1. 2012 neu gefasst. Bis 31. 12. 2011 geltende Fassung:
„§ 17a   Nachweis bei innergemeinschaftlichen Lieferungen in Beförderungs- und Versendungsfällen
(1) ¹Bei innergemeinschaftlichen Lieferungen (§ 6a Abs. 1 des Gesetzes) muss der Unternehmer im Geltungsbereich dieser Verordnung durch Belege nachweisen, dass er oder der Abnehmer den Gegenstand der Lieferung in das übrige Gemeinschaftsgebiet befördert oder versendet hat. ²Dies muss sich aus den Belegen eindeutig und leicht nachprüfbar ergeben.
(2) In den Fällen, in denen der Unternehmer oder der Abnehmer den Gegenstand der Lieferung in das übrige Gemeinschaftsgebiet befördert, soll der Unternehmer den Nachweis hierüber wie folgt führen:
1. durch das Doppel der Rechnung (§§ 14, 14a des Gesetzes),
2. durch einen handelsüblichen Beleg, aus dem sich der Bestimmungsort ergibt, insbesondere Lieferschein,
3. durch eine Empfangsbestätigung des Abnehmers oder seines Beauftragten sowie
4. in den Fällen der Beförderung des Gegenstands durch den Abnehmer durch eine Versicherung des Abnehmers oder seines Beauftragten, den Gegenstand der Lieferung in das übrige Gemeinschaftsgebiet zu befördern.
(3) Wird der Gegenstand der Lieferung vom Unternehmer oder Abnehmer im gemeinschaftlichen Versandverfahren in das übrige Gemeinschaftsgebiet befördert, kann der Unternehmer den Nachweis hierüber abweichend von Absatz 2 auch wie folgt führen:
1. durch eine Bestätigung der Abgangsstelle über die innergemeinschaftliche Lieferung, die nach Eingang des Rückscheins erteilt wird, sofern sich daraus die Lieferung in das übrige Gemeinschaftsgebiet ergibt, oder
2. durch eine Abfertigungsbestätigung der Abgangsstelle in Verbindung mit einer Eingangsbescheinigung der Bestimmungsstelle im übrigen Gemeinschaftsgebiet.
(4) ¹In den Fällen, in denen der Unternehmer oder der Abnehmer den Gegenstand der Lieferung in das übrige Gemeinschaftsgebiet versendet, soll der Unternehmer den Nachweis hierüber wie folgt führen:
1. durch das Doppel der Rechnung (§§ 14, 14a des Gesetzes) und
2. durch einen Beleg entsprechend § 10 Abs. 1.
²Ist es dem Unternehmer nicht möglich oder nicht zumutbar, den Versendungsnachweis nach Satz 1 zu führen, kann er den Nachweis auch nach den Absätzen 2 oder 3 führen.

²Bei einer Versendung ist es ausreichend, wenn sich die Gelangensbestätigung bei dem mit der Beförderung beauftragten selbständigen Dritten befindet und auf Verlangen der Finanzbehörde zeitnah vorgelegt werden kann. ³In diesem Fall muss der Unternehmer eine schriftliche Versicherung des mit der Beförderung beauftragten selbständigen Dritten besitzen, dass dieser über einen Beleg mit den Angaben des Abnehmers verfügt.

(3) Wird der Gegenstand der Lieferung vom Unternehmer oder Abnehmer im gemeinschaftlichen Versandverfahren in das übrige Gemeinschaftsgebiet befördert, kann der Unternehmer den Nachweis hierüber abweichend von Absatz 2 auch durch eine Bestätigung der Abgangsstelle über die innergemeinschaftliche Lieferung führen, die nach Eingang des Beendigungsnachweises für das Versandverfahren erteilt wird, sofern sich daraus die Lieferung in das übrige Gemeinschaftsgebiet ergibt.

§ 17b Nachweis bei innergemeinschaftlichen Lieferungen in Bearbeitungs- oder Verarbeitungsfällen¹)

S 7140
S 7141

¹Ist der Gegenstand der Lieferung vor der Beförderung oder Versendung in das übrige Gemeinschaftsgebiet durch einen Beauftragten bearbeitet oder verarbeitet worden (§ 6a Abs. 1 Satz 2 des Gesetzes), **hat** der Unternehmer dies durch Belege eindeutig und leicht nachprüfbar nachweisen. ²Der Nachweis **ist** durch Belege nach § 17a **zu führen**, die zusätzlich die in § 11 Abs**atz** 1 Numme**r** 1 bis 4 bezeichneten Angaben enthalten. ³Ist der Gegenstand durch mehrere Beauftragte bearbeitet oder verarbeitet worden, ist § 11 Abs**atz** 2 entsprechend anzuwenden.

§ 17c Buchmäßiger Nachweis bei innergemeinschaftlichen Lieferungen²)

S 7140
S 7141

(1) ¹Bei innergemeinschaftlichen Lieferungen (§ 6a Abs**atz** 1 und 2 des Gesetzes) **hat** der Unternehmer im Geltungsbereich dieser Verordnung die Voraussetzungen der Steuerbefreiung ein-

---

¹) Anm.: Durch Art. 1 Nr. 3 der 2. Verordnung zur Änderung steuerlicher Verordnungen vom 2. 12. 2011 (BGBl. 2011 I S. 2416, BStBl 2011 I S. 1167) wurde § 17b UStDV mit Wirkung vom 1. 1. 2012 neu gefasst. Bis 31. 12. 2011 geltende Fassung:
„§ 17b Nachweis bei innergemeinschaftlichen Lieferungen in Bearbeitungs- oder Verarbeitungsfällen
¹Ist der Gegenstand der Lieferung vor der Beförderung oder Versendung in das übrige Gemeinschaftsgebiet durch einen Beauftragten bearbeitet oder verarbeitet worden (§ 6a Abs. 1 Satz 2 des Gesetzes), so muss der Unternehmer dies durch Belege eindeutig und leicht nachprüfbar nachweisen. ²Der Nachweis soll durch Belege nach § 17a geführt werden, die zusätzlich die in § 11 Abs. 1 Nr. 1 bis 4 bezeichneten Angaben enthalten. 3Ist der Gegenstand durch mehrere Beauftragte bearbeitet oder verarbeitet worden, ist § 11 Abs. 2 entsprechend anzuwenden.

²) Anm.: Durch Art. 1 Nr. 3 der 2. Verordnung zur Änderung steuerlicher Verordnungen vom 2. 12. 2011 (BGBl. 2011 I S. 2416, BStBl 2011 I S. 1167) wurde § 17c UStDV mit Wirkung vom 1. 1. 2012 neu gefasst. Bis 31. 12. 2011 geltende Fassung:
„§ 17c Buchmäßiger Nachweis bei innergemeinschaftlichen Lieferungen
(1) 1Bei innergemeinschaftlichen Lieferungen (§ 6a Abs. 1 und 2 des Gesetzes) muss der Unternehmer im Geltungsbereich dieser Verordnung die Voraussetzungen der Steuerbefreiung einschließlich Umsatzsteuer-Identifikationsnummer des Abnehmers buchmäßig nachweisen. 2Die Voraussetzungen müssen eindeutig und leicht nachprüfbar aus der Buchführung zu ersehen sein.
(2) Der Unternehmer soll regelmäßig Folgendes aufzeichnen:
1. den Namen und die Anschrift des Abnehmers;
2. den Namen und die Anschrift des Beauftragten des Abnehmers bei einer Lieferung, die im Einzelhandel oder in einer für den Einzelhandel gebräuchlichen Art und Weise erfolgt;
3. den Gewerbezweig oder Beruf des Abnehmers;
4. die handelsübliche Bezeichnung und die Menge des Gegenstands der Lieferung;
5. den Tag der Lieferung;
6. das vereinbarte Entgelt oder bei der Besteuerung nach vereinnahmten Entgelten das vereinnahmte Entgelt und den Tag der Vereinnahmung;
7. die Art und den Umfang einer Bearbeitung oder Verarbeitung vor der Beförderung oder Versendung in das übrige Gemeinschaftsgebiet (§ 6a Abs. 1 Satz 2 des Gesetzes);
8. die Beförderung oder Versendung in das übrige Gemeinschaftsgebiet;
9. den Bestimmungsort im übrigen Gemeinschaftsgebiet.
(3) In den einer Lieferung gleichgestellten Verbringensfällen (§ 6a Abs. 2 des Gesetzes) soll der Unternehmer Folgendes aufzeichnen:
1. die handelsübliche Bezeichnung und die Menge des verbrachten Gegenstands;
2. die Anschrift und die Umsatzsteuer-Identifikationsnummer des im anderen Mitgliedstaat belegenen Unternehmensteils;
3. den Tag des Verbringens;
4. die Bemessungsgrundlage nach § 10 Abs. 4 Satz 1 Nr. 1 des Gesetzes.
(4) In den Fällen, in denen neue Fahrzeuge an Abnehmer ohne Umsatzsteuer-Identifikationsnummer in das übrige Gemeinschaftsgebiet geliefert werden, soll der Unternehmer Folgendes aufzeichnen:

schließlich ***der ausländischen*** *Umsatzsteuer-Identifikationsnummer des Abnehmers buchmäßig nachweisen.* ²*Die Voraussetzungen müssen eindeutig und leicht nachprüfbar aus der Buchführung zu ersehen sein.*

(2) Der Unternehmer ***hat*** *Folgendes aufzeichnen:*
1. *den Namen und die Anschrift des Abnehmers,*
2. *den Namen und die Anschrift des Beauftragten des Abnehmers bei einer Lieferung, die im Einzelhandel oder in einer für den Einzelhandel gebräuchlichen Art und Weise erfolgt,*
3. *den Gewerbezweig oder Beruf des Abnehmers,*
4. ***die Menge des Gegenstands der Lieferung und dessen handelsübliche Bezeichnung einschließlich der Fahrzeug-Identifikationsnummer bei Fahrzeugen im Sinne des § 1b Absatz 2 des Gesetzes,***
5. *den Tag der Lieferung;*
6. *das vereinbarte Entgelt oder bei der Besteuerung nach vereinnahmten Entgelten das vereinnahmte Entgelt und den Tag der Vereinnahmung;*
7. *die Art und den Umfang einer Bearbeitung oder Verarbeitung vor der Beförderung oder Versendung in das übrige Gemeinschaftsgebiet (§ 6a Abs**atz** 1 Satz 2 des Gesetzes);*
8. *die Beförderung oder Versendung in das übrige Gemeinschaftsgebiet* ***sowie***
9. *den Bestimmungsort im übrigen Gemeinschaftsgebiet.*

*(3) In den einer Lieferung gleichgestellten Verbringungsfällen (§ 6a Abs**atz** 2 des Gesetzes)* ***hat*** *der Unternehmer Folgendes aufzeichnen:*
1. ***die Menge des verbrachten Gegenstands und seine handelsübliche Bezeichnung einschließlich der Fahrzeug-Identifikationsnummer bei Fahrzeugen im Sinne des § 1b Absatz 2 des Gesetzes,***
2. *die Anschrift und die Umsatzsteuer-Identifikationsnummer des im anderen Mitgliedstaat belegenen Unternehmensteils,*
3. *den Tag des Verbringens* ***sowie,***
4. *die Bemessungsgrundlage nach § 10 Abs**atz** 4 Satz 1 Nu**mme**r 1 des Gesetzes.*

(4) ***Werden neue Fahrzeuge an Abnehmer ohne Umsatzsteuer-Identifikationsnummer in das übrige Gemeinschaftsgebiet geliefert, hat der Unternehmer Folgendes aufzuzeichnen:***
1. *den Namen und die Anschrift des Erwerbers,*
2. *die handelsübliche Bezeichnung des gelieferten Fahrzeugs* ***einschließlich der Fahrzeug-Identifikationsnummer,***
3. *den Tag der Lieferung,*
4. *das vereinbarte Entgelt oder bei der Besteuerung nach vereinnahmten Entgelten das vereinnahmte Entgelt und den Tag der Vereinnahmung,*
5. *die in § 1b Absatz 2 und 3 des Gesetzes bezeichneten Merkmale,*
6. *die Beförderung oder Versendung in das übrige Gemeinschaftsgebiet* ***sowie***
7. *den Bestimmungsort im übrigen Gemeinschaftsgebiet.*

§ 18 Buchmäßiger Nachweis bei Umsätzen für die Seeschifffahrt und für die Luftfahrt

¹Bei Umsätzen für die Seeschifffahrt und für die Luftfahrt (§ 8 des Gesetzes) ist § 13 Abs. 1 und 2 Nr. 1 bis 4 entsprechend anzuwenden. ²Zusätzlich soll der Unternehmer aufzeichnen, für welchen Zweck der Gegenstand der Lieferung oder die sonstige Leistung bestimmt ist.

S 7155-b

§ 19

(weggefallen)

---

1. den Namen und die Anschrift des Erwerbers;
2. die handelsübliche Bezeichnung des gelieferten Fahrzeugs;
3. den Tag der Lieferung;
4. das vereinbarte Entgelt oder bei der Besteuerung nach vereinnahmten Entgelten das vereinnahmte Entgelt und den Tag der Vereinnahmung;
5. die in § 1b Abs. 2 und 3 des Gesetzes bezeichneten Merkmale;
6. die Beförderung oder Versendung in das übrige Gemeinschaftsgebiet;
7. den Bestimmungsort im übrigen Gemeinschaftsgebiet.

§ 20 Belegmäßiger Nachweis bei steuerfreien Leistungen, die sich auf Gegenstände der Ausfuhr oder Einfuhr beziehen

S 7156-b

(1) ¹Bei einer Leistung, die sich unmittelbar auf einen Gegenstand der Ausfuhr bezieht oder auf einen eingeführten Gegenstand bezieht, der im externen Versandverfahren in das Drittlandsgebiet befördert wird (§ 4 Nr. 3 Satz 1 Buchstabe a Doppelbuchstabe aa des Gesetzes), muss der Unternehmer durch Belege die Ausfuhr oder Wiederausfuhr des Gegenstands nachweisen. ²Die Voraussetzung muss sich aus den Belegen eindeutig und leicht nachprüfbar ergeben. ³Die Vorschriften über den Ausfuhrnachweis in den §§ 9 bis 11 sind entsprechend anzuwenden.

(2) Bei einer Leistung, die sich auf einen Gegenstand der Einfuhr in das Gebiet eines Mitgliedstaates der Europäischen Gemeinschaft bezieht (§ 4 Nr. 3 Satz 1 Buchstabe a Doppelbuchstabe bb des Gesetzes), muss der Unternehmer durch Belege nachweisen, dass die Kosten für diese Leistung in der Bemessungsgrundlage für die Einfuhr enthalten sind.

(3) Der Unternehmer muss die Nachweise im Geltungsbereich dieser Verordnung führen.

§ 21 Buchmäßiger Nachweis bei steuerfreien Leistungen, die sich auf Gegenstände der Ausfuhr oder Einfuhr beziehen

S 7156-b

¹Bei einer Leistung, die sich auf einen Gegenstand der Ausfuhr, auf einen Gegenstand der Einfuhr in das Gebiet eines Mitgliedstaates der Europäischen Gemeinschaft oder auf einen eingeführten Gegenstand bezieht, der im externen Versandverfahren in das Drittlandsgebiet befördert wird (§ 4 Nr. 3 Satz 1 Buchstabe a des Gesetzes), ist § 13 Abs. 1 und Abs. 2 Nr. 1 bis 4 entsprechend anzuwenden. ²Zusätzlich soll der Unternehmer aufzeichnen:
1. bei einer Leistung, die sich auf einen Gegenstand der Ausfuhr bezieht oder auf einen eingeführten Gegenstand bezieht, der im externen Versandverfahren in das Drittlandsgebiet befördert wird, dass der Gegenstand ausgeführt oder wiederausgeführt worden ist;
2. bei einer Leistung, die sich auf einen Gegenstand der Einfuhr in das Gebiet eines Mitgliedstaates der Europäischen Gemeinschaft bezieht, dass die Kosten für die Leistung in der Bemessungsgrundlage für die Einfuhr enthalten sind.

§ 22 Buchmäßiger Nachweis bei steuerfreien Vermittlungen

S 7156-e

(1) Bei Vermittlungen im Sinne des § 4 Nr. 5 des Gesetzes ist § 13 Abs. 1 entsprechend anzuwenden.

(2) Der Unternehmer soll regelmäßig Folgendes aufzeichnen:
1. die Vermittlung und den vermittelten Umsatz;
2. den Tag der Vermittlung;
3. den Namen und die Anschrift des Unternehmers, der den vermittelten Umsatz ausgeführt hat;
4. das für die Vermittlung vereinbarte Entgelt oder bei der Besteuerung nach vereinnahmten Entgelten das für die Vermittlung vereinnahmte Entgelt und den Tag der Vereinnahmung.

§ 23 Amtlich anerkannte Verbände der freien Wohlfahrtspflege

S 7175

Die nachstehenden Vereinigungen gelten als amtlich anerkannte Verbände der freien Wohlfahrtspflege:
1. Diakonisches Werk der Evangelischen Kirche in Deutschland e. V.;
2. Deutscher Caritasverband e. V.;
3. Deutscher Paritätischer Wohlfahrtsverband – Gesamtverband e. V.;
4. Deutsches Rotes Kreuz e. V.;
5. Arbeiterwohlfahrt Bundesverband e. V.;
6. Zentralwohlfahrtsstelle der Juden in Deutschland e. V.;
7. Deutscher Blinden- und Sehbehindertenverband e. V.;
8. Bund der Kriegsblinden Deutschlands e. V.;
9. Verband deutscher Wohltätigkeitsstiftungen e. V.;
10. Bundesarbeitsgemeinschaft Selbsthilfe von Menschen mit Behinderung und chronischer Erkrankung und ihren Angehörigen e. V.;
11. Sozialverband VdK Deutschland e. V.

§ 4 UStG
AE 4.1.1–AE 4.3.2

4.1.1. Ausfuhrlieferungen und Lohnveredelungen an Gegenständen der Ausfuhr — AE 4.1.1

Auf die Abschnitte 6.1 bis 7.4 wird hingewiesen.

S 7131
S 7135

4.2.1. Umsätze für die Seeschifffahrt und für die Luftfahrt — AE 4.2.1

Auf die Abschnitte 8.1 bis 8.3 wird hingewiesen.

S 7155
S 7155-a

4.3.1. Allgemeines — AE 4.3.1

(1) ¹Die Steuerbefreiung nach § 4 Nr. 3 UStG setzt voraus, dass die in der Vorschrift bezeichneten Leistungen umsatzsteuerrechtlich selbständig zu beurteilende Leistungen sind. ²Ist eine Leistung nur eine unselbständige Nebenleistung zu einer Hauptleistung, so teilt sie deren umsatzsteuerrechtliches Schicksal (vgl. Abschnitt 3.10 Abs. 5). ³Vortransporte zu sich anschließenden Luftbeförderungen sind keine unselbständigen Nebenleistungen. ⁴Hingegen ist die Beförderung im Eisenbahngepäckverkehr als unselbständige Nebenleistung zur Personenbeförderung anzusehen. ⁵Zum Eisenbahngepäckverkehr zählt auch der „Auto-im-Reisezugverkehr".

S 7156
S 7156-a

(2) Das Finanzamt kann die Unternehmer von der Verpflichtung befreien, die Entgelte für Leistungen, die nach § 4 Nr. 3 UStG steuerfrei sind, und die Entgelte für nicht steuerbare Umsätze, z. B. für Beförderungen im Ausland, getrennt aufzuzeichnen (vgl. Abschnitt 22.6 Abs. 18 und 19).

4.3.2. Grenzüberschreitende Güterbeförderungen — AE 4.3.2

(1) ¹Eine grenzüberschreitende Beförderung von Gegenständen, die im Zusammenhang mit einer Ausfuhr, einer Durchfuhr oder einer Einfuhr steht, ist unter den Voraussetzungen des § 4 Nr. 3 Satz 1 Buchstabe a und Sätze 2 bis 4 UStG steuerfrei (vgl. Abschnitte 4.3.3 und 4.3.4). ²Sie liegt vor, wenn sich eine Güterbeförderung sowohl auf das Inland als auch auf das Ausland erstreckt (§ 3b Abs. 1 Satz 3 UStG). ³Zu den grenzüberschreitenden Beförderungen im Allgemeinen vgl. Abschnitt 3b.1. ⁴Grenzüberschreitende Beförderungen sind auch die Beförderungen aus einem Freihafen ins Inland oder vom Inland in einen Freihafen (vgl. § 1 Abs. 2 UStG). ⁵Wird ein Gegenstand im Zusammenhang mit einer Ausfuhr oder einer Einfuhr grenzüberschreitend befördert und ist der Leistungsort für diese Leistung unter Anwendung von § 3a Abs. 2 UStG im Inland, ist dieser Umsatz unter den weiteren Voraussetzungen des § 4 Nr. 3 UStG steuerfrei (§ 4 Nr. 3 Satz 1 Buchstabe a UStG), auch wenn bei dieser Beförderung das Inland nicht berührt wird.

S 7156

(2) ¹Beförderungen im internationalen Eisenbahnfrachtverkehr sind Güterbeförderungen, auf die die „Einheitlichen Rechtsvorschriften für den Vertrag über die internationale Eisenbahnbeförderung von Gütern (CIM)" anzuwenden sind. ²Die Rechtsvorschriften sind im Anhang B des Übereinkommens über den internationalen Eisenbahnverkehr (COTIF) vom 9. 5. 1980 (BGBl. 1985 II S. 225), geändert durch Protokoll vom 3. 6. 1999 (BGBl. 2002 II S. 2221) enthalten. ³Sie finden auf Sendungen von Gütern Anwendung, die mit durchgehendem Frachtbrief zur Beförderung auf einem Schienenwege aufgegeben werden, der das Inland und mindestens einen Nachbarstaat berührt.

(3) ¹Für die Befreiung nach § 4 Nr. 3 Satz 1 Buchstabe a UStG ist es unerheblich, auf welche Weise die Beförderungen durchgeführt werden, z. B. mit Kraftfahrzeugen, Luftfahrzeugen, Eisenbahnen, Seeschiffen, Binnenschiffen oder durch Rohrleitungen. ²Aufgrund der Definition des Beförderungsbegriffs in § 3 Abs. 6 Satz 2 UStG sind auch das Schleppen und Schieben stets als Beförderung anzusehen.

(4) ¹Ein Frachtführer, der die Beförderung von Gegenständen übernommen hat, bewirkt auch dann eine Beförderungsleistung, wenn er die Beförderung nicht selbst ausführt, sondern sie von einem oder mehreren anderen Frachtführern (Unterfrachtführern) ausführen lässt. ²In diesen Fällen hat er in der Stellung eines Hauptfrachtführers, für den der oder die Unterfrachtführer ebenfalls Beförderungsleistungen bewirken. ³Diese Beförderungsleistungen können grenzüberschreitend sein. ⁴Die Beförderungsleistung des Hauptfrachtführers sowie des Unterfrachtführers, dessen Leistung sich sowohl auf das Inland als auch auf das Ausland erstreckt, sind grenzüberschreitend. ⁵Diesen Beförderungsleistungen vorangehende oder sich anschließende Beförderungen im Inland durch die anderen Unterfrachtführer sind steuerpflichtig, soweit nicht die Steuerbefreiungen für andere sonstige Leistungen nach § 4 Nr. 3 Satz 1 Buchstabe a UStG in Betracht kommen (vgl. Abschnitte 4.3.3 und 4.3.4).

(5) ¹Spediteure sind in den Fällen des Selbsteintritts, der Spedition zu festen Kosten – Übernahmesätzen – sowie des Sammelladungsverkehrs umsatzsteuerrechtlich als Beförderer anzusehen. ²Der Fall eines Selbsteintritts liegt vor, wenn der Spediteur die Beförderung selbst ausführt (§ 458 HGB). ³Im Fall der Spedition zu festen Kosten – Übernahmesätzen – hat sich der Spediteur mit dem Auftraggeber über einen bestimmten Satz der Beförderungskosten geeinigt (§ 459 HGB). ⁴Der Fall eines Sammelladungsverkehrs ist gegeben, wenn der Spediteur die Versendung des Gegenstandes

zusammen mit den Gegenständen anderer Auftraggeber bewirkt, und zwar aufgrund eines für seine Rechnung über eine Sammelladung geschlossenen Frachtvertrags (§ 460 HGB).

(6) ¹Im Güterfernverkehr mit Kraftfahrzeugen ist verkehrsrechtlich davon auszugehen, dass den Frachtbriefen jeweils besondere Beförderungsverträge zugrunde liegen und dass es sich bei der Durchführung dieser Verträge jeweils um selbständige Beförderungsleistungen handelt. ²Dementsprechend ist auch umsatzsteuerrechtlich jede frachtbriefmäßig gesondert behandelte Beförderung als selbständige Beförderungsleistung anzusehen.

AE 4.3.3

4.3.3. Grenzüberschreitende Güterbeförderungen und andere sonstige Leistungen, die sich auf Gegenstände der Einfuhr beziehen

S 7156
S 7156-a

(1) ¹Die Steuerbefreiung nach § 4 Nr. 3 Satz 1 Buchstabe a Doppelbuchstabe bb UStG kommt insbesondere für Folgende sonstige Leistungen in Betracht:

1. für grenzüberschreitende Güterbeförderungen und Beförderungen im internationalen Eisenbahnfrachtverkehr (vgl. Abschnitt 4.3.2) bis zum ersten Bestimmungsort in der Gemeinschaft (vgl. Absatz 8 Beispiel 1);
2. für Güterbeförderungen, die nach vorangegangener Beförderung nach Nr. 1 nach einem weiteren Bestimmungsort in der Gemeinschaft durchgeführt werden, z. B. Beförderungen aufgrund einer nachträglichen Verfügung oder Beförderungen durch Rollfuhrunternehmer vom Flughafen, Binnenhafen oder Bahnhof zum Empfänger (vgl. Absatz 8 Beispiele 2 und 3);
3. für den Umschlag und die Lagerung von eingeführten Gegenständen (vgl. Absatz 8 Beispiele 1 bis 6);
4. für handelsübliche Nebenleistungen, die bei grenzüberschreitenden Güterbeförderungen oder bei den in den Nummern 2 und 3 bezeichneten Leistungen vorkommen, z. B. Wiegen, Messen, Probeziehen oder Anmelden zur Abfertigung zum freien Verkehr;
5. für die Besorgung der in den Nummern 1 bis 4 bezeichneten Leistungen;
6. für Vermittlungsleistungen, für die die Steuerbefreiung nach § 4 Nr. 5 UStG nicht in Betracht kommt, z. B. für die Vermittlung von steuerpflichtigen Lieferungen, die von einem Importlager im Inland ausgeführt werden (vgl. Absatz 8 Beispiele 5 und 6).

²Die Steuerbefreiung setzt nicht voraus, dass die Leistungen an einen ausländischen Auftraggeber bewirkt werden. ³Die Leistungen sind steuerfrei, wenn sie sich auf Gegenstände der Einfuhr beziehen und soweit die Kosten für die Leistungen in der Bemessungsgrundlage für diese Einfuhr enthalten sind.

(2) ¹Da die Steuerbefreiung für jede Leistung, die sich auf Gegenstände der Einfuhr bezieht, in Betracht kommen kann, braucht nicht geprüft zu werden, ob es sich um eine Beförderung, einen Umschlag oder eine Lagerung von Einfuhrgegenständen oder um handelsübliche Nebenleistungen dazu handelt. ²Voraussetzung für die Steuerbefreiung ist, dass die Kosten für die Leistungen in der Bemessungsgrundlage für die Einfuhr enthalten sind. ³Diese Voraussetzung ist in den Fällen erfüllt, in denen die Kosten einer Leistung nach § 11 Abs. 1 oder 2 und/oder 3 Nr. 3 und 4 UStG Teil der Bemessungsgrundlage für die Einfuhr geworden sind (vgl. Absatz 8 Beispiele 1, 2, 4 bis 6). ⁴Dies ist auch dann der Fall, wenn ein Gegenstand der Einfuhr nach den für die Einfuhrbesteuerung geltenden Vorschriften befreit ist (z. B. Umzugs- oder Messegut).

(3) ¹Der leistende Unternehmer hat im Geltungsbereich der UStDV durch Belege nachzuweisen, dass die Kosten für die Leistung in der Bemessungsgrundlage für die Einfuhr enthalten sind (vgl. § 20 Abs. 2 und 3 UStDV). ²Aus Vereinfachungsgründen wird jedoch bei Leistungen an ausländische Auftraggeber auf den Nachweis durch Belege verzichtet, wenn das Entgelt für die einzelne Leistung weniger als 100 € beträgt und sich aus der Gesamtheit der beim leistenden Unternehmer vorhandenen Unterlagen keine berechtigten Zweifel daran ergeben, dass die Kosten für die Leistung Teil der Bemessungsgrundlage für die Einfuhr sind.

(4) Als Belege für den in Absatz 3 bezeichneten Nachweis kommen in Betracht:

1. zollamtliche Belege, und zwar
   a) ¹ein Stück der Zollanmeldung – auch ergänzende Zollanmeldung – mit der Festsetzung der Einfuhrabgaben und ggf. auch der Zollquittung. ²Diese Belege können als Nachweise insbesondere in den Fällen dienen, in denen der leistende Unternehmer, z. B. der Spediteur, selbst die Abfertigung der Gegenstände, auf die sich seine Leistung bezieht, zum freien Verkehr beantragt,
   b) ¹ein Beleg mit einer Bestätigung der Zollstelle, dass die Kosten für die Leistung in die Bemessungsgrundlage für die Einfuhr einbezogen worden sind. ²Für diesen Beleg soll von den deutschen Zollstellen eine Bescheinigung nach vorgeschriebenem Muster verwendet werden. ³Die Zollstelle erteilt die vorbezeichnete Bestätigung auf Antrag, und zwar auch auf anderen im Beförderungs- und Speditionsgewerbe üblichen Papieren. ⁴Diese Papiere müssen jedoch alle Angaben enthalten, die das Muster vorsieht. ⁵Auf Absatz 8 Beispiele 2

§ 4 UStG
AE 4.3.3

und 4 bis 6 wird hingewiesen. ⁶Sind bei der Besteuerung der Einfuhr die Kosten für die Leistung des Unternehmers geschätzt worden, so genügt es für den Nachweis, dass der geschätzte Betrag in den Belegen angegeben ist. ⁷Bescheinigungen entsprechenden Inhalts von Zollstellen anderer EG-Mitgliedstaaten sind ebenfalls anzuerkennen.

2. andere Belege

¹In den Fällen, in denen die Kosten für eine Leistung nach § 11 Abs. 1 und 2 und/oder 3 Nr. 3 und 4 UStG Teil der Bemessungsgrundlage für die Einfuhr geworden sind, genügt der eindeutige Nachweis hierüber. ²Als Nachweisbelege kommen in diesen Fällen insbesondere der schriftliche Speditionsauftrag, das im Speditionsgewerbe übliche Bordero, ein Doppel des Versandscheines, ein Doppel der Rechnung des Lieferers über die Lieferung der Gegenstände oder der vom Lieferer ausgestellte Lieferschein in Betracht (vgl. Absatz 8 Beispiele 1, 5 und 6). ³Erfolgt die Beförderung und die Zollabfertigung durch verschiedene Beauftragte, wird als ausreichender Nachweis auch eine Bestätigung eines Verzollungsspediteurs auf einem der in Satz 2 genannten Belege anerkannt, wenn der Verzollungsspediteur in dieser eigenhändig unterschriebenen Bestätigung versichert, dass es sich bei den beförderten Gegenständen um Gegenstände der Einfuhr handelt, die zollamtlich abgefertigt wurden und die Beförderungskosten (des Beförderungsspediteurs) in der Bemessungsgrundlage für die Einfuhrumsatzsteuer enthalten sind;

3. Fotokopien

Fotokopien können nur in Verbindung mit anderen beim leistenden Unternehmer vorhandenen Belegen als ausreichend anerkannt werden, wenn sich aus der Gesamtheit der Belege keine ernsthaften Zweifel an der Erfassung der Kosten bei der Besteuerung der Einfuhr ergeben.

(5) ¹Bei der Inanspruchnahme der Steuerbefreiung ist es aus Vereinfachungsgründen nicht zu beanstanden, wenn der Unternehmer den in § 20 Abs. 2 UStDV vorgeschriebenen Nachweis durch einen Beleg erbringt, aus dem sich eindeutig und leicht nachprüfbar ergibt, dass im Zeitpunkt seiner Leistungserbringung die Einfuhrumsatzsteuer noch nicht entstanden ist. ²Hierfür kommen beispielsweise die vom Lagerhalter im Rahmen der vorübergehenden Verwahrung oder eines bewilligten Zolllagerverfahrens zu führenden Bestandsaufzeichnungen sowie das im Seeverkehr übliche Konnossement in Betracht. ³Im Übrigen ist Absatz 4 sinngemäß anzuwenden.

(6) ¹Ist bei einer Beförderung im Eisenbahnfrachtverkehr, die im Anschluss an eine grenzüberschreitende Beförderung oder Beförderung im internationalen Eisenbahnfrachtverkehr bewirkt wird, der Absender im Ausland außerhalb der Gebiete im Sinne des § 1 Abs. 3 UStG ansässig und werden die Beförderungskosten von diesem Absender bezahlt, kann der Nachweis über die Einbeziehung der Beförderungskosten in die Bemessungsgrundlage für die Einfuhr aus Vereinfachungsgründen durch folgende Bescheinigungen auf dem Frachtbrief erbracht werden:

„Bescheinigungen für Umsatzsteuerzwecke

1. Bescheinigung des im Gemeinschaftsgebiet ansässigen Beauftragten des ausländischen Absenders

   Nach meinen Unterlagen handelt es sich um Gegenstände der Einfuhr. Die Beförderungskosten werden von

   _____
   (Name und Anschrift des ausländischen Absenders)
   bezahlt.

   _____
   (Ort und Datum)   (Unterschrift)

2. Bescheinigung der Zollstelle (zu Zollbeleg-Nr. . . .)
   Bei der Ermittlung der Bemessungsgrundlage für die Einfuhr (§ 11 UStG) wurden die Beförderungskosten bis

   _____
   (Bestimmungsort im Gemeinschaftsgebiet)
   entsprechend der Anmeldung erfasst.

   _____
   (Ort und Datum)   (Unterschrift und Dienststempel)"

²Der in der Bescheinigung Nummer 1 angegebene ausländische Absender muss der im Frachtbrief angegebene Absender sein. ³Als Beauftragter des ausländischen Absenders kommt insbesondere ein im Gemeinschaftsgebiet ansässiger Unternehmer in Betracht, der im Namen und für Rechnung des ausländischen Absenders die Weiterbeförderung der eingeführten Gegenstände über Strecken, die ausschließlich im Gemeinschaftsgebiet gelegen sind, veranlasst.

(7) ¹Bei grenzüberschreitenden Beförderungen von einem Drittland in das Gemeinschaftsgebiet werden die Kosten für die Beförderung der eingeführten Gegenstände bis zum ersten Bestimmungsort im Gemeinschaftsgebiet in die Bemessungsgrundlage für die Einfuhrumsatzsteuer einbezogen (§ 11 Abs. 3 Nr. 3 UStG). ²Beförderungskosten zu einem weiteren Bestimmungsort im Gemeinschaftsgebiet sind ebenfalls einzubeziehen, sofern dieser weitere Bestimmungsort im Zeitpunkt des Entstehens der Einfuhrumsatzsteuer bereits feststeht (§ 11 Abs. 3 Nr. 4 UStG). ³Dies gilt auch für die auf inländische oder innergemeinschaftliche Beförderungsleistungen und andere sonstige Leistungen entfallenden Kosten im Zusammenhang mit einer Einfuhr (vgl. Absatz 8 Beispiele 2 und 3).

(8) Beispiele zur Steuerbefreiung für sonstige Leistungen, die sich auf Gegenstände der Einfuhr beziehen und steuerbar sind:

Beispiel 1:
¹Der Lieferer L mit Sitz in Lübeck liefert aus Norwegen kommende Gegenstände an den Abnehmer A in Mailand, und zwar „frei Bestimmungsort Mailand". ²Im Auftrag und für Rechnung des L werden die folgenden Leistungen bewirkt:

³Der Reeder R befördert die Gegenstände bis Lübeck. ⁴Die Weiterbeförderung bis Mailand führt der Spediteur S mit seinem Lastkraftwagen aus. ⁵Den Umschlag vom Schiff auf den Lastkraftwagen bewirkt der Unternehmer U.

⁶A beantragt bei der Ankunft der Gegenstände in Mailand deren Abfertigung zum freien Verkehr. ⁷Bemessungsgrundlage für die Einfuhr ist der Zollwert. ⁸Das ist regelmäßig der Preis (Artikel 28 ZK). ⁹In den Preis hat L aufgrund der Lieferkondition „frei Bestimmungsort Mailand" auch die Kosten für die Leistungen von R, S und U einkalkuliert.

¹⁰Bei der grenzüberschreitenden Güterbeförderung des R von Norwegen nach Lübeck, der Anschlussbeförderung des S von Lübeck bis Mailand und der Umschlagsleistung des U handelt es sich um Leistungen, die sich auf Gegenstände der Einfuhr beziehen. ¹¹R, S und U weisen jeweils anhand des von L empfangenen Doppels der Lieferrechnung die Lieferkondition „frei Bestimmungsort Mailand" nach. ¹²Ferner ergibt sich aus der Lieferrechnung, dass L Gegenstände geliefert hat, bei deren Einfuhr der Preis Bemessungsgrundlage ist. ¹³Dadurch ist nachgewiesen, dass die Kosten für die Leistungen des R, des S und des U in der Bemessungsgrundlage für die Einfuhr enthalten sind. ¹⁴R, S und U können deshalb für ihre Leistungen, sofern sie auch den buchmäßigen Nachweis führen, die Steuerbefreiung nach § 4 Nr. 3 Satz 1 Buchstabe a Doppelbuchstabe bb UStG in Anspruch nehmen. ¹⁵Der Nachweis kann auch durch die in Absatz 4 Nr. 2 bezeichneten Belege erbracht werden.

Beispiel 2:
¹Sachverhalt wie im Beispiel 1, jedoch mit Abnehmer A in München und der Liefervereinbarung „frei Grenze". ²A hat die Umschlagskosten und die Beförderungskosten von Lübeck bis München gesondert angemeldet. ³Ferner hat A der Zollstelle die für den Nachweis der Höhe der Umschlags- und Beförderungskosten erforderlichen Unterlagen vorgelegt. ⁴In diesem Falle ist Bemessungsgrundlage für die Einfuhr nach § 11 Abs. 1 und 3 Nr. 3 und 4 UStG der Zollwert der Gegenstände frei Grenze zuzüglich darin noch nicht enthaltener Umschlags- und Beförderungskosten bis München (= weiterer Bestimmungsort im Gemeinschaftsgebiet).

⁵Wie im Beispiel 1 ist die grenzüberschreitende Güterbeförderung des R von Norwegen nach Lübeck nach § 4 Nr. 3 Satz 1 Buchstabe a Doppelbuchstabe bb UStG steuerfrei. ⁶Die Anschlussbeförderung des S von Lübeck bis München und die Umschlagsleistung des U sind ebenfalls Leistungen, die sich auf Gegenstände der Einfuhr beziehen. ⁷Die Kosten für die Leistungen sind in die Bemessungsgrundlage für die Einfuhr einzubeziehen, da der weitere Bestimmungsort im Gemeinschaftsgebiet im Zeitpunkt des Entstehens der Einfuhrumsatzsteuer bereits feststeht (§ 11 Abs. 3 Nr. 4 UStG). ⁸Die Leistungen sind deshalb ebenfalls nach § 4 Nr. 3 Satz 1 Buchstabe a Doppelbuchstabe bb UStG steuerfrei.

Beispiel 3:
¹Der in Deutschland ansässige Unternehmer U beauftragt den niederländischen Frachtführer F, Güter von New York nach München zu befördern. ²F beauftragt mit der Beförderung per Schiff bis Rotterdam den niederländischen Reeder R. ³In Rotterdam wird die Ware umgeladen und von F per LKW bis München weiterbefördert. ⁴F beantragt für U bei der Einfuhr in die Niederlande, die Ware erst im Bestimmungsland Deutschland zum zoll- und steuerrechtlichen freien Verkehr für U abfertigen zu lassen (sog. T 1-Verfahren). ⁵Diese Abfertigung erfolgt bei einem deutschen Zollamt.

⁶Die Beförderungsleistung des F von New York nach München ist eine grenzüberschreitende Güterbeförderung. ⁷Die Einfuhr der Ware in die Niederlande wird dort nicht besteuert, da die Ware unter zollamtlicher Überwachung im T 1-Verfahren nach Deutschland verbracht wird. ⁸Die Kosten für die Beförderung bis München (= erster Bestimmungsort im Gemeinschaftsgebiet) werden in die Bemessungsgrundlage der deutschen Einfuhrumsatzsteuer einbezogen (§ 11 Abs. 3 Nr. 3 UStG). ⁹Die Beförderungsleistung des F an U ist in Deutschland steuerbar

(§ 3a Abs. 2 Satz 1 UStG), jedoch nach § 4 Nr. 3 Satz 1 Buchstabe a **Doppelbuchstabe bb** UStG steuerfrei. [10]Die Beförderungsleistung des R an den Frachtführer F ist in Deutschland nicht steuerbar (§ 3a Abs. 2 Satz 1 UStG).

Beispiel 4:
[1]Der Lieferer L in Odessa liefert Gegenstände an den Abnehmer A mit Sitz in München für dessen Unternehmen zu der Lieferbedingung „ab Werk". [2]Der Spediteur S aus Odessa übernimmt im Auftrag des A die Beförderung der Gegenstände von Odessa bis München zu einem festen Preis – Übernahmesatz –. [3]S führt die Beförderung jedoch nicht selbst durch, sondern beauftragt auf seine Kosten (franco) den Binnenschiffer B mit der Beförderung von Odessa bis Passau und der Übergabe der Gegenstände an den Empfangsspediteur E. [4]Dieser führt ebenfalls im Auftrag des S auf dessen Kosten den Umschlag aus dem Schiff auf den Lastkraftwagen und die Übergabe an den Frachtführer F durch. [5]F führt die Weiterbeförderung im Auftrag des S von Passau nach München durch. [6]Der Abnehmer A beantragt in München die Abfertigung zum freien Verkehr und rechnet den Übernahmesatz unmittelbar mit S ab. [7]Mit dem zwischen S und A vereinbarten Übernahmesatz sind auch die Kosten für die Leistungen des B, des E und des F abgegolten.

[8]Bei der Leistung des S handelt es sich um eine Spedition zu festen Kosten (vgl. Abschnitt 4.3.2 Abs. 5). [9]S bewirkt damit eine sonstige Leistung von Odessa bis München, die insgesamt steuerbar (§ 3a Abs. 2 Satz 1 UStG), aber steuerfrei ist (§ 4 Nr. 3 Satz 1 Buchstabe a Doppelbuchstabe bb UStG). [10]Der Endpunkt dieser Beförderung ist der erste Bestimmungsort im Gemeinschaftsgebiet im Sinne des § 11 Abs. 3 Nr. 3 UStG. [11]Nach dieser Vorschrift sind deshalb die Kosten für die Beförderung des S bis München in die Bemessungsgrundlage für die Einfuhr einzubeziehen. [12]Über die Leistung des S an A sind die Kosten der Leistungen von B, E und F in der Bemessungsgrundlage für die Einfuhr enthalten.

[13]Die Beförderung des B von Odessa bis Passau ist als grenzüberschreitende Güterbeförderung insgesamt nicht steuerbar (§ 3a Abs. 2 Satz 1 UStG), da S seinen Sitz im Drittlandsgebiet hat. [14]Die Umschlagsleistung des E und die Beförderung des F von Passau bis München sind zwar Leistungen, die sich auf Gegenstände der Einfuhr beziehen, sie sind jedoch ebenfalls nicht steuerbar.

Beispiel 5:
[1]Der im Inland ansässige Handelsvertreter H ist damit betraut, Lieferungen von Nichtgemeinschaftswaren für den im Inland ansässigen Unternehmer U zu vermitteln. [2]Um eine zügige Auslieferung der vermittelten Gegenstände zu gewährleisten, hat U die Gegenstände bereits vor der Vermittlung in das Inland einführen und auf ein Zolllager des H bringen lassen. [3]Nachdem H die Lieferung der Gegenstände vermittelt hat, entnimmt er sie aus dem Zolllager in den freien Verkehr und sendet sie dem Abnehmer zu. [4]Mit der Entnahme der Gegenstände aus dem Zolllager entsteht die Einfuhrumsatzsteuer. [5]Die Vermittlungsprovision des H und die an H gezahlten Lagerkosten sind in die Bemessungsgrundlage für die Einfuhr (§ 11 Abs. 3 Nr. 3 UStG) einzubeziehen. [6]H weist dies durch einen zollamtlichen Beleg nach. [7]Die Vermittlungsleistung des H fällt nicht unter die Steuerbefreiung des § 4 Nr. 5 UStG. [8]H kann jedoch für die Vermittlung die Steuerbefreiung nach § 4 Nr. 3 Satz 1 Buchstabe a Doppelbuchstabe bb UStG in Anspruch nehmen, sofern er den erforderlichen buchmäßigen Nachweis führt. [9]Dasselbe gilt für die Lagerung.

Beispiel 6:
[1]Sachverhalt wie im Beispiel 5, jedoch werden die Gegenstände nicht auf ein Zolllager verbracht, sondern sofort zum freien Verkehr abgefertigt und von H außerhalb eines Zolllagers gelagert. [2]Im Zeitpunkt der Abfertigung stehen die Vermittlungsprovision und die Lagerkosten des H noch nicht fest. [3]Die Beträge werden deshalb nicht in die Bemessungsgrundlage für die Einfuhr einbezogen.

[4]Die Leistungen des H sind weder nach § 4 Nr. 5 UStG noch nach § 4 Nr. 3 Satz 1 Buchstabe a Doppelbuchstabe bb UStG steuerfrei.

[5]Falls die erst nach der Abfertigung zum freien Verkehr entstehenden Kosten (Vermittlungsprovision und Lagerkosten) bereits bei der Abfertigung bekannt sind, sind diese Kosten in die Bemessungsgrundlage für die Einfuhr einzubeziehen (§ 11 Abs. 3 Nr. 3 UStG). [6]Die Rechtslage ist dann dieselbe wie in Beispiel 5.

(9) Beförderungen aus einem Freihafen in das Inland sowie ihre Besorgung sind von der Steuerbefreiung ausgenommen, wenn sich die beförderten Gegenstände in einer zollamtlich bewilligten Freihafen-Veredelung (§ 12b EUStBV) oder in einer zollamtlich besonders zugelassenen Freihafenlagerung (§ 12a EUStBV) befunden haben (§ 4 Nr. 3 Satz 1 Buchstabe a Doppelbuchstabe bb Satz 2 UStG).

4.3.4. Grenzüberschreitende Beförderungen und andere sonstige Leistungen, die sich unmittelbar auf Gegenstände der Ausfuhr oder der Durchfuhr beziehen

(1) ¹Die Steuerbefreiung nach § 4 Nr. 3 Satz 1 Buchstabe a Doppelbuchstabe aa UStG kommt insbesondere für folgende sonstige Leistungen in Betracht:
1. für grenzüberschreitende Güterbeförderungen und Beförderungen im internationalen Eisenbahnfrachtverkehr (vgl. Abschnitt 4.3.2) ins Drittlandsgebiet;
2. für inländische und innergemeinschaftliche Güterbeförderungen, die einer Beförderung nach Nr. 1 vorangehen, z. B. Beförderungen durch Rollfuhrunternehmer vom Absender zum Flughafen, Binnenhafen oder Bahnhof oder Beförderungen von leeren Transportbehältern, z. B. Containern, zum Beladeort;
3. für den Umschlag und die Lagerung von Gegenständen vor ihrer Ausfuhr oder während ihrer Durchfuhr;
4. für die handelsüblichen Nebenleistungen, die bei Güterbeförderungen aus dem Inland in das Drittlandsgebiet oder durch das Inland oder bei den in den Nummern 1 bis 3 bezeichneten Leistungen vorkommen, z. B. Wiegen, Messen oder Probeziehen;
5. für die Besorgung der in den Nummern 1 bis 4 bezeichneten Leistungen.

²Die Leistungen müssen sich unmittelbar auf Gegenstände der Ausfuhr oder der Durchfuhr beziehen. ³Eine Ausfuhr liegt vor, wenn ein Gegenstand in das Drittlandsgebiet verbracht wird. ⁴Dabei ist nicht Voraussetzung, dass der Gegenstand im Drittlandsgebiet verbleibt. ⁵Es ist unbeachtlich, ob es sich um eine Beförderung, einen Umschlag oder eine Lagerung oder um eine handelsübliche Nebenleistung zu diesen Leistungen handelt. **⁶Auch die Tätigkeit einer internationalen Kontroll- und Überwachungsgesellschaft, deren „Bescheinigung über die Entladung und Einfuhr" von Erzeugnissen in das Drittland Voraussetzung für eine im Inland zu gewährende Ausfuhrerstattung ist, steht in unmittelbarem Zusammenhang mit Gegenständen der Ausfuhr (vgl. BFH-Urteil vom 10. 11. 2010, V R 27/09, BStBl 2011 II S. 557).**

(2) Folgende sonstige Leistungen sind nicht als Leistungen anzusehen, die sich unmittelbar auf Gegenstände der Ausfuhr oder der Durchfuhr beziehen:
1. ¹Vermittlungsleistungen im Zusammenhang mit der Ausfuhr oder der Durchfuhr von Gegenständen. ²Diese Leistungen können jedoch nach § 4 Nr. 5 UStG steuerfrei sein (vgl. Abschnitt 4.5.1);
2. ¹Leistungen, die sich im Rahmen einer Ausfuhr oder einer Durchfuhr von Gegenständen nicht auf diese Gegenstände, sondern auf die Beförderungsmittel beziehen, z. B. die Leistung eines Gutachters, die sich auf einen verunglückten Lastkraftwagen – und nicht auf seine Ladung – bezieht, oder die Überlassung eines Liegeplatzes in einem Binnenhafen. ²Für Leistungen, die für den unmittelbaren Bedarf von Seeschiffen oder Luftfahrzeugen, einschließlich ihrer Ausrüstungsgegenstände und ihrer Ladungen, bestimmt sind, kann jedoch die Steuerbefreiung nach § 4 Nr. 2, § 8 Abs. 1 Nr. 5 oder Abs. 2 Nr. 4 UStG in Betracht kommen (vgl. Abschnitt 8.1 Abs. 7 und Abschnitt 8.2 Abs. 6).

(3) ¹Als Gegenstände der Ausfuhr oder der Durchfuhr sind auch solche Gegenstände anzusehen, die sich vor der Ausfuhr im Rahmen einer Bearbeitung oder Verarbeitung im Sinne des § 6 Abs. 1 Satz 2 UStG oder einer Lohnveredelung im Sinne des § 7 UStG befinden. ²Die Steuerbefreiung erstreckt sich somit auch auf sonstige Leistungen, die sich unmittelbar auf diese Gegenstände beziehen.

(4) ¹Bei grenzüberschreitenden Güterbeförderungen und anderen sonstigen Leistungen, einschließlich Besorgungsleistungen, die sich unmittelbar auf Gegenstände der Ausfuhr oder der Durchfuhr beziehen, hat der leistende Unternehmer im Geltungsbereich der UStDV die Ausfuhr oder Wiederausfuhr der Gegenstände durch Belege eindeutig und leicht nachprüfbar nachzuweisen (§ 20 Abs. 1 und 3 UStDV). ²Bei grenzüberschreitenden Güterbeförderungen kommen insbesondere die vorgeschriebenen Frachturkunden (z. B. Frachtbrief, Konnossement), der schriftliche Speditionsauftrag, das im Speditionsgewerbe übliche Bordero, ein Doppel des Versandscheins oder im EDV-gestützten Ausfuhrverfahren (ATLAS-Ausfuhr) die durch die AfZSt per EDIFACT-Nachricht übermittelte Statusmeldung über die Erlaubnis des Ausgangs „STA" als Nachweisbelege in Betracht. ³Bei anderen sonstigen Leistungen kommen als Ausfuhrbelege insbesondere Belege mit einer Ausfuhrbestätigung der den Ausgang aus dem Zollgebiet der Gemeinschaft überwachenden Grenzzollstelle, Versendungsbelege oder sonstige handelsübliche Belege in Betracht (§§ 9 bis 11 UStDV, vgl. Abschnitte 6.6 bis 6.8). ⁴Die sonstigen handelsüblichen Belege können auch von den Unternehmern ausgestellt werden, die für die Lieferung die Steuerbefreiung für Ausfuhrlieferungen (§ 4 Nr. 1 Buchstabe a, § 6 UStG) oder für die Bearbeitung oder Verarbeitung die Steuerbefreiung für Lohnveredelungen an Gegenständen der Ausfuhr (§ 4 Nr. 1 Buchstabe a, § 7 UStG) in Anspruch nehmen. ⁵Diese Unternehmer müssen für die Inanspruchnahme der vorbezeichneten Steuerbefreiungen die Ausfuhr der Gegenstände nachweisen. ⁶Anhand der bei ihnen vorhandenen Unterlagen können sie deshalb einen sonstigen handelsüblichen Beleg, z. B. für einen Frachtführer, Umschlagbetrieb oder Lagerhalter, ausstellen.

(5) Bei Vortransporten, die mit Beförderungen im Luftfrachtverkehr aus dem Inland in das Drittlandsgebiet verbunden sind, ist der Nachweis der Ausfuhr oder Wiederausfuhr als erfüllt anzusehen, wenn sich aus den Unterlagen des Unternehmers eindeutig und leicht nachprüfbar ergibt, dass im Einzelfall
1. die Vortransporte aufgrund eines Auftrags bewirkt worden sind, der auch die Ausführung der nachfolgenden grenzüberschreitenden Beförderung zum Gegenstand hat,
2. die Vortransporte als örtliche Rollgebühren oder Vortransportkosten abgerechnet worden sind und
3. die Kosten der Vortransporte wie folgt ausgewiesen worden sind:
   a) im Luftfrachtbrief – oder im Sammelladungsverkehr im Hausluftfrachtbrief – oder
   b) in der Rechnung an den Auftraggeber, wenn die Rechnung die Nummer des Luftfrachtbriefs – oder im Sammelladungsverkehr die Nummer des Hausluftfrachtbriefs – enthält.

(6) [1]Ist bei einer Beförderung im Eisenbahnfrachtverkehr, die einer grenzüberschreitenden Beförderung oder einer Beförderung im internationalen Eisenbahnfrachtverkehr vorausgeht, der Empfänger oder der Absender im Ausland außerhalb der Gebiete im Sinne des § 1 Abs. 3 UStG ansässig und werden die Beförderungskosten von diesem Empfänger oder Absender bezahlt, so kann die Ausfuhr oder Wiederausfuhr aus Vereinfachungsgründen durch folgende Bescheinigung auf dem Frachtbrief nachgewiesen werden:

„**Bescheinigung für Umsatzsteuerzwecke**

Nach meinen Unterlagen bezieht sich die Beförderung unmittelbar auf Gegenstände der Ausfuhr oder der Durchfuhr (§ 4 Nr. 3 Satz 1 Buchstabe a Doppelbuchstabe aa UStG).
Die Beförderungskosten werden von

_____
(Name und Anschrift des ausländischen Empfängers oder Absenders)
bezahlt.

_____
(Ort und Datum)   (Unterschrift)"

[2]Der in der vorbezeichneten Bescheinigung angegebene ausländische Empfänger oder Absender muss der im Frachtbrief angegebene Empfänger oder Absender sein.

(7) [1]Bei einer Güterbeförderung, die einer grenzüberschreitenden Güterbeförderung vorangeht, kann die Ausfuhr oder die Wiederausfuhr aus Vereinfachungsgründen durch folgende Bescheinigung des auftraggebenden Spediteurs/Hauptfrachtführers auf dem schriftlichen Transportauftrag nachgewiesen werden:

„**Bescheinigung für Umsatzsteuerzwecke**

Ich versichere, dass ich die im Auftrag genannten Gegenstände nach ... (Ort im Drittlandsgebiet) versenden werde. Die Angaben habe ich nach bestem Wissen und Gewissen auf Grund meiner Geschäftsunterlagen gemacht, die im Gemeinschaftsgebiet nachprüfbar sind.

_____
(Ort und Datum)   (Unterschrift)"

[2]Rechnen der Spediteur/Hauptfrachtführer und der Unterfrachtführer durch Gutschrift (§ 14 Abs. 2 Satz 2 UStG) ab, kann die Bescheinigung nach Satz 1 auch auf der Gutschrift erfolgen. [3]Auf die eigenhändige Unterschrift des auftraggebenden Spediteurs/Frachtführers kann verzichtet werden, wenn die für den Spediteur/Hauptfrachtführer zuständige Oberfinanzdirektion bzw. oberste Finanzbehörde dies genehmigt hat und in dem Transportauftrag oder der Gutschrift auf die Genehmigungsverfügung bzw. den Genehmigungserlass unter Angabe von Datum und Aktenzeichen hingewiesen wird.

(8) [1]Eine grenzüberschreitende Beförderung zwischen dem Inland und einem Drittland liegt auch vor, wenn die Güterbeförderung vom Inland über einen anderen EU-Mitgliedstaat in ein Drittland durchgeführt wird. [2]Befördert in diesem Fall ein Unternehmer die Güter auf einer Teilstrecke vom Inland in das übrige Gemeinschaftsgebiet, ist diese Leistung nach § 4 Nr. 3 Satz 1 Buchstabe a Doppelbuchstabe aa UStG steuerfrei (vgl. Beispiel 2). [3]Der Unternehmer hat die Ausfuhr der Güter durch Belege nachzuweisen (vgl. § 4 Nr. 3 Sätze 3 und 4 UStG i. V. m. § 20 Abs. 1 und 3 UStDV). [4]Wird der Nachweis nicht erbracht, ist die Güterbeförderung steuerpflichtig (vgl. Beispiel 1).

§ 4 UStG
AE 4.3.4–AE 4.3.6

Beispiel 1:

[1]Die in der Schweiz ansässige Privatperson P beauftragt den in Deutschland ansässigen Frachtführer F, Güter von Mainz nach Istanbul (Türkei) zu befördern. [2]F beauftragt den deutschen Unterfrachtführer F1 mit der Beförderung von Mainz nach Bozen (Italien) und den italienischen Unterfrachtführer F2 mit der Beförderung von Bozen nach Istanbul. [3]Dabei kann F2 die Ausfuhr in die Türkei durch Belege nachweisen, F1 dagegen nicht.

[4]Die Beförderungsleistung des F an seinen Leistungsempfänger U umfasst die Gesamtbeförderung von Mainz nach Istanbul. [5]Nach § 3b Abs. 1 Satz 2 und 3 UStG ist nur der Teil der Leistung steuerbar, der auf den inländischen Streckenanteil entfällt. [6]Dieser Teil der Leistung ist nach § 4 Nr. 3 Satz 1 Buchstabe a Doppelbuchstabe aa UStG allerdings steuerfrei, da sich diese Güterbeförderung unmittelbar auf Gegenstände der Ausfuhr bezieht.

[7]Der Ort der Beförderungsleistung des Unterfrachtführers F1 an den Frachtführer F bestimmt sich nach dem Ort, von dem aus F sein Unternehmen betreibt (§ 3a Abs. 2 Satz 1 UStG). [8]Die Leistung des F1 ist nicht steuerfrei, da F1 keinen belegmäßigen Nachweis nach § 20 Abs. 1 und 3 UStDV erbringen kann. [9]Steuerschuldner ist der leistende Unternehmer F1 (§ 13a Abs. 1 Nr. 1 UStG).

[10]Die Beförderungsleistung des Unterfrachtführers F2 an den Frachtführer F ist in Deutschland steuerbar (§ 3a Abs. 2 Satz 1 UStG) und unter den weiteren Voraussetzungen von § 4 Nr. 3 UStG steuerfrei.

Beispiel 2:

[1]Wie Beispiel 1, jedoch weist F1 durch Belege die Ausfuhr der Güter in die Türkei nach (§ 20 Abs. 1 und 3 UStDV).

[2]Die Beförderungsleistung des Unterfrachtführers F1 an den Frachtführer F von Mainz nach Bozen ist Teil einer grenzüberschreitenden Güterbeförderung in die Türkei. [3]Da der Unterfrachtführer F1 durch Belege die Ausfuhr der Güter in die Türkei nachweist und somit den belegmäßigen Nachweis nach § 20 Abs. 1 und 3 UStDV erbringt, ist seine Leistung nach § 4 Nr. 3 Satz 1 Buchstabe a Doppelbuchstabe aa UStG in Deutschland von der Umsatzsteuer befreit.

[4]Die Beförderungsleistungen des Frachtführers F und des Unterfrachtführers F2 sind wie in Beispiel 1 dargestellt zu behandeln.

AE 4.3.5

S 7156
S 7156-a

4.3.5. Ausnahmen von der Steuerbefreiung

(1) [1]Die Steuerbefreiung nach § 4 Nr. 3 UStG (vgl. Abschnitte 4.3.3 und 4.3.4) ist ausgeschlossen für die in § 4 Nr. 8, 10, 11 **und 11b** UStG bezeichneten Umsätze. [2]Dadurch wird bei Umsätzen des Geld- und Kapitalverkehrs, bei Versicherungsumsätzen **und bei Post-Universaldienstleistungen** eine Steuerbefreiung mit Vorsteuerabzug in anderen als in den in § 15 Abs. 3 Nr. 1 Buchstabe b und Nr. 2 Buchstabe b UStG bezeichneten Fällen vermieden. [3]Die Regelung hat jedoch nur Bedeutung für umsatzsteuerrechtlich selbständige Leistungen.

(2) [1]Von der Steuerbefreiung nach § 4 Nr. 3 UStG sind ferner Bearbeitungen oder Verarbeitungen von Gegenständen einschließlich Werkleistungen im Sinne des § 3 Abs. 10 UStG ausgeschlossen. [2]Diese Leistungen können jedoch z. B. unter den Voraussetzungen des § 4 Nr. 1 Buchstabe a, § 7 UStG steuerfrei sein.

AE 4.3.6

S 7156-b

4.3.6. Buchmäßiger Nachweis

[1]Die jeweiligen Voraussetzungen der Steuerbefreiung nach § 4 Nr. 3 UStG müssen vom Unternehmer buchmäßig nachgewiesen sein (§ 21 UStDV). [2]Hierfür gelten die Ausführungen zum buchmäßigen Nachweis bei Ausfuhrlieferungen in Abschnitt 6.10 Abs. 1 bis 6 entsprechend. [3]Regelmäßig soll der Unternehmer Folgendes aufzeichnen:

1. die Art und den Umfang der sonstigen Leistung – bei Besorgungsleistungen einschließlich der Art und des Umfangs der besorgten Leistung –,
2. den Namen und die Anschrift des Auftraggebers,
3. den Tag der sonstigen Leistung,
4. das vereinbarte Entgelt oder das vereinnahmte Entgelt und den Tag der Vereinnahmung und
5. a) die Einbeziehung der Kosten für die Leistung in die Bemessungsgrundlage für die Einfuhr, z. B. durch Hinweis auf die Belege im Sinne des § 20 Abs. 2 UStDV (vgl. Abschnitt 4.3.3 Abs. 3 und 4), oder

    b) die Ausfuhr oder Wiederausfuhr der Gegenstände, auf die sich die Leistung bezogen hat, z. B. durch Hinweis auf die Ausfuhrbelege (vgl. Abschnitt 4.3.4 Abs. 4 bis 6 und 8).

4.4.1. Lieferungen von Gold an Zentralbanken

AE 4.4.1

¹Unter die Steuerbefreiung nach § 4 Nr. 4 UStG fallen Goldlieferungen an die Deutsche Bundesbank und die Europäische Zentralbank. ²Die Steuerbefreiung erstreckt sich ferner auf Goldlieferungen, die an Zentralbanken anderer Staaten oder an die den Zentralbanken entsprechenden Währungsbehörden anderer Staaten bewirkt werden. ³Es ist hierbei nicht erforderlich, dass das gelieferte Gold in das Ausland gelangt. *⁴Liegen für Goldlieferungen nach § 4 Nr. 4 UStG auch die Voraussetzungen der Steuerbefreiung für Anlagegold (§ 25c Abs. 1 und 2 UStG) vor, geht die Steuerbefreiung des § 25c Abs. 1 und 2 UStG der Steuerbefreiung des § 4 Nr. 4 UStG vor.*

S 7156-c

4.4a.1. Umsatzsteuerlagerregelung

AE 4.4a.1

Zur Umsatzsteuerlagerregelung (§ 4 Nr. 4a UStG) vgl. BMF-Schreiben vom 28. 1. 2004, BStBl I S. 242.¹)

S 7157

4.4b.1. Steuerbefreiung für die einer Einfuhr vorangehenden Lieferungen von Gegenständen

AE 4.4b.1

¹Nach § 4 Nr. 4b UStG ist die einer Einfuhr vorangehende Lieferung (Einfuhrlieferung) von der Umsatzsteuer befreit, wenn der Abnehmer oder dessen Beauftragter den Gegenstand einführt. ²Die Steuerbefreiung gilt für Lieferungen von Nichtgemeinschaftswaren, die sich in einem zollrechtlichen Nichterhebungsverfahren befinden (vgl. im Einzelnen BMF-Schreiben vom 28. 1. 2004, BStBl 2004 I S. 242). ³Zu den Nichtgemeinschaftswaren gehören nach Artikel 4 Nr. 8 ZK auch Waren, die aus der gemeinsamen Be- oder Verarbeitung von Gemeinschafts- und Nichtgemeinschaftsware entstehen.

S 7157-a

Beispiel:

¹Eine im Drittland gefertigte Glasscheibe wird von Unternehmer A bei der Ankunft in Deutschland in die aktive Veredelung im Nichterhebungsverfahren übergeführt. ²Die Glasscheibe wird anschließend in einen Kunststoffrahmen, der sich im freien Verkehr befindet, eingebaut. ³Die Glasscheibe einschließlich des Kunststoffrahmens wird danach im Rahmen des aktiven Veredelungsverkehrs an Unternehmer B veräußert, der die gesamte Scheibe in sein Produkt (Fahrzeug) einbaut. ⁴Unternehmer B fertigt die Fahrzeuge, die nicht in das Drittland ausgeführt werden, zum freien Verkehr ab und entrichtet die fälligen Einfuhrabgaben (Zoll und Einfuhrumsatzsteuer).

⁵Nach Artikel 114 Abs. 1 Buchstabe a ZK werden grundsätzlich nur Nichtgemeinschaftswaren in das Verfahren der aktiven Veredelung nach dem Nichterhebungsverfahren übergeführt, bei der Veredelung verwendete Gemeinschaftswaren aber nicht. ⁶Durch das „Hinzufügen" von Nichtgemeinschaftswaren, (hier die Glasscheibe) verlieren die Gemeinschaftswaren (hier der verwendete Glasrahmen) allerdings ihren zollrechtlichen Status „Gemeinschaftswaren" und werden zu Nichtgemeinschaftswaren.

⁷Wird das Endprodukt, (hier die gerahmte Glasscheibe) im Rahmen eines weiteren Verfahrens der aktiven Veredelung an einen Abnehmer veräußert, der das Endprodukt in ein neues Produkt z. B. ein Fahrzeug einbaut und gelangt das Wirtschaftsgut in diesem Zusammenhang in den Wirtschaftskreislauf der EU (z. B. durch Abfertigung in den zoll- und steuerrechtlich freien Verkehr), entstehen Einfuhrabgaben.

⁸Soweit der Unternehmer, der den Gegenstand eingeführt hat, zum Vorsteuerabzug berechtigt ist, kann er unter den weiteren Voraussetzungen des § 15 UStG die entrichtete Einfuhrumsatzsteuer als Vorsteuer abziehen (§ 15 Abs. 1 Satz 1 Nr. 2 UStG).

⁹Die Lieferung des im Rahmen der aktiven Veredelung bearbeiteten und gelieferten Gegenstands (hier die gerahmte Glasscheibe) ist nach § 4 Nr. 4b UStG umsatzsteuerfrei, wenn der Abnehmer der Lieferung oder dessen Beauftragter den Gegenstand einführt.

4.5.1. Steuerfreie Vermittlungsleistungen

AE 4.5.1

(1) ¹Die Vermittlungsleistung erfordert ein Handeln in fremdem Namen und für fremde Rechnung. ²Der Wille, in fremdem Namen zu handeln und unmittelbare Rechtsbeziehungen zwischen dem leistenden Unternehmer und dem Leistungsempfänger herzustellen, muss hierbei den Beteiligten gegenüber deutlich zum Ausdruck kommen (vgl. BFH-Urteil vom 19. 1. 1967, V 52/63, BStBl III S. 211). ³Für die Annahme einer Vermittlungsleistung reicht es aus, dass der Unternehmer nur eine Vermittlungsvollmacht – also keine Abschlussvollmacht – besitzt (vgl. § 84 HGB). *⁴Zum Begriff der Vermittlungsleistung vgl. Abschnitt 3.7 Abs. 1.*

S 7156-d

---
¹) Anm.: Siehe USt-HA 2004/05 § 4 H 4.

(2) ¹Die Steuerbefreiung des § 4 Nr. 5 UStG erstreckt sich nicht auf die als handelsüblische Nebenleistungen bezeichneten Tätigkeiten, die im Zusammenhang mit Vermittlungsleistungen als selbständige Leistungen vorkommen. ²Nebenleistungen sind daher im Rahmen des § 4 Nr. 5 UStG nur dann steuerfrei, wenn sie als unselbständiger Teil der Vermittlungsleistung anzusehen sind, z. B. die Übernahme des Inkasso oder der Entrichtung der Eingangsabgaben durch den Vermittler. ³Für die selbständigen Leistungen, die im Zusammenhang mit den Vermittlungsleistungen ausgeübt werden, kann jedoch ggf. Steuerbefreiung nach § 4 Nr. 2, § 8 UStG oder nach § 4 Nr. 3 UStG in Betracht kommen.

(3) Für die Steuerbefreiung nach § 4 Nr. 5 Satz 1 Buchstabe a UStG wird zu der Frage, welche der vermittelten Umsätze unter die Befreiungsvorschriften des § 4 Nr. 1 Buchstabe a, Nr. 2 bis **4b** sowie Nr. 6 und 7 UStG fallen, auf die Abschnitte 1.9, 3.13, 4.1.1 bis **4.4b.1**, 4.6.1, 4.6.2, 4.7.1 und 6.1 **bis 6.12 und 7.1 bis** 8.3 hingewiesen.

(4) Bei der Vermittlung von grenzüberschreitenden Personenbeförderungen mit Luftfahrzeugen oder Seeschiffen (§ 4 Nr. 5 Satz 1 Buchstabe b UStG) ist es unerheblich, wenn kurze ausländische Streckenanteile als Beförderungsstrecken im Inland oder kurze Streckenanteile im Inland als Beförderungsstrecken im Ausland anzusehen sind (vgl. Abschnitt 3b.1 Abs. 7 bis 18).

(5) ¹Nicht unter die Befreiungsvorschrift des § 4 Nr. 5 UStG fällt die Vermittlung der Lieferungen, die im Anschluss an die Einfuhr an einem Ort im Inland bewirkt werden. ²Hierbei handelt es sich insbesondere um die Fälle, in denen der Gegenstand nach der Einfuhr gelagert und erst anschließend vom Lager aus an den Abnehmer geliefert wird. ³Für die Vermittlung dieser Lieferungen kann jedoch die Steuerbefreiung nach § 4 Nr. 3 Satz 1 Buchstabe a Doppelbuchstabe bb UStG in Betracht kommen (vgl. Abschnitt 4.3.3 Abs. 1 Satz 1 Nr. 6).

(6) Zur Möglichkeit der Steuerbefreiung von Ausgleichszahlungen an Handelsvertreter nach § 89b HGB vgl. BFH-Urteil vom 25. 6. 1998, V R 57/97, BStBl 1999 II S. 102.

AE 4.5.2

S 7156-d

4.5.2. Vermittlungsleistungen der Reisebüros

(1) ¹Die Steuerbefreiung nach § 4 Nr. 5 UStG erstreckt sich auch auf steuerbare Vermittlungsleistungen der Reisebüros. ²Ausgenommen von der Befreiung sind jedoch die in § 4 Nr. 5 Satz 2 UStG bezeichneten Vermittlungsleistungen (vgl. hierzu Absatz 5). ³Die Befreiung kommt insbesondere für Vermittlungsleistungen in Betracht, bei denen die Reisebüros als Vermittler für die sogenannten Leistungsträger, z. B. Beförderungsunternehmer, auftreten. ⁴Zu Abgrenzungsfragen beim Zusammentreffen von Vermittlungsleistungen und Reiseleistungen vgl. Abschnitt 25.1 Abs. 5.

(2) Die Steuerbefreiung für Vermittlungsleistungen an einen Leistungsträger kommt in Betracht, wenn das Reisebüro die Vermittlungsprovision nicht vom Leistungsträger oder einer zentralen Vermittlungsstelle überwiesen erhält, sondern in der vertraglich zulässigen Höhe selbst berechnet und dem Leistungsträger nur den Preis abzüglich der Provision zahlt.

(3) ¹*Zum Ort der Leistung bei der Vermittlung von Unterkünften siehe Abschnitte 3a.3 Abs. 9 und 3a.7 Abs. 1*. ²Liegt *danach der Ort* nicht im Inland, ist die Vermittlungsleistung nicht steuerbar. ³§ 4 Nr. 5 Satz 1 Buchstabe c UStG kommt daher für diese Vermittlungsleistungen nicht in Betracht.

(4) ¹Die Vermittlung einer Reiseleistung im Sinne des § 25 UStG für einen im Inland ansässigen Reiseveranstalter ist steuerpflichtig, auch wenn sich die betreffende Reiseleistung aus einer oder mehreren in § 4 Nr. 5 Satz 1 Buchstabe b und c UStG bezeichneten Leistungen zusammensetzt. ²Es liegt jedoch keine Vermittlung einer Reiseleistung im Sinne des § 25 Abs. 1 UStG, sondern eine Vermittlung von Einzelleistungen durch das Reisebüro vor, soweit der Reiseveranstalter die Reiseleistung mit eigenen Mitteln erbringt. ³Das gilt auch, wenn die vermittelten Leistungen in einer Summe angeboten werden und die Reisebüros für die Vermittlung dieser Leistungen eine einheitliche Provision erhalten.

(5) ¹Die Ausnahmeregelung des § 4 Nr. 5 Satz 2 UStG betrifft alle Unternehmer, die Reiseleistungen für Reisende vermitteln. ²Es kommt nicht darauf an, ob sich der Unternehmer als Reisebüro bezeichnet. ³Maßgebend ist vielmehr, ob er die Tätigkeit eines Reisebüros ausübt. ⁴Da die Reisebüros die Reiseleistungen in der Regel im Auftrag der Leistungsträger und nicht im Auftrag der Reisenden vermitteln, fällt im Allgemeinen nur die Vermittlung solcher Tätigkeiten unter die Ausnahmeregelung, für die das Reisebüro dem Reisenden ein gesondertes Entgelt berechnet. ⁵Das ist z. B. dann der Fall, wenn der Leistungsträger die Zahlung einer Vergütung an das Reisebüro ausgeschlossen hat und das Reisebüro daher dem Reisenden von sich aus einen Zuschlag zu dem vom Leistungsträger für seine Leistung geforderten Entgelt berechnet. ⁶Das Gleiche trifft auf die Fälle zu, in denen das Reisebüro dem Reisenden für eine besondere Leistung gesondert Kosten berechnet, wie z. B. Telefon- oder Telefaxkosten, Visabeschaffungsgebühren oder besondere Bearbeitungsgebühren. ⁷Für diese Leistungen scheidet die Steuerbefreiung auch dann aus, wenn sie im Zusammenhang mit nicht steuerbaren oder steuerfreien Vermittlungsleistungen an einen Leistungsträger bewirkt werden.

Beispiel:
[1]Das Reisebüro vermittelt dem Reisenden einen grenzüberschreitenden Flug. [2]Gleichzeitig vermittelt es im Auftrag des Reisenden die Erteilung des Visums. [3]Die Steuerbefreiung des § 4 Nr. 5 UStG kann in diesem Fall nur für die Vermittlung des Fluges in Betracht kommen.

(6) [1]Haben Reisebüros beim Verkauf von Flugscheinen keinen Anspruch auf (Grund-)Provision oder sonstiges Entgelt gegenüber dem Luftverkehrsunternehmen (Nullprovisionsmodell), ist eine Vermittlungstätigkeit für das Luftverkehrsunternehmen nicht gegeben. [2]Werden Reisebüros beim Verkauf im Rahmen eines solchen Nullprovisionsmodells tätig, wird die Vermittlungsleistung gegenüber dem Reisenden erbracht. [3]Erheben Reisebüros von den Reisenden hierfür Gebühren (z. B. sog. Service-Fee), gilt für die Vermittlung von grenzüberschreitenden Personenbeförderungsleistungen im Luftverkehr in den Fällen des § 3a Abs. 3 Nr. 4 UStG Folgendes:

1. [1]Die Vermittlung grenzüberschreitender Beförderungen von Personen im Luftverkehr gegenüber einem Reisenden ist steuerpflichtig, soweit die vermittelte Leistung auf das Inland entfällt (§ 3b Abs. 1 Satz 1, § 4 Nr. 5 Satz 2 UStG). [2]Soweit die vermittelte Leistung nicht auf das Inland entfällt, ist deren Vermittlung nicht steuerbar. [3]Das Entgelt ist in einen steuerpflichtigen und einen nicht steuerbaren Teil aufzuteilen. [4]Die Umsatzsteuer ist aus der anteiligen Zahlung des Reisenden herauszurechnen. [5]Unter der Voraussetzung, dass der Unternehmer bei allen Vermittlungsleistungen einheitlich entsprechend verfährt, ist es nicht zu beanstanden, wenn der steuerpflichtige Teil wie folgt ermittelt wird:

   a) bei der Vermittlung von grenzüberschreitenden Beförderungen von Personen im Luftverkehr von bzw. zu Beförderungszielen im übrigen Gemeinschaftsgebiet (sog. EU-Flüge) mit 25 % des Entgelts für die Vermittlungsleistung,

   b) bei der Vermittlung von grenzüberschreitenden Beförderungen von Personen im Luftverkehr von bzw. zu Beförderungszielen außerhalb des übrigen Gemeinschaftsgebiets (sog. Drittlandsflüge) mit 5 % des Entgelts für die Vermittlungsleistung.

   [6]Diese Pauschalregelung ist dann auch auf Fälle ohne Start und Ziel im Inland anzuwenden. [7]Zwischen- oder Umsteigehalte gelten dabei nicht als Beförderungsziele. [8]Dieser vereinfachte Aufteilungsmaßstab gilt nicht, soweit das vom Reisenden erhobene Entgelt auf andere Leistungen entfällt (z. B. auf die Vermittlung von Unterkunft oder Mietwagen).

2. [1]Erhält ein Reisebüro eine Zahlung von einem Luftverkehrsunternehmen, das die dem Reisenden vermittelte Personenbeförderungsleistung erbringt, ohne von diesem ausdrücklich zur Vermittlung beauftragt zu sein, ist diese Zahlung regelmäßig (z. B. im Rahmen eines sog. Nullprovisionsmodells) Entgelt von dritter Seite für die gegenüber dem Reisenden erbrachte Vermittlungsleistung. [2]Nach den Umständen des Einzelfalls (z. B. auf der Grundlage eines gesonderten Dienstleistungsvertrags) kann ein Entgelt für eine gesonderte Leistung des Reisebüros an das Luftverkehrsunternehmen, die nicht in der steuerfreien Vermittlung einer Personenbeförderungsleistung besteht, oder in besonders gelagerten Ausnahmefällen ein nicht steuerbarer Zuschuss (vgl. Abschnitt 10.2 Abs. 7) gegeben sein; Nummer 1 bleibt auch in diesen Fällen unberührt.

3. Erhält ein Reisebüro, das grenzüberschreitende Personenbeförderungsleistungen im Luftverkehr im Auftrag des Luftverkehrsunternehmens vermittelt, von diesem für den Flugscheinverkauf ein Entgelt, und erhebt es daneben einen zusätzlichen Betrag vom Reisenden, erbringt es beim Flugscheinverkauf eine nach § 4 Nr. 5 Satz 1 Buchstabe b UStG steuerfreie Vermittlungsleistung an das Luftverkehrsunternehmen und gleichzeitig eine nach Maßgabe der Nummer 1 anteilig steuerpflichtige Vermittlungsleistung an den Reisenden.

(7) [1]Firmenkunden-Reisebüros erbringen mit ihren Leistungen an Firmenkunden hauptsächlich Vermittlungsleistungen und nicht eine einheitliche sonstige Leistung der Kundenbetreuung. [2]Wesen des Vertrags zwischen Firmenkunden-Reisebüro und Firmenkunden ist die effiziente Vermittlung von Reiseleistungen unter Beachtung aller Vorgaben des Firmenkunden. [3]Hierzu insbesondere auch die Einhaltung der kundeninternen Reisekosten-Richtlinie und die erleichterte Reisebuchung mittels Online-Buchungsplattformen. [4]Das Entgelt wird in erster Linie für die Vermittlung der Reiseleistung des Leistungsträgers und nicht für eine gesonderte Betreuungsleistung gezahlt.

(8) [1]Das Firmenkunden-Reisebüro wird nicht (nur) im Auftrag des jeweiligen Leistungsträgers tätig. [2]Es tritt regelmäßig als Vermittler im Namen und für Rechnung des Firmenkunden auf. [3]Die Vermittlungsleistung des Reisebüros ist nach Absatz 5 Satz 4 steuerpflichtig, wenn dem Kunden für die Vermittlung der Tätigkeit ein gesondertes Entgelt berechnet wird. [4]Das betrifft insbesondere Fälle, in denen das Reisebüro dem Kunden für eine besondere Leistung gesondert Kosten berechnet (z. B. besondere Bearbeitungsgebühren).

(9) Eine von einem Reisebüro an einen Reiseveranstalter erbrachte Leistung ist auch dann noch als Vermittlungsleistung anzusehen, wenn der Reisende von der Reise vertragsgemäß zurücktritt und das Reisebüro in diesem Fall vom Reiseveranstalter nur noch ein vermindertes Entgelt (sog. Stornoprovision) für die von ihm erbrachte Leistung erhält.

4.5.3. Verkauf von Flugscheinen durch Reisebüros oder Tickethändler („Consolidator")

(1) [1]Bei Verkäufen von Flugscheinen sind grundsätzlich folgende Sachverhalte zu unterscheiden:

1. [1]Der Linienflugschein wird von einem lizenzierten IATA-Reisebüro verkauft und das Reisebüro erhält hierfür eine Provision. [2]Der Linienflugschein enthält einen Preiseindruck, der dem offiziellen IATA-Preis entspricht. [3]Der Kunde erhält sofort oder auch später eine Gutschrift in Höhe des gewährten Rabattes. [4]Die Abrechnung erfolgt als „Nettopreisticket", so dass keine übliche Vermittlungsprovision vereinbart wird. [5]Die Flugscheine werden mit einem am Markt durchsetzbaren Aufschlag als Festpreis an den Reisenden veräußert. [6]Der Festpreis liegt in der Regel deutlich unter dem um die Provision geminderten offiziellen Ticketpreis. [7]Erfolgt die Veräußerung über einen Vermittler („Consolidator"), erhöht sich der Festpreis um einen Gewinnzuschlag des Vermittlers. [8]Die Abrechnung erfolgt dann über eine sog. „Bruttoabrechnung".

2. [1]Bei „IT-Flugscheinen" (Linientickets mit einem besonderen Status) darf der Flugpreis nicht im Flugschein ausgewiesen werden, da er nur im Zusammenhang mit einer Pauschalreise (Kombination des Flugs mit einer anderen Reiseleistung, z. B. Hotel) gültig ist. [2]Der Verkauf des Flugscheins an den Kunden mit einem verbundenen, zusätzlichen Leistungsgutschein (Voucher) erfolgt in einem Gesamtpaket zu einem Pauschalpreis. [3]Sind sich der Kunde und der Verkäufer der Leistung aber einig, dass der Leistungsgutschein wertlos ist (Null-Voucher), handelt es sich wirtschaftlich um den Verkauf eines günstigen Fluges und nicht um eine Pauschalreise.

3. [1]„Weichwährungstickets" sind Flugscheine mit regulärem Preiseindruck (IATA-Tarif). [2]Allerdings lautet der Flugpreis nicht auf Euro, sondern wird in einer beliebigen „weicheren" Währung ausgedruckt. [3]Dabei wird der Flugschein entweder unmittelbar im „Weichwährungsland" erworben oder in Deutschland mit einem fingierten ausländischen Abflugort ausgestellt und der für den angeblichen Abflugort gültige, günstigere Preis zugrunde gelegt.

4. [1]Charterflugscheine unterlagen bis zur Änderung der luftfahrtrechtlichen Bestimmungen den gleichen Beschränkungen wie „IT-Flugscheine", d. h., nur die Bündelung der Flugleistung mit einer/mehreren anderen touristischen Leistungen führte zu einem gültigen Ticket. [2]Die Umgehung der luftfahrtrechtlichen Beschränkungen wurde über die Ausstellung von „Null-Vouchers" erreicht. [3]Nach der Aufhebung der Beschränkungen ist der Verkauf von einzelnen Charterflugscheinen ohne Leistungsgutschein (sog. Nur-Flüge) zulässig.

[2]Die Veräußerung dieser Flugscheine an den Kunden erfolgt entweder unmittelbar über Reisebüros oder über einen oder mehrere zwischengeschaltete Tickethändler („Consolidator"). [3]Die eigentliche Beförderung kommt zwischen der Fluggesellschaft und dem Kunden zustande. [4]Kennzeichnend ist in allen Sachverhalten, dass die Umsätze Elemente eines Eigengeschäfts (Veranstalterleistung) sowie eines Vermittlungsgeschäfts enthalten.

(2) [1]Aus Vereinfachungsgründen kann der Verkauf von Einzeltickets für grenzüberschreitende Flüge (Linien- oder Charterflugschein) vom Reisebüro im Auftrag des Luftverkehrsunternehmers an die Kunden als steuerfreie Vermittlungsleistung nach § 4 Nr. 5 Satz 1 Buchstabe b UStG behandelt werden. [2]Gleiches gilt für die Umsätze des Consolidators, der in den Verkauf der Einzeltickets eingeschaltet worden ist. [3]Die Vereinfachungsregelung findet ausschließlich Anwendung beim Verkauf von Einzelflugtickets durch Reisebüros und Tickethändler. [4]Sobald diese ein „Paket" von Flugtickets erwerben und mit anderen Leistungen (z. B. Unterkunft und Verpflegung) zu einer Pauschalreise verbinden, handelt es sich um eine Reiseleistung, deren Umsatzbesteuerung sich nach § 25 UStG richtet. [5]Können nicht alle Reisen aus diesem „Paket" veräußert werden und werden daher Flugtickets ohne die vorgesehenen zusätzlichen Leistungen veräußert, sind die Voraussetzungen einer Vermittlungsleistung i. S. d. Satzes 1 nicht erfüllt, da insoweit das Reisebüro bzw. der Tickethändler auf eigene Rechnung und eigenes Risiko tätig wird. [6]Nachträglich (rückwirkend) kann diese Leistung nicht in eine Vermittlungsleistung umgedeutet werden. [7]Die Versteuerung richtet sich in diesen Fällen daher weiterhin nach § 25 UStG. [8]Reisebüros/Tickethändler müssen deshalb beim Erwerb der Flugtickets entscheiden, ob sie die Flugtickets einzeln „veräußern" oder zusammen mit anderen Leistungen in einem „Paket" anbieten wollen. [9]Der Nachweis hierüber ist entsprechend den Regelungen des § 25 Abs. 5 Nr. 2 i. V. m. § 22 Abs. 2 Nr. 1 UStG zu führen.

(3) Erhebt das Reisebüro beim Verkauf eines Einzeltickets vom Reisenden zusätzlich Gebühren (z. B. sog. Service-Fee), liegt insoweit eine Vermittlungsleistung vor (vgl. Abschnitt 4.5.2 Abs. 6 Satz 3 Nr. 1 und 3).

(4) Wird dem Flugschein eine zusätzliche „Leistung" des Reisebüros oder des Consolidators ohne entsprechenden Gegenwert (z. B. Null-Voucher) hinzugefügt, handelt es sich bei dem wertlosen Leistungsgutschein um eine unentgeltliche Beigabe.

(5) [1]Das Reisebüro bzw. der Consolidator hat die Voraussetzungen der steuerfreien Vermittlungsleistung im Einzelnen nachzuweisen. [2]Dabei muss dem Käufer des Flugscheins deutlich werden, dass sich die angebotene Leistung auf die bloße Vermittlung der Beförderung beschränkt und

die Beförderungsleistung tatsächlich von einem anderen Unternehmer (der Fluggesellschaft) erbracht wird.

(6) ¹Steht ein Ticketverkauf dagegen im Zusammenhang mit anderen Leistungen, die vom leistenden Unternehmer erbracht werden (Transfer, Unterkunft, Verpflegung usw.), liegt in der Gesamtleistung eine eigenständige Veranstaltungsleistung, die unter den Voraussetzungen des § 25 UStG der Margenbesteuerung unterworfen wird. ²Dabei kommt es nicht auf die Art des Flugscheins (Linien- oder Charterflugschein) an.

4.5.4. Buchmäßiger Nachweis

AE 4.5.4

(1) ¹Der Unternehmer hat den Buchnachweis eindeutig und leicht nachprüfbar zu führen. ²Wegen der allgemeinen Grundsätze wird auf die Ausführungen zum buchmäßigen Nachweis bei Ausfuhrlieferungen hingewiesen (vgl. Abschnitt 6.10 Abs. 1 bis 3).

S 7156-e

(2) ¹In § 22 Abs. 2 UStDV ist geregelt, welche Angaben der Unternehmer für die Steuerbefreiung des § 4 Nr. 5 UStG aufzeichnen soll. ²Zum Nachweis der Richtigkeit dieser buchmäßigen Aufzeichnung sind im Allgemeinen schriftliche Angaben des Auftraggebers oder schriftliche Bestätigungen mündlicher Angaben des Auftraggebers durch den Unternehmer über das Vorliegen der maßgeblichen Merkmale erforderlich. ³Außerdem kann dieser Nachweis durch geeignete Unterlagen über das vermittelte Geschäft geführt werden, wenn daraus der Zusammenhang mit der Vermittlungsleistung, z. B. durch ein Zweitstück der Verkaufs- oder Versendungsunterlagen, hervorgeht.

(3) ¹Bei einer mündlich vereinbarten Vermittlungsleistung kann der Nachweis auch dadurch geführt werden, dass der Vermittler, z. B. das Reisebüro, den Vermittlungsauftrag seinem Auftraggeber, z. B. dem Beförderungsunternehmer, auf der Abrechnung oder dem Überweisungsträger bestätigt. ²Das kann z. B. in der Weise geschehen, dass der Vermittler in diesen Unterlagen den vom Auftraggeber für die vermittelte Leistung insgesamt geforderten Betrag angibt und davon den einbehaltenen Betrag unter der Bezeichnung „vereinbarte Provision" ausdrücklich absetzt.

(4) ¹Zum buchmäßigen Nachweis gehören auch Angaben über den vermittelten Umsatz (§ 22 Abs. 2 Nr. 1 UStDV). ²Im Allgemeinen ist es als ausreichend anzusehen, wenn der Unternehmer die erforderlichen Merkmale in seinen Aufzeichnungen festhält. ³Bei der Vermittlung der in § 4 Nr. 5 Satz 1 Buchstabe a UStG bezeichneten Umsätze sollen sich daher die Aufzeichnungen auch darauf erstrecken, dass der vermittelte Umsatz unter eine der Steuerbefreiungen des § 4 Nr. 1 Buchstabe a, Nr. 2 bis 4 sowie Nr. 6 und 7 UStG fällt. ⁴Dementsprechend sind in den Fällen des § 4 Nr. 5 Satz 1 Buchstabe b und c UStG der Ort und in den Fällen des Buchstabens b zusätzlich die Art des vermittelten Umsatzes aufzuzeichnen. ⁵Bei der Vermittlung von Einfuhrlieferungen genügen Angaben darüber, dass der Liefergegenstand im Zuge der Lieferung vom Drittlandsgebiet in das Inland gelangt ist. ⁶Einer Unterscheidung danach, ob es sich hierbei um eine Lieferung im Drittlandsgebiet oder um eine unter § 3 Abs. 8 UStG fallende Lieferung handelt, bedarf es für die Inanspruchnahme der Steuerbefreiung des § 4 Nr. 5 UStG aus Vereinfachungsgründen nicht.

4.6.1. Leistungen der Eisenbahnen des Bundes

AE 4.6.1

Bei den Leistungen der Eisenbahnen des Bundes handelt es sich insbesondere um die Überlassung von Anlagen und Räumen, um Personalgestellungen und um Lieferungen von Betriebsstoffen, Schmierstoffen und Energie.

S 7156-f

4.6.2. Steuerbefreiung für Restaurationsumsätze an Bord von Seeschiffen

AE 4.6.2

¹Die Steuerbefreiung nach § 4 Nr. 6 Buchstabe e UStG umfasst die entgeltliche und unentgeltliche Abgabe von Speisen und Getränken zum Verzehr an Bord von Seeschiffen, sofern diese eine selbständige sonstige Leistung ist. ²Nicht befreit ist die Lieferung von Speisen und Getränken. ³Zur Abgrenzung vgl. Abschnitt 3.6.

S 7156-j

4.7.1. Leistungen an Vertragsparteien des Nordatlantikvertrages, NATO-Streitkräfte, diplomatische Missionen und zwischenstaatliche Einrichtungen

AE 4.7.1

(1) ¹Die Steuerbefreiung nach § 4 Nr. 7 Satz 1 Buchstabe a UStG betrifft insbesondere wehrtechnische Gemeinschaftsprojekte der NATO-Partner, bei denen der Generalunternehmer im Inland ansässig ist. ²Die Leistungen eines Generalunternehmers sind steuerfrei, wenn die Verträge so gestaltet und durchgeführt werden, dass der Generalunternehmer seine Leistungen unmittelbar an jeden einzelnen der beteiligten Staaten ausführt. ³Diese Voraussetzungen sind auch dann erfüllt, wenn beim Abschluss und bei der Durchführung der Verträge das Bundesamt für Wehrtechnik und Beschaffung oder eine von den beteiligten Staaten geschaffene Einrichtung im Namen und für Rechnung der beteiligten Staaten handelt.

S 7158
S 7158-a
S 7158-b
S 7158-c

(2) ¹Die Steuerbefreiung nach § 4 Nr. 7 Satz 1 Buchstabe a UStG umfasst auch Lieferungen von Rüstungsgegenständen an andere NATO-Partner. ²Für diese Lieferungen kann auch die Steuerbefreiung für Ausfuhrlieferungen nach § 4 Nr. 1 Buchstabe a, § 6 Abs. 1 UStG in Betracht kommen (vgl. Abschnitt 6.1).

(3) ¹Nach § 4 Nr. 7 Satz 1 Buchstabe b UStG sind Lieferungen und sonstige Leistungen an die im Gebiet eines anderen Mitgliedstaates (z. B. Belgien) stationierten NATO-Streitkräfte befreit. ²Dabei darf es sich nicht um die Streitkräfte dieses Mitgliedstaates handeln (z. B. Lieferungen an die belgischen Streitkräfte in Belgien). ³Begünstigt sind Leistungsbezüge, die für unmittelbare amtliche Zwecke der Streitkraft selbst und für den persönlichen Gebrauch oder Verbrauch durch Angehörige der Streitkraft bestimmt sind. ⁴Die Steuerbefreiung kann nicht für Leistungen an den einzelnen Soldaten in Anspruch genommen werden, sondern nur, wenn die Beschaffungsstelle der im übrigen Gemeinschaftsgebiet stationierten Streitkraft Auftraggeber und Rechnungsempfänger der Leistung ist.

(4) ¹Die Steuerbefreiung nach § 4 Nr. 7 Satz 1 UStG gilt nicht für die Lieferungen neuer Fahrzeuge im Sinne des § 1b Abs. 2 und 3 UStG. ²In diesen Fällen richtet sich die Steuerbefreiung nach § 4 Nr. 1 Buchstabe b, § 6a UStG.

(5) ¹Die Steuerbefreiung nach § 4 Nr. 7 Satz 1 Buchstaben b bis d UStG setzt voraus, dass der Gegenstand der Lieferung in das Gebiet eines anderen Mitgliedstaates befördert oder versendet wird. ²Die Beförderung oder Versendung ist durch einen Beleg entsprechend § 17a UStDV nachzuweisen. ³Eine Steuerbefreiung kann nur für Leistungsbezüge gewährt werden, die noch für mindestens sechs Monate zum Gebrauch oder Verbrauch im übrigen Gemeinschaftsgebiet bestimmt sind.

(6) ¹Für die genannten Einrichtungen und Personen ist die Steuerbefreiung nach § 4 Nr. 7 Satz 1 Buchstaben b bis d UStG – abgesehen von den beleg- und buchmäßigen Nachweiserfordernissen – von den Voraussetzungen und Beschränkungen abhängig, die im Gastmitgliedstaat gelten. ²Bei Lieferungen und sonstigen Leistungen an Organe oder sonstige Organisationseinheiten (z. B. Außenstellen oder Vertretungen) von zwischenstaatlichen Einrichtungen gelten die umsatzsteuerlichen Privilegien des Mitgliedstaates, in dem sich diese Einrichtungen befinden. ³Der Unternehmer hat durch eine von der zuständigen Behörde des Gastmitgliedstaates erteilte Bestätigung (Sichtvermerk) nachzuweisen, dass die für die Steuerbefreiung in dem Gastmitgliedstaat geltenden Voraussetzungen und Beschränkungen eingehalten sind. ⁴Die Gastmitgliedstaaten können zur Vereinfachung des Bestätigungsverfahrens bestimmte Einrichtungen von der Verpflichtung befreien, einen Sichtvermerk der zuständigen Behörde einzuholen. ⁵In diesen Fällen tritt an die Stelle des Sichtvermerks eine Eigenbestätigung der Einrichtung, in der auf die entsprechende Genehmigung (Datum und Aktenzeichen) hinzuweisen ist. ⁶Für die von der zuständigen Behörde des Gastmitgliedstaates zu erteilende Bestätigung bzw. die Eigenbestätigung der begünstigten Einrichtung ist ein Vordruck nach amtlich vorgeschriebenem Muster zu verwenden *(vgl. BMF-Schreiben vom 23. Juni 2011, BStBl I S. 677, und Artikel 51 i. V. m. Anhang II MwStVO.*

(7) ¹Die Voraussetzungen der Steuerbefreiung müssen vom Unternehmer im Geltungsbereich der UStDV buchmäßig nachgewiesen werden. ²Die Voraussetzungen müssen eindeutig und leicht nachprüfbar aus der Buchführung zu ersehen sein. ³Der Unternehmer soll den Nachweis bei Lieferungen entsprechend § 17c Abs. 2 UStDV und bei sonstigen Leistungen entsprechend § 13 Abs. 2 UStDV führen.

AE 4.8.1

S 7160-a

4.8.1. Vermittlung im Sinne des § 4 Nr. 8 und 11 UStG

¹Die in § 4 Nr. 8 und 11 UStG bezeichneten Vermittlungsleistungen setzen die Tätigkeit einer Mittelsperson voraus, die nicht den Platz einer der Parteien des zu vermittelnden Vertragsverhältnisses einnimmt und deren Tätigkeit sich von den vertraglichen Leistungen, die von den Parteien dieses Vertrages erbracht werden, unterscheidet. ²Zweck der Vermittlungstätigkeit ist, das Erforderliche zu tun, damit zwei Parteien einen Vertrag schließen, an dessen Inhalt der Vermittler kein Eigeninteresse hat. ³Die Mittlertätigkeit kann darin bestehen, einer Vertragspartei Gelegenheit zum Abschluss eines Vertrages nachzuweisen, mit der anderen Partei Kontakt aufzunehmen oder über die Einzelheiten der gegenseitigen Leistungen zu verhandeln. ⁴Die spezifischen und wesentlichen Funktionen einer Vermittlung sind auch erfüllt, wenn ein Unternehmer einem Vermittler am Abschluss eines Vertrages potentiell interessierte Personen nachweist und hierfür eine sog. „Zuführungsprovision" erhält (vgl. BFH-Urteil vom 28. 5. 2009, V R 7/08, BStBl 2010 I S. 80). ⁵Wer lediglich einen Teil der mit einem zu vermittelnden Vertragsverhältnis verbundenen Sacharbeit übernimmt oder lediglich einem anderen Unternehmer Vermittler zuführt und diese betreut, erbringt insoweit keine steuerfreie Vermittlungsleistung. ⁶Die Steuerbefreiung einer Vermittlungsleistung setzt nicht voraus, dass es tatsächlich zum Abschluss des zu vermittelnden Vertragsverhältnisses gekommen ist. ⁷Unbeschadet dessen erfüllen bloße Beratungsleistungen den Begriff der Vermittlung nicht (vgl. EuGH-Urteil vom 21. 6. 2007, C-453/05, EuGHE I S. 5083). ⁸Auch die Betreuung, Überwachung oder Schulung von nachgeordneten selbständigen Vermittlern kann zur berufstypischen Tätigkeit eines Bausparkassenvertreters, Versicherungsvertreters oder Versiche-

rungsmaklers nach § 4 Nr. 11 UStG oder zu Vermittlungsleistungen der in § 4 Nr. 8 UStG bezeichneten Art gehören. ⁹Dies setzt aber voraus, dass der Unternehmer, der die Leistung der Betreuung, Überwachung und Schulung übernimmt, durch Prüfung eines jeden Vertragsangebots mittelbar auf eine der Vertragsparteien einwirken kann. ¹⁰Dabei ist auf die Möglichkeit abzustellen, eine solche Prüfung im Einzelfall durchzuführen.

4.8.2. Gewährung und Vermittlung von Krediten

AE 4.8.2

S 7160-a

(1) ¹Gewährt ein Unternehmer im Zusammenhang mit einer Lieferung oder sonstigen Leistung einen Kredit, ist diese Kreditgewährung nach § 4 Nr. 8 Buchstabe a UStG steuerfrei, wenn sie als selbständige Leistung anzusehen ist. ²Entgelte für steuerfreie Kreditleistungen können Stundungszinsen, Zielzinsen und Kontokorrentzinsen sein (vgl. Abschnitt 3.11 Abs. 3 und 4). ³Als Kreditgewährung ist auch die Kreditbereitschaft anzusehen, zu der sich ein Unternehmer vertraglich bis zur Auszahlung des Darlehens verpflichtet hat. ⁴Zur umsatzsteuerrechtlichen Behandlung von Krediten, die im eigenen Namen, aber für fremde Rechnung gewährt werden, siehe Abschnitt 3.15.

(2) ¹Werden bei der Gewährung von Krediten Sicherheiten verlangt, müssen zur Ermittlung der Beleihungsgrenzen der Sicherungsobjekte, z. B. Grundstücke, bewegliche Sachen, Warenlager, deren Werte festgestellt werden. ²Die dem Kreditgeber hierdurch entstehenden Kosten, insbesondere Schätzungsgebühren und Fahrtkosten, werden dem Kreditnehmer bei der Kreditgewährung in Rechnung gestellt. ³Mit der Ermittlung der Beleihungsgrenzen der Sicherungsobjekte werden keine selbständigen wirtschaftlichen Zwecke verfolgt. ⁴Diese Tätigkeit dient vielmehr lediglich dazu, die Kreditgewährung zu ermöglichen. ⁵Dieser unmittelbare, auf wirtschaftlichen Gegebenheiten beruhende Zusammenhang rechtfertigt es, in der Ermittlung des Wertes der Sicherungsobjekte eine Nebenleistung zur Kreditgewährung zu sehen und sie damit als steuerfrei nach § 4 Nr. 8 Buchstabe a UStG zu behandeln (BFH-Urteil vom 9. 7. 1970, V R 32/70, BStBl II S. 645).

(3) Zur umsatzsteuerrechtlichen Behandlung des Factoring siehe Abschnitt 2.4.

(4) ¹Die Darlehenshingabe der Bausparkassen durch Auszahlung der Baudarlehen auf Grund von Bausparverträgen ist als Kreditgewährung nach § 4 Nr. 8 Buchstabe a UStG steuerfrei. ²Die Steuerfreiheit umfasst die gesamte Vergütung, die von den Bausparkassen für die Kreditgewährung vereinnahmt wird. ³Darunter fallen außer den Zinsbeträgen auch die Nebengebühren, wie z. B. die Abschluss- und die Zuteilungsgebühren. ⁴Steuerfrei sind ferner die durch die Darlehensgebühr und die Kontogebühr abgegoltenen Leistungen der Bausparkasse (BFH-Urteil vom 13. 2. 1969, V R 68/67, BStBl II S. 449). ⁵Dagegen sind insbesondere die Herausgabe eines Nachrichtenblatts, die Bauberatung und Bauaufsicht steuerpflichtig, weil es sich dabei um selbständige Leistungen neben der Kreditgewährung handelt.

(5) Die Vergütungen, die dem Pfandleiher nach § 10 Abs. 1 Nr. 2 der Verordnung über den Geschäftsbetrieb der gewerblichen Pfandleiher zustehen, sind Entgelt für eine nach § 4 Nr. 8 Buchstabe a UStG steuerfreie Kreditgewährung (BFH-Urteil vom 9. 7. 1970, V R 32/70, BStBl II S. 645).

(6) Hat der Kunde einer Hypothekenbank bei Nichtabnahme des Hypothekendarlehens, bei dessen vorzeitiger Rückzahlung oder bei Widerruf einer Darlehenszusage oder Rückforderung des Darlehens als Folge bestimmter, vom Kunden zu vertretender Ereignisse im Voraus festgelegte Beträge zu zahlen (sog. Nichtabnahme- bzw. Vorfälligkeitsentschädigungen), handelt es sich – soweit nicht Schadensersatz vorliegt – um Entgelte für nach § 4 Nr. 8 Buchstabe a UStG steuerfreie Kreditleistungen (BFH-Urteil vom 20. 3. 1980, V R 32/76, BStBl II S. 538).

(7) ¹Eine nach § 4 Nr. 8 Buchstabe a UStG steuerfreie Kreditgewährung liegt nicht vor, wenn jemand einem Unternehmer Geld für dessen Unternehmen oder zur Durchführung einzelner Geschäfte gegen Beteiligung nicht nur am Gewinn, sondern auch am Verlust zur Verfügung stellt. ²Eine Beteiligung am Verlust ist mit dem Wesen des Darlehens, bei dem die hingegebene Geldsumme zurückzuzahlen ist, unvereinbar (BFH-Urteil vom 19. 3. 1970, V R 137/69, BStBl II S. 602).

(8) ¹Vereinbart eine Bank mit einem Kreditvermittler, dass dieser in die Kreditanträge der Kreditkunden einen höheren Zinssatz einsetzen darf, als sie ohne die Einschaltung eines Kreditvermittlers verlangen würde (sog. Packing), ist die Zinsdifferenz das Entgelt für eine Vermittlungsleistung des Kreditvermittlers gegenüber der Bank (BFH-Urteil vom 8. 5. 1980, V R 126/76, BStBl II S. 618). ²Die Leistung ist als Kreditvermittlung nach § 4 Nr. 8 Buchstabe a UStG steuerfrei.

(9) Eine vorab erstellte Finanzanalyse der Kundendaten durch den Vermittler, in der Absicht den Kunden bei der Auswahl des Finanzproduktes zu unterstützen bzw. das für ihn am besten passende Finanzprodukt auswählen zu können, kann, wenn sie ähnlich einer Kaufberatung das Mittel darstellt, um die Hauptleistung Kreditvermittlung in Anspruch zu nehmen, als unselbständige Nebenleistung (vgl. hierzu Abschnitt 3.10 Abs. 5) zur Kreditvermittlung angesehen werden.

AE 4.8.3
4.8.3. Gesetzliche Zahlungsmittel

S 7160-b

(1) ¹Von der Steuerfreiheit für die Umsätze von gesetzlichen Zahlungsmitteln (kursgültige Münzen und Banknoten) und für die Vermittlung dieser Umsätze sind solche Zahlungsmittel ausgenommen, die wegen ihres Metallgehaltes oder ihres Sammlerwertes umgesetzt werden. ²Hierdurch sollen **gesetzliche Zahlungsmittel**, die als Waren gehandelt werden, auch umsatzsteuerrechtlich als Waren behandelt werden.

(2) ¹Bei anderen Münzen als Goldmünzen, deren Umsätze nach § 25c UStG steuerbefreit sind, und bei Banknoten ist davon auszugehen, dass sie wegen ihres Metallgehaltes oder ihres Sammlerwertes umgesetzt werden, wenn sie mit einem höheren Wert als ihrem Nennwert umgesetzt werden. ²Die Umsätze dieser Münzen und Banknoten sind nicht von der Umsatzsteuer befreit.

(3) ¹Das Sortengeschäft (Geldwechselgeschäft) bleibt von den Regelungen der Absätze 1 und 2 unberührt. ²Dies gilt auch dann, wenn die fremde Währung auf Wunsch des Käufers in kleiner Stückelung (kleine Scheine oder Münzen) ausgezahlt und hierfür ein vom gültigen Wechselkurs abweichender Kurs berechnet wird oder Verwaltungszuschläge erhoben werden.

(4) ¹Die durch Geldspielautomaten erzielten Umsätze sind keine Umsätze von gesetzlichen Zahlungsmitteln. ²Die Steuerbefreiung nach § 4 Nr. 8 Buchstabe b UStG kommt daher für diese Umsätze nicht in Betracht (BFH-Urteil vom 4. 2. 1971, V R 41/69, BStBl II S. 467).

AE 4.8.4
4.8.4. Umsätze im Geschäft mit Forderungen

S 7160-c

(1) Unter die Steuerbefreiung nach § 4 Nr. 8 Buchstabe c UStG fallen auch die Umsätze von aufschiebend bedingten Geldforderungen (BFH-Urteil vom 12. 12. 1963, V 60/61 U, BStBl 1964 III S. 109).

(2) Die Veräußerung eines Bausparvorratsvertrages ist als einheitliche Leistung anzusehen, die in vollem Umfang nach § 4 Nr. 8 Buchstabe c UStG steuerfrei ist.

(3) Zur umsatzsteuerrechtlichen Behandlung des Factoring siehe Abschnitt 2.4.

(4) ¹Zu den Umsätzen im Geschäft mit Forderungen gehören auch die Optionsgeschäfte mit Geldforderungen. ²Gegenstand dieser Optionsgeschäfte ist das Recht, bestimmte Geldforderungen innerhalb einer bestimmten Frist zu einem festen Kurs geltend machen oder veräußern zu können. ³Unter die Steuerbefreiung fallen auch die Optionsgeschäfte mit Devisen.

(5) ¹Bei Geschäften mit Warenforderungen (z. B. Optionen im Warentermingeschäft) handelt es sich ebenfalls um Umsätze im Geschäft mit Forderungen (vgl. BFH-Urteil vom 30. 3. 2006, V R 19/02, BStBl 2007 II S. 68). ²Optionsgeschäfte auf Warenterminkontrakte sind nur dann nach § 4 Nr. 8 Buchstabe c UStG steuerfrei, wenn die Optionsausübung nicht zu einer Warenlieferung führt.

(6) Ein Umsatz im Geschäft mit Forderungen wird nicht ausgeführt, wenn lediglich Zahlungsansprüche (z. B. Zahlungsansprüche nach der EU-Agrarreform (GAP-Reform) für land- und forstwirtschaftliche Betriebe) zeitweilig oder endgültig übertragen werden **(vgl. BFH-Urteil vom 30. 3. 2011, XI R 19/10, BStBl II S. 772)**.

AE 4.8.5
4.8.5. Einlagengeschäft

S 7160-d

(1) Zu den nach § 4 Nr. 8 Buchstabe d UStG steuerfreien Umsätzen im Einlagengeschäft gehören z. B. Kontenauflösungen, Kontensperrungen, die Veräußerung von Heimsparbüchsen und sonstige mittelbar mit dem Einlagengeschäft zusammenhängende Leistungen.

(2) Die von Bausparkassen und anderen Instituten erhobenen Gebühren für die Bearbeitung von Wohnungsbauprämienanträgen sind Entgelte für steuerfreie Umsätze im Einlagengeschäft im Sinne des § 4 Nr. 8 Buchstabe d UStG.

AE 4.8.6
4.8.6. Inkasso von Handelspapieren

S 7160-d

Handelspapiere im Sinne des § 4 Nr. 8 Buchstabe d UStG sind Wechsel, Schecks, Quittungen oder ähnliche Dokumente im Sinne der „Einheitlichen Richtlinien für das Inkasso von Handelspapieren" der Internationalen Handelskammer.

AE 4.8.7
4.8.7. Zahlungs-, Überweisungs- und Kontokorrentverkehr

S 7160-d

(1) ¹Nach § 4 Nr. 8 Buchstabe d UStG steuerfreie Leistungen im Rahmen des Kontokorrentverkehrs sind z. B. die Veräußerung von Scheckheften, der Firmeneindruck auf Zahlungs- und Überweisungsvordrucken und die Anfertigung von Kontoabschriften und Fotokopien. ²Die Steuerfreiheit der Umsätze im Zahlungsverkehr hängt nicht davon ab, dass der Unternehmer ein Kreditinstitut im Sinne des § 1 Abs. 1 Satz 1 KWG betreibt (vgl. BFH-Urteil vom 27. 8. 1998, V R 84/97, BStBl 1999 II S. 106).

(2) ¹Umsätze im Überweisungsverkehr liegen nur dann vor, wenn die erbrachten Dienstleistungen eine Weiterleitung von Geldern bewirken und zu rechtlichen und finanziellen Änderungen führen (vgl. BFH-Urteil vom 13. 7. 2006, V R 57/04, BStBl 2007 II S. 19). ²Leistungen eines Rechenzentrums (Rechenzentrale) an Banken können nur dann nach § 4 Nr. 8 Buchstabe d UStG steuerfrei sein, wenn diese Leistungen ein im Großen und Ganzen eigenständiges Ganzes sind, das die spezifischen und wesentlichen Funktionen der Leistungen des § 4 Nr. 8 Buchstabe d UStG erfüllt. ³Besteht ein Leistungspaket aus diversen Einzelleistungen, die einzeln vergütet werden, können nicht einzelne dieser Leistungen zu nach § 4 Nr. 8 Buchstabe d UStG steuerfreien Leistungen zusammengefasst werden. ⁴Unerheblich für die Anwendung der Steuerbefreiung nach § 4 Nr. 8 Buchstabe d UStG auf Leistungen eines Rechenzentrums an die Bank ist die inhaltliche Vorgabe der Bank, dass das Rechenzentrum für die Ausführung der Kundenanweisung keine dispositive Entscheidung zu treffen hat (vgl. BFH-Urteil vom 12. 6. 2008, V R 32/06, BStBl II S. 777). ⁵Die Steuerbefreiung nach § 4 Nr. 8 Buchstabe d UStG gilt für die Leistungen der Rechenzentren dagegen nicht, wenn sie die ihnen übertragenen Vorgänge sämtlich nur EDV-technisch abwickeln.

4.8.8. Umsätze im Geschäft mit Wertpapieren

(1) ¹Zu den Umsätzen im Geschäft mit Wertpapieren gehören auch die Optionsgeschäfte mit Wertpapieren (vgl. BFH-Urteil vom 30. 3. 2006, V R 19/02, BStBl 2007 II S. 68). ²Gegenstand dieser Optionsgeschäfte ist das Recht, eine bestimmte Anzahl von Wertpapieren innerhalb einer bestimmten Frist jederzeit zu einem festen Preis fordern (Kaufoption) oder liefern (Verkaufsoption) zu können. ³Die Steuerbefreiung nach § 4 Nr. 8 Buchstabe e UStG umfasst sowohl den Abschluss von Optionsgeschäften als auch die Übertragung von Optionsrechten.

(2) Zu den Umsätzen im Geschäft mit Wertpapieren gehören auch die sonstigen Leistungen im Emissionsgeschäft, z. B. die Übernahme und Platzierung von Neu-Emissionen, die Börseneinführung von Wertpapieren und die Vermittlungstätigkeit der Kreditinstitute beim Absatz von Bundesschatzbriefen.

(3) Zur Vermittlung von erstmalig ausgegebenen Anteilen vgl. Abschnitt 4.8.10 Abs. 4 i. V. m. Abschnitt 1.6 Abs. 2.

(4) Zur Frage der Beschaffung von Anschriften von Wertpapieranlegern gilt Abschnitt 4.8.1 entsprechend.

(5) Die Erfüllung der Meldepflichten nach § 9 WpHG durch ein Zentralinstitut oder ein anderes Kreditinstitut für den Meldepflichtigen ist nicht nach § 4 Nr. 8 Buchstabe e UStG steuerfrei.

(6) ¹Eine steuerfreie Vermittlungsleistung kommt auch in den Fällen der von einer Fondsgesellschaft gewährten Bestands- und Kontinuitätsprovision in Betracht, in denen – bezogen auf den einzelnen Kunden – die im Depotbestand enthaltenen Fondsanteile nicht ausschließlich durch das depotführende Kreditinstitut vermittelt wurden. ²Dies gilt dann nicht, wenn das Kreditinstitut überhaupt keine eigenen Vermittlungsleistungen gegenüber der Fondsgesellschaft erbracht hat.

4.8.9. Verwahrung und Verwaltung von Wertpapieren

(1) ¹Bei der Abgrenzung der steuerfreien Umsätze im Geschäft mit Wertpapieren von der steuerpflichtigen Verwahrung und Verwaltung von Wertpapieren gilt Folgendes: ²Die Leistung des Unternehmers (Kreditinstitut) ist grundsätzlich umsatzsteuerfrei, wenn das Entgelt dem Emittenten in Rechnung gestellt wird. ³Sie ist grundsätzlich umsatzsteuerpflichtig, wenn sie dem Depotkunden in Rechnung gestellt wird. ⁴Zu den steuerpflichtigen Leistungen gehören z. B. auch die Depotunterhaltung, das Inkasso von fremden Zins- und Dividendenscheinen, die Ausfertigung von Depotauszügen, von Ertragnis-, Kurswert- und Steuerkurswertaufstellungen, die Informationsübermittlung von Kreditinstituten an Emittenten zur Führung des Aktienregisters bei Namensaktien sowie die Mitteilungen an die Depotkunden nach § 128 AktG.

(2) ¹Bei der Vermögensverwaltung (Portfolioverwaltung) nimmt eine Bank einerseits die Vermögensverwaltung und andererseits Transaktionen vor. ²Dabei handelt es sich um eine einheitliche Leistung der Vermögensverwaltung (vgl. Abschnitt 3.10 Abs. 1 und 3), die nicht nach § 4 Nr. 8 Buchstabe e UStG steuerfrei ist. ³Eine Aufspaltung dieser wirtschaftlich einheitlichen Leistung ist nicht möglich (vgl. EuGH-Urteil vom 25. 2. 1999, C-349/96, EuGHE I S. 973). ⁴Zur Abgrenzung der Vermögensverwaltung von der Verwaltung von Sondervermögen nach dem Investmentgesetz (§ 4 Nr. 8 Buchstabe h UStG) siehe Abschnitt 4.8.13.

4.8.10. Gesellschaftsanteile

(1) ¹Zu den Anteilen an Gesellschaften gehören insbesondere die Anteile an Kapitalgesellschaften, z. B. GmbH-Anteile, die Anteile an Personengesellschaften, z. B. OHG-Anteile, und die stille Beteiligung (§ 230 HGB). ²Zur Steuerbarkeit bei der Ausgabe von Gesellschaftsanteilen vgl. Abschnitt 1.6 Abs. 2.

§ 4 UStG
AE 4.8.10–AE 4.8.13

(2) ¹Erwirbt jemand treuhänderisch Gesellschaftsanteile und verwaltet diese gegen Entgelt, werden ihm dadurch keine Gesellschaftsanteile verschafft. ²Die Tätigkeit ist deshalb grundsätzlich steuerpflichtig. ³Dies gilt auch dann, wenn sich der Unternehmer treuhänderisch an einer Anlagegesellschaft beteiligt und deren Geschäfte führt (vgl. BFH-Urteil vom 29. 1. 1998, V R 67/96, BStBl II S. 413). ⁴Eine Befreiung nach § 4 Nr. 8 Buchstabe h UStG kommt nur in Betracht, wenn der Unternehmer nach den Vorschriften des InvG tätig geworden ist.

(3) ¹Zum Begriff der Vermittlung siehe Abschnitt 4.8.1. ²Eine unmittelbare Beauftragung durch eine der Parteien des vermittelten Vertrages ist nicht erforderlich (vgl. BFH-Urteil vom 20. 12. 2007, V R 62/06, BStBl 2008 II S. 641) ³Marketing- und Werbeaktivitäten, die darin bestehen, dass sich ein Vertriebsunternehmen nur in allgemeiner Form an die Öffentlichkeit wendet, sind mangels Handelns gegenüber individuellen Vertragsinteressenten keine Vermittlung nach § 4 Nr. 8 Buchstabe f UStG (BFH-Urteil vom 6. 12. 2007, V R 66/05, BStBl 2008 II S. 638). ⁴Keine Vermittlungsleistung erbringt ein Unternehmer, der einem mit dem Vertrieb von Gesellschaftsanteilen betrauten Unternehmer Abschlussvertreter zuführt und diese betreut (BFH-Urteil vom 23. 10. 2002, V R 68/01, BStBl 2003 II S. 618). ⁵Die Steuerfreiheit der Vermittlung nach § 4 Nr. 8 Buchstabe f UStG setzt eine Tätigkeit voraus, die einzelne Vertragsabschlüsse fördert. ⁶Eine der Art nach geschäftsführende Leitung einer Vermittlungsorganisation ist keine derartige Vermittlung (vgl. BFH-Urteil vom 20. 12. 2007, V R 62/06, BStBl 2008 II S. 641).

(4) Die Vermittlung von erstmalig ausgegebenen Gesellschaftsanteilen (zur Ausgabe von Gesellschaftsanteilen vgl. Abschnitt 1.6 Abs. 2) ist steuerbar und nach § 4 Nr. 8 Buchstabe f UStG steuerfrei (vgl. EuGH-Urteil vom 27. 5. 2004, C-68/03, EuGHE I S. 5879).

(5) Die Vermittlung der Mitgliedschaften in einem Idealverein ist nicht nach § 4 Nr. 8 Buchstabe f UStG steuerfrei (vgl. BFH-Urteil vom 27. 7. 1995, V R 40/93, BStBl II S. 753).

AE 4.8.11

S 7160-g

4.8.11. Übernahme von Verbindlichkeiten

¹Der Begriff „Übernahme von Verbindlichkeiten" erfasst lediglich Geldverbindlichkeiten im Bereich von Finanzdienstleistungen. ²Die Übernahme anderer Verpflichtungen, wie beispielsweise die Renovierung einer Immobilie, ist vom Anwendungsbereich des § 4 Nr. 8 Buchstabe g UStG ausgeschlossen (vgl. EuGH-Urteil vom 19. 4. 2007, C-455/05, EuGHE I S. 3225). ³Nach § 4 Nr. 8 Buchstabe g UStG ist die Übernahme von Verbindlichkeiten, soweit hierin nicht lediglich – wie im Regelfall – eine Entgeltszahlung zu sehen ist (vgl. Abschnitt 1.1 Abs. 3 und BFH-Urteil vom 31. 7. 1969, V R 149/66, BStBl 1970 II S. 73), steuerfrei, z. B. Übernahme von Einlagen bei der Zusammenlegung von Kreditinstituten.

AE 4.8.12

S 7160-g

4.8.12. Übernahme von Bürgschaften und anderen Sicherheiten

(1) ¹Als andere Sicherheiten, deren Übernahme nach § 4 Nr. 8 Buchstabe g UStG steuerfrei ist, sind z. B. Garantieverpflichtungen (vgl. BFH-Urteile vom 14. 12. 1989, V R 125/84, BStBl 1990 II S. 401, vom 24. 1. 1991, V R 19/87, BStBl II S. 539 – Zinshöchstbetragsgarantie und Liquiditätsgarantie – und vom 22. 10. 1992, V R 53/89, BStBl 1993 II S. 318 – Ausbietungsgarantie –) und Kautionsversicherungen (vgl. Abschnitt 4.10 Abs. 2 Satz 3) anzusehen. ²Umsätze, die keine Finanzdienstleistungen sind, sind vom Anwendungsbereich des § 4 Nr. 8 Buchst. g UStG ausgeschlossen (vgl. Abschn. 4. 8. 11 Sätze 1 und 2 UStAE). ³Die Garantiezusage eines Autoverkäufers, durch die der Käufer gegen Entgelt nach seiner Wahl einen Reparaturanspruch gegenüber dem Verkäufer oder einen Reparaturkostenersatzanspruch gegenüber einem Versicherer erhält, ist steuerpflichtig (vgl. BFH-Urteil vom 10. 2. 2010, XI R 49/07).

(2) ¹Ein Garantieversprechen ist nach § 4 Nr. 8 Buchstabe g UStG steuerfrei, wenn es ein vom Eigenverhalten des Garantiegebers unabhängiges Risiko abdeckt; diese Voraussetzung liegt nicht vor, wenn lediglich garantiert wird, eine aus einem anderen Grund geschuldete Leistung vertragsgemäß auszuführen (vgl. BFH-Urteil vom 14. 12. 1989, V R 125/84, BStBl 1990 II S. 401). ²Leistungen persönlich haftender Gesellschafter, für die eine unabhängig vom Gewinn bemessene Haftungsvergütung gezahlt wird, sind nicht nach § 4 Nr. 8 Buchstabe g UStG steuerfrei, weil ein pers. haftender Gesellschafter über seine Geschäftsführungstätigkeit unmittelbaren Einfluss auf das Gesellschaftsergebnis – und damit auf die Frage, ob es zu einem Haftungsfall kommt – hat.

AE 4.8.13

S 7160-h

4.8.13. Verwaltung von Investmentvermögen und von Versorgungseinrichtungen

Allgemeines

(1) ¹Die Steuerbefreiung nach § 4 Nr. 8 Buchstabe h UStG erstreckt sich auf „die Verwaltung von Investmentvermögen nach dem Investmentgesetz". ²Das InvG ist (u. a.) anzuwenden auf inländische Investmentvermögen, soweit diese in Form von Investmentfonds im Sinne des § 2 Abs. 1 oder Investmentaktiengesellschaften im Sinne des § 2 Abs. 5 InvG gebildet werden (§ 1 Satz 1 Nr. 1

§ 4 UStG
AE 4.8.13

InvG). ³Ausländische Investmentvermögen sind Investmentvermögen im Sinne des § 1 Satz 2 InvG, die dem Recht eines anderen Staates unterstehen (§ 2 Abs. 8 InvG).

(2) ¹Investmentvermögen im Sinne des § 1 Satz 1 InvG sind Vermögen zur gemeinschaftlichen Kapitalanlage, die nach dem Grundsatz der Risikomischung in Vermögensgegenständen im Sinne des § 2 Abs. 4 InvG angelegt sind (§ 1 Satz 2 InvG). ²Investmentfonds sind von einer Kapitalanlagegesellschaft verwaltete Publikums-Sondervermögen nach den Anforderungen der Richtlinie 85/611/EWG und sonstige Publikums- oder Spezial-Sondervermögen (§ 2 Abs. 1 InvG).

(3) ¹Sondervermögen sind inländische Investmentvermögen, die von einer Kapitalanlagegesellschaft für Rechnung der Anleger nach Maßgabe des InvG und den Vertragsbedingungen, nach denen sich das Rechtsverhältnis der Kapitalanlagegesellschaft zu den Anlegern bestimmt, verwaltet werden und bei denen die Anleger das Recht zur Rückgabe der Anteile haben (§ 2 Abs. 2 InvG). ²Spezial-Sondervermögen sind Sondervermögen, deren Anteile auf Grund schriftlicher Vereinbarungen mit der Kapitalanlagegesellschaft ausschließlich von Anlegern, die nicht natürliche Personen sind, gehalten werden. ³Alle übrigen Sondervermögen sind Publikums-Sondervermögen (§ 2 Abs. 3 InvG).

(4) ¹Investmentaktiengesellschaften sind Unternehmen, deren Unternehmensgegenstand nach der Satzung auf die Anlage und Verwaltung ihrer Mittel nach dem Grundsatz der Risikomischung zur gemeinschaftlichen Kapitalanlage in Vermögensgegenständen nach § 2 Abs. 4 Nr. 1 bis 4, 7, 9, 10 und 11 InvG beschränkt ist und bei denen die Anleger das Recht zur Rückgabe ihrer Aktien haben (§ 2 Abs. 5 Satz 1 InvG). ²Kapitalanlagegesellschaften sind Unternehmen, deren Hauptzweck in der Verwaltung von inländischen Investmentvermögen im Sinne des § 1 Satz 1 Nr. 1 InvG oder in der Verwaltung von inländischen Investmentvermögen im Sinne des § 1 Satz 1 Nr. 1 InvG und der individuellen Vermögensverwaltung besteht (§ 2 Abs. 6 InvG). ³Die Kapitalanlagegesellschaft darf neben der Verwaltung von Investmentvermögen nur die in § 7 Abs. 2 Nr. 1 bis 7 InvG abschließend aufgezählten Dienstleistungen und Nebendienstleistungen erbringen (§ 7 Abs. 2 Einleitungssatz InvG).

(5) ¹Mit der Verwahrung von Investmentvermögen sowie den sonstigen Aufgaben nach Maßgabe der §§ 24 bis 29 InvG hat die Kapitalanlagegesellschaft ein Kreditinstitut als Depotbank zu beauftragen (§ 20 Abs. 1 Satz 1 InvG). ²Depotbanken sind Unternehmen, die die Verwahrung und Überwachung von Investmentvermögen ausführen (§ 2 Abs. 7 InvG). ³Nach Artikel 7 Abs. 3 Buchstaben a und b der Richtlinie 85/611/EWG muss die Verwahrstelle u. a. dafür sorgen, dass die Ausgabe und die Rücknahme sowie die Berechnung des Wertes der Anteile den gesetzlichen Vorschriften oder Vertragsbedingungen gemäß erfolgt. ⁴Demgemäß bestimmt § 27 Abs. 1 Nr. 1 InvG, dass die Depotbank im Rahmen ihrer Kontrollfunktion dafür zu sorgen hat, dass die Ausgabe und Rücknahme von Anteilen und die Ermittlung des Wertes der Anteile den Vorschriften des InvG und den Vertragsbedingungen entsprechen. ⁵Die Ausgabe und die Rücknahme der Anteile hat die Depotbank selbst vorzunehmen (§ 23 Abs. 1 InvG). ⁶Die Bewertung der Anteile wird entweder von der Depotbank unter Mitwirkung der Kapitalanlagegesellschaft oder nur von der Kapitalanlagegesellschaft vorgenommen (§ 36 Abs. 1 Satz 2 InvG).

(6) ¹Die Aufgaben, die für die Durchführung der Geschäfte der Kapitalanlagegesellschaft wesentlich sind, können zum Zwecke einer effizienteren Geschäftsführung auf ein anderes Unternehmen (Auslagerungsunternehmen) ausgelagert werden. ²Das Auslagerungsunternehmen muss unter Berücksichtigung der ihm übertragenen Aufgaben über die entsprechende Qualifikation verfügen und in der Lage sein, die übernommenen Aufgaben ordnungsgemäß wahrzunehmen. ³Die Auslagerung darf die Wirksamkeit der Beaufsichtigung der Kapitalanlagegesellschaft in keiner Weise beeinträchtigen; insbesondere darf sie weder die Kapitalanlagegesellschaft daran hindern, im Interesse ihrer Anleger zu handeln, noch darf sie verhindern, dass das Sondervermögen im Interesse der Anleger verwaltet wird (§ 16 Abs. 1 InvG).

(7) ¹Die Depotbank darf der Kapitalanlagegesellschaft aus den zu einem Sondervermögen gehörenden Konten nur die für die Verwaltung des Sondervermögens zustehende Vergütung und den ihr zustehenden Ersatz von Aufwendungen auszahlen (§ 29 Abs. 1 InvG). ²Die Kapitalanlagegesellschaft hat in den Vertragsbedingungen anzugeben, nach welcher Methode, in welcher Höhe und auf Grund welcher Berechnung die Vergütungen und Aufwendungserstattungen aus dem Sondervermögen an sie, die Depotbank und Dritte zu leisten sind (§ 41 Abs. 1 Satz 1 InvG).

Verwaltung von Investmentvermögen nach dem Investmentgesetz

(8) ¹Der Begriff der „Verwaltung von Investmentvermögen nach dem Investmentgesetz" bezieht sich nur auf das Objekt der Verwaltung, das Investmentvermögen und nicht auch auf die Verwaltungstätigkeit als solche. ²Demzufolge sind andere Tätigkeiten nach dem InvG als die Verwaltung, insbesondere Tätigkeiten der Verwahrung von Investmentvermögen sowie sonstige Aufgaben nach Maßgabe der §§ 24 bis 29 InvG, nicht steuerbegünstigt.

(9) ¹Unter die Steuerbefreiung fällt die Verwaltung inländischer Investmentvermögen nach dem InvG sowie die Verwaltung ausländischer Investmentvermögen im Sinne des § 2 Abs. 8 InvG, für die Investmentanteile ausgegeben werden, die die Bedingungen von § 2 Absätze 9 oder 10 InvG

erfüllen, und die Verwaltung von Spezial-Sondervermögen nach § 91 InvG. ²Nicht begünstigt ist die Verwaltung von geschlossenen Fonds, weil diese Fonds nicht unter das InvG fallen. ³Die Anwendung der Steuerbefreiung setzt das Vorliegen eines steuerbaren Leistungsaustauschs voraus. ⁴Die Steuerbefreiung ist unabhängig davon anzuwenden, in welcher Rechtsform der Leistungserbringer auftritt. ⁵Für die Steuerbefreiung ist auch unerheblich, dass § 16 Abs. 2 InvG (Auslagerung) verlangt, dass bei der Übertragung der Portfolioverwaltung ein für Zwecke der Vermögensverwaltung zugelassenes Unternehmen, das der öffentlichen Aufsicht unterliegt, benannt wird.

Verwaltung des Investmentvermögens durch eine Kapitalanlagegesellschaft

(10) ¹Durch die Verwaltung des Investmentvermögens erfüllt die Kapitalanlagegesellschaft ihre gegenüber den Anlegern auf Grund des Investmentvertrags bestehenden Verpflichtungen. ²Dabei können die zum Investmentvermögen gehörenden Vermögensgegenstände nach Maßgabe der Vertragsbedingungen im Eigentum der Kapitalanlagegesellschaft oder im Miteigentum der Anleger stehen. ³Es liegt eine Verwaltungsleistung gegenüber den Anlegern als Leistungsempfänger vor.

Verwaltung des Investmentvermögens durch eine Investmentaktiengesellschaft

(11) ¹Hat das Investmentvermögen die Organisationsform einer Investmentaktiengesellschaft, ist der Anleger Aktionär. ²Seine konkrete Rechtsstellung richtet sich nach gesellschaftsrechtlichen Regelungen und der Satzung der Investmentaktiengesellschaft. ³Soweit keine separate schuldrechtliche Vereinbarung über die Erbringung einer besonderen Verwaltungsleistung besteht, ist insofern kein Leistungsaustausch zwischen der Investmentaktiengesellschaft und ihren Aktionären anzunehmen. ⁴Der Anspruch auf die Verwaltungsleistung ergibt sich aus der Gesellschafterstellung. ⁵Die Verwaltung des Investmentvermögens durch die Investmentaktiengesellschaft ist insoweit ein nicht steuerbarer Vorgang.

Auslagerung von Verwaltungstätigkeiten durch eine Kapitalanlagegesellschaft

(12) ¹Beauftragt eine Kapitalanlagegesellschaft einen Dritten mit der Verwaltung des Sondervermögens, erbringt dieser eine Leistung gegenüber der Kapitalanlagegesellschaft, indem er die ihr insoweit obliegende Pflicht erfüllt. ²Der Dritte wird ausschließlich auf Grund der vertraglichen Vereinbarung zwischen ihm und der Kapitalanlagegesellschaft tätig, so dass er auch nur ihr gegenüber zur Leistung verpflichtet ist.

Auslagerung von Verwaltungstätigkeiten bei der Investmentaktiengesellschaft

(13) ¹Beauftragt die selbstverwaltete Investmentaktiengesellschaft einen Dritten mit der Wahrnehmung von Aufgaben, so erbringt der Dritte ihr gegenüber eine Leistung, da grundsätzlich der selbstverwalteten Investmentaktiengesellschaft die Anlage und die Verwaltung ihrer Mittel obliegt. ²Beauftragt die fremdverwaltete Investmentaktiengesellschaft (§ 96 Abs. 4 InvG) eine Kapitalanlagegesellschaft mit der Verwaltung und Anlage ihrer Mittel, ist die Kapitalanlagegesellschaft Vertragspartnerin des von ihr mit bestimmten Verwaltungstätigkeiten beauftragten Dritten. ³Dieser erbringt somit auch nur gegenüber der Kapitalanlagegesellschaft und nicht gegenüber der Investmentaktiengesellschaft eine Leistung.

Ausgelagerte Verwaltungstätigkeiten als Gegenstand der Steuerbefreiung

(14) ¹Für Tätigkeiten im Rahmen der Verwaltung von Investmentvermögen, die nach § 16 Abs. 1 InvG auf ein anderes Unternehmen ausgelagert worden sind, kann ebenfalls die Steuerbefreiung in Betracht kommen. ²Zur steuerfreien Verwaltung gehören auch Dienstleistungen der administrativen und buchhalterischen Verwaltung eines Investmentvermögens durch einen außen stehenden Verwalter, wenn sie ein im Großen und Ganzen eigenständiges Ganzes bilden und für die Verwaltung dieser Sondervermögen spezifisch und wesentlich sind. ³Rein materielle oder technische Dienstleistungen, die in diesem Zusammenhang erbracht werden, wie z. B. die Zurverfügungstellung eines Datenverarbeitungssystems, fallen nicht unter die Steuerbefreiung. ⁴Ob die Dienstleistungen der administrativen und buchhalterischen Verwaltung eines Sondervermögens durch einen außen stehenden Verwalter ein im Großen und Ganzen eigenständiges Ganzes bilden, ist danach zu beurteilen, ob die übertragenen Aufgaben für die Durchführung der Geschäfte der Kapitalanlagegesellschaft/Investmentaktiengesellschaft unerlässlich sind und ob der außen stehende Verwalter die Aufgaben eigenverantwortlich auszuführen hat. ⁵Vorbereitende Handlungen, bei denen sich die Kapitalanlagegesellschaft/Investmentaktiengesellschaft eine abschließende Entscheidung vorbehält, bilden regelmäßig nicht ein im Großen und Ganzen eigenständiges Ganzes.

§ 4 UStG
AE 4.8.13

(15) ¹Für die Beurteilung der Steuerbefreiung ist im Übrigen grundsätzlich ausschließlich die Art der ausgelagerten Tätigkeiten maßgebend und nicht die Eigenschaft des Unternehmens, das die betreffende Leistung erbringt. ²§ 16 InvG ist insoweit für die steuerliche Beurteilung der Auslagerung ohne Bedeutung. ³Soweit Aufgaben der Kapitalanlage- bzw. Investmentgesellschaften von den Depotbanken wahrgenommen oder auf diese übertragen werden, die zu den administrativen Tätigkeiten der Kapitalanlage- bzw. Investmentaktiengesellschaft und nicht zu den Tätigkeiten als Verwahrstelle gehören, kann die Steuerbefreiung auch dann in Betracht kommen, wenn sie durch die Depotbanken wahrgenommen werden.

Steuerfreie Verwaltungstätigkeiten

(16) Insbesondere folgende Tätigkeiten der Verwaltung eines Investmentvermögens durch die Kapitalanlagegesellschaft, die Investmentaktiengesellschaft oder die Depotbank sind steuerfrei nach § 4 Nr. 8 Buchstabe h UStG:
1. Portfolioverwaltung,
2. Ausübung des Sicherheitsmanagements (Verwalten von Sicherheiten, sog. Collateral Management, das im Rahmen von Wertpapierleihgeschäften nach § 54 Abs. 2 InvG Aufgabe der Kapitalanlagegesellschaft ist),
3. Folgende administrative Leistungen, soweit sie nicht dem Anteilsvertrieb dienen:
    a) Gesetzlich vorgeschriebene und im Rahmen der Fondsverwaltung vorgeschriebene Rechnungslegungsdienstleistungen (u. a. Fondsbuchhaltung und die Erstellung von Jahresberichten und sonstiger Berichte),
    b) Beantwortung von Kundenanfragen und Übermittlung von Informationen an Kunden, auch für potentielle Neukunden,
    c) Bewertung und Preisfestsetzung (Ermittlung und verbindliche Festsetzung des Anteilspreises),
    d) Überwachung und Einhaltung der Rechtsvorschriften (u. a. Kontrolle der Anlagegrenzen und der Marktgerechtigkeit),
    e) Führung des Anteilinhaberregisters,
    f) Tätigkeiten im Zusammenhang mit der Gewinnausschüttung,
    g) Ausgabe und Rücknahme von Anteilen (diese Aufgabe wird nach § 23 Abs. 1 InvG von der Depotbank ausgeführt),
    h) Erstellung von Kontraktabrechnungen (einschließlich Versand und Zertifikate, ausgenommen Erstellung von Steuererklärungen),
    i) Führung gesetzlich vorgeschriebener und im Rahmen der Fondsverwaltung vorgeschriebener Aufzeichnungen,
    j) die aufsichtsrechtlich vorgeschriebene Prospekterstellung.

(17) ¹Wird von einem außen stehenden Dritten, auf den Verwaltungsaufgaben übertragen wurden, nur ein Teil der Leistungen aus dem vorstehenden Leistungskatalog erbracht, kommt die Steuerbefreiung nur in Betracht, wenn die erbrachte Leistung ein im Großen und Ganzen eigenständiges Ganzes bildet und für die Verwaltung eines Investmentvermögens spezifisch und wesentlich ist. ²Für die vorgenannten administrativen Leistungen kommt im Fall der Auslagerung auf einen außen stehenden Dritten die Steuerbefreiung nur in Betracht, wenn alle Leistungen insgesamt auf den Dritten ausgelagert worden sind. ³Erbringt eine Kapitalanlagegesellschaft, eine Investmentaktiengesellschaft oder eine Depotbank Verwaltungsleistungen bezüglich des ihr nach dem InvG zugewiesenen Investmentvermögens, kann die Steuerbefreiung unabhängig davon in Betracht kommen, ob ggf. nur einzelne Verwaltungsleistungen aus dem vorstehenden Leistungskatalog erbracht werden.

Steuerpflichtige Tätigkeiten im Zusammenhang mit der Verwaltung

(18) Insbesondere folgende Tätigkeiten können nicht als Tätigkeiten der Verwaltung eines Investmentvermögens angesehen werden und fallen daher nicht unter die Steuerbefreiung nach § 4 Nr. 8 Buchstabe h UStG, soweit sie nicht Nebenleistungen zu einer nach Absatz 16 steuerfreien Tätigkeit sind:
1. Erstellung von Steuererklärungen,
2. Tätigkeiten im Zusammenhang mit der Portfolioverwaltung wie allgemeine Rechercheleistungen, insbesondere
    a) die planmäßige Beobachtung der Wertpapiermärkte,
    b) die Beobachtung der Entwicklungen auf den Märkten,
    c) das Analysieren der wirtschaftlichen Situation in den verschiedenen Währungszonen, Staaten oder Branchen,

§ 4 UStG
AE 4.8.13

d) die Prüfung der Gewinnaussichten einzelner Unternehmen,
e) die Aufbereitung der Ergebnisse dieser Analysen.
3. Beratungsleistungen mit oder ohne konkrete Kauf- oder Verkaufsempfehlungen,
4. Tätigkeiten im Zusammenhang mit dem Anteilsvertrieb, wie z. B. die Erstellung von Werbematerialien.

Andere steuerpflichtige Tätigkeiten

(19) [1]Nicht nach § 4 Nr. 8 Buchstabe h UStG steuerfrei sind insbesondere alle Leistungen der Depotbank als Verwahr- oder Kontrollstelle gegenüber der Kapitalanlagegesellschaft. [2]Dies sind insbesondere folgende Leistungen:
1. Verwahrung der Vermögensgegenstände des Sondervermögens; hierzu gehören z. B.:
   a) die Verwahrung der zu einem Sondervermögen gehörenden Wertpapiere, Einlagenzertifikate und Bargeldbestände in gesperrten Depots und Konten,
   b) die Verwahrung von als Sicherheiten für Wertpapiergeschäfte oder Wertpapier-Pensionsgeschäfte verpfändeten Wertpapieren oder abgetretenen Guthaben bei der Depotbank oder unter Kontrolle der Depotbank bei einem geeigneten Kreditinstitut,
   c) die Übertragung der Verwahrung von zu einem Sondervermögen gehörenden Wertpapieren an eine Wertpapiersammelbank oder an eine andere in- oder ausländische Bank,
   d) die Unterhaltung von Geschäftsbeziehungen mit Drittverwahrern;
2. Leistungen zur Erfüllung der Zahlstellenfunktion,
3. Einzug und Gutschrift von Zinsen und Dividenden,
4. Mitwirkung an Kapitalmaßnahmen und der Stimmrechtsausübung,
5. Abwicklung des Erwerbs und Verkaufs der Vermögensgegenstände inklusive Abgleich der Geschäftsdaten mit dem Broker; hierbei handelt es sich nicht um Verwaltungstätigkeiten, die von der Kapitalanlagegesellschaft auf die Depotbank übertragen werden könnten, sondern um Tätigkeiten der Depotbank im Rahmen der Verwahrung der Vermögensgegenstände;
6. Leistungen der Kontrolle und Überwachung, die gewährleisten, dass die Verwaltung des Investmentvermögens nach den entsprechenden gesetzlichen Vorschriften erfolgt, wie insbesondere
   a) Kontrolle der Ermittlung und der verbindlichen Feststellung des Anteilspreises,
   b) Kontrolle der Ausgabe und Rücknahme von Anteilen,
   c) Erstellung aufsichtsrechtlicher Meldungen, z. B. Meldungen, zu denen die Depotbank verpflichtet ist.

Verwaltung von Versorgungseinrichtungen

(20) [1]Nach § 4 Nr. 8 Buchstabe h UStG ist die Verwaltung von Versorgungseinrichtungen, welche Leistungen im Todes- oder Erlebensfall, bei Arbeitseinstellung oder bei Minderung der Erwerbstätigkeit vorsehen, steuerfrei (§ 1 Abs. 4 VAG). [2]Die Versorgungswerke der Ärzte, Apotheker, Architekten, Notare, Rechtsanwälte, Steuerberater bzw. Steuerbevollmächtigten, Tierärzte, Wirtschaftsprüfer und vereidigten Buchprüfer sowie Zahnärzte zählen zu den Versorgungseinrichtungen i. S. des § 1 Abs. 4 VAG; Pensionsfonds sind Versorgungseinrichtungen i. S. d. § 112 Abs. 1 VAG. [3]Damit sind die unmittelbaren Verwaltungsleistungen durch Unternehmer an die auftraggebenden Versorgungseinrichtungen steuerfrei. [4]Voraussetzung für die Steuerbefreiung ist jedoch nicht, dass die Versorgungseinrichtungen der Versicherungsaufsicht unterliegen. [5]Einzelleistungen an die jeweilige Versorgungseinrichtung, die keine unmittelbare Verwaltungstätigkeit darstellen (z. B. Erstellung eines versicherungsmathematischen Gutachtens) fallen dagegen nicht unter die Steuerbefreiung nach § 4 Nr. 8 Buchstabe h UStG. [6]Zu weiteren Einzelheiten, insbesondere bei Unterstützungskassen, vgl. BMF-Schreiben vom 18. 12. 1997, BStBl I S. 1046.[1]) [7]*Bei Leistungen zur Durchführung des Versorgungsausgleichs nach dem Gesetz über den Versorgungsausgleich (Versorgungsausgleichsgesetz – VersAusglG) handelt es sich abweichend von diesem BMF-Schreiben um typische und somit steuerfreie Verwaltungsleistungen.*

Vermögensverwaltung

(21) [1]Bei der Vermögensverwaltung (Portfolioverwaltung) nimmt eine Bank einerseits die Vermögensverwaltung und andererseits Transaktionen vor (vgl. Abschnitt 4.8.9 Abs. 2). [2]Die Steuerbefreiung nach § 4 Nr. 8 Buchstabe h UStG kommt in Betracht, soweit tatsächlich Investmentvermögen nach dem Investmentgesetz verwaltet wird (vgl. Absätze 1 bis 17).

---
[1]) Anm.: Siehe USt-HA 1998/99 § 4 H 31.

4.8.14. Amtliche Wertzeichen

AE 4.8.14

S 7160-i

[1]Durch die Worte „zum aufgedruckten Wert" wird zum Ausdruck gebracht, dass die Steuerbefreiung nach § 4 Nr. 8 Buchstabe i UStG für die im Inland gültigen amtlichen Wertzeichen nur in Betracht kommt, wenn die Wertzeichen zum aufgedruckten Wert geliefert werden. [2]Zum aufgedruckten Wert gehören auch aufgedruckte Sonderzuschläge, z. B. Zuschlag bei Wohlfahrtsmarken. [3]Werden die Wertzeichen mit einem höheren Preis als dem aufgedruckten Wert gehandelt, ist der Umsatz insgesamt steuerpflichtig. [4]Lieferungen der im Inland postgültigen Briefmarken sind auch dann steuerfrei, wenn diese zu einem Preis veräußert werden, der unter ihrem aufgedruckten Wert liegt.

4.9.1. Umsätze, die unter das Grunderwerbsteuergesetz fallen

AE 4.9.1

S 7162

(1) [1]Zu den Umsätzen, die unter das Grunderwerbsteuergesetz fallen (grunderwerbsteuerbare Umsätze), gehören insbesondere die Umsätze von unbebauten und bebauten Grundstücken. [2]Für die Grunderwerbsteuer können mehrere von dem Grundstückserwerber mit verschiedenen Personen – z. B. Grundstückseigentümer, Bauunternehmer, Bauhandwerker – abgeschlossene Verträge als ein einheitliches, auf den Erwerb von fertigem Wohnraum gerichtetes Vertragswerk anzusehen sein (BFH-Urteile vom 27. 10. 1982, II R 102/81, BStBl 1983 II S. 55, und vom 27. 10. 1999, II R 17/99, BStBl 2000 II S. 34). [3]Dieser dem Grunderwerbsteuergesetz unterliegende Vorgang wird jedoch nicht zwischen dem Grundstückserwerber und den einzelnen Bauunternehmern bzw. Bauhandwerkern verwirklicht (BFH-Urteile vom 7. 2. 1991, V R 53/85, BStBl II S. 737, vom 29. 8. 1991, V R 87/86, BStBl 1992 II S. 206, und vom 10. 9. 1992, V R 99/88, BStBl 1993 II S. 316). [4]Die Leistungen der Architekten, der einzelnen Bauunternehmer und der Bauhandwerker sind mit dem der Grunderwerbsteuer unterliegenden Erwerbsvorgang nicht identisch und fallen daher auch nicht unter die Umsatzsteuerbefreiung nach § 4 Nr. 9 Buchstabe a UStG (vgl. auch BFH-Beschluss vom 30. 10. 1986, V B 44/86, BStBl 1987 II S. 145, und BFH-Urteil vom 24. 2. 2000, V R 89/98, BStBl 2000 II S. 278). [5]Ein nach § 4 Nr. 9 Buchstabe a UStG insgesamt steuerfreier einheitlicher Grundstücksumsatz kann nicht nur bei der Veräußerung eines bereits bebauten Grundstücks vorliegen, sondern auch dann, wenn derselbe Veräußerer in zwei getrennten Verträgen ein Grundstück veräußert und die Pflicht zur Erstellung eines schlüsselfertigen Bürohauses und Geschäftshauses übernimmt. [6]Leistungsgegenstand ist in diesem Fall ein noch zu bebauendes Grundstück (BFH-Urteil vom 19. 3. 2009, V R 50/07, BStBl 2010 II S. 78).

(2) Unter die Steuerbefreiung nach § 4 Nr. 9 Buchstabe a UStG fallen z. B. auch:
1. die Bestellung von Erbbaurechten (BFH-Urteile vom 28. 11. 1967, II 1/64, BStBl 1968 II S. 222 und vom 28. 11. 1967, II R 37/66, BStBl 1968 II S. 223) und die Übertragung von Erbbaurechten (BFH-Urteil vom 5. 12. 1979, II R 122/76, BStBl 1980 II S. 136),
2. die Übertragung von Miteigentumsanteilen an einem Grundstück,
3. die Lieferung von auf fremdem Boden errichteten Gebäuden nach Ablauf der Miet- oder Pachtzeit (vgl. Abschnitt F II des BMF-Schreibens vom 23. 7. 1986, BStBl I S. 432[1]),
4. die Übertragung eines Betriebsgrundstückes zur Vermeidung einer drohenden Enteignung (BFH-Urteil vom 24. 6. 1992, V R 60/88, BStBl II S. 986) und
5. die Umsätze von Grundstücken und von Gebäuden nach dem Sachenrechtsbereinigungsgesetz und
6. die Entnahme von Grundstücken, unabhängig davon, ob damit ein Rechtsträgerwechsel verbunden ist.

4.9.2. Umsätze, die unter das Rennwett- und Lotteriegesetz fallen

AE 4.9.2

S 7165

(1) [1]Die Leistungen der Buchmacher im Wettgeschäft sind nach § 4 Nr. 9 Buchstabe b UStG umsatzsteuerfrei, weil sie der Rennwettsteuer unterliegen. [2]Zum Entgelt für diese Leistungen zählt alles, was der Wettende hierfür aufwendet. [3]Dazu gehören auch der von den Buchmachern zum Wetteinsatz erhobene Zuschlag und die Wettscheingebühr, weil ihnen keine besonderen selbständig zu beurteilenden Leistungen des Buchmachers gegenüberstehen. [4]Auch wenn die Rennwettsteuer lediglich nach dem Wetteinsatz bemessen wird, erstreckt sich daher die Umsatzsteuerbefreiung auf die gesamte Leistung des Buchmachers. [5]Die Vorschrift des § 4 Nr. 9 Buchstabe b letzter Satz UStG ist hier nicht anwendbar.

(2) [1]Buchmacher, die nicht selbst Wetten abschließen, sondern nur vermitteln, sind mit ihrer Vermittlungsleistung, für die sie eine Provision erhalten, nicht nach § 4 Nr. 9 Buchstabe b UStG von der Umsatzsteuer befreit. [2]Die Tätigkeit von Vertretern, die Wetten für einen Buchmacher entgegennehmen, fällt nicht unter § 4 Nr. 9 Buchstabe b UStG (vgl. EuGH-Beschluss vom 14. 5. 2008, C-231/07 und C-232/07, DB 2008 S. 1897).

---
[1]) Anm.: Siehe USt-HA 1994/95 § 1 B 12.

(3) ¹Im Inland veranstaltete öffentliche Lotterien unterliegen der Lotteriesteuer. ²Schuldner der Lotteriesteuer ist der Veranstalter der Lotterie. ³Lässt ein Wohlfahrtsverband eine ihm genehmigte Lotterie von einem gewerblichen Lotterieunternehmen durchführen, ist Veranstalter der Verband. ⁴Der Lotterieunternehmer kann die Steuerbefreiung nach § 4 Nr. 9 Buchstabe b UStG nicht in Anspruch nehmen (BFH-Urteil vom 10. 12. 1970, V R 50/67, BStBl 1971 II S. 193).

(4) Spiele, die dem Spieler lediglich die Möglichkeit einräumen, seinen Geldeinsatz wiederzuerlangen (sog. Fun-Games), fallen nicht unter die Steuerbefreiung des § 4 Nr. 9 Buchstabe b UStG (BFH-Urteil vom 29. 5. 2008, V R 7/06, BStBl 2009 II S. 64).

AE 4.10.1

S 7163

4.10.1. Versicherungsleistungen

(1) Die Befreiungsvorschrift betrifft auch Leistungen aus Versicherungs- und Rückversicherungsverträgen, die wegen Fehlens der in § 1 Abs. 1 bis 4 VersStG genannten Voraussetzungen nicht der Versicherungsteuer unterliegen.

(2) ¹Nicht befreit sind Versicherungsleistungen, die aus anderen Gründen nicht unter das Versicherungsteuergesetz fallen. ²Hierbei handelt es sich um Leistungen aus einem Vertrag, durch den der Versicherer sich verpflichtet, für den Versicherungsnehmer Bürgschaft oder sonstige Sicherheit zu leisten (§ 2 Abs. 2 VersStG). ³Hierunter sind insbesondere die Kautionsversicherungen (Bürgschafts- und Personenkautionsversicherungen) zu verstehen (vgl. BFH-Urteil vom 13. 7. 1972, V R 33/68, HFR 1973 S. 33). ⁴Es kann jedoch die Steuerbefreiung nach § 4 Nr. 8 Buchstabe g UStG in Betracht kommen (vgl. Abschnitt 4.8.12).

AE 4.10.2

S 7163

4.10.2. Verschaffung von Versicherungsschutz

(1) ¹Die Verschaffung eines Versicherungsschutzes liegt vor, wenn der Unternehmer mit einem Versicherungsunternehmen einen Versicherungsvertrag zugunsten eines Dritten abschließt (vgl. BFH-Urteil vom 9. 10. 2002, V R 67/01, BStBl 2003 II S. 378). ²Der Begriff Versicherungsschutz umfasst alle Versicherungsarten. ³Hierzu gehören z. B. Lebens-, Kranken-, Unfall-, Haftpflicht-, Rechtsschutz-, Diebstahl-, Feuer- und Hausratversicherungen. ⁴Unter die Steuerbefreiung fällt auch die Besorgung einer Transportversicherung durch den Unternehmer, der die Beförderung der versicherten Gegenstände durchführt; das gilt nicht für die Haftungsversicherung des Spediteurs, auch wenn diese dem Kunden in Rechnung gestellt wird.

(2) ¹Durch den Versicherungsvertrag muss der begünstigte Dritte – oder bei Lebensversicherungen auf den Todesfall der Bezugsberechtigte – das Recht erhalten, im Versicherungsfall die Versicherungsleistung zu fordern. ²Unerheblich ist es, ob dieses Recht unmittelbar gegenüber dem Versicherungsunternehmen oder mittelbar über den Unternehmer geltend gemacht werden kann. ³Bei der Frage, ob ein Versicherungsverhältnis vorliegt, ist von den Grundsätzen des VersStG auszugehen. ⁴Ein Vertrag, der einem Dritten (Arbeitnehmer oder Vereinsmitglied) lediglich die Befugnis einräumt, einen Versicherungsvertrag zu günstigeren Konditionen abzuschließen, verschafft keinen unmittelbaren Anspruch des Dritten gegen das Versicherungsunternehmen und demnach keinen Versicherungsschutz nach § 4 Nr. 10 Buchstabe b UStG. ⁵Auch in der Übernahme weiterer Aufgaben für das Versicherungsunternehmen (insbesondere Beitragsinkasso und Abwicklung des Geschäftsverkehrs) liegt kein Verschaffen von Versicherungsschutz. ⁶Für diese Tätigkeit kommt auch eine Steuerbefreiung nach § 4 Nr. 11 UStG nicht in Betracht.

AE 4.11.1

S 7167

4.11.1. Bausparkassenvertreter, Versicherungsvertreter, Versicherungsmakler

(1) ¹Die Befreiungsvorschrift des § 4 Nr. 11 UStG enthält eine ausschließliche Aufzählung der begünstigten Berufsgruppen. ²Sie kann auf andere Berufe, z. B. Bankenvertreter, auch wenn sie ähnliche Tätigkeitsmerkmale aufweisen, nicht angewendet werden (vgl. BFH-Urteil vom 16. 7. 1970, V R 138/69, BStBl II S. 709). ³Die Begriffe des Versicherungsvertreters und Versicherungsmaklers sind richtlinienkonform nach dem Gemeinschaftsrecht und nicht handelsrechtlich im Sinne von § 92 und § 93 HGB auszulegen (vgl. BFH-Urteil vom 6. 9. 2007, V R 50/05, BStBl 2008 II S. 829)..

(2) ¹Die Befreiung erstreckt sich auf alle Leistungen, die in Ausübung der begünstigten Tätigkeiten erbracht werden. ²Sie ist weder an eine bestimmte Rechtsform des Unternehmens gebunden, noch stellt sie darauf ab, dass die begünstigten Tätigkeiten im Rahmen der gesamten unternehmerischen Tätigkeit überwiegen. ³Unter die Befreiung fällt z. B. auch ein Kreditinstitut, das Bauspar- oder Versicherungsverträge vermittelt; zum Begriff der Vermittlung siehe Abschnitt 4.8.1. ⁴Zu der Tätigkeit des Kreditinstituts als Bausparkassenvertreter gehört auch die im Zusammenhang mit dieser Tätigkeit übernommene Bewilligung und Auszahlung der Bauspardarlehen. ⁵Der Wortlaut der Vorschrift „aus der Tätigkeit als" erfordert, dass die Umsätze des Berufsangehörigen für seinen Beruf charakteristisch, d. h. berufstypisch, sind. ⁶Auch die Betreuung, Überwachung oder Schulung von nachgeordneten selbständigen Vermittlern kann zur berufstypischen Tätigkeit eines Bauspar-

kassenvertreters, Versicherungsvertreters oder Versicherungsmaklers gehören, wenn der Unternehmer, der diese Leistungen übernimmt, durch Prüfung eines jeden Vertragsangebots mittelbar auf eine der Vertragsparteien einwirken kann. [7]Dabei ist auf die Möglichkeit abzustellen, eine solche Prüfung im Einzelfall durchzuführen. [8]Die Zahlung erfolgsabhängiger Vergütungen (sog. Superprovisionen) ist ein Beweisanzeichen, dass berufstypische Leistungen erbracht werden (vgl. BFH-Urteil vom 9. 7. 1998 – BStBl 1999 II S. 253). [9]Sog. „Backoffice-Tätigkeiten", die darin bestehen, gegen Vergütung Dienstleistungen für ein Versicherungsunternehmen zu erbringen, stellen keine zu Versicherungsumsätzen gehörenden Dienstleistungen im Sinne des § 4 Nr. 11 UStG dar, die von Versicherungsmaklern oder Versicherungsvertretern erbracht werden (vgl. EuGH-Urteil vom 3. 3. 2005, C-472/03, EuGHE I S. 1719). [10]Nach dem Wortlaut der Vorschrift sind die Hilfsgeschäfte von der Steuerbefreiung ausgeschlossen (vgl. BFH-Urteil vom 11. 4. 1957, V 46/56 U, BStBl III S. 222). [11]Es kann jedoch die Steuerbefreiung nach § 4 Nr. 28 UStG in Betracht kommen (vgl. Abschnitt 4.28.1). [12]Versicherungsmakler, die nach § 34d Abs. 1 Satz 4 GewO gegenüber Dritten, die nicht Verbraucher sind, beratend tätig werden (Honorarberatung), erbringen keine steuerfreie Leistung nach § 4 Nr. 11 UStG.

(3) Bestandspflegeleistungen in Form von nachwirkender Vertragsbetreuung, z. B. durch Hilfen bei Modifikationen oder Abwicklung von Verträgen, die gegen Bestandspflegeprovision erbracht werden, sind berufstypisch und somit nach § 4 Nr. 11 UStG steuerfrei.

4.11b.1 Umsatzsteuerbefreiung für Post-Universaldienstleistungen

Begünstigte Leistungen

(1) [1]Unter die Steuerbefreiung nach § 4 Nummer 11b UStG fallen nur bestimmte Post-Universaldienstleistungen. [2]Post-Universaldienstleistungen sind ein Mindestangebot an Postdienstleistungen, die flächendeckend im gesamten Gebiet der Bundesrepublik Deutschland in einer bestimmten Qualität und zu einem erschwinglichen Preis erbracht werden (§ 11 Postgesetz – PostG). [3]Inhalt, Umfang und Qualitätsmerkmale von Post-Universaldienstleistungen sind in der Post-Universaldienstleistungsverordnung (PUDLV) festgelegt.

(2) Unter die Steuerbefreiung nach § 4 Nummer 11b UStG fallen nur folgende Post-Universaldienstleistungen:

1. [1]Die Beförderung von Briefsendungen bis zu einem Gewicht von 2 000 Gramm. [2]Briefsendungen sind adressierte schriftliche Mitteilungen; Mitteilungen, die den Empfänger nicht mit Namen bezeichnen, sondern lediglich mit einer Sammelbezeichnung von Wohnung oder Geschäftssitz versehen sind, gelten nicht als adressiert und sind dementsprechend keine Briefsendungen (§ 4 Nummer 2 Sätze 1 und 3 PostG).

   [3]Briefsendungen sind nur dann der Art nach begünstigte Post-Universaldienstleistungen, wenn die Qualitätsmerkmale des § 2 PUDLV erfüllt sind:

   a) [1]Bundesweit müssen mindestens 12 000 stationäre Einrichtungen vorhanden sein, in denen Verträge über Briefbeförderungsleistungen abgeschlossen und abgewickelt werden können. [2]In allen Gemeinden mit mehr als 2 000 Einwohnern muss mindestens eine stationäre Einrichtung vorhanden sein; dies gilt in der Regel auch für Gemeinden, die gemäß landesplanerischen Vorgaben zentralörtliche Funktionen haben. [3]In Gemeinden mit mehr als 4 000 Einwohnern und Gemeinden, die gemäß landesplanerischen Vorgaben zentralörtliche Funktionen haben, ist grundsätzlich zu gewährleisten, dass in zusammenhängend bebauten Gebieten eine stationäre Einrichtung in maximal 2 000 Metern für die Kunden erreichbar ist. [4]Bei Veränderungen der stationären Einrichtungen ist frühzeitig, mindestens zehn Wochen vor der Maßnahme, das Benehmen mit der zuständigen kommunalen Gebietskörperschaft herzustellen. [5]Daneben muss in allen Landkreisen mindestens je Fläche von 80 Quadratkilometern eine stationäre Einrichtung vorhanden sein. [6]Alle übrigen Orte müssen durch einen mobilen Postservice versorgt werden. [7]Die Einrichtungen müssen werktäglich nachfragegerecht betriebsbereit sein.

   b) [1]Briefkästen müssen so ausreichend vorhanden sein, dass die Kunden in zusammenhängend bebauten Wohngebieten in der Regel nicht mehr als 1 000 Meter zurückzulegen haben, um zu einem Briefkasten zu gelangen. [2]Briefkästen sind jeden Werktag sowie bedarfsgerecht jeden Sonn- und Feiertag so zu leeren, dass die in Buchstabe c genannten Qualitätsmerkmale eingehalten werden können. [3]Dabei sind die Leerungszeiten der Briefkästen an den Bedürfnissen des Wirtschaftslebens zu orientieren; die Leerungszeiten und die nächste Leerung sind auf den Briefkästen anzugeben. [4]Briefkästen im Sinne der Sätze 1 und 2 sind auch andere zur Einlieferung von Briefsendungen geeignete Vorrichtungen.

   c) [1]Von den an einem Werktag eingelieferten inländischen Briefsendungen müssen – mit Ausnahme der Sendungen, die eine Mindesteinliefermenge von 50 Stück je Einlieferungsvorgang voraussetzen – im Jahresdurchschnitt mindestens 80 % an dem ersten auf den Einlieferungstag folgenden Werktag und 95 % bis zum zweiten auf den Einlieferungstag folgenden Werktag ausgeliefert werden. [2]Im grenzüberschreitenden Briefverkehr mit

§ 4 UStG
AE 4.11b.1

Mitgliedstaaten der Europäischen Union gelten die im Anhang der Richtlinie 97/67/EG des Europäischen Parlaments und des Rates vom 15.12.1997 über gemeinsame Vorschriften für die Entwicklung des Binnenmarktes der Postdienste der Gemeinschaft und die Verbesserung der Dienstequalität (ABl. EG 1998 Nr. L 15 S. 14) in der jeweils geltenden Fassung festgelegten Qualitätsmerkmale. ³Wird der Anhang dieser Richtlinie geändert, gelten die Qualitätsmerkmale in der geänderten Fassung vom ersten Tage des dritten auf die Veröffentlichung der Änderung folgenden Monats an.

d) ¹Briefsendungen sind zuzustellen, sofern der Empfänger nicht durch Einrichtung eines Postfaches oder in sonstiger Weise erklärt hat, dass er die Sendungen abholen will. ²Die Zustellung hat an der in der Anschrift genannten Wohn- oder Geschäftsadresse durch Einwurf in eine für den Empfänger bestimmte und ausreichend aufnahmefähige Vorrichtung für den Empfang von Briefsendungen oder durch persönliche Aushändigung an den Empfänger zu erfolgen. ³Kann eine Sendung nicht gemäß Satz 2 zugestellt werden, ist sie nach Möglichkeit einem Ersatzempfänger auszuhändigen, soweit keine gegenteilige Weisung des Absenders vorliegt. ⁴Ist die Wohn- oder Geschäftsadresse des Empfängers nur unter unverhältnismäßigen Schwierigkeiten zu erreichen oder fehlt eine geeignete und zugängliche Vorrichtung für den Empfang von Briefsendungen, kann der Empfänger von der Zustellung ausgeschlossen werden. ⁵Der Betroffene ist von dem beabsichtigten Ausschluss zu unterrichten.

e) Die Zustellung hat mindestens einmal werktäglich zu erfolgen.

2. ¹Die Beförderung von adressierten Büchern, Katalogen, Zeitungen und Zeitschriften, bis zu einem Gewicht von 2 000 Gramm. ²Die Beförderung muss durch Unternehmer erfolgen, die die Beförderung von Briefsendungen (vgl. vorstehende Nummer 1) oder die Beförderung von adressierten Paketen bis zu einem Gewicht von 20 Kilogramm durchführen (vgl. § 1 Absatz 1 Nummer 1 und 3 PUDLV i. V. m. § 4 Nummer 1 Buchstabe c PostG). ³Für das Vorliegen einer Post-Universaldienstleistung gelten für die Beförderung von adressierten Büchern und Katalogen die Qualitätsmerkmale für Briefsendungen (§ 2 PUDLV) entsprechend (vgl. vorstehende Nummer 1 Satz 3).

⁴Die Beförderung von Zeitungen und Zeitschriften ist nur dann der Art nach eine begünstigte Post-Universaldienstleistung, wenn die Qualitätsmerkmale des § 4 PUDLV erfüllt sind:

a) Zeitungen und Zeitschriften sind im Rahmen des betrieblich Zumutbaren bedarfsgerecht zu befördern.

b) ¹Zeitungen und Zeitschriften sind zuzustellen, sofern der Empfänger nicht durch Einrichtung eines Postfaches oder in sonstiger Weise erklärt hat, dass er die Sendungen abholen will. ²Die Zustellung hat an der in der Anschrift genannten Wohn- oder Geschäftsadresse durch Einwurf in eine für den Empfänger bestimmte und ausreichend aufnahmefähige Vorrichtung für den Empfang von Zeitungen und Zeitschriften oder durch persönliche Aushändigung an den Empfänger zu erfolgen. ³Kann eine Sendung nicht gemäß Satz 2 zugestellt werden, ist sie nach Möglichkeit einem Ersatzempfänger auszuhändigen, soweit keine gegenteilige Weisung des Absenders oder Empfängers vorliegt. ⁴Ist die Wohn- oder Geschäftsadresse des Empfängers nur unter unverhältnismäßigen Schwierigkeiten zu erreichen oder fehlt eine geeignete und zugängliche Vorrichtung für den Empfang von Zeitungen und Zeitschriften, kann der Empfänger von der Zustellung ausgeschlossen werden. ⁵Der Betroffene ist von dem beabsichtigten Ausschluss zu unterrichten.

c) Die Zustellung hat mindestens einmal werktäglich zu erfolgen.

3. ¹Die Beförderung von adressierten Paketen bis zu einem Gewicht von 10 Kilogramm.

²Die Beförderung von adressierten Paketen ist nur dann der Art nach eine begünstigte Post-Universaldienstleistung, wenn die Qualitätsmerkmale des § 3 PUDLV erfüllt sind:

a) Für die Bereitstellung von Einrichtungen, in denen Verträge über Paketbeförderungsleistungen abgeschlossen und abgewickelt werden können, gelten die Qualitätsmerkmale für Briefsendungen (§ 2 Nummer 1 PUDLV) entsprechend (vgl. vorstehende Nummer 1 Satz 3 Buchstabe a).

b) ¹Von den an einem Werktag eingelieferten inländischen Paketen müssen im Jahresdurchschnitt mindestens 80 % bis zum zweiten auf den Einlieferungstag folgenden Werktag ausgeliefert werden. ²Im grenzüberschreitenden Paketverkehr mit Mitgliedstaaten der Europäischen Union gelten die im Anhang der Richtlinie 97/67/EG des Europäischen Parlaments und des Rates vom 15.12.1997 über gemeinsame Vorschriften für die Entwicklung des Binnenmarktes der Postdienste der Gemeinschaft und die Verbesserung der Dienstequalität (ABl. EG 1998 Nr. L 15 S. 14) in der jeweils geltenden Fassung festgelegten Qualitätsmerkmale. ³Wird der Anhang dieser Richtlinie geändert, gelten die Qualitätsmerkmale in der geänderten Fassung vom ersten Tage des dritten auf die Veröffentlichung der Änderung folgenden Monats an.

c) ¹Pakete sind zuzustellen, sofern der Empfänger nicht erklärt hat, dass er die Sendungen abholen will. ²Die Zustellung hat an der in der Anschrift genannten Wohn- oder Geschäftsadresse durch persönliche Aushändigung an den Empfänger oder einen Ersatzempfänger zu erfolgen, soweit keine gegenteilige Weisung des Absenders oder Empfängers vorliegt.
d) Die Zustellung hat mindestens einmal werktäglich zu erfolgen.
4. ¹Einschreibsendungen. ²Einschreibsendungen sind Briefsendungen, die pauschal gegen Verlust, Entwendung oder Beschädigung versichert sind und gegen Empfangsbestätigung ausgehändigt werden (§ 1 Absatz 2 Nummer 1 PUDLV).

³Für das Vorliegen einer Post-Universaldienstleistung gelten die Qualitätsmerkmale für Briefsendungen (§ 2 PUDLV) entsprechend (vgl. vorstehende Nummer 1 Satz 3).
5. ¹Wertsendungen. ²Wertsendungen sind Briefsendungen, deren Inhalt in Höhe des vom Absender angegebenen Wertes gegen Verlust, Entwendung oder Beschädigung versichert ist (§ 1 Absatz 2 Nummer 2 PUDLV).

³Für das Vorliegen einer Post-Universaldienstleistung gelten die Qualitätsmerkmale für Briefsendungen (§ 2 PUDLV) entsprechend (vgl. vorstehende Nummer 1 Satz 3).

(3) ¹Weitere Voraussetzung für das Vorliegen einer der Art nach begünstigten Post-Universaldienstleistung ist für die unter Absatz 2 genannten Leistungen, dass der Preis für diese Leistungen erschwinglich sein muss. ²Der Preis gilt als erschwinglich, wenn er dem realen Preis für die durchschnittliche Nachfrage eines Privathaushalts nach der jeweiligen Post-Universaldienstleistung entspricht. ³Dies ist bei Briefsendungen bis zu einem Gewicht von 1.000 Gramm bis zu einer Einlieferungsmenge von weniger als 50 Sendungen grundsätzlich das nach § 19 PostG genehmigte Entgelt, wenn der Unternehmer auf diesem Markt marktbeherrschend ist. ⁴Bei allen anderen Post-Universaldienstleistungen, die nicht dieser Entgeltsgenehmigungspflicht unterliegen, ist dies das Entgelt, das der Unternehmer für die jeweilige Einzelleistung an Privathaushalte allgemein festgelegt hat. ⁵Als genehmigtes Entgelt ist auch das um 1 % verminderte Entgelt anzusehen, das der Leistungsempfänger für unter Absatz 2 genannte begünstigte Briefsendungen entrichtet, für die die Freimachung mittels einer Frankiermaschine (sog. Freistempler) durch den Leistungsempfänger erfolgt. ⁶Soweit eine Entgeltsminderung jedoch aus anderen Gründen gewährt wird, z. B. weil die Briefsendungen unmittelbar beim Anbieter der Post-Universaldienstleistung eingeliefert werden müssen, liegen die Voraussetzungen für die Steuerbefreiung nicht vor (vgl. nachfolgend unter Absatz 7).

Begünstigter Unternehmerkreis

(4) ¹Begünstigt können alle Unternehmer sein, die die in Absatz 2 genannten Leistungen selbst erbringen; hierzu gehören auch Unternehmenszusammenschlüsse. ²Voraussetzung ist, dass sie sich verpflichten, alle Post-Universaldienstleistungsbereiche bzw. einen einzelnen der in Absatz 2 genannten Post-Universaldienstleistungsbereiche ständig und flächendeckend im gesamten Gebiet der Bundesrepublik Deutschland anzubieten.

Beispiel 1:

¹Der Postdienstleistungsanbieter P verpflichtet sich, ständig anzubieten, Briefsendungen bis zu einem Gewicht von 2 000 Gramm im gesamten Gebiet der Bundesrepublik Deutschland durchzuführen. ²Die Voraussetzungen des § 2 PUDLV sind erfüllt.

³Die Durchführung der Briefsendungen bis zu einem Gewicht von 2 000 Gramm ist unter den weiteren Voraussetzungen des § 4 Nummer 11b UStG steuerfrei.

Beispiel 2:

¹Der Postdienstleistungsanbieter P verpflichtet sich, ständig anzubieten, Briefsendungen bis zu einem Gewicht von 2 000 Gramm sowie Paketsendungen bis zu einem Gewicht von 5 Kilogramm im gesamten Gebiet der Bundesrepublik Deutschland durchzuführen. ²Die Voraussetzungen der §§ 2 und 3 PUDLV sind erfüllt.

³Die Durchführung der Briefsendungen bis zu einem Gewicht von 2 000 Gramm durch P ist unter den weiteren Voraussetzungen des § 4 Nummer 11b UStG steuerfrei. ⁴Die Durchführung der Paketsendungen bis zu einem Gewicht von 5 Kilogramm ist dagegen steuerpflichtig, da P sich nicht verpflichtet hat, den gesamten Bereich der Paketsendungen bis zu einem Gewicht von 10 Kilogramm anzubieten.

Beispiel 3:

¹Der Postdienstleistungsanbieter P verpflichtet sich, ständig anzubieten, Briefsendungen bis zu einem Gewicht von 1 000 Gramm im gesamten Gebiet der Bundesrepublik Deutschland durchzuführen. ²Die Voraussetzungen der §§ 2 und 3 PUDLV sind erfüllt.

³Die Durchführung der Briefsendungen bis zu einem Gewicht von 1 000 Gramm ist steuerpflichtig, da P sich nicht verpflichtet hat, den gesamten Bereich der Briefsendungen bis zu einem Gewicht von 2 000 Gramm anzubieten.

Beispiel 4:

¹Der Postdienstleistungsanbieter P verpflichtet sich, ständig anzubieten, Briefsendungen bis zu einem Gewicht von 1 000 Gramm im gesamten Gebiet der Bundesrepublik Deutschland und Briefsendungen mit einem Gewicht von mehr als 1 000 Gramm bis zu einem Gewicht von 2 000 Gramm nur in Nordrhein-Westfalen durchzuführen. ²Die Voraussetzungen der §§ 2 und 3 PUDLV sind erfüllt.

³Die Durchführung der Briefsendungen ist insgesamt steuerpflichtig, da P sich nicht verpflichtet hat, den gesamten Bereich der Briefsendungen bis zu einem Gewicht von 2 000 Gramm ständig und flächendeckend im gesamten Gebiet der Bundesrepublik Deutschland anzubieten.

Der Art nach nicht unter die Steuerbefreiung fallende Leistungen

(5) Nicht unter die Steuerbefreiung fallen folgende in § 1 PUDLV genannte Leistungen:

1. Die Beförderung von Paketsendungen mit einem Gewicht von mehr als 10 Kilogramm,
2. die Beförderung von adressierten Büchern, Katalogen, Zeitungen und Zeitschriften mit einem Gewicht von jeweils mehr als 2 Kilogramm,
3. ¹Expresszustellungen. ²Expresszustellungen sind Briefsendungen, die so bald wie möglich nach ihrem Eingang bei einer Zustelleinrichtung des leistenden Unternehmers durch besonderen Boten zugestellt werden (§ 1 Absatz 2 Nummer 4 PUDLV),
4. ¹Nachnahmesendungen. ²Nachnahmesendungen sind Briefsendungen, die erst nach Einziehung eines bestimmten Geldbetrages an den Empfänger ausgehändigt werden (§ 1 Absatz 2 Nummer 3 PUDLV).

(6) ¹Ausdrücklich sind auch Leistungen, deren Bedingungen zwischen den Vertragsparteien individuell vereinbart werden, nicht steuerfrei (§ 4 Nummer 11b Satz 3 Buchstabe a UStG).
²Hierunter fallen auch Leistungen eines Postdienstleistungsanbieters an einen im eigenen Namen und für eigene Rechnung auftretenden sog. Konsolidierer, der Inhaber einer postrechtlichen Lizenz gem. § 51 Absatz 1 Satz 2 Nummer 5 PostG ist und Briefsendungen eines oder mehrerer Absender bündelt und vorsortiert in die Briefzentren des Postdienstleistungsanbieters einliefert, wenn der Postdienstleistungsanbieter dem Konsolidierer nachträglich Rabatte auf die festgelegten Entgelte für einzelne Briefsendungen gewährt.

Beispiel 1:

¹Der Konsolidierer K liefert an einem Tag 1 000 Briefsendungen des Absenders A vereinbarungsgemäß beim Postdienstleistungsanbieter P ein. ²K tritt gegenüber P im eigenen Namen und für eigene Rechnung auf. ³Das Standardporto für eine Briefsendung beträgt 0,55 €. ⁴K erhält für die Einlieferung von P einen Rabatt in Höhe von 21 %.

⁵Die von P an K erbrachte Postdienstleistung ist steuerpflichtig. ⁶Eine Steuerbefreiung ist wegen individueller Vereinbarungen zwischen den Vertragsparteien ausgeschlossen (§ 4 Nummer 11b Satz 3 Buchstabe a UStG).

³Tritt der Konsolidierer gegenüber dem Postdienstleistungsanbieter im Namen und für Rechnung der Absender auf, so dass die Postdienstleistung vom Postdienstleistungsanbieter gegenüber dem Absender der Briefsendung erbracht wird, und gewährt der Postdienstleistungsanbieter dem Absender über den Konsolidierer nachträglich einen Rabatt, fällt die Leistung ebenfalls nicht unter die Steuerbefreiung nach § 4 Nummer 11b UStG.

Beispiel 2:

¹Der Konsolidierer K liefert an einem Tag 1 000 Briefsendungen des Absenders A vereinbarungsgemäß beim Postdienstleistungsanbieter P ein. ²K tritt gegenüber P im Namen und für Rechnung des A auf. ³Das Standardporto für eine Briefsendung beträgt 0,55 €. ⁴K erhält für die Einlieferung von P einen Rabatt in Höhe von 21 %. ⁵K gewährt dem A einen Rabatt in Höhe von 8 %. ⁶Die Rabatte werden bereits im Zeitpunkt der Ausführung der sonstigen Leistung gewährt.

⁷Die von P an A erbrachte Postdienstleistung ist steuerpflichtig. ⁸Der Rabatt in Höhe von 21 % mindert das Entgelt für die von P an A erbrachte Postdienstleistung. ⁹§ 4 Nummer 11b Satz 3 Buchstabe a UStG schließt eine Steuerbefreiung aus.

⁴Zur Behandlung von Leistungen eines sog. Konsolidierers wird im Übrigen auf das BMF-Schreiben vom 13. 12. 2006 (BStBl 2007 I S. 119) verwiesen.

(7) ¹Nicht unter die Steuerbefreiung fallen außerdem nach § 4 Nummer 11b Satz 3 Buchstabe b UStG sog. AGB-Leistungen

a) mit nach den Allgemeinen Geschäftsbedingungen eines Anbieters festgelegten Qualitätsmerkmalen, die von den festgelegten Qualitätsmerkmalen (vgl. Absatz 2) abweichen,

§ 4 UStG
AE 4.11b.1

Beispiel:
[1]Der Postdienstleistungsanbieter P befördert den einzelnen Standardbrief bis 20 Gramm für ein Entgelt von 0,45 €. [2]In seinen Allgemeinen Geschäftsbedingungen bietet er an, Standardbriefe ab einer Einlieferungsmenge von 50 Stück für ein Entgelt von 0,40 € zu befördern, wenn die Briefe beim Anbieter unmittelbar eingeliefert werden. [3]Der Kunde K macht hiervon Gebrauch und liefert 100 Standardbriefe ein. [4]P stellt K ein Entgelt von 40 € in Rechnung.
[5]Die Beförderung der 100 Standardbriefe zu einem Entgelt von 40 € ist steuerpflichtig. [6]Die Steuerbefreiung nach § 4 Nummer 11b UStG kann nicht in Anspruch genommen werden, weil die Standardbriefe zwingend bei einer stationären Einrichtung des P eingeliefert werden müssen und nicht in einen Briefkasten eingeworfen werden können. [7]Es liegt somit keine begünstigte Post-Universaldienstleistung vor,

und/oder

b) [1]zu nach den Allgemeinen Geschäftsbedingungen eines Anbieters festgelegten Tarifen, die zwar grundsätzlich für jedermann zugänglich sind, aber nicht für den durchschnittlichen Nachfrager eines Privathaushalts bestimmt sind.

Beispiel:
[1]Der Postdienstleistungsanbieter P befördert den einzelnen Standardbrief bis 20 Gramm für ein Entgelt von 0,45 €. [2]In seinen Allgemeinen Geschäftsbedingungen bietet er an, Standardbriefe ab einer Einlieferungsmenge von 50 Stück für ein Entgelt von 0,40 € zu befördern. [3]Der Kunde K macht hiervon Gebrauch und liefert 100 Standardbriefe ein. [4]P stellt K ein Entgelt von 40 € in Rechnung.
[5]Die Beförderung der 100 Standardbriefe zu einem Entgelt von 40 € ist steuerpflichtig. [6]Die Steuerbefreiung nach § 4 Nummer 11b UStG kann nicht in Anspruch genommen werden, weil das Entgelt für die Einlieferung der 100 Standardbriefe von dem Entgelt für die Einlieferung von bis zu 50 Standardbriefen abweicht und der zugrunde liegende Tarif damit nicht für den durchschnittlichen Nachfrager eines Privathaushalts bestimmt ist.

[2]Hierzu gehört auch der Versand von sog. Postvertriebsstücken (Zeitungen und Zeitschriften), bei denen das Entgelt dasjenige unterschreitet, das für die Einzelsendung festgelegt ist,

bzw.

c) zu günstigeren Preisen als den nach § 19 PostG genehmigten Entgelten.

Beispiel:
[1]Der Postdienstleistungsanbieter P befördert den einzelnen Standardbrief bis 20 Gramm für ein nach § 19 PostG von der Bundesnetzagentur genehmigtes Entgelt von 0,45 €. 2In seinen Allgemeinen Geschäftsbedingungen bietet er an, Standardbriefe ab einer Einlieferungsmenge von 50 Stück für ein Entgelt von 0,40 € zu befördern. [3]Der Kunde K macht hiervon Gebrauch und liefert 100 Standardbriefe ein. [4]P stellt K ein Entgelt von 40 € in Rechnung.
[5]Die Beförderung der 100 Standardbriefe zu einem Entgelt von 40 € ist steuerpflichtig. [6]Die Steuerbefreiung nach § 4 Nummer 11b UStG kann nicht in Anspruch genommen werden, weil das Entgelt für die Einlieferung der 100 Standardbriefe von dem nach § 19 PostG von der Bundesnetzagentur genehmigten Entgelt für die Einlieferung von bis zu 50 Standardbriefen abweicht.

[2]Eine Steuerbefreiung kommt für diese Leistungen schon deshalb nicht in Betracht, weil es sich hierbei nicht um Post-Universaldienstleistungen im Sinne des Art. 3 der 1. Post-Richtlinie und damit auch im Sinne des § 11 PostG und der PUDLV handelt, da die darin genannten Qualitätsmerkmale nicht erfüllt werden. [3]Unbeachtlich ist, aus welchen Gründen das nach den Allgemeinen Geschäftsbedingungen vorgesehene niedrigere Entgelt vereinbart wurde. [4]So ist z. B. die Beförderung von Paketen und Büchern nicht steuerfrei, wenn diese mit einem Leitcode auf der Sendung eingeliefert werden und hierfür eine Entgeltsminderung gewährt wird.

(8) [1]Auch die förmliche Zustellung im Sinne des § 33 PostG (früher: Postzustellungsurkunde) fällt nicht unter die Steuerbefreiung nach § 4 Nummer 11b UStG, weil diese Leistung nicht unter die in § 1 PUDLV genannten Post-Universaldienstleistungen fällt. [2]Diese Leistung fällt auch nicht unter den Katalog der allgemein unabdingbaren Postdienstleistungen nach Art. 3 Absatz 4 der 1. Post-Richtlinie, für die unionsrechtlich eine Umsatzsteuerbegünstigung vorgesehen werden kann.

(9) [1]Nicht unter die Steuerbefreiung nach § 4 Nummer 11b UStG fällt auch die Transportversicherung für einen Brief. [2]Diese Leistung ist keine Nebenleistung zur Briefsendung, sondern eine eigenständige Leistung, die unter die Steuerbefreiung nach § 4 Nummer 10 Buchstabe a UStG fällt.

Feststellung des Vorliegens der Voraussetzungen der Steuerbefreiung

(10) [1]Die Feststellung, dass die Voraussetzungen für die Anwendung der Steuerbefreiung erfüllt sind, trifft nicht das für den Postdienstleister zuständige Finanzamt, sondern das Bundeszentralamt für Steuern (§ 4 Nummer 11b Satz 2 UStG). [2]Hierzu muss der Unternehmer, der die Steuerbefrei-

ung für alle oder für Teilbereiche der unter die Begünstigung fallenden Leistungen (vgl. Absatz 2) in Anspruch nehmen will, einen entsprechenden formlosen Antrag beim Bundeszentralamt für Steuern (BZSt), An der Küppe 1, 53225 Bonn, stellen. ³Der Antragsteller hat in seinem Antrag darzulegen, für welche Leistungen er die Steuerbefreiung in Anspruch nehmen will. ⁴Hierzu muss er erklären, dass er sich verpflichtet, die genannten Leistungen flächendeckend zu erbringen und im Einzelnen nachweisen, dass die weiteren Voraussetzungen für das Vorliegen einer Post-Universaldienstleistung bei den von ihm zu erbringenden Leistungen erfüllt sind. ⁵Dabei hat der Antragsteller seine unternehmerische Konzeption für sein Angebot an Post-Universaldienstleistungen darzulegen.

(11) Stellt das BZSt fest, dass die Voraussetzungen für die Steuerbefreiung vorliegen, erteilt es hierüber dem Antragsteller eine entsprechende Bescheinigung.

(12) Stellt sich im Nachhinein heraus, dass die Voraussetzungen für die Bescheinigung nicht oder nicht mehr vorliegen, nimmt sie das Bundeszentralamt für Steuern – ggf. auch rückwirkend – zurück."

Anwendung

(13) Soweit das BMF-Schreiben vom 13.12.2006 (BStBl 2007 I S. 119) diesem Abschnitt entgegensteht, ist es nicht mehr anzuwenden.

(14) Liegen für Leistungen nach § 4 Nr. 11b UStG auch die Voraussetzungen der Steuerbefreiung für Leistungen im Zusammenhang mit Gegenständen der Ausfuhr (§ 4 Nr. 3 Satz 1 Buchstabe a Doppelbuchstabe aa UStG) vor, geht die Steuerbefreiung des § 4 Nr. 11b UStG dieser Steuerbefreiung vor.

4.12.1. Vermietung und Verpachtung von Grundstücken

AE 4.12.1

S 7168

(1) ¹Der Begriff des Grundstücks in § 4 Nr. 12 UStG stimmt grundsätzlich mit dem Grundstücksbegriff des BGB überein (vgl. BFH-Urteil vom 15.12.1966, V 252/63, BStBl 1967 III S. 209). ²Die Frage, ob eine Vermietung oder Verpachtung eines Grundstücks im Sinne des § 4 Nr. 12 Satz 1 Buchstabe a UStG vorliegt, ist grundsätzlich nach bürgerlichem Recht zu beurteilen (BFH-Urteile vom 25.3.1971, V R 96/67, BStBl II S. 473, und vom 4.12.1980, V R 60/79, BStBl 1981 II S. 231). ³Es kommt nicht darauf an, ob in einem Vertrag die Bezeichnungen „Miete" oder „Pacht" gebraucht werden. ⁴Entscheidend ist vielmehr, ob der Vertrag inhaltlich als Mietvertrag oder Pachtvertrag anzusehen ist. ⁵Der Vermietung eines Grundstücks gleichzusetzen ist der Verzicht auf Rechte aus dem Mietvertrag gegen eine Abstandszahlung (vgl. EuGH-Urteil vom 15.12.1993, C-63/92, BStBl 1995 II S. 480). ⁶Eine Dienstleistung, die darin besteht, dass eine Person, die ursprünglich kein Recht an einem Grundstück hat, aber gegen Entgelt die Rechte und Pflichten aus einem Mietvertrag über dieses Grundstück übernimmt, ist nicht von der Umsatzsteuer befreit (vgl. EuGH-Urteile vom 9.10.2001, C-409/98, EuGHE I S. 7175, und C-108/99, EuGHE I S. 7257).

(2) ¹Eine Grundstücksvermietung liegt vor, wenn dem Mieter zeitweise der Gebrauch eines Grundstücks gewährt wird (§ 535 BGB). ²Dies setzt voraus, dass dem Mieter eine bestimmte, nur ihm zur Verfügung stehende Grundstücksfläche unter Ausschluss anderer zum Gebrauch überlassen wird. ³Es ist aber nicht erforderlich, dass die vermietete Grundstücksfläche bereits im Zeitpunkt des Abschlusses des Mietvertrages bestimmt ist. ⁴Der Mietvertrag kann auch über eine zunächst unbestimmte, aber bestimmbare Grundstücksfläche (z. B. Fahrzeugabstellplatz) geschlossen werden. ⁵Die spätere Konkretisierung der Grundstücksfläche kann durch den Vermieter oder den Mieter erfolgen. ⁶Die Dauer des Vertragsverhältnisses ist ohne Bedeutung. ⁷Auch die kurzfristige Gebrauchsüberlassung eines Grundstücks kann daher die Voraussetzungen einer Vermietung erfüllen. ⁸Eine Grundstücksverpachtung ist gegeben, wenn dem Pächter das Grundstück nicht nur zum Gebrauch überlassen, sondern ihm auch der Fruchtgenuss gewährt wird (§ 581 BGB).

(3) ¹Die Steuerbefreiung nach § 4 Nr. 12 Satz 1 Buchstabe a UStG gilt nicht nur für die Vermietung und die Verpachtung von ganzen Grundstücken, sondern auch für die Vermietung und die Verpachtung von Grundstücksteilen. ²Hierzu gehören insbesondere Gebäude und Gebäudeteile wie Stockwerke, Wohnungen und einzelne Räume (vgl. BFH-Urteil vom 8.10.1991, V R 89/86, BStBl 1992 II S. 108). ³Zur Vermietung von Abstellflächen für Fahrzeuge vgl. Abschnitt 4.12.9. ⁴Steuerfrei ist auch die Überlassung von Werkdienstwohnungen durch Arbeitgeber als Arbeitnehmer (BFH-Urteile vom 30.7.1986, V R 99/76, BStBl II S. 877, und vom 7.10.1987, V R 2/79, BStBl 1988 II S. 88). ⁵Wegen der Überlassung von Räumen einer Pension an Saison-Arbeitnehmer vgl. aber Abschnitt 84 Abs. 2 Satz 3. ⁶Soweit die Verwendung eines dem Unternehmen zugeordneten Grundstücks/Gebäudes für nichtunternehmerische Zwecke steuerbar ist *und die Übergangsregelung nach § 27 Abs. 16 UStG Anwendung findet (vgl. auch Abschnitt 3.4 Abs. 6 bis 8)*, ist diese nicht einer steuerfreien Grundstücksvermietung i. S. d. § 4 Nr. 12 Satz 1 Buchstabe a UStG gleichgestellt (vgl. BFH-Urteil vom 24.7.2003, V R 39/99, BStBl 2004 II S. 371, und BMF-Schreiben vom 13.4.2004, BStBl I S. 469).

§ 4 UStG
AE 4.12.1, AE 4.12.2

(4) ¹Eine Grundstücksvermietung liegt regelmäßig nicht vor bei der Vermietung von Baulichkeiten, die nur zu einem vorübergehenden Zweck mit dem Grund und Boden verbunden und daher keine Bestandteile des Grundstücks sind (vgl. BFH-Urteil vom 15. 12. 1966, V 252/63, BStBl 1967 III S. 209). ²Steuerpflichtig kann hiernach insbesondere die Vermietung von Büro- und Wohncontainern, Baubuden, Kiosken, Tribünen und ähnlichen Einrichtungen sein.³Allerdings stellt die Vermietung eines Gebäudes, das aus Fertigteilen errichtet wird, die so in das Erdreich eingelassen werden, dass sie zwar leicht demontiert noch leicht versetzt werden können, die Vermietung eines Grundstücks dar, auch wenn dieses Gebäude nach Beendigung des Mietvertrags entfernt und auf einem anderen Grundstück wieder verwendet werden soll (vgl. EuGH-Urteil vom 16. 1. 2003, C-315/00, EuGHE I S. 563).

(5) ¹Zu den nach § 4 Nr. 12 Satz 1 UStG steuerfreien Leistungen der Vermietung und Verpachtung von Grundstücken gehören auch die damit in unmittelbarem wirtschaftlichen Zusammenhang stehenden üblichen Nebenleistungen (RFH-Urteil vom 17. 3. 1933, V A 390/32, RStBl S. 1326, und BFH-Urteil vom 9. 12. 1971, V R 84/71, BStBl 1972 II S. 203). ²Dies sind Leistungen, die im Vergleich zur Grundstücksvermietung bzw. -verpachtung nebensächlich sind, mit ihr eng zusammenhängen und in ihrem Gefolge üblicherweise vorkommen. ³Als Nebenleistungen sind in der Regel die Lieferung von Wärme, die Versorgung mit Wasser, auch mit Warmwasser, die Überlassung von Waschmaschinen, die Flur- und Treppenreinigung, die Treppenbeleuchtung sowie die Lieferung von Strom durch den Vermieter anzusehen (vgl. BFH-Urteil vom 15. 1. 2009, V R 91/07, BStBl II S. 615 und EuGH-Urteil vom 11. 6. 2009, C-572/07, BFH/NV 2009 S. 1368). ⁴Eine Nebenleistung zur Wohnungsvermietung ist in der Regel auch die von dem Vermieter einer Wohnanlage vertraglich übernommene Balkonbepflanzung (BFH-Urteil vom 9. 12. 1971, V R 84/71, BStBl 1972 II S. 203).

(6) ¹Keine Nebenleistungen sind die Lieferungen von Heizgas und Heizöl. ²Die Steuerbefreiung erstreckt sich ebenfalls nicht auf mitvermietete Einrichtungsgegenstände, z. B. auf das Büromobiliar (RFH-Urteile vom 5. 5. 1939, V 498/38, RStBl S. 806, und vom 23. 2. 1940, V 303/38, RStBl S. 448). ³Keine Nebenleistung ist ferner die mit der Vermietung von Büroräumen verbundene Berechtigung zur Benutzung der zentralen Fernsprech- und Fernschreibanlage eines Bürohauses (BFH-Urteil vom 14. 7. 1977, V R 20/74, BStBl II S. 881).

4.12.2. Vermietung von Plätzen für das Abstellen von Fahrzeugen

AE 4.12.2

(1) ¹Die Vermietung von Plätzen für das Abstellen von Fahrzeugen ist nach § 4 Nr. 12 Satz 2 UStG umsatzsteuerpflichtig. ²Als Plätze für das Abstellen von Fahrzeugen kommen Grundstücke einschließlich Wasserflächen (vgl. BFH-Urteil vom 8. 10. 1991, V R 46/88, BStBl 1992 II S. 368, und EuGH-Urteil vom 3. 3. 2005, C-428/02, EuGHE I S. 1527) oder Grundstücksteile in Betracht. ³Die Bezeichnung des Platzes oder die bauliche oder technische Gestaltung (z. B. Befestigung, Begrenzung, Überdachung) sind ohne Bedeutung. ⁴Auch auf die Dauer der Nutzung als Stellplatz kommt es nicht an. ⁵Die Stellplätze können sich im Freien (z. B. Parkplätze, Parkbuchten, Bootsliegeplätze) oder in Parkhäusern, Tiefgaragen, Einzelgaragen, Boots- und Flugzeughallen befinden. ⁶Auch andere Flächen (z. B. landwirtschaftliche Grundstücke), die aus besonderem Anlass (z. B. Sport- und Festveranstaltung) nur vorübergehend für das Abstellen von Fahrzeugen genutzt werden, gehören zu den Stellplätzen in diesem Sinne.

S 7168

(2) ¹Als Fahrzeuge sind vor allem Beförderungsmittel anzusehen. ²Das sind Gegenstände, deren Hauptzweck auf die Beförderung von Personen und Gütern zu Lande, zu Wasser oder in der Luft gerichtet ist und die sich auch tatsächlich fortbewegen. ³Hierzu gehören auch Fahrzeuganhänger sowie Elektro-Caddywagen. ⁴Tiere (z. B. Reitpferde) können zwar Beförderungsmittel sein, sie fallen jedoch nicht unter den Fahrzeugbegriff (vgl. Abschnitt 3a.5 Abs. 3 Satz 2). ⁵Der Begriff des Fahrzeugs nach § 4 Nr. 12 Satz 2 UStG geht jedoch über den Begriff des Beförderungsmittels hinaus. ⁶Als Fahrzeuge sind auch Gegenstände anzusehen, die sich tatsächlich fortbewegen, ohne dass die Beförderung von Personen und Gütern im Vordergrund steht. ⁷Hierbei handelt es sich insbesondere um gewerblich genutzte Gegenstände (z. B. Bau- und Ladekräne, Bagger, Planierraupen, Gabelstapler, Elektrokarren), landwirtschaftlich genutzte Gegenstände (z. B. Mähdrescher, Rübenernter) und militärisch genutzte Gegenstände (z. B. Panzer, Kampfflugzeuge, Kriegsschiffe).

(3) ¹Eine Vermietung von Plätzen für das Abstellen von Fahrzeugen liegt vor, wenn dem Fahrzeugbesitzer der Gebrauch einer Stellfläche überlassen wird. ²Auf die tatsächliche Nutzung der überlassenen Stellfläche als Fahrzeugstellplatz durch den Mieter kommt es nicht an. ³§ 4 Nr. 12 Satz 2 UStG gilt auch für die Vermietung eines Parkplatz-Grundstücks, wenn der Mieter dort zwar nicht selbst parken will, aber entsprechend der Vereinbarung im Mietvertrag das Grundstück Dritten zum Parken überlässt (vgl. BFH-Urteil vom 30. 3. 2006, V R 52/05, BStBl II S. 731). ⁴Die Vermietung ist umsatzsteuerfrei, wenn sie eine Nebenleistung zu einer steuerfreien Grundstücksvermietung ist, insbesondere zu einer steuerfreien Grundstücksvermietung nach § 4 Nr. 12 Satz 1 UStG. ⁵Für die Annahme einer Nebenleistung ist es unschädlich, wenn die steuerfreie Grundstücksvermietung und die Stellplatzvermietung zivilrechtlich in getrennten Verträgen vereinbart werden. ⁶Beide Verträge müssen aber zwischen denselben Vertragspartnern abgeschlossen sein. ⁷Die Verträge kön-

nen jedoch zu unterschiedlichen Zeiten zustande kommen. [8]Für die Annahme einer Nebenleistung ist ein räumlicher Zusammenhang zwischen Grundstück und Stellplatz erforderlich. [9]Dieser Zusammenhang ist gegeben, wenn der Platz für das Abstellen des Fahrzeugs Teil eines einheitlichen Gebäudekomplexes ist oder sich in unmittelbarer Nähe des Grundstücks befindet (z. B. Reihenhauszeile mit zentralem Garagengrundstück).

Beispiel 1:

[1]Vermieter V und Mieter M schließen über eine Wohnung und einen Fahrzeugstellplatz auf dem gleichen Grundstück zwei Mietverträge ab.

[2]Die Vermietung des Stellplatzes ist eine Nebenleistung zur Wohnungsvermietung. [3]Das gilt auch, wenn der Vertrag über die Stellplatzvermietung erst zu einem späteren Zeitpunkt abgeschlossen wird.

Beispiel 2:

[1]Ein Vermieter vermietet an eine Gemeinde ein Bürogebäude und die auf dem gleichen Grundstück liegenden und zur Nutzung des Gebäudes erforderlichen Plätze zum Abstellen von Fahrzeugen.

[2]Die Vermietung der Fahrzeugstellplätze ist als Nebenleistung zur Vermietung des Bürogebäudes anzusehen.

Beispiel 3:

[1]Vermieter V schließt mit dem Mieter M1 einen Wohnungsmietvertrag und mit dem im Haushalt von M1 lebenden Sohn M2 einen Vertrag über die Vermietung eines zur Wohnung gehörenden Fahrzeugstellplatzes ab.

[2]Die Vermietung des Stellplatzes ist eine eigenständige steuerpflichtige Leistung. [3]Eine Nebenleistung liegt nicht vor, weil der Mieter der Wohnung und der Mieter des Stellplatzes verschiedene Personen sind. [4]Ohne Bedeutung ist, dass M2 im Haushalt von M1 lebt.

Beispiel 4:

[1]Eine GmbH vermietet eine Wohnung. [2]Der Geschäftsführer der GmbH vermietet seine im Privateigentum stehende Garage im gleichen Gebäudekomplex an denselben Mieter.

[3]Da die Mietverträge nicht zwischen denselben Personen abgeschlossen sind, liegen zwei selbständig zu beurteilende Leistungen vor.

Beispiel 5:

[1]Vermieter V1 eines Mehrfamilienhauses kann keine eigenen Stellplätze anbieten. [2]Zur besseren Vermietung seiner Wohnungen hat er mit seinem Nachbarn V2 einen Rahmenvertrag über die Vermietung von Fahrzeugstellplätzen abgeschlossen. [3]Dieser vermietet die Stellplätze unmittelbar an die Wohnungsmieter.

[4]Es bestehen zwei Leistungsbeziehungen zu den Wohnungs- und Stellplatzmietern. [5]Die Stellplatzvermietung durch V2 ist als selbständige Leistung steuerpflichtig. [6]Gleiches gilt, wenn V1 den Rahmenvertrag mit V2 aus baurechtlichen Verpflichtungen zur Bereitstellung von Parkflächen abschließt.

Beispiel 6:

[1]Ein Grundstückseigentümer ist gegenüber einem Wohnungsvermieter V verpflichtet, auf einem in seinem Eigentum befindlichen Nachbargrundstück die Errichtung von Fahrzeugstellplätzen für die Mieter des V zu dulden (Eintragung einer dinglichen Baulast im Grundbuch). [2]V mietet die Parkflächen insgesamt an und vermietet sie an seine Wohnungsmieter weiter.

[3]Die Vermietung der Stellplätze durch den Grundstückseigentümer an V ist steuerpflichtig. [4]Die Weitervermietung der in räumlicher Nähe zu den Wohnungen befindlichen Stellplätze ist eine Nebenleistung zur Wohnungsvermietung des V.

Beispiel 7:

[1]Eine Behörde einer Gebietskörperschaft vermietet im Rahmen eines Betriebes gewerblicher Art Wohnungen und zu den Wohnungen gehörige Fahrzeugstellplätze. [2]Die Vermietung der Wohnung wird durch Verwaltungsvereinbarung einer anderen Behörde der gleichen Gebietskörperschaft übertragen. [3]Die Stellplatzmietverträge werden weiterhin von der bisherigen Behörde abgeschlossen.

[4]Da die Behörden der gleichen Gebietskörperschaft angehören, ist auf der Vermieterseite Personenidentität bei der Vermietung der Wohnung und der Stellplätze gegeben. [5]Die Stellplatzvermietungen sind Nebenleistungen zu den Wohnungsvermietungen.

4.12.3. Vermietung von Campingflächen

(1) [1]Die Leistungen der Campingplatzunternehmer sind als Grundstücksvermietungen im Sinne des § 4 Nr. 12 Satz 1 UStG anzusehen, wenn sie darauf gerichtet sind, dem Benutzer des Camping-

platzes den Gebrauch einer bestimmten, nur ihm zur Verfügung stehenden Campingfläche zu gewähren (vgl. Abschnitt 4.12.1 Abs. 2). ²Die Dauer der Überlassung der Campingfläche ist für die Frage, ob eine Vermietung vorliegt, ohne Bedeutung.

(2) ¹Die Überlassung einer Campingfläche ist nur dann steuerfrei, wenn sie nicht kurzfristig ist, d. h., wenn die tatsächliche Gebrauchsüberlassung mindestens sechs Monate beträgt (BFH-Urteil vom 13. 2. 2008; XI R 51/06, BStBl 2009 II S. 63).

Beispiel 1:
¹Eine Campingfläche wird auf unbestimmte Dauer vermietet. ²Der Vertrag kann monatlich gekündigt werden.
³Die Vermietung ist als langfristig anzusehen und somit steuerfrei. ⁴Endet die tatsächliche Gebrauchsüberlassung jedoch vor Ablauf von sechs Monaten, handelt es sich insgesamt um eine steuerpflichtige kurzfristige Vermietung.

Beispiel 2:
¹Eine Campingfläche wird für drei Monate vermietet. ²Der Mietvertrag verlängert sich automatisch um je einen Monat, wenn er nicht vorher gekündigt wird.
³Die Vermietung ist als kurzfristig anzusehen und somit steuerpflichtig. ⁴Dauert die tatsächliche Gebrauchsüberlassung jedoch mindestens sechs Monate, handelt es sich insgesamt um eine steuerfreie langfristige Vermietung.

²Zur Anwendung des ermäßigten Steuersatzes auf Umsätze aus der kurzfristigen Vermietung von Campingflächen siehe Abschnitt 12.16.

(3) ¹Die vom Campingplatzunternehmer durch die Überlassung von üblichen Gemeinschaftseinrichtungen gewährten Leistungen sind gegenüber der Vermietung der Campingfläche von untergeordneter Bedeutung. ²Sie sind als Nebenleistungen anzusehen, die den Charakter der Hauptleistung als Grundstücksvermietung nicht beeinträchtigen. ³Zu den üblichen Gemeinschaftseinrichtungen gehören insbesondere Wasch- und Duschräume, Toiletten, Wasserzapfstellen, elektrische Anschlüsse, Vorrichtungen zur Müllbeseitigung, Kinderspielplätze. ⁴Die Nebenleistungen fallen unter die Steuerbefreiung für die Grundstücksvermietung. ⁵Dies gilt auch dann, wenn für sie ein besonderes Entgelt berechnet wird. ⁶Die vom Campingplatzunternehmer durch die Überlassung von Wasserzapfstellen, Abwasseranschlüssen und elektrischen Anschlüssen erbrachten Leistungen sind in den Fällen nicht als Nebenleistungen steuerfrei, in denen die Einrichtungen nicht für alle Benutzer gemeinschaftlich, sondern gesondert für einzelne Benutzer bereitgestellt werden und es sich um Betriebsvorrichtungen im Sinne von § 4 Nr. 12 Satz 2 UStG handelt (vgl. BFH-Urteil vom 28. 5. 1998, V R 19/96, BStBl 2010 II S. 307). ⁷Bei den Lieferungen von Strom, Wärme und Wasser durch den Campingplatzunternehmer ist entsprechend den Regelungen in Abschnitt 4.12.1 Abs. 5 und 6 zu verfahren.

(4) ¹Leistungen, die nicht durch die Überlassung von üblichen Gemeinschaftseinrichtungen erbracht werden, sind nicht als Nebenleistungen anzusehen. ²Es handelt sich hier in der Regel um Leistungen, die darin bestehen, dass den Benutzern der Campingplätze besondere Sportgeräte, Sportanlagen usw. zur Verfügung gestellt werden wie z. B. Segelboote, Wasserski, Reitpferde, Tennisplätze, Minigolfplätze, Hallenbäder, Saunabäder. ³Derartige Leistungen sind umsatzsteuerrechtlich gesondert zu beurteilen. ⁴Die Überlassung von Sportgeräten fällt nicht unter die Steuerbefreiung nach § 4 Nr. 12 Satz 1 Buchstabe a UStG. ⁵Das Gleiche gilt für die Überlassung von Sportanlagen (BFH-Urteil vom 31. 5. 2001, V R 97/98, BStBl II S. 658). ⁶Wird für die bezeichneten Leistungen und für die Vermietung der Campingfläche ein Gesamtentgelt berechnet, ist dieses Entgelt im Schätzungswege aufzuteilen.

4.12.4. Abbau- und Ablagerungsverträge

(1) ¹Verträge, durch die der Grundstückseigentümer einem anderen gestattet, die im Grundstück vorhandenen Bodenschätze, z. B. Sand, Kies, Kalk, Torf, abzubauen, sind regelmäßig als Pachtverträge über Grundstücke nach § 581 BGB anzusehen (BFH-Urteile vom 27. 11. 1969, V R 166/65, BStBl 1970 II S. 138, und vom 28. 6. 1973, V R 7/72, BStBl II S. 717). ²Die Leistungen aus einem derartigen Vertrag sind nach § 4 Nr. 12 Satz 1 Buchstabe a UStG von der Umsatzsteuer befreit.

(2) ¹Verträge über die entgeltliche Überlassung von Grundstücken zur Ablagerung von Abfällen – z. B. Überlassung eines Steinbruchs zur Auffüllung mit Klärschlamm – sind als Mietverträge nach § 535 BGB anzusehen (BGH-Urteil vom 8. 12. 1982, VIII ZR 219/81, BGHZ 86, 71 und NJW 1983, 679). ²Die Überlassung eines Grundstücks zu diesem vertraglichen Gebrauch ist daher nach § 4 Nr. 12 Satz 1 Buchstabe a UStG von der Umsatzsteuer befreit. ³Dies gilt auch dann, wenn sich das Entgelt nicht nach der Nutzungsdauer, sondern nach der Menge der abgelagerten Abfälle bemisst.

4.12.5. Gemischte Verträge

(1) ¹Ein gemischter Vertrag liegt vor, wenn die Leistungsvereinbarung sowohl Elemente einer Grundstücksüberlassung als auch anderer Leistungen umfasst. ²Bei einem solchen Vertrag ist nach

den allgemeinen Grundsätzen des Abschnitts 3.10 Absätze 1 bis 4 zunächst zu prüfen, ob es sich um eine einheitliche Leistung oder um mehrere selbständige Leistungen handelt. [3]Liegen mehrere selbständige Leistungen vor, ist zu prüfen, ob diese nach den Grundsätzen von Haupt- und Nebenleistung (vgl. Abschnitt 3.10 Abs. 5) einheitlich zu beurteilen sind.

(2) [1]Liegt nach Absatz 1 eine einheitlich zu beurteilende Leistung vor, ist für die Steuerbefreiung nach § 4 Nr. 12 Satz 1 Buchstabe a UStG entscheidend, ob das Vermietungselement der Leistung ihr Gepräge gibt (vgl. BFH-Urteile vom 31. 5. 2001, V R 97/98, BStBl II S. 658, und vom 24. 1. 2008, V R 12/05, BStBl 2009 II S. 60). [2]In diesem Fall ist die Leistung insgesamt steuerfrei. [3]Eine Aufteilung des Entgelts in einen auf das Element der Grundstücksüberlassung und einen auf den Leistungsteil anderer Art entfallenden Teil ist nicht zulässig. [4]Zur Abgrenzung gegenüber insgesamt steuerpflichtigen Leistungen vgl. Abschnitt 4.12.6 Abs. 2.

AE 4.12.6

S 7168

4.12.6. Verträge besonderer Art

(1) [1]Ein Vertrag besonderer Art liegt vor, wenn die Gebrauchsüberlassung des Grundstücks gegenüber anderen wesentlicheren Leistungen zurücktritt und das Vertragsverhältnis ein einheitliches, unteilbares Ganzes darstellt (BFH-Urteile vom 19. 12. 1952, V 4/51 U, BStBl 1953 III S. 98, und vom 31. 5. 2001, V R 97/98, BStBl II S. 658). [2]Bei einem Vertrag besonderer Art kommt die Steuerbefreiung nach § 4 Nr. 12 UStG weder für die gesamte Leistung noch für einen Teil der Leistung in Betracht.

(2) Verträge besonderer Art liegen z. B. in folgenden Fällen vor:

1. Der Veranstalter einer Ausstellung überlässt den Ausstellern unter besonderen Auflagen Freiflächen oder Stände in Hallen zur Schaustellung gewerblicher Erzeugnisse (BFH-Urteil vom 25. 9. 1953, V 177/52 U, BStBl III S. 335).
2. Ein Schützenverein vergibt für die Dauer eines von ihm veranstalteten Schützenfestes Teilflächen des Festplatzes unter bestimmten Auflagen zur Aufstellung von Verkaufsständen, Schankzelten, Schaubuden, Karussells und dergleichen (BFH-Urteil vom 21. 12. 1954, V 125/53 U, BStBl 1955 III S. 59).
3. Eine Gemeinde überlässt Grundstücksflächen für die Dauer eines Jahrmarktes, an dem neben Verkaufsbetrieben überwiegend Gaststätten-, Vergnügungs- und Schaubetriebe teilnehmen (BFH-Urteile vom 7. 4. 1960, V 143/58 U, BStBl III S. 261, und vom 25. 4. 1968, V 120/64, BStBl 1969 II S. 94).
4. Ein Hausbesitzer überlässt Prostituierten Zimmer und schafft bzw. unterhält gleichzeitig durch Maßnahmen oder Einrichtungen eine Organisation, die die gewerbsmäßige Unzucht der Bewohnerinnen fördert (BFH-Urteil vom 10. 8. 1961, V 95/60 U, BStBl III S. 525).
5. Ein Unternehmer übernimmt neben der Raumüberlassung die Lagerung und Aufbewahrung von Gütern – Lagergeschäft §§ 467 ff. HGB – (vgl. BFH-Urteil vom 14. 11. 1968, V 191/65, BStBl 1969 II S. 120).
6. Ein Hausbesitzer überlässt die Außenwandflächen oder Dachflächen des Gebäudes zu Reklamezwecken (BFH-Urteil vom 23. 10. 1957, V 153/55 U, BStBl III S. 457).
7. Eine Gemeinde gestattet einem Unternehmer, auf öffentlichen Wegen und Plätzen Anschlagtafeln zu errichten und auf diesen Wirtschaftswerbung zu betreiben (BFH-Urteil vom 31. 7. 1962, I 283/61 U, BStBl III S. 476).
8. Ein Unternehmer gestattet die Benutzung eines Sportplatzes oder eines Schwimmbades (Sportanlage) gegen Eintrittsgeld (vgl. BFH-Urteil vom 31. 5. 2001, V R 97/98, BStBl II S. 658).
9. Ein Golfclub stellt vereinsfremden Spielern seine Anlage gegen Entgelt (sog. Greenfee) zur Verfügung (vgl. BFH-Urteil vom 9. 4. 1987, V R 150/78, BStBl II S. 659).
10. Vereinen oder Schulen werden einzelne Schwimmbahnen zur Verfügung gestellt (vgl. BFH-Urteile vom 10. 2. 1994, V R 33/92, BStBl II S. 668, und vom 31. 5. 2001, V R 97/98, BStBl II S. 568).
11. Zwischen denselben Beteiligten werden ein Tankstellenvertrag – Tankstellenagenturvertrag – und ein Tankstellenmietvertrag – Vertrag über die Nutzung der Tankstelle – abgeschlossen, die beide eine Einheit bilden, wobei die Bestimmungen des Tankstellenvertrages eine beherrschende und die des Mietvertrages eine untergeordnete Rolle spielen (BFH-Urteile vom 5. 2. 1959, V 138/57 U, BStBl III S. 223, und vom 21. 4. 1966, V 200/63, BStBl III S. 415).
12. [1]Betreiber eines Alten- oder Pflegeheimes erbringen gegenüber pflegebedürftigen Heiminsassen umfassende medizinische und pflegerische Betreuung und Versorgung. [2]Die nach § 4 Nr. 12 Satz 1 Buchstabe a UStG steuerfreie Vermietung von Grundstücken tritt hinter diese Leistungen zurück (vgl. BFH-Urteil vom 21. 4. 1993, XI R 55/90, BStBl 1994 II S. 266). [3]Für die Leistungen der Alten- oder Pflegeheimbetreiber kann die Steuerbefreiung nach § 4 Nr. 16 Satz 1 Buchstabe c, d oder k UStG in Betracht kommen.

13. Schützen wird gestattet, eine überdachte Schießanlage zur Ausübung des Schießsports gegen ein Eintrittsgeld und ein nach Art und Anzahl der abgegebenen Schüsse bemessenes Entgelt zu nutzen (vgl. BFH-Urteile vom 24. 6. 1993, V R 69/92, BStBl 1994 II S. 52, und vom 31. 5. 2001, V R 97/98, BStBl II S. 568).
14. Ein Gastwirt räumt das Recht zum Aufstellen eines Zigarettenautomaten in seiner Gastwirtschaft ein (vgl. EuGH-Urteil vom 12. 6. 2003, C-275/01, EuGHE I S. 5965).
15. Der Eigentümer einer Wasserfläche räumt ein Fischereirecht ein, ohne die Grundstücksfläche unter Ausschluss anderer zu überlassen (vgl. EuGH-Urteil vom 6. 12. 2007, C-451/06, EuGHE I S. 10637).

4.12.7. Kaufanwartschaftsverhältnisse

AE 4.12.7

[1]Nach § 4 Nr. 12 Satz 1 Buchstabe b UStG ist die Überlassung von Grundstücken und Grundstücksteilen zur Nutzung aufgrund von Kaufanwartschaftsverhältnissen steuerfrei. [2]Der hierbei zu Grunde liegende Kaufanwartschaftsvertrag und der gleichzeitig abgeschlossene Nutzungsvertrag sehen in der Regel vor, dass dem Kaufanwärter das Grundstück bis zur Auflassung zur Nutzung überlassen wird. [3]Vielfach liegt zwischen der Auflassung und der Eintragung des neuen Eigentümers in das Grundbuch eine längere Zeitspanne, in der das bestehende Nutzungsverhältnis zwischen den Beteiligten auch nach der Auflassung fortgesetzt wird und in der der Kaufanwärter bis zur Eintragung in das Grundbuch eine dem Nutzungsvertrag vereinbarte Nutzungsgebühr weiter zahlt. [4]In diesen Fällen ist davon auszugehen, dass die Nutzungsgebühren auch in der Zeit zwischen Auflassung und Grundbucheintragung aufgrund des – stillschweigend verlängerten – Nutzungsvertrages entrichtet werden und damit nach § 4 Nr. 12 Satz 1 Buchstabe b UStG steuerfrei sind.

S 7168

4.12.8. Dingliche Nutzungsrechte

AE 4.12.8

(1) [1]Unter die Steuerbefreiung nach § 4 Nr. 12 Satz 1 Buchstabe c UStG fallen insbesondere der Nießbrauch (§ 1030 BGB), die Grunddienstbarkeit (§ 1018 BGB, vgl. BFH-Urteil vom 24. 2. 2005, V R 45/02, BStBl 2007 II S. 61), die beschränkte persönliche Dienstbarkeit (§ 1090 BGB) sowie das Dauerwohnrecht und das Dauernutzungsrecht (§ 31 WoEigG). [2]Bei der beschränkten persönlichen Dienstbarkeit ist es unerheblich, ob sie auf die Vornahme, die Duldung oder die Unterlassung einer Handlung im Zusammenhang mit dem Grundstück gerichtet ist (vgl. BFH-Urteil vom 11. 5. 1995, V R 4/92, BStBl II S. 610).

S 7168

(2) [1]Bei der Überlassung von Grundstücksteilen zur Errichtung von Strommasten für eine Überlandleitung, der Einräumung des Rechts zur Überspannung der Grundstücke und der Bewilligung einer beschränkten persönlichen Dienstbarkeit zur dinglichen Sicherung dieser Rechte handelt es sich um eine einheitliche sonstige Leistung, die nach § 1 Abs. 1 Nr. 1 UStG steuerbar und nach § 4 Nr. 12 Satz 1 Buchstabe a UStG steuerfrei ist. [2]Der Bewilligung der Grunddienstbarkeit kommt neben der Vermietung und Verpachtung der Grundstücke in diesem Fall kein eigenständiger umsatzsteuerlicher Gehalt zu, da sie nur der Absicherung der dem Miet- bzw. Pachtvertrag dient. [3]Die vorstehenden Grundsätze gelten z. B. auch bei der Überlassung von Grundstücken zum Verlegen von Erdleitungen (z. B. Erdgas- oder Elektrizitätsleitungen) oder bei der Überlassung von Grundstücken für Autobahn- oder Eisenbahntrassen (vgl. BFH-Urteil vom 11. 11. 2004, V R 30/04, BStBl 2005 II S. 802).

4.12.9. Beherbergungsumsätze

AE 4.12.9

(1) [1]Die nach § 4 Nr. 12 Satz 2 UStG steuerpflichtige Vermietung von Wohn- und Schlafräumen, die ein Unternehmer zur kurzfristigen Beherbergung von Fremden bereithält, setzt kein gaststättenähnliches Verhältnis voraus. [2]Entscheidend ist vielmehr die Absicht des Unternehmers, die Räume nicht auf Dauer und damit nicht für einen dauernden Aufenthalt im Sinne der §§ 8 und 9 AO zur Verfügung zu stellen (BFH-Beschluss vom 18. 1. 1973, V B 47/72, BStBl II S. 426).

S 7168

(2) [1]Hat ein Unternehmer den einen Teil der in einem Gebäude befindlichen Räume längerfristig, den anderen Teil nur kurzfristig vermietet, ist die Vermietung nur insoweit steuerfrei, als er die Räume eindeutig und leicht nachprüfbar zur nicht nur vorübergehenden Beherbergung von Fremden bereitgehalten hat (vgl. BFH-Urteil vom 9. 12. 1993, V R 38/91, BStBl 1994 II S. 585). [2]Bietet der Unternehmer dieselben Räume wahlweise zur lang- oder kurzfristigen Beherbergung von Fremden an, sind sämtliche Umsätze steuerpflichtig (vgl. BFH-Urteil vom 20. 4. 1988, X R 5/82, BStBl II S. 795). [3]Steuerpflichtig ist auch die Überlassung von Räumen einer Pension an Saison-Arbeitnehmer (Kost und Logis), wenn diese Räume wahlweise zur kurzfristigen Beherbergung von Gästen oder des Saison-Personals bereitgehalten werden (BFH-Urteil vom 13. 9. 1988, V R 46/83, BStBl II S. 1021). [4]Zur Anwendung des ermäßigten Steuersatzes auf Umsätze aus der kurzfristigen Vermietung von Wohn- und Schlafräumen siehe Abschnitt 12.16.

§ 4 UStG
AE 4.12.10, AE 4.12.11

AE 4.12.10

4.12.10. Vermietung und Verpachtung von Betriebsvorrichtungen

S 7168

¹Die Vermietung und Verpachtung von Betriebsvorrichtungen ist selbst dann nach § 4 Nr. 12 Satz 2 UStG steuerpflichtig, wenn diese wesentliche Bestandteile des Grundstücks sind (vgl. BFH-Urteil vom 28. 5. 1998, V R 19/96, BStBl 2010 II S. 307). ²Der Begriff der „Maschinen und sonstigen Vorrichtungen aller Art, die zu einer Betriebsanlage gehören (Betriebsvorrichtungen)", ist für den Bereich des Umsatzsteuerrechts in gleicher Weise auszulegen wie für das Bewertungsrecht (BFH-Urteil vom 16. 10. 1980, V R 51/76, BStBl 1981 II S. 228). ³Im Bewertungsrecht sind die Betriebsvorrichtungen von den Gebäuden, den einzelnen Teilen eines Gebäudes und den Außenanlagen des Grundstücks, z. B. Umzäunungen, Bodenbefestigungen, abzugrenzen. ⁴Liegen dabei alle Merkmale des Gebäudebegriffs vor, kann das Bauwerk keine Betriebsvorrichtung sein (BFH-Urteil vom 15. 6. 2005, II R 67/04, BStBl II S. 688). ⁵Ein Bauwerk ist als Gebäude anzusehen, wenn es Menschen, Tieren oder Sachen durch räumliche Umschließung Schutz gegen Witterungseinflüsse gewährt, den Aufenthalt von Menschen gestattet, fest mit dem Grund und Boden verbunden, von einiger Beständigkeit und ausreichend standfest ist (BFH-Urteil vom 28. 5. 2003, II R 41/01, BStBl II S. 693). ⁶Zu den Betriebsvorrichtungen gehören hiernach neben Maschinen und maschinenähnlichen Anlagen alle Anlagen, die – ohne Gebäude, Teil eines Gebäudes oder Außenanlage eines Gebäudes zu sein – in besonderer und unmittelbarer Beziehung zu dem auf dem Grundstück ausgeübten Gewerbebetrieb stehen, d. h. Anlagen, durch die das Gewerbe unmittelbar betrieben wird (BFH-Urteil vom 11. 12. 1991, II R 14/89, BStBl 1992 II S. 278). ⁷Wegen der Einzelheiten zum Begriff der Betriebsvorrichtungen und zur Abgrenzung zum Gebäudebegriff wird auf den gleichlautenden Ländererlass vom 15. 3. 2006, BStBl I S. 314, hingewiesen.

AE 4.12.11

4.12.11. Vermietung von Sportanlagen

S 7168

(1) ¹Die Überlassung von Sportanlagen durch den Sportanlagenbetreiber an Endverbraucher ist eine einheitliche steuerpflichtige Leistung (vgl. BFH-Urteil vom 31. 5. 2001, V R 97/98, BStBl II S. 658, siehe auch Abschnitt 3.10). ²Dies gilt auch für die Überlassung anderer Anlagen an Endverbraucher. ³Die Absätze 2 bis 4 sind insoweit nicht anzuwenden.

(2) ¹Überlässt ein Unternehmer eine gesamte Sportanlage einem anderen Unternehmer als Betreiber zur Überlassung an Dritte (sog. Zwischenvermietung), ist die Nutzungsüberlassung an diesen Betreiber in eine steuerfreie Grundstücksüberlassung und eine steuerpflichtige Vermietung von Betriebsvorrichtungen aufzuteilen (vgl. BFH-Urteil vom 11. 3. 2009, XI R 71/07, BStBl 2010 II S. 209). ²Nach den Vorschriften des Bewertungsrechts und damit auch nach § 4 Nr. 12 UStG (vgl. Abschnitt 4.12.10) sind bei den nachstehend aufgeführten Sportanlagen insbesondere folgende Einrichtungen als Grundstücksteile bzw. Betriebsvorrichtungen anzusehen:

1. Sportplätze und Sportstadien

    a) Grundstücksteile:

    Überdachungen von Zuschauerflächen, wenn sie nach der Verkehrsauffassung einen Raum umschließen und dadurch gegen Witterungseinflüsse Schutz gewähren, allgemeine Beleuchtungsanlagen, Einfriedungen, allgemeine Wege- und Platzbefestigungen, Kassenhäuschen – soweit nicht transportabel –, Kioske, Umkleideräume, Duschen im Gebäude, Toiletten, Saunen, Unterrichts- und Ausbildungsräume, Übernachtungsräume für Trainingsmannschaften.

    b) Betriebsvorrichtungen:

    besonders hergerichtete Spielfelder – Spielfeldbefestigung, Drainage, Rasen, Rasenheizung –, Laufbahnen, Sprunggruben, Zuschauerwälle, Zuschauertribünen – soweit nicht Grundstücksteil nach Buchstabe a –, spezielle Beleuchtungsanlagen, z. B. Flutlicht, Abgrenzungszäune und Sperrgitter zwischen Spielfeld und Zuschaueranlagen, Anzeigetafeln, Schwimm- und Massagebecken, Küchen- und Ausschankeinrichtungen.

2. Schwimmbäder (Frei- und Hallenbäder)

    a) Grundstücksteile:

    Überdachungen von Zuschauerflächen unter den unter Nummer 1 Buchstabe a bezeichneten Voraussetzungen, Kassenhäuschen – soweit nicht transportabel –, Kioske, allgemeine Wege- und Platzbefestigungen, Duschräume, Toiletten, technische Räume, allgemeine Beleuchtungsanlagen, Emporen, Galerien.

    b) Betriebsvorrichtungen:

    Schwimmbecken, Sprunganlagen, Duschen im Freien und im Gebäude, Rasen von Liegewiesen, Kinderspielanlagen, Umkleidekabinen, Zuschauertribünen – soweit nicht Grundstücksteil nach Nummer 1 Buchstabe a –, technische Ein- und Vorrichtungen, Einrichtungen der Saunen, der Solarien und der Wannenbäder, spezielle Beleuchtungsanlagen, Bestuhlung der Emporen und Galerien.

3. Tennisplätze und Tennishallen
   a) Grundstücksteile:
      Überdachungen von Zuschauerflächen unter den unter Nummer 1 Buchstabe a bezeichneten Voraussetzungen, Open-Air-Hallen, allgemeine Beleuchtungsanlagen, Duschen, Umkleideräume, Toiletten.
   b) Betriebsvorrichtungen:
      besonders hergerichtete Spielfelder – Spielfeldbefestigung mit Unterbau bei Freiplätzen, spezielle Oberböden bei Hallenplätzen –, Drainage, Bewässerungsanlagen der Spielfelder, Netz mit Haltevorrichtungen, Schiedsrichterstühle, freistehende Übungswände, Zuschauertribünen – soweit nicht Grundstücksteil nach Nummer 1 Buchstabe a –, Einfriedungen der Spielplätze, Zuschauerabsperrungen, Brüstungen, Traglufthallen, spezielle Beleuchtungsanlagen, Ballfangnetze, Ballfanggardinen, zusätzliche Platzbeheizung in Hallen.
4. Schießstände
   a) Grundstücksteile:
      allgemeine Einfriedungen.
   b) Betriebsvorrichtungen:
      Anzeigevorrichtungen, Zielscheibenanlagen, Schutzvorrichtungen, Einfriedungen als Sicherheitsmaßnahmen.
5. Kegelbahnen
   a) Grundstücksteile:
      allgemeine Beleuchtungsanlagen.
   b) Betriebsvorrichtungen:
      Bahnen, Kugelfangeinrichtungen, Kugelrücklaufeinrichtungen, automatische Kegelaufstelleinrichtungen, automatische Anzeigeeinrichtungen, spezielle Beleuchtungsanlagen, Schallisolierungen.
6. Squashhallen
   a) Grundstücksteile:
      Zuschauertribünen, allgemeine Beleuchtungsanlagen, Umkleideräume, Duschräume, Toiletten.
   b) Betriebsvorrichtungen:
      Trennwände zur Aufteilung in Boxen – soweit nicht tragende Wände –, besondere Herrichtung der Spielwände, Ballfangnetze, Schwingböden, Bestuhlung der Zuschauertribünen, spezielle Beleuchtungsanlagen.
7. Reithallen
   a) Grundstücksteile:
      Stallungen – einschließlich Boxenaufteilungen und Futterraufen –, Futterböden, Nebenräume, allgemeine Beleuchtungsanlagen, Galerien, Emporen.
   b) Betriebsvorrichtungen:
      spezieller Reithallenboden, Befeuchtungseinrichtungen für den Reithallenboden, Bande an den Außenwänden, spezielle Beleuchtungsanlagen, Tribünen – soweit nicht Grundstücksteil nach Nummer 1 Buchstabe a –, Richterstände, Pferdesolarium, Pferdewaschanlage, Schmiede – technische Einrichtungen –, Futtersilos, automatische Pferdebewegungsanlage, sonstiges Zubehör wie Hindernisse, Spiegel, Geräte zur Aufarbeitung des Bodens, Markierungen.
8. Turn-, Sport- und Festhallen, Mehrzweckhallen
   a) Grundstücksteile:
      Galerien, Emporen, Schwingböden in Mehrzweckhallen, allgemeine Beleuchtungsanlagen, Duschen, Umkleidekabinen und -räume, Toiletten, Saunen, bewegliche Trennwände.
   b) Betriebsvorrichtungen:
      Zuschauertribünen – soweit nicht Grundstücksteil nach Nummer 1 Buchstabe a –, Schwingböden in reinen Turn- und Sporthallen, Turngeräte, Bestuhlung der Tribünen, Galerien und Emporen, spezielle Beleuchtungsanlagen, Kücheneinrichtungen, Ausschankeinrichtungen, Bühneneinrichtungen, Kühlsystem bei Nutzung für Eissportzwecke.
9. Eissportstadien, -hallen, -zentren
   a) Grundstücksteile:
      Unterböden von Eislaufflächen, Eisschnelllaufbahnen und Eisschießbahnen, Unterböden der Umgangszonen und des Anschnallbereichs, allgemeine Beleuchtungsanlagen, Klimaanlagen im Hallenbereich, Duschräume, Toiletten, Umkleideräume, Regieraum, Werk-

statt, Massageräume, Sanitätsraum, Duschen, Heizungs- und Warmwasserversorgungsanlagen, Umschließungen von Trafostationen und Notstromversorgungsanlagen – wenn nicht Betriebsvorrichtung nach Buchstabe b –, Überdachungen von Zuschauerflächen unter den unter Nummer 1 Buchstabe a bezeichneten Voraussetzungen, Emporen und Galerien, Kassenhäuschen – soweit nicht transportabel –, Kioske, allgemeine Wege- und Platzbefestigungen, Einfriedungen, Ver- und Entsorgungsleitungen.

b) Betriebsvorrichtungen:

Oberböden von Eislaufflächen, Eisschnelllaufbahnen und Eisschießbahnen, Schneegruben, Kälteerzeuger, schlittschuhschonender Bodenbelag, Oberbodenbelag des Anschnallbereichs, spezielle Beleuchtungsanlagen, Lautsprecheranlagen, Spielanzeige, Uhren, Anzeigetafeln, Abgrenzungen, Sicherheitseinrichtungen, Sperrgitter zwischen Spielfeld und Zuschauerbereich, Massagebecken, Transformatorenhäuser oder ähnliche kleine Bauwerke, die Betriebsvorrichtungen enthalten und nicht mehr als 30 qm Grundfläche haben, Trafo und Schalteinrichtungen, Notstromaggregat, Zuschauertribünen – soweit nicht Grundstücksteil nach Nummer 1 Buchstabe a –, Bestuhlung der Zuschauertribünen, der Emporen und Galerien, Küchen- und Ausschankeinrichtungen.

10. Golfplätze

a) Grundstücksteile:

Einfriedungen, soweit sie nicht unmittelbar als Schutzvorrichtungen dienen, allgemeine Wege- und Platzbefestigungen, Kassenhäuschen – soweit nicht transportabel –, Kioske, Klubräume, Wirtschaftsräume, Büros, Aufenthaltsräume, Umkleideräume, Duschräume, Toiletten, Verkaufsräume, Caddy-Räume, Lager- und Werkstatträume.

b) Betriebsvorrichtungen:

besonders hergerichtete Abschläge, Spielbahnen, roughs und greens (Spielbefestigung, Drainage, Rasen), Spielbahnhindernisse, Übungsflächen, Einfriedungen, soweit sie unmittelbar als Schutzvorrichtungen dienen, Abgrenzungseinrichtungen zwischen Spielbahnen und Zuschauern, Anzeige- und Markierungseinrichtungen oder -gegenstände, Unterstehhäuschen, Küchen- und Ausschankeinrichtungen, Bewässerungsanlagen – einschließlich Brunnen und Pumpen – und Drainagen, wenn sie ausschließlich der Unterhaltung der für das Golfspiel notwendigen Rasenflächen dienen.

(3) ¹Für die Aufteilung bei der Überlassung einer gesamten Sportanlage an einen anderen Unternehmer als Betreiber zur Überlassung an Dritte (sog. Zwischenvermietung) in den steuerfreien Teil für die Vermietung des Grundstücks (Grund und Boden, Gebäude, Gebäudeteile, Außenanlagen) sowie in den steuerpflichtigen Teil für die Vermietung der Betriebsvorrichtungen sind die jeweiligen Verhältnisse des Einzelfalles maßgebend. ²Bei der Aufteilung ist im Regelfall von dem Verhältnis der Gestehungskosten der Grundstücke zu den Gestehungskosten der Betriebsvorrichtungen auszugehen. ³Zu berücksichtigen sind hierbei die Nutzungsdauer und die kalkulatorischen Zinsen auf das eingesetzte Kapital. ⁴Die Aufteilung ist erforderlichenfalls im Schätzungswege vorzunehmen. ⁵Der Vermieter kann das Aufteilungsverhältnis aus Vereinfachungsgründen für die gesamte Vermietungsdauer beibehalten und – soweit eine wirtschaftliche Zuordnung nicht möglich ist – auch der Aufteilung der Vorsteuern zugrunde legen.

Beispiel:

¹Ein Unternehmer überlässt ein Hallenbad einem anderen Unternehmer als Betreiber, der die gesamte Sportanlage zur Überlassung an Dritte für einen Zeitraum von 10 Jahren nutzt. ²Die Gestehungskosten des Hallenbades haben betragen:

Grund und Boden	1 Mio. €
Gebäude	2 Mio. €
Betriebsvorrichtungen	3 Mio. €
insgesamt	6 Mio. €

³Bei den Gebäuden wird von einer Nutzungsdauer von 50 Jahren und einer AfA von 2 %, bei den Betriebsvorrichtungen von einer Nutzungsdauer von 20 Jahren und einer AfA von 5 % ausgegangen. ⁴Die kalkulatorischen Zinsen werden mit 6 % angesetzt. ⁵Es ergibt sich:

	AfA	Zinsen	Gesamt
Grund und Boden	–	60 000	60 000
Gebäude	40 000	120 000	160 000
insgesamt	40 000	180 000	220 000
Betriebsvorrichtungen	150 000	180 000	330 000

⁶Die Gesamtsumme von AfA und Zinsen beträgt danach 550 000 €. ⁷Davon entfallen auf den Grund und Boden sowie auf die Gebäude 220 000 € (2/5) und auf die Betriebsvorrichtungen 330 000 € (3/5).

[8]Die Umsätze aus der Überlassung des Hallenbades sind zu zwei Fünfteln nach § 4 Nr. 12 Satz 1 Buchstabe a UStG steuerfrei und zu drei Fünfteln steuerpflichtig.

(4) [1]Bei der Nutzungsüberlassung anderer Anlagen mit vorhandenen Betriebsvorrichtungen beurteilt sich die Leistung aus der Sicht eines Durchschnittsverbrauchers unter Berücksichtigung der vorgesehenen Art der Nutzung, wie sie sich aus Unterlagen des leistenden Unternehmers ergibt (z. B. aus dem Mietvertrag), und hilfsweise aus der Ausstattung der überlassenen Räumlichkeiten. [2]Dies gilt beispielsweise bei der Nutzungsüberlassung von Veranstaltungsräumen an einen Veranstalter für Konzerte, Theateraufführungen, Hochzeiten, Bürger- und Vereinsversammlungen und sonstige Veranstaltungen (vgl. BMF-Schreiben vom 17. 4. 2003, BStBl I S. 279). [3]Hierbei ist von folgenden Grundsätzen auszugehen:

1. [1]Umfasst die Nutzungsüberlassung von Räumen auch die Nutzung vorhandener Betriebsvorrichtungen, auf die es einem Veranstalter bei der vorgesehenen Art der Nutzung nicht ankommt, weil er in erster Linie die Räumlichkeiten als solche nutzen will, ist die Leistung als steuerfreie Grundstücksüberlassung anzusehen. [2]Die Überlassung der vorhandenen Betriebsvorrichtungen bleibt dann umsatzsteuerrechtlich unberücksichtigt. [3]Die Umsatzsteuerbefreiung der Grundstücksüberlassung umfasst auch die mit der Grundstücksüberlassung in unmittelbarem wirtschaftlichem Zusammenhang stehenden üblichen Nebenleistungen. [4]Zusatzleistungen mit aus Sicht eines Durchschnittsverbrauchers eigenständigem wirtschaftlichem Gewicht sind als weitere Hauptleistungen umsatzsteuerrechtlich separat zu beurteilen.

   Beispiel:
   [1]Ein Anlagenbetreiber überlässt seine Veranstaltungshalle einschließlich der vorhandenen Betriebsvorrichtungen zur Durchführung einer schriftlichen Leistungsprüfung einer Schulungseinrichtung. [2]Der Schulungseinrichtung kommt es auf die Nutzung des Raumes und nicht auf die Nutzung der Betriebsvorrichtungen an.

   [3]Der Anlagenbetreiber erbringt an die Schulungseinrichtung eine steuerfreie Grundstücksüberlassung.

2. [1]Überlässt ein Anlagenbetreiber Veranstaltungsräume mit Betriebsvorrichtungen (z. B. vorhandener Bestuhlung, Bühne, speziellen Beleuchtungs- oder Lautsprecheranlagen und anderen Einrichtungen mit Betriebsvorrichtungscharakter), die für die vorgesehene Art der Nutzung regelmäßig benötigt werden, ist die Leistung des Anlagenbetreibers in aller Regel in eine steuerfreie Grundstücksvermietung und in eine steuerpflichtige Vermietung von Betriebsvorrichtungen aufzuteilen. [2]Eine andere Beurteilung ergibt sich lediglich in den Ausnahmefällen, in denen ein Durchschnittsverbraucher die komplette Leistung als solche ansieht und die Grundstücksvermietung gegenüber anderen Leistungen derart in den Hintergrund tritt, dass die Raumüberlassung aus seiner Sicht – wie die Überlassung von Sportanlagen zur sportlichen Nutzung durch Endverbraucher – keinen leistungsbestimmenden Bestandteil mehr ausmacht. [3]In diesen Fällen liegt insgesamt eine umsatzsteuerpflichtige Leistung eigener Art vor.

   Beispiel:
   [1]Ein Betreiber überlässt seine Veranstaltungshalle an einen Veranstalter zur Durchführung einer Ausstellung. [2]Dem Veranstalter kommt es auch darauf an, vorhandene Betriebsvorrichtungen zu nutzen.

   [3]Der Betreiber erbringt an den Veranstalter eine sonstige Leistung, die in eine steuerfreie Grundstücksvermietung und in eine steuerpflichtige Vermietung von Betriebsvorrichtungen aufzuteilen ist. [4]Die Nutzungsüberlassung des Veranstalters an die Ausstellungsteilnehmer ist – soweit sie gegen Entgelt erbracht wird – nach den Grundsätzen des BFH-Urteils vom 31. 5. 2001 (BStBl II S. 658) eine einheitliche steuerpflichtige Leistung (vgl. Abschnitte 3a.4 und 4.12.6 Abs. 2 Nr. 1).

4.13.1. Wohnungseigentümergemeinschaften

(1) [1]Das WoEigG unterscheidet zwischen dem Sondereigentum der einzelnen und dem gemeinschaftlichen Eigentum aller Wohnungs- und Teileigentümer (§ 1 WoEigG). [2]Gemeinschaftliches Eigentum sind das Grundstück sowie die Teile, Anlagen und Einrichtungen eines Gebäudes, die nicht im Sondereigentum eines Mitglieds der Gemeinschaft oder im Eigentum eines Dritten stehen. [3]Das gemeinschaftliche Eigentum wird in der Regel von der Gemeinschaft der Wohnungseigentümer verwaltet (§ 21 WoEigG).

(2) [1]Im Rahmen ihrer Verwaltungsaufgaben erbringen die Wohnungseigentümergemeinschaften neben nicht steuerbaren Gemeinschaftsleistungen, die den Gesamtbelangen aller Mitglieder dienen, auch steuerbare Sonderleistungen an einzelne Mitglieder. [2]Die Wohnungseigentümergemeinschaften erheben zur Deckung ihrer Kosten von ihren Mitgliedern (Wohnungs- und Teileigentümern) Umlagen, insbesondere für

– Lieferungen von Wärme (Heizung) und Wasser,
– Waschküchen- und Waschmaschinenbenutzung,

- Verwaltungsgebühren (Entschädigung für den Verwalter der Gemeinschaft),
- Hausmeisterlohn,
- Instandhaltung und Instandsetzung des gemeinschaftlichen Eigentums,
- Flurbeleuchtung,
- Schornsteinreinigung,
- Feuer- und Haftpflichtversicherung,
- Müllabfuhr,
- Straßenreinigung,
- Entwässerung.

³Diese Umlagen sind das Entgelt für steuerbare Sonderleistungen der Wohnungseigentümergemeinschaften an ihre Mitglieder. ⁴Hinsichtlich der verschiedenartigen Lieferungen und sonstigen Leistungen liegen jeweils selbständige Umsätze der Wohnungseigentümergemeinschaften an ihre Mitglieder vor, die nach § 4 Nr. 13 UStG steuerfrei sind. ⁵Die Instandhaltung, Instandsetzung und Verwaltung des Sondereigentums der Mitglieder oder des Eigentums Dritter fallen nicht unter die Befreiungsvorschrift. ⁶Zu den ähnlichen Gegenständen wie Wärme, deren Lieferung an die Mitglieder der Gemeinschaft steuerfrei ist, gehören nicht Kohlen, Koks, Heizöl und Gas.

AE 4.14.1

4.14.1. Anwendungsbereich und Umfang der Steuerbefreiung

Anwendungsbereich

S 7170

(1) ¹Kriterium für die Abgrenzung der Anwendungsbereiche von § 4 Nr. 14 Buchstabe a und Buchstabe b UStG ist weniger die Art der Leistung als vielmehr der Ort ihrer Erbringung. ²Während Leistungen nach § 4 Nr. 14 Buchstabe b UStG aus einer Gesamtheit von ärztlichen Heilbehandlungen in Einrichtungen mit sozialer Zweckbestimmung bestehen, ist § 4 Nr. 14 Buchstabe a UStG auf Leistungen anzuwenden, die außerhalb von Krankenhäusern oder ähnlichen Einrichtungen im Rahmen eines persönlichen Vertrauensverhältnisses zwischen Patienten und Behandelndem, z. B. in Praxisräumen des Behandelnden, in der Wohnung des Patienten oder an einem anderen Ort erbracht werden (vgl. EuGH-Urteil vom 6. 11. 2003, C-45/01, EuGHE I S. 12911).

(2) ¹Neben dem Kriterium der Heilbehandlung (vgl. Absatz 4) muss für die Anwendung der Steuerbefreiung des § 4 Nr. 14 Buchstabe a UStG auch eine entsprechende Befähigung des Unternehmers vorliegen. ²Diese ergibt sich aus der Ausübung eines der in § 4 Nr. 14 Buchstabe a Satz 1 UStG bezeichneten Katalogberufe oder einer ähnlichen heilberuflichen Tätigkeit (vgl. Abschnitt 4.14.4 Abs. 6 und 7).

(3) ¹Krankenhausbehandlungen und ärztliche Heilbehandlungen nach § 4 Nr. 14 Buchstabe b UStG zeichnen sich dadurch aus, dass sie in Einrichtungen mit sozialer Zweckbestimmung, wie der des Schutzes der menschlichen Gesundheit, erbracht werden. ²Krankenhausbehandlungen und ärztliche Heilbehandlungen umfassen in Anlehnung an die im Fünften Buch Sozialgesetzbuch (SGB V – Gesetzliche Krankenversicherung) bzw. Elften Buch Sozialgesetzbuch (SGB XI – Soziale Pflegeversicherung) und im Strafvollzugsgesetz (StVollzG) definierten Leistungen u. a. Leistungen der Diagnostik, Befunderhebung, Vorsorge, Rehabilitation, Geburtshilfe und Hospizleistungen (vgl. Abschnitt 4.14.5 Abs. 1 ff.).

Umfang der Steuerbefreiung

(4) ¹Unter Beachtung der Rechtsprechung des Europäischen Gerichtshofs sind „ärztliche Heilbehandlungen" ebenso wie „Heilbehandlungen im Bereich der Humanmedizin" Tätigkeiten, die zum Zweck der Vorbeugung, Diagnose, Behandlung und, soweit möglich, der Heilung von Krankheiten oder Gesundheitsstörungen bei Menschen vorgenommen werden. ²Die befreiten Leistungen müssen dem Schutz der Gesundheit des Betroffenen dienen (EuGH-Urteile vom 14. 9. 2000, C-384/98, EuGHE I S. 6795, vom 20. 11. 2003, C-212/01, EuGHE I S. 13859, und vom 20. 11. 2003, C-307/01, EuGHE I S. 13989). ³Dies gilt unabhängig davon, um welche konkrete heilberufliche Leistung es sich handelt (Untersuchung, Attest, Gutachten usw.), für wen sie erbracht wird (Patient, Gericht, Sozialversicherung o. a.) und wer sie erbringt (freiberuflicher oder angestellter Arzt, Heilpraktiker, Physiotherapeut oder Unternehmer, der ähnliche heilberufliche Tätigkeiten ausübt, bzw. Krankenhäuser, Kliniken usw.). ⁴Heilberufliche Leistungen sind daher nur steuerfrei, wenn bei der Tätigkeit ein therapeutisches Ziel im Vordergrund steht.

(5) Danach sind z. B. folgende Tätigkeiten keine Heilbehandlungsleistungen:
1. die schriftstellerische oder wissenschaftliche Tätigkeit, auch soweit es sich dabei um Berichte in einer ärztlichen Fachzeitschrift handelt;
2. die Vortragstätigkeit, auch wenn der Vortrag vor Ärzten im Rahmen einer Fortbildung gehalten wird;
3. die Lehrtätigkeit;

4. die Lieferungen von Hilfsmitteln, z. B. Kontaktlinsen, Schuheinlagen;
5. die entgeltliche Nutzungsüberlassung von medizinischen Großgeräten;
6. die Erstellung von Alkohol-Gutachten, Zeugnissen oder Gutachten über das Sehvermögen, über Berufstauglichkeit oder in Versicherungsangelegenheiten (vgl. z. B. BFH-Beschluss vom 31. 7. 2007, V B 98/06, BStBl 2008 II S. 35, und BFH-Urteil vom 8. 10 2008, V R 32/07 BStBl 2009 II S. 429), Einstellungsuntersuchungen, Untersuchungsleistungen wie z. B. Röntgenaufnahmen zur Erstellung eines umsatzsteuerpflichtigen Gutachtens (vgl. hierzu auch BMF-Schreiben vom 8. 11. 2001, BStBl I S. 826, BMF-Schreiben vom 4. 5. 2007, BStBl I S. 481, und EuGH-Urteil vom 20. 11. 2003, C-307/01, EuGHE I S. 13989);
7. kosmetische Leistungen von Podologinnen/Podologen in der Fußpflege;
8. [1]ästhetisch-plastische Leistungen, soweit ein therapeutisches Ziel nicht im Vordergrund steht. [2]Indiz hierfür kann sein, dass die Kosten regelmäßig nicht durch Krankenversicherungen übernommen werden (vgl. BFH-Urteil vom 17. 7. 2004, V R 27/03, BStBl II S. 862);
9. Leistungen zur Prävention und Selbsthilfe im Sinne des § 20 SGB V, die keinen unmittelbaren Krankheitsbezug haben, weil sie lediglich „den allgemeinen Gesundheitszustand verbessern und insbesondere einen Beitrag zur Verminderung sozial bedingter Ungleichheiten von Gesundheitschancen erbringen" sollen – § 20 Abs. 1 Satz 2 SGB V – (vgl. BFH-Urteil vom 7. 7. 2005, V R 23/04, BStBl II S. 904);
10. Supervisionsleistungen (vgl. BFH-Urteil vom 30. 6. 2005, V R 1/02, BStBl II S. 675);
11. die Durchführung einer Leichenschau, soweit es sich um die zweite Leichenschau oder weitere handelt sowie das spätere Ausstellen der Todesbescheinigung als Genehmigung zur Feuerbestattung.

(6) [1]Hilfsgeschäfte sind nicht nach § 4 Nr. 14 UStG steuerfrei. [2]Es kann jedoch die Steuerbefreiung nach § 4 Nr. 28 UStG in Betracht kommen (vgl. Abschnitt 4.28.1).

4.14.2. Tätigkeit als Arzt

(1) [1]Tätigkeit als Arzt im Sinne von § 4 Nr. 14 UStG ist die Ausübung der Heilkunde unter der Berufsbezeichnung „Arzt" oder „Ärztin". [2]Zur Ausübung der Heilkunde gehören Maßnahmen, die der Feststellung, Heilung oder Linderung von Krankheiten, Leiden oder Körperschäden beim Menschen dienen. [3]Auch die Leistungen der vorbeugenden Gesundheitspflege gehören zur Ausübung der Heilkunde, dabei ist es unerheblich, ob die Leistungen gegenüber Einzelpersonen oder Personengruppen bewirkt werden. [4]Zum Umfang der Steuerbefreiung siehe Abschnitt 4.14.1.

(2) [1]Leistungen eines Arztes aus dem Betrieb eines Krankenhauses oder einer anderen Einrichtung im Sinne des § 4 Nr. 14 Buchstabe b UStG sind auch hinsichtlich der ärztlichen Leistung nur dann befreit, wenn die in § 4 Nr. 14 Buchstabe b UStG bezeichneten Voraussetzungen erfüllt sind (vgl. BFH-Urteil vom 18. 3. 2004, V R 53/00, BStBl II S. 677). [2]Heilbehandlungsleistungen eines selbständigen Arztes, die in einem Krankenhaus erbracht werden (z. B. Belegarzt), sowie die selbständigen ärztlichen Leistungen eines im Krankenhaus angestellten Arztes (z. B. in der eigenen Praxis im Krankenhaus), sind demgegenüber nach § 4 Nr. 14 Buchstabe a UStG steuerfrei.

(3) [1]Die im Zusammenhang mit einem Schwangerschaftsabbruch nach § 218a StGB stehenden ärztlichen Leistungen stellen umsatzsteuerfreie Heilbehandlungsleistungen dar. Dies gilt auch für die nach den §§ 218b, 219 StGB vorgesehene Sozialberatung durch einen Arzt. [2]Bei den sonstigen Leistungen eines Arztes im Zusammenhang mit Empfängnisverhütungsmaßnahmen handelt es sich um umsatzsteuerfreie Heilbehandlungsleistungen. [3]Die sonstigen ärztlichen Leistungen bei Schwangerschaftsabbrüchen und Empfängnisverhütungsmaßnahmen sind auch steuerfrei, wenn sie von Einrichtungen nach § 4 Nr. 14 Buchstabe b UStG ausgeführt werden.

4.14.3. Tätigkeit als Zahnarzt

(1) [1]Tätigkeit als Zahnarzt im Sinne von § 4 Nr. 14 Buchstabe a UStG ist die Ausübung der Zahnheilkunde unter der Berufsbezeichnung „Zahnarzt" oder „Zahnärztin". [2]Als Ausübung der Zahnheilkunde ist die berufsmäßige, auf zahnärztlich wissenschaftliche Kenntnisse gegründete Feststellung und Behandlung von Zahn-, Mund- und Kieferkrankheiten anzusehen. [3]Ausübung der Zahnheilkunde ist auch der Einsatz einer intraoralen Videokamera eines CEREC-Gerätes für diagnostische Zwecke.

(2) [1]Die Lieferung oder Wiederherstellung von Zahnprothesen, anderen Waren der Zahnprothetik sowie kieferorthopädischen Apparaten und Vorrichtungen ist von der Steuerbefreiung ausgeschlossen, soweit die bezeichneten Gegenstände im Unternehmen des Zahnarztes hergestellt oder wiederhergestellt werden. [2]Dabei ist es unerheblich, ob die Arbeiten vom Zahnarzt selbst oder von angestellten Personen durchgeführt werden.

(3) ¹Füllungen (Inlays), Dreiviertelkronen (Onlays) und Verblendschalen für die Frontflächen der Zähne (Veneers) aus Keramik sind Zahnprothesen i. S. der Unterposition 9021 29 00 des Zolltarifs, auch wenn sie vom Zahnarzt computergesteuert im sog. CEREC-Verfahren hergestellt werden (vgl. BFH-Urteil vom 28. 11. 1996, V R 23/95, BStBl 1999 II S. 251). ²Zur Herstellung von Zahnprothesen und kieferorthopädischen Apparaten gehört auch die Herstellung von Modellen, Bissschablonen, Bisswällen und Funktionslöffeln. ³Hat der Zahnarzt diese Leistungen in seinem Unternehmen erbracht, besteht insoweit auch dann Steuerpflicht, wenn die übrigen Herstellungsarbeiten von anderen Unternehmern durchgeführt werden.

(4) ¹Lassen Zahnärzte Zahnprothesen und andere Waren der Zahnprothetik außerhalb ihres Unternehmens fertigen, stellen sie aber Material, z. B. Gold und Zähne, bei, ist die Beistellung einer Herstellung gleichzusetzen. ²Die Lieferung der Zahnprothesen durch den Zahnarzt ist daher hinsichtlich des beigestellten Materials steuerpflichtig.

(5) ¹Die Zahnärzte sind berechtigt, Pauschbeträge oder die tatsächlich entstandenen Kosten gesondert zu berechnen für

1. Abformmaterial zur Herstellung von Kieferabdrücken,
2. Hülsen zum Schutz beschliffener Zähne für die Zeit von der Präparierung der Zähne bis zur Eingliederung der Kronen,
3. nicht individuell hergestellte provisorische Kronen,
4. Material für direkte Unterfütterungen von Zahnprothesen und
5. Versandkosten für die Übersendung von Abdrücken usw. an das zahntechnische Labor.

²Die Pauschbeträge oder die berechneten tatsächlichen Kosten gehören zum Entgelt für steuerfreie zahnärztliche Leistungen. ³Steuerpflichtig sind jedoch die Lieferungen von im Unternehmen des Zahnarztes individuell hergestellten provisorischen Kronen und die im Unternehmen des Zahnarztes durchgeführten indirekten Unterfütterungen von Zahnprothesen.

(6) Als Entgelt für die Lieferung oder Wiederherstellung des Zahnersatzes usw. sind die Material- und zahntechnischen Laborkosten anzusetzen, die der Zahnarzt nach § 9 der Gebührenordnung für Zahnärzte neben den Gebühren für seine ärztliche Leistung berechnen kann.

(7) ¹Wird der Zahnersatz teils durch einen selbständigen Zahntechniker, teils im Unternehmen des Zahnarztes hergestellt, ist der Zahnarzt nur mit dem auf sein Unternehmen entfallenden Leistungsanteil steuerpflichtig. ²Bei der Ermittlung des steuerpflichtigen Leistungsanteils sind deshalb die Beträge nicht zu berücksichtigen, die der Zahnarzt an den selbständigen Zahntechniker zu zahlen hat.

(8) ¹Die Überlassung von kieferorthopädischen Apparaten (Zahnspangen) und Vorrichtungen, die der Fehlbildung des Kiefers entgegenwirken, ist Teil der steuerfreien Heilbehandlung. ²Steuerpflichtige Lieferungen von kieferorthopädischen Apparaten können jedoch nicht schon deshalb ausgeschlossen werden, weil Zahnärzte sich das Eigentum daran vorbehalten haben (vgl. BFH-Urteil vom 23. 10. 1997, V R 36/96, BStBl 1998 II S. 584).

(9) Die Steuerfreiheit für die Umsätze der Zahnärzte gilt auch für die Umsätze der Dentisten.

AE 4.14.4 4.14.4. Tätigkeit als Heilpraktiker, Physiotherapeut, Hebamme sowie als Angehöriger ähnlicher Heilberufe

Tätigkeit als Heilpraktiker

S 7170

(1) Die Tätigkeit als Heilpraktiker im Sinne des § 4 Nr. 14 Buchstabe a UStG ist die berufsmäßige Ausübung der Heilkunde am Menschen – ausgenommen Zahnheilkunde – durch den Inhaber einer Erlaubnis nach § 1 Abs. 1 des Heilpraktikergesetzes.

Tätigkeit als Physiotherapeut

(2) ¹Die Tätigkeit eines Physiotherapeuten im Sinne des § 4 Nr. 14 Buchstabe a UStG besteht darin, Störungen des Bewegungssystems zu beheben und die sensomotorische Entwicklung zu fördern. ²Ein Teilbereich der Physiotherapie ist die Krankengymnastik. ³Die Berufsbezeichnung des Krankengymnasten ist mit Einführung des Masseur- und Physiotherapeutengesetzes – MPhG – durch die Bezeichnung „Physiotherapeut" ersetzt worden. ⁴Zu den Heilmethoden der Physiotherapie kann u. a. die Hippotherapie gehören (vgl. BFH-Urteil vom 30. 1. 2008, XI R 53/06, BStBl II S. 647).

Tätigkeit als Hebamme

(3) Die Tätigkeit einer Hebamme bzw. Geburtshelfers im Sinne des § 4 Nr. 14 Buchstabe a UStG umfasst die eigenverantwortliche Betreuung, Beratung und Pflege der Frau von Beginn der Schwangerschaft an, bei der Geburt, im Wochenbett und in der gesamten Stillzeit.

§ 4 UStG
AE 4.14.4

(4) ¹Zu den steuerfreien Leistungen einer Hebamme gehören u. a. die Aufklärung und Beratung zu den Methoden der Familienplanung, die Feststellung der Schwangerschaft, die Schwangerschaftsvorsorge der normal verlaufenden Schwangerschaft mit deren notwendigen Untersuchungen sowie Veranlassung von Untersuchungen, Vorbereitung auf die Elternschaft, Geburtsvorbereitung, die eigenverantwortliche kontinuierliche Betreuung der Gebärenden und Überwachung des Fötus mit zu Hilfenahme geeigneter Mittel (Geburtshilfe) bei Spontangeburten (Entbindung), Pflege und Überwachung im gesamten Wochenbett von Wöchnerin und Kind, Überwachung der Rückbildungsvorgänge, Hilfe beim Stillen/Stillberatung, Rückbildungsgymnastik und Beratung zur angemessenen Pflege und Ernährung des Neugeborenen. ²Unter die Steuerbefreiung fallen auch die Leistungen als Beleghebamme.

(5) Die Leistungen im Rahmen der Entbindung in von Hebammen geleiteten Einrichtungen können unter den weiteren Voraussetzungen des § 4 Nr. 14 Buchstabe b Satz 2 Doppelbuchstabe ff UStG steuerfrei sein (vgl. Abschnitt 4.14.5 Abs. 19).

Tätigkeit als Angehöriger ähnlicher heilberuflicher Tätigkeiten

(6) ¹Neben den Leistungen aus der Tätigkeit als (Zahn-)Arzt oder (Zahn-)Ärztin und aus den in § 4 Nr. 14 Buchstabe a Satz 1 UStG genannten nichtärztlichen Heilberufen können auch die Umsätze aus der Tätigkeit von nicht ausdrücklich genannten Heil- und Heilhilfsberufen (Gesundheitsfachberufe) unter die Steuerbefreiung fallen. ²Dies gilt jedoch nur dann, wenn es sich um eine einem Katalogberuf ähnliche heilberufliche Tätigkeit handelt und die sonstigen Voraussetzungen dieser Vorschrift erfüllt sind. ³Für die Frage, ob eine ähnliche heilberufliche Tätigkeit vorliegt, ist entscheidendes Kriterium die Qualifikation des Behandelnden (vgl. EuGH-Urteil vom 27. 6 2006, C-443/04, EuGHE I S. 3617). ⁴Die Steuerbefreiung der Umsätze aus heilberuflicher Tätigkeit im Sinne von § 4 Nr. 14 Buchstabe a UStG setzt voraus, dass es sich um ärztliche oder arztähnliche Leistungen handeln muss, und dass diese von Personen erbracht werden, die die erforderlichen beruflichen Befähigungsnachweise besitzen (vgl. BFH-Urteil vom 12. 8. 2004, V R 18/02, BStBl 2005 II S. 227). ⁵Grundsätzlich kann vom Vorliegen der Befähigungsnachweise ausgegangen werden, wenn die heilberufliche Tätigkeit in der Regel von Sozialversicherungsträgern finanziert wird (vgl. BVerfG-Urteil vom 29. 8. 1999, 2 BvR 1264/90, BStBl 2000 II S. 155).

(7) ¹Ein Beruf ist einem der im Gesetz genannten Katalogberufe ähnlich, wenn das typische Bild des Katalogberufs mit seinen wesentlichen Merkmalen dem Gesamtbild des zu beurteilenden Berufs vergleichbar ist. ²Dazu gehören die Vergleichbarkeit der jeweils ausgeübten Tätigkeit nach den sie charakterisierenden Merkmalen, die Vergleichbarkeit der Ausbildung und die Vergleichbarkeit der Bedingungen, an die das Gesetz die Ausübung des zu vergleichenden Berufs knüpft (BFH-Urteil vom 29. 1. 1998, V R 3/96, BStBl II S. 453). ³Dies macht vergleichbare berufsrechtliche Regelungen über Ausbildung, Prüfung, staatliche Anerkennung sowie staatliche Erlaubnis und Überwachung der Berufsausübung erforderlich.

(8) ¹Das Fehlen einer berufsrechtlichen Regelung ist für sich allein kein Hinderungsgrund für die Befreiung. ²Als Nachweis der beruflichen Befähigung für eine ärztliche oder arztähnliche Leistung ist grundsätzlich auch die Zulassung des jeweiligen Unternehmers bzw. die regelmäßige Zulassung seiner Berufsgruppe nach § 124 Abs. 2 SGB V durch die zuständigen Stellen der gesetzlichen Krankenkassen anzusehen. ³Ist weder der jeweilige Unternehmer selbst noch – regelmäßig – seine Berufsgruppe nach § 124 Abs. 2 SGB V durch die zuständigen Stellen der gesetzlichen Krankenkassen zugelassen, kann Indiz für das Vorliegen eines beruflichen Befähigungsnachweises die Aufnahme von Leistungen der betreffenden Art in den Leistungskatalog der gesetzlichen Krankenkassen (§ 92 SGB V) sein (vgl. BFH-Urteil vom 11. 11. 2004, V R 34/02, BStBl 2005 II S. 316).

(9) ¹Darüber hinaus kommen nach § 4 Nr. 14 UStG steuerfreie Leistungen auch dann in Betracht, wenn eine Rehabilitationseinrichtung auf Grund eines Versorgungsvertrags nach § 11 Abs. 2, §§ 40, 111 SGB V mit Hilfe von Fachkräften Leistungen der Rehabilitation erbringt. ²In diesem Fall sind regelmäßig sowohl die Leistungen der Rehabilitationseinrichtung als auch die Leistungen der Fachkräfte an die Rehabilitationseinrichtung steuerfrei, soweit sie die im Versorgungsvertrag benannte Qualifikation besitzen (vgl. BFH-Urteil vom 25. 11. 2004, V R 44/02, BStBl 2005 II S. 190). ³Leistungen im Rahmen von Rehabilitationssport und Funktionstraining, die im Sinne des § 44 Abs. 1 Nr. 3 und 4 SGB IX in Verbindung mit der „Rahmenvereinbarung über den Rehabilitationssport und das Funktionstraining" erbracht werden, können nach § 4 Nr. 14 UStG steuerfrei sein (vgl. BFH-Urteil vom 30. 4. 2009, V R 6/07, BStBl II S. 679).

(10) Bei Einschaltung von Subunternehmern gilt Folgendes: Wird eine ärztliche oder arztähnliche Leistung in der Unternehmerkette erbracht, müssen bei jedem Unternehmer in der Kette die Voraussetzungen nach § 4 Nr. 14 Buchstabe a UStG geprüft werden.

(11) Eine ähnliche heilberufliche Tätigkeit nach § 4 Nr. 14 Buchstabe a Satz 1 UStG üben beispielsweise aus:

– Dental-Hygienikerinnen und Dental-Hygieniker im Auftrag eines Zahnarztes (vgl. BFH-Urteil vom 12. 10. 2004, V R 54/03, BStBl 2005 II S. 106),

§ 4 UStG
AE 4.14.4, AE 4.14.5

- Diätassistentinnen und Diätassistenten (Diätassistentengesetz – DiätAssG –)
- Ergotherapeutinnen und Ergotherapeuten, denen die zur Ausübung ihres Berufes erforderliche Erlaubnis erteilt ist (Ergotherapeutengesetz – ErgThG –),
- [1]Krankenschwestern, Gesundheits- und Krankenpflegerinnen und Gesundheits- und Krankenpfleger, Gesundheits- und Kinderkrankenpflegerinnen und Gesundheits- und Kinderkrankenpfleger (Krankenpflegegesetz – KrPflG –) sowie Altenpflegerinnen und Altenpfleger, denen die Erlaubnis nach § 1 Nr. 1 Altenpflegegesetz (– AltpflG –) erteilt ist oder nach § 29 AltpflG als erteilt gilt. [2]Sozialpflegerische Leistungen (z. B. Grundpflege und hauswirtschaftliche Versorgung) sind nicht nach § 4 Nr. 14 UStG steuerfrei. [3]Es kann jedoch die Steuerbefreiung nach § 4 Nr. 16 UStG in Betracht kommen,
- Logopädinnen und Logopäden, denen die zur Ausübung ihres Berufes erforderliche Erlaubnis erteilt ist (Gesetz über den Beruf des Logopäden – LogopG –),
- [1]staatlich geprüfte Masseurinnen und Masseure bzw. Masseurinnen und medizinische Bademeisterinnen und Masseure und medizinische Bademeister (Masseur- und Physiotherapeutengesetz – MPhG –). [2]Die Steuerbefreiung kann von den genannten Unternehmern u. a. für die medizinische Fußpflege und die Verabreichung von medizinischen Bädern, Unterwassermassagen, Fangopackungen (BFH-Urteil vom 24. 1. 1985, IV R 249/82, BStBl II S. 676) und Wärmebestrahlungen in Anspruch genommen werden. [3]Das gilt auch dann, wenn diese Verabreichungen selbständige Leistungen und nicht Hilfstätigkeiten zur Heilmassage darstellen,
- auf dem Gebiet der Humanmedizin selbständig tätige medizinisch-technische Assistentinnen und medizinisch-technische Assistenten (Gesetz über technische Assistenten der Medizin – MTAG –, vgl. BFH-Urteil vom 29. 1. 1998, V R 3/96, BStBl II S. 453),
- Dipl. Oecotrophologinnen und Dipl. Oecotrophologen (Ernährungsberatende) im Rahmen einer medizinischen Behandlung (vgl. BFH-Urteile vom 10. 3. 2005, V R 54/04, BStBl II S. 669, und vom 7. 7. 2005, V R 23/04, BStBl II S. 904),
- Podologinnen und Podologen, denen die zur Ausübung ihres Berufes erforderliche Erlaubnis nach § 1 Podologengesetz – PodG – erteilt ist oder nach § 10 Abs. 1 PodG als erteilt gilt,
- Psychologische Psychotherapeutinnen und Psychologische Psychotherapeuten sowie Kinder- und Jugendlichenpsychotherapeutinnen und Kinder- und Jugendlichenpsychotherapeuten (Psychotherapeutengesetz – PsychThG –),
- Orthoptistinnen und Orthoptisten, denen die zur Ausübung ihres Berufes erforderliche Erlaubnis erteilt ist (Orthoptistengesetz – OrthoptG –),
- Rettungsassistentinnen und Rettungsassistenten, denen die zur Ausübung ihres Berufes erforderliche Erlaubnis erteilt ist (Rettungsassistentengesetz – RettAssG –),
- Sprachtherapeutinnen und Sprachtherapeuten, die staatlich anerkannt und nach § 124 Abs. 2 SGB V zugelassen sind.

(12) Keine ähnliche heilberufliche Tätigkeit nach § 4 Nr. 14 Buchstabe a Satz 1 UStG üben z. B. aus:

- Fußpraktikerinnen und Fußpraktiker, weil sie vorwiegend auf kosmetischem Gebiet tätig werden,
- Heileurythmistinnen und Heileurythmisten (BFH-Urteil vom 11. 11. 2004, V R 34/02, BStBl 2005 II S. 316),
- Krankenpflegehelferinnen und Krankenpflegehelfer (BFH-Urteil vom 26. 8. 1993, V R 45/89, BStBl II S. 887),
- Logotherapeutinnen und Logotherapeuten (BFH-Urteil vom 23. 8. 2007, V R 38/04, BStBl 2008 II S. 37),
- **Kosmetikerinnen und Kosmetiker (BFH-Urteil vom 2.9.2010, V R 47/09, BStBl 2011 II S. 195).**

(13) [1]Die Umsätze aus dem Betrieb einer Sauna sind grundsätzlich keine Umsätze aus der Tätigkeit eines der in § 4 Nr. 14 Buchstabe a UStG ausdrücklich genannten Berufe oder aus einer ähnlichen heilberuflichen Tätigkeit. [2]Die Verabreichung von Saunabädern ist nur insoweit nach § 4 Nr. 14 UStG umsatzsteuerfrei, als hierin eine Hilfstätigkeit von einem Heilberuf oder einem diesen ähnlichen Beruf, z. B. als Vorbereitung oder als Nachbehandlung zu einer Massagetätigkeit, zu sehen ist (BFH-Urteile vom 21. 10. 1971, V R 19/71, BStBl 1972 II S. 78, und vom 13. 7. 1994, XI R 90/92, BStBl 1995 II S. 84).

AE 4.14.5 4.14.5. Krankenhausbehandlungen und ärztliche Heilbehandlungen

S 7170 (1) [1]Krankenhausbehandlungen und ärztliche Heilbehandlungen einschließlich der Diagnostik, Befunderhebung, Vorsorge, Rehabilitation, Geburtshilfe und Hospizleistungen sowie damit eng verbundene Umsätze, sind nach § 4 Nr. 14 Buchstabe b UStG steuerfrei, wenn sie

- von Einrichtungen des öffentlichen Rechts (§ 4 Nr. 14 Buchstabe b Satz 1 UStG) oder
- von den in § 4 Nr. 14 Buchstabe b Satz 2 Doppelbuchstaben aa bis gg UStG genannten Einrichtungen jeweils im Rahmen des von der Zulassung, dem Vertrag bzw. der Regelung nach Sozialgesetzbuch erfassten Bereichs (vgl. Absatz 24) erbracht werden.

²Die Behandlung der Leistungen im Maßregelvollzug durch Einrichtungen des privaten Rechts bestimmt sich nach § 4 Nr. 14 Buchstabe b Satz 2 Doppelbuchstabe hh UStG (vgl. Absatz 23).

Krankenhäuser (§ 4 Nr. 14 Buchstabe b Satz 2 Doppelbuchstabe aa UStG)

(2) Krankenhäuser sind Einrichtungen, die der Krankenhausbehandlung oder Geburtshilfe dienen, fachlich-medizinisch unter ständiger ärztlicher Leitung stehen, über ausreichende, ihrem Versorgungsauftrag entsprechende diagnostische und therapeutische Möglichkeiten verfügen und nach wissenschaftlich anerkannten Methoden arbeiten, mit Hilfe von jederzeit verfügbarem ärztlichem, Pflege-, Funktions- und medizinisch-technischem Personal darauf eingerichtet sind, vorwiegend durch ärztliche und pflegerische Hilfeleistung Krankheiten der Patienten zu erkennen, zu heilen, ihre Verschlimmerung zu verhüten, Krankheitsbeschwerden zu lindern oder Geburtshilfe zu leisten, und in denen die Patienten untergebracht und verpflegt werden können (§ 107 Abs. 1 SGB V).

(3) ¹Krankenhäuser, die von Einrichtungen des privaten Rechts betrieben werden, unterliegen der Steuerbefreiung nach § 4 Nr. 14 Buchstabe b Satz 2 Doppelbuchstabe aa UStG, wenn sie nach § 108 SGB V zugelassen sind. ²Dies sind somit
1. Krankenhäuser, die nach den landesrechtlichen Vorschriften als Hochschulklinik anerkannt sind,
2. Krankenhäuser, die in den Krankenhausplan eines Landes aufgenommen sind (Plankrankenhäuser), sowie
3. Krankenhäuser, die einen Versorgungsvertrag mit den Landesverbänden der Krankenkassen und den Verbänden der Ersatzkassen abgeschlossen haben.

(4) ¹Krankenhäuser, die nicht von juristischen Personen des öffentlichen Rechts betrieben werden und die weder eine Zulassung nach § 108 SGB V besitzen noch eine sonstige Einrichtung im Sinne des § 4 Nr. 14 Buchstabe b Satz 2 UStG sind, sind mit ihren in § 4 Nr. 14 Buchstabe b Satz 1 UStG genannten Leistungen steuerpflichtig. ²Auch ihre in einer Vielzahl sonstiger Krankenhausleistungen eingebetteten ärztlichen Heilbehandlungsleistungen sind demnach von der Umsatzsteuerbefreiung ausgeschlossen (vgl. BFH-Urteil vom 18. 3. 2004, V R 53/00, BStBl II S. 677).

Zentren für ärztliche Heilbehandlung und Diagnostik oder Befunderhebung (§ 4 Nr. 14 Buchstabe b Satz 2 Doppelbuchstabe bb oder cc UStG)

(5) ¹In Zentren für ärztliche Heilbehandlung und Diagnostik werden durch ärztliche Leistungen Krankheiten, Leiden und Körperschäden festgestellt, geheilt oder gelindert. ²Im Gegensatz zu Krankenhäusern wird den untersuchten und behandelten Personen regelmäßig weder Unterkunft noch Verpflegung gewährt.

(6) ¹Zentren für ärztliche Befunderhebung sind Einrichtungen, in denen durch ärztliche Leistung der Zustand menschlicher Organe, Gewebe, Körperflüssigkeiten usw. festgestellt wird. ²Die Leistungen unterliegen nur der Steuerbefreiung, sofern ein therapeutisches Ziel im Vordergrund steht. ³Blutalkoholuntersuchungen für gerichtliche Zwecke in Einrichtungen ärztlicher Befunderhebung sind daher nicht steuerfrei.

(7) ¹Leistungen von Zentren für ärztliche Heilbehandlung, Diagnostik oder Befunderhebung als Einrichtungen des privaten Rechts sind steuerfrei, wenn sie die Voraussetzungen nach § 4 Nr. 14 Buchstabe b Satz 2 Doppelbuchstabe bb UStG erfüllen. ²Die Befreiung setzt hiernach entweder eine Teilnahme an der ärztlichen Versorgung nach § 95 SGB V oder die Anwendung der Regelungen nach § 115 SGB V voraus. ³Eine Teilnahme an der vertragsärztlichen Versorgung nach § 95 SGB V ist auch dann gegeben, wenn eine Einrichtung nach § 13 des Schwangerschaftskonfliktgesetzes mit einer kassenärztlichen Vereinigung eine Vergütungsvereinbarung nach § 75 Abs. 9 SGB V abgeschlossen hat. ⁴Die Anforderung an die Steuerbefreiung gilt auch dann als erfüllt, wenn eine diagnostische Leistung von einer Einrichtung erbracht wird, die auf Grundlage einer durch die gesetzlichen Krankenversicherung abgeschlossenen vertraglichen Vereinbarung an der Heilbehandlung beteiligt worden ist. ⁵Dies gilt insbesondere für labordiagnostische Typisierungsleistungen, die im Rahmen der Vorbereitung einer Stammzellentransplantation zur Suche nach einem geeigneten Spender für die Behandlung einer lebensbedrohlich erkrankten Person erbracht und durch das Zentrale Knochenmarkspender-Register Deutschland beauftragt werden.

Einrichtungen von klinischen Chemikern und Laborärzten

(8) Klinische Chemiker sind Personen, die den von der Deutschen Gesellschaft für Klinische Chemie e. V. entwickelten Ausbildungsgang mit Erfolg beendet haben und dies durch die von der genannten Gesellschaft ausgesprochene Anerkennung nachweisen.

(9) [1]Leistungen klinischer Chemiker beruhen, wie auch Leistungen von Laborärzten, nicht auf einem persönlichen Vertrauensverhältnis zu den Patienten. [2]Eine Steuerbefreiung kommt deshalb insbesondere nur nach § 4 Nr. 14 Buchstabe b Satz 2 Doppelbuchstabe bb oder cc UStG in Betracht, sofern die Leistungen im Rahmen einer Heilbehandlung erbracht werden. [3]Erforderlich ist damit eine Teilnahme an der ärztlichen Versorgung nach § 95 SGB V, die Anwendung der Regelungen nach § 115 SGB V, ein Vertrag oder eine Beteiligung an der Versorgung nach § 34 SGB VII.

Medizinische Versorgungszentren

(10) [1]Medizinische Versorgungszentren sind rechtsformunabhängige fachlich übergreifende ärztlich geleitete Einrichtungen, in denen Ärzte – mit verschiedenen Facharzt- oder Schwerpunktbezeichnungen – als Angestellte oder Vertragsärzte tätig sind (§ 95 Abs. 1 SGB V). [2]Medizinische Versorgungszentren, die an der vertragsärztlichen Versorgung nach § 95 SGB V teilnehmen, erbringen steuerfreie Leistungen nach § 4 Nr. 14 Buchstabe b Satz 2 Doppelbuchstabe bb UStG. [3]Die an einem medizinischen Versorgungszentrum als selbständige Unternehmer tätigen Ärzte erbringen dagegen steuerfreie Leistungen im Sinne des § 4 Nr. 14 Buchstabe a Satz 1 UStG, wenn sie ihre Leistungen gegenüber dem medizinischen Versorgungszentrum erbringen.

Einrichtungen nach § 115 SGB V

(11) Die Regelungen des § 115 SGB V beziehen sich auf Verträge und Rahmenempfehlungen zwischen Krankenkassen, Krankenhäusern und Vertragsärzten, deren Ziel in der Gewährleistung einer nahtlosen ambulanten und stationären Heilbehandlung gegenüber dem Leistungsempfänger besteht.

(12) Hierunter fallen insbesondere Einrichtungen, in denen Patienten durch Zusammenarbeit mehrer Vertragsärzte ambulant oder stationär versorgt werden (z. B. Praxiskliniken).

(13) Des Weiteren gehören zum Kreis der nach § 4 Nr. 14 Buchstabe b Satz 2 Doppelbuchstabe bb UStG anerkannten Einrichtungen alle Einrichtungen des Vierten Abschnitts des Vierten Kapitels SGB V, für die die Regelung nach § 115 SGB V anzuwenden sind, z. B. auch Hochschulambulanzen nach § 117 SGB V, Psychiatrische Institutsambulanzen nach § 118 SGB V und Sozialpädiatrische Zentren nach § 119 SGB V.

Einrichtungen der gesetzlichen Unfallversicherung (§ 4 Nr. 14 Buchstabe b Satz 2 Doppelbuchstabe cc)

(14) [1]Einrichtungen, die von den Trägern der gesetzlichen Unfallversicherung nach § 34 SGB VII an der Versorgung beteiligt worden sind, erbringen als anerkannte Einrichtung nach § 4 Nr. 14 Buchstabe b Satz 2 Doppelbuchstabe cc UStG steuerfreie Heilbehandlungen im Sinne des § 4 Nr. 14 Buchstabe b Satz 1 UStG. [2]Die Beteiligung von Einrichtungen an der Durchführung von Heilbehandlungen bzw. der Versorgung durch Träger der gesetzlichen Unfallversicherungen nach § 34 SGB VII kann auch durch Verwaltungsakt erfolgen.

Vorsorge- und Rehabilitationseinrichtungen (§ 4 Nr. 14 Buchstabe b Satz 2 Doppelbuchstabe dd UStG)

(15) Vorsorge- oder Rehabilitationseinrichtungen sind fachlich-medizinisch unter ständiger ärztlicher Verantwortung und unter Mitwirkung von besonders geschultem Personal stehende Einrichtungen, die der stationären Behandlung der Patienten dienen, um eine Schwächung der Gesundheit, zu beseitigen oder einer Gefährdung der gesundheitlichen Entwicklung eines Kindes entgegenzuwirken (Vorsorge) oder eine Krankheit zu heilen, ihre Verschlimmerung zu verhüten oder Krankheitsbeschwerden zu lindern oder im Anschluss an Krankenhausbehandlung den dabei erzielten Behandlungserfolg zu sichern oder zu festigen (Rehabilitation), wobei Leistungen der aktivierenden Pflege nicht von den Krankenkassen übernommen werden dürfen (vgl. § 107 Abs. 2 SGB V).

(16) Vorsorge- oder Rehabilitationseinrichtungen, mit denen ein Versorgungsvertrag nach § 111 SGB V besteht, sind mit ihren medizinischen Leistungen zur Vorsorge oder Leistungen zur medizinischen Rehabilitation einschließlich der Anschlussheilbehandlung, die eine stationäre Behandlung, aber keine Krankenhausbehandlung erfordern, nach § 4 Nr. 14 Buchstabe b Satz 2 Doppelbuchstabe dd UStG steuerfrei.

Einrichtungen des Müttergenesungswerks oder gleichartige Einrichtungen (§ 4 Nr. 14 Buchstabe b Satz 2 Doppelbuchstabe dd UStG)

(17) Einrichtungen des Müttergenesungswerks oder gleichartige Einrichtungen oder für Vater-Kind-Maßnahmen geeignete Einrichtungen, mit denen ein Versorgungsvertrag nach § 111a SGB V besteht, sind mit ihren stationären medizinischen Leistungen zur Vorsorge oder Rehabilitation für Mütter und Väter nach § 4 Nr. 14 Buchstabe b Satz 2 Doppelbuchstabe dd UStG steuerfrei.

Medizinische Rehabilitationseinrichtungen (§ 4 Nr. 14 Buchstabe b Satz 2 Doppelbuchstabe ee UStG)

(18) [1]Nach § 4 Nr. 14 Buchstabe b Satz 2 Doppelbuchstabe ee UStG gelten Rehabilitationsdienste und Rehabilitationseinrichtungen, mit denen Verträge nach § 21 SGB IX (Rehabilitation und Teilhabe behinderter Menschen) bestehen, als anerkannte Einrichtungen. [2]Dies gilt auch für ambulante Rehabilitationseinrichtungen, die Leistungen nach § 40 Abs. 1 SGB V erbringen und mit denen Verträge unter Berücksichtigung von § 21 SGB IX bestehen (§ 2 Abs. 3 der Richtlinie des Gemeinsamen Bundesausschusses über Leistungen zur medizinischen Rehabilitation).

Einrichtungen zur Geburtshilfe (§ 4 Nr. 14 Buchstabe b Satz 2 Doppelbuchstabe ff UStG)

(19) [1]Von Hebammen geleitete Einrichtungen zur Geburtshilfe, z. B. Geburtshäuser und Entbindungsheime, erbringen mit der Hilfe bei der Geburt und der Überwachung des Wochenbettverlaufs sowohl ambulante wie auch stationäre Leistungen. [2]Werden diese Leistungen von Einrichtungen des privaten Rechts erbracht, unterliegen sie der Steuerbefreiung, wenn für sie nach § 4 Nr. 14 Buchstabe b Satz 2 Doppelbuchstabe ff UStG Verträge nach § 134a SGB V gelten. [3]Verträge dieser Art dienen der Regelung und Versorgung mit Hebammenhilfe. [4]Die Steuerbefreiung ist unabhängig von einer sozialversicherungsrechtlichen Abrechnungsfähigkeit dieser Leistung.

Hospize (§ 4 Nr. 14 Buchstabe b Satz 2 Doppelbuchstabe gg UStG)

(20) [1]Hospize dienen der Begleitung eines würdevolleren Sterbens. [2]Leistungen in und von Hospizen werden sowohl ambulant als auch stationär ausgeführt.

(21) [1]Stationäre und teilstationäre Hospizleistungen fallen unter die Befreiungsvorschrift nach § 4 Nr. 14 Buchstabe b Satz 2 Doppelbuchstabe gg UStG, sofern sie von Einrichtungen des Privatrechts erbracht werden, mit denen Verträge nach § 39a Abs. 1 SGB V bestehen. [2]Diese Verträge regeln Zuschüsse zur stationären oder teilstationären Versorgung in Hospizen, in denen palliativ-medizinische Behandlungen erbracht werden, wenn eine ambulante Versorgung im eigenen Haushalt ausgeschlossen ist.

(22) [1]Ambulante Hospizleistungen, die unter der fachlichen Verantwortung von Gesundheits- und Krankenpflegern oder anderen vergleichbar qualifizierten medizinischen Fachkräften erbracht werden, unterliegen der Steuerbefreiung nach § 4 Nr. 14 Buchstabe a UStG. [2]Das Gleiche gilt für Leistungen der spezialisierten ambulanten Palliativversorgung nach § 37b SGB V.

Maßregelvollzug (§ 4 Nr. 14 Buchstabe b Satz 2 Doppelbuchstabe hh UStG)

(23) [1]Die Umsätze von Krankenhäusern des Maßregelvollzugs, die von juristischen Personen des öffentlichen Rechts betrieben werden, sind nach § 4 Nr. 14 Buchstabe b Satz 1 UStG umsatzsteuerfrei. [2]Einrichtungen des privaten Rechts, denen im Wege der Beleihung die Durchführung des Maßregelvollzugs übertragen wird und die nicht über eine Zulassung nach § 108 SGB V verfügen, sind mit ihren Leistungen nach § 4 Nr. 14 Buchstabe b Satz 2 Doppelbuchstabe hh UStG ebenfalls von der Umsatzsteuer befreit, wenn es sich um Einrichtungen nach § 138 Abs. 1 Satz 1 StVollzG handelt. [3]Hierunter fallen insbesondere psychiatrische Krankenhäuser und Entziehungsanstalten, in denen psychisch kranke oder suchtkranke Straftäter behandelt und untergebracht werden. [4]Neben den ärztlichen Behandlungsleistungen umfasst die Steuerbefreiung auch die Unterbringung, Verpflegung und Verwahrung der in diesen Einrichtungen untergebrachten Personen.

Beschränkung der Steuerbefreiungen

(24) [1]Leistungen nach § 4 Nr. 14 Buchstabe b UStG sind sowohl im Bereich gesetzlicher Versicherungen steuerfrei als auch bei Vorliegen eines privaten Versicherungsschutzes. [2]Die Steuerbefreiung für Einrichtungen im Sinne des § 4 Nr. 14 Buchstabe b Satz 2 Doppelbuchstabe aa bis gg UStG wird jedoch jeweils auf den Bereich der Zulassung, des Vertrages bzw. der Regelung nach Sozialgesetzbuch beschränkt.

> **Beispiel:**
> Eine Einrichtung ohne Zulassung nach § 108 SGB V, mit der ein Versorgungsvertrag nach § 111 SGB V besteht, kann keine steuerfreien Krankenhausbehandlungen erbringen.

§ 4 UStG
AE 4.14.5, AE 4.14.6

(25) ¹Die Steuerbefreiung beschränkt sich allerdings nicht auf den „Umfang" z. B. des im Rahmen der Zulassung vereinbarten Leistungspakets. ²Sofern z. B. ein nach § 108 SGB V zugelassenes Krankenhaus Leistungen erbringt, die über den Leistungskatalog der gesetzlichen Krankenversicherung hinausgehen (z. B. Chefarztbehandlung, Doppel- oder Einzelzimmerbelegung), fallen auch diese unter die Steuerbefreiung nach § 4 Nr. 14 Buchstabe b UStG.

AE 4.14.6   4.14.6. Eng mit Krankenhausbehandlungen und ärztlichen Heilbehandlungen verbundene Umsätze

S 7170

(1) ¹Als eng mit Krankenhausbehandlungen und ärztlichen Heilbehandlungen nach § 4 Nr. 14 Buchstabe b UStG verbundene Umsätze sind Leistungen anzusehen, die für diese Einrichtungen nach der Verkehrsauffassung typisch und unerlässlich sind, regelmäßig und allgemein beim laufenden Betrieb vorkommen und damit unmittelbar oder mittelbar zusammenhängen (vgl. BFH-Urteil vom 1. 12. 1977, V R 37/75, BStBl 1978 II S. 173). ²Die Umsätze dürfen nicht im Wesentlichen dazu bestimmt sein, den Einrichtungen zusätzliche Einnahmen durch Tätigkeiten zu verschaffen, die in unmittelbarem Wettbewerb zu steuerpflichtigen Umsätzen anderer Unternehmer stehen (vgl. EuGH-Urteil vom 1. 12. 2005, C-394/04 und C-395/04, EuGHE I S. 10373).

(2) Unter diesen Voraussetzungen können zu den eng verbundenen Umsätzen gehören:

1. die stationäre oder teilstationäre Aufnahme von Patienten, deren ärztliche und pflegerische Betreuung einschließlich der Lieferungen der zur Behandlung erforderlichen Medikamente;
2. die Behandlung und Versorgung ambulanter Patienten;
3. die Lieferungen von Körperersatzstücken und orthopädischen Hilfsmitteln, soweit sie unmittelbar mit einer Leistung im Sinne des § 4 Nr. 14 Buchstabe b UStG in Zusammenhang stehen;
4. die Überlassung von Einrichtungen (z. B. Operationssaal, Röntgenanlage, *medizinisch-technische Großgeräte*), und die damit verbundene Gestellung von medizinischem Hilfspersonal *durch Einrichtungen nach § 4 Nr. 14 Buchstabe b UStG an andere Einrichtungen dieser Art*, an angestellte Ärzte für deren selbständige Tätigkeit und an niedergelassene Ärzte zur Mitbenutzung;
5. *(gestrichen)*
6. die Gestellung von Ärzten und von medizinischem Hilfspersonal durch Einrichtungen nach § 4 Nr. 14 Buchstabe b UStG an andere Einrichtungen dieser Art;
7. ¹die Lieferungen von Gegenständen des Anlagevermögens, z. B. Röntgeneinrichtungen, Krankenfahrstühle und sonstige Einrichtungsgegenstände. ²Zur Veräußerung des gesamten Anlagevermögens siehe jedoch Absatz 3 Nummer 11;
8. die Erstellung von ärztlichen Gutachten gegen Entgelt, sofern ein therapeutischer Zweck im Vordergrund steht.

(3) Nicht zu den eng verbundenen Umsätzen gehören insbesondere:

1. die entgeltliche Abgabe von Speisen und Getränken an Besucher;
2. die Lieferungen von Arzneimitteln an das Personal oder Besucher sowie die Abgabe von Medikamenten gegen gesondertes Entgelt an ehemals ambulante oder stationäre Patienten zur Überbrückung;
3. ¹die Arzneimittellieferungen einer Krankenhausapotheke an Krankenhäuser anderer Träger (BFH-Urteil vom 18. 10. 1990, V R 76/89, BStBl 1991 II S. 268) sowie die entgeltlichen Medikamentenlieferungen an ermächtigte Ambulanzen des Krankenhauses, an Polikliniken, an Institutsambulanzen, an sozialpädiatrische Zentren – soweit es sich in diesen Fällen nicht um nicht steuerbare Innenumsätze des Trägers der jeweiligen Krankenhausapotheke handelt – und an öffentliche Apotheken. ²Auch die Steuerbefreiung nach § 4 Nr. 18 UStG kommt insoweit nicht in Betracht;
4. die Abgabe von Medikamenten zur unmittelbaren Anwendung durch ermächtigte Krankenhausambulanzen an Patienten während der ambulanten Behandlung sowie die Abgabe von Medikamenten durch Krankenhausapotheken an Patienten im Rahmen der ambulanten Behandlung im Krankenhaus;
5. die Erstellung von Alkohol-Gutachten, Zeugnissen oder Gutachten über das Sehvermögen, über Berufstauglichkeit oder in Versicherungsangelegenheiten, Untersuchungsleistungen wie z. B. Röntgenaufnahmen zur Erstellung eines umsatzsteuerpflichtigen Gutachtens (vgl. hierzu auch BMF-Schreiben vom 8. 11. 2001, BStBl I S. 826, und EuGH-Urteil vom 20. 11. 2003, C-307/01, EuGHE I S. 13989);
6. ¹ästhetisch-plastische Leistungen, soweit ein therapeutisches Ziel nicht im Vordergrund steht. ²Indiz hierfür kann sein, dass die Kosten regelmäßig nicht durch Krankenversicherungen übernommen werden (vgl. BFH-Urteil vom 17. 7. 2004, V R 27/03, BStBl II S. 862);

7. Leistungen zur Prävention und Selbsthilfe im Sinne des § 20 SGB V, die keinen unmittelbaren Krankheitsbezug haben, weil sie lediglich „den allgemeinen Gesundheitszustand verbessern und insbesondere einen Beitrag zur Verminderung sozial bedingter Ungleichheiten von Gesundheitschancen erbringen" sollen – § 20 Abs. 1 Satz 2 SGB V – (vgl. BFH-Urteil vom 7. 7. 2005, V R 23/04, BStBl II S. 904);
8. Supervisionsleistungen (vgl. BFH-Urteil vom 30. 6. 2005, V R 1/02, BStBl II S. 675);
9. [1]die Leistungen der Zentralwäschereien (vgl. BFH-Urteil vom 18. 10. 1990, V R 35/85, BStBl 1991 II S. 157). [2]Dies gilt sowohl für die Fälle, in denen ein Krankenhaus in seiner Wäscherei auch die Wäsche anderer Krankenhäuser reinigt, als auch für die Fälle, in denen die Wäsche mehrerer Krankenhäuser in einer verselbständigten Wäscherei gereinigt wird. [3]Auch die Steuerfreiung nach § 4 Nr. 18 UStG kommt nicht in Betracht;
10. die Telefongestellung an Patienten, die Vermietung von Fernsehgeräten und die Unterbringung und Verpflegung von Begleitpersonen (EuGH-Urteil vom 1. 12. 2005, C-394/04 und C-395/04, EuGHE I S. 10373);
11. [1]die Veräußerung des gesamten beweglichen Anlagevermögens und der Warenvorräte nach Einstellung des Betriebs (BFH-Urteil vom 1. 12. 1977, V R 37/75, BStBl 1978 II S. 173). [2]Es kann jedoch die Steuerbefreiung nach § 4 Nr. 28 UStG in Betracht kommen.

4.14.7. Rechtsform des Unternehmers

Tätigkeit als Arzt, Zahnarzt, Heilpraktiker, Physiotherapeut, Hebamme, oder ähnliche heilberufliche Tätigkeit (§ 4 Nr. 14 Buchstabe a UStG)

(1) [1]Werden Leistungen aus der Tätigkeit als Arzt, Zahnarzt, Heilpraktiker oder aus einer anderen heilberuflichen Tätigkeit im Sinne des § 4 Nr. 14 Buchstabe a UStG erbracht, kommt es für die Steuerbefreiung nach dieser Vorschrift nicht darauf an, in welcher Rechtsform der Unternehmer die Leistung erbringt (vgl. BFH-Urteile vom 4. 3. 1998, XI R 53/96, BStBl 2000 II S. 13, und vom 26. 9. 2007, V R 54/05, BStBl 2008 II S. 262). [2]Auch ein in der Rechtsform einer GmbH & Co. KG betriebenes Unternehmen kann bei Vorliegen der Voraussetzungen die Steuerbefreiung nach § 4 Nr. 14 UStG in Anspruch nehmen (vgl. Beschluss des BVerfG vom 10. 11. 1999, 2 BvR 2861/93, BStBl 2000 II S. 160). [3]Die Steuerbefreiung hängt im Wesentlichen davon ab, dass es sich um ärztliche oder arztähnliche Leistungen handelt und dass diese von Personen erbracht werden, die erforderlichen beruflichen Befähigungsnachweise besitzen (vgl. EuGH-Urteil vom 10. 9. 2002, C-141/00, EuGHE I S. 6833). [4]Die Leistungen können auch mit Hilfe von Arbeitnehmern, die die erforderliche berufliche Qualifikation aufweisen, erbracht werden (vgl. BFH-Urteil vom 1. 4. 2004, V R 54/98, BStBl II S. 681, für eine Stiftung).

(2) Die Umsätze einer Personengesellschaft aus einer heilberuflichen Tätigkeit sind auch dann nach § 4 Nr. 14 Buchstabe a UStG steuerfrei, wenn die Gesellschaft daneben eine Tätigkeit im Sinne des § 15 Abs. 1 Nr. 1 EStG ausübt und ihre Einkünfte deshalb ertragsteuerlich als Einkünfte aus Gewerbebetrieb nach § 15 Abs. 3 Nr. 1 EStG zu qualifizieren sind (vgl. BFH-Urteil vom 13. 7. 1994, XI R 90/92, BStBl 1995 II S. 84).

(3) Der Befreiung von Heilbehandlungen im Bereich der Humanmedizin steht nicht entgegen, wenn diese im Rahmen von Verträgen der hausarztzentrierten Versorgung nach § 73b SGB V oder der besonderen ambulanten ärztlichen Versorgung nach § 73c SGB V bzw. nach anderen sozialrechtlichen Vorschriften erbracht werden.

Krankenhausbehandlungen und ärztliche Heilbehandlungen (§ 4 Nr. 14 Buchstabe b UStG)

(4) Neben Leistungen, die unmittelbar von Ärzten oder anderen Heilkundigen unter ärztlicher Aufsicht erbracht werden, umfasst der Begriff ärztliche Heilbehandlung auch arztähnliche Leistungen, die u. a. in Krankenhäusern unter der alleinigen Verantwortung von Personen, die keine Ärzte sind, erbracht werden (vgl. EuGH-Urteil vom 6. 11. 2003, C-45/01, EuGHE I S. 12911).

(5) [1]Begünstigte Leistungserbringer können Einrichtungen des öffentlichen Rechts (§ 4 Nr. 14 Buchstabe b Satz 1 UStG) oder Einrichtungen des privaten Rechts, die nach § 4 Nr. 14 Buchstabe b Satz 2 UStG mit Einrichtungen des öffentlichen Rechts in sozialer Hinsicht, insbesondere hinsichtlich der Bedingungen, vergleichbar sind, sein. [2]Der Begriff „Einrichtung" umfasst dabei auch natürliche Personen. [3]Als privatrechtliche Einrichtungen sind auch Einrichtungen anzusehen, die in der Form privatrechtlicher Gesellschaften betrieben werden, deren Anteile nur von juristischen Personen des öffentlichen Rechts gehalten werden.

4.14.8. Praxis- und Apparategemeinschaften

(1) [1]Steuerbefreit werden sonstige Leistungen von Gemeinschaften, deren Mitglieder ausschließlich Angehörige der in § 4 Nr. 14 Buchstabe a UStG bezeichneten Berufe und/oder Einrichtungen

im Sinne des § 4 Nr. 14 Buchstabe b UStG sind, soweit diese Leistungen für unmittelbare Zwecke der Ausübung der Tätigkeit nach § 4 Nr. 14 Buchstabe a oder b UStG verwendet werden und die Gemeinschaft von ihren Mitgliedern lediglich die genaue Erstattung des jeweiligen Anteils an den gemeinsamen Kosten fordert. ²Als Gemeinschaften gelten nur Einrichtungen, die als Unternehmer im Sinne des § 2 UStG anzusehen sind.

(2) ¹Die Leistungen von Gemeinschaften nach § 4 Nr. 14 Buchstabe d UStG bestehen u. a. in der zur Verfügung Stellung von medizinischen Einrichtungen, Apparaten und Geräten. ²Des Weiteren führen die Gemeinschaften beispielsweise mit eigenem medizinisch-technischem Personal Laboruntersuchungen, Röntgenaufnahmen und andere medizinisch-technischen Leistungen an ihre Mitglieder aus.

(3) ¹Voraussetzung für die Steuerbefreiung ist, dass die Leistungen von den Mitgliedern unmittelbar für ihre nach § 4 Nr. 14 Buchstabe a oder b UStG steuerfreien Umsätze verwendet werden. ²Übernimmt die Gemeinschaft für ihre Mitglieder z. B. die Buchführung, Rechtsberatung oder die Tätigkeit einer ärztlichen Verrechnungsstelle, handelt es sich um Leistungen, die nur mittelbar zur Ausführung von steuerfreien Heilbehandlungsleistungen bezogen werden und deshalb nicht von der Umsatzsteuer nach § 4 Nr. 14 Buchstabe d UStG befreit sind. ³Die Anwendung der Steuerbefreiung setzt allerdings nicht voraus, dass die Leistungen stets allen Mitgliedern gegenüber erbracht werden (vgl. EuGH-Urteil vom 11. 12. 2008, C-407/07, EuGHE I S. 9615).

(4) ¹Für die Steuerbefreiung ist es unschädlich, wenn die Gemeinschaft den jeweiligen Anteil der gemeinsamen Kosten des Mitglieds direkt im Namen des Mitglieds mit den Krankenkassen abrechnet. ²Die Leistungsbeziehung zwischen Gemeinschaft und Mitglied bleibt weiterhin bestehen. ³Der verkürzte Abrechnungsweg kann als Serviceleistung angesehen werden, die als unselbständige Nebenleistung das Schicksal der Hauptleistung teilt.

(5) Auch Laborleistungen nach § 25 Abs. 3 des Bundesmantelvertrags-Ärzte, wonach die Laborgemeinschaft für den Arzt die auf ihn entfallenden Analysekosten gegenüber der zuständigen Kassenärztlichen Vereinigung abrechnet, erfüllen hinsichtlich der dort geforderten „genauen Erstattung des jeweiligen Anteils an den gemeinsamen Kosten" die Voraussetzung des § 4 Nr. 14 Buchstabe d UStG.

(6) ¹Beschafft und überlässt die Gemeinschaft ihren Mitgliedern Praxisräume, ist dieser Umsatz nicht nach § 4 Nr. 14 Buchstabe d UStG befreit. ²Vielmehr handelt es sich hierbei um sonstige Leistungen, die in der Regel unter die Steuerbefreiung für die Vermietung von Grundstücken nach § 4 Nr. 12 Satz 1 Buchstabe a UStG fallen.

(7) ¹Die Befreiung darf nach Artikel 132 Abs. 1 Buchstabe f MwStSystRL nicht zu einer Wettbewerbsverzerrung führen. ²Sie kann sich deshalb nur auf die sonstigen Leistungen der ärztlichen Praxis- und Apparategemeinschaften beziehen, nicht aber auf Fälle, in denen eine Gemeinschaft für ihre Mitglieder z. B. die Buchführung, die Rechtsberatung oder die Tätigkeit einer ärztlichen Verrechnungsstelle übernimmt.

(8) ¹Leistungen der Gemeinschaft an Nicht-Mitglieder sind von der Befreiung nach § 4 Nr. 14 Buchstabe d UStG ausgeschlossen. ²Das gilt auch dann, wenn ein Leistungsempfänger, der nicht Mitglied ist, der Gemeinschaft ein Darlehen oder einen Zuschuss gegeben hat.

AE 4.14.9   4.14.9. Leistungen von Einrichtungen nach § 140b Abs. 1 SGB V zur integrierten Versorgung

(1) Einrichtungen im Sinne des § 140b Abs. 1 SGB V, die Leistungen nach § 4 Nr. 14 Buchstabe a und b UStG erbringen, führen nach § 4 Nr. 14 Buchstabe c UStG steuerfreie Umsätze aus, soweit mit ihnen Verträge zur integrierten Versorgung nach § 140a SGB V bestehen.

(2) Zu den Einrichtungen nach § 140b Abs. 1 SGB V zählen:
- zur vertragsärztlichen Versorgung zugelassene Ärzte und Zahnärzte;
- Träger zugelassener Krankenhäuser, soweit sie zur Versorgung berechtigt sind, Träger von stationären Vorsorge- und Rehabilitationseinrichtungen, soweit mit ihnen ein Versorgungsvertrag nach § 111 SGB V besteht, Träger von ambulanten Rehabilitationseinrichtungen;
- Träger von Einrichtungen nach § 95 Abs. 1 Satz 2 SGB V (medizinische Versorgungszentren);
- Träger von Einrichtungen, die eine integrierte Versorgung nach § 140a SGB V durch zur Versorgung der Versicherten nach dem Vierten Kapitel des SGB V berechtigte Leistungserbringer anbieten (sog. Managementgesellschaften);
- Pflegekassen und zugelassene Pflegeeinrichtungen auf der Grundlage des § 92b SGB XI;
- Gemeinschaften der vorgenannten Leistungserbringer und deren Gemeinschaften;
- Praxiskliniken nach § 115 Abs. 2 Satz 1 Nr. 1 SGB V.

(3) Im Rahmen eines Vertrages zur integrierten Versorgung nach §§ 140a ff SGB V wird die vollständige bzw. teilweise ambulante und/oder stationäre Versorgung der Mitglieder der jeweiligen

Krankenkasse auf eine Einrichtung im Sinne des § 140b Abs. 1 SGB V übertragen mit dem Ziel, eine bevölkerungsbezogene Flächendeckung der Versorgung zu ermöglichen.

(4) ¹Managementgesellschaften sind Träger, die nicht selbst Versorger sind, sondern eine Versorgung durch dazu berechtigte Leistungserbringer anbieten. ²Sie erbringen mit der Übernahme der Versorgung von Patienten und dem „Einkauf" von Behandlungsleistungen Dritter steuerfreie Leistungen, wenn die beteiligten Leistungserbringer die jeweiligen Heilbehandlungsleistungen unmittelbar mit der Managementgesellschaft abrechnen. ³In diesen Fällen ist die Wahrnehmung von Managementaufgaben als unselbständiger Teil der Heilbehandlungsleistung der Managementgesellschaften gegenüber der jeweiligen Krankenkasse anzusehen. ⁴Sofern in einem Vertrag zur integrierten Versorgung nach § 140a SGB V jedoch lediglich Steuerungs-, Koordinierungs- und/oder Managementaufgaben von der Krankenkasse auf die Managementgesellschaft übertragen werden, handelt es sich hierbei um eine Auslagerung von Verwaltungsaufgaben. ⁵Diese Leistungen gegenüber der jeweiligen Krankenkasse stellen keine begünstigten Heilbehandlungen dar und sind steuerpflichtig.

4.15.1. Sozialversicherung, Sozialhilfe, Kriegsopferversorgung   AE 4.15.1

Zu den von der Steuerbefreiung ausgenommenen Umsätzen gehört insbesondere die entsprechende unentgeltliche Wertabgabe (vgl. Abschnitte 3.2 bis 3.4), also die Entnahme von Brillen und Brillenteilen sowie die Reparaturarbeiten an diesen Gegenständen für Zwecke außerhalb des Unternehmens.

S 7171

4.16.1. Anwendungsbereich und Umfang der Steuerbefreiung   AE 4.16.1

Anwendungsbereich

(1) ¹§ 4 Nr. 16 UStG selbst enthält nur eine allgemeine Definition der Betreuungs- und Pflegeleistungen. ²Welche Leistungen letztlich im Einzelnen in den Anwendungsbereich der Steuerbefreiung fallen, ergibt sich aus der Definition der nach § 4 Nr. 16 Satz 1 Buchstaben a bis k UStG begünstigten Einrichtungen. ³Soweit diese im Rahmen ihrer sozialrechtlichen Anerkennung Betreuungs- und Pflegeleistungen ausführen (vgl. auch Absatz 8 und 9), fallen ihre Leistungen in den Anwendungsbereich der Steuerbefreiung.

S 7172

(2) Die mit dem Betrieb von Einrichtungen zur Betreuung oder Pflege körperlich, geistig oder seelisch hilfsbedürftiger Personen eng verbundenen Leistungen sind nach § 4 Nr. 16 Satz 1 Buchstabe a UStG steuerfrei, wenn sie von Einrichtungen des öffentlichen Rechts erbracht werden.

(3) ¹Ferner sind die Betreuungs- oder Pflegeleistungen nach § 4 Nr. 16 Satz 1 Buchstaben b bis k UStG steuerfrei, wenn sie von anderen anerkannten Einrichtungen mit sozialem Charakter im Sinne des Artikels 132 Abs. 1 Buchstabe g MwStSystRL erbracht werden. ²Dabei umfasst der Begriff „Einrichtungen" unabhängig von der Rechts- oder Organisationsform des Leistungserbringers sowohl natürliche als auch juristische Personen. ³Als andere Einrichtungen sind auch Einrichtungen anzusehen, die in der Form privatrechtlicher Gesellschaften betrieben werden, deren Anteile nur von juristischen Personen des öffentlichen Rechts gehalten werden.

Umfang der Steuerbefreiung an hilfsbedürftige Personen

(4) ¹Die Steuerbefreiung erfasst sowohl Betreuungs- als auch Pflegeleistungen für hilfsbedürftige Personen. ²Hilfsbedürftig sind alle Personen, die auf Grund ihres körperlichen, geistigen oder seelischen Zustands der Betreuung oder Pflege bedürfen. ³Der Betreuung oder Pflege bedürfen Personen, die krank, behindert oder von einer Behinderung bedroht sind. ⁴Dies schließt auch Personen mit ein, bei denen ein Grundpflegebedarf oder eine erhebliche Einschränkung der Alltagskompetenz (§ 45a SGB XI), besteht. ⁵Hilfsbedürftig sind darüber hinaus auch Personen, denen Haushaltshilfe nach dem KVLG 1989, dem ALG oder dem SGB VII gewährt wird, etwa im Fall der Arbeitsunfähigkeit nach § 16 Satz 2 KVLG 1989.

Umfang der Steuerbefreiung bei Leistungen auch an nicht hilfsbedürftige Personen

(5) ¹Soweit Pflege- oder Betreuungsleistungen in stationären Einrichtungen in geringem Umfang auch an nicht hilfsbedürftige Personen erbracht werden, ist die Inanspruchnahme der Steuerbefreiung nicht zu beanstanden. ²Von einem geringen Umfang ist auszugehen, wenn die Leistungen in nicht mehr als 10 % der Fälle an nicht hilfsbedürftige Personen erbracht werden. ³Die Steuerbefreiung gilt dann insgesamt für die mit dem Betrieb eines Altenheims oder Pflegeheims eng verbundenen Umsätze, auch wenn hier in geringem Umfang bereits Personen aufgenommen werden, die nicht betreuungs- oder pflegebedürftig sind.

Umfang der Steuerbefreiung bei Betreuungs- und Pflegeleistungen

(6) ¹Die Steuerbefreiung umfasst die mit dem Betrieb von Einrichtungen zur Betreuung oder Pflege körperlich, geistig oder seelisch hilfsbedürftiger Personen eng verbundenen Umsätze, unabhängig davon, ob diese Leistungen ambulant oder stationär erbracht werden. ²Werden die Leistungen stationär erbracht, kommt es zudem nicht darauf an, ob die Personen vorübergehend oder dauerhaft aufgenommen werden.

(7) ¹Unter den Begriff der Betreuung oder Pflege fallen z. B. die in § 14 Abs. 4 SGB XI bzw. § 61 Abs. 5 SGB XII aufgeführten Leistungen für die gewöhnlichen und regelmäßig wiederkehrenden Verrichtungen im Ablauf des täglichen Lebens, bei teilstationärer oder stationärer Aufnahme auch die Unterbringung und Verpflegung. ²Auch in den Fällen, in denen eine Einrichtung im Sinne von § 4 Nr. 16 UStG für eine hilfsbedürftige Person ausschließlich Leistungen der hauswirtschaftlichen Versorgung erbringt, handelt es sich um mit dem Betrieb von Einrichtungen zur Betreuung oder Pflege eng verbundene und somit steuerfreie Leistungen.

Beschränkung der Steuerbefreiung

(8) ¹Leistungen nach § 4 Nr. 16 UStG sind sowohl im Bereich gesetzlicher Versicherungen steuerfrei als auch bei Vorliegen eines privaten Versicherungsschutzes. ²Nach § 4 Nr. 16 Satz 2 UStG sind Betreuungs- oder Pflegeleistungen, die von den in § 4 Nr. 16 Satz 1 UStG genannten Einrichtungen erbracht werden, befreit, soweit es sich ihrer Art nach um Leistungen handelt, auf die sich die Anerkennung, der Vertrag oder die Vereinbarung nach Sozialrecht oder die Vergütung jeweils bezieht.

Beispiel 1:
¹Ein Unternehmer erbringt Haushaltshilfeleistungen im Rahmen eines Vertrages nach § 132 SGB V mit der Krankenkasse A an eine hilfsbedürftige Person. ²Daneben erbringt er die identischen Haushaltshilfeleistungen an Privatpersonen, an Privatversicherte sowie an die Krankenkasse B. ³Ein Vertrag nach § 132 SGB V besteht mit der Krankenkasse B nicht. ⁴Der Unternehmer stellt eine begünstigte Einrichtung nach § 4 Nr. 16 Satz 1 Buchstabe b UStG dar. ⁵Somit sind die gesamten Haushaltshilfeleistungen im Sinne des § 132 SGB V steuerfrei.

Beispiel 2:
Ein Unternehmer, der Leistungen in verschiedenen Bereichen erbringt, z. B. neben einem nach § 72 SGB XI zugelassenen Pflegeheim auch einen Integrationsfachdienst betreibt, hat die Voraussetzung für die Steuerbefreiung für beide Bereiche gesondert nachzuweisen (Vereinbarung nach § 111 SGB IX).

(9) ¹Die Steuerbefreiung beschränkt sich allerdings nicht auf den „Umfang" z. B. des im Rahmen der Zulassung vereinbarten Leistungspakets. ²Sofern z. B. ein nach § 72 SGB XI zugelassene Pflegeeinrichtung Leistungen erbringt, die über den Leistungskatalog der gesetzlichen Krankenversicherung hinausgehen (z. B. tägliche Hilfe beim Baden anstatt nur einmal wöchentlich), fallen auch diese unter die Steuerbefreiung nach § 4 Nr. 16 Satz 1 Buchstabe c UStG.

4.16.2. Nachweis der Voraussetzungen

(1) ¹Die Voraussetzungen für die Steuerbefreiung, dass die Leistungen an hilfsbedürftige Personen erbracht wurden, müssen für jede betreute oder gepflegte Person beleg- und buchmäßig nachgewiesen werden. ²Hierzu gehören insbesondere

- der Nachweis der Pflegebedürftigkeit und ihrer voraussichtlichen Dauer durch eine Bestätigung der Krankenkasse, der Pflegekasse, des Sozialhilfeträgers, des Gesundheitsamts oder durch ärztliche Verordnung,
- der Nachweis der Kosten des Falls durch Rechnungen und der Höhe der Kostenerstattung der gesetzlichen Träger der Sozialversicherung oder Sozialhilfe durch entsprechende Abrechnungsunterlagen,
- die Aufzeichnung des Namens und der Anschrift der hilfsbedürftigen Person,
- die Aufzeichnung des Entgelts für die gesamte Betreuungs- oder Pflegeleistung und der Höhe des Kostensatzes durch den Träger der Sozialversicherung oder Sozialhilfe für den einzelnen Fall,
- die Summe der gesamten Fälle eines Kalenderjahres,
- die Summe der Fälle dieses Jahres mit überwiegender Kostentragung durch die Träger der Sozialversicherung oder Sozialhilfe.

³Übernimmt eine anerkannte und zugelassene Pflegeeinrichtung als Kooperationspartner einer anderen Einrichtung einen Teil des Pflegeauftrags für eine zu pflegende Person, kann für beide Einrichtungen die Steuerbefreiung nach § 4 Nr. 16 UStG in Betracht kommen.

(2) ¹Als Nachweis über die Hilfsbedürftigkeit der gepflegten oder betreuten Personen kommen ferner andere Belege/Aufzeichnungen, die als Nachweis eines Betreuungs- und Pflegebedarfs geeignet sind und oftmals bereits auf Grund sozialrechtlicher Vorgaben vorhanden sind, z. B. Betreuungstagebücher und Pflegeleistungsaufzeichnungen der Pflegekräfte, in Betracht. ²Ferner kann sich der Grundpflegebedarf insbesondere aus der Anerkennung einer Pflegestufe nach den §§ 14 oder 15 SGB XI oder aus einem diesbezüglichen Ablehnungsbescheid ergeben, wenn darin ein Hilfebedarf bei der Grundpflege ausgewiesen ist. ³Der Nachweis der Hilfsbedürftigkeit kann auch durch eine Bescheinigung über eine erhebliche Einschränkung der Alltagskompetenz im Sinne des § 45a SGB XI erbracht werden.

4.16.3. Einrichtungen nach § 4 Nr. 16 Satz 1 Buchstabe k UStG

(1) Sofern Betreuungs- oder Pflegeleistungen an hilfsbedürftige Personen von Einrichtungen erbracht werden, die nicht nach Sozialrecht anerkannt sind und mit denen weder ein Vertrag noch eine Vereinbarung nach Sozialrecht besteht, sind diese nach § 4 Nr. 16 Satz 1 Buchstabe k UStG steuerfrei, wenn im vorangegangen Kalenderjahr die Betreuungs- oder Pflegekosten in mindestens 40 % der Fälle dieser Einrichtung von den gesetzlichen Trägern der Sozialversicherung oder der Sozialhilfe oder der für die Durchführung der Kriegsopferversorgung zuständigen Versorgungsverwaltung einschließlich der Träger der Kriegsopferfürsorge ganz oder zum überwiegenden Teil vergütet worden sind.

(2) ¹Eine Vergütung der Betreuungs- oder Pflegeleistungen aus Geldern des Persönlichen Budgets (§ 17 SGB IX) durch die hilfsbedürftige Person als mittelbare Vergütung ist nicht in die Ermittlung der Sozialgrenze bei der erbringenden Einrichtung mit einzubeziehen. ²Auch Betreuungs- und Pflegeleistungen von Einrichtungen (Subunternehmer), die diese gegenüber begünstigten Einrichtungen erbringen, sind nicht begünstigt, sofern diese nicht selbst eine begünstigte Einrichtung nach § 4 Nr. 16 UStG sind.

(3) ¹Für die Ermittlung der 40 %-Grenze nach § 4 Nr. 16 Satz 1 Buchstabe k UStG müssen die Betreuungs- und Pflegekosten im vorangegangenen Kalenderjahr in mindestens 40 % der Fälle von den gesetzlichen Trägern der Sozialversicherung oder der Sozialhilfe oder der für die Durchführung der Kriegsopferversorgung zuständigen Versorgungsverwaltung einschließlich der Träger der Kriegsopferfürsorge ganz oder zum überwiegenden Teil vergütet worden sein. ²Für die Auslegung des Begriffs „Fälle" ist von der Anzahl der hilfsbedürftigen Personen im Laufe eines Kalendermonats auszugehen. ³Bei der stationären oder teilstationären Unterbringung in einer Einrichtung gilt daher die Aufnahme einer Person innerhalb eines Kalendermonats als ein „Fall". ⁴Bei der Erbringung ambulanter Betreuungs- oder Pflegeleistungen gelten alle Leistungen für eine Person in einem Kalendermonat als ein „Fall". ⁵Werden von einem Unternehmer mehrere verschiedenartige Einrichtungen im Sinne des § 4 Nr. 16 Satz 1 UStG betrieben, sind die Kosten der in jedem Kalendermonats betreuten oder gepflegten Personen zur Ermittlung der Gesamtzahl der Fälle jeder Einrichtung gesondert zuzuordnen.

(4) ¹Die Kosten eines „Falls" werden von den gesetzlichen Trägern der Sozialversicherung, Sozialhilfe, Kriegsopferfürsorge oder der für die Durchführung der Kriegsopferversorgung zuständigen Versorgungsverwaltung zum überwiegenden Teil getragen, wenn diese die Kosten des Falls allein oder gemeinsam zu mehr als 50 % übernehmen. ²Der Zeitpunkt der Kostenerstattung ist dabei ohne Bedeutung. ³Kostenzuschüsse oder Kostenerstattungen anderer Einrichtungen (z. B. private Krankenkassen, Beihilfestellen für Beamte, Wohlfahrtsverbände) sind den eigenen Aufwendungen der hilfsbedürftigen Person zuzurechnen.

(5) ¹Für die Ermittlung der 40 %-Grenze sind die Verhältnisse des Vorjahres maßgebend. ²Nimmt der Unternehmer seine Tätigkeit im Laufe eines Kalenderjahres neu auf, ist auf die voraussichtlichen Verhältnisse des laufenden Jahres abzustellen.

(6) ¹Schulungskurse und Beratungen, die Pflegeeinrichtungen im Auftrag der Pflegekassen durchführen, sind eng mit den Pflegeleistungen verbundene Umsätze. ²Sie werden grundsätzlich nicht als „Fall" angesehen und bei der Berechnung der 40 %-Grenze außer vor gelassen. ³Diese Umsätze sind danach steuerfrei, wenn im vorangegangen Kalenderjahr mindestens 40 % der Fälle der Einrichtung ganz oder zum überwiegenden Teil von der Sozialversicherung, Sozialhilfe, Kriegsopferfürsorge oder der für die Durchführung der Kriegsopferversorgung zuständigen Versorgungsverwaltung getragen worden sind.

4.16.4. Leistungen der Altenheime, Pflegeheime und Altenwohnheime

Altenheime (§ 4 Nr. 16 Satz 1 Buchstabe k UStG)

(1) Altenheime sind Einrichtungen, in denen ältere Menschen, die grundsätzlich nicht pflegebedürftig, aber zur Führung eines eigenen Hausstands außerstande sind, Unterkunft, Verpflegung und Betreuung erhalten.

(2) Die Inanspruchnahme der Steuerbefreiung nach § 4 Nr. 16 Satz 1 Buchstabe k UStG für Betreuungs- oder Pflegeleistungen an hilfsbedürftige Personen durch private Altenheime setzt grundsätzlich voraus, dass die Leistungen im vorangegangenen Kalenderjahr in 40 % der Fälle von den gesetzlichen Trägern der Sozialversicherung oder der Sozialhilfe oder der für die Durchführung der Kriegsopferversorgung zuständigen Versorgungsverwaltung einschließlich der Träger der Kriegsopferfürsorge ganz oder zum überwiegenden Teil vergütet worden sind.

Pflegeheime (§ 4 Nr. 16 Satz 1 Buchstaben c oder d UStG)

(3) Stationäre Pflegeeinrichtungen (Pflegeheime) sind selbständige wirtschaftliche Einrichtungen, in denen Pflegebedürftige unter ständiger Verantwortung einer ausgebildeten Pflegefachkraft gepflegt werden und ganztägig (vollstationär) oder nur tagsüber oder nur nachts (teilstationär) untergebracht und verpflegt werden (§ 71 Abs. 2 SGB XI).

(4) Die Betreuungs- oder Pflegeleistungen an hilfsbedürftige Personen in stationären Pflegeeinrichtungen sind nach § 4 Nr. 16 Satz 1 Buchstabe c bzw. d UStG steuerfrei, wenn mit den Einrichtungen ein Versorgungsvertrag nach § 72 SGB XI besteht bzw. diese zur Heimpflege nach § 26 Abs. 5 in Verbindung mit § 44 SGB VII bestimmt oder die Voraussetzungen nach § 4 Nr. 16 Satz 1 Buchstabe k UStG erfüllt sind.

Altenwohnheime

(5) ¹Beim Betrieb eines Altenwohnheims ist grundsätzlich nur von einer nach § 4 Nr. 12 UStG steuerfreien Vermietungsleistung auszugehen. ²Wird mit den Bewohnern eines Altenwohnheims ein Vertrag über die Aufnahme in das Heim geschlossen, der neben der Wohnraumüberlassung auch Leistungen zur Betreuung oder Pflege vorsieht, wobei die Betreuungs- und Pflegeleistungen die Wohnraumüberlassung aber nicht überlagern, handelt es sich um zwei getrennt voneinander zu betrachtende Leistungen. ³Auch in diesem Fall ist die Wohnraumüberlassung grundsätzlich nach § 4 Nr. 12 UStG steuerfrei. ⁴Werden daneben eigenständige Leistungen der Betreuung oder Pflege erbracht, können diese unter den Voraussetzungen des § 4 Nr. 16 UStG steuerfrei sein.

4.16.5. Weitere Betreuungs- und Pflegeeinrichtungen

Haushaltshilfeleistungen (§ 4 Nr. 16 Satz 1 Buchstaben b, d, i oder k UStG)

(1) Haushaltshilfe erhalten Personen, denen z. B. wegen einer Krankenhausbehandlung und ggf. weiterer Voraussetzungen die Weiterführung des Haushalts nicht möglich ist.

(2) ¹Haushaltshilfeleistungen sind nach § 4 Nr. 16 Satz 1 Buchstabe b UStG steuerfrei, wenn diese von Einrichtungen erbracht werden, mit denen ein Vertrag nach § 132 SGB V besteht. ²Hierunter fallen insbesondere Umsätze, die eine Einrichtung durch Gestellung von Haushaltshilfen im Sinne des § 38 SGB V erzielt (vgl. BFH-Urteil vom 30. 7. 2008, XI R 61/07, BStBl 2009 II S. 68).

(3) ¹Auch die Haushaltshilfeleistungen von Einrichtungen, die hierzu nach § 26 Abs. 5 in Verbindung mit § 42 SGB VII (Haushaltshilfe und Kinderbetreuung) bestimmt sind (§ 4 Nr. 16 Satz 1 Buchstabe d UStG) und mit denen ein Vertrag

– nach § 16 KVLG 1989 (Anstellung von Personen zur Gewährung von häuslicher Krankenpflege, Betriebs- und Haushaltshilfe),
– nach § 53 Abs. 2 Nr. 1 in Verbindung mit § 10 ALG (Betriebs- und Haushaltshilfe bei medizinischer Rehabilitation der Landwirte) oder
– nach § 143e Abs. 4 Nr. 2 SGB VII (Abschluss von Verträgen mit Leistungserbringern für die landwirtschaftlichen Berufsgenossenschaften) in Verbindung mit § 54 Abs. 2 SGB VII (Betriebs- oder Haushaltshilfe in der Landwirtschaft)

besteht, sind steuerfrei. ²Zudem sind Haushaltshilfeleistungen steuerfrei, wenn die Voraussetzungen des § 4 Nr. 16 Satz 1 Buchstabe k UStG erfüllt sind.

(4) Für die Leistungen aus der Gestellung von Betriebshelfern kann die Steuerbefreiung nach § 4 Nr. 27 Buchstabe b UStG unter den dortigen Voraussetzungen in Betracht kommen.

Leistungen der häuslichen Pflege (§ 4 Nr. 16 Satz 1 Buchstabe c, i oder k UStG)

(5) ¹Einrichtungen, die Leistungen zur häuslichen Pflege und Betreuung sowie zur hauswirtschaftlichen Versorgung erbringen, sind mit ihren Leistungen steuerfrei, wenn mit ihnen die Krankenkasse einen Vertrag nach § 132a SGB V (Versorgung mit häuslicher Krankenpflege) bzw. die zuständige Pflegekasse einen Vertrag nach § 77 SGB XI (Häusliche Pflege durch Einzelpersonen) geschlossen hat oder mit ihnen ein Versorgungsvertrag

- nach § 72 SGB XI (zugelassene Pflegeeinrichtungen – § 4 Nr. 16 Satz 1 Buchstabe c UStG),
- nach § 16 KVLG 1989 (Anstellung von Personen zur Gewährung von häuslicher Krankenpflege, Betriebs- und Haushaltshilfe) bzw.
- nach § 53 Abs. 2 Nr. 1 in Verbindung mit § 10 ALG (Betriebs- und Haushaltshilfe bei medizinischer Rehabilitation der Landwirte) besteht,
- oder wenn sie hierzu nach § 26 Abs. 5 in Verbindung mit §§ 32 bzw. 44 SGB VII (Leistungen bei Pflegebedürftigkeit durch häusliche Krankenpflege bzw. Pflege) bestimmt sind (§ 4 Nr. 16 Satz 1 Buchstabe i UStG)

bzw. wenn die Voraussetzungen nach § 4 Nr. 16 Satz 1 Buchstabe k UStG erfüllt sind. [2]Unter die Steuerbefreiung fallen auch die von diesen Einrichtungen erbrachten Pflegeberatungsleistungen nach §§ 7a bzw. 37 Abs. 3 SGB XI.

(6) [1]Häusliche Krankenpflege kann die auf Grund ärztlicher Verordnung erforderliche Grund- und Behandlungspflege sowie die hauswirtschaftliche Versorgung umfassen. [2]Nach § 4 Nr. 16 UStG sind aber nur die Grundpflegeleistungen und die hauswirtschaftliche Versorgung befreit. [3]Dabei fallen auch isolierte hauswirtschaftliche Versorgungsleistungen, die an hilfsbedürftige Personen erbracht werden, unter diese Steuerbefreiung. [4]Leistungen der Behandlungspflege können aber unter den weiteren Voraussetzungen des § 4 Nr. 14 UStG steuerfrei sein.

Leistungen der Integrationsfachdienste (§ 4 Nr. 16 Satz 1 Buchstabe e UStG)

(7) [1]Integrationsfachdienste sind Dienste Dritter, die bei der Durchführung der Maßnahmen zur Teilhabe schwer behinderter Menschen am Arbeitsleben, um die Erwerbsfähigkeit des genannten Personenkreises herzustellen oder wiederherzustellen, beteiligt sind. [2]Sie können unter weiteren Voraussetzungen auch zur beruflichen Eingliederung von behinderten Menschen, die nicht schwer behindert sind, tätig werden (§ 109 Abs. 1 und 4 SGB IX). [3]Sie können zur Teilhabe (schwer-)behinderter Menschen am Arbeitsleben (Aufnahme, Ausübung und Sicherung einer möglichst dauerhaften Beschäftigung) beteiligt werden, indem sie die (schwer-)behinderten Menschen beraten, unterstützen und auf geeignete Arbeitsplätze vermitteln, sowie die Arbeitgeber informieren, beraten und ihnen Hilfe leisten (§ 110 SGB IX). [4]Anders als bei den Leistungen der Arbeitsvermittlungsagenturen steht hier die Betreuung behinderter Menschen zur Eingliederung ins Arbeitsleben im Vordergrund.

(8) [1]Die Inanspruchnahme der Steuerbefreiung nach § 4 Nr. 16 Satz 1 Buchstabe e UStG für Leistungen der Integrationsfachdienste setzt voraus, dass diese im Auftrag der Integrationsämter oder der Rehabilitationsträger tätig werden und mit ihnen eine Vereinbarung nach § 111 SGB IX besteht. [2]Für die Inanspruchnahme der Steuerbefreiung nach § 4 Nr. 16 Satz 1 Buchstabe e UStG kommt es ausschließlich darauf an, dass das Integrationsamt mit dem Integrationsfachdienst eine Vereinbarung abgeschlossen hat, in der dieser als Integrationsfachdienst benannt ist. [3]Wenn diese (Grund-)Vereinbarung besteht, sind alle Tätigkeiten des Integrationsfachdienstes im Rahmen des gesetzlichen Auftrages (§ 110 SGB IX) steuerbefreit. [4]Dabei ist es unerheblich, wer den konkreten Auftrag im Einzelfall erteilt (z. B. Integrationsamt, Rehabilitationsträger oder Träger der Arbeitsverwaltung).

Leistungen der Werkstätten für behinderte Menschen (§ 4 Nr. 16 Satz 1 Buchstabe f UStG)

(9) [1]Eine Werkstatt für behinderte Menschen ist eine Einrichtung zur Teilhabe behinderter Menschen am Arbeitsleben und zur Eingliederung in das Arbeitsleben. [2]Eine solche Werkstatt steht allen behinderten Menschen offen, sofern erwartet werden kann, dass sie spätestens nach Teilnahme an Maßnahmen im Berufsbildungsbereich wenigstens ein Mindestmaß wirtschaftlich verwertbarer Arbeitsleistungen erbringen werden (§ 136 Abs. 1 und 2 SGB IX). [3]Behinderte Menschen, die die Voraussetzungen für die Beschäftigung in der Werkstatt nicht erfüllen, sollen in Einrichtungen oder Gruppen betreut und gefördert werden, die der Werkstatt angegliedert sind (§ 136 Abs. 3 SGB IX).

(10) [1]Die nach dem Sozialgesetzbuch an Werkstätten für behinderte Menschen und deren angegliederten Betreuungseinrichtungen gezahlten Pflegegelder sind als Entgelte für die Betreuungs-, Beköstigungs-, Beherbergungs- und Beförderungsleistungen dieser Werkstätten anzusehen (vgl. Abschnitt 4.18.1 Abs. 11). [2]Diese Leistungen sind nach § 4 Nr. 16 Satz 1 Buchstabe f UStG befreit, wenn sie von Werkstätten bzw. deren Zusammenschlüssen erbracht werden, die nach § 142 SGB IX anerkannt sind.

(11) Zur umsatzsteuerlichen Behandlung der Umsätze im Werkstattbereich wird auf Abschnitt 12.9 Abs. 4 Nr. 4 hingewiesen.

Niedrigschwellige Betreuungsangebote (§ 4 Nr. 16 Satz 1 Buchstabe g UStG)

(12) [1]Niedrigschwellige Betreuungsangebote sind Angebote, in denen Helferinnen und Helfer unter pflegefachlicher Anleitung die Betreuung von Pflegebedürftigen mit erheblichem Bedarf an

allgemeiner Beaufsichtigung und Betreuung in Gruppen oder im häuslichen Bereich übernehmen sowie pflegende Angehörige entlasten und beratend unterstützen (§ 45c Abs. 3 SGB XI). ²Das sind z. B. Betreuungsgruppen für Pflegebedürftige mit demenzbedingten Fähigkeitsstörungen, mit geistigen Behinderungen oder mit psychischen Erkrankungen, Helferinnen- und Helferkreise zur stundenweisen Entlastung pflegender Angehöriger im häuslichen Bereich, die Tagesbetreuung in Kleingruppen oder die Einzelbetreuung durch anerkannte Helferinnen und Helfer oder familienentlastende Dienste.

(13) ¹Solche niedrigschwelligen Betreuungsangebote werden z. B. von ambulanten Pflegediensten, von Wohlfahrtsverbänden, Betroffenenverbänden, Nachbarschaftshäusern, Kirchengemeinden und anderen Organisationen und Vereinen erbracht, aber auch von Einzelpersonen. ²Umsätze von Einrichtungen nach § 4 Nr. 16 Satz 1 Buchstabe g UStG steuerfrei, soweit sie Leistungen erbringen, die landesrechtlich als niedrigschwellige Betreuungsangebote nach § 45b SGB XI anerkannt oder zugelassen sind.

Sozialhilfeleistungen (§ 4 Nr. 16 Satz 1 Buchstabe h UStG)

(14) ¹Der Träger der Sozialhilfe ist für alle Vertragsangelegenheiten der teilstationären und stationären Einrichtungen und ambulanten Dienste im Bereich Soziales zuständig. ²Neben dem Abschluss von Rahmenvereinbarungen mit den Trägerverbänden werden auch einrichtungsindividuelle Leistungs-, Prüfungs- und Vergütungsvereinbarungen nach § 75 SGB XII geschlossen.

(15) Im Bereich des SGB XII werden insbesondere Verträge für folgende Leistungsbereiche abgeschlossen:
– Einrichtungen für Menschen mit geistiger, körperlicher und/oder mehrfacher Behinderung nach § 53 und § 54 SGB XII,
– Einrichtungen für Menschen mit seelischer Behinderung nach § 53 und § 54 SGB XII,
– Einrichtungen und soziale Dienste für den Personenkreis nach § 67 und § 68 SGB XII.

(16) Umsätze der Einrichtungen und Dienste sind nach § 4 Nr. 16 Satz 1 Buchstabe h UStG umsatzsteuerfrei, soweit Vereinbarungen nach § 75 SGB XII mit den Trägern der Sozialhilfe bestehen.

Interdisziplinäre Frühförderstellen (§ 4 Nr. 16 Satz 1 Buchstabe j UStG)

(17) ¹Interdisziplinäre Frühförderstellen sind familien- und wohnortnahe Dienste und Einrichtungen, die der Früherkennung, Behandlung und Förderung von Kindern dienen, um in interdisziplinärer Zusammenarbeit von qualifizierten medizinisch-therapeutischen und pädagogischen Fachkräften eine drohende oder bereits eingetretene Behinderung zum frühestmöglichen Zeitpunkt zu erkennen und die Behinderung durch gezielte Förder- und Behandlungsmaßnahmen auszugleichen oder zu mildern. ²Leistungen durch interdisziplinäre Frühförderstellen werden in der Regel in ambulanter, einschließlich mobiler Form erbracht (§ 3 Frühförderungsverordnung).

(18) Die Leistungen der interdisziplinäre Frühförderstellen sind nach § 4 Nr. 16 Satz 1 Buchstabe j UStG steuerfrei, wenn die Stellen auf der Grundlage einer Landesrahmenempfehlung nach § 2 Frühförderungsverordnung als fachlich geeignet anerkannt sind.

(19) Leistungen der sozialpädiatrischen Zentren (§ 4 Frühförderungsverordnung, § 119 SGB V), die Leistungen zur Früherkennung und Frühförderung behinderter oder von Behinderung bedrohter Kinder erbringen, können unter den weiteren Voraussetzungen nach § 4 Nr. 14 Buchstabe b Satz 2 Doppelbuchstabe. bb UStG steuerfrei sein.

Sonstige Betreuungs- oder Pflegeleistungen (§ 4 Nr. 16 Satz 1 Buchstabe k UStG)

(20) ¹Zu den begünstigten Leistungen zählen auch Leistungen zur Betreuung hilfsbedürftiger Personen zum Erwerb praktischer Kenntnisse und Fähigkeiten, die erforderlich und geeignet sind, behinderten oder von Behinderung bedrohten Menschen die für sie erreichbare Teilnahme am Leben in der Gemeinschaft zu ermöglichen, z. B. die Unterrichtung im Umgang mit dem Langstock als Orientierungshilfe für blinde Menschen. ²Ebenso können hierzu die Leistungen zählen, die im Rahmen der Eingliederungshilfe nach § 54 SGB XII erbracht werden. ³Auch Pflegeberatungsleistungen nach § 7a SGB XI, sofern diese nicht bereits Teil der Betreuungs- oder Pflegeleistung einer Einrichtung zur häuslichen Pflege sind, sind als Betreuungsleistungen anzusehen.

4.16.6. Eng verbundene Umsätze

(1) ¹Als eng mit dem Betrieb von Einrichtungen zur Betreuung oder Pflege körperlich, geistig oder seelisch hilfsbedürftiger Personen verbundene Umsätze sind Leistungen anzusehen, die für diese Einrichtungen nach der Verkehrsauffassung typisch und unerlässlich sind, regelmäßig und allgemein beim laufenden Betrieb vorkommen und damit unmittelbar oder mittelbar zusammen-

hängen (vgl. BFH-Urteil vom 1. 12. 1977, V R 37/75, BStBl 1978 II S. 173). ²Die Umsätze dürfen nicht im Wesentlichen dazu bestimmt sein, den Einrichtungen zusätzliche Einnahmen durch Tätigkeiten zu verschaffen, die in unmittelbarem Wettbewerb zu steuerpflichtigen Umsätzen anderer Unternehmer stehen (vgl. EuGH-Urteil vom 1. 12. 2005, C-394/04 und C-395/04, EuGHE I S. 10373).

(2) Unter diesen Voraussetzungen können zu den eng verbundenen Umsätzen gehören:
1. die stationäre oder teilstationäre Aufnahme von hilfsbedürftigen Personen, deren Betreuung oder Pflege einschließlich der Lieferungen der zur Betreuung oder Pflege erforderlichen Medikamente und Hilfsmittel z. B. Verbandsmaterial;
2. die ambulante Betreuung oder Pflege hilfsbedürftiger Personen;
3. ¹die Lieferungen von Gegenständen, die im Wege der Arbeitstherapie hergestellt worden sind, sofern kein nennenswerter Wettbewerb zu den entsprechenden Unternehmen der gewerblichen Wirtschaft besteht. ²Ein solcher Wettbewerb ist anzunehmen, wenn für den Absatz der im Wege der Arbeitstherapie hergestellten Gegenstände geworben wird;
4. die Gestellung von Personal durch Einrichtungen nach § 4 Nr. 16 Satz 1 UStG an andere Einrichtungen dieser Art.

(3) Nicht zu den eng verbundenen Umsätzen gehören insbesondere:
1. die entgeltliche Abgabe von Speisen und Getränken an Besucher;
2. die Telefongestellung an hilfsbedürftige Personen, die Vermietung von Fernsehgeräten und die Unterbringung und Verpflegung von Begleitpersonen (EuGH-Urteil vom 1. 12. 2005, C-394/04 und C-395/04, EuGHE I S. 10373);
3. ¹die Veräußerung des gesamten beweglichen Anlagevermögens und der Warenvorräte nach Einstellung des Betriebs (BFH-Urteil vom 1. 12. 1977, V R 37/75, BStBl 1978 II S. 173). ²Es kann jedoch die Steuerbefreiung nach § 4 Nr. 28 UStG in Betracht kommen;
4. Lieferung und Überlassung von medizinischen Pflegemitteln oder Pflegehilfsmitteln.

4.17.1. Menschliches Blut und Frauenmilch

(1) Zum menschlichen Blut gehören folgende Erzeugnisse: Frischblutkonserven, Vollblutkonserven, Serum- und Plasmakonserven, Heparin-Blutkonserven und Konserven zellulärer Blutbestandteile.

(2) ¹Nicht unter die Befreiung fallen die aus Mischungen von humanem Blutplasma hergestellten Plasmapräparate. ²Hierzu gehören insbesondere: Faktoren-Präparate, Humanalbumin, Fibrinogen, Immunglobuline.

(3) Für die Steuerfreiheit der Lieferungen von Frauenmilch ist es ohne Bedeutung, ob die Frauenmilch bearbeitet, z. B. gereinigt, erhitzt, tiefgekühlt, wird.

(4) Liegen für die Lieferungen nach § 4 Nr. 17 Buchstabe a UStG auch die Voraussetzungen einer Ausfuhrlieferung (§ 4 Nr. 1 Buchstabe a, § 6 UStG) bzw. einer innergemeinschaftlichen Lieferung (§ 4 Nr. 1 Buchstabe b, § 6a UStG) vor, geht die Steuerbefreiung des § 4 Nr. 17 Buchstabe a UStG diesen Steuerbefreiungen vor.

4.17.2. Beförderung von kranken und verletzten Personen

(1) ¹Ein Fahrzeug (Kraft-, Luft- und Wasserfahrzeug) ist für die Beförderung von kranken und verletzten Personen besonders eingerichtet, wenn es durch die vorhandenen Einrichtungen die typischen Merkmale eines Krankenfahrzeugs aufweist, z. B. Liegen, Spezialsitze. ²*Spezielle Einrichtungen für den Transport von Kranken und Verletzten können u. a. auch eine Bodenverankerung für Rollstühle, eine Auffahrrampe sowie eine seitlich ausfahrbare Trittstufe sein.* ³Zu den Krankenfahrzeugen gehören danach nur solche Fahrzeuge, die nach ihrer gesamten Bauart und Ausstattung speziell für die Beförderung verletzter und kranker Personen bestimmt sind. ³Bei Fahrzeugen, die nach dem Fahrzeugschein als Krankenkraftwagen anerkannt sind (§ 4 Abs. 6 PBefG), ist stets davon auszugehen, dass sie für die Beförderung von kranken und verletzten Personen besonders eingerichtet sind. ⁴*Serienmäßige Personenkraftwagen, die lediglich mit blauem Rundumlicht und Einsatzhorn, sog. Martinshorn, ausgerüstet sind, erfüllen die Voraussetzungen nicht (BFH-Urteil vom 16. 11. 1989, V R 9/85, BStBl 1990 II S. 255).* ⁵*Die Ausstattung mit einer Trage und einer Grundausstattung für „Erste Hilfe" reicht nicht aus.*

(2) ¹Serienmäßige Personenkraftwagen, die lediglich mit blauem Rundumlicht und Einsatzhorn, sog. Martinshorn, ausgerüstet sind, erfüllen die Voraussetzungen nicht (BFH-Urteil vom 16. 11. 1989 V R 9/85, BStBl 1990 II S. 255). ²Die Ausstattung mit einer Trage und einer Grundausstattung für „Erste Hilfe" reicht nicht aus. ³Für die Inanspruchnahme der Steuerbefreiung nach § 4 Nr. 17 Buchstabe b UStG ist es nicht erforderlich, dass das verwendete Fahrzeug für die Beförderung von kranken und verletzten Personen dauerhaft besonders eingerichtet ist; das Fahrzeug

muss aber im Zeitpunkt der begünstigten Beförderung nach seiner gesamten Bauart und Ausstattung speziell für die Beförderung verletzter und kranker Personen bestimmt sein (vgl. BFH-Urteil vom 12. 8. 2004, V R 45/03, BStBl 2005 II S. 314). ⁴Bei der Beförderung mit Fahrzeugen, die zum Zweck einer anderweitigen Verwendung umgerüstet werden können, sind die Voraussetzungen für jede einzelne Fahrt, z. B. mittels eines Fahrtenbuchs, nachzuweisen. *³Befördert der Unternehmer neben kranken oder verletzten Personen in einem hierfür besonders eingerichteten Fahrzeug weitere Personen, ist das auf die Beförderung der weiteren Personen entfallende Entgelt steuerpflichtig; ein für steuerfreie und steuerpflichtige Beförderungsleistungen einheitliches Entgelt ist aufzuteilen.*

(3) Die Steuerbefreiung gilt nicht nur für die Beförderung von akut erkrankten und verletzten Personen, sondern auch für die Beförderung von Personen, die körperlich oder geistig behindert und auf die Benutzung eines Rollstuhls angewiesen sind (vgl. BFH-Urteil vom 12. 8. 2004, V R 45/03,, *BStBl 2005 II S. 314*).

(4) ¹Nach § 4 Nr. 17 Buchstabe b UStG sind bestimmte Beförderungsleistungen befreit. ²Dabei ist es nicht erforderlich, dass die Beförderungen auf Grund eines Beförderungsvertrages ausgeführt werden oder dass der Empfänger der umsatzsteuerlichen Leistung und der beförderte Person identisch sind. ³Es können deshalb auch die Beförderungen von kranken oder verletzten Personen im Rahmen von Dienstverträgen über den Betrieb einer Rettungswache befreit werden (vgl. BFH-Urteil vom 18. 1. 1995, XI R 71/93, BStBl II S. 559).

(5) ¹Die Leistungen der Notfallrettung umfassen sowohl Leistungen der Lebensrettung und Betreuung von Notfallpatienten als auch deren Beförderung. ²Die lebensrettenden Maßnahmen im engeren Sinne werden regelmäßig durch selbständige Ärzte erbracht, die sich dazu gegenüber dem beauftragten Unternehmen verpflichtet haben und insoweit als Unternehmer im Sinne des § 2 UStG tätig werden. ³Die Leistungen dieser Ärzte sind nach § 4 Nr. 14 Buchstabe a UStG steuerfrei. ⁴Die vom beauftragten Unternehmer am Einsatzort erbrachten lebensrettenden Maßnahmen im weiteren Sinne können unter den Voraussetzungen des § 4 Nr. 14 Buchstabe a oder b UStG steuerfrei sein. ⁵Die Beförderung von Notfallpatienten in dafür besonders eingerichteten Fahrzeugen ist steuerfrei nach § 4 Nr. 17 Buchstabe b UStG. ⁶Wird der Verletzte im Anschluss an eine Notfallrettung in ein Krankenhaus befördert, stellen die lebensrettenden Maßnahmen, die der Vorbereitung der Transportfähigkeit des Patienten dienen, eine einheitliche Leistung dar, die nach § 4 Nr. 17 Buchstabe b UStG steuerfrei ist.

(6) ¹Werden Leistungen zur Sicherstellung der Einsatzbereitschaft der Rettungsmittel und des Personals (sog. Vorhalteleistungen) von demselben Unternehmer erbracht, der die Beförderung von Notfallpatienten als Hauptleistung ausführt, teilen die Vorhalteleistungen als Nebenleistungen das Schicksal der Hauptleistung. ²Eine Steuerbefreiung nach § 4 Nr. 17 Buchstabe b UStG kommt hingegen nicht in Betracht, wenn Vorhalteleistungen und Hauptleistungen von verschiedenen Unternehmern erbracht werden.

AE 4.18.1

4.18.1. Wohlfahrtseinrichtungen

S 7175

(1) Amtlich anerkannte Verbände der freien Wohlfahrtspflege sind nur die in § 23 UStDV aufgeführten Vereinigungen.

(2) Ob ein Unternehmer ausschließlich und unmittelbar gemeinnützigen, mildtätigen oder kirchlichen Zwecken dient, ist nach den §§ 52 bis 68 AO zu beurteilen.

(3) ¹Ein Unternehmer verfolgt steuerbegünstigte Zwecke unmittelbar, wenn er sie selbst verwirklicht. ²Unmittelbar gemeinnützigen Zwecken können Leistungen aber auch dann dienen, wenn sie an einen Empfänger bewirkt werden, der seinerseits ausschließlich gemeinnützige oder wohltätige Zwecke verfolgt (BFH-Urteil vom 8. 7. 1971, V R 1/68, BStBl 1972 II S. 70).

(4) ¹Als Mitgliedschaft im Sinne des § 4 Nr. 18 UStG ist nicht nur die unmittelbare Mitgliedschaft in einem amtlich anerkannten Wohlfahrtsverband anzusehen. ²Auch bei einer nur mittelbaren Mitgliedschaft kann die Steuerbefreiung in Betracht kommen. ³Als mittelbare Mitgliedschaft ist die Mitgliedschaft bei einer der freien Wohlfahrtspflege dienenden Körperschaft oder Personenvereinigung anzusehen, die ihrerseits einem amtlich anerkannten Wohlfahrtsverband als Mitglied angeschlossen ist (z. B. Werkstätten für behinderte Menschen als Mitglieder einer Wohlfahrtseinrichtung, die Mitglied eines amtlich anerkannten Wohlfahrtsverbandes ist). ⁴Die mittelbare Mitgliedschaft bei einem amtlich anerkannten Wohlfahrtsverband reicht aber aus, wenn auch die übrigen Voraussetzungen des § 4 Nr. 18 UStG gegeben sind, um die Steuerbefreiung nach dieser Vorschrift in Anspruch zu nehmen.

(5) ¹Ob eine Leistung dem nach der Satzung, Stiftung oder sonstigen Verfassung begünstigten Personenkreis unmittelbar zugute kommt, ist unabhängig davon zu prüfen, wer Vertragspartner der Wohlfahrtseinrichtung und damit Leistungsempfänger im Rechtssinne ist. ²Liefert ein Unternehmer z. B. Gegenstände, mit deren Herstellung Schwerversehrte aus arbeitstherapeutischen Gründen beschäftigt werden, gegen Entgelt an die auftraggebenden Firmen, sind diese Umsätze nicht nach § 4 Nr. 18 UStG steuerfrei.

§ 4 UStG
AE 4.18.1

(6) ¹Leistungen einer Einrichtung der Wohlfahrtspflege an andere steuerbegünstigte Körperschaften oder Behörden sind nicht nach § 4 Nr. 18 UStG steuerfrei, wenn sie nicht unmittelbar, sondern allenfalls mittelbar hilfsbedürftigen Personen im Sinne der §§ 53, 66 AO zugute kommen (BFH-Urteil vom 7. 11. 1996, V R 34/96, BStBl 1997 II S. 366). ²Deshalb sind z. B. die Übernahme von Verwaltungsaufgaben und die Nutzungsüberlassung von Telefonanlagen steuerpflichtig.

(7) ¹Die Steuerfreiheit für die Beherbergung, Beköstigung und die üblichen Naturalleistungen an Personen, die bei den begünstigten Leistungen tätig sind, kommt nur dann in Betracht, wenn diese Sachzuwendungen als Vergütung für geleistete Dienste gewährt werden. ²Diese Voraussetzung ist erfüllt, wenn der Arbeitnehmer nach dem Arbeitsvertrag, den mündlichen Abreden oder nach den sonstigen Umständen des Arbeitsverhältnisses (z. B. faktische betriebliche Übung) neben dem Barlohn einen zusätzlichen Lohn in Form der Sachzuwendungen erhält. ³Unschädlich ist es hierbei, wenn die Beteiligten aus verrechnungstechnischen Gründen einen Bruttogesamtlohn bilden und hierauf die Sachzuwendungen anrechnen. ⁴Die Sachzuwendungen werden jedoch nicht als Vergütung für geleistete Dienste gewährt, wenn sie auf den Barlohn des Arbeitnehmers angerechnet werden. ⁵Die Sachzuwendungen haben hier nicht die Eigenschaft eines Arbeitslohnes. ⁶Vielmehr liegt ein besonderer Umsatz an den Arbeitnehmer vor, der nicht unter die Befreiung des § 4 Nr. 18 UStG fällt (vgl. BFH-Urteil vom 3. 3. 1960, V 103/58 U, BStBl III S. 169).

(8) ¹Die Umsätze der Altenheime von Körperschaften, die einem Wohlfahrtsverband als Mitglied angeschlossen sind, sind unter den in § 4 Nr. 18 UStG genannten Voraussetzungen steuerfrei, wenn die Körperschaft der freien Wohlfahrtspflege dient. ²Diese Voraussetzung kann auch dann erfüllt sein, wenn die in dem Altenheim aufgenommenen Personen nicht wirtschaftlich, sondern körperlich oder geistig hilfsbedürftig sind, denn die Wohlfahrtspflege umfasst nicht nur die Sorge für das wirtschaftliche, sondern u. a. auch für das gesundheitliche Wohl (BFH-Urteil vom 20. 11. 1969, V R 40/66, BStBl 1970 II S. 190).

(9) ¹Gemeinnützige Studentenwerke, die Mitglieder eines amtlich anerkannten Wohlfahrtsverbandes sind, können für ihre in Mensa- und Cafeteria-Betrieben getätigten Umsätze von Speisen und Getränken an Studenten die Steuerbefreiung nach § 4 Nr. 18 UStG in Anspruch nehmen. ²Dies gilt für die entgeltliche Abgabe von alkoholischen Getränken nur dann, wenn damit das Warenangebot ergänzt wird und dieser Anteil im vorangegangenen Kalenderjahr nicht mehr als 5 % des Gesamtumsatzes betragen hat. ³Wegen der Anwendung des ermäßigten Steuersatzes bei der entgeltlichen Abgabe von Speisen und Getränken an Nichtstudierende vgl. Abschnitt 12.9 Abs. 4 Nr. 6.

(10) ¹Die Kolpinghäuser sind zwar Mitglieder des Deutschen Caritasverbandes, sie dienen jedoch nicht der freien Wohlfahrtspflege, weil die Aufnahme in den Kolpinghäusern ohne Rücksicht auf die Bedürftigkeit der aufzunehmenden Personen erfolgt. ²Die Befreiungsvorschrift des § 4 Nr. 18 UStG ist daher auf die Kolpinghäuser nicht anzuwenden.

(11) ¹Die nach dem SGB XII an Werkstätten für behinderte Menschen gezahlten Pflegegelder sind als Entgelte für die Betreuungs-, Beköstigungs-, Beherbergungs- und Beförderungsleistungen dieser Werkstätten anzusehen. ²Diese Leistungen sind unter den Voraussetzungen des § 4 Nr. 18 UStG umsatzsteuerfrei. ³Zur umsatzsteuerlichen Behandlung der Leistungen der Werkstätten für behinderte Menschen bzw. deren Zusammenschlüssen vgl. auch Abschnitt 4.16.5 Abs. 9 und 10. ⁴Zur Frage der Behandlung der Umsätze im Werkstattbereich wird auf Abschnitt 12.9 Abs. 4 Nr. 4 hingewiesen.

(12) ¹Gemeinnützige und mildtätige Organisationen führen vielfach Krankenfahrten mit Personenkraftwagen durch, die für die Beförderung von Kranken nicht besonders eingerichtet sind. ²Auf diese Fahrten kann die Steuerbefreiung nach § 4 Nr. 18 UStG keine Anwendung finden, weil die Voraussetzungen der Wohlfahrtspflege im Sinne des § 66 Abs. 2 AO nicht erfüllt sind. ³Die Leistungen unterliegen dem allgemeinen Steuersatz (vgl. Abschnitt 12.9 Abs. 4 Nr. 3).

(13) ¹Arzneimittellieferungen einer Krankenhausapotheke an Krankenhäuser anderer Träger kommen nicht unmittelbar dem nach der Satzung, Stiftung oder sonstigen Verfassung des Trägers der Apotheke begünstigten Personenkreis zugute (BFH-Urteil vom 18. 10. 1990, V R 76/89, BStBl 1991 II S. 268). ²Die Umsätze sind daher nicht nach § 4 Nr. 18 UStG steuerfrei. ³Gleiches gilt für die Leistungen der Wäscherei eines Krankenhauses an Krankenhäuser oder Heime anderer Träger (vgl. BFH-Urteil vom 18. 10. 1990, V R 35/85, BStBl 1991 II S. 157). ⁴Auch die Steuerbefreiung nach § 4 Nr. 14 Buchstabe b UStG kommt in beiden Fällen nicht in Betracht (vgl. Abschnitt 4.14.6 Abs. 3 Nr. 3 und 9).

(14) ¹Betreuungsleistungen im Sinne des Betreuungsgesetzes können unter bestimmten Bedingungen steuerfrei sein (vgl. BMF-Schreiben vom 21. 9. 2000, BStBl I S. 1251)¹⁾. ²Eine generelle Steuerbefreiung besteht nicht.

---

¹⁾ Anm.: Siehe USt-HA 2000/01 § 4 H 64.

§ 4 UStG
AE 4.19.1–AE 4.20.1

AE 4.19.1

S 7176

4.19.1. Blinde

(1) Der Unternehmer hat den Nachweis der Blindheit in der gleichen Weise wie bei der Einkommensteuer für die Inanspruchnahme eines Pauschbetrages nach § 33b EStG in Verbindung mit § 65 EStDV zu führen.

(2) ¹Bei der Frage nach den beschäftigten Arbeitnehmern kommt es nach dem Sinn und Zweck der Steuerbefreiung nicht auf die Anzahl der Arbeitnehmer schlechthin, sondern auf ihre zeitliche Arbeitsleistung an. ²Die Umsätze von Blinden sind daher auch dann steuerfrei, wenn mehr als zwei Teilzeitkräfte beschäftigt werden, sofern ihre Beschäftigungsdauer – bezogen jeweils auf den Kalendermonat – diejenige von zwei ganztägig beschäftigten Arbeitnehmern nicht übersteigt.

(3) ¹Die Einschränkung der Steuerbefreiung für die Lieferungen von Mineralöl und Branntwein in den Fällen, in denen der Blinde für diese Waren Energiesteuer oder Branntweinabgaben zu entrichten hat, ist insbesondere für blinde Tankstellenunternehmer von Bedeutung, denen nach § 7 EnergieStG ein Lager für Energieerzeugnisse bewilligt ist. ²Der Begriff Mineralöl richtet sich nach § 1 Abs. 2 und 3 EnergieStG. ³Hiernach fallen unter diesen Begriff vor allem Vergaserkraftstoffe, Dieselkraftstoffe, Flüssiggase (Autogase). ⁴Der Begriff Branntwein umfasst nach § 130 des Gesetzes über das Branntweinmonopol (BranntwMonG) sowohl den unverarbeiteten Branntwein als auch die trinkfertigen Erzeugnisse (Spirituosen). ⁵Bei einer Erhöhung der Energiesteuer oder der Branntweinabgaben können die entsprechenden Waren einer Nachsteuer unterliegen. ⁶Wenn blinde Unternehmer lediglich eine solche Nachsteuer zu entrichten haben, entfällt die Steuerbefreiung nicht.

(4) Liegen für die Lieferungen durch einen in § 4 Nr. 19 Buchstabe a UStG genannten Unternehmer auch die Voraussetzungen einer Ausfuhrlieferung (§ 4 Nr. 1 Buchstabe a, § 6 UStG) bzw. einer innergemeinschaftlichen Lieferung (§ 4 Nr. 1 Buchstabe b, § 6a UStG) vor, geht die Steuerbefreiung des § 4 Nr. 19 Buchstabe a UStG diesen Steuerbefreiungen vor.

AE 4.19.2

S 7176

4.19.2. Blindenwerkstätten

(1) ¹Blindenwerkstätten sind Betriebe, in denen ausschließlich Blindenwaren hergestellt und in denen bei der Herstellung andere Personen als Blinde nur mit Hilfs- oder Nebenarbeiten beschäftigt werden. ²Die Unternehmer sind im Besitz eines Anerkennungsbescheides auf Grund des Blindenwarenvertriebsgesetzes vom 9. 4. 1965 (BGBl. I S. 311) in der bis zum 13. 9. 2007 geltenden Fassung.

(2) ¹Welche Waren als Blindenwaren und Zusatzwaren anzusehen sind, bestimmt sich nach § 2 des Blindenwarenvertriebsgesetzes vom 9. 4. 1965 (BGBl. I S. 311) in der bis zum 13. 9. 2007 geltenden Fassung und nach den §§ 1 und 2 der zu diesem Gesetz ergangenen Durchführungsverordnung vom 11. 8. 1965 (BGBl. I S. 807), geändert durch die Verordnung vom 10. 7. 1991 (BGBl. I S. 1491) in der bis zum 13. 9. 2007 geltenden Fassung. ²Unter die Steuerbefreiung fallen auch die Umsätze von solchen Blindenwaren, die nicht in der eigenen Blindenwerkstätte hergestellt sind.

(3) Liegen für die Lieferungen durch einen in § 4 Nr. 19 Buchstabe b UStG genannten Unternehmer auch die Voraussetzungen einer Ausfuhrlieferung (§ 4 Nr. 1 Buchstabe a, § 6 UStG) bzw. einer innergemeinschaftlichen Lieferung (§ 4 Nr. 1 Buchstabe b, § 6a UStG) vor, geht die Steuerbefreiung des § 4 Nr. 19 Buchstabe b UStG diesen Steuerbefreiungen vor.

AE 4.20.1

S 7177

4.20.1. Theater

(1) ¹Ein Theater im Sinne des § 4 Nr. 20 UStG wendet sich in der Regel an eine unbestimmte Zahl von Zuschauern und hat die Aufgabe, der Öffentlichkeit Theaterstücke in künstlerischer Form nahezubringen (BVerwG-Urteil vom 31. 7. 2008, 9 B 80/07, NJW 2009 S. 793). ²Dies liegt vor, wenn so viele künstlerische und technische Kräfte und die zur Ausführung von Theaterveranstaltungen notwendigen technischen Voraussetzungen unterhalten werden, dass die Durchführung eines Spielplanes aus eigenen Kräften möglich ist (BFH-Urteil vom 14. 11. 1968, V 217/64, BStBl 1969 II S. 274). ³Es genügt, dass ein Theater die künstlerischen und technischen Kräfte nur für die Spielzeit eines Stückes verpflichtet. ⁴Ein eigenes oder gemietetes Theatergebäude braucht nicht vorhanden zu sein (BFH-Urteil vom 24. 3. 1960, V 158/58 U, BStBl III S. 277). ⁵Unter die Befreiungsvorschrift fallen deshalb auch die Theatervorführungen in einem Fernsehstudio, und zwar unabhängig davon, ob die Theatervorführung unmittelbar übertragen oder aufgezeichnet wird.

(2) ¹Zu den Theatern gehören auch Freilichtbühnen, Wanderbühnen, Zimmertheater, Heimatbühnen, Puppen-, Marionetten- und Schattenspieltheater sowie literarische Kabaretts, wenn sie die in Absatz 1 bezeichneten Voraussetzungen erfüllen. ²Filmvorführungen, Varietéaufführungen und sonstige Veranstaltungen der Kleinkunst fallen nicht unter die Steuerbefreiung.

(3) ¹Befreit sind die eigentlichen Theaterleistungen einschließlich der damit üblicherweise verbundenen Nebenleistungen. ²Als Theaterleistungen sind auch solche Leistungen anzusehen, die gegenüber einem gastgebenden Theater ausgeführt werden, z. B. Zur-Verfügung-Stellen eines

Ensembles. ³Zu den Nebenleistungen gehören insbesondere die Aufbewahrung der Garderobe, der Verkauf von Programmen und die Vermietung von Operngläsern. ⁴Die Abgabe von Speisen und Getränken bei Theatervorstellungen ist keine nach § 4 Nr. 20 Buchstabe a UStG steuerfreie Nebenleistung (BFH-Urteil vom 14. 5. 1998, V R 85/97, BStBl 1999 II S. 145, vom 21. 4. 2005, V R 6/03, BStBl II S. 899, und vom 18. 8. 2005, V R 20/03, BStBl II S. 910). ⁵Bei einer Veranstaltung, bei der kulinarische und künstlerische Elemente untrennbar gleichwertig nebeneinander angeboten werden und aus Sicht des Durchschnittsverbrauchers gerade dieses Kombinationserlebnis im Vordergrund steht, liegt eine einheitliche sonstige Leistung eigener Art vor; diese unterliegt dem allgemeinen Steuersatz nach § 12 Abs. 1 UStG. ⁶Der Betrieb einer Theatergaststätte und die Vermietung oder Verpachtung eines Theaters oder eines Nebenbetriebes, z. B. Gaststätte, Kleiderablage, sind dagegen steuerpflichtig, sofern nicht besondere Befreiungsvorschriften, z. B. § 4 Nr. 12 UStG, anzuwenden sind.

(4) ¹Werden bei Theatervorführungen mehrere Veranstalter tätig, kann jeder Veranstalter die Steuerbefreiung des § 4 Nr. 20 Buchstabe b UStG unter den Voraussetzungen dieser Vorschrift in Anspruch nehmen. ²Bei Tournee-Veranstaltungen kann deshalb die Steuerbefreiung sowohl dem Tournee-Veranstalter als auch dem örtlichen Veranstalter zustehen.

4.20.2. Orchester, Kammermusikensembles und Chöre

(1) ¹Zu den Orchestern, Kammermusikensembles und Chören gehören alle Musiker- und Gesangsgruppen, die aus zwei oder mehr Mitwirkenden bestehen. ²Artikel 132 Abs. 1 Buchstabe n MwStSystRL ist dahin auszulegen, dass der Begriff der „anderen ... anerkannten Einrichtungen" als Einzelkünstler auftretende Solisten und Dirigenten nicht ausschließt (vgl. auch EuGH-Urteil vom 3. 4. 2003, C-144/00, BStBl II S. 679). ³*Demnach ist auch die Leistung eines einzelnen Orchestermusikers gegenüber dem Orchester, in dem er tätig ist, als kulturelle Dienstleistung eines Solisten anzusehen (vgl. BFH-Urteil vom 18. 2. 2010, V R 28/08, BStBl 2010 II S. 876).* ⁴Auf die Art der Musik kommt es nicht an; auch Unterhaltungsmusik kann unter die Vorschrift fallen. ⁵Unter Konzerten sind Aufführungen von Musikstücken zu verstehen, bei denen Instrumente und/oder die menschliche Stimme eingesetzt werden (BFH-Urteil vom 26. 4. 1995, XI R 20/94, BStBl II S. 519).

(2) Zur umsatzsteuerlichen Behandlung von Konzerten, bei denen mehrere Veranstalter tätig werden, wird auf Abschnitt 4.20.1 Abs. 4 hingewiesen.

4.20.3. Museen und Denkmäler der Bau- und Gartenbaukunst

(1) ¹Museen im Sinne des § 4 Nr. 20 Buchstabe a UStG sind wissenschaftliche Sammlungen und Kunstsammlungen. ²Ob eine Sammlung wissenschaftlich ist, richtet sich nach dem Gesamtbild der Umstände, z. B. danach, ob die Sammlung nach wissenschaftlichen Gesichtspunkten zusammengestellt oder geordnet ist und ob sie entsprechend durch Beschriftungen und/oder Kataloge erläutert wird. ³Als Gegenstände derartiger Sammlungen kommen auch technische Gegenstände wie Luftfahrzeuge in Betracht (vgl. BFH-Urteil vom 19. 5. 1993, V R 110/88, BStBl II S. 779).

(2) ¹Als Museen können auch Kunstausstellungen in Betracht kommen. ²Hierbei muss es sich um Kunstsammlungen handeln, die ausgestellt und dadurch der Öffentlichkeit zum Betrachten und zu den damit verbundenen kulturellen und bildenden Zwecken zugänglich gemacht werden. ³Kunstausstellungen, die Verkaufszwecken dienen und damit gewerbliche Ziele verfolgen, können demgegenüber nicht als Museen angesehen werden. ⁴Verkäufe von sehr untergeordneter Bedeutung beeinträchtigen die Eigenschaft der Kunstausstellung als Kunstsammlung dagegen nicht.

(3) ¹Steuerfrei sind insbesondere die Leistungen der Museen, für die als Entgelte Eintrittsgelder erhoben werden, und zwar auch insoweit, als es sich um Sonderausstellungen, Führungen und Vorträge handelt. ²Die Steuerbefreiung erfasst auch die bei diesen Leistungen üblichen Nebenleistungen, z. B. den Verkauf von Katalogen und Museumsführern und die Aufbewahrung der Garderobe. ³Weitere typische Museumsleistungen sind das Dulden der Anfertigung von Reproduktionen, Abgüssen und Nachbildungen sowie die Restaurierung und Pflege von Kunstwerken in Privatbesitz, die von den Museen im Interesse der Erhaltung dieser Werke für die Allgemeinheit vorgenommen werden. ⁴Der Verkauf von Kunstpostkarten, Fotografien, Dias, Plakaten, Klischees, Reproduktionen, Abgüssen, Nachbildungen, Farbdrucken und Bildbänden ist nur dann als typische Museumsleistung steuerfrei, wenn

1. es sich um Darstellungen von Objekten des betreffenden Museums handelt,
2. das Museum die genannten Gegenstände selbst herstellt oder herstellen lässt und
3. diese Gegenstände ausschließlich in diesem Museum vertrieben werden.

⁵Der Verkauf von Literatur, die in Beziehung zu der Sammlung des betreffenden Museums steht, ist bei Vorliegen der Voraussetzungen zu Satz 4 Nummern 2 und 3 ebenfalls steuerfrei. ⁶Die Veräußerung von Museumsobjekten sowie von Altmaterial ist dagegen von der Steuerbefreiung nach

§ 4 Nr. 20 UStG ausgeschlossen. ⁷Es kann jedoch die Steuerbefreiung nach § 4 Nr. 28 UStG in Betracht kommen (vgl. Abschnitt 4.28.1).

(4) ¹Denkmäler der Baukunst sind Bauwerke, die nach denkmalpflegerischen Gesichtspunkten als schützenswerte Zeugnisse der Architektur anzusehen sind. ²Hierzu gehören z. B. Kirchen, Schlösser, Burgen und Burgruinen. ³Auf eine künstlerische Ausgestaltung kommt es nicht an. ⁴Zu den Denkmälern der Gartenbaukunst gehören z. B. Parkanlagen mit künstlerischer Ausgestaltung.

AE 4.20.4

S 7177

4.20.4. Zoologische Gärten und Tierparks

(1) ¹Zoologische Gärten im Sinne der Befreiungsvorschrift sind auch Aquarien und Terrarien. ²Sogenannte Vergnügungsparks sind keine begünstigten Einrichtungen; das gilt auch für Delphinarien, die auf dem Gelände zoologischer Gärten von anderen Unternehmern in eigener Regie betrieben werden (BFH-Urteil vom 20. 4. 1988, X R 20/82, BStBl II S. 796).

(2) ¹Die Umsätze der zoologischen Gärten und Tierparks sind unter der Voraussetzung steuerfrei, dass es sich um typische Leistungen der bezeichneten Einrichtungen handelt. ²Typische Umsätze sind insbesondere:
1. Zurschaustellung von Tieren;
2. Erteilung der Erlaubnis zum Fotografieren;
3. Verkauf von Ansichtskarten, Fotografien und Dias mit Zoo- und Tierparkmotiven;
4. Verkauf von Zoo- und Tierparkführern;
5. Verkauf von Tierfutter an die Besucher zum Füttern der zur Schau gestellten Tiere;
6. Verkauf von Tieren, wenn der Verkauf den Aufgaben der zoologischen Gärten und Tierparks dient oder mit dem Betrieb dieser Einrichtung zwangsläufig verbunden ist, z. B. Verkauf zum Zweck der Zurschaustellung in einem anderen zoologischen Garten oder Tierpark, Verkauf zum Zweck der Zucht oder Verkauf zum Zweck der Verjüngung des Tierbestandes.

(3) Insbesondere folgende Umsätze der zoologischen Gärten und Tierparks sind für diese nicht typisch und fallen deshalb nicht unter die Steuerbefreiung:
1. Umsätze in den Gaststättenbetrieben;
2. Verkauf von Gebrauchsartikeln, z. B. Zeitungen, und anderen als den in Absatz 2 Satz 2 Nr. 3 bezeichneten Andenken;
3. Duldung der Jagd in einem Tierpark;
4. Verkauf von Wildbret, Fellen, Jagdtrophäen und Abwurfstangen;
5. Überlassung besonderer Vergnügungseinrichtungen, z. B. Kleinbahnen, Autoskooter, Boote, Minigolfplätze;
6. ¹Verkauf von Gegenständen des Anlagevermögens, ausgenommen die in Absatz 2 Satz 2 Nr. 6 bezeichneten Umsätze von Tieren. ²Es kann jedoch die Steuerbefreiung nach § 4 Nr. 28 UStG in Betracht kommen (vgl. Abschnitt 4.28.1).

AE 4.20.5

S 7177

4.20.5. Bescheinigungsverfahren

¹Für die Erteilung der Bescheinigung der zuständigen Landesbehörde gilt Abschnitt 4.21.5 Abs. 2 und 3 entsprechend. ²Gastieren ausländische Theater und Orchester im Inland an verschiedenen Orten, genügt eine Bescheinigung der Landesbehörde, in deren Zuständigkeitsbereich das ausländische Ensemble erstmalig im Inland tätig wird.

AE 4.21.1

S 7179

4.21.1. Ersatzschulen

Der Nachweis, dass für den Betrieb der Ersatzschule eine staatliche Genehmigung oder landesrechtliche Erlaubnis vorliegt, kann durch eine Bescheinigung der Schulaufsichtsbehörde geführt werden.

AE 4.21.2

S 7179

4.21.2. Ergänzungsschulen und andere allgemein bildende oder berufsbildende Einrichtungen

(1) ¹Zu den allgemein bildenden oder berufsbildenden Einrichtungen gehören u. a. auch Fernlehrinstitute, Fahrlehrerausbildungsstätten, Heilpraktiker-Schulen, Kurse zur Erteilung von Nachhilfeunterricht für Schüler und Repetitorien, die Studierende auf akademische Prüfungen vorbereiten. ²Zum Begriff der allgemein bildenden Einrichtung wird auf das Urteil des BVerwG vom 3. 12. 1976, VII C 73.75, BStBl 1977 II S. 334, hingewiesen. ³Berufsbildende Einrichtungen sind Einrichtungen, die Leistungen erbringen, die ihrer Art nach den Zielen der Berufsaus- oder Berufsfortbildung dienen. ⁴Sie müssen spezielle Kenntnisse und Fertigkeiten vermitteln, die zur Ausübung

bestimmter beruflicher Tätigkeiten notwendig sind (BFH-Urteil vom 18.12.2003, V R 62/02, BStBl 2004 II S. 252). [5]Auf die Rechtsform des Trägers der Einrichtung kommt es nicht an. [6]Es können deshalb auch natürliche Personen oder Personenzusammenschlüsse begünstigte Einrichtungen betreiben, wenn neben den personellen auch die organisatorischen und sächlichen Voraussetzungen vorliegen, um einen Unterricht zu ermöglichen.

(2) [1]Der Unternehmer ist Träger einer Bildungseinrichtung, wenn er selbst entgeltliche Unterrichtsleistungen gegenüber seinen Vertragspartnern (z. B. Schüler, Studenten, Berufstätige oder Arbeitgeber) anbietet. [2]Dies erfordert ein festliegendes Lehrprogramm und Lehrpläne zur Vermittlung eines Unterrichtsstoffes für die Erreichung eines bestimmten Lehrgangszieles sowie geeignete Unterrichtsräume oder -vorrichtungen. [3]Der Betrieb der Bildungseinrichtung muss auf eine gewisse Dauer angelegt sein. [4]Die Einrichtung braucht im Rahmen ihres Lehrprogramms keinen eigenen Lehrstoff anzubieten. [5]Daher reicht es aus, wenn sich die Leistung auf eine Unterstützung des Schul- oder Hochschulangebots bzw. auf die Verarbeitung oder Repetition des von der Schule angebotenen Stoffes beschränkt. [6]Die Veranstaltung einzelner Vorträge oder einer Vortragsreihe erfüllt dagegen nicht die Voraussetzungen einer Unterrichtsleistung. [7]Unschädlich ist jedoch die Einbindung von Vorträgen in ein Lehrprogramm für die Befreiung der Unterrichtsleistungen des Trägers der Bildungseinrichtung.

(3) [1]Die Vorbereitung auf einen Beruf umfasst die berufliche Ausbildung, die berufliche Fortbildung und die berufliche Umschulung; die Dauer der jeweiligen Maßnahme ist unerheblich (*vgl.* *Art. 44 der MwStVO*). [2]Dies sind unter anderem Maßnahmen zur Aktivierung und beruflichen Eingliederung im Sinne von § 46 SGB III, Weiterbildungsmaßnahmen entsprechend den Anforderungen des § 85 SGB III, Aus- und Weiterbildungsmaßnahmen (einschließlich der Berufsvorbereitung und der blindentechnischen und vergleichbaren speziellen Grundausbildung zur beruflichen Eingliederung von Menschen mit Behinderung) im Sinne von § 97 SGB III sowie berufsvorbereitende, berufsbegleitende bzw. außerbetriebliche Maßnahmen nach § 33 Satz 3 bis 5 i. V. m. § 421q SGB III, §§ 61, 61a SGB III, §§ 241 bis 243 SGB III bzw. § 421s SGB III, die von der Bundesagentur für Arbeit und den Trägern der Grundsicherung für Arbeitsuchende nach § 6 SGB II gefördert werden. [3]Mit ihrer Durchführung beauftragen die Bundesagentur für Arbeit und die Träger der Grundsicherung für Arbeitsuchende nach § 6 SGB II in manchen Fällen gewerbliche Unternehmen oder andere Einrichtungen, z. B. Berufsverbände, Kammern, Schulen, anerkannte Werkstätten für behinderte Menschen, die über geeignete Ausbildungsstätten verfügen. [4]Es ist davon auszugehen, dass die genannten Unternehmen und andere Einrichtungen die von der Bundesagentur für Arbeit und den trägern der Grundsicherung für Arbeitsuchende nach § 6 SGB II geförderten Ausbildungs-, Fortbildungs- und Umschulungsmaßnahmen im Rahmen einer berufsbildenden Einrichtung im Sinne des § 4 Nr. 21 Buchstabe a UStG erbringen.

(3a) [1]Die nach § 43 AufenthG erbrachten Leistungen (Integrationskurse) dienen als Maßnahme der Eingliederung in den Arbeitsmarkt dem Erwerb ausreichender Kenntnisse der deutschen Sprache. [2]Diese Maßnahmen fallen daher unter die Steuerbefreiung des § 4 Nr. 21 Buchst. a UStG, wenn sie von einem vom Bundesamt für Migration und Flüchtlinge zur Durchführung der Integrationskurse zugelassenen Kursträger erbracht werden.

(4) [1]Die Aufgaben der Integrationsfachdienste (§§ 109 ff. SGB IX) entsprechen in Teilbereichen den in § 49 Abs. 1 SGB III genannten Tätigkeiten, gehen jedoch insgesamt darüber hinaus. [2]Da eine Trennung der einzelnen Aufgaben nicht möglich ist, kommt eine Steuerbefreiung nach § 4 Nr. 21 UStG für die Leistungen der Integrationsfachdienste insgesamt nicht in Betracht; auf die Ausführungen in Abschnitt 4.16.5 Abs. 7 und 8 wird hingewiesen.

(5) [1]Eine Einrichtung, die Unterricht für das Erlernen des Umgangs mit Computern erteilt (z. B. Grundkurse für die Erstellung von Textdokumenten), erbringt unmittelbar dem Schul- und Bildungszweck dienende Leistungen. [2]Sie kann somit die Voraussetzungen des § 4 Nr. 21 UStG erfüllen.

?A3B2 tw 98%?>(6) [1]Fahrschulen können grundsätzlich nicht als allgemein bildende oder berufsbildende Einrichtungen beurteilt werden (BFH-Urteil vom 14. 3. 1974, V R 54/73, BStBl II S. 527). [2]Eine Steuerfreiheit der Umsätze nach § 4 Nr. 21 UStG kann aber insoweit in Betracht kommen, als Fahrschulen Lehrgänge zur Ausbildung für die Fahrerlaubnis der Klassen C, CE, D, DE, D1, D1E, T und L durchführen, da diese Leistungen in der Regel der Berufsausbildung dienen. [3]Eine Fahrerlaubnis der Klassen C, CE, D, DE, D1 und D1E darf nur erteilt werden, wenn der Bewerber bereits die Fahrerlaubnis der Klasse B besitzt oder die Voraussetzungen für deren Erteilung erfüllt hat (§ 9 Fahrerlaubnis-Verordnung). [4]Eine Steuerbefreiung kommt deshalb auch in Betracht, wenn der Fahrschüler im Rahmen seiner Ausbildung zeitgleich neben den Klassen C und CE die Fahrerlaubnis der Klasse B erwerben möchte; die Ausbildungsleistung, die auf die Klasse B entfällt, ist aber steuerpflichtig. [5]Als Lehrgang ist die dem einzelnen Fahrschüler gegenüber erbrachte Leistung anzusehen. [6]Bei Fahrschulen gelten als Bescheinigung i. S. d. § 4 Nr. 21 Buchstabe a Doppelbuchstabe bb UStG für den Nachweis, dass sie ordnungsgemäß auf einen Beruf vorbereiten:

– die Fahrschulerlaubnisurkunde (§ 13 Abs. 1 FahrlG), die zur Ausbildung zum Erwerb der Fahrerlaubnis der Klasse 2 bzw. 3 (ausgestellt bis zum 31. 12. 1998) bzw. der Fahrerlaubnisklassen C, CE, D, DE, D1, D1E, T und L (ausgestellt ab Januar 1999) berechtigt oder

§ 4 UStG
AE 4.21.2, AE 4.21.3

– bei Fahrschulen, die bei Inkrafttreten des FahrlG bestanden und die Fahrschulerlaubnis somit nach § 49 FahrlG als erteilt gilt, eine Bescheinigung der zuständigen Landesbehörde, welche die Angabe enthält, dass die Fahrschulerlaubnis für die Ausbildung zum Erwerb der Klasse 2 berechtigt.

[7]Die Anerkennung von Fahrschulen als berufsbildende Einrichtungen nach § 4 Nr. 21 Buchstabe a Doppelbuchstabe bb erstreckt sich auch auf Lehrgänge zum Erwerb der Grundqualifikation nach § 4 Abs. 1 Nr. 1 Berufskraftfahrer-Qualifikationsgesetz (BKrFQG), der beschleunigten Grundqualifikation nach § 4 Abs. 2 BKrFQG sowie die in § 5 BKrFQG vorgeschriebenen Weiterbildungskurse. [8]Unter die Steuerbefreiung fallen auch die Leistungen von Fahrschulen, die zur Ausbildung gegenüber Mitgliedern der Freiwilligen Feuerwehren, der nach Landesrecht anerkannten Rettungsdienste und der technischen Hilfsdienste sowie des Katastrophenschutzes erbracht werden und zum Führen von Einsatzfahrzeugen bis zu einer zulässigen Gesamtmasse von 7,5t berechtigen.

(7) [1]Eine „Jagdschule", die Schulungen zur Vorbereitung auf die Jägerprüfung durchführt, ist keine allgemein bildende oder berufsbildende Einrichtung im Sinne des § 4 Nr. 21 UStG. [2]Eine Steuerbefreiung nach dieser Vorschrift kommt daher nicht in Betracht (BFH-Urteil vom 18. 12. 2003, V R 62/02, BStBl 2004 II S. 252).

AE 4.21.3   4.21.3. Erteilung von Unterricht durch selbständige Lehrer an Schulen und Hochschulen

S 7179

(1) [1]Die Steuerbefreiung nach § 4 Nr. 21 Buchstabe b UStG gilt für Personen, die als freie Mitarbeiter an Schulen, Hochschulen oder ähnlichen Bildungseinrichtungen (z. B. Volkshochschulen) Unterricht erteilen. [2]Auf die Rechtsform des Unternehmers kommt es nicht an. [3]Daher ist die Vorschrift auch anzuwenden, wenn Personenzusammenschlüsse oder juristische Personen beauftragt werden, an anderen Bildungseinrichtungen Unterricht zu erteilen.

(2) [1]Eine Unterrichtstätigkeit liegt vor, wenn Kenntnisse im Rahmen festliegender Lehrprogramme und Lehrpläne vermittelt werden. [2]Die Tätigkeit muss regelmäßig und für eine gewisse Dauer ausgeübt werden. [3]Sie dient Schul- und Bildungszwecken unmittelbar, wenn sie den Schülern und Studenten tatsächlich zugute kommt. [4]Auf die Frage, wer Vertragspartner der den Unterricht erteilenden Personen und damit Leistungsempfänger im Rechtssinne ist, kommt es hierbei nicht an. [5]Einzelne Vorträge fallen nicht unter die Steuerbefreiung.

(3) [1]Der Unternehmer hat in geeigneter Weise nachzuweisen, dass er an einer Hochschule, Schule oder Einrichtung im Sinne des § 4 Nr. 21 Buchstabe a UStG tätig ist. [2]Dient die Einrichtung verschiedenartigen Bildungszwecken, hat er nachzuweisen, dass er in einem Bereich tätig ist, der eine ordnungsgemäße Berufs- oder Prüfungsvorbereitung gewährleistet (begünstigter Bereich). [3]Der Nachweis ist durch eine Bestätigung der Bildungseinrichtung zu führen, aus der sich ergibt, dass diese die Voraussetzungen des § 4 Nr. 21 Buchstabe a Doppelbuchstabe bb UStG erfüllt und die Unterrichtsleistung des Unternehmers im begünstigten Bereich der Einrichtung erfolgt. [4]Auf die Bestätigung wird verzichtet, wenn die Unterrichtsleistungen an folgenden Einrichtungen erbracht werden:

1. Hochschulen im Sinne der §§ 1 und 70 des Hochschulrahmengesetzes;
2. öffentliche allgemein- und berufsbildende Schulen, z. B. Gymnasien, Realschulen, Berufsschulen;
3. als Ersatzschulen nach Artikel 7 Abs. 4 GG staatlich genehmigte oder nach Landesrecht erlaubte Schulen.

(4) [1]Die Bestätigung soll folgende Angaben enthalten:
– Bezeichnung und Anschrift der Bildungseinrichtung,
– Name und Anschrift des Unternehmers,
– Bezeichnung des Faches, des Kurses oder Lehrganges, in dem der Unternehmer unterrichtet,
– Unterrichtszeitraum und
– Versicherung über das Vorliegen einer Bescheinigung nach § 4 Nr. 21 Buchstabe a Doppelbuchstabe bb UStG für den oben bezeichneten Unterrichtsbereich.

[2]Erteilt der Unternehmer bei einer Bildungseinrichtung in mehreren Fächern, Kursen oder Lehrgängen Unterricht, können diese in einer Bestätigung zusammengefasst werden. [3]Sie sind gesondert aufzuführen. [4]Die Bestätigung ist für jedes Kalenderjahr gesondert zu erteilen. [5]Erstreckt sich ein Kurs oder Lehrgang über den 31. Dezember eines Kalenderjahres hinaus, reicht es für den Nachweis aus, wenn nur eine Bestätigung für die betroffenen Besteuerungszeiträume erteilt wird. [6]Der Unterrichtszeitraum muss in diesem Falle beide Kalenderjahre benennen.

(5) [1]Die Bildungseinrichtung darf dem bei ihr tätigen Unternehmer nur dann eine Bestätigung erteilen, wenn sie selbst über eine Bescheinigung der zuständigen Landesbehörde verfügt. [2]Bei der Bestimmung der zuständigen Landesbehörde gilt Abschnitt 4.21.5 Absatz 3 entsprechend. [3]Es ist daher nicht zu beanstanden, wenn der Bestätigung eine Bescheinigung der Behörde eines ande-

ren Bundeslandes zu Grunde liegt. [4]Erstreckt sich die Bescheinigung der Landesbehörde für die Bildungseinrichtung nur auf einen Teilbereich ihres Leistungsangebots, darf die Bildungseinrichtung dem Unternehmer nur dann eine Bestätigung erteilen, soweit er bei ihr im begünstigten Bereich unterrichtet. [5]Erteilt die Bildungseinrichtung dem Unternehmer eine Bestätigung, obwohl sie selbst keine Bescheinigung der zuständigen Landesbehörde besitzt, oder erteilt die Bildungseinrichtung eine Bestätigung für einen Tätigkeitsbereich, für den die ihr erteilte Bescheinigung der zuständigen Landesbehörde nicht gilt, ist die Steuerbefreiung für die Unterrichtsleistung des Unternehmers zu versagen. [6]*Sofern eine Bestätigung bzw. Zulassung gemäß Abschnitt 4.21.5 Abs. 5 vorliegt, tritt diese an die Stelle der Bescheinigung der zuständigen Landesbehörde.*

4.21.4. Unmittelbar dem Schul- und Bildungszweck dienende Leistungen

AE 4.21.4

(1) [1]Leistungen dienen dem Schul- und Bildungszweck dann unmittelbar, wenn dieser gerade durch die jeweils in Frage stehende Leistung erfüllt wird (BFH-Urteil vom 26. 10. 1989, V R 25/84, BStBl 1990 II S. 98). [2]Für die Steuerbefreiung nach § 4 Nr. 21 Buchstabe a UStG ist ausreichend, dass die darin bezeichneten Leistungen ihrer Art nach den Zielen der Berufsaus- oder der Berufsfortbildung dienen. [3]Es ist unerheblich, wem gegenüber sich der Unternehmer zivilrechtlich zur Ausführung dieser Leistungen verpflichtet hat. [4]Stellt der Unternehmer im Rahmen der Erteilung des Unterrichts Lehrkräfte oder für den Unterricht geeignete Räume zur Verfügung, fallen auch diese Leistungen unter die Steuerbefreiung nach § 4 Nr. 21 Buchstabe a UStG (vgl. BFH-Urteil vom 10. 6. 1999, V R 84/98, BStBl II S. 578). [5]Auf die Ziele der Personen, welche die Einrichtungen besuchen, kommt es nicht an. [6]Unerheblich ist deshalb, ob sich die Personen, an die sich die Leistungen der Einrichtung richten, tatsächlich auf einen Beruf oder eine Prüfung vor einer juristischen Person des öffentlichen Rechts vorbereiten (BFH-Urteil vom 3. 5. 1989, V R 83/84, BStBl II S. 815).

S 7179

(2) [1]Die Lieferungen von Lehr- und Lernmaterial dienen nicht unmittelbar dem Schul- und Bildungszweck. [2]Sie sind nur insoweit steuerfrei, als es sich um Nebenleistungen handelt. [3]Eine Nebenleistung liegt in diesen Fällen vor, wenn das den Lehrgangsteilnehmern überlassene Lehr- und Lernmaterial inhaltlich den Unterricht ergänzt, zum Einsatz im Unterricht bestimmt ist, von der Schule oder der Bildungseinrichtung oder dem Lehrer für diese Zwecke selbst entworfen worden ist und bei Dritten nicht bezogen werden kann (vgl. BFH-Urteil vom 12. 12. 1985, V R 15/80, BStBl 1986 II S. 499).

(3) [1]Leistungen, die sich auf die Unterbringung und Verpflegung von Schülern beziehen, dienen dem Schul- und Bildungszweck im Regelfall nicht unmittelbar, sondern nur mittelbar (BFH-Urteil vom 17. 3. 1981, **VIII R 149/76**, BStBl II S. 746). [2]Diese Leistungen können aber unter den Voraussetzungen des § 4 Nr. 23 UStG steuerfrei sein.

4.21.5. Bescheinigungsverfahren für Ergänzungsschulen und andere allgemein bildende oder berufsbildende Einrichtungen

AE 4.21.5

(1) [1]Träger von Ergänzungsschulen und anderen allgemein bildenden oder berufsbildenden Einrichtungen benötigen, sofern sie keine Ersatzschule im Sinne des § 4 Nr. 21 Buchstabe a Doppelbuchstabe aa UStG betreiben, nach § 4 Nr. 21 Buchstabe a Doppelbuchstabe bb UStG eine Bescheinigung der zuständigen Landesbehörde. [2]Aus dieser Bescheinigung muss sich ergeben, dass die Leistungen des Unternehmers auf einen Beruf oder auf eine vor einer juristischen Person des öffentlichen Rechts abzulegende Prüfung ordnungsgemäß vorbereiten. [3]Die Sätze 1 und 2 gelten entsprechend, wenn der Träger der Einrichtung kein Unternehmer oder eine in § 4 Nr. 22 UStG bezeichnete Einrichtung ist.

S 7179

(2) [1]Die für die Erteilung der Bescheinigung zuständige Landesbehörde kann nicht nur vom Unternehmer, sondern auch von Amts wegen eingeschaltet werden (vgl. BVerwG-Urteil vom 4. 5. 2006, 10 C 10.05, UR 2006 S. 517); hierüber ist der Unternehmer zu unterrichten. [2]Die Bescheinigung ist zwingend zu erteilen, wenn die gesetzlichen Voraussetzungen für die Steuerbefreiung vorliegen (vgl. BVerwG-Urteil vom 4. 5. 2006, a. a. O.). [3]Die zuständige Landesbehörde befindet darüber, ob und für welchen Zeitraum die Bildungseinrichtung auf einen Beruf oder eine vor einer juristischen Person des öffentlichen Rechts abzulegende Prüfung ordnungsgemäß vorbereitet. [4]Die entsprechende Bescheinigung bindet die Finanzbehörden insoweit als Grundlagenbescheid nach § 171 Abs. 10 in Verbindung mit § 175 Abs. 1 Nr. 1 AO (vgl. BFH-Urteil vom 20. 8. 2009, V R 25/08, BStBl 2010 II S. 15); das schließt nicht aus, dass die Finanzbehörden bei der zuständigen Landesbehörde eine Überprüfung der Bescheinigung anregen. [5]Die Finanzbehörden entscheiden jedoch in eigener Zuständigkeit, ob die Voraussetzungen für die Steuerfreiheit im Übrigen vorliegen. [6]Dazu gehören insbesondere die Voraussetzungen einer allgemein bildenden oder berufsbildenden Einrichtung (BFH-Urteil vom 3. 5. 1989, V R 83/84, BStBl II S. 815).

(3) [1]Erbringt der Unternehmer die dem Schul- und Bildungszweck dienenden Leistungen in mehreren Bundesländern, ist eine Bescheinigung der zuständigen Behörde des Bundeslandes, in dem der Unternehmer steuerlich geführt wird, als für umsatzsteuerliche Zwecke ausreichend anzu-

sehen. ²Werden die Leistungen ausschließlich außerhalb dieses Bundeslandes ausgeführt, genügt eine Bescheinigung der zuständigen Behörde eines der Bundesländer, in denen der Unternehmer tätig wird. ³Erbringen Unternehmer Leistungen im Sinne des § 4 Nr. 21 Buchstabe a UStG im Rahmen eines Franchisevertrags, muss jeder Franchisenehmer selbst bei der für ihn zuständigen Landesbehörde die Ausstellung einer Bescheinigung nach § 4 Nr. 21 Buchstabe a Doppelbuchstabe bb UStG beantragen.

(4) Werden Leistungen erbracht, die verschiedenartigen Bildungszwecken dienen, ist der Begünstigungsnachweis im Sinne des § 4 Nr. 21 Buchstabe a Doppelbuchstabe bb UStG durch getrennte Bescheinigungen, bei Fernlehrinstituten z. B. für jeden Lehrgang, zu führen.

(5) ¹Bestätigt die Bundesagentur für Arbeit bzw. der Träger der Grundsicherung für Arbeitsuchende nach § 6 SGB II, dass für eine bestimmte berufliche Bildungsmaßnahme gemäß Abschnitt 4.21.2 Abs. 3 die gesetzlichen Voraussetzungen vorliegen, so gilt diese Bestätigung als Bescheinigung im Sinne des § 4 Nr. 21 Buchst. a Doppelbuchst. bb UStG, wenn die nach dieser Vorschrift für die Erteilung der Bescheinigung zuständige Landesbehörde – generell oder im Einzelfall – sich mit der Anerkennung einverstanden erklärt hat und von der Bundesagentur für Arbeit bzw. dem Träger der Grundsicherung für Arbeitsuchende nach § 6 SGB II hierauf in der Bestätigung hingewiesen wird. ²Das Gleiche gilt für Maßnahmen der Berufseinstiegsbegleitung im Rahmen der BMBF-Initiative „Abschluss und Anschluss – Bildungsketten bis zum Ausbildungsabschluss". ³Auch die Zulassung eines Trägers zur Durchführung von Integrationskursen gemäß Abschnitt 4.21.2 Abs. 3a durch das Bundesamt für Migration und Flüchtlinge gilt als Bescheinigung im Sinne des § 4 Nr. 21 Buchst. a Doppelbuchst. bb UStG, wenn aus der Zulassung ersichtlich ist, dass sich die zuständige Landesbehörde – generell oder im Einzelfall – mit der Zulassung durch das Bundesamt für Migration und Flüchtlinge einverstanden erklärt hat. ⁴Das gilt auch für die Zulassung eines Trägers zur beruflichen Weiterbildung durch fachkundige Stellen nach § 85 SGB III, wenn aus der Zulassung ersichtlich ist, dass die fachkundige Stelle von der Bundesagentur für Arbeit als Zertifizierungsstelle anerkannt wurde und sich auch die zuständige Landesbehörde – generell oder im Einzelfall – mit der Zulassung durch die fachkundige Stelle einverstanden erklärt hat. ⁵Liegen die Voraussetzungen der Sätze 1 bis 4 vor, so tritt die Bestätigung bzw. Zulassung an die Stelle der Bescheinigung der zuständigen Landesbehörde und bindet die Finanzbehörden insoweit ebenfalls als Grundlagenbescheid nach § 171 Abs. 10 in Verbindung mit § 175 Abs. 1 Satz 1 Nr. 1 AO.

4.22.1. Veranstaltung wissenschaftlicher und belehrender Art

(1) ¹Volkshochschulen sind Einrichtungen, die auf freiwilliger, überparteilicher und überkonfessioneller Grundlage Bildungsziele verfolgen. ²Begünstigt sind auch Volkshochschulen mit gebundener Erwachsenenbildung. ³Das sind Einrichtungen, die von einer festen politischen, sozialen oder weltanschaulichen Grundeinstellung ausgehen, im Übrigen aus dem Kreis der Hörer nicht ausdrücklich einengen (BFH-Urteil vom 2. 8. 1962, V 37/60 U, BStBl III S. 458).

(2) Veranstaltungen wissenschaftlicher oder belehrender Art sind solche, die als Erziehung von Kindern und Jugendlichen, als Schul- oder Hochschulunterricht, als Ausbildung, Fortbildung oder berufliche Umschulung zu qualifizieren sind (vgl. BFH-Urteil vom 27. 4. 2006, V R 53/04, BStBl 2007 II S. 16).

(3) ¹Begünstigt sind nach § 4 Nr. 22 Buchstabe a UStG nur Leistungen, die von den im Gesetz genannten Unternehmern erbracht werden und in Vorträgen, Kursen und anderen Veranstaltungen wissenschaftlicher oder belehrender Art bestehen. ²Es handelt sich hierbei um eine abschließende Aufzählung, die nicht im Auslegungswege erweitert werden kann. ³Vergleichbare Tätigkeiten der bei den begünstigten Unternehmern tätigen externen Dozenten fallen nicht hierunter (vgl. BFH-Beschluss vom 12. 5. 2005, V B 146/03, BStBl II S. 714). ⁴Sie können unter den Voraussetzungen des § 4 Nr. 21 UStG steuerfrei sein (vgl. Abschnitt 4.21.3). ⁵Beherbergung und Beköstigung sind **grundsätzlich** nur unter den Voraussetzungen des § 4 Nr. 23 UStG steuerfrei *(vgl. BFH-Urteil vom 7. 10. 2010, V R 12/10, BStBl 2011 II S. 303)*.

(4) ¹Zu den in § 4 Nr. 22 Buchstabe a UStG bezeichneten Veranstaltungen belehrender Art gehört auf dem Gebiete des Sports die Erteilung von Sportunterricht, z. B. die Erteilung von Schwimm-, Tennis-, Reit-, Segel- und Skiunterricht. ²Tanzkurse stellen nur dann Sportunterricht dar, wenn die Teilnehmer das Tanzen als Tanzsportler in erster Linie wie Wettkampf zwischen Paaren bzw. Formationen im Rahmen des Vereins- bzw. Leistungssports betreiben (vgl. BFH-Urteil vom 27. 4. 2006, a. a. O.). ³Der Sportunterricht ist steuerfrei, soweit er von einem Sportverein im Rahmen eines Zweckbetriebes im Sinne des § 67a AO durchgeführt wird. ⁴Ein bestimmter Stunden- und Stoffplan sowie eine von den Teilnehmern abzulegende Prüfung sind nicht erforderlich. ⁵Die Steuerbefreiung gilt unabhängig davon, ob der Sportunterricht Mitgliedern des Vereins oder anderen Personen erteilt wird.

4.22.2. Andere kulturelle und sportliche Veranstaltungen

AE 4.22.2

(1) ¹Als andere kulturelle Veranstaltungen kommen z. B. Musikwettbewerbe und Trachtenfeste in Betracht.

S 7180

(2) ¹Eine sportliche Veranstaltung ist die organisatorische Maßnahme einer begünstigten Einrichtung, die es aktiven Sportlern erlaubt, Sport zu treiben. ²Eine bestimmte Organisationsform oder -struktur ist für die Veranstaltung nicht notwendig (vgl. BFH-Urteil vom 25. 7. 1996, V R 7/95, BStBl 1997 II S. 154). ³Es ist auch nicht erforderlich, dass Publikum teilnimmt oder ausschließlich Mitglieder sich betätigen. ⁴Deshalb können schon das bloße Training, Sportkurse und Sportlehrgänge eine sportliche Veranstaltung sein. ⁵Eine sportliche Veranstaltung liegt auch vor, wenn ein Sportverein im Rahmen einer anderen Veranstaltung eine sportliche Darbietung präsentiert. ⁶Die andere Veranstaltung braucht nicht notwendigerweise die sportliche Veranstaltung eines Sportvereins zu sein (BFH-Urteil vom 4. 5. 1994, XI R 109/90, BStBl II S. 886).

(3) ¹Sportreisen sind als sportliche Veranstaltung anzusehen, wenn die sportliche Betätigung wesentlicher und notwendiger Bestandteil der Reise ist (z. B. Reise zum Wettkampfort). ²Reisen, bei denen die Erholung der Teilnehmer im Vordergrund steht (Touristikreisen), zählen dagegen nicht zu den sportlichen Veranstaltungen, selbst wenn anlässlich der Reise auch Sport getrieben wird.

(4) ¹Eine sportliche Veranstaltung ist nicht gegeben, wenn sich die organisatorische Maßnahme auf Sonderleistungen für einzelne Personen beschränkt. ²Dies liegt vor, wenn die Maßnahme nur eine Nutzungsüberlassung von Sportgegenständen bzw. -anlagen oder bloße konkrete Dienstleistungen, wie z. B. die Beförderung zum Ort der sportlichen Betätigung oder ein spezielles Training für einzelne Sportler zum Gegenstand hat (BFH-Urteil vom 25. 7. 1996,V R 7/95, BStBl 1997 II S. 154). ³Auch die Genehmigung von Wettkampfveranstaltungen mit Trikotwerbung sowie die Ausstellung oder Verlängerung von Sportausweisen durch einen Sportverband sind keine sportlichen Veranstaltungen im Sinne des § 4 Nr. 22 Buchstabe b UStG; wegen der Anwendung des ermäßigten Steuersatzes vgl. Abschnitt 12.9 Abs. 4 Nr. 1. ⁴*Die Verwaltung von Sporthallen sowie das Einziehen der Hallenmieten einschließlich des Mahnwesens und Vollstreckungswesens durch einen gemeinnützigen Verein gegen Entgelt einer Stadt ist ebenfalls keine sportliche Veranstaltung nach § 4 Nr. 22 Buchstabe b UStG (BFH-Urteil vom 5. 8. 2010, V R 54/09, BStBl 2011 II S. 191).*

(5) ¹Teilnehmergebühren sind Entgelte, die gezahlt werden, um an den Veranstaltungen aktiv teilnehmen zu können, z. B. Startgelder und Meldegelder. ²Soweit das Entgelt für die Veranstaltung in Eintrittsgeldern der Zuschauer besteht, ist die Befreiungsvorschrift nicht anzuwenden.

4.23.1. Beherbergung und Beköstigung von Jugendlichen

AE 4.23.1

(1) ¹Die Steuerbefreiung nach § 4 Nr. 23 UStG ist davon abhängig, dass die Aufnahme der Jugendlichen zu Erziehungs-, Ausbildungs- oder Fortbildungszwecken erfolgt. ²Sie hängt nicht davon ab, in welchem Umfang und in welcher Organisationsform die Aufnahme von Jugendlichen zu den genannten Zwecken betrieben wird; die Tätigkeit muss auch nicht der alleinige Gegenstand oder der Hauptgegenstand des Unternehmens sein (BFH-Urteil vom 24. 5. 1989, V R 127/84, BStBl II S. 912).

S 7181

(2) ¹Die Erziehungs-, Ausbildungs- oder Fortbildungsleistungen müssen dem Unternehmer, der die Jugendlichen aufgenommen hat, selbst obliegen. ²Dabei ist es nicht erforderlich, dass der Unternehmer die ihm obliegenden Leistungen auch zur Gänze selbst oder teilweise durch Beauftragte erbringen. ⁴Für die Steuerbefreiung nach § 4 Nr. 23 UStG ist es auch ausreichend, wenn der leistende Unternehmer konkrete Erziehungs-, Ausbildungs- oder Fortbildungszwecke, z. B. in seiner Satzung, festschreibt und den Leistungsempfänger vertraglich verpflichtet, sich im Rahmen seines Aufenthaltes an diesen pädagogischen Grundsätzen zu orientieren. ⁵Der leistende Unternehmer erbringt auch in diesen Fällen – zumindest mittelbar – Leistungen i. S. d. § 4 Nr. 23 UStG, die über Beherbergungs- und Verpflegungsleistungen hinausgehen. ⁶Der Unternehmer, der Jugendliche für Erziehungszwecke bei sich aufnimmt, muss eine Einrichtung auf dem Gebiet der Kinder- und Jugendbetreuung oder der Kinder- und Jugenderziehung im Sinne des Artikels 132 Abs. 1 Buchstabe h oder i MwStSystRL unterhalten. ⁷Daher können – unter Beachtung der übrigen Voraussetzungen des § 4 Nr. 23 UStG – die Steuerbefreiung nur Einrichtungen des öffentlichen Rechts auf dem Gebiet der Kinder- und Jugendbetreuung sowie der Kinder- und Jugenderziehung oder vergleichbare privatrechtliche Einrichtungen in Anspruch nehmen (BFH-Urteil vom 28. 9. 2000, V R 26/99, BStBl 2001 II S. 691); dies gilt entsprechend für Einrichtungen, die Jugendliche für die sonstigen in § 4 Nr. 23 Satz 1 UStG genannten Zwecke aufnehmen. ⁸Die Leistungen im Zusammenhang mit der Aufnahme müssen dem in § 4 Nr. 23 UStG genannten Personenkreis tatsächlich zugute kommen. ⁹Auf die Frage, wer Vertragspartner des Unternehmers und damit Leistungsempfänger im Rechtssinne ist, kommt es nicht an. ¹⁰Dem Kantinenpächter einer berufsbildenden oder schulischen Einrichtung steht für die Abgabe von Speisen und Getränken an Schüler und Lehrpersonal die Steuerbefreiung nach § 4 Nr. 23 UStG jedoch

§ 4 UStG
AE 4.23.1, AE 4.24.1

nicht zu, weil er allein mit der Bewirtung der Schüler diese nicht zur Erziehung, Ausbildung oder Fortbildung bei sich aufnimmt (vgl. BFH-Beschluss vom 26. 7. 1979, V B 15/79, BStBl II S. 721). [11]Dasselbe gilt für derartige Leistungen eines Schulfördervereins (vgl. BFH-Urteil vom 12. 2. 2009, V R 47/07, BStBl II S. 677). [12]Die Befreiung ist aber möglich, wenn die Beköstigung im Rahmen der Aufnahme der Jugendlichen zu den begünstigten Zwecken zum Beispiel von der Bildungseinrichtung selbst erbracht wird. [13]Leistungen der Beherbergung und Beköstigung während kurzfristiger Urlaubsaufenthalte oder Fahrten, die von Sport- und Freizeitangeboten geprägt sind, stellen keine Aufnahme zu Erziehungs-, Ausbildungs- oder Fortbildungszwecken dar (vgl. BFH-Urteile vom 12. 8. 2009, V R 35/07, BStBl II S. 1032**, und vom 30. 7. 2008, V R 66/06, BStBl 2010 II S. 507**). [14]Fahrten, die nach § 11 SGB VIII ausgeführt werden, können unter den Voraussetzung des § 4 Nr. 25 UStG steuerfrei sein.

(3) [1]Der Begriff „Aufnahme" ist nicht an die Voraussetzung gebunden, dass die Jugendlichen Unterkunft während der Nachtzeit und volle Verpflegung erhalten. [2]Zu den begünstigten Leistungen gehören neben der Beherbergung und Beköstigung insbesondere die Beaufsichtigung der häuslichen Schularbeiten und die Freizeitgestaltung durch Basteln, Spiele und Sport (BFH-Urteil vom 19. 12. 1963, V 102/61 U, BStBl 1964 III S. 110).

(4) [1]Die Erziehungs-, Ausbildungs- und Fortbildungszwecke umfassen nicht nur den beruflichen Bereich, sondern die gesamte geistige, sittliche und körperliche Erziehung und Fortbildung von Jugendlichen (vgl. BFH-Urteil vom 21. 11. 1974, II R 107/68, BStBl 1975 II S. 389). [2]Hierzu gehört u. a. auch die sportliche Erziehung. [3]Die Befreiungsvorschrift gilt deshalb sowohl bei Sportlehrgängen für Berufssportler als auch bei solchen für Amateursportler.

(5) Hinsichtlich des Begriffs der Vergütung für geleistete Dienste wird auf Abschnitt 4.18.1 Abs. 7 hingewiesen.

(6) [1]§ 4 Nr. 23 Satz 4 UStG regelt, dass diese Steuerbefreiungsvorschrift nicht gilt, soweit eine Leistung der Jugendhilfe nach SGB VIII erbracht wird. [2]Die Leistungen nach § 2 Abs. 2 SGB VIII (Abschnitt 4.25.1 Abs. 1 Satz 2) und die Inobhutnahme nach § 42 SGB VIII sind somit nur unter den Voraussetzungen des § 4 Nr. 25 UStG steuerfrei.

AE 4.24.1

S 7182

4.24.1. Jugendherbergswesen

(1) Nach Satz 1 der Vorschrift des § 4 Nr. 24 UStG sind folgende Unternehmer begünstigt:

1. das Deutsche Jugendherbergswerk, Hauptverband für Jugendwandern und Jugendherbergen e. V. (DJH), und die ihm angeschlossenen Landes-, Kreis- und Ortsverbände;
2. kommunale, kirchliche und andere Träger von Jugendherbergen, die dem DJH als Mitglied angeschlossen sind und deren Häuser im Deutschen Jugendherbergsverzeichnis als Jugendherbergen ausgewiesen sind;
3. die Pächter der Jugendherbergen, die von den in den Nummern 1 und 2 genannten Unternehmern unterhalten werden;
4. die Herbergseltern, soweit sie einen Teil der Jugendherberge, insbesondere die Kantine, auf eigene Rechnung betreiben.

(2) Die in Absatz 1 genannten Unternehmer erbringen folgende Leistungen:

1. die Beherbergung und die Beköstigung in Jugendherbergen einschließlich der Lieferung von Lebensmitteln und alkoholfreien Getränken außerhalb der Tagesverpflegung (Zusatz- und Wanderverpflegung);
2. die Durchführung von Freizeiten, Wanderfahrten und Veranstaltungen, die dem Sport, der Erholung oder der Bildung dienen;
3. die Lieferungen von Schlafsäcken und die Überlassung von Schlafsäcken und Bettwäsche zum Gebrauch;
4. die Überlassung von Rucksäcken, Fahrrädern und Fotoapparaten zum Gebrauch;
5. die Überlassung von Spiel- und Sportgeräten zum Gebrauch sowie die Gestattung der Telefonbenutzung in Jugendherbergen;
6. die Lieferungen von Wanderkarten, Wanderbüchern und von Ansichtskarten mit Jugendherbergsmotiven;
7. die Lieferungen von Jugendherbergsverzeichnissen, Jugendherbergskalendern, Jugendherbergsschriften und von Wimpeln und Abzeichen mit dem Emblem des DJH oder des Internationalen Jugendherbergswerks (IYHF);
8. die Lieferungen der für den Betrieb von Jugendherbergen erforderlichen und vom Hauptverband oder von den Landesverbänden zentral beschafften Einrichtungsgegenstände.

(3) ¹Die in Absatz 2 bezeichneten Leistungen dienen unmittelbar den Satzungszwecken der begünstigten Unternehmer und sind daher steuerfrei, wenn

1. ¹die Leistungen in den Fällen des Absatzes 2 Nr. 1 bis 6 an folgende Personen bewirkt werden:
   a) Jugendliche; Jugendliche in diesem Sinne sind alle Personen vor Vollendung des 27. Lebensjahres,
   b) andere Personen, wenn sie sich in der Ausbildung oder Fortbildung befinden und Mitglied einer geführten Gruppe sind,
   c) Leiter und Betreuer von Gruppen, deren Mitglieder die in den Buchstaben a und b genannten Jugendlichen oder anderen Personen sind,
   d) ¹wandernde Familien mit Kindern. ²Hierunter fallen alle Inhaber von Familienmitgliedsausweisen in Begleitung von eigenen oder anderen minderjährigen Kindern.
   ²Soweit die Leistungen in geringem Umfang auch an andere Personen erbracht werden, ist die Inanspruchnahme der Steuerbefreiung nicht zu beanstanden. ³Von einem geringen Umfang ist auszugehen, wenn die Leistungen an diese Personen nicht mehr als 2 % der in Absatz 2 Nr. 1 bis 6 bezeichneten Leistungen betragen;
2. die Leistungen im Fall des Absatzes 2 Nr. 8 an die in Absatz 1 genannten Unternehmer bewirkt werden.

²Die Steuerfreiheit der in Absatz 2 Nr. 7 bezeichneten Leistungen ist nicht von der Lieferung an bestimmte Personen oder Einrichtungen abhängig.

(4) Hinsichtlich des Begriffs der Vergütung für geleistete Dienste wird auf Abschnitt 4.18.1 Abs. 7 hingewiesen.

(5) ¹Nach § 4 Nr. 24 Satz 2 UStG gilt die Steuerbefreiung auch für andere Vereinigungen, die gleiche Aufgaben unter denselben Voraussetzungen erfüllen. ²Hierbei ist es insbesondere erforderlich, dass die Unterkunftsstätten der anderen Vereinigungen nach der Satzung und ihrer tatsächlichen Durchführung überwiegend Jugendlichen dienen. ³Zu den hiernach begünstigten „anderen Vereinigungen" gehören der Touristenverein „Natur Freunde Deutschlands", Verband für Umweltschutz, sanften Tourismus, Sport und Kultur Bundesgruppe Deutschland e. V." und der ihm angeschlossenen Landesverbände, Bezirke und Ortsgruppen sowie die Pächter der von diesen Unternehmern unterhaltenen Naturfreundehäuser. ⁴Die Absätze 2 bis 4 gelten entsprechend.

4.25.1. Leistungen im Rahmen der Jugendhilfe

AE 4.25.1

(1) ¹Die Steuerbefreiungsvorschrift des § 4 Nr. 25 Satz 1 UStG umfasst die Leistungen der Jugendhilfe nach § 2 Abs. 2 SGB VIII und die Inobhutnahme nach § 42 SGB VIII. ²Unter § 2 Abs. 2 SGB VIII fallen folgende Leistungen:

S 7183

1. Angebote der Jugendarbeit, der Jugendsozialarbeit und des erzieherischen Kinder- und Jugendschutzes (§§ 11 bis 14 SGB VIII);
2. Angebote zur Förderung der Erziehung in der Familie (§§ 16 bis 21 SGB VIII);
3. Angebote zur Förderung von Kindern in Tageseinrichtungen und in Tagespflege (§§ 22 bis 25 SGB VIII);
4. Hilfe zur Erziehung und ergänzende Leistungen (§§ 27 bis 35, 36, 37, 39, 40 SGB VIII);
5. Hilfe für seelisch behinderte Kinder und Jugendliche und ergänzende Leistungen (§§ 35a bis 37, 39, 40 SGB VIII);
6. Hilfe für junge Volljährige und Nachbetreuung (§ 41 SGB VIII).

Begünstigte Leistungserbringer

(2) ¹Die vorgenannten Leistungen sind steuerfrei, wenn sie durch Träger der öffentlichen Jugendhilfe (§ 69 SGB VIII) oder andere Einrichtungen mit sozialem Charakter erbracht werden. ²Der Begriff der „anderen Einrichtung mit sozialem Charakter" entspricht der Formulierung der maßgeblichen gemeinschaftsrechtlichen Grundlage (Artikel 132 Abs. 1 Buchstabe h MwStSystRL). ³Auf der Grundlage der dort eingeräumten Befugnis der Mitgliedstaaten sind insoweit anerkannt:

1. von der zuständigen Jugendbehörde anerkannte Träger der freien Jugendhilfe (§ 75 Abs. 1 SGB VIII), die Kirchen und Religionsgemeinschaften des öffentlichen Rechts sowie die amtlich anerkannten Verbände der freien Wohlfahrtspflege nach § 23 UStDV;
2. ¹bestimmte weitere Einrichtungen soweit sie
   a) ¹für ihre Leistungen eine im SGB VIII geforderte Erlaubnis besitzen. ²Insoweit handelt es sich um die Erlaubnistatbestände des § 43 SGB VIII (Erlaubnis zur Kindertagespflege), § 44 Abs. 1 Satz 1 SGB VIII (Erlaubnis zur Vollzeitpflege), § 45 Abs. 1 Satz 1 SGB VIII (Erlaubnis für den Betrieb einer Einrichtung, in der Kinder oder Jugendliche ganztägig oder für einen

§ 4 UStG
AE 4.25.1

Teil des Tages betreut werden oder Unterkunft erhalten) und § 54 SGB VIII (Erlaubnis zur Übernahme von Pflegschaften oder Vormundschaften durch rechtsfähige Vereine),

b) ¹für ihre Leistungen einer Erlaubnis nach SGB VIII nicht bedürfen. ²Dies sind die in § 44 Abs. 1 Satz 2 SGB VIII geregelten Fälle der Vollzeitpflege sowie der Betrieb einer Einrichtung nach § 45 SGB VIII, allerdings nur, wenn es sich um eine Jugendfreizeiteinrichtung, eine Jugendausbildungseinrichtung, eine Jugendherberge oder ein Schullandheim im Sinne des § 45 Abs. 1 Satz 2 Nr. 1 SGB VIII oder um ein landesgesetzlich der Schulaufsicht unterstehendes Schülerheim im Sinne des § 45 Abs. 1 Satz 2 Nr. 2 SGB VIII handelt. ³Ausgenommen sind somit die Einrichtungen im Sinne des § 45 Abs. 1 Satz 2 Nr. 3 SGB VIII, die außerhalb der Jugendhilfe liegende Aufgaben für Kinder oder Jugendliche wahrnehmen,

c) ¹Leistungen erbringen, die im vorangegangenen Kalenderjahr ganz oder zum überwiegenden Teil von Trägern der öffentlichen Jugendhilfe (§ 69 SGB VIII), anerkannten Trägern der freien Jugendhilfe (§ 75 Abs. 1 SGB VIII), Kirchen und Religionsgemeinschaften des öffentlichen Rechts oder amtlich anerkannten Verbänden der freien Wohlfahrtspflege nach § 23 UStDV vergütet wurden. ²Eine Vergütung durch die zuvor genannten Träger und Einrichtungen ist aber nur dann gegeben, wenn der Leistungserbringer von diesen unmittelbar bezahlt wird. ³Die Vergütung ist nicht um eine eventuelle Kostenbeteiligung nach §§ 90 ff. SGB VIII, z. B. der Eltern, zu mindern,

d) ¹Leistungen der Kindertagespflege erbringen, für die sie nach § 24 Abs. 5 SGB VIII vermittelt werden können. ²Da der Befreiungstatbestand insoweit allein darauf abstellt, dass die Einrichtung für die Kindertagespflege vermittelt werden kann, im Einzelfall also nicht vermittelt werden muss, greift die Steuerbefreiung somit auch in den Fällen, in denen die Leistung „privat" nachgefragt wird.

²Der Begriff „Einrichtungen" umfasst dabei auch natürliche Personen.

Leistungsberechtigte / -adressaten

(3) ¹Das SGB VIII unterscheidet Leistungsberechtigte und Leistungsadressaten. ²Leistungen der Jugendhilfe – namentlich im Eltern-Kind-Verhältnis – sind meist nicht personenorientiert, sondern systemorientiert. ³Sie zielen nicht nur auf die Verhaltensänderung einer bestimmten Person ab, sondern auf die Änderung bzw. Verbesserung des Eltern-Kind-Verhältnisses. ⁴Deshalb sind leistungsberechtigte Personen

– in der Regel die Eltern,

darüber hinaus

– Kinder im Rahmen der Förderung in Tageseinrichtungen und in Tagespflege,
– Kinder und Jugendliche als Teilnehmer an Veranstaltungen der Jugendarbeit (§ 11 SGB VIII),
– Kinder und Jugendliche im Rahmen der Eingliederungshilfe für seelisch Behinderte (§ 35a SGB VIII),
– junge Volljährige im Rahmen von Veranstaltungen der Jugendarbeit (§ 11 SGB VIII) und von Hilfe für junge Volljährige (§ 41 SGB VIII).

⁵Leistungsadressaten sind bei Hilfen für Eltern regelmäßig auch Kinder und Jugendliche.

(4) ¹§ 4 Nr. 25 UStG verzichtet zudem auf eine eigenständige Definition des „Jugendlichen". ²Umsatzsteuerbefreit können daher auch Leistungen an Personen über 27 Jahren sein, z. B. Angebote der Jugendarbeit (§ 11 SGB VIII), die nach § 11 Abs. 4 SGB VIII in angemessenem Umfang auch Personen einbeziehen, die das 27. Lebensjahr vollendet haben.

Eng mit der Jugendhilfe verbundene Leistungen

(5) Steuerfrei sind nach § 4 Nr. 25 Satz 3 Buchstabe a UStG auch die Durchführung von kulturellen und sportlichen Veranstaltungen, wenn die Darbietungen von den von der Jugendhilfe begünstigten Personen (Absätze 3 und 4) selbst erbracht oder die Einnahmen überwiegend zur Deckung der Kosten verwendet werden und diese Leistungen in engem Zusammenhang mit den in § 4 Nr. 25 Satz 1 UStG bezeichneten Leistungen (Absätze 1 und 2) stehen.

(6) ¹Im § 4 Nr. 25 Satz 3 Buchstabe a UStG wird auf „die von der Jugendhilfe begünstigten Personen" abgestellt. ²Danach ist die Einbeziehung von Eltern in die Durchführung von kulturellen und sportlichen Veranstaltungen für die Steuerbefreiung unschädlich, sofern diese Leistungen in engem Zusammenhang mit den Leistungen der Jugendhilfe stehen.

(7) ¹Nach § 4 Nr. 25 Satz 3 Buchstabe b UStG sind auch die Beherbergung, Beköstigung und die üblichen Naturalleistungen steuerfrei, die diese Einrichtungen den Empfängern der Jugendhilfeleistungen und Mitarbeitern in der Jugendhilfe sowie den bei den Leistungen nach § 4 Nr. 25 Satz 1 UStG tätigen Personen als Vergütung für die geleisteten Dienste gewähren. ²Hinsichtlich des Begriffs der Vergütung für geleistete Dienste wird auf Abschnitt 4.18.1 Abs. 7 hingewiesen.

(8) Durch das Abstellen auf den „Empfänger der Jugendhilfeleistungen" wird auch insoweit eine steuerfreie Einbeziehung von Eltern ermöglicht.

(9) Liegen für Leistungen nach § 4 Nr. 25 UStG auch die Voraussetzungen der Steuerbefreiung für Reiseleistungen im Drittland (§ 25 Abs. 2 UStG) vor, geht die Steuerbefreiung des § 4 Nr. 25 UStG der Steuerbefreiung nach § 25 Abs. 2 UStG vor.

4.26.1. Ehrenamtliche Tätigkeit

(1) ¹Unter ehrenamtlicher Tätigkeit ist die Mitwirkung natürlicher Personen bei der Erfüllung öffentlicher Aufgaben zu verstehen, die aufgrund behördlicher Bestellung außerhalb eines haupt- oder nebenamtlichen Dienstverhältnisses stattfindet und für die lediglich eine Entschädigung besonderer Art gezahlt wird (vgl. BFH-Urteil vom 16. 12. 1987, X R 7/82, BStBl 1988 II S. 384). ²Hierzu rechnen neben den in einem Gesetz ausdrücklich als solche genannten Tätigkeiten auch die, die man im allgemeinen Sprachgebrauch herkömmlicher Weise als ehrenamtlich bezeichnet oder die dem materiellen Begriffsinhalt der Ehrenamtlichkeit entsprechen (vgl. BFH-Urteil vom 14. 5. 2008, XI R 70/07, BStBl II S. 912). ³Nach dem materiellen Begriffsinhalt kommt es insbesondere auf das Fehlen eines eigennützigen Erwerbsstrebens, die fehlende Hauptberuflichkeit und den Einsatz für eine fremdnützig bestimmte Einrichtung an. ⁴Danach kann auch die Tätigkeit eines Ratsmitgliedes im Aufsichtsrat einer kommunalen Eigengesellschaft (BFH-Urteil vom 4. 5. 1994, XI R 86/92, BStBl II S. 773) eine ehrenamtliche Tätigkeit im Sinne der Befreiungsvorschrift sein. ⁵Zur Tätigkeit eines Mitglieds im Aufsichtsrat einer Genossenschaft vgl. BFH-Urteil vom 20. 8. 2009, V R 32/08, BStBl 2010 II S. 88.

(2) ¹Die ehrenamtlichen Tätigkeiten für juristische Personen des öffentlichen Rechts fallen nur dann unter § 4 Nr. 26 Buchstabe a UStG, wenn sie für deren nichtunternehmerischen Bereich ausgeführt werden. ²Es muss sich also um die Ausübung einer ehrenamtlichen Tätigkeit für den öffentlich-rechtlichen Bereich handeln. ³Wird die ehrenamtliche Tätigkeit für den Betrieb gewerblicher Art einer Körperschaft des öffentlichen Rechts ausgeübt, so kann sie deshalb nur unter den Voraussetzungen des § 4 Nr. 26 Buchstabe b UStG steuerfrei belassen werden (BFH-Urteil vom 4. 4. 1974, V R 70/73, BStBl II S. 528).

(3) Die Mitwirkung von Rechtsanwälten in Rechtsberatungsdiensten ist keine ehrenamtliche Tätigkeit, weil die Rechtsanwälte in diesen Fällen nicht außerhalb ihres Hauptberufs tätig werden.

(4) ¹Geht in Fällen des § 4 Nr. 26 Buchstabe b UStG das Entgelt über einen Auslagenersatz und eine angemessene Entschädigung für Zeitversäumnis hinaus, besteht in vollem Umfang Steuerpflicht. *²Was als angemessene Entschädigung für Zeitversäumnis angesehen werden kann, muss nach den Verhältnissen des Einzelfalles beurteilt werden; dabei ist eine Entschädigung in Höhe von bis zu 50 € je Tätigkeitsstunde regelmäßig als angemessen anzusehen, sofern die Vergütung für die gesamten ehrenamtlichen Tätigkeiten den Betrag von 17 500 € im Jahr nicht übersteigt. ³Der tatsächliche Zeitaufwand ist nachvollziehbar zu dokumentieren. ⁴Eine vom tatsächlichen Zeitaufwand unabhängige z. B. laufend gezahlte pauschale bzw. monatliche oder jährlich laufend gezahlte pauschale Vergütung führt zur Nichtanwendbarkeit der Befreiungsvorschrift mit der Folge, dass sämtliche für diese Tätigkeit gezahlten Vergütungen – auch soweit sie daneben in Auslagenersatz oder einer Entschädigung für Zeitaufwand bestehen – der Umsatzsteuer unterliegen.*

4.27.1. Gestellung von Mitgliedern geistlicher Genossenschaften und Angehörigen von Mutterhäusern

(1) ¹Die Steuerbefreiung kommt nur für die Gestellung von Mitgliedern oder Angehörigen der genannten Einrichtungen in Betracht. ²Für die Gestellung von Personen, die lediglich Arbeitnehmer dieser Einrichtungen sind, kann die Steuerbefreiung nicht in Anspruch genommen werden.

(2) ¹Die Steuerbefreiung setzt voraus, dass die Personalgestellung für gemeinnützige, mildtätige, kirchliche oder schulische Zwecke erfolgt. ²Die Frage ist nach den Vorschriften der §§ 52 bis 54 AO zu beurteilen. ³In Betracht kommen insbesondere die Gestellung von Schwestern an Krankenhäuser und Altenheime sowie die Gestellung von Ordensangehörigen an Kirchengemeinden. ⁴Schulische Zwecke werden bei der Gestellung von Lehrern an Schulen für die Erteilung von Unterricht verfolgt. ⁵Dies gilt für die Erteilung von Unterricht jeder Art, also nicht nur für die Erteilung von Religionsunterricht.

4.27.2. Gestellung von land- und forstwirtschaftlichen Arbeitskräften sowie Gestellung von Betriebshelfern

(1) ¹Steuerfrei sind insbesondere Leistungen land- und forstwirtschaftlicher Selbsthilfeeinrichtungen – Betriebshilfs- und Dorfhelferinnendienste –, die in der Regel in der Rechtsform eines eingetragenen Vereins betrieben werden. ²Die Vorschrift des § 4 Nr. 27 Buchstabe b UStG unterschei-

§ 4 UStG
AE 4.27.2, AE 4.28.1

det zwischen unmittelbaren Leistungen an land- und forstwirtschaftliche Betriebe und Leistungen an die gesetzlichen Träger der Sozialversicherung.

Unmittelbare Leistungen an land- und forstwirtschaftliche Betriebe

(2) [1]Die Steuerbefreiung für unmittelbare Leistungen an land- und forstwirtschaftliche Betriebe kann nur von juristischen Personen des privaten oder öffentlichen Rechts – z. B. eingetragenen Vereinen oder Genossenschaften – beansprucht werden, nicht aber von Einzelunternehmern oder Personengesellschaften. [2]Befreit ist nur die Gestellung land- und forstwirtschaftlicher Arbeitskräfte. [3]Die Arbeitskräfte müssen unmittelbar land- und forstwirtschaftlichen Unternehmern für deren land- und forstwirtschaftliche Betriebe im Sinne des § 24 Abs. 2 UStG gestellt werden. [4]Indessen hängt die Steuerbefreiung nicht davon ab, ob die Kosten für die Ersatzkräfte von den gesetzlichen Trägern der Sozialversicherung erstattet werden.

(3) [1]Der Unternehmer hat nachzuweisen, dass die Arbeitskräfte für einen land- und forstwirtschaftlichen Betrieb mit höchstens drei Vollarbeitskräften gestellt worden sind. [2]Dieser Nachweis kann durch eine schriftliche Bestätigung des betreffenden Land- und Forstwirts geführt werden. [3]Darüber hinaus ist nachzuweisen, dass die gestellte Arbeitskraft den Ausfall des Betriebsinhabers oder eines voll mitarbeitenden Familienangehörigen wegen Krankheit, Unfalls, Schwangerschaft, eingeschränkter Erwerbsfähigkeit oder Todes überbrückt. [4]Für diesen Nachweis sind entsprechende Bescheinigungen oder Bestätigungen Dritter – z. B. ärztliche Bescheinigungen, Bescheinigungen der Krankenhäuser und Heilanstalten oder Bestätigungen der Sozialversicherungsträger – erforderlich.

Leistungen an die gesetzlichen Träger der Sozialversicherung

(4) [1]Die Steuerbefreiung des § 4 Nr. 27 Buchstabe b UStG umfasst weiterhin die Gestellung von Betriebshelfern an die gesetzlichen Träger der Sozialversicherung (Berufsgenossenschaften, Krankenkassen, Rentenversicherungsträger, landwirtschaftliche Alterskassen). [2]Diese Träger sind verpflichtet, ihren Mitgliedern in bestimmten Notfällen – z. B. bei einem Arbeitsunfall, einem Krankenhausaufenthalt oder einer Heilanstaltspflege – Betriebshilfe zu gewähren. [3]Sie bedienen sich dabei anderer Unternehmen – z. B. der Betriebshilfsdienste oder der Dorfhelferinnendienste – und lassen sich von diesen die erforderlichen Ersatzkräfte zur Verfügung stellen. [4]Die Unternehmer, die Ersatzkräfte zur Verfügung stellen, erbringen damit steuerfreie Leistungen an die gesetzlichen Träger der Sozialversicherung. [5]Auf die Rechtsform des Unternehmens kommt es dabei nicht an. [6]Unter die Steuerbefreiung fällt auch die „Selbstgestellung" eines Einzelunternehmers, der seine Betriebshelferleistungen gegenüber einem Träger der Sozialversicherung erbringt.

(5) [1]Die Steuerbefreiung nach Absatz 4 ist nicht anwendbar, wenn es die gesetzlichen Träger der Sozialversicherung ihren Mitgliedern überlassen, die Ersatzkräfte selbst zu beschaffen, und ihnen lediglich die dadurch entstandenen Kosten erstatten. [2]In diesen Fällen kann aber die Steuerbefreiung für unmittelbare Leistungen an land- und forstwirtschaftliche Betriebe (Absätze 2 und 3) in Betracht kommen.

AE 4.28.1

4.28.1. Lieferung bestimmter Gegenstände

S 7188

(1) [1]Nach § 4 Nr. 28 UStG ist die Lieferung von Gegenständen befreit, die der Unternehmer ausschließlich für Tätigkeiten verwendet, die nach § 4 Nr. 8 bis 27 UStG steuerfrei sind. [2]Diese Voraussetzungen müssen während des gesamten Verwendungszeitraumes vorgelegen haben.

Beispiel:
Ein Arzt veräußert Einrichtungsgegenstände, die ausschließlich seiner nach § 4 Nr. 14 UStG steuerfreien Tätigkeit gedient haben.

[3]§ 4 Nr. 28 UStG ist weder unmittelbar noch entsprechend auf sonstige Leistungen anwendbar (vgl. BFH-Urteil vom 26. 4. 1995, XI R 75/94, BStBl II S. 746).

(2) [1]Aus Vereinfachungsgründen kann die Steuerbefreiung nach § 4 Nr. 28 UStG auch in den Fällen in Anspruch genommen werden, in denen der Unternehmer die Gegenstände in geringfügigem Umfang (höchstens 5 %) für Tätigkeiten verwendet hat, die nicht nach § 4 Nr. 8 bis 27 UStG befreit sind. [2]Voraussetzung hierfür ist jedoch, dass der Unternehmer für diese Gegenstände darauf verzichtet, einen anteiligen Vorsteuerabzug vorzunehmen.

(3) [1]Nach § 4 Nr. 28 UStG ist auch die Lieferung von Gegenständen befreit, für die der Vorsteuerabzug nach § 15 Abs. 1a UStG ausgeschlossen ist. [2]Die Steuerbefreiung kommt hiernach nur in Betracht, wenn im Zeitpunkt der Lieferung die Vorsteuer für die gesamten Anschaffungs- oder Herstellungskosten einschließlich der Nebenkosten und der nachträglichen Anschaffungs- oder Herstellungskosten nicht abgezogen werden konnte.

Beispiel:

¹Ein Unternehmer veräußert im Jahre 02 Einrichtungen seines Gästehauses. ²Ein Vorsteuerabzug aus den Anschaffungs- und Herstellungskosten, die auf die Einrichtungen entfallen, war im Jahr 01 nach § 15 Abs. 1a UStG ausgeschlossen. ³Die Lieferung der Einrichtungsgegenstände im Jahre 02 ist hiernach steuerfrei.

(4) ¹Die Lieferung von Gegenständen ist auch dann nach § 4 Nr. 28 UStG befreit, wenn die anteiligen Anschaffungs- oder Herstellungskosten in der Zeit bis zum 31. 3. 1999 als Repräsentationsaufwendungen der Besteuerung des Eigenverbrauchs unterworfen waren und für die Zeit nach dem 31. 3. 1999 eine Vorsteuerberichtigung nach § 17 Abs. 1 i. V. m. Abs. 2 Nr. 5 UStG vorgenommen wurde. ²Die Steuerbefreiung kommt hiernach nur in Betracht, wenn im Zeitpunkt der Lieferung der Vorsteuerabzug aus der Anschaffung, Herstellung oder Einfuhr des Gegenstandes im Ergebnis durch die Besteuerung als Eigenverbrauch oder durch die Vorsteuerberichtigung nach § 17 UStG vollständig ausgeglichen worden ist. ³Dies bedeutet, dass die Steuer für den Eigenverbrauch und die Vorsteuerberichtigung angemeldet und entrichtet sein muss. ⁴Im Übrigen wird auf das BFH-Urteil vom 2. 7. 2008, XI R 60/06, BStBl 2009 II S. 167 hingewiesen.

Beispiel:

¹Der Unternehmer U hat ein Segelschiff für 100 000 € zuzüglich Umsatzsteuer erworben. ²Er verkauft es im Kalenderjahr 2004. ³Bis zum 31. 3. 1999 hat er die Aufwendungen für das Schiff als Repräsentationsaufwendungen der Eigenverbrauchsbesteuerung nach § 1 Abs. 1 Nr. 2 Buchstabe c UStG 1993 unterworfen. ⁴Für die Zeit nach dem 31. 3. 1999 bis zum 31. 12. 2003 nimmt er eine Vorsteuerberichtigung nach § 17 Abs. 1 i. V. m. Abs. 2 Nr. 5 UStG vor. ⁵Die Steuer für den Aufwendungseigenverbrauch und die Vorsteuerberichtigung nach § 17 UStG ist vollständig entrichtet worden. ⁶Das Schiff ist mit Ablauf des 31. 12. 2003 vollständig abgeschrieben.

⁷Der Verkauf im Kalenderjahr 2004 ist nach § 4 Nr. 28 UStG steuerfrei.

(5) Absatz 4 gilt entsprechend für die Lieferungen im Sinne des § 3 Abs. 1b Satz 1 Nr. 1 UStG.

(6) Liegen für die Lieferungen von Gegenständen nach § 4 Nr. 28 UStG durch den Unternehmer auch die Voraussetzungen einer Ausfuhrlieferung (§ 4 Nr. 1 Buchstabe a, § 6 UStG) bzw. einer innergemeinschaftlichen Lieferung (§ 4 Nr. 1 Buchstabe b, § 6a UStG) vor, geht die Steuerbefreiung des § 4 Nr. 28 UStG diesen Steuerbefreiungen vor.

Hinweise

Durchführung von Prüfungen durch Bildungseinrichtungen als Veranstaltung wissenschaftlicher Art — H 1

(OFD Frankfurt am Main, Vfg. vom 14. 8. 2003 – S 7180 A-17-St I 23, UR 2004 S. 100)

Einführung einer Umsatzsteuerlagerregelung (§ 4 Nr. 4a UStG) und einer Steuerbefreiung für die einer Einfuhr vorangehenden Lieferungen von Gegenständen — 2

(BMF vom 28. 1. 2004, BStBl 2004 I S. 242)

Siehe USt-HA 2004/05 § 4 H 4.

Steuerbefreiung für Beförderungsleistungen bei Gegenständen der Einfuhr (§ 4 Nr. 3 Buchst. a Doppelbuchst. bb UStG) — 3

(Senator für Finanzen der Hansestadt Bremen vom 11. 2. 2004 – S 7156 – 100 – 2151 –, DStR 2004 S. 682)

Siehe USt-HA 2004/05 § 4 H 5.

Umsatzsteuerliche Behandlung von Leistungen im Zusammenhang mit dem „Hartz IV-Gesetz" — 4

(OFD Hannover, Vfg. vom 23. 12. 2004 – S 7100 – 582 – StO 171 –, UVR 2005 S. 159)

Steuerbefreiung nach § 4 Nr. 17 Buchst. b UStG; Konsequenzen aus dem BFH-Urteil vom 12. 8. 2994 – V R 45/03 – — 5

(BMF vom 22. 3. 2005, BStBl 2005 I S. 710)

Siehe USt-HA 2005/06 § 4 H 10.

§ 4 UStG
H

6 **Nachweis der Steuerbefreiung für Leistungen gem. § 4 Nr. 3 Satz 1 Buchst. a Doppelbuchstabe bb UStG, die sich unmittelbar auf Gegenstände der Einfuhr beziehen**

(BMF vom 22. 7. 2005, BStBl 2005 I S. 834)
Siehe USt-HA 2005/06 § 4 H 14.

7 **Durchführung von Integrationskursen nach dem Zuwanderungsgesetz;
Umsatzsteuerpflicht der Integrationskurse
Anwendung der Steuerbefreiung nach § 4 Nr. 21 Buchst. a Doppelbuchst. bb UStG und § 4 Nr. 21 Buchst. a UStG**

(OFD Koblenz, Vfg. vom 27. 12. 2005 – S 7179 A – St 44 2 –, StEd 2006 S. 92)

8 **Umsatzsteuerliche Behandlung für ambulante Leistungen der Eingliederungshilfe gem. § 53 SGB**

(FinMin Nordrhein-Westfalen, Erlass vom 25. 1. 2006 – S 7172 – 24 – V A 4 –, StEd 2006 S. 190)

9 **Umsatzsteuerliche Behandlung der Steuerbefreiung für die Vermittlung von Krediten nach § 4 Nr. 8 Buchst. a UStG**

(OFD Frankfurt am Main, Vfg. vom 14. 2. 2006 – S 7160 A – St I 2.30 –, StEd 2006 S. 238)

10 **Vermittlung von Personenbeförderungsleistungen im Luftverkehr)**

(BMF vom 30. 3. 2006, BStBl 2006 I S. 308)
Siehe USt-HA 2006/07 § 4 H 21.

11 **Umsatzsteuerfreiheit für Leistungen von Privatlehrern an Volkshochschulen**

(OFD Koblenz, Vfg. vom 3. 5. 2006 – S 7179/7180 A – 2 – St 44 2 –, StEd 2006 S. 397)

12 **Steuerbefreiung für Privatschulen und andere allgemein bildende oder berufsbildende Einrichtungen**

(OFD Hannover, Vfg. vom 27. 6. 2006 – S 7179 – 18 – St0181 –, StEd 2006 S. 477)

13 **Durchführung von Integrationskursen nach dem Zuwanderungsgesetz;
Umsatzsteuerpflicht der Integrationskurse
Anwendung der Steuerbefreiung nach § 4 Nr. 21 Buchst. a Doppelbuchst. bb UStG und § 4 Nr. 21 Buchst. a UStG**

(OFD Hannover, Vfg. vom 3. 7. 2006 – S 7180 – 26 – StO 181 –, StEd 2006 S. 478)

14 **Steuerbefreiung nach § 4 Nr. 21 Buchst. a Doppelbuchst. a UStG;
Besteuerung der Anbieter privater Nachhilfe**

(OFD Frankfurt am Main, Vfg. vom 8. 12. 2006 – S 7160 A – 68 – St 112 –, StEd 2007 S. 206)

15 **Umsatzsteuerliche Behandlung von Warentermingeschäften der Warenterminbörse für den Agrarhandel in Hannover**

(OFD Frankfurt am Main, Vfg. vom 3. 5. 2007 – S 7100 A – 141 – St 11 –, StEd 2007 S. 555)

16 **Nachweis der Steuerbefreiung für Leistungen gem. § 4 Nr. 3 Buchst. a Doppelbuchst. aa und bb UStG**

(OFD Hannover, Vfg. vom 21. 5. 2007 – S 7156b – 5 – StO 183 –, StEd 2007 S. 474)

17 **Steuerbefreiung nach § 4 Nr. 21 Buchst. a Doppelbuchst. bb UStG für Maßnahmen im Sinne der §§ 49, 85 und 97 Sozialgesetzbuch (SGB) III sowie ausbildungsbegleitende Hilfen (abH-Maßnahmen) gemäß § 241 SGB III;
Bescheinigungsverfahren**

(OFD Koblenz, Vfg. vom 31. 7. 2007 – S 7179 A – St 44 2 –, StEd 2007 S. 650)

§ 4 UStG
H

Vermietung von Wohnraum und Abgabe von Mahlzeiten durch ein Studentenwerk – Anwendung der BFH-Urteile vom 19. Mai 2005, V R 32/03, BStBl II S. 900 und 28. September 2006, V R 57/05 (BMF vom 27. 9. 2007, BStBl 2007 I S. 768) Siehe USt-HA 2007/08 § 4 H 34.	18
Umsatzsteuerbefreiung nach § 4 Nr. 21 Buchst. a Doppelbuchst. bb UStG für Leistungen im Vorschulbereich; Musikschulen und Ballettschulen (OFD Koblenz, Vfg. vom 17. 10. 2007 – S 7179 A – St 44 2 –, StEd 2007 S. 748)	19
Umsatzsteuerliche Behandlung der Kontinuitäts- und Bestandsprovisionen bei der Vermittlung von Wertpapieren (§ 4 Nr. 8 Buchst. e UStG) (OFD Koblenz, Vfg. vom 29. 1. 2008 – S 7160e A – St 44 2 –, StEd 2008 S. 190)	20
Neuregelung der Steuerbefreiung für Leistungen im Rahmen der Kinder- und Jugendhilfe zum 1. Januar 2008 durch das Jahressteuergesetz 2008 (BMF vom 2. 7. 2008, BStBl 2008 I S. 690) Siehe USt-HA 2008/09 § 4 H 41.	21
§ 4 Nr. 12 Satz 1 Buchst. a UStG – Anwendung des BFH-Urteils vom 24. Januar 2008 – V R 12/05 – (Einheitliche Vermietungsleistung) (BMF vom 15. 1. 2009, BStBl 2009 I S. 69 Siehe USt-HA 2009/10 § 4 H 43.	22
Leistung von Lottoserviceunternehmen im Rahmen von Systemwetten (Senator für Finanzen der Freie und Hansestadt Hamburg, Erlass vom 24. 4. 2009 – 51 – S 7100 – 001/09 –, StEd 2006 S. 364)	23
Umsätze aus der Tätigkeit als Betriebshelfer; Umsatzsteuerbefreiung nach § 4 Nr. 27 Buchst. b UStG (BMF vom 12. 6. 2009, BStBl 2009 I S. 687) Siehe USt-HA 2009/10 § 4 H 45.	24
Umsatzsteuerliche Behandlung von Vermittlungsleistungen der in § 4 Nr. 8 und § 4 Nr. 11 UStG bezeichneten Art – Konsequenzen aus dem BFH-Urteil vom 30. Oktober 2008 – V R 44/07 – (BStBl II S. 554) (BMF vom 23. 6. 2009, BStBl 2009 I S. 773) Siehe USt-HA 2009/10 § 4 H 46.	25
Einführungsschreiben zu § 4 Nr. 14 UStG in der ab dem 1. Januar 2009 geltenden Fassung (BMF vom 26. 6. 2009, BStBl 2009 I S. 756) Siehe USt-HA 2009/10 § 4 H 47.	26
Einführungsschreiben zu § 4 Nr. 16 UStG in der ab dem 1. Januar 2009 geltenden Fassung (BMF vom 20. 7. 2009, BStBl 2009 I S. 774) Siehe USt-HA 2009/2010 § 4 H 48.	27
Lieferung von Strom als Nebenleistung zu Vermietungsumsätzen; BFH-Urteil vom 15. Januar 2009 – V R 91/07 – (BStBl II S. 615) (BMF vom 21. 7. 2009, BStBl 2009 I S. 821) Siehe USt-HA 2009/10 § 4 H 49.	28

29 **Umsatzsteuerliche Behandlung der entgeltlichen Verpflegung von Lehrern und Schülern durch Schulfördervereine;**
Auswirkungen des BFH-Urteils vom 12. Februar 2009 (BStBl II 2009 S. 677)

(OFD Frankfurt am Main, Vfg. vom 22. 1. 2010 – S 7181 A – 4 – St 112 –, StEd 2010 S. 296)

30 **Umsatzsteuerbefreiung nach § 4 Nr. 14 Buchst. b Satz 2 Doppelbuchst. aa UStG für eine Einrichtung im Falle einer umsatzsteuerlichen Organschaft**

(OFD Frankfurt am Main, Vfg. vom 16. 2. 2010 – S 7170 A – 85 – St 112 –, StEd 2010 S. 236)

31 **Mit dem Betrieb von Krankenhäusern und ähnlichen Einrichtungen eng verbundene Umsätze**

(OFD Frankfurt am Main, Vfg. vom 11. 3. 2010 – S 7172 A – 7 – St 112 –, StEd 2010 S. 492)

32 **Anwendung der Steuerbefreiung nach § 4 Nr. 21 UStG bei Fahrschulen**

(OFD Frankfurt am Main, Vfg. vom 11. 3. 2010 – S 7179 A – 2 – St 112 –, StEd 2010 S. 378)

33 **Umsatzsteuerbefreiung von Maßnahmen zur Aktivierung und beruflichen Eingliederung nach dem dritten Buch Sozialgesetzbuch**

(BMF vom 16. 3. 2010 – IV D 3 – S 7179/09/10003 –, StEd 2010 S. 268)
Siehe USt-HA 2010/11 § 4 H 33.

34 **Umsatzsteuerbefreiung nach § 4 Nr. 14 UStG;**
Leistungen der speziellen ambulanten Palliativversorgung (SAPV) i. S. v. § 37b SGB V

(OFD Frankfurt am Main, Vfg. vom 25. 3. 2010 – S 7170 A – 83 – St 112 –, StEd 2010 S. 395)

35 **Steuerbefreiung gemäß § 4 Nr. 8 Buchst. h UStG für die Verwaltung von Investmentvermögen nach dem Investmentgesetz**

(BMF vom 6. 5. 2010, BStBl 2009 I S. 563)
Siehe USt-HA 2010/11 § 4 H 35.

36 **Steuerbefreiung für Post-Universaldienstleistungen ab 1. Juli 2010)**

(BMF vom 21. 10. 2010, BStBl 2010 I S. 1192)
Siehe USt-HA 2010/11 § 4 H 36.

37 **Umsatzsteuerbefreiung für ambulante Rehabilitationsleistungen;**
§§ 40 und 111 SGB V

(BMF vom 26. 10. 2010, BStBl 2010 I S. 1197)
Unter Bezugnahme auf das Ergebnis der Erörterungen mit den obersten Finanzbehörden der Länder wird in Abschnitt 4.14.5 des Umsatzsteuer-Anwendungserlasses vom 1. Oktober 2010 (BStBl I S. 846), der zuletzt durch das BMF-Schreiben vom 21. Oktober 2010 – IV D 3 -S 7167-b/10/10002 (2010/0785524), BStBl I S. 1187 – geändert worden ist, der Absatz 18 wie folgt neu gefasst:
„(18)"[1])
Diese Regelung ist in allen noch offenen Fällen anzuwenden.

38 **Umsatzsteuerbefreiung nach § 4 Nr. 21 UStG;**
Maßnahmen zur Aktivierung und beruflichen Eingliederung nach dem Dritten Buch Sozialgesetzbuch

(BMF vom 1. 12. 2010, BStBl 2010 I S. 1375)
Siehe USt-HA 2010/11 § 4 H 38.

39 **Urteil des Bundesfinanzhofs (BFH) vom 10. Februar 2010, XI R 49/07;**
Umsatzsteuerrechtliche Behandlung der Garantiezusage eines Autoverkäufers

(BMF vom 15. 12. 2010, BStBl 2010 I S. 1502)
Siehe USt-HA 2010/11 § 4 H 39.

---

[1]) Anm.: Text wurde in Abschn. 4.14.5 Abs. 18 UStAE übernommen; vgl. AE 4.14.5.

Umsatzsteuerbefreiung für die Verwaltung von Versorgungseinrichtungen
(BMF vom 2. 3. 2011, BStBl 2011 I S. 232)

Die Vorschriften zum Versorgungsausgleich wurden durch das im Rahmen des Gesetzes zur Strukturreform des Versorgungsausgleichs (VAStrRefG) vom 3. April 2009 (BGBl. I 700) eingeführte Versorgungsausgleichsgesetz (VersAusglG) grundlegend geändert. Bislang wurden die von den Ehegatten während der Ehezeit erworbenen Anrechte auf Leistungen der betrieblichen Altersversorgung bewertet und im Wege des Einmalausgleichs vorrangig über die gesetzliche Rentenversicherung ausgeglichen. Nach dem reformierten Recht wird jedes Anrecht gesondert und gleichmäßig geteilt. Hierdurch erhält der ausgleichsberechtigte Ehegatte oder Lebenspartner ein eigenständiges Versorgungsrecht, das unabhängig von dem Anrecht des ausgleichspflichtigen Ehegatten oder Lebenspartners in dem Versorgungssystem ggf. neu begründet und weitergeführt wird.

Durch diese strukturelle Änderung des Versorgungsausgleichs wird der Aufgabenbereich des Versorgungsträgers sowohl in quantitativer als auch in qualitativer Hinsicht erheblich erweitert. Die in diesem neuen Zusammenhang zu erbringenden Leistungen gehen dabei über allgemeine Leistungen hinaus, die in der Regel im Gefolge sog. typischer Verwaltungsleistungen auftreten können. Da insoweit eine Vergleichbarkeit mit Leistungen vorliegt, die sie in dem o. g. BMF-Schreiben als typische Verwaltungsleistungen anzusehen sind, liegt auch insoweit eine umsatzsteuerfreie Verwaltungsleistung im Sinne des § 4 Nr. 8 Buchst. h Umsatzsteuergesetz vor.

Unter Bezugnahme auf das Ergebnis der Erörterungen mit den obersten Finanzbehörden der Länder wird Abschnitt 4.8.13 Abs. 20 des Umsatzsteuer-Anwendungserlasses vom 1. Oktober 2010 (BStBl I S. 846), der zuletzt durch das BMF-Schreiben vom 4. Februar 2011, IV D 3 - S 7117/10/10006 (2011/0101498), BStBl I S. 162 – geändert worden ist, wie folgt ergänzt:[1])

§ 4 Nr. 21 des Umsatzsteuergesetzes (UStG);
Umsatzsteuerliche Behandlung von Integrationskursen nach § 43 des Aufenthaltsgesetzes (AufenthG)
(BMF vom 3. 3. 2011, BStBl 2011 I S. 233)

Mit Gesetz zur Neuausrichtung der arbeitsmarktpolitischen Instrumente vom 21. Dezember 2008 wurde § 3 SGB II (Leistungsgrundsätze) um Absatz 2b ergänzt. Danach soll die Bundesagentur für Arbeit bei erwerbsfähigen Hilfsbedürftigen, die nicht über ausreichende deutsche Sprachkenntnisse verfügen, auf die Teilnahme an einem Integrationskurs nach § 43 AufenthG hinwirken. Mit dieser Regelung wurde gesetzlich klargestellt, dass Integrationskurse Maßnahmen zur Eingliederung in den Arbeitsmarkt darstellen, da ausreichende Kenntnisse der deutschen Sprache eine wesentliche, z. T. die entscheidende Voraussetzung zur Eingliederung in den Arbeitsmarkt sind.

Unter Bezugnahme auf das Ergebnis der Erörterungen mit den obersten Finanzbehörden der Länder wird in Abschnitt 4.21.2. des Umsatzsteuer-Anwendungserlasses vom 1. Oktober 2010 (BStBl I S. 846), der zuletzt durch das BMF-Schreiben vom 2. März 2011, IV D 3 - S 7160h/08/10001 (2011/0164645), BStBl I S. 232 – geändert worden ist, folgender neuer Absatz 3a eingefügt:[2])

Umsatzsteuerbefreiung nach § 4 Nr. 17 UStG;
Beförderung von kranken und verletzten Personen
(BMF vom 7. 4. 2011, BStBl 2011 I S. 306)

Mit Urteil vom 12. August 2004, V R 45/03 (BStBl 2005 II S. 314), hat der Bundesfinanzhof entschieden, dass „der Transport von Personen, die körperlich oder geistig behindert sind und auf die Nutzung eines Rollstuhls angewiesen sind, unter die Steuerbefreiung nach § 4 Nr. 17. b UStG fällt und dass ein Fahrzeug dann für die Beförderung von kranken und verletzten Personen besonders eingerichtet ist, wenn es im Zeitpunkt der Beförderung nach seiner gesamten Bauart und Ausstattung speziell für die Beförderung verletzter und kranker Personen bestimmt ist". Unerheblich ist nach dieser Entscheidung, ob das Fahrzeug zum Zwecke einer anderweitigen Verwendung umgerüstet werden kann. Ferner führt der BFH in seiner Begründung aus, dass kein Grund ersichtlich ist, die Befreiung nicht zu gewähren, wenn im Zeitpunkt der Beförderung ein besonders eingerichtetes Fahrzeug i. S. d. § 4 Nr. 17 Buchst. b UStG vorliegt, mit dem auch tatsächlich ein Krankentransport durchgeführt wird, obwohl das für den Transport verwendete Fahrzeug durch einen Umbau seine Eigenschaft als besonders eingerichtetes Transportmittel verlieren könnte.

---

[1]) Anm.: Text wurde in Abschn. 4.8.13 Abs. 20 UStAE übernommen; vgl. AE 4.8.13.
[2]) Anm.: Text wurde in Abschn. 4.21.2 Abs. 3a UStAE übernommen; vgl. AE 4.21.2.

Zur Klarstellung der umsatzsteuerlichen Behandlung von Beförderungen von kranken und verletzten Personen in so genannten Kombifahrzeugen – Fahrzeuge, in denen noch serienmäßig Sitze vorhanden sind, auf denen Personen steuerpflichtig befördert werden bzw. werden könnten – wird unter Bezugnahme auf das Ergebnis der Erörterungen mit den obersten Finanzbehörden der Länder in Abschnitt 4.17.2 des Umsatzsteuer-Anwendungserlasses vom 1. Oktober 2010 (BStBl I S. 846), der zuletzt durch das BMF-Schreiben vom 25. März 2011 – IV D 2 – S 7419/09/10001 – (2011/0245775) -, BStBl I S. 304, geändert worden ist, Abs. 1 bis 3 wie folgt gefasst:[1]

43 Auswirkungen des EuGH-Urteils vom 7. Dezember 2006, C-240/05, Eurodental; Änderungen der Abschnitte 4.3.5, 4.4.1, 4.11b.1, 4.17.1, 4.19.1, 4.19.2, 4.25.1, 4.28.1, 6.1, 6a.1, 15.13, 25.2, und 25c.1

(BMF vom 11. 4. 2011, BStBl 2011 I S. 459)

Der EuGH hat mit dem Urteil vom 7. Dezember 2006, C-240/05, Eurodental (HFR 2007 S. 176), entschieden, dass Umsätze, wie die Anfertigung und Reparatur von Zahnersatz, die nach Art. 13 Teil A Abs. 1 Buchstabe e der 6. EG-Richtlinie (seit 1. Januar 2007: Art. 132 Abs. 1 Buchstabe e MwStSystRL) innerhalb eines Mitgliedstaats von der Mehrwertsteuer befreit sind, ungeachtet der im Bestimmungsmitgliedstaat anwendbaren Mehrwertsteuerregelung kein Recht auf Vorsteuerabzug nach Art. 17 Abs. 3 Buchstabe b der 6. EG-Richtlinie (seit 1. Januar 2007: Art. 169 Buchstabe b MwStSystRL) eröffnen, selbst wenn es sich um innergemeinschaftliche Umsätze handelt.

Die Auslegung ergebe sich schon aus dem Wortlaut der 6. EG-Richtlinie. Sie werde sowohl durch das von ihr verfolgte Ziel als auch durch ihre Systematik und den Grundsatz der steuerlichen Neutralität bestätigt. Nach der Zielsetzung des gemeinsamen Mehrwertsteuersystems und der durch die Richtlinie 91/680/EWG eingeführten Übergangsregelung für die Besteuerung des Handels zwischen den Mitgliedstaaten könne ein Unternehmer, dem eine Steuerbefreiung zugute kommt und der folglich nicht zum Abzug der innerhalb eines Mitgliedstaats gezahlten Vorsteuer berechtigt ist, dieses Recht auch dann nicht haben, wenn der betreffende Umsatz innergemeinschaftlichen Charakter hat. Weiterhin seien die in Art. 13 Teil A der 6. EG-Richtlinie (seit 1. Januar 2007: Art. 132 MwStSystRL) vorgesehenen Steuerbefreiungen dadurch, dass sie nur für bestimmte dem Gemeinwohl dienende Tätigkeiten gelten, die dort einzeln aufgeführt und sehr genau beschrieben sind, von spezifischer Natur, während die Steuerbefreiung zugunsten innergemeinschaftlicher Umsätze allgemeiner Natur sei, da sie sich in unbestimmter Weise auf die wirtschaftlichen Tätigkeiten zwischen den Mitgliedstaaten beziehe. Unter diesen Umständen entspreche es der Systematik der 6. EG-Richtlinie, dass der Regelung, die auf die spezifischen Steuerbefreiungen des Art. 13 Teil A der 6. EG-Richtlinie (seit 1. Januar 2007: Art. 132 MwStSystRL) anwendbar ist, Vorrang vor derjenigen zuerkannt wird, die auf die von der Richtlinie vorgesehenen allgemeinen Steuerbefreiungen betreffend innergemeinschaftliche Umsätze anwendbar ist.

Außerdem verbiete der Grundsatz der steuerlichen Neutralität insbesondere, gleichartige und deshalb miteinander in Wettbewerb stehende Leistungen hinsichtlich der Mehrwertsteuer unterschiedlich zu behandeln. Würden aber die nach Art. 13 Teil A Buchstabe e der 6. EG-Richtlinie (seit 1. Januar 2007: Art. 132 Abs. 1 Buchstabe e MwStSystRL) befreiten Umsätze, wenn sie innergemeinschaftlichen Charakter haben, das Recht auf Vorsteuerabzug eröffnen, wäre dieser Grundsatz nicht beachtet, da dieselben Umsätze, wenn sie im Inland eines Mitgliedstaats ausgeführt werden, nicht zu einem Abzug führen.

Aus dem o. a. EuGH-Urteil vom 7. Dezember 2006 ist – auch für die Auslegung der MwStSystRL seit dem 1. Januar 2007 – der Schluss zu ziehen, dass die Steuerbefreiungen ohne Vorsteuerabzug (§ 4 Nr. 8 bis 28 UStG, § 25c Absatz 1 und 2 UStG) den Steuerbefreiungen mit Vorsteuerabzug (§ 4 Nr. 1 bis 7 UStG) vorgehen.

Unter Bezugnahme auf das Ergebnis der Erörterungen mit den obersten Finanzbehörden der Länder werden entsprechend die Abschnitte 4.3.5, 4.4.1, 4.11b.1, 4.17.1, 4.19.1, 4.19.2, 4.25.1, 4.28.1, 6.1, 6a.1, 15.13, 25.2 und 25c.1 des Umsatzsteuer-Anwendungserlasses vom 1. Oktober 2010 (BStBl I S. 846), der zuletzt durch das BMF-Schreiben vom 8. April 2011 – IV D 2 – S 7410/07/10016 (2011/0276581) – geändert worden ist, wie folgt geändert:[2]

44 Umsatzsteuerbefreiung nach § 4 Nr. 7 Satz 1 Buchst. b bis d UStG; Nachweis der im Gastmitgliedstaat geltenden Voraussetzungen (§ 4 Nr. 7 Satz 5 UStG)

(BMF vom 23. 6. 2011, BStBl 2011 I S. 677)

---

[1] Anm.: Text wurde in Abschn. 4.17.2 Abs. 3a UStAE übernommen; vgl. AE 4.17.2.
[2] Anm.: Text wurde in Abschn. 4.3.5, 4.4.1, 4.11b.1, 4.17.1, 4.19.1, 4.19.2, 4.25.1, 4.28.1, 6.1, 6a.1, 15.13, 25.2, und 25c.1 übernommen; vgl. AE 4.3.5, AE 4.4.1, AE 4.11b.1, AE 4.17.1 , AE 4.19.1, AE 4.19.2, AE 4.25.1, AE 4.28.1, AE 6.1, AE 6a.1, AE 15.13, AE 25.2 und AE 25c.1.

1. Neubekanntmachung des Vordruckmusters der Bescheinigung gemäß § 4 Nr. 7 Satz 5 UStG

Nach § 4 Nr. 7 Satz 3 UStG ist die Steuerbefreiung der Umsätze an die in § 4 Nr. 7 Satz 1 Buchstaben b bis d UStG genannten Einrichtungen und Personen von den in dem Gastmitgliedstaat geltenden Voraussetzungen abhängig. Der Unternehmer muss dies durch eine Bescheinigung der zuständigen Behörde des Gastmitgliedstaates (bzw. durch eine von der begünstigten Einrichtung selbst ausgestellte Bescheinigung) nach amtlich vorgeschriebenem Muster nachweisen.

In Artikel 51 der Durchführungsverordnung (EU) Nr. 282/2011 des Rates vom 15. März 2011 zur Festlegung von Durchführungsvorschriften zur Richtlinie 2006/112/EG über das gemeinsame Mehrwertsteuersystem (sog. MwStSystRL-DVO, ABl. EU Nr. L 77 Seite 1) ist festgelegt, dass in den Fällen, in denen der Leistungsempfänger innerhalb der Gemeinschaft, aber nicht in dem Mitgliedstaat der Lieferung oder Dienstleistung ansässig ist, die Bescheinigung über die Befreiung von der Mehrwertsteuer und/oder der Verbrauchsteuer nach dem Muster in Anhang II dieser Verordnung entsprechend den Erläuterungen im Anhang zu dieser Bescheinigung als Bestätigung dafür dient, dass der Umsatz nach Artikel 151 MwStSystRL von der Steuer befreit werden kann. Die Bescheinigung wird von den zuständigen Behörden des Aufnahmemitgliedstaats – vorbehaltlich der Fälle, in denen eine Freistellung von dieser Verpflichtung erfolgte – mit einem Dienststempelabdruck versehen.

Unter Bezugnahme auf das Ergebnis der Erörterungen mit den obersten Finanzbehörden der Länder wird das für die Inanspruchnahme der Steuerbefreiung mit BMF-Schreiben vom 30. April 1997 – IV C 4 – S 7158 b – 1/97 – (BStBl I S. 569) bekannt gemachte Vordruckmuster der Bescheinigung hiermit durch das (in deutscher, englischer und französischer Sprache) beigefügte Muster nach Anhang II der MwStSystRL-DVO (Anlagen) ersetzt.[1]

Das Muster ist für Umsätze anzuwenden, die nach dem 30. Juni 2011 bewirkt werden.

2. Änderung von Abschnitt 4.7.1 Absatz 6 Satz 6 des Umsatzsteuer-Anwendungserlasses

Unter Bezugnahme auf das Ergebnis der Erörterungen mit den obersten Finanzbehörden der Länder wird Abschnitt 4.7.1 Absatz 6 Satz 6 des Umsatzsteuer-Anwendungserlasses vom 1. Oktober 2010, der zuletzt durch das BMF-Schreiben vom 22. Juni 2011 – IV D 2 - S 7303-b/10/10001 :001 (2011/0467333) –, BStBl I S. 597, geändert worden ist, wie folgt gefasst:[2]

Diese Regelung ist auf Umsätze anzuwenden, die nach dem 30. Juni 2011 bewirkt werden.

Umsatzsteuerbefreiung nach § 4 Nr. 21 Buchst. a Doppelbuchst. bb UStG für Maßnahmen zur Aktivierung und beruflichen Eingliederung nach dem Dritten Buch Sozialgesetzbuch; Bescheinigungsverfahren

(BMF vom 6. 7. 2011, BStBl 2011 I S. 738)

Gemäß § 4 Nr. 21 Buchst. a Doppelbuchst. bb UStG sind die unmittelbar dem Schul- und Bildungszweck dienenden Leistungen privater Schulen und anderer allgemein bildender oder berufsbildender Einrichtungen steuerfrei, wenn die zuständige Landesbehörde bescheinigt, dass sie auf einen Beruf oder eine vor einer juristischen Person abgeschlossene Prüfung ordnungsgemäß vorbereiten.

Bestimmte Maßnahmen der Arbeitsförderung fallen gemäß den BMF-Schreiben vom 1. Dezember 2010 – IV D 3 – S 7179/09/10003 (2010/0945930) – (BStBl I S. 1375)[3] und 3. März 2011 – IV D 3 – S 7180/10/10001 (2011/0166944) – (BStBl I S. 233)[4] unter die Steuerbefreiung des § 4 Nr. 21 Buchst. a Doppelbuchst. bb UStG. Die Maßnahmenträger werden in der Regel durch die Bundesagentur für Arbeit bzw. Träger der Grundsicherung für Arbeitsuchende nach § 6 SGB II beauftragt bzw. sind durch fachkundige Stellen nach § 85 SGB III als Träger einer beruflichen Weiterbildung zugelassen.

Unter Bezugnahme auf das Ergebnis der Erörterungen mit den obersten Finanzbehörden der Länder werden die Abschnitte 4.21.3 und 4.21.5 des Umsatzsteuer-Anwendungserlasses (UStAE) vom 1. Oktober 2010 (BStBl I S. 846), der zuletzt durch das BMF-Schreiben vom 5. Juli 2011 – IV D 2 – S 7105/10/10001 (2011/0518308) – (BStBl I S. 703) geändert worden ist, wie folgt geändert:[5]

Die Grundsätze dieses Schreibens sind in allen offenen Fällen anzuwenden.

---

[1] Anm.: Anlagen nicht abgedruckt.
[2] Anm.: Text wurde in Abschn. 4.7.1 Abs. 6 UStAE unverändert übernommen (vgl. AE 4.7.1).
[3] Anm.: Siehe § 4 H 38.
[4] Anm.: Siehe § 4 H 41.
[5] Anm.: Text wurde in Abschn. 4.21.3 Abs. 5 und Abschn. 4.21.5 Abs. 5 UStAE unverändert übernommen (vgl. AE 4.21.3 und 4.21.5).

§ 4 UStG
H

46 Umsatzsteuervergünstigungen auf Grund des Ergänzungsabkommens zum Protokoll über die NATO-Hauptquartiere und Umsatzsteuerbefreiung nach § 4 Nr. 7 Satz 1 Buchstabe d UStG

(BMF vom 22. 7. 2011, BStBl 2011 I S. 749)

Unter Bezugnahme auf das Ergebnis der Erörterung mit den obersten Finanzbehörden der Länder gilt Folgendes:

(1) Auf Grund des Artikels 14 Abs. 2 des Ergänzungsabkommens zum Protokoll über die NATO-Hauptquartiere (BGBl. 1969 II S. 2009) sind Lieferungen und sonstige Leistungen, die ein Hauptquartier ausführt, sowie Lieferungen und sonstige Leistungen an ein Hauptquartier unter bestimmten Voraussetzungen von der Umsatzsteuer befreit. Die Voraussetzungen für diese Umsatzsteuerbefreiungen entsprechen weitgehend den Voraussetzungen für die Umsatzsteuerbefreiungen nach Artikel 67 des Zusatzabkommens zum NATO-Truppenstatut. Die Abschnitte B, C, E bis G und I des BMF-Schreibens vom 22. Dezember 2004 – IV A 6 – S 7492 – 13/04 – (BStBl I S. 1200) sind daher sinngemäß anzuwenden.

(2) Hauptquartiere im Sinne des Artikels 14 des Ergänzungsabkommens zum Protokoll über die NATO-Hauptquartiere sind:

1. NATO International Military Headquarters (IMHQ) / Organizations (ACO)
   a) Supreme Headquarters Allied Powers in Europe (SHAPE), Allied Command Operations (ACO), Mons/Belgien
   b) Component Command – Air HQ Ramstein (CC-Air HQ Ramstein), Ramstein
   c) Force Command HQ Heidelberg (FC HQ Heidelberg), Heidelberg
   d) NATO-E3A Component of the NAEW-Force, Geilenkirchen
2. Deployable Combined Air Operations Centre (DCAOC) / Combined Air Operations Centre (CAOC)
   a) Deployable Combined Air Operations Centre (DCAOC), Uedem
   b) Combined Air Operations Centre (CAOC 2), Uedem
3. NATO International Military Headquarters (IMHQ) / Organizations (ACT)
   a) NATO School (NS), Oberammergau
   b) Joint Air Power Competence Centre (JAPCC), Kalkar
   c) Confined and Shallow Waters COE (CSW COE), Kiel
   d) Military Engineering COE (MILENG COE), Ingolstadt
4. Headquarters NATO Rapid Deployable Corps (HQ NRDC) / Headquarters NATO Rapid Deployable Maritime Component Command (HQ NRDMCC)
   a) First German-Netherlands Corps (HQ NRDC-GE/NL), Münster (Westfalen)
   b) HQ Allied Rapid Reaction Corps (HQ NRDC UK), Rheindahlen
5. NATO Communications and Information System (CIS)
   a) First NATO Signal Battailon (1 NSB), Wesel
   b) NCSA Sector Brunssum, detached to Satellite Ground Terminal (SGT) Euskirchen, Euskirchen
   c) NCSA Sector Brunssum, detached to CAOC Uedem, Uedem
   d) NCSA Squadron Ramstein, Ramstein
   e) NCSA Squadron Heidelberg, Heidelberg
   f) NDet SGT F2, Euskirchen
   g) NDet SGT F20, Bad Bergzabern

(3) Lieferungen, ausgenommen Lieferungen neuer Fahrzeuge im Sinne des § 1b Abs. 2 und 3 UStG, und sonstige Leistungen an die in dem Gebiet eines anderen Mitgliedstaates ansässigen zwischenstaatlichen Einrichtungen sowie deren Mitglieder sind unter den weiteren Voraussetzungen von § 4 Nr. 7 UStG nach § 4 Nr. 7 Satz 1 Buchstabe d UStG von der Umsatzsteuer befreit. Zu den zwischenstaatlichen Einrichtungen gehören auch die NATO-Hauptquartiere. Im übrigen Gemeinschaftsgebiet ansässige Hauptquartiere im Sinne von Artikel 1 des Protokolls über die NATO-Hauptquartiere (BGBl. 1969 II S. 2000) sind:

1. NATO International Military Headquarters (IMHQ) / Organizations (ACO)
   a) Supreme Headquarters Allied Powers in Europe (SHAPE), Allied Command Operations (ACO), Mons/Belgien
   b) Joint Force Command Headquarters Brunssum (JFC HQ Brunssum), Brunssum/Niederlande
   c) Joint Force Command Headquarters Naples (JFC HQ Naples), Neapel/Italien
   d) Joint Force Command Headquarters Lisbon (JFC HQ Lisbon), Lissabon/Portugal

- e) Component Command – Maritime HQ Naples (CC-Mar HQ Naples), Neapel/Italien
- f) Component Command – Maritime HQ Northwood (CC-Mar HQ Northwood), Northwood/Großbritannien
- g) Force Command HQ Madrid (FC HQ Madrid), Madrid/Spanien
- h) ACO Counter Intelligence (ACCI), Mons/Belgien
- i) Commander Submarines Allied Naval Forces North (COMSUBNORTH), Northwood/Großbritannien
- j) NATO Joint Electronic Warfare Core Staff (JEWCS), Yeovilton/Großbritannien
- k) NATO Integrated Meteorological and Oceanographic Co-ordination Centre (NIMCC), Mons/Belgien
- l) NATO Airborne Early Warning Force Command HQ (NAEWFC HQ), Mons/Belgien
- m) Early Warning Squadron Number 8, Waddington/Lincolnshire, Großbritannien
- n) NATO Special Operations Co-ordination Centre (NSCC), Mons/Chièvres, Belgien
- o) Intelligence Fusion Centre (IFC), Molesworth/Großbritannien
- p) Tactical Leadership Programme (TLP), Albacete/Spanien

2. Deployable Combined Air Operations Centre (DCAOC) / Combined Air Operations Centre (CAOC)
   - a) Deployable Combined Air Operations Centre (DCAOC), Poggio Renatico/Italien
   - b) Combined Air Operations Centre (CAOC 1), Finderup/Dänemark
   - c) Combined Air Operations Centre (CAOC 5), Poggio Renatico/Italien
   - d) Combined Air Operations Centre (CAOC 7), Larissa/Griechenland
   - e) Deployable Air Control Centre / Recognized Air Production Centre / Sensor Fusion Posts Nieuw-Milligen (DARS Nieuw-Milligen), Nieuw-Milligen/Niederlande
   - f) Common Regional Initial ACCS (Air Command and Control System) / Program – Regional Program Office (CRIAP-RPO), Brüssel/Belgien

3. NATO International Military Headquarters (IMHQ) / Organizations (ACT)
   - a) SACT Representative Europe (SACTREPEUR), Brüssel/Belgien
   - b) Allied Command Transformation Staff Element Europe (ACT SEE), Mons/Belgien
   - c) Joint Force Training Centre (JFTC), Bydgoszcz/Polen
   - d) Joint Analysis Lessons Learned Centre (JALLC), Monsanto/Portugal
   - e) NATO Undersea Research Centre (NURC), La Spezia/Italien
   - f) NATO Defence College (NDC), Rom/Italien
   - g) NATO Maritime Interdiction Operations Training Centre (NMIOTC), Souda Bay/Griechenland
   - h) Civil – Military Co-operation COE (CIMIC COE), Enschede/Niederlande
   - i) Command & Control COE (C2 COE), Ede/Niederlande
   - j) Cooperative Cyber Defense COE (CCD COE), Tallin/Estland
   - k) Joint Chemical, Biological, Radiation, & Nuclear Defence COE (JCBRN Defence COE), Vyskov/Tschechische Republik
   - l) NATO Military Medical COE (NATO MILMED COE), Budapest/Ungarn
   - m) Naval Mine Warfare COE (EGUERMIN COE), Oostende/Belgien
   - n) Center for Analysis & Simulation for the Preparation of Air Operations (CASPOA), Taverny/Frankreich
   - o) NATO HUMINT COE, Oradea/Rumänien

4. Headquarters NATO Rapid Deployable Corps (HQ NRDC) / Headquarters NATO Rapid Deployable Maritime Component Command (HQ NRDMCC)
   - a) Headquarters NATO Rapid Deployable Corps – Spain (HQ NRDC-SP), Valencia/Bétera, Spanien
   - b) Headquarters NATO Rapid Deployable Corps – Italy (HQ NRDC-IT), Solbiate Olona/Mailand, Italien
   - c) HQ Rapid Reaction Corps – France (HQ NRDC-FR), Lille/Frankreich
   - d) HQ NRDC – Greece (HQ NRDC-GR), Thessaloniki/Griechenland
   - e) HQ Multinational Corps Northeast (HQ NDC MNC NE), Stettin/Polen
   - f) HQ NATO Navel Striking and Support Forces (HQ STRIKFORNATO), Neapel/Italien

- g) HQ NATO Rapid Deployable Maritime Component Command – Spain (HQ NRDMCC-SP / HQ COMSPMARFOR), Rota/Spanien
- h) HQ NRDMCC – UK (HQ COMUKMARFOR), Portsmouth/Großbritannien
- i) HQ NRDMCC – IT (HQ COMITMARFOR), Tarent/Italien
- j) HQ NRDMCC – FR (HQ COMFRMARFOR), Toulon/Frankreich

5. NATO Communications and Information System (CIS)
   - a) HQ NATO Communication and Information Systems Services Agency (NCSA), Mons/Belgien
   - b) NATO Signal Regiment, Brunssum/Niederlande
   - c) Second NATO Signal Battailon (2 NSB), Bagnoli/Grazzanise, Italien
   - d) Third NATO Signal Battailon (3 NSB), Bydgoszcz/Polen
   - e) NCSA Sector Mons, Mons/Belgien
   - f) NCSA Sector Mons, detached to JEWCS, Yeovilton/Großbritannien
   - g) NCSA Sector Brunssum, Brunssum/Niederlande
   - h) NCSA Sector Naples, Neapel/Italien
   - i) NCSA Sector Naples, detached to CAOC Larissa, Larissa/Griechenland
   - j) NCSA Sector Naples, detached to NATO Undersea Research Centre, La Spezia/Italien
   - k) NCSA Sector Naples, detached to CAOC Poggio Renatico, Poggio Renatico/Italien
   - l) NCSA Squadron Bydgoszcz, Bydgoszcz/Polen
   - m) NCSA Squadron Nisida, Nisida/Italien
   - n) NCSA Squadron Northwood, Northwood/Großbritannien
   - o) NCSA Sector Lisbon, Lissabon/Portugal
   - p) NCSA Sector Lisbon, detached to the JALLC, Monsanto/Portugal
   - q) NCSA Sector Madrid, Madrid/Italien
   - r) NATO Programming Centre (NPC), Glons/Belgien
   - s) NATO CIS School (NCISS), Latina/Italien
   - t) CIS Logistics Depot, Brunssum/Niederlande
   - u) NDet SGT F1, Kester/Belgien
   - v) NDet SGT F4, Oakhanger/Großbritannien
   - w) NDet SGT F7, Civitavecchia, Italien
   - x) NDet SGT F11, Atalanti/Griechenland
   - y) NDet SGT F12, Costa da Caparica/Portugal
   - z) NDet SGT F14, Verona/Italien

6. Sonstige
   - a) EF 2000 Transhipment Depot, Novara/Italien
   - b) EF 2000 Transhipment Depot, Torrejón/Spanien

(4) Zur Nachweisführung über die Steuerbefreiung für Umsätze an die NATO-Hauptquartiere in der Bundesrepublik Deutschland durch Unternehmer in den übrigen EU-Mitgliedstaaten (Artikel 151 Abs. 1 Unterabsatz 1 Buchstabe b der Mehrwertsteuer-Systemrichtlinie; bis 31. Dezember 2006: Artikel 15 Nr. 10 zweiter Gedankenstrich der 6. EG-Richtlinie) gilt Folgendes:

1. Nimmt ein Unternehmer für die in einem anderen Mitgliedstaat ausgeführten Umsätze die dort geltende, auf Artikel 151 Abs. 1 Unterabsatz 1 Buchstabe b der Mehrwertsteuer-Systemrichtlinie (bis 31. Dezember 2006: Artikel 15 Nr. 10 zweiter Gedankenstrich der 6. EG-Richtlinie) beruhende Steuerbefreiung in Anspruch, hat er grundsätzlich durch eine Bestätigung (Sichtvermerk) der zuständigen Behörde des Gastmitgliedstaates nachzuweisen, dass die in diesem Staat für die Steuerbefreiung entsprechender inländischer Umsätze geltenden Voraussetzungen eingehalten sind.

2. Bei Umsätzen (Lieferungen und sonstige Leistungen) an die in der Bundesrepublik Deutschland errichteten NATO-Hauptquartiere wird von einer behördlichen Bestätigung abgesehen. An ihre Stelle tritt jeweils eine Eigenbestätigung (Freistellung vom Sichtvermerk) des im Inland errichteten NATO-Hauptquartiers, das den Auftrag zur Erbringung der Lieferungen und sonstigen Leistungen erteilt. Die Eigenbestätigung ist nach dem aus der Anlage zum BMF-Schreiben vom 23. Juni 2011 – IV D 3 – S 7158-b/11/10001 (2011/0502963) – (BStBl I S. 677[1])) ersichtlichen, EU-einheitlichen Muster auszustellen. In der Eigenbestätigung ist auf die Genehmigung durch dieses Schreiben hinzuweisen.

---

1) Anm.: Siehe § 4 H 44.

3. Zur Ausstellung der Eigenbestätigung sind die amtlichen Beschaffungsstellen der im Inland errichteten NATO-Hauptquartiere berechtigt, die zur Erteilung von Aufträgen auf abgabenbegünstigte Lieferungen und sonstigen Leistungen berechtigt sind.

(5) Dieses Schreiben ersetzt das BMF-Schreiben vom 11. Juni 1981 – IV A 3 – S 7493 – 1/81 - (BStBl I S. 497) in der Fassung des BMF-Schreibens vom 16. Januar 2003 – IV D 1 – S 7493 – 1/03 - (BStBl I S. 99) sowie die BMF-Schreiben vom 9. Juni 1994 - IV C 4 – S 7493 – 10/94 – (**BStBl I S. 377**) und vom 12. Mai 1997 – IV C 4 – S 7493 – 8/97 – (BStBl I S. 905).

Umsatzsteuerliche Behandlung von Rettungsdienstleistungen — 47
(OFD Frankfurt am Main, Vfg. vom 25. 7. 2011 – S 7174 A – 1 – St 112 –, StEd 2011 S. 634)

Umsatzsteuerliche Behandlung der Leistungen privater Nachhilfeinstitute — 48
(OFD Frankfurt am Main, Vfg. vom 25. 7. 2011 – S 7179 A – 7 – St 112 –, StEd 2011 S. 638)

Umsatzsteuer bei Physiotherapeuten — 49
Abgrenzung von Heilbehandlungen und Wellnessmaßnahmen
(OFD Frankfurt am Main, Vfg. vom 26. 7. 2011 – S 7170 A – 89 – St 112 –, StEd 2011 S. 606)

Umsatzsteuerliche Behandlung von Integrationskursen nach § 43 des Aufenthaltsgesetzes (AufenthG) — 50
(BMF vom 8. 8. 2011, **BStBl 2011 I S. 755**)

Nach **Abschn. 4.21.2** Abs. 3a UStAE[1]) i.d.F. des BMF-Schreibens vom 3. März 2011 - IV D 3 – S 7180/10/10001 (2011/0166944) – (**BStBl I S. 233**)[2]) fallen die nach § 43 AufenthG erbrachten Leistungen (Integrationskurse) unter die Steuerbefreiung des **§ 4 Nr. 21** Buchst. a UStG, wenn sie von einem vom Bundesamt für Migration und Flüchtlinge zur Durchführung der Integrationskurse zugelassenen Kursträger erbracht werden.

Unter Bezugnahme auf das Ergebnis der Erörterungen mit den obersten Finanzbehörden der Länder wird es bei den vorgenannten Umsätzen, die auf vor dem 31. März 2011 abgeschlossenen Verträgen beruhen, nicht beanstandet, wenn der Unternehmer die nach § 43 AufenthG erbrachten Leistungen abweichend von Abschnitt 4.21.2 Abs. 3a UStAE[3]) umsatzsteuerpflichtig behandelt.

Umsatzsteuerbefreiung nach § 4 Nr. 26 Buchst. b UStG; Angemessene Entschädigung für Zeitversäumnis — 51

Nach § 4 Nr. 26 Buchst. b UStG sind die Umsätze steuerfrei, wenn das Entgelt für eine ehrenamtliche Tätigkeit nur in Auslagenersatz und einer angemessenen Entschädigung für Zeitversäumnis besteht.

Nach dem Ergebnis der Erörterungen mit den obersten Finanzbehörden der Länder sind die Entgelte für die ehrenamtliche Tätigkeit regelmäßig dann angemessen, wenn die Entschädigung den Betrag in Höhe von 50 € je Tätigkeitsstunde nicht übersteigt, sofern die Vergütung für die gesamten ehrenamtlichen Tätigkeiten insgesamt den Betrag von 17 500 € im Jahr nicht übersteigt. Die Möglichkeit der Einzelfallüberprüfung bleibt weiterhin bestehen.

Abschnitt 4.26.1 Abs. 4 des Umsatzsteuer-Anwendungserlasses vom 1. Oktober 2010 (BStBl I S. 846), der zuletzt durch das BMF-Schreiben vom 12. Dezember 2011 - IV D 3 – S 7015/11/10003 (2011/0994839) -, BStBl I S. 1273 geändert worden ist, wird daher wie folgt geändert:[4])

---

[1]) Anm.: Siehe AE 4.21.
[2]) Anm.: Siehe § 4 H 41.
[3]) Anm.: Siehe AE 4.21.
[4]) Text wurde inhaltlich unverändert in Abschn. 4.26 Abs. 4 übernommen (siehe AE 4.26).

Rechtsprechung

EUROPÄISCHER GERICHTSHOF

EuGH vom 12. 2. 1998 – Rs. C-346/95 – (UR 1998 S. 189, HFR 1998 S. 505, UVR 1998 S. 113)

Abgrenzung der vertraglich kurzfristigen gegen tatsächlich langfristige hotelähnliche Unterbringung von Aussiedlern und Asylanten

Art. 13 Teil B Buchst. b Nr. 1 6. USt-Richtlinie kann dahin ausgelegt werden, dass die kurzfristige Beherbergung von Fremden als Gewährung von Unterkunft in Sektoren mit einer ähnlichen Zielsetzung wie das Hotelgewerbe besteuerbar ist. Insoweit steht Art. 13 Teil B Buchst. b Nr. 1 6. USt-Richtlinie der Besteuerung von Verträgen, die für eine Laufzeit von weniger als sechs Monaten abgeschlossen wurden, nicht entgegen, wenn anzunehmen ist, dass diese Laufzeit der Absicht der Parteien entspricht. Es ist jedoch Sache des nationalen Gerichts zu prüfen, ob in dem bei ihm anhängigen Rechtsstreit etwas (wie z. B. die automatische Verlängerung des Mietvertrags) darauf hindeutet, dass die im Mietvertrag angegebene Laufzeit nicht der wirklichen Absicht der Parteien entspricht; in einem solchen Fall ist auf die tatsächliche Gesamtdauer der Beherbergung statt auf die Laufzeit des Mietvertrags abzustellen.

EuGH vom 25. 2. 1999 – Rs. C-349/96 – (HFR 1999 S. 421, UR 1999 S. 254, UVR 1999 S. 157)

Zum Begriff der Versicherungsdienstleistungen

1. Ein Steuerpflichtiger, der kein Versicherer ist und der im Rahmen einer Gruppenversicherung, deren Versicherungsnehmer er ist, seinen Kunden als Versicherten durch Einschaltung eines Versicherers, der das versicherte Risiko übernimmt, Versicherungsschutz verschafft, tätigt einen Versicherungsumsatz i. S. des Art. 13 Teil B Buchst. a 6. USt-Richtlinie. Der Ausdruck „Versicherung" in dieser Bestimmung umfasst die im Anhang der RL 73/239/EWG zur Koordinierung der Rechts- und Verwaltungsvorschriften betreffend die Aufnahme und Ausübung der Tätigkeit der Direktversicherung (mit Ausnahme der Lebensversicherung) i. d. F. der RL 84/461/EWG aufgeführten Beistandsleistungen.
2. Es ist Sache des vorlegenden Gerichts, im Lichte der vorstehenden Auslegungshinweise zu entscheiden, ob Umsätze der im Ausgangsverfahren fraglichen Art im Hinblick auf die Mehrwertsteuer aus zwei selbständigen Leistungen – einer steuerfreien Versicherungsleistung und einer steuerpflichtigen Kartenregistrierungsleistung – zusammengesetzt sind oder ob eine dieser beiden Leistungen die Hauptleistung, die andere aber die Nebenleistung darstellt, so dass die letztere das steuerliche Schicksal der Hauptleistung teilt.
3. Art. 13 Teil B Buchst. a 6. USt-Richtlinie erlaubt es einem Mitgliedstaat nicht, die Steuerbefreiung für Versicherungsumsätze auf die Leistung von Versicherern zu beschränken, die die nach nationalem Recht hierfür erforderliche Zulassung haben.

EuGH vom 29. 4. 1999 – Rs. C-136/97 – (HFR 1999 S. 592, UR 1999 S. 326, DB 1999 S. 1484)

Steuerbefreiung für die Lieferung von Baugrundstücken

Ein Mitgliedstaat ist berechtigt, die Lieferung von Baugrundstücken nach Art. 28 Abs. 3 Buchst. b i. V. m. Anhang F Nr. 16 6. USt-Richtlinie von der Steuer zu befreien, auch wenn er nach Erlass dieser Richtlinie die Möglichkeit eingeführt hat, auf die Befreiung dieser Leistung von der Mehrwertsteuer zu verzichten, und die Tatbestände für die Befreiung dieser Lieferungen eingeschränkt hat, so dass einige zuvor steuerfreie Leistungen nunmehr steuerpflichtig sind.

EuGH vom 7. 9. 1999 – Rs. C-216/97 – (UR 1999 S. 419, DB 1999 S. 1940)

Begriff der Einrichtung – Umsatzsteuerbefreiung der von einer aus natürlichen Personen bestehenden Vereinigung („Partnership") erbrachten Leistungen (Betrieb eines Pflegeheimes) –

Art. 13 Teil A Abs. 1 6. USt-Richtlinie ist in dem Sinne auszulegen, dass die in den Buchstaben b und g dieser Bestimmungen enthaltenen Begriffe „andere ordnungsgemäß anerkannte Einrichtungen gleicher Art" und „andere von dem betreffenden Mitgliedstaat als Einrichtungen mit sozialem Charakter anerkannte Einrichtungen" natürliche Personen, die ein Unternehmen betreiben, nicht von der Steuerbefreiung ausschließen.

EuGH vom 14. 9. 2000 – Rs. C-384/98 – (UVR 2000 S. 458)

Umsatzsteuer-Befreiung von Heilbehandlungen im Bereich der Humanmedizin – Erstattung eines Gutachtens zur Vaterschaftsermittlung durch einen als Gerichtssachverständiger zugelassenen Arzt –

Art. 13 Teil A Abs. 1 Buchst. c 6. USt-Richtlinie ist dahin auszulegen, dass medizinische Leistungen, die nicht in der medizinischen Betreuung von Personen durch das Diagnostizieren und Behandeln einer Krankheit oder einer anderen Gesundheitsstörung bestehen, sondern auf der auf biologische Untersuchungen gestützten Feststellung einer anthropologisch-erbbiologischen Verwandtschaft, nicht in den Anwendungsbereich dieser Bestimmung fallen. Dass der als Sachverständiger tätige Arzt von einem Gericht beauftragt worden ist, ist insoweit ohne Belang.

EuGH vom 11. 1. 2001 – Rs. C-76/99 – (UR 2001 S. 62)

Steuerbefreiung, Krankenhausbehandlung, Laboranalysen, Begriff der eng verbundenen Umsätze

Die französische Regierung hat dadurch gegen ihre Verpflichtungen aus Art. 13 Teil A Abs. 1 Buchst. b 6. USt-Richtlinie verstoßen, dass sie auf die Pauschalvergütungen für die Übersendung von Proben zum Zweck der medizinischen Analyse Mehrwertsteuer erhoben hat.

EuGH vom 18. 1. 2001 – Rs. C-150/99 – (UVR 2001 S. 108, UR 2001 S. 153)

Golfplatznutzung, keine Steuerbefreiung als Vermietung von Grundstücken, Ausübung von Sport oder Körperertüchtigung

1. Die Art. 13 Teil A Abs. 1 Buchst. m und 13 Teil B Buchst. b 6. USt-Richtlinie stehen einer nationalen Regelung entgegen, die die Zurverfügungstellung von Räumen und anderen Anlagen sowie die Überlassung von Geräten oder anderen Einrichtungen für die Ausübung von Sport und die Körperertüchtigung einschließlich der Einrichtungen mit Gewinnstreben erbrachten Dienstleistungen allgemein von der Mehrwertsteuer befreit.
2. Art. 17 Abs. 1 und 2 in Verbindung mit den Art. 2, 6 Abs. 1 und 13 Teil B Buchst. b 6. USt-Richtlinie ist so klar, genau und unbedingt, dass sich ein Einzelner gegenüber einem Mitgliedstaat vor einem innerstaatlichen Gericht darauf berufen kann.
3. Die Durchführung einer nicht in Art. 13 6. USt-Richtlinie vorgesehenen allgemeinen Befreiung von der Mehrwertsteuer für die Zuverfügungstellung von Räumen und anderen Anlagen und für die Überlassung von Geräten oder anderen Einrichtungen für die Ausübung von Sport und die Körperertüchtigung stellt eine qualifizierte Verletzung des Gemeinschaftsrechts dar, die die Haftung des Mitgliedstaats begründen kann.

EuGH vom 8. 3. 2001 – Rs. C-240/99 – (HFR 2001 S. 636, UR 2001 S. 157)

Begriff des Versicherungsumsatzes im Sinne der 6. USt-Richtlinie

Die Verpflichtung eines Versicherungsunternehmens, gegen eine marktübliche Vergütung die Tätigkeit eines vollständig in seinem Besitz befindlichen Versicherungsunternehmens auszuüben, das weiterhin Versicherungsverträge im eigenen Namen abschließt, stellt keinen Versicherungsumsatz i. S. d. Art. 13 Teil B Buchst. a 6. USt-Richtlinie dar.

EuGH vom 4. 10. 2001 – Rs. C-326/99 – (HFR 2001 S. 1214, UR 2001 S. 484, UVR 2002 S. 322)

Steuerbefreiung für Nießbrauch an einem Grundstück bei einem mindestens dem wirtschaftlichen Wert des betreffenden Grundstücks entsprechenden Entgelt

1. Art. 5 Abs. 3 Buchst. b 6. USt-Richtlinie ist dahin auszulegen, dass er einer nationalen Rechtsvorschrift wie Art. 3 Abs. 2 des niederländischen Gesetzes über die Ersetzung der bestehenden Umsatzsteuer durch eine Umsatzsteuer nach dem Mehrwertsteuersystem vom 28. 6. 1968 i. d. F. des Gesetzes zur Bekämpfung von steuerlichen Konstruktionen im Zusammenhang mit Grundstücken vom 18. 12. 1995 nicht entgegensteht, wonach die Begründung, die Übertragung oder die Änderung dinglicher Rechte an Grundstücken, der Verzicht auf sie oder ihre Kündigung nur dann als „Lieferung von Gegenständen" eingestuft werden kann, wenn der als Entgelt für diese Umsätze gezahlte Betrag zuzüglich des Betrages der Mehrwertsteuer mindestens dem wirtschaftlichen Wert des Grundstücks entspricht, auf das sich diese Rechte beziehen.
2. Art. 13 Teil B Buchst. b und Teil C Buchst. a 6. USt-Richtlinie ist dahin auszulegen, dass er einer nationalen Rechtsvorschrift wie Art. 11 Abs. 1 Buchst. b Nr. 5 des genannten Gesetzes vom 28. 6. 1968 i. d. F. des Gesetzes vom 18. 12. 1995 nicht entgegensteht, die es bei der Anwendung der Mehrwertsteuerbefreiung zulässt, dass die Begründung – für eine vereinbarte Dauer und gegen Vergütung – eines dinglichen Rechts, das wie der im Ausgangsverfahren fragliche Nießbrauch seinem Inhaber ein Nutzungsrecht an einem Grundstück gibt, der Vermietung oder Verpachtung von Grundstücken gleichgestellt wird.

EuGH vom 9. 10. 2001 – Rs. C-409/98 – (HFR 2002 S. 69, UVR 2001 S. 490)

Eingehen der Mietverpflichtung eines Prestigemieters gegen Entgelt des Vermieters keine steuerbefreite Grundstücksvermietung
1. Eine Person, die ursprünglich kein Recht an einem Grundstück hat, aber gegen Zahlung eines Geldbetrages seitens des Vermieters einen Mietvertrag über dieses Grundstück mit dem Vermieter abschließt und/oder ein Mietangebot des Vermieters annimmt, erbringt keine Dienstleistung i. S. des Art. 13 Teil B Buchst. b 6. USt-Richtlinie.
2. Eine Person, die ursprünglich kein Recht an einem Grundstück hat, aber in einer Optionsvereinbarung derart, wie sie dem Ausgangsverfahren zugrunde liegt, gegen Zahlung eines Betrages seitens des Vermieters, der als Sicherheit für die Verpflichtungen aus der Optionsvereinbarung in einem Sonderkonto verbleibt, eine Option auf die Anmietung dieses Grundstücks übernimmt, und die später dieses Option gemäß der Optionsvereinbarung ausübt und das Mietangebot für das Grundstück gegen die Freigabe des Geldes im Sonderkonto annimmt, erbringt zu keiner Zeit eine Dienstleistung i. S. des Art. 13 Teil B Buchst. b 6. USt-Richtlinie.

EuGH vom 9. 10. 2001 – Rs. C-108/99 – (HFR 2002 S. 68, UVR 2002 S. 125)

Kein steuerfreier Vermietungsumsatz bei Übernahme eines Mietvertrags vom Mieter, der dafür zahlt

Art. 13 Teil B Buchst. b 6. USt-Richtlinie befreit die Dienstleistung, mit der eine Person, die kein Recht an einem Grundstück hat, gegen Entgelt die Rechte und Pflichten aus einem Mietvertrag über dieses Grundstück vom Mieter übernimmt, nicht von der Steuer.

EuGH vom 13. 12. 2001 – Rs. C-235/00 – (HFR 2002 S. 264, UR 2002 S. 84, UVR 2002 S. 322)

Auslegung der Ausdrücke „Umsätze, die sich auf Wertpapiere beziehen" und „Vermittlung, die sich auf Wertpapiere bezieht", Outsourcing von Dienstleistungen

Art. 13 Teil B Buchst. d Nr. 5 6. USt-Richtlinie ist dahin auszulegen, dass
– der Ausdruck „Umsätze, die sich auf Wertpapiere beziehen" Umsätze betrifft, die geeignet sind, Rechte und Pflichten der Parteien in Bezug auf Wertpapiere zu begründen, zu ändern oder zum Erlöschen zu bringen;
– der Ausdruck „Vermittlung, die sich auf Wertpapiere bezieht" keine Dienstleistungen betrifft, die sich auf die Erteilung von Informationen über ein Finanzprodukt und gegebenenfalls die Annahme und Bearbeitung der Anträge auf Zeichnung der entsprechenden Wertpapiere beschränken und nicht deren Ausgabe umfassen.

EuGH vom 21. 3. 2002 – Rs. C-267/00 – (HFR 2002 S. 562, UVR 2002 S. 191)

Steuerbefreiungsvoraussetzungen kultureller Leistungen durch gemeinnützige Einrichtungen, ehrenamtliche Leitung und Verwaltung
1. Art. 13 Teil A Abs. 2 Buchst. a zweiter Gedankenstrich 6. USt-Richtlinie ist dahin auszulegen, dass die Bedingung wonach die Leitung und Verwaltung einer Einrichtung im Wesentlichen ehrenamtlich erfolgen müssen, nur die Mitglieder dieser Einrichtung, denen nach der Satzung die oberste Leitung der Einrichtung übertragen ist, und solche Personen betrifft, die, ohne nach der Satzung dazu bestimmt zu sein, die Einrichtung tatsächlich insoweit leiten, als sie in letzter Instanz Entscheidungen über die Politik der Einrichtung, insbesondere im Bereich der Finanzen, treffen und übergeordnete Kontrollaufgaben wahrnehmen.
2. Art. 13 Teil A Abs. 2 Buchst. a zweiter Gedankenstrich 6. USt-Richtlinie ist dahin auszulegen, dass der Ausdruck „im Wesentlichen ehrenamtlich" sich sowohl auf die Mitglieder, aus denen sich die mit Leitungs- und Verwaltungsaufgaben einer Einrichtung i. S. dieser Bestimmung betrauten Organe zusammensetzen, bzw. die Personen, die, ohne nach der Satzung dazu bestimmt zu sein, die Einrichtung tatsächlich leiten, als auch auf die Vergütung bezieht, die letztere von der Einrichtung erhalten.

EuGH vom 20. 6. 2002 – Rs. C-287/00 – (HFR 2002 S. 852, UR 2002 S. 316, UVR 2002 S. 315)

Steuerbefreiung der Forschungstätigkeit staatlicher Hochschulen

Die Bundesrepublik Deutschland hat dadurch gegen ihre Verpflichtungen aus Art. 2 6. USt-Richtlinie verstoßen, dass sie die gegen Entgelt ausgeübte Forschungstätigkeit staatlicher Hochschulen gemäß § 4 Nr. 21a UStG – vom 27. 4. 1995 i. d. F. von § 4 Abs. 5 des USt-Änderungsgesetzes vom 12. 12. 1996 von der Mehrwertsteuer befreit.

EuGH vom 10. 9. 2002 – Rs. C-141/00 – (HFR 2002 S. 1146, UVR 2003 S. 104, UR 2002 S. 513)

Umsatzsteuerliche Behandlung ambulanter Pflegedienstleistungen; Rechtsform des Unternehmers ohne Bedeutung

1. Die Steuerbefreiung des Art. 13 Teil A Abs. 1 Buchst. c 6. USt-Richtlinie ist von der Rechtsform des Steuerpflichtigen, der die dort genannten ärztlichen oder arztähnlichen Leistungen erbringt, unabhängig.
2. Die Steuerbefreiung des Art. 13 Teil A Abs. 1 Buchst. c 6. USt-Richtlinie erfasst Leistungen der Behandlungspflege durch eine einen ambulanten Pflegedienst betreibende Kapitalgesellschaft, die – auch als häusliche Leistungen – von qualifiziertem Krankenpflegepersonal erbracht werden, nicht aber Leistungen der Grundpflege und der hauswirtschaftlichen Versorgung.
3. a) Leistungen der Grundpflege und der hauswirtschaftlichen Versorgung, die körperlich oder wirtschaftlich hilfsbedürftigen Personen von einem ambulanten Pflegedienst erbracht werden, stellen eng mit der Sozialfürsorge und der sozialen Sicherheit verbundene Dienstleistungen i. S. von Art. 13 Teil A Abs. 1 Buchst. g 6. USt-Richtlinie dar.
   b) Auf die Steuerbefreiung des Art. 13 Teil A Abs. 1 Buchst. g 6. USt-Richtlinie kann sich ein Steuerpflichtiger vor einem nationalen Gericht berufen, um sich einer nationalen Regelung zu widersetzen, die mit dieser Bestimmung unvereinbar ist. Es ist Sache des nationalen Gerichts, anhand aller maßgeblichen Umstände zu bestimmen, ob der Steuerpflichtige eine als Einrichtung mit sozialem Charakter anerkannte Einrichtung i. S. dieser Bestimmung ist.

EuGH vom 16. 1. 2003 – Rs. C-315/00 – (UR 2003 S. 86, UVR 2003 S. 206)

Vermietung von Gebäuden (in Fertigbauweise und zu vorübergehenden Zwecken errichtet) steuerfrei

1. Die Vermietung eines Gebäudes, das aus Fertigteilen errichtet wird, die so in das Erdreich eingelassen werden, dass sie weder leicht demontiert noch leicht versetzt werden können, stellt die Vermietung eines Grundstücks im Sinne von Art. 13 Teil B Buchst. b 6. USt-Richtlinie dar, auch wenn dieses Gebäude nach Beendigung des Mietvertrags entfernt und auf einem anderen Grundstück wieder verwendet werden soll.
2. Für die Beantwortung der Frage, ob es sich bei einer Vermietung um die Vermietung eines Grundstücks im Sinne von Art. 13 Teil B Buchst. b 6. USt-Richtlinie handelt, kommt es nicht darauf an, ob der Vermieter dem Mieter das Grundstück und das Gebäude oder nur das Gebäude überlässt, das er auf dem Grundstück des Mieters errichtet hat.

EuGH vom 3. 4. 2003 – Rs. C-144/00 – (BStBl 2003 II S. 679, HFR 2003 S. 622)

Mehrwertsteuer auf die Gagen von Gesangssolisten?

1. Art. 13 Teil A Abs. 1 Buchst. n 6. USt-Richtlinie ist dahin auszulegen, dass der Begriff der „anderen ... anerkannten Einrichtungen" als Einzelkünstler auftretende Solisten nicht ausschließt.
2. Aus der Überschrift des Art. 13 Teil A 6. USt-Richtlinie als solcher ergeben sich keine Einschränkungen der Möglichkeiten der Steuerbefreiung nach dieser Bestimmung.

EuGH vom 12. 6. 2003 – Rs. C-275/01 – (HFR 2003 S. 924, UVR 2003 S. 270)

Rechtseinräumung zum Aufstellen von Zigarettenautomaten keine Grundstücksvermietung

Art. 13 Teil B Buchst. b 6. USt-Richtlinie ist dahin auszulegen, dass es keine Vermietung eines Grundstücks darstellt, wenn der Eigentümer von Räumlichkeiten (der Lokalinhaber) dem Eigentümer eines Zigarettenautomaten das Recht einräumt, den Automaten für einen Zeitraum von zwei Jahren an einer von dem Lokalinhaber bezeichneten Stelle in den Räumlichkeiten gegen einen prozentualen Anteil an den Bruttoerträgen aus dem Verkauf von Zigaretten und anderen Tabakwaren aufzustellen, zu betreiben und zu warten, jedoch mit keinen anderen Besitz- und Kontrollrechten als in der schriftlichen Vereinbarung zwischen den Parteien angegeben.

EuGH vom 6. 11. 2003 – Rs. C-45/01 – (UR 2003 S. 584, UVR 2004 S. 104)

Steuerbefreiung für psychotherapeutische Behandlungen in einer durch eine gemeinnützige Stiftung privaten Rechts mit nicht als Ärzten zugelassenen Diplompsychologen betriebenen Ambulanz

1. Die in der Ambulanz einer Stiftung des privaten Rechts von Diplompsychologen, die keine Ärzte sind, ausgeführten psychotherapeutischen Behandlungen stellen keine mit Kranken-

hausbehandlung oder ärztlicher Heilbehandlung eng verbundenen Umsätze i. S. v. Art. 13 Teil A Abs. 1 Buchst. b 6. USt-Richtlinie dar, es sei denn, dass diese Behandlungen tatsächlich als Nebenleistungen zu einer die Hauptleistung darstellenden Krankenhausbehandlung oder ärztlichen Heilbehandlung ihrer Empfänger erbracht werden. Dagegen ist der in dieser Bestimmung enthaltene Begriff „ärztliche Heilbehandlung" dahin auszulegen, dass er sämtliche Heilbehandlungen im Bereich der Humanmedizin i. S. v. Art. 13 Teil A Abs. 1 Buchst. c 6. USt-Richtlinie und insbesondere Leistungen von Personen umfasst, die keine Ärzte sind, aber arztähnliche Leistungen erbringen, wie es bei psychotherapeutischen Behandlungen durch Diplompsychologen der Fall ist.

2. Die Anerkennung einer Einrichtung i. S. v. Art. 13 Teil A Abs. 1 Buchst. b 6. USt-Richtlinie setzt kein förmliches Anerkennungsverfahren voraus und muss sich nicht unbedingt aus innerstaatlichen Vorschriften mit steuerrechtlichem Charakter ergeben. Enthalten die innerstaatlichen Vorschriften über die Anerkennung Beschränkungen, die die Grenzen des den Mitgliedstaaten durch die genannte Bestimmung eingeräumten Ermessens überschreiten, so ist es Sache des nationalen Gerichts, anhand aller relevanten Gesichtspunkte zu ermitteln, ob ein Steuerpflichtiger gleichwohl als andere ordnungsgemäß anerkannte Einrichtung gleicher Art im Sinne dieser Bestimmung anzusehen ist.

3. Die Steuerbefreiung nach Art. 13 Teil A Abs. 1 Buchst. c 6. USt-Richtlinie ist von der Rechtsform des Steuerpflichtigen, der die dort genannten ärztlichen oder arztähnlichen Leistungen erbringt, unabhängig, so dass psychotherapeutische Behandlungen, die eine Stiftung des privaten Rechts mit bei ihr beschäftigten Psychotherapeuten ausführt, unter diese Befreiung fallen können.

4. Ein Steuerpflichtiger kann sich unter Umständen wie denen des Ausgangsverfahrens vor einem nationalen Gericht auf Art. 13 Teil A Abs. 1 Buchst. b und c 6. USt-Richtlinie berufen, um gegen die Anwendung einer mit dieser Bestimmung unvereinbaren innerstaatlichen Regelung vorzugehen.

EuGH vom 20. 11. 2003 – Rs. C-8/01 – (HFR 2004 S. 281, UR 2004 S. 82)

Steuerbefreiung von Versicherungsumsätzen

1. Art. 13 Teil B Buchst. a 6. USt-Richtlinie ist dahin auszulegen, dass Bewertungen von Kraftfahrzeugschäden, die eine Vereinigung, deren Mitglieder Versicherungsgesellschaften sind, für ihre Mitglieder durchführt, weder Versicherungsumsätze noch dazugehörige Dienstleistungen, die von Versicherungsmaklern und -vertretern erbracht werden, i. S. dieser Vorschriften darstellen.

2. Art. 13 Teil A Abs. 1 Buchst. f 6. USt-Richtlinie ist dahin auszulegen, dass die Gewährung der Befreiung von der Mehrwertsteuer aufgrund dieser Vorschrift für eine Vereinigung wie die im Ausgangsverfahren in Rede stehende, die auch im Übrigen den Tatbestand dieser Vorschrift erfüllt, abzulehnen ist, wenn eine reale Gefahr besteht, dass die Befreiung für sich genommen unmittelbar oder in der Zukunft zu Wettbewerbsverzerrungen führen kann.

3. Eine nationale Regelung wie die im Ausgangsverfahren in Rede stehende, die es ermöglicht, eine zeitlich begrenzte Steuerbefreiung zu gewähren, wenn zweifelhaft ist, ob diese Befreiung zu einem späteren Zeitpunkt eine Wettbewerbsverzerrung hervorrufen kann, ist mit Art. 13 Teil A Abs. 1 Buchst. f 6. USt-Richtlinie vereinbar, sofern diese Befreiung so lange erneuert wird, wie der Interessierte den Tatbestand dieser Vorschrift erfüllt.

4. Der Umstand, dass die großen Versicherungsgesellschaften die Bewertung der Kraftfahrzeugschäden durch ihre eigenen Schätzer durchführen lassen und so vermeiden, dass diese Dienstleistungen der Mehrwertsteuer unterliegen, hat keinen Einfluss auf die Beantwortung der ersten bis dritten Vorlagefrage.

EuGH vom 20. 11. 2003 – Rs. C-212/01 – (HFR 2004 S. 280, UR 2004 S. 70)

Befreiung von Heilbehandlungen im Bereich der Humanmedizin von der Steuer

Art. 13 Teil A Abs. 1 Buchst. c 6. USt-Richtlinie ist dahin auszulegen, dass die darin normierte Mehrwertsteuerbefreiung nicht für die Leistung eines Arztes gilt, die in der Erstellung eines Gutachtens zum Gesundheitszustand einer Person im Hinblick darauf besteht, Anhaltspunkte zu gewinnen, die für oder gegen einen Antrag auf Zahlung einer Invaliditätspension sprechen. Dass der medizinische Sachverständige von einem Gericht oder einer Pensionsversicherungsanstalt beauftragt wurde, ist hierfür ohne Belang.

EuGH vom 20. 11. 2003 – Rs. C-307/01 – (HFR 2004 S. 278, UR 2004 S. 75)

Befreiung von Heilbehandlungen im Bereich der Humanmedizin von der Steuer
1. Die in Art. 13 Teil A Abs. 1 Buchst. c 6. USt-Richtlinie vorgesehene Befreiung von der Mehrwertsteuer gilt für folgende ärztliche Leistungen:
   - ärztliche Untersuchungen von Personen im Auftrag von Arbeitgebern oder Versicherungsunternehmen,
   - die Entnahme von Blut oder anderen Körperproben zwecks Untersuchung auf Viren, Infektionen oder andere Krankheiten im Auftrag von Arbeitgebern oder Versicherern,
   - das Bescheinigen einer gesundheitlichen Eignung, wie z. B. der Reisefähigkeit,

   dann, wenn diese in erster Linie dem Schutz der Gesundheit des Betroffenen dienen sollen.
2. Diese Steuerbefreiung erfolgt hingegen nicht für folgende Leistungen, die im Rahmen der Ausübung des Arztberufes erbracht werden:
   - das Ausstellen von ärztlichen Bescheinigungen für Zwecke eines Kriegsrentenanspruchs,
   - ärztliche Untersuchungen für die Erstellung von Gutachten für Haftungsfragen und die Bemessung des Schadens von Personen, die die Erhebung einer Klage wegen Körperverletzung in Erwägung ziehen,
   - die Erstellung von ärztlichen Gutachten im Anschluss an solche Untersuchungen sowie die Erstellung von Gutachten auf der Grundlage von Arztberichten ohne Durchführung ärztlicher Untersuchungen,
   - ärztliche Untersuchungen für die Erstellung von Gutachten über ärztliche Kunstfehler für Personen, die die Erhebung einer Klage in Erwägung ziehen,
   - die Erstellung von ärztlichen Gutachten im Anschluss an solche Untersuchungen sowie die Erstellung von Gutachten auf der Grundlage von Arztberichten ohne Durchführung ärztlicher Untersuchungen.

EuGH vom 29. 4. 2004 – Rs. C-308/01 – (HFR 2004 S. 934, DB 2004 S. 1246)

Umsatzsteuerbefreiung bei Versicherungsumsätzen, britische Versicherungsprämiensteuer ist mit dem Gemeinschaftsrecht vereinbar
1. Eine Versicherungsprämiensteuer wie die im Ausgangsverfahren fragliche ist mit Art. 33 6. USt-Richtlinie vereinbar.
2. Art. 13 Teil B Buchst. a 6. USt-Richtlinie, nach dem Versicherungsumsätze von der Mehrwertsteuer befreit sind, steht der Einführung eines dem Mehrwertsteuerregelsatz entsprechenden besonderen Satzes einer Versicherungsprämiensteuer wie der im Ausgangsverfahren fraglichen nicht entgegen, da diese Steuer mit Art. 33 6. USt-Richtlinie vereinbar ist, so dass das in Art. 27 6. USt-Richtlinie vorgesehene Verfahren, nach dem jeder Mitgliedstaat, der von dieser Richtlinie abweichende Sondermaßnahmen einführen möchte, eine vorherige Ermächtigung beim Rat der Europäischen Union beantragen muss, vor Einführung des genannten Satzes nicht eingehalten werden muss.

EuGH vom 16. 9. 2004 – Rs. C-382/02 – (IStR 2004 S. 715, HFR 2004 S. 1269)

Steuerbefreiung der Lieferung für auf Inlandsflügen eingesetzte Luftfahrzeuge
1. Art. 15 Nrn. 6, 7 und 9 6. USt-Richtlinie ist dahin auszulegen, dass die in diesen Bestimmungen bezeichneten Lieferungen von Gegenständen und Dienstleistungen für Luftfahrzeuge, die von hauptsächlich im entgeltlichen internationalen Verkehr tätigen Luftfahrtgesellschaften für Inlandsflüge eingesetzt werden, von der Mehrwertsteuer befreit sind.
2. Es ist Sache der nationalen Gerichte, die jeweilige Bedeutung der internationalen und nicht internationalen Tätigkeitsbereiche dieser Gesellschaften zu beurteilen. Bei dieser Beurteilung können alle Faktoren berücksichtigt werden, die auf die relative Bedeutung der betreffenden Verkehrsart hinweisen, insbesondere der Umsatz.

EuGH vom 18. 11. 2004 – Rs. C-284/03 – (HFR 2005 S. 178, UVR 2005 S. 57)

Steuerbefreite Umsätze aus der Vermietung von Grundstücken
Art. 13 Teil B Buchst. b 6. USt-Richtlinie ist dahin auszulegen, dass Umsätze, durch die eine Gesellschaft gleichzeitig durch verschiedene Verträge mehreren mit ihr verbundenen Gesellschaften gegen eine Vergütung, die im Wesentlichen nach der genutzten Fläche festgesetzt wird, ein widerrufliches Nutzungsrecht an ein und demselben Gebäude überträgt, Umsätze aus der „Vermietung von Grundstücken" i. S. dieser Vorschrift darstellen und dass diese Verträge, so wie sie durchgeführt werden, im Wesentlichen die Übertragung des passiven Nutzungsrechts an

Gebäuden oder Flächen gegen eine Vergütung zum Gegenstand haben, die nach dem Zeitablauf bemessen ist, und nicht eine anders einzustufende Dienstleistung.

EuGH vom 17. 2. 2005 – Rs. C-453/02 und C-462/02 – (UR 2005 S. 194, UVR 2005 S. 122)

Umsatzsteuerbefreiung von Glücksspielen

1. Art. 13 Teil B Buchst. f 6. USt-Richtlinie ist dahin auszulegen, dass er nationalen Rechtsvorschriften entgegensteht, wonach die Veranstaltung oder der Betrieb von Glücksspielen und Glücksspielgeräten aller Art in zugelassenen öffentlichen Spielbanken steuerfrei ist, während diese Steuerbefreiung für die Ausübung der gleichen Tätigkeit durch Wirtschaftsteilnehmer, die nicht Spielbankbetreiber sind, nicht gilt.
2. Art. 13 Teil B Buchst. f 6. USt-Richtlinie hat unmittelbare Wirkung in dem Sinne, dass sich ein Veranstalter oder Betreiber von Glücksspielen oder Glücksspielgeräten vor den nationalen Gerichten darauf berufen kann, um die Anwendung mit dieser Bestimmung unvereinbarer innerstaatlicher Rechtsvorschriften zu verhindern.

EuGH vom 3. 3. 2005 – Rs. C-428/02 – (HFR 2005 S. 486, UVR 2005 S. 318)

Vermietung von Bootsliegeplätzen

1. Art. 13 Teil B Buchst. b 6. USt-Richtlinie in der durch die Richtlinie 92/111/EWG des Rates vom 14. 12. 1992 geänderten Fassung ist dahin auszulegen, dass der Begriff der Vermietung von Grundstücken die Vermietung von Liegeplätzen für das Festmachen von Booten im Wasser sowie von Stellplätzen im Hafen für die Lagerung dieser Boote an Land umfasst.
2. Art. 13 Teil B Buchst. b 6. USt-Richtlinie ist dahin auszulegen, dass der Begriff „Fahrzeuge" Boote umfasst.

EuGH vom 3. 3. 2005 – Rs. C-472/03 – (UR 2005 S. 201, UVR 2005 S. 243)

Dienstleistungen mit mittelbarem Bezug zu Versicherungsumsätzen (entgeltliche Backoffice-Tätigkeiten)

Art. 13 Teil B Buchst. a 6. USt-Richtlinie ist dahin auszulegen, dass Backoffice-Tätigkeiten, die darin bestehen, gegen Vergütung Dienstleistungen für ein Versicherungsunternehmen zu erbringen, keine zu Versicherungsumsätzen gehörende Dienstleistungen, die von Versicherungsmaklern oder -vertretern erbracht werden, im Sinne dieser Vorschrift darstellen.

EuGH vom 26. 5. 2005 – Rs. C-498/03 – (HFR 2005 S. 915, UR 2005 S. 453)

Umsatzsteuerbefreiung bei Umsätzen von Einrichtungen mit sozialem Charakter

1. Das Wort „charitable" in der englischen Sprachfassung von Art. 13 Teil A Abs. 1 Buchst. g und h 6. USt-Richtlinie stellt einen eigenständigen Begriff des Gemeinschaftsrechts dar, der unter Berücksichtigung aller Sprachfassungen der 6. USt-Richtlinie auszulegen ist.
2. Der Begriff „von dem betreffenden Mitgliedstaat als Einrichtungen mit sozialem Charakter anerkannte Einrichtungen" in Art. 13 Teil A Abs. 1 Buchst. g und h 6. USt-Richtlinie schließt private Einrichtungen mit Gewinnerzielungsabsicht nicht aus.
3. Das nationale Gericht hat unter Berücksichtigung insbesondere der Grundsätze der Gleichbehandlung und der steuerlichen Neutralität sowie des Inhalts der fraglichen Dienstleistungen und der Bedingungen ihrer Erbringung zu prüfen, ob die Anerkennung einer privaten Einrichtung mit Gewinnerzielungsabsicht – die deshalb nicht den Status einer „charity" nach innerstaatlichem Recht hat – als Einrichtung mit sozialem Charakter für die Zwecke der Steuerbefreiungen des Art. 13 Teil A Abs. 1 Buchst. g und h 6. USt-Richtlinie das den Mitgliedstaaten in diesen Bestimmungen für eine solche Anerkennung eingeräumte Ermessen überschreitet.

EuGH vom 1. 12. 2005 – Rs. C-394/04 und C-395/04 – (HFR 2006 S. 217, DB 2005 S. 2674)

Zurverfügungstellung eines Telefons und Vermietung von Fernsehgeräten an Krankenhauspatienten

1. Die Zurverfügungstellung eines Telefons und die Vermietung von Fernsehgeräten an Krankenhauspatienten durch unter Art. 13 Teil A Abs. 1 Buchst. b 6. USt-Richtlinie fallende Personen sowie die Unterbringung und Verpflegung von Begleitpersonen dieser Patienten durch diese Personen stellen in der Regel keine mit der Krankenhausbehandlung und der ärztlichen Heilbehandlung eng verbundenen Umsätze im Sinne dieser Vorschrift dar. Etwas anderes kann nur gelten, wenn diese Leistungen zur Erreichung der mit der Krankenhausbehandlung und der ärztlichen Heilbehandlung verfolgten therapeutischen Ziele unerlässlich sind und

nicht im Wesentlichen dazu bestimmt sind, ihrem Erbringer zusätzliche Einnahmen durch die Erzielung von Umsätzen zu verschaffen, die in unmittelbarem Wettbewerb mit Umsätzen der Mehrwertsteuer unterliegender gewerblicher Unternehmen getätigt werden.
2. Es ist Sache des vorlegenden Gerichts, unter Berücksichtigung aller konkreten Umstände der bei ihm anhängigen Rechtsstreitigkeiten und gegebenenfalls des Inhalts der für die betroffenen Patienten erstellten ärztlichen Verschreibungen zu bestimmen, ob die erbrachten Leistungen diese Voraussetzungen erfüllen.

EuGH vom 9. 2. 2006 – Rs. C-415/04 – (IStR 2006 S. 238, UR 2006 S. 470)

Steuerbefreiung der Vermittlung eines Kinderbetreuungsdienstes

Art. 13 Teil A Abs. 1 Buchst. g und h i. V. mit Abs. 2 Buchst. b der 6. USt-Richtlinie ist dahin auszulegen, dass Dienstleistungen, die eine Einrichtung des öffentlichen Rechts oder eine von dem betreffenden Mitgliedstaat als Einrichtung mit sozialem Charakter anerkannte Einrichtung als Vermittler zwischen Personen, die einen Kinderbetreuungsdienst suchen, und Personen, die einen solchen Dienst anbieten, erbringt, nur dann nach diesen Bestimmungen von der Mehrwertsteuer befreit werden können, wenn
– der Kinderbetreuungsdienst selbst die Voraussetzungen für die Steuerbefreiung nach diesen Bestimmungen erfüllt;
– dieser Dienst von einer solchen Art oder Qualität ist, dass für die Eltern ein gleichwertiger Dienst ohne Mitwirken eines Vermittlungsdienstes, wie er Gegenstand des Ausgangsverfahrens ist, nicht gewährleistet ist;
– diese Vermittlungsdienste nicht im Wesentlichen dazu bestimmt sind, ihrem Erbringer zusätzliche Einkünfte durch Tätigkeiten zu verschaffen, die in unmittelbarem Wettbewerb mit mehrwertsteuerpflichtigen gewerblichen Unternehmen durchgeführt werden.

EuGH vom 27. 4. 2006 – Rs. C-443/04 und C-444/04 – (HFR 2006 S. 735, UR 2000 S. 587)

Grenzen des Ermessens eines Mitgliedstaates bei der Regelung einer Steuerbefreiung therapeutischer Behandlungen durch einen Physiotherapeuten und eine Psychotherapeutin

Art. 13 Teil A Abs. 1 Buchst. c der 6. USt-Richtlinie ist dahin auszulegen, dass er den Mitgliedstaaten bei der Definition der arztähnlichen Berufe und der Heilbehandlungen im Bereich der Humanmedizin, die zu diesen Berufen gehören, für die Zwecke der in dieser Bestimmung vorgesehenen Befreiung ein Ermessen einräumt. Bei der Ausübung dieses Ermessens haben die Mitgliedstaaten jedoch das mit dieser Bestimmung verfolgte Ziel, zu gewährleisten, dass die Befreiung nur für Leistungen gilt, die von Personen erbracht werden, die über die erforderlichen beruflichen Qualifikationen verfügen, und den Grundsatz der steuerlichen Neutralität zu beachten.

Eine nationale Regelung, die den Beruf des Psychotherapeuten von der Definition der arztähnlichen Berufe ausnimmt, verstößt nur insoweit gegen dieses Ziel und diesen Grundsatz, als die psychotherapeutischen Behandlungen – was vom vorlegenden Gericht zu prüfen ist – von der Mehrwertsteuer befreit wären, wenn sie von Psychiatern, Psychologen oder Angehörigen anderer ärztlicher oder arztähnlicher Berufe durchgeführt würden, obwohl sie, von Psychotherapeuten erbracht, unter Berücksichtigung deren beruflicher Qualifikationen als qualitativ gleichwertig angesehen werden können.

Eine nationale Regelung, die bestimmte, von Physiotherapeuten ausgeübte spezifische Heiltätigkeiten im Bereich der Humanmedizin, wie Behandlungen mittels Störfelddiagnostik, von der Definition dieses arztähnlichen Berufes ausnimmt, verstößt nur insoweit gegen dieses Ziel und diesen Grundsatz, als diese Behandlungen – was vom vorlegenden Gericht zu prüfen ist – von der Mehrwertsteuer befreit wären, wenn sie von Ärzten oder Zahnärzten erbracht würden, obwohl sie, von Physiotherapeuten durchgeführt, unter Berücksichtigung deren beruflicher Qualifikationen als qualitativ gleichwertig angesehen werden können.

EuGH vom 4. 5. 2006 – Rs. C-169/04 – (BStBl 2010 II S. 567, HFR 2006 S. 737, UR 2006 S. 352)

Auslagerung administrativer Aufgaben der Verwaltung von Sondervermögen durch Kapitalanlagegesellschaften

1. Der Begriff der „Verwaltung" von Sondervermögen durch Kapitalanlagegesellschaften i. S. von Art. 13 Teil B Buchst. d Nr. 6 der 6. USt-Richtlinie stellt einen autonomen Begriff des Gemeinschaftsrechts dar, dessen Inhalt die Mitgliedstaaten nicht verändern können.
2. Art. 13 Teil B Buchst. d Nr. 6 der 6. USt-Richtlinie ist dahin auszulegen, dass unter den Begriff „Verwaltung von Sondervermögen durch Kapitalanlagegesellschaften" i. S. dieser Bestimmung die Dienstleistungen der administrativen und buchhalterischen Verwaltung der Sondervermögen durch einen außenstehenden Verwalter fallen, wenn sie ein im Großen und

Ganzen eigenständiges Ganzes bilden und für die Verwaltung dieser Sondervermögen spezifisch und wesentlich sind.

Dagegen fallen unter diesen Begriff nicht die Leistungen, die den Aufgaben einer Verwahrstelle i. S. der Art. 7 Abs. 1 und 3 und 14 Abs. 1 und 3 der Richtlinie 85/611/EWG des Rates vom 20. 12. 1985 zur Koordinierung der Rechts- und Verwaltungsvorschriften betreffend bestimmte Organismen für gemeinsame Anlagen in Wertpapieren (OGAW) entsprechen.[1]

EuGH vom 8. 6. 2006 – Rs. C-106/05 – (HFR 2006 S. 831, UR 2006 S. 464)

Bedingungen für die Steuerbefreiung medizinischer, von einem in privatrechtlicher Form organisierten Labor außerhalb einer Heilbehandlungseinrichtung auf Anordnung praktischer Ärzte durchgeführter Analysen

Art. 13 Teil A Abs. 1 Buchst. b der 6. USt-Richtlinie ist dahin auszulegen, dass der vorbeugenden Beobachtung und Untersuchung der Patienten dienende medizinische Analysen, die wie die im Ausgangsverfahren in Rede stehenden von einem in privatrechtlicher Form organisierten Labor außerhalb einer Heilbehandlungseinrichtung auf Anordnung praktischer Ärzte durchgeführt werden, als ärztliche Heilbehandlungen einer anderen ordnungsgemäß anerkannten privatrechtlichen Einrichtung im Sinne dieser Bestimmung unter die dort vorgesehene Befreiung fallen können.

Art. 13 Teil A Abs. 1 Buchst. b und 2 Buchst. a der 6. USt-Richtlinie steht einer nationalen Regelung nicht entgegen, wonach die Befreiung derartiger medizinischer Analysen von Bedingungen abhängt, die nicht für die Befreiung der Heilbehandlungen der praktischen Ärzte gelten, die sie angeordnet haben, und sich von denen unterscheiden, die für die mit der ärztlichen Heilbehandlung eng verbundenen Umsätze im Sinne der erstgenannten Bestimmung gelten.

Art. 13 Teil A Abs. 1 Buchst. b der 6. USt-Richtlinie steht einer nationalen Regelung entgegen, wonach die Befreiung der medizinischen Analysen, die von einem in privatrechtlicher Form organisierten Labor außerhalb einer Heilbehandlungseinrichtung durchgeführt werden, von der Bedingung abhängt, dass sie unter ärztlicher Aufsicht erbracht werden. Dagegen verstößt es nicht gegen diese Bestimmung, dass nach der nationalen Regelung die Befreiung dieser Analysen von der Bedingung abhängt, dass mindestens 40 % von ihnen Personen zugute kommen, die bei einem Träger der Sozialversicherung versichert sind.

EuGH vom 6. 7. 2006 – Rs. C-18/05 und C-155/05 – (HFR 2007 S. 85, UR 2007 S. 67)

Befreiung der Lieferungen von Gegenständen

Art. 13 Teil B Buchst. c erster Teil der 6. USt-Richtlinie ist dahin auszulegen, dass die darin vorgesehene Befreiung nur für den Wiederverkauf von Gegenständen gilt, die zuvor von einem Steuerpflichtigen für Zwecke einer aufgrund dieses Artikels von der Steuer befreiten Tätigkeit erworben wurden, sofern für die anlässlich des ersten Erwerbs dieser Gegenstände entrichtete Mehrwertsteuer kein Vorsteuerabzug vorgenommen werden konnte.

EuGH vom 13. 7. 2006 – Rs. C-89/05 – (HFR 2006 S. 937, UR 2006 S. 521)

Keine Steuerbefreiung für Call-Center-Leistungen zugunsten eines Organisators von Telefonwetten

Art. 13 Teil B Buchst. f der 6. USt-Richtlinie ist dahin auszulegen, dass Call-Center-Dienstleistungen, die zugunsten eines Organisators von Telefonwetten erbracht werden und die die Annahme der Wetten im Namen des Wettorganisators durch das Personal des Erbringers dieser Dienstleistungen einschließen, keine Wettumsätze im Sinne dieser Vorschrift darstellen und dass ihnen daher nicht die in dieser Vorschrift vorgesehene Mehrwertsteuerbefreiung zugute kommen kann.

EuGH vom 14. 9. 2006 – Rs. C-181/04 bis C-183/04 – (DB 2006 S. 2107, IStR 2006 S. 708)

Steuerbefreiung der Lieferung von Hochseeschiffen und damit zusammenhängenden Leistungen

1. Art. 15 Nr. 4 Buchst. a der 6. USt-Richtlinie in der Fassung der Richtlinie 92/111/EWG des Rates vom 14. 12. 1992, auf den Nr. 5 des gleichen Artikels verweist, gilt nicht nur für Schiffe, die auf hoher See im entgeltlichen Passagierverkehr eingesetzt sind, sondern auch für Schiffe, die auf hoher See zur Ausübung einer Handelstätigkeit, für gewerbliche Zwecke oder zur Fischerei eingesetzt sind.
2. Art. 15 Nr. 8 der 6. USt-Richtlinie ist dahin auszulegen, dass die dort vorgesehene Befreiung die Dienstleistungen erfasst, die dem Reeder selbst für den unmittelbaren Bedarf der Seeschiffe erbracht werden.

---

[1] Anm.: Vgl. hierzu BMF vom 6. 5. 2010, § 4 H 35.

3. Im Rahmen des gemeinsamen Mehrwertsteuersystems sind die nationalen Steuerbehörden verpflichtet, den Grundsatz des Vertrauensschutzes zu wahren. Es ist Sache des nationalen Gerichts, zu prüfen, ob der Steuerpflichtige unter den Umständen der Ausgangsverfahren vernünftigerweise annehmen konnte, dass die streitige Entscheidung von einer zuständigen Behörde getroffen worden war.

EuGH vom 7. 12. 2006 – Rs. C-240/05 – (HFR 2007 S. 176, UR 2007 S. 98)[1]

Kein Recht auf Vorsteuerabzug aus einem innergemeinschaftlichen Umsatz mit der Anfertigung und Reparatur von Zahnersatz bei Steuerbefreiung dieses Umsatzes im gleichen Mitgliedstaat

Ein Umsatz, der nach Art. 13 Teil A Abs. 1 Buchst. e der 6. USt-Richtlinie in der durch die Richtlinien 91/680/EWG des Rates vom 16. 12. 1991 zur Ergänzung des gemeinsamen Mehrwertsteuersystems und zur Änderung der 6. USt-Richtlinie im Hinblick auf die Beseitigung der Steuergrenzen und 92/111/EWG des Rates vom 14. 12. 1992 zur Einführung von Vereinfachungsmaßnahmen im Bereich der Mehrwertsteuer geänderten Fassung innerhalb eines Mitgliedstaats von der Mehrwertsteuer befreit ist, eröffnet ungeachtet der im Bestimmungsmitgliedstaat anwendbaren Mehrwertsteuerregelung kein Recht auf Vorsteuerabzug nach Art. 17 Abs. 3 Buchst. b dieser Richtlinie, selbst wenn es sich um einen innergemeinschaftlichen Umsatz handelt.

EuGH vom 7. 12. 2006 – Rs. C-13/06 – (DB 2006 S. 2728, HFR 2007 S. 178)

Steuerbefreiung für Beistandsleistungen im Straßenverkehr

Griechenland hat dadurch gegen seine Verpflichtungen aus Art. 13 Teil B Buchst. a 6. USt-Richtlinie verstoßen, dass es Dienstleistungen der Pannenhilfe im Straßenverkehr der Mehrwertsteuer unterworfen hat.

EuGH vom 14. 12. 2006 – Rs. C-401/05 – (HFR 2007 S. 175, UR 2007 S. 104)

Keine Umsatzsteuerbefreiung einer Lieferung des von einem Zahntechniker erworbenen Zahnersatzes durch einen Zwischenhändler

Art. 13 Teil A Abs. 1 Buchst. e der 6. USt-Richtlinie in der durch die Richtlinie 95/7/EG des Rates vom 10. 4. 1995 geänderten Fassung ist dahin auszulegen, dass er auf Lieferungen von Zahnersatz durch einen Zwischenhändler wie den im Ausgangsverfahren in Rede stehenden, der weder Zahnarzt noch Zahntechniker ist, den Zahnersatz aber bei einem Zahntechniker erworben hat, nicht anwendbar ist.

EuGH vom 19. 4. 2007 – Rs. C-455/05 – (HFR 2007 S. 615, UR 2007 S. 379 und 537)

Keine Umsatzsteuerbefreiung für die Übernahme der Verpflichtung zur Renovierung einer Immobilie

Art. 13 Teil B Buchst. d Nr. 2 der 6. USt-Richtlinie ist dahin auszulegen, dass der Begriff der „Übernahme von Verbindlichkeiten" andere als Geldverbindlichkeiten, wie die Verpflichtung, eine Immobilie zu renovieren, vom Anwendungsbereich dieser Bestimmung ausschließt.

EuGH vom 14. 6. 2007 – Rs. C-434/05 – (HFR 2007 S. 808, UR 2007 S. 587)

Entgeltliche steuerfreie Gestellung eines bei einer Lehreinrichtung beschäftigten Lehrers an eine andere Lehreinrichtung als eng verbundene Dienstleistung

1. Art. 13 Teil A Abs. 1 Buchst. i der 6. USt-Richtlinie ist dahin auszulegen, dass sich die Wendung „die Erziehung von Kindern und Jugendlichen, den Schul- und Hochschulunterricht, die Ausbildung, die Fortbildung oder die berufliche Umschulung" nicht darauf bezieht, dass ein Lehrer gegen Entgelt einer von dieser Vorschrift erfassten Lehreinrichtung zur Verfügung gestellt wird, in der er dann vorübergehend unter der Verantwortung der genannten Einrichtung Unterricht erteilt. Dies gilt auch dann, wenn die die Lehrkraft zur Verfügung stellende Einrichtung selbst eine der Erziehung gewidmete Einrichtung des öffentlichen Rechts oder eine andere Einrichtung mit von dem betreffenden Mitgliedstaat anerkannter vergleichbarer Zielsetzung ist.
2. Art. 13 Teil A Abs. 1 Buchst. i der 6. USt-Richtlinie i. V. mit Art. 13 Teil A Abs. 2 der 6. USt-Richtlinie ist dahin auszulegen, dass die entgeltliche Gestellung eines Lehrers an eine Lehreinrichtung, in dieser Lehrer dann vorübergehend unter der Verantwortung der genannten Einrichtung Unterricht erteilt, eine von der Mehrwertsteuer befreite Tätigkeit in Form von im Sinne dieser Vorschrift mit dem Unterricht „eng verbundenen" Dienstleistungen sein kann, wenn diese Gestellung das Mittel darstellt, um unter den bestmöglichen Bedingungen

---

[1] Vgl. hierzu BMF vom 11.4.2011, § 4 H 43.

in den Genuss des als Hauptleistung angesehenen Unterrichts zu kommen, und – was der nationale Richter zu prüfen hat – folgende Voraussetzungen erfüllt sind:
- Sowohl die Hauptleistung als auch die mit der Hauptleistung eng verbundene Gestellung werden von in Art. 13 Teil A Abs. 1 Buchst. i der 6. USt-Richtlinie genannten Einrichtungen erbracht, wobei gegebenenfalls eventuell vom betreffenden Mitgliedstaat aufgrund von Art. 13 Teil A Abs. 2 Buchst. a der 6. USt-Richtlinie aufgestellte Bedingungen zu berücksichtigen sind.
- Die genannte Gestellung ist von solcher Art oder Qualität, dass ohne Rückgriff auf eine derartige Dienstleistung keine Gleichwertigkeit des Unterrichts der Zieleinrichtung und damit des ihren Studierenden erteilten Unterrichts gewährleistet wäre.
- Eine derartige Gestellung ist nicht im Wesentlichen dazu bestimmt, zusätzliche Einnahmen durch eine Tätigkeit zu erzielen, die in unmittelbarem Wettbewerb mit der Mehrwertsteuer unterliegenden gewerblichen Unternehmen durchgeführt wird.

EuGH vom 14. 6. 2007 – Rs. C-445/05 – (HFR 2007 S. 806, UR 2007 S. 592)

Voraussetzungen des steuerbefreiten von Privatlehrern erteilten Unterrichts im Rahmen von Kursen einer Erwachsenenbildungseinrichtung

Unter Umständen wie denen des Ausgangsverfahrens kann die Umsatzsteuerbefreiung nach Art. 13 Teil A Abs. 1 Buchst. j der 6. USt-Richtlinie für von einem Einzelnen mit dem Status eines freien Mitarbeiters erbrachte Tätigkeiten, die in der Erteilung von Schularbeitshilfe sowie Keramik- und Töpferkursen in Erwachsenenbildungseinrichtungen bestehen, nur dann gewährt werden, wenn es sich bei diesen Tätigkeiten um die Erteilung von Schul- oder Hochschulunterricht durch einen für eigene Rechnung und in eigener Verantwortung handelnden Lehrer handelt. Es ist Sache des vorlegenden Gerichts, zu prüfen, ob dies im Ausgangsverfahren der Fall ist.

EuGH vom 21. 6. 2007 – Rs. C-453/05 – (HFR 2007 S. 915, UR 2007 S. 617)

Begriff „Umsätze der Vermittlung von Krediten" – steuerbefreite Untervermittlung

1. Der Umstand, dass ein Steuerpflichtiger die Vermögenssituation von ihm akquirierter Kunden analysiert, um ihnen zu Krediten zu verhelfen, steht der Anerkennung einer von der Steuer befreiten Leistung der Vermittlung von Krediten i. S. von Art. 13 Teil B Buchst. d Nr. 1 der 6. USt-Richtlinie nicht entgegen, wenn die von diesem Steuerpflichtigen angebotene Leistung der Vermittlung von Krediten im Licht der vorstehenden Auslegungshinweise als die Hauptleistung anzusehen ist, zu der die Vermögensberatung eine Nebenleistung ist, so dass sie das steuerliche Schicksal der erstgenannten Leistung teilt. Es ist Sache des vorlegenden Gerichts, festzustellen, ob dies in dem bei ihm anhängigen Rechtsstreit der Fall ist.
2. Der Umstand, dass ein Steuerpflichtiger zu keiner der Parteien eines Kreditvertrags, zu dessen Abschluss er beigetragen hat, in einem Vertragsverhältnis steht und mit einer der Parteien nicht unmittelbar in Kontakt tritt, schließt nicht aus, dass dieser Steuerpflichtige eine von der Steuer befreite Leistung der Vermittlung von Krediten i. S. von Art. 13 Teil B Buchst. d Nr. 1 der 6. USt-Richtlinie erbringt.

EuGH, Urteil vom 28. 6. 2007 – Rs. C-363/05 – (BStBl 2010 II S. 573, HFR 2007 S. 920, UR 2007 S. 727)

Ermessen der Mitgliedstaaten bei der Festlegung einer Reichweite steuerbefreiter Sondervermögen auch bezüglich geschlossener Investmentfonds

1. Art. 13 Teil B Buchst. d Nr. 6 der 6. USt-Richtlinie ist dahin auszulegen, dass der Begriff „Sondervermögen" in dieser Bestimmung auch die geschlossenen Investmentfonds wie die „Investment Trust Companies" (Investmentfondsgesellschaften) umfassen kann.
2. Art. 13 Teil B Buchst. d Nr. 6 der 6. USt-Richtlinie ist dahin auszulegen, dass er den Mitgliedstaaten bei der Definition der in ihrem Hoheitsgebiet angesiedelten Fonds, die für die Zwecke der nach dieser Bestimmung vorgesehenen Befreiung unter den Begriff „Sondervermögen" fallen, ein Ermessen einräumt. Bei der Ausübung dieses Ermessens müssen die Mitgliedstaaten jedoch sowohl das mit dieser Bestimmung verfolgte Ziel beachten, das darin besteht, den Anlegern die Anlage in Wertpapiere über Organismen für Anlagen zu erleichtern, als auch den Grundsatz der steuerlichen Neutralität unter dem Aspekt der Mehrwertsteuererhebung in Bezug auf die Kapitalanlagegesellschaften übertragene Verwaltung von Sondervermögen gewährleisten, das mit anderen Investmentfonds wie den in den Anwendungsbereich der Richtlinie 85/611/EWG des Rates vom 20. 12. 1985 zur Koordinierung der Rechts- und Verwaltungsvorschriften betreffend bestimmte Organismen für gemeinsame Anlagen in Wertpapieren (OGAW) in ihrer durch die Richtlinie 2005/1/EG des Europäischen Parlaments und des Rates vom 9. 3. 2005 geänderten Fassung fallenden Fonds in Wettbewerb steht.

3. Art. 13 Teil B Buchst. d Nr. 6 der 6. USt-Richtlinie entfaltet in dem Sinne unmittelbare Wirkung, dass sich ein Steuerpflichtiger vor einem nationalen Gericht darauf berufen kann, damit eine mit dieser Bestimmung unvereinbare nationale Regelung unangewandt bleibt.[1]

EuGH vom 25. 10. 2007 – Rs. C-174/06 – (IStR 2007 S. 863, UR 2007 S. 892)

Vertragsähnliche entgeltliche Nutzungsbefugnis im Eigentum der öffentlichen Hand stehender Bereiche des Seegebiets als steuerbefreite Vermietung von Grundstücken

Art. 13 Teil B Buchst. b 6. USt-Richtlinie ist dahin auszulegen, dass ein Rechtsverhältnis wie das im Ausgangsverfahren in Rede stehende, in dessen Rahmen einer Person das Recht eingeräumt wird, eine öffentliche Sache, nämlich Bereiche des Seegebiets, in Besitz zu nehmen und für eine bestimmte Zeit gegen eine Vergütung – auch ausschließlich – zu nutzen, unter den Begriff der „Vermietung von Grundstücken" im Sinne dieses Artikels fällt.

EuGH vom 6. 12. 2007 – Rs. C-451/06 – (HFR 2008 S. 197, UR 2008 S. 266)

Langfristige Verpachtung eines Fischereirechts ohne Einräumung des Rechts zur Inbesitznahme des Grundstücks und Ausschluss jeder anderen Person von diesem Recht keine steuerfreie Vermietung oder Verpachtung eines Grundstücks

Art. 13 Teil B Buchst. b 6. USt-Richtlinie ist so auszulegen, dass die Einräumung der Berechtigung zur Ausübung der Fischerei gegen Entgelt in Form eines für die Dauer von zehn Jahren geschlossenen Pachtvertrags durch den Eigentümer der Wasserfläche, für die diese Berechtigung eingeräumt wurde, und durch den Inhaber des Fischereirechts an einer im öffentlichen Gut befindlichen Wasserfläche weder eine Vermietung noch eine Verpachtung von Grundstücken darstellt, soweit mit der Einräumung dieser Berechtigung nicht das Recht verliehen wird, das betreffende Grundstück in Besitz zu nehmen und jede andere Person von diesem Recht auszuschließen.

EuGH vom 3. 4. 2008 – Rs. C-124/07 – (HFR 2008 S. 649, UR 2008 S. 504)

Steuerbefreiung der Dienstleistungen von unterbevollmächtigten Versicherungsmaklern und -vertretern

Art. 13 Teil B Buchst. a 6. USt-Richtlinie ist dahin auszulegen, dass der Umstand, dass ein Versicherungsmakler oder -vertreter zu den Parteien des Versicherungs- oder Rückversicherungsvertrags, zu dessen Abschluss er beiträgt, keine unmittelbare Verbindung, sondern nur eine mittelbare Verbindung über einen anderen Steuerpflichtigen unterhält, der selbst in unmittelbarer Verbindung zu einer dieser Parteien steht und mit dem der Versicherungsmakler oder -vertreter vertraglich verbunden ist, es nicht ausschließt, dass die von dem Letztgenannten erbrachte Leistung nach dieser Bestimmung von der Mehrwertsteuer befreit wird.

EuGH vom 14. 5. 2008 – Rs. C-231/07 und C-232/07 – (DB 2008 S. 1897)

Steuerbefreiung für Finanzdienstleistungen umfasst nicht Leistungen eines Vermittlers von Pferdewetten, auch wenn er die Einnahmen für die Wetten und die Gewinne auszahlt

Der Begriff „Umsätze – einschließlich der Vermittlung – im Einlagengeschäft und ... im Zahlungsverkehr" in Art. 13 Teil B Buchst. d Nr. 3 6. USt-Richtlinie ist dahin auszulegen, dass er nicht die Dienstleistung eines für Rechnung eines Vollmachtgebers, der den Abschluss von Wetten auf Pferderennen und andere Sportereignisse betreibt, handelnden Vertreters erfasst, die darin besteht, dass dieser Vertreter die Wetten im Namen des Vollmachtgebers annimmt, die Wetten aufzeichnet, dem Kunden durch die Ausgabe eines Belegs den Abschluss der Wette bestätigt, die Gelder vereinnahmt, die Gewinne auszahlt, gegenüber dem Vollmachtgeber die alleinige Verantwortung für die Verwaltung der Gelder und für deren Diebstahl und/oder Verlust trägt und für diese Tätigkeit vom Vollmachtgeber eine Vergütung in Form einer Provision erhält.

EuGH vom 16. 10. 2008 – Rs. C-253/07 – (HFR 2009 S. 87, UR 2008 S. 854)

Steuerbefreiung von mit der Ausübung von Sport eng zusammenhängenden Dienstleistungen gegenüber Vereinigungen und juristischen Personen zugunsten von Sport ausübenden Personen

1. Art. 13 Teil A Abs. 1 Buchst. m 6. USt-Richtlinie ist dahin auszulegen, dass er im Kontext von Personen, die Sport ausüben, auch Dienstleistungen erfasst, die juristischen Personen und nicht eingetragenen Vereinigungen erbracht werden, soweit – was das vorlegende Gericht zu prüfen hat – diese Leistungen in engem Zusammenhang mit Sport stehen und für dessen Ausübung unerlässlich sind, die Leistungen von Einrichtungen ohne Gewinnstreben erbracht werden und die tatsächlichen Begünstigten dieser Leistungen Personen sind, die den Sport ausüben.

---

[1] Anm.: Vgl. hierzu BMF vom 6. 5. 2010, § 4 H 35.

2. Die in Art. 13 Teil A Abs. 1 Buchst. m 6. USt-Richtlinie enthaltene Wendung „bestimmte in engem Zusammenhang mit Sport ... stehende Dienstleistungen" ermächtigt die Mitgliedstaaten nicht, die in dieser Vorschrift vorgesehene Befreiung hinsichtlich der Empfänger der in Rede stehenden Dienstleistungen zu beschränken.

EuGH vom 27. 11. 2008 – Rs. C-156/08 – (BFH/NV 2009 S. 531, HFR 2009 S. 419)

Grunderwerbsteuer hat keinen Umsatzsteuercharakter

Art. 33 6. USt-Richtlinie in der Fassung der Richtlinie 91/680/EWG des Rates vom 16. 12. 1991 ist dahin gehend auszulegen, dass er einen Mitgliedstaat nicht daran hindert, beim Erwerb eines noch unbebauten Grundstücks künftige Bauleistungen in die Bemessungsgrundlage für die Berechnung von Verkehrsteuern wie die „Grunderwerbsteuer" des deutschen Rechts einzubeziehen und somit einen nach der 6. USt-Richtlinie der Mehrwertsteuer unterliegenden Vorgang zusätzlich mit diesen weiteren Steuern zu belegen, sofern diese nicht den Charakter von Umsatzsteuern haben.

EuGH vom 11. 12. 2008 – Rs. C-407/07 – (BFH/NV 2009 S. 337, UR 2009 S. 52)

Steuerbefreiung von Dienstleistungen selbständiger Zusammenschlüsse gegenüber ihren Mitgliedern

Art. 13 Teil A Abs. 1 Buchst. f 6. USt-Richtlinie ist dahin auszulegen, dass die von selbständigen Zusammenschlüssen ihren Mitgliedern erbrachten Dienstleistungen nach der genannten Bestimmung auch von der Steuer befreit sind, wenn diese Dienstleistungen nur einem oder mehreren der Mitglieder erbracht werden, sofern die anderen in dieser Bestimmung vorgesehenen Bedingungen erfüllt sind.

EuGH vom 23. 4. 2009 – Rs. C-357/07 – (HFR 2009 S. 727, UR 2009 S. 348)

Steuerbefreiung von Dienstleistungen der öffentlichen Posteinrichtungen

1. Der Begriff „öffentliche Posteinrichtungen" in Art. 13 Teil A Abs. 1 Buchst. a 6. USt-Richtlinie ist dahin auszulegen, dass er für öffentliche oder private Betreiber gilt, die sich verpflichten, in einem Mitgliedstaat den gesamten Universalpostdienst, wie er in Art. 3 der Richtlinie 97/67/EG des Europäischen Parlaments und des Rates vom 15. 12. 1997 über gemeinsame Vorschriften für die Entwicklung des Binnenmarktes der Postdienste der Gemeinschaft und die Verbesserung der Dienstequalität in der durch die Richtlinie 2002/39/EG des Europäischen Parlaments und des Rates vom 10. 6. 2002 geänderten Fassung geregelt ist, oder einen Teil dessen zu gewährleisten.

2. Die in Art. 13 Teil A Abs. 1 Buchst. a 6. USt-Richtlinie vorgesehene Steuerbefreiung gilt für Dienstleistungen und die dazugehörenden Lieferungen von Gegenständen mit Ausnahme der Personenbeförderung und des Fernmeldewesens, die die öffentlichen Posteinrichtungen als solche ausführen, nämlich in ihrer Eigenschaft als Betreiber, der sich verpflichtet, in einem Mitgliedstaat den gesamten Universalpostdienst oder einen Teil davon zu gewährleisten. Sie gilt nicht für Dienstleistungen und die dazugehörenden Lieferungen von Gegenständen, deren Bedingungen individuell ausgehandelt worden sind.

EuGH vom 11. 6. 2009 – Rs. C-572/07 – (BFH/NV 2009 S. 1368, HFR 2009 S. 942)

Reinigung von Gemeinschaftsräumen keine Nebenleistung zur steuerfreien Wohnraumvermietung

Für die Zwecke der Anwendung von Art. 13 Teil B Buchst. b 6. USt-Richtlinie sind die Vermietung eines Grundstücks und die Dienstleistung der Reinigung seiner Gemeinschaftsräume unter Umständen wie denen des Ausgangsverfahrens als selbständige, voneinander trennbare Umsätze anzusehen, so dass diese Dienstleistung nicht unter diese Bestimmung fällt.

EuGH vom 19. 11. 2009 – Rs. C-461/08 – (HFR 2010 S. 203, UR 2010 S. 25)

Lieferung eines Grundstücks bei gleichzeitiger Abrissverpflichtung

Art. 13 Teil B Buchst. g i. V. m. Art. 4 Abs. 3 Buchst. a 6. USt-Richtlinie ist dahin auszulegen, dass die Lieferung eines Grundstücks, auf dem noch ein altes Gebäude steht, das abgerissen werden muss, damit an seiner Stelle ein Neubau errichtet werden kann, und mit dessen vom Verkäufer übernommenen Abriss schon vor der Lieferung begonnen worden ist, nicht unter die in der ersten dieser beiden Bestimmungen vorgesehene Befreiung von der Mehrwertsteuer fällt. Solche aus Lieferung und Abriss bestehenden Umsätze bilden mehrwertsteuerlich einen einheitlichen Umsatz, der unabhängig davon, wie weit der Abriss des alten Gebäudes zum Zeitpunkt der tatsächlichen Lieferung des Grundstücks fortgeschritten ist, in seiner Gesamtheit nicht die Lieferung des vorhandenen Gebäudes und des dazugehörigen Grund und Bodens zum Gegenstand hat, sondern die Lieferung eines unbebauten Grundstücks.

EuGH vom 28. 1. 2010 – Rs. C-473/08 – (HFR 2010 S. 417, UR 2010 S. 174)

Steuerbefreiung des von Privatlehrern erteilten Schul- und Hochschulunterrichts

1. Art. 13 Teil A Abs. 1 Buchst. j 6. USt-Richtlinie ist dahin auszulegen, dass Lehrleistungen, die ein Diplom-Ingenieur an einem als privatrechtlicher Verein verfassten Bildungsinstitut für die Teilnehmer von Fortbildungslehrgängen erbringt, die bereits mindestens einen Universitäts- oder Fachhochschulabschluss als Architekt bzw. Ingenieur oder eine gleichwertige Bildung besitzen, wobei die Kurse mit einer Prüfung abgeschlossen werden, „Unterrichtseinheiten, die sich auf Schul- und Hochschulunterricht beziehen", im Sinne dieser Bestimmung sein können. Auch andere Tätigkeiten als die Lehrtätigkeit im eigentlichen Sinne können solche Unterrichtseinheiten sein, sofern diese Tätigkeiten im Wesentlichen im Rahmen der sich auf den Schul- und Hochschulunterricht beziehenden Vermittlung von Kenntnissen und Fähigkeiten durch den Unterrichtenden an Schüler oder Studierende ausgeübt werden. Soweit erforderlich, hat das vorlegende Gericht zu prüfen, ob alle im Ausgangsverfahren in Rede stehenden Tätigkeiten Unterrichtseinheiten sind, die sich auf den „Schul- und Hochschulunterricht" im Sinne dieser Bestimmung beziehen.
2. Art. 13 Teil A Abs. 1 Buchst. j 6. USt-Richtlinie ist dahin auszulegen, dass eine Person wie Herr Eulitz, der Gesellschafter der Klägerin des Ausgangsverfahrens ist und der als Lehrkraft im Rahmen der von einer dritten Einrichtung angebotenen Lehrveranstaltungen Leistungen erbringt, unter Umständen wie den im Ausgangsverfahren gegebenen nicht als „Privatlehrer" im Sinne dieser Bestimmung angesehen werden kann.

EuGH vom 25. 3. 2010 – Rs. C-79/09 – (HFR 2010 S. 780)

Personalgestellung für bestimmte dem Gemeinwohl dienende Tätigkeiten und Personalgestellung der öffentlichen Hand

Die Kommission hat nicht nachgewiesen, dass das Königreich der Niederlande dadurch seinen Verpflichtungen aus den Art. 2 Abs. 1 Buchst. c, Art. 13, Art. 24 Abs. 1 und Art. 132 MwStSystRL nicht nachgekommen ist, dass es die Gestellung von Personal im soziokulturellen, im Gesundheits- und im Erziehungssektor an sog. Euregios und zur Förderung der beruflichen Mobilität von der Mehrwertsteuer befreit hat.

EuGH vom 3. 6. 2010 – Rs. C-237/09 – (HFR 2010 S. 892, UR 2010 S. 624)

Keine Steuerbefreiung der Beförderung von menschlichen Organen

Art. 13 Teil A Abs. 1 Buchst. d 6. USt-Richtlinie, der „die Lieferungen von menschlichen Organen, menschlichem Blut und Frauenmilch" von der Mehrwertsteuer befreit, ist dahin auszulegen, dass er nicht auf Beförderungen von menschlichen Organen und dem menschlichen Körper entnommen Substanzen anwendbar ist, die von einem Selbständigen für Krankenhäuser und Laboratorien durchgeführt werden.

EuGH vom 10. 6. 2010 – Rs. C-262/08 – (HFR 2010 S. 886, UR 2010 S. 526)

Dienstleistungen einer Nabelschnurblutbank grundsätzlich nicht steuerfrei

1. Der Begriff der mit der „Krankenhausbehandlung und [der] ärztliche[n] Heilbehandlung ... eng verbundenen Umsätze" i. S. v. Art. 13 Teil A Abs. 1 Buchst. b 6. USt-Richtlinie ist dahin auszulegen, dass er keine Tätigkeiten wie die im Ausgangsverfahren fraglichen erfasst, die in der Entnahme, der Beförderung und der Analyse von Nabelschnurblut sowie in der Lagerung der in diesem Blut enthaltenen Stammzellen bestehen, wenn die ärztliche Heilbehandlung im Krankenhaus, mit der diese Tätigkeiten nur eventuell verbunden sind, weder stattgefunden noch begonnen hat, noch geplant ist.
2. Art. 13 Teil A Abs. 1 Buchst. b 6. USt-Richtlinie steht einer Qualifikation eines Steuerpflichtigen wie der CopyGene A/S durch die nationalen Behörden als „andere ordnungsgemäß anerkannte Einrichtung gleicher Art" wie Krankenanstalten und Zentren für ärztliche Heilbehandlung und Diagnostik im Sinne dieser Bestimmung entgegen, wenn Stammzellenbanken Leistungen der im Ausgangsverfahren in Rede stehenden Art durch medizinisches Fachpersonal erbringen, aber keine finanzielle Unterstützung durch das staatliche System der sozialen Sicherheit erhalten und die Kosten der von ihnen erbrachten Leistungen nicht von diesem System gedeckt werden, obwohl ihnen von den zuständigen Gesundheitsbehörden eines Mitgliedstaats im Rahmen der Richtlinie 2004/23/EG des Europäischen Parlaments und des Rates vom 31. 3. 2004 zur Festlegung von Qualitäts- und Sicherheitsstandards für die Spende, Beschaffung, Testung, Verarbeitung, Konservierung, Lagerung und Verteilung von mensch-

lichen Geweben und Zellen eine Genehmigung zum Umgang mit menschlichen Geweben und Zellen erteilt worden ist. Jedoch kann diese Bestimmung nicht dahin ausgelegt werden, dass sie als solche von den zuständigen Behörden verlangt, eine Gleichstellung einer privaten Stammzellenbank mit einer für die Zwecke der fraglichen Steuerbefreiung „ordnungsgemäß anerkannten" Einrichtung abzulehnen. Erforderlichenfalls ist vom vorlegenden Gericht zu prüfen, ob die Versagung der Anerkennung für die Zwecke der Steuerbefreiung nach Art. 13 Teil A Abs. 1 Buchst. b 6. USt-Richtlinie dem Unionsrecht, insbesondere dem Grundsatz der steuerlichen Neutralität, entspricht.

EuGH vom 10. 6. 2010 – Rs. C-58/09 – (HFR 2010 S. 884, UR 2010 S. 494)

Steuerpflicht von Glücksspielen

Art. 135 Abs. 1 Buchst. i MwStSystRL ist dahin auszulegen, dass es den Mitgliedstaaten in Ausübung ihrer Befugnis, Bedingungen und Beschränkungen für die in dieser Bestimmung vorgesehene Befreiung von der Mehrwertsteuer festzulegen, gestattet ist, nur bestimmte Glücksspiele mit Geldeinsatz von dieser Steuer zu befreien.[1]

EuGH vom 10. 6. 2010 – Rs. C-86/09 – (HFR 2010 S. 890, UR 2010 S. 540)

Dienstleistungen einer Nabelschnurblutbank grundsätzlich nicht steuerfrei

1. Tätigkeiten, die die Übersendung eines Sets mit der Ausrüstung zur Entnahme von Nabelschnurblut Neugeborener, die Analyse und die Aufbereitung dieses Bluts sowie gegebenenfalls die Lagerung der in diesem Blut enthaltenen Stammzellen zum Zweck ihrer etwaigen zukünftigen therapeutischen Verwendung umfassen und die nur sicherstellen sollen, dass für den ungewissen Fall, dass eine Heilbehandlung erforderlich wird, ein Behandlungsmittel zur Verfügung steht, an sich aber nicht der Diagnose, Behandlung oder Heilung von Krankheiten oder Gesundheitsstörungen dienen, fallen weder in ihrer Gesamtheit noch einzeln unter den Begriff „Krankenhausbehandlungen und ärztliche Heilbehandlungen" i. S. v. Art. 132 Abs. 1 Buchst. b MwStSystRL oder unter den Begriff „Heilbehandlungen im Bereich der Humanmedizin" in Art. 132 Abs. 1 Buchst. c MwStSystRL. Für die Analyse von Nabelschnurblut gilt dies nur dann nicht, wenn sie tatsächlich dazu dient, eine ärztliche Diagnose zu erstellen, was gegebenenfalls vom vorlegenden Gericht zu prüfen ist.
2. Der Begriff der mit „Krankenhausbehandlungen und ärztlichen Heilbehandlungen ... eng verbundene[n] Umsätze" i. S. v. Art. 132 Abs. 1 Buchst. b MwStSystRL ist so auszulegen, dass er keine Tätigkeiten wie die im Ausgangsverfahren in Rede stehenden erfasst, die in der Übersendung eines Sets mit der Ausrüstung zur Entnahme von Nabelschnurblut Neugeborener, der Analyse und der Aufbereitung dieses Bluts sowie gegebenenfalls der Lagerung der in diesem Blut enthaltenen Stammzellen zum Zweck einer möglicherweise künftigen therapeutischen Verwendung bestehen, mit der diese Tätigkeiten nur eventuell verbunden sind und die weder stattgefunden hat noch begonnen hat, noch geplant ist.

EuGH vom 7. 7. 2010 – Rs. C-381/09 – (DB 2010 S. 2487, HFR 2010 S. 1369)

Steuerbefreiung für Zinsen aus Wucherdarlehen

Die Vergabe von Wucherdarlehen, die nach dem nationalen Strafrecht eine Straftat darstellt, fällt trotz ihrer Rechtswidrigkeit in den Anwendungsbereich der 6. USt-Richtlinie. Art. 13 Teil B Buchst. d Nr. 1 der 6. USt-Richtlinie ist dahin auszulegen, dass ein Mitgliedstaat diese Tätigkeit nicht der Mehrwertsteuer unterwerfen darf, wenn die entsprechende Tätigkeit der Gewährung von Gelddarlehen zu nicht überhöhten Zinsen von dieser Steuer befreit ist.

EuGH vom 28. 10. 2010 – Rs. C-175/09 – (BFH/NV 2010 S. 2387, DB 2010 S. 2487, HFR 2011 S. 119, UR 2011 S. 265)

Einziehung von Geldforderungen für einen Unternehmer über eine Bank sowie damit zusammenhängende Dienstleistungen sind keine steuerfreien Finanzdienstleistungen

Art. 13 Teil B Buchst. d Nr. 3 der 6. USt-Richtlinie ist dahin auszulegen, dass die Erbringung einer Dienstleistung, die im Wesentlichen darin besteht, bei den Banken Dritter die Beträge, die diese Dritten dem Kunden des Dienstleisters schulden, für Rechnung des Kunden im Lastschriftverfahren einzuziehen, dem Kunden eine Aufstellung der erhaltenen Beträge zu übermitteln, Kontakt mit den Dritten aufzunehmen, von denen der Dienstleister keine Zahlung erhalten hat, und schließlich der Bank des Dienstleisters den Auftrag zu erteilen, die erhaltenen Beträge abzüglich des Entgelts des Dienstleisters auf das Bankkonto des Kunden zu überweisen, nicht unter die in dieser Bestimmung vorgesehene Mehrwertsteuerbefreiung fällt.

---

[1] Anm.: Vgl. BFH-Folgeentscheidung vom 10.11.2010 – XI R 79/07 –, § 4 Rsp III.

EuGH vom 18. 11. 2010 – Rs. C-156/09 – (BFH/NV 2011 S. 179, UR 2011 S. 215)

Herauslösen und Vermehrung von Knorpelzellen zur Reimplantation beim Patienten als Heilbehandlungen im Bereich der Humanmedizin

Art. 13 Teil A Abs. 1 Buchst. c 6. USt-Richtlinie in der durch die Richtlinie 95/7/EG des Rates vom 10. 4. 1995 geänderten Fassung ist dahin auszulegen, dass das Herauslösen von Gelenkknorpelzellen aus dem einem Menschen entnommenen Knorpelmaterial und ihre anschließende Vermehrung zur Reimplantation aus therapeutischen Zwecken eine „Heilbehandlung im Bereich der Humanmedizin" im Sinne dieser Bestimmung ist.[1]

EuGH vom 2. 12. 2010 – Rs. C-276/09 – (BFH/NV 2011 S. 396, HFR 2011 S. 224, UR 2011 S. 261)

Zusätzliches Entgelt, das bei Verwendung bestimmter Zahlungsweisen für Telekommunikationsdienste berechnet wird, ist keine Gegenleistung für eine steuerbefreite Finanzdienstleistung

Im Rahmen der Erhebung der Mehrwertsteuer stellt das zusätzliche Entgelt, das ein Erbringer von Telekommunikationsdiensten seinen Kunden berechnet, wenn sie diese Dienste nicht im Lastschriftverfahren oder durch BACS-Überweisung bezahlen, sondern per Kredit- oder Debitkarte, per Scheck oder in bar am Schalter einer Bank oder einer zur Entgegennahme der Zahlung für Rechnung des betreffenden Leistungserbringers ermächtigten Stelle, keine Gegenleistung für eine eigenständige, von der in der Erbringung von Telekommunikationsdiensten bestehenden Hauptleistung unabhängige Leistung dar.

EuGH vom 16.12.2010 – Rs. C-270/09 – (BFH/NV 2011 S. 397, HFR 2011 S. 225, UR 2011 S. 462)

Besteuerung von Ferienwohnrechten

1. Der maßgebliche Zeitpunkt für die rechtliche Einordnung der Dienstleistungen, die ein Wirtschaftsteilnehmer wie die Rechtsmittelführerin des Ausgangsverfahrens im Rahmen eines Systems wie des im Ausgangsverfahren fraglichen „Optionen"-Programms erbringt, ist der Zeitpunkt, zu dem ein Kunde, der an diesem System teilnimmt, die Rechte, die er ursprünglich erworben hat, in eine von diesem Wirtschaftsteilnehmer angebotene Dienstleistung umwandelt. Werden diese Rechte in eine Gewährung von Unterkunft in einem Hotel oder in das Recht zur vorübergehenden Nutzung einer Wohnanlage umgewandelt, sind diese Leistungen Dienstleistungen im Zusammenhang mit einem Grundstück i.S.v. Art. 9 Abs. 2 Buchst. a der 6. USt-Richtlinie in der durch die Richtlinie 2001/115/EG des Rates vom 20. 12. 2001 geänderten Fassung, die an dem Ort ausgeführt werden, an dem dieses Hotel oder diese Wohnanlage gelegen ist.
2. Wandelt der Kunde in einem System wie dem im Ausgangsverfahren fraglichen „Optionen"-Programm seine ursprünglich erworbenen Rechte in ein Recht zur vorübergehenden Nutzung einer Wohnanlage um, stellt die betreffende Dienstleistung eine Vermietung eines Grundstücks i.S.v. Art. 13 Teil B Buchst. b der 6. USt-Richtlinie in der durch die Richtlinie 2001/115 geänderten Fassung dar, dem gegenwärtig Art. 135 Abs. 1 Buchst. l MwStSystRL entspricht. Diese Vorschrift hindert die Mitgliedstaaten jedoch nicht daran, diese Leistung von der Steuerbefreiung auszunehmen.

EuGH vom 10.3.2011 – Rs. C-540/09 – (BFH/NV 2011 S. 956, HFR 2011 S. 608, UR 2011 S. 751)

Steuerbefreiung einer Übernahmegarantie („underwriting guarantee") von Kreditinstituten im Rahmen von Aktienausgaben auf dem Kapitalmarkt

Art. 13 Teil B Buchst. d Nr. 5 der 6. USt-Richtlinie ist dahin gehend auszulegen, dass die in dieser Vorschrift vorgesehene Befreiung von der Mehrwertsteuer auch Dienstleistungen umfasst, die ein Kreditinstitut in Form einer Übernahmegarantie und gegen eine Vergütung gegenüber einer Gesellschaft erbringt, die im Begriff steht, Aktien auszugeben, wenn diese Garantie zum Gegenstand hat, dass sich dieses Institut dazu verpflichtet, diejenigen Aktien zu erwerben, die möglicherweise in der für die Zeichnung der Aktien vorgesehenen Zeit nicht gezeichnet werden.

EuGH vom 14.7.2011 – Rs. C-464/10 – (BFH/NV 2011 S. 1643, HFR 2011 S. 1163)

Steuerbefreiung eines Wettbüros

Die Art. 6 Abs. 4 und Art. 13 Teil B Buchst. f der 6. USt-Richtlinie sind dahin auszulegen, dass, wenn ein Wirtschaftsteilnehmer bei der Annahme von Wetten, die nach Art. 13 Teil B Buchst. f der 6. USt-Richtlinie von der Mehrwertsteuer befreit sind, im eigenen Namen, aber für Rechnung eines die Tätigkeit eines Wettannehmers ausübenden Unternehmens auftritt, dieses Unterneh-

---

[1] Anm.: Vgl. BFH-Folgeentscheidung vom 29.6.2011 – XI R 52/07 –, § 4 Rsp III.

men gemäß Art. 6 Abs. 4 der 6. USt-Richtlinie so behandelt wird, als ob es dem genannten Wirtschaftsteilnehmer Wettdienstleistungen erbrächte, die unter die genannte Steuerbefreiung fallen.

EuGH vom 28.7.2011 – Rs. C-350/10 – (BFH/NV 2011 S. 1644, HFR 2011 S. 1165, UR 2011 S. 747)

Keine Umsatzsteuerfreiheit für Swift-Dienste

Art. 13 Teil B Buchst. d Nrn. 3 und 5 der 6. USt-Richtlinie ist dahin auszulegen, dass die in dieser Bestimmung vorgesehene Befreiung von der Mehrwertsteuer nicht für Dienstleistungen der elektronischen Nachrichtenübermittlung für Finanzinstitute gilt, wie sie im Ausgangsverfahren in Rede stehen.

EuGH vom 10.11.2011 – Rs. C-259/10 und C-260/10 – (DB 2011 S. 2644)

EU-Rechtmäßigkeit der britischen Besteuerung von Geldspielautomaten

1. Der Grundsatz der steuerlichen Neutralität ist dahin auszulegen, dass es für die Feststellung einer Verletzung dieses Grundsatzes genügt, dass zwei aus der Sicht des Verbrauchers gleiche oder gleichartige Dienstleistungen, die dieselben Bedürfnisse des Verbrauchers befriedigen, hinsichtlich der Mehrwertsteuer unterschiedlich behandelt werden. Für die Annahme einer solchen Verletzung bedarf es also nicht dazu noch der Feststellung, dass die betreffenden Dienstleistungen tatsächlich in einem Wettbewerbsverhältnis zueinander stehen oder dass der Wettbewerb wegen dieser Ungleichbehandlung verzerrt ist.
2. Werden zwei Glücksspiele hinsichtlich der Gewährung der Mehrwertsteuerbefreiung nach Art. 13 Teil B Buchst. f der 6. USt-Richtlinie ungleich behandelt, so ist der Grundsatz der steuerlichen Neutralität dahin auszulegen, dass nicht zu berücksichtigen ist, dass diese beiden Glücksspiele zu unterschiedlichen Lizenzkategorien gehören und unterschiedlichen rechtlichen Regelungen hinsichtlich ihrer Aufsicht und Regulierung unterliegen.
3. Bei der im Hinblick auf den Grundsatz der steuerlichen Neutralität vorzunehmenden Prüfung, ob zwei Arten von Geldspielautomaten gleichartig sind und die gleiche Behandlung hinsichtlich der Mehrwertsteuer erfordern, ist zu prüfen, ob die Benutzung dieser Gerätearten aus der Sicht des Durchschnittsverbrauchers vergleichbar ist und dieselben Bedürfnisse des Verbrauchers befriedigt, wobei insoweit insbesondere Gesichtspunkte wie die Mindest- und Höchsteinsätze und -gewinne und die Gewinnchancen berücksichtigt werden können.
4. Der Grundsatz der steuerlichen Neutralität ist dahin auszulegen, dass ein Steuerpflichtiger, der die Verletzung dieses Grundsatzes geltend macht, nicht die Erstattung der für bestimmte Dienstleistungen entrichteten Mehrwertsteuer verlangen kann, wenn die Steuerbehörden des betreffenden Mitgliedstaats gleichartige Dienstleistungen in der Praxis wie steuerfreie Umsätze behandelt haben, obwohl diese Leistungen nach der einschlägigen nationalen Regelung nicht mehrwertsteuerfrei sind.
5. Der Grundsatz der steuerlichen Neutralität ist dahin auszulegen, dass ein Mitgliedstaat, der vom Ermessen nach Art. 13 Teil B Buchst. f der 6. USt-Richtlinie Gebrauch gemacht und die Bereitstellung jeglicher Vorrichtungen zum Spielen von Glücksspielen von der Mehrwertsteuer befreit, von dieser Befreiung jedoch eine Kategorie von bestimmte Kriterien erfüllenden Geräten ausgenommen hat, gegen einen auf die Verletzung dieses Grundsatzes gestützten Antrag auf Mehrwertsteuererstattung nicht einwenden kann, mit der gebotenen Sorgfalt auf die Entwicklung einer neuen Geräteart, die diese Kriterien nicht erfüllt, reagiert zu haben.

Rsp III   BUNDESFINANZHOF

BFH vom 10. 2. 2010 – XI R 49/07 – (HFR 2010 S. 627, UR 2010 S. 371)

Garantiezusage eines Autoverkäufers als steuerpflichtige sonstige Leistung

Die Garantiezusage eines Autoverkäufers, durch die der Käufer gegen Entgelt nach seiner Wahl einen Reparaturanspruch gegenüber dem Verkäufer oder einen Reparaturkostenersatzanspruch gegenüber einem Versicherer erhält, ist steuerpflichtig (Änderung der Rechtsprechung in dem BFH-Urteil vom 16. 1. 2003 V R 16/02, BFHE 201, 343, BStBl II 2003, 445).

BFH vom 18. 2. 2010 – V R 28/08 – (BStBl 2010 II S. 876, HFR 2010 S. 1093)

Steuerfreie Leistungen eines Orchestermusikers gegenüber seinem Orchester

1. Ein Orchestermusiker kann als Unternehmer gegenüber dem Orchester, in dem er tätig ist, nach Art. 13 Teil A Abs. 1 Buchst. n 6. USt-Richtlinie umsatzsteuerfreie kulturelle Leistungen

erbringen (Anschluss an EuGH-Urteil vom 3. 4. 2003 C-144/00, Hoffmann, Slg. 2003, I-2921, BFH/NV Beilage 2003, 153, Änderung der BFH-Rechtsprechung).
2. Für die nach Art. 13 Teil A Abs. 1 Buchst. n 6. USt-Richtlinie erforderliche Anerkennung des Unternehmers reicht eine Bescheinigung über die Erfüllung „gleicher kultureller Aufgaben" i. S. von § 4 Nr. 20 Buchst. a Satz 2 UStG aus.

BFH vom 30. 6. 2010 – XI R 47/07 – (UR 2010 S. 908)

Einhalten der Zweidrittelgrenze sozialversicherter Leistungen bei Umsätzen eines Pflegedienstes im Jahr der Unternehmensgründung

Nach Auffassung des XI. Senats des BFH verstößt § 4 Nr. 16 Buchst. e UStG 1993 gegen den Grundsatz der steuerlichen Neutralität. Wegen einer Divergenz zur Rechtsprechung des V. Senats fragt er deshalb beim V. Senat an, ob dieser einer Abweichung von dessen Rechtsprechung zustimmt, nach der § 4 Nr. 16 Buchst. e UStG 1999 weder verfassungsrechtlich noch gemeinschaftsrechtlich zu beanstanden sei, soweit diese Vorschrift für die Steuerfreiheit der dort genannten Umsätze voraussetzt, dass im vorangegangenen Kalenderjahr die Pflegekosten in mindestens 40 % der Fälle von den gesetzlichen Trägern der Sozialversicherung oder Sozialhilfe ganz oder zum überwiegenden Teil getragen worden sind.

BFH vom 3. 8. 2010 – XI B 104/09 – (BFH/NV 2010 S. 2308)

Weder Nichtigkeit noch Steuererlass bei unionsrechtswidriger Festsetzung der Umsatzsteuer aus dem Betrieb von Glücksspielautomaten
1. Es ist durch die Rechtsprechung des BFH bereits geklärt, dass ein Umsatzsteuerbescheid, der unter Verstoß gegen das Unionsrecht die Umsätze aus dem Betrieb von Glücksspielautomaten als umsatzsteuerpflichtig behandelt, nicht nichtig ist.
2. Ebenso ist im Zusammenhang mit der Besteuerung der Umsätze aus dem Betrieb von Glücksspielautomaten geklärt, dass die unionsrechtswidrig festgesetzte Umsatzsteuer nicht aus Billigkeitsgründen zu erlassen ist, da es dem Unternehmer zumutbar war, rechtzeitig gegen die Umsatzsteuerfestsetzung Einspruch einzulegen.

BFH vom 5.8.2010 – V R 54/09 – (BFH/NV 2011 S. 169, BStBl 2011 II S. 191, UR 2011 S. 353)

Verwaltung einer Sporthalle keine steuerbefreite, in engem Zusammenhang mit Sport und Körperertüchtigung stehende Dienstleistung

Die Verwaltung von Sporthallen sowie das Einziehen der Hallenmieten einschließlich des Mahn- und Vollstreckungswesens durch einen gemeinnützigen Verein gegen Entgelt im Auftrag einer Stadt ist weder nach § 4 Nr. 22 Buchst. b UStG als „sportliche Veranstaltung" noch nach Art. 13 Teil A Abs. 1 Buchst. m der 6. USt-Richtlinie steuerbefreit.

BFH vom 26.8.2010 –V R 5/08 – (BFH/NV 2011 S. 529, BStBl 2011 II S. 296)

Umsatzsteuerfreie Leistungen durch Privatklinik
1. Krankenhaus- und Heilbehandlungsleistungen einer Krankenhaus-GmbH sind nach § 4 Nr. 16 Buchst. b UStG a.F. i.V.m. § 67 AO steuerfrei, wenn das Krankenhaus in mindestens 40 v. H. der Jahrespflegetage keine Wahlleistungen zur Zimmerbelegung und zur Chefarztbehandlung erbringt und seine Leistungsentgelte nach Selbstkostengrundsätzen berechnet.
2. Bei der Berechnung der Jahrespflegetage ist nach § 4 Nr. 16 Buchst. b UStG a.F. i.V.m. § 67 AO die Erbringung medizinischer Wahlleistungen nicht zu berücksichtigen.

BFH vom 2.9.2010 – V R 47/09 – (BFH/NV 2011 S. 172, BStBl 2011 II S. 195)

Keine steuerfreie Heilbehandlung durch Subunternehmer ohne eigenständigen Befähigungsnachweis

Aus einer nach dem SGB V einem Arzt für dessen Heilbehandlungsleistung (Aknebehandlung) geschuldeten Erstattung einer Krankenkasse ergibt sich nicht, dass der vom Arzt eingeschaltete Subunternehmer (Kosmetiker) über die erforderliche berufliche Befähigung zur Durchführung einer Heilbehandlungsmaßnahme i.S.v. § 4 Nr. 14 UStG verfügt.

BFH vom 29.9.2010 – XI S 23/10 (PKH) – (UR 2011 S. 11)

Keine umsatzsteuerfreie Vermietung bei nur kurzfristiger Überlassung von Wohnungen an Prostituierte
1. Anstelle eines Mitverhältnisses kann ein Vertrag eigener Art vorliegen, wenn ein Hausbesitzer durch Maßnahmen oder Einrichtungen eine Organisation schafft und unterhält, die die

Prostitution der Bewohnerinnen fördert. Eine steuerfreie Grundstücksvermietung liegt hingegen vor, wenn ein Hausbesitzer Zimmer an Prostituierte überlässt, jedoch weder ein Bordell oder bordellartiger Betrieb noch eine vom Hausbesitzer geschaffene und unterhaltene Organisation zur Förderung der Prostitution der Bewohnerinnen feststellbar ist, die – zum Teil schon seit vielen Jahren – in dem Haus ihren festen Wohnsitz haben.

2. Die Dauer der Grundstücksnutzung bildet ein Hauptelement eines Mietvertrags i.S.d. Steuerbefreiungsvorschrift des § 4 Nr. 12 Bucht. a UStG.
3. Für die Prüfung der Erfolgsaussicht eines Antrags auf PKH ist der Umstand unerheblich, dass das FG die Revision wegen Abweichung zu einer anderen finanzgerichtlichen Entscheidung nach § 115 Abs. 2 Nr. 2 Alt. 2 FGO zugelassen hat. Dieser Zulassungsgrund enthält grundsätzlich keine Aussage darüber, ob das Rechtsmittel auch (mutmaßlich) erfolgreich sein wird, sondern nur darüber, dass zur Wahrung der Einheitlichkeit der Rechtsordnung eine Entscheidung des BFH für erforderlich gehalten wird.

BFH vom 7.10.2010 – V R 17/09 – (BFH/NV 2011 S. 965, HFR 2011 S. 576)

Keine Steuerfreiheit von Schönheitsoperationen

1. Die Besteuerung von Schönheitsoperationen, die nicht medizinisch indiziert sind, deren Kosten nicht von den Sozialversicherungsträgern getragen werden und die nicht der medizinischen Behandlung einer Krankheit oder einer anderen Gesundheitsstörung dienen, widerspricht nicht den Wertungen des § 4 Nr. 14 UStG.
2. Bei einer durch die Rechtsprechung nicht geklärten Rechtslage fehlt es an einem Vertrauenstatbestand.

BFH vom 7.10.2010 – V R 12/10 – (BFH/NV 2011 S. 540, BStBl 2011 II S. 303)

Verpflegung bei Seminaren grundsätzlich nicht steuerfrei

Die Verpflegung von Seminarteilnehmern ist nur bei geringfügigen Verpflegungsleistungen nach § 4 Nr. 22 Buchst. a UStG steuerfrei.

BFH vom 14.10.2010 – V B 152/09 – (BFH/NV 2011 S. 326)

Steuerfreie Heilbehandlungsleistung

Eine Kostentragung durch gesetzliche Krankenkassen kann den Charakter eines Befähigungsnachweises für die Steuerfreiheit nach § 4 Nr. 14 UStG haben. Dies kann sich im Einzelfall aus den Beziehungen der Krankenkassen zu den Leistungserbringern nach dem Vierten Kapitel des Fünften Buches des Sozialgesetzbuches – Gesetzliche Krankenversicherung – (SGB V) und damit aus den §§ 69 ff. SGB V ergeben.

BFH vom 28.10.2010 – V R 9/10 – (BFH/NV 2011 S. 544, BStBl 2011 II S. 306)

Zur Steuerfreiheit der Portfolioverwaltung (Vorlage an den EuGH)

Dem EuGH werden folgende Fragen zur Auslegung der MwStSystRL vorgelegt:

1. Ist die Vermögensverwaltung mit Wertpapieren (Portfolioverwaltung), bei der ein Steuerpflichtiger gegen Entgelt aufgrund eigenen Ermessens über den Kauf und Verkauf von Wertpapieren entscheidet und diese Entscheidung durch den Kauf und Verkauf der Wertpapiere vollzieht,
   - nur als Verwaltung von Sondervermögen für mehrere Anleger gemeinsam nach Art. 135 Abs. 1 Buchst. g der MwStSystRL oder auch
   - als individuelle Portfolioverwaltung für einzelne Anleger nach Art. 135 Abs. 1 Buchst. f der MwStSystRL (Umsatz, der sich auf Wertpapiere bezieht, oder als Vermittlung eines derartigen Umsatzes) steuerfrei?
2. Welche Bedeutung kommt bei der Bestimmung von Haupt- und Nebenleistung dem Kriterium, dass die Nebenleistung für die Kundschaft keinen eigenen Zweck, sondern das Mittel darstellt, um die Hauptleistung des Leistungserbringers unter optimalen Bedingungen in Anspruch zu nehmen, im Verhältnis zur gesonderten Berechnung der Nebenleistung und der Erbringbarkeit der Nebenleistung durch Dritte zu?
3. Erfasst Art. 56 Abs. 1 Buchst. e der MwStSystRL nur die in Art. 135 Abs. 1 Buchst. a – g der MwStSystRL genannten Leistungen oder auch die Vermögensverwaltung mit Wertpapieren (Portfolioverwaltung), selbst wenn dieser Umsatz nicht der zuletzt genannten Bestimmung unterliegt?[1]

---

[1] Anm.: Das Vorabentscheidungsersuchen ist beim EuGH unter der Rs. C-44/11 anhängig.

BFH vom 10.11.2010 – XI R 79/07 – (BFH/NV 2011 S. 384, HFR 2011 S. 341)

Keine Steuerbefreiung für Umsätze eines gewerblichen Betreibers von Geldspielautomaten

1. Die Umsätze eines gewerblichen Betreibers von Geldspielautomaten sind aufgrund der am 6. 5. 2006 in Kraft getretenen Neuregelung des § 4 Nr. 9 Buchst. b UStG steuerpflichtig.
2. Die in dieser Vorschrift getroffene Regelung, nach der nur bestimmte (Renn-)Wetten und Lotterien von der Steuer befreit und sämtliche „sonstige Glücksspiele mit Geldeinsatz" von der Steuerbefreiung ausgenommen sind, verstößt weder gegen Unionsrecht noch gegen das Grundgesetz.[1]

BFH vom 10.11.2010 – V R 27/09 – (BFH/NV 2011 S. 933, BStBl 2011 II S. 557)

Leistungsort für Kontroll- und Überwachungsleistungen im internationalen Warenverkehr

Die Tätigkeit einer internationalen Kontroll- und Überwachungsgesellschaft, deren „Bescheinigung über die Entladung und Einfuhr" von Erzeugnissen in das Drittland Voraussetzung für eine im Inland zu gewährende Ausfuhrerstattung ist, steht in unmittelbarem Zusammenhang mit Gegenständen der Ausfuhr i.S.d. § 4 Nr. 3 Satz 1 Buchst. a Doppelbuchst. aa 1. Alternative UStG und ist daher steuerbefreit.

BFH vom 1.12.2010 – XI R 46/08 – (BFH/NV 2011 S. 712, HFR 2011 S. 439)

Umsatzsteuerbefreiung von Leistungen eines Vereins für Rettungsdienste u.a., der nicht zu einem anerkannten Verband der freien Wohlfahrtspflege i.s.v. § 23 UStDV gehört

1. Ein nicht zu einem anerkannten Verband der freien Wohlfahrtspflege i.S.v. § 23 UStDV gehörender Verein kann sich für die Inanspruchnahme einer Steuerbefreiung für einen Haus-Notruf-Dienst unmittelbar auf die gegenüber § 4 Nr. 18 UStG günstigere Regelung in Art. 13 Teil A Abs. 1 Buchst. g der 6. USt-Richtlinie berufen.
2. Für die im Rahmen eines notärztlichen Transportdienstes und eines Menüservice erbrachten Leistungen gilt die in Art. 13 Teil A Abs. 1 Buchst. g der 6. USt-Richtlinie vorgesehene Steuerbefreiung nicht.

BFH vom 16.12.2010 – V ER-S-3/10 – (UR 2011 S. 470)

Einhalten der 2/3-Grenze sozialversicherter Leistungen bei Umsätzen eines Pflegedienstes im Jahr der Unternehmensgründung

1. Der V. Senat hat mit Urteil vom 24.1.2008 V R 54/06 (BFHE 221, 391, BStBl II 2008, 643) entschieden, dass § 4 Nr. 16 Buchst. e UStG 1999 weder verfassungsrechtlich noch gemeinschaftsrechtlich zu beanstanden sei, soweit diese Vorschrift für die Steuerfreiheit der dort genannten Umsätze voraussetzt, dass im vorangegangenen Kalenderjahr die Pflegekosten in mindestens 40 % der Fälle von den gesetzlichen Trägern der Sozialversicherung oder Sozialhilfe ganz oder zum überwiegenden Teil getragen worden sind. Der V. Senat sieht nunmehr entgegen diesem Urteil die 40 %-Grenze nicht mehr als Preisklausel i.s.v. Art. 13 Teil A Abs. 2 Buchst. a dritter Gedankenstrich der 6. USt-Richtlinie, sondern als Anerkennungsbedingung i.S.v. Art. 13 Teil A Abs. 1 Buchst. g der 6. USt-Richtlinie an.
2. Der V. Senat hält aber an seinem Urteil vom 24. 1. 2008 V R 54/06 (BFHE 221, 391, BStBl II 2008, 643) insoweit fest, als die 40 %-Grenze des § 4 Nr. 16 Buchst. e UStG entgegen dem Anfragebeschluss des XI. Senats vom 30. 6. 2010 XI R 47/07 (UR 2010, 908) den Neutralitätsgrundsatz nicht verletzt. Ein Verstoß gegen den Neutralitätsgrundsatz liegt nicht darin, dass die in § 4 Nr. 16 Buchst. e UStG bezeichneten Leistungen auch unter den Bedingungen des § 4 Nr. 18 UStG steuerfrei sein können.

BFH vom 28.12.2010 – XI B 33/10 – (BFH/NV 2011 S. 859)

Besteuerung der Umsätze aus Geldspielgeräten

Es ist unionsrechtlich grundsätzlich nicht erforderlich, eine auf der fehlerhaften Umsetzung des Art. 13 Teil B Buchst. f der 6. USt-Richtlinie in nationales Recht beruhende Verwaltungsentscheidung zurückzunehmen, die nach Ablauf angemessener Fristen oder nach Erschöpfung des Rechtswegs bestandskräftig geworden ist oder durch ein rechtskräftiges gerichtliches Urteil bestätigt wurde (Rechtsprechung).

---

[1] Anm.: Folgeentscheidung zum EuGH-Urteil vom 10.6.2010 – Rs. C-58/09 –, § 4 Rsp I. Gegen das Urteil ist beim BVerfG eine Verfassungsbeschwerde anhängig – 1 BvR 523/11 –.

BFH vom 25.1.2011 – V B 144/09 – (BFH/NV 2011 S. 863)

Steuerbefreiung für ehrenamtliche Tätigkeiten

Die ehrenamtliche Tätigkeit i.S.v. § 4 Nr. 26 UStG erfordert den Einsatz für eine fremdnützig bestimmte Einrichtung. Darunter fallen nicht nur Einrichtungen, die gemeinnützige Zwecke verfolgen, sondern auch Selbsthilfeeinrichtungen im genossenschaftlichen Bereich sowie im Verbands- oder Vereinsbereich.

BFH vom 2.3.2011 – XI R 47/07 – (BFH/NV 2011 S. 1089, HFR 2011 S. 802)

Zu den Voraussetzungen der Steuerfreiheit der Umsätze eines ambulanten Pflegedienstes (Vorlage an den EuGH)

Dem EuGH werden folgende Fragen zur Vorabentscheidung vorgelegt:
1. Erlauben es Art. 13 Teil A Abs. 1 Buchst. g und/oder Abs. 2 Buchst. a der 6. USt-Richtlinie dem nationalen Gesetzgeber, die Steuerbefreiung der Leistungen zur ambulanten Pflege kranker und pflegebedürftiger Personen davon abhängig zu machen, dass bei diesen Einrichtungen „im vorangegangenen Kalenderjahr die Pflegekosten in mindestens zwei Drittel der Fälle von den gesetzlichen Trägern der Sozialversicherung oder Sozialhilfe ganz oder zum überwiegenden Teil getragen worden sind" (§ 4 Nr. 16 Buchst. e UStG)?
2. Ist es unter Berücksichtigung des Grundsatzes der Neutralität der Mehrwertsteuer für die Antwort auf diese Frage von Bedeutung, dass der nationale Gesetzgeber dieselben Leistungen unter anderen Voraussetzungen als steuerfrei behandelt, wenn sie von amtlich anerkannten Verbänden der freien Wohlfahrtspflege und der freien Wohlfahrtspflege dienenden Körperschaften, Personenvereinigungen und Vermögensmassen, die einem Wohlfahrtsverband als Mitglied angeschlossen sind, ausgeführt werden (§ 4 Nr. 18 UStG)?[1]

BFH vom 2.3.2011 – XI R 21/09 – (BFH/NV 2011 S. 1456, UR 2011 S. 589)

Umsatzsteuerfreiheit von Golfeinzelunterricht nach Unionsrecht

Ein gemeinnütziger Golfverein kann sich für die Inanspruchnahme einer Steuerbefreiung für Golfeinzelunterricht, den er durch angestellte Golflehrer gegenüber seinen Mitgliedern gegen Entgelt erbringt, unmittelbar auf Art. 13 Teil A Abs. 1 Buchst. m der 6. USt-Richtlinie berufen.

BFH vom 4.3.2011 – V B 51/10 – (BFH/NV 2011 S. 1035)

Abgrenzung zwischen Haupt- und Nebenleistung bei der Mitvermietung von Betriebsvorrichtungen

Bei der langfristigen Vermietung eines Theatergebäudes kommt es für die Abgrenzung, ob die nach § 4 Nr. 12 UStG steuerfreie Vermietung des Gebäudes oder die mitvermieteten Betriebsvorrichtungen die Haupt- oder Nebenleistung darstellt, nicht auf die subjektive Einschätzung der Vertragsparteien, sondern auf die objektive Sicht eines Durchschnittsverbrauchers an.

BFH vom 30.3.2011 – XI R 30/09 – (BFH/NV 2011 S. 1264, HFR 2011 S. 799)

Keine Bindung der Finanzbehörde an unverbindliche Auskunft bei Änderung der Rechtslage
1. Ändert sich die einer unverbindlichen Auskunft zugrunde liegende Rechtslage, ist das Finanzamt nicht nach Treu und Glauben gehindert, einen der geänderten Rechtslage entsprechenden erstmaligen Umsatzsteuerbescheid zu erlassen, es sei denn, es hat anderweitig einen Vertrauenstatbestand geschaffen.
2. Das Finanzamt schafft in der Regel nicht dadurch einen Vertrauenstatbestand, dass es nach Änderung der einer unverbindlichen Auskunft zugrunde liegenden Rechtslage einen entsprechenden Hinweis an den Steuerpflichtigen unterlässt.

BFH vom 4.5.2011 – XI R 44/08 – (BFH/NV 2011 S. 1460, UR 2011 S. 859)

Weder Umsatzsteuerbefreiung noch ermäßigter Steuersatz für die Inszenierung einer Oper

Die Inszenierung einer Oper durch einen selbständig tätigen Regisseur gegen Honorar ist weder nach dem UStG noch nach Unionsrecht steuerbefreit und unterliegt dem Regelsteuersatz.

BFH vom 4.5.2011 – XI R 35/10 – (BFH/NV 2011 S. 1630, BStBl 2011 II S. 836, HFR 2011 S. 1021)

Umsatzsteuerrechtliche Beurteilung von Leistungen an Mitglieder einer Seniorenwohngemeinschaft

---

[1] Anm.: Das Vorabentscheidungsersuchen ist beim EuGH unter der Rs. C-174/11 anhängig.

Vermietungsleistungen und individuell angepasste Pflegeleistungen, die ein Unternehmer aufgrund getrennter Verträge gegenüber Senioren im Rahmen einer Seniorenwohngemeinschaft erbringt, sind umsatzsteuerrechtlich nicht als einheitliche (steuerpflichtige) Leistung zu qualifizieren, sondern unterliegen als eigenständige, selbständige Leistungen der gesonderten Beurteilung.

BFH vom 5.5.2011 – V R 51/10 – (BFH/NV 2011 S. 1267, BStBl 2011 II S. 740)

Steuerfreiheit von Beratungsleistungen an eine Kapitalanlagegesellschaft (Vorlage an den EuGH)

Zur Auslegung der „Verwaltung von Sondervermögen durch Kapitalanlagegesellschaften" i.S.v. Art. 13 Teil B Buchst. d Nr. 6 der 6. USt-Richtlinie: Ist die Leistung eines außenstehenden Verwalters eines Sondervermögens nur dann hinreichend spezifisch und damit steuerfrei, wenn

a) er eine Verwaltungs- und nicht nur eine Beratungstätigkeit ausübt oder wenn
b) sich die Leistung ihrer Art nach aufgrund einer für die Steuerfreiheit nach dieser Bestimmung charakteristischen Besonderheit von anderen Leistungen unterscheidet oder wenn
c) er aufgrund einer Aufgabenübertragung nach Art. 5g der geänderten Richtlinie 85/611/EWG tätig ist?[1])

BFH vom 10.5.2011 – V B 80/10 – (BFH/NV 2011 S. 1538, HFR 2011 S. 997)

Besteuerung der Umsätze aus Geldspielgeräten

1. Ebenso wie die Aussetzung des Verfahrens ist auch die Aufhebung des Aussetzungsbeschlusses eine Ermessensentscheidung, bei der insbesondere prozessökonomische Gesichtspunkte und die Interessen der Beteiligten abzuwägen sind.
2. Hat das FG das Verfahren ausdrücklich wegen einer in einem anderen Revisionsverfahren streitigen Frage der Vereinbarkeit einer deutschen Regelung mit dem EU-Recht ausgesetzt und hat der BFH diese Frage dem EuGH zur Vorabentscheidung vorgelegt, fällt mit der Entscheidung des EuGH der Grund, weshalb das FG das Verfahren ausgesetzt hatte, weg.
3. Unter Berücksichtigung des Justizgewährleistungsanspruches entspricht es in diesem Fall den Interessen der Beteiligten, das Verfahren fortzuführen.

BFH vom 12.5.2011 – V R 50/10 – (BFH/NV 2011 S. 1407, HFR 2011 S. 1020)

Baumbestand keine Betriebsvorrichtung bei Verpachtung eines Grundstücks

Bei der Verpachtung eines Grundstücks mit Obstbaumbestand sind die Obstbäume keine Betriebsvorrichtung i.S.v. § 4 Nr. 12 Satz 2 UStG.

BFH vom 8.6.2011 – XI R 22/09 – (BFH/NV 2011 S. 1804, HFR 2011 S. 1132)

Umsatzsteuerbefreiung von Leistungen, die ein gemeinnütziger Verein im Rahmen des „betreuten Wohnens" erbringt

Erbringt ein gemeinnütziger Verein gegenüber Senioren im Rahmen des „betreuten Wohnens" ein Leistungsbündel, das durch die Leistungen der in § 75 BSHG (Altenhilfe) genannten Art geprägt wird, ist die einheitliche Leistung nach Art. 13 Teil A Abs. 1 Buchst. g der 6. USt-Richtlinie steuerfrei, auch wenn der Verein insoweit nur gegenüber dem Vermieter der Seniorenwohnungen verpflichtet ist.

BFH vom 8.6.2011 – XI B 38/11 – (BFH/NV 2011 S. 1546)

Die Frage der Vereinbarkeit der Steuerpflicht von Umsätzen eines Betreibers von Geldspielgeräten mit dem Unions- und Verfassungsrecht hat keine grundsätzliche Bedeutung

1. Es ist geklärt, dass die Steuerpflicht von Umsätzen eines Betreibers von Geldspielgeräten nach § 4 Nr. 9 Buchst. b UStG in der am 6. 5. 2006 in Kraft getretenen Fassung weder gegen Unionsrecht noch gegen das Grundgesetz verstößt.
2. § 13 Abs. 1 Nr.3 in der ab dem 1. 1. 2006 geltenden Neufassung der Verordnung über Spielgeräte und andere Spiele mit Gewinnmöglichkeit (SpielV) hindert einen gewerblichen Betreiber von Geldspielgeräten rechtlich nicht daran, die Umsatzsteuer an die Endverbraucher (Spieler) weiter zu berechnen.

---

[1]) Anm.: Das Vorabentscheidungsersuchen ist beim EuGH unter der Rs. C-275/11 anhängig.

BFH vom 29.6.2011 – XI R 52/07 – (BFH/NV 2011 S. 1806, HFR 2011 S. 1330, UR 2011 S. 818)

Steuerfreie Heilbehandlung im Bereich der Humanmedizin

Die Umsätze aus dem Herauslösen von Gelenkknorpelzellen aus dem einem Menschen entnommenen Knorpelmaterial und ihre anschließende Vermehrung zur Reimplantation zu therapeutischen Zwecken sind nach § 4 Nr. 14 UStG steuerbefreit, wenn diese Tätigkeiten von Ärzten oder im Rahmen eines arztähnlichen Berufs ausgeübt werden.[1]

BFH vom 18.8.2011 – V R 27/10 – (DStRE 2011 S. 1405, StEd 2011 S. 693, HFR 2011 S. 1332, UR 2011 S. 902)

Steuerfreiheit hygienischer Leistungen durch Ärzte

Infektionshygienische Leistungen eines Arztes, die dieser für andere Ärzte und/oder Krankenhäuser erbringt, damit diese ihre Heilbehandlungsleistungen ordnungsgemäß unter Beachtung der für sie nach dem IfSG bestehenden Verpflichtungen erbringen, sind als Heilbehandlungsleistung nach § 4 Nr. 14 UStG steuerfrei.

BFH vom 6.9.2011 – V B 64/11 – (BFH/NV 2011 S. 2133, UR 2011 S. 909)

Keine steuerfreie anästhesistische Leistung bei medizinisch nicht indizierter Schönheitsoperation

Eine anästhesistische Leistung ist nur dann gemäß § 4 Nr. 14 UStG umsatzsteuerfrei, wenn sie in einem Zusammenhang erbracht wird, der die Feststellung zulässt, dass ihr Hauptziel der Schutz der Gesundheit ist. Dies trifft auf anästhesistische Leistungen bei medizinisch nicht indizierten Schönheitsoperationen nicht zu.

---

§ 4a Steuervergütung

(1) ¹Körperschaften, die ausschließlich und unmittelbar gemeinnützige, mildtätige oder kirchliche Zwecke verfolgen (§§ 51 bis 68 der Abgabenordnung), und juristischen Personen des öffentlichen Rechts wird auf Antrag eine Steuervergütung zum Ausgleich der Steuer gewährt, die auf der an sie bewirkten Lieferung eines Gegenstands, seiner Einfuhr oder seinem innergemeinschaftlichen Erwerb lastet, wenn die folgenden Voraussetzungen erfüllt sind:

1. Die Lieferung, die Einfuhr oder der innergemeinschaftliche Erwerb des Gegenstands muss steuerpflichtig gewesen sein.
2. Die auf die Lieferung des Gegenstands entfallende Steuer muss in einer nach § 14 ausgestellten Rechnung gesondert ausgewiesen und mit dem Kaufpreis bezahlt worden sein.
3. Die für die Einfuhr oder den innergemeinschaftlichen Erwerb des Gegenstands geschuldete Steuer muss entrichtet worden sein.
4. Der Gegenstand muss in das Drittlandsgebiet gelangt sein.
5. Der Gegenstand muss im Drittlandsgebiet zu humanitären, karitativen oder erzieherischen Zwecken verwendet werden.
6. Der Erwerb oder die Einfuhr des Gegenstands und seine Ausfuhr dürfen von einer Körperschaft, die steuerbegünstigte Zwecke verfolgt, nicht im Rahmen eines wirtschaftlichen Geschäftsbetriebs und von einer juristischen Person des öffentlichen Rechts nicht im Rahmen eines Betriebs gewerblicher Art (§ 1 Abs. 1 Nr. 6, § 4 des Körperschaftsteuergesetzes) oder eines land- und forstwirtschaftlichen Betriebs vorgenommen worden sein.
7. Die vorstehenden Voraussetzungen müssen nachgewiesen sein.

²Der Antrag ist nach amtlich vorgeschriebenem Vordruck zu stellen, in dem der Antragsteller die zu gewährende Vergütung selbst zu berechnen hat.

(2) Das Bundesministerium der Finanzen kann mit Zustimmung des Bundesrates durch Rechtsverordnung näher bestimmen,

1. wie die Voraussetzungen für den Vergütungsanspruch nach Absatz 1 Satz 1 nachzuweisen sind und
2. in welcher Frist die Vergütung zu beantragen ist.

---

[1] Anm.: Folgeentscheidung zum EuGH-Urteil vom 18. 11. 2010 – Rs. C-156/09 –, § 4 Rsp I.

§§ 8–11, 24 UStDV § 4a UStG
AE 4a.1, AE 4a.2

Vorschriften des Gemeinschaftsrechts

Art. 146 Abs. 1 Buchst. c und 2 der MWSt-Richtlinie (bis 31. 12. 2006: Art. 15 Nr. 12 der 6. USt-Richtlinie).

Ausfuhrnachweis bei Ausfuhrlieferungen

UStDV

§§ 8–11 UStDV

Abgedruckt bei § 4 UStG

§ 24 Antragsfrist für die Steuervergütung und Nachweis der Voraussetzungen

(1) ¹Die Steuervergütung ist bei dem zuständigen Finanzamt bis zum Ablauf des Kalenderjahres zu beantragen, das auf das Kalenderjahr folgt, in dem der Gegenstand in das Drittlandsgebiet gelangt. ²Ein Antrag kann mehrere Ansprüche auf die Steuervergütung umfassen.

(2) Der Nachweis, dass der Gegenstand in das Drittlandsgebiet gelangt ist, muss in der gleichen Weise wie bei Ausfuhrlieferungen geführt werden (§§ 8 bis 11).

(3) ¹Die Voraussetzungen für die Steuervergütung sind im Geltungsbereich dieser Verordnung buchmäßig nachzuweisen. ²Regelmäßig sollen aufgezeichnet werden:
1. die handelsübliche Bezeichnung und die Menge des ausgeführten Gegenstandes;
2. der Name und die Anschrift des Lieferers;
3. der Name und die Anschrift des Empfängers;
4. der Verwendungszweck im Drittlandsgebiet;
5. der Tag der Ausfuhr des Gegenstands;
6. die mit dem Kaufpreis für die Lieferung des Gegenstands bezahlte Steuer oder die für die Einfuhr oder den innergemeinschaftlichen Erwerb des Gegenstands entrichtete Steuer.

S 7195

4a.1. Vergütungsberechtigte

AE 4a.1

Vergütungsberechtigte nach § 4a Abs. 1 UStG sind:
1. Körperschaften, Personenvereinigungen und Vermögensmassen im Sinne des Körperschaftsteuergesetzes, die ausschließlich und unmittelbar gemeinnützige, mildtätige oder kirchliche Zwecke verfolgen (§§ 51 bis 68 AO), insbesondere auch die in § 23 UStDV aufgeführten amtlich anerkannten Verbände der freien Wohlfahrtspflege, und
2. juristische Personen des öffentlichen Rechts (vgl. Abschnitt 2.11).

S 7195

4a.2. Voraussetzungen für die Vergütung

AE 4a.2

(1) ¹Die Voraussetzungen für die Vergütung (§ 4a Abs. 1 UStG) sind nicht erfüllt, wenn die Lieferung des Gegenstands an den Vergütungsberechtigten nicht der Umsatzsteuer unterlegen hat. ²Dies ist z. B. der Fall bei steuerfreien Lieferungen, bei Lieferungen durch Privatpersonen sowie bei unentgeltlichen Lieferungen, zu denen insbesondere Sachspenden gehören. ³Unbeachtlich ist, ob die der Lieferung an den Vergütungsberechtigten vorausgegangene Lieferung umsatzsteuerpflichtig gewesen ist.

(2) ¹Ist in der Rechnung ein zu niedriger Steuerbetrag ausgewiesen, so ist nur dieser Betrag zu vergüten. ²Bei einem zu hohen Steuerausweis wird die Vergütung nur bis zur Höhe der für den betreffenden Umsatz gesetzlich vorgeschriebenen Steuer gewährt. ³Ausgeschlossen ist die Vergütung der Steuer außerdem in den Fällen eines unberechtigten Steuerausweises nach § 14c Abs. 2 UStG, z. B. bei Lieferungen durch Privatpersonen oder durch Kleinunternehmer im Sinne des § 19 Abs. 1 UStG.

(3) ¹Die Vergütung kann erst beantragt werden, wenn der Kaufpreis einschließlich Umsatzsteuer für den erworbenen Gegenstand in voller Höhe gezahlt worden ist. ²Abschlags- oder Teilzahlungen genügen nicht. ³Bei einem vorher eingeführten Gegenstand ist es erforderlich, dass die für die Einfuhr geschuldete Einfuhrumsatzsteuer entrichtet ist. ⁴Schuldet die juristische Person die Steuer für den innergemeinschaftlichen Erwerb, muss diese entrichtet worden sein.

S 7195

(4) ¹Die Vergütung ist nur zu gewähren, wenn der ausgeführte Gegenstand im Drittlandsgebiet (§ 1 Abs. 2a Satz 3 UStG) verbleibt und dort zu humanitären, karitativen oder erzieherischen Zwecken verwendet wird. ²Der Vergütungsberechtigte muss diese Zwecke im Drittlandsgebiet nicht selbst – z. B. mit eigenen Einrichtungen und Hilfskräften – erfüllen. ³Es reicht aus, wenn der Gegenstand einem Empfänger im Drittlandsgebiet übereignet wird – z. B. einer nationalen oder internationalen Institution –, der ihn dort zu den begünstigten Zwecken verwendet.

(5) ¹Ist die Verwendung der ausgeführten Gegenstände zu den nach § 4a Abs. 1 Satz 1 Nr. 5 UStG begünstigten Zwecken vorgesehen (vgl. Absatz 9), kann die Vergütung schon beansprucht werden, wenn die Gegenstände zunächst im Drittlandsgebiet – z. B. in einem Freihafen – eingelagert werden. ²Nicht zu gewähren ist die Vergütung bei einer zugelassenen vorübergehenden Freihafenlagerung nach § 12a EUStBV. ³Werden Gegenstände im Anschluss an eine vorübergehende Freihafenlagerung einer begünstigten Verwendung im Drittlandsgebiet zugeführt, kann die Vergütung von diesem Zeitpunkt an beansprucht werden.

(6) ¹Humanitär im Sinne des § 4a Abs. 1 Satz 1 Nr. 5 UStG ist nicht nur die Beseitigung und Milderung besonderer Notlagen, sondern auch die Verbesserung der wirtschaftlichen und sozialen Verhältnisse und der Umweltbedingungen. ²Karitative Zwecke werden verfolgt, wenn anderen selbstlose Hilfe gewährt wird. ³Erzieherischen Zwecken (vgl. Abschnitt 4.23.1 Abs. 4) dienen auch Gegenstände, die für die berufliche und nichtberufliche Aus- und Weiterbildung einschließlich der Bildungsarbeit auf politischem, weltanschaulichem, künstlerischem und wissenschaftlichem Gebiet verwendet werden. ⁴Es ist davon auszugehen, dass die steuerbegünstigten Zwecke im Sinne der §§ 52 bis 54 AO zugleich auch den in § 4a Abs. 1 Satz 1 Nr. 5 UStG bezeichneten Verwendungszwecken entsprechen.

(7) ¹Die ausgeführten Gegenstände brauchen nicht für Gruppen von Menschen verwendet zu werden; sie können auch Einzelpersonen im Drittlandsgebiet überlassen werden. ²Eine Vergütung kann deshalb z. B. für die Versendung von Lebensmitteln, Medikamenten oder Bekleidung an Privatpersonen in Betracht kommen.

(8) Bei Körperschaften, die steuerbegünstigte Zwecke verfolgen, stehen der Erwerb oder die Einfuhr und die Ausfuhr im Rahmen eines Zweckbetriebs (§§ 65 bis 68 AO) dem Anspruch auf Vergütung nicht entgegen.

(9) Eine Vergütung der Umsatzsteuer ist ausgeschlossen, wenn der Vergütungsberechtigte die Gegenstände vor der Ausfuhr in das Drittland im Inland genutzt hat.

AE 4a.3

4a.3. Nachweis der Voraussetzungen

S 7195

(1) ¹Das Vorliegen der Voraussetzungen für die Steuervergütung ist durch Belege nachzuweisen (§ 4a Abs. 1 Satz 1 Nr. 7 UStG, § 24 Abs. 2 und 3 UStDV). ²Als Belege für den Ausfuhrnachweis (vgl. § 24 Abs. 2 UStDV) kommen insbesondere Frachtbriefe, Konnossemente, Posteinlieferungsscheine oder deren Doppelstücke sowie Spediteurbescheinigungen in Betracht (vgl. Abschnitte 6.5 bis 6.9).

(2) Für den buchmäßigen Nachweis der Voraussetzungen (vgl. § 24 Abs. 3 UStDV) ist Folgendes zu beachten:

1. Zur Bezeichnung des Lieferers genügt es im Allgemeinen, seinen Namen aufzuzeichnen.
2. ¹Wird der Gegenstand von dem Vergütungsberechtigten selbst zu begünstigten Zwecken verwendet, ist als Empfänger die Anschrift der betreffenden Stelle des Vergütungsberechtigten im Drittlandsgebiet anzugeben. ²Werden ausgeführte Gegenstände von Hilfskräften des Vergütungsberechtigten im Drittlandsgebiet Einzelpersonen übergeben – z. B. Verteilung von Lebensmitteln, Medikamenten und Bekleidung –, ist lediglich der Ort aufzuzeichnen, an dem die Übergabe vorgenommen wird.
3. Bei Zweifeln über den Verwendungszweck im Drittlandsgebiet kann die begünstigte Verwendung durch eine Bestätigung einer staatlichen Stelle oder einer internationalen Organisation nachgewiesen werden.
4. ¹Statt des Ausfuhrtags kann auch der Kalendermonat aufgezeichnet werden, in dem der Gegenstand ausgeführt worden ist. ²Bei einer vorübergehenden Freihafenlagerung, an die sich eine begünstigte Verwendung der ausgeführten Gegenstände im Drittlandsgebiet anschließt (vgl. Abschnitt 4a.2 Abs. 5), ist zusätzlich der Zeitpunkt (Tag oder Kalendermonat) des Beginns der begünstigten Verwendung aufzuzeichnen.
5. Zum Nachweis, dass die Umsatzsteuer bezahlt oder die Einfuhrumsatzsteuer entrichtet wurde, ist in den Aufzeichnungen auf die betreffende Rechnung und den Zahlungsbeleg bzw. auf den Beleg über die Einfuhrumsatzsteuer (vgl. Abschnitt 15.11 Abs. 1 Satz 2 Nr. 2) hinzuweisen.
6. ¹Ändert sich die Umsatzsteuer – z. B. durch die Inanspruchnahme eines Skontos, durch die Gewährung eines nachträglichen Rabatts, durch eine Preisherabsetzung oder durch eine Nachberechnung –, sind der Betrag der Entgeltänderung und der Betrag, um den sich die Umsatzsteuer erhöht oder vermindert, aufzuzeichnen. ²Ist die Festsetzung der Einfuhrumsatzsteuer

nachträglich geändert worden, muss neben dem Betrag, um den sich die Einfuhrumsatzsteuer verringert oder erhöht hat, ggf. der Betrag aufgezeichnet werden, um den sich die Bemessungsgrundlage der Einfuhrumsatzsteuer geändert hat. ³Aufzuzeichnen sind darüber hinaus erlassene oder erstattete Einfuhrumsatzsteuerbeträge.

4a.4. Antragsverfahren   AE 4a.4

(1) ¹Die Vergütung ist nur auf Antrag zu gewähren (§ 4a Abs. 1 Satz 1 UStG). ²Bestandteil des Vergütungsantrags ist eine Anlage, in der die Ausfuhren einzeln aufzuführen sind. ³In der Anlage sind auch nachträgliche Minderungen von Vergütungsansprüchen anzugeben, die der Vergütungsberechtigte bereits mit früheren Anträgen geltend gemacht hat.   S 7195

(2) ¹Der Vergütungsantrag **einschließlich Anlage (vgl. BMF-Schreiben vom 24.6.2011, BStBl I S. 697)** ist bei dem Finanzamt einzureichen, in dessen Bezirk der Vergütungsberechtigte seinen Sitz hat. ²Der Antrag ist bis zum Ablauf des Kalenderjahrs zu stellen, das dem Kalenderjahr folgt, in dem der Gegenstand in das Drittlandsgebiet gelangt ist (§ 24 Abs. 1 Satz 1 UStDV). ³Die Antragsfrist kann nicht verlängert werden (Ausschlussfrist). ⁴Bei Versäumung der Antragsfrist kann unter den Voraussetzungen des § 110 AO allenfalls Wiedereinsetzung in den vorigen Stand gewährt werden. ⁵Ist der ausgeführte Gegenstand zunächst im Rahmen einer zugelassenen Freihafenlagerung nach § 12a EUStBV vorübergehend in einem Freihafen gelagert worden, so ist für die Antragsfrist der Zeitpunkt des Beginns der begünstigten Verwendung des Gegenstands maßgebend.

4a.5. Wiedereinfuhr von Gegenständen   AE 4a.5

¹Wiedereingeführte Gegenstände, für die bei der Ausfuhr eine Vergütung nach § 4a UStG gewährt worden ist, sind nicht als Rückwaren einfuhrumsatzsteuerfrei (§ 12 Nr. 3 EUStBV). ²Vergütungsberechtigte müssen deshalb bei der Wiedereinfuhr von Gegenständen erklären, ob der betreffende Gegenstand zur Verwendung für humanitäre, karitative oder erzieherische Zwecke in das Drittlandsgebiet ausgeführt und dafür die Vergütung beansprucht worden ist.   S 7195

Hinweise   H

Muster der Vordrucke für das Umsatzsteuer-Vergütungsverfahren nach § 4a UStG   1

(BMF vom 24. 10. 2002, BStBl 2002 I S. 1357)

Siehe USt-HA 2003/04 § 4a H 2.

Steuerliche Maßnahmen zur Unterstützung der Opfer der Erdbeben-Katastrophe im Januar 2010 in Haiti   2

(BMF vom 4. 2. 2010 – IV C 4 – S 2223/07/0015 (DOK 2010/0065323), UR 2010 S. 239)

...

V. Umsatzsteuer

Das Umsatzsteuerrecht ist in den Mitgliedstaaten der Europäischen Union insbesondere durch die Vorschriften der Mehrwertsteuersystemrichtlinie 2006/112/EG weitgehend harmonisiert. Die Mitgliedstaaten sind verpflichtet, die dort getroffenen Regelungen in nationales Recht umzusetzen. Die Mehrwertsteuersystemrichtlinie kennt keine Möglichkeit, die es einem Mitgliedstaat zur Bewältigung von Naturkatastrophen, wenn auch nur zeitlich und sachlich begrenzt, gestatten würde, von den verbindlichen Richtlinienvorschriften abzuweichen.

Sachliche Billigkeitsmaßnahmen bei unentgeltlichen Zuwendungen aus einem Unternehmen nach § 3 Abs. 1b UStG sind daher ebenso wenig möglich wie eine Ausweitung der Steuervergütung nach § 4a UStG.

Steuerliche Maßnahmen zur Unterstützung der Opfer der Flut-Katastrophe Ende Juli 2010 in Pakistan   3

(BMF vom 25. 8. 2010 – IV C 4 – S 2223/07/0015:004, StEd 2010 S. 621)

...

V. Umsatzsteuer

Das Umsatzsteuerrecht ist in den Mitgliedstaaten der Europäischen Union insbesondere durch die Vorschriften der Richtlinie 2006/112/EG des Rates über das gemeinsame Mehrwertsteuersystem vom 28. 11. 2006 (Mehrwertsteuer-Systemrichtlinie) weitgehend harmonisiert. Die Mitgliedstaaten sind verpflichtet, die dort getroffenen Regelungen in nationales Recht umzusetzen. Die Mehrwertsteuer-Systemrichtlinie kennt keine Möglichkeit, die es einem Mitgliedstaat zur Bewältigung von Naturkatastrophen, wenn auch nur zeitlich und sachlich begrenzt, gestatten würde, von den verbindlichen Richtlinienvorschriften abzuweichen.

Sachliche Billigkeitsmaßnahmen bei unentgeltlichen Zuwendungen aus einem Unternehmen nach § 3 Abs. 1b UStG sind daher ebenso wenig möglich wie eine Ausweitung der Steuervergütung nach § 4a UStG.

4   Muster der Vordrucke für das Umsatzsteuer-Vergütungsverfahren nach § 4a UStG

(BMF vom 24. 6. 2011, BStBl 2011 I S. 697)

Unter Bezugnahme auf das Ergebnis der Erörterung mit den obersten Finanzbehörden der Länder gilt Folgendes:

(1) Für das Umsatzsteuer-Vergütungsverfahren nach § 4a UStG werden ab 1. Juli 2011 folgende Vordruckmuster[1]) eingeführt:

USt 1 V – Antrag auf Umsatzsteuer-Vergütung –

Anlage zu USt 1 V

Diese ersetzen die mit BMF-Schreiben vom 24. Oktober 2002 – IV D 1 – S 7195 – 10/02 – (BStBl I S. 1357)[2]) herausgegebenen Vordruckmuster.

(2) Das Vordruckmuster USt 1 V wurde um die Angaben zur Nutzung von SEPA-Überweisungen (Single Euro Payments Area) ergänzt (Angabe von BIC und IBAN). Steuererstattungen mit IBAN und BIC sind innerhalb des Europäischen Zahlungsverkehrsraumes (SEPA) möglich, zu dem alle Länder der EU sowie Island, Norwegen, Liechtenstein und die Schweiz gehören. Im Vordruckmuster sind stets Kontonummer/Bankleitzahl oder IBAN/BIC anzugeben.

(3) Die Vordrucke USt 1 V und Anlage zu USt 1 V sind auf der Grundlage der unveränderten Vordruckmuster herzustellen. Die Länder können Nr. 3 des Verfügungsteils auf der Rückseite des Vordruckmusters USt 1 V entsprechend ihren technischen und organisatorischen Erfordernissen gestalten.

(4) Die Zeilenabstände in den Vordruckmustern sind schreibmaschinengerecht (Zwei-Zeilen-Schaltung). Bei der Herstellung der Vordrucke ist ebenfalls ein schreibmaschinengerechter Zeilenabstand einzuhalten.

UStG   § 4b Steuerbefreiung beim innergemeinschaftlichen Erwerb von Gegenständen

S 7196   Steuerfrei ist der innergemeinschaftliche Erwerb

1. der in § 4 Nr. 8 Buchstabe e und Nr. 17 Buchstabe a sowie der in § 8 Abs. 1 Nr. 1 und 2 bezeichneten Gegenstände;
2. der in § 4 Nr. 4 bis 4b und 8 Buchstabe b und i sowie der in § 8 Abs. 2 Nr. 1 und 2 bezeichneten Gegenstände unter den in diesen Vorschriften bezeichneten Voraussetzungen;
3. der Gegenstände, deren Einfuhr (§ 1 Abs. 1 Nr. 4) nach den für die Einfuhrumsatzsteuer geltenden Vorschriften steuerfrei wäre;
4. der Gegenstände, die zur Ausführung von Umsätzen verwendet werden, für die der Ausschluss vom Vorsteuerabzug nach § 15 Abs. 3 nicht eintritt.

Vorschriften des Gemeinschaftsrechts

Art. 131 und 140 der MWSt-Richtlinie (bis 31. 12. 2006: Art. 28c Teil B der 6. USt-Richtlinie).

AE 4b.1   4b.1. Steuerbefreiung beim innergemeinschaftlichen Erwerb von Gegenständen

S 7196   (1) [1]Die Steuerbefreiung nach § 4b UStG setzt einen innergemeinschaftlichen Erwerb voraus. [2]Durch § 4b Nr. 1 und 2 UStG ist der innergemeinschaftliche Erwerb bestimmter Gegenstände, deren Lieferung im Inland steuerfrei wäre, von der Umsatzsteuer befreit. [3]Danach ist steuerfrei insbesondere der innergemeinschaftliche Erwerb von:

---

1) Anm.: Vordruckmuster nicht abgedruckt.
2) Anm.: Siehe USt-HA 2003/04 § 4a H 2.

a) Gold durch Zentralbanken – z. B. durch die Deutsche Bundesbank – (Abschnitt 4.4.1),
b) gesetzlichen Zahlungsmitteln, **die wegen ihres Metallgehalts oder ihres Sammlerwerts umgesetzt werden** (Abschnitt 4.8.3 **Abs. 1**),
c) Wasserfahrzeugen, die nach ihrer Bauart dem Erwerb durch die Seeschifffahrt oder der Rettung Schiffbrüchiger zu dienen bestimmt sind (Abschnitt 8.1 Abs. 2).

(2) ¹Nach § 4b Nr. 3 UStG ist der innergemeinschaftliche Erwerb der Gegenstände, deren Einfuhr steuerfrei wäre, von der Steuer befreit. ²Der Umfang dieser Steuerbefreiung ergibt sich zu einem wesentlichen Teil aus der EUStBV. ³Danach ist z. B. der innergemeinschaftliche Erwerb von Gegenständen mit geringem Wert (bis zu 22 € Gesamtwert je Sendung steuerfrei (z. B. Zeitschriften und Bücher).

(3) ¹§ 4b Nr. 4 UStG befreit den innergemeinschaftlichen Erwerb von Gegenständen, die der Unternehmer für Umsätze verwendet, für die der Ausschluss vom Vorsteuerabzug nach § 15 Abs. 3 UStG nicht eintritt (z. B. für steuerfreie innergemeinschaftliche Lieferungen, steuerfreie Ausfuhrlieferungen oder nicht umsatzsteuerbare Lieferungen im Drittlandsgebiet). ²Es wird jedoch nicht beanstandet, wenn in diesen Fällen der innergemeinschaftliche Erwerb steuerpflichtig behandelt wird.

Hinweis

Innergemeinschaftlicher Erwerb von Erzeugnissen des Buchhandels durch Bibliotheken

(OFD Saarbrücken, Vfg. vom 11. 5. 1993 – S 7196 – 1 – St 241 –, IStR 1993 S. 474)
Siehe USt-HA 1996/97 § 4b H 1.

§ 5 Steuerbefreiungen bei der Einfuhr

(1) Steuerfrei ist die Einfuhr
1. der in § 4 Nr. 8 Buchstabe e und Nr. 17 Buchstabe a sowie der in § 8 Abs. 1 Nr. 1, 2 und 3 bezeichneten Gegenstände;
2. der in § 4 Nr. 4 und Nr. 8 Buchstabe b und i sowie der in § 8 Abs. 2 Nr. 1, 2 und 3 bezeichneten Gegenstände unter den in diesen Vorschriften bezeichneten Voraussetzungen;
3. der Gegenstände, die von einem Schuldner der Einfuhrumsatzsteuer im Anschluss an die Einfuhr unmittelbar zur Ausführung von innergemeinschaftlichen Lieferungen (§ 4 Nummer 1 Buchstabe b, § 6a) verwendet werden; der Schuldner der Einfuhrumsatzsteuer hat zum Zeitpunkt der Einfuhr
   a) seine im Geltungsbereich dieses Gesetzes erteilte Umsatzsteuer-Identifikationsnummer oder die im Geltungsbereich dieses Gesetzes erteilte Umsatzsteuer-Identifikationsnummer seines Fiskalvertreters und
   b) die im anderen Mitgliedstaat erteilte Umsatzsteuer-Identifikationsnummer des Abnehmers mitzuteilen, sowie
   c) nachzuweisen, dass die Gegenstände zur Beförderung oder Versendung in das übrige Gemeinschaftsgebiet bestimmt sind;
4. der in der Anlage 1 bezeichneten Gegenstände, die im Anschluss an die Einfuhr zur Ausführung von steuerfreien Umsätzen nach § 4 Nr. 4a Satz 1 Buchstabe a Satz 1 verwendet werden sollen; der Schuldner der Einfuhrumsatzsteuer hat die Voraussetzungen der Steuerbefreiung nachzuweisen;
5. der in der Anlage 1 bezeichneten Gegenstände, wenn die Einfuhr im Zusammenhang mit einer Lieferung steht, die zu einer Auslagerung im Sinne des § 4 Nr. 4a Satz 1 Buchstabe a Satz 2 führt, und der Lieferer oder sein Beauftragter Schuldner der Einfuhrumsatzsteuer ist; der Schuldner der Einfuhrumsatzsteuer hat die Voraussetzungen der Steuerbefreiung nachzuweisen;
6. von Erdgas über das Erdgasnetz oder von Erdgas, das von einem Gastanker aus in das Erdgasnetz oder ein vorgelagertes Gasleitungsnetz eingespeist wird, von Elektrizität oder von Wärme oder Kälte über Wärme- oder Kältenetze.

(2) Das Bundesministerium der Finanzen kann durch Rechtsverordnung, die nicht der Zustimmung des Bundesrates bedarf, zur Erleichterung des Warenverkehrs über die Grenze und zur Vereinfachung der Verwaltung Steuerfreiheit oder Steuerermäßigung anordnen

1. für Gegenstände, die nicht oder nicht mehr am Güterumsatz und an der Preisbildung teilnehmen;
2. für Gegenstände in kleinen Mengen oder von geringem Wert;
3. für Gegenstände, die nur vorübergehend ausgeführt worden waren, ohne ihre Zugehörigkeit oder enge Beziehung zur inländischen Wirtschaft verloren zu haben;
4. für Gegenstände, die nach zollamtlich bewilligter Veredelung in Freihäfen eingeführt werden;
5. für Gegenstände, die nur vorübergehend eingeführt und danach unter zollamtlicher Überwachung wieder ausgeführt werden;
6. für Gegenstände, für die nach zwischenstaatlichem Brauch keine Einfuhrumsatzsteuer erhoben wird;
7. für Gegenstände, die an Bord von Verkehrsmitteln als Mundvorrat, als Brenn-, Treib- oder Schmierstoffe, als technische Öle oder als Betriebsmittel eingeführt werden;
8. [1]für Gegenstände, die weder zum Handel noch zur gewerblichen Verwendung bestimmt und insgesamt nicht mehr wert sind, als in Rechtsakten des Rates oder der Kommission der Europäischen Gemeinschaften über die Verzollung zum Pauschalsatz festgelegt ist, soweit dadurch schutzwürdige Interessen der inländischen Wirtschaft nicht verletzt werden und keine unangemessenen Steuervorteile entstehen. [2]Es hat dabei Rechtsakte des Rates oder der Kommission der Europäischen Gemeinschaften zu berücksichtigen.

(3) Das Bundesministerium der Finanzen kann durch Rechtsverordnung, die nicht der Zustimmung des Bundesrates bedarf, anordnen, dass unter den sinngemäß anzuwendenden Voraussetzungen von Rechtsakten des Rates oder der Kommission der Europäischen Gemeinschaften über die Erstattung oder den Erlass von Einfuhrabgaben die Einfuhrumsatzsteuer ganz oder teilweise erstattet oder erlassen wird.

Vorschriften des Gemeinschaftsrechts

Art. 131, Art. 140, Art. 143, Art. 144 und Art. 156 der MWSt-Richtlinie (bis 31.12.2006: Art. 14 Abs. 1 Buchst. a–j, Art. 16 Abs. 1 Unterabs. 1 Teil A und Art. 28c Teil D der 6. USt-Richtlinie).

EUStBV – §§ 1–16

Einfuhrumsatzsteuer-Befreiungsverordnung
– EUStBV –

vom 11. August 1992
(BGBl. 1992 I S. 1526)

geändert durch
1. die Erste Verordnung zur Änderung der Einfuhrumsatzsteuer-Befreiungsverordnung 1993 vom 9. Februar 1994 (BGBl. 1994 I S. 302, BStBl 1994 I S. 191),
2. die Berichtigung der Ersten Verordnung zur Änderung der Einfuhrumsatzsteuer-Befreiungsverordnung 1993 (BGBl. 1994 I S. 523),
3. die Verordnung zur Änderung der Zollverordnung und anderer Verordnungen vom 22.12.2003 (BGBl. 2004 I S. 21) und
4. die Verordnung zur Änderung der Zollverordnung und der Einfuhrumsatzsteuer-Befreiungsverordnung 1983 vom 24.11.2008 (BGBl. 2008 I S. 2232).

Auf Grund des Artikels 3 des Vierzehnten Gesetzes zur Änderung des Zollgesetzes vom 3. August 1973 (BGBl. I S. 933), der durch Artikel 2 Abs. 2 des Gesetzes vom 12. September 1980 (BGBl. I S. 1695) neu gefaßt worden ist, verordnet der Bundesminister der Finanzen:

§ 1 Allgemeines

(1) Einfuhrumsatzsteuerfrei ist – vorbehaltlich der §§ 1a bis 10 – die Einfuhr der Gegenstände, die nach Kapitel I und III der Verordnung (EWG) Nr. 918/83 des Rates vom 28. März 1983 über das gemeinschaftliche System der Zollbefreiungen (ABl. EG Nr. L 105 S. 1, Nr. L 274 S. 40, 1984

Nr. L 274 S. 40, 1984 Nr. L 308 S. 64, 1985 Nr. L 256 S. 47, 1986 Nr. L 271 S. 31), die zuletzt geändert durch die Verordnung (EG) Nr. 274/2008 vom 17. März 2008 (ABl. EG Nr. L 58 S. 1) geändert worden ist, zollfrei eingeführt werden können, in entsprechender Anwendung dieser Vorschriften sowie der Durchführungsvorschriften dazu; ausgenommen sind die Artikel 29 bis 31, 45, 52 bis 59b, 63a und 63b der Verordnung (EWG) Nr. 918/83.

(1a) Im Sinne dieser Verordnung gilt als Zollkodex die Verordnung (EWG) Nr. 2913/92 des Rates vom 12. Oktober 1992 zur Festlegung des Zollkodex der Gemeinschaften (ABl. EG Nr. L 302 S. 1, 1993 Nr. L 79 S. 84, 1996 Nr. L 97 S. 387), zuletzt geändert durch die Verordnung (EG) Nr. 2700/2000 des Europäischen Parlaments und des Rates vom 16. November 2000 (ABl. EG Nr. L 311 S. 17), in der jeweils geltenden Fassung. Im Sinne dieser Verordnung gilt als Durchführungsverordnung zum Zollkodex die Verordnung (EWG) Nr. 2454/93 der Kommission vom 2. Juli 1993 mit Durchführungsvorschriften zu der Verordnung (EWG) Nr. 2913/92 des Rates vom 12. Oktober 1992 zur Festlegung des Zollkodex der Gemeinschaften (ABl. EG Nr. L 253 S. 1, 1994 Nr. L 268 S. 32, 1996 Nr. L 180 S. 34, 1997 Nr. L 156 S. 59, 1999 Nr. L 111 S. 88), zuletzt geändert durch die Verordnung (EG) Nr. 1335/2003 der Kommission vom 25. Juli 2003 (ABl. EU Nr. L 187 S. 16), in der jeweils geltenden Fassung.

(2) Einfuhrumsatzsteuerfrei ist, vorbehaltlich des § 11, die vorübergehende Einfuhr von Gegenständen, die

1. nach den Artikeln 137 bis 144 des Zollkodex frei von Einfuhrabgaben im Sinne des Artikels 4 Nr. 10 des Zollkodex eingeführt werden können oder die
2. gelegentlich und ohne gewerbliche Absicht eingeführt werden, sofern der Verwender hinsichtlich dieser Gegenstände nicht oder nicht in vollem Umfang nach § 15 Abs. 1 Nr. 2 des Gesetzes zum Vorsteuerabzug berechtigt ist,

in sinngemäßer Anwendung der genannten Vorschriften sowie der Durchführungsvorschriften dazu; ausgenommen sind die Vorschriften über die vorübergehende Verwendung bei teilweiser Befreiung von Einfuhrabgaben im Sinne des Artikels 4 Nr. 10 Zollkodex.

(2a) ¹Einfuhrumsatzsteuerfrei ist, vorbehaltlich des § 12, die Einfuhr der Gegenstände, die nach den Artikeln 185 bis 187 Zollkodex als Rückwaren frei von Einfuhrabgaben im Sinne des Artikels 4 Nr. 10 Zollkodex eingeführt werden können, in sinngemäßer Anwendung dieser Vorschriften sowie der Durchführungsvorschriften dazu. ²Die Steuerfreiheit gilt auch für die Gegenstände, die in Artikel 185 Abs. 2 Buchstabe b Zollkodex aufgeführt sind.

(3) Einfuhrumsatzsteuerfrei ist ferner die Einfuhr der Gegenstände, die nach den §§ 12, 14 bis 22 der Zollverordnung vom 23. Dezember 1993 (BGBl. I S. 2449) in der jeweils geltenden Fassung frei von Einfuhrabgaben im Sinne des Artikels 4 Nr. 10 Zollkodex eingeführt werden können, in sinngemäßer Anwendung dieser Vorschriften.

§ 1a Sendungen von geringem Wert

Die Einfuhrumsatzsteuerfreiheit für Sendungen von Waren mit geringem Wert im Sinne des Artikels 27 der Verordnung (EWG) Nr. 918/83 ist auf Waren beschränkt, deren Gesamtwert 22 Euro je Sendung nicht übersteigt.

§ 2 Investitionsgüter und andere Ausrüstungsgegenstände

Die Einfuhrumsatzsteuerfreiheit für Investitionsgüter und andere Ausrüstungsgegenstände (Artikel 32 bis 38 der in § 1 Abs. 1 genannten Verordnung) ist ausgeschlossen für Gegenstände, die

1. ganz oder teilweise zur Ausführung von Umsätzen verwendet werden, die nach § 15 Abs. 2 und 3 des Gesetzes den Vorsteuerabzug ausschließen,
2. von einer juristischen Person des öffentlichen Rechts für ihren nichtunternehmerischen Bereich eingeführt werden oder
3. von einem Unternehmer eingeführt werden, der die Vorsteuerbeträge nach Durchschnittssätzen (§§ 23 und 24 des Gesetzes) ermittelt.

§ 3 Landwirtschaftliche Erzeugnisse

Die Einfuhrumsatzsteuerfreiheit für bestimmte landwirtschaftliche Erzeugnisse (Artikel 39 bis 42 der in § 1 Abs. 1 genannten Verordnung) gilt auch für reinrassige Pferde, die nicht älter als sechs Monate sind und im Drittlandsgebiet von einem Tier geboren sind, das im Inland oder in den österreichischen Gebieten Jungholz und Mittelberg befruchtet und danach vorübergehend ausgeführt worden war.

§ 4 Gegenstände erzieherischen, wissenschaftlichen oder kulturellen Charakters

¹Die Einfuhrumsatzsteuerfreiheit für Gegenstände erzieherischen, wissenschaftlichen oder kulturellen Charakters im Sinne der Artikel 50 und 51 der in § 1 Abs. 1 genannten Verordnung ist auf die von den Buchstaben B der Anhänge I und II der Verordnung erfaßten Einfuhren beschränkt. ²Die Steuerfreiheit für Sammlungsstücke und Kunstgegenstände (Artikel 51 der Verordnung) hängt davon ab, daß die Gegenstände

1. unentgeltlich eingeführt werden oder
2. nicht von einem Unternehmer geliefert werden; als Lieferer gilt nicht, wer für die begünstigte Einrichtung tätig wird.

§ 5 Tiere für Laborzwecke

Die Einfuhrumsatzsteuerfreiheit für Tiere für Laborzwecke (Artikel 60 Abs. 1 Buchstabe a und Abs. 2 der in § 1 Abs. 1 genannten Verordnung) hängt davon ab, daß die Tiere unentgeltlich eingeführt werden.

§ 6 Gegenstände für Organisationen der Wohlfahrtspflege

(1) Die Einfuhrumsatzsteuerfreiheit für lebenswichtige Gegenstände (Artikel 65 Abs. 1 Buchstabe a der in § 1 Abs. 1 genannten Verordnung) hängt davon ab, daß die Gegenstände unentgeltlich eingeführt werden.

(2) ¹Die Einfuhrumsatzsteuerfreiheit für Gegenstände für Behinderte (Artikel 70 bis 78 der in § 1 Abs. 1 genannten Verordnung) hängt davon ab, daß die Gegenstände unentgeltlich eingeführt werden. ²Sie hängt nicht davon ab, daß gleichwertige Gegenstände gegenwärtig in der Gemeinschaft nicht hergestellt werden. ³Die Steuerfreiheit ist ausgeschlossen für Gegenstände, die von Behinderten selbst eingeführt werden.

§ 7 Werbedrucke

(1) Die Einfuhrumsatzsteuerfreiheit für Werbedrucke (Artikel 92 Buchstabe b der in § 1 Abs. 1 genannten Verordnung) gilt für Werbedrucke, in denen Dienstleistungen angeboten werden, allgemein, sofern diese Angebote von einer in einem anderen Mitgliedstaat der Europäischen Gemeinschaften ansässigen Person ausgehen.

(2) Bei Werbedrucken, die zur kostenlosen Verteilung eingeführt werden, hängt die Steuerfreiheit abweichend von Artikel 93 Buchstabe b und c der in § 1 Abs. 1 genannten Verordnung nur davon ab, daß die in den Drucken enthaltenen Angebote von einer in einem anderen Mitgliedstaat der Europäischen Gemeinschaften ansässigen Person ausgehen.

§ 8 Werbemittel für den Fremdenverkehr

Die Einfuhrumsatzsteuerfreiheit für Werbematerial für den Fremdenverkehr (Artikel 108 Buchstabe a und b der in § 1 Abs. 1 genannten Verordnung) gilt auch dann, wenn darin Werbung für in einem Mitgliedstaat der Europäischen Gemeinschaften ansässige Unternehmen enthalten ist, sofern der Gesamtanteil der Werbung 25 vom Hundert nicht übersteigt.

§ 9 Amtliche Veröffentlichungen, Wahlmaterialien

Einfuhrumsatzsteuerfrei ist die Einfuhr der amtlichen Veröffentlichungen, mit denen das Ausfuhrland und die dort niedergelassenen Organisationen, öffentlichen Körperschaften und öffentlich-rechtlichen Einrichtungen Maßnahmen öffentlicher Gewalt bekanntmachen, sowie die Einfuhr der Drucksachen, die die in den Mitgliedstaaten der Europäischen Gemeinschaften als solche offiziell anerkannten ausländischen politischen Organisationen anläßlich der Wahlen zum Europäischen Parlament oder anläßlich nationaler Wahlen, die vom Herkunftsland aus organisiert werden, verteilen.

§ 10 Behältnisse und Verpackungen

(1) Die Einfuhrumsatzsteuerfreiheit von Verpackungsmitteln (Artikel 110 der in § 1 Abs. 1 genannten Verordnung) hängt davon ab, daß ihr Wert in die Bemessungsgrundlage für die Einfuhr (§ 11 des Gesetzes) einbezogen wird.

(2) Die Steuerfreiheit nach Absatz 1 gilt auch für die Einfuhr von Behältnissen und befüllten Verpackungen, wenn sie für die mit ihnen gestellten oder in ihnen verpackten Waren üblich sind oder unabhängig von ihrer Verwendung als Behältnis oder Verpackung keinen dauernden selbständigen Gebrauchswert haben.

§ 11 Vorübergehende Verwendung

(1) Artikel 572 Abs. 1 Durchführungsverordnung zum Zollkodex gilt mit der Maßgabe, daß die hergestellten Gegenstände aus dem Zollgebiet der Gemeinschaft auszuführen sind.

(2) In den Fällen des § 1 Abs. 2 Nr. 2 beträgt die Verwendungsfrist längstens sechs Monate; sie darf nicht verlängert werden.

(3) Werden die in Artikel 576 der Durchführungsverordnung zum Zollkodex bezeichneten Gegenstände verkauft, so ist bei der Ermittlung der Bemessungsgrundlage von dem Kaufpreis auszugehen, den der erste Käufer im Inland oder in den österreichischen Gebieten Jungholz und Mittelberg gezahlt oder zu zahlen hat.

(4) Auf die Leistung einer Sicherheit für die Einfuhrumsatzsteuer kann verzichtet werden.

§ 12 Rückwaren

[1]Die Einfuhrumsatzsteuerfreiheit von Rückwaren (Artikel 185 bis 187 Zollkodex) ist ausgeschlossen, wenn der eingeführte Gegenstand
1. vor der Einfuhr geliefert worden ist,
2. im Rahmen einer steuerfreien Lieferung (§ 4 Nr. 1 des Gesetzes) ausgeführt worden ist oder
3. im Rahmen des § 4a des Gesetzes von der Umsatzsteuer entlastet worden ist.

[2]Satz 1 Nr. 2 gilt nicht, wenn derjenige, der die Lieferung bewirkt hat, den Gegenstand zurückerhält und hinsichtlich dieses Gegenstandes in vollem Umfang nach § 15 Abs. 1 Nr. 2 des Gesetzes zum Vorsteuerabzug berechtigt ist.

§ 12a Freihafenlagerung

(1) [1]Einfuhrumsatzsteuerfrei ist die Einfuhr von Gegenständen, die als Gemeinschaftswaren ausgeführt und in einem Freihafen vorübergehend gelagert worden sind. [2]Die Steuerfreiheit hängt davon ab, daß die nachfolgenden Vorschriften eingehalten sind.

(2) [1]Die Lagerung bedarf einer besonderen Zulassung; sie wird grundsätzlich nur zugelassen, wenn im Freihafen vorhandene Anlagen sonst nicht wirtschaftlich ausgenutzt werden können und der Freihafen durch die Lagerung seinem Zweck nicht entfremdet wird. [2]Für die Zulassung ist das von der Oberfinanzdirektion dafür bestimmte Hauptzollamt zuständig. [3]Der Antrag auf Zulassung ist vom Lagerhalter schriftlich zu stellen. [4]Die Zulassung wird schriftlich erteilt.

(3) [1]Die Gegenstände sind vor der Ausfuhr zu gestellen und mit dem Antrag anzumelden, die Ausfuhr in den Freihafen zollamtlich zu überwachen. [2]Unter bestimmten Voraussetzungen und Bedingungen kann zugelassen werden, daß die Gegenstände ohne Gestellung ausgeführt werden.

(4) [1]Für die Wiedereinfuhr der Gegenstände wird eine Frist gesetzt; dabei werden die zugelassene Lagerdauer und die erforderlichen Beförderungszeiten berücksichtigt. [2]Die Zollstelle erteilt dem Antragsteller einen Zwischenschein und überwacht die Ausfuhr.

(5) [1]Die Gegenstände dürfen im Freihafen nur wie zugelassen gelagert werden. [2]Die Lagerdauer darf ohne Zustimmung des Hauptzollamts nach Absatz 2 Satz 2 nicht überschritten werden. [3]Die Frist für die Wiedereinfuhr der Gegenstände darf nur aus zwingendem Anlaß überschritten werden; der Anlaß ist nachzuweisen.

(6) Für die Überführung der Gegenstände in den freien Verkehr nach der Wiedereinfuhr ist der Zwischenschein als Steueranmeldung zu verwenden.

§ 12b Freihafen-Veredelung

(1) [1]Einfuhrumsatzsteuerfrei ist die Einfuhr von Gegenständen, die in einem Freihafen veredelt worden sind, sofern die bei der Veredelung verwendeten Gegenstände als Gemeinschaftswaren ausgeführt worden sind. [2]Anstelle der ausgeführten Gegenstände können auch Gegenstände veredelt werden, die den ausgeführten Gegenständen nach Menge und Beschaffenheit entsprechen. [3]Die Steuerfreiheit hängt davon ab, daß die nachfolgenden Vorschriften eingehalten sind.

(2) [1]Die Freihafen-Veredelung bedarf einer Bewilligung; sie wird nur erteilt, wenn der Freihafen dadurch seinem Zweck nicht entfremdet wird. [2]Für die Bewilligung ist die von der Oberfinanzdirektion dafür bestimmte Zollstelle zuständig. [3]Der Antrag auf Bewilligung ist vom Inhaber des Freihafenbetriebs schriftlich zu stellen. [4]Die Bewilligung wird schriftlich erteilt; sie kann jederzeit widerrufen werden. [5]In der Bewilligung wird bestimmt, welche Zollstelle die Veredelung überwacht (überwachende Zollstelle), welcher Zollstelle die unveredelten Gegenstände zu gestellen sind und bei welcher Zollstelle der Antrag auf Überführung der veredelt eingeführten Gegenstände in den freien Verkehr zu stellen ist.

(3) [1]Die unveredelten Gegenstände sind vor der Ausfuhr zu gestellen und mit dem Antrag anzumelden, sie für die Freihafen-Veredelung zur Ausfuhr abzufertigen. [2]Wenn die zollamtliche Überwachung anders als durch Gestellung gesichert erscheint, kann die überwachende Zollstelle unter bestimmten Voraussetzungen und Bedingungen zulassen, daß die unveredelten Gegenstände durch Anschreibung in die Freihafen-Veredelung übergeführt werden; die Zulassung kann jederzeit widerrufen werden.

(4) [1]Die Zollstelle sichert die Nämlichkeit der unveredelten Gegenstände, sofern die Veredelung von Gegenständen, die den ausgeführten Gegenständen nach Menge und Beschaffenheit entsprechen, nicht zugelassen ist. [2]Sie erteilt dem Veredeler einen Veredelungsschein, in dem die zur Feststellung der Nämlichkeit getroffenen Maßnahmen und die Frist für die Einfuhr der veredelten Gegenstände vermerkt werden.

(5) Der Antrag auf Überführung der veredelten Gegenstände in den freien Verkehr ist vom Veredeler bei der in der Bewilligung bestimmten Zollstelle zu stellen.

§ 13 Fänge deutscher Fischer

(1) Einfuhrumsatzsteuerfrei ist die Einfuhr von Fängen von Fischern, die in der Bundesrepublik Deutschland wohnen und von deutschen Schiffen aus auf See fischen, sowie die aus diesen Fängen auf deutschen Schiffen hergestellten Erzeugnisse.

(2) [1]Die Steuerfreiheit hängt davon ab, daß die Gegenstände auf einem deutschen Schiff und für ein Unternehmen der Seefischerei eingeführt werden. [2]Sie ist ausgeschlossen, wenn die Gegenstände vor der Einfuhr geliefert worden sind.

§ 14 Erstattung oder Erlaß

(1) Die Einfuhrumsatzsteuer wird erstattet oder erlassen in den in den Artikeln 235 bis 242 Zollkodex bezeichneten Fällen in sinngemäßer Anwendung dieser Vorschriften und der Durchführungsvorschriften dazu.

(2) [1]Die Erstattung oder der Erlaß hängt davon ab, daß der Antragsteller hinsichtlich der Gegenstände nicht oder nicht in vollem Umfang nach § 15 Abs. 1 Nr. 2 des Gesetzes zum Vorsteuerabzug berechtigt ist. [2]Satz 1 gilt nicht für die Fälle des Artikels 236 Zollkodex.

§ 15 Absehen von der Festsetzung der Steuer

Die Einfuhrumsatzsteuer wird nicht festgesetzt für Gegenstände, die nur der Einfuhrumsatzsteuer unterliegen, wenn sie weniger als 10 Euro beträgt und nach § 15 Abs. 1 Nr. 2 des Gesetzes als Vorsteuer abgezogen werden könnte.

§ 16 Inkrafttreten, abgelöste Vorschrift

[1]Diese Verordnung tritt am 1. Januar 1993 in Kraft. [2]Gleichzeitig tritt die Einfuhrumsatzsteuer-Befreiungsverordnung vom 5. Juni 1984 (BGBl. I S. 747, 750), zuletzt geändert durch Artikel 1 der Verordnung vom 20. Juni 1990 (BGBl. I S. 1119), außer Kraft.

Hinweis

Dienstanweisung zur Einfuhrumsatzsteuer

Vorschriftensammlung Bundesfinanzverwaltung (VSF) Stoffgebiet Zoll, Abschnitt Einfuhrumsatzsteuer, Fachteil Z 82 52, Z 82 54, Z 82 55, Z 82 56, Z 82 57, Z 82 62, Z 82 66 – (Ausgabe 1974, in der derzeit geltenden Fassung)

Z 82 52 Einfuhrumsatzsteuer-Befreiungsverordnung (Allgemeines)
Z 82 54 Steuerfreiheit gemäß § 1 Abs. 1 und 2 und §§ 2 bis 11 EUStBV
Z 82 55 Steuerbegünstigung gemäß § 1 Abs. *2a und 3* und § 12 EUStBV
Z 82 56 Freihafenlagerung und Freihafen-Veredelung (§ 12a und § 12b EUStBV)
Z 82 57 Steuerfreiheit für Fänge deutscher Fischer (§ 13 EUStBV)
Z 82 62 Erstattung oder Erlass von Einfuhrumsatzsteuer (§ 14 EUStBV)
Z 82 66 Sonstige Steuerbefreiungen und Steuerermäßigungen

Texte nicht in die USt-HA aufgenommen.

Rechtsprechung

EUROPÄISCHER GERICHTSHOF

EuGH vom 23. 4. 1991 – Rs. C-297/89 – (UR 1991 S. 223, 1993 S. 235)

1. Der gewöhnliche Wohnsitz i. S. des Artikels 7 Absatz 1 der Richtlinie 83/182/EWG des Rates vom 28. 3. 1983 über Steuerbefreiungen innerhalb der Gemeinschaft bei vorübergehender Einfuhr bestimmter Verkehrsmittel entspricht dem ständigen Mittelpunkt der Interessen des Betroffenen, und dieser Ort ist anhand sämtlicher in dieser Bestimmung enthaltenen Kriterien und aller erheblichen Tatsachen zu bestimmen. Dazu ist klarzustellen, dass sich aus der bloßen Tatsache, dass ein Angehöriger eines Mitgliedstaats B, der in einen Mitgliedstaat A verzogen ist, wo er Arbeit und Wohnung gefunden hat, von einem bestimmten Zeitpunkt an mehr als ein Jahr lang unter Beibehaltung seiner Arbeit und seiner Wohnung im Mitgliedstaat A fast jede Nacht und jedes Wochenende bei einer Freundin im Mitgliedstaat B verbracht hat, nicht schon der Schluss ziehen lässt, dass der Betroffene seinen gewöhnlichen Wohnsitz in den Mitgliedstaat B verlegt hat.

2. Artikel 10 Absatz 2 der Richtlinie 83/182/EWG über Steuerbefreiungen innerhalb der Gemeinschaft bei vorübergehender Einfuhr bestimmter Verkehrsmittel verpflichtet die zuständigen Behörden der Mitgliedstaaten, die erforderlichen Entscheidungen im gegenseitigen Einvernehmen zu treffen, wenn die praktische Anwendung der Richtlinie mit Schwierigkeiten verbunden ist, wobei diese Entscheidungen es ihnen ermöglichen, den künftigen Schwierigkeiten, die mit konkreten Einzelfällen verbunden sind, zu begegnen. Diese Bestimmung verpflichtet die Mitgliedstaaten jedoch nicht, sich in jedem Einzelfall, in dem die Anwendung dieser Richtlinie mit Schwierigkeiten verbunden ist, abzusprechen.

3. Da Artikel 10 Absatz 2 die Mitgliedstaaten nur zu einer Absprache verpflichtet, wenn die Anwendung der Richtlinie mit Schwierigkeiten verbunden ist, und ihnen somit ein weites Ermessen lässt, können einzelne sich vor den nationalen Gerichten nicht auf diese Bestimmung berufen.

EuGH vom 11. 7. 2002 – Rs. C-371/99 – (HFR 2002 S. 1148, UR 2003 S. 33)

Einfuhrumsatzsteuer, Einfuhr durch Beendigung eines Zollverfahrens, Entziehung einer Ware aus der zollamtlichen Überwachung, vorschriftswidrige Beendigung eines externen Versandverfahrens, Ort der Einfuhr

1. Werden bestimmte nach der Zollregelung des externen gemeinschaftlichen Versandverfahrens auf der Straße beförderte Waren durch mehrere im Gebiet verschiedener Mitgliedstaaten vorgenommene vorschriftswidrige Handlungen in den Gemeinschaftsmarkt verbracht, so unterliegen die Waren im Sinne des Art. 7 Abs. 3 6. USt-Richtlinie in der Fassung der Richtlinie 92/111/EWG des Rates vom 14. 12. 1992 zur Änderung der 6. USt-Richtlinie und zur Einführung von Vereinfachungsmaßnahmen im Bereich der Mehrwertsteuer diesem Verfahren im Gebiet desjenigen Mitgliedstaats nicht mehr, in dem die erste Handlung vorgenommen wird, die so qualifiziert werden kann, dass damit die Waren der zollamtlichen Überwachung entzogen werden.

Der zollamtlichen Überwachung entzogen werden Waren durch jede Handlung oder Unterlassung, die dazu führt, dass die zuständige Zollbehörde auch nur zeitweise am Zugang zu einer unter zollamtlicher Überwachung stehenden Ware und an der Durchführung der vom gemeinschaftlichen Zollrecht vorgesehenen Prüfungen gehindert wird.
2. Für die Entziehung einer Ware aus der zollamtlichen Überwachung ist es nicht erforderlich, dass ein subjektives Element vorliegt, sondern es müssen nur objektive Voraussetzungen erfüllt sein.

EuGH vom 26. 4. 2007 – Rs. C-392/05 – (IStR 2007 S. 371)

Begriff des „gewöhnlichen Wohnsitzes" im Rahmen von Sonderverbrauchsteuern auf die endgültige Einfuhr eines Fahrzeugs zum persönlichen Gebrauch aus einem Mitgliedstaat in einen anderen Mitgliedstaat

Sonderverbrauchsteuern wie die im Ausgangsverfahren in Rede stehenden fallen in den Anwendungsbereich der in Art. 1 Abs. 1 der Richtlinie 83/183/EWG des Rates vom 28. 3. 1983 über Steuerbefreiungen bei der endgültigen Einfuhr persönlicher Gegenstände durch Privatpersonen aus einem Mitgliedstaat in der Fassung der Richtlinie 89/604/EWG des Rates vom 23. 11. 1989 vorgesehenen Steuerbefreiung, wenn sie – was von dem vorlegenden Gericht zu prüfen ist – bei der von einer Privatperson vorgenommenen endgültigen Einfuhr eines Fahrzeugs zum persönlichen Gebrauch aus einem anderen Mitgliedstaat normalerweise erhoben werden. Eine zusätzliche einmalige Sonderzulassungssteuer wie die im Ausgangsverfahren in Rede stehende wird von dem genannten Art. 1 Abs. 1 erfasst, wenn sie – was von dem vorlegenden Gericht zu prüfen ist – mit dem Vorgang der Einfuhr des Fahrzeugs als solchem verbunden ist.

Art. 6 Abs. 1 der Richtlinie 83/183/EWG ist dahin auszulegen, dass ein Angehöriger der öffentlichen Verwaltung, der Streitkräfte, der Sicherheitsorgane oder der Hafenpolizei eines Mitgliedstaats, der sich mit seinen Familienangehörigen mindestens 185 Tage im Jahr zur Wahrnehmung eines befristeten dienstlichen Auftrags in einem anderen Mitgliedstaat aufhält, während der Dauer dieser Entsendung seinen gewöhnlichen Wohnsitz im Sinne des genannten Art. 6 Abs. 1 in diesem anderen Mitgliedstaat hat.

Sofern sich am Ende der von dem vorlegenden Gericht vorgenommenen Prüfung herausstellen sollte, dass die im Ausgangsverfahren in Rede stehenden Steuern nicht in den Anwendungsbereich der in Art. 1 Abs. 1 der Richtlinie 83/183/EWG vorgesehenen Steuerbefreiung fallen, obliegt es diesem Gericht, im Hinblick auf die sich aus Art. 39 EG ergebenden Vorgaben zu prüfen, ob die Anwendung der nationalen Rechtsvorschriften über diese Steuern gewährleistet, dass eine Person, die im Rahmen eines Wohnsitzwechsels ein Fahrzeug in ihren Herkunftsmitgliedstaat einführt, hinsichtlich dieser Steuern nicht schlechter gestellt wird als Personen, die ihren Wohnsitz dauerhaft in diesem Mitgliedstaat hatten, und ob gegebenenfalls eine entsprechende Ungleichbehandlung gerechtfertigt ist, weil ihr objektive, vom Wohnsitz der Betroffenen unabhängige Erwägungen zugrunde liegen und sie in angemessenem Verhältnis zu einem mit den nationalen Rechtsvorschriften verfolgten legitimen Zweck steht.

---

§ 6 Ausfuhrlieferung

S 7131

(1) ¹Eine Ausfuhrlieferung (§ 4 Nr. 1 Buchstabe a) liegt vor, wenn bei einer Lieferung
1. der Unternehmer den Gegenstand der Lieferung in das Drittlandsgebiet, ausgenommen Gebiete nach § 1 Abs. 3, befördert oder versendet hat oder
2. der Abnehmer den Gegenstand der Lieferung in das Drittlandsgebiet, ausgenommen Gebiete nach § 1 Abs. 3, befördert oder versendet hat und ein ausländischer Abnehmer ist oder
3. der Unternehmer oder der Abnehmer den Gegenstand der Lieferung in die in § 1 Abs. 3 bezeichneten Gebiete befördert oder versendet hat und der Abnehmer
    a) ein Unternehmer ist, der den Gegenstand für sein Unternehmen erworben hat und dieser nicht ausschließlich oder nicht zum Teil für eine nach § 4 Nr. 8 bis 27 steuerfreie Tätigkeit verwendet werden soll, oder
    b) ein ausländischer Abnehmer, aber kein Unternehmer, ist und der Gegenstand in das übrige Drittlandsgebiet gelangt ist.

²Der Gegenstand der Lieferung kann durch Beauftragte vor der Ausfuhr bearbeitet oder verarbeitet worden sein.

S 7132

(2) ¹Ausländischer Abnehmer im Sinne des Absatzes 1 Satz 1 Nr. 2 und 3 ist
1. ein Abnehmer, der seinen Wohnort oder Sitz im Ausland, ausgenommen die in § 1 Abs. 3 bezeichneten Gebiete, hat, oder

2. eine Zweigniederlassung eines im Inland oder in den in § 1 Abs. 3 bezeichneten Gebieten ansässigen Unternehmers, die ihren Sitz im Ausland, ausgenommen die bezeichneten Gebiete, hat, wenn sie das Umsatzgeschäft im eigenen Namen abgeschlossen hat.

²Eine Zweigniederlassung im Inland oder in den in § 1 Abs. 3 bezeichneten Gebieten ist kein ausländischer Abnehmer.

(3) Ist in den Fällen des Absatzes 1 Satz 1 Nr. 2 und 3 der Gegenstand der Lieferung zur Ausrüstung oder Versorgung eines Beförderungsmittels bestimmt, so liegt eine Ausfuhrlieferung nur vor, wenn

1. der Abnehmer ein ausländischer Unternehmer ist und
2. das Beförderungsmittel den Zwecken des Unternehmens des Abnehmers dient.

(3a) Wird in den Fällen des Absatzes 1 Satz 1 Nr. 2 und 3 der Gegenstand der Lieferung nicht für unternehmerische Zwecke erworben und durch den Abnehmer im persönlichen Reisegepäck ausgeführt, liegt eine Ausfuhrlieferung nur vor, wenn

1. der Abnehmer seinen Wohnort oder Sitz im Drittlandsgebiet, ausgenommen Gebiete nach § 1 Abs. 3, hat und
2. der Gegenstand der Lieferung vor Ablauf des dritten Kalendermonats, der auf den Monat der Lieferung folgt, ausgeführt wird.

S 7133

(4) ¹Die Voraussetzungen der Absätze 1, 3 und 3a sowie die Bearbeitung oder Verarbeitung im Sinne des Absatzes 1 Satz 2 müssen vom Unternehmer nachgewiesen sein. ²Das Bundesministerium der Finanzen kann mit Zustimmung des Bundesrates durch Rechtsverordnung bestimmen, wie der Unternehmer die Nachweise zu führen hat.

S 7134
S 7137

(5) Die Absätze 1 bis 4 gelten nicht für die Lieferungen im Sinne des § 3 Abs. 1b.

Vorschriften des Gemeinschaftsrechts

Art. 131, Art. 146 Abs. 1 Buchst. a u. b, Art. 147, Art. 156 der MWSt-Richtlinie (bis 31. 12. 2006: Art. 15 Nrn. 1 u. 2, Art. 16 Abs. 1 Unterabs. 1 der 6. USt-Richtlinie).

Ausfuhrnachweis und buchmäßiger Nachweis bei Ausfuhrlieferungen und Lohnveredelungen an Gegenständen der Ausfuhr

UStDV

§§ 8–17 UStDV: Abgedruckt bei § 4 UStG

6.1. Ausfuhrlieferungen

AE 6.1

(1) ¹Hat der Unternehmer den Gegenstand der Lieferung in das Drittlandsgebiet außerhalb der in § 1 Abs. 3 UStG bezeichneten Gebiete befördert oder versendet, braucht der Abnehmer kein ausländischer Abnehmer zu sein (§ 6 Abs. 1 Satz 1 Nr. 1 UStG). ²Die Steuerbefreiung kann deshalb in diesen Ausfuhrfällen z. B. auch für die Lieferungen an Abnehmer in Anspruch genommen werden, die ihren Wohnort oder Sitz im Inland oder in den in § 1 Abs. 3 UStG bezeichneten Gebieten haben. ³Das gilt auch für Lieferungen, bei denen der Unternehmer den Gegenstand auf die Insel Helgoland oder in das Gebiet von Büsingen befördert oder versendet hat, weil diese Gebiete umsatzsteuerrechtlich nicht zum Inland im Sinne des § 1 Abs. 2 Satz 1 UStG gehören und auch nicht zu den in § 1 Abs. 3 UStG bezeichneten Gebieten zählen.

S 7131

(2) ¹Hat der Abnehmer den Gegenstand der Lieferung in das Drittlandsgebiet – außerhalb der in § 1 Abs. 3 UStG bezeichneten Gebiete – befördert oder versendet (Abholfall), muss er ein ausländischer Abnehmer sein (§ 6 Abs. 1 Satz 1 Nr. 2 UStG). ²Zum Begriff des ausländischen Abnehmers wird auf Abschnitt 6.3 hingewiesen.

(3) ¹Haben der Unternehmer oder der Abnehmer den Gegenstand der Lieferung in die in § 1 Abs. 3 UStG bezeichneten Gebiete, d. h. in einen Freihafen oder in die Gewässer oder Watten zwischen der Hoheitsgrenze und der jeweiligen ***Basislinie (vgl. Abschnitt 1.9 Abs. 3)*** befördert oder versendet, kommt die Steuerbefreiung (§ 6 Abs. 1 Satz 1 Nr. 3 UStG) in Betracht, wenn der Abnehmer ein Unternehmer ist, der den Gegenstand für Zwecke seines Unternehmens erworben hat (vgl. Abschnitt 15.2 Abs. ***16 ff.***) und dieser nicht ausschließlich oder nicht zum Teil für eine nach § 4 Nr. 8 bis 27 UStG steuerfreie Tätigkeit verwendet werden soll. ²Bei der Lieferung eines einheitlichen Gegenstandes, z. B. eines Kraftfahrzeuges, ist im Allgemeinen davon auszugehen, dass der Abnehmer den Gegenstand dann für Zwecke seines Unternehmens erwirbt, wenn der unternehmerische Verwendungszweck zum Zeitpunkt des Erwerbs überwiegt. ³Bei der Lieferung von ver-

tretbaren Sachen, die der Abnehmer sowohl für unternehmerische als auch für nichtunternehmerische Zwecke erworben hat, ist der Anteil, der auf den unternehmerischen Erwerbszweck entfällt, durch eine Aufteilung entsprechend den Erwerbszwecken zu ermitteln. [4]Bei ausländischen Abnehmern, die keine Unternehmer sind, muss der Gegenstand in das übrige Drittlandsgebiet gelangen.

(4) Liegt ein Reihengeschäft vor, kann nur die Beförderungs- oder Versendungslieferung (vgl. Abschnitt 3.14 Abs. 14) unter den Voraussetzungen des § 6 UStG als Ausfuhrlieferung steuerfrei sein.

(5) [1]Der Gegenstand der Lieferung kann durch einen Beauftragten oder mehrere Beauftragte vor der Ausfuhr sowohl im Inland als auch in einem anderen EU-Mitgliedstaat bearbeitet oder verarbeitet worden sein. [2]Es kann sich nur um Beauftragte des Abnehmers oder eines folgenden Abnehmers handeln. [3]Erteilt der liefernde Unternehmer oder ein vorangegangener Lieferer den Bearbeitungs- oder Verarbeitungsauftrag, ist die Ausführung dieses Auftrages ein der Lieferung des Unternehmers vorgelagerter Umsatz. [4]Gegenstand der Lieferung des Unternehmers ist in diesem Fall der bearbeitete oder verarbeitete Gegenstand und nicht der Gegenstand vor seiner Bearbeitung oder Verarbeitung. [5]Der Auftrag für die Bearbeitung oder Verarbeitung des Gegenstandes der Lieferung kann auch von einem Abnehmer erteilt worden sein, der kein ausländischer Abnehmer ist.

(6) Besondere Regelungen sind getroffen worden:
1. für Lieferungen von Gegenständen der Schiffsausrüstung an ausländische Binnenschiffer (BMF-Schreiben vom 19. 6. 1974 – BStBl I S. 438);
2. für Fälle, in denen Formen, Modelle oder Werkzeuge zur Herstellung steuerfrei ausgeführter Gegenstände benötigt wurden (vgl. BMF-Schreiben vom 27. 11. 1975, BStBl I S. 1126).

(7) Die Steuerbefreiung für Ausfuhrlieferungen (§ 4 Nr. 1 Buchstabe a, § 6 UStG) kommt nicht in Betracht, wenn für die Lieferung eines Gegenstands in das Drittlandsgebiet auch die Voraussetzungen der Steuerbefreiungen nach § 4 Nr. 17, 19 oder 28 oder nach § 25c Abs. 1 und 2 UStG vorliegen.

AE 6.2

6.2. Elektronisches Ausfuhrverfahren (Allgemeines)

(1) [1]Seit 1. 7. 2009 besteht EU-einheitlich die Pflicht zur Teilnahme am elektronischen Ausfuhrverfahren (Artikel 787 ZK-DVO). [2]Die bisherige schriftliche Ausfuhranmeldung wird durch eine elektronische Ausfuhranmeldung ersetzt. [3]In Deutschland steht hierfür seit dem 1. 8. 2006 das IT-System ATLAS-Ausfuhr zur Verfügung. [4]Die Pflicht zur Abgabe elektronischer Anmeldungen betrifft alle Anmeldungen unabhängig vom Beförderungsweg (Straßen-, Luft-, See-, Post- und Bahnverkehr).

(2) [1]Die Ausfuhrzollstelle (AfZSt) überführt die elektronisch angemeldeten Waren in das Ausfuhrverfahren und übermittelt der angemeldeten Ausgangszollstelle (AgZSt) vorab die Angaben zum Ausfuhrvorgang. [2]Über das europäische IT-System AES (Automated Export System)/ECS (Export Control System) kann die AgZSt, unabhängig davon, in welchem Mitgliedstaat sie sich befindet, anhand der Registriernummer der Ausfuhranmeldung (MRN – Movement Reference Number) den Ausfuhrvorgang aufrufen und den körperlichen Ausgang der Waren überwachen. [3]Die AgZSt vergewissert sich unter anderem, dass die gestellten Waren den angemeldeten entsprechen, und überwacht den körperlichen Ausgang der Waren aus dem Zollgebiet der Gemeinschaft. [4]Der körperliche Ausgang der Waren ist der AfZSt durch die AgZSt mit der „Ausgangsbestätigung/Kontrollergebnis" unmittelbar anzuzeigen. [5]Weder im nationalen noch im europäischen Zollrecht existiert eine Differenzierung zwischen Beförderungs- und Versendungsfällen. [6]Für alle elektronisch angemeldeten Waren übersendet die AgZSt der AfZSt die Nachricht „Ausgangsbestätigung/Kontrollergebnis".

(3) [1]Der Nachrichtenaustausch zwischen den Teilnehmern und den Zolldienststellen wird im IT-Verfahren ATLAS mit EDIFACT-Nachrichten durchgeführt, die auf EDIFACT-Nachrichtentypen basieren. [2]Die (deutsche) AfZSt erledigt den Ausfuhrvorgang auf Basis der von der AgZSt übermittelten „Ausgangsbestätigung" dadurch, dass sie dem Ausführer/Anmelder elektronisch den „Ausgangsvermerk" (Artikel 796e ZK-DVO) als PDF-Dokument (vgl. Anlage 1 zum BMF-Schreiben vom 3. 5. 2010, BStBl I S. 497, sowie ggf. die späteren hierzu im BStBl I veröffentlichten BMF-Schreiben) übermittelt. [3]Der „Ausgangsvermerk" beinhaltet die Daten der ursprünglichen Ausfuhranmeldung, ergänzt um die zusätzlichen Feststellungen und Ergebnisse der AgZSt. [4]Der belegmäßige Nachweis der Ausfuhr wird daher zollrechtlich in allen Fällen (Beförderungs- und Versendungsfällen) durch den „Ausgangsvermerk" erbracht.

(4) [1]Von dem seit 1. 7. 2009 geltenden elektronischen Nachrichtenaustauschverfahren sind – aus zollrechtlicher Sicht – Abweichungen nur zulässig

1. [1]im Ausfall- und Sicherheitskonzept (erkennbar am Stempelabdruck „ECS/AES Notfallverfahren"). [2]Hier wird das Exemplar Nr. 3 des Einheitspapiers, ein Handelsbeleg oder ein Verwaltungspapier als schriftliche Ausfuhranmeldung verwendet,

2. ¹bei der Ausfuhr mit mündlicher oder konkludenter Anmeldung (in Fällen von geringer wirtschaftlicher Bedeutung). ²Hier wird ggf. ein sonstiger handelsüblicher Beleg als Ausfuhranmeldung verwendet.

²Nur in diesen Fällen wird die vom Ausführer/Anmelder vorgelegte Ausfuhranmeldung von der AgZSt auf der Rückseite mit Dienststempelabdruck versehen.

(5) ¹Geht die Nachricht „Ausgangsbestätigung/Kontrollergebnis" der AgZSt bei der AfZSt – aus welchen Gründen auch immer – nicht ein, kann das Ausfuhrverfahren nicht automatisiert mit dem PDF-Dokument „Ausgangsvermerk" erledigt werden. ²Das Gemeinschaftszollrecht sieht in diesen Fällen eine Überprüfung des Ausfuhrvorgangs vor (Artikel 796da und 796e ZK-DVO). ³Sofern der Ausfuhrvorgang weder verwaltungsintern noch durch den Anmelder/Ausführer geklärt werden kann, wird die ursprüngliche Ausfuhranmeldung für ungültig erklärt. ⁴Wird durch die Recherchen der AgZSt der Ausgang bestätigt, erstellt die AfZSt einen per EDIFACT-Nachricht übermittelten „Ausgangsvermerk". ⁵Legt der Anmelder/Ausführer einen sog. Alternativnachweis vor, erstellt die AfZSt ebenfalls einen per EDIFACT-Nachricht übermittelten „Alternativ-Ausgangsvermerk" (vgl. Anlage 2 zum BMF-Schreiben vom 3. 5. 2010, BStBl I S. 497, sowie ggf. die späteren hierzu im BStBl I veröffentlichten BMF-Schreiben).

6.3. Ausländischer Abnehmer

AE 6.3

(1) Ausländische Abnehmer sind Personen mit Wohnort oder Sitz im Ausland (§ 1 Abs. 2 Satz 2 UStG) – also auch auf Helgoland oder in der Gemeinde Büsingen – mit Ausnahme der in § 1 Abs. 3 UStG bezeichneten Gebiete (z. B. in den Freihäfen).

S 7132

(2) ¹Wer ausländischer Abnehmer ist, bestimmt sich bei einer natürlichen Person nach ihrem Wohnort. ²Es ist unbeachtlich, welche Staatsangehörigkeit der Abnehmer hat. ³Wohnort ist der Ort, an dem der Abnehmer für längere Zeit Wohnung genommen hat und der nicht nur aufgrund subjektiver Willensentscheidung, sondern auch bei objektiver Betrachtung als der örtliche Mittelpunkt seines Lebens anzusehen ist (BFH-Urteil vom 31. 7. 1975, V R 52/74, BStBl 1976 II S. 80). ⁴Der Begriff des Wohnorts ist nicht mit den in §§ 8 und 9 AO verwendeten Begriffen des Wohnsitzes und des gewöhnlichen Aufenthalts inhaltsgleich. ⁵Eine Wohnsitzbegründung im Inland und im Ausland ist gleichzeitig möglich; dagegen kann ein Abnehmer jeweils nur einen Wohnort im Sinne des § 6 Abs. 2 Satz 1 Nr. 1 UStG haben. ⁶Die zeitliche Dauer eines Aufenthalts ist zwar wichtiges, aber nicht allein entscheidendes Kriterium für die Bestimmung des Wohnorts. ⁷Daneben müssen die sonstigen Umstände des Aufenthaltes, insbesondere sein Zweck, in Betracht gezogen werden. ⁸Arbeitnehmer eines ausländischen Unternehmers, die lediglich zur Durchführung eines bestimmten, zeitlich begrenzten Auftrags ins Inland kommen, ohne hier objektiv erkennbar den örtlichen Mittelpunkt ihres Lebens zu begründen, bleiben daher ausländische Abnehmer, auch wenn ihr Aufenthalt im Inland von längerer Dauer ist (BFH-Urteil vom 31. 7. 1975, a. a. O.). ⁹Personen, die ihren Wohnort vom Inland in das Ausland mit Ausnahme der in § 1 Abs. 3 UStG bezeichneten Gebiete verlegen oder zurückverlegen, sind bis zu ihrer tatsächlichen Ausreise (Grenzübergang) keine ausländischen Abnehmer (BFH-Urteil vom 14. 12. 1994, XI R 70/93, BStBl 1995 II S. 515). ¹⁰Eine nach § 6 Abs. 1 Satz 1 Nr. 2 oder Nr. 3 Buchstabe b UStG steuerfreie Ausfuhrlieferung kann an sie nur nach diesem Zeitpunkt erbracht werden. ¹¹Maßgebend für den Zeitpunkt der Lieferung ist das Erfüllungsgeschäft und nicht das Verpflichtungsgeschäft. ¹²Zum Nachweis des Wohnorts des Abnehmers bei Ausfuhrlieferungen im nichtkommerziellen Reiseverkehr vgl. Abschnitt 6.11 Abs. 6.

(3) Bei Abnehmern mit wechselndem Aufenthalt ist wie folgt zu verfahren:

1. ¹Deutsche Auslandsbeamte, die ihren Wohnort im staatsrechtlichen Ausland haben, sind ausländische Abnehmer. ²Das Gleiche gilt für deutsche Auslandsvertretungen, z. B. Botschaften, Gesandtschaften, Konsulate, für Zweigstellen oder Dozenturen des Goethe-Instituts im Ausland, für im Ausland errichtete Bundeswehrdienststellen und im Ausland befindliche Bundeswehr-Einsatzkontingente, wenn sie das Umsatzgeschäft im eigenen Namen abgeschlossen haben.

2. Ausländische Diplomaten, die in der Bundesrepublik Deutschland akkreditiert sind, sind keine ausländischen Abnehmer.

3. ¹Ausländische Touristen, die sich nur vorübergehend im Inland aufhalten, verlieren auch bei längerem Aufenthalt nicht ihre Eigenschaft als ausländische Abnehmer. ²Das Gleiche gilt für Ausländer, die sich aus beruflichen Gründen vorübergehend im Inland aufhalten, wie z. B. ausländische Künstler und Angehörige von Gastspiel-Ensembles.

4. ¹Ausländische Gastarbeiter verlegen mit Beginn ihres Arbeitsverhältnisses ihren Wirkungskreis vom Ausland in das Inland. ²In der Regel sind sie daher bis zu ihrer endgültigen Ausreise nicht als ausländische Abnehmer anzusehen. ³Ausländische Studenten sind in gleicher Weise zu behandeln.

5. Arbeitnehmer eines ausländischen Unternehmers, die nur zur Durchführung eines bestimmten zeitlich begrenzten Auftrags in das Inland kommen, bleiben ausländische Abnehmer (vgl. Absatz 2 *Satz 8*).
6. Mitglieder der in der Bundesrepublik Deutschland stationierten ausländischen Truppen und die im Inland wohnenden Angehörigen der Mitglieder sind keine ausländischen Abnehmer.

AE 6.4

6.4. Ausschluss der Steuerbefreiung bei der Ausrüstung und Versorgung bestimmter Beförderungsmittel

S 7131

(1) ¹Die Steuerbefreiung für Ausfuhrlieferungen ist bei der Lieferung eines Gegenstandes, der zur Ausrüstung oder Versorgung nichtunternehmerischer Beförderungsmittel bestimmt ist, insbesondere in den Fällen ausgeschlossen, in denen der ausländische Abnehmer – und nicht der Lieferer – den Liefergegenstand in das Drittlandsgebiet befördert oder versendet hat (§ 6 Abs. 3 UStG). ²Zu den Gegenständen zur Ausrüstung eines privaten Kraftfahrzeugs gehören alle Kraftfahrzeugteile einschließlich Kraftfahrzeug-Ersatzteile und Kraftfahrzeug-Zubehörteile. ³Werden diese Teile im Rahmen einer Werklieferung geliefert, ist die Steuerbefreiung für Ausfuhrlieferungen nicht nach § 6 Abs. 3 UStG ausgeschlossen. ⁴Für diese Werklieferungen kommt die Steuerbefreiung für Ausfuhrlieferungen nach § 6 Abs. 1 UStG in Betracht. ⁵Zu den Gegenständen zur Versorgung eines privaten Kraftfahrzeugs gehören Gegenstände, die zum Verbrauch in dem Kraftfahrzeug bestimmt sind, z. B. Treibstoff, Motoröl, Bremsflüssigkeit, Autowaschmittel und Autopflegemittel, Farben und Frostschutzmittel. ⁶Für Liefergegenstände, die zur Ausrüstung oder Versorgung eines privaten Wasserfahrzeugs oder eines privaten Luftfahrzeugs bestimmt sind, gelten die Ausführungen in den Sätzen 2 bis 5 entsprechend.

(2) ¹Unter § 6 Abs. 3 UStG fallen auch die Lieferungen, bei denen der Unternehmer den Gegenstand, der zur Ausrüstung oder Versorgung eines nichtunternehmerischen Beförderungsmittels, z. B. eines Sportbootes, bestimmt ist, in die in § 1 Abs. 3 UStG bezeichneten Gebiete befördert oder versendet hat (Fall des § 6 Abs. 1 Satz 1 Nr. 3 Buchstabe b UStG). ²In diesem Fall ist die Steuerbefreiung für Ausfuhrlieferungen stets ausgeschlossen.

(3) In den Fällen des § 6 Abs. 3 UStG, in denen das Beförderungsmittel den Zwecken des Unternehmens des ausländischen Abnehmers dient und deshalb die Steuerbefreiung für Ausfuhrlieferungen nicht ausgeschlossen ist, hat der Lieferer den Gewerbezweig oder Beruf des Abnehmers und den Verwendungszweck des Beförderungsmittels zusätzlich aufzuzeichnen (vgl. Abschnitt 6.10 Abs. 8).

(4) ¹Die Ausnahmeregelung des § 6 Abs. 3 UStG findet nach ihrem Sinn und Zweck nur auf diejenigen Lieferungen Anwendung, bei denen die Gegenstände zur Ausrüstung oder Versorgung des eigenen Beförderungsmittels des Abnehmers oder des von ihm mitgeführten fremden Beförderungsmittels bestimmt sind. ²Die Regelung gilt jedoch nicht für Lieferungen von Ausrüstungsgegenständen und Versorgungsgegenständen, die ein Unternehmer zur Weiterlieferung oder zur Verwendung in seinem Unternehmen, z. B. für Reparaturen, erworben hat.

Beispiel 1:

¹Der Unternehmer U verkauft 100 Pkw-Reifen an den ausländischen Abnehmer K, der einen Kraftfahrzeughandel und eine Kraftfahrzeugwerkstatt betreibt. ²K holt die Reifen mit eigenem Lastkraftwagen im Inland ab. ³Die Reifen sind zur Weiterveräußerung oder zur Verwendung bei Kraftfahrzeugreparaturen bestimmt.

⁴Es liegt eine Lieferung im Sinne des § 6 Abs. 1 Satz 1 Nr. 2 UStG vor. ⁵Gleichwohl findet § 6 Abs. 3 UStG keine Anwendung. ⁶Die Lieferung ist deshalb steuerfrei, wenn U den Ausfuhrnachweis und den buchmäßigen Nachweis geführt hat.

Beispiel 2:

¹Sachverhalt wie im Beispiel 1. ²U versendet jedoch die Reifen zur Verfügung des K in einen Freihafen.

³Es liegt eine Lieferung im Sinne des § 6 Abs. 1 Satz 1 Nr. 3 Buchstabe a UStG vor. ⁴Für sie gilt die rechtliche Beurteilung wie im Beispiel 1.

AE 6.5

6.5. Ausfuhrnachweis (Allgemeines)

S 7134

(1) ¹Der Unternehmer hat die Ausfuhr durch Belege nachzuweisen (§ 6 Abs. 4 UStG und §§ 8 bis 11 UStDV). ²Die Vorlage der Belege reicht jedoch für die Annahme einer Ausfuhrlieferung nicht in jedem Fall aus. ³Die geforderten Unterlagen bilden nur die Grundlage einer sachlichen Prüfung auf die inhaltliche Richtigkeit der Angaben (BFH-Urteil vom 14. 12. 1994, XI R 70/93, BStBl 1995 II S. 515). ⁴Für die Führung des Ausfuhrnachweises hat der Unternehmer in jedem Falle die Grundsätze des § 8 UStDV zu beachten (Mussvorschrift). ⁵Für die Form und den Inhalt des Ausfuhrnachweises enthalten die §§ 9 bis 11 UStDV Sollvorschriften. ⁶Der Unternehmer kann den Ausfuhrnachweis auch abweichend von den Sollvorschriften führen.

(2) ¹Die Angaben in den Belegen für den Ausfuhrnachweis müssen im Geltungsbereich der UStDV nachprüfbar sein. ²Es genügt, wenn der Aussteller der Belege die Geschäftsunterlagen, auf denen die Angaben in den Belegen beruhen, dem Finanzamt auf Verlangen im Geltungsbereich der UStDV vorlegt. ³Die Regelung in § 10 Abs. 1 Nr. 2 Buchstabe f UStDV bleibt unberührt. ⁴Die Ausfuhrbelege müssen sich im Besitz des Unternehmers befinden. ⁵Sie sind nach § 147 Abs. 3 Satz 1 AO zehn Jahre aufzubewahren. ⁶Diese Aufbewahrungsfrist kann sich nach § 147 Abs. 3 Satz 3 AO verlängern.

(3) ¹Der Ausfuhrnachweis kann als Bestandteil des buchmäßigen Nachweises noch bis zur letzten mündlichen Verhandlung vor dem Finanzgericht über eine Klage gegen die erstmalige endgültige Steuerfestsetzung oder den Berichtigungsbescheid geführt werden (BFH-Urteil vom 28. 2. 1980, V R 118/76, BStBl II S. 415). ²Das gilt nicht, wenn das Finanzgericht für die Vorlage des Ausfuhrnachweises eine Ausschlussfrist gesetzt hat.

(4) ¹Ausfuhrbelege können nach § 147 Abs. 2 AO auch auf solchen Datenträgern aufbewahrt werden, bei denen das Verfahren den Grundsätzen ordnungsmäßiger Buchführung entspricht und sichergestellt ist, dass bei der Lesbarmachung die Wiedergabe mit den empfangenen Ausfuhrbelegen bildlich übereinstimmt. ²Als solche bildlich wiedergabefähige Datenträger kommen neben Bildträgern (z. B. Mikrofilm oder Mikrokopie) insbesondere auch die maschinell lesbaren Datenträger (z. B. Diskette, Magnetband, Magnetplatte, elektro-optische Speicherplatte) in Betracht, soweit auf diesen eine Veränderung bzw. Verfälschung nicht möglich ist (vgl. BMF-Schreiben vom 1. 2. 1984, BStBl I S. 155, und vom 7. 11. 1995, BStBl I S. 738). ³Unternehmer, die ihre Geschäftspapiere unter Beachtung der in den vorbezeichneten BMF-Schreiben festgelegten Verfahren aufbewahren, können mit Hilfe der gespeicherten Daten oder mikroverfilmten Unterlagen den Ausfuhrnachweis erbringen. ⁴Wird kein zugelassenes Verfahren angewendet, gelten Ausdrucke oder Fotokopien für sich allein nicht als ausreichender Ausfuhrnachweis. ⁵Sie können nur in Verbindung mit anderen Belegen als Ausfuhrnachweis anerkannt werden, wenn sich aus der Gesamtheit der Belege die Ausfuhr des Gegenstandes zweifelsfrei ergibt.

(5) Die Bescheide des Hauptzollamts Hamburg-Jonas über die Ausfuhrerstattung werden als Belege für den Ausfuhrnachweis anerkannt.

(6) ¹Aus den im Steuerrecht allgemein geltenden Grundsätzen der Verhältnismäßigkeit und des Vertrauensschutzes ergibt sich, dass die Steuerfreiheit einer Ausfuhrlieferung nicht versagt werden darf, wenn der liefernde Unternehmer die Fälschung des Ausfuhrnachweises, den der Abnehmer ihm vorlegt, auch bei Beachtung der Sorgfalt eines ordentlichen Kaufmanns nicht hat erkennen können (BFH-Urteil vom 30. 7. 2008, V R 7/03, BStBl 2010 II S. 1075). ²Ob die Grundsätze des Vertrauensschutzes die Gewährung der Steuerbefreiung gebieten, obwohl die Voraussetzungen einer Ausfuhrlieferung nicht erfüllt sind, kann nur im Billigkeitsverfahren entschieden werden. ³Hat der liefernde Unternehmer alle ihm zu Gebote stehenden zumutbaren Maßnahmen ergriffen, um sicherzustellen, dass die von ihm getätigten Umsätze nicht zu einer Beteiligung an einer Steuerhinterziehung führen, ist das Verwaltungsermessen hinsichtlich der Gewährung einer Billigkeitsmaßnahme auf Null reduziert (vgl. BFH-Urteil vom 30. 7. 2008, V R 7/03, a.a.O.).

6.6. Ausfuhrnachweis in Beförderungsfällen AE 6.6

(1) In Beförderungsfällen (vgl. Abschnitt 3.12 Abs. 2) soll die Ausfuhr wie folgt nachgewiesen werden (§ 9 UStDV):

1. bei einer Ausfuhr außerhalb des gVV oder des Versandverfahrens mit Carnet TIR
    a) durch eine Ausfuhrbestätigung der Grenzzollstelle, die den Ausgang des Gegenstands aus dem Gemeinschaftsgebiet überwacht,
    b) ¹in Fällen, in denen die Ausfuhranmeldung im EDV-gestütztem Ausfuhrverfahren (ATLAS-Ausfuhr) auf elektronischem Weg erfolgt, mit dem durch die AfZSt an den Anmelder/ Ausführer per EDIFACT-Nachricht übermittelten PDF-Dokument „Ausgangsvermerk" (vgl. Anlage 1 zum BMF-Schreiben vom 3. 5. 2010, BStBl I S. 499, sowie ggf. die späteren hierzu im BStBl I veröffentlichten BMF-Schreiben) oder bei der Benutzereingabe durch die auf Antrag von der Ausfuhrzollstelle ausgedruckte und mit Dienststempel versehene Druckversion des Dokuments „Ausgangsvermerk". ²Dies gilt unabhängig davon, ob der Gegenstand der Ausfuhr vom Unternehmer oder vom Abnehmer befördert oder versendet wird. ³Hat der Unternehmer statt des Ausgangsvermerks einen von der AfZSt erstellten „Alternativ-Ausgangsvermerk" (vgl. Anlage 2 zum BMF-Schreiben vom 3. 5. 2010, BStBl I S. 499, sowie ggf. die späteren hierzu im BStBl I veröffentlichten BMF-Schreiben), gilt dieser nur in Verbindung mit den Belegen im Sinne des § 9 Abs. 1 oder des § 10 UStDV als Ausfuhrnachweis. ⁴Liegt dem Unternehmer weder ein „Ausgangsvermerk" noch ein „Alternativ-Ausgangsvermerk" vor, kann er den Belegnachweis in Versendungsfällen entsprechend § 10 UStDV, in Beförderungsfällen entsprechend **Absatz 2** führen. ⁵Nachweise in ausländischer Sprache, insbesondere Einfuhrverzollungsbelege aus dem Drittlandsgebiet, können grundsätzlich nur in Verbindung mit einer amtlich anerkannten Überset-

§ 6 UStG
AE 6.6

zung anerkannt werden. ⁶Zahlungsnachweise oder Rechnungen (Artikel 796 da Nr. 4 Buchstabe b ZK-DVO) können grundsätzlich nicht als Nachweise anerkannt werden. ⁷Die Unternehmen haben die mit der Zollverwaltung ausgetauschten EDIFACT-Nachrichten zu archivieren (§ 147 Abs. 6 und § 147 Abs. 1 Nr. 4 in Verbindung mit Abs. 3 AO). ⁸Das ABD ist nicht als Ausfuhrnachweis geeignet, weil es von der AgZSt weder abgestempelt noch zurückgegeben wird,

    c) ¹in Fällen, in denen die Ausfuhranmeldung nicht im elektronischen Ausfuhrverfahren durchgeführt werden kann (im Ausfall- und Sicherheitskonzept), wird – wie bisher – das Exemplar Nr. 3 der Ausfuhranmeldung (= Exemplar Nr. 3 des Einheitspapiers – Einheitspapier Ausfuhr/Sicherheit, Zollvordruck 033025 oder Einheitspapier, Zollvordruck 0 733 mit Sicherheitsdokument, Zollvordruck 033023) oder ein Handelspapier (z. B. Rechnung) oder ein Verwaltungspapier (z. B. das begleitende Verwaltungsdokument, das bei der Ausfuhr verbrauchsteuerpflichtiger Waren unter Steueraussetzung anstelle des Exemplars Nr. 3 des Einheitspapiers verwendet wird) als Nachweis der Beendigung des zollrechtlichen Ausfuhrverfahrens verwendet. ²Dieser Beleg wird als Nachweis für Umsatzsteuerzwecke anerkannt, wenn die Ausfuhrbestätigung durch einen Vermerk (Dienststempelabdruck der Grenzzollstelle mit Datum) auf der Rückseite des Exemplars Nr. 3 der Ausfuhranmeldung oder des Handels- oder Verwaltungspapiers angebracht ist. ³Dieser Beleg muss im Fall des Ausfallkonzepts außerdem den Stempelabdruck „ECS/AES Notfallverfahren" tragen, da im Ausfallkonzept stets alle anstelle einer elektronischen Ausfuhranmeldung verwendeten schriftlichen Ausfuhranmeldungen mit diesem Stempelabdruck versehen werden. ⁴In Fällen, in denen die Ausfuhranmeldung weiterhin nicht im elektronischen Ausfuhrverfahren erfolgt (bei Ausfuhren mit mündlicher oder konkludenter Anmeldung in Fällen von geringer wirtschaftlicher Bedeutung bzw. bei Ausfuhranmeldungen bis zu einem Warenwert von 1 000 €), wird – ebenfalls wie bisher – auf andere Weise als mit dem Exemplar Nr. 3 der Ausfuhranmeldung (= Exemplar Nr. 3 des Einheitspapiers) der Ausgang der Ware überwacht. ⁵Wird hierfür ein handelsüblicher Beleg (z. B. Frachtbrief, Rechnung, Lieferschein) verwendet, wird er als Nachweis für Umsatzsteuerzwecke anerkannt, wenn die Ausfuhrbestätigung durch einen Vermerk (Dienststempelabdruck der Grenzzollstelle mit Datum) auf der Rückseite angebracht ist;

2. bei einer Ausfuhr im gVV oder im Versandverfahren mit Carnet TIR,

    a) ¹Ausfuhr nach Absatz 1 Nr. 1 Buchstabe b: durch das von der AfZSt übermittelte oder erstellte Dokument „Ausgangsvermerk", wenn das EDV-gestützte Ausfuhrverfahren erst nach Eingang der Kontrollergebnisnachricht/des Rückscheins oder Trennabschnitts im Versandverfahren (Beendigung des Versandverfahrens) durch die Abgangsstelle, die in diesen Fällen als AgZSt handelt, beendet wurde. ²Dies gilt nur, wenn das EDV-gestützte Ausfuhrverfahren von einer deutschen Abgangsstelle (AgZSt) beendet wurde,

    b) durch eine Abfertigungsbestätigung der Abgangsstelle in Verbindung mit einer Eingangsbescheinigung der Bestimmungsstelle im Drittlandsgebiet, oder

    c) ¹Ausfuhr nach Absatz 1 Nr. 1 Buchstabe c: durch eine Ausfuhrbestätigung der Abgangsstelle, die bei einer Ausfuhr im Versandverfahren (gVV oder Carnet TIR) nach Eingang der Kontrollergebnisnachricht erteilt wird, sofern das Versandverfahren EDV-gestützt eröffnet wurde. ²Bei einer Ausfuhr im Versandverfahren (gVV oder Carnet TIR), das nicht EDV-gestützt eröffnet wurde, wird die Ausfuhrbestätigung nach Eingang des Rückscheins (Exemplar Nr. 5 des Einheitspapiers im gVV) bzw. nach Eingang der Bescheinigung über die Beendigung im Carnet TIR (Trennabschnitt) erteilt, sofern sich aus letzterer die Ausfuhr ergibt.

(2) ¹Das gemeinschaftliche Versandverfahren dient der Erleichterung des innergemeinschaftlichen Warenverkehrs, während das gemeinsame Versandverfahren den Warenverkehr zwischen EU-Mitgliedstaaten und den EFTA-Ländern (Island, Norwegen und Schweiz einschl. Liechtenstein) erleichtert. ²Beide Verfahren werden im Wesentlichen einheitlich abgewickelt. ³Bei Ausfuhren im Rahmen dieser Verfahren werden die Grenzzollstellen grundsätzlich nicht eingeschaltet. ⁴Die Waren sind der Abgangsstelle per Teilnehmernachricht (E_DEC_DAT/Versandanmeldung) oder Internetversandanmeldung über das System ATLAS-Versand anzumelden. ⁵Die Abgangsstelle überlässt – nach Prüfung der Anmeldung – die Waren in das gVV und händigt dem Hauptverpflichteten ein Versandbegleitdokument (VBD) aus. ⁶Die Bestimmungsstelle leitet der Abgangsstelle nach Gestellung der Waren die Eingangsbestätigung und die Kontrollergebnisnachricht zu.

(3) ¹Die Ausfuhr- oder Abfertigungsbestätigung der den Ausgang des Gegenstandes aus dem Gemeinschaftsgebiet überwachenden Grenzzollstelle oder der Abgangsstelle kann sich auf einem üblichen Geschäftsbeleg, z. B. Lieferschein, Rechnungsdurchschrift, Versandbegleitdokument oder Ausfuhranmeldung (Exemplar Nr. 3 des Einheitspapiers) befinden. ²Es kann auch ein besonderer Beleg, der die Angaben des § 9 UStDV enthält, oder ein dem Geschäftsbeleg oder besonderen Beleg anzustempelnder Aufkleber verwendet werden.

(4) [1]Die deutschen Zollstellen wirken auf Antrag bei der Erteilung der Ausfuhr- oder Abfertigungsbestätigung wie folgt mit:

1. Mitwirkung der Grenzzollstelle außerhalb des EDV-gestützten Ausfuhrverfahrens

    [1]Die Grenzzollstelle prüft die Angaben in dem vom Antragsteller vorgelegten Beleg und bescheinigt auf Antrag den körperlichen Ausgang der Waren durch einen Vermerk. [2]Der Vermerk erfolgt durch einen Dienststempelabdruck, der den Namen der Zollstelle und das Datum enthält. [3]Das entsprechend Art. 793a Abs. 2 und 6 ZK-DVO behandelte Exemplar Nr. 3 des Einheitspapiers dient grundsätzlich nur als Nachweis der Beendigung des zollrechtlichen Ausfuhrverfahrens. [4]In den Fällen, in denen das Exemplar Nr. 3 durch die letzte Zollstelle oder – wenn die Waren im Eisenbahn-, Post-, Luft- oder Seeverkehr ausgeführt werden – durch die für den Ort der Übernahme der Ausfuhrsendung durch die Beförderungsgesellschaften bzw. Postdienste zuständige Ausgangszollstelle behandelt wird, kann das Exemplar Nr. 3 als Ausfuhrnachweis für Umsatzsteuerzwecke (Ausfuhrbestätigung der Grenzzollstelle im Sinne von § 9 UStDV) verwendet werden. [5]Eines gesonderten Antrags bedarf es nicht. [6]Bei der Ausfuhr von Kraftfahrzeugen wird die zollamtliche Ausfuhrbestätigung nur erteilt, wenn die umsatzsteuerrechtlichen Voraussetzungen nach Abschnitt 6.9 Abs. 11 vorliegen. [7]Bei der Ausfuhr verbrauchsteuerrechtlicher Waren unter Steueraussetzung wird der Ausfuhrnachweis durch das von der Grenzzollstelle bestätigte begleitende Verwaltungsdokument erbracht.

2. Mitwirkung der Abgangsstelle bei Ausfuhren im gVV oder im Versandverfahren mit Carnet TIR

    [1]Bei Ausfuhren im gVV oder im Versandverfahren mit Carnet TIR wird, wenn diese Verfahren nicht bei einer Grenzzollstelle beginnen, die Ausfuhrbestätigung der Grenzzollstelle ersetzt durch

    a) eine Ausgangsbestätigung der Ausfuhrzollstelle bei einer Ausfuhr im EDV-gestützten Ausfuhrverfahren mit einem in Deutschland erzeugten Dokument „Ausgangsvermerk" (unter Beachtung von Absatz 1 Nr. 2 Buchstabe a),

    b) eine Abfertigungsbestätigung (§ 9 Abs. 2 Nr. 2 UStDV) der Abgangsstelle in Verbindung mit einer Eingangsbescheinigung der Bestimmungsstelle im Drittlandsgebiet, oder

    c) eine Ausfuhrbestätigung (§ 9 Abs. 2 Nr. 1 UStDV) der Abgangsstelle, die bei einer Ausfuhr im gVV nach Eingang der Kontrollergebnisnachricht/ des Rückscheins oder Trennabschnitts erteilt wird (siehe unter Absatz 1 Nr. 2 Buchstabe c).

    [2]Die Erteilung einer Ausfuhrbestätigung und einer Abfertigungsbestätigung für dieselbe Lieferung ist ausgeschlossen. [3]Deshalb hat der Antragsteller der Abgangsstelle bei der Anmeldung des Ausfuhrgegenstandes zum gemeinschaftlichen bzw. gemeinsamen Versandverfahren oder zum Carnet TIR-Verfahren mitzuteilen, ob er eine Ausfuhrbestätigung oder eine Abfertigungsbestätigung beantragt. [4]Die Ausfuhrbestätigung wird von der Abgangsstelle in den Fällen des Satzes 1 mit folgendem Vermerk erteilt: „Ausgeführt mit Versandanmeldung MRN/mit Carnet TIR VAB-Nr. ... vom ...". [5]Der Vermerk muss Ort, Datum, Unterschrift und Dienststempelabdruck enthalten. [6]Die Sätze 1 bis 5 gelten sinngemäß für im Rahmen des Ausfallkonzepts für ATLAS-Versand erstellte Versandanmeldungen auf Basis des Einheitspapiers (vgl. Absatz 1 Nr. 1 Buchstabe c Satz 2).

[2]Die den Ausgang des Ausfuhrgegenstands aus dem Gemeinschaftsgebiet überwachenden Grenzzollstellen (Ausgangszollstellen) anderer EU-Mitgliedstaaten bescheinigen im Ausfall- und Sicherheitskonzept (siehe Abschnitt 6.2 Abs. 4 Satz 1 Nr. 1) auf Antrag den körperlichen Ausgang der Waren ebenfalls durch einen Vermerk auf der Rückseite des Exemplars Nr. 3 der Ausfuhranmeldung (= Exemplar Nr. 3 des Einheitspapiers).

(5) Bei einer Werklieferung an einem beweglichen Gegenstand, z. B. bei dem Einbau eines Motors in ein Kraftfahrzeug, kann der Ausfuhrnachweis auch dann als erbracht angesehen werden, wenn die Grenzzollstelle oder Abgangsstelle die Ausfuhr des tatsächlich in das Drittlandsgebiet gelangten Gegenstandes, z. B. des Kraftfahrzeugs, bestätigt und sich aus der Gesamtheit der vorliegenden Unterlagen kein ernstlicher Zweifel ergibt, dass die verwendeten Stoffe mit dem ausgeführten Gegenstand in das Drittlandsgebiet gelangt sind.

(6) [1]Ist der Nachweis der Ausfuhr durch Belege mit einer Bestätigung der Grenzzollstelle oder der Abgangsstelle nicht möglich oder nicht zumutbar, z. B. bei der Ausfuhr von Gegenständen im Reiseverkehr, durch die Kurier- und Poststelle des Auswärtigen Amtes oder durch Transportmittel der Bundeswehr oder der Stationierungstruppen, kann der Unternehmer den Ausfuhrnachweis auch durch andere Belege führen. [2]Als Ersatzbelege können insbesondere Bescheinigungen amtlicher Stellen der Bundesrepublik Deutschland anerkannt werden (bei der Ausfuhr von Kraftfahrzeugen siehe aber Abschnitt 6.9 Abs. 13). [3]Grundsätzlich sind anzuerkennen:

1. Bescheinigungen des Auswärtigen Amtes einschließlich der diplomatischen oder konsularischen Vertretungen der Bundesrepublik Deutschland im Bestimmungsland,

2. Bescheinigungen der Bundeswehr einschließlich ihrer im Drittlandsgebiet stationierten Truppeneinheiten,

§ 6 UStG
AE 6.6, AE 6.7

    3. Belege über die Verzollung oder Einfuhrbesteuerung durch außergemeinschaftliche Zollstellen oder beglaubigte Abschriften davon,
    4. Transportbelege der Stationierungstruppen, z. B. Militärfrachtbriefe, und
    5. Abwicklungsscheine.

    (7) ¹In Beförderungsfällen, bei denen der Unternehmer den Gegenstand der Lieferung in eine Freizone des Kontrolltyps I (Freihäfen Bremerhaven, Cuxhaven und Hamburg; vgl. Abschnitt 1.9 Abs. 1) befördert, ist die Beschaffung der Bestätigung bei den den Ausgang aus dem Gemeinschaftsgebiet überwachenden Zollämtern an der Freihafengrenze wegen der großen Anzahl der Beförderungsfälle nicht zumutbar. ²Als Ausfuhrnachweis kann deshalb ein Beleg anerkannt werden, der neben den in § 9 Abs. 1 Nr. 1 bis 3 UStDV bezeichneten Angaben Folgendes enthält:
    1. einen Hinweis darauf, dass der Unternehmer den Gegenstand in eine Freizone des Kontrolltyps I befördert hat;
    2. eine Empfangsbestätigung des Abnehmers oder seines Beauftragten mit Datum, Unterschrift, Firmenstempel und Bezeichnung des Empfangsorts.

³Als Belege kommen alle handelsüblichen Belege, insbesondere Lieferscheine, Kaiempfangsscheine oder Rechnungsdurchschriften, in Betracht. ⁴Soweit sie die erforderlichen Angaben nicht enthalten, sind sie entsprechend zu ergänzen oder mit Hinweisen auf andere Belege zu versehen, aus denen sich die notwendigen Angaben ergeben.

AE 6.7

6.7. Ausfuhrnachweis in Versendungsfällen

S 7134

(1) ¹In den Versendungsfällen (vgl. Abschnitt 3.12 Abs. 3) soll der Ausfuhrnachweis durch Versendungsbelege oder durch sonstige handelsübliche Belege geführt werden. ²Versendungsbelege sind neben dem Eisenbahnfrachtbrief insbesondere der Luftfrachtbrief, die Posteinlieferungsbescheinigung (vgl. auch Abschnitt 6.9 Abs. 5), das zur Auftragserteilung an einen Kurierdienst gefertigte Dokument (vgl. auch Abschnitt 6.9 Abs. 6), das Konnossement, der Ladeschein sowie deren Doppelstücke, wenn sich aus ihnen die grenzüberschreitende Warenbewegung ergibt. ³Zum Begriff der sonstigen handelsüblichen Belege vgl. Absatz 2. ⁴Die bei der Abwicklung eines Ausfuhrgeschäfts anfallenden Geschäftspapiere, z. B. Rechnungen, Auftragsschreiben, Lieferscheine oder deren Durchschriften, Kopien und Abschriften von Versendungsbelegen, Spediteur-Übernahmebescheinigungen, Frachtabrechnungen, sonstiger Schriftwechsel, können als Ausfuhrnachweis in Verbindung mit anderen Belegen anerkannt werden, wenn sich aus der Gesamtheit der Belege die Angaben nach § 10 Abs. 1 UStDV eindeutig und leicht nachprüfbar ergeben. ⁵Unternehmer oder Abnehmer, denen Belege über die Ausfuhr eines Gegenstandes, z. B. Versendungsbelege oder sonstige handelsübliche Belege, ausgestellt worden sind, obwohl sie diese für Zwecke des Ausfuhrnachweises nicht benötigen, können die Belege mit einem Übertragungsvermerk versehen und an den Unternehmer, der die Lieferung bewirkt hat, zur Führung des Ausfuhrnachweises weiterleiten.

(2) ¹Ist ein Spediteur, Frachtführer oder Verfrachter mit der Beförderung oder Versendung des Gegenstandes in das Drittlandsgebiet beauftragt worden, soll der Unternehmer die Ausfuhr durch eine Ausfuhrbescheinigung nach vorgeschriebenem Muster nachweisen. ²Die Bescheinigung muss vom Spediteur nicht eigenhändig unterschrieben worden sein, wenn die für den Spediteur zuständige Landesfinanzbehörde die Verwendung des Unterschriftsstempels (Faksimile) oder einen Ausdruck des Namens der verantwortlichen Person genehmigt hat und auf der Bescheinigung auf die Genehmigungsverfügung der Landesfinanzbehörde unter Angabe von Datum und Aktenzeichen hingewiesen wird. ³Anstelle der Ausfuhrbescheinigung des Spediteurs, Frachtführers oder Verfrachters kann der Unternehmer den Ausfuhrnachweis im Ausfall- und Sicherheitskonzept (siehe Abschnitt 6.2 Abs. 4 Satz 1 Nr. 1) auch mit dem Exemplar Nr. 3 des Einheitspapiers führen, wenn diese mit einem Ausfuhrvermerk der Ausgangszollstelle versehen sind (vgl. Abschnitt 6.6 Abs. 4 Satz 1 Nr. 1 Sätze 3 bis 6). ⁴Hat der Lieferer des Unternehmers oder ein vorangehender Lieferer die Beförderung oder Versendung in das Drittlandsgebiet vorgenommen oder veranlasst, kann der Ausfuhrnachweis durch eine Versandbestätigung erbracht werden. ⁵Der Lieferer kann diese Bestätigung auf der Rechnung, auf dem Lieferschein, auf der Ausfuhranmeldung (Exemplar Nr. 3 des Einheitspapiers) im Ausfall- und Sicherheitskonzept oder auf einem sonstigen handelsüblichen Papier oder in Form eines besonderen Belegs nach vorgeschriebenem Muster abgeben. ⁶Die Unterschrift des Lieferers auf der Versandbestätigung kann entsprechend der Regelung für Spediteure in vereinfachter Form geleistet werden.

(3) ¹Die Regelung in § 10 Abs. 2 UStDV betrifft hauptsächlich diejenigen Fälle, in denen der selbständige Beauftragte, z. B. Spediteur mit Sitz im Drittlandsgebiet oder der Privatperson, die in § 10 Abs. 1 Nr. 2 Buchstabe f UStDV vorgesehene Versicherung über die Nachprüfbarkeit seiner Angaben im Gemeinschaftsgebiet nicht abgeben kann. ²An den Nachweis des Unternehmers, dass ein Ausnahmefall im Sinne des § 10 Abs. 2 UStDV vorliegt, sind keine erhöhten Anforderungen zu stellen.

(4) Erfolgt die Versendung in ATLAS-Ausfuhr, gilt Abschnitt 6.6 Abs. 1 Nr. 1 Buchstaben a und b entsprechend.

§ 6 UStG
AE 6.8, AE 6.9

6.8. Ausfuhrnachweis in Bearbeitungs- und Verarbeitungsfällen   AE 6.8

(1) ¹Wenn der Gegenstand der Lieferung vor der Ausfuhr durch einen Beauftragten des Abnehmers bearbeitet oder verarbeitet worden ist (vgl. Abschnitt 6.1 Abs. 5), soll der Beleg über den Ausfuhrnachweis die in § 11 Abs. 1 UStDV aufgeführten zusätzlichen Angaben enthalten. ²Der Beauftragte kann zu diesem Zweck den Beleg mit einem die zusätzlichen Angaben enthaltenden Übertragungsvermerk versehen oder die zusätzlichen Angaben auf einem gesonderten Beleg machen. ³Er kann auch aufgrund der bei ihm vorhandenen Geschäftsunterlagen, z. B. Versendungsbeleg, Ausfuhrbescheinigung des beauftragten Spediteurs oder Bestätigung der den Ausgang aus dem Gemeinschaftsgebiet überwachenden Grenzzollstelle, dem Unternehmer eine kombinierte Ausfuhr- und Bearbeitungsbescheinigung nach vorgeschriebenem Muster ausstellen.

S 7134

(2) ¹Ist der Gegenstand der Lieferung nacheinander durch mehrere Beauftragte des Abnehmers und/oder eines nachfolgenden Abnehmers bearbeitet oder verarbeitet worden, soll aus den Belegen des Unternehmers die von jedem Beauftragten vorgenommene Bearbeitung oder Verarbeitung ersichtlich sein. ²In der Regel wird der Unternehmer den Nachweis hierüber durch eine Ausfuhr- und Bearbeitungsbescheinigung des Beauftragten des Abnehmers führen können, dem er den Gegenstand der Lieferung übergeben oder übersandt hat. ³Der Beauftragte kann in der Ausfuhrbescheinigung nicht nur die von ihm selbst vorgenommene Bearbeitung oder Verarbeitung, sondern auch die Bearbeitung oder Verarbeitung nachfolgender Beauftragter sowie deren Namen und Anschrift angeben. ⁴Der Unternehmer kann sich aber auch die verschiedenen Bearbeitungen oder Verarbeitungen durch gesonderte Bescheinigung der einzelnen Beauftragten bestätigen lassen.

6.9. Sonderregelungen zum Ausfuhrnachweis   AE 6.9

Lieferungen im Freihafen

(1) ¹In einem Freihafen ausgeführte Lieferungen von Gegenständen, die sich im Zeitpunkt der Lieferung einfuhrumsatzsteuerrechtlich im freien Verkehr befinden (§ 1 Abs. 3 Satz 1 Nr. 4 Buchstabe b UStG), sind wie steuerfreie Ausfuhrlieferungen zu behandeln, wenn die Gegenstände bei Ausführung der Lieferungen in das Drittlandsgebiet außerhalb der in § 1 Abs. 3 UStG bezeichneten Gebiete gelangen. ²Da eine Ausfuhr nicht vorliegt, kann kein Ausfuhrnachweis geführt werden. ³Es genügt, dass der Unternehmer die vorbezeichneten Voraussetzungen glaubhaft macht. ⁴Auch das Fehlen des buchmäßigen Nachweises ist in diesen Fällen zur Vermeidung von unbilligen Härten nicht zu beanstanden. ⁵Eine entsprechende Regelung ist für die Fälle des Freihafen-Veredelungsverkehrs und der Freihafenlagerung (§ 1 Abs. 3 Satz 1 Nr. 4 Buchstabe a UStG) nicht erforderlich, weil in diesen Fällen keine steuerbaren Lieferungen vorliegen (vgl. Abschnitt 1.12 Abs. 3).

S 7134

Versendungen nach Grenzbahnhöfen oder Güterabfertigungsstellen

(2) ¹Werden Liefergegenstände von einem Ort im Inland nach einem Grenzbahnhof oder einer Güterabfertigungsstelle eines deutschen Eisenbahnunternehmens im Drittlandsgebiet versendet, kann der Ausfuhrnachweis mit Hilfe des verwendeten Frachtbriefes, des Frachtbriefdoppels oder mit der von dem Eisenbahnunternehmen ausgestellten Bescheinigung zu Umsatzsteuerzwecken geführt werden. ²Im Drittlandsgebiet liegen die folgenden Grenzbahnhöfe oder Güterabfertigungsstellen:

Basel Bad Bf,
Basel Bad Gbf,
Bremen Zollausschluss,
Bremerhaven Nordhafen (ohne Carl-Schurz-Gelände),
Duisburg-Ruhrort Hafen,
Hamburg-Süd und
Schaffhausen.

³Als Grenzbahnhof im Drittlandsgebiet ist auch der Bahnhof Bremerhaven Kaiserhafen (ohne Ladebezirk Industriestammgleis Speckenbüttel) anzusehen. ⁴Bei diesem Bahnhof liegen zwar die Gebäude im Inland, die jeweiligen Be- und Entladestellen befinden sich jedoch im Freihafen. ⁵Über die Bahnhöfe Bremen-Grolland, Bremerhaven Kaiserhafen und Hamburg-Süd können auch Liefergegenstände versandt werden, bei denen als Bestimmungsort Privatgleisanschlüsse, private Ladestellen oder Freiladegleise im Inland angegeben sind. ⁶Es liegt deshalb keine Ausfuhr vor, wenn einer dieser Gleisanschlüsse, eine dieser Ladestellen oder eines dieser Ladegleise Bestimmungsort ist.

(3) ¹Werden Liefergegenstände aus dem Inland nach einem Grenzbahnhof oder einer Güterabfertigungsstelle im Inland versendet, liegt keine Ausfuhr vor. ²Die verwendeten Frachtbriefe oder Frachtbriefdoppel kommen deshalb als Ausfuhrbelege nicht in Betracht. ³Lediglich bei Versendungen nach den Bahnhöfen Cuxhaven sowie nach der Abfertigungsstelle Hamburg-Walters-

§ 6 UStG
AE 6.9

hof ist es möglich, Liefergegenstände durch zusätzliche Angabe des Anschlusses in den Freihafen zu versenden. [4]Die Bezeichnungen hierfür lauten

1. a) Cuxhaven, Anschluss Amerika-Bahnhof Gleise 1 und 2,
   b) Cuxhaven, Anschluss Amerika-Bahnhof Lentzkai Gleise 9 und 10;
2. Hamburg-Waltershof, Anschlüsse Burchardkai, Eurocargo, Eurogate, Eurokai City Terminal, Eurokombi, Conrepair und HCCR Köhlbrand.

[5]Frachtbriefe oder Frachtbriefdoppel, in denen einer der bezeichneten Anschlüsse als Bestimmungsort angegeben ist, können deshalb als Ausfuhrnachweis anerkannt werden.

(4) [1]In den Fällen, in denen Gegenstände nach ihrer Ankunft auf einem Grenzbahnhof oder einer Güterabfertigungsstelle im Inland weiter in das Drittlandsgebiet befördert oder versendet werden, gelten für die Führung des Ausfuhrnachweises die allgemeinen Regelungen (vgl. Abschnitte 6.5 bis 6.7). [2]Jedoch ist Folgendes zu beachten:

1. [1]Auf folgenden Grenzbahnhöfen im Inland besteht auch eine Güterabfertigungsstelle der Schweizerischen Bundesbahnen (SBB):

   Konstanz, SBB
   und Singen (Hohentwiel), SBB.

   [2]Werden Liefergegenstände von diesen Gemeinschaftsbahnhöfen zu einem Bestimmungsort in der Schweiz versendet und zu diesem Zweck an den Güterabfertigungsstellen der SBB aufgegeben, kann der Ausfuhrnachweis auch mit Hilfe des Frachtbriefs oder Frachtbriefdoppels der SBB geführt werden.

2. [1]Auf dem Grenzbahnhof Waldshut kann die Güterabfertigungsstelle der Eisenbahnen des Bundes beim Güterverkehr mit der Schweiz die Abfertigungsarbeiten für die SBB erledigen. [2]Satz 2 der Nummer 1 gilt deshalb für diese Fälle entsprechend.

Postsendungen

(5) [1]Bei Postsendungen kommen als Ausfuhrnachweise in Betracht:

1. Versendungsbelege, und zwar
   a) [1]der Einlieferungsbeleg für eingeschriebene Briefsendungen einschließlich eingeschriebener Päckchen, für Briefe mit Wertangabe und für gewöhnliche Briefe mit Nachnahme sowie der Einlieferungsschein für Filialkunden bzw. die Einlieferungsliste (Auftrag zur Beförderung Ausland) für Vertragskunden für Postpakete (Wertpakete und gewöhnliche Postpakete). [2]Die Bescheinigung wird erteilt auf den Einlieferungsbelegen bzw. -scheinen, im Einlieferungsbuch, auf Belegen des Absenders, die im Aufdruck mit dem Einlieferungsbeleg bzw. -schein, der Einlieferungsliste oder dem Einlieferungsbuch im Wesentlichen übereinstimmen, und – bei gewöhnlichen Postpaketen – auch auf vom Absender vorbereiteten Bescheinigungen,
   b) die Versandbestätigung für gewöhnliche Päckchen auf vom Absender vorbereiteten Bescheinigungen;
2. andere Belege, und zwar
   a) [1]die von der AfZSt mit Dienststempelabdruck und von der AgZSt mit einem Dienststempelabdruck, der den Namen der Zollstelle und das Datum enthält, versehene und dem Beteiligten zurückgegebene bzw. zurückgesandte Ausfuhranmeldung (Exemplar Nr. 3 des Einheitspapiers) im Ausfall- und Sicherheitskonzept (siehe Abschnitt 6.2 Abs. 4 Satz 1 Nr. 1). [2]Der Anmelder ist jedoch von der Vorlage einer schriftlichen Ausfuhranmeldung nach Artikel 237 und 238 der ZK-DVO insbesondere in folgenden Fällen befreit:
      aa) bei Postsendungen (Briefsendungen und Postpakete), die zu kommerziellen Zwecken bestimmte Waren enthalten, bis zu einem Wert von 1 000 €,
      bb) bei nichtausfuhrabgabenpflichtigen Postsendungen (Briefsendungen und Postpakete),
      cc) bei Drucksachen im Sinne der postalischen Vorschriften.

      [3]In diesen Fällen kann deshalb der Ausfuhrnachweis nicht mit Hilfe der Ausfuhranmeldung (Exemplar Nr. 3 des Einheitspapiers) geführt werden,
   b) [1]leicht nachprüfbare innerbetriebliche Versendungsunterlagen in Verbindung mit den Aufzeichnungen in der Finanzbuchhaltung. [2]Dieser Nachweis kommt bei der Ausfuhr von Gegenständen in gewöhnlichen Briefen, für die eine Ausfuhranmeldung (Exemplar Nr. 3 des Einheitspapiers) oder eine Ausfuhrkontrollmeldung nicht erforderlich ist, in Betracht. [3]Diese Regelung trägt dem Umstand Rechnung, dass bei diesen Ausfuhrsendungen der Ausfuhrnachweis weder nach Nummer 1 noch nach Nummer 2 Buchstabe a geführt werden kann.

[2]Erfolgt die Versendung in ATLAS-Ausfuhr, gilt Abschnitt 6.6 Abs. 1 Nr. 1 Buchstaben a und b entsprechend.

Kurierdienste

(6) [1]Grundsätzlich sind an die schriftliche Auftragserteilung an den Unternehmer, der Kurierdienstleistungen erbringt, die gleichen Anforderungen zu stellen wie an einen Posteinlieferungsschein. [2]Ein Unternehmer erbringt eine Kurierdienstleistung, wenn er adressierte Sendungen in einer Weise befördert, dass entweder einzelne nachgewiesene Sendungen im Interesse einer schnellen und zuverlässigen Beförderung auf dem Weg vom Absender zum Empfänger ständig begleitet werden und die Begleitperson die Möglichkeit hat, jederzeit auf die einzelne Sendung zuzugreifen und die erforderlichen Dispositionen zu treffen, oder eine Kontrolle des Sendungsverlaufs durch den Einsatz elektronischer Kontroll- und Steuerungssysteme jederzeit möglich ist (sog. tracking and tracing). [3]Im Einzelnen sollen folgende Angaben vorhanden sein:

- Name und Anschrift des Ausstellers des Belegs,
- Name und Anschrift des Absenders,
- Name und Anschrift des Empfängers,
- handelsübliche Bezeichnung und Menge der beförderten Gegenstände,
- Wert der einzelnen beförderten Gegenstände,
- Tag der Einlieferung der beförderten Gegenstände beim Unternehmer.

[4]Aus Vereinfachungsgründen kann bzgl. der Angaben zur handelsüblichen Bezeichnung, Menge und Wert der beförderten Gegenstände auf die Rechnung des Auftraggebers durch Angabe der Rechnungsnummer verwiesen werden, wenn auf dieser die Nummer des Versendungsbelegs angegeben ist. [5]Überwacht ein Transportunternehmen den Sendungsverlauf elektronisch, wird für Zwecke des Ausfuhrnachweises nicht zwischen den Leistungen von Kurierdiensten und anderen Transportunternehmen (Spediteure/Frachtführer) unterschieden. [6]Erfolgt die Versendung in ATLAS-Ausfuhr, gilt Abschnitt 6.6 Abs. 1 Nr. 1 Buchstaben a und b entsprechend.

Druckerzeugnisse

(7) [1]Bücher, Zeitungen, Zeitschriften und sonstige Druckerzeugnisse werden vielfach als Sendungen zu ermäßigtem Entgelt oder als Sendungen zu ermäßigtem Entgelt in besonderem Beutel („M"-Beutel) in das Drittlandsgebiet versandt. [2]Bei diesen Sendungen kann der Ausfuhrnachweis nicht durch Versendungsbelege geführt werden. [3]Die Ausfuhr kann deshalb durch leicht nachprüfbare innerbetriebliche Versendungsunterlagen in Verbindung mit den Aufzeichnungen in der Finanzbuchhaltung nachgewiesen werden. [4]Innerbetriebliche Versendungsunterlagen können sein:

1. bei Lieferungen von Büchern in das Drittlandsgebiet
    a) Auslieferungslisten oder Auslieferungskarteien mit Versanddaten, nach Nummern oder alphabetisch geordnet,
    b) Durchschriften von Rechnungen oder Lieferscheinen, nach Nummern oder alphabetisch geordnet,
    c) Postausgangsbücher oder Portobücher;
2. bei Lieferungen von Zeitungen, Zeitschriften und sonstigen periodisch erscheinenden Druckschriften in das Drittlandsgebiet
    a) Fortsetzungskarteien oder Fortsetzungslisten mit Versanddaten – in der Regel nur bei geringer Anzahl von Einzellieferungen –,
    b) Fortsetzungskarteien oder Fortsetzungslisten ohne Versanddaten – bei Massenversand häufig erscheinender Zeitschriften –, und zwar entweder in Verbindung mit Strichvermerken auf den Karteikarten oder in Verbindung mit maschinell erstellten Aufklebeadressen,
    c) Durchschriften von Rechnungen, nach Nummern oder alphabetisch geordnet,
    d) Postausgangsbücher oder Portobücher – nicht bei Massenversand –.

[5]Die bezeichneten Versendungsunterlagen können unter den Voraussetzungen des § 146 Abs. 5 und des § 147 Abs. 2 AO auch auf Datenträgern geführt werden.

(8) [1]In den Fällen des Absatzes 7 soll durch Verweisungen zwischen den Versendungsunterlagen und der Finanzbuchhaltung der Zusammenhang zwischen den jeweiligen Lieferungen und den dazugehörigen Entgelten leicht nachprüfbar nachgewiesen werden. [2]Dazu dienen in der Regel die Nummern oder die Daten der Rechnungen oder der Lieferscheine, die auf den Debitorenkonten und auf den Auslieferungslisten, Auslieferungskarteien oder sonstigen Versendungsunterlagen zu vermerken sind. [3]Zulässig ist auch jedes andere System gegenseitiger Hinweise, sofern es die leichte Nachprüfbarkeit gewährleistet.

(9) ¹Werden Bücher, Zeitungen und Zeitschriften von einem Vertreter des Unternehmers, z. B. von einem sog. Auslieferer, gelagert und auf Weisung des Unternehmers an Abnehmer im Drittlandsgebiet versendet, kann der Unternehmer die Ausfuhr in der Regel durch eine Ausfuhrbestätigung seines Lieferers oder des Vertreters, die auf innerbetrieblichen Versendungsunterlagen beruhen kann, nachweisen. ²Es bestehen keine Bedenken, Ausfuhrbestätigungen des versendenden Vertreters auch ohne Angabe des Tages der Versendung als ausreichenden Ausfuhrnachweis anzuerkennen, wenn nach der Gesamtheit der beim Unternehmer vorliegenden Unterlagen kein ernstlicher Zweifel an der Ausfuhr der Gegenstände besteht.

(10) Erfolgt die Versendung der genannten Druckerzeugnisse in ATLAS-Ausfuhr, gilt Abschnitt 6.6 Abs. 1 Nr. 1 Buchstaben a und b entsprechend.

Ausfuhr von Kraftfahrzeugen

(11) Wird ein Kraftfahrzeug IT-Verfahren „ATLAS-Ausfuhr" an einen ausländischen Abnehmer geliefert und gelangt es mit eigener Antriebskraft in das Drittlandsgebiet, gilt Abschnitt 6.6 Abs. 1 Nr. 1 Buchstaben b und c entsprechend. ²Anhand der Codierung 9DEG (Internationaler Zulassungsschein liegt vor und Ausfuhrkennzeichen ist angebracht) ist erkennbar, dass der Ausgangsvermerk für Umsatzsteuerzwecke anerkannt werden kann. ³Erfolgt die Ausfuhr nicht im IT-Verfahren „ATLAS-Ausfuhr" (z. B. auf Grund des geringen Werts oder im Ausfallkonzept), gilt Folgendes:

1. ¹Eine Ausfuhr wird grundsätzlich nur angenommen, wenn für das Kraftfahrzeug ein internationaler Zulassungsschein ausgestellt und ein Ausfuhrkennzeichen ausgegeben worden sind. ²Die Grenzzollstellen erteilen deshalb nur in diesem Falle die Bestätigung der Ausfuhr. ³Der Beleg, auf dem die Ausfuhr bestätigt wird, soll den Kraftfahrzeughersteller, den Kraftfahrzeugtyp, die Fahrgestellnummer und Nummer des Kennzeichens enthalten.

2. ¹Eine Ausfuhr wird grundsätzlich nicht angenommen, wenn das Kraftfahrzeug mit einem anderen Kennzeichen, zum Beispiel mit einem gewöhnlichen amtlichen Kennzeichen, roten Kennzeichen oder ausländischen Kennzeichen, versehen ist. ²Dies gilt nur dann nicht, wenn der Unternehmer die endgültige Einfuhr des Kraftfahrzeuges in einen Drittstaat durch Belege dieses Staates nachweist, zum Beispiel durch eine Bescheinigung über die Zulassung, die Verzollung oder die Einfuhrbesteuerung, und diesen Belegen eine amtliche Übersetzung in die deutsche Sprache beigefügt ist.

(12) ¹Wird ein Kraftfahrzeug nicht an einen ausländischen Abnehmer, sondern an einen Abnehmer geliefert, der in dem Gebiet der Bundesrepublik Deutschland ansässig ist, und gelangt das Kraftfahrzeug mit eigener Antriebskraft in das Drittlandsgebiet, kann die Umsatzsteuerbefreiung nur in Betracht kommen, wenn der Unternehmer – aber nicht der Abnehmer – das Kraftfahrzeug in das Drittlandsgebiet – außerhalb der in § 1 Abs. 3 UStG bezeichneten Gebiete – verbringt. ²Für den Nachweis der Ausfuhr ist es erforderlich, dass der Unternehmer die endgültige Einfuhr in einen Drittstaat durch Belege dieses Staates nachweist (siehe Absatz 11 Satz 3 Nr. 2). ³Diese Regelung gilt unabhängig von der Art des verwendeten Kennzeichens.

(13) ¹Amtliche Stellen der Bundesrepublik Deutschland im Bestimmungsland dürfen keine Ausfuhrbestätigungen für Kraftfahrzeuge erteilen. ²Wegen der Voraussetzungen für die Steuerbefreiung im Übrigen vgl. BMF-Schreiben vom 22. 12. 1980, BStBl 1981 I S. 25, und vom 8. 5. 1989, BStBl I S. 188.

Ausfuhranmeldungen im Rahmen der einzigen Bewilligung

(14) ¹Mit Wirkung vom 1. 1. 2009 wurden die Vorschriften über die Binnengrenzen überschreitende Abfertigungsmöglichkeiten im Rahmen einer sog. einzigen Bewilligung auch auf das Ausfuhrverfahren ausgedehnt (Verordnung [EG] Nr. 1192/2008 der Kommission vom 17. 11. 2008, ABl. EU 2008 Nr. L 329). ²Mit dieser zentralisierten Zollabwicklung werden der Ort, an dem sich die Waren befinden und der Ort, an dem die Ausfuhranmeldung abgegeben wird, Mitgliedstaaten übergreifend entkoppelt.

(15) ¹Ein Unternehmen, das von mehreren Warenorten in der EU seine Ausfuhren tätigt, kann die Ausfuhrsendung zentral in dem Mitgliedstaat anmelden, in dem sich seine Hauptbuchhaltung befindet. ²Für den Nachrichtenaustausch im EDV-gestützten Ausfuhrsystem bedeutet dies, dass der elektronische Ausfuhrvorgang in dem Mitgliedstaat begonnen und erledigt wird, in dem die ursprüngliche elektronische Anmeldung abgegeben wurde und zwar unabhängig davon, in welchem Mitgliedstaat sich die Waren in dem Anmeldezeitpunkt befanden. ³Bei Ausfuhranmeldungen, die im Rahmen der „ausländischen" einzigen Bewilligung bei einer für den Ausführer/Anmelder zuständigen AfZSt in Deutschland abgegeben werden, müssen zwar in allen Mitgliedstaaten die Anmelder/Ausführer nach Artikel 796e ZK-DVO über den körperlichen Ausgang der Waren per EDIFACT-Nachricht unterrichtet werden; ob – wie in Deutschland – dazu zusätzlich noch ein PDF-Dokument beigefügt wird, obliegt der Entscheidung der Mitgliedstaaten.

Beispiel 1:
[1]Ein Unternehmen hat seine Hauptbuchhaltung in den Niederlanden und unterhält Warenorte in den Niederlanden und in Deutschland. [2]Die Ausfuhranmeldung erfolgt über das niederländische IT-System DSU auch für die in Deutschland befindlichen Waren. [3]Im deutschen IT-System ATLAS-Ausfuhr kann von der für den Warenort zuständigen AfZSt kein PDF-Dokument „Ausgangsvermerk" erzeugt werden.

[4]In diesen Fällen ist die vom Unternehmer ausgedruckte, von der ausländischen Zolldienststelle erhaltene EDIFACT-Nachricht über den körperlichen Ausgang der Waren als Beleg im Sinne des § 9 Abs. 1 UStDV oder des § 10 Abs. 1 UStDV und als Nachweis für Umsatzsteuerzwecke anzuerkennen, wenn der Unternehmer zusammen mit dem Ausdruck über Aufzeichnungen/Dokumentationen verfügt, dass er die Nachricht von der ausländischen Zolldienststelle erhalten hat. [5]Zusätzlich muss der Unternehmer die Verbindung der Nachricht mit der entsprechenden Ausfuhranmeldung bei der ausländischen Zolldienststelle aufzeichnen.

[4]Bei Ausfuhranmeldungen, die im Rahmen der „deutschen" einzigen Bewilligung bei einer für den Ausführer/Anmelder zuständigen AfZSt in einem anderen Mitgliedstaat abgegeben werden, erhält der Ausführer/Anmelder für alle Waren, die er über das deutsche IT-System ATLAS angemeldet hat, ein PDF-Dokument „Ausgangsvermerk".

Beispiel 2:
[1]Ein Unternehmen hat seine Hauptbuchhaltung in Deutschland und unterhält Warenorte in den Niederlanden und in Deutschland. [2]Die Ausfuhranmeldung erfolgt über das deutsche IT-System ATLAS-Ausfuhr auch für die in den Niederlanden befindlichen Waren. [3]Anhand der Angabe in Feld 15a (Ausfuhr-/Versendungsland) des Ausgangsvermerks ist für die deutschen Finanzämter erkennbar, dass sich die Waren im Anmeldezeitpunkt in einem anderen Mitgliedstaat befanden.

6.10. Buchmäßiger Nachweis

(1) Der Unternehmer hat die Ausfuhr neben dem Ausfuhrnachweis (vgl. Abschnitt 6.5 Abs. 1) – buchmäßig nachzuweisen.

(2) [1]Der buchmäßige Nachweis muss grundsätzlich im Geltungsbereich der UStDV geführt werden. [2]Steuerlich zuverlässigen Unternehmern kann jedoch gestattet werden, die Aufzeichnungen über den buchmäßigen Nachweis im Ausland vorzunehmen und dort aufzubewahren. [3]Voraussetzung ist hierfür, dass andernfalls der buchmäßige Nachweis in unverhältnismäßiger Weise erschwert würde und dass die erforderlichen Unterlagen den deutschen Finanzbehörden jederzeit auf Verlangen im Geltungsbereich der UStDV vorgelegt werden. [4]Der Bewilligungsbescheid ist unter einer entsprechenden Auflage und unter dem Vorbehalt jederzeitigen Widerrufs zu erteilen.

(3) [1]Aus dem Grundsatz, dass die buchmäßig nachzuweisenden Voraussetzungen eindeutig und leicht nachprüfbar aus der Buchführung zu ersehen sein müssen (§ 13 Abs. 1 UStDV), ergibt sich, dass die erforderlichen Aufzeichnungen laufend und unmittelbar nach Ausführung des jeweiligen Umsatzes vorgenommen werden müssen. *[2]Der Unternehmer muss den buchmäßigen Nachweis der steuerfreien Ausfuhrlieferung (§ 6 Abs. 4 UStG in Verbindung mit § 13 UStDV) bis zu dem Zeitpunkt führen, zu dem er die Umsatzsteuer-Voranmeldung für die Ausfuhrlieferung abzugeben hat. [3]Der Unternehmer kann fehlende oder fehlerhafte Aufzeichnungen eines rechtzeitig erbrachten Buchnachweises bis zum Schluss der letzten mündlichen Verhandlung vor dem Finanzgericht nach den für Rechnungsberichtigungen geltenden Grundsätzen ergänzen oder berichtigen (BFH-Urteil vom 28. 5. 2009, V R 23/08, BStBl 2010 II S. 517).*

(3a) Wird der Buchnachweis weder rechtzeitig geführt noch zulässigerweise ergänzt oder berichtigt, kann die Ausfuhrlieferung gleichwohl steuerfrei sein, wenn auf Grund der objektiven Beweislage feststeht, dass die Voraussetzungen des § 6 Abs. 1 bis Abs. 3a UStG vorliegen (BFH-Urteil vom 28. 5. 2009, V R 23/08, BStBl 2010 II S. 517).

(4) [1]Der Inhalt und der Umfang des buchmäßigen Nachweises sind in Form von Sollvorschriften geregelt (§ 13 Abs. 2 bis 6 UStDV). [2]Der Unternehmer kann den Nachweis auch in anderer Weise führen. [3]Er muss jedoch in jedem Fall die Grundsätze des § 13 Abs. 1 UStDV beachten.

(5) [1]Bei der Aufzeichnung der Menge und der handelsüblichen Bezeichnung des Gegenstands der Lieferung sind Sammelbezeichnungen, z. B. Lebensmittel oder Textilien, in der Regel nicht ausreichend (vgl. Abschnitt 4.5 Abs. 15). [2]Aus der Aufzeichnung der Art und des Umfangs einer etwaigen Bearbeitung oder Verarbeitung vor der Ausfuhr (vgl. Abschnitt 6.1 Abs. 5) sollen auch der Name und die Anschrift des mit der Bearbeitung oder Verarbeitung Beauftragten, die Bezeichnung des betreffenden Auftrags sowie die Menge und handelsübliche Bezeichnung des ausgeführten Gegenstands hervorgehen. [3]Als Grundlage dieser Aufzeichnungen können die Belege dienen, die der Unternehmer über die Bearbeitung oder Verarbeitung erhalten hat (vgl. Abschnitt 6.8).

(6) [1]Befördert oder versendet der Unternehmer oder der Abnehmer den Gegenstand der Lieferung in die in § 1 Abs. 3 UStG bezeichneten Gebiete, soll sich aus der Angabe des Berufs oder des

Gewerbezweigs des Abnehmers dessen Unternehmereigenschaft sowie aus der Angabe des Erwerbszwecks des Abnehmers dessen Absicht, den Gegenstand für sein Unternehmen zu verwenden, ergeben. ²Bei Lieferungen, deren Gegenstände nach Art und/oder Menge nur zur Verwendung in dem Unternehmen des Abnehmers bestimmt sein können, genügt neben der Aufzeichnung des Berufs oder Gewerbezweigs des Abnehmers die Angabe der Art und Menge der gelieferten Gegenstände. ³In Zweifelsfällen kann der Erwerbszweck durch eine Bestätigung des Abnehmers nachgewiesen werden. ⁴Bei Lieferungen an juristische Personen des öffentlichen Rechts ist davon auszugehen, dass die Lieferungen für deren hoheitlichen und nicht für deren unternehmerischen Bereich ausgeführt worden sind, sofern nicht der Unternehmer anhand von Aufzeichnungen und Belegen, z. B. durch eine Bescheinigung des Abnehmers, das Gegenteil nachweist. ⁵Wenn der Abnehmer kein Unternehmer ist, soll sich aus den Aufzeichnungen der Bestimmungsort im übrigen Drittlandsgebiet ergeben.

(7) Bei den in § 6 Abs. 3 UStG bezeichneten Lieferungen von Gegenständen, die zur Ausrüstung oder Versorgung eines Beförderungsmittels bestimmt sind (vgl. Abschnitt 6.4), soll der Unternehmer zusätzlich zu den in § 13 Abs. 2 UStDV bezeichneten Angaben Folgendes aufzeichnen (§ 13 Abs. 5 UStDV):

1. den Gewerbezweig oder Beruf des ausländischen Abnehmers zum Nachweis der Unternehmereigenschaft des Abnehmers und

2. ¹den Zweck, dem das ausgerüstete oder versorgte Beförderungsmittel dient, zum Nachweis des unternehmerischen Verwendungszwecks. ²Es genügt die Angabe der Art des Beförderungsmittels, wenn es seiner Art nach nur unternehmerischen Zwecken dienen kann, z. B. Lastkraftwagen, Reiseomnibus, Frachtschiff. ³Bei anderen Beförderungsmitteln, z. B. Personenkraftwagen, Krafträdern, Sport- und Vergnügungsbooten oder Sportflugzeugen, ist davon auszugehen, dass sie nichtunternehmerischen Zwecken dienen, es sei denn, dass nach der Gesamtheit der bei dem Unternehmer befindlichen Unterlagen kein ernstlicher Zweifel daran besteht, dass das Beförderungsmittel den Zwecken des Unternehmens des Abnehmers dient. ⁴Eine Bescheinigung des Abnehmers über den Verwendungszweck des Beförderungsmittels reicht wegen der fehlenden Nachprüfungsmöglichkeit in der Regel nicht aus.

(8) Zum Buchnachweis beim nichtkommerziellen Reiseverkehr vgl. Abschnitt 6.11 Abs. 11.

6.11. Ausfuhrlieferungen im nichtkommerziellen Reiseverkehr

Allgemeines

(1) ¹Bei den Ausfuhrlieferungen im nichtkommerziellen Reiseverkehr (§ 6 Abs. 3a UStG) handelt es sich um Fälle, in denen der Abnehmer Waren zu nichtunternehmerischen Zwecken erwirbt und im persönlichen Reisegepäck in das Drittlandsgebiet verbringt. ²Zum „persönlichen Reisegepäck" gehören diejenigen Gegenstände, die der Abnehmer bei einem Grenzübertritt mit sich führt, z. B. das Handgepäck oder die in einem von ihm benutzten Fahrzeug befindlichen Gegenstände, sowie das anlässlich einer Reise aufgegebene Handgepäck. ³Als Reise sind auch Einkaufsfahrten und der Berufsverkehr anzusehen. ⁴Ein Fahrzeug, seine Bestandteile und sein Zubehör sind kein persönliches Reisegepäck. ⁵Keine Ausfuhr im Reiseverkehr liegt vor, wenn der Käufer die Ware durch einen Spediteur, durch Bahn oder Post oder durch einen sonstigen Frachtführer in ein Drittland versendet.

Ausfuhrnachweis

(2) ¹Die Verbringung des Liefergegenstandes in das Drittlandsgebiet soll grundsätzlich durch eine Ausfuhrbestätigung der den Ausgang des Gegenstandes aus dem Gemeinschaftsgebiet überwachenden Grenzzollstelle eines EU-Mitgliedstaates (Ausgangszollstelle) nachgewiesen werden (§ 9 Abs. 1 UStDV, Abschnitt 6.6 Abs. 3). ²Die Ausfuhrbestätigung erfolgt durch einen Sichtvermerk der Ausgangszollstelle der Gemeinschaft auf der vorgelegten Rechnung oder dem vorgelegten Ausfuhrbeleg. ³Unter Sichtvermerk ist der Dienststempelabdruck der Ausgangszollstelle mit Namen der Zollstelle und Datum zu verstehen.

(3) ¹Als ausreichender Ausfuhrnachweis ist grundsätzlich ein Beleg (Rechnung oder ein entsprechender Beleg) anzuerkennen, der mit einem gültigen Stempelabdruck der Ausgangszollstelle versehen ist. ²Das gilt auch dann, wenn außer dem Stempelabdruck keine weiteren Angaben, z. B. Datum und Unterschrift, gemacht wurden oder wenn auf besonderen Ausfuhrbelegen die vordruckmäßig vorgesehenen Ankreuzungen fehlen. ³Entscheidend ist, dass sich aus dem Beleg die Abfertigung des Liefergegenstandes zur Ausfuhr durch die Ausgangszollstelle erkennen lässt.

(4) ¹Der Ausfuhrbeleg (Rechnung oder entsprechender Beleg) soll u. a. auch die handelsübliche Bezeichnung und die Menge des ausgeführten Gegenstandes enthalten. ²Handelsüblich ist dabei jede im Geschäftsverkehr für einen Gegenstand allgemein verwendete Bezeichnung, z. B. auch Markenbezeichnungen. ³Handelsübliche Sammelbezeichnungen, z. B. Baubeschläge, Büromöbel, Kurzwaren, Spirituosen, Tabakwaren, Waschmittel, sind ausreichend. ⁴Dagegen reichen Bezeich-

nungen allgemeiner Art, die Gruppen verschiedener Gegenstände umfassen, z. B. Geschenkartikel, nicht aus (vgl. Abschnitt 14.5 Abs. 15). [5]Die im Ausfuhrbeleg verwendete handelsübliche Bezeichnung von Gegenständen ist nicht zu beanstanden, wenn die Ausgangszollstelle anhand der Angaben im Ausfuhrbeleg die Ausfuhr dieser Gegenstände bestätigt. [6]Damit ist ausreichend belegt, dass die Gegenstände im Ausfuhrbeleg so konkret bezeichnet worden sind, dass die Ausgangszollstelle in der Lage war, die Abfertigung dieser Gegenstände zur Ausfuhr zu bestätigen.

Nachweis der Ausfuhrfrist

(5) [1]Der Unternehmer hat die Einhaltung der Ausfuhrfrist (§ 6 Abs. 3a Nr. 2 UStG) durch Angabe des Tages der Ausfuhr im Ausfuhrbeleg nachzuweisen. [2]Fehlt auf dem Ausfuhrbeleg die Angabe des Ausfuhrtages (z. B. in den Fällen des Absatzes 2), muss der Unternehmer den Tag der Ausfuhr durch andere überprüfbare Unterlagen nachweisen.

Abnehmernachweis

(6) [1]Außer der Ausfuhr der Gegenstände hat der Unternehmer durch einen Beleg nachzuweisen, dass der Abnehmer im Zeitpunkt der Lieferung seinen Wohnort im Drittlandsgebiet hatte. [2]Wohnort ist der Ort, an dem der Abnehmer für längere Zeit seine Wohnung hat und der als der örtliche Mittelpunkt seines Lebens anzusehen ist. [3]Als Wohnort in diesem Sinne gilt der Ort, der im Reisepass oder in einem anderen in der Bundesrepublik Deutschland anerkannten Grenzübertrittspapier (insbesondere Personalausweis) eingetragen ist. [4]Der Unternehmer kann sich hiervon durch Einsichtnahme in das vom Abnehmer vorgelegte Grenzübertrittspapier überzeugen. [5]Aus dem Ausfuhrbeleg (Rechnung oder entsprechender Beleg) müssen sich daher der Name und die Anschrift des Abnehmers ergeben (Land, Wohnort, Straße und Hausnummer). [6]Ist die Angabe der vollständigen Anschrift des Abnehmers zum Beispiel aufgrund von Sprachproblemen nicht möglich, genügt neben dem Namen des Abnehmers die Angabe des Landes, in dem der Abnehmer wohnt, und die Angabe der Nummer des Reisepasses oder eines anderen anerkannten Grenzübertrittspapiers.

(7) [1]Im Ausfuhrbeleg bestätigt die Ausgangszollstelle außer der Ausfuhr, dass die Angaben zum Namen und zur Anschrift des Abnehmers mit den Eintragungen in dem vorgelegten Grenzübertrittspapier desjenigen übereinstimmen, der den Gegenstand in seinem Reisegepäck in das Drittlandsgebiet verbringt (§ 17 UStDV). [2]Ist aus dem ausländischen Grenzübertrittspapier nicht die volle Anschrift, sondern nur das Land und der Wohnort oder nur das Land ersichtlich, erteilen die Ausgangszollstellen auch in diesen Fällen die Abnehmerbestätigung. [3]Derartige Abnehmerbestätigungen sind als ausreichender Belegnachweis anzuerkennen. [4]Absatz 3 Satz 2 ist für Abnehmerbestätigungen entsprechend anzuwenden.

(8) [1]Die Abnehmerbestätigung wird von den deutschen Grenzzollstellen in folgenden Fällen trotz Vorlage eines gültigen Grenzübertrittspapiers des Ausführers nicht erteilt:

1. Die Angaben über den ausländischen Abnehmer in dem vorgelegten Beleg stimmen nicht mit den Eintragungen in dem vorgelegten Pass oder sonstigen Grenzübertrittspapier des Ausführers überein.
2. [1]Der Ausführer weist einen in einem Drittland ausgestellten Pass vor, in dem ein Aufenthaltstitel im Sinne des Aufenthaltsgesetzes für einen drei Monate übersteigenden Aufenthalt in der Bundesrepublik Deutschland oder in einem anderen EU-Mitgliedstaat eingetragen ist, wenn diese Erlaubnis noch nicht abgelaufen ist oder nach ihrem Ablauf noch kein Monat vergangen ist. [2]Entsprechendes gilt bei der Eintragung: „Aussetzung der Abschiebung (Duldung)". [3]**Die Abnehmerbestätigung wird jedoch nicht versagt, wenn der Ausführer einen in einem Drittland ausgestellten Pass vorweist, in dem ein Aufenthaltstitel im Sinne des Aufenthaltsgesetzes durch eine Auslandsvertretung eines anderen EU-Mitgliedstaates für die Dauer von 180 Tagen eingetragen ist und mit dem kein Titel für einen gewöhnlichen Aufenthalt oder Wohnsitz in diesem anderen EU-Mitgliedstaat erworben wurde.** [4]Die Abnehmerbestätigung wird **ebenfalls** nicht versagt, wenn der Ausführer einen Pass vorweist, in dem zwar eine Aufenthaltserlaubnis eingetragen ist, die formell noch nicht abgelaufen ist, er aber gleichzeitig eine Abmeldebestätigung vorlegt, die mindestens sechs Monate vor der erneuten Ausreise ausgestellt worden ist oder der Ausführer nur eine Aufenthaltserlaubnis in der Form des Sichtvermerks (Visum) einer Auslandsvertretung der Bundesrepublik Deutschland oder anderen Mitgliedstaates besitzt, die zu mehrmaligen Einreisen in die Gemeinschaft, dabei jedoch nur zu einem Aufenthalt von bis zu maximal drei Monaten pro Halbjahr berechtigt (sog. Geschäftsvisum). [5]Die Gültigkeit solcher Geschäftsvisa kann bis zu zehn Jahre betragen.
3. Der Ausführer weist einen ausländischen Personalausweis vor, der in einem Drittland ausgestellt worden ist, dessen Staatsangehörige nur unter Vorlage eines Passes und nicht lediglich unter Vorlage eines Personalausweises in die Bundesrepublik Deutschland einreisen dürfen.

4. ¹Der Ausführer weist einen deutschen oder einen in einem anderen EU-Mitgliedstaat ausgestellten Personalausweis vor. ²Bei Vorlage des deutschen Personalausweises wird die Abnehmerbestätigung jedoch in den Fällen erteilt, in denen der Inhaber des Ausweises ein Bewohner Helgolands oder der Gemeinde Büsingen ist.

5. ¹Der Ausführer weist einen deutschen oder einen in einem anderen EU-Mitgliedstaat ausgestellten Pass vor, ohne seinen im Drittland befindlichen Wohnort durch Eintragung in den Pass oder durch eine besondere Bescheinigung nachweisen zu können; als eine solche Bescheinigung ist auch ein Aufenthaltstitel eines Drittlands mit mindestens noch einjähriger Gültigkeitsdauer anzusehen. ²Bei Vorlage eines deutschen Passes wird die Abnehmerbestätigung jedoch in den Fällen erteilt, in denen der Inhaber des Passes ein Bewohner Helgolands oder der Gemeinde Büsingen ist.

6. Der Ausführer ist erkennbar ein Mitglied einer nicht in einem Drittland, sondern in der Bundesrepublik Deutschland oder in einem anderen EU-Mitgliedstaat stationierten Truppe, eines in diesen Gebieten befindlichen Gefolges oder deren Angehöriger.

7. ¹Der Ausführer legt einen vom Auswärtigen Amt ausgestellten amtlichen Pass (Diplomaten-, Ministerial- oder Dienstpass) vor. ²Bei Diplomaten- und Dienstpässen mit eingetragenem Dienstort in einem Drittland kann die Abnehmerbestätigung erteilt werden, wenn der Ausführer nachweist, dass er die Auslandsmission bereits in der Vergangenheit angetreten hat (Einreisestempel des Drittstaates, Reisepass mit entsprechendem Wohnorteintrag oder durch eine besondere Bescheinigung oder durch ein Dokument über den diplomatischen oder konsularischen Aufenthalt im Ausland, das auch in den Diplomaten- oder Dienstpass eingetragen oder eingeklebt sein kann).

²In diesen Fällen kann mit Hilfe des Grenzübertrittspapiers nicht der Nachweis erbracht werden, dass der Wohnort des Abnehmers in einem Drittland liegt. ³Die deutsche Grenzzollstelle bestätigt dann lediglich die Ausfuhr des Gegenstandes der Lieferung. ⁴Ferner vermerkt sie auf dem Ausfuhrbeleg den Grund dafür, warum sie die Richtigkeit des Namens und der Anschrift des ausländischen Abnehmers nicht bestätigen kann.

(9) ¹Ist der Abnehmernachweis durch eine Bestätigung der Grenzzollstelle nicht möglich oder nicht zumutbar, bestehen keine Bedenken, auch eine entsprechende Bestätigung einer amtlichen Stelle der Bundesrepublik Deutschland im Wohnsitzstaat des Abnehmers, z. B. einer diplomatischen oder konsularischen Vertretung der Bundesrepublik Deutschland oder einer im Drittlandsgebiet stationierten Truppeneinheit der Bundeswehr, als ausreichend anzuerkennen. ²Aus dieser Bestätigung muss hervorgehen, dass die Angaben über den ausländischen Abnehmer – Name und Anschrift – im Zeitpunkt der Lieferung zutreffend waren. ³Eine Ersatzbestätigung einer Zollstelle im Drittlandsgebiet kommt dagegen nicht in Betracht. ⁴Die Erteilung von Ersatzbestätigungen durch Auslandsvertretungen der Bundesrepublik Deutschland ist gebührenpflichtig und unterliegt besonderen Anforderungen.

Ausfuhr- und Abnehmerbescheinigung

(10) ¹Für den Ausfuhrbeleg im Sinne des § 17 UStDV soll ein Vordruck nach vorgeschriebenem Muster verwendet werden. ²Es bestehen keine Bedenken, wenn die in den Abschnitten B und C des Musters enthaltenen Angaben nicht auf einem besonderen Vordruck, sondern, z. B. durch Stempelaufdruck, auf einer Rechnung angebracht werden, sofern aus dieser Rechnung der Lieferer, der ausländische Abnehmer und der Gegenstand der Lieferung ersichtlich sind.

Buchnachweis

(11) ¹Neben dem belegmäßigen Ausfuhr- und Abnehmernachweis müssen sich die Voraussetzungen der Steuerbefreiung auch eindeutig und leicht nachprüfbar aus der Buchführung ergeben (§ 13 UStDV). ²Grundlage des buchmäßigen Nachweises ist grundsätzlich der Beleg mit der Ausfuhr- und Abnehmerbestätigung der Ausgangszollstelle. ³Hat die Ausgangszollstelle die Ausfuhr der Gegenstände sowie die Angaben zum Abnehmer in dem vorgelegten Beleg bestätigt, sind die im Beleg enthaltenen Angaben (z. B. hinsichtlich der handelsüblichen Bezeichnung der Gegenstände und der Anschrift des Abnehmers) insoweit auch als ausreichender Buchnachweis anzuerkennen. ⁴Dies gilt auch dann, wenn zum Beispiel bei Sprachproblemen anstelle der vollständigen Anschrift lediglich das Land und die Passnummer aufgezeichnet werden.

6.12. Gesonderter Steuerausweis bei Ausfuhrlieferungen

Zu den Folgen eines gesonderten Steuerausweises bei Ausfuhrlieferungen vgl. Abschnitt 14c.1 Abs. 7.

Hinweise

1 Umsatzsteuerbefreiung für Ausfuhrlieferungen und innergemeinschaftliche Lieferungen (§ 4 Nr. 1, §§ 6, 6a UStG); Vordruckmuster

(BMF vom 17. 1. 2000, BStBl 2000 I S. 179)
Siehe USt-HA 2000/01 § 6 H 10.

2 Umsatzsteuerbefreiung für Ausfuhrlieferungen, wenn der Gegenstand vor der Ausfuhr im Auftrag des Abnehmers in einem anderen EU-Mitgliedstaat be- oder verarbeitet worden ist

(BMF vom 28. 2. 2001 – IV D 1 – S 7131 – 7/01 –, UR 2001 S. 515)

Sie hatten die Frage an mich herangetragen, ob die Steuerbefreiung für Ausfuhrlieferungen nach § 4 Nr. 1 Buchst. a, § 6 Abs. 1 Satz 1 UStG in Anspruch genommen werden kann, wenn der gelieferte Gegenstand vor dem Gelangen in das Drittlandsgebiet nicht im Inland, sondern in einem anderen EU-Mitgliedstaat – im Auftrag des Abnehmers – be- oder verarbeitet worden ist. Sie bejahen dies und halten eine andere umsatzsteuerrechtliche Behandlung mit dem Gedanken eines europäischen Binnenmarktes für nicht vereinbar.

Nach Erörterung der Angelegenheiten mit den obersten Finanzbehörden der Länder kann ich Ihnen mitteilen, dass die von Ihnen vorgetragene Auffassung im Ergebnis geteilt wird.

3 Umsatzsteuerbefreiung für Ausfuhrlieferungen im nichtkommerziellen Reiseverkehr; Vordruckmuster

(BMF vom 6. 11. 2001, BStBl 2001 I S. 823)
Siehe USt-HA 2002/03 § 6 H 15.

4 Umsatzsteuerbefreiung für Ausfuhrlieferungen im nichtkommerziellen Reiseverkehr; Vordruckmuster

(BMF vom 28. 5. 2004, BStBl 2004 I S. 532)
Siehe USt-HA 2004/05 § 6 H 4.

5 Merkblatt zur Umsatzsteuerbefreiung für Ausfuhrlieferungen im nichtkommerziellen Reiseverkehr

(BMF vom 28. 5. 2004, BStBl 2004 I S. 535)
Siehe USt-HA 2004/05 § 6 H 5.

6 Ausfuhrlieferungen im nichtkommerziellen Reiseverkehr; Vernichtung von Ausfuhrbelegen mit anhängenden Originalrechnungen nach Erfassung auf vorgegebenen Datenträgern

(OFD Koblenz, Vfg. vom 7. 5. 2007 – S 7134 A – St 44 2 –, StEd 2007 S. 412)

7 Belegnachweis bei steuerfreien Ausfuhrlieferungen in deutsche Freihäfen (Freizonen des Kontrolltyps I)

(OFD Frankfurt am Main, Vfg. vom 25. 1. 2008 – S 7134 A – 55 – St 110 –, StEd 2008 S. 206)

8 Umsatzsteuerbefreiung für Ausfuhrlieferungen; Spediteurbescheinigungen als Belegnachweis

(BMF vom 30. 1. 2008 – IV A 6 – S 7131/07/0001 (2008/0048265) –, UR 2008 S. 398)
Siehe USt-HA 2008/09 § 6 H 9.

9 Umsatzsteuerbefreiung für Ausfuhrlieferungen (§ 4 Nr. 1 Buchst. a, § 6 UStG); IT-Verfahren „ATLAS-Ausfuhr" – Pflicht zur Teilnahme am elektronischen Ausfuhrverfahren seit 1. Juli 2009; Auswirkungen auf den Ausfuhrnachweis für Umsatzsteuerzwecke

(BMF vom 17. 7. 2009, BStBl 2009 I S. 855)
Siehe USt-HA 2009/10 § 6 H 10.

10 **Umsatzsteuerbefreiung für Ausfuhrlieferungen (§ 4 Nr. 1 Buchst. a, § 6 UStG); IT-Verfahren „ATLAS-Ausfuhr" – Pflicht zur Teilnahme am elektronischen Ausfuhrverfahren seit 1. Juli 2009; Auswirkungen auf den Ausfuhrnachweis für Umsatzsteuerzwecke**

(BMF vom 3. 5. 2010, BStBl 2010 I S. 499)

Siehe USt-HA 2010/11 § 6 H 10.

11 **Steuerbefreiung für Ausfuhrlieferungen im nichtkommerziellen Reiseverkehr (§ 4 Nr. 1 Buchst. a, § 6 Abs. 3a UStG) – Erteilung der Abnehmerbestätigung bei Vorlage eines Visums mit einer drei Monate übersteigenden Aufenthaltsgenehmigung**

(BMF vom 12. 5. 2011, BStBl 2011 I S. 1287)

Unter Bezugnahme auf das Ergebnis der Erörterungen mit den obersten Finanzbehörden der Länder wird Abschnitt 6.11 Abs. 8 Satz 1 Nr. 2 des Umsatzsteuer-Anwendungserlasses vom 1. Oktober 2010, der zuletzt durch das BMF-Schreiben vom 2. Mai 2011 - IV D 2 - S 7104/11/10001 (2011/0329553) -, BStBl I S. 490, geändert worden ist, wie folgt gefasst: [1])

Die Grundsätze dieser Regelung sind in allen offenen Fällen anzuwenden.

12 **Beleg- und Buchnachweispflichten bei der Steuerbefreiung für Ausfuhrlieferungen und für innergemeinschaftliche Lieferungen (§ 4 Nr. 1, § 6, § 6a UStG); Änderungen der §§ 9 bis 11, 13, 17, 17a, 17b und 17c UStDV durch die Zweite Verordnung zur Änderung steuerlicher Verordnungen**

(BMF vom 9. 12. 2011, BStBl 2011 I S. 1287)

Durch die „Zweite Verordnung zur Änderung steuerlicher Verordnungen" vom 2. Dezember 2011 (BGBl. I S. 2416) wurden die §§ 9 bis 11, 13, 17, 17a, 17b und 17c UStDV mit Wirkung vom 1. Januar 2012 geändert. Mit diesen Änderungen wurden die Beleg- und Buchnachweispflichten für Ausfuhrlieferungen an die seit 01.07.2009 bestehende EU-einheitliche Pflicht zur Teilnahme am elektronischen Ausfuhrverfahren (Artikel 787 ZK-DVO, sog. Verfahren „ATLAS-Ausfuhr") angepasst. Außerdem wurden für die Steuerbefreiung innergemeinschaftlicher Lieferungen neue Nachweisregelungen geschaffen.

Unter Bezugnahme auf das Ergebnis der Erörterungen mit den obersten Finanzbehörden der Länder gilt Folgendes:

Für bis zum 31. März 2012 ausgeführte Ausfuhrlieferungen (§ 4 Nr. 1 Buchst. a, § 6 UStG) und für bis zum 31. März 2012 ausgeführte innergemeinschaftliche Lieferungen (§ 4 Nr. 1 Buchst. b, § 6a UStG) wird es nicht beanstandet, wenn der beleg- und buchmäßige Nachweis der Voraussetzungen der Steuerbefreiung noch auf Grundlage der bis zum 31. Dezember 2011 geltenden Rechtslage geführt wird.

Rechtsprechung

EUROPÄISCHER GERICHTSHOF

EuGH vom 21. 2. 2008 – Rs. C-271/06 – (HFR 2008 S. 408, UR 2008 S. 508)

Steuerbefreiung bei Ausfuhren in ein Drittland im Billigkeitsweg

Art. 15 Nr. 2 6. USt-Richtlinie in der Fassung der Richtlinie 95/7/EG des Rates vom 10. 4. 1995 ist dahin auszulegen, dass er der von einem Mitgliedstaat vorgenommenen Mehrwertsteuerbefreiung einer Ausfuhrlieferung nach einem Ort außerhalb der Europäischen Gemeinschaft nicht entgegensteht, wenn zwar die Voraussetzungen für eine derartige Befreiung nicht vorliegen, der Steuerpflichtige dies aber auch bei Beachtung der Sorgfalt eines ordentlichen Kaufmanns infolge der Fälschung des vom Abnehmer vorgelegten Nachweises der Ausfuhr nicht erkennen konnte.

---

[1]) Anm.: Text wurde inhaltlich unverändert in Abschn. 6.11 Abs. 8 Satz 1 Nr. 2 UStAE übernommen (siehe AE 6.11).

BUNDESFINANZHOF

BFH vom 6.12.2010 – XI B 27/10 – (BFH/NV 2011 S. 645)

Ausfuhrnachweis in Beförderungsfällen

1. Beantragt das fachkundig vertretene FA in der mündlichen Verhandlung vor dem FG weder eine weitere Vernehmung eines anwesenden Zeugen noch die Beiziehung weiterer Unterlagen, ist grundsätzlich davon auszugehen, dass das FG nicht von sich aus insoweit den Sachverhalt weiter hätte aufklären müssen.
2. Wer als fachkundiger Beteiligter keinen Beweisantrag auf (weitere) Zeugenvernehmung stellt und die Unterlassung einer nach seiner Auffassung gebotenen (weiteren) Beweiserhebung von Amts wegen nicht in der mündlichen Verhandlung rügt, übt einen Rügeverzicht aus, der die Berufung auf die Verletzung der Sachaufklärungspflicht ausschließt.
3. § 9 Abs. 1 UStDV regelt nur, dass der Unternehmer in Beförderungsfällen den Ausfuhrnachweis „regelmäßig" durch einen Beleg mit einer Ausfuhrbestätigung führen „soll", verlangt also eine Ausfuhrbestätigung nicht zwingend.

§ 6a   Innergemeinschaftliche Lieferung

(1) ¹Eine innergemeinschaftliche Lieferung (§ 4 Nr. 1 Buchstabe b) liegt vor, wenn bei einer Lieferung die folgenden Voraussetzungen erfüllt sind:
1. Der Unternehmer oder der Abnehmer hat den Gegenstand der Lieferung in das übrige Gemeinschaftsgebiet befördert oder versendet;
2. der Abnehmer ist
   a) ein Unternehmer, der den Gegenstand der Lieferung für sein Unternehmen erworben hat,
   b) eine juristische Person, die nicht Unternehmer ist oder die den Gegenstand der Lieferung nicht für ihr Unternehmen erworben hat, oder
   c) bei der Lieferung eines neuen Fahrzeugs auch jeder andere Erwerber

   und
3. der Erwerb des Gegenstands der Lieferung unterliegt beim Abnehmer in einem anderen Mitgliedstaat den Vorschriften der Umsatzbesteuerung.

²Der Gegenstand der Lieferung kann durch Beauftragte vor der Beförderung oder Versendung in das übrige Gemeinschaftsgebiet bearbeitet oder verarbeitet worden sein.

(2) Als innergemeinschaftliche Lieferung gilt auch das einer Lieferung gleichgestellte Verbringen eines Gegenstands (§ 3 Abs. 1a).

(3) ¹Die Voraussetzungen der Absätze 1 und 2 müssen vom Unternehmer nachgewiesen sein. ²Das Bundesministerium der Finanzen kann mit Zustimmung des Bundesrates durch Rechtsverordnung bestimmen, wie der Unternehmer den Nachweis zu führen hat.

(4) ¹Hat der Unternehmer eine Lieferung als steuerfrei behandelt, obwohl die Voraussetzungen nach Absatz 1 nicht vorliegen, so ist die Lieferung gleichwohl als steuerfrei anzusehen, wenn die Inanspruchnahme der Steuerbefreiung auf unrichtigen Angaben des Abnehmers beruht und der Unternehmer die Unrichtigkeit dieser Angaben auch bei Beachtung der Sorgfalt eines ordentlichen Kaufmanns nicht erkennen konnte. ²In diesem Fall schuldet der Abnehmer die entgangene Steuer.

Vorschriften des Gemeinschaftsrechts

Art. 131, Art. 138 und Art. 139 der MWSt-Richtlinie (bis 31.12.2006: Art. 28c Teil A der 6. USt-Richtlinie).

UStDV §§ 17a–17c

§§ 17a–17c UStDV: Abgedruckt bei § 4 UStG

6a.1. Innergemeinschaftliche Lieferungen

(1) ¹Eine innergemeinschaftliche Lieferung setzt eine im Inland steuerbare Lieferung (§ 1 Abs. 1 Nr. 1 UStG) voraus. ²Gegenstand der Lieferung muss ein körperlicher Gegenstand sein, der vom liefernden Unternehmer, vom Abnehmer oder von einem vom liefernden Unternehmer oder vom Abnehmer beauftragten Dritten in das übrige Gemeinschaftsgebiet befördert oder versendet wird (§ 3 Abs. 6 Satz 1 UStG). ³Das Vorliegen einer innergemeinschaftlichen Lieferung kommt nicht in Betracht für Lieferungen von Gas über das Erdgasnetz und von Elektrizität im Sinne des § 3g UStG. ⁴Werklieferungen (§ 3 Abs. 4 UStG) können unter den Voraussetzungen des § 3 Abs. 6 Satz 1 UStG innergemeinschaftliche Lieferungen sein.

(2) ¹Bei Reihengeschäften (§ 3 Abs. 6 Satz 5 UStG) kommt die Steuerbefreiung einer innergemeinschaftlichen Lieferung nur für die Lieferung in Betracht, der die Beförderung oder Versendung des Liefergegenstands zuzurechnen ist. ²Im Rahmen eines Reihengeschäfts, bei dem die Warenbewegung im Inland beginnt und im Gebiet eines anderen Mitgliedstaates endet, kann daher mit der Beförderung oder Versendung des Liefergegenstands in das übrige Gemeinschaftsgebiet nur eine innergemeinschaftliche Lieferung im Sinne des § 6a UStG bewirkt werden. ³Die Steuerbefreiung kommt demnach nur bei der Beförderungs- oder Versendungslieferung zur Anwendung (vgl. Abschnitt 3.14 Abs. 13).

(2a) Die Steuerbefreiung für innergemeinschaftliche Lieferungen (§ 4 Nr. 1 Buchstabe b, § 6a UStG) kommt nicht in Betracht, wenn für die Lieferung eines Gegenstands in das übrige Gemeinschaftsgebiet auch die Voraussetzungen der Steuerbefreiungen nach § 4 Nr. 17, 19 oder 28 oder nach § 25c Abs. 1 und 2 UStG vorliegen.

(3) ¹Die Person/Einrichtung, die eine steuerfreie innergemeinschaftliche Lieferung bewirken kann, muss ein Unternehmer sein, der seine Umsätze nach den allgemeinen Vorschriften des Umsatzsteuergesetzes besteuert (sog. Regelversteuerer). ²Auf Umsätze von Kleinunternehmern, die nicht nach § 19 Abs. 2 UStG zur Besteuerung nach den allgemeinen Vorschriften des Umsatzsteuergesetzes optiert haben, auf Umsätze im Rahmen eines land- und forstwirtschaftlichen Betriebs, auf die die Durchschnittssätze nach § 24 UStG angewendet werden, und auf Umsätze, die der Differenzbesteuerung nach § 25a UStG unterliegen, findet die Steuerbefreiung nach § 4 Nr. 1 Buchstabe b, § 6a UStG keine Anwendung (vgl. § 19 Abs. 1 Satz 4, § 24 Abs. 1 Satz 2, § 25a Abs. 5 Satz 2 und § 25a Abs. 7 Nr. 3 UStG).

(4) Die Steuerbefreiung einer innergemeinschaftlichen Lieferung erstreckt sich auf das gesamte Entgelt, das für die Lieferung vereinbart oder vereinnahmt worden ist.

(5) Abschnitt 6.1 Abs. 6 Nr. 2 ist entsprechend anzuwenden.

Beförderung oder Versendung in das übrige Gemeinschaftsgebiet (§ 6a Abs. 1 Satz 1 Nr. 1 UStG)

(6) ¹Das Vorliegen einer innergemeinschaftlichen Lieferung setzt voraus, dass der Unternehmer, der Abnehmer oder ein vom liefernden Unternehmer oder vom Abnehmer beauftragter Dritter den Gegenstand der Lieferung in das übrige Gemeinschaftsgebiet befördert oder versendet hat. ²Eine Beförderungslieferung liegt vor, wenn der liefernde Unternehmer, der Abnehmer oder ein von diesen beauftragter unselbständiger Erfüllungsgehilfe den Gegenstand der Lieferung befördert. ³Befördern ist jede Fortbewegung eines Gegenstands (§ 3 Abs. 6 Satz 2 UStG). ⁴Eine Versendungslieferung liegt vor, wenn die Beförderung durch einen selbständigen Beauftragten ausgeführt oder besorgt wird. ⁵Zu den weiteren Voraussetzungen einer Beförderungs- oder Versendungslieferung vgl. Abschnitt 3.12 Abs. 2 bzw. Abs. 3.

(7) ¹Das übrige Gemeinschaftsgebiet umfasst die gemeinschaftsrechtlichen Inlandsgebiete der EU-Mitgliedstaaten mit Ausnahme des Inlands der Bundesrepublik Deutschland im Sinne des § 1 Abs. 2 Satz 1 UStG. ²Zu den einzelnen Gebieten des übrigen Gemeinschaftsgebiets vgl. Abschnitt 1.10.

(8) ¹Die Beförderung oder Versendung des Gegenstands der Lieferung „in das übrige Gemeinschaftsgebiet" erfordert, dass die Beförderung oder Versendung im Inland beginnt und im Gebiet eines anderen Mitgliedstaats endet. ²Der Liefergegenstand muss somit das Inland der Bundesrepublik Deutschland physisch verlassen haben und tatsächlich in das übrige Gemeinschaftsgebiet gelangt, d. h. dort physisch angekommen sein. ³Hat der Empfänger einer innergemeinschaftlichen Lieferung (Abnehmer) im Bestimmungsmitgliedstaat in seiner Mehrwertsteuererklärung den Erwerb des Gegenstands als innergemeinschaftlichen Erwerb erklärt, kann dies nur ein zusätzliches Indiz dafür darstellen, dass der Liefergegenstand tatsächlich das Inland physisch verlassen hat. ⁴Ein maßgeblicher Anhaltspunkt für das Vorliegen einer innergemeinschaftlichen Lieferung ist dies jedoch nicht.

Empfänger (= Abnehmer) der Lieferung (§ 6a Abs. 1 Satz 1 Nr. 2 UStG)

(9) Empfänger einer innergemeinschaftlichen Lieferung können nur folgende Personen sein:

1. Unternehmer, die den Gegenstand der Lieferung für ihr Unternehmen erworben haben;

2. juristische Personen, die nicht Unternehmer sind oder die den Gegenstand der Lieferung nicht für ihr Unternehmen erworben haben oder

3. bei der Lieferung eines neuen Fahrzeugs auch jeder andere Erwerber.

(10) [1]Der Abnehmer im Sinne des § 6a Abs. 1 Satz 1 Nr. 2 UStG muss der Empfänger der Lieferung bzw. der Abnehmer des Gegenstands der Lieferung sein. [2]Das ist regelmäßig diejenige Person/Einrichtung, der der Anspruch auf die Lieferung zusteht und gegen die sich der zivilrechtliche Anspruch auf Zahlung des Kaufpreises richtet.

(11) [1]Eine Person/Einrichtung, die den Gegenstand für ihr Unternehmen erwirbt, muss zum Zeitpunkt der Lieferung Unternehmer sein. [2]Es ist nicht erforderlich, dass dieser Unternehmer im Ausland ansässig ist. [3]Es kann sich auch um einen im Inland ansässigen Unternehmer handeln. [4]Unerheblich ist auch, ob es sich (ggf. nach dem Recht eines anderen Mitgliedstaates) bei dem Abnehmer um einen Kleinunternehmer, um einen Unternehmer, der ausschließlich steuerfreie den Vorsteuerabzug ausschließende Umsätze ausführt, oder um einen Land- und Forstwirt handelt, der seine Umsätze nach einer Pauschalregelung besteuert.

(12) [1]Von der Unternehmereigenschaft des Abnehmers kann regelmäßig ausgegangen werden, wenn dieser gegenüber dem liefernden Unternehmer mit einer ihm von einem anderen Mitgliedstaat erteilten, im Zeitpunkt der Lieferung gültigen USt-IdNr. auftritt. [2]Nicht ausreichend ist es, wenn die USt-IdNr. im Zeitpunkt des Umsatzes vom Abnehmer lediglich beantragt wurde. [3]Die USt-IdNr. muss vielmehr im Zeitpunkt des Umsatzes gültig sein. [4]Zur Aufzeichnung der USt-IdNr. und zum Nachweis der Gültigkeit vgl. Abschnitt 6a.4 Abs. 1 und 2.

(13) Von einem Erwerb des Gegenstands für das Unternehmen des Abnehmers kann regelmäßig ausgegangen werden, wenn der Abnehmer gegenüber dem liefernden Unternehmer mit einer ihm von einem anderen Mitgliedstaat erteilten, im Zeitpunkt der Lieferung gültigen USt-IdNr. auftritt und sich aus der Art und Menge der erworbenen Gegenstände keine berechtigten Zweifel an der unternehmerischen Verwendung ergeben.

(14) [1]Die Lieferung kann auch an eine juristische Person, die nicht Unternehmer ist oder die den Gegenstand nicht für ihr Unternehmen erwirbt, bewirkt werden. [2]Es kann sich um eine juristische Person des öffentlichen oder des privaten Rechts handeln. [3]Die juristische Person kann im Ausland (z. B. eine ausländische Gebietskörperschaft, Anstalt oder Stiftung des öffentlichen Rechts oder ein ausländischer gemeinnütziger Verein) oder im Inland ansässig sein. [4]Von der Eigenschaft der juristischen Person als zur Erwerbsbesteuerung verpflichteter Abnehmer kann nur dann ausgegangen werden, wenn sie gegenüber dem liefernden Unternehmer mit einer ihm von einem anderen Mitgliedstaat erteilten, im Zeitpunkt der Lieferung gültigen USt-IdNr. auftritt.

(15) [1]Bei der Lieferung eines neuen Fahrzeugs kommt es auf die Eigenschaft des Abnehmers nicht an. [2]Hierbei kann es sich auch um Privatpersonen handeln. [3]Zum Begriff der neuen Fahrzeuge vgl. § 1b UStG und Abschnitt 1b.1.

Besteuerung des innergemeinschaftlichen Erwerbs in einem anderen Mitgliedstaat (§ 6a Abs. 1 Satz 1 Nr. 3 UStG)

(16) [1]Zu den Voraussetzungen einer innergemeinschaftlichen Lieferung gehört nach § 6a Abs. 1 Satz 1 Nr. 3 UStG, dass der Erwerb des Gegenstands der Lieferung beim Abnehmer in einem anderen Mitgliedstaat den Vorschriften der Umsatzbesteuerung (Besteuerung des innergemeinschaftlichen Erwerbs; kurz: Erwerbsbesteuerung) unterliegt. [2]Die Steuerbefreiung für innergemeinschaftliche Lieferungen kommt daher für andere Gegenstände als verbrauchsteuerpflichtige Waren und neue Fahrzeuge nicht in Betracht, wenn der Abnehmer Kleinunternehmer, Unternehmer, der ausschließlich steuerfreie den Vorsteuerabzug ausschließende Umsätze ausführt, Land- oder Forstwirt ist, der seine Umsätze nach einer Pauschalregelung versteuert, oder eine nicht unternehmerische juristische Personen ist und die innergemeinschaftlichen Erwerbe dieses Abnehmerkreises im Bestimmungsmitgliedstaat des gelieferten Gegenstands nicht der Mehrwertsteuer unterliegen, weil im Bestimmungsmitgliedstaat die dortige Erwerbsschwelle vom Abnehmer nicht überschritten wird und dort auch nicht zur Besteuerung seiner innergemeinschaftlichen Erwerbe optiert hat.

Beispiel 1:
[1]Das in Deutschland ansässige Saatgutunternehmen D liefert am 3.3.**01** Saatgut an einen Frankreich ansässigen Landwirt F, der dort mit seinen Umsätzen der Pauschalregelung für Land- und Forstwirte unterliegt. [2]Das Saatgut wird durch einen Spediteur im Auftrag des D vom Sitz des D zum Sitz des F nach Amiens befördert. [3]Das Entgelt für das Saatgut beträgt 2 000 €. [4]F hat außer dem Saatgut im Jahr **01** keine weiteren innergemeinschaftlichen Erwerbe getätigt und in Frankreich auch nicht zur Besteuerung der innergemeinschaftlichen Erwerbe optiert. [5]F ist gegenüber D nicht mit einer französischen USt-IdNr. aufgetreten.

[6]Die Lieferung des D ist nicht als innergemeinschaftliche Lieferung zu behandeln, weil F mit seinem Erwerb in Frankreich nicht der Besteuerung des innergemeinschaftlichen Erwerbs unterliegt, da er unter die Pauschalregelung für Land- und Forstwirte fällt, die Erwerbs-

§ 6a UStG
AE 6a.1

schwelle nicht überschreitet und er auf deren Anwendung nicht verzichtet hat. [7]Die Lieferung des D ist als inländische Lieferung steuerbar und steuerpflichtig.

Beispiel 2:

[1]Der in Deutschland ansässige Weinhändler D, dessen Umsätze nicht der Durchschnittssatzbesteuerung (§ 24 UStG) unterliegen, liefert am 1. 4. **01** fünf Kisten Wein an den in Limoges (Frankreich) ansässigen Versicherungsvertreter F (nicht zum Vorsteuerabzug berechtigter Unternehmer). [2]D befördert die Ware mit eigenem Lkw nach Limoges. [3]Das Entgelt für die Lieferung beträgt 1 500 €. [4]F hat D seine französische USt-IdNr. mitgeteilt. [5]F hat außer dem Wein im Jahr **01** keine weiteren innergemeinschaftlichen Erwerbe getätigt.

[6]Für D ist die Lieferung des Weins als verbrauchsteuerpflichtige Ware eine innergemeinschaftliche Lieferung, weil der Wein aus dem Inland nach Frankreich gelangt, der Abnehmer ein Unternehmer ist und mit der Verwendung seiner USt-IdNr. zum Ausdruck bringt, dass er die Ware für sein Unternehmen erwirbt und den Erwerb in Frankreich der Besteuerung des innergemeinschaftlichen Erwerbs zu unterwerfen hat. [7]Da F mit seiner französischen USt-IdNr. auftritt, kann D davon ausgehen, dass der Wein für das Unternehmen des F erworben wird. [8]Unbeachtlich ist, ob F in Frankreich die Erwerbsschwelle überschritten hat oder nicht (vgl. analog für Deutschland § 1a Abs. 5 in Verbindung mit Abs. 3 UStG). [9]Unbeachtlich ist auch, ob F in Frankreich tatsächlich einen innergemeinschaftlichen Erwerb erklärt oder nicht.

(17) Durch die Regelung des § 6a Abs. 1 Satz 1 Nr. 3 UStG, nach der der Erwerb des Gegenstands in einem anderen Mitgliedstaat der Erwerbsbesteuerung unterliegen muss, wird sichergestellt, dass die Steuerbefreiung für innergemeinschaftliche Lieferungen in den Fällen nicht anzuwenden ist, in denen die in Absatz 16 bezeichneten Ausschlusstatbestände vorliegen.

(18) [1]Die Voraussetzung des § 6a Abs. 1 Satz 1 Nr. 3 UStG ist erfüllt, wenn der Abnehmer gegenüber dem liefernden Unternehmer mit einer ihm von einem anderen Mitgliedstaat erteilten, im Zeitpunkt der Lieferung gültigen USt-IdNr. auftritt (vgl. BFH-Beschluss vom 5. 2. 2004, V B 180/03, BFH/NV 2004 S. 988). [2]Hiermit gibt der Abnehmer zu erkennen, dass er den Gegenstand steuerfrei erwerben will, weil der Erwerb in dem anderen Mitgliedstaat den dortigen Besteuerungsvorschriften unterliegt. [3]Es ist nicht erforderlich, dass der Erwerb des Gegenstands dort tatsächlich besteuert wird.

Beispiel:

[1]Der deutsche Computer-Händler H verkauft dem spanischen Abnehmer S einen Computer. [2]S lässt den Computer von seinem Beauftragten, dem in Frankreich ansässigen F abholen. [3]F tritt im Abholungszeitpunkt mit seiner ihm in Frankreich erteilten USt-IdNr. auf, die H als Abnehmer-USt-IdNr. aufzeichnet. [4]S tritt ohne USt-IdNr. auf.

[5]Die Voraussetzung des § 6a Abs. 1 Satz 1 Nr. 3 UStG ist im vorliegenden Fall nicht erfüllt, weil der Abnehmer S gegenüber dem liefernden Unternehmer H nicht mit einer ihm von einem anderen Mitgliedstaat erteilten USt-IdNr. auftritt. [6]Die USt-IdNr. des F als Beauftragter des S kann für Zwecke des § 6a Abs. 1 Satz 1 Nr. 3 UStG keine Verwendung finden.

[4]Die Voraussetzung, dass der Erwerb des Gegenstands der Erwerbsbesteuerung unterliegt, ist auch erfüllt, wenn der innergemeinschaftliche Erwerb in dem anderen Mitgliedstaat steuerfrei ist oder dem sog. Nullsatz (Steuerbefreiung mit Vorsteuerabzug) unterliegt.

Bearbeitung oder Verarbeitung vor der Beförderung oder Versendung in das übrige Gemeinschaftsgebiet (§ 6a Abs. 1 Satz 2 UStG)

(19) [1]Der Gegenstand der Lieferung kann durch Beauftragte vor der Beförderung oder Versendung in das übrige Gemeinschaftsgebiet bearbeitet oder verarbeitet worden sein. [2]Der Ort, an dem diese Leistungen tatsächlich erbracht werden, kann sich im Inland, im Drittland oder in einem anderen Mitgliedstaat mit Ausnahme des Bestimmungsmitgliedstaats befinden. [3]Die genannten Leistungen dürfen unter den Voraussetzungen des § 6a Abs. 1 Satz 2 UStG nur von einem Beauftragten des Abnehmers oder eines folgenden Abnehmers erbracht werden. [4]Erteilt der liefernde Unternehmer oder ein vorangegangener Lieferer den Bearbeitungs- oder Verarbeitungsauftrag, ist die Ausführung dieses Auftrags ein der innergemeinschaftlichen Lieferung des Unternehmers vorgelagerter Umsatz. [5]Gegenstand der Lieferung des Unternehmers ist in diesem Fall der bearbeitete oder verarbeitete Gegenstand und nicht der Gegenstand vor seiner Bearbeitung oder Verarbeitung.

Beispiel 1:

[1]Das in Italien ansässige Textilverarbeitungsunternehmen I hat bei einer in Deutschland ansässigen Weberei D1 Stoffe zur Herstellung von Herrenanzügen bestellt. [2]D1 soll die Stoffe auftragsgemäß nach Italien befördern, nachdem sie von einer in Deutschland ansässigen Färberei D2 gefärbt worden sind. [3]D2 erbringt die Färbearbeiten im Auftrag von I.

[4]D1 erbringt mit der Lieferung der Stoffe an I eine innergemeinschaftliche Lieferung. Gegenstand dieser Lieferung sind die ungefärbten Stoffe. [5]Das Einfärben der Stoffe vor ihrer Beförde-

rung nach Italien stellt eine Bearbeitung im Sinne von § 6a Abs. 1 Satz 2 UStG dar, die unabhängig von der innergemeinschaftlichen Lieferung des D1 zu beurteilen ist. [6]Voraussetzung hierfür ist allerdings, dass I (und nicht D1) den Auftrag zu der Verarbeitung erteilt hat.

Beispiel 2:
[1]Wie Beispiel 1; die Stoffe werden jedoch vor ihrer Beförderung durch D1 in Belgien von dem dort ansässigen Unternehmen B (im Auftrag des I) eingefärbt. [2]Zu diesem Zweck transportiert D1 die Stoffe zunächst nach Belgien und nach ihrer Einfärbung von dort nach Italien.

[3]D1 erbringt auch in diesem Falle eine im Inland steuerbare innergemeinschaftliche Lieferung an I. [4]Die Be- oder Verarbeitung des Liefergegenstands kann auch in einem anderen Mitgliedstaat als dem des Beginns oder Endes der Beförderung oder Versendung erfolgen.

Innergemeinschaftliches Verbringen als innergemeinschaftliche Lieferung (§ 6a Abs. 2 UStG)

(20) [1]Als innergemeinschaftliche Lieferung gilt nach § 6a Abs. 2 UStG auch das einer Lieferung gleichgestellte Verbringen eines Gegenstands (§ 3 Abs. 1a UStG). [2]Zu den Voraussetzungen eines innergemeinschaftlichen Verbringens vgl. Abschnitt 15b. [3]Ebenso wie bei einer innergemeinschaftlichen Lieferung nach § 6a Abs. 1 UStG ist auch bei einem innergemeinschaftlichen Verbringen nach § 6a Abs. 2 UStG die Steuerbefreiung davon abhängig, dass der Vorgang in dem anderen Mitgliedstaat der Erwerbsbesteuerung unterliegt. [4]Die Absätze 16 bis 18 sind entsprechend anzuwenden.

6a.2. Nachweis der Voraussetzungen der Steuerbefreiung für innergemeinschaftliche Lieferungen

Allgemeines

(1) [1]Nach § 6a Abs. 3 Satz 1 UStG muss der liefernde Unternehmer die Voraussetzungen für das Vorliegen einer innergemeinschaftlichen Lieferung im Sinne von § 6a Abs. 1 und 2 UStG nachweisen. [2]Nach § 17c Abs. 1 Satz 1 UStDV hat der Unternehmer die Voraussetzungen der Steuerbefreiung der innergemeinschaftlichen Lieferung einschließlich der USt-IdNr. des Abnehmers buchmäßig nachzuweisen; die Voraussetzungen müssen eindeutig und leicht nachprüfbar aus der Buchführung zu ersehen sein (sog. Buchnachweis; § 17c Abs. 1 Satz 2 UStDV). [3]Unter einem Buchnachweis ist ein Nachweis durch Bücher oder Aufzeichnungen in Verbindung mit Belegen zu verstehen. [4]Der Buchnachweis verlangt deshalb stets mehr als den bloßen Nachweis entweder nur durch Aufzeichnungen oder nur durch Belege. [5]Belege werden durch die entsprechenden und erforderlichen Hinweise bzw. Bezugnahmen in den stets notwendigen Aufzeichnungen Bestandteil der Buchführung und damit des Buchnachweises, so dass beide eine Einheit bilden.

(2) [1]Die §§ 17a (Nachweis bei innergemeinschaftlichen Lieferungen in Beförderungs- und Versendungsfällen) und 17b UStDV (Nachweis bei innergemeinschaftlichen Lieferungen in Bearbeitungs- oder Verarbeitungsfällen) regeln, mit welchen Belegen der Unternehmer den Nachweis zu führen hat. [2]Nach § 17a Abs. 1 UStDV muss der Unternehmer bei innergemeinschaftlichen Lieferungen durch Belege nachweisen, dass er oder der Abnehmer den Gegenstand der Lieferung in das übrige Gemeinschaftsgebiet befördert oder versendet hat; dies muss sich aus den Belegen eindeutig und leicht nachprüfbar ergeben (sog. Belegnachweis). [3]Hinsichtlich der übrigen Voraussetzungen des § 6a Abs. 1 UStG (z. B. Unternehmereigenschaft des Abnehmers, Verpflichtung des Abnehmers zur Erwerbsbesteuerung im Bestimmungsmitgliedstaat), die auch nachgewiesen werden müssen, enthält die UStDV keine besonderen Regelungen für den Belegnachweis.

(3) [1]Grundsätzlich hat allein der Unternehmer die Feststellungslast für das Vorliegen der Voraussetzungen der Steuerbefreiung zu tragen. [2]Die Finanzverwaltung ist nicht an seiner Stelle verpflichtet, die Voraussetzungen der Steuerbefreiung nachzuweisen. [3]Insbesondere ist die Finanzverwaltung nicht verpflichtet, auf Verlangen des Unternehmers ein Auskunftsersuchen an die Finanzverwaltung im Zuständigkeitsbereich des vermeintlichen Abnehmers der innergemeinschaftlichen Lieferung zu stellen (vgl. EuGH-Urteil vom 27. 9. 2007, Rs. C-184/05, Twoh International, BStBl II S. 83). [4]Kann der Unternehmer den beleg- und buchmäßigen Nachweis nicht, nicht vollständig oder nicht zeitnah führen, ist deshalb grundsätzlich davon auszugehen, dass die Voraussetzungen der Steuerbefreiung einer innergemeinschaftlichen Lieferung (§ 6a Abs. 1 und 2 UStG) nicht erfüllt sind. [5]Etwas anderes gilt ausnahmsweise dann, wenn – trotz der Nichterfüllung, der nicht vollständigen oder der nicht zeitnahen Erfüllung des Buchnachweises – auf Grund der vorliegenden Belege und der sich daraus ergebenden tatsächlichen Umstände objektiv feststeht, dass die Voraussetzungen des § 6a Abs. 1 und 2 UStG vorliegen. [6]Damit kann ein zweifelsfreier Belegnachweis Mängel beim Buchnachweis heilen. ***[7]Dient der Verstoß gegen die Nachweispflichten nach § 6a Abs. 3 UStG aber dazu, die Identität des Abnehmers der innergemeinschaftlichen Lieferung zu verschleiern, um diesem im Bestimmungsmitgliedstaat eine Mehrwertsteuerhinterziehung zu ermöglichen, kann der Unternehmer die Steuerbefreiung für die innergemeinschaftliche Lieferung auch nicht aufgrund des objektiven Nachweises ihrer Voraussetzungen in***

Anspruch nehmen (vgl. BFH-Urteil vom 17. 2. 2011, V R 30/10, BStBl II S. 769, und EuGH-Urteil vom 7. 12. 2010, Rs. C-285/09, BStBl 2011 II S. 846).

(4) Sind Mängel im Buch- und/oder Belegnachweis festgestellt worden und hat das Finanzamt z. B. durch ein bereits erfolgtes Auskunftsersuchen an den Bestimmungsmitgliedstaat die Kenntnis erlangt, dass der Liefergegenstand tatsächlich in das übrige Gemeinschaftsgebiet gelangt ist, ist auch diese Information in die objektive Beweislage einzubeziehen.

(5) [1]Der Unternehmer ist nicht von seiner grundsätzlichen Verpflichtung entbunden, den Beleg- und Buchnachweis vollständig und rechtzeitig zu führen. [2]Nur unter dieser Voraussetzung kann der Unternehmer die Vertrauensschutzregelung nach § 6a Abs. 4 UStG in Anspruch nehmen (vgl. Abschnitt 6a.8 Abs. 1 bis 4).

Voraussetzungen des Beleg- und Buchnachweises nach den §§ 17a bis 17c UStDV

(6) [1]Die §§ 17a bis 17c UStDV regeln im Einzelnen, wie der Unternehmer die Nachweise der Steuerbefreiung einer innergemeinschaftlichen Lieferung zu führen hat. [2]§ 17a Abs. 1 UStDV bestimmt in Form einer Generalklausel (Mussvorschrift), dass der Unternehmer im Geltungsbereich der UStDV durch Belege nachzuweisen hat, dass er oder der Abnehmer den Liefergegenstand in das übrige Gemeinschaftsgebiet befördert oder versendet hat. [3]Dies muss sich aus den Belegen leicht und eindeutig nachprüfbar ergeben.

(7) § 17c Abs. 1 UStDV setzt voraus, dass auch in der Person des Abnehmers die Voraussetzungen für die Inanspruchnahme der Steuerbefreiung durch den liefernden Unternehmer vorliegen müssen und bestimmt, dass der Unternehmer die USt-IdNr. des Abnehmers buchmäßig nachzuweisen, d. h. aufzuzeichnen hat.

(8) [1]Für die Form, den Inhalt und den Umfang des beleg- und buchmäßigen Nachweises stellt die UStDV Sollvorschriften auf. [2]Erfüllt der Unternehmer diese Sollvorschriften, ist der beleg- und buchmäßige Nachweis als erfüllt anzuerkennen. [3]Das Fehlen einer der in den Sollvorschriften der §§ 17a ff. UStDV aufgeführten Voraussetzungen führt nicht zwangsläufig zur Versagung der Steuerbefreiung. [4]Der jeweils bezeichnete Nachweis kann auch durch andere Belege – z. B. durch die auf den Rechnungen ausgewiesene Anschrift des Leistungsempfängers als Belegnachweis des Bestimmungsorts nach § 17a Abs. 2 Nr. 2 UStDV – erbracht werden. [5]Weicht der Unternehmer von den Sollvorschriften der UStDV ab und führt den Nachweis über die innergemeinschaftliche Lieferung anhand anderer Belege, können diese nur dann als Nachweise anerkannt werden, wenn

1. sich aus der Gesamtheit der Belege die innergemeinschaftliche Lieferung eindeutig und leicht nachprüfbar ergibt (§ 17a Abs. 1 Satz 2 UStDV) und
2. die buchmäßig nachzuweisenden Voraussetzungen eindeutig und leicht nachprüfbar aus der Buchführung zu ersehen sind (§ 17c Abs. 1 UStDV).

(9) Abschnitt 6.5 Abs. 2 bis 4 ist entsprechend anzuwenden.

6a.3. Belegnachweis in Beförderungsfällen

(1) Nach § 17a Abs. 2 UStDV soll in den Fällen, in denen der Unternehmer oder der Abnehmer den Gegenstand der Lieferung in das übrige Gemeinschaftsgebiet befördert, der Unternehmer den Nachweis hierüber wie folgt führen:

1. durch das Doppel der Rechnung (§§ 14, 14a UStG),
2. durch einen handelsüblichen Beleg, aus dem sich der Bestimmungsort ergibt, insbesondere Lieferschein,
3. durch eine Empfangsbestätigung des Abnehmers oder seines Beauftragten und
4. in den Fällen der Beförderung des Gegenstands durch den Abnehmer durch eine Versicherung des Abnehmers oder seines Beauftragten, den Gegenstand der Lieferung in das übrige Gemeinschaftsgebiet zu befördern.

(2) [1]Der Unternehmer kann den nach § 17a UStDV erforderlichen Belegnachweis ggf. bis zum Schluss der mündlichen Verhandlung vor dem Finanzgericht nachholen. [2]Das gilt in Abholfällen auch für die Versicherung des Abnehmers nach § 17a Abs. 2 Nr. 4 UStDV. [3]Hat der Unternehmer im Übrigen die tatsächliche Durchführung der innergemeinschaftlichen Lieferung nachgewiesen, kann er sich – unabhängig davon, dass die Versicherung (§ 17a Abs. 2 Nr. 4 UStDV) bereits im Zusammenhang mit der Abholung des gelieferten Gegenstands zeitnah schriftlich erklärt werden muss – die Abholung und Verbringung in das übrige Gemeinschaftsgebiet nachträglich bestätigen lassen.

(3) [1]Der Begriff „Bestimmungsort" in § 17a Abs. 2 Nr. 2 UStDV ist dahingehend zu verstehen, dass aus den Belegen der jeweilige EU-Mitgliedstaat, in den der gelieferte Gegenstand befördert werden soll oder befördert wird, und der dort belegene Bestimmungsort des Liefergegenstands (z. B. Stadt, Gemeinde) hervorgehen. [2]Eine Angabe wie z. B. „Aus Deutschland ausgeführt und nach Österreich verbracht" ist unzureichend, wenn der Bestimmungsort in dem anderen Mitglied-

staat nicht genannt ist. ³Mit einer Bescheinigung des Kraftfahrt-Bundesamtes, wonach ein vorgeblich innergemeinschaftlich geliefertes Fahrzeug nicht in Deutschland für den Straßenverkehr zugelassen ist, kann der Nachweis, dass ein Fahrzeug das Inland verlassen hat bzw. in das übrige Gemeinschaftsgebiet befördert worden ist, nicht geführt werden. ⁴Die Risiken hinsichtlich der Voraussetzungen einer innergemeinschaftlichen Lieferung, die sich daraus ergeben, dass der Lieferer die Beförderung oder Versendung der Sache dem Erwerber überlässt, trägt grundsätzlich der liefernde Unternehmer. ⁵So kann der Unternehmer nicht einwenden, er habe z. B. als Zwischenhändler in einem Reihengeschäft ein berechtigtes wirtschaftliches Interesse daran, den endgültigen Bestimmungsort des Liefergegenstands nicht angeben, um den Endabnehmer nicht preis geben zu müssen, zumal die Regelungen über die Nachweise bei der Inanspruchnahme der Steuerbefreiung für innergemeinschaftliche Lieferungen keine Sonderregelungen für Reihengeschäfte vorsehen. ⁶Auch ein Einwand des liefernden Unternehmers, dass er im Falle der Beförderung oder Versendung durch den Abnehmer in einem Reihengeschäft keine verlässlichen Angaben über den Bestimmungsort des Gegenstands machen könne, weil dieser ihm nur bekannt sein könne, wenn er selbst den Transportauftrag erteilt habe, ist nicht durchgreifend.

(4) ¹Entspricht der Bestimmungsort nicht den Angaben des Abnehmers, ist dies nicht zu beanstanden, wenn es sich bei dem tatsächlichen Bestimmungsort um einen Ort im übrigen Gemeinschaftsgebiet handelt. ²Zweifel über das Gelangen des Gegenstands in das übrige Gemeinschaftsgebiet gehen zu Lasten des Steuerpflichtigen.

(5) ¹Die Empfangsbestätigung des Abnehmers oder seines Beauftragten (§ 17a Abs. 2 Nr. 3 UStDV) und die Versicherung des Abnehmers oder seines Beauftragten (§ 17a Abs. 2 Nr. 4 UStDV) müssen den Namen und die Anschrift des Abnehmers sowie den Namen und die Unterschrift des Belegausstellers enthalten. ²Außerdem muss sich aus der Empfangsbestätigung bzw. der Versicherung ergeben, dass der Abnehmer den Beauftragten mit der Beförderung des Liefergegenstands im Rahmen der Lieferung an den Abnehmer (und nicht im Rahmen einer Lieferung an einen nachfolgenden Abnehmer im Reihengeschäft) beauftragt hat.

(6) ¹Die Empfangsbestätigung bzw. die Versicherung muss einen Zusammenhang zu der Lieferung, auf die sich bezieht, erkennen lassen. ²Daher ist die Berechtigung, den Gegenstand der Lieferung in den Fällen der Beförderung durch den Unternehmer oder den Abnehmer in Empfang nehmen zu dürfen bzw. beim liefernden Unternehmer abholen zu dürfen, durch geeignete Unterlagen (z. B. Auftragsschein mit Abholnummer, Abholschein, Lieferschein) nachzuweisen. ³Es ist nicht erforderlich, die Berechtigung für jeden einzelnen Liefergegenstand nachzuweisen. ⁴Bei Lieferungen, die mehrere Gegenstände umfassen, oder bei Rechnungen, in denen einem Abnehmer gegenüber über mehrere Lieferungen abgerechnet wird, ist es regelmäßig ausreichend, wenn sich die Berechtigung auf die jeweilige Lieferung bzw. auf die Sammelrechnung bezieht. ⁵Bei dauerhaften Liefervereinbarungen wird es nicht beanstandet, wenn die Nachweisunterlagen für den vereinbarten Leistungszeitraum vorliegen.

(7) ¹Die Vorlage einer schriftlichen Vollmacht zum Nachweis der Abholberechtigung zählt nicht zu den Erfordernissen für einen im Sinne von § 17a Abs. 1 und 2 UStDV ordnungsgemäßen Belegnachweis. ²Die Finanzverwaltung hat jedoch stets die Möglichkeit, beim Vorliegen konkreter Zweifel im Einzelfall diesen Nachweis zu überprüfen. ³Somit kann der Unternehmer in Zweifelsfällen ggf. zur Vorlage einer Vollmacht, die den Beauftragten berechtigt hat, den Liefergegenstand abzuholen, sowie zur Vorlage der Legitimation des Ausstellers der Vollmacht aufgefordert werden.

(8) Bestehen auf Grund von Ermittlungen der ausländischen Steuerverwaltung Zweifel an der tatsächlichen Existenz des vorgeblichen Abnehmers, können vom Unternehmer nachträglich vorgelegte Belege und Bestätigungen nur dann anerkannt werden, wenn die Existenz des Abnehmers im Zeitpunkt der nachträglichen Ausstellung dieser Unterlagen nachgewiesen werden kann und auch dessen Unternehmereigenschaft zum Zeitpunkt der Lieferung feststeht.

(9) ¹Befördert der Abnehmer den Gegenstand der Lieferung in das übrige Gemeinschaftsgebiet (sog. Abholfall), muss sich aus den Belegen leicht und einfach nachprüfbar entnehmen lassen, dass der Abnehmer den Gegenstand der Lieferung in das übrige Gemeinschaftsgebiet befördert wird oder befördert hat. ²Die entsprechende Versicherung nach § 17a Abs. 2 Nr. 4 UStDV muss schriftlich und in deutscher Sprache erfolgen. ³Eine mündliche Versicherung reicht nicht aus. ⁴Die Versicherung muss insbesondere den Namen und die Anschrift des Abnehmers sowie eine – mit Datum versehene – Unterschrift des Abnehmers bzw. dessen Vertretungsberechtigten enthalten oder mit der Unterschrift eines unselbständigen Beauftragten versehen sein. ⁵Die Unterschrift muss ggf. einen Vergleich mit der Unterschrift auf der Passkopie des Abnehmers (bzw. dessen Vertretungsberechtigten oder des unselbständigen Beauftragten) ermöglichen.

(10) ¹Mit einer erst nach Ausführung einer Lieferung erstellten, nicht den Gegebenheiten entsprechenden Bestätigung über die Beförderung des Gegenstands der Lieferung kann der liefernde Unternehmer den erforderlichen Belegnachweis nicht erbringen. ²Ein Beleg, der weder eine Empfangsbestätigung des Abnehmers noch eine Versicherung des Abnehmers oder seines Beauftragten, den Gegenstand der Lieferung in das übrige Gemeinschaftsgebiet zu befördern, enthält, genügt nicht den Anforderungen an den Belegnachweis.

6a.4. Belegnachweis in Versendungsfällen

(1) ¹Versendet der liefernde Unternehmer oder der Abnehmer den Gegenstand der Lieferung in das übrige Gemeinschaftsgebiet, soll der liefernde Unternehmer den belegmäßigen Nachweis durch ein Doppel der Rechnung und einen Versendungsbeleg führen (§ 17a Abs. 4 UStDV). ²Als Versendungsbeleg nach § 17a Abs. 4 Nr. 2 UStDV kommen insbesondere in Betracht: Frachtbrief (Eisenbahnfrachtbrief, Luftfrachtbrief), Konnossement, Posteinlieferungsschein, das zur Auftragserteilung an einen Kurierdienst gefertigte Dokument, Ladeschein und deren Doppelstücke, wenn sich aus ihnen die innergemeinschaftliche Warenbewegung ergibt; hinsichtlich der Anforderungen an das zur Auftragserteilung an einen Kurierdienst gefertigte Dokument ist Abschnitt 6.9 Abs. 6 entsprechend anzuwenden. ³Bei elektronischer Auftragserteilung an einen Kurierdienst wird auch die Versandbestätigung einschließlich des Zustellnachweises als Versendungsbeleg anerkannt. ⁴Der Unternehmer kann den nach § 17a UStDV erforderlichen Belegnachweis auch in Versendungsfällen ggf. bis zum Schluss der mündlichen Verhandlung vor dem Finanzgericht nachholen (vgl. Abschnitt 6a.3 Abs. 2).

(2) ¹Die bei der Abwicklung einer innergemeinschaftlichen Lieferung anfallenden Geschäftspapiere, z. B. Rechnungen, Auftragsschreiben, Lieferscheine oder deren Durchschriften, Kopien und Abschriften von Versendungsbelegen, Spediteur-Übernahmebescheinigungen, Frachtabrechnungen, sonstiger Schriftwechsel, können als Versendungsbelegnachweis in Verbindung mit anderen Belegen anerkannt werden, wenn sich aus der Gesamtheit der Belege die Angaben nach § 17a Abs. 4 Satz 1 UStDV eindeutig und leicht nachprüfbar ergeben. ²Unternehmer oder Abnehmer, denen Belege über die innergemeinschaftliche Lieferung eines Gegenstands, z. B. Versendungsbelege oder sonstige handelsübliche Belege, ausgestellt worden sind, obwohl sie diese für Zwecke des Versandbelegnachweises nicht benötigen, können die Belege mit einem Übertragungsvermerk versehen und an den Unternehmer, der die Lieferung bewirkt hat, zur Führung des Versendungsbelegnachweises weiterleiten.

(3) ¹Als Versendungsbeleg kann auch ein sonstiger handelsüblicher Beleg dienen, insbesondere eine Bescheinigung des beauftragten Spediteurs (zu den Sollangaben des sonstigen handelsüblichen Belegs vgl. § 10 Abs. 2 Satz 2 UStDV). ²Ein Frachtbrief soll stets die Unterschrift desjenigen tragen, der dem Frachtführer den Auftrag zu Beförderung des Frachtgutes erteilt hat. ³Dies folgt aus § 408 Abs. 2 HGB, wonach der Frachtbrief in drei Originalausfertigungen ausgestellt wird, die vom Absender unterzeichnet werden. ⁴Unter „Absender" versteht das Frachtbriefrecht stets den Vertragspartner des Frachtführers, auch wenn dieser Vertragspartner der Empfänger des Frachtguts ist. ⁵Die Angaben in einem Frachtbrief, der nicht vom Absender unterschrieben ist, sind nicht – wie es § 17a Abs. 1 Satz 2 UStDV verlangt – leicht und eindeutig nachprüfbar. ⁶Ein solcher Beleg kann nicht als ordnungsgemäßer Beleg anerkannt werden.

(4) ¹Eine dem Muster der Anlage 1 zum BMF-Schreiben vom 17. 1. 2000 (BStBl I S. 179) entsprechende, vollständig und richtig ausgefüllte und unterzeichnete Bescheinigung durch einen Spediteur oder Frachtführer ist als Beleg im Sinne des § 17a Abs. 4 Nr. 2 UStDV bzw. als sonstiger handelsüblicher Beleg im Sinne des § 10 Abs. 1 UStDV anzuerkennen. ²Als Nachweis ist regelmäßig auch der sog. CMR-Frachtbrief anzuerkennen. ³CMR-Frachtbriefe werden nach Maßgabe des Übereinkommens vom 19. 5. 1956 über den Beförderungsvertrag im internationalen Straßengüterverkehr – CMR – (BGBl. 1961 II S. 1120) ausgestellt. ⁴Sie müssen nach Artikel 6 des Übereinkommens folgende Angaben enthalten:

1. Ort und Tag der Ausstellung;
2. Name und Anschrift des Absenders;
3. Name und Anschrift des Frachtführers;
4. Stelle und Tag der Übernahme des Gutes sowie die für die Ablieferung vorgesehene Stelle;
5. Name und Anschrift des Empfängers;
6. die übliche Bezeichnung der Art des Gutes und die Art der Verpackung, bei gefährlichen Gütern ihre allgemein anerkannte Bezeichnung;
7. Anzahl, Zeichen und Nummern der Frachtstücke;
8. Rohgewicht oder die anders angegebene Menge des Gutes;
9. die mit der Beförderung verbundenen Kosten (Fracht, Nebengebühren, Zölle und andere Kosten, die vom Vertragsabschluß bis zur Ablieferung anfallen);
10. Weisungen für die Zollbehandlung und sonstige amtliche Behandlung;
11. die Angabe, dass die Beförderung trotz einer gegenteiligen Abmachung den Bestimmungen dieses Übereinkommens unterliegt.

⁵Unter „Absender" (bzw. „Sender" oder „Expediteur") im Sinne des Feldes Nr. 1 des CMR-Frachtbriefs ist der Vertragspartner des Frachtführers zu verstehen, auch wenn dieser Vertragspartner der Empfänger des Frachtguts ist (vgl. Absatz 3).

(5) ¹Die Anerkennung des CMR-Frachtbriefs als belegmäßiger Nachweis setzt allerdings voraus, dass sich aus dem CMR-Frachtbrief die grenzüberschreitende Warenbewegung in den Bestim-

mungsmitgliedstaat ergibt. ²Hiervon kann regelmäßig ausgegangen werden, wenn im Feld 24 des CMR-Frachtbriefs der Empfang der Ware mit allen dort erforderlichen Angaben bestätigt wird und dem liefernden Unternehmer nach Aushändigung der Ware zeitnah eine Ausfertigung übersendet wird. ³Eine fehlende Bestätigung in Feld 24 ist allein kein Grund anzunehmen, dass der Gegenstand der Lieferung nicht in das übrige Gemeinschaftsgebiet gelangt ist. ⁴Bestehen ernstliche Zweifel an der tatsächlich grenzüberschreitenden Warenbewegung im Rahmen dieser Lieferung und fehlt in Feld 24 die Empfangsbestätigung des Abnehmers, ist der liefernde Unternehmer verpflichtet, den erforderlichen Nachweis der grenzüberschreitenden Warenbewegung durch andere geeignete Unterlagen nachzuweisen.

6a.5. Belegnachweis in Bearbeitungs- oder Verarbeitungsfällen AE 6a.5

¹In Bearbeitungs- oder Verarbeitungsfällen im Zusammenhang mit innergemeinschaftlichen Lieferungen soll der liefernde Unternehmer den Belegnachweis durch Belege nach § 17aUStDV führen, die zusätzlich die in § 11 Abs. 1 Nr. 1 bis 4 UStDV bezeichneten Angaben enthalten (§ 17b Satz 2 UStDV). ²Abschnitt 6.8 ist entsprechend anzuwenden.

6a.6. Belegnachweis in Fällen der Beförderung oder Versendung eines neuen Fahrzeugs an Nichtunternehmer AE 6a.6

¹Wird ein neues Fahrzeug an einen anderen Abnehmer als an einen Unternehmer für dessen Unternehmen geliefert, reicht der auf der Basis der Bestimmungen in § 17a Abs. 2 bis 4 UStDV zu führende Nachweis der Beförderung oder der Versendung des Fahrzeugs in das übrige Gemeinschaftsgebiet zur Vermeidung eines unversteuerten Letztverbrauchs nicht aus. ²Der Nachweis der Beförderung oder der Versendung des Fahrzeugs in das übrige Gemeinschaftsgebiet ist in diesen Fällen aber als erbracht anzusehen, wenn nachgewiesen wird, dass das Fahrzeug in einem anderen Mitgliedstaat zum Straßenverkehr amtlich zugelassen worden ist. ³Hiervon kann abgesehen werden, wenn der Nachweis der Beförderung oder der Versendung des Fahrzeugs in das übrige Gemeinschaftsgebiet in einer anderen gleichermaßen eindeutigen und leicht nachprüfbaren Weise, z. B. durch den Nachweis der Erwerbsbesteuerung, erfolgt.

6a.7. Buchmäßiger Nachweis AE 6a.7

(1) ¹Zur Führung des Buchnachweises muss der liefernde Unternehmer die USt-IdNr. des Abnehmers aufzeichnen (§ 17c Abs. 1 UStDV). ²Darüber hinaus soll er den Namen und die Anschrift des Abnehmers aufzeichnen (§ 17c Abs. 2 Nr. 1 UStDV). ³Zu den erforderlichen Voraussetzungen der Steuerbefreiung gehört auch die Unternehmereigenschaft des Abnehmers. ⁴Diese muss der liefernde Unternehmer nachweisen (§ 17c Abs. 1 UStDV in Verbindung mit § 6a Abs. 1 Satz 1 Nr. 2 Buchstabe a UStG). ⁵Die Aufzeichnung der USt-IdNr. allein reicht hierfür nicht aus, weil sich aus ihr nicht ergibt, wer der tatsächliche Leistungsempfänger ist. ⁶Die Beteiligten eines Leistungsaustausches – und somit auch der Abnehmer – ergeben sich regelmäßig aus den zivilrechtlichen Vereinbarungen. ⁷Handelt jemand im fremden Namen, kommt es darauf an, ob er hierzu Vertretungsmacht hat. ⁸Der Unternehmer muss daher die Identität des Abnehmers (bzw. dessen Vertretungsberechtigten), z. B. durch Vorlage des Kaufvertrags, nachweisen. ⁹Handelt ein Dritter im Namen des Abnehmers, muss der Unternehmer auch die Vollmacht des Vertretungsberechtigten nachweisen, weil beim Handeln im fremden Namen die Wirksamkeit der Vertretung davon abhängt, ob der Vertretungsberechtigte Vertretungsmacht hat (vgl. zu den Anforderungen an die Vollmacht Abschnitt 6a.3 Abs. 7).

(2) ¹Die nach § 17c Abs. 1 Satz 1 UStDV buchmäßig nachzuweisende USt-IdNr. des Abnehmers bezeichnet die gültige USt-IdNr. des Abnehmers im Sinne des Abschnitts 6a.1 Abs. 10. ²Wenn der liefernde Unternehmer die gültige USt-IdNr. des Abnehmers nicht aufzeichnen bzw. im Bestätigungsverfahren beim BZSt nicht erfragen kann, weil ihm eine unrichtige USt-IdNr. genannt worden ist, steht nicht objektiv fest, an welchen Abnehmer die Lieferung bewirkt wurde. ³Im Übrigen steht nicht entsprechend § 6a Abs. 1 Satz 1 Nr. 3 UStG fest, dass der Erwerb des Gegenstands in dem anderen Mitgliedstaat der Erwerbsbesteuerung unterliegt. ⁴In einem solchen Fall liegen die Voraussetzungen für die Inanspruchnahme der Steuerbefreiung für eine innergemeinschaftliche Lieferung somit grundsätzlich nicht vor. ⁵Dieser Mangel kann geheilt werden, wenn auf Grund der objektiven Beweislage feststeht, dass es sich um einen Abnehmer im Sinne des § 6a Abs. 1 Satz 1 Nr. 2 UStG handelt und der erforderliche Buchnachweis – ggf. spätestens bis zum Schluss der mündlichen Verhandlung vor dem Finanzgericht – nachgeholt wird. ⁶Zu einer etwaigen Gewährung von Vertrauensschutz in diesen Fällen vgl. Abschnitt 6a.8.

(3) Hat der Unternehmer eine im Zeitpunkt der Lieferung gültige USt-IdNr. des Abnehmers im Sinne des Abschnitts 6a.1 Abs. 10 aufgezeichnet, kann

- die Feststellung, dass der Adressat einer Lieferung den Gegenstand nicht zur Ausführung entgeltlicher Umsätze verwendet hat,
- die Feststellung, der Empfänger der Lieferung habe die mit Hilfe der bezogenen Lieferungen ausgeführten Umsätze nicht versteuert, oder
- die Mitteilung eines anderen Mitgliedstaates, bei dem Abnehmer handele es sich um einen „missing trader",

für sich genommen nicht zu dem Schluss führen, nicht der Vertragspartner, sondern eine andere Person sei Empfänger der Lieferung gewesen.

(4) Für die Unternehmereigenschaft des Abnehmers ist es auch unerheblich, ob dieser im Bestimmungsmitgliedstaat des Gegenstands der Lieferung seine umsatzsteuerlichen Pflichten erfüllt.

(5) ¹Regelmäßig ergibt sich aus den abgeschlossenen zivilrechtlichen Vereinbarungen, wer bei einem Umsatz als Leistender und wer als Leistungsempfänger anzusehen ist. ²Allerdings kommt unter vergleichbaren Voraussetzungen eine von den „vertraglichen Vereinbarungen" abweichende Bestimmung des Leistungsempfängers in Betracht, wenn bei einer innergemeinschaftlichen Lieferung nach den konkreten Umständen des Falles für den liefernden Unternehmer erkennbar eine andere Person als sein „Vertragspartner" unter dessen Namen auftritt, und bei denen der liefernde Unternehmer mit der Nichtbesteuerung des innergemeinschaftlichen Erwerbs rechnet oder rechnen muss.

(6) ¹Der Inhalt und der Umfang des buchmäßigen Nachweises sind in Form von Sollvorschriften geregelt (§ 17c Abs. 2 bis 4 UStDV). ²Der Unternehmer kann den Nachweis auch in anderer Weise führen. ³Er muss jedoch in jedem Fall die Grundsätze des § 17c Abs. 1 UStDV beachten.

(7) ¹Der buchmäßige Nachweis muss grundsätzlich im Geltungsbereich der UStDV geführt werden. ²Steuerlich zuverlässigen Unternehmern kann jedoch gestattet werden, die Aufzeichnungen über den buchmäßigen Nachweis im Ausland vorzunehmen und dort aufzubewahren. ³Voraussetzung ist hierfür, dass andernfalls der buchmäßige Nachweis in unverhältnismäßiger Weise erschwert würde und dass die erforderlichen Unterlagen den deutschen Finanzbehörden jederzeit auf Verlangen im Geltungsbereich der UStDV vorgelegt werden. ⁴Der Bewilligungsbescheid ist unter einer entsprechenden Auflage und unter dem Vorbehalt jederzeitigen Widerrufs zu erteilen. ⁵Die zuständige Finanzbehörde kann unter den Voraussetzungen des § 146 Abs. 2a und 2b AO auf schriftlichen Antrag des Unternehmers bewilligen, dass die elektronischen Aufzeichnungen über den buchmäßigen Nachweis im Ausland geführt und aufbewahrt werden.

(8) ¹Aus dem Grundsatz, dass die buchmäßig nachzuweisenden Voraussetzungen eindeutig und leicht nachprüfbar aus der Buchführung zu ersehen sein müssen (§ 17c Abs. 1 UStDV), ergibt sich, dass die erforderlichen Aufzeichnungen grundsätzlich laufend und unmittelbar nach Ausführung des jeweiligen Umsatzes vorgenommen werden sollen. ²Der buchmäßige Nachweis darf um den gegebenenfalls später eingegangenen Belegnachweis vervollständigt werden. ³Der Unternehmer muss den buchmäßigen Nachweis der steuerfreien innergemeinschaftlichen Lieferung bis zu dem Zeitpunkt führen, zu dem er die Umsatzsteuer-Voranmeldung für die innergemeinschaftliche Lieferung abzugeben hat. ⁴Der Unternehmer kann fehlende oder fehlerhafte Aufzeichnungen eines rechtzeitig erbrachten Buchnachweises bis zum Schluss der letzten mündlichen Verhandlung vor dem Finanzgericht ergänzen oder berichtigen.

(9) ¹Bei der Aufzeichnung der Menge und der handelsüblichen Bezeichnung des Gegenstands der Lieferung sind Sammelbezeichnungen, z. B. Lebensmittel oder Textilien, in der Regel nicht ausreichend (vgl. Abschnitt 14.5 Abs. 15). ²Aus der Aufzeichnung der Art und des Umfangs einer etwaigen Bearbeitung oder Verarbeitung vor der Beförderung oder Versendung in das übrige Gemeinschaftsgebiet sollen auch der Name und die Anschrift des mit der Bearbeitung oder Verarbeitung Beauftragten, die Bezeichnung der betreffenden Aufträge sowie die Menge und handelsübliche Bezeichnung des gelieferten Gegenstands hervorgehen. ³Als Grundlage dieser Aufzeichnungen können die Belege dienen, die der Unternehmer über die Bearbeitung oder Verarbeitung erhalten hat.

6a.8. Gewährung von Vertrauensschutz

(1) ¹Nach § 6a Abs. 4 UStG ist eine Lieferung, die der Unternehmer als steuerfreie innergemeinschaftliche Lieferung behandelt hat, obwohl die Voraussetzungen nach § 6a Abs. 1 UStG nicht vorliegen, gleichwohl als steuerfrei anzusehen, wenn die Inanspruchnahme der Steuerbefreiung auf unrichtigen Angaben des Abnehmers beruht und der Unternehmer die Unrichtigkeit dieser Angaben auch bei Beachtung der Sorgfalt eines ordentlichen Kaufmanns nicht erkennen konnte. ²In diesem Fall schuldet der Abnehmer die entgangene Steuer. ³Die Frage, ob der Unternehmer die Unrichtigkeit der Angaben des Abnehmers auch bei Sorgfalt eines ordentlichen Kaufmanns nicht erkennen konnte, stellt sich erst dann, wenn der Unternehmer seinen Nachweispflichten nach

§§ 17a ff. UStDV vollständig nachgekommen ist. [4]Entscheidend dabei ist, dass die vom Unternehmer vorgelegten Nachweise (buch- und belegmäßig) eindeutig und schlüssig auf die Ausführung einer innergemeinschaftlichen Lieferung hindeuten und dass der Unternehmer bei der Nachweisführung – insbesondere mit Blick auf die Unrichtigkeit der Angaben – der Sorgfaltspflicht des ordentlichen Kaufmanns genügte und in gutem Glauben war.

(2) [1]„Abnehmer" im Sinne des § 6a Abs. 4 Satz 2 UStG ist derjenige, der den Unternehmer durch falsche Angaben getäuscht hat, d. h. derjenige, der gegenüber dem Unternehmer als (vermeintlicher) Erwerber aufgetreten ist. [2]Dieser schuldet die entgangene Steuer und die Steuer ist gegen ihn festzusetzen und ggf. zu vollstrecken (ggf. im Wege der Amtshilfe, da es sich bei den Betroffenen in der Regel um nicht im Inland ansässige Personen handelt). [3]Der (vermeintliche) Abnehmer im Sinne des § 6a Abs. 4 Satz 2 UStG muss nicht notwendigerweise mit der im Beleg- und Buchnachweis des Unternehmers als Leistungsempfänger dokumentierten Person übereinstimmen. [4]Liegen die Voraussetzungen für die Gewährung von Vertrauensschutz vor, ist eine Lieferung, die der Unternehmer als steuerfreie innergemeinschaftliche Lieferung behandelt hat, obwohl die Voraussetzungen nach § 6a Abs. 1 UStG nicht vorliegen, auch dann als steuerfrei anzusehen, wenn eine Festsetzung der Steuer nach § 6a Abs. 4 Satz 2 UStG gegen den Abnehmer nicht möglich ist, z. B. weil dieser sich dem Zugriff der Finanzbehörde entzogen hat.

(3) Die örtliche Zuständigkeit des Finanzamts für die Festsetzung der entgangenen Steuer ergibt sich aus § 21 Abs. 1 AO und der UStZustV.

(4) [1]Der gute Glaube im Sinne des § 6a Abs. 4 UStG bezieht sich allein auf unrichtige Angaben über die in § 6a Abs. 1 UStG bezeichneten Voraussetzungen (Unternehmereigenschaft des Abnehmers, Verwendung des Lieferungsgegenstands für sein Unternehmen, körperliche Warenbewegung in den anderen Mitgliedstaat). [2]Er bezieht sich nicht auch auf die Richtigkeit der nach § 6a Abs. 3 UStG in Verbindung mit § 17a ff. UStDV vom Unternehmer zu erfüllenden Nachweise.

(5) [1]Die Erfüllung des Beleg- und Buchnachweises gehört zu den Sorgfaltspflichten eines ordentlichen Kaufmanns. [2]Deshalb stellt sich die Frage, ob der Unternehmer die Unrichtigkeit der Angaben des Abnehmers auch bei Sorgfalt eines ordentlichen Kaufmanns nicht erkennen konnte, erst dann, wenn der Unternehmer seinen Nachweispflichten nach §§ 17a bis 17c UStDV vollständig nachgekommen ist. [3]Allerdings kann die Gewährung von Vertrauensschutz im Einzelfall in Betracht kommen, wenn der Unternehmer eine unrichtige USt-IdNr. aufgezeichnet hat, dies jedoch auch bei Beachtung der Sorgfalt eines ordentlichen Kaufmanns nicht erkennen konnte (z. B. weil der Bestimmungsmitgliedstaat die USt-IdNr. des Abnehmers rückwirkend für ungültig erklärt hat). [4]Der Unternehmer trägt die Feststellungslast, dass er die Sorgfalt eines ordentlichen Kaufmanns beachtet hat.

(6) [1]War die Unrichtigkeit einer USt-IdNr. erkennbar und hat der Unternehmer dies nicht erkannt (z. B. weil das Bestätigungsverfahren nicht oder zu einem späteren Zeitpunkt als dem des Umsatzes durchgeführt wird), genügt dies nicht der Sorgfaltspflicht eines ordentlichen Kaufmanns. [2]Gleiches gilt in Fällen, in denen der Abnehmer oder dessen Beauftragter den Gegenstand der Lieferung befördert und der liefernde Unternehmer die Steuerbefreiung in Anspruch nimmt, ohne über eine schriftliche Versicherung des Abnehmers zu verfügen, den Gegenstand der Lieferung in einen anderen Mitgliedstaat befördern zu wollen.

(7) [1]An die Nachweispflichten sind besonders hohe Anforderungen zu stellen, wenn der vermeintlichen innergemeinschaftlichen Lieferung ein Barkauf zu Grunde liegt. [2]In Fällen dieser Art ist es dem Unternehmer zuzumuten, dass er sich über den Namen, die Anschrift des Abnehmers und ggf. über den Namen, die Anschrift und die Vertretungsmacht eines Vertreters des Abnehmers vergewissert und entsprechende Belege vorlegen kann. [3]Wird der Gegenstand der Lieferung von einem Vertreter des Abnehmers beim liefernden Unternehmer abgeholt, reicht die alleinige Durchführung eines qualifizierten Bestätigungsverfahrens nach § 18e UStG über die vom Abnehmer verwendete USt-IdNr. nicht aus, um den Sorgfaltspflichten eines ordentlichen Kaufmanns zu genügen.

(8) [1]Die Vertrauensschutzregelung ist auf Fälle, in denen der Abnehmer in sich widersprüchliche oder unklare Angaben zu seiner Identität macht, von vornherein nicht anwendbar. [2]Bei unklarer Sachlage verstößt es stets gegen die einem ordentlichen Kaufmann obliegenden Sorgfaltspflichten, wenn der liefernde Unternehmer diese Unklarheiten bzw. Widersprüchlichkeiten aus Unachtsamkeit gar nicht erkennt oder im Vertrauen auf diese Angaben die weitere Aufklärung unterlässt. [3]Für einen Vertrauensschutz ist nur dort Raum, wo eine Täuschung des liefernden Unternehmers festgestellt werden kann.

Hinweise

H 1 Innergemeinschaftliche Lieferungen; Anwendung der Vertrauensschutzregelung gemäß § 6a Abs. 4 UStG bei Rechnungen von sogenannten Scheinunternehmen

(OFD Hannover, Vfg. vom 12. 2. 2002 – S 7144 – 1 StO 353 –, – S 7144 – 4 – StH 541 –, DStZ 2002 S. 541)

Siehe USt-HA 2007/08 § 6a H 1.

H 2 Umsatzsteuerliche Behandlung der innergemeinschaftlichen Lieferungen von Bunkeröl an ausländische Binnenschiffer

(BMF vom 15. 10. 2002 – IV D 1 – S 7140 – 11/02 –, DStR 2003 S. 289)

Siehe USt-HA 2005/06 § 6 H 2.

H 3 Aussetzung der Vollziehung hinsichtlich der streitigen Anwendung der Steuerbefreiung für innergemeinschaftliche Lieferungen

(BMF vom 31. 5. 2006, BStBl 2006 I S. 394)

Siehe USt-HA 2007/08 § 6a H 3.

H 4 Steuerbefreiung für innergemeinschaftliche Lieferungen (§ 4 Nr. 1 Buchstabe b, § 6a UStG)

(BMF vom 6. 1. 2009, BStBl 2009 I S. 60)

Siehe USt-HA 2008/09 § 6a H 4.

H 5 Steuerbefreiung gemäß § 4 Nr. 1 Buchstabe b i. V. m. § 6a UStG für innergemeinschaftliche Lieferungen

(BMF vom 5. 5. 2010, BStBl 2010 I S. 508)

Siehe USt-HA 2010/11 § 6a H 5.

H 6 Umsatzsteuerbefreiung für innergemeinschaftliche Lieferungen (§ 4 Nr. 1 Buchst. b, § 6a UStG); Nachweis der Voraussetzungen der Steuerbefreiung; BFH-Urteil vom 17. 2. 2011, V R 30/10, und EuGH-Urteil vom 7. 12. 2010, Rs. C-285/09

(BMF vom 26. 9. 2011, BStBl 2011 I S.980)

Unter Bezugnahme auf das Ergebnis der Erörterungen mit den obersten Finanzbehörden der Länder wird zur Anwendung des BFH-Urteils vom 17. Februar 2011, V R 30/10, BStBl II S. 769, und des EuGH-Urteils vom 7. Dezember 2010, Rs. C-285/09, BStBl 2011 II S. 846, in Abschnitt 6a.2 Abs. 3 des Umsatzsteuer-Anwendungserlasses vom 1. Oktober 2010, der zuletzt durch das BMF-Schreiben vom 22. September 2011 - IV D 3 - S 7279/11/100001 (2011/0758614) -, BStBl I S. 910, geändert worden ist, folgender neuer Satz 7 angefügt: [1])

Die Grundsätze dieses Schreibens sind in allen offenen Fällen anzuwenden.

H 7 Beleg- und Buchnachweispflichten bei der Steuerbefreiung für Ausfuhrlieferungen und für innergemeinschaftliche Lieferungen (§ 4 Nr. 1, § 6, § 6a UStG); Änderungen der §§ 9 bis 11, 13, 17, 17a, 17b und 17c UStDV durch die Zweite Verordnung zur Änderung steuerlicher Verordnungen

(BMF vom 9. 12. 2011, BStBl 2011 I S. 1287)

Durch die „Zweite Verordnung zur Änderung steuerlicher Verordnungen" vom 2. Dezember 2011 (BGBl. I S. 2416) wurden die §§ 9 bis 11, 13, 17, 17a, 17b und 17c UStDV mit Wirkung vom 1. Januar 2012 geändert. Mit diesen Änderungen wurden die Beleg- und Buchnachweispflichten für Ausfuhrlieferungen an die seit 01.07.2009 bestehende EU-einheitliche Pflicht zur Teilnahme am elektronischen Ausfuhrverfahren (Artikel 787 ZK-DVO, sog. Verfahren „ATLAS-Ausfuhr") angepasst. Außerdem wurden für die Steuerbefreiung innergemeinschaftlicher Lieferungen neue Nachweisregelungen geschaffen.

Unter Bezugnahme auf das Ergebnis der Erörterungen mit den obersten Finanzbehörden der Länder gilt Folgendes:

Für bis zum 31. März 2012 ausgeführte Ausfuhrlieferungen (§ 4 Nr. 1 Buchst. a, § 6 UStG) und für bis zum 31. März 2012 ausgeführte innergemeinschaftliche Lieferungen (§ 4 Nr. 1 Buchst. b, § 6a UStG) wird es nicht beanstandet, wenn der beleg- und buchmäßige Nachweis der Voraussetzun-

---

[1]) Anm.: Text wurde unverändert in Abschnitt 6a.2 Abs. 3 UStAE (siehe AE 6a.2) aufgenommen.

gen der Steuerbefreiung noch auf Grundlage der bis zum 31. Dezember 2011 geltenden Rechtslage geführt wird.

Rechtsprechung

EUROPÄISCHER GERICHTSHOF

EuGH vom 27. 9. 2007 – Rs. C-409/04 – (BStBl 2009 II S. 70, HFR 2007 S. 1258)

Steuerbefreiung einer Versendung oder Beförderung von Gegenständen in einen anderen Mitgliedstaat

1. Die Art. 28a Abs. 3 Unterabs. 1 und 28c Teil A Buchst. a Unterabs. 1 der 6. USt-Richtlinie in der durch die Richtlinie 2000/65/EG des Rates vom 17. 10. 2000 geänderten Fassung sind im Hinblick auf den in diesen beiden Bestimmungen enthaltenen Begriff „versendet"/„versandt" dahin auszulegen, dass der innergemeinschaftliche Erwerb eines Gegenstands erst dann bewirkt ist und die Befreiung der innergemeinschaftlichen Lieferung erst dann anwendbar wird, wenn das Recht, wie ein Eigentümer über den Gegenstand zu verfügen, auf den Erwerber übertragen worden ist und der Lieferant nachweist, dass der Gegenstand in einen anderen Mitgliedstaat versandt oder befördert worden ist und aufgrund dieses Versands oder dieser Beförderung den Liefermitgliedstaat physisch verlassen hat.
2. Art. 28c Teil A Buchst. a Unterabs. 1 der 6. USt-Richtlinie in der Fassung der Richtlinie 2000/65/EG ist dahin auszulegen, dass die zuständigen Behörden des Liefermitgliedstaats nicht befugt sind, einen gutgläubigen Lieferanten, der Beweise vorgelegt hat, die dem ersten Anschein nach sein Recht auf Befreiung einer innergemeinschaftlichen Lieferung von Gegenständen belegen, zu verpflichten, später Mehrwertsteuer auf diese Gegenstände zu entrichten, wenn die Beweise sich als falsch herausstellen, jedoch nicht erwiesen ist, dass der Lieferant an der Steuerhinterziehung beteiligt war, soweit er alle ihm zur Verfügung stehenden zumutbaren Maßnahmen ergriffen hat, um sicherzustellen, dass die von ihm vorgenommene innergemeinschaftliche Lieferung nicht zu seiner Beteiligung an einer solchen Steuerhinterziehung führt.
3. Wenn der Erwerber bei den Finanzbehörden des Bestimmungsmitgliedstaats eine Erklärung wie die im Ausgangsverfahren über den innergemeinschaftlichen Erwerb abgibt, kann dies einen zusätzlichen Beweis dafür darstellen, dass die Gegenstände tatsächlich den Liefermitgliedstaat verlassen haben, ist jedoch kein für die Befreiung einer innergemeinschaftlichen Lieferung von der Mehrwertsteuer maßgeblicher Beweis.[1])

EuGH vom 27. 9. 2007 – Rs. C-146/05 – (BStBl 2009 II S. 78, HFR 2007 S. 1256)

Keine Versagung der Steuerbefreiung für eine innergemeinschaftliche Lieferung allein infolge verspätet erbrachten Nachweises der Lieferung

Art. 28c Teil A Buchst. a Unterabs. 1 der 6. USt-Richtlinie in der durch die Richtlinie 91/680/EWG des Rates vom 16. 12. 1991 geänderten Fassung ist in dem Sinn auszulegen, dass er der Finanzverwaltung eines Mitgliedstaats verwehrt, die Befreiung einer tatsächlich ausgeführten innergemeinschaftlichen Lieferung von der Mehrwertsteuer allein mit der Begründung zu versagen, der Nachweis einer solchen Lieferung sei nicht rechtzeitig erbracht worden.

Bei der Prüfung des Rechts auf Befreiung einer solchen Lieferung von der Mehrwertsteuer muss das vorlegende Gericht die Tatsache, dass der Steuerpflichtige zunächst bewusst das Vorliegen einer innergemeinschaftlichen Lieferung verschleiert hat, nur dann berücksichtigen, wenn eine Gefährdung des Steueraufkommens besteht und diese vom Steuerpflichtigen nicht vollständig beseitigt worden ist.[2])

EuGH vom 27. 9. 2007 – Rs. C-184/05 – (BStBl 2009 II S. 83, HFR 2007 S. 1254)

Keine Verpflichtung einer Finanzbehörde des Mitgliedstaates des Beginns der Versendung oder der Beförderung von Gegenständen zum Auskunftsersuchen bei der Behörde des vom Lieferanten angegebenen Bestimmungsmitgliedstaates

Art. 28c Teil A Buchst. a Unterabs. 1 der 6. USt-Richtlinie in der durch die Richtlinie 95/7/EG des Rates vom 10. 4. 1995 geänderten Fassung in Verbindung mit der Richtlinie 77/799/EWG des Rates vom 19. 12. 1977 über die gegenseitige Amtshilfe zwischen den zuständigen Behörden der

---

[1]) Anm.: Vgl. hierzu BMF v. 6. 1. 2009, USt-HA 2008/09 § 6a H 4 und v. 5. 5. 2010, § 6a H 5.
[2]) Anm.: Vgl. hierzu BMF v. 6. 1. 2009, USt-HA 2008/09 § 6a H 4 und v. 5. 5. 2010, § 6a H 5.

Mitgliedstaaten im Bereich der direkten und indirekten Steuern in der durch die Richtlinie 92/12/EWG des Rates vom 25. 2. 1992 geänderten Fassung und der Verordnung (EWG) Nr. 218/92 des Rates vom 27. 1. 1992 über die Zusammenarbeit der Verwaltungsbehörden auf dem Gebiet der indirekten Besteuerung ist dahin auszulegen, dass die Finanzbehörden des Mitgliedstaats des Beginns des Versands oder der Beförderung von Gegenständen nicht verpflichtet sind, die Behörden des vom Lieferanten angegebenen Bestimmungsmitgliedstaats um Auskunft zu ersuchen.[1]

EuGH vom 18. 11. 2010 – Rs. C-84/09 – (BFH/NV 2011 S. 179, DB 2010 S. 2596, HFR 2011 S. 121, UR 2011 S. 103)

Vorliegen einer innergemeinschaftlichen Lieferung und eines innergemeinschaftlichen Erwerbs eines neuen Segelboots ist unabhängig von dem Zeitraum der Beförderung des Liefergegenstandes

1. Die Art. 20 Abs. 1 und 138 Abs. 1 MwStSystRL sind dahin auszulegen, dass die Einstufung eines Umsatzes als innergemeinschaftliche Lieferung oder innergemeinschaftlicher Erwerb nicht von der Einhaltung einer Frist abhängen kann, innerhalb deren die Beförderung des in Rede stehenden Gegenstands vom Liefermitgliedstaat in den Bestimmungsmitgliedstaat beginnen oder abgeschlossen sein muss. Im speziellen Fall des Erwerbs eines neuen Fahrzeugs im Sinne von Art. 2 Abs. 1 Buchst. b Doppelbuchst. ii MwStSystRL hat die Bestimmung des innergemeinschaftlichen Charakters des Umsatzes im Wege einer umfassenden Beurteilung aller objektiven Umstände sowie der Absicht des Erwerbers zu erfolgen, sofern diese durch objektive Anhaltspunkte untermauert wird, anhand deren ermittelt werden kann, in welchem Mitgliedstaat die Endverwendung des betreffenden Gegenstands beabsichtigt ist.
2. Für die Beurteilung, ob ein Fahrzeug, das Gegenstand eines innergemeinschaftlichen Erwerbs ist, neu im Sinne von Art. 2 Abs. 2 Buchst. b MwStSystRL ist, ist auf den Zeitpunkt der Lieferung des betreffenden Gegenstands vom Verkäufer an den Käufer abzustellen.

EuGH vom 7. 12. 2010 – Rs. C-285/09 – (BStBl 2011 II S 847, DB 2010 S. 2774, HFR 2011 S. 231, IStR 2011 S. 26)

Versagung der Befreiung innergemeinschaftlicher Warenlieferungen von der Mehrwertsteuer bei aktiver Teilnahme des Verkäufers an der Hinterziehung

Unter Umständen wie denen des Ausgangsverfahrens, wenn also eine innergemeinschaftliche Lieferung von Gegenständen tatsächlich stattgefunden hat, der Lieferer jedoch bei der Lieferung die Identität des wahren Erwerbers verschleiert hat, um diesem zu ermöglichen, die Mehrwertsteuer zu hinterziehen, kann der Ausgangsmitgliedstaat der innergemeinschaftlichen Lieferung aufgrund der ihm nach dem ersten Satzteil von Art. 28c Teil A Buchst. a der 6. USt-Richtlinie in der durch die Richtlinie 2000/65/EG des Rates vom 17. 10. 2000 geänderten Fassung zustehenden Befugnisse die Mehrwertsteuerbefreiung für diesen Umsatz versagen.[2]

EuGH vom 16. 12. 2010 – Rs. C-430/09 – (DStR 2011 S. 23)

Befreiung aufeinander folgender Lieferungen derselben Gegenstände, die zu einer einzigen innergemeinschaftlichen Versendung oder Beförderung führen

Werden in Bezug auf eine Ware zwischen verschiedenen als solchen handelnden Steuerpflichtigen aufeinander folgend zwei Lieferungen, aber nur eine einzige innergemeinschaftliche Beförderung durchgeführt – so dass dieser Umsatz unter den Begriff der innergemeinschaftlichen Beförderung im Sinne von Art. 28c Teil A Buchst. a Unterabs. 1 6. USt-Richtlinie in der durch die Richtlinie 96/95/EG des Rates vom 20. 12. 1996 geänderten Fassung in Verbindung mit den Art. 8 Abs. 1 Buchst. a und b, 28a Abs. 1 Buchst. a Unterabs. 1 und 28b Teil A Abs. 1 6. USt-Richtlinie fällt –, so hat die Bestimmung, welchem Umsatz diese Beförderung zuzurechnen ist, ob also der ersten oder der zweiten Lieferung, in Ansehung einer umfassenden Würdigung aller Umstände des Einzelfalls zu erfolgen, um festzustellen, welche der beiden Lieferungen alle Voraussetzungen für eine innergemeinschaftliche Lieferung erfüllt.

Unter Umständen wie denen des Ausgangsverfahrens, wenn also der Ersterwerber, der das Recht, über den Gegenstand wie ein Eigentümer zu verfügen, im Hoheitsgebiet des Mitgliedstaats der ersten Lieferung erlangt hat, seine Absicht bekundet, diesen Gegenstand in einen anderen Mitgliedstaat zu befördern, und mit seiner von dem letztgenannten Staat zugewiesenen Umsatzsteuer-Identifikationsnummer auftritt, müsste die innergemeinschaftliche Beförderung der ersten Lieferung zugerechnet werden, sofern das Recht, über den Gegenstand wie ein Eigentümer zu verfügen, im Bestimmungsmitgliedstaat der innergemeinschaftlichen Beförderung auf

---

[1] Anm.: Vgl. hierzu BMF v. 6. 1. 2009, USt-HA 2008/09 § 6a H 4 und v. 5. 5. 2010, § 6a H 5.
[2] Vgl. hierzu BMF vom 26. 9. 2011, § 6a H 6.

den Zweiterwerber übertragen wurde. Es ist Sache des vorlegenden Gerichts, zu prüfen, ob diese Bedingung in dem bei ihm anhängigen Rechtsstreit erfüllt ist.

BUNDESFINANZHOF

BFH vom 3. 5. 2010 – XI B 51/09 – (BFH/NV 2010 S. 1872)

Anforderungen an den Nachweis einer steuerfreien innergemeinschaftlichen Lieferung

Die Vorlage einer schriftlichen Vollmacht zum Nachweis der Abholberechtigung des Abholenden gehört nicht zu den Erfordernissen für einen i. S. des § 17a Abs. 1 und 2 UStDV ordnungsgemäßen Belegnachweis (entgegen BMF-Schreiben in BStBl I 2009, 60 Rz. 29 und 32).

BFH vom 10.11.2010 – XI R 11/09 – (BFH/NV 2011 S. 388, BStBl 2011 II S. 237)

Zu den Voraussetzungen einer steuerfreien innergemeinschaftlichen Lieferung (Vorlage an den EuGH)

Dem EuGH werden folgende Fragen zur Vorabentscheidung vorgelegt:
1. Erlaubt die 6. USt-Richtlinie den Mitgliedstaaten, eine steuerfreie innergemeinschaftliche Lieferung nur dann anzunehmen, wenn der Steuerpflichtige die Umsatzsteuer-Identifikationsnummer des Erwerbers buchmäßig nachweist?
2. Ist es für die Antwort auf diese Frage von Bedeutung,
   – ob es sich bei dem Erwerber um einen in einem Drittland ansässigen Unternehmer handelt, der zwar den Gegenstand der Lieferung im Rahmen eines Reihengeschäfts von einem Mitgliedstaat in einen anderen Mitgliedstaat versendet hat, aber in keinem Mitgliedstaat umsatzsteuerrechtlich registriert ist, und
   – ob der Steuerpflichtige die Abgabe einer Steuererklärung über den innergemeinschaftlichen Erwerb durch den Erwerber nachgewiesen hat?[1])

BFH vom 17.2.2011 – V R 28/10 – (BFH/NV 2011 S. 1448, HFR 2011 S. 1022, UR 2011 S. 779)

Innergemeinschaftliche Lieferung: Anforderungen an Versendungsbeleg

Ein CMR-Frachtbrief ist auch dann als Versendungsbeleg i.S.v. § 17a Abs. 4 Satz 1 i.V.m. § 10 Abs. 1 Nr. 2 UStDV anzuerkennen, wenn er nicht vom Auftraggeber des Frachtführers unterzeichnet ist (entgegen BMF-Schreiben vom 5.5.2010, BStBl I 2010, 508 Rdnr. 36 und entgegen Abschn. 6a.4 Abs. 3 Satz 5 UStAE).

BFH vom 17.2.2011 – V R 30/10 – (BFH/NV 2011 S. 1451, BStBl 2011 II S. 769, HFR 2011 S. 1025)

Innergemeinschaftliche Lieferung: Lieferung im „Umsatzsteuer-Karussell"

Innergemeinschaftliche Lieferungen sind entgegen § 6a UStG umsatzsteuerpflichtig, wenn der Unternehmer die Identität seines Abnehmers verschleiert, um diesem die Hinterziehung der geschuldeten Umsatzsteuer zu ermöglichen (Anschluss an das EuGH-Urteil vom 7. 12. 2010 C-285/09, R).[2])

BFH vom 4.5.2011 – XI R 10/09 – (BFH/NV 2011 S. 1628, BStBl 2011 II S. 797, HFR 2011 S. 1026)

Belegnachweis bei innergemeinschaftlicher Lieferung im Versendungsfall

Soll bei einer innergemeinschaftlichen Lieferung die Versendung in das übrige Gemeinschaftsgebiet belegmäßig durch einen CMR-Frachtbrief nachgewiesen werden, ist es grundsätzlich erforderlich, die für die Ablieferung vorgesehene Stelle (Bestimmungsort) anzugeben.

BFH vom 12.5.2011 – V R 46/10 – (BStBl 2011 II S. 957, HFR 2011 S. 1334, UR 2011 S. 824)

Belegnachweis bei innergemeinschaftlicher Lieferung

Mit einer Rechnung, die nicht auf die Steuerfreiheit der innergemeinschaftlichen Lieferung hinweist, und einer nicht gegenüber dem liefernden Unternehmer abgegebenen Verbringungserklärung, die den Unternehmer auch nicht namentlich bezeichnet, kann der Belegnachweis nach § 17a Abs. 2 Nr. 1 und Nr. 4 UStDV nicht geführt werden.

---

[1]) Anm.: Das Vorabentscheidungsersuchen ist beim EuGH unter der Rs. C-587/10 anhängig.
[2]) Vgl. hierzu BMF vom 26. 9. 2011, § 6a H 6.

BFH vom 21.7.2011 – V B 102/10 – (BFH/NV 2011 S. 1930)

Abholnachweis nach § 17a Abs. 2 Nr. 4 UStDV bei PKW-Verbringung ins Ausland

Der Belegnachweis in Abholfällen setzt voraus, das derjenige, der das Fahrzeug tatsächlich abholt (der Abnehmer oder sein Beauftragter) versichert, er werde dieses in das übrige Gemeinschaftsgebiet verbringen. Es genügt nicht, wenn der Abholer versichert, ein Dritter werde das Fahrzeug ins Ausland einführen.

BFH vom 11.8.2011 – V R 50/09 – (BFH/NV 2011 S. 1989, HFR 2011 S. 1338, StEd 2011 S. 645, UR 2011 S. 916)

Innergemeinschaftliche Lieferung: Steuerpflicht bei Täuschung über Abnehmer

Beteiligt sich ein Unternehmer vorsätzlich durch Täuschung über die Identität des Abnehmers an einer Umsatzsteuerhinterziehung, um hierdurch die nach der 6. USt-Richtlinie geschuldete Besteuerung des innergemeinschaftlichen Erwerbs im Bestimmungsmitgliedstaat zu vermeiden, ist die Lieferung nicht nach § 6a UStG steuerfrei (Anschluss an EuGH-Urteil vom 7.12.2010 – C-285/09, R, UR 2011, 15).

BFH vom 11.8.2011 – V R 3/10 – (DB 2011 S. 2354, HFR 2011 S. 1336, StEd 2011 S. 679, UR 2011 S. 909)

Innergemeinschaftliche Lieferung: Steuerfreiheit im Reihengeschäft

Bei einem Reihengeschäft mit zwei Lieferungen und drei Beteiligten ist die erste Lieferung als innergemeinschaftliche Lieferung auch dann gemäß § 6a UStG steuerfrei, wenn der erste Abnehmer einem Beauftragten eine Vollmacht zur Abholung und Beförderung des gelieferten Gegenstands in das übrige Gemeinschaftsgebiet erteilt, die Kosten für die Beförderung aber vom zweiten Abnehmer getragen werden (Abgrenzung zu Abschn. 31a Abs. 8 Satz 2 UStR 2005/Abschn. 3.14 Abs. 8 Satz 2 UStAE).

BFH vom 11.8.2011 – V R 19/10 – (DB 2011 S. 2471, HFR 2011 S. 1340, StEd 2011 S. 709)

Innergemeinschaftliche Lieferung: Beteiligung an Steuerhinterziehung

Beteiligt sich ein Unternehmer wissentlich an einem „strukturierten Verkaufsablauf", der darauf abzielt, die nach der 6. USt-Richtlinie geschuldete Besteuerung des innergemeinschaftlichen Erwerbs im Bestimmungsmitgliedstaat durch Vortäuschen einer differenzbesteuerten Lieferung zu verdecken, ist die Lieferung nicht nach § 6a UStG steuerfrei (Anschluss an EuGH-Urteil vom 7.12.2010 – C-285/09, R, UR 2011, 15).

§ 7 Lohnveredelung an Gegenständen der Ausfuhr

(1) ¹Eine Lohnveredelung an einem Gegenstand der Ausfuhr (§ 4 Nr. 1 Buchstabe a) liegt vor, wenn bei einer Bearbeitung oder Verarbeitung eines Gegenstands der Auftraggeber den Gegenstand zum Zweck der Bearbeitung oder Verarbeitung in das Gemeinschaftsgebiet eingeführt oder zu diesem Zweck in diesem Gebiet erworben hat und

1. der Unternehmer den bearbeiteten oder verarbeiteten Gegenstand in das Drittlandsgebiet, ausgenommen Gebiete nach § 1 Abs. 3, befördert oder versendet hat oder
2. der Auftraggeber den bearbeiteten oder verarbeiteten Gegenstand in das Drittlandsgebiet befördert oder versendet hat und ein ausländischer Auftraggeber ist oder
3. der Unternehmer den bearbeiteten oder verarbeiteten Gegenstand in die in § 1 Abs. 3 bezeichneten Gebiete befördert oder versendet hat und der Auftraggeber
    a) ein ausländischer Auftraggeber ist oder
    b) ein Unternehmer ist, der im Inland oder in den bezeichneten Gebieten ansässig ist und den bearbeiteten oder verarbeiteten Gegenstand für Zwecke seines Unternehmens verwendet.

²Der bearbeitete oder verarbeitete Gegenstand kann durch weitere Beauftragte vor der Ausfuhr bearbeitet oder verarbeitet worden sein.

(2) Ausländischer Auftraggeber im Sinne des Absatzes 1 Satz 1 Nr. 2 und 3 ist ein Auftraggeber, der die für den ausländischen Abnehmer geforderten Voraussetzungen (§ 6 Abs. 2) erfüllt.

(3) Bei Werkleistungen im Sinne des § 3 Abs. 10 gilt Absatz 1 entsprechend.

(4) ¹Die Voraussetzungen des Absatzes 1 sowie die Bearbeitung oder Verarbeitung im Sinne des Absatzes 1 Satz 2 müssen vom Unternehmer nachgewiesen sein. ²Das Bundesministerium der Finanzen kann mit Zustimmung des Bundesrates durch Rechtsverordnung bestimmen, wie der Unternehmer die Nachweise zu führen hat.

(5) Die Absätze 1 bis 4 gelten nicht für die sonstigen Leistungen im Sinne des § 3 Abs. 9a Nr. 2.

S 7136

Vorschriften des Gemeinschaftsrechts

Art. 131, Art. 146 Abs. 1 Buchst. d, Art. 159 der MWSt-Richtlinie (bis 31. 12. 2006: Art. 15 Nr. 3 und Art. 16 Abs. 1 Teil B der 6. USt-Richtlinie).

Ausfuhrnachweis und buchmäßiger Nachweis bei Ausfuhrlieferungen und Lohnveredelungen an Gegenständen der Ausfuhr

§§ 8–13 UStDV: Abgedruckt bei § 4 UStG

UStDV

7.1. Lohnveredelung an Gegenständen der Ausfuhr

AE 7.1

(1) ¹Die Befreiungstatbestände in § 7 Abs. 1 Satz 1 Nr. 1 und 2 UStG entsprechen den Befreiungstatbeständen bei der Steuerbefreiung für Ausfuhrlieferungen in § 6 Abs. 1 Satz 1 Nr. 1 und 2 UStG. ²Die Ausführungen in Abschnitt 6.1 Abs. 1 und 2 gelten deshalb entsprechend. ³§ 7 Abs. 1 Satz 1 Nr. 3 UStG entspricht § 6 Abs. 1 Satz 1 Nr. 3 UStG nur bei einer Beförderung oder Versendung durch den Unternehmer. ⁴Abschnitt 6.1 Abs. 3 gilt insoweit entsprechend.

S 7135

(2) ¹Voraussetzung für die Steuerbefreiung bei jedem der Befreiungstatbestände ist, dass der Auftraggeber den zu bearbeitenden oder zu verarbeitenden Gegenstand zum Zwecke der Bearbeitung oder Verarbeitung in das Gemeinschaftsgebiet eingeführt oder zu diesem Zweck in diesem Gebiet erworben hat (§ 7 Abs. 1 Satz 1 UStG). ²Die Bearbeitung oder Verarbeitung braucht nicht der ausschließliche Zweck für die Einfuhr oder für den Erwerb zu sein. ³Die Absicht, den Gegenstand bearbeiten oder verarbeiten zu lassen, muss jedoch bei dem Auftraggeber bereits zum Zeitpunkt der Einfuhr oder des Erwerbs bestehen. ⁴Eine Einfuhr durch den Auftraggeber liegt auch dann vor, wenn dieser den zu bearbeitenden oder zu verarbeitenden Gegenstand von dem Unternehmer im Drittlandsgebiet abholen lässt.

(3) ¹Die Voraussetzung der Einfuhr eines Gegenstandes zum Zwecke seiner Bearbeitung oder Verarbeitung ist insbesondere in den folgenden Fällen als erfüllt anzusehen:

1. Der Gegenstand wurde in einer zollamtlich bewilligten aktiven Lohnveredelung – einschließlich einer Ausbesserung – veredelt.

   Beispiel 1:

   ¹Der im Inland ansässigen Weberei W ist von der zuständigen Zollstelle eine aktive Lohnveredelung (Artikel 114 bis 122 ZK; Artikel 536 bis 550 ZK-DVO) mit Garnen zum Verweben für den in der Schweiz ansässigen Trachtenverein (nicht unternehmerisch tätiger Auftraggeber S) bewilligt worden. ²S versendet zu diesem Zweck Garne an W. ³Die Garne werden zollamtlich zur aktiven Lohnveredelung abgefertigt. ⁴Für ihre Einfuhr werden keine Eingangsabgaben erhoben. ⁵W verwebt die Garne, meldet die hergestellten Gewebe aus der Veredelung ab und sendet sie an S in die Schweiz zurück.

2. ¹Der eingeführte Gegenstand wurde in den zollrechtlich freien Verkehr übergeführt. ²Die Einfuhrumsatzsteuer wurde entrichtet.

   Beispiel 2:

   ¹Der in der Schweiz ansässige Auftraggeber S **(Nichtunternehmer)** beauftragt die im Inland ansässige Weberei W mit dem Verweben von Garnen. ²S versendet zu diesem Zweck Garne an W. ³Da es sich aufgrund des vorliegenden Präferenznachweises um eine zollfreie Einfuhr handelt und W zum Vorsteuerabzug berechtigt ist, wird keine aktive Lohnveredelung bewilligt. ⁴W verwebt die Garne und sendet die Gewebe an S in die Schweiz zurück. ⁵Die für die Einfuhr der Garne erhobene Einfuhrumsatzsteuer kann W als Vorsteuer abziehen (vgl. Abschnitt 15.8 Abs. 8).

3. Das Bestimmungsland hat für die Wiedereinfuhr des bearbeiteten oder verarbeiteten Gegenstandes Einfuhrabgaben, z. B. Zoll oder Einfuhrumsatzsteuer, erhoben.

   Beispiel 3:

   ¹Der im Drittlandsgebiet wohnhafte Kfz-Besitzer K hat seinen Personenkraftwagen zur Reparatur durch eine Kraftfahrzeugwerkstatt im Inland eingeführt. ²Die Reparatur besteht in einer

§ 7 UStG
AE 7.1–AE 7.3

Werkleistung. ³Der Kraftwagen ist bei der Einfuhr formlos in eine allgemein bewilligte vorübergehende Verwendung (Artikel 137 bis 144 ZK, Artikel 555 bis 562 ZK-DVO) übergeführt worden. ⁴Die Einfuhr in das Inland kann deshalb nicht durch zollamtliche Belege einer deutschen Zollstelle nachgewiesen werden. ⁵Das Wohnsitzland hat jedoch bei der Wiedereinfuhr des reparierten Kraftfahrzeugs Einfuhrabgaben erhoben.

²Wegen des in den in Satz 1 Nummern 1 bis 3 genannten Sachverhalten zu führenden buchmäßigen Nachweises wird auf Abschnitt 7.3 Abs. 2 hingewiesen.

(4) ¹Bei Beförderungsmitteln und Transportbehältern, die ihrer Art nach von einem ausländischen Auftraggeber nur für unternehmerische Zwecke verwendet werden können – z. B. Binnenschiffe für gewerbliche Zwecke, Eisenbahnwagen, Container, Kraftomnibusse, Lastkraftwagen, Anhänger, Tankauflieger, Tanksattelschlepper und Tankcontainer –, kann unterstellt werden, dass sie nicht nur zu Transportzwecken, sondern regelmäßig auch zur Wartung, Reinigung und Instandsetzung eingeführt werden. ²In diesen Fällen braucht deshalb der Einfuhrzweck nicht nachgewiesen zu werden.

(5) ¹Die Voraussetzung des Erwerbs im Gemeinschaftsgebiet zum Zwecke der Bearbeitung oder Verarbeitung ist bei einem Gegenstand insbesondere als erfüllt anzusehen, wenn

1. das Bestimmungsland für die Einfuhr des bearbeiteten oder verarbeiteten Gegenstandes Einfuhrabgaben, z. B. Zoll, Einfuhrumsatzsteuer, erhoben hat, die nach dem Wert des eingeführten Gegenstandes, einschließlich der durch die Bearbeitung oder Verarbeitung eingetretenen Wertsteigerung, berechnet worden sind, oder
2. der Gegenstand unmittelbar vom Lieferer an den beauftragten Unternehmer oder – im Falle der Bearbeitung oder Verarbeitung durch mehrere Beauftragte – vom vorangegangenen Beauftragten an den nachfolgenden Beauftragten gelangt ist.

²Zum buchmäßigen Nachweis wird auf Abschnitt 7.3 Abs. 2 hingewiesen.

(6) ¹In der Regel liegt keine Einfuhr zum Zwecke der Bearbeitung oder Verarbeitung vor, wenn ein Gegenstand, der in das Inland gelangt ist, hier wider Erwarten reparaturbedürftig geworden und deshalb bearbeitet oder verarbeitet worden ist. ²Die Steuerbefreiung kommt hiernach z. B. nicht in Betracht, wenn ein im Drittlandsgebiet zugelassenes Kraftfahrzeug während einer Fahrt im Inland unerwartet repariert werden musste. ³Entsprechendes gilt, wenn ein Gegenstand, z. B. ein Kraftwagen, den ein ausländischer Abnehmer im Inland erworben hat, hier vor der Ausfuhr genutzt wurde und während dieser Zeit wider Erwarten repariert werden musste.

(7) ¹Der bearbeitete oder verarbeitete oder – im Falle der Werkleistung nach § 3 Abs. 10 UStG – der überlassene Gegenstand kann durch einen weiteren Beauftragten oder mehrere weitere Beauftragte des Auftraggebers oder eines folgenden Auftraggebers vor der Ausfuhr bearbeitet oder verarbeitet worden sein. ²Die Ausführungen in Abschnitt 6.1 Abs. 5 gelten hierzu entsprechend.

AE 7.2
S 7136

7.2. Ausfuhrnachweis

(1) ¹Die für den Ausfuhrnachweis bei Ausfuhrlieferungen maßgebenden Vorschriften sind entsprechend anzuwenden. ²Auf die Ausführungen in den Abschnitten 6.5 bis 6.8 wird hingewiesen. ³Hat der Unternehmer einen anderen Unternehmer (Subunternehmer) mit der Bearbeitung oder Verarbeitung beauftragt und befördert oder versendet dieser den bearbeiteten, verarbeiteten oder überlassenen Gegenstand in das Drittlandsgebiet, kann die Ausfuhr in diesen Fällen durch eine Versandbestätigung nachgewiesen werden.

(2) Beziehen sich die Bearbeitungen oder Verarbeitungen auf Binnenschiffe, die gewerblichen Zwecken dienen, Eisenbahnwagen oder Container ausländischer Auftraggeber (vgl. Abschnitt 7.1 Abs. 4), kann der Unternehmer den Nachweis der Ausfuhr dadurch erbringen, dass er neben dem Namen und der Anschrift des ausländischen Auftraggebers und des Verwenders, wenn dieser nicht der Auftraggeber ist, Folgendes aufzeichnet:

1. bei Binnenschiffen, die gewerblichen Zwecken dienen, den Namen und den Heimathafen des Schiffes,
2. bei Eisenbahnwagen das Kennzeichen der ausländischen Eisenbahnverwaltung und die Nummer des Eisenbahnwagens und
3. bei Containern das Kennzeichen des Behälters.

(3) ¹Wird der Nachweis der Einfuhr zum Zwecke der Bearbeitung oder Verarbeitung durch Hinweis auf die Belege über die Bezahlung der Eingangsabgaben des Bestimmungslandes geführt (vgl. Abschnitt 7.3 Abs. 2 Nr. 3), kann dieser Nachweis zugleich als Ausfuhrnachweis angesehen werden. ²Eines weiteren Nachweises für die Ausfuhr bedarf es in diesen Fällen nicht mehr.

AE 7.3
S 7136

7.3. Buchmäßiger Nachweis

(1) ¹Die Ausführungen zum buchmäßigen Nachweis bei Ausfuhrlieferungen in Abschnitt 6.10 Abs. 1 bis **7** gelten entsprechend. ²Ist der Gegenstand durch mehrere Unternehmer – Beauftragte –

nacheinander bearbeitet oder verarbeitet worden (Abschnitt 7.1 Abs. 7), muss jeder dieser Unternehmer die Voraussetzungen der Steuerbefreiung einschließlich der Einfuhr oder des Erwerbs im Gemeinschaftsgebiet zum Zwecke der Bearbeitung oder Verarbeitung buchmäßig nachweisen.

(2) Der Nachweis der Einfuhr oder des Erwerbs für Zwecke der Bearbeitung und Verarbeitung soll in den Fällen des Abschnitts 7.1 Abs. 3 und 5 regelmäßig wie folgt geführt werden:

1. in den Fällen der aktiven Lohnveredelung (vgl. Abschnitt 7.1 Abs. 3 Satz 1 Nr. 1) durch Hinweis auf die zollamtlichen Belege über die Anmeldung der Waren zur Veredelung und über die Abmeldung der Waren aus der Veredelung;
2. ¹in den Fällen der Einfuhrbesteuerung (vgl. Abschnitt 7.1 Abs. 3 Satz 1 Nr. 2) durch Hinweis auf den zollamtlichen Beleg über die Entrichtung der Einfuhrumsatzsteuer. ²Im Falle der Bearbeitung oder Verarbeitung durch mehrere Unternehmer – Beauftragte – genügt bei den nachfolgenden Beauftragten ein Hinweis auf eine Bescheinigung des vorangegangenen Beauftragten, worin dieser die Entrichtung der Einfuhrumsatzsteuer bestätigt hat;
3. in den Fällen der Erhebung von Eingangsabgaben durch das Bestimmungsland (vgl. Abschnitt 7.1 Abs. 3 Satz 1 Nr. 3 und Abs. 5 Satz 1 Nr. 1) durch Hinweis auf die bei dem Unternehmer vorhandenen Belege oder ihre beglaubigten Abschriften über die Bezahlung der Eingangsabgaben des Bestimmungslandes;
4. in den Fällen, in denen der im Gemeinschaftsgebiet erworbene Gegenstand unmittelbar vom Lieferer an den Unternehmer – Beauftragten – oder von dem vorangegangenen Beauftragten an den nachfolgenden Beauftragten gelangt ist (vgl. Abschnitt 7.1 Abs. 5 Satz 1 Nr. 2), durch Hinweis auf die Durchschrift der Ausfuhrbestätigung für Umsatzsteuerzwecke in Bearbeitungs- oder Verarbeitungsfällen.

(3) ¹Bei der Bearbeitung, z. B. Wartung, Reinigung oder Instandsetzung, eines Kraftfahrzeuges eines ausländischen Auftraggebers kann der Unternehmer den Nachweis der Einfuhr des Kraftfahrzeuges zum Zwecke dieser Bearbeitung auch in anderer Weise führen. ²In Betracht kommen z. B. Hinweise auf eine schriftliche Anmeldung des Auftraggebers zur Reparatur oder auf eine Bescheinigung einer ausländischen Behörde, dass das Kraftfahrzeug bei einem Unfall im Drittlandsgebiet beschädigt worden ist. ³Diese Regelung gilt jedoch nur dann, wenn nach den Umständen des Einzelfalls keine ernsthaften Zweifel daran bestehen, dass der Auftraggeber das Kraftfahrzeug zum Zwecke der Bearbeitung eingeführt hat.

7.4. Abgrenzung zwischen Lohnveredelungen im Sinne des § 7 UStG und Ausfuhrlieferungen im Sinne des § 6 UStG

AE 7.4

(1) ¹Die Steuerbefreiung für Ausfuhrlieferungen kommt für Werklieferungen an eingeführten oder im Gemeinschaftsgebiet erworbenen Gegenständen – anders als die Steuerbefreiung nach § 4 Nr. 1 Buchstabe a, § 7 UStG bei Werkleistungen (Lohnveredelungen) – ohne Rücksicht darauf in Betracht, zu welchem Zweck die Gegenstände eingeführt oder erworben worden sind. ²Deshalb ist für die Frage, ob für einen Umsatz Steuerfreiheit gewährt werden kann, insbesondere bei Reparaturen beweglicher körperlicher Gegenstände häufig von entscheidender Bedeutung, ob der Umsatz eine Werklieferung (§ 3 Abs. 4 UStG) oder eine Werkleistung darstellt. ³Ob im Einzelfall bei Reparaturen eine Werklieferung oder eine Werkleistung vorliegt, ist nach den Grundsätzen des BFH-Urteils vom 25. 3. 1965, V 253/63 U, BStBl III S. 338, zu entscheiden (vgl. auch Abschnitt 3.8).

S 7135

(2) ¹Aus Vereinfachungsgründen kann die Reparatur eines Beförderungsmittels, z. B. eines Kraftfahrzeuges, eines Sportbootes, einer Yacht oder eines Sportflugzeuges, ohne weitere Nachprüfung als Werklieferung angesehen werden, wenn der Entgeltteil, der auf das bei der Reparatur verwendete Material entfällt, mehr als 50 % des für die Reparatur berechneten Gesamtentgelts beträgt. ²Liegen hiernach bei Reparaturen von Wasserfahrzeugen für die Seeschifffahrt, die nicht in § 8 Abs. 1 Nr. 1 UStG aufgeführt sind, die Voraussetzungen für eine Werklieferung nicht vor, kann ohne weitere Prüfung eine Reparatur gleichwohl als Werklieferung angesehen werden, wenn das Entgelt das 15fache der Bruttoregistertonnage des Schiffes übersteigt.

---

§ 8 Umsätze für die Seeschifffahrt und für die Luftfahrt

UStG

(1) Umsätze für die Seeschifffahrt (§ 4 Nr. 2) sind:

S 7155

1. die Lieferungen, Umbauten, Instandsetzungen, Wartungen, Vercharterungen und Vermietungen von Wasserfahrzeugen für die Seeschifffahrt, die dem Erwerb durch die Seeschifffahrt oder der Rettung Schiffbrüchiger zu dienen bestimmt sind (aus Positionen 8901 und 8902 00, aus Unterposition 8903 92 10, aus Position 8904 00 und aus Unterposition 8906 90 10 des Zolltarifs);
2. die Lieferungen, Instandsetzungen, Wartungen und Vermietungen von Gegenständen, die zur Ausrüstung der in Nummer 1 bezeichneten Wasserfahrzeuge bestimmt sind;

3. die Lieferungen von Gegenständen, die zur Versorgung der in Nummer 1 bezeichneten Wasserfahrzeuge bestimmt sind. Nicht befreit sind die Lieferungen von Bordproviant zur Versorgung von Wasserfahrzeugen der Küstenfischerei;
4. die Lieferungen von Gegenständen, die zur Versorgung von Kriegsschiffen (Unterposition 8906 10 00 des Zolltarifs) auf Fahrten bestimmt sind, bei denen ein Hafen oder ein Ankerplatz im Ausland und außerhalb des Küstengebiets im Sinne des Zollrechts angelaufen werden soll;
5. andere als die in den Nummern 1 und 2 bezeichneten sonstigen Leistungen, die für den unmittelbaren Bedarf der in Nummer 1 bezeichneten Wasserfahrzeuge, einschließlich ihrer Ausrüstungsgegenstände und ihrer Ladungen, bestimmt sind.

S 7155-a (2) Umsätze für die Luftfahrt (§ 4 Nr. 2) sind:
1. die Lieferungen, Umbauten, Instandsetzungen, Wartungen, Vercharterungen und Vermietungen von Luftfahrzeugen, die zur Verwendung durch Unternehmer bestimmt sind, die im entgeltlichen Luftverkehr überwiegend grenzüberschreitende Beförderungen oder Beförderungen auf ausschließlich im Ausland gelegenen Strecken und keine nach § 4 Nr. 17 Buchstabe b steuerfreien Beförderungen durchführen;
2. die Lieferungen, Instandsetzungen, Wartungen und Vermietungen von Gegenständen, die zur Ausrüstung der in Nummer 1 bezeichneten Luftfahrzeuge bestimmt sind;
3. die Lieferungen von Gegenständen, die zur Versorgung der in Nummer 1 bezeichneten Luftfahrzeuge bestimmt sind;
4. andere als die in den Nummern 1 und 2 bezeichneten sonstigen Leistungen, die für den unmittelbaren Bedarf der in Nummer 1 bezeichneten Luftfahrzeuge, einschließlich ihrer Ausrüstungsgegenstände und ihrer Ladungen, bestimmt sind.

(3) [1]Die in den Absätzen 1 und 2 bezeichneten Voraussetzungen müssen vom Unternehmer nachgewiesen sein. [2]Das Bundesministerium der Finanzen kann mit Zustimmung des Bundesrates durch Rechtsverordnung bestimmen, wie der Unternehmer den Nachweis zu führen hat.

Vorschriften des Gemeinschaftsrechts

Art. 131, Art. 148 und Art. 150 der MWSt-Richtlinie (bis 31. 12. 2006: Art. 15 Nrn. 4–9 der 6. USt-Richtlinie).

UStDV **§ 13 Buchmäßiger Nachweis bei Ausfuhrlieferungen und Lohnveredelungen an Gegenständen der Ausfuhr**

S 7134
S 7136 (1) [1]Bei Ausfuhrlieferungen und Lohnveredelungen an Gegenständen der Ausfuhr (§§ 6 und 7 des Gesetzes) muss der Unternehmer im Geltungsbereich dieser Verordnung die Voraussetzungen der Steuerbefreiung buchmäßig nachweisen. [2]Die Voraussetzungen müssen eindeutig und leicht nachprüfbar aus der Buchführung zu ersehen sein.

(2)[1]) Der Unternehmer hat regelmäßig Folgendes aufzuzeichnen:
1. die Menge des Gegenstands der Lieferung oder die Art und den Umfang der Lohnveredelung sowie die handelsübliche Bezeichnung einschließlich der Fahrzeug-Identifikationsnummer bei Fahrzeugen im Sinne des § 1b Absatz 2 des Gesetzes,
2. den Namen und die Anschrift des Abnehmers oder Auftraggebers,
3. den Tag der Lieferung oder der Lohnveredelung,
4. das vereinbarte Entgelt oder bei der Besteuerung nach vereinnahmten Entgelten das vereinnahmte Entgelt und den Tag der Vereinnahmung,

---

[1]) Anm.: Durch Art. 1 Nr. 2 der 2. Verordnung zur Änderung steuerlicher Verordnungen vom 2.12.2011 (BGBl. 2011 I S. 2416, BStBl 2011 I S. 1167) wurde § 13 Abs. 2 UStDV mit Wirkung vom 1.1.2012 neu gefasst. Bis 31.12.2011 geltende Fassung:
„(2) Der Unternehmer soll regelmäßig Folgendes aufzeichnen:
1. die handelsübliche Bezeichnung und die Menge des Gegenstandes der Lieferung oder die Art und den Umfang der Lohnveredelung;
2. den Namen und die Anschrift des Abnehmers oder Auftraggebers;
3. den Tag der Lieferung oder der Lohnveredelung;
4. das vereinbarte Entgelt oder bei der Besteuerung nach vereinnahmten Entgelten das vereinnahmte Entgelt und den Tag der Vereinnahmung;
5. die Art und den Umfang einer Bearbeitung oder Verarbeitung vor der Ausfuhr (§ 6 Abs. 1 Satz 2, § 7 Abs. 1 Satz 2 des Gesetzes);
6. die Ausfuhr.
..."

5. die Art und den Umfang einer Bearbeitung oder Verarbeitung vor der Ausfuhr (§ 6 Abs. 1 Satz 2, § 7 Abs. 1 Satz 2 des Gesetzes),
6. den Tag der Ausfuhr sowie
7. in den Fällen des § 9 Absatz 1 Satz 1 Nummer 1, des § 10 Absatz 1 Satz 1 Nummer 1 und des § 10 Absatz 3 die Movement Reference Number – MRN.

...

§ 18 Buchmäßiger Nachweis bei Umsätzen für die Seeschiffahrt und für die Luftfahrt

¹Bei Umsätzen für die Seeschiffahrt und für die Luftfahrt (§ 8 des Gesetzes) ist § 13 Abs. 1 und 2 Nr. 1 bis 4 entsprechend anzuwenden. ²Zusätzlich soll der Unternehmer aufzeichnen, für welchen Zweck der Gegenstand der Lieferung oder die sonstige Leistung bestimmt ist.

S 7155-b

8.1. Umsätze für die Seeschifffahrt

AE 8.1

(1) ¹Die Steuerbefreiung nach § 4 Nr. 2, § 8 Abs. 1 UStG ist davon abhängig, dass die Umsätze unmittelbar an Betreiber eines Seeschiffes oder an die Gesellschaft zur Rettung Schiffbrüchiger bewirkt werden. ²Sie kann sich nicht auf Umsätze auf den vorhergehenden Stufen erstrecken (vgl. EuGH-Urteil vom 14. 9. 2006, C-181/04 bis C-183/04, HFR S. 1171). ³Unter den Begriff „Betreiber" fallen unter Berücksichtigung des gemeinschaftsrechtlichen Umfangs der Befreiung von Umsätzen für die Seeschifffahrt sowohl Reeder als auch Bereederer von Seeschiffen, sofern die Leistungen unmittelbar dem Erwerb durch die Seeschifffahrt dienen. ⁴Die Eigentumsverhältnisse sind für die Steuerbefreiung insoweit unerheblich. ⁵Eine Zwischenlagerung von Lieferungsgegenständen im Sinne des § 8 Abs. 1 UStG ist ebenfalls unschädlich. ⁶Chartervergütungen, die von Linienreedereien geleistet werden, die wiederum Bereederungsverträge mit Reedereien abschließen, sind als Gegenleistung für steuerbefreite Umsätze für die Seeschifffahrt anzusehen. ⁷Umsätze, die an von Reederern oder Bereederern beauftragte Agenten bzw. Schiffsmakler ausgeführt werden, fallen dagegen als Umsätze auf einer vorausgehenden Handelsstufe nicht unter die Steuerbefreiung.

S 7155

(2) ¹Bei den begünstigten Schiffen (§ 8 Abs. 1 Nr. 1 UStG) muss es sich um Wasserfahrzeuge handeln, die nach ihrer Bauart dem Erwerb durch die Seeschifffahrt oder der Rettung Schiffbrüchiger zu dienen bestimmt sind. ²Maßgebend ist die zolltarifliche Einordnung. ³Zu den vorbezeichneten Schiffen gehören insbesondere Seeschiffe der Handelsschifffahrt, seegehende Fahrgast- und Fährschiffe, Fischereifahrzeuge und Schiffe des Seeschifffahrtshilfsgewerbes, z. B. Seeschlepper und Bugsierschiffe. ⁴Nicht dazu gehören Wassersportfahrzeuge (vgl. BFH-Urteil vom 13. 2. 1992, V R 141/90, BStBl II S. 576) und Behördenfahrzeuge. ⁵Weitere Voraussetzung für die Steuerbefreiung ist, dass die nach ihrer Bauart begünstigten Wasserfahrzeuge auch tatsächlich ausschließlich oder überwiegend in der Erwerbsschifffahrt oder zur Rettung Schiffbrüchiger eingesetzt werden sollen. ⁶Der Begriff der Seeschifffahrt ist nach den Vorschriften des Seerechts zu beurteilen. ⁷Als Seeschifffahrt ist danach die Schifffahrt seewärts der in § 1 der Flaggenrechtsverordnung festgelegten Grenzen der Seefahrt anzusehen (vgl. BFH-Urteil vom 2. 9. 1971, V R 8/67, BStBl 1972 II S. 45). ⁸In den Fällen der Reise-, Zeit-, Slot- und Bareboat-Vercharterung handelt es sich jeweils um eine steuerfreie Vercharterung eines Wasserfahrzeuges für die Seeschifffahrt nach § 4 Nr. 2, § 8 Abs. 1 Nr. 1 UStG. ⁹Wesentliches Merkmal dieser Verträge ist das Zurverfügungstellen eines Schiffes bzw. von Schiffsraum. ¹⁰Lediglich die Beförderung im Rahmen von Stückgutverträgen wird als Güterbeförderung angesehen, deren Behandlung sich nach §§ 3a, 3b, 4 Nr. 3 UStG (vgl. Abschnitte 3b.3, 4.3.2 bis 4.3.4) richtet.

(3) Zu den Gegenständen der Schiffsausrüstung (§ 8 Abs. 1 Nr. 2 UStG) gehören:

1. die Bord eines Schiffes zum Gebrauch mitgeführten in der Regel beweglichen Gegenstände, z. B. optische und nautische Geräte, Drahtseile und Tauwerk, Persenninge, Werkzeug und Ankerketten, nicht aber Transportbehälter, z. B. Container,
2. das Schiffszubehör, z. B. Rettungsboote und andere Rettungsvorrichtungen, Möbel, Wäsche und anderes Schiffsinventar, Seekarten und Handbücher, sowie
3. Teile von Schiffen und andere Gegenstände, die in ein bestimmtes nach § 8 Abs. 1 Nr. 1 UStG begünstigtes Wasserfahrzeug eingebaut werden sollen oder die zum Ersatz von Teilen oder zur Reparatur eines begünstigten Wasserfahrzeugs bestimmt sind.

(4) ¹Gegenstände zur Versorgung von Schiffen (§ 8 Abs. 1 Nr. 3 Satz 1 UStG) sind die technischen Verbrauchsgegenstände – z. B. Treibstoffe, Schmierstoffe, Farbe oder Putzwolle –, die sonstigen zum Verbrauch durch die Besatzungsmitglieder und die Fahrgäste bestimmten Gegenstände – z. B. Proviant, Genussmittel, Toilettenartikel, Zeitungen und Zeitschriften – und die Waren für Schiffsapotheken, Bordkantinen und Bordläden. ²Gegenstände zur Versorgung von Schiffen sind

auch Lebensmittel, Genussmittel und Nonfood-Artikel, die in Bordläden, z. B. auf Ausflugsschiffen und Seebäderschiffen, verkauft werden sollen, auch wenn sie nicht zum Verbrauch oder Gebrauch an Bord, sondern zur Wiedereinfuhr in das Inland bestimmt sind.

(5) ¹Küstenfischerei (§ 8 Abs. 1 Nr. 3 Satz 2 UStG) ist die Fischerei, die in den vor einer Küste liegenden Meeresteilen, die nicht zur hohen See, sondern zum Gebiet des Uferstaates gehören (Territorialgewässer), durchgeführt wird. ²Unter Bordproviant sind die ausschließlich zum Verbrauch an Bord durch Besatzung und Passagiere bestimmten Waren (Mundvorrat) zu verstehen.

(6) ¹Bei der Versorgung ausländischer Kriegsschiffe (§ 8 Abs. 1 Nr. 4 UStG) kann davon ausgegangen werden, dass die Voraussetzung für die Steuerbefreiung stets erfüllt ist. ²Bei der Versorgung von Kriegsschiffen der Bundeswehr ist die Voraussetzung durch einen Bestellschein, der die erforderlichen Angaben enthält, nachzuweisen. ³Zu dem Begriff „Gegenstände zur Versorgung von Schiffen" gelten die Ausführungen in Absatz 4 entsprechend.

(7) ¹Zu den in § 8 Abs. 1 Nr. 5 UStG bezeichneten sonstigen Leistungen gehören insbesondere:

1. ¹die Leistungen des Schiffsmaklers, soweit es sich hierbei nicht um Vermittlungsleistungen handelt. ²Der Schiffsmakler vermittelt im Allgemeinen den Abschluss von Seefrachtverträgen. ³Sein Aufgabenbereich bestimmt sich jedoch nicht allein nach den Vorschriften über den Handelsmakler (§§ 93 ff. HGB). ⁴Nach der Verkehrsauffassung und Verwaltungsübung ist vielmehr davon auszugehen, dass er, im Gegensatz zum Handelsmakler, nicht nur von Fall zu Fall tätig wird, sondern auch ständig mit der Betreuung eines Schiffes betraut sein kann;

2. ¹die Leistungen des Havariekommissars. ²Dieser ist in der Regel als Schadensagent für Versicherer, Versicherungsnehmer, Versicherte oder Beförderungsunternehmer tätig. ³Er hat hauptsächlich die Aufgabe, die Interessen seines Auftraggebers wahrzunehmen, wenn bei Beförderungen Schäden an den Beförderungsmitteln oder ihren Ladungen eintreten;

3. ¹die Leistungen des Schiffsbesichtigers. ²Dieser ist ein Sachverständiger, der Schiffe und Ladungen besichtigt oder der auf Wunsch der Beteiligten bei Schiffshavarien oder Ladungsschäden Gutachten über Ursache, Art und Umfang der Schäden anfertigt;

4. ¹die Leistungen des Güterbesichtigers. ²Dieser ist ein Sachverständiger, der zu einer Güterbesichtigung im Falle von Transportschäden aus Anlass einer Güterbeförderung berufen ist. ³Eine amtliche Bestellung ist nicht zu fordern;

5. ¹die Leistungen des Dispacheurs. ²Seine Tätigkeit besteht in der Feststellung und Verteilung von Schäden in den Fällen der großen Havarie (§§ 727 und 729 HGB);

6. ¹das Schleppen. ²Diese Leistung wird aufgrund eines Dienst- oder Werkvertrages, z. B. Assistieren beim Ein- und Auslaufen, Einschleppen eines Schiffes in den Hafen, Verholen eines Schiffes innerhalb des Hafens, oder aufgrund eines Frachtvertrages im Sinne des § 556 HGB (Fortbewegung eines unbemannten Schiffes) bewirkt;

7. ¹das Lotsen. ²Diese Leistung liegt vor, wenn ein Schiff auf See oder Wasserstraßen von einem orts- und schifffahrtskundigen Berater geleitet wird, der dieser Tätigkeit berufsmäßig aufgrund behördlicher Zulassung oder eines Lotsenpatents nachgeht;

8. ¹das Bergen. ²Hierunter fallen alle Leistungen für ein Schiff, seine Besatzung oder Ladung, die den Anspruch auf Berge- oder Hilfslohn begründen (vgl. § 740 HGB);

9. ¹die selbständigen Nebenleistungen zu den in den Nummern 1 bis 8 bezeichneten Leistungen. ²Haupt- und Nebenleistungen können von verschiedenen Unternehmern bewirkt werden;

10. ¹die Personalgestellung im Rahmen des sog. Crew-Management. ²Dagegen fallen die Personalbewirtschaftungsleistungen schon deshalb nicht unter die Steuerbefreiung, weil sie nicht unmittelbar an Unternehmer der Seeschifffahrt erbracht werden. ³Die Personalvermittlung ist nach § 4 Nr. 5 UStG steuerfrei (vgl. Absatz 8);

11. die Vermietung (Leasing), das Be- und Entladen, das Lagern und die Reparatur von Seetransport-Containern, wenn sie für den unmittelbaren Bedarf der Schiffsladung bestimmt sind.

²Im Übrigen ist Abschnitt 8.2 Abs. 6 Satz 4 und Abs. 7 auf die Umsätze für die Seeschifffahrt entsprechend anzuwenden.

(8) ¹Vermittlungsleistungen sind keine Leistungen für den unmittelbaren Bedarf der begünstigten Schiffe. ²Das gilt auch dann, wenn sie von im Absatz 7 genannten Unternehmern erbracht werden. ³Die Vermittlung der in § 8 bezeichneten Umsätze ist jedoch unter den Voraussetzungen des § 4 Nr. 5 UStG steuerfrei.

(9) Sonstige Leistungen, die sich unmittelbar auf Gegenstände beziehen, die in das Drittlandsgebiet verbracht werden, oder die sich auf Gegenstände der Einfuhr in das Gebiet eines Mitgliedstaates der Europäischen Gemeinschaft beziehen, aber keine Leistungen für den unmittelbaren Bedarf der in § 8 Abs. 1 Nr. 1 und 2 UStG bezeichneten Wasserfahrzeuge darstellen, können nach § 4 Nr. 3 UStG unter den dort genannten Voraussetzungen steuerfrei sein.

8.2. Umsätze für die Luftfahrt

AE 8.2

(1) Abschnitt 8.1 Abs. 1 bis 3 ist auf Umsätze für die Luftfahrt entsprechend anzuwenden.

(2) Die Steuerbefreiung nach § 8 Abs. 2 Nr. 1 UStG ist davon abhängig, dass der Unternehmer keine nach § 4 Nr. 17 Buchstabe b UStG steuerfreien Beförderungen mit Luftfahrzeugen durchführt (vgl. Abschnitt 4.17.2).

(3) [1]Von den Beförderungen im internationalen Luftverkehr im Sinne des § 8 Abs. 2 Nr. 1 UStG sind die Beförderungen zu unterscheiden, die sich ausschließlich auf das Inland erstrecken (Binnenluftverkehr). [2]Die Frage, welcher der beiden Verkehre überwiegt, bestimmt sich nach der Höhe der Entgelte für die Personen- und Güterbeförderungen im Luftverkehr. [3]Übersteigen bei einem Unternehmer, der ausschließlich – oder mit einem Unternehmensteil oder auch nur im Rahmen von Hilfsumsätzen – entgeltlichen Luftverkehr betreibt, die Entgelte für die Beförderungen im internationalen Luftverkehr die Entgelte für die Beförderungen im Binnenluftverkehr, kommt für die Lieferungen usw. von Luftfahrzeugen, die zum Einsatz bei diesem Unternehmer bestimmt sind, die Steuerbefreiung in Betracht. [4]Auf den Zweck, für den das einzelne Flugzeug bestimmt ist oder verwendet wird – Einsatz im internationalen Luftverkehr oder im Binnenluftverkehr –, kommt es nicht an. [5]Bei den Luftverkehrsunternehmern mit Sitz im Ausland ist davon auszugehen, dass sie im Rahmen ihres entgeltlichen Luftverkehrs überwiegend internationalen Luftverkehr betreiben. [6]Bei den Luftverkehrsunternehmern mit Sitz im Inland kann diese Voraussetzung als erfüllt angesehen werden, wenn sie in der für den Besteuerungszeitraum maßgeblichen im Bundessteuerblatt veröffentlichten Liste aufgeführt sind. [7]Die Liste wird jeweils zu Beginn eines Kalenderjahres neu herausgegeben, soweit bis zu diesem Zeitpunkt Änderungen eingetreten sind.

(4) [1]Bis zur Aufnahme eines Unternehmers in die in Absatz 3 bezeichnete Liste gilt Folgendes: Haben die zuständigen Landesfinanzbehörden bei einem Unternehmer festgestellt, dass er im entgeltlichen Luftverkehr überwiegend internationalen Luftverkehr betreibt und keine nach § 4 Nr. 17 Buchstabe b UStG steuerfreien Beförderungsleistungen erbringt, erteilt das zuständige Finanzamt dem Unternehmer hierüber einen schriftlichen bis zum Ablauf des Kalenderjahres befristeten Bescheid. [2]Der Unternehmer kann anderen Unternehmern Ablichtungen oder Abschriften des Bescheids des Finanzamts übersenden und sie auf diese Weise unterrichten. [3]Die anderen Unternehmer sind berechtigt, diese Ablichtungen oder Abschriften bis zum Beginn des neuen Kalenderjahres für die Führung des buchmäßigen Nachweises zu verwenden.

(5) [1]Das Finanzamt prüft einmal jährlich, ob die in die Liste aufgenommenen Unternehmer die Voraussetzungen hierfür noch erfüllt. [2]Ist der Unternehmer danach in die nächste Liste nicht mehr aufzunehmen, können andere Unternehmer aus Vereinfachungsgründen bei Umsätzen, die sie bis zum Beginn des neuen Kalenderjahres bewirken, noch davon ausgehen, dass der Unternehmer im entgeltlichen Luftverkehr überwiegend internationalen Luftverkehr betreibt.

(6) [1]Bezüglich der Begriffe „Ausrüstungsgegenstände" und „Versorgungsgegenstände" gelten die Ausführungen in Abschnitt 8.1 Abs. 3 und 4 entsprechend. [2]Jedoch ist es nicht erforderlich, dass der Unternehmer die Gegenstände zur Ausrüstung oder Versorgung eines bestimmten Luftfahrzeuges liefert. [3]Bei speziell nur für die Luftfahrt zu verwendenden Containern (z. B. für einen bestimmten Flugzeugtyp angefertigte Container) handelt es sich um Ausrüstungsgegenstände im Sinne von § 8 Abs. 2 Nr. 2 UStG. [4]Zu den sonstigen Leistungen im Sinne des § 8 Abs. 2 Nr. 4 UStG gehören insbesondere:

1. die Duldung der Benutzung des Flughafens und seiner Anlagen einschließlich der Erteilung der Start- und Landeerlaubnis,
2. die Reinigung von Luftfahrzeugen,
3. die Umschlagsleistungen auf Flughäfen,
4. die Leistungen der Havariekommissare, soweit sie bei Beförderungen im Luftverkehr anlässlich von Schäden an den Beförderungsmitteln oder ihren Ladungen tätig werden (vgl. Abschnitt 8.1 Abs. 7 Satz 1 Nr. 2) und
5. die mit dem Flugbetrieb zusammenhängenden sonstigen Leistungen auf Flughäfen, z. B. das Schleppen von Flugzeugen.

(7) [1]Nicht befreit nach § 4 Nr. 2, § 8 Abs. 2 Nr. 4 UStG sind sonstige Leistungen, die nur mittelbar dem Bedarf von Luftfahrzeugen dienen. [2]Hierzu gehören insbesondere:

1. [1]die Vermittlung von befreiten Umsätzen. [2]Es kann jedoch die Steuerbefreiung nach § 4 Nr. 5 UStG in Betracht kommen (vgl. Abschnitt 4.5.1 Abs. 3),
2. die Vermietung von Hallen für Werftbetriebe auf Flughäfen,
3. die Leistungen an eine Luftfahrtbehörde für Zwecke der Luftaufsicht im Sinne des § 29 LuftVG,
4. die Beherbergung und Beköstigung von Besatzungsmitgliedern eines Luftfahrzeuges,
5. die Beförderung von Besatzungsmitgliedern, z. B. mit einem Taxi, vom Flughafen zum Hotel und zurück.

§ 8 UStG
AE 8.2, AE 8.3 H

6. die Beherbergung und Beköstigung von Passagieren bei Flugunregelmäßigkeiten und
7. die Beförderung von Passagieren und des Fluggepäcks, z. B. mit einem Kraftfahrzeug, zu einem Ausweichflughafen.

AE 8.3

S 7155
S 7155-a

8.3. Buchmäßiger Nachweis

(1) ¹Der Unternehmer hat die Voraussetzungen der Steuerbefreiung buchmäßig nachzuweisen. ²Hierzu gelten die Ausführungen zu den Ausfuhrlieferungen entsprechend (vgl. Abschnitt 6.10 Abs. 1 bis 4).

(2) ¹Der Unternehmer soll nach § 18 UStDV neben den in § 13 Abs. 2 Nr. 1 bis 4 UStDV bezeichneten Angaben auch aufzeichnen, für welchen Zweck der Gegenstand der Lieferung oder die sonstige Leistung bestimmt ist. ²Es genügt der Hinweis auf Urkunden, z. B. auf ein Schiffszertifikat, oder auf Belege, wenn sich aus diesen Unterlagen der Zweck eindeutig und leicht nachprüfbar ergibt. ³In Zweifelsfällen kann der begünstigte Zweck durch eine Bestätigung desjenigen, bei dem er verwirklicht werden soll, nachgewiesen werden. ⁴Soll der begünstigte Zweck bei einem Dritten verwirklicht werden (vgl. Abschnitt 8.1 Abs. 1 und Abschnitt 8.2 Abs. 1), sollen auch der Name und die Anschrift dieses Dritten aufgezeichnet sein.

(3) ¹Bei Reihengeschäften können ausländische Unternehmer in der Reihe den buchmäßigen Nachweis in der Regel nicht im Geltungsbereich der UStDV erbringen. ²In diesen Fällen ist zur Vermeidung von Unbilligkeiten das Fehlen des Nachweises nicht zu beanstanden.

H Hinweise

1 Umsatzsteuerliche Beurteilung der Umsätze für die Seeschifffahrt (§ 4 Nr. 2, § 8 Abs. 1 UStG)

(BMF vom 24. 7. 2009, BStBl 2009 I S. 822)
Siehe USt-HA 2009/10 § 8 H 3.

2 Steuerfreie Umsätze für die Luftfahrt (§ 4 Nr. 2, § 8 Abs. 2 UStG, Abschnitt 146 UStR)

(BMF vom 14 1. 2011, BStBl 2011 I S. 90)
1 Anlage
Unter Bezugnahme auf das Ergebnis der Erörterung mit den obersten Finanzbehörden der Länder übersende ich die Liste der im Inland ansässigen Unternehmer, die im entgeltlichen Luftverkehr überwiegend internationalen Luftverkehr betreiben, nach dem Stand vom 1. Januar 2011. Die Liste tritt an die Stelle der Liste, die meinem Schreiben vom 27. Januar 2010 – IV D 3 – S 7155-a/08/0001 (2010/0057479) – – (BStBl I S. 160) – beigefügt war.¹⁾

Neu aufgenommen wurden die Firmen
- Aerotours GmbH, 15344 Strausberg,
- Atlas Air Service AG, 27777 Ganderkesee,
- Elytra Charter GmbH & Co. KG, 63329 Egelsbach,
- Hapag-Lloyd Executive GmbH, 30855 Langenhagen,
- JetAir Flug GmbH, 85399 Halbergmoos,
- JK Jetkontor AG, 25488 Holm,
- TUIfly GmbH, 30855 Langenhagen.

Gestrichen wurden die Firmen
- AERO Business Charter GmbH & Co. KG, 64625 Bensheim,
- Blue Wings AG, 46397 Bocholt,
- Flight Ops GmbH, 51645 Gummersbach,
- Fly Point Flugservice Haufe KG, 99819 Hörselberg-Hainich,
- Hapag-Lloyd Express GmbH, 30855 Langenhagen,
- Hapag-Lloyd Fluggesellschaft mbH, 30855 Langenhagen,
- HI Hamburg International Luftverkehrsgesellschaft mbH & Co. Betriebs-KG, 22297 Hamburg,
- Jetline Fluggesellschaft mbH & Co. KG, 70629 Stuttgart,
- Silver Bird Charterflug GmbH, 66131 Saarbrücken.

Außerdem wurden die Sitzverlegungen der BREMENFLY GmbH nach 12529 Schönefeld, der FSH Luftfahrtunternehmen GmbH nach 04435 Schkeuditz und der Windrose Air Jetcharter

---
¹⁾ Anm.: Siehe USt-HA 2009/10 § 8 H 2.

GmbH nach 12529 Schönefeld, die Umfirmierung der Flugbetriebsgesellschaft DIX mbH, 32120 Hiddenhausen, in die Fairjets GmbH, 33142 Büren, die Adressenänderung der Germanwings GmbH (jetzt: 51147 Köln) sowie die Korrektur der Postleitzahlen bei den Firmen FAI rent-a-jet AG in 90411 (Nürnberg) und JET EXECUTIVE INTERNATIONAL CHARTER GmbH & Co. KG in 40742 (Düsseldorf) berücksichtigt.

**Liste
der im Inland ansässigen Unternehmer, die im entgeltlichen Luftverkehr überwiegend internationalen Luftverkehr betreiben (§ 8 Abs. 2 Nr. 1 UStG)**

(Stand: 1. Januar 2011)

ACD Aviation Services Ltd.,	44319 Dortmund
ACG Air Cargo Germany GmbH,	55483 Hahn-Flughafen
ACM AIR CHARTER Luftfahrtgesellschaft mbH,	77836 Rheinmünster
Aerologic GmbH,	04435 Schkeuditz
Aero Dienst GmbH & Co KG,	90411 Nürnberg
Aerotours GmbH,	15344 Strausberg
Aerowest GmbH,	30669 Hannover
AIR BERLIN PLC & Co. Luftverkehrs KG,	13627 Berlin
Air Executive Charter GmbH,	85356 München-Flughafen
AirGo Flugservice GmbH & Co KG,	55126 Mainz
AIR HAMBURG Luftverkehrsgesellschaft mbH,	22525 Hamburg
Air Independence GmbH,	85356 München
Air Traffic Gesellschaft mit beschränkter Haftung Executive Jet Service,	40474 Düsseldorf
Arcas Aviation GmbH & Co KG,	20355 Hamburg
Arcus-Air GmbH & Co. KG,	66482 Zweibrücken
Atlas Air Service AG,	27777 Ganderkesee
AUGUSTA AIR Luftfahrtunternehmen, Yachtcharter- und Videogeräteverleih Hans Schneider e. K.,	86169 Augsburg
Avanti Air GmbH & Co. KG,	57299 Burbach
B.F.D. Charter und Travel Service GmbH,	15344 Strausberg
BinAir Aero Service GmbH,	80939 München
Bluebird Aviation GmbH,	68219 Mannheim
BREMENFLY GmbH,	12529 Schönefeld
Businesswings Luftfahrtunternehmen GmbH,	34292 Ahnatal
CCF manager airline GmbH,	51147 Köln
Challenge Air Luftverkehrsgesellschaft mbH,	53844 Troisdorf
ChallengeLine LS GmbH,	86169 Augsburg
Comfort Air Luftfahrtunternehmen GmbH & Co. KG,	85356 München
Condor Berlin GmbH,	12527 Schönefeld
Condor Flugdienst GmbH,	65451 Kelsterbach
DC Aviation GmbH,	70629 Stuttgart
Deutsche Lufthansa AG,	50679 Köln
EFD-Eisele Flugdienst GmbH,	72669 Unterensingen
Elytra Charter GmbH & Co. KG,	63329 Egelsbach
Eurolink GmbH,	85356 München
Eurowings Luftverkehrs AG,	44319 Dortmund
ExecuJet Europe GmbH,	12529 Schönefeld
FAI rent-a-jet AG,	90411 Nürnberg
Fairjets GmbH,	33142 Büren
FLM Aviation Luftverkehrsgesellschaft Mohrdieck mbH & Co KG,	24159 Kiel
FSH Luftfahrtunternehmen GmbH,	04435 Schkeuditz
GERMANIA Fluggesellschaft mbH,	13627 Berlin
Germanwings GmbH,	51147 Köln
Hahn Air Lines GmbH,	63303 Dreieich
Hapag-Lloyd Executive GmbH,	30855 Langenhagen
Helog Lufttransporte KG,	83404 Ainring
HTM Jet Service GmbH Co KG,	85521 Ottobrunn
JetAir Flug GmbH,	85399 Halbergmoos
Jet Aviation Business Deutschland GmbH,	51147 Köln
JET EXECUTIVE INTERNATIONAL CHARTER GmbH & Co. KG,	40472 Düsseldorf
JK Jetkontor AG,	25488 Holm
LTU Lufttransport-Unternehmen GmbH,	40474 Düsseldorf
Lufthansa Cargo AG,	65451 Kelsterbach
Lufthansa Cityline GmbH,	51147 Köln

Nightexpress Luftverkehrsgesellschaft mbH,.	60549 Frankfurt a.M.
Nordjets GmbH & Co. KG,	20457 Hamburg
OLT Ostfriesische Lufttransport GmbH,	26721 Emden
Private Air GmbH,	40474 Düsseldorf
Private Wings Flugcharter GmbH,	12529 Schönefeld
Pro Air Aviation GmbH,	70794 Filderstadt
Quick Air Jet Charter GmbH,	51147 Köln
RUSLAN SALIS GmbH,	04435 Leipzig-Halle
SENATOR Aviation Charter GmbH,	22335 Hamburg
Silver Cloud Air GmbH,	67346 Speyer
Stuttgarter Flugdienst GmbH,	70629 Stuttgart
transavia Flugbetriebsgesellschaft mbH,	67346 Speyer
Triple Alpha Luftfahrtgesellschaft mbH,	40468 Düsseldorf
TUIfly GmbH,	30855 Langenhagen
Vibro-Air Flugservice GmbH & Co. KG,	41061 Mönchengladbach
VIP-Flights GmbH,	82152 Planegg
WDL Aviation (Köln) GmbH & Co. KG,	51147 Köln
Windrose Air Jetcharter GmbH,	12529 Schönefeld
XL Airways Germany GmbH	64546 Mörfelden-Walldorf

Rechtsprechung

EUROPÄISCHER GERICHTSHOF

EuGH vom 16. 9. 2004 – Rs. C-382/02 – (DB 2004 S. 2082, UR 2004 S. 528)

Zur Umsatzsteuerbefreiung bei Vorbezügen des internationalen Flugverkehrs

1. Art. 15 Nr. 6, 7 und 9 6. USt-Richtlinie ist dahin auszulegen, dass die in diesen Bestimmungen bezeichneten Lieferungen von Gegenständen und Dienstleistungen für Luftfahrzeuge, die von hauptsächlich im entgeltlichen internationalen Verkehr tätigen Luftfahrtgesellschaften für Inlandsflüge eingesetzt werden, von der Mehrwertsteuer befreit sind.
2. Es ist Sache der nationalen Gerichte, die jeweilige Bedeutung der internationalen und nicht internationalen Tätigkeitsbereiche dieser Gesellschaften zu beurteilen. Bei dieser Beurteilung können alle Faktoren berücksichtigt werden, die auf die relative Bedeutung der betreffenden Verkehrsart hinweisen, insbesondere der Umsatz.

EuGH vom 14. 9. 2006 – Rs. C-181/04 bis 183/04 – (HFR 2006 S. 1171, UR 2007 S. 268)

Steuerbefreiung einer Lieferung oder Dienstleistung an den Betreiber von Seeschiffen für deren unmittelbaren Bedarf

1. Art. 15 Nr. 4 Buchst. a der 6. USt-Richtlinie in der Fassung der Richtlinie 92/111/EWG des Rates vom 14. 12. 1992, auf den Nr. 5 des gleichen Artikels verweist, gilt nicht nur für Schiffe, die auf hoher See im entgeltlichen Passagierverkehr eingesetzt sind, sondern auch für Schiffe, die auf hoher See zur Ausübung einer Handelstätigkeit, für gewerbliche Zwecke oder zur Fischerei eingesetzt sind.
2. Art. 15 Nr. 8 der 6. USt-Richtlinie ist dahin auszulegen, dass die dort vorgesehene Befreiung die Dienstleistungen erfasst, die dem Reeder selbst für den unmittelbaren Bedarf der Seeschiffe erbracht werden.
3. Im Rahmen des gemeinsamen Mehrwertsteuersystems sind die nationalen Steuerbehörden verpflichtet, den Grundsatz des Vertrauensschutzes zu wahren. Es ist Sache des nationalen Gerichts, zu prüfen, ob der Steuerpflichtige unter den Umständen der Ausgangsverfahren vernünftigerweise annehmen konnte, dass die streitige Entscheidung von einer zuständigen Behörde getroffen worden war.

EuGH vom 18. 10. 2007 – Rs. C-97/06 – (IStR 2007 S. 820, UR 2007 S. 895)

Unzulässige Beschränkung der Steuerbefreiung auf Beträge, die bei einer Vollvercharterung von auf hoher See eingesetzten Schiffen anfallen

1. Art. 15 Nr. 5 der 6. USt-Richtlinie in der durch die Richtlinie 92/111/EWG des Rates vom 14. 12. 1992 geänderten Fassung ist in dem Sinne auszulegen, dass er sowohl die Vollvercharterung als auch die Teilvercharterung von auf hoher See eingesetzten Schiffen erfasst. Folg-

lich steht die genannte Vorschrift nationalen Bestimmungen wie den im Ausgangsverfahren in Rede stehenden, die die Mehrwertsteuerbefreiung nur bei der Vollvercharterung solcher Schiffe gewähren, entgegen.

2. Es ist Sache des vorlegenden Gerichts, zu entscheiden, ob der zwischen den Parteien des Ausgangsverfahrens geschlossene Vertrag die Tatbestandsmerkmale eines Chartervertrags im Sinne von Art. 15 Nr. 5 der 6. USt-Richtlinie in der durch die Richtlinie 92/111 geänderten Fassung erfüllt.

EuGH vom 22.12.2010 – Rs. C-116/10 – (BFH/NV 2011 S. 399, HFR 2011 S. 363, UR 2011 S. 694)
Vermietung von Hochseeschiffen für Vergnügungsfahrten nicht steuerbefreit
Art. 15 Nr. 5 der 6. USt-Richtlinie in der durch die Richtlinie 91/680/EWG des Rates vom 16.12.1991 geänderten Fassung ist dahin auszulegen, dass die in dieser Bestimmung vorgesehene Befreiung von der Mehrwertsteuer keine Anwendung auf Dienstleistungen findet, mit denen natürlichen Personen gegen Entgelt ein Schiff mit Besatzung für Hochseevergnügungsreisen zur Verfügung gestellt wird.

§ 9 Verzicht auf Steuerbefreiungen

UStG

(1) Der Unternehmer kann einen Umsatz, der nach § 4 Nr. 8 Buchstabe a bis g, Nr. 9 Buchstabe a, Nr. 12, 13 oder 19 steuerfrei ist, als steuerpflichtig behandeln, wenn der Umsatz an einen anderen Unternehmer für dessen Unternehmen ausgeführt wird.

(2) ¹Der Verzicht auf Steuerbefreiung nach Absatz 1 ist bei der Bestellung und Übertragung von Erbbaurechten (§ 4 Nr. 9 Buchstabe a), bei der Vermietung oder Verpachtung von Grundstücken (§ 4 Nr. 12 Satz 1 Buchstabe a) und bei den in § 4 Nr. 12 Satz 1 Buchstabe b und c bezeichneten Umsätzen nur zulässig, soweit der Leistungsempfänger das Grundstück ausschließlich für Umsätze verwendet oder zu verwenden beabsichtigt, die den Vorsteuerabzug nicht ausschließen. ²Der Unternehmer hat die Voraussetzungen nachzuweisen.

(3) ¹Der Verzicht auf Steuerbefreiung nach Absatz 1 ist bei Lieferungen von Grundstücken (§ 4 Nr. 9 Buchstabe a) im Zwangsversteigerungsverfahren durch den Vollstreckungsschuldner an den Ersteher bis zur Aufforderung zur Abgabe von Geboten im Versteigerungstermin zulässig. ²Bei anderen Umsätzen im Sinne von § 4 Nr. 9 Buchstabe a kann der Verzicht auf Steuerbefreiung nach Absatz 1 nur in dem gemäß § 311b Abs. 1 des Bürgerlichen Gesetzbuchs notariell zu beurkundenden Vertrag erklärt werden.

¹)

Vorschriften des Gemeinschaftsrechts

Art. 114, Art. 137 und Art. 391 der MWSt-Richtlinie (bis 31.12.2006: Art. 13 Teil C, Art. 28 Abs. 3 Buchst. c u. Anhang G Nr. 1 Buchst. b der 6. USt-Richtlinie).

9.1. Verzicht auf Steuerbefreiungen (§ 9 Abs. 1 UStG)

AE 9.1

(1) ¹Ein Verzicht auf Steuerbefreiungen (Option) ist nur in den Fällen des § 4 Nr. 8 Buchstabe a bis g, Nr. 9 Buchstabe a, Nr. 12, 13 oder 19 UStG zulässig. ²Der Unternehmer hat bei diesen Steuerbefreiungen die Möglichkeit, seine Entscheidung für die Steuerpflicht bei jedem Umsatz einzeln zu treffen. ³Zu den Aufzeichnungspflichten wird auf Abschnitt 22.2 Abs. 4 hingewiesen.

(2) ¹Der Verzicht auf die Steuerbefreiung ist in den Fällen des § 19 Abs. 1 Satz 1 UStG nicht zulässig (§ 19 Abs. 1 Satz 4 UStG). ²Für Unternehmer, die ihre Umsätze aus land- und forstwirtschaftlichen Betrieben nach den Vorschriften des § 24 UStG versteuern, findet § 9 UStG keine Anwendung (§ 24 Abs. 1 Satz 2 UStG). ³Ferner ist § 9 UStG in den Fällen der unentgeltlichen Wertabgabe nach § 3 Abs. 1b Satz 1 Nr. 1 und 2 UStG nicht anzuwenden.

(3) ¹Sowohl die Erklärung zur Option nach § 9 UStG als auch der Widerruf dieser Option ist nur bis zur formellen Bestandskraft der jeweiligen Jahressteuerfestsetzung zulässig (BFH-Urteil vom 10.12.2008, XI R 1/08, BStBl 2009 II S. 1026). ²Weitere Einschränkungen ergeben sich aus § 9

---

¹) Anm.: Durch Art. 2 des Gesetzes vom 5.4.2011 (BGBl. 2011 I S. 554) wurde § 9 Abs. 3 Satz 2 UStG bestätigend geändert. Die Änderung ist mit Wirkung vom 12.4.2011 in Kraft getreten. Eine rechtliche Änderung hat sich daraus nicht ergeben.

§ 9 UStG
AE 9.1, AE 9.2

Abs. 3 UStG (vgl. hierzu Abschnitt 9.2 Abs. 8 und 9). ³An eine besondere Form ist die Ausübung des Verzichts auf Steuerbefreiung nicht gebunden. ⁴Die Option erfolgt, indem der leistende Unternehmer den Umsatz als steuerpflichtig behandelt. ⁵Dies geschieht regelmäßig, wenn er gegenüber dem Leistungsempfänger mit gesondertem Ausweis der Umsatzsteuer abrechnet. ⁶Der Verzicht kann auch in anderer Weise (durch schlüssiges Verhalten) erklärt werden, soweit aus den Erklärungen oder sonstigen Verlautbarungen, in die das gesamte Verhalten einzubeziehen ist, der Wille zum Verzicht eindeutig hervorgeht.

(4) ¹Unter den in Absatz 3 genannten Voraussetzungen kann der Verzicht auch wieder rückgängig gemacht werden. ²Sind für diese Umsätze Rechnungen oder Gutschriften mit gesondertem Steuerausweis erteilt worden, entfällt die Steuerschuld nur, wenn die Rechnungen oder Gutschriften berichtigt werden (vgl. § 14c Abs. 1 Satz 3 UStG und Abschnitt 14c.1 Abs. 10). ³Einer Zustimmung des Leistungsempfängers zur Rückgängigmachung des Verzichts bedarf es grundsätzlich nicht.

(5) ¹Voraussetzung für einen Verzicht auf die Steuerbefreiungen der in § 9 Abs. 1 UStG genannten Umsätze ist, daß tatsächlich steuerbare Umsätze von einem Unternehmer im Rahmen seines Unternehmens an einen Unternehmer für dessen Unternehmen ausgeführt werden bzw. eine entsprechende Verwendungsabsicht besteht (BFH-Urteil vom 17. 5. 2001, V R 38/00, BStBl 2003 II S. 434). Diese Verwendungsabsicht muss der Unternehmer objektiv belegen und in gutem Glauben erklären (BFH-Urteil vom 22. 3. 2001, V R 46/00, BStBl 2003 II S. 433, vgl. Abschnitt 15.12). ³Eine Option ist nicht zulässig, soweit der leistende Unternehmer den Gegenstand der Leistung oder der Leistungsempfänger die erhaltene Leistung zulässigerweise anteilig nicht seinem Unternehmen zugeordnet hat oder zuordnen konnte (vgl. BFH-Urteile vom 20. 7. 1988, X R 6/80, BStBl II S. 915, und vom 28. 2. 1996, XI R 70/90, BStBl II S. 459). ⁴Wegen der Grundsätze für die Zuordnung einer Leistung zum Unternehmen wird auf Abschnitt 15.2 Abs. 21 verwiesen.

(6) ¹Der Verzicht auf die Steuerbefreiung kann bei der Lieferung vertretbarer Sachen sowie bei aufteilbaren sonstigen Leistungen auf deren Teile begrenzt werden (Teiloption). ²Eine Teiloption kommt z. B. bei der Gebäudelieferung, insbesondere bei unterschiedlichen Nutzungsarten der Gebäudeteile, in Betracht. ³Unter Zugrundelegung unterschiedlicher wirtschaftlicher Funktionen ist auch eine Aufteilung nach räumlichen Gesichtspunkten (nicht dagegen eine bloße quotale Aufteilung) möglich (vgl. BFH-Urteil vom 26. 6. 1996, XI R 43/90, BStBl 1997 II S. 98). ⁴Bei der Lieferung von Gebäuden oder Gebäudeteilen und dem dazugehörigen Grund und Boden kann die Option für eine Besteuerung nur zusammen für die Gebäude oder Gebäudeteile und den dazugehörigen Grund und Boden ausgeübt werden (EuGH-Urteil vom 8. 6. 2000, C-400/98, BStBl 2003 II S. 452).

AE 9.2
9.2. Einschränkung des Verzichts auf Steuerbefreiungen (§ 9 Abs. 2 UStG)

S 7198

(1) ¹Der Verzicht auf die in § 9 Abs. 2 UStG genannten Steuerbefreiungen ist nur zulässig, soweit der Leistungsempfänger das Grundstück ausschließlich für Umsätze verwendet oder zu verwenden beabsichtigt, die den Vorsteuerabzug nicht ausschließen. ²Unter den Begriff des Grundstücks fallen nicht nur Grundstücke insgesamt, sondern auch selbständig nutzbare Grundstücksteile (z. B. Wohnungen, gewerbliche Flächen, Büroräume, Praxisräume). ³Soweit der Leistungsempfänger das Grundstück oder einzelne Grundstücksteile ausschließlich für Umsätze verwendet, die zum Vorsteuerabzug berechtigen, kann auf die Steuerbefreiung des einzelnen Umsatzes weiterhin verzichtet werden. ⁴Werden mehrere Grundstücksteile räumlich oder zeitlich unterschiedlich genutzt, ist die Frage der Option bei jedem Grundstücksteil gesondert zu beurteilen. ⁵Dabei ist es unschädlich, wenn die Verwendung der Grundstücksteile zivilrechtlich in einem einheitlichen Vertrag geregelt ist. ⁶Ein vereinbartes Gesamtentgelt ist, ggf. im Schätzungswege, aufzuteilen.

Beispiel 1:

¹V 1 errichtet ein Gebäude mit mehreren Wohnungen und vermietet es insgesamt an V 2. ²Dieser vermietet die Wohnungen an Privatpersonen weiter.

³Die Vermietung des Gebäudes durch V 1 an V 2 und die Vermietung der Wohnungen durch V 2 an die Privatpersonen sind nach § 4 Nr. 12 Satz 1 Buchstabe a UStG steuerfrei. ⁴V 1 kann auf die Steuerbefreiung nicht verzichten, weil sein Mieter das Gebäude für steuerfreie Umsätze verwendet, die den Vorsteuerabzug ausschließen (§ 9 Abs. 2 UStG). ⁵V 2 kann auf die Steuerbefreiung nicht verzichten, weil er nicht an Unternehmer vermietet (§ 9 Abs. 1 UStG).

Beispiel 2:

¹V 1 errichtet ein Gebäude und vermietet es an V 2. ²Dieser vermietet es an eine Gemeinde zur Unterbringung der Gemeindeverwaltung weiter.

³Die Vermietung des Gebäudes durch V 1 an V 2 und die Weitervermietung durch V 2 an die Gemeinde sind nach § 4 Nr. 12 Satz 1 Buchstabe a UStG steuerfrei. ⁴V 1 kann auf die Steuerbefreiung nicht verzichten, weil V 2 das Gebäude für steuerfreie Umsätze verwendet, die den Vorsteuerabzug ausschließen (§ 9 Abs. 2 UStG). ⁵V 2 kann auf die Steuerbefreiung nicht verzichten, weil das Gebäude von der Gemeinde für nichtunternehmerische Zwecke genutzt wird (§ 9 Abs. 1 UStG).

Beispiel 3:

¹V 1 errichtet ein gewerblich zu nutzendes Gebäude mit Einliegerwohnung und vermietet es insgesamt an V 2. ²Dieser betreibt in den gewerblichen Räumen einen Supermarkt. ³Die Einliegerwohnung vermietet V 2 an seinen angestellten Hausmeister.

⁴Die Vermietung des Gebäudes durch V 1 an V 2 und die Vermietung der Wohnung durch V 2 an den Hausmeister sind nach § 4 Nr. 12 Satz 1 Buchstabe a UStG steuerfrei. ⁵V 1 kann bei der Vermietung der gewerblichen Räume auf die Steuerbefreiung verzichten, weil V 2 diese Räume ausschließlich für Umsätze verwendet, die zum Vorsteuerabzug berechtigen (§ 9 Abs. 2 UStG). ⁶Bei der Vermietung der Einliegerwohnung kann V 1 auf die Steuerbefreiung nicht verzichten, weil V 2 die Wohnung für steuerfreie Umsätze verwendet, die den Vorsteuerabzug ausschließen (§ 9 Abs. 2 UStG). ⁷V 2 kann bei der Vermietung der Einliegerwohnung nicht auf die Steuerbefreiung verzichten, weil der Hausmeister kein Unternehmer ist (§ 9 Abs. 1 UStG).

Beispiel 4:

¹V errichtet ein mehrgeschossiges Gebäude und vermietet es wie folgt:
- die Räume des Erdgeschosses an eine Bank,
- die Räume im 1. Obergeschoss an einen Arzt,
- die Räume im 2. Obergeschoss an einen Rechtsanwalt,
- die Räume im 3. Obergeschoss an das städtische Schulamt.

²Die Vermietungsumsätze des V sind von der Umsatzsteuer befreit (§ 4 Nr. 12 Satz 1 Buchstabe a UStG). ³Die Geschosse des Gebäudes sind selbständig nutzbare Grundstücksteile. ⁴Die Frage der Option ist für jeden Grundstücksteil gesondert zu prüfen.

- Erdgeschoss

  ⁵V kann auf die Steuerbefreiung nicht verzichten, weil die Bank die Räume für steuerfreie Umsätze (§ 4 Nr. 8 UStG) verwendet, die den Vorsteuerabzug ausschließen (§ 9 Abs. 2 UStG).

- 1. Obergeschoss

  ⁶V kann auf die Steuerbefreiung nicht verzichten, weil der Arzt die Räume für grundsätzlich steuerfreie Umsätze (§ 4 Nr. 14 UStG) verwendet, die den Vorsteuerabzug ausschließen (§ 9 Abs. 2 UStG).

- 2. Obergeschoss

  ⁷V kann auf die Steuerbefreiung verzichten, weil der Rechtsanwalt die Räume ausschließlich für Umsätze verwendet, die zum Vorsteuerabzug berechtigen (§ 9 Abs. 2 UStG).

- 3. Obergeschoss

  ⁸V kann auf die Steuerbefreiung nicht verzichten, weil die Stadt die Räume nicht unternehmerisch nutzt (§ 9 Abs. 1 UStG).

Beispiel 5:

¹V 1 errichtet ein mehrgeschossiges Gebäude und vermietet es an V 2. ²Dieser vermietet das Gebäude wie im Beispiel 4 weiter.

³Die Vermietung des Gebäudes durch V 1 an V 2 und die Weitervermietung durch V 2 sind nach § 4 Nr. 12 Satz 1 Buchstabe a UStG steuerfrei. ⁴V 2 kann, wie in Beispiel 4 dargestellt, nur bei der Vermietung des 2. Obergeschosses an den Rechtsanwalt auf die Steuerbefreiung verzichten (§ 9 Abs. 2 UStG). ⁵V 1 kann bei der Vermietung des 2. Obergeschosses auf die Steuerbefreiung verzichten, wenn V 2 von seiner Optionsmöglichkeit Gebrauch macht. ⁶V 2 verwendet das 2. Obergeschoß in diesem Fall für steuerpflichtige Umsätze. ⁷Bei der Vermietung der übrigen Geschosse kann V 1 auf die Steuerbefreiung nicht verzichten, weil V 2 diese Geschosse für steuerfreie Umsätze verwendet, die den Vorsteuerabzug ausschließen (§ 9 Abs. 2 UStG).

Beispiel 6:

¹V errichtet ein zweistöckiges Gebäude und vermietet es an den Zahnarzt Z. ²Dieser nutzt das Obergeschoss als Wohnung und betreibt im Erdgeschoss seine Praxis. ³Einen Raum im Erdgeschoss nutzt Z ausschließlich für die Anfertigung und Wiederherstellung von Zahnprothesen.

⁴Die Vermietung des Gebäudes durch V an Z ist von der Umsatzsteuer befreit (§ 4 Nr. 12 Satz 1 Buchstabe a UStG). ⁵Die Geschosse des Gebäudes und auch die Räume im Erdgeschoss sind selbständig nutzbare Grundstücksteile. ⁶Die Frage der Option ist für jeden Grundstücksteil gesondert zu prüfen.

- Erdgeschoss

  ⁷V kann auf die Steuerbefreiung insoweit nicht verzichten, als Z die Räume für seine grundsätzlich steuerfreie zahnärztliche Tätigkeit (§ 4 Nr. 14 Buchstabe a Satz 1 UStG) verwendet, die den Vorsteuerabzug ausschließt (§ 9 Abs. 2 UStG). ⁸Dagegen kann V auf die Steuerbe-

freiung insoweit verzichten, als Z einen Raum zur Anfertigung und Wiederherstellung von Zahnprothesen, also ausschließlich zur Erbringung von steuerpflichtigen und damit den Vorsteuerabzug nicht ausschließenden Umsätzen verwendet (§ 4 Nr. 14 Buchstabe a Satz 2 UStG).

– Obergeschoss

[9]V kann auf die Steuerbefreiung nicht verzichten, weil Z die Räume nicht unternehmerisch nutzt (§ 9 Abs. 1 UStG).

(2) [1]Die Option ist unter den Voraussetzungen des Absatzes 1 auch dann zulässig, wenn der Leistungsempfänger ein Unternehmer ist, der seine abziehbaren Vorsteuerbeträge nach Durchschnittssätzen berechnet (§§ 23, 23a UStG), seine Umsätze nach den Durchschnittssätzen für land- und forstwirtschaftliche Betriebe versteuert (§ 24 UStG), Reiseleistungen erbringt (§ 25 UStG) oder die Differenzbesteuerung für die Umsätze von beweglichen körperlichen Gegenständen anwendet (§ 25a UStG). [2]Demgegenüber ist ein Unternehmer, bei dem die Umsatzsteuer nach § 19 Abs. 1 Satz 1 UStG nicht erhoben wird, als ein nicht zum Vorsteuerabzug berechtigter Leistungsempfänger anzusehen. [3]Die Option ist in diesem Fall somit nicht möglich.

(3) [1]Verwendet der Leistungsempfänger das Grundstück bzw. einzelne Grundstücksteile nur in sehr geringem Umfang für Umsätze, die den Vorsteuerabzug ausschließen (Ausschlussumsätze), ist der Verzicht auf Steuerbefreiung zur Vermeidung von Härten weiterhin zulässig. [2]Eine geringfügige Verwendung für Ausschlussumsätze kann angenommen werden, wenn im Falle der steuerpflichtigen Vermietung die auf den Mietzins für das Grundstück bzw. für den Grundstücksteil entfallende Umsatzsteuer im Besteuerungszeitraum (Kalenderjahr, § 16 Abs. 1 Satz 2 UStG) höchstens zu 5 % vom Vorsteuerabzug ausgeschlossen wäre (Bagatellgrenze). [3]Für die Vorsteueraufteilung durch den Leistungsempfänger (Mieter) gelten die allgemeinen Grundsätze (vgl. Abschnitte 15.16 bis 15.18).

Beispiel 1:

[1]V vermietet das Erdgeschoss eines Gebäudes an den Schönheitschirurgen S. [2]Neben den steuerpflichtigen Leistungen (Durchführung von plastischen und ästhetischen Operationen) bewirkt S auch in geringem Umfang steuerfreie Heilbehandlungsleistungen (§ 4 Nr. 14 Buchstabe a UStG). [3]Die Aufteilung der sowohl mit den steuerpflichtigen als auch mit den steuerfreien Umsätzen in wirtschaftlichem Zusammenhang stehenden Vorsteuerbeträge nach ihrer wirtschaftlichen Zuordnung führt im Besteuerungszeitraum zu einem Vorsteuerausschluss von 3 %.

[4]Die Vermietung des Erdgeschosses von V an S ist nach § 4 Nr. 12 Satz 1 Buchstabe a UStG steuerfrei. [5]V kann auf die Steuerbefreiung verzichten, weil S das Erdgeschoss nur in geringfügigem Umfang für Umsätze verwendet, die den Vorsteuerabzug ausschließen.

Beispiel 2:

[1]V vermietet an den Autohändler A einen Ausstellungsraum. [2]A vermietet den Ausstellungsraum jährlich für zwei Wochen an ein Museum zur Ausstellung von Kunst.

[3]Die Vermietung des Ausstellungsraums durch V an A und die Weitervermietung durch A sind nach § 4 Nr. 12 Satz 1 Buchstabe a UStG steuerfrei. [4]Da A den Ausstellungsraum im Besteuerungszeitraum lediglich an 14 von 365 Tagen (ca. 4 %) zur Ausführung von Umsätzen verwendet, die den Vorsteuerabzug ausschließen, kann V auf die Steuerbefreiung der Vermietung des Ausstellungsraums verzichten. [5]A kann auf die Steuerbefreiung nicht verzichten, weil das Museum den Ausstellungsraum für steuerfreie Umsätze (§ 4 Nr. 20 Buchstabe a UStG) verwendet, die den Vorsteuerabzug ausschließen (§ 9 Abs. 2 UStG).

(4) [1]Der Unternehmer hat die Voraussetzungen für den Verzicht auf die Steuerbefreiungen nachzuweisen. [2]Der Nachweis ist an keine besondere Form gebunden. [3]Er kann sich aus einer Bestätigung des Mieters, aus Bestimmungen des Mietvertrages oder aus anderen Unterlagen ergeben. [4]Ständig wiederholte Bestätigungen des Mieters über die Verwendung des Grundstücks bzw. Grundstücksteils sind nicht erforderlich, solange beim Mieter keine Änderungen bei der Verwendung des Grundstücks zu erwarten sind. [5]Im Einzelfall kann es aber erforderlich sein, vom Mieter zumindest eine jährliche Bestätigung einzuholen.

(5) [1]§ 9 Abs. 2 UStG in der ab 1. 1. 1994 geltenden Fassung ist nicht anzuwenden, wenn das auf dem Grundstück errichtete Gebäude vor dem 1. 1. 1998 fertig gestellt wird und wenn mit der Errichtung des Gebäudes vor dem 11. 11. 1993 begonnen wurde. [2]Unter dem Beginn der Errichtung eines Gebäudes ist der Zeitpunkt zu verstehen, in dem einer der folgenden Sachverhalte als Erster verwirklicht worden ist:

1. Beginn der Ausschachtungsarbeiten,
2. Erteilung eines spezifizierten Bauauftrags an den Bauunternehmer oder
3. Anfuhr nicht unbedeutender Mengen von Baumaterial auf dem Bauplatz.

[3]Vor diesem Zeitpunkt im Zusammenhang mit der Errichtung eines Gebäudes durchgeführte Arbeiten oder die Stellung eines Bauantrags sind noch nicht als Beginn der Errichtung anzusehen.

⁴Dies gilt auch für die Arbeiten zum Abbruch eines Gebäudes, es sei denn, dass unmittelbar nach dem Abbruch des Gebäudes mit der Errichtung eines neuen Gebäudes begonnen wird. ⁵Hiervon ist stets auszugehen, wenn der Steuerpflichtige die Entscheidung zu bauen für sich bindend und unwiderruflich nach außen hin erkennbar macht. ⁶Dies kann z. B. durch eine Abbruchgenehmigung nachgewiesen werden, die nur unter der Auflage erteilt wurde, zeitnah ein neues Gebäude zu errichten.

(6) ¹Wird durch einen Anbau an einem Gebäude oder eine Aufstockung eines Gebäudes ertragsteuerlich ein selbständiges Wirtschaftsgut hergestellt, ist auf dieses Wirtschaftsgut die seit dem 1. 1. 1994 geltende Rechtslage anzuwenden. ²Diese Rechtslage gilt auch, wenn ein Gebäude nachträglich durch Herstellungsarbeiten so umfassend saniert oder umgebaut wird, dass nach ertragsteuerlichen Grundsätzen ein anderes Wirtschaftsgut entsteht (vgl. H 7.3 EStH 2005 zu R 7.3 Abs. 5 EStR 2005). ³Die Ausführungen in den Sätzen 1 und 2 sind jedoch in den Fällen nicht anzuwenden, in denen die Herstellungsarbeiten vor dem 11. 11. 1993 begonnen haben und vor dem 1. 1. 1998 abgeschlossen werden. ⁴Die Einschränkung der Optionsmöglichkeiten ab 1. 1. 1994 hat keine Auswirkungen auf einen für die Errichtung des Gebäudes in Anspruch genommenen Vorsteuerabzug.

(7) ¹Durch die Veräußerung eines Grundstücks wird die Frage, ob der Verzicht auf die in § 9 Abs. 2 UStG genannten Steuerbefreiungen zulässig ist, nicht beeinflusst. ²Für Grundstücke mit Altbauten gilt daher, auch wenn sie veräußert werden, die Rechtslage vor dem 1. 1. 1994. ³Zu beachten sind aber weiterhin die Grundsätze des BMF-Schreibens vom 29. 5. 1992, BStBl I S. 378, zum Missbrauch rechtlicher Gestaltungsmöglichkeiten (§ 42 AO); vgl. auch BFH-Urteil vom 14. 5. 1992, V R 12/88, BStBl II S. 931.

(8) Ein Verzicht auf die Steuerbefreiung nach § 9 Abs. 1 UStG bei Lieferungen von Grundstücken (§ 4 Nr. 9 Buchstabe a UStG) im Zwangsversteigerungsverfahren durch den Vollstreckungsschuldner an den Ersteher ist bis zur Aufforderung zur Abgabe von Geboten im Versteigerungstermin zulässig.

(9) Die Ausübung des Verzichts auf die Steuerbefreiung ist bei Umsätzen im Sinne des § 4 Nr. 9 Buchst. a UStG außerhalb eines Zwangsversteigerungsverfahrens in dem nach § 311b BGB notariell zu beurkundenden Vertrag zu erklären.

Hinweise

Verzicht auf Umsatzsteuerbefreiung bei der Vermietung von Grundstücken für teils unternehmerische Zwecke, teils Wohnzwecke und teils nichtunternehmerische Zwecke

(OFD Frankfurt am Main, Vfg. vom 28. 10. 2003 – S 7198 A – 1/86 – St I 2.20, DB 2003 S. 2680)
Text nicht in die USt-HA aufgenommen.

Anwendbarkeit des BFH-Urteils vom 10. Dezember 2008 – XI R 1/08 – (BStBl 2009 II S. 1026)

(BMF vom 1. 10. 2010, BStBl 2010 I S. 768)
Siehe USt-HA 2010/11 § 9 H 2.

Rechtsprechung

EUROPÄISCHER GERICHTSHOF

EuGH vom 3. 12. 1998 – Rs. C-381/97 – (HFR 1999 S. 232, UR 1999 S. 203, UVR 1999 S. 103)

Recht, für eine Besteuerung zu optieren (Vermietung von Grundstücken)
Art. 2 Erste USt-Richtlinie verbietet es einem Mitgliedstaat,
– der von der in Art. 13 Teil C 6. USt-Richtlinie vorgesehenen Möglichkeit Gebrauch gemacht hat und
– der demgemäß seinen Steuerpflichtigen das Recht eingeräumt hat, für eine Besteuerung bestimmter Grundstücksvermietungen zu optieren,
nicht, dieses Optionsrecht durch ein späteres Gesetz aufzuheben und so die Befreiung wiedereinzuführen.
Es ist Sache des nationalen Gerichts, zu beurteilen, ob in der rückwirkenden Aufhebung eines Gesetzes, zu dem nie eine Durchführungsverordnung erlassen wurde, ein Verstoß gegen die Grundsätze des Vertrauensschutzes oder der Rechtssicherheit liegt.

EuGH vom 8. 6. 2000 – Rs. C-400/98 – (UVR 2000 S. 302, HFR 2000 S. 685, UR 2000 S. 329)

Ausübung des Rechts auf Vorsteuerabzug im Fall des Scheiterns der beabsichtigten Tätigkeit – Kenntnis des FA bei der erstmaligen Festsetzung der Steuer – Option für die Besteuerung bei Lieferung von Gebäuden und dazugehörendem Grund und Boden kann nicht auf das Gebäude beschränkt werden

1. Die Art. 4 und 17 6. USt-Richtlinie sind dahin auszulegen, dass das Recht auf Abzug der Mehrwertsteuer, die für Umsätze entrichtet worden ist, die im Hinblick auf die Ausübung geplanter wirtschaftlicher Tätigkeiten getätigt wurden, selbst dann fortbesteht, wenn der Steuerverwaltung bereits bei der erstmaligen Festsetzung der Steuer bekannt ist, dass die beabsichtigte wirtschaftliche Tätigkeit, die zu steuerbaren Umsätzen führen sollte, nicht ausgeübt werden wird.
2. Nach Art. 4 Abs. 3 6. USt-Richtlinie kann bei der Lieferung von Gebäuden oder Gebäudeteilen und dem dazugehörigen Grund und Boden die Option für eine Besteuerung nur zusammen für die Gebäude oder Gebäudeteile und dem dazugehörigen Grund und Boden ausgeübt werden.

EuGH vom 29. 4. 2004 – Rs. C-487/01 und C-7/02 – (HFR 2004 S. 705, UR 2004 S. 302)

1. Aufhebung des Rechts, für die Besteuerung von Grundstücksvermietungen zu optieren
2. Zuordnung eines Gegenstandes durch den Stpfl. für Zwecke des Unternehmens

1. Die Art. 17 und 20 6. USt-Richtlinie, wie sie im Einklang mit den Grundsätzen des Vertrauensschutzes und der Rechtssicherheit auszulegen sind, verwehren es einem Mitgliedstaat nicht, das Recht, für die Besteuerung von Grundstücksvermietungen zu optieren, mit der Folge aufzuheben, dass die Vorsteuerabzüge, die hinsichtlich der als Investitionsgüter erworbenen vermieteten Grundstücke vorgenommen wurden, gemäß Art. 20 6. USt-Richtlinie zu berichtigen sind.

   Hebt ein Mitgliedstaat das Recht, für die Besteuerung von Grundstücksvermietungen zu optieren, auf, so hat er bei der Wahl der Modalitäten der Durchführung der Gesetzesänderungen das berechtigte Vertrauen der Steuerpflichtigen zu beachten. Die Aufhebung des rechtlichen Rahmens, den ein der Mehrwertsteuer unterworfener Steuerpflichtiger – ohne missbräuchliches Vorgehen – so ausgenutzt hat, dass er weniger Steuern gezahlt hat, kann jedoch als solche kein auf Gemeinschaftsrecht gestütztes berechtigtes Vertrauen verletzen.
2. Art. 5 Abs. 7 Buchst. a 6. USt-Richtlinie bezieht sich auf die Zuordnung eines Gegenstands durch einen Steuerpflichtigen für Zwecke seines Unternehmens und nicht auf eine Gesetzesänderung, mit der das Recht, für die Besteuerung eines von der Mehrwertsteuer grundsätzlich befreiten wirtschaftlichen Vorgangs zu optieren, aufgehoben wird.

EuGH vom 9. 9. 2004 – Rs. C-269/03 – (IStR 2004 S. 716, HFR 2004 S. 1268)

Option für die Besteuerung bei der Vermietung und Verpachtung von Grundstücken

Die Bestimmungen des Art. 13 Teil C Abs. 1 Buchst. a und Abs. 2 6. USt-Richtlinie schließen es nicht aus, dass ein Mitgliedstaat, der von der Befugnis Gebrauch gemacht hat, seinen Steuerpflichtigen des Recht einzuräumen, bei der Vermietung und Verpachtung von Grundstücken für eine Besteuerung zu optieren, eine Regelung einführt, die den vollständigen Vorsteuerabzug von der nicht rückwirkenden vorherigen Zustimmung der Finanzverwaltung abhängig macht.

EuGH vom 12. 1. 2006 – Rs. C-246/04 – (HFR 2006 S. 321, UR 2006 S. 224)

Einschränkung des Rechts auf Option zur Steuerpflicht (hier: Grundstücksvermietung durch Sportvereine)

1. Räumen die Mitgliedstaaten ihren Steuerpflichtigen das in Art. 13 Teil C der 6. USt-Richtlinie vorgesehene Recht ein, für eine Besteuerung zu optieren, so können sie nach der Art der Umsätze oder nach Gruppen von Steuerpflichtigen unterscheiden, sofern sie die Ziele und die allgemeinen Grundsätze der 6. USt-Richtlinie, insbesondere den Grundsatz der steuerlichen Neutralität und das Erfordernis einer korrekten, einfachen und einheitlichen Anwendung der vorgesehenen Befreiungen, beachten.
2. Es ist Sache des nationalen Gerichts, festzustellen, ob eine nationale Rechtsvorschrift, die die Umsätze gemeinnütziger Sportvereine generell von der Steuer befreit und dabei das Recht dieser Sportvereine beschränkt, für eine Besteuerung der Vermietungs- und Verpachtungsumsätze zu optieren, das den Mitgliedstaaten eingeräumte Ermessen unter Berücksichtigung insbesondere des Grundsatzes der steuerlichen Neutralität und des Erfordernisses einer korrekten, einfachen und einheitlichen Anwendung der vorgesehenen Steuerbefreiungen überschreitet.

BUNDESFINANZHOF

BFH vom 25.2.2011 – XI B 63/10 – (BFH/NV 2011 S. 1033)

Option einer Stadt zur Umsatzsteuerpflicht bei Zwischenvermietung eines Bürgersaals

Hat eine Stadt einen Bürgersaal an eine GmbH vermietet, die ihrerseits den Saal in der Folgezeit zur kurzfristigen Nutzung an Unternehmen, Vereine, Verbände, Parteien etc. vermietete, steht der Option der Stadt zur Steuerpflicht ihrer Vermietungsumsätze an die GmbH die Vorschrift des § 9 Abs. 2 UStG nicht entgegen, wenn die GmbH aus der maßgebenden Sicht eines Durchschnittsverbrauchers gegenüber den jeweiligen Endnutzern ein Leistungsbündel erbracht hat, das neben der reinen Grundstücksüberlassung weitere erhebliche und prägende Leistungen der GmbH beinhaltete.

Dritter Abschnitt
Bemessungsgrundlagen

§ 10 Bemessungsgrundlage für Lieferungen, sonstige Leistungen und innergemeinschaftliche Erwerbe

(1) ¹Der Umsatz wird bei Lieferungen und sonstigen Leistungen (§ 1 Abs. 1 Nr. 1 Satz 1) und bei dem innergemeinschaftlichen Erwerb (§ 1 Abs. 1 Nr. 5) nach dem Entgelt bemessen. ²Entgelt ist alles, was der Leistungsempfänger aufwendet, um die Leistung zu erhalten, jedoch abzüglich der Umsatzsteuer. ³Zum Entgelt gehört auch, was ein anderer als der Leistungsempfänger dem Unternehmer für die Leistung gewährt. ⁴Bei dem innergemeinschaftlichen Erwerb sind Verbrauchsteuern, die vom Erwerber geschuldet oder entrichtet werden, in die Bemessungsgrundlage einzubeziehen. ⁵Bei Lieferungen und dem innergemeinschaftlichen Erwerb im Sinne des § 4 Nr. 4a Satz 1 Buchstabe a Satz 2 sind die Kosten für die Leistungen im Sinne des § 4 Nr. 4a Satz 1 Buchstabe b und die vom Auslagerer geschuldeten oder entrichteten Verbrauchsteuern in die Bemessungsgrundlage einzubeziehen. ⁶Die Beträge, die der Unternehmer im Namen und für Rechnung eines anderen vereinnahmt und verausgabt (durchlaufende Posten), gehören nicht zum Entgelt.

(2) ¹Werden Rechte übertragen, die mit dem Besitz eines Pfandscheins verbunden sind, so gilt als vereinbartes Entgelt der Preis des Pfandscheins zuzüglich der Pfandsumme. ²Beim Tausch (§ 3 Abs. 12 Satz 1), bei tauschähnlichen Umsätzen (§ 3 Abs. 12 Satz 2) und bei Hingabe an Zahlungs statt gilt der Wert jedes Umsatzes als Entgelt für den anderen Umsatz. ³Die Umsatzsteuer gehört nicht zum Entgelt.

(3) (weggefallen)

(4) ¹Der Umsatz wird bemessen
1. bei dem Verbringen eines Gegenstands im Sinne des § 1a Abs. 2 und des § 3 Abs. 1a sowie bei Lieferungen im Sinne des § 3 Abs. 1b nach dem Einkaufspreis zuzüglich der Nebenkosten für den Gegenstand oder für einen gleichartigen Gegenstand oder mangels eines Einkaufspreises nach den Selbstkosten, jeweils zum Zeitpunkt des Umsatzes;
2. ¹bei sonstigen Leistungen im Sinne des § 3 Abs. 9a Nr. 1 nach den bei der Ausführung dieser Umsätze entstandenen Ausgaben, soweit sie zum vollen oder teilweisen Vorsteuerabzug berechtigt haben. ²Zu diesen Ausgaben gehören auch die Anschaffungs- oder Herstellungskosten eines Wirtschaftsguts, soweit das Wirtschaftsgut dem Unternehmen zugeordnet ist und für die Erbringung der sonstigen Leistung verwendet wird. ³Betragen die Anschaffungs- oder Herstellungskosten mindestens 500 Euro, sind sie gleichmäßig auf einen Zeitraum zu verteilen, der dem für das Wirtschaftsgut maßgeblichen Berichtigungszeitraum nach § 15a entspricht.
3. ¹bei sonstigen Leistungen im Sinne des § 3 Abs. 9a Nr. 2 nach den bei der Ausführung dieser Umsätze entstandenen Ausgaben. ²Satz 1 Nr. 2 Sätze 2 und 3 gelten entsprechend.

²Die Umsatzsteuer gehört nicht zur Bemessungsgrundlage.

(5) Absatz 4 gilt entsprechend für
1. Lieferungen und sonstige Leistungen, die Körperschaften und Personenvereinigungen im Sinne des § 1 Abs. 1 Nr. 1 bis 5 des Körperschaftsteuergesetzes, nichtrechtsfähige Personenvereinigungen sowie Gemeinschaften im Rahmen ihres Unternehmens an ihre Anteilseigner,

§ 10 UStG § 25 UStDV
AE 10.1

Gesellschafter, Mitglieder, Teilhaber oder diesen nahe stehende Personen sowie Einzelunternehmer an ihnen nahe stehende Personen ausführen,

2. Lieferungen und sonstige Leistungen, die ein Unternehmer an sein Personal oder dessen Angehörige auf Grund des Dienstverhältnisses ausführt,

wenn die Bemessungsgrundlage nach Absatz 4 das Entgelt nach Absatz 1 übersteigt.

S 7207 (6) ¹Bei Beförderungen von Personen im Gelegenheitsverkehr mit Kraftomnibussen, die nicht im Inland zugelassen sind, tritt in den Fällen der Beförderungseinzelbesteuerung (§ 16 Abs. 5) an die Stelle des vereinbarten Entgelts ein Durchschnittsbeförderungsentgelt. ²Das Durchschnittsbeförderungsentgelt ist nach der Zahl der beförderten Personen und der Zahl der Kilometer der Beförderungsstrecke im Inland (Personenkilometer) zu berechnen. ³Das Bundesministerium der Finanzen kann mit Zustimmung des Bundesrates durch Rechtsverordnung das Durchschnittsbeförderungsentgelt je Personenkilometer festsetzen. ⁴Das Durchschnittsbeförderungsentgelt muss zu einer Steuer führen, die nicht wesentlich von dem Betrag abweicht, der sich nach diesem Gesetz ohne Anwendung des Durchschnittsbeförderungsentgelts ergeben würde.

Vorschriften des Gemeinschaftsrechts

Art. 73 bis 75, Art. 84, Art. 394 und Art. 397 Abs. 1 Unterabs. 1 und 2u. Abs. 2 der MWSt-Richtlinie (bis 31. 12. 2006: Art. 11 Teil A Abs. 1 Buchst. a–c, Art. 27 Abs. 1u. 5 und Art. 28e Abs. 1 der 6. USt-Richtlinie).

UStDV

§ 25 Durchschnittsbeförderungsentgelt

S 7207 *Das Durchschnittsbeförderungsentgelt wird auf 4,43 Cent je Personenkilometer festgesetzt.*

AE 10.1

10.1. Entgelt

S 7200 (1) ¹Der Begriff des Entgelts in § 10 Abs. 1 UStG gilt sowohl für die Besteuerung nach vereinbarten Entgelten (§ 16 Abs. 1 UStG) als auch für die Besteuerung nach vereinnahmten Entgelten (§ 20 UStG). ²Zwischen den beiden Besteuerungsarten besteht insoweit kein Unterschied, als auch bei der Besteuerung nach vereinbarten Entgelten grundsätzlich nur das zu versteuern ist, was für die Lieferung oder sonstige Leistung tatsächlich vereinnahmt wird (vgl. BFH-Urteile vom 2. 4. 1981, V R 39/79, BStBl II S. 627, und vom 10. 11. 1983, V R 91/80, BStBl 1984 II S. 120). ³Wegen der Änderung der Bemessungsgrundlage vgl. Abschnitte 17.1 und 17.2.

(2) ¹Das Entgelt ist auch dann Bemessungsgrundlage, wenn es dem objektiven Wert der bewirkten Leistung nicht entspricht. ²Eine Ausnahme besteht für unentgeltliche oder verbilligte Leistungen durch Unternehmer an ihr Personal, von Vereinigungen an ihre Mitglieder und von Einzelunternehmern an ihnen nahe stehende Personen; vgl. Abschnitte 1.8, 10.6 und 10.7. ³Liefert eine Kapitalgesellschaft einer Tochtergesellschaft einen Gegenstand zu einem überhöhten Preis, bildet dieser grundsätzlich selbst dann das Entgelt im Sinne des § 10 Abs. 1 UStG, wenn ein Teil der Gegenleistung ertragsteuerrechtlich als verdeckte Gewinnausschüttung zu beurteilen ist (BFH-Urteil vom 25. 11. 1987, X R 12/87, BStBl 1988 II S. 210).

(3) ¹Der Umfang des Entgelts beschränkt sich nicht auf die bürgerlich-rechtlich bestimmte oder bestimmbare Gegenleistung für eine Leistung, sondern erstreckt sich auf alles, was der Leistungsempfänger tatsächlich für die an ihn bewirkte Leistung aufwendet. ²Dazu gehören auch Nebenkosten des Leistenden, die er vom Leistungsempfänger einfordert (vgl. BFH-Urteil vom 16. 3. 2000, V R 16/99, BStBl II S. 360). ³Verlangt der Leistende für die Annahme einer Bezahlung mit Kredit- oder Geldkarte, dass der Leistungsempfänger ihm oder einem anderen Unternehmer hierfür einen Betrag entrichtet und wird der von diesem Empfänger zu zahlende Gesamtpreis durch die Zahlungsweise nicht beeinflusst, ist dieser Betrag Bestandteil der Bemessungsgrundlage für seine Leistung (vgl. Art. 13 der Verordnung (EG) Nr. 1777/2005 des Rates vom 17. 10. 2005, ABl. EU Nr. L 288 S. 1). ⁴Vereinbaren die Beteiligten rechtsirrtümlich die Gegenleistung ohne Umsatzsteuer, ist der ursprünglich vereinbarte Betrag in Entgelt und darauf entfallende Umsatzsteuer aufzuteilen (vgl. BFH-Urteil vom 20. 1. 1997, V R 28/95, BStBl II S. 716). ⁵Neben dem vereinbarten Preis einer Leistung können auch zusätzliche Aufwendungen des Leistungsempfängers Leistungsentgelt sein, wenn der Leistungsempfänger sie zu Gunsten des Leistenden für die Leistung erbringt (vgl. BFH-Urteil vom 13. 12. 1995, XI R 16/95, BStBl 1996 II S. 208). ⁶Wenn der Leistungsempfänger die Leistung irrtümlich doppelt bezahlt oder versehentlich zuviel zahlt, ist der Gesamtbetrag Entgelt im Sinne des § 10 Abs. 1 Satz 2 UStG (vgl. BFH-Urteil vom 19. 7. 2007, V R 11/05, BStBl II S. 966). ⁷Es kommt nicht darauf an, ob der Leistungsempfänger gewillt ist, die vom Leistenden zu erbringende

oder erbrachte Leistung anzunehmen, und ob er auf sie Wert legt oder nicht (vgl. BFH-Urteil vom 28.1.1988, V R 112/86, BStBl II S. 473). [8]Vertragsstrafen, die wegen Nichterfüllung oder wegen nicht gehöriger Erfüllung geleistet werden, haben Schadensersatzcharakter (vgl. Abschnitt 1.3 Abs. 2). [9]Auch Verzugszinsen, Fälligkeitszinsen, Prozesszinsen und Nutzungszinsen sind nicht Teil des Entgelts, sondern Schadensersatz (vgl. Abschnitt 1.3 Abs. 3). [10]Wegen der Behandlung der Teilzahlungszuschläge vgl. Abschnitt 3.11. [11]Das erhöhte Beförderungsentgelt, das Personenbeförderungsunternehmer von so genannten Schwarzfahrern erheben, ist regelmäßig kein Entgelt für die Beförderungsleistung oder eine andere steuerbare Leistung des Beförderungsunternehmers (BFH-Urteil vom 25.11.1986, V R 109/78, BStBl 1987 II S. 228). [12]Als Entgelt für die Lieferung sind auch die dem Abnehmer vom Lieferer berechneten Beförderungskosten anzusehen. [13]Bei einer unfreien Versendung im Sinne des § 40 UStDV gehören jedoch die Kosten für die Beförderung oder deren Besorgung nicht zum Entgelt für die vom Absender ausgeführte Lieferung. [14]Bei Versendungen per Nachnahme ist als Entgelt für die gelieferte Ware der vom Empfänger entrichtete Nachnahmebetrag – ohne Umsatzsteuer – anzusehen, der auch die Zahlkarten- oder Überweisungsgebühr einschließt (vgl. BFH-Urteil vom 13.12.1973, V R 57/72, BStBl 1974 II S. 191). [15]Beim Pfandleihgeschäft sind die notwendigen Kosten der Verwertung, die der Pfandleiher einbehalten darf, nicht Entgelt innerhalb eines Leistungsaustausches (vgl. BFH-Urteil vom 9.7.1970, V R 32/70, BStBl II S. 645). [16]Zahlungen im Rahmen einer sog. Erlöspoolung, die nicht leistungsbezogen sind, fehlt der Entgeltcharakter (BFH-Urteil vom 28.2.1974, V R 55/72, BStBl II S. 345). [16]Auch die Übernahme von Schulden kann Entgelt sein (vgl. Abschnitt 1.6 Abs. 2).

(4) [1]Eine Lieferung oder sonstige Leistung eines Unternehmers wird nur mit der Bemessungsgrundlage versteuert, die sich auf Grund der von ihm vereinnahmten Gegenleistung ergibt. [2]Umsatzsteuerrechtlich macht es keinen Unterschied, ob der Besteller eines Werkes, das sich als mangelhaft erweist, das Werk behält und statt der Minderung Schadensersatz wegen Nichterfüllung verlangt (vgl. BFH-Urteil vom 16.1.2003, V R 72/01, BStBl II S. 620). [3]Weicht der vom Leistungsempfänger aufgewendete Betrag im Einzelfall von dem vom Unternehmer vereinnahmten Betrag ab, ist von den Aufwendungen des Abnehmers für die Lieferung oder sonstige Leistung auszugehen. [4]Bei der Abtretung einer Forderung unter dem Nennwert bestimmt sich deshalb das Entgelt für die der abgetretenen Forderung zu Grunde liegende Leistung nach den tatsächlichen Aufwendungen des Leistungsempfängers (vgl. BFH-Urteil vom 27.5.1987, X R 2/81, BStBl II S. 739). [5]Wegen der Steuer- und Vorsteuerberichtigung in diesen Fällen wird auf Abschnitt 17.1 Abs. 6 verwiesen.

(5) [1]Zum Entgelt gehören auch freiwillig an den Unternehmer gezahlte Beträge, z. B. Trinkgelder, wenn zwischen der Zahlung und der Leistung des Unternehmers eine innere Verknüpfung besteht (vgl. BFH-Urteil vom 17.2.1972, V R 118/71, BStBl II S. 405). [2]Der im Gaststätten- und Beherbergungsgewerbe erhobene Bedienungszuschlag ist Teil des vom Unternehmer vereinnahmten Entgelts, auch wenn das Bedienungspersonal den Zuschlag nicht abführt, sondern vereinbarungsgemäß als Entlohnung für seine Dienste zurückbehält (vgl. BFH-Urteil vom 19.8.1971, V R 74/68, BStBl 1972 II S. 24). [3]Dagegen rechnen die an das Bedienungspersonal gezahlten freiwilligen Trinkgelder nicht zum Entgelt für die Leistungen des Unternehmers.

(6) [1]Geschäftsunkosten dürfen das Entgelt nicht mindern. [2]Dies gilt auch für Provisionen, die der Unternehmer an seinen Handelsvertreter oder Makler für die Vermittlung des Geschäfts zu zahlen hat. [3]Mit Ausnahme der auf den Umsatz entfallenden Umsatzsteuer rechnen zum Entgelt auch die vom Unternehmer geschuldeten Steuern (Verbrauch- und Verkehrsteuern), öffentlichen Gebühren und Abgaben, auch wenn diese Beträge offen auf den Leistungsempfänger überwälzt werden. [4]Diese Abgaben können auch nicht als durchlaufende Posten im Sinne des § 10 Abs. 1 Satz 6 UStG behandelt werden (vgl. BFH-Urteil vom 4.6.1970, V R 92/66, V R 10/67, BStBl II S. 648, sowie Abschnitt 10.4).

(7) [1]Als Entgelt im Sinne des § 10 Abs. 1 Satz 2 UStG kommen auch Zahlungen des Leistungsempfängers an Dritte in Betracht, sofern sie für Rechnung des leistenden Unternehmers entrichtet werden und im Zusammenhang mit der Leistung stehen. [2]Dies gilt jedoch nicht für diejenigen Beträge, die der Leistungsempfänger im Rahmen eines eigenen Schuldverhältnisses mit einem Dritten aufwenden muss, damit der Leistungsempfänger seine Leistung erbringen kann (vgl. BFH-Urteil vom 22.2.1968, V 84/64, BStBl II S. 463). [3]Nicht zum Entgelt nach § 10 UStG gehören auch öffentlich-rechtliche Abgaben, die der Leistungsempfänger auf Grund eigener Verpflichtung schuldet, auch wenn sie durch die bezogene Leistung veranlasst sind (vgl. zu Sozialversicherungsbeiträgen BFH-Urteil vom 25.6.2009, V R 37/08, BStBl II S. 873). [4]Zahlt eine Rundfunkanstalt zugunsten ihrer freien Mitarbeiter Beiträge an die Pensionskasse für freie Mitarbeiter der Deutschen Rundfunkanstalten, gehören auch die Beträge zum Entgelt für die Leistungen der Mitarbeiter (vgl. BFH-Urteil vom 9.10.2002, V R 73/01, BStBl 2003 II S. 217). [5]Erfüllt der Leistungsempfänger durch seine Zahlungen an einen Dritten sowohl eine eigene Verbindlichkeit als auch eine Schuld des leistenden Unternehmers, weil beide im Verhältnis zu dem Dritten Gesamtschuldner sind, rechnen die Zahlungen nur insoweit zum Entgelt, wie die Schuldbefreiung des leistenden Unternehmers für diesen von wirtschaftlichem Interesse ist und damit für ihn einen Wert darstellt. [6]Bei einer Grundstücksveräußerung gehört die gesamtschuldnerisch von Erwerber und Veräußerer geschuldete

§ 10 UStG
AE 10.1

Grunderwerbsteuer auch dann nicht zum Entgelt für die Grundstücksveräußerung, wenn die Parteien des Grundstückskaufvertrags vereinbaren, dass der Erwerber die Grunderwerbsteuer allein zu tragen hat, weil der Erwerber mit der Zahlung der vertraglich übernommenen Grunderwerbsteuer eine ausschließlich eigene Verbindlichkeit begleicht. [7]Gleiches gilt hinsichtlich der vom Käufer zu tragenden Kosten der Beurkundung des Kaufvertrags und der Auflassung, der Eintragung ins Grundbuch und der zu der Eintragung erforderlichen Erklärungen (§ 448 Abs. 2 BGB), vgl. BFH-Urteil vom 9. 11. 2006, V R 9/04, BStBl 2007 II S. 285.

(8) [1]Wird das Pfandgeld für Warenumschließungen dem Abnehmer bei jeder Lieferung berechnet, so ist es Teil des Entgelts für die Lieferung. [2]Bei Rücknahme des Leerguts und Rückzahlung des Pfandbetrags liegt eine Entgeltsminderung vor. [3]Dabei wird es nicht beanstandet, wenn der Unternehmer die ausgezahlten Pfandgelder für Leergut unabhängig von dem Umfang der Vollgutlieferungen des jeweiligen Besteuerungszeitraums als Entgeltsminderungen behandelt. [4]Es muss jedoch sichergestellt sein, dass die Entgeltsminderungen in sachgerechter Weise (z. B. durch Aufteilung im gleichen Verhältnis wie bei den Vollgutlieferungen) den geltenden Steuersätzen zugeordnet werden. [5]Aus Vereinfachungsgründen kann dem Unternehmer auf Antrag auch folgendes Verfahren genehmigt werden:

1. [1]Die bei der Warenlieferung jeweils in Rechnung gestellten und bei Rückgabe des Leerguts dem Abnehmer zurückgewährten Pfandbeträge bleiben bei der laufenden Umsatzbesteuerung zunächst unberücksichtigt. [2]Der Unternehmer hat spätestens am Schluss jedes Kalenderjahrs den Pfandbetragssaldo, der sich aus dem Unterschiedsbetrag zwischen den den Abnehmern im Laufe des jeweiligen Abrechnungszeitraums berechneten und den zurückgewährten Pfandbeträgen ergibt, auf Grund seiner Aufzeichnungen zu ermitteln. [3]Dabei bleibt jedoch ein bereits versteuerter Saldovortrag, z. B. aus dem Vorjahr, außer Betracht. [4]Ein sich danach ergebender Überschuss an berechneten Pfandbeträgen ist zusammen mit den Umsätzen des betreffenden letzten Voranmeldungszeitraums der Umsatzsteuer zu unterwerfen. [5]Bei diesem Pfandbetragssaldo handelt es sich um einen Nettobetrag – ohne Umsatzsteuer –. [6]Der Abnehmer kann die auf den Pfandbetragssaldo entfallende Steuer als Vorsteuer abziehen, wenn sie ihm gesondert in Rechnung gestellt ist. [7]Ergibt sich ein Pfandbetragssaldo zugunsten des Abnehmers, so liegt bei diesem – seine Unternehmereigenschaft vorausgesetzt – eine steuerpflichtige Lieferung von Leergut vor. [8]Der Unternehmer, der dieses Verfahren beantragt, muss die bei den einzelnen Lieferungen berechneten und bei Rückgabe des Leerguts zurückgewährten Pfandbeträge – nach Abnehmern getrennt – gesondert von den sonstigen Entgelten aufzeichnen. [9]Die Aufzeichnungen müssen eindeutig und leicht nachprüfbar sein und fortlaufend geführt werden (vgl. § 63 Abs. 1 UStDV, § 146 AO). [10]Aus ihnen muss ggf. zu ersehen sein, wie sich die Pfandbeträge auf verschiedene Steuersätze verteilen (§ 22 Abs. 2 Nr. 1 UStG). [11]Für den Abnehmer muss aus der Rechnung klar ersichtlich sein, dass für die in Rechnung gestellten Pfandbeträge Umsatzsteuer nicht berechnet worden ist.

2. [1]Abweichend von dem unter Nummer 1 geregelten Verfahren kann der Unternehmer in jeder einzelnen Rechnung die Leergutrücknahme mit der Vollgutlieferung verrechnen und nur den verbleibenden Netto-Rechnungsbetrag der Umsatzsteuer unterwerfen. [2]Einen sich möglicherweise zum Jahresende ergebenden Pfandbetragssaldo zugunsten des Abnehmers hat in diesem Fall weder der Abnehmer noch der Lieferer zu ermitteln und zu versteuern. [3]Auch gesonderte Aufzeichnungen über die Pfandbeträge sind nicht erforderlich.

[6]Bei den folgenden Abwicklungsarten ist zunächst ein Entgelt für die Überlassung der Warenumschließung nicht gegeben.

1. [1]Für den jeweiligen Abnehmer wird ein Leergutkonto geführt, auf dem der Lieferer das hingegebene und zurückgenommene Leergut mengenmäßig festhält. [2]Über den Saldo wird periodisch, häufig aber erst bei Lösung des Vertragsverhältnisses abgerechnet.

2. [1]Die Pfandbeträge für Leergutabgänge und Leergutzugänge werden vom Lieferer auf einem besonderen Konto verbucht und auch – nachrichtlich – in den jeweiligen Rechnungen ausgewiesen, ohne aber in die Rechnungssumme einbezogen zu werden. [2]Von Zeit zu Zeit wird über das Leergut abgerechnet.

3. [1]Der Lieferer erhebt mit jeder Lieferung einen Kautionsbetrag, z. B. 1 oder 2 Ct je Flasche. [2]Diese Beträge dienen der Ansammlung eines Kautionsguthabens zugunsten des Abnehmers. [3]Die Verbuchung erfolgt auf einem besonderen Konto. [4]Daneben werden die Leergutbewegungen mengenmäßig festgehalten. [5]Über das Leergut wird in der Regel bei Auflösung der Vertragsbeziehungen abgerechnet.

[7]In diesen Fällen kommt ein von der vorangegangenen Warenlieferung losgelöster selbständiger Leistungsaustausch erst im Zeitpunkt der Leergutabrechnung zustande. [8]Die Annahme eines nicht steuerbaren Schadensersatzes scheidet aus, weil der Zahlung des Kunden eine Leistung des Unternehmers gegenübersteht.

(9) Hinsichtlich des Entgelts für die Vermittlung von grenzüberschreitenden Personenbeförderungsleistungen im Luftverkehr durch Reisebüros gilt:

1. ¹Die Vermittlung grenzüberschreitender Beförderungen von Personen im Luftverkehr gegenüber einem Reisenden ist steuerpflichtig, soweit die vermittelte Leistung auf das Inland entfällt (§ 3b Abs. 1, § 4 Nr. 5 Satz 2 UStG). ²Abschnitt 4.5.3 Abs. 2 ist in diesen Fällen nicht anwendbar, weil das Reisebüro nicht im Auftrag des Luftverkehrsunternehmens tätig wird. ³Soweit die vermittelte Leistung nicht auf das Inland entfällt, ist deren Vermittlung nicht steuerbar.

2. ¹Das Entgelt für eine Vermittlungsleistung im Sinne der Nummer 1 ist in einen steuerpflichtigen und einen nicht steuerbaren Teil aufzuteilen. ²Die Umsatzsteuer ist aus der anteiligen Zahlung des Reisenden herauszurechnen. ³Der Vorsteuerabzug ist auch hinsichtlich des nicht steuerbaren Teils dieser Vermittlungsleistung nicht ausgeschlossen.

3. ¹Erhält ein Reisebüro eine Zahlung von einem Luftverkehrsunternehmen, das die dem Reisenden vermittelte Personenbeförderungsleistung erbringt, ohne von diesem ausdrücklich zur Vermittlung beauftragt zu sein, ist diese Zahlung regelmäßig (z. B. im Rahmen eines sog. Nullprovisionsmodells) Entgelt von dritter Seite für die gegenüber dem Reisenden erbrachte Vermittlungsleistung (vgl. Nummer 1). ²Nach den Umständen des Einzelfalls (z. B. auf der Grundlage eines gesonderten Dienstleistungsvertrags) kann ein Entgelt für eine gesonderte Leistung des Reisebüros an das Luftverkehrsunternehmen, die nicht in der steuerfreien Vermittlung einer Personenbeförderungsleistung besteht, oder in besonders gelagerten Ausnahmefällen ein nicht steuerbarer Zuschuss (Abschnitt 10.2 Abs. 7) gegeben sein; Nummer 1 bleibt auch in diesen Fällen unberührt.

4. Erhält ein Reisebüro, das grenzüberschreitende Personenbeförderungsleistungen im Luftverkehr im Auftrag des Luftverkehrsunternehmens vermittelt, von diesem für den Flugscheinverkauf ein Entgelt, und erhebt es daneben einen zusätzlichen Betrag vom Reisenden, erbringt es beim Flugscheinverkauf eine nach § 4 Nr. 5 Satz 1 Buchstabe b UStG steuerfreie Vermittlungsleistung an das Luftverkehrsunternehmen und gleichzeitig eine nach Maßgabe der Nummer 1 anteilig steuerpflichtige Vermittlungsleistung an den Reisenden.

5. Soweit eine vom Luftverkehrsunternehmen gezahlte Vergütung auf den vom Reisenden erhobenen Preis angerechnet wird, mindert sich die Bemessungsgrundlage für die Leistung gegenüber dem Reisenden entsprechend.

6. ¹Unter der Voraussetzung, dass der Unternehmer bei allen Vermittlungsleistungen im Sinne der Nummer 1 entsprechend verfährt, ist es nicht zu beanstanden, wenn der steuerpflichtige Teil einer Vermittlungsleistung im Sinne der Nummer 1 wie folgt ermittelt wird:
   – bei der Vermittlung von grenzüberschreitenden Beförderungen von Personen im Luftverkehr von bzw. zu Beförderungszielen im übrigen Gemeinschaftsgebiet (sog. EU-Flüge) mit 25 % des Entgelts für die Vermittlungsleistung,
   – bei der Vermittlung von grenzüberschreitenden Beförderungen von Personen im Luftverkehr von bzw. zu Beförderungszielen außerhalb des übrigen Gemeinschaftsgebiets (sog. Drittlandsflüge) mit 5 % des Entgelts für die Vermittlungsleistung.

   ²Zwischen- oder Umsteigehalte gelten dabei nicht als Beförderungsziele. ³Dieser vereinfachte Aufteilungsmaßstab gilt nicht, soweit das vom Reisenden erhobene Entgelt auf andere als die in Nummer 1 bezeichneten Leistungen entfällt (z. B. auf die Vermittlung von Unterkunft oder Mietwagen).

(10) ¹Zur Bemessungsgrundlage in den Fällen der Steuerschuldnerschaft des Leistungsempfängers nach § 13b UStG vgl. Abschnitt **13b.13**. ²Zur Bemessungsgrundlage bei Leistungen im Rahmen sog. Public-Private-Partnerships (PPP) im Bundesfernstraßenbau vgl. BMF-Schreiben vom 3. 2. 2005, BStBl I S. 414. ³Zur Bemessungsgrundlage im Fall des Direktverbrauchs nach § 33 Abs. 2 EEG vgl. Abschnitt 2.5.

10.2. Zuschüsse

Allgemeines

(1) ¹Zahlungen unter den Bezeichnungen „Zuschuss, Zuwendungen, Beihilfe, Prämie, Ausgleichsbetrag u. Ä." (Zuschüsse) können entweder

1. Entgelt für eine Leistung an den Zuschussgeber (Zahlenden),
2. (zusätzliches) Entgelt eines Dritten oder
3. echter Zuschuss

sein. ²Der Zahlende ist Leistungsempfänger, wenn er für seine Zahlung eine Leistung vom Zahlungsempfänger erhält. ³Der Zahlende kann ein Dritter sein (§ 10 Abs. 1 Satz 3 UStG), der selbst nicht Leistungsempfänger ist.

Zuschüsse als Entgelt für Leistungen an den Zahlenden

(2) ¹Zuschüsse sind Entgelt für eine Leistung an den Zahlenden,
1. wenn ein Leistungsaustauschverhältnis zwischen dem leistenden Unternehmer (Zahlungsempfänger) und dem Zahlenden besteht (vgl. dazu Abschnitte 1.1 bis 1.6);
2. wenn ein unmittelbarer Zusammenhang zwischen der erbrachten Leistung und dem Zuschuss besteht, d. h. wenn der Zahlungsempfänger seine Leistung – insbesondere bei gegenseitigen Verträgen – erkennbar um der Gegenleistung willen erbringt;
3. wenn der Zahlende einen Gegenstand oder einen sonstigen Vorteil erhält, auf Grund dessen er als Empfänger einer Lieferung oder sonstigen Leistung angesehen werden kann;
4. wenn (beim Zahlenden oder am Ende der Verbraucherkette) ein Verbrauch im Sinne des gemeinsamen Mehrwertsteuerrechts vorliegt.

²Ob die Leistung des Zahlungsempfängers derart mit der Zahlung verknüpft ist, dass sie sich auf den Erhalt einer Gegenleistung (Zahlung) richtet, ergibt sich aus den Vereinbarungen des Zahlungsempfängers mit dem Zahlenden, z. B. den zu Grunde liegenden Verträgen oder den Vergaberichtlinien (vgl. BFH-Urteil vom 13. 11. 1997, V R 11/97, BStBl 1998 II S. 169). ³Die Zwecke, die der Zahlende mit den Zahlungen verfolgt, können allenfalls Aufschlüsse darüber geben, ob der erforderliche unmittelbare Zusammenhang zwischen Leistung und Zahlung vorliegt. ⁴Die Annahme eines Leistungsaustausches setzt weder auf der Seite des Zahlenden noch auf der Seite des Zahlungsempfängers rechtlich durchsetzbare Ansprüche voraus (vgl. BFH-Urteile vom 23. 2. 1989, V R 141/84, BStBl II S. 638, und vom 9. 10. 2003, V R 51/02, BStBl 2004 I S. 322). ⁵Zuwendungen im Rahmen von Vertragsnaturschutzmaßnahmen, die für die Bearbeitung von Flächen des Zuwendungsgebers erfolgen, werden im Rahmen eines Leistungsaustauschs gezahlt; erfolgt die Zuwendung dagegen für eigene Flächen des Land- und Forstwirts, liegt im Allgemeinen ein nicht der Umsatzsteuer unterliegender echter Zuschuss vor. ⁶Zahlungen für die Übernahme der Erfüllung von Aufgaben einer juristischen Person des öffentlichen Rechts, zu deren Ausführung sich die Parteien in einem gegenseitigen Vertrag verpflichtet haben, erfolgen grundsätzlich im Rahmen eines Leistungsaustauschs. ⁷Die Zuwendung erfolgt in diesem Fall nicht lediglich zur Subventionierung aus strukturpolitischen, volkswirtschaftlichen oder allgemeinpolitischen Gründen, wenn der Zuwendungsgeber damit auch eigene wirtschaftliche Interessen verfolgt. ⁸Gewährt eine juristische Person des öffentlichen Rechts in diesem Zusammenhang eine als „Starthilfe" bezeichnete Zuwendung neben der Übertragung des für die Durchführung der Aufgabe erforderlichen Vermögens zu einem symbolischen Kaufpreis, ist diese Zuwendung Entgelt für die Entbindung aus der Durchführung der öffentlichen Aufgabe (vgl. BFH-Urteil vom 21. 4. 2005, V R 11/03, BStBl 2007 II S. 63). ⁹Besteht aufgrund eines Rechtsverhältnisses ein unmittelbarer Zusammenhang zwischen der Leistung des Zahlungsempfängers und der Zahlung, ist die Zahlung Entgelt für die Leistung des Zahlungsempfängers.

Beispiel 1:

Zuschüsse einer Gemeinde an einen eingetragenen Verein, z. B. eine Werbegemeinschaft zur vertragsgemäßen Durchführung einer Werbeveranstaltung in der Vorweihnachtszeit.

Beispiel 2:

¹Ein Bauherr errichtet ein Geschäftshaus mit einer Tiefgarage und verpflichtet sich gegenüber der Stadt, einen Teil der Stellplätze der Allgemeinheit zur Verfügung zu stellen. ²Er erhält dafür ein Entgelt von der Stadt (vgl. BFH-Urteil vom 13. 11. 1997, a. a. O.).

Beispiel 3:

Anfertigung von Auftragsgutachten gegen Entgelt, wenn der öffentliche Auftraggeber das Honorar für das Gutachten und nicht dafür leistet, die Tätigkeit des Zahlungsempfängers zu ermöglichen oder allgemein zu fördern; zum Leistungsaustausch bei der Durchführung von Forschungsvorhaben, zu der die öffentliche Hand Zuwendungen bewilligt hat, vgl. BFH-Urteil vom 23. 2. 1989, a. a. O.

Beispiel 4:

¹Eine Gemeinde bedient sich zur Erfüllung der ihr nach Landesrecht obliegenden Verpflichtung zur Abwasserbeseitigung einschließlich der Errichtung der dafür benötigten Bauwerke eines Unternehmers. ²Dieser erlangt dafür u. a. einen vertraglichen Anspruch auf die Fördermittel, die der Gemeinde zustehen.

³Der Unternehmer erbringt eine steuerbare Leistung an die Gemeinde. ⁴Ein für Rechnung der Gemeinde vom Land an den Unternehmer gezahlter Investitionszuschuss für die Errichtung der Kläranlage ist Entgelt (vgl. BFH-Urteil vom 20. 12. 2001, V R 81/99, BStBl 2003 II S. 213).

Zuschüsse als zusätzliches Entgelt eines Dritten

(3) ¹Zusätzliches Entgelt im Sinne des § 10 Abs. 1 Satz 3 UStG sind solche Zahlungen, die von einem anderen als dem Leistungsempfänger für die Lieferung oder sonstige Leistung des leisten-

den Unternehmers (Zahlungsempfängers) gewährt werden. ²Ein zusätzliches Entgelt kommt in der Regel nur dann in Betracht, wenn ein unmittelbarer Leistungsaustausch zwischen dem Zahlungsempfänger und dem zahlenden Dritten zu verneinen ist (vgl. BFH-Urteil vom 20. 2. 1992, V R 107/87, BStBl II S. 705). ³Der Dritte ist in diesen Fällen nicht Leistungsempfänger. ⁴Ein zusätzliches Entgelt liegt vor, wenn der Leistungsempfänger einen Rechtsanspruch auf die Zahlung hat, die Zahlung in Erfüllung einer öffentlich-rechtlichen Verpflichtung gegenüber dem Leistungsempfänger oder zumindest im Interesse des Leistungsempfängers gewährt wird (vgl. BFH-Urteil vom 25. 11. 1986, V R 109/78, BStBl 1987 II S. 228). ⁵Diese Zahlung gehört unabhängig von der Bezeichnung als „Zuschuss" zum Entgelt, wenn der Zuschuss dem Abnehmer des Gegenstands oder dem Dienstleistungsempfänger zugutekommt, der Zuschuss gerade für die Lieferung eines bestimmten Gegenstands oder die Erbringung einer bestimmten sonstigen Leistung gezahlt wird und mit der Verpflichtung der den Zuschuss gewährenden Stelle zur Zuschusszahlung das Recht des Zahlungsempfängers (des Leistenden) auf Auszahlung des Zuschusses einhergeht, wenn er einen steuerbaren Umsatz bewirkt hat (vgl. BFH-Urteil vom 9. 10. 2003, V R 51/02, BStBl 2004 II S. 322).

Beispiel 1:
¹Die Bundesagentur für Arbeit gewährt einer Werkstatt für behinderte Menschen pauschale Zuwendungen zu den Sach-, Personal- und Beförderungskosten, die für die Betreuung und Ausbildung der behinderten Menschen entstehen.

²Die Zahlungen sind Entgelt von dritter Seite für die Leistungen der Werkstatt für behinderte Menschen (Zahlungsempfänger) an die behinderten Menschen, da der einzelne behinderte Mensch auf diese Zahlungen einen Anspruch hat.

Beispiel 2:
¹Ein Bundesland gewährt einem Studentenwerk einen Zuschuss zum Bau eines Studentenwohnheims. ²Der Zuschuss wird unmittelbar dem Bauunternehmer ausgezahlt.

³Es liegt Entgelt von dritter Seite für die Leistung des Bauunternehmers an das Studentenwerk vor.

⁵Wird das Entgelt für eine Leistung des Unternehmers wegen der Insolvenz des Leistungsempfängers uneinbringlich und zahlt eine Bank, die zu dem Leistungsempfänger Geschäftsbeziehungen unterhalten hat, an den Unternehmer gegen Abtretung der Insolvenzforderung einen Betrag, der sich – unter Berücksichtigung von Gewährleistungsansprüchen – an der Höhe des noch nicht bezahlten Entgelts orientiert, kann diese Zahlung Entgelt eines Dritten für die Leistung des Unternehmers sein (vgl. BFH-Urteil vom 19. 10. 2001, V R 48/00, BStBl 2003 II S. 210, zur Abtretung einer Konkursforderung).

(4) ¹Nicht zum zusätzlichen Entgelt gehören hingegen Zahlungen eines Dritten dann, wenn sie dem leistenden Unternehmer (Zahlungsempfänger) zu dessen Förderung und nicht überwiegend im Interesse des Leistungsempfängers gewährt werden. ²Die Abgrenzung von zusätzlichem Entgelt und echtem Zuschuss wird somit nach der Person des Bedachten und nach dem Förderungsziel vorgenommen (BFH-Urteil vom 8. 3. 1990, V R 67/89, BStBl II S. 708). ³Ist die Zahlung des Dritten an den Zahlungsempfänger ein echter Zuschuss, weil sie zur Förderung des Zahlungsempfängers gewährt wird, ist es unbeachtlich, dass der Zuschuss auch dem Leistungsempfänger zugutekommt, weil er nicht das Entgelt aufzubringen hat, das der Zahlungsempfänger – ohne den Zuschuss – verlangen müsste (vgl. BFH-Urteil vom 9. 10. 1975, V R 88/74, BStBl 1976 II S. 105).

(5) ¹Ein zusätzliches Entgelt ist anzunehmen, wenn die Zahlung die Entgeltszahlung des Leistungsempfängers ergänzt und sie damit preisauffüllenden Charakter hat. ²Die Zahlung dient der Preisauffüllung, wenn sie den erklärten Zweck hat, das Entgelt für die Leistung des Zahlungsempfängers an den Leistungsempfänger auf die nach Kalkulationsgrundsätzen erforderliche Höhe zu bringen und dadurch das Zustandekommen eines Leistungsaustausches zu sichern oder wenigstens zu erleichtern (vgl. BFH-Urteil vom 24. 8. 1967, V R 31/64, BStBl III S. 717). ³Die von Versicherten der gesetzlichen Krankenkassen nach § 31 Abs. 3 SGB V zu entrichtende Zuzahlung bei der Abgabe von Arzneimitteln ist Entgelt von dritter Seite für die Lieferung des Arzneimittels durch die Apotheke an den Versicherten der Krankenkasse. ⁴Hinsichtlich der den Verlagen zugewendeten Druckkostenzuschüsse bei der Vervielfältigung und Verbreitung von Druckwerken gilt:

1. ¹Der Druckkostenzuschuss des Autors an den Verlag ist grundsätzlich Entgelt für die Leistung des Verlags an den Autor, wenn zwischen dem Verlag und dem Autor ein Leistungsaustauschverhältnis z. B. auf Grund eines Verlagsvertrags besteht. ²Dabei ist es unerheblich, ob der Autor den Druckkostenzuschuss aus eigenen Mitteln oder mit Fördermitteln finanziert. ³Zahlt der Dritte die Fördermittel für den Autor unmittelbar an den Verlag, liegt ein verkürzter Zahlungsweg vor.

2. Der Druckkostenzuschuss eines Dritten an den Verlag, der nicht im Namen und für Rechnung des Autors gewährt wird, ist grundsätzlich dann Entgelt von dritter Seite für die Leistung des Verlags an den Autor, wenn zwischen dem Verlag und dem Autor ein Leistungsaustauschverhältnis z. B. auf Grund eines Verlagsvertrags besteht.

3. Druckkostenzuschüsse eines Dritten an den Verlag sind grundsätzlich dann Entgelt für die Leistung des Verlags an den Dritten, wenn zwischen dem Verlag und dem Dritten ein Leistungsaustauschverhältnis z. B. auf Grund eines gegenseitigen Vertrags besteht.

⁵Entgelt von dritter Seite liegt auch dann vor, wenn der Zahlungsempfänger in pauschalierter Form das erhalten soll, was ihm vom Begünstigten (Leistungsempfänger) für die Leistung zustünde, wobei eine Kostendeckung nicht erforderlich ist (vgl. BFH-Urteil vom 26. 6. 1986, V R 93/77, BStBl II S. 723). ⁶Wegen der Rechnungserteilung bei der Vereinnahmung von Entgelten von dritter Seite vgl. Abschnitt 14.10 Abs. 1.

(6) ¹Nach den vorstehenden Grundsätzen ist auch dann zu verfahren, wenn bei der Einschaltung von Unternehmern in die Erfüllung hoheitlicher Aufgaben einer juristischen Person des öffentlichen Rechts der eingeschaltete Unternehmer einen eigenen gesetzlichen oder sonstigen Anspruch auf die Zahlung hat. ²Auch wenn es nach den Vergabebedingungen im Ermessen des Zuwendungsgebers steht, ob er die Mittel der juristischen Person des öffentlichen Rechts oder unmittelbar dem eingeschalteten Unternehmer gewährt, ist entscheidend, dass der Unternehmer einen eigenen Anspruch auf die Zuwendung hat (vgl. BMF-Schreiben vom 27. 12. 1990, BStBl 1991 I S. 81).

Beispiel 1:

¹Erstattung von Fahrgeldausfällen für die unentgeltliche Beförderung schwerbehinderter Menschen im öffentlichen Personenverkehr nach §§ 145 ff. SGB IX.

²Die erstatteten Fahrgeldausfälle sind Entgelt eines Dritten, da die Zahlungen das Fahrgeld abgelten sollen, das die begünstigten Personen ansonsten als Leistungsempfänger entsprechend dem geltenden Tarif hätten aufwenden müssen. ³Nicht entscheidungserheblich ist, dass die Erstattungen pauschaliert erfolgen. ⁴Maßgeblich ist vielmehr, dass die Zuwendungen nach einem Prozentsatz der Fahrgeldeinnahmen berechnet werden und damit in geschätzter Höhe die erbrachten Beförderungsleistungen abgelten sollen. ⁵Inwieweit mit der Erstattung eine Äquivalenz von Leistung und Gegenleistung erreicht wird, ist nicht entscheidend (vgl. BFH-Urteil vom 26. 6. 1986, BStBl II S. 723).

Beispiel 2:

¹Eine Gemeinde bedient sich zur Erfüllung ihrer hoheitlichen Aufgaben im Bereich der Abfallwirtschaft einer GmbH. ²Die GmbH übernimmt die Errichtung und den Betrieb von Entsorgungseinrichtungen. ³Hierfür gewährt das Land Zuwendungen, die nach den Förderrichtlinien von den abfallbeseitigungspflichtigen Gemeinden oder den mit der Abfallbeseitigung beauftragten privaten Unternehmern beantragt werden können.

a) ¹Die Gemeinde ist Antragstellerin.

²Das Land zahlt die Zuwendungen an die antragstellende Gemeinde aus. ³Die Gemeinde reicht die Gelder an die GmbH weiter.

⁴Die GmbH erbringt steuerbare und steuerpflichtige Leistungen (Errichtung und Betrieb der Entsorgungseinrichtungen) an die Gemeinde. ⁵Zum Entgelt für diese Leistungen gehören auch die von der Gemeinde an die GmbH weitergeleiteten Zuwendungen des Landes.

⁶Selbst wenn das Land auf Antrag der Gemeinde die Mittel direkt an die GmbH überwiesen hätte, wären diese Teil des Entgelts für die Leistungen der GmbH.

b) ¹Die GmbH ist Antragstellerin.

²Das Land zahlt die Zuwendungen an die antragstellende GmbH aus.

³Die GmbH erbringt auch in diesem Fall steuerbare und steuerpflichtige Leistungen an die Gemeinde. ⁴Die Zahlungen des Landes an die GmbH sind zusätzliches Entgelt eines Dritten für die Leistungen der GmbH an die Gemeinde, da die Zahlungen im Interesse der Gemeinde geleistet werden.

Echte Zuschüsse

(7) ¹Echte Zuschüsse liegen vor, wenn die Zahlungen nicht auf Grund eines Leistungsaustauschverhältnisses erbracht werden (vgl. BFH-Urteile vom 28. 7. 1994, V R 19/92, BStBl 1995 II S. 86, und vom 13. 11. 1997, V R 11/97, BStBl 1998 II S. 169). ²Das ist der Fall, wenn die Zahlungen nicht an bestimmte Umsätze anknüpfen, sondern unabhängig von einer bestimmten Leistung gewährt werden, weil z. B. der leistende Unternehmer (Zahlungsempfänger) einen Anspruch auf die Zahlung hat oder weil in Erfüllung einer öffentlich-rechtlichen Verpflichtung bzw. im überwiegenden öffentlich-rechtlichen Interesse an ihn gezahlt wird (vgl. BFH-Urteile vom 24. 8. 1967, V R 31/64, BStBl III S. 717, und vom 25. 11. 1986, V R 109/78, BStBl 1987 II S. 228). ³Echte Zuschüsse liegen auch vor, wenn der Zahlungsempfänger die Zahlungen lediglich erhält, um ganz allgemein in die Lage versetzt zu werden, überhaupt tätig zu werden oder seine nach dem Gesellschaftszweck obliegenden Aufgaben erfüllen zu können. ⁴So sind Zahlungen echte Zuschüsse, die vorrangig dem leistenden Zahlungsempfänger zu seiner Förderung aus strukturpolitischen, volkswirtschaftlichen oder allgemeinpolitischen Gründen gewährt werden (BFH-Urteil vom 13. 11. 1997, a. a. O.) ⁵Dies gilt auch für Beihilfen in der Landwirtschaft, durch die Strukturveränderungen oder Verhal-

tensänderungen z. B. auf Grund von EG-Marktordnungen gefördert werden sollen. ⁶Vorteile in Form von Subventionen, Beihilfen, Förderprämien, Geldpreisen und dergleichen, die ein Unternehmer als Anerkennung oder zur Förderung seiner im allgemeinen Interesse liegenden Tätigkeiten ohne Bindung an bestimmte Umsätze erhält, sind kein Entgelt (vgl. BFH-Urteil vom 6. 8. 1970, V R 94/68, BStBl II S. 730). ⁷Die bloße technische Anknüpfung von Förderungsmaßnahmen an eine Leistung des Zahlungsempfängers führt nicht dazu, dass die Förderung als zusätzliches Entgelt für die Leistung zu beurteilen ist, wenn das Förderungsziel nicht die Subvention der Preise zu Gunsten der Abnehmer (Leistungsempfänger), sondern die Subvention des Zahlungsempfängers ist (vgl. BFH-Urteil vom 8. 3. 1990, V R 67/89, BStBl II S. 708).

Beispiel 1:
¹Zuschüsse, die die Bundesagentur für Arbeit bestimmten Unternehmern zu den Löhnen und Ausbildungsvergütungen oder zu den Kosten für Arbeitserprobung und Probebeschäftigung gewährt.

²Damit erbringt die Bundesagentur für Arbeit weder als Dritter zusätzliche Entgelte zu Gunsten der Vertragspartner des leistenden Unternehmers, noch erfüllt sie als dessen Leistungsempfänger eigene Entgeltsverpflichtungen.

Beispiel 2:
¹Zuschüsse, die von den gesetzlichen Trägern der Grundsicherung für Arbeitsuchende für die Teilnehmer an Arbeitsgelegenheiten mit Mehraufwandsentschädigung zur Abdeckung des durch die Ausübung des Zusatzjobs entstehenden tatsächlichen Mehraufwands gezahlt werden, sind echte Zuschüsse. ²Ein unmittelbarer Zusammenhang zwischen einer erbrachten Leistung und der Zuwendung besteht nicht.

Beispiel 3:
¹Für die Einrichtung von Zusatzjobs können den Arbeitsgelegenheiten mit Mehraufwandsentschädigung die entstehenden Kosten von den gesetzlichen Trägern der Grundsicherung für Arbeitsuchende erstattet werden. ²Die Erstattung kann sowohl Sach- als auch Personalkosten umfassen und pauschal ausgezahlt werden.

³Diese Maßnahmekostenpauschale stellt einen echten Zuschuss an die Arbeitsgelegenheit dar, sie soll ihre Kosten für die Einrichtung und die Durchführung der Zusatzjobs abdecken. ⁴Ein individualisierbarer Leistungsempfänger ist nicht feststellbar.

Beispiel 4:
¹Qualifizierungsmaßnahmen, die eine Arbeitsgelegenheit mit Mehraufwandsentschädigung selbst oder von einem externen Weiterbildungsträger durchführen lässt.

²Qualifizierungsmaßnahmen, die von der Arbeitsgelegenheit selbst durchgeführt werden und bei denen deren eigenunternehmerisches Interesse im Vordergrund steht, sind keine Leistungen im umsatzsteuerrechtlichen Sinn; ebenso begründet die Vereinbarung zur Durchführung von Qualifizierungsmaßnahmen, bei denen deren eigenunternehmerisches Interesse im Vordergrund steht, durch externe Weiterbildungsträger keinen Vertrag zugunsten Dritter. ³Die von den gesetzlichen Trägern der Grundsicherung für Arbeitsuchende insoweit geleisteten Zahlungen sind kein Entgelt für eine Leistung der Arbeitsgelegenheit gegenüber diesen Trägern oder dem Weiterzubildenden, sondern echte Zuschüsse. ⁴Für die Beurteilung der Leistungen der externen Weiterbildungsträger gelten die allgemeinen umsatzsteuerrechtlichen Grundsätze.

Beispiel 5:
¹Zuwendungen des Bundes und der Länder nach den vom Bundesministerium des Innern (BMI) herausgegebenen Grundsätzen zur Regelung von Kriterien und Höhe der Förderung des Deutschen Olympischen Sportbundes – Bereich Leistungssport – sowie den vom BMI entworfenen Vereinbarungs-/Vertragsmuster, die bundesweit zur Weiterleitung der Bundeszuwendung bei der Förderung der Olympiastützpunkte und Bundesleistungszentren verwendet werden sollen, zu den Betriebs- und Unterhaltskosten ausgewählter Sportstätten.

²Im Allgemeinen liegt kein Leistungsaustausch zwischen dem Träger der geförderten Sportstätte und dem Träger des Olympiastützpunkts vor, auch wenn Nutzungszeiten für einen bestimmten Personenkreis in den Zuwendungsbedingungen enthalten sind, denn die Zuwendungen werden im Regelfall für die im allgemeinen Interesse liegende Sportförderung zur Verfügung gestellt. ³Dies gilt auch für die Förderung des Leistungssports. ⁴Die normierten Auflagen für den Zuwendungsempfänger reichen für die Annahme eines Leistungsaustauschverhältnisses nicht aus. ⁵Sie haben lediglich den Zweck, den Zuwendungsgeber über den von ihm erhofften und erstrebten Nutzen des Projekts zu unterrichten und die sachgerechte Verwendung der eingesetzten Fördermittel sicherzustellen und werden daher als echte Zuschüsse gewährt.

Zuwendungen aus öffentlichen Kassen

(8) ¹Ob Zuwendungen aus öffentlichen Kassen echte Zuschüsse sind, ergibt sich nicht aus der haushaltsrechtlichen Erlaubnis zur Ausgabe, sondern allein aus dem Grund der Zahlung (vgl.

BFH-Urteile vom 27. 11. 2008, V R 8/07, BStBl 2009 II S. 397, und vom 18. 12. 2008, V R 38/06, BStBl 2009 II S. 749). [2]Werden Zuwendungen aus öffentlichen Kassen ausschließlich auf der Grundlage des Haushaltsrechts in Verbindung mit den dazu erlassenen Allgemeinen Nebenbestimmungen vergeben, liegen in der Regel echte Zuschüsse vor. [3]Denn die in den Allgemeinen Nebenbestimmungen normierten Auflagen für den Zuwendungsempfänger reichen grundsätzlich für die Annahme eines Leistungsaustauschverhältnisses nicht aus. [4]Sie haben den Sinn, den Zuwendungsgeber über den von ihm erhofften und erstrebten Nutzen des Projekts zu unterrichten und die sachgerechte Verwendung der eingesetzten Fördermittel sicherzustellen. [5]Grund der Zahlung ist in diesen Fällen die im überwiegenden öffentlichen Interesse liegende Förderung des Zuwendungsempfängers, nicht der Erwerb eines verbrauchsfähigen Vorteils durch den Zuwendungsgeber.

(9) [1]Wird die Bewilligung der Zuwendungen über die Allgemeinen Nebenbestimmungen hinaus mit besonderen Nebenbestimmungen verknüpft, kann ein Leistungsaustauschverhältnis vorliegen. [2]Besondere Nebenbestimmungen sind auf den jeweiligen Einzelfall abgestellte Regelungen, die Bestandteil jeder Zuwendung sein können und im Zuwendungsbescheid oder -vertrag besonders kenntlich zu machen sind. [3]Dort können Auflagen und insbesondere Vorbehalte des Zuwendungsgebers hinsichtlich der Verwendung des Tätigkeitsergebnisses geregelt sein, die auf einen Leistungsaustausch schließen lassen. [4]Entsprechendes gilt für vertraglich geregelte Vereinbarungen. [5]Denn bei Leistungen, zu denen sich die Vertragsparteien in einem gegenseitigen Vertrag verpflichtet haben, liegt grundsätzlich ein Leistungsaustausch vor (vgl. BFH-Urteil vom 18. 12. 2008, V R 38/06, BStBl 2009 II S. 749). [6]Regelungen zur technischen Abwicklung der Zuwendung und zum haushaltsrechtlichen Nachweis ihrer Verwendung sind umsatzsteuerrechtlich regelmäßig unbeachtlich (vgl. BFH-Urteil vom 28. 7. 1994, V R 19/92, – BStBl 1995 II S. 86).

(10) [1]Zuwendungen, die zur Projektförderung oder zur institutionellen Förderung auf der Grundlage folgender Nebenbestimmungen gewährt werden, sind grundsätzlich als nicht der Umsatzsteuer unterliegende echte Zuschüsse zu beurteilen:

1. Nebenbestimmungen für Zuwendungen auf Kostenbasis des Bundesministeriums für Bildung und Forschung (BMBF) an Unternehmen der gewerblichen Wirtschaft für Forschungs- und Entwicklungsvorhaben (NKBF 98); diese gelten z. B. auch im Geschäftsbereich des Bundesministeriums für Wirtschaft und Technologie (BMWi) und des Bundesministeriums für Umwelt, Naturschutz und Reaktorsicherheit (BMU);
2. Allgemeine Nebenbestimmungen für Zuwendungen zur Projektförderung (ANBest-P) – Anlage 2 der VV zu § 44 BHO;
3. Allgemeine Nebenbestimmungen für Zuwendungen zur Projektförderung an Gebietskörperschaften und Zusammenschlüsse von Gebietskörperschaften (ANBest-GK) – Anlage 3 der VV zu § 44 BHO;
4. Besondere Nebenbestimmungen für Zuwendungen des BMBF zur Projektförderung auf Ausgabenbasis (BNBest-BMBF 98); diese gelten z. B. auch im Geschäftsbereich des BMWi und des BMU;
5. Allgemeine Nebenbestimmungen für Zuwendungen zur Projektförderung auf Kostenbasis (ANBest-P-Kosten) – Anlage 4 der VV zu § 44 BHO;
6. Allgemeine Nebenbestimmungen für Zuwendungen zur institutionellen Förderung (ANBest-I) – Anlage 1 der VV zu § 44 BHO;
7. Finanzstatut für Forschungseinrichtungen der Hermann von Helmholtz-Gemeinschaft Deutscher Forschungszentren e. V. (FinSt-HZ).

[2]Entsprechendes gilt für Zuwendungen, die nach Richtlinien und Nebenbestimmungen zur Förderung bestimmter Vorhaben gewährt werden, die inhaltlich den o. a. Förderbestimmungen entsprechen (z. B. Zuwendungen im Rahmen der Programme der Biotechnologie- und Energieforschung sowie zur Förderung des Forschungs- und Entwicklungspersonals in der Wirtschaft). [3]Diese Beurteilung schließt im Einzelfall eine Prüfung nicht aus, ob auf Grund zusätzlicher Auflagen oder Bedingungen des Zuwendungsgebers oder sonstiger Umstände ein steuerbarer Leistungsaustausch zwischen dem Zuwendungsgeber und dem Zuwendungsempfänger begründet worden ist. [4]Dabei ist bei Vorliegen entsprechender Umstände auch die Frage des Entgelts von dritter Seite zu prüfen. [5]Eine Prüfung kommt insbesondere in Betracht, wenn die Tätigkeit zur Erfüllung von Ressortaufgaben des Zuwendungsgebers durchgeführt wird und deshalb z. B. folgende zusätzliche Vereinbarungen getroffen wurden (vgl. auch BFH-Urteile vom 23. 2. 1989, V R 141/84, BStBl II S. 638, und vom 28. 7. 1994, V R 19/92, BStBl 1995 II S. 86):

1. Vorbehalt von Verwertungsrechten für den Zuwendungsgeber;
2. Zustimmungsvorbehalt des Zuwendungsgebers für die Veröffentlichung der Ergebnisse;
3. fachliche Detailsteuerung durch den Zuwendungsgeber;
4. Vollfinanzierung bei Zuwendungen an Unternehmen der gewerblichen Wirtschaft.

⁶Die Vorbehalte sprechen nicht für einen Leistungsaustausch, wenn sie lediglich dazu dienen, die Tätigkeit zu optimieren und die Ergebnisse für die Allgemeinheit zu sichern. ⁷Nach den vorstehenden Grundsätzen ist auch bei der umsatzsteuerlichen Beurteilung von Zuwendungen zur Projektförderung sowie zur institutionellen Förderung auf Grund entsprechender Bestimmungen der Bundesländer zu verfahren.

10.3. Entgeltminderungen

AE 10.3

S 7200

(1) ¹Entgeltsminderungen liegen vor, wenn der Leistungsempfänger bei der Zahlung Beträge abzieht, z. B. Skonti, Rabatte, Preisnachlässe usw., oder wenn dem Leistungsempfänger bereits gezahlte Beträge zurückgewährt werden, ohne dass er dafür eine Leistung zu erbringen hat. ²Hierbei ist der Abzugsbetrag oder die Rückzahlung in Entgelt und Umsatzsteuer aufzuteilen (vgl. BFH-Urteil vom 28. 5. 2009, V R 2/08, BStBl II S. 870). ³Auf die Gründe, die für die Ermäßigung des Entgelts maßgebend waren, kommt es nicht an (vgl. BFH-Urteil vom 21. 3. 1968, V R 85/65, BStBl II S. 466). ⁴Die Pflicht des Unternehmers, nachträgliche Änderungen des Entgelts die Steuer bzw. den Vorsteuerabzug zu berichtigen, ergibt sich aus § 17 UStG. ⁵Eine Entgeltsminderung liegt auch vor, wenn ein in der Leistungskette beteiligter Unternehmer einen Preisnachlass direkt gegenüber dem Endverbraucher gewährt. ⁶Erstattet der erste Unternehmer in einer Leistungskette dem Endverbraucher einen Teil des von diesem gezahlten Leistungsentgelts oder gewährt er ihm einen Preisnachlass, mindert sich dadurch die Bemessungsgrundlage des ersten Unternehmers an seinen Abnehmer der nächsten Stufe (BFH-Urteil vom 12. 1. 2006, V R 3/04, BStBl II S. 479). ⁷Auf die Abschnitte 17.1 und 17.2 wird hingewiesen.

(2) ¹Eine Entgeltminderung kann vorliegen, wenn der Erwerber einer Ware Mängel von sich aus beseitigt und dem Lieferer die entstandenen Kosten berechnet. ²Zur Frage, ob in derartigen Fällen ein Schadensersatz vorliegt, vgl. Abschnitt 1.3 Abs. 1. ³Wird jedoch von den Vertragspartnern von vornherein ein pauschaler Abzug vom Kaufpreis vereinbart und dafür vom Erwerber global auf alle Ansprüche aus der Sachmängelhaftung des Lieferers verzichtet, so erbringt der Käufer eine entgeltliche sonstige Leistung (vgl. BFH-Urteil vom 15. 12. 1966, V R 83/64, BStBl 1967 III S. 234). ⁴Zuwendungen, die ein Lieferant seinem Abnehmer für die Durchführung von Werbemaßnahmen gewährt, sind regelmäßig als Preisnachlass zu behandeln, wenn und soweit keine Verpflichtung zur Werbung besteht, der Werber die Werbung im eigenen Interesse am Erfolg der Werbemaßnahme ausführt und die Gewährung des Zuschusses nicht losgelöst von der Warenlieferung, sondern mit dieser eng verknüpft ist (vgl. BFH-Urteil vom 5. 8. 1965, V 144/62 U, BStBl III S. 630). ⁵Werbeprämien, die den Abnehmern für die Werbung eines neuen Kunden gewährt werden, mindern daher nicht das Entgelt (vgl. BFH-Urteil vom 7. 3. 1995, XI R 72/93, BStBl II S. 518). ⁶Entsprechendes gilt bei der Überlassung von Prämienbüchern durch eine Buchgemeinschaft an ihre Mitglieder für die Werbung neuer Mitglieder (vgl. BFH-Urteil vom 17. 12. 1959, V 251/58 U, BStBl 1960 III S. 97). ⁷Soweit einem Altabonnenten eine Prämie als Belohnung für die Verlängerung seines eigenen Belieferungsverhältnisses gewährt wird, liegt eine Entgeltsminderung vor (vgl. BFH-Urteil vom 7. 3. 1995, a. a. O.). ⁸Die Teilnahme eines Händlers an einem Verkaufswettbewerb seines Lieferanten, dessen Gegenstände die vertriebenen Produkte sind, begründet regelmäßig keinen besonderen Leistungsaustausch, die Zuwendung des Preises kann jedoch als Preisnachlass durch den Lieferanten zu behandeln sein (BFH-Urteil vom 9. 11. 1994, XI R 81/92, BStBl 1995 II S. 277). ⁹Gleiches gilt für die Zuwendung eines Lieferanten an einen Abnehmer als Belohnung für Warenbezüge in einer bestimmten Größenordnung (vgl. BFH-Urteil vom 28. 6. 1995, XI R 66/94, BStBl II S. 850). ¹⁰Hat der leistende Unternehmer eine Vertragsstrafe wegen nicht gehöriger Erfüllung an den Leistungsempfänger zu zahlen, liegt darin keine Entgeltsminderung (vgl. Abschnitt 1.3 Abs. 3). ¹¹Die nach der Milch-Garantiemengen-Verordnung erhobene Abgabe mindert nicht das Entgelt für die Milchlieferungen des Erzeugers.

(3) Eine Minderung des Kaufpreises einer Ware liegt nicht vor, wenn der Käufer vom Verkäufer zur Ware einen Chip erhält, der zum verbilligten Bezug von Leistungen eines Dritten berechtigt, und der Kunde den vereinbarten Kaufpreis für die Ware unabhängig davon, ob er den Chip annimmt, zu zahlen hat und die Rechnung über den Warenkauf diesen Kaufpreis ausweist (BFH-Urteil vom 11. 5. 2006, V R 33/03, BStBl II S. 699, und vgl. Abschnitt 17.2 Abs. 1 Satz 5).

(4) Preisnachlässe, die von Verkaufsagenten eingeräumt werden, sind wie folgt zu behandeln:

Beispiel 1:

¹Der Agent räumt den Abnehmern mit Zustimmung der Lieferfirma einen Preisnachlass vom Listenpreis zu Lasten seiner Provision ein. ²Der Lieferer erteilt dem Abnehmer eine Rechnung über den geminderten Preis. ³Dem Agenten wird auf Grund der vereinbarten „Provisionsklausel" nur die um den Preisnachlass gekürzte Provision gutgeschrieben. ⁴In diesem Fall hat der Lieferer nur den vom Abnehmer aufgewendeten Betrag zu versteuern. ⁵Der vom Agenten eingeräumte Preisnachlass ist ihm nicht in Form eines Provisionsverzichts des Agenten als Entgelt von dritter Seite zugeflossen. ⁶Das Entgelt für die Leistung des Agenten besteht in der ihm gutgeschriebenen, gekürzten Provision.

Beispiel 2:

¹Der Agent räumt den Preisnachlass ohne Beteiligung der Lieferfirma zu Lasten seiner Provision ein. ²Der Lieferer erteilt dem Abnehmer eine Rechnung über den vollen Listenpreis und schreibt dem Agenten die volle Provision nach dem Listenpreis gut. ³Der Agent gewährt dem Abnehmer den zugesagten Preisnachlass in bar, durch Gutschrift oder durch Sachleistungen, z. B. kostenlose Lieferung von Zubehör o. Ä.

⁴In diesem Fall mindert der vom Agenten eingeräumte Preisnachlass die Provision des Agenten (vgl. BFH-Urteil vom 12. 1. 2006, BStBl II S. 479, und Abschnitt 17.2 Abs. 10). ⁵Das Entgelt für die Leistung der Lieferfirma bleibt unberührt.

(5) Preisnachlässe, die eine Einkaufsgenossenschaft (Zentralregulierer) ihren Mitgliedern zusätzlich zu dem von den Warenlieferanten an die Mitglieder eingeräumten Skonto – für den Warenbezug gewährt, mindern die Bemessungsgrundlage des Umsatzes der von der Einkaufsgenossenschaft gegenüber den Warenlieferanten erbrachten Leistungen (BFH-Urteil vom 13. 3. 2008, V R 70/06, BStBl II S. 997).

(6) ¹Wechselvorzinsen (Wechseldiskont), die dem Unternehmer bei der Weitergabe (Diskontierung) eines für seine Lieferung oder sonstige Leistung in Zahlung genommenen Wechsels abgezogen werden, mindern das Entgelt für seinen Umsatz (vgl. BFH-Urteil vom 27. 10. 1967, V 206/64, BStBl 1968 II S. 128). ²Dies gilt auch für die bei Prolongation eines Wechsels berechneten Wechselvorzinsen. ³Dagegen sind die Wechselumlaufspesen (Diskontspesen) Kosten des Zahlungseinzugs, die das Entgelt nicht mindern (vgl. BFH-Urteil vom 29. 11. 1955, V 79/55 S, BStBl 1956 III S. 53). ⁴Hat der Unternehmer für seine steuerpflichtige Leistung eine Rechnung mit gesondertem Steuerausweis im Sinne des § 14 Abs. 2 UStG erteilt und unterlässt er es, seinem Abnehmer die Entgeltsminderung und die darauf entfallende Steuer mitzuteilen, so schuldet er die auf den Wechseldiskont entfallende Steuer nach § 14c Abs. 1 UStG. ⁵Gewährt der Unternehmer im Zusammenhang mit einer Lieferung oder sonstigen Leistung einen Kredit, der als gesonderte Leistung anzusehen ist (vgl. Abschnitt 3.11 Abs. 1 und 2), und hat er über die zu leistenden Zahlungen Wechsel ausgestellt, die vom Leistungsempfänger akzeptiert werden, so mindern die bei der Weitergabe der Wechsel berechneten Wechselvorzinsen nicht das Entgelt für die Lieferung oder sonstige Leistung.

(7) ¹Der vom Hersteller eines Arzneimittels den gesetzlichen Krankenkassen zu gewährende gesetzliche Rabatt führt beim Hersteller zu einer Minderung des Entgelts für seine Lieferung an den Zwischenhändler oder die Apotheke. ²Gleiches gilt bei der verbilligten Abgabe des Arzneimittels durch die in der Lieferkette beteiligten Unternehmer. ³Die Erstattung des Abschlags durch den Hersteller ist in diesem Fall Entgelt von dritter Seite für die Lieferung des Arzneimittels. ⁴Verzichtet eine Apotheke, die nicht nach § 43b SGB V zum Einzug der Zuzahlung nach § 31 Abs. 3 SGB V verpflichtet ist, auf diese Zuzahlung, mindert sich insoweit die Bemessungsgrundlage für die Lieferung an die jeweilige Krankenkasse. ⁵Gleiches gilt bei der Gewährung von Boni auf erhobene Zuzahlungen. ⁶Wegen der Änderung des für die ursprüngliche Lieferung geschuldeten Umsatzsteuerbetrags sowie des in Anspruch genommenen Vorsteuerabzugs vgl. Abschnitt 17.1.

10.4. Durchlaufende Posten

AE 10.4

S 7200

(1) ¹Durchlaufende Posten gehören nicht zum Entgelt (§ 10 Abs. 1 letzter Satz UStG). ²Sie liegen vor, wenn der Unternehmer, der die Beträge vereinnahmt und verauslagt, im Zahlungsverkehr lediglich die Funktion einer Mittelsperson ausübt, ohne selbst einen Anspruch auf den Betrag gegen den Leistenden zu haben und auch nicht zur Zahlung an den Empfänger verpflichtet zu sein. ³Ob der Unternehmer Beträge im Namen und für Rechnung eines anderen vereinnahmt und verauslagt, kann nach der wirtschaftlichen Betrachtungsweise entschieden werden. ⁴Es ist vielmehr erforderlich, dass zwischen dem Zahlungsverpflichteten und dem, der Anspruch auf die Zahlung hat (Zahlungsempfänger), unmittelbare Rechtsbeziehungen bestehen (vgl. BFH-Urteil vom 24. 2. 1966, V 135/63, BStBl III S. 263). ⁵Liegen solche unmittelbaren Rechtsbeziehungen mit dem Unternehmer vor, sind Rechtsbeziehungen ohne Bedeutung, die zwischen dem Zahlungsempfänger und der Person bestehen, die an den Unternehmer leistet oder zu leisten verpflichtet ist (vgl. BFH-Urteil vom 2. 3. 1967, V 54/64, BStBl III S. 377).

(2) ¹Unmittelbare Rechtsbeziehungen setzen voraus, dass der Zahlungsverpflichtete und der Zahlungsempfänger jeweils den Namen des anderen und die Höhe des gezahlten Betrags erfahren (vgl. BFH-Urteil vom 4. 12. 1969, V R 104/66, BStBl 1970 II S. 191). ²Dieser Grundsatz findet jedoch regelmäßig auf Abgaben und Beiträge keine Anwendung. ³Solche Beträge können auch dann durchlaufende Posten sein, wenn die Mittelsperson dem Zahlungsempfänger die Namen der Zahlungsverpflichteten und die jeweilige Höhe der Beträge nicht mitteilt (vgl. BFH-Urteil vom 11. 8. 1966, V 13/64, BStBl III S. 647). ⁴Kosten (Gebühren und Auslagen), die Rechtsanwälte, Notare und Angehörige verwandter Berufe bei Behörden und ähnlichen Stellen für ihre Auftraggeber auslegen, können als durchlaufende Posten auch dann anerkannt werden, wenn dem Zahlungsempfänger Namen und Anschriften der Auftraggeber nicht mitgeteilt werden. ⁵Voraussetzung ist, dass die Kosten nach Kosten-(Gebühren-)ordnungen berechnet werden, die den Auftraggeber als Kos-

ten-(Gebühren-)schuldner bestimmen (vgl. BFH-Urteil vom 24. 8. 1967, V 239/64, BStBl III S. 719). [6]Zur umsatzsteuerrechtlichen Behandlung von Deponiegebühren vgl. BMF-Schreiben vom 11. 2. 2000, BStBl I S. 360. [7]Zu durchlaufenden Posten im Rahmen von postvorbereitenden sonstigen Leistungen von Konsolidierern an die Deutsche Post AG vgl. BMF-Schreiben vom 13. 12. 2006, BStBl 2007 I S. 119. [8]Die von den gesetzlichen Trägern der Grundsicherung für Arbeitsuchende gezahlte Mehraufwandsentschädigung ist bei der Auszahlung durch die Arbeitsgelegenheit bei dieser als durchlaufender Posten zu beurteilen.

(3) [1]Steuern, öffentliche Gebühren und Abgaben, die vom Unternehmer geschuldet werden, sind bei ihm keine durchlaufenden Posten, auch wenn sie dem Leistungsempfänger gesondert berechnet werden (vgl. BFH-Urteil vom 4. 6. 1970, V R 10/67, BStBl II S. 648, und Abschnitt 10.1 Abs. 6). [2]Dementsprechend sind z. B. Gebühren, die im Rahmen eines Grundbuchabrufverfahrens vom Notar geschuldet werden, bei diesem keine durchlaufenden Posten, auch wenn sie als verauslagte Gerichtskosten in Rechnung gestellt werden dürfen.

(4) [1]Die Annahme eines durchlaufenden Postens scheidet auch aus, wenn der Unternehmer die Beträge gesamtschuldnerisch mit dem Empfänger seiner Leistung schuldet. [2]Die Weiterberechnung der nach § 2 ABMG geschuldeten Mautbeträge kann daher weder zwischen verschiedenen Gesamtschuldnern der Maut noch durch einen Mautschuldner gegenüber einem anderen Leistungsempfänger als durchlaufender Posten erfolgen.

10.5. Bemessungsgrundlage beim Tausch und bei tauschähnlichen Umsätzen

AE 10.5

Allgemeines

(1) [1]Beim Tausch und bei tauschähnlichen Umsätzen gilt der Wert jedes Umsatzes als Entgelt für den anderen Umsatz. [2]Der Wert des anderen Umsatzes wird durch den subjektiven Wert für die tatsächlich erhaltene und in Geld ausdrückbare Gegenleistung bestimmt. [3]Subjektiver Wert ist derjenige, den der Leistungsempfänger der Leistung beimisst, die er sich verschaffen will und deren Wert dem Betrag entspricht, den er zu diesem Zweck aufzuwenden bereit ist (vgl. BFH-Urteil vom 16. 4. 2008, XI R 56/06, BStBl II S. 909, und EuGH-Urteil vom 2. 6. 1994, C-33/93, EuGHE I S. 2329). [4]Dieser Wert umfasst alle Ausgaben einschließlich der Nebenleistungen, die der Empfänger der jeweiligen Leistung aufwendet, um diese Leistung zu erhalten (vgl. BFH-Urteil vom 1. 8. 2002, V R 21/01, BStBl 2003 II S. 438, und vom 16. 4. 2008, a. a. O.; zu Versandkosten vgl. z. B. EuGH-Urteil vom 3. 7. 2001, C-380/99, EuGHE I S. 5163). [5]Soweit der Leistungsempfänger konkrete Aufwendungen für die von ihm erbrachte Gegenleistung getätigt hat, ist daher der gemeine Wert (§ 9 BewG) dieser Gegenleistung nicht maßgeblich. [6]Hat er keine konkreten Aufwendungen für seine Gegenleistung getätigt, ist als Entgelt für die Leistung der gemeine Wert dieser Gegenleistung anzusetzen; die Umsatzsteuer ist stets herauszurechnen. [7]Soweit der Wert des Entgelts nicht ermittelt werden kann, ist er zu schätzen. [8]Wird ein Geldbetrag zugezahlt, so handelt es sich um einen Tausch oder tauschähnlichen Umsatz mit Baraufgabe. [9]In diesen Fällen ist der Wert der Sachleistung um diesen Betrag zu mindern. [10]Wird im Rahmen eines tauschähnlichen Umsatzes Kapital zinslos oder verbilligt zur Nutzung überlassen, richtet sich der Wert dieses Vorteils nach den allgemeinen Vorschriften des Bewertungsgesetzes (§§ 13 bis 16 BewG). [11]Danach ist ein einjähriger Betrag der Nutzung mit 5,5 v. H. des Darlehens zu ermitteln (vgl. BFH-Urteil vom 28. 2. 1991, V R 12/85, BStBl II S. 649).

S 7203

Materialabfall und werthaltige Abfälle

(2) [1]Zum Entgelt für eine Werkleistung kann neben der vereinbarten Barvergütung auch der bei der Werkleistung anfallende Materialabfall gehören, den der Leistungsempfänger dem leistenden Unternehmer überlässt. [2]Das gilt insbesondere, wenn Leistungsempfänger und leistender Unternehmer sich darüber einig sind, dass die Barvergütung kein hinreichender Gegenwert für die Werkleistung ist. [3]Der Wert des Materialabfalls kann auch dann anteilige Gegenleistung für die Werkleistung sein, wenn über den Verbleib des Materialabfalls keine besondere Vereinbarung getroffen worden ist. [4]Die Vermutung, dass in diesem Fall die Höhe der vereinbarten Barvergütung durch den überlassenen Materialabfall beeinflusst worden ist, besteht insbesondere, wenn es sich um wertvollen Materialabfall handelt (vgl. BFH-Urteil vom 15. 12. 1988, V R 24/88, BStBl 1989 II S. 252). [5]Übernimmt bei der Entsorgung wertstoffhaltiger Abfälle der Unternehmer (Entsorger) die vertraglich geschuldete industrielle Aufbereitung und erhält er die Verwertungs- und Vermarktungsmöglichkeit über die im Abfall enthaltenen Wertstoffe, bleibt der Charakter der Leistung als Entsorgungsleistung ungeachtet des durch den Entsorger erzielten Preises für die Wertstoffe unberührt. [6]Der Wert des Wertstoffs ist Bemessungsgrundlage für die erbrachte Entsorgungsleistung, ggf. – je nach Marktlage – abzüglich bzw. zuzüglich einer Baraufgabe. [7]Die für die Höhe der Baraufgabe maßgebenden Verhältnisse ergeben sich dabei regelmäßig aus den vertraglichen Vereinbarungen und Abrechnungen. [8]Bemessungsgrundlage für die Lieferung des Unternehmers, der den werthaltigen Abfall abgibt, ist der Wert der Gegenleistung (Entsorgungsleistung) ggf. – je nach Marktlage – abzüglich bzw. zuzüglich einer Baraufgabe. [9]Zu tauschähnlichen Umsätzen bei

der Abgabe von werthaltigen Abfällen, für die gesetzliche Entsorgungspflichten bestehen, vgl. BMF-Schreiben vom 1. 12. 2008, BStBl I S. 992. [10]Beginnt die Beförderung oder Versendung von Abnehmer (Entsorger) in einem anderen EU-Mitgliedstaat, kann die Leistung des liefernden Unternehmers als innergemeinschaftliche Lieferung steuerfrei sein. [11]Der Entsorger hat einen betragsmäßig identischen innergemeinschaftlichen Erwerb des wertstoffhaltigen Abfalls der Umsatzbesteuerung in Deutschland zu unterwerfen, wenn hier die Entsorgung des Abfalls erfolgt.

Austauschverfahren in der Kraftfahrzeugwirtschaft

(3) [1]Die Umsätze beim Austauschverfahren in der Kraftfahrzeugwirtschaft sind in der Regel Tauschlieferungen mit Baraufgabe (vgl. BFH-Urteil vom 3. 5. 1962, V 298/59 S, BStBl III S. 265). [2]Der Lieferung eines aufbereiteten funktionsfähigen Austauschteils (z. B. Motor, Aggregat, Achse, Benzinpumpe, Kurbelwelle, Vergaser) durch den Unternehmer der Kraftfahrzeugwirtschaft stehen eine Geldzahlung und eine Lieferung des reparaturbedürftigen Kraftfahrzeugteils (Altteils) durch den Kunden gegenüber. [3]Als Entgelt für die Lieferung des Austauschteils sind demnach die vereinbarte Geldzahlung und der gemeine Wert des Altteils, jeweils abzüglich der darin enthaltenen Umsatzsteuer, anzusetzen. [4]Dabei können die Altteile mit einem Durchschnittswert von 10 % des sog. Bruttoaustauschentgelts bewertet werden. [5]Als Bruttoaustauschentgelt ist der Betrag anzusehen, den der Endabnehmer für den Erwerb eines dem zurückgegebenen Altteil entsprechenden Austauschteils abzüglich Umsatzsteuer, jedoch ohne Abzug eines Rabatts zu zahlen hat. [6]Der Durchschnittswert ist danach auf allen Wirtschaftsstufen gleich. [7]Er kann beim Austauschverfahren sowohl für Personenkraftwagen als auch für andere Kraftfahrzeuge, insbesondere auch Traktoren, Mähdrescher und andere selbstfahrende Arbeitsmaschinen im Sinne des § 3 Abs. 2 Nr. 1 Buchstabe a FZV, angewandt werden. [8]Setzt ein Unternehmer bei der Abrechnung an Stelle des Durchschnittswerts andere Werte an, so sind die tatsächlichen Werte der Umsatzsteuer zu unterwerfen. [9]Zur Vereinfachung der Abrechnung (§ 14 UStG) und zur Erleichterung der Aufzeichnungspflichten (§ 22 UStG) kann wie folgt verfahren werden:

1. [1]Die Lieferungen von Altteilen durch die am Kraftfahrzeug-Austauschverfahren beteiligten Unternehmer werden nicht zur Umsatzsteuer herangezogen. [2]Soweit der Endabnehmer des Austauschteils ein Land- und Forstwirt ist und seine Umsätze nach § 24 UStG nach Durchschnittssätzen versteuert, ist der Lieferer des Austauschteils, z. B. Reparaturwerkstatt, verpflichtet, über die an ihn ausgeführte Lieferung des Altteils auf Verlangen eine Gutschrift nach § 14 Abs. 2 Sätze 3 und 4 UStG zu erteilen (vgl. Nummer 2 Satz 2 Buchstabe a Beispiel 2).

2. [1]Bei der Lieferung des Austauschteils wird der Wert des zurückgegebenen Altteils in allen Fällen von den Lieferern – Hersteller, Großhändler, Reparaturwerkstatt – als Teil der Bemessungsgrundlage berücksichtigt. [2]Dabei ist Folgendes zu beachten:

    a) [1]In der Rechnung über die Lieferung des Austauschteils braucht der Wert des Altteils nicht in den Rechnungsbetrag einbezogen zu werden. [2]Es genügt, dass der Unternehmer den auf den Wert des Altteils entfallenden Steuerbetrag angibt.

        Beispiel 1:

1	Austauschmotor	1 000,– €
+	Umsatzsteuer (19 %)	190,– €
+	Umsatzsteuer (19 %)	
	auf den Wert des Altteils von 100 € (10 % von 1 000 €)	19,– €
		1 209,– €

        Beispiel 2:
        (Lieferung eines Austauschteils an einen Landwirt, der § 24 UStG anwendet)

1	Austauschmotor	1 000,— €
+	Umsatzsteuer (19 %)	190,— €
+	Umsatzsteuer (19 %)	
	auf den Wert des Altteils von 100 DM (10 % von 1 000 €)	19,— €
		1 209,— €
./.	Gutschrift 10,7 v. H. Umsatzsteuer auf den Wert des Altteils (100 €)	10,70 €
		1 198,30 €

    b) [1]Der Lieferer der Austauschteile – Hersteller, Großhändler, Reparaturwerkstatt – hat die auf die Werte der Altteile entfallenden Steuerbeträge gesondert aufzuzeichnen. [2]Am Schluss des Voranmeldungs- und des Besteuerungszeitraums ist aus der Summe dieser Steuerbeträge die Summe der betreffenden Entgeltsteile zu errechnen.

    c) Der Lieferungsempfänger muss, sofern er auf der Eingangsseite die Entgelte für empfangene steuerpflichtige Lieferungen und sonstige Leistungen und die darauf entfallenden Steuerbeträge nicht getrennt voneinander, sondern nach § 63 Abs. 5 UStDV in einer Summe aufzeichnet, die um die Steuer auf die Werte der Altteile verminderten Bruttorechnungsbeträge (nach den vorstehenden Beispielen 1 190 €) und die auf die Werte der Altteile entfallenden Steuerbeträge getrennt voneinander aufzeichnen.

§ 10 UStG
AE 10.5

(4) ¹Nimmt ein Kraftfahrzeughändler beim Verkauf eines Neuwagens einen Gebrauchtwagen in Zahlung und leistet der Käufer in Höhe des Differenzbetrages eine Zuzahlung, liegt ein Tausch mit Baraufgabe vor. ²Zum Entgelt des Händlers gehört neben der Zuzahlung auch der gemeine Wert des in Zahlung genommenen gebrauchten Fahrzeuges. ³Wird der Gebrauchtwagen zu einem höheren Preis als dem gemeinen Wert in Zahlung genommen, liegt ein verdeckter Preisnachlass vor, der das Entgelt für die Lieferung des Neuwagens mindert.

Beispiel 1:
¹Der Verkaufspreis eines neuen Kraftwagens beträgt 17 400 €. ²Der Kraftfahrzeughändler nimmt bei der Lieferung des Neuwagens ein gebrauchtes Fahrzeug, dessen gemeiner Wert 8 000 € beträgt, mit 8 500 € in Zahlung. ³Der Kunde zahlt 8 900 € in bar. ⁴Der Kraftfahrzeughändler gewährt einen verdeckten Preisnachlass von 500 €. ⁵Das Entgelt für die Lieferung des Neuwagens berechnet sich wie folgt:

Barzahlung	8 900,— €
+ gemeiner Wert	8 000,— €
	16 900,— €
./. darin enthaltene Umsatzsteuer (Steuersatz 19 %)	2 698,93 €
= Entgelt	14 201,07 €

⁴Ein verdeckter Preisnachlass kann mit steuerlicher Wirkung nur anerkannt werden, wenn die Höhe der Entgeltsminderung nachgewiesen wird. ⁵Der Kraftfahrzeughändler kann den gemeinen Wert des in Zahlung genommenen Gebrauchtwagens wie folgt ermitteln:

1. Wenn im Zeitpunkt der Übernahme des Gebrauchtwagens ein Schätzpreis eines amtlich bestellten Kraftfahrzeugsachverständigen festgestellt worden ist, kann dieser als gemeiner Wert anerkannt werden.
2. ¹Bei Fahrzeugen, die innerhalb einer Frist von drei Monaten seit Übernahme weitergeliefert werden, kann als gemeiner Wert der Verkaufserlös abzüglich etwaiger Reparaturkosten, soweit die Reparaturen nicht nach der Übernahme durch den Kraftfahrzeughändler von diesem verursacht worden sind, und abzüglich eines Pauschalabschlags bis zu 15 % für Verkaufskosten anerkannt werden. ²Ein höherer Abschlagssatz ist nur anzuerkennen, wenn der Unternehmer entsprechende stichhaltige Kalkulationen vorlegt. ³Reparaturen sind nur mit den Selbstkosten, also ohne Gewinnzuschlag, zu berücksichtigen. ⁴Zu den Reparaturen in diesem Sinne rechnet nicht das Verkaufsfertigmachen. ⁵Die Kosten hierfür sind durch den Pauschalabschlag abgegolten.
3. ¹Bei Fahrzeugen, die nicht innerhalb einer Frist von drei Monaten seit Übernahme, sondern erst später weitergeliefert werden, kann der Verkaufserlös abzüglich etwaiger Reparaturkosten wie bei Nummer 2, aber ohne Pauschalabschlag als gemeiner Wert anerkannt werden. ²Bei der Ermittlung des gemeinen Werts ist in diesen Fällen vom Brutto-Verkaufserlös (einschl. Umsatzsteuer) auszugehen. ³Der daraus ermittelte gemeine Wert ist ebenfalls der Bruttowert (einschl. Umsatzsteuer).

Beispiel 2:

Verkaufspreis des Neufahrzeugs	
(20 000 € + 3 800 € Umsatzsteuer)	23 800,- €
Barzahlung	15 300,- €
Anrechnung Gebrauchtfahrzeug	8 500,- €
Ermittlung des gemeinen Werts	
Verkaufserlös	10 000,- €
./. Reparaturkosten	500,- €
./. Verkaufskosten (15 % von 10 000 €)	1 500,- €
= Gemeiner Wert	8 000,- €
Verdeckter Preisnachlass	500,- €
Ermittlung des Entgelts	
Barzahlung	15 300,- €
+ Gemeiner Wert des Gebrauchtfahrzeugs	8 000,- €
	23 300,- €
./. darin enthaltene 15,97 % Umsatzsteuer (Steuersatz 19 %)	3 721,01 €
Die Umsatzsteuer vermindert sich um (3 800 € ./. 3 721,01 €) =	78,99 €

⁶Ist der festgestellte gemeine Wert des in Zahlung genommenen Gebrauchtwagens höher als der Inzahlungnahmepreis, hat der Kraftfahrzeughändler außer der Zuzahlung den höheren gemeinen Wert zu versteuern. ⁷Der gemeine Wert eines beim Neuwagenverkauf in Zahlung genommenen Gebrauchtwagens ist nicht unter Berücksichtigung des Erlöses aus im sog. Streckengeschäft nachfolgenden Gebrauchtwagenverkäufen zu bestimmen. ⁸Die Regelung zur Ermittlung des gemeinen Wertes kann auch angewendet werden, wenn das in Zahlung genommene Fahrzeug nicht weiterverkauft, sondern verschrottet wird. ⁹In diesem Fall kann der gemeine Wert des Fahrzeugs mit 0 €

bzw. mit dem Schrotterlös angesetzt werden, und zwar ohne Rücksicht darauf, ob es innerhalb von drei Monaten oder später verschrottet wird. [10]Voraussetzung hierfür ist jedoch, dass die Verschrottung des Fahrzeugs vom Händler in geeigneter Weise, mindestens durch Vorlage des entwerteten Kfz-Briefes nachgewiesen wird.

(5) [1]In den Fällen, in denen bei der Lieferung eines Neuwagens und der Inzahlungnahme eines Gebrauchtwagens ein verdeckter Preisnachlass gewährt wird, ist ggf. § 14c Abs. 1 UStG anzuwenden. [2]Der Kraftfahrzeughändler, der in einem derartigen Fall eine Rechnung erteilt, in der die Umsatzsteuer gesondert ausgewiesen und der angegebene Steuerbetrag von dem nicht um den verdeckten Preisnachlass geminderten Entgelt berechnet worden ist, schuldet den Steuermehrbetrag nach § 14c Abs. 1 Satz 1 UStG. [3]Eine Berichtigung der geschuldeten Umsatzsteuer nach § 17 Abs. 1 Nr. 1 UStG erfordert nach § 14c Abs. 1 Satz 1 UStG, dass der in der Rechnung ausgewiesene Steuerbetrag gegenüber dem Abnehmer berichtigt wird.

Forderungskauf

(6) [1]Der Forderungskauf ohne Übernahme des Forderungseinzugs stellt einen tauschähnlichen Umsatz dar, bei dem der Forderungskäufer eine Baraufgabe leistet, vgl. Abschnitt 2.4 Abs. 5 Sätze 1 bis 3. [2]Die Baraufgabe des Forderungskäufers ist der von ihm ausgezahlte Betrag. [3]Der Wert der Leistung des Forderungskäufers besteht aus dem Wert für die Kreditgewährung, welcher durch die Gebühr und den Zins bestimmt wird, sowie dem bar aufgegebenen Betrag. [4]Der Wert der Leistung des Forderungsverkäufers besteht aus dem Kaufpreis, d. h. dem (Brutto-)Nennwert der abgetretenen Forderung zzgl. der darauf entfallenden Umsatzsteuer. [5]Dementsprechend ist Bemessungsgrundlage für die Leistung des Forderungsverkäufers der Wert des gewährten Kredits – dieser wird regelmäßig durch die vereinbarten Gebühren und Zinsen bestimmt – zzgl. des vom Käufer gezahlten Auszahlungsbetrags. [6]Bemessungsgrundlage für die Leistung des Forderungskäufers ist der Wert der übertragenen Forderung – dieser entspricht dem Bruttoverkaufspreis der Forderung, abzüglich der selbst geleisteten Baraufgabe in Höhe des Auszahlungsbetrags.

Beispiel:

[1]V hat eine Forderung über 1 190 000 € gegenüber einem Dritten, die er an den Erwerber K veräußert und abtritt. [2]Der Einzug der Forderung verbleibt bei V. [3]Sowohl V als auch K machen von der Möglichkeit der Option nach § 9 UStG Gebrauch. [4]K zahlt dem V den Forderungsbetrag (1 190 000 €) zuzüglich Umsatzsteuer (226 100 €) und abzüglich einer vereinbarten Gebühr von 5 950 €, also 1 410 150 €.

[5]Da der Einzug der Forderung nicht vom Erwerber der Forderung übernommen wird, erbringt K keine Factoringleistung, sondern eine grundsätzlich nach § 4 Nr. 8 Buchstabe a UStG steuerfreie Kreditgewährung. [6]Die Leistung des V besteht in der Abtretung seiner Forderung; auch diese Leistung ist grundsätzlich nach § 4 Nr. 8 Buchstabe c UStG steuerfrei. [7]Da sowohl V als auch K für ihre Leistung zur Steuerpflicht optiert haben, sind die Bemessungsgrundlagen für ihre Leistungen wie folgt zu ermitteln:

[8]Bemessungsgrundlage für die Leistung des V ist der Wert des gewährten Kredits – dieser wird durch die vereinbarte Gebühr i.H.v. 5 950 € bestimmt – zuzüglich des vom Käufer gezahlten Auszahlungsbetrags i.H.v. 1 410 150 €, abzüglich der darin enthaltenen Umsatzsteuer von 226 100 €. [9]Im Ergebnis ergibt sich somit eine Bemessungsgrundlage in Höhe des Bruttowerts der abgetretenen Forderung von 1 190 000 €.

[10]Bemessungsgrundlage für die Leistung des Forderungskäufers ist der Wert der übertragenen Forderung – dieser entspricht dem Bruttoverkaufspreis der Forderung von 1 416 100 €, abzüglich der selbst geleisteten Baraufgabe in Höhe des Auszahlungsbetrags von 1 410 150 €. [11]Im Ergebnis ergibt sich dabei eine Bemessungsgrundlage in Höhe der vereinbarten Gebühr, abzüglich der darin enthaltenen Umsatzsteuer, also 5 000 €.

10.6. Bemessungsgrundlage bei unentgeltlichen Wertabgaben

(1) [1]Bei den einer Lieferung gleichgestellten Wertabgaben im Sinne des § 3 Abs. 1b UStG (vgl. Abschnitt 3.3) ist bei der Ermittlung der Bemessungsgrundlage grundsätzlich vom Einkaufspreis zuzüglich der Nebenkosten für den Gegenstand oder für einen gleichartigen Gegenstand im Zeitpunkt der Entnahme oder Zuwendung auszugehen (§ 10 Abs. 4 Satz 1 Nr. 1 UStG). [2]Der Einkaufspreis entspricht in der Regel dem Wiederbeschaffungspreis. [3]Kann ein Einkaufspreis nicht ermittelt werden, so sind als Bemessungsgrundlage die Selbstkosten anzusetzen. [4]Diese umfassen alle durch den betrieblichen Leistungsprozess bis zum Zeitpunkt der Entnahme oder Zuwendung entstandenen Kosten. [5]Die auf die Wertabgabe entfallende Umsatzsteuer gehört nicht zur Bemessungsgrundlage. *[6]Zu den Pauschbeträgen für unentgeltliche Wertabgaben (Sachentnahmen) 2011 vgl. BMF-Schreiben vom 8. 12. 2010, BStBl I S. 1344.*

(2) [1]Im Fall einer nach § 3 Abs. 1b Satz 1 Nr. 1 i. V. m. Satz 2 UStG steuerpflichtigen Entnahme eines Gegenstands, den der Unternehmer ohne Berechtigung zum Vorsteuerabzug erworben hat

und an dem Arbeiten ausgeführt worden sind, die zum Vorsteuerabzug berechtigt und zum Einbau von Bestandteilen geführt haben (vgl. Abschnitt 3.3 Abs. 2 bis 4), ist Bemessungsgrundlage nach § 10 Abs. 4 Satz 1 Nr. 1 UStG der Einkaufspreis der Bestandteile im Zeitpunkt der Entnahme (Restwert). [2]Ob ein nachträglich z. B. in einen PKW eingebauter Bestandteil im Zeitpunkt der Entnahme des PKW noch einen Restwert hat, lässt sich im Allgemeinen unter Heranziehung anerkannter Marktübersichten für den Wert gebrauchter PKW (z. B. sog. „Schwacke-Liste" oder vergleichbare Übersichten von Automobilclubs) beurteilen. [3]Wenn insoweit kein Aufschlag auf den – im Wesentlichen nach Alter und Laufleistung bestimmten – durchschnittlichen Marktwert des PKW im Zeitpunkt der Entnahme üblich ist, scheidet der Ansatz eines Restwertes aus.

(3) [1]Bei den einer sonstigen Leistung gleichgestellten Wertabgaben im Sinne des § 3 Abs. 9a UStG (vgl. Abschnitt 3.4) bilden die bei der Ausführung der Leistung entstandenen Ausgaben die Bemessungsgrundlage (§ 10 Abs. 4 Satz 1 Nr. 2 und 3 UStG). [2]Soweit ein Gegenstand für die Erbringung der sonstigen Leistung verwendet wird, zählen hierzu die Anschaffungs- und Herstellungskosten für diesen Gegenstand. [3]Diese sind gleichmäßig auf einen Zeitraum zu verteilen, der dem Berichtigungszeitraum nach § 15a UStG für diesen Gegenstand entspricht (vgl. EuGH-Urteil vom 14. 9. 2006, C-72/05, BStBl 2007 II S. 32). [4]In diese Ausgaben sind – unabhängig von der Einkunftsermittlungsart – die nach § 15 UStG abziehbaren Vorsteuerbeträge nicht einzubeziehen. [5]Besteht die Wertabgabe in der Verwendung eines Gegenstands (§ 3 Abs. 9a Nr. 1 UStG), sind nach § 10 Abs. 4 Satz 1 Nr. 2 UStG aus der Bemessungsgrundlage solche Ausgaben auszuscheiden, die nicht zum vollen oder teilweisen Vorsteuerabzug berechtigt haben. [6]Dabei ist es unerheblich, ob das Fehlen des Abzugsrechts darauf zurückzuführen ist, dass

a) für die Leistung an den Unternehmer keine Umsatzsteuer geschuldet wird oder
b) die Umsatzsteuer für die empfangene Leistung beim Unternehmer nach § 15 Abs. 1a oder 2 UStG vom Vorsteuerabzug ausgeschlossen ist oder
c) die Aufwendungen in öffentlichen Abgaben (Steuern, Gebühren oder Beiträgen) bestehen.

[7]Zur Bemessungsgrundlage zählen auch Ausgaben, die aus Zuschüssen finanziert worden sind.

(4) Zur Bemessungsgrundlage bei unentgeltlichen Leistungen an das Personal vgl. Abschnitt 1.8.

(5) [1]Bei der privaten Nutzung von Freizeitgegenständen ist nur der Teil der Ausgaben zu berücksichtigen, der zu den Gesamtausgaben im selben Verhältnis steht wie die Dauer der tatsächlichen Verwendung des Gegenstands für unternehmensfremde Zwecke zur Gesamtdauer seiner tatsächlichen Verwendung (vgl. BFH-Urteil vom 24. 8. 2000, V R 9/00, BStBl 2001 II S. 76). [2]Das ist der Fall, wenn der Unternehmer über den Gegenstand – wie ein Endverbraucher – nach Belieben verfügen kann und ihn nicht (zugleich) für unternehmerische Zwecke bereithält oder bereithalten muss.

Beispiel:

[1]Ein Unternehmer vermietet eine dem Unternehmensvermögen zugeordnete Yacht im Kalenderjahr an insgesamt 49 Tagen. [2]Er nutzte seine Yacht an insgesamt 7 Tagen für eine private Segeltour. [3]Die gesamten vorsteuerbelasteten Ausgaben im Kalenderjahr betragen 28 000 €. [4]In der übrigen Zeit stand sie ihm für private Zwecke jederzeit zur Verfügung.

[5]Als Bemessungsgrundlage bei der unentgeltlichen Wertabgabe werden von den gesamten vorsteuerbelasteten Ausgaben (28 000 €) die anteiligen auf die private Verwendung entfallenden Ausgaben im Verhältnis von 56 Tagen der tatsächlichen Gesamtnutzung zur Privatnutzung von 7 Tagen angesetzt. [6]Die Umsatzsteuer beträgt demnach 665 € (7/56 von 28 000 € = 3 500 €, darauf 19 % Umsatzsteuer).

10.7. Mindestbemessungsgrundlage (§ 10 Abs. 5 UStG)

(1) [1]Die Mindestbemessungsgrundlage gilt nur für folgende Umsätze:

1. Umsätze der in § 10 Abs. 5 Nr. 1 UStG genannten Vereinigungen an ihre Anteilseigner, Gesellschafter, Mitglieder und Teilhaber oder diesen nahestehende Personen (vgl. die Beispiele 1 und 2);
2. Umsätze von Einzelunternehmern an ihnen nahestehende Personen;
3. Umsätze von Unternehmern an ihr Personal oder dessen Angehörige auf Grund des Dienstverhältnisses (vgl. Abschnitt 1.8).

[2]Als „nahestehende Personen" sind Angehörige im Sinne des § 15 AO sowie andere Personen und Gesellschaften anzusehen, zu denen ein Anteilseigner, Gesellschafter usw. eine enge rechtliche, wirtschaftliche oder persönliche Beziehung hat. [3]Ist das für die genannten Umsätze entrichtete Entgelt niedriger als die nach § 10 Abs. 4 UStG in Betracht kommenden Werte oder Ausgaben für gleichartige unentgeltliche Leistungen, sind als Bemessungsgrundlage die Werte oder Ausgaben nach § 10 Abs. 4 UStG anzusetzen (vgl. Abschnitt 10.6). [4]Dies gilt nicht, wenn das vereinbarte niedrigere Entgelt marktüblich ist (vgl. EuGH-Urteil vom 29. 5. 1997, C-63/96, BStBl II S. 841, und BFH-

Urteil vom 8. 10. 1997, XI R 8/86, BStBl II S. 840). [5]Übersteigen sowohl das marktübliche Entgelt als auch die Ausgaben nach § 10 Abs. 4 UStG das vereinbarte Entgelt, sind als Bemessungsgrundlage die Ausgaben nach § 10 Abs. 4 UStG anzusetzen.

Beispiel 1:
[1]Eine KG überlässt einem ihrer Gesellschafter einen firmeneigenen Personenkraftwagen zur privaten Nutzung. [2]Sie belastet in der allgemeinen kaufmännischen Buchführung das Privatkonto des Gesellschafters im Kalenderjahr mit 2 400 €. [3]Der auf die private Nutzung des Pkw entfallende Anteil an den zum Vorsteuerabzug berechtigenden Ausgaben (z. B. Kraftstoff, Öl, Reparaturen) beträgt jedoch 3 600 €. [4]Nach § 10 Abs. 4 Satz 1 Nr. 2 UStG wäre als Bemessungsgrundlage der auf die Privatnutzung entfallende Anteil von 3 600 € zu Grunde zu legen. [5]Das vom Gesellschafter durch Belastung seines Privatkontos entrichtete Entgelt ist niedriger als die Bemessungsgrundlage nach § 10 Abs. 4 Satz 1 Nr. 2 UStG. [6]Nach § 10 Abs. 5 Nr. 1 UStG ist deshalb die Pkw-Überlassung mit 3 600 € zu versteuern.

Beispiel 2:
[1]Ein Verein gestattet seinen Mitgliedern und auch Dritten die Benutzung seiner Vereinseinrichtungen gegen Entgelt. [2]Das von den Mitgliedern zu entrichtende Entgelt ist niedriger als das von Dritten zu zahlende Entgelt.

a) [1]Der Verein ist nicht als gemeinnützig anerkannt.

[2]Es ist zu prüfen, ob die bei der Überlassung der Vereinseinrichtungen entstandenen Ausgaben das vom Mitglied gezahlte Entgelt übersteigen. [3]Ist dies der Fall, sind nach § 10 Abs. 5 Nr. 1 UStG die Ausgaben als Bemessungsgrundlage anzusetzen. [4]Deshalb erübrigt sich die Prüfung, ob ein Teil der Mitgliederbeiträge als Entgelt für Sonderleistungen anzusehen ist.

b) [1]Der Verein ist als gemeinnützig anerkannt.

[2]Mitglieder gemeinnütziger Vereine dürfen im Gegensatz zu Mitgliedern anderer Vereine nach § 55 Abs. 1 Nr. 1 AO keine Gewinnanteile und in ihrer Eigenschaft als Mitglieder auch keine sonstigen Zuwendungen aus Mitteln des Vereins erhalten. [3]Erbringt der Verein an seine Mitglieder Sonderleistungen gegen Entgelt, braucht aus Vereinfachungsgründen eine Ermittlung der Ausgaben erst dann vorgenommen zu werden, wenn die Entgelte offensichtlich nicht kostendeckend sind.

(2) [1]Die Mindestbemessungsgrundlage nach § 10 Abs. 5 Nr. 2 UStG findet keine Anwendung, wenn die Leistung des Unternehmers an sein Personal nicht zur Befriedigung persönlicher Bedürfnisse des Personals erfolgt, sondern durch betriebliche Erfordernisse bedingt ist, wenn also keine Leistung „auf Grund des Dienstverhältnisses" vorliegt (vgl. zur verbilligten Überlassung von Arbeitskleidung BFH-Urteile vom 27. 2. 2008, XI R 50/07, BStBl 2009 II S. 426, und vom 29. 5. 2008, V R 12/07, BStBl 2009 II S. 428). [2]Auch die entgeltliche Beförderung von Arbeitnehmern zur Arbeitsstätte ist keine Leistung „auf Grund des Dienstverhältnisses", wenn für die Arbeitnehmer keine zumutbaren Möglichkeiten bestehen, die Arbeitsstätte mit öffentlichen Verkehrsmitteln zu erreichen (vgl. BFH-Urteil vom 15. 11. 2007, V R 15/06, BStBl 2009 II S. 423). [3]Vgl. im Einzelnen Abschnitt 1.8 Abs. 4 und Abs. 6 Satz 5.

(3) Wegen der Rechnungserteilung in den Fällen der Mindestbemessungsgrundlage vgl. Abschnitt 14.9.

(4) Zur Mindestbemessungsgrundlage in den Fällen des § 13b Abs. 5 UStG vgl. Abschnitt 13b.**13 Abs. 1**.

(5) Zur Mindestbemessungsgrundlage im Fall der Lieferung vom Wärme, die durch eine Kraft-Wärme-Kopplungsanlage erzeugt wird, vgl. Abschnitt 2.5 Abs. 9 und 10.

(6) Der Anwendung der Mindestbemessungsgrundlage steht nicht entgegen, dass über eine ordnungsgemäß durchgeführte Lieferung an einen vorsteuerabzugsberechtigten Unternehmer abgerechnet wird (vgl. BFH-Urteil vom 24. 1. 2008, V R 39/06, BStBl 2009 II S. 786).

10.8. Durchschnittsbeförderungsentgelt

[1]Bei der Beförderungseinzelbesteuerung wird aus Vereinfachungsgründen als Bemessungsgrundlage ein Durchschnittsbeförderungsentgelt angesetzt (§ 10 Abs. 6 UStG). [2]Das Durchschnittsbeförderungsentgelt beträgt 4,43 Cent je Personenkilometer (§ 25 UStDV). [3]Auf diese Bemessungsgrundlage ist der allgemeine Steuersatz (§ 12 Abs. 1 UStG) anzuwenden. [4]Der Unternehmer kann nach Ablauf des Besteuerungszeitraums anstelle der Beförderungseinzelbesteuerung die Berechnung der Steuer nach § 16 Abs. 1 und 2 UStG beantragen (§ 16 Abs. 5b UStG), vgl. Abschnitt 18.8 Abs. 3.

§ 10 UStG
H

Hinweise

Umsatzsteuerliche Behandlung des Pfandgelds bei Änderung des Steuersatzes   **H 1**
(§ 10 Abs. 1, § 13 Abs. 1 Nr. 1 UStG)
(BMF vom 16. 11. 1993 – IV C 3 – S 7200 – 114/93 –)
Siehe USt-HA 1997/98 § 10 H 2.

Gebrauchtwagengarantiesystem der Multipart Automobil-Service GmbH, Ringsheim TFM-Erlass vom 25. 3. 2004 – S 7421 A-3-202.3 –.   **2**
(OFD Erfurt, Vfg. vom 7. 4. 2002 – S 7200 A-27-LZ 43 –, StEd 2004 S. 461)

Umsatzsteuerliche Behandlung der Maut-Gebühr   **3**
(OFD Hannover, Vfg. vom 6. 1. 2005 – S 7200 – 333 – StO 171 –, DStZ 2005 S. 171)

Abwrackprämie im Kfz-Handel   **4**
(OFD Frankfurt am Main, Vfg. vom 7. 11. 2005 – S 7200 A – 192 – St I 2.20 –, StEd 2006 S. 45)

Verdeckter Preisnachlass im Gebrauchtwagenhandel   **5**
(OFD Frankfurt am Main, Vfg. vom 8. 11. 2005 – S 7200 A – 224 – St 11.10 –, DStZ 2006 S. 170)

Umsatzsteuerrechtliche Behandlung der Druckkostenzuschüsse bei der Vervielfältigung und Verbreitung von Druckwerken   **6**
(BMF vom 9. 12. 2005, BStBl 2005 I S. 1087)
Siehe USt-HA 2005/06 § 10 H 6.

Vermittlung von Personenbeförderungsleistungen im Luftverkehr   **7**
(BMF vom 30. 3. 2006, BStBl 2006 I S. 308)
Siehe USt-HA 2006/07 § 4 H 21.

Umsatzsteuerliche Behandlung von Maßnahmen im Rahmen der Schaffung von Arbeitsgelegenheiten mit Mehraufwandsentschädigungen (sog. „1-Euro-Jobs")   **8**
(OFD Frankfurt am Main, Vfg. vom 5. 4. 2006 – S 7200 A – 223 – St 11 –, StEd 2006 S. 445)

Preisnachlässe durch Verkaufsagenten   **9**
(BMF vom 8. 12. 2006, IV A 5 – S 7200 – 86/06 –)
Siehe USt-HA 2006/07 § 10 H 11.

Zahlungsansprüche für land- und forstwirtschaftliche Betriebe nach der EU-Agrarreform (GAP-Reform);   **10**
Zuteilung, Veräußerung und Verpachtung von Zahlungsansprüchen
(BMF vom 26. 2. 2007, BStBl 2007 I S. 271)
Siehe USt-HA 2007/08 § 10 H 12.

§ 10 Abs. 4 Satz 1 Nr. 2 Umsatzsteuergesetz (UStG)   **11**
Bemessungsgrundlage zur Versteuerung einer unentgeltlichen Wertabgabe bei der nichtunternehmerischen Verwendung eines dem Unternehmen zugeordneten Gebäudes vor dem 1. Juli 2004
(BMF vom 10. 8. 2007, BStBl 2007 I S. 690)
Siehe USt-HA 2007/08 § 10 H 13.

Grunderwerbsteuer als Bemessungsgrundlage für die Umsatzsteuer bei Grundstückskaufverträgen;   **12**
Anwendung des BFH-Urteils vom 9. November 2006, V R 9/04, BStBl 2007 II S. 285
(BMF vom 25. 9. 2007, BStBl 2007 I S. 716)
Siehe USt-HA 2007/08 § 10 H 14.

§ 10 UStG
Rsp I H

13 **Portokosten als durchlaufende Posten**

(OFD Frankfurt am Main, Vfg. vom 7. 8. 2008 – S 7200 A – 180 – St 111 –, StEd 2008 S. 621)

14 **Leistungsbeziehungen bei der Abgabe werthaltiger Abfälle; Anwendung der Grundsätze des tauschähnlichen Umsatzes**

(BMF vom 1. 12. 2008, BStBl 2008 I S. 992)
Siehe USt-HA 2008/09 § 10 H 16.

15 **Preisnachlässe durch Verkaufsagenten; Vertrauensschutzregelung für die Korrektur des Vorsteuerabzugs beim Endverbraucher**

(BMF vom 12. 12. 2008, BStBl 2009 I S. 205)
Siehe USt-HA 2008/09 § 10 H 17.

16 **Investitionskostenzuschüsse von Gemeinden an Netzbetreiber zur Verbesserung der Breitbandversorgung in ländlichen Räumen**

(OFD Frankfurt am Main, Vfg. vom 18. 3. 2009 – S 7200 A – 246 – St 1 11 –, StEd 2009 S. 397)

17 **Verwendung von Abwärme aus Biogasanlagen für das Beheizen des privaten Wohnhauses; Bemessungsgrundlage für die unentgeltliche Wertabgabe**

(Bayerisches Landesamt für Steuern, Erlass vom 15. 10. 2009 – S 7206.2.1-2/4 St 34 –, StEd 2009 S. 751)

18 **Zuwendungen aus öffentlichen Kassen als echte Zuschüsse; Anwendung der BFH-Urteile vom 27. November 2008, BStBl 2009 II S. 397, und vom 18. Dezember 2008, BStBl 2009 II S. 749**

(OFD Frankfurt am Main, Vfg. vom 22. 1. 2010 – S 7200 A – 215 – St 1 11 –, StEd 2010 S. 349)

19 **Folgen aus dem EuGH-Urteil Astra Zeneca**

(BMF vom 20. 12. 2010, DStR 2011 S. 629)

Es ist auf verschiedene Probleme im Zusammenhang mit der umsatzsteuerlichen Behandlung von Nennwertgutscheinen hingewiesen worden, die sich aus dem EuGH-Urteil vom 29. Juli 2010 (C-40/09, Astra Zeneca) ergeben könnten.

Die Folgerungen aus dem EuGH-Urteil Astra Zeneca wurden in der Sitzung der Umsatzsteuerreferatsleiter des Bundes und der Länder Ust VI/10 vom 23. bis 25. November 2010 erörtert.

Im Ergebnis kam man überein, dass von Seiten der Finanzverwaltung keine Konsequenzen aus dem Urteil für die deutsche Rechtslage und die bestehende Praxis im Umgang mit Nennwertgutscheinen gezogen werden. Die Erörterungen werden – unter Einbeziehung der europäischen Ebene – fortgesetzt. Über das Ergebnis wird zeitnah unterrichtet.

20 **Umsatzsteuerliche Behandlung der Kulturförderabgabe**

(OFD Frankfurt am Main, Vfg. vom 4. 7. 2011 – S 7200 A – 255 – St 1 11 –, StEd 2011 S. 639)

Rsp **Rechtsprechung**

Rsp I EUROPÄISCHER GERICHTSHOF

EuGH vom 19. 11. 1998 – Rs. C-85/97 – (HFR 1999 S. 131, UR 1999 S. 205, UVR 1999 S. 23)

1. Verjährung des Anspruchs auf Zahlung der Mehrwertsteuer
2. Methode zur Berechnung von Sachbezügen

1. Eine nationale Praxis, unter der bei mehrwertsteuerpflichtigen Umsätzen, die von einer Gesellschaft vor ihrer Registrierung als mehrwertsteuerpflichtig getätigt wurden, die Verjährung des Anspruchs auf Zahlung der Mehrwertsteuer am zwanzigsten Tag des Monats beginnt, der auf das Kalendervierteljahr folgt, in dem diese Registrierung vorgenommen worden ist, verstößt nicht gegen die Art. 4 und 10 6. USt-Richtlinie.

2. Es verstößt gegen die Erste EG-RL und gegen die 6. USt-Richtlinie, die Mehrwertsteuer auf eine einem Arbeitnehmer von seinem Arbeitgeber gewährte Sachleistung – Überlassung eines Fahrzeugs zur privaten Nutzung – nur dann unter Einbeziehung der vom Arbeitgeber auf die Miete dieses Fahrzeugs gezahlte Mehrwertsteuer in die Bemessungsgrundlage zu berechnen, wenn die Anmietung in einem anderen Mitgliedstaat erfolgt ist, nicht aber dann, wenn das Fahrzeug in dem betreffenden Staat gemietet worden wäre.

EuGH vom 29. 3. 2001 – Rs. C-404/99 – (HFR 2001 S. 634, UVR 2001 S. 297)

„Bedienungszuschläge" gehören zur Besteuerungsgrundlage für die Mehrwertsteuer

Frankreich hat dadurch gegen seine Verpflichtungen aus den Art. 2 Nr. 1 und 11 Teil A Abs. 1 Buchst. a 6. USt-Richtlinie verstoßen, dass es unter bestimmten Voraussetzungen erlaubt hat, dass die Preisaufschläge, die bestimmte Steuerpflichtige als Entgelt für die Bedienung in Rechnung stellen („Bedienungszuschläge"), von der Besteuerungsgrundlage für die Mehrwertsteuer ausgenommen werden.

EuGH vom 15. 5. 2001 – Rs. C-34/99 – (HFR 2001 S. 813, UVR 2001 S. 355)

Besteuerungsgrundlage bei kreditfinanzierten Warenverkäufen ist der dem Käufer in Rechnung gestellte Kaufpreis

Art. 11 Teil A Abs. 1 Buchst. a 6. USt-Richtlinie ist in dem Sinne auszulegen, dass bei einer entgeltlichen Lieferung von Gegenständen, die folgende Merkmale aufweist:
– ein Einzelhändler verkauft Waren zu dem angegebenen Preis, den er dem Käufer in Rechnung stellt und der sich nicht danach ändert, ob der Käufer bar oder mittels eines Kredits zahlt;
– der Erwerb der Waren wird auf Wunsch des Käufers mit Hilfe eines für ihn zinslosen Kredits finanziert, der von einer Finanzierungsgesellschaft zur Verfügung gestellt wird, bei der es sich nicht um den Verkäufer handelt;
– die Finanzierungsgesellschaft verpflichtet sich gegenüber dem Käufer, für dessen Rechnung dem Verkäufer den angegebenen und in Rechnung gestellten Verkaufspreis zu zahlen;
– in Wirklichkeit zahlt die Finanzierungsgesellschaft dem Verkäufer nach Maßgabe von Abmachungen, die sie mit diesem getroffen hat, die jedoch dem Käufer nicht bekannt sind, einen Betrag, der niedriger ist als der angegebene und in Rechnung gestellte Preis, und
– der Käufer zahlt der Finanzierungsgesellschaft einen Betrag in Höhe des angegebenen und in Rechnung gestellten Kaufpreises zurück,

die Besteuerungsgrundlage für die Mehrwertsteuer, die auf den Verkauf der Waren entfällt, der volle vom Käufer geschuldete Betrag ist.

EuGH vom 29. 5. 2001 – Rs. C-86/99 – (HFR 2001 S. 815, UVR 2001 S. 420)

Katalogpreis ist Besteuerungsgrundlage bei Warenlieferung mit Rabattgewährung auf gesondertes Rabattkonto

Art. 11 Teil A Abs. 3 Buchst. b und Teil C Abs. 1 6. USt-Richtlinie ist dahin auszulegen, dass die Besteuerungsgrundlage für die Lieferung von Waren, die ein Kunde aus einem Versandhauskatalog für seinen Eigengebrauch bestellt, im vollen Katalogpreis der dem Kunden verkauften Waren besteht, auch wenn der Lieferer dem Kunden einen Rabatt auf den Katalogpreis gewährt, der dem Kunden bei Zahlung der Raten an den Lieferer auf einem gesonderten Konto gutgeschrieben wird und den er sich sofort auszahlen lassen oder über den er sofort in anderer Weise verfügen kann; von dem Katalogpreis ist der genannte Rabatt abzuziehen, sobald der Kunde ihn sich auszahlen lässt oder in anderer Weise darüber verfügt.

EuGH vom 3. 7. 2001 – Rs. C-380/99 – (HFR 2001 S. 923, UVR 2001 S. 425)

Besteuerungsgrundlage für die Lieferung einer Sachprämie (Versandkosten)

Nach Art. 11 Teil A Abs. 1 Buchst. a 6. USt-Richtlinie umfasst die Besteuerungsgrundlage für die Lieferung einer Sachprämie für die Vermittlung eines neuen Kunden außer dem Einkaufspreis für diese Prämie auch die Versandkosten, wenn diese von demjenigen getragen werden, der die Prämie liefert.

EuGH vom 22. 11. 2001 – Rs. C-184/00 – (UR 2002 S. 177, UVR 2002 S. 47)

Besteuerungsgrundlage, unmittelbar mit dem Preis zusammenhängende Subvention, Zahlung Dritter als sog. Entgeltsauffüllung

Der Begriff unmittelbar mit dem Preis zusammenhängende Subventionen im Sinne von Art. 11 Teil A Abs. 1 Buchst. a 6. USt-Richtlinie ist dahin auszulegen, dass er nur die Subventionen erfasst, die vollständig oder teilweise die Gegenleistung für die Lieferung von Gegenständen oder von Dienstleistungen sind und dem Verkäufer oder Dienstleistungserbringer von einem Dritten gezahlt worden sind. Es ist Sache des vorlegenden Gerichts, anhand der ihm unterbreiteten Tatsachen festzustellen, ob die Subvention eine solche Gegenleistung darstellt.

EuGH vom 13. 6. 2002 – Rs. C-353/00 – (HFR 2002 S. 853, UVR 2002 S. 254)

Zahlungen einer öffentlichen Einrichtung an ein Energieberatungsunternehmen als Entgelt für dessen Leistung an Kunden

Art. 11 Teil A Abs. 1 Buchst. a 6. USt-Richtlinie ist dahin auszulegen, dass ein Betrag, wie der im Ausgangsverfahren gezahlte, die Gegenleistung für eine Dienstleistung darstellt und Teil der Besteuerungsgrundlage dieses Umsatzes für die Mehrwertsteuer darstellt.

EuGH vom 11. 7. 2002 – Rs. C-62/00 – (HFR 2002 S. 943, UVR 2002 S. 286)

Besteuerungsgrundlage bei Einlösung von Einkaufsgutscheinen, die der Händler unter dem Nennwert an Unternehmer zur Weitergabe verkauft; rückwirkende Verkürzung einer Verjährungsfrist für Erstattung rechtsgrundlos gezahlter Mehrwertsteuer durch nationale Regelung

Die Grundsätze der Effektivität und des Vertrauensschutzes stehen einer nationalen Regelung entgegen, die rückwirkend die Frist verkürzt, innerhalb derer die Erstattung von als Mehrwertsteuer gezahlten Beträgen gefordert werden kann, wenn diese unter Verstoß gegen Bestimmungen der 6. USt-Richtlinie erhoben wurden, die wie deren Art. 11 Teil A Abs. 1 unmittelbare Wirkung entfalten.

EuGH vom 17. 9. 2002 – Rs. C-498/99 – (HFR 2003 S. 97, UVR 2002 S. 352)

Bei Ratewettbewerben ist umsatzsteuerliche Bemessungsgrundlage das vom Teilnehmer gezahlte Entgelt

1. Art. 2 Nr. 1 6. USt-Richtlinie ist dahin auszulegen, dass eine Dienstleistung, die gegen Entgelt erbracht wird, aber auf eine unvollkommene Verbindlichkeit zurückgeht, weil vereinbart worden ist, dass der Dienstleistende hinsichtlich der Erbringung dieser Dienstleistung nur eine Ehrenschuld eingeht, einen der Mehrwertsteuer unterliegenden Umsatz darstellt.
2. Art. 11 Teil A Abs. 1 Buchst. a 6. USt-Richtlinie ist dahin auszulegen, dass der Gesamtbetrag der vom Veranstalter eines Wettbewerbs eingenommenen Teilnahmegebühren die Besteuerungsgrundlage für diesen Wettbewerb bildet, wenn der Veranstalter über diesen Betrag frei verfügen kann.

EuGH vom 15. 10. 2002 – Rs. C-427/98 – (BStBl 2004 II S. 328, HFR 2003 S. 97, UVR 2003 S. 62)

Besteuerungsgrundlage bei der Erstattung von Preisnachlassgutscheinen

Die Bundesrepublik Deutschland hat dadurch gegen ihre Verpflichtungen aus Art. 11 6. USt-Richtlinie in der Fassung der Richtlinie 95/7/EG des Rates vom 10. 4. 1995 zur Änderung der 6. USt-Richtlinie und zur Einführung weiterer Vereinfachungsmaßnahmen im Bereich der Mehrwertsteuer – Geltungsbereich bestimmter Steuerbefreiungen und praktische Einzelheiten ihrer Durchführung – verstoßen, dass sie keine Vorschriften erlassen hat, die im Fall der Erstattung von Preisnachlassgutscheinen eine Berichtigung der Besteuerungsgrundlage des Steuerpflichtigen, der diese Erstattung vorgenommen hat, zulassen.

EuGH vom 16. 1. 2003 – Rs. C-398/99 – (BStBl 2004 II S. 335, HFR 2003 S. 527, UR 2003 S. 89)

Einbeziehung des Nennwerts von Preisnachlassgutscheinen in die Besteuerungsgrundlage

Nach Art. 11 Teil A Abs. 1 Buchst. a und Teil C Abs. 1 6. USt-Richtlinie ist der Nennwert eines vom Hersteller einer Ware begebenen Preisnachlassgutscheins in die Besteuerungsgrundlage dieses Einzelhändlers einzubeziehen, wenn dieser beim Verkauf einer Ware akzeptiert, dass der Endverbraucher den Verkaufspreis teilweise bar und teilweise mit diesem Gutschein bezahlt, und wenn der Hersteller dem Einzelhändler den auf diesem Gutschein angegebenen Betrag erstattet.

EuGH vom 15. 7. 2004 – Rs. C-381/01 – (BFH/NV 2004 S. 367)

Beihilfen für Trockenfutter nach der Verordnung (EG) Nr. 603/95, nicht unmittelbar mit dem Preis zusammenhängende Subvention

Die Italienische Republik hat nicht dadurch gegen ihre Verpflichtungen aus Art. 11 6. USt-Richtlinie verstoßen, dass sie auf den Betrag der in Anwendung der Verordnung (EG) Nr. 603/95 des Rates vom 21. 2. 1995 über die gemeinsame Marktorganisation für Trockenfutter gezahlten Beihilfen keine Mehrwertsteuer erhoben hat. Weder für den Verkauf von beim Grünfuttererzeuger gekauftem Futter nach Trocknung durch ein Verarbeitungsunternehmen noch für den Werkvertrag über eine Trocknungsleistung zwischen einem Verarbeitungsunternehmen und einem Grünfuttererzeuger sind die Voraussetzungen für die Erhebung von Mehrwertsteuer erfüllt.

EuGH vom 15. 7. 2004 – Rs. C-144/02 – (HFR 2004 S. 1154, UR 2004 S. 625)

Beihilfen für Trockenfutter nach der Verordnung (EG) Nr. 603/95, nicht unmittelbar mit dem Preis zusammenhängende Subvention

Die Bundesrepublik Deutschland hat nicht dadurch gegen ihre Verpflichtungen aus Art. 11 6. USt-Richtlinie verstoßen, dass sie auf den Betrag der in Anwendung der Verordnung (EG) Nr. 603/95 des Rates vom 21. 2. 1995 über die gemeinsame Marktorganisation für Trockenfutter gezahlten Beihilfen keine Mehrwertsteuer erhoben hat. Weder für den Verkauf von beim Grünfuttererzeuger gekauftem Futter nach Trocknung durch ein Verarbeitungsunternehmen noch für den Werkvertrag über eine Trocknungsleistung zwischen einem Verarbeitungsunternehmen und einem Grünfuttererzeuger sind die Voraussetzungen für die Erhebung von Mehrwertsteuer erfüllt.

EuGH vom 15. 7. 2004 – Rs. C-463/02 – (ABl. EU 2004 Nr. C 228 S. 10)

Beihilfen für Trockenfutter nach der Verordnung (EG) Nr. 603/95, nicht unmittelbar mit dem Preis zusammenhängende Subvention

Das Königreich Schweden hat nicht dadurch gegen Verpflichtungen aus Art. 11 6. USt-Richtlinie verstoßen, dass auf den Betrag der in Anwendung der Verordnung (EG) Nr. 603/95 des Rates vom 21. 2. 1995 über die gemeinsame Marktorganisation für Trockenfutter gezahlten Beihilfen keine Mehrwertsteuer erhoben wurde. Weder für den Verkauf von beim Grünfuttererzeuger gekauftem Futter nach Trocknung durch ein Verarbeitungsunternehmen noch für den Werkvertrag über eine Trocknungsleistung zwischen einem Verarbeitungsunternehmen und einem Grünfuttererzeuger sind die Voraussetzungen für die Erhebung von Mehrwertsteuer erfüllt.

EuGH vom 1. 6. 2006 – Rs. C-98/05 – (IStR 2006 S. 636, HFR 2006 S. 935)

Dänische Zulassungsabgabe für neue Kraftfahrzeuge gehört nicht zur Bemessungsgrundlage

Im Rahmen eines Kaufvertrags, der vorsieht, dass der Händler das Fahrzeug entsprechend der vom Käufer bestimmten Verwendung mit Zulassung zu einem Preis liefert, der die von ihm vor der Lieferung entrichtete Zulassungsabgabe für neue Kraftfahrzeuge umfasst, fällt diese Abgabe, deren Entstehungstatbestand nicht die Lieferung, sondern die erste Zulassung des Fahrzeugs im Inland ist, nicht unter den Begriff der Steuern, Zölle, Abschöpfungen und Abgaben i. S. von Art. 11 Teil A Abs. 2 Buchst. a der 6. USt-Richtlinie. Eine solche Abgabe stellt einen Betrag dar, den der Steuerpflichtige vom Fahrzeugkäufer als Erstattung der in dessen Namen und für dessen Rechnung verauslagten Beträge i. S. von Abs. 3 Buchst. c dieser Bestimmung erhält.

EuGH vom 14. 9. 2006 – Rs. C-72/05 – (BStBl 2007 II S. 32, UR 2006 S. 638)

Bemessungsgrundlage der Privatnutzung eines insgesamt dem Unternehmen zugeordneten Gebäudes für Zwecke der Vorsteuerberichtigung

Art. 11 Teil A Abs. 1 Buchst. c der 6. USt-Richtlinie in der durch die Richtlinie 95/7/EG des Rates vom 10. 4. 1995 geänderten Fassung ist dahin auszulegen, dass er der Festsetzung der Bemessungsgrundlage der Mehrwertsteuer für die private Nutzung eines Teils eines Gebäudes, das der Steuerpflichtige in vollem Umfang seinem Unternehmen zugeordnet hat, auf einen Teil der Anschaffungs- oder Herstellungskosten des Gebäudes, der sich nach dem gemäß Art. 20 der 6. USt-Richtlinie vorgesehenen Zeitraum für die Berichtigung der Vorsteuerabzüge bestimmt, nicht entgegensteht.

Diese Besteuerungsgrundlage muss die Kosten des Erwerbs des Grundstücks, auf dem das Gebäude errichtet ist, enthalten, sofern dieser Erwerb der Mehrwertsteuer unterworfen war und der Steuerpflichtige den Vorsteuerabzug erhalten hat.

EuGH vom 7. 10. 2010 – RS. C-53/09 und C-55/09 – (HFR 2010 S. 1365, UR 2010 S. 857)

Kundenbindungsprogramm, das dem Kunden die Möglichkeit bietet, bei Händlern Punkte zu sammeln und gegen Treueprämien einzulösen

Im Rahmen eines Kundenbindungsprogramms wie des in den Ausgangsverfahren in Rede stehenden sind die Art. 5, 6 und 11 Teil A Abs. 1 Buchst. a 6. USt-Richtlinie in der durch die Richtlinie 95/7/EG des Rates vom 10. 4. 1995 geänderten Fassung sowie Art. 17 Abs. 2 in seiner sich aus Art. 28f Nr. 1 dieser Richtlinie ergebenden Fassung dahin auszulegen,

- dass die Zahlungen des Programmmanagers in der Rechtssache C-53/09 an die Lieferer, die den Kunden Treueprämien liefern, als Gegenleistung eines Dritten für die den Kunden von den genannten Lieferern erbrachte Lieferung von Gegenständen oder gegebenenfalls erbrachte Dienstleistung anzusehen sind, wobei es jedoch Sache des vorlegenden Gerichts ist, zu prüfen, ob diese Zahlungen auch die Gegenleistung für die Erbringung von Dienstleistungen umfassen, die einer gesonderten Dienstleistung entspricht,
- dass die Zahlungen des Sponsors in der Rechtssache C-55/09 an den Programmmanager, der den Kunden Treueprämien liefert, teils als Gegenleistung eines Dritten für die den Kunden vom Manager dieses Programms erbrachte Lieferung von Gegenständen und teils als Gegenleistung für die von diesem Manager dem Sponsor erbrachten Dienstleistungen anzusehen sind.

EuGH vom 22.12.2010 – Rs. C-433/09 – (BFH/NV 2011 S. 398, HFR 2011 S. 363, UR 2011 S. 946)

Einbeziehung von Abgaben in die Bemessungsgrundlage

Die Republik Österreich hat gegen ihre Pflichten aus den Art. 78 und 79 MwStSystRL verstoßen, indem sie die Normverbrauchsabgabe in die Bemessungsgrundlage der in Österreich bei der Lieferung eines Kraftfahrzeugs erhobenen Mehrwertsteuer einbezogen hat.

EuGH vom 9.6.2011 – Rs. C-285/10 – (BFH/NV 2011 S. 1468)

Mindestbemessungsgrundlage bei Umsätzen zwischen verbundenen Personen

Die 6. USt-Richtlinie ist dahin auszulegen, dass sie es einem Mitgliedstaat verwehrt, auf Umsätze der im Ausgangsverfahren fraglichen Art zwischen verbundenen Parteien, die einen erkennbar unter dem normalen Marktpreis liegenden Preis vereinbart haben, eine andere Regel für die Bestimmung der Besteuerungsgrundlage als die in Art. 11 Teil A Abs. 1 Buchst. a der 6. USt-Richtlinie vorgesehene allgemeine Regel anzuwenden, indem er die Anwendung der Regeln für die Bestimmung der Besteuerungsgrundlage für die Entnahme oder die Verwendung von Gegenständen oder die Erbringung von Dienstleistungen für private Zwecke des Steuerpflichtigen i.S.v. Art. 5 Abs. 6 und Art. 6 Abs. 2 der 6. USt-Richtlinie auf diese Umsätze erstreckt, obwohl dieser Mitgliedstaat nicht das Verfahren nach Art. 27 der 6. USt-Richtlinie befolgt hat, um die Ermächtigung zur Einführung einer solchen von der allgemeinen Regel abweichenden Maßnahme zu erhalten.

EuGH vom 28.7.2011 – Rs. C-106/10 – (BFH/NV 2011 S. 1643, HFR 2011 S. 1167)

Einbeziehung der portugiesischen Kfz-Steuer in die Bemessungsgrundlage

Eine Steuer wie die im Ausgangsverfahren in Rede stehende Kraftfahrzeugsteuer (imposto sobre veículos), deren Entstehungstatbestand unmittelbar mit der Lieferung eines Fahrzeugs zusammenhängt, das in den Anwendungsbereich dieser Steuer fällt, und die vom Lieferer des betreffenden Fahrzeugs entrichtet wird, fällt unter den Ausdruck „Steuern, Zölle, Abschöpfungen und Abgaben" i.S.v. Art. 78 Abs. 1 Buchst. a MwStSystRL und ist in Anwendung dieser Bestimmung in die Bemessungsgrundlage der Mehrwertsteuer auf die Lieferung des genannten Fahrzeugs einzubeziehen.

Rsp III   BUNDESFINANZHOF

BFH vom 22. 4. 2010 – V R 26/08 – (BStBl 2010 II S. 883, HFR 2010 S. 1191)

Vergnügungsteuer bei Umsätzen mit Spielautomaten Bestandteil der Bemessungsgrundlage

Bei Umsätzen mit Spielautomaten mit oder ohne Gewinnmöglichkeit ist die Vergnügungsteuer nicht aus der Bemessungsgrundlage herauszurechnen.

BFH vom 6. 5. 2010 – V R 15/09 – (BStBl 2011 II S. 142, StEd 2010 S. 584, UR 2010 S. 741)

Keine Änderung des Entgelts aufgrund einer Abtretung

1. Tritt ein Unternehmer eine Forderung aus einem Umsatzgeschäft gegen einen unter dem Nennwert der Forderung liegenden Forderungskaufpreis ab, mindert sich hierdurch nicht die Bemessungsgrundlage für die an den Schuldner des Entgelts ausgeführte Leistung.
2. Das Entgelt bestimmt sich nach den Zahlungen der Kunden des Unternehmers an den Forderungserwerber.

BFH vom 19. 5. 2010 – XI R 32/08 – (BStBl 2010 II S. 1079, HFR 2010 S. 1336)

Bemessungsgrundlage für die Umsatzbesteuerung der nichtunternehmerischen Nutzung eines dem Unternehmen zugeordneten Fahrzeugs
1. Nach einer von der Finanzverwaltung getroffenen Vereinfachungsregelung kann der Unternehmer bei der Ermittlung der Bemessungsgrundlage für die Umsatzbesteuerung der nichtunternehmerischen Nutzung seines dem Unternehmen zugeordneten Fahrzeugs von dem ertragsteuerrechtlichen Wert der Nutzungsentnahme nach der sog. 1-%-Regelung des § 6 Abs. 1 Nr. 4 Satz 2 EStG ausgehen und von diesem Wert für die nicht mit Vorsteuern belasteten Kosten einen pauschalen Abschlag von 20 % vornehmen.
2. Diese Vereinfachungsregelung ist eine einheitliche Schätzung, die von einem Unternehmer nur insgesamt oder gar nicht in Anspruch genommen werden kann.
3. Der Unternehmer darf nicht von dem ertragsteuerrechtlichen Wert der Nutzungsentnahme nach der sog. 1-%-Regelung des § 6 Abs. 1 Nr. 4 Satz 2 EStG ausgehen und sodann den prozentualen Abschlag für die nicht mit Vorsteuern belasteten Kosten anhand der tatsächlichen Kosten ermitteln.

BFH vom 19. 5. 2010 – XI R 35/08 – (BStBl 2010 II S. 1082, HFR 2010 S. 1333)

Beitragszuschüsse zur privaten Kranken- oder Pflegeversicherung sind kein Entgelt
Nach § 257 Abs. 2 SGB V oder § 61 Abs. 2 SGB XI geschuldete Beitragszuschüsse zur privaten Kranken- oder Pflegeversicherung sind kein Entgelt i. S. von § 10 UStG.

BFH vom 1.9.2010 – V R 32/09 – (BStBl 2011 II S. 300, HFR 2011 S. 454, UR 2011 S. 180)

Automatisch einbehaltener Tronc als Teil der Bemessungsgrundlage von Umsätzen mit Spielautomaten
1. Ein beim Automatenglücksspiel automatisch einbehaltener Tronc (Trinkgeldbetrag) ist als Teil des Entgelts in die Bemessungsgrundlage einzubeziehen.
2. Einer Minderung der Bemessungsgrundlage um die nach Landesrecht erhobene Troncabgabe steht entgegen, dass diese nicht die wesentlichen Merkmale der Mehrwertsteuer erfüllt.

BFH vom 7.10.2010 – V R 4/10 – (HFR 2011 S. 804, UR 2011 S. 626)

Beschränkte Anwendung der Mindestbemessungsgrundlage
Die Anwendung der Mindestbemessungsgrundlage gemäß § 10 Abs. 5 UStG setzt voraus, dass die Gefahr von Steuerhinterziehungen oder -umgehungen besteht. Hieran fehlt es, wenn der Unternehmer von einer nahestehenden Person zwar ein niedrigeres als das marktübliche Entgelt verlangt, seine Leistung aber in Höhe des marktüblichen Entgelts versteuert.

BFH vom 4.5.2011 – XI R 4/09 – (BFH/NV 2011 S. 1736)

Mit Servicegebühren in einem Betrag eingezogene Spieleinsätze keine durchlaufende Posten
Spieleinsätze, die ein Lottospielvermittler zusammen mit Servicegebühren in einem Betrag einzieht, sind keine durchlaufende Posten, wenn er weder den erforderlichen Nachweis, als Zwischenperson im fremden Namen tätig zu werden, erbringt, noch den Spieleinsatzanteil in unveränderter Höhe wie ein Bote an die Lotteriegesellschaft weiterleitet.

BFH vom 19.6.2011 – XI R 8/09 – (DB 2011 S. 2474, HFR 2011 S. 1342, StEd 2011 S. 709)

Bemessungsgrundlage bei einer verbilligten Lieferung von Zeitungen an Arbeitnehmer
Liefert ein Verlag seine Zeitungen verbilligt an seine Arbeitnehmer nach Hause, liegen Lieferungen auf Grund des Dienstverhältnisses i.S.v. § 10 Abs. 5 Nr. 2 UStG vor. Diese Umsätze werden nach dem marktüblichen Entgelt (regulärer Abonnementpreis) bemessen, wenn dieses die nach § 10 Abs. 4 Satz 1 Nr. 1 UStG ermittelten Selbstkosten unterschreitet.

§ 11 Bemessungsgrundlage für die Einfuhr

(1) Der Umsatz wird bei der Einfuhr (§ 1 Abs. 1 Nr. 4) nach dem Wert des eingeführten Gegenstands nach den jeweiligen Vorschriften über den Zollwert bemessen.

(2) ¹Ist ein Gegenstand ausgeführt, in einem Drittlandsgebiet für Rechnung des Ausführers veredelt und von diesem oder für ihn wieder eingeführt worden, so wird abweichend von Absatz 1 der Umsatz bei der Einfuhr nach dem für die Veredelung zu zahlenden Entgelt oder, falls ein solches Entgelt nicht gezahlt wird, nach der durch die Veredelung eingetretenen Wertsteigerung bemessen. ²Das gilt auch, wenn die Veredelung in einer Ausbesserung besteht und anstelle eines ausgebesserten Gegenstands ein Gegenstand eingeführt wird, der ihm nach Menge und Beschaffenheit nachweislich entspricht. ³Ist der eingeführte Gegenstand vor der Einfuhr geliefert worden und hat diese Lieferung nicht der Umsatzsteuer unterlegen, so gilt Absatz 1.

(3) Dem Betrag nach Absatz 1 oder 2 sind hinzuzurechnen, soweit sie darin nicht enthalten sind:
1. die im Ausland für den eingeführten Gegenstand geschuldeten Beträge an Einfuhrabgaben, Steuern und sonstigen Abgaben;
2. die auf Grund der Einfuhr im Zeitpunkt des Entstehens der Einfuhrumsatzsteuer auf den Gegenstand entfallenden Beträge an Einfuhrabgaben im Sinne des Artikels 4 Nr. 10 der Verordnung (EWG) Nr. 2913/92 des Rates zur Festlegung des Zollkodex der Gemeinschaften vom 12. Oktober 1992 (ABl. EG Nr. L 302 S. 1) in der jeweils geltenden Fassung und an Verbrauchsteuern außer der Einfuhrumsatzsteuer, soweit die Steuern unbedingt entstanden sind;
3. die auf den Gegenstand entfallenden Kosten für die Vermittlung der Lieferung und die Kosten der Beförderung sowie für andere sonstige Leistungen bis zum ersten Bestimmungsort im Gemeinschaftsgebiet;
4. die in Nummer 3 bezeichneten Kosten bis zu einem weiteren Bestimmungsort im Gemeinschaftsgebiet, sofern dieser im Zeitpunkt des Entstehens der Einfuhrumsatzsteuer bereits feststeht.

(4) Zur Bemessungsgrundlage gehören nicht Preisermäßigungen und Vergütungen, die sich auf den eingeführten Gegenstand beziehen und die im Zeitpunkt des Entstehens der Einfuhrumsatzsteuer feststehen.

(5) Für die Umrechnung von Werten in fremder Währung gelten die entsprechenden Vorschriften über den Zollwert der Waren, die in Rechtsakten des Rates oder der Kommission der Europäischen Gemeinschaften festgelegt sind.

Vorschriften des Gemeinschaftsrechts

Art. 85 bis 88 und Art. 91 der MWSt-Richtlinie (bis 31. 12. 2006: Art. 11 Teil B Abs. 1–5 u. Art. 11 Teil C Abs. 2 der 6. USt-Richtlinie).

Hinweis

1 Dienstanweisung zur Einfuhrumsatzsteuer

Vorschriftensammlung Bundesfinanzverwaltung (VSF) Stoffgebiet Zoll, Abschnitt Einfuhrumsatzsteuer, Fachteil – Z 8204, Z 8206 – (Ausgabe August 1974, in der derzeit geltenden Fassung)

Bemessungsgrundlage (§ 11) – Z 8204 –

Bemessungsgrundlage für veredelte Gegenstände (§ 11 Abs. 2 UStG) – Z 8206 –

Rechtsprechung

BUNDESFINANZHOF

BFH vom 21.9.2011 – VII R 25/10 – (DStRE 2011 S. 1408)

Einbeziehung eines von einem Auktionshaus berechneten Aufgelds in den Zollwert

Ein von einem Auktionshaus dem Ersteigerer neben dem Kaufpreis in Rechnung gestelltes Aufgeld ist keine Einkaufsprovision, wenn es jedem Ersteigerer unabhängig von einer ihm gegenüber erbrachten Leistung des Auktionshauses berechnet wird.

Vierter Abschnitt
Steuer und Vorsteuer

§ 12 Steuersätze

(1) Die Steuer beträgt für jeden steuerpflichtigen Umsatz 19 Prozent der Bemessungsgrundlage (§§ 10, 11, 25 Abs. 3 und § 25a Abs. 3 und 4).

(2) Die Steuer ermäßigt sich auf 7 Prozent für die folgenden Umsätze:

1. die Lieferungen, die Einfuhr und den innergemeinschaftlichen Erwerb der in der Anlage 2 bezeichneten Gegenstände;
2. die Vermietung der in der Anlage 2 bezeichneten Gegenstände;
3. die Aufzucht und das Halten von Vieh, die Anzucht von Pflanzen und die Teilnahme an Leistungsprüfungen für Tiere;
4. die Leistungen, die unmittelbar der Vatertierhaltung, der Förderung der Tierzucht, der künstlichen Tierbesamung oder der Leistungs- und Qualitätsprüfung in der Tierzucht und in der Milchwirtschaft dienen;
5. (weggefallen)
6. die Leistungen aus der Tätigkeit als Zahntechniker sowie die in § 4 Nr. 14 Buchstabe a Satz 2 bezeichneten Leistungen der Zahnärzte;
7. a) die Eintrittsberechtigung für Theater, Konzerte und Museen sowie die den Theatervorführungen und Konzerten vergleichbaren Darbietungen ausübender Künstler,
   b) die Überlassung von Filmen zur Auswertung und Vorführung sowie die Filmvorführungen, soweit die Filme nach § 6 Abs. 3 Nr. 1 bis 5 des Gesetzes zum Schutze der Jugend in der Öffentlichkeit oder nach § 14 Abs. 2 Nr. 1 bis 5 des Jugendschutzgesetzes vom 23. Juli 2002 (BGBl. I S. 2730, 2003 I S. 476) in der jeweils geltenden Fassung gekennzeichnet sind oder vor dem 1. Januar 1970 erstaufgeführt wurden,
   c) die Einräumung, Übertragung und Wahrnehmung von Rechten, die sich aus dem Urheberrechtsgesetz ergeben,
   d) die Zirkusvorführungen, die Leistungen aus der Tätigkeit als Schausteller sowie die unmittelbar mit dem Betrieb der zoologischen Gärten verbundenen Umsätze;
8. a) ¹die Leistungen der Körperschaften, die ausschließlich und unmittelbar gemeinnützige, mildtätige oder kirchliche Zwecke verfolgen (§§ 51 bis 68 der Abgabenordnung). ²Das gilt nicht für Leistungen, die im Rahmen eines wirtschaftlichen Geschäftsbetriebs ausgeführt werden. ³Für Leistungen, die im Rahmen eines Zweckbetriebs ausgeführt werden, gilt Satz 1 nur, wenn der Zweckbetrieb nicht in erster Linie der Erzielung zusätzlicher Einnahmen durch die Ausführung von Umsätzen dient, die in unmittelbarem Wettbewerb mit dem allgemeinen Steuersatz unterliegenden Leistungen anderer Unternehmer ausgeführt werden, oder wenn die Körperschaft mit diesen Leistungen ihrer in §§ 66 bis 68 der Abgabenordnung bezeichneten Zweckbetriebe ihre steuerbegünstigten satzungsmäßen Zwecke selbst verwirklicht,
   b) die Leistungen der nichtrechtsfähigen Personenvereinigungen und Gemeinschaften der in Buchstabe a Satz 1 bezeichneten Körperschaften, wenn diese Leistungen, falls die Körperschaften sie anteilig selbst ausführten, insgesamt nach Buchstabe a ermäßigt besteuert würden;
9. die unmittelbar mit dem Betrieb der Schwimmbäder verbundenen Umsätze sowie die Verabreichung von Heilbädern. Das Gleiche gilt für die Bereitstellung von Kureinrichtungen, soweit als Entgelt eine Kurtaxe zu entrichten ist;
10. die Beförderungen von Personen im Schienenbahnverkehr, im Verkehr mit Oberleitungsomnibussen, im genehmigten Linienverkehr mit Kraftfahrzeugen, im Verkehr mit Taxen, mit Drahtseilbahnen und sonstigen mechanischen Aufstiegshilfen aller Art und im genehmigten Linienverkehr mit Schiffen sowie die Beförderungen im Fährverkehr
    a) innerhalb einer Gemeinde oder
    b) wenn die Beförderungstrecke nicht mehr als 50 Kilometer beträgt;

---

¹) Bis zum 31. 12. 2011 geltende Fassung von § 12 Abs. 2 Nr. 10 UStG:
  10. a) die Beförderungen von Personen mit Schiffen
      b) die Beförderungen von Personen im Schienenbahnverkehr, im Verkehr mit Oberleitungsomnibussen, im genehmigten Linienverkehr mit Kraftfahrzeugen, im Verkehr mit Taxen, mit Drahtseilbahnen und sonstigen mechanischen Aufstiegshilfen aller Art und die Beförderungen im Fährverkehr
         aa) innerhalb einer Gemeinde oder
         bb) wenn die Beförderungsstrecke nicht mehr als 50 Kilometer beträgt;

§ 12 UStG   §§ 26–29, 30 UStDV
AE 12.1

11. ¹die Vermietung von Wohn- und Schlafräumen, die ein Unternehmer zur kurzfristigen Beherbergung von Fremden bereithält, sowie die kurzfristige Vermietung von Campingflächen. ²Satz 1 gilt nicht für Leistungen, die nicht unmittelbar der Vermietung dienen, auch wenn diese Leistungen mit dem Entgelt für die Vermietung abgegolten sind.

Vorschriften des Gemeinschaftsrechts

Art. 96 bis 99u. Anhang III, Art. 118, Art. 122 und Art. 370u. Anhang X Teil A Nr. 1 der MWSt-Richtlinie (bis 31. 12. 2006: Art. 12, Art. 28 Abs. 2 u. 3 Buchst. a, Art. 28e Abs. 4, Anhang E Nr. 2, Anhang H der 6. USt-Richtlinie).

UStDV

§§ 26–29   (weggefallen)

§ 30   Schausteller

S 7241   Als Leistungen aus der Tätigkeit als Schausteller gelten Schaustellungen, Musikaufführungen, unterhaltende Vorstellungen oder sonstige Lustbarkeiten auf Jahrmärkten, Volksfesten, Schützenfesten oder ähnlichen Veranstaltungen.

AE 12.1

12.1. Steuersätze (§ 12 Abs. 1 und 2 UStG)

S 7210
S 7220

(1) ¹Nach § 12 UStG bestehen für die Besteuerung nach den allgemeinen Vorschriften des Umsatzsteuergesetzes zwei Steuersätze:

	allgemeiner Steuersatz	ermäßigter Steuersatz
vom 1. 1. 1968 bis 30. 6. 1968	10 %	5 %
vom 1. 7. 1968 bis 31. 12. 1977	11 %	5,5 %
vom 1. 1. 1978 bis 30. 6. 1979	12 %	6 %
vom 1. 7. 1979 bis 30. 6. 1983	13 %	6,5 %
vom 1. 7. 1983 bis 31. 12. 1992	14 %	7 %
vom 1. 1. 1993 bis 31. 3. 1998	15 %	7 %
vom 1. 4. 1998 bis 31. 12. 2006	16 %	7 %
ab 1. 1. 2007	19 %	7 %

²Zur Anwendung des ermäßigten Steuersatzes auf die in der Anlage 2 des UStG aufgeführten Gegenstände vgl. das BMF-Schreiben vom 5. 8. 2004, BStBl I S. 638 ³Zu den für land- und forstwirtschaftliche Betriebe geltenden Durchschnittssätzen vgl. § 24 Abs. 1 UStG.

(2) ¹Anzuwenden ist jeweils der Steuersatz, der in dem Zeitpunkt gilt, in dem der Umsatz ausgeführt wird. ²Zu beachten ist der Zeitpunkt des Umsatzes besonders bei

1. der Änderung (Anhebung oder Herabsetzung) der Steuersätze,
2. der Einführung oder Aufhebung von Steuervergünstigungen (Steuerbefreiungen und Steuerermäßigungen) sowie
3. der Einführung oder Aufhebung von steuerpflichtigen Tatbeständen.

(3) ¹Bei einer Änderung der Steuersätze sind die neuen Steuersätze auf Umsätze anzuwenden, die von dem Inkrafttreten der jeweiligen Änderungsvorschrift an bewirkt werden. ²Auf den Zeitpunkt der Vereinnahmung des Entgelts kommt es für die Frage, welchem Steuersatz eine Leistung oder Teilleistung unterliegt, ebenso wenig an wie auf den Zeitpunkt der Rechnungserteilung. ³Auch in den Fällen der Istversteuerung (§ 20 UStG) und der Istversteuerung von Anzahlungen (§ 13 Abs. 1 Nr. 1 Buchstabe a Satz 4 UStG) ist entscheidend, wann der Umsatz bewirkt wird. ⁴Das gilt unabhängig davon, wann die Steuer nach § 13 Abs. 1 Nr. 1 UStG entsteht.

(4) ¹Für Leistungen, die in wirtschaftlich abgrenzbaren Teilen (Teilleistungen, vgl. Abschnitt 13.4) geschuldet werden, können bei einer Steuersatzänderung unterschiedliche Steuersätze in Betracht kommen. ²Vor dem Inkrafttreten der Steuersatzänderung bewirkte Teilleistungen sind nach dem bisherigen Steuersatz zu versteuern. ³Auf die danach bewirkten Teilleistungen ist der neue Steuersatz anzuwenden. ⁴Entsprechendes gilt bei der Einführung und Aufhebung von Steuervergünstigungen und steuerpflichtigen Tatbeständen.

12.2. Vieh- und Pflanzenzucht *(§ 12 Abs. 2 Nr. 3 UStG)*

AE 12.2

(1) ¹Die Steuerermäßigung **nach § 12 Abs. 2 Nr. 3 UStG** gilt für sonstige Leistungen, die in der Aufzucht und dem Halten von Vieh, in der Anzucht von Pflanzen oder in der Teilnahme an Leistungsprüfungen für Tiere bestehen. ²Sie kommt für alle Unternehmer in Betracht, die nicht § 24 UStG anwenden.

S 7233

(2) ¹Unter Vieh sind solche Tiere zu verstehen, die als landwirtschaftliche Nutztiere in Nummer 1 der Anlage 2 des UStG aufgeführt sind. ²Hierunter fallen auch Reit- und Rennpferde sowie die ihrer Nachzucht dienenden Pferde. ³Nicht begünstigt sind die Aufzucht und das Halten anderer Tiere, z. B. von Katzen oder Hunden.

(3) ¹Das Einstellen und Betreuen von Reitpferden, die von ihren Eigentümern zur Ausübung von Freizeitsport genutzt werden, fällt nicht unter den Begriff „Halten von Vieh" im Sinne des § 12 Abs. 2 Nr. 3 UStG und ist deshalb nicht mit dem ermäßigten, sondern mit dem allgemeinen Steuersatz zu versteuern (BFH-Urteil vom 22. 1. 2004, V R 41/02, BStBl II S. 757). ²Gleiches gilt für Pferde, die zu selbständigen oder gewerblichen, nicht landwirtschaftlichen Zwecken genutzt werden (z. B. durch Berufsreiter oder Reitlehrer). ³Die Steuerermäßigung nach § 12 Abs. 2 Nr. 8 UStG bleibt bei Vorliegen der Voraussetzungen unberührt.

(4) ¹Eine Anzucht von Pflanzen liegt vor, wenn ein Pflanzenzüchter einem Unternehmer (Kostnehmer) junge Pflanzen – in der Regel als Sämlinge bezeichnet – überlässt, damit dieser sie auf seinem Grundstück einpflanzt, pflegt und dem Pflanzenzüchter auf Abruf zurückgibt. ²Die Hingabe der Sämlinge an den Kostnehmer stellt keine Lieferung dar (BFH-Urteil vom 19. 7. 1962, V 145/59 U, BStBl III S. 543). ³Dementsprechend kann auch die Rückgabe der aus den Sämlingen angezogenen Pflanzen nicht als Rücklieferung angesehen werden. ⁴Die Tätigkeit des Kostnehmers ist vielmehr eine begünstigte sonstige Leistung.

(5) ¹Leistungsprüfungen für Tiere sind tierzüchterische Veranstaltungen, die als Wettbewerbe mit Prämierung durchgeführt werden, z. B. Tierschauen, Pferderennen oder Pferdeleistungsschauen (Turniere). ²Der ermäßigte Steuersatz nach § 12 Abs. 2 Nr. 3 UStG ist auf alle Entgelte anzuwenden, die dem Unternehmer für die Teilnahme an solchen Leistungsprüfungen zufließen, insbesondere auf Prämien (Leistungsprämien) und Preise (z. B. Rennpreise). ³Für die Inanspruchnahme der Steuerermäßigung nach § 12 Abs. 2 Nr. 3 UStG ist jedoch nicht Voraussetzung, dass es sich bei dem geprüften Tier um ein Zuchttier handelt. ⁴Nach dieser Vorschrift ist nur die Teilnahme an Tierleistungsprüfungen begünstigt. ⁵Für die Veranstaltung dieser Prüfungen kann jedoch der ermäßigte Steuersatz nach § 12 Abs. 2 Nr. 4 oder 8 UStG oder Steuerfreiheit nach § 4 Nr. 22 Buchstabe b UStG in Betracht kommen.

12.3. Vatertierhaltung, Förderung der Tierzucht usw. *(§ 12 Abs. 2 Nr. 4 UStG)*

AE 12.3

(1) ¹§ 12 Abs. 2 Nr. 4 UStG betrifft nur Leistungen, die einer für landwirtschaftliche Zwecke geeigneten Tierzucht usw. zu dienen bestimmt sind (vgl. BFH-Urteil vom 17. 11. 1966, V 20/65, BStBl 1967 III S. 164). ²Die Leistungen müssen den begünstigten Zwecken unmittelbar dienen. ³Diese Voraussetzung ist nicht erfüllt bei Lieferungen von Impfstoffen durch die Pharmaindustrie an Tierseuchenkassen, Trächtigkeitsuntersuchungen bei Zuchttieren, Maßnahmen der Unfruchtbarkeitsbekämpfung, Kaiserschnitt und bei Geburtshilfe.

S 7234

(2) ¹Entgelte für Leistungen, die unmittelbar der Vatertierhaltung dienen, sind insbesondere:
1. Deckgelder;
2. Umlagen (z. T. auch Mitgliederbeiträge genannt), die nach der Zahl der deckfähigen Tiere bemessen werden;
3. Zuschüsse, die nach der Zahl der gedeckten Tiere oder nach sonstigen mit den Umsätzen des Unternehmers (Vatertierhalters) verknüpften Maßstäben bemessen werden (zusätzliche Entgelte von dritter Seite nach § 10 Abs. 1 Satz 3 UStG).

²Die kurzfristige Einstellung von Pferden zum Zwecke der Bedeckung ist auch dann eine unselbständige Nebenleistung zu der ermäßigt zu besteuernden Hauptleistung Bedeckung, wenn die Halter der Pferde nicht landwirtschaftliche Pferdeeigentümer sind. ³In den Fällen der langfristigen Einstallung sind die Pensions- und die Deckleistung zwei selbständige Hauptleistungen. ⁴Die Pensionsleistung unterliegt dem allgemeinen Steuersatz, sofern das eingestallte Tier keiner land- und forstwirtschaftlichen Erzeugertätigkeit dient (vgl. Abschnitt 12.2 Abs. 3). ⁵Dies gilt auch für den Zeitraum, in dem die Deckleistung erbracht wird. ⁶Die Deckleistung ist nach § 12 Abs. 2 Nr. 4 UStG ermäßigt zu besteuern.

(3) ¹Entgelte für Leistungen, die unmittelbar der Förderung der Tierzucht dienen, sind insbesondere:
1. Gebühren für Eintragungen in Zuchtbücher, zu denen z. B. Herdbücher, Leistungsbücher und Elite-Register gehören;
2. Gebühren für die Zuchtwertschätzung von Zuchttieren;

3. Gebühren für die Ausstellung und Überprüfung von Abstammungsnachweisen (einschließlich der damit verbundenen Blutgruppenbestimmungen), für Kälberkennzeichnung durch Ohrmarken und für die Bereitstellung von Stall- und Gestütbüchern;
4. Entgelte für prophylaktische und therapeutische Maßnahmen nach tierseuchenrechtlichen Vorschriften bei Zuchttieren (z. B. die staatlich vorgeschriebenen Reihenuntersuchungen auf Tuberkulose, Brucellose und Leukose, die jährlichen Impfungen gegen Maul- und Klauenseuche, Maßnahmen zur Bekämpfung der Aujeszkyschen Krankheit, Leistungen zur Verhütung, Kontrolle und Tilgung bestimmter transmissibler spongiformer Enzephalopathien (TSE) auch an toten Zuchttieren sowie Bekämpfungsprogramme von IBR (Infektiöse Bovine Rhinitis)/IVB (Infektiöse Bovine Vulvovaginitis) und BVD (Bovine Virus Diarrhoe) oder die Behandlung gegen Dassellarven) sowie die Entgelte für die Ausstellung von Gesundheitszeugnissen bei Zuchttieren;
5. Entgelte für die Durchführung von Veranstaltungen (insbesondere Versteigerungen), auf denen Zuchttiere mit Abstammungsnachweis abgesetzt werden (z. B. Standgelder, Kataloggelder und Impfgebühren), sowie Provisionen für die Vermittlung des An- und Verkaufs von Zuchttieren im Rahmen solcher Absatzveranstaltungen (vgl. BFH-Urteil vom 18.12.1996, XI R 19/96, BStBl 1997 II S. 334);
6. [1]Entgelte, die von Tierzüchtern oder ihren Angestellten für die Teilnahme an Ausstellungen und Lehrschauen, die lediglich die Tierzucht betreffen, zu entrichten sind (z. B. Eintritts-, Katalog- und Standgelder). [2]Der ermäßigte Steuersatz ist auch anzuwenden, wenn mit den Ausstellungen oder Lehrschauen Material- und Eignungsprüfungen verbunden sind;
7. unechte Mitgliederbeiträge, die von Tierzuchtvereinigungen für Leistungen der vorstehenden Art erhoben werden;
8. Züchterprämien, die umsatzsteuerrechtlich Leistungsentgelte darstellen (vgl. BFH-Urteile vom 2.10.1969, V R 163/66, BStBl 1970 II S. 111, und vom 6.8.1970, V R 94/68, BStBl II S. 730);
9. *Entgelte für die Lieferung von Embryonen an Tierzüchter zum Einsetzen in deren Tiere sowie die unmittelbar mit dem Einsetzen der Embryonen in Zusammenhang stehenden Leistungen.*

[2]Zuchttiere im Sinne dieser Vorschrift sind Tiere der in der Nummer 1 der Anlage 2 des UStG aufgeführten Nutztierarten, die in den Beständen stehen, die zur Vermehrung bestimmt sind und deren Identität gesichert ist. [3]Aus Vereinfachungsgründen kommt es nicht darauf an, ob das Einzeltier tatsächlich zur Zucht verwendet wird. [4]Es genügt, dass das Tier einem zur Vermehrung bestimmten Bestand angehört. [5]Zuchttiere sind auch Reit- und Rennpferde sowie die ihrer Nachzucht dienenden Pferde. [6]Wallache sind Zuchttiere, wenn sie die Voraussetzungen des § 2 Nr. 11 TierZG erfüllen (vgl. BFH-Urteil vom 18.12.1996, a. a. O.). [7]Die Steuerermäßigung ist auf Eintrittsgelder, die bei Pferderennen, Pferdeleistungsschauen (Turnieren) und ähnlichen Veranstaltungen erhoben werden, nicht anzuwenden. [8]Bei gemeinnützigen Vereinen (z. B. Rennvereinen oder Reit- und Fahrvereinen) kann hierfür jedoch der ermäßigte Steuersatz unter den Voraussetzungen des § 12 Abs. 2 Nr. 8 Buchstabe a UStG in Betracht kommen.

(4) Unmittelbar der künstlichen Tierbesamung dienen nur

1. die Besamungsleistung, z. B. durch Besamungsgenossenschaften, Tierärzte oder Besamungstechniker, und
2. Tiersamenlieferung an Tierhalter zur Besamung ihrer Tiere.

(5) Entgelte für Leistungen, die unmittelbar der Leistungs- und Qualitätsprüfung in der Tierzucht und in der Milchwirtschaft dienen, sind insbesondere:

1. Entgelte für Milchleistungsprüfungen bei Kühen, Ziegen oder Schafen einschließlich der Untersuchungen der Milchbestandteile;
2. Entgelte für Mastleistungsprüfungen bei Rindern, Schweinen, Schafen und Geflügel;
3. Entgelte für Eierleistungsprüfungen bei Geflügel;
4. Entgelte für die Prüfung der Aufzuchtleistung bei Schweinen;
5. Entgelte für Leistungsprüfungen bei Pferden, z. B. Nenn- und Startgelder bei Pferdeleistungsschauen (Turnieren) oder Rennen;
6. Entgelte für Leistungsprüfungen bei Brieftauben, z. B. Korb- und Satzgelder;
7. Entgelte für Milch-Qualitätsprüfungen, insbesondere für die Anlieferungskontrolle bei den Molkereien;
8. unechte Mitgliederbeiträge, die von Kontrollverbänden oder sonstigen Vereinigungen für Leistungen der vorstehenden Art erhoben werden.

(6) [1]Nebenleistungen teilen umsatzsteuerrechtlich das Schicksal der Hauptleistung. [2]Zu Nebenleistungen vgl. Abschnitt 3.10 Abs. 5. [3]Begünstigte Nebenleistungen liegen z. B. vor, wenn bei einer tierseuchen-prophylaktischen Impfung von Zuchttieren Impfstoffe eingesetzt werden, oder wenn im Rahmen einer Besamungsleistung Tiersamen und Arzneimittel abgegeben werden, die

bei der künstlichen Tierbesamung erforderlich sind. ⁴Die Kontrolle des Erfolgs einer künstlichen Besamung (z. B. mittels Ultraschall-Scannertechnik) kann eine Nebenleistung zur Besamungsleistung sein.

12.4. Umsätze der Zahntechniker und Zahnärzte (§ 12 Abs. 2 Nr. 6 UStG)

AE 12.4

(1) ¹Der ermäßigte Steuersatz nach § 12 Abs. 2 Nr. 6 UStG ist auf alle Umsätze aus der Tätigkeit als Zahntechniker einschließlich der unentgeltlichen Wertabgaben anzuwenden. ²Begünstigt sind auch Lieferungen von halbfertigen Teilen von Zahnprothesen. ³Die Steuerermäßigung setzt nicht voraus, dass der Zahntechniker als Einzelunternehmer tätig wird. ⁴Begünstigt sind auch Leistungen der zahntechnischen Labors, die in der Rechtsform einer Gesellschaft – z. B. offene Handelsgesellschaft, Kommanditgesellschaft oder Gesellschaft mit beschränkter Haftung – betrieben werden.

S 7236

(2) ¹Bei den Zahnärzten umfasst die Steuerermäßigung die Leistungen, die nach § 4 Nr. 14 Buchstabe a Satz 2 UStG von der Steuerbefreiung ausgeschlossen sind. ²Es handelt sich um die Lieferung oder Wiederherstellung von Zahnprothesen (aus Unterpositionen 9021 21 und 9021 29 00 des Zolltarifs) und kieferorthopädischen Apparaten (aus Unterposition 9021 10 des Zolltarifs), soweit sie der Zahnarzt in seinem Unternehmen hergestellt oder wiederhergestellt hat. ³Dabei ist es unerheblich, ob die Arbeiten vom Zahnarzt selbst oder von angestellten Personen ausgeführt werden. ⁴Zur Abgrenzung der steuerfreien Umsätze von den dem ermäßigten Steuersatz unterliegenden Prothetikumsätzen vgl. Abschnitt 4.14.3.

(3) ¹Dentisten stehen den Zahnärzten gleich. ²Sie werden deshalb in § 12 Abs. 2 Nr. 6 UStG nicht besonders genannt.

(4) Hilfsgeschäfte, wie z. B. der Verkauf von Anlagegegenständen, Bohrern, Gips und sonstigem Material, unterliegen nicht dem ermäßigten Steuersatz (vgl. auch BFH-Urteil vom 28. 10. 1971, V R 101/71, BStBl 1972 II S. 102).

12.5. Leistungen der Theater, Orchester, Museen usw. (§ 12 Abs. 2 Nr. 7 Buchstabe a UStG)

AE 12.5

(1) ¹Begünstigt sind die in § 12 Abs. 2 Nr. 7 Buchstabe a UStG bezeichneten Leistungen, wenn sie nicht unter die Befreiungsvorschrift des § 4 Nr. 20 Buchstabe a UStG fallen. ²Die Begriffe Theater, Konzert und Museen sind nach den Merkmalen abzugrenzen, die für die Steuerbefreiung maßgebend sind. ³Artikel 98 Abs. 1 und 2 i. V. m. Anhang III Nr. 7 und 9 MwStSystRL erfasst sowohl die Leistungen einzelner ausübender Künstler als auch die Leistungen der zu einer Gruppe zusammengeschlossenen Künstler (vgl. EuGH-Urteil vom 23. 10. 2003, C-109/02, BStBl II 2004 S. 337, 482). ⁴Die Leistungen von Dirigenten können dem ermäßigten Steuersatz unterliegen; die Leistungen von Regisseuren, Bühnenbildnern, Tontechnikern, Beleuchtern, Maskenbildnern, Souffleusen, Cuttern oder Kameraleuten unterliegen dagegen dem allgemeinen Steuersatz. ⁵Der Umfang der ermäßigt zu besteuernden Leistungen ist ebenso nach den Merkmalen abzugrenzen, die für die Steuerbefreiung maßgebend sind. ⁶*Die regelmäßig nicht mit den Leistungen von Orchestern, Theatern oder Chören vergleichbaren Leistungen von Zauberkünstlern, Artisten, Bauchrednern, Diskjockeys u.ä. typischerweise als Solisten auftretenden Künstlern sind daher nicht nach § 12 Abs. 2 Nr. 7 Buchstabe a UStG begünstigt.* ⁷Wegen der Abgrenzung im Einzelnen vgl. Abschnitte 4.20.1 bis 4.20.3.

S 7238

(2) ¹Die Steuerermäßigung erstreckt sich auch auf die Veranstaltung von Theatervorführungen und Konzerten. ²Eine Veranstaltung setzt nicht voraus, dass der Veranstalter und der Darbietende verschiedene Personen sind. ³Veranstalter ist derjenige, der im eigenen Namen die organisatorischen Maßnahmen dafür trifft, dass die Theatervorführung bzw. das Konzert abgehalten werden kann, wobei er die Umstände, den Ort und die Zeit der Darbietung selbst bestimmt. ⁴Die Theatervorführung bzw. das Konzert müssen den eigentlichen Zweck der Veranstaltung ausmachen (vgl. BFH-Urteil vom 26. 4. 1995, XI R 20/94, BStBl II S. 519). ⁵Theatervorführungen sind außer den Theateraufführungen im engeren Sinne auch die Vorführungen von pantomimischen Werken einschließlich Werken der Tanzkunst, Kleinkunst- und Varieté-Theatervorführungen sowie Puppenspiele und Eisrevuen. ⁶Als Konzerte sind musikalische und gesangliche Aufführungen durch einzelne oder mehrere Personen anzusehen. ⁷Das bloße Abspielen eines Tonträgers ist kein Konzert. ⁸Jedoch kann eine „Techno"-Veranstaltung ein Konzert im Sinne des § 12 Abs. 2 Nr. 7 Buchstabe a UStG sein (BFH-Urteil vom 18. 8. 2005, V R 50/04, BStBl 2006 II S. 101). ⁹Pop- und Rockkonzerte, die den Besuchern die Möglichkeit bieten, zu den im Rahmen des Konzerts dargebotenen Musik zu tanzen, können Konzerte sein (vgl. BFH-Urteil vom 26. 4. 1995, a. a. O.). ¹⁰Begünstigt ist auch die Veranstaltung von Mischformen zwischen Theatervorführung und Konzert (vgl. BFH-Urteil vom 26. 4. 1995, a. a. O.). ¹¹Leistungen anderer Art, die in Verbindung mit diesen Veranstaltungen erbracht werden, müssen von so untergeordneter Bedeutung sein, dass dadurch der Charakter der Veranstaltungen als Theatervorführung oder Konzert nicht beeinträchtigt wird. ¹²Nicht begünstigt

sind nach dieser Vorschrift z. B. gesangliche, kabarettistische oder tänzerische Darbietungen im Rahmen einer Tanzbelustigung, einer sportlichen Veranstaltung oder zur Unterhaltung der Besucher von Gaststätten.

(3) ¹Der ausübende Künstler hat nicht zu unterscheiden, ob seine Leistung im Rahmen einer nicht begünstigten Tanzveranstaltung oder eines begünstigten Konzertes dargeboten wird, es sei denn, er selbst wird als Veranstalter tätig. ²Seine Leistung an einen Veranstalter kann unabhängig von dem für die Veranstaltung selbst anzuwendenden Steuersatz ermäßigt zu besteuern sein.

(4) ¹Werden bei Theatervorführungen und Konzerten mehrere Veranstalter tätig, so kann wie bei der Steuerbefreiung nach § 4 Nr. 20 Buchstabe b UStG jeder Veranstalter die Steuerermäßigung in Anspruch nehmen. ²Bei Tournee-Veranstaltungen steht deshalb die Steuerermäßigung sowohl dem Tournee-Veranstalter als auch dem örtlichen Veranstalter zu. ³**Dem ermäßigten Steuersatz unterliegen ebenfalls die Umsätze von Ticket-Eigenhändlern aus dem Verkauf von Eintrittsberechtigungen.** ⁴Auf Vermittlungsleistungen ist die Steuerermäßigung **hingegen** nicht anzuwenden.

(5) Nicht begünstigt nach § 12 Abs. 2 Nr. 7 Buchst. a UStG sind die Leistungen der Gastspieldirektionen, welche im eigenen Namen Künstler verpflichten und im Anschluss daran das von diesen dargebotene Programm an einen Veranstalter in einem gesonderten Vertrag verkaufen.

12.6. Überlassung von Filmen und Filmvorführungen (§ 12 Abs. 2 Nr. 7 Buchstabe b UStG)

(1) ¹Nach § 12 Abs. 2 Nr. 7 Buchstabe b UStG sind die Überlassung von Filmen zur Auswertung und Vorführung sowie die Filmvorführungen begünstigt, wenn die Filme vor dem 1. 1. 1970 erstaufgeführt wurden. ²Sind die Filme nach dem 31. 12. 1969 erstaufgeführt worden, kommt die Begünstigung nur in Betracht, wenn die Filme nach § 6 Abs. 3 Nr. 1 bis 5 JÖSchG oder nach § 14 Abs. 2 Nr. 1 bis 5 JuSchG vom 23. 7. 2002 (BGBl. I S. 2730, 2003 I S. 476) in der jeweils geltenden Fassung gekennzeichnet sind. ³Begünstigt sind danach auch die mit „Nicht freigegeben unter achtzehn Jahren" gekennzeichneten Filme.

(2) ¹Die Überlassung von Filmen zur Auswertung und Vorführung fällt zugleich unter § 12 Abs. 2 Nr. 7 Buchstabe c UStG (vgl. Abschnitt 12.7). ²Das Senden von Spielfilmen durch private Fernsehunternehmen, z. B. im Rahmen des Pay-TV (Abruf-Fernsehen), ist weder nach Buchstabe b noch nach Buchstabe c des § 12 Abs. 2 Nr. 7 UStG begünstigt (vgl. BFH-Urteil vom 26. 1. 2006, V R 70/03, BStBl II S. 387).

(3) ¹Bei begünstigten Filmvorführungen ist der ermäßigte Steuersatz auf die Eintrittsgelder anzuwenden. ²Die Aufbewahrung der Garderobe und der Verkauf von Programmen sind als Nebenleistungen ebenfalls begünstigt. ³Andere Umsätze – z. B. die Abgabe von Speisen und Getränken oder Hilfsumsätze – fallen nicht unter diese Steuerermäßigung (vgl. BFH-Urteile vom 7. 3. 1995, XI R 46/93, BStBl II S. 429, und vom 1. 6. 1995, V R 90/93, BStBl II S. 914). ⁴Werbeleistungen durch Vorführungen von Werbefilmen sowie Lichtbildervorführungen, auch sog. Dia-Multivisionsvorführungen, sind keine begünstigten Filmvorführungen (vgl. BFH-Urteil vom 10. 12. 1997, XI R 73/96, BStBl 1998 II S. 222).

(4) ¹Bespielte Video-Kassetten sind als Filme anzusehen. ²Ihre Überlassung an andere Unternehmer zur Vorführung oder Weitervermietung ist unter den Voraussetzungen des Absatzes 1 eine begünstigte Überlassung von Filmen zur Auswertung. ³Die Vermietung zur Verwendung im nichtöffentlichen – privaten – Bereich durch den Mieter ist dagegen nicht nach § 12 Abs. 2 Nr. 7 Buchstabe b oder c UStG begünstigt (vgl. BFH-Urteil vom 29. 11. 1984, V R 96/84, BStBl 1985 II S. 271).

12.7. Einräumung, Übertragung und Wahrnehmung urheberrechtlicher Schutzrechte (§ 12 Abs. 2 Nr. 7 Buchstabe c UStG)

Allgemeines

(1) ¹Nach § 12 Abs. 2 Nr. 7 Buchstabe c UStG sind sonstige Leistungen begünstigt, deren wesentlicher Inhalt in der Einräumung, Übertragung und Wahrnehmung von Rechten nach dem UrhG besteht. ²Ob dies der Fall ist, bestimmt sich nach dem entsprechend der vertraglichen Vereinbarung erzielten wirtschaftlichen Ergebnis. ³Hierfür ist neben dem vertraglich vereinbarten Leistungsentgelt maßgebend, für welchen Teil der Leistung die Gegenleistung im Rahmen des Leistungsaustausches erbracht wird (vgl. BFH-Urteil vom 14. 2. 1974, V R 129/70, BStBl II S. 261). ⁴Nicht begünstigt sind z. B. Leistungen auf dem Gebiet der Meinungs-, Sozial-, Wirtschafts-, Markt-, Verbraucher- und Werbeforschung, weil der Hauptinhalt dieser Leistungen nicht in einer Rechtsübertragung, sondern in der Ausführung und Auswertung demoskopischer Erhebungen usw. besteht. ⁵Das Gleiche gilt für die Überlassung von Programmen für Anlagen der elektronischen Datenverarbeitung (Software) zum Betrieb von EDV-Anlagen. ⁶Wenn der wirtschaftliche

Gehalt der Überlassung des Computerprogramms überwiegend auf seine Anwendung für die Bedürfnisse des Leistungsempfängers gerichtet ist, ist die hiermit verbundene Übertragung urheberrechtlicher Nutzungsrechte Bestandteil einer einheitlichen wirtschaftlichen Gesamtleistung, die nicht in der Übertragung urheberrechtlicher Schutzrechte, sondern in der Überlassung von Software zur Benutzung besteht. [7]Die Einräumung oder Übertragung von urheberrechtlichen Befugnissen stellt dazu nur eine Nebenleistung dar. [8]Dagegen unterliegt die Überlassung von urheberrechtlich geschützten Computerprogrammen dem ermäßigten Steuersatz, wenn dem Leistungsempfänger die in § 69c Satz 1 Nr. 1 bis 4 UrhG bezeichneten Rechte auf Vervielfältigung und Verbreitung nicht nur als Nebenfolge eingeräumt werden (vgl. BFH-Urteil vom 27. 9. 2001, V R 14/01, BStBl 2002 II S. 114). [9]Dabei ist von den vertraglichen Vereinbarungen und den tatsächlichen Leistungen auszugehen. [10]Ergänzend ist auf objektive Beweisanzeichen (z. b. die Tätigkeit des Leistungsempfängers, die vorhandenen Vertriebsvorbereitungen und Vertriebswege, die wirkliche Durchführung der Vervielfältigung und Verbreitung sowie die Vereinbarungen über die Bemessung und Aufteilung des Entgelts) abzustellen (vgl. BFH-Urteile vom 25. 11. 2004, V R 4/04, BStBl 2005 II S. 415, und vom 25. 11. 2004, V R 25/04, 26/04, BStBl 2005 II S. 419). [11]Bei Standort- und Biotopkartierungen ist Hauptinhalt der Leistung nicht die Übertragung von Urheberrechten, sondern die vertragsgemäße Durchführung der Untersuchungen und die Erstellung der Kartierung. [12]Die entgeltliche Nutzungsüberlassung von digitalen Informationsquellen (z. B. Datenbanken und elektronische Zeitschriften, Bücher und Nachschlagewerke) durch Bibliotheken kann der Einräumung, Übertragung und Wahrnehmung von Patenten, Urheberrechten, Markenrechten und ähnlichen Rechten, wie z. B. Gebrauchs- und Verlagsrechten nicht gleichgestellt werden. [13]Die Steuerermäßigung gilt auch nicht für Leistungen, mit denen zwar derartige Rechtsübertragungen verbunden sind, die jedoch nach ihrem wirtschaftlichen Gehalt als Lieferungen anzusehen sind. [14]Zur Frage der Abgrenzung zwischen Lieferung und sonstiger Leistung vgl. Abschnitt 3.5.

(2) [1]Zu den Rechten, deren Einräumung, Übertragung und Wahrnehmung begünstigt sind, gehören nicht nur die Urheberrechte nach dem ersten Teil des UrhG (§§ 1 bis 69), sondern alle Rechte, die sich aus dem Gesetz ergeben. [2]Urheberrechtlich geschützt sind z. B. auch die Darbietungen ausübender Künstler (vgl. Absätze 19 bis 21). [3]Dem ermäßigten Steuersatz unterliegen außerdem die Umsätze der Verwertungsgesellschaften, die nach dem Urheberrechtswahrnehmungsgesetz Nutzungsrechte, Einwilligungsrechte oder Vergütungsansprüche wahrnehmen.

(3) [1]Urheber ist nach § 7 UrhG der Schöpfer des Werks. [2]Werke im urheberrechtlichen Sinne sind nach § 2 Abs. 2 UrhG nur persönliche geistige Schöpfungen. [3]Zu den urheberrechtlich geschützten Werken der Literatur, Wissenschaft und Kunst gehören nach § 2 Abs. 1 UrhG insbesondere

1. Sprachwerke, wie Schriftwerke, Reden und Computerprogramme (vgl. Absätze 1 und 6 bis 14);
2. Werke der Musik (vgl. Absatz 15);
3. pantomimische Werke einschließlich der Werke der Tanzkunst;
4. Werke der bildenden Künste einschließlich der Werke der Baukunst und der angewandten Kunst und Entwürfe solcher Werke (vgl. Absätze 16 und 17);
5. Lichtbildwerke einschließlich der Werke, die ähnlich wie Lichtbildwerke geschaffen werden (vgl. Absatz 18);
6. Filmwerke einschließlich der Werke, die ähnlich wie Filmwerke geschaffen werden;
7. Darstellungen wissenschaftlicher oder technischer Art, wie Zeichnungen, Pläne, Karten, Skizzen, Tabellen und plastische Darstellungen.

(4) [1]Der Urheber hat das ausschließliche Recht, sein Werk zu verwerten. [2]Dabei wird zwischen der Verwertung in körperlicher Form und der öffentlichen Wiedergabe in unkörperlicher Form unterschieden. [3]Das Recht der Verwertung eines Werks in körperlicher Form umfasst nach § 15 Abs. 1 UrhG insbesondere

1. das Vervielfältigungsrecht (§ 16 UrhG),
2. das Verbreitungsrecht (§ 17 UrhG) und
3. das Ausstellungsrecht (§ 18 UrhG).

[4]Zum Recht der öffentlichen Wiedergabe gehören nach § 15 Abs. 2 UrhG insbesondere
1. das Vortrags-, Aufführungs- und Vorführungsrecht (§ 19 UrhG),
2. das Recht der öffentlichen Zugänglichmachung (§ 19a UrhG),
3. das Senderecht (§ 20 UrhG),
4. das Recht der Wiedergabe durch Bild- und Tonträger (§ 21 UrhG) und
5. das Recht der Wiedergabe von Funksendungen und der Wiedergabe von öffentlicher Zugänglichmachung (§ 22 UrhG).

(5) [1]Der Urheber kann nach § 31 Abs. 1 UrhG einem anderen das Recht einräumen, das Werk auf einzelne oder alle Nutzungsarten zu nutzen. [2]Dieses Nutzungsrecht kann als einfaches oder ausschließliches Recht eingeräumt und außerdem räumlich, zeitlich oder inhaltlich beschränkt werden.

Schriftsteller

(6) ¹Für Schriftsteller kommt die Steuerermäßigung in Betracht, soweit sie einem anderen Nutzungsrechte an urheberrechtlich geschützten Werken einräumen. ²Zu den geschützten Sprachwerken gehören z. B. Romane, Epen, Sagen, Erzählungen, Märchen, Fabeln, Novellen, Kurzgeschichten, Essays, Satiren, Anekdoten, Biographien, Autobiographien, Reiseberichte, Aphorismen, Traktate, Gedichte, Balladen, Sonette, Oden, Elegien, Epigramme, Liedtexte, Bühnenwerke aller Art, Libretti, Hörspiele, Drehbücher, wissenschaftliche Bücher, Abhandlungen und Vorträge, Forschungsberichte, Denkschriften, Kommentare zu politischen und kulturellen Ereignissen sowie Reden und Predigten (vgl. aber Absatz 13).

(7) ¹Mit der Veräußerung des Originals eines Werks, z. B. des Manuskripts eines Sprachwerks, wird nach § 44 Abs. 1 UrhG im Zweifel dem Erwerber ein Nutzungsrecht nicht eingeräumt. ²Auf die bloße Lieferung eines Manuskripts ist deshalb grundsätzlich der allgemeine Steuersatz anzuwenden. ³Eine nach § 12 Abs. 2 Nr. 7 Buchstabe c UStG begünstigte sonstige Leistung ist nur dann anzunehmen, wenn zugleich mit der Veräußerung des Werkoriginals dem Erwerber auf Grund einer besonderen Vereinbarung Nutzungsrechte an dem Werk eingeräumt werden.

(8) ¹Der Schriftsteller, der im Rahmen einer Veranstaltung seine Werkausgaben signiert oder Autogramme gibt und dafür vom Veranstalter – z. B. Verleger oder Buchhändler – ein Entgelt erhält, erbringt eine sonstige Leistung, die dem allgemeinen Steuersatz unterliegt. ²Das Gleiche gilt grundsätzlich auch dann, wenn der Schriftsteller aus seinen Werken liest oder mit bestimmten Personengruppen – z. B. Lesern, Politikern, Schriftstellern, Buchhändlern – Gespräche oder Aussprachen führt. ³Wird die Lesung oder das Gespräch von einer Rundfunk- und Fernsehanstalt – z. B. in einem Studio – veranstaltet und gesendet, so führt der Schriftsteller eine Leistung aus, deren wesentlicher Inhalt in der Einräumung urheberrechtlicher Nutzungsrechte – u. a. des Senderechts – besteht und auf die deshalb der ermäßigte Steuersatz anzuwenden ist. ⁴Dabei ist es unerheblich, ob die Lesung oder das Gespräch zugleich mit der Aufnahme gesendet (Live-Sendung) oder zunächst auf Bild- und Tonträger aufgenommen und später gesendet wird. ⁵Das Gleiche gilt, wenn nur Teile oder Ausschnitte gesendet werden oder eine Sendung unterbleibt.

Journalisten, Presseagenturen

(9) ¹Zu den begünstigten Leistungen der Journalisten gehören u. a. Kommentare zu politischen, kulturellen, wissenschaftlichen, wirtschaftlichen, technischen und religiösen Ereignissen und Entwicklungen, Kunstkritiken einschließlich Buch-, Theater-, Musik-, Schallplatten- und Filmkritiken sowie Reportagen, die über den bloßen Bericht hinaus eine kritische Würdigung vornehmen. ²Nicht urheberrechtlich geschützt sind z. B. Tatsachennachrichten und Tagesneuigkeiten, es sei denn, sie haben durch eine individuelle Formgebung Werkcharakter erlangt.

(10) ¹Zur Vermeidung von Abgrenzungsschwierigkeiten wird aus Vereinfachungsgründen zugelassen, dass Journalisten grundsätzlich auf ihre Leistungen aus journalistischer Tätigkeit insgesamt den ermäßigten Steuersatz anwenden. ²Nur die Journalisten, die lediglich Daten sammeln und ohne redaktionelle Bearbeitung weiterleiten – z. B. Kurs- und Preisnotierungen, Börsennotizen, Wettervorhersagen, Rennergebnisse, Fußball- und andere Sportergebnisse, Theater-, Opern- und Kinospielpläne sowie Ausstellungs- und Tagungspläne –, haben ihre Leistungen nach dem allgemeinen Steuersatz zu versteuern. ⁴Die Übertragung von Senderechten an Übersetzungen von Nachrichtensendungen in die Deutsche Gebärdensprache unterliegt dem ermäßigten Steuersatz nach § 12 Abs. 2 Nr. 7 Buchstabe c UStG (vgl. BFH-Urteil vom 18. 8. 2005, V R 42/03, BStBl 2006 II S. 44).

(11) Bei den Leistungen der Pressedienste und -agenturen, deren wesentlicher Inhalt in der Einräumung oder Übertragung der Verwertungsrechte – z. B. Vervielfältigungsrecht, Verbreitungsrecht, Senderecht – an dem in den sog. Pressediensten enthaltenen Material besteht, ist Folgendes zu beachten:

1. ¹Die Bilderdienste sind nach § 2 Abs. 1 Nr. 5 und § 72 UrhG geschützt. ²Die Einräumung oder Übertragung von Verwertungsrechten an dem Bildmaterial führt deshalb stets zur Anwendung des ermäßigten Steuersatzes (vgl. Absatz 18).
2. ¹Bei sonstigen Pressediensten kann der Anteil der urheberrechtlich geschützten Beiträge – insbesondere Namensberichte, Aufsätze und redaktionell besonders aufgemachte Nachrichten – unterschiedlich sein. ²Die Vereinfachungsregelung in Absatz 10 gilt entsprechend.

Übersetzungen und andere Bearbeitungen

(12) ¹Die Übersetzer fremdsprachiger Werke – z. B. Romane, Gedichte, Schauspiele, wissenschaftliche Bücher und Abhandlungen – räumen urheberrechtliche Nutzungsrechte ein, wenn die Werke in der Übersetzung z. B. veröffentlicht oder aufgeführt werden. ²Unerheblich ist es, ob ein Sprachwerk einzeln – z. B. als Buch – oder in Sammlungen – z. B. Zeitschriften, Zeitungen, Kalendern, Almanachen – veröffentlicht wird. ³Entsprechendes gilt für andere Bearbeitungen urheberrechtlich geschützter Werke, sofern sie persönliche geistige Schöpfungen des Bearbeiters sind,

z. B. für die Dramatisierung eines Romans oder einer Novelle, für die Episierung eines Bühnenstücks, einer Ballade oder eines Gedichts, für die Umgestaltung eines Romans, einer Kurzgeschichte, einer Anekdote oder eines Bühnenstücks zu einer Ballade oder einem Gedicht, für die Umwandlung eines Schauspiels, eines Romans oder einer Novelle in ein Opernlibretto oder ein Musical, für die Fortsetzung eines literarischen Werks, für die Verwendung einer literarischen Vorlage – Roman, Novelle, Schauspiel usw. – für Comicstrips – Comics – sowie für das Schreiben eines Filmdrehbuchs nach einer Vorlage und die Verfilmung.

Vorträge, Reden, Gutachten, technische Darstellungen

(13) [1]Vorträge und Reden sind zwar urheberrechtlich geschützte Sprachwerke. [2]Wer einen Vortrag oder eine Rede hält, räumt damit jedoch einem anderen keine urheberrechtlichen Nutzungsrechte ein. [3]Das Gleiche gilt für Vorlesungen, das Abhalten von Seminaren, die Erteilung von Unterricht sowie die Beteiligung an Aussprachen. [4]Urheberrechtliche Nutzungsrechte werden auch dann nicht eingeräumt, wenn z. B. der Inhalt oder der Text eines Vortrags oder einer Rede in schriftlicher Wiedergabe dem Veranstalter oder den Teilnehmern übergeben wird. [5]Eine steuermäßige Einräumung von urheberrechtlichen Nutzungsrechten liegt aber insoweit vor, als ein Vortrag oder eine Rede – z. B. in einer Fachzeitschrift oder als Sonderdruck – veröffentlicht wird. [6]Außerdem kommt der ermäßigte Steuersatz z. B. dann in Betracht, wenn Vorträge oder Unterrichtsveranstaltungen von Rundfunk- und Fernsehanstalten gesendet werden.

(14) [1]Die Übergabe eines Gutachtens oder einer Studie ist regelmäßig nicht mit der Einräumung urheberrechtlicher Nutzungsrechte verbunden, auch wenn das Werk urheberrechtlichen Schutz genießt. [2]Das gilt auch, wenn sich der Auftraggeber vorsorglich das Recht der alleinigen Verwertung und Nutzung einräumen lässt. [3]Werden im Zusammenhang mit der Erstellung eines Gutachtens oder einer Studie auch Nutzungsrechte zur Vervielfältigung und Verbreitung des Gutachtens oder der Studie übertragen, ist auf diese Gesamtleistung der allgemeine Steuersatz anzuwenden, wenn der Schwerpunkt der Leistung nicht in der Übertragung der Urheberrechte liegt, sondern in der Erstellung des Gutachtens oder der Studie im eigentlichen Interesse des Auftraggebers. [4]Entgeltliche Leistungen auf Grund von Forschungs- und Entwicklungsaufträgen unterliegen, sofern sie nicht im Rahmen eines Zweckbetriebs (§§ 65 und 68 Nr. 9 AO) erbracht werden, stets insgesamt der Umsatzsteuer nach dem allgemeinen Steuersatz. [5]Das gilt auch dann, wenn hinsichtlich der Forschungs- und Entwicklungsergebnisse eine Übertragung urheberrechtlicher Nutzungsrechte vereinbart wird und die Forschungs- und Entwicklungsergebnisse in der Form von Berichten, Dokumentationen usw. tatsächlich veröffentlicht werden. [6]Die Übertragung urheberrechtlicher Nutzungsrechte ist in diesen Fällen lediglich eine Nebenleistung und muss somit bei der umsatzsteuerrechtlichen Beurteilung unbeachtet bleiben. [7]Zu den geschützten Werken im Sinne des § 2 Abs. 1 Nr. 1 UrhG können auch Sprachwerke gehören, in die ausschließlich handwerkliche, technische und wissenschaftliche Kenntnisse und Erfahrungen eingeflossen sind, z. B. technische Darstellungen und Handbücher, Darstellungen und Erläuterungen technischer Funktionen, Bedienungs- und Gebrauchsanleitungen sowie Wartungs-, Pflege- und Reparaturanleitungen. [8]Voraussetzung hierfür ist, dass es sich um persönliche geistige Schöpfungen handelt, die eine individuelle Eigenart aufweisen. [9]Es genügt, dass die individuelle Prägung in der Form und Gestaltung des Werks zum Ausdruck kommt.

Werke der Musik

(15) [1]Die Urheber von Musikwerken erbringen mit der Einräumung urheberrechtlicher Nutzungsrechte an ihren Werken steuerbegünstigte Leistungen. [2]Urheberrechtlichen Schutz genießt auch elektronische Musik. [3]Zu den urheberrechtlich geschützten Musikwerken bzw. Bearbeitungen gehören außerdem z. B. Klavierauszüge aus Orchesterwerken, Potpourris, in denen nicht nur verschiedene Musikstücke oder Melodien aneinandergereiht sind, die Instrumentierungen von Melodien und die Orchesterbearbeitungen von Klavierstücken. [4]Die von der GEMA ausgeschütteten Verlegeranteile sind jedoch nicht begünstigt, soweit sie nicht auf die von den Verlegern übertragenen urheberrechtlichen Nutzungsrechte, z. B. Altrechte, Subverlagsrechte, entfallen (vgl. BFH-Urteil vom 29. 4. 1987, X R 31/80, BStBl II S. 648).

Werke der bildenden Künste und der angewandten Kunst

(16) [1]Mit der vertraglichen Vereinbarung über die Vervielfältigung und Verbreitung von Werken der bildenden Künste – z. B. in Büchern und Zeitschriften, auf Kalendern, Postkarten und Kunstblättern sowie mit Diapositiven – werden urheberrechtliche Nutzungsrechte eingeräumt. [2]Der Graphiker, der einem Galeristen oder Verleger das Recht überträgt, Originalgraphiken zu drucken und zu vertreiben, erbringt eine begünstigte Leistung. [3]Das Gleiche gilt für die Einräumung des Rechts zur Herstellung und zum Vertrieb künstlerischer Siebdrucke – sog. Serigraphien –, die vom Künstler signiert und nummeriert werden. [4]Urheberrechtlichen Schutz genießen auch die Werke der Karikaturisten, Cartoonisten und Pressezeichner. [5]Das Folgerecht, das bei der Weiterveräußerung eines Originals der bildenden Künste entsteht (§ 26 UrhG), zählt nicht zu den urheberrechtlichen Nutzungs- und Verwertungsrechten. [6]Zur Nichtsteuerbarkeit vgl. Abschnitt 1.1 Abs. 21.

(17) [1]Werke der Gebrauchsgraphiker und der Graphik-Designer sind urheberrechtlich geschützt, wenn sie Werke der angewandten Kunst oder Entwürfe solcher Werke darstellen (vgl. z. B. BGH-Urteile vom 27. 11. 1956, I ZR 57/55, BGHZ 22 S. 209, NJW 1957 S. 220, und vom 25. 5. 1973, I ZR 2/72, – Gewerblicher Rechtsschutz und Urheberrecht (GRUR) 1974 S. 669, Archiv für Urheber-, Film-, Funk- und Theaterrecht Berlin (UFITA) 1976 S. 313). [2]Der ermäßigte Steuersatz kommt deshalb nur für Leistungen in Betracht, die in der Einräumung von Nutzungsrechten an derartigen Werken bestehen. [3]Ein Tätowierer erbringt mit dem Aufbringen einer Tätowierung keine begünstigte Leistung (vgl. BFH-Urteil vom 23. 7. 1998, V R 87/97, BStBl II S. 641).

Lichtbildwerke und Lichtbilder

(18) [1]Urheberrechtlich geschützt sind Lichtbildwerke und Werke, die ähnlich wie Lichtbildwerke geschaffen werden. [2]Lichtbilder und Erzeugnisse, die ähnlich wie Lichtbilder hergestellt werden, sind nach § 72 UrhG den Lichtbildwerken urheberrechtlich praktisch gleichgestellt. [3]Dem ermäßigten Steuersatz unterliegen deshalb insbesondere die Leistungen der Bildjournalisten (Bildberichterstatter), Bildagenturen (vgl. Absatz 11 Nr. 1), Kameramänner und Foto-Designer. [4]Übergibt der Fotograf seinem Auftraggeber nur die bestellten Positive – z. B. Passbilder, Familien- oder Gruppenaufnahmen –, so liegt keine Rechtsübertragung, sondern eine nicht begünstigte Lieferung vor. [5]Das Gleiche gilt für die Herstellung und Überlassung von Luftbildaufnahmen für planerische Zwecke – z. B. Landesplanung, Natur- und Umweltschutz oder Erfassung und Bilanzierung der Flächennutzung –, für Zwecke der Geodäsie – z. B. auch fotografische Messbilder (Fotogramme) nach dem Verfahren der Fotogrammetrie – oder für bestimmte wissenschaftliche Zwecke – z. B. auf dem Gebiet der Archäologie –, selbst wenn damit auch urheberrechtliche Nutzungsrechte übertragen werden.

Darbietungen ausübender Künstler

(19) [1]Außer den Werken der Literatur, Wissenschaft und Kunst sind auch die Darbietungen ausübender Künstler urheberrechtlich geschützt. [2]Diese Schutzrechte sind in §§ 74 ff. UrhG abschließend aufgeführt (verwandtes Schutzrecht). [3]Ausübender Künstler ist nach § 73 UrhG, wer ein Werk vorträgt oder aufführt oder hierbei künstlerisch mitwirkt. [4]Zu den ausübenden Künstlern zählen insbesondere Schauspieler, Sänger, Musiker, Tänzer, Dirigenten, Kapellmeister, Regisseure und Spielleiter sowie Bühnen- und Kostümbildner. [5]Ausübende Künstler sind z. B. auch Tonmeister, die bei Aufführungen elektronischer Musik mitwirken. [6]Im Einzelfall kann auch der Beleuchter ein ausübender Künstler sein.

(20) [1]Nach § 79 UrhG kann der ausübende Künstler die ihm durch §§ 77 und 78 UrhG gewährten Rechte und Ansprüche übertragen. [2]Begünstigte Leistungen ausübender Künstler liegen z. B. in folgenden Fällen vor:
1. Musikwerke – z. B. Opern, Operetten, Musicals, Ballette, Chorwerke, Gesänge, Messen, Kantaten, Madrigale, Motetten, Orgelwerke, Sinfonien, Kammermusikwerke, Solokonzerte, Lieder, Chansons, Spirituals und Jazz –, Bühnenwerke – z. B. Schauspiele, Schauspielszenen, Mysterienspiele, Fastnachtsspiele, Kabarettszenen, Varietészenen und die Bühnenfassung einer Erzählung – sowie Hörspiele und Hörspielfassungen von Sprachwerken werden
   a) im Studio oder Sendesaal einer Rundfunk- und Fernsehanstalt aufgeführt, auf Bild- und Tonträger aufgenommen und gesendet oder
   b) im Studio eines Tonträgerherstellers – z. B. eines Schallplattenproduzenten – aufgeführt, auf Tonträger aufgenommen und vervielfältigt.
2. Öffentliche Aufführungen von Musikwerken und Bühnenwerken – z. B. in einem Konzertsaal oder Theater – werden
   a) von einer Rundfunk- und Fernsehanstalt veranstaltet, auf Bild- und Tonträger aufgenommen und – z. B. als Live-Sendung – gesendet oder
   b) von einem Tonträgerhersteller veranstaltet, auf Tonträger aufgenommen – sog. Live-Mitschnitt – und vervielfältigt.
3. Fernsehfilme werden von einer Fernsehanstalt oder in ihrem Auftrag von einem Filmproduzenten hergestellt.
4. Vorführfilme – Spielfilme – werden von einem Filmproduzenten hergestellt.
5. Darbietungen ausübender Künstler – z. B. die Rezitation von Gedichten und Balladen, das Vorlesen einer Novelle, der Vortrag von Liedern, das Spielen eines Musikwerks – werden in einem Studio auf Bild- und Tonträger aufgenommen und von einer Rundfunk- und Fernsehanstalt gesendet oder von einem Tonträgerhersteller vervielfältigt.
6. Darbietungen ausübender Künstler – z. B. Sänger, Musiker, Schauspieler, Tänzer – im Rahmen von Rundfunk- und Fernsehsendungen – z. B. in Shows und sonstigen Unterhaltungssendungen, in Quizveranstaltungen sowie bei Sportsendungen und Diskussionsveranstaltungen – werden auf Bild- und Tonträger aufgenommen und gesendet.

(21) ¹Mit der Darbietung eines ausübenden Künstlers ist nicht in jedem Fall eine Einwilligung zu ihrer Verwertung oder eine Übertragung urheberrechtlicher Nutzungsrechte verbunden. ²Eine Einräumung, Übertragung oder Wahrnehmung urheberrechtlicher Schutzrechte liegt auch dann nicht vor, wenn die Darbietung zur Dokumentation, für Archivzwecke oder z. B. zum wissenschaftlichen Gebrauch mitgeschnitten wird. ³Hat ein an eine Agentur gebundener Künstler dieser sein Recht der Funksendung und der öffentlichen Wiedergabe zur ausschließlichen Verwertung übertragen und stellt die Agentur den Künstler vertragsgemäß einer Rundfunk- oder Fernsehanstalt für die Mitwirkung in einer Rundfunk- oder Fernsehsendung zur Verfügung, ist Hauptinhalt der Leistung der Agentur gegenüber der Rundfunk- und Fernsehanstalt die Einräumung von urheberrechtlichen Nutzungsrechten, auf die der ermäßigte Steuersatz nach § 12 Abs. 2 Nr. 7 Buchstabe c UStG anzuwenden ist. ⁴Soweit die Voraussetzungen nach § 12 Abs. 2 Nr. 7 Buchstabe c UStG nicht vorliegen, kann auch eine Steuerermäßigung nach § 12 Abs. 2 Nr. 7 Buchstabe a UStG in Betracht kommen, vgl. Abschnitt 12.5 Abs. 1.

(22) ¹Kann ein urheberrechtlich geschütztes Werk, z. B. ein Sprachwerk, vom Auftraggeber nur durch die Ausnutzung von Rechten an diesem Werk bestimmungsgemäß verwendet werden und werden ihm daher die entsprechenden Nutzungsrechte eingeräumt oder übertragen, so bildet die Einräumung oder Übertragung urheberrechtlicher Nutzungsrechte den wesentlichen Inhalt der Leistung. ²Die Herstellung des Werks geht als Vorstufe für die eigentliche Leistung in dieser auf, und zwar auch dann, wenn das Werkoriginal dem Auftraggeber überlassen wird.

Beispiel 1:
¹Bei der Überlassung von urheberrechtlich geschützten Kopiervorlagen für Unterrichtszwecke ist wesentlicher Inhalt der Leistung die Übertragung urheberrechtlicher Nutzungsrechte. ²Das gilt auch für die Überlassung von Kopiervorlagen an Personen, die diese nicht selbst für Unterrichtszwecke verwenden, z. B. an Buchhändler.

Beispiel 2:
¹Bei der Erarbeitung urheberrechtlich geschützter technischer Dienstvorschriften (Benutzungsunterlagen) für den Hersteller eines Produkts stellt die Überlassung des Manuskripts oder druckfertiger Vorlagen zur Verwertung – z. B. zur Vervielfältigung – lediglich eine unselbständige Nebenleistung zur Hauptleistung dar, die in der Übertragung urheberrechtlicher Nutzungsrechte besteht. ²Wird jedoch vertraglich neben der Erarbeitung einer Dienstvorschrift auch die Lieferung der benötigten Druckexemplare dieses Werks vereinbart, so liegt eine einheitliche Hauptleistung (Lieferung) vor, in der die Einarbeitung der Dienstvorschrift als unselbständige Nebenleistung aufgeht. ³Auf diese Lieferung ist aber nach § 12 Abs. 2 Nr. 1 UStG in Verbindung mit Nr. 49 der Anlage 2 des UStG ebenfalls der ermäßigte Steuersatz anzuwenden.

Beispiel 3:
¹Die Erstellung von urheberrechtlich geschütztem technischen Schulungsmaterial – Lehrtafeln, Lehrfilme, bei denen der Auftragnehmer im urheberrechtlichen Sinne Hersteller des Lehrfilms ist, Diapositive – ist nach ihrem wesentlichen Inhalt auch dann eine unter § 12 Abs. 2 Nr. 7 Buchstabe c UStG fallende sonstige Leistung, wenn der erstellte Entwurf, die Druck- oder Kopiervorlagen, das Filmwerk oder die Diapositive dem Auftraggeber übergeben werden.

²Wird bei der Erstellung von Lehrtafeln zusätzlich zur Übertragung urheberrechtlicher Nutzungsrechte auch die Herstellung und Lieferung der benötigten Exemplare (Vervielfältigungsstücke) übernommen, so liegt eine nicht unter § 12 Abs. 2 Nr. 7 Buchstabe c UStG fallende Werklieferung vor, auf die nach § 12 Abs. 1 UStG der allgemeine Steuersatz anzuwenden ist.

(23) ¹Die Gestattung der Herstellung von Aufnahmen von Sportveranstaltungen ist keine nach § 12 Abs. 2 Nr. 7 Buchstabe c UStG begünstigte Übertragung urheberrechtlicher Nutzungsrechte, da ein urheberrechtlich geschütztes Werk erst mit der Herstellung der Aufnahmen entsteht. ²Vielmehr willigt der Veranstalter hierdurch in Eingriffe ein, die er auf Grund außerhalb des Urheberrechts bestehender Rechte verbieten könnte (z. B. durch Ausübung des Hausrechts). ³Wenn der Veranstalter des Sportereignisses die Aufnahmen selbst herstellt und die daran bestehenden Urheberrechte verwertet, sind die Umsätze aus der Verwertung von Rechten an Laufbildern nach § 12 Abs. 2 Nr. 7 Buchstabe c UStG ermäßigt zu besteuern (Absatz 3 Satz 3 Nr. 6).

12.8. Zirkusunternehmen, Schausteller und zoologische Gärten (§ 12 Abs. 2 Nr. 7 Buchstabe d UStG)

AE 12.8

(1) ¹Zirkusvorführungen sind auch die von den Zirkusunternehmen veranstalteten Tierschauen. ²Begünstigt sind auch die üblichen Nebenleistungen, z. B. der Verkauf von Programmen und die Aufbewahrung der Garderobe. ³Bei Fernsehaufzeichnungen und -übertragungen ist die Leistung des Zirkusunternehmens sowohl nach Buchstabe c als auch nach Buchstabe d des § 12 Abs. 2 Nr. 7 UStG begünstigt. ⁴Nicht begünstigt sind Hilfsgeschäfte, wie z. B. Veräußerungen von Anlage-

S 7241

gegenständen. ⁵Für den Verkauf der in Nummer 1 der Anlage 2 des UStG bezeichneten Tiere kommt jedoch die Steuerermäßigung nach § 12 Abs. 2 Nr. 1 UStG in Betracht.

(2) ¹Schausteller sind nur Unternehmer, die ein Reisegewerbe betreiben, also von Ort zu Ort ziehen, und ihre der Unterhaltung dienenden Leistungen auf Jahrmärkten, Volksfesten, Schützenfesten oder ähnlichen Veranstaltungen erbringen (vgl. § 30 UStDV). ²Dabei reicht es aus, wenn sie diese Leistungen im eigenen Namen mit Hilfe ihrer Arbeitnehmer oder sonstigen Erfüllungsgehilfen (z. B. engagierte Schaustellergruppen) an die Besucher dieser Veranstaltungen ausführen (vgl. BFH-Urteil vom 18. 7. 2002, V R 89/01, BStBl 2004 II S. 88). ³Ähnliche Veranstaltungen können auch durch den Schausteller selbst organisierte und unter seiner Regie stattfindende Eigenveranstaltungen sein (vgl. BFH-Urteil vom 25. 11. 1993, V R 59/91, BStBl 1994 II S. 336). ⁴Ortsgebundene Schaustellungsunternehmen – z. B. Märchenwaldunternehmen, Vergnügungsparks – sind mit ihren Leistungen nicht begünstigt (vgl. BFH-Urteile vom 22. 10. 1970, V R 67/70, BStBl 1971 II S. 37, vom 22. 6. 1972, V R 36/71, BStBl II S. 684, und vom 25. 11. 1993, a. a. O.). ⁵Zu den begünstigten Leistungen (§ 30 UStDV) gehören auch die Leistungen der Schau- und Belustigungsgeschäfte, der Fahrgeschäfte aller Art – Karussells, Schiffschaukeln, Achterbahnen usw. –, der Schießstände sowie die Ausspielungen. ⁶Nicht begünstigt sind Warenlieferungen, sofern sie nicht unter § 12 Abs. 2 Nr. 1 UStG fallen, und Hilfsgeschäfte.

(3) ¹Die Steuerermäßigung kommt für die Leistungen der zoologischen Gärten in Betracht, die nicht unter § 4 Nr. 20 Buchstabe a UStG (vgl. Abschnitt 4.20.4) fallen. ²Zoologische Gärten sind z. B. auch Aquarien und Terrarien, nicht dagegen Delphinarien (vgl. BFH-Urteil vom 20. 4. 1988, X R 20/82, BStBl II S. 796). ³Für Tierparks gilt die Steuerermäßigung nicht; ihre Umsätze können aber nach § 4 Nr. 20 Buchstabe a UStG steuerfrei sein. ⁴Tierpark in diesem Sinn ist eine Anlage, in der weniger Tierarten als in zoologischen Gärten, diese aber in Herden oder Zuchtgruppen auf großen Flächen gehalten werden.

(4) ¹Zu den Umsätzen, die unmittelbar mit dem Betrieb der zoologischen Gärten verbunden sind, gehören nur Leistungen, auf die der Betrieb eines zoologischen Gartens im eigentlichen Sinne gerichtet ist, in denen sich also dieser Betrieb verwirklicht (BFH-Urteil vom 4. 12. 1980, V R 60/79, BStBl 1981 II S. 231). ²Hierunter fallen insbesondere die Umsätze, bei denen die Entgelte in Eintrittsgeldern bestehen, einschließlich etwaiger Nebenleistungen (z. B. Abgabe von Wegweisern und Lageplänen). ³Nicht zu den begünstigten Umsätzen gehören z. B. Hilfsumsätze und die entgeltliche Überlassung von Parkplätzen an Zoobesucher.

AE 12.9   12.9. Gemeinnützige, mildtätige und kirchliche Einrichtungen sowie deren Zusammenschlüsse

Allgemeines

S 7242-a
S 7242-b

(1) ¹Begünstigt nach § 12 Abs. 2 Nr. 8 Buchstabe a UStG sind die Leistungen der Körperschaften, die gemeinnützige, mildtätige oder kirchliche Zwecke im Sinne der §§ 51 bis 68 AO verfolgen. ²Die abgabenrechtlichen Vorschriften gelten auch für Betriebe gewerblicher Art von juristischen Personen des öffentlichen Rechts. ³Es ist nicht erforderlich, dass der gesamte unternehmerische Bereich einer juristischen Person des öffentlichen Rechts gemeinnützigen Zwecken dient. ⁴Wenn bereits für andere Steuern (vgl. z. B. § 5 Abs. 1 Nr. 9 KStG) darüber entschieden ist, ob und ggf. in welchen Bereichen das Unternehmen steuerbegünstigte Zwecke verfolgt, ist von dieser Entscheidung im Allgemeinen auch für Zwecke der Umsatzsteuer auszugehen. ⁵Ist diese Frage für andere Steuern nicht entschieden worden, sind die Voraussetzungen für die Steuerermäßigung nach § 12 Abs. 2 Nr. 8 Buchstabe a UStG besonders zu prüfen. ⁶Der ermäßigte Steuersatz nach § 12 Abs. 2 Nr. 8 Buchstabe a UStG kommt nicht nur für die entgeltlichen Leistungen der begünstigten Körperschaften in Betracht, sondern auch für unentgeltliche Wertabgaben an den eigenen nichtunternehmerischen Bereich, wenn diese aus Tätigkeitsbereichen erfolgen, die nicht nach § 12 Abs. 2 Nr. 8 Buchstabe a Sätze 2 und 3 UStG einer Besteuerung mit dem allgemeinen Steuersatz unterliegen (vgl. Abschnitt 3.2 Abs. 2 Satz 3).

(2) ¹Die auf Grund des Reichssiedlungsgesetzes von den zuständigen Landesbehörden begründeten oder anerkannten gemeinnützigen Siedlungsunternehmen sind nur begünstigt, wenn sie alle Voraussetzungen der Gemeinnützigkeit im Sinne der AO erfüllen. ²Dem allgemeinen Steuersatz unterliegen die Leistungen insbesondere dann, wenn in der Satzung oder dem Gesellschaftsvertrag die Ausschüttung von Dividenden vorgesehen ist. ³Von Hoheitsträgern zur Ausführung hoheitlicher Aufgaben, z. B. im Bereich der Müll- und Abwasserbeseitigung, eingeschaltete Kapitalgesellschaften sind wegen fehlender Selbstlosigkeit (§ 55 AO) nicht gemeinnützig tätig.

Wirtschaftlicher Geschäftsbetrieb; Zweckbetrieb

(3) ¹Die Steuerermäßigung gilt nicht für die Leistungen, die im Rahmen eines wirtschaftlichen Geschäftsbetriebs ausgeführt werden. ²Der Begriff des wirtschaftlichen Geschäftsbetriebs ist in § 14 AO bestimmt. ³Nach § 64 AO bleibt die Steuervergünstigung für einen wirtschaftlichen

Geschäftsbetrieb jedoch bestehen, soweit es sich um einen Zweckbetrieb im Sinne der §§ 65 bis 68 AO handelt. [4]Für die Annahme eines Zweckbetriebs ist nach § 65 AO vor allem erforderlich, dass der wirtschaftliche Geschäftsbetrieb zu den nicht begünstigten Betrieben derselben oder ähnlichen Art nicht in größerem Umfang in Wettbewerb treten darf, als es bei der Erfüllung der steuerbegünstigten Zwecke unvermeidbar ist. [5]Liegt nach den §§ 66 bis 68 AO ein Zweckbetrieb vor, müssen die allgemeinen Voraussetzungen des § 65 AO für die Annahme eines Zweckbetriebs nicht erfüllt sein (vgl. BFH-Urteile vom 18. 1. 1995, V R 139-142/92, BStBl II S. 446, und vom 25. 7. 1996, V R 7/95, BStBl 1997 II S. 154). [6]Ist nach den Grundsätzen des § 14 AO lediglich Vermögensverwaltung gegeben, wird die Steuerermäßigung ebenfalls nicht ausgeschlossen.

(4) Folgende Regelungen zur Abgrenzung von wirtschaftlichen Geschäftsbetrieben und Zweckbetrieben sind zu beachten:

1. [1]Die Tätigkeit der Landessportbünde im Rahmen der Verleihung des Deutschen Sportabzeichens und des Deutschen Jugendsportabzeichens stellt einen Zweckbetrieb im Sinne des § 65 AO dar. [2]Entsprechendes gilt bei gemeinnützigen Sportverbänden für die Genehmigung von Wettkampfveranstaltungen der Sportvereine, die Genehmigung von Trikotwerbung sowie für die Ausstellung oder Verlängerung von Sportausweisen für Sportler.

2. Die Herstellung und Veräußerung von Erzeugnissen, die in der 2. Stufe der Blutfraktionierung gewonnen werden – Plasmaderivate wie Albumin, Globulin, Gerinnungsfaktoren –, durch die Blutspendedienste des Deutschen Roten Kreuzes sind ein nicht begünstigter wirtschaftlicher Geschäftsbetrieb (§§ 14 und 64 Abs. 6 Nr. 3 AO).

3. [1]Krankenfahrten, die von gemeinnützigen und mildtätigen Organisationen ausgeführt werden, erfüllen nicht die Voraussetzungen des § 66 Abs. 2 AO und finden deshalb nicht im Rahmen einer Einrichtung der Wohlfahrtspflege statt. [2]Die Annahme eines Zweckbetriebs nach § 65 AO scheidet aus Wettbewerbsgründen aus, so dass die Krankenfahrten als wirtschaftlicher Geschäftsbetrieb im Sinne der §§ 64 und 14 AO zu behandeln sind. [3]Krankenfahrten sind Fahrten von Patienten, für die ein Arzt die Beförderung in einem Personenkraftwagen, Mietwagen oder Taxi verordnet hat. [4]Zur Steuerbefreiung vgl. Abschnitte 4.17.2 und 4.18.1 Abs. 12.

4. [1]Bei den Werkstätten für behinderte Menschen umfasst der Zweckbetrieb (§ 68 Nr. 3 Buchstabe a AO) auch den eigentlichen Werkstattbereich. [2]Im Werkstattbereich werden in der Regel keine nach § 4 Nr. 18 UStG steuerfreien Umsätze ausgeführt. [3]Die steuerpflichtigen Umsätze unterliegen nach Maßgabe der Absätze 8 bis 15 dem ermäßigten Steuersatz. [4]Die den Werkstätten für behinderte Menschen in Rechnung gestellten Umsatzsteuerbeträge, die auf Leistungen entfallen, die andere Unternehmer für den Werkstattbetrieb ausgeführt haben, können deshalb nach § 15 Abs. 1 UStG in vollem Umfang als Vorsteuern abgezogen werden. [5]Eine Aufteilung der Vorsteuerbeträge in einen abziehbaren und einen nicht abziehbaren Teil entfällt. [6]Das gilt insbesondere auch insoweit, als Investitionen für den Werkstattbereich – z. B. Neubau oder Umbau, Anschaffung von Einrichtungsgegenständen oder Maschinen – vorgenommen werden.

5. [1]Als Zweckbetrieb werden nach § 68 Nr. 6 AO die von den zuständigen Behörden genehmigten Lotterien und Ausspielungen steuerbegünstigter Körperschaften anerkannt, wenn der Reinertrag unmittelbar und ausschließlich zur Förderung gemeinnütziger, mildtätiger oder kirchlicher Zwecke verwendet wird. [2]Eine nachhaltige Tätigkeit im Sinne des § 14 AO und des § 2 Abs. 1 Satz 3 UStG liegt auch dann vor, wenn Lotterien oder Ausspielungen jedes Jahr nur einmal veranstaltet werden. [3]Deshalb ist auch in diesen Fällen grundsätzlich ein Zweckbetrieb gegeben, für dessen Umsätze der ermäßigte Steuersatz in Betracht kommt. [4]Soweit öffentliche Lotterien und Ausspielungen von steuerbegünstigten Körperschaften der Lotteriesteuer unterliegen (vgl. §§ 17 und 18 RennwLottG), sind die daraus erzielten Umsätze nach § 4 Nr. 9 Buchstabe b UStG steuerfrei.

6. [1]Mensa- und Cafeteria-Betriebe, die von gemeinnützigen Studentenwerken unterhalten werden, die einem Wohlfahrtsverband angeschlossen sind, werden als Zweckbetriebe angesehen. [2]Speisen- und Getränkeumsätze, die in diesen Betrieben an Nichtstudierende, und zwar insbesondere an Hochschulbedienstete, z. B. Hochschullehrer, wissenschaftliche Räte, Assistenten und Schreibkräfte sowie an Studentenwerksbedienstete und Gäste, ausgeführt werden, unterliegen deshalb nach Maßgabe der Absätze 8 bis 15 dem ermäßigten Steuersatz. [3]Dies gilt z. B. auch für die Umsätze von alkoholischen Flüssigkeiten, sofern diese das Warenangebot des Mensa- und Cafeteria-Betriebs ergänzen und lediglich einen geringen Teil des Gesamtumsatzes ausmachen. [4]Als geringer Anteil am Gesamtumsatz wird es angesehen, wenn diese Umsätze im vorangegangenen Kalenderjahr nicht mehr als 5 % des Gesamtumsatzes betragen haben. [5]Wegen der Steuerbefreiung für die Umsätze in Mensa- und Cafeteria-Betrieben vgl. Abschnitt 4.18.1 Abs. 9.

7. [1]Die kurzfristige Vermietung von Wohnräumen und Schlafräumen an Nichtstudierende durch ein Studentenwerk ist ein selbständiger wirtschaftlicher Geschäftsbetrieb, wenn sie sich aus tatsächlichen Gründen von den satzungsmäßigen Leistungen abgrenzen lässt. [2]Dieser wirt-

§ 12 UStG
AE 12.9

schaftliche Geschäftsbetrieb ist kein Zweckbetrieb; dessen Umsätze unterliegen der Besteuerung nach dem Regelsteuersatz (BFH-Urteil vom 19. 5. 2005, V R 32/03, BStBl II S. 900).

8. Die entgeltliche Überlassung von Kfz durch einen „Carsharing"-Verein an seine Mitglieder ist kein Zweckbetrieb (vgl. BFH-Urteil vom 12. 6. 2008, V R 33/05, BStBl 2009 II S. 221).

9. Die nicht nur gelegentliche Erbringung von Geschäftsführungs- und Verwaltungsleistungen für einem Verein angeschlossene Mitgliedsvereine stellt keinen Zweckbetrieb dar (vgl. BFH-Urteil vom 29. 1. 2009, V R 46/06, BStBl II S. 560).

10. **Die Verwaltung von Sporthallen sowie das Einziehen der Hallenmieten einschließlich des Mahn- und Vollstreckungswesens durch einen gemeinnützigen Verein gegen Entgelt im Namen und für Rechnung einer Stadt ist kein begünstigter Zweckbetrieb (vgl. BFH-Urteil vom 5. 8. 2010, V R 54/09, BStBl 2011 II S. 191).**

(5) [1]Nach § 68 Nr. 7 AO sind kulturelle Einrichtungen und Veranstaltungen einer steuerbegünstigten Körperschaft unabhängig von einer Umsatz- oder Einkommensgrenze als Zweckbetrieb zu behandeln. [2]Die Umsätze von Speisen und Getränken sowie die Werbung gehören nicht zum Zweckbetrieb.

(6) [1]Nach § 67a Abs. 1 AO sind sportliche Veranstaltungen eines Sportvereins ein Zweckbetrieb, wenn die Einnahmen einschließlich Umsatzsteuer 35 000 € im Jahr nicht übersteigen. [2]Das gilt unabhängig davon, ob bezahlte Sportler im Sinne des § 67a Abs. 3 AO teilnehmen oder nicht. [3]Die Umsätze von Speisen und Getränken sowie die Werbung anlässlich einer sportlichen Veranstaltung gehören nicht zum Zweckbetrieb. [4]Ein nach § 67a Abs. 2 und 3 AO körperschaftsteuerrechtlich wirksamer Verzicht auf die Anwendung des § 67a Abs. 1 Satz 1 AO gilt auch für Zwecke der Umsatzsteuer. [5]Wegen weiterer Einzelheiten zur Behandlung sportlicher Veranstaltungen vgl. Anwendungserlass zur Abgabenordnung (AEAO) zu § 67a.

(7) [1]Eine steuerbegünstigte sportliche oder kulturelle Veranstaltung im Sinne der §§ 67a, 68 Nr. 7 AO kann auch dann vorliegen, wenn ein Sport- oder Kulturverein in Erfüllung seiner Satzungszwecke im Rahmen einer Veranstaltung einer anderen Person oder Körperschaft eine sportliche oder kulturelle Darbietung erbringt. [2]Die Veranstaltung, bei der die sportliche oder kulturelle Darbietung präsentiert wird, braucht keine steuerbegünstigte Veranstaltung zu sein (vgl. BFH-Urteil vom 4. 5. 1994, XI R 109/90, BStBl II S. 886).

Ermäßigter Steuersatz bei Leistungen der Zweckbetriebe steuerbegünstigter Körperschaften

(8) [1]Die umsatzsteuerliche Begünstigung eines wirtschaftlichen Geschäftsbetriebs nach § 12 Abs. 2 Nr. 8 UStG kann auch dann gewährt werden, wenn sich die Auswirkungen auf den Wettbewerb, die von den Umsätzen eines wirtschaftlichen Geschäftsbetriebs ausgehen, nicht auf das zur Erfüllung des steuerbegünstigten Zwecks unvermeidbare Maß beschränken. [2]Voraussetzung ist jedoch, dass sich ein derartiger Geschäftsbetrieb in seiner Gesamtrichtung als ein Zweckbetrieb darstellt, mit dem erkennbar darauf abgezielt wird, die satzungsmäßigen Zwecke der Körperschaft zu verwirklichen. [3]Die Anwendung der Steuerermäßigungsvorschrift des § 12 Abs. 2 Nr. 8 Buchstabe a UStG kann daher nicht lediglich von einer gesetzlichen Zugehörigkeitsfiktion zum begünstigten Bereich einer Körperschaft abhängig gemacht werden. [4]Vielmehr ist es erforderlich, dass auch die ausgeführten Leistungen von ihrer tatsächlichen Ausgestaltung her und in ihrer Gesamtrichtung dazu bestimmt sind, den in der Satzung bezeichneten steuerbegünstigten Zweck der Körperschaft selbst zu verwirklichen. [5]Insoweit gilt allein der Betrieb eines steuerbegünstigten Zweckbetriebs nicht als steuerbegünstigter Zweck. [6]Die Regelung des § 12 Abs. 2 Nr. 8 Buchstabe a Satz 3 UStG zielt darauf ab, Wettbewerbsverzerrungen durch die Inanspruchnahme des ermäßigten Steuersatzes auf den gemeinschaftsrechtlich zulässigen Umfang zu beschränken und dadurch missbräuchlichen Gestaltungen zu begegnen: [7]Nur soweit die Körperschaft mit den Leistungen ihrer in §§ 66 bis 68 AO bezeichneten Zweckbetriebe ihre steuerbegünstigten satzungsgemäßen Zwecke selbst verwirklicht, kommt der ermäßigte Steuersatz uneingeschränkt zur Anwendung. [8]Für die übrigen Umsätze gilt dies nur, wenn der Zweckbetrieb nicht in erster Linie der Erzielung zusätzlicher Einnahmen dient, die in unmittelbarem Wettbewerb mit den allgemeinen Steuersatz unterliegenden Leistungen anderer Unternehmer ausgeführt werden **(vgl. BFH-Urteil vom 5. 8. 2010, V R 54/09, BStBl 2011 II S. 191)**; ist diese Voraussetzung nicht erfüllt, unterliegen die übrigen Leistungen des Zweckbetriebs dem allgemeinen Steuersatz.

Zweckbetriebe, die nicht in erster Linie der Erzielung zusätzlicher Einnahmen dienen

(9) [1]Nach § 65 AO als Zweckbetriebe anerkannte wirtschaftliche Geschäftsbetriebe gewährleisten bereits, dass sie auch hinsichtlich der Umsätze, mit deren Ausführung selbst sie ausnahmsweise nicht auch ihre satzungsmäßigen Zwecke verwirklichen, zu nicht begünstigten Betrieben derselben oder ähnlicher Art nicht in größerem Umfang in Wettbewerb treten, als es zur Erfüllung der steuerbegünstigten Zwecke unvermeidbar ist und sie damit nicht in erster Linie der Erzielung zusätzlicher Einnahmen durch die Ausführung von Umsätzen dienen, die in unmittelbarem Wettbewerb mit dem allgemeinen Steuersatz unterliegenden Leistungen anderer Unternehmer aus-

geführt werden. ²Der ermäßigte Steuersatz ist daher auf Zweckbetriebe nach § 65 AO uneingeschränkt anwendbar. ³Gleiches gilt für folgende, als Zweckbetriebe anerkannte wirtschaftliche Geschäftsbetriebe:
1. Einrichtungen der Wohlfahrtspflege im Sinne des § 66 AO, denn diese dürfen nach Abs. 2 dieser Vorschrift nicht des Erwerbs wegen ausgeübt werden;
2. in § 68 Nr. 1 Buchstabe a AO aufgeführte Alten-, Altenwohn- und Pflegeheime, Erholungsheime oder Mahlzeitendienste, denn diese müssen mindestens zwei Drittel ihrer Leistungen gegenüber den in § 53 AO genannten Personen erbringen (§ 66 Abs. 3 AO), um Zweckbetrieb sein zu können;
3. Selbstversorgungseinrichtungen nach § 68 Nr. 2 AO, denn diese dürfen höchstens 20 % ihrer Leistungen an Außenstehende erbringen, um als Zweckbetrieb anerkannt zu werden.

Leistungen, mit deren Ausführung selbst lediglich steuerbegünstigte Zwecke verwirklicht werden

(10) ¹Auch die satzungsmäßig erbrachten Leistungen der folgenden als Katalog-Zweckbetriebe anerkannten wirtschaftlichen Geschäftsbetriebe unterliegen, sofern sie nicht bereits unter eine Steuerbefreiungsvorschrift fallen, weiterhin dem ermäßigten Steuersatz, weil mit ihrer Ausführung selbst die steuerbegünstigten Zwecke der Körperschaft unmittelbar verwirklicht werden:
1. ¹Krankenhäuser. ²Umsätze auf dem Gebiet der Heilbehandlung sind Leistungen, mit deren Ausführung selbst der steuerbegünstigte Zweck eines in § 67 AO bezeichneten Zweckbetriebs verwirklicht wird;
2. ¹Sportvereine. ²Die z. B. als Eintrittsgeld für die von den Vereinen durchgeführten sportlichen Veranstaltungen erhobenen Beträge sind Entgelte für Leistungen, mit deren Ausführung selbst die steuerbegünstigten Zwecke eines in § 67a AO bezeichneten Zweckbetriebs verwirklicht werden. ³Dies gilt nicht, wenn die Besteuerungsgrenze des § 67a Abs. 1 AO überschritten wurde und im Falle des Verzichts auf deren Anwendung hinsichtlich der in § 67a Abs. 3 Satz 2 AO genannten Veranstaltungen;
3. ¹Kindergärten, Kinder-, Jugend- und Studenten- oder Schullandheime. ²Mit der Ausführung der Betreuungs- oder Beherbergungsumsätze selbst werden die steuerbegünstigten Zwecke der in § 68 Nr. 1 Buchstabe b AO bezeichneten Zweckbetriebe verwirklicht;
4. ¹Einrichtungen für Beschäftigungs- und Arbeitstherapie. ²Mit der Ausführung der auf Grund ärztlicher Indikation außerhalb eines Beschäftigungsverhältnisses erbrachten Therapie-, Ausbildungs- oder Förderungsleistungen selbst wird der steuerbegünstigte Zweck eines in § 68 Nr. 3 Buchstabe b AO bezeichneten Zweckbetriebs verwirklicht;
5. ¹Einrichtungen zur Durchführung der Blindenfürsorge, der Fürsorge für Körperbehinderte, der Fürsorgeerziehung und der freiwilligen Erziehungshilfe. ²Mit der Ausführung der gegenüber diesem Personenkreis erbrachten Leistungen auf dem Gebiet der Fürsorge selbst werden die steuerbegünstigten Zwecke der in § 68 Nr. 4 und 5 AO bezeichneten Zweckbetriebe verwirklicht;
6. ¹Kulturelle Einrichtungen, wie Museen, Theater, Konzerte und Kunstausstellungen. ²Die z. B. als Eintrittsgeld erhobenen Beträge sind Entgelt für Leistungen, mit deren Ausführung selbst die steuerbegünstigten Zwecke eines in § 68 Nr. 7 AO bezeichneten Zweckbetriebs verwirklicht werden;
7. ¹Volkshochschulen u.ä. Einrichtungen. ²Mit der Durchführung von Lehrveranstaltungen selbst werden die steuerbegünstigten Zwecke der in § 68 Nr. 8 AO bezeichneten Zweckbetriebe verwirklicht; soweit dabei den Teilnehmern Beherbergungs- oder Beköstigungsleistungen erbracht werden, gelten die Ausführungen in Absatz 11;
8. ¹Wissenschafts- und Forschungseinrichtungen, deren Träger sich überwiegend aus Zuwendungen der öffentlichen Hand oder Dritter oder aus der Vermögensverwaltung finanzieren. ²Mit der Ausführung von Forschungsumsätzen selbst werden die steuerbegünstigten Zwecke der in § 68 Nr. 9 AO bezeichneten Forschungseinrichtungen verwirklicht. ³Dies gilt auch für die Auftragsforschung. ⁴Die Steuerermäßigung kann nicht in Anspruch genommen werden für Tätigkeiten, die sich auf die Anwendung gesicherter wissenschaftlicher Erkenntnisse beschränken, für die Übernahme von Projekttätigkeiten sowie für wirtschaftliche Tätigkeiten ohne Forschungsbezug.

²Sofern besondere Ausgestaltungsformen gemeinnütziger Zwecke nach den allgemeinen abgabenrechtlichen Regelungen ebenfalls bestimmten Katalogzweckbetrieben zugeordnet werden, besteht kein Anlass, hiervon umsatzsteuerrechtlich abzuweichen. ³So werden beispielsweise mit Leistungen wie „Betreutes Wohnen", „Hausnotrufleistungen", „Betreute Krankentransporte" selbst die in § 66 AO bezeichneten steuerbegünstigten Zwecke verwirklicht. ⁴Werden derartige Leistungen von wirtschaftlichen Geschäftsbetrieben, die nach §§ 66 oder 68 Nr. 1 AO als Zweckbetrieb anerkannt sind, satzungsmäßig ausgeführt, fallen auch sie in den Anwendungsbereich des

ermäßigten Steuersatzes. ⁵Hinsichtlich der übrigen Umsätze der genannten Zweckbetriebe gelten die Ausführungen in Absatz 11.

Leistungen, mit deren Ausführung selbst nicht steuerbegünstigte Zwecke verwirklicht werden

(11) ¹Vorbehaltlich der Regelungen der Absätze 12 bis 14 unterliegen von Zweckbetrieben ausgeführte Leistungen, mit deren Ausführung selbst nicht steuerbegünstigte Zwecke verwirklicht werden, nur dann dem ermäßigten Steuersatz, wenn der Zweckbetrieb insgesamt nicht in erster Linie der Erzielung von zusätzlichen Einnahmen durch die Ausführung von Umsätzen dient, die in unmittelbarem Wettbewerb mit dem allgemeinen Steuersatz unterliegenden Leistungen anderer Unternehmer ausgeführt werden. ²Einnahmen aus derartigen Umsätzen werden zusätzlich erzielt, wenn die Umsätze nicht lediglich Hilfsumsätze (Abschnitt 19.3 Abs. 2 Sätze 4 und 5) sind (zusätzliche Einnahmen). ³Ein Zweckbetrieb dient in erster Linie der Erzielung zusätzlicher Einnahmen, wenn er sich zu mehr als 50 % aus derartigen Einnahmen finanziert. ⁴Umsatzsteuerfreie Umsätze sowie umsatzsteuerrechtlich als nicht steuerbare Zuschüsse zu beurteilende Zuwendungen sind – unabhängig von einer ertragsteuerrechtlichen Beurteilung als Betriebseinnahmen – keine Einnahmen in diesem Sinne. ⁵Aus Vereinfachungsgründen kann davon ausgegangen werden, dass ein Zweckbetrieb nicht in erster Linie der Erzielung zusätzlicher Einnahmen dient, wenn der Gesamtumsatz im Sinne des § 19 Abs. 3 UStG des Zweckbetriebs die Besteuerungsgrenze des § 64 Abs. 3 AO insgesamt nicht übersteigt. ⁶Da sich bei Leistungen gegenüber in vollem Umfang zum Vorsteuerabzug berechtigten Unternehmen kein Wettbewerbsvorteil ergibt, ist es nicht zu beanstanden, wenn diese Umsätze bei der betragsmäßigen Prüfung unberücksichtigt bleiben.

Einzelfälle

(12) ¹Bei Werkstätten für behinderte Menschen (§ 68 Nr. 3 Buchstabe a AO) gehört der Verkauf von Waren, die in einer Werkstätte für behinderte Menschen selbst hergestellt worden sind, zum Zweckbetrieb. ²Aus Vereinfachungsgründen kann davon ausgegangen werden, dass der Zweckbetrieb „Werkstatt für behinderte Menschen" mit dem Verkauf dieser Waren sowie von zum Zwecke der Be- oder Verarbeitung zugekaufter Waren nicht in erster Linie der Erzielung zusätzlicher Einnahmen dient, wenn die Wertschöpfung durch die Werkstatt für behinderte Menschen mehr als 10 % des Nettowerts (Bemessungsgrundlage) der zugekauften Waren beträgt. ³Im Übrigen ist der Verkauf anderer Waren nach dem AEAO Nr. 5 zu § 68 Nr. 3 ein gesonderter steuerpflichtiger wirtschaftlicher Geschäftsbetrieb des Trägers der Werkstatt; der ermäßigte Steuersatz kommt insoweit nicht zur Anwendung. ⁴Mit sonstigen Leistungen, die keine Werkleistungen sind, werden die steuerbegünstigten Zwecke der Einrichtung im Allgemeinen nicht verwirklicht, da ihnen das dem Begriff einer Werkstatt innewohnende Element der Herstellung oder Be-/Verarbeitung fehlt. ⁵Sofern sonstige Leistungen ausnahmsweise von einem Zweckbetrieb im Sinne des § 68 Nr. 3 Buchstabe a AO ausgeführt werden sowie bei Werkleistungen gelten hinsichtlich der Anwendung des ermäßigten Steuersatzes die folgenden Ausführungen für Zweckbetriebe nach § 68 Nr. 3 Buchstabe c AO entsprechend.

(13) ¹Integrationsprojekte im Sinne von § 132 Abs. 1 SGB IX unterliegen weder nach § 132 SGB IX noch nach § 68 Nr. 3 Buchstabe c AO bestimmten Voraussetzungen in Bezug auf die Ausführung ihrer Leistungen; sie können dementsprechend mit der Ausführung ihrer Leistungen selbst keinen steuerbegünstigten Zweck erfüllen. ²Daher ist bei Überschreiten der Besteuerungsgrenze (§ 64 Abs. 3 AO) grundsätzlich zu prüfen, ob die Einrichtung in erster Linie der Erzielung von zusätzlichen Einnahmen dient. ³Dies ist regelmäßig der Fall,

– wenn die besonders betroffenen schwerbehinderten Menschen im Sinne des § 132 Abs. 1 SGB IX nicht als Arbeitnehmer der Einrichtung beschäftigt sind, sondern lediglich z. B. von Zeitarbeitsfirmen entliehen werden; dies gilt nicht, soweit die entliehenen Arbeitnehmer über die nach § 68 Nr. 3 Buchstabe c AO erforderliche Quote hinaus beschäftigt werden, oder

– wenn die Einrichtung von anderen Unternehmern in die Erbringung von Leistungen lediglich zwischengeschaltet wird oder sich zur Erbringung eines wesentlichen Teils der Leistung anderer Subunternehmer bedient, die nicht selbst steuerbegünstigt sind.

⁴Anhaltspunkte dafür, dass ein Zweckbetrieb nach § 68 Nr. 3 Buchstabe c AO in erster Linie der Erzielung zusätzlicher Einnahmen durch Steuervorteile dient, sind insbesondere:

– Fehlen einer nach Art und Umfang der erbrachten Leistungen erforderlichen Geschäftseinrichtung,

– Nutzung des ermäßigten Steuersatzes als Werbemittel, insbesondere zur Anbahnung von Geschäftsverbindungen zu nicht vorsteuerabzugsberechtigten Leistungsempfängern,

– Erbringung von Leistungen fast ausschließlich gegenüber nicht vorsteuerabzugsberechtigten Leistungsempfängern,

– das Fehlen von medizinisch, psychologisch, pädagogisch oder anderweitig spezifiziert geschultem Personal, welches im Hinblick auf die besonderen Belange der besonders betroffenen schwerbehinderten Menschen geeignet ist, deren Heranführung an das Erwerbsleben zu fördern, bzw. die Unterlassung gleichwertiger Ersatzmaßnahmen,

– die Beschäftigung der besonders betroffenen schwerbehinderten Menschen nicht im eigentlichen Erwerbsbereich der Einrichtung, sondern überwiegend in Hilfsfunktionen.

[5]Aus Vereinfachungsgründen können diese Anhaltspunkte unberücksichtigt bleiben, wenn der Gesamtumsatz der Einrichtung (§ 19 Abs. 3 UStG) den für Kleinunternehmer geltenden Betrag von 17 500 € im Jahr (Kleinunternehmergrenze, § 19 Abs. 1 UStG) je Beschäftigtem, der zu der Gruppe der besonders betroffenen schwerbehinderten Menschen im Sinne des § 132 Abs. 1 SGB IX zählt, nicht übersteigt, oder wenn der durch die Anwendung des ermäßigten Steuersatzes im Kalenderjahr erzielte Steuervorteil insgesamt den um Zuwendungen Dritter gekürzten Betrag nicht übersteigt, welchen die Einrichtung im Rahmen der Beschäftigung aller besonders betroffenen schwerbehinderten Menschen im Sinne des § 132 Abs. 1 SGB IX in diesem Zeitraum zusätzlich aufwendet. [6]Vorbehaltlich des Nachweises höherer tatsächlicher Aufwendungen wird als zusätzlich aufgewendeter Betrag die um Lohnzuschüsse Dritter gekürzte Summe der Löhne und Gehälter, die an die besonders betroffenen schwerbehinderten Menschen im Sinne des § 132 Abs. 1 SGB IX ausgezahlt wird, zu Grunde gelegt werden. [7]Als erzielter Steuervorteil gilt die Differenz zwischen der Anwendung des allgemeinen Steuersatzes und der Anwendung des ermäßigten Steuersatzes auf den ohne Anwendung der Steuerermäßigung nach § 12 Abs. 2 Nr. 8 UStG dem allgemeinen Steuersatz unterliegenden Teil des Gesamtumsatzes der Einrichtung.

(14) [1]Behördlich genehmigte Lotterien und Ausspielungen können mit dem Verkauf ihrer Lose selbst regelmäßig nicht den gemeinnützigen Zweck eines Zweckbetriebs nach § 68 Nr. 6 AO verwirklichen, da sie lediglich den Reinertrag dafür zu verwenden haben. [2]Aus Vereinfachungsgründen kann jedoch auch bei Überschreiten der Besteuerungsgrenze des § 64 Abs. 3 AO davon ausgegangen werden, dass der Zweckbetrieb nicht in erster Linie der Erzielung zusätzlicher Einnahmen dient, wenn der Gesamtpreis der Lose je genehmigter Lotterie oder Ausspielung zu ausschließlich gemeinnützigen, mildtätigen oder kirchlichen Zwecken 40 000 € im Jahr (§ 18 RennwLottG) nicht überschreitet. [3]Die nicht nach § 4 Nr. 9 Buchstabe b UStG steuerfreien Leistungen nicht gemeinnütziger Lotterieveranstalter unterliegen auch dann dem allgemeinen Steuersatz, wenn die Reinerlöse für steuerbegünstigte Zwecke verwendet werden.

(15) [1]Für die Anwendung der Absätze 8 ff. ist das Gesamtbild der Verhältnisse im Einzelfall maßgebend. [2]Bei der Prüfung der betragsmäßigen Nichtaufgriffsgrenzen sowie bei der Gegenüberstellung der zusätzlichen Einnahmen zu den übrigen Einnahmen ist dabei auf die Verhältnisse des abgelaufenen Kalenderjahres sowie auf die voraussichtlichen Verhältnisse des laufenden Kalenderjahres abzustellen.

12.10. Zusammenschlüsse steuerbegünstigter Einrichtungen (§ 12 Abs. 2 Nr. 8 Buchstabe b UStG)

AE 12.10

[1]Die Steuerermäßigung nach § 12 Abs. 2 Nr. 8 Buchstabe b UStG für Leistungen von nichtrechtsfähigen Personenvereinigungen oder Gemeinschaften steuerbegünstigter Körperschaften wird unter folgenden Voraussetzungen gewährt:

S 7242-b

- Alle Mitglieder der nichtrechtsfähigen Personenvereinigung oder Gemeinschaft müssen steuerbegünstigte Körperschaften im Sinne der §§ 51 ff. AO sein.
- Alle Leistungen müssten, falls sie anteilig von den Mitgliedern der Personenvereinigung oder der Gemeinschaft ausgeführt würden, nach § 12 Abs. 2 Nr. 8 Buchstabe a UStG ermäßigt zu besteuern sein.

[2]Eine Personenvereinigung oder Gemeinschaft kann somit für ihre Leistungen nur dann die Umsatzsteuerermäßigung nach § 12 Abs. 2 Nr. 8 Buchstabe b UStG beanspruchen, wenn sich auf steuerbegünstigte Bereiche, z. B. Zweckbetriebe, erstreckt. [3]Daneben kann jedoch mit den wirtschaftlichen Geschäftsbetrieben, die nicht Zweckbetriebe sind, z. B. Vereinsgaststätten, jeweils eine gesonderte Personenvereinigung oder Gemeinschaft gebildet werden, deren Leistungen der Umsatzsteuer nach dem allgemeinen Steuersatz unterliegen. [4]Bestehen begünstigte und nicht begünstigte Personenvereinigungen oder Gemeinschaften nebeneinander, müssen u. a. die für Umsatzsteuerzwecke erforderlichen Aufzeichnungen dieser Zusammenschlüsse voneinander getrennt geführt werden. [5]Die Steuerermäßigung ist ausgeschlossen, wenn eine Personenvereinigung oder Gemeinschaft auch Zweckbetriebe, für deren Leistungen der ermäßigte Steuersatz nach § 12 Abs. 2 Nr. 8 Buchstabe a Satz 3 UStG auch nur teilweise ausgeschlossen ist, oder wirtschaftliche Geschäftsbetriebe umfasst, die keine Zweckbetriebe sind, z. B. Gemeinschaft aus der kulturellen Veranstaltung des einen und dem Bewirtungsbetrieb des anderen gemeinnützigen Vereins. [6]Auch bei gemeinschaftlichen Sportveranstaltungen darf durch die Zurechnung der anteiligen Einnahmen der Personenvereinigung oder der Gemeinschaft bei keinem Vereinigungs- oder Gemeinschaftsmitglied ein wirtschaftlicher Geschäftsbetrieb entstehen, der nicht Zweckbetrieb ist.

§ 12 UStG
AE 12.11

AE 12.11

12.11. Schwimm- und Heilbäder, Bereitstellung von Kureinrichtungen
(§ 12 Abs. 2 Nr. 9 UStG)

S 7243

(1) ¹Unmittelbar mit dem Betrieb der Schwimmbäder verbundene Umsätze liegen insbesondere vor bei
1. der Benutzung der Schwimmbäder, z. B. durch Einzelbesucher, Gruppen oder Vereine (gegen Eintrittsberechtigung oder bei Vermietung des ganzen Schwimmbads an einen Verein);
2. ergänzenden Nebenleistungen, z. B. Benutzung von Einzelkabinen;
3. der Erteilung von Schwimmunterricht;
4. notwendigen Hilfsleistungen, z. B. Vermietung von Schwimmgürteln, Handtüchern und Badekleidung, Aufbewahrung der Garderobe, Benutzung von Haartrocknern.

²Die Steuerermäßigung **nach § 12 Abs. 2 Nr. 9 UStG** scheidet aus, wenn die Überlassung des Schwimmbads eine unselbständige Nebenleistung zu einer nicht begünstigten Hauptleistung ist. ³Das ist z. B. der Fall, wenn in einem Sport- und Freizeitzentrum außer einem Schwimmbad oder einer Sauna noch weitere, nicht begünstigte Einrichtungen im Rahmen einer eigenständigen Leistung besonderer Art überlassen werden (vgl. BFH-Urteile vom 8. 9. 1994, V R 88/92, BStBl II S. 959, und vom 28. 9. 2000, V R 14, 15/99, BStBl 2001 II S. 78).

(2) ¹Nicht unmittelbar mit dem Betrieb eines Schwimmbads verbunden und deshalb nicht begünstigt sind u. a. die Abgabe von Reinigungsbädern, die Lieferungen von Seife und Haarwaschmitteln, die Vermietung von Liegestühlen und Strandkörben, die Zurverfügungstellung von Unterhaltungseinrichtungen – Minigolf, Tischtennis und dergleichen – und die Vermietung oder Verpachtung einzelner Betriebsteile, wie z. B. die Reinigungsräume eines Parkplatzes, einer Sauna oder von Reinigungsbädern. ²Das Gleiche gilt für die Parkplatzüberlassung, die Fahrradaufbewahrung sowie für die Umsätze in Kiosken, Milchbars und sonstigen angegliederten Wirtschaftsbetrieben.

(3) ¹Heilbäder sind:
1. ¹Heilbäder aus anerkannten, natürlichen Heilquellen (Mineral-, Thermal-, Gasquellen) und Peloidbäder (Heilmoore, Fango, Schlick, Lehm, Sand). ²Sie werden abgegeben als Wannenbäder, Packungen, Teilbäder und Duschen (z. B. Wechselduschen, Nasen-, Rachen- und Vaginalduschen), als Inhalationen (Raum- und Einzelinhalationen), als Trinkkuren und in Bewegungsbädern;
2. Heilbäder nach Kneippscher Therapie (z. B. Arm- und Fußbäder, Güsse, Abwaschungen, Wickel und Abbürstungen) und Heilmittel des Meeres, zu denen warme und kalte Meerwasserbäder, Meerwassertrinkkuren, Inhalationen und Meerwasserbewegungsbäder zählen;
3. medizinische Zusatzbäder, Saunabäder, Dampf- und Heißluftraumbäder, Lichtbäder (z. B. Infra- oder Ultrarot, Glühlicht und UV-Licht-, Physio- und Elektrotherapie) z. B. Hauffesche Arm- und Fußbäder, Überwärmungsbad, Heilmassage, Heilgymnastik und Stangerbad – Unterwasserdruckstrahl-Massagen, Darmbäder sowie die Behandlung in pneumatischen und Klima-Kammern.

²Keine Heilbäder sind z. B. sog. Floating-Bäder, Heubäder, Schokobäder, Kleopatrabäder und Aromabäder.

(4) ¹Bei der Verabreichung von Heilbädern, die ihrer Art nach allgemeinen Heilzwecken dienen z. B. von Saunabädern, ist nicht erforderlich, dass im Einzelfall ein bestimmter Heilzweck nachgewiesen wird. ²Insbesondere bedarf es nicht einer ärztlichen Verordnung des Heilbads. ³Dies gilt jedoch nicht für Leistungen, die anderen – z. B. kosmetischen – Zwecken dienen und bei denen Heilzwecke von vornherein ausgeschlossen sind. ⁴UV-Lichtbehandlungen ohne ärztliche Verordnung in Bräunungs- und Sonnenstudios stellen daher keine begünstigte Verabreichung eines Heilbads dar (vgl. BFH-Urteil vom 18. 6. 1993, V R 1/89, BStBl II S. 853). ⁵Die Verabreichung von Heilbädern setzt eine Abgabe des Heilbades unmittelbar an den Kurgast voraus. ⁶An dieser Voraussetzung fehlt es, wenn Kurbetriebe Heilwasser nicht an Kurgäste, sondern an Dritte – z. B. an Sozialversicherungsträger – liefern, die das Wasser zur Verabreichung von Heilbädern in ihren eigenen Sanatorien verwenden. ⁷Das Gleiche gilt, wenn Heilwässer nicht unmittelbar zur Anwendung durch den Kurgast abgegeben werden. ⁸Für die Abgrenzung gegenüber den nicht begünstigten Leistungen der Heilbäder gelten im Übrigen die Absätze 1 und 2 entsprechend.

(5) ¹Bei der Bereitstellung von Kureinrichtungen handelt es sich um eine einheitliche Gesamtleistung, die sich aus verschiedenartigen Einzelleistungen (z. B. die Veranstaltung von Kurkonzerten, das Gewähren von Trinkkuren sowie das Überlassen von Kurbädern, Kurstränden, Kurparks und anderen Kuranlagen oder -einrichtungen zur Benutzung) zusammensetzt. ²*Eine aufgrund der Kommunalabgabengesetze der Länder oder vergleichbarer Regelungen erhobene Kurtaxe kann aus Vereinfachungsgründen als Gegenleistung für eine in jedem Fall nach § 12 Abs. 2 Nr. 9 UStG ermäßigt zu besteuernde Leistung angesehen werden.* ³*Eine andere Bezeichnung als „Kurtaxe" (z. B. Kurbeitrag oder -abgabe) ist unschädlich.* ⁴*Voraussetzung für die Anwendung der Steuerermäßigung ist, dass die Gemeinde als Kur-, Erholungs- oder Küstenbadeort anerkannt ist.* ⁵Nicht begünstigt sind Einzelleistungen, wie z. B. die Gebrauchsüberlassung einzelner Kureinrichtungen

oder -anlagen und die Veranstaltung von Konzerten, Theatervorführungen oder Festen, für die neben der Kurtaxe ein besonderes Entgelt zu zahlen ist.

12.12. Übergangsregelung bei Personenbeförderungen mit Schiffen   AE 12.12

(1) ¹Nach § 12 Abs. 2 Nr. 10 Buchstabe a UStG in der Fassung des § 28 Abs. 4 UStG unterliegen die Personenbeförderungen mit Schiffen dem ermäßigten Steuersatz. ²Folgende dieser Beförderungen sind insgesamt steuerbar:
1. Beförderungen, die sich ausschließlich auf das Inland erstrecken,
2. Beförderungen, die ausschließlich in den in § 1 Abs. 3 UStG bezeichneten Gebieten ausgeführt werden, wenn diese Beförderungen wie Umsätze im Inland zu behandeln sind (§ 1 Abs. 3 Satz 1 Nr. 2 UStG), und
3. grenzüberschreitende Beförderungen, bei denen die ausländischen Streckenanteile als inländische Beförderungsstrecken anzusehen sind (§ 7 Abs. 1 und Abs. 2 Satz 1 Nr. 1 UStDV).

(2) ¹Bei grenzüberschreitenden Beförderungen von Personen mit Schiffen, die nicht in Absatz 1 Satz 2 Nr. 3 bezeichnet sind, bemisst sich die Steuer nach dem Entgelt für den Teil der Beförderungsleistung, der steuerbar ist. ²Dies ist der Fall bei dem Teil einer grenzüberschreitenden Beförderung, der auf das Inland entfällt oder der nach § 1 Abs. 3 Satz 1 Nr. 2 UStG wie ein Umsatz im Inland zu behandeln ist. ³Abweichend davon ist jedoch die gesamte Beförderungsleistung nicht steuerbar, wenn der inländische Streckenanteil als ausländische Beförderungsstrecke anzusehen ist oder der Teil der Beförderungsleistung in den in § 1 Abs. 3 UStG bezeichneten Gebieten nicht wie ein Umsatz im Inland zu behandeln ist (§§ 2 und 7 Abs. 2 Satz 1 Nr. 2, Abs. 3 und 5 UStDV).

(3) ¹Wird für eine grenzüberschreitende Beförderung ein Preis für die gesamte Beförderung vereinbart oder vereinnahmt, ist der auf den steuerbaren Teil der Leistung entfallende Entgeltanteil anhand dieses Gesamtpreises zu ermitteln. ²Die Ausführungen in Abschnitt 3b.1 Abs. 6 gelten entsprechend.

(4) ¹Personenbeförderungen mit Schiffen können mit der Unterbringung und der Verpflegung der beförderten Personen verbunden sein. ²Soweit Unterbringung und Verpflegung erforderlich sind, um die Personenbeförderung planmäßig durchführen zu können, sind sie als Nebenleistungen zur Beförderungsleistung anzusehen. ³Ihre Besteuerung richtet sich deshalb nach den Absätzen 1 bis 3.

(5) ¹Bei Pauschalreisen mit Kabinenschiffen auf Binnenwasserstraßen sind die Unterbringung und Verpflegung der Reisenden auf den Schiffen ebenfalls erforderlich, um die Personenbeförderung entsprechend den vertraglichen Vereinbarungen durchführen zu können. ²Unterbringung und Verpflegung sind deshalb auch hier als Nebenleistungen zur Beförderungsleistung anzusehen (vgl. BFH-Urteil vom 1. 8. 1996, V R 58/94, BStBl 1997 II S. 160). ³Soweit die Personenbeförderungen im Inland ausgeführt werden oder nach § 1 Abs. 3 UStG wie Umsätze im Inland zu behandeln sind, unterliegen die Leistungen einschließlich der Unterbringung und Verpflegung dem ermäßigten Steuersatz. ⁴Auch die Beförderung eines Personenkraftwagens bei Mitnahme durch den Reisenden unterliegt als Nebenleistung zur Beförderungsleistung dem ermäßigten Steuersatz.

(6) ¹Werden jedoch bei den in Absatz 5 bezeichneten Schiffsreisen Leistungen an die Reisenden erbracht, die nicht mit dem Pauschalentgelt für Beförderung, Unterbringung und Verpflegung abgegolten sind, ist davon auszugehen, dass diese Leistungen nicht erforderlich sind, um die Beförderungsleistung planmäßig durchführen zu können. ²Es handelt sich hier z. B. um die Lieferung von Getränken, Süßwaren, Tabakwaren und Andenken. ³Soweit diese Lieferungen im Inland ausgeführt werden oder nach § 1 Abs. 3 UStG wie Umsätze im Inland zu behandeln sind, fallen sie nicht unter die Steuerermäßigung für die Beförderung von Personen mit Schiffen.

12.13. Begünstigte Verkehrsarten   AE 12.13

(1) Die einzelnen Verkehrsarten sind grundsätzlich nach dem Verkehrsrecht abzugrenzen.   S 7244

Verkehr mit Schienenbahnen

(2) ¹Schienenbahnen sind die Vollbahnen – Haupt- und Nebenbahnen – und die Kleinbahnen sowie die sonstigen Eisenbahnen, z. B. Anschlussbahnen und Straßenbahnen. ²Als Straßenbahnen gelten auch Hoch- und Untergrundbahnen, Schwebebahnen und ähnliche Bahnen besonderer Bauart (§ 4 Abs. 2 PBefG). ³Zu den Schienenbahnen gehören auch Kleinbahnen in Tierparks und Ausstellungen (BFH-Urteil vom 14. 12. 1951, II 176/51 U, BStBl 1952 III S. 22) sowie Bergbahnen.

Verkehr mit Oberleitungsomnibussen

(3) Oberleitungsomnibusse sind nach § 4 Abs. 3 PBefG elektrisch angetriebene, nicht an Schienen gebundene Straßenfahrzeuge, die ihre Antriebsenergie einer Fahrleitung entnehmen.

Genehmigter Linienverkehr mit Kraftfahrzeugen

(4) ¹Linienverkehr mit Kraftfahrzeugen ist eine zwischen bestimmten Ausgangs- und Endpunkten eingerichtete regelmäßige Verkehrsverbindung, auf der Fahrgäste an bestimmten Haltestellen ein- und aussteigen können. ²Er setzt nicht voraus, dass ein Fahrplan mit bestimmten Abfahrts- und Ankunftszeiten besteht oder Zwischenhaltestellen eingerichtet sind (§ 42 PBefG). ³Als Linienverkehr gilt auch die Beförderung von

1. Berufstätigen zwischen Wohnung und Arbeitsstelle (Berufsverkehr);
2. Schülern zwischen Wohnung und Lehranstalt (Schülerfahrten); hierzu gehören z. B. Fahrten zum Schwimmunterricht, nicht jedoch Klassenfahrten;
3. Kindern zwischen Wohnung und Kindergarten (Kindergartenfahrten);
4. Personen zum Besuch von Märkten (Marktfahrten);
5. Theaterbesuchern.

⁴Linienverkehr kann mit Kraftomnibussen und mit Personenkraftwagen sowie in besonderen Ausnahmefällen auch mit Lastkraftwagen betrieben werden.

(5) ¹Beförderungen im Linienverkehr mit Kraftfahrzeugen sind jedoch nur dann begünstigt, wenn der Linienverkehr genehmigt ist oder unter die Freistellungsverordnung zum PBefG fällt oder eine genehmigungsfreie Sonderform des Linienverkehrs im Sinne der Verordnung (EWG) Nr. 684/92 vom 16. 3. 1992 (ABl. EG Nr. L 74 S. 1) darstellt. ²Über die Genehmigung muss eine entsprechende Genehmigungsurkunde oder eine einstweilige Erlaubnis der zuständigen Genehmigungsstelle vorliegen. ³Im Falle der Betriebsübertragung nach § 2 Abs. 2 PBefG gelten die vom Betriebsführungsberechtigten ausgeführten Beförderungsleistungen als solche im genehmigten Linienverkehr, sofern die Betriebsübertragung von der zuständigen Behörde (§ 11 PBefG) genehmigt worden ist. ⁴Für bestimmte Beförderungen im Linienverkehr sieht die Freistellungsverordnung zum PBefG von dem Erfordernis einer Genehmigung für den Linienverkehr ab. ⁵Hierbei handelt es sich um Beförderungen durch die Streitkräfte oder durch die Polizei mit eigenen Kraftfahrzeugen sowie um die folgenden Beförderungen, wenn von den beförderten Personen selbst ein Entgelt nicht zu entrichten ist:

1. Beförderungen von Berufstätigen mit Kraftfahrzeugen zu und von ihrer Eigenart nach wechselnden Arbeitsstellen, insbesondere Baustellen, sofern nicht ein solcher Verkehr zwischen gleichbleibenden Ausgangs- und Endpunkten länger als ein Jahr betrieben wird;
2. Beförderungen von Berufstätigen mit Kraftfahrzeugen zu und von Arbeitsstellen in der Land- und Forstwirtschaft;
3. Beförderungen mit Kraftfahrzeugen durch oder für Kirchen oder sonstige Religionsgesellschaften zu und von Gottesdiensten;
4. Beförderungen mit Kraftfahrzeugen durch oder für Schulträger zum und vom Unterricht;
5. Beförderungen von Kranken wegen einer Beschäftigungstherapie oder zu sonstigen Behandlungszwecken durch Krankenhäuser oder Heilanstalten mit eigenen Kraftfahrzeugen;
6. Beförderungen von Berufstätigen mit Personenkraftwagen von und zu ihren Arbeitsstellen;
7. Beförderungen von körperlich, geistig oder seelisch behinderten Personen mit Kraftfahrzeugen zu und von Einrichtungen, die der Betreuung dieser Personenkreise dienen;
8. Beförderungen von Arbeitnehmern durch den Arbeitgeber zu betrieblichen Zwecken zwischen Arbeitsstätten desselben Betriebes;
9. Beförderungen mit Kraftfahrzeugen durch oder für Kindergartenträger zwischen Wohnung und Kindergarten.

⁶Diese Beförderungen sind wie genehmigter Linienverkehr zu behandeln. ⁷Ebenso zu behandeln sind die nach der Verordnung (EWG) Nr. 684/92 genehmigungsfreien Sonderformen des grenzüberschreitenden Linienverkehrs, der der regelmäßigen ausschließlichen Beförderung bestimmter Gruppen von Fahrgästen dient, wenn der besondere Linienverkehr zwischen dem Veranstalter und dem Verkehrsunternehmer vertraglich geregelt ist. ⁸Zu den Sonderformen des Linienverkehrs zählen insbesondere:

1. die Beförderung von Arbeitnehmern zwischen Wohnort und Arbeitsstätte;
2. die Beförderung von Schülern und Studenten zwischen Wohnort und Lehranstalt;
3. die Beförderung von Angehörigen der Streitkräfte und ihren Familien zwischen Herkunftsland und Stationierungsort.

⁹Der Verkehrsunternehmer muss neben der in Satz 7 genannten vertraglichen Regelung die Genehmigung für Personenbeförderungen im Linien-, Pendel- oder Gelegenheitsverkehr mit Kraftomnibussen durch den Niederlassungsstaat erhalten haben, die Voraussetzungen der gemeinschaftlichen Rechtsvorschriften über den Zugang zum Beruf des Personenkraftverkehrsunternehmers im innerstaatlichen und grenzüberschreitenden Verkehr sowie die Rechtsvorschriften über die Sicherheit im Straßenverkehr für Fahrer und Fahrzeuge erfüllen. ¹⁰Der Nachweis über

das Vorliegen einer genehmigungsfreien Sonderform des Linienverkehrs nach der Verordnung (EWG) Nr. 684/92 kann durch die Vorlage des zwischen dem Veranstalter und dem Verkehrsunternehmer abgeschlossenen Beförderungsvertrages erbracht werden.

(6) ¹Keine Beförderungsleistung liegt vor, wenn ein Kraftfahrzeug unbemannt – auf Grund eines Miet- oder Leihvertrages – zur Durchführung von Beförderungen im genehmigten Linienverkehr zur Verfügung gestellt wird. ²Diese Leistung ist deshalb nicht begünstigt.

Verkehr mit Taxen

(7) ¹Verkehr mit Taxen ist nach § 47 Abs. 1 PBefG die Beförderung von Personen mit Personenkraftwagen, die der Unternehmer an behördlich zugelassenen Stellen bereithält und mit denen er Fahrten zu einem vom Fahrgast bestimmten Ziel ausführt. ²Der Unternehmer kann Beförderungsaufträge auch während einer Fahrt oder am Betriebssitz entgegennehmen. ³Personenkraftwagen sind Kraftfahrzeuge, die nach ihrer Bauart und Ausstattung zur Beförderung von nicht mehr als 9 Personen – einschließlich Führer – geeignet und bestimmt sind (§ 4 Abs. 4 Nr. 1 PBefG). ⁴Der Verkehr mit Taxen bedarf der Genehmigung. ⁵Über die Genehmigung wird eine besondere Urkunde erteilt. ⁶Eine begünstigte Personenbeförderungsleistung setzt voraus, dass sie durch den Genehmigungsinhaber mit eigenbetriebenen Taxen erbracht wird.

(8) ¹Nicht begünstigt ist der Verkehr mit Mietwagen (BFH-Urteil vom 30.10.1969, V R 99/69, BStBl 1970 II S. 78 und BVerfG-Beschluss vom 11.2.1992, 1 BvL 29/87, BVerfGE 85, 238). ²Der Mietwagenverkehr unterscheidet sich im Wesentlichen vom Taxenverkehr dadurch, dass nur Beförderungsaufträge ausgeführt werden dürfen, die am Betriebssitz oder in der Wohnung des Unternehmers eingegangen sind (§ 49 Abs. 4 PBefG). ³Auch die entgeltliche Überlassung von Kfz durch einen Carsharing-Verein an seine Mitglieder ist nicht begünstigt (BFH-Urteil vom 12.6.2008, V R 33/05, BStBl 2009 II S. 221).

Verkehr mit Drahtseilbahnen und sonstigen mechanischen Aufstiegshilfen

(9) ¹Zu den Drahtseilbahnen gehören Standseilbahnen und andere Anlagen, deren Fahrzeuge von Rädern oder anderen Einrichtungen getragen und durch ein oder mehrere Seile bewegt werden, Seilschwebebahnen, deren Fahrzeuge von einem oder mehreren Seilen getragen und/oder bewegt werden (einschließlich Kabinenbahnen und Sesselbahnen) und Schleppaufzüge, bei denen mit geeigneten Geräten ausgerüstete Benutzer durch ein Seil fortbewegt werden (vgl. Artikel 1 Abs. 3 der Richtlinie 2000/9/EG vom 20.3.2000, ABl. L 106 vom 3.5.2000, S. 21). ²Zu den sonstigen mechanischen Aufstiegshilfen gehören auch Seilschwebebahnen, Sessellifte und Skilifte.

(10) Nicht begünstigt ist grundsätzlich der Betrieb einer Sommer- oder Winterrodelbahn.

Nebenleistungen

(11) ¹Der ermäßigte Steuersatz erstreckt sich auch auf die Nebenleistungen zu einer begünstigten Hauptleistung. ²Als Nebenleistung zur Personenbeförderung ist insbesondere die Beförderung des Reisegepäcks des Reisenden anzusehen. ³Zum Reisegepäck gehören z. B. die Gegenstände, die nach der Eisenbahnverkehrsordnung (EVO) und nach den Einheitlichen Rechtsvorschriften für den Vertrag über die internationale Eisenbahnbeförderung von Personen und Gepäck (CIV), Anhang A zum Übereinkommen über den internationalen Eisenbahnverkehr (COTIF) vom 9.5.1980 in der Fassung vom 3.6.1999 (BGBl. 2002 II S. 2140), als Reisegepäck befördert werden.

12.14. Begünstigte Beförderungsstrecken

(1) Unter Gemeinde im Sinne des § 12 Abs. 2 Nr. 10 Buchstabe b Doppelbuchstabe aa UStG ist die politische Gemeinde zu verstehen.

(2) ¹Beförderungsstrecke (§ 12 Abs. 2 Nr. 10 Buchstabe b Doppelbuchstabe bb UStG) ist die Strecke, auf der der Beförderungsunternehmer einen Fahrgast oder eine Mehrzahl von Fahrgästen auf Grund eines Beförderungsvertrages oder mehrerer Beförderungsverträge befördert oder, z. B. durch einen Subunternehmer, befördern lässt. ²Werden mehrere Beförderungsverträge abgeschlossen, so erbringt der Beförderungsunternehmer eine entsprechende Zahl von Beförderungsleistungen, von denen jede für sich zu beurteilen ist. ³Nur eine Beförderungsleistung liegt vor, wenn der Beförderungsunternehmer mit einer Mehrzahl von Personen bzw. zur Beförderung einer Mehrzahl von Personen einen Beförderungsvertrag abgeschlossen hat. ⁴Maßgebliche Beförderungsstrecke ist in diesem Fall die vom Beförderungsunternehmer auf Grund des Beförderungsvertrages zurückgelegte Strecke. ⁵Sie beginnt mit dem Einstieg der ersten und endet mit dem Ausstieg der letzten beförderten Person innerhalb einer Fahrtrichtung. ⁶Bei grenzüberschreitenden Beförderungen ist nur die Länge des auf das Inland entfallenden Teils der Beförderungsstrecke maßgebend. ⁷Bei der Bemessung dieses Streckenanteils sind die §§ 2 bis 7 UStDV zu beachten.

(3) ¹Maßgebliche Beförderungsstrecke ist bei Ausgabe von Fahrausweisen grundsätzlich die im Fahrausweis ausgewiesene Tarifentfernung, sofern die Beförderungsleistung nur auf Beförderungsstrecken im Inland durchgeführt wird. ²Bei Fahrausweisen für grenzüberschreitende Beförderungen ist die Tarifentfernung der auf das Inland entfallenden Beförderungsstrecke unter Berücksichtigung der §§ 2 bis 7 UStDV maßgebend. ³Vorstehende Grundsätze gelten auch für die Fälle, in denen der Fahrgast die Fahrt unterbricht oder auf ein anderes Verkehrsmittel desselben Beförderers umsteigt. ⁴Wird eine Umwegkarte gelöst, ist der gefahrene Umweg bei Ermittlung der Länge der Beförderungsstrecke zu berücksichtigen. ⁵Bei Bezirkskarten, Netzkarten, Streifenkarten usw. ist als maßgebliche Beförderungsstrecke die längste Strecke anzusehen, die der Fahrgast mit dem Fahrausweis zurücklegen kann. ⁶Zwei getrennte Beförderungsstrecken liegen vor, wenn ein Fahrausweis ausgegeben wird, der zur Hin- und Rückfahrt berechtigt.

(4) ¹Verkehrsunternehmer haben sich vielfach zu einem Verkehrsverbund zusammengeschlossen. ²Ein solcher Verbund bezweckt die Ausgabe von durchgehenden Fahrausweisen, die den Fahrgast zur Inanspruchnahme von Beförderungsleistungen verschiedener, im Verkehrsverbund zusammengeschlossener Beförderungsunternehmer berechtigen (Wechselverkehr). ³In diesen Fällen bewirkt jeder Beförderungsunternehmer mit seinem Verkehrsmittel eine eigene Beförderungsleistung unmittelbar an den Fahrgast, wenn folgende Voraussetzungen vorliegen:

1. In den Tarifen der beteiligten Beförderungsunternehmer bzw. des Verkehrsverbundes muss festgelegt sein, dass der Fahrgast den Beförderungsvertrag jeweils mit dem Beförderungsunternehmer abschließt, mit dessen Verkehrsmittel er befördert wird; ferner muss sich aus ihnen ergeben, dass die Fahrausweise im Namen und für Rechnung des jeweiligen Beförderungsunternehmers verkauft werden und dass für die von ihm durchfahrene Beförderungsstrecke seine Beförderungsbedingungen gelten.

2. Die praktische Durchführung der Beförderungen muss den Tarifbedingungen entsprechen.

(5) ¹Bei Taxifahrten sind Hin- und Rückfahrt eine einheitliche Beförderungsleistung, wenn vereinbarungsgemäß die Fahrt nur kurzfristig unterbrochen wird und der Fahrer auf den Fahrgast wartet (Wartefahrt). ²Keine einheitliche Beförderungsleistung liegt jedoch vor, wenn das Taxi nicht auf den Fahrgast wartet, sondern später – sei es auf Grund vorheriger Vereinbarung über den Abholzeitpunkt oder auf Grund erneuter Bestellung – wieder abholt und zum Ausgangspunkt zurückbefördert (Doppelfahrt). ³In diesem Fall ist die Gesamtfahrtstrecke nicht zusammenzurechnen und die beiden Fahrten sind als Nahverkehrsleistungen mit dem begünstigten Steuersatz abzurechnen, wenn die als einheitliche Nahverkehrsleistung zu wertende Hinfahrt 50 km nicht überschreitet. ⁴Bemessungsgrundlage für diese Taxifahrten ist das für die jeweilige Fahrt vereinbarte Entgelt; dabei ist es ohne Bedeutung, ob der Fahrpreis unter Berücksichtigung unterschiedlicher Tarife für die „Leerfahrt" berechnet wird (vgl. BFH-Urteil vom 19. 7. 2007, V R 68/05, BStBl 2008 II S. 208).

12.15. Beförderung von Arbeitnehmern zwischen Wohnung und Arbeitsstelle

S 7244

(1) ¹Für die Beförderung von Arbeitnehmern zwischen Wohnung und Arbeitsstelle kann der ermäßigte Steuersatz nach § 12 Abs. 2 Nr. 10 Buchstabe b UStG nur dann in Betracht kommen, wenn es sich bei den Beförderungen verkehrsrechtlich um Beförderungen im genehmigten Linienverkehr handelt (vgl. Abschnitt 12.13 Abs. 4 bis 6). ²Bei den in Abschnitt 12.13 Abs. 5 Satz 5 bezeichneten Beförderungen ist auf Grund der Freistellung keine personenbeförderungsrechtliche Genehmigung erforderlich. ³Gleichwohl sind diese Beförderungen umsatzsteuerrechtlich wie Beförderungen im genehmigten Linienverkehr zu behandeln (vgl. BFH-Urteil vom 11. 3. 1988 V R 114/83, BStBl II S. 651). ⁴Im Zweifel ist eine Stellungnahme der für die Erteilung der Genehmigung zuständigen Verkehrsbehörde einzuholen. ⁵Zur genehmigungsfreien Sonderform des Linienverkehrs im Sinne der Verordnung (EWG) Nr. 684/92 vom 16. 3. 1992 vgl. Abschnitt 12.13 Abs. 5 Satz 7ff.

(2) In den Fällen, in denen der Arbeitgeber selbst seine Arbeitnehmer zwischen Wohnung und Arbeitsstelle befördert, muss er in eigener Person die in Absatz 1 bezeichneten Voraussetzungen erfüllen, wenn er für die Beförderung den ermäßigten Steuersatz nach § 12 Abs. 2 Nr. 10 Buchstabe b UStG in Anspruch nehmen will.

(3) ¹Hat der Arbeitgeber einen Beförderungsunternehmer mit der Beförderung beauftragt, so liegen umsatzsteuerrechtlich einerseits eine Leistung des Beförderungsunternehmers an den Arbeitgeber, andererseits Leistungen des Arbeitgebers an jeden Arbeitnehmer vor. ²Erfüllt der Beförderungsunternehmer die in Absatz 1 bezeichneten Voraussetzungen, ist seine Leistung als Beförderungsleistung im Sinne des § 12 Abs. 2 Nr. 10 Buchstabe b UStG anzusehen. ³Dabei ist davon auszugehen, daß der Beförderungsunternehmer als Genehmigungsinhaber den Verkehr auch dann in eigenem Namen, unter eigener Verantwortung und für eigene Rechnung betreibt, wenn der Arbeitgeber den Einsatz allgemein regelt, insbesondere Zweck, Ziel und Ablauf der Fahrt bestimmt. ⁴Die Steuerermäßigung nach § 12 Abs. 2 Nr. 10 Buchstabe b UStG kommt für die Beför

derungsleistung des Arbeitgebers, der den Linienverkehr nicht selbst betreibt, dagegen nicht in Betracht (BFH-Urteil vom 11. 3. 1988, V R 30/84, BStBl II S. 643).

12.16. Umsätze aus der kurzfristigen Vermietung von Wohn- und Schlafräumen sowie aus der kurzfristigen Vermietung von Campingflächen (§ 12 Abs. 2 Nr. 11 UStG)

AE 12.16

(1) ¹Die in § 12 Abs. 2 Nr. 11 Satz 1 UStG bezeichneten Umsätze gehören zu den nach § 4 Nr. 12 Satz 2 UStG von der Steuerbefreiung ausgenommenen Umsätzen. ²Hinsichtlich des Merkmals der Kurzfristigkeit gelten daher die in den Abschnitten 4.10.3 Abs. 2 und 4.12.9 Abs. 1 dargestellten Grundsätze. ³Die Anwendung des ermäßigten Steuersatzes setzt neben der Kurzfristigkeit voraus, dass die Umsätze unmittelbar der Beherbergung dienen.

(2) Sonstige Leistungen eigener Art, bei denen die Beherbergung nicht charakterbestimmend ist (z. B. Leistungen des Prostitutionsgewerbes), unterliegen auch hinsichtlich ihres Beherbergungsanteils nicht der Steuerermäßigung nach § 12 Abs. 2 Nr. 11 UStG.

Vermietung von Wohn- und Schlafräumen, die ein Unternehmer zur kurzfristigen Beherbergung von Fremden bereithält

(3) ¹Begünstigt sind Leistungen, die in der Aufnahme von Personen zur Gewährung von Unterkunft bestehen. ²Die Steuerermäßigung für Beherbergungsleistungen umfasst sowohl die Umsätze des klassischen Hotelgewerbes als auch kurzfristige Beherbergungen in Pensionen, Fremdenzimmern, Ferienwohnungen und vergleichbaren Einrichtungen. ³Für die Inanspruchnahme der Steuerermäßigung ist es jedoch nicht Voraussetzung, dass der Unternehmer einen hotelartigen Betrieb führt oder Eigentümer der überlassenen Räumlichkeiten ist. ⁴Begünstigt ist daher beispielsweise auch die Unterbringung von Begleitpersonen in Krankenhäusern, sofern diese Leistung nicht nach § 4 Nr. 14 Buchstabe b UStG (z. B. bei Aufnahme einer Begleitperson zu therapeutischen Zwecken) steuerfrei ist. ⁵Die Weiterveräußerung von eingekauften Zimmerkontingenten im eigenen Namen und für eigene Rechnung an andere Unternehmer (z. B. Reiseveranstalter), unterliegt ebenfalls der Steuerermäßigung.

(4) ¹Die erbrachte Leistung muss unmittelbar der Beherbergung dienen. ²Diese Voraussetzung ist insbesondere hinsichtlich der folgenden Leistungen erfüllt, auch wenn die Leistungen gegen gesondertes Entgelt erbracht werden:
– Überlassung von möblierten und mit anderen Einrichtungsgegenständen (z. B. Fernsehgerät, Radio, Telefon, Zimmersafe) ausgestatteten Räumen;
– Stromanschluss;
– Überlassung von Bettwäsche, Handtüchern und Bademänteln;
– Reinigung der gemieteten Räume;
– Bereitstellung von Körperpflegeutensilien, Schuhputz- und Nähzeug;
– Weckdienst;
– Bereitstellung eines Schuhputzautomaten;
– Mitunterbringung von Tieren in den überlassenen Wohn- und Schlafräumen.

(5) Insbesondere folgende Leistungen sind keine Beherbergungsleistungen im Sinne von § 12 Abs. 2 Nr. 11 UStG und daher nicht begünstigt:
– Überlassung von Tagungsräumen;
– Überlassung von Räumen zur Ausübung einer beruflichen oder gewerblichen Tätigkeit;
– Gesondert vereinbarte Überlassung von Plätzen zum Abstellen von Fahrzeugen;
– Überlassung von nicht ortsfesten Wohnmobilen, Caravans, Wohnanhängern, Hausbooten und Yachten;
– Beförderungen in Schlafwagen der Eisenbahnen;
– Überlassung von Kabinen auf der Beförderung dienenden Schiffen;
– Vermittlung von Beherbergungsleistungen;
– Umsätze von Tierpensionen;
– Unentgeltliche Wertabgaben (z. B. Selbstnutzung von Ferienwohnungen).

(6) Stornokosten stellen grundsätzlich nichtsteuerbaren Schadensersatz dar.

Kurzfristige Vermietung von Campingflächen

(7) ¹Die kurzfristige Vermietung von Campingflächen betrifft Flächen zum Aufstellen von Zelten und Flächen zum Abstellen von Wohnmobilen und Wohnwagen. ²Ebenso ist die kurzfristige

Vermietung von ortsfesten Wohnmobilen, Wohncaravans und Wohnanhängern begünstigt. [3]Für die Steuerermäßigung ist es unschädlich, wenn auf der überlassenen Fläche auch das zum Transport des Zelts bzw. zum Ziehen des Wohnwagens verwendete Fahrzeug abgestellt werden kann. [4]Zur begünstigten Vermietung gehört auch die Lieferung von Strom (vgl. **Abschnitt 4.12.1 Abs. 5 Satz 3**).

Leistungen, die nicht unmittelbar der Vermietung dienen

(8) [1]Nach § 12 Abs. 2 Nr. 11 Satz 2 UStG gilt die Steuerermäßigung nicht für Leistungen, die nicht unmittelbar der Vermietung dienen, auch wenn es sich um Nebenleistungen zur Beherbergung handelt und diese Leistungen mit dem Entgelt für die Vermietung abgegolten sind (Aufteilungsgebot). [2]Hierzu zählen insbesondere:

– Verpflegungsleistungen (z. B. Frühstück, Halb- oder Vollpension, „All inclusive");
– Getränkeversorgung aus der Minibar;
– Nutzung von Kommunikationsnetzen (insbesondere Telefon und Internet);
– Nutzung von Fernsehprogrammen außerhalb des allgemein und ohne gesondertes Entgelt zugänglichen Programms („pay per view");
– [1]Leistungen, die das körperliche, geistige und seelische Wohlbefinden steigern („Wellnessangebote"). [2]Die Überlassung von Schwimmbädern oder die Verabreichung von Heilbädern im Zusammenhang mit einer begünstigten Beherbergungsleistung kann dagegen nach § 12 Abs. 2 Nr. 9 Satz 1 UStG dem ermäßigten Steuersatz unterliegen;
– Überlassung von Fahrberechtigungen für den Nahverkehr, die jedoch nach § 12 Abs. 2 Nr. 10 UStG dem ermäßigten Steuersatz unterliegen können;
– Überlassung von Eintrittsberechtigungen für Veranstaltungen, die jedoch nach § 4 Nr. 20 UStG steuerfrei sein oder nach § 12 Abs. 2 Nr. 7 Buchstabe a oder d UStG dem ermäßigten Steuersatz unterliegen können;
– Transport von Gepäck außerhalb des Beherbergungsbetriebs;
– Überlassung von Sportgeräten und -anlagen;
– Ausflüge;
– Reinigung und Bügeln von Kleidung, Schuhputzservice;
– Transport zwischen Bahnhof/Flughafen und Unterkunft.

Anwendung der Steuerermäßigung in den Fällen des § 25 UStG

(9) [1]Soweit Reiseleistungen der Margenbesteuerung nach § 25 UStG unterliegen, gelten sie nach § 25 Abs. 1 Satz 3 UStG als eine einheitliche sonstige Leistung. [2]Eine Reiseleistung unterliegt als sonstige Leistung eigener Art auch hinsichtlich ihres Beherbergungsanteils nicht der Steuerermäßigung nach § 12 Abs. 2 Nr. 11 UStG. [3]Das gilt auch, wenn die Reiseleistung nur aus einer Übernachtungsleistung besteht.

Angaben in der Rechnung

(10) [1]Der Unternehmer ist nach § 14 Abs. 2 Satz 1 Nr. 1 UStG grundsätzlich verpflichtet, innerhalb von 6 Monaten nach Ausführung der Leistung eine Rechnung mit den in § 14 Abs. 4 UStG genannten Angaben auszustellen. [2]Für Umsätze aus der Vermietung von Wohn- und Schlafräumen zur kurzfristigen Beherbergung von Fremden sowie die kurzfristige Vermietung von Campingflächen besteht eine Rechnungserteilungspflicht jedoch nicht, wenn die Leistung weder an einen anderen Unternehmer für dessen Unternehmen noch an eine juristische Person erbracht wird (vgl. Abschnitt 14.1 Abs. 3 Satz 5).

(11) [1]Wird für Leistungen, die nicht von der Steuerermäßigung nach § 12 Abs. 2 Nr. 11 Satz 1 UStG erfasst werden, kein gesondertes Entgelt berechnet, ist deren Entgeltanteil zu schätzen. [2]Schätzungsmaßstab kann hierbei beispielsweise der kalkulatorische Kostenanteil zuzüglich eines angemessenen Gewinnaufschlags sein.

(12) [1]Aus Vereinfachungsgründen wird es – auch für Zwecke des Vorsteuerabzugs des Leistungsempfängers – nicht beanstandet, wenn folgende in einem Pauschalangebot enthaltene nicht begünstigte Leistungen in der Rechnung zu einem Sammelposten (z. B. „Business-Package", „Servicepauschale") zusammengefasst und der darauf entfallende Entgeltanteil in einem Betrag ausgewiesen werden:

– Abgabe eines Frühstücks;
– Nutzung von Kommunikationsnetzen;
– Reinigung und Bügeln von Kleidung, Schuhputzservice;
– Transport zwischen Bahnhof/Flughafen und Unterkunft;

§ 12 UStG
H AE 12.16

- Transport von Gepäck außerhalb des Beherbergungsbetriebs;
- Überlassung von Fitnessgeräten;
- Überlassung von Plätzen zum Abstellen von Fahrzeugen.

²Es wird ebenfalls nicht beanstandet, wenn der auf diese Leistungen entfallende Entgeltanteil mit 20 % des Pauschalpreises angesetzt wird. ³Für Kleinbetragsrechnungen (§ 33 UStDV) gilt dies für den in der Rechnung anzugebenden Steuerbetrag entsprechend. ⁴Die Vereinfachungsregelung gilt nicht für Leistungen, für die ein gesondertes Entgelt vereinbart wird.

Hinweise

	H
Steuersatz aus der Tätigkeit als Schausteller bei einem Veranstalter von Jahrmärkten, Volksfesten, etc. (BMF vom 6. 1. 2004, BStBl 2004 I S. 182) Siehe USt-HA 2004/05 § 12 H 2.	1
Anwendung des ermäßigten Steuersatzes gemäß § 12 Abs. 2 Nr. 7 Buchst. a UStG auf die Leistungen der ausübenden Künstler, die mit denen der Theater, Orchester, Kammermusikensembles und Chöre vergleichbar sind (BMF vom 26. 3. 2004, BStBl 2004 I S. 449) Siehe USt-HA 2004/05 § 12 H 3.	2
Steuersatz für Umsätze aus der Überlassung von Computerprogrammen (Software) (OFD Erfurt, Vfg. vom 29. 3. 2004 – S 7240 A-02-LZ 45 –, StEd 2004 S. 382)	3
Umsatzsteuerliche Behandlung von Umsätzen der Pferdepensionen und aus der Vermietung von Reitpferden; **Urteil des Bundesfinanzhofs (BFH) vom 22. Januar 2004 – V R 41/02 –** (BMF vom 9. 8. 2004, BStBl 2004 I S. 851) Siehe USt-HA 2005/06 § 12 H 5.	4
Steuersatz für die Leistungen von Musikkapellen und Solokünstlern sowie für die Veranstaltungen von Konzerten durch andere Unternehmer (OFD Frankfurt am Main, Vfg. vom 6. 9. 2004 – S 7238 A – 6 – St I 2.30 –, StEd 2004 S. 709)	5
Steuersatz für die Leistungen von Musikkapellen und Solokünstlern sowie für die Veranstaltungen von Konzerten durch andere Unternehmer (OFD Frankfurt am Main, Vfg. vom 28. 4. 2005 – S 7238 A – 6 – St I 2.30 –, StEd 2005 S. 441)	6
Anhebung des allgemeinen Steuersatzes (§ 12 Abs. 1 UStG) sowie der land- und forstwirtschaftlichen Durchschnittssätze (§ 24 Abs. 1 UStG) zum 1. Januar 2007 (BMF vom 4. 8. 2006, BStBl 2006 I S. 477) Siehe USt-HA 2006/07 § 12 H 8.	7
Steuersatz für importierten Zahnersatz (OFD Frankfurt am Main, Vfg. vom 11. 1. 2007 – S 7236 A – 17 – St 1 12 –, StEd 2007 S. 255)	8
Zweifelsfragen im Zusammenhang mit der Steuersatzanhebung auf 19 v. H. (OFD Frankfurt am Main, Vfg. vom 26. 1. 2007 – S 7210 A – 21 – St 112 –, StEd 2007 S. 234)	9
Ermäßigter Steuersatz für Leistungen der Zweckbetriebe von Körperschaften, die ausschließlich und unmittelbar steuerbegünstigte Zwecke verfolgen (§§ 51 bis 68 AO); **Änderung von § 12 Abs. 2 Nr. 8 Buchstabe a UStG durch Artikel 7 Nr. 5 Buchstabe a des Jahressteuergesetzes 2007** (BMF vom 9. 2. 2007, BStBl 2007 I S. 218) Siehe USt-HA 2007/08 § 12 H 11.	10

11	**Steuersatz für Umsätze aus der Überlassung von Computerprogrammen (Software)**
	(OFD Hannover, Vfg. vom 14. 2. 2007 – S 7240 – 37 – StO 183 –, StEd 2007 S. 221)
12	**Steuersatz auf Umsätze aus der Verabreichung von Heilbädern; Konsequenzen aus dem BFH-Urteil vom 12. Mai 2005, V R 54/02 (BStBl 2007 II S. 283)**
	(BMF vom 20. 3. 2007, BStBl 2007 I S. 307)
	Siehe USt-HA 2007/08 § 12 H 13.
13	**Zweifelsfragen im Zusammenhang mit der Steuersatzanhebung auf 19 v. H.**
	(OFD Frankfurt am Main, Vfg. vom 3. 4. 2007 – S 7210 A – 21 – St 112 –, StEd 2007 S. 634)
14	**Steuersatz für Fernsehübertragungsrechte an Sportveranstaltungen**
	(OFD Frankfurt am Main, Vfg. vom 8. 5. 2007 – S 7240 A – 8 – St 112 –, StEd 2007 S. 589)
15	**Steuersatz für Leistungen der Besamungsgenossenschaften, Tierärzte und Besamungsbeauftragten**
	(OFD Hannover, Vfg. vom 12. 11. 2007 – S 7234 – 9 – StO 184 –, StEd 2008 S. 61)
16	**Ermäßigter Steuersatz für die Leistungen von Lotterien als Zweckbetriebe gemeinnütziger Körperschaften**
	(OFD Frankfurt am Main, Vfg. vom 20. 3. 2009 – S 7242a A – 13 – St I 1 12 –, StEd 2009 S. 333)
17	**Anwendung des ermäßigten Umsatzsteuersatzes für Beherbergungsleistungen (§ 12 Abs. 2 Nr. 11 UStG ab dem 1. Januar 2010; Folgen für die Umsatz- und Lohnbesteuerung**
	(BMF vom 5. 3. 2010, BStBl 2010 I S. 259)
	Siehe USt-HA 2010/11 § 12 H 17.
18	**Steuersatz für die Leistungen von Musikkapellen und Solokünstlern sowie für die Veranstaltung von Konzerten durch andere Unternehmer**
	(OFD Frankfurt am Main, Vfg. vom 4. 3. 2011 – S 7238 – 6 – St 1 12 –, StEd 2011 S. 265)
19	**Umfang der Steuerermäßigung nach § 12 Abs. 2 Nr. 7 Buchst. a UStG; Übergangsregelung für Gastspieldirektionen**
	(OFD Niedersachsen, Vfg. vom 17. 3. 2011 – S 7238 – 28 – St 183 –, StEd 2011 S. 365)
20	**Umfang der Steuerermäßigung nach § 12 Abs. 2 Nr. 7 Buchst. a UStG – Abschnitt 12.5 Abs. 4 Satz 3 des Umsatzsteuer-Anwendungserlasses**
	(BMF vom 10. 6. 2011, BStBl 2011 I S. 583)
	Nach § 12 Abs. 2 Nr. 7 Buchst. a UStG ermäßigt sich die Umsatzsteuer auf 7 % für die Eintrittsberechtigung für Theater, Konzerte und Museen sowie die den Theatervorführungen und Konzerten vergleichbaren Darbietungen ausübender Künstler. Nach dem Ergebnis der Erörterungen mit den obersten Finanzbehörden der Länder unterliegen auch die Umsätze von Ticket-Eigenhändlern aus dem Verkauf von Eintrittsberechtigungen für Theater, Konzerte und Museen dem ermäßigten Steuersatz.
	In Abschnitt 12.5 des Umsatzsteuer-Anwendungserlasses vom 1. Oktober 2010 (BStBl I S. 846), der zuletzt durch das BMF-Schreiben vom 12. Mai 2011 – IV D 3 – S 7134/10/10001 (2011/0388187) – (BStBl I S. 535) geändert worden ist, wird daher in Absatz 4 folgender Satz 3 eingefügt: [1]
	Abschnitt 12.5 Abs. 4 Satz 3 UStAE ist in allen offenen Fällen anzuwenden.
21	**Umfang der Steuerermäßigung nach § 12 Abs. 4 Nr. 4 UStG Abschnitt 12.3 Abs. 3 des Umsatzsteuer-Anwendungserlasses**
	(BMF vom 29. 6. 2011, BStBl 2011 I S. 702)

---

[1] Anm.: Text wurde inhaltlich unverändert in Abschn. 12.5 Abs. 4 UStAE übernommen (siehe AE 12.5).

Nach § 12 Abs. 2 Nr. 4 UStG sind die Leistungen, die unmittelbar der Vatertierhaltung, der Förderung der Tierzucht, der künstlichen Tierbesamung oder der Leistungs- und Qualitätsprüfung in der Tierzucht und in der Milchwirtschaft dienen, begünstigt. Unter Bezugnahme auf das Ergebnis der Erörterungen mit den obersten Finanzbehörden der Länder ist die Lieferung von Embryonen nach § 12 Abs. 2 Nr. 4 UStG begünstigt, da diese unmittelbar der Förderung der Tierzucht dient.

In Abschnitt 12.3 des Umsatzsteuer-Anwendungserlasses vom 1. Oktober 2010 (BStBl I S. 846), der zuletzt durch das BMF-Schreiben vom 24. Juni 2011 – IV D 3 – S 7279/11/10001 (2011/0480015) – (BStBl I S. 687) geändert worden ist, wird daher in Absatz 3 Satz 1 der abschließende Punkt in Nummer 8 durch ein Semikolon ersetzt und folgende Nummer 9 angefügt: [1])

Für vor dem 1. Juli 2011 ausgeführte Umsätze wird es nicht beanstandet, wenn auf die Lieferung von Embryonen an Tierzüchter zum Einsetzen in deren Tiere der allgemeine Steuersatz angewandt wird.

Ermäßigter Steuersatz nach § 12 Abs. 2 Nr. 9 UStG für Leistungen aus der Bereitstellung von Kureinrichtungen

22

(BMF vom 2. 8. 2011, BStBl 2011 I S. 754)

Nach § 12 Abs. 2 Nr. 9 Satz 2 UStG ermäßigt sich die Umsatzsteuer auf 7 % für Umsätze aus der Bereitstellung von Kureinrichtungen, soweit als Entgelt eine Kurtaxe zu entrichten ist. Eine aufgrund der Kommunalabgabengesetze der Länder oder vergleichbarer Regelungen erhobene Kurtaxe kann aus Vereinfachungsgründen als Gegenleistung für eine in jedem Fall nach § 12 Abs. 2 Nr. 9 Satz 2 UStG ermäßigt zu besteuernde Leistung angesehen werden. Voraussetzung für die Anwendung der Steuerermäßigung ist, dass die Gemeinde als Kur-, Erholungs- oder Küstenbadeort anerkannt ist.

Unter Bezugnahme auf das Ergebnis der Erörterungen mit den obersten Finanzbehörden der Länder wird Abschnitt 12.11 des Umsatzsteuer-Anwendungserlasses vom 1. Oktober 2010 (BStBl I S. 846), der zuletzt durch das BMF-Schreiben vom 27. Juli 2011 - IV D 3 - S 7279/10/10006 (2011/0601165) - (BStBl I S. 752) geändert worden ist, wie folgt geändert:

1. Absatz 1 Satz 2 wird wie folgt gefasst: [2])
2. Absatz 5 wird wie folgt gefasst: [3])

Die Grundsätze dieses Schreibens sind in allen offenen Fällen anzuwenden.

Umfang der Steuerermäßigung nach § 12 Abs. 2 Nr. 7 Buchst. a UStG; Abschnitt 12.5 Absatz 5 des Umsatzsteuer-Anwendungserlasses

23

(BMF vom 30. 9. 2011, BStBl 2011 I S. 981)

Nach § 12 Abs. 2 Nr. 7 Buchst. a UStG ermäßigt sich die Umsatzsteuer auf 7 % für die Eintrittsberechtigung für Theater, Konzerte und Museen sowie die den Theatervorführungen und Konzerten vergleichbaren Darbietungen ausübender Künstler. Nach dem Ergebnis der Erörterungen mit den obersten Finanzbehörden der Länder sind die Leistungen der Gastspieldirektionen, welche im eigenen Namen Künstler verpflichten und im Anschluss daran das von diesen dargebotene Programm an einen Veranstalter in einem gesonderten Vertrag verkaufen, nicht nach § 12 Abs. 2 Nr. 7 Buchst. a UStG begünstigt, da die Gastspieldirektionen selbst nicht als Veranstalter auftreten und damit keine Eintrittsberechtigung einräumen.

In Abschnitt 12.5 des Umsatzsteuer-Anwendungserlasses vom 1. Oktober 2010 (BStBl I S. 846), der zuletzt durch das BMF-Schreiben vom 26. September 2011 - IV D 3 - S 7141/08/10001 (2011/0763455) (BStBl I S. 834) geändert worden ist, wird daher nach Absatz 4 folgender Absatz 5 angefügt: [4])

Dieses Schreiben ist auf Umsätze anzuwenden, die nach dem 31. Dezember 2011 ausgeführt werden. Für vor dem 1. Januar 2012 ausgeführte Leistungen der Gastspieldirektionen wird es nicht beanstandet, wenn die Gastspieldirektionen den ermäßigten Umsatzsteuersatz anwenden bzw. angewandt haben.

---

[1]) Anm.: Text wurde inhaltlich unverändert in Abschn. 12.3 Abs. 3 UStAE übernommen (siehe AE 12.3).
[2]) Anm.: Text wurde inhaltlich unverändert in Abschn. 12.11 Abs. 1 Satz 2 UStAE übernommen (siehe AE 12.11).
[3]) Anm.: Text wurde inhaltlich unverändert in Abschn. 12.11 Abs. 5 UStAE übernommen (siehe AE 12.11).
[4]) Anm.: Text wurde inhaltlich unverändert in Abschn. 12.5 Abs. 5 UStAE übernommen (siehe AE 12.5).

Rechtsprechung

EUROPÄISCHER GERICHTSHOF

EuGH vom 11. 10. 2001 – Rs. C-267/99 – (HFR 2002 S. 70, UR 2001 S. 497, UVR 2002 S. 323)

Begriff des freien Berufs (Wohnungseigentumsverwalter), zur Zuständigkeit des EuGH bei Vorabentscheidungsersuchen

Es obliegt jedem Mitgliedstaat, unter Beachtung des Grundsatzes der Mehrwertsteuerneutralität die Umsätze zu bestimmen und zu definieren, auf die bis zum 31. 12. 1992 ein ermäßigter Steuersatz nach Art. 12 Abs. 4 6. USt-Richtlinie anwendbar war und seit dem 1. 1. 1993 ein ermäßigter Steuersatz nach Art. 28 Abs. 2 Buchst. e 6. USt-Richtlinie i. d. F. der RL 92/77/EWG anwendbar ist.
Die in Anhang F Nr. 2 6. USt-Richtlinie erwähnten freien Berufe sind Tätigkeiten, die ausgesprochen intellektuellen Charakter haben, eine hohe Qualifikation verlangen und gewöhnlich einer genauen und strengen berufsständischen Regelung unterliegen. Bei der Ausübung einer solchen Tätigkeit hat das persönliche Element eine besondere Bedeutung, und diese Ausübung setzt auf jeden Fall eine große Selbständigkeit bei der Vornahme der beruflichen Handlung voraus.

EuGH vom 8. 5. 2003 – Rs. C-348/01 – (HFR 2003 S. 739, UR 2003 S. 408)

Ermäßigte Mehrwertsteuersätze müssen wettbewerbsneutral sein

Die Einführung und die Beibehaltung ermäßigter Mehrwertsteuersätze, die niedriger als der in Art. 12 Abs. 3 Buchst. a 6. USt-Richtlinie festgesetzte Normalsatz sind, sind nur dann zulässig, wenn sie nicht den dem gemeinsamen Mehrwertsteuersystem zu Grunde liegenden Grundsatz der steuerlichen Neutralität verletzen. Diesem widerspricht es, gleichartige Waren, die folglich miteinander in Wettbewerb stehen, hinsichtlich der Mehrwertsteuer unterschiedlich zu behandeln.

EuGH vom 23. 10. 2003 – Rs. C-109/02 – (BStBl 2004 II S. 337, HFR 2004 S. 590)

Ermäßigter Steuersatz auf Leistungen bestimmter Musikensembles und Solisten rechtswidrig

Deutschland hat dadurch gegen seine Verpflichtungen aus Art. 12 Abs. 3 Buchst. a Unterabs. 3 6. USt-Richtlinie im Hinblick auf den Normalsteuersatz verstoßen, dass es einen ermäßigten Mehrwertsteuersatz auf Leistungen, die Musikensembles direkt für die Öffentlichkeit oder für einen Konzertveranstalter erbringen, sowie auf Leistungen anwendet, die von Solisten direkt für die Öffentlichkeit erbracht werden, hingegen auf die Leistungen von Solisten, die für einen Veranstalter tätig sind, den Normalsatz anwendet.[1]

EuGH vom 9. 2. 2006 – Rs. C-305/03 – (DB 2006 S. 487, IStR 2006 S. 240)

Kein ermäßigter Steuersatz bei Versteigerung von Kunstgegenständen aus Drittstaaten in London, die nach ihrer Versteigerung in das Gemeinschaftsgebiet eingeführt werden

Das Vereinigte Königreich Großbritannien und Nordirland hat gegen seine Verpflichtungen aus den Art. 2 Nr. 1, Art. 5 Art. 12 Abs. 3 Buchst. c, Art. 12 Abs. 3 und Art. 16 Abs. 1 der 6. USt-Richtlinie in der Fassung der Richtlinie 1999/49/EG des Rates vom 25. 5. 1999 verstoßen, indem es einen ermäßigten Mehrwertsteuersatz auf die bei der Versteigerung von Kunstgegenständen, Sammlungsstücken und Antiquitäten, die im Rahmen der Regelung zur vorübergehenden Verwendung eingeführt wurden, an die Auktionatoren gezahlte Provision angewandt hat.

EuGH vom 18. 3. 2010 – Rs. C-3/09 – (HFR 2010 S. 679, UR 2010 S. 315)

Keine Steuerermäßigung für Sexfilm-Kabinen

Die Wendung „Eintrittsberechtigung für Kinos" in Anhang H Kategorie 7 Abs. 1 6. USt-Richtlinie in der durch die Richtlinie 2001/4/EG des Rates vom 19. 1. 2001 geänderten Fassung ist dahin auszulegen, dass sie sich nicht auf die Zahlung eines Verbrauchers zu dem Zweck bezieht, allein in einem zur alleinigen Nutzung überlassenen Raum, wie den im Ausgangsverfahren in Rede stehenden Kabinen, einen oder mehrere Filme oder Filmausschnitte betrachten zu können.

EuGH vom 6. 5. 2010 – Rs. C-94/09 – (HFR 2010 S. 781, UR 2010 S. 454)

Anwendung eines ermäßigten Steuersatzes auf die Beförderung von Leichnamen mit einem Fahrzeug

---

[1] Anm.: Vgl. hierzu BMF vom 26. 3. 2004, § 12 H 2.

Die französische Regelung, wonach die Beförderung von Leichnamen mit einem Fahrzeug einem ermäßigten Mehrwertsteuersatz unterliegt, entspricht dem Gemeinschaftsrecht, auch wenn andere Dienstleistungen von Bestattungsunternehmen dem Normalsatz unterliegen.

EuGH vom 17. 6. 2010 – Rs. C-492/08 – (HFR 2010 S 883, UR 2010 S. 662)

Kein ermäßigter Steuersatz für Rechtsanwaltsleistungen im Rahmen der Prozesskostenhilfe

Die Französische Republik hat dadurch gegen ihre Pflichten aus den Art. 96 und 98 Abs. 2 MwStSystRL verstoßen, dass sie einen ermäßigten Mehrwertsteuersatz auf Leistungen anwendet, die von den Rechtsanwälten, den Rechtsanwälten beim Conseil d'État und bei der Cour de cassation und den „avoués" erbracht werden und für die diese vollständig oder teilweise durch den Staat im Rahmen der Prozesskostenhilfe entschädigt werden.

EuGH vom 28. 10. 2010 – Rs. C-49/09 – (BFH/NV 2010 S. 2386, HFR 2011 S. 121, UR 2011 S. 183)

Anwendung eines ermäßigten Steuersatzes auf die Lieferung von Säuglingsbekleidung, Bekleidungszubehör für Säuglinge und Kinderschuhe

1. Die Republik Polen hat dadurch gegen ihre Verpflichtungen aus Art. 98 i. V. m. Anhang III MwStSystRL verstoßen, dass sie den ermäßigten Mehrwertsteuersatz von 7 % auf die Lieferungen, die Einfuhr und den innergemeinschaftlichen Erwerb von Säuglingskleidung, Bekleidungszubehör für Säuglinge und Kinderschuhen angewandt hat.
2. Die Republik Polen trägt die Kosten.

BUNDESFINANZHOF

Rsp III

BFH vom 23. 2. 2010 – V B 93/09 – (BFH/NV 2010 S. 963, UR 2010 S. 342)

Kein ermäßigter Steuersatz für Leistungen einer Pferdepension

Die Rechtsfrage, ob die Leistung der Pensionspferdehaltung von Reitpferden dann dem ermäßigten Steuersatz unterliegt, wenn der Unternehmer die Tiere nicht mit zugekauften, sondern mit selbst erzeugtem Futter ernährt, ist nicht von grundsätzlicher Bedeutung.[1]

BFH vom 26. 4. 2010 – V B 3/10 – (BFH/NV 2010 S. 1664)

Einheitliche Leistung im Rahmen einer Dinnershow

Es ist ernstlich zweifelhaft, ob die im Rahmen einer sog. Dinner-Show erbrachten Leistungen als einheitliche Leistung zu qualifizieren und dem Regelsteuersatz zu unterwerfen sind.

BFH vom 28.12.2010 – XI B 60/10 – (BFH/NV 2011 S. 660)

Karnevalsveranstaltung keine steuerermäßigte Theateraufführung

Die Würdigung der vom FG festgestellten Umstände im Einzelfall dahingehend, die gesellig geprägte Karnevalsveranstaltung stelle keine Theateraufführung i.S.d. § 12 Abs. 2 Nr. 7 Buchst. a UStG dar, begründet keine Divergenz zu einer Entscheidung über fernöstliche Kampfkünste.

BFH vom 7.1.2011 – V B 55/10 – (BFH/NV 2011 S. 660)

Getränkelieferungen in einem Kino

Die Rechtsfrage, ob die Abgabe von Getränken in einem Verzehrkino oder einem Kino mit Getränkeausschank im Foyer dem ermäßigten Steuersatz nach § 12 Abs. 2 Nr. 7 Buchst. b UStG unterfällt, ist dahingehend geklärt, dass es sich bei den Getränkelieferungen nicht um unselbständige Nebenleistungen zur steuerbegünstigten Filmvorführung, sondern um mit dem Regelsteuersatz zu besteuernde Hauptleistungen handelt.

BFH vom 11.2.2011 – V B 64/09 – (BFH/NV 2011 S. 868)

Steuerermäßigung für „Heilbäder" – Sauerstoff-Mehrschritt-Therapie

1. Eine Nichtzulassungsbeschwerde kann nach vorherigem Hinweis auf diese Möglichkeit in entsprechender Anwendung des § 126 Abs. 4 FGO als unbegründet zurückgewiesen werden,

---

[1] Anm.: Die gegen das Urteil eingelegte Verfassungsbeschwerde wurde nicht zur Entscheidung angenommen (BVerfG-Beschluss vom 6. 7. 2010 – 1 BvR 1174/10 –).

wenn sich die klageabweisende Entscheidung des FG aus anderen als den vom FG angeführten Gründen als zutreffend erweist.

2. Die Steuerermäßigung für „Heilbäder" nach § 12 Abs. 2 Nr. 9 Satz 1 UStG betrifft zu therapeutischen Zwecken genutzte Bäder und setzt daher eine äußerliche Anwendung auf den Körper voraus.

3. Hat ein Mitgliedstaat den ermäßigten Steuersatz nur für einen Teilaspekt der Kategorie Nr. 16 des Anhangs H zu Art. 12 Abs. 3 Buchst. a der 6. USt-Richtlinie vorgesehen, kann der Unternehmer eine weiter gehende Begünstigung nicht durch Berufung auf diese Richtlinie erreichen.

BFH vom 28.6.2011 – XI B 87/10 – (BFH/NV 2011 S. 2128, HFR 2011 S. 1134)

Umsatzsteuersatz bei Personenbeförderung in einer Skihalle

Die Beförderung von Personen mit Hilfe eines Sessel- oder Schlepplifts in einer Skihalle unterliegt dem allgemeinen Steuersatz und nicht dem ermäßigten Steuersatz nach § 12 Abs. 2 Nr. 10 Buchst. b UStG.

BFH vom 30.6.2011 – V R 44/10 – (BStBl 2011 II S. 1003, HFR 2011 S. 1349, UR 2011 S. 863)

Stadtrundfahrten unterliegen dem ermäßigten Steuersatz

1. Die Steuerermäßigung des § 12 Abs. 2 Nr. 10 UStG für die Beförderung von Personen im genehmigten Linienverkehr ist auch dann gegeben, wenn die Beförderung – wie bei Stadtrundfahrten – dem Freizeit- oder Tourismusverkehr dient.

2. Wurde dem Betreiber von Stadtrundfahrten von der zuständigen Verwaltungsbehörde eine straßenverkehrsrechtliche Genehmigung als Linienverkehr nach den §§ 42 oder 43 PersBefG erteilt, ist diese auch von den Finanzbehörden zu beachten, solange sie nicht nichtig ist.

3. Umfasst das Beförderungsentgelt für eine Stadtrundfahrt auch Entgelte für die Teilnahme an Führungen zu Sehenswürdigkeiten, handelt es sich um zwei selbständige Leistungen, von denen nur die Beförderung dem ermäßigten Steuersatz unterliegt. Der auf die Führungen mit dem Regelsteuersatz zu besteuernde Anteil ist ggf. im Schätzungswege zu ermitteln.

§ 13 Entstehung der Steuer

(1) Die Steuer entsteht

1. für Lieferungen und sonstige Leistungen

   a) ¹bei der Berechnung der Steuer nach vereinbarten Entgelten (§ 16 Abs. 1 Satz 1) mit Ablauf des Voranmeldungszeitraums, in dem die Leistungen ausgeführt worden sind. ²Das gilt auch für Teilleistungen. ³Sie liegen vor, wenn für bestimmte Teile einer wirtschaftlich teilbaren Leistung das Entgelt gesondert vereinbart wird. ⁴Wird das Entgelt oder ein Teil des Entgelts vereinnahmt, bevor die Leistung oder die Teilleistung ausgeführt worden ist, so entsteht insoweit die Steuer mit Ablauf des Voranmeldungszeitraums, in dem das Entgelt oder das Teilentgelt vereinnahmt worden ist,

   b) bei der Berechnung der Steuer nach vereinnahmten Entgelten (§ 20) mit Ablauf des Voranmeldungszeitraums, in dem die Entgelte vereinnahmt worden sind,

   c) in den Fällen der Beförderungseinzelbesteuerung nach § 16 Abs. 5 in dem Zeitpunkt, in dem der Kraftomnibus in das Inland gelangt,

   d) in den Fällen des § 18 Abs. 4c mit Ablauf des Besteuerungszeitraums nach § 16 Abs. 1a Satz 1, in dem die Leistungen ausgeführt worden sind;

2. für Leistungen im Sinne des § 3 Abs. 1b und 9a mit Ablauf des Voranmeldungszeitraums, in dem diese Leistungen ausgeführt worden sind;

3. Im Fall des § 14c Abs. 1 in dem Zeitpunkt, in dem die Steuer für die Lieferung oder sonstige Leistung nach Nummer 1 Buchstabe a oder Buchstabe b entsteht, spätestens jedoch im Zeitpunkt der Ausgabe der Rechnung;

4. im Fall des § 14c Abs. 2 im Zeitpunkt der Ausgabe der Rechnung;

5. im Fall des § 17 Abs. 1 Satz 6 mit Ablauf des Voranmeldungszeitraums, in dem die Änderung der Bemessungsgrundlage eingetreten ist;

6. für den innergemeinschaftlichen Erwerb im Sinne des § 1a mit Ausstellung der Rechnung, spätestens jedoch mit Ablauf des dem Erwerb folgenden Kalendermonats;

§ 13 UStG
AE 13.1

7. für den innergemeinschaftlichen Erwerb von neuen Fahrzeugen im Sinne des § 1b am Tag des Erwerbs;
8. im Fall des § 6a Abs. 4 Satz 2 in dem Zeitpunkt, in dem die Lieferung ausgeführt wird;
9. im Fall des § 4 Nr. 4a Satz 1 Buchstabe a Satz 2 mit Ablauf des Voranmeldungszeitraums, in dem der Gegenstand aus einem Umsatzsteuerlager ausgelagert wird.

(2) Für die Einfuhrumsatzsteuer gilt § 21 Abs. 2.

(3) (weggefallen)

S 7278

S 7275

Vorschriften des Gemeinschaftsrechts

Art. 63 bis 66, Art. 70 und Art. 71 der MWSt-Richtlinie (bis 31. 12. 2006: Art. 10 Abs. 2 u. 3 der 6. USt-Richtlinie).

13.1. Entstehung der Steuer bei der Besteuerung nach vereinbarten Entgelten

AE 13.1

(1) ¹Bei der Besteuerung nach vereinbarten Entgelten (Sollversteuerung) entsteht die Steuer grundsätzlich mit Ablauf des Voranmeldungszeitraums, in dem die Lieferung oder sonstige Leistung ausgeführt worden ist. ²Das gilt auch für unentgeltliche Wertabgaben im Sinne des § 3 Abs. 1b und 9a UStG. ³Die Steuer entsteht in der gesetzlichen Höhe unabhängig davon, ob die am Leistungsaustausch beteiligten Unternehmer von den ihnen vom Gesetz gebotenen Möglichkeiten der Rechnungserteilung mit gesondertem Steuerausweis und des Vorsteuerabzugs Gebrauch machen oder nicht. ⁴Für Umsätze, die ein Unternehmer in seinen Voranmeldungen nicht angibt (auch bei Rechtsirrtum über deren Steuerbarkeit), entsteht die Umsatzsteuer ebenso wie bei ordnungsgemäß erklärten Umsätzen (vgl. BFH-Urteil vom 20. 1. 1997, V R 28/95, BStBl II S. 716). ⁵Der Zeitpunkt der Leistung ist entscheidend, für welchen Voranmeldungszeitraum ein Umsatz zu berücksichtigen ist (vgl. BFH-Urteil vom 13. 10. 1960, V 294/58 U, BStBl III S. 478). ⁶Dies gilt nicht für die Istversteuerung von Anzahlungen im Sinne des § 13 Abs. 1 Nr. 1 Buchstabe a Satz 4 UStG (vgl. Abschnitt 13.5).

S 7270
S 7276

(2) ¹Lieferungen – einschließlich Werklieferungen – sind grundsätzlich dann ausgeführt, wenn der Leistungsempfänger die Verfügungsmacht über den zu liefernden Gegenstand erlangt. ²Bei Sukzessivlieferungsverträgen ist der Zeitpunkt jeder einzelnen Lieferung maßgebend. ³Lieferungen von elektrischem Strom, Gas, Wärme, **Kälte** und Wasser sind jedoch erst mit Ablauf des jeweiligen Ablesezeitraums als ausgeführt zu behandeln. ⁴Die während des Ablesezeitraums geleisteten Abschlagszahlungen der Tarifabnehmer sind nicht als Entgelt für Teilleistungen (vgl. Abschnitt 13.4) anzusehen; sie führen jedoch nach § 13 Abs. 1 Nr. 1 Buchstabe a Satz 4 UStG zu einer früheren Entstehung der Steuer (vgl. Abschnitt 13.5). ⁵Für Lieferungen, bei denen der Lieferort nach § 3 Abs. 6 UStG bestimmt wird, ist der Tag der Lieferung der Tag des Beginns der Beförderung oder Versendung des Gegenstands der Lieferung (vgl. BFH-Urteil vom 6. 12. 2007, V R 24/05, BStBl 2009 II S. 490).

(3) ¹Sonstige Leistungen, insbesondere Werkleistungen, sind grundsätzlich im Zeitpunkt ihrer Vollendung ausgeführt. ²Bei zeitlich begrenzten Dauerleistungen, z. B. Duldungs- oder Unterlassungsleistungen (vgl. Abschnitt 3.1 Abs. 3) ist die Leistung mit Beendigung des entsprechenden Rechtsverhältnisses ausgeführt, es sei denn, die Beteiligten hatten Teilleistungen (vgl. Abschnitt 13.4) vereinbart. ³Anzahlungen sind stets im Zeitpunkt ihrer Vereinnahmung zu versteuern (vgl. Abschnitt 13.5).

(4) ¹Eine Leasinggesellschaft, die ihrem Kunden (Mieter) eine Sache gegen Entrichtung monatlicher Leasingraten überlässt, erbringt eine Dauerleistung, die entsprechend der Vereinbarung über die monatlich zu zahlenden Leasingraten in Form von Teilleistungen (vgl. Abschnitt 13.4) bewirkt wird. ²Die Steuer entsteht jeweils mit Ablauf des monatlichen Voranmeldungszeitraums, für den die Leasingrate zu entrichten ist. ³Tritt die Leasinggesellschaft ihre Forderung gegen den Mieter auf Zahlung der Leasingraten an eine Bank ab, die das Risiko des Ausfalls der erworbenen Forderung übernimmt, so führt die Vereinnahmung des Abtretungsentgelts nicht zur sofortigen Entstehung der Steuer für die Vermietung nach § 13 Abs. 1 Nr. 1 Buchstabe a Satz 4 UStG, weil das Abtretungsentgelt nicht zugleich Entgelt für die der Forderung zu Grunde liegende Vermietungsleistung ist. ⁴Die Bank zahlt das Abtretungsentgelt für den Erwerb der Forderung, nicht aber als Dritter für die Leistung der Leasinggesellschaft an den Mieter. ⁵Die Leasinggesellschaft vereinnahmt das Entgelt für ihre Vermietungsleistung vielmehr jeweils mit der Zahlung der Leasingraten durch den Mieter an die Bank, weil sie insoweit gleichzeitig von ihrer Gewährleistungspflicht für den rechtlichen Bestand der Forderung gegenüber der Bank befreit wird. ⁶Dieser Vereinnahmungszeitpunkt wird in der Regel mit dem Zeitpunkt der Ausführung der einzelnen Teilleistung übereinstimmen.

(5) Nach den Grundsätzen des Absatzes 4 ist auch in anderen Fällen zu verfahren, in denen Forderungen für noch zu erbringende Leistungen oder Teilleistungen verkauft werden.

(6) ¹Bei einem Kauf auf Probe (§ 454 BGB) im Versandhandel kommt der Kaufvertrag noch nicht mit der Zusendung der Ware, sondern erst nach Ablauf der vom Verkäufer eingeräumten Billigungsfrist oder durch Überweisung des Kaufpreises zustande. ²Erst zu diesem Zeitpunkt ist umsatzsteuerrechtlich die Lieferung ausgeführt (vgl. BFH-Urteil vom 6.12.2007, V R 24/05, BStBl 2009 II S. 490). ³Dagegen ist bei einem Kauf mit Rückgaberecht bereits mit der Zusendung der Ware der Kaufvertrag zustande gekommen und die Lieferung ausgeführt.

AE 13.2

S 7270

13.2. Sollversteuerung in der Bauwirtschaft

¹Die Bauwirtschaft führt Werklieferungen und Werkleistungen auf dem Grund und Boden der Auftraggeber im Allgemeinen nicht in Teilleistungen (vgl. Abschnitt 13.4), sondern als einheitliche Leistungen aus. ²Diese Leistungen sind ausgeführt:

1. ¹Werklieferungen, wenn dem Auftraggeber die Verfügungsmacht verschafft wird. ²Das gilt auch dann, wenn das Eigentum an den verwendeten Baustoffen gem. §§ 946, 93, 94 BGB zur Zeit der Verbindung mit dem Grundstück auf den Auftraggeber übergeht. ³Der Werklieferungsvertrag wird mit der Übergabe und Abnahme des fertig gestellten Werks erfüllt. ⁴Der Auftraggeber erhält die Verfügungsmacht mit der Übergabe des fertig gestellten Werks (vgl. BFH-Urteil vom 26.2.1976, V R 132/73, BStBl II S. 309). ⁵Auf die Form der Abnahme kommt es dabei nicht an. ⁶Insbesondere ist eine Verschaffung der Verfügungsmacht bereits dann anzunehmen, wenn der Auftraggeber das Werk durch schlüssiges Verhalten, z. B. durch Benutzung, abgenommen hat und eine förmliche Abnahme entweder gar nicht oder erst später erfolgen soll. ⁷Wird das vertraglich vereinbarte Werk nicht fertig gestellt und ist eine Vollendung des Werkes durch den Werkunternehmer nicht mehr vorgesehen, entsteht ein neuer Leistungsgegenstand. ⁸Dieser **beschränkt sich bei der Eröffnung eines Insolvenzverfahrens auf den vom Werkunternehmer bis zu diesem Zeitpunkt gelieferten Teil des Werks, wenn der Insolvenzverwalter die weitere Erfüllung des Werkvertrags nach § 103 InsO ablehnt** (vgl. Abschnitt 3.9). ⁹In diesen Fällen ist die Lieferung im Zeitpunkt der Insolvenzeröffnung bewirkt. ¹⁰Wählt der Insolvenzverwalter die Erfüllung eines bei Eröffnung des Insolvenzverfahrens noch nicht oder nicht vollständig erfüllten Werkvertrags, wird die Werklieferung – wenn keine Teilleistung im Sinne des § 13 Abs. 1 Nr. 1 Buchstabe a Sätze 2 und 3 UStG gesondert vereinbart worden sind – erst mit der Leistungserbringung nach Verfahrenseröffnung ausgeführt (BFH-Urteil vom 30.4.2009, V R 1/06, BStBl 2010 II S. 138). ¹¹Im Falle der Kündigung des Werkvertrages wird die Leistung mit dem Tag des Zugangs der Kündigung ausgeführt. ¹²Stellt der Werkunternehmer die Arbeiten an dem vereinbarten Werk vorzeitig ein, weil der Besteller – ohne eine eindeutige Erklärung abzugeben – nicht willens und in der Lage ist, seinerseits den Vertrag zu erfüllen, so wird das bis dahin errichtete halbfertige Werk zum Gegenstand der Werklieferung. ¹³Es wird in dem Zeitpunkt geliefert, in dem für den Werkunternehmer nach den gegebenen objektiven Umständen feststeht, dass er wegen fehlender Aussicht auf die Erlangung weiteren Werklohns nicht mehr leisten wird (vgl. BFH-Urteil vom 28.2.1980, V R 90/75, BStBl II S. 535).

2. Sonstige Leistungen, insbesondere Werkleistungen, grundsätzlich im Zeitpunkt ihrer Vollendung, der häufig mit dem Zeitpunkt der Abnahme zusammenfallen wird.

³Die in der Bauwirtschaft regelmäßig vor Ausführung der Leistung vereinnahmten Vorauszahlungen, Abschlagszahlungen usw. führen jedoch nach § 13 Abs. 1 Nr. 1 Buchstabe a Satz 4 UStG (vgl. Abschnitt 13.5) zu einer früheren Entstehung der Steuer. ⁴Wird über die bereits erbrachten Bauleistungen erst einige Zeit nach Ausführung der Leistungen abgerechnet, so ist das Entgelt – sofern es noch nicht feststeht – sachgerecht zu schätzen, z. B. anhand des Angebots (vgl. auch BMF-Schreiben vom 12.10.2009, BStBl I S. 1292). ⁵**Weitere Hinweise enthält das Merkblatt zur Umsatzbesteuerung in der Bauwirtschaft, Stand Oktober 2009 (BMF-Schreiben vom 12.10.2009, a.a.O.).**

AE 13.3

S 7270

13.3. Sollversteuerung bei Architekten und Ingenieuren

Leistungen nach der HOAI

(1) ¹Die Leistungen der Architekten und Ingenieure, denen Leistungsbilder nach der HOAI zu Grunde liegen, werden grundsätzlich als einheitliche Leistung erbracht, auch wenn die Gesamtleistung nach der Beschreibung in der HOAI, insbesondere durch die Aufgliederung der Leistungsbilder in Leistungsphasen, teilbar ist. ²Allein die Aufgliederung der Leistungsbilder zur Ermittlung des (Teil)Honorars führt nicht zur Annahme von Teilleistungen im Sinne des § 13 Abs. 1 Nr. 1 Buchstabe a **Satz 3** UStG (vgl. Abschnitt 13.4). ³Nur wenn zwischen den Vertragspartnern im Rahmen des Gesamtauftrags über ein Leistungsbild zusätzliche Vereinbarungen über die gesonderte Ausführung und Honorierung einzelner Leistungsphasen getroffen werden, sind insoweit Teilleistungen anzunehmen.

(2) Absatz 1 gilt sinngemäß auch für Architekten- und Ingenieurleistungen, die nicht nach der HOAI abgerechnet werden.

Leistungen nach den Richtlinien für die Durchführung von Bauaufgaben des Bundes im Zuständigkeitsbereich der Finanzbauverwaltungen (RBBau)

(3) ¹Architekten- und Ingenieurleistungen werden entsprechend den Vertragsmustern (Anhang 9 ff. RBBau) vergeben. ²Nach Abschnitt 3.1 dieser Vertragsmuster wird der Auftragnehmer zunächst nur mit der Aufstellung der **Entscheidungsunterlage** – Bau – beauftragt. ³Für diese Leistung wird das Honorar auch gesondert ermittelt. ⁴Im Vertrag wird die Absichtserklärung abgegeben, dem Auftragnehmer weitere Leistungen zu übertragen, wenn die Voraussetzungen dazu gegeben sind. ⁵Die Übertragung dieser weiteren Leistungen erfolgt durch gesonderte Schreiben. ⁶Bei dieser Abwicklung ist das Aufstellen der **Entscheidungsunterlage** – Bau – als eine selbständige Leistung des Architekten oder Ingenieurs anzusehen. ⁷Mit der Ausführung der ihm gesondert übertragenen weiteren Leistungen erbringt er ebenfalls eine selbständige einheitliche Gesamtleistung, es sei denn, dass die unter Absatz 1 bezeichneten Voraussetzungen für die Annahme von Teilleistungen vorliegen.

13.4. Teilleistungen

AE 13.4

S 7270

¹Teilleistungen setzen voraus, dass eine nach wirtschaftlicher Betrachtungsweise teilbare Leistung nicht als Ganzes, sondern in Teilen geschuldet und bewirkt wird. ²Eine Leistung ist in Teilen geschuldet, wenn für bestimmte Teile das Entgelt gesondert vereinbart wird (§ 13 Abs. 1 Nr. 1 Buchstabe a Satz 3 UStG). ³Vereinbarungen dieser Art werden im Allgemeinen anzunehmen sein, wenn für einzelne Leistungsteile gesonderte Entgeltsabrechnungen durchgeführt werden. ⁴Das Entgelt ist auch in diesen Fällen nach den Grundsätzen des § 10 Abs. 1 UStG zu ermitteln. ⁵Deshalb gehören Vorauszahlungen auf spätere Teilleistungen zum Entgelt für diese Teilleistungen (vgl. BFH-Urteil vom 19. 5. 1988, V R 102/83, BStBl II S. 848), führen jedoch nach § 13 Abs. 1 Nr. 1 Buchstabe a Satz 4 UStG zu einer früheren Entstehung der Steuer (vgl. Abschnitt 13.5).

Beispiel 1:
In einem Mietvertrag über 2 Jahre ist eine monatliche Mietzahlung vereinbart.

Beispiel 2:
¹Ein Bauunternehmer hat sich verpflichtet, zu Einheitspreisen (§ **4 Abs.** Nr. 1 Buchstabe a VOB/A) die Maurer- und Betonarbeiten sowie den Innen- und Außenputz an einem Bauwerk auszuführen. ²Die Maurer- und Betonarbeiten werden gesondert abgenommen und abgerechnet. ³Der Innen- und der Außenputz werden später ausgeführt, gesondert abgenommen und abgerechnet.

⁶In den Beispielen 1 und 2 werden Leistungen in Teilen geschuldet und bewirkt.

Beispiel 3:
¹Eine Fahrschule schließt mit ihren Fahrschülern Verträge über die praktische und theoretische Ausbildung zur Erlangung des Führerscheines ab und weist darin die Grundgebühr, den Preis je Fahrstunde und die Gebühr für die Vorstellung zur Prüfung gesondert aus. ²Entsprechend werden die Abrechnungen durchgeführt. ³Die einzelnen Fahrstunden und die Vorstellung zur Prüfung sind als Teilleistungen zu behandeln, weil für diese Teile das Entgelt gesondert vereinbart worden ist. ⁴Die durch die Grundgebühr abgegoltenen Ausbildungsleistungen können mangels eines gesondert vereinbarten Entgelts nicht in weitere Teilleistungen zerlegt werden (vgl. BFH-Urteil vom 21. 4. 1994, V R 59/92, UR 1995 S. 306).

Beispiel 4:
¹Ein Unternehmer wird beauftragt, in einem Wohnhaus Parkettfußböden zu legen. ²In der Auftragsbestätigung sind die Materialkosten getrennt ausgewiesen. ³Der Unternehmer versendet die Materialien zum Bestimmungsort und führt dort die Arbeiten aus.

⁴Gegenstand der vom Auftragnehmer auszuführenden Werklieferung ist der fertige Parkettfußboden. ⁵Die Werklieferung bildet eine Einheit, die nicht in eine Materiallieferung und eine Werkleistung zerlegt werden kann (vgl. Abschnitte 3.8 und 3.10).

Beispiel 5:
¹Eine Gebietskörperschaft überträgt einem Bauunternehmer nach Maßgabe der VOB als Gesamtleistung die Maurer- und Betonarbeiten an einem Hausbau. ²Sie gewährt dem Bauunternehmer auf Antrag nach Maßgabe des § 16 **Abs. 1** Nr. 1 VOB/B „in Höhe **des Wertes** der jeweils nachgewiesenen vertragsgemäßen Leistungen" Abschlagszahlungen.

³Die Abschlagszahlungen sind ohne Einfluss auf die Haftung und gelten nicht als Abnahme von Teilleistungen. ⁴Der Bauunternehmer erteilt die Schlussrechnung erst, wenn die Gesamtleistung ausgeführt ist. ⁵Die Abschlagszahlungen unterliegen der Istversteuerung (vgl. Abschnitt 13.5). ⁶Soweit das Entgelt laut Schlussrechnung die geleisteten Abschlagszahlungen

§ 13 UStG
AE 13.4–AE 13.6

übersteigt, entsteht die Steuer mit Ablauf des Voranmeldungszeitraums, in dem der Bauunternehmer die gesamte, vertraglich geschuldete Werklieferung bewirkt hat. ⁷*Weitere Hinweise zu Teilleistungen enthält das Merkblatt zur Umsatzbesteuerung in der Bauwirtschaft, Stand Oktober 2009 (BMF-Schreiben vom 12.10.2009, BStBl I S. 1292).*

AE 13.5

S 7276

13.5. Istversteuerung von Anzahlungen

(1) ¹Nach § 13 Abs. 1 Nr. 1 Buchstabe a Satz 4 UStG entsteht die Steuer in den Fällen, in denen das Entgelt oder ein Teil des Entgelts (Anzahlungen, Abschlagszahlungen, Vorauszahlungen) vor Ausführung der Leistung oder Teilleistung gezahlt wird, bereits mit Ablauf des Voranmeldungszeitraums, in dem das Entgelt oder Teilentgelt vereinnahmt worden ist. ²Zum Zeitpunkt der Vereinnahmung vgl. Abschnitt 13.6 Abs. 1.

(2) ¹Anzahlungen usw. können außer in Barzahlungen auch in Lieferungen oder sonstigen Leistungen bestehen, die im Rahmen eines Tausches oder tauschähnlichen Umsatzes als Entgelt oder Teilentgelt hingegeben werden. ²*Eine Vereinnahmung der Anzahlung durch den Leistungsempfänger wird in diesen Fällen nicht dadurch ausgeschlossen, dass diese Leistung selbst noch nicht als ausgeführt gilt und die Steuer hierfür nach § 13 Abs. 1 Nr. 1 Buchst. a Satz 1 UStG noch nicht entstanden ist.*

(3) ¹Anzahlungen führen zur Entstehung der Steuer, wenn sie für eine bestimmte Lieferung oder sonstige Leistung entrichtet werden. ²Bezieht sich eine Anzahlung auf mehrere Lieferungen oder sonstige Leistungen, so ist sie entsprechend aufzuteilen. ³Was Gegenstand der Lieferung oder sonstigen Leistung ist, muss nach den Gegebenheiten des Einzelfalls beurteilt werden. ⁴Wird eine Leistung in Teilen geschuldet und bewirkt (Teilleistung), so sind Anzahlungen der jeweiligen Teilleistung zuzurechnen, für die sie geleistet werden (vgl. BFH-Urteil vom 19.5.1988, V R 102/83, BStBl II S. 848). ⁵Fehlt es bei der Vereinnahmung der Zahlung noch an einer konkreten Leistungsvereinbarung, so ist zu prüfen, ob die Zahlung als bloße Kreditgewährung zu betrachten ist; aus den Umständen des Einzelfalles, z. B. bei dauernder Geschäftsverbindung mit regelmäßig sich wiederholenden Aufträgen, kann sich ergeben, dass es sich dennoch um eine Anzahlung für eine künftige Leistung handelt, die zur Entstehung der Steuer führt.

(4) ¹Eine Anzahlung für eine Leistung, die voraussichtlich unter eine Befreiungsvorschrift des § 4 UStG fällt, braucht nicht der Steuer unterworfen zu werden. ²Dagegen ist die Anzahlung zu versteuern, wenn bei ihrer Vereinnahmung noch nicht abzusehen ist, ob die Voraussetzungen für die Steuerfreiheit der Leistung erfüllt werden.

(5) Zur Behandlung von Anzahlungen für steuerpflichtige Reiseleistungen, für die die Bemessungsgrundlage nach § 25 Abs. 3 UStG zu ermitteln ist, vgl. Abschnitt 25.1 Abs. 15.

(6) Zur Rechnungserteilung bei der Istversteuerung von Anzahlungen siehe Abschnitt 14.8, zum Vorsteuerabzug bei Anzahlungen siehe Abschnitt 15.3 *und zur Minderung der Bemessungsgrundlage bei Rückgewährung einer Anzahlung vgl. Abschnitt 17.1 Abs. 7.*

(7) Werden Anzahlungen in fremder Währung geleistet, ist die einzelne Anzahlung nach dem im Monat der Vereinnahmung geltenden Durchschnittskurs umzurechnen (§ 16 Abs. 6 UStG); bei dieser Umrechnung verbleibt es, auch wenn im Zeitpunkt der Leistungsausführung ein anderer Durchschnittskurs gilt.

AE 13.6

S 7271

13.6. Entstehung der Steuer bei der Besteuerung nach vereinnahmten Entgelten

(1) ¹Bei der Besteuerung nach vereinnahmten Entgelten (vgl. Abschnitt 20.1) entsteht die Steuer für Lieferungen und sonstige Leistungen mit Ablauf des Voranmeldungszeitraums, in dem die Entgelte vereinnahmt worden sind. ²Anzahlungen (vgl. Abschnitt 13.5) sind stets im Voranmeldungszeitraum ihrer Vereinnahmung zu versteuern. ³Als Zeitpunkt der Vereinnahmung bei Überweisungen auf ein Bankkonto grundsätzlich der Zeitpunkt der Gutschrift. ⁴Zur Frage der Vereinnahmung bei Einzahlung auf ein gesperrtes Konto vgl. BFH-Urteile vom 27.11.1958, V R 102/83, BStBl 1959 III S. 64, und vom 23.4.1980, VII R 156/75, BStBl II S. 643. ⁵Vereinnahmt sind auch Beträge, die der Schuldner dem Gläubiger am Fälligkeitstag gutschreibt, wenn die Beträge dem Berechtigten von nun an zur Verwendung zur Verfügung stehen (vgl. BFH-Urteil vom 24.3.1993, X R 55/91, BStBl II S. 499). ⁶Dies gilt jedoch nicht, wenn die Beträge im Zeitpunkt der Gutschrift nicht fällig waren und das Guthaben nicht verzinst wird (vgl. BFH-Urteil vom 12.11.1997, XI R 30/97, BStBl 1998 II S. 252). ⁷Beim Kontokorrentverkehr ist das Entgelt mit der Anerkennung des Saldos am Ende eines Abrechnungszeitraums vereinnahmt. ⁸Wird für eine Leistung ein Wechsel in Zahlung genommen, gilt das Entgelt erst mit dem Tag der Einlösung oder – bei Weitergabe – mit dem Tag der Gutschrift oder Wertstellung als vereinnahmt. ⁹Ein Scheckbetrag ist grundsätzlich nicht erst mit Einlösung des Schecks, sondern bereits mit dessen Hingabe zugeflossen, wenn der sofortigen Vorlage des Schecks keine zivilrechtlichen Abreden entgegenstehen und wenn davon ausgegangen werden kann, dass die bezogene Bank im Falle der sofortigen Vorlage des Schecks den Scheckbetrag auszahlen oder gutschreiben wird (vgl. BFH-Urteil vom 20.3.2001, IX R 97/97,

BStBl II S. 482). [10]Die Abtretung einer Forderung an Zahlungs statt (§ 364 Abs. 1 BGB) führt im Zeitpunkt der Abtretung in Höhe des wirtschaftlichen Wertes, der der Forderung im Abtretungszeitpunkt zukommt, zu einem Zufluss. [11]Das Gleiche gilt bei einer zahlungshalber erfolgten Zahlungsabtretung (§ 364 Abs. 2 BGB), wenn eine fällige, unbestrittene und einziehbare Forderung vorliegt (vgl. BFH-Urteil vom 30. 10. 1980, IV R 97/78, BStBl 1981 II S. 305). [12]Eine Aufrechnung ist im Zeitpunkt der Aufrechnungserklärung einer Zahlung gleichzusetzen (vgl. BFH-Urteil vom 19. 4. 1977, VIII R 119/75, BStBl II S. 601).

(2) Führen Unternehmer, denen die Besteuerung nach vereinnahmten Entgelten gestattet worden ist, Leistungen an ihr Personal aus, für die kein besonderes Entgelt berechnet wird, so entsteht die Steuer insoweit mit Ablauf des Voranmeldungszeitraums, in dem diese Leistungen ausgeführt worden sind.

(3) [1]Die im Zeitpunkt der Ausführung der Lieferung oder sonstigen Leistung geltenden Voraussetzungen für die Entstehung der Steuer bleiben auch dann maßgebend, wenn der Unternehmer von der Berechnung der Steuer nach vereinnahmten Entgelten zur Berechnung der Steuer nach vereinbarten Entgelten wechselt. [2]Für Umsätze, die in einem Besteuerungszeitraum ausgeführt wurden, für den dem Unternehmer die Berechnung der Steuer nach vereinnahmten Entgelten erlaubt war, gilt diese Besteuerung weiter, auch wenn in späteren Besteuerungszeiträumen ein Wechsel zur Sollversteuerung eintritt. [3]Danach entsteht die Steuer insoweit bei Vereinnahmung des Entgelts (vgl. BFH-Urteil vom 30. 1. 2003, V R 58/01, BStBl II S. 817). [4]Im Falle eines bereits sollversteuerten Umsatzes bleibt der Zeitpunkt des Entstehens der Steuer auch dann unverändert, wenn der Unternehmer zur Ist-Versteuerung wechselt und das Entgelt noch nicht vereinnahmt hat.

Hinweise

Merkblatt zur Umsatzbesteuerung in der Bauwirtschaft (USt M 2) — H 1

(BMF vom 12. 10. 2009, BStBl 2009 I S. 1292)

Unter Bezugnahme auf das Ergebnis der Erörterung mit den obersten Finanzbehörden der Länder wird das anliegende „Merkblatt zur Umsatzbesteuerung in der Bauwirtschaft" nach dem Stand Oktober 2009 herausgegeben.[1])

Umsatzbesteuerung in der Bauwirtschaft — 2

(OFD Frankfurt am Main, Vfg. vom 12. 4. 2009 – S 7270 A – 011 – St 1 13 –, StEd 2010 S. 413)

Umsatzbesteuerung von Anzahlungen (§ 13 Abs. 1 Nr. 1 Buchst. a Satz 4 UStG); Neufassung von Abschnitt 13. 5 Abs. 2 des Umsatzsteuer-Anwendungserlasses — 3

(BMF vom 15. 4. 2011, BStBl 2011 I S. 489)

Im Rahmen eines Tauschs oder tauschähnlichen Umsatzes können auch Anzahlungen in Lieferungen oder sonstigen Leistungen bestehen. Nach dem Ergebnis der Erörterungen mit den obersten Finanzbehörden der Länder ist dabei eine Lieferung oder sonstige Leistung bereits in dem Zeitpunkt als Entgelt oder Teilentgelt im Sinne des § 13 Abs. 1 Nr. 1 Buchst. a Satz 4 UStG anzusehen, wenn dem Leistungsempfänger wirtschaftlicher Wert zufließt. Für die Vereinnahmung im Sinne dieser Vorschrift durch den Leistungsempfänger ist es daher in diesen Fällen nicht erforderlich, dass die Leistung selbst bereits als ausgeführt gilt und die Steuer hierfür nach § 13 Abs. 1 Nr. 1 Buchst. a Satz 1 UStG entstanden ist.

Abschnitt 13.5 Abs. 2 des Umsatzsteuer-Anwendungserlasses vom 1. Oktober 2010 (BStBl I S. 846), der zuletzt durch das BMF-Schreiben vom 11. April 2011 - IV D 3 - S 7130/07/10008 (2011/0294414) – (BStBl I S. 459) geändert worden ist, wird daher wie folgt gefasst:[2])

Änderung der Bemessungsgrundlage nach Rückgewähr der Anzahlung bzw. des Entgelts, § 17 Abs. 2 Nr. 2 und Nr. 3 UStG — 4

(BMF vom 9. 12. 2011, BStBl 2011 I S. 1272)

Mit Urteil vom 2. September 2010, V R 34/09, hat der BFH entschieden, dass es in Fällen, in denen der Unternehmer eine Anzahlung vereinnahmt, ohne die hierfür geschuldete Leistung zu erbringen, erst mit der Rückgewähr der Anzahlung zur Minderung der Bemessungsgrundlage nach § 17 Abs. 2 Nr. 2 UStG kommt. Entsprechendes gilt für § 17 Abs. 2 Nr. 3 UStG: Wird die Leis-

---
[1]) Anm.: Text nicht aufgenommen.
[2]) Anm.: Text wurde in Abschn. 13.5 Abs. 2 UStAE übernommen; vgl. AE 13.5.

tung nach Vereinnahmung des Entgelts rückgängig gemacht, entsteht der Berichtigungsanspruch erst mit der Rückgewähr des Entgelts.

Mit diesem Urteil führt der BFH seine Rechtsprechung vom 18. September 2008, V R 56/06, BStBl 2009 II S. 250, fort, nach der eine Vereinbarung zwischen dem leistenden Unternehmer und dem Leistungsempfänger über die vollständige oder teilweise Rückzahlung des entrichteten Entgelts die Bemessungsgrundlage nach § 17 Abs. 1 Satz 1 UStG nur mindert, soweit das Entgelt tatsächlich zurückgezahlt wird; die Berichtigung ist für den Besteuerungszeitraum der Rückgewähr vorzunehmen.

Unter Bezugnahme auf das Ergebnis der Erörterungen mit den obersten Finanzbehörden der Länder wird der Umsatzsteuer-Anwendungserlass vom 1. Oktober 2010 (BStBl I S. 846), der zuletzt durch das BMF-Schreiben vom 14. November 2011 – IV D 2 – S 7100/07/10028 :003 (2011/0877938), BStBl I S. 1158, geändert worden ist, wie folgt geändert:

1. Abschnitt 13.5 Abs. 6 wird wie folgt gefasst:[1]
2. Abschnitt 17.1 Abs. 7 wird wie folgt gefasst:[2]
3. In Abschnitt 17.1 Abs. 8 wird nach Satz 4 folgender Satz 5 angefügt:[3]

Das BFH-Urteil ist in allen offenen Fällen anzuwenden.

Rechtsprechung

EUROPÄISCHER GERICHTSHOF

EuGH vom 21. 2. 2006 – Rs. C-419/02 – (IStR 2006 S. 281, UR 2006 S. 289)

Pauschale Vorauszahlungen für gattungsmäßig bestimmte künftige Lieferungen von pharmazeutischen Erzeugnissen und Prothesen

Art. 10 Abs. 2 Unterabs. 2 der 6. USt-Richtlinie in ihrer durch die Richtlinie 95/7/EG des Rates vom 10. 4. 1995 geänderten Fassung erfasst nicht pauschale Vorauszahlungen wie die im Ausgangsverfahren fraglichen, die für Gegenstände geleistet werden, die gattungsmäßig in einer Liste angeführt werden, die jederzeit im gegenseitigen Einvernehmen zwischen Käufer und Verkäufer geändert werden kann und von der der Käufer gegebenenfalls Artikel auf der Grundlage einer Vereinbarung wählen kann, die er jederzeit einseitig mit der Folge kündigen kann, dass ihm der nicht verwendete Teil der Vorauszahlung in voller Höhe erstattet wird.

§ 13a Steuerschuldner

S 7275

(1) Steuerschuldner ist in den Fällen
1. des § 1 Abs. 1 Nr. 1 und des § 14c Abs. 1 der Unternehmer;
2. des § 1 Abs. 1 Nr. 5 der Erwerber;
3. des § 6a Abs. 4 der Abnehmer;
4. des § 14c Abs. 2 der Aussteller der Rechnung;
5. des § 25b Abs. 2 der letzte Abnehmer;
6. des § 4 Nr. 4a Satz 1 Buchstabe a Satz 2 der Unternehmer, dem die Auslagerung zuzurechnen ist (Auslagerer); daneben auch der Lagerhalter als Gesamtschuldner, wenn er entgegen § 22 Abs. 4c Satz 2 die inländische Umsatzsteuer-Identifikationsnummer des Auslagerers oder dessen Fiskalvertreter nicht oder nicht zutreffend aufzeichnet.

(2) Für die Einfuhrumsatzsteuer gilt § 21 Abs. 2.

---

[1] Anm.: Text wurde in Abschn. 13.5 Abs. 6 UStAE übernommen; vgl. AE 13.5.
[2] Anm.: Text wurde in Abschn. 17.1 Abs. 7 UStAE übernommen; vgl. AE 17.1.
[3] Anm.: Text wurde in Abschn. 17.1 Abs. 8 UStAE übernommen; vgl. AE 17.1.

§§ 13a, 13b UStG
H

Vorschriften des Gemeinschaftsrechts

Art. 69, Art. 193, Art. 194, Art. 195, Art. 197, Art. 199, Art. 200 und Art. 204 der MWSt-Richtlinie (bis 31. 12. 2006: Art. 16 Abs. 1 Unterabs. 2, Art. 21 Abs. 1 und 2 und Art. 28d Abs. 2 und 3 der 6. USt-Richtlinie).

Hinweis

H

Umsatzsteuerpflicht von medizinischen Sachverständigen, hier: Abtretung des Entgeltsanspruchs aus Gutachtenaufträgen

1

(OFD Koblenz, Vfg. vom 31. 7. 2002 – $\frac{S7170A - St442}{S7275A - St444}$ –, UR 2002 S. 532)

§ 13b Leistungsempfänger als Steuerschuldner

UStG

(1) Für nach § 3a Absatz 2 im Inland steuerpflichtige sonstige Leistungen eines im übrigen Gemeinschaftsgebiet ansässigen Unternehmers entsteht die Steuer mit Ablauf des Voranmeldungszeitraums, in dem die Leistungen ausgeführt worden sind.

S 7279

(2) Für folgende steuerpflichtige Umsätze entsteht die Steuer mit Ausstellung der Rechnung, spätestens jedoch mit Ablauf des der Ausführung der Leistung folgenden Kalendermonats:

1. Werklieferungen und nicht unter Absatz 1 fallende sonstige Leistungen eines im Ausland ansässigen Unternehmers;
2. Lieferungen sicherungsübereigneter Gegenstände durch den Sicherungsgeber an den Sicherungsnehmer außerhalb des Insolvenzverfahrens;
3. Umsätze, die unter das Grunderwerbsteuergesetz fallen;
4. ¹Werklieferungen und sonstige Leistungen, die der Herstellung, Instandsetzung, Instandhaltung, Änderung oder Beseitigung von Bauwerken dienen, mit Ausnahme von Planungs- und Überwachungsleistungen. ²Nummer 1 bleibt unberührt;
5. Lieferungen der in § 3g Absatz 1 Satz 1 genannten Gegenstände eines im Ausland ansässigen Unternehmers unter den Bedingungen des § 3g;
6. *Übertragung von Berechtigungen nach § 3 Nummer 3 des Treibhausgas-Emissionshandelsgesetzes Emissionsreduktionseinheiten nach § 2 Nummer 20 des Projekt-Mechanismen-Gesetzes und zertifizierten Emissionsreduktionen nach § 2 Nummer 21 des Projekt-Mechanismen-Gesetzes;*   ¹)
7. Lieferungen der in der Anlage 3 bezeichneten Gegenstände;
8. ¹Reinigen von Gebäuden und Gebäudeteilen. ²Nummer 1 bleibt unberührt;
9. Lieferungen von Gold mit einem Feingehalt von mindestens 325 Tausendstel, in Rohform oder als Halbzeug (aus Position 7108 des Zolltarifs) und von Goldplattierungen mit einem Goldfeingehalt von mindestens 325 Tausendstel (aus Position 7109);
10. *Lieferungen von Mobilfunkgeräten sowie von integrierten Schaltkreisen vor Einbau in einen zur Lieferung auf der Einzelhandelsstufe geeigneten Gegenstand, wenn die Summe der für sie in Rechnung zu stellenden Entgelte im Rahmen eines wirtschaftlichen Vorgangs mindestens 5 000 Euro beträgt; nachträgliche Minderungen des Entgelts bleiben dabei unberücksichtigt.* ²)

(3) Abweichend von Absatz 1 und 2 Nummer 1 entsteht die Steuer für sonstige Leistungen, die dauerhaft über einen Zeitraum von mehr als einem Jahr erbracht werden, spätestens mit Ablauf eines jeden Kalenderjahres, in dem sie tatsächlich erbracht werden.

(4) ¹ Bei der Anwendung der Absätze 1 bis 3 gilt § 13 Absatz 1 Nummer 1 Buchstabe a Satz 2 und 3 gilt entsprechend. ²Wird in den in den Absätzen 1 bis 3 sowie in den in Satz 1 genannten Fällen

---

¹) Anm.: Durch Art. 13 des Gesetzes zur Anpassung der Rechtsgrundlagen für die Fortentwicklung des Emissionshandels vom 21.7.2011 (BGBl. I 2011 S. 1475) wurde § 13b Abs. 2 Nr. 6 UStG mit Wirkung vom 28.7.2011 neu gefasst. Bis zum 27.7.2011 hatte die Regelung folgende Fassung:
 "6. Übertragung von Berechtigungen nach § 3 Absatz 4 des Treibhausgas-Emissionshandelsgesetzes vom 8. Juli 2004 (BGBl. I S. 1578), das zuletzt durch Artikel 1 des Gesetzes vom 16. Juli 2009 (BGBl. I S. 1954) geändert worden ist, Emissionsreduktionseinheiten im Sinne von § 3 Absatz 5 des Treibhausgas-Emissionshandelsgesetzes und zertifizierten Emissionsreduktionen im Sinne von § 3 Absatz 6 des Treibhausgas-Emissionshandelsgesetzes;".
²) Anm.: Durch Art. 6 Nummer 1 des Gesetzes vom 16.6. 2011 (BGBl. 2011 I S. 1090) wurde § 13b Abs. 2 Nummer 10 UStG mit Wirkung vom 1. 7. 2011 angefügt.

§ 13b UStG

das Entgelt oder ein Teil des Entgelts vereinnahmt, bevor die Leistung oder die Teilleistung ausgeführt worden ist, entsteht insoweit die Steuer mit Ablauf des Voranmeldungszeitraums, in dem das Entgelt oder das Teilentgelt vereinnahmt worden ist.

(5) ¹In den in Absatz 1 und 2 Nummer 1 bis 3 genannten Fällen schuldet der Leistungsempfänger die Steuer, wenn er ein Unternehmer oder eine juristische Person ist; in den in Absatz 2 Nummern 5 bis 7, *sowie* 9 *und 10* genannten Fällen schuldet der Leistungsempfänger die Steuer, wenn er ein Unternehmer ist.¹⁾ ²In den in Absatz 2 Nummer 4 Satz 1 genannten Fällen schuldet der Leistungsempfänger die Steuer, wenn er ein Unternehmer ist, der Leistungen im Sinne des Absatzes 2 Nummer 4 Satz 1 erbringt; in den in Absatz 2 Nummer 8 genannten Fällen schuldet der Leistungsempfänger die Steuer, wenn er ein Unternehmer ist, der Leistungen im Sinne des Absatzes 2 Nummer 8 Satz 1 erbringt. ³Die Sätze 1 und 2 gelten auch, wenn die Leistung für den nichtunternehmerischen Bereich bezogen wird. ⁴Die Sätze 1 bis 3 gelten nicht, wenn bei dem Unternehmer, der die Umsätze ausführt, die Steuer nach § 19 Abs. 1 nicht erhoben wird.

(6) Die Absätze 1 bis 5 finden keine Anwendung, wenn die Leistung des im Ausland ansässigen Unternehmers besteht

1. in einer Personenbeförderung, die der Beförderungseinzelbesteuerung (§ 16 Absatz 5) unterlegen hat,
2. in einer Personenbeförderung, die mit einem Taxi durchgeführt worden ist, oder
3. in einer grenzüberschreitenden Personenbeförderung im Luftverkehr,
4. in der Einräumung der Eintrittsberechtigung für Messen, Ausstellungen und Kongresse im Inland,
5. in einer sonstigen Leistung einer Durchführungsgesellschaft an im Ausland ansässige Unternehmer, soweit diese Leistung im Zusammenhang mit der Veranstaltung von Messen und Ausstellungen im Inland steht, oder
6. in der Abgabe von Speisen und Getränken zum Verzehr an Ort und Stelle (Restaurationsleistung), wenn diese Abgabe an Bord eines Schiffs, in einem Luftfahrzeug oder in einer Eisenbahn erfolgt.

(7) ¹Ein im Ausland ansässiger Unternehmer im Sinne des Absatzes 2 Nummer 1 und 5 ist ein Unternehmer, der weder im Inland noch auf der Insel Helgoland oder in einem der in § 1 Absatz 3 bezeichneten Gebiete einen Wohnsitz, seinen Sitz, seine Geschäftsleitung oder eine Betriebsstätte hat; ein im übrigen Gemeinschaftsgebiet ansässiger Unternehmer ist ein Unternehmer, der in den Gebieten der übrigen Mitgliedstaaten der Europäischen Gemeinschaft, die nach dem Gemeinschaftsrecht als Inland dieser Mitgliedstaaten gelten, einen Wohnsitz, einen Sitz, eine Geschäftsleitung oder eine Betriebsstätte hat. ²Hat der Unternehmer im Inland eine Betriebsstätte und führt er einen Umsatz nach Absatz 1 oder Absatz 2 Nummer 1 oder Nummer 5 aus, gilt er hinsichtlich dieses Umsatzes als im Ausland oder im übrigen Gemeinschaftsgebiet ansässig, wenn der Umsatz nicht von der Betriebsstätte ausgeführt wird. ³Maßgebend ist der Zeitpunkt, in dem die Leistung ausgeführt wird. ⁴Ist es zweifelhaft, ob der Unternehmer diese Voraussetzungen erfüllt, schuldet der Leistungsempfänger die Steuer nur dann nicht, wenn ihm der Unternehmer durch eine Bescheinigung des nach den abgabenrechtlichen Vorschriften für die Besteuerung seiner Umsätze zuständigen Finanzamts nachweist, dass er kein Unternehmer im Sinne des Satzes 1 ist.

(8) Bei der Berechnung der Steuer sind die §§ 19 und 24 nicht anzuwenden.

(9) Das Bundesministerium der Finanzen kann mit Zustimmung des Bundesrates durch Rechtsverordnung bestimmen, unter welchen Voraussetzungen zur Vereinfachung des Besteuerungsverfahrens in den Fällen, in denen ein anderer als der Leistungsempfänger ein Entgelt gewährt (§ 10 Abs. 1 Satz 3), der andere an Stelle des Leistungsempfängers Steuerschuldner nach Absatz 5 ist.

Vorschriften des Gemeinschaftsrechts

Art. 194, Art. 196, Art. 199 und Art. 199a der MWSt-Richtlinie (bis 31.12.2006: Art. 21 Abs. 1, 2 und 3 Buchst. c der 6. USt-Richtlinie).

---

¹) Anm.: Durch Art. 6 Nummer 2 des Gesetzes vom 16.6.2011 (BGBl. 2011 I S. 1090) wurde § 13b Abs. 5 Satz 1 UStG mit Wirkung vom 1.7.2011 neu gefasst. Bis zum 30.6.2011 geltende Fassung:
„¹In den in Absatz 1 und 2 Nummer 1 bis 3 genannten Fällen schuldet der Leistungsempfänger die Steuer, wenn er ein Unternehmer oder eine juristische Person ist; in den in Absatz 2 Nummern 5 bis 7 und 9 genannten Fällen schuldet der Leistungsempfänger die Steuer, wenn er ein Unternehmer ist.".

§ 30a Steuerschuldnerschaft bei unfreien Versendungen

¹Lässt ein Absender einen Gegenstand durch einen im Ausland ansässigen Frachtführer oder Verfrachter unfrei zum Empfänger der Frachtsendung befördern oder eine solche Beförderung durch einen im Ausland ansässigen Spediteur unfrei besorgen, ist der Empfänger der Frachtsendung an Stelle des Leistungsempfängers Steuerschuldner nach § 13b Abs. 5 des Gesetzes wenn
1. er ein Unternehmer oder eine juristische Person des öffentlichen Rechts ist,
2. er die Entrichtung des Entgelts für die Beförderung oder für ihre Besorgung übernommen hat und
3. aus der Rechnung über die Beförderung oder ihre Besorgung auch die in Nummer 2 bezeichnete Voraussetzung zu ersehen ist.

²Dies gilt auch, wenn die Leistung für den nichtunternehmerischen Bereich bezogen wird.

13b.1. Steuerschuldnerschaft des Leistungsempfängers

(1) ¹Unternehmer und juristische Personen schulden als Leistungsempfänger für bestimmte an sie im Inland ausgeführte steuerpflichtige Umsätze die Steuer. ²Dies gilt sowohl für im Inland ansässige als auch für im Ausland ansässige Leistungsempfänger. ³Auch Kleinunternehmer (§ 19 UStG), pauschalversteuernde Land- und Forstwirte (§ 24 UStG) und Unternehmer, die ausschließlich steuerfreie Umsätze tätigen, schulden die Steuer. ⁴Die Steuerschuldnerschaft erstreckt sich sowohl auf die Umsätze für den unternehmerischen als auch auf die Umsätze für den nichtunternehmerischen Bereich des Leistungsempfängers. ⁵Zuständig für die Besteuerung dieser Umsätze ist das Finanzamt, bei dem der Leistungsempfänger als Unternehmer umsatzsteuerlich erfasst ist. ⁶Für juristische Personen ist das Finanzamt zuständig, in dessen Bezirk sie ihren Sitz haben.

(2) ¹Für folgende steuerpflichtige Umsätze schuldet der Leistungsempfänger die Steuer:
1. Nach § 3a Abs. 2 UStG im Inland steuerpflichtige sonstige Leistungen eines im übrigen Gemeinschaftsgebiet ansässigen Unternehmers (§ 13b Abs. 1 UStG).
2. Werklieferungen im Ausland ansässiger Unternehmer (§ 13b Abs. 2 Nr. 1 UStG).
   Beispiel:
   ¹Der in Kiel ansässige Bauunternehmer U hat den Auftrag erhalten, in Flensburg ein Geschäftshaus zu errichten. ²Lieferung und Einbau der Fenster lässt U von seinem dänischen Subunternehmer D aus Kopenhagen ausführen.
   ³Der im Ausland ansässige Unternehmer D erbringt im Inland eine steuerpflichtige Werklieferung an U (§ 3 Abs. 4 und 7 Satz 1 UStG). ⁴Die Umsatzsteuer für diese Werklieferung schuldet U (§ 13b Abs. 5 Satz 1 i. V. m. Abs. 2 Nr. 1 UStG).
3. Sonstige Leistungen im Ausland ansässiger Unternehmer (§ 13b Abs. 2 Nr. 1 UStG).
   Beispiel:
   ¹Der in Frankreich ansässige Architekt F plant für den in Stuttgart ansässigen Unternehmer U die Errichtung eines Gebäudes in München.
   ²Der im Ausland ansässige Unternehmer F erbringt im Inland steuerpflichtige Leistungen an U (§ 3a Abs. 3 Nr. 1 UStG). ³Die Umsatzsteuer für diese Leistung schuldet U (§ 13b Abs. 5 Satz 1 i. V. m. Abs. 2 Nr. 1 UStG).
4. Lieferungen von sicherungsübereigneten Gegenständen durch den Sicherungsgeber an den Sicherungsnehmer außerhalb des Insolvenzverfahrens (§ 13b Abs. 2 Nr. 2 UStG).
   Beispiel:
   ¹Für den Unternehmer U in Leipzig finanziert eine Bank B in Dresden die Anschaffung eines Pkw. ²Bis zur Rückzahlung des Darlehens lässt sich B den Pkw zur Sicherheit übereignen. ³Da U seinen Zahlungsverpflichtungen nicht nachkommt, verwertet B den Pkw durch Veräußerung an einen privaten Abnehmer A.
   ⁴Mit der Veräußerung des Pkw durch B liegen eine Lieferung des U (Sicherungsgeber) an B (Sicherungsnehmer) sowie eine Lieferung von B an A vor (vgl. Abschnitt 1.2 Abs. 1). ⁵Für die Lieferung des U schuldet B als Leistungsempfänger die Umsatzsteuer (§ 13b Abs. 5 Satz 1 i. V. m. Abs. 2 Nr. 2 UStG).
5. ¹Umsätze, die unter das Grunderwerbsteuergesetz fallen (§ 13b Abs. 2 Nr. 3 UStG). ²Zu den Umsätzen, die unter das Grunderwerbsteuergesetz fallen, vgl. Abschnitt 4.9.1. ³Hierzu gehören insbesondere:
   – Die Umsätze von unbebauten und bebauten Grundstücken und
   – die Bestellung und Übertragung von Erbbaurechten gegen Einmalzahlung oder regelmäßig wiederkehrende Erbbauzinsen.

§ 13b UStG
AE 13b.1, AE 13b.2

⁴Da die Umsätze, die unter das Grunderwerbsteuergesetz fallen, nach § 4 Nr. 9 Buchstabe a UStG steuerfrei sind, ist für die Anwendung der Steuerschuldnerschaft des Leistungsempfängers (Abnehmers) erforderlich, dass ein wirksamer Verzicht auf die Steuerbefreiung (Option) durch den Lieferer vorliegt (vgl. Abschnitte 9.1 und 9.2 Abs. 8 und 9).

Beispiel:
¹Der Unternehmer U in Berlin ist Eigentümer eines Werkstattgebäudes, dessen Errichtung mit Darlehen einer Bank B finanziert wurde. ²Da U seine Zahlungsverpflichtungen nicht erfüllt, betreibt B die Zwangsversteigerung des Grundstückes. ³Den Zuschlag erhält der Unternehmer E. ⁴Auf die Steuerbefreiung der Grundstückslieferung (§ 4 Nr. 9 Buchstabe a UStG) verzichtet U rechtzeitig (§ 9 Abs. 3 Satz 1 UStG).

⁵Mit dem Zuschlag in der Zwangsversteigerung erbringt U an E eine steuerpflichtige Lieferung. ⁶E schuldet als Leistungsempfänger die Umsatzsteuer (§ 13b Abs. 5 Satz 1 i. V. m. Abs. 2 Nr. 3 UStG).

6. ¹Werklieferungen und sonstige Leistungen, die der Herstellung, Instandsetzung, Instandhaltung, Änderung oder Beseitigung von Bauwerken dienen (Bauleistungen), mit Ausnahme von Planungs- und Überwachungsleistungen (§ 13b Abs. 2 Nr. 4 Satz 1 UStG). ²§ 13b Abs. 2 Nr. 1 UStG bleibt unberührt.

7. *Lieferungen der in § 3g Abs. 1 Satz 1 UStG genannten Gegenstände eines im Ausland ansässigen Unternehmers unter den Bedingungen des § 3g UStG* § 3g UStG (vgl. Abschnitt 3g.1).

8. Übertragung von Berechtigungen nach § 3 **Nr. 3** des Treibhausgas-Emissionshandelsgesetzes vom **21. 7. 2011** (BGBl. I S. **1475**), Emissionsreduktionseinheiten **nach § 2 Nr. 20 des Projekt-Mechanismen-Gesetzes** und zertifizierten Emissionsreduktionen **nach § 2 Nr. 21 des Projekt-Mechanismen-Gesetzes** (§ 13b Abs. 2 Nr. 6 UStG).

9. *Lieferungen der in der Anlage 3 des UStG bezeichneten Gegenstände (§ 13b Abs. 2 Nr. 7 UStG).*

10. *¹Reinigen von Gebäuden und Gebäudeteilen (§ 13b Abs. 2 Nr. 8 UStG). ²§ 13b Abs. 2 Nr. 1 bleibt unberührt.*

11. *Lieferungen von Gold mit einem Feingehalt von mindestens 325 Tausendstel, in Rohform oder als Halbzeug (aus Position 7108 des Zolltarifs) und von Goldplattierungen mit einem Goldfeingehalt von mindestens 325 Tausendstel (aus Position 7109) (§ 13b Abs. 2 Nr. 9 UStG).*

12. *Lieferungen von Mobilfunkgeräten sowie von integrierten Schaltkreisen vor Einbau in einen zur Lieferung auf der Einzelhandelsstufe geeigneten Gegenstand, wenn die Summe der für sie in Rechnung zu stellenden Entgelte im Rahmen eines wirtschaftlichen Vorgangs mindestens 5 000 € beträgt; nachträgliche Minderungen des Entgelts bleiben dabei unberücksichtigt (§ 13b Abs. 2 Nr. 10 UStG).*

²Der Leistungsempfänger schuldet die Steuer auch beim Tausch und bei tauschähnlichen Umsätzen.

AE 13b.2

13b.2. Bauleistungen

(1) Der Begriff des Bauwerks (vgl. **Abschnitt 13b.1 Abs.** 2 Nr. 6) ist weit auszulegen und umfasst nicht nur Gebäude, sondern darüber hinaus sämtliche irgendwie mit dem Erdboden verbundene oder infolge ihrer eigenen Schwere auf ihm ruhende, aus Baustoffen oder Bauteilen hergestellte Anlagen (z. B. Brücken, Straßen oder Tunnel, Versorgungsleitungen).

(2) ¹Der Begriff der Bauleistung ist bei der Anwendung des § 13b Abs. 2 Nr. 4 Satz 1 UStG und beim Steuerabzug nach §§ 48 ff. EStG weitgehend gleich auszulegen. ²Danach orientieren sich die Begriffe der Bauleistung bzw. des Bauwerks an §§ 1 und 2 der Baubetriebe-Verordnung (vgl. Tz. 5 des BMF-Schreibens vom 27. 12. 2002 zur Bauabzugsteuer, BStBl I S. 1399). ³Entsprechend sind die in § 1 Abs. 2 und § 2 der Baubetriebe-Verordnung genannten Leistungen regelmäßig Bauleistungen im Sinne des § 13b Abs. 2 Nr. 4 Satz 1 UStG, wenn sie im Zusammenhang mit einem Bauwerk durchgeführt werden.

(3) ¹Die Leistung muss sich unmittelbar auf die Substanz des Bauwerks auswirken, d. h., es muss eine Substanzerweiterung, Substanzverbesserung, Substanzbeseitigung oder Substanzerhaltung bewirkt werden. ²Hierzu zählen auch Erhaltungsaufwendungen (z. B. Reparaturleistungen); vgl. hierzu aber Absatz **7** Nr. 15.

(4) ¹Werden im Rahmen eines Vertragsverhältnisses mehrere Leistungen erbracht, bei denen es sich teilweise um Bauleistungen handelt, kommt es darauf an, welche Leistung im Vordergrund steht, also der vertraglichen Beziehung das Gepräge gibt. ²Die Leistung fällt nur dann – insgesamt – unter § 13b Abs. 2 Nr. 4 Satz 1 UStG, wenn die Bauleistung als Hauptleistung anzusehen ist. ³Ein auf einem Gesamtvertrag beruhendes Leistungsverhältnis ist jedoch aufzuteilen, wenn hierin mehrere ihrem wirtschaftlichen Gehalt nach selbständige und voneinander unabhängige Einzelleistungen zusammengefasst werden (vgl. BFH-Urteil vom 24. 11. 1994, V R 30/92, BStBl 1995 II S. 108).

§ 13b UStG
AE 13b.2

(5) Zu den Bauleistungen gehören insbesondere auch:
1. Der Einbau von Fenstern und Türen sowie Bodenbelägen, Aufzügen, Rolltreppen und Heizungsanlagen;
2. der Einbau von Einrichtungsgegenständen, wenn sie mit einem Gebäude fest verbunden sind und der gelieferte Gegenstand nicht ohne größeren Aufwand mit dem Bauwerk verbunden oder vom Bauwerk getrennt werden kann, z. B. Ladeneinbauten, Schaufensteranlagen, Gaststätteneinrichtungen;
3. Werklieferungen großer Maschinenanlagen, die zu ihrer Funktionsfähigkeit aufgebaut werden müssen;
4. Werklieferungen von Gegenständen, die aufwändig in oder an einem Bauwerk installiert werden müssen;
5. Erdarbeiten im Zusammenhang mit der Erstellung eines Bauwerks;
6. [1]EDV- oder Telefonanlagen, die fest mit dem Bauwerk verbunden sind, in das sie eingebaut werden. [2]Die Lieferung von Endgeräten allein ist dagegen keine Bauleistung;
7. die Dachbegrünung eines Bauwerks;
8. der Hausanschluss durch Versorgungsunternehmen (die Hausanschlussarbeiten umfassen regelmäßig Erdarbeiten, Mauerdurchbruch, Installation der Hausanschlüsse und Verlegung der Hausanschlussleitungen vom Netz des Versorgungsunternehmens zum Hausanschluss), wenn es sich um eine eigenständige Leistung handelt;
9. [1]künstlerische Leistungen an Bauwerken, wenn sie sich unmittelbar auf die Substanz auswirken und der Künstler auch die Ausführung des Werks als eigene Leistung schuldet. [2]Stellt der Künstler lediglich Ideen oder Planungen zur Verfügung oder überwacht er die Ausführung des von einem Dritten geschuldeten Werks durch einen Unternehmer, liegt keine Bauleistung vor;
10. [1]ein Reinigungsvorgang, bei dem die zu reinigende Oberfläche verändert wird. [2]Dies gilt z. B. für eine Fassadenreinigung, bei der die Oberfläche abgeschliffen oder mit Sandstrahl bearbeitet wird.

(6) [1]Von den Bauleistungen ausgenommen sind nach § 13b Abs. 2 Nr. 4 Satz 1 UStG ausdrücklich Planungs- und Überwachungsleistungen. [2]Hierunter fallen ausschließlich planerische Leistungen (z. B. von Statikern, Architekten, Garten- und Innenarchitekten, Vermessungs-, Prüf- und Bauingenieuren), Labordienstleistungen (z. B. chemische Analyse von Baustoffen) oder reine Leistungen zur Bauüberwachung, zur Prüfung von Bauabrechnungen und zur Durchführung von Ausschreibungen und Vergaben.

(7) Insbesondere folgende Leistungen fallen nicht unter die in § 13b Abs. 2 Nr. 4 Satz 1 UStG genannten Umsätze:
1. Materiallieferungen (z. B. durch Baustoffhändler oder Baumärkte), auch wenn der liefernde Unternehmer den Gegenstand der Lieferung im Auftrag des Leistungsempfängers herstellt, nicht aber selbst in ein Bauwerk einbaut,
2. [1]Lieferungen einzelner Maschinen, die vom liefernden Unternehmer im Auftrag des Abnehmers auf ein Fundament gestellt werden. [2]Stellt der liefernde Unternehmer das Fundament oder die Befestigungsvorrichtung allerdings vor Ort selbst her, ist nach den Grundsätzen in Absatz 6 zu entscheiden, ob es sich um eine Bauleistung handelt;
3. [1]Anliefern von Beton. [2]Wird Beton geliefert und durch Personal des liefernden Unternehmers an der entsprechenden Stelle des Bauwerks lediglich abgelassen oder in ein gesondertes Behältnis oder eine Verschalung eingefüllt, liegt eine Lieferung, aber keine Werklieferung, und somit keine Bauleistung vor. [3]Dagegen liegt eine Bauleistung vor, wenn der liefernde Unternehmer den Beton mit eigenem Personal fachgerecht verarbeitet;
4. Lieferungen von Wasser und Energie;
5. [1]Zurverfügungstellen von Betonpumpen und anderen Baugeräten. [2]Das Zurverfügungstellen von Baugeräten ist dann eine Bauleistung, wenn gleichzeitig Personal für substanzverändernde Arbeiten zur Verfügung gestellt wird.

[3]Zu den Baugeräten gehören auch Großgeräte wie Krane oder selbstfahrende Arbeitsmaschinen. [4]Das reine Zurverfügungstellen (Vermietung) von Kranen – auch mit Personal – stellt keine Bauleistung dar. [5]Eine Bauleistung liegt auch dann nicht vor, wenn Leistungsinhalt ist, einen Kran an die Baustelle zu bringen, diesen aufzubauen und zu bedienen und nach Weisung des Anmietenden bzw. dessen Erfüllungsgehilfen Güter am Haken zu befördern. [6]Ebenso liegt keine Bauleistung vor, wenn ein Baukran mit Personal vermietet wird und die mit dem Kran bewegten Materialien vom Personal des Auftraggebers befestigt oder mit dem Bauwerk verbunden werden, da nicht vom Personal des Leistungserbringers in die Substanz des Bauwerks eingegriffen wird;
6. Aufstellen von Material- und Bürocontainern, mobilen Toilettenhäusern,

§ 13b UStG
AE 13b.2, AE 13b.3

7. Entsorgung von Baumaterialien (Schuttabfuhr durch Abfuhrunternehmer),
8. Aufstellen von Messeständen,
9. Gerüstbau,
10. ¹Anlegen von Bepflanzungen und deren Pflege (z. B. Bäume, Gehölze, Blumen, Rasen) mit Ausnahme von Dachbegrünungen. ²Nicht zu den Bauleistungen im Zusammenhang mit einem Bauwerk gehören das Anlegen von Gärten und von Wegen in Gärten, soweit dabei keine Bauwerke hergestellt, instand gesetzt, geändert oder beseitigt werden, die als Hauptleistung anzusehen sind. ³Das Anschütten von Hügeln und Böschungen sowie das Ausheben von Gräben und Mulden zur Landschaftsgestaltung sind ebenfalls keine Bauleistungen;
11. ¹Aufhängen und Anschließen von Beleuchtungen sowie das Anschließen von Elektrogeräten. ²Dagegen ist die Installation einer Lichtwerbeanlage und die Montage und das Anschließen von Beleuchtungssystemen, z. B. in Kaufhäusern oder Fabrikhallen, eine Bauleistung;
12. ¹als Verkehrssicherungsleistungen bezeichnete Leistungen (Auf- und Abbau, Vorhaltung, Wartung und Kontrolle von Verkehrseinrichtungen, unter anderem Absperrgeräte, Leiteinrichtungen, Blinklicht- und Lichtzeichenanlagen, Aufbringung von vorübergehenden Markierungen, Lieferung und Aufstellen von transportablen Verkehrszeichen, Einsatz von fahrbaren Absperrtafeln und die reine Vermietung von Verkehrseinrichtungen und Bauzäunen). ²Dagegen sind das Aufbringen von Endmarkierungen (sog. Weißmarkierungen) sowie das Aufstellen von Verkehrszeichen und Verkehrseinrichtungen, die dauerhaft im öffentlichen Verkehrsraum verbleiben, Bauleistungen, wenn es sich um jeweils eigenständige Leistungen handelt;
13. die Arbeitnehmerüberlassung, auch wenn die überlassenen Arbeitnehmer für den Entleiher Bauleistungen erbringen, unabhängig davon, ob die Leistungen nach dem Arbeitnehmerüberlassungsgesetz erbracht werden oder nicht;
14. die bloße Reinigung von Räumlichkeiten oder Flächen, z. B. von Fenstern;
15. ¹Reparatur- und Wartungsarbeiten an Bauwerken oder Teilen von Bauwerken, wenn das (Netto-)Entgelt für den einzelnen Umsatz nicht mehr als 500 € beträgt. ²Wartungsleistungen an Bauwerken oder Teilen von Bauwerken, die einen Nettowert von 500 € übersteigen, sind nur dann als Bauleistungen zu behandeln, wenn Teile verändert, bearbeitet oder ausgetauscht werden;
16. Luftdurchlässigkeitsmessungen an Gebäuden, die für die Erfüllung von § 6 EnEV und Anlage 4 zur EnEV durchgeführt werden, da sich diese Leistungen nicht auf die Substanz eines Gebäudes auswirken.

AE 13b.3
13b.3. Bauleistender Unternehmer als Leistungsempfänger

(1) ¹Werden Bauleistungen von einem im Inland ansässigen Unternehmer im Inland erbracht, ist der Leistungsempfänger nur dann Steuerschuldner, wenn er Unternehmer ist und selbst Bauleistungen erbringt (§ 13b Abs. 2 Satz 2 UStG). ²Der Leistungsempfänger muss derartige Bauleistungen nachhaltig erbringen oder erbracht haben. ³Unternehmer, die im Zeitpunkt der an sie ausgeführten Bauleistungen nicht nachhaltig Bauleistungen erbracht haben, sind als Leistungsempfänger grundsätzlich nicht Steuerschuldner, selbst wenn sie im weiteren Verlauf des Kalenderjahres derartige Umsätze erbringen.

(2) ¹Es ist davon auszugehen, dass der Leistungsempfänger nachhaltig Bauleistungen erbringt, wenn er im vorangegangenen Kalenderjahr Bauleistungen erbracht hat, deren Bemessungsgrundlage mehr als 10 % der Summe seiner steuerbaren und nicht steuerbaren Umsätze (Weltumsatz) betragen hat. ²Die 10 %-Grenze ist eine Ausschlussgrenze. ³Unternehmer, die Bauleistungen unterhalb dieser Grenze erbringen, sind danach grundsätzlich keine bauleistenden Unternehmer. ⁴Hat der Unternehmer zunächst keine Bauleistungen ausgeführt und beabsichtigt er, derartige Leistungen zu erbringen, ist er – abweichend von Absatz 10 – auch schon vor der erstmaligen Erbringung von Bauleistungen als bauleistender Unternehmer anzusehen, wenn er nach außen erkennbar mit ersten Handlungen zur nachhaltigen Erbringung von Bauleistungen begonnen hat und die Bauleistungen voraussichtlich mehr als 10 % seines Weltumsatzes im Sinne des Satzes 1 betragen werden.

(3) ¹Daneben ist davon auszugehen, dass der Leistungsempfänger nachhaltig Bauleistungen erbringt, wenn er dem leistenden Unternehmer eine im Zeitpunkt der Ausführung des Umsatzes gültige Freistellungsbescheinigung nach § 48b EStG vorlegt. ²Die Verwendung dieser Freistellungsbescheinigung muss durch den Leistungsempfänger ausdrücklich für umsatzsteuerliche Zwecke erfolgen. ³Der leistende Unternehmer kann nicht zwingend davon ausgehen, dass sein Leistungsempfänger (Auftraggeber) Unternehmer ist, der nachhaltig Bauleistungen erbringt, wenn dieser ihm zu einem früheren Zeitpunkt als leistender Unternehmer für ertragsteuerliche Zwecke eine Freistellungsbescheinigung nach § 48b EStG vorgelegt hat.

(4) ¹Hat der Leistungsempfänger dem leistenden Unternehmer bereits für einen Umsatz eine Freistellungsbescheinigung nach § 48b EStG für umsatzsteuerliche Zwecke vorgelegt, kann der

§ 13b UStG
AE 13b.3

leistende Unternehmer in der Folgezeit davon ausgehen, dass dieser Leistungsempfänger nachhaltig Bauleistungen erbringt. ²Einer erneuten Vorlage der Freistellungsbescheinigung nach § 48b EStG durch den Leistungsempfänger bedarf es insoweit nicht. ³Dies gilt nicht, wenn die Freistellungsbescheinigung nicht mehr gültig ist. ⁴Für diesen Fall muss der Leistungsempfänger erneut darlegen, ob er nachhaltig Bauleistungen erbringt oder nicht.

(5) ¹Verwendet der Leistungsempfänger eine Freistellungsbescheinigung im Sinne von § 48b EStG, ist er als Leistungsempfänger Steuerschuldner, auch wenn er tatsächlich kein bauleistender Unternehmer ist. ²Dies gilt nicht, wenn der Leistungsempfänger eine gefälschte Freistellungsbescheinigung verwendet und der leistende Unternehmer hiervon Kenntnis hatte.

(6) ¹Arbeitsgemeinschaften (ARGE) sind auch dann als Leistungsempfänger Steuerschuldner, wenn sie nur eine Gesamtleistung erbringen. ²Dies gilt bereits für den Zeitraum, in dem sie noch keinen Umsatz erbracht haben. ³Soweit Gesellschafter einer ARGE Bauleistungen an die ARGE erbringen, ist die ARGE als Leistungsempfänger Steuerschuldner. ⁴Bestehen Zweifel, ob die Leistung an die ARGE eine Bauleistung ist, kann **Abschnitt 13b.8** angewendet werden.

(7) ¹Erbringt bei einem Organschaftsverhältnis nur ein Teil des Organkreises (z. B. der Organträger oder eine Organgesellschaft) nachhaltig Bauleistungen, ist der Organträger nur für die Bauleistungen Steuerschuldner, die an diesen Teil des Organkreises erbracht werden. ²Die Absätze **1 bis 5** sind auf den jeweiligen Unternehmensteil anzuwenden. ³Bei der Berechnung der 10 %-Grenze sind nur die Bemessungsgrundlagen der Umsätze zu berücksichtigen, die dieser Teil des Organkreises erbracht hat.

(8) ¹Der Leistungsempfänger ist für ihn erbrachte, in § 13b Abs. 2 Nr. 4 Satz 1 UStG genannte Leistungen nicht Steuerschuldner, wenn er nicht nachhaltig Bauleistungen selbst erbringt. ²Die Steuerschuldnerschaft des Leistungsempfängers gilt deshalb vor allem nicht für Nichtunternehmer sowie für Unternehmer mit anderen als den vorgenannten Umsätzen, z. B. Baustoffhändler, die ausschließlich Baumaterialien liefern, oder Unternehmer, wenn sie ausschließlich Lieferungen von keine Werklieferungen im Sinne des § 3 Abs. 4 UStG – erbringen, die unter das GrEStG fallen. ³Bei Unternehmern (Bauträgern), die sowohl Umsätze erbringen, die unter das GrEStG fallen, als auch Bauleistungen im Sinne von § 13b Abs. 2 Nr. 4 Satz 1 UStG, sind die allgemeinen Grundsätze der Absätze **1 bis 7** anzuwenden. ⁴Unternehmer, die eigene Grundstücke zum Zweck des Verkaufs bebauen (z. B. Bauträger) **und dabei sowohl Werklieferungen im Sinne von § 13b Abs. 2 Nr. 4 Satz 1 UStG als auch bloße Lieferungen erbringen, sind nur dann für die von anderen Unternehmern an sie erbrachten Bauleistungen Steuerschuldner nach § 13b Abs. 5 Satz 2 UStG, wenn die Bemessungsgrundlage der von ihnen getätigten oder beabsichtigten Bauleistungen – einschließlich Grundstücksgeschäfte, soweit es sich um Werklieferungen (§ 3 Abs. 4 UStG) im Sinne von § 13b Abs. 2 Nr. 4 Satz 1 UStG handelt – mehr als 10 % der Summe ihrer steuerbaren und nicht steuerbaren Umsätze beträgt (vgl. Absatz 2) oder aber ein Fall der Absätze 3 bis 5 vorliegt.** ⁵Bauträger, die eigene Grundstücke zum Zwecke des Verkaufs bebauen, führen eine bloße Grundstückslieferung aus, wenn sie die Grundstücke erst nach Fertigstellung vermarkten und somit einen reinen Kaufvertrag mit dem Erwerber schließen. ⁶Werden dagegen die Verträge mit den Kunden bereits zu einem Zeitpunkt geschlossen, in dem der Kunde noch Einfluss auf die Bauausführung und Baugestaltung – unabhängig vom Umfang – nehmen kann, liegt regelmäßig ein Werk- oder Werklieferungsvertrag vor mit der Folge, dass der Bauträger eine Bauleistung erbringt. ⁷Dies gilt unabhängig davon, ob dieser Umsatz steuerpflichtig ist oder unter die Steuerbefreiung nach § 4 Nr. 9 Buchstabe a UStG fällt.

(9) ¹Wohnungseigentümergemeinschaften sind für Bauleistungen im Sinne von § 13b Abs. 2 Nr. 4 Satz 1 UStG als Leistungsempfänger nicht Steuerschuldner, wenn diese Leistungen als nach § 4 Nr. 13 UStG steuerfreie Leistungen der Wohnungseigentümergemeinschaften an die einzelnen Wohnungseigentümer weitergegeben werden. ²Dies gilt auch dann, wenn die Wohnungseigentümergemeinschaft derartige Umsätze nach § 9 Abs. 1 UStG als steuerpflichtig behandelt.

(10) Es ist nicht erforderlich, dass die an den Leistungsempfänger erbrachten Umsätze, für die er als Leistungsempfänger Steuerschuldner ist, mit von ihm erbrachten Bauleistungen unmittelbar zusammenhängen.

Beispiel:
¹Der Bauunternehmer A beauftragt den Unternehmer B mit dem Einbau einer Heizungsanlage in sein Bürogebäude. ²A bewirkt nachhaltig Bauleistungen.
³Der Einbau der Heizungsanlage durch B ist eine unter § 13b Abs. 2 Nr. 4 Satz 1 UStG fallende Werklieferung. ⁴Für diesen Umsatz ist A Steuerschuldner, da er selbst nachhaltig Bauleistungen erbringt. ⁵Unbeachtlich ist, dass der von B erbrachte Umsatz nicht mit den Ausgangsumsätzen des A in unmittelbarem Zusammenhang steht.

(11) Die Steuerschuldnerschaft des Leistungsempfängers nach § 13b Abs. 2 Nr. 4 Satz 1 UStG ist von Personengesellschaften (z. B. KG, GbR) und Kapitalgesellschaften (AG, GmbH) nicht anzuwenden, wenn ein Unternehmer eine Bauleistung für den privaten Bereich eines (Mit-)Gesellschafters oder Anteilseigners erbringt, da es sich hierbei um unterschiedliche Personen handelt.

§ 13b UStG
AE 13b.3, AE 13b.4

(12) ¹Erfüllt der Leistungsempfänger die Voraussetzungen des § 13b Abs. 5 Satz 2 UStG, ist er auch dann Steuerschuldner, wenn die Leistung für den nichtunternehmerischen Bereich erbracht wird (§ 13b Abs. 5 Satz 3 UStG). ²Ausgenommen hiervon sind Bauleistungen, die ausschließlich an den hoheitlichen Bereich von juristischen Personen des öffentlichen Rechts erbracht werden, auch wenn diese im Rahmen von Betrieben gewerblicher Art unternehmerisch tätig sind und nachhaltig Bauleistungen erbringen. ³Absatz 1 Sätze 2 und 3 ist auf den jeweiligen Betrieb gewerblicher Art einer juristischen Person des öffentlichen Rechts entsprechend anzuwenden, der Bauleistungen erbringt.

(13) Erbringt ein Unternehmer eine Leistung, die keine Bauleistung ist, und bezeichnet er sie dennoch in der Rechnung als Bauleistung, ist der Leistungsempfänger für diesen Umsatz nicht Steuerschuldner nach § 13b Abs. 5 UStG.

AE 13b.4   13b.4. Lieferungen von Industrieschrott, Altmetallen und sonstigen Abfallstoffen

(1) ¹Zu den in der Anlage 3 des UStG bezeichneten Gegenständen gehören:

1. ¹Unter Nummer 1 der Anlage 3 des UStG fallen nur granulierte Schlacken (Schlackensand) aus der Eisen- und Stahlherstellung im Sinne der Unterposition 2618 00 00 des Zolltarifs. ²Hierzu gehört granulierte Schlacke (Schlackensand), die zum Beispiel durch rasches Eingießen flüssiger, aus dem Hochofen kommender Schlacken in Wasser gewonnen wird. ³Nicht hierzu gehören dagegen mit Dampf oder Druckluft hergestellte Schlackenwolle sowie Schaumschlacke, die man erhält, wenn man schmelzflüssiger Schlacke etwas Wasser zusetzt, und Schlackenzement.

2. ¹Unter Nummer 2 der Anlage 3 des UStG fallen nur Schlacken (ausgenommen granulierte Schlacke), Zunder und andere Abfälle der Eisen- und Stahlherstellung im Sinne der Unterposition 2619 00 des Zolltarifs. ²Die hierzu gehörenden Schlacken bestehen aus Aluminium- oder Calciumsilicaten, die beim Schmelzen von Eisenerz (Hochofenschlacke), beim Raffinieren von Roheisen oder bei der Stahlherstellung (Konverterschlacke) entstehen. ³Diese Schlacken gehören auch dann hierzu, wenn ihr Eisenanteil zur Wiedergewinnung des Metalls ausreicht. ⁴Außerdem gehören Hochofenstaub und andere Abfälle oder Rückstände der Eisen- oder Stahlherstellung hierzu, sofern sie nicht bereits von Nummer 8 der Anlage 3 des UStG (vgl. nachfolgende Nummer 8) umfasst sind. ⁵Nicht hierzu gehören dagegen phosphorhaltige Schlacken (Thomasphosphat-Schlacke). ⁶Bei der Lieferung von nach der Düngemittelverordnung hergestellten Konverter- und Hüttenkalken wird es aus Vereinfachungsgründen nicht beanstandet, wenn die Unternehmer übereinstimmend § 13a Abs. 1 Nr. 1 UStG angewendet haben und der Umsatz in zutreffender Höhe versteuert wurde.

3. ¹Unter Nummer 3 der Anlage 3 des UStG fallen nur Schlacken, Aschen und Rückstände (ausgenommen solche der Eisen- und Stahlherstellung), die Metalle, Arsen oder deren Verbindungen enthalten, im Sinne der Position 2620 des Zolltarifs. ²Hierzu gehören Schlacken, Aschen und Rückstände (andere als solche der Nummern 1, 2 und 7 der Anlage 3 des UStG, vgl. Nummern 1, 2 und 7), die Arsen und Arsenverbindungen (auch Metalle enthaltend), Metalle oder deren Verbindungen enthalten und die eine Beschaffenheit aufweisen, wie sie zum Gewinnen von Arsen oder Metall oder zum Herstellen von Metallverbindungen verwendet werden. ³Derartige Schlacken, Aschen und Rückstände fallen bei der Aufarbeitung von Erzen oder von metallurgischen Zwischenerzeugnissen (z.B. Matten) an oder stammen aus elektrolytischen, chemischen oder anderen industriellen Verfahren, die keine mechanischen Bearbeitungen einschließen. ⁴Nicht hierzu gehören Aschen und Rückstände vom Verbrennen von Siedlungsabfällen, Schlämme aus Lagertanks für Erdöl (überwiegend aus solchen Ölen bestehend), chemisch einheitliche Verbindungen sowie Zinkstaub, der durch Kondensation von Zinkdämpfen gewonnen wird.

4. ¹Unter Nummer 4 der Anlage 3 des UStG fallen nur Abfälle, Schnitzel und Bruch von Kunststoffen der Position 3915 des Zolltarifs. ²Diese Waren können entweder aus zerbrochenen oder gebrauchten Kunststoffwaren, die in diesem Zustand eindeutig für den ursprünglichen Verwendungszweck unbrauchbar sind, bestehen oder es sind Bearbeitungsabfälle (Späne, Schnitzel, Bruch usw.). ³Gewisse Abfälle können als Formmasse, Lackrohstoffe, Füllstoffe usw. wieder verwendet werden. ⁴Außerdem gehören hierzu Abfälle, Schnitzel und Bruch aus einem einzigen duroplastischen Stoff oder aus Mischungen von zwei oder mehr thermoplastischen Stoffen, auch wenn sie in Primärformen umgewandelt worden sind. ⁵Hierunter fallen auch Styropor sowie gebrauchte (leere) Tonerkartuschen und Tintenpatronen, soweit diese nicht von Position 8443 des Zolltarifs erfasst sind. ⁶Nicht hierzu gehören jedoch Abfälle, Schnitzel und Bruch aus einem einzigen thermoplastischen Stoff, in Primärformen umgewandelt.

5. ¹Unter Nummer 5 der Anlage 3 des UStG fallen nur Abfälle, Bruch und Schnitzel von Weichkautschuk, auch zu Pulver oder Granulat zerkleinert, der Unterposition 4004 00 00 des Zoll

tarifs. ²Hierzu gehören auch zum Runderneuern ungeeignete gebrauchte Reifen sowie Granulate daraus. ³Nicht dazu gehören zum Runderneuern geeignete gebrauchte Reifen sowie Abfälle, Bruch, Schnitzel, Pulver und Granulat aus Hartkautschuk.

6. ¹Unter Nummer 6 der Anlage 3 des UStG fallen nur Bruchglas und andere Abfälle und Scherben von Glas der Unterposition 7001 00 10 des Zolltarifs. ²Der Begriff „Bruchglas" bezeichnet zerbrochenes Glas zur Wiederverwertung bei der Glasherstellung.

7. ¹Unter Nummer 7 der Anlage 3 des UStG fallen nur Abfälle und Schrott von Edelmetallen oder Edelmetallplattierungen sowie andere Abfälle und Schrott, Edelmetalle oder Edelmetallverbindungen enthaltend, von der hauptsächlich zur Wiedergewinnung von Edelmetallen verwendeten Art, im Sinne der Position 7112 des Zolltarifs. ²Hierzu gehören Abfälle und Schrott, die Edelmetalle enthalten und ausschließlich zur Wiedergewinnung des Edelmetalls oder als Base zur Herstellung chemischer Erzeugnisse geeignet sind. ³Hierher gehören auch Abfälle und Schrott aller Materialien, die Edelmetalle oder Edelmetallverbindungen von der hauptsächlich zur Wiedergewinnung von Edelmetallen verwendeten Art enthalten. ⁴Hierunter fallen ebenfalls durch Zerbrechen, Zerschlagen oder Abnutzung für ihren ursprünglichen Verwendungszweck unbrauchbar gewordene alte Waren (Tischgeräte, Gold- und Silberschmiedewaren, Katalysatoren in Form von Metallgeweben usw.); ausgenommen sind daher Waren, die – mit oder ohne Reparatur oder Aufarbeiten – für ihren ursprünglichen Zweck brauchbar sind oder – ohne Anwendung eines Verfahrens zum Wiedergewinnen des Edelmetalls – zu anderen Zwecken gebraucht werden können. ⁵Eingeschmolzener und zu Rohblöcken, Masseln oder ähnlichen Formen gegossener Abfall und Schrott von Edelmetallen ist als unbearbeitetes Metall einzureihen und fällt deshalb nicht unter Nummer 7 der Anlage 3 des UStG. ⁶Sofern es sich um Gold handelt, kann § 13b Abs. 2 Nr. 9 UStG in Betracht kommen (vgl. Absatz 22g).

8. ¹Unter Nummer 8 der Anlage 3 des UStG fallen nur Abfälle und Schrott aus Eisen oder Stahl sowie Abfallblöcke aus Eisen oder Stahl der Position 7204 des Zolltarifs. ²Hierzu gehören Abfälle und Schrott, die beim Herstellen oder beim Be- und Verarbeiten von Eisen oder Stahl anfallen, und Waren aus Eisen oder Stahl, die durch Bruch, Verschnitt, Verschleiß oder aus anderen Gründen als solche endgültig unbrauchbar sind. ³Als Abfallblöcke aus Eisen oder Stahl gelten grob in Masseln oder Rohblöcke ohne Gießköpfe gegossene Erzeugnisse mit deutlich sichtbaren Oberflächenfehlern, die hinsichtlich ihrer chemischen Zusammensetzung nicht den Begriffsbestimmungen für Roheisen, Spiegeleisen oder Ferrolegierungen entsprechen.

9. ¹Unter Nummer 9 der Anlage 3 des UStG fallen nur Abfälle und Schrott aus Kupfer der Position 7404 des Zolltarifs. ²Hierzu gehören Abfälle und Schrott, die beim Herstellen oder beim Be- und Verarbeiten von Kupfer anfallen, und Waren aus Kupfer, die durch Bruch, Verschnitt, Verschleiß oder aus anderen Gründen als solche endgültig unbrauchbar sind. ³Außerdem gehört hierzu der beim Ziehen von Kupfer entstehende Schlamm, der hauptsächlich aus Kupferpulver besteht, das mit den beim Ziehvorgang verwendeten Schmiermitteln vermischt ist.

10. ¹Unter Nummer 10 der Anlage 3 des UStG fallen nur Abfälle und Schrott aus Nickel der Position 7503 des Zolltarifs. ²Hierzu gehören Abfälle und Schrott, die beim Herstellen oder beim Be- und Verarbeiten von Nickel anfallen, und Waren aus Nickel, die durch Bruch, Verschnitt, Verschleiß oder aus anderen Gründen als solche endgültig unbrauchbar sind.

11. ¹Unter Nummer 11 der Anlage 3 des UStG fallen nur Abfälle und Schrott aus Aluminium der Position 7602 des Zolltarifs. ²Hierzu gehören Abfälle und Schrott, die beim Herstellen oder beim Be- und Verarbeiten von Aluminium anfallen, und Waren aus Aluminium, die durch Bruch, Verschnitt, Verschleiß oder aus anderen Gründen als solche endgültig unbrauchbar sind.

12. ¹Unter Nummer 12 der Anlage 3 des UStG fallen nur Abfälle und Schrott aus Blei der Position 7802 des Zolltarifs. ²Hierzu gehören Abfälle und Schrott, die beim Herstellen oder beim Be- und Verarbeiten von Blei anfallen, und Waren aus Blei, die durch Bruch, Verschnitt, Verschleiß oder aus anderen Gründen als solche endgültig unbrauchbar sind.

13. ¹Unter Nummer 13 der Anlage 3 des UStG fallen nur Abfälle und Schrott aus Zink der Position 7902 des Zolltarifs. ²Hierzu gehören Abfälle und Schrott, die beim Herstellen oder beim Be- und Verarbeiten von Zink anfallen, und Waren aus Zink, die durch Bruch, Verschnitt, Verschleiß oder aus anderen Gründen als solche endgültig unbrauchbar sind.

14. ¹Unter Nummer 14 der Anlage 3 des UStG fallen nur Abfälle und Schrott aus Zinn der Position 8002 des Zolltarifs. ²Hierzu gehören Abfälle und Schrott, die beim Herstellen oder beim Be- und Verarbeiten von Zinn anfallen, und Waren aus Zinn, die durch Bruch, Verschnitt, Verschleiß oder aus anderen Gründen als solche endgültig unbrauchbar sind.

15. ¹Unter Nummer 15 der Anlage 3 des UStG fallen nur Abfälle und Schrott der in den Positionen 8101 bis 8113 des Zolltarifs genannten anderen unedlen Metalle. ²Hierzu gehören Abfälle und Schrott, die beim Herstellen oder beim Be- und Verarbeiten der genannten unedlen

§ 13b UStG
AE 13b.4

Metalle anfallen, sowie Waren aus diesen unedlen Metallen, die durch Bruch, Verschnitt, Verschleiß oder aus anderen Gründen als solche endgültig unbrauchbar sind. ³Zu den unedlen Metallen zählen hierbei Wolfram, Molybdän, Tantal, Magnesium, Cobalt, Bismut (Wismut), Cadmium, Titan, Zirconium, Antimon, Mangan, Beryllium, Chrom, Germanium, Vanadium, Gallium, Hafnium, Indium, Niob (Columbium), Rhenium, Thallium und Cermet.

16. ¹Unter Nummer 16 der Anlage 3 des UStG fallen nur Abfälle und Schrott von elektrischen Primärelementen, Primärbatterien und Akkumulatoren; ausgebrauchte elektrische Primärelemente, Primärbatterien und Akkumulatoren im Sinne der Unterposition 8548 10 des Zolltarifs. ²Diese Erzeugnisse sind im Allgemeinen als Fabrikationsabfälle erkennbar, oder sie bestehen entweder aus elektrischen Primärelementen, Primärbatterien oder Akkumulatoren, die durch Bruch, Zerstörung, Abnutzung oder aus anderen Gründen als solche nicht mehr verwendet werden können oder nicht wiederaufladbar sind, oder aus Schrott davon. ³Ausgebrauchte elektrische Primärelemente und Akkumulatoren dienen im Allgemeinen zur Rückgewinnung von Metallen (Blei, Nickel, Cadmium usw.), Metallverbindungen oder Schlacken. ⁴Unter Nummer 16 der Anlage 3 des UStG fallen insbesondere nicht mehr gebrauchsfähige Batterien und nicht mehr aufladbare Akkus.

²Bestehen Zweifel, ob ein Gegenstand unter die Anlage 3 des UStG fällt, haben der Lieferer und der Abnehmer die Möglichkeit, bei dem zuständigen Bildungs- und Wissenschaftszentrum der Bundesfinanzverwaltung eine unverbindliche Zolltarifauskunft für Umsatzsteuerzwecke (uvZTA) mit dem Vordruckmuster 0310 einzuholen. ³Das Vordruckmuster mit Hinweisen zu den Zuständigkeiten für die Erteilung von uvZTA steht auf den Internetseiten der Zollabteilung des Bundesministeriums der Finanzen (http://www.zoll.de) unter der Rubrik Vorschriften und Vordrucke – Formularcenter – Gesamtliste aller Vordrucke zum Ausfüllen und Herunterladen bereit. ⁴UvZTA können auch von den Landesfinanzbehörden (z.B. den Finanzämtern) beantragt werden.

(2) ¹Werden sowohl Gegenstände geliefert, die unter die Anlage 3 des UStG fallen, als auch Gegenstände, die nicht unter die Anlage 3 des UStG fallen, ergeben sich unterschiedliche Steuerschuldner. ²Dies ist auch bei der Rechnungstellung zu beachten.

Beispiel 1:

¹Der in München ansässige Aluminiumhersteller U liefert Schlackenzement und Schlackensand in zwei getrennten Partien an den auf Landschafts-, Tief- und Straßenbau spezialisierten Unternehmer B in Köln.

²Es liegen zwei Lieferungen vor. ³Die Umsatzsteuer für die Lieferung des Schlackenzements wird vom leistenden Unternehmer U geschuldet (§ 13a Abs. 1 Nr. 1 UStG), da Schlackenzement in der Anlage 3 des UStG nicht aufgeführt ist (insbesondere fällt Schlackenzement nicht unter die Nummer 1 der Anlage 3 des UStG).

⁴Für die Lieferung des Schlackensands schuldet der Empfänger B die Umsatzsteuer (§ 13b Abs. 5 Satz 1 in Verbindung mit Abs. 2 Nr. 7 UStG).

⁵In der Rechnung ist hinsichtlich des gelieferten Schlackenzements u. a. das Entgelt sowie die hierauf entfallende Umsatzsteuer gesondert auszuweisen (§ 14 Abs. 4 Satz 1 Nr. 7 und 8 UStG). ⁶Hinsichtlich des gelieferten Schlackensands ist diese Steuer nicht gesondert auszuweisen (§ 14a Abs. 5 Satz 3 UStG). ⁷Auf die Steuerschuldnerschaft des Leistungsempfängers insoweit ist hinzuweisen (§ 14a Abs. 5 Satz 2 UStG).

³Erfolgt die Lieferung von Gegenständen der Anlage 3 des UStG im Rahmen eines Tauschs oder eines tauschähnlichen Umsatzes, gilt als Entgelt für jede einzelne Leistung der Wert der vom Leistungsempfänger erhaltenen Gegenleistung, beim Tausch oder tauschähnlichen Umsatz mit Baraufgabe ggf. abzüglich bzw. zuzüglich einer Baraufgabe (vgl. Abschnitt 10.5 Abs. 1 Sätze 5 bis 9). ⁴Zum Entgelt bei Werkleistungen, bei denen zum Entgelt neben der vereinbarten Barvergütung auch der bei der Werkleistung anfallende Materialabfall gehört, vgl. Abschnitt 10.5 Abs. 2.

Beispiel 2:

¹Der Metallverarbeitungsbetrieb B stellt Spezialmuttern für das Maschinenbauunternehmen M im Werklohn her. ²Der erforderliche Stahl wird von M gestellt. ³Dabei wird für jeden Auftrag gesondert festgelegt, aus welcher Menge Stahl welche Menge Muttern herzustellen ist. ⁴Der anfallende Schrott verbleibt bei B und wird auf den Werklohn angerechnet.

⁵Es liegt ein tauschähnlicher Umsatz vor, bei dem die Gegenleistung für die Herstellung der Muttern in der Lieferung des Stahlschrotts zuzüglich der Baraufgabe besteht (vgl. Abschnitt 10.5 Abs. 2 Sätze 1 und 8). ⁶Neben der Umsatzsteuer für das Herstellen der Spezialmuttern (§ 13a Abs. 1 Nr. 1 UStG) schuldet B als Leistungsempfänger auch die Umsatzsteuer für die Lieferung des Stahlschrotts (§ 13b Abs. 5 Satz 1 in Verbindung mit Abs. 2 Nr. 7 UStG).

⁵Zur Bemessungsgrundlage bei tauschähnlichen Umsätzen bei der Abgabe von werthaltigen Abfällen, für die gesetzliche Entsorgungspflichten bestehen, vgl. Abschnitt 10.5 Abs. 2 Satz 9.

(3) ¹Werden Mischungen oder Warenzusammensetzungen geliefert, die sowohl aus in der Anlage 3 des UStG bezeichneten als auch dort nicht genannten Gegenständen bestehen, sind die Bestandteile grundsätzlich getrennt zu beurteilen. ²Ist eine getrennte Beurteilung nicht möglich, werden Waren nach Satz 1 nach dem Stoff oder Bestandteil beurteilt, der ihnen ihren wesentlichen Charakter verleiht; die Steuerschuldnerschaft des Leistungsempfängers nach § 13b Abs. 2 Nr. 7 UStG ist demnach auf Lieferungen von Gegenständen anzuwenden, sofern der Stoff oder der Bestandteil, der den Gegenständen ihren wesentlichen Charakter verleiht, in der Anlage 3 des UStG bezeichnet ist; Absatz 23 bleibt unberührt. ³Bei durch Bruch, Verschleiß oder aus ähnlichen Gründen nicht mehr gebrauchsfähigen Maschinen, Elektro- und Elektronikgeräten, Heizkesseln und Fahrzeugwracks ist aus Vereinfachungsgründen davon auszugehen, dass sie unter die Steuerschuldnerschaft des Leistungsempfängers nach § 13b Abs. 2 Nr. 7 UStG fallen; dies gilt auch für Gegenstände, für die es eine eigene Zolltarifposition gibt. ⁴Unterliegt die Lieferung unbrauchbar gewordener landwirtschaftlicher Geräte der Durchschnittssatzbesteuerung nach § 24 UStG (vgl. Abschnitt 24.2 Abs. 6), findet § 13b Abs. 2 Nr. 7 UStG keine Anwendung.

13b.5. Reinigen von Gebäuden und Gebäudeteilen

(1) ¹Zu den Gebäuden gehören Baulichkeiten, die auf Dauer fest mit dem Grundstück verbunden sind. ²Zu den Gebäudeteilen zählen insbesondere Stockwerke, Wohnungen und einzelne Räume. ³Nicht zu den Gebäuden oder Gebäudeteilen gehören Baulichkeiten, die nur zu einem vorübergehenden Zweck mit dem Grund und Boden verbunden und daher keine Bestandteile eines Grundstücks sind, insbesondere Büro- oder Wohncontainer, Baubuden, Kioske, Tribünen oder ähnliche Einrichtungen.

(2) Unter die Reinigung von Gebäuden und Gebäudeteilen fällt insbesondere:

1. Die Reinigung sowie die pflegende und schützende (Nach-)Behandlung von Gebäuden und Gebäudeteilen (innen und außen);
2. ¹die Hausfassadenreinigung (einschließlich Graffitientfernung). ²Dies gilt nicht für Reinigungsarbeiten, die bereits unter § 13b Abs. 2 Nr. 4 Satz 1 UStG fallen (vgl. Absatz 7 Nr. 10);
3. die Fensterreinigung;
4. die Reinigung von Dachrinnen und Fallrohren;
5. die Bauendreinigung;
6. die Reinigung von haustechnischen Anlagen, soweit es sich nicht um Wartungsarbeiten handelt;
7. die Hausmeisterdienste und die Objektbetreuung, wenn sie auch Gebäudereinigungsleistungen beinhalten.

(3) Insbesondere folgende Leistungen fallen nicht unter die in § 13b Abs. 2 Nr. 8 Satz 1 UStG genannten Umsätze:

1. Die Schornsteinreinigung;
2. die Schädlingsbekämpfung;
3. der Winterdienst, soweit es sich um eine eigenständige Leistung handelt;
4. die Reinigung von Inventar, wie Möbel, Teppiche, Matratzen, Bettwäsche, Gardinen und Vorhänge, Geschirr, Jalousien und Bilder, soweit es sich um eine eigenständige Leistung handelt;
5. die Arbeitnehmerüberlassung, auch wenn die überlassenen Arbeitnehmer für den Entleiher Gebäudereinigungsleistungen erbringen, unabhängig davon, ob die Leistungen nach dem Arbeitnehmerüberlassungsgesetz erbracht werden oder nicht.

(4) ¹Werden Gebäudereinigungsleistungen von einem im Inland ansässigen Unternehmer im Inland erbracht, ist der Leistungsempfänger nur dann Steuerschuldner, wenn er Unternehmer ist und selbst Gebäudereinigungsleistungen erbringt (§ 13b Abs. 5 Satz 2 UStG). ²Der Leistungsempfänger muss derartige Gebäudereinigungsleistungen nachhaltig erbringen oder erbracht haben; Absätze 10 und 11 gelten sinngemäß. ³Daneben ist davon auszugehen, dass der Leistungsempfänger nachhaltig Gebäudereinigungsleistungen erbringt, wenn er dem leistenden Unternehmer einen im Zeitpunkt der Ausführung des Umsatzes gültigen Nachweis nach dem Vordruckmuster USt 1 TG im Original oder in Kopie vorlegt. ⁴Hinsichtlich dieses Musters wird auf das BMF-Schreiben vom 4. 1. 2011, BStBl I S. 48, hingewiesen. ⁵Verwendet der Leistungsempfänger einen Nachweis nach dem Vordruckmuster USt 1 TG, ist er als Leistungsempfänger Steuerschuldner, auch wenn er tatsächlich kein Unternehmer ist, der selbst Gebäudereinigungsleistungen erbringt. ⁶Dies gilt nicht, wenn der Leistungsempfänger einen gefälschten Nachweis nach dem Vordruckmuster USt 1 TG verwendet und der leistende Unternehmer hiervon Kenntnis hatte. ⁷Abschnitt 13b.2 Abs. 4 und Abschnitt 13b.3 Abs. 4, 7 und 9 bis 13 gelten sinngemäß.

AE 13b.6

13b.6. Lieferungen von Gold

¹Unter die Umsätze nach § 13b Abs. 2 Nr. 9 UStG (vgl. Abschnitt 13b.1 Abs. 2 Nr. 11) fallen die Lieferung von Gold (einschließlich von platiniertem Gold) oder Goldlegierungen in Rohform oder als Halbzeug mit einem Feingehalt von mindestens 325 Tausendstel und Goldplattierungen mit einem Feingehalt von mindestens 325 Tausendstel und die steuerpflichtigen Lieferungen von Anlagegold mit einem Feingehalt von mindestens 995 Tausendstel nach § 25c Abs. 3 UStG. ²Goldplattierungen sind Waren, bei denen auf einer Metallunterlage auf einer Seite oder auf mehreren Seiten Gold in beliebiger Dicke durch Schweißen, Löten, Warmwalzen oder ähnliche mechanische Verfahren aufgebracht worden ist. ³Zum Umfang der Lieferungen von Anlagegold vgl. Abschnitt 25c.1 Abs. 1 Satz 2, Abs. 2 und 4, zur Möglichkeit der Option zur Umsatzsteuerpflicht bei der Lieferung von Anlagegold vgl. Abschnitt 25c.1 Abs. 5.

Beispiel:

¹Der in Bremen ansässige Goldhändler G überlässt der Scheideanstalt S in Hamburg verunreinigtes Gold mit einem Feingehalt von 500 Tausendstel. ²S trennt vereinbarungsgemäß das verunreinigte Gold in Anlagegold und unedle Metalle und stellt aus dem Anlagegold einen Goldbarren mit einem Feingehalt von 995 Tausendstel her; das hergestellte Gold fällt unter die Position 7108 des Zolltarifs. ³Der entsprechende Goldgewichtsanteil wird G auf einem Anlagegoldkonto gutgeschrieben; G hat nach den vertraglichen Vereinbarungen auch nach der Bearbeitung des Goldes und der Gutschrift auf dem Anlagegoldkonto noch die Verfügungsmacht an dem Gold. ⁴Danach verzichtet G gegen Entgelt auf seinen Herausgabeanspruch des Anlagegolds. ⁵G hat nach § 25c Abs. 3 Satz 2 UStG zur Umsatzsteuerpflicht optiert.

⁶Der Verzicht auf Herausgabe des Anlagegolds gegen Entgelt stellt eine Lieferung des Anlagegolds von G an S dar. ⁷Da G nach § 25c Abs. 3 Satz 2 UStG zur Umsatzsteuerpflicht optiert hat, schuldet S als Leistungsempfänger die Umsatzsteuer für diese Lieferung (§ 13b Abs. 5 Satz 1 in Verbindung mit Abs. 2 Nr. 9 UStG).

AE 13b.7

13b.7. Lieferungen von Mobilfunkgeräten und integrierten Schaltkreisen

(1) ¹Mobilfunkgeräte sind Geräte, die zum Gebrauch mittels eines zugelassenen Mobilfunk-Netzes und auf bestimmten Frequenzen hergestellt oder hergerichtet wurden, unabhängig von etwaigen weiteren Nutzungsmöglichkeiten. ²Hiervon werden insbesondere alle Geräte erfasst, mit denen Telekommunikationsleistungen in Form von Sprachübertragung über drahtlose Mobilfunk-Netzwerke in Anspruch genommen werden können, z.B. Telefone zur Verwendung in beliebigen drahtlosen Mobilfunk-Netzwerken (insbesondere für den zellularen Mobilfunk – Mobiltelefone – und Satellitentelefone); hierzu gehören nicht CB-Funkgeräte und Walkie-Talkies. ³Ebenso fällt die Lieferung von kombinierten Produkten (sog. Produktbundle), d.h. gemeinsame Lieferungen von Mobilfunkgeräten und Zubehör zu einem einheitlichen Entgelt, unter die Regelung, wenn die Lieferung des Mobilfunkgeräts die Hauptleistung darstellt. ⁴Die Lieferung von Geräten, die reine Daten übertragen, ohne diese in akustische Signale umzusetzen, fällt dagegen nicht unter die Regelung. ⁵Zum Beispiel gehören daher folgende Gegenstände nicht zu den Mobilfunkgeräten im Sinne von § 13b Abs. 2 Nr. 10 UStG:

1. Navigationsgeräte;
2. Computer, soweit sie eine Sprachübertragung über drahtlose Mobilfunk-Netzwerke nicht ermöglichen (z.B. Tablet-PC);
3. mp3-Player;
4. Spielekonsolen;
5. On-Board-Units.

(2) ¹Ein integrierter Schaltkreis ist eine auf einem einzelnen (Halbleiter-)Substrat (sog. Chip) untergebrachte elektronische Schaltung (elektronische Bauelemente mit Verdrahtung). ²Zu den integrierten Schaltkreisen zählen insbesondere Mikroprozessoren und CPUs (Central Processing Unit, Hauptprozessor einer elektronischen Rechenanlage). ³Die Lieferungen dieser Gegenstände fallen unter die Umsätze im Sinne von § 13b Abs. 2 Nr. 10 UStG (vgl. Abschnitt 13b.1 Abs. 2 Nr. 12) sofern sie (noch) nicht in einen zur Lieferung auf der Einzelhandelsstufe geeigneten Gegenstand (Endprodukt) eingebaut wurden; ein Gegenstand ist für die Lieferung auf der Einzelhandelsstufe insbesondere dann geeignet, wenn er ohne weitere Be- oder Verarbeitung an einen Endverbraucher geliefert werden kann. ⁴Die Voraussetzungen des Satzes 3 erster Halbsatz sind immer dann erfüllt, wenn integrierte Schaltkreise unverbaut an Unternehmer geliefert werden; dies gilt auch dann, wenn unverbaute integrierte Schaltkreise auch an Letztverbraucher abgegeben werden können. ⁵Wird ein integrierter Schaltkreis in einen anderen Gegenstand eingebaut oder verbaut handelt es sich bei dem weiter gelieferten Wirtschaftsgut nicht mehr um einen integrierten Schaltkreis; in diesem Fall ist es unbeachtlich, ob der weiter gelieferte Gegenstand ein Endprodukt ist und auf der Einzelhandelsstufe gehandelt werden kann.

§ 13b UStG
AE 13b.7

Beispiel:

[1]Der in Halle ansässige Chiphersteller C liefert dem in Erfurt ansässigen Computerhändler A CPUs zu einem Preis von insgesamt 20 000 €. [2]Diese werden von C an A unverbaut, d. h. ohne Einarbeitung in ein Endprodukt, übergeben. [3]A baut einen Teil der CPUs in Computer ein und bietet den Rest in seinem Geschäft zum Einzelverkauf an. [4]Im Anschluss liefert A unverbaute CPUs in seinem Geschäft an den Unternehmer U für insgesamt 6 000 €. [5]Außerdem liefert er Computer mit den eingebauten CPUs an den Einzelhändler E für insgesamt 7 000 €.

[6]A schuldet als Leistungsempfänger der Lieferung des C die Umsatzsteuer nach § 13b Abs. 5 Satz 1 in Verbindung mit Abs. 2 Nr. 10 UStG, weil es sich insgesamt um die Lieferung unverbauter integrierter Schaltkreise handelt; auf die spätere Verwendung durch A kommt es nicht an.

[7]Für die sich anschließende Lieferung der CPUs von A an U schuldet U als Leistungsempfänger die Umsatzsteuer nach § 13b Abs. 5 Satz 1 in Verbindung mit Abs. 2 Nr. 10 UStG, weil es sich insgesamt um die Lieferung unverbauter integrierter Schaltkreise handelt; auf die spätere Verwendung durch U kommt es nicht an.

[8]Für die Lieferung der Computer mit den eingebauten CPUs von A an E schuldet A als leistender Unternehmer die Umsatzsteuer (§ 13a Abs. 1 Nr. 1 UStG), weil Liefergegenstand nicht mehr integrierte Schaltkreise, sondern Computer sind.

[6]Aus Vereinfachungsgründen können bei der Abgrenzung die Gegenstände als integrierte Schaltkreise angesehen werden, die unter die Unterposition 8542 31 90 des Zolltarifs fallen, dies sind insbesondere monolithische und hybride elektronische integrierte Schaltungen mit in großer Dichte angeordneten und als eine Einheit anzusehenden passiven und aktiven Bauelementen, die sich als Prozessoren bzw. Steuer- und Kontrollschaltungen darstellen.

[7]Die Lieferungen folgender Gegenstände fallen beispielsweise nicht unter die in § 13b Abs. 2 Nr. 10 UStG genannten Umsätze, auch wenn sie elektronische Komponenten im Sinne der Sätze 1 und 2 enthalten:

1. Antennen;
2. elektrotechnische Filter;
3. Induktivitäten (passive elektrische oder elektronische Bauelemente mit festem oder einstellbarem Induktivitätswert);
4. Kondensatoren;
5. Sensoren (Fühler).

[8]Als verbaute integrierte Schaltkreise im Sinne des Satzes 5 sind insbesondere die folgenden Gegenstände anzusehen, bei denen der einzelne integrierte Schaltkreis bereits mit anderen Bauteilen verbunden wurde:

1. Platinen, die mit integrierten Schaltkreisen und ggf. mit verschiedenen anderen Bauelementen bestückt sind;
2. Bauteile, in denen mehrere integrierte Schaltkreise zusammengefasst sind;
3. zusammengesetzte elektronische Schaltungen;
4. Platinen, in die integrierte Schaltkreise integriert sind (sog. Chips on board);
5. Speicherkarten mit integrierten Schaltungen (sog. Smart Cards);
6. Grafikkarten, Flashspeicherkarten, Schnittstellenkarten, Soundkarten, Memory-Sticks.

Ebenfalls nicht unter § 13b Abs. 2 Nr. 10 UStG fallen

1. Verarbeitungseinheiten für automatische Datenverarbeitungsmaschinen, auch mit einer oder zwei der folgenden Arten von Einheiten in einem gemeinsamen Gehäuse: Speichereinheit, Eingabe- und Ausgabeeinheit (Unterposition 8471 50 00 des Zolltarifs);
2. Baugruppen zusammengesetzter elektronischer Schaltungen für automatische Datenverarbeitungsmaschinen oder für andere Maschinen der Position 8471 (Unterposition 8473 30 20 des Zolltarifs);
3. Teile und Zubehör für automatische Datenverarbeitungsmaschinen oder für andere Maschinen der Position 8471 (Unterposition 8473 30 80 des Zolltarifs).

(3) [1]Lieferungen von Mobilfunkgeräten und integrierten Schaltkreisen fallen nur unter die Regelung zur Steuerschuldnerschaft des Leistungsempfängers nach § 13b Abs. 2 Nr. 10 UStG, wenn der Leistungsempfänger ein Unternehmer ist und die Summe der für die steuerpflichtigen Lieferungen dieser Gegenstände in Rechnung zu stellenden Bemessungsgrundlagen mindestens 5 000 € beträgt. [2]Abzustellen ist dabei auf alle im Rahmen eines zusammenhängenden wirtschaftlichen Vorgangs gelieferten Gegenstände der genannten Art. [3]Als Anhaltspunkt für einen wirtschaftlichen Vorgang dient insbesondere die Bestellung, der Auftrag, der Vertrag oder der Rahmen-Vertrag mit konkretem Auftragsvolumen. [4]Lieferungen bilden stets einen einheitlichen

473

wirtschaftlichen Vorgang, wenn sie im Rahmen eines einzigen Erfüllungsgeschäfts ausgeführt werden, auch wenn hierüber mehrere Aufträge vorliegen oder mehrere Rechnungen ausgestellt werden.

Beispiel:
[1]Der in Stuttgart ansässige Großhändler G bestellt am 1. 7. 01 bei dem in München ansässigen Handyhersteller H 900 Mobilfunkgeräte zu einem Preis von insgesamt 45 000 €. [2]Vereinbarungsgemäß liefert H die Mobilfunkgeräte in zehn Tranchen mit je 90 Stück zu je 4 500 € an G aus.

[3]Die zehn Tranchen Mobilfunkgeräte stellen einen zusammenhängenden wirtschaftlichen Vorgang dar, denn die Lieferung der Geräte erfolgte auf der Grundlage einer Bestellung über die Gesamtmenge von 900 Stück. [4]G schuldet daher als Leistungsempfänger die Umsatzsteuer für diese zusammenhängenden Lieferungen (§ 13b Abs. 5 Satz 1 in Verbindung mit Abs. 2 Nr. 10 UStG).

[5]Keine Lieferungen im Rahmen eines zusammenhängenden wirtschaftlichen Vorgangs liegen in folgenden Fällen vor:
1. Lieferungen aus einem Konsignationslager, das der liefernde Unternehmer in den Räumlichkeiten des Abnehmers unterhält, wenn der Abnehmer Mobilfunkgeräte oder integrierte Schaltkreise jederzeit in beliebiger Menge entnehmen kann;
2. Lieferungen auf Grund eines Rahmenvertrags, in dem lediglich Lieferkonditionen und Preise der zu liefernden Gegenstände, nicht aber deren Menge festgelegt wird;
3. Lieferungen im Rahmen einer dauerhaften Geschäftsbeziehung, bei denen Aufträge – ggf. mehrmals täglich – schriftlich, per Telefon, per Telefax oder auf elektronischem Weg erteilt werden, die zu liefernden Gegenstände ggf. auch zusammen ausgeliefert werden, es sich aber bei den Lieferungen um voneinander unabhängige Erfüllungsgeschäfte handelt.

[6]Bei der Anwendung des Satzes 1 bleiben nachträgliche Entgeltminderungen für die Beurteilung der Betragsgrenze von 5 000 € unberücksichtigt; dies gilt auch für nachträgliche Teilrückabwicklungen.

[7]Ist auf Grund der vertraglichen Vereinbarungen nicht absehbar oder erkennbar, ob die Betragsgrenze von 5 000 € für Lieferungen erreicht oder überschritten wird, wird es aus Vereinfachungsgründen nicht beanstandet, wenn die Steuerschuldnerschaft des Leistungsempfängers nach § 13b Abs. 2 Nr. 10 und Abs. 5 Satz 1 UStG angewendet wird, sofern sich beide Vertragspartner über die Anwendung von § 13b UStG einig waren und der Umsatz vom Leistungsempfänger in zutreffender Höhe versteuert wird. [8]Dies gilt auch dann, wenn sich im Nachhinein herausstellt, dass die Betragsgrenze von 5 000 € nicht überschritten wird.

AE 13b.8

13b.8. Vereinfachungsregelung

Hat ein Leistungsempfänger für einen an ihn erbrachten Umsatz § 13b Abs. 2 Nr. 4 Satz 1, **Nr. 7, Nr. 8 Satz 1, Nr. 9 und 10** und Abs. 5 **Satz 1 zweiter Halbsatz und** Sätze 2 und 3 UStG angewandt obwohl die Voraussetzungen hierfür fraglich waren oder sich später herausstellt, dass die Voraussetzungen hierfür nicht vorgelegen haben, ist diese Handhabung beim Leistenden und beim Leistungsempfänger nicht zu beanstanden, wenn sich beide Vertragspartner über die Anwendung von § 13b UStG einig waren und der Umsatz vom Leistungsempfänger in zutreffender Höhe versteuert wird.

AE 13b.9

13b.9. Unfreie Versendungen

[1]Zu den sonstigen Leistungen, für die der Leistungsempfänger die Steuer schuldet (vgl. **Abschnitt 13b.1** Abs. 2 Nr. 3), können auch die unfreie Versendung oder die Besorgung einer solchen gehören (§§ 453 ff HGB). [2]Eine unfreie Versendung liegt vor, wenn ein Absender einen Gegenstand durch einen Frachtführer oder Verfrachter unfrei zum Empfänger der Frachtsendung befördern oder eine solche Beförderung durch einen Spediteur unfrei besorgen lässt. [3]Die Beförderungsleistung wird nicht gegenüber dem Absender, sondern gegenüber dem Empfänger der Frachtsendung abgerechnet. [4]Nach § 30a UStDV wird der Rechnungsempfänger aus Vereinfachungsgründen unter folgenden Voraussetzungen an Stelle des Absenders zum Steuerschuldner für die Beförderungsleistung bestimmt:
1. Der Gegenstand wird durch einen im Ausland ansässigen Unternehmer befördert oder eine solche Beförderung durch einen im Ausland ansässigen Spediteur besorgt,
2. der Empfänger der Frachtsendung (Rechnungsempfänger) ist ein Unternehmer oder eine juristische Person des öffentlichen Rechts,
3. der Empfänger der Frachtsendung (Rechnungsempfänger) hat die Entrichtung des Entgelts für die Beförderung oder für ihre Besorgung übernommen und
4. aus der Rechnung über die Beförderung oder ihre Besorgung ist auch die in der Nummer bezeichnete Voraussetzung zu ersehen.

⁵Der Rechnungsempfänger erkennt seine Steuerschuldnerschaft anhand der Angaben in der Rechnung (§ 14a UStG und § 30a Satz 1 Nr. 3 UStDV).

Beispiel:
¹Der in Frankreich ansässige Unternehmer F versendet vereinbarungsgemäß einen Gegenstand per Frachtnachnahme durch den ebenfalls in Frankreich ansässigen Beförderungsunternehmer B von Paris nach Stuttgart an den dort ansässigen Unternehmer U. ²B stellt dem U die Beförderungsleistung in Rechnung. ³U verwendet gegenüber B seine deutsche USt-IdNr.
⁴B erbringt eine in Deutschland steuerpflichtige innergemeinschaftliche Güterbeförderung, weil U, der als Leistungsempfänger anzusehen ist (vgl. Abschnitt 3a.2 Abs. 2), ein Unternehmer ist, der die Leistung für sein Unternehmen bezieht (§ 3a Abs. 2 Satz 1 UStG). ⁵U schuldet damit auch die Umsatzsteuer für diese Beförderungsleistung (§ 13b Abs. 9 UStG, § 30a UStDV).

13b.10. Ausnahmen

(1) ¹§ 13b Abs. 2 und 5 UStG findet keine Anwendung, wenn die Leistung des im Ausland ansässigen Unternehmers in einer Personenbeförderung im Gelegenheitsverkehr mit nicht im Inland zugelassenen Kraftomnibussen besteht und bei der eine Grenze zum Drittland überschritten wird (§ 13b Abs. 6 Nr. 1 UStG). ²Dies gilt auch, wenn die Personenbeförderung mit einem Taxi durchgeführt worden ist (§ 13b Abs. 6 Nr. 2 UStG). ³Der Unternehmer hat diese Beförderungen im Wege der Beförderungseinzelbesteuerung (§ 16 Abs. 5 UStG, § 18 Abs. 5 UStG) oder im allgemeinen Besteuerungsverfahren zu versteuern. ⁴§ 13b Abs. 1 bis 5 UStG findet ebenfalls keine Anwendung, wenn die Leistung des im Ausland ansässigen Unternehmers in einer grenzüberschreitenden Personenbeförderung im Luftverkehr besteht (§ 13b Abs. 6 Nr. 3 UStG).

(2) ¹§ 13b Abs. 1 bis 5 UStG findet auch keine Anwendung, wenn die Leistung des im Ausland ansässigen Unternehmers in der Einräumung der Eintrittsberechtigung für Messen, Ausstellungen und Kongresse im Inland besteht (§ 13b Abs. 6 Nr. 4 UStG). ²Unter die Umsätze, die zur Einräumung der Eintrittsberechtigung für Messen, Ausstellungen und Kongresse gehören, fallen insbesondere Leistungen, für die der Leistungsempfänger Kongress-, Teilnehmer- oder Seminarentgelte entrichtet, sowie damit im Zusammenhang stehende Nebenleistungen, wie z. B. Beförderungsleistungen, Vermietung von Fahrzeugen oder Unterbringung, wenn diese Leistungen vom Veranstalter der Messe, der Ausstellung oder des Kongresses zusammen mit der Einräumung der Eintrittsberechtigung als einheitliche Leistung (vgl. Abschnitt 3.10) angeboten werden.

(3) ¹Im Rahmen von Messen und Ausstellungen werden auch Gemeinschaftsausstellungen durchgeführt, z. B. von Ausstellern, die in demselben ausländischen Staat ansässig sind. ²Vielfach ist in diesen Fällen zwischen dem Veranstalter und den Ausstellern ein Unternehmen eingeschaltet, das im eigenen Namen die Gemeinschaftsausstellung organisiert (Durchführungsgesellschaft). ³In diesen Fällen erbringt der Veranstalter sonstige Leistungen an die zwischengeschaltete Durchführungsgesellschaft. ⁴Diese erbringt die sonstigen Leistungen an die an der Gemeinschaftsausstellung beteiligten Aussteller. ⁵§ 13b Abs. 1 bis 5 UStG findet keine Anwendung, wenn die im Ausland ansässige Durchführungsgesellschaft sonstige Leistungen an im Ausland ansässige Unternehmer erbringt, soweit diese Leistung im Zusammenhang mit der Veranstaltung von Messen und Ausstellungen im Inland steht (§ 13b Abs. 6 Nr. 5 UStG). ⁶Für ausländische staatliche Stellen, die mit der Organisation von Gemeinschaftsausstellungen im Rahmen von Messen und Ausstellungen beauftragt worden sind, gelten die Ausführungen in den Sätzen 1 bis 5 entsprechend, sofern die betreffende ausländische staatliche Stelle von den einzelnen Ausstellern ihres Landes Entgelte in der Regel in Abhängigkeit von der beanspruchten Ausstellungsfläche erhebt und deshalb insoweit als Unternehmer anzusehen ist.

(4) § 13b Abs. 1 bis 5 UStG findet ebenfalls keine Anwendung, wenn die Leistung des im Ausland ansässigen Unternehmers in der Abgabe von Speisen und Getränken zum Verzehr an Ort und Stelle (Restaurationsleistung) besteht, wenn diese Abgabe an Bord eines Schiffs, in einem Luftfahrzeug oder in einer Eisenbahn erfolgt (§ 13b Abs. 6 Nr. 6 UStG).

13b.11. Im Ausland bzw. im übrigen Gemeinschaftsgebiet ansässiger Unternehmer

(1) ¹Ein im Ausland ansässiger Unternehmer im Sinne des § 13b Abs. 7 UStG ist ein Unternehmer, der weder im Inland (§ 1 Abs. 2 UStG) noch auf der Insel Helgoland in einem der in § 1 Abs. 3 UStG bezeichneten Gebiete einen Wohnsitz, seinen Sitz, seine Geschäftsleitung oder eine Betriebsstätte hat (§ 13b Abs. 7 Satz 1 erster Halbsatz UStG). ²Ein im übrigen Gemeinschaftsgebiet ansässiger Unternehmer ist ein Unternehmer, der in den Gebieten der übrigen Mitgliedstaaten der Europäischen Gemeinschaft, die nach dem Gemeinschaftsrecht als Inland dieser Mitgliedstaaten gelten, einen Wohnsitz, einen Sitz, eine Geschäftsleitung oder eine Betriebsstätte hat (§ 13b Abs. 7 Satz 1 zweiter Halbsatz UStG). ³Hat der Unternehmer im Inland eine Betriebsstätte **(vgl. Abschnitt 3a.1 Abs. 3)** und führt er einen Umsatz nach § 13b Abs. 1 oder Abs. 2 Nr. 1 oder Nr. 5 UStG aus, gilt er hinsichtlich dieses Umsatzes als im Ausland oder im übrigen Gemeinschaftsgebiet ansässig,

wenn der Umsatz nicht von dieser Betriebsstätte ausgeführt wird (§ 13b Abs. 7 Satz 2 UStG). [4]*Dies ist regelmäßig dann der Fall, wenn der Unternehmer hierfür nicht die technische und personelle Ausstattung dieser Betriebsstätte nutzt.* [5]*Nicht als Nutzung der technischen und personellen Ausstattung der Betriebsstätte gelten unterstützende Arbeiten durch die Betriebsstätte wie Buchhaltung, Rechnungsausstellung oder Einziehung von Forderungen.* [6]Stellt der leistende Unternehmer die Rechnung über den von ihm erbrachten Umsatz aber unter Angabe der der Betriebsstätte erteilten USt-IdNr. aus, gilt die Betriebsstätte als an dem Umsatz beteiligt, so dass der Unternehmer als im Inland ansässig anzusehen ist (vgl. Artikel 53 MwStVO). [7]Hat der Unternehmer seinen Sitz im Inland und wird ein im Inland steuerbarer und steuerpflichtiger Umsatz vom Ausland aus, z.B. von einer Betriebsstätte, erbracht, ist der Unternehmer als im Inland ansässig zu betrachten, selbst wenn der Sitz des Unternehmens an diesem Umsatz nicht beteiligt war (vgl. Artikel 54 MwStVO).

(2) [1]Für die Frage, ob ein Unternehmer im Ausland bzw. im übrigen Gemeinschaftsgebiet ansässig ist, ist der Zeitpunkt maßgebend, in dem die Leistung ausgeführt wird (§ 13b Abs. 7 Satz 3 UStG); dieser Zeitpunkt ist auch dann maßgebend, wenn das Merkmal der Ansässigkeit im Ausland bzw. im übrigen Gemeinschaftsgebiet bei Vertragsabschluss noch nicht vorgelegen hat. [2]Unternehmer, die ein im Inland gelegenes Grundstück besitzen und steuerpflichtig vermieten, sind insoweit als im Inland ansässig zu behandeln. [3]Sie haben diese Umsätze im allgemeinen Besteuerungsverfahren zu erklären. [4]Der Leistungsempfänger schuldet aber nicht die Steuer für diese Umsätze. [5]Die Tatsache, dass ein Unternehmer bei einem Finanzamt im Inland umsatzsteuerlich geführt wird, ist kein Merkmal dafür, dass er im Inland ansässig ist. [6]Das Gleiche gilt grundsätzlich, wenn dem Unternehmer eine deutsche USt-IdNr. erteilt wurde. [7]Zur Frage der Ansässigkeit bei Organschaftsverhältnissen vgl. Abschnitt 2.9.

(3) [1]Ist es für den Leistungsempfänger nach den Umständen des Einzelfalls ungewiss, ob der leistende Unternehmer im Zeitpunkt der Leistungserbringung im Inland ansässig ist – z.B. weil die Standortfrage in rechtlicher oder tatsächlicher Hinsicht unklar ist oder die Angaben des leistenden Unternehmers zu Zweifeln Anlass geben –, schuldet der Leistungsempfänger die Steuer nur dann nicht, wenn ihm der leistende Unternehmer durch eine Bescheinigung des nach den abgabenrechtlichen Vorschriften für die Besteuerung seiner Umsätze zuständigen Finanzamts nachweist, dass er kein Unternehmer im Sinne des § 13b Abs. 7 Satz 1 UStG ist (§ 13b Abs. 7 Satz 4 UStG). [2]Die Bescheinigung ist von dem leistenden Unternehmer bei dem für ihn zuständigen Finanzamt zu beantragen. [3]Soweit erforderlich hat er hierbei in geeigneter Weise darzulegen, dass er im Inland ansässig ist. [4]Die Bescheinigung nach § 13b Abs. 7 Satz 4 UStG ist vom zuständigen Finanzamt nach dem Muster USt 1 TS zu erteilen. [5]Hinsichtlich dieses Musters wird auf das BMF-Schreiben vom 1.7.2010, BStBl I S. 626, sowie auf ggf. spätere hierzu im BStBl I veröffentlichten BMF-Schreiben hingewiesen.

(4) [1]Die Gültigkeitsdauer der Bescheinigung (Absatz **3**) ist auf ein Jahr beschränkt. [2]Ist nicht auszuschließen, dass der leistende Unternehmer für eine kürzere Dauer als ein Jahr im Inland ansässig bleibt, hat das Finanzamt die Gültigkeit der Bescheinigung entsprechend zu befristen.

AE 13b.12

13b.12. Entstehung der Steuer beim Leistungsempfänger

(1) [1]**Schuldet der Leistungsempfänger für einen Umsatz die Steuer, gilt zur Entstehung der Steuer Folgendes:**

1. [1]Für die in **Abschnitt 13b.1 Abs.** 2 Nr. 1 bezeichneten steuerpflichtigen Umsätze entsteht die Steuer mit Ablauf des Voranmeldungszeitraums, in dem die Leistungen ausgeführt worden sind (§ 13b Abs. 1 UStG). [2]§ 13 Abs. 1 Nr. 1 Buchstabe a Sätze 2 und 3 UStG gilt entsprechend (§ 13b Abs. 4 Satz 1 UStG).

2. [1]Für die in **Abschnitt 13b.1 Abs.** 2 Nr. 2 bis **12**[1]) bezeichneten steuerpflichtigen Umsätze entsteht die Steuer mit Ausstellung der Rechnung, spätestens jedoch mit Ablauf des der Ausführung der Leistung folgenden Kalendermonats (§ 13b Abs. 2 UStG). [2]§ 13 Abs. 1 Nr. 1 Buchst. a Sätze 2 und 3 UStG gilt entsprechend (§ 13b Abs. 4 Satz 1 UStG).

Beispiel:

[1]Der in Belgien ansässige Unternehmer B führt am 18.3.**01** in Köln eine Werklieferung (Errichtung und Aufbau eines Messestandes) an seinen deutschen Abnehmer D aus. [2]Die Rechnung über diesen im Inland steuerpflichtigen Umsatz, für den D als Leistungsempfänger die Steuer

---

1) Anm.: Angabe geändert durch BMF-Schreiben vom 4.2.2011 (BStBl 2011 I S. 156; siehe § 13b H 12). Regelung ist anwendbar auf Umsätze, die nach dem 31.12.2010 ausgeführt werden.
Die für bis zum 31.12.2010 ausgeführte Umsätze geltende Fassung lautete „Absatz 2 Nr. 2 bis 8".
Angabe erneut geändert durch BMF-Schreiben vom 24.6.2011 (BStBl 2011 I S. 687). Die Regelung ist anwendbar auf Umsätze, die nach dem 30.6.2011 ausgeführt werden. Bis zum 30.6.2011 geltende Fassung:
„Abs. 2 Nr. 2 bis 11".

schuldet, erstellt B am 15.4. *01* . ³Sie geht D am 17.4.*01* zu. ⁴D hat monatliche Umsatzsteuer-Voranmeldungen abzugeben.
⁵Die Steuer entsteht mit Ablauf des Monats, in dem die Rechnung ausgestellt worden ist (**§ 13b Abs. 2 Nr. 1 UStG**), das ist mit Ablauf des Monats April *01*. ⁶D hat den Umsatz in seiner Umsatzsteuer-Voranmeldung April *01* anzumelden. ⁷Dies würde auch dann gelten, wenn die Rechnung erst im Mai *01* erstellt oder erst in diesem Monat bei D angekommen wäre.

(2) Abweichend von § 13b Abs. 1 und 2 Nr. 1 UStG entsteht die Steuer für sonstige Leistungen, die dauerhaft über einen Zeitraum von mehr als einem Jahr erbracht werden, spätestens mit Ablauf eines jeden Kalenderjahres, in dem sie tatsächlich erbracht werden (§ 13b Abs. 3 UStG).

(3) ¹Wird das Entgelt oder ein Teil des Entgelts vereinnahmt, bevor die Leistung oder Teilleistung ausgeführt worden ist, entsteht insoweit die Steuer mit Ablauf des Voranmeldungszeitraums, in dem das Entgelt oder das Teilentgelt vereinnahmt worden ist (§ 13b Abs. 4 Satz 2 UStG). ²Aus Vereinfachungsgründen ist es nicht zu beanstanden, wenn der Leistungsempfänger die Steuer auf das Entgelt oder Teilentgelt bereits in dem Voranmeldungszeitraum anmeldet, in dem die Beträge von ihm verausgabt werden. ³*In den Fällen des Abschnitts 13b.1 Abs. 2 Nr. 12 ist auch im Fall einer Anzahlungsrechnung für die Prüfung der Betragsgrenze von 5 000 € auf den gesamten wirtschaftlichen Vorgang und nicht auf den Betrag in der Anzahlungsrechnung abzustellen.*

13b.13. Bemessungsgrundlage und Berechnung der Steuer — AE 13b.13

(1) ¹In den Fällen, in denen der Leistungsempfänger die Steuer schuldet, ist Bemessungsgrundlage in der Rechnung oder Gutschrift ausgewiesene Betrag (Betrag ohne Umsatzsteuer); zur Bemessungsgrundlage für steuerpflichtige Umsätze, die unter das Grunderwerbsteuergesetz fallen, vgl. Abschnitt 10.1 Abs. 7 Sätze 6 und 7. ²Die Umsatzsteuer ist von diesem Betrag vom Leistungsempfänger zu berechnen (vgl. **Absatz 4 und Abschnitt 13b.14 Abs. 1**). ³Bei tauschähnlichen Umsätzen mit oder ohne Baraufgabe ist § 10 Abs. 2 Satz 2 und 3 UStG anzuwenden. ⁴Die Mindestbemessungsgrundlage nach § 10 Abs. 5 UStG ist auch bei Leistungen eines im Ausland bzw. im übrigen Gemeinschaftsgebiet ansässigen Unternehmers zu beachten. ⁵Ist der Leistungsempfänger Steuerschuldner nach § 13b Abs. 5 UStG, hat er die Bemessungsgrundlage für den Umsatz nach § 10 Abs. 5 UStG zu ermitteln.

(2) Im Zwangsversteigerungsverfahren ist das Meistgebot der Berechnung als Nettobetrag zu Grunde zu legen.

(3) Werden sicherungsübereignete Gegenstände durch den Sicherungsgeber an den Sicherungsnehmer außerhalb des Insolvenzverfahrens geliefert und sind bei dieser Lieferung die Voraussetzungen des § 25a UStG erfüllt, hat der Sicherungsnehmer die Bemessungsgrundlage nach § 25a Abs. 3 UStG und die Steuer nach § 12 Abs. 1 UStG zu berechnen.

(4) ¹Der Leistungsempfänger hat für die Steuerberechnung den Steuersatz zu Grunde zu legen, der sich für den maßgeblichen Umsatz nach § 12 UStG ergibt. ²Das gilt auch in den Fällen, in denen der Leistungsempfänger die Besteuerung nach § 19 Abs. 1 oder § 24 Abs. 1 UStG anwendet (§ 13b Abs. 8 UStG). ³Ändert sich die Bemessungsgrundlage, gilt § 17 Abs. 1 Sätze 1 bis 4 UStG in den Fällen des § 13b UStG sinngemäß.

13b.14. Rechnungserteilung — AE 13b.14

(1) ¹Führt der Unternehmer Umsätze im Sinne des § 13b Abs. 1 und 2 UStG aus, für die der Leistungsempfänger nach § 13b Abs. 5 UStG die Steuer schuldet, ist er zur Ausstellung von Rechnungen verpflichtet (§ 14a Abs. 5 Satz 1 UStG), in denen die Steuer nicht gesondert ausgewiesen ist (§ 14a Abs. 5 Satz 3 UStG). ²Auch eine Gutschrift ist eine Rechnung (§ 14 Abs. 2 Satz 3 UStG). ³Neben den übrigen Angaben nach § 14 Abs. 4 UStG ist in den Rechnungen auf die Steuerschuldnerschaft des Leistungsempfängers hinzuweisen (§ 14a Abs. 5 Satz 2 UStG). ⁴Fehlt dieser Hinweis in der Rechnung, wird der Leistungsempfänger von der Steuerschuldnerschaft nicht entbunden. Weist der leistende Unternehmer die Steuer in der Rechnung gesondert aus, wird diese Steuer von ihm nach § 14c Abs. 1 UStG geschuldet.

(2) ¹Der leistende Unternehmer und der Leistungsempfänger haben ein Doppel der Rechnung zehn Jahre aufzubewahren. ²Die Aufbewahrungsfrist beginnt mit dem Schluss des Kalenderjahres, in dem die Rechnung ausgestellt worden ist (§ 14b Abs. 1 UStG).

13b.15. Vorsteuerabzug des Leistungsempfängers — AE 13b.15

(1) ¹Der Leistungsempfänger kann die von ihm nach § 13b Abs. 5 UStG geschuldete Umsatzsteuer als Vorsteuer abziehen, wenn er die Lieferung oder sonstige Leistung für sein Unternehmen bezieht und zur Ausführung von Umsätzen verwendet, die den Vorsteuerabzug nicht ausschließen.

²Soweit die Steuer auf eine Zahlung vor Ausführung dieser Leistung entfällt, ist sie bereits abziehbar, wenn die Zahlung geleistet worden ist (§ 15 Abs. 1 Satz 1 Nr. 4 UStG).

(2) Erteilt der leistende Unternehmer dem Leistungsempfänger eine Rechnung, in der er entgegen § 14a Abs. 5 UStG keinen Hinweis auf die Steuerschuldnerschaft des Leistungsempfängers aufnimmt (vgl. **Abschnitt 13b.14 Abs. 1**), ist dem Leistungsempfänger dennoch der Vorsteuerabzug unter den weiteren Voraussetzungen des § 15 UStG zu gewähren, da nach § 15 Abs. 1 Satz 1 Nr. 4 UStG das Vorliegen einer Rechnung nach §§ 14, 14a UStG nicht Voraussetzung für den Abzug der nach § 13b Abs. 5 UStG geschuldeten Steuer als Vorsteuer ist.

(3) ¹Liegt dem Leistungsempfänger im Zeitpunkt der Erstellung der Voranmeldung bzw. Umsatzsteuererklärung für das Kalenderjahr, in der der Umsatz anzumelden ist, für den der Leistungsempfänger die Steuer schuldet, keine Rechnung vor, muss er die Bemessungsgrundlage ggf. schätzen. ²Die von ihm angemeldete Steuer kann er im gleichen Besteuerungszeitraum unter den weiteren Voraussetzungen des § 15 UStG als Vorsteuer abziehen.

(4) ¹Soweit an nicht im Inland ansässige Unternehmer Umsätze ausgeführt werden, für die diese die Steuer nach § 13b Abs. 5 UStG schulden, haben sie die für Vorleistungen in Rechnung gestellte Steuer im allgemeinen Besteuerungsverfahren und nicht im Vorsteuer-Vergütungsverfahren als Vorsteuer geltend zu machen.

Beispiel:
¹Der in Frankreich ansässige Unternehmer A wird von dem ebenfalls in Frankreich ansässigen Unternehmer B beauftragt, eine Maschine nach Frankfurt zu liefern und dort zu montieren. ²Der Lieferort soll sich nach § 3 Abs. 7 UStG richten. ³In diesem Fall erbringt A im Inland eine steuerpflichtige Werklieferung an B (§ 13b Abs. 2 Nr. 1 UStG). ⁴Die Umsatzsteuer für diese Werklieferung schuldet B (§ 13b Abs. 5 Satz 1 UStG). ⁵Unter den weiteren Voraussetzungen des § 15 UStG kann B im allgemeinen Besteuerungsverfahren die nach § 13b Abs. 5 Satz 1 UStG geschuldete Steuer und die für Vorleistungen an ihn in Rechnung gestellte Steuer als Vorsteuer abziehen (§ 15 Abs. 1 Satz 1 Nr. 1 und 4 UStG).

²Für Unternehmer, die nicht im Gemeinschaftsgebiet ansässig sind, aber nur Steuer nach § 13b UStG schulden, gelten die Einschränkungen des § 18 Abs. 9 Sätze 4 und 5 UStG entsprechend (§ 15 Abs. 4b UStG). ³Satz 2 gilt nicht, wenn Unternehmer, die nicht im Gemeinschaftsgebiet ansässig sind, auch steuerpflichtige Umsätze im Inland ausführen, für die sie oder ein anderer die Steuer schulden.

(5) Der Unternehmer kann bei Vorliegen der weiteren Voraussetzungen des § 15 UStG den Vorsteuerabzug in der Voranmeldung oder in der Umsatzsteuererklärung für das Kalenderjahr geltend machen, in der er den Umsatz zu versteuern hat (vgl. § 13b Abs. 1 und 2 UStG).

AE 13b.16 13b.16. Steuerschuldnerschaft des Leistungsempfängers und allgemeines Besteuerungsverfahren

(1) ¹Voranmeldungen (§ 18 Abs. 1 und 2 UStG) und eine Steuererklärung für das Kalenderjahr (§ 18 Abs. 3 und 4 UStG) haben auch Unternehmer und juristische Personen abzugeben, soweit sie als Leistungsempfänger ausschließlich eine Steuer nach § 13b Abs. 5 UStG zu entrichten haben (§ 18 Abs. 4a Satz 1 UStG). ²Voranmeldungen sind nur für die Voranmeldungszeiträume abzugeben, in denen die Steuer für die Umsätze im Sinne des § 13b Abs. 1 und 2 UStG zu erklären ist (§ 18 Abs. 4a Satz 2 UStG). ³Die Anwendung des § 18 Abs. 2a UStG ist ausgeschlossen.

(2) ¹Hat der im Ausland bzw. im übrigen Gemeinschaftsgebiet ansässige Unternehmer in Besteuerungszeitraum oder Voranmeldungszeitraum nur Umsätze ausgeführt, für die der Leistungsempfänger die Steuer schuldet (§ 13b Abs. 5 UStG), sind von ihm nur dann Steueranmeldungen abzugeben, wenn er selbst als Leistungsempfänger eine Steuer nach § 13b UStG schuldet, eine Steuer nach § 14c UStG schuldet oder wenn ihn das Finanzamt hierzu besonders auffordert. ²Das Finanzamt hat den Unternehmer insbesondere in den Fällen zur Abgabe von Steueranmeldungen aufzufordern, in denen es zweifelhaft ist, ob er tatsächlich nur Umsätze ausgeführt hat, für die der Leistungsempfänger die Steuer schuldet. ³Eine Besteuerung des im Ausland bzw. im übrigen Gemeinschaftsgebiet ansässigen Unternehmers nach § 16 und § 18 Abs. 1 bis 4 UStG ist jedoch nur dann durchzuführen, wenn er im Inland steuerpflichtige Umsätze ausgeführt hat, für die der Leistungsempfänger die Steuer nicht schuldet.

(3) ¹Bei der Besteuerung des im Ausland bzw. im übrigen Gemeinschaftsgebiet ansässigen Unternehmers nach § 16 und § 18 Abs. 1 bis 4 UStG sind die Umsätze, für die der Leistungsempfänger die Steuer schuldet, nicht zu berücksichtigen. ²Ferner bleiben die Vorsteuerbeträge unberücksichtigt, die im Vorsteuer-Vergütungsverfahren (§ 18 Abs. 9 UStG, §§ 59 bis 61a UStDV) vergütet wurden. ³Die danach verbleibenden Vorsteuerbeträge sind ggf. durch Vorlage der Rechnung und Einfuhrbelege nachzuweisen. ⁴Abschnitt 15.11 Abs. 1 gilt sinngemäß. ⁵Das Finanzamt hat die vorgelegten Rechnungen und Einfuhrbelege durch Stempelaufdruck oder in anderer Weise zu entwerten und dem Unternehmer zurückzusenden.

(4) Hat der im Ausland bzw. im übrigen Gemeinschaftsgebiet ansässige Unternehmer im Besteuerungszeitraum oder im Voranmeldungszeitraum nur Umsätze ausgeführt, für die der Leistungsempfänger die Steuer schuldet, und kommt deshalb das allgemeine Besteuerungsverfahren nach § 16 und § 18 Abs. 1 bis 4 UStG nicht zur Anwendung, können die nach § 15 UStG abziehbaren Vorsteuerbeträge unter den weiteren Voraussetzungen nur im Vorsteuer-Vergütungsverfahren (§ 18 Abs. 9 UStG, §§ 59 bis 61a UStDV) vergütet werden.

13b.17. Aufzeichnungspflichten
AE 13b.17

¹Neben den allgemeinen Aufzeichnungspflichten nach § 22 UStG müssen in den Fällen des § 13b Abs. 1 bis 5 UStG beim Leistungsempfänger die in § 22 Abs. 2 Nr. 1 und 2 UStG enthaltenen Angaben über die an ihn ausgeführten oder noch nicht ausgeführten Lieferungen und sonstigen Leistungen aus den Aufzeichnungen zu ersehen sein. ²Auch der leistende Unternehmer hat diese Angaben gesondert aufzuzeichnen (§ 22 Abs. 2 Nr. 8 UStG). ³Die Verpflichtung, zur Festsetzung der Steuer und der Grundlagen ihrer Berechnung Aufzeichnungen zu machen, gilt in den Fällen der Steuerschuldnerschaft des Leistungsempfängers auch für Personen, die nicht Unternehmer sind (§ 22 Abs. 1 Satz 2 UStG); z. B. Bezug einer Leistung für den nichtunternehmerischen Bereich des Unternehmers oder den Hoheitsbereich einer juristischen Person des öffentlichen Rechts.

13b.18. Übergangsregelungen
AE 13b.18

¹Zur Übergangsregelung in § 27 Abs. 4 UStG vgl. BMF-Schreiben vom 5. 12. 2001 – BStBl I S. 1013. ²Zur Übergangsregelung bei der Anwendung der Erweiterung des § 13b UStG ab 1. 4. 2004 auf alle Umsätze, die unter das Grunderwerbsteuergesetz fallen, und auf bestimmte Bauleistungen vgl. BMF-Schreiben vom 31. 3. 2004, BStBl I S. 453, und vom 2. 12. 2004, BStBl I S. 1129. ³Zur Übergangsregelung bei der Anwendung der Erweiterung der Ausnahmen, in denen die Steuerschuldnerschaft des Leistungsempfängers nicht anzuwenden ist, ab 1. 1. 2007 bei Messen, Ausstellungen und Kongressen vgl. BMF-Schreiben vom 20. 12. 2006, BStBl I S. 796. ⁴Zur Übergangsregelung bei der Abgrenzung des Begriffs des Unternehmers, der selbst Bauleistungen erbringt, vgl. BMF-Schreiben vom 16. 10. 2009, BStBl I S. 1298. *⁵Zum Übergang auf die Anwendung der Erweiterung des § 13b UStG ab 1. 1. 2011 auf Lieferungen von Kälte und Wärme, Lieferungen der in der Anlage 3 des UStG bezeichneten Gegenstände und bestimmte Lieferungen von Gold sowie zur Übergangsregelung bei der Anwendung der Erweiterung des § 13b UStG ab 1. 1. 2011 auf Gebäudereinigungsleistungen vgl. BMF-Schreiben vom 4. 2. 2011, BStBl I S. 156.[1]) ⁶Zum Übergang auf die Anwendung der Erweiterung des § 13b UStG ab 1. 7. 2011 auf bestimmte Lieferungen von Mobilfunkgeräten und integrierten Schaltkreisen vgl. BMF-Schreiben vom 24. 6. 2011, BStBl I S. 687[2]), und Teil II des BMF-Schreibens vom 22. 9. 2011, BStBl I S. 910.[3])*

Hinweise
H

Erweiterung der Steuerschuldnerschaft des Leistungsempfängers (§ 13b UStG) auf alle Umsätze, die unter das Grunderwerbsteuergesetz fallen, und auf bestimmte Bauleistungen — **1**

(BMF vom 31. 3. 2004, BStBl 2004 I S. 453)

Siehe USt-HA 2004/05 § 13b H 1.

Erweiterung der Steuerschuldnerschaft des Leistungsempfängers (§ 13b UStG) auf bestimmte Bauleistungen — **2**

(BMF vom 2. 12. 2004, BStBl 2004 I S. 1129)

Siehe USt-HA 2005/06 § 13b H 2.

Steuerschuldnerschaft des Leistungsempfängers bei Wartungsarbeiten — **3**

(BMF vom 23. 1. 2006 – IV A 6 – S 7279 A – 6/06 –, UR 2006 S. 367)

Siehe USt-HA 2006/07 § 13b H 4.

---

¹) Anm.: Siehe § 13b H 12.
²) Anm.: Siehe § 13b H 13.
³) Anm.: Siehe § 13b H 15.

4 Steuerschuldnerschaft bei Messen, Ausstellungen und Kongressen (§ 13b Abs. 3 Nr. 4 und 5 UStG)

(BMF vom 20. 12. 2006, BStBl 2006 I S. 796)
Siehe USt-HA 2006/07 § 13b H 6.

5 Steuerschuldnerschaft des Leistungsempfängers bei Messen, Ausstellungen und Kongressen (§ 13b Abs. 3 Nr. 4 und 5 UStG)

(BMF vom 20. 4. 2007 – IV A 6 – S 7279/0 (2007/0173980) –, UR 2007 S. 551)
Siehe USt-HA 2008/09 § 13b H 7.

6 Steuerschuldnerschaft eines Leistungsempfängers nach § 13b Abs. 2 Satz 2 UStG, der selbst Bauleistungen erbringt

(BMF vom 16. 10. 2009, BStBl 2009 I S. 1298)
Siehe USt-HA 2009/10 § 13b H 8.

7 Umfang der Steuerschuldnerschaft des Leistungsempfängers bei der Bestellung und Übertragung von Erbbaurechten im Zusammenhang mit der Erhöhung des Steuersatzes

(OFD Hannover, Vfg. vom 5. 10. 2009 – S 7279 – 27 – StO 183 –, StEd 2009 S. 781)

8 Steuerschuldnerschaft eines Leistungsempfängers nach § 13b Abs. 2 Satz 2 UStG, der selbst Bauleistungen erbringt

(BMF vom 11. 3. 2010, BStBl 2010 I S. 254)
Siehe USt-HA 2010/11 § 13b H 8.

9 Umsatzbesteuerung von Restaurationsleistungen im Schienenbahnverkehr sowie an Bord von Schiffen oder Flugzeugen

(OFD Frankfurt am Main, Vfg. vom 7. 5. 2010 – S 7279 A – 26 – St 113 –, StEd 2010 S. 430)

10 Steuerschuldnerschaft des Leistungsempfängers (§ 13b UStG); Vordruckmuster USt 1 TS – Bescheinigung über die Ansässigkeit im Inland (§ 13b Abs. 7 Satz 3 UStG)

(BMF vom 21. 7. 2010, BStBl 2010 I S. 626)
Siehe USt-HA 2010/11 § 13b H 10.

11 Vordruckmuster für den Nachweis zur Steuerschuldnerschaft des Leistungsempfängers bei der Reinigung von Gebäuden und Gebäudeteilen

(BMF vom 4. 1. 2011, BStBl 2011 I S. 48)

(1) Werden Gebäudereinigungsleistungen von einem im Inland ansässigen Unternehmer nach dem 31. Dezember 2010 im Inland erbracht, ist der Leistungsempfänger nur dann Steuerschuldner, wenn er Unternehmer ist und selbst Gebäudereinigungsleistungen erbringt (§ 13b Abs. 5 Satz 2 i. V. m. Abs. 2 Nr. 8 UStG i. d. F. von Artikel 4 Nr. 8 Buchstaben a und b i. V. m. Artikel 32 Abs. 5 des Jahressteuergesetzes 2010, BGBl. I S. 1768). Der Leistungsempfänger muss derartige Gebäudereinigungsleistungen nachhaltig erbringen oder erbracht haben; Abschnitt 13b.1 Absätze 10 und 11 UStAE gilt sinngemäß. Daneben ist davon auszugehen, dass der Leistungsempfänger nachhaltig Gebäudereinigungsleistungen erbringt, wenn er dem leistenden Unternehmer einen entsprechenden im Zeitpunkt der Ausführung des Umsatzes gültigen Nachweis des nach den abgabenrechtlichen Vorschriften für die Besteuerung seiner Umsätze zuständigen Finanzamts vorlegt. Für diesen Nachweis durch die Finanzämter wird das Vordruckmuster[1]

USt 1 TG – Nachweis zur Steuerschuldnerschaft des Leistungsempfängers bei Gebäudereinigungsleistungen –

eingeführt.

(2) Verwendet der Leistungsempfänger einen Nachweis nach dem Vordruckmuster USt 1 TG, ist er als Leistungsempfänger Steuerschuldner, auch wenn er tatsächlich kein Unternehmer ist, der selbst Gebäudereinigungsleistungen erbringt. Dies gilt nicht, wenn der Leistungsempfänger

---

[1] Anm.: Vordruckmuster nicht abgedruckt.

einen gefälschten Nachweis nach dem Vordruckmuster USt 1 TG verwendet und der leistende Unternehmer hiervon Kenntnis hatte.

(3) Der Vordruck ist auf der Grundlage des unveränderten Vordruckmusters herzustellen. Die Zeilenabstände des Vordruckmusters sind schreibmaschinengerecht (Zwei-Zeilen-Schaltung). Bei der Herstellung des Vordrucks ist ebenfalls ein schreibmaschinengerechter Zeilenabstand einzuhalten.

Änderungen der Steuerschuldnerschaft des Leistungsempfängers (§ 13b UStG) durch das Jahressteuergesetz 2010 – Anpassung des Abschnitts 13b.1 UStAE 12

(BMF vom 4. 2. 2011, BStBl 2011 I S. 156)

Durch Artikel 4 Nummer 8 und Artikel 32 Absatz 5 des Jahressteuergesetzes 2010 - JStG 2010 - vom 8. Dezember 2010 (BGBl. I S. 1768) wurde mit Wirkung vom 1. Januar 2011 der Anwendungsbereich der Steuerschuldnerschaft des Leistungsempfängers für Lieferungen von Gas oder Elektrizität um Lieferungen von Wärme oder Kälte ergänzt (§ 13b Absatz 2 Nummer 5 i. V. m. § 3g UStG). Außerdem wurde durch Artikel 4 Nummer 8 Buchstaben a und b i. V. m. Artikel 32 Absatz 5 JStG 2010 mit Wirkung vom 1. Januar 2011 der Anwendungsbereich der Steuerschuldnerschaft des Leistungsempfängers um die Lieferungen der in der Anlage 3 des UStG bezeichneten Gegenstände (insbesondere Industrieschrott und Altmetalle, § 13b Absatz 2 Nummer 7 UStG), das Reinigen von Gebäuden und Gebäudeteilen (§ 13b Absatz 2 Nummer 8 UStG) sowie bestimmte Lieferungen von Gold (§ 13b Absatz 2 Nummer 9 UStG) erweitert. Darüber hinaus wurden durch Artikel 4 Nummer 8 Buchstabe c i. V. m. Artikel 32 Absatz 1 JStG 2010 mit Wirkung vom 14. Dezember 2010 (Tag nach der Verkündung des JStG 2010) Restaurationsleistungen an Bord von Schiffen, Luftfahrzeugen und der Eisenbahn eines im Ausland ansässigen Unternehmers von der Steuerschuldnerschaft des Leistungsempfängers ausgenommen (§ 13b Absatz 6 Nummer 6 UStG).

I. Änderung des Umsatzsteuer-Anwendungserlasses

Unter Bezugnahme auf das Ergebnis der Erörterungen mit den obersten Finanzbehörden der Länder wird Abschnitt 13b.1 des Umsatzsteuer-Anwendungserlasses vom 1. Oktober 2010 (BStBl I S. 846), der zuletzt durch das BMF-Schreiben vom 21. Dezember 2010 – IV D 3 – 7340/0 :003 (2010/1027930) – (BStBl 2011 I S. 46) geändert worden ist, wie folgt geändert:[1])

...

Diese Regelungen sind auf Umsätze anzuwenden, die nach dem 31. Dezember 2010 ausgeführt werden.

II. Übergangsregelungen

1. Anwendung

Unter Bezugnahme auf das Ergebnis der Erörterungen mit den obersten Finanzbehörden der Länder gilt beim Übergang auf die Anwendung der Erweiterung des § 13b UStG ab 1. Januar 2011 auf Lieferungen von Kälte und Wärme, auf Lieferungen der in der Anlage 3 des UStG bezeichneten Gegenstände, auf Gebäudereinigungsleistungen und auf bestimmte Lieferungen von Gold Folgendes:

Die Erweiterung des § 13b Absatz 2 Nummer 5 i.V.m. Absatz 5 Satz 1 UStG auf Lieferungen von Kälte oder Wärme sowie die Einfügung der § 13b Absatz 2 Nummern 7, 8 Satz 1 und Nummer 9 i. V. m. Absatz 5 Sätze 1 bis 3 UStG ist auf Umsätze und Teilleistungen anzuwenden, die nach dem 31. Dezember 2010 ausgeführt werden (§ 27 Absatz 1 Satz 1 UStG), sowie insbesondere in den Fällen, in denen das Entgelt oder ein Teil des Entgelts vor dem 31. Dezember 2010 vereinnahmt wird und die Leistung erst nach der Vereinnahmung des Entgelts oder des Teilentgelts ausgeführt wird (§ 13b Absatz 4 Satz 2, § 27 Absatz 1 Satz 2 UStG).

1.1. Schlussrechnung über nach dem 31. Dezember 2010 erbrachte Leistungen bei Abschlagszahlungen vor dem 1. Januar 2011

Bei nach dem 31. Dezember 2010 ausgeführten Lieferungen von Wärme oder Kälte im Sinne des § 13b Absatz 2 Nummer 5 UStG eines im Ausland ansässigen Unternehmers und bei Lieferungen der in § 13b Absatz 2 Nummern 7 und 9 UStG genannten Gegenstände, die nach dem 31. Dezember 2010 ausgeführt werden, ist der Leistungsempfänger Steuerschuldner, wenn er ein Unternehmer ist. Bei Gebäudereinigungsleistungen im Sinne des § 13b Absatz 2 Nummer 8 Satz 1 UStG, die nach dem 31. Dezember 2010 erbracht werden, ist der Leistungsempfänger Steuerschuldner,

---

[1]) Anm.: Text wurde inhaltlich unverändert in Abschn. 13b.1 UStAE übernommen; nunmehr Abschn. 13b.4, 13b.5 und 13b.6 (siehe AE 13b.4, 13b.5 und 13b.6).

wenn er Unternehmer ist und selbst derartige Leistungen nachhaltig ausführt. Entsprechend hat der leistende Unternehmer eine Rechnung auszustellen, in der das (Netto-)Entgelt anzugeben ist sowie ein Hinweis auf die Steuerschuldnerschaft des Leistungsempfängers (§ 14a Absatz 5 UStG). Dies ist unabhängig davon, ob der leistende Unternehmer das Entgelt oder Teile des Entgelts vor dem 1. Januar 2011 vereinnahmt hat oder nicht.

Hat der leistende Unternehmer das Entgelt oder Teile des Entgelts vor dem 1. Januar 2011 vereinnahmt und hierfür auch eine Rechnung mit gesondertem Steuerausweis erstellt, hat er die Rechnung(en) über diese Zahlungen im Voranmeldungszeitraum der tatsächlichen Ausführung der Leistung zu berichtigen (§ 27 Absatz 1 Satz 3 UStG, § 14c Absatz 1 Sätze 1 und 2 UStG). In der Schlussrechnung sind die gezahlten Abschlagszahlungen nur dann mit ihrem Bruttobetrag (einschließlich Umsatzsteuer) anzurechnen, wenn die Umsatzsteuer bis zum Zeitpunkt der Erteilung der Schlussrechnung nicht an den Leistungsempfänger zurückerstattet wurde.

Es ist jedoch nicht zu beanstanden, wenn bei der Anwendung der Steuerschuldnerschaft des Leistungsempfängers nur das um das vor dem 1. Januar 2011 vom leistenden Unternehmer vereinnahmte Entgelt oder die vereinnahmten Teile des Entgelts geminderte Entgelt zugrunde gelegt wird. Voraussetzung hierfür ist, dass das vor dem 1. Januar 2011 vereinnahmte Entgelt oder die vereinnahmten Teile des Entgelts vom leistenden Unternehmer in zutreffender Höhe versteuert (= in einer Voranmeldung oder in einer Umsatzsteuererklärung für das Kalenderjahr angemeldet) wurde. In derartigen Fällen ist keine Berichtigung der über geleistete Abschlagszahlungen erteilten Rechnungen durchzuführen.

1.2. Berichtigung einer vor dem 1. Januar 2011 erstellten Rechnung über Anzahlungen, wenn die Zahlung erst nach dem 31. Dezember 2010 erfolgt

Wurden für Lieferungen von Wärme oder Kälte im Sinne des § 13b Absatz 2 Nummer 5 UStG, für Lieferungen im Sinne des § 13b Absatz 2 Nummern 7 und 9 UStG oder für die Erbringung von Gebäudereinigungsleistungen im Sinne des § 13b Absatz 2 Nummer 8 Satz 1 UStG Abschlagszahlungen oder Anzahlungen vereinnahmt, bevor die Leistung oder die Teilleistung ausgeführt worden ist, entsteht die Steuer mit Ablauf des Voranmeldungszeitraums, in dem das Entgelt oder Teilentgelt vereinnahmt worden ist (§ 13 Absatz 1 Nummer 1 Buchstabe a Satz 4, § 13b Absatz 4 Satz 2 UStG). Entscheidend für die Steuerentstehung ist nicht, wann die Rechnung erstellt worden ist, sondern der Zeitpunkt der Vereinnahmung des entsprechenden Entgelts oder des Teilentgelts. Vereinnahmt der leistende Unternehmer das Entgelt oder Teilentgelt für Lieferungen von Wärme oder Kälte im Sinne des § 13b Absatz 2 Nummer 5 UStG, für Lieferungen im Sinne des § 13b Absatz 2 Nummern 7 und 9 UStG oder für Gebäudereinigungsleistungen im Sinne des § 13b Absatz 2 Nummer 8 Satz 1 UStG nach dem 31. Dezember 2010, ist hierfür der Leistungsempfänger Steuerschuldner (§ 13b Absatz 2 und 5 Sätze 1 und 2 UStG). Ist die hierfür vom leistenden Unternehmer erstellte Rechnung vor dem 1. Januar 2011 erstellt worden und wurde die Umsatzsteuer gesondert ausgewiesen, ist die Rechnung entsprechend zu berichtigen.

1.3. Abrechnungen nach dem 31. Dezember 2010 über Leistungen, die vor dem 1. Januar 2011 erbracht worden sind

Für Lieferungen von Wärme oder Kälte im Sinne des § 13b Absatz 2 Nummer 5 UStG, für Lieferungen im Sinne des § 13b Absatz 2 Nummern 7 und 9 UStG und für Gebäudereinigungsleistungen im Sinne des § 13b Absatz 2 Nummer 8 Satz 1 UStG, die von einem im Inland ansässigen Unternehmer vor dem 1. Januar 2011 erbracht worden sind, ist der leistende Unternehmer nach § 13a Absatz 1 Nr. 1 UStG Steuerschuldner. § 13b Absatz 2 Nummern 5, 7, 8 Satz 1 und Nummer 9 i. V. m. Absatz 5 UStG ist nicht anzuwenden. Der leistende Unternehmer muss entsprechend eine Rechnung ausstellen, die in § 14 Absatz 4 Satz 1 UStG vorgeschriebenen Angaben enthält. Hierzu gehört auch die Angabe des anzuwendenden Steuersatzes sowie des auf das Entgelt entfallenden Steuerbetrags (§ 14 Absatz 4 Satz 1 Nummer 8 UStG).

1.4. Berichtigung nach dem 31. Dezember 2010 einer vor dem 1. Januar 2011 erstellten und bezahlten Rechnung über Anzahlungen

Hat der leistende Unternehmer für Lieferungen von Wärme oder Kälte im Sinne des § 13b Absatz 2 Nummer 5 UStG, für Lieferungen im Sinne des § 13b Absatz 2 Nummern 7 und 9 UStG oder Gebäudereinigungsleistungen im Sinne des § 13b Absatz 2 Nummer 8 Satz 1 UStG einen Teil des Entgelts vor dem 1. Januar 2011 vereinnahmt und wurde die Leistung oder die Teilleistung danach ausgeführt, entsteht die Steuer mit Ablauf des Voranmeldungszeitraums, in dem das Teilentgelt vereinnahmt worden ist (§ 13 Absatz 1 Nummer 1 Buchstabe a Satz 4 UStG). Steuerschuldner ist der leistende Unternehmer.

Stellt sich nach dem 31. Dezember 2010 heraus, dass die in Rechnung gestellte und vom leistenden Unternehmer vereinnahmte Anzahlung in der Höhe unrichtig war, ist die ursprüngliche

Rechnung zu berichtigen (§ 17 Absatz 1 UStG), sofern der überzahlte Betrag zurückgezahlt wurde und insoweit die Grundlage für die Versteuerung der Anzahlung entfallen ist.

Hinsichtlich einer berichtigten Anzahlung wird der Leistungsempfänger nur dann Steuerschuldner nach § 13b Absatz 4 Satz 2 und Absatz 5 UStG, soweit ein weiteres Teilentgelt nach dem 31. Dezember 2010 vom leistenden Unternehmer vereinnahmt wird.

Beispiel 1:

Unternehmer A und Unternehmer B führen nachhaltig Gebäudereinigungsleistungen im Sinne des § 13b Absatz 2 Nummer 8 Satz 1 UStG aus und geben monatlich Umsatzsteuer-Voranmeldungen ab. Sie vereinbaren, dass A an B eine Gebäudereinigungsleistung im Sinne des § 13b Absatz 2 Nummer 8 Satz 1 UStG ausführen soll. A stellt am 2. Dezember 2010 eine Abschlagsrechnung über 10 000 € zuzüglich 1 900 € Umsatzsteuer aus. Die Rechnung wird von B noch im Dezember 2010 bezahlt. Im Januar 2011 stellt sich heraus, dass der Anzahlung ein falsches Aufmaß der zu reinigenden Flächen zugrunde gelegen hat. Danach hätte nur eine Anzahlung mit einem Entgelt von 4 000 € in Rechnung gestellt werden dürfen. Der überzahlte Betrag wird B zurückerstattet. Die Gebäudereinigungsleistung wird im Februar 2011 erbracht.

A hat seine Rechnung dergestalt zu korrigieren, dass nur noch ein Entgelt in Höhe von 4 000 € zuzüglich 760 € Umsatzsteuer auszuweisen ist. Die Änderungen gegenüber der ursprünglichen Rechnung hat er in seiner Umsatzsteuer-Voranmeldung für Januar 2011 entsprechend zu berücksichtigen. B hat den in der Umsatzsteuer-Voranmeldung für Dezember 2010 geltend gemachten Vorsteuerabzug in der Umsatzsteuer-Voranmeldung für Januar 2011 entsprechend zu mindern.

Beispiel 2:

Sachverhalt wie in Beispiel 1, jedoch hätte eine Anzahlung mit einem Entgelt von 11 000 € in Rechnung gestellt werden müssen. B zahlt den Mehrbetrag im Februar 2011.

A hat seine Rechnung dergestalt zu korrigieren, dass sie ein Entgelt in Höhe von 11 000 € enthält. Hinsichtlich der vor dem 1. Januar 2011 geleisteten Anzahlung bleibt es bei der Steuerschuld des A, so dass insoweit weiterhin eine Umsatzsteuer von 1 900 € auszuweisen ist. Die ursprüngliche Besteuerung (A erklärt den Umsatz in seiner Umsatzsteuer-Voranmeldung für Dezember 2010, B hat den Vorsteuerabzug in seiner Umsatzsteuer-Voranmeldung für Dezember 2010 geltend gemacht) bleibt unverändert. Für die (Rest-)Anzahlung, die im Februar 2011 geleistet wird, ist in der Rechnung nur das (Netto-)Entgelt von 1 000 € anzugeben. Außerdem muss A den B insoweit auf dessen Steuerschuldnerschaft hinweisen. B muss das (Netto-)Entgelt von 1 000 € sowie die Steuer hierauf von 190 € in seiner Umsatzsteuer-Voranmeldung für Februar 2011 anmelden und kann gleichzeitig diese Steuer als Vorsteuer abziehen (§ 15 Absatz 1 Satz 1 Nummer 4 UStG).

2.. Übergangsregelung für Gebäudereinigungsleistungen

Bei Gebäudereinigungsleistungen im Sinne des § 13b Absatz 2 Nummer 8 Satz 1 UStG, die zwischen dem 1. Januar 2011 und dem 31. März 2011 ausgeführt werden, ist es beim leistenden Unternehmer und beim Leistungsempfänger nicht zu beanstanden, wenn die Vertragspartner einvernehmlich noch von der Steuerschuldnerschaft des leistenden Unternehmers nach § 13a Absatz 1 Nummer 1 UStG ausgegangen sind. Voraussetzung hierfür ist, dass der Umsatz vom leistenden Unternehmer in zutreffender Höhe versteuert wird.

Dies gilt entsprechend auch in den Fällen, in denen das Entgelt oder ein Teil des Entgelts nach dem 31. Dezember 2010 und vor dem 1. April 2011 vereinnahmt wird und die Leistung erst nach der Vereinnahmung des Entgelts oder von Teilen des Entgelts ausgeführt wird. Abschnitt II Nummer 1 gilt entsprechend.

Steuerschuldnerschaft eines Leistungsempfängers nach § 13b Abs. 2 Satz 2 UStG, der selbst Bauleistungen erbringt

(OFD Frankfurt am Main, Vfg. vom 14. 6. 2011 – S 7279 A – 14 – St 113 –, StEd 2011 S. 540)

Änderungen der Steuerschuldnerschaft des Leistungsempfängers (*§ 13b UStG*) durch das Jahressteuergesetz 2010 – Anpassung des Abschnitts 13b.1 UStAE

(BMF vom 24. 6. 2011, BStBl 2011 I S. 687)

Durch Artikel 6 i. V. m. Artikel 7 des Sechsten Gesetzes zur Änderung von Verbrauchsteuergesetzen vom 16. Juni 2011 (BGBl. I S. 1090) wird mit Wirkung vom 1. Juli 2011 der Anwendungsbereich der Steuerschuldnerschaft des Leistungsempfängers (§ 13b UStG) auf bestimmte Lieferungen von Mobilfunkgeräten und integrierten Schaltkreisen erweitert (§ 13b Absatz 2 Nummer 10 UStG in der ab 1. Juli 2011 geltenden Fassung).

Darüber hinaus führt bei der Anwendung der Steuerschuldnerschaft des Leistungsempfängers auf Lieferungen der in der Anlage 3 des UStG bezeichneten Gegenstände (§ 13b Absatz 2 Nummer 7 UStG) die bisherige Verwaltungsauffassung in Abschnitt 13b.1 Absatz 22c Satz 5 UStAE in der Praxis zu Anwendungsproblemen.

I. Änderung des Umsatzsteuer-Anwendungserlasses

Unter Bezugnahme auf das Ergebnis der Erörterungen mit den obersten Finanzbehörden der Länder wird Abschnitt 13b.1 des Umsatzsteuer-Anwendungserlasses vom 1. Oktober 2010 (BStBl I S. 846), der zuletzt durch das BMF-Schreiben vom 23. Juni 2011 – IV D 3 – S 7158-b/11/10001 (2011/0502963) - (BStBl I S. 677) geändert worden ist, wie folgt geändert:[1]

II. Übergangsregelungen

Unter Bezugnahme auf das Ergebnis der Erörterungen mit den obersten Finanzbehörden der Länder gilt beim Übergang auf die Anwendung der Erweiterung des § 13b UStG ab 1. Juli 2011 auf bestimmte Lieferungen von Mobilfunkgeräten und integrierten Schaltkreisen Folgendes:

§ 13b Absatz 2 Nummer 10 i.V.m. Absatz 5 Satz 1 UStG ist auf Umsätze und Teilleistungen anzuwenden, die nach dem 30. Juni 2011 ausgeführt werden (§ 27 Absatz 1 Satz 1 UStG), sowie insbesondere in den Fällen, in denen das Entgelt oder ein Teil des Entgelts vor dem 1. Juli 2011 vereinnahmt wird und die Leistung erst nach der Vereinnahmung des Entgelts oder des Teilentgelts ausgeführt wird (§ 13b Absatz 4 Satz 2, § 27 Absatz 1 Satz 2 UStG).

1.1. Schlussrechnung über nach dem 30. Juni 2011 erbrachte Leistungen bei Abschlagszahlungen vor dem 1. Juli 2011

Bei nach dem 30. Juni 2011 ausgeführten Lieferungen von Mobilfunkgeräten und integrierten Schaltkreisen im Sinne des § 13b Absatz 2 Nummer 10 UStG ist der Leistungsempfänger Steuerschuldner, wenn er ein Unternehmer ist. Entsprechend hat der leistende Unternehmer eine Rechnung auszustellen, in der das (Netto-)Entgelt anzugeben ist sowie ein Hinweis auf die Steuerschuldnerschaft des Leistungsempfängers (§ 14a Absatz 5 UStG). Dies ist unabhängig davon, ob der leistende Unternehmer das Entgelt oder Teile des Entgelts vor dem 1. Juli 2011 vereinnahmt hat oder nicht.

Hat der leistende Unternehmer das Entgelt oder Teile des Entgelts vor dem 1. Juli 2011 vereinnahmt und hierfür auch eine Rechnung mit gesondertem Steuerausweis erstellt, hat er die Rechnung(en) über diese Zahlungen im Voranmeldungszeitraum der tatsächlichen Ausführung der Leistung zu berichtigen (§ 27 Absatz 1 Satz 3 UStG, § 14c Absatz 1 Sätze 1 und 2 UStG). In der Schlussrechnung sind die gezahlten Abschlagszahlungen nur dann mit ihrem Bruttobetrag (einschließlich Umsatzsteuer) anzurechnen, wenn die Umsatzsteuer bis zum Zeitpunkt der Erteilung der Schlussrechnung nicht an den Leistungsempfänger zurückerstattet wurde.

Es ist jedoch nicht zu beanstanden, wenn bei der Anwendung der Steuerschuldnerschaft des Leistungsempfängers nur das um das vor dem 1. Juli 2011 vom leistenden Unternehmer vereinnahmte Entgelt oder die vereinnahmten Teile des Entgelts geminderte Entgelt zugrunde gelegt wird. Voraussetzung hierfür ist, dass das vor dem 1. Juli 2011 vereinnahmte Entgelt oder die vereinnahmten Teile des Entgelts vom leistenden Unternehmer in zutreffender Höhe versteuert (= in einer Voranmeldung oder in einer Umsatzsteuererklärung für das Kalenderjahr angemeldet) wurden. In derartigen Fällen ist keine Berichtigung der über geleistete Abschlagszahlungen erteilten Rechnungen durchzuführen.

1.2. Berichtigung einer vor dem 1. Juli 2011 erstellten Rechnung über Anzahlungen, wenn die Zahlung erst nach dem 30. Juni 2011 erfolgt

Wurden für Lieferungen von Mobilfunkgeräten und integrierten Schaltkreisen im Sinne des § 13b Absatz 2 Nummer 10 UStG Abschlagszahlungen oder Anzahlungen vereinnahmt, bevor die Leistung oder die Teilleistung ausgeführt worden ist, entsteht die Steuer mit Ablauf des Voranmeldungszeitraums, in dem das Entgelt oder Teilentgelt vereinnahmt worden ist (§ 13 Absatz 1 Nummer 1 Buchstabe a Satz 4, § 13b Absatz 4 Satz 2 UStG). Entscheidend für die Steuerentstehung ist nicht, wann die Rechnung erstellt worden ist, sondern der Zeitpunkt der Vereinnahmung des entsprechenden Entgelts oder des Teilentgelts. Vereinnahmt der leistende Unternehmer das Entgelt oder Teilentgelt für Lieferungen von Mobilfunkgeräten und integrierten Schaltkreisen im Sinne des § 13b Absatz 2 Nummer 10 UStG nach dem 30. Juni 2011, ist hierfür der Leistungsempfänger Steuerschuldner (§ 13b Absatz 2 und 5 Satz 1 UStG). Ist die hierfür vom leistenden Unter-

---

[1] Anm.: Texte wurden inhaltlich unverändert in Abschn. 13b.1 UStAE übernommen; nunmehr Abschnitt 13b.7 (siehe AE 13b.7).

nehmer erstellte Rechnung vor dem 1. Juli 2011 erstellt worden und wurde die Umsatzsteuer gesondert ausgewiesen, ist die Rechnung entsprechend zu berichtigen.

1.3. Abrechnungen nach dem 30. Juni 2011 über Leistungen, die vor dem 1. Juli 2011 erbracht worden sind

Für steuerpflichtige Lieferungen von Mobilfunkgeräten und integrierten Schaltkreisen im Sinne des § 13b Absatz 2 Nummer 10 UStG, die vor dem 1. Juli 2011 erbracht worden sind, ist der leistende Unternehmer nach § 13a Absatz 1 Nummer 1 UStG Steuerschuldner. § 13b Absatz 2 Nummer 10 i. V. m. Absatz 5 UStG ist nicht anzuwenden. Der leistende Unternehmer muss entsprechend eine Rechnung ausstellen, die die in § 14 Absatz 4 Satz 1 UStG vorgeschriebenen Angaben enthält. Hierzu gehört auch die Angabe des anzuwendenden Steuersatzes sowie des auf das Entgelt entfallenden Steuerbetrags (§ 14 Absatz 4 Satz 1 Nummer 8 UStG).

1.4. Berichtigung nach dem 30. Juni 2011 einer vor dem 1. Juli 2011 erstellten und bezahlten Rechnung über Anzahlungen

Hat der leistende Unternehmer für Lieferungen von Mobilfunkgeräten und integrierten Schaltkreisen im Sinne des § 13b Absatz 2 Nummer 10 UStG einen Teil des Entgelts vor dem 1. Juli 2011 vereinnahmt und wurde die Leistung oder die Teilleistung danach ausgeführt, entsteht die Steuer mit Ablauf des Voranmeldungszeitraums, in dem das Teilentgelt vereinnahmt worden ist (§ 13 Absatz 1 Nummer 1 Buchstabe a Satz 4 UStG). Steuerschuldner ist der leistende Unternehmer.

Stellt sich nach dem 30. Juni 2011 heraus, dass die in Rechnung gestellte und vom leistenden Unternehmer vereinnahmte Anzahlung in der Höhe unrichtig war, ist die ursprüngliche Rechnung zu berichtigen (§ 17 Absatz 1 UStG), sofern der überzahlte Betrag zurückgezahlt wurde und insoweit die Grundlage für die Versteuerung der Anzahlung entfallen ist.

Hinsichtlich einer berichtigten Anzahlung wird der Leistungsempfänger nur dann Steuerschuldner nach § 13b Absatz 4 Satz 2 und Absatz 5 UStG, soweit ein weiteres Teilentgelt nach dem 30. Juni 2011 vom leistenden Unternehmer vereinnahmt wird.

Beispiel 1:

Unternehmer A und Unternehmer B handeln mit Mobilfunkgeräten im Sinne des § 13b Absatz 2 Nummer 10 UStG und geben monatlich Umsatzsteuer-Voranmeldungen ab. Sie vereinbaren, dass A an B Mobilfunkgeräte für insgesamt 50 000 € liefern soll. A stellt am 3. Juni 2011 eine Abschlagsrechnung über 10 000 € zuzüglich 1 900 € Umsatzsteuer aus. Die Rechnung wird von B noch im Juni 2011 bezahlt. Im Juli 2011 stellt sich heraus, dass der Anzahlung falsche Voraussetzungen zugrunde gelegt wurden. Danach hätte nur eine Anzahlung mit einem Entgelt von 4 000 € in Rechnung gestellt werden dürfen. Der überzahlte Betrag wird B zurückerstattet. Die Lieferung der Mobilfunkgeräte wird im August 2011 ausgeführt.

A hat seine Rechnung dergestalt zu korrigieren, dass nur noch ein Entgelt in Höhe von 4 000 € zuzüglich 760 € Umsatzsteuer auszuweisen ist. Die Änderungen gegenüber der ursprünglichen Rechnung hat er in seiner Umsatzsteuer-Voranmeldung für Juli 2011 entsprechend zu berücksichtigen. B hat den in der Umsatzsteuer-Voranmeldung für Juni 2011 geltend gemachten Vorsteuerabzug in der Umsatzsteuer-Voranmeldung für Juli 2011 entsprechend zu mindern.

Beispiel 2:

Sachverhalt wie in Beispiel 1, jedoch hätte eine Anzahlung mit einem Entgelt von 11 000 € in Rechnung gestellt werden müssen. B zahlt den Mehrbetrag im August 2011.

A hat seine Rechnung dergestalt zu korrigieren, dass sie ein Entgelt in Höhe von 11 000 € enthält. Hinsichtlich der vor dem 1. Juli 2011 geleisteten Anzahlung bleibt es bei der Steuerschuld des A, so dass insoweit weiterhin eine Umsatzsteuer von 1 900 € auszuweisen ist. Die ursprüngliche Besteuerung (A erklärt den Umsatz in seiner Umsatzsteuer-Voranmeldung für Juni 2011, B hat den Vorsteuerabzug in seiner Umsatzsteuer-Voranmeldung für Juni 2011 geltend gemacht) bleibt unverändert. Für die (Rest-)Anzahlung, die im August 2011 geleistet wird, ist in der Rechnung nur das (Netto-)Entgelt von 1 000 € anzugeben. Außerdem muss A den B insoweit auf dessen Steuerschuldnerschaft hinweisen. B muss das (Netto-)Entgelt von 1 000 € sowie die Steuer hierauf von 190 € in seiner Umsatzsteuer-Voranmeldung für August 2011 anmelden und kann gleichzeitig diese Steuer als Vorsteuer abziehen (§ 15 Absatz 1 Satz 1 Nummer 4 UStG).

15 Änderungen der Steuerschuldnerschaft des Leistungsempfängers (§ 13b UStG) durch das Jahressteuergesetz 2010 – Anpassung des Abschnitts 13b.1 UStAE

(BMF vom 27. 7. 2011, BStBl 2011 I S. 752)

Durch Artikel 4 Nummer 8 Buchstaben a und b i. V. m. Artikel 32 Absatz 5 des Jahressteuergesetzes 2010 - JStG 2010 - vom 8. Dezember 2010 (BGBl. I S. 1768) wurde mit Wirkung vom 1. Januar 2011 der Anwendungsbereich der Steuerschuldnerschaft des Leistungsempfängers u. a. um die Lieferungen der in der Anlage 3 des UStG bezeichneten Gegenstände (insbesondere Industrieschrott und Altmetalle, **§ 13b Absatz 2** Nummer 7 UStG) erweitert.

Bei der Anwendung der Steuerschuldnerschaft des Leistungsempfängers auf Lieferungen der in der Anlage 3 des UStG bezeichneten Gegenstände (§ 13b Absatz 2 Nummer 7 UStG) führt die bisherige Verwaltungsauffassung in Abschnitt 13b.1 Absatz 22a Nummer 2 UStAE im Zusammenhang mit Lieferungen von als Düngemittel verwendetem Konverterkalk in der Praxis zu Anwendungsproblemen, die beseitigt werden sollen. Außerdem ist ein Gesetzesverweis in Abschnitt 13b.1 Absatz 23 UStAE zu korrigieren.

Unter Bezugnahme auf das Ergebnis der Erörterungen mit den obersten Finanzbehörden der Länder wird Abschnitt 13b.1 des Umsatzsteuer-Anwendungserlasses vom 1. Oktober 2010 (BStBl I S. 846), der zuletzt durch das BMF-Schreiben vom 7. Juli 2011 - IV D 2 - S 7300-b/09/10001 (2011/0468888) - (BStBl 2011 I S. 739) geändert worden ist, wie folgt geändert:

1. Absatz 22a Nummer 2 wird wie folgt gefasst:[1])
2. In Absatz 23 wird die Angabe „und Abs. 5 Sätze 2 und 3 UStG" durch die Angabe „in Verbindung mit Abs. 5 **Satz 1 zweiter Halbsatz** und Sätze 2 und 3 UStG" ersetzt.[2])

16 Erweiterung der Steuerschuldnerschaft des Leistungsempfängers (§ 13b UStG) auf bestimmte Lieferungen von Mobilfunkgeräten und integrierten Schaltkreisen – Überarbeitung insbesondere von Abschnitt 13b.1 Abs. 22j und 22k UStAE

(BMF vom 22. 9. 2011, BStBl 2011 I S. 910)

Die bisherige Verwaltungsregelung in Abschnitt 13b.1 Absatz 22j und 22k UStAE zur Anwendung der Steuerschuldnerschaft des Leistungsempfängers auf Lieferungen von integrierten Schaltkreisen (§ 13b Absatz 2 Nummer 10 und Absatz 5 Satz 1 UStG) führt in der Praxis zu Anwendungsproblemen. Diese sollen durch nachfolgende Regelungen beseitigt werden. Außerdem wird eine Klarstellung bei der Anwendung der Steuerschuldnerschaft des Leistungsempfängers auf Lieferungen von Mobilfunkgeräten in Abschnitt 13b.1 Abs. 22i UStAE aufgenommen.

I. Änderung des Umsatzsteuer-Anwendungserlasses

Unter Bezugnahme auf das Ergebnis der Erörterungen mit den obersten Finanzbehörden der Länder wird Abschnitt 13b.1 des Umsatzsteuer-Anwendungserlasses vom 1. Oktober 2010 (BStBl I S. 846), der zuletzt durch das BMF-Schreiben vom 31. August 2011 – IV D 2 – S 7109/09/10001 (2011/0659452) - (BStBl I S. 825) geändert worden ist, wie folgt geändert:

1. Absatz 22i Satz 2 wird wie folgt gefasst:[3])
2. Absatz 22j wird wie folgt gefasst:[4])
3. Absatz 22k wird wie folgt gefasst:[5])
4. Absatz 52 Satz 6 wird wie folgt gefasst:[6])

Diese Regelungen sind auf Umsätze anzuwenden, die nach dem 30. Juni 2011 ausgeführt werden.

II. Übergangsregelung für Lieferungen von Mobilfunkgeräten und integrierten Schaltkreisen

Unter Bezugnahme auf das Ergebnis der Erörterungen mit den obersten Finanzbehörden der Länder gilt beim Übergang auf die Anwendung der Erweiterung des § 13b UStG ab 1. Juli 2011 auf bestimmte Lieferungen von Mobilfunkgeräten und integrierten Schaltkreisen Folgendes:

---

[1]) Anm.: Text wurde inhaltlich unverändert in Abschn. 13b.1 Abs. 22a Nr. 2 UStAE übernommen; nunmehr Abschn. 13b.4 Abs. 1 Nr. 2 UStAE (siehe AE 13b.4).

[2]) Anm.: Text wurde inhaltlich unverändert in Abschn. 13b.1 Abs. 23 UStAE übernommen; nunmehr Abschn. 13b.8 UStAE (siehe AE 13b.8).

[3]) Anm.: Text wurde inhaltlich unverändert in Abschn. 13b.1 Abs. 22i Satz 2 UStAE übernommen; nunmehr Abschn. 13b.7 Abs. 1 Satz 2 UStAE (siehe AE 13b.7).

[4]) Anm.: Text wurde inhaltlich unverändert in Abschn. 13b.1 Abs. 22j UStAE übernommen; nunmehr Abschn. 13b.7 Abs. 2 UStAE (siehe AE 13b.7).

[5]) Anm.: Text wurde inhaltlich unverändert in Abschn. 13b.1 Abs. 22k UStAE übernommen; nunmehr Abschn. 13b.7 Abs. 3 UStAE (siehe AE 13b.7).

[6]) Anm.: Text wurde inhaltlich unverändert in Abschn. 13b.1 Abs. 52 Satz 6 UStAE übernommen; nunmehr Abschn. 13b.18 UStAE (siehe AE 13b.18).

Bei Lieferungen von Mobilfunkgeräten und integrierten Schaltkreisen im Sinne des § 13b Absatz 2 Nummer 10 UStG, die zwischen dem 1. Juli 2011 und dem 30. September 2011 ausgeführt werden, ist es beim leistenden Unternehmer und beim Leistungsempfänger nicht zu beanstanden, wenn die Vertragspartner einvernehmlich noch von der Steuerschuldnerschaft des leistenden Unternehmers nach § 13a Absatz 1 Nummer 1 UStG ausgegangen sind. Voraussetzung hierfür ist, dass der Umsatz vom leistenden Unternehmer in zutreffender Höhe versteuert wird.

Dies gilt entsprechend auch in den Fällen, in denen das Entgelt oder ein Teil des Entgelts nach dem 30. Juni 2011 und vor dem 1. Oktober 2011 vereinnahmt wird und die Leistung erst nach der Vereinnahmung des Entgelts oder von Teilen des Entgelts ausgeführt wird. Teil II Nummer 1 des BMF-Schreiben vom 24. Juni 2011, BStBl I S. 687[1]), gilt entsprechend.

Teil II des vorgenannten BMF-Schreibens vom 24. Juni 2011[2]) bleibt unberührt.

Rechtsprechung

Rsp

EUROPÄISCHER GERICHTSHOF

Rsp I

EuGH vom 6.10.2011 – Rs. C-421/10 – (DB 2011 S. 2469, DStR 2011 S. 1947)

Zum Begriff der „Ansässigkeit im Ausland"

Art. 21 Abs. 1 Buchst. b der 6. USt-Richtlinie in der durch die Richtlinie 2000/65/EG des Rates vom 17. 10. 2000 geänderten Fassung ist dahin auszulegen, dass der betreffende Steuerpflichtige bereits dann ein „im Ausland ansässiger Steuerpflichtiger" ist, wenn er den Sitz seiner wirtschaftlichen Tätigkeit im Ausland hat.

BUNDESFINANZHOF

Rsp III

BFH vom 1. 3. 2010 – XI B 34/09 – (BFH/NV 2010 S. 1142)

Keine Verlagerung der Steuerschuld auf den Leistungsempfänger, wenn der Gläubiger das Sicherungsgut vor Eröffnung des Insolvenzverfahrens beim Schuldner abholt und nach Eröffnung des Insolvenzverfahrens selbst verwertet

1. Die Zulassung der Revision wegen grundsätzlicher Bedeutung der Rechtssache und des Erfordernisses einer Rechtsfortbildung setzt u. a. voraus, dass die vom Kläger aufgeworfene Rechtsfrage im angestrebten Revisionsverfahren klärungsbedürftig und klärbar ist.
2. Der BFH hat bereits geklärt, dass die Voraussetzungen für die Verlagerung der Steuerschuld auf den Leistungsempfänger i. S. des § 13b Abs. 1 Satz 1 Nr. 2 UStG nicht erfüllt sind, wenn der Gläubiger das Sicherungsgut vor Eröffnung des Insolvenzverfahrens beim Schuldner abgeholt und nach Eröffnung des Insolvenzverfahrens selbst verwertet hat.
3. Die Rechtsfrage, ob während des Insolvenzverfahrens ein Umsatzsteuerbescheid ergehen darf, der auch ein Leistungsgebot enthält, obwohl zu Beginn des Insolvenzverfahrens bereits die Masseunzulänglichkeit angezeigt war, war im Streitfall nicht klärungsfähig, weil insoweit kein Vorverfahren i. S. von § 44 FGO durchgeführt war und die Voraussetzungen für eine Sprungklage gleichfalls nicht vorlagen. Die Klage war daher insoweit unzulässig.

BFH vom 6. 4. 2010 – XI B 1/09 – (BFH/NV 2010 S. 2131)

Steuerschuldnerschaft des Leistungsempfängers auch für im Ausland ansässigen Leistungsempfänger

Gemäß § 13b Abs. 1 und 2 UStG kann das FA einen in Schweden ansässigen Reiseveranstalter als Leistungsempfänger für die Umsatzsteuer auf diejenigen Beförderungsleistungen in Anspruch nehmen, die diesem von schwedischen Busunternehmen mit im Inland nicht zugelassenen Bussen in Deutschland erbracht worden sind. § 13b Abs. 1 und 2 UStG gilt für im Inland oder Ausland ansässige Leistungsempfänger gleichermaßen und entspricht insoweit dem Unionsrecht.

---

[1]) Anm.: Siehe § 13b H 13.
[2]) Anm.: Siehe § 13b H 13.

BFH vom 30. 6. 2010 – XI R 5/08 – (BStBl 2011 II S. 144, HFR 2010 S. 1185, UR 2010 S. 743)

Unionsrechtlicher Begriff der Ansässigkeit (Vorlage an den EuGH)

Dem EuGH wird folgende Frage zur Vorabentscheidung vorgelegt:

Ist ein Steuerpflichtiger bereits dann ein „im Ausland ansässiger Steuerpflichtiger" i. S. des Art. 21 Abs. 1 Buchst. b 6. USt-Richtlinie, wenn er den Sitz seiner wirtschaftlichen Tätigkeit im Ausland hat, oder muss als weitere Voraussetzung hinzukommen, dass er seinen privaten Wohnsitz nicht im Inland hat?[1]

BFH vom 9.3.2011 – XI B 47/10 – (BFH/NV 2011 S. 1035)

Leistungsempfänger als Steuerschuldner bei Zweifeln hinsichtlich der Ansässigkeit des leistenden Unternehmers

Hat ein Unternehmer mit statuarischem Sitz im Ausland eine sonstige Leistung im Inland erbracht, steht aber fest, dass er tatsächlich nicht im Ausland, sondern im Inland ansässig war, kommt eine Steuerschuld des Leistungsempfängers für diese Leistungen nicht in Betracht, und zwar unabhängig davon, ob der Leistungsempfänger Zweifel hinsichtlich der Ansässigkeit des Leistenden hatte oder hätte haben müssen.

BFH vom 1.6.2011 – XI B 104/10 – (BFH/NV 2011 S. 1545)

Keine Steuerschuldnerschaft des Leistungsempfängers bei feststehender inländischer Ansässigkeit des leistenden Unternehmers

Der im Inland ansässige Leistungsempfänger schuldet die Steuer für eine Leistung eines Unternehmens mit Sitz im Ausland nicht, wenn objektiv feststeht, dass diese Leistung von dessen inländischer Zweigniederlassung erbracht wurde, und zwar unabhängig davon, ob der Leistungsempfänger subjektive Zweifel hinsichtlich der Ansässigkeit des Leistenden hatte oder hätte haben müssen.

BFH vom 30.6.2011 – V R 37/10 – (BStBl 2011 II S. 842, UR 2011 S. 671)

Zu den Voraussetzungen des Übergangs der Steuerschuld nach § 13b UStG – Vereinbarkeit mit der Ermächtigung des Rates vom 30. März 2004 2004/290/EG (Vorlage an den EuGH)

Dem EuGH werden folgende Fragen zur Vorabentscheidung vorgelegt:

1. Umfasst der Begriff der Bauleistungen i.S.v. Art. 2 Nr. 1 der Ermächtigung 2004/290/EG neben Dienstleistungen auch Lieferungen?
2. Falls sich die Ermächtigung zur Bestimmung des Leistungsempfängers als Steuerschuldner auch auf Lieferungen erstreckt:

    Ist der ermächtigte Mitgliedstaat berechtigt, die Ermächtigung nur teilweise für bestimmte Untergruppen wie einzelne Arten von Bauleistungen und für Leistungen an bestimmte Leistungsempfänger auszuüben?
3. Falls der Mitgliedstaat zu einer Untergruppenbildung berechtigt ist: Bestehen für den Mitgliedstaat Beschränkungen bei der Untergruppenbildung?
4. Falls der Mitgliedstaat zu einer Untergruppenbildung allgemein (s. oben Frage 2) oder aufgrund nicht beachteter Beschränkungen (s. oben Frage 3) nicht berechtigt ist:
    a) Welche Rechtsfolgen ergeben sich aus einer unzulässigen Untergruppenbildung?
    b) Führt eine unzulässige Untergruppenbildung dazu, dass die Vorschrift des nationalen Rechts nur zugunsten einzelner Steuerpflichtiger oder allgemein nicht anzuwenden ist?[2]

§ 13c Haftung bei Abtretung, Verpfändung oder Pfändung von Forderungen

(1) ¹Soweit der leistende Unternehmer den Anspruch auf die Gegenleistung für einen steuerpflichtigen Umsatz im Sinne des § 1 Abs. 1 Nr. 1 an einen anderen Unternehmer abgetreten und die festgesetzte Steuer, bei deren Berechnung dieser Umsatz berücksichtigt worden ist, bei Fälligkeit nicht oder nicht vollständig entrichtet hat, haftet der Abtretungsempfänger nach Maßgabe des Absatzes 2 für die in der Forderung enthaltene Umsatzsteuer, soweit sie im vereinnahmten Betrag enthalten ist. ²Ist die Vollziehung der Steuerfestsetzung in Bezug auf die in der abgetrete-

---

[1] Anm.: Vgl. hierzu EuGH-Urteil vom vom 6. 10. 2011 – Rs. C-421/10 –, § 13b Rsp I.
[2] Anm.: Das Vorabentscheidungsersuchen ist beim EuGH unter der Rs. C-395/11 anhängig.

§ 13c UStG
AE 13c.1

nen Forderung enthaltene Umsatzsteuer gegenüber dem leistenden Unternehmer ausgesetzt, gilt die Steuer insoweit als nicht fällig. ³Soweit der Abtretungsempfänger die Forderung an einen Dritten abgetreten hat, gilt sie in voller Höhe als vereinnahmt.

(2) ¹Der Abtretungsempfänger ist ab dem Zeitpunkt in Anspruch zu nehmen, in dem die festgesetzte Steuer fällig wird, frühestens ab dem Zeitpunkt der Vereinnahmung der abgetretenen Forderung. ²Bei der Inanspruchnahme nach Satz 1 besteht abweichend von § 191 der Abgabenordnung kein Ermessen. ³Die Haftung ist der Höhe nach begrenzt auf die im Zeitpunkt der Fälligkeit nicht entrichtete Steuer. ⁴Soweit der Abtretungsempfänger auf die nach Absatz 1 Satz 1 festgesetzte Steuer Zahlungen im Sinne des § 48 der Abgabenordnung geleistet hat, haftet er nicht.

(3) ¹Die Absätze 1 und 2 gelten bei der Verpfändung oder der Pfändung von Forderungen entsprechend. ²An die Stelle des Abtretungsempfängers tritt im Fall der Verpfändung der Pfandgläubiger und im Fall der Pfändung der Vollstreckungsgläubiger.

Vorschriften des Gemeinschaftsrechts

Art. 205 der MWSt-Richtlinie (bis 31. 12. 2006: Art. 21 Abs. 3 der 6. USt-Richtlinie).

13c.1. Haftung bei Abtretung, Verpfändung oder Pfändung von Forderungen

AE 13c.1

(1) ¹§ 13c UStG regelt eine Haftung für die Fälle, in denen ein leistender Unternehmer (Steuerschuldner) seinen Anspruch auf die Gegenleistung für einen steuerpflichtigen Umsatz (Forderung) abtritt, der Abtretungsempfänger die Forderung einzieht oder an einen Dritten überträgt und der Steuerschuldner die in der Forderung enthaltene Umsatzsteuer bei Fälligkeit nicht oder nicht rechtzeitig entrichtet. ²§ 13c UStG umfasst auch die Fälle, in denen Forderungen des leistenden Unternehmers verpfändet oder gepfändet werden.

S 7279-a

Tatbestandsmerkmale

(2) ¹§ 13c UStG erfasst nur die Abtretung, Verpfändung oder Pfändung von Forderungen aus steuerbaren und steuerpflichtigen Umsätzen eines Unternehmers. ²Der steuerpflichtige Umsatz muss nicht an einen anderen Unternehmer erbracht worden sein, es kann sich auch um einen steuerpflichtigen Umsatz an einen Nichtunternehmer handeln.

(3) ¹Der Haftungstatbestand umfasst grundsätzlich alle Formen der Abtretung, Verpfändung oder Pfändung von Forderungen aus diesen Umsätzen. ²Insbesondere fällt unter § 13c UStG die Abtretung bestimmter künftiger Forderungen aus bestehenden Geschäftsverbindungen zugunsten eines Dritten im Zusammenhang mit Waren- oder Bankkrediten. Hauptfälle dieser Abtretungen künftiger Forderungen sind u. a. die Sicherungsabtretung zugunsten eines Kreditgebers, einschließlich der sog. Globalzession.

(4) ¹Die Abtretung (§ 398 BGB) ist grundsätzlich nicht formbedürftig. ²Unmittelbare Folge der Abtretung ist der Wechsel der Gläubigerstellung.

(5) Die Rechtsfolgen des § 13c UStG für die Forderungsabtretung treten auch bei der Verpfändung oder Pfändung von Forderungen ein.

(6) ¹Bei der Pfändung von Forderungen kommt eine Haftung des Vollstreckungsgläubigers in Betracht. ²Durch die Pfändung wird eine Geldforderung beschlagnahmt (z. B. § 829 ZPO). ³Die Pfändung ist mit der Zustellung des Beschlusses an den Drittschuldner als bewirkt anzusehen (§ 829 Abs. 3 ZPO).

(7) ¹Die Abtretung, Verpfändung oder Pfändung von Forderungen kann auf einen Teilbetrag der Gesamtforderung beschränkt werden. ²Dabei ist die Umsatzsteuer zivilrechtlich unselbständiger Teil des abgetretenen, verpfändeten oder gepfändeten Forderungsbetrags. ³Die Abtretung kann nicht auf einen (fiktiven) Nettobetrag ohne Umsatzsteuer beschränkt werden, vielmehr erstreckt sich die Haftung auf die im abgetretenen, verpfändeten oder gepfändeten Betrag enthaltene Umsatzsteuer. ⁴Die Umsatzsteuer, für die gehaftet wird, ist somit aus dem abgetretenen, verpfändeten oder gepfändeten Forderungsbetrag heraus zu rechnen.

(8) ¹Voraussetzung für die Haftung ist, dass der Leistende ein Unternehmer i. S. d. § 2 UStG ist. ²Zur Anwendung des § 13c UStG bei Kleinunternehmern i. S. d. § 19 UStG und land- und forstwirtschaftlichen Unternehmern, die die Durchschnittssatzbesteuerung nach § 24 UStG anwenden, vgl. Abs. 11.

(9) ¹Der Abtretungsempfänger, Pfandgläubiger oder Vollstreckungsgläubiger muss nach § 13c Abs. 1 Satz 1 i. V. m. Abs. 3 UStG Unternehmer i. S. d. § 2 UStG sein. ²Kleinunternehmer i. S. d. § 19 UStG oder land- und forstwirtschaftliche Unternehmer, die die Durchschnittssatzbesteuerung nach § 24 UStG anwenden, können auch Haftungsschuldner i. S. d. § 13c UStG sein. ³Nicht Vorausset-

489

zung für die Haftung nach § 13c UStG ist, dass die Abtretung, Verpfändung oder Pfändung der Forderung für den unternehmerischen Bereich des Abtretungsempfängers, Pfandgläubigers oder Vollstreckungsgläubigers erfolgt. [4]Pfändet z. B. ein Unternehmer eine Forderung für seinen nichtunternehmerischen Bereich, kann er als Haftungsschuldner nach § 13c UStG in Anspruch genommen werden.

(10) [1]Bei Abtretungen und Verpfändungen an Nichtunternehmer oder Pfändungen durch Nichtunternehmer kommt die Haftung nach § 13c UStG nicht in Betracht. [2]Zu den Nichtunternehmern gehören auch juristische Personen des öffentlichen Rechts, soweit nicht ein Betrieb gewerblicher Art (vgl. § 2 Abs. 3 UStG) vorliegt.

(11) [1]§ 13c UStG setzt voraus, dass der leistende Unternehmer die Steuer, bei deren Ermittlung der steuerpflichtige Umsatz ganz oder teilweise berücksichtigt wurde, für den der Anspruch auf Gegenleistung (Forderung) abgetreten, verpfändet oder gepfändet wird, zum Zeitpunkt der Fälligkeit nicht oder nicht vollständig entrichtet hat. [2]§ 13c UStG kann deshalb nicht angewendet werden, wenn sich keine zu entrichtende Steuer ergibt (z. B. bei Vorsteuerüberschüssen; bei leistenden Unternehmern, die die sog. Kleinunternehmerregelung i. S. d. § 19 UStG anwenden). [3]Bei der Abtretung, Verpfändung oder Pfändung von Forderungen eines land- und forstwirtschaftlichen Unternehmers, der die Durchschnittssatzbesteuerung nach § 24 UStG anwendet, kommt eine Haftung in Betracht, soweit bei diesem eine Zahllast entsteht.

(12) [1]War die Umsatzsteuer, für die eine Haftung in Betracht kommen würde, in der Vorauszahlung für den maßgeblichen Voranmeldungszeitraum nicht enthalten, kommt eine Haftung nicht in Betracht. [2]Ist die in der abgetretenen, verpfändeten oder gepfändeten Forderung enthaltene Umsatzsteuer erstmals in der zu entrichtenden Steuer für das Kalenderjahr enthalten, greift die Haftung ein, wenn der leistende Unternehmer den Unterschiedsbetrag i. S. d. § 18 Abs. 4 UStG bei Fälligkeit nicht oder nicht vollständig entrichtet hat.

(13) [1]Hat der leistende Unternehmer die Vorauszahlung für den maßgeblichen Voranmeldungszeitraum vollständig entrichtet und war die in der abgetretenen, verpfändeten oder gepfändeten Forderung enthaltene Umsatzsteuer in der Vorauszahlung enthalten, haftet der Abtretungsempfänger, Pfandgläubiger oder Vollstreckungsgläubiger nicht. [2]Dies gilt auch dann, wenn sich für das entsprechende Kalenderjahr eine zu entrichtende Steuer i. S. d. § 18 Abs. 3 UStG zugunsten des Finanzamts ergibt und der Unternehmer den Unterschiedsbetrag nach § 18 Abs. 4 UStG bei Fälligkeit nicht oder nicht vollständig entrichtet hat.

(14) [1]Die Haftung greift dem Grunde nach, wenn die Steuer nicht bis zum Ablauf des Fälligkeitstags entrichtet wird. [2]Die Fälligkeit richtet sich nach § 220 Abs. 1 AO i. V. m. § 18 Abs. 1 und 4 UStG. [3]Die Anwendung von § 13c UStG kommt nicht in Betracht, wenn die Steuer innerhalb der Zahlungs-Schonfrist nach § 240 Abs. 3 AO entrichtet wird. [4]Ein bis zum Ablauf der Zahlungs-Schonfrist entrichteter Betrag ist bei der Berechnung des Haftungsbetrags zu berücksichtigen. [5]Soweit die Steuer nach diesem Zeitpunkt entrichtet wird, fallen die Voraussetzungen für den Erlass eines Haftungsbescheids (vgl. Absatz 40) ab diesem Zeitpunkt weg.

(15) Ist die umsatzsteuerrechtliche Behandlung des der Forderung zu Grunde liegenden steuerpflichtigen Umsatzes streitig und wurde in Bezug darauf bei der entsprechenden Steuerfestsetzung Aussetzung der Vollziehung gewährt, ist insoweit keine Fälligkeit gegeben (§ 13c Abs. 1 Satz 2 UStG).

(16) [1]Für die Begründung der Haftung reicht es aus, wenn der der abgetretenen, verpfändeten oder gepfändeten Forderung zu Grunde liegende Umsatz bei der Steuer berücksichtigt wurde. [2]Eine weitere Zuordnung der in der abgetretenen, verpfändeten oder gepfändeten Forderung enthaltenen Umsatzsteuer ist nicht erforderlich. [3]Deshalb kann die Haftung nicht dadurch ausgeschlossen werden, dass der leistende Unternehmer Zahlungen an das Finanzamt speziell der in den abgetretenen, verpfändeten oder gepfändeten Forderungen enthaltenen Umsatzsteuer zuordnet.

(17) [1]Wird über das Vermögen des leistenden Unternehmers das Insolvenzverfahren eröffnet, können Steuerbeträge nicht mehr festgesetzt werden, das Steuerfestsetzungsverfahren wird unterbrochen. [2]Ist die Umsatzsteuer, für die die Haftung in Betracht kommt, durch den Insolvenzverwalter bzw. den Insolvenzschuldner für Zeiträume vor Eröffnung des Insolvenzverfahrens angemeldet worden, gilt die Umsatzsteuer gem. § 41 Abs. 1 InsO insoweit als fällig i. S. d. § 13c UStG. [3]Entsprechendes gilt, wenn die Umsatzsteuer von Amts wegen zur Insolvenztabelle angemeldet worden ist. [4]Hierbei ist es unerheblich, ob der Insolvenzverwalter der Anmeldung widerspricht. [5]Nur in Fällen der Aussetzung der Vollziehung (vgl. Absatz 15) ist keine Fälligkeit i. S. d. § 13c UStG gegeben. [6]Von einer Nichtentrichtung der Steuer ist auch dann auszugehen, wenn eine Insolvenzquote zu erwarten ist. [7]Wird tatsächlich eine Zahlung durch den Insolvenzverwalter auf die angemeldete Umsatzsteuer geleistet, ist ein rechtmäßiger Haftungsbescheid zugunsten des Haftungsschuldners insoweit zu widerrufen (vgl. Absatz 40).

Vereinnahmung

(18) [1]Die Haftung setzt voraus, dass der Abtretungsempfänger, Pfandgläubiger oder Vollstreckungsgläubiger die abgetretene, verpfändete oder gepfändete Forderung ganz oder teilweise vereinnahmt hat. [2]Wurde die Forderung teilweise vereinnahmt, erstreckt sich die Haftung nur auf die Umsatzsteuer, die im tatsächlich vereinnahmten Betrag enthalten ist.

(19) In den Fällen der Sicherungsabtretung gilt die Forderung durch den Abtretungsempfänger auch dann als vereinnahmt, soweit der leistende Unternehmer die Forderung selbst einzieht und den Geldbetrag an den Abtretungsempfänger weiterleitet oder soweit der Abtretungsempfänger die Möglichkeit des Zugriffs auf den Geldbetrag hat. [2]Bei der Vereinnahmung des Forderungsbetrags durch den Abtretungsempfänger selbst ist dessen Einziehungs- oder Verfügungsbefugnis an einer Forderung zu berücksichtigen.

(20) [1]Macht der Abtretungsempfänger von seiner Einziehungsbefugnis Gebrauch ist maßgebender Rechtsgrund die mit der Abtretung verbundene Sicherungsabrede. [2]Eine Vereinnahmung durch das kontoführende Unternehmen (z. B. ein Kreditinstitut) als Abtretungsempfänger liegt in den Fällen der Sicherungsabtretung (insbesondere der Globalzession) vor, wenn dieses die Forderung unter Offenlegung der Sicherungsabrede selbst beim Schuldner der Forderung einzieht. [3]In diesem Fall entzieht es dem leistenden Unternehmer dessen Einziehungsbefugnis auf Grund der im Rahmen der Globalzession getroffenen Vereinbarungen.

(21) Eine Vereinnahmung durch den Abtretungsempfänger bzw. Gläubiger liegt darüber hinaus auch dann vor, wenn die Einziehung der Forderung durch den Abtretungsempfänger auf der Grundlage anderer Ansprüche, wie z. B. einer Einzelabrede, eines Pfandrechts oder ohne Rechtsgrundlage erfolgt.

(22) [1]Macht der Abtretungsempfänger von seiner Verfügungsbefugnis Gebrauch ist insoweit die Abtretung für die Inhaberschaft an der Forderung maßgebend. [2]Diese begründet auch bei mittelbarer Vereinnahmung (z. B. mittels Bareinzahlung oder Überweisung von einem anderen Konto des Gläubigers nach Vereinnahmung durch den Gläubiger) das Recht auf Entzug der Verfügungsbefugnis.

(23) [1]Der Abtretungsempfänger soll nach Sinn und Zweck des § 13c UStG haften, soweit nicht mehr der leistende Unternehmer, sondern der Abtretungsempfänger über den eingegangenen Geldbetrag verfügen kann und daher über die Verfügungsmacht über die in der abgetretenen Forderung enthaltene Umsatzsteuer hat. [2]In den Fällen der Sicherungsabtretung gilt demnach die Forderung auch dann durch den Abtretungsempfänger als vereinnahmt, wenn und soweit der leistende Unternehmer die Forderung zwar selbst einzieht, den Geldbetrag jedoch an den Abtretungsempfänger weiterleitet oder dieser die Möglichkeit des Zugriffs auf diesen Betrag hat (vgl. Absatz 19). [3]Dies betrifft insbesondere die Fälle, in denen Forderungsbeträge auf einem beim Abtretungsempfänger geführten Konto des leistenden Unternehmers eingehen. [4]Die Vereinnahmung des Forderungsbetrags durch den Abtretungsempfänger wird jedoch nicht bereits bei jedem Geldeingang auf einem bei dem Abtretungsempfänger geführten Konto des leistenden Unternehmers fingiert, dies grundsätzlich auch dann nicht, wenn sich das Konto des leistenden Unternehmers im Debet befindet, sondern nur soweit der Abtretungsempfänger die Verfügungsbefugnis erhält.

(24) [1]Die Verfügungsbefugnis am Forderungsbetrag liegt in folgenden Fällen beim Abtretungsempfänger, so dass insoweit eine Vereinnahmung durch diesen fingiert wird:

1. Das beim Abtretungsempfänger geführte Konto des leistenden Unternehmers befindet sich auch nach der Gutschrift des Forderungseingangs im Debet und es besteht keine Kreditvereinbarung („Kreditlinie", „Kreditrahmen").

   Beispiel:
   [1]Unternehmer A unterhält ein Kontokorrentkonto bei dem kontoführenden Unternehmen B. [2]B hat sich die Forderungen aus der Geschäftstätigkeit des A im Wege der Globalzession abtreten lassen. [3]Es besteht keine Kreditvereinbarung für das Konto des A bei B. [4]Ein Kunde des A begleicht eine Forderung i.H.v. 34 800 € durch Barzahlung. A zahlt den Betrag auf sein Konto bei B ein, welches nach der Gutschrift noch einen Saldo von 5 000 € im Debet aufweist.
   [5]B hat das Recht, den Betrag ausschließlich zum Ausgleich der eigenen Forderung zu verwenden und dem A insoweit eine anderweitige Verfügung zu versagen. [6]Die Forderung gilt in voller Höhe als durch B vereinnahmt.

2. Das beim Abtretungsempfänger geführte Konto des leistenden Unternehmers befindet sich auch nach der Gutschrift des Forderungseingangs im Debet und eine bestehende Kreditvereinbarung („vereinbarte Überziehung") ist ausgeschöpft.

   Beispiel:
   [1]Unternehmer A unterhält ein Kontokorrentkonto bei dem kontoführenden Unternehmen B. [2]B hat sich die Forderungen aus der Geschäftstätigkeit des A im Wege der Globalzession abtreten lassen. [3]Für das Konto des A bei B besteht ein Kreditrahmen von 100 000 € (sog. „vereinbarte Überziehung"). [4]Ein Kunde des A begleicht eine Forderung i.H.v. 34 800 € durch Überweisung

§ 13c UStG
AE 13c.1

auf das Konto des A bei B, welches nach der Gutschrift noch einen Saldo von 120 000 € im Debet aufweist.

[5]B hat das Recht, den Betrag ausschließlich zum Ausgleich der eigenen Forderung zu verwenden und dem A insoweit eine anderweitige Verfügung zu versagen. [6]Die Forderung gilt in voller Höhe als durch B vereinnahmt.

3. [1]Das beim Abtretungsempfänger geführte Konto des leistenden Unternehmers befindet sich auch nach der Gutschrift des Forderungseingangs im Debet und ein bestehender Kreditrahmen ist zwar noch nicht ausgeschöpft, wird jedoch im unmittelbaren Zusammenhang mit dem Geldeingang eingeschränkt. [2]Das Konto des leistenden Unternehmers ist nach dieser Einschränkung (z. B. durch Kündigung oder Reduzierung des Kreditrahmens) über das vereinbarte Maß in Anspruch genommen.

   Beispiel:
   [1]Unternehmer A unterhält ein Kontokorrentkonto bei dem kontoführenden Unternehmen B. [2]B hat sich die Forderungen aus der Geschäftstätigkeit des A im Wege der Globalzession abtreten lassen. [3]Für das Konto des A bei B besteht ein Kreditrahmen von 100 000 € (sog. „vereinbarte Überziehung"). [4]Ein Kunde des A begleicht eine Forderung i.H.v. 34 800 € durch Überweisung auf das Konto des A bei B, welches nach der Gutschrift noch einen Saldo von 70 000 € im Debet aufweist. [5]B reduziert den vereinbarten Kreditrahmen unmittelbar nach Gutschrift des Forderungseingangs auf 50 000 €.

   [6]A kann über den gutgeschriebenen Forderungsbetrag nicht mehr verfügen, da er von B zum Ausgleich der eigenen (durch die Reduzierung des Kontokorrentkredits entstandenen) Forderung verwendet worden ist und dem A kein weiterer Verfügungsrahmen auf seinem Konto verblieben ist. [7]Die Forderung gilt in voller Höhe als durch B vereinnahmt.

4. Der Abtretungsempfänger separiert den Geldbetrag nach Eingang auf dem Konto des leistenden Unternehmers auf ein anderes Konto, z. B. ein Sicherheitenerlöskonto.

   Beispiel:
   [1]Unternehmer A unterhält ein Kontokorrentkonto bei dem kontoführenden Unternehmen B. [2]B hat sich die Forderungen aus der Geschäftstätigkeit des A im Wege der Globalzession abtreten lassen. [3]Für das Konto des A bei B besteht ein Kreditrahmen von 100 000 € (sog. „vereinbarte Überziehung"). [4]Ein Kunde des A begleicht eine Forderung i.H.v. 34 800 € durch Überweisung auf das Konto des A bei B, welches nach der Gutschrift zunächst noch einen Saldo von 80 000 € im Debet aufweist. [5]B bucht den zunächst gutgeschriebenen Betrag auf ein Darlehnskonto des A um, welches von diesem nicht bedient worden war.

   [6]A kann über den gutgeschriebenen Forderungsbetrag nach Separierung durch B nicht mehr verfügen, da er von B zum Ausgleich der eigenen (neben dem Kontokorrent bestehenden Darlehns-)Forderung verwendet worden ist. [7]Dies gilt unabhängig davon, ob dem A ein Verfügungsrahmen auf seinem Konto verblieben ist. [8]Die Forderung gilt in voller Höhe als durch B vereinnahmt.

   [9]Gleiches gilt bei Umbuchung auf ein gesondertes Sicherheitenerlöskonto.

(25) [1]Bei einem Kontokorrentkonto widerspricht das kontoführende Unternehmen Verfügungen des leistenden Unternehmers regelmäßig nicht bereits bei jedem Überschreiten des vereinbarten Kreditrahmens. [2]In der Regel erfolgt ein Widerspruch erst dann, wenn die vorgenommene Anweisung den vereinbarten Kreditrahmen um mehr als 15 % überschreitet. [3]In diesem Rahmen kann der leistende Unternehmer die Erfüllung seiner Kontoanweisungen vom kontoführenden Unternehmen regelmäßig noch erwarten. [4]Es ist daher nur insoweit von einem Entzug der Verfügungsbefugnis über eingehende Beträge durch das kontoführende Unternehmen auszugehen, als das Konto des leistenden Unternehmers den vereinbarten Kreditrahmen auch nach der Gutschrift des Forderungseingangs um 15 % überschreitet; nur insoweit muss der leistende Unternehmer davon ausgehen, dass er über den gutgeschriebenen Betrag nicht mehr verfügen können wird.

Beispiel:
[1]Unternehmer A unterhält ein Kontokorrentkonto bei dem kontoführenden Unternehmen B. [2]B hat sich die Forderungen aus der Geschäftstätigkeit des A im Wege der Globalzession abtreten lassen. [3]Für das Konto des A bei B besteht ein Kreditrahmen von 100 000 € (sog. „vereinbarte Überziehung"). [4]Ein Kunde des A begleicht eine Forderung i.H.v. 34 800 € durch Überweisung auf das Konto des A bei B, welches nach der Gutschrift noch einen Saldo von 110 000 € im Debet aufweist.

[5]Obwohl der Kreditrahmen des A keine weiteren Verfügungen zulässt und die Forderung damit als in voller Höhe als durch B vereinnahmt gelten könnte, ist davon auszugehen, dass A über einen Teilbetrag der gutgeschriebenen Forderung i.H.v. 5 000 € noch verfügen kann, da die kontoführenden Unternehmen im Allgemeinen nur den die Kreditlinie um 15 % übersteigenden Forderungseingang zum Ausgleich der eigenen (durch ausnahmsweise geduldete Überziehung des Kontokorrentkredits entstandenen) Forderung verwenden wird und den A

insoweit von einer Verfügung ausschließen. [6]Die Forderung gilt daher i.H.v. 29 800 € als durch B vereinnahmt.

(26) [1]Kündigt oder reduziert das kontoführende Unternehmen die Kreditlinie zwar ganz oder teilweise, ggf. auf einen geringeren Betrag, räumt es dem leistenden Unternehmer jedoch einen gewissen Zeitraum ein, um dieses Kreditziel (vereinbarte Überziehung) zu erreichen, wird es während dieses Zeitraums auch weiterhin Verfügungen des Unternehmers zu Lasten seines Kontokorrents innerhalb des bisherigen Kreditrahmens zulassen (geduldete Überziehung). [2]In diesem Fall ist von einer Vereinnahmung durch das kontoführende Unternehmen für eigene Zwecke der Rückführung eingeräumter Kredite nur insoweit auszugehen, als die geduldete Überziehung insgesamt zu einer Verringerung des in Anspruch genommenen Kredits geführt hat. [3]Bei dieser Betrachtung ist auf den Unterschiedsbetrag abzustellen, der sich nach Gutschrift des Geldeingangs zum Kreditbetrag im Kündigungszeitpunkt ergibt.

Beispiel:
[1]Unternehmer A unterhält ein Kontokorrentkonto bei dem kontoführenden Unternehmen B. [2]B hat sich die Forderungen aus der Geschäftstätigkeit des A im Wege der Globalzession abtreten lassen. [3]Für das Konto des A bei B besteht ein Kreditrahmen von 100 000 € (sog. „vereinbarte Überziehung"), der auch vollständig ausgeschöpft ist. [3]B kündigt diesen Kreditrahmen auf 40 000 € herab, räumt dem A jedoch eine Zeitspanne von drei Monaten ein, um dieses Kreditziel zu erreichen und sagt dem A zu, Verfügungen zu Lasten dieses Kontos innerhalb des bisherigen Kreditrahmens zunächst nicht zu widersprechen. [4]Innerhalb dieses Zeitraums verzeichnet B insgesamt 348 000 € Zahlungseingänge und führt Verfügungen von insgesamt 298 000 € zu Lasten des A aus.
[5]A hat bei einem Debet von 50 000 € nach Ablauf der drei Monate nicht mehr die Möglichkeit, über die seinem Konto gutgeschriebenen Forderungseingänge zu verfügen, da sowohl der (nun i.H.v. 40 000 €) vereinbarte, als auch der üblicherweise zusätzlich geduldete Kreditrahmen (i.H.v. weiteren 15 %, hier 6 000 €) ausgeschöpft ist und B diese Beträge zum Ausgleich der eigenen (durch die teilweise Kündigung des Kontokorrentkredits entstandenen) Forderung verwendet hat. [6]Wegen der Zusage von B, zunächst die Verfügungsmöglichkeit des A im bisherigen Umfang zu belassen, gelten die Forderungen nicht i.H.v. 348 000 € als durch B vereinnahmt, sondern nur im Umfang der tatsächlichen Verwendung zur Darlehensrückführung von 50 000 €. [7]Eine Haftung von B besteht dementsprechend für die in der durch B als vereinnahmt geltenden Forderungen enthaltene Umsatzsteuer von 7 983 €.

(27) [1]In den Fällen des Forderungsverkaufs gilt die Forderung nicht durch den Abtretungsempfänger als vereinnahmt, soweit der leistende Unternehmer für die Abtretung der Forderung eine Gegenleistung in Geld vereinnahmt (z. B. bei entsprechend gestalteten Asset Backed Securities (ABS)-Transaktionen). [2]Voraussetzung ist, dass dieser Geldbetrag tatsächlich in den Verfügungsbereich des leistenden Unternehmers gelangt. [3]Davon ist nicht auszugehen, soweit dieser Geldbetrag auf ein Konto gezahlt wird, auf das der Abtretungsempfänger die Möglichkeit des Zugriffs hat. [4]Hinsichtlich der Vereinnahmung eines Kaufpreises für eine abgetretene Forderung durch den Forderungskäufer bzw. Abtretungsempfänger gelten die Absätze 20 bis 26 entsprechend, soweit der Kaufpreis auf einem beim Forderungskäufer bzw. Abtretungsempfänger geführten Konto des leistenden Unternehmers eingeht.

(28) [1]§ 13c UStG ist anzuwenden, wenn im Rahmen von Insolvenzverfahren beim leistenden Unternehmen anstelle des Abtretungsempfängers der Insolvenzverwalter die abgetretene Forderung einzieht oder verwertet (§ 166 Abs. 2 InsO). [2]Der Abtretungsempfänger vereinnahmt den vom Insolvenzverwalter eingezogenen Geldbetrag nach Abzug der Feststellungs- und Verwertungskosten (§ 170 InsO) auf Grund des durch die Abtretung begründeten Absonderungsrechts. [3]Die Absätze 18, 30 und 41 ff. sind hinsichtlich des Umfangs der Haftung entsprechend anzuwenden.

(29) [1]Vereinnahmt der Abtretungsempfänger, Pfandgläubiger oder Vollstreckungsgläubiger die Forderung und zahlt er den eingezogenen Geldbetrag ganz oder teilweise an den leistenden Unternehmer zurück, beschränkt sich die Haftung auf die im einbehaltenen Restbetrag enthaltene Umsatzsteuer. [2]Die Haftung kann nicht dadurch ausgeschlossen werden, dass der Abtretungsempfänger, Pfandgläubiger oder Vollstreckungsgläubiger an den leistenden Unternehmer einen Betrag in Höhe der auf die Forderung entfallenden Umsatzsteuer entrichtet, vielmehr beschränkt sich auch in diesem Fall die Haftung auf die im einbehaltenen Restbetrag enthaltene Umsatzsteuer.

(30) [1]Hat der Abtretungsempfänger die abgetretene Forderung ganz oder teilweise an einen Dritten abgetreten, gilt dieses Rechtsgeschäft insoweit als Vereinnahmung, d. h., der Abtretungsempfänger kann für die im Gesamtbetrag der weiter übertragenen Forderung enthaltene Umsatzsteuer in Haftung genommen werden. [2]Dies gilt unabhängig davon, welche Gegenleistung er für die Übertragung der Forderung erhalten hat. [3]Entsprechendes gilt für die Pfandgläubiger und Vollstreckungsgläubiger in den Fällen der Verpfändung und Pfändung von Forderungen.

Inanspruchnahme des Haftenden

(31) ¹Die Haftungsinanspruchnahme ist frühestens in dem Zeitpunkt zulässig, in dem die Steuer fällig war und nicht oder nicht vollständig entrichtet wurde (unter Beachtung von § 240 Abs. 3 AO). ²Hat der Abtretungsempfänger, Pfandgläubiger oder Vollstreckungsgläubiger die Forderung zu diesem Zeitpunkt noch nicht vereinnahmt, ist der Zeitpunkt der nachfolgenden Vereinnahmung maßgebend.

(32) ¹Der Abtretungsempfänger, Pfandgläubiger oder Vollstreckungsgläubiger ist bei Vorliegen der gesetzlichen Voraussetzungen durch Haftungsbescheid in Anspruch zu nehmen. ²Die Haftungsinanspruchnahme nach anderen Haftungstatbeständen (z. B. auf Grund §§ 69 AO, 128 HGB) bleibt unberührt.

(33) ¹Für den Erlass des Haftungsbescheids gelten die allgemeinen Regeln des § 191 AO, ohne dass dabei ein Ermessen besteht. ²Auf ein Verschulden des leistenden Unternehmers oder des Abtretungsempfängers kommt es nicht an. ³Bei der Inanspruchnahme des Haftungsschuldners durch Zahlungsaufforderung (Leistungsgebot) ist § 219 AO zu beachten.

(34) Der Haftungsbescheid ist durch das Finanzamt zu erlassen, das für die Umsatzsteuer des leistenden Unternehmers örtlich zuständig ist (vgl. §§ 21, 24 AO).

(35) ¹Stellt das Finanzamt fest, dass der Anspruch des leistenden Unternehmers auf Gegenleistung für einen steuerpflichtigen Umsatz i. S. d. § 1 Abs. 1 Nr. 1 UStG an einen anderen Unternehmer abgetreten, verpfändet oder gepfändet wurde, ist zu prüfen, ob die Steuer, bei deren Berechnung der Umsatz berücksichtigt worden ist, bei Fälligkeit nicht oder nicht vollständig entrichtet wurde. ²Es ist insbesondere im Vollstreckungsverfahren und im Rahmen von Außenprüfungen auf entsprechende Haftungstatbestände zu achten und ggf. zeitnah der Erlass eines Haftungsbescheids anzuregen.

(36) ¹Das für den leistenden Unternehmer zuständige Finanzamt ist berechtigt, den Abtretungsempfänger, Pfandgläubiger oder Vollstreckungsgläubiger über den Zeitpunkt und die Höhe der vereinnahmten abgetretenen, verpfändeten oder gepfändeten Forderung zu befragen und Belege anzufordern, weil es für den Erlass des Haftungsbescheids zuständig ist. ²Diese Befragung soll in der Regel in schriftlicher Form durchgeführt werden. ³Es gelten die Mitwirkungspflichten i. S. d. §§ 90 ff. AO.

(37) ¹Der leistende Unternehmer hat gemäß § 93 AO Auskunft über den der Abtretung, Verpfändung oder Pfändung zu Grunde liegenden Umsatz (Höhe des Umsatzes und den darauf entfallenen Steuerbetrag) sowie über den Abtretungsempfänger, Pfandgläubiger oder Vollstreckungsgläubiger zu geben. ²Es gelten die Mitwirkungspflichten i. S. d. §§ 90 ff. AO. ³Der Abtretungsempfänger, Pfandgläubiger oder Vollstreckungsgläubiger muss vom leistenden Unternehmer so eindeutig bezeichnet werden, dass er durch das anfragende Finanzamt eindeutig und leicht identifiziert werden kann. ⁴Wird keine oder keine hinreichende Antwort erteilt, kann diese mit Zwangsmitteln (§§ 328 ff. AO) durchgesetzt oder eine Außenprüfung, bzw. eine Umsatzsteuer-Nachschau (§ 27b UStG) durchgeführt werden.

(38) ¹Dem Abtretungsempfänger, Pfandgläubiger oder Vollstreckungsgläubiger soll vor Erlass eines Haftungsbescheids rechtliches Gehör gewährt werden (vgl. § 91 AO). ²Er hat gemäß § 93 AO Auskunft zu geben. ³Wird keine oder keine hinreichende Antwort erteilt, kann das für den leistenden Unternehmer zuständige Finanzamt z. B. ein Ersuchen auf Amtshilfe bei dem für den Abtretungsempfänger, Pfandgläubiger oder Vollstreckungsgläubiger örtlich zuständigen Finanzamt stellen. ⁴Die Ermittlungen können auch im Rahmen einer Außenprüfung oder einer Umsatzsteuer-Nachschau nach § 27b UStG durchgeführt werden.

(39) Mit der Festsetzung der Haftungsschuld wird ein Gesamtschuldverhältnis i. S. d. § 44 AO begründet.

(40) ¹Die Rechtmäßigkeit des Haftungsbescheids richtet sich nach den Verhältnissen im Zeitpunkt seines Erlasses bzw. der entsprechenden Einspruchsentscheidung. ²Minderungen der dem Haftungsbescheid zu Grunde liegenden Steuerschuld durch Zahlungen des Steuerschuldners nach Ergehen einer Einspruchsentscheidung berühren die Rechtmäßigkeit des Haftungsbescheides nicht. ³Ein rechtmäßiger Haftungsbescheid ist aber zugunsten des Haftungsschuldners zu widerrufen, soweit die ihm zu Grunde liegende Steuerschuld später gemindert worden ist.

(41) Die Haftung ist der Höhe nach auf den Betrag der im Fälligkeitszeitpunkt nicht entrichteten Steuer und auf die im vereinnahmten Betrag der abgetretenen, verpfändeten oder gepfändeten Forderung enthaltene Umsatzsteuer begrenzt (zweifache Begrenzung).

Beispiel 1:
¹Der Unternehmer U hat auf Grund der Angaben in seiner Umsatzsteuer-Voranmeldung eine Vorauszahlung in Höhe von 20 000 € an das Finanzamt zu entrichten. ²In der Bemessungsgrundlage für die Umsatzsteuer ist auch ein Betrag in Höhe von 100 000 € enthalten, der zivilrechtlich zuzüglich 19 000 € Umsatzsteuer an den Abtretungsempfänger A, der Unternehmer i. S. d. § 2 UStG ist, abgetreten worden ist. ³A hat 119 000 € vereinnahmt. ⁴U entrichtet bei Fälligkeit der Vorauszahlung nur einen Betrag in Höhe von 15 000 € an das Finanzamt.

⁵Eine Haftungsinanspruchnahme des A ist in Höhe von 5 000 € zulässig. ⁶Die Differenz zwischen der Vorauszahlung (20 000 €) und dem von U entrichteten Betrag (15 000 €) ist geringer als der in der abgetretenen Forderung enthaltene Umsatzsteuerbetrag (19 000 €).

Beispiel 2:

¹Wie Beispiel 1. ²U entrichtet die Vorauszahlung bei Fälligkeit nicht. ³Das Finanzamt stellt fest, dass A die abgetretene Forderung an einen Dritten für 80 000 € zuzüglich 15 200 € Umsatzsteuer übertragen hat.
⁴Die Haftungsinanspruchnahme des A ist in Höhe von 19 000 € zulässig. ⁵Die abgetretene Forderung gilt infolge der Übertragung an den Dritten als in voller Höhe vereinnahmt.

Beispiel 3:

¹Der Unternehmer U hat auf Grund der Angaben in seiner Umsatzsteuer-Voranmeldung für den Monat Juli eine Vorauszahlung in Höhe von 20 000 € an das Finanzamt zu entrichten. ²In der Bemessungsgrundlage für die Umsatzsteuer ist auch ein Betrag in Höhe von 100 000 € enthalten, der zivilrechtlich zuzüglich 19 000 € Umsatzsteuer an den Abtretungsempfänger A, der Unternehmer i. S. d. § 2 UStG ist, abgetreten worden ist. ³U entrichtet bei Fälligkeit nur einen Betrag in Höhe von 5 000 € an das Finanzamt. ⁴Das Finanzamt stellt fest, dass A am 20. August aus der abgetretenen Forderung einen Teilbetrag in Höhe von 59 500 € erhalten hat.
⁵Der Haftungstatbestand ist frühestens zum 20. August erfüllt. ⁶Der Haftungsbetrag ist der Höhe nach auf 15 000 € (20 000 € − 5 000 €) begrenzt. ⁷Wegen der nur teilweisen Vereinnahmung der Forderung ist A nur in Höhe von 9 500 € (in dem vereinnahmten Betrag enthaltene Steuer) in Anspruch zu nehmen.

Haftungsausschluss

(42) Der Abtretungsempfänger, Pfandgläubiger oder Vollstreckungsgläubiger kann sich der Haftungsinanspruchnahme entziehen, soweit er als Dritter Zahlungen i. S. d. § 48 AO zugunsten des leistenden Unternehmers bewirkt.

(43) ¹Derartige Zahlungen soll der Abtretungsempfänger, Pfandgläubiger oder Vollstreckungsgläubiger an das für den leistenden Unternehmer örtlich zuständige Finanzamt unter Angabe der Steuernummer des Steuerschuldners leisten. ²Insbesondere soll der Anlass der Zahlung angegeben werden sowie der Name desjenigen, für den die Zahlung geleistet wird. ³Zusätzlich soll der Abtretungsempfänger, Pfandgläubiger oder Vollstreckungsgläubiger die Zahlung zeitraumbezogen der Vorauszahlung oder dem Unterschiedsbetrag zuordnen, in der/dem die Umsatzsteuer aus dem abgetretenen, verpfändeten oder gepfändeten Forderung zu Grunde liegenden Umsatz enthalten ist. ⁴Die Steuerschuld des leistenden Unternehmers verringert sich um die vom Abtretungsempfänger, Pfandgläubiger oder Vollstreckungsschuldner geleisteten Zahlungen. ⁵Wird die Steuer vom leistenden Unternehmer im Fälligkeitszeitpunkt entrichtet, kann der vom Abtretungsempfänger, Pfandgläubiger oder Vollstreckungsgläubiger geleistete Betrag an den leistenden Unternehmer erstattet oder mit anderen Steuerrückständen des leistenden Unternehmers verrechnet werden.

Übergangsregelung

(44) § 27 Abs. 7 UStG regelt, dass § 13c UStG auf Forderungen anzuwenden ist, die nach dem 7. 11. 2003 abgetreten, verpfändet oder gepfändet worden sind.

Hinweise	H
Haftung bei Abtretung, Verpfändung oder Pfändung von Forderungen (§ 13c UStG) sowie Haftung bei Änderung der Bemessungsgrundlage	1
(BMF vom 24. 5. 2004, BStBl 2004 I S. 514)	
Text nicht in die USt-HA aufgenommen. Das BMF-Schreiben wurde inhaltlich in Abschnitt 182b UStR 2005 (zu § 13c UStG) übernommen.	
Haftung bei Abtretung, Verpfändung oder Pfändung von Forderungen (§ 13c UStG) Vereinnahmung abgetretener Forderungen durch den Abtretungsempfänger	2
(BMF vom 30. 1. 2006, BStBl 2006 I S. 207)	
Siehe USt-HA 2006/07 § 13c H 2.	
Grundsätze für die Bearbeitung von Haftungsfällen i. S. des § 13c UStG bei rückständiger Umsatzsteuer	3
(OFD Hannover, Vfg. vom 27. 3. 2008 – S 7279a – 1 – StO 183 –, StEd 2008 S. 362)	

§ 13d (aufgehoben)

§ 14 Ausstellung von Rechnungen

(1) ¹Rechnung ist jedes Dokument, mit dem über eine Lieferung oder sonstige Leistung abgerechnet wird, gleichgültig, wie dieses Dokument im Geschäftsverkehr bezeichnet wird. ²Die Echtheit der Herkunft der Rechnung, die Unversehrtheit ihres Inhalts und ihre Lesbarkeit müssen gewährleistet werden. ³Echtheit der Herkunft bedeutet die Sicherheit der Identität des Rechnungsausstellers. ⁴Unversehrtheit des Inhalts bedeutet, dass die nach diesem Gesetz erforderlichen Angaben nicht geändert wurden. ⁵Jeder Unternehmer legt fest, in welcher Weise die Echtheit der Herkunft, die Unversehrtheit des Inhalts und die Lesbarkeit der Rechnung gewährleistet werden. ⁶Dies kann durch jegliche innerbetriebliche Kontrollverfahren erreicht werden, die einen verlässlichen Prüfpfad zwischen Rechnung und Leistung schaffen können. ⁷Rechnungen sind auf Papier oder vorbehaltlich der Zustimmung des Empfängers elektronisch zu übermitteln. ⁸Eine elektronische Rechnung ist eine Rechnung, die in einem elektronischen Format ausgestellt und empfangen wird.

(2) ¹Führt der Unternehmer eine Lieferung oder eine sonstige Leistung nach § 1 Abs. 1 Nr. 1 aus, gilt Folgendes:

1. führt der Unternehmer eine steuerpflichtige Werklieferung (§ 3 Abs. 4 Satz 1) oder sonstige Leistung im Zusammenhang mit einem Grundstück aus, ist er verpflichtet, innerhalb von sechs Monaten nach Ausführung der Leistung eine Rechnung auszustellen,

2. ¹führt der Unternehmer eine andere als die in Nummer 1 genannte Leistung aus, ist er berechtigt, eine Rechnung auszustellen. ²Soweit er einen Umsatz an einen anderen Unternehmer für dessen Unternehmen oder an eine juristische Person, die nicht Unternehmer ist, ausführt, ist er verpflichtet, innerhalb von sechs Monaten nach Ausführung der Leistung eine Rechnung auszustellen. ³Eine Verpflichtung zur Ausstellung einer Rechnung besteht nicht, wenn der Umsatz nach § 4 Nr. 8 bis 28 steuerfrei ist. ⁴§ 14a bleibt unberührt.

²Unbeschadet der Verpflichtungen nach Satz 1 Nr. 1 und 2 Satz 2 kann eine Rechnung von einem in Satz 1 Nr. 2 bezeichneten Leistungsempfänger für eine Lieferung oder sonstige Leistung des Unternehmers ausgestellt werden, sofern dies vorher vereinbart wurde (Gutschrift). ³Die Gutschrift verliert die Wirkung einer Rechnung, sobald der Empfänger der Gutschrift dem ihm übermittelten Dokument widerspricht. ⁴Eine Rechnung kann im Namen und für Rechnung des Unternehmers oder eines in Satz 1 Nr. 2 bezeichneten Leistungsempfängers von einem Dritten ausgestellt werden.

(3) Unbeschadet anderer nach Absatz 1 zulässiger Verfahren gelten bei einer elektronischen Rechnung die Echtheit der Herkunft und die Unversehrtheit des Inhalts als gewährleistet durch

1. *eine qualifizierte elektronische Signatur oder eine qualifizierte elektronische Signatur mit Anbieter-Akkreditierung nach dem Signaturgesetz vom 16. Mai 2001 (BGBl. I S. 876), das durch Artikel 4 des Gesetzes vom 17. Juli 2009 (BGBl. I S. 2091) geändert worden ist, in der jeweils geltenden Fassung, oder*

2. *elektronischen Datenaustausch (EDI) nach Artikel 2 der Empfehlung 94/820/EG der Kommission vom 19. Oktober 1994 über die rechtlichen Aspekte des elektronischen Datenaustauschs (ABl. L 338 vom 28. Dezember 1994 S. 98), wenn in der Vereinbarung über diesen Datenaus-*

---

1) Anm.: § 14 Abs. 1 UStG wurde durch Art. 5 Nummer 1 Buchstabe a des Steuervereinfachungsgesetzes 2011 vom 1. 11. 2011 (BGBl. I S. 2131) mit Wirkung vom 1. 7. 2011 neu gefasst. Bis zum 30. 6. 2011 geltende Fassung des § 14 Abs. 1 UStG:
„(1) ¹Rechnung ist jedes Dokument, mit dem über eine Lieferung oder sonstige Leistung abgerechnet wird, gleichgültig, wie dieses Dokument im Geschäftsverkehr bezeichnet wird. ²Rechnungen sind auf Papier oder vorbehaltlich der Zustimmung des Empfängers auf elektronischem Weg zu übermitteln."

2) Anm.: § 14 Abs. 3 UStG wurde durch Art. 5 Nummer 1 Buchstabe b des Steuervereinfachungsgesetzes 2011 vom 1. 11. 2011 (BGBl. I S. 2131) mit Wirkung vom 1. 7. 2011 neu gefasst. Bis zum 30. 6. 2011 geltende Fassung des § 14 Abs. 3 UStG:
„(3) Bei einer auf elektronischem Weg übermittelten Rechnung müssen die Echtheit der Herkunft und die Unversehrtheit des Inhalts gewährleistet sein durch
  1. eine qualifizierte elektronische Signatur oder eine qualifizierte elektronische Signatur mit Anbieter-Akkreditierung nach dem Signaturgesetz vom 16. Mai 2001 (BGBl. I S. 876), das durch Artikel 2 des Gesetzes vom 16. Mai 2001 (BGBl. I S. 876) geändert worden ist, in der jeweils geltenden Fassung, oder
  2. elektronischen Datenaustausch (EDI) nach Artikel 2 der Empfehlung 94/820/EG der Kommission vom 19. Oktober 1994 über die rechtlichen Aspekte des elektronischen Datenaustauschs (ABl. EG Nr. L 338 S. 98), wenn in der Vereinbarung über diesen Datenaustausch der Einsatz von Verfahren vorgesehen ist, die die Echtheit der Herkunft und die Unversehrtheit der Daten gewährleisten."

tausch der Einsatz von Verfahren vorgesehen ist, die die Echtheit der Herkunft und die Unversehrtheit der Daten gewährleisten.

(4) ¹Eine Rechnung muss folgende Angaben enthalten:

1. den vollständigen Namen und die vollständige Anschrift des leistenden Unternehmers und des Leistungsempfängers,
2. die dem leistenden Unternehmer vom Finanzamt erteilte Steuernummer oder die ihm vom Bundeszentralamt für Steuern erteilte Umsatzsteuer-Identifikationsnummer,
3. das Ausstellungsdatum,
4. eine fortlaufende Nummer mit einer oder mehreren Zahlenreihen, die zur Identifizierung der Rechnung vom Rechnungsaussteller einmalig vergeben wird (Rechnungsnummer),
5. die Menge und die Art (handelsübliche Bezeichnung) der gelieferten Gegenstände oder den Umfang und die Art der sonstigen Leistungen,
6. den Zeitpunkt der Lieferung oder sonstigen Leistung; in den Fällen des Absatzes 5 Satz 1 den Zeitpunkt der Vereinnahmung des Entgelts oder eines Teils des Entgelts, sofern der Zeitpunkt der Vereinnahmung feststeht und nicht mit dem Ausstellungsdatum der Rechnung übereinstimmt,
7. das nach Steuersätzen und einzelnen Steuerbefreiungen aufgeschlüsselte Entgelt für die Lieferung oder sonstige Leistung (§ 10) sowie jede im Voraus vereinbarte Minderung des Entgelts, sofern sie nicht bereits im Entgelt berücksichtigt ist,
8. den anzuwendenden Steuersatz sowie den auf das Entgelt entfallenden Steuerbetrag oder im Fall einer Steuerbefreiung einen Hinweis darauf, dass für die Lieferung oder sonstige Leistung eine Steuerbefreiung gilt und
9. in den Fällen des § 14b Abs. 1 Satz 5 einen Hinweis auf die Aufbewahrungspflicht des Leistungsempfängers.

²In den Fällen des § 10 Abs. 5 sind die Nummern 7 und 8 mit der Maßgabe zu verwenden, dass die Bemessungsgrundlage für die Leistung (§ 10 Abs. 4) und der darauf entfallende Steuerbetrag anzugeben sind. ³Unternehmer, die § 24 Abs. 1 bis 3 anwenden, sind jedoch auch in diesen Fällen nur zur Angabe des Entgelts und des darauf entfallenden Steuerbetrags berechtigt.

(5) ¹Vereinnahmt der Unternehmer das Entgelt oder einen Teil des Entgelts für eine noch nicht ausgeführte Lieferung oder sonstige Leistung, gelten die Absätze 1 bis 4 sinngemäß. ²Wird eine Endrechnung erteilt, sind in ihr die vor Ausführung der Lieferung oder sonstigen Leistung vereinnahmten Teilentgelte und die auf sie entfallenden Steuerbeträge abzusetzen, wenn über die Teilentgelte Rechnungen im Sinne der Absätze 1 bis 4 ausgestellt worden sind.

(6) Das Bundesministerium der Finanzen kann mit Zustimmung des Bundesrates zur Vereinfachung des Besteuerungsverfahrens durch Rechtsverordnung bestimmen, in welchen Fällen und unter welchen Voraussetzungen

1. Dokumente als Rechnungen anerkannt werden können,
2. die nach Absatz 4 erforderlichen Angaben in mehreren Dokumenten enthalten sein können,
3. Rechnungen bestimmte Angaben nach Absatz 4 nicht enthalten müssen,
4. eine Verpflichtung des Unternehmers zur Ausstellung von Rechnungen mit gesondertem Steuerausweis (Absatz 4) entfällt oder
5. Rechnungen berichtigt werden können.

Vorschriften des Gemeinschaftsrechts

Art. 212, Art. 217, Art. 219 bis 241 und Art. 244 bis 248 der MWSt-Richtlinie (bis 31. 12. 2006: Art. 22 Abs. 3 u. 9 der 6. USt-Richtlinie).

---

§ 31 Angaben in der Rechnung

UStDV

(1) ¹Eine Rechnung kann aus mehreren Dokumenten bestehen, aus denen sich die nach § 14 Abs. 4 des Gesetzes geforderten Angaben insgesamt ergeben. ²In einem dieser Dokumente sind das Entgelt und der darauf entfallende Steuerbetrag jeweils zusammengefasst anzugeben und alle anderen Dokumente zu bezeichnen, aus denen sich die übrigen Angaben nach § 14 Abs. 4 des Gesetzes ergeben. ³Die Angaben müssen leicht und eindeutig nachprüfbar sein.

(2) Den Anforderungen des § 14 Abs. 4 Satz 1 Nr. 1 des Gesetzes ist genügt, wenn sich auf Grund der in die Rechnung aufgenommenen Bezeichnungen der Name und die Anschrift sowohl des leistenden Unternehmers als auch des Leistungsempfängers eindeutig feststellen lassen.

(3) ¹Für die in § 14 Abs. 4 Satz 1 Nr. 1 und 5 des Gesetzes vorgeschriebenen Angaben können Abkürzungen, Buchstaben, Zahlen oder Symbole verwendet werden, wenn ihre Bedeutung in der Rechnung oder in anderen Unterlagen eindeutig festgelegt ist. ²Die erforderlichen anderen Unterlagen müssen sowohl beim Aussteller als auch beim Empfänger der Rechnung vorhanden sein.

(4) Als Zeitpunkt der Lieferung oder sonstigen Leistung (§ 14 Abs. 4 Satz 1 Nr. 6 des Gesetzes) kann der Kalendermonat angegeben werden, in dem die Leistung ausgeführt wird.

(5) ¹Eine Rechnung kann berichtigt werden, wenn
a) sie nicht alle Angaben nach § 14 Abs. 4 oder § 14a des Gesetzes enthält oder
b) Angaben in der Rechnung unzutreffend sind.

²Es müssen nur die fehlenden oder unzutreffenden Angaben durch ein Dokument, das spezifisch und eindeutig auf die Rechnung bezogen ist, übermittelt werden. ³Es gelten die gleichen Anforderungen an Form und Inhalt wie in § 14 des Gesetzes.

§ 32 Rechnungen über Umsätze, die verschiedenen Steuersätzen unterliegen

Wird in einer Rechnung über Lieferungen oder sonstige Leistungen, die verschiedenen Steuersätzen unterliegen, der Steuerbetrag durch Maschinen automatisch ermittelt und durch diese in der Rechnung angegeben, ist der Ausweis des Steuerbetrags in einer Summe zulässig, wenn für die einzelnen Posten der Rechnung der Steuersatz angegeben wird.

§ 33 Rechnungen über Kleinbeträge

¹Eine Rechnung, deren Gesamtbetrag 150 Euro nicht übersteigt, muss mindestens folgende Angaben enthalten:

1. den vollständigen Namen und die vollständige Anschrift des leistenden Unternehmers,
2. das Ausstellungsdatum,
3. die Menge und die Art der gelieferten Gegenstände oder den Umfang und die Art der sonstigen Leistung und
4. das Entgelt und den darauf entfallenden Steuerbetrag für die Lieferung oder sonstige Leistung in einer Summe sowie den anzuwendenden Steuersatz oder im Fall einer Steuerbefreiung eine Hinweis darauf, dass für die Lieferung oder sonstige Leistung eine Steuerbefreiung gilt.

²Die §§ 31 und 32 sind entsprechend anzuwenden. ³Die Sätze 1 und 2 gelten nicht für Rechnungen über Leistungen im Sinne der §§ 3c, 6a und 13b des Gesetzes.

§ 34 Fahrausweise als Rechnungen

(1) ¹Fahrausweise, die für die Beförderung von Personen ausgegeben werden, gelten als Rechnungen im Sinne des § 14 des Gesetzes, wenn sie mindestens die folgenden Angaben enthalten:

1. ¹den vollständigen Namen und die vollständige Anschrift des Unternehmers, der die Beförderungsleistung ausführt. ²§ 31 Abs. 2 ist entsprechend anzuwenden,
2. das Ausstellungsdatum,
3. das Entgelt und den darauf entfallenden Steuerbetrag in einer Summe,
4. den anzuwendenden Steuersatz, wenn die Beförderungsleistung nicht dem ermäßigten Steuersatz nach § 12 Abs. 2 Nr. 10 des Gesetzes unterliegt, und
5. im Fall der Anwendung des § 26 Abs. 3 des Gesetzes einen Hinweis auf die grenzüberschreitende Beförderung von Personen im Luftverkehr.

²Auf Fahrausweisen der Eisenbahnen, die dem öffentlichen Verkehr dienen, kann an Stelle des Steuersatzes die Tarifentfernung angegeben werden.

(2) ¹Fahrausweise für eine grenzüberschreitende Beförderung im Personenverkehr und im internationalen Eisenbahn-Personenverkehr gelten nur dann als Rechnung im Sinne des § 14 des Gesetzes, wenn eine Bescheinigung des Beförderungsunternehmers oder seines Beauftragten darüber vorliegt, welcher Anteil des Beförderungspreises auf die Strecke im Inland entfällt. ²In der Bescheinigung ist der Steuersatz anzugeben, der auf den auf das Inland entfallenden Teil der Beförderungsleistung anzuwenden ist.

(3) Die Absätze 1 und 2 gelten für Belege im Reisegepäckverkehr entsprechend.

14.1. Zum Begriff der Rechnung

(1) ¹Gemäß § 14 Abs. 1 **Satz 1** UStG i. V. m. § 31 Abs. 1 UStDV ist eine Rechnung jedes Dokument oder eine Mehrzahl von Dokumenten, mit denen über eine Lieferung oder sonstige Leistung abgerechnet wird. ²Rechnungen im Sinne des § 14 UStG brauchen nicht ausdrücklich als solche bezeichnet zu werden. ³Es reicht aus, wenn sich aus dem Inhalt des Dokuments ergibt, dass der Unternehmer über eine Leistung abrechnet. ⁴Keine Rechnungen sind Schriftstücke, die nicht der Abrechnung einer Leistung dienen, sondern sich ausschließlich auf den Zahlungsverkehr beziehen (z. B. Mahnungen), auch wenn sie alle in § 14 Abs. 4 UStG geforderten Angaben enthalten. ⁵Soweit ein Kreditinstitut mittels Kontoauszug über eine von ihm erbrachte Leistung abrechnet, kommt diesem Kontoauszug Abrechnungscharakter zu mit der Folge, dass dieser Kontoauszug eine Rechnung im Sinne des § 14 Abs. 1 Satz 1 UStG darstellt. ⁶Rechnungen können auf Papier oder, vorbehaltlich der Zustimmung des Empfängers, auf elektronischem Weg übermittelt werden *(vgl. Abschnitt 14.4).*

(2) ¹Als Rechnung ist auch ein Vertrag anzusehen, der die in § 14 Abs. 4 UStG geforderten Angaben enthält. ²Im Vertrag fehlende Angaben müssen in anderen Unterlagen enthalten sein, auf die im Vertrag hinzuweisen ist (§ 31 Abs. 1 UStDV). ³Ist in einem Vertrag – z. B. in einem Miet- oder Pachtvertrag, Wartungsvertrag oder Pauschalvertrag mit einem Steuerberater – der Zeitraum, über den sich die jeweilige Leistung oder Teilleistung erstreckt, nicht angegeben, so reicht es aus, wenn sich dieser aus den einzelnen Zahlungsbelegen, z. B. aus den Ausfertigungen der Überweisungsaufträge, ergibt (vgl. BFH- Beschluss vom 7. 7. 1988, V B 72/86, BStBl II S. 913). ⁴Die in einem Vertrag enthaltene gesonderte Inrechnungstellung der Steuer muss jedoch wie bei jeder anderen Abrechnungsform eindeutig, klar und unbedingt sein. ⁵Das ist nicht der Fall, wenn z. B. die in einem Vertrag enthaltene Abrechnung offen lässt, ob der leistende Unternehmer den Umsatz versteuern oder als steuerfrei behandeln will, und demnach die Abrechnungsvereinbarung für jeden der beiden Fälle eine wahlweise Ausgestaltung enthält (vgl. BFH-Urteil vom 4. 3. 1982, V R 55/80, BStBl II S. 317).

(3) ¹Gemäß § 14 Abs. 2 Satz 1 Nr. 1 UStG ist der Unternehmer bei Ausführung einer steuerpflichtigen Werklieferung oder sonstigen Leistung im Zusammenhang mit einem Grundstück stets verpflichtet, innerhalb von sechs Monaten nach Ausführung der Leistung eine Rechnung auszustellen. ²Wird in diesen Fällen das Entgelt oder ein Teil des Entgelts vor Ausführung der Leistung vereinnahmt, ist die Rechnung innerhalb von sechs Monaten nach Vereinnahmung des Entgelts oder des Teilentgelts auszustellen. ³Die Verpflichtung zur Erteilung einer Rechnung besteht auch dann, wenn es sich beim Leistungsempfänger nicht um einen Unternehmer handelt, der die Leistung für sein Unternehmen bezieht, und ist nicht davon abhängig, ob der Empfänger der steuerpflichtigen Werklieferung oder sonstigen Leistung der Eigentümer des Grundstücks ist. ⁴Die Verpflichtung zur Erteilung einer Rechnung bei steuerpflichtigen Werklieferungen oder sonstigen Leistungen im Zusammenhang mit einem Grundstück gilt auch für Kleinunternehmer im Sinne des § 19 Abs. 1 UStG und Land- und Forstwirte, die die Durchschnittssatzbesteuerung nach § 24 UStG anwenden. ⁵Für steuerpflichtige sonstige Leistungen der in § 4 Nr. 12 Satz 1 und 2 UStG bezeichneten Art, die weder an einen anderen Unternehmer für dessen Unternehmen noch an eine juristische Person erbracht werden, besteht keine Rechnungserteilungspflicht. ⁶Gemäß § 14 Abs. 2 Satz 1 Nr. 2 UStG ist der Unternehmer bei Ausführung von Lieferungen oder sonstigen Leistungen an einen anderen Unternehmer für dessen Unternehmen oder an eine juristische Person, soweit sie nicht Unternehmer ist, grundsätzlich verpflichtet, innerhalb von sechs Monaten nach Ausführung der Leistung eine Rechnung auszustellen. ⁷Die Verpflichtung zur Rechnungserteilung in den Fällen des Satzes 6 entfällt, wenn die Leistungen nach § 4 Nr. 8 bis 28 UStG steuerfrei sind und den Leistungsempfänger grundsätzlich nicht zum Vorsteuerabzug berechtigen. ⁸Die zusätzlichen Pflichten bei der Ausstellung von Rechnungen in besonderen Fällen nach § 14a UStG bleiben hiervon unberührt. ⁹Eine Rechnung kann durch den leistenden Unternehmer selbst oder durch einen von ihm beauftragten Dritten, im Namen und für Rechnung des Unternehmers abgerechnet werden (§ 14 Abs. 2 Satz 4 UStG), ausgestellt werden. ¹⁰Der Leistungsempfänger kann nicht Dritter sein. ¹¹Zur Rechnungsausstellung durch den Leistungsempfänger vgl. Abschnitt 14.3. ¹²Bedient sich der leistende Unternehmer zur Rechnungserstellung eines Dritten, hat der leistende Unternehmer sicher zu stellen, dass der Dritte die Einhaltung der sich aus §§ 14 und 14a UStG ergebenden formalen Voraussetzungen gewährleistet.

(4) ¹Sog. Innenumsätze, z. B. zwischen Betriebsabteilungen desselben Unternehmens oder innerhalb eines Organkreises, sind innerbetriebliche Vorgänge. ²Werden für sie Belege mit gesondertem Steuerausweis ausgestellt, so handelt es sich umsatzsteuerrechtlich nicht um Rechnungen, sondern um unternehmensinterne Buchungsbelege. ³Die darin ausgewiesene Steuer wird nicht nach § 14c Abs. 2 UStG geschuldet *(vgl. BFH-Urteil vom 28. 10. 2010, V R 7/10, BStBl 2011 II S. 391, und Abschnitt 14c.2 Abs. 2a).*

(5) ¹Der Anspruch nach § 14 Abs. 2 UStG auf Erteilung einer Rechnung mit gesondert ausgewiesener Steuer steht dem umsatzsteuerrechtlichen Leistungsempfänger zu, sofern er eine juristische Person oder ein Unternehmer ist, der die Leistung für sein Unternehmen bezogen hat. ²Hierbei handelt es sich um einen zivilrechtlichen Anspruch, der gem. § 13 GVG vor den ordentlichen

Gerichten geltend zu machen ist (vgl. BGH-Urteil vom 11. 12. 1974, VIII ZR 186/73, NJW 1975 S. 310). ³Dieser Anspruch (Erfüllung einer aus § 242 BGB abgeleiteten zivilrechtlichen Nebenpflicht aus dem zu Grunde liegenden Schuldverhältnis) setzt voraus, dass der leistende Unternehmer zur Rechnungsausstellung mit gesondertem Steuerausweis berechtigt ist und ihn zivilrechtlich die Abrechnungslast trifft (vgl. BFH-Urteil vom 4. 3. 1982, V R 107/79, BStBl II S. 309). ⁴Die Verjährung richtet sich nach § 195 BGB; weiterhin gelten die allgemeinen Vorschriften des BGB über die Verjährung. ⁵Ist es ernstlich zweifelhaft, ob eine Leistung der Umsatzsteuer unterliegt, so kann der Leistungsempfänger die Erteilung einer Rechnung mit gesondert ausgewiesener Steuer nur verlangen, wenn der Vorgang bestandskräftig der Umsatzsteuer unterworfen wurde (vgl. BGH-Urteile vom 24. 2. 1988, VIII ZR 64/87, UR 1988 S. 183, und vom 10. 11. 1988, VII ZR 137/87, UR 1989 S. 121, **und BFH-Urteil vom 30. 3. 2011, XI R 12/08, BStBl II S. 819**). ⁶Zu der Möglichkeit des Leistungsempfängers, die Steuerpflicht des Vorgangs auch durch eine Feststellungsklage nach § 41 FGO klären zu lassen, vgl. BFH-Urteil vom 10. 7. 1997, V R 94/96, BStBl II S. 707. ⁷Nach Eröffnung des Insolvenzverfahrens ist der Anspruch auf Ausstellung einer Rechnung nach § 14 Abs. 1 UStG vom Insolvenzverwalter auch dann zu erfüllen, wenn die Leistung vor Eröffnung des Insolvenzverfahrens bewirkt wurde (vgl. BGH-Urteil vom 6. 5. 1981, VIII ZR 45/80, UR 1982 S. 55, DB 1981 S. 1770, zum Konkursverfahren).

AE 14.2

14.2. Rechnungserteilungspflicht bei Leistungen im Zusammenhang mit einem Grundstück

S 7280

(1) ¹Der Begriff der steuerpflichtigen Werklieferungen oder sonstigen Leistungen im Zusammenhang mit einem Grundstück umfasst die Bauleistungen des § 13b Abs. 2 Nr. 4 UStG und darüber hinaus die sonstigen Leistungen im Zusammenhang mit einem Grundstück im Sinne des § 3a Abs. 3 Nr. 1 UStG. ²Hinsichtlich des Begriffs der steuerpflichtigen sonstigen Leistungen im Zusammenhang mit einem Grundstück wird auch auf Abschnitt 3a.3 verwiesen.

(2) ¹Demnach gehören zu den Leistungen, bei denen nach § 14 Abs. 2 Satz 1 Nr. 1 UStG eine Verpflichtung zur Rechnungserteilung besteht, zunächst alle Bauleistungen, bei denen die Steuerschuld unter den weiteren Voraussetzungen des § 13b Abs. 2 Nr. 4 UStG auf den Leistungsempfänger übergehen kann (vgl. Abschnitt 13b.1). ²Weiter gehören dazu die steuerpflichtigen Werklieferungen oder sonstigen Leistungen, die der Erschließung von Grundstücken oder der Vorbereitung von Bauleistungen dienen. ³Damit sind z. B. auch die folgenden Leistungen von der Rechnungserteilungspflicht erfasst:

– Planerische Leistungen (z. B. von Statikern, Architekten, Garten- und Innenarchitekten, Vermessungs-, Prüf- und Bauingenieuren);
– Labordienstleistungen (z. B. die chemische Analyse von Baustoffen oder Bodenproben);
– reine Leistungen der Bauüberwachung;
– Leistungen zur Prüfung von Bauabrechnungen;
– Leistungen zur Durchführung von Ausschreibungen und Vergaben;
– Abbruch- oder Erdarbeiten.

(3) ¹Die steuerpflichtige Werklieferung oder sonstige Leistung muss in engem Zusammenhang mit einem Grundstück stehen. ²Ein enger Zusammenhang ist gegeben, wenn sich die Werklieferung oder sonstige Leistung nach den tatsächlichen Umständen überwiegend auf die Bebauung, Verwertung, Nutzung oder Unterhaltung, aber auch Veräußerung oder den Erwerb des Grundstücks selbst bezieht. ³Daher besteht auch bei der Erbringung u. a. folgender Leistungen eine Verpflichtung zur Erteilung einer Rechnung:

– Zur Verfügung stellen von Betonpumpen oder von anderem Baugerät;
– Aufstellen von Material- oder Bürocontainern;
– Aufstellen von mobilen Toilettenhäusern;
– Entsorgung von Baumaterial (z. B. Schuttabfuhr durch ein Abfuhrunternehmen);
– Gerüstbau;
– bloße Reinigung von Räumlichkeiten oder Flächen (z. B. Fensterreinigung);
– Instandhaltungs-, Reparatur-, Wartungs- oder Renovierungsarbeiten an Bauwerken oder Teilen von Bauwerken (z. B. Klempner- oder Malerarbeiten);
– Anlegen von Grünanlagen und Bepflanzungen und deren Pflege (z. B. Bäume, Gehölze, Blumen, Rasen);
– Beurkundung von Grundstückskaufverträgen durch Notare;
– Vermittlungsleistungen der Makler bei Grundstücksveräußerungen oder Vermietungen.

(4) Sofern selbständige Leistungen vorliegen, sind folgende Leistungen keine Leistungen im Zusammenhang mit einem Grundstück, bei denen nach § 14 Abs. 2 Satz 1 Nr. 1 UStG die Verpflichtung zur Erteilung einer Rechnung besteht:
- Veröffentlichung von Immobilienanzeigen, z. B. durch Zeitungen;
- Rechts- und Steuerberatung in Grundstückssachen.

(5) [1]Alltägliche Geschäfte, die mit einem Kaufvertrag abgeschlossen werden (z. B. der Erwerb von Gegenständen durch einen Nichtunternehmer in einem Baumarkt), unterliegen nicht der Verpflichtung zur Rechnungserteilung. [2]Auch die Lieferung von Baumaterial auf eine Baustelle eines Nichtunternehmers oder eines Unternehmers, der das Baumaterial für seinen nichtunternehmerischen Bereich bezieht, wird nicht von der Verpflichtung zur Erteilung einer Rechnung umfasst.

14.3. Rechnung in Form der Gutschrift

AE 14.3

(1) [1]Eine Gutschrift ist eine Rechnung, die vom Leistungsempfänger ausgestellt wird (§ 14 Abs. 2 Satz 2 UStG). [2]Eine Gutschrift kann auch durch juristische Personen, die nicht Unternehmer sind, ausgestellt werden. [3]Der Leistungsempfänger kann mit der Ausstellung einer Gutschrift auch einen Dritten beauftragen, der im Namen und für Rechnung des Leistungsempfängers abrechnet (§ 14 Abs. 2 Satz 4 UStG). [4]Eine Gutschrift kann auch ausgestellt werden, wenn über steuerfreie Umsätze abgerechnet wird oder wenn beim leistenden Unternehmer nach § 19 Abs. 1 UStG die Steuer nicht erhoben wird. [5]Dies kann dazu führen, dass der Empfänger der Gutschrift unrichtig oder unberechtigt ausgewiesene Steuer nach § 14c UStG schuldet. [6]Keine Gutschrift ist die im allgemeinen Sprachgebrauch ebenso bezeichnete Korrektur einer zuvor ergangenen Rechnung.

S 7288

(2) [1]Die am Leistungsaustausch Beteiligten können frei vereinbaren, ob der leistende Unternehmer oder der in § 14 Abs. 2 Satz 1 Nr. 2 UStG bezeichnete Leistungsempfänger abrechnet. [2]Die Vereinbarung hierüber muss vor der Abrechnung getroffen sein und kann sich aus Verträgen oder sonstigen Geschäftsunterlagen ergeben. [3]Sie ist an keine besondere Form gebunden und kann auch mündlich getroffen werden. [4]Die Gutschrift ist innerhalb von sechs Monaten zu erteilen (vgl. Abschnitt 14.1 Abs. 3).

(3) [1]Voraussetzung für die Wirksamkeit einer Gutschrift ist, dass die Gutschrift dem leistenden Unternehmer übermittelt worden ist und dieser dem ihm zugeleiteten Dokument nicht widerspricht (§ 14 Abs. 2 Satz 3 UStG). [2]Die Gutschrift ist übermittelt, wenn sie dem leistenden Unternehmer so zugänglich gemacht worden ist, dass er von ihrem Inhalt Kenntnis nehmen kann (vgl. BFH-Urteil vom 15. 9. 1994, XI R 56/93, BStBl 1995 II S. 275).

(4) [1]Der leistende Unternehmer kann der Gutschrift widersprechen. [2]Der Widerspruch wirkt – auch für den Vorsteuerabzug des Leistungsempfängers – erst in dem Besteuerungszeitraum, in dem er erklärt wird (vgl. BFH-Urteil vom 19. 5. 1993, V R 110/88, BStBl II S. 779, und Abschnitt 15.2 Abs. 13). [3]Mit dem Widerspruch verliert die Gutschrift die Wirkung als Rechnung. [4]Die Wirksamkeit des Widerspruchs setzt den Zugang beim Gutschriftsaussteller voraus.

14.4. Elektronisch übermittelte Rechnung

AE 14.4

(1) [1]Rechnungen können – vorbehaltlich der Zustimmung des Empfängers – auch auf elektronischem Weg übermittelt werden (§ 14 Abs. 1 Satz 2 UStG). [2]Die Zustimmung des Empfängers der elektronisch übermittelten Rechnung bedarf dabei keiner besonderen Form; es muss lediglich Einvernehmen zwischen Rechnungsaussteller und Rechnungsempfänger darüber bestehen, dass die Rechnung elektronisch übermittelt werden soll. [3]Die Zustimmung kann z. B. in Form einer Rahmenvereinbarung erklärt werden. [4]Sie kann auch nachträglich erklärt werden. [5]Es genügt aber auch, dass die Beteiligten diese Verfahrensweise tatsächlich praktizieren und damit stillschweigend billigen.

S 7287-a

(2) [1]Nach § 14 Abs. 3 UStG sind bei elektronischer Übermittlung der Rechnung die Echtheit der Herkunft und die Unversehrtheit des Inhalts zu gewährleisten. [2]Dies kann auf zwei Arten erfolgen:
- mit qualifizierter elektronischer Signatur oder mit qualifizierter elektronischer Signatur mit Anbieter-Akkreditierung nach dem Signaturgesetz (§ 14 Abs. 3 Nr. 1 UStG) oder
- im EDI-Verfahren (§ 14 Abs. 3 Nr. 2 UStG).

[3]Der Aufbau und der Ablauf des bei der elektronischen Übermittlung einer Rechnung angewandten Verfahrens müssen für das Finanzamt innerhalb angemessener Frist nachprüfbar sein (§ 145 AO). [4]Dies setzt eine Dokumentation voraus, dass das Verfahren den Anforderungen der Grundsätze ordnungsgemäßer DV-gestützter Buchführungssysteme (GoBS) genügt (Anlage zum BMF-Schreiben vom 7. 11. 1995, BStBl I S. 738). [5]Bei der Prüfung elektronisch übermittelter Rechnungen i. S. d. § 14 Abs. 3 UStG sind die Grundsätze des BMF-Schreibens vom 16. 7. 2001, BStBl I S. 415, über die Grundsätze zum Datenzugriff und zur Prüfbarkeit digitaler Unterlagen (GDPdU) zu beachten. [6]Fordert das Finanzamt den Unternehmer zur Vorlage der Rechnung auf, ist es nicht zu beanstanden, wenn der Unternehmer als vorläufigen Nachweis einen Ausdruck der elektro-

nisch übermittelten Rechnung vorlegt. [7]Dies entbindet den Unternehmer allerdings nicht von der Verpflichtung, auf Anforderung nachzuweisen, dass die elektronisch übermittelte Rechnung die Voraussetzungen des § 14 Abs. 3 UStG erfüllt.

Qualifizierte elektronische Signatur

(3) [1]Gemäß § 14 Abs. 3 Nr. 1 UStG ist eine elektronisch übermittelte Rechnung mit einer qualifizierten elektronischen Signatur (§ 2 Nr. 3 SigG) oder mit einer qualifizierten elektronischen Signatur mit Anbieter-Akkreditierung (§ 2 Nr. 15 SigG) zu versehen. [2]Zur Erstellung der Signatur wird ein qualifiziertes Zertifikat benötigt, das von einem Zertifizierungsdiensteanbieter ausgestellt wird und mit dem die Identität des Zertifikatsinhabers bestätigt wird (§ 2 Nr. 7 SigG). [3]Dieses Zertifikat kann nach § 2 Nr. 7 SigG nur auf natürliche Personen ausgestellt werden. [4]Es ist zulässig, dass eine oder mehrere natürliche Personen im Unternehmen bevollmächtigt werden, für den Unternehmer zu signieren. [5]Eine Verlagerung der dem leistenden Unternehmer oder dem von diesem beauftragten Dritten obliegenden steuerlichen Verpflichtungen ist damit jedoch nicht verbunden. [6]Der Zertifikatsinhaber kann zusätzliche Attribute einsetzen (vgl. § 7 SigG). [7]Ein Attribut kann z. B. lauten „Frau Musterfrau ist Handlungsbevollmächtigte des Unternehmers A und berechtigt, für Unternehmer A Rechnungen bis zu einer Höhe von 100 000 € Gesamtbetrag zu unterzeichnen". [8]Auch Vertreterregelungen und ggf. erforderliche Zeichnungsberechtigungen, die an die Unterzeichnung durch mehrere Berechtigte gekoppelt sind, können durch Attribute abgebildet werden. [9]Nach § 5 Abs. 3 SigG kann in einem qualifizierten Zertifikat auf Verlangen des Zertifikatsinhabers anstelle seines Namens ein Pseudonym aufgeführt werden. [10]Das Finanzamt hat gemäß § 14 Abs. 2 SigG einen Anspruch auf Auskunft gegenüber dem Zertifizierungsdiensteanbieter, soweit dies zur Erfüllung der gesetzlichen Aufgaben erforderlich ist. [11]Für die Erstellung qualifizierter elektronischer Signaturen sind alle technischen Verfahren (z. B. Smart-Card, „Kryptobox") zulässig, die den Vorgaben des Signaturgesetzes entsprechen. [12]Der Unternehmer hat die Voraussetzungen auf Anforderung nachzuweisen. [13]Der Rechnungsaussteller kann die Rechnungen auch in einem automatisierten Massenverfahren signieren. [14]Es ist zulässig, mehrere Rechnungen an einen Rechnungsempfänger in einer Datei zusammenzufassen und diese Datei mit nur einer qualifizierten elektronischen Signatur an den Empfänger zu übermitteln.

Elektronischer Datenaustausch (EDI-Rechnungen)

(4) [1]Gemäß § 14 Abs. 3 Nr. 2 UStG ist es zulässig, eine Rechnung im EDI-Verfahren zu übermitteln. [2]Voraussetzung für die Anerkennung der im EDI-Verfahren übermittelten Rechnungen ist, dass über den elektronischen Datenaustausch eine Vereinbarung nach Artikel 2 der Empfehlung 94/820/EG der Kommission vom 19. 10. 1994 über die rechtlichen Aspekte des elektronischen Datenaustausches, ABl. EG Nr. L 338 S. 98, besteht, in der der Einsatz von Verfahren vorgesehen ist, die die Echtheit der Herkunft und die Unversehrtheit der Daten gewährleisten.

Sonderregelungen

(5) [1]Auch bei Rechnungen, die per Telefax oder E-Mail übermittelt werden, und bei als Rechnungen geltenden Fahrausweisen i. S. d. § 34 UStDV, die im Online-Verfahren erstellt werden, handelt es sich um elektronisch übermittelte Rechnungen. [2]Hierfür gelten unter der Voraussetzung, dass die Echtheit der Herkunft und die Unversehrtheit des Inhalts der Rechnung im Einzelfall gegeben sind, folgende Sonderregelungen:

1. Per Telefax oder E-Mail übermittelte Rechnung

   [1]Bei der Übermittlung von Rechnungen per Telefax ist nur die Übertragung von Standard-Telefax an Standard-Telefax zulässig. [2]Voraussetzung für die Anerkennung zum Zweck des Vorsteuerabzugs ist, dass der Leistungsempfänger die eingehende Telefax-Rechnung in ausgedruckter Form aufbewahrt. [3]Zur Aufbewahrung des Ausdrucks vgl. auch Abschnitt 14b.1 Abs. 6. [4]Bei allen anderen Telefax-Übertragungsformen wie z. B. Übertragung von Standard-Telefax an Computer-Telefax/Fax-Server, Übertragung von Computer-Telefax/Fax-Server an Standard-Telefax und Übertragung von Computer-Telefax/Fax-Server an Computer-Telefax/Fax-Server sowie bei Übermittlung der Rechnung per E-Mail ist entsprechend § 14 Abs. 3 Nr. 1 UStG eine qualifizierte elektronische Signatur oder eine qualifizierte elektronische Signatur mit Anbieter-Akkreditierung erforderlich, um die Echtheit der Herkunft und die Unversehrtheit der Daten zu gewährleisten.

2. Online-Fahrausweise

   [7]Bei Fahrausweisen (§ 34 UStDV) ist es für Zwecke des Vorsteuerabzugs nicht zu beanstanden, wenn der Fahrausweis im Online-Verfahren abgerufen wird und durch das Verfahren sichergestellt ist, dass eine Belastung auf einem Konto erfolgt. [8]Zusätzlich hat der Rechnungsempfänger einen Papierausdruck des im Online-Verfahren abgerufenen Dokuments aufzubewahren, das die nach § 34 UStDV erforderlichen Angaben enthält.

§ 14 UStG
AE 14.4, AE 14.5

(6) ¹Eine Gutschrift auf elektronischem Weg ist zulässig. ²Dabei ist die Gutschrift durch den Leistungsempfänger mindestens mit einer qualifizierten elektronischen Signatur zu versehen. ³Die Sonderregelungen nach Absatz 5 gelten entsprechend.

(7) ¹Eine Rechnung kann im Namen und für Rechnung des Unternehmers oder eines in § 14 Abs. 2 Satz 1 Nr. 2 UStG bezeichneten Leistungsempfängers von einem Dritten ausgestellt werden (§ 14 Abs. 2 Satz 4 UStG). ²Dies gilt auch für elektronisch übermittelte Rechnungen. ³Bei der Einschaltung von Dritten werden eine oder mehrere natürliche Personen beim Dritten bevollmächtigt, für den leistenden Unternehmer oder im Fall der Gutschrift für den Leistungsempfänger Rechnungen mindestens mit einer qualifizierten elektronischen Signatur zu versehen. ⁴Die Anforderungen des § 14 Abs. 3 UStG gelten nicht für die Übermittlung der Daten vom leistenden Unternehmer oder vom Leistungsempfänger zum Zweck der Rechnungserstellung an den Dritten. ⁵Der Dritte ist nach § 93 ff. AO verpflichtet, dem Finanzamt die Prüfung des Verfahrens durch Erteilung von Auskünften und Vorlage von Unterlagen in seinen Räumen zu gestatten. ⁶Der Empfänger einer elektronisch übermittelten Rechnung, die mindestens einer qualifizierten elektronischen Signatur versehen wurde, kann die ihm nach den GDPdU vorgeschriebenen Prüfungsschritte auch auf einen Dritten übertragen. ⁷Dies gilt insbesondere für die entsprechende Prüfung einer elektronisch übermittelten Rechnung in Form einer Gutschrift mit mindestens einer qualifizierten elektronischen Signatur.

14.5. Pflichtangaben in der Rechnung

AE 14.5

(1) ¹§ 14 Abs. 4 und § 14a UStG gelten nur für Rechnungen an andere Unternehmer oder an juristische Personen, soweit sie nicht Unternehmer sind, sowie an andere Leistungsempfänger, die in § 14a UStG bezeichnet sind. ²Dabei ist es unerheblich, ob es sich um steuerpflichtige oder steuerfreie Leistungen oder um Teilleistungen handelt oder ob die Sonderregelungen nach den §§ 23 bis 25c UStG angewendet werden. ³Sofern eine Verpflichtung zur Erteilung einer Rechnung besteht, muss die Rechnung alle Pflichtangaben, die sich aus § 14 Abs. 4, § 14a UStG sowie aus den §§ 33 und 34 UStDV ergeben, enthalten und die übrigen formalen Voraussetzungen des § 14 UStG erfüllen. ⁴Die Gesamtheit aller Dokumente, die die nach § 14 Abs. 4 und § 14a UStG geforderten Angaben insgesamt enthalten, bildet die Rechnung. ⁵In einem Dokument fehlende Angaben müssen in anderen Dokumenten enthalten sein. ⁶In einem dieser Dokumente müssen mindestens das Entgelt und der Steuerbetrag angegeben werden. ⁷Außerdem sind in diesem Dokument alle anderen Dokumente zu bezeichnen, aus denen sich die nach § 14 Abs. 4 und § 14a UStG erforderlichen Angaben insgesamt ergeben (§ 31 Abs. 1 UStDV). ⁸Alle Dokumente müssen vom Rechnungsaussteller erstellt werden. ⁹Im Fall der Gutschrift muss deshalb der Gutschriftsaussteller alle Dokumente erstellen. ¹⁰Ist ein Dritter mit der Rechnungserstellung beauftragt (§ 14 Abs. 2 Satz 4 UStG), ist auch derjenige, der den Dritten mit der Rechnungserstellung beauftragt hat, zur Erstellung der fehlenden Dokumente berechtigt. ¹¹Hinsichtlich der Leistungsbeschreibung ist es zulässig, auf den vom leistenden Unternehmer erstellten Lieferschein Bezug zu nehmen.

S 7280-a

Name und Anschrift des leistenden Unternehmers und des Leistungsempfängers

(2) ¹Gemäß § 14 Abs. 4 Satz 1 Nr. 1 UStG sind in der Rechnung der Name und die Anschrift des leistenden Unternehmers und des Leistungsempfängers jeweils vollständig anzugeben. ²Dabei ist es gemäß § 31 Abs. 2 UStDV ausreichend, wenn sich auf Grund der in die Rechnung aufgenommenen Bezeichnungen der Name und die Anschrift sowohl des leistenden Unternehmers als auch des Leistungsempfängers eindeutig feststellen lassen. ³Verfügt der Leistungsempfänger über ein Postfach oder über eine Großkundenadresse, ist es ausreichend, wenn diese Daten anstelle der Anschrift angegeben werden.

(3) ¹Auch in einer Rechnung, die unter Nennung nur des Namens des Leistungsempfängers mit „c/o" an einen Dritten adressiert ist, muss entsprechend § 14 Abs. 4 Satz 1 Nr. 1 UStG und den Vereinfachungen des § 31 Abs. 2 und 3 UStDV die Identität des Leistungsempfängers leicht und eindeutig feststellbar sein. ²Die Anschrift des Dritten gilt in diesen Fällen nicht als betriebliche Anschrift des Leistungsempfängers, wenn dieser unter der Anschrift des Dritten nicht gleichzeitig über eine Zweigniederlassung, eine Betriebsstätte oder einen Betriebsteil verfügt. ³Dies gilt auch dann, wenn der beauftragte Dritte mit der Bearbeitung des gesamten Rechnungswesens des Leistungsempfängers beauftragt ist. ⁴Die Sätze 1 bis 3 gelten in den Fällen der Rechnungserteilung durch einen vom leistenden Unternehmer beauftragten Dritten entsprechend.

(4) ¹Im Fall der umsatzsteuerlichen Organschaft kann der Name und die Anschrift der Organgesellschaft angegeben werden, wenn der leistende Unternehmer oder der Leistungsempfänger unter dem Namen und der Anschrift der Organgesellschaft die Leistung erbracht bzw. bezogen hat. ²Bei Unternehmern, die über mehrere Zweigniederlassungen, Betriebsstätten oder Betriebsteile verfügen, gilt jede betriebliche Anschrift als vollständige Anschrift.

§ 14 UStG
AE 14.5

Steuernummer oder USt-IdNr. des leistenden Unternehmers

(5) [1]Gemäß § 14 Abs. 4 Satz 1 Nr. 2 UStG muss der leistende Unternehmer in der Rechnung entweder die ihm vom inländischen Finanzamt erteilte Steuernummer oder die vom BZSt erteilte USt-IdNr. angeben. [2]Wurde dem leistenden Unternehmer keine USt-IdNr. erteilt, ist zwingend die erteilte Steuernummer anzugeben *(vgl. BFH-Urteil vom 2. 9. 2010, V R 55/09, BStBl 2011 II S. 235)*. [3]Wenn das Finanzamt eine gesonderte Steuernummer für Zwecke der Umsatzbesteuerung erteilt hat (z. B. bei von der Zuständigkeit nach dem Betriebssitz abweichender Zuständigkeit nach § 21 AO), ist diese anzugeben. [4]Erteilt das Finanzamt dem leistenden Unternehmer eine neue Steuernummer (z. B. bei Verlagerung des Unternehmenssitzes), ist nur noch diese zu verwenden. [5]Es ist nicht erforderlich, dass der Unternehmer die vom Finanzamt erteilte Steuernummer um zusätzliche Angaben (z. B. Name und Anschrift des Finanzamts, Finanzamtsnummer oder Länderschlüssel) ergänzt. [6]Im Fall der Gutschrift ist die Steuernummer bzw. die USt-IdNr. des leistenden Unternehmers und nicht die des die Gutschrift erteilenden Leistungsempfängers anzugeben. [7]Zu diesem Zweck hat der leistende Unternehmer (Gutschriftsempfänger) dem Aussteller der Gutschrift seine Steuernummer oder USt-IdNr. mitzuteilen. [8]Dies gilt auch für einen ausländischen Unternehmer, dem von einem inländischen Finanzamt eine Steuernummer oder vom BZSt eine USt-IdNr. erteilt wurde. *[9]Hinsichtlich des Anspruchs natürlicher Personen auf Erteilung einer Steuernummer für Umsatzsteuerzwecke vgl. BFH-Urteil vom 23. 9. 2009, II R 66/07, BStBl 2010 II S. 712, und BMF-Schreiben vom 1. 7. 2010, BStBl I S. 625.*

(6) [1]Leistet ein Unternehmer im eigenen Namen (Eigengeschäft) und vermittelt er einen Umsatz in fremdem Namen und für fremde Rechnung (vermittelter Umsatz), gilt für die Angabe der Steuernummer oder der USt-IdNr. Folgendes:

– [2]Für das Eigengeschäft gibt der leistende Unternehmer seine Steuernummer oder USt-IdNr. an.

– [3]Rechnet der Unternehmer über einen vermittelten Umsatz ab (z. B. Tankstellenbetreiber, Reisebüro), hat er die Steuernummer oder USt-IdNr. des leistenden Unternehmers (z. B. Mineralölgesellschaft, Reiseunternehmen) anzugeben.

– [4]Werden das Eigengeschäft und der vermittelte Umsatz in einer Rechnung aufgeführt (vgl. Abschnitt 14.10 Abs. 3), kann aus Vereinfachungsgründen der jeweilige Umsatz durch Kennziffern oder durch Symbole der jeweiligen Steuernummer oder USt-IdNr. zugeordnet werden. [5]Diese sind in der Rechnung oder in anderen Dokumenten (§ 31 UStDV) zu erläutern.

(7) Im Fall der umsatzsteuerlichen Organschaft muss die Organgesellschaft die ihr oder dem Organträger erteilte USt-IdNr. oder die Steuernummer des Organträgers angeben.

(8) Die Angabe der Steuernummer oder der USt-IdNr. ist vorbehaltlich der §§ 33 und 34 UStG auch erforderlich, wenn

– beim leistenden Unternehmer die Umsatzsteuer gemäß § 19 Abs. 1 UStG nicht erhoben wird,

– ausschließlich über steuerfreie Umsätze abgerechnet wird,

– der Leistungsempfänger gemäß § 13b Abs. 1 Satz 1 Nr. 2 bis 4 UStG Steuerschuldner ist (vgl. auch § 14a Abs. 5 UStG).

(9) [1]Ein Vertrag erfüllt die Anforderung des § 14 Abs. 4 Satz 1 Nr. 2 UStG, wenn er die Steuernummer oder die USt-IdNr. des leistenden Unternehmers enthält. [2]Ist in dem Vertrag die Steuernummer angegeben und erteilt das Finanzamt dem leistenden Unternehmer eine neue Steuernummer (z. B. bei Verlagerung des Unternehmenssitzes), ist der Vertragspartner in geeigneter Weise darüber zu informieren. [3]Die leichte Nachprüfbarkeit dieser Angabe muss beim Leistungsempfänger gewährleistet sein. [4]Es ist nicht erforderlich, dass auf den Zahlungsbelegen die Steuernummer oder die USt-IdNr. des leistenden Unternehmers angegeben ist.

Fortlaufende Nummer (Rechnungsnummer)

(10) [1]Durch die fortlaufende Nummer (Rechnungsnummer) soll sichergestellt werden, dass die vom Unternehmer erstellte Rechnung einmalig ist. [2]Bei der Erstellung der Rechnungsnummer ist es zulässig, eine oder mehrere Zahlen- oder Buchstabenreihen zu verwenden. [3]Auch eine Kombination von Ziffern mit Buchstaben ist möglich. [4]Eine lückenlose Abfolge der ausgestellten Rechnungsnummern ist nicht zwingend. [5]Es ist auch zulässig, im Rahmen eines weltweiten Abrechnungssystems verschiedener, in unterschiedlichen Ländern angesiedelter Konzerngesellschaften nur einen fortlaufenden Nummernkreis zu verwenden.

(11) [1]Bei der Erstellung der Rechnungsnummer bleibt es dem Rechnungsaussteller überlassen, wie viele und welche separaten Nummernkreise geschaffen werden, in denen eine fortlaufende Nummer jeweils einmalig vergeben wird. [2]Dabei sind Nummernkreise für zeitlich, geographisch oder organisatorisch abgegrenzte Bereiche zulässig, z. B. für Zeiträume (Monate, Wochen, Tage) verschiedene Filialen, Betriebsstätten einschließlich Organgesellschaften oder Bestandsobjekte. [3]Die einzelnen Nummernkreise müssen dabei nicht zwingend lückenlos sein. [4]Es muss jedoch gewährleistet sein (z. B. durch Vergabe einer bestimmten Klassifizierung für einen Nummernkreis)

dass die jeweilige Rechnung leicht und eindeutig dem jeweiligen Nummernkreis zugeordnet werden kann und die Rechnungsnummer einmalig ist.

(12) [1]Bei Verträgen über Dauerleistungen ist es ausreichend, wenn diese Verträge eine einmalige Nummer enthalten (z. B. Wohnungs- oder Objektnummer, Mieternummer). [2]Es ist nicht erforderlich, dass Zahlungsbelege eine gesonderte fortlaufende Nummer erhalten.

(13) [1]Im Fall der Gutschrift ist die fortlaufende Nummer durch den Gutschriftsaussteller zu vergeben. [2]Wird die Rechnung nach § 14 Abs. 2 Satz 4 UStG von einem Dritten ausgestellt, kann dieser die fortlaufende Nummer vergeben.

(14) Kleinbetragsrechnungen gemäß § 33 UStDV und Fahrausweise gemäß § 34 UStDV müssen keine fortlaufende Nummer enthalten.

Menge und Art der gelieferten Gegenstände oder Umfang und Art der sonstigen Leistung

(15) [1]Die Bezeichnung der Leistung muss eine eindeutige und leicht nachprüfbare Feststellung der Leistung ermöglichen, über die abgerechnet worden ist (BFH-Urteile vom 10. 11. 1994, V R 45/93, BStBl 1995 II S. 395 und vom 8. 10. 2008, V R 59/07, BStBl 2009 II S. 218). [2]Handelsüblich (§ 14 Abs. 4 Satz 1 Nr. 5 UStG) ist jede im Geschäftsverkehr für einen Gegenstand allgemein verwendete Bezeichnung, z. B. auch Markenartikelbezeichnungen. [3]Handelsübliche Sammelbezeichnungen sind ausreichend, wenn sie die Bestimmung des anzuwendenden Steuersatzes eindeutig ermöglichen, z. B. Baubeschläge, Büromöbel, Kurzwaren, Schnittblumen, Spirituosen, Tabakwaren, Waschmittel. [4]Bezeichnungen allgemeiner Art, die Gruppen verschiedenartiger Gegenstände umfassen, z. B. Geschenkartikel, reichen nicht aus. [5]Zur Verwendung der Geräteidentifikationsnummer als Bestandteil der handelsüblichen Bezeichnung des gelieferten Gegenstands vgl. BMF-Schreiben vom 1. 4. 2009, BStBl I S. 525.

Zeitpunkt der Leistung und Vereinnahmung des Entgelts

(16) [1]Gemäß § 14 Abs. 4 Satz 1 Nr. 6 UStG ist in der Rechnung der Zeitpunkt der Lieferung oder sonstigen Leistung anzugeben. [2]Dies gilt auch dann, wenn das Ausstellungsdatum der Rechnung (§ 14 Abs. 4 Satz 1 Nr. 3 UStG) mit dem Zeitpunkt der Lieferung oder der sonstigen Leistung übereinstimmt; in diesen Fällen genügt eine Angabe wie z. B. „Leistungsdatum entspricht Rechnungsdatum" (vgl. BFH-Urteil vom 17. 12. 2008, XI R 62/07, BStBl 2009 II S. 432). [3]Nach § 31 Abs. 4 UStDV kann als Zeitpunkt der Lieferung oder der sonstigen Leistung der Kalendermonat angegeben werden, in dem die Leistung ausgeführt wird. [4]Die Verpflichtung zur Angabe des Zeitpunkts der Lieferung oder der sonstigen Leistung besteht auch in den Fällen, in denen die Ausführung der Leistung gegen Barzahlung erfolgt. [5]Im Einzelnen gilt hierbei Folgendes:

1. Angabe des Zeitpunkts der Lieferung in einem Lieferschein:

    [1]Nach § 31 Abs. 1 UStDV kann eine Rechnung aus mehreren Dokumenten bestehen, aus denen sich die nach § 14 Abs. 4 Satz 1 UStG erforderlichen Angaben insgesamt ergeben. [2]Demzufolge können sich Rechnungsangaben auch aus einem in dem Dokument, in dem Entgelt und Steuerbetrag angegeben sind, zu bezeichnenden Lieferschein ergeben. [3]Sofern sich der nach § 14 Abs. 4 Satz 1 Nr. 6 UStG erforderliche Leistungszeitpunkt aus dem Lieferschein ergeben soll, ist es erforderlich, dass der Lieferschein neben dem Lieferscheindatum eine gesonderte Angabe des Leistungsdatums enthält. [4]Sofern das Leistungsdatum dem Lieferscheindatum entspricht, kann an Stelle der gesonderten Angabe des Leistungsdatums ein Hinweis in die Rechnung aufgenommen werden, dass das Lieferscheindatum dem Leistungsdatum entspricht.

2. Angabe des Zeitpunkts der Lieferung in den Fällen, in denen der Ort der Lieferung nach § 3 Abs. 6 UStG bestimmt wird:

    [1]In den Fällen, in denen der Gegenstand der Lieferung durch den Lieferer, den Abnehmer oder einen vom Lieferer oder vom Abnehmer beauftragten Dritten befördert oder versendet wird, gilt die Lieferung nach § 3 Abs. 6 Satz 1 UStG dort als ausgeführt, wo die Beförderung oder Versendung an den Abnehmer oder in dessen Auftrag an einen Dritten beginnt (vgl. Abschnitt 30). [2]Soweit es sich um eine Lieferung handelt, für die der Ort der Lieferung nach § 3 Abs. 6 UStG bestimmt wird, ist in der Rechnung als Tag der Lieferung der Tag des Beginns der Beförderung oder Versendung des Gegenstands der Lieferung anzugeben. [3]Dieser Tag ist auch maßgeblich für die Entstehung der Steuer nach § 13 Abs. 1 Nr. 1 Buchstabe a Satz 1 UStG (vgl. Abschnitt 13.1 Abs. 1 **und 2 Satz 5**).

3. Angabe des Zeitpunkts der Lieferung in anderen Fällen:

    [1]In allen Fällen, in denen sich der Ort der Lieferung nicht nach § 3 Abs. 6 UStG bestimmt, ist als Tag der Lieferung in der Rechnung der Tag der Verschaffung der Verfügungsmacht anzugeben. [2]Zum Begriff der Verschaffung der Verfügungsmacht vgl. Abschnitt 3.1 Abs. 2.

4. Angabe des Zeitpunkts der sonstigen Leistung:
¹Nach § 14 Abs. 4 Satz 1 Nr. 6 UStG ist in der Rechnung der Zeitpunkt der sonstigen Leistung anzugeben. ²Dies ist der Zeitpunkt, zu dem die sonstige Leistung ausgeführt ist. ³Sonstige Leistungen sind grundsätzlich im Zeitpunkt ihrer Vollendung ausgeführt. ⁴Bei zeitlich begrenzten Dauerleistungen ist die Leistung mit Beendigung des entsprechenden Rechtsverhältnisses ausgeführt, es sei denn, die Beteiligten hatten Teilleistungen vereinbart (vgl. Abschnitt 13.1 Abs. 3). ⁵Bei sonstigen Leistungen, die sich über mehrere Monate oder Jahre erstrecken, reicht die Angabe des gesamten Leistungszeitraums (z. B. „1. 1. 01 bis 31. 12. 01") aus.

5. Noch nicht ausgeführte Lieferung oder sonstige Leistung:
¹Wird über eine noch nicht ausgeführte Lieferung oder sonstige Leistung abgerechnet, handelt es sich um eine Rechnung über eine Anzahlung, in der die Angabe des Zeitpunkts der Vereinnahmung des Entgelts oder des Teilentgelts entsprechend § 14 Abs. 4 Satz 1 Nr. 6 UStG nur dann erforderlich ist, wenn der Zeitpunkt der Vereinnahmung bei der Rechnungsstellung feststeht und nicht mit dem Ausstellungsdatum der Rechnung übereinstimmt. ²Auch in diesem Fall reicht es aus, den Kalendermonat der Vereinnahmung anzugeben. ³Auf der Rechnung ist kenntlich zu machen, dass über eine noch nicht erbrachte Leistung abgerechnet wird (vgl. Abschnitt 14.8 Abs. 4).

(17) ¹Ist in einem Vertrag – z. B. Miet- oder Pachtvertrag, Wartungsvertrag oder Pauschalvertrag mit einem Steuerberater – der Zeitraum, über den sich die jeweilige Leistung oder Teilleistung erstreckt, nicht angegeben, reicht es aus, wenn sich dieser Zeitraum aus den einzelnen Zahlungsbelegen, z. B. aus den Überweisungsaufträgen oder den Kontoauszügen, ergibt. ²Soweit periodisch wiederkehrende Zahlungen im Rahmen eines Dauerschuldverhältnisses in der Höhe und zum Zeitpunkt der vertraglichen Fälligkeiten erfolgen und keine ausdrückliche Zahlungsbestimmung vorliegt, ergibt sich der Zeitpunkt der Leistung aus Vereinfachungsgründen durch die Zuordnung der Zahlung zu der Periode, in der sie geleistet wird. ³Dabei wird es nicht beanstandet, wenn der Zahlungsbeleg vom Leistungsempfänger ausgestellt wird.

Entgelt

(18) Gemäß § 14 Abs. 4 Satz 1 Nr. 7 UStG ist in der Rechnung das nach Steuersätzen und einzelnen Steuerbefreiungen aufgeschlüsselte Entgelt anzugeben.

Im Voraus vereinbarte Minderung des Entgelts

(19) ¹Zusätzlich ist jede im Voraus vereinbarte Minderung des Entgelts, sofern sie nicht bereits im Entgelt berücksichtigt ist, anzugeben. ²Dies bedeutet im Fall der Vereinbarung von Boni, Skonti und Rabatten, bei denen im Zeitpunkt der Rechnungserstellung die Höhe der Entgeltsminderung nicht feststeht, dass in der Rechnung auf die entsprechende Vereinbarung hinzuweisen ist (§ 31 Abs. 1 UStDV). ³Dies gilt sowohl im Fall des Steuerausweises in einer Rechnung als auch im Fall des Hinweises auf eine Steuerbefreiung. ⁴Da Vereinbarungen über Entgeltsminderungen ebenfalls Bestandteil einer Rechnung sind, gelten die sich aus § 14 Abs. 1 Satz 2 UStG ergebenden Formerfordernisse auch für diese. ⁵Sofern die Entgeltsminderungsvereinbarung in dem Dokument, in dem Entgelt und Steuerbetrag angegeben sind, nicht enthalten ist, muss diese als gesondertes Dokument schriftlich beim leistenden Unternehmer und beim Leistungsempfänger oder dem jeweils beauftragten Dritten vorliegen. ⁶Allerdings sind in dem Dokument, in dem das Entgelt und der darauf entfallende Steuerbetrag zusammengefasst angegeben sind, die anderen Dokumente zu bezeichnen, aus denen sich die übrigen Angaben ergeben (§ 31 Abs. 1 UStDV). ⁷Bei Rabatt- und Bonusvereinbarungen ist es deshalb ausreichend, wenn in dem Dokument, das zusammengefasst die Angabe des Entgelts und des darauf entfallenden Steuerbetrags enthält, auf die entsprechende Konditionsvereinbarung hingewiesen wird. ⁸Für eine leichte und eindeutige Nachprüfbarkeit ist allerdings eine hinreichend genaue Bezeichnung erforderlich. ⁹Dies ist gegeben, wenn die Dokumente über die Entgeltsminderungsvereinbarung in Schriftform vorhanden sind und auf Nachfrage ohne Zeitverzögerung bezogen auf die jeweilige Rechnung vorgelegt werden können. ¹⁰Ändert sich eine vor Ausführung der Leistung getroffene Vereinbarung nach diesem Zeitpunkt, ist es nicht erforderlich, die Rechnung zu berichtigen. ¹¹Die Verpflichtung zur Angabe der im Voraus vereinbarten Minderungen des Entgelts bezieht sich nur auf solche Vereinbarungen, die der Leistungsempfänger gegenüber dem leistenden Unternehmer unmittelbar geltend machen kann. ¹²Vereinbarungen des leistenden Unternehmers mit Dritten, die nicht Leistungsempfänger sind, müssen in der Rechnung nicht bezeichnet werden. ¹³Bei Skontovereinbarungen genügt eine Angabe wie z. B. „2 % Skonto bei Zahlung bis" den Anforderungen des § 14 Abs. 4 Satz 1 Nr. 7 UStG. ¹⁴Das Skonto muss nicht betragsmäßig (weder mit dem Bruttobetrag noch mit dem Nettobetrag zzgl. USt) ausgewiesen werden. ¹⁵Ein Belegaustausch ist bei tatsächlicher Inanspruchnahme der im Voraus vereinbarten Entgeltsminderung nicht erforderlich (vgl. aber Abschnitt 17.1 Abs. 3 Satz 4).

Steuersatz und Steuerbetrag oder Hinweis auf eine Steuerbefreiung

(20) [1]Gemäß § 14 Abs. 4 Satz 1 Nr. 8 UStG ist in der Rechnung der Steuersatz sowie der auf das Entgelt entfallende Steuerbetrag oder im Fall der Steuerbefreiung ein Hinweis auf die Steuerbefreiung anzubringen. [2]Bei dem Hinweis auf eine Steuerbefreiung ist es nicht erforderlich, dass der Unternehmer die entsprechende Vorschrift des UStG oder der MwStSystRL nennt. [3]Allerdings soll in der Rechnung ein Hinweis auf den Grund der Steuerbefreiung enthalten sein. [4]Dabei reicht eine Angabe in umgangssprachlicher Form aus (z. B. „Ausfuhr", „innergemeinschaftliche Lieferung").

(21) [1]Die Regelung des § 32 UStDV für Rechnungen über Umsätze, die verschiedenen Steuersätzen unterliegen, gilt entsprechend, wenn in einer Rechnung neben steuerpflichtigen Umsätzen auch nicht steuerbare oder steuerfreie Umsätze aufgeführt werden. [2]Soweit Kosten für Nebenleistungen, z. B. für Beförderung, Verpackung, Versicherung, besonders berechnet werden, sind sie den unterschiedlich besteuerten Hauptleistungen entsprechend zuzuordnen. [3]Die Aufteilung ist nach geeigneten Merkmalen, z. B. nach dem Verhältnis der Werte oder Gewichte, vorzunehmen.

(22) In Rechnungen für Umsätze, auf die die Durchschnittssätze des § 24 Abs. 1 UStG anzuwenden sind, ist außer dem Steuerbetrag der für den Umsatz maßgebliche Durchschnittssatz anzugeben (§ 24 Abs. 1 Satz 5 UStG).

Hinweis auf die Aufbewahrungspflicht des Leistungsempfängers

(23) [1]Nach § 14 Abs. 4 Satz 1 Nr. 9 UStG ist der leistende Unternehmer bei Ausführung einer steuerpflichtigen Werklieferung oder sonstigen Leistung im Zusammenhang mit einem Grundstück verpflichtet, in der Rechnung auf die einem nichtunternehmerischen Leistungsempfänger nach § 14b Abs. 1 Satz 5 UStG obliegenden Aufbewahrungspflichten hinzuweisen. [2]Hierbei ist es ausreichend, wenn in der Rechnung z. B. ein allgemeiner Hinweis enthalten ist, dass ein nichtunternehmerischer Leistungsempfänger diese Rechnung zwei Jahre aufzubewahren hat. [3]Ein Hinweis auf die Aufbewahrungspflicht des Leistungsempfängers nach § 14b Abs. 1 Satz 5 UStG ist nicht erforderlich, wenn es sich bei der steuerpflichtigen Werklieferung oder sonstigen Leistung um eine Bauleistung im Sinne des § 13b Abs. 2 Nr. 4 UStG an einen anderen Unternehmer handelt, für die dieser die Umsatzsteuer schuldet, oder mit einer Kleinbetragsrechnung im Sinne des § 33 UStDV abgerechnet wird.

14.6. Rechnungen über Kleinbeträge

AE 14.6

S 7280

(1) [1]Gemäß § 33 UStDV sind in Rechnungen, deren Gesamtbetrag 150 € nicht übersteigt (Kleinbetragsrechnungen), abweichend von § 14 Abs. 4 UStG nur folgende Angaben erforderlich:

– Der vollständige Name und die vollständige Anschrift des leistenden Unternehmers;
– das Ausstellungsdatum;
– die Menge und die Art der gelieferten Gegenstände oder der Umfang und die Art der sonstigen Leistung und
– das Entgelt und der darauf entfallende Steuerbetrag in einer Summe sowie
– der anzuwendende Steuersatz oder
– im Fall einer Steuerbefreiung ein Hinweis darauf, dass für die Lieferung oder sonstige Leistung eine Steuerbefreiung gilt.

[2]Wird in einer Rechnung über verschiedene Leistungen abgerechnet, die verschiedenen Steuersätzen unterliegen, sind für die verschiedenen Steuersätzen unterliegenden Leistungen die jeweiligen Summen anzugeben.

(2) Dabei sind die übrigen formalen Voraussetzungen des § 14 UStG zu beachten. Die Grundsätze der §§ 31 (Angaben in der Rechnung) und 32 (Rechnungen über Umsätze, die verschiedenen Steuersätzen unterliegen) UStDV sind entsprechend anzuwenden.

(3) Wird über Leistungen im Sinne der §§ 3c (Ort der Lieferung in besonderen Fällen), 6a (innergemeinschaftliche Lieferung) oder 13b (Leistungsempfänger als Steuerschuldner) UStG abgerechnet, gilt § 33 UStDV nicht.

14.7. Fahrausweise als Rechnungen

AE 14.7

S 7280
S 7287

(1) [1]Fahrausweise (§ 34 UStDV) sind Dokumente, die einen Anspruch auf Beförderung von Personen gewähren. [2]Dazu gehören auch Zuschlagskarten für zuschlagspflichtige Züge, Platzkarten, Bettkarten und Liegekarten. [3]Mit Fahrscheindruckern ausgestellte Fahrscheine sind auch dann Fahrausweise im Sinne des § 34 UStDV, wenn auf ihnen der Steuersatz in Verbindung mit einem Symbol angegeben ist (z. B. „V" mit dem zusätzlichen Vermerk „V = 19 % USt"). [4]Keine Fahrausweise sind Rechnungen über die Benutzung eines Taxis oder Mietwagens.

(2) ¹Zeitfahrausweise (Zeitkarten) werden von den Verkehrsunternehmen in folgenden Formen ausgegeben:
1. Die Zeitkarte wird für jeden Gültigkeitszeitraum insgesamt neu ausgestellt;
2. ¹die Zeitkarte ist zweigeteilt in eine Stammkarte und eine Wertkarte oder Wertmarke. ²Hierbei gilt die Stammkarte, die lediglich der Identitätskontrolle dient, für einen längeren Zeitraum als die jeweilige Wertkarte oder Wertmarke.

²Beide Formen der Zeitkarten sind als Fahrausweise anzuerkennen, wenn sie die in § 34 Abs. 1 UStDV bezeichneten Angaben enthalten. ³Sind diese Angaben bei den unter Satz 1 Nummer 2 aufgeführten Zeitkarten insgesamt auf der Wertkarte oder der Wertmarke vermerkt, so sind diese Belege für sich allein als Fahrausweise anzusehen.

(3) ¹Fahrausweise gelten gemäß § 34 UStDV als Rechnungen, wenn sie die folgenden Angaben enthalten:
– den vollständigen Namen und die vollständige Anschrift des Unternehmers, der die Beförderungsleistung ausführt (§ 31 Abs. 2 UStDV ist entsprechend anzuwenden),
– das Ausstellungsdatum,
– das Entgelt und den darauf entfallenden Steuerbetrag in einer Summe,
– den anzuwendenden Steuersatz, wenn die Beförderungsleistung nicht dem ermäßigten Steuersatz nach § 12 Abs. 2 Nr. 10 UStG unterliegt,
– im Fall der Anwendung des § 26 Abs. 3 UStG ein Hinweis auf die grenzüberschreitende Beförderung im Luftverkehr.

²Auf Fahrausweisen der Eisenbahnen, die dem öffentlichen Verkehr dienen, kann an Stelle des Steuersatzes die Tarifentfernung angegeben werden. ³Die übrigen formalen Voraussetzungen des § 14 UStG sind zu beachten. ⁴Zur Erstellung von Fahrausweisen im Online-Verfahren vgl. Abschnitt 14.4 Abs. 5. ⁵Fahrausweise für eine grenzüberschreitende Beförderung im Personenverkehr und im internationalen Eisenbahn-Personenverkehr gelten nur dann als Rechnung i. S. d. § 14 UStG, wenn eine Bescheinigung des Beförderungsunternehmers oder seines Beauftragten darüber vorliegt, welcher Anteil des Beförderungspreises auf das Inland entfällt. ⁶In der Bescheinigung ist der Steuersatz anzugeben, der auf den auf das Inland entfallenden Teil der Beförderungsleistung anzuwenden ist. ⁷Die Ausführungen gelten für Belege im Reisegepäckverkehr entsprechend.

14.8. Rechnungserteilung bei der Istversteuerung von Anzahlungen

(1) ¹Aus Rechnungen über Zahlungen vor Ausführung der Leistung muss hervorgehen, dass damit Voraus- oder Anzahlungen (vgl. Abschnitt 13.5) abgerechnet werden, z. B. durch Angabe des voraussichtlichen Zeitpunkts der Leistung. ²Unerheblich ist, ob vor Ausführung der Leistung über das gesamte Entgelt oder nur einen Teil des Entgelts abgerechnet wird. ³Die Regelung gilt auch für die Unternehmer, die die Steuer gemäß § 20 UStG nach vereinnahmten Entgelten berechnen.

(2) ¹Sofern die berechneten Voraus- oder Anzahlungen nicht geleistet werden, tritt eine Besteuerung nach § 14c Abs. 2 UStG nicht ein. ²Das gilt auch dann, wenn der Unternehmer die Leistung nicht ausführt, es sei denn, die Leistung war von vornherein nicht beabsichtigt (vgl. BFH-Urteil vom 21. 2. 1980, V R 146/73, BStBl II S. 283).

(3) ¹Über Voraus- und Anzahlungen kann auch mit Gutschriften abgerechnet werden. ²In diesen Fällen gilt § 14 Abs. 2 Sätze 3 und 4 UStG (vgl. Abschnitt 14.3).

(4) ¹Für Rechnungen über Voraus- oder Anzahlungen ist § 14 Abs. 4 UStG sinngemäß anzuwenden (vgl. Abschnitt 14.5 ff.). ²In Rechnungen über Lieferungen oder sonstige Leistungen, auf die eine Voraus- oder Anzahlung geleistet wurde, müssen die Gegenstände der Lieferung oder die Art der sonstigen Leistung zum Zeitpunkt der Voraus- oder Anzahlung genau bestimmt sein (vgl. BFH-Urteil vom 24. 8. 2006, V R 16/05, BStBl 2007 II S. 340). ³Statt des Zeitpunkts der Lieferung oder sonstigen Leistung (§ 14 Abs. 4 Satz 1 Nr. 6 UStG) ist der voraussichtliche Zeitpunkt oder der Kalendermonat der Leistung anzugeben (§ 31 Abs. 4 UStDV). ⁴Haben die Beteiligten lediglich vereinbart, in welchem Zeitraum oder bis zu welchem Zeitpunkt die Leistung ausgeführt werden soll, ist dieser Zeitraum oder der betreffende Zeitpunkt in der Rechnung anzugeben. ⁵Ist der Leistungszeitpunkt noch nicht vereinbart worden, genügt es, dass dies aus der Rechnung hervorgeht. ⁶An die Stelle des Entgelts für die Lieferung oder sonstige Leistung tritt in einer Rechnung über eine Voraus- oder Anzahlung die Angabe des vor der Ausführung der Leistung vereinnahmten Entgelts oder Teilentgelts (§ 14 Abs. 4 Satz 1 Nr. 7 UStG). ⁷Außerdem ist in einer Rechnung über eine Voraus- oder Anzahlung der auf das Entgelt oder Teilentgelt entfallende Umsatzsteuerbetrag auszuweisen (§ 14 Abs. 4 Satz 1 Nr. 8 UStG).

(5) ¹In einer Rechnung über Zahlungen vor Ausführung der Leistung können mehrere oder alle Voraus- oder Anzahlungen zusammengefasst werden. ²Dabei genügt es, wenn der Unternehmer

den Gesamtbetrag der vorausgezahlten Teilentgelte und die darauf entfallende Steuer angibt. [3]Rechnungen mit gesondertem Steuerausweis können schon erteilt werden, bevor eine Voraus- oder Anzahlung vereinnahmt worden ist. [4]Ist das im Voraus vereinnahmte Entgelt oder Teilentgelt niedriger als in der Rechnung angegeben, so entsteht die Umsatzsteuer nur insoweit, als sie auf das tatsächlich vereinnahmte Entgelt oder Teilentgelt entfällt. [5]Einer Berichtigung der Rechnung bedarf es in diesem Falle nicht.

(6) [1]Der Unternehmer kann über die Leistung im Voraus eine Rechnung erteilen, in der das gesamte Entgelt und die Steuer für diese Leistung insgesamt gesondert ausgewiesen werden. [2]Zusätzliche Rechnungen über Voraus- oder Anzahlungen entfallen dann.

(7) [1]In einer Endrechnung, mit der ein Unternehmer über die ausgeführte Leistung insgesamt abrechnet, sind die vor der Ausführung der Leistung vereinnahmten Entgelte oder Teilentgelte sowie die hierauf entfallenden Steuerbeträge abzusetzen, wenn über diese Entgelte oder Teilentgelte Rechnungen mit gesondertem Steuerausweis erteilt worden sind (§ 14 Abs. 5 Satz 2 UStG). [2]Bei mehreren Voraus- oder Anzahlungen genügt es, wenn der Gesamtbetrag der vorausgezahlten Entgelte oder Teilentgelte und die Summe der darauf entfallenden Steuerbeträge abgesetzt werden. [3]Statt der vorausgezahlten Entgelte oder Teilentgelte und der Steuerbeträge können auch die Gesamtbeträge der Voraus- oder Anzahlungen abgesetzt und die darin enthaltenen Steuerbeträge zusätzlich angegeben werden. [4]Wird in der Endrechnung der Gesamtbetrag der Steuer für die Leistung angegeben, so braucht der auf das verbleibende restliche Entgelt entfallende Steuerbetrag nicht angegeben zu werden.

Beispiel 1:
Absetzung der einzelnen im Voraus vereinnahmten Teilentgelte und der auf sie entfallenden Steuerbeträge
Endrechnung
Errichtung einer Lagerhalle
Ablieferung und Abnahme: 10. 10. 01

	Summe €	Preis €	Entgelt €	Umsatzsteuer €
		7 140 000	6 000 000	1 142 000
./. Abschlagszahlungen				
5. 3. 01	1 190 000		1 000 000	190 000
2. 4. 01	1 190 000		1 000 000	190 000
4. 6. 01	1 190 000		1 000 000	190 000
3. 9. 01	2 380 000	5 950 000	2 000 000	380 000
Verbleibende Restzahlung		1 190 000	1 000 000	190 000

Beispiel 2:
Absetzung des Gesamtbetrags der vorausgezahlten Teilentgelte und der Summe der darauf entfallenden Steuerbeträge
Endrechnung
Lieferung und Einbau eines Fahrstuhls
Ablieferung und Abnahme: 10. 9. 01

	Preis €	Entgelt €	Umsatzsteuer €
	1 428 000	1 200 000	228 000
./. Abschlagszahlungen			
am 2. 4. und 4. 6. 01	1 190 000	1 000 000	190 000
Verbleibende Restzahlung	238 000	200 000	38 000

Beispiel 3:
Absetzung des Gesamtbetrags der Abschlagszahlungen (Vorauszahlungen)
Endrechnung
Lieferung und Montage einer Heizungsanlage

Ablieferung und Abnahme: 10. 7. 01
Entgelt insgesamt	€ 1 500 000
+ Umsatzsteuer	€ 285 000
Gesamtpreis	€ 1 785 000
./. Abschlagszahlungen am 1. 2. und 7. 5. 01	€ 1 428 000
Verbleibende Restzahlung	€ 357 000
Darin enthaltene Umsatzsteuer	€ 57 000
In den Abschlagszahlungen enthaltene Umsatzsteuer	€ 228 000

§ 14 UStG
AE 14.8

Beispiel 4:
Verzicht auf die Angabe des auf das restliche Entgelt entfallenden Steuerbetrags
Endrechnung
Lieferung eines Baukrans am 20. 8. 01

1 Baukran	Entgelt		€ 1 600 000
	+ Umsatzsteuer		€ 304 000
	Preis		€ 1 904 000
./. Abschlagszahlungen, geleistet am 12. 3., 14. 5. und 10. 7. 01:			
	Entgelt	€ 1 300 000	
	+ Umsatzsteuer	€ 247 000	€ 1 547 000
	Verbleibende Restzahlung		€ 357 000

(8) Für die Erteilung der Endrechnung gelten folgende Vereinfachungen:

1. ¹Die vor der Ausführung der Leistung vereinnahmten Teilentgelte und die darauf entfallenden Steuerbeträge werden nicht vom Rechnungsbetrag abgesetzt, sondern auf der Endrechnung zusätzlich angegeben. ²Auch hierbei können mehrere Voraus- oder Anzahlungen zusammengefasst werden.

   Beispiel 1:
   Angabe der einzelnen Anzahlungen
   Endrechnung
   Lieferung einer Entlüftungsanlage am 23. 7. 01

Entgelt	€ 800 000
+ Umsatzsteuer	€ 152 000
Preis	€ 952 000

   Geleistete Anzahlungen:

	Gesamtbetrag €	Entgelt €	Umsatzsteuer €
1. 2. 01:	238 000	200 000	38 000
5. 3. 01:	238 000	200 000	38 000
7. 5. 01:	238 000	200 000	38 000
	714 000	600 000	114 000

   Beispiel 2:
   Angabe der Gesamt-Anzahlungen
   Endrechnung
   Lieferung eines Baggers am 18. 6. 01

	Preis €	Entgelt €	Umsatzsteuer €
1 Bagger	5 352 500	450 000	852 500

   Geleistete Anzahlungen am 13. 3. und 21. 5. 01:

Entgelt	€ 350 000
+ Umsatzsteuer	€ 66 500
Gesamtbetrag	€ 416 500

2. ¹Die vor der Ausführung der Leistung vereinnahmten Teilentgelte und die darauf entfallenden Steuerbeträge werden in einem Anhang der Endrechnung aufgeführt. ²Auf diesen Anhang ist in der Endrechnung ausdrücklich hinzuweisen.

   Beispiel:
   Angabe der einzelnen Anzahlungen in einem Anhang zur Endrechnung
   Endrechnung Nr. ... ..., 19. 11. 01
   Errichtung einer Montagehalle
   Ablieferung und Abnahme: 12. 11. 01

Montagehalle	Gesamtentgelt	€ 6 500 000
	+ Umsatzsteuer	€ 1 235 000
	Gesamtpreis	€ 7 735 000

   Die geleisteten Anzahlungen sind in der angefügten Zahlungsübersicht zusammengestellt.

Anhang der Rechnung Nr. ...... vom 19. 11. 01
Zahlungsübersicht

	Gesamtbetrag €	Entgelt €	Umsatzsteuer €
Anzahlung am 1. 2. 01	2 380 000	2 000 000	3 802 000
Anzahlung am 2. 4. 01	1 190 000	12 000 000	190 000
Anzahlung am 4. 6. 01	1 190 000	12 000 000	190 000
Anzahlung am 1. 8. 01	1 190 000	1 000 000	190 000
	5 950 000	5 000 000	950 000

3. ¹Der Leistungsempfänger erhält außer der Endrechnung eine besondere Zusammenstellung der Anzahlungen, über die Rechnungen mit gesondertem Steuerausweis erteilt worden sind. ²In der Endrechnung muss ausdrücklich auf die Zusammenstellung der Anzahlungen hingewiesen werden. ³Die Zusammenstellung muss einen entsprechenden Hinweis auf die Endrechnung enthalten.

(9) ¹Wenn der Unternehmer ordnungsgemäß erteilte Rechnungen über Voraus- oder Anzahlungen, in denen die Steuer gesondert ausgewiesen ist, nachträglich bei der Abrechnung der gesamten Leistung widerruft oder zurücknimmt, ist er gleichwohl nach § 14 Abs. 5 Satz 2 UStG verpflichtet, in der Endrechnung die vorausgezahlten Entgelte oder Teilentgelte und die darauf entfallenden Steuerbeträge abzusetzen. ²Dementsprechend ändert sich in diesem Falle auch an der Berechtigung des Leistungsempfängers zum Vorsteuerabzug auf Grund von Voraus- oder Anzahlungsrechnungen nichts.

(10) ¹Werden – entgegen der Verpflichtung nach § 14 Abs. 5 Satz 2 UStG – in einer Endrechnung oder der zugehörigen Zusammenstellung die vor der Leistung vereinnahmten Teilentgelte und die auf sie entfallenden Steuerbeträge nicht abgesetzt oder angegeben, hat der Unternehmer den in dieser Rechnung ausgewiesenen gesamten Steuerbetrag an das Finanzamt abzuführen. ²Entsprechendes gilt, wenn in der Endrechnung oder der zugehörigen Zusammenstellung nur ein Teil der im Voraus vereinnahmten Teilentgelte und der auf sie entfallenden Steuerbeträge abgesetzt wird. ³Der Teil der in der Endrechnung ausgewiesenen Steuer, der auf die vor der Leistung vereinnahmten Teilentgelte entfällt, wird in diesen Fällen zusätzlich nach § 14c Abs. 1 UStG geschuldet. ⁴Der Leistungsempfänger kann jedoch nur den Teil des in der Endrechnung ausgewiesenen Steuerbetrags als Vorsteuer abziehen, der auf das nach der Ausführung der Leistung zu entrichtende restliche Entgelt entfällt. ⁵Erteilt der Unternehmer dem Leistungsempfänger nachträglich eine berichtigte Endrechnung, die den Anforderungen des § 14 Abs. 5 Satz 2 UStG genügt, so kann er die von ihm geschuldete Steuer in entsprechender Anwendung des § 17 Abs. 1 UStG berichtigen.

(11) ¹Statt einer Endrechnung kann der Unternehmer über das restliche Entgelt oder den verbliebenen Restpreis eine Rechnung erteilen (Restrechnung). ²In ihr sind die im Voraus vereinnahmten Teilentgelte und die darauf entfallenden Steuerbeträge nicht anzugeben. ³Es ist jedoch nicht zu beanstanden, wenn zusätzlich das Gesamtentgelt (ohne Steuer) angegeben wird und davon die im Voraus vereinnahmten Teilentgelte (ohne Steuer) abgesetzt werden.

14.9. Rechnungserteilung bei verbilligten Leistungen (§ 10 Abs. 5 UStG)

AE 14.9

(1) ¹Grundsätzlich können in einer Rechnung nur das Entgelt und der darauf entfallende Umsatzsteuerbetrag ausgewiesen werden. ²Hiervon abweichend sind Unternehmer berechtigt und bei Ausführung einer Leistung an einen unternehmerischen Leistungsempfänger oder an eine juristische Person verpflichtet, in den folgenden Fällen die Mindestbemessungsgrundlage des § 10 Abs. 5 in Verbindung mit § 10 Abs. 4 UStG sowie den darauf entfallenden Steuerbetrag in einer Rechnung auszuweisen:

S 7280

1. Körperschaften und Personenvereinigungen im Sinne des § 1 Abs. 1 Nr. 1 bis 5 KStG, nichtrechtsfähige Personenvereinigungen sowie Gemeinschaften führen im Inland verbilligte Lieferungen oder sonstige Leistungen an ihre Anteilseigner, Gesellschafter, Mitglieder, Teilhaber oder diesen nahe stehenden Personen aus (§ 10 Abs. 5 Nr. 1 UStG).
2. Einzelunternehmer führen verbilligte Leistungen an ihnen nahe stehende Personen aus (§ 10 Abs. 5 Nr. 1 UStG).
3. Unternehmer führen verbilligte Leistungen an ihr Personal oder dessen Angehörige auf Grund des Dienstverhältnisses aus (§ 10 Abs. 5 Nr. 2 UStG).

Beispiel:
¹Eine Gesellschaft liefert an ihren unternehmerisch tätigen Gesellschafter eine gebrauchte Maschine, deren Wiederbeschaffungskosten netto 50 000 € betragen, zu einem Kaufpreis von 30 000 €.

²In diesem Fall muss die Rechnung neben den übrigen erforderlichen Angaben enthalten:

Mindestbemessungsgrundlage	50 000 €
19 % Umsatzsteuer	9 500 €.

³Der die Maschine erwerbende Gesellschafter kann unter den weiteren Voraussetzungen des § 15 UStG 9 500 € als Vorsteuer abziehen.

(2) Für Land- und Forstwirte, die nach den Durchschnittssätzen des § 24 Abs. 1 bis 3 UStG besteuert werden, gilt die Regelung nicht.

AE 14.10

S 7280

14.10. Rechnungserteilung in Einzelfällen

(1) ¹Erhält ein Unternehmer für seine Leistung von einem anderen als dem Leistungsempfänger ein zusätzliches Entgelt im Sinne des § 10 Abs. 1 Satz 3 UStG (Entgelt von dritter Seite), entspricht die Rechnung den Anforderungen des § 14 Abs. 4 Satz 1 Nr. 7 und 8 UStG, wenn in ihr das Gesamtentgelt – einschließlich der Zuzahlung – und der darauf entfallende Steuerbetrag angegeben sind. ²Gibt der Unternehmer in der Rechnung den vollen Steuerbetrag, nicht aber das Entgelt von dritter Seite an, so ist die Rechnung für Zwecke des Vorsteuerabzugs durch den Leistungsempfänger ausreichend, wenn der angegebene Steuerbetrag die für den Umsatz geschuldete Steuer nicht übersteigt.

(2) Auf folgende Regelungen wird hingewiesen:
1. Pfandgeld für Warenumschließungen,
   vgl. Abschnitt 10.1 Abs. 8;
2. Austauschverfahren in der Kraftfahrzeugwirtschaft,
   vgl. Abschnitt 10.5 Abs. 3;
3. Briefmarkenversteigerungsgeschäft, Versteigerungsgewerbe,
   vgl. Abschnitt 3.7 Abs. 6, BMF-Schreiben vom 7. 5. 1971, UR 1971 S. 173,[1]) und BMWF-Schreiben vom 24. 10. 1972, UR 1972 S. 351;[2])
4. Kraft- und Schmierstofflieferungen für den Eigenbedarf der Tankstellenagenten,
   vgl. Abschnitt 3.7 Abs. 5;
5. Garantieleistungen in der Reifenindustrie,
   vgl. BMF-Schreiben vom 21. 11. 1974, BStBl I S. 1021;[3])
6. Garantieleistungen und Freiinspektionen in der Kraftfahrzeugwirtschaft,
   vgl. BMF-Schreiben vom 3. 12. 1975, BStBl I S. 1132.[4])

(3) ¹Leistungen verschiedener Unternehmer können in einer Rechnung aufgeführt werden, wenn darin über die Leistungen eines jeden Unternehmers getrennt abgerechnet wird, z. B. die Rechnung einer Tankstelle über eine eigene Reparaturleistung und über eine Kraftstofflieferung einer Mineralölgesellschaft. ²Zur Angabe der Steuernummer oder USt-IdNr. in der Rechnung vgl. Abschnitt 14.5 Abs. 6. ³Erfolgt die Trennung nicht zutreffend, entsteht auch Steuer nach § 14c Abs. 2 UStG.

AE 14.11

S 7280
S 7287

14.11. Berichtigung von Rechnungen

(1) ¹Gemäß § 14 Abs. 6 Nr. 5 UStG, § 31 Abs. 5 UStDV kann eine Rechnung berichtigt werden, wenn sie nicht alle Angaben nach § 14 Abs. 4 und § 14a UStG enthält oder wenn Angaben in der Rechnung unzutreffend sind. ²Dabei müssen nur die fehlenden oder unzutreffenden Angaben ergänzt oder berichtigt werden. ³Die Berichtigung muss durch ein Dokument erfolgen, das spezifisch und eindeutig auf die Rechnung bezogen ist. ⁴Dies ist regelmäßig der Fall, wenn in diesem Dokument die fortlaufende Nummer der ursprünglichen Rechnung angegeben ist; eine neue Rechnungsnummer für dieses Dokument ist nicht erforderlich. ⁵Das Dokument, mit dem die Berichtigung durchgeführt werden soll, muss die formalen Anforderungen der §§ 14 und 14a UStG erfüllen. ⁶Dies bedeutet insbesondere bei elektronischer Übermittlung, dass die Voraussetzungen des § 14 Abs. 3 UStG gegeben sein müssen. ⁷Für die Berichtigung einer Rechnung genügt die einfache Schriftform auch dann, wenn in einem notariell beurkundeten Kaufvertrag mit Umsatzsteuerausweis abgerechnet worden ist (BFH-Urteil vom 11. 10. 2007, V R 27/05, BStBl 2008 II S. 438).

(2) ¹Die Berichtigung einer Rechnung kann nur durch den Rechnungsaussteller selbst vorgenommen werden. ²Lediglich in dem Fall, in dem ein Dritter mit der Ausstellung der Rechnung beauf-

---

1) Anm.: Siehe USt-HA 1984/85 § 10 B 20.
2) Anm.: Siehe USt-HA 1984/85 § 10 B 22.
3) Anm.: Siehe USt-HA 1984/85 § 1 B 4.
4) Anm.: Siehe USt-HA 1984/85 § 1 B 8.

tragt wurde (§ 14 Abs. 2 Satz 4 UStG), kann die Berichtigung durch den leistenden Unternehmer selbst oder im Fall der Gutschrift durch den Gutschriftsaussteller vorgenommen werden. ³Der Abrechnungsempfänger kann von sich aus den Inhalt der ihm erteilten Abrechnung nicht mit rechtlicher Wirkung verändern. ⁴Insbesondere kann der gesonderte Ausweis der Steuer nur vom Abrechnenden vorgenommen werden. ⁵Der Leistungsempfänger kann den in einer ihm erteilten Rechnung enthaltenen Gesamtkaufpreis selbst dann nicht mit rechtlicher Wirkung in Entgelt und darauf entfallende Steuer aufteilen, wenn diese Änderung der Rechnung im Beisein des leistenden Unternehmers vorgenommen wird. ⁶Eine Berichtigung oder Ergänzung des Abrechnungspapiers durch den Abrechnungsempfänger ist jedoch anzuerkennen, wenn sich der Abrechnende die Änderung zu Eigen macht und dies aus dem Abrechnungspapier oder anderen Unterlagen hervorgeht, auf die im Abrechnungspapier hingewiesen ist (vgl. BFH-Beschluss vom 17. 4. 1980, V S 18/79, BStBl II S. 540). ⁷Zu der Möglichkeit des Rechnungsempfängers, in § 14 Abs. 4 Satz 1 Nr. 5 und 6 UStG bezeichnete Angaben für Zwecke des Vorsteuerabzugs selbst zu ergänzen, vgl. Abschnitt 15.11 Abs. 3.

(3) ¹Da der Leistungsempfänger nach § 15 Abs. 1 Satz 1 Nr. 1 UStG im Besitz einer nach §§ 14, 14a UStG ausgestellten Rechnung sein muss, kann er vom Rechnungsaussteller eine Berichtigung verlangen, wenn die Rechnung nicht diesen Anforderungen genügt und dadurch der Vorsteuerabzug beim Leistungsempfänger gefährdet würde. ²Zum zivilrechtlichen Anspruch vgl. Abschnitt 14.1 Abs. 5.

Hinweise

Ausstellen von Rechnungen bei Darlehen an Unternehmer ab 1. 8. 2004 1

(OFD Frankfurt am Main, Vfg. vom 23. 8. 2005 – S 7280 A – 69 – St I 2.20 –, StEd 2005 S. 763)

Pflichtangaben in den Rechnungen der Fleurop AG und Vorsteuerabzug 2

(OFD Hannover, Vfg. vom 3. 7. 2006 – S 7280 – 65 – StO 173 –, StEd 2006 S. 537)

Kontoauszüge als Rechnung 3

(BMF vom 14. 11. 2007 – IV A 5 – S 7280/07/0001 (2007/0522983) –, UR 2008 S. 200)
Siehe USt-HA 2008/09 § 14 H 13.

Angaben in der Rechnung 4

(OFD Koblenz, Vfg. vom 11. 2. 2008 – S 7280 A – St 44 5 –, StEd 2008 S. 191)

§ 14 Abs. 4 Satz 1 Nr. 5 Umsatzsteuergesetz (UStG) – Geräteidentifikationsnummer als Bestandteil der handelsüblichen Bezeichnung des gelieferten Gegenstands; 5
BFH-Urteil vom 19. April 2007 – V R 48/04 – (BStBl 2009 II S. 315)

(BMF vom 1. 4. 2009, BStBl 2009 I S. 525)
Siehe USt-HA 2002/03 § 14 H 15.

BFH-Urteil vom 23. September 2009 – II R 66/07 – (BStBl 2010 II S. 712); 6
Anspruch natürlicher Personen auf die Erteilung einer Steuernummer für Umsatzsteuerzwecke

(BMF vom 1. 7. 2010, BStBl 2010 I S. 625)
Siehe USt-HA 2010/11 § 14 H 15.

Rechtsprechung

EUROPÄISCHER GERICHTSHOF

EuGH vom 19. 9. 2000 – Rs. C-454/98 – (IStR 2000 S. 595)

Umsatzsteuer-Verpflichtung der Mitgliedstaaten, die Möglichkeit einer Berichtigung zu Unrecht in Rechnung gestellter Umsatzsteuer vorzusehen

1. Hat der Aussteller der Rechnung die Gefährdung des Steueraufkommens rechtzeitig und vollständig beseitigt, so verlangt der Grundsatz der Neutralität der Mehrwertsteuer, dass zu

Unrecht in Rechnung gestellte Mehrwertsteuer berichtigt werden kann, ohne dass eine solche Berichtigung vom guten Glauben des Ausstellers der betreffenden Rechnung abhängig gemacht werden darf.
2. Es ist Sache der Mitgliedstaaten, das Verfahren festzulegen, in dem zu Unrecht in Rechnung gestellte Mehrwertsteuer berichtigt werden kann, wobei diese Berichtigung nicht im Ermessen der Finanzverwaltung stehen darf.

EuGH vom 6. 11. 2003 – Rs. C-78/02 bis C-80/02 – (HFR 2004 S. 181, UVR 2004 S. 71)

Steuerausweis durch Nichtselbständigen – Berichtigungsmöglichkeit

1. Ein Betrag, der als Mehrwertsteuer in einer Rechnung ausgewiesen wird, die eine Person ausstellt, die Dienstleistungen an den Staat erbringt, ist dann nicht als Mehrwertsteuer zu qualifizieren, wenn diese Person irrtümlich annimmt, dass sie diese Dienstleistungen als Selbständiger erbringt, obwohl in Wirklichkeit ein Verhältnis der Unterordnung besteht.
2. Art. 21 Nr. 1 Buchst. c 6. USt-Richtlinie verbietet nicht die Rückerstattung eines Betrages, der in einer Rechnung oder in einem ähnlichen Dokument irrtümlich als Mehrwertsteuer ausgewiesen ist, wenn die fraglichen Dienstleistungen nicht der Mehrwertsteuer unterliegen und der in Rechnung gestellte Betrag daher nicht als Mehrwertsteuer qualifiziert werden kann.

EuGH vom 3. 3. 2004 – Rs. C-395/02 – (HFR 2005 S. 370, UR 2005 S. 107)

Wettbewerbsneutralität einer Umsatzsteuererhebung bei Rechnungsausstellung unter unrichtiger Anwendung einer Umsatzsteuerbefreiung

Der Grundsatz der Neutralität des gemeinsamen Mehrwertsteuersystems verhindert es nicht, dass ein Mitgliedstaat Mehrwertsteuer von einem Steuerpflichtigen nachfordern kann, der zu Unrecht eine Rechnung unter Anwendung der Mehrwertsteuerbefreiung für eine Lieferung von Gegenständen ausgestellt hat. Hierbei spielt es keine Rolle, ob die Mehrwertsteuer auf den späteren Verkauf der betreffenden Gegenstände an den Endverbraucher an den Fiskus entrichtet wurde.

EuGH vom 10. 7. 2008 – Rs. C-484/06 – (IStR 2008 S. 591, UR 2008 S. 660)

Wahrung der Grundsätze der steuerlichen Neutralität und Proportionalität durch Regeln für die Rundung von Mehrwertsteuerbeträgen

1. In Ermangelung einer spezifischen Gemeinschaftsregelung ist es Sache der Mitgliedstaaten, die Regeln und Methoden für die Rundung der Mehrwertsteuerbeträge zu bestimmen; dabei müssen sie darauf achten, dass die Grundsätze, auf denen das gemeinsame Mehrwertsteuersystem beruht, insbesondere die Grundsätze der steuerlichen Neutralität und der Proportionalität, eingehalten werden.
2. Das Gemeinschaftsrecht enthält bei seinem derzeitigen Stand keine spezifische Verpflichtung, wonach die Mitgliedstaaten den Steuerpflichtigen die Abrundung des Mehrwertsteuerbetrags pro Artikel gestatten müssen.

EuGH vom 5. 3. 2009 – Rs. C-302/07 – (HFR 2009 S. 542, UR 2009 S. 279)

Regeln für die Rundung von Mehrwertsteuerbeträgen

1. Das Gemeinschaftsrecht enthält bei seinem derzeitigen Stand keine spezifische Vorgabe in Bezug auf die Methode zur Rundung von Mehrwertsteuerbeträgen. In Ermangelung einer spezifischen Gemeinschaftsregelung ist es Sache der Mitgliedstaaten, die Regeln und die Methoden für die Rundung der Mehrwertsteuerbeträge zu bestimmen; dabei müssen sie darauf achten, dass die Grundsätze, auf denen das gemeinsame Mehrwertsteuersystem beruht, namentlich die Grundsätze der steuerlichen Neutralität und der Proportionalität, eingehalten werden. Insbesondere steht das Gemeinschaftsrecht der Anwendung einer nationalen Regelung nicht entgegen, wonach ein bestimmter Mehrwertsteuerbetrag aufgerundet werden muss, wenn der Bruchteil der kleinsten Einheit der betreffenden Währung größer oder gleich 0,5 ist, und es schreibt auch nicht vor, dass den Steuerpflichtigen das Abrunden eines Mehrwertsteuerbetrags zu gestatten ist, der einen Bruchteil der kleinsten nationalen Währungseinheit umfasst.
2. Bei einem Verkaufspreis, in dem die Mehrwertsteuer enthalten ist, ist es in Ermangelung einer spezifischen Gemeinschaftsregelung Sache des jeweiligen Mitgliedstaats, innerhalb der Grenzen des Gemeinschaftsrechts, insbesondere unter Beachtung der Grundsätze der steuerlichen Neutralität und der Proportionalität, die Ebene zu bestimmen, auf der ein Mehrwertsteuerbetrag, der einen Bruchteil der kleinsten nationalen Währungseinheit umfasst, gerundet werden darf oder muss.

3. Da sich Wirtschaftsteilnehmer, die die Preise für ihre Warenverkäufe und Dienstleistungen unter Einschluss der Mehrwertsteuer berechnen, in einer anderen Lage befinden als diejenigen, die die gleiche Art von Geschäften zu Preisen ohne Mehrwertsteuer tätigen, können sich die Erstgenannten nicht auf den Grundsatz der steuerlichen Neutralität berufen, um zu erreichen, dass ihnen gestattet wird, die Abrundung der geschuldeten Mehrwertsteuerbeträge auf der Ebene der Warengattung und des Umsatzes vorzunehmen.

BUNDESFINANZHOF

Rsp III

BFH vom 5. 2. 2010 – XI B 31/09 – (BFH/NV 2010 S. 962, UR 2010 S. 317)

Anforderungen an die Leistungsbeschreibung in einer Rechnung durch Kleinstunternehmer im Baugewerbe
1. Auch „Kleinstunternehmer" müssen – und können – in den von ihnen ausgestellten Rechnungen Angaben machen, die eine eindeutige und leicht nachprüfbare Feststellung der von ihnen erbrachten Leistungen ermöglichen.
2. Allgemeine Bezeichnungen wie „Trockenbauarbeiten", „Fliesenarbeiten" und „Außenputzarbeiten" reichen hierzu nicht aus.

BFH vom 6. 7. 2010 – XI B 91/09 – (BFH/NV 2010 S. 2138, UR 2010 S. 826)

Anforderungen an die Leistungsbeschreibung in einer zum Vorsteuerabzug berechtigenden Rechnung

Der Vorsteuerabzug setzt eine Rechnung voraus, die eine eindeutige und leicht nachprüfbare Identifizierung der abgerechneten Leistung ermöglicht.

BFH vom 7.4.2011 – V R 44/09 – (BStBl 2011 II S. 954, UR 2011 S. 831)

Inanspruchnahme wegen unberechtigten Steuerausweises
1. Die Inanspruchnahme der in einer Rechnung als Aussteller bezeichneten Person nach § 14 Abs. 3 Satz 2 UStG setzt voraus, dass diese an der Erstellung der Urkunde mitgewirkt hat. Die Grundsätze der Stellvertretung, zu denen auch die Grundsätze der Anscheins- und Duldungsvollmacht gehören, sind dabei zu berücksichtigen (Fortführung von BFH-Urteil vom 28. Januar 1993 – V R 75/88, BFHE 171, 94, BStBl II 1993, 357).
2. Dies gilt auch, wenn jemand im eigenen Namen ein Gewerbe im Interesse eines Dritten, der es tatsächlich betreibt, anmeldet (insoweit Aufgabe von BFH-Urteil vom 24. 9. 1998 – V R 18/98, BFH/NV 1999, 525).

SONSTIGE GERICHTE

Rsp IV

BGH vom 10. 3. 2010 – VIII ZR 65/09 – (HFR 2010 S. 991, UR 2010 S. 627)

Rechnungserteilung mit Umsatzsteuerausweis bei Strohmanngeschäften
1. Bei einer Verurteilung zur Erteilung einer Rechnung mit USt-Ausweis ist der Rechtsmittelkläger in Höhe der auszuweisenden USt beschwert.
2. Zur Frage der Verpflichtung zur Erteilung von Rechnungen mit USt-Ausweis bei Strohmanngeschäften.

§ 14a Zusätzliche Pflichten bei der Ausstellung von Rechnungen in besonderen Fällen

UStG

(1) Führt der Unternehmer eine sonstige Leistung im Sinne des § 3a Abs. 2 im Inland aus und schuldet für diese Leistung der Leistungsempfänger die Steuer nach § 13b Absatz 1 und Absatz 5 Satz 1, ist er zur Ausstellung einer Rechnung verpflichtet, in der auch die Umsatzsteuer-Identifikationsnummer des Unternehmers und die des Leistungsempfängers anzugeben sind.

S 7290

(2) Führt der Unternehmer eine Lieferung im Sinne des § 3c im Inland aus, ist er zur Ausstellung einer Rechnung verpflichtet.

(3) ¹Führt der Unternehmer eine innergemeinschaftliche Lieferung aus, ist er zur Ausstellung einer Rechnung verpflichtet. ²Darin sind auch die Umsatzsteuer-Identifikationsnummer des Unternehmers und die des Leistungsempfängers anzugeben. ³Satz 1 gilt auch für Fahrzeuglieferer (§ 2a). ⁴Satz 2 gilt nicht in den Fällen des § 1b und des § 2a.

(4) ¹Eine Rechnung über die innergemeinschaftliche Lieferung eines neuen Fahrzeugs muss auch die in § 1b Abs. 2 und 3 bezeichneten Merkmale enthalten. ²Das gilt auch in den Fällen des § 2a.

(5) ¹Führt der Unternehmer eine Leistung im Sinne des § 13b Absatz 1 und 2 aus, für die der Leistungsempfänger nach § 13b Absatz 5 die Steuer schuldet, ist er zur Ausstellung einer Rechnung verpflichtet. ²In der Rechnung ist auch auf die Steuerschuldnerschaft des Leistungsempfängers hinzuweisen. ³Die Vorschrift über den gesonderten Steuerausweis in einer Rechnung (§ 14 Abs. 4 Satz 1 Nr. 8) findet keine Anwendung.

(6) ¹In den Fällen der Besteuerung von Reiseleistungen (§ 25) und der Differenzbesteuerung (§ 25a) ist in der Rechnung auch auf die Anwendung dieser Sonderregelungen hinzuweisen. ²In den Fällen des § 25 Abs. 3 und des § 25a Abs. 3 und 4 findet die Vorschrift über den gesonderten Steuerausweis in einer Rechnung (§ 14 Abs. 4 Satz 1 Nr. 8) keine Anwendung.

(7) ¹Wird in einer Rechnung über eine Lieferung im Sinne des § 25b Abs. 2 abgerechnet, ist auch auf das Vorliegen eines innergemeinschaftlichen Dreiecksgeschäfts und die Steuerschuldnerschaft des letzten Abnehmers hinzuweisen. ²Dabei sind die Umsatzsteuer-Identifikationsnummer des Unternehmers und die des Leistungsempfängers anzugeben. ³Die Vorschrift über den gesonderten Steuerausweis in einer Rechnung (§ 14 Abs. 4 Satz 1 Nr. 8) findet keine Anwendung.

Vorschriften des Gemeinschaftsrechts

Art. 220, Art. 221 und 226 bis 228 der MWSt-Richtlinie (bis 31. 12. 2006: Art. 22 Abs. 3 der 6. USt-Richtlinie).

14a.1. Zusätzliche Pflichten bei der Ausstellung von Rechnungen in besonderen Fällen

(1) ¹§ 14a UStG regelt die zusätzlichen Pflichten bei der Ausstellung von Rechnungen in besonderen Fällen. ²§ 14a UStG ergänzt § 14 UStG. ³Soweit nichts anderes bestimmt ist, bleiben die Regelungen des § 14 UStG unberührt. ⁴Dies schließt die nach § 14 Abs. 4 UStG geforderten Angaben ein. ⁵Entsprechend § 14 Abs. 2 Satz 2 UStG kann auch mit *einer* Gutschrift abgerechnet werden. ⁶Zu den besonderen Fällen gehören:
- sonstige Leistungen im Sinne des § 3a Abs. 2 UStG, für die der Leistungsempfänger die Steuer nach § 13b Abs. *1* und Abs. 5 Satz 1 UStG schuldet,
- Lieferungen i. S. d. § 3c UStG,
- innergemeinschaftliche Lieferungen (§ 6a UStG),
- innergemeinschaftliche Lieferungen neuer Fahrzeuge (§§ 2a, 6a UStG),
- Fälle der Steuerschuldnerschaft des Leistungsempfängers (§ 13b UStG),
- Besteuerung von Reiseleistungen (§ 25 UStG),
- Differenzbesteuerung (§ 25a UStG) und
- innergemeinschaftliche Dreiecksgeschäfte (§ 25b UStG).

(2) ¹Der Unternehmer, der steuerfreie innergemeinschaftliche Lieferungen im Sinne des § 4 Nr. 1 Buchstabe b, § 6a UStG ausführt, ist zur Ausstellung von Rechnungen verpflichtet, in denen er auf die Steuerfreiheit hinweist und seine USt-IdNr. und die des Abnehmers angibt. ²In den Fällen des § 6a UStG besteht die Verpflichtung zur Ausstellung einer Rechnung nicht nur, wenn der Abnehmer ein Unternehmer ist, der den Gegenstand der Lieferung für unternehmerische Zwecke erworben hat. ³Sie besteht auch dann, wenn die innergemeinschaftliche Lieferung an eine juristische Person (z. B. eingetragener Verein oder Körperschaft des öffentlichen Rechts) erfolgt, die entweder kein Unternehmer ist oder den Gegenstand der Lieferung für ihren nichtunternehmerischen Bereich erworben hat.

(3) ¹Die Verpflichtung zur Ausstellung von Rechnungen über steuerfreie Lieferungen im Sinne des § 6a UStG greift bei innergemeinschaftlichen Verbringen von Gegenständen nicht, weil Belege in Verbringensfällen weder als Abrechnungen anzusehen sind noch eine Außenwirkung entfalten (vgl. auch Abschnitt 14.1 Abs. 4) und deshalb keine Rechnungen im Sinne des § 14 Abs. 1

UStG sind. ²Zur Abwicklung von Verbringensfällen hat der inländische Unternehmensteil gleichwohl für den ausländischen Unternehmensteil einen Beleg auszustellen, in dem die verbrachten Gegenstände aufgeführt sind und der die Bemessungsgrundlagen, die USt-IdNr. des inländischen Unternehmensteils und die USt-IdNr. des ausländischen Unternehmensteils enthält (sog. pro-forma-Rechnung). ³Ausländische Unternehmer, bei denen in entsprechender Anwendung des § 3 Abs. 8 UStG aus Vereinfachungsgründen ein innergemeinschaftliches Verbringen von Gegenständen anzunehmen ist, haben in der Rechnung an den Abnehmer ihre inländische USt-IdNr. zu vermerken.

(4) Erbringt der Unternehmer im Inland eine sonstige Leistung im Sinne des § 3a Abs. 2 UStG und schuldet der Leistungsempfänger die Steuer nach § 13b Abs. *1* und Abs. 5 Satz 1 UStG, besteht nach § 14a Abs. 1 UStG die Verpflichtung zur Rechnungsausstellung mit Angabe der USt-IdNr. des leistenden Unternehmers und des Leistungsempfängers.

(5) Der gesonderte Ausweis der Steuer ist auch in den Rechnungen des Unternehmers erforderlich, in denen er über die im Inland ausgeführten innergemeinschaftlichen Lieferungen im Sinne des § 3c UStG abrechnet.

(6) Ein Abrechnungspapier über die innergemeinschaftliche Lieferung von neuen Fahrzeugen muss neben den üblichen Angaben des § 14 Abs. 4 UStG alle für die ordnungsgemäße Durchführung der Erwerbsbesteuerung benötigten Merkmale (§ 1b Abs. 2 und 3 UStG) enthalten.

(7) Zu den Besonderheiten bei der Rechnungserteilung im Rahmen
1. des innergemeinschaftlichen Dreiecksgeschäfts nach § 25b UStG vgl. Abschnitt 25b.1 Abs. 8,
2. der Steuerschuldnerschaft des Leistungsempfängers nach § 13b UStG vgl. **Abschnitt 13b.14**.

(8) ¹In den Fällen der Besteuerung von Reiseleistungen (§ 25 UStG) und der Differenzbesteuerung (§ 25a UStG) ist nach § 14a Abs. 6 UStG in der Rechnung auf die Anwendung der entsprechenden Sonderregelungen hinzuweisen. ²Dabei reicht regelmäßig eine Angabe in umgangssprachlicher Form aus (z. B. „Reiseleistung", „Differenzbesteuerung").

§ 14b Aufbewahrung von Rechnungen

(1) ¹Der Unternehmer hat ein Doppel der Rechnung, die er selbst oder ein Dritter in seinem Namen und für seine Rechnung ausgestellt hat, sowie alle Rechnungen, die er erhalten oder die ein Leistungsempfänger oder in dessen Namen und für dessen Rechnung ein Dritter ausgestellt hat, zehn Jahre aufzubewahren. ²*Die Rechnungen müssen für den gesamten Zeitraum die Anforderungen des § 14 Absatz 1 Satz 2 erfüllen.* ³Die Aufbewahrungsfrist beginnt mit dem Schluss des Kalenderjahres, in dem die Rechnung ausgestellt worden ist; § 147 Abs. 3 der Abgabenordnung bleibt unberührt. ⁴Die Sätze 1 bis 3 gelten auch:
1. für Fahrzeuglieferer (§ 2a);
2. in den Fällen, in denen der letzte Abnehmer die Steuer nach § 13a Abs. 1 Nr. 5 schuldet, für den letzten Abnehmer;
3. in den Fällen, in denen der Leistungsempfänger die Steuer nach § 13b Absatz 5 schuldet, für den Leistungsempfänger.

⁵In den Fällen des § 14 Abs. 2 Satz 1 Nr. 1 hat der Leistungsempfänger die Rechnung, einen Zahlungsbeleg oder eine andere beweiskräftige Unterlage zwei Jahre gemäß den Sätzen 2 und 3 aufzubewahren, soweit er
1. nicht Unternehmer ist oder
2. Unternehmer ist, aber die Leistung für seinen nichtunternehmerischen Bereich verwendet.

(2) ¹Der im Inland oder in einem der in § 1 Abs. 3 bezeichneten Gebiete ansässige Unternehmer hat alle Rechnungen im Inland oder in einem der in § 1 Abs. 3 bezeichneten Gebiete aufzubewahren. ²Handelt es sich um eine elektronische Aufbewahrung, die eine vollständige Fernabfrage (Online-Zugriff) der betreffenden Daten und deren Herunterladen und Verwendung gewährleistet, darf der Unternehmer die Aufbewahrung der Rechnungen auch im übrigen Gemeinschaftsgebiet, in einem der in § 1 Abs. 3 bezeichneten Gebiete, im Gebiet von Büsingen oder auf der Insel Helgoland aufbewahren. ³Der Unternehmer hat dem Finanzamt den Aufbewahrungsort mitzuteilen, wenn er die Rechnungen nicht im Inland oder in einem der in § 1 Abs. 3 bezeichneten Gebiete aufbewahrt. ⁴Der nicht im Inland oder in einem der in § 1 Abs. 3 bezeichneten Gebiete ansässige Unternehmer hat den Aufbewahrungsort der nach Absatz 1 aufzubewahrenden Rechnungen im Gemeinschaftsgebiet, in den in § 1 Abs. 3 bezeichneten Gebieten, im Gebiet von Büsingen oder auf der Insel

---

¹) Anm.: § 14b Abs. 1 Satz 2 UStG wurde durch Art. 5 Nummer 2 des Steuervereinfachungsgesetzes 2011 vom 1. 11. 2011 (BGBl. I S. 2131) mit Wirkung vom 1. 7. 2011 neu gefasst. Bis zum 30. 6. 2011 geltende Fassung des § 14b Abs. 1 Satz 2 UStG:
„²Die Rechnungen müssen für den gesamten Zeitraum lesbar sein."

§ 14b UStG
AE 14b.1

Helgoland zu bestimmen. ⁵In diesem Fall ist er verpflichtet, dem Finanzamt auf dessen Verlangen alle aufzubewahrenden Rechnungen und Daten oder die an deren Stelle tretenden Bild- und Datenträger unverzüglich zur Verfügung zu stellen. ⁶Kommt er dieser Verpflichtung nicht oder nicht rechtzeitig nach, kann das Finanzamt verlangen, dass er die Rechnungen im Inland oder in einem der in § 1 Abs. 3 bezeichneten Gebiete aufbewahrt.

(3) Ein im Inland oder in einem der in § 1 Abs. 3 bezeichneten Gebiete ansässiger Unternehmer ist ein Unternehmer, der in einem dieser Gebiete einen Wohnsitz, seinen Sitz, seine Geschäftsleitung oder eine Zweigniederlassung hat.

(4) ¹Bewahrt ein Unternehmer die Rechnungen im übrigen Gemeinschaftsgebiet elektronisch auf, können die zuständigen Finanzbehörden die Rechnungen für Zwecke der Umsatzsteuerkontrolle über Online-Zugriff einsehen, herunterladen und verwenden. ²Es muss sichergestellt sein, dass die zuständigen Finanzbehörden die Rechnungen unverzüglich über Online-Zugriff einsehen, herunterladen und verwenden können.

(5) Will der Unternehmer die Rechnungen außerhalb des Gemeinschaftsgebiets elektronisch aufbewahren, gilt § 146 Abs. 2a der Abgabenordnung.

Vorschriften des Gemeinschaftsrechts

Art. 217 bis 219, Art. 241 und Art. 244 bis 249 der MWSt-Richtlinie (bis 31. 12. 2006: Art. 22 Abs. 3 Buchst. d und e und Art. 22a der 6. USt-Richtlinie).

14b.1. Aufbewahrung von Rechnungen

AE 14b.1
S 7295

(1) ¹Gemäß § 14b Abs. 1 UStG hat der Unternehmer aufzubewahren:
- ein Doppel der Rechnung, die er selbst oder ein Dritter in seinem Namen und für seine Rechnung ausgestellt hat,
- alle Rechnungen, die er erhalten oder die für ein Leistungsempfänger oder in dessen Namen und für dessen Rechnung ein Dritter ausgestellt hat.

²Soweit der Unternehmer Rechnungen mithilfe elektronischer Registrierkassen erteilt, ist es hinsichtlich der erteilten Rechnungen im Sinne des § 33 UStDV ausreichend, wenn Tagesendsummenbons aufbewahrt werden, die die Gewähr der Vollständigkeit bieten und den Namen des Geschäfts, das Ausstellungsdatum und die Tagesendsumme enthalten; im Übrigen sind die **in den** BMF-Schreiben vom 9. 1. 1996, BStBl I S. 34, **und vom 26. 11. 2010, BStBl I S. 1342, genannten Voraussetzungen** zu erfüllen. ³Sind bei gemeinsamer Auftragserteilung durch mehrere Personen für Zwecke des Vorsteuerabzugs ein oder mehrere Gemeinschafter als Leistungsempfänger anzusehen (vgl. Abschnitt 15.2), hat einer dieser Gemeinschafter das Original der Rechnung und jeder andere dieser Gemeinschafter zumindest eine Ablichtung der Rechnung aufzubewahren.

(2) ¹Die Aufbewahrungsfrist beträgt zehn Jahre und beginnt mit dem Ablauf des Kalenderjahres, in dem die Rechnung ausgestellt wird. ²Die Aufbewahrungsfrist läuft jedoch nicht ab, soweit und solange die Unterlagen für Steuern von Bedeutung sind, für welche die Festsetzungsfrist noch nicht abgelaufen ist (§ 147 Abs. 3 Satz 3 AO).

(3) Die Aufbewahrungspflichten gelten auch:
- für Fahrzeuglieferer (§ 2a UStG),
- in den Fällen, in denen der letzte Abnehmer die Steuer nach § 13a Abs. 1 Nr. 5 UStG schuldet, für den letzten Abnehmer und
- in den Fällen, in denen der Leistungsempfänger die Steuer nach § 13b Abs. 2 UStG schuldet, für den Leistungsempfänger (unabhängig davon, ob die Leistung für den unternehmerischen oder nichtunternehmerischen Bereich bezogen wurde).

(4) ¹In den Fällen des § 14 Abs. 2 Satz 1 Nr. 1 UStG hat der Leistungsempfänger die Rechnung, einen Zahlungsbeleg oder eine andere beweiskräftige Unterlage zwei Jahre aufzubewahren soweit er
- nicht Unternehmer ist oder
- Unternehmer ist, aber die Leistung für seinen nichtunternehmerischen Bereich verwendet.

²Als Zahlungsbelege kommen z. B. Kontobelege und Quittungen in Betracht. ³Andere beweiskräftige Unterlagen im Sinne des § 14b Abs. 1 Satz 5 UStG können z. B. Bauverträge, Abnahmeprotokolle nach VOB oder Unterlagen zu Rechtsstreitigkeiten im Zusammenhang mit der Leistung sein, mittels derer sich der Leistende, Art und Umfang der ausgeführten Leistung sowie das Entgelt bestimmen lassen. ⁴Die Verpflichtung zur Aufbewahrung gilt auch dann, wenn der leistende Unternehmer entgegen § 14 Abs. 4 Satz 1 Nr. 9 UStG in der Rechnung nicht auf die Aufbewah-

rungspflichten nach § 14b Abs. 1 Satz 5 UStG hingewiesen hat bzw. wenn ein Hinweis auf die Aufbewahrungspflichten des Leistungsempfängers nicht erforderlich war, weil es sich um eine Kleinbetragsrechnung im Sinne des § 33 UStDV handelt (vgl. Abschnitt 14.5 Abs. 23). [5]Für steuerpflichtige sonstige Leistungen der in § 4 Nr. 12 Sätze 1 und 2 UStG bezeichneten Art, die weder an einen anderen Unternehmer für dessen Unternehmen noch an eine juristische Person erbracht werden, besteht keine Verpflichtung des Leistungsempfängers zur Aufbewahrung von Rechnungen, Zahlungsbelegen oder anderen beweiskräftigen Unterlagen. [6]§ 14b Abs. 1 Satz 4 Nr. 3 UStG geht § 14b Abs. 1 Satz 5 UStG vor.

(5) [1]Die Rechnungen müssen über den gesamten Aufbewahrungszeitraum lesbar sein. Nachträgliche Änderungen sind nicht zulässig. [2]Sollte die Rechnung auf Thermopapier ausgedruckt sein, ist sie durch einen nochmaligen Kopiervorgang auf Papier zu konservieren, das für den gesamten Aufbewahrungszeitraum nach § 14b Abs. 1 UStG lesbar ist. [3]Dabei ist es nicht erforderlich, die ursprüngliche, auf Thermopapier ausgedruckte Rechnung aufzubewahren.

(6) [1]Die Rechnungen können unter bestimmten Voraussetzungen als Wiedergaben auf einem Bildträger (z. B. Mikrofilm) oder auf anderen Datenträgern (z. B. Magnetband, Diskette, CD-Rom) aufbewahrt werden (vgl. § 147 Abs. 2 AO und Abschnitt 22.1 Abs. 2). [2]Das bei der Aufbewahrung angewandte Verfahren muss den Grundsätzen ordnungsgemäßer Buchführung, insbesondere den Anforderungen des BMF-Schreibens vom 1. 2. 1984, BStBl I S. 155, und den diesem Schreiben beigefügten „Mikrofilm-Grundsätzen" sowie den „Grundsätzen ordnungsmäßiger DV-gestützter Buchführungssysteme – GoBS –" (Anlage zum BMF-Schreiben vom 7. 11. 1995 – BStBl I S. 738), entsprechen. [3]Unter dieser Voraussetzung können die Originale der Rechnungen grundsätzlich vernichtet werden. [4]Bei elektronisch übermittelten Rechnungen sind neben der Rechnung auch die Nachweise über die Echtheit und die Unversehrtheit der Daten aufzubewahren (z. B. qualifizierte elektronische Signatur), selbst wenn nach anderen Vorschriften die Gültigkeit dieser Nachweise bereits abgelaufen ist. [5]Die Speicherung der elektronischen Rechnung hat nach dem in Satz 2 angewandten Verfahren auf einem Datenträger zu erfolgen, der Änderungen nicht mehr zulässt (§ 146 AO).

(7) [1]Im Inland oder in einem der in § 1 Abs. 3 UStG genannten Gebiete ansässige Unternehmer sind verpflichtet, die Rechnungen im Inland oder in einem der in § 1 Abs. 3 UStG genannten Gebiete aufzubewahren (§ 14b Abs. 2 Satz 1 UStG). [2]Ein im Inland oder in einem der in § 1 Abs. 3 UStG bezeichneten Gebiete ansässiger Unternehmer ist ein Unternehmer, der in einem dieser Gebiete einen Wohnsitz, seinen Sitz, seine Geschäftsleitung oder eine Zweigniederlassung hat (§ 14b Abs. 3 UStG).

(8) [1]Bei elektronisch aufbewahrten Rechnungen (dabei muss es sich nicht um elektronisch übermittelte Rechnungen handeln) kann der im Inland oder in einem der in § 1 Abs. 3 UStG genannten Gebiete ansässige Unternehmer die Rechnungen im Gemeinschaftsgebiet, in einem der in § 1 Abs. 3 UStG genannten Gebiete, im Gebiet von Büsingen oder auf der Insel Helgoland aufbewahren, soweit eine vollständige Fernabfrage (Online-Zugriff) der betreffenden Daten und deren Herunterladen und Verwendung durch das Finanzamt gewährleistet ist. [2]Bewahrt der Unternehmer in diesem Fall die Rechnungen nicht im Inland oder in einem der in § 1 Abs. 3 UStG genannten Gebiete auf, hat er dem für die Umsatzbesteuerung zuständigen Finanzamt den Aufbewahrungsort unaufgefordert und schriftlich mitzuteilen. [3]Will der Unternehmer die Rechnungen außerhalb des Gemeinschaftsgebiets elektronisch aufbewahren, gilt § 146 Abs. 2a AO (§ 14b Abs. 5 UStG).

(9) [1]Ein nicht im Inland oder in einem der in § 1 Abs. 3 UStG bezeichneten Gebiete ansässiger Unternehmer hat die Rechnungen im Gemeinschaftsgebiet, in einem der in § 1 Abs. 3 UStG bezeichneten Gebiete, im Gebiet von Büsingen oder auf der Insel Helgoland aufzubewahren. [2]Er ist verpflichtet, dem Finanzamt auf dessen Verlangen alle aufzubewahrenden Rechnungen und Daten oder die an deren Stelle tretenden Bild- und Datenträger unverzüglich zur Verfügung zu stellen. [3]Kommt der Unternehmer dieser Verpflichtung nicht oder nicht rechtzeitig nach, kann das Finanzamt verlangen, dass er die Rechnungen im Inland oder in einem der in § 1 Abs. 3 UStG bezeichneten Gebiete aufbewahrt. [4]Ist ein nicht im Gemeinschaftsgebiet ansässiger Unternehmer nach den Bestimmungen des Staates, in dem er ansässig ist, verpflichtet, die Rechnungen im Staat der Ansässigkeit aufzubewahren, ist es ausreichend, wenn dieser Unternehmer im Gemeinschaftsgebiet Ablichtungen der aufzubewahrenden Rechnungen aufbewahrt.

(10) Für die Archivierung und Prüfbarkeit von Rechnungen sind die Vorschriften der Abgabenordnung (insbesondere §§ 146, 147, 200 AO) sowie das BMF-Schreiben vom 16. 7. 2001 über die Grundsätze zum Datenzugriff und zur Prüfbarkeit digitaler Unterlagen (GDPdU), BStBl I S. 415, zu beachten.

§ 14c Unrichtiger oder unberechtigter Steuerausweis

UStG

S 7289

(1) ¹Hat der Unternehmer in einer Rechnung für eine Lieferung oder sonstige Leistung einen höheren Steuerbetrag, als er nach diesem Gesetz für den Umsatz schuldet, gesondert ausgewiesen (unrichtiger Steuerausweis), schuldet er auch den Mehrbetrag. ²Berichtigt er den Steuerbetrag gegenüber dem Leistungsempfänger, ist § 17 Abs. 1 entsprechend anzuwenden. ³In den Fällen des § 1 Abs. 1a und in den Fällen der Rückgängigmachung des Verzichts auf die Steuerbefreiung nach § 9 gilt Absatz 2 Satz 3 bis 5 entsprechend.

S 7289

(2) ¹Wer in einer Rechnung einen Steuerbetrag gesondert ausweist, obwohl er zum gesonderten Ausweis der Steuer nicht berechtigt ist (unberechtigter Steuerausweis), schuldet den ausgewiesenen Betrag. ²Das Gleiche gilt, wenn jemand wie ein leistender Unternehmer abrechnet und einen Steuerbetrag gesondert ausweist, obwohl er nicht Unternehmer ist oder eine Lieferung oder sonstige Leistung nicht ausführt. ³Der nach den Sätzen 1 und 2 geschuldete Steuerbetrag kann berichtigt werden, soweit die Gefährdung des Steueraufkommens beseitigt worden ist. ⁴Die Gefährdung des Steueraufkommens ist beseitigt, wenn ein Vorsteuerabzug beim Empfänger der Rechnung nicht durchgeführt oder die geltend gemachte Vorsteuer an die Finanzbehörde zurückgezahlt worden ist. ⁵Die Berichtigung des geschuldeten Steuerbetrags ist beim Finanzamt gesondert schriftlich zu beantragen und nach dessen Zustimmung in entsprechender Anwendung des § 17 Abs. 1 für den Besteuerungszeitraum vorzunehmen, in dem die Voraussetzungen des Satzes 4 eingetreten sind.

Vorschriften des Gemeinschaftsrechts

Art. 184 und Art. 203 der MWSt-Richtlinie (bis 31. 12. 2006: Art. 20 Abs. 1 Buchst. a, Art. 21 Abs. 1 Buchst. d der 6. USt-Richtlinie).

AE 14c.1

14c.1. Unrichtiger Steuerausweis

Zu hoher Steuerausweis (§ 14c Abs. 1 Satz 1 UStG)

S 7289

(1) ¹Weist der leistende Unternehmer oder der von ihm beauftragte Dritte in einer Rechnung einen höheren Steuerbetrag aus, als der leistende Unternehmer nach dem Gesetz schuldet (unrichtiger Steuerausweis), schuldet der leistende Unternehmer auch den Mehrbetrag (§ 14c Abs. 1 UStG). ²Die Rechtsfolgen treten unabhängig davon ein, ob die Rechnung alle in § 14 Abs. 4 und § 14a UStG aufgeführten Angaben enthält **(vgl. BFH-Urteil vom 17. 2. 2011, V R 39/09, BStBl II S. 734)**. ³Die Angabe des Entgelts als Grundlage des gesondert ausgewiesenen Steuerbetrags ist jedoch unverzichtbar. ⁴Die Vorschrift des § 14c Abs. 1 UStG gilt für Unternehmer, die persönlich zum gesonderten Steuerausweis berechtigt sind und für eine Lieferung oder sonstige Leistung einen Steuerbetrag in der Rechnung gesondert ausgewiesen haben, obwohl sie für diesen Umsatz keine oder eine niedrigere Steuer schulden. ⁵Hiernach werden von § 14c Abs. 1 UStG Rechnungen mit gesondertem Steuerausweis erfasst (vgl. BFH-Urteil vom 7. 5. 1981, V R 126/75, BStBl II S. 547):

1. für steuerpflichtige Leistungen, wenn eine höhere als die dafür geschuldete Steuer ausgewiesen wurde,

2. für steuerfreie Leistungen,

3. für nicht steuerbare Leistungen (unentgeltliche Leistungen, Leistungen im Ausland und Geschäftsveräußerungen im Sinne des § 1 Abs. 1a UStG) und außerdem

4. für nicht versteuerte steuerpflichtige Leistungen, wenn die Steuer für die Leistung wegen des Ablaufs der Festsetzungsfrist (§§ 169 bis 171 AO) nicht mehr erhoben werden kann (vgl. BFH-Urteil vom 13. 11. 2003, V R 79/01, BStBl 2004 II S. 375).

⁶Die zu hoch ausgewiesene Steuer wird vom Unternehmer geschuldet, obwohl der Leistungsempfänger diese Steuer nicht als Vorsteuer abziehen kann (vgl. BFH-Urteil vom 6. 12. 2007, V R 3/06, BStBl 2009 II S. 203, Abschnitt 15.2 Abs. 1 Sätze 1 bis 3).

(2) Ein zu hoher Steuerausweis im Sinne des § 14c Abs. 1 UStG liegt auch vor, wenn in Rechnungen über Kleinbeträge (§ 33 UStDV) ein zu hoher Steuersatz oder in Fahrausweisen (§ 34 UStDV) ein zu hoher Steuersatz oder fälschlich eine Tarifentfernung von mehr als 50 Kilometern angegeben ist.

(3) Die Regelung des § 14c Abs. 1 UStG ist auch auf Gutschriften (§ 14 Abs. 2 Satz 2 UStG) anzuwenden, soweit der Gutschriftsempfänger einem zu hohen Steuerbetrag nicht widerspricht (vgl. BFH-Urteil vom 23. 4. 1998, V R 13/92, BStBl II S. 418).

§ 14c UStG
AE 14c.1

(4) § 14c Abs. 1 UStG gilt auch, wenn der Steuerbetrag von einem zu hohen Entgelt berechnet wurde (bei verdecktem Preisnachlass vgl. Abschnitt 10.5 Abs. 4) oder für ein und dieselbe Leistung mehrere Rechnungen ausgestellt worden sind (vgl. BFH-Urteil vom 27. 4. 1994, XI R 54/93, BStBl II S. 718).

Berichtigung eines zu hohen Steuerausweises (§ 14c Abs. 1 Satz 1 UStG)

(5) [1]Der leistende Unternehmer oder der von ihm beauftragte Dritte kann den Steuerbetrag gegenüber dem Leistungsempfänger berichtigen. [2]In diesem Fall ist § 17 Abs. 1 UStG entsprechend anzuwenden. [3]Die Berichtigung des geschuldeten Mehrbetrags ist folglich für den Besteuerungszeitraum vorzunehmen, in welchem dem Leistungsempfänger die berichtigte Rechnung erteilt wurde (vgl. BFH-Urteil vom 19. 3. 2009, V R 48/07, BStBl 2010 II S. 92). [4]Zur Berichtigung von Rechnungen im Übrigen vgl. Abschnitt 14.11.

Beispiel:
[1]Ein Unternehmer berechnet für eine Lieferung die Umsatzsteuer mit 19 %, obwohl hierfür nach § 12 Abs. 2 UStG nur 7 % geschuldet werden.

Entgelt	1 000,— €
+ 19 % Umsatzsteuer	190,— €
Rechnungsbetrag	1 190,— €

[2]Wird der Rechnungsbetrag um die zu hoch ausgewiesene Steuer herabgesetzt, so ergibt sich folgende berichtigte Rechnung:

Entgelt	1 000,— €
+ 7 % Umsatzsteuer	70,— €
Rechnungsbetrag	1 070,— €

[3]Bleibt der Rechnungsbetrag in der berichtigten Rechnung unverändert, so ergibt sich die richtige Steuer durch Herausrechnen aus dem bisherigen Rechnungsbetrag:

Rechnungsbetrag mit Steuer	1 190,— €
darin enthaltene Steuer auf der Grundlage des ermäßigten Steuersatzes von 7 % = 7/107	77,85 €
Rechnungsbetrag ohne Steuer	1 112,15 €
Berichtigte Rechnung:	
Entgelt	1 112,15 €
+ 7 % Umsatzsteuer	77,85 €
Rechnungsbetrag	1 190,— €

(6) [1]Im Rahmen eines Organschaftsverhältnisses ist eine von der Organgesellschaft mit einem zu hohen Steuerausweis ausgestellte Rechnung durch sie oder einen von ihr beauftragten Dritten gegenüber dem Leistungsempfänger zu berichtigen. [2]Die Steuerschuldnerschaft des Organträgers für den zu hohen Steuerausweis bleibt unberührt.

(7) [1]Die Folgen des § 14c Abs. 1 UStG treten nicht ein, wenn in Rechnungen für nicht steuerpflichtige Lieferungen lediglich der Gesamtpreis einschließlich Umsatzsteuer in einem Betrag angegeben wird. [2]Ist die Steuer für einen nicht steuerpflichtigen Umsatz in der Rechnung gesondert ausgewiesen worden, z. B. für eine Ausfuhrlieferung, eine innergemeinschaftliche Lieferung oder eine nicht steuerbare Lieferung im Ausland, kann der leistende Unternehmer den ausgewiesenen Steuerbetrag berichtigen (vgl. BFH-Urteil vom 19. 9. 1996, V R 41/94, BStBl 1999 II S. 249). [3]Die Berichtigung der zu hoch ausgewiesenen Umsatzsteuer im Sinne des § 14c Abs. 1 UStG erfolgt durch Berichtigungserklärung gegenüber dem Leistungsempfänger (vgl. BFH-Urteil vom 10. 12. 1992, V R 73/90, BStBl 1993 II S. 383). [4]Dem Leistungsempfänger muss eine hinreichend bestimmte, schriftliche Berichtigung tatsächlich zugehen. [5]Es können mehrere Berichtigungen in einer einzigen Korrekturmeldung zusammengefasst werden, wenn sich daraus erkennen lässt, auf welche Umsatzsteuerbeträge im Einzelnen sich die Berichtigung beziehen soll (vgl. BFH-Urteil vom 25. 2. 1993, V R 112/91, BStBl II S. 643). [6]Wird der für eine Leistung geschuldete Kaufpreis auf Grund einer nachträglichen Vereinbarung wirksam herabgesetzt, so bedarf es keiner Berichtigung der ursprünglichen Rechnung.

(8) [1]Hat ein Unternehmer – insbesondere im Einzelhandel – über eine Lieferung an einen Abnehmer aus einem Drittland eine Rechnung mit gesondertem Steuerausweis (§ 14 Abs. 4 UStG) bzw. eine Kleinbetragsrechnung im Sinne des § 33 UStDV (z. B. einen Kassenbon mit Angabe des Steuersatzes) erteilt, schuldet er die Steuer nach § 14c Abs. 1 UStG, wenn nachträglich die Voraussetzungen für die Steuerbefreiung als Ausfuhrlieferung im nichtkommerziellen Reiseverkehr (sog. Export über den Ladentisch) erfüllt werden (vgl. im Einzelnen Abschnitt 6.11). [2]Die Steuerschuld nach § 14c Abs. 1 UStG erlischt erst, wenn der Lieferer die Rechnung wirksam berichtigt (vgl. Absatz 7). [3]Aus Vereinfachungsgründen ist die Rechnungsberichtigung entbehrlich, wenn der ausländische Abnehmer die ursprüngliche Rechnung bzw. den ursprünglichen Kassenbon an den Unternehmer zurückgibt und dieser den zurückerhaltenen Beleg aufbewahrt.

§ 14c UStG
AE 14c.1, AE 14c.2

Zu niedriger Steuerausweis

(9) ¹Bei zu niedrigem Steuerausweis schuldet der Unternehmer die gesetzlich vorgeschriebene Steuer. ²Der Unternehmer hat in diesem Fall die Steuer unter Zugrundelegung des maßgeblichen Steuersatzes aus dem Gesamtrechnungsbetrag herauszurechnen.

Beispiel:
¹Ein Unternehmer berechnet für eine Lieferung die Steuer mit 7 %, obwohl hierfür nach § 12 Abs. 1 UStG eine Steuer von 19 % geschuldet wird.

Berechnetes Entgelt	400,— €
+ 7 % Umsatzsteuer	28,— €
Gesamtrechnungsbetrag	428,— €
Herausrechnung der Steuer mit 19/119	./. 68,34 €
Entgelt	359,66 €
Vom Unternehmer gesetzlich geschuldete Steuer:	
19 % von 359,66 € =	68,34 €

²Der Leistungsempfänger darf als Vorsteuer nur den in der Rechnung ausgewiesenen Steuerbetrag abziehen. ³Es bleibt aber dem leistenden Unternehmer unbenommen, den zu niedrig ausgewiesenen Steuerbetrag zu berichtigen.

(10) ¹Hat der Leistungsempfänger entgegen § 15 Abs. 1 Satz 1 Nr. 1 UStG einen höheren Betrag als die für die Lieferung oder sonstige Leistung gesetzlich geschuldete Steuer als Vorsteuer geltend gemacht, hat er den Mehrbetrag an das Finanzamt zurückzuzahlen. ²Die Rückzahlung ist für den Besteuerungszeitraum vorzunehmen, für den der Mehrbetrag als Vorsteuer abgezogen wurde.

(11) ¹In den Fällen eines unrichtigen Steuerausweises bei Umsätzen im Rahmen einer Geschäftsveräußerung an einen anderen Unternehmer für dessen Unternehmen (§ 1 Abs. 1a UStG) und bei Rückgängigmachung des Verzichts auf die Steuerbefreiung nach § 9 UStG ist die Berichtigung des geschuldeten Betrages jedoch nur zulässig, wenn die Rechnung berichtigt wird und soweit die Gefährdung des Steueraufkommens beseitigt ist (§ 14c Abs. 1 Satz 3 UStG). ²Zur Beseitigung der Gefährdung des Steueraufkommens und zum besonderen Berichtigungsverfahren vgl. Abschnitt 14c.2.

AE 14c.2

14c.2. Unberechtigter Steuerausweis (§ 14c Abs. 2 UStG)

S 7289

(1) ¹Wer in einer Rechnung einen Steuerbetrag ausweist, obwohl er dazu nicht berechtigt ist (unberechtigter Steuerausweis), schuldet den ausgewiesenen Betrag (§ 14c Abs. 2 Sätze 1 und 2 UStG). ²Dies betrifft vor allem Kleinunternehmer, bei denen die Umsatzsteuer nach § 19 Abs. 1 UStG nicht erhoben wird, gilt aber auch, wenn jemand wie ein leistender Unternehmer abrechnet und einen Steuerbetrag ausweist, obwohl er nicht Unternehmer ist oder eine Lieferung oder sonstige Leistung nicht ausführt. ³Die Rechtsfolgen treten unabhängig davon ein, ob die Rechnung alle in § 14 Abs. 4 und § 14a UStG aufgeführten Angaben enthält **(vgl. BFH-Urteil vom 17. 2. 2011, V R 39/09, BStBl 2011 II S. 734)**. ⁴Die Angabe des Rechnungsausstellers und des Entgelts als Grundlage des gesondert ausgewiesenen Steuerbetrags sind jedoch unverzichtbar (vgl. BFH-Urteil vom 27. 7. 2000, V R 55/99, BStBl 2001 II S. 426). ⁵Bei Kleinbetragsrechnungen (§ 33 UStDV) hat der angegebene Steuersatz die Wirkung des gesonderten Ausweises einer Steuer. ⁶Entsprechendes gilt für Fahrausweise (§ 34 UStDV).

(2) ¹Von § 14c Abs. 2 UStG werden die folgenden Fälle erfasst:

1. ¹Ein Unternehmer weist in der Rechnung einen Steuerbetrag aus, obwohl er nach § 19 Abs. 1 UStG dazu nicht berechtigt ist (§ 14c Abs. 2 Satz 1 UStG). ²Ein gesonderter Steuerausweis liegt auch vor, wenn der Rechnungsaussteller in einer Umlagenabrechnung über eine (Neben-)Leistung, z. B. Heizkostenabrechnung, den auf den jeweiligen Leistungsempfänger entfallenden Anteil am Gesamtbetrag der Kosten nicht ausschließlich als Bruttobetrag darstellt, sondern auch der anteilige Umsatzsteuer aufführt (vgl. BFH-Urteil vom 18. 5. 1988, X R 43/81, BStBl II S. 752).
2. ¹Ein Unternehmer erteilt eine Rechnung mit gesondertem Steuerausweis, obwohl er eine Leistung nicht ausführt, z. B. eine Schein- oder Gefälligkeitsrechnung oder in den Fällen des Schadensersatzes. ²Hierunter fallen nicht Rechnungen, die vor Ausführung der Leistung erteilt werden und die ihrer Aufmachung (z. B. durch die Bezeichnung) oder ihrem Inhalt nach (z. B. durch Hinweis auf einen erst in der Zukunft liegenden Zeitpunkt der Leistung) eindeutig als Vorausrechnungen erkennbar sind (vgl. BFH-Urteil vom 20. 3. 1980, V R 131/74, BStBl II S. 287). ³Steht der Leistungszeitpunkt noch nicht fest, muss dies aus der Rechnung oder aus anderen Unterlagen, auf die in der Rechnung hingewiesen wird, hervorgehen. ⁴Unterbleibt nach Erteilung einer Vorausrechnung mit Steuerausweis die zunächst beabsichtigte Leistung, z. B. bei Rückgängigmachung eines Kaufvertrags, so ist § 14c Abs. 2 UStG nicht anzuwenden (vgl. BFH-Urteil vom 21. 2. 1980, V R 146/73, BStBl II S. 283). ⁵Das gilt unabhängig davon, ob die angeforderten Voraus- oder Anzahlungen geleistet werden (vgl. Abschnitt 14.8 Abs. 2). ⁶Wer dagegen

eine Vorausrechnung mit gesondertem Steuerausweis erteilt, obwohl bereits feststeht, dass er die darin aufgeführte Leistung nicht mehr ausführen wird, schuldet diese Steuer nach § 14c Abs. 2 UStG (vgl. BFH-Urteil vom 5. 2. 1998, V R 65/97, BStBl II S. 415).

3. ¹Ein Unternehmer erteilt eine Rechnung mit gesondertem Steuerausweis, in der er statt des tatsächlich gelieferten Gegenstandes einen anderen, von ihm nicht gelieferten Gegenstand aufführt, oder statt der tatsächlich ausgeführten sonstigen Leistung eine andere, von ihm nicht erbrachte Leistung angibt (unrichtige Leistungsbezeichnung). ²Der leistende Unternehmer schuldet die gesondert ausgewiesene Steuer nach § 14c Abs. 2 UStG neben der Steuer für die tatsächlich ausgeführte Leistung (vgl. BFH-Urteil vom 8. 9. 1994, V R 70/91, BStBl 1995 II S. 32).

Beispiele:
a) Es wird eine Büromaschine aufgeführt, während tatsächlich ein Fernsehgerät geliefert worden ist.
b) Es werden Antriebsmotoren angegeben, während tatsächlich der Schrott solcher Motoren geliefert worden ist (vgl. BFH-Beschluss vom 21. 5. 1987, V R 129/78, BStBl II S. 652).
c) Es wird hergestelltes Mauerwerk abgerechnet, während tatsächlich ein Kranführer überlassen worden ist (vgl. BFH-Beschluss vom 9. 12. 1987, V B 54/85, BStBl 1988 II S. 700).
d) Es werden „Malerarbeiten in Büroräumen" in Rechnung gestellt, während die Malerarbeiten tatsächlich in der Wohnung des Leistungsempfängers ausgeführt worden sind.

³Die in Rechnungen mit ungenauer Angabe der Leistungsbezeichnung gesondert ausgewiesenen Steuerbeträge werden dagegen nicht nach § 14c Abs. 2 UStG geschuldet. ⁴Ungenaue Angaben liegen vor, wenn die Rechnungsangaben nicht so eingehend und eindeutig sind, dass sie ohne weiteres völlige Gewissheit über Art und Umfang des Leistungsgegenstands verschaffen.

Beispiel:
Es werden ausgeführte Bauarbeiten lediglich durch Angabe einer Baustelle und „Arbeiten wie gesehen und besichtigt" beschrieben (vgl. BFH-Beschluss vom 4. 12. 1987, V S 9/85, BStBl 1988 II S. 702).

4. Ein Unternehmer erteilt eine Rechnung mit gesondertem Steuerausweis für eine Leistung, die er nicht im Rahmen seines Unternehmens ausführt z. B. Verkauf eines Gegenstands aus dem Privatbereich.

5. ¹Ein Nichtunternehmer, z. B. eine Privatperson oder ein Hoheitsbetrieb einer juristischen Person des öffentlichen Rechts, weist in einem Dokument einen Steuerbetrag gesondert aus. ²Das gilt auch für denjenigen, der Abrechnungen dadurch in den Verkehr bringt, dass er sie einem anderen zur beliebigen Verwendung überlässt oder ein blanko unterschriebenes Papier zum Ausfüllen als Kaufvertrag aushändigt, ohne ausdrücklich den gesonderten Steuerausweis zu untersagen (vgl. auch BFH-Urteil vom 5. 8. 1988, X R 66/82, BStBl II S. 1019). ³Der Nichtunternehmer schuldet den Steuerbetrag, gleichgültig ob er eine Leistung ausführt oder nicht.

(2a) ¹Bei Umsätzen zwischen Betriebsabteilungen desselben Unternehmers oder innerhalb eines Organkreises handelt es sich nicht um steuerbare Lieferungen oder sonstige Leistungen, sondern um innerbetriebliche Vorgänge (sog. Innenumsätze). ²Werden für sie Belege mit gesondertem Steuerausweis erteilt, sind diese Belege nicht als Rechnungen im Sinne des § 14c UStG, sondern als unternehmensinterne Buchungsbelege zu beurteilen. ³Die darin ausgewiesene Steuer wird nicht nach § 14c Abs. 2 UStG geschuldet (vgl. BFH-Urteil vom 28. 10. 2010, V R 7/10, BStBl 2011 II S. 391, und Abschnitt 14.1. Abs. 4).

(3) ¹Soweit der Aussteller der Rechnung den unberechtigten Steuerausweis gegenüber dem Belegempfänger für ungültig erklärt hat und die Gefährdung des Steueraufkommens beseitigt wurde, ist dem Schuldner des Steuerbetrages die Möglichkeit zur Berichtigung einzuräumen (§ 14c Abs. 2 Satz 3 ff. UStG). ²Im Rahmen eines Organschaftsverhältnisses ist die Organgesellschaft oder ein von ihr beauftragter Dritter berechtigt, die von ihr ausgestellte Rechnung mit unberechtigtem Steuerausweis gegenüber dem Belegempfänger für ungültig zu erklären. ³Bei der Berichtigung des unberechtigten Steuerausweises ist § 17 Abs. 1 UStG entsprechend anzuwenden. ⁴Auf den guten Glauben des Ausstellers der betreffenden Rechnung kommt es nicht an (vgl. BFH-Urteil vom 22. 2. 2001, V R 5/99, BStBl 2004 II S. 143). ⁵Die Gefährdung des Steueraufkommens ist beseitigt, wenn ein Vorsteuerabzug beim Empfänger der Rechnung nicht durchgeführt oder die geltend gemachte Vorsteuer an das Finanzamt zurückgezahlt worden ist.

(4) ¹Steuerschuldner nach § 14c Abs. 2 UStG ist der Aussteller der Rechnung (§ 13a Abs. 1 Nr. 4 UStG). ²Im Rahmen eines Organschaftsverhältnisses schuldet hingegen der Organträger die durch eine Organgesellschaft unberechtigt ausgewiesene Steuer. ³Eine GmbH schuldet die Steuer nach § 14c Abs. 2 UStG, wenn ein nur zur Gesamtvertretung berechtigter Geschäftsführer ohne Mitwirkung des anderen Geschäftsführers das Abrechnungspapier mit unberechtigtem Steuerausweis erstellt, ohne den allgemeinen Rahmen des ihm übertragenen Geschäftskreises zu überschreiten (vgl. BFH-Urteil vom 28. 1. 1993, V R 75/88, BStBl II S. 357). ⁴Wirkt dagegen der in der Rechnung

als Aussteller Bezeichnete in keiner Weise bei der Erstellung des Dokuments mit, kommt eine Inanspruchnahme nach § 14c Abs. 2 UStG nicht in Betracht (vgl. BFH-Urteil vom 16. 3. 1993, XI R 103/90, BStBl II S. 531). ⁵*Zur Frage der Mitwirkung sind die Grundsätze der Stellvertretung, zu denen auch die Grundsätze der Anscheins- und Duldungsvollmacht gehören, zu berücksichtigen (vgl. BFH-Urteil vom 7. 4. 2011, V R 44/09, BStBl II S. 954).* ⁶Zur Frage, wem die Rechnung zuzurechnen ist, die ein Vermittler auf den Namen seines Auftraggebers ausgestellt hat, vgl. BFH-Urteil vom 4. 3. 1982, V R 59/81, BStBl II S. 315.

(5) ¹Der Schuldner des unberechtigt ausgewiesenen Betrags hat die Berichtigung des geschuldeten Steuerbetrages bei dem für seine Besteuerung zuständigen Finanzamt gesondert schriftlich zu beantragen. ²Diesem Antrag hat er ausreichende Angaben über die Identität des Rechnungsempfängers beizufügen. ³Das Finanzamt des Schuldners des unberechtigt ausgewiesenen Betrags hat durch Einholung einer Auskunft beim Finanzamt des Rechnungsempfängers zu ermitteln, in welcher Höhe und wann ein unberechtigt in Anspruch genommener Vorsteuerabzug durch den Rechnungsempfänger zurückgezahlt wurde. ⁴Nach Einholung dieser Auskunft teilt das Finanzamt des Schuldners des unberechtigt ausgewiesenen Betrags diesem mit, für welchen Besteuerungszeitraum und in welcher Höhe die Berichtigung des geschuldeten Steuerbetrags vorgenommen werden kann. ⁵Die Berichtigung des geschuldeten Steuerbetrags ist in entsprechender Anwendung des § 17 Abs. 1 UStG für den Besteuerungszeitraum vorzunehmen, in dem die Gefährdung des Steueraufkommens beseitigt worden ist (§ 14c Abs. 2 Satz 5 UStG). ⁶Wurde beim Empfänger der Rechnung kein Vorsteuerabzug vorgenommen, ist der wegen unberechtigten Steuerausweises geschuldete Betrag beim Aussteller der Rechnung für den Zeitraum zu berichtigen, in dem die Steuer gemäß § 13 Abs. 1 Nr. 4 UStG entstanden ist.

(6) Hat ein Kleinunternehmer eine Erklärung nach § 19 Abs. 2 Satz 1 UStG abgegeben, aber vor Eintritt der Unanfechtbarkeit der Steuerfestsetzung (vgl. Abschnitt 19.2 Abs. 6) zurückgenommen, muss er die in der Zwischenzeit erteilten Rechnungen mit gesondertem Steuerausweis berichtigen und kann den geschuldeten unberechtigt ausgewiesenen Steuerbetrag unter den in Absatz 4 bezeichneten Voraussetzungen berichtigen.

(7) Der Steueranspruch aus § 14c Abs. 2 UStG besteht vorbehaltlich Absatz 5 unabhängig davon, ob der Rechnungsempfänger die gesondert ausgewiesene Umsatzsteuer unberechtigt als Vorsteuer abgezogen hat oder nicht.

(8) Für die Berichtigung der aufgrund des unberechtigt ausgewiesenen Steuerbetrages nach § 14c Abs. 2 UStG ergangenen Steuerbescheide gelten die allgemeinen verfahrensrechtlichen Vorschriften der Abgabenordnung.

Hinweis

1 Umsatzsteuerausweis auf Zuzahlungsquittungen von Apotheken

(OFD Frankfurt am Main, Vfg. vom 22. 1. 2010 – S 7280 A – 76 – St I 111 –, StEd 2010 S. 351)

Rechtsprechung

EUROPÄISCHER GERICHTSHOF

EuGH vom 18. 6. 2009 – Rs. C-566/07– (BFH/NV 2009 S. 1371, UR 2009 S. 647)

Maßgebender Mitgliedstaat für die Berichtigung der zu Unrecht in Rechnung gestellten Steuer

1. Art. 21 Abs. 1 Buchst. c 6. USt-Richtlinie in der durch die Richtlinie 91/680/EWG des Rates vom 16. 12. 1991 geänderten Fassung ist dahin auszulegen, dass nach dieser Bestimmung die Mehrwertsteuer in dem Mitgliedstaat geschuldet wird, dessen Mehrwertsteuer in einer Rechnung oder einem ähnlichen Dokument ausgewiesen ist, selbst wenn der fragliche Vorgang in diesem Mitgliedstaat nicht steuerpflichtig war. Es ist Sache des vorlegenden Gerichts, unter Berücksichtigung aller maßgeblichen Umstände zu prüfen, der Mehrwertsteuer welchen Mitgliedstaats die in der fraglichen Rechnung ausgewiesene Mehrwertsteuer entspricht. Insoweit können u. a. der ausgewiesene Mehrwertsteuersatz, die Währung des angegebenen Rechnungsbetrags, die Sprache, in der die Rechnung ausgestellt ist, der Inhalt und der Kontext der fraglichen Rechnung, die Orte, an denen der Aussteller der Rechnung und der Empfänger der Dienstleistung niedergelassen sind, sowie deren Verhalten maßgeblich sein.

2. Der Grundsatz der steuerlichen Neutralität schließt es grundsätzlich nicht aus, dass ein Mitgliedstaat die Berichtigung der Mehrwertsteuer, die in diesem Mitgliedstaat allein deshalb geschuldet wird, weil sie irrtümlich in der versandten Rechnung ausgewiesen wurde, davon

abhängig macht, dass der Steuerpflichtige dem Empfänger der Dienstleistungen eine berichtigte Rechnung zugesandt hat, in der die Mehrwertsteuer nicht ausgewiesen ist, wenn dieser Steuerpflichtige die Gefährdung des Steueraufkommens nicht rechtzeitig und vollständig beseitigt hat.

BUNDESFINANZHOF

Rsp III

BFH vom 17.2.2011 – V R 39/09 – (BStBl 2011 II S. 734, HFR 2011 S. 1136)

Unberechtigter Steuerausweis nach § 14c UStG

1. Ein unberechtigter Steuerausweis i.S.d. § 14c Abs. 2 UStG setzt nicht voraus, dass die Rechnung alle in § 14 Abs. 4 UStG aufgezählten Pflichtangaben aufweist.
2. Die an den Rechnungsbegriff des § 15 Abs. 1 UStG und den des § 14c UStG zu stellenden Anforderungen sind nicht identisch.

§ 15 Vorsteuerabzug

UStG

(1) ¹Der Unternehmer kann die folgenden Vorsteuerbeträge abziehen: S 7300
1. ¹die gesetzlich geschuldete Steuer für Lieferungen und sonstige Leistungen, die von einem anderen Unternehmer für sein Unternehmen ausgeführt worden sind. ²Die Ausübung des Vorsteuerabzugs setzt voraus, dass der Unternehmer eine nach den §§ 14, 14a ausgestellte Rechnung besitzt. ³Soweit der gesondert ausgewiesene Steuerbetrag auf eine Zahlung vor Ausführung dieser Umsätze entfällt, ist er bereits abziehbar, wenn die Rechnung vorliegt und die Zahlung geleistet worden ist;
2. die entrichtete Einfuhrumsatzsteuer für Gegenstände, die für sein Unternehmen nach § 1 Abs. 1 Nr. 4 eingeführt worden sind;   S 7302
3. die Steuer für den innergemeinschaftlichen Erwerb von Gegenständen für sein Unternehmen;   S 7303
4. ¹die Steuer für Leistungen im Sinne des § 13b Absatz 1 und 2, die für sein Unternehmen ausgeführt worden sind. ²Soweit die Steuer auf eine Zahlung vor Ausführung dieser Leistungen entfällt, ist sie abziehbar, wenn die Zahlung geleistet worden ist;
5. die nach § 13a Abs. 1 Nr. 6 geschuldete Steuer für Umsätze, die für sein Unternehmen ausgeführt worden sind.

²Nicht als für das Unternehmen ausgeführt gilt die Lieferung, die Einfuhr oder der innergemeinschaftliche Erwerb eines Gegenstands, den der Unternehmer zu weniger als 10 Prozent für sein Unternehmen nutzt.

(1a) ¹Nicht abziehbar sind Vorsteuerbeträge, die auf Aufwendungen, für die das Abzugsverbot des § 4 Abs. 5 Satz 1 Nr. 1 bis 4, 7 oder des § 12 Nr. 1 des Einkommensteuergesetzes gilt, entfallen. ²Dies gilt nicht für Bewirtungsaufwendungen, soweit § 4 Abs. 5 Satz 1 Nr. 2 des Einkommensteuergesetzes einen Abzug angemessener und nachgewiesener Aufwendungen ausschließt.   S 7303-a

(1b) ¹Verwendet der Unternehmer ein Grundstück sowohl für Zwecke seines Unternehmens als auch für Zwecke, die außerhalb des Unternehmens liegen, oder für den privaten Bedarf seines Personals, ist die Steuer für Lieferungen, die Einfuhr und den innergemeinschaftlichen Erwerb sowie für die sonstigen Leistungen im Zusammenhang mit diesem Grundstück vom Vorsteuerabzug ausgeschlossen, soweit sie nicht auf die Verwendung des Grundstücks für Zwecke des Unternehmens entfällt. ²Bei Berechtigungen, für die die Vorschriften des bürgerlichen Rechts über Grundstücke gelten, und bei Gebäuden auf fremdem Grund und Boden ist Satz 1 entsprechend anzuwenden.   S 7303-b

(2) ¹Vom Vorsteuerabzug ausgeschlossen ist die Steuer für die Lieferungen, die Einfuhr und den innergemeinschaftlichen Erwerb von Gegenständen sowie für die sonstigen Leistungen, die der Unternehmer zur Ausführung folgender Umsätze verwendet: S 7304
1. steuerfreie Umsätze;
2. Umsätze im Ausland, die steuerfrei wären, wenn sie im Inland ausgeführt würden.
3. (aufgehoben)

§ 15 UStG   § 35 UStDV

²Gegenstände oder sonstige Leistungen, die der Unternehmer zur Ausführung einer Einfuhr oder eines innergemeinschaftlichen Erwerbs verwendet, sind den Umsätzen zuzurechnen, für die der eingeführte oder innergemeinschaftlich erworbene Gegenstand verwendet wird.

S 7304

(3) Der Ausschluss vom Vorsteuerabzug nach Absatz 2 tritt nicht ein, wenn die Umsätze

1. in den Fällen des Absatzes 2 Satz 1 Nr. 1
   a) nach § 4 Nr. 1 bis 7, § 25 Abs. 2 oder nach den in § 26 Abs. 5 bezeichneten Vorschriften steuerfrei sind oder
   b) nach § 4 Nr. 8 Buchstabe a bis g oder Nr. 10 Buchstabe a steuerfrei sind und sich unmittelbar auf Gegenstände beziehen, die in das Drittlandsgebiet ausgeführt werden;
2. in den Fällen des Absatzes 2 Satz 1 Nr. 2
   a) nach § 4 Nr. 1 bis 7, § 25 Abs. 2 oder nach den in § 26 Abs. 5 bezeichneten Vorschriften steuerfrei wären oder
   b) nach § 4 Nr. 8 Buchstabe a bis g oder Nr. 10 Buchstabe a steuerfrei wären und der Leistungsempfänger im Drittlandsgebiet ansässig ist.

S 7306

(4) ¹Verwendet der Unternehmer einen für sein Unternehmen gelieferten, eingeführten oder innergemeinschaftlich erworbenen Gegenstand oder eine von ihm in Anspruch genommene sonstige Leistung nur zum Teil zur Ausführung von Umsätzen, die den Vorsteuerabzug ausschließen, so ist der Teil der jeweiligen Vorsteuerbeträge nicht abziehbar, der den zum Ausschluss vom Vorsteuerabzug führenden Umsätzen wirtschaftlich zuzurechnen ist. ²Der Unternehmer kann die nicht abziehbaren Teilbeträge im Wege einer sachgerechten Schätzung ermitteln. ³Eine Ermittlung des nicht abziehbaren Teils der Vorsteuerbeträge nach dem Verhältnis der Umsätze, die den Vorsteuerabzug ausschließen, zu den Umsätzen, die zum Vorsteuerabzug berechtigen, ist nur zulässig, wenn keine andere wirtschaftliche Zurechnung möglich ist. ⁴In den Fällen des Absatzes 1b gelten die Sätze 1 bis 3 entsprechend.

S 7307

(4a) Für Fahrzeuglieferer (§ 2a) gelten folgende Einschränkungen des Vorsteuerabzugs:

1. Abziehbar ist nur die auf die Lieferung, die Einfuhr oder den innergemeinschaftlichen Erwerb des neuen Fahrzeugs entfallende Steuer.
2. Die Steuer kann nur bis zu dem Betrag abgezogen werden, der für die Lieferung des neuen Fahrzeugs geschuldet würde, wenn die Lieferung nicht steuerfrei wäre.
3. Die Steuer kann erst in dem Zeitpunkt abgezogen werden, in dem der Fahrzeuglieferer die innergemeinschaftliche Lieferung des neuen Fahrzeugs ausführt.

(4b) Für Unternehmer, die nicht im Gemeinschaftsgebiet ansässig sind und die nur Steuer nach § 13b Absatz 5 schulden, gelten die Einschränkungen des § 18 Abs. 9 Sätze 4 und 5 entsprechend.

S 7314

(5) Das Bundesministerium der Finanzen kann mit Zustimmung des Bundesrates durch Rechtsverordnung nähere Bestimmungen darüber treffen,

1. in welchen Fällen und unter welchen Voraussetzungen zur Vereinfachung des Besteuerungsverfahrens für den Vorsteuerabzug auf eine Rechnung im Sinne des § 14 oder auf einzelne Angaben in der Rechnung verzichtet werden kann,
2. unter welchen Voraussetzungen, für welchen Besteuerungszeitraum und in welchem Umfang zur Vereinfachung oder zur Vermeidung von Härten in den Fällen, in denen ein anderer als der Leistungsempfänger ein Entgelt gewährt (§ 10 Abs. 1 Satz 3), der andere den Vorsteuerabzug in Anspruch nehmen kann, und
3. wann in Fällen von geringer steuerlicher Bedeutung zur Vereinfachung oder zur Vermeidung von Härten bei der Aufteilung der Vorsteuerbeträge (Absatz 4) Umsätze, die den Vorsteuerabzug ausschließen, unberücksichtigt bleiben können oder von der Zurechnung von Vorsteuerbeträgen zu diesen Umsätzen abgesehen werden kann.

Vorschriften des Gemeinschaftsrechts

Art. 167 bis 173, Art. 178 bis 180 und Art. 183 der MWSt-Richtlinie (bis 31. 12. 2006: Art. 17 Abs. 1 – 5, Art. 18 und Art. 28a Abs. 4 Unterabs. 2 der 6. USt-Richtlinie).

UStDV   § 35   *Vorsteuerabzug bei Rechnungen über Kleinbeträge und bei Fahrausweisen*

S 7300

(1) Bei Rechnungen im Sinne des § 33 kann der Unternehmer den Vorsteuerabzug in Anspruch nehmen, wenn er den Rechnungsbetrag in Entgelt und Steuerbetrag aufteilt.

(2) ¹*Absatz 1 ist für Rechnungen im Sinne des § 34 entsprechend anzuwenden.* ²*Bei der Aufteilung in Entgelt und Steuerbetrag ist der Steuersatz nach § 12 Abs. 1 des Gesetzes anzuwenden, wenn in der Rechnung*
1. *dieser Steuersatz oder*
2. *eine Tarifentfernung von mehr als fünfzig Kilometern*

angegeben ist. ³*Bei den übrigen Rechnungen ist der Steuersatz nach § 12 Abs. 2 des Gesetzes anzuwenden.* ⁴*Bei Fahrausweisen im Luftverkehr kann der Vorsteuerabzug nur in Anspruch genommen werden, wenn der Steuersatz nach § 12 Abs. 1 des Gesetzes im Fahrausweis angegeben ist.*

§§ 36 bis 39

(weggefallen)

§ 39a

(aufgehoben)

§ 40 Vorsteuerabzug bei unfreien Versendungen

(1) ¹*Lässt ein Absender einen Gegenstand durch einen Frachtführer oder Verfrachter unfrei zu einem Dritten befördern oder eine solche Beförderung durch einen Spediteur unfrei besorgen, so ist für den Vorsteuerabzug der Empfänger der Frachtsendung als Auftraggeber dieser Leistungen anzusehen.* ²*Der Absender darf die Steuer für diese Leistungen nicht als Vorsteuer abziehen.* ³*Der Empfänger der Frachtsendung kann diese Steuer unter folgenden Voraussetzungen abziehen:* S 7314
1. *Er muss im Übrigen hinsichtlich der Beförderung oder ihrer Besorgung zum Abzug der Steuer berechtigt sein (§ 15 Abs. 1 Satz 1 Nr. 1 des Gesetzes).*
2. *Er muss die Entrichtung des Entgelts zuzüglich der Steuer für die Beförderung oder für ihre Besorgung übernommen haben.*
3. ¹*Die in Nummer 2 bezeichnete Voraussetzung muss aus der Rechnung über die Beförderung oder ihre Besorgung zu ersehen sein.* ²*Die Rechnung ist vom Empfänger der Frachtsendung aufzubewahren.*

(2) Die Vorschriften des § 22 des Gesetzes sowie des § 35 Abs. 1 und § 63 dieser Verordnung gelten für den Empfänger der Frachtsendung entsprechend.

§ 41

(aufgehoben)

§ 41a

(aufgehoben)

§ 42

(aufgehoben)

§ 43 Erleichterungen bei der Aufteilung der Vorsteuern

Die den folgenden steuerfreien Umsätzen zuzurechnenden Vorsteuerbeträge sind nur dann vom Vorsteuerabzug ausgeschlossen, wenn sie diesen Umsätzen ausschließlich zuzurechnen sind: S 7306
1. *Umsätze von Geldforderungen, denen zum Vorsteuerabzug berechtigende Umsätze des Unternehmers zugrunde liegen;*
2. ¹*Umsätze von Wechseln, die der Unternehmer von einem Leistungsempfänger erhalten hat, weil er den Leistenden als Bürge oder Garantiegeber befriedigt.* ²*Das gilt nicht, wenn die Vor-*

steuern, die dem Umsatz dieses Leistenden zuzurechnen sind, vom Vorsteuerabzug ausgeschlossen sind;

3.[1]) **sonstige Leistungen, die im Austausch von gesetzlichen Zahlungsmitteln bestehen,** Lieferungen von im Inland gültigen amtlichen Wertzeichen sowie Einlagen bei Kreditinstituten, wenn diese Umsätze als Hilfsumsätze anzusehen sind.

AE 15.1

15.1. Zum Vorsteuerabzug berechtigter Personenkreis

S 7300

(1) [1]Zum Vorsteuerabzug sind ausschließlich Unternehmer im Sinne der §§ 2 und 2a UStG im Rahmen ihrer unternehmerischen Tätigkeit berechtigt **(vgl. Abschnitt 15.2 Absätze 15a bis 21).** [2]Abziehbar sind hierbei auch Vorsteuerbeträge, die vor der Ausführung von Umsätzen (vgl. BFH-Urteile vom 6. 5. 1993, V R 45/88, BStBl II S. 564, und vom 16. 12. 1993, V R 103/88, BStBl 1994 II S. 278) oder die nach Aufgabe des Unternehmens anfallen, sofern sie der unternehmerischen Tätigkeit zuzurechnen sind. [3]Zum Beginn und Ende der Unternehmereigenschaft vgl. Abschnitt 2.6.

(2) [1]Im Ausland ansässige Unternehmer können den Vorsteuerabzug grundsätzlich auch dann beanspruchen, wenn sie im Inland keine Lieferungen oder sonstige Leistungen ausgeführt haben (vgl. aber Abschnitt 18.11 Abs. 4). [2]Auch ihnen steht der Vorsteuerabzug nur insoweit zu, als die Vorsteuerbeträge ihrer unternehmerischen Tätigkeit zuzurechnen sind. [3]Das gilt auch für die Vorsteuern, die im Zusammenhang mit den im Ausland bewirkten Umsätzen stehen. [4]Zur Frage, ob die im Ausland ansässigen Unternehmer ihre abziehbaren Vorsteuerbeträge im Vorsteuer-Vergütungsverfahren (§§ 59 bis 61 UStDV) oder im allgemeinen Besteuerungsverfahren (§ 16 und § 18 Abs. 1 bis 4 UStG) geltend zu machen haben, vgl. Abschnitt 18.15.

(3) [1]Folgende Unternehmer können ihre abziehbaren Vorsteuern ganz oder teilweise nach Durchschnittssätzen ermitteln:

1. Unternehmer bestimmter Berufs- und Gewerbezweige mit einem Vorjahresumsatz bis zu 61 356 € (§ 23 UStG, §§ 69, 70 und Anlage der UStDV),
2. Körperschaften, Personenvereinigungen und Vermögensmassen im Sinne des § 5 Abs. 1 Nr. 9 KStG mit einem Vorjahresumsatz bis zu 35 000 € (§ 23a UStG) und
3. land- und forstwirtschaftliche Betriebe (§ 24 UStG).

(4) Kleinunternehmer sind nicht zum Vorsteuerabzug berechtigt, wenn sie der Sonderregelung des § 19 Abs. 1 UStG unterliegen (§ 19 Abs. 1 Satz 4 UStG); dies gilt auch, wenn sie bei einem unzulässigen Ausweis der Steuer für ihre eigenen Umsätze diese Steuer nach § 14 Abs. 3 UStG schulden.

(5) [1]Unternehmer, die von der Besteuerung nach § 19 Abs. 1, §§ 23, 23a oder 24 UStG zur allgemeinen Besteuerung des UStG übergegangen sind, können den Vorsteuerabzug nach § 15 UStG für folgende Beträge vornehmen:

1. gesondert in Rechnung gestellte Steuerbeträge für Lieferungen und sonstige Leistungen, die nach dem Zeitpunkt an sie ausgeführt worden sind, zu dem sie zur allgemeinen Besteuerung übergingen;
2. Einfuhrumsatzsteuer für Gegenstände, die nach dem Zeitpunkt, zu dem sie zur allgemeinen Besteuerung übergingen, für ihr Unternehmen eingeführt worden sind;
3. die Steuer für den innergemeinschaftlichen Erwerb von Gegenständen, die nach dem Zeitpunkt für ihr Unternehmen erworben wurden, zu dem sie zur allgemeinen Besteuerung übergingen;
4. die vom Leistungsempfänger nach § 13b UStG und § 25b UStG geschuldete Steuer für Leistungen, die nach dem Zeitpunkt an sie ausgeführt worden sind, zu dem sie zur allgemeinen Besteuerung übergingen.

[2]Vom Vorsteuerabzug ausgeschlossen sind die Steuerbeträge für Umsätze, die vor dem Zeitpunkt des Übergangs zur allgemeinen Besteuerung ausgeführt worden sind. [3]Das gilt auch für Bezüge, die erstmalig nach dem Übergang zur allgemeinen Besteuerung verwendet werden. [4]Wechselt ein Landwirt, der einen Stall errichtet, vor dessen Fertigstellung von der Besteuerung nach § 24 UStG zur allgemeinen Besteuerung, können die Vorsteuerbeträge, die vor dem Wechsel angefallen sind, erst ab dem Zeitpunkt der erstmaligen Verwendung nach § 15a UStG (anteilig) geltend gemacht werden (vgl. BFH-Urteil vom 12. 6. 2008, V R 22/06, BStBl 2009 II S. 165, sowie Abschnitt 15a.9 Abs. 2). [5]Auf den Zeitpunkt des Eingangs der Rechnung oder der Entrichtung der Einfuhrumsatzsteuer kommt es

---

[1]) Anm.: Durch Art. 1 Nr. 4 der 2. Verordnung zur Änderung steuerlicher Verordnungen vom 2. 12. 2011 (BGBl. 2011 I S. 2416, BStBl 2011 I S. 1167) wurde § 43 Nr. 3 UStDV mit Wirkung vom 1. 1. 2012 neu gefasst. Bis 31. 12. 2011 geltende Fassung:
„3. Lieferungen von gesetzlichen Zahlungsmitteln und im Inland gültigen amtlichen Wertzeichen sowie Einlagen bei Kreditinstituten, wenn diese Umsätze als Hilfsumsätze anzusehen sind."

nicht an (vgl. BFH-Urteile vom 6. 12. 1979, V R 87/72, BStBl 1980 II S. 279, und vom 17. 9. 1981, V R 76/75, BStBl 1982 II S. 198). [5]Wegen des Vorsteuerabzugs bei Zahlungen vor Ausführung des Umsatzes vgl. Abschnitt 15.3.

(6) [1]Bei einem Übergang von der allgemeinen Besteuerung zur Besteuerung nach § 19 Abs. 1, §§ 23, 23a oder 24 UStG sind umgekehrt die in Absatz 5 bezeichneten Vorsteuerbeträge nicht nach § 15 UStG abziehbar. [2]Bei Anwendung des § 23 UStG gilt dies jedoch nur für die Vorsteuerbeträge, auf die sich die Durchschnittssätze nach § 70 UStDV erstrecken.

(7) Zum Verfahren bei der Geltendmachung von Vorsteuerbeträgen aus der Beteiligung an Gesamtobjekten vgl. BMF-Schreiben vom 24. 4. 1992, BStBl I S. 291.

15.2. Abzug der gesondert in Rechnung gestellten Steuerbeträge als Vorsteuer

AE 15.2

Allgemeines

S 7300

(1) [1]Gemäß § 15 Abs. 1 Satz 1 Nr. 1 UStG ist nur die gesetzlich geschuldete Steuer für Lieferungen und sonstige Leistungen, die von einem anderen Unternehmer für das Unternehmen des Leistungsempfängers ausgeführt worden sind, als Vorsteuer abziehbar. [2]Ein Vorsteuerabzug ist damit nicht zulässig, soweit der die Rechnung ausstellende Unternehmer die Steuer nach § 14c UStG schuldet. [3]Abziehbar sind nur die Steuerbeträge, die nach dem deutschen Umsatzsteuergesetz geschuldet werden (vgl. BFH-Urteil vom 2. 4. 1998, V R 34/97, BStBl II S. 695, und vom 6. 12. 2007, V R 3/06, BStBl 2009 II S. 203). [4]Unternehmer, die mit ausländischen Vorsteuerbeträgen belastet wurden, haben sich wegen eines eventuellen Abzugs an den Staat zu wenden, der die Steuer erhoben hat. [5]Die EU-Mitgliedstaaten vergüten nach Maßgabe der Richtlinie 2008/9/EG des Rates vom 12. 2. 2008 den in einem anderen Mitgliedstaat ansässigen Unternehmern die Vorsteuern in einem besonderen Verfahren und haben hierfür zentrale Erstattungsbehörden bestimmt.

(2) [1]Die Berechtigung zum Vorsteuerabzug aus Lieferungen und sonstigen Leistungen ist unter folgenden Voraussetzungen gegeben:
1. Die Steuer muss für eine Lieferung oder sonstige Leistung gesondert in Rechnung gestellt worden sein (vgl. Absätze 7 bis 14);
2. die Lieferung oder sonstige Leistung muss von einem Unternehmer ausgeführt worden sein (vgl. Absatz 15);
3. der Leistungsempfänger muss Unternehmer sein, und die Lieferung oder sonstige Leistung muss für sein Unternehmen ausgeführt worden sein (vgl. Absätze *15a* bis *21*);
4. der Leistungsempfänger ist im Besitz einer nach den §§ 14, 14a UStG ausgestellten Rechnung, in der die Angaben vollständig und richtig sind.

[2]Diese Voraussetzungen müssen insgesamt erfüllt werden. [3]Das gilt auch für Leistungsempfänger, die die Steuer für ihre Umsätze nach vereinnahmten Entgelten berechnen (§ 20 UStG). [4]Der den Vorsteuerabzug begehrende Unternehmer trägt die Feststellungslast für die Erfüllung der Anspruchsvoraussetzungen. [5]Ein Unternehmer, der alle Maßnahmen getroffen hat, die vernünftigerweise von ihm verlangt werden können, um sicherzustellen, dass seine Umsätze nicht in einen Betrug – sei es eine Umsatzsteuerhinterziehung oder ein sonstiger Betrug – einbezogen sind, kann auf die Rechtmäßigkeit dieser Umsätze vertrauen, ohne Gefahr zu laufen, sein Recht auf Vorsteuerabzug zu verlieren. [6]Der Umstand, dass eine Lieferung an einen Unternehmer vorgenommen wird, der weder wusste noch wissen konnte, dass der betreffende Umsatz in einen vom Verkäufer begangenen Betrug einbezogen war, steht dem Vorsteuerabzug nicht entgegen (vgl. BFH-Urteil vom 19. 4. 2007, V R 48/04, BStBl 2009 II S. 315). [7]Fallen Empfang der Leistung und Empfang der Rechnung zeitlich auseinander, ist der Vorsteuerabzug für den Besteuerungszeitraum zulässig, in dem erstmalig beide Voraussetzungen erfüllt sind (vgl. BFH-Urteil vom 1. 7. 2004, V R 33/01, BStBl II S. 861). [8]Die Berechtigung des Organträgers zum Vorsteuerabzug aus Eingangsleistungen auf Ebene der Organgesellschaft richtet sich nach den Verhältnissen im Zeitpunkt des Leistungsbezugs, nicht der Rechnungserteilung (vgl. BFH-Urteil vom 13. 5. 2009, XI R 84/07, BStBl II S. 868). [9]Bei Zahlungen vor Empfang der Leistung vgl. aber Abschnitt 15.3. [10]Bezieht ein Unternehmer Teilleistungen (z. B. Mietleistungen) für sein Unternehmen, ist sowohl für den Leistungsbezug (§ 15 Abs. 1 Satz 1 Nr. 1 UStG) als auch für die Frage der Verwendung dieser Leistungen (§ 15 Abs. 2 UStG, vgl. Abschnitt 15.12) auf die monatlichen (Teil-)Leistungsabschnitte abzustellen (BFH-Urteil vom 9. 9. 1993, V R 42/91, BStBl 1994 II S. 269).

(3) [1]Der Leistungsempfänger hat die in der Rechnung enthaltenen Angaben auf ihre Vollständigkeit und Richtigkeit zu überprüfen (vgl. BFH-Urteil vom 6. 12. 2007, V R 61/05, BStBl 2008 II S. 695). [2]Dabei ist allerdings der Grundsatz der Verhältnismäßigkeit zu wahren. [3]Die Überprüfung der Richtigkeit der Steuernummer oder der inländischen USt-IdNr. und der Rechnungsnummer ist dem Rechnungsempfänger regelmäßig nicht möglich **(vgl. BFH-Urteil vom 2. 9. 2010, V R 55/09, BStBl 2011 II S. 235)**. [4]Ist eine dieser Angaben unrichtig und konnte der Unternehmer dies nicht erkennen, bleibt der Vorsteuerabzug erhalten, wenn im Übrigen die Voraussetzungen für den Vorsteuerabzug gegeben sind. [5]Unberührt davon bleibt, dass der Unternehmer gem. § 15 Abs. 1 Satz 1

Nr. 1 UStG nur die gesetzlich geschuldete Steuer für Lieferungen und sonstige Leistungen eines anderen Unternehmers für sein Unternehmen als Vorsteuer abziehen kann. [6]Deshalb ist z. B. der Vorsteuerabzug zu versagen, wenn die Identität des leistenden Unternehmers mit den Rechnungsangaben nicht übereinstimmt oder über eine nicht ausgeführte Lieferung oder sonstige Leistung abgerechnet wird. [7]Hinsichtlich der übrigen nach den §§ 14, 14a UStG erforderlichen Angaben hat der Rechnungsempfänger dagegen die inhaltliche Richtigkeit der Angaben zu überprüfen. [8]Dazu gehört insbesondere, ob es sich bei der ausgewiesenen Steuer um gesetzlich geschuldete Steuer für eine Lieferung oder sonstige Leistung handelt. [9]Bei unrichtigen Angaben entfällt der Vorsteuerabzug. [10]Zu den unrichtigen Angaben, die eine Versagung des Vorsteuerabzugs zur Folge haben, zählen in einer Rechnung enthaltene Rechenfehler oder die unrichtige Angabe des Entgelts, des Steuersatzes oder des Steuerbetrags. [11]Im Fall des § 14c Abs. 1 UStG kann der Vorsteuerabzug jedoch unter den übrigen Voraussetzungen in Höhe der für die bezogene Leistung geschuldeten Steuer vorgenommen werden.

(4) Ungenauigkeiten führen unter den übrigen Voraussetzungen nicht zu einer Versagung des Vorsteuerabzugs, wenn z. B. bei Schreibfehlern im Namen oder der Anschrift des leistenden Unternehmers oder des Leistungsempfängers oder in der Leistungsbeschreibung ungeachtet dessen eine eindeutige und unzweifelhafte Identifizierung der am Leistungsaustausch Beteiligten, der Leistung und des Leistungszeitpunkts möglich ist und die Ungenauigkeiten nicht sinnentstellend sind.

(5) Der Vorsteuerabzug kann erst zu dem Zeitpunkt in Anspruch genommen werden, in dem der Rechnungsaussteller die Rechnung nach § 31 Abs. 5 UStDV berichtigt hat und die zu berichtigenden Angaben an den Rechnungsempfänger übermittelt hat.

(6) Folgende Sonderregelungen für den Vorsteuerabzug sind zu beachten:

1. [1]Nach § 15 Abs. 1a UStG sind Vorsteuerbeträge nicht abziehbar, die auf Aufwendungen entfallen, für die das Abzugsverbot des § 4 Abs. 5 Satz 1 Nr. 1 bis 4, 7 oder des § 12 Nr. 1 des Einkommensteuergesetzes gilt. [2]Ausgenommen von der Vorsteuerabzugsbeschränkung sind Bewirtungsaufwendungen, soweit § 4 Abs. 5 Satz 1 Nr. 2 EStG einen Abzug angemessener und nachgewiesener Aufwendungen ausschließt (vgl. auch Abschnitt 15.6 Abs. 6).

2. **Nach § 15 Abs. 1b UStG sind Vorsteuerbeträge für ein dem Unternehmen zugeordnetes teilunternehmerisch genutztes Grundstück nicht abziehbar, soweit sie nicht auf die Verwendung des Grundstücks für Zwecke des Unternehmens entfallen (vgl. Abschnitt 15.6a).**

3. Ermitteln Unternehmer ihre abziehbaren Vorsteuern nach den Durchschnittssätzen der §§ 23 oder 23a UStG, ist insoweit ein weiterer Vorsteuerabzug ausgeschlossen (§ 70 Abs. 1 UStDV, § 23a Abs. 1 UStG).

4. Bewirkt der Unternehmer Reiseleistungen im Sinne des § 25 Abs. 1 UStG, ist er nicht berechtigt, die ihm in diesen Fällen für die Reisevorleistungen gesondert in Rechnung gestellten Steuerbeträge als Vorsteuern abzuziehen (§ 25 Abs. 4 UStG, vgl. Abschnitt 25.4).

5. Ein Wiederverkäufer, der für die Lieferung beweglicher körperlicher Gegenstände die Differenzbesteuerung des § 25a Abs. 2 UStG anwendet, kann die entrichtete Einfuhrumsatzsteuer sowie die Steuer für die an ihn ausgeführte Lieferung nicht als Vorsteuer abziehen (§ 25a Abs. 5 UStG).

Rechnung mit gesondertem Steuerausweis

(7) [1]Nach § 15 Abs. 1 Satz 1 Nr. 1 Satz 2 i. V. m. § 14 Abs. 4 Satz 1 Nr. 8 UStG muss die Steuer in einer nach den §§ 14, 14a UStG ausgestellten Rechnung gesondert ausgewiesen sein. [2]Der Begriff der Rechnung ergibt sich aus § 14 Abs. 1 UStG (vgl. auch Abschnitt 14.1). [3]Für den Vorsteuerabzug muss eine Rechnung das Entgelt und den Steuerbetrag getrennt ausweisen; die Angabe des Entgelts als Grundlage des gesondert ausgewiesenen Steuerbetrags ist damit zwingend erforderlich (vgl. Abschnitt 15.11 Abs. 4). [4]Ein gesonderter Steuerausweis liegt nicht vor, wenn die in einem Vertrag enthaltene Abrechnung offen lässt, ob der leistende Unternehmer den Umsatz steuerfrei oder steuerpflichtig (§ 9 UStG) behandeln will (vgl. Abschnitt 14.1 Abs. 2 Satz 5), in dem Dokument nicht durch Angaben tatsächlicher Art zum Ausdruck kommt, dass die gesondert ausgewiesene Steuer auf Lieferungen oder sonstigen Leistungen des Rechnungsausstellers an den Leistungsempfänger beruht (BFH-Urteil vom 12. 6. 1986, V R 75/78, BStBl II S. 721). [5]Nach § 14 Abs. 4 Satz 1 Nr. 5 UStG sind in der Rechnung auch die Menge und die Art (handelsübliche Bezeichnung) der gelieferten Gegenstände anzugeben. **[6]Enthält die Rechnung entgegen § 14 Abs. 4 Satz 1 Nr. 2 UStG nur eine Zahlen- und Buchstabenkombination, bei der es sich nicht um die dem leistenden Unternehmer erteilte Steuernummer handelt, ist der Leistungsempfänger nach § 15 Abs. 1 Satz 1 Nr. 1 Satz 2 UStG – vorbehaltlich einer Rechnungsberichtigung – nicht zum Vorsteuerabzug berechtigt (BFH-Urteil vom 2. 9. 2010, V R 55/09, BStBl 2011 II S. 235).** [7]Eine nach den §§ 14, 14a UStG ausgestellte Rechnung ist auch bei der Abrechnung der Leistung des Insolvenzverwalters an den Gemeinschuldner erforderlich. [8]Der Beschluss des Insolvenzgerichts

über die Festsetzung der Vergütung ist für den Vorsteuerabzug nicht ausreichend (vgl. BFH-Urteil vom 20. 2. 1986, V R 16/81, BStBl II S. 579).

(8) [1]Entsprechend dem Sinn und Zweck des § 15 UStG umfasst der Vorsteuerabzug grundsätzlich nur die Vorsteuerbeträge, die für im Inland bewirkte Lieferungen oder sonstige Leistungen gesondert ausgewiesen wurden. [2]Abziehbar ist auch die Steuer für die Lieferungen und sonstigen Leistungen, die nach § 1 Abs. 3 UStG wie Umsätze im Inland zu behandeln sind.

(9) Hat der leistende Unternehmer in einer Endrechnung die vor Ausführung der Lieferung oder sonstigen Leistung vereinnahmten Teilentgelte und die auf sie entfallenden Steuerbeträge nicht nach § 14 Abs. 5 Satz 2 UStG abgesetzt, ist die zu hoch ausgewiesene Umsatzsteuer nicht als Vorsteuer abziehbar (BFH-Urteil vom 11. 4. 2002, V R 26/01, BStBl 2004 II S. 317).

(10) [1]Hat der Rechnungsaussteller die Steuer unzutreffend berechnet, bleibt es dem Rechnungsempfänger überlassen, eine berichtigte Rechnung anzufordern. [2]In den Fällen eines Entgelts von dritter Seite (§ 10 Abs. 1 Satz 3 UStG) ist nicht der Dritte, sondern nur der Leistungsempfänger zum Vorsteuerabzug berechtigt (vgl. auch Abschnitt 14.10 Abs. 1).

(11) [1]Wird über die Lieferung oder sonstige Leistung mit einer Gutschrift abgerechnet, kommt der Vorsteuerabzug für den Leistungsempfänger nur in Betracht, wenn der leistende Unternehmer zum gesonderten Ausweis der Steuer in einer Rechnung berechtigt ist. [2]Daher kann auch in diesen Fällen der Vorsteuerabzug nicht in Anspruch genommen werden, wenn der leistende Unternehmer § 19 Abs. 1 UStG anwendet.

(12) [1]Der Vorsteuerabzug aus einer Gutschrift entfällt auch, wenn die Lieferung oder sonstige Leistung nicht steuerpflichtig ist (vgl. auch BFH-Urteil vom 31. 1. 1980, V R 60/74, BStBl II S. 369). [2]Hat der Aussteller der Gutschrift die Steuer zu hoch ausgewiesen, kann er den zu hoch ausgewiesenen Steuerbetrag nicht als Vorsteuer abziehen (vgl. Absatz 9). [3]Ein Vorsteuerabzug ist ebenfalls nicht zulässig, wenn eine Gutschrift ohne das Einverständnis des Gutschriftempfängers erteilt wird oder wenn der Leistungsempfänger eine unvollständige und daher zum Vorsteuerabzug nicht berechtigende Rechnung z. B. bei fehlendem gesonderten Steuerausweis ohne ausdrückliche Anerkennung des Lieferers oder Leistenden durch eine Gutschrift ersetzt (vgl. auch Abschnitt 14.3 Abs. 1).

(13) [1]Der Vorsteuerabzug entfällt, soweit der Gutschriftsempfänger dem in der Gutschrift angegebenen Steuerbetrag widerspricht (vgl. § 14 Abs. 2 Satz 3 UStG). [2]Dieser Widerspruch wirkt auch für den Vorsteuerabzug des Gutschriftausstellers erst in dem Besteuerungszeitraum, in dem er erklärt wird (vgl. BFH-Urteil vom 19. 5. 1993, V R 110/88, BStBl II S. 779).

(14) [1]Steuerbeträge, die für einen Innenumsatz (z. B. zwischen Betriebsabteilungen desselben Unternehmers oder innerhalb eines Organkreises) gesondert ausgewiesen werden, berechtigen nicht zum Vorsteuerabzug (vgl. auch Abschnitt 14.1 Abs. 4). [2]Bei Sacheinlagen aus der Privatsphäre oder dem Hoheitsbereich des Unternehmers ist ein Vorsteuerabzug ebenfalls nicht zulässig.

Leistung eines Unternehmers

(15) [1]Die Rechnung muss grundsätzlich vom leistenden Unternehmer oder vom Leistungsempfänger ausgestellt sein. [2]Ein Vorsteuerabzug ist deshalb nicht zulässig, wenn ein anderer im Namen des Leistenden oder des Leistungsempfängers eine Rechnung mit gesondertem Steuerausweis erteilt, ohne vom Leistenden oder vom Leistungsempfänger dazu beauftragt zu sein. [3]Zur Abrechnung durch den Vermittler vgl. BFH-Urteil vom 4. 3. 1982, V R 59/81, BStBl II S. 315. [4]Der Abzug der in der Rechnung ausgewiesenen Steuer ist nur möglich, wenn der in der Rechnung angegebene Sitz einer GmbH bei Ausführung der Leistung und bei Rechnungstellung tatsächlich bestanden hat (vgl. BFH-Urteil vom 27. 6. 1996, V R 51/93, BStBl II S. 620). [5]Hierfür trägt der den Vorsteuerabzug begehrende Unternehmer die Feststellungslast (vgl. BFH-Urteil vom 6. 12. 2007, V R 61/05, BStBl 2008 II S. 695). [6]Der Unternehmer, der die Lieferung oder sonstige Leistung ausgeführt hat, muss in der Rechnung (Abrechnungspapier) grundsätzlich mit seinem wirklichen Namen bzw. mit der wirklichen Firma angegeben sein (vgl. auch § 31 Abs. 2 UStDV). [7]Bei der Verwendung eines unzutreffenden und ungenauen Namens (z. B. Scheinname oder Scheinfirma) kann der Vorsteuerabzug ausnahmsweise zugelassen werden, wenn der tatsächlich leistende Unternehmer eindeutig und leicht nachprüfbar aus dem Abrechnungspapier ersichtlich ist (vgl. BFH-Urteil vom 7. 10. 1987, X R 60/82, BStBl 1988 II S. 34). [8]Diese Ausnahmekriterien sind eng auszulegen, so dass z. B. der Vorsteuerabzug unter folgenden Umständen unzulässig ist:

1. [1]Bei Verwendung einer Scheinfirma oder eines Scheinnamens ergibt sich aus dem Abrechnungspapier kein Hinweis auf den tatsächlich leistenden Unternehmer (vgl. BFH-Urteil vom 19. 10. 1978, V R 39/75, BStBl 1979 II S. 345). [2]Hinweise auf den tatsächlich leistenden Unternehmer fehlen in der Regel in Rechnungen mit willkürlich ausgesuchten Firmenbezeichnungen und/oder unzutreffenden Anschriften sowie bei Rechnungen von zwar existierenden Firmen, die aber die Leistung nicht ausgeführt haben (z. B. bei Verwendung von echten Rechnungsformularen dieser Firmen ohne ihr Wissen oder bei gefälschten Rechnungsformularen).

§ 15 UStG
AE 15.2

²³Das gilt auch, wenn der Abrechnende bereits bei der Leistungsbewirkung unter dem fremden Namen aufgetreten ist (BFH-Urteil vom 17. 9. 1992, V R 41/89, BStBl 1993 II S. 205).

2. ¹Aus dem Abrechnungspapier geht der tatsächlich leistende Unternehmer nicht eindeutig hervor. ²Dies ist beispielsweise anzunehmen, wenn nach der Abrechnung mehrere leistende Unternehmer in Betracht kommen und sich der tatsächlich leistende Unternehmer nicht zweifelsfrei ergibt. ³Die Feststellung, welcher Leistungsbeziehung die Verschaffung der Verfügungsmacht zuzurechnen ist, ist im Wesentlichen tatsächliche Würdigung (vgl. BFH-Urteil vom 4. 9. 2003, V R 9, 10/02, BStBl 2004 II S. 627). ⁴Im Fall eines Strohmannverhältnisses sind die von dem (weisungsabhängigen) Strohmann bewirkten Leistungen trotz selbständigen Auftretens im Außenverhältnis dem Hintermann als Leistendem zuzurechnen (vgl. BFH-Urteil vom 15. 9. 1994, XI R 56/93, BStBl 1995 II S. 275). ⁵Ein Strohmann, der im eigenen Namen Gegenstände verkauft und bewirkt, dass dem Abnehmer die Verfügungsmacht daran eingeräumt wird, kann aber umsatzsteuerrechtlich Leistender sein (vgl. BFH-Urteil vom 28. 1. 1999, V R 4/98, BStBl II S. 628, und BFH-Beschluss vom 31. 1. 2002, V B 108/01, BStBl 2004 II S. 622). ⁶Ein Unternehmer, der unter fremdem Namen auftritt, liefert dagegen selbst, wenn nach den erkennbaren Umständen durch sein Handeln unter fremdem Namen lediglich verdeckt wird, dass er und nicht der „Vertretene" die Lieferung erbringt (vgl. BFH-Urteil vom 4. 9. 2003, a. a. O.). ⁷Im Übrigen vgl. Abschnitt 2.1 Abs. 3.

3. Aus dem Abrechnungspapier ist der tatsächlich leistende Unternehmer nur schwer zu ermitteln, also nicht leicht nachprüfbar festzustellen.

4. Der tatsächlich leistende Unternehmer ist zwar bekannt, seine Identität ergibt sich jedoch nicht aus dem Abrechnungspapier oder aus solchen Unterlagen, auf die in dem Abrechnungspapier verwiesen wird (vgl. hierzu die zur zutreffenden Leistungsbezeichnung in Rechnungen ergangenen BFH-Beschlüsse vom 4. 12. 1987, V S 9/85, BStBl 1988 II S. 702, und vom 9. 12. 1987, V B 54/85, BStBl 1988 II S. 700).

⁹Steuern, die dem Unternehmer von einem Lieferer oder Leistenden in Rechnung gestellt werden, der nicht Unternehmer ist, sind – obwohl sie von diesem nach § 14 Abs. 3 UStG geschuldet werden – nicht abziehbar (vgl. BFH-Urteile vom 8. 12. 1988, V R 28/84, BStBl 1989 II S. 250, und vom 2. 4. 1998, V R 34/97, BStBl II S. 695).

Leistung für das Unternehmen

(15a) ¹Ein Unternehmer, der für Zwecke des Vorsteuerabzugs als Leistungsempfänger anzusehen ist (vgl. Absatz 16), ist nach § 15 Abs. 1 UStG zum Vorsteuerabzug berechtigt, soweit er Leistungen für sein Unternehmen im Sinne des § 2 Abs. 1 UStG und damit für seine unternehmerischen Tätigkeiten zur Erbringung entgeltlicher Leistungen zu verwenden beabsichtigt (vgl. BFH-Urteil vom 27. 1. 2011, V R 38/09, BStBl 2012 II S. 68). ²Bei der Prüfung der Abziehbarkeit von Vorsteuerbeträgen sind die Ausschlusstatbestände nach § 15 Abs. 1a, 1b und 2 UStG zu berücksichtigen (vgl. Abschnitte 15.6, 15.6a und 15.12 bis 15.14). ³Zwischen Eingangs- und Ausgangsleistung muss ein direkter und unmittelbarer Zusammenhang bestehen; nur mittelbar verfolgte Zwecke sind unerheblich (vgl. BFH Urteil vom 13. 1. 2011, V R 12/08, BStBl 2012 II S. 61). ⁴Fehlt ein direkter und unmittelbarer Zusammenhang zwischen einem Eingangsumsatz und einem oder mehreren Ausgangsumsätzen, kann der Unternehmer zum Vorsteuerabzug berechtigt sein, wenn die Kosten für die Eingangsleistungen zu seinen allgemeinen Aufwendungen gehören und – als solche – Bestandteile des Preises der von ihm erbrachten entgeltlichen Leistungen sind (vgl. Abschnitte 15.15, 15.21 und 15.22 und BFH-Urteil vom 27. 1. 2011, V R 38/09, BStBl 2012 II S. 68). ⁵Beabsichtigt der Unternehmer bereits bei Leistungsbezug, die bezogene Leistung nicht für seine unternehmerische Tätigkeit, sondern ausschließlich und unmittelbar für die Erbringung unentgeltlicher Wertabgaben im Sinne des § 3 Abs. 1b oder 9a UStG zu verwenden, ist er nicht zum Vorsteuerabzug berechtigt (vgl. Abschnitt 15.15 und BFH-Urteil vom 9. 12. 2010, V R 17/10, BStBl 2012 II S. 53). ⁶Beabsichtigt der Unternehmer bei Bezug der Leistung, diese teilweise für unternehmerische und nichtunternehmerische Tätigkeiten zu verwenden (teilunternehmerische Verwendung), ist er grundsätzlich nur im Umfang der beabsichtigten Verwendung für seine unternehmerische Tätigkeit zum Vorsteuerabzug berechtigt (vgl. BFH-Urteil vom 3. 3. 2011, V R 23/10, BStBl 2012 II S. 74). ⁷Eine weiter gehende Berechtigung zum Vorsteuerabzug besteht bei einer teilunternehmerischen Verwendung nur, wenn es sich bei der nichtunternehmerischen Tätigkeit um die Verwendung für Privatentnahmen im Sinne des § 3 Abs. 1b oder 9a UStG, also um Entnahmen für den privaten Bedarf des Unternehmers als natürliche Person und den privaten Bedarf seines Personals (unternehmensfremde Tätigkeiten), handelt (vgl. Absatz 21 und BFH-Urteil vom 3. 3. 2011, V R 23/10, BStBl 2012 II S. 74). ⁸Keine Privatentnahme in diesem Sinne ist dagegen eine Verwendung für nichtwirtschaftliche Tätigkeiten i.e.S. wie z.B. unentgeltliche Tätigkeiten eines Vereins aus ideellen Vereinszwecken oder hoheitliche Tätigkeiten einer juristischen Person des öffentlichen Rechts (vgl. Abschnitte 2.3 Abs. 1a, 2.10, 2.11, 15.19, 15.21 und 15.22 und BFH-Urteile vom 6. 5. 2010, V R 29/09, BStBl II S. 885, und vom 3. 3. 2011, V R 23/10, BStBl 2012 II S. 74).

§ 15 UStG
AE 15.2

(16) ¹Eine Lieferung oder sonstige Leistung wird grundsätzlich an diejenige Person ausgeführt, die aus dem schuldrechtlichen Vertragsverhältnis, das dem Leistungsaustausch zu Grunde liegt, berechtigt oder verpflichtet ist (BFH-Beschluss vom 13.9.1984, V B 10/84, BStBl 1985 II S. 21). ²Leistungsempfänger ist somit regelmäßig der Auftraggeber oder Besteller einer Leistung. ³Saniert ein Treuhänder ein Gebäude für Zwecke einer umsatzsteuerpflichtigen Vermietung, ist der Treuhänder und nicht der Treugeber auf Grund der im Namen des Treuhänders bezogenen Bauleistungen zum Vorsteuerabzug berechtigt (BFH-Urteil vom 18.2.2009, V R 82/07, BStBl II S. 876). ⁴Wird auf einem Grundstück, an dem die Ehegatten gemeinschaftlich Miteigentümer sind, ein Bauwerk errichtet, kann statt der Ehegattengemeinschaft auch einer der Ehegatten allein Leistungsempfänger sein. ⁵In derartigen Fällen muss sich schon aus der Auftragserteilung klar ergeben, wer Auftraggeber und damit Leistungsempfänger ist. ⁶Bei gemeinsamer Auftragserteilung durch mehrere Personen ist es für die Annahme einer Leistungsempfängerschaft durch die Gemeinschaft ausreichend, dass die Gemeinschaft als solche einem Gemeinschafter den Gegenstand oder Teile des Gegenstands unentgeltlich überlässt, weil dann von der Gemeinschaft Leistungen erbracht werden und die Gemeinschaft damit als solche als wirtschaftlich und umsatzsteuerrechtlich relevantes Gebilde auftritt. ⁷Umsatzsteuerrechtlich ist in diesen Fällen von einer einheitlichen Leistung an die Gemeinschaft auszugehen. ⁸Lediglich für Zwecke des Vorsteuerabzugs ist jeder unternehmerische Gemeinschafter als Leistungsempfänger anzusehen. ⁹Zur Anwendung der BFH-Urteile vom 1.10.1998, V R 31/98, BStBl 2008 II S. 497, vom 7.11.2000, V R 49/99, BStBl 2008 II S. 493, und vom 1.2.2001, V R 79/99, BStBl 2008 II S. 495 vgl. BMF-Schreiben vom 9.5.2008, BStBl I S. 675. ¹⁰Einem Unternehmer, der nach den vorstehenden Grundsätzen für Zwecke des Vorsteuerabzugs als Leistungsempfänger anzusehen ist, steht nach § 15 Abs. 1 UStG der Vorsteuerabzug zu, wenn und soweit die Leistung für sein Unternehmen ausgeführt wurde (vgl. Absatz 21). ¹¹Ist bei einer solchen Gemeinschaft nur ein Gemeinschafter unternehmerisch tätig und verwendet dieser einen Teil des Gegenstands ausschließlich für seine unternehmerischen Zwecke, steht ihm das Vorsteuerabzugsrecht aus den bezogenen Leistungen anteilig zu, soweit der seinem Unternehmen zugeordnete Anteil am Gegenstand seinen Miteigentumsanteil nicht übersteigt (vgl. BMF-Schreiben vom 1.12.2006, BStBl 2007 I S. 90 sowie Abschnitt 15a.2 Abs. 4). ¹²Die tatsächliche Durchführung muss den getroffenen Vereinbarungen entsprechen (vgl. BFH-Urteile vom 11.12.1986, V R 57/76, BStBl 1987 II S. 233, vom 26.11.1987, V R 85/83, BStBl 1988 II S. 158, und vom 5.10.1995, V R 113/92, BStBl 1996 II S. 111). ¹³Wird unter Missachtung des sich aus dem schuldrechtlichen Vertragsverhältnis ergebenden Anspruchs die Leistung tatsächlich an einen Dritten erbracht, kann der Dritte unabhängig von den zu Grunde liegenden Rechtsbeziehungen Leistungsempfänger sein (BFH-Urteil vom 1.6.1989, V R 72/84, BStBl II S. 677). ¹⁴Zur Bestimmung des Leistungsempfängers bei Leistungen im Sinne des § 3a Abs. 2 UStG vgl. Abschnitt 3a.2 Abs. 2.

(17) ¹Die Leistung muss in die unternehmerische Sphäre des Unternehmers eingehen (vgl. BFH-Urteile vom 20.12.1984, V R 25/76, BStBl 1985 II S. 176, vom 4.7.1985, V R 82/77, BStBl II S. 538, und vom 18.12.1986, V R 176/75, BStBl 1987 II S. 350). ²Ob dies zutrifft, ist nach dem Innenverhältnis zu beurteilen. ³Danach muss die Verwendung der bezogenen Leistung in der unternehmerischen Sphäre objektiv möglich und auch durchgeführt sein (vgl. auch Absatz 18). ⁴Für die Frage, ob eine Leistung für das Unternehmen vorliegt, sind grundsätzlich die Verhältnisse im Zeitpunkt des Umsatzes an den Unternehmer maßgebend (vgl. BFH-Urteil vom 6.5.1993, V R 45/88, BStBl II S. 564). ⁵Eine erstmalige vorübergehende nichtunternehmerische Verwendung steht dem Leistungsbezug für das Unternehmen nicht entgegen, wenn der erworbene Gegenstand anschließend bestimmungsgemäß unternehmerisch genutzt wird (vgl. BFH-Urteil vom 20.7.1988, X R 8/80, BStBl II S. 1012, und BFH-Beschluss vom 21.6.1990, V B 27/90, BStBl II S. 801). ⁶Bei der Anschaffung von sog. Freizeitgegenständen (z. B. von Segelbooten, Segelflugzeugen und Wohnwagen) ist davon auszugehen, dass diese Gegenstände dem nichtunternehmerischen Bereich zuzuordnen sind (vgl. Abschnitt 2.6 Abs. 3). ⁷Zum Vorsteuerabzug aus dem Erwerb eines Flugzeugs durch die Ehefrau, das weitaus überwiegend vom Ehemann genutzt wird, vgl. BFH-Urteil vom 19.5.1988, V R 115/83, BStBl II S. 916. ⁸Liefert ein Unternehmer unter der Anschrift und Bezeichnung, unter der er seine Umsatztätigkeit ausführt, einen ihm gelieferten für sein Unternehmen objektiv nützlichen Gegenstand sogleich weiter und rechnet darüber mit gesondertem Steuerausweis ab, behandelt er den Gegenstand als für sein Unternehmen bezogen (vgl. BFH-Urteil vom 27.7.1995, V R 44/94, BStBl II S. 853). ⁹Eine zur Gründung einer Kapitalgesellschaft errichtete Personengesellschaft (sog. Vorgründungsgesellschaft), die nach Gründung der Kapitalgesellschaft die bezogenen Leistungen in einem Akt gegen Entgelt an diese veräußert und andere Ausgangsumsätze von vornherein nicht beabsichtigt hatte, ist zum Abzug der Vorsteuer für den Bezug von Dienstleistungen und Gegenständen ungeachtet dessen berechtigt, dass die Leistungen im Rahmen einer Geschäftsveräußerung nach § 1 Abs. 1a UStG nicht der Umsatzsteuer unterliegen. ¹⁰Maßgebend sind insoweit die beabsichtigten Umsätze der Kapitalgesellschaft (vgl. BFH-Urteil vom 15.7.2004, V R 84/99, BStBl 2005 II S. 155). *¹¹Eine Personengesellschaft kann die ihr in Rechnung gestellte Umsatzsteuer für von ihr bezogene Dienstleistungen, die der Erfüllung einkommensteuerrechtlicher Verpflichtungen ihrer Gesellschafter dienen, nicht als Vorsteuer abziehen (BFH-Urteil vom 8.9.2010, XI R 31/08, BStBl 2011 II S. 197).*

(18) ¹Als Nachweis dafür, dass die Leistung für das Unternehmen bezogen wurde, sind zutreffende Angaben des leistenden Unternehmers über Art und Umfang der von ihm ausgeführten Leistung in der Rechnung erforderlich (vgl. Abschnitt 14.5). ²Bei Lieferungen bestehen die erforderlichen Angaben tatsächlicher Art grundsätzlich in der zutreffenden handelsüblichen Bezeichnung der einzelnen Liefergegenstände. ³In besonderen Einzelfällen, z. B. wenn bei der Lieferung von ausschließlich gewerblich nutzbaren Erzeugnissen hinsichtlich des Bezugs für das Unternehmen keine Zweifel bestehen, können die gelieferten Gegenstände in Warengruppen zusammengefasst werden (vgl. BFH-Urteil vom 24. 4. 1986, V R 138/78, BStBl II S. 581). ⁴Bei den übrigen Leistungen hat der leistende Unternehmer in der Rechnung grundsätzlich tatsächliche Angaben über seine Leistungshandlung zu machen. ⁵Es bestehen jedoch insbesondere bei der Ausführung sonstiger Leistungen keine Bedenken, wenn der Rechnungsaussteller statt seiner Leistungshandlung den beim Leistungsempfänger eintretenden Erfolg seiner Leistungshandlung bezeichnet. ⁶Danach genügt bei der Inrechnungstellung von Arbeitnehmerüberlassungen regelmäßig die Angabe der Gewerke, die mit Hilfe der überlassenen Arbeitskräfte erstellt werden (vgl. BFH-Urteil vom 21. 1. 1993, V R 30/88, BStBl II S. 384). ⁷Durch die Angaben in der Rechnung muss zum Ausdruck kommen, dass die gesondert ausgewiesene Steuer auf Lieferungen oder sonstigen Leistungen des Rechnungsausstellers an den Leistungsempfänger beruht. ⁸Dafür genügt eine bloße Auflistung von Umsätzen – aufgeteilt in Entgelt und Umsatzsteuer – nicht (vgl. BFH-Urteil vom 12. 6. 1986, V R 75/78, BStBl II S. 721).

(19) ¹Der Vorsteuerabzug kann nur auf Grund einer Rechnung geltend gemacht werden, die eine eindeutige und leicht nachprüfbare Feststellung der Leistung ermöglicht, über die abgerechnet worden ist (BFH-Urteil vom 10. 11. 1994, V R 45/93, BStBl 1995 II S. 395). ²Eine für die Gewährung des Vorsteuerabzugs ausreichende Leistungsbezeichnung ist damit nicht gegeben, wenn die Angaben tatsächlicher Art im Abrechnungspapier unrichtig oder so ungenau sind, dass sie eine Identifizierung des Leistungsgegenstands nicht ermöglichen. ³Den Vorsteuerabzug ausschließende

1. unrichtige Angaben liegen vor, wenn eine in der Rechnung aufgeführte Leistung tatsächlich nicht erbracht ist und auch nicht erbracht werden soll, z. B. bei Gefälligkeitsrechnungen, oder zwar eine Leistung ausgeführt ist oder ausgeführt werden soll, jedoch in der Rechnung nicht auf die tatsächliche Leistung, sondern auf eine andere hingewiesen wird (vgl. Beispielsfälle in Abschnitt 14c.2 Abs. 2 Nr. 3);

2. ¹ungenaue Angaben liegen vor, wenn die Rechnungsangaben zwar nicht unrichtig, aber nicht so eingehend und präzise sind, dass sie ohne weiteres völlige Gewissheit über Art und Umfang des Leistungsgegenstands verschaffen. ²Dies ist regelmäßig der Fall, wenn sich anhand der Rechnung nachträglich nicht genau feststellen lässt, auf welchen gelieferten Gegenstand bzw. auf welchen beim Leistungsempfänger eingetretenen Erfolg einer sonstigen Leistung sich die gesondert ausgewiesene Steuer beziehen soll (vgl. Beispielsfall in Abschnitt 14c.2 Abs. 2 Nr. 3). ³Die erforderlichen Angaben müssen aus der vom leistenden Unternehmer erstellten Rechnung hervorgehen. ⁴Andere Unterlagen oder Nachweise sowie Rechnungsergänzungen durch den Leistungsempfänger können nicht berücksichtigt werden (vgl. BFH-Beschlüsse vom 4. 12. 1987, V S 9/85, BStBl 1988 II S. 702, und vom 9. 12. 1987, V B 54/85, BStBl 1988 II S. 700 sowie BFH-Urteil vom 8. 10. 2008, V R 59/07, BStBl 2009 II S. 218).

(20) ¹Der Vorsteuerabzug setzt grundsätzlich eine auf den Namen des umsatzsteuerlichen Leistungsempfängers lautende Rechnung mit gesondert ausgewiesener Steuer voraus. ²Es ist jede Bezeichnung des Leistungsempfängers ausreichend, die eine eindeutige und leicht nachprüfbare Feststellung seines Namens und seiner Anschrift ermöglicht (vgl. BFH-Urteil vom 2. 4. 1997, V B 26/96, BStBl II S. 443). ³Eine andere Rechnungsadresse ist nicht zu beanstanden, wenn aus dem übrigen Inhalt der Rechnung oder aus anderen Unterlagen, auf die in der Rechnung hingewiesen wird (§ 31 Abs. 1 UStDV), Name und Anschrift des umsatzsteuerlichen Leistungsempfängers eindeutig hervorgehen (z. B. bei einer Rechnungsausstellung auf den Namen eines Gesellschafters für Leistungen an die Gesellschaft). ⁴Eine Gesellschaft kann jedoch aus einer Rechnung, die nur auf einen Gesellschafter ausgestellt ist, keinen Vorsteuerabzug vornehmen, wenn die Rechnung keinen Hinweis auf die Gesellschaft als Leistungsempfänger enthält (vgl. BFH-Urteil vom 5. 10. 1995, V R 113/92, BStBl 1996 II S. 111). ⁵Entsprechendes gilt für Gemeinschaften (vgl. BFH-Urteil vom 23. 9. 2009, XI R 14/08, BStBl 2010 II S. 243). ⁶Der in einer Rechnung an die Bauherren eines Gesamtobjekts (z. B. Wohnanlage mit Eigentumswohnungen) gesondert ausgewiesene Steuerbetrag kann nach § 1 Abs. 2 der Verordnung über die gesonderte Feststellung von Besteuerungsgrundlagen nach § 180 Abs. 2 AO auf die Beteiligten verteilt und ihnen zugerechnet werden. ⁷Die Bezeichnung der einzelnen Leistungsempfänger und der für sie abziehbare Steuerbetrag kann aus einer Abrechnung über das bezeichnete Gesamtobjekt abgeleitet werden (BFH-Urteil vom 27. 1. 1994, V R 31/91, BStBl II S. 488). ⁸Liegt bei gemeinschaftlicher Auftragserteilung durch mehrere Personen eine einheitliche Leistung an die Gemeinschaft vor, kann für Zwecke des Vorsteuerabzugs eines unternehmerischen Gemeinschafters in der Rechnung über die Leistung an die Gemeinschaft nach § 14 Abs. 4 Satz 1 Nr. 1 UStG nur die Angabe des vollständigen Namens und der vollständigen Anschrift der Gemeinschaft als Leistungsempfänger verlangt werden. ⁹Aus den durch die den Vorsteuerabzug begehrenden Gemeinschafter nach § 22 UStG zu führenden Auf-

§ 15 UStG
AE 15.2

zeichnungen müssen sich die Namen und die Anschriften der übrigen Gemeinschafter sowie die auf die Gemeinschafter entfallenden Anteile am Gemeinschaftsvermögen ergeben.

Leistung für den unternehmerischen und *für unternehmensfremde Tätigkeiten*

(21) Wird ein Umsatz sowohl für das Unternehmen als auch für **den privaten Bedarf des Unternehmers als natürliche Person oder für den privaten Bedarf seines Personals (unternehmensfremde Tätigkeiten) bezogen**, ist hinsichtlich des Vorsteuerabzugs nach den folgenden Nummern 1 und 2 zu verfahren *(vgl. Absatz 15a).* **[2]Dagegen ist bei Eingangsumsätzen im ausschließlichen Zusammenhang mit unentgeltlichen Wertabgaben im Sinne des § 3 Abs. 1b oder 9a UStG nach Abschnitt 15.15 und bei Eingangsumsätzen, die teilunternehmerisch auch für nichtwirtschaftliche Tätigkeiten i.e.S. (vgl. Abschnitt 2.3 Abs. 1a) verwendet werden, nach den Abschnitten 2.10, 2.11, 15.19, 15.21 und 15.22 zu verfahren.**

1. [1]Bei der Lieferung vertretbarer Sachen sowie bei sonstigen Leistungen ist, abgesehen von den unter Nummer 2 bezeichneten Fällen, die darauf entfallende Steuer entsprechend dem Verwendungszweck in einen abziehbaren und einen nicht abziehbaren Anteil aufzuteilen. [2]Telefondienstleistungen bezieht ein Unternehmer nur insoweit für sein Unternehmen, als er das Telefon unternehmerisch nutzt.

2. [1]Bei einem einheitlichen Gegenstand hat der Unternehmer ein Wahlrecht. [2]Er kann z. B. einerseits ein Gebäude mit dem dazugehörenden Grund und Boden insgesamt dem nichtunternehmerischen Bereich zuordnen, auch wenn das Gebäude teilweise unternehmerisch genutzt wird. [3]Andererseits kann er ein Gebäude auch insgesamt seinem Unternehmen zuordnen, wenn die unternehmerische Nutzung mindestens 10 % beträgt (§ 15 Abs. 1 Satz 2 UStG). [4]Nach dem EuGH-Urteil vom 4. 10. 1995, C-291/92, BStBl 1996 II S. 392, kann der Unternehmer einen nichtunternehmerisch (privat) genutzten Gebäudeteil (z. B. eine eigengenutzte Wohnung) auch von vornherein ganz oder teilweise seinem nichtunternehmerischen Bereich zuordnen. [5]Ein Zuordnungswahlrecht besteht jedoch nicht, wenn ein getrenntes Wirtschaftsgut im umsatzsteuerrechtlichen Sinn neu hergestellt wird. [6]Errichtet der Unternehmer daher ein ausschließlich für private Wohnzwecke zu nutzendes Einfamilienhaus als Anbau an eine Werkshalle auf seinem Betriebsgrundstück, darf er den Anbau nicht seinem Unternehmen zuordnen, wenn beide Bauten räumlich voneinander abgrenzbar sind (vgl. BFH-Urteil vom 23. 9. 2009, XI R 18/08, BStBl 2010 II S. 313). [7]Die Zuordnung eines Gegenstands zum Unternehmers erfordert eine durch Beweisanzeichen gestützte Zuordnungsentscheidung des Unternehmers bei Anschaffung, Herstellung oder Einlage des Gegenstands. [8]Die Geltendmachung des Vorsteuerabzugs ist regelmäßig ein gewichtiges Indiz für, die Unterlassung des Vorsteuerabzugs ein ebenso gewichtiges Indiz gegen die Zuordnung eines Gegenstands zum Unternehmen. [9]Ist ein Vorsteuerabzug nicht möglich, müssen andere Beweisanzeichen herangezogen werden (BFH-Urteil vom 31. 1. 2002, V R 61/96, BStBl 2003 II S. 813). [10]Gibt es keine Beweisanzeichen für eine Zuordnung zum Unternehmen, kann diese nicht unterstellt werden (BFH-Urteil vom 28. 2. 2002, V R 25/96, BStBl 2003 II S. 515). [11]Soweit bei gemeinschaftlicher Auftragserteilung durch mehrere Personen ein Gemeinschafter für Zwecke des Vorsteuerabzugs als Leistungsempfänger anzusehen ist und Miteigentum an einem Gegenstand erwirbt, steht dem Gemeinschafter das Zuordnungswahlrecht bezogen auf seinen Anteil am Miteigentum zu. [12]Dem Unternehmer steht es frei, seinen Miteigentumsanteil vollständig, teilweise (im Umfang der unternehmerischen Nutzung) oder nicht seinem Unternehmen zuzuordnen. [13]Voraussetzung für die Zuordnung des Miteigentumsanteils ist es allerdings, dass dieser zu mindestens 10 % für das Unternehmen genutzt wird (§ 15 Abs. 1 Satz 2 UStG).

   a) [1]Umsatzsteuerbeträge, die durch den Erwerb, die Herstellung sowie die Verwendung oder Nutzung eines solchen Gegenstandes anfallen (z. B. durch den Kauf oder die Miete sowie den laufenden Unterhalt eines Computers oder Kraftfahrzeugs) können **grundsätzlich** in vollem Umfang abgezogen werden, wenn der Gegenstand dem Unternehmen insgesamt zugeordnet wird; zum Ausgleich dafür unterliegt die Verwendung des Gegenstandes für unternehmensfremde **Tätigkeiten** nach § 3 Abs. 9a Nr. 1 UStG der Umsatzsteuer. [2]**Zum Vorsteuerausschluss nach § 15 Abs. 1b UStG bei teilunternehmerisch genutzten Grundstücken siehe Abschnitte 3.4 Abs. 5a sowie 15.6a.** [3]Die Entscheidung über die Zuordnung zum Unternehmen hat der Unternehmer zu treffen (BFH-Urteile vom 25. 3. 1988, V R 101/83, BStBl II S. 649, und vom 27. 10. 1993, XI R 86/90, BStBl 1994 II S. 274). [4]Hierbei reicht es aus, dass der Gegenstand im Umfang der vorgesehenen Einsatzes für unternehmerische **Tätigkeiten** in einem objektiven und erkennbaren wirtschaftlichen Zusammenhang mit der gewerblichen oder beruflichen Tätigkeit steht und diese fördern soll (BFH-Urteil vom 12. 12. 1985, V R 25/78, BStBl 1986 II S. 216). [5]Der Zuordnungsentscheidung gibt der Unternehmer im Regelfall mit der Inanspruchnahme des Vorsteuerabzugs Ausdruck (vgl. BFH-Urteil vom 20. 12. 1984, V R 25/76, BStBl 1985 II S. 176). [6]Wird ein nicht zum Unternehmen gehörender Gegenstand gelegentlich dem Unternehmen überlassen, können die im Zusammenhang mit dem Betrieb des Gegenstands anfallenden Vorsteuern (z. B. Vorsteuerbeträge aus Betrieb und Wartung eines nicht dem Unternehmen zugeordneten Kraftfahrzeugs) im Verhältnis der unternehmerischen zur **unternehmensfremden** Nutzung abgezogen werden. [7]Vorsteuerbeträge, die unmittelbar und ausschließlich auf die unternehmerische Verwendung des Kraftfahrzeugs entfallen (z. B. die Steuer für den Bezug von Kraftstoff anlässlich einer betrieblichen Fahrt mit einem privaten Kraftfahrzeug oder Vorsteuerbeträge aus Reparaturaufwendungen in Folge eines Unfalls während einer unternehmerisch veranlassten Fahrt), können unter den übrigen Voraussetzungen des § 15 UStG in voller Höhe abgezogen werden.

Beispiel 1:
[1]Ein Arzt hat ausschließlich nach § 4 Nr. 14 Buchst. a UStG steuerfreie Umsätze aus Heilbehandlungsleistungen und kauft einen PKW, den er privat und unternehmerisch nutzt. [2]Der Arzt führt keine Umsätze aus, die zum Vorsteuerabzug berechtigen. [3]Der Vorsteuerabzug aus den Kosten der Anschaffung und Nutzung des PKW für die unternehmerische und private Verwendung ist deshalb ausgeschlossen. [4]Die private Verwendung führt zu keiner steuerbaren unentgeltlichen Wertabgabe.

Beispiel 2:
[1]Ein Arzt erbringt im Umfang von 80 % seiner entgeltlichen Umsätze steuerfreie Heilbehandlungsleistungen und nimmt zu 20 % steuerpflichtige plastische und ästhetische Operationen vor. [2]Er kauft einen PKW, den er je zur Hälfte privat und für seine gesamte ärztliche Tätigkeit nutzt. [3]Die Vorsteuern aus der Anschaffung und Nutzung des PKW sind zu 60 % (50 % von 20 % steuerpflichtige unternehmerische Nutzung + 50 % der Art nach steuerpflichtige Privatnutzung) abzugsfähig und zu 40 % (50 % von 80 % steuerfreie unternehmerische Nutzung) nicht abzugsfähig. [4]Die unentgeltliche Wertabgabe (50 % Privatanteil) ist in voller Höhe steuerbar und steuerpflichtig.

b) [1]Ist bei der Anschaffung oder Herstellung eines Gebäudes ein Vorsteuerabzug nicht möglich, muss der Unternehmer gegenüber dem Finanzamt durch eine schriftliche Erklärung spätestens bis zur Übermittlung der Umsatzsteuererklärung des Jahres, in dem die jeweilige Leistung bezogen worden ist, dokumentieren, in welchem Umfang er das Gebäude dem Unternehmen zugeordnet hat. [2]Entsprechendes gilt, wenn ein Vorsteuerabzug nur teilweise möglich ist und sich aus dem Umfang des geltend gemachten Vorsteuerabzugs nicht ergibt, mit welchem Anteil das Gebäude dem Unternehmen zugeordnet wurde **oder, wenn § 15 Abs. 1b UStG Anwendung findet (vgl. Abschnitt 15.6a).** [3]Im Fall der Zuordnung des **unternehmensfremd** genutzten Teils zum nichtunternehmerischen Bereich wird **dieser** als separater Gegenstand angesehen, der nicht „für das Unternehmen" im Sinne des § 15 Abs. 1 Satz 1 Nr. 1 UStG bezogen wird. [4]Somit entfällt der Vorsteuerabzug aus den Kosten, die auf diesen Gegenstand entfallen. [5]Zur Ermittlung des Anteils der abziehbaren Vorsteuerbeträge vgl. Abschnitt 15.17 Abs. 5 bis 8. [6]Wird dieser Gegenstand später unternehmerisch genutzt (z. B. durch Umwandlung von Wohnräumen in Büroräume), ist eine Vorsteuerberichtigung zu Gunsten des Unternehmers nach § 15a UStG nicht zulässig (vgl. Abschnitt 15a.1 Abs. 6). [7]Bei einer späteren Veräußerung des bebauten Grundstücks kann der Unternehmer unter den Voraussetzungen des § 9 UStG lediglich auf die Steuerbefreiung des § 4 Nr. 9 Buchstabe a UStG für die Lieferung des zu diesem Zeitpunkt unternehmerisch genutzten Teils verzichten. [8]Die Lieferung des zu diesem Zeitpunkt **unternehmensfremd** genutzten Teils erfolgt nicht im Rahmen des Unternehmens und ist somit nicht steuerbar. [9]Ein Gesamtkaufpreis ist entsprechend aufzuteilen. [10]Weist der Unternehmer für die Lieferung des **unternehmensfremd** genutzten Teils dennoch in der Rechnung Umsatzsteuer aus, so schuldet er diese nach § 14c Abs. 2 UStG.

c) [1]Das EuGH-Urteil vom 4. 10. 1995, C-291/92, BStBl 1996 II S. 392, zur Aufteilbarkeit bei einheitlichen Gegenständen kann nicht nur auf Grundstücke, sondern grundsätzlich auch auf gemischt genutzte bewegliche Wirtschaftsgüter (z. B. sowohl unternehmerisch als auch **privat (unternehmensfremd)** genutzter Computer) angewendet werden. [2]Ordnet der Unternehmer den Gegenstand dem Unternehmen voll zu **und findet § 15 Abs. 1b UStG keine Anwendung**, kann er die Vorsteuer aus den Anschaffungskosten in voller Höhe abziehen. [3]Die **unternehmensfremd** Nutzung wird nach § 3 Abs. 9a Nr. 1 UStG erfasst. [4]Will der Unternehmer ein bewegliches Wirtschaftsgut ausnahmsweise lediglich hinsichtlich des unternehmerisch genutzten Teils dem Unternehmen zuordnen, darf er nur die auf diesen Teil entfallende Vorsteuer aus den Anschaffungskosten abziehen.

Regelungen in Einzelfällen

(22) Zum Vorsteuerabzug in besonderen Fällen wird auf folgende Regelungen hingewiesen:

1. Errichtung von Gebäuden auf fremdem Boden,
vgl. BMF-Schreiben vom 23. 7. 1986, BStBl I S. 432;

2. Einrichtungen, bei denen neben dem unternehmerischen auch ein nichtunternehmerischer Bereich besteht (z. B. bei juristischen Personen des öffentlichen Rechts, Vereinen),
vgl. Abschnitte 2.10 und 15.9;

3. Garantieleistungen in der Reifenindustrie,
vgl. BMF-Schreiben vom 21. 11. 1974, BStBl I S. 1021;
4. Garantieleistungen und Freiinspektionen in der Kraftfahrzeugwirtschaft,
vgl. BMF-Schreiben vom 3. 12. 1975, BStBl I S. 1132;
5. Austauschverfahren in der Kraftfahrzeugwirtschaft,
vgl. Abschnitt 10.5 Abs. 3;
6. Einschaltung von Personengesellschaften beim Erwerb oder der Errichtung von Betriebsgebäuden der Kreditinstitute,
vgl. BMF-Schreiben vom 29. 5. 1992, BStBl I S. 378;
7. Einschaltung von Unternehmern in die Erfüllung hoheitlicher Aufgaben,
vgl. BMF-Schreiben vom 27. 12. 1990, BStBl 1991 I S. 81;
8. Essensabgabe an das Personal durch eine vom Arbeitgeber nicht selbst betriebene Kantine oder Gaststätte,
vgl. Abschnitt 1.8 Abs. 12;
9. Vorsteuerabzug und Umsatzbesteuerung bei gemischt genutzten Fahrzeugen vgl. BMF-Schreiben vom 27. 8. 2004, BStBl I S. 864[1]);
10. Public-Private-Partnerships (PPP) im Bundesfernstraßenbau,
vgl. BMF-Schreiben vom 3. 2. 2005, BStBl I S. 414;
11. Vorsteuerabzug bei gemeinschaftlicher Auftragserteilung durch mehrere Personen,
vgl. BMF-Schreiben vom 1. 12. 2006, BStBl 2007 I S. 90;
12. **Vorsteuerabzug beim Betrieb von Kraft-Wärme-Kopplungsanlagen (KWK-Anlagen), insbesondere von Blockheizkraftwerken (BHKW) vgl. Abschnitt 2.5 Abs. 11.**

(23) [1]Erwachsen dem Unternehmer Aufwendungen durch Beköstigung des im Unternehmen beschäftigten Personals in seinem Haushalt, gilt folgende Vereinfachungsregelung: Für die auf diese Aufwendungen entfallenden Vorsteuern kann ohne Einzelnachweis ein Betrag abgezogen werden, der sich unter Anwendung eines durchschnittlichen Steuersatzes von 7,9 % auf den Wert errechnet, der bei der Einkommensteuer für die außerbetrieblichen Zukäufe als Betriebsausgabe anerkannt wird. [2]Dementsprechend kann in diesen Fällen die abziehbare Vorsteuer von 7,32 % dieses Werts (Bruttobetrag) errechnet werden.

(24) Zur Minderung des Vorsteuerabzugs beim Leistungsempfänger im Zusammenhang mit der Einlösung von Gutscheinen vgl. Abschnitt 17.2 Abs. 4.

15.3. Vorsteuerabzug bei Zahlungen vor Empfang der Leistung

AE 15.3

(1) [1]Der vorgezogene Vorsteuerabzug setzt in den Fällen des § 15 Abs. 1 Satz 1 Nr. 1 UStG bei Zahlungen vor Empfang der Leistung (§ 15 Abs. 1 Satz 1 Nr. 1 Satz 3 UStG) voraus, dass

S 7300

1. eine nach §§ 14, 14a UStG ausgestellte Rechnung oder Gutschrift vorliegt und
2. die Zahlung geleistet worden ist.

[2]Der Vorsteuerabzug kommt für den Voranmeldungs- bzw. Besteuerungszeitraum in Betracht, in dem erstmalig beide Voraussetzungen erfüllt sind. [3]Voraussetzung für den Vorsteuerabzug aus Rechnungen über Lieferungen, auf die eine Anzahlung geleistet wurde, ist, dass alle maßgeblichen Elemente des Steuertatbestands, d. h. der künftigen Lieferung, bereits bekannt und somit insbesondere die Gegenstände der Lieferung zum Zeitpunkt der Anzahlung genau bestimmt sind (vgl. BFH-Urteil vom 24. 8. 2006, V R 16/05, BStBl 2007 II S. 340, vgl. Abschnitt 14.8 Abs. 4 Satz 2).

(2) Hat ein Kleinunternehmer, der von der Sonderregelung des § 19 Abs. 1 UStG zur allgemeinen Besteuerung übergegangen ist, bereits vor dem Übergang Zahlungen für einen nach dem Übergang an ihn bewirkten Umsatz geleistet, kann er den vorgezogenen Vorsteuerabzug in der Voranmeldung für den ersten Voranmeldungszeitraum nach dem Übergang zur allgemeinen Besteuerung geltend machen.

(3) Für den vorgezogenen Vorsteuerabzug ist es ohne Bedeutung, ob die vor Ausführung des Umsatzes geleistete Zahlung das volle Entgelt oder nur einen Teil des Entgelts einschließt.

(4) [1]Ist der gesondert ausgewiesene Steuerbetrag höher als die Steuer, die auf die Zahlung vor der Umsatzausführung entfällt, kann vorweg nur der Steuerbetrag abgezogen werden, der in der im Voraus geleisteten Zahlung enthalten ist. [2]Das gilt auch, wenn vor der Ausführung des Umsatzes über die gesamte Leistung abgerechnet wird, die Gegenleistung aber in Teilbeträgen gezahlt wird. [3]In diesen Fällen hat daher der Unternehmer den insgesamt ausgewiesenen Steuerbetrag auf die einzelnen Teilbeträge aufzuteilen.

[1]) Anm.: Siehe USt-HA 2004/05 § 15 H 5.

Beispiel:

¹Der Unternehmer hat bereits im Januar eine Gesamtrechnung für einen im Juli zu liefernden Gegenstand über 100 000 € zuzüglich gesondert ausgewiesener Umsatzsteuer i.H.v. 19 000 € insgesamt = 119 000 € erhalten. ²Er leistet in den Monaten März, April und Mai Anzahlungen von jeweils 23 800 €. ³Die Restzahlung in Höhe von 47 600 € überweist er einen Monat nach Empfang der Leistung. ⁴Der Unternehmer kann für die Voranmeldungszeiträume März, April und Mai den in der jeweiligen Anzahlung enthaltenen Steuerbetrag von 3 800 € als Vorsteuer abziehen. ⁵Die in der Restzahlung von 47 600 € enthaltene Vorsteuer von 7 600 € kann für den Voranmeldungszeitraum Juli (zum Zeitpunkt der Umsatzausführung) abgezogen werden.

(5) ¹Aus einer Endrechnung (§ 14 Abs. 5 Satz 2 UStG) kann der Leistungsempfänger nur den Steuerbetrag als Vorsteuer abziehen, der auf die verbliebene Restzahlung entfällt. ²Das Gleiche gilt bei der Abrechnung mit Gutschriften. ³Ein höherer Vorsteuerabzug ist auch dann nicht zulässig, wenn in der Endrechnung die im Voraus gezahlten Teilentgelte und die darauf entfallenden Steuerbeträge nicht oder nicht vollständig abgesetzt wurden (vgl. Abschnitt 14.8 Abs. 10). ⁴Sind die Rechnungen oder Gutschriften für die im Voraus geleisteten Zahlungen im Zusammenhang mit der Erteilung der Endrechnung widerrufen oder zurückgenommen worden, ist aus der Endrechnung ebenfalls nur der auf die Restzahlung entfallende Steuerbetrag als Vorsteuer abziehbar (vgl. Abschnitt 14.8 Abs. 9).

AE 15.4

15.4. Vorsteuerabzug bei Rechnungen über Kleinbeträge

S 7300

(1) Für die Berechnung des Steuerbetrages aus Rechnungen bis zu einem Gesamtbetrag von 150 € (vgl. § 35 Abs. 1 UStDV) können die auf einen Voranmeldungszeitraum entfallenden Rechnungen zusammengefasst werden, soweit derselbe Steuersatz anzuwenden ist.

(2) Die Vorsteuer kann aus dem Rechnungsbetrag durch Anwendung der folgenden Formel ermittelt werden:

$$\frac{\text{Rechnungspreis} \times \text{Steuersatz}}{(100 + \text{Steuersatz})}$$

Beispiel:

Rechnungspreis 149,95 €, Steuersatz 19 %

$$\frac{149{,}95\ \text{€} \times 19}{(100 + 19)} = 23{,}94\ \text{€ Vorsteuer}$$

(3) Der auf die Rechnung entfallende Steuerbetrag kann auch mittels eines Faktors oder eines Divisors ermittelt werden.

1. Bei Verwendung eines Faktors ist folgende Formel anzuwenden:

$$\frac{\text{Rechnungspreis} \times \text{Faktor}}{100}$$

Der Faktor beträgt bei einem Steuersatz von

Steuersatz		Faktor	(genau)
5	% =	4,76	(4,7619)
6,5	% =	6,10	(6,1033)
7	% =	6,54	(6,5421)
7,5	% =	6,98	(6,9767)
8	% =	7,41	(7,4074)
8,5	% =	7,83	(7,8341)
9	% =	8,26	(8,2569)
11	% =	9,91	(9,9099)
13	% =	11,50	(11,5044)
14	% =	12,28	(12,2807)
15	% =	13,04	(13,0435)
16	% =	13,79	(13,7931)
19	% =	15,97	(15,9664)

Beispiel:

Rechnungspreis 149,95 €, Steuersatz 19 %

$$\frac{149{,}95\ \text{€} \times 15{,}97}{100} = 23{,}94\ \text{€ Vorsteuer}$$

2. ¹Mit einem Divisor kann zunächst das auf den Rechnungspreis entfallende Entgelt berechnet und sodann der abziehbare Vorsteuerbetrag durch Abzug des Entgelts vom Rechnungspreis ermittelt werden. ²Das Entgelt wird nach folgender Formel berechnet:

$$\frac{\text{Rechnungspreis}}{\text{Divisor}}$$

³Der Divisor beträgt bei einem in der Rechnung angegebenen Steuersatz von

5 %	=	1,05
6,5 %	=	1,065
7 %	=	1,07
7,5 %	=	1,075
8 %	=	1,08
8,5 %	=	1,085
9 %	=	1,09
11 %	=	1,11
13 %	=	1,13
14 %	=	1,14
15 %	=	1,15
16 %	=	1,16
19 %	=	1,19.

Beispiel:
Rechnungspreis 149,95 €, Steuersatz 19 %
$$\frac{149,95\ €}{1,19} = 126,01\ €\ \text{Entgelt}$$
149,95 € ./. 126,01 € = 23,94 € Vorsteuern.

15.5. Vorsteuerabzug bei Fahrausweisen

(1) ¹Fahrausweise und Belege im Sinne des § 34 UStDV, die für die Beförderung im Personenverkehr und im Reisegepäckverkehr ausgegeben werden, berechtigen nach § 35 Abs. 2 UStDV zum Vorsteuerabzug, soweit sie auf das Inland entfallende Beförderungsleistungen für das Unternehmen betreffen. ²Stellt der Unternehmer seinen Arbeitnehmern Fahrausweise für die Fahrten zwischen Wohnung und regelmäßiger Arbeitsstätte zur Verfügung, sind die von den Arbeitnehmern in Anspruch genommenen Beförderungsleistungen nicht als Umsätze für das Unternehmen anzusehen. ³Die dafür vom Unternehmer beschafften Fahrausweise berechtigen ihn daher nicht zur Vornahme des Vorsteuerabzugs.

(2) ¹Bei Zuschlagkarten ist für den Vorsteuerabzug der Steuersatz zu Grunde zu legen, der nach § 35 Abs. 2 UStDV für den dazugehörigen Fahrausweis gilt. ²Bei Fahrausweisen mit Umwegkarten ist für den Vorsteuerabzug der Steuersatz maßgebend, der für die Summe der im Fahrausweis und in der Umwegkarte angegebenen Tarifentfernungen gilt. ³Bei Fahrausweisen für Beförderungsleistungen im grenzüberschreitenden Personenverkehr und im internationalen Eisenbahnpersonenverkehr ist die Vorsteuer aus den Angaben der in § 34 Abs. 2 UStDV bezeichneten Bescheinigung zu ermitteln. ⁴Fahrausweise für Beförderungsleistungen auf ausländischen Strecken, die nach §§ 3, 4 und 7 UStDV als Strecken im Inland gelten, berechtigen insoweit zum Vorsteuerabzug. ⁵Umgekehrt kann auf Grund von Fahrausweisen für Beförderungsleistungen auf Strecken im Inland, die nach §§ 2, 4, 5 und 7 UStDV als ausländische Strecken gelten, ein Vorsteuerabzug nicht vorgenommen werden.

(3) ¹Im Wechselverkehr zwischen den Eisenbahnen des Bundes und anderen Eisenbahnunternehmen sowie zwischen den anderen Eisenbahnunternehmen sind auf dem gemeinsamen Fahrausweis die einzelnen Teilentfernungen angegeben (z. B. 400/75 km). ²In diesen Fällen ist für die Ermittlung der abziehbaren Vorsteuerbeträge der für die einzelnen Teilentfernungen maßgebliche Steuersatz zu Grunde zu legen. ³Betragen die angegebenen Teilentfernungen teils nicht mehr, teils jedoch mehr als 50 km, kann aus Vereinfachungsgründen der Gesamtfahrpreis für die Ermittlung der abziehbaren Vorsteuerbeträge nach dem Anteil der einzelnen Teilentfernungen, auf die unterschiedliche Steuersätze anzuwenden sind, aufgeteilt werden. ⁴Enthalten gemeinsame Fahrausweise für Beförderungsleistungen durch mehrere in einem Verkehrs- und Tarifverbund zusammengeschlossene Unternehmer keine Angaben über den Steuersatz und die Entfernung, so ist für die Berechnung der abziehbaren Vorsteuerbeträge der ermäßigte Steuersatz zu Grunde zu legen.

(4) Absatz 3 gilt entsprechend bei gemeinsamen Fahrausweisen für Beförderungsleistungen auf Eisenbahn- und Schiffsstrecken.

(5) ¹Bei Fahrausweisen im Luftverkehr kommt ein Vorsteuerabzug unter Zugrundelegung des ermäßigten Steuersatzes nicht in Betracht. ²Der Abzug auf der Grundlage des allgemeinen Steuersatzes ist nur zulässig, wenn dieser Steuersatz auf dem Fahrausweis ausdrücklich angegeben ist.

(6) ¹Bei Belegen im Reisegepäckverkehr sind die Vorschriften für den Vorsteuerabzug bei Fahrausweisen entsprechend anzuwenden. ²Zum Vorsteuerabzug berechtigen die Belege, die für die Beförderung von Reisegepäck im Zusammenhang mit einer Personenbeförderung ausgegeben werden.

(7) Keine Fahrausweise im Sinne des § 34 UStDV sind Belege über die Benutzung von Taxen, von Mietwagen oder von Kraftomnibussen außerhalb des Linienverkehrs.

(8) Zur Herausrechnung des Steuerbetrags aus dem Fahrpreis vgl. Abschnitt 15.4.

15.6. Vorsteuerabzug bei Repräsentationsaufwendungen

Allgemeines

(1) ¹Nach § 15 Abs. 1a UStG sind Vorsteuerbeträge **aus Leistungen für das Unternehmen (vgl. insbesondere Abschnitte 15.2 Absätze 15a bis 21)** nicht abziehbar, die auf Aufwendungen entfallen, für die das Abzugsverbot des § 4 Abs. 5 Satz 1 Nr. 1 bis 4, 7 oder des § 12 Nr. 1 EStG gilt. ²Vom Vorsteuerausschluss ausgenommen sind Bewirtungsaufwendungen, soweit § 4 Abs. 5 Satz 1 Nr. 2 EStG einen Abzug angemessener und nachgewiesener Aufwendungen ausschließt (vgl. Absätze 6 und 7). ³Die Regelung des § 15 Abs. 1a UStG bezieht sich nicht auf die Tatbestände des § 4 Abs. 5 Satz 1 Nr. 5, 6, 6a und 6b EStG. ⁴Aus Aufwendungen im Sinne des § 4 Abs. 5 Satz 1 Nr. 6, 6a und 6b EStG für Fahrten zwischen Wohnung und Betriebsstätte, für Familienheimfahrten wegen einer aus betrieblichem Anlass begründeten doppelten Haushaltsführung sowie für ein häusliches Arbeitszimmer kann der Unternehmer beim Vorliegen der übrigen Voraussetzungen des § 15 UStG den Vorsteuerabzug beanspruchen.

(2) ¹Für die Abgrenzung der nicht abziehbaren Aufwendungen gelten die ertragsteuerrechtlichen Grundsätze in R 4.10 EStR 2008. ²Maßgeblich ist, ob der Aufwand seiner Art nach von § 4 Abs. 5 Satz 1 Nr. 1 bis 7 EStG erfasst wird (vgl. BFH-Urteil vom 2. 7. 2008, XI R 66/06, BStBl 2009 II S. 206). ³Die tatsächliche ertragsteuerrechtliche Behandlung ist für den Bereich der Umsatzsteuer nicht bindend. ⁴So führen z. B. Aufwendungen im Sinne des § 4 Abs. 5 Satz 1 Nr. 1 bis 4 und Nr. 7 EStG auch dann zum Ausschluss des Vorsteuerabzugs, wenn ihr Abzug ertragsteuerrechtlich zu Unrecht zugelassen worden ist. ⁵Die Versagung des Vorsteuerabzugs für ertragsteuerrechtlich angemessene Bewirtungsaufwendungen allein wegen nicht eingehaltener Formvorschriften für den Nachweis für Betriebsausgaben (einzelne und getrennte Aufzeichnung nach § 4 Abs. 7 EStG, vgl. R 4.11 EStR 2008) ist aber nicht zulässig. ⁶Für den Vorsteuerabzug gelten die allgemeinen Voraussetzungen des § 15 UStG.

(3) ¹Bei Unternehmern, für die § 4 Abs. 5 EStG ertragsteuerlich keine Bedeutung hat, weil sie keinen Gewinn zu ermitteln haben (z. B. gemeinnützige Einrichtungen, die gemäß § 5 Abs. 1 Nr. 9 KStG von der Körperschaftsteuer befreit sind), ist für Umsatzsteuerzwecke darauf abzustellen, ob die Aufwendungen ihrer Art nach unter das Abzugsverbot des § 4 Abs. 5 Satz 1 Nr. 1 bis 4 und Nr. 7 EStG fallen. ²Dabei ist grundsätzlich der gleiche Nachweis zu verlangen, der ertragsteuerrechtlich zu führen wäre (z. B. bei Bewirtungsaufwendungen).

Geschenke

(4) ¹Durch die Bezugnahme auf § 4 Abs. 5 Satz 1 Nr. 1 EStG wird die Umsatzsteuer für Aufwendungen für Geschenke an Personen, die nicht Arbeitnehmer des Unternehmers sind, vom Vorsteuerabzug ausgeschlossen, wenn die Anschaffungs- oder Herstellungskosten der Zuwendungen an einen Empfänger zusammengerechnet 35 € übersteigen. ²Für die Ermittlung der Anschaffungs- und Herstellungskosten gelten die Grundsätze in R 4.10 Abs. 3 i. V. m. R 9b Abs. 2 Satz 3 EStR 2008. ³Die Freigrenze ist für Umsatzsteuerzwecke auf das Kalenderjahr zu beziehen. ⁴Bei der Prüfung des Überschreitens der 35 €-Grenze sind Geldgeschenke einzubeziehen. ⁵Für die Abgrenzung von anderen Zuwendungen gelten die ertragsteuerrechtlichen Grundsätze (vgl. R 4.10 Abs. 4 EStR 2008). ⁶Der Vorsteuerausschluss und die Freigrenze gelten nicht nur für Sachgeschenke, sondern auch für Geschenke in Form anderer geldwerter Vorteile (z. B. Eintrittsberechtigungen zu kulturellen oder sportlichen Veranstaltungen).

(5) ¹Steht im Zeitpunkt des Erwerbs oder der Herstellung eines Gegenstands seine Verwendung als Geschenk noch nicht fest, kann der Vorsteuerabzug zunächst unter den allgemeinen Voraussetzungen des § 15 UStG beansprucht werden. ²Im Zeitpunkt der Hingabe des Geschenks ist eine Vorsteuerkorrektur nach § 17 Abs. 2 Nr. 5 UStG vorzunehmen, wenn die Freigrenze von 35 € überschritten wird.

Beispiel:

¹Der Unternehmer A schenkt seinem Geschäftskunden B im April 01 eine Uhr aus seinem Warenbestand. ²Die Uhr hatte A im Dezember 00 für 25 € zuzüglich 4,75 € Umsatzsteuer eingekauft. ³Im Dezember 01 erhält B von A aus Anlass des Weihnachtsfests ein Weinpräsent, das A im Dezember 01 für 35 € zuzüglich 6,65 € Umsatzsteuer gekauft hatte.

⁴Durch das zweite Geschenk werden auch die Aufwendungen für das erste Geschenk nicht abziehbar im Sinne des § 4 Abs. 5 EStG. ⁵A hat in der Voranmeldung für Dezember 01 eine Vorsteuerberichtigung nach § 17 Abs. 2 Nr. 5 UStG vorzunehmen (Minderung der Vorsteuern um 4,75 €). ⁶Die Umsatzsteuer für das zweite Geschenk ist nach § 15 Abs. 1a UStG nicht abziehbar.

Bewirtungskosten

(6) ¹Angemessene und nachgewiesene Bewirtungsaufwendungen berechtigen auch insoweit zum Vorsteuerabzug, als § 4 Abs. 5 Satz 1 Nr. 2 EStG einen Abzug als Betriebsausgaben aus-

schließt. ²Voraussetzung für den Vorsteuerabzug ist damit neben den allgemeinen Voraussetzungen des § 15 UStG, dass die Bewirtungsaufwendungen nach der allgemeinen Verkehrsauffassung als angemessen zu beurteilen sind. ³Soweit es sich nicht um angemessene Bewirtungsaufwendungen handelt, ist der Vorsteuerabzug mangels unternehmerischer Veranlassung des Leistungsbezugs nicht möglich.

(7) ¹Der Vorsteuerabzug aus den angemessenen Aufwendungen ist auch zulässig bei Bewirtungen von Geschäftsfreunden in unternehmenseigenen Kantinen, Casinos und Restaurants. ²Es bestehen keine Bedenken gegen eine sachgerechte Schätzung in Anlehnung an die ertragsteuerrechtliche Vereinfachungsregelung in R 4.10 Abs. 6 EStR 2008.

Repräsentationsaufwendungen

(8) ¹Der Ausschluss des Vorsteuerabzugs setzt nicht voraus, dass die in § 4 Abs. 5 Satz 1 Nr. 4 EStG genannten Aufwendungen im Rahmen eines andere Zwecke verfolgenden Unternehmens getätigt werden (vgl. BFH-Urteil vom 2. 7. 2008, XI R 66/06, BStBl 2009 II S. 206). ²Vorsteuerbeträge, die auf laufende Aufwendungen für Segeljachten entfallen, sind nicht abziehbar, wenn der Unternehmer die Segeljachten zwar nachhaltig und zur Erzielung von Einnahmen, jedoch ohne Gewinn-/Überschusserzielungsabsicht vermietet (BFH-Urteil vom 2. 7. 2008, XI R 60/06, BStBl 2009 II S. 167). ³Das Halten von Rennpferden aus Repräsentationsgründen ist ein ähnlicher Zweck im Sinne des § 4 Abs. 5 Satz 1 Nr. 4 EStG (BFH-Urteil vom 2. 7. 2008, a. a. O.); hiermit zusammenhängende Vorsteuerbeträge sind nicht abziehbar. ⁴Hingegen dient der Betrieb einer Pferdezucht in größerem Umfang mit erheblichen Umsätzen bei typisierender Betrachtung nicht in vergleichbarer Weise wie die ausdrücklich in § 4 Abs. 5 Satz 1 Nr. 4 EStG genannten Gegenstände (Jagd, Fischerei, Segel- oder Motorjacht) einer überdurchschnittlichen Repräsentation, der Unterhaltung von Geschäftsfreunden, der Freizeitgestaltung oder der sportlichen Betätigung (BFH-Urteil vom 12. 2. 2009, V R 61/06, BStBl II S. 828).

15.6a. *Vorsteuerabzug bei teilunternehmerisch genutzten Grundstücken*

(1) ¹*Teilunternehmerisch genutzte Grundstücke im Sinne des § 15 Abs. 1b UStG sind Grundstücke, die sowohl unternehmerisch als auch unternehmensfremd(privat) genutzt werden. ²Den Grundstücken gleichgestellt sind nach § 15 Abs. 1b Satz 2 UStG Gebäude auf fremdem Grund und Boden sowie Berechtigungen, für die die Vorschriften des bürgerlichen Rechts über Grundstücke gelten (z. B. Erbbaurechte). ³§ 15 Abs. 1b UStG stellt eine Vorsteuerabzugsbeschränkung dar und berührt nicht das Zuordnungswahlrecht des Unternehmers nach § 15 Abs. 1 UStG (vgl. Abschnitt 15.2 Abs. 21). ⁴Soweit ein Grundstück für nichtwirtschaftliche Tätigkeiten i.e.S. verwendet wird (vgl. Abschnitt 2.3 Abs. 1a), ist der Vorsteuerabzug bereits nach § 15 Abs. 1 UStG ausgeschlossen; für die Anwendung des § 15 Abs. 1b UStG bleibt insoweit kein Raum (vgl. BFH-Urteil vom 3. 3. 2011, V R 23/10, BStBl 2012 II S. 74, Abschnitte 2.10, 2.11, 15.2. Abs. 15a und Abschnitt 15.19).*

(2) ¹*Eine teilunternehmerische Verwendung im Sinne des § 15 Abs. 1b UStG liegt unter Berücksichtigung des Absatz 1 Satz 4 nur vor, wenn das dem Unternehmen zugeordnete Grundstück teilweise unternehmensfremde Zwecke verwendet wird. ²Hierzu gehören nur solche Grundstücksverwendungen, die ihrer Art nach zu einer unentgeltlichen Wertabgabe im Sinne des § 3 Abs. 9a Nr. 1 UStG führen können. ³Eine Anwendung des § 15 Abs. 1b UStG scheidet deshalb aus bei der Mitbenutzung von Parkanlagen, die eine Gemeinde ihrem unternehmerischen Bereich – Kurbetrieb als Betrieb gewerblicher Art – zugeordnet hat, durch Personen, die keine Kurgäste sind, weil es sich hierbei nicht um eine Nutzung für Zwecke außerhalb des Unternehmens handelt (vgl. BFH-Urteil vom 18. 8. 1988, V R 18/83, BStBl II S. 971). ⁴Das Gleiche gilt, wenn eine Gemeinde ein Parkhaus den Benutzern zeitweise (z. B. in der Weihnachtszeit) gebührenfrei zur Verfügung stellt, wenn damit neben dem Zweck der Verkehrsberuhigung auch dem Parkhausunternehmen dienende Zwecke (z. B. Kundenwerbung) verfolgt werden (vgl. BFH-Urteil vom 10. 12. 1992, V R 3/88, BStBl 1993 II S. 380). ⁵Ist die Verwendung eines dem Unternehmen zugeordneten Grundstücks für den privaten Bedarf des Personals ausnahmsweise überwiegend durch das betriebliche Interesse des Arbeitgebers veranlasst oder als Aufmerksamkeit zu beurteilen, ist der Vorsteuerabzug ebenfalls nicht nach § 15 Abs. 1b UStG eingeschränkt, weil die in der Nutzungsüberlassung liegenden unternehmerischen Zwecke den privaten Bedarf des Personals überlagern (vgl. dazu Abschnitt 1.8 Abs. 3 und 4). ⁶Eine teilunternehmerische Verwendung im Sinne des § 15 Abs. 1b UStG liegt nicht nur vor, wenn die verschiedenen Nutzungen räumlich voneinander abgegrenzt sind, sondern auch, wenn sie – wie z. B. bei Ferienwohnungen oder Mehrzweckhallen – zeitlich wechselnd stattfinden.*

(3) ¹*Nach § 15 Abs. 1b Satz 1 UStG ist die Steuer für die Lieferungen, die Einfuhr und den innergemeinschaftlichen Erwerb sowie für die sonstigen Leistungen im Zusammenhang mit einem Grundstück vom Vorsteuerabzug ausgeschlossen, soweit sie nicht auf die Verwendung des Grundstücks für Zwecke des Unternehmens entfällt. ²Dem Vorsteuerausschluss unterliegen auch*

die wesentlichen Bestandteile des Grundstücks, z. B. Gebäude und Außenanlagen. ³Hiervon unberührt bleiben Gegenstände, die umsatzsteuerrechtlich selbständige Zuordnungsobjekte im Sinne des § 15 Abs. 1 UStG darstellen (z. B. Photovoltaikanlage und Blockheizkraftwerk). ⁴Aufgrund der Vorsteuerabzugsbeschränkung nach § 15 Abs. 1b UStG unterliegt die Verwendung eines Grundstücks für unternehmensfremde Zwecke, die außerhalb des Unternehmens liegen, oder für den privaten Bedarf des Personals nicht der unentgeltlichen Wertabgabenbesteuerung nach § 3 Abs. 9a Nr. 1 UStG (vgl. Abschnitt 3.4 Abs. 5a).

(4) ¹Für die Aufteilung von Vorsteuerbeträgen für Zwecke des § 15 Abs. 1b UStG gelten die Grundsätze des § 15 Abs. 4 UStG entsprechend. ²Zur Vorsteueraufteilung bei Gebäuden vgl. Abschnitt 15.17 Abs. 5 bis 8.

(5) ¹Sofern sich die Verwendung des teilunternehmerisch genutzten Grundstücks ändert, liegt eine Änderung der Verhältnisse im Sinne des § 15a UStG vor (§ 15a Abs. 6a UStG, vgl. Abschnitt 15a.2). ²Unter Beachtung der Bagatellgrenzen des § 44 UStDV ist eine Vorsteuerberichtigung nach § 15a UStG durchzuführen. ³Eine Vorsteuerberichtigung nach § 15a UStG ist nur möglich, soweit das Grundstück dem Unternehmensvermögen zugeordnet worden ist (vgl. Abschnitt 15a.1 Abs. 6 Nr. 2, 4 und 5).

(6) ¹Wird ein insgesamt dem Unternehmensvermögen zugeordnetes teilunternehmerisch genutztes Grundstück, das nach § 15 Abs. 1b UStG nur teilweise zum Vorsteuerabzug berechtigt hat, veräußert, unterliegt der Umsatz im vollen Umfang der Umsatzsteuer, wenn auf die Steuerbefreiung nach § 4 Nr. 9 Buchstabe a UStG wirksam verzichtet wird (§ 9 UStG, vgl. Abschnitt 9.1). ²Es liegt insoweit eine Änderung der Verhältnisse vor, die zu einer Vorsteuerberichtigung nach § 15a UStG führt (§ 15a Abs. 8 Satz 2 UStG, vgl. Abschnitt 15a.2).

(7) Beispiele zum Vorsteuerabzug bei teilunternehmerisch genutzten Grundstücken im Sinne des § 15 Abs. 1b UStG; die Übergangsregelung nach § 27 Abs. 16 UStG findet keine Anwendung:

Beispiel 1:

¹Unternehmer U, der nur vorsteuerunschädliche Ausgangsumsätze ausführt, lässt zum 1. 1. 02 ein Einfamilienhaus (EFH) fertig stellen. ²Die Herstellungskosten betragen insgesamt 300 000 € zzgl. 57 000 € Umsatzsteuer. ³U nutzt das Gebäude ab Fertigstellung planungsgemäß zu 40 % für seine vorsteuerunschädlichen Ausgangsumsätze und zu 60 % für private Wohnzwecke. ⁴U macht einen Vorsteuerabzug in Höhe von 22 800 € (40 % von 57 000 €) bei dem zuständigen Finanzamt geltend, ohne schriftlich mitzuteilen, in welchem Umfang er das Grundstück seinem Unternehmen zugeordnet hat.

⁵U hat durch die Geltendmachung des Vorsteuerabzugs in Höhe von 40 % dokumentiert, dass er in dieser Höhe das Grundstück seinem Unternehmen zugeordnet hat (vgl. Abschnitt 15.2 Abs. 21 Nr. 2 Satz 8). ⁶Da U gegenüber dem Finanzamt nicht schriftlich erklärt hat, dass er das Grundstück insgesamt seinem Unternehmen zugeordnet hat, kann diese Zuordnung zum Unternehmen nicht unterstellt werden (vgl. Abschnitt 15.2 Abs. 21 Nr. 2 Satz 10 und Nr. 2 Buchst. b). ⁷Nach § 15 Abs. 1 Satz 1 Nr. 1 UStG sind 22 800 € (57 000 € × 40 %) als Vorsteuer abziehbar. ⁸§ 15 Abs. 1b UStG findet keine Anwendung, da U den für die privaten Wohnzwecke genutzten Grundstücksanteil nicht seinem Unternehmen zugeordnet hat.

⁹Sofern der für private Wohnzwecke genutzte Grundstücksanteil später unternehmerisch genutzt wird, ist eine Vorsteuerberichtigung zu Gunsten des U nach § 15a UStG nicht zulässig, da U diesen Grundstücksanteil nicht nachweisbar seinem Unternehmen zugeordnet hat (vgl. Abschnitt 15a.1 Abs. 6). ¹⁰Verringert sich hingegen später der Umfang der unternehmerischen Nutzung des dem Unternehmen zugeordneten Grundstücksanteils (z. B. Nutzung des gesamten Grundstücks zu 80 % für private Wohnzwecke und zu 20 % für unternehmerische Zwecke), ist unter Beachtung der Bagatellgrenzen des § 44 UStDV eine Vorsteuerberichtigung nach § 15a UStG durchzuführen. ¹¹Eine Wertabgabenbesteuerung nach § 3 Abs. 9a Nr. 1 UStG erfolgt nicht.

Beispiel 2:

¹Unternehmer U, der nur vorsteuerunschädliche Ausgangsumsätze ausführt, lässt zum 1. 1. 02 ein Einfamilienhaus fertig stellen. ²Die Herstellungskosten betragen insgesamt 300 000 € zzgl. 57 000 € Umsatzsteuer. ³Die Nutzfläche des Einfamilienhauses beträgt 200 qm. ⁴U nutzt das Gebäude ab Fertigstellung planungsgemäß zu 40 % für seine vorsteuerunschädlichen Ausgangsumsätze und zu 60 % für private Wohnzwecke. ⁵Die laufenden Aufwendungen, die auf das gesamte Grundstück entfallen, betragen in dem Jahr 02 1 500 € zzgl. 285 € Umsatzsteuer. ⁶U hat dem zuständigen Finanzamt schriftlich mitgeteilt, dass er das Grundstück in vollen Umfang seinem Unternehmen zugeordnet hat.

⁷U hat das Grundstück insgesamt seinem Unternehmen zugeordnet und seine Zuordnungsentscheidung dokumentiert. ⁸Da U 60 % des Gebäudes für seine privaten nichtunternehmerischen Zwecke verwendet, ist der Vorsteuerabzug nach § 15 Abs. 1b UStG nur in Höhe von 22 800 € (57 000 € × 40 %) zulässig. ⁹Da die laufenden Kosten nicht direkt der unternehmerischen bzw. privaten Nutzung des Grundstücks zugeordnet werden können, beträgt der Vor

steuerabzug aus den laufenden Aufwendungen nach dem Verhältnis der Nutzflächen nach Aufteilung 114 € (§ 15 Abs. 4 Satz 4 UStG).

Beispiel 3:
[1]Sachverhalt wie Beispiel 2. [2]Zum 1. 1. 05 erhöht sich
a) [1]die unternehmerische Nutzung des Gebäudes (EFH) um 12 Prozentpunkte auf 52 %. [2]U führt wie bisher nur vorsteuerunschädliche Ausgangsumsätze aus,
b) die private Nutzung des Gebäudes (EFH) um 15 Prozentpunkte auf 75 %.

Zu a)
[1]Es liegt zum 1. 1. 05 eine Änderung der Verhältnisse im Sinne des § 15a Abs. 6a UStG vor, da sich die unternehmerische Nutzung erhöht hat. [2]Die Bagatellgrenzen des § 44 UStDV sind überschritten.

Jahr 05:

Insgesamt in Rechnung gestellte Umsatzsteuer: 57 000 €

Ursprünglicher Vorsteuerabzug: 22 800 € (entspricht 40% von 57 000 €)

Zeitpunkt der erstmaligen Verwendung: 1. 1. 02

Dauer des Berichtigungszeitraums: 1. 1. 02 bis 31. 12. 11

Tatsächliche zum Vorsteuerabzug berechtigende Verwendung in 05: 52 %

Vorsteuerberichtigung wegen Änderung der Verhältnisse im Vergleich zum ursprünglichen Vorsteuerabzug: Vorsteuer zu 52 % statt zu 40 %

Berichtigungsbetrag: 12 Prozentpunkte von 1/10 von 57 000 € = 684 € sind zu Gunsten des U zu korrigieren.

Zu b)
[1]Es liegt zum 1. 1. 05 eine Änderung der Verhältnisse im Sinne des § 15a Abs. 6a UStG vor, da sich die private Nutzung erhöht hat. [2]Die Bagatellgrenzen des § 44 UStDV sind überschritten.

Jahr 05:

Insgesamt in Rechnung gestellte Umsatzsteuer: 57 000 €

Ursprünglicher Vorsteuerabzug: 22 800 € (entspricht 40% von 57 000 €)

Zeitpunkt der erstmaligen Verwendung: 1. 1. 02

Dauer des Berichtigungszeitraums: 1. 1. 02 bis 31. 12. 11

Tatsächliche zum Vorsteuerabzug berechtigende Verwendung in 05: 25 %

Vorsteuerberichtigung wegen Änderung der Verhältnisse im Vergleich zum ursprünglichen Vorsteuerabzug: Vorsteuer zu 25 % statt zu 40 %

Berichtigungsbetrag: 15 Prozentpunkte von 1/10 von 57 000 € = 855 € sind zu Ungunsten des U zu korrigieren.

Beispiel 4:
[1]Sachverhalt wie Beispiel 2. [2]Im Jahr 06 lässt U das Einfamilienhaus um ein Dachgeschoss erweitern, welches für fremde unternehmerische Zwecke, die nicht mit der Nutzung der eigenen unternehmerisch genutzten Flächen in Zusammenhang stehen, steuerpflichtig vermietet wird. [3]Die Herstellungskosten hierfür betragen 100 000 € zzgl. 19 000 € Umsatzsteuer. [4]Das Dachgeschoss ist zum 1. 7. 06 bezugsfertig und hat eine Nutzfläche von 100 qm. [5]Zusätzlich lässt U im gleichen Jahr die Außenfassade neu streichen. [6]Die Aufwendungen hierfür betragen 10 000 € zzgl. 1 900 € Umsatzsteuer.

[7]Der Ausbau des Dachgeschosses steht nicht in einem einheitlichem Nutzungs- und Funktionszusammenhang mit den bereits vorhandenen Flächen. [8]Es liegt deshalb ein eigenständiges Zuordnungsobjekt vor. [9]Unabhängig von der bereits bei Herstellung des Gebäudes getroffenen Zuordnungsentscheidung kann das Dachgeschoss dem Unternehmen zugeordnet werden. [10]Da U das Dachgeschoss steuerpflichtig vermietet, ist er zum Vorsteuerabzug in Höhe von 19 000 € berechtigt; es erfolgt keine Vorsteuerkürzung nach § 15 Abs. 1b UStG.

[11]Der Anstrich der Außenfassade entfällt auf alle Stockwerke. [12]Nach § 15 Abs. 1b UStG berechtigt nur der Teil der Aufwendungen zum Vorsteuerabzug, der auf die unternehmerische Nutzung des Gebäudes entfällt. [13]Die Aufteilung nach § 15 Abs. 4 Satz 4 UStG erfolgt nach dem Verhältnis der Nutzflächen:

40 % von 200 qm (bisherige Nutzfläche) + 100 % von 100 qm (Dachgeschoss)

= 180 qm von 300 qm (60 %)

60 % von 1 900 € = 1 140 € Vorsteuer

Beispiel 5:
¹*Sachverhalt wie Beispiel 2.* ²*U verkauft das Grundstück zum 1. 1. 09 an*
a) *eine Privatperson steuerfrei für 400 000 €,*
b) ¹*einen anderen Unternehmer und optiert nach § 9 Abs. 1 UStG zur Steuerpflicht. Der Verkaufspreis beträgt 400 000 € (netto).* ²*Eine Geschäftsveräußerung im Ganzen im Sinne des § 1 Abs. 1a UStG liegt nicht vor.*

Zu a)
¹*Die nach § 4 Nr. 9 Buchst. a UStG steuerfreie Veräußerung führt zu einer Änderung der Verhältnisse nach § 15a Abs. 8 UStG, da das Gebäude teilweise zum Vorsteuerabzug berechtigt hat.* ²*Die Bagatellgrenzen des § 44 UStDV sind überschritten.*

Insgesamt in Rechnung gestellte Umsatzsteuer: 57 000 €

Ursprünglicher Vorsteuerabzug: 22 800 € (entspricht 40% von 57 000 €)

Zeitpunkt der erstmaligen Verwendung: 1. 1. 02

Dauer des Berichtigungszeitraums: 1. 1. 02 bis 31. 12. 11

Tatsächliche zum Vorsteuerabzug berechtigende Verwendung im Berichtigungszeitraum: Jahr 02 bis 08 = 40 %

Änderung der Verhältnisse:

ab Jahr 09 = 40 Prozentpunkte (0 % statt 40 %)

Vorsteuerberichtigung pro Jahr:

(57 000 € / 10 Jahre = 5 700 €)

Jahre 09 bis 11 = je 2 280 € (5 700 € x 40 %)

³*Die Berichtigung des Vorsteuerabzugs ist für die Jahre 09 bis 11 zusammengefasst in der ersten Voranmeldung für das Kalenderjahr 09 vorzunehmen (§ 44 Abs. 4 Satz 3 UStDV).*

Zu b)
¹*Die steuerpflichtige Veräußerung führt zu einer Änderung der Verhältnisse nach § 15a Abs. 8 UStG, da das Gebäude nur teilweise zum Vorsteuerabzug berechtigt hat.* ²*Die Bagatellgrenzen des § 44 UStDV sind überschritten.* ³*Die Umsatzsteuer für die steuerpflichtige Lieferung schuldet der Erwerber (§ 13b Abs. 2 Nr. 3 UStG).*

Insgesamt in Rechnung gestellte Umsatzsteuer: 57 000 €

Ursprünglicher Vorsteuerabzug: 22 800 € (entspricht 40% von 57 000 €)

Zeitpunkt der erstmaligen Verwendung: 1. 1. 02

Dauer des Berichtigungszeitraums: 1. 1. 02 bis 31. 12. 11

Tatsächliche zum Vorsteuerabzug berechtigende Verwendung im Berichtigungszeitraum: Jahr 02 bis 08 = 40 %

Änderung der Verhältnisse:

ab Jahr 09 = 60 Prozentpunkte (100 % statt 40 %)

Vorsteuerberichtigung pro Jahr:

(57 000 € / 10 Jahre = 5 700 €)

Jahre 09 bis 11 = je 3 420 € (5 700 € x 60 %)

⁴*Die Berichtigung des Vorsteuerabzugs ist für die Jahre 09 bis 11 zusammengefasst in der ersten Voranmeldung für das Kalenderjahr 09 vorzunehmen (§ 44 Abs. 4 Satz 3 UStDV).*

15.7. Vorsteuerabzug bei unfreien Versendungen und Güterbeförderungen

Unfreie Versendungen

S 7314

(1) ¹Nach § 40 UStDV wird die Berechtigung zum Vorsteuerabzug vom Absender der Frachtsendung auf den Empfänger übertragen. ²Die Regelung lässt keine Wahlmöglichkeit zu. ³Liegt frachtrechtlich eine unfreie Versendung vor, ist deshalb der Absender als der eigentliche Leistungsempfänger vom Vorsteuerabzug allgemein ausgeschlossen. ⁴§ 40 UStDV gilt außer bei Frachtsendungen im Rahmen von Lieferungen auch bei Versendungsaufträgen im Zusammenhang mit Materialgestellungen und Materialbeistellungen.

(2) Wird bei unfreien Versendungen das Frachtgut von dem beauftragten Spediteur nicht unmittelbar, sondern über einen Empfangsspediteur an den endgültigen Frachtempfänger versendet, so gilt Folgendes:

1. ¹Zieht der Empfangsspediteur die ihm berechneten Frachtkosten (Vorkosten) in eigenem Namen ein, ist er als Empfänger der diesen Kosten zu Grunde liegenden Frachtleistungen anzusehen. ²Er kann daher die ihm dafür gesondert in Rechnung gestellte Steuer nach § 40

Abs. 1 UStDV als Vorsteuer abziehen. ³Der Inanspruchnahme des Vorsteuerabzugs steht nicht entgegen, dass der Empfangsspediteur die Vorkosten weiterberechnet. ⁴§ 40 Abs. 1 Satz 3 Nr. 2 UStDV setzt nur voraus, dass der Frachtempfänger die Entrichtung der Frachtkosten an den Versandspediteur oder Frachtführer übernommen hat, nicht aber, dass er diese Kosten auch wirtschaftlich trägt. ⁵Bei dieser Gestaltung sind die verauslagten Frachtkosten beim Empfangsspediteur Teil der Bemessungsgrundlage für seine Leistung. ⁶Der endgültige Frachtempfänger ist zum Abzug der Steuer auf die gesamte Bemessungsgrundlage beim Vorliegen der Voraussetzungen des § 15 UStG berechtigt.

2. ¹Tritt der Empfangsspediteur als Vermittler auf und behandelt er dementsprechend die Vorkosten als durchlaufende Posten, werden die diesen Kosten zu Grunde liegenden Frachtleistungen an den endgültigen Frachtempfänger erbracht. ²In diesen Fällen ist § 40 Abs. 1 UStDV auf den Empfangsspediteur nicht anwendbar. ³Der Vorsteuerabzug steht allein dem endgültigen Frachtempfänger zu.

Güterbeförderungen

(3) ¹Als Leistungsempfänger im umsatzsteuerrechtlichen Sinn ist grundsätzlich derjenige zu behandeln, in dessen Auftrag die Leistung ausgeführt wird (vgl. Abschnitt 15.2 Abs. 16). ²Aus Vereinfachungsgründen ist bei steuerpflichtigen Güterbeförderungen (Abschnitt 3a.2 Abs. 2), bei denen sich der Leistungsort nach § 3a Abs. 2 UStG richtet, der Rechnungsempfänger als ggf. zum Vorsteuerabzug berechtigter Leistungsempfänger anzusehen.

Beispiel:

¹Der in Frankreich ansässige Unternehmer U versendet Güter per Frachtnachnahme an den Unternehmer A in Deutschland. ²Bei Frachtnachnahmen wird regelmäßig vereinbart, dass der Beförderungsunternehmer dem Empfänger der Sendung die Beförderungskosten in Rechnung stellt und dieser die Beförderungskosten zahlt. ³Der Rechnungsempfänger A der innergemeinschaftlichen Güterbeförderung ist als Empfänger der Beförderungsleistung (Leistungsempfänger) im Sinne des § 3a Abs. 2 UStG anzusehen. ⁴A ist ggf. zum Vorsteuerabzug berechtigt.

15.8. Abzug der Einfuhrumsatzsteuer bei Einfuhr in das Inland

(1) ¹Die Einfuhrumsatzsteuer kann vom Unternehmer als Vorsteuer abgezogen werden, wenn sie tatsächlich entrichtet wird und die Gegenstände für sein Unternehmen im Inland oder in den österreichischen Gebieten Jungholz und Mittelberg eingeführt worden sind. ²Die Entrichtung ist durch einen zollamtlichen Beleg nachzuweisen (vgl. Abschnitt 15.11 Abs. 1 Satz 2 Nr. 2). ³Zum Nachweis bei Mikroverfilmung vgl. Abschnitt 22.1 Abs. 3. ⁴Ein Beleg, in dem die gesamten Einfuhrabgaben nach einem pauschalierten Satz in einer Summe angegeben sind, reicht für die Vornahme des Vorsteuerabzugs nicht aus. ⁵Wird die Einfuhrumsatzsteuer bei Fälligkeit nicht entrichtet, ist ein bereits vorgenommener Vorsteuerabzug (§ 16 Abs. 2 Satz 4 UStG) zu berichtigen (vgl. Abschnitt 15.11 Abs. 1 Satz 2 Nr. 2).

(2) ¹Die Verwirklichung des umsatzsteuerrechtlichen Einfuhrtatbestands setzt voraus, dass ein Drittlandsgegenstand in das Inland verbracht wird und dieser Vorgang hier steuerbar ist, d. h. der Drittlandsgegenstand in den zoll- und steuerrechtlich freien Verkehr übergeführt wird. ²Für den einfuhrumsatzsteuerrechtlichen Einfuhrtatbestand ist damit nicht allein entscheidend, dass der Gegenstand aus dem Drittland in das Inland gelangt, sondern hier auch grundsätzlich der Besteuerung unterliegt, d. h. im Regelfall eine Einfuhrumsatzsteuerschuld entsteht. ³Danach liegt z. B. keine Einfuhr im umsatzsteuerrechtlichen Sinne vor, wenn sich die Drittlandsware in einem zollrechtlichen Versandverfahren befindet.

(3) ¹Bei Einfuhren über die in § 1 Abs. 3 UStG bezeichneten Gebiete ist der Gegenstand ebenfalls erst beim Übergang in das umsatzsteuerrechtliche Inland und Überführung in den zoll- und steuerrechtlich freien Verkehr eingeführt. ²In diesen Fällen ist jedoch die Einfuhr im Inland für den Abzug der Einfuhrumsatzsteuer nur dann bedeutsam, wenn der eingeführte Gegenstand nicht zur Ausführung der in § 1 Abs. 3 UStG bezeichneten Umsätze verwendet wird (vgl. hierzu Abschnitt 15.9). ³Im Allgemeinen kommt es daher hierbei nur dann auf den Übergang des Gegenstandes in das umsatzsteuerrechtliche Inland an, wenn der eingeführte Gegenstand nicht schon in den in § 1 Abs. 3 UStG bezeichneten Gebieten (insbesondere im Freihafen), sondern erst im Inland einfuhrumsatzsteuerrechtlich abgefertigt wird.

(4) ¹Eine Einfuhr für das Unternehmen ist gegeben, wenn der Unternehmer den eingeführten Gegenstand im Inland zum zoll- und steuerrechtlichen freien Verkehr abfertigt und danach im Rahmen seiner unternehmerischen Tätigkeit zur Ausführung von Umsätzen einsetzt. ²Diese Voraussetzung ist bei dem Unternehmer gegeben, der im Zeitpunkt der Überführung in den zoll- und steuerrechtlich freien Verkehr die Verfügungsmacht über den Gegenstand besitzt (vgl. auch BFH-Urteil vom 24. 4. 1980, V R 52/73, BStBl II S. 615). ³Nicht entscheidend ist, wer Schuldner der entrichteten Einfuhrumsatzsteuer war, wer diese entrichtet hat und wer den für den vorsteuerabzugsberechtigten Unternehmer eingeführten Gegenstand tatsächlich über die Grenze gebracht

hat. ⁴Überlässt ein ausländischer Unternehmer einem inländischen Unternehmer einen Gegenstand zur Nutzung, ohne ihm die Verfügungsmacht an dem Gegenstand zu verschaffen, ist daher der inländische Unternehmer nicht zum Abzug der Einfuhrumsatzsteuer als Vorsteuer berechtigt (vgl. BFH-Urteil vom 16. 3. 1993, V R 65/89, BStBl I S. 473).

(5) ¹Der Abzug der Einfuhrumsatzsteuer steht auch dann nur dem Lieferer zu, wenn er den Gegenstand zur eigenen Verfügung im Inland zum zoll- und steuerrechtlich freien Verkehr abfertigt und danach an seinen Abnehmer liefert. ²Hingegen kann nur der Abnehmer von der Abzugsberechtigung Gebrauch machen, wenn er zum Zeitpunkt der Überführung in den zoll- und steuerrechtlich freien Verkehr die Verfügungsmacht inne hat. ³Personen, die lediglich an der Einfuhr mitgewirkt haben, ohne über den Gegenstand verfügen zu können (z. B. Spediteure, Frachtführer, Handelsvertreter), sind auch dann nicht abzugsberechtigt, wenn sie den eingeführten Gegenstand vorübergehend entsprechend den Weisungen ihres Auftraggebers auf Lager nehmen.

(6) ¹In den Fällen des § 3 Abs. 8 UStG ist davon auszugehen, dass dem Abnehmer die Verfügungsmacht an dem Gegenstand erst im Inland verschafft wird. ²Dementsprechend ist in diesen Fällen der Lieferer zum Abzug der Einfuhrumsatzsteuer berechtigt. ³Beim Reihengeschäft gilt dies für den Lieferer in der Reihe, der die Einfuhrumsatzsteuer entrichtet.

(7) ¹Nicht erforderlich ist, dass der Unternehmer die Einfuhrumsatzsteuer selbst entrichtet hat. ²Er kann sie als Vorsteuer auch dann abziehen, wenn sein Beauftragter (z. B. der Spediteur, der Frachtführer oder der Handelsvertreter) Schuldner der Einfuhrumsatzsteuer ist. ³In diesen Fällen ist der Abzug davon abhängig, dass sich der Unternehmer den betreffenden zollamtlichen Beleg oder einen zollamtlich bescheinigten Ersatzbeleg für den Vorsteuerabzug aushändigen lässt.

(8) ¹Überlässt ein ausländischer Auftraggeber einem im Inland ansässigen Unternehmer einen Gegenstand zur Ausführung einer Werkleistung, z. B. einer Lohnveredelung, oder stellt der ausländische Auftraggeber einem im Inland ansässigen Unternehmer einen Gegenstand zur Ausführung einer Werklieferung bei, so kann die auf die Einfuhr des Gegenstandes entfallende Einfuhrumsatzsteuer von dem im Inland ansässigen Unternehmer abgezogen werden, wenn der Gegenstand nach Ausführung der Werkleistung oder Werklieferung in das Drittlandsgebiet zurückgelangt. ²Entsprechend kann verfahren werden, wenn der ausländische Auftraggeber den Gegenstand nach Ausführung der Werkleistung oder Werklieferung im Inland weiterliefert und diese Lieferung nicht nach § 4 Nr. 8 ff. UStG steuerfrei ist. ³Diese Voraussetzungen sind vom Unternehmer nachzuweisen. ⁴Wird der Gegenstand nach Ausführung der Werkleistung oder Werklieferung vom ausländischen Auftraggeber im Inland für eigene Zwecke verwendet oder genutzt, kann der im Inland ansässige Unternehmer den Abzug der Einfuhrumsatzsteuer nicht vornehmen. ⁵Ein von ihm bereits vorgenommener Vorsteuerabzug ist rückgängig zu machen. ⁶In diesem Falle bleibt es somit bei der durch die Einfuhr entstandenen Belastung, sofern nicht der ausländische Auftraggeber hinsichtlich des eingeführten Gegenstandes zum Vorsteuerabzug berechtigt ist.

(9) ¹Bei der Einfuhr eines Gegenstandes, den der Unternehmer im Inland vermietet, ist nicht der Mieter, sondern der Vermieter zum Abzug der Einfuhrumsatzsteuer berechtigt (vgl. auch BFH-Urteil vom 24. 4. 1980, V R 52/73, BStBl II S. 615). ²Gleiches gilt, wenn der Gegenstand geliehen oder auf Grund eines ähnlichen Rechtsverhältnisses zur Nutzung überlassen wird (BFH-Urteil vom 16. 3. 1993, V R 65/89, BStBl II S. 473).

(10) ¹Die Vorschriften des § 15 Abs. 1 Satz 1 Nr. 1 UStG und des § 15 Abs. 1 Satz 1 Nr. 2 UStG schließen sich gegenseitig aus. ²Der Unternehmer kann somit grundsätzlich im Zusammenhang mit dem Bezug eines Gegenstands nicht zugleich eine gesondert in Rechnung gestellte Steuer und Einfuhrumsatzsteuer als Vorsteuer abziehen. ³Lediglich in den Fällen, in denen der Leistungsempfänger den Gegenstand zum zoll- und steuerrechtlich freien Verkehr abfertigt und die Lieferung an ihn steuerpflichtig ist, weil der Lieferant die Voraussetzungen der Steuerbefreiung für die der Einfuhr vorangehende Lieferung nicht nachweist (vgl. § 4 Nr. 4b Sätze 1 und 3 UStG), kann dieser Leistungsempfänger zugleich die in Rechnung gestellte Steuer und die geschuldete Einfuhrumsatzsteuer als Vorsteuer abziehen (vgl. auch Abschnitt 3.14 Abs. 16). ⁴Auch in den Fällen, in denen nicht der Unternehmer, der im Zeitpunkt der Einfuhr die Verfügungsmacht hat, sondern ein späterer Abnehmer den eingeführten Gegenstand beim Zollamt zum freien Verkehr abfertigen lässt, kann nur der Unternehmer den Abzug der Einfuhrumsatzsteuer geltend machen, der bei der Einfuhr verfügungsberechtigt war. ⁵Zur Vermeidung von Schwierigkeiten kann der Unternehmer in diesen Fällen den eingeführten Gegenstand unmittelbar nach der Einfuhr einfuhrumsatzsteuerrechtlich zum freien Verkehr abfertigen lassen.

(11) ¹Wird ein Gegenstand im Rahmen einer beabsichtigten Lieferung (§ 3 Abs. 6 oder 8 UStG) in das Inland eingeführt, von dem vorgesehenen Abnehmer jedoch nicht angenommen, ist entsprechend den allgemeinen Grundsätzen der Unternehmer zum Abzug der Einfuhrumsatzsteuer berechtigt, der im Zeitpunkt der Einfuhr die Verfügungsmacht über den Gegenstand besitzt (vgl. Absatz 4). ²Hierbei sind folgende Fälle zu unterscheiden:

1. Abfertigung des Gegenstands zum zoll- und steuerrechtlich freien Verkehr auf Antrag des Abnehmers oder seines Beauftragten.

§ 15 UStG
AE 15.8, AE 15.9

¹Bei dieser Gestaltung ist vorgesehen, den Gegenstand im Rahmen einer Beförderungs- oder Versendungslieferung im Sinne des § 3 Abs. 6 UStG einzuführen. ²Ob hierbei der Absender oder der vorgesehene Abnehmer im Zeitpunkt der Einfuhr als Verfügungsberechtigter anzusehen ist, hängt davon ab, wann der eingeführte Gegenstand zurückgewiesen wurde.

a) ¹Nimmt der vorgesehene Abnehmer den Gegenstand von vornherein nicht an, z. B. wegen offensichtlicher Mängel, verspäteter Lieferung oder fehlenden Lieferauftrags, ist der Gegenstand nicht im Rahmen einer Lieferung eingeführt worden. ²Wegen der sofortigen Annahmeverweigerung ist eine Lieferung nicht zu Stande gekommen. ³In diesen Fällen ist somit der Absender während des gesamten Zeitraums der Anlieferung im Besitz der Verfügungsmacht geblieben und deshalb allein zum Abzug der Einfuhrumsatzsteuer berechtigt.

b) ¹Hat der vorgesehene Abnehmer den eingeführten Gegenstand vorerst angenommen, später jedoch zurückgewiesen, z. B. wegen erst nachher festgestellter Mängel, ist zunächst eine Lieferung zu Stande gekommen. ²Durch die spätere Zurückweisung wird sie zwar wieder rückgängig gemacht. ³Das ändert jedoch nichts daran, dass der Abnehmer im Zeitpunkt der Einfuhr, die als selbständiger umsatzsteuerrechtlicher Tatbestand bestehen bleibt, noch als Verfügungsberechtigter anzusehen war. ⁴Die Berechtigung zum Abzug der Einfuhrumsatzsteuer steht deshalb in diesen Fällen dem vorgesehenen Abnehmer zu (vgl. auch Absatz 5). ⁵Der Nachweis, dass der Gegenstand erst später zurückgewiesen wurde, kann durch einen Vermerk auf den Versandunterlagen und die Buchung als Wareneingang geführt werden.

2. Abfertigung des Gegenstands zum zoll- und steuerrechtlich freien Verkehr auf Antrag des Absenders oder seines Beauftragten.

¹Bei dieser Abwicklung beabsichtigen die Beteiligten eine Beförderungs- oder Versendungslieferung im Sinne des § 3 Abs. 8 UStG. ²Hierbei hat der Absender im Zeitpunkt der Einfuhr die Verfügungsmacht über den Gegenstand, gleichgültig ob der vorgesehene Abnehmer den Gegenstand von vornherein oder erst später zurückweist (vgl. Absatz 6). ³Deshalb kann stets nur der Absender die Einfuhrumsatzsteuer abziehen.

³Nach Satz 2 Nummer 1 und 2 ist grundsätzlich auch dann zu verfahren, wenn der Absender den eingeführten Gegenstand nach der Annahmeverweigerung durch den vorgesehenen Abnehmer im Inland an einen anderen Abnehmer liefert. ⁴Ist der vorgesehene Abnehmer ausnahmsweise nicht oder nicht in vollem Umfang zum Vorsteuerabzug berechtigt (z. B. weil er kein Unternehmer ist oder vom Vorsteuerabzug ausgeschlossene Umsätze ausführt), bestehen keine Bedenken, wenn zur Vermeidung einer vom Gesetzgeber nicht gewollten Belastung die Berechtigung zum Abzug der Einfuhrumsatzsteuer dem Absender zugestanden wird.

(12) ¹Geht der eingeführte Gegenstand während des Transports an den vorgesehenen Abnehmer im Inland verloren oder wird er vernichtet, bevor eine Lieferung ausgeführt worden ist, kommt der Abzug der Einfuhrumsatzsteuer nur für den Absender in Betracht. ²Das Gleiche gilt, wenn der Gegenstand aus einem anderen Grund nicht an den vorgesehenen Abnehmer gelangt.

(13) Werden eingeführte Gegenstände sowohl für unternehmerische als auch für unternehmensfremde Zwecke verwendet, so gilt für den Abzug der Einfuhrumsatzsteuer Abschnitt 15.2 Abs. 21 entsprechend.

15.9. Abzug der Einfuhrumsatzsteuer in den Fällen des § 1 Abs. 3 UStG

AE 15.9

S 7302

(1) ¹Abziehbar ist auch die Einfuhrumsatzsteuer für die Gegenstände, die zur Ausführung bestimmter Umsätze in den in § 1 Abs. 3 UStG bezeichneten Gebieten verwendet werden (§ 15 Abs. 1 Satz 1 Nr. 2 UStG). ²Der Vorsteuerabzug setzt voraus, dass der Unternehmer den einfuhrumsatzsteuerrechtlich abgefertigten Gegenstand mittelbar oder unmittelbar zur Ausführung der in § 1 Abs. 3 UStG bezeichneten Umsätze einsetzt. ³Die Abzugsberechtigung erstreckt sich nicht nur auf die Einfuhrumsatzsteuer für die Gegenstände, die in die in § 1 Abs. 3 UStG bezeichneten Umsätze eingehen. ⁴Vielmehr ist auch die Einfuhrumsatzsteuer für solche Gegenstände abziehbar, die der Unternehmer in seinem Unternehmen einsetzt, um diese Umsätze auszuführen (z. B. für betriebliche Investitionsgüter oder Hilfsstoffe, die zur Ausführung dieser Umsätze genutzt oder verwendet werden).

(2) ¹Bewirkt der Unternehmer außer Umsätzen, die unter § 1 Abs. 3 UStG fallen, auch Umsätze der gleichen Art, die nicht steuerbar sind, so kann er dafür den Abzug der Einfuhrumsatzsteuer aus Vereinfachungsgründen ebenfalls in Anspruch nehmen. ²Voraussetzung ist jedoch, dass die nicht steuerbaren Umsätze auch im Falle der Steuerbarkeit zum Vorsteuerabzug berechtigen würden.

Beispiel:

¹Ein im Freihafen ansässiger Unternehmer beliefert einen Abnehmer mit Gegenständen, die bei diesem zum Ge- und Verbrauch im Freihafen bestimmt sind. ²Hierbei wird ein Teil dieser Lieferung für das Unternehmen des Abnehmers, ein Teil für den nichtunternehmerischen

Bereich des Abnehmers ausgeführt (§ 1 Abs. 3 Satz 1 Nr. 1 UStG). ³Obwohl nur die für den nichtunternehmerischen Bereich ausgeführten Lieferungen sowie die Lieferungen, die vom Abnehmer ausschließlich oder zum wesentlichen Teil für eine nach § 4 Nr. 8 bis 27 UStG steuerfreie Tätigkeit verwendet werden, unter § 1 Abs. 3 UStG fallen, kann der Lieferer auch die Einfuhrumsatzsteuer für die Gegenstände abziehen, die den für das Unternehmen des Abnehmers bestimmten Lieferungen zuzuordnen sind. ⁴Die gleiche Vereinfachung gilt bei sonstigen Leistungen, die der Unternehmer teils für das Unternehmen des Auftraggebers, teils für den nichtunternehmerischen Bereich des Auftraggebers (§ 1 Abs. 3 Satz 1 Nr. 2 UStG) ausführt.

(3) ¹Hat ein Unternehmer Gegenstände einfuhrumsatzsteuerrechtlich abfertigen lassen, um sie nach einer Be- oder Verarbeitung vom Freihafen aus teils in das übrige Ausland, teils im Rahmen einer zollamtlich bewilligten Freihafen-Veredelung (§ 1 Abs. 3 Satz 1 Nr. 4 Buchstabe a UStG) in das Inland zu liefern, kann er die Einfuhrumsatzsteuer in beiden Fällen abziehen. ²Das Gleiche gilt für Gegenstände, die der Unternehmer im Freihafen zur Ausführung dieser Umsätze im eigenen Unternehmen gebraucht oder verbraucht. ³Entsprechend kann in den Fällen einer zollamtlich besonders zugelassenen Freihafenlagerung verfahren werden.

(4) ¹Zum Abzug der Einfuhrumsatzsteuer für Gegenstände, die sich im Zeitpunkt der Lieferung einfuhrumsatzsteuerrechtlich im freien Verkehr befinden (§ 1 Abs. 3 Satz 1 Nr. 4 Buchstabe b UStG), ist der Unternehmer unabhängig davon berechtigt, ob die Gegenstände aus dem Freihafen in das übrige Ausland oder in das Inland gelangen. ²Auch bei einem Verbleiben der Gegenstände im Freihafen oder in den anderen in § 1 Abs. 3 UStG bezeichneten Gebieten steht dem Unternehmer der Vorsteuerabzug zu. ³Bedeutung hat diese Regelung für die Lieferungen, bei denen der Liefergegenstand nach der einfuhrumsatzsteuerrechtlichen Abfertigung vom Freihafen aus in das übrige Ausland gelangt oder von einem im Inland ansässigen Abnehmer im Freihafen abgeholt wird. ⁴In den Fällen, in denen der Lieferer den Gegenstand im Rahmen einer Lieferung vom Freihafen aus in das Inland befördert oder versendet, überschneiden sich die Vorschriften des § 1 Abs. 3 Satz 1 Nr. 4 Buchstabe b UStG und des § 3 Abs. 8 UStG. ⁵Für den Abzug der Einfuhrumsatzsteuer ist die Überschneidung ohne Bedeutung, da nach beiden Vorschriften allein dem Lieferer die Abzugsberechtigung zusteht (vgl. auch Abschnitt 15.8 Abs. 6).

(5) ¹Auch bei den in § 1 Abs. 3 UStG bezeichneten Umsätzen ist der Abzug der Einfuhrumsatzsteuer davon abhängig, dass die Steuer tatsächlich entrichtet wird. ²Der Abzug ist daher zu berichtigen, wenn sie bei Eintritt der Fälligkeit nicht abgeführt worden ist. ³Im Übrigen bestimmt sich der Abzug nach dem Zeitpunkt der einfuhrumsatzsteuerrechtlichen Abfertigung des Gegenstands. ⁴Das gilt auch, wenn der Gegenstand nach der Abfertigung in das Inland gelangt (z. B. wenn der Unternehmer den Gegenstand in den Fällen des § 1 Abs. 3 Nr. 4 UStG vom Freihafen aus an einen Abnehmer im Inland liefert oder der Abnehmer den Gegenstand in den Fällen des § 1 Abs. 3 Satz 1 Nr. 4 Buchstabe b UStG im Freihafen abholt) oder wenn der Unternehmer den Gegenstand nach einer zollamtlich bewilligten Freihafen-Veredelung ausnahmsweise nicht vom Freihafen, sondern vom Inland aus an den Abnehmer liefert (z. B. ab einem Lagerplatz im Inland).

(6) ¹Sind die Voraussetzungen der Absätze 1 bis 5 nicht gegeben und liegt auch keine Einfuhr im Inland vor (vgl. Abschnitt 15.8), kann die Einfuhrumsatzsteuer für Gegenstände, die auf einem Abfertigungsplatz in einem Freihafen einfuhrumsatzsteuerrechtlich abgefertigt wurden, nicht als Vorsteuer abgezogen werden. ²In diesen Fällen kommt daher als Entlastungsmaßnahme nur ein Erlass oder eine Erstattung der Einfuhrumsatzsteuer durch die zuständige Zollstelle in Betracht. ³Das trifft z. B. auf Unternehmer zu, die einen einfuhrumsatzsteuerrechtlich abgefertigten Gegenstand nur zum unternehmerischen Ge- und Verbrauch im Freihafen aus dem übrigen Ausland bezogen haben. ⁴Das Gleiche gilt beim Bezug von Gegenständen aus dem übrigen Ausland, wenn sie nach der einfuhrumsatzsteuerrechtlichen Abfertigung zum freien Verkehr vom Abnehmer nicht ausschließlich oder zum wesentlichen Teil für eine nach § 4 Nr. 8 bis 27 UStG steuerfreie Tätigkeit verwendet werden, sondern vom Freihafen aus wieder in das übrige Ausland verbracht werden. ⁵Voraussetzung für den Erlass oder die Erstattung ist, dass die Einfuhrumsatzsteuer als Vorsteuer abgezogen werden könnte, wenn entweder eine Einfuhr in das Inland oder eine Verwendung für die in § 1 Abs. 3 UStG bezeichneten Umsätze vorgelegen hätte.

15.10. Vorsteuerabzug ohne gesonderten Steuerausweis in einer Rechnung

(1) Für den Vorsteuerabzug nach § 15 Abs. 1 Satz 1 Nr. 3 bis 5 UStG ist nicht Voraussetzung, dass der Leistungsempfänger im Besitz einer nach §§ 14, 14a UStG ausgestellten Rechnung ist (vgl. EuGH-Urteil vom 1. 4. 2004, C-90/02, EuGHE I S. 3303).

Abzug der Steuer für den innergemeinschaftlichen Erwerb von Gegenständen

(2) ¹Der Erwerber kann die für den innergemeinschaftlichen Erwerb geschuldete Umsatzsteuer als Vorsteuer abziehen, wenn er den Gegenstand für sein Unternehmen bezieht und zur Ausführung von Umsätzen verwendet, die den Vorsteuerabzug nicht ausschließen. ²**Dies gilt nicht für die Steuer, die der Erwerber schuldet, weil er gegenüber dem Lieferer eine ihm von einem ande-**

ren Mitgliedstaat als dem, in dem sich der erworbene Gegenstand am Ende der Beförderung oder Versendung befindet, erteilte USt-IdNr. verwendet und der innergemeinschaftliche Erwerb nach § 3d Satz 2 UStG deshalb im Gebiet dieses Mitgliedstaates als bewirkt gilt (vgl. BFH-Urteile vom 1. 9. 2010, V R 39/08 und vom 8. 9. 2010, XI R 40/08, BStBl 2011 II S. 658 und vom 8.9.2010, XI R 40/08, BStBl 2011 II S.661. ³Bei Land- und Forstwirten, die der Durchschnittssatzbesteuerung unterliegen und die auf die Anwendung von § 1a Abs. 3 UStG verzichtet haben, ist der Abzug der Steuer für den innergemeinschaftlichen Erwerb als Vorsteuer durch die Pauschalierung abgegolten (vgl. BFH-Urteil vom 24. 9. 1998, V R 17/97, BStBl 1999 II S. 39).

(3) ¹Das Recht auf Vorsteuerabzug der Erwerbssteuer entsteht in dem Zeitpunkt, in dem die Erwerbssteuer entsteht (§ 13 Abs. 1 Nr. 6 UStG). ²Der Unternehmer kann damit den Vorsteuerabzug in der Voranmeldung oder Umsatzsteuererklärung für das Kalenderjahr geltend machen, in der er den innergemeinschaftlichen Erwerb zu versteuern hat.

Vorsteuerabzug bei Steuerschuldnerschaft des Leistungsempfängers

(4) ¹Zum Vorsteuerabzug bei der Steuerschuldnerschaft des Leistungsempfängers gemäß § 13b UStG vgl. **Abschnitt 13b.15**.

Vorsteuerabzug im Rahmen eines innergemeinschaftlichen Dreiecksgeschäfts

(5) ¹Im Rahmen eines innergemeinschaftlichen Dreiecksgeschäfts wird die Steuer für die Lieferung des ersten Abnehmers an den letzten Abnehmer von diesem geschuldet (§ 25b Abs. 2 UStG, vgl. Abschnitt 25b.1 Abs. 6). ²Der letzte Abnehmer kann diese Steuer als Vorsteuer abziehen, wenn er den Gegenstand für sein Unternehmen bezieht und soweit er ihn zur Ausführung von Umsätzen verwendet, die den Vorsteuerabzug nicht ausschließen (§ 25b Abs. 5 UStG).

15.11. Nachweis der Voraussetzungen für den Vorsteuerabzug

Aufzeichnungen und Belege

(1) ¹Die Voraussetzungen für den Vorsteuerabzug hat der Unternehmer aufzuzeichnen und durch Belege nachzuweisen. ²Als ausreichender Beleg ist anzusehen:

1. für die von einem anderen Unternehmer gesondert in Rechnung gestellten Steuern eine nach den §§ 14, 14a UStG ausgestellte Rechnung i. V. m. §§ 31 bis 34 UStDV;
2. ¹für die entrichtete Einfuhrumsatzsteuer ein zollamtlicher Beleg (z. B. der Abgabenbescheid) oder ein vom zuständigen Zollamt bescheinigter Ersatzbeleg (z. B. eine Abschrift der Zollquittung oder ein Ersatzbeleg für den Vorsteuerabzug nach amtlich vorgeschriebenem Muster). ²Bei Einfuhren, die über das IT-Verfahren ATLAS abgewickelt werden, bestehen keine Bedenken, den Nachweis **elektronisch oder** bei Bedarf durch einen Ausdruck des elektronisch übermittelten Bescheids über die Einfuhrabgaben in Verbindung mit einem Beleg über die Zahlung der Einfuhrumsatzsteuer entweder an die Zollbehörde oder einen Beauftragten (z. B. einen Spediteur) zu führen **(vgl. Artikel 52 der MwStVO)**. ³Zu den Kontrollmöglichkeiten der Steuerverwaltung in diesen Fällen vgl. BMF-Schreiben vom 8. 2. 2001, BStBl I S. 156. ⁴In den Fällen des § 16 Abs. 2 Satz 4 UStG (vgl. Abschnitt 16.1 Abs. 2), der von Bedeutung ist in Fällen des laufenden Zahlungsaufschubs nach Artikel 226 Buchstabe b ZK sowie des Zahlungsaufschubs bei Verfahren mit zusammenfassender Anmeldung nach Artikel 226 Buchstabe c ZK (z. B. bei Inanspruchnahme des Vereinfachten Anmeldeverfahrens, des Anschreibeverfahrens oder bei Überführung aus dem Zolllagerverfahren in den freien Verkehr), ist die zu entrichtende Einfuhrumsatzsteuer durch einen zollamtlichen Beleg über die Entstehung der Einfuhrumsatzsteuer nachzuweisen (§ 64 UStDV). ⁵Bei der Abfertigung von Waren zum Vereinfachten Anmeldeverfahren sowie zum Anschreibeverfahren ist dies die Zollanmeldung, zu deren Abgabe der Anmelder verpflichtet ist oder bei ggf. abweichender Abgabenfestsetzung der Beleg der Abrechnungszollstelle. ⁶Entsprechendes gilt bei der Überführung von Waren aus dem Zolllagerverfahren in den zollrechtlich freien Verkehr unter Inanspruchnahme des Vereinfachten Anmeldeverfahrens oder des Anschreibeverfahrens. ⁷Wird die Einfuhrumsatzsteuer bei Fälligkeit nicht entrichtet, ist der Vorsteuerabzug für den Voranmeldungs- oder Besteuerungszeitraum zu berichtigen, in dem er geltend gemacht worden ist (vgl. Abschnitt 15.8 Abs. 1 Satz 5).

³Geht die Originalrechnung verloren, kann der Unternehmer den Nachweis darüber, dass ihm ein anderer Unternehmer Steuer für Lieferungen oder sonstige Leistungen gesondert in Rechnung gestellt hat, auch in anderer durch Vorlage der Originalrechnung, insbesondere durch verfahrensrechtlich zulässigen Mitteln führen (BFH-Urteile vom 5. 8. 1988, X R 55/81, BStBl 1989 II S. 120, und vom 16. 4. 1997, V R 63/93, BStBl II S. 582). ⁴In Einzelfällen ist auch die Zweitschrift einer Rechnung oder eines Einfuhrbelegs ausreichend (vgl. BFH-Urteile vom 20. 8. 1998, V R 55/96, BStBl 1999 II S. 324, und vom 19. 11. 1998, V R 102/96, BStBl 1999 II S. 255, sowie Abschnitt 18.13 Abs. 3).

(2) Der Umfang der Aufzeichnungspflichten, die für den Unternehmer zum Vorsteuerabzug und zur Aufteilung der Vorsteuerbeträge bestehen, ergibt sich aus § 22 UStG und den §§ 63 bis 67 UStDV.

Mängel

(3) ¹Mängel im Nachweis über das Vorliegen der Voraussetzungen für den Vorsteuerabzug hat grundsätzlich der Unternehmer zu vertreten. ²Rechnungen, die die in § 14 Abs. 4 Satz 1 Nr. 1 bis 8 UStG bezeichneten Angaben nicht vollständig enthalten, berechtigen den Unternehmer in aller Regel nicht zum Vorsteuerabzug, es sei denn, die Rechnungen werden vom Rechnungsaussteller nachträglich vervollständigt. ³Enthält die Rechnung ungenaue oder unzutreffende Angaben über den leistenden Unternehmer (vgl. § 14 Abs. 4 Satz 2 Nr. 1 UStG), ist nach Abschnitt 15.2 Abs. 15 zu verfahren. ⁴Bei fehlerhafter Rechnungsadresse (vgl. § 14 Abs. 4 Satz 1 Nr. 1 UStG) gelten die Ausführungen in Abschnitt 15.2 Abs. 20. ⁵Sind die Angaben über den Liefergegenstand oder über Art und Umfang der ausgeführten sonstigen Leistung in einer Rechnung (§ 14 Abs. 4 Satz 1 Nr. 5 UStG) unrichtig oder ungenau, ist der Vorsteuerabzug grundsätzlich ausgeschlossen (vgl. wegen der Einzelheiten Abschnitt 15.2 Abs. 18 und 19). ⁶Beim Fehlen der in § 14 Abs. 4 Satz 1 Nr. 5 und 6 UStG bezeichneten Angaben über die Menge der gelieferten Gegenstände oder den Zeitpunkt des Umsatzes bestehen keine Bedenken, wenn der Unternehmer diese Merkmale anhand der sonstigen Geschäftsunterlagen, z. B. des Lieferscheins, ergänzt oder nachweist. ⁷Die Erleichterungen nach §§ 31 bis 34 UStDV bleiben unberührt.

(4) ¹Eine Rechnung, in der zwar der Bruttopreis, der Steuersatz und der Umsatzsteuerbetrag, nicht aber das Entgelt ausgewiesen sind, berechtigt grundsätzlich nicht zum Vorsteuerabzug (BFH-Urteil vom 27. 7. 2000, V R 55/99, BStBl 2001 II S. 426). ²Aus Rechnungen über Kleinbeträge (§ 33 UStDV) kann der Vorsteuerabzug vorgenommen werden, wenn der Rechnungsempfänger den Rechnungsbetrag unter Berücksichtigung des in der Rechnung angegebenen Steuersatzes selbst in Entgelt und Steuerbetrag aufteilt (§ 35 UStDV).

Schätzung und Billigkeitsmaßnahmen

(5) ¹§ 15 UStG schützt nicht den guten Glauben an die Erfüllung der Voraussetzungen für den Vorsteuerabzug (BFH-Urteil vom 30. 4. 2009, V R 15/07, BStBl II S. 744). ²Sind die Unterlagen für den Vorsteuerabzug (Rechnungen, EUSt-Belege) unvollständig oder nicht vorhanden, kann zwar der Unternehmer den Vorsteuerabzug nicht vornehmen. ³Gleichwohl kann das Finanzamt den Vorsteuerabzug unter bestimmten Voraussetzungen schätzen (vgl. Absatz 7) oder aus Billigkeitsgründen anerkennen (vgl. Absatz 7), sofern im Übrigen die Voraussetzungen für den Vorsteuerabzug vorliegen. ⁴Ist jedoch zu vermuten, dass der maßgebliche Umsatz an den Unternehmer nicht steuerpflichtig gewesen oder von einem unter § 19 Abs. 1 UStG fallenden Unternehmer ausgeführt worden ist, ist ein Vorsteuerabzug zu versagen.

(6) ¹Der Vorsteuerabzug ist materiell-rechtlich eine Steuervergütung. ²Auf ihn sind daher die für die Steuerfestsetzung geltenden Vorschriften sinngemäß anzuwenden. ³Die abziehbaren Vorsteuern sind eine Besteuerungsgrundlage im Sinne von § 199 Abs. 1, § 157 Abs. 2 und § 162 Abs. 1 AO. ⁴Dem Grunde nach bestehen somit gegen eine Schätzung keine Bedenken (vgl. auch BFH-Urteil vom 12. 6. 1986, V R 75/78, BStBl II S. 721). ⁵Sie ist jedoch nur insoweit zulässig, als davon ausgegangen werden kann, dass vollständige Unterlagen für den Vorsteuerabzug vorhanden waren.

(7) ¹Soweit Unterlagen für den Vorsteuerabzug nicht vorhanden sind und auch nicht vorhanden waren oder soweit die Unterlagen unvollständig sind, kommt eine Anerkennung des Vorsteuerabzugs nur aus Billigkeitsgründen in Betracht (§ 163 AO; vgl. BFH-Urteil vom 30. 4. 2009, V R 15/07, BStBl II S. 744). ²Dabei sind folgende Grundsätze zu beachten:

1. ¹Die Gewährung von Billigkeitsmaßnahmen wegen sachlicher Härte setzt voraus, dass die Versagung des Vorsteuerabzugs im Einzelfall mit dem Sinn und Zweck des Umsatzsteuergesetzes nicht vereinbar wäre. ²Eine Billigkeitsmaßnahme ist daher zu gewähren, wenn die Versagung des Vorsteuerabzugs in diesen Fällen einen Überhang des gesetzlichen Tatbestandes über die Wertungen des Gesetzgebers bei der Festlegung der Voraussetzungen für den Vorsteuerabzug darstellen würde (vgl. auch BFH-Urteile vom 25. 7. 1972, VIII R 59/68, BStBl II S. 918, vom 26. 10. 1972, I R 125/70, BStBl 1973 II S. 271, vom 15. 2. 1973, V R 152/69, BStBl II S. 466, und vom 19. 10. 1978, V R 39/75, BStBl 1979 II S. 345). ³Die Nichtgewährung eines Vorsteuerabzugs kann auch sachlich unbillig sein, wenn dies den Geboten der Gleichheit und des Vertrauensschutzes, den Grundsätzen von Treu und Glauben oder dem Erfordernis der Zumutbarkeit widerspricht (vgl. BFH-Urteil vom 26. 4. 1995, XI R 81/93, BStBl II S. 754). ⁴Dem Unternehmer ist grundsätzlich zuzumuten, dass er alles ihm zu tun mögliche unternimmt, um die Mangelhaftigkeit der Unterlagen zu beseitigen. ⁵An die Zumutbarkeit ist ein strenger Maßstab anzulegen. ⁶Eine Billigkeitsmaßnahme ist daher erst in Betracht zu ziehen, wenn eine Vervollständigung oder nachträgliche Beschaffung der Unterlagen nicht möglich ist oder für den Unternehmer mit unzumutbaren Schwierigkeiten verbunden wäre. ⁷Aber auch in einem solchen Fall ist der Unternehmer verpflichtet, an einer möglichst vollständigen Sachaufklärung mitzuwirken. ⁸Unsicherheiten bei

der Feststellung des Sachverhalts gehen zu seinen Lasten. ⁹Die Voraussetzungen für eine Billigkeitsmaßnahme liegen nicht vor, wenn der Unternehmer über die empfangene Leistung keine ordnungsgemäße Rechnung erhalten hat (vgl. BFH-Urteil vom 12. 6. 1986, V R 75/78, BStBl II S. 721).

2. ¹Im Rahmen einer Billigkeitsmaßnahme kann die Höhe des anzuerkennenden Vorsteuerabzugs durch Schätzung ermittelt werden. ²Sind ungerechtfertigte Steuervorteile nicht auszuschließen, ist ein ausreichender Sicherheitsabschlag zu machen.

15.12. Allgemeines zum Ausschluss vom Vorsteuerabzug

Allgemeines

(1) ¹Der allgemeine Grundsatz, dass die in § 15 Abs. 1 Satz 1 Nr. 1 bis 5 UStG bezeichneten Vorsteuern abgezogen werden können, gilt nicht, wenn der Unternehmer bestimmte steuerfreie oder bestimmte nicht steuerbare Umsätze ausführt. ²Zu diesen Umsätzen gehören auch die entsprechenden unentgeltlichen Wertabgaben nach § 3 Abs. 1b und Abs. 9a UStG, nicht jedoch die nicht unternehmerische Verwendung eines dem Unternehmen zugeordneten Grundstücks. ³Der Ausschluss vom Vorsteuerabzug erstreckt sich nach § 15 Abs. 2 und 3 UStG auf die Steuer für die Lieferungen, die Einfuhr und den innergemeinschaftlichen Erwerb von Gegenständen, die der Unternehmer zur Ausführung der dort bezeichneten Umsätze verwendet, sowie auf die Steuer für sonstige Leistungen, die er für diese Umsätze in Anspruch nimmt. ⁴Der Begriff der Verwendung einer Lieferung oder sonstigen Leistung umfasst auch die Verwendungsabsicht. ⁵Das Recht auf Vorsteuerabzug des Unternehmers entsteht dem Grunde und der Höhe nach bereits im Zeitpunkt des Leistungsbezugs. ⁶Im Rahmen des § 15 Abs. 2 und 3 UStG kommt es entscheidend darauf an, ob der Unternehmer im Zeitpunkt des Leistungsbezugs die Absicht hat, die Eingangsumsätze für solche Ausgangsumsätze zu verwenden, die den Vorsteuerabzug nicht ausschließen (BFH-Urteil vom 22. 3. 2001, V R 46/00, BStBl 2003 II S. 433). ⁷Bei jedem Leistungsbezug muss der Unternehmer über die beabsichtigte Verwendung der bezogenen Leistung sofort entscheiden. ⁸Maßgeblich ist regelmäßig die erste Leistung oder die erste unentgeltliche Wertabgabe, in die die bezogene Leistung Eingang findet. ⁹Bei der Zurechnung sind grundsätzlich nur Umsätze zu berücksichtigen, die nach Inanspruchnahme der vorsteuerbelasteten Leistungen ausgeführt werden sollen. ¹⁰Die Verwendungsabsicht muss objektiv belegt (vgl. Absatz 2) und in gutem Glauben erklärt werden. ¹¹Es darf kein Fall von Betrug oder Missbrauch vorliegen. ¹²Der Anspruch auf Vorsteuerabzug bleibt auch dann bestehen, wenn es später nicht zu den beabsichtigten Verwendungsumsätzen kommt (vgl. BFH-Urteil vom 17. 5. 2001, V R 38/00, BStBl 2003 II S. 434). ¹³Bei Anzahlungen für Leistungen ist die Verwendungsabsicht im Zeitpunkt der Anzahlung maßgeblich (vgl. BFH-Urteil vom 17. 5. 2001, a. a. O.). ¹⁴Änderungen in der Verwendungsabsicht wirken sich nur auf nachfolgende Leistungsbezüge bzw. Anzahlungen und den sich daraus ergebenden Vorsteuerabzug aus. ¹⁵Absichtsänderungen wirken nicht zurück und führen deshalb z. B. nicht dazu, dass Steuerbeträge nachträglich als Vorsteuer abziehbar sind (vgl. BFH-Urteil vom 25. 11. 2004, V R 38/03, BStBl 2005 II S. 414).

(2) ¹Die objektiven Anhaltspunkte (z. B. Mietverträge, Zeitungsinserate, Beauftragung eines Maklers, Schriftwechsel mit Interessenten, Vertriebskonzepte, Kalkulationsunterlagen), die die Verwendungsabsicht belegen, sind regelmäßig einzelfallbezogen zu betrachten. ²Dabei ist das Gesamtbild der Verhältnisse entscheidend. ³Behauptungen reichen nicht aus. ⁴Es sind vielmehr konkrete Nachweise erforderlich, die einem strengen Prüfungsmaßstab unterliegen. ⁵Dabei gehen Unklarheiten zu Lasten des Unternehmers. ⁶Zur Behandlung von Fällen, bei denen die tatsächliche Verwendung im Zeitpunkt des Leistungsbezugs ungewiss ist, vgl. Absatz 5.

(3) ¹Vom Abzug ausgeschlossen sind nicht nur die Vorsteuerbeträge, bei denen ein unmittelbarer wirtschaftlicher Zusammenhang mit den zum Ausschluss vom Vorsteuerabzug führenden Umsätzen des Unternehmers besteht. ²Der Ausschluss umfasst auch die Vorsteuerbeträge, die in einer mittelbaren wirtschaftlichen Verbindung zu diesen Umsätzen stehen.

Beispiel 1:
Bezieht eine Bank Werbeartikel bis 35 € je Gegenstand, für die ihr Umsatzsteuer in Rechnung gestellt wird, sind diese Vorsteuerbeträge insoweit vom Abzug ausgeschlossen, als sie den nach § 4 Nr. 8 UStG steuerfreien Umsätzen zuzuordnen sind (vgl. BFH-Urteile vom 26. 7. 1988, X R 50/82, BStBl II S. 1015, und vom 4. 3. 1993, V R 68/89, BStBl II S. 527).

Beispiel 2:
¹Hat sich der Veräußerer eines unternehmerisch genutzten Grundstücks dem Erwerber gegenüber zur Demontage und zum Abtransport betrieblicher Einrichtungen verpflichtet, werden die für die Demontage bezogenen Leistungen zur Ausführung des steuerfreien Grundstücksumsatzes verwendet. ²Die für die Transportleistungen in Rechnung gestellte Steuer ist nur mit dem ggf. geschätzten Betrag vom Vorsteuerabzug ausgeschlossen, der durch die bloße Räumung verursacht ist (vgl. BFH-Urteil vom 27. 7. 1988, X R 52/81, BStBl 1989 II S. 75).

Beispiel 3:

¹Ist eine Grundstücksvermietung beabsichtigt, kommt es darauf an, ob der Unternehmer das Grundstück steuerfrei vermieten oder auf die Steuerfreiheit der Grundstücksvermietung (§ 4 Nr. 12 Satz 1 Buchstabe a UStG) nach § 9 UStG verzichten will. ²Im ersten Fall ist der Vorsteuerabzug nach § 15 Abs. 2 Satz 1 Nr. 1 UStG ausgeschlossen, im zweiten Fall ist die Vorsteuer abziehbar, wenn der Unternehmer die Verwendungsabsicht objektiv belegt und in gutem Glauben erklärt hat (BFH-Urteil vom 17. 5. 2001, V R 38/00, BStBl 2003 II S. 434) und auch die weiteren Voraussetzungen des § 15 UStG erfüllt sind.

Beispiel 4:

Stellt eine Bank ihren Kunden und – um weitere Kunden zu gewinnen – anderen Autofahrern unentgeltlich Stellplätze zum Parken zur Verfügung, sind die Umsatzsteuern, die ihr für die Leistungen zur Errichtung und den Unterhalt des Parkhauses in Rechnung gestellt worden sind, im Verhältnis ihrer steuerfreien Umsätze an den gesamten Umsätzen im Sinne des § 1 Abs. 1 Nr. 1 UStG vom Vorsteuerabzug ausgeschlossen (BFH-Urteil vom 4. 3. 1993, V R 73/87, BStBl II S. 525).

³Im Einzelfall können Vorsteuerbeträge mehreren gleichwertig nebeneinanderstehenden Ausgangsumsätzen wirtschaftlich zugeordnet werden.

Beispiel 5:

Vermietet ein Bauunternehmer ein Haus an einen privaten Mieter unter dem Vorbehalt, zur Förderung eigener steuerpflichtiger Umsätze das Haus bei Bedarf zu Besichtigungszwecken (als sog. Musterhaus) zu nutzen, tritt neben die Verwendung zur Ausführung steuerfreier Vermietungsumsätze die Verwendung zur Ausführung steuerpflichtiger (Bau-)Umsätze (sog. gemischte Verwendung im Sinne des § 15 Abs. 4 UStG, BFH-Urteil vom 9. 9. 1993, V R 42/91, BStBl 1994 II S. 269).

Beispiel 6:

Veräußert ein Unternehmer mit seinem Namen versehene Werbeartikel an seine selbständigen Handelsvertreter zu einem Entgelt weiter, das die Anschaffungskosten erheblich unterschreitet, sind die Werbeartikel nicht ausschließlich den Ausgangslieferungen zuzuordnen, in die sie gegenständlich eingehen, sondern auch den übrigen Umsätzen des Unternehmers, für die geworben wird (BFH-Urteil vom 16. 9. 1993, V R 82/91, BStBl 1994 II S. 271).

(4) ¹Umsätze, die dem Unternehmer zur Vornahme einer Einfuhr dienen, sind für die Frage des Vorsteuerabzugs den Umsätzen zuzurechnen, für die der eingeführte Gegenstand verwendet wird.

Beispiel 1:

¹Ein Arzt nimmt wegen rechtlicher Schwierigkeiten, die bei der Einfuhr eines medizinischen Geräts eingetreten sind, einen Rechtsanwalt in Anspruch. ²Obwohl die Einfuhr der Einfuhrumsatzsteuer unterlegen hat, kann der Arzt die ihm vom Rechtsanwalt in Rechnung gestellte Steuer nicht als Vorsteuer abziehen. ³Die Rechtsberatung ist ebenso wie das eingeführte medizinische Gerät der steuerfreien ärztlichen Tätigkeit zuzurechnen.

Beispiel 2:

¹Eine Arzneimittelfabrik, die ausschließlich steuerpflichtige Umsätze bewirkt, führt mit einem eigenen Fahrzeug Blutkonserven ein, die sie für Forschungszwecke benötigt. ²Die mit dem Transport zusammenhängenden Vorsteuern sind trotz der steuerfreien Einfuhr abziehbar. ³Sie stehen in wirtschaftlichem Zusammenhang mit den steuerpflichtigen Umsätzen.

(5) ¹Beim Bezug von Eingangsleistungen, deren tatsächliche Verwendung ungewiss ist, weil die Verwendungsabsicht nicht durch objektive Anhaltspunkte belegt wird, ist kein Vorsteuerabzug möglich. ²Für den Vorsteuerabzug sind ausschließlich die Erkenntnisse im Zeitpunkt des Leistungsbezugs zu Grunde zu legen. ³Spätere Erkenntnisse über diesen Leistungsbezug haben auf die ursprüngliche Entscheidung keine Auswirkung. ⁴Ein zunächst vorgenommener Vorsteuerabzug ist deshalb nach § 164 Abs. 2, § 165 Abs. 2 oder § 173 Abs. 1 AO durch Änderung der ursprünglichen Steuerfestsetzung rückgängig zu machen, wenn später festgestellt wird, dass objektive Anhaltspunkte für die Verwendungsabsicht im Zeitpunkt des Leistungsbezugs nicht vorlagen. ⁵Dies gilt auch, wenn die Verwendungsabsicht nicht in gutem Glauben erklärt wurde oder ein Fall von Betrug oder Missbrauch vorliegt.

AE 15.13

15.13. Ausschluss des Vorsteuerabzugs bei steuerfreien Umsätzen

S 7304

(1) ¹Vorsteuerbeträge für steuerfreie Umsätze sind nach § 15 Abs. 2 Satz 1 Nr. 1 UStG grundsätzlich vom Abzug ausgeschlossen. ²Der Ausschluss erstreckt sich nicht auf die Vorsteuerbeträge, die den in § 15 Abs. 3 Nr. 1 Buchstaben a und b UStG bezeichneten steuerfreien Umsätzen zuzurechnen sind. ³Ebenfalls nicht vom Vorsteuerabzug ausgeschlossen sind Steuerbeträge, die für bestimmte Leistungsbezüge von Unternehmern anfallen, die steuerfreie Umsätze mit Anlagegold ausführen (vgl. § 25c Abs. 4 und 5 UStG). ⁴Zum Vorsteuerabzug bei einem Gebäude, das der Aus-

führung steuerfreier Umsätze, die den Vorsteuerabzug ausschließen, und privaten Wohnzwecken dient, vgl. Abschnitt 3.4 Abs. 7 Satz 3 Beispiel 2.

(2) ¹Unter Buchstabe a des § 15 Abs. 3 Nr. 1 UStG fallen insbesondere die Ausfuhrlieferungen (§ 4 Nr. 1 Buchstabe a, § 6 UStG), die innergemeinschaftlichen Lieferungen (§ 4 Nr. 1 Buchstabe b, § 6a UStG), die Lohnveredelungen an Gegenständen der Ausfuhr (§ 4 Nr. 1 Buchstabe a, § 7 UStG), die Umsätze für die Seeschiffahrt und für die Luftfahrt (§ 4 Nr. 2, § 8 UStG), die sonstigen Leistungen im Zusammenhang mit der Einfuhr, Ausfuhr und Durchfuhr (§ 4 Nr. 3 und 5 UStG), die Goldlieferungen an die Zentralbanken (§ 4 Nr. 4 UStG), bestimmte Umsätze im Zusammenhang mit einem Umsatzsteuerlager (§ 4 Nr. 4a UStG) bestimmte Umsätze der Eisenbahnen des Bundes (§ 4 Nr. 6 UStG), bestimmte Umsätze an im Gebiet eines anderen Mitgliedstaates ansässige NATO-Streitkräfte, ständige diplomatische Missionen und berufskonsularische Vertretungen sowie zwischenstaatliche Einrichtungen (§ 4 Nr. 7 UStG), die steuerfreien Reiseleistungen (§ 25 Abs. 2 UStG) sowie die Umsätze, die nach den in § 26 Abs. 5 UStG bezeichneten Vorschriften steuerfrei sind. ²Wegen des Vorsteuerabzugs bei den nach § 25 Abs. 2 UStG steuerfreien sonstigen Leistungen vgl. Abschnitt 25.4.

(3) ¹Buchstabe b des § 15 Abs. 3 Nr. 1 UStG betrifft die Umsätze, die nach § 4 Nr. 8 Buchstaben a bis g oder Nr. 10 Buchstabe a UStG steuerfrei sind. ²Für diese Finanz- und Versicherungsumsätze tritt der Ausschluss vom Vorsteuerabzug jedoch nur dann nicht ein, wenn sie sich unmittelbar auf Gegenstände beziehen, die in das Drittlandsgebiet ausgeführt werden. ³Die Voraussetzung „unmittelbar" bedeutet, dass die vorbezeichneten Umsätze in direktem Zusammenhang mit dem Gegenstand der Ausfuhr stehen müssen. ⁴Nicht ausreichend ist es, wenn diese Umsätze in Verbindung mit solchen betrieblichen Vorgängen des Unternehmers stehen, die ihrerseits erst dazu dienen, die Ausfuhr zu bewirken.

Beispiel 1:
¹Der Unternehmer lässt einen Gegenstand, den er in das Drittlandsgebiet ausführt, gegen Transportschäden versichern.

²Der unmittelbare Zusammenhang mit dem Gegenstand der Ausfuhr ist gegeben. ³Die nach § 4 Nr. 10 Buchstabe a UStG steuerfreie Leistung des Versicherungsunternehmers schließt daher den Vorsteuerabzug nicht aus.

Beispiel 2:
¹Der Unternehmer nimmt einen Kredit zur Anschaffung einer Maschine in Anspruch, die er ausschließlich zur Herstellung von Exportgütern einsetzt.

²Der unmittelbare Zusammenhang mit dem Gegenstand der Ausfuhr ist nicht gegeben. ³Das Kreditinstitut kann deshalb die Vorsteuerbeträge, der nach § 4 Nr. 8 Buchstabe a UStG steuerfreien Kreditgewährung zuzurechnen sind, nicht abziehen.

⁵Eine Ausfuhr im Sinne des § 15 Abs. 3 Nr. 1 Buchstabe b UStG ist anzunehmen, wenn der Gegenstand endgültig in das Drittlandsgebiet gelangt. ⁶Es braucht keine Ausfuhrlieferung nach § 6 UStG vorzuliegen. ⁷Außerdem kann der Gegenstand vor der Ausfuhr bearbeitet oder verarbeitet werden. ⁸Die Ausflaggung eines Seeschiffes ist keine Ausfuhr, gleichgültig in welcher Form sich dieser Vorgang vollzieht.

(4) Zum Ausschluss des Vorsteuerabzugs bei Krediten, die im Zusammenhang mit anderen Umsätzen eingeräumt werden, vgl. Abschnitt 3.11.

(5) ¹Fällt ein Umsatz sowohl unter eine der in § 15 Abs. 3 Nr. 1 Buchst. a und Nr. 2 Buchst. a UStG bezeichneten Befreiungsvorschriften als auch unter eine Befreiungsvorschrift, die den Vorsteuerabzug ausschließt, z.B. die Ausfuhrlieferung von Blutkonserven, geht die Steuerbefreiung, die den Vorsteuerabzug ausschließt, der in § 15 Abs. 3 Nr. 1 Buchst. a und Nr. 2 Buchst. a UStG aufgeführten Befreiungsvorschrift vor. ²Daher kann für diese Umsätze kein Vorsteuerabzug beansprucht werden.

15.14. Ausschluss des Vorsteuerabzugs bei Umsätzen im Ausland

(1) ¹Umsätze im Ausland, die steuerfrei wären, wenn sie im Inland ausgeführt würden, schließen den Vorsteuerabzug aus inländischen Leistungsbezügen grundsätzlich aus (§ 15 Abs. 2 Satz 1 Nr. 2 UStG). ²Daran entfällt unabhängig davon, ob der maßgebliche Umsatz nach dem Umsatzsteuerrecht des Staates, in dem er bewirkt wird, steuerpflichtig ist oder als steuerfreier Umsatz zum Vorsteuerabzug berechtigt, da sich der Ausschluss vom Vorsteuerabzug ausschließlich nach dem deutschen Umsatzsteuerrecht beurteilt. ³Bei einer Grundstücksvermietung im Ausland ist nach § 15 Abs. 2 Satz 1 Nr. 2 UStG zu prüfen, ob diese steuerfrei (vorsteuerabzugsschädlich) wäre, wenn sie im Inland ausgeführt würde. ⁴Dies bestimmt sich nach den Vorschriften des § 4 Nr. 12 Satz 1 Buchstabe a und des § 9 UStG. ⁵Die Grundstücksvermietung wäre im Inland nicht steuerfrei gewesen, wenn der Grundstücksvermieter die Grundstücksvermietung im Ausland tatsächlich als steuerpflichtig behandelt hat und die Voraussetzungen des § 9 UStG für den Verzicht auf die Steuerbe-

freiung einer Grundstücksvermietung vorlegen (vgl. BFH-Urteil vom 6.5.2004, V R 73/03, BStBl II S. 856).

(2) ¹Ausgenommen vom Ausschluss des Vorsteuerabzugs sind die Umsätze, die nach den in § 15 Abs. 3 Nr. 2 UStG bezeichneten Vorschriften steuerfrei wären. ²Zu den in Nummer 2 Buchstabe a dieser Vorschrift aufgeführten Steuerbefreiungen vgl. Abschnitt 15.13 Abs. 2.

(3) ¹Die Umsätze, die nach § 4 Nr. 8 Buchstabe a bis g oder Nr. 10 Buchstabe a UStG steuerfrei wären, berechtigen dann zum Vorsteuerabzug, wenn der Leistungsempfänger im Drittlandsgebiet ansässig ist (§ 15 Abs. 3 Nr. 2 Buchstabe b UStG). ²Die Frage, ob diese Voraussetzung erfüllt ist, beurteilt sich wie folgt:

1. ¹Ist der Leistungsempfänger ein Unternehmer und die Leistung für das Unternehmen bestimmt, so ist der Ort maßgebend, von dem aus der Leistungsempfänger sein Unternehmen betreibt. ²Ist die Leistung ausschließlich oder überwiegend für eine Betriebsstätte des Leistungsempfängers bestimmt, so ist auf den Ort der Betriebsstätte abzustellen.
2. ¹Ist der Leistungsempfänger kein Unternehmer, kommt es für die Ansässigkeit darauf an, wo er seinen Wohnsitz oder Sitz hat. ²Das Gleiche gilt, wenn der Leistungsempfänger zwar unternehmerisch tätig ist, die Leistung aber für seinen nichtunternehmerischen Bereich bestimmt ist.

Beispiel:

¹Ein Kreditinstitut in Stuttgart gewährt der in Genf gelegenen Betriebsstätte eines Unternehmens, dessen Geschäftsleitung sich in Paris befindet, ein Darlehen. ²Das Darlehen ist zur Renovierung des Betriebsgebäudes der Genfer Betriebsstätte bestimmt.

³Für die Ansässigkeit des Leistungsempfängers ist der Ort der Betriebsstätte maßgebend. ⁴Er liegt im Drittlandsgebiet. ⁵Das Kreditinstitut kann daher die Vorsteuern abziehen, die der nicht steuerbaren Darlehensgewährung (§ 3a Abs. 2 UStG) zuzurechnen sind.

⁶Wäre das Darlehen für den in Paris gelegenen Teil des Unternehmens bestimmt, entfiele der Vorsteuerabzug.

(4) ¹Für die in § 15 Abs. 3 Nr. 2 Buchstabe b UStG bezeichneten Finanz- und Versicherungsumsätze kann der Vorsteuerabzug auch in folgenden Fällen in Anspruch genommen werden:

²Der Leistungsempfänger ist zwar nicht im Drittlandsgebiet, sondern im Gemeinschaftsgebiet ansässig, die an ihn ausgeführte Leistung bezieht sich aber unmittelbar auf einen Gegenstand, der in das Drittlandsgebiet ausgeführt wird (vgl. hierzu Abschnitt 15.13 Abs. 3).

Beispiel:

¹Ein Unternehmer in Kopenhagen lässt bei einem Versicherungsunternehmen in Hamburg einen Gegenstand gegen Diebstahl versichern. ²Den Gegenstand liefert der Unternehmer an einen Abnehmer in Russland.

³Die Versicherungsleistung ist nicht steuerbar (§ 3a Abs. 2 UStG). ⁴Das Versicherungsunternehmen kann die dieser Leistung zuzurechnenden Vorsteuern abziehen.

15.15. Vorsteuerabzug bei Eingangsleistungen im Zusammenhang mit unentgeltlichen Leistungen

(1) ¹Beabsichtigt der Unternehmer bereits bei Leistungsbezug, die bezogene Leistung nicht für seine unternehmerische Tätigkeit, sondern ausschließlich und unmittelbar für unentgeltliche Wertabgaben im Sinne des § 3 Abs. 1b oder 9a UStG zu verwenden, ist er nicht zum Vorsteuerabzug berechtigt; nur mittelbar verfolgte Zwecke sind unerheblich (vgl. BFH-Urteil vom 9.12.2010, V R 17/10, BStBl 2012 II S. 53 und Abschnitt 15.2 Abs. 15a). ²Fehlt ein direkter und unmittelbarer Zusammenhang zwischen einem Eingangsumsatz und einem oder mehreren Ausgangsumsätzen, kann der Unternehmer zum Vorsteuerabzug berechtigt sein, wenn die Kosten für die Eingangsleistungen zu seinen allgemeinen Aufwendungen gehören und – als solche – Bestandteile des Preises der von ihm erbrachten entgeltlichen Leistungen sind (vgl. Abschnitte 15.2 Abs. 15a, 15.21 und 15.22 und BFH-Urteil vom 27.1.2011, V R 38/09, BStBl 2012 II S. 68).

Beispiel 1:

¹Automobilhändler A verlost unter allen Kunden im Rahmen einer Werbeaktion

a) einen Laptop und

b) zwei Konzertkarten,

mit einem Einkaufspreis von jeweils 300 €, die er beide zu diesem Zweck vorher gekauft hat.

Zu a)

¹Die Abgabe des Laptops erfolgt aus unternehmerischen Gründen und fällt der Art nach unter § 3 Abs. 1b Satz 1 Nr. 3 UStG; es handelt sich nicht um ein Geschenk von geringem Wert. ²Da A bereits bei Leistungsbezug beabsichtigt, den Laptop für die Verlosung zu verwen-

den, berechtigten die Aufwendungen für den Laptop bereits nach § 15 Abs. 1 UStG nicht zum Vorsteuerabzug. ³Dementsprechend unterbleibt eine anschließende Wertabgabenbesteuerung (§ 3 Abs. 1b Satz 2 UStG).

Zu b)
¹*Die Abgabe der Konzertkarte erfolgt aus unternehmerischen Gründen und ist daher ein der Art nach nicht steuerbarer Vorgang, da § 3 Abs. 9a UStG Wertabgaben aus unternehmerischen Gründen nicht erfasst.* ²*Daher fehlt es an einem steuerbaren Ausgangsumsatz, dem die Leistungsbezüge direkt und unmittelbar zugeordnet werden können.* ³*Für den Vorsteuerabzug ist deshalb die Gesamttätigkeit des A maßgeblich.*

Beispiel 2:
¹Unternehmer V errichtet ein Gebäude. ²Nach der Fertigstellung des Gebäudes soll es an den Hotelunternehmer H überlassen werden, wobei nach der vertraglichen Vereinbarung das Gebäude zunächst für ein Jahr unentgeltlich und danach für weitere 20 Jahre steuerpflichtig verpachtet werden soll.

³V kann aus den Herstellungskosten des Gebäudes den Vorsteuerabzug in Anspruch nehmen, da bei Leistungsbezug feststeht, dass die Eingangsleistungen ausschließlich zur Erzielung von zum Vorsteuerabzug berechtigenden Ausgangsumsätzen verwendet werden sollen.

Beispiel 3:
¹Unternehmer V errichtet ein Gebäude. ²Nach der Fertigstellung des Gebäudes soll es an den Hotelunternehmer H überlassen werden, wobei nach der vertraglichen Vereinbarung das Gebäude zunächst für ein Jahr unentgeltlich und danach für weitere 20 Jahre steuerfrei verpachtet werden soll.

³V kann aus den Herstellungskosten des Gebäudes keinen Vorsteuerabzug in Anspruch nehmen, da bei Leistungsbezug feststeht, dass die Eingangsleistungen ausschließlich zur Erzielung von nicht zum Vorsteuerabzug berechtigenden Ausgangsumsätzen verwendet werden sollen.

(2) ¹**Bestimmt sich ein Vorsteuerabzug mangels direkten und unmittelbaren Zusammenhangs des Eingangsumsatzes mit einem oder mehreren Ausgangsumsätzen nach der Gesamttätigkeit des Unternehmers, ist zunächst** zu prüfen, ob der Leistungsbezug (mittelbar) einer bestimmten Gruppe von Ausgangsumsätzen wirtschaftlich zugeordnet werden kann (vgl. auch Abschnitt 15.12 Abs. 3). ²Ist dies nicht möglich, ist die Aufteilung des Vorsteuerabzugs nach der Gesamtschau des Unternehmens vorzunehmen.

Beispiel 1:
¹Unternehmer U betreibt einen Kfz-Handel und eine Versicherungsvermittlungsagentur. ²Aus der Versicherungsagentur erzielt der Unternehmer ausschließlich nach § 4 Nr. 11 UStG steuerfreie Ausgangsumsätze. ³U lässt sich gegen Honorar eine Internet-Homepage gestalten, auf der er zu Werbezwecken und zur Kundengewinnung für seine Versicherungsagentur kostenlose Versicherungstipps gibt. ⁴Auf der Internetseite findet sich auch ein Kontaktformular für Anfragen zu Versicherungsbelangen. ⁵Die über das Internet kostenlos durchgeführten Beratungen sind mangels Entgelt nicht steuerbar **und auch der Art nach nicht nach § 3 Abs. 9a UStG steuerbar.**

⁶U ist nicht zum Vorsteuerabzug aus der Gestaltung der Internet-Homepage berechtigt, da der Leistungsbezug insoweit ausschließlich Umsätzen zuzurechnen ist, die den Vorsteuerabzug ausschließen. ⁷Auch wenn die Gestaltung der Internet-Homepage nicht direkt mit den Umsätzen aus der Vermittlung von Versicherungen zusammenhängt, dient der Internetauftritt der Förderung dieses Unternehmensbereichs.

Beispiel 2:
¹Ein Hautarzt führt sowohl nicht zum Vorsteuerabzug berechtigende (80 % Anteil am Gesamtumsatz) als auch zum Vorsteuerabzug berechtigende Umsätze (z. B. kosmetische Behandlungen; 20 % Anteil am Gesamtumsatz) aus. ²Um für sein unternehmerisches Leistungsspektrum zu werben, lässt er eine Internet-Homepage erstellen, auf der er über die Vorbeugung und Behandlung der wichtigsten Hauterkrankungen informiert, aber auch Hautpflegetipps gibt.

³Die Eingangsleistung wird unternehmerisch bezogen, kann aber nicht **direkt und unmittelbar** bestimmten **Ausgangs**umsätzen zugeordnet werden. ⁴Soweit die Eingangsleistung auch zur Ausführung von steuerfreien Umsätzen verwendet wird, besteht nach § 15 Abs. 2 Satz 1 Nr. 1 UStG keine Berechtigung zum Vorsteuerabzug. ⁵Die abziehbaren Vorsteuerbeträge sind nach § 15 Abs. 4 UStG zu ermitteln (vgl. Abschnitt 15.17). ⁶Die Aufteilung der Vorsteuern hat nach Kostenzurechnungsgesichtspunkten zu erfolgen. ⁷Da keine andere Form der wirtschaftlichen Zurechnung erkennbar ist, ist der Umsatzschlüssel als sachgerechte Schätzmethode anzuerkennen (§ 15 Abs. 4 Satz 3 UStG).

Beispiel 3:

¹Unternehmer U mit zur Hälfte steuerfreien, den Vorsteuerabzug ausschließenden Ausgangsumsätzen bezieht Leistungen für die Durchführung eines Betriebsausfluges. ²Die Kosten pro Arbeitnehmer betragen

a) 60 €

b) 200 €

Zu a)

¹Die Aufwendungen für den Betriebsausflug stellen Aufmerksamkeiten dar, weil sie die lohnsteuerliche Grenze von 110 € nicht übersteigen (vgl. R 19.5 Abs. 4 Satz 2 LStR 2011). ²Da die Überlassung dieser Aufmerksamkeiten keinen Wertabgabentatbestand erfüllt, fehlt es an einem steuerbaren Ausgangsumsatz, dem die Leistungsbezüge direkt und unmittelbar zugeordnet werden können. ³Für den Vorsteuerabzug ist deshalb die Gesamttätigkeit des U maßgeblich. ⁴U kann daher die Hälfte der Aufwendungen als Vorsteuer abziehen.

Zu b)

¹Die Aufwendungen für den Betriebsausflug stellen keine Aufmerksamkeiten dar, weil sie die lohnsteuerliche Grenze von 110 € übersteigen (vgl. R 19.5 Abs. 4 Satz 2 LStR 2011). ²Es liegt eine Mitveranlassung durch die Privatsphäre der Arbeitnehmer vor. ³Bei Überschreiten der Freigrenze besteht für U kein Anspruch auf Vorsteuerabzug, sofern die Verwendung bereits bei Leistungsbezug beabsichtigt ist. ⁴Dementsprechend unterbleibt eine Wertabgabenbesteuerung. ⁵Maßgeblich ist hierfür, dass sich ein Leistungsbezug zur Entnahme für unternehmensfremde Privatzwecke und ein Leistungsbezug für das Unternehmen gegenseitig ausschließen. ⁶Der nur mittelbar verfolgte Zweck – das Betriebsklima zu fördern – ändert hieran nichts (vgl. BFH-Urteil vom 9. 12. 2010, V R 17/10, BStBl 2012 II S. 53).

15.16. Grundsätze zur Aufteilung der Vorsteuerbeträge

(1) ¹Verwendet der Unternehmer die für sein Unternehmen gelieferten oder eingeführten Gegenstände und die in Anspruch genommenen sonstigen Leistungen sowohl für Umsätze, die zum Vorsteuerabzug berechtigen, als auch für Umsätze, die den Vorsteuerabzug nach § 15 Abs. 2 und 3 UStG ausschließen, so hat er die angefallenen Vorsteuerbeträge in einen abziehbaren und einen nicht abziehbaren Teil aufzuteilen. ²Die Aufteilung richtet sich allein nach der tatsächlichen Verwendung des bezogenen Gegenstands oder der in Anspruch genommenen sonstigen Leistung (vgl. Abschnitt 15.12 Abs. 1), nicht aber nach dem Anlass, aus dem der Unternehmer den Gegenstand oder die sonstige Leistung bezogen hat (BFH-Urteile vom 18. 12. 1986, V R 18/80, BStBl 1987 II S. 280, und vom 10. 4. 1997, V R 26/96, BStBl II S. 552). ³Von der Aufteilung in einen abziehbaren und einen nicht abziehbaren Teil sind die Vorsteuerbeträge ausgenommen, die zwar nach der Verwendung nach für eine Aufteilung in Frage kämen, bei denen jedoch die sonstigen Voraussetzungen des § 15 UStG für den Abzug nicht vorliegen (z. B. bei fehlendem Steuerausweis in der Rechnung). ⁴Außerdem scheiden die Steuerbeträge für eine Aufteilung aus, die dem Unternehmer für in Anspruch genommene Reisevorleistungen gesondert in Rechnung gestellt wurden (vgl. auch Abschnitt 15.2 Abs. 6). ⁵Diese Vorsteuerbeträge bleiben insgesamt vom Abzug ausgeschlossen.

(2) ¹Die Aufteilung der Vorsteuern ist nach § 15 Abs. 4 UStG vorzunehmen. ²Dies bedeutet, dass die Vorsteuern nach ihrer wirtschaftlichen Zuordnung aufzuteilen sind (vgl. Abschnitt 15.17). ³Die Aufteilung schließt an die Grundsätze an, die sich aus § 15 Abs. 2 und 3 UStG für die Zuordnung der Vorsteuern zu den einzelnen Umsätzen des Unternehmers herleiten. ⁴Dementsprechend erstreckt sich § 15 Abs. 4 UStG nicht auf die Vorsteuerbeträge, die entweder allein den zum Abzug berechtigenden Umsätzen oder allein den zum Ausschluss des Vorsteuerabzugs führenden Umsätzen zuzurechnen sind. ⁵Die Abziehbarkeit der einer Umsatzart ausschließlich zurechenbaren Vorsteuerbeträge beurteilt sich daher stets nach den Vorschriften des § 15 Abs. 1 bis 3 UStG. ⁶Die Aufteilung nach § 15 Abs. 4 UStG betrifft somit nur die Vorsteuerbeträge, die teils der einen und teils der anderen Umsatzart zuzuordnen sind (vgl. BFH-Urteil vom 16. 9. 1993, V R 82/91, BStBl 1994 II S. 271) ⁷Im Fall der Anschaffung oder Herstellung eines Gebäudes vgl. Abschnitt 15.17 Abs. 5 bis 8.

(3) Ändern sich bei einem Wirtschaftsgut ab dem Zeitpunkt der erstmaligen Verwendung die für den ursprünglichen Vorsteuerabzug maßgebenden Verhältnisse, ist für die Berichtigung des Vorsteuerabzugs § 15a UStG maßgebend (vgl. Abschnitt 15a.2).

15.17. Aufteilung der Vorsteuerbeträge nach § 15 Abs. 4 UStG

Allgemeines

(1) ¹Eine Aufteilung der Vorsteuerbeträge nach der in § 15 Abs. 4 UStG bezeichneten Methode bezweckt eine genaue Zuordnung der Vorsteuerbeträge zu den Umsätzen, denen sie wirtschaftlich zuzurechnen sind. ²Folgende drei Gruppen von Vorsteuerbeträgen sind zu unterscheiden:

1. ¹Vorsteuerbeträge, die in voller Höhe abziehbar sind, weil sie ausschließlich Umsätzen zuzurechnen sind, die zum Vorsteuerabzug berechtigen. ²Das sind z. B. in einem Fertigungsbetrieb die Vorsteuerbeträge, die bei der Anschaffung von Material oder Anlagegütern anfallen. ³Bei einem Handelsbetrieb kommen vor allem die Vorsteuerbeträge aus Warenbezügen in Betracht.
2. ¹Vorsteuerbeträge, die in voller Höhe vom Abzug ausgeschlossen sind, weil sie ausschließlich Umsätzen zuzurechnen sind, die nicht zum Vorsteuerabzug berechtigen. ²Hierzu gehören z. B. bei steuerfreien Grundstücksverkäufen die Vorsteuerbeträge für die Leistungen des Maklers und des Notars sowie für Inserate. ³Bei steuerfreien Vermietungen und Verpachtungen kommen vor allem die Vorsteuerbeträge in Betracht, die bei der Anschaffung oder Herstellung eines Wohngebäudes, beim Herstellungs- und Erhaltungsaufwand, bei Rechtsberatungen und der Grundstücksverwaltung anfallen.
3. ¹Übrige Vorsteuerbeträge. ²In diese Gruppe fallen alle Vorsteuerbeträge, die sowohl mit Umsätzen, die zum Vorsteuerabzug berechtigen, als auch mit Umsätzen, die den Vorsteuerabzug ausschließen, in wirtschaftlichem Zusammenhang stehen. ³Hierzu gehören z. B. die Vorsteuerbeträge, die mit dem Bau, der Einrichtung und der Unterhaltung eines Verwaltungsgebäudes in Verbindung stehen, das auch der Ausführung steuerfreier Umsätze im Sinne des § 4 Nr. 12 UStG dient. ⁴Wegen der zugelassenen Erleichterungen bei der Aufteilung vgl. Abschnitt 15.18.

(2) ¹Für eine Aufteilung kommen nur die in Absatz 1 Satz 2 Nr. 3 bezeichneten Vorsteuerbeträge in Betracht. ²Vor Anwendung des § 15 Abs. 4 UStG muss der Unternehmer zunächst die Vorsteuerbeträge den zum Vorsteuerabzug berechtigenden und den nicht zum Vorsteuerabzug berechtigenden Ausgangsumsätzen unmittelbar und wirtschaftlich zuordnen (Absatz 1 Satz 2 Nr. 1 und 2) sowie getrennte Aufzeichnungen führen (§ 22 Abs. 3 Satz 2 und 3 UStG; Abschnitt 22.4). ³Jeder einzelne Leistungsbezug ist jede Anzahlung ist zuzuordnen. ⁴Kommt der Unternehmer dieser Zuordnungsverpflichtung nicht nach, sind die den einzelnen Bereichen zuzuordnenden Leistungsbezüge und die darauf entfallenden Vorsteuerbeträge nach § 162 AO im Wege der Schätzung zu ermitteln (vgl. Absatz 3). ⁵Eine Einbeziehung auf derartige Leistungsbezüge entfallender Vorsteuern in die nach § 15 Abs. 4 UStG aufzuteilenden Vorsteuerbeträge kommt nicht in Betracht. ⁶Die Aufteilung dieser Vorsteuern ist nach dem Prinzip der wirtschaftlichen Zurechnung durch die sog. gegenständliche Zuordnung oder nach Kostenzurechnungsgesichtspunkten vorzunehmen (vgl. BFH-Urteile vom 16. 9. 1993, V R 82/91, BStBl 1994 II S. 271, und vom 10. 4. 1997, V R 26/96, BStBl II S. 552). ⁷Hierbei ist die betriebliche Kostenrechnung (Betriebsabrechnungsbogen, Kostenträgerrechnung) oder die Aufwands- und Ertragsrechnung in der Regel als geeigneter Anhaltspunkt heranzuziehen. ⁸Zu beachten ist jedoch, dass die verrechneten Kosten und der verrechnete Aufwand nicht mit den Werten (Vorumsätzen) übereinstimmen, über deren Vorsteuern zu entscheiden ist. ⁹Denn die Kostenrechnung erfasst nur die für die Erstellung einer Leistung notwendigen Kosten und die Aufwands- und Ertragsrechnung nur den in einer Abrechnungsperiode entstandenen Aufwand. ¹⁰Das betrifft insbesondere die Wirtschaftsgüter des Anlagevermögens, die in der Kostenrechnung mit ihrem Aufwands- und Ertragsrechnung nur mit dem Abschreibungen angesetzt werden. ¹¹Der Unternehmer kann diese Unterlagen daher nur als Hilfsmittel verwenden.

(3) ¹Bei der nach § 15 Abs. 4 Satz 2 UStG zugelassenen Schätzung ist auf die im Einzelfall bestehenden wirtschaftlichen Verhältnisse abzustellen. ²Hierbei ist es erforderlich, dass der angewandte Maßstab systematisch von der Aufteilung nach der wirtschaftlichen Zuordnung ausgeht. ³Die Ermittlung der abziehbaren Vorsteuer nach dem Umsatzschlüssel ist nur zulässig, wenn keine andere Methode der wirtschaftlichen Zuordnung möglich ist (§ 15 Abs. 4 Satz 3 UStG). ⁴Nur in diesen Fällen kann der nicht abziehbare Teil der einer Umsatzgruppe nicht ausschließlich zurechenbaren Vorsteuerbeträge (vgl. Absatz 1 Satz 2 Nr. 3) einheitlich nach dem Verhältnis der Umsätze, die den Vorsteuerabzug ausschließen, zu den anderen Umsätzen ermittelt werden. ⁵Einfuhren und innergemeinschaftliche Erwerbe sind keine Umsätze in diesem Sinne und daher nicht in den Umsatzschlüssel einzubeziehen.

(4) Ist die Umsatzsteuerfestsetzung für das Jahr der Anschaffung oder Herstellung eines gemischt genutzten Gegenstands formell bestandskräftig und hat der Unternehmer ein im Sinne des § 15 Abs. 4 UStG sachgerechtes Aufteilungsverfahren angewandt, ist dieser Maßstab auch für die nachfolgenden Kalenderjahre bindend (BFH-Urteil vom 2. 3. 2006, V R 49/05, BStBl II S. 729).

Vorsteuerabzug bei Gebäuden

(5) ¹Für den Umfang des Vorsteuerabzugs bei Erwerb und erheblichem Umbau eines Gebäudes, das anschließend vom Erwerber für vorsteuerunschädliche und vorsteuerschädliche Verwendungsumsätze genutzt werden soll, ist vorgreiflich zu entscheiden, ob es sich bei den Umbaumaßnahmen um Erhaltungsaufwand am Gebäude oder um anschaffungsnahen Aufwand zur Gebäudeanschaffung handelt oder ob insgesamt die Herstellung eines neuen Gebäudes anzunehmen ist (vgl. BFH-Urteil vom 28. 9. 2006, V R 43/03, BStBl 2007 II S. 417). ²Vorsteuerbeträge, die einerseits den Gegenstand selbst oder aber andererseits die Erhaltung, Nutzung oder Gebrauch des Gegenstands betreffen, sind danach jeweils gesondert zu beurteilen. ³Handelt es sich um Aufwendungen für

den Gegenstand selbst (aus der Anschaffung oder Herstellung), kommt nur eine Aufteilung der gesamten auf den einheitlichen Gegenstand entfallenden Vorsteuerbeträge nach einem sachgerechten Aufteilungsmaßstab (§ 15 Abs. 4 UStG) in Betracht. [4]Der Umfang der abzugsfähigen Vorsteuerbeträge auf sog. Erhaltungsaufwendungen an dem Gegenstand kann sich hingegen danach richten, für welchen Nutzungsbereich des gemischt genutzten Gegenstands die Aufwendungen vorgenommen werden. [5]Selbst wenn Herstellungskosten eines Gebäudes aus einer Vielzahl von einzelnen Leistungsbezügen bestehen können, die für sich betrachtet einzelnen Gebäudeteilen zugeordnet werden oder auf mehrere unterschiedliche Nutzungen aufgeteilt werden könnten, muss einerseits zwischen der Verwendung des Gegenstands selbst und andererseits der Verwendung von Gegenständen und Dienstleistungen zur Erhaltung oder zum Gebrauch dieses Gegenstands unterschieden werden. [6]Anschaffungs- oder Herstellungskosten betreffen jeweils die Anschaffung oder Herstellung eines bestimmten Gegenstands (bei einem Gebäude das einheitliche Gebäude) und nicht bestimmte Gebäudeteile. [7]Werden jedoch lediglich bestimmte Gebäudeteile angeschafft oder hergestellt, sind diese der jeweilige Gegenstand (vgl. BFH-Urteil vom 22. 11. 2007, V R 43/06, BStBl 2008 II S. 770).

(6) [1]Die Begriffe der Anschaffungs- oder Herstellungskosten, der nachträglichen Anschaffungs- oder Herstellungskosten und der Erhaltungsaufwendungen sind nach den für das Einkommensteuerrecht geltenden Grundsätzen auszulegen. [2]Dies gilt jedoch nicht, soweit nach § 6 Abs. 1 Nr. 1a EStG Erhaltungsaufwendungen zu Herstellungskosten (anschaffungsnahe Herstellungskosten) umqualifiziert werden.

(7) [1]Wird ein Gebäude durch einen Unternehmer angeschafft oder hergestellt und soll dieses Gebäude sowohl für vorsteuerunschädliche als auch für vorsteuerschädliche Ausgangsumsätze verwendet werden, sind die gesamten auf die Anschaffungs- oder Herstellungskosten des Gebäudes entfallenden Vorsteuerbeträge nach § 15 Abs. 4 UStG aufzuteilen. [2]Für die Zurechnung dieser Vorsteuerbeträge ist die „prozentuale" Aufteilung der Verwendung des gesamten Gebäudes zu vorsteuerunschädlichen bzw. vorsteuerschädlichen Umsätzen maßgebend (vgl. BFH-Urteil vom 28. 9. 2006, V R 43/03, BStBl 2007 II S. 417). [3]Daraus folgt regelmäßig eine Ermittlung der nicht abziehbaren Vorsteuerbeträge nach § 15 Abs. 4 UStG im Wege einer sachgerechten Schätzung. [4]Als sachgerechter Aufteilungsmaßstab kommt bei Gebäuden in der Regel die Aufteilung nach dem Verhältnis der Nutzflächen in Betracht (vgl. BFH-Urteil vom 12. 3. 1992, V R 87/87, BStBl II S. 755). [5]Weicht jedoch die Ausstattung der unterschiedlich genutzten Räume erheblich voneinander ab, ist es erforderlich, den Bauaufwand den einzelnen Verwendungsumsätzen zuzuordnen (vgl. BFH-Urteil vom 20. 7. 1988, X R 8/80, BStBl II S. 1012). [6]Entsprechendes gilt zum Beispiel bei Abweichungen in der Geschosshöhe. [7]Beim Erwerb, nicht jedoch bei der Herstellung von Gebäuden kommt auch eine Vorsteueraufteilung nach dem Verhältnis der Ertragswerte zur Verkehrswertermittlung in Betracht (vgl. BFH-Urteile vom 5. 2. 1998, V R 101/96, BStBl II S. 492, und vom 12. 3. 1998, V R 50/97, BStBl II S. 525).

[8]Die Ermittlung des nicht abziehbaren Teils der Vorsteuerbeträge nach dem Verhältnis der vorsteuerschädlichen Umsätze zu den vorsteuerunschädlichen Umsätzen ist dabei nach § 15 Abs. 4 Satz 3 UStG nur zulässig, wenn keine andere wirtschaftliche Zurechnung möglich ist. [9]Eine Zurechnung der Aufwendungen zu bestimmten Gebäudeteilen nach einer räumlichen (sog. „geografischen") oder zeitlichen Anbindung oder nach einem Investitionsschlüssel (vgl. BFH-Urteil vom 18. 11. 2004, V R 16/03, BStBl 2005 II S. 503) ist nicht zulässig.

Beispiel 1:

[1]U errichtet ein Wohn- und Geschäftshaus. [2]Er beabsichtigt, die Fläche des Hauses zu jeweils 50 % vorsteuerunschädlich bzw. vorsteuerschädlich zu vermieten. [3]Aus der Erstellung des Fußbodenbelags im vorsteuerunschädlich verwendeten Gebäudeteil entstehen U Aufwendungen von 100 000 € zzgl. 19 000 € Umsatzsteuer.

[4]Es handelt sich um Aufwendungen für die (Neu-)Herstellung des Gebäudes („ursprüngliche" Herstellungskosten). [5]U ist unter den weiteren Voraussetzungen des § 15 UStG berechtigt, den Vorsteuerabzug aus den Aufwendungen für den Fußbodenbelag zu 50 % (= 9 500 €) geltend zu machen.

[10]Entsprechend ist bei nachträglichen Anschaffungs- oder Herstellungskosten zu verfahren. [11]Maßgeblich für die Vorsteueraufteilung ist in diesem Fall die beabsichtigte Verwendung des Gegenstands, der durch die nachträglichen Anschaffungs- oder Herstellungskosten entsteht. [12]Dabei muss die Erweiterung des bestehenden Gebäudes auf Grund der nachträglichen Anschaffungs- oder Herstellungskosten im Sinne von § 255 Abs. 2 HGB ein eigenständig genutztes Aufteilungsobjekt sein. [13]Wird dagegen die Erweiterung nur im Zusammenhang mit den bereits bestehenden Gebäudeflächen (Altflächen) verwendet, ist auf die Verwendungsabsicht bzw. Verwendung des gesamten Gebäudes abzustellen (vgl. BFH-Urteil vom 25. 3. 2009, V R 9/08, BStBl 2010 II S. 651).

Beispiel 2:

¹U errichtet ein Gebäude, bestehend aus einer vorsteuerunschädlich gewerblich genutzten (EG; Anteil 50 %) und einer vorsteuerschädlich zu Wohnzwecken vermieteten Einheit (1. OG; Anteil 50 %). ²Das Dachgeschoss ist noch nicht ausgebaut. ³U ordnet das Gebäude vollständig seinem Unternehmen zu.

⁴Ein Jahr nach Errichtung des Gebäudes baut U das Dachgeschoss aus. ⁵Es entstehen dabei drei separat zugängliche gleich große Einheiten, von denen zwei als Wohnungen und eine als Büroteil genutzt werden (sollen). ⁶Eine Wohnung wird zu eigenen Wohnzwecken (umsatzsteuerpflichtig) genutzt, die zweite Wohnung wird umsatzsteuerfrei und der Büroteil wird umsatzsteuerpflichtig vermietet. ⁷Gleichzeitig lässt U das Treppenhaus zum Dachgeschoss erweitern.

⁸Des Weiteren lässt U eine Alarmanlage installieren, die das gesamte Gebäude sichert. ⁹Zudem lässt U einen Aufzug anbauen, mit dem jede Etage erreicht werden kann. ¹⁰Mit dem Zugewinn an Nutzfläche erhöht sich der Anteil der vorsteuerunschädlich genutzten zum vorsteuerschädlich genutzten Teil an der Gesamtfläche des ausgebauten Gebäudes von 50 % auf 60 %. ¹¹Das neu ausgebaute Gebäude ist vollständig dem Unternehmen des U zugeordnet.

¹²Die Aufwendungen für den Ausbau des Dachgeschosses, die Erweiterung des Treppenhauses, den Einbau der Alarmanlage und den Einbau des Aufzugs sind jeweils (nachträgliche) Herstellungskosten.

¹³Der Ausbau des Dachgeschosses ist eine eigenständig genutzte Erweiterung des bestehenden Gebäudes (Altflächen) und ist damit eigenständiges Aufteilungsobjekt. ¹⁴Entsprechend der vorsteuerunschädlichen Verwendung des Dachgeschosses i. H. v. 2/3 sind die Vorsteuern aus dem Dachausbau zu 2/3 abziehbar.

¹⁵Die Aufwendungen für die Erweiterung des Treppenhauses sind dem Dachgeschoss zuzuordnen, da sie ausschließlich durch den Ausbau des Dachgeschosses verursacht sind. ¹⁶Die Vorsteuern sind daher nach den Nutzungsverhältnissen des Dachgeschosses aufzuteilen.

¹⁷Die Aufwendungen für den Einbau der Alarmanlage sind dem gesamten Gebäude in seinen neuen Nutzungsverhältnissen zuzuordnen, da sie das gesamte Gebäude sichert. ¹⁸Folglich sind die Vorsteuern zu 60 % abziehbar.

¹⁹Die Aufwendungen für den Einbau des Aufzugs sind dem gesamten Gebäude mit seinen neuen Nutzungsverhältnissen und nicht ausschließlich dem Dachgeschoss zuzuordnen, da mit dem Aufzug jede Etage erreicht werden kann. ²⁰Die Vorsteuern sind daher zu 60 % abziehbar.

²¹Die jeweiligen (nachträglichen) Herstellungskosten stellen gesonderte Berichtigungsobjekte im Sinne von § 15a Abs. 6 UStG dar.

Beispiel 3:

¹U ist Zahnarzt und nutzt die Flächen seines zum Unternehmen zugeordneten Gebäudes zu 70 % (140 qm) für vorsteuerschädliche Umsätze im Sinne von § 4 Nr. 14 UStG und zu 30 % (60 qm) für vorsteuerunschädliche Laborumsätze. ²Da U für seine Tätigkeit weitere Räumlichkeiten benötigt, baut er das Dachgeschoss aus. ³Die Flächen des Dachgeschosses werden zu jeweils 50 % (50 qm) für seine vorsteuerschädlichen und vorsteuerunschädlichen Umsätze genutzt.

⁴Die Aufwendungen für den Ausbau des Dachgeschosses sind nachträgliche Herstellungskosten. ⁵Da die Verwendung des Dachgeschosses im Zusammenhang mit der Verwendung der Altflächen steht, ist für die Vorsteueraufteilung die Verwendung des gesamten Gebäudes maßgeblich. ⁶Die Vorsteuern aus den Aufwendungen sind somit zu 37 % (110/300 qm) abziehbar. ⁷Hinsichtlich der Altflächen ist § 15a UStG zu beachten.

(8) ¹Handelt es sich bei den bezogenen Leistungen um Aufwendungen, die ertragsteuerrechtlich als Erhaltungsaufwand anzusehen sind, oder um solche, die mit dem Gebrauch oder der Nutzung des Gebäudes zusammenhängen, ist vorrangig zu prüfen, ob die bezogenen Leistungen vorsteuerunschädlich oder vorsteuerschädlich verwendeten Gebäudeteilen zugeordnet werden können.

Beispiel 1:

¹U besitzt ein Wohn- und Geschäftshaus, dessen Fläche er zu jeweils 50 % vorsteuerunschädlich bzw. vorsteuerschädlich vermietet hat. ²In den vorsteuerunschädlich vermieteten Räumen lässt U durch den Maler M sämtliche Wände neu anstreichen.

³U ist aus den Aufwendungen zum Anstrich der Wände unter den weiteren Voraussetzungen des § 15 UStG in vollem Umfang zum Vorsteuerabzug berechtigt.

²Ist eine direkte Zurechnung des Erhaltungsaufwands oder der Aufwendungen im Zusammenhang mit dem Gebrauch zu bestimmten Gebäudeteilen nicht möglich, ist die Aufteilung der Vorsteuerbeträge nach § 15 Abs. 4 UStG vorzunehmen.

Beispiel 2:

¹U lässt an seinem Wohn- und Geschäftshaus, dessen Fläche er zu jeweils 50 % vorsteuerunschädlich bzw. vorsteuerschädlich vermietet, die Fassade neu anstreichen.

§ 15 UStG
AE 15.17, AE 15.18

²Der Fassadenanstrich kann keinem zur Erzielung von vorsteuerunschädlichen bzw. vorsteuerschädlichen Ausgangsumsätzen verwendeten Gebäudeteil zugeordnet werden. ³U kann daher unter den weiteren Voraussetzungen des § 15 UStG zu 50 % aus den Aufwendungen den Vorsteuerabzug vornehmen.

AE 15.18

15.18. Erleichterungen bei der Aufteilung der Vorsteuerbeträge

Allgemeines

S 7306

(1) ¹Die Erleichterungen des § 43 UStDV erstrecken sich auf die Fälle, in denen die dort bezeichneten Umsätze den Vorsteuerabzug ausschließen würden. ²Sie betreffen nur die Vorsteuerbeträge, die den in § 43 UStDV bezeichneten Umsätzen lediglich teilweise zuzurechnen sind. ³Vorsteuerbeträge, die sich ausschließlich auf diese Umsätze beziehen, bleiben vom Abzug ausgeschlossen.

(2) ¹Die Erleichterungen des § 43 UStDV bestehen darin, dass die Vorsteuerbeträge, die den dort bezeichneten Umsätzen nur teilweise zuzuordnen sind, nicht in einen abziehbaren und einen nicht abziehbaren Anteil aufgeteilt werden müssen. ²Sie sind somit voll abziehbar.

Bestimmte Umsätze von Geldforderungen

(3) § 43 Nr. 1 UStDV betrifft solche Umsätze von Geldforderungen (z. B. Wechselumsätze oder Forderungsabtretungen) denen zum Vorsteuerabzug berechtigende Umsätze des Unternehmers zu Grunde liegen.

Beispiel:
¹Ein Unternehmer tritt eine Geldforderung, die er an einen Kunden für eine steuerpflichtige Warenlieferung hat, an einen Dritten ab, der aber den tatsächlichen Forderungseinzug nicht übernimmt.

²Dieser Umsatz ist nach § 4 Nr. 8 UStG unter Ausschluss des Vorsteuerabzugs steuerfrei (vgl. Abschnitt 2.4 Abs. 3 Satz 5). ³Der Forderungsabtretung liegt jedoch die zum Vorsteuerabzug berechtigende Warenlieferung zu Grunde. ⁴Der Unternehmer braucht daher die Vorsteuern, die der Forderungsabtretung nicht ausschließlich zuzurechnen sind (z. B. Vorsteuern, die im Bereich der Verwaltungsgemeinkosten angefallen sind), nicht in einen abziehbaren und einen nicht abziehbaren Anteil aufzuteilen. ⁵Sie sind voll abziehbar.

⁶Der Unternehmer könnte in gleicher Weise verfahren, wenn er von seinem Kunden für die Warenlieferung einen Wechsel erhalten hätte, den er anschließend an einen Dritten weitergibt.

Bestimmte Umsätze von Wechseln

(4) ¹Unter § 43 Nr. 2 UStDV fallen nur Wechselumsätze. ²Den Wechsel muss der Unternehmer für einen zum Vorsteuerabzug berechtigenden Umsatz eines Dritten von dessen Leistungsempfänger erhalten haben. ³Außerdem muss der Unternehmer den Wechsel dafür erhalten haben, dass er den leistenden Unternehmer als Bürge oder Garantiegeber an Stelle des Leistungsempfängers befriedigt hat. ⁴Schließt der Umsatz des leistenden Unternehmers den Vorsteuerabzug nach § 15 Abs. 2 und 3 UStG aus, kann die Erleichterung des § 43 UStDV für den Wechselumsatz nicht in Anspruch genommen werden (§ 43 Nr. 2 Satz 2 UStDV).

Beispiel:
¹Der Zentralregulierer A gibt einer Bank oder einem sonstigen Empfänger einen Wechsel. ²Dieser nach § 4 Nr. 8 UStG steuerfreie Umsatz schließt den Vorsteuerabzug aus. ³Den Wechsel hat A von dem Leistungsempfänger B dafür erhalten, dass er dessen Zahlungsverpflichtung an den Lieferer C als Bürge beglichen hat. ⁴Der Umsatz des C an B berechtigte C zum Vorsteuerabzug.

⁵A kann für seinen Wechselumsatz von der Erleichterung des § 43 UStDV Gebrauch machen.
⁶Die Auswirkungen sind die gleichen wie im Beispiel in Absatz 3.
⁷Würde der Umsatz des C an B den Vorsteuerabzug nach § 15 Abs. 2 und 3 UStG ausschließen, käme für A die Erleichterung des § 43 UStDV nicht in Betracht.

Bestimmte Hilfsumsätze

(5) ¹Für die in § 43 Nr. 3 UStDV bezeichneten Umsätze darf die Erleichterung des § 43 UStDV nur unter der Voraussetzung angewendet werden, dass es sich bei ihnen um Hilfsumsätze handelt. ²Das ist dann der Fall, wenn diese Umsätze zur unternehmerischen Tätigkeit des Unternehmens gehören, jedoch nicht den eigentlichen Gegenstand des Unternehmens bilden. ³Die Erleichterung ist insbesondere für folgende Hilfsumsätze von Bedeutung:

1. ¹Eintausch ausländischer Zahlungsmittel durch einen Unternehmer, der diese Beträge für seine Waren- und Dienstleistungsumsätze von seinen Kunden erhalten hat. ²*Dies gilt auch dann, wenn dieser Umsatz eine sonstige Leistung darstellt (vgl. BFH-Urteil vom 19. 5. 2010, XI R 6/09, BStBl 2011 II S. 831).*
2. Die Abgabe von Briefmarken im Zusammenhang mit dem Verkauf von Ansichtskarten durch Schreibwarenhändler oder Kioske.
3. Geschäftseinlagen bei Kreditinstituten von Unternehmern, bei denen Geldgeschäfte nicht den Gegenstand des Unternehmens bilden.

⁴Die Auswirkungen sind die gleichen wie im Beispiel in Absatz 3.

Verwaltungsgemeinkosten

(6) Aus Vereinfachungsgründen können bei der Aufteilung von Vorsteuerbeträgen alle Vorsteuerbeträge, die sich auf die sog. Verwaltungsgemeinkosten beziehen (z. B. die Vorsteuerbeträge für die Beschaffung des Büromaterials), nach einem einheitlichen Verhältnis ggf. schätzungsweise aufgeteilt werden, auch wenn einzelne Vorsteuerbeträge dieses Bereichs an sich bestimmten Umsätzen ausschließlich zuzurechnen wären.

15.19. Vorsteuerabzug bei juristischen Personen des öffentlichen Rechts

Allgemeines

(1) ¹Bei juristischen Personen des öffentlichen Rechts ist zwischen der umsatzsteuerrechtlich relevanten Betätigung im Unternehmen und der nichtunternehmerischen Tätigkeit zu unterscheiden (vgl. BFH-Urteil vom 3. 7. 2008, V R 51/06, BStBl 2009 II S. 213). ²Abziehbar sind Vorsteuerbeträge für Umsätze, die für den unternehmerischen Bereich der juristischen Person des öffentlichen Rechts ausgeführt werden (z. B. Lieferungen von Büromaterial für die Versorgungsbetriebe einer Stadtgemeinde) und in diesem Bereich nicht der Ausführung von Umsätzen dienen, die nach § 15 Abs. 2 und 3 UStG den Vorsteuerabzug ausschließen (Abschnitte 15.12 bis 15.15). ³Werden dem Unternehmensbereich dienende Gegenstände später für den nichtunternehmerischen Bereich entnommen oder verwendet, liegt eine unentgeltliche Wertabgabe vor. ⁴Die Einschränkung des Vorsteuerabzugs bei Repräsentationsaufwendungen nach § 15 Abs. 1a UStG (vgl. Abschnitt 15.6) gilt auch für juristische Personen des öffentlichen Rechts.

(2) ¹Der Vorsteuerabzug entfällt, wenn sich der Umsatz auf den nichtunternehmerischen Bereich bezieht (z. B. Lieferungen von Büromaschinen für die öffentliche Verwaltung einer Stadtgemeinde). ²Ein Kurort kann Spazier- und Wanderwege, die durch Widmung die Eigenschaft einer öffentlichen Straße erhalten haben, nicht seinem unternehmerischen Bereich zuordnen, der im Bereitstellen von „Einrichtungen des Fremdenverkehrs" gegen Kurbeitrag besteht. ³Die betreffende Gemeinde kann daher die ihr bei der Errichtung dieser Wege in Rechnung gestellte Umsatzsteuer nicht als Vorsteuer abziehen (BFH-Urteil vom 26. 4. 1990, V R 166/84, BStBl II S. 799). ⁴Werden dem nichtunternehmerischen Bereich dienende Gegenstände später in den unternehmerischen Bereich überführt oder dort verwendet, ist ein nachträglicher Vorsteuerabzug nicht zulässig.

Leistung für den unternehmerischen und den nichtunternehmerischen Bereich

(3) Wird ein Umsatz sowohl für den unternehmerischen als auch für den nichtunternehmerischen Bereich *der juristischen Person des öffentlichen Rechts* ausgeführt *(teilunternehmerische Verwendung)*, besteht eine Berechtigung zum Vorsteuerabzug nur im Umfang der beabsichtigten Verwendung für die unternehmerische Tätigkeit (vgl. BFH-Urteil vom 3. 3. 2011, V R 23/10, BStBl 2012 II S. 74 und Abschnitt 15.2 Abs. 15a). ²Die auf die Eingangsleistung entfallende Steuer ist entsprechend dem Verwendungszweck in einen abziehbaren und einen nicht abziehbaren Anteil aufzuteilen (z.B. beim Bezug einheitlicher Gegenstände, bei einem gemeinsamen Bezug von Heizmaterial oder bei Inanspruchnahme eines Rechtsanwalts, der auf Grund eines einheitlichen Vertrages ständig Rechtsberatungen für beide Bereiche erbringt). ³Maßgebend für die Aufteilung sind die Verhältnisse bei Ausführung des betreffenden Umsatzes an die juristische Person des öffentlichen Rechts. ⁴Zum Vorsteuerabzug bei teilunternehmerisch genutzten Grundstücken vgl. Abschnitte 3.4 Abs. 5a, 15.2 Abs. 15a und 15.6a Abs. 1 Satz 4.

Beispiel:
¹Eine juristische Person des öffentlichen Rechts erwirbt einen PKW, der sowohl für den Eigenbetrieb „Wasserversorgung" (unternehmerische Tätigkeit) als auch für den hoheitlichen Bereich verwendet werden soll. ²Der Vorsteuerabzug aus der Anschaffung des PKW ist anteilig nur insoweit zu gewähren, als der PKW für die unternehmerische Tätigkeit verwendet werden soll.

Materialbeschaffungsstellen

(4) ¹Juristische Personen des öffentlichen Rechts haben vielfach zentrale Stellen zur Beschaffung von Material für den unternehmerischen und den nichtunternehmerischen Bereich eingerichtet (z. B. für Büromaterial, Heizmittel). ²Beim Bezug des Materials ist häufig noch nicht bekannt, in welchem Bereich es verwendet wird. ³In diesen Fällen sind die Beschaffungsstellen dem unternehmerischen Bereich zuzurechnen, sofern der auf diesen Bereich entfallende Anteil der Beschaffungen nicht unter 10 % der Gesamtbezüge liegt. ⁴Gehören danach die Beschaffungsstellen zu dem unternehmerischen Bereich, kann für den Bezug des gesamten Materials der Vorsteuerabzug in Anspruch genommen werden. ⁵Die spätere Überführung von Gegenständen in den nichtunternehmerischen Bereich ist nach § 3 Abs. 1b Satz 1 Nr. 1 UStG steuerpflichtig. ⁶Eine spätere teilweise Verwendung im nichtunternehmerischen Bereich ist nach § 3 Abs. 9a Nr. 1 UStG zu versteuern (vgl. Absatz 3). ⁷Für Gegenstände, die zwar im unternehmerischen Bereich verbleiben, aber dort zur Ausführung von Umsätzen verwendet werden, die nach § 15 Abs. 2 und 3 UStG den Vorsteuerabzug ausschließen, ist der Vorsteuerabzug beim Verlassen der Beschaffungsstelle rückgängig zu machen. ⁸Ist die zentrale Beschaffungsstelle dem nichtunternehmerischen Bereich zuzurechnen, so entfällt der Vorsteuerabzug für das von ihr bezogene Material in vollem Umfang, und zwar auch für Gegenstände, die später im unternehmerischen Bereich verwendet werden.

AE 15.20

15.20. Vorsteuerabzug bei Überlassung von Gegenständen durch Gesellschafter an die Gesellschaft

S 7300

(1) ¹Erwirbt ein Gesellschafter, der bisher nur als Gesellschafter tätig ist, einen Gegenstand und überlässt er ihn der Gesellschaft entgeltlich zur Nutzung, wird er unternehmerisch tätig. ²Er kann die ihm beim Erwerb des Gegenstandes in Rechnung gestellte Steuer unter den übrigen Voraussetzungen des § 15 UStG als Vorsteuer abziehen (vgl. Abschnitt 1.6 Abs. 7 Nr. 1). ³Ein Abzug der auf den Erwerb des Gegenstandes entfallenden Vorsteuer durch die Gesellschaft ist ausgeschlossen, weil der Gegenstand nicht für das Unternehmen der Gesellschaft geliefert worden ist. ⁴Die Gesellschaft kann ggf. die Vorsteuern abziehen, die bei der Verwendung des Gegenstands in ihrem Unternehmen anfallen, z. B. der Gesellschaft in Rechnung gestellte Steuer für Reparaturen usw. ⁵Überlässt der Gesellschafter dagegen den Gegenstand unentgeltlich zur Nutzung, handelt er insoweit nicht als Unternehmer. ⁶Das Gleiche gilt, wenn die Gebrauchsüberlassung einen auf Leistungsvereinigung gerichteten Vorgang darstellt (vgl. BFH-Urteil vom 24. 8. 1994, XI R 74/93, BStBl 1995 II S. 150). ⁷In diesen Fällen ist weder der Gesellschafter noch die Gesellschaft berechtigt, die dem Gesellschafter beim Erwerb des Gegenstandes in Rechnung gestellte Steuer als Vorsteuer abzuziehen (vgl. auch BFH-Urteile vom 26. 1. 1984, V R 65/76, BStBl II S. 231, und vom 18. 3. 1988, V R 178/83, BStBl II S. 646, sowie BFH-Beschluss vom 9. 3. 1989, V B 48/88, BStBl II S. 580).

(2) ¹Ist ein Gesellschafter bereits als Unternehmer tätig und überlässt er der Gesellschaft einen Gegenstand seines Unternehmens zur Nutzung, so kann er sowohl bei entgeltlicher als auch bei unentgeltlicher Überlassung die ihm bei der Anschaffung des überlassenen Gegenstandes in Rechnung gestellte Steuer als Vorsteuer abziehen (vgl. Abschnitt 1.6 Abs. 7 Nr. 2). ²Ein Vorsteuerabzug der Gesellschaft ist insoweit ausgeschlossen.

(3) ¹Der Vorsteuerabzug nach den Absätzen 1 und 2 ist beim Gesellschafter nicht zulässig, wenn die Überlassung des Gegenstandes nach § 15 Abs. 2 und 3 UStG den Abzug ausschließt. ²Ist der Überlassung eine Verwendung des Gegenstandes im Unternehmen des Gesellschafters vorausgegangen, so kann eine Vorsteueraufteilung oder eine Berichtigung des Vorsteuerabzugs nach § 15a UStG in Betracht kommen (vgl. Abschnitt 15.16).

AE 15.21

15.21. Vorsteuerabzug aus Aufwendungen im Zusammenhang mit der Ausgabe von gesellschaftsrechtlichen Anteilen

S 7300

(1) ¹Eine Personengesellschaft erbringt bei Aufnahme eines Gesellschafters gegen Bareinlage an diesen keinen steuerbaren und mithin auch keinen nach § 4 Nr. 8 Buchstabe f UStG steuerfreien Umsatz (vgl. BFH-Urteil vom 1. 7. 2004, V R 32/00, BStBl II S. 1022). ²Auch bei der Gründung einer Gesellschaft durch die ursprünglichen Gesellschafter liegt kein steuerbarer Umsatz der Gesellschaft an die Gesellschafter vor. ³Die Ausgabe neuer Aktien zur Aufbringung von Kapital stellt keinen Umsatz dar, der in den Anwendungsbereich von Artikel 2 Abs. 1 MwStSystRL fällt. ⁴Dabei kommt es nicht darauf an, ob die Ausgabe der Aktien durch den Unternehmer im Rahmen einer Börseneinführung erfolgt oder von einem nicht börsennotierten Unternehmen ausgeführt wird (vgl. EuGH-Urteil vom 26. 5. 2005, C-465/03, EuGHE I S. 4357).

(2) Beim Vorsteuerabzug aus Aufwendungen, die im Zusammenhang mit der Ausgabe gesellschaftsrechtlicher Beteiligungen gegen Bareinlage stehen, ist zu beachten, dass Voraussetzung für den Vorsteuerabzug nach § 15 Abs. 1 UStG u. a. ist, dass der Unternehmer eine Leistung für sein Unternehmen *(vgl. Abschnitt 15.2 Abs. 15a)* von einem anderen Unternehmer bezogen hat und die

§ 15 UStG
AE 15.21

Eingangsleistung nicht mit Umsätzen im Zusammenhang steht, die den Vorsteuerabzug nach § 15 Abs. 2 UStG ausschließen.

(3) Da die unternehmerische Tätigkeit mit dem ersten nach außen erkennbaren, auf eine Unternehmertätigkeit gerichteten Tätigwerden beginnt, wenn die spätere Ausführung entgeltlicher Leistungen beabsichtigt ist (vgl. Abschnitt 2.6 Abs. 1 Satz 1), können auch Beratungsleistungen im Zusammenhang mit der Gründung einer Gesellschaft und der Aufnahme von Gesellschaftern für das Unternehmen der Gesellschaft bezogen werden.

(4) ¹Das Recht auf Vorsteuerabzug aus den bezogenen Lieferungen und sonstigen Leistungen ist nur gegeben, wenn die hierfür getätigten Aufwendungen zu den Kostenelementen der „versteuerten", zum Vorsteuerabzug berechtigenden Ausgangsumsätze gehören *(vgl. Abschnitt 15.2 Abs. 15a sowie* vgl. EuGH-Urteil vom 26. 5. 2005, C-465/03, EuGHE I S. 4357, und vom 13. 3. 2008, C-437/06, EuGHE I S. 1597). ²In den Fällen der Aufnahme eines Gesellschafters gegen Bareinlage oder der Ausgabe neuer Aktien ist diese Voraussetzung ungeachtet der Nichtsteuerbarkeit dieser Vorgänge, **also ungeachtet eines fehlenden direkten und unmittelbaren Zusammenhangs mit einem Ausgangsumsatz,** vor dem Hintergrund des EuGH-Urteils vom 26. 5. 2005, a. a. O., für die mit den Vorgängen im Zusammenhang stehenden Eingangsleistungen erfüllt, wenn

1. die Aufnahme des Gesellschafters oder die Ausgabe neuer Aktien erfolgte, um das Kapital des Unternehmers zugunsten seiner wirtschaftlichen Tätigkeit im Allgemeinen zu stärken, und
2. die Kosten der Leistungen, die der Unternehmer in diesem Zusammenhang bezogen hat, Teil seiner allgemeinen Kosten sind und somit zu den Preiselementen seiner Produkte gehören.

(5) ¹Kosten für die Aufnahme eines Gesellschafters gegen Bareinlage, *die Ausgabe von Aktien oder die Begebung von Inhaberschuldverschreibungen (vgl. BFH-Urteil vom 6. 5. 2010, V R 29/09, BStBl II S. 885),* die zu den allgemeinen Kosten des Unternehmens gehören, hängen somit grundsätzlich direkt und unmittelbar mit dessen wirtschaftlicher Tätigkeit zusammen. ²Dies gilt auch für Aufwendungen des Unternehmers, die mit seiner rechtlichen Beratung im Zusammenhang mit der Aufnahme der unternehmerischen Tätigkeit oder mit einem Unternehmenskonzept entstehen.

(6) ¹Der Vorsteuerabzug ist nach den allgemeinen Grundsätzen des § 15 UStG zu gewähren. ²In Bezug auf die mit der Ausgabe der Beteiligungen entstandenen Kosten ist daher hinsichtlich der Berechtigung zum Vorsteuerabzug Folgendes zu beachten:

1. ¹Dient die Ausgabe der Beteiligung der allgemeinen wirtschaftlichen Stärkung des Unternehmens und sind die dabei entstandenen Kosten zu Preisbestandteilen der Ausgangsumsätze geworden, gehören die Aufwendungen zu den allgemeinen Kosten, für die sich der Vorsteuerabzug nach den Verhältnissen des Besteuerungszeitraums des Leistungsbezugs bestimmt. ²Führt der Unternehmer nicht ausschließlich zum Vorsteuerabzug berechtigende Umsätze aus, sind die abziehbaren Vorsteuern aus den im Zusammenhang mit der Gründung einer Gesellschaft, der Aufnahme eines Gesellschafters gegen Bareinlage oder der Ausgabe neuer Aktien im Zusammenhang stehenden Aufwendungen nach § 15 Abs. 4 UStG zu ermitteln (vgl. Abschnitt 15.17).
2. ¹Dienen die aus der Ausgabe der Beteiligungen zugeflossenen Mittel hingegen der Erweiterung oder Stärkung eines bestimmten Geschäftsbetriebs und sind die dabei entstandenen Kosten nur zu Preisbestandteilen nur bestimmter Ausgangsumsätze geworden (z. B. konkretes, aus dem Prospekt zur Ausgabe der Anteile ersichtliches Projekt), ist auf die insoweit beabsichtigte Verwendung abzustellen. ²Maßgeblich für den Vorsteuerabzug sind die im Zeitpunkt des Leistungsbezugs für den Besteuerungszeitraum der Verwendung beabsichtigten Ausgangsumsätze (siehe BFH-Urteil vom 8. 3. 2001, V R 24/98, BStBl 2003 II S. 430).
3. ¹Soweit das durch die Ausgabe von Beteiligungen beschaffte Kapital dem nichtunternehmerischen Bereich zufließt (z. B. Kapitalerhöhung durch eine Finanzholding), ist ein Vorsteuerabzug aus den damit verbundenen Aufwendungen nicht zulässig *(vgl. BFH-Urteil vom 6. 5. 2010, V R 29/09, BStBl II S. 885 und Abschnitt 15.2 Abs. 15a).* ²In den Fällen, in denen eine Gesellschaft neben dem unternehmerischen auch einen nichtunternehmerischen Bereich unterhält, und in denen die Mittel aus der Ausgabe der Beteiligung nicht ausschließlich dem unternehmerischen Bereich zufließen, sind die aus den mit der Ausgabe der Beteiligung zusammenhängenden Aufwendungen angefallenen Vorsteuerbeträge *entsprechend dem Verwendungszweck in einen abziehbaren und einen nicht abziehbaren Anteil* aufzuteilen. ³*Für die Aufteilung der Vorsteuerbeträge gelten die Grundsätze des § 15 Abs. 4 UStG entsprechend (vgl. BFH-Urteil vom 3. 3. 2011, V R 23/10, BStBl 2012 II, S. 74).*

Beispiel:
¹*Das Unternehmen U bezieht Beratungsleistungen, die im unmittelbaren Zusammenhang mit der Ausgabe neuer Anteile zur Kapitalbeschaffung stehen.* ²*U ist nur unternehmerisch tätig.* ³*Der Vorsteuerabzug richtet sich in diesem Fall nach der unternehmerischen Gesamttätigkeit, weil es sich bei der Ausgabe neuer Gesellschaftsanteile nicht um Leistungen handelt (vgl. Abschnitt 15.2 Abs. 15a und BFH-Urteil vom 6. 5. 2010, V R 29/09, BStBl II S. 885).* ⁴*Insofern liegt mangels Leistungscharakter kein konkreter Ausgangsumsatz vor, mit dem ein unmittel-*

§ 15 UStG
AE 15.21, AE 15.22   H

barer Zusammenhang dergestalt besteht, dass die Berücksichtigung der wirtschaftlichen Gesamttätigkeit ausgeschlossen wäre.

(7) ¹Die Grundsätze dieses Abschnitts sind in den Fällen der Ausgabe von Beteiligungen gegen Sacheinlage sinngemäß anzuwenden. ²Zur umsatzsteuerrechtlichen Behandlung der Ausgabe von Beteiligungen gegen Sacheinlage beim einbringenden Gesellschafter vgl. BFH-Urteil vom 13. 11. 2003, V R 79/01, BStBl 2004 II S. 375.

AE 15.22

15.22. Vorsteuerabzug im Zusammenhang mit dem Halten und Veräußern von gesellschaftsrechtlichen Beteiligungen

S 7300

¹ *(1) Wird ein Anteileigner (insbesondere auch eine Holding) beim Erwerb einer gesellschaftsrechtlichen Beteiligung als Unternehmer tätig (vgl. Abschnitt 2.3 Abs. 2), muss er die Beteiligung seinem Unternehmen zuordnen. ²Vorsteuern, die im Zusammenhang mit den im unternehmerischen Bereich gehaltenen gesellschaftsrechtlichen Beteiligungen anfallen, sind unter den allgemeinen Voraussetzungen des § 15 UStG abziehbar. ³Hält der Unternehmer (z. B. eine gemischte Holding) daneben auch gesellschaftsrechtliche Beteiligungen im nichtunternehmerischen Bereich, sind Eingangsleistungen, die sowohl für den unternehmerischen Bereich als auch für den nichtunternehmerischen Bereich bezogen werden (z. B. allgemeine Verwaltungskosten der Holding, allgemeine Beratungskosten, Steuerberatungskosten usw.), für Zwecke des Vorsteuerabzugs aufzuteilen (Abschnitt 15.2 Abs. 15a).*

(2) ¹Das bloße Veräußern von gesellschaftsrechtlichen Beteiligungen ist keine unternehmerische Tätigkeit (vgl. Abschnitt 2.3 Abs. 2 Satz 1). ²Dies gilt nicht, wenn die Beteiligung im Unternehmensvermögen gehalten wird (vgl. Abschnitt 2.3 Abs. 3 Satz 5 ff.). ³Der Abzug der Vorsteuer aus Aufwendungen, die im direkten und unmittelbaren Zusammenhang mit der Veräußerung einer gesellschaftsrechtlichen Beteiligung stehen, ist nur insofern zulässig, als diese Veräußerung steuerbar ist und der Vorsteuerabzug nicht nach § 15 Abs. 2 UStG ausgeschlossen ist (vgl. BFH-Urteil vom 6. 5. 2010, V R 29/09, BStBl II S. 885 und Abschnitt 15.2 Abs. 15a). ⁴Somit scheidet der Vorsteuerabzug im Fall der Veräußerung einer nicht im Unternehmensvermögen gehaltenen gesellschaftsrechtlichen Beteiligung wegen des direkten und unmittelbaren Zusammenhangs mit diesem nicht steuerbaren Umsatz aus. ⁵Im Fall einer nach § 4 Nr. 8 Buchstabe e oder f UStG steuerfreien Veräußerung einer im Unternehmensvermögen gehaltenen Beteiligung scheidet der Vorsteuerabzug wegen des direkten und unmittelbaren Zusammenhangs mit dieser den Vorsteuerabzug nach § 15 Abs. 2 Satz 1 Nr. 1 UStG ausschließenden Veräußerung aus, ohne dass dafür auf die unternehmerische Gesamttätigkeit abzustellen ist (vgl. BFH-Urteil vom 27. 1. 2011, V R 38/09, BStBl 2012 II S. 68).

H	Hinweise
1	**Vorsteuerabzug aus nach dem 31. Dezember 2003 und vor dem 1. Juli 2004 ausgestellten Rechnungen (§ 15 Abs. 1 Satz 1 Nr. 1 UStG)**

(BMF vom 19. 12. 2003, BStBl 2004 I S. 62)

Siehe USt-HA 2004/05 § 15 H 1.

2 **Teilweiser Ausschluss des Vorsteuerabzugs aus Bewirtungskosten
(§ 15 Abs. 1a Nr. 1 UStG i. V. m. § 4 Abs. 5 Satz 1 Nr. 2 EStG)**

(OFD Nürnberg, Vfg. vom 2. 4. 2004 – S 7303a-4/St 43 –, StEd 2004 S. 430)

3 **Vorsteuerabzug und Umsatzbesteuerung bei unternehmerisch genutzten Fahrzeugen ab 1. April 1999**

(BMF vom 27. 8. 2004, BStBl 2004 I S. 864)

Siehe USt-HA 2004/05 § 15 H 5.

4 **Überlassung eines Pkw zwischen Personengesellschaft und Gesellschafter**

(OFD Hannover, Vfg. vom 20. 7. 2004 – S 7100-421-StO 351 –/– S 7100-1010-StH 446 –, StEd 2004 S. 587)

5 **§ 15 Abs. 1a Nr. 1 Umsatzsteuergesetz (UStG) – Ausschluss des Vorsteuerabzugs für nach § 4 Nr. 5 Satz 1 Nr. 2 des Einkommensteuergesetzes (EStG) nicht abziehbare Bewirtungsaufwendungen**

(BMF vom 23. 6. 2005, BStBl 2005 I S. 816)

Siehe USt-HA 2005/06 § 15 H 8.

§ 15 Abs. 2 Satz 1 Nr. 3 Umsatzsteuergesetz (UStG) – Ausschluss des Vorsteuerabzugs für Eingangsleistungen, die mit unentgeltlichen Lieferungen und sonstigen Leistungen in Zusammenhang stehen, die steuerfrei wären, wenn sie gegen Entgelt ausgeführt würden   6
(BMF vom 28. 3. 2006, BStBl 2006 I S. 346)
Siehe USt-HA 2006/07 § 15 H 9.

Gesetz zur Eindämmung missbräuchlicher Steuergestaltungen vom 28. April 2006 (BGBl. I S. 1095);   7
Änderung des § 6 Abs. 1 Nr. 4 Satz 2 EStG – Begrenzung der Anwendung der 1 %-Regelung auf Fahrzeuge, die zu mehr als 50 Prozent betrieblich genutzt werden; Nachweispflichten
(BMF vom 7. 7. 2006, BStBl 2006 I S. 446)
Siehe USt-HA 2006/07 § 15 H 11.

§ 15 Abs. 1a Nr. 3 Umsatzsteuergesetz (UStG) – Ausschluss des Vorsteuerabzugs für einen Wohnungswechsel   8
(BMF vom 18. 7. 2006, BStBl 2006 I S. 450)
Siehe USt-HA 2006/07 § 15 H 12.

Abzug von Einfuhrumsatzsteuer bei unrichtigen Angaben in der Zollanmeldung   9
(OFD Karlsruhe, Vfg. vom 20. 9. 2006 – S 7300a, StEd 2006 S. 575)

§ 15 Umsatzsteuergesetz (UStG) – Vorsteuerabzug aus Aufwendungen, die mit der Ausgabe von gesellschaftsrechtlichen Anteilen gegen Bareinlage oder gegen Sacheinlage zusammenhängen   10
(BMF vom 4. 10. 2006, BStBl 2006 I S. 614)
Siehe USt-HA 2006/07 § 15 H 14.

§ 15 Umsatzsteuergesetz (UStG) – Vorsteuerabzug bei gemeinschaftlicher Auftragserteilung durch mehrere Personen   11
(BMF vom 1. 12. 2006, BStBl 2007 I S. 90)
Siehe USt-HA 2006/07 § 15 H 15.

Umsatzsteuerrechtliche Fragen im Zusammenhang mit dem Halten von Beteiligungen   12
(BMF vom 26. 1. 2007, BStBl 2007 I S. 211)
Siehe USt-HA 2007/08 § 15 H 16.

§ 15 Abs. 4 Umsatzsteuergesetz (UStG) – Ermittlung der abziehbaren Vorsteuerbeträge bei gemischt genutzten Gebäuden   13
(BMF vom 22. 5. 2007, BStBl 2007 I S. 482)
Siehe USt-HA 2007/08 § 15 H 17.

Vorsteuerabzug, Verzicht auf die Steuerbefreiung und gesonderte und einheitliche Feststellung der auf die Gemeinschafter entfallenden Vorsteuern bei gemeinschaftlicher Auftragserteilung   14
(BMF vom 9. 5. 2008, BStBl 2008 I S. 675)
Siehe USt-HA 2008/09 § 15 H 18.

Vorsteuerabzug aus der Errichtung oder Veränderung eines Gebäudes im Zusammenhang mit dem Einbau und Betrieb einer Photovoltaikanlage   15
(OFD Frankfurt am Main, Vfg. vom 10. 7. 2008 – S 7300 A – 156 – St 111 –, StEd 2008 S. 589)

16 **§ 15 Abs. 4 Umsatzsteuergesetz (UStG) – Vorsteuerabzug bei der Anschaffung oder Herstellung von Gebäuden, die sowohl zur Erzielung vorsteuerunschädlicher als auch vorsteuerschädlicher Umsätze verwendet werden**

(BMF vom 30. 9. 2008, BStBl 2008 I S. 896)

Siehe USt-HA 2008/09 § 15 H 20.

17 **Ausschluss des Vorsteuerabzugs gem. § 15 Abs. 1a UStG bei Aufwendungen für „ähnliche Zwecke" i. S. des § 4 Abs. 5 Nr. 4 EStG – Repräsentationsaufwand – bei mangelnder Gewinnerzielungsabsicht (Liebhaberei)**

(OFD Niedersachsen, Vfg. vom 20. 1. 2010 – S 7303a – 2 – St 174 –, StEd 2010 S. 237)

18 **Vorsteuerabzug aus Billigkeitsgründen bei Nichtvorliegen der Voraussetzungen des § 15 Abs. 1 Satz 1 Nr. 1 UStG**

(OFD Niedersachsen, Vfg. vom 30. 5. 2011 – S 7300 – 628 – St 173 –, StEd 2011 S. 463)

19 **Neuregelung des Vorsteuerabzugs bei teilunternehmerisch genutzten Grundstücken ab dem 1. Januar 2011, § 15 Abs. 1b UStG**

(BMF vom 22. 6. 2011, BStBl 2011 I S. 597)

Durch Art. 4 Nr. 3, 9 und 10 des Jahressteuergesetzes 2010 (JStG 2010) vom 8. Dezember 2010 (BGBl. I S. 1768) ist der Vorsteuerabzug für Grundstücke neu geregelt worden, die der Unternehmer sowohl für Zwecke seines Unternehmens als auch für Zwecke, die außerhalb des Unternehmens liegen, oder für den privaten Bedarf seines Personals nutzt (teilunternehmerisch genutzte Grundstücke). Die Ergänzungen in § 3 Abs. 9a Nr. 1, § 15 Abs. 4 und § 15a Abs. 8 UStG, sowie die neu eingefügten § 15 Abs. 1b und § 15a Abs. 6a UStG sind am 1. Januar 2011 in Kraft getreten (Art. 32 Abs. 5 JStG 2010).

Der neue Vorsteuerausschluss des § 15 Abs. 1b UStG basiert auf Art. 168a MwStSystRL (ABl. EU 2010 Nr. L 10 S. 1), der zum 1. Januar 2011 umzusetzen ist.

Die Umsatzsteuer für die Lieferungen, die Einfuhr und den innergemeinschaftlichen Erwerb sowie für die sonstigen Leistungen für ein teilunternehmerisch genutztes Grundstück ist nach § 15 Abs. 1b UStG vom Vorsteuerabzug ausgeschlossen, soweit sie nicht auf die Verwendung des Grundstücks für Zwecke des Unternehmens entfällt. Daher unterliegt die Verwendung dieses Grundstücks für Zwecke, die außerhalb des Unternehmens liegen, oder für den privaten Bedarf des Personals, nicht der unentgeltlichen Wertabgabenbesteuerung nach § 3 Abs. 9a Nr. 1 UStG. Dies gilt entsprechend bei Berechtigungen, für die die Vorschriften des bürgerlichen Rechts über Grundstücke gelten, und bei Gebäuden auf fremdem Grund und Boden.

Für die Aufteilung der Vorsteuern nach § 15 Abs. 1b UStG gelten die allgemeinen Grundsätze des § 15 Abs. 4 UStG.

Ändert sich die Verwendung des Grundstücks, liegt eine Änderung der Verhältnisse im Sinne des § 15a UStG vor. Die Vorsteuerberichtigung nach § 15a UStG setzt voraus, dass die allgemeinen Voraussetzungen des § 15 Abs. 1 UStG vorliegen. Soweit ein Grundstück, eine Berechtigung, für die die Vorschriften des bürgerlichen Rechts über Grundstücke gilt, oder ein Gebäude auf fremdem Grund und Boden nicht dem Unternehmen zugeordnet worden ist, ist eine Korrektur der Vorsteuer nach § 15a UStG ausgeschlossen. Sofern sich die nichtunternehmerische bzw. private Verwendung erhöht und eine Vorsteuerberichtigung nach § 15a Abs. 6a UStG durchzuführen ist, erfolgt keine Wertabgabenbesteuerung nach § 3 Abs. 9a Nr. 1 UStG.

Unter Bezugnahme auf das Ergebnis der Erörterungen mit den obersten Finanzbehörden der Länder wird der Umsatzsteuer-Anwendungserlass vom 1. Oktober 2010 (BStBl I S. 846), der zuletzt durch das BMF-Schreiben vom 10. Juni 2011, IV D 3 – S 7117/11/10001 (2011/0478774), BStBl I S. 583 – geändert worden ist, wie folgt geändert:

1. Abschnitt 2.11 Abs. 18 wird wie folgt gefasst:[1]
2. Abschnitt 3.4 Abs. 2 wird wie folgt gefasst:[2]
3. Nach Abschnitt 3.4 Abs. 5 wird folgende Zwischenüberschrift einfügt:[3]
4. Abschnitt 4.12.1 Abs. 3 Satz 6 wird wie folgt gefasst:[4]
5. Abschnitt 15.2 Abs. 6 wird wie folgt gefasst:[5]

---

[1] Anm.: Text wurde inhaltlich unverändert in Abschn. 2.11 Abs. 18 UStAE übernommen (siehe AE 2.11).
[2] Anm.: Text wurde inhaltlich unverändert in Abschn. 3.4 Abs. 2 UStAE übernommen (siehe AE 3.4).
[3] Anm.: Text wurde inhaltlich unverändert in Abschn. 3.4 UStAE übernommen (siehe AE 3.4).
[4] Anm.: Text wurde inhaltlich unverändert in Abschn. 4.12.1 Abs. 3 UStAE übernommen (siehe AE 4.12.1).
[5] Anm.: Text wurde inhaltlich unverändert in Abschn. 15.2 Abs. 6 UStAE übernommen (siehe AE 15.2).

6. Abschnitt 15.2 Abs. 21 Nr. 2 Buchstabe a Sätze 1 und 2 werden wie folgt gefasst:[1]
7. Abschnitt 15.2 Abs. 21 Nr. 2 Buchstabe b Satz 2 wird wie folgt gefasst:[2]
8. Abschnitt 15.2 Abs. 21 Nr. 2 Buchstabe c Satz 2 wird wie folgt gefasst:[3]
9. Nach Abschnitt 15.6 wird folgender Abschnitt 15.6a eingefügt:[4]
10. Abschnitt 15.19 Absatz 3 Nr. 2 wird wie folgt gefasst:[5]
11. Abschnitt 15a.2 Abs. 1 wird wie folgt gefasst:[6]
12. In Abschnitt 15a.2 Abs. 2 wird in Nr. 6 der Punkt durch ein Komma ersetzt und folgende Nr. 7 ergänzt:[7]
13. In Abschnitt 15a.2 Abs. 6 Nr. 1 wird folgender Buchstabe e) ergänzt:[8]
14. In Abschnitt 15a.4 Abs. 3 wird Satz 1 wie folgt gefasst:[9]

Anwendung

Die Neuregelung des Vorsteuerabzugs bei teilunternehmerisch genutzten Grundstücken gilt ab dem 1. Januar 2011 für alle Grundstücke, die nicht unter die Übergangsregelung nach § 27 Abs. 16 UStG (Artikel 4 Nr. 12 des JStG 2010) fallen.

Die Änderungen in § 3 Abs. 9a Nr. 1, § 15 Abs. 1b und 4 Satz 4, § 15a Abs. 6a und 8 Satz 2 UStG sind nach § 27 Abs. 16 UStG nicht auf Wirtschaftsgüter im Sinne des § 15 Abs. 1b UStG anzuwenden, die auf Grund eines vor dem 1. Januar 2011 rechtswirksam abgeschlossenen obligatorischen Vertrags oder gleichstehenden Rechtsakts angeschafft worden sind oder mit deren Herstellung vor dem 1. Januar 2011 begonnen worden ist. Als Beginn der Herstellung gilt bei Gebäuden, für die eine Baugenehmigung erforderlich ist, der Zeitpunkt, in dem der Bauantrag gestellt wird; bei baugenehmigungsfreien Gebäuden, für die Bauunterlagen einzureichen sind, der Zeitpunkt, in dem die Bauunterlagen eingereicht werden.

Die Verwendung teilunternehmerisch genutzter Grundstücke im Sinne des § 15 Abs. 1b UStG für Zwecke, die außerhalb des Unternehmens liegen, oder für den privaten Bedarf seines Personals, unterliegt in den Fällen, die unter die Übergangsregelung nach § 27 Abs. 16 UStG fallen, weiterhin der Wertabgabenbesteuerung nach § 3 Abs. 9a Nr. 1 UStG.

Die unter Nr. 1, 3 und 4 dargestellten Änderungen bzw. Ergänzungen des Umsatzsteuer-Anwendungserlasses sind ab dem 1. Januar 2011 anzuwenden und die in 2, 5 bis 14 dargestellten Änderungen bzw. Ergänzungen sind ab dem 1. Januar 2011 in allen Fällen anzuwenden, die nicht unter die Übergangsregelung nach § 27 Abs. 16 UStG fallen.

BFH-Urteile vom 1. September 2010, V R 39/08 und vom 8. September 2010, XI R 40/08; Vorsteuerabzug aus innergemeinschaftlichen Erwerben, § 15 Abs. 1 Satz 1 Nr. 3 UStG

(BMF vom 7. 7. 2011, BStBl 2011 I S. 739)

Der innergemeinschaftliche Erwerb wird nach § 3d Satz 1 UStG auf dem Gebiet des Mitgliedstaates bewirkt, in dem sich der Gegenstand am Ende der Beförderung oder Versendung befindet. Verwendet der Erwerber gegenüber dem Lieferer eine ihm von einem anderen Mitgliedstaat als dem, in dem sich der Gegenstand am Ende der Beförderung oder Versendung befindet, erteilte Umsatzsteuer-Identifikationsnummer (USt-IdNr.), gilt der Erwerb nach § 3d Satz 2 UStG solange im Gebiet dieses Mitgliedstaates als bewirkt, bis der Erwerber nachweist, dass der Erwerb durch den in § 3d Satz 1 UStG bezeichneten Mitgliedstaat besteuert worden ist oder nach den Bestimmungen über innergemeinschaftliche Dreiecksgeschäfte nach § 25b Abs. 3 UStG als besteuert gilt, sofern der erste Abnehmer nach § 18a Abs. 7 Satz 1 Nr. 4 UStG seiner Erklärungspflicht hierüber nachgekommen ist.

Mit Urteil vom 1. September 2010, V R 39/08, hat der BFH entschieden, dass einem Unternehmer, der bei einem innergemeinschaftlichen Erwerb gegenüber dem Lieferer eine ihm von einem anderen Mitgliedstaat als dem, in dem sich der erworbene Gegenstand am Ende der Beförderung

---

[1] Anm.: Text wurde inhaltlich unverändert in Abschn. 15.6 Abs. 21 Nr. 2 Buchst. a UStAE übernommen (siehe AE 15.2).
[2] Anm.: Text wurde inhaltlich unverändert in Abschn. 15.6 Abs. 21 Nr. 2 Buchst. b UStAE übernommen (siehe AE 15.2).
[3] Anm.: Text wurde inhaltlich unverändert in Abschn. 15.6 Abs. 21 Nr. 2 Buchst. c UStAE übernommen (siehe AE 15.2).
[4] Anm.: Text wurde inhaltlich unverändert in Abschn. 15.6a UStAE übernommen (siehe AE 15.6a).
[5] Anm.: Text wurde inhaltlich unverändert in Abschn. 15.19 Abs. 3 UStAE übernommen (siehe AE 15.19).
[6] Anm.: Text wurde inhaltlich unverändert in Abschn. 15a.2 Abs. 1 UStAE übernommen (siehe AE 15a.2).
[7] Anm.: Text wurde inhaltlich unverändert in Abschn. 15a.2 Abs. 2 UStAE übernommen (siehe AE 15a.2).
[8] Anm.: Text wurde inhaltlich unverändert in Abschn. 15a.2 Abs. 6 UStAE übernommen (siehe AE 15a.2).
[9] Anm.: Text wurde inhaltlich unverändert in Abschn. 15a.4 Abs. 3 UStAE übernommen (siehe AE 15a.4).

oder Versendung befindet, erteilte USt-IdNr. nach § 3d Satz 2 UStG verwendet, insoweit kein Recht auf Vorsteuerabzug nach § 15 Abs. 1 Satz 1 Nr. 3 UStG zusteht.

Dies bestätigte der BFH mit seinem Urteil vom 8. September 2010, XI R 40/08, in dem er entschieden hat, dass die Vorschrift des § 15 Abs. 1 Satz 1 Nr. 3 UStG, nach der der Unternehmer die Steuer für den innergemeinschaftlichen Erwerb von Gegenständen für sein Unternehmen als Vorsteuer abziehen kann, bei richtlinienkonformer Auslegung nicht für den Fall gilt, in dem der Unternehmer im Mitgliedstaat der Identifizierung mehrwertsteuerpflichtig ist, weil er die Besteuerung des fraglichen innergemeinschaftlichen Erwerbs im Mitgliedstaat der Beendigung des Versands oder der Beförderung nicht nachgewiesen hat.

Unter Bezugnahme auf das Ergebnis der Erörterungen mit den obersten Finanzbehörden der Länder wird der Umsatzsteuer-Anwendungserlass vom 1. Oktober 2010 (BStBl I S. 846), der zuletzt durch das BMF-Schreiben vom 6. Juli 2011 – IV D 3 – S 7179/09/10003 (2011/0530581) geändert worden ist, wie folgt geändert:[1])

Die Regelung ist in allen offenen Fällen anzuwenden. Für Umsätze, die bis zum 31. Dezember 2011 ausgeführt werden, ist es grundsätzlich ausreichend, wenn der Unternehmer die Besteuerung des fraglichen innergemeinschaftlichen Erwerbs im Mitgliedstaat der Beendigung des Versands oder der Beförderung lediglich glaubhaft macht.

21 **I. BFH-Urteile vom 9. Dezember 2010, V R 17/10, vom 12. Januar 2011, XI R 9/08, vom 13. Januar 2011, V R 12/08, vom 27. Januar 2011, V R 38/09, und vom 3. März 2011, V R 23/10**

(BMF vom 2.1. 2012, BStBl 2012 I S. 60)

Die BFH-Urteile vom 9. Dezember 2010, V R 17/10 (zum Vorsteuerabzug beim Betriebsausflug), vom 12. Januar 2011, XI R 9/08 (zum Vorsteuerabzug bei Überlassung eines Grundstücks an Gesellschafter-Geschäftsführer), vom 13. Januar 2011, V R 12/08 (zum Vorsteuerabzug für Erschließungskosten), vom 27. Januar 2011, V R 38/09 (zum Vorsteuerabzug beim Beteiligungsverkauf), und vom 3. März 2011, V R 23/10 (zum Vorsteuerabzug bei Marktplatzsanierung) betreffen Grundsätze des Vorsteuerabzugs nach § 15 UStG. Das Recht auf Vorsteuerabzug nach § 15 UStG besteht, wenn der Unternehmer Leistungen von einem anderen Unternehmer für sein Unternehmen bezieht und für Ausgangsumsätze verwendet, die entweder steuerpflichtig sind oder einer Steuerbefreiung unterliegen, die den Vorsteuerabzug nicht ausschließt. Der BFH hat diesen Grundsatz in seinen o. g. Urteilen dahingehend konkretisiert, dass der Unternehmer nach § 15 UStG zum Vorsteuerabzug berechtigt ist, soweit er Leistungen für sein Unternehmen im Sinne des § 2 Abs. 1 UStG und damit für seine wirtschaftlichen Tätigkeiten zur Erbringung entgeltlicher Leistungen (wirtschaftliche Tätigkeiten) zu verwenden beabsichtigt (vgl. BFH-Urteil vom 27. Januar 2011,V R 38/09). Zwischen Eingangs- und Ausgangsleistung muss ein direkter und unmittelbarer Zusammenhang bestehen; nur mittelbar verfolgte Zwecke sind unerheblich (vgl. BFH-Urteil vom 13. Januar 2011, V R 12/08). Beabsichtigt der Unternehmer bereits bei Leistungsbezug, die bezogene Leistung nicht für seine wirtschaftliche Tätigkeit, sondern ausschließlich und unmittelbar für eine unentgeltliche Entnahme im Sinne des § 3 Abs. 1b oder 9a UStG zu verwenden, ist er nicht zum Vorsteuerabzug berechtigt (vgl. BFH-Urteil vom 9. Dezember 2010, V R 17/10).

Beabsichtigt der Unternehmer bei Bezug der Leistung diese teilweise für Zwecke seiner wirtschaftlichen Tätigkeit und teilweise für Zwecke einer nichtwirtschaftlichen Tätigkeit zu verwenden, ist er nur im Umfang der beabsichtigten Verwendung für seine wirtschaftliche Tätigkeit zum Vorsteuerabzug berechtigt. Eine weiter gehende Berechtigung zum Vorsteuerabzug besteht bei einer „gemischten" Verwendung nur, wenn es sich bei der nichtwirtschaftlichen Tätigkeit um die Verwendung für Privatentnahmen im Sinne des § 3 Abs. 1b oder 9a UStG handelt (vgl. Rz. 10 und 12 des BFH-Urteils vom 3. März 2011, V R 23/10). Privatentnahmen in diesem Sinne sind nur Entnahmen für den privaten Bedarf des Unternehmers als natürliche Person und für den privaten Bedarf seines Personals, nicht dagegen eine Verwendung für z. B. ideelle Zwecke eines Vereins oder für den Hoheitsbereich einer juristischen Person des öffentlichen Rechts (vgl. Rz. 17 des BFH-Urteils 3. März 2011, V R 23/10).

Aus den o. g. Urteilen folgt für den Vorsteuerabzug nach § 15 UStG und für die Berichtigung des Vorsteuerabzugs nach § 15a UStG Folgendes:

In seinen Urteilen verwendet der BFH unter Rückgriff auf die Terminologie der MwStSystRL die Begriffe wirtschaftliche und nichtwirtschaftliche Tätigkeiten. Diese entsprechen wegen der Bezugnahme auf § 2 Abs. 1 UStG den bisher verwendeten Begriffen unternehmerisch und nicht-unternehmerisch. An diesen Begriffen wird festgehalten. Der bisherige Bereich der nichtunternehmerischen Tätigkeiten ist in nichtwirtschaftliche Tätigkeiten im engeren Sinne (nichtwirtschaftliche Tätigkeiten i.e.S.) und unternehmensfremde Tätigkeiten zu unterteilen. Als unternehmensfremde Tätigkeiten gelten Entnahmen für den privaten Bedarf des Unternehmers als natür-

---

[1]) Anm.: Text wurde inhaltlich unverändert in Abschn. 15.10 Abs. 2 UStAE übernommen (siehe AE 15.10).

liche Person, für den privaten Bedarf seines Personals oder für private Zwecke des Gesellschafters. Nichtwirtschaftliche Tätigkeiten i.e.S. sind alle nichtunternehmerischen Tätigkeiten, die nicht unternehmensfremd (privat) sind, wie z.B.:
- unentgeltliche Tätigkeiten eines Vereins, die aus ideellen Vereinszwecken verfolgt werden (vgl. Rz. 24 des BFH-Urteils vom 6. Mai 2010, V R 29/09, BStBl II S. 885),
- hoheitliche Tätigkeiten juristischer Personen des öffentlichen Rechts (vgl. Rz. 28 des BFH-Urteils vom 3. März 2011, V R 23/10),
- das Veräußern von gesellschaftsrechtlichen Beteiligungen, wenn die Beteiligung nicht im Unternehmensvermögen gehalten wird.

II. Beurteilung des Vorsteuerabzugs

Für die Prüfung, ob eine Leistung für das Unternehmen bezogen wird, ist zunächst zu entscheiden, ob ein direkter und unmittelbarer Zusammenhang mit einem Ausgangsumsatz besteht. Fehlt ein direkter und unmittelbarer Zusammenhang zwischen einem bestimmten Eingangsumsatz und einem oder mehreren Ausgangsumsätzen, kann der Unternehmer zum Vorsteuerabzug berechtigt sein, wenn die Kosten für die Eingangsleistung zu seinen allgemeinen Aufwendungen gehören und – als solche – Bestandteile des Preises der von ihm erbrachten Leistungen sind (vgl. Rz. 33 des BFH-Urteils vom 27. Januar 2011, V R 38/09) und die wirtschaftliche Gesamttätigkeit (vgl. II. 3.) zu Umsätzen führt, die zum Vorsteuerabzug berechtigen.

Für den Vorsteuerabzug sind folgende Fallgruppen zu unterscheiden:

1. Direkter und unmittelbarer Zusammenhang mit einer unternehmerischen oder nichtunternehmerischen Tätigkeit

a) Der Unternehmer ist zum Vorsteuerabzug berechtigt, soweit er Leistungen für seine unternehmerische Tätigkeit zur Erbringung entgeltlicher Leistungen zu verwenden beabsichtigt (Zuordnung im Sinne des § 15 Abs. 1 UStG). Sofern eine direkte und unmittelbare Zurechnung zu einem beabsichtigten entgeltlichen Ausgangsumsatz möglich ist, entscheidet allein dessen umsatzsteuerliche Behandlung über den Vorsteuerabzug der bezogenen Eingangsleistung. Liegt für diesen Umsatz ein Ausschlusstatbestand (§ 15 Abs. 1a, 1b und 2 UStG) vor, ist die Vorsteuer auf die Eingangsleistung nicht abzugsfähig.

Beispiel:
Ein Arzt erbringt sowohl nach § 4 Nr. 14 Buchst. a UStG steuerfreie Heilbehandlungsleistungen als auch steuerpflichtige Leistungen (plastische und ästhetische Operationen). Er erwirbt einen Behandlungsstuhl für 1 000 € zzgl. 190 € Umsatzsteuer, den er zu 80 % für seine steuerfreien Heilbehandlungsleistungen und zu 20 % für seine steuerpflichtigen Umsätze verwendet. Der Behandlungsstuhl wird unmittelbar und direkt für die unternehmerische Tätigkeit des Arztes bezogen. Da er zu 80 % steuerfreie Heilbehandlungsleistungen ausführt, sind nach § 15 Abs. 2 Nr. 1 UStG nur 38 € (20 % von 190 €) als Vorsteuer abzugsfähig.

b) Beabsichtigt der Unternehmer bereits bei Leistungsbezug, die bezogene Leistung ausschließlich für die Erbringung nicht entgeltlicher Leistungen (nichtunternehmerische Tätigkeiten) zu verwenden, ist der Vorsteuerabzug grundsätzlich zu versagen. Dies gilt insbesondere, wenn der Unternehmer die bezogene Leistung ausschließlich und unmittelbar für eine unentgeltliche Wertabgabe im Sinne des § 3 Abs. 1b Satz 1 Nr. 1 bis 3 UStG oder § 3 Abs. 9a UStG zu verwenden beabsichtigt. Daran ändert sich nichts, wenn er hiermit mittelbar Ziele verfolgt, die zum Vorsteuerabzug berechtigten (vgl. BFH-Urteil vom 9. Dezember 2010, V R 17/10). Zum Vorsteuerabzug aufgrund Zusammenhangs mit der Gesamttätigkeit vgl. II. 3.

c) Es handelt sich bei dem Vorsteuerabzugsverbot um eine tatbestandliche Verknüpfung mit der Wertabgabenbesteuerung: nur in Fällen, in denen das Gesetz eine Wertabgabenbesteuerung vorsieht, ist der Vorsteuerabzug ausgeschlossen. Bezieht der Unternehmer z.B. Leistungen für der Art nach nichtsteuerbare unentgeltliche Dienstleistungsabgaben aus unternehmerischen Gründen, fehlt es folglich an einem direkten und unmittelbaren Zusammenhang mit einem besteuerten Ausgangsumsatz. Für den Vorsteuerabzug ist deshalb allein der Zusammenhang mit der Gesamttätigkeit entscheidend (vgl. II. 3.). Dasselbe gilt, wenn eine Entnahmebesteuerung nach § 3 Abs. 9a Nr. 2 UStG im Hinblick auf sog. Aufmerksamkeiten unterbleiben würde (vgl. Rz. 23 des BFH-Urteils vom 9. Dezember 2010, V R 17/10).

Beispiel:
Automobilhändler A verlost unter allen Kunden im Rahmen einer Werbeaktion
a) einen Laptop und
b) zwei Konzertkarten
mit einem Einkaufspreis von jeweils 300 €, die er beide zu diesem Zweck vorher eingekauft hat.

Zu a)
Die Abgabe des Laptops erfolgt aus unternehmerischen Gründen und fällt der Art nach unter § 3 Abs. 1b Satz 1 Nr. 3 UStG; es handelt sich nicht um ein Geschenk von geringem Wert. Da der Unternehmer bereits bei Leistungsbezug beabsichtigt, den Laptop für die Verlosung zu verwenden, berechtigen die Aufwendungen für den Laptop nach § 15 Abs. 1 UStG nicht zum Vorsteuerabzug. Dementsprechend unterbleibt eine anschließende Wertabgabenbesteuerung (§ 3 Abs. 1b Satz 2 UStG).

Zu b)
Die Abgabe der Konzertkarte erfolgt aus unternehmerischen Gründen und ist daher ein der Art nach nichtsteuerbarer Vorgang, da § 3 Abs. 9a UStG Wertabgaben aus unternehmerischen Gründen nicht erfasst. Daher fehlt es an einem steuerbaren Ausgangsumsatz, dem die Leistungsbezüge direkt und unmittelbar zugeordnet werden können. Für den Vorsteuerabzug ist deshalb die Gesamttätigkeit des A maßgeblich.

2. Verwendung sowohl für unternehmerische als auch nichtunternehmerische Tätigkeiten (teilunternehmerische Verwendung)

a) Verwendung sowohl für unternehmerische als auch für nichtwirtschaftliche Tätigkeiten i.e.S.

Bezieht der Unternehmer eine Leistung zugleich für seine unternehmerische als auch für seine nichtwirtschaftliche Tätigkeit i.e.S., ist der Vorsteuerabzug nur insoweit zulässig, als die Aufwendungen seiner unternehmerischen Tätigkeit zuzuordnen sind (§ 15 Abs. 1 UStG), sofern die 10 %-Grenze nach § 15 Abs. 1 Satz 2 UStG überschritten ist.

Beispiel:
Ein Verein erwirbt einen PKW, den er sowohl für den wirtschaftlichen Geschäftsbetrieb (unternehmerische Tätigkeit) als auch für seinen ideellen Bereich (nichtwirtschaftliche Tätigkeit i.e.S.) zu verwenden beabsichtigt. Der Vorsteuerabzug aus der Anschaffung des PKW ist anteilig nur insoweit zu gewähren, als der Verein den PKW für den wirtschaftlichen Geschäftsbetrieb zu verwenden beabsichtigt.

b) Verwendung sowohl für unternehmerische als auch für unternehmensfremde Tätigkeiten (Sonderfall)

Handelt es sich bei der nichtunternehmerischen Tätigkeit um den Sonderfall einer Entnahme für private Zwecke (unternehmensfremde Tätigkeit) und bezieht der Unternehmer eine Leistung zugleich für seine unternehmerische Tätigkeit und für private Zwecke, kann der Unternehmer die bezogene Leistung insgesamt seiner unternehmerischen Tätigkeit zuordnen, sofern die 10 %-Grenze nach § 15 Abs. 1 Satz 2 UStG überschritten ist. Er kann dann aufgrund dieser Unternehmenszuordnung – die Berechtigung zum Vorsteuerabzug aufgrund der Nutzung für die unternehmerische Tätigkeit vorausgesetzt – berechtigt sein, den Vorsteuerabzug auch für die Privatverwendung in Anspruch zu nehmen, muss aber insoweit eine Wertabgabe nach § 3 Abs. 1b oder 9a UStG versteuern (ausgenommen hiervon sind teilweise unternehmensfremd genutzte Grundstücke im Sinne des § 15 Abs. 1b UStG).

Beispiel 1:
Ein Arzt hat ausschließlich nach § 4 Nr. 14 Buchst. a UStG steuerfreie Umsätze aus Heilbehandlungsleistungen und kauft einen PKW, den er privat und unternehmerisch nutzt. Der Arzt führt keine Umsätze aus, die zum Vorsteuerabzug berechtigen. Der Vorsteuerabzug aus den Kosten der Anschaffung und Nutzung des PKW für die unternehmerische und private Verwendung ist deshalb ausgeschlossen. Die private Verwendung führt zu keiner steuerbaren unentgeltlichen Wertabgabe.

Beispiel 2:
Ein Arzt erbringt im Umfang von 80 % seiner entgeltlichen Umsätze steuerfreie Heilbehandlungsleistungen und nimmt zu 20 % steuerpflichtige plastische und ästhetische Operationen vor. Er kauft einen PKW, den er je zur Hälfte privat und für seine gesamte ärztliche Tätigkeit nutzt. Die Vorsteuern aus der Anschaffung und Nutzung des PKW sind zu 60 % (50 % von 20 % steuerpflichtige unternehmerische Nutzung + 50 % der Art nach steuerpflichtige Privatnutzung) abzugsfähig und zu 40 % (50 % von 80 % steuerfreie unternehmerische Nutzung) nicht abzugsfähig. Die unentgeltliche Wertabgabe nach § 3 Abs. 9a Nr. 1 UStG (50 % Privatanteil) ist in voller Höhe steuerbar und steuerpflichtig.

3. Unmittelbarer Zusammenhang nur mit der Gesamttätigkeit

a) Fehlt ein direkter und unmittelbarer Zusammenhang zwischen einem bestimmten Eingangsumsatz und einem oder mehreren Ausgangsumsätzen, kann der Unternehmer zum Vorsteuerabzug berechtigt sein, wenn die Kosten für die Eingangsleistung zu seinen allgemeinen Aufwendungen gehören und – als solche – Bestandteile des Preises der von ihm erbrachten Leistungen sind (Rz. 33 des BFH-Urteils vom 27. Januar 2011, V R 38/09). Derartige Kosten hängen dann direkt und unmittelbar mit seiner unternehmerischen Gesamttätigkeit zusammen.

Aufwendungen im Zusammenhang mit
- der Gründung einer Gesellschaft,
- der Aufnahme eines Gesellschafters in eine Personengesellschaft gegen Bar- oder Sacheinlage sowie
- der Ausgabe neuer Aktien zur Aufbringung von Kapital

stehen in einem unmittelbaren Zusammenhang mit Tätigkeiten ohne Leistungscharakter. Für den Vorsteuerabzug ist deshalb allein der Zusammenhang mit der Gesamttätigkeit entscheidend (§ 15 Abs. 2 und 3 UStG, vgl. auch Abschnitt 15.21 UStAE). Dies gilt entsprechend für Aufmerksamkeiten (§ 3 Abs. 1b Satz 1 Nr. 2 UStG), Geschenke von geringem Wert und Warenmuster für Zwecke des Unternehmens (§ 3 Abs. 1b Satz 1 Nr. 3 UStG), oder unentgeltliche sonstige Leistungen aus unternehmerischen Gründen (§ 3 Abs. 9a UStG), da in diesen Fällen eine Wertabgabenbesteuerung unterbleibt (vgl. BFH-Urteil vom 9. Dezember 2010, V R 17/10).

b) Geht in den unter Buchstabe a) genannten Fällen der Unternehmer zugleich steuerpflichtigen und steuerfreien unternehmerischen sowie nichtunternehmerischen Tätigkeiten nach, ist der Abzug der Vorsteuer aus Aufwendungen für bezogene Leistungen nur insoweit zulässig, als diese Aufwendungen auf die unternehmerische Tätigkeit, die den Unternehmer zum Vorsteuerabzug berechtigt, entfallen (vgl. Rz. 23 des BFH-Urteils vom 6. Mai 2010, V R 29/09, BStBl II S. 885). Für die Aufteilung der Vorsteuerbeträge gelten die Grundsätze des § 15 Abs. 4 UStG entsprechend (vgl. BFH-Urteil vom 3. März 2011, V R 23/10).

c) Kein direkter und unmittelbarer Zusammenhang mit der Gesamttätigkeit, sondern mit bestimmten Ausgangsumsätzen besteht z.B. bei Bezug von Beratungsleistungen für die steuerfreie Veräußerung einer Beteiligung an einer Tochtergesellschaft (vgl. BFH-Urteil vom 27. Januar 2011, V R 38/09).

Beispiel 1:

Das Unternehmen U bezieht Beratungsleistungen, die im unmittelbaren Zusammenhang stehen mit

a) der Ausgabe neuer Anteile zur Kapitalbeschaffung,

b) der Veräußerung einer im Unternehmensvermögen gehaltenen Beteiligung (steuerfreie Veräußerung nach § 4 Nr. 8 Buchst. e oder f UStG),

c) der Veräußerung einer nicht im Unternehmensvermögen gehaltenen Beteiligung (nicht steuerbarer Umsatz).

Auch wenn in allen drei Fällen die Beratungsleistungen unmittelbar und direkt für die jeweiligen Vorgänge des Unternehmens bezogen werden, ist für den Vorsteuerabzug wie folgt zu differenzieren:

Zu a):

Der Vorsteuerabzug richtet sich im Fall der Ausgabe neuer Anteile zur Kapitalbeschaffung nach der unternehmerischen Gesamttätigkeit (vgl. Abschnitt 15.21 UStAE), weil es sich bei der Ausgabe neuer Gesellschaftsanteile nicht um Leistungen handelt (vgl. BFH-Urteil vom 6. Mai 2010, V R 29/09, BStBl II, S. 885). Insofern liegt mangels Leistungscharakter kein konkreter Ausgangsumsatz vor, mit dem ein unmittelbarer Zusammenhang dergestalt besteht, dass die Berücksichtigung der wirtschaftlichen Gesamttätigkeit ausgeschlossen wäre.

Zu b):

Der Vorsteuerabzug richtet sich im Fall der steuerfreien Veräußerung von Anteilen, die zum Unternehmensvermögen gehören, nicht nach der unternehmerischen Gesamttätigkeit, weil es sich bei dem Anteilsverkauf um entgeltliche und steuerfreie Leistungen handelt. Insofern liegt ein unmittelbarer Zusammenhang mit einem konkreten Umsatz vor, der für die Vorsteuerabzugsmöglichkeit maßgeblich ist und die Berücksichtigung der unternehmerischen Gesamttätigkeit ausschließt (vgl. BFH-Urteil vom 27. Januar 2011, V R 38/09).

Zu c):

Der Vorsteuerabzug richtet sich im Fall der Veräußerung nicht im Unternehmensvermögen gehaltener Anteile nicht nach der unternehmerischen Gesamttätigkeit, weil es sich bei der Veräußerung von Beteiligungen zwar um Leistungen handelt, die aber dem Bereich der nichtunternehmerischen Tätigkeit des U zuzurechnen sind. Insofern liegt ein unmittelbarer Zusammenhang mit einem konkreten Umsatz vor, der für die Vorsteuerabzugsmöglichkeit maßgeblich ist und die Berücksichtigung der unternehmerischen Gesamttätigkeit ausschließt.

Beispiel 2:

Eine Führungs- und Finanzholding hält Beteiligungen der Tochtergesellschaft A, für die sie entgeltlich geschäftsleitend und insoweit unternehmerisch tätig ist, sowie der Tochtergesellschaft B, für die sie nicht geschäftsleitend und insoweit nichtunternehmerisch tätig ist. Im Jahr 01 entstehen Verwaltungsgemeinkosten mit 10 000 € zzgl. 1 900 € Umsatzsteuer, die zu gleichen Teilen auf die Verwaltung der Tochtergesellschaften entfallen.

Die Verwaltungsgemeinkosten können nicht direkt und unmittelbar einer unternehmerischen oder nichtunternehmerischen Tätigkeit zugeordnet werden. Sie stehen im unmittelbaren Zusammenhang mit der Gesamttätigkeit der Führungs- und Finanzholding. Der Vorsteuerbetrag von 1 900 € ist analog nach § 15 Abs. 4 UStG aufzuteilen. Als Vorsteuer sind 950 € abzugsfähig, da die Gesamttätigkeit zu 50 % zum Vorsteuerabzug berechtigende Tätigkeiten beinhaltet.

Beispiel 3:

Unternehmer U mit zur Hälfte steuerfreien, den Vorsteuerabzug ausschließenden Ausgangsumsätzen, bezieht Leistungen für die Durchführung eines Betriebsausfluges. Die Kosten pro Arbeitnehmer betragen

a) 60 €.

b) 200 €.

Zu a)

Die Aufwendungen für den Betriebsausflug stellen Aufmerksamkeiten dar, weil sie die lohnsteuerliche Grenze von 110 € nicht übersteigen (vgl. R 19.5 Abs. 4 Satz 2 LStR 2011). Da die Überlassung dieser Aufmerksamkeiten keinen Wertabgabentatbestand erfüllt, fehlt es an einem steuerbaren Ausgangsumsatz, dem die Leistungsbezüge direkt und unmittelbar zugeordnet werden können. Für den Vorsteuerabzug ist deshalb die Gesamttätigkeit des U maßgeblich. U kann daher die Hälfte der Aufwendungen als Vorsteuer abziehen.

Zu b)

Die Aufwendungen für den Betriebsausflug stellen keine Aufmerksamkeiten dar, weil sie die lohnsteuerliche Grenze von 110 € übersteigen (vgl. R 19.5 Abs. 4 Satz 2 LStR 2011). Es liegt eine Mitveranlassung durch die Privatsphäre der Arbeitnehmer vor. Bei Überschreiten der Freigrenze besteht für den Unternehmer kein Anspruch auf Vorsteuerabzug, sofern die Verwendung bereits bei Leistungsbezug beabsichtigt ist. Dementsprechend unterbleibt eine Wertabgabenbesteuerung. Maßgeblich ist hierfür, dass sich ein Leistungsbezug zur Entnahme für unternehmensfremde Privatzwecke und ein Leistungsbezug für das Unternehmen gegenseitig ausschließen. Der nur mittelbar verfolgte Zweck – das Betriebsklima zu fördern – ändert hieran nichts.

III. Berichtigung des Vorsteuerabzugs nach § 15a UStG

1. Ändern sich die für den ursprünglichen Vorsteuerabzug maßgeblichen Verhältnisse, ist unter den Voraussetzungen des § 15a UStG eine Vorsteuerkorrektur vorzunehmen.

2. Eingangsleistungen, die ausschließlich für nichtunternehmerische Tätigkeiten bezogen werden, berechtigen nicht zum Vorsteuerabzug nach § 15 UStG. Ändert sich während des Berichtigungszeitraums nach § 15a UStG die Verwendung (z.B. Verwendung für unternehmerische Tätigkeiten, die zum Vorsteuerabzug berechtigen) erfolgt keine Vorsteuerkorrektur nach § 15a UStG, denn die Berichtigung eines unterbliebenen Vorsteuerabzugs setzt u. a. voraus, dass ein Vorsteuerabzug ursprünglich möglich gewesen wäre.

3. Einheitliche Gegenstände, die sowohl unternehmerisch als auch unternehmensfremd verwendet werden, können der unternehmerischen Tätigkeit zugeordnet werden, wenn die unternehmerische Nutzung mindestens 10 % beträgt (§ 15 Abs. 1 Satz 2 UStG). Die unternehmensfremde Verwendung und die ggf. spätere Entnahme unterliegen der Wertabgabenbesteuerung nach § 3 Abs. 1b und 9a UStG (ausgenommen hiervon sind teilunternehmerisch genutzte Grundstücke im Sinne des § 15 Abs. 1b UStG).

4. Ein einheitlicher Gegenstand, der sowohl unternehmerisch als auch nichtwirtschaftlich i.e.S. verwendet wird, berechtigt zum Vorsteuerabzug,
- wenn die unternehmerische Nutzung mindestens 10 % beträgt (§ 15 Abs. 1 Satz 2 UStG) und
- soweit dieser Gegenstand für unternehmerische Tätigkeiten verwendet wird, die den Vorsteuerabzug nicht ausschließen.

Führt die Änderung der Verhältnisse zu einer Erhöhung der Nutzung für nichtwirtschaftliche Tätigkeiten i.e.S., ist eine Nutzungsentnahme (unentgeltliche Wertabgabe nach § 3 Abs. 9a Nr. 1 UStG) zu versteuern. Führt die Änderung der Verhältnisse zu einer Erhöhung der Nutzung für unternehmerische Tätigkeiten, kann eine Vorsteuerberichtigung zu Gunsten des Unternehmers nach § 15a UStG aus Billigkeitsgründen vorgenommen werden, sofern die Bagatellgrenzen des § 44 UStDV überschritten sind. In dem Fall der sowohl unternehmerischen als auch unternehmensfremden Verwendung unterbleibt eine Berichtigung nach § 15a UStG im vorgenannten Sinne, da der Unternehmer eine Möglichkeit auf vollständige Zuordnung zum Unternehmen hatte. § 15a Abs. 6a UStG bleibt unberührt.

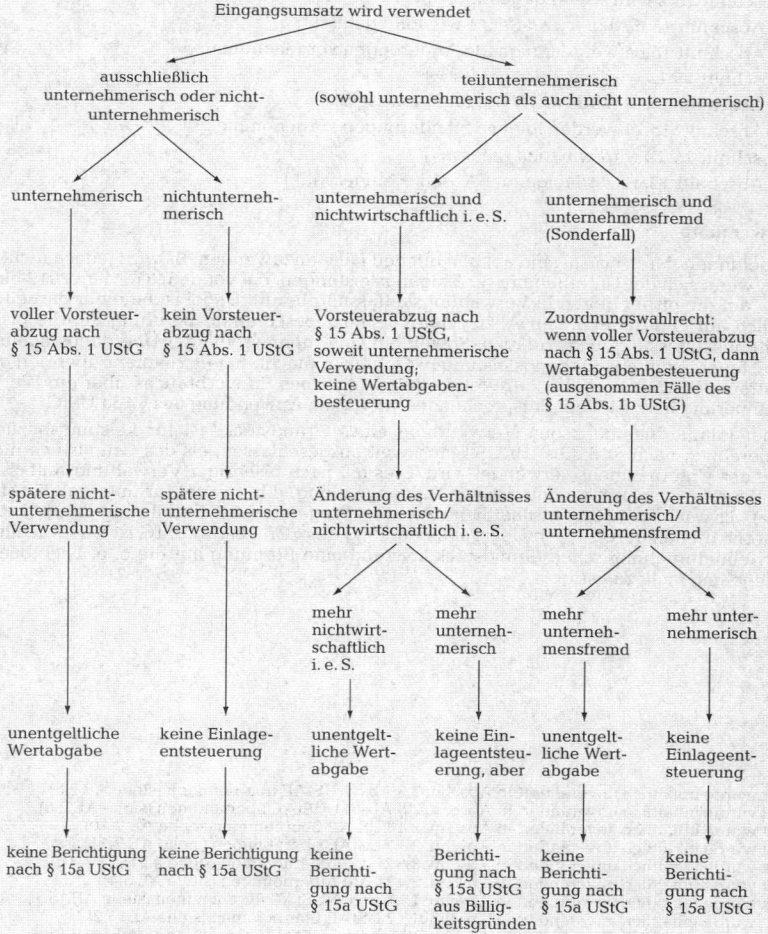

V. Änderung des Umsatzsteuer-Anwendungserlasses

Unter Bezugnahme auf das Ergebnis der Erörterungen mit den obersten Finanzbehörden der Länder wird der Umsatzsteuer-Anwendungserlass vom 1. Oktober 2010 (BStBl I S. 846), der zuletzt durch das BMF-Schreiben vom 2. Januar 2012, IV D 3 – S 7185/09/10001 (2011/1016375), BStBl I S. 60, geändert worden ist, wie folgt geändert:

1. In Abschnitt 2.3 wird nach Abs. 1 folgender Abs. 1a eingefügt:[1]
2. Abschnitt 2.5 Abs. 11 wird wie folgt gefasst:[2]
3. Abschnitt 2.10 wird wie folgt geändert:[3]
4. Abschnitt 2.11 wird wie folgt geändert:[4]
5. Abschnitt 3.3 wird wie folgt geändert:[5]
6. Abschnitt 3.4 wird wie folgt geändert:[6]
7. Abschnitt 15.1 Abs. 1 Satz 1 wird wie folgt gefasst:[7]
8. Abschnitt 15.2 wird wie folgt geändert:[8]
9. In Abschnitt 15.6 Abs. 1 wird Satz 1 wie folgt gefasst:[9]
10. In Abschnitt 15.6a werden folgende Änderungen vorgenommen:[10]
11. Abschnitt 15.15 wird wie folgt gefasst:[11]
12. In Abschnitt 15.19 wird Abs. 3 wie folgt gefasst:[12]
13. In Abschnitt 15.21 werden folgende Änderungen vorgenommen:[13]
14. Abschnitt 15.22 wird wie folgt gefasst:[14]
15. In Abschnitt 15a.1 wird folgender Absatz 7 eingefügt:[15]

VI. Anwendung

Die Regelungen (Nr. 1 bis 15) sind auf alle offenen Fälle anzuwenden. Es wird jedoch nicht beanstandet, wenn sich der Unternehmer für Eingangsleistungen, die vor dem 31. März 2012 bezogen werden, auf die bisher geltende Verwaltungsauffassung beruft. Dabei ist eine nur partielle, ausschließlich auf den ungekürzten Abzug der Vorsteuer beschränkte Berufung auf die bisherige Verwaltungsauffassung nicht zulässig. Soweit ein Unternehmer von der Übergangsregelung für den Vorsteuerabzug aus Eingangsleistungen Gebrauch macht, hat er vielmehr über den gesamten Zeitraum der Nutzung die zutreffende Belastung eines Endverbrauchs über die Wertabgabenbesteuerung herzustellen. Entsprechendes gilt für die Anwendung des § 15a UStG.

Bei einer teilunternehmerischen Verwendung eines Grundstücks ist für Leistungsbezüge der Vorsteuerabzug nach § 15 Abs. 1b UStG insoweit ausgeschlossen, als das Grundstück nicht für Zwecke des Unternehmens verwendet wird. Dies gilt nach bisheriger Verwaltungsauffassung in allen Fällen der nichtunternehmerischen Teilverwendung, d.h. sowohl für unternehmensfremde (private), als auch für nichtwirtschaftliche Zwecke. Wegen der bei Einführung des § 15 Abs. 1b UStG geschaffenen gesetzlichen Übergangsregelung des § 27 Abs. 16 UStG ist daher in allen Fällen der teilunternehmerischen Grundstücksnutzung eine Berufung auf die o. g. Nichtbeanstandungsregelung nicht zulässig.

---

[1] Text wurde inhaltlich unverändert in Abschn. 2.3 Abs. 1 UStAE übernommen (siehe AE 2.3).
[2] Text wurde inhaltlich unverändert in Abschn. 2.5 Abs. 11 UStAE übernommen (siehe AE 2.5).
[3] Text wurde inhaltlich unverändert in Abschn. 2.10 UStAE übernommen (siehe AE 2.10).
[4] Text wurde inhaltlich unverändert in Abschn. 2.11 UStAE übernommen (siehe AE 2.11).
[5] Text wurde inhaltlich unverändert in Abschn. 3.3 UStAE übernommen (siehe AE 3.3).
[6] Text wurde inhaltlich unverändert in Abschn. 3.4 UStAE übernommen (siehe AE 3.4).
[7] Text wurde inhaltlich unverändert in Abschn. 15.1 Abs. 1 UStAE übernommen (siehe AE 15.1).
[8] Text wurde inhaltlich unverändert in Abschn. 15.2 UStAE übernommen (siehe AE15.2).
[9] Text wurde inhaltlich unverändert in Abschn. 15.6 Abs. 1 UStAE übernommen (siehe AE 15.6).
[10] Text wurde inhaltlich unverändert in Abschn. 15.6a UStAE übernommen (siehe AE 15.6a).
[11] Text wurde inhaltlich unverändert in Abschn. 15.15 UStAE übernommen (siehe AE 15.15).
[12] Text wurde inhaltlich unverändert in Abschn. 15.19 UStAE übernommen (siehe AE 15.19).
[13] Text wurde inhaltlich unverändert in Abschn. 15.21 UStAE übernommen (siehe AE 15.21).
[14] Text wurde inhaltlich unverändert in Abschn. 15.22 UStAE übernommen (siehe AE 15.22).
[15] Text wurde inhaltlich unverändert in Abschn. 15a Abs. 7 UStAE übernommen (siehe AE 15a.7).

Rechtsprechung

<u>EUROPÄISCHER GERICHTSHOF</u>

EuGH vom 21. 3. 2000 – Rs. C-110/98-C-147/98 – (HFR 2000 S. 456, UVR 2000 S. 219)

Abzug der Mehrwertsteuer für vor Beginn der Tätigkeit vorgenommene Umsätze

Art. 17 6. USt-Richtlinie steht einer nationalen Regelung entgegen, nach der ein Steuerpflichtiger das Recht auf Abzug der vor dem Beginn der gewohnheitsmäßigen Vornahme besteuerter Umsätze entrichteten Mehrwertsteuer nur bei Erfüllung bestimmter Voraussetzungen, wie der Stellung eines ausdrücklichen entsprechenden Antrags vor Fälligkeit der Steuer und der Einhaltung einer Frist von einem Jahr zwischen dieser Antragstellung und dem tatsächlichen Beginn der besteuerten Umsätze, ausüben kann und die Nichterfüllung dieser Voraussetzungen zum Verlust des Rechts auf Vorsteuerabzug oder dazu führt, daß dieser Recht erst vom tatsächlichen Beginn der gewohnheitsmäßigen Vornahme der steuerbaren Umsätze an ausgeübt werden kann.

EuGH vom 8. 6. 2000 – Rs. C-98/98 – (HFR 2000 S. 684, UR 2000 S. 342, DStR 2000 S. 591)

Abzug der Mehrwertsteuer für Rechtsanwaltshonorare

1. Art. 2 1. USt-Richtlinie und Art. 17 Abs. 2, 3 und 5 6. USt-Richtlinie sind so auszulegen, daß grundsätzlich ein direkter und unmittelbarer Zusammenhang zwischen einem bestimmten Eingangsumsatz und einem oder mehreren Umsätzen der nachfolgenden Stufe, die zum Vorsteuerabzug berechtigen, bestehen muß, damit der Steuerpflichtige zum Vorsteuerabzug berechtigt ist und der Umfang dieses Rechts bestimmt werden kann.
2. Es ist Sache des nationalen Gerichts, das Kriterium des direkten und unmittelbaren Zusammenhangs auf den Sachverhalt des bei ihm anhängigen Rechtsstreits anzuwenden. Ein Steuerpflichtiger, der sowohl Umsätze tätigt, die zum Vorsteuerabzug berechtigen, als auch solche, die nicht dazu berechtigen, kann die Mehrwertsteuer, mit der die bezogenen Gegenstände oder Dienstleistungen belastet sind, abziehen, sofern diese Leistungen direkt und unmittelbar mit den zum Vorsteuerabzug berechtigenden Ausgangsumsätzen zusammenhängen, ohne daß es darauf ankommt, ob Absatz 2, 3 oder 5 des Art. 17 6. USt-Richtlinie anzuwenden ist. Ein solcher Steuerpflichtiger kann die auf Dienstleistungen lastende Vorsteuer jedoch nicht in voller Höhe abziehen, wenn diese Dienstleistungen nicht zur Ausführung eines zum Vorsteuerabzug berechtigenden Umsatzes, sondern im Rahmen von Tätigkeiten verwendet worden sind, die nur die Folge eines solchen Umsatzes sind, es sei denn, der Steuerpflichtige weist anhand objektiver Umstände nach, daß die Aufwendungen für den Bezug dieser Dienstleistungen zu den verschiedenen Kostenelementen des Ausgangsumsatzes gehört.

EuGH vom 8. 6. 2000 – Rs. C-396/98 – (BStBl II 2003 S. 446, HFR 2000 S. 687, UVR 2000 S. 308)

Recht auf Vorsteuerabzug bei Errichtung eines Gebäudes zu (geplant) steuerpflichtiger Vermietung; keine rückwirkende Beseitigung des Rechts bei anschließender – auf Grund Gesetzesänderung – steuerfreier Vermietung trotz Steuerfestsetzung unter Vorbehalt der Nachprüfung

Nach Art. 17 6. USt-Richtlinie bleibt das Recht eines Steuerpflichtigen, die Mehrwertsteuer, die er für Gegenstände oder Dienstleistungen entrichtet hat, die ihm im Hinblick auf die Ausführung bestimmter Vermietungsumsätze geliefert bzw. erbracht wurden, als Vorsteuer abzuziehen, erhalten, wenn dieser Steuerpflichtige aufgrund einer nach dem Bezug dieser Gegenstände oder Dienstleistungen, aber vor Aufnahme dieser Umsatztätigkeiten eingetretenen Gesetzesänderung nicht mehr zum Verzicht auf die Steuerbefreiung dieser Umsätze berechtigt ist; dies gilt auch dann, wenn die Mehrwertsteuer unter dem Vorbehalt der Nachprüfung festgesetzt wurde.

EuGH vom 8. 6. 2000 – Rs. C-400/98 – (BStBl II 2003 S. 452, UR 2000 S. 329)

Unternehmereigenschaft und Ausübung des Rechts auf Vorsteuerabzug im Fall des Scheiterns der beabsichtigten Tätigkeit vor der erstmaligen Festsetzung der Umsatzsteuer

1. Die Art. 4 und 17 6. USt-Richtlinie sind dahin auszulegen, dass das Recht auf Abzug der Mehrwertsteuer, die für Umsätze entrichtet worden ist, die im Hinblick auf die Ausübung geplanter wirtschaftlicher Tätigkeiten getätigt wurden, selbst dann fortbesteht, wenn der Steuerverwaltung bereits bei der erstmaligen Festsetzung der Steuer bekannt ist, dass die beabsichtigte wirtschaftliche Tätigkeit, die zu steuerbaren Umsätzen führen sollte, nicht ausgeübt werden wird.

2. Nach Art. 4 Abs. 3 6. USt-Richtlinie kann bei der Lieferung von Gebäuden oder Gebäudeteilen und dem dazugehörigen Grund und Boden die Option für eine Besteuerung nur zusammen für die Gebäude oder Gebäudeteile und den dazugehörigen Grund und Boden ausgeübt werden.

EuGH vom 27. 9. 2001 – Rs. C-16/00 – (HFR 2001 S. 1213, UR 2001 S. 500, UVR 2002 S. 324)

Vorsteuerabzug einer Holdinggesellschaft aus bezogenen Dienstleistungen zum Erwerb einer Beteiligung an einer Tochtergesellschaft, wirtschaftliche Tätigkeit einer Holding

1. Eingriffe einer Holding in die Verwaltung von Unternehmen, an denen sie Beteiligungen erworben hat, sind eine wirtschaftliche Tätigkeit i. S. des Art. 4 Abs. 2 6. USt-Richtlinie, wenn sie Tätigkeiten darstellen, die gemäß Art. 2 6. USt-Richtlinie der Mehrwertsteuer unterliegen, wie etwa das Erbringen von administrativen, finanziellen, kaufmännischen und technischen Dienstleistungen der Holding an ihre Tochtergesellschaften.
2. Die Kosten, die einer Holding für die bei Erwerb einer Beteiligung an einer Tochtergesellschaft erworbenen Dienstleistungen entstanden sind, gehören zu ihren allgemeinen Kosten und hängen deshalb grundsätzlich direkt und unmittelbar mit ihrer wirtschaftlichen Tätigkeit zusammen. Wenn die Holding deshalb sowohl Umsätze tätigt, für die ein Recht auf Vorsteuerabzug besteht, als auch Umsätze, für die dieses Recht nicht besteht, ergibt sich aus Art. 17 Abs. 5 Unterabs. 1 6. USt-Richtlinie, dass sie den Vorsteuerabzug nur für den Teil der Mehrwertsteuer vornehmen kann, der dem Betrag der erstgenannten Umsätze entspricht.
3. Der Bezug von Dividenden fällt nicht in den Anwendungsbereich der Mehrwertsteuer.

EuGH vom 25. 10. 2001 – Rs. C-78/00 – (DB 2001 S. 2534, UR 2001 S. 541, UVR 2002 S. 323)

Gemeinschaftsrechtswidrigkeit der Ersetzung der Erstattung des Mehrwertsteuerüberschusses in Italien durch die Zuteilung von Staatsanleihen

Die Italienische Republik hat dadurch gegen ihre Verpflichtungen aus den Art. 17 und 18 6. USt-Richtlinie in der Fassung der Richtlinie 95/7/EG des Rates vom 10. 4. 1995 verstoßen, dass sie für eine Gruppe von Steuerpflichtigen, die für das Jahr 1992 ein Steuerguthaben aufweisen, die Erstattung des Mehrwertsteuerüberschusses durch die – im Übrigen verspätete – Zuteilung von Staatsanleihen vorgesehen hat.

EuGH vom 8. 11. 2001 – Rs. C-338/98 – (UR 2001 S. 544, UVR 2002 S. 91)

Vorsteuerabzug in Höhe eines Prozentsatzes von der einem Arbeitnehmer für die Benutzung seines Privatfahrzeugs für berufliche Zwecke gewährten Kostenerstattung

Das Königreich der Niederlande hat dadurch gegen seine Verpflichtungen aus dem EG-Vertrag verstoßen, dass es unter Verstoß gegen Art. 17 Abs. 2 Buchst. a und Art. 18 Abs. 1 Buchst. a 6. USt-Richtlinie in der Fassung der Richtlinie 95/7/EG des Rates vom 10. 4. 1995 vorsieht, dass ein mehrwertsteuerpflichtiger Arbeitgeber einen Teil der einem Arbeitnehmer für die Benutzung eines Privatfahrzeugs zu beruflichen Zwecken gewährten Erstattung abziehen kann.

EuGH vom 8. 1. 2002 – Rs. C-409/99 – (HFR 2002 S. 265, UR 2002 S. 220)

Gemeinschaftsrechtswidrigkeit eines zum Zeitpunkt des In-Kraft-Tretens der 6. USt-Richtlinie in nationaler Rechtsvorschrift bestehenden und beibehaltenen Vorsteuerausschlusses im Falle einer vor und zunächst nach In-Kraft-Treten der 6. USt-Richtlinie den Vorsteuerabzug gewährenden ständigen Verwaltungspraxis

1. Einem Mitgliedstaat ist es nach Art. 17 Abs. 6 Unterabs. 2 6. USt-Richtlinie verwehrt, die Ausgaben für bestimmte Kraftfahrzeuge nach dem Inkrafttreten der 6. USt-Richtlinie vom Recht auf Vorsteuerabzug auszuschließen, wenn zum Zeitpunkt des Inkrafttretens der 6. USt-Richtlinie für Ausgaben das Recht auf Vorsteuerabzug nach ständiger auf einem Ministerialerlass beruhender Praxis der Verwaltungsbehörden dieses Staates gewährt wurde.
2. Art. 17 Abs. 7 Satz 1 6. USt-Richtlinie ist so auszulegen, dass diese Bestimmung einen Mitgliedstaat nicht ermächtigt, ohne vorherige Konsultation des Mehrwertsteuer-Ausschusses Gegenstände vom Vorsteuerabzug auszuschließen. Diese Bestimmung ermächtigt einen Mitgliedstaat auch nicht, zum Ausschluss von Gegenständen vom Vorsteuerabzug Maßnahmen zu erlassen, die keine Angaben zu ihrer zeitlichen Begrenzung enthalten und/oder zu einem Paket von Strukturanpassungsmaßnahmen gehören, mit denen bezweckt ist, das Haushaltsdefizit zu verringern und eine Rückzahlung der Staatsschulden zu ermöglichen.

EuGH vom 29. 4. 2004 – Rs. C-17/01 – (HFR 2004 S. 931, UVR 2004 S. 236)

Pauschale Begrenzung des Vorsteuerabzugs bei Fahrzeugen auf 50 v. H. zulässig, aber Rückwirkung der EU-Ermächtigung vom 28. 2. 2000 auf den 1. 4. 1999 unzulässig

1. Die Prüfung des Verfahrens, das zum Erlass der Entscheidung 2000/186/EG des Rates vom 28. 2. 2000 zur Ermächtigung der Bundesrepublik Deutschland, von den Art. 6 und 17 6. USt-Richtlinie abweichende Regelungen anzuwenden, geführt hat, hat keinen Mangel erkennen lassen, der die Gültigkeit dieser Entscheidung beeinträchtigen könnte.
2. Art. 3 der Entscheidung 2000/186/EG ist ungültig, soweit er die rückwirkende Geltung der Ermächtigung der Bundesrepublik Deutschland durch den Rat der Europäischen Union ab dem 1. 4. 1999 vorsieht.
3. Art. 2 der Entscheidung 2000/186/EG entspricht den inhaltlichen Anforderungen des Art. 27 Abs. 1 6. USt-Richtlinie in der durch die Richtlinie 95/7/EG des Rates vom 10. 4. 1995 geänderten Fassung und ist nicht ungültig.

EuGH vom 29. 4. 2004 – Rs. C-152/02 – (HFR 2004 S. 709, UVR 2004 S. 242)

Voraussetzungen für die Ausübung des Vorsteuerabzugsrechts

Für den Vorsteuerabzug nach Art. 17 Abs. 2 Buchst. a 6. USt-Richtlinie ist Art. 18 Abs. 2 Unterabs. 1 dieser Richtlinie dahin auszulegen, dass das Vorsteuerabzugsrecht für den Erklärungszeitraum auszuüben ist, in dem die beiden nach dieser Bestimmung erforderlichen Voraussetzungen erfüllt sind, dass die Lieferung der Gegenstände oder die Dienstleistung bewirkt wurde und dass der Steuerpflichtige die Rechnung oder das Dokument besitzt, das nach den von den Mitgliedstaaten festgelegten Kriterien als Rechnung betrachtet werden kann.

EuGH vom 9. 9. 2004 – Rs. C-269/03 – (DB 2004 S. 2082, UR 2004 S. 533)

Vorsteuerabzug bei Option zur Umsatzsteuerpflicht kann von vorheriger Zustimmung durch die Finanzverwaltung abhängig gemacht werden

Die Bestimmungen des Art. 13 Teil C Abs. 1 Buchst. a und Abs. 2 6. USt-Richtlinie schließen es nicht aus, dass ein Mitgliedstaat, der von der Befugnis Gebrauch gemacht hat, seinen Steuerpflichtigen das Recht einzuräumen, bei der Vermietung und Verpachtung von Grundstücken für eine Besteuerung zu optieren, eine Regelung einführt, die den vollständigen Vorsteuerabzug von der nicht rückwirkenden vorherigen Zustimmung der Finanzverwaltung abhängig macht.

EuGH vom 10. 3. 2005 – Rs. C-33/03 – (UR 2005 S. 334, UVR 2005 S. 218)

Kein Vorsteuerabzug des Unternehmers für Lieferungen von Kraftstoff an seine Arbeitnehmer

Das Vereinigte Königreich Großbritannien und Nordirland hat dadurch gegen seine Verpflichtungen aus der 6. USt-Richtlinie verstoßen, dass es entgegen den Art. 17 Abs. 2 Buchst. a und 18 Abs. 1 Buchst. a dieser Richtlinie Steuerpflichtigen das Recht gewährt hat, die Mehrwertsteuer für bestimmte Kraftstofflieferungen an Nichtsteuerpflichtige abzuziehen.

EuGH vom 21. 4. 2005 – Rs. C-25/03 – (BStBl 2007 II S. 23, UVR 2005 S. 183)

Vorsteuerabzug für ein häusliches, unternehmerisch genutztes Arbeitszimmer, das im Miteigentum von Ehegatten steht

Die 6. USt-Richtlinie in der Fassung der RL 91/680/EWG des Rates vom 16. 12. 1991 zur Ergänzung des gemeinsamen Mehrwertsteuersystems und zur Änderung der 6. USt-Richtlinie im Hinblick auf die Beseitigung der Steuergrenzen ist wie folgt auszulegen:

– Jemand, der ein Wohnhaus erwirbt oder errichtet, um es mit seiner Familie zu bewohnen, handelt als Steuerpflichtiger und ist damit gemäß Art. 17 6. USt-Richtlinie zum Vorsteuerabzug berechtigt, wenn er einen Raum des Gebäudes als Arbeitszimmer für eine sei es auch nur nebenberuflich ausgeübte wirtschaftliche Tätigkeit i. S. der Art. 2 und 4 dieser Richtlinie verwendet und soweit er diesen Teil des Gebäudes dem Unternehmensvermögen zuordnet;
– im Fall der Bestellung eines Investitionsguts durch eine Ehegattengemeinschaft, die keine Rechtspersönlichkeit besitzt und selbst keine wirtschaftliche Tätigkeit i. S. der 6. USt-Richtlinie ausübt, sind die Miteigentümer, die diese Gemeinschaft bilden, für die Zwecke der Anwendung dieser Richtlinie als Leistungsempfänger anzusehen;
– bei Erwerb eines Investitionsguts durch zwei eine Gemeinschaft bildende Ehegatten, von denen einer einen Teil des Gegenstands ausschließlich für unternehmerische Zwecke verwendet, steht diesem Ehegatten und Miteigentümer das Recht auf Vorsteuerabzug für die gesamte Mehrwertsteuerbelastung des von ihm für unternehmerische Zwecke verwendeten Teils des

Gegenstands zu, sofern der Abzugsbetrag nicht über den Miteigentumsanteil des Steuerpflichtigen an dem Gegenstand hinausgeht;
- der Steuerpflichtige muss nach den Art. 18 Abs. 1 Buchst. a i. V. mit Art. 22 Abs. 3 6. USt-Richtlinie zur Ausübung des Rechts auf Vorsteuerabzug unter Umständen wie den im Ausgangsverfahren gegebenen nicht über eine auf seinen Namen ausgestellte Rechnung verfügen, in der die auf seinen Miteigentumsanteil entfallenden Teilbeträge des Preises und der Mehrwertsteuer ausgewiesen sind. Eine Rechnung, die ohne Unterscheidung an die Ehegatten, die die Gemeinschaft bilden, ausgestellt ist und in der keine solchen Teilbeträge ausgewiesen sind, reicht zu diesem Zweck aus.

EuGH vom 26. 4. 2005 – Rs. C-376/02 – (HFR 2005 S. 793, UR 2005 S. 385)

Wahrung der Grundsätze des Vertrauensschutzes und der Rechtssicherheit bei der rückwirkenden Änderung nationaler Rechtsvorschriften zum Vorsteuerabzug

Die Grundsätze des Vertrauensschutzes und der Rechtssicherheit untersagen es nicht, dass ein Mitgliedstaat ausnahmsweise und um zu verhindern, dass während des Gesetzgebungsverfahrens in großem Umfang Finanzkonstruktionen zur Verminderung der Mehrwertsteuerbelastung angewandt werden, die mit einem Änderungsgesetz gerade bekämpft werden sollen, diesem Gesetz Rückwirkung zukommen lässt, wenn unter Umständen wie den im Ausgangsverfahren vorliegenden die Wirtschaftsbeteiligten, die die mit dem Gesetz zu erfassenden wirtschaftlichen Tätigkeiten ausüben, von dem bevorstehenden Erlass dieses Gesetzes und der beabsichtigten Rückwirkung derart in Kenntnis gesetzt worden sind, dass sie zu verstehen in der Lage sind, wie sich die beabsichtigte Gesetzesänderung auf ihre Tätigkeiten auswirkt.

Wenn dieses Gesetz ein zuvor der Mehrwertsteuer unterliegendes Grundstücksgeschäft von der Steuer befreit, darf es bewirken, dass die Berichtigung der Mehrwertsteuer rückgängig gemacht wird, die deshalb erfolgte, weil zum Zeitpunkt der Bestimmung einer Immobilie zu einem damals als besteuert angesehenen Umsatz ein Recht auf Vorsteuerabzug der auf die Lieferung dieser Immobilie entrichteten Mehrwertsteuer ausgeübt wurde.

EuGH vom 26. 5. 2005 – Rs. C-536/03 – (HFR 2005 S. 792, UR 2005 S. 391)

Zur Berechnung des Pro-rata-Satzes beim Vorsteuerabzug

Es verstößt gegen Art. 19 Abs. 1 6. USt-Richtlinie, wenn im Nenner des Bruches zur Berechnung des Pro-rata-Satzes des Vorsteuerabzugs der Wert der noch nicht abgeschlossenen Arbeiten berücksichtigt wird, die von einem Steuerpflichtigen bei der Ausübung einer Tätigkeit im Bauhandwerk ausgeführt werden, sofern dieser Wert nicht Übertragungen von Gegenständen oder Dienstleistungen entspricht, die der Steuerpflichtige bereits erbracht hat oder für die Bauabrechnungen erteilt oder Anzahlungen vereinnahmt wurden.

EuGH vom 6. 10. 2005 – Rs. C-204/03 – (DB 2005 S. 2338; HFR 2005 S. 1230)

Einschränkung des Vorsteuerabzugs von subventionierten Investitionsgütern

Spanien hat dadurch gegen seine Verpflichtungen aus dem Gemeinschaftsrecht und insbesondere aus den Art. 17 Abs. 2 und 5 sowie Art. 19 6. USt-Richtlinie in der durch die Richtlinie 95/7/EG des Rates vom 10. 4. 1995 geänderten Fassung verstoßen, dass es einen Pro-rata-Satz für den Abzug der von den Steuerpflichtigen, die nur besteuerte Umsätze tätigen, getragenen Mehrwertsteuer vorsieht und dass es eine Sonderregelung eingeführt hat, durch die die Abziehbarkeit der Mehrwertsteuer beschränkt wird, die auf den Erwerb von mittels Subventionen finanzierten Gegenständen oder Dienstleistungen entfällt.

EuGH vom 6. 10. 2005 – Rs. C-243/03 – (DB 2005 S. 2338, HFR 2005 S. 1231)

Einschränkung des Vorsteuerabzugs von subventionierten Investitionsgütern

Frankreich hat dadurch gegen seine Verpflichtungen aus dem Gemeinschaftsrecht und insbesondere aus den Art. 17 und 19 6. USt-Richtlinie in der durch die Richtlinie 95/7/EG des Rates vom 10. 4. 1995 geänderten Fassung verstoßen, dass es eine besondere Regel zur Einschränkung der Abziehbarkeit der Mehrwertsteuer beim Kauf von mittels Subventionen finanzierten Investitionsgütern erlassen hat.

EuGH vom 12. 1. 2006 – Rs. C-354/03, C-355/03 und C-484/03 – (HFR 2006 S. 318, UR 2006 S. 157)

Wirtschaftliche Tätigkeit eines gutgläubig an einer dem Umsatzsteuerkarussellbetrug dienenden Lieferkette beteiligten Unternehmers und das Recht auf Vorsteuerabzug

Umsätze wie die in den Ausgangsverfahren in Rede stehenden, die nicht selbst mit einem Mehrwertsteuerbetrug behaftet sind, sind Lieferungen von Gegenständen, die ein Steuerpflichtiger als solcher ausführt, und eine wirtschaftliche Tätigkeit i. S. der Art. 2 Nr. 1, Art. 4 und Art. 5 Abs. 1 der 6. USt-Richtlinie in der durch die Richtlinie 95/7/EG des Rates vom 10. 4. 1995 geänderten Fassung, wenn sie die objektiven Kriterien erfüllen, auf denen diese Begriffe beruhen, ohne dass es auf die Absicht eines von dem betroffenen Steuerpflichtigen verschiedenen, an derselben Lieferkette beteiligten Händlers und/oder den möglicherweise betrügerischen Zweck – den dieser Steuerpflichtige weder kannte noch kennen konnte – eines anderen Umsatzes ankommt, der Teil dieser Kette ist und der dem Umsatz, den der betreffende Steuerpflichtige getätigt hat, vorausgeht oder nachfolgt. Das Recht eines Steuerpflichtigen, der solche Umsätze ausführt, auf Vorsteuerabzug wird auch nicht dadurch berührt, dass in der Lieferkette, zu der diese Umsätze gehören, ohne dass dieser Steuerpflichtige hiervon Kenntnis hat oder haben kann, ein anderer Umsatz, der dem vom Steuerpflichtigen getätigten Umsatz vorausgeht oder nachfolgt, mit einem Mehrwertsteuerbetrug behaftet ist.

EuGH vom 21. 2. 2006 – Rs. C-255/02 – (HFR 2006 S. 411, UR 2006 S. 232)

Kein Vorsteuerabzug aus einem rechtsmissbräuchlich zum alleinigen Zweck des Erlangens eines Steuervorteils gestalteten Umsatzes

1. Umsätze wie die im Ausgangsverfahren fraglichen sind, selbst wenn sie ausschließlich in der Absicht getätigt werden, einen Steuervorteil zu erlangen, und sonst keinen wirtschaftlichen Zweck verfolgen, Lieferungen von Gegenständen oder Dienstleistungen und eine wirtschaftliche Tätigkeit i. S. der Art. 2 Nr. 1, Art. 4 Abs. 1 und 2, Art. 5 Abs. 1 und Art. 6 Abs. 1 der 6. USt-Richtlinie in ihrer durch die Richtlinie 95/7/EG des Rates vom 10. 4. 1995 geänderten Fassung, wenn sie die objektiven Kriterien erfüllen, auf denen diese Begriffe beruhen.

2. Die 6. USt-Richtlinie ist dahin auszulegen, dass sie dem Recht des Steuerpflichtigen auf Vorsteuerabzug entgegensteht, wenn die Umsätze, die dieses Recht begründen, eine missbräuchliche Praxis darstellen.

    Die Feststellung einer missbräuchlichen Praxis erfordert zum einen, dass die fraglichen Umsätze trotz formaler Anwendung der Bedingungen der einschlägigen Bestimmungen der 6. USt-Richtlinie und des zu ihrer Umsetzung erlassenen nationalen Rechts einen Steuervorteil zum Ergebnis haben, dessen Gewährung dem mit diesen Bestimmungen verfolgten Ziel zuwiderlaufen würde. Zum anderen muss auch aus einer Reihe objektiver Anhaltspunkte ersichtlich sein, dass mit den fraglichen Umsätzen im Wesentlichen ein Steuervorteil bezweckt wird.

3. Ist eine missbräuchliche Praxis festgestellt worden, so sind die diese Praxis bildenden Umsätze in der Weise neu zu definieren, dass auf die Lage abgestellt wird, die ohne die diese missbräuchliche Praxis begründenden Umsätze bestanden hätte.

EuGH vom 21. 2. 2006 – Rs. C-223/03 – (HFR 2006 S. 414, UR 2006 S. 217)

Vorliegen der Lieferung eines Gegenstands oder einer Dienstleistung und einer wirtschaftlichen Tätigkeit trotz Rechtsmissbräuchlichkeit eines Umsatzes

Umsätze wie die im Ausgangsverfahren fraglichen sind, selbst wenn sie ausschließlich in der Absicht getätigt werden, einen Steuervorteil zu erlangen, und sonst keinen wirtschaftlichen Zweck verfolgen, Lieferungen von Gegenständen oder Dienstleistungen und eine wirtschaftliche Tätigkeit i. S. der Art. 2 Nr. 1, Art. 4 Abs. 1 und 2, Art. 5 Abs. 1 und Art. 6 Abs. 1 der 6. USt-Richtlinie in ihrer durch die Richtlinie 95/7/EG des Rates vom 10. 4. 1995 geänderten Fassung, wenn sie die objektiven Kriterien erfüllen, auf denen diese Begriffe beruhen.

EuGH vom 6. 7. 2006 – Rs. C-439/04 und C-440/04 – (HFR 2006 S. 939, UR 2006 S. 594)

Versagung des Vorsteuerabzugs eines Leistungsempfängers bei seiner möglichen Kenntnis von der Einbeziehung des Eingangsumsatzes in eine Mehrwertsteuerhinterziehung des Leistenden

Art. 17 der 6. USt-Richtlinie in der Fassung der Richtlinie 95/7/EG des Rates vom 10. 4. 1995 ist dahin auszulegen, dass er in dem Fall, dass eine Lieferung an einen Steuerpflichtigen vorgenommen wird, der weder wusste noch wissen konnte, dass der betreffende Umsatz in einen vom Verkäufer begangenen Betrug einbezogen war, einer nationalen Rechtsvorschrift entgegensteht, wonach die Nichtigkeit des Kaufvertrags aufgrund einer zivilrechtlichen Bestimmung, nach der dieser Vertrag unheilbar nichtig ist, weil er wegen eines in der Person des Verkäufers unzulässigen Grundes gegen die öffentliche Ordnung verstößt, zum Verlust des Rechts auf Abzug der von diesem Steuerpflichtigen entrichteten Vorsteuer führt. Dabei spielt es keine Rolle, ob diese Nichtigkeit auf einer Mehrwertsteuerhinterziehung oder einem sonstigen Betrug beruht.

Steht dagegen aufgrund objektiver Umstände fest, dass die Lieferung an einen Steuerpflichtigen vorgenommen wird, der wusste oder hätte wissen müssen, dass er sich mit seinem Erwerb an einem Umsatz beteiligte, der in eine Mehrwertsteuerhinterziehung einbezogen war, so hat das nationale Gericht diesem Steuerpflichtigen den Vorteil des Rechts auf Vorsteuerabzug zu verweigern.

EuGH vom 14. 9. 2006 – Rs. C-228/05 – (HFR 2006 S. 1173, UR 2006 S. 702)

Konsultationsverfahrensverpflichtung eines Mitgliedstaats vor dem Erlass einer nationalen Sondermaßnahme bezüglich des Rechts auf Vorsteuerabzug

1. Art. 17 Abs. 7 Satz 1 der 6. USt-Richtlinie verlangt von den Mitgliedstaaten zur Erfüllung der in Art. 29 der 6. USt-Richtlinie vorgesehenen Konsultationsverfahrensverpflichtung, den Beratenden Ausschuss für die Mehrwertsteuer darüber zu informieren, dass sie den Erlass einer von der allgemeinen Vorsteuerabzugsregelung abweichenden nationalen Maßnahme beabsichtigen, und diesem Ausschuss so weitreichende Informationen zu liefern, dass er diese Maßnahme in voller Kenntnis der Sachlage prüfen kann.
2. Art. 17 Abs. 7 Satz 1 der 6. USt-Richtlinie ist dahin auszulegen, dass er einen Mitgliedstaat nicht dazu ermächtigt, Gegenstände von der Vorsteuerabzugsregelung ohne vorherige Konsultation des nach Art. 29 Art. der 6. USt-Richtlinie eingesetzten Beratenden Ausschusses für die Mehrwertsteuer auszuschließen. Die gleiche Vorschrift ermächtigt einen Mitgliedstaat auch nicht, zum Ausschluss von Gegenständen vom Vorsteuerabzug Maßnahmen zu erlassen, die in ihrer zeitlichen Begrenzung enthalten und/oder zu einem Paket von Strukturanpassungsmaßnahmen gehören, mit denen bezweckt ist, das Haushaltsdefizit zu verringern und eine Rückzahlung der Staatsschulden zu ermöglichen.
3. Soweit kein Ausschluss von der Vorsteuerabzugsregelung im Einklang mit Art. 17 Abs. 7 der 6. USt-Richtlinie geschaffen worden ist, können die nationalen Steuerbehörden einem Steuerpflichtigen keine Bestimmung entgegenhalten, die von dem in Art. 17 Abs. 1 der 6. USt-Richtlinie aufgestellten Grundsatz des Vorsteuerabzugs abweicht. Da der Steuerpflichtige dieser abweichenden Vorschrift unterworfen worden ist, muss er seine Mehrwertsteuerschuld gemäß Art. 17 Abs. 2 der 6. USt-Richtlinie neu berechnen können, soweit die Gegenstände und Dienstleistungen für Zwecke seiner besteuerten Umsätze verwendet wurden.

EuGH vom 8. 2. 2007 – Rs. C-435/05 – (HFR 2007 S. 407, UR 2007 S. 225)

Nachweis eines Zusammenhangs zwischen unternehmerischer Tätigkeit und Aufwendungen für Beratungsdienste zur Feststellung der Höhe einer Forderung, die zum Vermögen des Unternehmens gehört, aber vor der Mehrwertsteuerpflicht des Forderungsinhabers entstanden ist

Art. 17 Abs. 2 der 6. USt-Richtlinie ist dahin auszulegen, dass die Kosten für Beratungsdienste, die ein Steuerpflichtiger zur Feststellung der Höhe einer Forderung, die zum Vermögen seines Unternehmens gehört und die mit einer vor Entstehung seiner Mehrwertsteuerpflichtigkeit erfolgten Veräußerung von Anteilen zusammenhängt, in Anspruch genommen hat, in Ermangelung von Nachweisen dafür, dass diese Dienste ihren ausschließlichen Grund in der von dem Steuerpflichtigen ausgeübten wirtschaftlichen Tätigkeit im Sinne der 6. USt-Richtlinie haben, keinen direkten und unmittelbaren Zusammenhang mit dieser Tätigkeit aufweisen und folglich nicht zum Abzug der auf ihnen lastenden Mehrwertsteuer berechtigen.

EuGH vom 18. 12. 2007 – Rs. C-368/06 – (UR 2008 S. 160)

Keine Verletzung der Grundsätze des sofortigen Abzugs der Vorsteuer und der steuerlichen Neutralität durch französische Übergangsbestimmungen zur Abschaffung der Regelung des sog. einmonatigen Aufschubs

Die Art. 17 und 18 Abs. 4 6. USt-Richtlinie sind dahin auszulegen, dass sie einer nationalen Bestimmung wie der durch das Gesetz Nr. 93-859 vom 22. 6. 1993, Haushaltsberichtigungsgesetz für 1993, eingeführten Übergangsbestimmung, die die Aufhebung einer nach Art. 28 Abs. 3 Buchst. d dieser Richtlinie erlaubten nationalen Ausnahme begleiten soll, nicht entgegenstehen, sofern vom nationalen Gericht überprüft wird, ob diese Maßnahme im Einzelfall die Wirkungen der nationalen Ausnahmevorschrift einschränkt.

EuGH vom 6. 3. 2008 – Rs. C-98/07 – (HFR 2008 S. 530, UR 2008 S. 625)

Berechnung des Pro-rata-Satzes des Vorsteuerabzugs bei einem Kfz-Leasingunternehmen

Art. 19 Abs. 2 6. USt-Richtlinie ist dahin auszulegen, dass Fahrzeuge, die ein Leasingunternehmen erwirbt, um sie, wie im Ausgangsverfahren, zu vermieten und dann nach Ablauf der Leasingverträge zu verkaufen, von der Wendung „Investitionsgüter …, die vom Steuerpflichtigen in seinem Unternehmen verwendet werden" nicht erfasst werden, wenn der Verkauf dieser Fahrzeuge nach Ablauf der genannten Verträge integraler Bestandteil der regelmäßig ausgeübten wirtschaftlichen Tätigkeiten dieses Unternehmens ist.

EuGH vom 13. 3. 2008 – Rs. C-437/06 – (BStBl 2008 II S. 727, UR 2008 S. 344)

Berechnung des Pro-rata-Satzes des Vorsteuerabzugs aus Aufwendungen bei der Ausgabe von Aktien und atypischen stillen Beteiligungen im Falle steuerpflichtiger und steuerfreier wirtschaftlicher Tätigkeiten und nichtwirtschaftlicher Tätigkeiten des Steuerpflichtigen

1. Für den Fall, dass ein Steuerpflichtiger zugleich steuerpflichtigen oder steuerfreien wirtschaftlichen Tätigkeiten und nichtwirtschaftlichen, nicht in den Anwendungsbereich der 6. USt-Richtlinie fallenden Tätigkeiten nachgeht, ist der Abzug der Vorsteuer auf Aufwendungen im Zusammenhang mit der Ausgabe von Aktien und atypischen stillen Beteiligungen nur insoweit zulässig, als diese Aufwendungen der wirtschaftlichen Tätigkeit des Steuerpflichtigen i. S. des Art. 2 Nr. 1 6. USt-Richtlinie zuzurechnen sind.
2. Die Festlegung der Methoden und Kriterien zur Aufteilung der Vorsteuerbeträge zwischen wirtschaftlichen und nichtwirtschaftlichen Tätigkeiten i. S. der 6. USt-Richtlinie steht im Ermessen der Mitgliedstaaten, die bei der Ausübung ihres Ermessens Zweck und Systematik dieser Richtlinie berücksichtigen und daher eine Berechnungsweise vorsehen müssen, die objektiv widerspiegelt, welcher Teil der Eingangsaufwendungen jeder dieser beiden Tätigkeiten tatsächlich zuzurechnen ist.

EuGH vom 8. 5. 2008 – Rs. C-95/07 und C-96/07 – (DB 2008 S. 1082, UR 2008 S. 512)

Zur nachträglichen Besteuerung von Umsätzen bei gleichzeitiger Versagung des Vorsteuerabzugs im Reverse-Charge-Verfahren in Italien

1. Die Art. 17, 18 Abs. 2 und 3 und Art. 21 Nr. 1 Buchst. b der 6. USt-Richtlinie in der durch die Richtlinie 2000/17/EG des Rates vom 30. 3. 2000 geänderten Fassung stehen einer nationalen Regelung, die eine Ausschlussfrist für die Ausübung des Vorsteuerabzugsrechts wie die in den Ausgangsverfahren in Rede stehende vorsieht, nicht entgegen, sofern die Grundsätze der Äquivalenz und der Effektivität beachtet werden. Der Effektivitätsgrundsatz wird nicht schon dadurch missachtet, dass die Steuerverwaltung für die Erhebung der nicht entrichteten Mehrwertsteuer über eine längere Frist verfügt als der Steuerpflichtige für die Ausübung seines Vorsteuerabzugsrechts.
2. Allerdings stehen Art. 18 Abs. 1 Buchst. d und Art. 22 6. USt-Richtlinie in der durch die Richtlinie 2000/17/EG geänderten Fassung einer Praxis der Berichtigung von Steuererklärungen und der Erhebung der Mehrwertsteuer entgegen, nach der eine Nichterfüllung – wie in den Ausgangsverfahren – zum einen der Verpflichtungen, die sich aus den von der nationalen Regelung in Anwendung von Art. 18 Abs. 1 Buchst. d 6. USt-Richtlinie vorgeschriebenen Förmlichkeiten ergeben, und zum anderen der Aufzeichnungs- und Erklärungspflichten nach Art. 22 Abs. 2 und 4 6. USt-Richtlinie im Fall der Anwendung des Reverse-Charge-Verfahrens mit der Verwehrung des Abzugsrechts geahndet wird.

EuGH vom 11. 12. 2008 – Rs. C-371/07 – (BFH/NV 2009 S. 336, UR 2009 S. 60)

Befugnis der Mitgliedstaaten, die Ausschlüsse vom Vorsteuerabzugsrecht beizubehalten, die bei Inkrafttreten der 6. USt-Richtlinie bereits bestanden

1. Art. 17 Abs. 6 Unterabs. 2 6. USt-Richtlinie ist dahin auszulegen, dass es ihm zuwiderläuft, dass ein Mitgliedstaat einen Ausschluss des Rechts auf Abzug der Vorsteuer, mit der die Ausgaben für Mahlzeiten belastet sind, die von Betriebskantinen anlässlich von Arbeitssitzungen unentgeltlich an Geschäftspartner und an das Personal geliefert werden, nach Inkrafttreten dieser Richtlinie anwendet, obgleich dieser Ausschlusstatbestand zum Zeitpunkt dieses Inkrafttretens auf diese Ausgaben nicht tatsächlich anwendbar war, da eine Verwaltungspraxis galt, nach der die Leistungen dieser Kantinen gegen das Recht auf vollständigen Vorsteuerabzug in Höhe ihres Selbstkostenpreises besteuert wurden, d. h. in Höhe eines nach den Herstellungskosten errechneten Preises, der dem Preis der Rohwaren und den Lohnkosten für die Zubereitung und den Verkauf der Speisen und Getränke sowie die Verwaltung der Kantine entsprach.
2. Art. 6 Abs. 2 6. USt-Richtlinie ist dahin auszulegen, dass unter diese Vorschrift nicht die unentgeltliche Lieferung von Mahlzeiten in Betriebskantinen an Geschäftspartner anlässlich von in den Räumlichkeiten der fraglichen Unternehmen stattfindenden Sitzungen fällt, wenn sich – was vom vorlegenden Gericht festzustellen ist – aus objektiven Umständen ergibt, dass diese Mahlzeiten für strikt geschäftliche Zwecke abgegeben werden. Hingegen fällt die unentgeltliche Lieferung von Mahlzeiten durch ein Unternehmen an sein Personal in seinen Räumlichkeiten grundsätzlich unter diese Vorschrift, es sei denn, dass die Erfordernisse des Unternehmens wie die Gewährleistung der Kontinuität und des ordnungsgemäßen Ablaufs von Arbeitssitzungen es – was ebenfalls vom vorlegenden Gericht zu beurteilen ist – notwendig machen, dass die Lieferung von Mahlzeiten durch den Arbeitgeber sichergestellt wird.

EuGH vom 18. 12. 2008 – Rs. C-488/07 – (BFH/NV 2009 S. 337, HFR 2009 S. 425)

Berechnung des Pro-rata-Satzes des Vorsteuerabzugs für Gegenstände und Dienstleistungen, die sowohl für besteuerte als auch für steuerfreie Umsätze verwendet wurden

Die Mitgliedstaaten sind nicht verpflichtet, die Rundungsregel des Art. 19 Abs. 1 Unterabs. 2 6. USt-Richtlinie anzuwenden, wenn der Pro-rata-Satz des Vorsteuerabzugs nach einer der besonderen Methoden des Art. 17 Abs. 5 Unterabs. 3 Buchst. a, b, c oder d dieser Richtlinie berechnet wird.

EuGH vom 22. 12. 2008 – Rs. C-414/07 – (BFH/NV 2009 S. 534, HFR 2009 S. 543)

Keine Ausdehnung zum Zeitpunkt des Inkrafttretens der 6. USt-Richtlinie bestehender nationaler Vorsteuerausschlüsse auf den Kauf von Kraftstoff für bestimmte Fahrzeuge

Art. 17 Abs. 6 Unterabs. 2 6. USt-Richtlinie hindert einen Mitgliedstaat daran, bei der Umsetzung dieser Richtlinie in das nationale Recht die nationalen Vorschriften über die Beschränkungen des Rechts auf Vorsteuerabzug beim Kauf von Kraftstoff für Fahrzeuge, die für die steuerpflichtige Tätigkeit verwendet werden, in ihrer Gesamtheit aufzuheben, indem er sie im Zeitpunkt des Inkrafttretens dieser Richtlinie in seinem Gebiet durch solche ersetzt, in denen hierzu neue Kriterien festgesetzt werden, sofern – was vom vorlegenden Gericht zu beurteilen ist – die letztgenannten Vorschriften eine Ausdehnung des Anwendungsbereichs dieser Beschränkungen bewirken. Der betreffende Artikel hindert einen Mitgliedstaat auf jeden Fall daran, seine im genannten Zeitpunkt in Kraft getretenen Rechtsvorschriften später derartig zu ändern, dass der Anwendungsbereich dieser Beschränkungen gegenüber der Situation, die vor diesem Zeitpunkt bestand, ausgedehnt wird.

EuGH vom 12. 2. 2009 – Rs. C-515/07 – (BFH/NV 2009 S. 682, HFR 2009 S. 421)

Kein voller Vorsteuerabzug für Gegenstände und Dienstleistungen, die dem Unternehmen für die Zwecke besteuerter Umsätze und nicht besteuerter Umsätze zugeordnet sind

Art. 6 Abs. 2 Buchst. a und Art. 17 Abs. 2 6. USt-Richtlinie sind dahin auszulegen, dass sie auf die Verwendung von Gegenständen und Dienstleistungen nicht anwendbar sind, die dem Unternehmen für die Zwecke anderer als der besteuerten Umsätze des Steuerpflichtigen zugeordnet sind, so dass die Mehrwertsteuer, die aufgrund des Bezugs dieser für solche Umsätze verwendeten Gegenstände und Dienstleistungen geschuldet wird, nicht abziehbar ist.

EuGH vom 23. 4. 2009 – Rs. C-460/07 – (BFH/NV 2009 S. 1056, HFR 2009 S. 730)

Keine Verletzung der Gleichbehandlung gegenüber Nichtsteuerpflichtigen bei vollem Vorsteuerabzugsrecht aus Herstellungskosten eines dem Unternehmen eines Steuerpflichtigen zugeordneten gemischt genutzten Gebäudes

1. Art. 17 Abs. 2 Buchst. a und Art. 6 Abs. 2 Buchst. a 6. USt-Richtlinie verstoßen nicht dadurch gegen den allgemeinen gemeinschaftsrechtlichen Grundsatz der Gleichbehandlung, dass sie mittels des Rechts auf vollen und sofortigen Abzug der Vorsteuer für die Herstellung eines gemischt genutzten Gebäudes und durch die gestaffelte Nacherhebung der Mehrwertsteuer auf die private Verwendung dieses Gebäudes den Steuerpflichtigen gegenüber Nichtsteuerpflichtigen und gegenüber Steuerpflichtigen, die ihr Gebäude nur zu privaten Wohnzwecken verwenden, einen finanziellen Vorteil einräumen können.
2. Art. 87 Abs. 1 EG ist dahin auszulegen, dass er einer nationalen Maßnahme zur Umsetzung von Art. 17 Abs. 2 Buchst. a 6. USt-Richtlinie, nach der das Vorsteuerabzugsrecht nur den Steuerpflichtigen zusteht, die besteuerte Umsätze tätigen, nicht aber jenen, die nur steuerbefreite Umsätze tätigen, nicht insofern entgegensteht, als diese nationale Maßnahme nur den erstgenannten Steuerpflichtigen einen finanziellen Vorteil verschaffen kann.
3. Art. 17 Abs. 6 6. USt-Richtlinie ist dahin auszulegen, dass die dort vorgesehene Ausnahme nicht für eine nationale Bestimmung gilt, die eine zum Zeitpunkt des Inkrafttretens dieser Richtlinie bestehende Rechtsvorschrift ändert, auf einem anderen Grundgedanken als das frühere Recht beruht und neue Verfahren schafft. Insoweit ist es unerheblich, ob der nationale Gesetzgeber die Änderung des früheren nationalen Rechts aufgrund einer zutreffenden oder unzutreffenden Auslegung des Gemeinschaftsrechts vornahm. Die Beantwortung der Frage, ob sich eine solche Änderung einer nationalen Bestimmung auch auf die Anwendbarkeit von Art. 17 Abs. 6 Unterabs. 2 6. USt-Richtlinie auf eine andere nationale Bestimmung auswirkt, hängt davon ab, ob diese nationalen Bestimmungen in einer Wechselbeziehung stehen oder autonom sind; dies zu ermitteln ist Sache des nationalen Gerichts.

EuGH vom 23. 4. 2009 – Rs. C-74/08 – (BFH/NV 2009 S. 1066, HFR 2009 S. 733)

Gemeinschaftsrechtswidriger Ausschluss des Vorsteuerabzugs für einen durch die öffentliche Hand subventionierten Teil des Erwerbs von Ausrüstungsgegenständen

1. Art. 17 Abs. 2 und 6 6. USt-Richtlinie ist dahin auszulegen, dass er einer nationalen Regelung entgegensteht, die im Fall des Erwerbs von mit Geldern aus dem Staatshaushalt subventionierten Gegenständen einen Abzug der darauf angefallenen Mehrwertsteuer nur für den nicht subventionierten Teil dieses Erwerbs erlaubt.
2. Art. 17 Abs. 2 6. USt-Richtlinie begründet für die Steuerpflichtigen Rechte, auf die sie sich vor den nationalen Gerichten berufen können, um einer mit dieser Vorschrift unvereinbaren nationalen Regelung entgegenzutreten.

EuGH vom 2. 7. 2009 – Rs. C-377/08 – (BFH/NV 2009 S. 1376, HFR 2009 S. 943)

Abzugsfähigkeit und Erstattung der Vorsteuer aus Eingangsumsätzen zur Erbringung von Telekommunikationsdienstleistungen an einen in einem anderen Mitgliedstaat ansässigen Empfänger

Art. 17 Abs. 3 Buchst. a 6. USt-Richtlinie in der durch die Richtlinie 95/7/EG des Rates vom 10. 4. 1995 geänderten Fassung ist dahin auszulegen, dass ein in einem Mitgliedstaat ansässiger Erbringer von Telekommunikationsdienstleistungen wie der am Ausgangsverfahren beteiligte danach berechtigt ist, in diesem Mitgliedstaat die Mehrwertsteuer abzuziehen oder erstattet zu bekommen, die im Zusammenhang mit Telekommunikationsdienstleistungen, die gegenüber einem in einem anderen Mitgliedstaat ansässigen Unternehmen erbracht wurden, als Vorsteuer entrichtet wurde, wenn einem solchen Dienstleistungserbringer dieses Recht für den Fall zustünde, dass die fraglichen Dienstleistungen innerhalb des erstgenannten Mitgliedstaats erbracht worden wären.

EuGH vom 29. 10. 2009 – Rs. C-29/08 – (HFR 2010 S. 198, UR 2010 S. 107)

Vorsteuerabzug aus bezogenen Dienstleistungen zum Zwecke der Veräußerung einer Tochtergesellschaft und einer Beteiligung an einer beherrschten Gesellschaft durch eine Muttergesellschaft

1. Art. 2 Abs. 1 und Art. 4 Abs. 1 und 2 6. USt-Richtlinie in der durch die Richtlinie 95/7/EG des Rates vom 10. 4. 1995 geänderten Fassung sowie Art. 2 Abs. 1 und Art. 9 Abs. 1 MwStSystRL sind dahin auszulegen, dass eine von einer Muttergesellschaft vorgenommene Veräußerung sämtlicher Aktien an einer zu 100 % gehaltenen Tochtergesellschaft sowie der verbleibenden Beteiligung der Muttergesellschaft an einer beherrschten Gesellschaft, an der sie früher zu 100 % beteiligt war, denen die Muttergesellschaft mehrwertsteuerpflichtige Dienstleistungen erbracht hat, eine in den Anwendungsbereich der genannten Richtlinien fallende wirtschaftliche Tätigkeit ist. Soweit jedoch die Aktienveräußerung der Übertragung des Gesamtvermögens oder eines Teilvermögens eines Unternehmens i. S. v. Art. 5 Abs. 8 6. USt-Richtlinie in der durch die Richtlinie 95/7/EG geänderten Fassung oder von Art. 19 Abs. 1 MwStSystRL gleichgestellt werden kann und sofern der betroffene Mitgliedstaat sich für die in diesen Bestimmungen vorgesehene Befugnis entschieden hat, stellt dieser Umsatz keine der Mehrwertsteuer unterliegende wirtschaftliche Tätigkeit dar.
2. Eine Aktienveräußerung wie die im Ausgangsverfahren in Rede stehende ist von der Mehrwertsteuer gemäß Art. 13 Teil B Buchst. d Nr. 5 6. USt-Richtlinie in der durch die Richtlinie 95/7/EG geänderten Fassung und Art. 135 Abs. 1 Buchst. f MwStSystRL zu befreien.
3. Das Recht auf den Abzug der Vorsteuer auf Leistungen, die für Zwecke einer Aktienveräußerung erbracht wurden, besteht gemäß Art. 17 Abs. 1 und 2 6. USt-Richtlinie in der durch die Richtlinie 95/7/EG geänderten Fassung sowie gemäß Art. 168 MwStSystRL, wenn zwischen den mit den Eingangsleistungen verbundenen Ausgaben und der wirtschaftlichen Gesamttätigkeit des Steuerpflichtigen ein direkter und unmittelbarer Zusammenhang besteht. Es obliegt dem vorlegenden Gericht, unter Berücksichtigung aller Umstände, unter denen die im Ausgangsverfahren in Rede stehenden Umsätze getätigt wurden, festzustellen, ob die getätigten Ausgaben Eingang in den Preis der verkauften Aktien finden können oder allein zu den Kostenelementen der auf die wirtschaftlichen Tätigkeiten des Steuerpflichtigen entfallenden Umsätze gehören.
4. Der Umstand, dass die Aktienveräußerung sich in mehreren Schritten vollzieht, wirkt sich auf die Beantwortung der vorstehenden Fragen nicht aus.

EuGH vom 29. 10. 2009 – Rs. C-174/08 – (HFR 2010 S. 85, UR 2010 S. 233)

Berechnung des Pro-rata-Satzes des Vorsteuerabzugs eines Steuerpflichtigen mit steuerfreien und steuerpflichtigen Ausgangsumsätzen

1. Art. 19 Abs. 2 Satz 2 6. USt-Richtlinie ist dahin auszulegen, dass im Fall eines Bauunternehmens der von diesem für eigene Rechnung durchgeführte Verkauf von Immobilien nicht als „Hilfsumsätze im Bereich der Grundstücksgeschäfte" eingestuft werden kann, da diese Tätigkeit die unmittelbare, dauerhafte und notwendige Erweiterung der steuerbaren Tätigkeit dieses Unternehmens darstellt. Daher braucht nicht konkret beurteilt zu werden, in welchem Umfang diese Verkaufstätigkeit für sich betrachtet eine Verwendung von Gegenständen und Dienstleistungen erfordert, für die die Mehrwertsteuer zu entrichten ist.
2. Der Grundsatz der steuerlichen Neutralität steht dem nicht entgegen, dass ein Bauunternehmen, das Mehrwertsteuer auf die Bauleistungen entrichtet, die es für eigene Rechnung durchführt (Lieferungen an sich selbst), die Vorsteuer für die durch die Erbringung dieser Dienstleistungen entstandenen Gemeinkosten nicht abziehen kann, wenn der Umsatz aus dem Verkauf der auf diese Weise erstellten Bauwerke von der Mehrwertsteuer befreit ist.

EuGH vom 15. 4. 2010 – Rs. C-538/08 und C-33/09 – (HFR 2010 S. 776, UR 2010 S. 379)

Befugnis der Mitgliedstaaten, die Ausschlüsse vom Vorsteuerabzugsrecht beizubehalten, die zum Zeitpunkt des Inkrafttretens der 6. USt-Richtlinie bestanden

1. Art. 11 Abs. 4 2. USt-Richtlinie und Art. 17 Abs. 6 6. USt-Richtlinie sind dahin auszulegen, dass sie der Steuerregelung eines Mitgliedstaats nicht entgegenstehen, die den Ausschluss des Vorsteuerabzugs in Bezug auf Arten von Ausgaben wie zum einen die Bereitstellen von „privaten Transportmöglichkeiten", „Speisen" und „Getränken", „Wohnraum" sowie von „Sport und Vergnügungen" für Mitglieder des Personals des Steuerpflichtigen und zum anderen „Werbegeschenke" oder „andere Zuwendungen" vorsieht.
2. Art. 17 Abs. 6 6. USt-Richtlinie ist dahin auszulegen, dass er einer nationalen Regelung nicht entgegensteht, die vor Inkrafttreten dieser Richtlinie erlassen wurde und nach der ein Steuerpflichtiger die bei der Anschaffung bestimmter Gegenstände und der Inanspruchnahme bestimmter Dienstleistungen, die teilweise für private und teilweise für geschäftliche Zwecke verwendet werden, gezahlte Mehrwertsteuer nicht vollständig abziehen kann, sondern nur entsprechend der Verwendung für geschäftliche Zwecke.
3. Art. 17 Abs. 6 6. USt-Richtlinie ist dahin auszulegen, dass er einer Änderung eines bestehenden Ausschlusses des Vorsteuerabzugs durch einen Mitgliedstaat nach Inkrafttreten der Richtlinie nicht entgegensteht, mit der grundsätzlich die Tragweite des Ausschlusses eingeschränkt werden soll, dabei jedoch nicht ausgeschlossen werden kann, dass in einem Einzelfall in einem einzelnen Jahr insbesondere durch den pauschalen Charakter der geänderten Regelung der Anwendungsbereich der Beschränkung des Abzugs erweitert wird.

EuGH vom 22. 4. 2010 – Rs. C-536/08 und C-539/08 – (HFR 2010 S. 778, UR 2010 S. 418)

Kein Sofortabzug der auf einen innergemeinschaftlichen Erwerb entrichteten Vorsteuer

Art. 17 Abs. 2 und 3 sowie Art. 28b Teil A Abs. 2 6. USt-Richtlinie in der Fassung der Richtlinie 92/111/EWG des Rates vom 14. 12. 1992 sind dahin auszulegen, dass der Erwerber in dem in Art. 28b Teil A Abs. 2 Unterabs. 1 6. USt-Richtlinie genannten Fall nicht zum sofortigen Abzug der auf einen innergemeinschaftlichen Erwerb entrichteten Mehrwertsteuer als Vorsteuer berechtigt ist.

EuGH vom 15. 7. 2010 – Rs. C-368/09 – (HFR 2010 S. 994, UR 2010 S. 693)

Unionsrechtswidrigkeit eines national geregelten Verlusts des Rechts auf Vorsteuerabzug bei falscher Angabe in der Rechnung

Die Art. 167, Art. 178 Buchst. a, Art. 220 Nr. 1 und Art. 226 MwStSystRL sind dahin auszulegen, dass sie einer nationalen Regelung oder Praxis, nach der die nationalen Behörden einem Steuerpflichtigen das Recht, den für ihm erbrachte Dienstleistungen geschuldeten oder entrichteten Mehrwertsteuerbetrag von der von ihm geschuldeten Mehrwertsteuer als Vorsteuer abzuziehen, mit der Begründung absprechen, dass die ursprüngliche Rechnung, die zum Zeitpunkt der Vornahme des Vorsteuerabzugs in seinem Besitz war, ein falsches Datum des Abschlusses der Dienstleistung aufgewiesen habe und dass die später berichtigte Rechnung und die die ursprüngliche Rechnung aufhebende Gutschrift nicht fortlaufend nummeriert gewesen seien, dann entgegenstehen, wenn die materiell-rechtlichen Voraussetzungen für den Vorsteuerabzug erfüllt sind und der Steuerpflichtige der betreffenden Behörde vor Erlass ihrer Entscheidung eine berichtigte Rechnung zugeleitet hat, in der das zutreffende Datum des Abschlusses der genannten Dienstleistung vermerkt war, auch wenn diese Rechnung und die die ursprüngliche Rechnung aufhebende Gutschrift keine fortlaufende Nummerierung aufweisen.

EuGH vom 29. 7. 2010 – Rs. C-188/09 – (HFR 2010 S. 1115, UR 2010 S. 775)

Kürzung der abzugsfähigen Vorsteuer als Verwaltungssanktion bei Verletzung der Pflicht zur Verwendung einer Registrierkasse

1. Das gemeinsame Mehrwertsteuersystem, wie es in den Art. 2 Abs. 1 und Art. 2 1. USt-Richtlinie und den Art. 2, Art. 10 Abs. 1 und 2 sowie Art. 17 Abs. 1 und 2 6. USt-Richtlinie in der durch die Richtlinie 2004/7/EG des Rates vom 20. 1. 2004 geänderten Fassung definiert wurde, steht dem nicht entgegen, dass ein Mitgliedstaat vorübergehend das Recht auf Vorsteuerabzug von Steuerpflichtigen einschränkt, die bei der Aufzeichnung ihrer Verkäufe eine Formvorschrift verletzt haben, sofern die so vorgesehene Sanktion dem Grundsatz der Verhältnismäßigkeit entspricht.
2. Bestimmungen wie Art. 111 Abs. 1 und 2 des polnischen Gesetzes vom 11. 3. 2004 über die Steuer auf Waren und Dienstleistungen (ustawa o podatku od towarów i usug) sind keine „abweichenden Sondermaßnahmen" zur Verhinderung von Steuerhinterziehungen und -umgehungen im Sinne von Art. 27 Abs. 1 6. USt-Richtlinie in der durch die Richtlinie 2004/7/EG geänderten Fassung.
3. Art. 33 6. USt-Richtlinie in der durch die Richtlinie 2004/7/EG geänderten Fassung steht der Beibehaltung von Bestimmungen wie Art. 111 Abs. 1 und 2 des polnischen Gesetzes vom 11. 3. 2004 über die Steuer auf Waren und Dienstleistungen nicht entgegen.

EuGH vom 30. 9. 2010 – Rs. C-392/09 – (DB 2010 S. 2264, HFR 2010 S. 1371)

Vorsteuerabzug: Anforderungen an den Inhalt der Rechnung bei Steuerschuldnerschaft des Leistungsempfängers und rückwirkende Versagung des Vorsteuerabzugs

Die Art. 167, 168 und 178 MwStSystRL sind dahin auszulegen, dass sie einer rückwirkenden Anwendung einer nationalen Rechtsvorschrift entgegenstehen, die im Rahmen einer Regelung der Umkehrung der Steuerschuldnerschaft für den Abzug der Mehrwertsteuer auf Bauarbeiten eine Berichtigung der Rechnungen für diese Umsätze und die Abgabe einer ergänzenden berichtigenden Steuererklärung verlangt, auch wenn die betreffende Steuerbehörde über alle Angaben verfügt, die für die Feststellung, dass der Steuerpflichtige als Empfänger der fraglichen Leistungen die Mehrwertsteuer zu entrichten hat, und für die Überprüfung der Höhe der abzugsfähigen Steuer erforderlich sind.

EuGH vom 30. 9. 2010 – Rs. C-395/09 – (HFR 2010 S. 1369, UR 2010 S. 827)

Keine Verweigerung des Vorsteuerabzugsrechts bei Zahlungen für Dienstleistungen aus einem „Steuerparadies"

Art. 17 Abs. 6 6. USt-Richtlinie in der durch die Richtlinie 95/7/EG des Rates vom 10. 4. 1995 geänderten Fassung, dessen Bestimmungen in Art. 176 MwStSystRL im Wesentlichen übernommen worden sind, ist dahin auszulegen, dass er nicht die Beibehaltung innerstaatlicher Rechtsvorschriften zulässt, die bei Inkrafttreten der 6. USt-Richtlinie in dem betreffenden Mitgliedstaat galten und generell das Recht auf Abzug der Vorsteuer ausschließen, die im Fall des Erwerbs eingeführter Dienstleistungen entrichtet wird, in Zusammenhang mit denen die Zahlung des Entgelts unmittelbar oder mittelbar an eine Person erfolgt, die in einem in diesen Vorschriften als so genanntes Steuerparadies angeführten Gebiet oder Staat ansässig ist.

EuGH vom 21. 10. 2010 – Rs. C-385/09 – (BFH/NV 2010 S. 2380, HFR 2010 S. 1360)

Rückwirkender Vorsteuerabzug zulässig, selbst wenn sich der Unternehmer erst nachträglich als Steuerpflichtiger erfassen lässt

Die MwStSystRL ist dahin auszulegen, dass sie dem entgegensteht, dass ein Mehrwertsteuerpflichtiger, der nach den Bestimmungen dieser Richtlinie die materiellen Voraussetzungen für den Vorsteuerabzug erfüllt und sich innerhalb einer angemessenen Frist nach der Bewirkung der das Recht auf Vorsteuerabzug begründenden Umsätze als mehrwertsteuerpflichtig registrieren lässt, an der Ausübung seines Abzugsrechts durch nationale Rechtsvorschriften gehindert werden kann, die den Abzug der beim Erwerb von Gegenständen entrichteten Mehrwertsteuer verbieten, wenn sich der Steuerpflichtige nicht als mehrwertsteuerpflichtig hat registrieren lassen, bevor er diese Gegenstände für seine steuerpflichtige Tätigkeit verwendet hat.

EuGH vom 22.12.2010 – Rs. C-103/09 – (BFH/NV 2011 S. 397, HFR 2011 S. 361, UR 2011 S. 705)

Tätigung von Leasinggeschäften mit dem Zweck, die Entrichtung der nicht abziehbaren Vorsteuer zu staffeln

1. Der Steuervorteil, der sich daraus ergibt, dass ein Unternehmen in Bezug auf Wirtschaftsgüter wie die im Ausgangsverfahren in Rede stehenden auf Leasingumsätze zurückgreift, anstatt

diese Wirtschaftsgüter unmittelbar zu erwerben, stellt keinen Steuervorteil dar, dessen Gewährung dem mit den einschlägigen Bestimmungen der 6. USt-Richtlinie in der Fassung der Richtlinie 95/7/EG des Rates vom 10.4.1995 und des zu ihrer Umsetzung erlassenen nationalen Rechts verfolgten Ziel zuwiderliefe, sofern die diese Umsätze betreffenden Vertragsbedingungen, insbesondere diejenigen betreffend die Festsetzung der Miethöhe, normalen Marktbedingungen entsprechen und die Beteiligung einer zwischengeschalteten dritten Gesellschaft an diesen Umsätzen nicht geeignet ist, ein Hindernis für die Anwendung dieser Bestimmungen zu bilden, was das vorlegende Gericht zu prüfen hat. Der Umstand, dass dieses Unternehmen im Rahmen seiner normalen Handelsgeschäfte keine Leasingumsätze tätigt, ist insoweit ohne Belang.
2. Stellen bestimmte, die im Ausgangsverfahren in Rede stehenden Leasingumsätze betreffende Vertragsbedingungen und/oder die Mitwirkung einer zwischengeschalteten dritten Gesellschaft an diesen Umsätzen eine missbräuchliche Praxis dar, sind diese Umsätze in der Weise neu zu definieren, dass auf die Lage abgestellt wird, die ohne die Vertragsbedingungen mit Missbrauchscharakter und/oder die Mitwirkung dieser Gesellschaft bestanden hätte.

EuGH vom 22.12.2010 – Rs. C-277/09 – (BFH/NV 2011 S. 398, HFR 2011 S. 364, UR 2011 S. 222)

Vorsteuerabzug bei innergemeinschaftlichen Leasinggeschäften

1. Unter Umständen wie denen des Ausgangsverfahrens ist Art. 17 Abs. 3 Buchst. a der 6. USt-Richtlinie dahin auszulegen, dass ein Mitgliedstaat einem Steuerpflichtigen den Abzug der beim Erwerb von Gegenständen in diesem Mitgliedstaat entrichteten Vorsteuer nicht verweigern kann, wenn diese Gegenstände für Leasinggeschäfte in einem anderen Mitgliedstaat verwendet wurden, die als Ausgangsumsätze in diesem zweiten Mitgliedstaat nicht der Mehrwertsteuer unterlagen.
2. Der Grundsatz des Verbots missbräuchlicher Praktiken steht unter Umständen wie denen des Ausgangsverfahrens, wenn also ein in einem Mitgliedstaat ansässiges Unternehmen beschließt, von seiner in einem anderen Mitgliedstaat ansässigen Tochtergesellschaft Gegenstände an ein im ersten Mitgliedstaat ansässiges Drittunternehmen verleasen zu lassen, um zu vermeiden, dass auf die Entgeltzahlungen für diese Umsätze, die im ersten Mitgliedstaat als im zweiten Mitgliedstaat erbrachte Vermietungsdienstleistungen und im zweiten Mitgliedstaat als im ersten Mitgliedstaat erfolgte Lieferungen von Gegenständen gelten, Mehrwertsteuer erhoben wird, dem in Art. 17 Abs. 3 Buchst. a der 6. USt-Richtlinie verankerten Recht auf Vorsteuerabzug nicht entgegen.

EuGH vom 22.12.2010 – Rs. C-438/09 – (BFH/NV 2011 S. 398, HFR 2011 S. 366, UR 2011 S. 435)

Vorsteuerabzug für Leistungen eines nicht registrierten Dienstleistungserbringers

1. Art. 18 Abs. 1 Buchst. a und Art. 22 Abs. 3 Buchst. b der 6. USt-Richtlinie in der durch die Richtlinie 2006/18/EG des Rates vom 14.2.2006 geänderten Fassung sind dahin auszulegen, dass einem Steuerpflichtigen das Recht auf Abzug der Mehrwertsteuer zusteht, die er auf Dienstleistungen entrichtet hat, die von einem anderen Steuerpflichtigen, der nicht als Mehrwertsteuerpflichtiger registriert ist, erbracht wurden, wenn die entsprechenden Rechnungen alle nach Art. 22 Abs. 3 Buchst. b der 6. USt-Richtlinie vorgeschriebenen Angaben enthalten, insbesondere diejenigen, die notwendig sind, um die Person, die die Rechnungen ausgestellt hat, und die Art der erbrachten Dienstleistungen zu identifizieren.
2. Art. 17 Abs. 6 der 6. USt-Richtlinie in der Fassung der Richtlinie 2006/18 ist dahin auszulegen, dass er einer nationalen Regelung entgegensteht, die das Recht auf Abzug der Mehrwertsteuer, die von einem Steuerpflichtigen an einen anderen Steuerpflichtigen – den Dienstleistungserbringer – gezahlt wurde, ausschließt, wenn der Dienstleistungserbringer nicht als Mehrwertsteuerpflichtiger registriert ist.

EuGH vom 12.5.2011 – Rs. C-107/10 – (BFH/NV 2011 S. 1276, HFR 2011 S. 823, UR 2011 S. 507)

Behandlung von Vorsteuerüberschüssen

1. Art. 183 MwStSystRL in der durch die Richtlinie 2006/138/EG des Rates vom 19. 12. 2006 geänderten Fassung ist in Verbindung mit dem Grundsatz des Vertrauensschutzes dahin auszulegen, dass er einer nationalen Regelung entgegensteht, die eine rückwirkende Verlängerung der Frist für die Erstattung eines Mehrwertsteuerüberschusses vorsieht, soweit durch diese Regelung dem Steuerpflichtigen der ihm vor dem Inkrafttreten der Regelung zustehende Anspruch auf Verzugszinsen auf den an ihn zu erstattenden Betrag genommen wird.
2. Art. 183 MwStSystRL in der durch die Richtlinie 2006/138 geänderten Fassung ist unter Berücksichtigung des Grundsatzes der steuerlichen Neutralität dahin auszulegen, dass er einer nationalen Regelung entgegensteht, wonach die normale Frist für die Erstattung des Mehrwertsteuerüberschusses von 45 Tagen, nach deren Ablauf Verzugszinsen auf den zu

erstattenden Betrag geschuldet werden, im Fall der Einleitung eines Steuerprüfungsverfahrens mit der Folge verlängert wird, dass die Verzugszinsen erst ab dem Zeitpunkt geschuldet werden, zu dem das Steuerprüfungsverfahren abgeschlossen ist, wenn dieser Überschuss während der drei dem Zeitraum seiner Entstehung folgenden Besteuerungszeiträume bereits Gegenstand eines Vortrags war. Dass die normale Frist 45 Tage beträgt, steht hingegen nicht im Widerspruch zu dieser Vorschrift.
3. Art. 183 MwStSystRL in der durch die Richtlinie 2006/138 geänderten Fassung ist dahin auszulegen, dass er der Erstattung des Mehrwertsteuerüberschusses im Wege einer Verrechnung nicht entgegensteht.

EuGH vom 28.7.2011 – Rs. C-274/10 – (BFH/NV 2011 S. 1644, HFR 2011 S. 1168, UR 2011 S. 755)

Behandlung von Vorsteuerüberschüssen und Sollbesteuerung

Die Republik Ungarn hat
- dadurch, dass sie Steuerpflichtige, deren Steuererklärung für einen bestimmten Steuerzeitraum einen Überschuss i.S.v. Art. 183 MwStSystRL ausweist, dazu verpflichtet, diesen Überschuss ganz oder teilweise auf den folgenden Steuerzeitraum vorzutragen, wenn sie dem Lieferer nicht den Gesamtbetrag für den entsprechenden Erwerb gezahlt haben, und
- aufgrund der Tatsache, dass angesichts dieser Verpflichtung bestimmte Steuerpflichtige, deren Steuererklärungen regelmäßig einen Überschuss ausweisen, diesen Überschuss mehr als einmal auf den folgenden Steuerzeitraum vortragen müssen,

gegen ihre Verpflichtungen aus dieser Richtlinie verstoßen.

EuGH vom 27.10.2011 – Rs. C-504/10 – (BFH/NV 2011 S. 2220, DB 2011 S. 2644)

Übertragung von Rechten an Erfindungen
1. Ein Steuerpflichtiger kann grundsätzlich ein Recht auf Abzug der Mehrwertsteuer geltend machen, die für eine gegen Entgelt erbrachte Dienstleistung entrichtet worden ist oder geschuldet wird, wenn das anwendbare nationale Recht die Übertragung eines Anteils an einem gemeinschaftlichen Recht an einer Erfindung, mit dem Rechte an der Erfindung verliehen werden, zulässt.
2. Es ist Sache des vorlegenden Gerichts, anhand sämtlicher tatsächlicher Umstände, die für die im Ausgangsverfahren in Rede stehende Dienstleistung kennzeichnend sind, festzustellen, ob hinsichtlich des Rechts auf Vorsteuerabzug ein Rechtsmissbrauch vorliegt oder nicht.

BUNDESFINANZHOF

BFH vom 18.3.2010 – V R 44/08 – (BFH/NV 2010 S. 1871, HFR 2010 S. 1194)

Verwendung eines Grundstücks für steuerpflichtige und steuerfreie Umsätze
1. Verwendet der Unternehmer ein Grundstück für steuerpflichtige eigenbetriebliche Umsätze und eine steuerfreie Vermietung, bestimmt sich die Vorsteueraufteilung nach § 15 Abs. 4 UStG, nicht aber nach § 15 Abs. 1 UStG.
2. Hat der Unternehmer in einer Steuererklärung für das Kalenderjahr des Leistungsbezugs einen sachgerechten Maßstab für die Aufteilung von Vorsteuern gewählt und wird diese Steuerfestsetzung formell bestandskräftig, ist er sowohl für das Erstjahr als auch für die Folgejahre an diese Wahl gebunden.

BFH vom 6.5.2010 – V R 29/09 – (BStBl 2010 II S. 885, HFR 2011 S. 67, StEd 2010 S. 598)

Sphärentheorie: Vorsteuerabzug eines Unternehmers aus einer Begebung von Inhaberschuldverschreibungen
1. Dient eine vom Unternehmer begebene Inhaberschuldverschreibung dazu, seine umsatzsteuerpflichtige Unternehmenstätigkeit zu finanzieren, ist der Unternehmer aus den bei der Ausgabe der Inhaberschuldverschreibung entstehenden Kosten zum Vorsteuerabzug berechtigt.
2. Zur richtlinienkonformen Auslegung von § 15 Abs. 1 Satz 1 Nr. 1 und Abs. 2 Satz 1 Nr. 1 UStG nach Art. 17 Abs. 2 Buchst. a 6. USt-Richtlinie.

BFH vom 19. 5. 2010 – XI R 78/07 – (BFH/NV 2010 S. 2132, HFR 2010 S. 1199)

Versagung des Vorsteuerabzugs im Umsatzsteuerkarussell beim sog. „Buffer II"

1. Der Vorsteuerabzug ist zu versagen, wenn aufgrund objektiver Umstände feststeht, dass der Steuerpflichtige wusste oder hätte wissen müssen, dass er sich mit seinem Erwerb an einem Umsatz beteiligte, der in eine Mehrwertsteuerhinterziehung einbezogen war.
2. Handelt es sich bei dem Unternehmer um eine GmbH, ist dieser nicht nur das etwaige Wissen ihres Geschäftsführers als ihres gesetzlichen Vertreters nach § 35 GmbHG, sondern auch das ihrer sonstigen Angestellten in analoger Anwendung von § 166 BGB zuzurechnen.
3. Die entsprechende Beweiswürdigung des FG kann im Revisionsverfahren nur darauf überprüft werden, ob Verstöße gegen die Verfahrensordnung, gegen Denkgesetze oder allgemeine Erfahrungssätze vorgekommen sind; die Würdigung des FG muss denkgesetzlich möglich sein, jedoch nicht die einzig in Betracht kommende sein.
4. Eine Ausnahme von dem Rechtsgrundsatz, dass neues tatsächliches Vorbringen im Revisionsverfahren grundsätzlich nicht zu berücksichtigen ist, gilt im Hinblick auf Tatsachen, deren Beachtung sonst im Wege der Restitutionsklage gegen das Urteil des FG durchgesetzt werden könnte.

BFH vom 17. 6. 2010 – XI B 88/09 – (BFH/NV 2010 S. 1875)

Versagung des Vorsteuerabzugs bei „wissen können" von Einbindung in betrügerische Handlungen eines Dritten

Es ist nicht klärungsbedürftig, sondern durch die bereits vorliegende Rechtsprechung des BFH geklärt, dass im Anschluss an die im Wege der richtlinienkonformen Auslegung des nationalen Umsatzsteuerrechts zu berücksichtigende Rechtsprechung des EuGH der Vorsteuerabzug zu versagen ist, wenn aufgrund objektiver Umstände feststeht, dass der Steuerpflichtige wusste oder wissen konnte bzw. hätte wissen müssen, dass er sich mit seinem Erwerb an einem Umsatz beteiligte, der in eine Mehrwertsteuerhinterziehung einbezogen war. Das BVerfG hat mit Beschluss vom 29. 9. 2010 – 1 BvR 2074/10 – eine Verfassungsbeschwerde in diesem Fall nicht angenommen, StED 2010 S. 740.

BFH vom 29. 6. 2010 – V B 160/08 – (BFH/NV 2010 S. 1876)

Vorsteuerabzug gemeinnütziger Forschungseinrichtungen

1. Gemeinnützige Körperschaften können einen unternehmerischen und einen nichtunternehmerischen Bereich haben, wobei der unternehmerische Bereich die wirtschaftliche und die nichtwirtschaftliche Tätigkeit umfasst.
2. Übt ein Steuerpflichtiger zugleich wirtschaftliche und nichtwirtschaftliche Tätigkeiten aus, ist ein Abzug von Vorsteuern nur insoweit zulässig, als die Eingangsleistungen der wirtschaftlichen Tätigkeit zuzurechnen sind.
3. Die Eigenforschung gehört zur nichtwirtschaftlichen Tätigkeit einer gemeinnützigen Forschungseinrichtung, wenn sie nicht auf die Lieferung von Gegenständen oder die Leistung von Diensten gegen Entgelt gerichtet ist.

BFH vom 22. 7. 2010 – V R 19/09 – (BStBl 2010 II S. 1090, DStR 2010 S. 2237, HFR 2011 S. 194)

Aufteilungsmaßstab bei gemischt-genutzten Gebäuden (Vorlage an den EuGH)
Dem EuGH wird folgende Frage zur Vorabentscheidung vorgelegt:
Ist Art. 17 Abs. 5 Unterabs. 3 6. USt-Richtlinie dahingehend auszulegen, dass er die Mitgliedstaaten ermächtigt, für die Aufteilung der Vorsteuern aus der Errichtung eines gemischt-genutzten Gebäudes vorrangig einen anderen Aufteilungsmaßstab als den Umsatzschlüssel vorzuschreiben?[1]

BFH vom 5.8.2010 – V R 13/09 – (BFH/NV 2011 S. 81, HFR 2011 S. 197)

Haftung des Lieferers in einem Umsatzsteuerkarussell gemäß § 71 AO

1. Soweit der Gerichtshof der Europäischen Union in seiner Rechtsprechung davon ausgeht, dass die objektiven Kriterien einer Lieferung im Fall einer Steuerhinterziehung nicht vorliegen, handelt es sich um einen eigenständigen Vorsteuerversagungsgrund. Für die Besteuerung der Ausgangsumsätze ist dies ohne Bedeutung.
2. Für die Haftung des Lieferers in einem Umsatzsteuerkarussell gemäß § 71 der Abgabenordnung bestimmt sich der Vermögensschaden des Fiskus grundsätzlich nach den verkürzten

---

[1] Anm.: Das Vorabentscheidungsersuchen ist beim EuGH unter der Rs. C-511/10 anhängig.

(vorsätzlich nicht angemeldeten) nominalen Steuerbeträgen für die Lieferungen und nicht nach den beim Leistungsempfänger zu dessen Gunsten unberechtigt verrechneten oder an diesen ausgezahlten Vorsteuerbeträgen.

BFH vom 1.9.2010 – V R 39/08 – (BStBl 2011 II S. 658, HFR 2011 S. 572, UR 2011 S. 319)

Innergemeinschaftlicher Erwerb und Vorsteuerabzug

Verwendet ein Unternehmer nach § 3d Satz 2 UStG bei einem innergemeinschaftlichen Erwerb gegenüber dem Lieferer eine ihm von einem anderen Mitgliedstaat als dem, in dem sich der erworbene Gegenstand am Ende der Beförderung oder Versendung befindet, erteilte Umsatzsteuer-Identifikationsnummer, so steht ihm der Vorsteuerabzug nach § 15 Abs. 1 Nr. 3 UStG nicht zu.[1]

BFH vom 2. 9. 2010 – V R 55/09 – (BStBl 2011 II S. 235, HFR 2011 S. 69, StED 2010 S. 756)

Versagung des Vorsteuerabzugs bei unzutreffender Angabe der Steuernummer

Enthält die Rechnung entgegen § 14 Abs. 4 Satz 1 Nr. 2 UStG nur eine Zahlenkombination und Buchstabenkombination, bei der es sich nicht um die dem leistenden Unternehmer erteilte Steuernummer handelt, ist der Leistungsempfänger nach § 15 Abs. 1 Satz 1 Nr. 1 Satz 2 UStG -vorbehaltlich einer Rechnungsberichtigung – nicht zum Vorsteuerabzug berechtigt.

BFH vom 8. 9. 2010 – XI R 31/08 – (BStBl 2011 II S. 197, HFR 2011 S. 65, StED 2010 S. 744, UR 2011 S. 113)

Kein Vorsteuerabzug aus Rechnungen für Dienstleistungen zur Erfüllung einkommensteuerrechtlicher Pflichten der Gesellschafter

Eine Personengesellschaft kann die ihr in Rechnung gestellte Umsatzsteuer für von ihr bezogene Dienstleistungen, die der Erfüllung einkommensteuerrechtlicher Verpflichtungen ihrer Gesellschafter dienen, nicht als Vorsteuer abziehen.

BFH vom 8.9.2010 – XI R 40/08 – (BStBl 2011 II S. 661, HFR 2011 S. 458, UR 2011 S. 322)

Vorsteuerabzug aus innergemeinschaftlichen Erwerben

Die Vorschrift des § 15 Abs. 1 Satz 1 Nr. 3 UStG, nach der der Unternehmer die Steuer für den innergemeinschaftlichen Erwerb von Gegenständen für sein Unternehmen als Vorsteuer abziehen kann, gilt bei richtlinienkonformer Auslegung nicht für den Fall, dass der Unternehmer im Mitgliedstaat der Identifizierung mehrwertsteuerpflichtig ist, weil er die Besteuerung des fraglichen innergemeinschaftlichen Erwerbs im Mitgliedstaat der Beendigung des Versands oder der Beförderung nicht nachgewiesen hat.[2]

BFH vom 12.10.2010 – V B 134/09 – (BFH/NV 2011 S. 326)

Vorsteuerabzug aus Billigkeitsgründen

1. § 15 des Umsatzsteuergesetzes (UStG) sieht eine Berücksichtigung des Guten Glaubens an das Vorliegen der Voraussetzungen des Vorsteuerabzuges nicht vor.
2. Beruft sich der Stpfl. darauf, der Vorsteuerabzug sei trotz Fehlens der Voraussetzungen im Billigkeitswege zu gewähren, ist die Entscheidung über die Billigkeitsmaßnahme, bei der es sich um einen selbständigen Verwaltungsakt handelt, mit der Entscheidung über den Vorsteuerabzug zu verbinden.
3. Hat das FA über einen ausdrücklich oder konkludent gestellten Billigkeitsantrag nicht entschieden, kann der Stpfl. Untätigkeitseinspruch (§ 347 Abs. 1 AO) und ggf. Untätigkeitsklage (§ 46 FGO) erheben.

BFH vom 28.10.2010 – V R 35/09 – (BFH/NV 2011 S. 1025, HFR 2011 S. 687)

Zur Vorsteuerabzugsberechtigung bei Errichtung eines Dachgeschosses auf einem bereits existierenden Gebäude

1. Wird nicht ein Gebäude, sondern werden durch Erweiterungen eines bestehenden Gebäudes „bestimmte Gebäudeteile" hergestellt, so sind sie umsatzsteuerrechtlich im Regelfall der jeweilige Gegenstand, dessen Verwendungsverhältnisse für die Frage entscheidend sind, ob der Unternehmer und – bei gemischter Verwendung – inwieweit er nach § 15 Abs. 4 UStG

---
[1] Vgl. hierzu BMF vom 7. 7. 2011, § 15 H 20.
[2] Vgl. hierzu BMF vom 7. 7. 2011, § 15 H 20.

den Vorsteuerabzug aus den Leistungsbezügen für die Herstellung dieser „bestimmten Gebäudeteile" beanspruchen kann.
2. Eine eigenständige Vorsteueraufteilung nach § 15 Abs. 4 UStG setzt demgegenüber voraus, dass die bautechnischen Verflechtungen eine hinreichend klare Trennung ermöglichen, der neue Gebäudeteil von dem bereits bestehenden Gebäude also hinreichend abgrenzbar ist und der Unternehmer das neue Objekt eigenständig nutzt, also zwischen den Bauten kein einheitlicher Nutzungs- und Funktionszusammenhang besteht.

BFH vom 23.11.2010 – V B 119/09 – (BFH/NV 2011 S. 460)

Kein Abzug der Versicherungsteuer als Vorsteuer

Die Versicherungsteuer ist keine „gesetzlich geschuldete Steuer" i.S.d. § 15 Abs. 1 Satz 1 Nr. 1 UStG und kann nicht als Vorsteuer abgezogen werden.

BFH vom 1.12.2010 – XI R 28/08 – (BStBl 2011 II S. 994, BFH/NV 2011 S. 1443, StEd 2011 S. 391, UR 2011 S. 679)

Zum Anspruch auf Vorsteuerabzug aus den Bauerrichtungskosten einer Kläranlage für den Rechtsnachfolger eines Abwasserzweckverbandes
1. Der Vorsteuerabzug ist von einem Unternehmer für den Besteuerungszeitraum geltend zu machen, in dem die Berechtigung zum Vorsteuerabzug entstanden ist.
2. War der Leistungsempfänger zu dem danach maßgeblichen Zeitpunkt nicht Unternehmer, kann der Vorsteuerabzug seinem Rechtsnachfolger nicht nachträglich gemäß § 15a UStG gewährt werden.

BFH vom 9.12.2010 – V R 17/10 – (BFH/NV 2011 S. 717, HFR 2011 S. 680, UR 2011 S. 313)

Kein Vorsteuerabzug beim Betriebsausflug, soweit keine Aufmerksamkeit (Grenze 110 €) vorliegt
1. Beabsichtigt der Unternehmer bereits bei Leistungsbezug, die bezogene Leistung nicht für seine wirtschaftliche Tätigkeit, sondern ausschließlich und unmittelbar für eine unentgeltliche Entnahme i.S.v. § 3 Abs. 9a UStG 1999 zu verwenden, ist er nicht zum Vorsteuerabzug berechtigt (Änderung der Rechtsprechung). Dies gilt auch, wenn er mit dieser Entnahme mittelbar Ziele verfolgt, die ihn zum Vorsteuerabzug berechtigen.
2. Der Unternehmer ist aus Leistungen für Betriebsausflüge, die ausschließlich und unmittelbar dem privaten Bedarf des Personals i.S.v. § 3 Abs. 9a UStG 1999 dienen, in Regelfall auch dann nicht zum Vorsteuerabzug berechtigt, wenn er mittelbar beabsichtigt, durch den Betriebsausflug das Betriebsklima zu verbessern. Anders ist es nur, wenn es sich im Verhältnis des Unternehmers zum Betriebsangehörigen um eine sog. Aufmerksamkeit handelt.

BFH vom 16.12.2010 – V R 40/08 – (BFH/NV 2011 S. 1401)

Zum Vorsteuerabzug beim innergemeinschaftlichen Erwerb

Verwendet ein Unternehmer nach § 3d Satz 2 UStG bei einem innergemeinschaftlichen Erwerb gegenüber dem Lieferer eine ihm von einem anderen Mitgliedstaat als dem, in dem sich der erworbene Gegenstand am Ende der Beförderung oder Versendung befindet, erteilte Umsatzsteuer-Identifikationsnummer, so steht ihm der Vorsteuerabzug nach § 15 Abs. 1 Nr. 3 UStG nicht zu.

BFH vom 27.12.2010 – XI B 7/10 – (BFH/NV 2011 S. 463)

Verwendung eines dem Unternehmen zugeordneten PKW auch für private Zwecke – Anscheinsbeweis
1. Bei der Frage, ob i.S.v. § 15 Abs. 1b UStG 1999 der Unternehmer seinen PKW „nicht auch für den privaten Bedarf oder für andere unternehmensfremde Zwecke" genutzt hat, ist der Anscheinsbeweis dafür zu berücksichtigen, dass ein PKW typischerweise nicht nur vereinzelt und gelegentlich für private Zwecke verwendet wird.
2. Das FG hat die Frage, ob es dem Kläger gelungen ist, diesen Anscheinsbeweis zu entkräften, aufgrund einer Tatsachenwürdigung zu klären, die dem Bereich der Beweiswürdigung zuzuordnen ist und die grundsätzlich nicht revisibel ist.

BFH vom 12.1.2011 – XI R 9/08 – (BFH/NV 2011 S. 941, HFR 2011 S. 569, UR 2011 S. 357)

Vorsteuerabzugsrecht einer GmbH aus den Bauerrichtungskosten eines ihren Gesellschafter-Geschäftsführern für private Wohnzwecke überlassenen Gebäudes

1. Hat eine GmbH in den Jahren 1998–2000 auf ihrem Betriebsgrundstück ein Gebäude errichtet, das sie teilweise unternehmerisch nutzt und teilweise ihren Gesellschafter-Geschäftsführern unentgeltlich für deren private Wohnzwecke überlässt, kann der GmbH ein Vorsteuerabzugsrecht aus den Bauerrichtungskosten zustehen.
2. Die Vereinbarung einer Nutzungsüberlassung von Wohnraum im Rahmen eines Mietvertrages oder eines Anstellungsvertrages gilt dagegen umsatzsteuerrechtlich regelmäßig als steuerfreie Vermietung und schließt den Vorsteuerabzug aus den entsprechenden Bauerrichtungskosten aus.

BFH vom 13.1.2011 – V R 12/08 – (BFH/NV 2011 S. 721, StEd 2011 S. 166, UR 2011 S. 295)

Kein Vorsteuerabzug bei Zuwendung von Erschließungsanlagen

1. Beabsichtigt der Unternehmer bereits bei Leistungsbezug, die bezogene Leistung nicht für seine wirtschaftliche Tätigkeit, sondern ausschließlich und unmittelbar für eine unentgeltliche Entnahme i.S.v. § 3 Abs. 1b UStG 1999 zu verwenden, ist er nicht zum Vorsteuerabzug berechtigt (Änderung der Rechtsprechung). Dies gilt auch, wenn er mit dieser Entnahme mittelbar Ziele verfolgt, die ihn nach seiner wirtschaftlichen Gesamttätigkeit zum Vorsteuerabzug berechtigen würden.
2. Der Unternehmer ist nicht zum Vorsteuerabzug berechtigt, wenn er bei Errichtung von Erschließungsanlagen beabsichtigt, diese einer Gemeinde durch Zustimmung zur öffentlich-rechtlichen Widmung der Anlagen unentgeltlich i.S.v. § 3 Abs. 1b Satz 1 Nr. 3 UStG 1999 zuzuwenden. Dies gilt auch, wenn er bei der Herstellung und Zustimmung zur Widmung der Erschließungsanlagen – mittelbar – beabsichtigt, Grundstücke im Erschließungsgebiet steuerpflichtig zu liefern.

BFH vom 27.1.2011 – V R 38/09 – (BFH/NV 2011 S. 727, HFR 2011 S. 684, UR 2011 S. 307)

Kein Vorsteuerabzug beim steuerfreien Beteiligungsverkauf

1. Beratungsleistungen, die ein Industrieunternehmen bezieht, um eine Beteiligung steuerfrei zu übertragen, stehen im direkten und unmittelbaren Zusammenhang zur steuerfreien Anteilsübertragung und berechtigen auch dann nicht zum Vorsteuerabzug, wenn das Unternehmen mittelbar beabsichtigt, den Veräußerungserlös für seine zum Vorsteuerabzug berechtigende wirtschaftliche Gesamttätigkeit zu verwenden.
2. Die Übertragung von Gesellschaftsanteilen begründet eine Geschäftsveräußerung hinsichtlich des Unternehmensvermögens der Gesellschaft, an der die Anteile bestehen, wenn alle Anteile an der Gesellschaft übertragen werden.
3. Werden nicht alle Gesellschaftsanteile, aber Anteile an einer Organgesellschaft veräußert, kommt eine Geschäftsveräußerung in Betracht, wenn zumindest eine die finanzielle Eingliederung ermöglichende Mehrheitsbeteiligung übertragen wird und der Erwerber seinerseits beabsichtigt, eine Organschaft zu der Gesellschaft, an der die Beteiligung besteht, zu begründen.

BFH vom 10.2.2011 – XI B 98/10 – (BFH/NV 2011 S. 864)

Bindung des FG an die rechtliche Beurteilung des BFH – Vorsteuerabzug aus Bauerrichtungskosten und „laufenden Kosten" eines gemischt genutzten Gebäudes

1. Das FG, an das die Sache zur anderweitigen Verhandlung und Entscheidung zurückverwiesen ist, muss seiner Entscheidung die rechtliche Beurteilung des BFH zugrunde legen. Geschieht dies nicht, ohne dass eine Ausnahme von der Bindungswirkung vorliegt, handelt es sich um einen Verfahrensmangel, der mit einer Nichtzulassungsbeschwerde geltend gemacht werden kann.
2. Begehrte ein Unternehmer in den Streitjahren 1997–2003 den – vollen oder anteiligen – Vorsteuerabzug aus den Bauerrichtungskosten eines für unternehmerische und private Zwecke, also gemischt genutzten Gebäudes, musste er das Gebäude entweder insgesamt seinem Unternehmen zugeordnet oder im Umfang der tatsächlichen unternehmerischen Nutzung seinem Unternehmen zugeordnet haben. Ordnete er das gemischt genutzte Gebäude seinem Privatvermögen zu, schied der Vorsteuerabzug aus.
3. Bei einem begehrten Vorsteuerabzug aus den „laufenden Kosten" eines gemischt genutzten Gebäudes kommt es nicht auf eine etwaige vorherige Zuordnung des Gebäudes zum Unternehmen an. Für den Vorsteuerabzug aus den Leistungen, die der laufenden Nutzung und Wartung dienen, ist der jeweilige Zusammenhang mit den besteuerten Umsätzen des Unternehmens entscheidend.

BFH vom 25.3.2011 – V B 94/10 – (BFH/NV 2011 S. 1404, HFR 2011 S. 1033)

Rückwirkung der Rechnungsberichtigung

Stützt das FG sein Urteil auch auf den Rechtssatz, dass einer Rechnungsberichtigung keine Rückwirkung zukomme, liegt kein die Vorentscheidung tragender Rechtssatz vor, wenn die Klage unabhängig hiervon abzuweisen ist, da die Klägerin nach dem der Leistung zugrunde liegenden Rechtsverhältnis nicht Leistungsempfänger war.

BFH vom 30.3.2011 – XI R 12/08 – (BStBl 2011 II S. 819, HFR 2011 S. 1029, UR 2011 S. 792)

Unzulässigkeit einer Feststellungsklage

Eine Klage, mit der eine Kfz-Werkstatt gegenüber dem für sie nicht zuständigen Finanzamt des TÜV die Feststellung begehrt, dass sie und nicht der Halter des jeweiligen Kfz Leistungsempfängerin i.S.d. § 15 Abs. 1 Satz 1 Nr. 1 UStG von im Einzelnen aufgezählten und vom TÜV durchgeführten gesetzlichen Hauptuntersuchungen i.S.d. § 29 StVZO ist, ist unzulässig, wenn weder über die Steuerbarkeit und Steuerpflicht der Leistung noch über die Höhe des Steuersatzes Streit besteht.[1]

BFH vom 7.7.2011 – V R 41/09 – (BFH/NV 2011 S. 1978, StEd 2011 S. 661, UR 2011 S. 867)

Vorsteuerabzug bei Vermietung des Miteigentumsanteils eines gemischt-genutzten Grundstücks an den unternehmerisch tätigen Miteigentümer

Stellt eine aus zwei Personen bestehende Miteigentümergemeinschaft ein Gebäude her, das einer der Gemeinschafter teilweise für Zwecke seiner wirtschaftlichen Tätigkeit verwendet, wird dieser Grundstücksteil (Büro) an ihn geliefert und kann daher nicht Gegenstand einer Vermietung durch den anderen Gemeinschafter sein.

BFH vom 7.7.2011 – V R 42/09 – (BFH/NV 2011 S. 1980, StEd 2011 S. 661, UR 2011 S. 870)

Zeitpunkt der Zuordnungsentscheidung bei gemischt-genutzten Gegenständen

1. Ist ein Gegenstand sowohl für unternehmerische Zwecke als auch für nichtunternehmerische Zwecke vorgesehen (gemischte Nutzung), kann der Steuerpflichtige (Unternehmer) den Gegenstand
    a) insgesamt seinem Unternehmen zuordnen,
    b) ihn in vollem Umfang in seinem Privatvermögen belassen oder
    c) ihn im Umfang der tatsächlichen unternehmerischen Verwendung seinem Unternehmensvermögen zuordnen (Zuordnungswahlrecht).
2. Die sofort bei Leistungsbezug zu treffende Zuordnungsentscheidung ist „zeitnah", d.h. bis spätestens im Rahmen der Jahressteuererklärung zu dokumentieren.
3. Keine „zeitnahe" Dokumentation der Zuordnungsentscheidung liegt vor, wenn die Zuordnungsentscheidung dem Finanzamt erst nach Ablauf der gesetzlichen Abgabefrist von Steuererklärungen (31. 5. des Folgejahres) mitgeteilt wird.

BFH vom 7.7.2011 – V R 36/10 – (DStR 2011 S. 2095, HFR 2011 S. 1358, StEd 2011 S. 709)

Vorsteueraufteilung in einer Spielhalle

1. Beruft sich der Unternehmer aufgrund des Anwendungsvorrangs des Unionsrechts für die Steuerfreiheit eines Teils seiner Leistungen auf eine im UStG nicht zutreffend umgesetzte Steuerbefreiung der 6. USt-Richtlinie, ist auch über die Frage der Vorsteueraufteilung nach dieser Richtlinie zu entscheiden.
2. Unabhängig davon, ob Art. 17 Abs. 5 Unterabs. 3 der 6. USt-Richtlinie eine hinreichende Rechtsgrundlage für § 15 Abs. 4 UStG ist, kann der Unternehmer eine flächenbezogene Vorsteueraufteilung nur beanspruchen, wenn diese sachgerecht ist. Hieran fehlt es, wenn der Unternehmer einzelne Standflächen einer Spielhalle teilweise für den Betrieb umsatzsteuerpflichtiger und teilweise für den Betrieb umsatzsteuerfreier Spielgeräte verwendet.

BFH vom 19.7.2011 – XI R 29/09 – (DB 2011 S. 2528, HFR 2011 S. 1352, StEd 2011 S. 726)

Vorsteuerabzug im Zusammenhang mit der Installation einer Photovoltaikanlage auf dem Dach eines anderweitig nicht genutzten Schuppens

1. Der Betreiber einer Photovoltaikanlage kann den Vorsteuerabzug aus den Herstellungskosten eines Schuppens, auf dessen Dach die Anlage installiert wird und der anderweitig nicht

---

[1] Anm.: Gegen das Urteil ist beim BVerfG eine Verfassungsbeschwerde anhängig – 1 BvR 1747/11 –.

genutzt wird, nur im Umfang der unternehmerischen Nutzung des gesamten Gebäudes beansprechen, vorausgesetzt diese Nutzung beträgt mindestens 10 Prozent.
2. Zur Ermittlung des unternehmerischen Nutzungsanteils im Wege einer sachgerechten Schätzung kommt ein Umsatzschlüssel in Betracht, bei dem ein fiktiver Vermietungsumsatz für den nichtunternehmerisch genutzten inneren Teil des Schuppens einem fiktiven Umsatz für die Vermietung der Dachfläche an einen Dritten zum Betrieb einer Photovoltaikanlage gegenübergestellt wird.

BFH vom 19.7.2011 – XI R 21/10 – (DB 2011 S. 2531, DStR 2011 S. 2148, HFR 2011 S. 1354, StEd 2011 S. 725)

Vorsteuerabzug im Zusammenhang mit der Installation einer Photovoltaikanlage auf dem Dach eines Carports

1. Der Betreiber einer Photovoltaikanlage kann einen Carport, auf dessen Dach die Anlage installiert wird und der zum Unterstellen eines privat genutzten PKW verwendet wird, insgesamt seinem Unternehmen zuordnen und dann aufgrund der Unternehmenszuordnung in vollem Umfang zum Vorsteuerabzug aus den Herstellungskosten des Carports berechtigt sein; er hat dann aber die private Verwendung des Carports als unentgeltliche Wertabgabe zu versteuern.
2. Voraussetzung dafür ist, dass die unternehmerische Nutzung des gesamten Carports mindestens 10 Prozent beträgt.
3. Zur Ermittlung des unternehmerischen Nutzungsanteils im Wege einer sachgerechten Schätzung kommt ein Umsatzschlüssel in Betracht, bei dem ein fiktiver Vermietungsumsatz für den nichtunternehmerisch genutzten inneren Teil des Carports einem fiktiven Umsatz für die Vermietung der Dachfläche an einen Dritten zum Betrieb einer Photovoltaikanlage gegenübergestellt wird.
4. Hat das FG über einen Umsatzsteuer-Vorauszahlungsbescheid entschieden, der während des finanzgerichtlichen Verfahrens durch einen Umsatzsteuer-Jahresbescheid ersetzt wurde, ist eine Aufhebung des FG-Urteils aus verfahrensrechtlichen Gründen ausnahmsweise entbehrlich, wenn durch den Umsatzsteuer-Jahresbescheid kein neuer Streitpunkt in das Verfahren eingeführt wurde.

BFH vom 19.7.2011 – XI R 29/10 – (HFR 2011 S. 1356, StEd 2011 S. 726, UR 2012 S. 40)

Vorsteuerabzug im Zusammenhang mit der Installation einer Photovoltaikanlage auf dem Dach einer Scheune

1. Aufwendungen für die Neueindeckung des Daches einer Scheune, auf dem eine unternehmerisch genutzte Photovoltaikanlage installiert wird, berechtigen zum Vorsteuerabzug im Umfang des unternehmerischen Nutzungsanteils an der gesamten Scheune.
2. Zur Ermittlung des unternehmerischen Nutzungsanteils im Wege einer sachgerechten Schätzung kommt ein Umsatzschlüssel in Betracht, bei dem ein fiktiver Vermietungsumsatz für den nichtunternehmerisch genutzten inneren Teil der Scheune einem fiktiven Umsatz für die Vermietung der Dachfläche an einen Dritten zum Betrieb einer Photovoltaikanlage gegenübergestellt wird.

§ 15a Berichtigung des Vorsteuerabzugs

(1) ¹Ändern sich bei einem Wirtschaftsgut, das nicht nur einmalig zur Ausführung von Umsätzen verwendet wird, innerhalb von fünf Jahren ab dem Zeitpunkt der erstmaligen Verwendung die für den ursprünglichen Vorsteuerabzug maßgebenden Verhältnisse, ist für jedes Kalenderjahr der Änderung ein Ausgleich durch eine Berichtigung des Abzugs der auf die Anschaffungs- oder Herstellungskosten entfallenden Vorsteuerbeträge vorzunehmen. ²Bei Grundstücken einschließlich ihrer wesentlichen Bestandteile, bei Berechtigungen, für die die Vorschriften des bürgerlichen Rechts über Grundstücke gelten, und bei Gebäuden auf fremdem Grund und Boden tritt an die Stelle des Zeitraums von fünf Jahren ein Zeitraum von zehn Jahren.

(2) ¹Ändern sich bei einem Wirtschaftsgut, das nur einmalig zur Ausführung eines Umsatzes verwendet wird, die für den ursprünglichen Vorsteuerabzug maßgebenden Verhältnisse, ist eine Berichtigung des Vorsteuerabzugs vorzunehmen. ²Die Berichtigung ist für den Besteuerungszeitraum vorzunehmen, in dem das Wirtschaftsgut verwendet wird.

(3) ¹Geht in ein Wirtschaftsgut nachträglich ein anderer Gegenstand ein und verliert dieser Gegenstand dabei seine körperliche und wirtschaftliche Eigenart endgültig oder wird an einem

§ 15a UStG

Wirtschaftsgut eine sonstige Leistung ausgeführt, gelten im Fall der Änderung der für den ursprünglichen Vorsteuerabzug maßgebenden Verhältnisse die Absätze 1 und 2 entsprechend. ²Soweit im Rahmen einer Maßnahme in ein Wirtschaftsgut mehrere Gegenstände eingehen oder an einem Wirtschaftsgut mehrere sonstige Leistungen ausgeführt werden, sind diese zu einem Berichtigungsobjekt zusammenzufassen. ³Eine Änderung der Verhältnisse liegt dabei auch vor, wenn das Wirtschaftsgut für Zwecke, die außerhalb des Unternehmens liegen, aus dem Unternehmen entnommen wird, ohne dass dabei nach § 3 Abs. 1b eine unentgeltliche Wertabgabe zu besteuern ist.

S 7317 (4) ¹Die Absätze 1 und 2 sind auf sonstige Leistungen, die nicht unter Absatz 3 Satz 1 fallen, entsprechend anzuwenden. ²Die Berichtigung ist auf solche sonstigen Leistungen zu beschränken, für die in der Steuerbilanz ein Aktivierungsgebot bestünde. ³Dies gilt jedoch nicht, soweit es sich um sonstige Leistungen handelt, für die der Leistungsempfänger bereits für einen Zeitraum vor Ausführung der sonstigen Leistung den Vorsteuerabzug vornehmen konnte. ⁴Unerheblich ist, ob der Unternehmer nach den §§ 140, 141 der Abgabenordnung tatsächlich zur Buchführung verpflichtet ist.

(5) ¹Bei der Berichtigung nach Absatz 1 ist für jedes Kalenderjahr der Änderung in den Fällen des Satzes 1 von einem Fünftel und in den Fällen des Satzes 2 von einem Zehntel der auf das Wirtschaftsgut entfallenden Vorsteuerbeträge auszugehen. ²Eine kürzere Verwendungsdauer ist entsprechend zu berücksichtigen. ³Die Verwendungsdauer wird nicht dadurch verkürzt, dass das Wirtschaftsgut in ein anderes einbezogen wird.

(6) Die Absätze 1 bis 5 sind auf Vorsteuerbeträge, die auf nachträgliche Anschaffungs- oder Herstellungskosten entfallen, sinngemäß anzuwenden.

(6a) Eine Änderung der Verhältnisse liegt auch bei einer Änderung der Verwendung im Sinne des § 15 Absatz 1b vor.

S 7318 (7) Eine Änderung der Verhältnisse im Sinne der Absätze 1 bis 3 ist auch beim Übergang von der allgemeinen Besteuerung zur Nichterhebung der Steuer nach § 19 Abs. 1 und umgekehrt und beim Übergang von der allgemeinen Besteuerung zur Durchschnittssatzbesteuerung nach den §§ 23, 23a oder 24 und umgekehrt gegeben.

(8) ¹Eine Änderung der Verhältnisse liegt auch vor, wenn das noch verwendungsfähige Wirtschaftsgut, das nicht nur einmalig zur Ausführung eines Umsatzes verwendet wird, vor Ablauf des nach den Absätzen 1 und 5 maßgeblichen Berichtigungszeitraums veräußert oder nach § 3 Abs. 1b geliefert wird und dieser Umsatz anders zu beurteilen ist als die für den ursprünglichen Vorsteuerabzug maßgebliche Verwendung. ²Dies gilt auch für Wirtschaftsgüter, für die der Vorsteuerabzug nach § 15 Absatz 1b teilweise ausgeschlossen war.

(9) Die Berichtigung nach Absatz 8 ist so vorzunehmen, als wäre das Wirtschaftsgut in der Zeit von der Veräußerung oder Lieferung im Sinne des § 3 Abs. 1b bis zum Ablauf des maßgeblichen Berichtigungszeitraums unter entsprechend geänderten Verhältnissen weiterhin für das Unternehmen verwendet worden.

(10) ¹Bei einer Geschäftsveräußerung (§ 1 Abs. 1a) wird der nach den Absätzen 1 und 5 maßgebliche Berichtigungszeitraum nicht unterbrochen. ²Der Veräußerer ist verpflichtet, dem Erwerber die für die Durchführung der Berichtigung erforderlichen Angaben zu machen.

(11) Das Bundesministerium der Finanzen kann mit Zustimmung des Bundesrates durch Rechtsverordnung nähere Bestimmungen darüber treffen,

1. wie der Ausgleich nach den Absätzen 1 bis 9 durchzuführen ist und in welchen Fällen er zur Vereinfachung des Besteuerungsverfahrens, zur Vermeidung von Härten oder nicht gerechtfertigten Steuervorteilen zu unterbleiben hat;
2. dass zur Vermeidung von Härten oder eines nicht gerechtfertigten Steuervorteils bei einer unentgeltlichen Veräußerung oder Überlassung eines Wirtschaftsguts
   a) eine Berichtigung des Vorsteuerabzugs in entsprechender Anwendung der Absätze 1 bis 9 auch dann durchzuführen ist, wenn eine Änderung der Verhältnisse nicht vorliegt,
   b) der Teil des Vorsteuerbetrags, der bei einer gleichmäßigen Verteilung auf den in Absatz 9 bezeichneten Restzeitraum entfällt, vom Unternehmer geschuldet wird,
   c) der Unternehmer den nach den Absätzen 1 bis 9 oder Buchst. b geschuldeten Betrag dem Leistungsempfänger wie eine Steuer in Rechnung stellen und dieser den Betrag als Vorsteuer abziehen kann.

Vorschriften des Gemeinschaftsrechts

Art. 187 bis 192 der MWSt-Richtlinie (bis 31. 12. 2006: Art. 20 Abs. 2–6 der 6. USt-Richtlinie).

§ 44 Vereinfachungen bei der Berichtigung des Vorsteuerabzugs

(1) Eine Berichtigung des Vorsteuerabzugs nach § 15a des Gesetzes entfällt, wenn die auf die Anschaffungs- oder Herstellungskosten eines Wirtschaftsguts entfallende Vorsteuer 1 000 Euro nicht übersteigt.

(2) [1]Haben sich bei einem Wirtschaftsgut in einem Kalenderjahr die für den ursprünglichen Vorsteuerabzug maßgebenden Verhältnisse um weniger als zehn Prozentpunkte geändert, entfällt bei diesem Wirtschaftsgut für dieses Kalenderjahr die Berichtigung des Vorsteuerabzugs. [2]Das gilt nicht, wenn der Betrag, um den der Vorsteuerabzug für dieses Kalenderjahr zu berichtigen ist, 1 000 Euro übersteigt.

(3)[1]) [1]Übersteigt der Betrag, um den der Vorsteuerabzug bei einem Wirtschaftsgut für das Kalenderjahr zu berichtigen ist, nicht 6 000 Euro, so ist die Berichtigung des Vorsteuerabzugs nach § 15a des Gesetzes abweichend von § 18 Abs. 1 und 2 des Gesetzes erst im Rahmen der Steuerfestsetzung für den Besteuerungszeitraum durchzuführen, in dem sich die für den ursprünglichen Vorsteuerabzug maßgebenden Verhältnisse geändert haben. [2]Wird das Wirtschaftsgut während des maßgeblichen Berichtigungszeitraums veräußert oder nach § 3 Abs. 1b des Gesetzes geliefert, so ist die Berichtigung des Vorsteuerabzugs für das Kalenderjahr der Lieferung und die folgenden Kalenderjahre des Berichtigungszeitraums abweichend von Satz 1 bereits bei der Berechnung der Steuer für den Voranmeldungszeitraum (§ 18 Abs. 1 und 2 des Gesetzes) durchzuführen, in dem die Lieferung stattgefunden hat.

(4)[2]) Die Absätze 1 bis 3 sind bei einer Berichtigung der auf nachträgliche Anschaffungs- oder Herstellungskosten und auf die in § 15a Abs. 3 und 4 des Gesetzes bezeichneten Leistungen entfallenden Vorsteuerbeträge entsprechend anzuwenden.

§ 45 Maßgebliches Ende des Berichtigungszeitraums

[1]Endet der Zeitraum, für den eine Berichtigung des Vorsteuerabzugs nach § 15a des Gesetzes durchzuführen ist, vor dem 16. eines Kalendermonats, so bleibt dieser Kalendermonat für die Berichtigung unberücksichtigt. [2]Endet er nach dem 15. eines Kalendermonats, so ist dieser Kalendermonat voll zu berücksichtigen.

15a.1. Anwendungsgrundsätze

(1) [1]Nach § 15 UStG entsteht das Recht auf Vorsteuerabzug bereits im Zeitpunkt des Leistungsbezugs (vgl. Abschnitt 15.12) oder im Fall der Voraus- oder Anzahlung im Zeitpunkt der Zahlung. [2]Ändern sich bei den in Abs. 2 genannten Berichtigungsobjekten die für den ursprünglichen Vorsteuerabzug maßgebenden Verhältnisse, ist der Vorsteuerabzug zu berichtigen, wenn die Grenzen des § 44 UStDV überschritten werden (vgl. Abschnitt 15a.11). [3]Durch § 15a UStG wird der Vorsteu-

---

[1]) Anm.: Durch Art. 1 Nr. 5 Buchst. a und b der 2. Verordnung zur Änderung steuerlicher Verordnungen vom 2. 12. 2011 (BGBl. 2011 I S. 2416, BStBl 2011 I S. 1167) wurde mit Wirkung vom 1. 1. 2012 § 44 Abs. 3 UStDV gestrichen, der bisherige Absatz 4 wurde neuer Absatz 3. In dem neuen Absatz 3 wurde der bisherige Satz 2 gestrichen und der neue Satz 2 geändert. Bis 31. 12. 2011 geltende Fassung des § 44 Abs. 3 und 4 UStDV:
„(3) Beträgt die auf die Anschaffungs- oder Herstellungskosten eines Wirtschaftsguts entfallende Vorsteuer nicht mehr als 2 500 Euro, so ist die Berichtigung des Vorsteuerabzugs für alle in Betracht kommenden Kalenderjahre einheitlich bei der Berechnung der Steuer für das Kalenderjahr vorzunehmen, in dem der maßgebliche Berichtigungszeitraum endet.
(4) [1]Übersteigt der Betrag, um den der Vorsteuerabzug bei einem Wirtschaftsgut für das Kalenderjahr zu berichtigen ist, nicht 6 000 Euro, so ist die Berichtigung des Vorsteuerabzugs nach § 15a des Gesetzes abweichend von § 18 Abs. 1 und 2 des Gesetzes erst im Rahmen der Steuerfestsetzung für den Besteuerungszeitraum durchzuführen, in dem sich die für den ursprünglichen Vorsteuerabzug maßgebenden Verhältnisse geändert haben. [2]Absatz 3 bleibt unberührt. [3]Wird das Wirtschaftsgut während des maßgeblichen Berichtigungszeitraums veräußert oder nach § 3 Abs. 1b des Gesetzes geliefert, so ist die Berichtigung des Vorsteuerabzugs für das Kalenderjahr der Lieferung und die folgenden Kalenderjahre des Berichtigungszeitraums abweichend von den Sätzen 1 und 2 bereits bei der Berechnung der Steuer für den Voranmeldungszeitraum (§ 18 Abs. 1 und 2 des Gesetzes) durchzuführen, in dem die Lieferung stattgefunden hat."

[2]) Anm.: Durch Art. 1 Nr. 5 Buchst. c der 2. Verordnung zur Änderung steuerlicher Verordnungen vom 2. 12. 2011 (BGBl. 2011 I S. 2416, BStBl 2011 I S. 1167) wurde mit Wirkung vom 1. 1. 2012 § 44 Abs. 5 UStDV neuer Absatz 4 und gleichzeitig redaktionell geändert. Bis 31. 12. 2011 geltende Fassung des § 44 Abs. 5 UStDV:
„(5) Die Absätze 1 bis 4 sind bei einer Berichtigung der auf nachträgliche Anschaffungs- oder Herstellungskosten und auf die in § 15a Abs. 3 und 4 des Gesetzes bezeichneten Leistungen entfallenden Vorsteuerbeträge entsprechend anzuwenden."

erabzug so berichtigt, dass er den tatsächlichen Verhältnissen bei der Verwendung des Wirtschaftsguts oder der sonstigen Leistung entspricht. [4]Als Wirtschaftsgüter im Sinne des § 15a UStG gelten die Gegenstände, an denen nach § 3 Abs. 1 UStG die Verfügungsmacht verschafft werden kann. [5]Gegenstände im Sinne des § 3 Abs. 1 UStG sind körperliche Gegenstände, Sachgesamtheiten und solche Wirtschaftsgüter, die im Wirtschaftsverkehr wie körperliche Sachen behandelt werden (Abschnitt 3.1 Abs. 1 Sätze 1 und 2). [6]Wird das Wirtschaftsgut bzw. die sonstige Leistung nicht nur einmalig zur Ausführung von Umsätzen verwendet, kommt es auf die tatsächlichen Verwendungsverhältnisse während des gesamten im Einzelfall maßgeblichen Berichtigungszeitraums an. [7]Der Ausgleich des Vorsteuerabzugs ist grundsätzlich bei der Steuerfestsetzung für den Voranmeldungszeitraum vorzunehmen, in dem sich die Verhältnisse gegenüber den für den ursprünglichen Vorsteuerabzug maßgebenden Verhältnissen geändert haben (vgl. jedoch Abschnitt 15a.11).

(2) Berichtigungsobjekte im Sinne des § 15a UStG sind:

1. Wirtschaftsgüter, die nicht nur einmalig zur Ausführung von Umsätzen verwendet werden (§ 15a Abs. 1 UStG)

    [1]Das sind in der Regel die Wirtschaftsgüter, die ertragsteuerrechtlich abnutzbares oder nicht abnutzbares (z. B. Grund und Boden) Anlagevermögen darstellen oder – sofern sie nicht zu einem Betriebsvermögen gehören – als entsprechende Wirtschaftsgüter anzusehen sind. [2]Dies können auch immaterielle Wirtschaftsgüter, die Gegenstand einer Lieferung sind (z. B. bestimmte Computerprogramme oder Mietereinbauten im Sinne des BMF-Schreibens vom 15. 1. 1976, BStBl I S. 66), sein. *[3]Die ertragsteuerliche Beurteilung als Anlagevermögen oder Umlaufvermögen ist umsatzsteuerrechtlich nicht entscheidend (BFH-Urteil vom 24. 9. 2009, V R 6/08, BStBl 2010 II S. 315).*

2. Wirtschaftsgüter, die nur einmalig zur Ausführung von Umsätzen verwendet werden (§ 15a Abs. 2 UStG)

    [1]Das sind im Wesentlichen die Wirtschaftsgüter, die ertragsteuerrechtlich Umlaufvermögen darstellen, wie z. B. die zur Veräußerung oder Verarbeitung bestimmten Wirtschaftsgüter. [2]Ertragsteuerrechtliches Anlagevermögen kann ebenfalls betroffen sein, wenn es veräußert oder entnommen wird, bevor es zu anderen Verwendungsumsätzen gekommen ist.

3. Nachträglich in ein Wirtschaftsgut eingehende Gegenstände, wenn diese Gegenstände dabei ihre körperliche und wirtschaftliche Eigenart endgültig verlieren (§ 15a Abs. 3 UStG)

    [1]Das ist der Fall, wenn diese Gegenstände nicht selbstständig nutzbar sind und mit dem Wirtschaftsgut in einem einheitlichen Nutzungs- und Funktionszusammenhang stehen. [2]Auf eine Werterhöhung bei dem Wirtschaftsgut, in das die Gegenstände eingehen, kommt es nicht an. [3]Kein Gegenstand im Sinne des § 15a Abs. 3 UStG ist ein Gegenstand, der abtrennbar ist, seine körperliche oder wirtschaftliche Eigenart behält und damit ein selbstständiges Wirtschaftsgut bleibt. [4]Werden im Rahmen einer Maßnahme mehrere Gegenstände in ein Wirtschaftsgut eingefügt bzw. sonstige Leistungen an einem Wirtschaftsgut ausgeführt, sind diese Leistungen zu einem Berichtigungsobjekt zusammenzufassen. [5]Bei der Bestimmung der 1 000 €-Grenze nach § 44 Abs. 1 UStDV ist von den gesamten Vorsteuerbeträgen auszugehen, die auf die Anschaffung oder Herstellung des durch die Zusammenfassung entstandenen Berichtigungsobjekts entfallen.

4. Sonstige Leistungen an einem Wirtschaftsgut (§ 15a Abs. 3 UStG)

    [1]Es kommt nicht darauf an, ob die sonstige Leistung zu einer Werterhöhung des Wirtschaftsguts führt. [2]Maßnahmen, die lediglich der Werterhaltung dienen, fallen demnach auch unter die Berichtigungspflicht nach § 15a Abs. 3 UStG. [3]Nicht unter die Verpflichtung zur Berichtigung des Vorsteuerabzugs nach § 15a Abs. 3 UStG fallen sonstige Leistungen, die bereits im Zeitpunkt des Leistungsbezugs wirtschaftlich verbraucht werden. [4]Eine sonstige Leistung ist im Zeitpunkt des Leistungsbezugs dann nicht wirtschaftlich verbraucht, wenn ihr über den Zeitpunkt des Leistungsbezugs hinaus eine eigene Werthaltigkeit inne wohnt. [5]Zur Zusammenfassung bei der Ausführung mehrerer Leistungen im Rahmen einer Maßnahme siehe Nr. 3.

5. Sonstige Leistungen, die nicht unter § 15a Abs. 3 Satz 1 UStG fallen (§ 15a Abs. 4 UStG)

    [1]Dies sind solche sonstigen Leistungen, die nicht an einem Wirtschaftsgut ausgeführt werden. [2]Die Berichtigung des Vorsteuerabzugs ist auf solche sonstigen Leistungen beschränkt, für die in der Steuerbilanz ein Aktivposten gebildet werden müsste. [3]Dies gilt jedoch nicht, soweit es sich um sonstige Leistungen handelt, für die der Leistungsempfänger bereits für einen Zeitraum vor Ausführung der sonstigen Leistung den Vorsteuerabzug vornehmen konnte (Voraus- und Anzahlung). [4]Unerheblich ist, ob der Unternehmer nach den §§ 140, 141 AO tatsächlich zur Buchführung verpflichtet ist.

6. Nachträgliche Anschaffungs- oder Herstellungskosten (§ 15a Abs. 6 UStG)

    [1]Der Begriff der nachträglichen Anschaffungs- oder Herstellungskosten ist nach den für das Einkommensteuerrecht geltenden Grundsätzen abzugrenzen. [2]Voraussetzung ist, dass die nachträglichen Aufwendungen für Berichtigungsobjekte nach § 15a Abs. 1 bis 4 UStG angefallen sind. [3]Aufwendungen, die ertragsteuerrechtlich Erhaltungsaufwand sind, unterliegen der Vorsteuerberichtigung nach § 15a Abs. 3 UStG.

§ 15a UStG
AE 15a.1

(3) ¹Bei der Berichtigung des Vorsteuerabzugs ist von den gesamten Vorsteuerbeträgen auszugehen, die auf die in Abs. 2 bezeichneten Berichtigungsobjekte entfallen. ²Dabei ist ein prozentuales Verhältnis des ursprünglichen Vorsteuerabzugs zum Vorsteuervolumen insgesamt zu Grunde zu legen.

Beispiel 1:
¹Ein Unternehmer errichtet ein Bürogebäude. ²Die im Zusammenhang mit der Herstellung des Gebäudes in Rechnung gestellte Umsatzsteuer beträgt in den Jahren 01 150 000 € und 02 450 000 € (insgesamt 600 000 €). ³Die abziehbaren Vorsteuerbeträge nach § 15 UStG belaufen sich vor dem Zeitpunkt der erstmaligen Verwendung (Investitionsphase) auf 150 000 €, da der Unternehmer im Jahr 01 beabsichtigte, das Gebäude zu 100 % für zum Vorsteuerabzug berechtigende Zwecke zu verwenden, während er im Jahr 02 beabsichtigte, das Gebäude nach der Fertigstellung zu 0 % für zum Vorsteuerabzug berechtigende Zwecke zu verwenden. ⁴Diese Verwendungsabsicht wurde durch den Unternehmer jeweils schlüssig dargelegt.

Ingesamt in Rechnung gestellte Umsatzsteuer: 600 000 €

Ursprünglicher Vorsteuerabzug: 150 000 €

Ermittlung eines prozentualen Verhältnisses des ursprünglichen Vorsteuerabzugs zum Vorsteuervolumen insgesamt, das für eine Berichtigung nach § 15a UStG maßgebend ist:

150 000 € : 600 000 € = 25 %

Beispiel 2:
¹Unternehmer U schließt mit dem Fahrzeughändler H im Januar 01 einen Vertrag über die Lieferung eines Pkw ab. ²Der Pkw soll im Juli 01 geliefert werden. ³U leistet bei Vertragsschluss eine Anzahlung i.H.v. 20 000 € zzgl. 3 800 € Umsatzsteuer. ⁴Bei Lieferung des Pkw im Juli 01 leistet U die Restzahlung von 60 000 € zzgl. 11 400 € Umsatzsteuer. ⁵Im Zeitpunkt der Anzahlung beabsichtigte U, den Pkw ausschließlich zur Ausführung von zum Vorsteuerabzug berechtigenden Umsätzen zu nutzen. ⁶U kann die Verwendungsabsicht durch entsprechende Unterlagen nachweisen. ⁷Im Zeitpunkt der Lieferung steht hingegen fest, dass U den Pkw nunmehr ausschließlich zur Erzielung von nicht zum Vorsteuerabzug berechtigenden Umsätzen verwenden will.

⁸U steht aus der Anzahlung der Vorsteuerabzug nach § 15 Abs. 1 Satz 1 Nr. 1 UStG zu, da er im Zeitpunkt der Anzahlung beabsichtigte, den Pkw für zum Vorsteuerabzug berechtigende Umsätze zu nutzen. ⁹Für die Restzahlung hingegen steht U der Vorsteuerabzug nicht zu.

Insgesamt in Rechnung gestellte Umsatzsteuer: 15 200 €

Ursprünglicher Vorsteuerabzug: 3 800 €

Ermittlung eines prozentualen Verhältnisses des ursprünglichen Vorsteuerabzugs zum Vorsteuervolumen insgesamt, das für eine Berichtigung nach § 15a UStG maßgebend ist:

3 800 € : 15 200 € = 25 %

(4) In die Vorsteuerberichtigung sind alle Vorsteuerbeträge einzubeziehen ohne Rücksicht auf besondere ertragsteuerrechtliche Regelungen, z. B. sofort absetzbare Beträge oder Zuschüsse, die der Unternehmer erfolgsneutral behandelt, oder AfA, die auf die Zeit bis zur tatsächlichen Verwendung entfällt.

(5) ¹Führt die Berichtigung nach § 15a UStG zu einem erstmaligen Vorsteuerabzug, weil der Vorsteuerabzug beim Leistungsbezug nach § 15 Abs. 2 und 3 UStG ausgeschlossen war, dürfen nur die Vorsteuerbeträge angesetzt werden, für die die allgemeinen Voraussetzungen des § 15 Abs. 1 UStG vorliegen. ²Daher sind in diesen Fällen Vorsteuerbeträge, für die der Abzug zu versagen ist, weil keine ordnungsgemäße Rechnung oder kein zollamtlicher Einfuhrbeleg vorliegt, von der Berichtigung ausgenommen (vgl. BFH-Urteil vom 12. 10. 2006, V R 36/04, BStBl 2007 II S. 485). ³Zur Frage, wie zu verfahren ist, wenn die Voraussetzungen für den Vorsteuerabzug nach § 15 UStG erst nachträglich eintreten oder sich nachträglich ändern, vgl. Abschnitt 15a.4 Abs. 2.

(6) ¹Eine Berichtigung des Vorsteuerabzugs ist nur möglich, wenn und soweit die bezogenen Leistungen im Zeitpunkt des Leistungsbezugs dem Unternehmen zugeordnet wurden. ²§ 15a UStG ist daher insbesondere nicht anzuwenden, wenn

1. ein Nichtunternehmer Leistungen bezieht und diese später unternehmerisch verwendet (vgl. EuGH-Urteil vom 2. 6. 2005, C-378/02, EuGHE I S. 4685),
2. der Unternehmer ein Wirtschaftsgut oder eine sonstige Leistung im Zeitpunkt des Leistungsbezugs seinem nichtunternehmerischen Bereich zuordnet (Abschnitt 15.2 Abs. 21 Nr. 2) und das Wirtschaftsgut oder die sonstige Leistung später für unternehmerische Zwecke verwendet (vgl. EuGH-Urteil vom 11. 7. 1991, C-97/90, EuGHE I S. 730),
3. an einem Wirtschaftsgut, das nicht dem Unternehmen zugeordnet wurde, eine Leistung im Sinne des § 15a Abs. 3 UStG ausgeführt wird, die ebenfalls nicht für das Unternehmen bezogen wird, und das Wirtschaftsgut später unternehmerisch verwendet wird,

§ 15a UStG
AE 15a.1

4. nichtunternehmerisch genutzte Gebäudeteile als separater Gegenstand beim Leistungsbezug dem nichtunternehmerischen Bereich zugeordnet und später unternehmerisch genutzt werden (z. B. bei Umwandlung bisheriger Wohnräume in Büroräume) oder
5. der Unternehmer einen bezogenen Gegenstand zunächst zu weniger als 10 % für sein Unternehmen nutzt und die Leistung deshalb nach § 15 Abs. 1 Satz 2 UStG als nicht für sein Unternehmen ausgeführt gilt und diese Grenze später überschritten wird.

(7) [1]Ist ein Unternehmer für einen sowohl unternehmerisch als auch nichtwirtschaftlich i.e.S. verwendeten einheitlichen Gegenstand nach § 15 Abs. 1 UStG nur für den unternehmerisch genutzten Anteil zum Vorsteuerabzug berechtigt gewesen (vgl. Abschnitt 15.2 Abs. 15a) – unternehmerische Nutzung zu mehr als 10 % vorausgesetzt, § 15 Abs. 1 Satz 2 UStG – und erhöht sich die unternehmerische Nutzung dieses Gegenstands innerhalb des Berichtigungszeitraums nach § 15a Abs. 1 UStG (vgl. Abschnitt 15a.3), kann eine Vorsteuerberichtigung nach den Grundsätzen des § 15a UStG zu Gunsten des Unternehmers aus Billigkeitsgründen vorgenommen werden, sofern die Bagatellgrenzen des § 44 UStDV überschritten sind. Macht der Unternehmer von dieser Billigkeitsmaßnahme Gebrauch, gilt der Gegenstand auch insoweit als dem Unternehmen zugeordnet.

Beispiel:
[1]Der Verein V erwirbt zum 1. 1. 01 einen PKW für 30 000 € zzgl. 5 700 € Umsatzsteuer. [2]Der PKW wird entsprechend der von Anfang an beabsichtigten Verwendung zu 50 % für unternehmerische Tätigkeiten im Sinne des § 2 Abs. 1 UStG und zu 50 % für unentgeltliche Tätigkeiten für ideelle Vereinszwecke verwendet. [3]Die Verwendung für unternehmerische Tätigkeiten erhöht sich ab dem 1. 1. 03 um 20 % auf insgesamt 70 %. [4]Zum 1. 1. 04 wird der PKW für einen vereinbarten Nettobetrag von 10 000 € veräußert.

Jahr 01:
[5]V ist zum Vorsteuerabzug in Höhe von 2 850 € (50 % von 5 700 €) nach § 15 Abs. 1 UStG berechtigt. [6]Der für unentgeltliche ideelle Tätigkeiten des Vereins (nichtwirtschaftliche Tätigkeit i.e.S., vgl. Abschnitt 2.3 Abs. 1a) verwendete Anteil des PKW berechtigt nicht zum Vorsteuerabzug (vgl. Abschnitt 15.2 Abs. 15a).

Jahr 03:
[7]Die Bagatellgrenzen des § 44 UStDV sind überschritten. [8]Aus Billigkeitsgründen kann eine Vorsteuerberichtigung nach § 15a Abs. 1 UStG vorgenommen werden. Insgesamt in Rechnung gestellte Umsatzsteuer: 5 700 €

Ursprünglicher Vorsteuerabzug: 2 850 € (entspricht 50 % von 5 700 €) Zeitpunkt der erstmaligen Verwendung: 1. 1. 01 Dauer des Berichtigungszeitraums: 1. 1. 01 bis 31. 12. 05 Aus Billigkeitsgründen zum Vorsteuerabzug berechtigende Verwendung in 03:

70 %

Vorsteuerberichtigung aus Billigkeitsgründen im Vergleich zum ursprünglichen Vorsteuerabzug: Vorsteuer zu 70 % statt zu 50 % Berichtigungsbetrag: 20 Prozentpunkte von 1/5 von 5 700 € = 228 € sind zu Gunsten des V zu korrigieren.

Jahr 04:
[9]Die Veräußerung des PKW ist in Höhe des für unternehmerische Tätigkeiten verwendeten Anteils im Zeitpunkt der Veräußerung steuerbar. [10]Die Umsatzsteuer beträgt 1 330 € (70 % von 10 000 € x 19 %). [11]Aus Billigkeitsgründen ist auf Grund der Veräußerung auch eine Vorsteuerberichtigung nach § 15a UStG vorzunehmen. [12]Die Bagatellgrenzen des § 44 UStDV sind überschritten. Insgesamt in Rechnung gestellte Umsatzsteuer: 5 700 € Ursprünglicher Vorsteuerabzug: 2 850 € (entspricht 50 % von 5 700 €) Zeitpunkt der erstmaligen Verwendung: 1. 1. 01

Dauer des Berichtigungszeitraums: 1. 1. 01 bis 31. 12. 05

Tatsächliche zum Vorsteuerabzug berechtigenden Verwendung im Berichtigungszeitraum:

Jahr 01 bis 03 = 50 %

Jahr 03 = 70 % (Berichtigung nach § 15a UStG aus Billigkeitsgründen)

Änderung aus Billigkeitsgründen:

ab Jahr 04 = 20 Prozentpunkte (70 % statt 50 %)

Vorsteuerberichtigung pro Jahr:

5 700 € / 5 Jahre x 20 % = 228 €

Jahr 04 und 05 = je 228 €

[13]Die Berichtigung des Vorsteuerabzugs in Höhe von 456 € zu Gunsten des V ist in der ersten Voranmeldung für das Kalenderjahr 04 vorzunehmen (§ 44 Abs. 4 Satz 3 UStDV).

15a.2. Änderung der Verhältnisse

(1) ¹Verwendung im Sinne des § 15a UStG ist die tatsächliche Nutzung des Berichtigungsobjekts zur Erzielung von Umsätzen. ²Als Verwendung sind auch die Veräußerung, die unentgeltliche Wertabgabe nach § 3 Abs. 1b und 9a UStG (vgl. BFH-Urteil vom 2. 10. 1986, V R 91/78, BStBl 1987 II S. 44) **und die teilunternehmerische Nutzung eines Grundstücks im Sinne des § 15 Abs. 1b UStG (§ 15a Abs. 6a UStG, vgl. Abschnitt 15.6a)** anzusehen. ³Unter Veräußerung ist sowohl die Lieferung im Sinne des § 3 Abs. 1 UStG, z. B. auch die Verwertung in der Zwangsvollstreckung, als auch die Übertragung immaterieller Wirtschaftsgüter zu verstehen. ⁴Voraussetzung ist jedoch, dass das Wirtschaftsgut im Zeitpunkt dieser Umsätze objektiv noch verwendungsfähig ist.

(2) ¹Für die Frage, ob eine Änderung der Verhältnisse vorliegt, sind die Verhältnisse im Zeitpunkt der tatsächlichen Verwendung im Vergleich zum ursprünglichen Vorsteuerabzug entscheidend. ²Für den ursprünglichen Vorsteuerabzug ist die Verwendungsabsicht im Zeitpunkt des Leistungsbezugs entscheidend, im Fall der Anzahlung oder Vorauszahlung die im Zeitpunkt der Anzahlung oder Vorauszahlung gegebene Verwendungsabsicht (Abschnitt 15.12 Abs. 1). ³Eine Änderung der Verhältnisse im Sinne des § 15a UStG liegt z. B. vor,

1. wenn sich auf Grund der tatsächlichen Verwendung nach § 15 Abs. 2 und 3 UStG ein höherer oder niedrigerer Vorsteuerabzug im Vergleich zum ursprünglichen Vorsteuerabzug ergibt, z. B.
   a) wenn der Unternehmer ein Berichtigungsobjekt innerhalb des Unternehmens für Ausgangsumsätze nutzt, welche den Vorsteuerabzug anders als ursprünglich ausschließen oder zulassen,
   b) wenn der Unternehmer einen ursprünglich ausgeübten Verzicht auf eine Steuerbefreiung (§ 9 UStG) später nicht fortführt, oder
   c) wenn sich das prozentuale Verhältnis ändert, nach dem die abziehbaren Vorsteuern ursprünglich nach § 15 Abs. 4 UStG aufgeteilt worden sind;
2. wenn das Wirtschaftsgut veräußert oder entnommen wird und dieser Umsatz hinsichtlich des Vorsteuerabzugs anders zu beurteilen ist als der ursprüngliche Vorsteuerabzug (§ 15a Abs. 8 UStG);
3. wenn der Unternehmer von der allgemeinen Besteuerung zur Nichterhebung der Steuer nach § 19 Abs. 1 UStG oder umgekehrt übergeht (§ 15a Abs. 7 UStG), ohne dass sich die Nutzung der Wirtschaftsgüter oder sonstigen Leistungen selbst geändert haben muss;
4. wenn der Unternehmer von der allgemeinen Besteuerung zur Durchschnittssatzbesteuerung nach § 23, 23a und 24 UStG oder umgekehrt übergeht (§ 15a Abs. 7 UStG), ohne dass sich die Nutzung der Wirtschaftsgüter oder sonstigen Leistungen selbst geändert haben muss (zur Vorsteuerberichtigung bei Wirtschaftsgütern, die sowohl in einem gewerblichen Unternehmensteil als auch in einem landwirtschaftlichen Unternehmensteil (§ 24 UStG) eingesetzt werden, und zum Übergang von der allgemeinen Besteuerung zur Durchschnittssatzbesteuerung nach § 24 UStG oder umgekehrt siehe Abschnitt 15a.9 Abs. 4 ff.);
5. wenn sich eine Rechtsänderung nach dem Leistungsbezug auf die Beurteilung des Vorsteuerabzugs auswirkt, z. B. bei Wegfall oder Einführung einer den Vorsteuerabzug ausschließenden Steuerbefreiung (vgl. BFH-Urteil vom 14. 5. 1992, V R 79/87, BStBl II S. 983);
6. wenn sich die rechtliche Beurteilung des ursprünglichen Vorsteuerabzugs später als unzutreffend erweist, sofern die Steuerfestsetzung für das Jahr des Leistungsbezugs bestandskräftig und unabänderbar ist (Abschnitt 15a.4 Abs. 3).
7. **wenn sich die Verwendung eines Grundstücks im Sinne des § 15 Abs. 1b UStG ändert (§ 15a Abs. 6a UStG, vgl. Abschnitt 15.6a).**

(3) Eine Geschäftsveräußerung im Sinne des § 1 Abs. 1a UStG stellt keine Änderung der Verhältnisse dar, weil der Erwerber nach § 1 Abs. 1a Satz 3 UStG an die Stelle des Veräußerers tritt (vgl. BFH-Urteile vom 6. 9. 2007, V R 41/05, BStBl 2008 II S. 65, und vom 30. 4. 2009, V R 4/07, BStBl II S. 863).

(4) Die Einräumung eines Miteigentumsanteils an einem zu eigenunternehmerischen Zwecken genutztem Grundstücksteil führt zu keiner Änderung der Verhältnisse, wenn der bisherige Alleineigentümer auch als Miteigentümer in Bruchteilsgemeinschaft insoweit zum Vorsteuerabzug berechtigt bleibt, als seine eigenunternehmerische Nutzung seinen quotalen Miteigentumsanteil am Grundstück nicht übersteigt (vgl. BFH-Urteil vom 22. 11. 2007, V R 5/06, BStBl 2008 II S. 448).

Besonderheiten bei der Änderung der Verhältnisse bei Wirtschaftsgütern, die nicht nur einmalig zur Ausführung von Umsätzen verwendet werden

(5) Ändern sich im Laufe eines Kalenderjahres die Verhältnisse gegenüber den für den ursprünglichen Vorsteuerabzug maßgeblichen Verhältnissen, ist maßgebend, wie das Wirtschaftsgut während des gesamten Kalenderjahres verwendet wird

Beispiel:
¹Ein Unternehmer erwirbt am 1. 3. 01 eine Maschine. ²Er beabsichtigt, sie bis zum 30. 6. 01 nur zur Ausführung von zum Vorsteuerabzug berechtigenden Umsätzen und ab 1. 7. 01 ausschließlich zur Ausführung von Umsätzen, die den Vorsteuerabzug ausschließen, zu verwenden. ³Am 1. 10. 03 veräußert der Unternehmer die Maschine steuerpflichtig.

⁴Im Jahr 01 kann der Unternehmer im Zeitpunkt des Leistungsbezugs 40 % der auf die Anschaffung der Maschine entfallenden Vorsteuern abziehen (von den 10 Monaten des Jahres 01 soll die Maschine 4 Monate, d. h. zu 40 %, für zum Vorsteuerabzug berechtigende, und 6 Monate, d. h. zu 60 %, für den Vorsteuerabzug ausschließende Umsätze, verwendet werden). ⁵Da die Maschine im Jahr 01 planmäßig verwendet wurde, ist der Vorsteuerabzug nicht zu berichtigen.

⁶Im Jahr 02 wird die Maschine nur für Umsätze verwendet, die den Vorsteuerabzug ausschließen. ⁷Damit liegt eine Änderung der Verhältnisse um 40 Prozentpunkte vor. ⁸Der Unternehmer muss die Vorsteuern entsprechend an das Finanzamt zurückzahlen.

⁹Im Jahr 03 wird die Maschine 9 Monate für Umsätze verwendet, die den Vorsteuerabzug ausschließen. ¹⁰Die steuerpflichtige Veräußerung am 1. 10. 03 ist so zu behandeln, als ob die Maschine vom 1. 10. bis 31. 12. für zum Vorsteuerabzug berechtigende Umsätze verwendet worden wäre. ¹¹Auf das ganze Kalenderjahr bezogen sind 25 % der Vorsteuern abziehbar (von den 12 Monaten des Jahres 03 berechtigt die Verwendung in 3 Monaten zum Vorsteuerabzug). ¹²Gegenüber dem ursprünglichen Vorsteuerabzug haben sich somit die Verhältnisse um 15 Prozentpunkte zu Lasten geändert. ¹³Der Unternehmer muss die Vorsteuern entsprechend an das Finanzamt zurückzahlen.

¹⁴Für die restlichen Kalenderjahre des Berichtigungszeitraums ist die Veräußerung ebenfalls wie eine Verwendung für zu 100 % zum Vorsteuerabzug berechtigende Umsätze anzusehen. ¹⁵Die Änderung der Verhältnisse gegenüber dem ursprünglichen Vorsteuerabzug beträgt somit für diese Kalenderjahre jeweils 60 Prozentpunkte. ¹⁶Der Unternehmer hat einen entsprechenden nachträglichen Vorsteuerabzug (zum Berichtigungsverfahren in diesem Fall vgl. Abschnitt 15a.11 Abs. 4).

(6) Bei bebauten und unbebauten Grundstücken können sich die Verhältnisse insbesondere in folgenden Fällen ändern:

1. bei Nutzungsänderungen, insbesondere durch
   a) Übergang von einer durch Option nach § 9 UStG steuerpflichtigen Vermietung zu einer nach § 4 Nr. 12 Satz 1 Buchstabe 1 UStG steuerfreien Vermietung oder umgekehrt,
   b) Übergang von der Verwendung eigengewerblich genutzter Räume, die zur Erzielung zum Vorsteuerabzug berechtigender Umsätze verwendet werden, zu einer nach § 4 Nr. 12 Satz 1 Buchstabe a UStG steuerfreien Vermietung oder umgekehrt,
   c) Übergang von einer steuerfreien Vermietung nach Artikel 67 Abs. 3 NATO-ZAbk zu einer nach § 4 Nr. 12 Satz 1 Buchstabe a UStG steuerfreien Vermietung oder umgekehrt,
   d) Änderung des Vorsteueraufteilungsschlüssels bei Grundstücken, die sowohl zur Ausführung von Umsätzen, die zum Vorsteuerabzug berechtigen, als auch für Umsätze, die den Vorsteuerabzug ausschließen, verwendet werden (vgl. Abschnitte 15.16, 15.17 und 15a.4 Abs. 2)**,**
   e) *Änderung des Umfangs der teilunternehmerischen Nutzung eines Grundstücks im Sinne des § 15 Abs. 1b UStG;*
2. Veräußerungen, die nicht als Geschäftsveräußerungen im Sinne des § 1 Abs. 1a UStG anzusehen sind, insbesondere
   a) nach § 4 Nr. 9 Buchstabe a UStG steuerfreie Veräußerung ganz oder teilweise eigengewerblich und vorsteuerunschädlich genutzter, ursprünglich steuerpflichtig vermieteter oder aufgrund des Artikels 67 Abs. 3 NATO-ZAbk steuerfrei vermieteter Grundstücke (vgl. auch Absatz 3),
   b) durch wirksame Option nach § 9 UStG steuerpflichtige Veräußerung bisher ganz oder teilweise nach § 4 Nr. 12 Satz 1 Buchstabe a UStG steuerfrei vermieteter Grundstücke**,**
   c) die entgeltliche Übertragung eines Miteigentumsanteils an einem ursprünglich teilweise steuerfrei vermieteten Grundstück auf einen Familienangehörigen, wenn die Teiloption beim Verkauf nicht in dem Verhältnis der bisherigen Nutzung ausgeübt wird (vgl Abschnitt 9.1 Abs. 6);
3. unentgeltliche Wertabgaben, die nicht im Rahmen einer Geschäftsveräußerung nach § 1 Abs. 1a UStG erfolgen, und die steuerfrei sind, insbesondere
   a) unentgeltliche Übertragung ganz oder teilweise eigengewerblich vorsteuerunschädlich genutzter, ursprünglich steuerpflichtig vermieteter oder aufgrund des Artikels 67 Abs. 3 NATO-ZAbk steuerfrei vermieteter Grundstücke, z. B. an Familienangehörige (vgl. BFH-Urteil vom 25. 6. 1987, V R 92/78, BStBl II S. 655),

b) unentgeltliche Nießbrauchsbestellung an einem entsprechend genutzten Grundstück, z. B. an Familienangehörige (vgl. BFH-Urteil vom 16. 9. 1987, X R 51/81, BStBl 1988 II S. 205),

c) unentgeltliche Übertragung des Miteigentumsanteils an einem entsprechend genutzten Grundstück, z. B. an Familienangehörige (vgl. BFH-Urteil vom 27. 4. 1994, XI R 85/92, BStBl 1995 II S. 30).

(7) [1]Die Lieferung eines Gegenstands (Verschaffung der Verfügungsmacht) setzt die Übertragung von Substanz, Wert und Ertrag voraus. [2]Die Verfügungsmacht an einem Mietgrundstück ist mangels Ertragsübergangs noch nicht verschafft, solange der Lieferer dieses auf Grund seines Eigentums wie bislang für Vermietungsumsätze verwendet. [3]Das gilt auch für eine unentgeltliche Lieferung des Mietwohngrundstücks. [4]Solange die Verfügungsmacht nicht übergegangen ist, liegen keine unentgeltliche Wertabgabe und keine durch sie verursachte Änderung der Verwendungsverhältnisse im Sinne des § 15a UStG vor (BFH-Urteil vom 18. 11. 1999, V R 13/99, BStBl 2000 II S. 153).

(8) [1]Steht ein Gebäude im Anschluss an seine erstmalige Verwendung für eine bestimmte Zeit ganz oder teilweise leer, ist bis zur tatsächlichen erneuten Verwendung anhand der Verwendungsabsicht (vgl. Abschnitt 15.12) zu entscheiden, ob sich die für den ursprünglichen Vorsteuerabzug maßgebenden Verhältnisse ändern. [2]Keine Änderung der Verhältnisse liegt dabei vor, wenn im Anschluss an eine zum Vorsteuerabzug berechtigende Verwendung auch künftig zum Vorsteuerabzug berechtigende Umsätze ausgeführt werden sollen (vgl. BFH-Urteil vom 25. 4. 2002, V R 58/00, BStBl 2003 II S. 435). [3]Dagegen kann die Änderung der Verwendungsabsicht oder die spätere tatsächliche Verwendung zu Vorsteuerberichtigung führen.

(9) Veräußerung und unentgeltliche Wertabgabe nach § 3 Abs. 1b UStG eines Wirtschaftsguts, das nicht zur Ausführung von Umsätzen verwendet wird, nach Beginn des nach § 15a Abs. 1 UStG maßgeblichen Berichtigungszeitraums sind so anzusehen, als ob das Wirtschaftsgut bis zum Ablauf des maßgeblichen Berichtigungszeitraums (vgl. Abschnitt 15a.3) entsprechend der umsatzsteuerrechtlichen Behandlung dieser Umsätze weiterhin innerhalb des Unternehmens verwendet worden wäre.

Beispiel:
[1]Ein Betriebsgrundstück, das vom 1. 1. 01 bis zum 31. 10. 01 innerhalb des Unternehmens zur Ausführung zum Vorsteuerabzug berechtigender Umsätze verwendet worden ist, wird am 1. 11. 01 nach § 4 Nr. 9 Buchstabe a UStG steuerfrei veräußert.

[2]Für die Berichtigung ist die Veräußerung so anzusehen, als ob das Grundstück ab dem Zeitpunkt der Veräußerung bis zum Ablauf des Berichtigungszeitraums nur noch zur Ausführung von Umsätzen verwendet würde, die den Vorsteuerabzug ausschließen. [3]Entsprechendes gilt bei einer steuerfreien unentgeltlichen Wertabgabe nach § 3 Abs. 1b Satz 1 Nr. 3 UStG.

15a.3. Berichtigungszeitraum

(1) [1]Der Zeitraum, für den eine Berichtigung des Vorsteuerabzugs durchzuführen ist, beträgt grundsätzlich volle fünf Jahre ab dem Beginn der erstmaligen tatsächlichen Verwendung. [2]Er verlängert sich **bei Grundstücken einschließlich ihrer wesentlichen Bestandteile, bei Berechtigungen, für die die Vorschriften des bürgerlichen Rechts über Grundstücke gelten, und bei Gebäuden auf fremdem Grund und Boden auf volle zehn Jahre (§ 15a Abs. 1 Satz 2 UStG).** [3]**Der Berichtigungszeitraum von zehn Jahren gilt auch für Betriebsvorrichtungen, die als wesentliche Bestandteile auf Dauer in ein Gebäude eingebaut werden (vgl. BFH-Urteil vom 14. 7. 2010, XI R 9/09, BStBl II S. 1086).** [4]Bei Wirtschaftsgütern mit einer kürzeren Verwendungsdauer ist der entsprechend kürzere Berichtigungszeitraum anzusetzen (§ 15a Abs. 5 Satz 2 UStG). [5]Ob von einer kürzeren Verwendungsdauer auszugehen ist, beurteilt sich nach der betriebsgewöhnlichen Nutzungsdauer, die nach ertragsteuerrechtlichen Grundsätzen für das Wirtschaftsgut anzusetzen ist. [6]§ 45 UStDV ist zur Ermittlung des Beginns des Berichtigungszeitraums analog anzuwenden (vgl. Absatz 6).

(2) [1]Wird ein Wirtschaftsgut, z. B. ein Gebäude, bereits entsprechend dem Baufortschritt verwendet, noch bevor es insgesamt fertig gestellt ist, ist für jeden gesondert in Verwendung genommenen Teil des Wirtschaftsguts ein besonderer Berichtigungszeitraum anzunehmen. [2]Diese Berichtigungszeiträume beginnen jeweils zu dem Zeitpunkt, zu dem die einzelnen Teile des Wirtschaftsguts erstmalig verwendet wird. [3]Der einzelnen Berichtigung sind jeweils die Vorsteuerbeträge zu Grunde zu legen, die auf den entsprechenden Teil des Wirtschaftsguts entfallen. [4]Wird dagegen ein fertiges Wirtschaftsgut nur teilweise gebraucht oder, gemessen an seiner Einsatzmöglichkeit, nicht voll genutzt, besteht ein einheitlicher Berichtigungszeitraum für das ganze Wirtschaftsgut, der mit dessen erstmaliger Verwendung beginnt. [5]Dabei ist für die nicht genutzten Teile des Wirtschaftsguts (z. B. eines Gebäudes) die Verwendungsabsicht maßgebend.

(3) [1]Steht ein Gebäude vor der erstmaligen Verwendung leer, beginnt der Berichtigungszeitraum nach § 15a Abs. 1 UStG erst mit der erstmaligen tatsächlichen Verwendung.

§ 15a UStG
AE 15a.3

Beispiel:

¹Ein Unternehmer errichtet ein Bürogebäude. ²Die im Zusammenhang mit der Herstellung des Gebäudes in Rechnung gestellte Umsatzsteuer beträgt in den Jahren 01 100 000 € und 02 300 000 € (insgesamt 400 000 €). ³Die abziehbaren Vorsteuerbeträge nach § 15 UStG belaufen sich vor dem Zeitpunkt der erstmaligen Verwendung auf 100 000 €, da der Unternehmer im Jahr 01 beabsichtigte und dies schlüssig dargelegt hat, das Gebäude nach Fertigstellung zu 100 % für zum Vorsteuerabzug berechtigende Zwecke zu verwenden, während er im Jahr 02 beabsichtigte, das Gebäude nach Fertigstellung zu 0 % für zum Vorsteuerabzug berechtigende Zwecke zu verwenden. ⁴Das Gebäude steht nach der Investitionsphase ein Jahr leer (Jahr 03). ⁵Ab dem Jahr 04 wird das Gebäude zu 100 % für zum Vorsteuerabzug berechtigende Umsätze verwendet.

Insgesamt in Rechnung gestellte Umsatzsteuer: 400 000 €

Ursprünglicher Vorsteuerabzug (Ermittlung eines prozentualen Verhältnisses des ursprünglichen Vorsteuerabzugs zum Vorsteuervolumen insgesamt): 100 000 € (25 % von 400 000 €).

Zeitpunkt der erstmaligen Verwendung: 1. 1. 04

Dauer des Berichtigungszeitraums: 1. 1. 04 bis 31. 12. 13

ab Jahr 04: 100 %

Änderung der Verhältnisse:

ab Jahr 04: 75 Prozentpunkte (100 % statt 25 %)

Vorsteuerberichtigung pro Jahr:

(400 000 € / 10 Jahre = 40 000 € pro Jahr)

ab Jahr 04: jährlich 30 000 € (40 000 € × 75 %) nachträglicher Vorsteuererstattungsanspruch

²Auch für Leistungsbezüge während des Leerstands vor der erstmaligen Verwendung richtet sich der Vorsteuerabzug nach der im Zeitpunkt des jeweiligen Leistungsbezugs gegebenen Verwendungsabsicht (vgl. Abschnitt 15.12).

(4) Wird ein dem Unternehmen zugeordnetes Wirtschaftsgut zunächst unentgeltlich überlassen, beginnt der Berichtigungszeitraum mit der unentgeltlichen Überlassung, unabhängig davon, ob die unentgeltliche Überlassung zu einer steuerbaren unentgeltlichen Wertabgabe führt.

Ende des Berichtigungszeitraums

(5) Endet der maßgebliche Berichtigungszeitraum während eines Kalenderjahres, sind nur die Verhältnisse zu berücksichtigen, die bis zum Ablauf dieses Zeitraums eingetreten sind.

Beispiel:

¹Der Berichtigungszeitraum für ein Wirtschaftsgut endet am 31. 8. 01. ²In diesem Kalenderjahr hat der Unternehmer das Wirtschaftsgut bis zum 30. 6. nur zur Ausführung zum Vorsteuerabzug berechtigender Umsätze und vom 1. 7. bis zum 9. 10. ausschließlich zur Ausführung nicht zum Vorsteuerabzug berechtigender Umsätze verwendet. ³Am 10. 10. 01 veräußert er das Wirtschaftsgut steuerpflichtig.

⁴Bei der Berichtigung des Vorsteuerabzugs für das Jahr 01 sind nur die Verhältnisse bis zum 31. 8. zu berücksichtigen. ⁵Da das Wirtschaftsgut in diesem Zeitraum 6 Monate für zum Vorsteuerabzug berechtigende und 2 Monate für nicht zum Vorsteuerabzug berechtigende Umsätze verwendet wurde, sind 25 % des auf das Jahr 01 entfallenden Vorsteueranteils nicht abziehbar.

⁶Die auf die Zeit ab 1. 9. 01 entfallende Verwendung und die Veräußerung liegen außerhalb des Berichtigungszeitraums und bleiben deshalb bei der Prüfung, inwieweit eine Änderung der Verhältnisse gegenüber dem ursprünglichen Vorsteuerabzug vorliegt, außer Betracht.

(6) Endet der Berichtigungszeitraum innerhalb eines Kalendermonats, ist das für die Berichtigung maßgebliche Ende nach § 45 UStDV zu ermitteln.

Beispiel 1:

¹Unternehmer U hat am 10. 1. 01 eine Maschine angeschafft, die er zunächst wie geplant ab diesem Zeitpunkt zu 90 % zur Erzielung von zum Vorsteuerabzug berechtigenden Umsätzen und zu 10 % zur Erzielung von nicht zum Vorsteuerabzug berechtigenden Umsätzen verwendet. ²Die Vorsteuern aus der Anschaffung betragen 80 000 €. ³Ab dem 1. 8. 01 nutzt U die Maschine nur noch zu 10 % für zum Vorsteuerabzug berechtigende Umsätze.

Insgesamt in Rechnung gestellte Umsatzsteuer: 80 000 €

Ursprünglicher Vorsteuerabzug (Ermittlung eines prozentualen Verhältnisses des ursprünglichen Vorsteuerabzugs zum Vorsteuervolumen insgesamt): 72 000 € (90 % von 80 000 €)

Zeitpunkt der erstmaligen Verwendung: 10. 1. 01

§ 15a UStG
AE 15a.3, AE 15a.4

Dauer des Berichtigungszeitraums: 1. 1. 01 bis 31. 12. 05 (nach § 45 UStDV bleibt der Januar 06 für die Berichtigung unberücksichtigt, da der Berichtigungszeitraum vor dem 16. 1. 06 endet; entsprechend beginnt der Berichtigungszeitraum dann mit dem 1. 1. 01)
Tatsächliche zum Vorsteuerabzug berechtigende Verwendung im Berichtigungszeitraum:

Jahr 01	Nutzung Januar bis Juli 01	7 × 90 % =	630
	Nutzung August bis Dezember 01	5 × 10 % =	50
			680 : 12 Monate = 56,7

Änderung der Verhältnisse:
Jahr 01: 33,3 Prozentpunkte (56,7 % statt 90 %)
ab Jahr 02: jeweils 80 Prozentpunkte (10 % statt 90 %)
Vorsteuerberichtigung pro Jahr:
(80 000 € / 5 Jahre = 16 000 € pro Jahr)
Jahr 01 =   ./. 5 328 € (16 000 € × 33,3 %)
ab Jahr 02 jeweils =   ./. 12 800 € (16 000 € × 80 %)

Beispiel 2:

Wie Beispiel 1, nur Anschaffung und Verwendungsbeginn der Maschine am 20. 1. 01.
Insgesamt in Rechnung gestellte Umsatzsteuer: 80 000 €
Ursprünglicher Vorsteuerabzug (Ermittlung eines prozentualen Verhältnisses des ursprünglichen Vorsteuerabzugs zum Vorsteuervolumen insgesamt): 72 000 € (90 % von 80 000 €)
Zeitpunkt der erstmaligen Verwendung: 20. 1. 01
Dauer des Berichtigungszeitraums: 1. 2. 01 bis 31. 1. 06 (nach § 45 UStDV ist der Januar 06 für die Berichtigung voll zu berücksichtigen, da der Berichtigungszeitraum nach dem 15. 1. 06 endet; entsprechend beginnt der Berichtigungszeitraum dann mit dem 1. 2. 01)
Tatsächliche zum Vorsteuerabzug berechtigende Verwendung im Berichtigungszeitraum:

Jahr 01	Nutzung Februar bis Juli 01	6 × 90 =	540
	Nutzung August bis Dezember 01	5 × 10 =	50
			590 : 11 Monate = 53,6

Änderung der Verhältnisse:
Jahr 01:   36,4 Prozentpunkte (53,6 % statt 90 %)
ab Jahr 02:   jeweils 80 Prozentpunkte (10 % statt 90 %)
Vorsteuerberichtigung pro Jahr:
(80 000 € / 5 Jahre = 16 000 € pro Jahr)
Jahr 01 =   ./. 5 338 € (16 000 € × 36,4 % × 11/12)
Jahre 02 bis 05 jeweils =   ./. 12 800 € (16 000 € × 80 %)
Jahr 06 =   ./. 1 066 € (16 000 € × 80 % × 1/12)

(7) ¹Kann ein Wirtschaftsgut vor Ablauf des Berichtigungszeitraums wegen Unbrauchbarkeit vom Unternehmer nicht mehr zur Ausführung von Umsätzen verwendet werden, endet damit der Berichtigungszeitraum. ²Das gilt auch für die Berichtigungszeiträume, die für eventuell angefallene nachträgliche Anschaffungs- oder Herstellungskosten bestehen. ³Eine Veräußerung des nicht mehr verwendungsfähigen Wirtschaftsguts als Altmaterial bleibt für die Berichtigung des Vorsteuerabzugs unberücksichtigt.

(8) ¹Wird das Wirtschaftsgut vor Ablauf des Berichtigungszeitraums veräußert oder nach § 3 Abs. 1b UStG geliefert, verkürzt sich hierdurch der Berichtigungszeitraum nicht. ²Zur Änderung der Verhältnisse in diesen Fällen vgl. Abschnitt 15a.2 Abs. 9.

15a.4. Berichtigung nach § 15a Abs. 1 UStG   AE 15a.4

(1) ¹Die Berichtigung des Vorsteuerabzugs ist jeweils für den Voranmeldungszeitraum bzw. das Kalenderjahr vorzunehmen, in dem sich die für den ursprünglichen Vorsteuerabzug maßgebenden Verhältnisse geändert haben (vgl. Abschnitt 15a.2). ²Dabei sind die Vereinfachungsregelungen des § 44 UStDV zu beachten (vgl. Abschnitt 15a.11). ³Weicht die tatsächliche Verwendung von den für den ursprünglichen Vorsteuerabzug maßgebenden Verhältnissen ab, wird die Berichtigung des Vorsteuerabzugs nicht durch eine Änderung der Steuerfestsetzung des Jahres der Inanspruchnahme des Vorsteuerabzugs nach den Vorschriften der Abgabenordnung, sondern verteilt auf den Berichtigungszeitraum von 5 bzw. 10 Jahren pro rata temporis vorgenommen. ⁴Dabei ist für jedes Kalenderjahr des Berichtigungszeitraums von den in § 15a Abs. 5 UStG bezeichneten Anteilen der Vorsteuerbeträge auszugehen. ⁵Beginnt oder endet der Berichtigungszeitraum innerhalb eines Kalenderjahres, ist für diese Kalenderjahre jeweils nicht der volle Jahresanteil der Vorsteuerbeträge, sondern nur der Anteil anzusetzen, der den jeweiligen Kalendermonaten entspricht.

S 7316

§ 15a UStG
AE 15a.4

Beispiel:

[1]Auf ein Wirtschaftsgut mit einem Berichtigungszeitraum von 5 Jahren entfällt eine Vorsteuer von insgesamt 5 000 €. [2]Der Berichtigungszeitraum beginnt am 1. 4. 01 und endet am 31. 3. 06. [3]Bei der Berichtigung ist für die einzelnen Jahre jeweils von einem Fünftel der gesamten Vorsteuer (= 1 000 €) auszugehen. [4]Der Berichtigung des Jahres 01 sind 9 Zwölftel dieses Betrages (= 750 €) und der des Jahres 06 3 Zwölftel dieses Betrages (= 250 €) zu Grunde zu legen.

(2) [1]Sind die Voraussetzungen für den Vorsteuerabzug nicht schon im Zeitpunkt des Leistungsbezugs, sondern erst nach Beginn der tatsächlichen erstmaligen Verwendung erfüllt, z. B. weil die zum Vorsteuerabzug berechtigende Rechnung vor Beginn der tatsächlichen erstmaligen Verwendung noch nicht vorgelegen hat, kann die Vorsteuer erst abgezogen werden, wenn die Voraussetzungen des § 15 Abs. 1 UStG insgesamt vorliegen. [2]Auch hierbei beurteilt sich die Berechtigung zum Vorsteuerabzug nach der Verwendung im Zeitpunkt des Leistungsbezugs (vgl. Abschnitt 15.12). [3]Von diesen Verhältnissen ist auch bei der Berichtigung auszugehen. [4]Folglich ist im Zeitpunkt des erstmaligen Vorsteuerabzugs gleichzeitig eine eventuell notwendige Berichtigung für die bereits abgelaufenen Teile des Berichtigungszeitraums vorzunehmen.

Beispiel 1:

[1]Ein im Jahr 01 neu errichtetes Gebäude, auf das eine Vorsteuer von 50 000 € entfällt, wird im Jahr 02 erstmalig tatsächlich verwendet. [2]Die Rechnung mit der gesondert ausgewiesenen Steuer erhält der Unternehmer aber erst im Jahr 04. [3]Der Unternehmer hat bereits während der Bauphase schlüssig dargelegt, dass er das Gebäude zum Vorsteuerabzug berechtigend vermieten will. [4]Das Gebäude wurde tatsächlich wie folgt verwendet:

– im Jahr 02 nur zur Ausführung zum Vorsteuerabzug berechtigender Umsätze;
– im Jahr 03 je zur Hälfte zur Ausführung zum Vorsteuerabzug berechtigender und nicht zum Vorsteuerabzug berechtigender Umsätze;
– im Jahr 04 nur zur Ausführung nicht zum Vorsteuerabzug berechtigender Umsätze.

[5]Da der Unternehmer schlüssig dargelegt hat, dass er beabsichtigt, das Gebäude nach der Fertigstellung im Jahr 02 ausschließlich für zum Vorsteuerabzug berechtigende Umsätze zu verwenden, kann er nach § 15 Abs. 1 UStG die Vorsteuer von 50 000 € voll abziehen. [6]Der Abzug ist jedoch erst im Jahr 04 zulässig. [7]Bei der Steuerfestsetzung für dieses Jahr ist dieser Abzug aber gleichzeitig insoweit zu berichtigen, als für die Jahre 03 und 04 eine Änderung der Verhältnisse gegenüber der im Zeitpunkt des Leistungsbezuges dargelegten Verwendungsabsicht eingetreten ist. [8]Diese Änderung beträgt für das Jahr 03 50 % und für das Jahr 04 100 %. [9]Entsprechend dem zehnjährigen Berichtigungszeitraum ist bei der Berichtigung für jedes Jahr von einem Zehntel der Vorsteuer von 50 000 € = 5 000 € auszugehen. [10]Es sind für das Jahr 03 die Hälfte dieses Vorsteueranteils, also 2 500 €, und für das Jahr 04 der volle Vorsteueranteil von 5 000 € vom Abzug ausgeschlossen. [11]Im Ergebnis vermindert sich somit die bei der Steuerfestsetzung für das Jahr 04 abziehbare Vorsteuer von 50 000 € um (2 500 € + 5 000 € =) 7 500 € auf 42 500 €.

Beispiel 2:

[1]Ein Unternehmer (Immobilienfonds) errichtet ein Bürogebäude. [2]Die im Zusammenhang mit der Herstellung des Gebäudes in Rechnung gestellte Umsatzsteuer beträgt in den Jahren 01 150 000 € und 02 150 000 € (insgesamt 300 000 €). [3]Für einen weiteren Leistungsbezug des Jahres 01 liegt eine nach § 14 UStG ausgestellte Rechnung mit gesondertem Ausweis der Umsatzsteuer i.H.v. 100 000 € erst in 04 vor. [4]Die insgesamt in Rechnung gestellte Umsatzsteuer beträgt somit 400 000 €.

[5]Der Unternehmer beabsichtigte im Jahr 01 eine zu 100 % und im Jahr 02 eine zu 0 % zum Vorsteuerabzug berechtigende Verwendung des Gebäudes. [6]Die Verwendungsabsicht wurde durch den Unternehmer jeweils schlüssig dargelegt. [7]Das Gebäude wird erstmals ab dem Jahr 03 verwendet, und zwar zu 0 % für zum Vorsteuerabzug berechtigende Umsätze.

[8]Die abziehbaren Vorsteuerbeträge nach § 15 UStG belaufen sich vor dem Zeitpunkt der erstmaligen Verwendung (Investitionsphase) auf 150 000 € für die in 01 bezogenen Leistungen.

Jahr 03:

Insgesamt in Rechnung gestellte Umsatzsteuer: 300 000 €

Ursprünglicher Vorsteuerabzug: 150 000 € (entspricht 50 % von 300 000 €)

Zeitpunkt der erstmaligen Verwendung: 1. 1. 03

Dauer des Berichtigungszeitraums: 1. 1. 03 bis 31. 12. 12

Tatsächliche zum Vorsteuerabzug berechtigende Verwendung in 03: 0 %

Vorsteuerberichtigung wegen Änderung der Verhältnisse im Vergleich zum ursprünglichen Vorsteuerabzug: Vorsteuer zu 0 % abziehbar statt zu 50 %

Berichtigungsbetrag: 50 % von 1/10 von 300 000 € = 15 000 € sind zurückzuzahlen

§ 15a UStG
AE 15a.4

Jahr 04:
[9]Da der Unternehmer das Gebäude im Jahr 01 ausschließlich für zum Vorsteuerabzug berechtigende Umsätze verwenden wollte, kann er nach § 15 Abs. 1 UStG die Vorsteuer für den weiteren Leistungsbezug von 100 000 € voll abziehen. [10]Der Abzug ist erst im Jahr 04 zulässig. [11]Bei der Steuerfestsetzung für dieses Jahr ist dieser Abzug aber gleichzeitig insoweit zu berichtigen, als für die Jahre 03 und 04 eine Änderung der Verhältnisse gegenüber der im Zeitpunkt des Leistungsbezuges dargelegten Verwendungsabsicht eingetreten ist.

Berichtigung im Jahr 04:

Insgesamt in Rechnung gestellte Umsatzsteuer: 400 000 €

Ursprünglicher Vorsteuerabzug: 250 000 € (62,5 % × 400 000 €)

Tatsächliche zum Vorsteuerabzug berechtigende Verwendung in 03 und 04: 0 %

Vorsteuerberichtigung wegen Änderung der Verhältnisse im Vergleich zum ursprünglichen Vorsteuerabzug: Vorsteuer zu 0 % abziehbar statt zu 62,5 %

Berichtigungsbetrag für 03 und 04 je: 62,5 % × 1/10 × 400 000 € = 25 000 €.

[12]Für 03 erfolgte bereits eine Rückzahlung von 15 000 €. [13]Daher ist in 04 noch eine Vorsteuerberichtigung für 03 i.H.v. 10 000 € zuungunsten des Unternehmers vorzunehmen. [14]Im Ergebnis vermindert sich somit die für die Steuerfestsetzung für das Jahr 04 abziehbare Vorsteuer von 100 000 € um (10 000 € für 03 + 25 000 € für 04 =) 35 000 € auf 65 000 €.

[5]Entsprechend ist zu verfahren, wenn der ursprünglich in Betracht kommende Vorsteuerabzug nach § 17 UStG oder deswegen zu berichtigen ist, weil später festgestellt wird, dass objektive Anhaltspunkte für die vorgetragene Verwendungsabsicht im Zeitpunkt des Leistungsbezugs nicht vorlagen, die Verwendungsabsicht nicht in gutem Glauben erklärt wurde oder ein Fall von Betrug oder Missbrauch vorliegt (vgl. Abschnitt 15.12 Abs. 5).

(3) [1]War der ursprünglich vorgenommene Vorsteuerabzug aus der Sicht des § 15 **Abs. 1b** bis 4 UStG sachlich unrichtig, weil der Vorsteuerabzug ganz oder teilweise zu Unrecht vorgenommen wurde oder unterblieben ist, ist die unrichtige Steuerfestsetzung nach den Vorschriften der AO zu ändern. [2]Ist eine Änderung der unrichtigen Steuerfestsetzung hiernach nicht mehr zulässig, bleibt die ihr zu Grunde liegende unzutreffende Beurteilung des Vorsteuerabzugs für alle Kalenderjahre maßgebend, in denen nach verfahrensrechtlichen Vorschriften eine Änderung der Festsetzung, in der über den Vorsteuerabzug entschieden wurde, noch möglich war. [3]Zur Unabänderbarkeit von Steuerfestsetzungen der Abzugsjahre bei der Errichtung von Gebäuden vgl. BFH-Urteil vom 5. 2. 1998, V R 66/94, BStBl II S. 361. [4]Führt die rechtlich richtige Würdigung des Verwendungsumsatzes in einem noch nicht bestandskräftigen Jahr des Berichtigungszeitraums – gemessen an der tatsächlichen und nicht mehr änderbaren Beurteilung des ursprünglichen Vorsteuerabzugs – zu einer anderen Beurteilung des Vorsteuerabzugs, liegt eine Änderung der Verhältnisse vor (vgl. BFH-Urteile vom 12. 6. 1997, V R 36/95, BStBl II S. 589, vom 13. 11. 1997, V R 140/93, BStBl II S. 36, und vom 5. 2. 1998, V R 66/94, BStBl II S. 361). [5]Der Vorsteuerabzug kann in allen noch änderbaren Steuerfestsetzungen für die Kalenderjahre des Berichtigungszeitraums, in denen eine Änderung der Steuerfestsetzung des Vorsteuerabzugs nach verfahrensrechtlichen Vorschriften nicht mehr möglich war, sowohl zugunsten als auch zuungunsten des Unternehmers nach § 15a UStG berichtigt werden.

Beispiel 1:

[1]Im Kalenderjahr 01 (Jahr des Leistungsbezugs) wurde der Vorsteuerabzug für ein gemischt genutztes Gebäude zu 100 % (= 100 000 €) gewährt, obwohl im Zeitpunkt des Leistungsbezuges beabsichtigt war, das Gebäude nach Fertigstellung zu 50 % zur Ausführung nicht zum Vorsteuerabzug berechtigender Umsätze zu verwenden und somit nur ein anteiliger Vorsteuerabzug von 50 000 € hätte gewährt werden dürfen. [2]Die Steuerfestsetzung für das Kalenderjahr des Leistungsbezugs ist bereits zu Beginn des Kalenderjahres 03 abgabenrechtlich nicht mehr änderbar. [3]In den Kalenderjahren 02 bis 11 wird das Gebäude zu 50 % zur Ausführung zum Vorsteuerabzug berechtigender Umsätze verwendet.

[4]Obwohl sich die tatsächliche Verwendung des Gebäudes nicht von der im Zeitpunkt des Leistungsbezugs gegebenen Verwendungsabsicht unterscheidet, sind ab dem Kalenderjahr 3 jeweils 50 % von einem Zehntel des gewährten Vorsteuerabzugs von 100 000 € (= 5 000 € pro Jahr) zurückzuzahlen.

Beispiel 2:

[1]Wie Beispiel 1, nur ist die Steuerfestsetzung des Kalenderjahres 01 erst ab Beginn des Kalenderjahres 05 abgabenrechtlich nicht mehr änderbar.

[2]Obwohl sich die tatsächliche Verwendung des Gebäudes nicht von der im Zeitpunkt des Leistungsbezugs gegebenen Verwendungsabsicht unterscheidet, sind ab dem Kalenderjahr 05 jeweils 50 % von einem Zehntel des zu Unrecht gewährten Vorsteuerabzugs von 100 000 € (= 5 000 € pro Jahr) zurückzuzahlen. [3]Eine Berichtigung des zu Unrecht gewährten Vorsteuerabzugs für die Kalenderjahre 02 bis 04 unterbleibt.

(4) ¹Ein gewählter sachgerechter Aufteilungsmaßstab im Sinne des § 15 Abs. 4 UStG, der einem bestandskräftigen Umsatzsteuerbescheid für den entsprechenden Besteuerungszeitraum zu Grunde liegt, ist für eine mögliche Vorsteuerberichtigung nach § 15a UStG maßgebend, auch wenn ggf. noch andere sachgerechte Ermittlungsmethoden in Betracht kommen. ²Die Bestandskraft der Steuerfestsetzung für das Erstjahr gestaltet die für das Erstjahr maßgebende Rechtslage für die Verwendungsumsätze (vgl. BFH-Urteil vom 28. 9. 2006, V R 43/03, BStBl 2007 II S. 417).

AE 15a.5

15a.5. Berichtigung nach § 15a Abs. 2 UStG

S 7316

(1) ¹Die Berichtigung nach § 15a Abs. 2 UStG unterliegt keinem Berichtigungszeitraum. ²Eine Vorsteuerberichtigung ist im Zeitpunkt der tatsächlichen Verwendung durchzuführen, wenn diese von der ursprünglichen Verwendungsabsicht beim Erwerb abweicht. ³Es ist unbeachtlich, wann das Wirtschaftsgut tatsächlich verwendet wird.

(2) Die Berichtigung ist für den Voranmeldungszeitraum bzw. das Kalenderjahr vorzunehmen, in dem das Wirtschaftsgut abweichend von der ursprünglichen Verwendungsabsicht verwendet wird.

Beispiel 1:

¹Unternehmer U erwirbt am 1. 7. 01 ein Grundstück zum Preis von 2 000 000 €. ²Der Verkäufer des Grundstücks hat im notariell beurkundeten Kaufvertrag auf die Steuerbefreiung verzichtet (§ 9 Abs. 3 Satz 2 UStG). ³U möchte das Grundstück unter Verzicht auf die Steuerbefreiung nach § 4 Nr. 9 Buchstabe a UStG weiterveräußern, so dass er die von ihm geschuldete Umsatzsteuer nach § 15 Abs. 1 Satz 1 Nr. 4 i. V. m. § 13b Abs. 2 Nr. 3 UStG als Vorsteuer abzieht. ⁴Am 1. 7. 03 veräußert er das Grundstück entgegen seiner ursprünglichen Planung an eine hoheitlich tätige juristische Person des öffentlichen Rechts, so dass die Veräußerung des Grundstücks nicht nach § 9 Abs. 1 UStG als steuerpflichtig behandelt werden kann und nach § 4 Nr. 9 Buchstabe a UStG steuerfrei ist.

⁵Die tatsächliche steuerfreie Veräußerung schließt nach § 15 Abs. 2 UStG den Vorsteuerabzug aus und führt damit zu einer Änderung der Verhältnisse im Vergleich zu den für den ursprünglichen Vorsteuerabzug maßgebenden Verhältnissen. ⁶Da das Grundstück nur einmalig zur Ausführung eines Umsatzes verwendet wird, ist der gesamte ursprüngliche Vorsteuerabzug i. H.v. 380 000 € nach § 15a Abs. 2 UStG im Zeitpunkt der Verwendung für den Besteuerungszeitraum der Veräußerung zu berichten. ⁷Der Vorsteuerbetrag ist demnach für den Monat Juli 03 zurückzuzahlen.

Beispiel 2:

¹Wie Beispiel 1, nur erfolgt die tatsächliche steuerfreie Veräußerung erst 18 Jahre nach dem steuerpflichtigen Erwerb des Grundstücks. ²Das Grundstück ist zwischenzeitlich tatsächlich nicht genutzt worden.

³Da § 15a Abs. 2 UStG keinen Berichtigungszeitraum vorsieht, muss auch hier die Vorsteuer nach § 15a Abs. 2 UStG berichtigt werden. ⁴U hat den Vorsteuerbetrag i.H.v. 380 000 € für den Voranmeldungszeitraum der Veräußerung zurückzuzahlen.

AE 15a.6

15a.6. Berichtigung nach § 15a Abs. 3 UStG

Bestandteile

S 7316

(1) ¹Unter der Voraussetzung, dass in ein Wirtschaftsgut (das ertragsteuerrechtlich entweder Anlagevermögen oder Umlaufvermögen ist) nachträglich ein anderer Gegenstand eingeht und dieser Gegenstand dabei seine körperliche und wirtschaftliche Eigenart endgültig verliert (Bestandteil), ist der Vorsteuerabzug bei Änderung der Verwendungsverhältnisse nach Maßgabe von § 15a Abs. 1 oder Abs. 2 UStG zu berichtigen. ²Bestandteile sind alle nicht selbstständig nutzbaren Gegenstände, die mit dem Wirtschaftsgut in einem einheitlichen Nutzungs- und Funktionszusammenhang stehen (vgl. auch Abschnitt 3.3 Abs. 2). ³Es kommt nicht darauf an, dass der Bestandteil zu einer Werterhöhung dieses Wirtschaftsguts geführt hat. ⁴Kein Bestandteil ist ein eingebauter Gegenstand, der abtrennbar ist, seine körperliche oder wirtschaftliche Eigenart behält und damit ein selbstständiger – entnahmefähiger – Gegenstand bleibt. ⁵Zum Begriff der Betriebsvorrichtungen als selbständige Wirtschaftsgüter vgl. Abschnitt 4.12.10. ⁶Bestandteile können beispielsweise sein:

1. Klimaanlage, fest eingebautes Navigationssystem, Austauschmotor in einem Kraftfahrzeug;
2. Klimaanlage, Einbauherd, Einbauspüle, Fenster, angebaute Balkone oder Aufzüge in einem Gebäude.

⁷In der Regel keine Bestandteile eines Kraftfahrzeugs werden beispielsweise

1. Funkgerät;
2. nicht fest eingebautes Navigationsgerät;

3. Autotelefon;
4. Radio.

(2) Maßnahmen, die auf nachträgliche Anschaffungs- oder Herstellungskosten im Sinne des § 15a Abs. 6 UStG entfallen und bei denen es sich um Bestandteile handelt, unterliegen vorrangig der Berichtigungspflicht nach § 15a Abs. 6 UStG.

(3) ¹Eine Berichtigung pro rata temporis ist nur dann vorzunehmen, wenn es sich bei dem Wirtschaftsgut, in das der Bestandteil eingegangen ist, um ein solches handelt, das nicht nur einmalig zur Erzielung von Umsätzen verwendet wird. ²Für den Bestandteil gilt dabei ein eigenständiger Berichtigungszeitraum, dessen Dauer sich danach bestimmt, in welches Wirtschaftsgut nach § 15a Abs. 1 UStG der Bestandteil eingeht. ³Die Verwendungsdauer des Bestandteils wird nicht dadurch verkürzt, dass der Gegenstand als Bestandteil in ein anderes Wirtschaftsgut einbezogen wird (§ 15a Abs. 5 Satz 3 UStG).

Beispiel 1:
¹Unternehmer U lässt am 1. 1. 04 für 20 000 € zzgl. 3 800 € gesondert ausgewiesener Umsatzsteuer einen neuen Motor in einen im Jahr 01 ins Unternehmensvermögen eingelegten Pkw einbauen. ²Die ihm berechnete Umsatzsteuer zieht er nach § 15 Abs. 1 Satz 1 Nr. 1 UStG als Vorsteuer ab, da die Nutzung des Pkw im Zusammenhang mit steuerpflichtigen Ausgangsumsätzen erfolgt. ³Ab Januar 05 verwendet U den Pkw nur noch im Zusammenhang mit steuerfreien Ausgangsumsätzen, die den Vorsteuerabzug nach § 15 Abs. 2 Satz 1 Nr. 1 UStG ausschließen.

⁴Ab Januar 05 haben sich die Verwendungsverhältnisse geändert, weil der Pkw nun nicht mehr mit steuerpflichtigen, sondern mit steuerfreien Ausgangsumsätzen im Zusammenhang steht. ⁵Für die Aufwendungen für den als Bestandteil des Pkw eingebauten Motor ist eine Vorsteuerberichtigung nach § 15a Abs. 3 i. V. m. Abs. 1 UStG vorzunehmen. ⁶Hierfür sind die Aufwendungen unabhängig von der betriebsgewöhnlichen Nutzungsdauer des Pkw auf einen fünfjährigen Berichtigungszeitraum zu verteilen. ⁷Es ergibt sich folgender Betrag, der bis zum Ablauf des Berichtigungszeitraums jährlich als Berichtigungsbetrag zurückzuzahlen ist:

Insgesamt in Rechnung gestellte Umsatzsteuer: 3 800 €

Ursprünglicher Vorsteuerabzug: 3 800 €

Dauer des Berichtigungszeitraums: 1. 1. 04 bis 31. 12. 08

Tatsächliche zum Vorsteuerabzug berechtigende Verwendung im Berichtigungszeitraum:

Jahr 04: 100 %

ab Jahr 05: 0 %

Änderung der Verhältnisse:

ab Jahr 05 = 100 Prozentpunkte (0 % statt 100 %)

Vorsteuerberichtigung pro Jahr ab Jahr 05:

(3 800 € / 5 Jahre = 760 € pro Jahr)

ab Jahr 05 = 760 € zurückzuzahlende Vorsteuer

Beispiel 2:
¹Unternehmer U lässt am 1. 1. 01 für 100 000 € zzgl. 19 000 € gesondert ausgewiesener Umsatzsteuer ein neues Hallentor in ein Fabrikgebäude einbauen. ²Die ihm in Rechnung gestellte Umsatzsteuer zieht er nach § 15 Abs. 1 Satz 1 Nr. 1 UStG als Vorsteuer ab, da die Nutzung des Gebäudes im Zusammenhang mit steuerpflichtigen Ausgangsumsätzen erfolgt. ³Ab Januar 02 verwendet U das Gebäude nur noch im Zusammenhang mit steuerfreien Ausgangsumsätzen, die den Vorsteuerabzug nach § 15 Abs. 2 Satz 1 Nr. 1 UStG ausschließen. ⁴Der Berichtigungszeitraum des Gebäudes endet am 30. 6. 02.

⁵Damit haben sich ab Januar 02 die Verwendungsverhältnisse sowohl für das Hallentor als auch für das Fabrikgebäude geändert. ⁶Für die Aufwendungen für das als Bestandteil des Gebäudes eingebaute Hallentor ist eine Vorsteuerberichtigung nach § 15a Abs. 3 UStG vorzunehmen. ⁷Hierfür sind die Aufwendungen unabhängig von der betriebsgewöhnlichen Nutzungsdauer des Gebäudes und unabhängig von der Dauer des Restberichtigungszeitraums des Gebäudes auf einen zehnjährigen Berichtigungszeitraum, der am 1. 1. 01 beginnt und am 31. 12. 10 endet, zu verteilen. ⁸Unabhängig davon ist für das Fabrikgebäude der Vorsteuerabzug für den am 30. 6. 02 endenden Berichtigungszeitraum zu berichten.

⁴Eine kürzere Verwendungsdauer des Bestandteils ist zu berücksichtigen (§ 15a Abs. 5 Satz 2 UStG). ⁵Soweit mehrere Leistungen Eingang in ein Wirtschaftsgut finden, sind diese Leistungen für Zwecke der Berichtigung des Vorsteuerabzugs zusammenzufassen, sofern sie innerhalb einer Maßnahme bezogen wurden (vgl. Absatz 11).

(4) Handelt es sich bei dem Wirtschaftsgut, in das der Bestandteil eingegangen ist, um ein solches, das nur einmalig zur Erzielung eines Umsatzes verwendet wird, ist die Berichtigung des Vorsteuerabzugs nach den Grundsätzen des § 15a Abs. 2 UStG vorzunehmen.

Sonstige Leistungen an einem Wirtschaftsgut

(5) ¹Unter der Voraussetzung, dass an einem Wirtschaftsgut eine sonstige Leistung ausgeführt wird, ist der Vorsteuerabzug bei Änderung der Verwendungsverhältnisse nach Maßgabe von § 15a Abs. 1 oder Abs. 2 UStG zu berichtigen. ²Unter die Berichtigungspflicht nach § 15a Abs. 3 UStG fallen nur solche sonstigen Leistungen, die unmittelbar an einem Wirtschaftsgut ausgeführt werden. ³Es kommt nicht darauf an, ob die sonstige Leistung zu einer Werterhöhung des Wirtschaftsguts führt. ⁴Auch Maßnahmen, die lediglich der Werterhaltung dienen, fallen demnach unter die Berichtigungspflicht nach § 15a Abs. 3 UStG.

(6) ¹Nicht unter die Verpflichtung zur Berichtigung des Vorsteuerabzugs nach § 15a Abs. 3 UStG fallen sonstige Leistungen, die bereits im Zeitpunkt des Leistungsbezugs wirtschaftlich verbraucht sind. ²Eine sonstige Leistung ist im Zeitpunkt des Leistungsbezugs dann nicht wirtschaftlich verbraucht, wenn ihr über den Zeitpunkt des Leistungsbezugs hinaus eine eigene Werthaltigkeit inne wohnt. ³Leistungen, die bereits im Zeitpunkt des Leistungsbezugs wirtschaftlich verbraucht sind, werden sich insbesondere auf die Unterhaltung und den laufenden Betrieb des Wirtschaftsguts beziehen. ⁴Hierzu gehören z. B. bei Grundstücken Reinigungsleistungen (auch Fensterreinigung) oder laufende Gartenpflege sowie Wartungsarbeiten z. B. an Aufzugs- oder Heizungsanlagen.

(7) ¹Soweit es sich um eine sonstige Leistung handelt, die nicht bereits im Zeitpunkt des Leistungsbezugs wirtschaftlich verbraucht ist, unterliegt diese der Berichtigungspflicht nach § 15a Abs. 3 UStG. ²Dazu gehören auch sonstige Leistungen, die dem Gebrauch oder der Erhaltung des Gegenstands dienen. ³Solche Leistungen sind z. B.

1. der Fassadenanstrich eines Gebäudes;
2. Fassadenreinigungen an einem Gebäude;
3. die Neulackierung eines Kraftfahrzeugs;
4. Renovierungsarbeiten (auch in gemieteten Geschäftsräumen);
5. der Neuanstrich eines Schiffs;
6. die Generalüberholung einer Aufzugs- oder einer Heizungsanlage.

(8) ¹Eine Berichtigung pro rata temporis ist nur dann vorzunehmen, wenn es sich bei dem Wirtschaftsgut im Sinne des § 15a Abs. 3 UStG um ein solches handelt, das nicht nur einmalig zur Erzielung von Umsätzen verwendet wird. ²Dabei gilt für die an dem Wirtschaftsgut ausgeführten sonstigen Leistungen ein eigenständiger Berichtigungszeitraum, dessen Dauer sich danach bestimmt, an welchem Wirtschaftsgut nach § 15a Abs. 1 UStG die sonstige Leistung ausgeführt wird. ³Eine kürzere Verwendungsdauer der sonstigen Leistung ist jedoch zu berücksichtigen (§ 15a Abs. 5 Satz 2 UStG).

(9) Wird ein Wirtschaftsgut, an dem eine sonstige Leistung ausgeführt wurde, veräußert oder entnommen, liegt unter den Voraussetzungen des § 15a Abs. 8 UStG eine Änderung der Verwendungsverhältnisse vor mit der Folge, dass auch der Vorsteuerabzug für die an dem Wirtschaftsgut ausgeführte sonstige Leistung nach § 15a Abs. 3 UStG zu berichtigen ist

Beispiel 1:
¹Unternehmer U führt als Arzt zu 50 % zum Vorsteuerabzug berechtigende und zu 50 % nicht zum Vorsteuerabzug berechtigende Umsätze aus. ²Am 1. 1. 01 erwirbt U einen Pkw, für den er den Vorsteuerabzug entsprechend der beabsichtigten Verwendung zu 50 % vornimmt. ³Am 1. 1. 03 lässt U an dem Pkw eine Effektlackierung anbringen. ⁴Die darauf entfallende Vorsteuer zieht U ebenfalls zu 50 % ab. ⁵Am 1. 1. 04 veräußert U den Pkw.

⁶Die Veräußerung des Pkw ist steuerpflichtig. ⁷In der Lieferung liegt eine Änderung gegenüber den für den ursprünglichen Vorsteuerabzug maßgeblichen Verhältnissen (§ 15a Abs. 8 UStG). ⁸Der Vorsteuerabzug für den Pkw ist für die zwei restlichen Jahre des Berichtigungszeitraums zugunsten von U für den Monat der Veräußerung zu berichtigen.

⁹Die Veräußerung des Pkw stellt in Bezug auf die an dem Pkw ausgeführte Effektlackierung ebenfalls eine Änderung gegenüber den für den ursprünglichen Vorsteuerabzug maßgeblichen Verhältnissen dar (§ 15a Abs. 8 UStG). ¹⁰Der Vorsteuerabzug für die sonstige Leistung ist für die restlichen vier Jahre des Berichtigungszeitraums zugunsten von U für den Monat der Veräußerung zu berichtigen (§ 15a Abs. 3 UStG, § 44 Abs. 4 Satz 3 i. V. m. Abs. 5 UStDV).

Beispiel 2:
¹Unternehmer U nutzt ein Gebäude ausschließlich zur Erzielung von zum Vorsteuerabzug berechtigenden Umsätzen. ²Am 1. 1. 01 lässt U die Fassade des Gebäudes streichen. ³U nimmt entsprechend der weiter beabsichtigten Verwendung des Gebäudes den Vorsteuerabzug zu 100 % vor. ⁴Am 1. 1. 02 veräußert U das Gebäude steuerfrei.

⁵Die Veräußerung des Gebäudes stellt in Bezug auf die an dem Gebäude ausgeführte sonstige Leistung eine Änderung gegenüber den für den ursprünglichen Vorsteuerabzug maßgeblichen Verhältnissen dar (§ 15a Abs. 8 UStG). ⁶Der Vorsteuerabzug für die sonstige Leistung ist für die restlichen neun Jahre des Berichtigungszeitraums zulasten von U für den Monat der Veräußerung zu berichtigen (§ 15a Abs. 3 UStG, § 44 Abs. 4 Satz 3 i. V. m. Abs. 5 UStDV).

§ 15a UStG
AE 15a.6

(10) Handelt es sich um ein Wirtschaftsgut, das nur einmalig zur Erzielung eines Umsatzes verwendet wird, ist die Berichtigung nach den Grundsätzen des § 15a Abs. 2 UStG vorzunehmen.

(11) [1]Nach § 15a Abs. 3 Satz 2 UStG sind mehrere im Rahmen einer Maßnahme in ein Wirtschaftsgut eingegangene Gegenstände und/oder mehrere im Rahmen einer Maßnahme an einem Wirtschaftsgut ausgeführte sonstige Leistungen zu einem Berichtigungsobjekt zusammenzufassen. [2]Dies bedeutet, dass sämtliche im zeitlichen Zusammenhang bezogenen Leistungen, die ein Wirtschaftsgut betreffen und deren Bezug nach wirtschaftlichen Gesichtspunkten dem Erhalt oder der Verbesserung des Wirtschaftsguts dient, zu einem Berichtigungsobjekt zusammenzufassen sind. [3]Hiervon kann vorbehaltlich anderer Nachweise ausgegangen werden, wenn die verschiedenen Leistungen für ein bewegliches Wirtschaftsgut innerhalb von drei Kalendermonaten und für ein unbewegliches Wirtschaftsgut innerhalb von sechs Monaten bezogen werden. [4]Dabei sind auch Leistungen, die von verschiedenen leistenden Unternehmern bezogen worden sind, zu berücksichtigen.

Beispiel 1:
[1]Unternehmer U will eine Etage seines Geschäftshauses renovieren lassen. [2]Zu diesem Zweck beauftragt er Malermeister M mit der malermäßigen Instandhaltung der Büroräume. [3]Gleichzeitig beauftragt er Klempnermeister K mit der Renovierung der Sanitärräume auf dieser Etage, bei der auch die vorhandenen Armaturen und Sanitäreinrichtungen ausgetauscht werden sollen. [4]Die malermäßige Instandhaltung der Büroräume und die Klempnerarbeiten werden im gleichen Kalendermonat beendet.

[5]Bei der Renovierung der Etage des Geschäftshauses handelt es sich um eine Maßnahme. [6]Die im Rahmen der Maßnahme ausgeführten Leistungen sind nach § 15a Abs. 3 UStG zu einem Berichtigungsobjekt zusammenzufassen.

Beispiel 2:
[1]Unternehmer U beauftragt die Kfz-Werkstatt K, an seinem Pkw eine neue Lackierung anzubringen und einen neuen Motor einzubauen. [2]Beide Leistungen werden gleichzeitig ausgeführt.

[3]Beide Leistungen werden im Rahmen einer Maßnahme bezogen und sind daher zu einem Berichtigungsobjekt zusammenzufassen.

[5]Können bei einem gemischt genutzten Gebäude die innerhalb von sechs Monaten bezogenen Leistungen im Sinne des § 15a Abs. 3 UStG einem bestimmten Gebäudeteil, mit dem entweder ausschließlich vorsteuerschädliche oder vorsteuerunschädliche Ausgangsumsätze erzielt werden, direkt zugerechnet werden, bilden diese dem Gebäudeteil zuzurechnenden Leistungen jeweils ein Berichtigungsobjekt.

Beispiel 3:
[1]Unternehmer U will sein Wohn- und Geschäftshaus renovieren lassen. [2]Zu diesem Zweck beauftragt er Malermeister U mit der malermäßigen Instandsetzung der steuerpflichtig vermieteten Büroräume auf der Büroetage. [3]Gleichzeitig beauftragt er Klempnermeister K mit der Renovierung der Sanitärräume auf der steuerfrei vermieteten Wohnetage, bei der auch die vorhandenen Armaturen und Sanitäreinrichtungen ausgetauscht werden sollen. [4]Die malermäßige Instandhaltung der Büroräume und die Klempnerarbeiten werden im gleichen Kalendermonat beendet.

[5]Bei der Renovierung der Wohnetage und der Büroetage handelt es sich um jeweils eine Maßnahme. [6]Die im Rahmen der malermäßigen Instandhaltung und der Klempnerarbeiten bezogenen Leistungen stellen jeweils ein Berichtigungsobjekt dar.

[6]Für die Zusammenfassung zu einem Berichtigungsobjekt kommen hinsichtlich der an einem Gegenstand ausgeführten sonstigen Leistungen nur solche sonstigen Leistungen in Betracht, denen über den Zeitpunkt des Leistungsbezugs hinaus eine eigene Werthaltigkeit innewohnt (vgl. Absatz 6). [7]Die Grenzen des § 44 UStDV sind auf das so ermittelte Berichtigungsobjekt anzuwenden. [8]Der Berichtigungszeitraum beginnt zu dem Zeitpunkt, zu dem der Unternehmer das Wirtschaftsgut nach Durchführung der Maßnahme erstmalig zur Ausführung von Umsätzen verwendet.

Entnahme eines Wirtschaftsguts aus dem Unternehmen

(12) Wird dem Unternehmensvermögen ein Wirtschaftsgut entnommen, das bei seiner Anschaffung oder Herstellung nicht zum Vorsteuerabzug berechtigt hatte, für das aber nachträglich Aufwendungen im Sinne des § 15a Abs. 3 UStG getätigt wurden, die zum Vorsteuerabzug berechtigten, kann für diese Aufwendungen eine Vorsteuerberichtigung vorzunehmen sein.

(13) [1]Hat der Unternehmer in das Wirtschaftsgut einen anderen Gegenstand eingefügt, der dabei seine körperliche und wirtschaftliche Eigenart endgültig verloren hat und für den der Unternehmer zum Vorsteuerabzug berechtigt war, und hat dieser Gegenstand zu einer im Zeitpunkt der Entnahme nicht vollständig verbrauchten Werterhöhung geführt (Bestandteil nach Abschnitt 24b

Abs. 2 Satz 3), unterliegt bei einer Entnahme des Wirtschaftsguts nur dieser Gegenstand der Umsatzbesteuerung nach § 3 Abs. 1b UStG. ²Für eine Vorsteuerberichtigung nach § 15a Abs. 3 Satz 3 UStG ist insoweit kein Raum. ³Eine Vorsteuerberichtigung nach § 15a Abs. 8 UStG bleibt unberührt.

(14) ¹Ist die durch den Bestandteil verursachte Werterhöhung im Zeitpunkt der Entnahme vollständig verbraucht, ist die Entnahme insgesamt nicht steuerbar. ²In diesem Fall liegt in der Entnahme eine Änderung der Verhältnisse im Sinne des § 15a Abs. 3 Satz 3 UStG.

Beispiel:
¹Unternehmer U erwirbt in 01 einen Pkw von einer Privatperson für 50 000 €. ²Am 1. 4. 02 lässt er von einer Werkstatt für 2 000 € eine Windschutzscheibe einbauen. ³Die Vorsteuer i.H.v. 380 € macht er geltend. ⁴Als er den Pkw am 31. 12. 04 entnimmt, hat der Wert der Windschutzscheibe den aktuellen Wert des Pkw nach der sog. Schwacke-Liste im Zeitpunkt der Entnahme nicht erhöht.

⁵Die Windschutzscheibe, für die U der Vorsteuerabzug nach § 15 Abs. 1 Satz 1 Nr. 1 UStG zustand, ist in den Pkw eingegangen und hat dabei ihre körperliche und wirtschaftliche Eigenart endgültig verloren. ⁶Nur die Entnahme der Windschutzscheibe könnte steuerbar nach § 3 Abs. 1b Satz 1 Nr. 1 UStG sein, da U für einen in das Wirtschaftsgut eingegangenen Gegenstand den Vorsteuerabzug in Anspruch genommen hat. ⁷Da jedoch im Zeitpunkt der Entnahme keine Werterhöhung durch den Gegenstand mehr vorhanden ist, ist die Entnahme nicht steuerbar (vgl. Abschnitt 24b Abs. 2 Satz 3). ⁸U hat grundsätzlich eine Berichtigung des Vorsteuerabzugs nach § 15a Abs. 3 Satz 3 UStG vorzunehmen. ⁹Nach § 44 Abs. 1 i. V. m. Abs. 5 UStDV unterbleibt jedoch eine Berichtigung, da der auf die Windschutzscheibe entfallende Vorsteuerbetrag 1 000 € nicht übersteigt.

(15) ¹Hat der Unternehmer dem Wirtschaftsgut keinen Bestandteil zugefügt, hat also der eingebaute Gegenstand seine Eigenständigkeit behalten, liegen für umsatzsteuerrechtliche Zwecke zwei getrennt zu beurteilende Entnahmen vor. ²In diesen Fällen kann die Entnahme des eingebauten Gegenstands auch zu einer Vorsteuerberichtigung führen, wenn die Entnahme anders zu beurteilen ist als die für den ursprünglichen Vorsteuerabzug maßgebliche Verwendung (§ 15a Abs. 8 UStG). ³Eine Berichtigung nach § 15a Abs. 3 UStG scheidet insoweit aus.

(16) Soweit an dem Wirtschaftsgut eine sonstige Leistung ausgeführt wird und das Wirtschaftsgut später entnommen wird, ohne dass die unentgeltliche Wertabgabe nach § 3 Abs. 1b Satz 1 Nr. 1 UStG zu besteuern ist, liegt ebenfalls eine Änderung der Verhältnisse vor (§ 15a Abs. 3 Satz 3 UStG).

Beispiel:
¹U kauft am 1. 5. 01 einen Pkw von einer Privatperson zu einem Preis von 50 000 €. ²Am 1. 7. 01 lässt er in einer Vertragswerkstatt eine Inspektion durchführen (200 € zuzüglich 38 € Umsatzsteuer), in den dafür vorgesehenen Standardschacht ein Autoradio einbauen (1 500 € zuzüglich 285 € Umsatzsteuer) und den Pkw neu lackieren (7 500 € zuzüglich 1 425 € Umsatzsteuer). ³U macht diese Vorsteuerbeträge ebenso wie den Vorsteuerabzug aus den laufenden Kosten geltend. ⁴Am 31. 12. 03 entnimmt U den Pkw.

⁵Die Neulackierung des Pkw ist eine sonstige Leistung, die im Zeitpunkt des Leistungsbezugs nicht wirtschaftlich verbraucht ist (vgl. Absatz 7). ⁶Die Inspektion ist bei Leistungsbezug wirtschaftlich verbraucht. ⁷Das eingebaute Autoradio stellt, weil es ohne Funktionsverlust wieder entfernt werden kann, keinen Bestandteil des Pkw dar, sondern bleibt eigenständiges Wirtschaftsgut (vgl. Absatz 1).

⁸Da der Pkw nicht zum vollen oder teilweisen Vorsteuerabzug berechtigt hatte und in den Pkw kein Bestandteil eingegangen ist, ist die Entnahme des Pkw am 31. 12. 03 nicht nach § 3 Abs. 1b Satz 1 Nr. 1 UStG steuerbar (§ 3 Abs. 1b Satz 2 UStG). ⁹Bezüglich der sonstigen Leistung „Neulackierung" ist jedoch nach § 15a Abs. 3 UStG eine Vorsteuerberichtigung durchzuführen, da der Wert der Neulackierung im Zeitpunkt der Entnahme noch nicht vollständig verbraucht ist. ¹⁰Das Autoradio unterliegt als selbstständiges Wirtschaftsgut, für das der Vorsteuerabzug in Anspruch genommen wurde, der Besteuerung nach § 3 Abs. 1b Satz 1 Nr. 1 UStG. ¹¹Bemessungsgrundlage ist nach § 10 Abs. 4 Satz 1 Nr. 1 UStG der Einkaufspreis zuzüglich Nebenkosten zum Zeitpunkt der Entnahme. ¹²Eine Vorsteuerberichtigung nach § 15a UStG hinsichtlich der laufenden Kosten kommt nicht in Betracht.

Für die Lackierung in Rechnung gestellte Umsatzsteuer: 1 425 €

Ursprünglicher Vorsteuerabzug: 1 425 €

Zeitpunkt der erstmaligen Verwendung: 1. 7. 01

Dauer des Berichtigungszeitraums: 1. 7. 01 bis 30. 6. 06

Tatsächliche zum Vorsteuerabzug berechtigende Verwendung im Berichtigungszeitraum:

Jahr 01 bis 03 = 100 %

Änderung der Verhältnisse:
ab Jahr 04 = 100 Prozentpunkte (0 % statt 100 %)
Vorsteuerberichtigung pro Jahr:
(1 200 € / 5 Jahre = 285 € pro Jahr)
Jahre 04 und 05 = je 285 € (285 € × 100 %),
Jahr 06 = 142,50 € (285 € × 100 % × 6/12)

[13]Die Berichtigung des Vorsteuerabzugs ist für die Jahre 04 bis 06 zusammengefasst in der Voranmeldung für Dezember 03 vorzunehmen (§ 44 Abs. 4 Satz 3 UStDV).

(17) [1]Im Fall der Entnahme eines Wirtschaftsguts, in das Bestandteile eingegangen oder an dem sonstige Leistungen ausgeführt worden sind, sind bei Prüfung der Vorsteuerberichtigung solche in das Wirtschaftsgut eingegangene Gegenstände aus dem Berichtigungsobjekt auszuscheiden, die bei der Entnahme der Umsatzbesteuerung nach § 3 Abs. 1b UStG unterliegen. [2]Die Grenzen des § 44 UStDV sind auf den entsprechend verminderten Vorsteuerbetrag anzuwenden.

Beispiel:
[1]Unternehmer U erwirbt am 1. 7. 01 aus privater Hand einen gebrauchten Pkw und ordnet ihn zulässigerweise seinem Unternehmen zu. [2]Am 1. 3. 02 lässt er in den Pkw nachträglich eine Klimaanlage einbauen (Entgelt 2 500 €), am 1. 4. 02 die Scheiben verspiegeln (Entgelt 500 €) und am 15. 8. 02 eine Effektlackierung auftragen (Entgelt 4 500 €). [3]Für alle drei Leistungen nimmt der Unternehmer zulässigerweise den vollen Vorsteuerabzug in Anspruch. [4]Als U am 1. 3. 03 den Pkw in sein Privatvermögen entnimmt, haben die vorstehend aufgeführten Arbeiten den aktuellen Wert des Pkw nach der sog. „Schwacke-Liste" für die Klimaanlage um 1 500 €, für die Scheibenverspiegelung um 100 € und für die Effektlackierung um 3 500 € erhöht.

[5]Die Entnahme des Pkw selbst unterliegt mangels Vorsteuerabzug bei der Anschaffung nicht der Besteuerung (§ 3 Abs. 1b Satz 2 UStG); auch eine Vorsteuerberichtigung kommt insoweit nicht in Betracht. [6]Mit dem Einbau der Klimaanlage in den Pkw hat diese ihre körperliche und wirtschaftliche Eigenart endgültig verloren und zu einer dauerhaften, im Zeitpunkt der Entnahme nicht vollständig verbrauchten Werterhöhung des Gegenstands geführt. [7]Die Entnahme der Klimaanlage unterliegt daher insoweit gemäß § 3 Abs. 1b Satz 1 Nr. 1 i. V. m. Satz 2 UStG mit einer Bemessungsgrundlage i.H.v. 1 500 € der Umsatzsteuer.

[8]Hinsichtlich der Scheibenverspiegelung und der Effektlackierung entfällt eine Besteuerung nach § 3 Abs. 1b UStG, da sonstige Leistungen nicht zu Bestandteilen eines Gegenstands führen (vgl. Abschnitt 24b Abs. 2 Satz 4). [9]Für diese Leistungen ist allerdings zu prüfen, inwieweit eine Vorsteuerberichtigung nach § 15a Abs. 3 i. V. m. Abs. 8 UStG durchzuführen ist.

[10]Der Einbau der Klimaanlage, die Scheibenverspiegelung und die Effektlackierung werden im Rahmen einer Maßnahme bezogen und sind daher zu einem Berichtigungsobjekt zusammenzufassen. [11]Da die Entnahme der Klimaanlage jedoch nach § 3 Abs. 1b Satz 1 Nr. 1 UStG als eine unentgeltliche Wertabgabe zu versteuern ist, scheidet diese für Zwecke der Vorsteuerberichtigung aus dem Berichtigungsobjekt aus. [12]Die Grenze des § 44 Abs. 1 UStDV von 1 000 € ist auf das verbleibende Berichtigungsobjekt anzuwenden, für das die Vorsteuerbeträge aus der Scheibenverspiegelung i.H.v. 95 € und der Effektlackierung i.H.v. 855 € insgesamt nur 950 € betragen. [13]Eine Vorsteuerberichtigung nach § 15a Abs. 3 UStG für das verbleibende Berichtigungsobjekt unterbleibt daher.

15a.7. Berichtigung nach § 15a Abs. 4 UStG

AE 15a.7

(1) [1]Eine Vorsteuerberichtigung nach § 15a Abs. 4 UStG ist vorzunehmen, wenn der Unternehmer eine sonstige Leistung bezieht, die nicht in einen Gegenstand eingeht oder an diesem ausgeführt wird und deren Verwendung anders zu beurteilen ist, als dies zum Zeitpunkt des Leistungsbezugs beabsichtigt war. [2]Sonstige Leistungen, die unter die Berichtigungspflicht nach § 15a Abs. 4 UStG fallen, sind z. B.:

S 7317

1. Beratungsleistungen (z. B. für ein Unternehmenskonzept, eine Produktkonzeption);
2. gutachterliche Leistungen;
3. Anmietung eines Wirtschaftsguts;
4. Patente, Urheberrechte, Lizenzen;
5. bestimmte Computerprogramme;
6. Werbeleistungen;
7. Anzahlung für längerfristiges Mietleasing.

(2) [1]Wird die sonstige Leistung mehrfach zur Erzielung von Einnahmen verwendet, erfolgt die Vorsteuerberichtigung pro rata temporis (§ 15a Abs. 4 i. V. m. Abs. 5 UStG). [2]Wird die bezogene

sonstige Leistung hingegen nur einmalig zur Erzielung von Umsätzen verwendet, erfolgt die Berichtigung des gesamten Vorsteuerbetrags unmittelbar für den Zeitpunkt der Verwendung.

(3) ¹Nach § 15a Abs. 4 Satz 2 UStG ist die Berichtigung des Vorsteuerabzugs bei sonstigen Leistungen, die nicht unter § 15a Abs. 3 UStG fallen, auf solche sonstigen Leistungen zu beschränken, für die in der Steuerbilanz ein Aktivierungsgebot bestünde. ²Unerheblich ist, ob der Unternehmer nach den §§ 140, 141 AO tatsächlich zur Buchführung verpflichtet ist oder freiwillig Bücher führt oder einkommensteuerrechtlich insoweit Einkünfte erzielt, die als Überschuss der Einnahmen über die Werbungskosten ermittelt werden. ³Eine Berichtigung des Vorsteuerabzugs kommt nach § 15a Abs. 4 Satz 3 UStG jedoch stets in Betracht, wenn der Leistungsempfänger für einen Zeitraum vor Ausführung der Leistung den Vorsteuerabzug vornehmen konnte (An- oder Vorauszahlungen).

(4) ¹Sonstige Leistungen sind umsatzsteuerrechtlich grundsätzlich erst im Zeitpunkt ihrer Vollendung ausgeführt (Abschnitt 13.1 Abs. 3 Satz 1). ²Werden sonstige Leistungen im Sinne des § 15a Abs. 4 i. V. m. Abs. 1 UStG bereits vor ihrer Vollendung im Unternehmen des Leistungsempfängers verwendet, kommt eine Berichtigung des Vorsteuerabzugs bereits vor Leistungsbezug (Vollendung) in denjenigen Fällen in Betracht, in denen bereits vor Leistungsbezug die Voraussetzungen für den Vorsteuerabzug nach § 15 UStG gegeben sind (Zahlung vor Ausführung der Leistung). ³Auch hier ist die Berichtigung des Vorsteuerabzugs durchzuführen, wenn sich im Zeitpunkt der Verwendung die Verhältnisse gegenüber den für den ursprünglichen Vorsteuerabzug maßgebenden Verhältnissen ändern.

Beispiel 1:

¹Unternehmer U schließt mit dem Vermieter V einen Vertrag über die Anmietung eines Bürogebäudes (Fertigstellung vor dem 1. 1. 1998 und Baubeginn vor dem 1. 1. 1993) über eine Laufzeit von fünf Jahren beginnend am 1. 1. 01. ²Da U beabsichtigt, in den Büroräumen zum Vorsteuerabzug berechtigende Umsätze auszuführen, vermietet V das Gebäude unter Verzicht auf die Steuerbefreiung (§ 4 Nr. 12 Satz 1 Buchstabe a. i. V. m. § 9 Abs. 1 und 2 UStG) zum Pauschalpreis von 1 000 000 € zzgl. 190 000 € Umsatzsteuer für die gesamte Mietlaufzeit. ³Vereinbarungsgemäß zahlt U die vertraglich vereinbarte Miete zum Beginn der Vertragslaufzeit und macht entsprechend den Vorsteuerabzug geltend. ⁴Ab dem 1. 1. 02 nutzt U das Gebäude bis zum Vertragsende am 31. 12. 05 nur noch zur Erzielung von nicht zum Vorsteuerabzug berechtigenden Umsätzen.

⁵U wäre bei bestehender Buchführungspflicht verpflichtet, für die vorausbezahlte Miete für die Jahre 02 bis 05 in der Steuerbilanz einen Rechnungsabgrenzungsposten zu bilanzieren.

⁶Bei der von V erbrachten Leistung handelt es sich nicht um Teilleistungen. ⁷U ist nach § 15a Abs. 4 i. V. m. Abs. 1 UStG verpflichtet, die Vorsteuer in den Jahren 02 bis 05 um jeweils 38 000 € (190 000 € / 5 Jahre) zu berichtigen.

Beispiel 2:

¹Unternehmer U ist Chirurg und schließt mit A einen für die Zeit vom 1. 1. 01 bis zum 31. 12. 07 befristeten Leasingvertrag für ein medizinisches Gerät ab. ²Als Leasingvorauszahlung wird ein Betrag von 100 000 € zzgl. 19 000 € Umsatzsteuer vereinbart; Teilleistungen liegen nach der vertraglichen Vereinbarung nicht vor. ³U leistet im Januar 01 die gesamte Leasingvorauszahlung. ⁴U beabsichtigt bei Zahlung, das Gerät zur Ausführung zum Vorsteuerabzug berechtigender Ausgangsumsätze (Schönheitsoperationen) zu verwenden. ⁵Er macht für den Januar 01 deshalb den Vorsteuerabzug in voller Höhe geltend und nutzt das Gerät ab 1. 1. 01. ⁶Tatsächlich kommt es ab dem 1. 1. 03 jedoch nur noch zur Erzielung nicht zum Vorsteuerabzug berechtigender Ausgangsumsätze. ⁷Bei der Leasingvorauszahlung handelt es sich um eine Ausgabe, die nach ertragsteuerrechtlichen Grundsätzen als Rechnungsabgrenzungsposten zu bilanzieren wäre.

⁸Umsatzsteuerrechtlich ist davon auszugehen, dass es sich um eine Zahlung für eine sonstige Leistung handelt, die nicht mit der erstmaligen Verwendung verbraucht ist. ⁹Der Vorsteuerabzug ist nach § 15a Abs. 4 i. V. m. Abs. 1 UStG pro rata temporis zu berichtigen. ¹⁰Der Berichtigungszeitraum beträgt fünf Jahre, beginnt am 1. 1. 01 und endet am 31. 12. 05, obwohl der Leasingvertrag bis zum 31. 12. 07 befristet ist.

¹¹U muss für die Jahre 03 bis 05 jeweils 3 800 € im Rahmen der Berichtigung des Vorsteuerabzugs zurückzahlen.

Beispiel 3:

¹Unternehmer U schließt am 1. 2. 01 mit Vermieter V einen Vertrag über die Anmietung eines Pavillons für die Dauer vom 1. 9. 01 bis 15. 9. 01 zum Preis von 7 500 € zzgl. 1 425 € USt. ²Vereinbarungsgemäß zahlt U bereits bei Vertragsschluss das vereinbarte Mietentgelt und macht für den Februar 01 den Vorsteuerabzug geltend, da er beabsichtigt, in dem Pavillon zum Vorsteuerabzug berechtigende Umsätze (Veräußerung von Kraftfahrzeugen) auszuführen. ³Tatsächlich nutzt er den Pavillon aber dann für eine Präsentation der von ihm betriebenen Versicherungsagentur.

⁴U muss den Vorsteuerabzug nach § 15a Abs. 4 i. V. m. Abs. 1 UStG berichtigen, weil die tatsächliche Verwendung von der Verwendungsabsicht abweicht. ⁵U muss für das Kalenderjahr 01 1 425 € Vorsteuer zurückzahlen. ⁶Nach § 15a Abs. 5 Satz 2 UStG ist die kürzere Verwendungsdauer zu berücksichtigen.

15a.8. Berichtigung nach § 15a Abs. 6 UStG

AE 15a.8

(1) ¹Für nachträgliche Anschaffungs- oder Herstellungskosten, die an einem Wirtschaftsgut anfallen, das nicht nur einmalig zur Ausführung von Umsätzen verwendet wird, gilt ein gesonderter Berichtigungszeitraum (§ 15a Abs. 6 UStG). ²Der Berichtigungszeitraum beginnt zu dem Zeitpunkt, zu dem der Unternehmer das in seiner Form geänderte Wirtschaftsgut erstmalig zur Ausführung von Umsätzen verwendet. ³Die Dauer bestimmt sich nach § 15a Abs. 1 UStG und beträgt fünf bzw. zehn Jahre. ⁴Der Berichtigungszeitraum endet jedoch spätestens, wenn das Wirtschaftsgut, für das die nachträglichen Anschaffungs- oder Herstellungskosten angefallen sind, wegen Unbrauchbarkeit vom Unternehmer nicht mehr zur Ausführung von Umsätzen verwendet werden kann (§ 15a Abs. 5 Satz 2 UStG).

S 7316

Beispiel:

¹Ein am 1. 7. 01 erstmalig verwendetes bewegliches Wirtschaftsgut hat eine betriebsgewöhnliche Nutzungsdauer von 4 Jahren. ²Am 31. 1. 03 fallen nachträgliche Herstellungskosten an, durch die aber die betriebsgewöhnliche Nutzungsdauer des Wirtschaftsguts nicht verlängert wird.

³Der Berichtigungszeitraum für das Wirtschaftsgut selbst beträgt 4 Jahre, endet also am 30. 6. 05. ⁴Für die nachträglichen Herstellungskosten beginnt der Berichtigungszeitraum erst am 1. 2. 03. ⁵Er endet am 31. 1. 08 und dauert somit unabhängig von der betriebsgewöhnlichen Nutzungsdauer des Wirtschaftsguts 5 Jahre.

⁵Die Berichtigung ist gesondert nach den dafür vorliegenden Verhältnissen und entsprechend dem dafür geltenden Berichtigungszeitraum durchzuführen (vgl. Abschnitt 15a.4). ⁶Auch hier ist von den gesamten Vorsteuerbeträgen auszugehen, die auf die nachträglichen Anschaffungs- oder Herstellungskosten entfallen (Ermittlung eines prozentualen Verhältnisses des ursprünglichen Vorsteuerabzugs zum Vorsteuervolumen insgesamt – vgl. Abschnitt 15a.1 Abs. 3).

(2) Für nachträgliche Anschaffungs- oder Herstellungskosten, die für ein Wirtschaftsgut anfallen, das nur einmalig zur Erzielung eines Umsatzes verwendet wird, ist die Berichtigung des Vorsteuerabzugs für den Besteuerungszeitraum vorzunehmen, in dem das Wirtschaftsgut verwendet wird (vgl. Abschnitt 15a.5).

15a.9. Berichtigung nach § 15a Abs. 7 UStG

AE 15a.9

(1) Eine Änderung der Verhältnisse ist auch beim Übergang von der allgemeinen Besteuerung zur Nichterhebung der Steuer nach § 19 Abs. 1 UStG oder umgekehrt und beim Übergang von der allgemeinen Besteuerung zur Durchschnittssatzbesteuerung nach den §§ 23, 23a und 24 UStG oder umgekehrt gegeben (§ 15a Abs. 7 UStG).

S 7318

(2) Vorsteuerbeträge, die vor dem Wechsel der Besteuerungsform für ein noch nicht fertig gestelltes Wirtschaftsgut angefallen sind, sind erst ab dem Zeitpunkt der erstmaligen Verwendung dieses Wirtschaftsguts nach § 15a Abs. 7 UStG zu berichten (vgl. BFH-Urteil vom 12. 6. 2008, V R 22/06, BStBl 2009 II S. 165).

Übergang von der Regelbesteuerung zur Nichterhebung der Steuer nach § 19 Abs. 1 UStG oder umgekehrt

(3) Bei Wirtschaftsgütern und sonstigen Leistungen, die nicht nur einmalig zur Ausführung von Umsätzen verwendet werden, ist eine Berichtigung nach § 15a Abs. 1 UStG vorzunehmen, wenn im Berichtigungszeitraum auf Grund des Wechsels der Besteuerungsform eine Änderung gegenüber den für den ursprünglichen Vorsteuerabzug maßgeblichen Verhältnissen vorliegt.

Beispiel:

¹Unternehmer U ist im Jahr 01 Regelbesteuerer. ²Für das Jahr 02 und die Folgejahre findet die Kleinunternehmerbesteuerung Anwendung, da die Umsatzgrenzen nicht überschritten werden und U nicht optiert. ³Im Jahr 01 schafft U eine Maschine für 100 000 € zuzüglich 19 000 € Umsatzsteuer an. ⁴Aus der Anschaffung der Maschine macht U den Vorsteuerabzug geltend, da er im Zeitpunkt der Anschaffung beabsichtigt, die Maschine für steuerpflichtige Ausgangsumsätze zu verwenden. ⁵Erst am 1. 7. 03 kommt es zu dieser Verwendung der Maschine.

⁶Da die Maschine nicht nur einmalig zur Ausführung von Umsätzen verwendet wird, ist für die Vorsteuerberichtigung § 15a Abs. 1 UStG maßgeblich. ⁷Nach § 15a Abs. 7 UStG stellt der

Übergang von der Regelbesteuerung zur Kleinunternehmerbesteuerung zum 1.1.02 eine Änderung der Verhältnisse dar. [8]Bei Beginn der Verwendung der Maschine (Beginn des Berichtigungszeitraums) am 1.7.03 ist U Kleinunternehmer, der nicht zum Vorsteuerabzug berechtigt ist. [9]Er muss daher eine Berichtigung pro rata temporis zu seinen Lasten vornehmen, obwohl er die Maschine tatsächlich entsprechend seiner Verwendungsabsicht im Zeitpunkt des Leistungsbezugs verwendet. [10]Es ergibt sich gegenüber dem ursprünglichen Vorsteuerabzug von 100 % eine Abweichung von 100 Prozentpunkten (0 % statt 100 %).

(4) Bei Wirtschaftsgütern oder sonstigen Leistungen, die nur einmalig zur Ausführung eines Umsatzes verwendet werden, ist die durch den Wechsel der Besteuerungsform ausgelöste Vorsteuerberichtigung in dem Besteuerungszeitraum vorzunehmen, in dem das Wirtschaftsgut verwendet wird (§ 15a Abs. 2 Satz 2 i. V. m. Abs. 7 UStG).

Beispiel:

[1]Unternehmer U ist im Jahr 01 Kleinunternehmer. [2]Er erwirbt im Jahr 01 Waren, die zur Veräußerung bestimmt sind (Umlaufvermögen). [3]Im Jahr 02 findet wegen Überschreitens der Umsatzgrenze die Kleinunternehmerregelung keine Anwendung. [4]Im Jahr 03 liegen die Voraussetzungen der Kleinunternehmerbesteuerung wieder vor und U wendet ab 03 wieder die Kleinunternehmerregelung an. [5]U veräußert die im Jahr 01 erworbenen Waren im Jahr 03.

[6]Für die Vorsteuerberichtigung der Waren ist § 15a Abs. 2 UStG maßgeblich, da diese nur einmalig zur Ausführung eines Umsatzes verwendet werden. [7]Nach § 15a Abs. 7 UStG stellt der Übergang zur Regelbesteuerung grundsätzlich eine Änderung der Verhältnisse dar. [8]Maßgeblich für die Vorsteuerberichtigung sind jedoch die Verhältnisse im Zeitpunkt der tatsächlichen Verwendung der Waren. [9]Die Verwendung ist mit der Veräußerung der Waren im Jahr 03 erfolgt. [10]Im Jahr 02 findet keine Verwendung statt. [11]Daher ist die in diesem Jahr eingetretene Änderung der Besteuerungsform ohne Belang. [12]Eine Änderung der Verhältnisse gegenüber den ursprünglichen für den Vorsteuerabzug maßgebenden Verhältnissen liegt nicht vor, da U wie im Jahr 01 auch in 03 Kleinunternehmer ist. [13]Daher ist weder im Jahr 02 noch im Jahr 03 eine Berichtigung des Vorsteuerabzugs vorzunehmen.

Übergang von der Regelbesteuerung zur Durchschnittssatzbesteuerung nach den §§ 23, 23a oder 24 UStG oder umgekehrt

(5) [1]Vorsteuern aus der Anschaffung einheitlicher Gegenstände, die sowohl in einem gewerblichen Unternehmensteil (Lohnunternehmen) als auch in einem landwirtschaftlichen Unternehmensteil (§ 24 UStG) verwendet werden, sind nicht nach § 15 UStG abziehbar, soweit sie den nach § 24 UStG versteuerten Umsätzen zuzurechnen sind (§ 24 Abs. 1 Satz 4 UStG, Abschnitt **24.7** Abs. 2). [2]Werden diese Gegenstände abweichend von der bei Leistungsbezug gegebenen Verwendungsabsicht in einem anderen Umfang im jeweils anderen Unternehmensteil verwendet, kommt eine Berichtigung des Vorsteuerabzugs nach § 15a UStG in Betracht.

Beispiel:

[1]Unternehmer U erwirbt Anfang Januar des Jahres 01 einen Mähdrescher für 200 000 € zuzüglich 38 000 € Umsatzsteuer, der zunächst zu 90 % im gewerblichen und zu 10 % im landwirtschaftlichen Unternehmensteil (§ 24 UStG) verwendet wird. [2]Ab dem Jahr 02 ändert sich dauerhaft das Nutzungsverhältnis in 50 % (Landwirtschaft) zu 50 % (Gewerbe).

[3]Im Jahr 01 sind die auf die Verwendung im gewerblichen Unternehmensteil entfallenden Vorsteuerbeträge i.H.v. 34 200 € (90 % von 38 000 €) als Vorsteuer abziehbar. [4]In den Jahren 02 bis 05 sind jeweils 3 040 € (40 % von 7 600 €) nach § 15a UStG zurückzuzahlen.

(6) [1]Eine Vorsteuerberichtigung nach § 15a UStG ist auch vorzunehmen, wenn im Zeitpunkt des Leistungsbezugs nur ein Unternehmensteil besteht, im Zeitpunkt der späteren Verwendung dann jedoch zwei Unternehmensteile bestehen und das Wirtschaftsgut in beiden Unternehmensteilen verwendet wird. [2]Ebenfalls ist die Vorsteuer zu berichtigen, wenn bei zwei Unternehmensteilen das Wirtschaftsgut erst ausschließlich in einem Teil verwendet wird und sich die Nutzung in einem Folgejahr ändert.

Beispiel 1:

[1]Unternehmer U erwirbt Anfang Januar des Jahres 01 einen Mähdrescher für 200 000 € zuzüglich 38 000 € Umsatzsteuer, der zunächst im gewerblichen Unternehmensteil (Lohnunternehmen) verwendet wird. [2]Ab dem Jahr 02 wird der Mähdrescher dauerhaft zu 50 % im landwirtschaftlichen Unternehmensteil (§ 24 UStG) genutzt.

[3]Im Jahr 01 sind sämtliche Vorsteuern (38 000 €) abziehbar. [4]In den Jahren 02 bis 05 sind jeweils 3 800 € (50 % von 7 600 €) nach § 15a UStG an das Finanzamt zurückzuzahlen.

Beispiel 2:

[1]Unternehmer U erwirbt Anfang Januar des Jahres 01 einen Mähdrescher für 200 000 € zuzüglich 38 000 € Umsatzsteuer, der zunächst ausschließlich im landwirtschaftlichen Unterneh-

mensteil (§ 24 UStG) verwendet wird. ²Ab dem Jahr 02 wird der Mähdrescher dauerhaft ausschließlich im gewerblichen Unternehmensteil (Lohnunternehmen) genutzt.
³Im Jahr 01 entfällt der Vorsteuerabzug (§ 24 Abs. 1 Satz 4 UStG). ⁴In den Jahren 02 bis 05 erhält der Unternehmer eine Vorsteuererstattung nach § 15a UStG von jeweils 7 600 € (1/5 von 38 000 €).

(7) ¹Bei der Aufgabe oder Veräußerung eines land- und forstwirtschaftlichen Betriebs kann die Vermietung/Verpachtung von zurückbehaltenen Wirtschaftsgütern, die nicht nur einmalig zur Ausführung von Umsätzen verwendet werden und deren Berichtigungszeitraum nach § 15a Abs. 1 UStG noch nicht abgelaufen ist, zu einer Änderung der Verhältnisse führen. ²In diesen Fällen ist der Vorsteuerabzug für derartige Wirtschaftsgüter nach § 15a Abs. 1 UStG zu berichtigen.

Beispiel 1:
¹Unternehmer U, der Landwirt ist und der nach § 24 Abs. 4 UStG zur Regelbesteuerung optiert hat, errichtet ein Stallgebäude für 500 000 € zzgl. 95 000 € Umsatzsteuer, das Anfang Januar des Jahres 01 erstmals verwendet wird. ²Zum 1. 1. 02 veräußert er seinen Betrieb unter Zurückbehaltung dieses Stallgebäudes, das er nun nach § 4 Nr. 12 Satz 1 Buchstabe a UStG steuerfrei an den Käufer vermietet.
³Die auf die Errichtung des Gebäudes entfallende Vorsteuer i.H.v. 95 000 € ist abziehbar, da der Landwirt bei Errichtung des Gebäudes beabsichtigte, dieses zur Erzielung von zum Vorsteuerabzug berechtigenden Umsätzen zu verwenden. ⁴Die nach § 4 Nr. 12 Satz 1 Buchstabe a UStG steuerfreie Vermietung stellt eine Änderung der Verhältnisse dar. ⁵In den Jahren 02 bis 10 sind jeweils 9 500 € (1/10 von 95 000 €) nach § 15a Abs. 1 UStG zurückzuzahlen.

Beispiel 2:
¹Unternehmer U, der Landwirt ist und der die Durchschnittssatzbesteuerung nach § 24 UStG anwendet, erwirbt Anfang Januar des Jahres 01 einen Mähdrescher für 2 020 000 € zuzüglich 38 000 € Umsatzsteuer. ²Zum 1. 1. 02 veräußert er seinen Betrieb unter Zurückbehaltung des Mähdreschers, den er steuerpflichtig an den Käufer vermietet.
³Im Zeitpunkt des Leistungsbezugs (Jahr 01) ist der Vorsteuerabzug nach § 24 Abs. 1 Satz 4 UStG ausgeschlossen. ⁴In den Folgejahren wird der Mähdrescher zur Ausführung steuerpflichtiger Vermietungsumsätze verwendet. ⁵Es liegt eine Änderung der Verhältnisse vor. ⁶In den Jahren 02 bis 05 erhält der Unternehmer eine Vorsteuererstattung nach § 15a UStG von jeweils 7 600 € (1/5 von 38 000 €).

15a.10. Geschäftsveräußerung im Sinne des § 1 Abs. 1a UStG und andere Formen der Rechtsnachfolge

¹Keine Änderung der Verhältnisse im Sinne des § 15a UStG liegt z. B. in folgenden Fällen der Rechtsnachfolge vor:
1. Geschäftsveräußerung im Sinne des § 1 Abs. 1a UStG (§ 1 Abs. 1a Satz 3, § 15a Abs. 10 UStG);
2. ¹Gesamtrechtsnachfolge, da der Rechtsnachfolger in die gesamte Rechtsposition des Rechtsvorgängers eintritt. ²Der Berichtigungszeitraum des Erblassers geht nur auf den Erben über, wenn dieser die Unternehmereigenschaft durch eine eigene Tätigkeit begründet;
3. Anwachsung beim Ausscheiden eines Gesellschafters aus einer zweigliedrigen Personengesellschaft;
4. ¹Begründung oder Wegfall eines Organschaftsverhältnisses. ²Eine Vorsteuerberichtigung nach § 15a UStG hat aber dann zu erfolgen, wenn eine Gesellschaft mit steuerpflichtigen Umsätzen für ein Wirtschaftsgut den vollen Vorsteuerabzug erhalten hat und später auf Grund der Vorschrift des § 2 Abs. 2 Nr. 2 UStG ihre Selbstständigkeit zugunsten eines Organträgers mit nach § 15 Abs. 2 Satz 1 Nr. 1 UStG steuerfreien Umsätzen verliert und das Wirtschaftsgut im Gesamtunternehmen des Organträgers zur Ausführung von steuerpflichtigen und steuerfreien Umsätzen verwendet wird (BFH-Beschluss vom 12. 5. 2003, V B 211, 220/02, BStBl II S. 784).

²Der maßgebliche Berichtigungszeitraum wird nicht unterbrochen. ³Eine Vorsteuerberichtigung wegen Änderung der Verhältnisse beim Rechtsnachfolger hat nur zu erfolgen, wenn sich die Verhältnisse im Vergleich zu den beim Vorsteuerabzug des Rechtsvorgängers ursprünglich maßgebenden Verhältnissen ändern.

15a.11. Vereinfachungen bei der Berichtigung des Vorsteuerabzugs

(1) ¹§ 44 UStDV enthält Regelungen zur Vereinfachung bei der Berichtigung des Vorsteuerabzugs. ²Bei der Prüfung, ob die in § 44 UStDV aufgeführten Betragsgrenzen erreicht sind, ist jeweils auf den Gegenstand oder die bezogene sonstige Leistung abzustellen. ³Dies gilt auch dann, wenn mehrere Gegenstände gleicher Art und Güte geliefert wurden. ⁴Bei der Lieferung vertret-

barer Sachen ist hingegen auf die zwischen leistendem Unternehmer und Leistungsempfänger geschlossene vertragliche Vereinbarung abzustellen.

(2) ¹Die Regelung des § 44 Abs. 1 UStDV, nach der eine Berichtigung des Vorsteuerabzugs entfällt, wenn die auf die Anschaffungs- oder Herstellungskosten eines Wirtschaftsguts entfallende Vorsteuer 1 000 € nicht übersteigt, gilt für alle Berichtigungsobjekte unabhängig davon, nach welcher Vorschrift die Berichtigung des Vorsteuerabzugs vorzunehmen ist und in welchem Umfang sich die für den Vorsteuerabzug maßgebenden Verhältnisse später ändern. ²Bei der Bestimmung der 1 000 €-Grenze ist von den gesamten Vorsteuerbeträgen auszugehen, die auf die Anschaffung oder Herstellung bzw. den Bezug des einzelnen Berichtigungsobjekts entfallen. ³Nachträgliche Anschaffungs- oder Herstellungskosten sind nicht einzubeziehen, da sie eigenständige Berichtigungsobjekte darstellen und selbstständig der 1 000 €-Grenze unterliegen.

(3) ¹Nach der Vereinfachungsregelung des § 44 Abs. 2 UStDV entfällt eine Vorsteuerberichtigung, wenn die dort genannten Grenzen nicht überschritten sind. ²Die Grenze von 10 % in der Weise zu berechnen, dass das Aufteilungsverhältnis, das sich für das betreffende Jahr den Berichtigungszeitraum ergibt, dem Verhältnis gegenübergestellt wird, das für den ursprünglichen Vorsteuerabzug für das Berichtigungsobjekt nach § 15 UStG maßgebend war. ³Für die absolute Grenze nach § 44 Abs. 2 UStDV von 1 000 € ist der Betrag maßgebend, um den der Vorsteuerabzug für das Berichtigungsobjekt auf Grund der Verhältnisse des betreffenden Jahres des Berichtigungszeitraums tatsächlich zu berichtigen wäre. ⁴Bei Berichtigungsobjekten, die nur einmalig zur Ausführung eines Umsatzes verwendet werden, gilt entsprechendes für den Zeitpunkt der tatsächlichen Verwendung des Berichtigungsobjekts.

(4) ¹Beträgt die auf die Anschaffungs- oder Herstellungskosten bzw. Bezugskosten eines Berichtigungsobjekts, das nicht nur einmalig zur Ausführung von Umsätzen verwendet wird, entfallende Vorsteuer nicht mehr als 2 500 €, ist die Berichtigung erst bei der Steuerfestsetzung für das letzte Kalenderjahr des im Einzelfall maßgeblichen Berichtigungszeitraums durchzuführen (§ 44 Abs. 3 UStDV). ²Dabei sind alle Änderungen, die sich für die einzelnen Jahre des Berichtigungszeitraums ergeben, zu berücksichtigen. ³§ 44 Abs. 2 UStDV ist hierbei zu beachten.

(5) ¹Wird ein Wirtschaftsgut, das nicht nur einmalig zur Ausführung von Umsätzen verwendet wird, während des nach § 15a Abs. 1 UStG maßgeblichen Berichtigungszeitraums veräußert oder nach § 3 Abs. 1b UStG geliefert, stehen damit die Verhältnisse bis zum Ablauf des Berichtigungszeitraums fest. ²Daher ist die Berichtigung stets für den Voranmeldungszeitraum durchzuführen, in dem die Veräußerung oder unentgeltliche Wertabgabe nach § 3 Abs. 1b UStG stattgefunden hat (§ 44 Abs. 4 Satz 3 UStDV). ³Hierbei sind die Berichtigung für das Kalenderjahr der Veräußerung oder unentgeltliche Wertabgabe nach § 3 Abs. 1b UStG und die Berichtigung für die noch folgenden Kalenderjahre des Berichtigungszeitraums gleichzeitig vorzunehmen. ⁴In den Fällen des § 44 Abs. 3 UStDV sind außerdem die Berichtigungen für die vorausgegangenen Jahre des Berichtigungszeitraums durchzuführen. ⁵Entsprechend ist zu verfahren, wenn eine sonstige Leistung entgeltlich oder durch eine Zuwendung im Sinne des § 3 Abs. 9a UStG aus dem Unternehmen ausscheidet (z. B. Veräußerung einer Lizenz).

(6) ¹Verkürzt sich der Berichtigungszeitraum deswegen, weil ein nicht nur einmalig zur Ausführung von Umsätzen dienendes Wirtschaftsgut wegen Unbrauchbarkeit vorzeitig nicht mehr zur Ausführung von Umsätzen verwendbar ist (vgl. Abschnitt 15a.3 Abs. 7), kann für die vorausgegangenen Abschnitte des Berichtigungszeitraums eine Neuberechnung des jeweiligen Berichtigungsbetrages erforderlich werden. ²Die Unterschiede, die sich in einem solchen Fall ergeben, können aus Vereinfachungsgründen bei der Steuerfestsetzung für das letzte Kalenderjahr des verkürzten Berichtigungszeitraums berücksichtigt werden.

(7) ¹Die Vorsteuerberichtigung nach § 15a UStG ist grundsätzlich im Voranmeldungszeitraum durchzuführen, in dem die Änderung der Verhältnisse eingetreten ist. ²Übersteigt allerdings der Betrag, um den der Vorsteuerabzug bei einem Wirtschaftsgut für das Kalenderjahr zu berichtigen ist, nicht 6 000 €, ist nach § 44 Abs. 4 Satz 1 UStDV die Berichtigung erst im Rahmen der Steuerfestsetzung für den Besteuerungszeitraum vorzunehmen, in dem die Änderung der Verhältnisse eingetreten ist.

15a.12. Aufzeichnungspflichten für die Berichtigung des Vorsteuerabzugs

S 7387

(1) ¹Nach § 22 Abs. 4 UStG hat der Unternehmer in den Fällen des § 15a UStG die Berechnungsgrundlagen für den Ausgleich aufzuzeichnen, der von ihm in den in Betracht kommenden Kalenderjahren vorzunehmen ist. ²Die Aufzeichnungspflichten des § 22 Abs. 4 UStG sind erfüllt, wenn der Unternehmer die folgenden Angaben eindeutig und leicht nachprüfbar aufzeichnet:

1. ¹die Anschaffungs- oder Herstellungskosten bzw. Aufwendungen für das betreffende Berichtigungsobjekt und die darauf entfallenden Vorsteuerbeträge. ²Falls es sich hierbei um mehrere Einzelbeträge handelt, ist auch jeweils die Gesamtsumme aufzuzeichnen. ³Insoweit sind auch die Vorsteuerbeträge aufzuzeichnen, die den nicht zum Vorsteuerabzug berechtigenden Umsätzen zuzurechnen sind;

2. den Zeitpunkt der erstmaligen Verwendung des Berichtigungsobjekts;
3. in den Fällen des § 15a Abs. 1 UStG die Verwendungsdauer (betriebsgewöhnliche Nutzungsdauer) im Sinne der einkommensteuerrechtlichen Vorschriften und den maßgeblichen Berichtigungszeitraum für das Berichtigungsobjekt;
4. ¹die Anteile, zu denen das Berichtigungsobjekt zur Ausführung der den Vorsteuerabzug ausschließenden Umsätze und zur Ausführung der zum Vorsteuerabzug berechtigenden Umsätze verwendet wurde. ²In den Fällen des § 15a Abs. 1 UStG sind die Anteile für jedes Kalenderjahr des Berichtigungszeitraums aufzuzeichnen;
5. ¹bei einer Veräußerung oder unentgeltlichen Wertabgabe des Berichtigungsobjekts den Zeitpunkt und die umsatzsteuerrechtliche Behandlung dieses Umsatzes. ²In den Fällen des § 15a Abs. 1 UStG gilt dies nur, wenn die Veräußerung oder die unentgeltliche Wertabgabe in den Berichtigungszeitraum fallen;
6. in den Fällen des § 15a Abs. 1 UStG bei einer Verkürzung des Berichtigungszeitraums wegen vorzeitiger Unbrauchbarkeit des Berichtigungsobjekts die Ursache unter Angabe des Zeitpunkts und unter Hinweis auf die entsprechenden Unterlagen.

(2) Die Aufzeichnungen für das einzelne Berichtigungsobjekt sind von dem Zeitpunkt an zu führen, für den der Vorsteuerabzug vorgenommen worden ist.

(3) Die besondere Aufzeichnungspflicht nach § 22 Abs. 4 UStG entfällt insoweit, als sich die erforderlichen Angaben aus den sonstigen Aufzeichnungen oder der Buchführung des Unternehmers eindeutig und leicht nachprüfbar entnehmen lassen.

Hinweise

Vorsteuerabzug (§ 15 UStG) und Berichtigung des Vorsteuerabzuges (§ 15a UStG) — H 1

(BMF vom 24. 4. 2003, BStBl 2003 I S. 313)
Siehe USt-HA 2003/04 § 15 H 49.

Vorsteuerabzug beim Übergang von der Durchschnittsbesteuerung zur Regelbesteuerung und umgekehrt — 2

(OFD Hannover, Vfg. vom 4. 12. 2003 – S 7410-155-StO 352–, S 7410-235-StH 443 –, UVR 2004 S. 143)

§ 15a Umsatzsteuergesetz (UStG) – Berichtigung des Vorsteuerabzugs; Neufassung des § 15a UStG durch Artikel 5 Nr. 12 des Gesetzes zur Umsetzung von EU-Richtlinien in nationales Steuerrecht und zur Änderung weiterer Vorschriften vom 9. Dezember 2004 (Richtlinien-Umsetzungsgesetz) — 3

(BMF vom 6. 12. 2005, BStBl 2005 I S. 1068)
Siehe USt-HA 2006/07 § 15a H 3.

§ 15a Abs. 3 und 4 Umsatzsteuergesetz (UStG) – Berichtigung des Vorsteuerabzugs für Gegenstände, die als Bestandteil in einen anderen Gegenstand eingegangen sind, und für sonstige Leistungen — 4

(BMF vom 12. 4. 2007, BStBl 2007 I S. 466)
Siehe USt-HA 2007/08 § 15a H 4.

Fehlerhaftes Beispiel im BStBl Teil I Sondernr. 2/2007 sowie in der Amtlichen Umsatzsteuer-Handausgabe 2008 zu Abschn. 217e Abs. 4 UStR 2008 — 5

(Bayer. Landesamt für Steuern, Vfg. vom 21. 5. 2008 – S 7316.2.1-1/4 St34 –, DStR 2008 S. 1485)
Siehe USt-HA 2009/10 § 15a H 5.

Vorsteuerberichtigung nach § 15a UStG — 6

(OFD Frankfurt am Main, Vfg. vom 24. 2. 2010 – S 7316 A – 2 – St 111 –, StEd 2010 S. 282)

Überwachen und Erkennen von Fällen mit möglicher Vorsteuerberichtigung nach § 15a UStG — 7

(OFD Frankfurt am Main, Vfg. vom 9. 8. 2011 – S 7316 A – 2 – St 128 –, StEd 2011 S. 651)

§ 15a UStG
Rsp I

Rsp **Rechtsprechung**

Rsp I EUROPÄISCHER GERICHTSHOF

EuGH vom 3. 3. 2005 – Rs. C-172/03 – (HFR 2005 S. 599, UR 2005 S. 222)

Gesetzlicher Verzicht auf bestimmte Vorsteuerberichtigungen stellt eine staatliche Beihilfe dar

Art. 92 EGV (nach Änderung jetzt Art. 87 EG) ist dahin auszulegen, dass eine Regelung wie die in Art. XIV Z 3 des Bundesgesetzes BGBl 21/1995 in der Fassung BGBl 756/1996 getroffene, also eine Regelung, nach der bei Ärzten der Wechsel von der Erbringung umsatzbesteuerter Umsätze zur Erbringung umsatzsteuerbefreiter Umsätze hinsichtlich der weiterhin im Unternehmen verwendeten Güter nicht zu der durch Art. 20 6. USt-Richtlinie vorgeschriebenen Kürzung des bereits gewährten Vorsteuerabzugs führt, eine staatliche Beihilfe darstellen.

EuGH vom 2. 6. 2005 – Rs. C-378/02 – (HFR 2005 S. 913, UVR 2005 S. 341)

Keine Vorsteuerberichtigung für Gegenstände, die ein Unternehmer als Nichtsteuerpflichtiger erworben hat

Eine Einrichtung des öffentlichen Rechts, die im Rahmen der öffentlichen Gewalt i. S. von Art. 4 Abs. 5 Unterabs. 1 6. USt-Richtlinie und infolgedessen als Nichtsteuerpflichtiger Investitionsgüter erwirbt und diese später als Steuerpflichtiger veräußert, hat im Rahmen dieses Verkaufs kein Recht auf Berichtigung nach Art. 20 dieser Richtlinie, um die beim Erwerb dieser Güter entrichtete Mehrwertsteuer in Abzug zu bringen.

EuGH vom 15. 12. 2005 – Rs. C-63/04 – (HFR 2006 S. 214, UR 2006 S. 418)

Aufteilung der Vorsteuerberichtigung bei Übertragung eines Investitionsguts (hier: Immobilie) durch zwei unlöslich miteinander verbundene steuerpflichtige und steuerfreie Umsätze

Art. 20 Abs. 3 der 6. USt-Richtlinie in der Fassung der Richtlinie 95/7/EG des Rates vom 10. 4. 1995 ist dahin auszulegen, dass dann, wenn ein Investitionsgut gegen Zahlung einer hohen Abstandszahlung an eine Person 999 Jahre lang vermietet wird und das Resteigentumsrecht an diesem Gegenstand drei Tage später zu einem weitaus geringeren Preis an eine andere Person veräußert wird und wenn diese beiden Umsätze

– unlöslich miteinander verbunden sind und
– aus einem ersten, steuerfreien, und einem zweiten, besteuerten, Umsatz bestehen
– und wenn diese Umsätze aufgrund der Übertragung der Befugnis, über dieses Investitionsgut wie ein Eigentümer zu verfügen, Lieferungen i. S. des Art. 5 Abs. 1 der 6. USt-Richtlinie darstellen,

der fragliche Gegenstand bis zum Ablauf des Berichtigungszeitraums so behandelt wird, als ob er für gewerbliche Tätigkeiten verwendet worden ist, die je nach dem Anteil der jeweiligen Werte der beiden Umsätze teilweise besteuert und teilweise von der Steuer befreit sind.

EuGH vom 30. 3. 2006 – Rs. C-184/04 – (HFR 2006 S. 739, UR 2006 S. 530)

Vorsteuerberichtigung bei Option zur steuerpflichtigen Verwendung einer zunächst für eine steuerfreie Tätigkeit genutzten Immobilie

1. Art. 20 der 6. USt-Richtlinie ist dahin auszulegen, dass er die Mitgliedstaaten verpflichtet, eine Berichtigung der Vorsteuerabzüge bei Investitionsgütern vorzusehen, sofern sich aus Art. 20 Abs. 5 der 6. USt-Richtlinie nichts anderes ergibt.
2. Artikel 20 der 6. USt-Richtlinie ist dahin auszulegen, dass die in dieser Bestimmung vorgesehene Berichtigung auch auf einen Sachverhalt Anwendung findet, bei dem ein Investitionsgut zunächst einer steuerbefreiten Tätigkeit zugeordnet war, die kein Recht auf Vorsteuerabzug eröffnete, und dann während des Berichtigungszeitraums für die Zwecke einer der Mehrwertsteuer unterliegenden Tätigkeit verwendet wurde.
3. Art. 13 Teil C Abs. 2 der 6. USt-Richtlinie ist dahin auszulegen, dass ein Mitgliedstaat, der seinen Steuerpflichtigen das Recht auf Option für die Besteuerung der Vermietung oder Verpachtung einer Immobilie einräumt, nach dieser Bestimmung nicht befugt ist, den Abzug der Mehrwertsteuer für Immobilieninvestitionen, die vor Ausübung des Optionsrechts getätigt worden sind, auszuschließen, wenn der Antrag, mit dem diese Option ausgeübt wird, nicht binnen sechs Monaten ab Ingebrauchnahme dieser Immobilie eingereicht worden ist.

4. Art. 17 Abs. 6 der 6. USt-Richtlinie ist dahin auszulegen, dass ein Mitgliedstaat, der seinen Steuerpflichtigen das Recht auf Option für die Besteuerung der Vermietung oder Verpachtung einer Immobilie einräumt, nach dieser Bestimmung nicht befugt ist, den Abzug der Mehrwertsteuer für Immobilieninvestitionen, die vor Ausübung dieses Optionsrechts getätigt worden sind, auszuschließen, wenn der Antrag, mit dem diese Option ausgeübt wird, nicht binnen sechs Monaten ab Ingebrauchnahme dieser Immobilie eingereicht worden ist.

BUNDESFINANZHOF

BFH vom 14. 7. 2010 – XI R 9/09 – (BStBl 2010 II S. 1086, DStR 2010 S. 2240, HFR 2011 S. 70, UR 2011 S. 63)

Vorsteuerberichtigungszeitraum für Betriebsvorrichtungen

Für Betriebsvorrichtungen, die als wesentliche Bestandteile auf Dauer in ein Gebäude eingebaut wurden, gilt sowohl nach nationalem Recht wie nach Unionsrecht grundsätzlich der für Grundstücke geltende Vorsteuerberichtigungszeitraum von zehn Jahren.

BFH vom 13.1.2011 – V R 43/09 – (BFH/NV 2011 S. 1049, HFR 2011 S. 690, UR 2011 S. 514)

Erlass von Vorsteuerberichtigungsbeträgen beim Übergang eines Landwirts von der Regel- zur Durchschnittssatzbesteuerung
1. Das FG darf Verwaltungsanweisungen nicht selbst auslegen, sondern nur darauf überprüfen, ob die Auslegung durch die Behörde möglich ist.
2. Die Übergangsregelung der Finanzverwaltung zur eingeschränkten Anwendung des BFH-Urteils vom 16.12.1993 – V R 79/91 (BFHE 173, 265, BStBl II 1994, 339) kann nach dem BMF-Schreiben vom 13.2.1997 (DStR 1997, 372) dahingehend ausgelegt werden, dass ein Steuerpflichtiger den Erlass der beim Wechsel von der Regel- zur Durchschnittssatzbesteuerung anfallenden Berichtigungsbeträge (§ 15a UStG 1999) nur dann beanspruchen kann, wenn er eine Änderung der Steuerfestsetzungen erreicht, die wegen eines vorherigen Wechsels von der Durchschnittssatz- zur Regelbesteuerung Berichtigungsbeträge zu seinen Gunsten enthalten.

BFH vom 9.2.2011 – XI R 35/09 – (BStBl 2011 II S. 1000, BFH/NV 2011 S. 1445, StEd 2011 S. 391, UR 2011 S. 538)

Vorsteuerberichtigungsanspruch des FA als Masseverbindlichkeit

Ein Vorsteuerberichtigungsanspruch des FA nach § 15a UStG, der dadurch entsteht, dass der Insolvenzverwalter ein Wirtschaftsgut abweichend von den für den ursprünglichen Vorsteuerabzug maßgebenden Verhältnissen verwendet, gehört zu den Masseverbindlichkeiten und kann durch Steuerbescheid gegenüber dem Insolvenzverwalter geltend gemacht werden.

BFH vom 28.6.2011 – XI B 18/11 – (BFH/NV 2011 S. 1931)

Umsatzsteuerliche Folgen der Anordnung einer Zwangsverwaltung über Grundstücke – Geltendmachung eines Vorsteuerberichtigungsanspruchs durch das FA gegenüber dem Zwangsverwalter
1. Im Fall der Anordnung einer Zwangsverwaltung über Grundstücke tritt neben den Vollstreckungsschuldner der Zwangsverwalter als Steuerpflichtiger, soweit seine Verwaltung reicht.
2. Das FA kann einen Vorsteuerberichtigungsanspruch, der dadurch entsteht, dass der Zwangsverwalter das Grundstück abweichend von den für den ursprünglichen Vorsteuerabzug maßgebenden Verhältnissen verwendet, durch Steuerbescheid gegenüber dem Zwangsverwalter geltend machen. Die Grundsätze der Rechtsprechung zum Insolvenzverwalter (BFH-Urteil vom 9.2.2011 – XI R 35/09, BFHE 233, 86) gelten insoweit entsprechend.

Fünfter Abschnitt
Besteuerung

§ 16 Steuerberechnung, Besteuerungszeitraum und Einzelbesteuerung

UStG

S 7320

(1) ¹Die Steuer ist, soweit nicht § 20 gilt, nach vereinbarten Entgelten zu berechnen. ²Besteuerungszeitraum ist das Kalenderjahr. ³Bei der Berechnung der Steuer ist von der Summe der Umsätze nach § 1 Abs. 1 Nr. 1 und 5 auszugehen, soweit für sie die Steuer in dem Besteuerungszeitraum entstanden und die Steuerschuldnerschaft gegeben ist. ⁴Der Steuer sind die nach § 6a Abs. 4 Satz 2, nach § 14c sowie nach § 17 Abs. 1 Satz 6 geschuldeten Steuerbeträge hinzuzurechnen.

S 7320-a

(1a) ¹Macht ein nicht im Gemeinschaftsgebiet ansässiger Unternehmer von § 18 Abs. 4c Gebrauch, ist Besteuerungszeitraum das Kalendervierteljahr. ²Bei der Berechnung der Steuer ist von der Summe der Umsätze nach § 3a Abs. 5 auszugehen, die im Gemeinschaftsgebiet steuerbar sind, soweit für sie in dem Besteuerungszeitraum die Steuer entstanden und die Steuerschuldnerschaft gegeben ist. ³Absatz 2 ist nicht anzuwenden.

S 7321
S 7322

(2) ¹Von der nach Absatz 1 berechneten Steuer sind die in den Besteuerungszeitraum fallenden, nach § 15 abziehbaren Vorsteuerbeträge abzusetzen. ²§ 15a ist zu berücksichtigen. ³Die Einfuhrumsatzsteuer ist von der Steuer für den Besteuerungszeitraum abzusetzen, in dem sie entrichtet worden ist. ⁴Die bis zum 16. Tag nach Ablauf des Besteuerungszeitraums zu entrichtende Einfuhrumsatzsteuer kann bereits von der Steuer für diesen Besteuerungszeitraum abgesetzt werden, wenn sie in ihm entstanden ist.

S 7324

(3) Hat der Unternehmer seine gewerbliche oder berufliche Tätigkeit nur in einem Teil des Kalenderjahres ausgeübt, so tritt dieser Teil an die Stelle des Kalenderjahres.

S 7325

(4) Abweichend von den Absätzen 1, 2 und 3 kann das Finanzamt einen kürzeren Besteuerungszeitraum bestimmen, wenn der Eingang der Steuer gefährdet erscheint oder der Unternehmer damit einverstanden ist.

S 7327

(5) ¹Bei Beförderungen von Personen im Gelegenheitsverkehr mit Kraftomnibussen, die nicht im Inland zugelassen sind, wird die Steuer, abweichend von Absatz 1, für jeden einzelnen steuerpflichtigen Umsatz durch die zuständige Zolldienststelle berechnet (Beförderungseinzelbesteuerung), wenn eine Grenze zum Drittlandsgebiet überschritten wird. ²Zuständige Zolldienststelle ist die Eingangszollstelle oder Ausgangszollstelle, bei der der Kraftomnibus in das Inland gelangt oder das Inland verlässt. ³Die zuständige Zolldienststelle handelt bei der Beförderungseinzelbesteuerung für das Finanzamt, in dessen Bezirk sie liegt (zuständiges Finanzamt). ⁴Absatz 2 und § 19 Abs. 1 sind bei der Beförderungseinzelbesteuerung nicht anzuwenden.

S 7328

(5a) Beim innergemeinschaftlichen Erwerb neuer Fahrzeuge durch andere Erwerber als die in § 1a Abs. 1 Nr. 2 genannten Personen ist die Steuer, abweichend von Absatz 1 für jeden einzelnen steuerpflichtigen Erwerb zu berechnen (Fahrzeugeinzelbesteuerung).

(5b) ¹Auf Antrag des Unternehmers ist nach Ablauf des Besteuerungszeitraums an Stelle der Beförderungseinzelbesteuerung (Absatz 5) die Steuer nach den Absätzen 1 und 2 zu berechnen. ²Die Absätze 3 und 4 gelten entsprechend.

S 7329

(6) ¹Werte in fremder Währung sind zur Berechnung der Steuer und der abziehbaren Vorsteuerbeträge auf Euro nach den Durchschnittskursen umzurechnen, die das Bundesministerium der Finanzen für den Monat öffentlich bekanntgibt, in dem die Leistung ausgeführt oder das Entgelt oder ein Teil des Entgelts vor Ausführung der Leistung (§ 13 Abs. 1 Nr. 1 Buchstabe a Satz 4) vereinnahmt wird. ²Ist dem leistenden Unternehmer die Berechnung der Steuer nach vereinnahmten Entgelten gestattet (§ 20), so sind die Entgelte nach den Durchschnittskursen des Monats umzurechnen, in dem sie vereinnahmt werden. ³Das Finanzamt kann die Umrechnung nach dem Tageskurs, der durch Bankmitteilung oder Kurszettel nachzuweisen ist, gestatten. ⁴Macht ein nicht im Gemeinschaftsgebiet ansässiger Unternehmer von § 18 Abs. 4c Gebrauch, hat er zur Berechnung der Steuer Werte in fremder Währung nach den Kursen umzurechnen, die für den letzten Tag des Besteuerungszeitraums nach Absatz 1a Satz 1 von der Europäischen Zentralbank festgestellt worden sind. ⁵Sind für diesen Tag keine Umrechnungskurse festgestellt worden, hat der Unternehmer die Steuer nach den für den nächsten Tag nach Ablauf des Besteuerungszeitraums nach Absatz 1a Satz 1 von der Europäischen Zentralbank festgestellten Umrechnungskursen umzurechnen.

(7) Für die Einfuhrumsatzsteuer gelten § 11 Abs. 5 und § 21 Abs. 2.

§§ 46 – 62 UStDV   § 16 UStG
AE 16.1, AE 16.2

Vorschriften des Gemeinschaftsrechts

Art. 91, Art. 179, Art. 250 bis 252, Art. 258, Art. 260 und Art. 364 bis 366 der MWSt-Richtlinie (bis 31. 12. 2006: Art. 11 Teil C Abs. 2, Art. 18 Abs. 2, Art. 22 Abs. 4 u. 11, Art. 23, Art. 26c Teil B Abs. 5 und 6 der 6. USt-Richtlinie).

§§ 46 – 62

§§ 46 – 62 UStDV: abgedruckt bei § 18 UStG

UStDV

16.1. Steuerberechnung

AE 16.1

(1) ¹Der Unternehmer hat alle im Rahmen seines Unternehmens ausgeführte Umsätze zusammenzurechnen. ²Dem Unternehmer sind im Fall der Zwangsverwaltung über ein Grundstück des Unternehmers auch die Umsätze zuzurechnen, die der Zwangsverwalter im Rahmen seiner Verwaltungstätigkeit ausführt (vgl. BFH-Urteil vom 10. 4. 1997, IV R 26/96, BStBl II S. 552); zur Abgabe von Voranmeldungen in diesen Fällen vgl. Abschnitt 18.6 Abs. 4.

S 7320
S 7322

(2) ¹Nach § 16 Abs. 2 Satz 4 UStG i. V. m. § 18 Abs. 1 Satz 2 UStG kann die bereits im abgelaufenen Monat entstandene, aber erst am 16. Tage nach Ablauf des Monats fällige Einfuhrumsatzsteuer zum gleichen Zeitpunkt als die Steuer des abgelaufenen Monats als Vorsteuer abgezogen werden.

Beispiel:

¹Entstehung der Einfuhrumsatzsteuer (Einfuhr) im Januar, Fälligkeit auf Grund eines Zahlungsaufschubs am 16. Februar.

²Die Einfuhrumsatzsteuer kann bereits als Vorsteuer in der Voranmeldung für Januar abgezogen werden.

²Zum Nachweis der zu entrichtenden Einfuhrumsatzsteuer in diesen Fällen vgl. Abschnitt 15.11 Abs. 1 Satz 2 Nr. 2. ³Wird die Einfuhrumsatzsteuer bei Fälligkeit nicht entrichtet, ist der Vorsteuerabzug für den Voranmeldungs- oder Besteuerungszeitraum zu berichtigen, in dem er geltend gemacht worden ist.

16.2. Beförderungseinzelbesteuerung

AE 16.2

(1) ¹Die Beförderungseinzelbesteuerung (§ 16 Abs. 5 UStG) setzt voraus, dass Kraftomnibusse, mit denen die Personenbeförderungen im Gelegenheitsverkehr durchgeführt werden, nicht im Inland (§ 1 Abs. 2 Satz 1 UStG) zugelassen sind. ²Es ist nicht erforderlich, dass der Beförderer ein ausländischer Unternehmer ist. ³Für die Besteuerung der Beförderungsleistung kommt es nicht darauf an, ob der Unternehmer Eigentümer des Kraftomnibusses ist oder ob er ihn gemietet hat. ⁴(Beförderungs-)Unternehmer im verkehrsrechtlichen und im umsatzsteuerrechtlichen Sinne ist derjenige, der die Beförderung in eigenem Namen, unter eigener Verantwortung und für eigene Rechnung durchführt (§ 3 Abs. 2 PBefG). ⁵Führt ein Omnibusunternehmer die Beförderung mit einem gemieteten Kraftomnibus durch, geht der Beförderungsleistung eine Leistung voraus, die in der Vermietung des Kraftomnibusses besteht. ⁶Es ist deshalb neben der Beförderungsleistung im Inland auch die Vermietungsleistung zu besteuern, sofern sie im Inland ausgeführt wird (vgl. Abschnitte 3a.2 und 3a.5). ⁷Betreibt der Vermieter sein Unternehmen im Drittlandsgebiet, wird eine kurzfristige Vermietungsleistung als im Inland ausgeführt behandelt, soweit der Kraftomnibus im Inland genutzt wird (§ 3a Abs. 6 Satz 1 Nr. 1 UStG). ⁸Ist der Vermieter im Ausland ansässig, obliegt die Besteuerung der Vermietungsleistung im Inland dem Beförderungsunternehmen als Leistungsempfänger (§ 13b Abs. 2 Nr. 1 und Abs. 5 Satz 1 UStG).

S 7327

(2) ¹Personenbeförderungen im Gelegenheitsverkehr mit nicht im Inland zugelassenen Kraftomnibussen unterliegen der Beförderungseinzelbesteuerung, wenn bei der Ein- oder Ausreise eine Grenze zwischen dem Inland und dem Drittlandsgebiet (z. B. Grenze zur Schweiz) überschritten wird. ²Führt der Unternehmer im Zusammenhang mit einer grenzüberschreitenden Beförderung von Personen weitere Personenbeförderungen im Inland durch (z. B. Sonderfahrten während des Aufenthalts einer Reisegruppe in Deutschland), unterliegen diese ebenfalls der Beförderungseinzelbesteuerung.

(3) Kraftomnibusse sind Kraftfahrzeuge, die nach ihrer Bauart und Ausstattung zur Beförderung von mehr als neun Personen – einschließlich Führer – geeignet und bestimmt sind (§ 4 Abs. 4 Nr. 2 PBefG).

(4) ¹Der Gelegenheitsverkehr mit Kraftomnibussen umfasst die Ausflugsfahrten, die Ferienziel-Reisen und den Verkehr mit Mietomnibussen (§ 46 PBefG). ²Ausflugsfahrten sind Fahrten, die der Unternehmer nach einem bestimmten, von ihm aufgestellten Plan und zu einem für alle Teilnehmer gleichen und gemeinsam verfolgten Ausflugszweck anbietet und ausführt (§ 48 Abs. 1 PBefG). ³Ferienziel-Reisen sind Reisen zu Erholungsaufenthalten, die der Unternehmer nach einem bestimmten, von ihm aufgestellten Plan zu einem Gesamtentgelt für Beförderung und Unterkunft mit oder ohne Verpflegung anbietet und ausführt (§ 48 Abs. 2 PBefG). ⁴Verkehr mit Mietomnibussen ist die Beförderung von Personen mit Kraftomnibussen, die nur im Ganzen zur Beförderung angemietet werden und mit denen der Unternehmer Fahrten ausführt, deren Zweck, Ziel und Ablauf der Mieter bestimmt. ⁵Die Teilnehmer müssen ein zusammengehöriger Personenkreis und über Ziel und Ablauf der Fahrt einig sein (§ 49 Abs. 1 PBefG). ⁶Bei den in bilateralen Abkommen mit Drittstaaten als Pendelverkehr bezeichneten Personenbeförderungen handelt es sich um Gelegenheitsverkehr.

(5) ¹Der Beförderungseinzelbesteuerung unterliegt nur der inländische Streckenanteil. ²Inländische Streckenanteile, die nach den §§ 2 oder 5 UStDV als ausländische Beförderungsstrecken anzusehen sind, bleiben unberücksichtigt. ³Streckenanteile, die nach den §§ 3 oder 6 UStDV als inländische Beförderungsstrecken anzusehen sind, sind in die Besteuerung einzubeziehen.

(6) ¹Personenbeförderungen, die unentgeltlich oder nicht im Rahmen eines Unternehmens durchgeführt werden, unterliegen bei entsprechendem Nachweis nicht der Umsatzsteuer. ²Werden Schülergruppen, Studentengruppen, Jugendgruppen, kulturelle Gruppen – z. B. Theater- und Musikensembles, Chöre – oder Mitglieder von Vereinen in Kraftomnibussen befördert, die dem Schulträger, dem Träger der kulturellen Gruppe oder dem Verein gehören, kann grundsätzlich angenommen werden, dass diese Beförderungsleistungen nicht im Rahmen eines Unternehmens erbracht werden. ³Dies gilt entsprechend, wenn der Verein, die Gruppe oder die Schule einen Kraftomnibus anmietet und anschließend die Personen mit eigenem Fahrer, im eigenen Namen, unter eigener Verantwortung und für eigene Rechnung befördert. ⁴Ist der Busfahrer Angestellter des den Omnibus vermietenden Unternehmers und wird er von diesem bezahlt, ist für Zwecke der Beförderungseinzelbesteuerung von einer Personenbeförderung durch den Busunternehmer auszugehen.

(7) ¹Die maßgebliche Zahl der Personenkilometer ergibt sich durch Vervielfachung der Anzahl der beförderten Personen mit der Anzahl der Kilometer der im Inland zurückgelegten Beförderungsstrecke (tatsächlich im Inland durchfahrene Strecke). ²Bei der Ermittlung der Zahl der beförderten Personen bleiben der Fahrer, der Beifahrer, Begleitpersonen, die Angestellte des Beförderers sind – z. B. Reiseleiter, Dolmetscher und Stewardessen –, sowie unentgeltlich mitbeförderte Kleinkinder (unter 4 Jahren) außer Betracht. ³Personen, die der Beförderer aus privaten Gründen unentgeltlich mitbefördert, z. B. Angehörige, sind demgegenüber mitzuzählen, soweit eine sonstige Leistung im Sinne von § 3 Abs. 9a Nr. 2 UStG vorliegt, die nach § 3f UStG im Inland ausgeführt wird.

(8) ¹Bei der Beförderungseinzelbesteuerung dürfen Vorsteuerbeträge nicht abgesetzt werden. ²Der Beförderungsunternehmer kann jedoch die Vergütung der Vorsteuerbeträge, die den der Beförderungseinzelbesteuerung unterliegenden Beförderungsleistungen zuzurechnen sind, im Vorsteuer-Vergütungsverfahren beantragen (§§ 59 bis 61a UStDV). ³Ist beim Unternehmer das allgemeine Besteuerungsverfahren nach § 16 und § 18 Abs. 1 bis 4 UStG durchzuführen, kann er die Vorsteuerbeträge in diesem Verfahren geltend machen. ⁴Durch die Besteuerung nach § 16 und § 18 Abs. 1 bis 4 UStG wird die Beförderungseinzelbesteuerung nicht berührt. ⁵Die hierbei bereits versteuerten Umsätze sind daher, abgesehen vom Fall des Absatzes 9, nicht in das allgemeine Besteuerungsverfahren einzubeziehen.

(9) ¹Anstelle der Beförderungseinzelbesteuerung kann der Unternehmer nach Ablauf des Besteuerungszeitraumes die Besteuerung nach § 16 Abs. 1 und 2 UStG beantragen. ²Wegen der Anrechnung der im Wege der Beförderungseinzelbesteuerung festgesetzten Steuern und des Verfahrens vgl. Abschnitt 18.8 Abs. 3.

16.3. Fahrzeugeinzelbesteuerung

AE 16.3

S 7328

(1) ¹Die Fahrzeugeinzelbesteuerung (§ 16 Abs. 5a UStG) setzt voraus, dass andere als die in § 1a Abs. 1 Nr. 2 UStG genannten Personen einen innergemeinschaftlichen Erwerb neuer Fahrzeuge bewirken. ²Sie ist daher durchzuführen von Privatpersonen, nichtunternehmerisch tätigen Personenvereinigungen und Unternehmern, die das Fahrzeug für ihren nichtunternehmerischen Bereich beziehen. ³Zum Begriff des neuen Fahrzeugs vgl. Abschnitt 1b.1 Sätze 2 bis 5. ⁴Bei der Fahrzeugeinzelbesteuerung dürfen Vorsteuerbeträge nicht abgesetzt werden.

(2) ¹Für den innergemeinschaftlichen Erwerb neuer Fahrzeuge durch Unternehmer, die das Fahrzeug für ihren unternehmerischen Bereich erwerben, oder durch juristische Personen, die nicht Unternehmer sind oder die das Fahrzeug nicht für ihr Unternehmen erwerben (§ 1a Abs. 1 Nr. 2 UStG), ist die Fahrzeugeinzelbesteuerung nicht durchzuführen. ²Diese Unternehmer oder

juristischen Personen haben den innergemeinschaftlichen Erwerb neuer Fahrzeuge in der Voranmeldung und in der Umsatzsteuererklärung für das Kalenderjahr anzumelden.

16.4. Umrechnung von Werten in fremder Währung

AE 16.4

(1) ¹Die Umrechnung der Werte in fremder Währung (§ 16 Abs. 6 UStG) dient der Berechnung der Umsatzsteuer und der abziehbaren Vorsteuerbeträge. ²Kursänderungen zwischen der Ausführung der Leistung und der Vereinnahmung des Entgelts bleiben unberücksichtigt.

S 7329

(2) ¹Bei der Umrechnung nach dem Tageskurs ist der Nachweis durch Bankmitteilung oder Kurszettel zu führen, weil die Bankabrechnung im Zeitpunkt der Leistung noch nicht vorliegt. ²Aus Vereinfachungsgründen kann das Finanzamt gestatten, dass die Umrechnung regelmäßig nach den Durchschnittskursen vorgenommen wird, die das Bundesministerium der Finanzen für den Monat bekanntgegeben hat, der dem Monat vorangeht, in dem die Leistung ausgeführt oder das Entgelt vereinnahmt wird.

(3) Zur Umrechnung der Werte in fremder Währung zur Berechnung der Umsatzsteuer im Besteuerungsverfahren nach § 18 Abs. 4c UStG vgl. Abschnitt 3a.16 Abs. 10.

Hinweise	H
Gesamtübersicht der Umsatzsteuer-Umrechnungskurse für das Jahr 2006[1]) (BMF vom 19. 1. 2007, BStBl 2007 I S. 126)	1
Gesamtübersicht der Umsatzsteuer-Umrechnungskurse für das Jahr 2007[2]) (BMF vom 14. 1. 2008, BStBl 2008 I S. 289)	2
Gesamtübersicht der Umsatzsteuer-Umrechnungskurse für das Jahr 2008[3]) (BMF vom 26. 2. 2009, BStBl 2009 I S. 752)	3
Gesamtübersicht der Umsatzsteuer-Umrechnungskurse für das Jahr 2009[4]) (BMF vom 8. 2. 2010, BStBl 2010 I S. 215)	4
Gesamtübersicht der Umsatzsteuer-Umrechnungskurse für das Jahr 2010[5]) (BMF vom 2. 2. 2011, BStBl 2011 I S. 153 und 308)	5

---

[1]) Anm.: Gesamtübersicht nicht in der USt-HA abgedruckt. Vgl. hierzu USt-HA 2006/07, § 16 H 4.
[2]) Anm.: Gesamtübersicht nicht in der USt-HA abgedruckt. Vgl. hierzu USt-HA 2007/08, § 16 H 2.
[3]) Anm.: Gesamtübersicht nicht in der USt-HA abgedruckt. Vgl. hierzu USt-HA 2008/09, § 16 H 3. Zusätzlich sind die nachträglich mit BMF vom 17. 2. 2009 (BStBl 2009 I S. 430) bekannt gegebenen Umrechnungskurse Islands für November 2008 (1 EUR = 242,95 ISK) und für Dezember 2008 (1 EUR = 290,00 ISK) zu beachten.
[4]) Anm.: Gesamtübersicht nicht in der USt-HA abgedruckt. Vgl. hierzu USt-HA 2009/10, § 16 H 4.
[5]) Anm.: Gesamtübersicht nicht in der USt-HA abgedruckt. Vgl. hierzu USt-HA 2010/11, § 16 H 5.

Umsatzsteuer-Umrechnungskurse für 2011

Euro-Referenzkurs

		Januar	Februar	März	April	Mai	Juni	Juli	August	September	Oktober	November	Dezember
Australien	1 EUR =	1,3417 AUD	1,3543 AUD	1,3854 AUD	1,3662 AUD	1,3437 AUD	1,3567 AUD	1,3249 AUD	1,3651 AUD	1,3458 AUD	1,3525 AUD	1,3414 AUD	1,3003 AUD
Brasilien	1 EUR =	2,2371 BRL	2,2765 BRL	2,3220 BRL	2,2889 BRL	2,3131 BRL	2,2850 BRL	2,2329 BRL	2,2888 BRL	2,3946 BRL	2,4336 BRL	2,4210 BRL	2,4175 BRL
Bulgarien	1 EUR =	1,9558 BGN	1,9558 BGN	1,9558 BGN	1,9558 BGN	1,9558 BGN	1,9558 BGN	1,9558 BGN	1,9558 BGN	1,9558 BGN	1,9558 BGN	1,9558 BGN	1,9558 BGN
China (VR)	1 EUR =	8,8154 CNY	8,8842 CNY	9,1902 CNY	9,4274 CNY	9,3198 CNY	9,3161 CNY	9,2121 CNY	9,1857 CNY	8,7994 CNY	8,7308 CNY	8,6154 CNY	8,3563 CNY
Dänemark	1 EUR =	7,4518 DKK	7,4555 DKK	7,4574 DKK	7,4574 DKK	7,4566 DKK	7,4579 DKK	7,4560 DKK	7,4498 DKK	7,4462 DKK	7,4442 DKK	7,4412 DKK	7,4341 DKK
Großbritannien	1 EUR =	0,84712 GBP	0,84635 GBP	0,86653 GBP	0,88291 GBP	0,87788 GBP	0,88745 GBP	0,88476 GBP	0,87668 GBP	0,87172 GBP	0,87036 GBP	0,85740 GBP	0,84405 GBP
Hongkong	1 EUR =	10,3945 HKD	10,6312 HKD	10,9093 HKD	11,2269 HKD	11,1551 HKD	11,2021 HKD	11,1104 HKD	11,1846 HKD	10,7333 HKD	10,6616 HKD	10,5495 HKD	10,2496 HKD
Indien	1 EUR =	60,7161 INR	62,0142 INR	62,9526 INR	64,1128 INR	64,4735 INR	64,5200 INR	63,3537 INR	65,0717 INR	65,5964 INR	67,5519 INR	68,8330 INR	69,2066 INR
Indonesien	1 EUR =	12077,47 IDR	12165,92 IDR	12263,18 IDR	12493,48 IDR	12290,33 IDR	12327,02 IDR	12171,27 IDR	12249,95 IDR	12118,49 IDR	12150,54 IDR	12214,99 IDR	11965,40 IDR
Israel	1 EUR =	4,7909 ILS	4,9939 ILS	4,9867 ILS	4,9573 ILS	4,9740 ILS	4,9169 ILS	4,8801 ILS	5,0841 ILS	5,0788 ILS	5,0253 ILS	5,0521 ILS	4,9725 ILS
Japan	1 EUR =	110,38 JPY	112,77 JPY	114,40 JPY	120,42 JPY	116,47 JPY	115,75 JPY	113,26 JPY	110,43 JPY	105,75 JPY	105,06 JPY	105,02 JPY	102,55 JPY
Kanada	1 EUR =	1,3277 CAD	1,3484 CAD	1,3672 CAD	1,3834 CAD	1,3885 CAD	1,4063 CAD	1,3638 CAD	1,4071 CAD	1,3794 CAD	1,3981 CAD	1,3897 CAD	1,3481 CAD
Korea, Republik	1 EUR =	1495,50 KRW	1524,99 KRW	1568,05 KRW	1567,52 KRW	1555,99 KRW	1555,32 KRW	1510,29 KRW	1542,01 KRW	1544,04 KRW	1578,17 KRW	1537,42 KRW	1513,26 KRW
Kroatien	1 EUR =	7,4008 HRK	7,4149 HRK	7,3915 HRK	7,3639 HRK	7,4052 HRK	7,4065 HRK	7,4316 HRK	7,4620 HRK	7,4936 HRK	7,4849 HRK	7,4923 HRK	7,5136 HRK
Lettland	1 EUR =	0,7034 LVL	0,7037 LVL	0,7092 LVL	0,7092 LVL	0,7093 LVL	0,7091 LVL	0,7092 LVL	0,7093 LVL	0,7093 LVL	0,7061 LVL	0,7015 LVL	0,6975 LVL
Litauen	1 EUR =	3,4528 LTL	3,4528 LTL	3,4528 LTL	3,4528 LTL	3,4528 LTL	3,4528 LTL	3,4528 LTL	3,4528 LTL	3,4528 LTL	3,4528 LTL	3,4528 LTL	3,4528 LTL
Malaysia	1 EUR =	4,0895 MYR	4,1541 MYR	4,2483 MYR	4,3502 MYR	4,3272 MYR	4,3585 MYR	4,2716 MYR	4,2822 MYR	4,2456 MYR	4,2963 MYR	4,2756 MYR	4,1639 MYR
Mexico	1 EUR =	16,1926 MXN	16,4727 MXN	16,8063 MXN	16,9211 MXN	16,7177 MXN	16,9931 MXN	16,6491 MXN	17,5456 MXN	17,9370 MXN	18,4315 MXN	18,5646 MXN	18,1174 MXN
Neuseeland	1 EUR =	1,7435 NZD	1,7925 NZD	1,8877 NZD	1,8331 NZD	1,8024 NZD	1,7666 NZD	1,6877 NZD	1,7108 NZD	1,6932 NZD	1,7361 NZD	1,7584 NZD	1,7102 NZD
Norwegen	1 EUR =	7,8199 NOK	7,8206 NOK	7,8295 NOK	7,8065 NOK	7,8384 NOK	7,8302 NOK	7,7829 NOK	7,7882 NOK	7,7243 NOK	7,7474 NOK	7,7868 NOK	7,7451 NOK
Philippinen	1 EUR =	59,089 PHP	59,558 PHP	60,870 PHP	62,361 PHP	61,953 PHP	62,468 PHP	60,961 PHP	60,836 PHP	59,322 PHP	59,412 PHP	58,743 PHP	57,537 PHP
Polen	1 EUR =	3,8896 PLN	3,9264 PLN	4,0145 PLN	3,9694 PLN	3,9404 PLN	3,9702 PLN	3,9951 PLN	4,1195 PLN	4,3379 PLN	4,3516 PLN	4,4324 PLN	4,4774 PLN
Rumänien	1 EUR =	4,2624 RON	4,2457 RON	4,1621 RON	4,1004 RON	4,1142 RON	4,1937 RON	4,2413 RON	4,2505 RON	4,2838 RON	4,3244 RON	4,3560 RON	4,3282 RON

§ 16 UStG
H

Russland	1 EUR =	40,2557 RUB	39,9469 RUB	39,8061 RUB	40,5363 RUB	40,0573 RUB	40,2670 RUB	39,8343 RUB	41,2954 RUB	42,3239 RUB	42,8569 RUB	41,8082 RUB	41,5686 RUB
Schweden	1 EUR =	8,9122 SEK	8,7882 SEK	8,8864 SEK	8,9702 SEK	8,9571 SEK	9,1125 SEK	9,1340 SEK	9,1655 SEK	9,1343 SEK	9,1138 SEK	9,1387 SEK	9,0184 SEK
Schweiz	1 EUR =	1,2779 CHF	1,2974 CHF	1,2867 CHF	1,2977 CHF	1,2537 CHF	1,2092 CHF	1,1766 CHF	1,1203 CHF	1,2005 CHF	1,2295 CHF	1,2307 CHF	1,2276 CHF
Singapur	1 EUR =	1,7193 SGD	1,7421 SGD	1,7757 SGD	1,8024 SGD	1,7763 SGD	1,7763 SGD	1,7359 SGD	1,7340 SGD	1,7229 SGD	1,7493 SGD	1,7476 SGD	1,7070 SGD
Südafrika	1 EUR =	9,2652 ZAR	9,8126 ZAR	9,6862 ZAR	9,7200 ZAR	9,8461 ZAR	9,7807 ZAR	9,7000 ZAR	10,1532 ZAR	10,3956 ZAR	10,9188 ZAR	11,0547 ZAR	10,7829 ZAR
Thailand	1 EUR =	40,827 THB	41,918 THB	42,506 THB	43,434 THB	43,398 THB	43,923 THB	42,949 THB	42,875 THB	41,902 THB	42,297 THB	41,969 THB	41,099 THB
Tschechien	1 EUR =	24,449 CZK	24,277 CZK	24,393 CZK	24,301 CZK	24,381 CZK	24,286 CZK	24,335 CZK	24,273 CZK	24,556 CZK	24,841 CZK	25,464 CZK	25,514 CZK
Türkei	1 EUR =	2,0919 TRY	2,1702 TRY	2,2108 TRY	2,1975 TRY	2,2603 TRY	2,3077 TRY	2,3654 TRY	2,5147 TRY	2,4736 TRY	2,5089 TRY	2,4565 TRY	2,4632 TRY
Ungarn	1 EUR =	275,33 HUF	271,15 HUF	270,89 HUF	265,29 HUF	266,96 HUF	266,87 HUF	267,68 HUF	272,37 HUF	285,05 HUF	296,79 HUF	309,15 HUF	304,19 HUF
USA	1 EUR =	1,3360 USD	1,3649 USD	1,3999 USD	1,4442 USD	1,4349 USD	1,4388 USD	1,4264 USD	1,4343 USD	1,3770 USD	1,3706 USD	1,3556 USD	1,3179 USD

Die übrigen Währungen sind jeweils nach dem Tageskurs umzurechnen.

BStBl I Seite	2011 98	2011 231	2011 305	2011 491	2011 570	2011 603	2011 753	2011 826	2011 936	2011 984	2011 1162	2012 75

625

§§ 16, 17 UStG
Rsp III

Rsp | **Rechtsprechung**

Rsp III | BUNDESFINANZHOF

BFH vom 2.11.2010 – VII R 6/10 – (DB 2011 S. 511, UR 2011 S. 541)

Unzulässigkeit der Aufrechnung gegen in kritischer Zeit vor Eröffnung eines Insolvenzverfahrens erworbenen Vorsteuervergütungsanspruch

Die Verrechnung von Insolvenzforderungen des Finanzamts mit einem aus der Honorarzahlung an einen vorläufigen Insolvenzverwalter resultierenden Vorsteuervergütungsanspruch des Insolvenzschuldners ist, sofern bei Erbringung der Leistungen des vorläufigen Insolvenzverwalters die Voraussetzungen des § 130 InsO oder des § 131 InsO vorgelegen haben, unzulässig (Änderung der Rechtsprechung).

BFH vom 2.11.2010 – VII R 62/10 – (DB 2011 S. 804, DStRE 2011 S. 637, UR 2011 S. 546)

Unzulässigkeit der Aufrechnung gegen in kritischer Zeit vor Eröffnung eines Insolvenzverfahrens erworbenen Vorsteuervergütungsanspruch

Die Verrechnung von Insolvenzforderungen des Finanzamts mit einem Vorsteuervergütungsanspruch des Insolvenzschuldners ist, sofern bei Erbringung der diesem Anspruch zugrunde liegenden Leistungen die Voraussetzungen des § 130 InsO oder des § 131 InsO vorgelegen haben, unzulässig (Änderung der Rechtsprechung).

UStG | **§ 17 Änderung der Bemessungsgrundlage**

S 7330

(1) [1]Hat sich die Bemessungsgrundlage für einen steuerpflichtigen Umsatz im Sinne des § 1 Abs. 1 Nr. 1 geändert, hat der Unternehmer, der diesen Umsatz ausgeführt hat, den dafür geschuldeten Steuerbetrag zu berichtigen. [2]Ebenfalls ist der Vorsteuerabzug bei dem Unternehmer, an den dieser Umsatz ausgeführt wurde, zu berichtigen. [3]Dies gilt nicht, soweit er durch die Änderung der Bemessungsgrundlage wirtschaftlich nicht begünstigt wird. [4]Wird in diesen Fällen ein anderer Unternehmer durch die Änderung der Bemessungsgrundlage wirtschaftlich begünstigt, hat dieser Unternehmer seinen Vorsteuerabzug zu berichtigen. [5]Sätze 1 bis 4 gelten in den Fällen des § 1 Abs. 1 Nr. 5 und des § 13b sinngemäß. [6]Die Berichtigung des Vorsteuerabzugs kann unterbleiben, soweit ein dritter Unternehmer den auf die Minderung des Entgelts entfallenden Steuerbetrag an das Finanzamt entrichtet; in diesem Fall ist der dritte Unternehmer Schuldner der Steuer. [7]Die Berichtigungen nach den Sätzen 1 und 2 sind für den Besteuerungszeitraum vorzunehmen, in dem die Änderung der Bemessungsgrundlage eingetreten ist. [8]Die Berichtigung nach Satz 4 ist für den Besteuerungszeitraum vorzunehmen, in dem der andere Unternehmer wirtschaftlich begünstigt wird.

S 7333

(2) Absatz 1 gilt sinngemäß, wenn

1. [1]das vereinbarte Entgelt für eine steuerpflichtige Lieferung, sonstige Leistung oder einen steuerpflichtigen innergemeinschaftlichen Erwerb uneinbringlich geworden ist. [2]Wird das Entgelt nachträglich vereinnahmt, sind Steuerbetrag und Vorsteuerabzug erneut zu berichtigen;
2. für eine vereinbarte Lieferung oder sonstige Leistung ein Entgelt entrichtet, die Lieferung oder sonstige Leistung jedoch nicht ausgeführt worden ist;
3. eine steuerpflichtige Lieferung, sonstige Leistung oder ein steuerpflichtiger innergemeinschaftlicher Erwerb rückgängig gemacht worden ist;
4. der Erwerber den Nachweis im Sinne des § 3d Satz 2 führt;
5. Aufwendungen im Sinne des § 15 Abs. 1a getätigt werden.

S 7334

(3) [1]Ist Einfuhrumsatzsteuer, die als Vorsteuer abgezogen worden ist, herabgesetzt, erlassen oder erstattet worden, so hat der Unternehmer den Vorsteuerabzug entsprechend zu berichtigen. [2]Absatz 1 Satz 7 gilt sinngemäß.

S 7336

(4) Werden die Entgelte für unterschiedlich besteuerte Lieferungen oder sonstige Leistungen eines bestimmten Zeitabschnitts gemeinsam geändert (z. B. Jahresboni, Jahresrückvergütungen), so hat der Unternehmer dem Leistungsempfänger einen Beleg zu erteilen, aus dem zu ersehen ist, wie sich die Änderung der Entgelte auf die unterschiedlich besteuerten Umsätze verteilt.

§ 17 UStG
AE 17.1

Vorschriften des Gemeinschaftsrechts

Art. 41 Abs. 2, Art. 84, Art. 90 und Art. 184 bis 186 der MWSt-Richtlinie (bis 31. 12. 2006: Art. 11 Teil C Abs. 1, Art. 20 Abs. 1 und Art. 28b Teil A Abs. 2 Unterabs. 2, Art. 28e Abs. 1 der 6. USt-Richtlinie).

17.1. Steuer- und Vorsteuerberichtigung bei Änderung der Bemessungsgrundlage

AE 17.1

(1) [1]Die Frage, ob sich die Bemessungsgrundlage für einen steuerpflichtigen Umsatz geändert hat, beurteilt sich nach § 10 Abs. 1 bis 5 UStG. [2]Auf die Abschnitte 149 bis 158 wird verwiesen. [3]Zur Steuer- und Vorsteuerberichtigung bei Entgeltsminderungen durch Gewährung von verdeckten Preisnachlässen vgl. Abschnitt 10.5 Abs. 4.

S 7330
S 7331

(2) [1]Die erforderlichen Berichtigungen sind für den Besteuerungszeitraum vorzunehmen, in dem die Änderung der Bemessungsgrundlage eingetreten ist. [2]Die Berichtigungspflicht ist bereits bei der Berechnung der Vorauszahlungen zu beachten (§ 18 Abs. 1 Satz 2 UStG). [3]Vereinbaren der leistende Unternehmer und der Leistungsempfänger die vollständige oder teilweise Rückzahlung des entrichteten Entgelts, mindert sich die Bemessungsgrundlage nur, soweit das Entgelt tatsächlich zurückgezahlt wird, und zwar in dem Besteuerungszeitraum, in dem die Rückgewähr erfolgt (BFH-Urteil vom 18. 9. 2008, V R 56/06, BStBl 2009 II S. 250). [4]Dies gilt entsprechend für den Fall der nachträglichen Erhöhung des Entgelts. [5]Mindert sich der Kaufpreis auf Grund einer Mängelrüge, ändert sich die Bemessungsgrundlage im Zeitpunkt der tatsächlichen Realisierung der Ansprüche (Erfüllungsgeschäft – vgl. EuGH-Urteil vom 29. 5. 2001, C-86/99, EuGHE I S. 4167).

(3) [1]Die Berichtigungspflicht besteht auch dann, wenn sich die Berichtigung der Steuer und die Berichtigung des Vorsteuerabzugs im Ergebnis ausgleichen. [2]Berechnet der Leistungsempfänger z. B. Lieferantenskonti nicht vom Gesamtpreis einschließlich Umsatzsteuer, sondern nur vom Entgelt (ohne Umsatzsteuer), so hat er unabhängig von der Behandlung der Skontobeträge durch den Lieferanten den in Anspruch genommenen Vorsteuerabzug nach § 17 Abs. 1 Satz 1 Nr. 2 UStG zu berichtigen. [3]Die Berichtigungspflicht ist bei einer Änderung der Bemessungsgrundlage nicht von einer Änderung des Steuerbetrages in der ursprünglichen Rechnung abhängig. [4]Ein Belegaustausch ist nur für die in § 17 Abs. 4 UStG bezeichneten Fälle vorgeschrieben. [5]Gewährt eine Genossenschaft ihren Mitgliedern eine umsatzabhängige Zusatzvergütung für die an die Genossenschaft erbrachten Lieferungen, handelt es sich um eine nachträgliche Erhöhung des Entgelts (vgl. BFH-Urteil vom 6. 6. 2002, V R 59/00, BStBl 2003 II S. 214).

(4) Die Berichtigung des Vorsteuerabzugs kann unterbleiben, soweit der auf die Entgeltsminderung entfallende Steuerbetrag von einem dritten Unternehmer entrichtet wird (§ 17 Abs. 1 Satz 2 UStG).

Beispiel:
[1]Die Einkaufsgenossenschaft E (Zentralregulierer) vermittelt eine Warenlieferung von A an B. [2]E wird auch in den Abrechnungsverkehr eingeschaltet. [3]Sie zahlt für B den Kaufpreis an A unter Inanspruchnahme von Skonto. [4]B zahlt an E den Kaufpreis ohne Inanspruchnahme von Skonto.

[5]Nach § 17 Abs. 1 Satz 1 Nr. 1 UStG hat A seine Steuer zu berichtigen. [6]B braucht nach § 17 Abs. 1 Satz 2 UStG seinen Vorsteuerabzug nicht zu berichtigen, soweit E die auf den Skontoabzug entfallende Steuer an das Finanzamt entrichtet.

(5) [1]Die Pflicht zur Berichtigung der Steuer und des Vorsteuerabzugs nach § 17 Abs. 1 UStG besteht auch dann, wenn das Entgelt für eine steuerpflichtige Lieferung oder sonstige Leistung uneinbringlich geworden ist (§ 17 Abs. 2 Nr. 1 UStG). [2]Uneinbringlichkeit im Sinne des § 17 Abs. 2 UStG liegt insbesondere vor, wenn der Schuldner zahlungsunfähig ist, wenn den Forderungen die Einrede des Einforderungsverzichts entgegengehalten werden kann (vgl. BFH-Beschluss vom 10. 3. 1983, V B 46/80, BStBl II S. 389) oder wenn der Anspruch auf Entrichtung des Entgelts nicht erfüllt wird und bei objektiver Betrachtung damit zu rechnen ist, dass der Leistende die Entgeltsforderung ganz oder teilweise jedenfalls auf absehbare Zeit rechtlich oder tatsächlich nicht durchsetzen kann (vgl. BFH-Urteil vom 20. 7. 2006, V R 13/04, BStBl 2007 II S. 22). [3]Auch soweit der Leistungsempfänger das Bestehen oder die Höhe des vereinbarten Entgelts substantiiert bestreitet, kommt – übereinstimmend mit der Berichtigung des Vorsteuerabzugs beim Leistungsempfänger – beim Leistenden eine Berichtigung der Umsatzsteuer wegen Uneinbringlichkeit in Betracht (vgl. BFH-Urteile vom 31. 5. 2001, V R 71/99, BStBl 2003 II S. 206, und vom 22. 4. 2004, V R 72/03, BStBl II S. 684). [4]Eine Berichtigung kommt auch in Betracht, wenn der Leistungsempfänger zwar nicht die Entgeltsforderung selbst bestreitet, sondern mit einer vom Leistenden substantiiert bestrittenen Gegenforderung aufrechnet, und wenn bei objektiver Betrachtung damit zu rechnen ist, dass der Leistende die Entgeltsforderung ganz oder teilweise jedenfalls auf absehbare Zeit nicht durchset-

§ 17 UStG
AE 17.1

zen kann (vgl. BFH-Urteil vom 20. 7. 2006, a. a. O.). [5]Die Feststellung einer vom Finanzamt angemeldeten, einen früheren Vorsteuerabzug berichtigenden Umsatzsteuer zur Insolvenztabelle hat die gleiche Wirkung wie ein inhaltsgleicher Berichtigungsbescheid im Sinne des § 17 UStG (BFH-Urteil vom 19. 8. 2008, VII R 36/07, BStBl 2009 II S. 250). [6]Zur Frage der Uneinbringlichkeit beim sog. Akzeptantenwechselgeschäft vgl. BFH-Urteil vom 8. 12. 1993, XI R 81/90, BStBl 1994 II S. 338. [7]Ertragsteuerrechtlich zulässige pauschale Wertberichtigungen führen nicht zu einer Berichtigung nach § 17 Abs. 2 UStG. [8]Der Gläubiger, der eine Forderung als uneinbringlich behandelt, ist nicht verpflichtet, dem Schuldner hiervon Mitteilung zu machen. [9]Das Finanzamt des Gläubigers ist jedoch berechtigt, das Finanzamt des Schuldners über die Ausbuchung der Forderung hinzuweisen. [10]Der Vorsteuerrückzahlungsanspruch dieses Finanzamtes entsteht mit Ablauf des Voranmeldungszeitraums, in dem die Uneinbringlichkeit eingetreten ist (vgl. BFH-Urteil vom 8. 10. 1997, XI R 25/97, BStBl 1998 II S. 69). [11]Der Schuldner hat nach § 17 Abs. 2 Nr. 1 i. V. m. § 17 Abs. 1 Satz 2 UStG seinen Vorsteuerabzug bereits dann entsprechend zu berichtigen, wenn sich aus den Gesamtumständen, insbesondere aus einem längeren Zeitablauf nach Eingehung der Verbindlichkeit ergibt, dass er seiner Zahlungsverpflichtung gegenüber seinem Gläubiger nicht mehr nachkommen wird. [12]Wird der Anspruch des Gläubigers später ganz oder teilweise befriedigt, ist § 17 Abs. 1 Nr. 1 Satz 2 UStG anzuwenden. [13]Wird das Entgelt für eine während des Bestehens einer Organschaft bezogene Leistung nach Beendigung der Organschaft uneinbringlich, ist der Vorsteuerabzug nicht gegenüber dem bisherigen Organträger, sondern gegenüber dem im Zeitpunkt des Uneinbringlichwerdens bestehenden Unternehmen, dem früheren Organ, zu berichtigen (BFH-Urteil vom 7. 12. 2006, V R 2/05, BStBl 2007 II S. 848).

(6) Bei der Abtretung einer Forderung unter dem Nennwert bestimmt sich das Entgelt nach den tatsächlichen Aufwendungen des Leistungsempfängers (vgl. Abschnitt 10.1 Abs. 4).

Beispiel:

[1]Ein Unternehmer hat auf Grund einer Lieferung eine Forderung i.H.v. 11 900 € gegen seinen zum Vorsteuerabzug berechtigten Abnehmer. [2]Er tritt diese Forderung zum Festpreis von 5 750 € an ein Inkassobüro ab. [3]Das Inkassobüro kann noch 8 925 € einziehen.

[4]Die Steuer des Lieferers richtet sich zunächst nach dem für die Lieferung vereinbarten Entgelt von 10 000 € (Steuer bei einem Steuersatz von 19 % = 1 900 €). [5]Die endgültige Steuer des Lieferers beträgt allerdings nur 1 425 €, da der Abnehmer nur 8 925 € aufgewandt hat (§ 10 Abs. 1 Satz 2 UStG), während die restlichen 2 975 € uneinbringlich sind. [6]Eine entsprechende Minderung der Steuer nach § 17 Abs. 2 Nr. 1 i. V. m. § 17 Abs. 1 Satz 1 UStG von 1 900 € auf 1 425 € setzt jedoch voraus, dass der Lieferer die teilweise Uneinbringlichkeit der Forderung nachweist. [7]Er muss sich also Kenntnis davon verschaffen, welchen Betrag das Inkassobüro tatsächlich noch einziehen konnte. [8]Der Abnehmer hat zunächst auf Grund der ihm vom Lieferer erteilten Rechnung den Vorsteuerabzug in voller Höhe. [9]Er muss ihn jedoch von sich aus nach § 17 Abs. 2 Nr. 1 i. V. m. Abs. 1 Satz 1 Nr. 2 UStG auf der Grundlage seiner tatsächlichen Zahlung an das Inkassobüro (im Beispielsfall auf 1 425 €) berichtigen, da er die teilweise Uneinbringlichkeit der Forderung kennt. [10]Dies gilt entsprechend, wenn der Abnehmer weniger an das Inkassobüro zahlt, als der Lieferer für die Forderung erhalten hat. [11]Zahlt der Abnehmer den vollen Rechnungsbetrag an das Inkassobüro, bleiben die Steuer des Lieferers und der Vorsteuerabzug des Abnehmers in voller Höhe bestehen.

(7) [1]Steuer- und Vorsteuerberichtigungen sind auch erforderlich, wenn für eine Leistung ein Entgelt entrichtet, die Leistung jedoch nicht ausgeführt worden ist (§ 17 Abs. 2 Nr. 2 UStG). [2]Diese Regelung steht im Zusammenhang mit der in § 13 Abs. 1 Nr. 1 Buchstabe a Satz 4 UStG vorgeschriebenen Besteuerung von Zahlungen vor Ausführung der Leistungen. *[3]Die Minderung der Bemessungsgrundlage nach § 17 Abs. 2 Nr. 2 UStG erfolgt erst in dem Besteuerungszeitraum, in dem die Anzahlung zurückgewährt worden ist (vgl. BFH-Urteil vom 2. 9. 2010, V R 34/09, BStBl 2011 II S. 991).*

Beispiel:

[1]Über das Vermögen eines Unternehmers, der Anzahlungen erhalten und versteuert hat, wird das Insolvenzverfahren eröffnet, bevor er eine Leistung erbracht hat. [2]Der Insolvenzverwalter lehnt die Erfüllung des Vertrages ab **und gewährt die Anzahlungen zurück.** [3]*Der Unternehmer, der die vertraglich geschuldete Leistung nicht erbracht hat, hat die Steuer auf die Anzahlung im Besteuerungszeitraum der Rückgewähr nach § 17 Abs. 2 Nr. 2 UStG zu berichtigen.* [4]Unabhängig davon hat der Unternehmer, an den die vertraglich geschuldete Leistung erbracht werden sollte, den Vorsteuerabzug in sinngemäßer Anwendung des § 17 Abs. 1 Satz 1 Nr. 2 UStG *im Besteuerungszeitraum der Rückgewähr* zu berichtigen.

(8) [1]Ob eine Rückgängigmachung einer Lieferung nach § 17 Abs. 2 Nr. 3 UStG oder eine selbständige Rücklieferung vorliegt, ist aus der Sicht des Empfängers und nicht aus der Sicht des ursprünglichen Lieferers zu beurteilen. [2]Eine Rückgängigmachung ist anzunehmen, wenn der Liefernde oder der Lieferungsempfänger das der Hinlieferung zu Grunde liegende Umsatzgeschäft beseitigt oder sich auf dessen Unwirksamkeit beruft, die zuvor begründete Erwartung des Lieferers auf ein Entgelt dadurch entfällt und der Lieferungsempfänger den empfangenen Gegenstand in

§ 17 UStG
AE 17.1

Rückabwicklung des Umsatzgeschäfts zurückgibt. ³Dagegen liegt eine einen selbständigen Umsatz auslösende Rücklieferung vor, wenn die Beteiligten ein neues Umsatzgeschäft eingehen und der Empfänger der Hinlieferung dieses dadurch erfüllt, dass er dem ursprünglichen Lieferer die Verfügungsmacht an dem gelieferten Gegenstand in Erwartung einer Gegenleistung überträgt (vgl. BFH-Urteil vom 12. 11. 2008, XI R 46/07, BStBl 2009 II S. 558). ⁴Wenn der Insolvenzverwalter die Erfüllung eines zurzeit der Eröffnung des Insolvenzverfahrens vom Schuldner und seinem Vertragspartner noch nicht oder nicht vollständig erfüllten Vertrags ablehnt (§ 103 InsO) und der Lieferer infolgedessen die Verfügungsmacht an dem gelieferten Gegenstand zurückerhält, wird die Lieferung rückgängig gemacht (vgl. BFH-Urteil vom 8. 5. 2003, V R 20/02, BStBl II S. 953, zum Konkursverfahren). ⁵*Wird die Leistung nach Vereinnahmung des Entgelts rückgängig gemacht, entsteht der Berichtigungsanspruch nach § 17 Abs. 2 Nr. 3 UStG erst mit der Rückgewähr des Entgelts (vgl. BFH-Urteil vom 2. 9. 2010, V R 34/09, BStBl 2011 II S. 991).*

(9) ¹Zu den Aufwendungen im Sinne des § 17 Abs. 2 Nr. 5 UStG können auch AfA für abnutzbare Wirtschaftsgüter gehören, für deren Anschaffungskosten der Vorsteuerabzug erklärt wurde (vgl. BFH-Urteil vom 2. 7. 2008, XI R 60/06, BStBl 2009 II S. 167). ²§ 17 Abs. 2 Nr. 5 UStG setzt – anders als § 15a UStG – nicht zwingend voraus, dass sich die Verhältnisse in Bezug auf die Verwendungsumsätze geändert haben.

(10) ¹Die Vorschrift des § 17 Abs. 1 UStG ist entsprechend anzuwenden, wenn in einer Rechnung der Steuerbetrag nach § 14c Abs. 1 UStG berichtigt wird. ²Die Berichtigung der vom Rechnungsaussteller wegen unrichtigen Steuerausweises geschuldeten Umsatzsteuer ist in dem Besteuerungszeitraum vorzunehmen, in dem er eine Rechnung mit geändertem Steuerausweis erteilt. ³Der Widerspruch gegen den in einer Gutschrift enthaltenen Steuerausweis wirkt deshalb erst in dem Besteuerungszeitraum, in dem er erklärt wird (vgl. BFH-Urteil vom 19. 5. 1993, V R 110/88, BStBl II S. 779). ⁴Die Berichtigung der Vorsteuer durch den Leistungsempfänger hingegen ist für den Besteuerungszeitraum vorzunehmen, in dem diese abgezogen wurde. ⁵§ 14c Abs. 1 Sätze 2 und 3 UStG betreffen nicht den Leistungsempfänger, sondern regeln nur die Voraussetzungen für die Erstattung der wegen unrichtigen Steuerausweises geschuldeten Umsatzsteuer des Steuerschuldners (vgl. BFH-Urteil vom 6. 12. 2007, V R 3/06, BStBl 2009 II S. 203).

Uneinbringlichkeit im Insolvenzverfahren

(11) ¹Durch die Eröffnung des Insolvenzverfahrens über das Vermögen des leistenden Unternehmers geht nach § 80 Abs. 1 InsO die gesamte Verwaltungs- und Verfügungsbefugnis und damit auch die Empfangszuständigkeit für die offenen Forderungen auf den Insolvenzverwalter über. ²Demzufolge kommt es zu einer Aufspaltung des Unternehmens in mehrere Unternehmensteile, zwischen denen einzelne umsatzsteuerrechtliche Berechtigungen und Verpflichtungen nicht miteinander verrechnet werden können. ³Dabei handelt es sich um die Insolvenzmasse und das vom Insolvenzverwalter freigegebene Vermögen sowie einen vorinsolvenzrechtlichen Unternehmensteil. ⁴Der Unternehmer ist auf Grund des Übergangs der Empfangszuständigkeit für die offenen Forderungen auf den Insolvenzverwalter nach § 80 Abs. 1 InsO selbst nicht mehr in der Lage, rechtswirksam Entgeltforderungen in seinem vorinsolvenzrechtlichen Unternehmensteil zu vereinnahmen. ⁵Erbringt der Unternehmer, über dessen Vermögen das Insolvenzverfahren eröffnet wird, eine Leistung vor Verfahrenseröffnung, ohne das hierfür geschuldete Entgelt bis zu diesem Zeitpunkt zu vereinnahmen, tritt daher spätestens mit Eröffnung des Insolvenzverfahrens Uneinbringlichkeit im vorinsolvenzrechtlichen Unternehmensteil ein (Uneinbringlichkeit aus Rechtsgründen). ⁶Der Steuerbetrag ist deshalb nach § 17 Abs. 2 Nr. 1 Satz 1 i. V. m. Absatz 1 Satz 1 UStG zu berichtigen. ⁷Vereinnahmt der Insolvenzverwalter später das zunächst uneinbringlich gewordene Entgelt, ist der Umsatzsteuerbetrag nach § 17 Abs. 2 Nr. 1 Satz 2 UStG erneut zu berichtigen. ⁸Diese auf Grund der Vereinnahmung entstehende Steuerberichtigung begründet eine sonstige Masseverbindlichkeit im Sinne von § 55 Abs. 1 Nr. 1 InsO (vgl. BFH-Urteil vom 9. 12. 2010, V R 22/10, BStBl 2011 II S. 996). ⁹Denn der sich aus § 17 Abs. 2 Nr. 1 Satz 2 UStG ergebende Steueranspruch ist erst mit der Vereinnahmung vollständig verwirklicht und damit abgeschlossen.

Beispiel:
¹Über das Vermögen des U wurde am 15. 7. 01 das Insolvenzverfahren eröffnet. ²Nach dem Gutachten des vorläufigen Insolvenzverwalters hatte U zu diesem Zeitpunkt Forderungen aus umsatzsteuerpflichtigen Lieferungen und sonstigen Leistungen in Höhe von 119 000 €. ³Hierin ist die Umsatzsteuer in Höhe von 19 000 € enthalten. ⁴U hatte diese Umsätze in den entsprechenden Voranmeldungszeiträumen vor der Eröffnung des Insolvenzverfahrens angemeldet. ⁵Der Insolvenzverwalter vereinnahmt im März 02 (nach Eröffnung des Insolvenzverfahrens) Forderungen in Höhe von 59 500 €. ⁶Die restlichen Forderungen kann der Insolvenzverwalter nicht realisieren.

⁷U kann seine Forderungen zum Zeitpunkt der Eröffnung des Insolvenzverfahrens nicht mehr selbst realisieren. ⁸Die Forderungen sind aus rechtlichen Gründen uneinbringlich (§ 17 Abs. 2 Nr. 1 Satz 1 i. V. m. Absatz 1 Satz 1 UStG). ⁹Im Voranmeldungszeitraum der Insolvenzeröff-

§ 17 UStG
AE 17.1, AE 17.2

nung ist daher eine Berichtigung der Bemessungsgrundlage um 100 000 € vorzunehmen. [10]Nach Vereinnahmung eines Teils der Forderungen durch den Insolvenzverwalter muss dieser eine – erneute – Berichtigung der Bemessungsgrundlage nach § 17 Abs. 2 Nr. 1 Satz 2 i. V. m. Absatz 1 Satz 1 UStG von 50 000 € für den Voranmeldungszeitraum der Vereinnahmung (März 02) vornehmen. [11]Die hieraus resultierende Umsatzsteuer ist als Masseverbindlichkeit vom Insolvenzverwalter zu entrichten.

(12) [1]Wird vom Insolvenzgericht ein sog. starker vorläufiger Insolvenzverwalter nach § 22 Abs. 1 InsO bestellt, ist dieser Vermögensverwalter im Sinne des § 34 Abs. 3 AO. [2]Da auf ihn die gesamte Verwaltungs- und Verfügungsbefugnis über das Vermögen des Schuldners übergeht, tritt bereits mit seiner Bestellung die Uneinbringlichkeit der Entgelte und die Aufspaltung des Unternehmens in mehrere Unternehmensteile ein und der Steuerbetrag ist nach § 17 Abs. 2 Nr. 1 Satz 1 i. V. m. Absatz 1 Satz 1 UStG zu berichtigen. [3]Vereinnahmt später der sog. starke vorläufige Insolvenzverwalter im vorläufigen Insolvenzverfahren oder der Insolvenzverwalter im eröffneten Insolvenzverfahren das uneinbringlich gewordene Entgelt für eine Leistung, die vor Bestellung des starken vorläufigen Insolvenzverwalters erbracht worden ist, ist der Umsatzsteuerbetrag nach § 17 Abs. 2 Nr. 1 Satz 2 UStG im Zeitpunkt der Vereinnahmung erneut zu berichtigen. [4]Diese auf Grund der Vereinnahmung entstehende Steuerberichtigung begründet eine sonstige Masseverbindlichkeit im Sinne von § 55 Abs. 2 Satz 1 InsO bei Vereinnahmung durch den sog. starken vorläufigen Insolvenzverwalter bzw. eine sonstige Masseverbindlichkeit im Sinne von § 55 Abs. 1 Nr. 1 InsO bei Vereinnahmung durch den Insolvenzverwalter. [5]Wird das Insolvenzverfahren nicht eröffnet, ist die nach Satz 2 durchgeführte Berichtigung rückgängig zu machen.

(13) [1]Steuerbeträge aus Umsätzen, die von einem sog. schwachen vorläufigen Insolvenzverwalter oder vom Schuldner mit Zustimmung eines sog. schwachen vorläufigen Insolvenzverwalters im vorläufigen Insolvenzverfahren begründet werden und bei denen das Entgelt zum Zeitpunkt der Insolvenzeröffnung noch nicht vereinnahmt wurde, sind nicht nach § 17 Abs. 2 Nr. 1 Satz 1 i. V. m. Absatz 1 Satz 1 UStG zu berichtigen. [2]Diese Umsatzsteuerbeträge stellen mit Eröffnung des Insolvenzverfahrens sonstige Masseverbindlichkeiten nach § 55 Abs. 4 InsO dar und sind daher aus der Insolvenzmasse des dreigeteilten Unternehmens zu entrichten. [3]Für Steuerbeträge aus Umsätzen, die nach der Bestellung des sog. starker vorläufiger Insolvenzverwalter erbracht worden sind, kommt ebenfalls keine Berichtigung des Umsatzsteuerbetrags nach § 17 Abs. 2 Nr. 1 Satz 2 UStG in Betracht. [4]Diese Umsätze stellen mit der Eröffnung des Insolvenzverfahrens sonstige Masseverbindlichkeiten nach § 55 Abs. 2 Satz 1 InsO dar.

(14) [1]Der Empfänger einer steuerpflichtigen Leistung, die vom Unternehmer vor Eröffnung des Insolvenzverfahrens erbracht und für die das Entgelt wegen der Eröffnung des Insolvenzverfahrens aus Rechtsgründen uneinbringlich wurde, hat zu diesem Zeitpunkt die auf die steuerpflichtige Leistung entfallenden Vorsteuerbeträge nicht nach § 17 Abs. 2 Nr. 1 Satz 1 i. V. m. Absatz 1 Satz 1 UStG zu berichtigen. [2]Denn Zahlungsverpflichtung und Zahlungsbereitschaft des Leistungsempfängers bestehen fort und sind unabhängig von der Uneinbringlichkeit des Entgelts im vorinsolvenzrechtlichen Unternehmensteil des leistenden Unternehmers zu beurteilen.

(15) [1]Entgeltforderungen aus Lieferungen und sonstigen Leistungen, die vor Insolvenzeröffnung an den späteren Insolvenzschuldner erbracht wurden, werden im Augenblick der Insolvenzeröffnung unbeschadet einer möglichen Insolvenzquote in voller Höhe im Sinne des § 17 Abs. 2 Nr. 1 UStG uneinbringlich. [2]Spätestens zu diesem Zeitpunkt ist die Umsatzsteuer beim leistenden Unternehmer und dementsprechend der Vorsteuerabzug beim Leistungsempfänger nach § 17 Abs. 1 UStG zu berichtigen. [3]Wird das uneinbringlich gewordene Entgelt nachträglich vereinnahmt, ist der Umsatzsteuerbetrag erneut zu berichtigen (§ 17 Abs. 2 Nr. 1 Satz 2 UStG). [4]Das gilt auch für den Fall, dass der Insolvenzverwalter die durch die Eröffnung uneinbringlich gewordene Forderung erfüllt (vgl. BFH-Urteil vom 22. 10. 2009, V R 14/08, BStBl 2011 II S. 988).

AE 17.2   **17.2. Änderung der Bemessungsgrundlage bei der Ausgabe von Gutscheinen und Maßnahmen zur Verkaufsförderung**

S 7330
S 7331

(1) [1]Die Ausgabe eines Gutscheins im Rahmen einer Werbemaßnahme, der einen Endabnehmer in die Lage versetzt, eine Leistung um den Nennwert des Gutscheins verbilligt zu erwerben, kann zu einer Minderung der Bemessungsgrundlage führen. [2]Dies gilt unabhängig davon, ob die mit dem Gutschein verbundene Vergütung auf allen Stufen der Leistungskette vom Hersteller bis zum Endabnehmer erfolgt. [3]Die Minderung der Bemessungsgrundlage ist von dem Unternehmer geltend zu machen, der den Umsatz ausführt und den finanziellen Aufwand für die Vergütung des Gutscheins trägt (z. B. Hersteller), während bei dem Unternehmer, an den dieser Umsatz ausgeführt worden ist, der Vorsteuerabzug unverändert bleibt. [4]Eine solche Minderung der Bemessungsgrundlage setzt voraus, dass der Gutschein von einem Unternehmer ausgegeben wird, der mit einem eigenen Umsatz an der Fördermaßnahme beteiligt ist.

§ 17 UStG
AE 17.2

Beispiel 1:
¹Hersteller A verkauft Ware an Zwischenhändler B. ²A ist an einer Ausweitung des Absatzes seiner Waren interessiert und gibt Gutscheine aus, die Endverbraucher in die Lage versetzen, die Ware verbilligt zu erwerben.
³Da A mit eigenen Umsätzen an der Fördermaßnahme beteiligt ist, kann A die Bemessungsgrundlage seiner Lieferung an B mindern.
⁵Eine Minderung der Bemessungsgrundlage kommt nicht in Betracht, wenn die mit dem eingelösten Gutschein verbundene finanzielle Aufwand von dem Unternehmer aus allgemeinem Werbeinteresse getragen wird und nicht einem nachfolgenden Umsatz in der Leistungskette (Hersteller – Endabnehmer) zugeordnet werden kann (vgl. BFH-Urteil vom 11. 5. 2006, V R 33/03, BStBl II S. 699, und Abschnitt 10.3 Abs. 3).

Beispiel 2:
¹Das Kaufhaus K verteilt Gutscheine an Kunden zum Besuch eines in dem Kaufhaus von einem fremden Unternehmer F betriebenen Frisiersalons. ²K will mit der Maßnahme erreichen, dass Kunden aus Anlass der Gutscheineinlösung bei F das Kaufhaus aufsuchen und dort Waren erwerben.
³K kann keine Minderung der Bemessungsgrundlage seiner Umsätze vornehmen.

Beispiel 3:
¹Der Automobilhersteller A erwirbt bei einem Mineralölkonzern M Gutscheine, die zum Bezug sämtlicher Waren und Dienstleistungen berechtigen, die in den Tankstellen des M angeboten werden. ²Diese Gutscheine gibt A über Vertragshändler an seine Kunden beim Erwerb eines neuen Autos als Zugabe weiter.
³A kann keine Minderung der Bemessungsgrundlage seiner Umsätze vornehmen. ⁴Der Kunde erhält das Auto nicht billiger, sondern lediglich die Möglichkeit, bei einem dritten Unternehmer – hier M – Leistungen zu beziehen, deren Entgelt bereits von dritter Seite entrichtet wurde.

(2) ¹Als Gutscheine gelten allgemein schriftlich zugesicherte Rabatt- oder Vergütungsansprüche, z. B. in Form von Kupons, die ein Unternehmer zur Förderung seiner Umsätze ausgibt und die auf der gleichen oder nachfolgenden Umsatzstufe den Leistungsempfänger berechtigen, die Leistung im Ergebnis verbilligt um den Nennwert des Gutscheins in Anspruch zu nehmen. ²Der Nennwert des Gutscheins entspricht einem Bruttobetrag, d. h., er schließt die Umsatzsteuer ein (vgl. Abschnitt 10.3 Abs. 1).

(3) Das Einlösen des Gutscheins kann in der Weise erfolgen, dass der Endabnehmer den Gutschein beim Erwerb der Leistung an Zahlungsstatt einsetzt und der Zwischenhändler sich den Nennwert des Gutscheins vom Unternehmer, der den Gutschein ausgegeben hat, oder in dessen Auftrag von einem anderen vergüten lässt (Preisnachlassgutschein) oder dass der Endabnehmer direkt vom Unternehmer, der den Gutschein ausgegeben hat, oder in dessen Auftrag von einem anderen eine nachträgliche Vergütung erhält (Preiserstattungsgutschein).

(4) ¹Wird die Leistung an einen voll oder teilweise zum Vorsteuerabzug berechtigten Unternehmer als Endabnehmer bewirkt, der den Gutschein einlöst, mindert sich bei diesem Endabnehmer der Vorsteuerabzug aus der Leistung um den Nennwert des Gutscheins enthaltenen Umsatzsteuerbetrag, ohne dass es bei dem Unternehmer, der diesen Umsatz ausgeführt hat, zu einer Berichtigung seiner Bemessungsgrundlage kommt. ²Die Minderung der Bemessungsgrundlage beim Unternehmer, der den Gutschein ausgegeben und vergütet hat, kommt auch in diesen Fällen in Betracht.

(5) ¹Für die Minderung der Bemessungsgrundlage beim Unternehmer, der den Gutschein ausgegeben und vergütet hat (z. B. Hersteller), ist Voraussetzung, dass:
1. der Hersteller eine im Inland steuerpflichtige Leistung erbracht hat,
2. der Hersteller einem Abnehmer, der nicht unmittelbar in der Leistungskette nachfolgen muss, den Nennwert eines ausgegebenen Gutscheins vergütet hat,
3. die Leistung an den Abnehmer, der den Gutschein einlöst, im Inland steuerpflichtig ist und
4. der Hersteller das Vorliegen der vorstehenden Voraussetzungen nachgewiesen hat.

²Die Minderung der Bemessungsgrundlage hängt nicht davon ab, ob der Unternehmer seine Leistung unmittelbar an den Einzelhändler oder an einen Großhändler oder Zwischenhändler bewirkt.

(6) ¹Die Bemessungsgrundlage beim Unternehmer, der den Gutschein ausgegeben und vergütet hat, wird um den Vergütungsbetrag abzüglich der Umsatzsteuer gemindert, die sich nach dem Umsatzsteuersatz berechnet, der auf den Umsatz Anwendung findet, für der der Gutschein eingelöst wird. ²Der Unternehmer kann entsprechend § 17 Abs. 1 Satz 3 UStG die Minderung der Bemessungsgrundlage für den Besteuerungszeitraum vornehmen, in dem die Änderung der Bemessungsgrundlage eingetreten ist, d. h. für den Besteuerungszeitraum, in dem der Unternehmer den Gutschein vergütet hat. ³Aus der Minderung der Bemessungsgrundlage folgt nicht, dass die Rechnung

des Unternehmers an seinen Abnehmer und ein etwaiger Vorsteuerabzug dieses Abnehmers zu berichtigen wären. [4]§ 14c Abs. 1 UStG findet in diesen Fällen keine Anwendung.

(7) [1]In den Fällen des Preisnachlassgutscheins soll der Unternehmer, der diesen Gutschein ausgegeben und vergütet hat, den Nachweis regelmäßig wie folgt führen:
1. Durch einen Beleg über die ihn belastende Vergütung des Nennwerts des Gutscheins gegenüber dem Zwischenhändler; der Beleg soll außerdem folgende Angaben enthalten:
    a) Bezeichnung (z. B. Registriernummer) des Gutscheins,
    b) Name und Anschrift des Endabnehmers,
    c) Angaben zur Vorsteuerabzugsberechtigung des Endabnehmers und
2. durch Vorlage eines Belegs des Zwischenhändlers, aus dem sich ergibt, dass die Leistung an den Endabnehmer im Inland steuerpflichtig ist; aus dem Beleg müssen sich der maßgebliche Steuersatz und der Preis, aufgegliedert nach dem vom Endabnehmer aufgewendeten Betrag und Nennwert des Gutscheins, den der Endabnehmer an Zahlungsstatt hingibt, ergeben.

[2]Die Nachweise können sich auch aus der Gesamtheit anderer beim Unternehmer, der den Gutschein ausgegeben und vergütet hat, vorliegender Unterlagen ergeben, wenn sich aus ihnen leicht und eindeutig nachprüfen lässt, dass die Voraussetzungen für eine Minderung der Bemessungsgrundlage vorgelegen haben.

(8) [1]In den Fällen des Preiserstattungsgutscheins soll der Unternehmer, der diesen Gutschein ausgegeben und vergütet hat, den Nachweis regelmäßig wie folgt führen:
1. Durch eine Kopie der Rechnung des Zwischenhändlers, aus der sich eindeutig der steuerpflichtige Umsatz ergibt, für den die Vergütung geleistet wurde, und
2. durch einen Beleg über die ihn belastende Vergütung (z. B. Überweisung oder Barzahlung) des Nennwerts des Gutscheins gegenüber dem Endabnehmer; der Beleg soll außerdem folgende Angaben enthalten:
    a) Bezeichnung (z. B. Registriernummer) des Gutscheins,
    b) Name und Anschrift des Endabnehmers,
    c) Angaben zur Vorsteuerabzugsberechtigung des Endabnehmers.

[2]Die Nachweise können sich auch aus der Gesamtheit anderer beim Unternehmer, der den Gutschein ausgegeben und vergütet hat, vorliegender Unterlagen ergeben, wenn sich aus ihnen leicht und eindeutig nachprüfen lässt, dass die Voraussetzungen für eine Minderung der Bemessungsgrundlage vorgelegen haben.

(9) [1]Aus allen Umsatzgeschäften in der Kette dürfen insgesamt nur die Umsatzsteuerbeträge berücksichtigt werden, die dem vom Endabnehmer wirtschaftlich aufgewendeten Umsatzsteuerbetrag entsprechen. [2]Für Unternehmer, die auf den Produktions- und Vertriebsstufen vor der Endverbrauchsstufe tätig sind, muss die Umsatzbesteuerung neutral sein.

Beispiel 1:
[1]Hersteller A verkauft an den Zwischenhändler B ein Möbelstück für 1 000 € zuzüglich 190 € gesondert ausgewiesener Umsatzsteuer. [2]B verkauft dieses Möbelstück an den Einzelhändler C für 1 500 € zuzüglich 285 € gesondert ausgewiesener Umsatzsteuer. [3]C verkauft dieses Möbelstück an den Endabnehmer D für 2 000 € zuzüglich 380 € gesondert ausgewiesener Umsatzsteuer. [4]D zahlt C einen Barbetrag i.H.v. 2 261 € und übergibt C einen von A ausgegebenen Warengutschein mit einem Nennwert von 119 € an Zahlungs statt. [5]C legt den Warengutschein A vor und erhält von diesem eine Vergütung i.H.v. 119 € (Preisnachlassgutschein).

[6]Hersteller A kann die Bemessungsgrundlage seiner Lieferung um 100 € mindern (119 € : 1,19). [7]Die geschuldete Umsatzsteuer des A vermindert sich um 19 €. [8]Einer Rechnungsberichtigung bedarf es nicht.

[9]Zwischenhändler B hat in Höhe des in der Rechnung des A ausgewiesenen Umsatzsteuerbetrags – unter den weiteren Voraussetzungen des § 15 UStG – einen Vorsteuerabzug i.H.v 190 €.

[10]Die Bemessungsgrundlage für die Lieferung des C an D setzt sich aus der Barzahlung des D i.H.v. 2 261 € und dem von A gezahlten Erstattungsbetrag i.H.v. 119 €, abzüglich der in dieser Beträgen enthaltenen Umsatzsteuer (2 261 € + 119 € = 2 380 € : 1,19) zusammen. [11]Dem Fiskus fließen demnach insgesamt 361 € Umsatzsteuer zu (Abführung von 380 € durch C abzüglich der Minderung i.H.v. 19 € bei A); dies entspricht dem Umsatzsteuerbetrag, der in dem von Endabnehmer D tatsächlich aufgewendeten Betrag enthalten ist, mit dem D also tatsächlich wirtschaftlich belastet ist (2 261 € : 1,19 × 19 %).

Beispiel 2:
[1]Wie Beispiel 1, aber D zahlt C den gesamten Kaufpreis i.H.v. 2 380 € und legt den Warengutschein A vor. [2]D erhält von A eine Erstattung i.H.v. 119 € (Preiserstattungsgutschein).

³Hersteller A kann die Bemessungsgrundlage seiner Lieferung um 100 € mindern (119 € : 1,19). ⁴Die geschuldete Umsatzsteuer des A vermindert sich um 19 €. ⁵Einer Rechnungsberichtigung bedarf es nicht.

⁶Zwischenhändler B hat in Höhe des in der Rechnung des A ausgewiesenen Umsatzsteuerbetrags – unter den weiteren Voraussetzungen des § 15 UStG – einen Vorsteuerabzug i.H.v. 190 €.

⁷Die Bemessungsgrundlage für die Lieferung des C an D setzt sich aus der Barzahlung des D abzüglich der darin enthaltenen Umsatzsteuer zusammen. ⁸Dem Fiskus fließen demnach insgesamt 361 € Umsatzsteuer zu (Abführung von 380 € durch C abzüglich der Minderung i.H.v. 19 € bei A); dies entspricht dem Umsatzsteuerbetrag, der in dem vom Endabnehmer D tatsächlich aufgewendeten Betrag enthalten ist, mit dem D also tatsächlich wirtschaftlich belastet ist (2 261 € : 1,19 × 19 %).

(10) ¹Erstattet der erste Unternehmer in einer Leistungskette dem Endverbraucher einen Teil des von diesem gezahlten Leistungsentgelts oder gewährt er ihm einen Preisnachlass, mindert sich dadurch die Bemessungsgrundlage für den Umsatz des ersten Unternehmers (an seinen Abnehmer der nächsten Stufe). ²Der erste Unternehmer hat deshalb den für seinen Umsatz geschuldeten Steuerbetrag zu berichtigen. ³Danach mindern Preisnachlässe, die dem Abnehmer von Reiseleistungen vom Reisebüro für eine von ihm lediglich vermittelte Reise gewährt werden, die Bemessungsgrundlage des Umsatzes der vom Reisebüro dem Reiseveranstalter gegenüber erbrachten Vermittlungsleistung (vgl. BFH-Urteil vom 12. 1. 2006, V R 3/04, BStBl II S. 479). ⁴Auch Preisnachlässe, die dem Telefonkunden vom Vermittler des Telefonanbietervertrags gewährt werden, mindern die Bemessungsgrundlage des Umsatzes der vom Vermittler dem Telefonunternehmen gegenüber erbrachten Vermittlungsleistung (vgl. BFH-Urteil vom 13. 7. 2006, V R 46/05, BStBl 2007 II S. 186). ⁵Die Bemessungsgrundlage für den Vermittlungsumsatz des Verkaufsagenten ist zu mindern, wenn

1. der Verkaufsagent eine im Inland steuerpflichtige Vermittlungsleistung erbracht hat,
2. der Verkaufsagent einem Endabnehmer einen Teil des von diesem gezahlten Leistungsentgelts erstattet oder einen Preisnachlass für die von ihm vermittelte Leistung gewährt hat,
3. die vermittelte Leistung an den Endabnehmer im Inland steuerpflichtig ist und
4. der Verkaufsagent das Vorliegen der vorstehenden Voraussetzungen nachgewiesen hat.

⁶Durch die Minderung der Bemessungsgrundlage der Leistung des Verkaufsagenten wird die von ihm erteilte Rechnung bzw. die vom Leistungsempfänger erteilte Gutschrift im Sinne des § 14 Abs. 2 UStG für die vom Verkaufsagenten erbrachte Leistung nicht unrichtig. ⁷Insbesondere findet in diesen Fällen § 14c Abs. 1 UStG keine Anwendung. ⁸Auch ein möglicher Vorsteuerabzug des Leistungsempfängers ändert sich dadurch nicht (vgl. § 17 Abs. 1 Satz 3 UStG). ⁹Ist der Endabnehmer ein in vollem Umfang oder teilweise zum Vorsteuerabzug berechtigter Unternehmer und bezieht er die vermittelte Leistung für sein Unternehmen, mindert sich sein Vorsteuerabzug aus der vermittelten Leistung in Höhe der Erstattung bzw. des Preisnachlasses des Verkaufsagenten enthaltenen Steuerbetrag (vgl. § 17 Abs. 1 Satz 4 UStG). ¹⁰Bei dem Unternehmer, der den vermittelten Umsatz an den unternehmerischen Endverbraucher ausgeführt hat, kommt es zu keiner Änderung der Bemessungsgrundlage und keiner Rechnungsberichtigung. ¹¹Nur der Unternehmer, der den Preisnachlass gewährt hat, kann eine Änderung der Bemessungsgrundlage geltend machen.

Beispiel 1:
¹Ein Kraftfahrzeughändler V vermittelt für einen LKW-Hersteller H auf Provisionsbasis den Verkauf von Kraftfahrzeugen zu den von H bestimmten Preisen. ²V ist nicht berechtigt, Preisnachlässe auf die festgesetzten Listenpreise zu gewähren. ³V erstattet einen Teil der ihm zustehenden Provision an den Käufer K, der einen LKW für sein Unternehmen erwirbt. ⁴H erteilt K eine Rechnung über den vollen Listenpreis und schreibt V die volle Provision nach dem Listenpreis gut. ⁵V gewährt K den zugesagten Preisnachlass in bar.

⁶K muss seinen aus der Anschaffung des LKW zustehenden Vorsteuerbetrag um den im Preisnachlass enthaltenen Steuerbetrag mindern. ⁷H braucht die an K erteilte Rechnung und die an V erteilte Gutschrift nicht zu berichtigen. ⁸V kann eine Minderung der Bemessungsgrundlage für seine Vermittlungsleistung an H in Höhe des gewährten Preisnachlasses, abzüglich der darin enthaltenen Umsatzsteuer, geltend machen.

²Nach dem Grundsatz der Neutralität der Mehrwertsteuer darf dem Fiskus aus allen Umsatzgeschäften (von der Herstellung bis zum Endverbrauch) nur der Umsatzsteuerbetrag zufließen, der dem Betrag entspricht, den der Endabnehmer letztlich wirtschaftlich aufwendet (vgl. EuGH-Urteil vom 15. 10. 2002, C-427/98, BStBl 2004 II S. 328, Rdnr. 53). ¹³Daher führen Preisnachlässe als Endabnehmer von einem Unternehmer auf einer der Vorstufen dann nicht zu einer Entgeltminderung bei diesem, wenn der Umsatz an den Endabnehmer von der Umsatzsteuer befreit ist, wobei es unerheblich ist, ob es sich um eine Steuerbefreiung mit oder ohne Vorsteuerabzug handelt (vgl. EuGH-Urteil vom 15. 10. 2002, a. a. O., Randnr. 64). ¹⁴Verkaufsagenten können deshalb für die von

ihnen gewährten Preisnachlässe keine Entgeltminderung beanspruchen, soweit der vermittelte Umsatz von der Umsatzsteuer befreit ist.

Beispiel 2:
[1]Ein Verkaufsagent vermittelt im Auftrag von verschiedenen Bauunternehmern und Bauträgern Lieferungen von Eigentumswohnungen im Inland. [2]Er gewährt den Grundstückskäufern, bei denen es sich ausnahmslos um private Erwerber handelt, sog. Eigenprovisionen, die er aus den von ihm vereinnahmten Vermittlungsentgelten finanziert.

[3]Der Verkaufsagent kann keine Minderung der Bemessungsgrundlage für seine steuerpflichtigen Vermittlungsleistungen an die Bauunternehmer bzw. Bauträger geltend machen, da die vermittelten Umsätze nach § 4 Nr. 9 Buchstabe a UStG umsatzsteuerfrei sind (Umsätze, die unter das GrEStG fallen).

Beispiel 3:
[1]Ein Reisebüro räumt einem privaten Endabnehmer einen Preisnachlass für eine Hotelunterkunft in Mexiko ein. [2]Das Reisebüro gewährt dem Endabnehmer die zugesagten Preisnachlässe in bar ohne Beteiligung des Reiseveranstalters zu Lasten seiner Provision. [3]Der Reiseveranstalter hat lediglich die Hotelunterkunft in Mexiko eingekauft. [4]Der Reiseveranstalter erteilt dem Endabnehmer eine Rechnung über den vollen Reisepreis und schreibt dem Reisebüro die volle Provision gut.

[5]Das Reisebüro kann keine Minderung der Bemessungsgrundlage für seine steuerpflichtige Vermittlungsleistung an den Reiseveranstalter geltend machen, da der vermittelte Umsatz nach § 25 Abs. 2 UStG umsatzsteuerfrei ist. [6]Die Reiseleistung des Reiseveranstalters an den Endverbraucher ist steuerfrei, da die ihr zuzurechnende Reisevorleistung im Drittlandsgebiet bewirkt wird.

[15]Die Bemessungsgrundlage bei dem Unternehmer, der den Preisnachlass gewährt hat, wird um den Vergütungsbetrag abzüglich der Umsatzsteuer gemindert, die sich nach dem Umsatzsteuersatz berechnet, der auf den vermittelten Umsatz Anwendung findet (vgl. Absatz 6 Satz 1). [16]Unter Berücksichtigung des Grundsatzes der Neutralität der Mehrwertsteuer kann auch nur dieser Umsatzsteuerbetrag mindernd gegenüber dem Finanzamt geltend gemacht werden. [17]Dies kann ggf. zur Folge haben, dass der Unternehmer, der den Preisnachlass gewährt hat, diese Minderung der Bemessungsgrundlage zu einem anderen Steuersatz anmelden muss, als den Umsatz, den er selbst ausgeführt hat. [18]Ansonsten würde dem Fiskus aus allen Umsatzgeschäften nicht der Umsatzsteuerbetrag zufließen, der dem Betrag entspricht, den der Endabnehmer letztlich wirtschaftlich aufwendet.

Beispiel 4:
[1]Der Antiquitätenhändler A vermittelt für einen Kunsthändler K die Lieferung eines Kunstgegenstands im Sinne der Nr. 53 der Anlage 2 des UStG an einen privaten Endabnehmer E. [2]K erteilt E eine Rechnung über die Lieferung eines Kunstgegenstands i.H.v. 1 000 € zzgl. 70 € USt und schreibt A eine Provision i.H.v. 100 € zzgl. 19 € USt gut. [3]A erstattet E einen Betrag i. H.v. 21,40 € für den Erwerb dieses Kunstgegenstands. [4]K wendet nicht die Differenzbesteuerung nach § 25a UStG an.

[5]K hat aus der Lieferung an E einen Umsatz zum ermäßigten Steuersatz i.H.v. 1 000 € zzgl. 70 € USt zu erklären. [6]Gleichzeitig steht ihm in Höhe des in der Gutschrift über die Vermittlungsleistung des A ausgewiesenen Betrags – unter den weiteren Voraussetzungen des § 15 UStG – ein Vorsteuerabzug i.H.v. 19 € zu. [7]Hieraus ergibt sich eine Zahllast von 51 €, die K an das Finanzamt abzuführen hat.

[8]A hat aus der Vermittlungsleistung an K einen Umsatz zum Regelsteuersatz i.H.v. 100 € zzgl. 19 € USt zu erklären. [9]Infolge des gegenüber E gewährten Preisnachlasses i.H.v. 21,40 € hat er zudem eine Minderung der Bemessungsgrundlage zum ermäßigten Steuersatz i.H.v. 20 € zu erklären und eine Umsatzsteuerminderung i.H.v. 1,40 € geltend zu machen. [10]Für ihn ergibt sich demnach eine Zahllast von 17,60 €.

[11]Dem Fiskus fließen demnach insgesamt 68,60 € USt zu (Abführung von 51 € durch K und von 17,60 € durch A); dies entspricht dem Umsatzsteuerbetrag, der in dem vom Endverbraucher E tatsächlich aufgewendeten Betrag i.H.v. 1 048,60 € (1 070 € abzgl. 21,40 €) enthalten ist, mit dem E also tatsächlich wirtschaftlich belastet ist (7 % aus 1 048,60 € = 68,60 €).

[19]Der Unternehmer, der dem Endabnehmer einen Teil des von diesem gezahlten Leistungsentgelts erstattet oder einen Preisnachlass gewährt, und dafür eine Minderung der Bemessungsgrundlage geltend macht, hat das Vorliegen der Voraussetzungen nachzuweisen. [20]Die Nachweisregelungen in den Absätzen 7 und 8 sind analog für die Verkaufsagenten anzuwenden.

Hinweise

Zeitpunkt der Umsatzsteuer- und Vorsteuerberichtigung bei Entgeltsminderungen
(OFD Koblenz, Vfg. vom 8. 2. 2006 – S 7330 A – St 44 1 –, StEd 2006 S. 190)

Umsatzsteuer- und Vorsteuerberichtigung bei Änderung der Bemessungsgrundlage
(OFD Hannover, Vfg. vom 4. 8. 2009 – S 7330 – 25 – StO 181 –, StEd 2009 S. 670)

Umsatzsteuer- und Vorsteuerberichtigung bei Änderung der Bemessungsgrundlage: Behandlung von Guthaben aus der Verbrauchsabrechnung bei Energie- und Wasserversorgungsunternehmen
(Thüringer Landesfinanzdirektion, Vfg. vom 25. 3. 2010 – S 7330 A –03 – A 3.12 –, StEd 2010 S. 332)

Berichtigung der Bemessungsgrundlage wegen Uneinbringlichkeit im Insolvenzverfahren
(BMF vom 9. 12. 2011, BStBl 2011 I S. 1273)

Im Urteil V R 14/08 vom 22.10.2009 führt der BFH aus, dass spätestens im Augenblick der Insolvenzeröffnung unbeschadet einer möglichen Insolvenzquote die Entgeltforderungen aus Lieferungen und sonstigen Leistungen an den späteren Gemeinschuldner in voller Höhe i.S.d. § 17 Abs. 2 Nr. 1 UStG uneinbringlich werden. Spätestens zu diesem Zeitpunkt ist die Umsatzsteuer beim leistenden Unternehmer und dementsprechend der Vorsteuerabzug beim Leistungsempfänger nach § 17 Abs. 1 UStG zu berichtigen. Wird das uneinbringlich gewordene Entgelt nachträglich vereinnahmt, ist der Umsatzsteuerbetrag erneut zu berichtigen (§ 17 Abs. 2 Nr. 1 Satz 2 UStG). Das gilt auch für den Fall, dass der Insolvenzverwalter die durch die Eröffnung uneinbringlich gewordene Forderung erfüllt.

Mit Urteil V R 22/10 vom 9. 12. 2010 hat der BFH entschieden, dass in dem Fall, in dem der Insolvenzverwalter eines Unternehmers das Entgelt für eine vor der Eröffnung des Insolvenzverfahrens ausgeführte steuerpflichtige Leistung vereinnahmt, die Entgeltvereinnahmung nicht nur bei der Ist-, sondern auch bei der Sollversteuerung eine Masseverbindlichkeit i.S.v. § 55 Abs. 1 Nr. 1 InsO begründet.

Die BFH-Urteile haben Auswirkungen auf die Berichtigung des Entgelts für ausgeführte steuerpflichtige Leistungen sowie den Vorsteuerabzug.

Unter Bezugnahme auf das Ergebnis der Erörterungen mit den obersten Finanzbehörden der Länder wird der Umsatzsteuer-Anwendungserlass vom 1. 10. 2010 (BStBl. I S. 846), der zuletzt durch das BMF-Schreiben vom 9. 12. 2011, IV D 2 – S 7333/11/10001 (2011/0989130), BStBl I S. 1272, geändert worden ist, wie folgt geändert:

1. In Abschnitt 17.1 Abs. 5 wird Satz 5 gestrichen. Die bisherigen Sätze 6 bis 14 werden die Sätze 5 bis 13.[1]
2. In Abschnitt 17.1. werden die folgenden Absätze 11 bis 15 angefügt:[2]

Die Grundsätze dieses Schreibens sind auf alle Insolvenzverfahren anzuwenden, die nach dem 31.12.2011 eröffnet wurden.

Änderung der Bemessungsgrundlage nach Rückgewähr der Anzahlung bzw. des Entgelts, § 17 Abs. 2 Nr. 2 und Nr. 3 UStG
(BMF vom 9. 12. 2011, BStBl 2011 I S. 1272)

Mit Urteil vom 2. 9. 2010, V R 34/09, hat der BFH entschieden, dass es in Fällen, in denen der Unternehmer eine Anzahlung vereinnahmt, ohne die hierfür geschuldete Leistung zu erbringen, erst mit der Rückgewähr der Anzahlung zur Minderung der Bemessungsgrundlage nach § 17 Abs. 2 Nr. 2 UStG kommt. Entsprechendes gilt für § 17 Abs. 2 Nr. 3 UStG: Wird die Leistung nach Vereinnahmung des Entgelts rückgängig gemacht, entsteht der Berichtigungsanspruch erst mit der Rückgewähr des Entgelts.

Mit diesem Urteil führt der BFH seine Rechtsprechung vom 18. 9. 2008, V R 56/06, BStBl 2009 II S. 250, fort, nach der eine Vereinbarung zwischen dem leistenden Unternehmer und dem Leistungsempfänger über die vollständige oder teilweise Rückzahlung des entrichteten Entgelts die Bemessungsgrundlage nach § 17 Abs. 1 Satz 1 UStG nur mindert, soweit das Entgelt tatsächlich

---

[1] Anm.: Die Änderungen wurden inhaltlich unverändert in Abschn. 17.1 UStAE übernommen (siehe AE 17.1).
[2] Anm.: Die Änderungen wurden inhaltlich unverändert in Abschn. 17.1 UStAE übernommen (siehe AE 17.1).

zurückgezahlt wird; die Berichtigung ist für den Besteuerungszeitraum der Rückgewähr vorzunehmen.

Unter Bezugnahme auf das Ergebnis der Erörterungen mit den obersten Finanzbehörden der Länder wird der Umsatzsteuer-Anwendungserlass vom 1.10.2010 (BStBl I S. 846), der zuletzt durch das BMF-Schreiben vom 14.11.2011, IV D 2 – S 7100/07/10028 :003 (2011/0877938), BStBl I S. 1158, geändert worden ist, wie folgt geändert:

1. Abschnitt 13.5 Abs. 6 wird wie folgt gefasst:[1])
2. Abschnitt 17.1 Abs. 7 wird wie folgt gefasst:[2])
3. In Abschnitt 17.1 Abs. 8 wird nach Satz 4 folgender Satz 5 angefügt:[3])

Das BFH-Urteil ist in allen offenen Fällen anzuwenden.

Rechtsprechung

BUNDESFINANZHOF

BFH vom 11. 2. 2010 – V R 2/09 – (BStBl 2010 II S. 765, HFR 2010 S. 960)

Minderung der Bemessungsgrundlage beim Verkauf einer Gewerbeimmobilie

1. Die Minderung der Bemessungsgrundlage setzt einen unmittelbaren Zusammenhang einer Zahlung mit der erbrachten Leistung voraus.
2. Hat der Verkäufer einer vermieteten Gewerbeimmobilie dem Käufer im Kaufvertrag aus den bereits abgeschlossenen Mietverträgen Mieterträge garantiert, deren Höhe durch die tatsächlich erzielten Mieten nicht erreicht wird, und zahlt er hierfür an den Käufer einen Ausgleich, steht diese Zahlung in unmittelbarem Zusammenhang mit der Lieferung der Immobilie und mindert deren Bemessungsgrundlage.

BFH vom 20.5.2010 – V R 5/09 – (BFH/NV 2011 S. 77, HFR 2011 S. 74)

Keine Änderung des Entgelts aufgrund Abtretung

Auch ein bereits vereinnahmtes Entgelt kann uneinbringlich werden, wenn es zur Rückgewähr des Entgelts kommt und der Unternehmer seinen Entgeltanspruch auch nicht anderweitig durchsetzen kann.

BFH vom 2.9.2010 – V R 34/09 – (BStBl 2011 II S. 991, HFR 2011 S. 465, UR 2011 S. 66)

Keine Änderung der Bemessungsgrundlage vor Rückgewähr vereinnahmter Anzahlung – Eröffnung des Insolvenzverfahrens

1. Vereinnahmt der Unternehmer eine Anzahlung, ohne die hierfür geschuldete Leistung zu erbringen, kommt es erst mit der Rückgewähr der Anzahlung zur Minderung der Bemessungsgrundlage nach § 17 Abs. 2 Nr. 2 UStG (Fortführung von BFH-Urteil vom 18. 9.2008 – V R 56/06, BFHE 222, 162, BStBl II 2009, 250, entgegen BFH-Urteil vom 24. 8. 1995 – V R 55/94, BFHE 178, 485, BStBl II 1995, 808).
2. Wird die Leistung nach Vereinnahmung des Entgelts rückgängig gemacht, entsteht der Berichtigungsanspruch nach § 17 Abs. 2 Nr. 3 UStG erst mit der Rückgewähr des Entgelts (Fortführung von BFH-Urteil in BFHE 222, 162, BStBl II 2009, 250, entgegen BFH-Beschluss vom 20.8.1999 – V B 74/99, BFH/NV 2000, 243).[4])

BFH vom 29.10.2010 – V B 123/09 – (BFH/NV 2011 S. 663)

Keine Änderung der Bemessungsgrundlage durch Abtretung

1. Es ist durch die BFH-Rechtsprechung bereits geklärt, dass sich die Bemessungsgrundlage für eine durch einen Unternehmer ausgeführte Leistung nicht dadurch mindert, dass der Unternehmer die Forderung aus der Leistung zugrunde liegenden Umsatzgeschäft gegen einen unter dem Nennwert der Forderung liegenden Forderungskaufpreis abtritt und dass

---

[1]) Anm.: Die Änderungen wurden inhaltlich unverändert in Abschn. 13.5 UStAE übernommen (siehe AE 13.5).
[2]) Anm.: Die Änderungen wurden inhaltlich unverändert in Abschn. 17.1 UStAE übernommen (siehe AE 17.1).
[3]) Anm.: Die Änderungen wurden inhaltlich unverändert in Abschn. 17.1 UStAE übernommen (siehe AE 17.1).
[4]) Anm.: Vgl. BMF vom 9.12.2011, § 17 H 5.

sich weiter das Entgelt für die Leistung nach den Zahlungen der Kunden des Unternehmers an den Forderungserwerber richtet.

2. Ein Verfahrensfehler ist unbeachtlich, wenn sich das angefochtene Urteil in entsprechender Anwendung von § 126 Abs. 4 FGO aus anderen als den vom FG angeführten Gründen als richtig erweist.

§ 18 Besteuerungsverfahren

UStG

(1) [1]Der Unternehmer hat bis zum 10. Tag nach Ablauf jedes Voranmeldungszeitraums eine Voranmeldung nach amtlich vorgeschriebenem Datensatz durch Datenfernübertragung nach Maßgabe der Steuerdaten-Übermittlungsverordnung zu übermitteln, in der er die Steuer für den Voranmeldungszeitraum (Vorauszahlung) selbst zu berechnen hat. [2]Auf Antrag kann das Finanzamt zur Vermeidung von unbilligen Härten auf eine elektronische Übermittlung verzichten; in diesem Fall hat der Unternehmer eine Voranmeldung nach amtlich vorgeschriebenem Vordruck abzugeben. [3]§ 16 Abs. 1 und 2 und § 17 sind entsprechend anzuwenden. [4]Die Vorauszahlung ist am 10. Tag nach Ablauf des Voranmeldungszeitraums fällig.

S 7340
S 7341
S 7342
S 7344
S 7346
S 7347

(2) [1]Voranmeldungszeitraum ist das Kalendervierteljahr. [2]Beträgt die Steuer für das vorangegangene Kalenderjahr mehr als 7 500 Euro, ist der Kalendermonat Voranmeldungszeitraum. [3]Beträgt die Steuer für das vorangegangene Kalenderjahr nicht mehr als 1 000 Euro, kann das Finanzamt den Unternehmer von der Verpflichtung zur Abgabe der Voranmeldungen und Entrichtung der Vorauszahlungen befreien. [4]Nimmt der Unternehmer seine berufliche oder gewerbliche Tätigkeit auf, ist im laufenden und folgenden Kalenderjahr Voranmeldungszeitraum der Kalendermonat.

S 7346

(2a) [1]Der Unternehmer kann an Stelle des Kalendervierteljahres den Kalendermonat als Voranmeldungszeitraum wählen, wenn sich für das vorangegangene Kalenderjahr ein Überschuss zu seinen Gunsten von mehr als 7 500 Euro ergibt. [2]In diesem Fall hat der Unternehmer bis zum 10. Februar des laufenden Kalenderjahres eine Voranmeldung für den ersten Kalendermonat abzugeben. [3]Die Ausübung des Wahlrechts bindet den Unternehmer für dieses Kalenderjahr.

S 7346

(3) [1]Der Unternehmer hat für das Kalenderjahr oder für den kürzeren Besteuerungszeitraum eine Steuererklärung nach amtlich vorgeschriebenem Datensatz durch Datenfernübertragung nach Maßgabe der Steuerdaten-Übermittlungsverordnung zu übermitteln, in der er die zu entrichtende Steuer oder den Überschuss, der sich zu seinen Gunsten ergibt, nach § 16 Absatz 1 bis 4 und § 17 selbst zu berechnen hat (Steueranmeldung). [2]In den Fällen des § 16 Absatz 3 und 4 ist die Steueranmeldung binnen einem Monat nach Ablauf des kürzeren Besteuerungszeitraums zu übermitteln. [3]Auf Antrag kann das Finanzamt zur Vermeidung von unbilligen Härten auf eine elektronische Übermittlung verzichten; in diesem Fall hat der Unternehmer eine Steueranmeldung nach amtlich vorgeschriebenem Vordruck abzugeben und eigenhändig zu unterschreiben.

S 7344
S 7345

(4) [1]Berechnet der Unternehmer die zu entrichtende Steuer oder den Überschuss in der Steueranmeldung für das Kalenderjahr abweichend von der Summe der Vorauszahlungen, so ist der Unterschiedsbetrag zugunsten des Finanzamts einen Monat nach dem Eingang der Steueranmeldung fällig. [2]Setzt das Finanzamt die zu entrichtende Steuer oder den Überschuss abweichend von der Steueranmeldung für das Kalenderjahr fest, so ist der Unterschiedsbetrag zugunsten des Finanzamts einen Monat nach der Bekanntgabe des Steuerbescheids fällig. [3]Die Fälligkeit rückständiger Vorauszahlungen (Absatz 1) bleibt von den Sätzen 1 und 2 unberührt.

S 7349

(4a) [1]Voranmeldungen (Absätze 1 und 2) und eine Steuererklärung (Absätze 3 und 4) haben auch die Unternehmer und juristischen Personen abzugeben, die ausschließlich Steuer für Umsätze nach § 1 Abs. 1 Nr. 5, § 13b Absatz 5 oder § 25b Abs. 2 zu entrichten haben, sowie Fahrzeuglieferer (§ 2a). [2]Voranmeldungen sind nur für die Voranmeldungszeiträume abzugeben, in denen die Steuer für diese Umsätze zu erklären ist. [3]Die Anwendung des Absatzes 2a ist ausgeschlossen.

S 7340-a
S 7344-a

(4b) Für Personen, die keine Unternehmer sind und Steuerbeträge nach § 6a Abs. 4 Satz 2 oder nach § 14c Abs. 2 schulden, gilt Absatz 4a entsprechend.

S 7340-b
S 7344-a

(4c) [1]Ein nicht im Gemeinschaftsgebiet ansässiger Unternehmer, der als Steuerschuldner ausschließlich Umsätze nach § 3a Abs. 5 im Gemeinschaftsgebiet erbringt und in keinem anderen Mitgliedstaat für Zwecke der Umsatzsteuer erfasst ist, kann abweichend von den Absätzen 1 bis 4 für jeden Besteuerungszeitraum (§ 16 Abs. 1a Satz 1) eine Steuererklärung auf amtlich vorgeschriebenem Vordruck bis zum 20. Tag nach Ablauf jedes Besteuerungszeitraums abgeben, in der er die Steuer selbst zu berechnen hat; die Steuererklärung ist dem Bundeszentralamt für Steuern elektronisch zu übermitteln. [2]Die Steuer ist am 20. Tag nach Ablauf des Besteuerungszeitraums fällig. [3]Die Ausübung des Wahlrechts hat der Unternehmer auf dem amtlich vorgeschriebenen, elektronisch zu übermittelnden Dokument dem Bundeszentralamt für Steuern

S 7340-c

§ 18 UStG

anzuzeigen, bevor er Umsätze nach § 3a Abs. 5 im Gemeinschaftsgebiet erbringt. ⁴Das Wahlrecht kann nur mit Wirkung vom Beginn eines Besteuerungszeitraumes an widerrufen werden. ⁵Der Widerruf ist vor Beginn des Besteuerungszeitraums, für den er gelten soll, gegenüber dem Bundeszentralamt für Steuern auf elektronischem Weg zu erklären. ⁶Kommt der Unternehmer seinen Verpflichtungen nach den Sätzen 1 bis 3 oder § 22 Abs. 1 wiederholt nicht oder nicht rechtzeitig nach, schließt ihn das Bundeszentralamt für Steuern von dem Besteuerungsverfahren nach Satz 1 aus. ⁷Der Ausschluss gilt ab dem Besteuerungszeitraum, der nach dem Zeitpunkt der Bekanntgabe des Ausschlusses gegenüber dem Unternehmer beginnt.

S 7340-c

(4d) Die Absätze 1 bis 4 gelten nicht für Unternehmer, die im Inland im Besteuerungszeitraum (§ 16 Abs. 1 Satz 2) als Steuerschuldner ausschließlich elektronische Dienstleistungen nach § 3a Abs. 5 erbringen und diese Umsätze in einem anderen Mitgliedstaat erklären sowie die darauf entfallende Steuer entrichten.

S 7351

(5) In den Fällen der Beförderungseinzelbesteuerung (§ 16 Abs. 5) ist abweichend von den Absätzen 1 bis 4 wie folgt zu verfahren:

1. Der Beförderer hat für jede einzelne Fahrt eine Steuererklärung nach amtlich vorgeschriebenem Vordruck in zwei Stücken bei der zuständigen Zolldienststelle abzugeben.

2. ¹Die zuständige Zolldienststelle setzt für das zuständige Finanzamt die Steuer auf beiden Stücken der Steuererklärung fest und gibt ein Stück dem Beförderer zurück, der die Steuer gleichzeitig zu entrichten hat. ²Der Beförderer hat dieses Stück mit der Steuerquittung während der Fahrt mit sich zu führen.

3. ¹Der Beförderer hat bei der zuständigen Zolldienststelle, bei der er die Grenze zum Drittlandsgebiet überschreitet, eine weitere Steuererklärung in zwei Stücken abzugeben, wenn sich die Zahl der Personenkilometer (§ 10 Abs. 6 Satz 2), von der bei der Steuerfestsetzung nach Nummer 2 ausgegangen worden ist, geändert hat. ²Die Zolldienststelle setzt die Steuer neu fest. ³Gleichzeitig ist ein Unterschiedsbetrag zugunsten des Finanzamts zu entrichten oder ein Unterschiedsbetrag zugunsten des Beförderers zu erstatten. ⁴Die Sätze 2 und 3 sind nicht anzuwenden, wenn der Unterschiedsbetrag weniger als 2,50 Euro beträgt. ⁵Die Zolldienststelle kann in diesen Fällen auf eine schriftliche Steuererklärung verzichten.

S 7352
S 7352-a

(5a) ¹In den Fällen der Fahrzeugeinzelbesteuerung (§ 16 Abs. 5a) hat der Erwerber, abweichend von den Absätzen 1 bis 4, spätestens bis zum 10. Tag nach Ablauf des Tages, an dem die Steuer entstanden ist, eine Steuererklärung nach amtlich vorgeschriebenem Vordruck abzugeben, in der er die zu entrichtende Steuer selbst zu berechnen hat (Steueranmeldung). ²Die Steueranmeldung muss vom Erwerber eigenhändig unterschrieben sein. ³Gibt der Erwerber die Steueranmeldung nicht ab oder hat er die Steuer nicht richtig berechnet, so kann das Finanzamt eine Steuer festsetzen. ⁴Die Steuer ist am 10. Tag nach Ablauf des Tages fällig, an dem sie entstanden ist.

S 7351

(5b) ¹In den Fällen des § 16 Abs. 5b ist das Besteuerungsverfahren nach den Absätzen 3 und 4 durchzuführen. ²Die bei der Beförderungseinzelbesteuerung (§ 16 Abs. 5) entrichtete Steuer ist auf die nach Absatz 3 Satz 1 zu entrichtende Steuer anzurechnen.

S 7348

(6) ¹Zur Vermeidung von Härten kann das Bundesministerium der Finanzen mit Zustimmung des Bundesrates durch Rechtsverordnung die Fristen für die Voranmeldungen und Vorauszahlungen um einen Monat verlängern und das Verfahren näher bestimmen. ²Dabei kann angeordnet werden, dass der Unternehmer eine Sondervorauszahlung auf die Steuer für das Kalenderjahr zu entrichten hat.

S 7343

(7) ¹Zur Vereinfachung des Besteuerungsverfahrens kann das Bundesministerium der Finanzen mit Zustimmung des Bundesrates durch Rechtsverordnung bestimmen, dass und unter welcher Voraussetzungen auf die Erhebung der Steuer für Lieferungen von Gold, Silber und Platin sowie sonstige Leistungen im Geschäft mit diesen Edelmetallen zwischen Unternehmern, die an einer Wertpapierbörse im Inland mit dem Recht zur Teilnahme am Handel zugelassen sind, verzichtet werden kann. ²Das gilt nicht für Münzen und Medaillen aus diesen Edelmetallen.

(8) (aufgehoben)

S 7359

(9) ¹Zur Vereinfachung des Besteuerungsverfahrens kann das Bundesministerium der Finanzen mit Zustimmung des Bundesrates durch Rechtsverordnung die Vergütung der Vorsteuerbeträge (§ 15) an im Ausland ansässige Unternehmer, abweichend von § 16 und von den Absätzen 1 bis 4 in einem besonderen Verfahren regeln. ²Dabei kann auch angeordnet werden,

1. dass die Vergütung nur erfolgt, wenn sie eine bestimmte Mindesthöhe erreicht,
2. innerhalb welcher Frist der Vergütungsantrag zu stellen ist,
3. in welchen Fällen der Unternehmer den Antrag eigenhändig zu unterschreiben hat,
4. wie und in welchem Umfang Vorsteuerbeträge durch Vorlage von Rechnungen und Einfuhrbelegen nachzuweisen sind,
5. dass der Bescheid über die Vergütung der Vorsteuerbeträge elektronisch erteilt wird,
6. wie und in welchem Umfang der zu vergütende Betrag zu verzinsen ist.

³Einem Unternehmer, der im Gemeinschaftsgebiet ansässig ist und Umsätze ausführt, die zum Teil den Vorsteuerabzug ausschließen, wird die Vorsteuer höchstens in der Höhe vergütet, in der er in dem Mitgliedstaat, in dem er ansässig ist, bei Anwendung eines Pro-rata-Satzes zum Vorsteuerabzug berechtigt wäre. ⁴Einem Unternehmer, der nicht im Gemeinschaftsgebiet ansässig ist, wird die Vorsteuer nur vergütet, wenn in dem Land, in dem der Unternehmer seinen Sitz hat, keine Umsatzsteuer oder ähnliche Steuer erhoben oder im Fall der Erhebung im Inland ansässigen Unternehmern vergütet wird. ⁵Von der Vergütung ausgeschlossen sind bei Unternehmern, die nicht im Gemeinschaftsgebiet ansässig sind, die Vorsteuerbeträge, die auf den Bezug von Kraftstoffen entfallen. ⁶Die Sätze 4 und 5 gelten nicht für Unternehmer, die nicht im Gemeinschaftsgebiet ansässig sind, soweit sie im Besteuerungszeitraum (§ 16 Abs. 1 Satz 2) als Steuerschuldner ausschließlich elektronische Leistungen nach § 3a Abs. 5 im Gemeinschaftsgebiet erbracht und für diese Umsätze von § 18 Abs. 4c Gebrauch gemacht haben oder diese Umsätze in einem anderen Mitgliedstaat erklärt sowie die darauf entfallende Steuer entrichtet haben; Voraussetzung ist, dass die Vorsteuerbeträge im Zusammenhang mit elektronischen Leistungen nach § 3a Abs. 5 stehen.

(10) Zur Sicherung des Steueranspruchs in den Fällen des innergemeinschaftlichen Erwerbs neuer motorbetriebener Landfahrzeuge und neuer Luftfahrzeuge (§ 1b Abs. 2 und 3) gilt Folgendes:

1. Die für die Zulassung oder die Registrierung von Fahrzeugen zuständigen Behörden sind verpflichtet, den für die Besteuerung des innergemeinschaftlichen Erwerbs neuer Fahrzeuge zuständigen Finanzbehörden ohne Ersuchen folgendes mitzuteilen:

    a) ¹bei neuen motorbetriebenen Landfahrzeugen die erstmalige Ausgabe von Zulassungsbescheinigungen Teil II oder die erstmalige Zuteilung eines amtlichen Kennzeichens bei zulassungsfreien Fahrzeugen. ²Gleichzeitig sind die in Nummer 2 Buchstabe a bezeichneten Daten und das zugeteilte amtliche Kennzeichen oder, wenn dieses noch nicht zugeteilt worden ist, die Nummer der Zulassungsbescheinigungen Teil II zu übermitteln.

    b) ¹bei neuen Luftfahrzeugen die erstmalige Registrierung dieser Luftfahrzeuge. ²Gleichzeitig sind die in Nummer 3 Buchstabe a bezeichneten Daten und das zugeteilte amtliche Kennzeichen zu übermitteln. ³Als Registrierung im Sinne dieser Vorschrift gilt nicht die Eintragung eines Luftfahrzeugs in das Register für Pfandrechte an Luftfahrzeugen.

2. In den Fällen des innergemeinschaftlichen Erwerbs neuer motorbetriebener Landfahrzeuge (§ 1b Absatz 2 Nummer 1 und Absatz 3 Nummer 1) gilt Folgendes:

    a) ¹Bei der erstmaligen Ausgabe einer Zulassungsbescheinigung Teil II im Inland oder bei der erstmaligen Zuteilung eines amtlichen Kennzeichens für zulassungsfreie Fahrzeuge im Inland hat der Antragsteller die folgenden Angaben zur Übermittlung an die Finanzbehörden zu machen:

        aa) den Namen und die Anschrift des Antragstellers sowie das für ihn zuständige Finanzamt (§ 21 der Abgabenordnung),

        bb) den Namen und die Anschrift des Lieferers,

        cc) den Tag der Lieferung,

        dd) den Tag der ersten Inbetriebnahme,

        ee) den Kilometerstand am Tag der Lieferung,

        ff) die Fahrzeugart, den Fahrzeughersteller, den Fahrzeugtyp und die Fahrzeug-Identifizierungsnummer,

        gg) den Verwendungszweck.

    ²Der Antragsteller ist zu den Angaben nach den Doppelbuchstaben aa und bb auch dann verpflichtet, wenn er nicht zu den in § 1a Absatz 1 Nummer 2 und § 1b Absatz 1 genannten Personen gehört oder wenn Zweifel daran bestehen, ob die Eigenschaften als neues Fahrzeug im Sinne des § 1b Absatz 3 Nummer 1 vorliegen. ³Die Zulassungsbehörde darf die Zulassungsbescheinigung Teil II oder bei zulassungsfreien Fahrzeugen, die nach § 4 Absatz 2 und 3 der Fahrzeug-Zulassungsverordnung ein amtliches Kennzeichen führen, die Zulassungsbescheinigung Teil I erst aushändigen, wenn der Antragsteller die vorstehenden Angaben gemacht hat.

    b) ¹Ist die Steuer für den innergemeinschaftlichen Erwerb nicht entrichtet worden, hat die Zulassungsbehörde auf Antrag des Finanzamts die Zulassungsbescheinigung Teil I für ungültig zu erklären und das amtliche Kennzeichen zu entstempeln. ²Die Zulassungsbehörde trifft die hierzu erforderlichen Anordnungen durch schriftlichen Verwaltungsakt (Abmeldungsbescheid). ³Das Finanzamt kann die Abmeldung von Amts wegen auch selbst vornehmen, wenn die Zulassungsbehörde das Verfahren noch nicht eingeleitet hat. ⁴Satz 2 gilt entsprechend. ⁵Das Finanzamt teilt die durchgeführte Abmeldung unverzüglich der Zulassungsbehörde mit und händigt dem Fahrzeughalter die vorgeschriebene Bescheinigung über die Abmeldung aus. ⁶Die Durchführung der Abmeldung von Amts wegen richtet sich nach dem Verwaltungsverfahrensgesetz. ⁷Für Streitigkeiten über Abmeldungen von Amts wegen ist der Verwaltungsrechtsweg gegeben.

§ 18 UStG § 46 UStDV

S 7424-b
3. In den Fällen des innergemeinschaftlichen Erwerbs neuer Luftfahrzeuge (§ 1b Abs. 2 Nr. 3 und Abs. 3 Nr. 3) gilt Folgendes:
   a) ¹Bei der erstmaligen Registrierung in der Luftfahrzeugrolle hat der Antragsteller die folgenden Angaben zur Übermittlung an die Finanzbehörden zu machen:
      aa) den Namen und die Anschrift des Antragstellers sowie das für ihn zuständige Finanzamt (§ 21 der Abgabenordnung),
      bb) den Namen und die Anschrift des Lieferers,
      cc) den Tag der Lieferung,
      dd) das Entgelt (Kaufpreis),
      ee) den Tag der ersten Inbetriebnahme,
      ff) die Starthöchstmasse,
      gg) die Zahl der bisherigen Betriebsstunden am Tag der Lieferung,
      hh) den Flugzeughersteller und den Flugzeugtyp,
      ii) den Verwendungszweck.

   ²Der Antragsteller ist zu den Angaben nach den Doppelbuchstaben aa und bb auch dann verpflichtet, wenn er nicht zu den in § 1a Abs. 1 Nr. 2 und § 1b Abs. 1 genannten Personen gehört oder wenn Zweifel daran bestehen, ob die Eigenschaften als neues Fahrzeug im Sinne des § 1b Abs. 3 Nr. 3 vorliegen. ³Das Luftfahrt-Bundesamt darf die Eintragung in der Luftfahrzeugrolle erst vornehmen, wenn der Antragsteller die vorstehenden Angaben gemacht hat.

S 7425-b
   b) ¹Ist die Steuer für den innergemeinschaftlichen Erwerb nicht entrichtet worden, so hat das Luftfahrt-Bundesamt auf Antrag des Finanzamts die Betriebserlaubnis zu widerrufen. ²Es trifft die hierzu erforderlichen Anordnungen durch schriftlichen Verwaltungsakt (Abmeldungsbescheid). ³Die Durchführung der Abmeldung von Amts wegen richtet sich nach dem Verwaltungsverfahrensgesetz. ⁴Für Streitigkeiten über Abmeldungen von Amts wegen ist der Verwaltungsrechtsweg gegeben.

S 7424-e
(11) ¹Die für die Steueraufsicht zuständigen Zolldienststellen wirken an der umsatzsteuerlichen Erfassung von Personenbeförderungen mit nicht im Inland zugelassenen Kraftomnibussen mit. ²Sie sind berechtigt, im Rahmen von zeitlich und örtlich begrenzten Kontrollen die nach ihrer äußeren Erscheinung nicht im Inland zugelassenen Kraftomnibusse anzuhalten und die tatsächlichen und rechtlichen Verhältnisse festzustellen, die für die Umsatzsteuer maßgebend sind, und die festgestellten Daten den zuständigen Finanzbehörden zu übermitteln.

S 7424-f
(12) ¹Im Ausland ansässige Unternehmer (§ 13b Absatz 7), die grenzüberschreitende Personenbeförderungen mit nicht im Inland zugelassenen Kraftomnibussen durchführen, haben dies vor der erstmaligen Ausführung derartiger auf das Inland entfallender Umsätze (§ 3b Abs. 1 Satz 2) bei dem für die Umsatzbesteuerung zuständigen Finanzamt anzuzeigen, soweit diese Umsätze nicht der Beförderungseinzelbesteuerung (§ 16 Abs. 5) unterliegen oder der Leistungsempfänger die Steuer für derartige Umsätze nicht nach § 13b Absatz 5 Satz 1 oder Satz 3 schuldet. ²Das Finanzamt erteilt hierüber eine Bescheinigung. ³Die Bescheinigung ist während jeder Fahrt mitzuführen und auf Verlangen den für die Steueraufsicht zuständigen Zolldienststellen vorzulegen. ⁴Bei Nichtvorlage der Bescheinigung können diese Zolldienststellen eine Sicherheitsleistung nach den abgabenrechtlichen Vorschriften in Höhe der für die einzelne Beförderungsleistung voraussichtlich zu entrichtenden Steuer verlangen. ⁵Die entrichtete Sicherheitsleistung ist auf die nach Absatz 3 Satz 1 zu entrichtende Steuer anzurechnen.

Vorschriften des Gemeinschaftsrechts

Art. 171, Art. 183, Art. 193, Art. 206, Art. 209, Art. 210, Art. 212, Art. 250 bis 252, Art. 254, Art. 257, Art. 258, Art. 261, Art. 272, Art. 358 bis 369 und Art. 394 der MWSt-Richtlinie (bis 31. 12. 2006: Art. 17 Abs. 4, Art. 18 Abs. 4, Art. 21 Abs. 1, Art. 22 Abs. 4 – 11, Art. 26c, Art. 27 Abs. 5 der 6. USt-Richtlinie).

Dauerfristverlängerung

UStDV § 46 Fristverlängerung

S 7348
¹*Das Finanzamt hat dem Unternehmer auf Antrag die Fristen für die Abgabe der Voranmeldungen und für die Entrichtung der Vorauszahlungen (§ 18 Abs. 1, 2 und 2a des Gesetzes) um einen Monat zu verlängern.* ²*Das Finanzamt hat den Antrag abzulehnen oder eine bereits gewährte Fristverlängerung zu widerrufen, wenn der Steueranspruch gefährdet erscheint.*

§ 47 Sondervorauszahlung

(1) ¹Die Fristverlängerung ist bei einem Unternehmer, der die Voranmeldungen monatlich abzugeben hat, unter der Auflage zu gewähren, dass dieser eine Sondervorauszahlung auf die Steuer eines jeden Kalenderjahres entrichtet. ²Die Sondervorauszahlung beträgt ein Elftel der Summe der Vorauszahlungen für das vorangegangene Kalenderjahr.

(2) ¹Hat der Unternehmer seine gewerbliche oder berufliche Tätigkeit nur in einem Teil des vorangegangenen Kalenderjahres ausgeübt, so ist die Summe der Vorauszahlungen dieses Zeitraums in eine Jahressumme umzurechnen. ²Angefangene Kalendermonate sind hierbei als volle Kalendermonate zu behandeln.

(3) Hat der Unternehmer seine gewerbliche oder berufliche Tätigkeit im laufenden Kalenderjahr begonnen, so ist die Sondervorauszahlung auf der Grundlage der zu erwartenden Vorauszahlungen dieses Kalenderjahres zu berechnen.

§ 48 Verfahren

(1) ¹Der Unternehmer hat die Fristverlängerung für die Abgabe der Voranmeldungen bis zu dem Zeitpunkt zu beantragen, an dem die Voranmeldung, für die die Fristverlängerung erstmals gelten soll, nach § 18 Abs. 1, 2 und 2a des Gesetzes abzugeben ist. ²Der Antrag ist nach amtlich vorgeschriebenem Vordruck zu stellen. ³In dem Antrag hat der Unternehmer, der die Voranmeldungen monatlich abzugeben hat, die Sondervorauszahlung (§ 47) selbst zu berechnen und anzumelden. ⁴Gleichzeitig hat er die angemeldete Sondervorauszahlung zu entrichten.

(2) ¹Während der Geltungsdauer der Fristverlängerung hat der Unternehmer, der die Voranmeldungen monatlich abzugeben hat, die Sondervorauszahlung für das jeweilige Kalenderjahr bis zum gesetzlichen Zeitpunkt der Abgabe der ersten Voranmeldung zu berechnen, anzumelden und zu entrichten. ²Absatz 1 Satz 2 gilt entsprechend.

(3) Das Finanzamt kann die Sondervorauszahlung festsetzen, wenn sie vom Unternehmer nicht oder nicht richtig berechnet wurde oder wenn die Anmeldung zu einem offensichtlich unzutreffenden Ergebnis führt.

(4) Die festgesetzte Sondervorauszahlung ist bei der Festsetzung der Vorauszahlung für den letzten Voranmeldungszeitraum des Besteuerungszeitraums anzurechnen, für den die Fristverlängerung gilt.

Verzicht auf die Steuererhebung

§ 49 Verzicht auf die Steuererhebung im Börsenhandel mit Edelmetallen

Auf die Erhebung der Steuer für die Lieferungen von Gold, Silber und Platin sowie für die sonstigen Leistungen im Geschäft mit diesen Edelmetallen wird verzichtet, wenn
1. die Umsätze zwischen Unternehmern ausgeführt werden, die an einer Wertpapierbörse im Inland mit dem Recht zur Teilnahme am Handel zugelassen sind,
2. die bezeichneten Edelmetalle zum Handel an einer Wertpapierbörse im Inland zugelassen sind und
3. keine Rechnungen mit gesondertem Ausweis der Steuer erteilt werden.

§ 50

(weggefallen)

Besteuerung im Abzugsverfahren

§§ 51 – 58

(aufgehoben)

Vergütung der Vorsteuerbeträge in einem besonderen Verfahren

§ 59 Vergütungsberechtigte Unternehmer

S 7359

[1]Die Vergütung der abziehbaren Vorsteuerbeträge (§ 15 des Gesetzes) an im Ausland ansässige Unternehmer ist abweichend von § 16 und § 18 Abs. 1 bis 4 des Gesetzes nach den §§ 60 bis 61a durchzuführen, wenn der Unternehmer im Vergütungszeitraum

1. im Inland keine Umsätze im Sinne des § 1 Abs. 1 Nr. 1 und 5 des Gesetzes oder nur steuerfreie Umsätze im Sinne des § 4 Nr. 3 des Gesetzes ausgeführt hat,
2. nur Umsätze ausgeführt hat, für die der Leistungsempfänger die Steuer schuldet (§ 13b des Gesetzes) oder die der Beförderungseinzelbesteuerung (§ 16 Abs. 5 und § 18 Abs. 5 des Gesetzes) unterlegen haben,
3. im Inland nur innergemeinschaftliche Erwerbe und daran anschließende Lieferungen im Sinne des § 25b Abs. 2 des Gesetzes ausgeführt hat, oder
4. im Inland als Steuerschuldner nur Umsätze im Sinne des § 3a Abs. 3a des Gesetzes erbracht hat und von dem Wahlrecht nach § 18 Abs. 4c des Gesetzes Gebrauch gemacht hat oder diese Umsätze in einem anderen Mitgliedstaat erklärt sowie die darauf entfallende Steuer entrichtet hat.

[2]Ein im Ausland ansässiger Unternehmer im Sinne des Satzes 1 ist ein Unternehmer, der weder im Inland noch auf der Insel Helgoland oder in einem der in § 1 Absatz 3 des Gesetzes bezeichneten Gebiete einen Wohnsitz, seinen Sitz, seine Geschäftsleitung oder eine Betriebsstätte hat; maßgebend hierfür ist der jeweilige Vergütungszeitraum im Sinne des § 60, für den der Unternehmer eine Vergütung beantragt.

§ 60 Vergütungszeitraum

S 7359

[1]Vergütungszeitraum ist nach Wahl des Unternehmers ein Zeitraum von mindestens drei Monaten bis zu höchstens einem Kalenderjahr. [2]Der Vergütungszeitraum kann weniger als drei Monate umfassen, wenn es sich um den restlichen Zeitraum des Kalenderjahres handelt. [3]In den Antrag für diesen Zeitraum können auch abziehbare Vorsteuerbeträge aufgenommen werden, die in vorangegangene Vergütungszeiträume des betreffenden Kalenderjahres fallen.

UStDV

§ 61 Vergütungsverfahren für im übrigen Gemeinschaftsgebiet ansässige Unternehmer

S 7359

(1) Der im übrigen Gemeinschaftsgebiet ansässige Unternehmer hat den Vergütungsantrag nach amtlich vorgeschriebenem Datensatz durch Datenfernübertragung nach Maßgabe der Steuerdaten-Übermittlungsverordnung über das in dem Mitgliedstaat, in dem der Unternehmer ansässig ist, eingerichtete elektronische Portal dem Bundeszentralamt für Steuern zu übermitteln.

(2) [1]Die Vergütung ist binnen neun Monaten nach Ablauf des Kalenderjahres, in dem der Vergütungsanspruch entstanden ist, zu beantragen. [2]Der Unternehmer hat die Vergütung selbst zu berechnen. [3]Dem Vergütungsantrag sind auf elektronischem Weg die Rechnungen und Einfuhrbelege in Kopie beizufügen, wenn das Entgelt für den Umsatz oder die Einfuhr mindestens 1 000 €, bei Rechnungen über den Bezug von Kraftstoffen mindestens 250 € beträgt. [4]Bei begründeten Zweifeln an dem Recht auf Vorsteuerabzug in der beantragten Höhe kann das Bundeszentralamt für Steuern verlangen, dass die Vorsteuerbeträge durch Vorlage von Rechnungen und Einfuhrbelegen im Original nachgewiesen werden.

(3) [1]Die beantragte Vergütung muss mindestens 400 Euro betragen. [2]Das gilt nicht, wenn der Vergütungszeitraum das Kalenderjahr oder der letzte Zeitraum des Kalenderjahres ist. [3]Für diese Vergütungszeiträume muss die beantragte Vergütung mindestens 50 Euro betragen

(4) [1]Der Bescheid über die Vergütung von Vorsteuerbeträgen ist in elektronischer Form zu übermitteln. [2]§ 87a Abs. 4 Satz 2 der Abgabenordnung ist nicht anzuwenden.

(5) [1]Der nach § 18 Abs. 9 des Gesetzes zu vergütende Betrag ist zu verzinsen. [2]Der Zinslauf beginnt mit Ablauf von vier Monaten und zehn Werktagen nach Eingang des Vergütungsantrags beim Bundeszentralamt für Steuern. [3]Übermittelt der Antragsteller Kopien der Rechnungen oder Einfuhrbelege abweichend von Absatz 2 Satz 3 nicht zusammen mit dem Vergütungsantrag, sondern erst zu einem späteren Zeitpunkt, beginnt der Zinslauf erst mit Ablauf von vier Monaten und zehn Tagen nach Eingang dieser Kopien beim Bundeszentralamt für Steuern. [4]Hat das Bundeszentralamt für Steuern zusätzliche oder weitere zusätzliche Informationen angefordert, beginnt der Zinslauf erst mit Ablauf von zehn Werktagen nach Ablauf der Fristen in Artikel 21 der Richtlinie 2008/9/EG des Rates vom 12. Februar 2008 zur Regelung der Erstattung der Mehrwertsteuer

gemäß der Richtlinie 2006/112/EG an nicht im Mitgliedstaat der Erstattung, sondern in einem anderen Mitgliedstaat ansässige Steuerpflichtige (ABl. EU Nr. L 44 S. 23). ⁵Der Zinslauf endet mit erfolgter Zahlung des zu vergütenden Betrages; die Zahlung gilt als erfolgt mit dem Tag der Fälligkeit, es sei denn, der Unternehmer weist nach, dass er den zu vergütenden Betrag später erhalten hat. ⁶Wird die Festsetzung oder Anmeldung der Steuervergütung geändert, ist eine bisherige Zinsfestsetzung zu ändern; § 233a Abs. 5 der Abgabenordnung gilt entsprechend. ⁷Für die Höhe und Berechnung der Zinsen gilt § 238 der Abgabenordnung. ⁸Auf die Festsetzung der Zinsen ist § 239 der Abgabenordnung entsprechend anzuwenden.

(6) Ein Anspruch auf Verzinsung nach Absatz 5 besteht nicht, wenn der Unternehmer einer Mitwirkungspflicht nicht innerhalb einer Frist von einem Monat nach Zugang einer entsprechenden Aufforderung des Bundeszentralamtes für Steuern nachkommt.

§ 61a Vergütungsverfahren für nicht im Gemeinschaftsgebiet ansässige Unternehmer

(1) ¹Der nicht im Gemeinschaftsgebiet ansässige Unternehmer hat die Vergütung nach amtlich vorgeschriebenem Vordruck bei dem Bundeszentralamt für Steuern zu beantragen. ²Abweichend von Satz 1 kann der Unternehmer den Vergütungsantrag nach amtlich vorgeschriebenem Datensatz durch Datenfernübertragung nach Maßgabe der Steuerdaten-Übermittlungsverordnung dem Bundeszentralamt für Steuern übermitteln.

(2) ¹Die Vergütung ist binnen sechs Monaten nach Ablauf des Kalenderjahres, in dem der Vergütungsanspruch entstanden ist, zu beantragen. ²Der Unternehmer hat die Vergütung selbst zu berechnen. ³Die Vorsteuerbeträge sind durch Vorlage von Rechnungen und Einfuhrbelegen im Original nachzuweisen. ⁴Der Vergütungsantrag ist vom Unternehmer eigenhändig zu unterschreiben.

(3) ¹Die beantragte Vergütung muss mindestens 1 000 Euro betragen. ²Das gilt nicht, wenn der Vergütungszeitraum das Kalenderjahr oder der letzte Zeitraum des Kalenderjahres ist. ³Für diese Vergütungszeiträume muss die beantragte Vergütung mindestens 500 Euro betragen.

(4) Der Unternehmer muss der zuständigen Finanzbehörde durch behördliche Bescheinigung des Staates, in dem er ansässig ist, nachweisen, dass er als Unternehmer unter einer Steuernummer eingetragen ist.

Sondervorschriften für die Besteuerung bestimmter Unternehmer UStDV

§ 62 Berücksichtigung von Vorsteuerbeträgen, Belegnachweis

(1) Ist bei den in § 59 genannten Unternehmern die Besteuerung nach § 16 und § 18 Abs. 1 bis 4 des Gesetzes durchzuführen, so sind hierbei die Vorsteuerbeträge nicht zu berücksichtigen, die nach § 59 vergütet worden sind.   S 7359

(2) Die abziehbaren Vorsteuerbeträge sind in den Fällen des Absatzes 1 durch Vorlage der Rechnungen und Einfuhrbelege im Original nachzuweisen.

§ 74a Übergangsvorschriften

Die §§ 59 bis 61 in der Fassung des Artikels 8 des Gesetzes vom 19. Dezember 2008 (BGBl. I S. 2794) und § 61a sind auf Anträge auf Vergütung von Vorsteuerbeträgen anzuwenden, die nach dem 31. Dezember 2009 gestellt werden.   S 7359

Verordnung über die elektronische Übermittlung von für das Besteuerungsverfahren erforderlichen Daten (Steuerdaten-Übermittlungsverordnung – StDÜV) vom 28. 1. 2003 (BGBl. 2003 I S. 139, BStBl 2003 I S. 162) zuletzt geändert durch das Steuervereinfachungsgesetz 2011 (StVereinfG 2011) vom 1. 11. 2011 (BGBl. 2011 I S. 2131)   StDÜV

Text nicht in die USt-HA aufgenommen.

§ 18 UStG
AE 18.1, AE 18.2

AE 18.1

S 7344
S 7345
S 7346
S 7347

18.1. Verfahren bei der Besteuerung nach § 18 Abs. 1 bis 4 UStG

(1) ¹Voranmeldungen sind nach amtlich vorgeschriebenem Datensatz durch Datenfernübertragung nach Maßgabe der StDÜV zu übermitteln (vgl. BMF-Schreiben vom 15. 1. 2007, BStBl I S. 95). ²Informationen zur elektronischen Übermittlung sind unter der Internet-Adresse www.elster.de abrufbar. ³Zur Vermeidung von unbilligen Härten kann das Finanzamt auf Antrag zulassen, dass die Voranmeldungen nach amtlich vorgeschriebenem Vordruck in herkömmlicher Form – auf Papier oder per Telefax – abgegeben werden, wenn eine elektronische Übermittlung für den Unternehmer wirtschaftlich oder persönlich unzumutbar ist. ⁴Dies ist insbesondere der Fall, wenn die Schaffung der technischen Möglichkeiten für eine elektronische Übermittlung des amtlichen Datensatzes nur mit einem nicht unerheblichen finanziellen Aufwand möglich wäre oder wenn der Unternehmer nach seinen individuellen Kenntnissen und Fähigkeiten nicht oder nur eingeschränkt in der Lage ist, die Möglichkeiten der Datenfernübertragung zu nutzen (§ 150 Abs. 8 AO).

(2) ¹Die Umsatzsteuererklärung für das Kalenderjahr ist nach amtlich vorgeschriebenem Datensatz durch Datenfernübertragung nach Maßgabe der StDÜV übermitteln (vgl. BMF-Schreiben vom 15. 1. 2007, a. a. O.); Absatz 1 Sätze 2 bis 4 gilt sinngemäß. ²Eine unbillige Härte liegt hierbei neben den Fällen des Absatzes 1 Satz 4 immer dann vor, wenn der Unternehmer seine gewerbliche oder berufliche Tätigkeit im Kalenderjahr eingestellt hat (§ 16 Abs. 3 UStG) oder das Finanzamt einen kürzeren Besteuerungszeitraum als das Kalenderjahr bestimmt hat, weil der Eingang der Steuer gefährdet erscheint oder der Unternehmer damit einverstanden ist (§ 16 Abs. 4 UStG).

(3) ¹Liegt eine unbillige Härte vor und gibt der Unternehmer daher die Umsatzsteuererklärung für das Kalenderjahr nach amtlich vorgeschriebenen Vordruck in herkömmlicher Form – auf Papier oder per Telefax – ab, muss er die Umsatzsteuererklärung für das Kalenderjahr eigenhändig unterschreiben (§ 18 Abs. 3 Satz 3 UStG). ²Ein Bevollmächtigter darf die Steuererklärung für das Kalenderjahr nur dann unterschreiben, wenn die in § 150 Abs. 3 AO bezeichneten Hinderungsgründe vorliegen.

(4) ¹Die Umsatzsteuererklärung für das Kalenderjahr ist in der Regel bis zum 31. Mai des folgenden Kalenderjahres zu übermitteln (§ 149 Abs. 2 AO). ²Dieser Zeitpunkt gilt – abweichend von § 18 Abs. 3 Satz 2 UStG – auch in den Fällen, in denen der Unternehmer seine gewerbliche oder berufliche Tätigkeit im Laufe des Kalenderjahres begonnen hat.

AE 18.2

S 7346

18.2. Voranmeldungszeitraum

(1) ¹Der Voranmeldungszeitraum des laufenden Kalenderjahres bestimmt sich regelmäßig nach der Steuer des Vorjahres. ²Umsätze des Unternehmers, für die der Leistungsempfänger die Umsatzsteuer nach § 13b Abs. 5 **Sätze 1 und 2** UStG schuldet, bleiben unberücksichtigt. ³Der Voranmeldungszeitraum umfasst grundsätzlich das Kalendervierteljahr. ⁴Abweichend hiervon ist Voranmeldungszeitraum der Kalendermonat, wenn die Steuer für das vorangegangene Kalenderjahr mehr als 7 500 € betragen hat. ⁵Der Unternehmer kann den Kalendermonat als Voranmeldungszeitraum wählen, wenn sich im vorangegangenen Kalenderjahr ein Überschuss zu seinen Gunsten von mehr als 7 500 € ergeben hat.⁶Die Frist zur Ausübung des Wahlrechts nach § 18 Abs. 2a Satz 2 UStG ist nicht verlängerbar; **die Möglichkeit der Dauerfristverlängerung bleibt unberührt**. ⁷Die Vorschriften der AO über die Wiedereinsetzung in den vorigen Stand nach § 110 AO sind anzuwenden.

(2) ¹Der Unternehmer kann von der Verpflichtung zur Abgabe von Voranmeldungen befreit werden, wenn die Steuer für das vorangegangene Kalenderjahr nicht mehr als 1 000 € betragen hat und es sich nicht um einen Neugründungsfall (§ 18 Abs. 2 Satz 4 UStG) handelt. ²Hat sich im Vorjahr kein Überschuss zugunsten des Unternehmers ergeben, ist die Befreiung grundsätzlich von Amts wegen zu erteilen. ³Sie unterbleibt in diesen Fällen nur auf Antrag des Unternehmers in begründeten Einzelfällen (z. B. nachhaltige Veränderung in der betrieblichen Struktur). ⁴Hat das vorangegangene Kalenderjahr einen Überschuss zugunsten des Unternehmers ergeben, verbleibt es von Amts wegen bei dem Kalendervierteljahr als Voranmeldungszeitraum. ⁵Anträgen der Unternehmer auf Befreiung von der Verpflichtung zur Abgabe ist in diesen Fällen jedoch regelmäßig stattzugeben.

(3) ¹Eine Änderung der Steuer des vorangegangenen Kalenderjahres ist bei der Einordnung im laufenden Kalenderjahr zu berücksichtigen, soweit sich die Änderung für dieses Kalenderjahr noch auswirkt. ²Ergibt sich für das Vorjahr nachträglich ein Überschuss zugunsten des Unternehmers von mehr als 7 500 €, ist eine monatliche Abgabe der Voranmeldungen im laufenden Kalenderjahr nur möglich, wenn die Antragsfrist nach § 18 Abs. 2a Satz 2 UStG eingehalten wurde.

(4) ¹Für Unternehmer und juristische Personen, die ausschließlich Steuer für innergemeinschaftliche Erwerbe, für Umsätze nach § 13b Abs. 5 UStG oder § 25b Abs. 2 UStG zu entrichten haben, sowie für Fahrzeuglieferer nach § 2a UStG gelten die Ausführungen in den Absätzen 1 bis 3 entsprechend. ²Ein Wahlrecht zur monatlichen Abgabe von Voranmeldungen (Absatz 1 Satz 5) besteht jedoch nicht.

(5) Zur Abgabe von Voranmeldungen in Sonderfällen vgl. Abschnitt 18.6 und in Neugründungsfällen Abschnitt 18.7.

18.3. Vordrucke, die von den amtlich vorgeschriebenen Vordrucken abweichen

AE 18.3

Für die Verwendung vom amtlichen Muster abweichender Vordrucke für Umsatzsteuererklärungen für das Kalenderjahr gelten die BMF-Schreiben vom **11.3.2011**, BStBl I S. **247**, und vom 15. 1. 2007, BStBl I S. 95.

S 7344

18.4. Dauerfristverlängerung

AE 18.4

(1) ¹Die Dauerfristverlängerung kann ohne schriftlichen Bescheid gewährt werden. ²Der Unternehmer kann deshalb die beantragte Dauerfristverlängerung in Anspruch nehmen, solange das Finanzamt den Antrag nicht ablehnt oder die Fristverlängerung nicht widerruft. ³Das Finanzamt hat den Antrag abzulehnen oder die Fristverlängerung zu widerrufen, wenn der Steueranspruch gefährdet erscheint, z. B. wenn der Unternehmer seine Voranmeldungen nicht oder nicht rechtzeitig abgibt oder angemeldete Vorauszahlungen nicht entrichtet. ⁴Die Regelungen zur Dauerfristverlängerung gelten auch für Unternehmer und juristische Personen, die ausschließlich Steuern für Umsätze nach § 1 Abs. 1 Nr. 5 UStG, § 13b Abs. 5 UStG oder § 25b Abs. 2 UStG zu entrichten haben, sowie für Fahrzeuglieferer nach § 2a UStG. ⁵Bei diesen Unternehmern ist die Sondervorauszahlung bei der Berechnung der Vorauszahlung für den letzten Voranmeldungszeitraum des Kalenderjahres anzurechnen, für den eine Voranmeldung abzugeben ist. ⁶Zur Anrechnung einer Sondervorauszahlung kann eine Voranmeldung für Dezember auch dann abgegeben werden, wenn keine Umsätze anzumelden sind.

S 7348

(2) ¹Der Antrag auf Dauerfristverlängerung ist nach amtlich vorgeschriebenem Datensatz durch Datenfernübertragung nach Maßgabe der StDÜV zu übermitteln (vgl. BMF-Schreiben vom 15. 1. 2007, BStBl I S. 95). ²Dieser Datensatz ist auch für die Anmeldung der Sondervorauszahlung zu verwenden. ³Zur Vermeidung von unbilligen Härten kann das Finanzamt auf Antrag auf eine elektronische Übermittlung verzichten (vgl. Abschnitt 18.1 Abs. 1). ⁴In diesem Fall hat der Unternehmer den Antrag auf Dauerfristverlängerung nach amtlich vorgeschriebenem Vordruck zu stellen.

(3) ¹Der Antrag auf Dauerfristverlängerung muss nicht jährlich wiederholt zu werden, da die Dauerfristverlängerung solange als gewährt gilt, bis der Unternehmer seinen Antrag zurücknimmt oder das Finanzamt die Fristverlängerung widerruft. ²Die Sondervorauszahlung muss dagegen von den Unternehmern, die ihre Voranmeldungen monatlich abzugeben haben, für jedes Kalenderjahr, für das die Dauerfristverlängerung gilt, bis zum 10. Februar berechnet, angemeldet und entrichtet werden. ³Auf die Sondervorauszahlung finden die für die Steuern geltenden Vorschriften der AO Anwendung, z. B. die Vorschriften über die Festsetzung von Verspätungszuschlägen nach § 152 AO (vgl. BFH-Urteil vom 7. 7. 2005, V R 63/03, BStBl II S. 813) und über die Verwirkung von Säumniszuschlägen nach § 240 AO.

(4) Das Finanzamt kann die Sondervorauszahlung im Einzelfall abweichend von § 47 UStDV niedriger festsetzen, wenn

1. infolge von Rechtsänderungen die vorgeschriebene Berechnung zu einem offensichtlich unzutreffenden Ergebnis führt oder
2. die Vorauszahlungen des Vorjahres durch außergewöhnliche Umsätze beeinflusst worden sind, mit deren Wiederholung nicht zu rechnen ist.

(5) ¹Die festgesetzte Sondervorauszahlung ist bei der Festsetzung der Vorauszahlung für den letzten Voranmeldungszeitraum anzurechnen, für den die Fristverlängerung im jeweiligen Besteuerungszeitraum in Anspruch genommen werden konnte (§ 48 Abs. 4 UStDV). ²Die Sondervorauszahlung wird daher grundsätzlich bei der Berechnung der Vorauszahlung für den Monat Dezember angerechnet. ³Hat der Unternehmer seine gewerbliche oder berufliche Tätigkeit im Laufe eines Kalenderjahres eingestellt, hat er die Anrechnung bereits in der Voranmeldung für den Voranmeldungszeitraum vorzunehmen, in dem der Betrieb eingestellt oder der Beruf aufgegeben worden ist. ⁴Bei einem Verzicht des Unternehmers auf die Dauerfristverlängerung und einem Widerruf durch das Finanzamt im Laufe des Kalenderjahres gilt Satz 1 entsprechend (vgl. BFH-Urteil vom 16. 12. 2008, VII R 17/08, BStBl 2010 II S. 91).

18.5. Vereinfachte Steuerberechnung bei Kreditverkäufen

AE 18.5

(1) Es ist nicht zu beanstanden, wenn Einzelhändler und Handwerker, die § 20 UStG nicht in Anspruch nehmen können und von der vereinfachten Verbuchung ihrer Kreditverkäufe nach R 5.2 Abs. 1 Satz 7 Buchstabe b EStR 2008 zulässigerweise Gebrauch machen, bei der Erfassung der Außenstände wie folgt verfahren:

S 7340

1. ¹Bei der Berechnung der Umsatzsteuer für einen Voranmeldungszeitraum bleiben die ausstehenden Entgelte für ausgeführte steuerpflichtige Lieferungen und sonstige Leistungen unberücksichtigt. ²Die Zahlungseingänge aus diesen Kreditgeschäften sind wie Zahlungseingänge aus Bargeschäften in dem Voranmeldungszeitraum zu versteuern, in dem sie vereinnahmt worden sind.

2. ¹Zum 31. Dezember eines jeden Jahres hat der Unternehmer anhand der nach R 5.2 Abs. 1 Satz 7 Buchstabe b EStR 2008 geführten Kladde die ausstehenden Entgelte festzustellen und in der Voranmeldung für den Monat Dezember den Entgelten zuzurechnen. ²Der Forderungsbestand am 31. Dezember des Vorjahres ist in dieser Voranmeldung von den Entgelten abzusetzen.

(2) ¹Ändern sich die Steuersätze im Laufe eines Kalenderjahres, sind die Außenstände am Tage vor dem Inkrafttreten der geänderten Steuersätze zu ermitteln und in der nächsten Voranmeldung den Entgelten zuzurechnen, auf die die bisherigen Steuersätze Anwendung finden. ²In dieser Voranmeldung sind die ausstehenden Entgelte am 31. Dezember des Vorjahres von den Entgelten abzusetzen. ³Die Entgelte, die am Tage vor dem Inkrafttreten einer Änderung des Steuersatzes ausstehen, sind in der letzten Voranmeldung des Besteuerungszeitraums von den Entgelten abzusetzen, die den geänderten Steuersätzen unterliegen.

18.6. Abgabe der Voranmeldungen in Sonderfällen

AE 18.6

S 7346

(1) ¹Unabhängig von der Regelung des § 18 Abs. 2 Satz 3 UStG kann das Finanzamt den Unternehmer von der Abgabe der Voranmeldungen befreien, z. B. wenn und soweit in bestimmten Voranmeldungszeiträumen regelmäßig keine Umsatzsteuer entsteht.

Beispiel:
¹Ein Aufsichtsratsmitglied erhält im Monat Mai eines jeden Jahres vertragsgemäß eine Vergütung von 30 000 €.
²Das Finanzamt kann das Aufsichtsratsmitglied für die Monate, in denen es keine Entgelte erhält, von der Abgabe der Voranmeldungen befreien. ³Die Befreiung ist davon abhängig zu machen, dass in den betreffenden Voranmeldungszeiträumen tatsächlich keine Umsatzsteuer entstanden ist.

²Eine Befreiung von der Verpflichtung zur Abgabe von Voranmeldungen kommt in Neugründungsfällen (§ 18 Abs. 2 Satz 4 UStG) nicht in Betracht.

(2) Unternehmer, die die Durchschnittssätze nach § 24 UStG anwenden, haben über die Verpflichtung nach § 18 Abs. 4a UStG hinaus – sofern sie vom Finanzamt nicht besonders aufgefordert werden – insbesondere dann Voranmeldungen abzugeben und Vorauszahlungen zu entrichten, wenn

1. Umsätze von Sägewerkserzeugnissen bewirkt werden, für die der Durchschnittssatz nach § 24 Abs. 1 Satz 1 Nr. 2 UStG gilt, oder

2. Umsätze ausgeführt werden, die unter Berücksichtigung der Vereinfachungsregelung des Abschnittes 24.6 zu einer Umsatzsteuer-Vorauszahlung oder einem Überschuss führen und für die wegen der Abgabe der Voranmeldungen keine besondere Ausnahmeregelung gilt, oder

3. Steuerbeträge nach § 14c UStG geschuldet werden.

(3) ¹In den Fällen des Absatzes 2 müssen die Umsätze, die den Durchschnittssätzen nach § 24 UStG unterliegen und für die eine Steuer nicht zu entrichten ist, in den Voranmeldungen nicht aufgeführt zu werden. ²Sind die in Absatz 2 Nr. 1 und 2 bezeichneten Voraussetzungen erst im Laufe des Kalenderjahres eingetreten, sind von dem in Betracht kommenden Zeitpunkt an Voranmeldungen abzugeben und Vorauszahlungen zu entrichten. ³Auf vorausgegangene Vorauszahlungszeiträume entfallende Umsatzsteuerbeträge müssen erst binnen der in § 18 Abs. 4 Satz 1 UStG bezeichneten Frist nachentrichtet werden. ⁴In den Fällen des Absatzes 2 Nr. 2 erstreckt sich die Verpflichtung zur Abgabe der Voranmeldungen und zur Entrichtung der Vorauszahlungen auf die Voranmeldungszeiträume, für die diese Steuerbeträge geschuldet werden. ⁵Die Möglichkeit, den Unternehmer unter den Voraussetzungen des § 18 Abs. 2 Satz 3 UStG von der Abgabe der Voranmeldung zu entbinden, wird durch die vorstehende Regelung nicht berührt.

(4) Unterliegen mehrere Grundstücke der Zwangsverwaltung, ist die Umsatzsteuer grundsätzlich für jedes Grundstück gesondert zu berechnen und anzumelden (vgl. BFH-Urteil vom 18. 10. 2001, V R 44/00, BStBl 2002 II S. 171).

(5) Zum Besteuerungsverfahren nach § 18 Abs. 4c UStG vgl. Abschnitt 3a.16 Abs. 8 bis 14.

18.7. Abgabe von Voranmeldungen in Neugründungsfällen

AE 18.7

S 7346

(1)¹Die Verpflichtung zur Abgabe monatlicher Voranmeldungen besteht für das Jahr der Aufnahme der beruflichen oder gewerblichen Tätigkeit (Neugründungsfälle) und für das folgende

Kalenderjahr (§ 18 Abs. 2 Satz 4 UStG). ²Neugründungsfälle, in denen auf Grund der beruflichen oder gewerblichen Tätigkeit keine Umsatzsteuer festzusetzen ist (z. B. Unternehmer mit ausschließlich steuerfreien Umsätzen ohne Vorsteuerabzug – § 4 Nr. 8 ff. UStG –, Kleinunternehmer – § 19 Abs. 1 UStG –, Land- und Forstwirte – § 24 UStG –), fallen nicht unter die Regelung des § 18 Abs. 2 Satz 4 UStG.

(2) ¹Bei Umwandlungen durch Verschmelzung (§ 2 UmwG), Spaltung (§ 123 UmwG) oder Vermögensübertragung (§ 174 UmwG) liegt eine Aufnahme der beruflichen und gewerblichen Tätigkeit vor, wenn dadurch ein Rechtsträger neu entsteht oder seine unternehmerische Tätigkeit aufnimmt. ²Ein Formwechsel (§ 190 UmwG) führt nicht zu einem neuen Unternehmen, da der formwechselnde Rechtsträger weiter besteht (§ 202 Abs. 1 Nr. 1 UmwG). ³Der bei einer Betriebsaufspaltung neu entstehende Rechtsträger fällt unter § 18 Abs. 2 Satz 4 UStG, wenn durch die Betriebsaufspaltung keine Organschaft begründet wird. ⁴Ein Gesellschafterwechsel oder ein Gesellschafteraustritt bzw. -eintritt führt nicht zu einem Neugründungsfall.

(3) ¹Bei einem örtlichen Zuständigkeitswechsel liegt kein Neugründungsfall vor. ²Stellt ein bestehendes Unternehmen einen Antrag auf Erteilung einer USt-IdNr., liegt allein deshalb kein Neugründungsfall vor.

(4) Auch in Neugründungsfällen kann Dauerfristverlängerung (§ 18 Abs. 6 UStG i. V. m. §§ 46 bis 48 UStDV) gewährt werden.

18.8. Verfahren bei der Beförderungseinzelbesteuerung

AE 18.8

S 7351

(1) ¹Befördert ein Unternehmer Personen im Gelegenheitsverkehr mit einem Kraftomnibus, der nicht im Inland zugelassen ist, wird die Umsatzsteuer für jede einzelne Beförderungsleistung durch die zuständige Zolldienststelle berechnet und festgesetzt, wenn bei der Ein- oder Ausreise eine Grenze zwischen dem Inland und dem Drittlandsgebiet (z. B. Grenze zur Schweiz) überschritten wird (§ 16 Abs. 5, § 18 Abs. 5 UStG, Abschnitt 16.2). ²Wird im Einzelfall geltend gemacht, dass die Voraussetzungen für eine Besteuerung nicht gegeben seien, muss dies in eindeutiger und leicht nachprüfbarer Form gegenüber der Zolldienststelle nachgewiesen werden. ³Anderenfalls setzt die Zolldienststelle die Umsatzsteuer durch Steuerbescheid fest (§ 155 Abs. 1 AO).

(2) ¹Gegen die Steuerfestsetzung durch die Zolldienststelle ist der Einspruch gegeben (§ 347 Abs. 1 Satz 1 AO). ²Die Zolldienststelle ist berechtigt, dem Einspruch abzuhelfen (§ 367 Abs. 3 Satz 2 AO, § 16 Abs. 5 Satz 3 UStG). ³Hilft sie ihm nicht in vollem Umfang ab, hat sie die Sache mit für sie örtlich zuständigen Finanzamt zur weiteren Entscheidung vorzulegen. ⁴Der Einspruch kann auch unmittelbar bei dem zuständigen Finanzamt eingelegt werden.

(3)¹Anstelle der Beförderungseinzelbesteuerung kann der Unternehmer bei dem für ihn zuständigen Finanzamt die Besteuerung der Beförderungsleistungen im allgemeinen Besteuerungsverfahren (§ 18 Abs. 3 und 4 UStG) beantragen (§ 16 Abs. 5b UStG). ²Auf die Steuer, die sich danach ergibt, wird die bei den Zolldienststellen entrichtete Umsatzsteuer angerechnet, soweit sie auf diese Beförderungsleistungen entfällt (§ 18 Abs. 5b UStG). ³Die Höhe der anzurechnenden Umsatzsteuer ist durch Vorlage aller im Verfahren der Beförderungseinzelbesteuerung von den Zolldienststellen ausgehändigten Durchschriften der Umsatzsteuererklärung (Vordruckmuster 2603) mit allen Steuerquittungen nachzuweisen.

(4) ¹Ist das Verfahren der Beförderungseinzelbesteuerung nicht durchzuführen, weil bei der Ein- und Ausreise keine Grenze zum Drittlandsgebiet überschritten wird, ist das allgemeine Besteuerungsverfahren (§ 18 Abs. 1 bis 4 UStG) durchzuführen. ²Zur umsatzsteuerlichen Erfassung in diesen Fällen vgl. § 18 Abs. 12 UStG und Abschnitt 18.17.

18.9. Verfahren bei der Fahrzeugeinzelbesteuerung

AE 18.9

S 7352
S 7352-a

(1) ¹Beim innergemeinschaftlichen Erwerb neuer Fahrzeuge (§ 1b UStG) durch andere Erwerber als die in § 1a Abs. 1 Nr. 2 UStG genannten Personen hat der Erwerber für jedes erworbene neue Fahrzeug eine Steuererklärung für die Fahrzeugeinzelbesteuerung nach amtlich vorgeschriebenem Vordruck abzugeben (§ 16 Abs. 5a, § 18 Abs. 5a UStG; Abschnitt 16.3). ²Der Erwerber hat die Steuererklärung eigenhändig zu unterschreiben und ihr die vom Lieferer ausgestellte Rechnung beizufügen. ³§§ 167 und 168 AO sind anzuwenden.

(2) ¹Der Erwerber hat die Steuererklärung für die Fahrzeugeinzelbesteuerung innerhalb von 10 Tagen nach dem Tag des innergemeinschaftlichen Erwerbs (§ 13 Abs. 1 Nr. 7 UStG) abzugeben und die Steuer zu entrichten. ²Gibt er keine Steuererklärung ab oder berechnet er die Steuer nicht richtig, kann das Finanzamt die Steuer – ggf. im Schätzungswege – festsetzen. ³Der Schätzung sind regelmäßig die Mitteilungen zu Grunde zu legen, die dem Finanzamt von der für die Zulassung oder Registrierung von Fahrzeugen zuständigen Behörden (§ 18 Abs. 10 Nr. 1 UStG) oder dem für die Besteuerung des Fahrzeuglieferers zuständigen EU-Mitgliedstaat zur Verfügung gestellt werden.

18.10. Unter das Vorsteuer-Vergütungsverfahren fallende Unternehmer und Vorsteuerbeträge

S 7359

(1) ¹Das Vorsteuer-Vergütungsverfahren kommt nur für Unternehmer in Betracht, die im Ausland ansässig sind; die Ansässigkeit im Ausland richtet sich nach § 59 Satz 2 UStDV. ²Ein Unternehmer ist bereits dann im Inland ansässig, wenn er eine Betriebsstätte hat und von dieser Umsätze ausführt oder beabsichtigt, von dieser Umsätze auszuführen. ³Die Vorsteuerbeträge des im Ausland gelegenen Unternehmensteils sind in diesen Fällen im Rahmen des allgemeinen Besteuerungsverfahrens von der Betriebsstätte geltend zu machen. ⁴Unternehmer, die ein im Inland gelegenes Grundstück besitzen und vermieten oder beabsichtigen zu vermieten, sind als im Inland ansässig zu behandeln. ⁵Zur Abgrenzung des Vorsteuer-Vergütungsverfahrens vom allgemeinen Besteuerungsverfahren vgl. Abschnitt 18.15.

(2) ¹Das Vergütungsverfahren setzt voraus, dass der im Ausland ansässige Unternehmer in einem Vergütungszeitraum (vgl. Abschnitt 18.12) im Inland entweder keine Umsätze oder nur die Umsätze ausgeführt hat, die in § 59 UStDV genannt sind. ²Sind diese Voraussetzungen erfüllt, kann die Vergütung der Vorsteuerbeträge nur im Vorsteuer-Vergütungsverfahren durchgeführt werden.

Beispiel 1:

¹Ein im Ausland ansässiger Beförderungsunternehmer hat im Inland in den Monaten Januar bis April nur steuerfreie Beförderungen im Sinne des § 4 Nr. 3 UStG ausgeführt. ²In denselben Monaten ist ihm für empfangene Leistungen, z. B. für Beherbergungen, Umsatzsteuer in Höhe von insgesamt 300 € in Rechnung gestellt worden.

³Die Vergütung der abziehbaren Vorsteuerbeträge ist im Vorsteuer-Vergütungsverfahren durchzuführen (§ 59 Satz 1 Nr. 1 UStDV).

Beispiel 2:

¹Der im Ausland ansässige Unternehmer U hat in den Monaten Januar bis April Gegenstände aus dem Drittlandsgebiet an Abnehmer im Inland geliefert. ²U beförderte die Gegenstände mit eigenen Fahrzeugen an die Abnehmer. ³Bei den Beförderungen ist dem Unternehmer im Inland für empfangene Leistungen, z. B. für Beherbergungen, Umsatzsteuer in Höhe von insgesamt 300 € in Rechnung gestellt worden. ⁴Schuldner der Einfuhrumsatzsteuer für die eingeführten Gegenstände war jeweils der Abnehmer. ⁵U hat in den Monaten Januar bis April keine weiteren Umsätze im Inland erbracht.

⁶U erbringt in den Monaten Januar bis April keine Umsätze im Inland. ⁷Der Ort seiner Lieferungen liegt im Drittlandsgebiet (§ 3 Abs. 6 UStG). ⁸Die Vergütung der abziehbaren Vorsteuerbeträge ist im Vorsteuer-Vergütungsverfahren durchzuführen (§ 59 Satz 1 Nr. 1 UStDV).

Beispiel 3:

¹Der im Ausland ansässige Unternehmer A erbringt im Jahr 1 im Inland ausschließlich steuerpflichtige Werkleistungen an den Unternehmer U. ²Zur Ausführung der Werkleistungen ist A im Inland für empfangene Leistungen, z. B. Materialeinkauf, Umsatzsteuer in Höhe von insgesamt 1 000 € in Rechnung gestellt worden.

³Steuerschuldner für die Leistungen des A ist U (§ 13b Abs. 5 Satz 1 UStG). ⁴Die Vergütung der abziehbaren Vorsteuerbeträge des A ist im Vorsteuer-Vergütungsverfahren durchzuführen (§ 59 Satz 1 Nr. 2 UStDV).

³Der vergütungsberechtigte Unternehmer (Leistender) ist im Rahmen der gesetzlichen Mitwirkungspflicht (§ 90 Abs. 1 AO) verpflichtet, auf Verlangen die Leistungsempfänger zu benennen, wenn diese für seine Leistungen die Steuer nach § 13b Abs. 5 Satz 1 und 3 UStG schulden.

18.11. Vom Vorsteuer-Vergütungsverfahren ausgeschlossene Vorsteuerbeträge

S 7359

(1) Sind die Voraussetzungen für die Anwendung des Vorsteuer-Vergütungsverfahrens nach § 59 UStDV nicht erfüllt, können Vorsteuerbeträge nur im allgemeinen Besteuerungsverfahren nach § 16 und § 18 Abs. 1 bis 4 UStG berücksichtigt werden.

Beispiel 1:

¹Einem im Ausland ansässigen Unternehmer ist im Vergütungszeitraum Januar bis März Umsatzsteuer für die Einfuhr oder den Kauf von Gegenständen und für die Inanspruchnahme von sonstigen Leistungen berechnet worden. ²Der Unternehmer führt im März im Inland steuerpflichtige Lieferungen aus.

³Die Vorsteuer kann nicht im Vorsteuer-Vergütungsverfahren vergütet werden. ⁴Das allgemeine Besteuerungsverfahren ist durchzuführen.

Beispiel 2:

¹Der im Ausland ansässige Unternehmer U führt an dem im Inland belegenen Einfamilienhaus eines Privatmannes Schreinerarbeiten (Werklieferungen) durch. ²Die hierfür erforderlichen

Gegenstände hat U teils im Inland erworben, teils in das Inland eingeführt. ³Für den Erwerb der Gegenstände im Inland ist U Umsatzsteuer in Höhe von 500 € in Rechnung gestellt worden. ⁴Für die Einfuhr der Gegenstände hat U Einfuhrumsatzsteuer in Höhe von 250 € entrichtet.

⁵Auf die Umsätze des U findet § 13b UStG keine Anwendung, da der Leistungsempfänger als Privatmann nicht Steuerschuldner wird (§ 13b Abs. 5 Satz 1 UStG). ⁶Die Vorsteuerbeträge (Umsatzsteuer und Einfuhrumsatzsteuer) können daher nicht im Vorsteuer-Vergütungsverfahren vergütet werden. ⁷Das allgemeine Besteuerungsverfahren ist durchzuführen.

Beispiel 3:

¹Sachverhalt wie in Abschnitt 18.10 Abs. 2 Beispiel 2. ²Abweichend hiervon ist U Schuldner der Einfuhrumsatzsteuer.

³Der Ort der Lieferungen des U liegt im Inland (§ 3 Abs. 8 UStG). ⁴U schuldet die Steuer für die Lieferungen. ⁵Die Vorsteuerbeträge können daher nicht im Vorsteuer-Vergütungsverfahren vergütet werden. ⁶Das allgemeine Besteuerungsverfahren ist durchzuführen.

(2) ¹Reiseveranstalter sind nicht berechtigt, die ihnen für Reisevorleistungen gesondert in Rechnung gestellten Steuerbeträge als Vorsteuer abzuziehen (§ 25 Abs. 4 UStG). ²Insoweit entfällt deshalb auch das Vorsteuer-Vergütungsverfahren.

(3) Nicht vergütet werden Vorsteuerbeträge, die mit Umsätzen im Ausland in Zusammenhang stehen, die – wenn im Inland ausgeführt – den Vorsteuerabzug ausschließen würden (vgl. Abschnitt 15.14).

Beispiel:

¹Ein französischer Arzt besucht einen Ärztekongress im Inland. ²Da ärztliche Leistungen grundsätzlich steuerfrei sind und den Vorsteuerabzug ausschließen, können die angefallenen Vorsteuerbeträge nicht vergütet werden.

(4) ¹Einem Unternehmer, der nicht im Gemeinschaftsgebiet ansässig ist, wird die Vorsteuer nur vergütet, wenn in dem Land, in dem der Unternehmer seinen Sitz hat, keine Umsatzsteuer oder ähnliche Steuer erhoben wird oder im Fall der Erhebung im Inland ansässigen Unternehmern vergütet wird (sog. Gegenseitigkeit im Sinne von § 18 Abs. 9 Satz 4 UStG). ²Unternehmer, die ihren Sitz auf den Kanarischen Inseln, in Ceuta oder in Melilla haben, sind für die Durchführung des Vorsteuer-Vergütungsverfahrens wie Unternehmer mit Sitz im Gemeinschaftsgebiet zu behandeln. ³Hinsichtlich der Verzeichnisse der Drittstaaten, zu denen Gegenseitigkeit gegeben oder nicht gegeben ist, wird auf das BMF-Schreiben vom 23. 7. 2010, BStBl I S. 636, sowie ggf. spätere hierzu im BStBl Teil I veröffentlichte BMF-Schreiben hingewiesen. ⁴Bei fehlender Gegenseitigkeit ist das Vorsteuer-Vergütungsverfahren nur durchzuführen, wenn der nicht im Gemeinschaftsgebiet ansässige Unternehmer

1. nur Umsätze ausgeführt hat, für die der Leistungsempfänger die Steuer schuldet (§ 13b Abs. 5 Satz 1 und 3 UStG) oder die der Beförderungseinzelbesteuerung (§ 16 Abs. 5 und § 18 Abs. 5 UStG) unterlegen haben, oder
2. im Inland nur innergemeinschaftliche Erwerbe und daran anschließende Lieferungen im Sinne des § 25b Abs. 2 UStG ausgeführt hat, oder
3. im Gemeinschaftsgebiet als Steuerschuldner ausschließlich sonstige Leistungen auf elektronischem Weg an im Gemeinschaftsgebiet ansässige Nichtunternehmer erbracht und von seinem Wahlrecht der steuerlichen Erfassung in nur einem EU-Mitgliedstaat (§ 18 Abs. 4c und 4d UStG) Gebrauch gemacht hat (vgl. Abschnitt 3a.16 Abs. 14).

(5) Von der Vergütung ausgeschlossen sind bei Unternehmern, die nicht im Gemeinschaftsgebiet ansässig sind, die Vorsteuerbeträge, die auf den Bezug von Kraftstoffen entfallen (§ 18 Abs. 9 Satz 5 UStG).

18.12. Vergütungszeitraum

AE 18.12

¹Der Vergütungszeitraum muss mindestens drei aufeinander folgende Kalendermonate in einem Kalenderjahr umfassen. ²Es müssen nicht in jedem Kalendermonat Vorsteuerbeträge angefallen sein. ³Für den restlichen Zeitraum eines Kalenderjahres können die Monate November und Dezember oder es kann auch nur der Monat Dezember Vergütungszeitraum sein. ⁴Wegen der Auswirkungen der Mindestbeträge auf den zu wählenden Vergütungszeitraum vgl. § 61 Abs. 3 und § 61a Abs. 3 UStDV.

S 7359

18.13. Vorsteuer-Vergütungsverfahren für im übrigen Gemeinschaftsgebiet ansässige Unternehmer

Antragstellung

S 7359

(1) ¹Ein im übrigen Gemeinschaftsgebiet ansässiger Unternehmer, dem im Inland von einem Unternehmer für einen steuerpflichtigen Umsatz Umsatzsteuer in Rechnung gestellt worden ist, kann über die zuständige Stelle in dem Mitgliedstaat, in dem der Unternehmer ansässig ist, bei der zuständigen Behörde im Inland einen Antrag auf Vergütung dieser Steuer stellen. ²Für die Vergütung der Vorsteuerbeträge im Vorsteuer-Vergütungsverfahren ist ausschließlich das BZSt zuständig (§ 5 Abs. 1 Nr. 8 FVG).

(2) ¹Der im übrigen Gemeinschaftsgebiet ansässige Unternehmer hat den Vergütungsantrag nach amtlich vorgeschriebenem Datensatz durch Datenfernübertragung nach Maßgabe der Steuerdaten-Übermittlungsverordnung über das in dem Mitgliedstaat, in dem der Unternehmer ansässig ist, eingerichtete elektronische Portal dem BZSt zu übermitteln (§ 61 Abs. 1 UStDV). ²Eine unmittelbare Übermittlung des Vergütungsantrags von dem im übrigen Gemeinschaftsgebiet ansässigen Unternehmer an das BZSt ist nicht mehr möglich. ³Eine schriftliche Bescheinigung des Mitgliedstaats, in dem der Unternehmer ansässig ist, zur Bestätigung der Unternehmereigenschaft ist durch im übrigen Gemeinschaftsgebiet ansässige Unternehmer nicht mehr beizufügen.

(3) ¹Die Vergütung ist binnen neun Monaten nach Ablauf des Kalenderjahres, in dem der Vergütungsanspruch entstanden ist, zu beantragen (§ 61 Abs. 2 UStDV). ²Es handelt sich hierbei um eine Ausschlussfrist, bei deren Versäumung unter den Voraussetzungen des § 110 AO Wiedereinsetzung in den vorigen Stand gewährt werden kann.

(4) ¹Der Unternehmer hat die Vergütung selbst zu berechnen. ²Dem Vergütungsantrag sind auf elektronischem Weg die Rechnungen und Einfuhrbelege in Kopie beizufügen, wenn das Entgelt für den Umsatz oder die Einfuhr mindestens 1 000 €, bei Rechnungen über den Bezug von Kraftstoffen 250 € beträgt. ³Bei begründeten Zweifeln an dem Recht auf Vorsteuerabzug in der beantragten Höhe kann das BZSt verlangen, dass die Vorsteuerbeträge – unbeschadet der Frage der Rechnungshöhe – durch Vorlage von Rechnungen und Einfuhrbelegen im Original nachgewiesen werden.

(5) ¹Die beantragte Vergütung muss mindestens 400 € betragen (§ 61 Abs. 3 UStDV). ²Das gilt nicht, wenn der Vergütungszeitraum das Kalenderjahr oder der letzte Zeitraum des Kalenderjahres ist. ³Für diese Vergütungszeiträume muss die beantragte Vergütung mindestens 50 € betragen.

(6) Einem Unternehmer, der im Gemeinschaftsgebiet ansässig ist und Umsätze ausführt, die zum Teil den Vorsteuerabzug ausschließen, wird die Vorsteuer höchstens in der Höhe vergütet, die er in dem Mitgliedstaat, in dem er ansässig ist, bei Anwendung eines Pro-rata-Satzes zum Vorsteuerabzug berechtigt wäre (§ 18 Abs. 9 Satz 3 UStG).

Bescheiderteilung

(7) ¹Das BZSt hat den Vergütungsantrag eines im übrigen Gemeinschaftsgebiet ansässigen Unternehmers grundsätzlich innerhalb von vier Monaten und zehn Tagen nach Eingang aller erforderlichen Unterlagen abschließend zu bearbeiten und den Vergütungsbetrag auszuzahlen. ²Die Bearbeitungszeit verlängert sich bei Anforderung weiterer Informationen zum Vergütungsantrag durch das BZSt auf längstens acht Monate. ³Die Fristen nach den Sätzen 1 und 2 gelten auch bei Vergütungsanträgen von Unternehmern, die auf den Kanarischen Inseln, in Ceuta oder in Melilla ansässig sind.

(8) ¹Der Bescheid über die Vergütung von Vorsteuerbeträgen ist in elektronischer Form zu übermitteln. ²Eine qualifizierte elektronische Signatur nach dem Signaturgesetz ist dabei nicht erforderlich (§ 61 Abs. 4 Satz 2 UStDV).

Verzinsung

(9) ¹Der nach § 18 Abs. 9 UStG zu vergütende Betrag ist zu verzinsen (§ 61 Abs. 5 UStDV). ²Der Zinslauf beginnt grundsätzlich mit Ablauf von vier Monaten und zehn Werktagen nach Eingang des Vergütungsantrags beim BZSt. ³Übermittelt der Unternehmer Kopien der Rechnungen oder Einfuhrbelege abweichend von Absatz 4 Satz 2 nicht zusammen mit dem Vergütungsantrag, sondern erst zu einem späteren Zeitpunkt, beginnt der Zinslauf erst mit Ablauf von vier Monaten und zehn Tagen nach Eingang dieser Kopien beim BZSt. ⁴Hat das BZSt zusätzliche oder weitere zusätzliche Informationen angefordert, beginnt der Zinslauf erst mit Ablauf von zehn Werktagen nach Ablauf der Fristen in Artikel 21 der Richtlinie 2008/9/EG des Rates vom 12. 2. 2008 zur Regelung der Erstattung der Mehrwertsteuer nach der Richtlinie 2006/112/EG an nicht im Mitgliedstaat der Erstattung, sondern in einem anderen Mitgliedstaat ansässige Steuerpflichtige (ABl. EU Nr. L 44 S. 23). ⁵Der Zinslauf endet mit erfolgter Zahlung des zu vergütenden Betrages; die Zahlung gilt als erfolgt mit dem Tag der Fälligkeit, es sei denn, der Unternehmer weist nach, dass er den zu vergütenden Betrag später erhalten hat. ⁶Wird die Festsetzung oder Anmeldung der Steuervergütung

geändert, ist eine bisherige Zinsfestsetzung zu ändern; § 233a Abs. 5 AO gilt entsprechend. [7]Für die Höhe und Berechnung der Zinsen gilt § 238 AO. [8]Auf die Festsetzung der Zinsen ist § 239 AO entsprechend anzuwenden.

(10) Ein Anspruch auf Verzinsung nach Absatz 9 besteht nicht, wenn der Unternehmer einer Mitwirkungspflicht nicht innerhalb einer Frist von einem Monat nach Zugang einer entsprechenden Aufforderung des BZSt nachkommt (§ 61 Abs. 6 UStDV).

18.14. Vorsteuer-Vergütungsverfahren für im Drittlandsgebiet ansässige Unternehmer

AE 18.14

Antragstellung

(1) [1]Ein im Drittlandsgebiet ansässiger Unternehmer, dem im Inland von einem Unternehmer für einen steuerpflichtigen Umsatz Umsatzsteuer in Rechnung gestellt worden ist, kann bei der zuständigen Behörde im Inland einen Antrag auf Vergütung dieser Steuer stellen. [2]Für die Vergütung der Vorsteuerbeträge im Vorsteuer-Vergütungsverfahren ist ausschließlich das BZSt zuständig (§ 5 Abs. 1 Nr. 8 FVG). [3]**Zum Vorliegen** der Gegenseitigkeit sowie **zum Ausschluss bestimmter Vorsteuerbeträge** vgl. Abschnitt 18.11 Abs. 4 und 5.

S 7359

(2) [1]Für den Antrag auf Vergütung der Vorsteuerbeträge ist ein Vordruck nach amtlich vorgeschriebenem Muster zu verwenden. [2]Der Unternehmer hat die Möglichkeit, den Vergütungsantrag dem BZSt – ggf. vorab – elektronisch zu übermitteln. [3]Informationen zur elektronischen Übermittlung sind auf den Internetseiten des BZSt (www.bzst.de) abrufbar. [4]Zur Zulassung abweichender Vordrucke für das Vorsteuer-Vergütungsverfahren vgl. BMF-Schreiben vom 12. 1. 2007, BStBl I S. 121. [5]In jedem Fall muss der Vordruck in deutscher Sprache ausgefüllt werden. [6]Im Antragsvordruck sind die Vorsteuerbeträge, deren Vergütung beantragt wird, im Einzelnen aufzuführen (Einzelaufstellung). [7]Es ist nicht erforderlich, zu jedem Einzelbeleg darzulegen, zu welcher unternehmerischen Tätigkeit die erworbenen Gegenstände oder empfangenen sonstigen Leistungen verwendet worden sind. [8]Pauschale Erklärungen reichen aus, z. B. grenzüberschreitende Güterbeförderungen im Monat Juni.

(3) Aus Gründen der Arbeitsvereinfachung wird für die Einzelaufstellung das folgende Verfahren zugelassen:

1. Bei Rechnungen, deren Gesamtbetrag 150 € nicht übersteigt und bei denen das Entgelt und die Umsatzsteuer in einer Summe angegeben sind (§ 33 UStDV):
   a) Der Unternehmer kann die Rechnungen getrennt nach Kostenarten mit laufenden Nummern versehen und sie mit diesen Nummern, den Nummern der Rechnungen und mit den Bruttorechnungsbeträgen in gesonderten Aufstellungen zusammenfassen.
   b) [1]Die in den Aufstellungen zusammengefassten Bruttorechnungsbeträge sind aufzurechnen. [2]Aus dem jeweiligen Endbetrag ist die darin enthaltene Umsatzsteuer herauszurechnen und in den Antrag zu übernehmen. [3]Hierbei ist auf die gesonderte Aufstellung hinzuweisen.
   c) Bei verschiedenen Steuersätzen sind die gesonderten Aufstellungen getrennt für jeden Steuersatz zu erstellen.
2. Bei Fahrausweisen, in denen das Entgelt und der Steuerbetrag in einer Summe angegeben sind (§ 34 UStDV), gilt Nummer 1 entsprechend.
3. Bei Einfuhrumsatzsteuerbelegen:
   a) Der Unternehmer kann die Belege mit laufenden Nummern versehen und sie mit diesen Nummern, den Nummern der Belege und mit den in den Belegen angegebenen Steuerbeträgen in einer gesonderten Aufstellung zusammenfassen.
   b) [1]Die Steuerbeträge sind aufzurechnen und in den Antrag zu übernehmen. [2]Hierbei ist auf die gesonderte Aufstellung hinzuweisen.
4. Die gesonderten Aufstellungen sind dem Vergütungsantrag beizufügen.

(4) [1]Der Unternehmer hat die Vergütung selbst zu berechnen. [2]Dem Vergütungsantrag sind die Rechnungen und Einfuhrbelege im Original beizufügen (§ 61a Abs. 2 Satz 3 UStDV); sie können allenfalls bis zum Ende der Antragsfrist nachgereicht werden (vgl. BFH-Urteil vom 18. 1. 2007, V R 23/05, BStBl II S. 430). [3]Kann ein Unternehmer in Einzelfällen den erforderlichen Nachweis der Vorsteuerbeträge nicht durch Vorlage von Originalbelegen erbringen, sind Zweitschriften nur anzuerkennen, wenn der Unternehmer den Verlust der Originalbelege nicht zu vertreten hat, der dem Vergütungsantrag zu Grunde liegende Vorgang stattgefunden hat und keine Gefahr besteht, dass weitere Vergütungsanträge gestellt werden (vgl. BFH-Urteil vom 20. 8. 1998, V R 55/96, BStBl 1999 II S. 324). [4]Bei der Zweitausfertigung eines Ersatzbeleges für den Abzug der Einfuhrumsatzsteuer als Vorsteuer kommt es nicht darauf an, auf Grund welcher Umstände die Erstschrift des Ersatzbeleges nicht vorgelegt werden kann (vgl. BFH-Urteil vom 19. 11. 1998, V R 102/96, BStBl 1999 II S. 255). [5]Hinsichtlich der Anerkennung von Rechnungen und zollamtlichen Abgabe-

bescheiden, die auf elektronischem Weg übermittelt wurden, vgl. Abschnitte 14.4 und 15.11 Abs. 1 Satz 2 Nr. 2 Sätze 2 und 3.

(5) [1]Die Vergütung ist binnen sechs Monaten nach Ablauf des Kalenderjahres, in dem der Vergütungsanspruch entstanden ist, zu beantragen (§ 61a Abs. 2 UStDV). [2]Die Antragsfrist ist eine Ausschlussfrist, bei deren Versäumung unter den Voraussetzungen des § 110 AO Wiedereinsetzung in den vorigen Stand gewährt werden kann.

(6) [1]Die beantragte Vergütung muss mindestens 1 000 € betragen (§ 61a Abs. 3 UStDV). [2]Das gilt nicht, wenn der Vergütungszeitraum das Kalenderjahr oder der letzte Zeitraum des Kalenderjahres ist. [3]Für diese Vergütungszeiträume muss die beantragte Vergütung mindestens 500 € betragen.

(7) [1]Der Nachweis nach § 61a Abs. 4 UStDV ist nach dem Muster USt 1 TN zu führen. [2]Hinsichtlich dieses Musters wird auf das BMF-Schreiben vom 14. 5. 2010, BStBl I S. 517, sowie auf ggf. spätere hierzu im BStBl Teil I veröffentlichte BMF-Schreiben hingewiesen. [3]Die Bescheinigung muss den Vergütungszeitraum abdecken (vgl. BFH-Urteil vom 18. 1. 2007, V R 22/05, BStBl II S. 426). [4]Für Vergütungsanträge, die später als ein Jahr nach dem Ausstellungsdatum der Bescheinigung gestellt werden, ist eine neue Bescheinigung vorzulegen. [5]Bei ausländischen staatlichen Stellen, die mit der Organisation von Gemeinschaftsausstellungen im Rahmen von Messen und Ausstellungen beauftragt worden und insoweit als Unternehmer anzusehen sind, ist auf die Vorlage einer behördlichen Bescheinigung (§ 61a Abs. 4 UStDV) zu verzichten. [6]Die Bindungswirkung der Unternehmerbescheinigung entfällt, wenn das BZSt bei Zweifeln an deren Richtigkeit auf Grund von Aufklärungsmaßnahmen (eigene Auskünfte des Unternehmers, Amtshilfe) Informationen erhält, aus denen hervorgeht, dass die in der Bescheinigung enthaltenen Angaben unrichtig sind (vgl. BFH-Urteil vom 14. 5. 2008, XI R 58/06, BStBl II S. 831).

(8) [1]Der Vergütungsantrag ist vom Unternehmer eigenhändig zu unterschreiben (§ 61a Abs. 2 Satz 4 UStDV). [2]Der Unternehmer kann den Vergütungsanspruch abtreten (§ 46 Abs. 2 und 3 AO).

(9) Im Falle der Vergütung hat das BZSt die Originalbelege durch Stempelaufdruck oder in anderer Weise zu entwerten.

Verzinsung

(10) Der nach § 18 Abs. 9 UStG zu vergütende Betrag ist nach § 233a AO zu verzinsen (vgl. BFH-Urteil vom 17. 4. 2008, V R 41/06, BStBl 2009 II S. 2, und Nr. 62 des Anwendungserlasses zur AO zu § 233a AO).

18.15. Vorsteuer-Vergütungsverfahren und allgemeines Besteuerungsverfahren

(1) [1]Für einen Voranmeldungszeitraum schließen sich das allgemeine Besteuerungsverfahren und das Vorsteuer-Vergütungsverfahren gegenseitig aus. [2]Sind jedoch die Voraussetzungen des Vorsteuer-Vergütungsverfahrens erfüllt und schuldet der im Ausland ansässige Unternehmer die Steuer im allgemeinen Besteuerungsverfahren (z. B. nach § 14c Abs. 1 UStG), kann die Vergütung der Vorsteuerbeträge abweichend von § 16 Abs. 2 Satz 1 UStG nur im Vorsteuer-Vergütungsverfahren durchgeführt werden. [3]Im Laufe eines Kalenderjahres kann zudem der Fall eintreten, dass die Vorsteuerbeträge eines im Ausland ansässigen Unternehmers abschnittsweise im Wege des Vorsteuer-Vergütungsverfahrens und im Wege des allgemeinen Besteuerungsverfahrens zu vergüten oder von der Steuer abzuziehen sind. [4]In diesen Fällen ist *für jedes Kalenderjahr* wie folgt zu verfahren:

1. [1]Vom Beginn des Voranmeldungszeitraums an, in dem *erstmalig* das allgemeine Besteuerungsverfahren durchzuführen ist, endet insoweit die Zuständigkeit des BZSt.
2. [1]*Der im Ausland ansässige Unternehmer hat seine Vorsteuerbeträge für diesen Voranmeldungszeitraum und für die weiteren verbleibenden Voranmeldungszeiträume dieses Kalenderjahres im allgemeinen Besteuerungsverfahren geltend zu machen.*[2]Erfüllt der Unternehmer im Laufe des Kalenderjahres erneut die Voraussetzungen des Vorsteuer-Vergütungsverfahrens, *bleibt es demnach für dieses Kalenderjahr bei der Zuständigkeit des Finanzamts; ein unterjähriger Wechsel vom allgemeinen Besteuerungsverfahren zum Vorsteuer-Vergütungsverfahren ist somit nicht möglich.*
3. [1]Hat der im Ausland ansässige Unternehmer Vorsteuerbeträge, die in einem Voranmeldungszeitraum entstanden sind, für den das allgemeine Besteuerungsverfahren noch nicht durchzuführen war, nicht im Vorsteuer-Vergütungsverfahren geltend gemacht, kann er diese Vorsteuerbeträge von dem Zeitpunkt ab, ab dem das allgemeine Besteuerungsverfahren anzuwenden ist, nur noch in diesem Verfahren geltend machen. [2]Beim Abzug dieser Vorsteuerbeträge von der Steuer gelten die Einschränkungen des § 18 Abs. 9 Sätze 3 bis 5 UStG sowie § 61 Abs. 3 und § 61a Abs. 3 UStDV entsprechend.
4. [1]*Ab dem Zeitraum, ab dem erstmalig* die Voraussetzungen für das allgemeine Besteuerungsverfahren vorliegen, hat der Unternehmer *unter den Voraussetzungen von § 18 Abs. 2 und 2a*

UStG eine Voranmeldung abzugeben. ²In diesem Fall sind die abziehbaren Vorsteuerbeträge durch Vorlage der Rechnung und Einfuhrbelege im Original nachzuweisen (§ 62 Abs. 2 UStDV).

5. ¹Nach Ablauf **eines** Kalenderjah**res, in dem das allgemeine Besteuerungsverfahren durchzuführen ist,** hat der **im Ausland ansässige** Unternehmer bei dem Finanzamt eine **Umsatzsteuererklärung für das Kalenderjahr** abzugeben. ²Das Finanzamt hat die Steuer für das Kalenderjahr festzusetzen. ³Hierbei sind die Vorsteuerbeträge nicht zu berücksichtigen, die **bereits** im Vorsteuer-Vergütungsverfahren vergütet worden sind (§ 62 Abs. 1 UStDV).

(2) ¹Ist bei einem im Ausland ansässigen Unternehmer das allgemeine Besteuerungsverfahren durchzuführen und ist dem Finanzamt nicht bekannt, ob der Unternehmer im laufenden Kalenderjahr bereits die Vergütung von Vorsteuerbeträgen im Vorsteuer-Vergütungsverfahren beantragt hat, hat das Finanzamt beim BZSt anzufragen. ²Wurde das Vorsteuer-Vergütungsverfahren beim BZSt in diesem Fall bereits durchgeführt, hat der Unternehmer die abziehbaren Vorsteuerbeträge auch im allgemeinen Besteuerungsverfahren durch Vorlage der Rechnungen und Einfuhrbelege im Original nachzuweisen (§ 62 Abs. 2 UStDV). ³Die Belege sind zu entwerten.

18.16. Unternehmerbescheinigung für Unternehmer, die im Inland ansässig sind   AE 18.16

(1) ¹Unternehmern, die in der Bundesrepublik Deutschland ansässig sind und die für die Vergütung von Vorsteuerbeträgen in einem Drittstaat eine Bestätigung ihrer Unternehmereigenschaft benötigen, stellt das zuständige Finanzamt eine Bescheinigung nach dem Muster USt 1 TN (vgl. Abschnitt 18.14 Abs. 7) aus. ²Das gilt auch für Organgesellschaften und Zweigniederlassungen im Inland, die zum Unternehmen eines im Ausland ansässigen Unternehmers gehören.

(2) Die Bescheinigung darf nur Unternehmern erteilt werden, die zum Vorsteuerabzug berechtigt sind. Sie darf nicht erteilt werden, wenn der Unternehmer nur steuerfreie Umsätze ausführt, die den Vorsteuerabzug ausschließen, oder die Besteuerung nach § 19 Abs. 1 oder § 24 Abs. 1 UStG anwendet.

(3) ¹Unternehmern, die die Vergütung von Vorsteuerbeträgen in einem anderen Mitgliedstaat beantragen möchten, wird keine Bescheinigung nach Absatz 1 erteilt. ²Die Bestätigung der Unternehmereigenschaft erfolgt in diesen Fällen durch das BZSt durch Weiterleitung des Vergütungsantrags an den Mitgliedstaat der Erstattung (vgl. Abschnitt 18g.1 Abs. 10).

S 7359

18.17. Umsatzsteuerliche Erfassung von im Ausland ansässigen Unternehmern, die grenzüberschreitende Personenbeförderungen mit nicht im Inland zugelassenen Kraftomnibussen durchführen   AE 18.17

Allgemeines

(1) Die Umsatzbesteuerung grenzüberschreitender Personenbeförderungen (§ 3b Abs. 1 Satz 2 UStG) mit nicht im Inland zugelassenen Kraftomnibussen ist entweder im Verfahren der Beförderungseinzelbesteuerung (§ 16 Abs. 5 UStG) durchzuführen, wenn eine Grenze zwischen dem Inland und dem Drittlandsgebiet (z. B. Grenze zur Schweiz) überschritten wird, oder im allgemeinen Besteuerungsverfahren (§ 18 Abs. 1 bis 4 UStG), wenn keine Grenze zwischen dem Inland und dem Drittlandsgebiet überschritten wird.

S 7424-f

Anzeigepflicht

(2) Im Ausland ansässige Unternehmer (§ 13b Abs. 7 UStG), die grenzüberschreitende Personenbeförderungen mit nicht im Inland zugelassenen Kraftomnibussen durchführen, haben dies vor der erstmaligen Ausführung derartiger auf das Inland entfallender Umsätze bei dem für die Umsatzbesteuerung nach § 21 AO zuständigen Finanzamt anzuzeigen, soweit diese Umsätze nicht der Beförderungseinzelbesteuerung (§ 16 Abs. 5 UStG) unterliegen oder der Leistungsempfänger die Steuer für derartige Umsätze nach § 13b Abs. 5 Satz 1 oder 3 UStG schuldet (§ 18 Abs. 12 Satz 1 UStG).

(3) ¹Die Anzeige über die erstmalige Ausführung grenzüberschreitender Personenbeförderungen mit nicht im Inland zugelassenen Kraftomnibussen ist an keine Form gebunden. ²Für die Anzeige über die Ausführung derartiger Umsätze sollte der Unternehmer den Vordruck USt 1 TU verwenden. ³Hinsichtlich dieses Musters wird auf das BMF-Schreiben vom 9. 7. 2004, BStBl I S. 622, sowie auf ggf. spätere hierzu im BStBl Teil I veröffentlichte BMF-Schreiben hingewiesen. ⁴Wird das Muster USt 1 TU nicht verwendet, sind jedoch die hierin verlangten Angaben zu machen.

Bescheinigungsverfahren

(4) ¹Das für die Umsatzbesteuerung nach § 21 AO zuständige Finanzamt erteilt über die umsatzsteuerliche Erfassung des im Ausland ansässigen Unternehmers für jeden nicht im Inland zugelas-

senen Kraftomnibus, der für grenzüberschreitende Personenbeförderungen eingesetzt werden soll, eine gesonderte Bescheinigung (§ 18 Abs. 12 Satz 2 UStG) nach dem Muster USt 1 TV. ²Hinsichtlich dieses Musters wird auf das BMF-Schreiben vom 9. 7. 2004, BStBl I S. 622, sowie auf ggf. spätere hierzu im BStBl Teil I veröffentlichte BMF-Schreiben hingewiesen. ³Die Gültigkeit der Bescheinigung soll nicht länger als ein Jahr betragen.

(5) ¹Die Bescheinigung nach § 18 Abs. 12 Satz 2 UStG ist während jeder Fahrt im Inland mitzuführen und auf Verlangen den für die Steueraufsicht zuständigen Zolldienststellen vorzulegen (§ 18 Abs. 12 Satz 3 UStG). ²Bei Nichtvorlage der Bescheinigung können diese Zolldienststellen eine Sicherheitsleistung nach den abgabenrechtlichen Vorschriften in Höhe der für die einzelne Beförderungsleistung voraussichtlich zu entrichtenden Steuer verlangen (§ 18 Abs. 12 Satz 4 UStG). ³Die entrichtete Sicherheitsleistung ist im Rahmen der Umsatzsteuererklärung für das Kalenderjahr (§ 18 Abs. 3 Satz 1 UStG) auf die zu entrichtende Steuer anzurechnen (§ 18 Abs. 12 Satz 5 UStG). ⁴Für die Anrechnung sind die von den Zolldienststellen ausgehändigten Durchschriften der Anordnungen von Sicherheitsleistungen (Vordruckmuster 2605) mit Quittungen vorzulegen.

H Hinweise

1 Anleitung für die zwischenstaatliche Amtshilfe durch Auskunftsaustausch in Umsatzsteuersachen innerhalb der EU

(BMF vom 10. 12. 2002 – IV B 2 – S 7079 – 519/02 –, UR 2003 S. 101)

2 Informationsaustausch zwischen den Mitgliedstaaten über den Erwerb neuer Fahrzeuge

(BMF vom 23. 4. 2003 – IV B 2 – S 7079 – 257/03 –, DStR 2003 S. 1302, UR 2003 S. 563)

3 Informationsaustausch zwischen den Mitgliedstaaten über den Erwerb neuer Fahrzeuge

(OFD Koblenz, Vfg. vom 19. 5. 2003 – S 7079 A – St 44 5 –, UR 2003 S. 515)

4 Muster des USt-Berechnungsbogens mit Bescheid für die Fahrzeugeinzelbesteuerung

(BMF vom 22. 5. 2003 – IV D 1 – S 7352a – 2/03 –, UR 2003 S. 415)

5 Bundeseinheitliche Vordrucke für die Umsatzsteuer-Sonderprüfung (Vordruckmuster USt 7 A und USt 7 B)

(BMF vom 11. 9. 2003, BStBl 2003 I S. 465)

6 Merkblatt zur Umsatzbesteuerung in der Bauwirtschaft (USt M 2) – Stand: Juli 2004 –

(BMF vom 13. 7. 2004, BStBl 2004 I S. 628)

7 Verpflichtung zur Abgabe von Umsatzsteuer-Voranmeldungen und Lohnsteuer-Anmeldungen auf elektronischem Weg (§ 18 Abs. 1 Satz 1 UStG und § 41a Abs. 1 EStG) ab 1. 1. 2005

(BMF vom 29. 11. 2004, BStBl 2004 I S. 1135)
Siehe USt-HA 2009/10 § 18 H 7.

8 Verpflichtung zur Abgabe von Umsatzsteuer-Voranmeldungen und Lohnsteuer-Anmeldungen auf elektronischem Weg (§ 18 Abs. 1 Satz 1 UStG und § 41a Abs. 1 EStG) ab 1. 1. 2005

(BMF vom 28. 4. 2005, BStBl 2005 I S. 675)
Siehe USt-HA 2009/10 § 18 H 8.

9 Verpflichtung zur Abgabe von Umsatzsteuer-Voranmeldungen und Lohnsteuer-Anmeldungen auf elektronischem Weg (§ 18 Abs. 1 Satz 1 UStG und § 41a Abs. 1 EStG) ab 1. 1. 2005

(BMF vom 18. 6. 2005 – IV A 7 – S 0321 – 44/05, UR 2005 S. 517)
Siehe USt-HA 2009/10 § 18 H 9.

Vorsteuer-Vergütungsverfahren (§ 18 Abs. 9 UStG, §§ 59 bis 62 UStDV), Gegenseitigkeit (§ 18 Abs. 9 Satz 6 UStG)

(BMF vom 21. 7. 2005, BStBl 2005 I S. 832)

2 Anlagen

Mit BMF-Schreiben vom 7. April 2004 – IV D 1 – S 7359–60/04 – (BStBl I S. 457) zum Vorsteuer-Vergütungsverfahren ist je ein Verzeichnis der Drittstaaten, zu denen die Gegenseitigkeit im Sinne des § 18 Abs. 9 Satz 6 UStG besteht, und der Drittstaaten, zu denen die Gegenseitigkeit nicht gegeben ist, herausgegeben worden.

Hiermit werden die Verzeichnisse durch die beiliegenden, geänderten Verzeichnisse ersetzt. Die Änderungen beruhen auf dem Beitritt Estlands, Lettlands, Litauens, Maltas, Polens, der Slowakischen Republik, Sloweniens, der Tschechischen Republik, Ungarns und Zyperns zur Europäischen Union zum 1. Mai 2004.[1]

Anlage 1

Verzeichnis der Drittstaaten, bei denen die Voraussetzungen des § 18 Abs. 9 Satz 6 UStG vorliegen (Gegenseitigkeit gegeben)

Andorra	Jamaika	Niederländische Antillen
Antigua und Barbuda	Japan	(bis 30. April 1999)
Australien (bis 30. Juni 2000)	Jersey	Norwegen
Bahamas	Kanada	Oman
Bahrain	Katar	Salomonen
Britische Jungferninseln	Korea, Dem. Volksrepublik	San Marino
Bermudas	Korea, Republik	Saudi-Arabien
Brunei Darussalam	(ab 1. Januar 1999)	Schweiz
Cayman-Inseln	Kuwait	St. Vincent
Gibraltar	Libanon	Swasiland
Grenada	Liberia	Vatikan
Grönland	Libyen	Vereinigte Arabische Emirate
Guernsey	Liechtenstein	Vereinigte Staaten von
Hongkong (VR China)	Macao	Amerika (USA)
Iran	Mazedonien	
Island	(ab 1. April 2000)	
Israel (ab 14. Juli 1998)	Malediven	

Anlage 2

Verzeichnis der Drittstaaten, bei denen die Voraussetzungen des § 18 Abs. 9 Satz 6 UStG nicht vorliegen (Gegenseitigkeit nicht gegeben)

Ägypten	Indien	Nigeria
Albanien	Indonesien	Pakistan
Algerien	Israel (bis 13. Juli 1998)	Panama
Angola	Jemen	Paraguay
Argentinien	Jordanien	Peru
Aserbaidschan	Jugoslawien	Philippinen
Äthiopien	(Serbien, Montenegro)	Rumänien
Australien (ab 1. Juli 2000)	Kasachstan	Russland
Bangladesch	Kenia	Sambia
Barbados	Kolumbien	Senegal
Bolivien	Korea, Republik	Seychellen
Bosnien-Herzegowina	(bis 31. Dezember 1998)	Sierra Leone
Botsuana	Kroatien	Simbabwe
Brasilien	Kuba	Singapur
Bulgarien	Lesotho	Somalia
Chile	Madagaskar	Sri Lanka
China (Volksrepublik)	Malawi	Südafrika
China (Taiwan)	Malaysia	Sudan
Costa Rica	Marokko	Syrien
Côte d'Ivoire	Mauritius	Tansania
(Elfenbeinküste)	Mazedonien	Thailand
Dominikanische Republik	(bis 31. März 2000)	Togo
Ecuador	Mexiko	Trinidad und Tobago
El Salvador	Moldawien	Tunesien
Eritrea	Mongolei	Türkei

---

[1] Anm.: Verzeichnisse ersetzt durch BMF vom 10. 11. 2008, § 18 H 20.

§ 18 UStG
H

Färöer-Inseln	Mosambik	Turkmenistan
Fidschi	Myanmar	Ukraine
Französisch Polynesien	Namibia	Uruguay
(Tahiti)	Nepal	Usbekistan
Georgien	Neuseeland	Venezuela
Ghana	Nicaragua	Vietnam
Guatemala	Niederländische Antillen	Westsamoa
Haiti	(ab 1. Mai 1999)	Weißrussland
Honduras	Niger	Zaire

11 **Merkblatt zur Umsatzbesteuerung von grenzüberschreitenden Personenbeförderungen mit Omnibussen, die nicht in der Bundesrepublik Deutschland zugelassen sind**

(BMF vom 20. 9. 2006, BStBl 2006 I S. 563)

Unter Bezugnahme auf das Ergebnis der Erörterung mit den obersten Finanzbehörden der Länder wird das „Merkblatt zur Umsatzbesteuerung von grenzüberschreitenden Personenbeförderungen mit Omnibussen, die nicht in der Bundesrepublik Deutschland zugelassen sind" nach dem Stand 1. 1. 2007 neu herausgegeben (Anlage).

12 **Muster der Umsatzsteuererklärung 2006**

(BMF vom 21. 9. 2006, BStBl 2006 I S. 571)

13 **Muster der Umsatzsteuererklärung für die Fahrzeugeinzelbesteuerung (§ 18 Abs. 5a UStG)**

(BMF vom 9. 10. 2006, BStBl 2006 I S. 616)

14 **Zulassung von Vordrucken, die von den amtlich zugelassenen Vordrucken für das Vorsteuer-Vergütungsverfahren abweichen**

(BMF vom 12. 1. 2007, BStBl 2007 I S. 121)

15 **Automation in der Steuerverwaltung; Steuerdaten-Übermittlungsverordnung – StDÜV – Steuerdaten-Abrufverordnung – StDAV –**

(BMF vom 15. 1. 2007, BStBl 2007 I S. 95)

16 **Muster der Umsatzsteuererklärung 2007**

(BMF vom 13. 7. 2007, BStBl 2007 I S. 556)

17 **Muster der Vordrucke im Umsatzsteuer-Voranmeldungs- und -Vorauszahlungsverfahren für das Kalenderjahr 2008**

(BMF vom 1. 10. 2007, BStBl 2007 I S. 744)

18 **Muster der Umsatzsteuererklärung 2008**

(BMF vom 30. 9. 2008, BStBl 2008 I S. 899)

19 **Muster der Vordrucke im Umsatzsteuer-Voranmeldungs- und -Vorauszahlungsverfahren für das Kalenderjahr 2009**

(BMF vom 30. 9. 2008, BStBl 2008 I S. 912)

20 **Vorsteuer-Vergütungsverfahren (§ 18 Abs. 9 UStG, §§ 59 bis 62 UStDV); Gegenseitigkeit (§ 18 Abs. 9 Satz 6 UStG)**

(BMF vom 10. 11. 2008, BStBl 2008 I S. 967)

2 Anlagen

Mit BMF-Schreiben vom 21. 7. 2005 – IV A 6 – S 7359 – 108/05 – (BStBl I S. 832) zum Vorsteuer-Vergütungsverfahren ist je ein Verzeichnis der Drittstaaten, zu denen die Gegenseitigkeit im Sinne des § 18 Abs. 9 Satz 6 UStG besteht, und der Drittstaaten, zu denen die Gegenseitigkeit nicht gegeben ist, herausgegeben worden.

Hiermit werden die Verzeichnisse durch die beiliegenden, geänderten Verzeichnisse ersetzt. Die Änderungen beruhen u. a. auf der Trennung von Montenegro und Serbien im Jahr 2006 sowie

§ 18 UStG
H

dem Beitritt Bulgariens und Rumäniens zur Europäischen Union zum 1.1.2007. Ergänzungen sind durch Randstriche kenntlich gemacht.[1])

Anlage 1

Verzeichnis der Drittstaaten, bei denen die Voraussetzungen des § 18 Abs. 9 Satz 6 UStG vorliegen (Gegenseitigkeit gegeben)

Andorra	Jamaika	Niederländische Antillen
Antigua und Barbuda	Japan	(bis 30. April 1999)
Australien (bis 30. Juni 2000)	Jersey	Norwegen
Bahamas	Kanada	Oman
Bahrain	Katar	Pakistan
Bermudas	Korea, Dem. Volksrepublik	(ab 1. Juli 2008)
Britische Jungferninseln	Korea, Republik	Salomonen
Brunei Darussalam	(ab 1. Januar 1999)	San Marino
Cayman-Inseln	Kuwait	Saudi-Arabien
Gibraltar	Libanon	Schweiz
Grenada	Liberia	St. Vincent und die Grenadinen
Grönland	Libyen	Swasiland
Guernsey	Liechtenstein	Vatikan
Hongkong (VR China)	Macao	Vereinigte Arabische Emirate
Iran	Malediven	Vereinigte Staaten von
Island	Mazedonien	Amerika (USA)
Israel (ab 14. Juli 1998)	(ab 1. April 2000)	

Anlage 2

Verzeichnis der Drittstaaten, bei denen die Voraussetzungen des § 18 Abs. 9 Satz 6 UStG nicht vorliegen (Gegenseitigkeit nicht gegeben)

Ägypten	Israel (bis 13. Juli 1998)	Paraguay
Albanien	Jemen	Peru
Algerien	Jordanien	Philippinen
Angola	Kasachstan	Russland
Argentinien	Kenia	Sambia
Aserbaidschan	Kolumbien	Senegal
Äthiopien	Korea, Republik	Serbien
Australien (ab 1. Juli 2000)	(bis 31. Dezember 1998)	Seychellen
Bangladesch	Kroatien	Sierra Leone
Barbados	Kuba	Simbabwe
Bolivien	Lesotho	Singapur
Bosnien und Herzegowina	Madagaskar	Somalia
Botsuana	Malawi	Sri Lanka
Brasilien	Malaysia	Südafrika
Chile	Marokko	Sudan
China (Volksrepublik)	Mauritius	Syrien
China (Taiwan)	Mazedonien	Tansania
Costa Rica	(bis 31. März 2000)	Thailand
Côte d'Ivoire	Mexiko	Togo
(Elfenbeinküste)	Moldawien	Trinidad und Tobago
Dominikanische Republik	Mongolei	Tunesien
Ecuador	Montenegro	Türkei
El Salvador	Mosambik	Turkmenistan
Eritrea	Myanmar	Ukraine
Färöer-Inseln	Namibia	Uruguay
Fidschi	Nepal	Usbekistan
Französisch Polynesien	Neuseeland	Venezuela
(Tahiti)	Nicaragua	Vietnam
Georgien	Niederländische Antillen	Westsamoa
Ghana	(ab 1. Mai 1999)	Weißrussland
Guatemala	Niger	Zaire
Haiti	Nigeria	
Honduras	Pakistan	
Indien	(bis 30. Juni 2008)	
Indonesien	Panama	

---

[1] Anm.: Verzeichnisse ersetzt durch BMF vom 25.9.2009, § 18 H 21.

21 Vorsteuer-Vergütungsverfahren (§ 18 Abs. 9 UStG, §§ 59 bis 62 UStDV); Gegenseitigkeit (§ 18 Abs. 9 Satz 6 UStG)

(BMF vom 25. 9. 2009, BStBl 2009 I S. 1233)

2 Anlagen

Mit BMF-Schreiben vom 10. 11. 2008 – IV B 9 – S 7359/07/10009 (2008/0615609) – (BStBl I S. 967) zum Vorsteuer-Vergütungsverfahren ist je ein Verzeichnis der Drittstaaten, zu denen die Gegenseitigkeit im Sinne des § 18 Abs. 9 Satz 6 UStG besteht, und der Drittstaaten, zu denen die Gegenseitigkeit nicht gegeben ist, herausgegeben worden.

Hiermit werden die Verzeichnisse durch die beiliegenden, geänderten Verzeichnisse ersetzt. Ergänzungen sind durch Randstriche kenntlich gemacht.[1])

Anlage 1

Verzeichnis der Drittstaaten, bei denen die Voraussetzungen des § 18 Abs. 9 Satz 6 UStG vorliegen (Gegenseitigkeit gegeben)

Andorra
Antigua und Barbuda
Australien (bis 30. Juni 2000)
Bahamas
Bahrain
Bermudas
Britische Jungferninseln
Brunei Darussalam
Cayman-Inseln
Gibraltar
Grenada
Grönland
Guernsey
Hongkong (VR China)
Irak
Iran
Island
Israel (ab 14. Juli 1998)
Jamaika
Japan
Jersey
Kanada
Katar
Korea, Dem. Volksrepublik
Korea, Republik
(ab 1. Januar 1999)
Kuwait
Libanon
Liberia
Libyen
Liechtenstein
Macao
Malediven
Mazedonien
(ab 1. April 2000)
Niederländische Antillen
(bis 30. April 1999)
Norwegen
Oman
Pakistan
(ab 1. Juli 2008)
Salomonen
San Marino
Saudi-Arabien
Schweiz
St. Vincent und die Grenadinen
Swasiland
Vatikan
Vereinigte Arabische Emirate
Vereinigte Staaten von Amerika (USA)

Anlage 2

Verzeichnis der Drittstaaten, bei denen die Voraussetzungen des § 18 Abs. 9 Satz 6 UStG nicht vorliegen (Gegenseitigkeit nicht gegeben)

Ägypten
Albanien
Algerien
Angola
Argentinien
Armenien
Aserbaidschan
Äthiopien
Australien (ab 1. Juli 2000)
Bangladesch
Barbados
Bolivien
Bosnien und Herzegowina
Botsuana
Brasilien
Chile
China (Volksrepublik)
China (Taiwan)
Costa Rica
Côte d'Ivoire (Elfenbeinküste)
Dominikanische Republik
Ecuador
El Salvador
Eritrea
Israel (bis 13. Juli 1998)
Jemen
Jordanien
Kasachstan
Kenia
Kolumbien
Kongo, Demokratische Republik
Korea, Republik
(bis 31. Dezember 1998)
Kroatien
Kuba
Lesotho
Madagaskar
Malawi
Malaysia
Marokko
Mauritius
Mazedonien
(bis 31. März 2000)
Mexiko
Moldawien
Mongolei
Montenegro
Mosambik
Myanmar
Paraguay
Peru
Philippinen
Puerto Rico
Russland
Sambia
Senegal
Serbien
Seychellen
Sierra Leone
Simbabwe
Singapur
Somalia
Sri Lanka
Südafrika
Sudan
Syrien
Tansania
Thailand
Togo
Trinidad und Tobago
Tunesien
Türkei
Turkmenistan
Ukraine

---

[1]) Anm.: Verzeichnisse ersetzt durch BMF vom 23. 7. 2010, § 18 H 29.

Färöer-Inseln	Namibia	Uruguay
Fidschi	Nepal	Usbekistan
Französisch Polynesien	Neuseeland	Venezuela
(Tahiti)	Nicaragua	Vietnam
Georgien	Niederländische Antillen	Westsamoa
Ghana	(ab 1. Mai 1999)	Weißrussland
Guatemala	Niger	
Haiti	Nigeria	
Honduras	Pakistan	
Indien	(bis 30. Juni 2008)	
Indonesien	Panama	

Muster der Umsatzsteuererklärung 2009 22

(BMF vom 1. 10. 2009, BStBl 2009 I S. 1235)

Muster der Vordrucke im Umsatzsteuer-Voranmeldungs- und -Vorauszahlungsverfahren für das Kalenderjahr 2010 23

(BMF vom 1. 10. 2009, BStBl 2009 I S. 1248)

Merkblatt zur Umsatzbesteuerung in der Bauwirtschaft (USt M 2) – Stand: Oktober 2009 – 24

(BMF vom 12. 10. 2009, BStBl 2009 I S. 1292)

Vorsteuer-Vergütungsverfahren ab 1. Januar 2010 25

(BMF vom 3. 12. 2009, BStBl 2009 I S. 1520)
Siehe USt-HA 2009/10 § 18 H 25.

Muster der Vordrucke im Umsatzsteuer-Voranmeldungs- und -Vorauszahlungsverfahren für das Kalenderjahr 2010 26

(BMF vom 19. 4. 2010, BStBl 2010 I S. 375)

Vordruckmuster für den Nachweis der Eintragung als Steuerpflichtiger (Unternehmer) im Vorsteuer-Vergütungsverfahren 27

(BMF vom 14. 5. 2010, BStBl 2010 I S. 517)

Vorsteuer-Vergütungsverfahren im Drittland 28

(OFD Niedersachsen, Vfg. vom 14. 7. 2010 – S 7359 – 1 – St 183 –, StEd 2010 S. 651)

Vorsteuer-Vergütungsverfahren (§ 18 Abs. 9 UStG, §§ 59 bis 62 UStDV); Gegenseitigkeit (§ 18 Abs. 9 Satz 4 UStG) 29

(BMF vom 23. 7. 2010, BStBl 2010 I S. 636)
2 Anlagen
Mit BMF-Schreiben vom 25. 9. 2009 – IV B 9 – S 7359/07/10009 (2009/0625637) – (BStBl I S. 1233) zum Vorsteuer-Vergütungsverfahren ist je ein Verzeichnis der Drittstaaten, zu denen die Gegenseitigkeit im Sinne des § 18 Abs. 9 Satz 6 UStG (seit 1. 1. 2010: § 18 Abs. 9 Satz 4 UStG) besteht, und der Drittstaaten, zu denen die Gegenseitigkeit nicht gegeben ist, herausgegeben worden.
Hiermit werden die Verzeichnisse durch die beiliegenden, geänderten Verzeichnisse ersetzt. Ergänzungen und Änderungen sind durch Randstriche kenntlich gemacht.
Anlage 1
Verzeichnis der Drittstaaten, bei denen die Voraussetzungen des § 18 Abs. 9 Satz 4 UStG vorliegen (Gegenseitigkeit gegeben)

Andorra	Jamaika	Salomonen
Antigua und Barbuda	Japan	San Marino
Australien	Jersey	Saudi-Arabien
Bahamas	Kanada	Schweiz
Bahrain	Katar	St. Vincent und die Grenadinen
Bermudas	Korea, Dem. Volksrepublik	Swasiland
		Vatikan

§ 18 UStG
H

Bosnien und Herzegowina (ab 1. Januar 2006)
Britische Jungferninseln
Brunei Darussalam
Cayman-Inseln
China (Taiwan) (ab 1. Juli 2010)
Gibraltar
Grenada
Grönland
Guernsey
Hongkong (VR China)
Irak
Iran
Island
Israel (ab 14. Juli 1998)

Korea, Republik (ab 1. Januar 1999)
Kroatien (ab 1. Januar 2010)
Kuwait
Libanon
Liberia
Libyen
Liechtenstein
Macao
Malediven
Mazedonien (ab 1. April 2000)
Niederländische Antillen (bis 30. April 1999)
Norwegen
Oman
Pakistan (ab 1. Juli 2008)

Vereinigte Arabische Emirate
Vereinigte Staaten von Amerika (USA)

Anlage 2
Verzeichnis der Drittstaaten, bei denen die Voraussetzungen des § 18 Abs. 9 Satz 4 UStG nicht vorliegen (Gegenseitigkeit nicht gegeben)

Ägypten
Albanien
Algerien
Angola
Argentinien
Armenien
Aserbaidschan
Äthiopien
Bangladesch
Barbados
Bolivien
Bosnien und Herzegowina (bis 31. Dezember 2005)
Botsuana
Brasilien
Chile
China (Volksrepublik)
China (Taiwan) (bis 30. Juni 2010)
Costa Rica
Côte d'Ivoire (Elfenbeinküste)
Dominikanische Republik
Ecuador
El Salvador
Eritrea
Färöer-Inseln
Fidschi
Französisch Polynesien (Tahiti)
Georgien
Ghana
Guatemala
Haiti
Honduras
Indien
Indonesien

Israel (bis 13. Juli 1998)
Jemen
Jordanien
Kasachstan
Kenia
Kolumbien
Kongo, Demokratische Republik
Korea, Republik (bis 31. Dezember 1998)
Kroatien (bis 31. Dezember 2009)
Kuba
Lesotho
Madagaskar
Malawi
Malaysia
Marokko
Mauretanien (ab 1. Januar 1995)
Mauritius
Mazedonien (bis 31. März 2000)
Mexiko
Moldawien
Mongolei
Montenegro
Mosambik
Myanmar
Namibia
Nepal
Neuseeland
Nicaragua
Niederländische Antillen (ab 1. Mai 1999)
Niger
Nigeria
Pakistan (bis 30. Juni 2008)
Panama

Paraguay
Peru
Philippinen
Puerto Rico
Russland
Sambia
Senegal
Serbien
Seychellen
Sierra Leone
Simbabwe
Singapur
Somalia
Sri Lanka
Südafrika
Sudan
Syrien
Tansania
Thailand
Togo
Trinidad und Tobago
Tunesien
Türkei
Turkmenistan
Ukraine
Uruguay
Usbekistan
Venezuela
Vietnam
Westsamoa
Weißrussland

Muster der Umsatzsteuererklärung 2010
(BMF vom 25. 10. 2010, BStBl 2010 I S. 1259)

30

Vorsteuer-Vergütungsverfahren: Verlängerung der Frist für die Abgabe von Anträgen auf Vorsteuer-Vergütung für das Kalenderjahr 2009

31

(BMF vom 1. 11. 2010, BStBl 2010 I S. 1280)
Der EU-Ministerrat hat am 14. 10. 2010 die Richtlinie 2010/66/EU zur Änderung der Richtlinie 2008/9/EG zur Regelung der Erstattung der Mehrwertsteuer gemäß der MwStSystRL an nicht im Mitgliedstaat der Erstattung, sondern in einem anderen Mitgliedstaat ansässige Steuerpflichtige (ABl. EU 2010 Nr. L 275, 1) verabschiedet. Danach wird die Frist, bis zu der EU-einheitlich Vorsteuer-Vergütungsanträge für das Kalenderjahr 2009 eingereicht werden können, bis zum 31. 3. 2011 verlängert. Eine entsprechende Umsetzung dieser Verlängerung durch Änderung der UStDV ist nicht mehr möglich.
Im Einvernehmen mit den obersten Finanzbehörden der Länder wird deshalb entsprechend den Regelungen der Richtlinie 2010/66/EU in Abweichung von § 61 Abs. 2 Satz 1 UStDV zugelassen, dass im übrigen Gemeinschaftsgebiet ansässige Unternehmer die Vergütung von Vorsteuerbeträgen für das Kalenderjahr 2009 bis zum 31. 3. 2011 beantragen können.
Entsprechend kann ein im Inland ansässiger Unternehmer einen Antrag auf Vergütung von Vorsteuerbeträgen in einem anderen EU-Mitgliedstaat unter den Bedingungen des § 18g UStG für das Kalenderjahr 2009 dem Bundeszentralamt für Steuern bis zum 31. 3. 2011 übermitteln.
...

Abgabe von Umsatzsteuer-Voranmeldungen in Sonderfällen – Änderung von Abschnitt 18.6 und 24.2 UStAE

32

(BMF vom 8. 12. 2010, BStBl 2010 I S. 1501)
Durch das BMF-Schreiben vom 27. 10. 2010 wurde die Vereinfachungsregelung zur Besteuerung bestimmter land- und forstwirtschaftlicher Umsätze in Abschnitt 24.6 UStAE mit Wirkung vom 1. 1. 2011 neu gefasst. Diese Neufassung hat auch Auswirkungen auf den Abschnitt 18.6 UStAE, der Sonderregelungen bei der Abgabe von Umsatzsteuer-Voranmeldungen durch Land- und Forstwirte enthält. Weiterhin wird Abschn. 24.2 Abs. 6 UStAE neu gefasst.
Unter Bezugnahme auf das Ergebnis der Erörterungen mit den obersten Finanzbehörden der Länder werden die Abschnitte 18.6 und 24.2 des Umsatzsteuer-Anwendungserlasses vom 1. 10. 2010, der zuletzt durch das BMF-Schreiben vom 1. 12. 2010 – IV D 3 – S 7179/09/10003 (2010/0945930) – geändert worden ist, mit Wirkung vom 1. 1. 2011 wie folgt geändert:[1]

Muster der Vordrucke im Umsatzsteuer-Voranmeldungs- und -Vorauszahlungsverfahren für das Kalenderjahr 2011

33

(BMF vom 9. 12. 2010, BStBl 2010 I S. 1376)

Merkblatt zur Umsatzbesteuerung von grenzüberschreitenden Personenbeförderungen mit Omnibussen, die nicht in der Bundesrepublik Deutschland zugelassen sind

34

(BMF vom 15. 12. 2010, BStBl 2010 I S. 1504)
Unter Bezugnahme auf das Ergebnis der Erörterung mit den obersten Finanzbehörden der Länder wird das „Merkblatt zur Umsatzbesteuerung grenzüberschreitender Personenbeförderungen mit Omnibussen, die nicht in der Bundesrepublik Deutschland zugelassen sind" nach dem Stand 1. 1. 2011 neu herausgegeben (Anlage).
Text des Merkblatts nicht in die USt-HA aufgenommen.

Übermittlung des Antrags auf Dauerfristverlängerung / der Anmeldung der Sondervorauszahlung auf elektronischem Weg – Änderung des Abschnitts 18.4 UStAE

35

(BMF vom 17. 12. 2010, BStBl 2010 I S. 1512)
Auf Grund der Änderung von § 48 Abs. 1 Satz 2 UStDV mit Wirkung vom 1. 1. 2011 durch Artikel 9 Nr. 1 i. V. m. Artikel 17 des Gesetzes zur Modernisierung und Entbürokratisierung des Steuerverfahrens – Steuerbürokratieabbaugesetz – vom 20. 12. 2008, BGBl. I S. 2850, ist der Antrag auf Dauerfristverlängerung / die Anmeldung der Sondervorauszahlung ab 1. 1. 2011

---

[1] Anm.: Text nicht in die USt-HA aufgenommen. Der Text wurde in Abschn. 18.6 und 24.2 UStAE aufgenommen.

regelmäßig nach amtlich vorgeschriebenem Datensatz durch Datenfernübertragung nach Maßgabe der Steuerdaten-Übermittlungsverordnung zu übermitteln.

Unter Bezugnahme auf das Ergebnis der Erörterungen mit den obersten Finanzbehörden der Länder wird Abschnitt 18.4 Abs. 2 des Umsatzsteuer-Anwendungserlasses vom 1. 10. 2010, der zuletzt durch das BMF-Schreiben vom 15. Dezember 2010 – IV D 3 – S 7160-g/10/10001 (2010/0978583) – geändert worden ist, mit Wirkung vom 1. 1. 2011 wie folgt gefasst:[1]

36 Elektronische Übermittlung der Umsatzsteuererklärung – Anpassung des Umsatzsteuer-Anwendungserlasses

(BMF vom 21. 12. 2010, BStBl 2011 I S. 46)

Auf Grund des durch Art. 4 Nr. 11 Buchst. a i. V. m. Nr. 12 und Art. 32 Abs. 5 des Jahressteuergesetzes 2010 – JStG 2010 – vom 8. 12. 2010 (BGBl. I S. 1768) mit Wirkung vom 1. 1. 2011 geänderten § 18 Abs. 3 UStG hat der Unternehmer für das Kalenderjahr oder für den kürzeren Besteuerungszeitraum eine Umsatzsteuererklärung grundsätzlich nach amtlich vorgeschriebenem Datensatz durch Datenfernübertragung nach Maßgabe der Steuerdaten-Übermittlungsverordnung zu übermitteln, in der er die zu entrichtende Steuer oder den Überschuss, der sich zu seinen Gunsten ergibt, nach § 16 Abs. 1 bis 4 und § 17 UStG selbst zu berechnen hat (Steueranmeldung). Dies gilt erstmals für Besteuerungszeiträume, die nach dem 31. 12. 2010 enden (§ 27 Abs. 17 UStG i. d. F. von Art. 4 Nr. 12 des JStG 2010).

Unter Bezugnahme auf das Ergebnis der Erörterungen mit den obersten Finanzbehörden der Länder werden die Abschn. 18.1, 19.2 und 27.1 des Umsatzsteuer-Anwendungserlasses vom 1. 10. 2010, der zuletzt durch das BMF-Schreiben vom 17. 12. 2010 – IV D 3 – S 7348/0: 001 (2010/1011671) – geändert worden ist, mit Wirkung vom 1. 1. 2011 wie folgt geändert:[2]

…

37 Zusammentreffen vom allgemeinen Besteuerungsverfahren und Vorsteuer-Vergütungsverfahren in sog. Mischfällen ab 1.1.2010

(BMF vom 7. 6. 2011, BStBl 2011 I S. 581)

Im Laufe eines Kalenderjahres kann der Fall eintreten, dass die Vorsteuerbeträge eines im Ausland ansässigen Unternehmers abschnittsweise im Wege des Vorsteuer-Vergütungsverfahrens zu vergüten oder im Wege des allgemeinen Besteuerungsverfahrens von der Steuer abzuziehen sind. Dies führt in der Praxis zu Anwendungsproblemen.

Zur Vermeidung dieser Probleme wird unter Bezugnahme auf das Ergebnis der Erörterungen mit den obersten Finanzbehörden der Länder Abschnitt 18.15 Abs. 1 Satz 4 des Umsatzsteuer-Anwendungserlasses vom 1. 10. 2010 (BStBl I S. 846), der zuletzt durch das BMF-Schreiben vom 12. 5. 2011 – IV D 3 – S 7134/10/10001 (2011/0388187) – (BStBl I S. 535) geändert worden ist, wie folgt gefasst:[3]

Diese Regelungen sind in allen offenen Fällen anzuwenden.

38 Bundeseinheitliche Vordrucke für die Umsatzsteuer-Sonderprüfung: Vordruckmuster USt 7 A, USt 7 B, USt 7 C, USt 7 D

(BMF vom 17. 6. 2011, BStBl 2011 I S. 589)

39 Muster der Vordrucke im Umsatzsteuer-Voranmeldungs- und -Vorauszahlungsverfahren für das Kalenderjahr 2011

(BMF vom 24. 6. 2011, BStBl 2011 I S. 691)

40 Muster der Umsatzsteuererklärung 2011

(BMF vom 26. 9. 2011, BStBl 2011 I S. 913)

---

[1] Anm.: Text nicht in die USt-HA aufgenommen. Der Text wurde in Abschn. 18.4 Abs. 2 UStAE aufgenommen.

[2] Anm.: Text nicht in die USt-HA aufgenommen. Der Text wurde in Abschn. 15.2, 18.1, 19.2 und 27.1 UStAE aufgenommen.

[3] Anm.: Die Änderungen wurden inhaltlich unverändert in Abschn. 18.15 UStAE übernommen (siehe AE 18.15).

Muster der Vordrucke im Umsatzsteuer-Voranmeldungs- und -Vorauszahlungsverfahren für das Kalenderjahr 2012	41
(BMF vom 26. 9. 2011, BStBl 2011 I S. 927)	
Automation in der Steuerverwaltung; Steuerdaten-Übermittlungsverordnung – StDÜV – und Steuerdaten-Abrufverordnung – StDAV –	42
(BMF vom 16. 11. 2011, BStBl 2011 I S. 1063)	

Rechtsprechung

EUROPÄISCHER GERICHTSHOF

EuGH vom 24. 10. 1996 – Rs. C-217/94 – (UR 1998 S. 483)

Pflichten des Unternehmers zur Sicherstellung der Steuererhebung

Art. 22 Abs. 8 6. USt-Richtlinie in der Fassung des Art. 28h, der durch die Richtlinie 91/680/EWG des Rates vom 16. 12. 1991 zur Ergänzung des gemeinsamen Mehrwertsteuersystems und zur Änderung der 6. USt-Richtlinie im Hinblick auf die Beseitigung der Steuergrenzen eingefügt wurde, ist dahin auszulegen, daß er der Regelung eines Mitgliedstaats nicht entgegensteht, die für Waren, die ausschließlich innerhalb des betreffenden Mitgliedstaats befördert werden, die Ausstellung von Begleitpapieren vorschreibt.

EuGH vom 11. 6. 1998 – Rs. C-361/96 – (UR 1998 S. 309, HFR 1998 S. 699, UVR 1998 S. 275)

Vorsteuervergütungsverfahren – Anerkennung von Ersatzdokumenten

1. Art. 3 Buchst. a 8. USt-Richtlinie ist dahin auszulegen, dass es einem Mitgliedstaat nicht verwehrt ist, in seinem innerstaatlichen Recht die Möglichkeit vorzusehen, dass ein nicht im Inland ansässiger Steuerpflichtiger bei von ihm nicht zu vertretendem Abhandenkommen einer Rechnung oder eines Einfuhrdokuments den Nachweis seines Erstattungsanspruchs durch Vorlage einer Zweitschrift der Rechnung oder des fraglichen Einfuhrdokuments führt, wenn der dem Erstattungsantrag zugrunde liegende Vorgang stattgefunden hat und keine Gefahr besteht, dass weitere Erstattungsanträge gestellt werden.
2. Hat ein in einem Mitgliedstaat ansässiger Steuerpflichtiger die Möglichkeit, bei von ihm nicht zu vertretendem Abhandenkommen der ihm zugegangenen Originalrechnung den Nachweis seines Anspruchs auf Erstattung der Umsatzsteuer durch Vorlage einer Zweitschrift oder einer Ablichtung der Rechnung zu führen, so folgt aus dem Diskriminierungsverbot des Art. 6 des Vertrages, auf das in der fünften Begründungserwägung der 8. USt-Richtlinie hingewiesen wird, dass diese Möglichkeit auch einem nicht in diesem Mitgliedstaat ansässigen Steuerpflichtigen einzuräumen ist, wenn der dem Erstattungsantrag zugrunde liegende Vorgang stattgefunden hat und keine Gefahr besteht, dass weitere Erstattungsanträge gestellt werden.

EuGH vom 13. 7. 2000 – Rs. C-136/99 – (UR 2000 S. 390, HFR 2000 S. 762, DStR 2000 S. 566)

Berechnung des Vorsteuererstattungsbetrags aus ausländischen Eingangsumsätzen (Frankreich) bei teils steuerfreien, teils steuerpflichtigen Verwendungsumsätzen des inländischen Steuerpflichtigen (Italien).

Die Art. 2 und 5 8. USt-Richtlinie sind dahin auszulegen, dass

– Steuerpflichtigen, die in einem Mitgliedstaat ansässig sind, in dem sie nur für einen Teil ihrer Umsätze besteuert werden, ein Anspruch auf Erstattung eines Teils der Mehrwertsteuer erwächst, die in einem Mitgliedstaat, in dem sie nicht ansässig sind, auf Gegenstände oder Dienstleistungen erhoben wurde, die die Steuerpflichtigen für ihre Umsätze in dem ersteren Mitgliedstaat verwenden;
– der Betrag der zu erstattenden Mehrwertsteuer in der Weise zu berechnen ist, dass zunächst die Umsätze ermittelt werden, die in dem Mitgliedstaat, in dem der Steuerpflichtige ansässig ist, zum Vorsteuerabzug berechtigen, und von diesen dann nur diejenigen Umsätze, die auch im Mitgliedstaat der Erstattung zum Vorsteuerabzug berechtigt würden, wenn sie dort bewirkt worden wären, sowie die in diesem Staat zum Vorsteuerabzug berechtigenden Ausgaben berücksichtigt werden.

EuGH vom 1. 4. 2004 – Rs. C-90/02 – (HFR 2004 S. 815, UVR 2004 S. 197)

Die Bedeutung der Rechnung für die Ausübung des Rechts auf Vorsteuerabzug im Falle der Steuerschuldnerschaft des Leistungsempfängers

Ein Steuerpflichtiger, der nach Art. 21 Nr. 1 6. USt-Richtlinie i. d. F. der Richtlinien 91/680/EWG und 92/111/EWG als Empfänger einer Dienstleistung die darauf entfallende Mehrwertsteuer schuldet, braucht für die Ausübung seines Vorsteuerabzugsrechts keine nach Art. 22 Abs. 3 6. USt-Richtlinie ausgestellte Rechnung zu besitzen.

EuGH vom 26. 1. 2006 – Rs. C-533/03 – (HFR 2006 S. 415, UR 2006 S. 654)

Rechtsakte über die zwischenstaatliche Amtshilfe sind nicht nichtig

Die Verordnung (EG) Nr. 1798/2003 des Rates vom 7. 10. 2003 über die Zusammenarbeit der Verwaltungsbehörden auf dem Gebiet der Mehrwertsteuer sowie die Richtlinie (EG) Nr. 93/2003 des Rates vom 7. 10. 2003 zur Änderung der Richtlinie 77/799/EG über die gegenseitige Amtshilfe zwischen den zuständigen Behörden der Mitgliedstaaten im Bereich der direkten und indirekten Steuern sind zu Recht auf der Grundlage von Art. 93 und 94 EG erlassen worden und nicht – mangels unrichtiger Rechtsgrundlage – für nichtig zu erklären.

EuGH vom 28. 9. 2006 – Rs. C-128/05 – (DB 2006 S. 2556, HFR 2006 S. 1286)

Nichtabgabe von Steuererklärungen durch ausländische Busunternehmer in Österreich entspricht nicht dem Gemeinschaftsrecht

Österreich hat dadurch gegen seine Verpflichtungen aus den Art. 18 Abs. 1 Buchst. a und 2 sowie Art. 22 Abs. 3 bis 5 der 6. USt-Richtlinie verstoßen, dass es nicht in Österreich ansässigen Steuerpflichtigen, die Personenbeförderungen in Österreich durchführen, gestattet, keine Steuererklärungen einzureichen und den Netto-Mehrwertsteuerbetrag nicht zu zahlen, wenn ihr in Österreich erzielter Jahresumsatz unter 22 000 Euro liegt, in diesem Fall davon ausgeht, dass der Betrag der geschuldeten Mehrwertsteuer gleich dem der abziehbaren Mehrwertsteuer ist, und die Anwendung der vereinfachten Regelung dadurch bedingt hat, dass diese Steuer in den Rechnungen oder in den an ihre Stelle tretenden Dokumenten nicht ausgewiesen wird.

EuGH vom 15. 3. 2007 – Rs. C-35/05 – (HFR 2007 S. 515, UR 2007 S. 430)

Keine Erstattung rechtsgrundlos gezahlter Steuer an nicht im Inland ansässige Steuerpflichtige

1. Die Art. 2 und 5 der 8. USt-Richtlinie sind dahin auszulegen, dass nicht geschuldete Mehrwertsteuer, die dem Dienstleistungsempfänger irrtümlich in Rechnung gestellt und an den Fiskus des Mitgliedstaats des Orts dieser Dienstleistungen gezahlt worden ist, nicht erstattungsfähig ist.
2. Abgesehen von den in Art. 21 Abs. 1 der 6. USt-Richtlinie in ihrer durch die Richtlinie 92/111/EWG des Rates vom 14. 12. 1992 geänderten Fassung ausdrücklich vorgesehenen Fällen ist nur der Dienstleistungserbringer gegenüber den Steuerbehörden des Mitgliedstaats des Orts der Dienstleistungen als Schuldner der Mehrwertsteuer anzusehen.
3. Die Grundsätze der Neutralität, der Effektivität und der Nichtdiskriminierung stehen nationalen Rechtsvorschriften wie denen im Ausgangsverfahren, nach denen nur der Dienstleistungserbringer einen Anspruch auf Erstattung von zu Unrecht als Mehrwertsteuer gezahlten Beträgen gegen die Steuerbehörden hat und der Dienstleistungsempfänger eine zivilrechtliche Klage auf Rückzahlung der nicht geschuldeten Leistung gegen diesen Dienstleistungserbringer erheben kann, nicht entgegen. Für den Fall, dass die Erstattung der Mehrwertsteuer unmöglich oder übermäßig erschwert wird, müssen die Mitgliedstaaten jedoch, damit der Grundsatz der Effektivität gewahrt wird, die erforderlichen Mittel vorsehen, die es dem Dienstleistungsempfänger ermöglichen, die zu Unrecht in Rechnung gestellte Steuer erstattet zu bekommen. Die nationalen Rechtsvorschriften im Bereich der direkten Steuern sind für diese Antwort ohne Bedeutung.

EuGH vom 7. 6. 2007 – Rs. C-335/05 – (HFR 2007 S. 811, UR 2007 S. 540)

Gegenseitigkeitserfordernis und Meistbegünstigungsklausel des GATS beim Vorsteuervergütungsverfahren

Art. 2 Abs. 2 der 13. USt-Richtlinie ist dahin auszulegen, dass der dort verwendete Begriff „Drittländer" alle Drittländer umfasst und dass diese Bestimmung die Befugnis und die Verantwortung der Mitgliedstaaten unberührt lässt, ihren Verpflichtungen aus völkerrechtlichen Verträgen wie dem Allgemeinen Übereinkommen über den Handel mit Dienstleistungen nachzukommen.

EuGH vom 28. 6. 2007 – Rs. C-73/06 – (HFR 2007 S. 924, UR 2007 S. 654)

Feststellung des Sitzes der wirtschaftlichen Tätigkeit einer die Vorsteuererstattung im Vorsteuervergütungsverfahren beantragenden Gesellschaft

1. Die Art. 3 Buchst. b und 9 Abs. 2 der 8. USt-Richtlinie sind dahin auszulegen, dass eine dem Muster in Anhang B dieser Richtlinie entsprechende Bescheinigung grundsätzlich die Vermutung begründet, dass der Betreffende nicht nur in dem Mitgliedstaat, dessen Steuerverwaltung ihm die genannte Bescheinigung ausgestellt hat, mehrwertsteuerpflichtig ist, sondern dass er dort auch ansässig ist. Diese Bestimmungen bedeuten allerdings nicht, dass es der Steuerverwaltung des Staates, in dem die Erstattung der Vorsteuer beantragt wird, verwehrt wäre, sich bei Zweifeln an der wirtschaftlichen Realität des Sitzes, der in dieser Bescheinigung angegeben ist, zu vergewissern, ob diese Realität tatsächlich gegeben ist, indem sie auf die Verwaltungsmaßnahmen zurückgreift, die die Gemeinschaftsregelung auf dem Gebiet der Mehrwertsteuer hierzu vorsieht.
2. Art. 1 Nr. 1 der 13. USt-Richtlinie ist dahin auszulegen, dass der Sitz der wirtschaftlichen Tätigkeit einer Gesellschaft der Ort ist, an dem die wesentlichen Entscheidungen zur allgemeinen Leitung dieser Gesellschaft getroffen und die Handlungen zu deren zentraler Verwaltung vorgenommen werden.

EuGH vom 10. 4. 2008 – Rs. C-309/06 – (HFR 2008 S. 775, UR 2008 S. 592)

Erstattung von zu Unrecht erhobener Steuer

1. Hat ein Mitgliedstaat nach Art. 28 Abs. 2 6. USt-Richtlinie vor und nach den Änderungen durch die Richtlinie 92/77/EWG des Rates vom 19. 10. 1992 im nationalen Recht eine Steuerbefreiung mit Erstattung der Vorsteuer bezüglich bestimmter festgesetzter Leistungen beibehalten, so besteht kein unmittelbar durchsetzbarer gemeinschaftsrechtlicher Anspruch des Wirtschaftsteilnehmers, der solche Leistungen erbringt, darauf, dass diese Leistungen zu einem Mehrwertsteuersatz von null besteuert werden.
2. Hat ein Mitgliedstaat nach Art. 28 Abs. 2 6. USt-Richtlinie vor und nach ihrer Änderung durch die Richtlinie 92/77 im nationalen Recht eine Steuerbefreiung mit Erstattung der Vorsteuer bezüglich bestimmter festgesetzter Leistungen beibehalten, aber sein nationales Recht irrtümlicherweise so ausgelegt, dass bestimmte Leistungen, die der Befreiung mit Erstattung der Vorsteuer nach seinem nationalen Recht unterliegen, dem normalen Steuersatz unterworfen wurden, so sind die allgemeinen Grundsätze des Gemeinschaftsrechts, inklusive des Grundsatzes der steuerlichen Neutralität, so anzuwenden, dass sie dem Wirtschaftsteilnehmer, der diese Leistungen erbracht hat, einen Anspruch auf Rückerstattung der Beträge verleihen, die irrtümlicherweise bezüglich der Leistungen verlangt wurden.
3. Auch wenn die Grundsätze der Gleichbehandlung und der steuerlichen Neutralität auf das Ausgangsverfahren grundsätzlich anwendbar sind, ist ein Verstoß gegen sie nicht allein aufgrund des Umstands gegeben, dass die Weigerung der Rückzahlung auf eine ungerechtfertigte Bereicherung des betreffenden Steuerpflichtigen gestützt wird. Der Grundsatz der steuerlichen Neutralität verbietet aber, dass der Begriff der ungerechtfertigten Bereicherung nur Steuerpflichtigen wie „payment traders" (Steuerpflichtige, deren geschuldete Mehrwertsteuerbeträge in einem vorgeschriebenen Abrechnungszeitraum die Vorsteuer übersteigen), aber nicht Steuerpflichtigen wie „repayment traders" (Steuerpflichtige, die sich in der umgekehrten Lage befinden) entgegengehalten wird, sofern diese Steuerpflichtigen gleichartige Waren vertrieben haben. Das vorlegende Gericht hat zu prüfen, ob dies in dieser Rechtssache der Fall ist. Im Übrigen verbietet der allgemeine Grundsatz der Gleichbehandlung, dessen Verletzung im Steuerbereich durch Diskriminierungen gekennzeichnet sein kann, die Wirtschaftsteilnehmer betreffen, die nicht zwangsläufig miteinander konkurrieren, aber sich trotzdem in einer in anderer Beziehung vergleichbaren Situation befinden, eine Diskriminierung von „payment traders" gegenüber „repayment traders", die nicht objektiv gerechtfertigt ist.
4. Der Nachweis, dass der Wirtschaftsteilnehmer, dem die Erstattung der zu Unrecht erhobenen Mehrwertsteuer verweigert wurde, keinen finanziellen Verlust oder Nachteil erlitten hat, hat keinen Einfluss auf die Antwort auf die dritte Frage.
5. Es ist Sache des vorlegenden Gerichts, selbst aus der in Nr. 3 des Tenors des vorliegenden Urteils erwähnten Verletzung des Grundsatzes der Gleichbehandlung nach den Vorschriften über die zeitlichen Wirkungen des im Ausgangsverfahren anzuwendenden nationalen Rechts unter Beachtung des Gemeinschaftsrechts und insbesondere des Grundsatzes der Gleichbehandlung sowie des Grundsatzes, wonach das Gericht darauf achten muss, dass die von ihm angeordneten Abhilfemaßnahmen nicht gegen das Gemeinschaftsrecht verstoßen, die möglichen Konsequenzen für die Vergangenheit zu ziehen.

EuGH vom 10. 7. 2008 – Rs. C-25/07 – (IStR 2008 S. 627, UR 2008 S. 666)

Anwendung der Grundsätze der steuerlichen Neutralität und der Verhältnismäßigkeit auf nationale Rechtsvorschriften, mit denen die Einzelheiten der Erstattung des Mehrwertsteuerüberschusses festgelegt werden

1. Art. 18 Abs. 4 6. USt-Richtlinie in der Fassung der Richtlinie 2005/92/EG des Rates vom 12. 12. 2005 und der Grundsatz der Verhältnismäßigkeit stehen einer nationalen Regelung wie der im Ausgangsrechtsstreit fraglichen entgegen, die – um die notwendigen Kontrollen zur Verhinderung von Steuerumgehung und -hinterziehungen zu ermöglichen – die ab der Abgabe der Mehrwertsteuererklärung laufende Frist, über die die Finanzverwaltung für die Erstattung des Mehrwertsteuerüberschusses an eine bestimmte Kategorie von Steuerpflichtigen verfügt, von 60 Tagen auf 180 Tage verlängert, sofern die entsprechenden Steuerpflichtigen nicht eine Kaution in Höhe von 250 000 PLN stellen.
2. Bestimmungen wie die im Ausgangsrechtsstreit in Rede stehenden sind keine „abweichenden Sondermaßnahmen" zur Verhinderung von Steuerhinterziehungen und -umgehungen i. S. von Art. 27 Abs. 1 6. USt-Richtlinie in der Fassung der Richtlinie 2005/92.

EuGH vom 15. 1. 2009 – Rs. C-502/07 – (HFR 2009 S. 420, UR 2009 S. 138)

Gemeinschaftsrechtskonformität einer zusätzlichen Steuerschuld als verwaltungsrechtliche Sanktion bei Unregelmäßigkeiten in der Steuererklärung des Steuerpflichtigen

1. Ein Mitgliedstaat ist durch das gemeinsame Mehrwertsteuersystem, wie es in Art. 2 Abs. 1 und 2 1. USt-Richtlinie sowie den Art. 2 und 10 Abs. 1 Buchst. a und Abs. 2 6. USt-Richtlinie in der durch die Richtlinie 2004/66/EG des Rates vom 26. 4. 2004 geänderten Fassung definiert worden ist, nicht daran gehindert, in seinem Recht eine verwaltungsrechtliche Sanktion vorzusehen, die gegen Mehrwertsteuerpflichtige verhängt werden kann, wie die „zusätzliche Steuerschuld" im Sinne von Art. 109 Abs. 5 und 6 des Gesetzes über die Steuer auf Waren und Dienstleistungen (ustawa o podatku od towarow i uslug) vom 11. 3. 2004.
2. Bestimmungen wie Art. 109 Abs. 5 und 6 des Gesetzes über die Steuer auf Waren und Dienstleistungen vom 11. 3. 2004 sind keine „abweichenden Sondermaßnahmen" zur Verhinderung von Steuerhinterziehungen oder -umgehungen im Sinne von Art. 27 Abs. 1 6. USt-Richtlinie in ihrer geänderten Fassung.
3. Art. 33 6. USt-Richtlinie in ihrer geänderten Fassung steht der Beibehaltung von Bestimmungen wie Art. 109 Abs. 5 und 6 des Gesetzes über die Steuer auf Waren und Dienstleistungen vom 11. 3. 2004 nicht entgegen.

EuGH vom 9. 7. 2009 – Rs. C-483/08 – (HFR 2010 S. 311)

Beitreibung der zu Unrecht abgezogenen Steuer

Art. 10 6. USt-Richtlinie in der durch die Richtlinie 2002/38/EG des Rates vom 7. 5. 2002 geänderten Fassung ist dahin auszulegen, dass er nationalen Rechtsvorschriften und einer nationalen Verwaltungspraxis nicht entgegen steht, wonach die Verjährungsfrist für die Beitreibung der zu Unrecht abgezogenen Mehrwertsteuer an dem Tag beginnt, an dem die Erklärung abgegeben worden ist, mit der der Steuerpflichtige sein Recht auf Vorsteuerabzug erstmals geltend gemacht hat.

EuGH vom 3. 12. 2009 – Rs. C-433/08 – (DStR 2009 S. 2593, HFR 2010 S. 204, UR 2010 S. 146)

Vorsteuer-Vergütung an in einem anderen Mitgliedstaat ansässige Steuerpflichtige: Anforderung an die Unterschrift

Der Begriff „Unterschrift" in dem in Anhang A der 8. USt-Richtlinie enthaltenen Muster für den Antrag auf Vergütung der Umsatzsteuer ist ein gemeinschaftsrechtlicher Begriff, der einheitlich dahin auszulegen ist, dass ein solcher Vergütungsantrag nicht zwingend von dem Steuerpflichtigen selbst unterschrieben werden muss, sondern dass insoweit die Unterschrift eines Bevollmächtigten genügt.

EuGH vom 21. 1. 2010 – Rs. C-472/08 – (HFR 2010 S. 421, UR 2010 S. 182)

Unionsrechtskonformität einer nationalen Ausschlussfrist von drei Jahren für die Erstattung von Mehrwertsteuerüberschüssen

Art. 18 Abs. 4 6. USt-Richtlinie ist dahin auszulegen, dass er einer Regelung eines Mitgliedstaats wie der im Ausgangsverfahren streitigen, die eine Ausschlussfrist von drei Jahren für die Einreichung eines Antrags auf Erstattung des Mehrwertsteuerüberschusses vorsieht, der von den Steuerbehörden dieses Staates zu Unrecht eingenommen wurde, nicht entgegensteht.

EuGH vom 6. 5. 2010 – Rs. C-311/09 – (ABl. EU Nr. C 179 S. 14)

Pauschale Besteuerung von im Ausland ansässigen Personenbeförderungsunternehmern

Die Republik Polen hat durch die Erhebung von Mehrwertsteuer in der in Abschn. 13 § 35 Nrn. 1 und 3 bis 5 der Verordnung des Finanzministers vom 27. 4. 2004 über die Durchführung bestimmter Vorschriften des Gesetzes über die Steuer auf Waren und Dienstleistungen festgelegten Art und Weise gegen ihre Verpflichtungen aus den Art. 73, Art. 168 und Art. 273 MwStSystRL verstoßen.

EuGH vom 15. 7. 2010 – Rs. C-582/08 – (HFR 2010 S. 995, UR 2010 S. 704)

Keine Vertragsverletzung durch Verweigerung der Vorsteuervergütung an nicht in der Union ansässige Steuerpflichtige aus für Versicherungs- und Finanzumsätze verwendeten Leistungen

Das Vereinigte Königreich hat dadurch gegen seine Verpflichtungen aus Art. 169 – 171 MwStSystRL und aus Art. 2 Abs. 1 13. USt-Richtlinie verstoßen, dass es bei bestimmten Umsätzen, die von nicht im Gebiet der Europäischen Union ansässigen Steuerpflichtigen bewirkt werden, die Erstattung der Vorsteuer verweigert.

BUNDESFINANZHOF

BFH vom 10. 2. 2010 – XI R 3/09 – (UR 2010 S. 701)

Feststellung der Rechtswidrigkeit eines Umsatzsteuer-Vorauszahlungsbescheids nach Ergehen des Jahresbescheids – Angabe einer „Bonusvereinbarung" bezüglich einer zukünftig (eventuell) zu gewährenden Minderung des Entgelts in einer Rechnung

1. Das für eine Fortsetzungsfeststellungsklage erforderliche berechtigte Interesse an der Feststellung der Rechtswidrigkeit eines erledigten Verwaltungsakts muss – sofern es nicht offensichtlich ist – vom Kläger substantiiert dargelegt werden.
2. Ob ein Feststellungsinteresse vorliegt, ist vom Bundesfinanzhof (BFH) ohne Bindung an die Auffassung des Finanzgerichts zu prüfen; insbesondere kann der BFH hierzu eigene Feststellungen anhand der im Revisionsverfahren vorgelegten Akten treffen.
3. Das für eine Fortsetzungsfeststellungsklage erforderliche berechtigte Interesse ist nicht gegeben, wenn nur ein allgemeines Bedürfnis nach Klärung einer Rechtsfrage besteht, da das finanzgerichtliche Verfahren nicht dazu bestimmt ist, Rechtsgutachten zu allgemein interessierenden Fragen zu erstatten.

BFH vom 5. 3. 2010 – V B 56/09 – (UR 2010 S. 461)

Keine persönliche Klagebefugnis der Gesellschafter einer bestehenden oder vermeintlichen GbR gegen einen Umsatzsteuerbescheid

1. Ein (wirklicher oder vermeintlicher) Gesellschafter einer GbR ist nicht befugt, gegen einen Umsatzsteuerbescheid Klage zu erheben, der gegen die (angebliche) GbR gerichtet ist. Zur Beseitigung des Rechtsscheins eines gegen die GbR gerichteten Umsatzsteuerbescheides sind lediglich die Gesellschafter gemeinschaftlich befugt.
2. Zur Klagebefugnis eines einzelnen Gesellschafters kommt es erst, wenn das FA ihm gegenüber einen Haftungsbescheid erlässt.

BFH vom 20. 5. 2010 – V R 42/08 – (DB 2010 S. 1682)

Erlass von Säumniszuschlägen aus sachlichen Billigkeitsgründen

Säumniszuschläge, die auf einer materiell rechtswidrigen und deswegen auf Grund eines Rechtsbehelfs des Steuerpflichtigen geänderten Jahressteuerfestsetzung beruhen, sind aus sachlichen Billigkeitsgründen zu erlassen, wenn der Steuerpflichtige insoweit die AdV der Vorauszahlungsbescheide erreicht hat und die – weitere – AdV dieser Beträge nach Ergehen des Jahressteuerbescheides allein an den Regelungen der §§ 361 Abs. 2 Satz 4 AO und 69 Abs. 2 Satz 8 FGO scheitert.

BFH vom 1.9.2010 – VII R 35/08 – (UR 2011 S. 234)

Aufrechnung der Finanzbehörde mit vorinsolvenzlichen Steuerschulden gegen einen Umsatzsteuervergütungsanspruch des Insolvenzschuldners aus einer aus dem Insolvenzbeschlag freigegebenen gewerblichen Tätigkeit

Hat der Insolvenzverwalter dem Insolvenzschuldner eine gewerbliche Tätigkeit durch Freigabe aus dem Insolvenzbeschlag ermöglicht, fällt ein durch diese Tätigkeit erworbener Umsatzsteuervergütungsanspruch nicht in die Insolvenzmasse und kann vom FA mit vorinsolvenzlichen Steuerschulden verrechnet werden.

BFH vom 28.10.2010 – V R 17/08 – (BFH/NV 2011 S. 658, HFR 2011 S. 575)

Keine „eigenhändige" Unterschrift bei Anträgen auf Vergütung von Vorsteuern

1. § 18 Abs. 9 Satz 5 UStG 1999 ist mit der Richtlinie 79/1072 EWG nicht zu vereinbaren, soweit er einen ordnungsgemäßen Vergütungsantrag von der eigenhändigen Unterschrift des Steuerpflichtigen abhängig macht. Insoweit genügt auch die Unterschrift eines Bevollmächtigten (Anschluss an EuGH-Urteil vom 3. 12. 2009, C-433/08 – Yaesu Europe BV –, UR 2010, 146).
2. Der Nachweis eines Vergütungsanspruchs kann bei nicht zu vertretendem Abhandenkommen der Originalrechnung auch durch Vorlage einer Zweitschrift oder Ablichtung der Rechnung geführt werden, wenn der dem Vergütungsantrag zugrunde liegende Vorgang tatsächlich stattgefunden hat und keine Gefahr besteht, dass weitere Vergütungsanträge gestellt werden.

BFH vom 12.1.2011 – XI R 11/08 – (DB 2011 S. 916, UR 2011 S.635)

Erwerberhaftung bei Kauf eines Unternehmens durch eine Bruchteilsgemeinschaft – Betriebsübernahme

1. Wird ein Unternehmen i.S.d. § 75 AO von mehreren Personen zu Miteigentum nach Bruchteilen erworben, so haften sie aufgrund der gemeinsamen Tatbestandsverwirklichung als Gesamtschuldner.
2. Der Haftungsschuldner kann Einwendungen nicht nur gegen die Haftungsschuld, sondern auch gegen die Steuerschuld erheben, für die er als Haftungsschuldner in Anspruch genommen wird, soweit nicht die Voraussetzungen des § 166 AO erfüllt sind.

BFH vom 14.4.2011 – V R 14/10 – (BStBl 2011 II S. 834, HFR 2011 S. 1138, UR 2011 S. 710)

Vorsteuervergütung im Regelbesteuerungs- oder Vergütungsverfahren

1. Ein im Ausland ansässiger Unternehmer, der Steuerschuldner nach § 13b Abs. 2 UStG ist und gemäß § 18 Abs. 3 Satz 1 UStG eine Steuererklärung für das Kalenderjahr abzugeben hat, ist berechtigt, alle in diesem Kalenderjahr entstandenen Vorsteuerbeträge in der Jahreserklärung geltend zu machen.
2. Dies gilt auch für Vorsteuerbeträge, für die der Unternehmer einen unterjährigen Vergütungsantrag stellen könnte (entgegen Abschn. 244 Abs. 1 Satz 2 Nr. 2 und Nr. 3 UStR 2000 und Abschn. 18.15 Abs. 1 Satz 4 Nr. 2 und Nr. 3 UStAE).

§ 18a Zusammenfassende Meldung

(1) ¹Der Unternehmer im Sinne des § 2 hat bis zum 25. Tag nach Ablauf jedes Kalendermonats (Meldezeitraum), in dem er innergemeinschaftliche Warenlieferungen oder Lieferungen im Sinne des § 25b Absatz 2 ausgeführt hat, dem Bundeszentralamt für Steuern eine Meldung (Zusammenfassende Meldung) nach amtlich vorgeschriebenem Datensatz durch Datenfernübertragung nach Maßgabe der Steuerdaten-Übermittlungsverordnung zu übermitteln, in der er die Angaben nach Absatz 7 Satz 1 Nummer 1, 2 und 4 zu machen hat. ²Soweit die Summe der Bemessungsgrundlagen für innergemeinschaftliche Warenlieferungen und für Lieferungen im Sinne des § 25b Absatz 2 weder für das laufende Kalendervierteljahr noch für eines der vier vorangegangenen Kalendervierteljahre jeweils mehr als 50 000 Euro beträgt, kann die Zusammenfassende Meldung bis zum 25. Tag nach Ablauf des Kalendervierteljahres übermittelt werden. ³Übersteigt die Summe der Bemessungsgrundlage für innergemeinschaftliche Warenlieferungen und für Lieferungen im Sinne des § 25b Absatz 2 im Laufe eines Kalendervierteljahres 50 000 Euro, hat der Unternehmer bis zum 25. Tag nach Ablauf des Kalendermonats, in dem dieser Betrag überschritten wird, eine Zusammenfassende Meldung für diesen Kalendermonat und die bereits abgelaufenen Kalendermonate dieses Kalendervierteljahres zu übermitteln. ⁴Nimmt der Unternehmer die in Satz 2 enthaltene Regelung nicht in Anspruch, hat er dies gegenüber dem Bundeszentralamt für Steuern anzuzeigen. ⁵Vom 1. Juli 2010 bis zum 31. Dezember 2011 gelten die Sätze 2 und 3 mit der Maßgabe, dass an die Stelle des Betrages von 50 000 Euro der Betrag von 100 000 Euro tritt.

§ 18a UStG

(2) ¹Der Unternehmer im Sinne des § 2 hat bis zum 25. Tag nach Ablauf jedes Kalendervierteljahres (Meldezeitraum), in dem er im übrigen Gemeinschaftsgebiet steuerpflichtige sonstige Leistungen im Sinne des § 3a Absatz 2, für die der in einem anderen Mitgliedstaat ansässige Leistungsempfänger die Steuer dort schuldet, ausgeführt hat, dem Bundeszentralamt für Steuern eine Zusammenfassende Meldung nach amtlich vorgeschriebenem Datensatz durch Datenfernübertragung nach Maßgabe der Steuerdaten-Übermittlungsverordnung zu übermitteln, in der er die Angaben nach Absatz 7 Satz 1 Nummer 3 zu machen hat. ²Soweit der Unternehmer bereits nach Absatz 1 zur monatlichen Übermittlung einer Zusammenfassenden Meldung verpflichtet ist, hat er die Angaben im Sinne von Satz 1 in der Zusammenfassenden Meldung für den letzten Monat des Kalendervierteljahres zu machen.

(3) ¹Soweit der Unternehmer im Sinne des § 2 die Zusammenfassende Meldung entsprechend Absatz 1 bis zum 25. Tag nach Ablauf jedes Kalendermonats übermittelt, kann er die nach Absatz 2 vorgesehenen Angaben in die Meldung für den jeweiligen Meldezeitraum aufnehmen. ²Nimmt der Unternehmer die in Satz 1 enthaltene Regelung in Anspruch, hat er dies gegenüber dem Bundeszentralamt für Steuern anzuzeigen.

(4) Die Absätze 1 bis 3 gelten nicht für Unternehmer, die § 19 Absatz 1 anwenden.

(5) ¹Auf Antrag kann das Finanzamt zur Vermeidung unbilliger Härten auf eine elektronische Übermittlung verzichten; in diesem Fall hat der Unternehmer eine Meldung nach amtlich vorgeschriebenem Vordruck abzugeben. ²§ 150 Absatz 8 der Abgabenordnung gilt entsprechend. ³Soweit das Finanzamt nach § 18 Absatz 1 Satz 2 auf eine elektronische Übermittlung der Voranmeldung verzichtet hat, gilt dies auch für die Zusammenfassende Meldung. ⁴Für die Anwendung dieser Vorschrift gelten auch nichtselbständige juristische Personen im Sinne des § 2 Absatz 2 Nummer 2 als Unternehmer. ⁵Die Landesfinanzbehörden übermitteln dem Bundeszentralamt für Steuern die erforderlichen Angaben zur Bestimmung der Unternehmer, die nach Absatz 1 und 2 zur Abgabe der Zusammenfassenden Meldung verpflichtet sind. ⁶Diese Angaben dürfen nur zur Sicherstellung der Abgabe der Zusammenfassenden Meldung verwendet werden. ⁷Das Bundeszentralamt für Steuern übermittelt den Landesfinanzbehörden die Angaben aus den Zusammenfassenden Meldungen, soweit diese für steuerliche Kontrollen benötigt werden.

(6) Eine innergemeinschaftliche Warenlieferung im Sinne dieser Vorschrift ist

S 7427-b

1. eine innergemeinschaftliche Lieferung im Sinne des § 6a Absatz 1 mit Ausnahme der Lieferungen neuer Fahrzeuge an Abnehmer ohne Umsatzsteuer-Identifikationsnummer;
2. eine innergemeinschaftliche Lieferung im Sinne des § 6a Absatz 2.

(7) ¹Die Zusammenfassende Meldung muss folgende Angaben enthalten:
1. für innergemeinschaftliche Warenlieferungen im Sinne des Absatzes 6 Nummer 1:
    a) die Umsatzsteuer-Identifikationsnummer jedes Erwerbers, die ihm in einem anderen Mitgliedstaat erteilt worden ist und unter der die innergemeinschaftlichen Warenlieferungen an ihn ausgeführt worden sind, und
    b) für jeden Erwerber die Summe der Bemessungsgrundlagen der an ihn ausgeführten innergemeinschaftlichen Warenlieferungen;
2. für innergemeinschaftliche Warenlieferungen im Sinne des Absatzes 6 Nummer 2:
    a) die Umsatzsteuer-Identifikationsnummer des Unternehmers in den Mitgliedstaaten, in die er Gegenstände verbracht hat, und
    b) die darauf entfallende Summe der Bemessungsgrundlagen;
3. für im übrigen Gemeinschaftsgebiet ausgeführte steuerpflichtige sonstige Leistungen im Sinne des § 3a Absatz 2, für die der in einem anderen Mitgliedstaat ansässige Leistungsempfänger die Steuer dort schuldet:
    a) die Umsatzsteuer-Identifikationsnummer jedes Leistungsempfängers, die ihm in einem anderen Mitgliedstaat erteilt worden ist und unter der die steuerpflichtigen sonstigen Leistungen an ihn erbracht wurden,
    b) für jeden Leistungsempfänger die Summe der Bemessungsgrundlagen der an ihn erbrachten steuerpflichtigen sonstigen Leistungen und
    c) einen Hinweis auf das Vorliegen einer im übrigen Gemeinschaftsgebiet ausgeführten steuerpflichtigen sonstigen Leistung im Sinne des § 3a Absatz 2, für die der in einem anderen Mitgliedstaat ansässige Leistungsempfänger die Steuer dort schuldet;
4. für Lieferungen im Sinne des § 25b Absatz 2:
    a) die Umsatzsteuer-Identifikationsnummer eines jeden letzten Abnehmers, die diesem in dem Mitgliedstaat erteilt worden ist, in dem die Versendung oder Beförderung beendet worden ist,
    b) für jeden letzten Abnehmer die Summe der Bemessungsgrundlagen der an ihn ausgeführten Lieferungen und
    c) einen Hinweis auf das Vorliegen eines innergemeinschaftlichen Dreiecksgeschäfts.

²§ 16 Absatz 6 und § 17 sind sinngemäß anzuwenden.

(8) ¹Die Angaben nach Absatz 7 Satz 1 Nummer 1 und 2 sind für den Meldezeitraum zu machen, in dem die Rechnung für die innergemeinschaftliche Warenlieferung ausgestellt wird, spätestens jedoch für den Meldezeitraum, in dem der auf die Ausführung der innergemeinschaftlichen Warenlieferung folgende Monat endet. ²Die Angaben nach Absatz 7 Satz 1 Nummer 3 und 4 sind für den Meldezeitraum zu machen, in dem die im übrigen Gemeinschaftsgebiet steuerpflichtige sonstige Leistung im Sinne des § 3a Absatz 2, für die der in einem anderen Mitgliedstaat ansässige Leistungsempfänger die Steuer dort schuldet, und die Lieferungen nach § 25b Absatz 2 ausgeführt worden sind.

(9) ¹Hat das Finanzamt den Unternehmer von der Verpflichtung zur Abgabe der Voranmeldungen und Entrichtung der Vorauszahlungen befreit (§ 18 Absatz 2 Satz 3), kann er die Zusammenfassende Meldung abweichend von Absätzen 1 und 2 bis zum 25. Tag nach Ablauf jedes Kalenderjahres abgeben, in dem er innergemeinschaftliche Warenlieferungen ausgeführt hat oder im übrigen Gemeinschaftsgebiet steuerpflichtige sonstige Leistungen im Sinne des § 3a Absatz 2 ausgeführt hat, für die der in einem anderen Mitgliedstaat ansässige Leistungsempfänger die Steuer dort schuldet, wenn

1. die Summe seiner Lieferungen und sonstigen Leistungen im vorangegangenen Kalenderjahr 200 000 Euro nicht überstiegen hat und im laufenden Kalenderjahr voraussichtlich nicht übersteigen wird,
2. die Summe seiner innergemeinschaftlichen Warenlieferungen oder im übrigen Gemeinschaftsgebiet ausgeführten steuerpflichtigen sonstigen Leistungen im Sinne des § 3a Absatz 2, für die der in einem anderen Mitgliedstaat ansässige Leistungsempfänger die Steuer dort schuldet, im vorangegangenen Kalenderjahr 15 000 Euro nicht überstiegen hat und im laufenden Kalenderjahr voraussichtlich nicht übersteigen wird und
3. es sich bei den in Nummer 2 bezeichneten Warenlieferungen nicht um Lieferungen neuer Fahrzeuge an Abnehmer mit Umsatzsteuer-Identifikationsnummer handelt.

²Absatz 8 gilt entsprechend.

(10) Erkennt der Unternehmer nachträglich, dass eine von ihm abgegebene Zusammenfassende Meldung unrichtig oder unvollständig ist, so ist er verpflichtet, die ursprüngliche Zusammenfassende Meldung innerhalb eines Monats zu berichtigen.

(11) ¹Auf die Zusammenfassenden Meldungen sind ergänzend die für Steuererklärungen geltenden Vorschriften der Abgabenordnung anzuwenden. ²§ 152 Absatz 2 der Abgabenordnung ist mit der Maßgabe anzuwenden, dass der Verspätungszuschlag 1 Prozent der Summe aller nach Absatz 7 Satz 1 Nummer 1 Buchstabe b, Nummer 2 Buchstabe b und Nummer 3 Buchstabe b zu meldenden Bemessungsgrundlagen für innergemeinschaftliche Warenlieferungen im Sinne des Absatzes 6 und im übrigen Gemeinschaftsgebiet ausgeführte steuerpflichtige sonstige Leistungen im Sinne des § 3a Absatz 2, für die der in einem anderen Mitgliedstaat ansässige Leistungsempfänger die Steuer dort schuldet, nicht übersteigen und höchstens 2 500 Euro betragen darf.

(12) ¹Zur Erleichterung und Vereinfachung der Abgabe und Verarbeitung von Zusammenfassenden Meldungen kann das Bundesministerium der Finanzen durch Rechtsverordnung mit Zustimmung des Bundesrates bestimmen, dass die Zusammenfassende Meldung auf maschinell verwertbaren Datenträgern oder durch Datenfernübertragung übermittelt werden kann. ²Dabei können insbesondere geregelt werden:

1. die Voraussetzungen für die Anwendung des Verfahrens;
2. das Nähere über Form, Inhalt, Verarbeitung und Sicherung der zu übermittelnden Daten;
3. die Art und Weise der Übermittlung der Daten;
4. die Zuständigkeit für die Entgegennahme der zu übermittelnden Daten;
5. die Mitwirkungspflichten Dritter bei der Erhebung, Verarbeitung und Übermittlung der Daten;
6. der Umfang und die Form der für dieses Verfahren erforderlichen besonderen Erklärungspflichten des Unternehmers.

³Zur Regelung der Datenübermittlung kann in der Rechtsverordnung auf Veröffentlichungen sachverständiger Stellen verwiesen werden; hierbei sind das Datum der Veröffentlichung, die Bezugsquelle und eine Stelle zu bezeichnen, bei der die Veröffentlichung archivmäßig gesichert niedergelegt ist.

Vorschriften des Gemeinschaftsrechts

Art. 262 bis 265 und Art. 271 der MWSt-Richtlinie (bis 31. 12. 2006: Art. 22 Abs. 6 Buchst. b und Abs. 12 Buchst. b der 6. USt-Richtlinie), Art. 4 Abs. 1 Satz 3 der Amtshilfe-Verordnung.

§ 18a UStG
AE 18a.1, AE 18a.2

Verordnung über die elektronische Übermittlung von für das Besteuerungsverfahren erforderlichen Daten
(Steuerdaten-Übermittlungsverordnung – StDÜV)
vom 28. 1. 2003 (BGBl. 2003 I S. 139, BStBl 2003 I S. 162) zuletzt geändert durch das Steuervereinfachungsgesetz 2011 (StVereinfG 2011) vom 1. 11. 2011 (BGBl. 2011 I S. 2131)

StDÜV

18a.1. Abgabe der Zusammenfassenden Meldung

AE 18a.1

(1) ¹Jeder Unternehmer im Sinne des § 2 UStG, der innergemeinschaftliche Warenlieferungen (§ 18a Abs. 6 UStG), im übrigen Gemeinschaftsgebiet steuerpflichtige sonstige Leistungen im Sinne von § 3a Abs. 2 UStG (vgl. Abschnitt 3a.2), für die der in einem anderen EU-Mitgliedstaat ansässige Leistungsempfänger die Steuer dort schuldet, oder Lieferungen im Sinne des § 25b Abs. 2 UStG im Rahmen innergemeinschaftlicher Dreiecksgeschäfte (vgl. Abschnitt 25b.1) ausgeführt hat, ist verpflichtet, dem BZSt bis zum 25. Tag nach Ablauf des Meldezeitraums eine ZM zu übermitteln. ²Kleinunternehmer im Sinne von § 19 Abs. 1 UStG müssen keine ZM abgeben (§ 18a Abs. 4 UStG). ³In Abhängigkeit von den jeweiligen Voraussetzungen ist Meldezeitraum für die ZM der Kalendermonat (§ 18a Abs. 1 Satz 1 UStG), das Kalendervierteljahr (§ 18a Abs. 1 Satz 2 und Abs. 2 UStG) oder das Kalenderjahr (§ 18a Abs. 9 UStG), vgl. Abschnitt 18a.2. ⁴Für einen Meldezeitraum, in dem keine der vorstehenden Lieferungen oder sonstige Leistungen ausgeführt wurden, ist eine ZM nicht zu übermitteln.

S 7080
S 7427-b

(2) ¹Nichtselbständige juristische Personen im Sinne von § 2 Abs. 2 Nr. 2 UStG (Organgesellschaften) sind verpflichtet eine eigene ZM für die von ihnen ausgeführten innergemeinschaftlichen Warenlieferungen (§ 18a Abs. 6 UStG), im übrigen Gemeinschaftsgebiet steuerpflichtige sonstige Leistungen im Sinne von § 3a Abs. 2 UStG (vgl. Abschnitt 3a.2) für die der in einem anderen EU-Mitgliedstaat ansässige Leistungsempfänger die Steuer dort schuldet, oder Lieferungen im Sinne des § 25b Abs. 2 UStG im Rahmen innergemeinschaftlicher Dreiecksgeschäfte zu übermitteln (§ 18a Abs. 5 Satz 4 UStG). ²Dies gilt unabhängig davon, dass diese Vorgänge umsatzsteuerrechtlich als Umsätze des Organträgers behandelt werden und in dessen Voranmeldungen und Steuererklärungen für das Kalenderjahr anzumelden sind. ³Die meldepflichtigen Organgesellschaften benötigen zu diesem Zweck eine eigene USt-IdNr. (§ 27a Abs. 1 Satz 3 UStG).

(3) ¹Zur Übermittlung einer ZM nach Absatz 1 sind auch pauschalversteuernde Land- und Forstwirte verpflichtet. ²Dies gilt unabhängig davon, dass nach § 24 Abs. 1 UStG die Steuerbefreiung für innergemeinschaftliche Warenlieferungen im Sinne von § 4 Nr. 1 Buchstabe b i. V. m. § 6a UStG keine Anwendung findet.

(4) ¹Die ZM ist nach amtlich vorgeschriebenem Datensatz durch Datenfernübertragung nach Maßgabe der StDÜV zu übermitteln (vgl. BMF-Schreiben vom 15. 1. 2007, BStBl I S. 95). ²Informationen zur elektronischen Übermittlung sind unter den Internet-Adressen www.elster.de oder www.bzst.de abrufbar. ³Zur Vermeidung von unbilligen Härten kann das für die Besteuerung des Unternehmers zuständige Finanzamt auf Antrag zulassen, dass die ZM in herkömmlicher Form – auf Papier – nach amtlich vorgeschriebenem Vordruck abgegeben wird. ⁴Dem Antrag ist zuzustimmen, wenn für den Unternehmer die Übermittlung nach amtlich vorgeschriebenem Datensatz durch Datenfernübertragung wirtschaftlich oder persönlich unzumutbar ist. ⁵Dies ist insbesondere der Fall, wenn die Schaffung der technischen Möglichkeiten für eine elektronische Übermittlung des amtlichen Datensatzes nur mit einem nicht unerheblichen finanziellen Aufwand möglich wäre oder wenn der Unternehmer nach seinen individuellen Kenntnissen und Fähigkeiten nicht oder nur eingeschränkt in der Lage ist, die Möglichkeiten der Datenfernübertragung zu nutzen (§ 150 Abs. 8 AO). ⁶Soweit das Finanzamt nach § 18 Abs. 1 Satz 2 UStG auf eine elektronische Übermittlung der Voranmeldung verzichtet hat, gilt dies auch für die Abgabe der ZM.

18a.2. Abgabefrist

AE 18a.2

(1) ¹Die ZM ist bis zum 25. Tag nach Ablauf jedes Kalendermonats an das BZSt zu übermitteln, wenn die Summe der Bemessungsgrundlagen für innergemeinschaftliche Warenlieferungen (§ 18a Abs. 6 UStG) und Lieferungen im Sinne des § 25b Abs. 2 UStG im Rahmen von innergemeinschaftlichen Dreiecksgeschäften für das laufende Kalendervierteljahr oder für eines der vier vorangegangenen Kalendervierteljahre jeweils mehr als **50 000** Euro beträgt. ²Die Regelungen über die Dauerfristverlängerung nach § 18 Abs. 6 UStG und §§ 46 bis 48 UStDV gelten nicht für die ZM.

S 7427

(2) ¹Übersteigt im Laufe eines Kalendervierteljahres die Summe der Bemessungsgrundlagen für innergemeinschaftliche Warenlieferungen (§ 18a Abs. 6 UStG) und Lieferungen im Sinne des § 25b Abs. 2 UStG im Rahmen von innergemeinschaftlichen Dreiecksgeschäften **50 000** Euro, ist die ZM bis zum 25. Tag nach Ablauf des Kalendermonats, in dem dieser Betrag überschritten wird, zu

671

übermitteln. ²Wird die Betragsgrenze von **50 000** Euro im zweiten Kalendermonat eines Kalendervierteljahres überschritten, kann der Unternehmer eine ZM für die bereits abgelaufenen Kalendermonate dieses Kalendervierteljahres übermitteln, in der die Angaben für diese beiden Kalendermonate zusammengefasst werden, oder jeweils eine ZM für jeden der abgelaufenen Kalendermonate dieses Kalendervierteljahres. ³Überschreitet der Unternehmer die Betragsgrenze im dritten Kalendermonat eines Kalendervierteljahres, wird es nicht beanstandet, wenn er statt einer ZM für dieses Kalendervierteljahr jeweils gesondert eine ZM für jeden der drei Kalendermonate dieses Kalendervierteljahres übermittelt.

Beispiel:
¹Der deutsche Maschinenhersteller M liefert im Januar des Jahres 01 eine Maschine für 20 000 Euro und im Februar des Jahres 01 eine weitere Maschine für 35 000 Euro an den belgischen Unternehmer U. ²Ferner liefert M im Februar des Jahres 01 eine Maschine für 50 000 Euro an den französischen Automobilhersteller A. ³Die Rechnungsstellung erfolgte jeweils zeitgleich mit der Ausführung der Lieferungen.

⁴M ist verpflichtet, die Umsätze bis zum 25. März 01 dem BZSt zu melden. ⁵Wahlweise kann er für die Monate Januar 01 und Februar 01 jeweils gesondert eine ZM übermitteln, oder er übermittelt eine ZM, in der er die Summe der Bemessungsgrundlagen der an U und A ausgeführten innergemeinschaftlichen Warenlieferungen gemeinsam für die Monate Januar 01 und Februar 01 angibt.

(3) ¹Unternehmer können die ZM auch monatlich übermitteln, wenn die Summe der Bemessungsgrundlagen für innergemeinschaftliche Warenlieferungen (§ 18a Abs. 6 UStG) und Lieferungen im Sinne des § 25b Abs. 2 UStG im Rahmen von innergemeinschaftlichen Dreiecksgeschäften weder für das laufende Kalendervierteljahr noch für eines der vier vorangegangenen Kalendervierteljahre jeweils mehr als **50 000** Euro beträgt. ²Möchte der Unternehmer von dieser Möglichkeit Gebrauch machen, hat er dies dem BZSt anzuzeigen (§ 18a Abs. 1 Satz 4 UStG). ³Der Anzeigepflicht kommt der Unternehmer nach, wenn er bei der erstmaligen Inanspruchnahme das auf dem amtlich vorgeschriebenen Vordruck für die ZM dafür vorgesehene Feld ankreuzt. ⁴Die Ausübung des Wahlrechts bindet den Unternehmer bis zum Zeitpunkt des Widerrufs, mindestens aber für die Dauer von 12 Kalendermonaten. ⁵Der Widerruf wird dem BZSt durch Markieren des dafür vorgesehenen Feldes auf dem amtlich vorgeschriebenen Vordruck für die ZM angezeigt. ⁶Soweit in begründeten Einzelfällen ein Widerruf vor Ablauf der Ausschlussfrist von 12 Kalendermonaten notwendig werden sollte, ist dies dem Bundeszentralamt für Steuern schriftlich unter Angabe der Gründe mitzuteilen.

(4) Die ZM ist bis zum 25. Tag nach Ablauf jedes Kalendervierteljahres zu übermitteln, wenn steuerpflichtige sonstige Leistungen im Sinne von § 3a Abs. 2 UStG (vgl. Abschnitt 3a.2) im übrigen Gemeinschaftsgebiet ausgeführt wurden, für die der in einem anderen EU-Mitgliedstaat ansässige Leistungsempfänger die Steuer dort schuldet.

(5) Unternehmer, die hinsichtlich der Ausführung von innergemeinschaftlichen Warenlieferungen (§ 18a Abs. 6 UStG) und Lieferungen im Sinne des § 25b Abs. 2 UStG im Rahmen innergemeinschaftlicher Dreiecksgeschäfte zur monatlichen Übermittlung einer ZM verpflichtet sind, melden die im übrigen Gemeinschaftsgebiet ausgeführten steuerpflichtigen sonstigen Leistungen im Sinne von § 3a Abs. 2 UStG (vgl. Abschnitt 3a.2), für die der in einem anderen EU-Mitgliedstaat ansässige Leistungsempfänger die Steuer dort schuldet, in der ZM für den letzten Monat des Kalendervierteljahres.

(6) ¹Unternehmer, die die ZM hinsichtlich der Ausführung von innergemeinschaftlichen Warenlieferungen (§ 18a Abs. 6 UStG) und Lieferungen im Sinne des § 25b Abs. 2 UStG im Rahmen innergemeinschaftlicher Dreiecksgeschäfte monatlich übermitteln, können darin auch die steuerpflichtigen sonstigen Leistungen im Sinne von § 3a Abs. 2 UStG (vgl. Abschnitt 3a.2), die in dem entsprechenden Kalendermonat im übrigen Gemeinschaftsgebiet ausgeführt worden sind und für die der in einem anderen EU-Mitgliedstaat ansässige Leistungsempfänger die Steuer dort schuldet, monatlich angeben (§ 18a Abs. 3 Satz 1 UStG). ²Die Ausübung dieser Wahlmöglichkeit wird dem BZSt durch die Angabe von im übrigen Gemeinschaftsgebiet ausgeführten steuerpflichtigen sonstigen Leistungen im vorstehenden Sinne, für die der in einem anderen EU-Mitgliedstaat ansässige Leistungsempfänger die Steuer dort schuldet, in der ZM für den ersten oder zweiten Kalendermonat eines Kalendervierteljahres angezeigt (§ 18a Abs. 3 Satz 2 UStG).

18a.3. Angaben für den Meldezeitraum

(1) ¹In der ZM sind nach § 18a Abs. 7 UStG in dem jeweiligen Meldezeitraum getrennt für jeden Erwerber oder Empfänger der dort bezeichneten Lieferungen oder sonstigen Leistungen die USt-IDNr. und die Summe der Bemessungsgrundlagen gesondert nach innergemeinschaftlichen Warenlieferungen (§ 18a Abs. 6 UStG), steuerpflichtigen sonstigen Leistungen im Sinne von § 3a Abs. 2 UStG (vgl. Abschnitt 3a.2), die im übrigen Gemeinschaftsgebiet ausgeführt worden sind und für die der in einem anderen EU-Mitgliedstaat ansässige Leistungsempfänger die Steuer dort

schuldet, und Lieferungen im Sinne von § 25b Abs. 2 UStG im Rahmen von innergemeinschaftlichen Dreiecksgeschäften anzugeben und entsprechend zu kennzeichnen. ²Wird eine steuerpflichtige sonstige Leistung im vorstehenden Sinne dauerhaft über einen Zeitraum von mehr als einem Jahr erbracht, gilt § 13b Abs. 3 UStG entsprechend. ³Unbeachtlich ist, ob der Unternehmer seine Umsätze nach vereinbarten oder nach vereinnahmten Entgelten versteuert. ⁴Bei den steuerpflichtigen sonstigen Leistungen im vorstehenden Sinne und den Lieferungen im Sinne von § 25b Abs. 2 UStG im Rahmen von innergemeinschaftlichen Dreiecksgeschäften ist es zudem unbeachtlich, wann der Unternehmer die Rechnung ausgestellt hat.

(2) ¹Wegen der Umrechnung von Werten in fremder Währung vgl. Abschnitt 16.4. ²Hat der Unternehmer die Rechnung für eine innergemeinschaftliche Lieferung, die er im letzten Monat eines Meldezeitraums ausgeführt hat, erst nach Ablauf des Meldezeitraums ausgestellt, ist für die Umrechnung grundsätzlich der Durchschnittskurs des auf den Monat der Ausführung der Lieferung folgenden Monats heranzuziehen.

18a.4. Änderung der Bemessungsgrundlage für meldepflichtige Umsätze AE 18a.4

(1) Hat sich die umsatzsteuerliche Bemessungsgrundlage für die zu meldenden Umsätze nachträglich geändert (z. B. durch Rabatte), sind diese Änderungen in dem Meldezeitraum zu berücksichtigen, in dem sie eingetreten sind. ²Dies gilt entsprechend in den Fällen des § 17 Abs. 2 UStG (z. B. Uneinbringlichkeit der Forderung, Rückgängigmachung der Lieferung oder sonstigen Leistung). ³Gegebenenfalls ist der Änderungsbetrag mit der jeweiligen Summe der Bemessungsgrundlagen für innergemeinschaftliche Warenlieferungen (§ 18a Abs. 6 UStG), im übrigen Gemeinschaftsgebiet ausgeführte steuerpflichtige sonstige Leistungen im Sinne von § 3a Abs. 2 UStG (vgl. Abschnitt 3a.2), für die der in einem anderen EU-Mitgliedstaat ansässige Leistungsempfänger die Steuer dort schuldet, oder für Lieferungen im Sinne von § 25b Abs. 2 UStG im Rahmen innergemeinschaftlicher Dreiecksgeschäfte zu saldieren, in dem die maßgeblichen Zeitraum zu melden sind. ⁴Der Gesamtbetrag der zu meldenden Bemessungsgrundlagen kann negativ sein. S 7427

(2) ¹Der Gesamtbetrag der Bemessungsgrundlagen kann ausnahmsweise auf Grund von Saldierungen 0 € betragen. ²In diesem Fall ist „0" zu melden.

(3) Von nachträglichen Änderungen der Bemessungsgrundlage sind die Berichtigungen von Angaben zu unterscheiden, die bereits bei ihrer Meldung unrichtig oder unvollständig sind (vgl. Abschnitt 18a.5).

18a.5. Berichtigung der Zusammenfassenden Meldung AE 18a.5

(1) ¹Eine unrichtige oder unvollständige ZM muss gesondert für den Meldezeitraum berichtigt werden, in dem die unrichtigen oder unvollständigen Angaben erklärt wurden. ²Wird eine unrichtige oder unvollständige ZM vorsätzlich oder leichtfertig nicht oder nicht rechtzeitig berichtigt, kann dies als Ordnungswidrigkeit mit einer Geldbuße bis zu 5 000 € geahndet werden (vgl. § 26a Abs. 1 Nr. 5 UStG). ³Rechtzeitig ist die Berichtigung, wenn sie innerhalb eines Monats übermittelt wird (vgl. Abschnitt 18a.1 Abs. 4), nachdem der Unternehmer die Unrichtigkeit oder Unvollständigkeit erkannt hat. ⁴Für die Fristwahrung ist der Zeitpunkt des Eingangs der berichtigten ZM beim BZSt maßgeblich. S 7427

(2) Eine ZM ist zu berichtigen, soweit der in einem anderen Mitgliedstaat ansässige unternehmerische Leistungsempfänger, der die Steuer dort schuldet, seine USt-IdNr. dem leistenden Unternehmer erst nach dem Bezug einer im übrigen Gemeinschaftsgebiet steuerpflichtigen sonstigen Leistung im Sinne von § 3a Absatz 2 UStG (vgl. Abschnitt 3a.2) mitgeteilt hat, und daher deren Angabe in der ZM für den Meldezeitraum zunächst unterblieben ist.

Hinweise H

Zusammenfassende Meldung und Verschwiegenheitspflicht von Notaren 1

(OFD Frankfurt am Main, Vfg. vom 14. 6. 2010 – S 7427a A – 4 – St 16 –, StEd 2010 S. 574)

Zusammenfassende Meldung (§ 18a UStG) 2

(BMF vom 15. 6. 2010, BStBl 2010 I S. 569)¹⁾

---

¹⁾ Anm.: Text wurde in Abschn. 18a.1 – 18a.5 UStAE aufgenommen.

§ 18b Gesonderte Erklärung innergemeinschaftlicher Lieferungen und bestimmter sonstiger Leistungen im Besteuerungsverfahren

¹Der Unternehmer im Sinne des § 2 hat für jeden Voranmeldungs- und Besteuerungszeitraum in den amtlich vorgeschriebenen Vordrucken (§ 18 Abs. 1 bis 4) die Bemessungsgrundlagen folgender Umsätze gesondert zu erklären:

1. seiner innergemeinschaftlichen Lieferungen,
2. seiner im übrigen Gemeinschaftsgebiet ausgeführten steuerpflichtigen sonstigen Leistungen im Sinne des § 3a Absatz 2, für die der in einem anderen Mitgliedstaat ansässige Leistungsempfänger die Steuer dort schuldet, und
3. seiner Lieferungen im Sinne des § 25b Abs. 2.

²Die Angaben für einen in Satz 1 Nummer 1 genannten Umsatz sind in dem Voranmeldungszeitraum zu machen, in dem die Rechnung für diesen Umsatz ausgestellt wird, spätestens jedoch in dem Voranmeldungszeitraum, in dem der auf die Ausführung dieses Umsatzes folgende Monat endet. ³Die Angaben für Umsätze im Sinne des Satzes 1 Nummer 2 und 3 sind in dem Voranmeldungszeitraum zu machen, in dem diese Umsätze ausgeführt worden sind. ⁴§ 16 Abs. 6 und § 17 sind sinngemäß anzuwenden. ⁵Erkennt der Unternehmer nachträglich vor Ablauf der Festsetzungsfrist, dass in einer von ihm abgegebenen Voranmeldung (§ 18 Abs. 1) die Angaben zu Umsätzen im Sinne des Satzes 1 unrichtig oder unvollständig sind, ist er verpflichtet, die ursprüngliche Voranmeldung unverzüglich zu berichtigen. ⁶Die Sätze 2 bis 5 gelten für die Steuererklärung (§ 18 Abs. 3 und 4) entsprechend.

Vorschrift des Gemeinschaftsrechts

Art. 251 der MWSt-Richtlinie (bis 31. 12. 2006: Art. 22 Abs. 4 Buchst. c der 6. USt-Richtlinie).

Hinweise

1 Bundeseinheitliche Vordrucke: Aufforderung zur Abgabe einer berichtigten Umsatzsteuer-Voranmeldung/-erklärung nach § 18b UStG (Vordruckmuster USt 1 ZS)

(BMF vom 23. 11. 2011, BStBl 2011 I S. 1159)

§ 18c Meldepflicht bei der Lieferung neuer Fahrzeuge

¹Zur Sicherung des Steueraufkommens durch einen Austausch von Auskünften mit anderen Mitgliedstaaten kann das Bundesministerium der Finanzen mit Zustimmung des Bundesrates durch Rechtsverordnung bestimmen, dass Unternehmer (§ 2) und Fahrzeuglieferer (§ 2a) der Finanzbehörde ihre innergemeinschaftlichen Lieferungen neuer Fahrzeuge an Abnehmer ohne Umsatzsteuer-Identifikationsnummer melden müssen. ²Dabei können insbesondere geregelt werden:

1. die Art und Weise der Meldung;
2. der Inhalt der Meldung;
3. die Zuständigkeit der Finanzbehörden;
4. der Abgabezeitpunkt der Meldung.
5. (weggefallen)

Vorschrift des Gemeinschaftsrechts

Art. 254 der MWSt-Richtlinie (bis 31. 12. 2006: Art. 22 Abs. 6 Buchst. d der 6. USt-Richtlinie).

18c.1. Verfahren zur Abgabe der Meldungen nach der Fahrzeuglieferungs-Meldepflichtverordnung

(1) ¹Unternehmer im Sinne des § 2 UStG und Fahrzeuglieferer nach § 2a UStG, die neue Fahrzeuge im Sinne des § 1b Abs. 2 und 3 UStG innergemeinschaftlich geliefert haben, müssen bis zum 10. Tag nach Ablauf des Kalendervierteljahres, in dem die Lieferung ausgeführt worden ist (Meldezeitraum), dem BZSt eine Meldung übermitteln, sofern der Abnehmer der Lieferung keine USt-IdNr. eines anderen EU-Mitgliedstaates verwendet. ²Ist dem Unternehmer die Frist für die Abgabe der Voranmeldungen um einen Monat verlängert worden (§§ 46 bis 48 UStDV), gilt dies auch für die Abgabe der Meldung nach der FzgLiefgMeldV.

(2) ¹Unternehmer im Sinne des § 2 UStG übermitteln dem BZSt die Meldung nach amtlich vorgeschriebenem Datensatz durch Datenfernübertragung nach Maßgabe der StDÜV (vgl. BMF-Schreiben vom 15. 1. 2007, BStBl I S. 95). ²Informationen zur elektronischen Übermittlung sind unter den Internet-Adressen www.elster.de oder www.bzst.de abrufbar. ³Zur Vermeidung von unbilligen Härten kann das zuständige Finanzamt auf Antrag zulassen, dass die Meldung in herkömmlicher Form – auf Papier – nach amtlich vorgeschriebenem Vordruck abgegeben wird.

(3) ¹Fahrzeuglieferer (§ 2a UStG) können die Meldung nach amtlich vorgeschriebenem Datensatz durch Datenfernübertragung nach Maßgabe der StDÜV übermitteln (vgl. BMF-Schreiben vom 15. 1. 2007, BStBl I S. 95) oder in herkömmlicher Form – auf Papier – nach amtlich vorgeschriebenem Vordruck abgeben. ²Informationen sind unter den Internet-Adressen www.elster.de oder www.bzst.de abrufbar.

(4) ¹Für jedes gelieferte Fahrzeug ist ein Datensatz zu übermitteln bzw. ein Vordruck abzugeben. ²Die Meldung muss folgende Angaben enthalten:

1. den Namen und die Anschrift des Lieferers;
2. die Steuernummer und bei Unternehmern im Sinne des § 2 UStG zusätzlich die USt-IdNr. des Lieferers;
3. den Namen und die Anschrift des Erwerbers;
4. das Datum der Rechnung;
5. den Bestimmungsmitgliedstaat;
6. das Entgelt (Kaufpreis);
7. die Art des Fahrzeugs (Land-, Wasser- oder Luftfahrzeug);
8. den Fahrzeughersteller;
9. den Fahrzeugtyp (Typschlüsselnummer);
10. das Datum der ersten Inbetriebnahme, wenn dieses vor dem Rechnungsdatum liegt;
11. den Kilometerstand (bei motorbetriebenen Landfahrzeugen), die Zahl der bisherigen Betriebsstunden auf dem Wasser (bei Wasserfahrzeugen) oder die Zahl der bisherigen Flugstunden (bei Luftfahrzeugen), wenn diese am Tag der Lieferung über Null liegen, und
12. die Kraftfahrzeug-Identifizierungs-Nummer (bei motorbetriebenen Landfahrzeugen), die Schiffs-Identifikations-Nummer (bei Wasserfahrzeugen) oder die Werknummer (bei Luftfahrzeugen).

(5) ¹Ordnungswidrig im Sinne des § 26a Abs. 1 Nr. 6 UStG handelt, wer eine Meldung nach der FzgLiefgMeldV nicht, nicht richtig, nicht vollständig oder nicht rechtzeitig abgibt. ²Die Ordnungswidrigkeit kann mit einer Geldbuße bis zu 5 000 € geahndet werden (§ 26a Abs. 2 UStG).

§ 18d Vorlage von Urkunden

¹Die Finanzbehörden sind zur Erfüllung der Auskunftsverpflichtung nach der Verordnung (EG) Nr. 1798/2003 des Rates vom 7. Oktober 2003 über die Zusammenarbeit der Verwaltungsbehörden auf dem Gebiet der Mehrwertsteuer und zur Aufhebung der Verordnung (EWG) Nr. 218/92 (ABl. EU Nr. L 264 S. 1) berechtigt, von Unternehmern die Vorlage der jeweils erforderlichen Bücher, Aufzeichnungen, Geschäftspapiere und anderen Urkunden zur Einsicht und Prüfung zu verlangen. ²§ 97 Abs. 3 der Abgabenordnung gilt entsprechend. ³Der Unternehmer hat auf Verlangen der Finanzbehörde die in Satz 1 bezeichneten Unterlagen vorzulegen.

Vorschrift des Gemeinschaftsrechts

Art. 5 der Verordnung (EWG) Nr. 1798/2003.

§§ 18d, 18e UStG
AE 18d.1, AE 18e.1

AE 18d.1

18d.1. Zuständigkeit und Verfahren

S 7084

(1) ¹Die für die Beantwortung von Ersuchen anderer EU-Mitgliedstaaten nach der Verordnung *(EU) Nr. 904/2010 (ABl. EU 2010 Nr. L 268 S. 1)* erforderlichen Ermittlungen werden von der Finanzbehörde durchgeführt, die nach § 21 AO auch für eine Umsatzbesteuerung des Vorgangs zuständig ist, auf den sich das Ersuchen bezieht. ²Wenn diese Behörde nicht festgestellt werden kann, ist die Finanzbehörde zuständig, in deren Bezirk die Ermittlungshandlungen vorzunehmen sind (§ 24 AO).

(2) ¹Die Finanzbehörde kann die Vorlage der Bücher, Aufzeichnungen, Geschäftspapiere und anderer Urkunden an Amtsstelle verlangen. ²Mit Einverständnis des Vorlagepflichtigen oder wenn die Unterlagen für eine Vorlage an Amtsstelle ungeeignet sind, können die Urkunden auch beim Vorlagepflichtigen eingesehen und geprüft werden.

UStG
S 7085
S 7427-d

§ 18e Bestätigungsverfahren

Das Bundeszentralamt für Steuern bestätigt auf Anfrage

1. dem Unternehmer im Sinne des § 2 die Gültigkeit einer Umsatzsteuer-Identifikationsnummer sowie den Namen und die Anschrift der Person, der die Umsatzsteuer-Identifikationsnummer von einem anderen Mitgliedstaat erteilt wurde;

2. dem Lagerhalter im Sinne des § 4 Nr. 4a die Gültigkeit der inländischen Umsatzsteuer-Identifikationsnummer sowie den Namen und die Anschrift des Auslagerers oder dessen Fiskalvertreters.

Vorschrift des Gemeinschaftsrechts

Art. 27 Abs. 4 der Verordnung (EWG) Nr. 1798/2003.

AE 18e.1

18e.1. Bestätigung einer ausländischen Umsatzsteuer-Identifikationsnummer

S 7085

(1) ¹Anfragen zur Bestätigung einer ausländischen USt-IdNr. kann jeder Inhaber einer deutschen USt-IdNr. stellen. ²Anfrageberechtigt ist auch, wer für Zwecke der Umsatzsteuer erfasst ist, aber noch keine USt-IdNr. erhalten hat. ³In diesem Fall wird die Anfrage gleichzeitig als Antrag auf Erteilung einer USt-IdNr. behandelt.

(2) ¹Unternehmer können einfache und qualifizierte Bestätigungsanfragen schriftlich, über das Internet (www.bzst.de) oder telefonisch an das Bundeszentralamt für Steuern – Dienstsitz Saarlouis – 66740 Saarlouis (Telefon-Nr.: 06831/456-0), stellen. *²Bei Anfragen über das Internet besteht neben der Anfrage zu einzelnen USt-IdNrn. auch die Möglichkeit, gleichzeitige Anfragen zu mehreren USt-IdNrn. über eine XML-RPC-Schnittstelle durchzuführen.*

(3) ¹Im Rahmen der einfachen Bestätigungsanfrage kann die Gültigkeit einer USt-IdNr., die von einem anderen EU-Mitgliedstaat erteilt wurde, überprüft werden. ²Die Anfrage muss folgende Angaben enthalten:

– die USt-IdNr. des anfragenden Unternehmers (oder ggf. die Steuernummer, unter der er für Zwecke der Umsatzsteuer geführt wird),

– die USt-IdNr. des Leistungsempfängers, die von einem anderen EU-Mitgliedstaat erteilt wurde.

(4) ¹Im Rahmen der qualifizierten Bestätigungsanfrage werden zusätzlich zu der zu überprüfenden USt-IdNr. der Name und die Anschrift des Inhabers der ausländischen USt-IdNr. überprüft. ²Das BZSt teilt in diesem Fall detailliert mit, inwieweit die angefragten Angaben von dem EU-Mitgliedstaat, der die USt-IdNr. erteilt hat, als zutreffend gemeldet werden. ³Die Informationen beziehen sich jeweils auf USt-IdNr./Name/Ort/Postleitzahl/Straße des ausländischen Leistungsempfängers. ⁴Anfragen zur Bestätigung mehrerer USt-IdNrn. sind schriftlich zu stellen.

(5) ¹Das BZSt teilt das Ergebnis der Bestätigungsanfrage grundsätzlich schriftlich mit, auch wenn vorab eine telefonische Auskunft erteilt wurde. ²Bestätigungsanfragen über das Internet werden unmittelbar beantwortet; eine zusätzliche schriftliche Mitteilung durch das BZSt kann angefordert werden.

(6) ¹Das Finanzamt kann Bestätigungsanfragen über das Internet (www.bzst.de), schriftlich oder telefonisch stellen. ²Anfragen über das Internet und telefonische Anfragen werden unmittelbar beantwortet. ³Eine schriftliche Mitteilung durch das BZSt ergeht in diesen Fällen nicht.

18e.2. Aufbau
der Umsatzsteuer-Identifikationsnummern in den EU-Mitgliedstaaten

Informationen zum Aufbau der USt-IdNrn. in den EU-Mitgliedstaaten sind unter der Internet-Adresse www.bzst.de abrufbar.

§ 18f Sicherheitsleistung

¹Bei Steueranmeldungen im Sinne von § 18 Abs. 1 und 3 kann die Zustimmung nach § 168 Satz 2 der Abgabenordnung im Einvernehmen mit dem Unternehmer von einer Sicherheitsleistung abhängig gemacht werden. ²Satz 1 gilt entsprechend für die Festsetzung nach § 167 Abs. 1 Satz 1 der Abgabenordnung, wenn sie zu einer Erstattung führt.

Vorschriften des Gemeinschaftsrechts

Art. 183 Abs. 1 und 2 der MWSt-Richtlinie (bis 31. 12. 2006: Art. 18 Abs. 4 der 6. USt-Richtlinie).

18f.1. Sicherheitsleistung

(1) ¹Das Finanzamt kann im Einvernehmen mit dem Unternehmer die nach § 168 Satz 2 AO erforderliche Zustimmung von einer Sicherheitsleistung abhängig machen, wenn Zweifel an der Richtigkeit der eingereichten Steueranmeldung bestehen. ²Die Regelung gibt dem Finanzamt die Möglichkeit, trotz Prüfungsbedürftigkeit des geltend gemachten Erstattungsanspruchs die Zustimmung nach § 168 Satz 2 AO zu erteilen, wenn der Unternehmer eine Sicherheit leistet.

(2) ¹Die Regelung kann angewendet werden für Voranmeldungen (§ 18 Abs. 1 UStG) und Umsatzsteuererklärungen für das Kalenderjahr (§ 18 Abs. 3 UStG), wenn sie zu einer Erstattung angemeldeter Vorsteuerbeträge oder zu einer Herabsetzung der bisher zu entrichtenden Umsatzsteuer (§ 168 Satz 2 AO) führen, und auf Fälle, in denen die Finanzverwaltung von der Voranmeldung oder der Umsatzsteuererklärung für das Kalenderjahr des Unternehmers abweicht und dies zu einer Erstattung führt (§ 167 Abs. 1 Satz 1 AO). ²Die Zustimmung wird erst mit der Stellung der Sicherheitsleistung wirksam (aufschiebende Bedingung).

(3) ¹Die Entscheidung des Finanzamtes, die Zustimmung nach § 168 Satz 2 AO gegen Stellung einer Sicherheitsleistung zu erteilen, ist eine Ermessensentscheidung, die dem Grundsatz der Verhältnismäßigkeit unterliegt. ²In Fällen, in denen die bestehenden Zweifel mit einer Umsatzsteuer-Nachschau oder einer Umsatzsteuer-Sonderprüfung kurzfristig ausgeräumt werden können, ist eine Sicherheitsleistung grundsätzlich nicht angezeigt. ³Die Vorschrift ist daher regelmäßig nur in Fällen anzuwenden, in denen die erforderliche Prüfung der Rechtmäßigkeit der geltend gemachten Erstattungsbeträge wegen der besonderen Schwierigkeiten des zu beurteilenden Sachverhalts voraussichtlich länger als sechs Wochen in Anspruch nimmt. ⁴Die Anwendung der Regelung darf nicht zu einer Verzögerung bei der Prüfung des Erstattungsanspruchs führen.

(4) ¹Art und Inhalt der Sicherheitsleistung richten sich nach den §§ 241 bis 248 AO. ²Wegen der einfacheren Handhabung soll der Bankbürgschaft eines allgemein als Steuerbürgen zugelassenen Kreditinstitutes (§ 244 Abs. 2 AO) in der Regel der Vorzug gegeben werden.

(5) ¹Die Sicherheitsleistung muss nicht zwingend in voller Höhe des zu sichernden Steueranspruchs erbracht werden. ²Bei der Festlegung der Höhe der Sicherheitsleistung sind sowohl das Ausfallrisiko zu Lasten des Fiskus als auch die Liquidität des Unternehmers zu berücksichtigen. ³Hinsichtlich der Einzelheiten zum Verfahren wird auf den Anwendungserlass zu den §§ 241 bis 248 AO hingewiesen.

(6) Die Sicherheitsleistung ist unverzüglich zurückzugeben, wenn der zu sichernde Anspruch aus dem Steuerschuldverhältnis erloschen ist.

Hinweis

Sicherheitsleistung gemäß § 18f UStG: Bankbürgschaft eines Kreditinstituts

(OFD München, Vfg. vom 12. 3. 2003 – S 7428 – 1 St 432 – DStR 2003 S. 643, UR 2003 S. 514)

Mit Schreiben vom 8. 10. 2002 (BStBl I S. 1018) hat das BMF zur Sicherheitsleistung gemäß § 18f UStG näher Stellung genommen. Ergänzend wird auf Folgendes hingewiesen:

1. Bankbürgschaft eines allgemein als Steuerbürge zugelassenen Kreditinstituts

In Tz. 2 des vorgenannten BMF-Schreiben vom 8. 10. 2002 ist ausgeführt, dass auf Grund der einfacheren Handhabung der Sicherheitsleistung in Form einer Bankbürgschaft eines allgemein als Steuerbürge zugelassenen Kreditinstituts (§ 244 Abs. 2 AO) der Vorzug gegeben werden soll. Bei der Anforderung von Bankbürgschaften nach § 244 Abs. 2 AO sind nachstehende Grundsätze zu beachten:

Der Verwaltungsakt über die Anerkennung als allgemein zugelassener Steuerbürge wird von den Zollabteilungen der Oberfinanzdirektionen erteilt (§ 244 Abs. 2 AO). Dabei wird auch ein Höchstbetrag als Bürgschaftssumme festgesetzt (§ 244 Abs. 2 Satz 4 AO). Für in Bayern ansässige Kreditinstitute ist für die Erteilung der Zulassung als allgemeiner Steuerbürge die OFD Nürnberg zuständig (vgl. § 8 Abs. 3 FVG i. V. m. der Verordnung zur Übertragung von Aufgaben der Oberfinanzdirektionen vom 4. 3. 1998, BGBl. 1998 I S. 407).

Bestehen Zweifel, ob ein Kreditinstitut allgemein als Steuerbürge zugelassen ist oder ob im Hinblick auf die Höhe der Sicherheitsleistung der von der zuständigen OFD genehmigte Höchstbetrag ausreicht (insbesondere bei kleineren Kreditinstituten), ist vom jeweiligen Kreditinstitut eine Ablichtung des Zulassungsbescheids zu verlangen. Dem Zulassungsbescheid kann unter anderem entnommen werden, welches Hauptzollamt das Kreditinstitut überwacht (zum Überwachungsverfahren durch die Hauptzollämter vgl. AO-Kartei, Karte 2 zu §§ 241 – 248 ff. AO, Tz. 43). Den Hauptzollämtern ist in diesen Fällen eine Kopie der Verpflichtungserklärung für Kontrollzwecke zu übersenden. Die Rückgabe der Bankbürgschaft ist dem Hauptzollamt ebenfalls mitzuteilen.

2. Verwaltungsinterne Abwicklung

Bei Zweifeln an der Werthaltigkeit einer *sonstigen* Sicherheit oder bei schwierigen Sicherungsabreden (z. B. Verpfändung von Grundschulden, Wertpapieren, etc.) sowie bei verfahrensrechtlichen Fragen kann eine Stellungnahme der Vollstreckungsstelle angefordert werden.

Eine Einlieferung der Bürgschaftsurkunden bei der Finanzkasse ist nicht mehr vorgesehen (OFD-Verfügung H 2131 – 3 St 168v. 12. 4. 2002). Zur Gewährleistung der sicheren Verwahrung der Bürgschaftsurkunden hat diese der jeweils zuständige Sachgebietsleiter aufzubewahren. Die Entgegennahme sowie die Rückgabe der Bankbürgschaft sind vom Sachgebietsleiter jeweils schriftlich zu dokumentieren. Gibt das Finanzamt eine Bürgschaftsurkunde auf dem Postwege an den betroffenen Steuerpflichtigen zurück, ist eine Übersendung mittels Übergabe-Einschreiben empfehlenswert.

Die Anwendung des § 18f UStG ist als rechtlich schwierige Angelegenheit i. S. des FMS vom 28. 12. 2001, FMBl Nr. 15, S. 509, Ziffer 1.4 der Anlage 2, anzusehen, so dass alle damit zusammenhängenden Vorgänge dem Zeichnungsvorbehalt des Sachgebietsleiters unterliegen.

---

§ 18g Abgabe des Antrags auf Vergütung von Vorsteuerbeträgen in einem anderen Mitgliedstaat

¹Ein im Inland ansässiger Unternehmer, der Anträge auf Vergütung von Vorsteuerbeträgen entsprechend der Richtlinie 2008/9/EG des Rates vom 12. Februar 2008 zur Regelung der Erstattung der Mehrwertsteuer gemäß der Richtlinie 2006/112/EG an nicht im Mitgliedstaat der Erstattung, sondern in einem anderen Mitgliedstaat ansässige Steuerpflichtige (ABl. EU Nr. L 44 S. 23) in einem anderen Mitgliedstaat stellen kann, hat diesen Antrag nach amtlich vorgeschriebenem Datensatz durch Datenfernübertragung nach Maßgabe der Steuerdaten-Übermittlungsverordnung dem Bundeszentralamt für Steuern zu übermitteln. ²In diesem hat er die Steuer für den Vergütungszeitraum selbst zu berechnen.

Vorschrift des Gemeinschaftsrechts

Richtlinie 2008/9/EG des Rates vom 12. 2. 2008 zur Regelung der Erstattung der Mehrwertsteuer gemäß der Richtlinie 2006/112/EG an nicht im Mitgliedstaat der Erstattung, sondern in einem anderen Mitgliedstaat ansässige Steuerpflichtige (ABl. EU 2008 Nr. L 44 S. 23).

18g.1. Vorsteuer-Vergütungsverfahren in einem anderen Mitgliedstaat für im Inland ansässige Unternehmer

Antragstellung

(1) [1]Ein im Inland ansässiger Unternehmer, dem in einem anderen Mitgliedstaat von einem Unternehmer Umsatzsteuer in Rechnung gestellt worden ist, kann über das BZSt bei der zuständigen Behörde dieses Mitgliedstaates einen Antrag auf Vergütung dieser Steuer stellen. [2]Beantragt der Unternehmer die Vergütung für mehrere Mitgliedstaaten, ist für jeden Mitgliedstaat ein gesonderter Antrag zu stellen.

(2) [1]Anträge auf Vergütung von Vorsteuerbeträgen in einem anderen Mitgliedstaat sind nach amtlich vorgeschriebenem Datensatz durch Datenfernübertragung nach Maßgabe der Steuerdaten-Übermittlungsverordnung dem BZSt zu übermitteln (§ 18g UStG). [2]Informationen zur elektronischen Übermittlung sind auf den Internetseiten des BZSt (www.bzst.de) abrufbar. [3]Der Antragsteller muss authentifiziert sein. [4]In dem Vergütungsantrag ist die Steuer für den Vergütungszeitraum zu berechnen.

(3) [1]Der Vergütungsantrag ist bis zum 30. 9. des auf das Jahr der Ausstellung der Rechnung folgenden Kalenderjahres zu stellen. [2]Für die Einhaltung der Frist nach Satz 1 genügt der rechtzeitige Eingang des Vergütungsantrags beim BZSt. [3]Der Vergütungsbetrag muss mindestens 50 € betragen oder einem entsprechend in Landeswährung umgerechneten Betrag entsprechen. [4]Der Unternehmer kann auch einen Antrag für einen Zeitraum von mindestens drei Monaten stellen, wenn der Vergütungsbetrag mindestens 400 € beträgt oder einem entsprechend in Landeswährung umgerechneten Betrag entspricht.

(4) Der Unternehmer hat in dem Vergütungsantrag Folgendes anzugeben:
– den Mitgliedstaat der Erstattung;
– Name und vollständige Anschrift des Unternehmers;
– eine Adresse für die elektronische Kommunikation;
– eine Beschreibung der Geschäftätigkeit des Unternehmers, für die die Gegenstände bzw. Dienstleistungen erworben wurden, auf die sich der Antrag bezieht;
– den Vergütungszeitraum, auf den sich der Antrag bezieht;
– eine Erklärung des Unternehmers, dass er während des Vergütungszeitraums im Mitgliedstaat der Erstattung keine Lieferungen von Gegenständen bewirkt und Dienstleistungen erbracht hat, mit Ausnahme bestimmter steuerfreier Beförderungsleistungen (vgl. § 4 Nr. 3 UStG), von Umsätzen, für die ausschließlich der Leistungsempfänger die Steuer schuldet, oder innergemeinschaftlicher Erwerbe und daran anschließender Lieferungen im Sinne des § 25b Abs. 2 UStG;
– die USt-IdNr. oder StNr. des Unternehmers;
– seine Bankverbindung (inklusive IBAN und BIC).

(5) Neben diesen Angaben sind in dem Vergütungsantrag für jeden Mitgliedstaat der Erstattung und für jede Rechnung oder jedes Einfuhrdokument folgende Angaben zu machen:
– Name und vollständige Anschrift des Lieferers oder Dienstleistungserbringers;
– außer im Falle der Einfuhr die USt-IdNr. des Lieferers oder Dienstleistungserbringers oder die ihm vom Mitgliedstaat der Erstattung zugeteilte Steuerregisternummer;
– außer im Falle der Einfuhr das Präfix des Mitgliedstaats der Erstattung;
– Datum und Nummer der Rechnung oder des Einfuhrdokuments;
– Bemessungsgrundlage und Steuerbetrag in der Währung des Mitgliedstaats der Erstattung;
– Betrag der abziehbaren Steuer in der Währung des Mitgliedstaats der Erstattung;
– ggf. einen (in bestimmten Branchen anzuwendenden) Pro-rata-Satz;
– Art der erworbenen Gegenstände und Dienstleistungen aufgeschlüsselt nach Kennziffern:
  1   Kraftstoff;
  2   Vermietung von Beförderungsmitteln;
  3   Ausgaben für Transportmittel (andere als unter Kennziffer 1 oder 2 beschriebene Gegenstände und Dienstleistungen);
  4   Maut und Straßenbenutzungsgebühren;
  5   Fahrtkosten wie Taxikosten, Kosten für die Benutzung öffentlicher Verkehrsmittel;
  6   Beherbergung;
  7   Speisen, Getränke und Restaurantdienstleistungen;
  8   Eintrittsgelder für Messen und Ausstellungen;

9 Luxusausgaben, Ausgaben für Vergnügungen und Repräsentationsaufwendungen;

10 ¹Sonstiges. ²Hierbei ist die Art der gelieferten Gegenstände bzw. erbrachten Dienstleistungen anzugeben.

– Soweit es der Mitgliedstaat der Erstattung vorsieht, hat der Unternehmer zusätzliche elektronisch verschlüsselte Angaben zu jeder Kennziffer zu machen, soweit dies auf Grund von Einschränkungen des Vorsteuerabzugs im Mitgliedstaat der Erstattung erforderlich ist.

(6) ¹Beträgt die Bemessungsgrundlage in der Rechnung oder dem Einfuhrdokument mindestens 1 000 € (bei Rechnungen über Kraftstoffe mindestens 250 €), hat der Unternehmer – elektronische – Kopien der Rechnungen oder der Einfuhrdokumente dem Vergütungsantrag beizufügen, wenn der Mitgliedstaat der Erstattung dies vorsieht. ²Die Dateianhänge zu dem Vergütungsantrag dürfen aus technischen Gründen die Größe von 5 MB nicht überschreiten.

(7) Der Unternehmer hat in dem Antrag eine Beschreibung seiner unternehmerischen Tätigkeit anhand des harmonisierten Codes vorzunehmen, wenn der Mitgliedstaat der Erstattung dies vorsieht.

(8) ¹Der Mitgliedstaat der Erstattung kann zusätzliche Angaben in dem Vergütungsantrag verlangen. ²Informationen über die Antragsvoraussetzungen der einzelnen Mitgliedstaaten sind auf den Internetseiten des BZSt (www.bzst.de) abrufbar.

Prüfung der Zulässigkeit durch das BZSt

(9) ¹Die dem BZSt elektronisch übermittelten Anträge werden vom BZSt als für das Vorsteuer-Vergütungsverfahren zuständige Behörde auf ihre Zulässigkeit vorgeprüft. ²Dabei hat das BZSt ausschließlich festzustellen, ob

– die vom Unternehmer angegebene USt-IdNr. bzw. StNr. zutreffend und ihm zuzuordnen ist und

– der Unternehmer ein zum Vorsteuerabzug berechtigter Unternehmer ist.

Weiterleitung an den Mitgliedstaat der Erstattung

(10) ¹Stellt das BZSt nach Durchführung der Vorprüfung fest, dass der Antrag insoweit zulässig ist (vgl. Absatz 9), leitet es diesen an den Mitgliedstaat der Erstattung über eine elektronische Schnittstelle weiter. ²Mit der Weitergabe des Antrags bestätigt das BZSt, dass

– die vom Unternehmer angegebene USt-IdNr. bzw. StNr. zutreffend ist und

– der Unternehmer ein zum Vorsteuerabzug berechtigter Unternehmer ist.

(11) Die Weiterleitung an den Mitgliedstaat der Erstattung hat innerhalb von 15 Tagen nach Eingang des Antrags zu erfolgen.

Übermittlung einer Empfangsbestätigung

(12) Das BZSt hat dem Antragsteller eine elektronische Empfangsbestätigung über den Eingang des Antrags zu übermitteln.

§ 19 Besteuerung der Kleinunternehmer

(1) ¹Die für Umsätze im Sinne des § 1 Abs. 1 Nr. 1 geschuldete Umsatzsteuer wird von Unternehmern, die im Inland oder in den in § 1 Abs. 3 bezeichneten Gebieten ansässig sind, nicht erhoben, wenn der in Satz 2 bezeichnete Umsatz zuzüglich der darauf entfallenden Steuer im vorangegangenen Kalenderjahr 17 500 Euro nicht überstiegen hat und im laufenden Kalenderjahr 50 000 Euro voraussichtlich nicht übersteigen wird. ²Umsatz im Sinne des Satzes 1 ist der nach vereinnahmten Entgelten bemessene Gesamtumsatz, gekürzt um die darin enthaltenen Umsätze von Wirtschaftsgütern des Anlagevermögens. ³Satz 1 gilt nicht für die nach § 13a Abs. 1 Nr. 6, § 13b Absatz 5, § 14c Abs. 2 und § 25b Abs. 2 geschuldete Steuer. ⁴In den Fällen des Satzes 1 finden die Vorschriften über die Steuerbefreiung innergemeinschaftlicher Lieferungen (§ 4 Nr. 1 Buchstabe b, § 6a), über den Verzicht auf Steuerbefreiungen (§ 9), über den gesonderten Ausweis der Steuer in einer Rechnung (§ 14 Abs. 4), über die Angabe der Umsatzsteuer-Identifikationsnummern in einer Rechnung (§ 14a Abs. 1, 3 und 7) und über den Vorsteuerabzug (§ 15) keine Anwendung.

(2) ¹Der Unternehmer kann dem Finanzamt bis zur Unanfechtbarkeit der Steuerfestsetzung (§ 18 Abs. 3 und 4) erklären, dass er auf die Anwendung des Absatzes 1 verzichtet. ²Nach Eintritt der Unanfechtbarkeit der Steuerfestsetzung bindet die Erklärung den Unternehmer mindestens für fünf Kalenderjahre. ³Sie kann nur mit Wirkung vom Beginn eines Kalenderjahres an widerrufen werden. ⁴Der Widerruf ist spätestens bis zur Unanfechtbarkeit der Steuerfestsetzung des Kalenderjahres, für das er gelten soll, zu erklären.

§ 19 UStG
AE 19.1

(3) ¹Gesamtumsatz ist die Summe der vom Unternehmer ausgeführten steuerbaren Umsätze im Sinne des § 1 Abs. 1 Nr. 1 abzüglich folgender Umsätze:
1. der Umsätze, die nach § 4 Nr. 8 Buchstabe i, Nr. 9 Buchstabe b und Nr. 11 bis 28 steuerfrei sind;
2. der Umsätze, die nach § 4 Nr. 8 Buchstabe a bis h, Nr. 9 Buchstabe a und Nr. 10 steuerfrei sind, wenn sie Hilfsumsätze sind.

²Soweit der Unternehmer die Steuer nach vereinnahmten Entgelten berechnet (§ 13 Abs. 1 Nr. 1 Buchstabe a Satz 4 oder § 20), ist auch der Gesamtumsatz nach diesen Entgelten zu berechnen. ³Hat der Unternehmer seine gewerbliche oder berufliche Tätigkeit nur in einem Teil des Kalenderjahres ausgeübt, so ist der tatsächliche Gesamtumsatz in einen Jahresgesamtumsatz umzurechnen. ⁴Angefangene Kalendermonate sind bei der Umrechnung als volle Kalendermonate zu behandeln, es sei denn, dass die Umrechnung nach Tagen zu einem niedrigeren Jahresgesamtumsatz führt.

(4) ¹Absatz 1 gilt nicht für die innergemeinschaftlichen Lieferungen neuer Fahrzeuge. ²§ 15 Abs. 4a ist entsprechend anzuwenden.

S 7365

Vorschriften des Gemeinschaftsrechts

Art. 282 bis 286, Art. 288 bis 290 und Art. 292 der MWSt-Richtlinie (bis 31. 12. 2006: Art. 24, Art. 28c Teil A Buchst. a und b und Art. 28i der 6. USt-Richtlinie).

Aufzeichnungspflichten der Kleinunternehmer   UStDV

§ 65 UStDV: Abgedruckt bei § 22 UStG.   S 7381

19.1. Nichterhebung der Steuer   AE 19.1

(1) ¹Nach § 19 Abs. 1 UStG ist die Steuer, die ein im Inland oder in den in § 1 Abs. 3 UStG genannten Gebieten ansässiger Kleinunternehmer für seine steuerpflichtigen Umsätze schuldet, unter bestimmten Voraussetzungen nicht zu erheben. ²*Die Beschränkung der Regelung auf im Inland oder in den in § 1 Abs. 3 UStG genannten Gebieten ansässige Kleinunternehmer und deren in diesen Gebieten erzielten Umsätze berührt nicht die Gültigkeit der unionsrechtlichen Vorgaben im Hinblick auf den EG-Vertrag (vgl. EuGH-Urteil vom 26. 10. 2010, C-97/09, HFR 2011 S. 117).* ³Die Regelung bezieht sich auf die Steuer für die in § 1 Abs. 1 Nr. 1 UStG bezeichneten Lieferungen und sonstigen Leistungen (einschließlich unentgeltliche Wertabgaben – vgl. Abschnitte 3.2 bis 3.4). ⁴Die Steuer für die Einfuhr von Gegenständen (§ 1 Abs. 1 Nr. 4 UStG), für den innergemeinschaftlichen Erwerb (§ 1 Abs. 1 Nr. 5 UStG, vgl. auch Abschnitt 1a.1 Abs. 2) sowie die nach § 13a Abs. 1 Nr. 6, § 13b Abs. 2, § 14c Abs. 2 und § 25b Abs. 2 UStG geschuldete Steuer hat der Kleinunternehmer hingegen abzuführen. ⁵Das gilt auch für die Steuer, die nach § 16 Abs. 5 UStG von der zuständigen Zolldienststelle im Wege der Beförderungseinzelbesteuerung erhoben wird (vgl. Abschnitt 16.2).

S 7361

(2) ¹Bei der Ermittlung der in § 19 Abs. 1 UStG bezeichneten Grenzen von 17 500 € und 50 000 € ist jeweils von dem Gesamtumsatz im Sinne des § 19 Abs. 3 UStG auszugehen (vgl. Abschnitt 19.3). ²Der Gesamtumsatz ist hier jedoch stets nach vereinnahmten Entgelten zu berechnen. ³Außerdem ist bei der Umsatzermittlung nicht auf die Bemessungsgrundlagen im Sinne des § 10 UStG abzustellen, sondern auf die vom Unternehmer vereinnahmten Bruttobeträge. ⁴In den Fällen des § 10 Abs. 4 und 5 UStG ist der jeweils in Betracht kommenden Bemessungsgrundlage ggf. die darauf entfallende Umsatzsteuer hinzuzurechnen.

(3) ¹Hat der Gesamtumsatz im Vorjahr die Grenze von 17 500 € überschritten, ist die Steuer für das laufende Kalenderjahr auch dann zu erheben, wenn der Gesamtumsatz in diesem Jahr die Grenze von 17 500 € voraussichtlich nicht überschreiten wird (vgl. BFH-Beschluss vom 18. 10. 2007, V B 164/06, BStBl 2008 II S. 263). ²Bei der Grenze von 50 000 € kommt es darauf an, ob der Unternehmer diese Bemessungsgröße voraussichtlich nicht überschreiten wird. ³Maßgebend ist die zu Beginn eines Jahres vorzunehmende Beurteilung der Verhältnisse für das laufende Kalenderjahr. ⁴Dies gilt auch, wenn der Unternehmer in diesem Jahr sein Unternehmen erweitert (vgl. BFH-Urteil vom 7. 3. 1995, XI R 51/94, BStBl II S. 562). ⁵Ist danach ein voraussichtlicher Umsatz zuzüglich der Steuer von nicht mehr als 50 000 € zu erwarten, ist dieser Betrag auch dann maßgebend, wenn der tatsächliche Umsatz zuzüglich der Steuer im Laufe des Kalenderjahres die Grenze von 50 000 € überschreitet (vgl. auch Absatz 4). ⁶Bei einer Änderung der Unternehmens-

verhältnisse während des laufenden Kalenderjahres durch Erbfolge ist Absatz 5 zu beachten. [7]Der Unternehmer hat dem Finanzamt auf Verlangen die Verhältnisse darzulegen, aus denen sich ergibt, wie hoch der Umsatz des laufenden Kalenderjahres voraussichtlich sein wird.

(4) [1]Nimmt der Unternehmer seine gewerbliche oder berufliche Tätigkeit im Laufe eines Kalenderjahres neu auf, ist in diesen Fällen allein auf den voraussichtlichen Umsatz (vgl. Absatz 3) des laufenden Kalenderjahres abzustellen (vgl. auch BFH-Urteil vom 19. 2. 1976, V R 23/73, BStBl II S. 400). [2]Entsprechend der Zweckbestimmung des § 19 Abs. 1 UStG ist hierbei die Grenze von 17 500 € und nicht die Grenze von 50 000 € maßgebend. [3]Es kommt somit nur darauf an, ob der Unternehmer nach den Verhältnissen des laufenden Kalenderjahres voraussichtlich die Grenze von 17 500 € nicht überschreitet (BFH-Urteil vom 22. 11. 1984, V R 170/83, BStBl 1985 II S. 142).

(4a) [1]Bei einem Unternehmer, der seinen landwirtschaftlichen Betrieb verpachtet und dessen unternehmerische Betätigung im Bereich der Landwirtschaft sich in dieser Verpachtung erschöpft, so dass die Durchschnittsatzbesteuerung nach § 24 UStG nicht mehr angewendet werden kann, kann zu Beginn der Verpachtung für die Anwendung des § 19 Abs. 1 UStG aus Vereinfachungsgründen auf den voraussichtlichen Gesamtumsatz des laufenden Kalenderjahres abgestellt werden. [2]Beginnt die Verpachtung im Laufe eines Jahres, werden ebenfalls zur Vereinfachung die vor der Verpachtung erzielten Umsätze, die unter die Durchschnittsbesteuerung nach § 24 UStG fallen, bei der Ermittlung des Gesamtumsatzes des laufenden Jahres nicht berücksichtigt.

(5) [1]Geht ein Unternehmen im Wege der Erbfolge auf den Unternehmer über, ist zu berücksichtigen, dass es keinen Einfluss auf den Zeitpunkt der Änderung seiner Unternehmensverhältnisse hatte. [2]Zur Vermeidung einer unbilligen Härte kann daher der Unternehmer in diesen Fällen die Besteuerung für das laufende Kalenderjahr so fortführen, wie sie für den jeweiligen Teil des Unternehmens ohne Berücksichtigung der Gesamtumsatzverhältnisse anzuwenden wäre. [3]Hat z. B. der Unternehmer für sein bisheriges Unternehmen die Besteuerung nach den allgemeinen Vorschriften angewendet, der Rechtsvorgänger aber für den anderen Unternehmensteil auf Grund der dafür bestehenden Verhältnisse von § 19 Abs. 1 UStG Gebrauch gemacht, kann der Unternehmer diese beiden Besteuerungsformen bis zum Ablauf des Kalenderjahres fortführen, in dem die Erbfolge eingetreten ist. [4]Dem Unternehmer bleibt es allerdings überlassen, für das ganze Unternehmen einheitlich die Besteuerung nach den allgemeinen Vorschriften anzuwenden.

(6) [1]Bei der Ermittlung der maßgeblichen Grenzen von 17 500 € und 50 000 € bleiben die Umsätze von Wirtschaftsgütern des Anlagevermögens unberücksichtigt. [2]Das gilt sowohl bei einer Veräußerung als auch bei einer Entnahme für nichtunternehmerische Zwecke. [3]Ob ein Wirtschaftsgut des Anlagevermögens vorliegt, ist nach den für das Einkommensteuerrecht maßgebenden Grundsätzen zu beurteilen. [4]Die Ausnahme erstreckt sich auch auf entsprechende Wirtschaftsgüter, die einkommensteuerrechtlich nicht zu einem Betriebsvermögen gehören, z. B. bei der Veräußerung von Einrichtungsgegenständen durch einen nichtgewerblichen Vermieter von Ferienwohnungen.

AE 19.2   19.2. Verzicht auf die Anwendung des § 19 Abs. 1 UStG

S 7362

(1) [1]Der Unternehmer kann dem Finanzamt erklären, dass er auf die Anwendung des § 19 Abs. 1 UStG verzichtet. [2]Er unterliegt damit der Besteuerung nach den allgemeinen Vorschriften des Gesetzes. [3]Die Erklärung nach § 19 Abs. 2 Satz 1 UStG kann der Unternehmer bis zur Unanfechtbarkeit der Steuerfestsetzung abgeben. [4]Im Einzelnen gilt hierzu Folgendes:

1. [1]Die Erklärung gilt vom Beginn des Kalenderjahres an, für das der Unternehmer sie abgegeben hat. [2]Beginnt der Unternehmer seine gewerbliche oder berufliche Tätigkeit während des Kalenderjahres, gilt die Erklärung vom Beginn dieser Tätigkeit an.

2. [1]Für die Erklärung ist keine bestimmte Form vorgeschrieben. [2]Berechnet der Unternehmer in den Voranmeldungen oder in der Steuererklärung für das Kalenderjahr die Steuer nach den allgemeinen Vorschriften des UStG, ist darin grundsätzlich eine Erklärung im Sinne des § 19 Abs. 2 Satz 1 UStG zu erblicken (vgl. auch BFH-Urteile vom 19. 12. 1985, V R 167/82, BStBl 1986 II S. 420, und vom 11. 12. 1997, V R 50/94, BStBl 1998 II S. 420). [3]In Zweifelsfällen ist der Unternehmer zu fragen, welcher Besteuerungsform er seine Umsätze unterwerfen will.

(2) [1]Vor Eintritt der Unanfechtbarkeit der Steuerfestsetzung kann der Unternehmer die Erklärung mit Wirkung für die Vergangenheit zurücknehmen. [2]Nimmt der Unternehmer die Erklärung zurück, kann er die Rechnungen, in denen er die Umsatzsteuer gesondert ausgewiesen hat, nach § 14c Abs. 2 Sätze 3 bis 5 UStG berichtigen.

(3) [1]Nach Eintritt der Unanfechtbarkeit der Steuerfestsetzung bindet die Erklärung den Unternehmer mindestens für fünf Kalenderjahre (§ 19 Abs. 2 Satz 2 UStG). [2]Die Fünfjahresfrist ist vom Beginn des ersten Kalenderjahres an zu berechnen, für das die Erklärung gilt.

(4) ¹Für die Zeit nach Ablauf der Fünfjahresfrist kann der Unternehmer die Erklärung mit Wirkung vom Beginn eines Kalenderjahres an widerrufen (§ 19 Abs. 2 Satz 3 UStG). ²Der Widerruf ist spätestens bis zur Unanfechtbarkeit der Steuerfestsetzung des Kalenderjahres, für das er gelten soll, zu erklären (§ 19 Abs. 2 Satz 4 UStG). ³Im Falle des Widerrufs kann der Unternehmer die Rechnungen, in denen er die Umsatzsteuer gesondert ausgewiesen hat, nach § 14c Abs. 2 Sätze 3 bis 5 UStG berichtigen.

(5) ¹Hinsichtlich der Steuerfestsetzung ist zu berücksichtigen, dass die Umsatzsteuer eine Anmeldungssteuer ist. ²Die nach § 18 Abs. 3 UStG zu übermittelnde Steuererklärung für das Kalenderjahr steht deshalb – erforderlichenfalls nach Zustimmung der Finanzbehörde – einer Steuerfestsetzung gleich (§ 168 AO). ³Eine Steuerfestsetzung ist ferner die Festsetzung der Umsatzsteuer durch Steuerbescheid (§ 155 AO). ⁴Keine Steuerfestsetzungen im Sinne des § 19 Abs. 2 Satz 1 UStG sind die Voranmeldung und die Festsetzung einer Umsatzsteuer-Vorauszahlung. ⁵Durch ihre Unanfechtbarkeit wird deshalb die Möglichkeit, eine Erklärung nach § 19 Abs. 2 Satz 1 UStG abzugeben, nicht ausgeschlossen.

(6) ¹Eine Steuerfestsetzung ist unanfechtbar, wenn auf die Einlegung eines Rechtsbehelfs wirksam verzichtet oder ein Rechtsbehelf wirksam zurückgenommen worden ist, wenn die Rechtsbehelfsfrist ohne Einlegung eines förmlichen Rechtsbehelfs abgelaufen oder wenn gegen den Verwaltungsakt oder die gerichtliche Entscheidung kein Rechtsbehelf mehr gegeben ist. ²Dabei ist unter Unanfechtbarkeit die formelle Bestandskraft der erstmaligen Steuerfestsetzung zu verstehen, die auch in einer Steuerfestsetzung unter Vorbehalt der Nachprüfung oder in einer Steueranmeldung bestehen kann (vgl. BFH-Urteile vom 19. 12. 1985, V R 167/82, BStBl 1986 II S. 420, und vom 11. 12. 1997, V R 50/94, BStBl 1998 II S. 420).

19.3. Gesamtumsatz

(1) ¹Zum Gesamtumsatz im Sinne des § 19 Abs. 3 UStG gehören auch die vom Unternehmer ausgeführten Umsätze, die nach § 1 Abs. 3 UStG wie Umsätze im Inland zu behandeln sind, sowie die Umsätze, für die ein Anderer als Leistungsempfänger Steuerschuldner nach § 13b Abs. 5 UStG ist. ²Zum Gesamtumsatz gehören nicht die Umsätze, für die der Unternehmer als Leistungsempfänger Steuerschuldner nach § 13b Abs. 5 UStG ist. ³Außerdem gehören die Lieferungen an den letzten Abnehmer in einem innergemeinschaftlichen Dreiecksgeschäft (§ 25b Abs. 2 UStG) nicht zum Gesamtumsatz beim letzten Abnehmer. ⁴Für die Ermittlung des Gesamtumsatzes ist grundsätzlich die für die Besteuerung in Betracht kommende Bemessungsgrundlage (Abschnitte 10.1 bis 10.8) anzusetzen. ⁵In den Fällen der Margenbesteuerung nach § 25 UStG sowie der Differenzbesteuerung nach § 25a UStG bestimmt sich der Gesamtumsatz abweichend von Satz 4 nach dem vereinnahmten Entgelt und nicht nach dem Differenzbetrag.

(2) ¹Von den steuerbaren Umsätzen sind für die Ermittlung des Gesamtumsatzes die in § 19 Abs. 3 UStG genannten steuerfreien Umsätze abzuziehen. ²Ob ein Umsatz als steuerfrei zu berücksichtigen ist, richtet sich nach den Vorschriften des laufenden Kalenderjahrs. ³Der Abzug ist nicht vorzunehmen, wenn der Unternehmer die in Betracht kommenden Umsätze nach § 9 UStG wirksam als steuerpflichtig behandelt hat (vgl. BFH-Urteil vom 15. 10. 1992, V R 91/87, BStBl 1993 II S. 209). ⁴Als Hilfsumsätze sind die Umsätze zu betrachten, die zwar zur unternehmerischen Tätigkeit des Unternehmens gehören, jedoch nicht den eigentlichen Gegenstand des Unternehmens bilden (BFH-Urteil vom 24. 2. 1988, X R 67/82, BStBl II S. 622). ⁵Hierzu zählen z. B.:

1. die Gewährung und Vermittlung von Krediten sowie die Umsätze von fremden Zahlungsmitteln oder Geldforderungen, z. B. Wechseln, im Zusammenhang mit Warenlieferungen;
2. der Verkauf eines Betriebsgrundstücks;
3. die Verschaffung von Versicherungsschutz für die Arbeitnehmer.

(3) ¹Die nach § 19 Abs. 3 Satz 3 UStG vorzunehmende Umrechnung des tatsächlichen Gesamtumsatzes in einen Jahresumsatz ist auch durchzuführen, wenn die gewerbliche oder berufliche Tätigkeit von vornherein auf einen Teil des Kalenderjahrs begrenzt war (BFH-Urteil vom 27. 10. 1993, XI R 86/90, BStBl 1994 II S. 274). ²Der Beginn der gewerblichen oder beruflichen Tätigkeit fällt mit dem Beginn des Unternehmens zusammen. ³Bei der Umrechnung des tatsächlichen Gesamtumsatzes in einen Jahresumsatz ist deshalb das Kalenderjahr in den Zeitraum bis zum Beginn des Unternehmens und den Zeitraum danach aufzuteilen. ⁴Eine Schulung des Unternehmers, die der Gründung des Unternehmens vorgeht, ist grundsätzlich noch keine gewerbliche oder berufliche Tätigkeit, die den Beginn des Unternehmens beeinflusst (vgl. BFH-Urteil vom 17. 9. 1998, V R 28/98, BStBl 1999 II S. 146). ⁵Die Umsätze aus der Veräußerung oder Entnahme des Anlagevermögens sind nicht in einen Jahresgesamtumsatz umzurechnen. ⁶Sie sind deshalb vor der Umrechnung aus dem tatsächlichen Gesamtumsatz auszuscheiden und nach der Umrechnung des restlichen Umsatzes dem ermittelten Betrag hinzuzurechnen.

AE 19.4

19.4. Verhältnis des § 19 zu § 24 UStG

Auf **Abschnitt 19.1 Abs. 4a**, Abschnitt 24.7 Abs. 4 und Abschnitt 24.8 Abs. 2 und 3 wird hingewiesen.

AE 19.5

19.5. Wechsel der Besteuerungsform

Übergang von der Anwendung des § 19 Abs. 1 UStG zur Regelbesteuerung oder zur Besteuerung nach § 24 UStG

S 7360
S 7361

(1) Umsätze, die der Unternehmer vor dem Übergang zur Regelbesteuerung ausgeführt hat, fallen auch dann unter § 19 Abs. 1 UStG, wenn die Entgelte nach diesem Zeitpunkt vereinnahmt werden.

(2) ¹Umsätze, die der Unternehmer nach dem Übergang ausführt, unterliegen der Regelbesteuerung.

(3) Zur Anwendung des § 15 UStG wird auf Abschnitt 15.1 Abs. 5, zur Anwendung des § 15a UStG wird auf Abschnitt 15a.2 Abs. 2 Satz 3 Nr. 3 und Abschnitt 15a.9 Abs. 1 bis 4 hingewiesen.

(4) Ändert sich nach dem Übergang die Bemessungsgrundlage für Umsätze, die vor dem Übergang ausgeführt worden sind, ist zu beachten, dass auf diese Umsätze § 19 Abs. 1 UStG anzuwenden ist.

(5) ¹Im Falle des Übergangs von der Anwendung des § 19 Abs. 1 UStG zur Besteuerung nach § 24 UStG gelten die Absätze 1, 2 und 4 sinngemäß. ²Der Vorsteuerabzug regelt sich vom Zeitpunkt des Übergangs an ausschließlich nach § 24 Abs. 1 Satz 4 UStG.

Übergang von der Regelbesteuerung oder von der Besteuerung nach § 24 UStG zur Anwendung des § 19 Abs. 1 UStG

(6) ¹Umsätze, die der Unternehmer vor dem Übergang von der Regelbesteuerung zur Anwendung des § 19 Abs. 1 UStG ausgeführt hat, unterliegen der Regelbesteuerung. ²Werden Entgelte für diese Umsätze nach dem Übergang vereinnahmt (Außenstände), gilt Folgendes:

1. ¹Hat der Unternehmer die Steuer vor dem Übergang nach vereinbarten Entgelten berechnet, waren die Umsätze bereits vor dem Übergang zu versteuern, und zwar in dem Besteuerungs- oder Voranmeldungszeitraum, in dem sie ausgeführt wurden (§ 13 Abs. 1 Nr. 1 Buchstabe a UStG). ²Eine Besteuerung zum Zeitpunkt der Entgeltsvereinnahmung entfällt.

2. Hat der Unternehmer die Steuer vor dem Übergang nach vereinnahmten Entgelten berechnet, sind die Umsätze nach dem Übergang der Regelbesteuerung zu unterwerfen, und zwar in dem Besteuerungs- oder Voranmeldungszeitraum, in dem die Entgelte vereinnahmt werden (§ 13 Abs. 1 Nr. 1 Buchstabe b UStG).

(7) ¹Umsätze, die der Unternehmer nach dem Übergang ausführt, fallen unter § 19 Abs. 1 UStG. ²Sind Anzahlungen für diese Umsätze vor dem Übergang vereinnahmt und der Umsatzsteuer unterworfen worden, ist die entrichtete Steuer zu erstatten, sofern keine Rechnungen ausgestellt wurden, die zum Vorsteuerabzug berechtigen.

(8) Zur Anwendung des § 15 UStG wird auf Abschnitt 15.1 Abs. 6, zur Anwendung des § 15a UStG auf Abschnitt 15a.2 Abs. 2 Satz 3 Nr. 3 und Abschnitt 15a.9 Abs. 1 bis 4 hingewiesen.

(9) ¹Ändert sich nach dem Übergang die Bemessungsgrundlage für Umsätze, die vor dem Übergang ausgeführt worden sind, ist bei der Berichtigung der für diese Umsätze geschuldeten Steuerbeträge (§ 17 Abs. 1 Nr. 1 und Abs. 2 UStG) zu beachten, dass die Umsätze der Regelbesteuerung unterlegen haben. ²Entsprechendes gilt für die Berichtigung von vor dem Übergang abgezogenen Steuerbeträgen nach § 17 Abs. 1 Nr. 2 und Abs. 2 und 3 UStG.

(10) ¹Im Falle des Übergangs von der Besteuerung nach § 24 UStG zur Anwendung des § 19 Abs. 1 UStG gelten die Absätze 6 und 7 sinngemäß. ²Der Vorsteuerabzug ist bis zum Zeitpunkt des Übergangs durch die Anwendung der Durchschnittssatzbesteuerung abgegolten. ³Nach dem Zeitpunkt des Übergangs ist ein Vorsteuerabzug nicht mehr möglich.

Hinweise

1 Anwendung der Kleinunternehmerregelung bei stark schwankenden Umsätzen

(OFD Karlsruhe/Stuttgart, Vfg. vom 9. 12. 2002 – USt-Kartei S 7360 Karte 1 –, UR 2003 S. 207)

Zur Frage, ob eine Vereinsgemeinschaft die Kleinunternehmerregelung des § 19 Abs. 1 UStG in Anspruch nehmen kann, wenn sie alle drei Jahre ein Fest ausrichtet und dabei einen Umsatz zwischen 16 621 € und 50 000 € erzielt, in den Jahren dazwischen aber nur sehr geringe oder gar keine Umsätze hat, gilt Folgendes:

Nach § 19 Abs. 1 Satz 1 UStG wird die Umsatzsteuer nicht erhoben, wenn der Umsatz zuzüglich der darauf entfallenden Steuer im vorangegangenen Kalenderjahr 16 620 € nicht überstiegen hat und im laufenden Kalenderjahr 50 000 € nicht übersteigen wird. Ist ein Vorjahresumsatz nicht vorhanden, weil ein Unternehmer seine Tätigkeit erst im laufenden Kalenderjahr aufgenommen hat, ist allein entscheidend, ob im laufenden Kalenderjahr die Umsatzgrenze von 16 620 € voraussichtlich überschritten wird (vgl. Abschn. 246 Abs. 4 UStR).

Welche Grenzen maßgebend sind, richtet sich somit danach, ob die Unternehmereigenschaft im Jahr der Ausrichtung eines Festes jeweils neu beginnt oder ob sie fortdauert.

Nach ständiger höchstrichterlicher Finanzrechtsprechung (vgl. BFH, Urt. v. 13. 12. 1963 – V 77/61 U –, BStBl 1964 III S. 90; BFH v. 22. 6. 1989 – V R 37/84 –, BStBl 1989 II S. 913; BFH v. 21. 12. 1989 – V R 184/84 –, UR 1990 S. 212) liegt, auch wenn zeitweilig keine Umsätze ausgeführt werden, ein Ende der unternehmerischen Betätigung nicht vor, wenn der Unternehmer die Absicht hat, das Unternehmen weiterzuführen oder in absehbarer Zeit wiederaufleben zu lassen. Dies gilt auch dann, wenn die Unterbrechung der Tätigkeit einen größeren Zeitraum einnimmt. Im o. g. Fall der Vereinsgemeinschaft kann davon ausgegangen werden, dass durch die regelmäßige Durchführung der Festveranstaltungen und die bestehende Absicht, auch künftig so zu verfahren, die Unternehmereigenschaft der Vereinsgemeinschaft fortdauert. Die Anwendung der Kleinunternehmerregelung des § 19 Abs. 1 UStG hängt in diesem Fall somit entsprechend dem Gesetzeswortlaut davon ab, ob der Vorjahresumsatz 16 620 € nicht überstiegen hat und ob der Umsatz im laufenden Kalenderjahr 50 000 € voraussichtlich nicht übersteigen wird.

Ermittlung des Gesamtumsatzes i. S. d. § 19 UStG zu dem in den § 25 und § 25a UStG verwendeten Begriff des Umsatzes

(BMF vom 16. 6. 2009, BStBl 2009 I S. 755)

Unter Bezugnahme auf das Ergebnis der Erörterungen mit den obersten Finanzbehörden der Länder gilt zur Anwendung des Abschnitts 251 Abs. 1 Satz 4 UStR für die Ermittlung des Gesamtumsatzes i. S. d. § 19 UStG in Fällen der Besteuerung von Reiseleistungen nach § 25 UStG und der Differenzbesteuerung nach § 25a UStG Folgendes:

Bei Anwendung dieser Sonderregelungen ist für die Ermittlung des Gesamtumsatzes i. S. d. § 19 Abs. 3 UStG auf die vereinnahmten Entgelte und nicht auf den Differenzbetrag gemäß § 25 Abs. 3 UStG bzw. § 25a Abs. 3 UStG abzustellen.

Abschnitt 251 Abs. 1 Satz 4 UStR (Verweis auf Abschnitte 274 und 276a Abs. 8 bis 14 UStR) ist, soweit er diesem Schreiben entgegensteht, ab dem 1. 1. 2010 nicht mehr anzuwenden.

Umsatzsteuerliche Behandlung der Verpachtung landwirtschaftlicher Betriebe: Anwendung der Kleinunternehmerregelung nach § 19 Abs. 1 UStG

(BMF vom 9. 12. 2011, BStBl 2011 I S. 1288)

Ein Unternehmer, der seinen landwirtschaftlichen Betrieb verpachtet und dessen unternehmerische Betätigung im Bereich der Landwirtschaft sich in dieser Verpachtung erschöpft, betreibt mit der Verpachtung keinen landwirtschaftlichen Betrieb i.S.d. § 24 UStG; die Durchschnittssatzbesteuerung kann nicht angewendet werden (Abschnitt 24.3 Abs. 7 und 8 UStAE).

Soweit die Pacht auf überlassene Grundstücke einschließlich aufstehender Gebäude entfällt, sind die Pachteinnahmen grundsätzlich steuerfrei (§ 4 Nr. 12 Satz 1 Buchst. a UStG). Wird im Rahmen der Verpachtung eines landwirtschaftlichen Betriebes lebendes und totes Inventar mitverpachtet, ist die Verpachtung des Inventars grundsätzlich umsatzsteuerpflichtig. Übersteigt der nach § 19 Abs. 1 UStG maßgebende Umsatz (einschließlich der steuerpflichtigen Umsätze aus der Verpachtung) nicht den Betrag von jährlich 17 500 € bzw. wird im laufenden Kalenderjahr der Betrag von 50 000 € voraussichtlich nicht überschritten, kann die Kleinunternehmerregelung angewendet werden.

Nach dem Ergebnis der Erörterungen mit den obersten Finanzbehörden der Länder gilt bei Beginn der Verpachtung eines landwirtschaftlichen Betriebs Folgendes:

Bei der Anwendung des § 19 Abs. 1 UStG kann zu Beginn der Verpachtung aus Vereinfachungsgründen auf den voraussichtlichen Gesamtumsatz des laufenden Kalenderjahres abgestellt werden. Beginnt die Verpachtung im Laufe eines Jahres, werden – zur Vereinfachung – die vor der Verpachtung erzielten Umsätze, die unter die Durchschnittsbesteuerung nach § 24 UStG fallen, bei der Ermittlung des Gesamtumsatzes des laufenden Jahres nicht berücksichtigt.

Dementsprechend werden die Abschnitte 19.1 und 19.4 des Umsatzsteuer-Anwendungserlasses vom 1. 10. 2010 (BStBl I S. 846), der zuletzt durch das BMF-Schreiben vom 9. 12. 2011 – IV D 2 – S 7330/09/10001 :001 (2011/0992053) –, BStBl I S. 1273, geändert worden ist, wie folgt geändert:

1. In Abschnitt 19.1 wird nach dem bisherigen Absatz 4 folgender neuer Absatz 4a eingefügt:[1]
2. In Abschnitt 19.4 wird der Satz wie folgt gefasst:[2]

Die Grundsätze dieses Schreibens sind in allen offenen Fällen anzuwenden.

Rechtsprechung

EUROPÄISCHER GERICHTSHOF

EuGH vom 26. 10. 2010 – Rs. C-97/09 – (BFH/NV 2010 S. 2380, DStR 2010 S. 2186, HFR 2011 S. 117)

Beschränkung der Kleinunternehmerregelung auf im Inland Ansässige und auf deren inländische Umsätze ist unionsrechtskonform

1. Die Prüfung der Fragen hat nichts ergeben, was die Gültigkeit der Art. 24 Abs. 3 und 28i der 6. USt-Richtlinie in der durch die Richtlinie 2006/18/EG des Rates vom 14. 2. 2006 geänderten Fassung sowie des Art. 283 Abs. 1 Buchst. c MwStSystRL im Hinblick auf Art. 49 EG berühren könnte.
2. Die Art. 24 und 24a der 6. USt-Richtlinie in der durch die Richtlinie 2006/18/EG geänderten Fassung sowie die Art. 284 bis 287 MwStSystRL sind dahin auszulegen, dass der Begriff „Jahresumsatz" den Jahresumsatz meint, den ein Unternehmen in einem Jahr in dem Mitgliedstaat erzielt, in dem es ansässig ist.

§ 20 Berechnung der Steuer nach vereinnahmten Entgelten

[1]Das Finanzamt kann auf Antrag gestatten, dass ein Unternehmer,

1. dessen Gesamtumsatz (§ 19 Abs. 3) im vorangegangenen Kalenderjahr nicht mehr als *500 000* Euro betragen hat, oder
2. der von der Verpflichtung, Bücher zu führen und auf Grund jährlicher Bestandsaufnahmen regelmäßig Abschlüsse zu machen, nach § 148 der Abgabenordnung befreit ist, oder
3. soweit er Umsätze aus einer Tätigkeit als Angehöriger eines freien Berufs im Sinne des § 18 Abs. 1 Nr. 1 des Einkommensteuergesetzes ausführt,

die Steuer nicht nach den vereinbarten Entgelten (§ 16 Abs. 1 Satz 1), sondern nach den vereinnahmten Entgelten berechnet. [2]Erstreckt sich die Befreiung nach Satz 1 Nummer 2 nur auf einzelne Betriebe des Unternehmers und liegt die Voraussetzung nach Satz 1 Nummer 1 nicht vor, so ist die Erlaubnis zur Berechnung der Steuer nach den vereinnahmten Entgelten auf diese Betriebe zu beschränken. [3]Wechselt der Unternehmer die Art der Steuerberechnung, so dürfen Umsätze nicht doppelt erfasst werden oder unversteuert bleiben.

(2) *(gestrichen)*

---

[1] Anm.: Die Änderungen wurden inhaltlich unverändert in Abschn. 19.1 UStAE übernommen (siehe AE 19.1).

[2] Anm.: Die Änderungen wurden inhaltlich unverändert in Abschn. 19.4 UStAE übernommen (siehe AE 19.4).

[3] Anm.: Durch Art. 1 Nr. 1 des Dritten Gesetzes zur Änderung des Umsatzsteuergesetzes vom 6. 12. 2011 (BGBl. 2011 I S. 2562, BStBl 2011 I S. 1271) wurde in § 20 UStG mit Wirkung vom 1. 1. 2012 die Absatzbezeichnung gestrichen und die Nummer 1 geändert. Bis zum 31.12.2011 geltende Fassung des § 20 Abs. 1 Nr. 1 UStG:
„1. dessen Gesamtumsatz (§ 19 Abs. 3) im vorangegangenen Kalenderjahr nicht mehr als 250 000 Euro betragen hat, oder".

[4] Anm.: Durch Art. 1 Nr. 2 des Dritten Gesetzes zur Änderung des Umsatzsteuergesetzes vom 6. 12. 2011 (BGBl. 2011 I S. 2562, BStBl 2011 I S. 1271) wurde § 20 Abs. 2 UStG mit Wirkung vom 1. 1. 2012 gestrichen. Bis zum 31.12.2011 geltende Fassung des § 20 Abs. 2 UStG:
„(2) Vom 1. Juli 2009 bis zum 31. Dezember 2011 gilt Absatz 1 Satz 1 Nr. 1 mit der Maßgabe, dass an die Stelle des Betrags von 250 000 Euro der Betrag von 500 000 Euro tritt."

§ 20 UStG
H AE 20.1

Vorschrift des Gemeinschaftsrechts

Art. 65 und Art. 66 der MWSt-Richtlinie (bis 31. 12. 2006: Art. 10 Abs. 2 der 6. USt-Richtlinie).

20.1. Berechnung der Steuer nach vereinnahmten Entgelten

AE 20.1

(1) [1]Der Antrag auf Genehmigung der Besteuerung nach vereinnahmten Entgelten ist an keine Frist gebunden. [2]Dem Antrag ist grundsätzlich unter dem Vorbehalt jederzeitigen Widerrufs zu entsprechen, wenn der Unternehmer eine der Voraussetzungen des § 20 Abs. 1 UStG erfüllt. *[3]Die Istversteuerung nach § 20 Abs. 1 Satz 1 Nr. 2 UStG kommt nur bei besonderen Härten, wie z.B. dem Überschreiten der nach § 20 Abs. 1 Satz 1 Nr. 1 UStG bestehenden Umsatzgrenze aufgrund außergewöhnlicher und einmaliger Geschäftsvorfälle, nicht aber allgemein auf Grund einer fehlenden Buchführungspflicht in Betracht (vgl. BFH-Urteil vom 11. 2. 2010, V R 38/08, BStBl II S. 873).* [4]Einer Kapitalgesellschaft, zu der sich Freiberufler zusammengeschlossen haben, ist die Genehmigung der Istversteuerung nach § 20 Abs. 1 Satz 1 Nr. 3 UStG nicht zu erteilen (vgl. BFH-Urteil vom 22. 7. 1999, V R 51/98, BStBl II S. 630). [5]Die Genehmigung erstreckt sich wegen des Prinzips der Abschnittsbesteuerung stets auf das volle Kalenderjahr. [6]Es handelt sich um einen begünstigenden Verwaltungsakt, der unter den Voraussetzungen der §§ 130, 131 AO zurückgenommen oder widerrufen werden kann.

(2) Zur Entstehung der Steuer bei der Besteuerung nach vereinnahmten Entgelten vgl. Abschnitt 13.6, zur Rechnungserteilung bei der Istversteuerung von Anzahlungen im Fall der Besteuerung nach vereinnahmten Entgelten vgl. Abschnitt 14.8.

(3) [1]§ 20 Abs. 1 Satz 3 UStG trifft keine von § 13 Abs. 1 Nr. 1 Buchstabe b UStG abweichende Regelung über die Entstehung der Steuer (vgl. BFH-Urteil vom 30. 1. 2003, V R 58/01, BStBl II S. 817). [2]Zur Entstehung der Steuer beim Wechsel der Art der Steuerberechnung vgl. Abschnitt 13.6 Abs. 3. [3]Ein rückwirkender Wechsel von der Besteuerung nach vereinnahmten Entgelten zur Besteuerung nach vereinbarten Entgelten (§ 16 UStG) ist bis zur formellen Bestandskraft der jeweiligen Jahressteuerfestsetzung zulässig.

(4) [1]Dem Unternehmer kann die Besteuerung nach vereinnahmten Entgelten insbesondere dann gestattet werden, wenn der Gesamtumsatz (§ 19 Abs. 3 UStG) im vorangegangenen Kalenderjahr die Umsatzgrenze des § 20 Abs. 1 Satz 1 Nr. 1 UStG nicht überschritten hat. [2]Im Jahr des Beginns der gewerblichen oder beruflichen Tätigkeit ist auf den voraussichtlichen Gesamtumsatz abzustellen. [3]In diesem Fall und wenn die gewerbliche oder berufliche Tätigkeit nur in einem Teil des vorangegangenen Kalenderjahres ausgeübt wurde, ist der Gesamtumsatz in einen Jahresumsatz umzurechnen (vgl. Abschnitt 19.3 Abs. 3).

S 7368

Hinweise

H

Berechnung der Umsatzsteuer nach vereinnahmten Entgelten: Änderung von § 20 Abs. 2 UStG durch das Bürgerentlastungsgesetz Krankenversicherung

1

(BMF vom 10. 7. 2009 – IV B 8 – S 7368/09/10001 (2009/0453814) –, UR 2009 S. 539)

Das Finanzamt kann gemäß § 20 Abs. 1 Satz 1 Nr. 1 UStG auf Antrag gestatten, dass ein Unternehmer, dessen Gesamtumsatz (§ 19 Abs. 3 UStG) im vorangegangenen Kalenderjahr nicht mehr als 250 000 Euro betragen hat, die Umsatzsteuer nicht nach vereinbarten Entgelten (§ 16 Abs. 1 Satz 1 UStG), sondern nach vereinnahmten Entgelten berechnet (Istversteuerung). Durch Artikel 8 des Gesetzes zur verbesserten steuerlichen Berücksichtigung von Vorsorgeaufwendungen (Bürgerentlastungsgesetz Krankenversicherung) in der Fassung des Gesetzesbeschlusses des Deutschen Bundestages vom 19. 6. 2009 soll § 20 UStG dahingehend geändert werden, dass vom 1. 7. 2009 bis zum 31. 12. 2011 an die Stelle des Betrages von 250 000 Euro der Betrag von 500 000 Euro tritt. Die bisher nur in den neuen Bundesländern geltende Umsatzgrenze gilt damit im gesamten Bundesgebiet. Die Änderung wird rückwirkend zum 1. 7. 2009 in Kraft treten. Der Bundesrat hat dem Gesetz am 10. 7. 2009 zugestimmt.

Unter Bezugnahme auf das Ergebnis der Erörterungen mit den obersten Finanzbehörden der Länder gilt hierzu Folgendes:

Anträgen auf Gestattung der Berechnung der Umsatzsteuer nach vereinnahmten Entgelten gemäß § 20 Abs. 1 Satz 1 Nr. 1 UStG kann im Vorgriff auf die zu erwartende Verkündung im Bundesgesetzblatt bereits vor dem Inkrafttreten der maßgeblichen Änderungsnorm entsprochen werden. Die Genehmigung der Istversteuerung kann jedoch nur für Umsätze erteilt werden, die nach dem 30. 6. 2009 ausgeführt werden (§ 27 Abs. 1 Satz 1 UStG). Abschnitt 254 Abs. 1 Satz 4 UStR ist in diesen Fällen nicht anzuwenden. Ein rückwirkender Wechsel für Voranmeldungszeiträume, die vor dem 1. 7. 2009 enden, ist nicht möglich.

Hinsichtlich des maßgeblichen Gesamtumsatzes ist ausschließlich auf den Umsatz des Kalenderjahres 2008 abzustellen, der für eine Genehmigung der Istversteuerung nach der Neuregelung nicht mehr als 500 000 Euro betragen darf. Der im ersten Halbjahr des Kalenderjahres 2009 erzielte Gesamtumsatz bleibt außer Betracht. Für Umsätze, die vor dem Wechsel zur Istversteuerung ausgeführt wurden, wird auf Abschnitt 182 Abs. 3 Satz 4 UStR hingewiesen.

2 Wechsel von Ist- zur Sollbesteuerung

(BMF vom 1. 10. 2010, BStBl 2010 I S. 768)

Mit Urteil vom 10. 12. 2008, XI R 1/08 (BStBl 2009 II S. 1026), hat der BFH entschieden, dass ein rückwirkender Wechsel von der Besteuerung nach vereinnahmten Entgelten (§ 20 UStG) zur Besteuerung nach vereinbarten Entgelten (§ 16 UStG) bis zur formellen Bestandskraft der jeweiligen Jahressteuerfestsetzung zulässig ist.

In seiner Begründung nimmt der BFH auch zur Anwendbarkeit des § 9 UStG Stellung. Danach ermöglicht § 9 Abs. 1 UStG eine Option zur Steuerpflicht, regelt aber – im Unterschied zu §§ 19, 23 UStG – nicht, bis zu welchem Zeitpunkt diese zu erklären ist und bis zu welchem Zeitpunkt eine erklärte Option noch rückgängig gemacht werden kann. Unter Hinweis auf die rechtssystematisch vergleichbare Situation beim Widerruf eines Verzichts auf die Anwendung des § 19 Abs. 1 UStG hat der BFH eine Bindungswirkung der Option zur Steuerpflicht ab dem Eintritt der formellen Bestandskraft der jeweiligen Steuerfestsetzung bejaht.

Unter Bezugnahme auf das Ergebnis der Erörterungen mit den obersten Finanzbehörden der Länder sind dem BFH-Urteil vom 10. 12. 2008, XI R 1/08, zur Anwendung des § 9 UStG, entgegenstehende Anweisungen – insbesondere in Abschn. 148 Abs. 3 und Abs. 4 Satz 1 UStR – nicht mehr anzuwenden. Beruft sich der Unternehmer für vor dem 1. 11. 2010 ausgeführte Sachverhalte (Option zur Steuerpflicht bzw. Widerruf der Option) auf diese für ihn günstigeren Verwaltungsanweisungen, wird dies nicht beanstandet.

Rechtsprechung

BUNDESFINANZHOF

BFH vom 11. 2. 2010 – V R 38/08 – (BStBl 2010 II S. 873, HFR 2010 S. 1195)

Keine Steuerberechnung nach vereinnahmten Entgelten aufgrund fehlender Buchführungspflicht

Die Steuerberechnung nach vereinnahmten Entgelten gemäß § 20 Abs. 1 Satz 1 Nr. 2 UStG kommt nur bei besonderen Härten wie z. B. dem Überschreiten der nach § 20 Abs. 1 Satz 1 Nr. 1 UStG bestehenden Umsatzgrenze aufgrund außergewöhnlicher und einmaliger Geschäftsvorfälle, nicht aber allgemein aufgrund einer fehlenden Buchführungsverpflichtung in Betracht.

BFH vom 22.7.2010 – V R 36/08 – (BFH/NV 2011 S. 316, HFR 2011 S. 460)

Anwendung des § 20 Abs. 1 Satz 1 Nr. 3 UStG auf buchführungspflichtige Unternehmer

Eine Steuerberatungs-GmbH mit buchführungspflichtigen Umsätzen ist nicht zur Steuerberechnung nach vereinnahmten Entgelten gemäß § 20 Abs. 1 Satz 1 Nr. 3 UStG berechtigt.

BFH vom 22.7.2010 – V R 4/09 – (BFH/NV 2011 S. 161, HFR 2011 S. 76, UR 2011 S. 69)

Anwendung des § 20 Abs. 1 Satz 1 Nr. 3 UStG auf buchführungspflichtige Unternehmer

Eine Steuerberatungs-GmbH mit buchführungspflichtigen Umsätzen ist nicht zur Steuerberechnung nach vereinnahmten Entgelten gemäß § 20 Abs. 1 Satz 1 Nr. 3 UStG berechtigt.[1]

BFH vom 9.12.2010 – V R 22/10 – (BStBl 2011 II S. 996, BFH/NV 2011 S. 952, HFR 2011 S. 789, UR 2011 S. 551)

Masseverbindlichkeit bei Entgeltvereinnahmung durch Insolvenzverwalter

Vereinnahmt der Insolvenzverwalter eines Unternehmers das Entgelt für eine vor der Eröffnung des Insolvenzverfahrens ausgeführte Leistung, begründet die Entgeltvereinnahmung nicht nur bei der Ist-, sondern auch bei der Sollbesteuerung eine Masseverbindlichkeit i.S.v. § 55 Abs. 1

---

[1] Anm.: Gegen das Urteil ist beim BVerfG eine Verfassungsbeschwerde anhängig – 1 BvR 3063/10 –.

Nr. 1 InsO (Fortführung des BFH-Urteils vom 29.1.2009 – V R 64/07, BFHE 224, 24, BStBl II 2009, 682, zur Istbesteuerung).[1]

BFH vom 11. 5. 2011 – V B 93/10 – (BFH/NV 2011 S. 1406, HFR 2011 S. 1034)

Konkludenter Antrag auf Ist-Besteuerung durch Abgabe einer Erklärung nach tatsächlich vereinnahmten Entgelten

Ein nach § 20 UStG erforderlicher Antrag für die Genehmigung der Besteuerung nach tatsächlichen Entgelten statt nach vereinbarten Entgelten kann auch konkludent gestellt werden. Der Voranmeldung muss deutlich erkennbar zu entnehmen sein, dass die Umsätze auf der Grundlage der Ist-Einnahmen erklärt worden sind.

§ 21 Besondere Vorschriften für die Einfuhrumsatzsteuer

(1) Die Einfuhrumsatzsteuer ist eine Verbrauchsteuer im Sinne der Abgabenordnung.

(2) Für die Einfuhrumsatzsteuer gelten die Vorschriften für Zölle sinngemäß; ausgenommen sind die Vorschriften über den aktiven Veredelungsverkehr nach dem Verfahren der Zollrückvergütung und über den passiven Veredelungsverkehr.

(2a) [1]Abfertigungsplätze im Ausland, auf denen dazu befugte deutsche Zollbedienstete Amtshandlungen nach Absatz 2 vornehmen, gehören insoweit zum Inland. [2]Das Gleiche gilt für ihre Verbindungswege mit dem Inland, soweit auf ihnen einzuführende Gegenstände befördert werden.

(3) Die Zahlung der Einfuhrumsatzsteuer kann ohne Sicherheitsleistung aufgeschoben werden, wenn die zu entrichtende Steuer nach § 15 Abs. 1 Satz 1 Nr. 2 in voller Höhe als Vorsteuer abgezogen werden kann.

(4) [1]Entsteht für den eingeführten Gegenstand nach dem Zeitpunkt des Entstehens der Einfuhrumsatzsteuer eine Zollschuld oder eine Verbrauchsteuer oder wird für den eingeführten Gegenstand nach diesem Zeitpunkt eine Verbrauchsteuer unbedingt, so entsteht gleichzeitig eine weitere Einfuhrumsatzsteuer. [2]Das gilt auch, wenn der Gegenstand nach dem in Satz 1 bezeichneten Zeitpunkt bearbeitet oder verarbeitet worden ist. [3]Bemessungsgrundlage ist die entstandene Zollschuld oder die entstandene oder unbedingt gewordene Verbrauchsteuer. [4]Steuerschuldner ist, wer den Zoll oder die Verbrauchsteuer zu entrichten hat. [5]Die Sätze 1 bis 4 gelten nicht, wenn derjenige, der den Zoll oder die Verbrauchsteuer zu entrichten hat, hinsichtlich des eingeführten Gegenstands nach § 15 Abs. 1 Satz 1 Nr. 2 zum Vorsteuerabzug berechtigt ist.

(5) Die Absätze 2 bis 4 gelten entsprechend für Gegenstände, die nicht Waren im Sinne des Zollrechts sind und für die keine Zollvorschriften bestehen.

Vorschriften des Gemeinschaftsrechts

Art. 70, Art. 71, Art. 86 Abs. 1 Buchst. a, Art. 154, Art. 201 und Art. 211 der MWSt-Richtlinie (bis 31. 12. 2006: Art. 10 Abs. 3, Art. 11 Teil B Abs. 3 Buchst. a, Art. 16 Abs. 1 Unterabs. 1 Teil B, Art. 21 Abs. 4 u. Art. 23 der 6. USt-Richtlinie).

Einfuhrumsatzsteuer-Befreiungsverordnung – EUStBV – ist hinter § 5 UStG abgedruckt

---

[1] Vgl. hierzu BMF vom 9. 12. 2011, § 17 H 4.

Rechtsprechung

EUROPÄISCHER GERICHTSHOF

EuGH vom 29. 4. 2010 – Rs. C-230/08 – (ABl. EU 2010 Nr. C 161 S. 4)

Erlöschen von Zoll- und Steuerschulden im Zusammenhang mit der Beschlagnahme und Vernichtung bei nicht vorschriftsmäßiger Einfuhr in das Zollgebiet

1. Die Waren, die bei ihrem Verbringen in das Zollgebiet der Gemeinschaft von den örtlichen Zoll- und Steuerbehörden in der Zone, in der sich die erste an einer Außengrenze der Gemeinschaft liegende Zollstelle befindet, in Verwahrung genommen und gleichzeitig oder später von diesen Behörden vernichtet werden, ohne dass sie dem Besitz der Behörden entzogen gewesen sind, fallen unter den Tatbestand „beschlagnahmt und gleichzeitig oder später eingezogen" des Art. 233 Abs. 1 Buchst. d der Verordnung (EWG) Nr. 2913/92 des Rates vom 12. 10. 1992 zur Festlegung des Zollkodex der Gemeinschaften in der durch die Verordnung (EG) Nr. 955/1999 des Europäischen Parlaments und des Rates vom 13. 4. 1999 geänderten Fassung, so dass die Zollschuld gemäß dieser Bestimmung erlischt.

2. Die Art. 5 Abs. 1 Unterabs. 3 und Art. 6 Abs. 1 der Richtlinie 92/12/EWG des Rates vom 25. 2. 1992 über das allgemeine System, den Besitz, die Beförderung und die Kontrolle verbrauchsteuerpflichtiger Waren in der durch die Richtlinie 96/99/EG des Rates vom 30. 12. 1996 geänderten Fassung sind dahin auszulegen, dass Waren, die von den örtlichen Zoll- und Steuerbehörden bei ihrem Verbringen in das Gebiet der Gemeinschaft beschlagnahmt und gleichzeitig oder später von diesen Behörden vernichtet werden, ohne dass sie dem Besitz der Behörden entzogen gewesen sind, als nicht in die Gemeinschaft eingeführt anzusehen sind, so dass für diese Waren der Steuertatbestand nicht eintritt. Die Waren, die nach ihrem vorschriftswidrigen Verbringen in dieses Gebiet, d. h. nach dem Verlassen der Zone, in der sich die erste innerhalb dieses Gebiets liegende Zollstelle befindet, von diesen Behörden beschlagnahmt und gleichzeitig oder später vernichtet worden sind, ohne dass sie dem Besitz der Behörden entzogen gewesen sind, gelten nicht als „unter Steueraussetzung stehend" i. S. d. Art. 5 Abs. 2 Unterabs. 1 und Art. 6 Abs. 1 Buchst. c dieser Richtlinie i. V. m. Art. 84 Abs. 1 Buchst. a und Art. 98 der Verordnung Nr. 2913/92 in der durch die Verordnung Nr. 955/99 geänderten Fassung und Art. 867a Verordnung (EWG) Nr. 2454/93 der Kommission vom 2. 7. 1993 mit Durchführungsvorschriften zu der Verordnung Nr. 2913/92 in der durch die Verordnung (EG) Nr. 1662/1999 der Kommission vom 28. 7. 1999 geänderten Fassung, so dass hinsichtlich dieser Waren der Steuertatbestand eintritt und der Verbrauchsteueranspruch entsteht.

3. Die Art. 2 Nr. 2, Art. 7 und 10 Abs. 3 6. USt-Richtlinie in der durch die Richtlinie 1999/85/EG des Rates vom 22. 10. 1999 geänderten Fassung sind dahin auszulegen, dass Waren, die von den örtlichen Zoll- und Steuerbehörden bei ihrem vorschriftswidrigen Verbringen in das Gebiet der Gemeinschaft beschlagnahmt und gleichzeitig oder später von diesen Behörden vernichtet worden sind, ohne dass sie dem Besitz der Behörden entzogen gewesen sind, als nicht in die Gemeinschaft eingeführt anzusehen sind, so dass der Mehrwertsteuertatbestand hinsichtlich dieser Waren nicht eingetreten und der Mehrwertsteueranspruch daher nicht entstanden ist. Die Bestimmungen der Art. 10 Abs. 3 Unterabs. 2 i. V. m. Art. 16 Abs. 1 Teil B Buchst. c der 6. USt-Richtlinie sowie Art. 867a der Verordnung Nr. 2454/93 in der durch die Verordnung Nr. 1662/1999 geänderten Fassung sind jedoch dahin auszulegen, dass hinsichtlich der Waren, die nach ihrem vorschriftswidrigen Verbringen in dieses Gebiet, d. h. von dem Zeitpunkt an, zu dem sie die Zone verlassen haben, in der sich die erste innerhalb der Gemeinschaft liegende Zollstelle befindet, von diesen Behörden beschlagnahmt und gleichzeitig oder später vernichtet worden sind, ohne dass sie dem Besitz der Behörden entzogen gewesen sind, der Mehrwertsteuertatbestand und der Mehrwertsteueranspruch eingetreten sind, auch wenn die Waren später einer Zollregelung unterstellt werden.

4. Die Art. 202, 215 Abs. 1 und 3 und Art. 217 der Verordnung Nr. 2913/92 in der durch die Verordnung Nr. 955/1999 geänderten Fassung sowie die Art. 7 Abs. 2 und Art. 10 Abs. 3 6. USt-Richtlinie in der durch die Richtlinie 1999/85 geänderten Fassung sind dahin auszulegen, dass die Behörden des Mitgliedstaats, der an der Außengrenze der Gemeinschaft gelegen ist, über welche Waren vorschriftswidrig in das Zollgebiet der Gemeinschaft verbracht worden sind, für die Erhebung der Zölle und der Mehrwertsteuer zuständig sind, auch wenn diese Waren später in einen anderen Mitgliedstaat verbracht worden sind, wo sie entdeckt und dann beschlagnahmt worden sind. Die Art. 6 Abs. 1 und Art. 7 Abs. 1 der Richtlinie 92/12 in der durch die Richtlinie 96/99 geänderten Fassung sind dahin auszulegen, dass die Behörden des letztgenannten Mitgliedstaats für die Erhebung der Verbrauchsteuern zuständig sind, vorausgesetzt, dass diese Waren sich dort zu gewerblichen Zwecken befinden. Es obliegt dem vorlegenden Gericht, zu entscheiden, ob diese Bedingung in dem bei ihm anhängigen Rechtsstreit erfüllt ist.

§ 22 Aufzeichnungspflichten

(1) ¹Der Unternehmer ist verpflichtet, zur Feststellung der Steuer und der Grundlagen ihrer Berechnung Aufzeichnungen zu machen. ²Diese Verpflichtung gilt in den Fällen des § 13a Abs. 1 Nr. 2 und 5 des § 13b Absatz 5 und des § 14c Abs. 2 auch für Personen, die nicht Unternehmer sind. ³Ist ein land- und forstwirtschaftlicher Betrieb nach § 24 Abs. 3 als gesondert geführter Betrieb zu behandeln, so hat der Unternehmer Aufzeichnungspflichten für diesen Betrieb gesondert zu erfüllen. ⁴In den Fällen des § 18 Abs. 4c und 4d sind die erforderlichen Aufzeichnungen auf Anfrage des Bundeszentralamtes für Steuern auf elektronischem Wege zur Verfügung zu stellen.

(2) Aus den Aufzeichnungen müssen zu ersehen sein:

1. ¹die vereinbarten Entgelte für die vom Unternehmer ausgeführten Lieferungen und sonstigen Leistungen. ²Dabei ist ersichtlich zu machen, wie sich die Entgelte auf die steuerpflichtigen Umsätze, getrennt nach Steuersätzen, und auf die steuerfreien Umsätze verteilen. ³Dies gilt entsprechend für die Bemessungsgrundlagen nach § 10 Abs. 4, wenn Lieferungen im Sinne des § 3 Abs. 1b, sonstige Leistungen im Sinne des § 3 Abs. 9a sowie des § 10 Abs. 5 ausgeführt werden. ⁴Aus den Aufzeichnungen muss außerdem hervorgehen, welche Umsätze der Unternehmer nach § 9 als steuerpflichtig behandelt. ⁵Bei der Berechnung der Steuer nach vereinnahmten Entgelten (§ 20) treten an die Stelle der vereinbarten Entgelte die vereinnahmten Entgelte. ⁶Im Falle des § 17 Abs. 1 Satz 6 hat der Unternehmer, der die auf die Minderung des Entgelts entfallende Steuer an das Finanzamt entrichtet, den Betrag der Entgeltsminderung gesondert aufzuzeichnen;

2. ¹die vereinnahmten Entgelte und Teilentgelte für noch nicht ausgeführte Lieferungen und sonstige Leistungen. ²Dabei ist ersichtlich zu machen, wie sich die Entgelte und Teilentgelte auf die steuerpflichtigen Umsätze, getrennt nach Steuersätzen, und auf die steuerfreien Umsätze verteilen. ³Nummer 1 Satz 4 gilt entsprechend;

3. ¹die Bemessungsgrundlagen für Lieferungen im Sinne des § 3 Abs. 1b und für sonstige Leistungen im Sinne des § 3 Abs. 9a Nr. 1. ²Nummer 1 Satz 2 gilt entsprechend;

4. die wegen unrichtigen Steuerausweises nach § 14c Abs. 1 und wegen unberechtigten Steuerausweises nach § 14c Abs. 2 geschuldeten Steuerbeträge;

5. die Entgelte für steuerpflichtige Lieferungen und sonstige Leistungen, die an den Unternehmer für sein Unternehmen ausgeführt worden sind, und die vor Ausführung dieser Umsätze gezahlten Entgelte und Teilentgelte, soweit für diese Umsätze nach § 13 Abs. 1 Nr. 1 Buchstabe a Satz 4 die Steuer entsteht, sowie die auf die Entgelte und Teilentgelte entfallenden Steuerbeträge;

6. die Bemessungsgrundlage für die Einfuhr von Gegenständen (§ 11), die für das Unternehmen des Unternehmers eingeführt worden sind, sowie die dafür entrichtete oder in den Fällen des § 16 Abs. 2 Satz 4 zu entrichtende Einfuhrumsatzsteuer;

7. die Bemessungsgrundlagen für den innergemeinschaftlichen Erwerb von Gegenständen sowie die hierauf entfallenden Steuerbeträge;

8. ¹in den Fällen des § 13b Absatz 1 bis 5 beim Leistungsempfänger die Angaben entsprechend den Nummern 1 und 2. ²Der Leistende hat die Angaben nach den Nummern 1 und 2 gesondert aufzuzeichnen;

9. die Bemessungsgrundlage für Umsätze im Sinne des § 4 Nr. 4a Satz 1 Buchstabe a Satz 2 sowie die hierauf entfallenden Steuerbeträge.

(3) ¹Die Aufzeichnungspflichten nach Absatz 2 Nr. 5 und 6 entfallen, wenn der Vorsteuerabzug ausgeschlossen ist (§ 15 Abs. 2 und 3). ²Ist der Unternehmer nur teilweise zum Vorsteuerabzug berechtigt, so müssen aus den Aufzeichnungen die Vorsteuerbeträge eindeutig und leicht nachprüfbar zu ersehen sein, die den zum Vorsteuerabzug berechtigenden Umsätzen ganz oder teilweise zuzurechnen sind. ³Außerdem hat der Unternehmer in diesen Fällen die Bemessungsgrundlagen für die Umsätze, die nach § 15 Abs. 2 und 3 den Vorsteuerabzug ausschließen, getrennt von den Bemessungsgrundlagen der übrigen Umsätze, ausgenommen die Einfuhren und die innergemeinschaftlichen Erwerbe, aufzuzeichnen. ⁴Die Verpflichtung zur Trennung der Bemessungsgrundlagen nach Absatz 2 Nr. 1 Satz 2, Nr. 2 Satz 2 und Nr. 3 Satz 2 bleibt unberührt.

(4) In den Fällen des § 15a hat der Unternehmer die Berechnungsgrundlagen für den Ausgleich aufzuzeichnen, der von ihm in den in Betracht kommenden Kalenderjahren vorzunehmen ist.

(4a) Gegenstände, die der Unternehmer zu seiner Verfügung vom Inland in das übrige Gemeinschaftsgebiet verbringt, müssen aufgezeichnet werden, wenn

1. an den Gegenständen im übrigen Gemeinschaftsgebiet Arbeiten ausgeführt werden,

2. es sich um eine vorübergehende Verwendung handelt, mit den Gegenständen im übrigen Gemeinschaftsgebiet sonstige Leistungen ausgeführt werden und der Unternehmer in dem betreffenden Mitgliedstaat keine Zweigniederlassung hat, oder
3. es sich um eine vorübergehende Verwendung im übrigen Gemeinschaftsgebiet handelt und in entsprechenden Fällen die Einfuhr der Gegenstände aus dem Drittlandsgebiet vollständig steuerfrei wäre.

(4b) Gegenstände, die der Unternehmer von einem im übrigen Gemeinschaftsgebiet ansässigen Unternehmer mit Umsatzsteuer-Identifikationsnummer zur Ausführung einer sonstigen Leistung im Sinne des § 3a Abs. 3 Nr. 3 Buchstabe c erhält, müssen aufgezeichnet werden.

(4c) ¹Der Lagerhalter, der ein Umsatzsteuerlager im Sinne des § 4 Nr. 4a betreibt, hat Bestandsaufzeichnungen über die eingelagerten Gegenstände und Aufzeichnungen über Leistungen im Sinne des § 4 Nr. 4a Satz 1 Buchst. b Satz 1 zu führen. ²Bei der Auslagerung eines Gegenstands aus dem Umsatzsteuerlager muss der Lagerhalter Name, Anschrift und die inländische Umsatzsteuer-Identifikationsnummer des Auslagerers oder dessen Fiskalvertreters aufzeichnen.

(4d) ¹Im Fall der Abtretung eines Anspruchs auf die Gegenleistung für einen steuerpflichtigen Umsatz an einen anderen Unternehmer (§ 13c) hat
1. der leistende Unternehmer den Namen und die Anschrift des Abtretungsempfängers sowie die Höhe des abgetretenen Anspruchs auf die Gegenleistung aufzuzeichnen;
2. ¹der Abtretungsempfänger den Namen und die Anschrift des leistenden Unternehmers, die Höhe des abgetretenen Anspruchs auf die Gegenleistung sowie die Höhe der auf den abgetretenen Anspruch vereinnahmten Beträge aufzuzeichnen. ²Sofern der Abtretungsempfänger die Forderung oder einen Teil der Forderung an einen Dritten abtritt, hat er zusätzlich den Namen und die Anschrift des Dritten aufzuzeichnen.

²Satz 1 gilt entsprechend bei der Verpfändung oder der Pfändung von Forderungen. ³An die Stelle des Abtretungsempfängers tritt im Fall der Verpfändung der Pfandgläubiger und im Fall der Pfändung der Vollstreckungsgläubiger.

(4e) ¹Wer in den Fällen des § 13c Zahlungen nach § 48 der Abgabenordnung leistet, hat Aufzeichnungen über die entrichteten Beträge zu führen. ²Dabei sind auch Name, Anschrift und die Steuernummer des Schuldners der Umsatzsteuer aufzuzeichnen.

(5) Ein Unternehmer, der ohne Begründung einer gewerblichen Niederlassung oder außerhalb einer solchen von Haus zu Haus oder auf öffentlichen Straßen oder an anderen öffentlichen Orten Umsätze ausführt oder Gegenstände erwirbt, hat ein Steuerheft nach amtlich vorgeschriebenem Vordruck zu führen.

(6) Das Bundesministerium der Finanzen kann mit Zustimmung des Bundesrates durch Rechtsverordnung
1. nähere Bestimmungen darüber treffen, wie die Aufzeichnungspflichten zu erfüllen sind und in welchen Fällen Erleichterungen bei der Erfüllung dieser Pflichten gewährt werden können, sowie
2. Unternehmer im Sinne des Absatzes 5 von der Führung des Steuerhefts befreien, sofern sich die Grundlagen der Besteuerung aus anderen Unterlagen ergeben, und diese Befreiung an Auflagen knüpfen.

Vorschrift des Gemeinschaftsrechts

Art. 242, Art. 243 und Art. 369 der MWSt-Richtlinie (bis 31. 12. 2006: Art. 22 Abs. 2 u. 9, Art. 26c Teil B Abs. 9 der 6. USt-Richtlinie).

UStDV

§ 63 *Aufzeichnungspflichten*

(1) Die Aufzeichnungen müssen so beschaffen sein, dass es einem sachverständigen Dritten innerhalb einer angemessenen Zeit möglich ist, einen Überblick über die Umsätze des Unternehmers und die abziehbaren Vorsteuern zu erhalten und die Grundlagen für die Steuerberechnung festzustellen.

(2) ¹Entgelte, Teilentgelte, Bemessungsgrundlagen nach § 10 Abs. 4 und 5 des Gesetzes, nach § 14c des Gesetzes geschuldete Steuerbeträge sowie Vorsteuerbeträge sind am Schluss jedes Voranmeldungszeitraums zusammenzurechnen. ²Im Falle des § 17 Abs. 1 Satz 6 des Gesetzes sind die Beträge der Entgeltsminderungen am Schluss jedes Voranmeldungszeitraums zusammenzurechnen.

(3) ¹Der Unternehmer kann die Aufzeichnungspflichten nach § 22 Abs. 2 Nr. 1 Satz 1, 3, 5 und 6, Nr. 2 Satz 1 und Nr. 3 Satz 1 des Gesetzes in folgender Weise erfüllen:

1. Das Entgelt oder Teilentgelt und der Steuerbetrag werden in einer Summe statt des Entgelts oder des Teilentgelts aufgezeichnet.
2. Die Bemessungsgrundlage nach § 10 Abs. 4 und 5 des Gesetzes und der darauf entfallende Steuerbetrag werden in einer Summe statt der Bemessungsgrundlage aufgezeichnet.
3. Bei der Anwendung des § 17 Abs. 1 Satz 6[2] des Gesetzes werden die Entgeltsminderung und die darauf entfallende Minderung des Steuerbetrags in einer Summe statt der Entgeltsminderung aufgezeichnet.

[2] § 22 Abs. 2 Nr. 1 Satz 2, Nr. 2 Satz 2 und Nr. 3 Satz 2 des Gesetzes gilt entsprechend. [3] Am Schluss jedes Voranmeldungszeitraums hat der Unternehmer die Summe der Entgelte und Teilentgelte, der Bemessungsgrundlagen nach § 10 Abs. 4 und 5 des Gesetzes sowie der Entgeltsminderungen im Falle des § 17 Abs. 1 Satz 6 des Gesetzes zu errechnen und aufzuzeichnen.

(4) [1] Dem Unternehmer, dem wegen der Art und des Umfangs des Geschäfts eine Trennung der Entgelte und Teilentgelte nach Steuersätzen (§ 22 Abs. 2 Nr. 1 Satz 2 und Nr. 2 Satz 2 des Gesetzes) in den Aufzeichnungen nicht zuzumuten ist, kann das Finanzamt auf Antrag gestatten, dass er die Entgelte und Teilentgelte nachträglich auf der Grundlage der Wareneingänge oder, falls diese hierfür nicht verwendet werden können, nach anderen Merkmalen trennt. [2] Entsprechendes gilt für die Trennung nach Steuersätzen bei den Bemessungsgrundlagen nach § 10 Abs. 4 und 5 des Gesetzes (§ 22 Abs. 2 Nr. 1 Satz 3 und Nr. 3 Satz 2 des Gesetzes). [3] Das Finanzamt darf nur ein Verfahren zulassen, dessen steuerliches Ergebnis nicht wesentlich von dem Ergebnis einer nach Steuersätzen getrennten Aufzeichnung der Entgelte, Teilentgelte und sonstigen Bemessungsgrundlagen abweicht. [4] Die Anwendung des Verfahrens kann auf einen in der Gliederung des Unternehmens gesondert geführten Betrieb beschränkt werden.

(5) [1] Der Unternehmer kann die Aufzeichnungspflicht nach § 22 Abs. 2 Nr. 5 des Gesetzes in der Weise erfüllen, dass er die Entgelte oder Teilentgelte und die auf sie entfallenden Steuerbeträge (Vorsteuern) jeweils in einer Summe, getrennt nach den in den Eingangsrechnungen angewandten Steuersätzen, aufzeichnet. [2] Am Schluss jedes Voranmeldungszeitraums hat der Unternehmer die Summe der Entgelte und Teilentgelte und die Summe der Vorsteuerbeträge zu errechnen und aufzuzeichnen.

§ 64 Aufzeichnung im Fall der Einfuhr

Der Aufzeichnungspflicht nach § 22 Abs. 2 Nr. 6 des Gesetzes ist genügt, wenn die entrichtete oder in den Fällen des § 16 Abs. 2 Satz 4 des Gesetzes zu entrichtende Einfuhrumsatzsteuer mit dem Hinweis auf einen entsprechenden zollamtlichen Beleg aufgezeichnet wird.

§ 65 Aufzeichnungspflichten der Kleinunternehmer

[1] Unternehmer, auf deren Umsätze § 19 Abs. 1 Satz 1 des Gesetzes anzuwenden ist, haben an Stelle der nach § 22 Abs. 2 bis 4 des Gesetzes vorgeschriebenen Angaben Folgendes aufzuzeichnen:
1. die Werte der erhaltenen Gegenleistungen für die von ihnen ausgeführten Lieferungen und sonstigen Leistungen;
2. [1] die sonstigen Leistungen im Sinne des § 3 Abs. 9a Nr. 2 des Gesetzes. [2] Für ihre Bemessung gilt Nummer 1 entsprechend.

[2] Die Aufzeichnungspflichten nach § 22 Abs. 2 Nr. 4, 7, 8 und 9 des Gesetzes bleiben unberührt.

§ 66 Aufzeichnungspflichten bei der Anwendung allgemeiner Durchschnittssätze

Der Unternehmer ist von den Aufzeichnungspflichten nach § 22 Abs. 2 Nr. 5 und 6 des Gesetzes befreit, soweit er die abziehbaren Vorsteuerbeträge nach einem Durchschnittssatz (§§ 69 und 70) berechnet.

§ 66a Aufzeichnungspflichten bei der Anwendung des Durchschnittssatzes für Körperschaften, Personenvereinigungen und Vermögensmassen im Sinne des § 5 Abs. 1 Nr. 9 des Körperschaftsteuergesetzes

Der Unternehmer ist von den Aufzeichnungspflichten nach § 22 Abs. 2 Nr. 5 und 6 des Gesetzes befreit, soweit er die abziehbaren Vorsteuerbeträge nach dem in § 23a des Gesetzes festgesetzten Durchschnittssatz berechnet.

§ 67 Aufzeichnungspflichten bei der Anwendung der Durchschnittssätze für land- und forstwirtschaftliche Betriebe

S 7380

[1]Unternehmer, auf deren Umsätze § 24 des Gesetzes anzuwenden ist, sind für den land- und forstwirtschaftlichen Betrieb von den Aufzeichnungspflichten nach § 22 des Gesetzes befreit. [2]Ausgenommen hiervon sind die Bemessungsgrundlagen für die Umsätze im Sinne des § 24 Abs. 1 Satz 1 Nr. 2 des Gesetzes. [3]Die Aufzeichnungspflichten nach § 22 Abs. 2 Nr. 4, 7 und 8 des Gesetzes bleiben unberührt.

§ 68 Befreiung von der Führung des Steuerhefts

S 7389

(1) Unternehmer im Sinne des § 22 Abs. 5 des Gesetzes sind von der Verpflichtung, ein Steuerheft zu führen, befreit,

1. wenn sie im Inland eine gewerbliche Niederlassung besitzen und ordnungsmäßige Aufzeichnungen nach § 22 des Gesetzes in Verbindung mit den §§ 63 bis 66 dieser Verordnung führen;
2. soweit ihre Umsätze nach den Durchschnittssätzen für land- und forstwirtschaftliche Betriebe (§ 24 Abs. 1 Satz 1 Nr. 1 und 3 des Gesetzes) besteuert werden;
3. soweit sie mit Zeitungen und Zeitschriften handeln;
4. soweit sie auf Grund gesetzlicher Vorschriften verpflichtet sind, Bücher zu führen, oder ohne eine solche Verpflichtung Bücher führen.

(2) In den Fällen des Absatzes 1 Nr. 1 stellt das Finanzamt dem Unternehmer eine Bescheinigung über die Befreiung von der Führung des Steuerhefts aus.

AE 22.1
22.1. Ordnungsgrundsätze

S 7380
S 7390

(1) [1]Die allgemeinen Vorschriften über das Führen von Büchern und Aufzeichnungen der §§ 140 bis 148 AO gelten in Übereinstimmung mit § 63 Abs. 1 UStDV auch für die Aufzeichnungen für Umsatzsteuerzwecke. [2]Die Aufzeichnungen sind grundsätzlich im Geltungsbereich des UStG zu führen (vgl. § 146 Abs. 2 Satz 1 AO, § 14b UStG und Abschnitt 14b.1 Abs. 8 ff.); abweichend können elektronische Bücher und sonstige elektronische Aufzeichnungen unter den Voraussetzungen des § 146 Abs. 2a und Abs. 2b AO im Ausland geführt und aufbewahrt werden. [3]Sie sind dort mit den zugehörigen Belegen für die Dauer der Aufbewahrungsfrist (§ 147 Abs. 3 AO, § 14b UStG) geordnet aufzubewahren. [4]Für auf Thermopapier erstellte Belege gilt Abschnitt 14b.1 Abs. 6 entsprechend. [5]Das Finanzamt kann jederzeit verlangen, dass der Unternehmer die Unterlagen vorlegt. [6]Zur Führung der Aufzeichnungen bei Betriebsstätten und Organgesellschaften außerhalb des Geltungsbereichs des UStG vgl. § 146 Abs. 2 Sätze 2 ff. AO.

(2) [1]Die Aufzeichnungen und die zugehörigen Belege können unter bestimmten Voraussetzungen als Wiedergaben auf einem Bildträger – z. B. Mikrofilm – oder auf anderen Datenträgern – z. B. Magnetband, Magnetplatte oder Diskette – aufbewahrt werden (vgl. § 147 Abs. 2 AO). [2]Das bei der Aufbewahrung von Bild- oder anderen Datenträgern angewandte Verfahren muss den Grundsätzen ordnungsmäßiger Buchführung, insbesondere den Anforderungen des BMF-Schreibens vom 1. 2. 1984, BStBl I S. 155, und den diesem Schreiben beigefügten „Mikrofilm-Grundsätzen" sowie den „Grundsätzen ordnungsmäßiger DV-gestützter Buchführungssysteme – GoBS –" (Anlage zum BMF-Schreiben vom 7. 11. 1995, BStBl I S. 738), entsprechen. [3]Unter dieser Voraussetzung können die Originale der Geschäftsunterlagen grundsätzlich vernichtet werden. [4]Diese Aufbewahrungsformen bedürfen keiner besonderen Genehmigung. [5]Für das Lesbarmachen der nicht im Original aufbewahrten Aufzeichnungen und Geschäftsunterlagen ist § 147 Abs. 5 AO zu beachten. [6]Zu den Grundsätzen zum Datenzugriff und zur Prüfbarkeit digitaler Unterlagen (GDPdU) vgl. BMF-Schreiben vom 16. 7. 2001, BStBl I S. 415.

(3) [1]Die Mikroverfilmung kann auch auf zollamtliche Belege – z. B. Quittungen über die Entrichtung von Einfuhrumsatzsteuer – angewandt werden. [2]Mikrofilmaufnahmen der Belege über Einfuhrumsatzsteuer bzw. Mikrokopien dieser Belege sind als ausreichender Nachweis für den Vorsteuerabzug nach § 15 Abs. 1 Satz 1 Nr. 2 UStG anzuerkennen. [3]Dies gilt auch für die Anerkennung von mikroverfilmten Zollbelegen zur Ausstellung von Ersatzbelegen oder zur Aufteilung zum Zwecke des Vorsteuerabzugs, wenn die vollständige oder teilweise Ungültigkeit des Originalbelegs auf der Mikrofilmaufnahme bzw. der Mikrokopie erkennbar ist.

(4) [1]Die am Schluss eines Voranmeldungszeitraums zusammenzurechnenden Beträge (§ 63 Abs. 2 UStDV) müssen auch für den jeweiligen Besteuerungszeitraum zusammengerechnet werden. [2]Die Entgelte für empfangene Leistungen des Unternehmers (§ 22 Abs. 2 Nr. 5 UStG) und die Bemessungsgrundlagen für die Einfuhr von Gegenständen, die für das Unternehmen eingeführt

worden sind (§ 22 Abs. 2 Nr. 6 UStG), brauchen für umsatzsteuerliche Zwecke nicht zusammengerechnet zu werden.

(5) ¹In den Fällen des § 13a Abs. 1 Nr. 2 und 5, § 13b Abs. 5 und des § 14c Abs. 2 UStG gilt die Verpflichtung zur Führung von Aufzeichnungen auch für Personen, die nicht Unternehmer sind. ²Insoweit sind die Entgelte, Teilentgelte und die nach § 14c Abs. 2 UStG geschuldeten Steuerbeträge am Schluss eines jeden Voranmeldungszeitraums zusammenzurechnen (§ 63 Abs. 2 Satz 1 UStDV).

22.2. Umfang der Aufzeichnungspflichten

AE 22.2

(1) ¹Der Umfang der Aufzeichnungspflichten ergibt sich aus § 22 Abs. 2 ff. UStG i. V. m. §§ 63 bis 67 UStDV. ²Soweit die geforderten Angaben aus dem Rechnungswesen oder den Aufzeichnungen des Unternehmers für andere Zwecke eindeutig und leicht nachprüfbar hervorgehen, brauchen sie nicht noch gesondert aufgezeichnet zu werden.

S 7381
S 7382
S 7383
S 7384
S 7389
S 7390

(2) ¹Der Unternehmer ist sowohl bei der Sollversteuerung als auch bei der Istversteuerung verpflichtet, nachträgliche Minderungen oder Erhöhungen der Entgelte aufzuzeichnen. ²Die Verpflichtung des Unternehmers, in den Aufzeichnungen ersichtlich zu machen, wie sich die Entgelte auf die steuerpflichtigen Umsätze, getrennt nach Steuersätzen, und auf die steuerfreien Umsätze verteilen, gilt entsprechend für nachträgliche Entgeltsänderungen.

(3) ¹In den Fällen des § 17 Abs. 1 Satz 6 UStG hat der Schuldner der auf die Entgeltminderungen entfallenden Steuer – sog. Zentralregulierer – die Beträge der jeweiligen Entgeltminderungen gesondert von seinen Umsätzen aufzuzeichnen (§ 22 Abs. 2 Nr. 1 Satz 6 UStG). ²Er hat dabei die Entgeltminderungen ggf. nach steuerfreien und steuerpflichtigen Umsätzen sowie nach Steuersätzen zu trennen.

(4) ¹Aus den Aufzeichnungen müssen die Umsätze hervorgehen, die der Unternehmer nach § 9 UStG als steuerpflichtig behandelt (§ 22 Abs. 2 Nr. 1 Satz 4 UStG). ²Wird eine solche Leistung zusammen mit einer steuerpflichtigen Leistung ausgeführt und für beide ein einheitliches Entgelt vereinbart, kann aus Vereinfachungsgründen darauf verzichtet werden, den auf die einzelne Leistung entfallenden Entgeltsteil zu errechnen und den Entgeltteil, der auf die freiwillig versteuerte Leistung entfällt, gesondert aufzuzeichnen.

(5) ¹Unternehmer, die ihre Umsätze nach vereinbarten Entgelten versteuern, haben neben den vereinbarten Entgelten auch sämtliche vor der Ausführung von Leistungen vereinnahmten Entgelte und Teilentgelte aufzuzeichnen. ²Aufgezeichnet werden müssen nicht nur die vor der Ausführung der Leistung vereinnahmten Entgelte und Teilentgelte, für die die Steuer nach § 13 Abs. 1 Nr. 1 Buchstabe a Satz 4 UStG mit dem Ablauf des Voranmeldungszeitraums der Vereinnahmung entsteht, sondern auch die im voraus vereinnahmten Entgelte und Teilentgelte, die auf steuerfreie Umsätze entfallen.

(6) ¹Soweit die für noch nicht ausgeführte steuerpflichtige Leistungen vereinnahmten Entgelte und Teilentgelte auf Umsätze entfallen, die verschiedenen Steuersätzen unterliegen, sind sie nach § 22 Abs. 2 Nr. 2 Satz 2 UStG entsprechend getrennt aufzuzeichnen. ²Entgelte und Teilentgelte, die im Voraus für Umsätze vereinnahmt werden, die der Unternehmer nach § 9 UStG als steuerpflichtig behandelt, müssen nach § 22 Abs. 2 Nr. 2 Satz 3 UStG gesondert aufgezeichnet werden (siehe auch Absatz 4).

(7) ¹Bei Lieferungen im Sinne des § 3 Abs. 1b UStG müssen als Bemessungsgrundlage nach § 10 Abs. 4 Satz 1 Nr. 1 UStG der Einkaufspreis zuzüglich der Nebenkosten für den Gegenstand oder für einen gleichartigen Gegenstand oder mangels eines Einkaufspreises die Selbstkosten jeweils zum Zeitpunkt des Umsatzes aufgezeichnet werden. ²Für sonstige Leistungen im Sinne des § 3 Abs. 9a UStG sind die jeweils entstandenen Ausgaben aufzuzeichnen. ³Dabei bleiben für sonstige Leistungen im Sinne des § 3 Abs. 9a UStG Ausgaben unberücksichtigt, soweit sie nicht zum vollen oder teilweisen Vorsteuerabzug berechtigt haben (§ 22 Abs. 2 Nr. 1 Satz 3 UStG). ⁴Die Sätze 1 bis 3 gelten auch, sofern für die Besteuerung die Mindestbemessungsgrundlagen (§ 10 Abs. 5 UStG) in Betracht kommen. ⁵Soweit der Unternehmer bei Leistungen an sein Personal von lohnsteuerlichen Werten ausgeht (vgl. Abschnitt 1.8 Abs. 8), sind diese aufzuzeichnen.

(8) ¹Die Verpflichtung des Unternehmers, die Entgelte für steuerpflichtige Lieferungen und sonstige Leistungen, die an ihn für sein Unternehmen ausgeführt sind, und die darauf entfallende Steuer aufzuzeichnen (§ 22 Abs. 2 Nr. 5 UStG), erstreckt sich auch auf nachträgliche Entgeltminderungen und die entsprechenden Steuerbeträge. ²Werden dem Unternehmer Entgeltminderungen für steuerfreie und steuerpflichtige Umsätze gewährt, kann das Finanzamt auf Antrag gestatten, dass er sie nach dem Verhältnis dieser Umsätze aufteilt. ³Das Gleiche gilt, wenn die Umsätze an den Unternehmer verschiedenen Steuersätzen unterliegen. ⁴Eine Aufteilung nach dem Verhältnis der vom Unternehmer bewirkten Umsätze ist nicht zulässig.

(9) ¹Die Aufzeichnung der Entgelte für empfangene steuerpflichtige Leistungen (§ 22 Abs. 2 Satz 1 Nr. 5 UStG) und der Einfuhrumsatzsteuer (§ 22 Abs. 2 Nr. 6 UStG i. V. m. § 64 UStDV) ist nicht erforderlich, wenn der Vorsteuerabzug nach § 15 Abs. 2 und 3 UStG ausgeschlossen ist oder deshalb entfällt, weil die Steuer in den Rechnungen nicht gesondert ausgewiesen ist. ²Hiervon werden die Aufzeichnungspflichten nach anderen Vorschriften (z. B. § 238 Abs. 1, §§ 266, 275, 276

Abs. 1 HGB, §§ 141, 143 AO) nicht berührt. ³Das Vorsteuerabzugsrecht ist wegen der Verletzung der Aufzeichnungspflichten nicht ausgeschlossen.

(10) Körperschaften, Personenvereinigungen und Vermögensmassen im Sinne des § 5 Abs. 1 Nr. 9 KStG, insbesondere Vereine, die ihre abziehbaren Vorsteuerbeträge nach dem Durchschnittssatz des § 23a UStG berechnen, sind von den Aufzeichnungspflichten nach § 22 Abs. 2 Nr. 5 und 6 UStG befreit (§ 66a UStDV).

(11) ¹Wird im Zusammenhang mit einer Einfuhr eine Lieferung an den Unternehmer bewirkt, sind entweder die Einfuhrumsatzsteuer – insbesondere in den Fällen des § 3 Abs. 6 UStG – oder das Entgelt und die darauf entfallende Steuer – in den Fällen des § 3 Abs. 8 UStG – aufzuzeichnen. ²Maßgebend ist, welchen Steuerbetrag der Unternehmer als Vorsteuer abziehen kann.

(12) Wegen der weiteren Aufzeichnungspflichten

1. in den Fällen der Berichtigung des Vorsteuerabzugs nach § 15a UStG vgl. Abschnitt 15a.12;
2. bei Reiseleistungen im Sinne des § 25 Abs. 1 UStG vgl. Abschnitt 25.5;
3. bei der Differenzbesteuerung vgl. § 25a Abs. 6 UStG, Abschnitt 25a.1;
4. bei der Verpflichtung zur Führung des Umsatzsteuerhefts vgl. BMF-Schreiben vom 2. 2. 2009, BStBl I S. 370;
5. bei innergemeinschaftlichen Verbringensfällen (Abschnitt 1a.2) vgl. Abschnitt 22.3 Abs. 3 bis 5;
6. für ausländische Luftverkehrsunternehmer, denen die Umsatzsteuer für die grenzüberschreitende Beförderung von Personen im Luftverkehr nach § 26 Abs. 3 UStG erlassen wird, vgl. BMF-Schreiben vom 2. 2. 1998, BStBl I S. 159;
7. bei innergemeinschaftlichen Dreiecksgeschäften vgl. § 25b Abs. 6 UStG, Abschnitt 25b.1 Abs. 10;
8. bei der Lieferung von Zahnprothesen, die mit Hilfe eines CEREC-Geräts hergestellt werden: Die abzurechnenden Leistungen, die auf den Einsatz eines CEREC-Gerätes entfallen, sind zum Zweck der Abgrenzung nach steuerfreien und steuerpflichtigen Umsätzen unter Angabe insbesondere der Leistungsnummern des Gebührenverzeichnisses der GOZ oder anderer Angaben getrennt aufzuzeichnen;
9. bei der Steuerschuldnerschaft des Leistungsempfängers vgl. § 22 Abs. 2 Nr. 8 UStG, Abschnitte **13b.17** und 22.4 Abs. 1 Satz 2 Nr. 2;
10. bei auf elektronischem Weg erbrachten sonstigen Leistungen im Sinne des § 3a Abs. 4 Nr. 13 UStG vgl. Abschnitt 3a.12 Abs. 8;
11. des/der liefernden Unternehmer(s), des Auslagerers sowie des Lagerhalters in den Fällen des § 4 Nr. 4a UStG, vgl. Rz. 47 und 48 des BMF-Schreibens vom 28. 1. 2004, BStBl I S. 242;
12. in den Fällen der steuerbefreiten Leistungen an hilfsbedürftige Personen vgl. Abschnitt 4.16.2.

AE 22.3   22.3. Aufzeichnungspflichten bei innergemeinschaftlichen Warenlieferungen und innergemeinschaftlichen Erwerben

S 7381
S 7382
S 7385
S 7388-a

(1) ¹Die allgemeinen Aufzeichnungspflichten gelten auch für innergemeinschaftliche Warenlieferungen (§ 22 Abs. 2 Nr. 1 UStG) und innergemeinschaftliche Erwerbe (§ 22 Abs. 2 Nr. 7 UStG). ²Nach § 22 Abs. 2 Nr. 1 UStG hat der Unternehmer die Bemessungsgrundlage und die ggf. darauf entfallende Steuer für die innergemeinschaftlichen Lieferungen und für die fiktiven Lieferungen in den Fällen des innergemeinschaftlichen Verbringens von Gegenständen vom inländischen in den ausländischen Unternehmensteil aufzuzeichnen. ³Aufzuzeichnen sind auch die innergemeinschaftlichen Lieferungen von neuen Fahrzeugen. ⁴Nach § 22 Abs. 2 Nr. 7 UStG sind die innergemeinschaftlichen Erwerbe getrennt von den übrigen Aufzeichnungen der Bemessungsgrundlagen und Steuerbeträge aufzuzeichnen. ⁵Hierunter fallen die Lieferungen im Sinne des § 1a Abs. 1 UStG und die innergemeinschaftlichen Verbringensfälle zwischen dem ausländischen und dem inländischen Unternehmensteil, die als fiktive Lieferungen gelten (vgl. Abschnitt 1a.2). ⁶Zu den besonderen Aufzeichnungspflichten vgl. Absätze 3 bis 5. ⁷Zu den für den Buchnachweis erforderlichen Aufzeichnungen vgl. § 17c UStDV.

(2) ¹Der Unternehmer ist auch für innergemeinschaftliche Lieferungen und innergemeinschaftliche Erwerbe verpflichtet, nachträgliche Minderungen oder Erhöhungen der Bemessungsgrundlagen aufzuzeichnen. ²Die Verpflichtung des Unternehmers, in den Aufzeichnungen ersichtlich zu machen, wie sich die Bemessungsgrundlagen auf die steuerpflichtigen innergemeinschaftlichen Erwerbe, getrennt nach Steuersätzen, und auf die steuerfreien innergemeinschaftlichen Lieferungen verteilen, gilt entsprechend für nachträgliche Entgeltänderungen (vgl. Abschnitt 22.2 Abs. 2).

(3) ¹Der Unternehmer hat besondere Aufzeichnungspflichten in den Fällen zu beachten, in denen Gegenstände, die – ohne die Voraussetzungen für ein steuerbares Verbringen zu erfüllen – vom Inland zu seiner Verfügung (unternehmensintern) in das übrige Gemeinschaftsgebiet gelangen (§ 22 Abs. 4a UStG). ²Der Unternehmer muss die Gegenstände in den folgenden Fällen der ihrer Art nach vorübergehenden Verwendung und der befristeten Verwendung (vgl. Abschnitt 1a.2 Abs. 9 bis 12) aufzeichnen, die im übrigen Gemeinschaftsgebiet nicht zu einer Erwerbsbesteuerung führen:

1. An den Gegenständen werden im übrigen Gemeinschaftsgebiet Arbeiten, z. B. Reparaturarbeiten, ausgeführt (§ 22 Abs. 4a Nr. 1 UStG), vgl. dazu Abschnitt 1a.2 Abs. 10 Nr. 3.
2. Die Gegenstände werden zur vorübergehenden Verwendung in das übrige Gemeinschaftsgebiet zur Ausführung sonstiger Leistungen verbracht, und der Unternehmer hat in dem Mitgliedstaat keine Zweigniederlassung (§ 22 Abs. 4a Nr. 2 UStG), vgl. dazu Abschnitt 1a.2 Abs. 10 Nr. 2 und 4.
3. [1]Das Verbringen der Gegenstände zur befristeten Verwendung in das übrige Gemeinschaftsgebiet wäre im Fall der Einfuhr uneingeschränkt steuerfrei, z. B. Ausstellungsstücke für Messen im übrigen Gemeinschaftsgebiet (§ 22 Abs. 4a Nr. 3 UStG), vgl. dazu Abschnitt 1a.2 Abs. 12. [2]Aufzuzeichnen sind auch die Fälle der vorübergehenden Verwendung eines Gegenstandes bei einer Werklieferung, die im Bestimmungsmitgliedstaat steuerbar ist, wenn der Gegenstand wieder in das Inland zurückgelangt, vgl. dazu Beispiel 1 in Abschnitt 1a.2 Abs. 10 Nr. 1.

(4) Die besonderen Aufzeichnungspflichten gelten jeweils als erfüllt, wenn sich die aufzeichnungspflichtigen Angaben aus Buchführungsunterlagen, Versandpapieren, Karteien, Dateien und anderen im Unternehmen befindlichen Unterlagen eindeutig und leicht nachprüfbar entnehmen lassen.

(5) [1]Die besonderen Aufzeichnungen sind zu berichtigen, wenn der Gegenstand im Bestimmungsland untergeht oder veräußert wird oder wenn die Verwendungsfristen überschritten werden. [2]An die Stelle der besonderen Aufzeichnungen treten die allgemeinen Aufzeichnungspflichten für innergemeinschaftliche Lieferungen, vgl. dazu Abschnitt 1a.2 Abs. 13.

(6) [1]Die in § 1a Abs. 3 Nr. 1 UStG genannten Erwerber sind zur Aufzeichnung nach § 22 Abs. 2 Nr. 7 UStG verpflichtet, wenn sie die Erwerbsschwelle überschritten, zur Erwerbsbesteuerung optiert oder Gegenstände im Sinne des § 1a Abs. 5 UStG erworben haben. [2]Juristische Personen, die auch Unternehmer sind, haben die für das Unternehmen vorgenommenen Erwerbe grundsätzlich getrennt von den nicht für das Unternehmen bewirkten Erwerben aufzuzeichnen. [3]Eine entsprechende Trennung in den Aufzeichnungen ist nicht erforderlich, soweit die Steuerbeträge, die auf die für das Unternehmen vorgenommenen innergemeinschaftlichen Erwerbe entfallen, vom Vorsteuerabzug ausgeschlossen sind.

22.4. Aufzeichnungen bei Aufteilung der Vorsteuern

AE 22.4

S 7386
S 7390

(1) [1]Unternehmer, die nach § 15 Abs. 4 UStG nur teilweise zum Vorsteuerabzug berechtigt sind und die deshalb die angefallenen Vorsteuerbeträge aufzuteilen haben, brauchen außer den Vorsteuerbeträgen, die voll vom Vorsteuerabzug ausgeschlossen sind, auch die vom Vorsteuerabzug ausgeschlossenen anteiligen Vorsteuerbeträge nicht gesondert aufzuzeichnen. [2]Aufgezeichnet werden müssen aber in den Fällen, in denen Vorsteuerbeträge nur teilweise abziehbar sind,

1. die Entgelte für die betreffenden steuerpflichtigen Leistungen an den Unternehmer, die für diese Leistungen gesondert in Rechnung gestellten gesamten Steuerbeträge und die als Vorsteuern abziehbaren Teilbeträge;
2. die Entgelte für die betreffenden steuerpflichtigen Leistungen an den Unternehmer, für die der Unternehmer die Steuer nach § 13b Abs. 5 UStG schuldet, und die als Vorsteuer abziehbaren Teilbeträge;
3. die vorausgezahlten Entgelte und Teilentgelte für die betreffenden steuerpflichtigen Leistungen an den Unternehmer, die dafür gesondert in Rechnung gestellten gesamten Steuerbeträge und die als Vorsteuern abziehbaren Teilbeträge;
4. die gesamten Einfuhrumsatzsteuerbeträge für die für das Unternehmen eingeführten Gegenstände und die als Vorsteuern abziehbaren Teilbeträge sowie die Bemessungsgrundlagen für die Einfuhren oder Hinweise auf die entsprechenden zollamtlichen Belege;
5. die Bemessungsgrundlage für den innergemeinschaftlichen Erwerb von Gegenständen und die als Vorsteuern abziehbaren Teilbeträge.

(2) In den Fällen der Vorsteueraufteilung sind die Bemessungsgrundlagen für die Umsätze, die nach § 15 Abs. 2 und 3 UStG den Vorsteuerabzug ausschließen, getrennt von den Bemessungsgrundlagen der übrigen Umsätze mit Ausnahme der Einfuhren, der innergemeinschaftlichen Erwerbe und der Leistungsbezüge, für die der Unternehmer die Steuer nach § 13b Abs. 5 UStG schuldet, aufzuzeichnen, und zwar unabhängig von der allgemeinen Verpflichtung zur Trennung der Bemessungsgrundlagen nach § 22 Abs. 2 UStG.

22.5. Erleichterungen der Aufzeichnungspflichten

AE 22.5

S 7390

(1) [1]Durch § 63 Abs. 3 und 5 UStDV werden die Aufzeichnungspflichten nach § 22 Abs. 2 UStG allgemein erleichtert. [2]Den Unternehmern ist hiernach gestattet, für ihre Umsätze und die an sie ausgeführten Umsätze die jeweiligen Bruttobeträge einschließlich der Steuer getrennt nach Steuersätzen aufzuzeichnen und am Schluss eines Voranmeldungszeitraums insgesamt in Bemessungsgrundlage und Steuer aufzuteilen. [3]Beträge für die an den Unternehmer ausgeführten Umsätze dürfen in das Verfahren der Bruttoaufzeichnung nur einbezogen werden, wenn in der jeweiligen

Rechnung die Steuer in zutreffender Höhe gesondert ausgewiesen ist. [4]Die Bruttoaufzeichnung darf außerdem nicht für die Leistungen des Unternehmers vorgenommen werden, für die in den Rechnungen die Steuer zu Unrecht oder zu hoch ausgewiesen ist.

(2) Bei der Einfuhr genügt es, wenn die entrichtete oder in den Fällen des § 16 Abs. 2 Satz 4 UStG zu entrichtende Einfuhrumsatzsteuer aufgezeichnet und dabei auf einen entsprechenden zollamtlichen Beleg hingewiesen wird (§ 64 UStDV).

(3) [1]Kleinunternehmer im Sinne des § 19 Abs. 1 UStG müssen nur die Werte der Gegenleistungen aufzeichnen (§ 65 UStDV). [2]Als Wert der erhaltenen Gegenleistungen ist grundsätzlich der vereinnahmte Preis anzugeben.

(4) [1]Unternehmer, die ihre abziehbaren Vorsteuerbeträge nach Durchschnittssätzen (§§ 23, 23a UStG, §§ 66a, 69, 70 Abs. 1 UStDV) berechnen, brauchen die Entgelte oder Teilentgelte für die empfangenen Leistungen sowie die dafür in Rechnung gestellten Steuerbeträge nicht aufzuzeichnen. [2]Ebenso entfällt die Verpflichtung zur Aufzeichnung der Einfuhrumsatzsteuer. [3]Soweit neben den Durchschnittssätzen Vorsteuern gesondert abgezogen werden können (§ 70 Abs. 2 UStDV), gelten die allgemeinen Aufzeichnungspflichten.

(5) Land- und Forstwirte, die ihre Umsätze nach den Durchschnittssätzen des § 24 UStG versteuern, haben die Bemessungsgrundlagen für die Umsätze mit den in der Anlage 2 des UStG nicht aufgeführten Sägewerkserzeugnissen und Getränken sowie mit alkoholischen Flüssigkeiten aufzuzeichnen (§ 67 UStDV).

(6) Die Erleichterungen berühren nicht die Verpflichtung zur Aufzeichnung der Steuerbeträge, die nach § 14c UStG geschuldet werden.

AE 22.6

22.6. Erleichterungen für die Trennung der Bemessungsgrundlagen

S 7390

Grundsätze

(1) [1]Der Unternehmer kann eine erleichterte Trennung der Bemessungsgrundlagen nach Steuersätzen (§ 63 Abs. 4 UStDV) nur mit Genehmigung des Finanzamts vornehmen. [2]Das Finanzamt hat die Genehmigung schriftlich unter dem Vorbehalt des jederzeitigen Widerrufs zu erteilen. [3]In der Genehmigungsverfügung sind die zugelassenen Erleichterungen genau zu bezeichnen. [4]Eine vom Unternehmer ohne Genehmigung des Finanzamts vorgenommene erleichterte Trennung der Bemessungsgrundlagen kann aus Billigkeitsgründen anerkannt werden, wenn das angewandte Verfahren bei rechtzeitiger Beantragung hätte zugelassen werden können. [5]Eine solche Erleichterung der Aufzeichnungspflichten kommt allerdings nicht in Betracht, wenn eine Registrierkasse mit Zählwerken für mehrere Warengruppen oder eine entsprechende andere Speichermöglichkeit eingesetzt wird.

(2) [1]Entsprechende Erleichterungen können auf Antrag auch für die Trennung in steuerfreie und steuerpflichtige Umsätze sowie für nachträgliche Entgeltminderungen (vgl. Absatz 20) gewährt werden. [2]Die Finanzämter können auch andere als die in Absatz 9 ff. bezeichneten Verfahren zulassen, wenn deren steuerliches Ergebnis nicht wesentlich von dem Ergebnis einer nach Steuersätzen getrennten Aufzeichnung abweicht. [3]Ob ein abweichendes Verfahren oder ein Wechsel des Verfahrens zugelassen werden kann und wie das Verfahren ausgestaltet sein muss, hat das Finanzamt in jedem Einzelfall zu prüfen. [4]Die Anwendung des Verfahrens kann auf einen in der Gliederung des Unternehmens gesondert geführten Betrieb beschränkt werden (§ 63 Abs. 4 Satz 4 UStDV).

Aufschlagsverfahren

(3) [1]Die Aufschlagsverfahren (Absätze 9 bis 16) kommen vor allem für Unternehmer in Betracht, die nur erworbene Waren liefern, wie z. B. Lebensmitteleinzelhändler, Drogisten, Buchhändler. [2]Sie können aber auch von Unternehmern angewendet werden, die – wie z. B. Bäcker oder Fleischer – neben erworbenen Waren in erheblichem Umfang hergestellte Erzeugnisse liefern. [3]Voraussetzung ist jedoch, dass diese Unternehmer, sofern sie für die von ihnen hergestellten Waren die Verkaufsentgelte oder die Verkaufspreise rechnerisch ermitteln, darüber entsprechende Aufzeichnungen führen.

(4) [1]Eine Trennung der Bemessungsgrundlagen nach dem Verhältnis der Eingänge an begünstigten und an nichtbegünstigten Waren kann nur in besonders gelagerten Einzelfällen zugelassen werden. [2]Die Anwendung branchenheitlicher Durchschnittsaufschlagsätze oder eines vom Unternehmer geschätzten durchschnittlichen Aufschlagsatzes kann nicht genehmigt werden. [3]Die Berücksichtigung eines Verlustabschlags für Verderb, Bruch, Schwund, Diebstahl usw. bei der rechnerischen Ermittlung der nichtbegünstigten Umsätze aufgrund der Wareneingänge ist, sofern Erfahrungswerte oder andere Unterlagen über die Höhe der Verluste nicht vorhanden sind, von der Führung zeitlich begrenzter Aufzeichnungen über die eingetretenen Verluste abhängig zu machen (vgl. BFH-Urteil vom 18. 11. 1971, V R 85/71, BStBl 1972 II S. 202).

(5) Die von den Unternehmern im Rahmen eines zugelassenen Verfahrens angewandten Aufschlagsätze unterliegen der Nachprüfung durch die Finanzämter.

(6) ¹In Fällen, in denen ein Unternehmen oder ein Betrieb erworben wird, sind bei der Anwendung eines Aufschlagsverfahrens (Absätze 9 bis 16) die übertragenen Warenbestände als Wareneingänge in die rechnerische Ermittlung der begünstigten und der nichtbegünstigten Umsätze einzubeziehen (vgl. BFH-Urteil vom 11. 6. 1997, XI R 18/96, BStBl II S. 633). ²Diese Berechnung ist für den Voranmeldungszeitraum vorzunehmen, der nach der Übertragung der Warenbestände endet. ³Der Unternehmer hat die bei dem Erwerb des Unternehmens oder Betriebs übernommenen Warenbestände aufzuzeichnen und dabei die Waren, deren Lieferungen nach § 12 Abs. 1 UStG dem allgemeinen Steuersatz unterliegen, von denen zu trennen, auf deren Lieferungen nach § 12 Abs. 2 Nr. 1 UStG der ermäßigte Steuersatz anzuwenden ist. ⁴Die Gliederung nach den auf die Lieferungen anzuwendenden Steuersätzen kann auch im Eröffnungsinventar vorgenommen werden.

(7) ¹Dies gilt auch, wenn ein Unternehmen gegründet wird. ²In diesem Falle sind bei einer erleichterten Trennung der Bemessungsgrundlagen nach den Wareneingängen die vor der Eröffnung angeschafften Waren (Warenanfangsbestand) in die rechnerische Ermittlung der begünstigten und der nichtbegünstigten Umsätze für den ersten Voranmeldungszeitraum einzubeziehen. ³Nach den Grundsätzen des Absatzes 6 ist auch in den Fällen zu verfahren, in denen ein Verfahren zur Trennung der Bemessungsgrundlagen umgestellt wird (vgl. BFH-Urteil vom 11. 6. 1997, XI R 18/96, BStBl II S. 633).

(8) Wechselt der Unternehmer mit Zustimmung des Finanzamts das Aufschlagsverfahren oder innerhalb des genehmigten Aufschlagsverfahrens die aufzuzeichnende Umsatzgruppe oder wird das Verfahren zur erleichterten Trennung der Entgelte auf der Grundlage des Wareneingangs ganz oder teilweise eingestellt, sind die Warenendbestände von der Bemessungsgrundlage des letzten Voranmeldungszeitraums abzuziehen.

Anwendung tatsächlicher und üblicher Aufschläge

(9) ¹Die erworbenen Waren, deren Lieferungen dem ermäßigten Steuersatz unterliegen, sind im Wareneingangsbuch oder auf dem Wareneinkaufskonto getrennt von den übrigen Waren aufzuzeichnen, deren Lieferungen nach dem allgemeinen Steuersatz zu versteuern sind. ²Auf der Grundlage der Wareneingänge sind entweder die Umsätze der Waren, die dem allgemeinen Steuersatz unterliegen, oder die der steuerermäßigten Umsätze rechnerisch zu ermitteln. ³Zu diesem Zweck ist im Wareneingangsbuch oder auf dem Wareneinkaufskonto für diese Waren neben der Spalte „Einkaufsentgelt" eine zusätzliche Spalte mit der Bezeichnung „Verkaufsentgelt" einzurichten. ⁴Die Waren der Gruppe, für die die zusätzliche Spalte „Verkaufsentgelt" geführt wird, sind grundsätzlich einzeln und mit genauer handelsüblicher Bezeichnung im Wareneingangsbuch oder auf dem Wareneinkaufskonto einzutragen. ⁵Statt der handelsüblichen Bezeichnung können Schlüsselzahlen oder Symbole verwendet werden, wenn ihre eindeutige Bestimmung aus der Eingangsrechnung oder aus anderen Unterlagen gewährleistet ist. ⁶Bei der Aufzeichnung des Wareneingangs sind auf Grund der tatsächlichen oder üblichen Aufschlagsätze die tatsächlichen bzw. voraussichtlichen Verkaufsentgelte für die betreffenden Waren zu errechnen und in die zusätzliche Spalte des Wareneingangsbuchs oder des Wareneinkaufskontos einzutragen. ⁷Nach Ablauf eines Voranmeldungszeitraums sind die in der zusätzlichen Spalte aufgezeichneten tatsächlichen oder voraussichtlichen Verkaufsentgelte zusammenzurechnen. ⁸Die Summe bildet den Umsatz an begünstigten bzw. nichtbegünstigten Waren und ist nach Hinzurechnung der Steuer unter Anwendung des in Betracht kommenden Steuersatzes von der Summe der im Voranmeldungszeitraum vereinbarten oder vereinnahmten Entgelte zuzüglich Steuer (Bruttopreise) abzusetzen. ⁹Der Differenzbetrag stellt die Summe der übrigen Entgelte zuzüglich der Steuer nach dem anderen Steuersatz dar.

(10) ¹Anstelle der Aufgliederung im Wareneingangsbuch oder auf dem Wareneinkaufskonto kann auch für eine der Warengruppen ein besonderes Buch geführt werden. ²Darin sind die begünstigten oder nichtbegünstigten Waren unter ihrer handelsüblichen Bezeichnung mit Einkaufsentgelt und tatsächlichem oder voraussichtlichem Verkaufsentgelt aufzuzeichnen. ³Statt der handelsüblichen Bezeichnung können Schlüsselzahlen oder Symbole verwendet werden (vgl. Absatz 9). ⁴Die Aufzeichnungen müssen Hinweise auf die Eingangsrechnungen oder auf die Eintragungen im Wareneingangsbuch oder auf dem Wareneinkaufskonto enthalten.

(11) ¹Die Verkaufsentgelte, die beim Wareneingang besonders aufzuzeichnen sind, können bereits auf den Rechnungen nach Warenarten zusammengestellt werden. ²Dabei genügt es, im Wareneingangsbuch, auf dem Wareneinkaufskonto oder in einem besonderen Buch die Sammelbezeichnungen für diese Waren anzugeben und die jeweiligen Summen der errechneten Verkaufsentgelte einzutragen. ³Zur weiteren Vereinfachung des Verfahrens können die Einkaufsentgelte von Waren mit gleichen Aufschlagsätzen in gesonderten Spalten zusammengefasst werden. ⁴Die aufgezeichneten Einkaufsentgelte für diese Warengruppen sind am Schluss des Voranmeldungszeitraums zusammenzurechnen. ⁵Aus der Summe der Einkaufsentgelte für die einzelne Warengruppe sind durch Hinzurechnung der Aufschläge die Verkaufsentgelte und damit rechnerisch die Umsätze an diesen Waren zu ermitteln.

(12) ¹Das Verfahren kann in der Weise abgewandelt werden, dass der Unternehmer beim Wareneingang sowohl für die begünstigten als auch für die nichtbegünstigten Waren die tatsächlichen bzw. voraussichtlichen Verkaufsentgelte gesondert aufzeichnet. ²Nach Ablauf des Voranmeldungszeitraums werden die gesondert aufgezeichneten Verkaufsentgelte für beide Warengruppen zusammengerechnet. ³Den Summen dieser Verkaufsentgelte wird die Steuer nach dem jeweils in Betracht kommenden Steuersatz hinzugesetzt. ⁴Der Gesamtbetrag der im Voranmeldungszeitraum vereinbarten oder vereinnahmten Entgelte zuzüglich Steuer (Bruttopreise) wird nach dem Verhältnis zwischen den rechnerisch ermittelten Verkaufspreisen beider Warengruppen aufgeteilt.

(13) ¹Macht der Unternehmer von der Möglichkeit des § 63 Abs. 5 UStDV Gebrauch, kann er anstelle der Einkaufsentgelte und Verkaufsentgelte die Einkaufspreise und Verkaufspreise (Entgelt und Steuerbetrag in einer Summe) aufzeichnen. ²Außerdem kann ein Unternehmer, der die Einkaufsentgelte aufzeichnet, durch Hinzurechnung der Aufschläge und der in Betracht kommenden Steuer die Verkaufspreise errechnen und diese in seinen Aufzeichnungen statt der Verkaufsentgelte angeben.

Anwendung eines gewogenen Durchschnittsaufschlags

(14) ¹Die erworbenen Waren, deren Lieferungen dem ermäßigten Steuersatz unterliegen, sind im Wareneingangsbuch oder auf dem Wareneinkaufskonto getrennt von den übrigen Waren aufzuzeichnen, deren Lieferungen nach dem allgemeinen Steuersatz zu versteuern sind. ²Die Umsätze der Waren, die dem allgemeinen Steuersatz unterliegen, oder die steuerermäßigten Umsätze sind auf der Grundlage der Einkaufsentgelte unter Berücksichtigung des gewogenen Durchschnittsaufschlagsatzes für die betreffende Warengruppe rechnerisch zu ermitteln. ³Diese rechnerische Ermittlung ist grundsätzlich für die Umsatzgruppe vorzunehmen, die den geringeren Anteil am gesamten Umsatz bildet. ⁴Zu der rechnerischen Umsatzermittlung sind am Schluss eines Voranmeldungszeitraums die Einkaufsentgelte der betreffenden Warengruppe zusammenzurechnen. ⁵Dem Gesamtbetrag dieser Einkaufsentgelte ist der gewogene Durchschnittsaufschlag hinzuzusetzen. ⁶Die Summe beider Beträge bildet den Umsatz der betreffenden Warengruppe und ist nach Hinzurechnung der Steuer unter Anwendung des in Betracht kommenden Steuersatzes von der Summe der im Voranmeldungszeitraum vereinbarten oder vereinnahmten Entgelte zuzüglich Steuer (Bruttopreise) abzusetzen. ⁷Der Differenzbetrag stellt die Summe der übrigen Entgelte zuzüglich der Steuer nach dem anderen Steuersatz dar.

(15) ¹Der gewogene Durchschnittsaufschlagsatz ist vom Unternehmer festzustellen. ²Dabei ist von den tatsächlichen Verhältnissen in mindestens drei für das Unternehmen repräsentativen Monaten eines Kalenderjahrs auszugehen. ³Der Unternehmer ist – sofern sich die Struktur seines Unternehmens nicht ändert – berechtigt, den von ihm ermittelten gewogenen Durchschnittsaufschlagsatz für die Dauer von 5 Jahren anzuwenden. ⁴Nach Ablauf dieser Frist oder im Falle einer Änderung der Struktur des Unternehmens ist der Durchschnittsaufschlagsatz neu zu ermitteln. ⁵Als Strukturänderung ist auch eine wesentliche Änderung des Warensortiments anzusehen. ⁶Absatz 13 gilt entsprechend.

Filialunternehmen

(16) ¹Von Filialunternehmen kann die Trennung der Bemessungsgrundlagen statt nach den vorbezeichneten Verfahren (Absätze 9 bis 15) auch in der Weise vorgenommen werden, dass die tatsächlichen Verkaufsentgelte der Waren, deren Lieferungen dem ermäßigten Steuersatz unterliegen oder nach dem allgemeinen Steuersatz zu versteuern sind, im Zeitpunkt der Auslieferung an den einzelnen Zweigbetrieb gesondert aufgezeichnet werden. ²Eine getrennte Aufzeichnung der Wareneingänge ist in diesem Falle entbehrlich. ³Nach Ablauf eines Voranmeldungszeitraums sind die Verkaufsentgelte für die in diesem Zeitraum an die Zweigbetriebe ausgelieferten Waren einer der gesondert aufgezeichneten Warengruppen zusammenzurechnen. ⁴Die Summe dieser Verkaufsentgelte ist nach Hinzurechnung der Steuer unter Anwendung des in Betracht kommenden Steuersatzes von der Summe der im Voranmeldungszeitraum vereinbarten oder vereinnahmten Entgelte zuzüglich Steuer (Bruttopreise) abzusetzen. ⁵Aus dem verbleibenden Differenzbetrag ist die Steuer unter Zugrundelegung des anderen Steuersatzes zu errechnen. ⁶Absätze 12 und 13 gelten entsprechend.

Verfahren für Personen-Beförderungsunternehmen

(17) ¹Die Finanzämter können Beförderungsunternehmen, die neben steuerermäßigten Personenbeförderungen im Sinne des § 12 Abs. 2 Nr. 10 UStG auch Personenbeförderungen ausführen, die dem allgemeinen Steuersatz unterliegen, auf Antrag gestatten, die Entgelte nach dem Ergebnis von Repräsentativerhebungen dieser Unternehmen zu trennen. ²Die repräsentativen Verkehrszählungen müssen in angemessenen Zeiträumen bzw. bei Änderungen der Verhältnisse wiederholt werden.

§ 22 UStG
AE 22.6

Verfahren für Spediteure, Frachtführer, Verfrachter, Lagerhalter, Umschlagunternehmer und dergleichen

(18) ¹Spediteuren und anderen Unternehmern, die steuerfreie Umsätze im Sinne des § 4 Nr. 3 UStG ausführen – z. B. Frachtführern, Verfrachtern, Lagerhaltern und Umschlagunternehmern –, kann auf Antrag gestattet werden, folgendes Verfahren anzuwenden: ²In den Aufzeichnungen brauchen grundsätzlich nur die Entgelte für steuerpflichtige Umsätze von den gesamten übrigen in Rechnung gestellten Beträgen getrennt zu werden. ³Eine getrennte Aufzeichnung der durchlaufenden Posten sowie der Entgelte für nicht steuerbare Umsätze, die den Vorsteuerabzug nicht ausschließen, und steuerfreie Umsätze nach § 4 Nr. 3 UStG ist grundsätzlich nicht erforderlich. ⁴Gesondert aufgezeichnet werden müssen aber die Entgelte

1. für steuerermäßigte Umsätze im Sinne des § 12 Abs. 2 UStG;
2. für die nach § 4 Nr. 1 und 2 UStG steuerfreien Umsätze;
3. für die nach § 4 Nr. 8 ff. UStG steuerfreien Umsätze und für die nicht steuerbaren Umsätze, die den Vorsteuerabzug ausschließen sowie
4. für nach § 3a Abs. 2 UStG im übrigen Gemeinschaftsgebiet ausgeführte steuerpflichtige sonstige Leistungen, für die der in einem anderen Mitgliedstaat ansässige Leistungsempfänger die Steuer dort schuldet.

⁵Unberührt bleibt die Verpflichtung des Unternehmers zur Führung des Ausfuhr- und Buchnachweises für die nach § 4 Nr. 1 bis 3 und 5 UStG steuerfreien Umsätze.

(19) Die Genehmigung dieses Verfahrens ist mit der Auflage zu verbinden, dass der Unternehmer, soweit er Umsätze bewirkt, die nach § 15 Abs. 2 und 3 UStG den Vorsteuerabzug ausschließen, die Vorsteuerbeträge nach § 15 Abs. 4 UStG diesen und den übrigen Umsätzen genau zurechnet.

Nachträgliche Entgeltminderungen

(20) ¹Unternehmer, für die eine erleichterte Trennung der Bemessungsgrundlagen zugelassen worden ist, sind berechtigt, nachträgliche Minderungen der Entgelte z. B. durch Skonti, Rabatte und sonstige Preisnachlässe nach dem Verhältnis zwischen den Umsätzen, die verschiedenen Steuersätzen unterliegen, sowie den steuerfreien und nicht steuerbaren Umsätzen eines Voranmeldungszeitraums aufzuteilen. ²Einer besonderen Genehmigung bedarf es hierzu nicht.

(21) ¹Die Finanzämter können auch anderen Unternehmern, die in großem Umfang Umsätze ausführen, die verschiedenen Steuersätzen unterliegen, auf Antrag widerruflich Erleichterungen für die Trennung nachträglicher Entgeltsminderungen gewähren. ²Diesen Unternehmern kann ebenfalls gestattet werden, die Entgeltsminderungen eines Voranmeldungszeitraums in dem gleichen Verhältnis aufzuteilen, in dem die nicht steuerbaren, steuerfreien und den verschiedenen Steuersätzen unterliegenden Umsätze des gleichen Zeitraums zueinander stehen. ³Voraussetzung für die Zulassung dieses Verfahrens ist, dass die Verhältnisse zwischen den Umsatzgruppen innerhalb der einzelnen Voranmeldungszeiträume keine nennenswerten Schwankungen aufweisen. ⁴Bei der Anwendung dieses Verfahrens kann aus Vereinfachungsgründen grundsätzlich außer Betracht bleiben, ob bei einzelnen Umsätzen tatsächlich keine Entgeltsminderungen eintreten oder ob die Höhe der Entgeltsminderungen bei den einzelnen Umsätzen unterschiedlich ist. ⁵Soweit jedoch für bestimmte Gruppen von Umsätzen Minderungen der Entgelte in jedem Falle ausscheiden, sind diese Umsätze bei der Aufteilung der Entgeltsminderungen nicht zu berücksichtigen.

Beispiel:

¹Landwirtschaftliche Bezugs- und Absatzgenossenschaften gewähren für ihre Umsätze im Bezugsgeschäft (Verkauf von Gegenständen des landwirtschaftlichen Bedarfs), nicht jedoch für ihre Umsätze im Absatzgeschäft (Verkauf der von Landwirten angelieferten Erzeugnisse) Warenrückvergütungen. ²Sie haben bei einer vereinfachten Aufteilung dieser Rückvergütungen nur von den Umsätzen im Bezugsgeschäft auszugehen.

Merkblatt

(22) Weitere Hinweise enthält das Merkblatt zur erleichterten Trennung der Bemessungsgrundlagen (§ 63 Abs. 4 UStDV), Stand Mai 2009, (BMF-Schreiben vom 6.5.2009, BStBl I S. 681).

		Hinweise
H		
1		**Befreiung von der Führung des Steuerheftes (§ 68 UStDV), Muster der Befreiungsbescheinigung – USt 1 I –**

(BMF vom 14. 12. 2001, BStBl 2002 I S. 108)

Unter Bezugnahme auf das Ergebnis der Erörterungen mit den obersten Finanzbehörden der Länder gilt Folgendes:

(1) Das auf Grund des BMF-Schreibens vom 30. 4. 1981 – IV A 1 – S 7389 – 1/81 – herausgegebene Vordruckmuster[1]) USt 1 I – Befreiung von der Führung des Steuerheftes – wird redaktionell angepasst.[2])

(2) Die Änderungen gegenüber dem bisherigen Vordruckmuster sind redaktioneller oder drucktechnischer Art.

(3) Die Vordrucke sind auf der Grundlage des unveränderten Vordruckmusters herzustellen.

2 Umsatzsteuervordrucke; Muster des Umsatzsteuerheftes

(BMF vom 13. 9. 2004, BStBl 2004 I S. 870)

Unter Bezugnahme auf das Ergebnis der Erörterungen mit den obersten Finanzbehörden der Länder gilt Folgendes:

(1) Das auf Grund der Ermächtigung in § 22 Abs. 5 UStG durch BMF-Schreiben vom 30. April 1981 – IV A 1 – S 7389 – 1/81 – / – IV A 3 – S 7340 – 14/81 – (BStBl I S. 312) eingeführte und zuletzt durch BMF-Schreiben vom 5. Oktober 2001 – IV B 7 – S 7389 – 3/01 – / – IV D 1 – S 7532 – 40/01 – (BStBl I S. 785) geänderte Vordruckmuster USt 1 G – Umsatzsteuerheft – wird redaktionell angepasst und berücksichtigt insbesondere die Einführung der Steuerschuldnerschaft des Leistungsempfängers (§ 13b UStG).[3])

(2) Umsatzsteuerhefte sind ab sofort entsprechend dem beiliegenden Muster[4]) herzustellen.

3 Merkblatt zur erleichterten Trennung der Bemessungsgrundlagen (USt M 1)

(BMF vom 5. 1. 2005, BStBl 2005 I S. 69)

4 Führung des Umsatzsteuerhefts nach § 22 Abs. 5 UStG

(OFD Koblenz, Vfg. vom 16. 8. 2006 – S 7389 A – St 44 2 –, StEd 2006 S. 671)

5 Umsatzsteuervordrucke; Muster des Umsatzsteuerheftes (USt 1 G)

(BMF vom 2. 2. 2009, BStBl 2009 I S. 370)

Unter Bezugnahme auf das Ergebnis der Erörterungen mit den obersten Finanzbehörden der Länder gilt Folgendes:

(1) Das auf Grund der Ermächtigung in § 22 Abs. 5 UStG durch BMF-Schreiben vom 30. 4. 1981 – IV A 1 – S 7389 – 1/81 – / – IV A 3 – S 7340 – 14/81 – (BStBl I S. 312) eingeführte und zuletzt durch BMF-Schreiben vom 13. 9. 2004 – IV B 7 – S 7389 – 3/04 – / – IV D 1 – S 7532 – 41/04 – (BStBl I S. 870) geänderte Vordruckmuster USt 1 G – Umsatzsteuerheft – wird redaktionell angepasst.

(2) Umsatzsteuerhefte sind ab sofort entsprechend dem beiliegenden Muster[5]) herzustellen.

(3) Die bisherigen Vordrucke können aufgebraucht werden.

6 Befreiung von der Führung des Steuerheftes (§ 68 UStDV); Muster der Befreiungsbescheinigung – USt 1 I –

(BMF vom 1. 4. 2009, BStBl 2009 I S. 529)

Unter Bezugnahme auf das Ergebnis der Erörterungen mit den obersten Finanzbehörden der Länder gilt Folgendes:

(1) Das mit BMF-Schreiben vom 14. 12. 2001 – IV B 7 – S 7389 – 6/01 – / – IV D 1 – S 7532 – 43/01 – herausgegebene Vordruckmuster[6]) USt 1 I – Befreiung von der Führung des Steuerheftes – wird

---

[1]) Anm.: Vordruckmuster nicht in die USt-HA aufgenommen.
[2]) Anm.: Redaktionell angepasst durch BMF vom 1. 4. 2009, § 22 H 6.
[3]) Anm.: Redaktionell angepasst durch BMF vom 2. 2. 2009, § 22 H 5.
[4]) Anm.: Vordruckmuster nicht in die USt-HA aufgenommen.
[5]) Anm.: Vordruckmuster nicht in die USt-HA aufgenommen.
[6]) Anm.: Vordruckmuster nicht in die USt-HA aufgenommen.

hiermit als Vordruckmuster USt 1 I – Befreiung von der Führung des Umsatzsteuerheftes – neu bekannt gemacht.

(2) Auf Grund des Artikels 7 i. V. m. Artikel 20 Abs. 1 des Dritten Mittelstandsentlastungsgesetzes – MEG III – vom 17. 3. 2009 (BGBl. I S. 550) wurde mit Wirkung vom 25. 3. 2009 der § 68 Abs. 1 UStDV um die Nummer 4 ergänzt. Danach sind nun auch Unternehmer im Sinne des § 22 Abs. 5 UStG von der Verpflichtung zur Führung eines Steuerheftes befreit, soweit sie auf Grund gesetzlicher Vorschriften verpflichtet sind, Bücher zu führen, oder ohne eine solche Verpflichtung Bücher führen. Demnach wurde im Vordruckmuster eine entsprechende Ankreuzmöglichkeit aufgenommen.

(3) Die anderen Änderungen gegenüber dem bisherigen Vordruckmuster sind redaktioneller oder drucktechnischer Art. Insbesondere wurde aus Gründen der Vereinheitlichung die Vordruckbezeichnung des Vordruckmusters geändert.

(4) Die Vordrucke sind auf der Grundlage des unveränderten Vordruckmusters herzustellen.

Merkblatt zur erleichterten Trennung der Bemessungsgrundlagen (USt M 1) 7

(BMF vom 6. 5. 2009, BStBl 2009 I S. 681)

Erleichterungen für die Trennung der Bemessungsgrundlagen durch Unternehmer, die steuerfreie Umsätze nach § 4 Nr. 3 UStG ausführen (Abschn. 259 Abs. 18 und 19 UStR) 8

(BMF vom 15. 9. 2009, BStBl 2009 I S. 1232)

Gemäß § 18a Abs. 4 Satz 1 Nr. 3 und § 18b Satz 1 Nr. 2 UStG in der Fassung des Jahressteuergesetzes 2009 vom 19. 12. 2008 (BGBl. I S. 2794) hat der Unternehmer künftig u. a. die Bemessungsgrundlagen für nach § 3a Abs. 2 UStG im übrigen Gemeinschaftsgebiet ausgeführte steuerpflichtige sonstige Leistungen, für die der in einem anderen Mitgliedstaat ansässige Leistungsempfänger die Steuer dort schuldet, in der Zusammenfassenden Meldung anzugeben bzw. in den Umsatzsteuer-Voranmeldungen und in der Umsatzsteuererklärung für das Kalenderjahr gesondert anzumelden. Die Regelungen treten am 1. 1. 2010 in Kraft.

Unter Bezugnahme auf das Ergebnis der Erörterungen mit den obersten Finanzbehörden der Länder gilt Folgendes:

Spediteuren und anderen Unternehmern, die steuerfreie Umsätze im Sinne des § 4 Nr. 3 UStG ausführen (z. B. Frachtführern, Verfrachtern, Lagerhaltern und Umschlagunternehmern) kann auf Antrag die Anwendung des folgenden Verfahrens zur erleichterten Trennung der Bemessungsgrundlagen gestattet werden:

In den Aufzeichnungen brauchen grundsätzlich nur die Entgelte für steuerpflichtige Umsätze von den gesamten übrigen in Rechnung gestellten Beträgen getrennt zu werden. Eine getrennte Aufzeichnung der durchlaufenden Posten sowie der Entgelte für nicht steuerbare Umsätze, die den Vorsteuerabzug nicht ausschließen, und für steuerfreie Umsätze nach § 4 Nr. 3 UStG ist grundsätzlich nicht erforderlich. Gesondert aufgezeichnet werden müssen aber die Entgelte

1. für steuerermäßigte Umsätze im Sinne des § 12 Abs. 2 UStG,
2. für die nach § 4 Nr. 1 und 2 UStG steuerfreien Umsätze,
3. für die nach § 4 Nr. 8 ff. UStG steuerfreien Umsätze und für die nicht steuerbaren Umsätze, die den Vorsteuerabzug ausschließen, sowie
4. für nach § 3a Abs. 2 UStG im übrigen Gemeinschaftsgebiet ausgeführte steuerpflichtige sonstige Leistungen, für die der in einem anderen Mitgliedstaat ansässige Leistungsempfänger die Steuer dort schuldet.

Unberührt bleibt die Verpflichtung des Unternehmers zur Führung des Ausfuhr- und Buchnachweises für die nach § 4 Nr. 1 bis 3 und 5 UStG steuerfreien Umsätze.

Die Genehmigung dieses Verfahrens ist mit der Auflage zu verbinden, dass der Unternehmer, soweit er Umsätze bewirkt, die nach § 15 Abs. 2 und 3 UStG den Vorsteuerabzug ausschließen, die Vorsteuerbeträge nach § 15 Abs. 4 UStG diesen und den übrigen Umsätzen genau zurechnet.

Die Regelungen dieses Schreibens sind auf Umsätze anzuwenden, die nach dem 31. 12. 2009 ausgeführt werden. Soweit die in Abschnitt 259 Abs. 18 und 19 UStR getroffenen Regelungen diesem Schreiben entgegenstehen, sind sie nicht mehr anzuwenden. Dies gilt auch für Unternehmer, denen die Anwendung des vereinfachten Verfahrens bereits in der Vergangenheit genehmigt wurde.

Rechtsprechung

BUNDESFINANZHOF

BFH vom 16.6.2011 – XI B 120/10 – (BFH/NV 2011 S. 1740)

Kein strukturelles Vollzugsdefizit bei der Umsatzbesteuerung sexueller Dienstleistungen von Prostituierten

Bei der Besteuerung der Umsätze aus sexuellen Dienstleistungen von Prostituierten besteht keine durch Vollzugsmängel hervorgerufene Belastungsungleichheit, die zu einer gleichheitswidrigen Benachteiligung führt.

UStG

S 7395

§ 22a Fiskalvertretung

(1) Ein Unternehmer, der weder im Inland noch in einem der in § 1 Abs. 3 genannten Gebiete seinen Wohnsitz, seinen Sitz, seine Geschäftsleitung oder eine Zweigniederlassung hat und im Inland ausschließlich steuerfreie Umsätze ausführt und keine Vorsteuerbeträge abziehen kann, kann sich im Inland durch einen Fiskalvertreter vertreten lassen.

(2) Zur Fiskalvertretung sind die in § 3 Nr. 1 bis 3 und § 4 Nr. 9 Buchstabe c des Steuerberatungsgesetzes genannten Personen befugt.

(3) Der Fiskalvertreter bedarf der Vollmacht des im Ausland ansässigen Unternehmers.

Vorschrift des Gemeinschaftsrechts

Art. 194 und Art. 205 der MWSt-Richtlinie (bis 31. 12. 2006: Art. 21 Abs. 1 Buchst. a und Abs. 3 der 6. USt-Richtlinie).

H

Hinweise

1 Umsatzsteuer – Einführung eines Fiskalvertreters in das Umsatzsteuerrecht –

(BMF vom 11. 5. 1999, BStBl 1999 I S. 515, UR 1999 S. 304)

Siehe USt-HA 2002/03 § 22a H 1.

2 Einführung des umsatzsteuerlichen Fiskalvertreters

(OFD Magdeburg, Vfg. vom 30. 6. 1999 – S 7395 – 1 – St 243 –, StEd 1999 S. 520, UVR 1999 S. 450)

Siehe USt-HA 2000/01 § 22a H 2.

3 Einführung eines Fiskalvertreters in das Umsatzsteuerrecht

(OFD Frankfurt am Main, Vfg. vom 4. 8. 1999 – S 7395 A – 1 – St IV 23 –, UR 2000 S. 44)

Siehe USt-HA 2000/01 § 22a H 3.

UStG

S 7396

§ 22b Rechte und Pflichten des Fiskalvertreters

(1) ¹Der Fiskalvertreter hat die Pflichten des im Ausland ansässigen Unternehmers nach diesem Gesetz als eigene zu erfüllen. ²Er hat die gleichen Rechte wie der Vertretene.

(2) ¹Der Fiskalvertreter hat unter der ihm nach § 22d Abs. 1 erteilten Steuernummer eine Steuererklärung (§ 18 Abs. 3 und 4) abzugeben, in der er die Besteuerungsgrundlagen für jeden von ihm vertretenen Unternehmer zusammenfasst. ²Dies gilt für die Zusammenfassende Meldung entsprechend.

(3) ¹Der Fiskalvertreter hat die Aufzeichnungen im Sinne des § 22 für jeden von ihm vertretenen Unternehmer gesondert zu führen. ²Die Aufzeichnungen müssen Namen und Anschrift der von ihm vertretenen Unternehmer enthalten.

Vorschrift des Gemeinschaftsrechts

Art. 194 und Art. 205 der MWSt-Richtlinie (bis 31. 12. 2006: Art. 21 Abs. 1 Buchst. a und Abs. 3 der 6. USt-Richtlinie).

§ 22c Ausstellung von Rechnungen im Fall der Fiskalvertretung

Die Rechnung hat folgende Angaben zu enthalten:
1. den Hinweis auf die Fiskalvertretung;
2. den Namen und die Anschrift des Fiskalvertreters;
3. die dem Fiskalvertreter nach § 22d Abs. 1 erteilte Umsatzsteuer-Identifikationsnummer.

Vorschrift des Gemeinschaftsrechts

Art. 207 Abs. 1, Art. 256 und Art. 267 der MWSt-Richtlinie (bis 31. 12. 2006: Art. 22 Abs. 7 der 6. USt-Richtlinie).

§ 22d Steuernummer und zuständiges Finanzamt

(1) Der Fiskalvertreter erhält für seine Tätigkeit eine gesonderte Steuernummer und eine gesonderte Umsatzsteuer-Identifikationsnummer nach § 27a, unter der er für alle von ihm vertretenen im Ausland ansässigen Unternehmen auftritt.

(2) Der Fiskalvertreter wird bei dem Finanzamt geführt, das für seine Umsatzbesteuerung zuständig ist.

Vorschrift des Gemeinschaftsrechts

Art. 207 Abs. 1, Art. 256 und Art. 267 der MWSt-Richtlinie (bis 31. 12. 2006: Art. 22 Abs. 7 der 6. USt-Richtlinie).

§ 22e Untersagung der Fiskalvertretung

(1) Die zuständige Finanzbehörde kann die Fiskalvertretung der in § 22a Abs. 2 mit Ausnahme der in § 3 des Steuerberatungsgesetzes genannten Person untersagen, wenn der Fiskalvertreter wiederholt gegen die ihm auferlegten Pflichten nach § 22b verstößt oder ordnungswidrig im Sinne des § 26a handelt.

(2) Für den vorläufigen Rechtsschutz gegen die Untersagung gelten § 361 Abs. 4 der Abgabenordnung und § 69 Abs. 5 der Finanzgerichtsordnung.

Vorschrift des Gemeinschaftsrechts

Art. 207 Abs. 1, Art. 256 und Art. 267 der MWSt-Richtlinie (bis 31. 12. 2006: Art. 22 Abs. 7 der 6. USt-Richtlinie).

Sechster Abschnitt
Sonderregelungen

UStG

§ 23 Allgemeine Durchschnittssätze

(1) Das Bundesministerium der Finanzen kann mit Zustimmung des Bundesrates zur Vereinfachung des Besteuerungsverfahrens für Gruppen von Unternehmern, bei denen hinsichtlich der Besteuerungsgrundlagen annähernd gleiche Verhältnisse vorliegen und die nicht verpflichtet sind, Bücher zu führen und auf Grund jährlicher Bestandsaufnahmen regelmäßig Abschlüsse zu machen, durch Rechtsverordnung Durchschnittssätze festsetzen für

1. die nach § 15 abziehbaren Vorsteuerbeträge oder die Grundlagen ihrer Berechnung oder
2. die zu entrichtende Steuer oder die Grundlagen ihrer Berechnung.

(2) Die Durchschnittssätze müssen zu einer Steuer führen, die nicht wesentlich von dem Betrage abweicht, der sich nach diesem Gesetz ohne Anwendung der Durchschnittssätze ergeben würde.

(3) ¹Der Unternehmer, bei dem die Voraussetzungen für eine Besteuerung nach Durchschnittssätzen im Sinne des Absatzes 1 gegeben sind, kann beim Finanzamt bis zur Unanfechtbarkeit der Steuerfestsetzung (§ 18 Abs. 3 und 4) beantragen, nach den festgesetzten Durchschnittssätzen besteuert zu werden. ²Der Antrag kann nur mit Wirkung vom Beginn eines Kalenderjahres an widerrufen werden. ³Der Widerruf ist spätestens bis zur Unanfechtbarkeit der Steuerfestsetzung des Kalenderjahres, für das er gelten soll, zu erklären. ⁴Eine erneute Besteuerung nach Durchschnittssätzen ist frühestens nach Ablauf von fünf Kalenderjahren zulässig.

Vorschrift des Gemeinschaftsrechts

Art. 281 der MWSt-Richtlinie (bis 31. 12. 2006: Art. 24 Abs. 1 der 6. USt-Richtlinie).

UStDV

§ 66 Aufzeichnungspflichten bei der Anwendung allgemeiner Durchschnittssätze

Der Unternehmer ist von den Aufzeichnungspflichten nach § 22 Abs. 2 Nr. 5 und 6 des Gesetzes befreit, soweit er die abziehbaren Vorsteuerbeträge nach einem Durchschnittssatz (§§ 69 und 70) berechnet.

§ 69 Festsetzung allgemeiner Durchschnittssätze

(1) ¹Zur Berechnung der abziehbaren Vorsteuerbeträge nach allgemeinen Durchschnittssätzen (§ 23 des Gesetzes) werden die in der Anlage bezeichneten Prozentsätze des Umsatzes als Durchschnittssätze festgesetzt. ²Die Durchschnittssätze gelten jeweils für die bei ihnen angegebenen Berufs- und Gewerbezweige.

(2) Umsatz im Sinne des Absatzes 1 ist der Umsatz, den der Unternehmer im Rahmen der in der Anlage bezeichneten Berufs- und Gewerbezweige im Inland ausführt, mit Ausnahme der Einfuhr, des innergemeinschaftlichen Erwerbs und der in § 4 Nr. 8, 9 Buchstabe a, Nr. 10 und 21 des Gesetzes bezeichneten Umsätze.

(3) Der Unternehmer, dessen Umsatz (Absatz 2) im vorangegangenen Kalenderjahr 61 356 Euro überstiegen hat, kann die Durchschnittssätze nicht in Anspruch nehmen.

§ 70 Umfang der Durchschnittssätze

(1) ¹Die in Abschnitt A der Anlage bezeichneten Durchschnittssätze gelten für sämtliche Vorsteuerbeträge, die mit der Tätigkeit der Unternehmer in den in der Anlage bezeichneten Berufs- und Gewerbezweigen zusammenhängen. ²Ein weiterer Vorsteuerabzug ist insoweit ausgeschlossen.

(2) ¹Neben den Vorsteuerbeträgen, die nach den in Abschnitt B der Anlage bezeichneten Durchschnittssätzen berechnet werden, können unter den Voraussetzungen des § 15 des Gesetzes abgezogen werden:

1. die Vorsteuerbeträge für Gegenstände, die der Unternehmer zur Weiterveräußerung erworben oder eingeführt hat, einschließlich der Vorsteuerbeträge für Rohstoffe, Halberzeugnisse, Hilfsstoffe und Zutaten;

2. die Vorsteuerbeträge
   a) für Lieferungen von Gebäuden, Grundstücken und Grundstücksteilen,
   b) für Ausbauten, Einbauten, Umbauten und Instandsetzungen bei den in Buchstabe a bezeichneten Gegenständen,
   c) für Leistungen im Sinne des § 4 Nr. 12 des Gesetzes.

²Das gilt nicht für Vorsteuerbeträge, die mit Maschinen und sonstigen Vorrichtungen aller Art in Zusammenhang stehen, die zu einer Betriebsanlage gehören, auch wenn sie wesentliche Bestandteile eines Grundstücks sind.

Anlage
(zu den §§ 69 und 70)

UStDV

Anlage
(zu den §§ 69 und 70)

Abschnitt A

Durchschnittssätze für die Berechnung sämtlicher Vorsteuerbeträge (§ 70 Abs. 1)

S 7401

I. Handwerk

1. Bäckerei: 5,4 % des Umsatzes
   ¹Handwerksbetriebe, die Frischbrot, Pumpernickel, Knäckebrot, Brötchen, sonstige Frischbackwaren, Semmelbrösel, Paniermehl und Feingebäck, darunter Kuchen, Torten, Tortenböden, herstellen und die Erzeugnisse überwiegend an Endverbraucher absetzen. ²Die Caféumsätze dürfen 10 Prozent des Umsatzes nicht übersteigen.
2. Bau- und Möbeltischlerei: 9,0 % des Umsatzes
   Handwerksbetriebe, die Bauelemente und Bauten aus Holz, Parkett, Holzmöbel und sonstige Tischlereierzeugnisse herstellen und reparieren, ohne dass bestimmte Erzeugnisse klar überwiegen.
3. Beschlag-, Kunst- und Reparaturschmiede: 7,5 % des Umsatzes
   Handwerksbetriebe, die Beschlag- und Kunstschmiedearbeiten einschließlich der Reparaturarbeiten ausführen.
4. Buchbinderei: 5,2 % des Umsatzes
   Handwerksbetriebe, die Buchbindearbeiten aller Art ausführen.
5. Druckerei: 6,4 % des Umsatzes
   Handwerksbetriebe, die folgende Arbeiten ausführen:
   1. Hoch-, Flach-, Licht-, Sieb- und Tiefdruck;
   2. Herstellung von Weichpackungen, Bild-, Abreiß- und Monatskalendern, Spielen und Spielkarten, nicht aber von kompletten Gesellschafts- und Unterhaltungsspielen;
   3. Zeichnerische Herstellung von Landkarten, Bauskizzen, Kleidermodellen u. Ä. für Druckzwecke.
6. Elektroinstallation: 9,1 % des Umsatzes
   Handwerksbetriebe, die die Installation von elektrischen Leitungen sowie damit verbundener Geräte einschließlich der Reparatur- und Unterhaltungsarbeiten ausführen.
7. Fliesen- und Plattenlegerei, sonstige Fußbodenlegerei und -kleberei: 8,6 % des Umsatzes
   Handwerksbetriebe, die Fliesen, Platten, Mosaik und Fußböden aus Steinholz, Kunststoffen, Terrazzo und ähnlichen Stoffen verlegen, Estricharbeiten ausführen sowie Fußböden mit Linoleum und ähnlichen Stoffen bekleben, einschließlich der Reparatur- und Instandhaltungsarbeiten.
8. Friseure: 4,5 % des Umsatzes
   Damenfriseure, Herrenfriseure sowie Damen- und Herrenfriseure.
9. Gewerbliche Gärtnerei: 5,8 % des Umsatzes
   Ausführung gärtnerischer Arbeiten im Auftrage anderer, wie Veredeln, Landschaftsgestaltung, Pflege von Gärten und Friedhöfen, Binden von Kränzen und Blumen, wobei diese Tätigkeiten nicht überwiegend auf der Nutzung von Bodenflächen beruhen.

10. Glasergewerbe: 9,2 % des Umsatzes

    Handwerksbetriebe, die Glaserarbeiten ausführen, darunter Bau-, Auto-, Bilder- und Möbelarbeiten.

11. Hoch- und Ingenieurhochbau: 6,3 % des Umsatzes

    Handwerksbetriebe, die Hoch- und Ingenieurhochbauten, aber nicht Brücken- und Spezialbauten, ausführen, einschließlich der Reparatur- und Unterhaltungsarbeiten.

12. Klempnerei, Gas- und Wasserinstallation: 8,4 % des Umsatzes

    Handwerksbetriebe, die Bauklempnerarbeiten und die Installation von Gas- und Flüssigkeitsleitungen sowie damit verbundener Geräte einschließlich der Reparatur- und Unterhaltungsarbeiten ausführen.

13. Maler- und Lackierergewerbe, Tapezierer: 3,7 % des Umsatzes

    Handwerksbetriebe, die folgende Arbeiten ausführen:
    1. ¹Maler- und Lackiererarbeiten, einschließlich Schiffsmalerei und Entrostungsarbeiten. ²Nicht dazu gehört das Lackieren von Straßenfahrzeugen;
    2. Aufkleben von Tapeten, Kunststofffolien und Ähnlichem.

14. Polsterei- und Dekorateurgewerbe: 9,5 % des Umsatzes

    ¹Handwerksbetriebe, die Polsterer- und Dekorateurarbeiten einschließlich Reparaturarbeiten ausführen. ²Darunter fallen auch die Herstellung von Möbelpolstern und Matratzen mit fremdbezogenen Vollpolstereinlagen, Federkernen oder Schaumstoff- bzw. Schaumgummikörpern, die Polsterung fremdbezogener Möbelgestelle sowie das Anbringen von Dekorationen, ohne Schaufensterdekorationen.

15. Putzmacherei: 12,2 % des Umsatzes

    ¹Handwerksbetriebe, die Hüte aus Filz, Stoff und Stroh für Damen, Mädchen und Kinder herstellen und umarbeiten. ²Nicht dazu gehört die Herstellung und Umarbeitung von Huthalbfabrikaten aus Filz.

16. Reparatur von Kraftfahrzeugen: 9,1 % des Umsatzes

    Handwerksbetriebe, die Kraftfahrzeuge, ausgenommen Ackerschlepper, reparieren.

17. Schlosserei und Schweißerei: 7,9 % des Umsatzes

    Handwerksbetriebe, die Schlosser- und Schweißarbeiten einschließlich der Reparaturarbeiten ausführen.

18. Schneiderei: 6,0 % des Umsatzes

    Handwerksbetriebe, die folgende Arbeiten ausführen:
    1. Maßfertigung von Herren- und Knabenoberbekleidung, von Uniformen und Damen-, Mädchen- und Kinderoberbekleidung, aber nicht Maßkonfektion;
    2. Reparatur- und Hilfsarbeiten an Erzeugnissen des Bekleidungsgewerbes.

19. Schuhmacherei: 6,5 % des Umsatzes

    Handwerksbetriebe, die Maßschuhe, darunter orthopädisches Schuhwerk, herstellen und Schuhe reparieren.

20. Steinbildhauerei und Steinmetzerei: 8,4 % des Umsatzes

    Handwerksbetriebe, die Steinbildhauer- und Steinmetzerzeugnisse herstellen, darunter Grabsteine, Denkmäler und Skulpturen einschließlich der Reparaturarbeiten.

21. Stuckateurgewerbe: 4,4 % des Umsatzes

    Handwerksbetriebe, die Stuckateur-, Gipserei- und Putzarbeiten, darunter Herstellung von Rabitzwänden, ausführen.

22. Winder und Scherer: 2,0 % des Umsatzes

    In Heimarbeit Beschäftigte, die in eigener Arbeitsstätte mit nicht mehr als zwei Hilfskräften im Auftrag von Gewerbetreibenden Garne in Lohnarbeit umspulen.

23. Zimmerei: 8,1 % des Umsatzes

    Handwerksbetriebe, die Bauholz zurichten, Dachstühle und Treppen aus Holz herstellen sowie Holzbauten errichten und entsprechende Reparatur- und Unterhaltungsarbeiten ausführen.

II. Einzelhandel

1. Blumen und Pflanzen: 5,7 % des Umsatzes

   Einzelhandelsbetriebe, die überwiegend Blumen, Pflanzen, Blattwerk, Wurzelstöcke und Zweige vertreiben.

2. Brennstoffe: 12,5 % des Umsatzes

   Einzelhandelsbetriebe, die überwiegend Brennstoffe vertreiben.

3. Drogerien: 10,9 % des Umsatzes

   Einzelhandelsbetriebe, die überwiegend vertreiben:

   Heilkräuter, pharmazeutische Spezialitäten und Chemikalien, hygienische Artikel, Desinfektionsmittel, Körperpflegemittel, kosmetische Artikel, diätetische Nahrungsmittel, Säuglings- und Krankenpflegebedarf, Reformwaren, Schädlingsbekämpfungsmittel, Fotogeräte und Fotozubehör.

4. Elektrotechnische Erzeugnisse, Leuchten, Rundfunk-, Fernseh- und Phonogeräte: 11,7 % des Umsatzes

   Einzelhandelsbetriebe, die überwiegend vertreiben:

   Elektrotechnische Erzeugnisse, darunter elektrotechnisches Material, Glühbirnen und elektrische Haushalts- und Verbrauchergeräte, Leuchten, Rundfunk-, Fernseh-, Phono-, Tonaufnahme- und -wiedergabegeräte, deren Teile und Zubehör, Schallplatten und Tonbänder.

5. Fahrräder und Mopeds: 12,2 % des Umsatzes

   Einzelhandelsbetriebe, die überwiegend Fahrräder, deren Teile und Zubehör, Mopeds und Fahrradanhänger vertreiben.

6. Fische und Fischerzeugnisse: 6,6 % des Umsatzes

   Einzelhandelsbetriebe, die überwiegend Fische, Fischerzeugnisse, Krebse, Muscheln und ähnliche Waren vertreiben.

7. Kartoffeln, Gemüse, Obst und Südfrüchte: 6,4 % des Umsatzes

   Einzelhandelsbetriebe, die überwiegend Speisekartoffeln, Gemüse, Obst, Früchte (auch Konserven) sowie Obst- und Gemüsesäfte vertreiben.

8. Lacke, Farben und sonstiger Anstrichbedarf: 11,2 % des Umsatzes

   Einzelhandelsbetriebe, die überwiegend Lacke, Farben, sonstigen Anstrichbedarf, darunter Malerwerkzeuge, Tapeten, Linoleum, sonstigen Fußbodenbelag, aber nicht Teppiche, vertreiben.

9. Milch, Milcherzeugnisse, Fettwaren und Eier: 6,4 % des Umsatzes

   Einzelhandelsbetriebe, die überwiegend Milch, Milcherzeugnisse, Fettwaren und Eier vertreiben.

10. Nahrungs- und Genussmittel: 8,3 % des Umsatzes

    Einzelhandelsbetriebe, die überwiegend Nahrungs- und Genussmittel aller Art vertreiben, ohne dass bestimmte Warenarten klar überwiegen.

11. Oberbekleidung: 12,3 % des Umsatzes

    Einzelhandelsbetriebe, die überwiegend vertreiben:

    Oberbekleidung für Herren, Knaben, Damen, Mädchen und Kinder, auch in sportlichem Zuschnitt, darunter Berufs- und Lederbekleidung, aber nicht gewirkte und gestrickte Oberbekleidung, Sportbekleidung, Blusen, Hausjacken, Morgenröcke und Schürzen.

12. Reformwaren: 8,5 % des Umsatzes

    Einzelhandelsbetriebe, die überwiegend vertreiben:

    Reformwaren, darunter Reformnahrungsmittel, diätetische Lebensmittel, Kurmittel, Heilkräuter, pharmazeutische Extrakte und Spezialitäten.

13. Schuhe und Schuhwaren: 11,8 % des Umsatzes

    Einzelhandelsbetriebe, die überwiegend Schuhe aus verschiedenen Werkstoffen sowie Schuhwaren vertreiben.

14. Süßwaren: 6,6 % des Umsatzes

    Einzelhandelsbetriebe, die überwiegend Süßwaren vertreiben.

15. Textilwaren verschiedener Art: 12,3 % des Umsatzes

    Einzelhandelsbetriebe, die überwiegend Textilwaren vertreiben, ohne dass bestimmte Warenarten klar überwiegen.

16. Tiere und zoologischer Bedarf: 8,8 % des Umsatzes

Einzelhandelsbetriebe, die überwiegend lebende Haus- und Nutztiere, zoologischen Bedarf, Bedarf für Hunde- und Katzenhaltung und dergleichen vertreiben.
17. Unterhaltungszeitschriften und Zeitungen: 6,3 % des Umsatzes
Einzelhandelsbetriebe, die überwiegend Unterhaltungszeitschriften, Zeitungen und Romanhefte vertreiben.
18. Wild und Geflügel: 6,4 % des Umsatzes
Einzelhandelsbetriebe, die überwiegend Wild, Geflügel und Wildgeflügel vertreiben.

III. Sonstige Gewerbebetriebe

1. Eisdielen: 5,8 % des Umsatzes
Betriebe, die überwiegend erworbenes oder selbst hergestelltes Speiseeis zum Verzehr auf dem Grundstück des Verkäufers abgeben.
2. Fremdenheime und Pensionen: 6,7 % des Umsatzes
Unterkunftsstätten, in denen jedermann beherbergt und häufig auch verpflegt wird.
3. Gast- und Speisewirtschaften: 8,7 % des Umsatzes
Gast- und Speisewirtschaften mit Ausschank alkoholischer Getränke (ohne Bahnhofswirtschaften).
4. Gebäude- und Fensterreinigung: 1,6 % des Umsatzes
[1]Betriebe für die Reinigung von Gebäuden, Räumen und Inventar, einschließlich Teppichreinigung, Fensterputzen, Schädlingsbekämpfung und Schiffsreinigung. [2]Nicht dazu gehören die Betriebe für Hausfassadenreinigung.
5. Personenbeförderung mit Personenkraftwagen: 6,0 % des Umsatzes
Betriebe zur Beförderung von Personen mit Taxis oder Mietwagen.
6. Wäschereien: 6,5 % des Umsatzes
Hierzu gehören auch Mietwaschküchen, Wäschedienst, aber nicht Wäscheverleih.

IV. Freie Berufe

1. a) Bildhauer: 7,0 % des Umsatzes
   b) Grafiker (nicht Gebrauchsgrafiker): 5,2 % des Umsatzes
   c) Kunstmaler: 5,2 % des Umsatzes
2. Selbständige Mitarbeiter bei Bühne, Film, Funk, Fernsehen und Schallplattenproduzenten: 3,6 % des Umsatzes
Natürliche Personen, die auf den Gebieten der Bühne, des Films, des Hörfunks, des Fernsehens, der Schallplatten-, Bild- und Tonträgerproduktion selbständig Leistungen in Form von eigenen Darbietungen oder Beiträge zu Leistungen Dritter erbringen.
3. Hochschullehrer: 2,9 % des Umsatzes
Umsätze aus freiberuflicher Nebentätigkeit zur unselbständig ausgeübten wissenschaftlichen Tätigkeit.
4. Journalisten: 4,8 % des Umsatzes
Freiberuflich tätige Unternehmer, die in Wort und Bild überwiegend aktuelle politische, kulturelle und wirtschaftliche Ereignisse darstellen.
5. Schriftsteller: 2,6 % des Umsatzes
Freiberuflich tätige Unternehmer, die geschriebene Werke mit überwiegend wissenschaftlichem, unterhaltendem oder künstlerischem Inhalt schaffen.

Abschnitt B

Durchschnittssätze für die Berechnung eines Teils der Vorsteuerbeträge (§ 70 Abs. 2)

S 7401

1. Architekten: 1,9 % des Umsatzes

    Architektur-, Bauingenieur- und Vermessungsbüros, darunter Baubüros, statische Büros und Bausachverständige, aber nicht Film- und Bühnenarchitekten.

2. Hausbandweber: 3,2 % des Umsatzes

    In Heimarbeit Beschäftigte, die in eigener Arbeitsstätte mit nicht mehr als zwei Hilfskräften im Auftrag von Gewerbetreibenden Schmalbänder in Lohnarbeit weben oder wirken.

3. Patentanwälte: 1,7 % des Umsatzes

    Patentanwaltspraxis, aber nicht die Lizenz- und Patentverwertung.

4. Rechtsanwälte und Notare: 1,5 % des Umsatzes

    Rechtsanwaltspraxis mit und ohne Notariat sowie das Notariat, nicht aber die Patentanwaltspraxis.

5. Schornsteinfeger: 1,6 % des Umsatzes
6. Wirtschaftliche Unternehmensberatung, Wirtschaftsprüfung: 1,7 % des Umsatzes

    [1]Wirtschaftsprüfer, vereidigte Buchprüfer, Steuerberater und Steuerbevollmächtigte. [2]Nicht dazu gehören Treuhandgesellschaften für Vermögensverwaltung.

23.1. Anwendung der Durchschnittssätze

AE 23.1

(1) [1]Die in der Anlage zur UStDV festgesetzten Durchschnittssätze sind für den Unternehmer und für das Finanzamt verbindlich. [2]Insbesondere ist nicht zu prüfen, ob und ggf. inwieweit die danach ermittelte Vorsteuer von der tatsächlich entstandenen Vorsteuer abweicht. [3]Die Anwendung des Durchschnittssatzes ist deshalb auch dann nicht zu beanstanden, wenn im Einzelfall eine erhebliche Abweichung festgestellt wird (vgl. BFH-Urteil vom 11. 1. 1990, V R 189/84, BStBl II S. 405).

S 7400
S 7401

(2) [1]Die Durchschnittssätze können nur von solchen Unternehmern in Anspruch genommen werden, deren Umsatz im Sinne des § 69 Abs. 2 UStDV in den einzelnen in der Anlage der UStDV bezeichneten Berufs- und Gewerbezweigen im vorangegangenen Kalenderjahr 61 356 € nicht überstiegen hat und die außerdem nicht verpflichtet sind, Bücher zu führen und auf Grund jährlicher Bestandsaufnahmen regelmäßig Abschlüsse zu machen. [2]Zur Bemessungsgrundlage für die Berechnung des Vorsteuerabzugs nach Durchschnittssätzen zählen auch steuerfreie Umsätze, soweit sie nicht besonders ausgenommen sind. [3]Auf den Gesamtumsatz des Unternehmers wird nicht abgestellt.

(3) [1]Hat der Unternehmer, der einen Durchschnittssatz in Anspruch nehmen will, seine gewerbliche oder berufliche Tätigkeit nur in einem Teil des vorangegangenen Kalenderjahres ausgeübt, ist der tatsächliche Umsatz im Sinne des § 69 Abs. 2 UStDV in einen Jahresumsatz umzurechnen. [2]§ 19 Abs. 3 Sätze 3 und 4 UStG ist entsprechend anzuwenden. [3]Bei Betriebseröffnungen innerhalb des laufenden Kalenderjahres ist der voraussichtliche Umsatz im Sinne des § 69 Abs. 2 UStDV dieses Jahres maßgebend (vgl. BFH-Beschluss vom 27. 6. 2006, V B 143/05, BStBl II S. 732). [4]Das gilt auch dann, wenn sich nachträglich herausstellen sollte, dass der tatsächliche vom voraussichtlichen Umsatz abweicht. [5]Erwirbt ein Unternehmer ein anderes Unternehmen im Wege der Gesamtrechtsnachfolge, kann für die Berechnung des Umsatzes des vorangegangenen Kalenderjahres von einer Zusammenrechnung der Umsätze des Unternehmers und seines Rechtsvorgängers abgesehen werden (vgl. Abschnitt 19.1 Abs. 5).

23.2. Berufs- und Gewerbezweige

AE 23.2

(1) [1]Bei den Berufs- und Gewerbezweigen, für die Durchschnittssätze festgelegt werden, handelt es sich um Gruppen von Unternehmern, bei denen hinsichtlich der Besteuerungsgrundlagen annähernd gleiche Verhältnisse vorliegen. [2]Die jeweils festgesetzten Durchschnittssätze können daher nur solche Unternehmer in Anspruch nehmen, die die wesentlichen Leistungen des Berufs- und Gewerbezweiges erbringen (vgl. BFH-Urteil vom 18. 5. 1995, V R 79/94, BStBl II S. 751). [3]Der Abgrenzung der einzelnen Berufs- und Gewerbezweige liegt in den Fällen des Abschnitts A Teile I bis III und des Abschnitts B Nr. 1, 3 bis 6 der Anlage der UStDV die „Systematik der Wirtschaftszweige" Ausgabe 1961 – herausgegeben vom Statistischen Bundesamt – zu Grunde. [4]Diese Systematik kann bei Zweifelsfragen zur Abgrenzung herangezogen werden. [5]Eine unternehmerische

S 7401

Tätigkeit, bei der hinsichtlich der Besteuerungsgrundlagen keine annähernd gleichen Verhältnisse zu den in der Anlage der UStDV bezeichneten Berufs- und Gewerbezweigen vorliegen, kann für Zwecke des Vorsteuerabzugs nicht schätzungsweise aufgeteilt werden.

(2) ¹Die Anwendung der Durchschnittssätze wird nicht dadurch ausgeschlossen, dass die Unternehmer der in der Anlage der UStDV bezeichneten Berufs- und Gewerbezweige auch Umsätze ausführen, die üblicherweise in das Gebiet anderer Berufs- oder Gewerbezweige fallen. ²Bei den Handelsbetrieben müssen jedoch die maßgeblichen Umsätze der in der Anlage der UStDV jeweils bezeichneten Gegenstände überwiegen. ³In allen anderen Fällen können die Durchschnittssätze eines Berufs- oder Gewerbezweigs dann angewendet werden, wenn die maßgeblichen Umsätze aus der zusätzlichen Tätigkeit 25 % des gesamten Umsatzes aus dem jeweiligen Berufs- oder Gewerbezweig – einschließlich des Umsatzes aus der zusätzlichen Tätigkeit – nicht übersteigen. ⁴Werden diese Anteile überschritten, können die in Betracht kommenden Durchschnittssätze zwar auf die Umsätze im Sinne des § 69 Abs. 2 UStDV aus der Haupttätigkeit, nicht aber auf die Umsätze aus der Nebentätigkeit angewendet werden. ⁵Für die Nebentätigkeit besteht jedoch die Möglichkeit, einen anderen Durchschnittssatz in Anspruch zu nehmen, soweit die betreffende Nebentätigkeit unter einen der in der Anlage der UStDV bezeichneten Berufs- und Gewerbezweige fällt.

(3) ¹Bei den unter Abschnitt A Teil IV Nr. 2 der Anlage der UStDV genannten Berufen bedeutet die Aufnahme in die Verordnung nicht, dass die Angehörigen dieses Berufskreises stets als selbständige Unternehmer im Sinne des Umsatzsteuerrechts anzusehen sind. ²Diese Frage ist vielmehr nach den allgemeinen Grundsätzen zu entscheiden (vgl. Abschnitt 2.2). ³Zu den selbständigen Mitarbeitern bei Bühne, Film, Funk usw. können gehören: Aufnahmeleiter, Bühnenarchitekten, Bühnenbildner, Choreographen, Chorleiter, Conférenciers, Cutter, Dirigenten, Dramaturgen, Graphiker, Kabarettisten, Kameraleute, Kapellmeister, Kostümbildner, Lektoren, Maskenbildner, Musikarrangeure, Musikberater, Musiker, Produktionsassistenten, Produktionsleiter, Regisseure, Sänger, Schauspieler, Souffleusen, Sprecher, Standfotografen, Tänzer und Tonmeister.

(4) ¹Die Umsätze eines Hochschullehrers aus freiberuflicher Nebentätigkeit können, soweit sie nicht z. B. nach § 4 Nr. 21 UStG von der Umsatzsteuer befreit sind, nach Abschnitt A Teil IV Nr. 3 der Anlage der UStDV der Pauschalierung unterliegen. ²Eine Nebentätigkeit zur unselbständigen Tätigkeit ist anzunehmen, wenn sie sich als Ausfluss der Hochschullehrertätigkeit darstellt. ³Nicht als Nebentätigkeit angesehen werden kann eine Tätigkeit, die vom Arbeitgeber der Haupttätigkeit vergütet wird und mit dieser unmittelbar zusammenhängt (vgl. BFH-Urteil vom 29. 1. 1987, IV R 189/85, BStBl II S. 783). ⁴Die Nebentätigkeit muss von der Haupttätigkeit eindeutig abgrenzbar sein. ⁵Die Beurteilung, ob es sich um eine freiberufliche Tätigkeit handelt, richtet sich nach § 18 EStG.

(5) ¹Die Grenzen zwischen den Berufen der Journalisten und Schriftsteller (Abschnitt A Teil IV Nr. 4 und 5 der Anlage der UStDV) sind nicht immer eindeutig, da auch die Grundlage des Journalistenberufs eine schriftstellerische oder dieser ähnliche Betätigung ist. ²Der Journalist ist im Hauptberuf regelmäßig für Zeitungen oder Zeitschriften tätig. ³Er kann jedoch auch in Nachrichten- und Korrespondenzbüros, bei Pressestellen, in der Werbung oder bei Film und Funk arbeiten. ⁴Der Journalist sammelt überwiegend aktuelle Informationen und Nachrichten entweder mit Hilfe von Nachrichtenbüros oder durch Reisen, Reportagen, Umfragen usw. und verarbeitet dieses Nachrichten- und Informationsmaterial in die für den Auftraggeber erforderliche überwiegend schriftstellerische Form.

(6) Die für Schriftsteller festgesetzten Durchschnittssätze können auch von Komponisten, Liederdichtern und Librettisten angewendet werden, nicht jedoch für Übersetzer (vgl. BFH-Urteil vom 23. 7. 2009, V R 66/07, BStBl II S. 86).

(7) ¹Der für Patentanwälte (Abschnitt B Nr. 3 der Anlage der UStDV) festgesetzte Durchschnittssatz kann auch von Erlaubnisscheininhabern (Patentingenieure) in Anspruch genommen werden. ²Es handelt sich dabei um Personen, die eine freiberufliche Tätigkeit als Rechtsberater und -vertreter auf dem Gebiet des gewerblichen Rechtsschutzes auf Grund eines Erlaubnisscheins ausüben, den ihnen der Präsident des Deutschen Patentamtes erteilt hat.

23.3. Umfang der Durchschnittssätze

AE 23.3

S 7401

(1) ¹Die Vorschrift des § 70 UStDV bestimmt in Verbindung mit der Anlage der UStDV den Umfang der Durchschnittssätze. ²Der wesentliche Teil der festgesetzten Durchschnittssätze dient der Berechnung der gesamten abziehbaren Vorsteuer. ³Soweit die Durchschnittssätze der Berechnung nur eines Teils der abziehbaren Vorsteuer dienen, sind die zusätzlich abziehbaren Vorsteuerbeträge in § 70 Abs. 2 UStDV besonders aufgeführt.

(2) ¹Zum Vorsteuerabzug beim Wechsel der Besteuerungsform wird auf Abschnitt 15.1 Abs. 5 und 6 hingewiesen. ²Zur Berichtigung des Vorsteuerabzugs beim Wechsel der Besteuerungsform vgl. Abschnitt 15a.9.

23.4. Verfahren

(1) Zur Frage, wann eine Steuerfestsetzung unanfechtbar ist, wird auf Abschnitt 19.2 Abs. 6 verwiesen.

(2) ¹Der Antrag auf Besteuerung nach einem festgesetzten Durchschnittssatz, seine Rücknahme und sein Widerruf sind an keine bestimmte Form gebunden und können auch durch schlüssiges Verhalten vorgenommen werden (vgl. BFH-Urteil vom 11. 12. 1997, V R 50/94, BStBl 1998 II S. 420). ²Berechnet der Unternehmer zum Beispiel in den Voranmeldungen oder in der Jahreserklärung die Vorsteuer nach einem Durchschnittssatz, ist darin ein Antrag zu sehen. ³Eines besonderen Bescheides bedarf es nur bei Ablehnung des Antrages.

(3) Ein Widerruf im Sinne des § 23 Abs. 3 Satz 2 UStG liegt nicht vor, wenn der Antrag auf Besteuerung nach Durchschnittssätzen zurückgenommen wird, bevor die Steuerfestsetzung zumindest eines Kalenderjahres, für das ein Durchschnittssatz in Anspruch genommen wurde, unanfechtbar geworden ist.

(4) ¹Der Wegfall von Voraussetzungen für die Anwendung von Durchschnittssätzen (Überschreiten der 61 356 €-Grenze oder Eintritt der Buchführungspflicht) gilt nicht als Widerruf, wenn der Unternehmer die Durchschnittssätze für das Kalenderjahr wieder in Anspruch nimmt, bei dessen Beginn die Voraussetzungen zuerst wieder vorliegen. ²Macht der Unternehmer von dieser Möglichkeit keinen Gebrauch, gilt dies als Widerruf mit Wirkung vom Beginn des Kalenderjahres ab, für das die Durchschnittssätze zuerst nicht mehr angewendet werden durften.

---

§ 23a Durchschnittssatz für Körperschaften, Personenvereinigungen und Vermögensmassen im Sinne des § 5 Abs. 1 Nr. 9 des Körperschaftsteuergesetzes

(1) ¹Zur Berechnung der abziehbaren Vorsteuerbeträge (§ 15) wird für Körperschaften, Personenvereinigungen und Vermögensmassen im Sinne des § 5 Abs. 1 Nr. 9 des Körperschaftsteuergesetzes, die nicht verpflichtet sind, Bücher zu führen und auf Grund jährlicher Bestandsaufnahmen regelmäßig Abschlüsse zu machen, ein Durchschnittssatz von 7 Prozent des steuerpflichtigen Umsatzes, mit Ausnahme der Einfuhr und des innergemeinschaftlichen Erwerbs, festgesetzt. ²Ein weiterer Vorsteuerabzug ist ausgeschlossen.

(2) Der Unternehmer, dessen steuerpflichtiger Umsatz, mit Ausnahme der Einfuhr und des innergemeinschaftlichen Erwerbs, im vorangegangenen Kalenderjahr 35 000 Euro überstiegen hat, kann den Durchschnittssatz nicht in Anspruch nehmen.

(3) ¹Der Unternehmer, bei dem die Voraussetzungen für die Anwendung des Durchschnittssatzes gegeben sind, kann dem Finanzamt spätestens bis zum zehnten Tag nach Ablauf des ersten Voranmeldungszeitraums eines Kalenderjahres erklären, dass er den Durchschnittssatz in Anspruch nehmen will. ²Die Erklärung bindet den Unternehmer mindestens für fünf Kalenderjahre. ³Sie kann nur mit Wirkung vom Beginn eines Kalenderjahres an widerrufen werden. ⁴Der Widerruf ist spätestens bis zum zehnten Tag nach Ablauf des ersten Voranmeldungszeitraums dieses Kalenderjahres zu erklären. ⁵Eine erneute Anwendung des Durchschnittssatzes ist frühestens nach Ablauf von fünf Kalenderjahren zulässig.

Vorschrift des Gemeinschaftsrechts

Art. 281 der MWSt-Richtlinie (bis 31. 12. 2006: Art. 24 Abs. 1 der 6. USt-Richtlinie).

---

§ 66a Aufzeichnungspflichten bei der Anwendung des Durchschnittssatzes für Körperschaften, Personenvereinigungen und Vermögensmassen im Sinne des § 5 Abs. 1 Nr. 9 des Körperschaftsteuergesetzes

Der Unternehmer ist von den Aufzeichnungspflichten nach § 22 Abs. 2 Nr. 5 und 6 des Gesetzes befreit, soweit er die abziehbaren Vorsteuerbeträge nach dem in § 23a des Gesetzes festgesetzten Durchschnittssatz berechnet.

UStG § 24 Durchschnittssätze für land- und forstwirtschaftliche Betriebe

(1) [1]Für die im Rahmen eines land- und forstwirtschaftlichen Betriebes ausgeführten Umsätze wird die Steuer vorbehaltlich der Sätze 2 bis 4 wie folgt festgesetzt:
1. für die Lieferungen von forstwirtschaftlichen Erzeugnissen, ausgenommen Sägewerkserzeugnisse, auf 5,5 Prozent,
2. für die Lieferungen der in der Anlage 2 nicht aufgeführten Sägewerkserzeugnisse und Getränke sowie von alkoholischen Flüssigkeiten, ausgenommen die Lieferungen in das Ausland und die im Ausland bewirkten Umsätze, und für sonstige Leistungen, soweit in der Anlage 2 nicht aufgeführte Getränke abgegeben werden, auf 19 Prozent,
3. für die übrigen Umsätze im Sinne des § 1 Abs. 1 Nr. 1 auf 10,7 Prozent

der Bemessungsgrundlage. [2]Die Befreiungen nach § 4 mit Ausnahme der Nummern 1 bis 7 bleiben unberührt; § 9 findet keine Anwendung. [3]Die Vorsteuerbeträge werden, soweit sie den in Satz 1 Nr. 1 bezeichneten Umsätzen zuzurechnen sind, auf 5,5 Prozent, in den übrigen Fällen des Satzes 1 auf 10,7 Prozent der Bemessungsgrundlage für diese Umsätze festgesetzt. [4]Ein weiterer Vorsteuerabzug entfällt. [5]§ 14 ist mit der Maßgabe anzuwenden, dass der für den Umsatz maßgebliche Durchschnittssatz in der Rechnung zusätzlich anzugeben ist.

(2) [1]Als land- und forstwirtschaftlicher Betrieb gelten
1. die Landwirtschaft, die Forstwirtschaft, der Wein-, Garten-, Obst- und Gemüsebau, die Baumschulen, alle Betriebe, die Pflanzen und Pflanzenteile mit Hilfe der Naturkräfte gewinnen, die Binnenfischerei, die Teichwirtschaft, die Fischzucht für die Binnenfischerei und Teichwirtschaft, die Imkerei, die Wanderschäferei sowie die Saatzucht;
2. Tierzucht- und Tierhaltungsbetriebe, soweit ihre Tierbestände nach den §§ 51 und 51a des Bewertungsgesetzes zur landwirtschaftlichen Nutzung gehören.

[2]Zum land- und forstwirtschaftlichen Betrieb gehören auch die Nebenbetriebe, die dem land- und forstwirtschaftlichen Betrieb zu dienen bestimmt sind. [3]Ein Gewerbebetrieb kraft Rechtsform gilt auch dann nicht als land- und forstwirtschaftlicher Betrieb, wenn im Übrigen die Merkmale eines land- und forstwirtschaftlichen Betriebes vorliegen.

(3) Führt der Unternehmer neben den in Absatz 1 bezeichneten Umsätzen auch andere Umsätze aus, so ist der land- und forstwirtschaftliche Betrieb als ein in der Gliederung des Unternehmens gesondert geführter Betrieb zu behandeln.

(4) [1]Der Unternehmer kann spätestens bis zum 10. Tag eines Kalenderjahres gegenüber dem Finanzamt erklären, dass seine Umsätze vom Beginn des vorangegangenen Kalenderjahres an nicht nach den Absätzen 1 bis 3, sondern nach den allgemeinen Vorschriften dieses Gesetzes besteuert werden sollen. [2]Die Erklärung bindet den Unternehmer mindestens für fünf Kalenderjahre; im Falle der Geschäftsveräußerung ist der Erwerber an diese Frist gebunden. [3]Sie kann mit Wirkung vom Beginn eines Kalenderjahres an widerrufen werden. [4]Der Widerruf ist spätestens bis zum 10. Tag nach Beginn dieses Kalenderjahres zu erklären. [5]Die Frist nach Satz 4 kann verlängert werden. [6]Ist die Frist bereits abgelaufen, so kann sie rückwirkend verlängert werden, wenn es unbillig wäre, die durch den Fristablauf eingetretenen Rechtsfolgen bestehen zu lassen.

Vorschriften des Gemeinschaftsrechts

Art. 295 bis 299, Art. 301 Abs. 2, Art. 304 und Art. 305 der MWSt-Richtlinie (bis 31. 12. 2006: Art. 25 der 6. USt-Richtlinie).

UStDV § 67 *Aufzeichnungspflichten bei der Anwendung der Durchschnittssätze für land- und forstwirtschaftliche Betriebe*

[1]*Unternehmer, auf deren Umsätze § 24 des Gesetzes anzuwenden ist, sind für den land- und forstwirtschaftlichen Betrieb von den Aufzeichnungspflichten nach § 22 des Gesetzes befreit.* [2]*Ausgenommen hiervon sind die Bemessungsgrundlagen für die Umsätze im Sinne des § 24 Abs. 1 Satz 1 Nr. 2 des Gesetzes.* [3]*Die Aufzeichnungspflichten nach § 22 Abs. 2 Nr. 4, 7 und 8 des Gesetzes bleiben unberührt.*

§ 71 Verkürzung der zeitlichen Bindungen für land- und forstwirtschaftliche Betriebe

¹Der Unternehmer, der eine Erklärung nach § 24 Abs. 4 Satz 1 des Gesetzes abgegeben hat, kann von der Besteuerung des § 19 Abs. 1 des Gesetzes zur Besteuerung nach § 24 Abs. 1 bis 3 des Gesetzes mit Wirkung vom Beginn eines jeden folgenden Kalenderjahres an übergehen. ²Auf den Widerruf der Erklärung ist § 24 Abs. 4 Satz 4 des Gesetzes anzuwenden.

24.1. Umsätze im Rahmen eines land- und forstwirtschaftlichen Betriebs

Richtlinienkonforme Auslegung

(1) ¹Die Durchschnittssätze sind nach § 24 Abs. 1 Satz 1 UStG nur auf Umsätze anzuwenden, die im Rahmen eines land- und forstwirtschaftlichen Betriebs ausgeführt werden. ²Unter Beachtung der Rechtsprechung des Europäischen Gerichtshofs ist § 24 UStG dahin auszulegen, dass solche Umsätze nur die Lieferungen selbst erzeugter landwirtschaftlicher Erzeugnisse und die landwirtschaftlichen Dienstleistungen sind, auf die die Pauschalregelung nach Art. 295 bis 305 MwStSystRL Anwendung findet, vgl. Abschnitte 24.2 und 24.3. ³Andere Umsätze, die der Unternehmer im Rahmen des land- und forstwirtschaftlichen Betriebs sowie außerhalb dieses Betriebs tätigt, unterliegen der Besteuerung nach den allgemeinen Vorschriften des Gesetzes (EuGH-Urteile vom 15. 7. 2004, C-321/02, EuGHE I S. 7101, und vom 26. 5. 2005, C-43/04, EuGHE I S. 4491, sowie BFH-Urteile vom 25. 11. 2004, V R 8/01, BStBl 2005 II S. 896, vom 22. 9. 2005, V R 28/03, BStBl 2006 II S. 280, vom 12. 10. 2006, V R 36/04, BStBl 2007 II S. 485 und vom 14. 6. 2007, V R 56/05, BStBl 2008 II S. 158). ⁴Diese Auslegung gilt auch für die Umsätze im Rahmen eines land- und forstwirtschaftlichen Nebenbetriebs (§ 24 Abs. 2 Satz 2 UStG). ⁵Veräußert ein Landwirt, der neben seinem landwirtschaftlichen Erzeugerbetrieb eine nicht landwirtschaftliche Absatztätigkeit unterhält, selbst erzeugte landwirtschaftliche Erzeugnisse (vgl. Abschnitt 24.2) an Dritte, sind auf diese Umsätze die Durchschnittssätze anzuwenden (vgl. BFH-Urteil vom 14. 6. 2007, V R 56/05, a. a. O.).

Land- und forstwirtschaftlicher Betrieb

(2) ¹Einen land- und forstwirtschaftlichen Betrieb unterhält ein Unternehmer, soweit er im Rahmen der in § 24 Abs. 2 Satz 1 UStG genannten Erzeugertätigkeiten unter planmäßiger Nutzung der natürlichen Kräfte des Bodens Pflanzen und Tiere erzeugt sowie die dadurch selbst gewonnenen Erzeugnisse verwertet (vgl. BFH-Urteil vom 12. 10. 2006, V R 36/04, BStBl 2007 II S. 485). ²Die Zierfischzucht in Teichen fällt nicht unter § 24 Abs. 2 Satz 1 Nr. 1 UStG. ³Zur Frage, inwieweit die Aufzucht von Köderfischen, Testfischen, Futterfischen und Besatzfischen in Teichen als landwirtschaftlicher Betrieb gilt, vgl. BFH-Urteil vom 13. 3. 1987, V R 55/77, BStBl II S. 467. ⁴Ein Substanzbetrieb (z. B. Torf-, Ton-, Lehm-, Kies- und Sandabbaubetrieb) ist kein land- und forstwirtschaftlicher Betrieb im Sinne des § 24 Abs. 2 Satz 1 UStG. ⁵Die Abgrenzung der landwirtschaftlichen Tierzucht und Tierhaltung von der übrigen Tierzucht und Tierhaltung ist umsatzsteuerrechtlich nach den §§ 51 und 51a BewG vorzunehmen (§ 24 Abs. 2 Satz 1 Nr. 2 UStG). ⁶Gemeinschaftliche Tierhaltung gilt nur dann als landwirtschaftlicher Betrieb im Sinne des § 24 Abs. 2 Nr. 2 UStG, wenn sämtliche Voraussetzungen des § 51a BewG erfüllt sind (vgl. BFH-Urteil vom 26. 4. 1990, V R 90/87, BStBl II S. 802). ⁷Ein Tierzucht- bzw. Tierhaltungsbetrieb ist kein landwirtschaftlicher Betrieb, wenn dem Unternehmer nicht in ausreichendem Umfang selbst bewirtschaftete Grundstücksflächen zur Verfügung stehen (vgl. BFH-Urteil vom 29. 6. 1988, X R 33/82, BStBl II S. 922). ⁸Zur Frage, ob sich die Struktur eines landwirtschaftlichen Betriebs zu der eines nicht landwirtschaftlichen verändert hat, vgl. BFH-Urteil vom 9. 5. 1996, V R 118/92, BStBl II S. 550.

Gewerbebetrieb kraft Rechtsform

(3) Zur Anwendung der Durchschnittssatzbesteuerung auf die Umsätze von Gewerbebetrieben kraft Rechtsform (§ 24 Abs. 2 Satz 3 UStG) vgl. BMF-Schreiben vom 1. 12. 2009, BStBl I S. 1611.

Aktiv bewirtschafteter Betrieb

(4) ¹Die Anwendung des § 24 UStG setzt grundsätzlich voraus, dass der landwirtschaftliche Betrieb noch bewirtschaftet wird (BFH-Urteil vom 21. 4. 1993, XI R 50/90, BStBl II S. 696). ²Leistungen, die nach Einstellung der Erzeugertätigkeit erbracht werden, unterliegen daher grundsätzlich den allgemeinen Regelungen des Umsatzsteuergesetzes. ³Dies gilt nicht für nach Aufgabe des landwirtschaftlichen Betriebs ausgeführte Umsätze aus der Lieferung selbst erzeugter Produkte (vgl. BFH-Urteil vom 19. 11. 2009, V R 16/08, BStBl 2010 II S. 319). ⁴Für die Umsätze aus der Veräußerung von Gegenständen des land- und forstwirtschaftlichen Unternehmensvermögens und von immateriellen Wirtschaftsgütern, die die rechtliche Grundlage der Erzeugertätigkeit des

Unternehmers darstellen, sind die Vereinfachungsregelungen in Abschnitt 24.2 Abs. 6 und Abschnitt 24.3 Abs. 9 UStR nach Betriebsaufgabe unter den weiteren Voraussetzungen anwendbar, dass die Veräußerung des einzelnen Wirtschaftsguts im engen sachlichen Zusammenhang mit der Betriebsaufgabe erfolgt und das Wirtschaftsgut nach Einstellung der Erzeugertätigkeit nicht zur Ausführung von Umsätzen verwendet wird, die der Regelbesteuerung unterliegen. [5]Wird die landwirtschaftliche Erzeugertätigkeit in mehreren Schritten aufgegeben und werden dabei nur vorübergehend die Tierbestandsgrenzen des § 24 Abs. 2 Satz 1 Nr. 2 UStG überschritten, liegt insofern kein für die Besteuerung nach Durchschnittssätzen schädlicher Strukturwandel vor.

Verhältnis zu anderen Vorschriften des UStG

(5) [1]Nach § 1 Abs. 1a UStG unterliegen die Umsätze im Rahmen einer Geschäftsveräußerung an einen anderen Unternehmer für dessen Unternehmen nicht der Umsatzsteuer. [2]Dies gilt auch bei der Veräußerung eines land- und forstwirtschaftlichen Betriebs oder Teilbetriebs sowie bei der Einbringung eines Betriebs oder Teilbetriebs in eine Gesellschaft, und zwar auch dann, wenn einzelne Wirtschaftsgüter von der Veräußerung ausgenommen werden (vgl. BFH-Urteil vom 15. 10. 1998, V R 69/97, BStBl 1999 II S. 41). [3]Eine Geschäftsveräußerung kann auch vorliegen, wenn verpachtete Gegenstände nach Beendigung der Pacht veräußert werden (vgl. BFH-Urteil vom 10. 5. 1961, V 222/58 U, BStBl III S. 322); vgl. auch Abschnitt 1.5.

(6) Zum innergemeinschaftlichen Erwerb nach § 1a UStG bei Land- und Forstwirten, die die Durchschnittssatzbesteuerung nach § 24 UStG anwenden, vgl. Abschnitte 1a.1 Abs. 2 und 15.10 Abs. 2.

(7) Land- und Forstwirte, die die Durchschnittssatzbesteuerung nach § 24 UStG anwenden, können auch Steuerschuldner im Sinne des § 13b UStG sein (vgl. Abschnitt 13b.1 Abs. 1).

(8) Zur Anwendung der Kleinunternehmerregelung nach § 19 UStG vgl. Abschnitt 24.7 Abs. 4.

24.2. Erzeugnisse im Sinne des § 24 Abs. 1 Satz 1 UStG

(1) [1]Die Durchschnittssätze sind auf die Umsätze mit landwirtschaftlichen Erzeugnissen im Rahmen land- und forstwirtschaftlicher Betriebe anzuwenden. [2]Voraussetzung ist, dass die Erzeugnisse im Rahmen dieses land- und forstwirtschaftlichen Betriebs erzeugt worden sind. [3]Die Umsätze mit zugekauften Produkten sind von der Anwendung der Durchschnittssatzbesteuerung ausgeschlossen (vgl. BFH-Urteil vom 14. 6. 2007, V R 56/05, BStBl II S. 158). [4]Als zugekaufte Produkte gelten die zum Zwecke der Weiterveräußerung erworbenen Erzeugnisse. [5]Werden nicht selbst erzeugte landwirtschaftliche Erzeugnisse im eigenen Betrieb durch urproduktive Tätigkeiten zu einem Produkt anderer Marktgängigkeit weiterverarbeitet, gelten diese hingegen als eigene Erzeugnisse. [6]Solche eigenen Erzeugnisse liegen z. B. vor, wenn nicht selbst erzeugte land- und forstwirtschaftliche Erzeugnisse (z. B. zugekaufte Samen, Zwiebeln, Knollen, Stecklinge und Pflanzen) im eigenen Betrieb bis zur Verkaufsreife kultiviert werden oder spätestens nach Ablauf von 3 Monaten. [7]Diese Grundsätze finden für den Bereich der Tierzucht und Tierhaltung entsprechende Anwendung. [8]Der Erzeuger muss die Erzeugnisse im Zeitpunkt des Zukaufs den potentiell selbst erzeugten oder den zum baldigen Absatz bestimmten Waren zuordnen. [9]Dem Vorsteuerabzug kommt hierbei eine indizielle Bedeutung zu. [10]Werden die Produkte beispielsweise in einer Verkaufseinrichtung (z. B. Hofladen) präsentiert, spricht dies für die Zuordnung zu den zum baldigen Absatz bestimmten Waren. [11]Verbleiben die ursprünglich zum baldigen Absatz bestimmten Waren länger als 3 Monate im Betrieb und werden sie in dieser Zeit weiter kultiviert, handelt es sich um selbst erzeugte Produkte, deren Lieferung der Durchschnittssatzbesteuerung unterliegt. [12]Ein vorgenommener Vorsteuerabzug ist ggfs. zu berichtigen.

Verarbeitungstätigkeiten

(2) [1]Den Tätigkeiten der landwirtschaftlichen Erzeugung sind die Verarbeitungstätigkeiten gleichgestellt. [2]Dabei ist Voraussetzung, dass der landwirtschaftliche Erzeuger im Wesentlichen aus seiner land- und forstwirtschaftlichen Produktion stammende Erzeugnisse verwendet und das Enderzeugnis seinen land- und forstwirtschaftlichen Charakter nicht verliert (so genannte erste Verarbeitungsstufe). [3]Führt die Verarbeitung zu einem Produkt der zweiten oder einer höheren Verarbeitungsstufe, unterliegen die Umsätze mit diesen Erzeugnissen nicht der Durchschnittssatzbesteuerung. [4]Die Ausführung von Verarbeitungstätigkeiten durch Lohnunternehmer steht in diesem Rahmen der Annahme eines selbst erzeugten landwirtschaftlichen Erzeugnisses nicht entgegen. [5]Dies gilt in den Fällen der so genannten Umtauschmüllerei (§ 3 Abs. 10 UStG) entsprechend.

Beispiel 1:

[1]Ein Landwirt betreibt Schweinezucht. [2]Er lässt die Schweine von einem gewerblichen Lohnunternehmer schlachten und in Hälften zerlegen. [3]Die Schweinehälften liefert der Landwirt an einen fleischverarbeitenden Betrieb.

§ 24 UStG
AE 24.2

⁴Die Lieferung der Schweinehälften unterliegt der Durchschnittssatzbesteuerung. ⁵Die Ausführung der Schlacht- und Zerlegearbeiten durch einen Lohnunternehmer steht dem nicht entgegen.

Beispiel 2:
¹Ein Landwirt, der Getreide anbaut, bringt sein Getreide zu einer Mühle. ²Er erhält vom Müller Mehl, das aus fremdem Getreide gemahlen wurde und zahlt den Mahllohn. ³Der Landwirt veräußert das Mehl an einen Lebensmittelhersteller.
⁴Die Lieferung des Mehls an den Lebensmittelhersteller unterliegt der Durchschnittssatzbesteuerung. ⁵Unschädlich ist, dass das Mehl nicht tatsächlich aus dem vom Landwirt erzeugten Getreide gemahlen wurde.

(3) ¹Werden selbst erzeugte Produkte untrennbar mit zugekauften Produkten vermischt, unterliegt die Lieferung des Endprodukts aus Vereinfachungsgründen noch der Durchschnittssatzbesteuerung, wenn die Beimischung des zugekauften Produkts nicht mehr als 25 % beträgt. ²Maßstab ist die im Handel übliche Maßeinheit (z. B. Kilogramm bei Honig, Liter bei Wein). ³Zugekaufte Zutaten und Nebenstoffe bleiben bei der Prüfung der 25 %-Grenze nach Satz 1 außer Betracht. ⁴Als Zutaten und Nebenstoffe sind insbesondere Gewürze, Konservierungsmittel, Zusatzstoffe im Sinne des Weingesetzes, die Süßreserve sowie der Deckwein im Weinbau anzusehen. ⁵Gleiches gilt für die Warenumschließungen.

Beispiel 1:
¹Ein Imker hat sich verpflichtet, 400 kg Honig zu liefern. ²Da er nur über 350 kg selbst erzeugten Honig verfügt, kauft er 50 kg hinzu und vermischt beide Erzeugnisse.
³Beide Honigmengen werden untrennbar miteinander vermischt. ⁴Da der Anteil des zugekauften Honigs nicht mehr als 25 % des Endprodukts ausmacht, unterliegt die Lieferung der Gesamtmenge der Durchschnittssatzbesteuerung.

Beispiel 2:
¹Ein Obstbauer hat sich verpflichtet, eine bestimmte Menge Apfelsaft in Flaschen zu liefern. ²Da die selbst erzeugte Menge von 700 kg Äpfeln für die Produktion nicht ausreicht, kauft er 300 kg hinzu und presst den Saft aus der Gesamtmenge.
³Bei der Beurteilung, ob es sich noch um ein selbst erzeugtes Produkt handelt, bleiben die Flaschen als Warenumschließungen außer Betracht. ⁴Da der Saft der zugekauften Äpfel untrennbar mit dem Saft der selbst erzeugten Äpfel vermischt wurde und mehr als 25 % des Endprodukts beträgt, unterliegt die Lieferung des Apfelsafts nicht der Durchschnittssatzbesteuerung.

Beispiel 3:
¹Ein Kartoffelbauer verpflichtet sich zur Lieferung von 1 000 kg geschälten Kartoffeln. ²Da er nur über 700 kg selbst erzeugte Produkte verfügt, kauft er die entsprechende Menge ungeschälter Kartoffeln hinzu. ³Die selbst erzeugten und zugekauften Kartoffeln werden in der Schälmaschine vermischt und geschält.
⁴Da die Kartoffeln nicht untrennbar miteinander vermischt werden, unterliegt die Lieferung der selbst erzeugten Produkte ohne Rücksicht auf prozentuale Zusammensetzung der Gesamtmenge der Durchschnittssatzbesteuerung. ⁵Die zugekauften Kartoffeln unterliegen der Besteuerung nach allgemeinen Regelungen. ⁶Der Unternehmer trägt die Feststellungslast für die Anwendung der Durchschnittssatzbesteuerung hinsichtlich der selbst erzeugten Kartoffeln.

Beispiel 4:
¹Ein Landwirt baut Gurken an und stellt daraus Konserven her. ²Da er nicht über die erforderliche Menge Gurken verfügt, kauft er Gurken hinzu. ³Er vermischt die Gurken, viertelt sie und fügt bei der Konservenproduktion Wasser, Essig, Zucker und Gewürze bei.
⁴Da es sich bei dem Endprodukt um ein Produkt der so genannten zweiten Verarbeitungsstufe handelt, unterliegt die Lieferung den allgemeinen Regelungen des Umsatzsteuergesetzes. ⁵Unerheblich ist, wie hoch der prozentuale Anteil der zugekauften Gurken am Endprodukt ist.

Erzeugnisse im Sinne des § 24 Abs. 1 Satz 1 Nr. 1 UStG

(4) ¹Als forstwirtschaftliche Erzeugnisse (§ 24 Abs. 1 Satz 1 Nr. 1 UStG) kommen insbesondere in Betracht: Stammholz (Stämme und Stammteile), Schwellenholz, Stangen, Schichtholz, Industrieholz, Brennholz, sonstiges Holz (z. B. Stockholz, Pfähle, Reisig) und forstliche Nebenerzeugnisse wie Forstsamen, Rinde, Baumharz, Weihnachtsbäume, Schmuckgrün, Waldstreu, Pilze und Beeren. ²Voraussetzung ist, dass diese Erzeugnisse im Rahmen der Forstwirtschaft anfallen. ³Bei Lieferungen von Erzeugnissen aus Sonderkulturen außerhalb des Waldes (z. B. Weidenbau, Baumschule, Obst- oder Weihnachtsbaumkultur, Schmuckreisig) handelt es sich nicht um Umsätze von forstwirtschaftlichen Erzeugnissen, sondern um eigenständige landwirtschaftliche Umsätze, die unter § 24 Abs. 1 Satz 1 Nr. 3 fallen. ⁴Zur Forstwirtschaft gehören Hoch-, Mittel- und Niederwald, Schutz-

wald (z. B. Wasser-, Boden-, Lawinen-, Klima-, Immissions-, Sicht- und Straßenschutzwald sowie Schutzwaldungen mit naturkundlichen Zielsetzungen und Waldungen für Forschung und Lehre), Erholungswald und Nichtwirtschaftswald (z. B. Naturparks, Nationalparks, Landschaftsschutzgebiete und Naturschutzgebiete), auch wenn die Erzeugung von Rohholz ausgeschlossen oder nicht beabsichtigt ist. [5]Holz aus Parkanlagen sowie Flurholz außerhalb des Waldes und Alleebäume, Grenzbäume u. ä. rechnen nicht zur Forstwirtschaft.

Erzeugnisse im Sinne des § 24 Abs. 1 Satz 1 Nr. 2 UStG

(5) [1]In der Anlage 2 des UStG nicht aufgeführte Sägewerkserzeugnisse (§ 24 Abs. 1 Satz 1 Nr. 2 UStG) sind insbesondere Balken, Bohlen, Kanthölzer, besäumte und unbesäumte Bretter sowie Holzwolle und Holzmehl. [2]Zu den Getränken und alkoholischen Flüssigkeiten im Sinne des § 24 Abs. 1 Satz 1 Nr. 2 UStG zählen insbesondere Wein, Obstwein und andere alkoholische Getränke, Traubenmost, Frucht- und Gemüsesäfte, Alkohol und Sprit sowie vergorene, nicht zum Verzehr bestimmte Kirschmaische (BFH-Urteil vom 12. 3. 2008, XI R 65/06, BStBl II S. 532). [3]Nicht darunter fallen Milch (aus Kapitel 4 des Zolltarifs), Milchmischgetränke mit einem Anteil an Milch von mindestens 75 % des Fertigerzeugnisses sowie Wasser, nicht aber Mineralwasser.

Erzeugnisse im Sinne des § 24 Abs. 1 Satz 1 Nr. 3 UStG

(6) [1]Der Durchschnittssatz nach § 24 Abs. 1 Satz 1 Nr. 3 UStG gilt insbesondere für die Umsätze der wichtigsten landwirtschaftlichen Erzeugnisse wie z. B. Getreide, Getreideerzeugnisse, Vieh, Fleisch, Milch, Obst, Gemüse und Eier. [2]Die Umsätze mit Gegenständen des land- und forstwirtschaftlichen Unternehmensvermögens (z. B. der Verkauf gebrauchter landwirtschaftlicher Geräte) unterliegen der Regelbesteuerung. [3]Aus Vereinfachungsgründen wird die Anwendung der Durchschnittssatzbesteuerung auf diese Umsätze jedoch nicht beanstandet, wenn die Gegenstände während ihrer Zugehörigkeit zum land- und forstwirtschaftlichen Unternehmensvermögen nahezu ausschließlich, d. h. zu mindestens 95 %, für Umsätze verwendet wurden, die den Vorsteuerabzug nach § 24 Abs. 1 Satz 4 UStG ausschließen. [4]Zeiträume, in denen der Unternehmer gemäß § 24 Abs. 4 UStG zur Anwendung der allgemeinen Vorschiften des Umsatzsteuergesetzes optiert hatte, bleiben für Zwecke der Prüfung der 95 %-Grenze außer Betracht. [5]Voraussetzung für die Anwendung der Vereinfachungsregelung ist jedoch, dass der Unternehmer für diese Gegenstände darauf verzichtet, einen anteiligen Vorsteuerabzug vorzunehmen.

Rechtsmissbrauch

(7) Es ist rechtsmissbräuchlich, wenn ein Händler und ein Landwirt die Umsätze des Landwirts durch Verkauf und Rückkauf von Tieren oder anderen landwirtschaftlichen Erzeugnissen ohne Rücksicht auf den wirtschaftlichen Gehalt der vom Landwirt erbrachten Leistung künstlich erhöhen und der Händler in den Genuss eines hierdurch erhöhten Vorsteuerabzugs zu gelangen versucht (BFH-Urteil vom 9. 7. 1998, V R 68/96, BStBl II S. 637).

24.3. Sonstige Leistungen

Allgemein

(1) [1]Die Anwendung der Durchschnittssatzbesteuerung auf die im Rahmen eines land- und forstwirtschaftlichen Betriebs erbrachten sonstigen Leistungen setzt voraus,

– dass sie mit Hilfe der Arbeitskräfte des Betriebs erbracht werden und die dabei ggfs. verwendeten Wirtschaftsgüter der normalen Ausrüstung des Betriebs zuzurechnen sind und

– dass die sonstigen Leistungen normalerweise zur landwirtschaftlichen Erzeugung beitragen.

[2]Insbesondere folgende sonstige Leistungen können bei Vorliegen der in Satz 1 genannten Voraussetzungen der Durchschnittssatzbesteuerung unterliegen:

1. Anbau-, Ernte-, Dresch-, Press-, Lese- und Einsammelarbeiten, einschließlich Säen und Pflanzen;
2. Verpackung und Zubereitung, wie beispielsweise Trocknung, Reinigung, Zerkleinerung, Desinfektion und Einsilierung landwirtschaftlicher Erzeugnisse;
3. Lagerung landwirtschaftlicher Erzeugnisse;
4. Hüten, Zucht und Mästen von Vieh;
5. Vermietung normalerweise in land-, forst- und fischwirtschaftlichen Betrieben verwendeter Mittel zu landwirtschaftlichen Zwecken;
6. technische Hilfe;
7. Vernichtung schädlicher Pflanzen und Tiere, Behandlung von Pflanzen und Böden durch Besprühen;

8. Betrieb von Be- und Entwässerungsanlagen;
9. Beschneiden und Fällen von Bäumen und andere forstwirtschaftliche Dienstleistungen.

(2) [1]Das Gemeinschaftsrecht sieht für die Anwendbarkeit der Durchschnittssatzbesteuerung auf derartige land- und forstwirtschaftliche Dienstleistungen an andere Land- und Forstwirte zwar keine betragsmäßige Beschränkung vor. [2]Dennoch können Land- und Forstwirte solche Dienstleistungen nicht in unbegrenztem Umfang unter Anwendung der Durchschnittssatzbesteuerung erbringen. [3]Die Anwendung der Durchschnittssatzbesteuerung setzt voraus, dass der Unternehmer mit seinen jeweiligen Umsätzen als landwirtschaftlicher Erzeuger handelt. [4]Hierzu zählt in gewissem Umfang auch das Erbringen land- und forstwirtschaftlicher Dienstleistungen. [5]Begründet wird die landwirtschaftliche Erzeugertätigkeit allerdings nur durch die eigene Urproduktion. [6]Alleine mit der Erbringung land- und forstwirtschaftlicher Dienstleistungen wird ein Unternehmer nicht zum landwirtschaftlichen Erzeuger. [7]Nehmen die land- und forstwirtschaftlichen Dienstleistungen daher im Vergleich zur eigenen Urproduktion einen überdurchschnittlich großen Anteil an den Umsätzen des land- und forstwirtschaftlichen Betriebs ein, sind diese einer neben dem land- und forstwirtschaftlichen Betrieb ausgeführten unternehmerischen Tätigkeit zuzuordnen.

(3) [1]Ein Anhaltspunkt für das Vorliegen einer Tätigkeit außerhalb der Land- und Forstwirtschaft kann eine im vorangegangenen Kalenderjahr überschrittene Umsatzgrenze von 51.500 Euro sein. [2]Bei der Ermittlung dieser Umsatzgrenze sind die sonstigen Leistungen an Landwirte und Nichtlandwirte zusammenzufassen. [3]Umsätze aus Vermietungs- und Verpachtungsleistungen sowie der Veräußerung von immateriellen Wirtschaftsgütern des Anlagevermögens (z. B. Milchquote, Zahlungsansprüche) bleiben bei der Prüfung dieser Umsatzgrenze für umsatzsteuerliche Zwecke außer Ansatz. [4]Das Überschreiten der Umsatzgrenze alleine schließt die Anwendung der Durchschnittssatzbesteuerung allerdings noch nicht aus. [5]In diesem Fall ist vielmehr anhand weiterer Kriterien zu prüfen, ob die Dienstleistungen nicht mehr dem land- und forstwirtschaftlichen Betrieb zuzurechnen sind. [6]Hierfür spricht u. a. ein unverhältnismäßig hoher Anteil der auf die Erbringung der Dienstleistungen entfallenden Arbeitszeit oder ein Maschinen- und Ausrüstungsbestand, der über die Anforderungen des eigenen Betriebs hinausgeht.

(4) [1]Der Einsatz von Arbeitskräften schließt die im land- und forstwirtschaftlichen Betrieb des Steuerpflichtigen beschäftigten Arbeitnehmer ein. [2]Ein Wirtschaftsgut ist der normalen Ausrüstung des land- und forstwirtschaftlichen Betriebs zuzurechnen, wenn es dem Grunde oder der vorhandenen Anzahl nach dem betriebsgewöhnlichen, d. h. normalen Ausrüstungsbestand des land- und forstwirtschaftlichen Betriebs des Steuerpflichtigen zuzurechnen ist und wenn es nach seiner objektiven Zweckbestimmung und der tatsächlichen Übung den vom Steuerpflichtigen ausgeübten Erzeugertätigkeiten dient. [3]Die Erbringung von sonstigen Leistungen unter Verwendung von Wirtschaftsgütern, die

— im eigenen Betrieb nicht verwendet werden oder
— einem nicht betriebstypischen Überbestand zuzurechnen sind oder
— ausschließlich zur Erbringung von sonstigen Leistungen an Dritte vorgehalten werden

ist daher unabhängig von der Dauer oder dem Zweck der Verwendung aus dem Anwendungsbereich der Durchschnittssatzbesteuerung ausgeschlossen, da diese Mittel von vornherein nicht zum betriebsgewöhnlichen Ausrüstungsbestand des land- und forstwirtschaftlichen Betriebs gehören.

(5) [1]Ob eine sonstige Leistung normalerweise zur landwirtschaftlichen Erzeugung beiträgt, ist aus der Sicht des Leistungsempfängers zu beurteilen. [2]Ein solcher Zweck liegt vor, wenn die sonstige Leistung in der Sphäre des Leistungsempfängers unter planmäßiger Nutzung der natürlichen Kräfte des Bodens zur Erzeugung von Pflanzen und Tieren sowie zur Vermarktung der daraus selbst gewonnenen Erzeugnisse verwertet wird. [3]Zur landwirtschaftlichen Erzeugung gehören auch Tätigkeiten der ersten Verarbeitungsstufe, wenn im Wesentlichen selbst erzeugte landwirtschaftliche Produkte be- oder verarbeitet werden. [4]Wird die sonstige Leistung nicht an einen anderen land- und forstwirtschaftlichen Betrieb erbracht, ist davon auszugehen, dass sie nicht zur landwirtschaftlichen Erzeugung beiträgt. [5]Für die Frage, ob ein solcher land- und forstwirtschaftlicher Betrieb vorliegt, ist auf die wirtschaftliche Betätigung des Leistungsempfängers abzustellen. [6]Sonstige Leistungen, die beim Leistungsempfänger nicht landwirtschaftlichen Zwecken dienen, sind vom Anwendungsbereich der Durchschnittssatzbesteuerung ausgeschlossen.

Beispiel:
[1]Ein pauschalierender Landwirt vermietet Wohnmobilbesitzern für die Wintermonate Stellplätze in einer ansonsten für eigenbetriebliche Zwecke genutzten Lagerhalle.

[2]Die Vermietung erfolgt zu außerlandwirtschaftlichen Zwecken. [3]Die Umsätze fallen nicht unter die Durchschnittssatzbesteuerung.

[7]Ein Unternehmer bezieht Bauleistungen für die Errichtung einer Lagerhalle auf einem vorher landwirtschaftlich genutzten Grundstück nicht im Rahmen seines der Durchschnittssatzbesteuerung unterliegenden landwirtschaftlichen Betriebs, wenn die Halle – wie geplant – an einen außer-

landwirtschaftlichen Unternehmer vermietet wird (vgl. BFH-Urteil vom 3. 12. 1998, V R 48/98, BStBl 1999 II S. 150).

Vermietungsleistungen

(6) ¹Ein zur Erbringung einer Vermietungsleistung verwendetes Wirtschaftsgut, das bis zur Vermietung als zum betriebsgewöhnlichen Ausrüstungsbestand eines land- und forstwirtschaftlichen Betriebs gehörig anzusehen ist, scheidet für die Dauer der Vermietung aus diesem Kreis aus, wenn sich der Vermieter durch eine langfristige Vermietung einer Nutzungsmöglichkeit im eigenen Betrieb begibt. ²Eine Mietdauer von mindestens 12 Monaten ist stets als langfristig anzusehen. ³Solche Vermietungsumsätze unterliegen daher nicht der Durchschnittssatzbesteuerung.

Beispiel 1:

¹Ein Wirtschaftsgut wird auf unbestimmte Dauer vermietet. ²Der Vertrag kann monatlich gekündigt werden.

³Die Vermietung ist als langfristig anzusehen und unterliegt somit nicht der Durchschnittssatzbesteuerung. ⁴Endet die tatsächliche Gebrauchsüberlassung jedoch vor Ablauf von 12 Monaten, handelt es sich insgesamt nicht um eine langfristige Vermietung.

Beispiel 2:

¹Ein Wirtschaftsgut wird für drei Monate vermietet. ²Der Mietvertrag verlängert sich automatisch um je einen Monat, wenn er nicht vorher gekündigt wird.

³Die Vermietung ist nicht als langfristig anzusehen. ⁴Dauert die tatsächliche Gebrauchsüberlassung jedoch 12 Monate oder mehr, handelt es sich insgesamt um eine langfristige Vermietung.

Verpachtungsleistungen

(7) ¹Mit der Überlassung eines land- und forstwirtschaftlichen Betriebs, von Betriebsteilen oder einzelner Wirtschaftsgüter durch Verpachtung oder Einräumung eines Nießbrauchs wird dem Pächter bzw. Nießbrauchsberechtigten die Möglichkeit des Gebrauchs und der Fruchtziehung eingeräumt. ²Der Verpächter bzw. Nießbrauchsverpflichtete kann die überlassenen Gegenstände für die Dauer der Pacht bzw. der Einräumung des Nießbrauchs nicht mehr für Zwecke der eigenen Erzeugertätigkeit einsetzen. ³Mit Beginn der Überlassung scheiden die Wirtschaftsgüter aus dem normalen Ausrüstungsbestand des land- und forstwirtschaftlichen Betriebs aus. ⁴Auf entsprechende Umsätze findet die Durchschnittssatzbesteuerung nach § 24 UStG daher keine Anwendung. ⁵Diese sonstigen Leistungen unterliegen ohne Rücksicht darauf, ob und in welchem Umfang der Verpächter oder Nießbrauchsverpflichtete weiterhin als Land- und Forstwirt tätig ist, den allgemeinen Vorschriften des UStG.

(8) ¹Zur Verpachtung eines landwirtschaftlichen Betriebs oder Betriebsteils vgl. BFH-Urteile vom 6. 12. 2001, V R 6/01, BStBl 2002 II S. 555, und vom 25. 11. 2004, V R 8/01, BStBl 2005 II S. 896. ²Die Verpachtung eines Eigenjagdbezirks durch einen Land- und Forstwirt ist kein im Rahmen des land- und forstwirtschaftlichen Betriebs ausgeführter Umsatz. ³Sie unterliegt der Besteuerung nach den allgemeinen Vorschriften (vgl. BFH-Urteile vom 11. 2. 1999, V R 27/97, BStBl II S. 378, und vom 22. 9. 2005, V R 28/03, BStBl 2006 II S. 280).

Immaterielle Wirtschaftsgüter

(9) ¹Umsätze aus der zeitweiligen oder endgültigen Übertragung immaterieller Wirtschaftsgüter unterliegen nur dann der Durchschnittssatzbesteuerung, wenn sie im Rahmen der land- und forstwirtschaftlichen Erzeugertätigkeit entstanden sind. ²Danach kann weder die Verpachtung (zeitweilige Übertragung) noch der Verkauf (endgültige Übertragung) von Zahlungsansprüchen nach der EU-Agrarreform (GAP-Reform) in den Anwendungsbereich der Durchschnittssatzbesteuerung fallen **(vgl. BFH-Urteil vom 30. 3. 2011, XI R 19/10, BStBl II S. 772)**. ³Aus Vereinfachungsgründen wird es jedoch nicht beanstandet, wenn Umsätze aus der Veräußerung von immateriellen Wirtschaftsgütern, die die rechtliche Grundlage der Erzeugertätigkeit des Unternehmers darstellen (z. B. Milchquoten, Brennrechte), der Durchschnittssatzbesteuerung unterworfen werden. ⁴Dies gilt nicht, soweit das einzelne Wirtschaftsgut im Zeitpunkt der Veräußerung zur Ausführung von Umsätzen verwendet wird, die der Regelbesteuerung unterliegen (z. B. anteilige Verpachtung einer Milchquote). ⁵Zur Veräußerung von immateriellen Wirtschaftsgütern im Zusammenhang mit der Abgabe von Saatgut vgl. BMF-Schreiben vom 14. 2. 2006, BStBl I S. 240.

Entsorgungsleistungen

(10) ¹Die Erbringung von Entsorgungsleistungen an Nichtlandwirte unterliegt nicht der Durchschnittssatzbesteuerung. ²Dabei ist es unerheblich, ob und inwieweit die zu entsorgenden Stoffe im land- und forstwirtschaftlichen Betrieb des Entsorgers Verwendung finden.

Halten von fremdem Vieh

(11) ¹Die Aufzucht und das Halten von fremdem Vieh durch Land- und Forstwirte kann den im Rahmen eines land- und forstwirtschaftlichen Betriebs ausgeführten Umsätzen zuzurechnen sein, wenn dem Unternehmer nach § 24 Abs. 2 Nr. 2 UStG für die Tierhaltung in ausreichendem Umfang selbst bewirtschaftete Grundstücksflächen zur Verfügung stehen. ²Weitere Voraussetzung ist insbesondere, dass die Leistung in der Sphäre des Leistungsempfängers normalerweise zur landwirtschaftlichen Erzeugung beiträgt, d. h. an einen anderen Land- und Forstwirt erbracht wird.

Weitere Einzelfälle

(12) Folgende sonstige Leistungen unterliegen nicht der Durchschnittssatzbesteuerung:
- ¹Umsätze aus der Pensionshaltung von Pferden, die von ihren Eigentümern zur Ausübung von Freizeitsport oder selbständigen oder gewerblichen, nicht land- und forstwirtschaftlichen Zwecken genutzt werden *(vgl. BFH-Urteil vom 13. 1. 2011, V R 65/09, BStBl II S. 465)*. ²Dies gilt entsprechend für die Vermietung von Pferden zu Reitzwecken;
- Im Zusammenhang mit Pflanzenlieferungen erbrachte Dienstleistungen, die über den Transport und das Einbringen der Pflanze in den Boden hinausgehen (z. B. Pflege-, Planungsleistungen, Gartengestaltung), führen regelmäßig zur Annahme einer einheitlichen sonstigen Leistung, die insgesamt nach den allgemeinen Vorschriften zu besteuern ist (vgl. BMF-Schreiben vom 4. 2. 2010, BStBl. I S. 214);
- Grabpflegeleistungen *(vgl. BFH-Urteil vom 31. 5. 2007, V R 5/05, BStBl 2011 II S. 289)*;
- die Abgabe von Speisen und Getränken (z. B. in Strauß- und Besenwirtschaften);
- die entgeltliche Unterbringung und Verpflegung von Arbeitnehmern des land- und forstwirtschaftlichen Betriebs, da diese Leistungen überwiegend deren privaten Bedürfnissen dienen;
- die Gestattung der Teilnahme an Treibjagden oder der Einräumung der Möglichkeit des Einzelabschusses von Wildtieren (BFH-Urteil vom 13. 8. 2008, XI R 8/07, BStBl 2009 II S. 216).

24.4. Steuerfreie Umsätze im Sinne des § 4 Nr. 8 ff. UStG im Rahmen eines land- und forstwirtschaftlichen Betriebs

¹Die Durchschnittssatzbesteuerung des § 24 UStG umfasst alle im Rahmen eines land- und forstwirtschaftlichen Betriebs ausgeführten Umsätze und die diesen Umsätzen zuzurechnenden Vorsteuern. ²Die Steuerbefreiungen des § 4 Nr. 8 ff. UStG bleiben jedoch unberührt. ³Die Vorschrift des § 9 UStG ist für sie nicht anzuwenden. ⁴Für diese Umsätze ist somit ein Durchschnittssatz nicht festgesetzt. ⁵Ein besonderer Abzug der diesen Umsätzen zuzurechnenden Vorsteuern entfällt. ⁶Diese Regelung ist insbesondere für die Verkäufe land- und forstwirtschaftlicher Grundstücke von Bedeutung, auf die auch im Rahmen des § 24 UStG die Steuerbefreiung des § 4 Nr. 9 Buchstabe a UStG anzuwenden ist.

24.5. Ausfuhrlieferungen und Umsätze im Ausland bei land- und forstwirtschaftlichen Betrieben

(1) ¹§ 24 UStG ist auch bei Umsätzen im Sinne des § 4 Nr. 1 bis 7 UStG und bei Umsätzen im Ausland anzuwenden. ²Dies bedeutet, dass z. B. auch innergemeinschaftliche Lieferungen im Sinne des § 6a Abs. 1 UStG durch pauschalversteuernde Land- und Forstwirte unter die Besteuerung des § 24 UStG fallen. ³Diese Umsätze sind daher steuerpflichtig. ⁴Vorsteuern, die mit diesen Umsätzen in wirtschaftlichem Zusammenhang stehen, sind durch die Pauschale abgegolten. ⁵Ein weiterer Vorsteuerabzug entfällt.

(2) Der für die Ausfuhrlieferungen und die Umsätze im Ausland geltende Durchschnittssatz ist auch auf solche Umsätze anzuwenden, für die ohne die Anwendung des § 24 UStG eine niedrigere oder keine Umsatzsteuer zu zahlen wäre.

24.6. Vereinfachungsregelung für bestimmte Umsätze von land- und forstwirtschaftlichen Betrieben

(1) ¹Werden im Rahmen eines pauschalierenden land- und forstwirtschaftlichen Betriebs auch der Regelbesteuerung unterliegende Umsätze ausgeführt (z. B. Lieferungen zugekaufter Erzeugnisse, Erbringung sonstiger Leistungen, die nicht landwirtschaftlichen Zwecken dienen) können diese unter den Voraussetzungen des Absatzes 2 aus Vereinfachungsgründen in die Durchschnittssatzbesteuerung einbezogen werden. ²Unter den gleichen Voraussetzungen kann aus Vereinfachungsgründen von der Erhebung der Steuer auf die Umsätze mit Getränken und alkoholischen Flüssigkeiten verzichtet werden.

(2) Für die Anwendung des Absatzes 1 gelten folgende Voraussetzungen:
1. Die in Absatz 1 genannten Umsätze betragen **voraussichtlich** insgesamt nicht mehr als 4 000 € im **laufenden** Kalenderjahr.
2. Der Unternehmer führt in dem betreffenden Kalenderjahr daneben nur folgende Umsätze aus:
    a) Umsätze, die unter § 24 UStG fallen, sofern dafür eine Steuer nicht zu entrichten ist (also keine Umsätze von in der Anlage 2 des UStG nicht aufgeführten Sägewerkserzeugnissen);
    b) Umsätze, die unter § 19 Abs. 1 UStG fallen;
    c) Umsätze, die nach § 15 Abs. 2 i. V. m. Abs. 3 UStG den Vorsteuerabzug ausschließen.

(3) [1]Die Vereinfachungsregelung ist auch auf die Entrichtung der Vorauszahlungen anzuwenden, wenn zu erwarten ist, dass die Umsatzgrenze von 4 000 € im laufenden Kalenderjahr nicht überschritten wird (vgl. hierzu Abschnitt 18.6 Abs. 3). [2]Die Pflicht zur Aufzeichnung der Umsätze, für die die Vereinfachungsregelung gilt, bleibt unberührt.

24.7. Zusammentreffen der Durchschnittssatzbesteuerung mit anderen Besteuerungsformen

(1) Führt der Unternehmer neben Umsätzen, die der Durchschnittssatzbesteuerung unterliegen, noch andere Umsätze aus, unterliegen diese grundsätzlich der Besteuerung nach den allgemeinen Vorschriften des Umsatzsteuergesetzes.

Vorsteuerabzug

(2) [1]Abziehbar im Sinne von § 15 Abs. 1 UStG sind nur die Vorsteuern, die den in die Regelbesteuerung fallenden Umsätzen zuzurechnen sind. [2]Sind Vorsteuerbeträge teilweise diesen Umsätzen und teilweise der den der Durchschnittssatzbesteuerung unterliegenden Umsätzen zuzurechnen, z. B. für den Erwerb eines einheitlichen Gegenstands, sind sie in entsprechender Anwendung des § 15 Abs. 4 UStG aufzuteilen.

Beispiel:
[1]Ein Unternehmer erwirbt einen Gegenstand und verwendet ihn zu 30 % für der Durchschnittssatzbesteuerung unterliegende Umsätze und zu 70 % zur Ausführung regelbesteuerter Umsätze. [2]Beträgt die beim Bezug des Gegenstands gesondert in Rechnung gestellte Steuer 2 500 €, ist ein Anteil von 30 % = 750 € durch die Durchschnittssatzbesteuerung nach § 24 Abs. 1 Satz 3 und 4 UStG abgegolten. [3]Der verbleibende Anteil von 70 % = 1 750 € ist bei Vorliegen der Voraussetzungen des § 15 UStG abziehbar (vgl. BFH-Urteil vom 16. 12. 1993, V R 79/91, BStBl 1994 II S. 339). [4]Ändern sich in den folgenden Kalenderjahren die Nutzungsverhältnisse, ist eine Berichtigung des Vorsteuerabzugs nach § 15a Abs. 1 UStG zu prüfen.

(3) [1]Bezieht ein Unternehmer vertretbare Sachen im Sinne der §§ 91 ff. BGB, die er später teilweise im landwirtschaftlichen als auch im nichtlandwirtschaftlichen Unternehmensteil verwendet, sind die auf die Eingangsumsätze entfallenden Vorsteuerbeträge nach der Verwendungsabsicht aufzuteilen. [2]Weicht die spätere tatsächliche Verwendung von der ursprünglichen Absicht ab, ist eine Berichtigung des Vorsteuerabzugs nach § 15a UStG zu prüfen. [3]Dabei kommt eine Schätzung der Berichtigungsbeträge nicht in Betracht. [4]Die Aufteilung der Vorsteuerbeträge ist regelmäßig auch dann durchzuführen, wenn die für den landwirtschaftlichen Unternehmensteil angeschaffte Warenmenge relativ gering ist (vgl. BFH-Urteil vom 25. 6. 1987, V R 121/86, BStBl 1988 II S. 150).

Kleinunternehmerregelung

(4) [1]Hat ein Land- und Forstwirt eine Erklärung nach § 24 Abs. 4 Satz 1 UStG nicht abgegeben, führt er aber neben den in § 24 Abs. 1 UStG bezeichneten Umsätzen auch andere Umsätze aus, sind für die Anwendung des § 19 Abs. 1 UStG bei der Ermittlung des jeweils maßgeblichen Gesamtumsatzes die land- und forstwirtschaftlichen Umsätze und die anderen Umsätze zu berücksichtigen. [2]Soweit der Unternehmer die im land- und forstwirtschaftlichen Betrieb bewirkten Umsätze nicht aufgezeichnet hat (§ 67 UStDV), sind sie nach den Betriebsmerkmalen und unter Berücksichtigung der besonderen Verhältnisse zu schätzen. [3]Die Anwendung des § 19 Abs. 1 UStG beschränkt sich auf die Umsätze außerhalb der Durchschnittssatzbesteuerung des § 24 Abs. 1 bis 3 UStG. [4]Für die Umsätze des land- und forstwirtschaftlichen Betriebs verbleibt es bei der Durchschnittssatzbesteuerung.

24.8. Verzicht auf die Durchschnittssatzbesteuerung

(1) [1]Die Erklärung des Unternehmers, dass er auf die Durchschnittssatzbesteuerung verzichtet (§ 24 Abs. 4 Satz 1 UStG), ist nicht an eine bestimmte Form gebunden. [2]Berechnet der Unternehmer in der ersten Voranmeldung des Kalenderjahres die Vorauszahlung unter Zugrundelegung der all-

gemeinen Vorschriften des Gesetzes, kann darin eine solche Erklärung gesehen werden. ³Hat ein Unternehmer mehrere land- und forstwirtschaftliche Betriebe, kann er die Erklärung nur einheitlich für alle Betriebe vornehmen, unabhängig davon, wie viele Teilbetriebe im Sinne des Ertragsteuerrechts der Unternehmer hat (vgl. BFH-Urteil vom 23. 4. 1998, V R 64/96, BStBl II S. 494). ⁴Entsprechendes gilt für den Widerruf (§ 24 Abs. 4 Satz 3 UStG).

(2) ¹Für Umsätze im Rahmen eines land- und forstwirtschaftlichen Betriebs im Sinne des § 24 Abs. 2 UStG geht die Durchschnittssatzbesteuerung des § 24 Abs. 1 bis 3 UStG der Besteuerung nach den anderen Vorschriften des Gesetzes vor. ²Das gilt auch in Bezug auf die Anwendung des § 19 Abs. 1 UStG. ³Land- und Forstwirte können daher für ihre im Rahmen des land- und forstwirtschaftlichen Betriebs ausgeführten Umsätze die Regelung des § 19 Abs. 1 UStG nur in Anspruch nehmen, wenn sie nach § 24 Abs. 4 Satz 1 UStG auf die Durchschnittssatzbesteuerung des § 24 Abs. 1 bis 3 UStG verzichten. ⁴Will ein Land- und Forstwirt nach dem Ausscheiden aus der Durchschnittssatzbesteuerung des § 24 Abs. 1 bis 3 UStG von § 19 Abs. 1 UStG keinen Gebrauch machen, muss er eine weitere Erklärung nach § 19 Abs. 2 Satz 1 UStG abgeben.

(3) ¹Die Erklärung nach § 24 Abs. 4 Satz 1 UStG bindet den Unternehmer grundsätzlich mindestens für fünf Kalenderjahre. ²Bei der Veräußerung eines land- und forstwirtschaftlichen Betriebs (Geschäftsveräußerung nach § 1 Abs. 1a UStG, vgl. Abschnitt 1.5) ist der Betriebserwerber als Rechtsnachfolger des Veräußerers anzusehen und demnach an die Optionsfrist gebunden. ³In den Fällen, in denen der Unternehmer nach dem Ausscheiden aus der Durchschnittssatzbesteuerung des § 24 Abs. 1 bis 3 UStG die Vorschrift des § 19 Abs. 1 UStG anwendet, kann er jedoch die Erklärung mit Wirkung vom Beginn eines jeden folgenden Kalenderjahres an widerrufen (§ 71 UStDV). ⁴Das gilt nicht, wenn der Unternehmer nach dem Ausscheiden aus der Durchschnittssatzbesteuerung des § 24 Abs. 1 bis 3 UStG eine weitere Erklärung nach § 19 Abs. 2 Satz 1 UStG abgegeben hat. ⁵In diesem Fall gilt für ihn die Bindungsfrist des § 19 Abs. 2 Satz 2 UStG.

(4) ¹Zum Vorsteuerabzug beim Wechsel der Besteuerungsform wird auf Abschnitt 15.1 Abs. 5 und 6 hingewiesen. ²Zur Berichtigung des Vorsteuerabzugs beim Wechsel der Besteuerungsform vgl. Abschnitt 15a.9.

24.9. Ausstellung von Rechnungen bei land- und forstwirtschaftlichen Betrieben   AE 24.9

¹Die Regelungen der §§ 14 und 14a UStG zur Rechnungserteilung gelten auch für die im Rahmen des land- und forstwirtschaftlichen Betriebs ausgeführten Lieferungen und sonstigen Leistungen. ²Als anzuwendender Steuersatz (§ 14 Abs. 4 Satz 1 Nr. 8 UStG) ist der für den Umsatz maßgebliche Durchschnittssatz anzugeben (§ 24 Abs. 1 Satz 5 UStG); dies gilt auch für Gutschriften. ³Weist der Unternehmer einen höheren Steuerbetrag aus, als er im Rahmen der Durchschnittssatzbesteuerung gesondert in Rechnung stellen darf, schuldet er nach § 14c Abs. 1 UStG diesen Mehrbetrag; er hat diesen Betrag an das Finanzamt abzuführen. ⁴Das Gleiche gilt, wenn in einer Gutschrift im Sinne des § 14 Abs. 2 Sätze 2 und 3 UStG ein höherer Steuerbetrag ausgewiesen worden ist. ⁵Im Rahmen des § 24 UStG kann auch § 14c Abs. 2 UStG zur Anwendung kommen (vgl. Abschnitt 14c.2).

S 7410

Hinweise   H

Lieferung sicherungsübereigneter Gegenstände durch einen pauschalierenden Landwirt   1

(OFD Frankfurt a. M., Vfg. vom 28. 5. 2003 – S 7279 A – 12 – St I 23 –, UR 2004 S. 263)

Anwendung der Durchschnittssatzbesteuerung auf der Art nach gewerbliche Dienstleistungen an andere Land- und Forstwirte und auf Dienstleistungen an Nichtlandwirte   2

(OFD Karlsruhe/Stuttgart, Vfg. vom 25. 8. 2003 – USt-Kartei S 7410 Karte 3 –, UR 2004 S. 218)

Vorsteuerabzug beim Übergang von der Durchschnittsbesteuerung zur Regelbesteuerung und umgekehrt   3

(OFD Hannover, Vfg. vom 4. 12. 2003 – S 7410 – 155 – StO 352 – / – S 7410 – 235 – StH 443 –, UVR 2004 S. 143)

Anwendung des BFH-Urteils vom 12. 10. 2006 – V R 36/04 – (BStBl 2007 II S. 485)   4

(BMF vom 6. 6. 2007, BStBl 2007 I S. 507)

Unter Bezugnahme auf das Ergebnis der Erörterungen mit den obersten Finanzbehörden der Länder gilt zur Anwendung des BFH-Urteils vom 12. 10. 2006 – V R 36/04 – (BStBl 2007 II S. 485) Folgendes:

§ 24 UStG
H

Es wird daran festgehalten, dass die Anwendung der Durchschnittssatzbesteuerung (§ 24 UStG) voraussetzt, dass der land- und forstwirtschaftliche Betrieb noch bewirtschaftet wird (Abschn. 264 Abs. 6 Satz 1 UStR). Daher unterliegen Umsätze aus dem Verkauf selbst erzeugter land- und forstwirtschaftlicher Produkte nach Betriebsaufgabe nicht der Durchschnittssatzbesteuerung.

Für diese Wirtschaftsgüter kommt die Berichtigung des Vorsteuerabzugs in Betracht. Die Regelungen in den Randziffern 56 und 69 des BMF-Schreibens vom 6. 12. 2005 – IV A 5 – S 7316 – 25/05 – (BStBl I S. 1068) zur Berücksichtigung von Vorsteuerbeträgen beim Übergang von der Durchschnittssatzbesteuerung nach § 24 UStG zur allgemeinen Besteuerung sind weiter anzuwenden.

5   **Anwendung der Durchschnittssatzbesteuerung (§ 24 UStG) auf die Umsätze eines Land- und Forstwirts in seinem Hofladen (Konsequenzen des BFH-Urteils vom 14. 6. 2007 – V R 56/05 –, BStBl 2008 II S. 158)**

(BMF vom 16. 1. 2008, BStBl 2008 I S. 293)

Mit Urteil vom 14. 6. 2007 – V R 56/05 – (BStBl 2008 II S. 158) hat der Bundesfinanzhof entschieden, dass nur der Verkauf selbst erzeugter landwirtschaftlicher Produkte in einem Hofladen der Besteuerung nach Durchschnittssätzen gemäß § 24 UStG unterliegt. An der im Urteil vom 6. 12. 2001 – V R 43/00 – (BStBl 2002 II S. 701) vertretenen Auffassung, wonach auch die in begrenztem Umfang vorgenommene Veräußerung zugekaufter landwirtschaftlicher Produkte der Sonderregelung für Land- und Forstwirte unterliegt, hält das Gericht nicht mehr fest.

Unter Bezugnahme auf das Ergebnis der Erörterungen mit den obersten Finanzbehörden der Länder gilt Folgendes:

Werden Waren in einem Hofladen oder einer anderen Verkaufseinrichtung (z. B. mobiler Marktstand) abgesetzt, beschränkt sich die Anwendung der Durchschnittssatzbesteuerung nach § 24 UStG auf die Veräußerung der im eigenen Betrieb erzeugten land- und forstwirtschaftlichen Produkte.

Umsätze aus der Lieferung von zugekauften Erzeugnissen unterliegen hingegen einer Besteuerung nach den allgemeinen Vorschriften des Umsatzsteuergesetzes. Dies gilt auch für die Veräußerung von aus selbst erzeugten land- und forstwirtschaftlichen Produkten hergestellten Gegenständen, wenn diese Gegenstände durch eine Be- oder Verarbeitung ihren land- und forstwirtschaftlichen Charakter verloren haben (z. B. Wurstwaren, Gestecke, Adventskränze).

Der Unternehmer trägt die Feststellungslast für die Anwendung der Durchschnittssatzbesteuerung nach § 24 UStG. Dies gilt insbesondere für Fälle, in denen sowohl selbst erzeugte land- und forstwirtschaftliche Produkte als auch gleichartige zugekaufte Waren veräußert werden.

Die den Regelungen dieses Schreibens entgegenstehenden Aussagen im BMF-Schreiben vom 28. 11. 2005 – IV A 5 – S 7410 – 58/05 – (a. a. O.) sowie in Abschnitt 264 Abs. 1 Satz 11 und Abs. 2 Sätze 6 und 7 UStR sind auf die Umsätze in einem Hofladen oder einer anderen Verkaufseinrichtung nicht mehr anzuwenden. Es wird nicht beanstandet, wenn der Unternehmer vor dem 1. 7. 2008 ausgeführte Umsätze aus der Veräußerung zugekaufter landwirtschaftlicher Produkte und von aus land- und forstwirtschaftlichen Erzeugnissen hergestellten Gegenständen nach Maßgabe der genannten Regelungen der Durchschnittssatzbesteuerung nach § 24 UStG unterwirft.

6   **Anwendung der Durchschnittssatzbesteuerung auf die Umsätze von Gewerbebetrieben kraft Rechtsform (§ 24 Abs. 2 Satz 3 UStG): Konsequenzen des BFH-Urteils vom 16. 4. 2008 – XI R 73/07 –**

(BMF vom 1. 12. 2009, BStBl I S. 1611)

Mit Urteil vom 16. 4. 2008 – XI R 73/07 – hat der BFH entschieden, dass § 24 Abs. 2 Satz 3 UStG, wonach Gewerbebetriebe kraft Rechtsform die für Land- und Forstwirte geltende Durchschnittssatzbesteuerung nicht in Anspruch nehmen können, auch wenn im Übrigen die Merkmale eines land- und forstwirtschaftlichen Betriebes vorliegen, das Gemeinschaftsrecht verletzt und daher nicht anzuwenden ist.

Unter Bezugnahme auf das Ergebnis der Erörterungen mit den obersten Finanzbehörden der Länder gilt zur Anwendung des BFH-Urteils Folgendes:

Das BFH-Urteil vom 16. 4. 2008 – XI R 73/07 – begründet ein Wahlrecht des Steuerpflichtigen, sich entweder auf die bestehende gesetzliche Regelung in § 24 Abs. 2 Satz 3 UStG oder auf die ergangene Rechtsprechung zu berufen. Jeder Wechsel der Besteuerungsform kann bei Vorliegen der weiteren Voraussetzungen die Rechtsfolgen der §§ 14c Abs. 1, 15a UStG nach sich ziehen.

1.) Berufung auf die bestehende gesetzliche Regelung

Wendet der Steuerpflichtige unter Berücksichtigung der bestehenden gesetzlichen Regelung in § 24 Abs. 2 Satz 3 UStG weiterhin die Regelbesteuerung an, ist dies nicht zu beanstanden. Abgegebene Umsatzsteuer-Voranmeldungen oder Umsatzsteuer-Jahreserklärungen wirken nicht als Option im Sinne des § 24 Abs. 4 UStG und setzen die mindestens fünfjährige Bindungsfrist nicht in Gang.

Beispiel:
Eine landwirtschaftlich tätige GmbH hat in der Vergangenheit Umsatzsteuer-Voranmeldungen und Umsatzsteuer-Jahreserklärungen abgegeben, in denen die Steuer nach den allgemeinen Vorschriften des Umsatzsteuergesetzes berechnet wurde. Diese Praxis führt sie auch nach Veröffentlichung des BFH-Urteils vom 16. 4. 2008 – XI R 73/07 – fort.

Die Vorgehensweise der GmbH ist nicht zu beanstanden. Auch die Abgabe der Erklärungen nach Veröffentlichung des Urteils ist nicht als Option im Sinne des § 24 Abs. 4 UStG anzusehen. Eine spätere Berufung auf das ergangene Urteil bleibt der Gesellschaft unbenommen.

Die Ausübung des Wahlrechts ist grundsätzlich nur bis zum Eintritt der formellen Bestandskraft der Jahresfestsetzung möglich. Für Kalenderjahre bis einschließlich 2009, deren Jahresfestsetzung im Zeitpunkt der Veröffentlichung des BFH-Urteils vom 16. 4. 2008 – XI R 73/07 – noch nicht in formeller Bestandskraft erwachsen ist, ist ein Wechsel der Besteuerungsform unter Berufung auf die Entscheidung des BFH bis zum 30. 6. 2010 zu beantragen.

2.) Berufung auf das BFH-Urteil vom 16. 4. 2008 – XI R 73/07 -

Beruft sich der Steuerpflichtige auf die Anwendung des BFH-Urteils, ist die Durchschnittssatzbesteuerung auch rückwirkend anwendbar. Entsprechende Erklärungen sind bis zum 30. 6. 2010 abzugeben. Abschn. 264 Abs. 3 UStR ist in diesen Fällen nicht anzuwenden. Der Steuerpflichtige ist nicht verpflichtet, das bestehende Wahlrecht bis zur ersten noch änderbaren Steuerfestsetzung auszuüben. Hat der Steuerpflichtige das Wahlrecht für einen Besteuerungszeitraum ausgeübt, umfasst dies in den darauf folgenden Zeiträumen auch die Anwendung des § 24 Abs. 4 UStG.

Beispiel:
Eine landwirtschaftlich tätige GmbH hat seit dem Jahr 2005 regelmäßig Umsatzsteuer-Voranmeldungen und Umsatzsteuer-Jahreserklärungen abgegeben, in denen die Steuer nach den allgemeinen Vorschriften des Umsatzsteuergesetzes berechnet wurde. Die Festsetzungen stehen unter dem Vorbehalt der Nachprüfung. Im Jahr 2010 begehrt die GmbH unter Berufung auf das BFH-Urteil die Anwendung der Durchschnittssatzbesteuerung für das Jahr 2006.

Dem Antrag ist stattzugeben. Eine Verpflichtung des Steuerpflichtigen, einen Änderungsantrag auch für das Jahr 2005 zu stellen, besteht nicht. Da für 2007 keine Änderung beantragt wird, soll diese unter Berücksichtigung der allgemeinen Regelungen des Umsatzsteuergesetzes ergangene Festsetzung nach dem Willen des Steuerpflichtigen bestehen bleiben. Dies wirkt als Ausübung der Option im Sinne des § 24 Abs. 4 UStG. Der bereits eingetretene Ablauf der Erklärungsfrist nach § 24 Abs. 4 Satz 1 UStG steht dem nicht entgegen.

Abwandlung:
Die GmbH begehrt die Durchschnittssatzbesteuerung für die Jahre 2005 und 2007.

Dem Antrag für 2005 ist stattzugeben. Eine Änderung der Festsetzung 2007 ist nicht möglich. Da die für 2006 unter Berücksichtigung der allgemeinen Regelungen des Umsatzsteuergesetzes ergangene Festsetzung nach dem Willen des Steuerpflichtigen bestehen bleiben soll, wirkt dies als Ausübung der Option im Sinne des § 24 Abs. 4 UStG. Die fünfjährige Bindungsfrist wird in Gang gesetzt und bindet die GmbH bis einschließlich 2010.

Anwendung der Durchschnittssatzbesteuerung nach Aufgabe des landwirtschaftlichen Betriebs (Konsequenzen des BFH-Urteils vom 19. 11. 2009 – V R 16/08 – (BStBl 2010 II S. 319)

(BMF vom 15. 3. 2010, BStBl 2010 I S. 255)

Mit Urteil vom 19. 11. 2009 – V R 16/08 – hat der Bundesfinanzhof entschieden, dass die Lieferung von selbst erzeugten landwirtschaftlichen Erzeugnissen auch dann noch der Besteuerung nach Durchschnittssätzen nach § 24 UStG unterliegt, wenn sie nach Aufgabe des landwirtschaftlichen Betriebs erfolgt.

Unter Bezugnahme auf das Ergebnis der Erörterung mit den obersten Finanzbehörden der Länder gilt Folgendes:

Die Anwendung der Durchschnittssatzbesteuerung nach § 24 UStG setzt weiterhin grundsätzlich voraus, dass der landwirtschaftliche Betrieb i. S. des § 24 Abs. 2 UStG noch bewirtschaftet wird.

3   Leistungen, die nach Einstellung der Erzeugertätigkeit erbracht werden, unterliegen daher grundsätzlich den allgemeinen Regelungen des Umsatzsteuergesetzes.

3   Randziffer 2 gilt nicht für nach Aufgabe des landwirtschaftlichen Betriebs ausgeführte Umsätze aus der Lieferung selbst erzeugter Produkte. Randziffer 2 gilt ebenfalls nicht für im engen sachlichen Zusammenhang mit der Betriebsaufgabe vorgenommenen Hilfsumsätze, sofern es sich dabei um Lieferungen handelt (z. B. Veräußerung von Wirtschaftsgütern des Anlagevermögens sowie von Roh-, Hilfs- und Betriebsstoffen) und der Unternehmer das einzelne Wirtschaftsgut nach Einstellung der Erzeugertätigkeit nicht für die Ausführung von Umsätzen verwendet, die der Regelbesteuerung unterliegen. Insoweit entfällt eine Vorsteuerberichtigung nach § 15a Abs. 7 UStG. Wird die landwirtschaftliche Erzeugertätigkeit in mehreren Schritten aufgegeben und werden dabei nur vorübergehend die Tierbestandsgrenzen des § 24 Abs. 2 Satz 1 Nr. 2 UStG überschritten, liegt insofern kein für die Besteuerung nach Durchschnittssätzen schädlicher Strukturwandel vor (vgl. Abschn. 264 Abs. 2 Satz 9 UStR).

4   Sonstige Leistungen, die nach Aufgabe des landwirtschaftlichen Betriebs ausgeführt werden, unterliegen der Regelbesteuerung, auch wenn die einzelne Leistung in der Sphäre des Leistungsempfängers zu dessen urproduktiver Tätigkeit beiträgt.

5   Die Grundsätze des BFH-Urteils vom 19. 11. 2009 – V R 16/08 – sind in den Fällen der Option nach § 24 Abs. 4 UStG nicht anzuwenden. Nach dem Zeitpunkt des Wirksamwerdens der Optionserklärung ausgeführte Leistungen unterliegen nicht der Durchschnittssatzbesteuerung, auch wenn dabei zuvor selbst erzeugte landwirtschaftliche Produkte veräußert oder Hilfsumsätze ausgeführt werden.

6   Soweit Abschn. 217e Abs. 7 und Abschn. 264 Abs. 5 UStR sowie das BMF-Schreiben vom 6. 6. 2007 – IV A 5 – S 7410/07/10015 (2007/0244405) – (BStBl 2007 I S. 507) den Regelungen dieses Schreibens entgegen stehen, sind sie nicht mehr anzuwenden. Für vor dem 1. 7. 2010 ausgeführte Lieferungen selbst erzeugter landwirtschaftlicher Produkte sowie vor diesem Zeitpunkt ausgeführte Hilfsumsätze wird es – auch für Zwecke des Vorsteuerabzugs des Leistungsempfängers – nicht beanstandet, wenn der Unternehmer diese Umsätze der Besteuerung nach den allgemeinen Regelungen des Umsatzsteuergesetzes unterwirft. Die Vorsteuerberichtigung nach § 15a Abs. 7 UStG ist zu beachten.

8   **Anwendung der Durchschnittssatzbesteuerung auf die Umsätze von Gewerbebetrieben kraft Rechtsform**

(OFD Frankfurt am Main, Vfg. vom 25. 3. 2010 – S 7410 A – 1/82 – St 16 –, StEd 2010 S. 443)

9   **Anwendung der Durchschnittssatzbesteuerung für land- und forstwirtschaftliche Betriebe (§ 24 UStG) – Neufassung der Abschn. 24.1 ff. AE**

BMF vom 27. 10. 2010, BStBl 2010 I S. 1273)

Unter Bezugnahme auf das Ergebnis der Erörterungen mit den obersten Finanzbehörden der Länder werden die Abschn. 24.1 bis 24.8 des AE vom 1. 10. 2010, der zuletzt durch das BMF-Schreiben vom 26. 10. 2010 – IV D 3 – S 7170/10/10010 (2010/0823748) – geändert worden ist, wie folgt neu gefasst und nach Abschn. 24.8 ein neuer Abschn. 24.9 eingefügt:[1])

…

Die Regelungen sind auf nach dem 31. 12. 2010 ausgeführte Umsätze anzuwenden. Bisher ergangene Verwaltungsanweisungen, die hierzu im Widerspruch stehen, sind ab diesem Zeitpunkt nicht mehr anzuwenden.

10 **Anwendung der Vereinfachungsregelung für bestimmte Umsätze von land- und forstwirtschaftlichen Betrieben (Abschnitt 24.6 UStAE)**

(BMF vom 8.4.2011, BStBl 2011 I S. 307)

Abschnitt 24.6 Abs. 1 UStAE regelt, dass bestimmte der Regelbesteuerung unterliegende Umsätze aus Vereinfachungsgründen in den Anwendungsbereich der Durchschnittssatzbesteuerung einbezogen werden können. Voraussetzung ist insbesondere, dass diese Umsätze im Kalenderjahr insgesamt nicht mehr als 4 000 € betragen (Abschnitt 24.6 Abs. 2 Nr. 1 UStAE). Ob diese Umsatzgrenze eingehalten wurde, ist endgültig erst mit Ablauf des Kalenderjahres erkennbar. Bereits im Laufe des Jahres ist aber bei der Versteuerung der entsprechenden Umsätze und der Rechnungserteilung über die Anwendbarkeit der Durchschnittssatzbesteuerung zu entscheiden.

Unter Bezugnahme auf das Ergebnis der Erörterungen mit den obersten Finanzbehörden der Länder ist daher die Umsatzgrenze des Abschnitts 24.6 Abs. 2 Nr. 1 UStAE im Interesse der

---

[1]) Anm.: Text nicht in die USt-HA aufgenommen. Der Text wurde in Abschn. 24.1 – 24.9 UStAE aufgenommen.

Rechtssicherheit und zur Vermeidung rückwirkender Rechnungsberichtigungen im Wege einer Vorausschau zu Beginn des Kalenderjahrs zu prüfen.
Dementsprechend wird Abschnitt 24.6 Abs. 2 Nr. 1 des Umsatzsteuer-Anwendungserlasses vom 1. 10. 2010 (BStBl I S. 846), der zuletzt durch das BMF-Schreiben vom 7.4.2011 – IV D 3 – S 7174/ 10/10002 (2011/0276710) – geändert worden ist, wie folgt gefasst:[1])
Dieses Schreiben ist auf nach dem 31.12.2010 ausgeführte Umsätze anzuwenden.

Rechtsprechung

EUROPÄISCHER GERICHTSHOF

EuGH vom 15. 7. 2004 – Rs. C-321/02 – (HFR 2004 S. 935)

Anwendung der Pauschalregelung für Verpachtungsumsätze

Art. 25 6. USt-Richtlinie ist dahin auszulegen, dass ein landwirtschaftlicher Erzeuger, der einen Teil der wesentlichen Elemente seines landwirtschaftlichen Betriebes langfristig verpachtet und/oder vermietet hat und mit dem Restbetrieb seine Tätigkeit als Landwirt, hinsichtlich deren er unter die gemeinsame Pauschalregelung nach dieser Vorschrift fällt, fortsetzt, die Umsätze aus einer solchen Verpachtung und/oder Vermietung nicht nach dieser Pauschalregelung behandeln darf.

EuGH vom 26. 5. 2005 – Rs. C-43/04 – (HFR 2005 S. 790, UR 2005 S. 397)

Verpachtung von Jagdbezirken durch Land- und Forstwirte

1. Art. 25 6. USt-Richtlinie ist dahin auszulegen, dass die gemeinsame Pauschalregelung für landwirtschaftliche Erzeuger nur für die Lieferung landwirtschaftlicher Erzeugnisse und die Erbringung landwirtschaftlicher Dienstleistungen, wie sie in Absatz 2 dieses Artikels definiert sind, gilt und dass die sonstigen Umsätze der Pauschallandwirte der allgemeinen Regelung dieser Richtlinie unterliegen.
2. Art. 25 Abs. 2 fünfter Gedankenstrich 6. USt-Richtlinie i. V. mit Anhang B der Richtlinie ist dahin auszulegen, dass die Verpachtung von Jagdbezirken durch einen Pauschallandwirt keine landwirtschaftliche Dienstleistung i. S. dieser Richtlinie darstellt.

BUNDESFINANZHOF

BFH vom 3. 2. 2010 – IV R 45/07 – (BStBl 2010 II S. 689)

Nach der 1-%-Regelung ermittelte Entnahme für die private PKW-Nutzung bei Landwirten mit Durchschnittssatzbesteuerung nicht um fiktive Umsatzsteuer zu erhöhen

Die Entnahme eines Landwirts, der die private PKW-Nutzung nach der 1-%-Regelung ermittelt und die Umsatzsteuer pauschaliert, ist nicht um eine fiktive Umsatzsteuer zu erhöhen.

BFH vom 9.9.2010 – IV R 47/08 – (HFR 2011 S. 420)

Vorsteuer gehört auch bei Durchschnittssatzbesteuerung nicht zu den Anschaffungs- bzw. Herstellungskosten

Da mit der Pauschalierung i.S.d. § 24 Abs. 1 UStG alle tatsächlich angefallenen Vorsteuerbeträge abgegolten werden, gehören sie gemäß § 9b Abs. 1 EStG auch bei Land- und Forstwirten mit Durchschnittssatzversteuerung nicht zu den Anschaffungs- oder Herstellungskosten.

BFH vom 13.1.2011 – V R 65/09 – (BStBl 2011 II S. 465, HFR 2011 S. 689, UR 2011 S. 556)

Keine Durchschnittssatzbesteuerung nach § 24 UStG für Umsätze aus sog. Pensionspferdehaltung

Die Umsätze eines Landwirts aus dem Einstellen, Füttern und Betreuen von Reitpferden (sog. Pensionspferdehaltung) unterliegen nicht der Durchschnittssatzbesteuerung nach § 24 UStG.

---

[1]) Anm.: Die Änderungen wurden inhaltlich unverändert in Abschn. 24.6 UStAE übernommen (siehe AE 24.6).

BFH vom 30.3.2011 – XI R 26/09 – (BFH/NV 2011 S. 1540)

Keine Durchschnittssatzbesteuerung und kein ermäßigter Steuersatz für Umsätze aus der sog. Pensionspferdehaltung

Die Umsätze aus dem Einstellen, Füttern und Betreuen von Reitpferden (sog. Pensionspferdehaltung) unterliegen weder der Durchschnittssatzbesteuerung nach § 24 UStG noch dem ermäßigten Steuersatz gemäß § 12 Abs. 2 Nr. 3 UStG.

BFH vom 30.3.2011 – XI R 9/10 – (BFH/NV 2011 S. 1405, HFR 2011 S. 1031)

Keine Durchschnittssatzbesteuerung nach § 24 UStG für Umsätze aus sog. Pensionspferdehaltung und Reitstunden

Die Umsätze eines Landwirts aus dem Einstellen, Füttern und Betreuen von Reitpferden (sog. Pensionspferdehaltung) sowie aus der stundenweisen Vermietung eigener Reitpferde unterliegen nicht der Durchschnittssatzbesteuerung nach § 24 UStG.

BFH vom 30.3. 2011 – XI R 19/10 – (BStBl 2011 II S. 772, HFR 2011 S. 1018, UR 2011 S. 834)

Umsatzbesteuerung der Veräußerung von Zahlungsansprüchen, die einem Landwirt aufgrund der GAP-Reform zugewiesen worden waren

Die Veräußerung von Zahlungsansprüchen (ohne Fläche), die einem Landwirt aufgrund der Reform der Gemeinsamen Agrarpolitik der Europäischen Union (GAP-Reform) zugewiesen worden waren, unterliegt der Umsatzbesteuerung. Sie ist nicht gemäß § 24 UStG nach Durchschnittssätzen zu besteuern und ist auch nicht nach § 4 Nr. 8 Buchst. c UStG steuerfrei.

UStG

§ 25 Besteuerung von Reiseleistungen

S 7419

(1) ¹Die nachfolgenden Vorschriften gelten für Reiseleistungen eines Unternehmers, die nicht für das Unternehmen des Leistungsempfängers bestimmt sind, soweit der Unternehmer dabei gegenüber dem Leistungsempfänger im eigenen Namen auftritt und Reisevorleistungen in Anspruch nimmt. ²Die Leistung des Unternehmers ist als sonstige Leistung anzusehen. ³Erbringt der Unternehmer an einen Leistungsempfänger im Rahmen einer Reise mehrere Leistungen dieser Art, so gelten sie als eine einheitliche sonstige Leistung. ⁴Der Ort der sonstigen Leistung bestimmt sich nach § 3a Abs. 1. ⁵Reisevorleistungen sind Lieferungen und sonstige Leistungen Dritter, die den Reisenden unmittelbar zugute kommen.

S 7419-a

(2) ¹Die sonstige Leistung ist steuerfrei, soweit die ihr zuzurechnenden Reisevorleistungen im Drittlandsgebiet bewirkt werden. ²Die Voraussetzung der Steuerbefreiung muss vom Unternehmer nachgewiesen sein. ³Das Bundesministerium der Finanzen kann mit Zustimmung des Bundesrates durch Rechtsverordnung bestimmen, wie der Unternehmer den Nachweis zu führen hat.

S 7419-b

(3) ¹Die sonstige Leistung bemisst sich nach dem Unterschied zwischen dem Betrag, den der Leistungsempfänger aufwendet, um die Leistung zu erhalten, und dem Betrag, den der Unternehmer für die Reisevorleistungen aufwendet. ²Die Umsatzsteuer gehört nicht zur Bemessungsgrundlage. ³Der Unternehmer kann die Bemessungsgrundlage statt für jede einzelne Leistung entweder für Gruppen von Leistungen oder für die gesamten innerhalb des Besteuerungszeitraums erbrachten Leistungen ermitteln.

S 7419-c

(4) ¹Abweichend von § 15 Abs. 1 ist der Unternehmer nicht berechtigt, die ihm für die Reisevorleistungen gesondert in Rechnung gestellten sowie die nach § 13b geschuldeten Steuerbeträge als Vorsteuer abzuziehen. ²Im Übrigen bleibt § 15 unberührt.

S 7419-d

(5) Für die sonstigen Leistungen gilt § 22 mit der Maßgabe, dass aus den Aufzeichnungen des Unternehmers zu ersehen sein müssen:

1. der Betrag, den der Leistungsempfänger für die Leistung aufwendet,
2. die Beträge, die der Unternehmer für die Reisevorleistungen aufwendet,
3. die Bemessungsgrundlage nach Absatz 3 und
4. wie sich die in den Nummern 1 und 2 bezeichneten Beträge und die Bemessungsgrundlage nach Absatz 3 auf steuerpflichtige und steuerfreie Leistungen verteilen.

Vorschriften des Gemeinschaftsrechts

Art. 306 bis 310 und 370 u. Anhang X Teil A Nr. 4 der MWSt-Richtlinie (bis 31. 12. 2006: Art. 26, Art. 28 Abs. 3 Buchst. a und Anhang E Nr. 15 der 6. USt-Richtlinie); Protokollerklärung zu Art. 28 Abs. 3 Buchst. a der 6. USt-Richtlinie.

§ 72 Buchmäßiger Nachweis bei steuerfreien Reiseleistungen

UStDV

(1) Bei Leistungen, die nach § 25 Abs. 2 des Gesetzes ganz oder zum Teil steuerfrei sind, ist § 13 Abs. 1 entsprechend anzuwenden.

S 7419-a

(2) Der Unternehmer soll regelmäßig Folgendes aufzeichnen:
1. die Leistung, die ganz oder zum Teil steuerfrei ist;
2. den Tag der Leistung;
3. die der Leistung zuzurechnenden einzelnen Reisevorleistungen im Sinne des § 25 Abs. 2 des Gesetzes und die dafür von dem Unternehmer aufgewendeten Beträge;
4. den vom Leistungsempfänger für die Leistung aufgewendeten Betrag;
5. die Bemessungsgrundlage für die steuerfreie Leistung oder für den steuerfreien Teil der Leistung.

(3) Absatz 2 gilt entsprechend für die Fälle, in denen der Unternehmer die Bemessungsgrundlage nach § 25 Abs. 3 Satz 3 des Gesetzes ermittelt.

25.1. Besteuerung von Reiseleistungen

AE 25.1

(1) [1]§ 25 UStG gilt für alle Unternehmer, die Reiseleistungen erbringen, ohne Rücksicht darauf, ob dies allein Gegenstand des Unternehmens ist. [2]Die Vorschrift hat besondere Bedeutung für die Veranstalter von Pauschalreisen. [3]Es ist aber nicht erforderlich, dass der Unternehmer ein Bündel von Einzelleistungen erbringt. [4]Eine Reiseleistung im Sinne des § 25 Abs. 1 UStG liegt auch vor, wenn der Unternehmer nur eine Leistung erbringt, z. B. Vermietung von Ferienwohnungen ohne Anreise und Verpflegung. [5]*Der isolierte Verkauf von Opernkarten durch ein Reisebüro ohne Erbringung einer Reiseleistung ist hingegen keine Reiseleistung im Sinne des § 25 Abs. 1 UStG* (vgl. EuGH-Urteil vom 9. 12. 2010, C-31/10, HFR 2011 S. 232). [6]Die Besteuerung nach § 25 UStG kann für kurzfristige Sprach- und Studienreisen (z. B. Auslandsaufenthalte von Schülern während der Schulferien) und auch für längerfristige Studienaufenthalte im Ausland, die mit einer Reise kombiniert werden (sog. High-School-Programme), in Betracht kommen (vgl. BFH-Urteil vom 1. 6. 2006, V R 104/01, BStBl 2007 II S. 142). [7]Ebenso erbringt jeder Unternehmer (Arbeitgeber), der an seine Arbeitnehmer im Rahmen des Dienstverhältnisses Reisen verbilligt oder unentgeltlich überlässt, insoweit Reiseleistungen im Sinne des § 25 UStG. [8]Zur Bemessungsgrundlage in diesen Fällen vgl. Abschnitt 25.3 Abs. 5 und 6. [9]Als Reiseleistungen sind insbesondere anzusehen:

S 7419

1. Beförderung zu den einzelnen Reisezielen, Transfer;
2. Unterbringung und Verpflegung;
3. Betreuung durch Reiseleiter;
4. Durchführung von Veranstaltungen (z. B. Stadtrundfahrten, Besichtigungen, Sport- und sonstige Animationsprogramme).

[10]Leistungsempfänger ist der Besteller der Reiseleistung. [11]Der Leistungsempfänger und der Reisende brauchen nicht identisch zu sein, z. B. ein Vater schenkt seiner Tochter eine Pauschalreise.

(2) [1]Da § 25 UStG keine Anwendung findet, soweit Reiseleistungen eines Unternehmers für das Unternehmen des Leistungsempfängers bestimmt sind, unterliegen insbesondere Kettengeschäfte (vgl. Beispiele 1 und 2) und Incentive-Reisen (vgl. Beispiel 3) in der jeweiligen Vorstufen nicht der Besteuerung nach § 25 UStG (vgl. BFH-Urteil vom 15. 1. 2009, V R 9/06, BStBl 2010 II S. 433). [2]In diesen Fällen erfolgt die Besteuerung nach den allgemeinen Vorschriften des UStG. [3]Die Beurteilung der Steuerbarkeit, Nichtsteuerbarkeit und der Steuerfreiheit richtet sich für die erbrachten Leistungen insbesondere nach den folgenden Vorschriften:

1. § 3b Abs. 1 i. V. m. § 26 Abs. 3 UStG für Beförderungsleistungen im grenzüberschreitenden Luftverkehr;
2. § 3b Abs. 1 UStG für andere Beförderungsleistungen;
3. § 3a Abs. 3 Nr. 1 Satz 2 Buchstabe a UStG für Beherbergungsleistungen;

4. § 3a Abs. 3 Nr. 3 Buchstabe b UStG für Verpflegungsleistungen (Abgabe von Speisen und Getränken zum Verzehr an Ort und Stelle); zur Abgrenzung von Lieferungen und sonstigen Leistungen bei der Abgabe von Speisen und Getränken vgl. Abschnitt 3.6.

Beispiel 1 (Kettengeschäft):
¹Der Reiseunternehmer B kauft beim Reiseunternehmer A, der sein Unternehmen im Ausland betreibt, eine komplette Pauschalreise nach Italien ein. ²Sie schließt ein: Beförderung mit der Eisenbahn, Transfer, Unterkunft und Verpflegung am Zielort. ³Der Reiseunternehmer B bietet den Reisenden diese Pauschalreise seinerseits im Rahmen seines Reiseprogramms in eigenem Namen an.

⁴In diesem Fall unterliegt nur die Leistung des Reiseunternehmers B an den Reisenden der Besteuerung nach § 25 UStG. ⁵Die Umsätze auf der Vorstufe (Reiseunternehmer A an Reiseunternehmer B) unterliegen der Besteuerung nach den allgemeinen Vorschriften des Gesetzes. ⁶Daraus folgt:

a) Bei der Beförderung mit der Eisenbahn unterliegt nur die Beförderungsleistung auf dem Streckenanteil, der auf das Inland entfällt, der Besteuerung (§ 3b Abs. 1 Satz 2 UStG).

b) Der Transfer ist als Beförderungsleistung im Ausland nicht steuerbar (§ 3b Abs. 1 Satz 1 UStG).

c) ¹Bei der Unterbringung im Hotel handelt es sich um eine sonstige Leistung der in § 4 Nr. 12 UStG bezeichneten Art, die nach § 3a Abs. 3 Nr. 1 Satz 2 Buchstabe a UStG nicht steuerbar ist. ²Die Verpflegungsleistungen sind nicht steuerbar, da der Ort dieser sonstigen Leistung im Ausland liegt (§ 3a Abs. 3 Nr. 3 Buchstabe b UStG).

Beispiel 2 (Kettengeschäft):
¹Der Reiseunternehmer A kauft bei einer Luftverkehrsgesellschaft Beförderungskapazitäten über Beförderungsleistungen im grenzüberschreitenden Verkehr mit Luftfahrzeugen ein und gibt einen Teil dieser Beförderungskapazitäten an den Reiseunternehmer B weiter, der sie seinerseits den Reisenden im Rahmen seines Reiseprogramms in eigenem Namen anbietet.

²In diesem Fall unterliegt nur die Leistung des Reiseunternehmers B an den Reisenden der Besteuerung nach § 25 UStG. ³Die Umsätze auf den beiden Vorstufen (Luftverkehrsgesellschaft an Reiseunternehmer A und Reiseunternehmer A an Reiseunternehmer B) sind wie folgt zu behandeln: Für die Leistung der Luftverkehrsgesellschaft an den Reiseunternehmer A wird die Umsatzsteuer unter den Voraussetzungen des § 26 Abs. 3 UStG nicht erhoben. ⁴Die Umsatzsteuer für die Leistung des Reiseunternehmers A an den Reiseunternehmer B ist aus Gründen der Gleichbehandlung aller Reiseunternehmer ebenfalls nicht zu erheben, wenn der Reiseunternehmer A für die Leistung an den Reiseunternehmer B keine Rechnung mit gesondertem Ausweis der Steuer erteilt hat. ⁵Für den Reiseunternehmer B stellt das an den Reiseunternehmer A für den Einkauf der Beförderungskapazitäten entrichtete Entgelt die Aufwendung für eine Reisevorleistung dar.

Beispiel 3 (Incentive-Reisen):
¹Die Firma X kauft bei einem Reiseunternehmer eine Kreuzfahrt ab Hafen Genua. ²Der Reisepreis umfasst auch die Anreise mit dem Bus und eine Hotelübernachtung in Genua. ³Die Reise dient als Belohnung für besondere Arbeitsleistungen eines Arbeitnehmers der Firma X.

⁴Der Ort der einzelnen Reiseleistungen richtet sich beim Reiseunternehmer nach den vorstehenden Nummern 2 bis 4. ⁵Die Leistung der Firma X unterliegt der Besteuerung nach § 25 UStG. ⁶Zur Bemessungsgrundlage siehe Abschnitt 25.3 Abs. 5.

(3) ¹Erklärt der Leistungsempfänger nicht ausdrücklich, dass er die Reise für Zwecke seines Unternehmens erwirbt, oder bringt er dies nicht durch das Verlangen des gesonderten Steuerausweises in der Rechnung des Reiseunternehmers zum Ausdruck, kann der Reiseunternehmer grundsätzlich die Besteuerung nach § 25 UStG vornehmen. ²Dies gilt jedoch nicht, wenn der Leistungsempfänger die Reise eindeutig für sein Unternehmen bezogen hat (z. B. bei Incentive-Reisen und Kettengeschäften). ³Hat der Reiseunternehmer im Vertrauen auf eine Erklärung seines Leistungsempfängers die Besteuerung der Reiseleistung nach den allgemeinen Vorschriften des Gesetzes vorgenommen und stellt sich später heraus, dass diese Erklärung unrichtig war und die Leistung nach § 25 UStG hätte versteuert werden müssen, kann von einer Berichtigung abgesehen werden, wenn der Reiseunternehmer diese nicht ausdrücklich verlangt.

(4) ¹§ 25 Abs. 1 UStG gilt nicht, soweit der Unternehmer Reiseleistungen entweder ausschließlich vermittelt oder soweit einzelne Reiseleistungen im Rahmen einer Pauschalreise vermittelt werden. ²Die Besteuerung der Vermittlungsleistungen richtet sich nach den allgemeinen Vorschriften des UStG. ³Die Steuerbefreiung nach § 4 Nr. 5 UStG ist zu beachten (vgl. Abschnitt 4.5.2).

(5) Beim Zusammentreffen von Vermittlungsleistungen und Reiseleistungen gilt Folgendes:

§ 25 UStG
AE 25.1

Bündelung von Leistungen und eigene Preisgestaltung durch Reisebüros

1. [1]Reisebüros erbringen in der Regel Vermittlungsleistungen, die der Regelbesteuerung unterliegen. [2]Die Bündelung von Leistungen und die eigene Preisgestaltung kann jedoch auch zur Annahme von Reiseleistungen i. S. des § 25 UStG führen.

   Beispiel:
   [1]Der Reiseveranstalter A hat ein Katalogangebot mit 2 Wochen Halbpension Mallorca für 799 € ausgeschrieben. [2]Das Reisebüro B übernimmt ein Kontingent von 20 Plätzen zu einem bestimmten Termin qua Option zum Einkaufspreis von 640 € wie folgt:

		€
Einkauf		
Angebot wie oben		640,00
abzüglich 10 % Provision	64,00	
zuzüglich Umsatzsteuer 19 %	12,16	76,16
		563,84
und ergänzt um einen Transfer zum Flughafen durch den deutschen Busunternehmer C für 40,00		603,84

   [3]Dieses Angebot wird mit Zusatzleistungen wie folgt abgerechnet:

Kundenpreis	799,00	
zuzüglich Transfer	60,00	859,00
Bruttomarge des B		255,16

   [4]Im Beispielsfall übernimmt das Reisebüro B ein Kontingent von Plätzen und damit auch das Risiko der Vermarktung. [5]Bei einer bloßen Vermittlung der Reisen für einen Veranstalter besteht ein solches Vermarktungsrisiko nicht. [6]Durch die eigene Preisgestaltung löst sich der Unternehmer B aus dem Vermittlungsverhältnis und erbringt beim Verkauf an einen Letztverbraucher eine Reiseleistung, die nach § 25 Abs. 1 UStG zu besteuern ist. [7]Reisevorleistungen sind das Bündel „Pauschalreise" und die Transferleistungen des Busunternehmers C.
   [3]Erwirbt ein Tickethändler oder ein Reisebüro ein „Paket" von Flugtickets, um hieraus durch Verbindung mit anderen Leistungen (z. B. Unterkunft und Verpflegung) eine Pauschalreise zusammenzustellen, liegt eine nach § 25 UStG zu versteuernde Reiseleistung vor (vgl. Abschnitt 4.5.3 Abs. 2).

Vermittlung von zusammengehörenden Reiseleistungen

2. [1]Bei Reisebüros ist fraglich, ob bei einem Verkauf einer Reise an einen Kunden mehrere Vermittlungsleistungen nebeneinander erbracht werden können.

   Beispiel 1:
   [1]Ein Reiseveranstalter hat ein Katalogangebot mit 2 Wochen Halbpension Mallorca für 850 € ausgeschrieben. [2]Das Angebot des Veranstalters wird ohne Veränderungen zum Katalogpreis mit dem Kunden abgerechnet. [3]Zudem wird an den Reisenden ein Zubringerflug oder ein Bustransfer als gesonderte Vermittlungsleistung erbracht, und zwar mit getrennten Abrechnungen unter Hinweis auf den Leistungsträger.

   Beispiel 2:
   Eine USA-Rundreise aus mehreren Bausteinen (Flug, Hotelvoucher, Mietwagengutschein) wird nach den im Beispiel 1 dargestellten Grundsätzen an den Reisenden „verkauft".

   Beispiel 3:
   [1]Ein Katalogangebot für eine zweiwöchige Reise wird an den Kunden vermittelt, der Rückflug des Reisenden erfolgt nach 3 Wochen, das Reisebüro vermittelt einen Hotelaufenthalt für die 3. Woche. [2]Die formalen Grundsätze des Beispiels 1 sollen gelten.

   [2]Im Beispielsfall 1 liegen keine gebündelten Leistungen im Sinne der Nr. 1 vor, da der Unternehmer für beide Leistungen die Voraussetzungen einer Vermittlungsleistung erfüllt; sowohl für die Pauschalreise als auch für die zusätzliche Leistung übernimmt er kein Risiko. [3]Auch die dargestellte Form der Abrechnung spricht für zwei nebeneinanderstehende Vermittlungsgeschäfte, da das Reisebüro dem Kunden den tatsächlichen Leistungsträger bekannt gibt.
   [4]Die Beispiele 2 und 3 sind wie der Beispielsfall 1 zu beurteilen, wenn die Bedingungen des Vermittlungsgeschäfts, insbesondere hinsichtlich der Form der Abrechnung gegenüber dem Reisenden erfüllt sind.

(6) [1]Alle bei Durchführung der Reise erbrachten Leistungen gelten als einheitliche sonstige Leistung des Reiseveranstalters an den Leistungsempfänger, soweit der Reiseveranstalter gegenüber dem Leistungsempfänger in eigenem Namen auftritt und für die Durchführung der Reise Lieferungen und sonstige Leistungen Dritter (Reisevorleistungen) in Anspruch nimmt. [2]Die sonstige Leistung wird nach § 3a Abs. 1 UStG an dem Ort ausgeführt, von dem aus der Reiseveranstalter sein

§ 25 UStG
AE 25.1

Unternehmen betreibt. ³Wird die sonstige Leistung von einer Betriebsstätte des Reiseveranstalters ausgeführt, gilt der Ort der Betriebsstätte als Leistungsort. ⁴Wenn ein im Drittland ansässiger Reiseveranstalter Reisen, die er im Drittland durch Einkauf und Bündelung der Reisevorleistungen produziert hat, über eigene Betriebsstätten im Inland vertreibt, ist für die Bestimmung des Orts der sonstigen Leistung nach den allgemeinen Zuordnungskriterien (vgl. Abschnitt 3a.1 Abs. 2) auf den Schwerpunkt der erbrachten Leistungen abzustellen. ⁵Da es bei der Zurechnung von Reiseleistungen zu einer Betriebsstätte maßgeblich auf den Schwerpunkt des Vertriebs (Verkaufs) der Reise und nicht auf den ihrer Produktion ankommt, ist die Reiseleistung am Ort der Betriebsstätte im Inland steuerbar.

(7) Für die Frage des Auftretens in eigenem Namen bei Reiseleistungen vgl. BFH-Urteil vom 20. 11. 1975, V R 138/73, BStBl 1976 II S. 307.

(8) ¹§ 25 Abs. 1 UStG gilt nur bei der Inanspruchnahme von Reisevorleistungen durch den Reiseunternehmer, nicht jedoch, soweit dieser Reiseleistungen durch Einsatz eigener Mittel (Eigenleistungen) – z. B. eigene Beförderungsmittel, eigenes Hotel, Betreuung durch angestellte Reiseleiter – erbringt. ²Für die Unterscheidung zwischen Eigenleistungen und Reisevorleistungen sind die tatsächlichen Verhältnisse der Leistungsausführung gegenüber dem Reisenden von Bedeutung; die umsatzsteuerrechtlichen Leistungsbeziehungen und die zivilrechtliche Beurteilung sind nicht entscheidend. ³Allein die Tatsache, dass der Reiseveranstalter die volle Verantwortung für die Durchführung der Reise zu tragen hat, führt noch nicht zur Annahme von Eigenleistungen. ⁴Für die Eigenleistungen gelten die allgemeinen umsatzsteuerrechtlichen Vorschriften. ⁵Bei Reisen, die sich auch auf das Ausland erstrecken, unterliegen der Besteuerung daher die jeweiligen im Inland erbrachten Einzelleistungen. ⁶Folgende Vorschriften sind zu beachten:

1. § 3a Abs. 1 und Abs. 2 UStG bei Betreuung durch angestellte Reiseleiter;
2. § 3b Abs. 1 und § 26 Abs. 3 UStG für Beförderungsleistungen;
3. § 3a Abs. 3 Nr. 1 Satz 2 Buchstabe a UStG für Beherbergungsleistungen;
4. § 3a Abs. 3 Nr. 3 Buchstabe b UStG für Verpflegungsleistungen (Abgabe von Speisen und Getränken zum Verzehr an Ort und Stelle); zur Abgrenzung von Lieferungen und sonstigen Leistungen bei der Abgabe von Speisen und Getränken vgl. Abschnitt 3.6.

⁷Eigene Mittel sind auch dann gegeben, wenn der Unternehmer einen Omnibus ohne Fahrer oder im Rahmen eines Gestellungsvertrages ein bemanntes Beförderungsmittel anmietet. ⁸Der Unternehmer erbringt dagegen keine Reiseleistung unter Einsatz eigener Mittel, wenn er sich zur Ausführung einer Beförderung eines Omnibusunternehmers bedient, der die Beförderung in eigenem Namen, unter eigener Verantwortung und für eigene Rechnung ausführt. ⁹Der Omnibusunternehmer bewirkt in diesem Falle eine Beförderungsleistung an den Unternehmer, die als Reisevorleistung anzusehen ist (vgl. auch das Beispiel in Abschnitt 3b.1 Abs. 2).

(9) ¹Reisevorleistungen sind alle Leistungen, die von einem Dritten erbracht werden und dem Reisenden unmittelbar zugute kommen. ²In Betracht kommen alle Leistungen, die der Reisende in Anspruch nehmen würde, wenn er die Reise selbst durchführen würde, insbesondere Beförderung, Unterbringung und Verpflegung.

Beispiel:
¹Ein Reiseveranstalter führt eine Pauschalreise durch. ²Er bedient sich für die Beförderung, Unterbringung und Verpflegung anderer Unternehmer. ³Insoweit sind Reisevorleistungen gegeben.

³Keine Reisevorleistungen sind die folgenden Leistungen dritter Unternehmer, die nur mittelbar dem Reisenden zugute kommen:

1. Ein selbständiges Reisebüro vermittelt die Pauschalreisen des Reiseveranstalters.
2. Eine Kraftfahrzeugwerkstatt setzt auf einer Busreise das Fahrzeug instand.

(10) Zur Abgrenzung weiterer Fälle von Eigenleistung zu Reisevorleistungen, z. B. Vergütungen an Zielgebietsagenturen (sog. Handling fee), Vermietung von Ferienhäusern und Ferienwohnungen, Anmietung bestimmter Kontingente (Betten, Flugzeugplätze), Vollcharterverträge, Reiseleitereinsatz, vgl. BMF-Schreiben vom 7. 4. 1998, BStBl I S. 380.

(11) ¹Gemischte Reiseleistungen liegen vor, wenn der Unternehmer sowohl Leistungen mit eigenen Mitteln erbringt (Absatz 8) als auch Reisevorleistungen in Anspruch nimmt (Absatz 9). ²In diesen Fällen ist § 25 UStG nur anwendbar, soweit der Unternehmer gegenüber dem Leistungsempfänger in eigenem Namen auftritt und Reisevorleistungen in Anspruch nimmt. ³Für die im Rahmen einer solchen Reise erbrachten Leistungen mit eigenen Mitteln gelten die allgemeinen Vorschriften (vgl. Absatz 8). ⁴Der einheitliche Reisepreis muss in diesem Falle aufgeteilt werden.

Beispiel:
¹Im Rahmen einer Pauschalreise befördert der Unternehmer die Reisenden im eigenen Bus.
²Unterbringung und Verpflegung erfolgen in einem fremden Hotel.

³In diesem Falle unterliegt die Beförderungsleistung der Besteuerung nach den allgemeinen Vorschriften; die Unterbringungs- und Verpflegungsleistung unterliegt der Besteuerung nach § 25 Abs. 3 UStG. ⁴Zur Ermittlung der Bemessungsgrundlagen vgl. Abschnitt 25.3 Abs. 2.

(12) Für eine einheitliche Reiseleistung im Sinne des § 25 Abs. 1 Satz 2 UStG sind die unternehmerbezogenen Steuerbefreiungen nach § 4 UStG, z. B. § 4 Nr. 25 UStG, zu beachten.

(13) ¹Eine Reiserücktrittskostenversicherung, deren Abschluss bei Buchung der Reise in das Belieben der Leistungsempfänger gestellt wird und für die das Versicherungsentgelt neben dem Reisepreis ggf. gesondert berechnet wird, ist eine umsatzsteuerrechtlich gesondert zu beurteilende Leistung, die nicht der Margenbesteuerung des § 25 UStG unterliegt. ²Auch der Abschluss einer obligatorisch vom Reiseveranstalter angebotenen Reiserücktrittskostenversicherung kann eine selbständige Leistung darstellen (vgl. BFH-Urteil vom 13. 7. 2006, V R 24/02, BStBl II S. 935). ³Der Umsatz kann je nach Sachverhalt entweder unter den Voraussetzungen des § 4 Nr. 10 Buchstabe b UStG (Verschaffung von Versicherungsschutz) oder unter denen des § 4 Nr. 11 UStG (Umsatz aus der Tätigkeit als Versicherungsvertreter) steuerfrei sein.

(14) ¹Tritt der Reisende vor Reisebeginn vom Reisevertrag zurück und hat er für diesen Fall eine in dem Reisevertrag vorab vereinbarte Entschädigung zu entrichten (Stornogebühr), liegt beim Reiseveranstalter echter Schadensersatz vor. ²Dies gilt unter der Voraussetzung, dass zivilrechtlich ein Rücktrittsrecht besteht, auch, wenn der Reiseveranstalter selbst als Folge der Stornierung einer Reise durch den Kunden bereits bestellte Reisevorleistungen (z. B. Hotelzimmer) stornieren und dafür ebenfalls Stornogebühren zahlen muss. ³Schreibt der Reiseveranstalter dem Reisebüro einen Anteil von Stornogebühren gut, handelt es sich hierbei um das Entgelt für Leistungen des Reisebüros. ⁴Umbuchungs- und Änderungsgebühren, die der Reisende bei Änderung eines bestehen bleibenden Reisevertrags zu entrichten hat, erhöhen das Entgelt für die Reiseleistung und teilen dessen Schicksal.

(15) ¹§ 13 Abs. 1 Nr. 1 Buchstabe a Satz 4 UStG gilt auch für die Besteuerung von Anzahlungen auf Reiseleistungen. ²Wenn gemischte Reiseleistungen aufzuteilen sind und wenn für die unter § 25 UStG fallenden Reiseleistungen die Margenermittlung nach § 25 Abs. 3 UStG durchgeführt wird, wird aus Vereinfachungsgründen zugelassen, dass für solche Reiseleistungen vereinnahmte Anzahlungen nur mit einem sachgerecht geschätzten Anteil der Besteuerung unterworfen werden. ³Bei der Schätzung kann berücksichtigt werden, dass Anzahlungen auf steuerfreie Eigenleistungen nicht zu besteuern und Anzahlungen auf steuerpflichtige Eigenleistungen (z. B. inländische Streckenanteile von Beförderungsleistungen) – ggf. nur anteilig – zu besteuern sind. ⁴Anzahlungen für steuerpflichtige Reiseleistungen, für die die Bemessungsgrundlage nach § 25 Abs. 3 Satz 3 UStG zu ermitteln ist, können mit einem Anteil angesetzt werden, der der steuerpflichtigen Marge des Vorjahrs entspricht.

25.2. Steuerfreiheit von Reiseleistungen

AE 25.2

(1) ¹Nach § 25 Abs. 2 UStG ist eine Reiseleistung steuerfrei, soweit die ihr zuzurechnenden Reisevorleistungen ausschließlich im Drittlandsgebiet bewirkt werden. ²Zu den Reisevorleistungen können insbesondere Unterkunft, Verpflegung und die Beförderung von Personen gehören.

S 7419-a

Beispiel:

¹Ein Reiseveranstalter bietet eine Flugrundreise in den USA bzw. eine Schiffskreuzfahrt in der Karibik zu einem Pauschalpreis an. ²Hin- und Rückreise sind in dem Preis nicht enthalten.

³Die in der Beförderung der Reisenden bestehenden Reisevorleistungen werden im Drittlandsgebiet erbracht. ⁴Erfolgen auch alle übrigen Reisevorleistungen im Drittlandsgebiet, ist die Reiseleistung des Veranstalters insgesamt steuerfrei.

(2) ¹Die einheitliche sonstige Leistung ist insgesamt steuerpflichtig, wenn die in Absatz 1 bezeichneten Reisevorleistungen ausschließlich im Gemeinschaftsgebiet bewirkt werden. ²Zu den Reisevorleistungen gehören insbesondere die Unterkunft und die Verpflegung im Gemeinschaftsgebiet.

Beispiel:

¹Ein deutscher Reiseveranstalter bietet unter eigenem Namen Flugpauschalreisen von deutschen Flugorten nach Kreta an. ²Er hat die Reisen im Wege eines Kettengeschäftes von einem Reiseveranstalter mit Sitz in der Schweiz übernommen. ³Der schweizerische Reiseveranstalter hat die einzelnen Reisebestandteile von im Gemeinschaftsgebiet ansässigen Leistungsträgern (Fluggesellschaften, Hotels, Betreuungsunternehmen) erworben und zu einer einheitlichen Pauschalreise gebündelt.

⁴Auf Kettengeschäfte der vorliegenden Art findet § 25 UStG auf der Vorstufe keine Anwendung, da die Reiseleistungen des Paketveranstalters für das Unternehmen des erwerbenden Reiseveranstalters bestimmt sind (Abschnitt 25.1 Abs. 2). ⁵Der Ort für diese Leistungen richtet sich nicht nach § 25 Abs. 1 Satz 4 und § 3a Abs. 1 UStG, sondern nach den allgemeinen Vorschriften des Gesetzes. ⁶Dass der Sitzort des Paketveranstalters im Drittland liegt, führt inso-

weit nicht zur Steuerfreiheit der Marge des inländischen Reiseveranstalters. [7]Für die Steuerfreiheit kommt es darauf an, wo die einzelnen Reisevorleistungen ausgeführt werden. [8]Da im Beispielsfall sämtliche Reisevorleistungen im Gemeinschaftsgebiet bewirkt werden, ist die Marge des deutschen Reiseveranstalters insgesamt steuerpflichtig.

(3) [1]Werden die Reisevorleistungen nur zum Teil im Drittlandsgebiet, im Übrigen aber im Gemeinschaftsgebiet erbracht, ist die Reiseleistung nur insoweit steuerfrei, als die Reisevorleistungen auf das Drittlandsgebiet entfallen. [2]Dies gilt auch für Reisevorleistungen, die in der Beförderung von Personen mit Flugzeugen und Schiffen bestehen. [3]Erstreckt sich somit eine Beförderung sowohl auf das Drittlandsgebiet als auch auf das Gemeinschaftsgebiet, hat der Reiseveranstalter die gesamte Beförderungsleistung nach Maßgabe der zurückgelegten Strecken in einen auf das Drittlandsgebiet und in einen auf das Gemeinschaftsgebiet entfallenden Anteil aufzuteilen.

Beispiel:

[1]Ein Reiseveranstalter bietet eine Flugreise in die USA ab München zu einem Pauschalpreis an.

[2]Die Reiseleistung des Veranstalters ist insoweit steuerpflichtig, als die Personenbeförderung im Flugzeug (Reisevorleistung) über Gemeinschaftsgebiet führt.

(4) [1]Erstreckt sich eine Personenbeförderung im Luftverkehr (Reisevorleistung) sowohl auf das Drittlandsgebiet als auch auf das Gemeinschaftsgebiet, kann der Reiseveranstalter abweichend von Absatz 3 aus Vereinfachungsgründen wie folgt verfahren:

[2]Liegt der Zielort der Personenbeförderung im Drittlandsgebiet, gilt die Beförderungsleistung (Reisevorleistung) insgesamt als im Drittlandsgebiet erbracht.

Beispiel 1:

[1]Ein Reiseveranstalter bietet eine Flugreise von Düsseldorf nach den Kanarischen Inseln zu einem Pauschalpreis an.

[2]Da der Zielort der Reise im Drittlandsgebiet liegt, gilt die Beförderungsleistung insgesamt als im Drittlandsgebiet erbracht. [3]Erfolgen auch alle übrigen Reisevorleistungen im Drittlandsgebiet, ist die Reiseleistung des Veranstalters insgesamt steuerfrei.

[3]Liegt der Zielort der Personenbeförderung im Gemeinschaftsgebiet, gilt die Beförderungsleistung (Reisevorleistung) insgesamt als im Gemeinschaftsgebiet erbracht.

Beispiel 2:

[1]Ein Reiseveranstalter bietet eine Flugreise von Düsseldorf nach Athen zu einem Pauschalpreis an.

[2]Da der Zielort der Reise im Gemeinschaftsgebiet liegt, gilt die Beförderungsleistung als im Gemeinschaftsgebiet erbracht. [3]Erfolgen auch alle übrigen Reisevorleistungen im Gemeinschaftsgebiet, ist die Reiseleistung des Veranstalters insgesamt steuerpflichtig.

[4]Hin- und Rückflug sind bei der Anwendung der Vereinfachungsregelung als eine Reisevorleistung anzusehen. [5]Der Zielort bestimmt sich nach dem Hinflug. [6]Zwischenlandungen aus flugtechnischen Gründen berühren die Anwendung der Vereinfachungsregelung nicht. *[7]Inländische Zu- und Abbringerflüge sind in die Zielortregelung einzubeziehen, wenn die als Reisevorleistung in Anspruch genommene Beförderungsleistung einschließlich der Zu- und Abbringerflüge nach umsatzsteuerrechtlichen Grundsätzen eine einheitliche Beförderungsleistung darstellt (vgl. Abschnitt 3.10).*

(5) [1]Macht ein Reiseveranstalter von der Vereinfachungsregelung nach Absatz 4 Gebrauch, muss er diese Regelung bei allen von ihm veranstalteten Reisen anwenden. [2]Er kann jedoch jederzeit dazu übergehen, die in einer Personenbeförderung bestehenden Reisevorleistungen insgesamt nach den Streckenanteilen (Absatz 3) aufzuteilen. [3]Hat der Reiseveranstalter den steuerfreien Anteil seiner Reiseleistungen nach Absatz 3 ermittelt, kann er zum Verfahren nach Absatz 4 nur übergehen, wenn die Ermittlung nach Absatz 3 nachweisbar mit unzumutbaren Schwierigkeiten verbunden ist.

(6) Erstreckt sich eine Personenbeförderung bei Kreuzfahrten mit Schiffen im Seeverkehr sowohl auf das Drittlandsgebiet als auch auf das Gemeinschaftsgebiet, kann der Reiseveranstalter abweichend von Absatz 3 von der Berücksichtigung des auf das Gemeinschaftsgebiet entfallenden Anteils der gesamten Beförderungsstrecke wegen Geringfügigkeit dieses Anteils absehen.

Beispiel:

[1]Ein Reiseveranstalter bietet eine Kreuzfahrt im Mittelmeer an, die in Genua beginnt und endet.

[2]Die in der Beförderung der Reisenden bestehenden Reisevorleistungen sind als im Drittlandsgebiet erbracht anzusehen. [3]Die Reiseleistung des Veranstalters ist steuerfrei.

(7) Liegen für nach § 25 Abs. 2 UStG steuerfreie Reiseleistungen im Drittland auch die Voraussetzungen der Steuerbefreiung des § 4 Nr. 25 UStG vor, geht die Steuerbefreiung des § 4 Nr. 25 UStG dieser Steuerbefreiung vor.

25.3. Bemessungsgrundlage bei Reiseleistungen

AE 25.3

(1) ¹Abweichend von § 10 UStG ist Bemessungsgrundlage lediglich die Differenz (Marge) zwischen dem Betrag, den der Leistungsempfänger entrichtet und den Aufwendungen für die Reisevorleistungen, jedoch abzüglich der Umsatzsteuer.

S 7419-b

Beispiel 1:

¹Ein Reiseveranstalter mit Sitz oder Betriebsstätte im Inland führt eine Bahnpauschalreise im Inland aus. ²Der Preis beträgt 440 €. ³Es nehmen 40 Personen teil. ⁴Der Reiseveranstalter hat für Reisevorleistungen aufzuwenden:

1. an die Deutsche Bahn AG für die Fahrt
   (einschließlich Umsatzsteuer)   3 200,— €,
2. an Hotel für Unterkunft
   (einschließlich Umsatzsteuer)   12 000,— €.

⁵Die Marge für die Leistung des Reiseveranstalters ermittelt sich wie folgt:

Reisepreis (Aufwendungen der Reiseteilnehmer)		17 600,— €
./. Reisevorleistungen		
für Fahrt	3 200,— €	
für Unterkunft	12 000,— €	15 200,— €
Marge		2 400,— €
./. darin enthaltene Umsatzsteuer		
(19/119 = Steuersatz 19 %)		383,19 €
Bemessungsgrundlage		2 016,81 €

²Zu den Aufwendungen für Reisevorleistungen gehören auch die Aufwendungen, die der Unternehmer aufgrund vertraglicher Vereinbarung für nicht ausgenutzte Kapazitäten (vgl. Abschnitt 25.1 Abs. 10) zahlen muss.

Beispiel 2:

Der Reiseunternehmer, der einem Hotel die Abnahme einer bestimmten Zahl von Zimmern oder auch aller Zimmer garantiert hat, muss das dafür vertraglich vereinbarte Entgelt auch dann in voller Höhe entrichten, wenn er die gebuchten Zimmer nicht alle oder nicht für den vereinbarten Abnahmezeitraum belegen kann.

³Werden im Abrechnungsverkehr zwischen Leistungsträgern und Reiseveranstaltern Reisevorleistungen ausgehend vom sog. Bruttowert (Verkaufspreis abzüglich Provisionen zuzüglich Umsatzsteuer auf den Provisionsbetrag) berechnet, handelt es sich bei den Provisionen regelmäßig um Entgelts- bzw. Reisevorleistungsminderungen und nicht um Vergütungen für besondere (Vermittlungs-)Leistungen. ⁴Der Wert der Reisevorleistungen ist dann identisch mit dem Wert einer agenturmäßigen Nettoberechnung. ⁵Die in den Abrechnungen des Leistungsträgers auf den Provisionsbetrag gesondert ausgewiesene Umsatzsteuer wird weder vom Leistungsträger noch vom Reiseveranstalter nach § 14c Abs. 2 UStG geschuldet. ⁶Aufwendungen für Reisevorleistungen in fremder Währung sind nach § 16 Abs. 6 UStG in dem Zeitpunkt umzurechnen, in dem die Aufwendungen geleistet worden sind.

(2) ¹Treffen bei einer Reise Leistungen des Unternehmers mit eigenen Mitteln und Leistungen Dritter zusammen (vgl. Abschnitt 25.1 Abs. 11), sind für die Berechnung der Marge die eigenen Leistungen grundsätzlich im prozentualen Verhältnis zu den Fremdleistungen auszuscheiden. ²Die eigenen Leistungen sind mit den dafür aufgewendeten Kosten (einschließlich Umsatzsteuer) anzusetzen.

Beispiel:

¹Ein Reiseveranstalter mit Sitz oder Betriebsstätte im Inland führt eine Buspauschalreise im Inland aus. ²Der Preis beträgt 600 €. ³Es nehmen 50 Personen teil. ⁴Dem Unternehmer entstehen folgende Aufwendungen:

	€	%
1. Eigenleistungen		
a) Beförderung mit eigenem Bus	4 000,—	
b) Betreuung am Zielort durch angestellte Reiseleiter	1 000,—	
insgesamt	5 000,—	20
2. Reisevorleistungen Dritter		
Unterkunft und Verpflegung	20 000,—	80
	25 000,—	100

[5]Die Marge errechnet sich wie folgt:

Reisepreis (Aufwendungen der Reiseteilnehmer)	30 000,— €
./. 20 % für Eigenleistungen	6 000,— €
24 000,- €	
./. Reisevorleistungen	20 000,— €
Marge	4 000,— €
./. darin enthaltene Umsatzsteuer (19/119 = Steuersatz 19 %)	638,66 €
Marge = Bemessungsgrundlage	3 361,34 €

[6]Der Unternehmer hat mit 19 % zu versteuern:

a) seine Eigenleistung (6 000 € ./. darin enthaltene Umsatzsteuer in Höhe von 19/119 = Steuersatz 19 %)	5 042,02 €
b) die Reiseleistung	3 361,34 €
	8 403,36 €

[3]Die Eigenleistungen können auch in anderer Weise ermittelt werden, wenn dies zu einem sachgerechten Ergebnis führt.

(3) [1]Ist die einheitliche sonstige Leistung teils steuerfrei und teils steuerpflichtig (vgl. Abschnitt 25.2 Abs. 3), ist die Bemessungsgrundlage für die unter § 25 UStG fallenden Umsätze im Verhältnis der Reisevorleistungen im Sinne des § 25 Abs. 2 UStG zu den übrigen Reisevorleistungen aufzuteilen.

Beispiel:

[1]Ein Reiseveranstalter mit Sitz oder Betriebsstätte im Inland führt von einem inländischen Flughafen eine Flugpauschalreise nach Moskau aus. [2]Der Preis beträgt 1 000 €. [3]Es nehmen 80 Personen teil. [4]Der Veranstalter hat an Reisevorleistungen aufzuwenden:

1. Flugkosten	20 000,— €
2. Kosten für Unterkunft und Verpflegung im Hotel (einschließlich Umsatzsteuer)	60 000,— €
insgesamt	80 000,— €

[5]Sofern die Vereinfachungsregelung des Abschnitts 25.2 Abs. 4 nicht angewandt wird, errechnet sich die Marge wie folgt:

Reisepreis (Aufwendungen der Reiseteilnehmer)	88 000,— €
./. Reisevorleistungen	80 000,— €
Gesamtmarge	8 000,— €
davon entfallen	
a) auf Unterkunft und Verpflegung im Drittlandsgebiet 75 % der Reisevorleistungen – steuerfrei nach § 25 Abs. 2 UStG –	6 000,— €
b) auf den Flug 25 % der Reisevorleistungen = 2 000,- €. Da nur 60 % der Flugstrecke über Gemeinschaftsgebiet führt, beträgt der nach § 25 Abs. 2 UStG steuerfreie Anteil 800,- €, der steuerpflichtige Anteil	1 200,— €
./. darin enthaltene Umsatzsteuer (19/119 = Steuersatz 19 %)	191,60 €
steuerpflichtig	1 008,40 €

[6]Die Bemessungsgrundlage für die Flugpauschalreise beträgt danach für steuerfreie Umsätze 6 800,- € und für steuerpflichtige Umsätze 1 008,40 €.

(4) [1]Die Errechnung der Marge für die einzelne Leistung (vgl. Beispiele in den Absätzen 1 bis 3) kann bei Pauschalreisen mit erheblichen Schwierigkeiten verbunden sein. [2]Eine Zuordnung der Reisevorleistungen wird vielfach abrechnungstechnische Probleme aufwerfen. [3]§ 25 Abs. 3 Satz 3 UStG sieht deshalb Erleichterungen vor. [4]Der Unternehmer hat danach die Möglichkeit, die Marge für bestimmte Gruppen von Reiseleistungen zu ermitteln. [5]Dies kann z. B. die Marge für eine in sich abgeschlossene Reise, z. B. Kreuzfahrt, oder für sämtliche Reisen während eines bestimmten Zeitraums (Saison) in einen Zielort oder ein Zielgebiet sein. [6]Er kann aber auch die Marge für seine gesamten innerhalb eines Besteuerungszeitraums bewirkten Reiseleistungen, soweit sie unter die Sonderregelung des § 25 UStG fallen, in einer Summe ermitteln.

§ 25 UStG
AE 25.3

Beispiel:
[1]Der Unternehmer hat im Kalenderjahr Reiseleistungen in Höhe von insgesamt 2 700 000 € bewirkt. [2]An touristischen Direktaufwendungen sind ihm entstanden:

	€	%
Eigenleistungen		
Beförderungen mit eigenen Bussen (davon 40 % Strecke im Inland = steuerpflichtig)	500 000,—	20
Reisevorleistungen		
1. Beförderungen mit Luftfahrzeugen		
a) über Gemeinschaftsgebiet 200 000,– €		
b) über Drittlandsgebiet 300 000,– €	500 000,—	20
2. Unterkunft und Verpflegung in EU-Mitgliedstaaten	1 000 000,—	40
3. Unterkunft und Verpflegung in Drittländern	500 000,—	20
	2 500 000,—	100

[3]Die Marge errechnet sich wie folgt:

Einnahmen aus Reiseleistungen	2 700 000,— €
./. 20 % Eigenleistungen	540 000,— €
	2 160 000,— €
./. Reisevorleistungen	2 000 000,— €
Marge	160 000,— €
davon entfallen auf	
Reisevorleistungen im Sinne von § 25 Abs. 2 UStG	
(Nr. 1 b und Nr. 3) = 40 % der gesamten Reisevorleistungen – steuerfrei –	64 000,— €
Reisevorleistungen (Nr. 1 a und Nr. 2) = 60 % der gesamten Reisevorleistungen – steuerpflichtig –	96 000,— €
./. darin enthaltene Umsatzsteuer (19/119 = Steuersatz 19 %)	15 327,73 €
Bemessungsgrundlage für steuerpflichtige Reiseleistungen	80 672,27 €

[4]Der Unternehmer hat danach mit 19 % zu versteuern:

steuerpflichtige Reiseleistungen	80 672,27 €
seine Beförderungsleistung mit eigenen Bussen, soweit sie auf das Inland entfällt (40 % der Einnahmen aus den Eigenleistungen i.H. von 540 000 € = 216 000 €)	
./. darin enthaltene Umsatzsteuer i.H. von 19/119 = Steuersatz 19 %)	181 512,60 €
	262 184,87 €

[5]Nach § 25 Abs. 2 UStG sind steuerfrei | 64 000,— €

[6]Nicht steuerbar sind die auf das Ausland entfallenden Beförderungsleistungen (§ 3b Abs. 1 UStG) | 324 000,— €

(5) Für den Unternehmer, der eine „Incentive-Reise" für sein Unternehmen erwirbt, gilt Folgendes:

1. [1]Wird die Reise einem Betriebsangehörigen als unentgeltliche Wertabgabe im Sinne des § 3 Abs. 9a Nr. 2 UStG (vgl. Abschnitt 25.1 Abs. 2 Beispiel 3) oder gegen Entgelt überlassen, bewirkt der Unternehmer damit eine Reiseleistung, die der Besteuerung nach § 25 UStG unterliegt. [2]Im Falle einer unentgeltlichen Wertabgabe ergibt sich jedoch keine Marge, weil sich die Ausgaben nach § 10 Abs. 4 Satz 1 Nr. 3 UStG mit den Aufwendungen des Unternehmers für den Erwerb der Reise decken. [3]Das Gleiche gilt, wenn eine Barzahlung des Arbeitnehmers für die Reise die Aufwendungen des Unternehmers für den Erwerb der Reise nicht übersteigt. [4]Der Abzug der auf den Erwerb der Reise entfallenden Vorsteuer ist in diesen Fällen nach § 25 Abs. 4 UStG ausgeschlossen.
2. Wird die Reise nicht gegen Entgelt oder nicht als unentgeltliche Wertabgabe an Betriebsangehörige weitergegeben, sondern im Unternehmen verwendet, z. B. für Dienstreisen von Angestellten, als Kundengeschenk usw., bewirkt der Unternehmer keine Reiseleistung im Sinne des § 25 UStG.

(6) [1]Überlässt ein Reiseveranstalter an seine Arbeitnehmer im Rahmen des Dienstverhältnisses Reisen unentgeltlich (vgl. Abschnitt 25.1 Abs. 1), ergibt sich keine Marge, weil sich die Ausgaben nach § 10 Abs. 4 Satz 1 Nr. 3 UStG mit den Aufwendungen des Reiseveranstalters für die Reise decken. [2]Das Gleiche gilt, wenn eine Zuzahlung des Arbeitnehmers für die Reise die Aufwendungen des Unternehmers nicht übersteigt. [3]Ein Vorsteuerabzug für die Reisevorleistungen entfällt nach § 25 Abs. 4 UStG.

(7) [1]Durch die Erleichterungen bei der Ermittlung der Bemessungsgrundlage nach § 25 Abs. 3 UStG wird die Verpflichtung zur Abgabe von Umsatzsteuer-Voranmeldungen nicht berührt. [2]So-

weit in diesen Fällen die Höhe der Marge für die im Voranmeldungszeitraum bewirkten Umsätze noch nicht feststeht, bestehen keine Bedenken, dass der Unternehmer in der Umsatzsteuer-Voranmeldung als Bemessungsgrundlage geschätzte Beträge zu Grunde legt, die anhand der Kalkulation oder nach Erfahrungssätzen der Vorjahre zu ermitteln sind. [3]Das Gleiche gilt in den Fällen, in denen der Unternehmer zwar die Marge für jede einzelne Leistung ermittelt, ihm aber am Ende des Voranmeldezeitraums die Höhe der Reisevorleistung für die in diesem Zeitraum bewirkten Leistungen noch nicht bekannt ist. [4]Es muss dabei gewährleistet sein, dass sich nach endgültiger Feststellung der Bemessungsgrundlage nicht regelmäßig höhere Abschlusszahlungen ergeben.

AE 25.4

S 7419-c

25.4. Vorsteuerabzug bei Reiseleistungen

(1) [1]Vom Vorsteuerabzug ausgeschlossen sind die Umsatzsteuerbeträge, die auf Reisevorleistungen entfallen, auf Leistungen Dritter also, die den Reisenden unmittelbar zugute kommen. [2]Umsatzsteuerbeträge, die dem Unternehmer für andere für sein Unternehmen ausgeführte Leistungen in Rechnung gestellt werden, sind dagegen unter den Voraussetzungen des § 15 UStG als Vorsteuern abziehbar. [3]Hierzu gehören z. B. Vorsteuerbeträge, die beim Erwerb von Einrichtungsgegenständen, Büromaschinen und Büromaterial anfallen. [4]Der Vorsteuerabzug steht dem Unternehmer auch zu, wenn die empfangene Leistung zwar mit der Reise unmittelbar zusammenhängt, aber dem Reisenden lediglich mittelbar zugute kommt (vgl. hierzu Abschnitt 25.1 Abs. 9 Satz 3 Nr. 1 und 2).

(2) [1]Die Berechtigung zum Vorsteuerabzug entfällt nur insoweit, als der Unternehmer Reiseleistungen bewirkt, die nach § 25 UStG der Besteuerung unterliegen. [2]Allerdings kommt es nicht darauf an, ob der Unternehmer für die steuerpflichtige Reiseleistung tatsächlich Umsatzsteuer zu entrichten hat. [3]Nicht beansprucht werden kann der Vorsteuerabzug deshalb auch in den Fällen, in denen es für die Reiseleistung im Sinne des § 25 Abs. 1 Satz 1 UStG an einer Bemessungsgrundlage (§ 25 Abs. 3 UStG) fehlt. [4]Eine Bemessungsgrundlage nach § 25 Abs. 3 UStG ergibt sich dann nicht, wenn die vom Unternehmer für Reisevorleistungen aufgewendeten Beträge genau so hoch sind wie der vom Leistungsempfänger für die Reiseleistung gezahlte Betrag oder wenn die Beträge für Reisevorleistungen den vom Leistungsempfänger gezahlten Betrag übersteigen (vgl. Abschnitt 25.3 Abs. 5 Nr. 1 und Abs. 6). [5]Ausgeschlossen ist der Vorsteuerabzug folglich insbesondere auch bei „Incentive-Reisen" (vgl. Abschnitt 25.1 Abs. 2 Beispiel 3 und Abschnitt 25.3 Abs. 5), die der Unternehmer erwirbt und Arbeitnehmern entweder ohne Aufschlag weiterberechnet oder als unentgeltliche Wertabgabe überlässt.

(3) [1]Der Ausschluss des Vorsteuerabzugs nach § 25 Abs. 4 Satz 1 UStG gilt u. a. auch für im Ausland ansässige Reiseveranstalter sowie für im Ausland befindliche Betriebsstätten eines im Inland ansässigen Reiseveranstalters. [2]Ein im Ausland ansässiger Reiseveranstalter, der im Inland Reisevorleistungen in Anspruch nimmt, kann deshalb die ihm für diese Reisevorleistungen in Rechnung gestellte Umsatzsteuer nicht als Vorsteuer abziehen. [3]Ebensowenig kann eine Vergütung dieser Umsatzsteuer in dem besonderen Verfahren nach § 18 Abs. 9 UStG, §§ 59 bis 61a UStDV begehrt werden. [4]Der im Inland ansässige Reiseveranstalter, der im Ausland eine Betriebsstätte unterhält, ist auch insoweit nicht zum Vorsteuerabzug berechtigt, als dieser Betriebsstätte für die von ihr in Anspruch genommenen Reisevorleistungen Umsatzsteuer in Rechnung gestellt worden ist.

(4) [1]Der Vorsteuerabzug ist nach § 15 Abs. 3 Nr. 1 Buchstabe a UStG nicht ausgeschlossen, wenn die Reiseleistung nach § 25 Abs. 2 UStG steuerfrei ist. [2]Das Gleiche gilt nach § 15 Abs. 3 Nr. 2 Buchstabe a UStG für Reiseleistungen im Ausland, die im Inland nach § 25 Abs. 2 UStG umsatzsteuerfrei wären. [3]Durch diese Regelung wird sichergestellt, dass der Unternehmer den Vorsteuerabzug für alle empfangenen Leistungen beanspruchen kann, die wirtschaftlich den nach § 25 Abs. 2 UStG steuerfreien oder entsprechenden nicht steuerbaren Reiseleistungen ganz oder teilweise zuzurechnen sind, z. B. die Vermittlung einer Pauschalreise durch einen anderen Unternehmer oder die Lieferung von Reiseprospekten und Katalogen an den Unternehmer. [4]Für die in § 25 Abs. 2 Satz 1 UStG bezeichneten Reisevorleistungen entfällt der Vorsteuerabzug, denn diese Leistungen unterliegen im Inland nicht der Besteuerung.

(5) [1]Vermitteln inländische Reisebüros für Reiseveranstalter gegen eine einheitlich vom Reisepreis berechnete Provision Reiseleistungen, bei denen der Reiseveranstalter Eigenleistungen in Form von grenzüberschreitenden Personenbeförderungsleistungen ausführt, können die Reisebüros sowohl steuerpflichtige als auch nicht steuerbare bzw. steuerfreie Vermittlungsleistungen erbringen. [2]Zum Vorsteuerabzug der Reiseveranstalter bei Personenbeförderungsleistungen mit Flugzeugen vgl. BMF-Schreiben vom 22. 3. 2000, BStBl I S. 458, bzw. mit Omnibussen vgl. BMF-Schreiben vom 7. 12. 2000, BStBl 2001 I S. 98.

AE 25.5

S 7419-d

25.5. Aufzeichnungspflichten bei Reiseleistungen

(1) [1]Unternehmer, die nicht nur Reiseleistungen im Sinne des § 25 Abs. 1 Satz 1 UStG ausführen, müssen die Aufzeichnungen für diese Leistungen und für die übrigen Umsätze gegeneinander abgrenzen. [2]Zu den übrigen Umsätzen zählen insbesondere auch die Reiseleistungen, auf die § 25

§ 25 UStG
AE 25.5

UStG nicht anzuwenden ist, z. B. Reiseleistungen, die für das Unternehmen des Leistungsempfängers bestimmt sind, und Reiseleistungen, die der Unternehmer mit eigenen Mitteln erbringt (vgl. Abschnitt 25.1 Abs. 2 und 8).

(2) [1]Die Aufzeichnungspflicht des Unternehmers erstreckt sich nicht nur auf die umsatzsteuerpflichtigen Reiseleistungen im Sinne des § 25 Abs. 1 Satz 1 UStG, sondern umfasst auch die nach § 25 Abs. 2 UStG umsatzsteuerfreien Reiseleistungen. [2]Führt der Unternehmer sowohl umsatzsteuerpflichtige als auch umsatzsteuerfreie Reiseleistungen aus, so muss aus seinen Aufzeichnungen nach § 25 Abs. 5 Nr. 4 UStG hervorgehen, welche Leistungen steuerpflichtig und welche steuerfrei sind. [3]Dazu ist es erforderlich, dass entweder in den Aufzeichnungen die steuerpflichtigen und die steuerfreien Reiseleistungen voneinander abgegrenzt oder die steuerpflichtigen Reiseleistungen getrennt von den steuerfreien aufgezeichnet werden.

(3) [1]Im Einzelnen ist nach § 25 Abs. 5 UStG über die Reiseleistungen Folgendes aufzuzeichnen:
1. der Betrag, den der Leistungsempfänger für die Leistungen aufwendet,
2. die Beträge, die der Unternehmer für Reisevorleistungen aufwendet, und
3. die Bemessungsgrundlage nach § 25 Abs. 3 UStG.

[2]Der Unternehmer muss zwar die Bemessungsgrundlage nach § 25 Abs. 3 UStG errechnen. [3]Die Berechnungen selbst braucht er aber nicht aufzuzeichnen und aufzubewahren.

Aufzeichnung der von den Leistungsempfängern für Reiseleistungen aufgewendeten Beträge (§ 25 Abs. 5 Nr. 1 UStG)

(4) [1]Aufgezeichnet werden müssen die für Reiseleistungen vereinbarten – berechneten – Preise einschließlich der Umsatzsteuer. [2]Ändert sich der vereinbarte Preis nachträglich, so hat der Unternehmer auch den Betrag der jeweiligen Preisminderung oder Preiserhöhung aufzuzeichnen.

(5) [1]Der Unternehmer muss grundsätzlich den Preis für jede einzelne Reiseleistung aufzeichnen. [2]Das gilt auch dann, wenn nach § 25 Abs. 3 Satz 3 UStG die Bemessungsgrundlage statt für die einzelne Leistung für bestimmte Gruppen von Reiseleistungen oder für die in einem Besteuerungszeitraum erbrachten Reiseleistungen insgesamt ermittelt wird. [3]Führt der Unternehmer an einen Leistungsempfänger mehrere Reiseleistungen im Sinne des § 25 Abs. 1 Satz 1 UStG aus, so braucht er nur den Gesamtpreis für diese Reiseleistungen aufzuzeichnen.

(6) [1]Soweit der Unternehmer gemischte Reiseleistungen (vgl. Abschnitt 25.1 Abs. 11) ausführt, bei denen er einen Teil der Leistungen mit eigenen Mitteln erbringt, muss aus den Aufzeichnungen hervorgehen, auf welchen Umsatz § 25 UStG anzuwenden ist und welcher Umsatz nach den allgemeinen Vorschriften des Umsatzsteuergesetzes zu versteuern ist. [2]Dazu sind neben dem für die Reise berechneten Gesamtpreis der nach § 25 UStG zu versteuernde Preisanteil und der anteilige Preis oder das Entgelt für die mit eigenen Mitteln des Unternehmens erbrachten Leistungen aufzuzeichnen. [3]Ermittelt der Unternehmer nach § 25 Abs. 3 Satz 3 UStG die Bemessungsgrundlage für Gruppen von Reiseleistungen oder für die in einem Besteuerungszeitraum ausgeführten Reiseleistungen insgesamt, können die Gesamtbeträge der Preisanteile für Reiseleistungen im Sinne des § 25 Abs. 1 Satz 1 UStG und der Preisanteile bzw. Entgelte, die auf die mit eigenen Mitteln erbrachten Leistungen entfallen, errechnet und aufgezeichnet werden.

Aufzeichnung der vom Unternehmer für Reisevorleistungen aufgewendeten Beträge (§ 25 Abs. 5 Nr. 2 UStG)

(7) [1]Grundsätzlich sind die für Reisevorleistungen vereinbarten – berechneten – Preise einschließlich der Umsatzsteuer aufzuzeichnen. [2]Ändern sich die Preise für Reisevorleistungen nachträglich, so ist dies in den Aufzeichnungen festzuhalten.

(8) [1]Aufgezeichnet werden müssen auch die Preise für die in § 25 Abs. 2 Satz 1 UStG aufgeführten Reisevorleistungen, die zur Steuerbefreiung der betreffenden Reiseleistungen führen. [2]Nimmt der Unternehmer neben Reisevorleistungen, die eine Steuerbefreiung der jeweiligen Reiseleistung nach sich ziehen, auch andere Reisevorleistungen in Anspruch, so sind die beiden Gruppen von Reisevorleistungen in den Aufzeichnungen deutlich voneinander abzugrenzen.

(9) [1]Aus den Aufzeichnungen des Unternehmers muss grundsätzlich hervorgehen, für welche Reiseleistung die einzelne Reisevorleistung in Anspruch genommen worden ist. [2]Hat der Unternehmer die in Anspruch genommene Reisevorleistung für mehrere Reiseleistungen verwendet, so ist in den Aufzeichnungen außer dem Gesamtpreis anzugeben, welche Teilbeträge davon auf die einzelnen Reiseleistungen entfallen. [3]Das Gleiche gilt, wenn der Unternehmer eine Rechnung erhält, in der ihm mehrere Reisevorleistungen berechnet werden.

(10) [1]Ermittelt der Unternehmer nach § 25 Abs. 3 Satz 3 UStG für bestimmte Gruppen von Reiseleistungen oder für die in einem Besteuerungszeitraum ausgeführten Reiseleistungen die Bemessungsgrundlage insgesamt, entfällt die Verpflichtung, in den Aufzeichnungen die Reisevorleistungen ganz oder anteilig den einzelnen Reiseleistungen zuzuordnen. [2]Aus den Aufzeichnungen des

§ 25 UStG
AE 25.5 H

Unternehmers muss in diesen Fällen lediglich zu ersehen sein, dass die Reisevorleistungen für eine bestimmte Gruppe von Reiseleistungen oder die in einem Besteuerungszeitraum ausgeführten Reiseleistungen in Anspruch genommen worden sind.

Aufzeichnung der Bemessungsgrundlage für Reiseleistungen (§ 25 Abs. 5 Nr. 3 UStG)

(11) ¹Aufgezeichnet werden müssen sowohl die Bemessungsgrundlagen für umsatzsteuerpflichtige Reiseleistungen als auch die Bemessungsgrundlagen für umsatzsteuerfreie Reiseleistungen. ²Ist nach § 25 Abs. 2 UStG nur ein Teil einer Reiseleistung umsatzsteuerfrei, so muss aus den Aufzeichnungen des Unternehmers hervorgehen, wie hoch die Bemessungsgrundlage für diesen Teil der Reiseleistung ist und welcher Betrag als Bemessungsgrundlage auf den umsatzsteuerpflichtigen Teil der Reiseleistung entfällt.

(12) ¹Grundsätzlich ist die Bemessungsgrundlage für jede einzelne Reiseleistung oder für den jeweiligen Teil einer Reiseleistung aufzuzeichnen. ²Führt der Unternehmer an einen Leistungsempfänger mehrere Reiseleistungen aus, braucht er nur den Gesamtbetrag der Bemessungsgrundlage für diese Reiseleistungen aufzuzeichnen. ³Unternehmer, die nach § 25 Abs. 3 Satz 3 UStG verfahren, haben lediglich die Gesamtbemessungsgrundlagen für die jeweiligen Gruppen von Reiseleistungen oder den Gesamtbetrag der Bemessungsgrundlagen für die innerhalb eines Besteuerungszeitraums ausgeführten Reiseleistungen aufzuzeichnen.

(13) ¹Ändert sich die Bemessungsgrundlage für eine Reiseleistung nachträglich, muss in den Aufzeichnungen angegeben werden, um welchen Betrag sich die Bemessungsgrundlage verringert oder erhöht hat. ²Der Betrag der berichtigten Bemessungsgrundlage braucht nicht aufgezeichnet zu werden.

H	Hinweise
1	**Leistungsort von Restaurationsleistungen im Zusammenhang mit Reiseleistungen (§ 3 Abs. 9, § 25 UStG)** (OFD Hannover, Vfg. vom 6. 5. 2002 – S 7117 – 84 – StH 541 –/– S 7117 – 38 – StO 355 –, StEd 2002 S. 510, UR 2002 S. 531)
2	**Restaurationsleistungen im Zusammenhang mit Kettengeschäften** (OFD Frankfurt a. M., Vfg. vom 2. 4. 2003 – S 7419 A – 14 – St I 23 –, StEd 2003 S. 430)
3	**Behandlung von Reiseleistungen nach § 25 UStG im Zusammenhang mit Verkaufsveranstaltungen und bei unentgeltlichen Reiseleistungen als sog. Gewinnreisen** (OFD Koblenz, Vfg. vom 8. 4. 2003 – S 7419 A – St 44 3 –, UVR 2003 S. 246)
4	**Umsatzsteuerrechtliche Behandlung von Sprach- und Studienreisen (Konsequenzen des BFH-Urteils vom 1. 6. 2006 – V R 104/01)** (BMF vom 31. 1. 2007, BStBl 2007 I S. 216) Unter Bezugnahme auf das Ergebnis der Erörterungen mit den obersten Finanzbehörden der Länder gilt Folgendes: Das Urteil ist auf alle offenen Fälle anzuwenden. Soweit Abschn. 272 Abs. 1 Satz 5 UStR längerfristige Studienaufenthalte im Ausland, die mit einer Reise kombiniert sind (sog. High-School-Programme), von der Anwendung des § 25 UStG ausschließt, ist er nicht mehr anzuwenden. Für vor dem 1. 7. 2007 ausgeführte Leistungen wird es jedoch nicht beanstandet, wenn der Unternehmer entsprechende Umsätze unter Berufung auf Abschn. 272 Abs. 1 Satz 5 UStR den allgemeinen Regelungen des Umsatzsteuergesetzes unterwirft.
5	**Anwendung der Sonderregelung für Reisebüros (§ 25 UStG) auf Zu- und Abbringerflüge** (BMF vom 25. 3. 2011, BStBl 2011 I S. 304) Unter Bezugnahme auf das Ergebnis der Erörterungen mit den obersten Finanzbehörden der Länder wird nach Abschnitt 25.2 Abs. 4 Satz 6 des Umsatzsteuer-Anwendungserlasses vom 1. 10. 2010 (BStBl I S. 846), der zuletzt durch das BMF-Schreiben vom 14. 3. 2011 – IV D 2 – S 7124/07/10002 (2011/0197049) – (BStBl I S. 254) geändert worden ist, folgender Satz 7 angefügt:¹) Die Grundsätze dieses Schreiben sind auf alle offenen Fälle anzuwenden.

---
¹) Anm.: Die Änderungen wurden inhaltlich unverändert in Abschn. 25.2 UStAE übernommen (siehe AE 25.2).

Rechtsprechung

EUROPÄISCHER GERICHTSHOF

EuGH vom 22. 10. 1998 – Rs. C-308/96 und C-94/97 – (HFR 1999 S. 129, UR 1999 S. 38)

Umsatzsteuer für Reisebüros, Reiseveranstalter und Hotels
1. Art. 26 6. USt-Richtlinie findet auf einen Hotelier Anwendung, der seinen Kunden gegen Zahlung eines Pauschalpreises neben der Unterkunft regelmäßig auch die Beförderung von bestimmten weit entfernten Abholstellen zum Hotel und zurück sowie während des Aufenthalts eine Busreise bietet, wobei die Transportdienstleistungen von Dritten bezogen werden.
2. In Fällen, in denen ein Wirtschaftsteilnehmer, auf den Art. 26 6. USt-Richtlinie anwendbar ist, gegen Zahlung eines Pauschalpreises Umsätze tätigt, die aus Dienstleistungen bestehen, welche z. T. von ihm selbst und z. T. von anderen Steuerpflichtigen erbracht werden, unterliegen nur die von den letzteren erbrachten Dienstleistungen der Mehrwertsteuerregelung dieses Artikels. Von einem Wirtschaftsteilnehmer kann nicht verlangt werden, dass er den Teil des Pauschalpreises, der der Eigenleistung entspricht, nach dem Grundsatz der tatsächlichen Kosten errechnet, wenn es möglich ist, diesen Teil des Pauschalpreises nach dem Marktpreis der Leistungen zu errechnen, die den im pauschalen Leistungspaket enthaltenen entsprechen.

EuGH vom 19. 6. 2003 – Rs. C-149/01 – (HFR 2003 S. 925, UR 2003 S. 456, UVR 2003 S. 412)

Zur Bemessungsgrundlage bei Reiseleistungen
Art. 26 Abs. 2 6. USt-Richtlinie ist dahin auszulegen, dass die Wendung vom Reisenden zu zahlender Gesamtbetrag i. S. dieser Bestimmung den zusätzlichen Betrag umfasst, den ein als Vermittler für Rechnung eines Reiseveranstalters tätiges Reisebüro unter den in der Vorlageentscheidung dargestellten Umständen zusätzlich zu dem vom Reisenden entrichteten Preis an den Reiseveranstalter zahlen muss, und zwar in Höhe des dem Reisenden von dem Reisebüro gewährten Nachlasses auf den im Katalog des Reiseveranstalters festgesetzten Preis.

EuGH vom 6. 10. 2005 – Rs. C-291/03 – (HFR 2005 S. 1231, UR 2005 S. 685)

Berechnung der Marge durch Reisebüros oder Reiseveranstalter
1. Ein Reisebüro oder ein Reiseveranstalter, das bzw. der seine Mehrwertsteuererklärung für einen Besteuerungszeitraum unter Verwendung der Methode abgegeben hat, die in der nationalen Regelung zur Umsetzung der 6. USt-Richtlinie in das innerstaatliche Recht vorgesehen ist, kann seine Mehrwertsteuerschuld nach der vom Gerichtshof als gemeinschaftsrechtskonform angesehenen Methode unter den in seinem nationalen Recht vorgesehenen Bedingungen, die dem Äquivalenzprinzip und dem Effektivitätsprinzip entsprechen müssen, neu berechnen.
2. Art. 26 6. USt-Richtlinie ist dahin auszulegen, dass ein Reisebüro oder ein Reiseveranstalter, das bzw. der gegen Zahlung eines Pauschalpreises dem Reisenden von Dritten erworbene sowie selbst erbrachte Leistungen liefert, grundsätzlich den seinen eigenen Leistungen entsprechenden Teil des Pauschalangebots auf der Grundlage des Marktwerts dieser Leistungen errechnen muss, sofern dieser Wert bestimmt werden kann. Ein Steuerpflichtiger kann jedoch das Kriterium der tatsächlichen Kosten verwenden, wenn er nachweist, dass dieses Kriterium der tatsächlichen Struktur des Pauschalangebots exakt Rechnung trägt. Die Anwendung des Kriteriums des Marktwerts ist weder davon, dass sie einfacher ist als die Anwendung der auf die tatsächlichen Kosten gestützten Methode, noch davon abhängig, dass sie zu einer Mehrwertsteuerschuld führt, die der Schuld gleich oder ähnlich ist, die sich bei der Verwendung der auf die tatsächlichen Kosten gestützten Methode ergeben würde. Daher
   – darf ein Reisebüro oder ein Reiseveranstalter die auf den Marktwert gestützte Methode nicht nach eigenem Ermessen anwenden und
   – gilt die letztgenannte Methode für die eigenen Leistungen, deren Marktwert bestimmt werden kann, auch wenn im Rahmen desselben Besteuerungszeitraums der Wert anderer eigener Bestandteile der Pauschalleistung nicht bestimmt werden kann, weil der Steuerpflichtige keine ähnlichen Leistungen außerhalb eines Pauschalangebots verkauft.
3. Es ist Sache des vorlegenden Gerichts, unter Berücksichtigung der Umstände des Ausgangsrechtsstreits den Marktwert der im Rahmen der Pauschalurlaubsreisen gelieferten Flugreisen zu bestimmen. Dieses Gericht kann diesen Marktwert ausgehend von Durchschnittswerten bestimmen. In diesem Zusammenhang kann der Markt, der auf den an andere Reiseveranstalter verkauften Sitzen basiert, den am besten geeigneten Markt darstellen.

EuGH vom 13. 10. 2005 – Rs. C-200/04 – (HFR 2006 S. 97, UR 2005 S. 694)

Margenbesteuerung bei Sprach- und Studienreisen

Art. 26 6. USt-Richtlinie ist dahin auszulegen, dass er auf einen Wirtschaftsteilnehmer Anwendung findet, der Dienstleistungen wie die „High-School-Programme" und „College-Programme", die in der Durchführung von Sprach- und Studienreisen ins Ausland bestehen, anbietet und der seinen Kunden gegen Zahlung eines Pauschalpreises im eigenen Namen einen drei- bis zehnmonatigen Auslandsaufenthalt bietet und dabei Dienstleistungen anderer Steuerpflichtiger in Anspruch nimmt.[1]

EuGH vom 9. 12. 2010 – Rs. C-31/10 – (DStR 2010 S. 2576, HFR 2011 S. 232, UR 2011 S. 393)

Anwendung der Margenbesteuerung beim Verkauf von Opernkarten ohne zusätzlich erbrachte Leistungen

Art. 26 6. USt-Richtlinie ist dahin auszulegen, dass er auf den isolierten Verkauf von Opernkarten durch ein Reisebüro ohne Erbringung einer Reiseleistung nicht anwendbar ist.

Rsp III BUNDESFINANZHOF

BFH vom 15.7.2011 – XI B 71/10 – (BFH/NV 2011 S. 1929)

Umsatzbesteuerung von Reiseleistungen

§ 25 Abs. 1 Satz 1 UStG erfordert nicht, dass der Unternehmer für eigene Rechnung handeln muss (entgegen Abschn. 3.15. Abs. 4 Satz 5 UStAE).

UStG

§ 25a Differenzbesteuerung

S 7421

(1) Für die Lieferungen im Sinne des § 1 Abs. 1 Nr. 1 von beweglichen körperlichen Gegenständen gilt eine Besteuerung nach Maßgabe der nachfolgenden Vorschriften (Differenzbesteuerung), wenn folgende Voraussetzungen erfüllt sind:
1. [1]Der Unternehmer ist ein Wiederverkäufer. [2]Als Wiederverkäufer gilt, wer gewerbsmäßig mit beweglichen körperlichen Gegenständen handelt oder solche Gegenstände im eigenen Namen öffentlich versteigert.
2. [1]Die Gegenstände wurden an den Wiederverkäufer im Gemeinschaftsgebiet geliefert. [2]Für diese Lieferung wurde
   a) Umsatzsteuer nicht geschuldet oder nach § 19 Abs. 1 nicht erhoben oder
   b) die Differenzbesteuerung vorgenommen.
3. Die Gegenstände sind keine Edelsteine (aus Positionen 7102 und 7103 des Zolltarifs) oder Edelmetalle (aus Positionen 7106, 7108, 7110 und 7112 des Zolltarifs).

(2) [1]Der Wiederverkäufer kann spätestens bei Abgabe der ersten Voranmeldung eines Kalenderjahres gegenüber dem Finanzamt erklären, dass er die Differenzbesteuerung von Beginn dieses Kalenderjahres an auch auf folgende Gegenstände anwendet:
1. Kunstgegenstände (Nummer 53 der Anlage 2), Sammlungsstücke (Nummer 49 Buchstabe f und Nummer 54 der Anlage 2) oder Antiquitäten (Position 9706 00 00 des Zolltarifs), die er selbst eingeführt hat, oder
2. Kunstgegenstände, wenn die Lieferung an ihn steuerpflichtig war und nicht von einem Wiederverkäufer ausgeführt wurde.

[2]Die Erklärung bindet den Wiederverkäufer für mindestens zwei Kalenderjahre.

(3) [1]Der Umsatz wird nach dem Betrag bemessen, um den der Verkaufspreis den Einkaufspreis für den Gegenstand übersteigt; bei Lieferungen im Sinne des § 3 Abs. 1b und in den Fällen des § 10 Abs. 5 tritt an die Stelle des Verkaufspreises der Wert nach § 10 Abs. 4 Satz 1 Nr. 1. [2]Die Umsatzsteuer gehört nicht zur Bemessungsgrundlage. [3]Im Fall des Absatzes 2 Satz 1 Nr. 1 gilt als Einkaufspreis der Wert im Sinne des § 11 Abs. 1 zuzüglich der Einfuhrumsatzsteuer. [4]Im Fall des Absatzes 2 Satz 1 Nr. 2 schließt der Einkaufspreis die Umsatzsteuer des Lieferers ein.

---

[1]) Anm.: Vgl. hierzu BMF vom 31. 1. 2007, § 25 H 4.

(4) ¹Der Wiederverkäufer kann die gesamten innerhalb eines Besteuerungszeitraums ausgeführten Umsätze nach dem Gesamtbetrag bemessen, um den die Summe der Verkaufspreise und der Werte nach § 10 Abs. 4 Satz 1 Nr. 1 die Summe der Einkaufspreise dieses Zeitraums übersteigt (Gesamtdifferenz). ²Die Besteuerung nach der Gesamtdifferenz ist nur bei solchen Gegenständen zulässig, deren Einkaufspreis 500 Euro nicht übersteigt. ³Im Übrigen gilt Absatz 3 entsprechend.

(5) ¹Die Steuer ist mit dem allgemeinen Steuersatz nach § 12 Abs. 1 zu berechnen. ²Die Steuerbefreiungen, ausgenommen die Steuerbefreiung für innergemeinschaftliche Lieferungen (§ 4 Nr. 1 Buchstabe b, § 6a), bleiben unberührt. ³Abweichend von § 15 Abs. 1 ist der Wiederverkäufer in den Fällen des Absatzes 2 nicht berechtigt, die entrichtete Einfuhrumsatzsteuer, die gesondert ausgewiesene Steuer oder die nach § 13b Absatz 5 geschuldete Steuer für die an ihn ausgeführte Lieferung als Vorsteuer abzuziehen.

(6) ¹§ 22 gilt mit der Maßgabe, dass aus den Aufzeichnungen des Wiederverkäufers zu ersehen sein müssen
1. die Verkaufspreise oder die Werte nach § 10 Abs. 4 Satz 1 Nr. 1,
2. die Einkaufspreise und
3. die Bemessungsgrundlagen nach den Absätzen 3 und 4.

²Wendet der Wiederverkäufer neben der Differenzbesteuerung die Besteuerung nach den allgemeinen Vorschriften an, hat er getrennte Aufzeichnungen zu führen.

(7) Es gelten folgende Besonderheiten:
1. Die Differenzbesteuerung findet keine Anwendung
   a) auf die Lieferungen eines Gegenstands, den der Wiederverkäufer innergemeinschaftlich erworben hat, wenn auf die Lieferung des Gegenstands an den Wiederverkäufer die Steuerbefreiung für innergemeinschaftliche Lieferungen im übrigen Gemeinschaftsgebiet angewendet worden ist,
   b) auf die innergemeinschaftliche Lieferung eines neuen Fahrzeugs im Sinne des § 1b Abs. 2 und 3.
2. Der innergemeinschaftliche Erwerb unterliegt nicht der Umsatzsteuer, wenn auf die Lieferung der Gegenstände an den Erwerber im Sinne des § 1a Abs. 1 die Differenzbesteuerung im übrigen Gemeinschaftsgebiet angewendet worden ist.
3. Die Anwendung des § 3c und der Steuerbefreiung für innergemeinschaftliche Lieferungen (§ 4 Nr. 1 Buchstabe b, § 6a) sind bei der Differenzbesteuerung ausgeschlossen.

(8) ¹Der Wiederverkäufer kann bei jeder Lieferung auf die Differenzbesteuerung verzichten, soweit er Absatz 4 nicht anwendet. ²Bezieht sich der Verzicht auf die in Absatz 2 bezeichneten Gegenstände, ist der Vorsteuerabzug frühestens in dem Voranmeldungszeitraum möglich, in dem die Steuer für die Lieferung entsteht.

Vorschriften des Gemeinschaftsrechts

Art. 4 Buchst. a u. c, Art. 139 Abs. 3 Satz 1, Art. 311 bis 325 und Art 333 Abs. 2 der MWSt-Richtlinie (bis 31. 12. 2006: Art. 26a Teile A, B und D sowie Anhang I der 6. USt-Richtlinie).

25a.1. Differenzbesteuerung

Anwendungsbereich

(1) ¹§ 25a UStG enthält eine Sonderregelung für die Besteuerung der Lieferungen nach § 1 Abs. 1 Nr. 1 UStG von beweglichen körperlichen Gegenständen einschließlich Kunstgegenständen, Sammlungsstücken und Antiquitäten, sofern für diese Gegenstände kein Recht auf Vorsteuerabzug bestand. ²Sie werden nachfolgend als Gebrauchtgegenstände bezeichnet, weil sie nach der Verkehrsauffassung bereits „gebraucht" sind. ³Edelsteine und Edelmetalle sind nach § 25a Abs. 1 Nr. 3 UStG von der Differenzbesteuerung ausgenommen. ⁴Edelsteine im Sinne der Vorschrift sind rohe oder bearbeitete Diamanten (Position 7102 Zolltarif) sowie andere Edelsteine (z. B. Rubine, Saphire, Smaragde) und Schmucksteine (Position 7103 Zolltarif). ⁵Synthetische und rekonstituierte Edelsteine oder Schmucksteine (Position 7104 Zolltarif) rechnen nicht dazu. ⁶Edelmetalle im Sinne der Vorschrift sind Silber (aus Positionen 7106 und 7112 Zolltarif), Gold (aus Positionen 7108 und 7112 Zolltarif) und Platin einschließlich Iridium, Osmium, Palladium, Rhodium und Ruthenium (aus Positionen 7110 und 7112 Zolltarif). ⁷Edelmetalllegierungen und -plattierungen gehören grundsätzlich nicht dazu. ⁸Aus Edelsteinen oder Edelmetallen hergestellte Gegenstände (z. B. Schmuckwaren, Gold- und Silberschmiedewaren) fallen nicht unter die Ausnahmeregelung.

§ 25a UStG
AE 25a.1

(2) ¹Der Anwendungsbereich der Differenzbesteuerung ist auf Wiederverkäufer beschränkt. ²Als Wiederverkäufer gelten Unternehmer, die im Rahmen ihrer gewerblichen Tätigkeit üblicherweise Gebrauchtgegenstände erwerben und sie danach, ggf. nach Instandsetzung, im eigenen Namen wieder verkaufen (gewerbsmäßige Händler), und die Veranstalter öffentlicher Versteigerungen, die Gebrauchtgegenstände im eigenen Namen und auf eigene oder fremde Rechnung versteigern (vgl. BFH-Urteile vom 2. 3. 2006, V R 35/04, BStBl II S. 675, *und vom 29. 6. 2011, XI R 15/10, BStBl II S. 839*). ³Der An- und Verkauf der Gebrauchtgegenstände kann auf einen Teil- oder Nebenbereich des Unternehmens beschränkt sein.

Beispiel:

¹Ein Kreditinstitut veräußert die von Privatpersonen sicherungsübereigneten Gebrauchtgegenstände. ²Der Verkauf der Gegenstände unterliegt der Differenzbesteuerung. ³Das Kreditinstitut ist insoweit als Wiederverkäufer anzusehen.

(3) ¹Der Ort der Lieferung der Gegenstände an den Wiederverkäufer muss im Inland oder im übrigen Gemeinschaftsgebiet liegen. ²Wird ein Gegenstand im Drittlandsgebiet erworben und in das Inland eingeführt, unterliegt die spätere Lieferung des Gegenstandes nur unter den Voraussetzungen des § 25a Abs. 2 UStG der Differenzbesteuerung.

(4) ¹ Die Anwendung der Differenzbesteuerung setzt nach § 25a Abs. 1 Nr. 2 UStG voraus, dass der Wiederverkäufer die Gebrauchtgegenstände im Rahmen einer entgeltlichen Lieferung für sein Unternehmen erworben hat (vgl. BFH-Urteil vom 18. 12. 2008, V R 73/07, BStBl 2009 II S. 612). ²Diese Voraussetzung ist nicht erfüllt, wenn der Wiederverkäufer Gegenstände aus seinem Privatvermögen in das Unternehmen eingelegt oder im Rahmen einer unentgeltlichen Lieferung nach § 3 Abs. 1b Satz 1 UStG erworben hat. ³Der Wiederverkäufer kann die Differenzbesteuerung auch bei der Veräußerung von Gegenständen des Anlagevermögens anwenden, *wenn der Wiederverkauf des Gegenstandes bei seinem Erwerb zumindest nachrangig beabsichtigt war und dieser Wiederverkauf aufgrund seiner Häufigkeit zur normalen Tätigkeit des Unternehmers gehört (vgl. BFH-Urteil vom 29. 6. 2011, XI R 15/10, BStBl II S. 839).*⁴*Wird aus mehreren Einzelgegenständen, die jeweils für sich die Voraussetzungen der Differenzbesteuerung erfüllen, ein einheitlicher Gegenstand hergestellt oder zusammengestellt, unterliegt die anschließende Lieferung dieses „neuen" Gegenstandes nicht der Differenzbesteuerung.* ⁵*Das gilt auch, wenn von einem erworbenen Gebrauchtgegenstand anschließend lediglich einzelne Teile geliefert werden (z. B. beim Ausschlachten eines Pkw).*

(5) ¹Die Differenzbesteuerung setzt nach § 25a Abs. 1 Nr. 2 UStG ferner voraus, dass für die Lieferung des Gegenstandes an den Wiederverkäufer Umsatzsteuer im Gemeinschaftsgebiet nicht geschuldet oder nach § 19 Abs. 1 UStG nicht erhoben oder die Differenzbesteuerung im Gemeinschaftsgebiet vorgenommen wurde. ²Der Wiederverkäufer kann die Regelung danach anwenden, wenn er den Gegenstand im Inland oder im übrigen Gemeinschaftsgebiet erworben hat von

1. einer Privatperson oder einer juristischen Person des öffentlichen Rechts, die nicht Unternehmer ist,
2. einem Unternehmer aus dessen nichtunternehmerischen Bereich,
3. einem Unternehmer, der mit seiner Lieferung des Gegenstandes unter eine Steuerbefreiung fällt, die zum Ausschluss vom Vorsteuerabzug führt,
4. einem Kleinunternehmer, der nach dem Recht des für die Besteuerung zuständigen Mitgliedstaates von der Steuer befreit oder auf andere Weise von der Besteuerung ausgenommen ist, oder
5. ¹einem anderen Wiederverkäufer, der auf die Lieferung ebenfalls die Differenzbesteuerung angewendet hat (§ 25a Abs. 1 Nr. 2 Satz 2 Buchstabe b UStG). ²Dies setzt allerdings voraus, dass für diese Lieferung die Differenzbesteuerung zu Recht angewendet wurde (vgl. BFH-Urteil vom 23. 4. 2009, V R 52/07, BStBl II S. 860). ³Die Differenzbesteuerung ist hiernach auch bei Verkäufen von Händler an Händler möglich.

³Der Erwerb eines Gegenstandes von einem Land- und Forstwirt, der auf die Umsätze aus seinem land- und forstwirtschaftlichen Betrieb die Durchschnittssatzbesteuerung des § 24 UStG anwendet, erfüllt nicht die Voraussetzung des § 25a Abs. 1 Nr. 2 Buchstabe a UStG. ⁴Von der Differenzbesteuerung sind Gebrauchtgegenstände ausgenommen, die im übrigen Gemeinschaftsgebiet erworben worden sind, sofern der Lieferer dort die Steuerbefreiung für innergemeinschaftliche Lieferungen angewendet hat (§ 25a Abs. 7 Nr. 1 Buchstabe a UStG).

(6) ¹Der Wiederverkäufer kann mit Beginn des Kalenderjahres, in dem er eine entsprechende Erklärung abgibt, die Differenzbesteuerung auch anwenden, wenn er

1. Kunstgegenstände, Sammlungsstücke oder Antiquitäten selbst eingeführt hat oder
2. Kunstgegenstände vom Künstler selbst oder von einem anderen Unternehmer, der kein Wiederverkäufer ist, erworben hat und dafür Umsatzsteuer geschuldet wurde.

²Dabei kann die Differenzbesteuerung auf einzelne Gruppen dieser Gegenstände („Kunstgegenstände" oder „Sammlungsstücke" oder „Antiquitäten") beschränkt werden. ³Die Begriffe Kunst-

gegenstände und Sammlungsstücke sind nach den gleichen Merkmalen wie für Zwecke der Steuerermäßigung nach § 12 Abs. 2 Nr. 1 und 2 UStG abzugrenzen (vgl. Nummern 53 und 54 sowie Nummer 49 Buchstabe f der Anlage 2 des UStG). [4]Antiquitäten sind andere Gegenstände als Kunstgegenstände und Sammlungsstücke, die mehr als 100 Jahre alt sind (Position 9706 00 00 Zolltarif).

(7) [1]Die Differenzbesteuerung für die in Absatz 6 bezeichneten Gegenstände ist von einer formlosen Erklärung abhängig, die spätestens bei Abgabe der ersten Voranmeldung des Kalenderjahres beim Finanzamt einzureichen ist. [2]In der Erklärung müssen die Gegenstände bezeichnet werden, auf die sich die Differenzbesteuerung erstreckt. [3]An die Erklärung ist der Wiederverkäufer für mindestens zwei Kalenderjahre gebunden. [4]Soweit der Wiederverkäufer die Differenzbesteuerung anwendet, ist er abweichend von § 15 Abs. 1 UStG nicht berechtigt, die entrichtete Einfuhrumsatzsteuer, die gesondert ausgewiesene Steuer oder die nach § 13b Abs. 5 UStG geschuldete Steuer für die an ihn ausgeführte Lieferung als Vorsteuer abzuziehen.

Bemessungsgrundlage

(8) [1]Wird ein Gebrauchtgegenstand durch den Wiederverkäufer nach § 1 Abs. 1 Nr. 1 Satz 1 UStG geliefert, ist als Bemessungsgrundlage der Betrag anzusetzen, um den der Verkaufspreis den Einkaufspreis für den Gegenstand übersteigt; die in dem Unterschiedsbetrag enthaltene Umsatzsteuer ist herauszurechnen. [2]Nebenkosten, die nach dem Erwerb des Gegenstandes angefallen, also nicht im Einkaufspreis enthalten sind, z. B. Reparaturkosten, mindern nicht die Bemessungsgrundlage. [3]Soweit selbst eingeführte Kunstgegenstände, Sammlungsstücke oder Antiquitäten nach § 25a Abs. 2 Satz 1 Nr. 1 UStG in die Differenzbesteuerung einbezogen werden, gilt als Einkaufspreis der nach den Vorschriften über den Zollwert ermittelte Wert des eingeführten Gegenstandes zuzüglich der Einfuhrumsatzsteuer. [4]Im Fall des § 25a Abs. 2 Satz 1 Nr. 2 UStG schließt der Einkaufspreis die vom Lieferer in Rechnung gestellte Umsatzsteuer ein.

(9) [1]Lieferungen, für die die Mindestbemessungsgrundlage (§ 10 Abs. 5 UStG) anzusetzen ist, und Lieferungen im Sinne des § 3 Abs. 1b UStG werden nach dem Unterschied zwischen dem tatsächlichen Einkaufspreis und den Einkaufskosten der Nebenkosten für den Gegenstand zum Zeitpunkt des Umsatzes (§ 10 Abs. 4 Satz 1 Nr. 1 UStG) – abzüglich Umsatzsteuer – bemessen. [2]Bei den vorbezeichneten Lieferungen kommt eine Differenzbesteuerung im Normalfall allerdings im Hinblick auf § 3 Abs. 1b Satz 2 UStG nicht in Betracht, weil diese Vorschrift die Berechtigung zum vollen oder teilweisen Vorsteuerabzug voraussetzt.

(10) [1]Nimmt ein Wiederverkäufer beim Verkauf eines Neugegenstandes einen Gebrauchtgegenstand in Zahlung und leistet der Käufer in Höhe der Differenz eine Zuzahlung, ist im Rahmen der Differenzbesteuerung als Einkaufspreis nach § 25a Abs. 3 UStG der tatsächliche Wert des Gebrauchtgegenstandes anzusetzen. [2]Dies ist der Wert, der bei der Ermittlung des Entgelts für den Kauf des neuen Gegenstandes tatsächlich zu Grunde gelegt wird. [3]Bei der Inzahlungnahme von Gebrauchtfahrzeugen in der Kraftfahrzeugwirtschaft ist grundsätzlich nach Abschnitt 10.5 Abs. 4 zu verfahren. [4]Wenn jedoch die Höhe der Entgeltsminderung nicht nachgewiesen und das Neuwagenentgelt nicht um einen „verdeckten Preisnachlass" gemindert wird, kann im Rahmen der Differenzbesteuerung der Betrag als Einkaufspreis für das Gebrauchtfahrzeug angesetzt werden, mit dem dieses in Zahlung genommen, d. h. auf den Neuwagenpreis angerechnet wird.

Beispiel:

[1]Der Verkaufspreis eines fabrikneuen Kraftwagens beträgt 23 800 € (20 000 € + 3 800 € Umsatzsteuer). [2]Im Kaufvertrag zwischen dem Kraftfahrzeughändler und dem Kunden (Nichtunternehmer) wird vereinbart, dass

– der Händler ein gebrauchtes Kraftfahrzeug des Kunden mit 8 500 € in Zahlung nimmt und
– der Kunde den Restbetrag von 15 300 € in bar bezahlt.

[3]Der Kraftfahrzeughändler verkauft das Gebrauchtfahrzeug nach einem Monat für 10 000 € an einen Nichtunternehmer im Inland.

1. Berücksichtigung des verdeckten Preisnachlasses
   a) Ermittlung des tatsächlichen Wertes des Gebrauchtfahrzeugs nach Abschnitt 10.5 Abs. 4:

Verkaufserlös für das Gebrauchtfahrzeug	10 000,— €
./. Reparaturkosten	500,— €
./. Verkaufskosten (pauschal 15 % von 10 000 €)	1 500,— €
tatsächlicher Wert des Gebrauchtfahrzeugs	8 000,— €
verdeckter Preisnachlass	500,— €

   b) Bemessungsgrundlage für den Verkauf des Neufahrzeugs:

Barzahlung des Kunden	15 300,— €
+ tatsächlicher Wert des Gebrauchtfahrzeugs	8 000,— €
	23 300,— €
./. darin enthaltene Umsatzsteuer (Steuersatz 19 %)	3 720,17 €
Bemessungsgrundlage	19 579,83 €

§ 25a UStG
AE 25a.1

   c) Bemessungsgrundlage für den Verkauf des Gebrauchtfahrzeugs nach § 25a Abs. 3 Satz 1 UStG:

Verkaufspreis	10 000,— €
./. tatsächlicher Wert des Gebrauchtfahrzeugs (= Einkaufspreis i. S. d. § 25a Abs. 3 UStG)	8 000,— €
Differenz	2 000,— €
./. darin enthaltene Umsatzsteuer (Steuersatz 19 %)	319,33 €
Bemessungsgrundlage für die Differenzbesteuerung	1 680,67 €

 2. Nichtberücksichtigung des verdeckten Preisnachlasses
  a) Bemessungsgrundlage für den Verkauf des Neufahrzeugs:

Barzahlung des Kunden	15 300,— €
+ Anrechnungswert des Gebrauchtfahrzeugs	8 500,— €
	23 800,— €
./. darin enthaltene Umsatzsteuer (Steuersatz 19 %)	3 800,— €
Bemessungsgrundlage	20 000,— €

  b) Bemessungsgrundlage für den Verkauf des Gebrauchtfahrzeugs nach § 25a Abs. 3 Satz 1 UStG:

Verkaufspreis	10 000,— €
./. Anrechnungswert des Gebrauchtfahrzeugs	8 500,— €
Differenz	1 500,— €
./. darin enthaltene Umsatzsteuer (Steuersatz 19 %)	239,50 €
Bemessungsgrundlage für die Differenzbesteuerung	1 260,50 €

[4]Die Summe der Bemessungsgrundlagen beträgt in beiden Fällen 21 260,50 €.

(11) [1]Die Bemessungsgrundlage ist vorbehaltlich des Absatzes 12 für jeden Gegenstand einzeln zu ermitteln (Einzeldifferenz). [2]Ein positiver Unterschiedsbetrag zwischen dem Verkaufspreis – oder dem an seine Stelle tretenden Wert – und dem Einkaufspreis eines Gegenstandes kann für die Berechnung der zu entrichtenden Steuer nicht mit einer negativen Einzeldifferenz aus dem Umsatz eines anderen Gegenstandes oder einer negativen Gesamtdifferenz (vgl. Absatz 12) verrechnet werden. [3]Bei einem negativen Unterschiedsbetrag beträgt die Bemessungsgrundlage 0 €; dieser Unterschiedsbetrag kann auch in späteren Besteuerungszeiträumen nicht berücksichtigt werden. [4]Wird ein Gegenstand nicht im Jahr der Anschaffung veräußert, entnommen oder zugewendet, ist der noch nicht berücksichtigte Einkaufspreis im Jahr der tatsächlichen Veräußerung, Entnahme oder Zuwendung in die Berechnung der Einzeldifferenz einzubeziehen.

(12) [1]Bei Gegenständen, deren Einkaufspreis den Betrag von 500 € nicht übersteigt, kann die Bemessungsgrundlage anstatt nach der Einzeldifferenz nach der Gesamtdifferenz ermittelt werden. [2]Die Gesamtdifferenz ist der Betrag, um den die Summe der Verkaufspreise und der Werte nach § 10 Abs. 4 Satz 1 Nr. 1 UStG die Summe der Einkaufspreise – jeweils bezogen auf den Besteuerungszeitraum – übersteigt; die in dem Unterschiedsbetrag enthaltene Umsatzsteuer ist herauszurechnen. [3]Für die Ermittlung der Verkaufs- und Einkaufspreise sind die Absätze 8 bis 10 entsprechend anzuwenden. [4]Kann ein Gegenstand endgültig nicht mehr veräußert, entnommen oder zugewendet werden (z. B. wegen Diebstahl oder Untergang), ist die Summe der Einkaufspreise entsprechend zu mindern. [5]Die Voraussetzungen für die Ermittlung der Bemessungsgrundlage nach der Gesamtdifferenz müssen grundsätzlich für jeden einzelnen Gegenstand erfüllt sein. [6]Wendet der Wiederverkäufer für eine Mehrheit von Gegenständen oder für Sachgesamtheiten einen Gesamteinkaufspreis auf (z. B. beim Kauf von Sammlungen oder Nachlässen) und werden die Gegenstände üblicherweise später einzeln verkauft, kann wie folgt verfahren werden:

1. Beträgt der Gesamteinkaufspreis bis zu 500 €, kann aus Vereinfachungsgründen von der Ermittlung der auf die einzelnen Gegenstände entfallenden Einkaufspreise abgesehen werden.
2. [1]Übersteigt der Gesamteinkaufspreis den Betrag von 500 €, ist der auf die einzelnen Gegenstände entfallende Einkaufspreis grundsätzlich im Wege sachgerechter Schätzung zu ermitteln. [2]Die Schätzung kann auf wertbestimmende Einzelgegenstände solange beschränkt werden, bis der Gesamtbetrag für die restlichen Gegenstände 500 € oder weniger beträgt.

Beispiel:

[1]Der Antiquitätenhändler A kauft eine Wohnungseinrichtung für 3 000 €. [2]Dabei ist er insbesondere an einer antiken Truhe (geschätzter anteiliger Einkaufspreis 1 500 €) und einem Weichholzschrank (Schätzpreis 800 €) interessiert. [3]Die restlichen Einrichtungsgegenstände, zu denen ein Fernsehgerät (Schätzpreis 250 €) gehört, will er an einen Trödelhändler verkaufen.

[4]A muss beim Weiterverkauf der Truhe und des Weichholzschranks die Bemessungsgrundlage nach der Einzeldifferenz ermitteln. [5]Das Fernsehgerät hat er den Gegenständen zuzuordnen, für die die Bemessungsgrundlage nach der Gesamtdifferenz ermittelt wird. [6]Das Gleiche gilt für die restlichen Einrichtungsgegenstände. [7]Da ihr Anteil am Gesamtpreis 450 € beträgt, kann von einer Ermittlung der auf die einzelnen Gegenstände entfallenden Einkaufspreise abgesehen werden.

(13) ¹Die Gesamtdifferenz kann nur einheitlich für die gesamten innerhalb eines Besteuerungszeitraums ausgeführten Umsätze ermittelt werden, die sich auf Gegenstände mit Einkaufspreisen bis zu 500 € beziehen. ²Es ist nicht zulässig, die Gesamtdifferenz innerhalb dieser Preisgruppe auf bestimmte Arten von Gegenständen zu beschränken. ³Für Gegenstände, deren Einkaufspreis 500 € übersteigt, ist daneben die Ermittlung nach der Einzeldifferenz vorzunehmen. ⁴Die positive Gesamtdifferenz eines Besteuerungszeitraums kann nicht mit einer negativen Einzeldifferenz verrechnet werden. ⁵Ist die Gesamtdifferenz eines Besteuerungszeitraums negativ, beträgt die Bemessungsgrundlage 0 €; der negative Betrag kann nicht in späteren Besteuerungszeiträumen berücksichtigt werden. ⁶Bei der Berechnung der Besteuerungsgrundlagen für die einzelnen Voranmeldungszeiträume ist entsprechend zu verfahren. ⁷Allerdings können innerhalb desselben Besteuerungszeitraums negative mit positiven Gesamtdifferenzen einzelner Voranmeldungszeiträume verrechnet werden.

(14) Ein Wechsel von der Ermittlung nach der Einzeldifferenz zur Ermittlung nach der Gesamtdifferenz und umgekehrt ist nur zu Beginn eines Kalenderjahres zulässig.

Steuersatz, Steuerbefreiungen

(15) ¹Bei der Differenzbesteuerung ist die Steuer stets mit dem allgemeinen Steuersatz zu berechnen. ²Dies gilt auch für solche Gegenstände, für die bei der Besteuerung nach den allgemeinen Vorschriften der ermäßigte Steuersatz in Betracht käme (z. B. Kunstgegenstände und Sammlungsstücke). ³Wird auf eine Lieferung in das übrige Gemeinschaftsgebiet die Differenzbesteuerung angewendet, ist die Steuerbefreiung für innergemeinschaftliche Lieferungen ausgeschlossen. ⁴Die übrigen Steuerbefreiungen des § 4 UStG bleiben unberührt.

Verbot des offenen Steuerausweises, Aufzeichnungspflichten

(16) ¹Das Verbot des gesonderten Ausweises der Steuer in einer Rechnung gilt auch dann, wenn der Wiederverkäufer einen Gebrauchtgegenstand an einen anderen Unternehmer liefert, der eine gesondert ausgewiesene Steuer aus dem Erwerb dieses Gegenstandes als Vorsteuer abziehen könnte. ²Liegen die Voraussetzungen für die Differenzbesteuerung vor und weist ein Wiederverkäufer für die Lieferung eines Gebrauchtgegenstandes – entgegen der Regelung in § 14a Abs. 6 Satz 2 UStG – die auf die Differenz entfallende Steuer gesondert aus, schuldet er die gesondert ausgewiesene Steuer nach § 14c Abs. 2 UStG. ³Zusätzlich zu dieser Steuer schuldet er für die Lieferung des Gegenstandes die Steuer nach § 25a UStG.

(17) ¹Der Wiederverkäufer, der Umsätze von Gebrauchtgegenständen nach § 25a UStG versteuert, hat für jeden Gegenstand getrennt den Verkaufspreis oder den Wert nach § 10 Abs. 4 Satz 1 Nr. 1 UStG, den Einkaufspreis und die Bemessungsgrundlage aufzuzeichnen (§ 25a Abs. 6 Satz 2 UStG). ²Aus Vereinfachungsgründen kann er in den Fällen, in denen lediglich ein Gesamteinkaufspreis für mehrere Gegenstände vorliegt, den Gesamteinkaufspreis aufzeichnen,
1. wenn dieser den Betrag von 500 € insgesamt nicht übersteigt oder
2. soweit er nach Abzug der Einkaufspreise einzelner Gegenstände den Betrag von 500 € nicht übersteigt.

³Die besonderen Aufzeichnungspflichten gelten als erfüllt, wenn sich die aufzeichnungspflichtigen Angaben aus den Buchführungsunterlagen entnehmen lassen. ⁴Der Wiederverkäufer hat die Aufzeichnungen für die Differenzbesteuerung getrennt von den übrigen Aufzeichnungen zu führen.

Besonderheiten im innergemeinschaftlichen Warenverkehr

(18) ¹Die Differenzbesteuerung kann vorbehaltlich des Absatzes 19 auch auf Lieferungen vom Inland in das übrige Gemeinschaftsgebiet angewendet werden. ²Sie ist in diesem Fall stets im Inland vorzunehmen; die Regelung des § 3c UStG und die Steuerbefreiung für innergemeinschaftliche Lieferungen im Sinne von § 4 Nr. 1 Buchstabe b, § 6a UStG finden keine Anwendung.

(19) ¹Die Differenzbesteuerung ist ausgeschlossen, wenn der Wiederverkäufer ein neues Fahrzeug im Sinne von § 1b Abs. 2 und 3 UStG in das übrige Gemeinschaftsgebiet liefert. ²Die Lieferung ist im Inland unter den Voraussetzungen des § 4 Nr. 1 Buchstabe b, § 6a UStG als innergemeinschaftliche Lieferung steuerfrei. ³Der Erwerber des neuen Fahrzeugs hat im übrigen Gemeinschaftsgebiet einen innergemeinschaftlichen Erwerb zu besteuern.

(20) Wird bei der Lieferung eines Gegenstandes vom übrigen Gemeinschaftsgebiet in das Inland die Differenzbesteuerung im übrigen Gemeinschaftsgebiet angewendet, entfällt eine Erwerbsbesteuerung im Inland.

Verzicht auf die Differenzbesteuerung

(21) ¹Ein Verzicht auf die Anwendung der Differenzbesteuerung ist bei jeder einzelnen Lieferung eines Gebrauchtgegenstandes möglich. ²Abschnitt 9.1 Abs. 3 und 4 ist sinngemäß anzuwen-

den. ³Im Fall der Besteuerung nach der Gesamtdifferenz ist ein Verzicht ausgeschlossen. ⁴Der Verzicht ist auch für solche Gegenstände möglich, für die der Wiederverkäufer nach § 25a Abs. 2 UStG die Anwendung der Differenzbesteuerung erklärt hat. ⁵In diesem Fall kann er die entrichtete Einfuhrumsatzsteuer und die ihm berechnete Umsatzsteuer frühestens in der Voranmeldung als Vorsteuer geltend machen, in der er auch die Steuer für die Lieferung anmeldet. ⁶Der Verzicht auf die Differenzbesteuerung nach § 25a Abs. 8 UStG hat zur Folge, dass auf die Lieferung die allgemeinen Vorschriften des UStG anzuwenden sind.

Hinweise

H 1 Differenzbesteuerung bei Gebrauchtfahrzeugen, die ein Autohaus beim agenturweisen Verkauf von Neufahrzeugen in Zahlung genommen hat

(OFD Koblenz, Vfg. vom 20. 8. 2003 – S 7421 A – St 44 3 –, DB 2003 S. 2096)

Bei der Differenzbesteuerung nach § 25a UStG kann der Anrechnungspreis eines in Zahlung genommenen Gebrauchtfahrzeugs dann als Einkaufspreis angesetzt werden, wenn der Unternehmer bei der Lieferung des Neufahrzeugs den Listenpreis ansetzt und keinen verdeckten Preisnachlass berücksichtigt (Abschn. 276a Abs. 10 UStR 2000).

Bei agenturweisem Verkauf des Neufahrzeugs ist diese Regelung nicht anwendbar. Dem vom Agenten zu Lasten seiner Provision gewährte Nachlass mindert das Entgelt für den Verkauf des Neufahrzeugs nur dann, wenn der Lieferer dem Preisnachlass zustimmt (Abschn. 151 Abs. 4 UStR 2000).

Der Provisionsverzicht des Agenten beeinflusst aber nicht den nach Abschn. 153 Abs. 4 UStR 2000 zu ermittelnden Einkaufspreis für das Gebrauchtfahrzeug.

> **Beispiel:**
> Das Autohaus A ist gleichzeitig Niederlassung eines Automobilherstellers. Für den Verkauf eines Neufahrzeugs berechnet der Hersteller dem Kunden K den Listenpreis von 25 000 € zzgl. 4 000 € USt. A erhält vom Hersteller eine Provision von 5 000 €. K zahlt für das Neufahrzeug 22 500 € und gibt sein Gebrauchtfahrzeug, dessen gemeiner Wert 4 500 € beträgt, für 6 500 € in Zahlung. A verkauft das Gebrauchtfahrzeug nach 3 Monaten für 4 750 € und erzielt damit eine positive Marge von 250 €.

Zur Ermittlung des gemeinen Werts wird auf Abschn. 153 Abs. 4 Satz 5 Nr. 1 bis 3 UStR 2000 verwiesen.

2 Keine Anwendung der Differenzbesteuerung im Anschluss an eine Geschäftsveräußerung im Ganzen

(OFD Karlsruhe/Stuttgart, Vfg. vom 25. 8. 2003 – USt-Kartei S 7421 Karte 2 –, UR 2004 S. 47)

Nach § 25a Abs. 1 Nr. 2 Buchst. a UStG ist u. a. Voraussetzung für die Anwendung der Differenzbesteuerung, dass für die Lieferung an den Wiederverkäufer Umsatzsteuer nicht geschuldet oder nach § 19 Abs. 1 UStG nicht erhoben wird.

Diese Voraussetzung ist allerdings nicht erfüllt, wenn die Gegenstände im Rahmen einer nicht steuerbaren Geschäftsveräußerung erworben wurden und der Veräußerer für diese Gegenstände zum Vorsteuerabzug berechtigt war. Der erwerbende Unternehmer tritt nach § 1 Abs. 1a Satz 3 UStG auch insoweit an die Stelle des Veräußerers.

3 Verkauf von nach Diebstahl wiedergefundenen Fahrzeugen durch Versicherungsunternehmen

(OFD Nürnberg, Vfg. vom 16. 12. 2003 – S 7421 – 19/St 43 – UR 2004 S. 556)

Versicherungsunternehmen versichern u. a. auch das Risiko des Diebstahls von Fahrzeugen. Im Versicherungsfall entschädigt die Versicherungsgesellschaft den Versicherungsnehmer mit dem Wiederbeschaffungswert des versicherten Fahrzeuges. Die versicherungsvertraglichen Regelungen sehen in § 13 der Allgemeinen Bedingungen für die Kraftfahrversicherung vor, dass entwendete Gegenstände – soweit sie nach Ablauf eines Monats nach Eingang der Schadensanzeige wieder aufgefunden werden – in das Eigentum des Versicherungsunternehmers übergehen.

Aus der Versicherungswirtschaft wurde angefragt, ob Versicherungsunternehmen nach Ablauf eines Monats wieder aufgefundene Fahrzeuge unter Anwendung der Differenzbesteuerung nach § 25a UStG veräußern können, wenn die Kraftfahrzeuge Versicherungsnehmern gehört hatten, die nicht zum Vorsteuerabzug berechtigt waren (Personenkreis des Abschn. 276a Abs. 5 Satz 2 Nr. 1–5 UStR).

Nach dem Ergebnis der Erörterungen der obersten Finanzbehörden des Bundes und der Länder ist auf einen entsprechenden Umsatz des Versicherungsunternehmens die Regelung des § 25a UStG nicht anwendbar. Die ggf. wiederaufgefundenen Fahrzeuge werden nicht im Rahmen eines Leistungsaustausches vom Versicherungsnehmer an das Versicherungsunternehmen geliefert. Zudem ist die Schadensersatzzahlung für das entwendete Fahrzeug durch das Versicherungsunternehmen an den Versicherungsnehmer nicht als Entgelt („Einkaufspreis" i. S. d. § 25a Abs. 3 UStG) für den Erwerb des Fahrzeuges anzusehen, da sie unabhängig vom Wiederauffinden des Fahrzeuges zu leisten ist und damit nicht für die Fahrzeuglieferung aufgewendet wird.

Anwendung der Differenzbesteuerung und des Steuerabzugsverfahrens (§§ 51 ff. UStDV) bzw. der Steuerschuldnerschaft des Leistungsempfängers (§ 13b UStG) in Fällen der Sicherungsübereignung 4

(OFD Frankfurt/Main, Vfg. vom 18. 1. 2005 – S 7421 A – 5 – St I 2.40 –, StEd 2005 S. 238)

Anwendung der Differenzbesteuerung (§ 25a UStG) bei der Veräußerung von Anlagevermögen Konsequenzen des BFH-Urteils vom 29. 6. 2011 – XI R 15/10 – (BStBl II S. 839) 5

(BMF vom 11. 10. 2011, BStBl 2011 I S. 983)

Mit Urteil vom 29. 6. 2011 - XI R 15/10 – (BStBl II S. 839) hat der BFH entschieden, dass die Veräußerung eines PKW, den ein Kioskbetreiber als Gebrauchtwagen ohne Vorsteuerabzugsberechtigung erworben und in seinem Unternehmen genutzt hat, bei richtlinienkonformer Auslegung nicht der Differenzbesteuerung nach § 25a UStG unterliegt, sondern nach den allgemeinen Vorschriften des UStG zu versteuern ist. § 25a Abs. 1 Nr. 1 UStG ist dahin zu verstehen, dass der Unternehmer im Zeitpunkt der konkreten Lieferung, die der Differenzbesteuerung unterworfen werden soll, als Wiederverkäufer gehandelt haben muss. Dies ist nur dann der Fall, wenn der Wiederverkauf des Gegenstandes bei seinem Erwerb zumindest nachrangig beabsichtigt war und dieser Wiederverkauf aufgrund seiner Häufigkeit zur normalen Tätigkeit des Unternehmers gehört.

Unter Bezugnahme auf das Ergebnis der Erörterungen mit den obersten Finanzbehörden der Länder wird Abschnitt 25a.1 Abs. 4 Satz 3 des Umsatzsteuer-Anwendungserlasses vom 1. 10. 2010 (BStBl I S. 846), der zuletzt durch das BMF-Schreiben vom 5. 10. 2011 - IV D 2 - S 7100/08/ 10009 :002 (2011/0747750) – (BStBl I S. 982) geändert worden ist, wie folgt gefasst:[1]

Die Grundsätze dieses Schreibens sind in allen offenen Fällen anzuwenden. Für vor dem 1. 1. 2012 ausgeführte Umsätze wird es nicht beanstandet, wenn der Unternehmer Lieferungen von Gegenständen des Anlagevermögens unter Berufung auf Abschnitt 25a.1 Abs. 4 Satz 3 UStAE in der am 10. 10. 2011 geltenden Fassung der Differenzbesteuerung nach § 25a UStG unterwirft.

Rechtsprechung

Rsp

EUROPÄISCHER GERICHTSHOF

Rsp I

EuGH vom 1. 4. 2004 – Rs. C-320/02 – (HFR 2004 S. 936, UVR 2004 S. 277)

Sonderregelung für den Bereich der Gebrauchtgegenstände (Art. 26a 6. USt-Richtlinie/Differenzbesteuerung nach § 25a UStG), Tiere als Gebrauchtgegenstände

1. Artikel 26a 6. USt-Richtlinie ist dahin auszulegen, dass lebende Tiere als Gebrauchtgegenstände im Sinne dieser Vorschrift angesehen werden können.
2. Als Gebrauchtgegenstand im Sinne dieser Vorschrift kann daher ein Tier angesehen werden, das von einer Privatperson (die nicht der Züchter ist) gekauft worden ist und nach einer Ausbildung zu einer speziellen Verwendung weiterverkauft wird.

EuGH vom 8. 12. 2005 – Rs. C-280/04 – (HFR 2006 S. 218, UR 2006 S. 360)

Anwendung der Differenzbesteuerung beim Wiederverkauf gebraucht gekaufter Fahrzeuge durch eine Leasinggesellschaft

1. Art. 13 Teil B Buchst. c der 6. USt-Richtlinie in der durch die Richtlinie 94/5/EG des Rates vom 14. 2. 1994 geänderten Fassung ist dahin auszulegen, dass er nationalen Rechtsvorschriften nicht entgegensteht, die diejenigen Umsätze der Mehrwertsteuer unterwerfen, mit denen ein Steuerpflichtiger Gegenstände wieder verkauft, die er zuvor seinem Betriebsvermögen zugeordnet hatte und deren Anschaffung nicht nach Art. 17 Abs. 6 der 6. USt-Richtlinie in ihrer geänderten Fassung vom Vorsteuerabzug ausgeschlossen war, auch wenn für diesen bei Steuerpflichtigen getätigten Erwerb ein Vorsteuerabzug deshalb nicht möglich war, weil diese keine Mehrwertsteuer anmelden konnten.

---

[1] Anm.: Text wurde inhaltlich unverändert in Abschn. 25a.1 übernommen (siehe AE 25a.1).

2. Art. 26a Teil A Buchst. e der 6. USt-Richtlinie in der durch die Richtlinie 94/5/EG geänderten Fassung ist dahin auszulegen, dass als „steuerpflichtiger Wiederverkäufer" im Sinne dieser Vorschrift ein Unternehmen angesehen werden kann, das im Rahmen seiner normalen Tätigkeit Fahrzeuge wieder verkauft, die es für seine Leasingtätigkeiten als Gebrauchtwagen erworben hatte, und für das der Wiederverkauf im Augenblick der Anschaffung des Gebrauchtgegenstands nicht das Hauptziel, sondern nur sein zweitrangiges und dem der Vermietung untergeordnetes Ziel darstellt.

EuGH vom 3.3.2011 – Rs. C-203/10 – (BFH/NV 2011 S. 735, HFR 2011 S. 609)

Keine Differenzbesteuerung für vom Wiederverkäufer eingeführte Gebrauchtgegenstände

1. Art. 314 MwStSystRL ist dahin auszulegen, dass die Differenzbesteuerung nicht auf Lieferungen von Gegenständen wie gebrauchten Autoteilen anwendbar ist, die ein der normalen Mehrwertsteuerregelung unterliegender steuerpflichtiger Wiederverkäufer selbst in die Union eingeführt hat.
2. Art. 320 Abs. 1 Unterabs. 1 und Abs. 2 MwStSystRL ist dahin auszulegen, dass er einer nationalen Bestimmung entgegensteht, nach der das Recht des steuerpflichtigen Wiederverkäufers, die für die Einfuhr anderer Gegenstände als Kunstgegenstände, Sammlungsstücke oder Antiquitäten in Anwendung der normalen Mehrwertsteuerregelung entrichtete Mehrwertsteuer als Vorsteuer abzuziehen, erst bei der nachfolgenden, dieser Regelung unterliegenden Lieferung entsteht.
3. Die Art. 314 und 320 Abs. 1 Unterabs. 1 und Abs. 2 MwStSystRL haben unmittelbare Wirkung, die es einem Einzelnen gestattet, sich vor einem nationalen Gericht auf sie mit dem Ziel zu berufen, dass eine mit diesen Bestimmungen unvereinbare nationale Regelung unangewandt bleibt.

BUNDESFINANZHOF

BFH vom 29.6.2011 – XI R 15/10 – (BStBl 2011 II S. 839, HFR 2011 S. 1139, UR 2011 S. 838)

Keine Differenzbesteuerung bei Veräußerung eines betrieblich genutzten PKW durch einen Kioskbetreiber

Die Veräußerung eines PKW, den ein Kioskbetreiber als Gebrauchtwagen ohne Vorsteuerabzugsberechtigung erworben und in seinem Unternehmen betrieblich genutzt hat, unterliegt bei richtlinienkonformer Auslegung nicht der Differenzbesteuerung nach § 25a UStG, sondern ist nach den allgemeinen Vorschriften des UStG zu versteuern.[1]

§ 25b Innergemeinschaftliche Dreiecksgeschäfte

(1) [1]Ein innergemeinschaftliches Dreiecksgeschäft liegt vor, wenn
1. drei Unternehmer über denselben Gegenstand Umsatzgeschäfte abschließen und dieser Gegenstand unmittelbar vom ersten Lieferer an den letzten Abnehmer gelangt,
2. die Unternehmer in jeweils verschiedenen Mitgliedstaaten für Zwecke der Umsatzsteuer erfasst sind,
3. der Gegenstand der Lieferungen aus dem Gebiet eines Mitgliedstaates in das Gebiet eines anderen Mitgliedstaates gelangt und
4. der Gegenstand der Lieferungen durch den ersten Lieferer oder den ersten Abnehmer befördert oder versendet wird.

[2]Satz 1 gilt entsprechend, wenn der letzte Abnehmer eine juristische Person ist, die nicht Unternehmer ist oder den Gegenstand nicht für ihr Unternehmen erwirbt und die in dem Mitgliedstaat für Zwecke der Umsatzsteuer erfasst ist, in dem sich der Gegenstand am Ende der Beförderung oder Versendung befindet.

---

[1] Anm.: Vgl. hierzu BMF vom 11. 10. 2011, § 25a H 5.

(2) Im Fall des Absatzes 1 wird die Steuer für die Lieferung an den letzten Abnehmer von diesem geschuldet, wenn folgende Voraussetzungen erfüllt sind:
1. Der Lieferung ist ein innergemeinschaftlicher Erwerb vorausgegangen,
2. [1]der erste Abnehmer ist in dem Mitgliedstaat, in dem die Beförderung oder Versendung endet, nicht ansässig. [2]Er verwendet gegenüber dem ersten Lieferer und dem letzten Abnehmer dieselbe Umsatzsteuer-Identifikationsnummer, die ihm von einem anderen Mitgliedstaat erteilt worden ist als dem, in dem die Beförderung oder Versendung beginnt oder endet,
3. der erste Abnehmer erteilt dem letzten Abnehmer eine Rechnung im Sinne des § 14a Abs. 7, in der die Steuer nicht gesondert ausgewiesen ist, und
4. der letzte Abnehmer verwendet eine Umsatzsteuer-Identifikationsnummer des Mitgliedstaates, in dem die Beförderung oder Versendung endet.

(3) Im Fall des Absatzes 2 gilt der innergemeinschaftliche Erwerb des ersten Abnehmers als besteuert.

(4) Für die Berechnung der nach Absatz 2 geschuldeten Steuer gilt die Gegenleistung als Entgelt.

(5) Der letzte Abnehmer ist unter den übrigen Voraussetzungen des § 15 berechtigt, die nach Absatz 2 geschuldete Steuer als Vorsteuer abzuziehen.

(6) [1]§ 22 gilt mit der Maßgabe, dass aus den Aufzeichnungen zu ersehen sein müssen
1. beim ersten Abnehmer, der eine inländische Umsatzsteuer-Identifikationsnummer verwendet, das vereinbarte Entgelt für die Lieferung im Sinne des Absatzes 2 sowie der Name und die Anschrift des letzten Abnehmers;
2. beim letzten Abnehmer, der eine inländische Umsatzsteuer-Identifikationsnummer verwendet:
    a) die Bemessungsgrundlage der an ihn ausgeführten Lieferung im Sinne des Absatzes 2 sowie die hierauf entfallenden Steuerbeträge,
    b) der Name und die Anschrift des ersten Abnehmers.

[2]Beim ersten Abnehmer, der eine Umsatzsteuer-Identifikationsnummer eines anderen Mitgliedstaates verwendet, entfallen die Aufzeichnungspflichten nach § 22, wenn die Beförderung oder Versendung im Inland endet.

Vorschriften des Gemeinschaftsrechts

Art. 141, Art. 197 und Art. 226 der MWSt-Richtlinie (bis 31. 12. 2006: Art. 21 Abs. 1 Buchst. c, Art. 22 Abs. 3 Buchst. b, Art. 28c Teil E Abs. 3 der 6. USt-Richtlinie).

25b.1. Innergemeinschaftliche Dreiecksgeschäfte

Allgemeines

(1) [1]§ 25b UStG enthält eine Vereinfachungsregelung für die Besteuerung von innergemeinschaftlichen Dreiecksgeschäften. [2]Die Vereinfachung besteht darin, dass eine steuerliche Registrierung des mittleren Unternehmers im Bestimmungsland vermieden wird. [3]Bei einem innergemeinschaftlichen Dreiecksgeschäft werden unter Berücksichtigung der allgemeinen Regelungen für Reihengeschäfte (vgl. Abschnitt 3.14 Abs. 1 bis 11) grundsätzlich folgende Umsätze ausgeführt:
1. eine innergemeinschaftliche Lieferung des ersten am Dreiecksgeschäft beteiligten Unternehmers (erster Lieferer) in dem Mitgliedstaat, in dem die Beförderung oder Versendung des Gegenstandes beginnt (§ 3 Abs. 6 Satz 1 UStG),
2. ein innergemeinschaftlicher Erwerb des mittleren am Dreiecksgeschäft beteiligten Unternehmers (erster Abnehmer) in dem Mitgliedstaat, in dem die Beförderung oder Versendung des Gegenstandes endet (§ 3d Satz 1 UStG),
3. ein innergemeinschaftlicher Erwerb des ersten Abnehmers in dem Mitgliedstaat, der dem ersten Abnehmer die von ihm verwendete USt-IdNr. erteilt hat (§ 3d Satz 2 UStG) und
4. eine (Inlands-)Lieferung des ersten Abnehmers in dem Mitgliedstaat, in dem die Beförderung oder Versendung des Gegenstandes endet (§ 3 Abs. 7 Satz 2 Nr. 2 UStG).

[4]Liegt ein innergemeinschaftliches Dreiecksgeschäft vor, wird die Steuerschuld für die (Inlands-)Lieferung unter den Voraussetzungen des § 25b Abs. 2 UStG von dem ersten auf den letzten jeweils am Dreiecksgeschäft beteiligten Abnehmer übertragen. [5]Im Fall der Übertragung der Steu-

§ 25b UStG
AE 25b.1

erschuld gilt zugleich auch der innergemeinschaftliche Erwerb dieses ersten Abnehmers als besteuert (§ 25b Abs. 3 UStG).

Begriff (§ 25b Abs. 1 UStG)

(2) ¹Ein innergemeinschaftliches Dreiecksgeschäft setzt voraus, dass drei Unternehmer (erster Lieferer, erster Abnehmer und letzter Abnehmer) über denselben Gegenstand Umsatzgeschäfte abschließen, und dieser Gegenstand unmittelbar vom Ort der Lieferung des ersten Lieferers an den letzten Abnehmer gelangt (§ 25b Abs. 1 Satz 1 Nr. 1 UStG). ²Ein innergemeinschaftliches Dreiecksgeschäft kann auch zwischen drei unmittelbar nacheinander liefernden Unternehmern bei Reihengeschäften mit mehr als drei Beteiligten vorliegen, wenn die drei unmittelbar nacheinander liefernden Unternehmer am Ende der Lieferkette stehen. ³Der erste Abnehmer in dem Dreiecksgeschäft ist als mittlerer Unternehmer in der Reihe zugleich Abnehmer und Lieferer. ⁴Letzter Abnehmer im Dreiecksgeschäft können auch Unternehmer sein, die nur steuerfreie – nicht zum Vorsteuerabzug berechtigende – Umsätze ausführen, sowie Kleinunternehmer und pauschalierende Land- und Forstwirte. ⁵Voraussetzung ist, dass sie umsatzsteuerlich in dem Mitgliedstaat erfasst sind, in dem die Beförderung oder Versendung des Gegenstandes endet. ⁶Letzter Abnehmer kann auch eine juristische Person des öffentlichen oder privaten Rechts sein, die nicht Unternehmer ist oder den Gegenstand nicht für ihr Unternehmen erwirbt, wenn sie in dem Mitgliedstaat, in dem die Warenbewegung endet, für Zwecke der Umsatzsteuer erfasst ist (§ 25b Abs. 1 Satz 2 UStG).

Beispiel:

¹Der in Deutschland ansässige Unternehmer D bestellt beim in Belgien ansässigen Unternehmer B dort nicht vorrätige Werkzeugteile. ²B gibt die Bestellung weiter an den in Luxemburg ansässigen Unternehmer L mit der Bitte, sie direkt zu D nach Deutschland auszuliefern. ³Weil auch L die Werkzeugteile nicht am Lager hat, bestellt er sie beim in Spanien ansässigen Unternehmer SP, der sie weisungsgemäß an D versendet. ⁴Alle Unternehmer treten jeweils unter der USt-IdNr. ihres Landes auf. ⁵L weist nach, dass er den Gegenstand als Lieferer im Sinne von § 3 Abs. 6 Satz 6 UStG versendet hat.

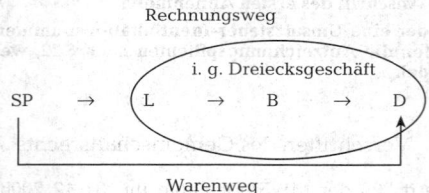

⁶Zwischen SP, L, B und D liegt ein Reihengeschäft vor. ⁷Darüber hinaus ist ein innergemeinschaftliches Dreiecksgeschäft im Sinne des § 25b Abs. 1 UStG zwischen L, B und D anzunehmen, weil L als erster am Dreiecksgeschäft beteiligter Lieferer den Gegenstand der Lieferungen versendet. ⁸Die Versendung ist der ersten Lieferung im Dreiecksgeschäft (L an B) zuzuordnen, da L den Gegenstand als Lieferer im Sinne von § 3 Abs. 6 Satz 6 UStG versendet hat (vgl. Abschnitt 3.14 Abs. 7 ff). ⁹Ort der Lieferung ist nach § 3 Abs. 6 Satz 5 i. V. m. Satz 1 UStG Spanien (Beginn der Versendung). ¹⁰Die Lieferung des L an B ist als innergemeinschaftliche Lieferung in Spanien steuerfrei. ¹¹Der Erwerb des Gegenstandes unterliegt bei B grundsätzlich der Besteuerung des innergemeinschaftlichen Erwerbs in Deutschland, da die Beförderung dort endet (§ 3d Satz 1 UStG), und in Belgien, da B seine belgische USt-IdNr. verwendet (§ 3d Satz 2 UStG). ¹²Die zweite Lieferung im Dreiecksgeschäft (B an D) ist eine ruhende Lieferung. ¹³Lieferort ist nach § 3 Abs. 7 Satz 2 Nr. 2 UStG Deutschland, da sie der Beförderungslieferung nachfolgt. ¹⁴SP erbringt eine ruhende Lieferung in Spanien (§ 3 Abs. 7 Satz 2 Nr. 1 UStG), die nach spanischem Recht zu beurteilen ist.

(3) ¹Weitere Voraussetzung für das Vorliegen eines innergemeinschaftlichen Dreiecksgeschäfts ist, dass die hieran beteiligten Unternehmer in jeweils verschiedenen Mitgliedstaaten für Zwecke der Umsatzsteuer erfasst sind (§ 25b Abs. 1 Satz 1 Nr. 2 UStG). ²Die Ansässigkeit in einem dieser Mitgliedstaaten ist nicht erforderlich; maßgeblich ist vielmehr, dass der Unternehmer unter der USt-IdNr. auftritt, die ihm von einem dieser Mitgliedstaaten erteilt worden ist. ³Treten mehrere der an dem Dreiecksgeschäft beteiligten Unternehmer unter der USt-IdNr. desselben Mitgliedstaates auf, liegt kein innergemeinschaftliches Dreiecksgeschäft vor.

Beispiel:

¹Der in Frankfurt ansässige und umsatzsteuerlich registrierte Unternehmer D bestellt eine dort nicht vorrätige Ware bei dem in Belgien ansässigen Unternehmer B 1. ²B 1 gibt die Bestellung weiter an den ebenfalls in Belgien ansässigen Großhändler B 2, der die Ware mit eigenem Lkw unmittelbar nach Frankfurt befördert und sie dort an D übergibt. ³D und B 2 treten jeweils

unter der USt-IdNr. ihres Landes auf. ⁴B 1 tritt nicht unter seiner belgischen USt-IdNr., sondern unter seiner niederländischen USt-IdNr. auf.

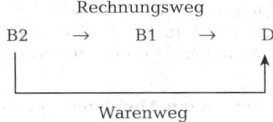

⁵Die Voraussetzung des § 25b Abs. 1 Satz 1 Nr. 2 UStG für das Vorliegen eines innergemeinschaftlichen Dreiecksgeschäfts ist erfüllt, da die drei beteiligten Unternehmer in jeweils verschiedenen Mitgliedstaaten (Deutschland, Belgien, Niederlande) für Zwecke der Umsatzsteuer erfasst sind und mit USt-IdNrn. aus verschiedenen Mitgliedstaaten auftreten. ⁶Auf die Ansässigkeit von B 1 und B 2 in demselben Mitgliedstaat kommt es bei der Beurteilung nicht an.

(4) ¹Weitere Voraussetzung ist das tatsächliche Gelangen des Gegenstandes der Lieferungen von einem Mitgliedstaat in einen anderen Mitgliedstaat (§ 25b Abs. 1 Satz 1 Nr. 3 UStG). ²Diese Voraussetzung ist im Hinblick auf § 3 Abs. 8 UStG auch dann erfüllt, wenn der erste Lieferer den Gegenstand zuvor in das Gemeinschaftsgebiet eingeführt hat. ³Gelangt der Gegenstand allerdings aus dem Drittlandsgebiet unmittelbar in den Mitgliedstaat des letzten Abnehmers, liegt kein innergemeinschaftliches Dreiecksgeschäft vor. ⁴Der Gegenstand kann durch Beauftragte des ersten Lieferers vor der Beförderung oder Versendung in das übrige Gemeinschaftsgebiet bearbeitet oder verarbeitet worden sein. ⁵Gegenstand der Lieferung ist in diesem Fall jeweils der bearbeitete oder verarbeitete Gegenstand. ⁶Der Gegenstand der Lieferung kann auch an einen vom letzten Abnehmer beauftragten Dritten, z. B. einen Lohnveredelungsunternehmer oder einen Lagerhalter, befördert oder versendet werden.

(5) ¹Ein innergemeinschaftliches Dreiecksgeschäft setzt weiterhin voraus, dass der Gegenstand durch den ersten Lieferer oder den ersten Abnehmer (mittlerer Unternehmer) befördert oder versendet wird (§ 25b Abs. 1 Satz 1 Nr. 4 UStG). ²Dies gilt für den mittleren Unternehmer allerdings nur dann, wenn er in seiner Eigenschaft als Abnehmer befördert oder versendet, d. h., wenn die Beförderung oder Versendung der Lieferung an ihn (erste Lieferung im Dreiecksgeschäft) zugeordnet wird. ³Wird die Beförderung oder Versendung dagegen der zweiten Lieferung im Dreiecksgeschäft zugeordnet, weil der mittlere Unternehmer in seiner Eigenschaft als Lieferer auftritt, liegt kein innergemeinschaftliches Dreiecksgeschäft vor. ⁴Wird der Gegenstand der Lieferungen durch den letzten Abnehmer befördert oder versendet (Abholfall), liegt ebenfalls kein innergemeinschaftliches Dreiecksgeschäft vor.

Beispiel:
¹Der belgische Unternehmer B bestellt bei dem deutschen Unternehmer D eine Baumaschine. ²D hat die Maschine nicht vorrätig und gibt die Bestellung weiter an den spanischen Hersteller SP. ³Alle Beteiligten treten unter der USt-IdNr. ihres Landes auf.

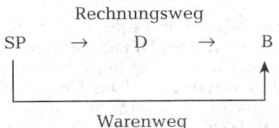

a) ¹SP befördert die Baumaschine mit eigenem Lkw nach Belgien und übergibt sie dort an B.

²Es liegt ein innergemeinschaftliches Dreiecksgeschäft im Sinne des § 25b Abs. 1 UStG vor, weil der erste Lieferer den Gegenstand der Lieferungen befördert. ³Die Beförderung ist der ersten Lieferung (SP an D) zuzuordnen. ⁴Ort der Lieferung ist nach § 3 Abs. 6 Satz 5 i. V. m. Satz 1 UStG Spanien (Beginn der Beförderung). ⁵Die Lieferung ist als innergemeinschaftliche Lieferung in Spanien steuerfrei. ⁶Der Erwerb des Gegenstandes unterliegt bei D grundsätzlich der Besteuerung des innergemeinschaftlichen Erwerbs in Belgien, da die Beförderung dort endet (§ 3d Satz 1 UStG), und in Deutschland, da D seine deutsche USt-IdNr. verwendet (§ 3d Satz 2 UStG). ⁷Die zweite Lieferung (D an B) ist eine ruhende Lieferung. ⁸Lieferort ist nach § 3 Abs. 7 Satz 2 Nr. 2 UStG Belgien, da sie der Beförderungslieferung nachfolgt. ⁹Die Lieferung des D ist nach belgischem Recht zu beurteilen. ¹⁰Zur weiteren Beurteilung siehe auch das Beispiel in Absatz 7.

b) ¹B lässt die Baumaschine durch einen von ihm beauftragten Spediteur bei SP in Spanien abholen und unmittelbar nach Belgien versenden.

²Es liegt kein innergemeinschaftliches Dreiecksgeschäft im Sinne des § 25b Abs. 1 UStG vor, weil der letzte Abnehmer den Gegenstand der Lieferungen versendet. ³Die Versendung ist der zweiten Lieferung (D an B) zuzuordnen. ⁴Ort der Lieferung ist nach § 3 Abs. 6 Satz 5 i. V. m. Satz 1 UStG Spanien (Beginn der Versendung). ⁵Die Lieferung ist als inner-

gemeinschaftliche Lieferung in Spanien steuerfrei. [6]Der Erwerb des Gegenstandes unterliegt bei B grundsätzlich der Besteuerung des innergemeinschaftlichen Erwerbs in Belgien, da die Versendung dort endet (§ 3d Satz 1 UStG). [7]Die erste Lieferung (SP an D) ist eine ruhende Lieferung. [8]Lieferort ist nach § 3 Abs. 7 Satz 2 Nr. 1 UStG ebenfalls Spanien, da sie der Versendungslieferung vorangeht. [9]Die Lieferung ist nach spanischem Recht zu beurteilen. [10]D muß sich demnach in Spanien steuerlich registrieren lassen.

Übertragung der Steuerschuld auf den letzten Abnehmer (§ 25b Abs. 2 UStG)

(6) [1]Im Fall eines innergemeinschaftlichen Dreiecksgeschäfts im Sinne des § 25b Abs. 1 UStG wird die Steuer für die (Inlands-)Lieferung des ersten an den letzten jeweils an dem Dreiecksgeschäft beteiligten Abnehmer von diesem letzten Abnehmer geschuldet, wenn die in § 25b Abs. 2 Nr. 1 bis 4 UStG genannten Voraussetzungen sämtlich erfüllt sind. [2]Die Übertragung der Steuerschuld auf den letzten Abnehmer ist bei Vorliegen der Voraussetzungen zwingend vorgeschrieben. [3]Durch die Übertragung der Steuerschuld wird der letzte Abnehmer Steuerschuldner für die vom ersten Abnehmer an ihn ausgeführte Lieferung (§ 13a Abs. 1 Nr. 5 UStG).

Innergemeinschaftlicher Erwerb des ersten Abnehmers (§ 25b Abs. 3 UStG)

(7) [1]Wird die Steuerschuld auf den letzten am Dreiecksgeschäft beteiligten Abnehmer übertragen, gilt der innergemeinschaftliche Erwerb des ersten am Dreiecksgeschäft beteiligten Abnehmers nach § 25b Abs. 3 UStG als besteuert. [2]Diese fiktive Besteuerung des innergemeinschaftlichen Erwerbs bei diesem ersten Abnehmer gilt für die Erwerbsbesteuerung in dem Mitgliedstaat, in dem die Beförderung oder Versendung endet (vgl. § 3d Satz 1 UStG) und zugleich auch für die Beurteilung einer Erwerbsbesteuerung in dem Mitgliedstaat, unter dessen USt-IdNr. der erste Abnehmer auftritt (vgl. § 3d Satz 2 UStG).

Beispiel:

[1]Der belgische Unternehmer B bestellt bei dem deutschen Unternehmer D eine Baumaschine. [2]D hat die Maschine nicht vorrätig und gibt die Bestellung weiter an den spanischen Hersteller SP. [3]SP befördert die Baumaschine mit eigenem Lkw nach Belgien und übergibt sie dort an B. [4]Alle Beteiligten treten unter der USt-IdNr. ihres Landes auf. [5]D erteilt dem B eine Rechnung im Sinne des § 14a Abs. 7 UStG.

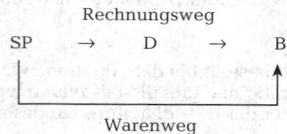

[6]Es liegt ein innergemeinschaftliches Dreiecksgeschäft im Sinne des § 25b Abs. 1 UStG vor. [7]Die Beförderung ist der ersten Lieferung (SP an D) zuzuordnen. [8]Ort der Lieferung ist nach § 3 Abs. 6 Satz 5 i. V. m. Satz 1 UStG Spanien (Beginn der Beförderung). [9]Die Lieferung ist als innergemeinschaftliche Lieferung in Spanien steuerfrei. [10]Der Erwerb des Gegenstandes unterliegt bei D grundsätzlich der Besteuerung des innergemeinschaftlichen Erwerbs in Belgien, da die Beförderung dort endet (§ 3d Satz 1 UStG), und in Deutschland, da D seine deutsche USt-IdNr. verwendet (§ 3d Satz 2 UStG). [11]Die zweite Lieferung (D an B) ist eine ruhende Lieferung. [12]Lieferort ist nach § 3 Abs. 7 Satz 2 Nr. 2 UStG Belgien, da sie der Beförderungslieferung nachfolgt. [13]D führt demnach eine steuerbare und steuerpflichtige Lieferung in Belgien aus. [14]Da die Voraussetzungen des § 25b Abs. 2 UStG erfüllt sind, wird die Steuerschuld für die belgische (Inlands-)Lieferung des D auf B übertragen: Der Lieferung ist ein innergemeinschaftlicher Erwerb durch D vorausgegangen; D ist nicht in Belgien ansässig; D tritt gegenüber dem ersten Lieferer und dem letzten Abnehmer mit seiner deutschen USt-IdNr. auf; D hat dem B eine Rechnung im Sinne des § 14a Abs. 7 UStG erteilt; B verwendet als letzter Abnehmer eine (belgische) USt-IdNr. des Mitgliedstaates, in dem die Beförderung endet. [15]B wird Steuerschuldner für diese Lieferung des D und muss die Steuer im Rahmen seiner belgischen Steuererklärungspflichten anmelden. [16]D hat im Hinblick auf seine in Belgien ausgeführte Lieferung keinen umsatzsteuerlichen Verpflichtungen in Belgien nachzukommen. [17]Mit der wirksamen Übertragung der Steuerschuld auf B gilt auch der innergemeinschaftliche Erwerb des D in Belgien als besteuert (§ 25b Abs. 3 UStG) mit der Folge, dass D auch hierfür keinen umsatzsteuerlichen Verpflichtungen in Belgien nachkommen muss. [18]Mit der fiktiven Erwerbsbesteuerung in Belgien entfällt auch eine Besteuerung des innergemeinschaftlichen Erwerbs in D über § 3d Satz 2 UStG, sofern D seiner Erklärungspflicht nach § 18a Abs. 4 Satz 1 Nr. 3 UStG (für die ZM) nachkommt. [19]Durch die Anwendung der Vereinfachungsregelung des § 25b UStG wird vermieden, dass sich D in Belgien auf Grund dieses innergemeinschaftlichen Dreiecksgeschäfts registrieren lassen und dort Steuererklärungen

abgeben muss. [20]D muss in Deutschland die Erklärungspflichten nach § 18b Satz 1 UStG für die Voranmeldung und die Steuererklärung für das Kalenderjahr beachten.

Besonderheiten bei der Rechnungserteilung

(8) [1]Nach § 25b Abs. 2 Nr. 3 UStG ist materielle Voraussetzung für die Übertragung der Steuerschuld, dass der erste dem letzten jeweils am Dreiecksgeschäft beteiligten Abnehmer eine Rechnung im Sinne des § 14a Abs. 7 UStG erteilt, in der die Steuer nicht gesondert ausgewiesen ist. [2]Neben den Angaben nach § 14 Abs. 4 UStG sind in der Rechnung dieses ersten Abnehmers danach folgende zusätzliche Angaben erforderlich:
1. ein Hinweis auf das Vorliegen eines innergemeinschaftlichen Dreiecksgeschäfts, z. B. „Innergemeinschaftliches Dreiecksgeschäft nach § 25b UStG" oder „Vereinfachungsregelung nach Artikel 141 MwStSystRL",
2. ein Hinweis auf die Steuerschuld des letzten am Dreiecksgeschäft beteiligten Abnehmers,
3. die Angabe der USt-IdNr. des ersten am Dreiecksgeschäft beteiligten Abnehmers und
4. die Angabe der USt-IdNr. des letzten am Dreiecksgeschäft beteiligten Abnehmers.

[3]Der letzte am Dreiecksgeschäft beteiligte Abnehmer soll durch die Hinweise in der Rechnung eindeutig und leicht erkennen können, dass er letzter Abnehmer in einem innergemeinschaftlichen Dreiecksgeschäft ist und die Steuerschuld auf ihn übertragen wird.

Bemessungsgrundlage (§ 25b Abs. 4 UStG)

(9) [1]Im Fall der Übertragung der Steuerschuld nach § 25b Abs. 2 UStG auf den letzten am Dreiecksgeschäft beteiligten Abnehmer gilt für die Berechnung der geschuldeten Steuer abweichend von § 10 Abs. 1 UStG die Gegenleistung als Entgelt (Nettobetrag ohne Umsatzsteuer). [2]Die Umsatzsteuer ist auf diesen Betrag aufzuschlagen.

Aufzeichnungspflichten (§ 25b Abs. 6 UStG)

(10) [1]Neben den allgemeinen Aufzeichnungspflichten nach § 22 UStG sind bei innergemeinschaftlichen Dreiecksgeschäften vom ersten und vom letzten jeweils daran beteiligten Abnehmer zusätzliche Aufzeichnungspflichten zu erfüllen, wenn sie eine inländische USt-IdNr. verwenden (§ 25b Abs. 6 Satz 1 UStG). [2]Verwendet der erste am Dreiecksgeschäft beteiligte Abnehmer eine USt-IdNr. eines anderen Mitgliedstaates, ist er von den allgemeinen Aufzeichnungspflichten nach § 22 UStG befreit, wenn die Beförderung oder Versendung im Inland endet (§ 25b Abs. 6 Satz 2 UStG).

Hinweis

Einführung des umsatzsteuerlichen Fiskalvertreters

(OFD Magdeburg, Vfg. vom 30. 6. 1999 – S 7395 – 1 – St 243 –, StEd 1999 S. 520)
Siehe USt-HA 2002/2003 § 22a H 2.

Rechtsprechung

EUROPÄISCHER GERICHTSHOF

EuGH vom 16.12.2010 – Rs. C-430/09 – (BFH/NV 2011 S. 397, HFR 2011 S. 228, UR 2011 S. 176)

Innergemeinschaftliches Reihengeschäft

Werden in Bezug auf eine Ware zwischen verschiedenen als solchen handelnden Steuerpflichtigen aufeinanderfolgend zwei Lieferungen, aber nur eine einzige innergemeinschaftliche Beförderung durchgeführt – so dass dieser Umsatz unter den Begriff der innergemeinschaftlichen Beförderung i.S.v. Art. 28c Teil A Buchst. a Unterabs. 1 der 6. USt-Richtlinie in der durch die Richtlinie 96/95/EG des Rates vom 20.12.1996 geänderten Fassung i.V.m. den Art. 8 Abs. 1 Buchst. a und b, 28a Abs. 1 Buchst. a Unterabs. 1 und 28b Teil A Abs. 1 dieser Richtlinie fällt –, so hat die Bestimmung, welchem Umsatz diese Beförderung zuzurechnen ist, ob also der ersten oder der zweiten Lieferung, in Ansehung einer umfassenden Würdigung aller Umstände des Einzelfalls zu erfolgen, um festzustellen, welche der beiden Lieferungen alle Voraussetzungen für eine innergemeinschaftliche Lieferung erfüllt.

Unter Umständen wie denen des Ausgangsverfahrens, wenn also der Ersterwerber, der das Recht, über den Gegenstand wie ein Eigentümer zu verfügen, im Hoheitsgebiet des Mitgliedstaats der ersten Lieferung erlangt hat, seine Absicht bekundet, diesen Gegenstand in einen anderen Mitgliedstaat zu befördern, und mit seiner von dem letztgenannten Staat zugewiesenen Umsatzsteuer-Identifikationsnummer auftritt, müsste die innergemeinschaftliche Beförderung der ersten Lieferung zugerechnet werden, sofern das Recht, über den Gegenstand wie ein Eigentümer zu verfügen, im Bestimmungsmitgliedstaat der innergemeinschaftlichen Beförderung auf den Zweiterwerber übertragen wurde. Es ist Sache des vorlegenden Gerichts, zu prüfen, ob diese Bedingung in dem bei ihm anhängigen Rechtsstreit erfüllt ist.

UStG

S 7423

§ 25c Besteuerung von Umsätzen mit Anlagegold

(1) ¹Die Lieferung, die Einfuhr und der innergemeinschaftliche Erwerb von Anlagegold, einschließlich Anlagegold in Form von Zertifikaten über sammel- oder einzelverwahrtes Gold und über Goldkonten gehandeltes Gold, insbesondere auch Golddarlehen und Goldswaps, durch die ein Eigentumsrecht an Anlagegold oder ein schuldrechtlicher Anspruch auf Anlagegold begründet wird, sowie Terminkontrakte und im Freiverkehr getätigte Terminabschlüsse mit Anlagegold, die zur Übertragung eines Eigentumsrechts an Anlagegold oder eines schuldrechtlichen Anspruchs auf Anlagegold führen, sind steuerfrei. ²Satz 1 gilt entsprechend für die Vermittlung der Lieferung von Anlagegold.

(2) Anlagegold im Sinne dieses Gesetzes sind:
1. Gold in Barren- oder Plättchenform mit einem von den Goldmärkten akzeptierten Gewicht und einem Feingehalt von mindestens 995 Tausendstel;
2. Goldmünzen, die einen Feingehalt von mindestens 900 Tausendstel aufweisen, nach dem Jahr 1800 geprägt wurden, in ihrem Ursprungsland gesetzliches Zahlungsmittel sind oder waren und üblicherweise zu einem Preis verkauft werden, der den Offenmarktwert ihres Goldgehalts um nicht mehr als 80 Prozent übersteigt.

(3) ¹Der Unternehmer, der Anlagegold herstellt oder Gold in Anlagegold umwandelt, kann eine Lieferung, die nach Absatz 1 Satz 1 steuerfrei ist, als steuerpflichtig behandeln, wenn sie an einen anderen Unternehmer für dessen Unternehmen ausgeführt wird. ²Der Unternehmer, der üblicherweise Gold zu gewerblichen Zwecken liefert, kann eine Lieferung von Anlagegold im Sinne des Absatzes 2 Nr. 1, die nach Absatz 1 Satz 1 steuerfrei ist, als steuerpflichtig behandeln, wenn sie an einen anderen Unternehmer für dessen Unternehmen ausgeführt wird. ³Ist eine Lieferung nach den Sätzen 1 oder 2 als steuerpflichtig behandelt worden, kann der Unternehmer, der diesen Umsatz vermittelt hat, die Vermittlungsleistung ebenfalls als steuerpflichtig behandeln.

(4) Bei einem Unternehmer, der steuerfreie Umsätze nach Absatz 1 ausführt, ist die Steuer für folgende an ihn ausgeführte Umsätze abweichend von § 15 Abs. 2 nicht vom Vorsteuerabzug ausgeschlossen:
1. die Lieferungen von Anlagegold durch einen anderen Unternehmer, der diese Lieferungen nach Absatz 3 Satz 1 oder 2 als steuerpflichtig behandelt;
2. die Lieferungen, die Einfuhr und der innergemeinschaftliche Erwerb von Gold, das anschließend von ihm oder für ihn in Anlagegold umgewandelt wird;
3. die sonstigen Leistungen, die in der Veränderung der Form, des Gewichts oder des Feingehalts von Gold, einschließlich Anlagegold, bestehen.

(5) Bei einem Unternehmer, der Anlagegold herstellt oder Gold in Anlagegold umwandelt und anschließend nach Absatz 1 Satz 1 steuerfrei liefert, ist die Steuer für an ihn ausgeführte Umsätze, die in unmittelbarem Zusammenhang mit der Herstellung oder Umwandlung des Goldes stehen, abweichend von § 15 Abs. 2 nicht vom Vorsteuerabzug ausgeschlossen.

(6) Bei Umsätzen mit Anlagegold gelten zusätzlich zu den Aufzeichnungspflichten nach § 22 die Identifizierungs-, Aufzeichnungs- und Aufbewahrungspflichten des Geldwäschegesetzes mit Ausnahme der Identifizierungspflicht in Verdachtsfällen nach § 6 dieses Gesetzes entsprechend.

Vorschriften des Gemeinschaftsrechts

Art. 344 bis 351, Art. 354 bis 356 der MWSt-Richtlinie (bis 31. 12. 2006: Art. 26b Teile A bis E der 6. USt-Richtlinie).

25c.1. Besteuerung von Umsätzen mit Anlagegold

(1) ¹Steuerbefreit sind nach § 25c Abs. 1 Satz 1 UStG die Lieferungen, die Einfuhr sowie der innergemeinschaftliche Erwerb von Anlagegold. ²Als Lieferungen von Anlagegold gelten auch:
a) die Veräußerung von ideellen Miteigentumsanteilen an einem Goldbarrenbestand oder einem Goldmünzenbestand,
b) die Veräußerung von Gewichtsguthaben an einem Goldbarrenbestand, wenn die Gewichtskonten obligatorische Rechte ausweisen,
c) die Veräußerung von Goldbarrenzertifikaten oder Goldmünzenzertifikaten,
d) die Abtretung von Ansprüchen auf Lieferung von Goldbarren oder Goldmünzen,
e) die Veräußerung von Golddarlehen und Goldswaps, durch die ein Eigentumsrecht an Anlagegold oder ein schuldrechtlicher Anspruch auf Anlagegold begründet wird,
f) die Veräußerung von Terminkontrakten und im Freiverkehr getätigten Terminabschlüssen mit Anlagegold, die zur Übertragung eines Eigentumsrechts an Anlagegold oder eines schuldrechtlichen Anspruchs auf Anlagegold führen.

³Steuerfrei ist auch die Vermittlung der Lieferung von Anlagegold. ⁴Optionsgeschäfte mit Anlagegold und die Vermittlung derartiger Dienstleistungen fallen unter die Steuerbefreiung nach § 4 Nr. 8 Buchstabe e UStG.

(2) ¹Goldbarren und -plättchen bestehen aus Feingold von mindestens 995 Tausendsteln in firmenspezifischer typisierter eckiger Form mit eingestanzter oder geprägter Angabe des Herstellers, des Feingoldgehaltes und des Gewichtes; auf das Herstellungsverfahren kommt es nicht an. ²Die Barren können mit bildlichen Darstellungen geprägt sein. ³Goldmünzen müssen einen Goldgehalt von mindestens 900 Tausendsteln aufweisen, nach dem Jahr 1800 geprägt sein, im Ursprungsland gesetzliches Zahlungsmittel sein bzw. gewesen sein und üblicherweise zu einem Preis verkauft werden, der 180 % des Goldgehaltes nicht übersteigt. ⁴Eine Mindestauflagenhöhe ist nicht erforderlich.

(3) ¹Die Europäische Kommission veröffentlicht jährlich vor dem 1. Dezember in der Reihe C ABl. EU ein Verzeichnis der Goldmünzen, die die Kriterien für die Steuerbefreiung erfüllen. ²Für Umsätze von Goldmünzen, die in dem Verzeichnis enthalten sind, gilt die Sonderregelung nach § 25c UStG während des gesamten Jahres, das auf das Jahr der Veröffentlichung folgt. ³Bei Münzen, die nicht in dem Verzeichnis enthalten sind, hat der Unternehmer im Einzelfall zu prüfen, ob die genannten Voraussetzungen für die Behandlung als Anlagegold erfüllt sind. ⁴Der Metallwert von Goldmünzen ist dabei grundsätzlich anhand des aktuellen Tagespreises für Gold zu ermitteln. ⁵Maßgeblich ist der von der Londoner Börse festgestellte Tagespreis (Nachmittagsfixing) für die Feinunze Gold (1 Unze = 31,1035 Gramm). ⁶Dieser in US-Dollar festgestellte Wert muss anhand der aktuellen Umrechnungskurse in Euro umgerechnet werden.

(4) Nicht zum Anlagegold gehört unverarbeitetes Gold (Industriegold), d. h. insbesondere Barren mit einem Feingoldgehalt von weniger als 995 Tausendsteln, sowie Granalien und Feingoldband in handelsüblicher Form.

(5) ¹Zur Umsatzsteuerpflicht kann optieren:
– ein Unternehmer, der Anlagegold herstellt oder Gold in Anlagegold umwandelt, bei der Lieferung von Anlagegold,
– ein Unternehmer, der üblicherweise Gold zu gewerblichen Zwecken liefert, bei der Lieferung von Anlagegold in Barren- oder Plättchenform.

²Voraussetzung für die Option ist, dass er diese Lieferung an einen anderen Unternehmer für dessen Unternehmen ausführt. ³Kreditinstitute sind grundsätzlich als Unternehmer anzusehen. ⁴Vermittelt ein Unternehmer eine Lieferung von Anlagegold, kann er nur dann für die Vermittlungsleistung zur Steuerpflicht optieren, wenn der vermittelte Umsatz zuvor vom liefernden Unternehmer als steuerpflichtig behandelt worden ist. ⁵Zum Vorsteuerabzug vgl. Abschnitt 15.13 Abs. 1.

(6) Im Übrigen bleiben die Regelungen des § 18 Abs. 7 UStG, § 49 UStDV unberührt.

(7) ¹Liegen für Goldlieferungen nach § 4 Nr. 4 UStG auch die Voraussetzungen der Steuerbefreiung für Anlagegold (§ 25c Abs. 1 und 2 UStG) vor, geht die Steuerbefreiung des § 25c Abs. 1 und 2 UStG der Steuerbefreiung des § 4 Nr. 4 UStG vor. ²Liegen für die Lieferung von Anlagegold auch die Voraussetzungen einer Ausfuhrlieferung (§ 4 Nr. 1 Buchstabe a, § 6 UStG) bzw. einer innergemeinschaftlichen Lieferung (§ 4 Nr. 1 Buchstabe b, § 6a UStG) vor, geht die Steuerbefreiung des § 25c Abs. 1 und 2 UStG diesen Steuerbefreiungen vor.

§ 25c UStG
H

H		Hinweise

1 **Verzeichnis der Goldmünzen, die die Kriterien des Art. 26b Teil A Ziffer ii der 6. USt-Richtlinie in der Fassung der Richtlinie 98/80/EG des Rates (Sonderregelung für Anlagegold) erfüllen**

Geltungsjahr: 2005
Siehe ABl. EU 2004 Nr. C 285 S. 6.

2 **Besteuerung der 1-DM-Goldmünzen**

(OFD Hannover, Vfg. vom 31. 10. 2002 – S 7423 – 1 – StH 445 –/– S 7423 – 1 – StO 352 –, UR 2003 S. 262)

1. Seit dem 1. 1. 2000 sind die Umsätze und die Vermittlung von Umsätzen mit Anlagegold nach § 25c UStG steuerfrei.

Goldmünzen zählen nur dann zum Anlagegold, wenn sie die in § 25c Abs. 2 Nr. 2 UStG genannten Bedingungen erfüllen.

Welche Goldmünzen als steuerbefreites Anlagegold gelten, wird in einer jährlich neu aufgelegten Liste der EG-Kommission verzeichnet und in Reihe C des Amtsblatts der Europäischen Gemeinschaften veröffentlicht (Liste für 2002 im ABl. EG Nr. C 302/2001, 12 = UR 2002, 18). Die in dieser Liste aufgeführten Münzen gelten während des gesamten Kalenderjahres, für das das Verzeichnis gilt, als Anlagegold. Ein Abdruck dieser Liste kann durch die Finanzämter bei mir angefordert werden.

Einem Unternehmer ist es unbenommen, die Voraussetzungen für die Steuerbefreiung von Umsätzen mit Goldmünzen, die nicht in der Liste enthalten sind, im Einzelfall in geeigneter Form nachzuweisen.

2. Im Laufe des Jahres 2001 wurde von der Deutschen Bundesbank eine 1-DM-Goldmünze herausgegeben. Diese Münze kann in das Verzeichnis der Europäischen Kommission für das Jahr 2002 nicht aufgenommen werden, da sie am beurteilungsrelevanten Stichtag (1. 4. 2001) noch nicht im Handel war. Für die Jahre 2001 und 2002 ist somit im Einzelfall zu prüfen, ob die Voraussetzungen für die Behandlung dieser Goldmünze als Anlagegold i. S. d. § 25c UStG erfüllt sind.

3 **Steuerbefreiung für Anlagegold**

(OFD Frankfurt/Main, Vfg. vom 15. 3. 2005 – S 7423 A – 1 – St I 2.30 –, StEd 2005 S. 301)

4 **Verzeichnis der Goldmünzen, die die Kriterien des Art. 26b Teil A Ziffer ii der 6. USt-Richtlinie in der Fassung der Richtlinie 98/80/EG des Rates (Sonderregelung für Anlagegold) erfüllen**

Geltungsjahr: 2006
Siehe ABl. EU 2005 Nr. C 300 S. 10.

5 **Verzeichnis der Goldmünzen, die die Kriterien des Art. 26b Teil A Ziffer ii der 6. USt-Richtlinie in der Fassung der Richtlinie 98/80/EG des Rates – Sonderregelung für Anlagegold – (ab 1. 1. 2007: Art. 345 der Richtlinie 2006/112/EG des Rates über das gemeinsame Mehrwertsteuersystem) erfüllen**

Geltungsjahr: 2007
Siehe ABl. EU 2006 Nr. C 291 S. 21.

6 **Verzeichnis der Goldmünzen, die die Kriterien des Art. 344 Abs. 1 Ziffer 2 der Richtlinie 2006/112/EG des Rates über das gemeinsame Mehrwertsteuersystem (Sonderregelung für Anlagegold) erfüllen**

Geltungsjahr: 2008
Siehe ABl. EU 2007 Nr. C 286 S. 47.

7 **Verzeichnis der Goldmünzen, die die Kriterien des Art. 344 Abs. 1 Ziffer 2 der Richtlinie 2006/112/EG des Rates über das gemeinsame Mehrwertsteuersystem (Sonderregelung für Anlagegold) erfüllen**

Geltungsjahr: 2009
Siehe ABl. EU 2008 Nr. C 306 S. 6.

| Verzeichnis der Goldmünzen, die die Kriterien des Art. 344 Abs. 1 Ziffer 2 der Richtlinie 2006/112/EG des Rates über das gemeinsame Mehrwertsteuersystem (Sonderregelung für Anlagegold) erfüllen | 8 |

Geltungsjahr: 2010
Siehe ABl. EU 2009 Nr. C 289 S. 12.

| Verzeichnis der Goldmünzen, die die Kriterien des Art. 344 Abs. 1 Ziffer 2 der Richtlinie 2006/112/EG des Rates über das gemeinsame Mehrwertsteuersystem (Sonderregelung für Anlagegold) erfüllen | 9 |

Geltungsjahr: 2011
Siehe ABl. EU 2010 Nr. C 322 S. 13.

| Verzeichnis der Goldmünzen, die die Kriterien des Art. 344 Abs. 1 Ziffer 2 der Richtlinie 2006/112/EG des Rates über das gemeinsame Mehrwertsteuersystem (Sonderregelung für Anlagegold) erfüllen | 10 |

Geltungsjahr: 2012
Siehe ABl. EU 2011 Nr. C 351 S. 17.

§ 25d Haftung für die schuldhaft nicht abgeführte Steuer UStG

(1) ¹Der Unternehmer haftet für die Steuer aus einem vorangegangenen Umsatz, soweit diese in einer nach § 14 ausgestellten Rechnung ausgewiesen wurde, der Aussteller der Rechnung entsprechend seiner vorgefassten Absicht die ausgewiesene Steuer nicht entrichtet oder sich vorsätzlich außer Stande gesetzt hat, die ausgewiesene Steuer zu entrichten und der Unternehmer bei Abschluss des Vertrags über seinen Eingangsumsatz davon Kenntnis hatte oder nach der Sorgfalt eines ordentlichen Kaufmanns hätte haben müssen. ²Trifft dies auf mehrere Unternehmer zu, so haften diese als Gesamtschuldner.

(2) ¹Von der Kenntnis oder dem Kennenmüssen ist insbesondere auszugehen, wenn der Unternehmer für seinen Umsatz einen Preis in Rechnung stellt, der zum Zeitpunkt des Umsatzes unter dem marktüblichen Preis liegt. ²Dasselbe gilt, wenn der ihm in Rechnung gestellte Preis unter dem marktüblichen Preis oder unter dem Preis liegt, der seinem Lieferanten oder anderen Lieferanten, die am Erwerb der Ware beteiligt waren, in Rechnung gestellt wurde. ³Weist der Unternehmer nach, dass die Preisgestaltung betriebswirtschaftlich begründet ist, finden die Sätze 1 und 2 keine Anwendung.

(3) ¹Örtlich zuständig für den Erlass des Haftungsbescheides ist das Finanzamt, das für die Besteuerung des Unternehmers zuständig ist. ²Im Falle des Absatzes 1 Satz 2 ist jedes Finanzamt örtlich zuständig, bei dem der Vorsteueranspruch geltend gemacht wird.

(4) ¹Das zuständige Finanzamt hat zu prüfen, ob die Voraussetzungen für den Erlass des Haftungsbescheides vorliegen. ²Bis zum Abschluss dieser Prüfung kann die Erteilung der Zustimmung im Sinne von § 168 Satz 2 Abgabenordnung versagt werden. ³Satz 2 gilt entsprechend für die Festsetzung nach § 167 Abs. 1 Satz 1 der Abgabenordnung, wenn sie zu einer Erstattung führt.

(5) Für den Erlass des Haftungsbescheides gelten die allgemeinen Grundsätze, mit Ausnahme des § 219 der Abgabenordnung.

Vorschriften des Gemeinschaftsrechts

Art. 201 Abs. 3, 205 der MWSt-Richtlinie (bis 31. 12. 2006: Art. 21 Abs. 4 der 6. USt-Richtlinie).

25d.1. Haftung für die schuldhaft nicht abgeführte Steuer AE 25d.1

(1) Dieser Haftungstatbestand dient der Bekämpfung des Umsatzsteuerbetrugs, insbesondere in Form von Karussellgeschäften, bei denen in den Fiskus schädigender Absicht Rechnungen mit Umsatzsteuer ausgestellt werden, um dem Rechnungsempfänger den Vorsteuerabzug zu ermöglichen, ohne die ausgewiesene und geschuldete Steuer zu entrichten.

(2) Voraussetzungen für die Haftung sind:
- ¹Die aus einem vorangegangenen Umsatz geschuldete Umsatzsteuer wurde nicht entrichtet. ²Vorangegangener Umsatz ist auch ein Umsatz auf den Vorstufen, nicht nur der unmittelbare Eingangsumsatz des Unternehmers.
- Diese Umsatzsteuer wurde in einer Rechnung nach § 14 UStG ausgewiesen.
- Die ausgewiesene Steuer wurde vom Aussteller der Rechnung entsprechend seiner vorgefassten Absicht nicht entrichtet oder er hat sich vorsätzlich außer Stande gesetzt, diese zu entrichten.
- Der in Haftung zu nehmende Leistungsempfänger hatte bei Abschluss des Vertrages über seinen Eingangsumsatz vom vorsätzlichen Handeln des Rechnungsausstellers Kenntnis oder hätte nach der Sorgfalt eines ordentlichen Kaufmanns Kenntnis haben müssen.

(3) Nicht unter die Regelung fällt die unrichtig bzw. unberechtigt ausgewiesene Umsatzsteuer (§ 14c Abs. 1 und 2 UStG), da ein Vorsteuerabzug insoweit bereits nach § 15 Abs. 1 Satz 1 Nr. 1 UStG ausgeschlossen ist.

(4) Die Darlegungs- und Feststellungslast liegt grundsätzlich bei dem für den Erlass des Haftungsbescheides zuständigen Finanzamt.

(5) ¹Nach § 25d Abs. 2 UStG ist von der Kenntnis oder dem Kennenmüssen insbesondere dann auszugehen, wenn
- der Unternehmer für seinen Umsatz einen Preis in Rechnung stellt, der zum Zeitpunkt des Umsatzes unter dem marktüblichen Preis liegt oder
- der dem Unternehmer in Rechnung gestellte Preis unter dem marktüblichen Preis liegt oder
- der dem Unternehmer in Rechnung gestellte Preis unter dem Preis liegt, der seinem Lieferanten oder anderen Lieferanten, die am Erwerb der Ware beteiligt waren, in Rechnung gestellt wurde.

²Marktüblich ist ein Preis, der im gewöhnlichen Geschäftsverkehr unter fremden Dritten unter Berücksichtigung der Handelsstufe üblicherweise realisiert wird.

(6) ¹Liegen die Haftungsvoraussetzungen vor, ist der Unternehmer zunächst anzuhören (§ 91 AO). ²Im Rahmen der Anhörung hat der Unternehmer nach § 25d Abs. 2 Satz 3 UStG Gelegenheit, die Vermutung des § 25d Abs. 2 Sätze 1 und 2 UStG zu widerlegen, in dem er nachweist, dass die Preisgestaltung betriebswirtschaftlich begründet ist. ³Kann der Unternehmer diesen Nachweis führen, ist dessen ungeachtet von der Finanzverwaltung zu prüfen, ob die Tatbestandsmerkmale Kenntnis oder Kennen müssen auf Grund anderer Tatsachen als der Preisgestaltung vorliegen.

(7) ¹Bis zum Abschluss der Prüfung, ob die Voraussetzungen für den Erlass eines Haftungsbescheides vorliegen, kann die Erteilung der Zustimmung zu einer Steueranmeldung zur Umsatzsteuer (Voranmeldung, Umsatzsteuererklärung für das Kalenderjahr) im Sinne von § 168 Satz 2 AO versagt werden. ²Dies gilt entsprechend für die Festsetzung nach § 167 Abs. 1 Satz 1 AO, wenn sie zu einer Umsatzsteuererstattung führt.

(8) ¹Können die Haftungsvoraussetzungen nachgewiesen oder die Vermutung nach § 25d Abs. 2 Sätze 1 und 2 UStG nicht widerlegt werden, soll ein Haftungsbescheid erlassen werden. ²Kommen mehrere Haftungsschuldner in Betracht, so haften diese als Gesamtschuldner (§ 25d Abs. 1 Satz 2 UStG). ³In diesen Fällen ist es erforderlich, dass die zuständigen Finanzämter der Unternehmer, die in Haftung genommen werden sollen, ihr Vorgehen untereinander abstimmen. ⁴Dem für den Steuerschuldner zuständigen Finanzamt, für dessen rückständige Steuer gehaftet wird, ist jeweils ein Abdruck des Haftungsbescheides zu übersenden. ⁵Der Haftungsschuldner darf auf Zahlung auch in Anspruch genommen werden, ohne dass die Vollstreckung in das bewegliche Vermögen des Ausstellers der Rechnung ohne Erfolg geblieben oder anzunehmen ist, dass die Vollstreckung aussichtslos sein wird (vgl. § 25d Abs. 5 UStG).

Rsp	**Rechtsprechung**
Rsp	EUROPÄISCHER GERICHTSHOF

EuGH vom 11. 5. 2006 – Rs. C-384/04 – (HFR 2006 S. 740, UR 2006 S. 410)

Gesamtschuldnerische Haftung für die Zahlung der Mehrwertsteuer und Sicherheitsleistung für die von einem anderen Wirtschaftsteilnehmer geschuldete Mehrwertsteuer als nationale Maßnahme zur Bekämpfung von Steuerhinterziehungen

1. Art. 21 Abs. 3 der 6. USt-Richtlinie in ihrer durch die Richtlinien 2000/65/EG des Rates vom 17. 10. 2000 und 2001/115/EG des Rates vom 20. 12. 2001 geänderten Fassung ist dahin auszulegen, dass er einen Mitgliedstaat ermächtigt, eine Regelung wie die im Ausgangsverfahren in Rede stehende zu erlassen, wonach ein Steuerpflichtiger, an den eine Lieferung von

Gegenständen oder eine Dienstleistung bewirkt worden ist und der wusste oder für den hinreichende Verdachtsgründe dafür bestanden, dass die aufgrund dieser oder einer früheren oder späteren Lieferung oder Dienstleistung fällige Mehrwertsteuer ganz oder teilweise unbezahlt bleiben würde, gesamtschuldnerisch mit dem Steuerschuldner auf Zahlung dieser Steuer in Anspruch genommen werden kann. Eine solche Regelung muss jedoch den allgemeinen Rechtsgrundsätzen, die Teil der Gemeinschaftsrechtsordnung sind und zu denen u. a. die Grundsätze der Rechtssicherheit und der Verhältnismäßigkeit gehören, genügen.

2. Art. 22 Abs. 8 der 6. USt-Richtlinie in ihrer durch die Richtlinien 2000/65 und 2001/115 geänderten Fassung ist dahin auszulegen, dass er einem Mitgliedstaat nicht erlaubt, eine Regelung wie die im Ausgangsverfahren in Rede stehende zu erlassen, wonach ein Steuerpflichtiger, an den eine Lieferung von Gegenständen oder eine Dienstleistung bewirkt worden ist und der wusste oder für den hinreichende Verdachtsgründe dafür bestanden, dass die aufgrund dieser oder einer früheren oder späteren Lieferung oder Dienstleistung fällige Mehrwertsteuer ganz oder teilweise unbezahlt bleiben würde, gesamtschuldnerisch mit dem Steuerschuldner auf Zahlung der Steuer in Anspruch genommen werden kann, und/oder eine Regelung zu erlassen, wonach von einem Steuerpflichtigen eine Sicherheitsleistung für die Zahlung der Mehrwertsteuer verlangt werden kann, die von demjenigen Steuerpflichtigen, von dem oder an den die betreffenden Gegenstände oder Dienstleistungen geliefert oder erbracht werden, geschuldet wird.

Dagegen steht diese Bestimmung nicht einer nationalen Regelung entgegen, die jede Person, die gemäß einer auf der Grundlage von Art. 21 Abs. 3 der 6. USt-Richtlinie erlassenen Maßnahme die Mehrwertsteuer gesamtschuldnerisch zu entrichten hat, dazu verpflichtet, eine Sicherheit für die Zahlung der geschuldeten Mehrwertsteuer zu leisten.

Siebenter Abschnitt
Durchführung, Bußgeld-, Straf-, Verfahrens-, Übergangs- und Schlussvorschriften

§ 26 Durchführung

(1) ¹Die Bundesregierung kann mit Zustimmung des Bundesrates durch Rechtsverordnung zur Wahrung der Gleichmäßigkeit bei der Besteuerung, zur Beseitigung von Unbilligkeiten in Härtefällen oder zur Vereinfachung des Besteuerungsverfahrens den Umfang der in diesem Gesetz enthaltenen Steuerbefreiungen, Steuerermäßigungen und des Vorsteuerabzugs näher bestimmen sowie die zeitlichen Bindungen nach § 19 Abs. 2, § 23 Abs. 3 und § 24 Abs. 4 verkürzen. ²Bei der näheren Bestimmung des Umfangs der Steuerermäßigung nach § 12 Abs. 2 Nr. 1 kann von der zolltariflichen Abgrenzung abgewichen werden.

(2) Das Bundesministerium der Finanzen kann mit Zustimmung des Bundesrates durch Rechtsverordnung den Wortlaut derjenigen Vorschriften des Gesetzes und der auf Grund dieses Gesetzes erlassenen Rechtsverordnungen, in denen auf den Zolltarif hingewiesen wird, dem Wortlaut des Zolltarifs in der jeweils geltenden Fassung anpassen.

(3) ¹Das Bundesministerium der Finanzen kann unbeschadet der Vorschriften der §§ 163 und 227 der Abgabenordnung anordnen, dass die Steuer für grenzüberschreitende Beförderungen von Personen im Luftverkehr niedriger festgesetzt oder ganz oder zum Teil erlassen wird, soweit der Unternehmer keine Rechnungen mit gesondertem Ausweis der Steuer (§ 14 Abs. 4) erteilt hat. ²Bei Beförderungen durch ausländische Unternehmer kann die Anordnung davon abhängig gemacht werden, dass in dem Land, in dem der ausländische Unternehmer seinen Sitz hat, für grenzüberschreitende Beförderungen im Luftverkehr, die von Unternehmern mit Sitz in der Bundesrepublik Deutschland durchgeführt werden, eine Umsatzsteuer oder ähnliche Steuer nicht erhoben wird.

(4) (weggefallen)

(5) Das Bundesministerium der Finanzen kann mit Zustimmung des Bundesrates durch Rechtsverordnung näher bestimmen, wie der Nachweis bei den folgenden Steuerbefreiungen zu führen ist:

1. Artikel III Nr. 1 des Abkommens zwischen der Bundesrepublik Deutschland und den Vereinigten Staaten von Amerika über die von der Bundesrepublik zu gewährenden Abgabenvergünstigungen für die von den Vereinigten Staaten im Interesse der gemeinsamen Verteidigung geleisteten Ausgaben (BGBl. 1955 II S. 823);

2. Artikel 67 Abs. 3 des Zusatzabkommens zu dem Abkommen zwischen den Parteien des Nordatlantikvertrags über die Rechtsstellung ihrer Truppen hinsichtlich der in der Bundesrepublik Deutschland stationierten ausländischen Truppen (BGBl. 1961 II S. 1183, 1218);

§ 26 UStG § 73 UStDV
AE 26.1, AE 26.2

3. Artikel 14 Abs. 2 Buchstabe b und d des Abkommens zwischen der Bundesrepublik Deutschland und dem Obersten Hauptquartier der Alliierten Mächte, Europa, über die besonderen Bedingungen für die Einrichtung und den Betrieb internationaler militärischer Hauptquartiere in der Bundesrepublik Deutschland (BGBl. 1969 II S. 1997, 2009).

(6) Das Bundesministerium der Finanzen kann dieses Gesetz und die auf Grund dieses Gesetzes erlassenen Rechtsverordnungen in der jeweils geltenden Fassung mit neuem Datum und unter neuer Überschrift im Bundesgesetzblatt bekanntmachen.

Vorschriften des Gemeinschaftsrechts

Art. 98 Abs. 3, Art. 151, Art. 371 u. Anhang X Teil B Nr. 10 und Art. 394 der MWSt-Richtlinie (bis 31. 12. 2006: Art. 15 Nr. 10, Art. 27 Abs. 5, Art. 28 Abs. 3 Buchst. b und Anhang F Nr. 17 der 6. USt-Richtlinie).

UStDV

§ 73 *Nachweis der Voraussetzungen der in bestimmten Abkommen enthaltenen Steuerbefreiungen*

S 7490
S 7492
S 7493

(1) Der Unternehmer hat die Voraussetzungen der in § 26 Abs. 5 des Gesetzes bezeichneten Steuerbefreiung wie folgt nachzuweisen:

1. bei Lieferungen und sonstigen Leistungen, die von einer amtlichen Beschaffungsstelle in Auftrag gegeben worden sind, durch eine Bescheinigung der amtlichen Beschaffungsstelle nach amtlich vorgeschriebenem Vordruck (Abwicklungsschein);
2. bei Lieferungen und sonstigen Leistungen, die von einer deutschen Behörde für eine amtliche Beschaffungsstelle in Auftrag gegeben worden sind, durch eine Bescheinigung der deutschen Behörde.

(2) ¹Zusätzlich zu Absatz 1 muss der Unternehmer die Voraussetzungen der Steuerbefreiungen im Geltungsbereich dieser Verordnung buchmäßig nachweisen. ²Die Voraussetzungen müssen eindeutig und leicht nachprüfbar aus den Aufzeichnungen zu ersehen sein. ³In den Aufzeichnungen muss auf die in Absatz 1 bezeichneten Belege hingewiesen sein.

(3) Das Finanzamt kann auf die in Absatz 1 Nr. 1 bezeichnete Bescheinigung verzichten, wenn die vorgeschriebenen Angaben aus anderen Belegen und aus den Aufzeichnungen des Unternehmers eindeutig und leicht nachprüfbar zu ersehen sind.

(4) Bei Beschaffungen oder Baumaßnahmen, die von deutschen Behörden durchgeführt und von den Entsendestaaten oder den Hauptquartieren nur zu einem Teil finanziert werden, gelten Absatz 1 Nr. 2 und Absatz 2 hinsichtlich der anteiligen Steuerbefreiung entsprechend.

AE 26.1

26.1. Luftverkehrsunternehmer

S 7433

(1) ¹Die niedrigere Festsetzung oder der Erlass von Umsatzsteuer nach § 26 Abs. 3 UStG für grenzüberschreitende Beförderungen im Luftverkehr setzt voraus, dass die Leistungen von einem Luftverkehrsunternehmer erbracht werden. ²Luftverkehrsunternehmer im Sinne dieser Vorschrift sind Unternehmer, die die Beförderung selbst durchführen oder die als Vertragspartei mit dem Reisenden einen Beförderungsvertrag abschließen und sich hierdurch in eigenem Namen zur Durchführung der Beförderung verpflichten. ³Der Verkauf von Einzeltickets für grenzüberschreitende Flüge vom Reisebüro oder vom Consolidator kann unter den Voraussetzungen des Abschnitts 53a Abs. 2 als steuerfreie Vermittlungsleistung behandelt werden. ⁴Das Reisebüro und der Consolidator können insoweit nicht als Luftverkehrsunternehmer angesehen werden.

(2) ¹Unter den in Absatz 1 bezeichneten Voraussetzungen können auch Veranstalter von Pauschalreisen als Luftverkehrsunternehmer angesehen werden. ²Die niedrigere Festsetzung oder der Erlass der Umsatzsteuer nach § 26 Abs. 3 UStG ist dann jedoch auf die Fälle beschränkt, in denen der Veranstalter die Reisenden mit seinen eigenen Mitteln befördert (vgl. Abschnitt 25.1 Abs. 8) oder Beförderungsleistungen an Unternehmer für ihr Unternehmen erbringt (vgl. Abschnitt 25.1 Abs. 2 Beispiel 2).

AE 26.2

26.2. Grenzüberschreitende Beförderungen im Luftverkehr

S 7433

(1) ¹Eine grenzüberschreitende Beförderung liegt vor, wenn sich eine Beförderung sowohl auf das Inland als auch auf das Ausland erstreckt (§ 3b Abs. 1 Satz 4 UStG). ²Die niedrigere Festsetzung

oder der Erlass der Umsatzsteuer nach § 26 Abs. 3 UStG kommt für folgende grenzüberschreitende Beförderungen im Luftverkehr in Betracht:
1. von einem ausländischen Flughafen zu einem Flughafen im Inland;
2. von einem Flughafen im Inland zu einem ausländischen Flughafen;
3. von einem ausländischen Flughafen zu einem ausländischen Flughafen über das Inland.

[3]Die niedrigere Festsetzung oder der Erlass der Umsatzsteuer kommt jedoch nicht in Betracht bei Beförderungen vom Inland in die nicht zum Inland gehörenden Gebiete der Bundesrepublik Deutschland (vgl. § 1 Abs. 2 UStG) und umgekehrt, z. B. Flüge zwischen Hamburg und Helgoland, sowie bei Beförderungen zwischen den nicht zum Inland gehörenden Gebieten der Bundesrepublik Deutschland über das Inland, z. B. Rundflüge von Helgoland über das Inland.

(2) [1]Zwischenlandungen im Inland schließen die niedrigere Festsetzung oder den Erlass der Umsatzsteuer nicht aus, wenn der Fluggast mit demselben Flugzeug weiterfliegt oder wenn er deshalb in das nächste Anschlussflugzeug umsteigt, weil das erste Flugzeug seinen gebuchten Zielflughafen nicht anfliegt. [2]Wenn der Fluggast dagegen in einem Flughafen (A) im Inland seinen Flug unterbricht, d. h. seinen Aufenthalt über den nächstmöglichen Anschluss hinaus ausdehnt, und sein Zielflughafen (B) oder die nächste Flughafen, in dem er seinen Flug wiederum unterbricht (C), im Inland liegt, entfällt die niedrigere Festsetzung oder der Erlass der Umsatzsteuer für die Teilstrecke A bis B (oder C).

(3) [1]Wird der Flug unterbrochen, kann bei der Berechnung des anteiligen Entgelts für die Beförderungsleistung im Inland von der Differenz der Flugpreise zwischen dem ausländischen Flughafen und den beiden im Inland liegenden Flughäfen ausgegangen werden, z. B. Tokio–Frankfurt mit Zwischenaufenthalt in Hamburg; steuerpflichtig ist die Differenz der Flugpreise Tokio–Frankfurt und Tokio–Hamburg. [2]Dies kann in Einzelfällen dazu führen, dass für die im Inland erbrachte Beförderungsleistung ein Entgelt nicht anzusetzen ist.

(4) [1]Soweit die Luftverkehrsunternehmen die Flugunterbrechungen im Einzelnen nur mit erheblichem Verwaltungsaufwand ermitteln können, dürfen die anteiligen Entgelte für steuerpflichtige Beförderungsleistungen geschätzt werden. [2]Dies gilt nur, soweit keine Rechnungen mit gesondertem Steuerausweis ausgestellt worden sind. [3]Das Schätzungsverfahren ist vorab im Einvernehmen mit dem zuständigen Finanzamt festzulegen.

26.3. Beförderung über Teilstrecken durch verschiedene Luftfrachtführer

AE 26.3
S 7433

[1]Wird eine grenzüberschreitende Beförderung von mehreren aufeinanderfolgenden Luftfrachtführern ausgeführt, gilt sie nach dem Luftverkehrsrecht als eine einzige Beförderung, sofern sie als einheitliche Leistung vereinbart worden ist (Artikel 1 Abs. 3 Satz 1 des Montrealer Übereinkommens vom 28. 5. 1999, BGBl. 2004 II S. 458 und BGBl. 2004 I S. 1027). [2]Eine grenzüberschreitende Beförderung, die nach dem Luftverkehrsrecht als eine einzige Beförderung anzusehen ist, gilt auch im Sinne des § 26 Abs. 3 UStG als eine einzige Beförderung und damit insgesamt als eine grenzüberschreitende Beförderung im Luftverkehr. [3]Den an dieser Leistung beteiligten Luftfrachtführern kann deshalb die Umsatzsteuer nach § 26 Abs. 3 UStG auch dann erlassen werden, wenn sich ihr Leistungsteil nur auf das Inland erstreckt. [4]Eine niedrigere Festsetzung oder ein Erlass der Umsatzsteuer kommt jedoch nicht in Betracht, wenn der Fluggast im Inland den Flug unterbricht, d. h. seinen Aufenthalt über den nächstmöglichen Anschluss hinaus ausdehnt (vgl. Abschnitt 26.2 Abs. 2).

26.4. Gegenseitigkeit

AE 26.4
S 7433

[1]Haben Luftverkehrsunternehmer ihren Sitz nicht in der Bundesrepublik Deutschland, kann die Umsatzsteuer in der Regel nur im Falle der Gegenseitigkeit niedriger festgesetzt oder erlassen werden (§ 26 Abs. 3 Satz 2 UStG). [2]Es ist jedoch möglich, die Umsatzsteuer auch dann niedriger festzusetzen oder zu erlassen, wenn in den Ländern dieser Unternehmer die Gegenseitigkeit nicht voll gewährleistet ist. [3]Hier kommen insbesondere die Fälle in Betracht, in denen die von deutschen Luftverkehrsunternehmern im Ausland für die einzelne Beförderungsleistung erhobene Umsatzsteuer unverhältnismäßig niedrig ist oder in denen die Voraussetzungen der Gegenseitigkeit nur in einem Teilbereich, z. B. Charterverkehr, erfüllt sind.

26.5. Zuständigkeit

AE 26.5
S 7433

Für die niedrigere Festsetzung oder den Erlass der Umsatzsteuer gilt folgende Regelung:
1. Unter den Voraussetzungen des § 26 Abs. 3 UStG kann die Umsatzsteuer für grenzüberschreitende Beförderungen im Luftverkehr niedriger festgesetzt oder erlassen werden, wenn es sich um folgende Unternehmer handelt:
   a) Luftverkehrsunternehmer mit Sitz in der Bundesrepublik Deutschland und

§ 26 UStG
AE 26.5 H

    b) Luftverkehrsunternehmer mit Sitz außerhalb der Bundesrepublik Deutschland, wenn die Länder, in denen sie ihren Sitz haben, in dem vom BMF herausgegebenen Verzeichnis der Länder aufgeführt sind, zu denen die Gegenseitigkeit festgestellt ist *(vgl. BMF-Schreiben vom 6. 9. 2011, BStBl 2011 S. 907, Stand 1. 9. 2011)*.

2. ¹Über die Einzelfälle entscheiden bei den in Nummer 1 bezeichneten Luftverkehrsunternehmern die obersten Finanzbehörden der Länder oder die von ihnen beauftragten nachgeordneten Dienststellen. ²Unabhängig von der Höhe des Steuerbetrages ist das BMF nicht zu beteiligen.

3. ¹Bei Luftverkehrsunternehmern mit Sitz in Ländern, die in dem Verzeichnis der Länder, zu denen die Gegenseitigkeit festgestellt ist, nicht aufgeführt sind, ist das BMF zu beteiligen. ²Das gilt auch, wenn sich Zweifel ergeben, ob von dem Land, in dem das Luftverkehrsunternehmen seinen Sitz hat, die Voraussetzung der Gegenseitigkeit noch erfüllt wird.

H	Hinweise
1	**Erlass der Umsatzsteuer bei grenzüberschreitenden Beförderungen von Personen im Luftverkehr unter Inanspruchnahme inländischer Zubringerbeförderungen** (OFD Frankfurt a. M., Vfg. vom 21. 1. 2002 – S 7433 A – 13 – St I 23 –, UR 2002 S. 535)
2	**Wohnraumvermietung an die US-Streitkräfte, Bescheinigung der deutschen Behörde § 73 Abs. 1 Nr. 2 UStDV** (OFD Nürnberg, Vfg. vom 21. 2. 2002 – S 7492 – 12/St 43 –, DStZ 2002 S. 270, StEd 2002 S. 209)
3	**Erlass von Umsatzsteuer nach § 26 Abs. 3 UStG, Gegenseitigkeit** (BMF vom 14. 7. 2003, ergänzt durch BMF vom 28. 8. 2003, BStBl 2003 I S. 463)

Hiermit übersende ich das Verzeichnis der Länder, zu denen die Gegenseitigkeit nach § 26 Abs. 3 UStG festgestellt ist, nach dem Stand vom 1. 7. 2003. Das Verzeichnis tritt an die Stelle des mit BMF-Schreiben vom 12. 3. 1996 – IV C 4 – S 7433 – 3/96 – (BStBl I 1996 S. 210) bekannt gegebenen Verzeichnisses nach dem Stand vom 1. 3. 1996 (ergänzt mit Schreiben vom 3. 4. 1996 gl. Az.). Die Änderungen sind durch Fettdruck gekennzeichnet.¹⁾

Anlage zum BMF-Schreiben vom 14. 7. 2003
ergänzt durch BMF-Schreiben vom 28. 8. 2003

Verzeichnis der Länder, zu denen Gegenseitigkeit i. S. d. § 26 Abs. 3 UStG festgestellt ist
(Stand: 1. 7. 2003)

Ägypten	Jordanien	Russland
Äthiopien	Kanada	Sambia
Afghanistan	Kasachstan	Saudi-Arabien
Algerien	Katar	Schweden
Argentinien	Kenia	Schweiz
Armenien	Korea (Republik)	**Serbien und Montenegro**
Australien	Kroatien	**Seychellen**
Bahrain	Kuba	Singapur
Bangladesch	Kuwait	**Slowenien**
Belgien	Libanon	Somalia
Brasilien	Libyen	Spanien
Brunei Darussalam	Liechtenstein	Sudan
Bulgarien	Litauen	Südafrika
Chile	Luxemburg	Syrien
China (Volksrepublik)	Malaysia	Taiwan
Dänemark	Malta	Thailand
Finnland	Marokko	Tschechische Republik
Frankreich	Mauritius	Türkei
Georgien	**Mazedonien**	Tunesien
Ghana	**Mongolei**	Ukraine
Griechenland	Namibia	Ungarn
Großbritannien	**Nepal**	Usbekistan
Hongkong	Neuseeland	Venezuela
Indien	Niederlande	Vereinigte Arabische Emirate
Indonesien	Nigeria	Vereinigte Staaten von Amerika
Irak	Norwegen	**Vietnam**

---

¹⁾ Anm.: Ersetzt durch BMF vom 6. 9. 2011, § 26 H 5.

Iran	Österreich	Weißrussland
Irland	Oman	Zimbabwe
Island	Pakistan	Zypern (Republik)
Israel	Paraguay	
Italien	Polen	
Jamaika	Portugal	
Japan	Rumänien	

Erlass der Umsatzsteuer bei grenzüberschreitenden Beförderungen von Personen im Luftverkehr unter Inanspruchnahme inländischer Zubringerbeförderungen (sog. Transferleistungen)   4

(OFD Frankfurt a. M., Vfg. vom 23. 6. 2009 – S 7433 A – 13 – St 113 –, StEd 2009 S. 492)

Grenzüberschreitende Personenbeförderungen im Luftverkehr (§ 26 Abs. 3 UStG) – Verzeichnis der Länder, zu denen Gegenseitigkeit festgestellt ist (Stand: 1.9.2011)   5

(BMF vom 6. 9. 2011, BStBl 2011 I S. 907)
Hiermit übersende ich das Verzeichnis der Länder, zu denen die Gegenseitigkeit nach § 26 Abs. 3 UStG festgestellt ist, nach dem Stand vom 1. 9. 2011. Folgende Länder wurden neu in das Verzeichnis aufgenommen: Republik Angola, Republik Lettland, Slowakische Republik, Republik Tadschikistan. Die Gegenseitigkeit zur Republik Montenegro konnte entgegen der Gegenseitigkeit mit dem früheren Zusammenschluss von Serbien und Montenegro nicht festgestellt werden.
Das Verzeichnis tritt an die Stelle des mit BMF-Schreiben vom 14.7.2003 – IV D 1 – S 7433 – 10/03, ergänzt durch BMF-Schreiben vom 28. 8. 2003 – IV D 1 – S 7433 – 12/03, BStBl I 2003 S. 463 (464), bekannt gegebenen Verzeichnisses nach dem Stand vom 1.7.2003.
Anlage zum BMF-Schreiben vom 6. 9. 2011
Verzeichnis der Länder, zu denen Gegenseitigkeit i. S. d. § 26 Abs. 3 UStG festgestellt ist (Stand: 1. 9. 2011)

Ägypten	Jordanien	Russland
Äthiopien	Kanada	Sambia
Afghanistan	Kasachstan	Saudi-Arabien
Algerien	Katar	Schweden
Angola	Kenia	Schweiz
Argentinien	Korea (Republik)	Serbien
Armenien	Kroatien	Seychellen
Australien	Kuba	Singapur
Bahrain	Kuwait	**Slowakische Republik**
Bangladesch	**Lettland**	Slowenien
Belgien	Libanon	Somalia
Brasilien	Libyen	Spanien
Brunei Darussalam	Liechtenstein	Sudan
Bulgarien	Litauen	Südafrika
Chile	Luxemburg	Syrien
China (Volksrepublik)	Malaysia	**Tadschikistan**
Dänemark	Malta	Taiwan
Finnland	Marokko	Thailand
Frankreich	Mauritius	Tschechische Republik
Georgien	Mazedonien	Türkei
Ghana	Mongolei	Tunesien
Griechenland	Namibia	Ukraine
Großbritannien	Nepal	Ungarn
Hongkong	Neuseeland	Usbekistan
Indien	Niederlande	Venezuela
Indonesien	Nigeria	Vereinigte Arabische Emirate
Irak	Norwegen	Vereinigte Staaten von Amerika
Iran	Österreich	Vietnam
Irland	Oman	Weißrussland
Island	Pakistan	Zimbabwe
Israel	Paraguay	Zypern (Republik)
Italien	Polen	
Jamaika	Portugal	
Japan	Rumänien	

§ 26a Bußgeldvorschriften

(1) Ordnungswidrig handelt, wer vorsätzlich oder leichtfertig
1. entgegen § 14 Abs. 2 Satz 1 Nr. 1 oder 2 Satz 2 eine Rechnung nicht oder nicht rechtzeitig ausstellt,
2. entgegen § 14b Abs. 1 Satz 1, auch in Verbindung mit Satz 4, ein dort bezeichnetes Doppel oder eine dort bezeichnete Rechnung nicht oder nicht mindestens zehn Jahre aufbewahrt,
3. entgegen § 14b Abs. 1 Satz 5 eine dort bezeichnete Rechnung, einen Zahlungsbeleg oder eine andere beweiskräftige Unterlage nicht oder nicht mindestens zwei Jahre aufbewahrt,
4. entgegen § 18 Abs. 12 Satz 3 die dort bezeichnete Bescheinigung nicht oder nicht rechtzeitig vorlegt,
5. entgegen § 18a Absatz 1 bis 3 in Verbindung mit Absatz 7 Satz 1, Absatz 8 oder Absatz 9 eine Zusammenfassende Meldung nicht, nicht richtig, nicht vollständig oder nicht rechtzeitig abgibt oder entgegen § 18a Absatz 10 eine Zusammenfassende Meldung nicht oder nicht rechtzeitig berichtigt,
6. einer Rechtsverordnung nach § 18c zuwiderhandelt, soweit sie für einen bestimmten Tatbestand auf die Bußgeldvorschrift verweist, oder
7. entgegen § 18d Satz 3 die dort bezeichneten Unterlagen nicht, nicht vollständig oder nicht rechtzeitig vorlegt.

(2) Die Ordnungswidrigkeit kann in den Fällen des Absatzes 1 Nr. 3 mit einer Geldbuße bis zu 500 Euro, in den übrigen Fällen mit einer Geldbuße bis zu 5 000 Euro geahndet werden.

§ 26b Schädigung des Umsatzsteueraufkommens

(1) Ordnungswidrig handelt, wer die in einer Rechnung im Sinne von § 14 ausgewiesene Umsatzsteuer zu einem in § 18 Abs. 1 Satz 3 oder Abs. 4 Satz 1 oder 2 genannten Fälligkeitszeitpunkt nicht oder nicht vollständig entrichtet.

(2) Die Ordnungswidrigkeit kann mit einer Geldbuße bis zu 50 000 Euro geahndet werden.

§ 26c Gewerbsmäßige oder bandenmäßige Schädigung des Umsatzsteueraufkommens

Mit Freiheitsstrafe bis zu fünf Jahren oder mit Geldstrafe wird bestraft, wer in den Fällen des § 26b gewerbsmäßig oder als Mitglied einer Bande, die sich zur fortgesetzten Begehung solcher Taten verbunden hat, handelt.

§ 27 Allgemeine Übergangsvorschriften

(1) ¹Änderungen dieses Gesetzes sind, soweit nichts anderes bestimmt ist, auf Umsätze im Sinne des § 1 Abs. 1 Nr. 1 und 5 anzuwenden, die ab dem Inkrafttreten der maßgeblichen Änderungsvorschrift ausgeführt werden. ²Das gilt für Lieferungen und sonstige Leistungen auch insoweit, als die Steuer dafür nach § 13 Abs. 1 Nr. 1 Buchstabe a Satz 4, Buchstabe b oder § 13b Absatz 4 Satz 2 vor dem Inkrafttreten der Änderungsvorschrift entstanden ist. ³Die Berechnung dieser Steuer ist für den Voranmeldungszeitraum zu berichtigen, in dem die Lieferung oder sonstige Leistung ausgeführt wird.

(1a) ¹§ 4 Nr. 14 ist auf Antrag auf vor dem 1. Januar 2000 erbrachte Umsätze aus der Tätigkeit als Sprachheilpädagoge entsprechend anzuwenden, soweit der Sprachheilpädagoge gemäß § 124 Abs. 2 des Fünften Buches Sozialgesetzbuch von den zuständigen Stellen der gesetzlichen Krankenkassen umfassend oder für bestimmte Teilgebiete der Sprachtherapie zur Abgabe von sprachtherapeutischen Heilmitteln zugelassen ist und die Voraussetzungen des § 4 Nr. 14 spätestens zum 1. Januar 2000 erfüllt. ²Bestandskräftige Steuerfestsetzungen können insoweit aufgehoben oder geändert werden.

§ 27 UStG

(2) § 9 Abs. 2 ist nicht anzuwenden, wenn das auf dem Grundstück errichtete Gebäude
1. Wohnzwecken dient oder zu dienen bestimmt ist und vor dem 1. April 1985 fertiggestellt worden ist,
2. anderen nichtunternehmerischen Zwecken dient oder zu dienen bestimmt ist und vor dem 1. Januar 1986 fertiggestellt worden ist,
3. anderen als in den Nummern 1 und 2 bezeichneten Zwecken dient oder zu dienen bestimmt ist und vor dem 1. Januar 1998 fertiggestellt worden ist,

und wenn mit der Errichtung des Gebäudes in den Fällen der Nummern 1 und 2 vor dem 1. Juni 1984 und in den Fällen der Nummer 3 vor dem 11. November 1993 begonnen worden ist.

(3) § 14 Abs. 1a in der bis zum 31. Dezember 2003 geltenden Fassung ist auf Rechnungen anzuwenden, die nach dem 30. Juni 2002 ausgestellt werden, sofern die zugrundeliegenden Umsätze bis zum 31. Dezember 2003 ausgeführt wurden.

(4) [1]§§ 13b, 14 Abs. 1, § 14a Abs. 4 und 5 Satz 3 Nr. 3, § 15 Abs. 1 Satz 1 Nr. 4 und Absatz 4b, § 17 Abs. 1 Satz 1, § 18 Abs. 4a Satz 1, § 19 Abs. 1 Satz 3, § 22 Abs. 1 Satz 2 und Absatz 2 Nr. 8, § 25a Abs. 5 Satz 3 in der jeweils bis zum 31. Dezember 2003 geltenden Fassung sind auch auf Umsätze anzuwenden, die vor dem 1. Januar 2002 ausgeführt worden sind, soweit das Entgelt für diese Umsätze erst nach dem 31. Dezember 2001 gezahlt worden ist. [2]Soweit auf das Entgelt oder Teile des Entgelts für nach dem 31. Dezember 2001 ausgeführte Umsätze vor dem 1. Januar 2002 das Abzugsverfahren nach § 18 Abs. 8 in der bis zum 31. Dezember 2001 geltenden Fassung angewandt worden ist, mindert sich die vom Leistungsempfänger nach § 13b geschuldete Steuer um die bisher im Abzugsverfahren vom leistenden Unternehmer geschuldete Steuer.

(5) [1]§ 3 Abs. 9a Satz 2, § 15 Abs. 1b, § 15a Abs. 3 Nr. 2 und § 15a Abs. 4 Satz 2 in der jeweils bis 31. Dezember 2003 geltenden Fassung sind auf Fahrzeuge anzuwenden, die nach dem 31. März 1999 und vor dem 1. Januar 2004 angeschafft oder hergestellt, eingeführt, innergemeinschaftlich erworben oder gemietet worden sind und für die der Vorsteuerabzug nach § 15 Abs. 1b vorgenommen worden ist. [2]Dies gilt nicht für nach dem 1. Januar 2004 anfallende Vorsteuerbeträge, die auf die Miete oder den Betrieb dieser Fahrzeuge entfallen.

(6) Umsätze aus der Nutzungsüberlassung von Sportanlagen können bis zum 31. Dezember 2004 in eine steuerfreie Grundstücksüberlassung und in eine steuerpflichtige Überlassung von Betriebsvorrichtungen aufgeteilt werden.

(7) § 13c ist anzuwenden auf Forderungen, die nach dem 7. November 2003 abgetreten, verpfändet oder gepfändet worden sind.

(8) § 15a Abs. 1 Satz 1 und Abs. 4 Satz 1 in der Fassung des Gesetzes vom 20. Dezember 2001 (BGBl. I S. 3794) ist auch für Zeiträume vor dem 1. Januar 2002 anzuwenden, wenn der Unternehmer den Vorsteuerabzug im Zeitpunkt des Leistungsbezugs aufgrund der von ihm erklärten Verwendungsabsicht in Anspruch genommen hat und die Nutzung ab dem Zeitpunkt der erstmaligen Verwendung mit den für den Vorsteuerabzug maßgebenden Verhältnissen nicht übereinstimmt.

(9) § 18 Abs. 1 Satz 1 ist erstmals auf Voranmeldungszeiträume anzuwenden, die nach dem 31. Dezember 2004 enden.

(10) § 4 Nr. 21a in der bis zum 31. Dezember 2003 geltenden Fassung ist auf Antrag auf vor dem 1. Januar 2005 erbrachte Umsätze der staatlichen Hochschulen aus Forschungstätigkeit anzuwenden, wenn die Leistungen auf einem Vertrag beruhen, der vor dem 3. September 2003 abgeschlossen worden ist.

(11) § 15a in der Fassung des Artikels 5 des Gesetzes vom 9. Dezember 2004 (BGBl. I S. 3310) ist auf Vorsteuerbeträge anzuwenden, deren zu Grunde liegende Umsätze im Sinne des § 1 Abs. 1 nach dem 31. Dezember 2004 ausgeführt werden.

(12) Auf Vorsteuerbeträge, deren zugrunde liegende Umsätze im Sinne des § 1 Abs. 1 nach dem 31. Dezember 2006 ausgeführt werden, ist § 15a Abs. 3 und 4 in der ab 1. Januar 2006 geltenden Fassung anzuwenden.

(13) § 18a Abs. 1 Satz 1, 4 und 5 in der Fassung des Artikels 7 des Gesetzes vom 13. Dezember 2006 (BGBl. I S. 2878) ist erstmals auf Meldezeiträume anzuwenden, die nach dem 31. Dezember 2006 enden.

(14) § 18 Abs. 9 in der Fassung des Artikels 7 des Gesetzes vom 19. Dezember 2008 (BGBl. I S. 2794) und § 18g sind auf Anträge auf Vergütung von Vorsteuerbeträgen anzuwenden, die nach dem 31. Dezember 2009 gestellt werden.

(15) § 14 Abs. 2 Satz 1 Nr. 2 und § 14 Abs. 3 Nr. 2 in der jeweils ab 1. Januar 2009 geltenden Fassung sind auf alle Rechnungen über Umsätze anzuwenden, die nach dem 31. Dezember 2008 ausgeführt werden.

(16) [1]§ 3 Absatz 9a Nummer 1, § 15 Absatz 1b, § 15a Absatz 6a und 8 Satz 2 in der Fassung des Artikels 4 des Gesetzes vom 8. Dezember 2010 (BGBl. I S. 1768) sind nicht anzuwenden auf Wirtschaftsgüter im Sinne des § 15 Absatz 1b, die auf Grund eines vor dem 1. Januar 2011 rechtswirksam abgeschlossenen obligatorischen Vertrags oder gleichstehenden Rechtsakts angeschafft

§ 27 UStG § 74a UStDV
AE 27.1

worden sind oder mit deren Herstellung von dem 1. Januar 2011 begonnen worden ist. ²Als Beginn der Herstellung gilt bei Gebäuden, für die eine Baugenehmigung erforderlich ist, der Zeitpunkt, in dem der Bauantrag gestellt wird; bei baugenehmigungsfreien Gebäuden, für die Bauunterlagen einzureichen sind, der Zeitpunkt, in dem die Bauunterlagen eingereicht werden.

(17) § 18 Absatz 3 in der Fassung des Artikels 4 des Gesetzes vom 8. Dezember 2010 (BGBl. I S. 1768) ist erstmals auf Besteuerungszeiträume anzuwenden, die nach dem 31. Dezember 2010 enden.

¹) *(18) § 14 Absatz 1 und 3 ist in der ab 1. Juli 2011 geltenden Fassung auf alle Rechnungen über Umsätze anzuwenden, die nach dem 30. Juni 2011 ausgeführt werden.*

UStDV § 74a Übergangsvorschriften[2])

S 7359 *(1) Die §§ 59 bis 61 in der Fassung des Artikels 8 des Gesetzes vom 19. Dezember 2008 (BGBl. I S. 2794) und § 61a sind auf Anträge auf Vergütung von Vorsteuerbeträgen anzuwenden, die nach dem 31. Dezember 2009 gestellt werden.*

S 7316 **(2) Für Wirtschaftsgüter, die vor dem 1. Januar 2012 angeschafft oder hergestellt worden sind, ist § 44 Absatz 3 und 4 in der am 31. Dezember 2011 geltenden Fassung weiterhin anzuwenden.**

AE 27.1   27.1. Übergangsvorschriften

Anwendung von § 15a UStG und § 44 UStDV

S 7440 (1) ¹§ 15a UStG in der Fassung des Artikels 5 Nr. 12 des Gesetzes zur Umsetzung von EU-Richtlinien in nationales Steuerrecht und zur Änderung weiterer Vorschriften vom 9. Dezember 2004 (Richtlinien-Umsetzungsgesetz) findet nur in den Fällen Anwendung, in denen das Wirtschaftsgut nach diesem Zeitpunkt bezogen wurde (§ 27 Abs. 11 UStG); *zur zeitlichen Anwendung des § 15a Abs. 2 UStG vgl. BFH-Urteil vom 12. 2. 2009, V R 85/07, BStBl 2010 II S. 76.* ²Ebenso findet die Neuregelung nur auf nach dem 31. Dezember 2004 getätigte nachträgliche Anschaffungs- oder Herstellungskosten Anwendung. ³Die Neuregelung des § 15a UStG gilt auch in den Fällen, in denen vor dem 1. Januar 2005 eine Voraus- oder Anzahlung für eine nach dem 31. Dezember 2004 ausgeführte Leistung geleistet worden ist.

(2) ¹Die zum 1. Januar 2005 durch Artikel 6 Nr. 2 des Gesetzes zur Umsetzung von EU-Richtlinien in nationales Steuerrecht und zur Änderung weiterer Vorschriften vom 9. Dezember 2004 (Richtlinien-Umsetzungsgesetz) erhöhten Beträge in § 44 UStDV finden nur in den Fällen Anwendung, in denen das Wirtschaftsgut nach dem 31. Dezember 2004 angeschafft oder hergestellt bzw. die sonstige Leistung nach diesem Zeitpunkt bezogen wurde. ²Ebenso findet die Neuregelung nur auf nach dem 31. Dezember 2004 getätigte nachträgliche Anschaffungs- oder Herstellungskosten Anwendung. ³Das Gleiche gilt in den Fällen, in denen vor dem 1. Januar 2005 eine Voraus- oder Anzahlung für eine nach dem 31. Dezember 2004 ausgeführte Leistung geleistet worden ist.

(3) § 15a Abs. 3 und 4 UStG in der Fassung von Artikel 8 Nr. 1 des Ersten Gesetzes zum Abbau bürokratischer Hemmnisse insbesondere in der mittelständischen Wirtschaft vom 22. August 2006 findet nur in den Fällen Anwendung, in denen die Gegenstände, die in das Wirtschaftsgut eingegangen sind, nach dem 31. Dezember 2006 angeschafft oder hergestellt wurden bzw. in denen die sonstigen Leistungen nach dem 31. Dezember 2006 bezogen wurden (§ 27 Abs. 12 UStG).

Anwendung von § 18 Abs. 3 UStG

(4) Die Übermittlung der Umsatzsteuererklärung für das Kalenderjahr nach amtlich vorgeschriebenem Datensatz durch Datenfernübertragung nach Maßgabe der StDÜV entsprechend § 18 Abs. 3 UStG in der Fassung von Artikel 4 Nr. 11 Buchstabe a des Jahressteuergesetzes 2010 vom 8. Dezember 2010 (JStG 2010) ist für Besteuerungszeiträume anzuwenden, die nach dem 31. Dezember 2010 enden.

---

1) Anm.: Durch Art. 5 Nr. 3 des Steuervereinfachungsgesetzes 2011 vom 1. 11. 2011 (BGBl. 2011 I S. 2131) wurde § 27 Abs. 18 UStG mit Wirkung vom 1. 7. 2011 angefügt.
2) Anm.: Durch Art. 6 Nr. 6 der 2. Verordnung zur Änderung steuerlicher Verordnungen vom 2. 12. 2011 (BGBl. 2011 I S. 2416, BStBl 2011 I S. 1167) wurde in § 74a UStDV mit Wirkung vom 1. 1. 2012 der bisherige Text Absatz 1 und ein neuer Absatz 2 angefügt.

§ 27a Umsatzsteuer-Identifikationsnummer

UStG

(1) ¹Das Bundeszentralamt für Steuern erteilt Unternehmern im Sinne des § 2 auf Antrag eine Umsatzsteuer-Identifikationsnummer. ²Das Bundeszentralamt für Steuern erteilt auch juristischen Personen, die nicht Unternehmer sind oder die Gegenstände nicht für ihr Unternehmen erwerben, eine Umsatzsteuer-Identifikationsnummer, wenn sie diese für innergemeinschaftliche Erwerbe benötigen. ³Im Falle der Organschaft wird auf Antrag für jede juristische Person eine eigene Umsatzsteuer-Identifikationsnummer erteilt. ⁴Der Antrag auf Erteilung einer Umsatzsteuer-Identifikationsnummer nach den Sätzen 1 bis 3 ist schriftlich zu stellen. ⁵In dem Antrag sind Name, Anschrift und Steuernummer, unter der der Antragsteller umsatzsteuerlich geführt wird, anzugeben.

S 7427c

(2) ¹Die Landesfinanzbehörden übermitteln dem Bundeszentralamt für Steuern die für die Erteilung der Umsatzsteuer-Identifikationsnummer nach Absatz 1 erforderlichen Angaben über die bei ihnen umsatzsteuerlich geführten natürlichen und juristischen Personen und Personenvereinigungen. ²Diese Angaben dürfen nur für die Erteilung einer Umsatzsteuer-Identifikationsnummer, für Zwecke der Verordnung (EG) Nr. 1798/2003 des Rates vom 7. Oktober 2003 über die Zusammenarbeit der Verwaltungsbehörden auf dem Gebiet der Mehrwertsteuer und zur Aufhebung der Verordnung (EWG) Nr. 218/92 (ABl. EU Nr. L 264 S. 1), für die Umsatzsteuerkontrolle, für Zwecke der Amtshilfe zwischen den zuständigen Behörden anderer Staaten in Umsatzsteuersachen sowie für Übermittlungen an das Statistische Bundesamt nach § 2a des Statistikregistergesetzes verarbeitet oder genutzt werden. ³Das Bundeszentralamt für Steuern übermittelt den Landesfinanzbehörden die erteilten Umsatzsteuer-Identifikationsnummern und die Daten, die sie für die Umsatzsteuerkontrolle benötigen.

Vorschriften des Gemeinschaftsrechts

Art. 214 und Art. 257 der MWSt-Richtlinie (bis 31. 12. 2006: Art. 22 Abs. 1 und 10 der 6. USt-Richtlinie).

27a.1. Antrag auf Erteilung der Umsatzsteuer-Identifikationsnummer

AE 27a.1

(1) ¹Der Antrag ist schriftlich unter Angabe des Namens und der Anschrift des Antragstellers, des zuständigen Finanzamtes und der Steuernummer, unter der er umsatzsteuerlich geführt wird, an das Bundeszentralamt für Steuern – Dienstsitz Saarlouis –, 66740 Saarlouis, zu richten. ²Anträge können auch über das Internet (www.bzst.de) gestellt werden. ³Die USt-IdNr. wird dem Antragsteller schriftlich bekannt gegeben. ⁴Bei der steuerlichen Neuaufnahme kann der Unternehmer die Erteilung einer USt-IdNr. auch bei dem zuständigen Finanzamt beantragen. ⁵Dieser Antrag wird, zusammen mit den erforderlichen Angaben über die Erfassung für Zwecke der Umsatzsteuer, an das BZSt weitergeleitet. ⁶Jeder Unternehmer erhält nur eine USt-IdNr. ⁷Wegen der Besonderheiten bei Organgesellschaften und bei juristischen Personen des öffentlichen Rechts vgl. Absatz 3. ⁸Den ständigen diplomatischen Missionen und berufskonsularischen Vertretungen, zwischenstaatlichen Einrichtungen und Streitkräften anderer Vertragsparteien des Nordatlantikvertrags wird grundsätzlich keine USt-IdNr. erteilt (vgl. auch Abschnitt 1c.1).

S 7427-c

(2) Der Unternehmer kann schriftlich unter Angabe der ggf. bereits erteilten USt-IdNr. beim Bundeszentralamt für Steuern – Dienstsitz Saarlouis –, 66740 Saarlouis, beantragen, dass die Anschrift gespeichert wird, unter der er im innergemeinschaftlichen Geschäftsverkehr auftritt (sog. Euro-Adresse).

(3) ¹Organkreise erhalten eine gesonderte USt-IdNr. für den Organträger und jede einzelne Organgesellschaft, die innergemeinschaftliche Warenlieferungen (§ 18a Abs. 6 UStG), steuerpflichtige sonstige Leistungen im übrigen Gemeinschaftsgebiet im Sinne von § 3a Abs. 2 UStG (vgl. Abschnitt 3a.2), für die der in einem anderen EU-Mitgliedstaat ansässige Leistungsempfänger die Steuer dort schuldet, oder Lieferungen im Sinne von § 25b Abs. 2 UStG im Rahmen innergemeinschaftlicher Dreiecksgeschäfte ausführt. ²Der Antrag ist vom Organträger zu stellen. ³Der Antrag muss folgende Angaben enthalten:

– die Steuernummer, unter der der Organkreis für Zwecke der Umsatzsteuer geführt wird,
– den Namen und die Anschrift des Organträgers,
– die USt-IdNr. des Organträgers (soweit bereits erteilt),
– die Bezeichnung des Finanzamts, bei dem der Organkreis für Zwecke der Umsatzsteuer geführt wird,

- den Namen und die Anschriften der einzelnen Organgesellschaften, die am innergemeinschaftlichen Handelsverkehr teilnehmen,
- die Steuernummern, unter denen die Organgesellschaften ertragsteuerlich geführt werden,
- die Bezeichnung der zuständigen Finanzämter, bei denen die Organgesellschaften ertragsteuerlich geführt werden.

[4]Die Gebietskörperschaften Bund und Länder können für einzelne Organisationseinheiten (z. B. Ressorts, Behörden und Ämter) eine USt-IdNr. erhalten (vgl. Abschnitt 1a.1 Abs. 3). *[5]Ist eine solche Organisationseinheit insgesamt nur hoheitlich tätig und hat sie bislang keine USt-IdNr. erhalten, weil sie keinen innergemeinschaftlichen Erwerb nach § 1a UStG zu besteuern hat, erhält sie nunmehr – auf Antrag – eine USt-IdNr., wenn sie diese für die Besteuerung der von ihr bezogenen sonstigen Leistungen benötigt, für die der Leistungsort nach § 3a Abs. 2 UStG im Inland liegt (vgl. Abschnitt 3a.2 Abs. 14).*

Hinweise

1 Nachweis der Eintragung als Steuerpflichtiger bei dringlichem Antrag auf Erteilung einer USt-IdNr., wenn der Antragsteller umsatzsteuerlich noch nicht erfasst ist

(OFD Frankfurt am Main, Vfg. vom 1. 9. 2009 – S 7427c A – 2 – St 16 –, StEd 2009 S. 782)

2 Ort der sonstigen Leistung (§ 3a UStG) – Anpassung der Abschnitte 3a.1, 3a.2, 3a.5, 3a.6, 3a.7, 3a.9, 13b.1 und 27a.1 UStAE an die Durchführungsverordnung (EU) Nr. 282/2011 des Rates vom 15. März 2011 mit Wirkung vom 1. Juli 2011

(BMF vom 10. 6. 2011, BStBl 2011 I S. 583)

Siehe § 3a H 10.

§ 27b Umsatzsteuer-Nachschau

(1) [1]Zur Sicherstellung einer gleichmäßigen Festsetzung und Erhebung der Umsatzsteuer können die damit betrauten Amtsträger der Finanzbehörde ohne vorherige Ankündigung und außerhalb einer Außenprüfung Grundstücke und Räume von Personen, die eine gewerbliche oder berufliche Tätigkeit selbständig ausüben, während der Geschäfts- und Arbeitszeiten betreten, um Sachverhalte festzustellen, die für die Besteuerung erheblich sein können (Umsatzsteuer-Nachschau). [2]Wohnräume dürfen gegen den Willen des Inhabers nur zur Verhütung dringender Gefahren für die öffentliche Sicherheit und Ordnung betreten werden.

(2) [1]Soweit dies zur Feststellung einer steuerlichen Erheblichkeit zweckdienlich ist, haben die von der Umsatzsteuer-Nachschau betroffenen Personen den damit betrauten Amtsträgern auf Verlangen Aufzeichnungen, Bücher, Geschäftspapiere und andere Urkunden über die der Umsatzsteuer-Nachschau unterliegenden Sachverhalte vorzulegen und Auskünfte zu erteilen. *[2]Wurden die in Satz 1 genannten Unterlagen mit Hilfe eines Datenverarbeitungssystems erstellt, können die mit der Umsatzsteuer-Nachschau betrauten Amtsträger auf Verlangen die gespeicherten Daten über die der Umsatzsteuer-Nachschau unterliegenden Sachverhalte einsehen und soweit erforderlich hierfür das Datenverarbeitungssystem nutzen. [3]Dies gilt auch für elektronische Rechnungen nach § 14 Absatz 1 Satz 8.*[1])

(3) [1]Wenn die bei der Umsatzsteuer-Nachschau getroffenen Feststellungen hierzu Anlass geben, kann ohne vorherige Prüfungsanordnung (§ 196 der Abgabenordnung) zu einer Außenprüfung nach § 193 der Abgabenordnung übergegangen werden. [2]Auf den Übergang zur Außenprüfung wird schriftlich hingewiesen.

(4) Werden anlässlich der Umsatzsteuer-Nachschau Verhältnisse festgestellt, die für die Festsetzung und Erhebung anderer Steuern als der Umsatzsteuer erheblich sein können, so ist die Auswertung der Feststellungen insoweit zulässig, als ihre Kenntnis für die Besteuerung der in Absatz 1 genannten Personen oder anderer Personen von Bedeutung sein kann.

---

[1]) Anm.: § 27b Absatz 2 UStG wurden durch Art. 5 Nummer 4 des Steuervereinfachungsgesetzes 2011 vom 1. 11. 2011 (BGBl. I S. 2131) mit Wirkung vom 1. 7. 2011 die Sätze 2 und 3 angefügt.

27b.1. Umsatzsteuer-Nachschau

(1) ¹Die Umsatzsteuer-Nachschau ist keine Außenprüfung im Sinne des § 193 AO. ²Sie ist ein besonderes Verfahren zur zeitnahen Aufklärung möglicher steuererheblicher Sachverhalte. ³Deshalb gelten die Vorschriften für eine Außenprüfung (§ 193 ff. AO) nicht. ⁴Die Umsatzsteuer-Nachschau wird nicht angekündigt.

(2) ¹Eine Umsatzsteuer-Nachschau kann insbesondere in folgenden Fällen angezeigt sein:
– Existenzprüfungen bei neugegründeten Unternehmen,
– Entscheidungen im Zustimmungsverfahren nach § 168 Satz 2 AO,
– Erledigung von Auskunftsersuchen zum Vorsteuerabzug anderer Finanzämter (USt 1 KM),
– Erledigung von Amtshilfeersuchen anderer EU-Mitgliedstaaten.

²Mit dem Instrument der Umsatzsteuer-Nachschau sollen umsatzsteuerrechtlich erhebliche Sachverhalte festgestellt werden. ³Solche Sachverhalte sind zum Beispiel:
– Unternehmerexistenz,
– Vorhandensein von Anlage- und Umlaufvermögen,
– einzelne Eingangs- oder Ausgangsrechnungen,
– einzelne Buchungsvorgänge,
– Verwendungsverhältnisse.

(3) Nach § 27b Abs. 1 Satz 1 UStG sind alle mit der Festsetzung und Erhebung der Umsatzsteuer betrauten Amtsträger befugt, Umsatzsteuer-Nachschauen durchzuführen.

(4) Sobald der Amtsträger
– der Öffentlichkeit nicht zugängliche Geschäftsräume betreten will,
– den Steuerpflichtigen auffordert, Aufzeichnungen, Bücher, Geschäftspapiere und andere umsatzsteuerrelevante Urkunden vorzulegen oder
– den Steuerpflichtigen auffordert, Auskunft zu erteilen,

hat er sich auszuweisen.

(5) ¹Im Rahmen der Umsatzsteuer-Nachschau dürfen grundsätzlich nur Grundstücke und Räume betreten werden, die gewerblich oder beruflich selbständig genutzt werden; unschädlich ist, wenn sie auch zu Wohnzwecken genutzt werden. ²Das Betreten muss dazu dienen, Sachverhalte festzustellen, die für die Umsatzbesteuerung erheblich sein können. ³Ein Durchsuchungsrecht gewährt die Umsatzsteuer-Nachschau nicht. ⁴Das bloße Betreten oder Besichtigen von Grundstücken und Räumen ist noch keine Durchsuchung. ⁵Ein Betreten der Grundstücke und Räume ist während der Geschäfts- und Arbeitszeiten zulässig. ⁶Die Umsatzsteuer-Nachschau kann auch außerhalb der Geschäftszeiten vorgenommen werden, wenn im Unternehmen schon oder noch gearbeitet wird. ⁷Der Unternehmer hat auf Verlangen dem Amtsträger Aufzeichnungen, Bücher, Geschäftspapiere und andere Urkunden vorzulegen und Auskünfte zu erteilen. ⁸Kommt der Unternehmer seinen Mitwirkungspflichten im Rahmen der Umsatzsteuer-Nachschau nicht nach, liegt es im Ermessen des Amtsträgers, zu einer Außenprüfung nach § 193 AO überzugehen.

(6) ¹Da die Umsatzsteuer-Nachschau keine Außenprüfung im Sinne des §§ 193 ff. AO darstellt, finden insbesondere § 146 Abs. 6, §§ 147, 201, 202 AO keine Anwendung. ²Ein Prüfungsbericht ist nicht zu fertigen. ³Sollen auf Grund der Umsatzsteuer-Nachschau Besteuerungsgrundlagen geändert werden, ist dem Steuerpflichtigen rechtliches Gehör zu gewähren (§ 91 AO).

(7) ¹Der Beginn der Umsatzsteuer-Nachschau hemmt den Ablauf der Festsetzungsfrist nach § 171 Abs. 4 AO nicht. ²Die Änderungssperre des § 173 Abs. 2 AO findet keine Anwendung. ³Soweit eine Steuer nach § 164 AO unter dem Vorbehalt der Nachprüfung festgesetzt worden ist, muss dieser nach Durchführung der Umsatzsteuer-Nachschau nicht aufgehoben werden. ⁴Im Anschluss an eine Umsatzsteuer-Nachschau ist ein Antrag auf verbindliche Zusage (§ 204 AO) nicht zulässig.

(8) ¹Ein Verwaltungsakt liegt dann vor, wenn der Amtsträger Maßnahmen ergreift, die den Steuerpflichtigen zu einem bestimmten Tun, Dulden oder Unterlassen verpflichten sollen. ²Ein Verwaltungsakt liegt insbesondere vor, wenn der Amtsträger den Steuerpflichtigen auffordert,
– das Betreten der nicht öffentlich zugänglichen Geschäftsräume zu dulden,
– Aufzeichnungen, Bücher, Geschäftspapiere und andere umsatzsteuerrelevante Urkunden vorzulegen oder
– Auskunft zu erteilen.

³Ein derartiger Verwaltungsakt ist grundsätzlich mit Zwangsmitteln nach §§ 328 ff. AO (insbesondere durch unmittelbaren Zwang nach § 331 AO) durchsetzbar.

(9) ¹Nach § 27b Abs. 3 UStG kann ohne vorherige Prüfungsanordnung (§ 196 AO) zu einer Außenprüfung nach § 193 AO übergegangen werden, wenn die bei der Umsatzsteuer-Nachschau getroffenen Feststellungen hierzu Anlass geben. ²Da die Umsatzsteuer-Nachschau auf die Umsatzsteuer begrenzt ist, kann nach einem Übergang zu einer Außenprüfung nur die Umsatzsteuer

geprüft werden. ³Somit kommt nur die Durchführung einer Umsatzsteuer-Sonderprüfung in Betracht. ⁴Die Anordnung einer darüber hinausgehenden Außenprüfung ohne Ankündigung bleibt nach § 197 Abs. 1 Satz 1 AO zulässig, wenn der Prüfungszweck durch eine vorherige Ankündigung gefährdet wird. ⁵Die Entscheidung zum Übergang zu einer Umsatzsteuer-Sonderprüfung ist eine Ermessensentscheidung. ⁶Der Übergang zu einer Umsatzsteuer-Sonderprüfung ist regelmäßig geboten, wenn die sofortige Sachverhaltsaufklärung (z. B. Feststellung der Besteuerungsgrundlagen, vollständige Erfassung von Umsätzen, rechtliche Beurteilung von steuerfreien Umsätzen) zweckmäßig erscheint und wenn anschließend auch die gesetzlichen Folgen einer Außenprüfung für die Steuerfestsetzung eintreten sollen. ⁷Der Übergang zu einer Umsatzsteuer-Sonderprüfung ist dem Unternehmer bekannt zu geben. ⁸Dies ist ein Verwaltungsakt, der an keine bestimmte Form gebunden ist. ⁹Nach § 27b Abs. 3 Satz 2 UStG ist der Unternehmer auf diesen Übergang jedoch schriftlich hinzuweisen. ¹⁰Die allgemeinen Grundsätze über den notwendigen Inhalt von Prüfungsanordnungen gelten entsprechend. ¹¹Insbesondere ist der Prüfungszeitraum und der Prüfungsumfang festzulegen. ¹²Der Beginn einer Außenprüfung nach erfolgter Umsatzsteuer-Nachschau ist unter Angabe von Datum und Uhrzeit aktenkundig zu machen. ¹³Für die Durchführung der Umsatzsteuer-Sonderprüfung gelten die §§ 199 ff. AO.

(10) ¹Im Rahmen der Umsatzsteuer-Nachschau ergangene Verwaltungsakte können nach § 347 AO mit dem Einspruch angefochten werden. ²Der Amtsträger ist berechtigt und verpflichtet, den schriftlichen Einspruch entgegenzunehmen. ³Der Einspruch hat keine aufschiebende Wirkung und hindert daher nicht die Durchführung der Umsatzsteuer-Nachschau, es sei denn, die Vollziehung des angefochtenen Verwaltungsakts wurde ausgesetzt (§ 361 AO, § 69 FGO). ⁴Mit Beendigung der Umsatzsteuer-Nachschau sind oder werden Einspruch und Anfechtungsklage gegen die Anordnung der Umsatzsteuer-Nachschau unzulässig; insoweit kommt lediglich eine Fortsetzungs-Feststellungsklage (§ 100 Abs. 1 Satz 4 FGO) in Betracht. ⁵Wurden die Ergebnisse der Umsatzsteuer-Nachschau in einem Steuerbescheid berücksichtigt, muss auch dieser Bescheid angefochten werden, um ein steuerliches Verwertungsverbot zu erlangen. ⁶Für die Anfechtung der Mitteilung des Übergangs zur Außenprüfung (§ 27b Abs. 3 UStG) gelten die Grundsätze für die Anfechtung einer Außenprüfungsanordnung entsprechend (vgl. AEAO zu § 196).

Rechtsprechung

Rsp III   BUNDESFINANZHOF

BFH vom 18. 5. 2011 – VII B 195/10 – (BFH/NV 2011 S. 1743)

Keine Nichtigkeit des UStG und der AO aufgrund eines etwaigen Verstoßes gegen das Zitiergebot

1. Der Frage, ob das UStG und die AO aufgrund eines Verstoßes des § 27b UStG und des § 284 AO gegen das aus Art. 19 Abs. 1 Satz 2 GG abzuleitende Zitiergebot insgesamt nichtig sind, kommt keine grundsätzliche Bedeutung zu.
2. Die Vorschriften des § 27b UStG und § 284 AO sind mit dem UStG bzw. der AO nicht derart verflochten, dass ein Verstoß gegen das Zitiergebot in Bezug auf diese Bestimmungen die Nichtigkeit der beiden Gesetze zur Folge hätte.
3. Es stellt keinen Verfahrensmangel dar, wenn das FG eine Vorlage des Rechtsstreits an das BVerfG unterlässt.

UStG

§ 28 Zeitlich begrenzte Fassungen einzelner Gesetzesvorschriften

(1) (weggefallen)

(2) (weggefallen)

(3) (weggefallen)

S 7244   (4) § 12 Abs. 2 Nr. 10 gilt bis zum 31. Dezember 2011 in folgender Fassung:

„10. a) die Beförderungen von Personen mit Schiffen,
   b) die Beförderungen von Personen im Schienenbahnverkehr, im Verkehr mit Oberleitungsomnibussen, im genehmigten Linienverkehr mit Kraftfahrzeugen, im Verkehr mit Taxen, mit Drahtseilbahnen und sonstigen mechanischen Aufstiegshilfen aller Art und die Beförderungen im Fährverkehr
      aa) innerhalb einer Gemeinde oder
      bb) wenn die Beförderungsstrecke nicht mehr als 50 Kilometer beträgt;".

Vorschriften des Gemeinschaftsrechts

Art. 98 u. Anhang III Nr. 5 der MWSt-Richtlinie (bis 31.12.2006: Art. 12 Abs. 3 Buchst. a, Anhang H Kategorie 5 der 6. USt-Richtlinie).

§ 74

(Änderungen der §§ 34, 67 und 68)

UStDV

§ 29 Umstellung langfristiger Verträge

UStG

(1) ¹Beruht die Leistung auf einem Vertrag, der nicht später als vier Kalendermonate vor dem Inkrafttreten dieses Gesetzes abgeschlossen worden ist, so kann, falls nach diesem Gesetz ein anderer Steuersatz anzuwenden ist, der Umsatz steuerpflichtig, steuerfrei oder nicht steuerbar wird, der eine Vertragsteil von dem anderen einen angemessenen Ausgleich der umsatzsteuerlichen Mehr- oder Minderbelastung verlangen. ²Satz 1 gilt nicht, soweit die Parteien etwas anderes vereinbart haben. ³Ist die Höhe der Mehr- oder Minderbelastung streitig, so ist § 287 Abs. 1 der Zivilprozessordnung entsprechend anzuwenden.

(2) Absatz 1 gilt sinngemäß bei einer Änderung dieses Gesetzes.

S 7460

Vorschrift des Gemeinschaftsrechts

Art. 95 der MWSt-Richtlinie (bis 31.12.2006: Art. 12 Abs. 2 der 6. USt-Richtlinie).

29.1. Zivilrechtliche Ausgleichsansprüche für umsatzsteuerliche Mehr- und Minderbelastungen

AE 29.1

(1) ¹Die Vorschrift des § 29 UStG sieht für Lieferungen und sonstige Leistungen einschließlich der Teilleistungen unter bestimmten Voraussetzungen den Ausgleich umsatzsteuerlicher Mehr- und Minderbelastungen vor, die sich durch Gesetzesänderungen ergeben. ²Den Vertragspartnern werden zivilrechtliche Ausgleichsansprüche in folgenden Fällen eingeräumt:
1. bei einer Erhöhung der umsatzsteuerlichen Belastung dem leistenden Unternehmer gegen den Leistungsempfänger und
2. bei einer Verringerung der umsatzsteuerlichen Belastung dem Leistungsempfänger gegen den leistenden Unternehmer.

³Das Gleiche gilt, wenn der Umsatz steuerpflichtig, steuerfrei oder nicht steuerbar wird. ⁴Auf die Höhe der Belastungsänderung kommt es nicht an.

S 7460

(2) Über die Berechtigung und die Höhe von Ausgleichsansprüchen nach § 29 UStG entscheiden in Streitfällen die ordentlichen Gerichte.

(3) ¹Als angemessen im Sinne des § 29 Abs. 1 Satz 1 UStG ist grundsätzlich der volle Ausgleich der umsatzsteuerlichen Mehr- oder Minderbelastung anzusehen (vgl. BGH-Urteile vom 22.3.1972, VIII ZR 119/70, BGHZ Bd. 58 S. 292, NJW 1972 S. 874, und vom 28.6.1973, VII ZR 3/71, BGHZ Bd. 61 S. 1013, NJW 1973 S. 1744). ²Ist die Höhe der umsatzsteuerlichen Mehr- oder Minderbelastung streitig, ist § 287 Abs. 1 ZPO entsprechend anzuwenden. ³Danach entscheidet das Gericht über die Höhe der Mehr- oder Minderbelastung unter Würdigung aller Umstände nach freier Überzeugung.

(4) ¹Ein Ausgleichsanspruch entsteht nach § 29 Abs. 1 Satz 2 UStG nicht, soweit die Vertragspartner etwas anderes vereinbart haben. ²Der Ausschluss eines Ausgleichsanspruchs kann ausdrücklich vereinbart werden. ³Er kann sich aber auch aus einer allgemeinen vertraglichen Vereinbarung, z. B. durch die Vereinbarung eines Festpreises, ergeben. ⁴Die Vertragspartner können einen Ausgleichsanspruch entweder ganz oder teilweise ausschließen.

(5) ¹Für bestimmte Leistungsbereiche sind Entgelte – Vergütungen, Gebühren, Honorare usw. – vorgeschrieben, in denen die Umsatzsteuer für die Leistung nicht enthalten ist, z. B. nach dem RVG, der StBGebV, der KostO und der HOAI. ²Soweit Unternehmer in diesen Fällen berechtigt sind, die für die jeweilige Leistung geschuldete Umsatzsteuer zusätzlich zu berechnen, können etwaige umsatzsteuerliche Mehr- oder Minderbelastungen von vornherein in voller Höhe aus-

§ 29 UStG §§ 75, 76 UStDV
AE 29.1, AE 29.2

geglichen werden. ³Der Geltendmachung eines Ausgleichsanspruchs nach § 29 UStG bedarf es nicht.

(6) ¹Durch § 29 Abs. 1 UStG wird der Ausgleich einer umsatzsteuerlichen Mehr- oder Minderbelastung ausschließlich für Belastungsänderungen durch das UStG 1980 geregelt. ²Diese Ausgleichsregelung ist nach § 29 Abs. 2 UStG auf Belastungsänderungen entsprechend anzuwenden, die sich durch Änderungen des UStG ergeben. ³Ausgleichsansprüche kommen für Leistungen bzw. Teilleistungen in Betracht, die ab dem Inkrafttreten der jeweiligen Änderungsvorschrift bewirkt werden. ⁴Das gilt auch insoweit, als dafür bei der Istversteuerung Steuer vor dem Inkrafttreten der Änderungsvorschrift entstanden ist (§ 13 Abs. 1 Nr. 1 Buchstabe a Satz 4 oder Buchstabe b UStG). ⁵Voraussetzung für den Ausgleichsanspruch ist, dass der Vertrag, auf dem die Leistung beruht, nicht später als vier Kalendermonate vor dem Inkrafttreten der Gesetzesänderung abgeschlossen worden ist.

UStDV

§ 75 Berlin-Klausel
(weggefallen)

§ 76 (Inkrafttreten)

AE 29.2

29.2. Anwendungszeitraum

¹Der UStAE gilt, soweit sich aus ihm nichts anderes ergibt, für Umsätze, die nach dem 31. 10. 2010 ausgeführt werden. ²***Früher*** ergangene Anordnungen, die mit dem UStAE im Widerspruch stehen, sind nicht mehr anzuwenden.

Anlage 1
(zu § 4 Nr. 4a)

Liste der Gegenstände, die der Umsatzsteuerlagerregelung unterliegen können

Lfd. Nr.	Warenbezeichnung	Zolltarif (Kapitel, Position, Unterposition)
1	Kartoffeln, frisch oder gekühlt	Position 0701
2	Oliven, vorläufig haltbar gemacht (z. B. durch Schwefeldioxid oder in Wasser, dem Salz, Schwefeldioxid oder andere vorläufig konservierend wirkende Stoffe zugesetzt sind), zum unmittelbaren Genuss nicht geeignet	Unterposition 0711 20
3	Schalenfrüchte, frisch oder getrocknet, auch ohne Schalen oder enthäutet	Positionen 0801 und 0802
4	Kaffee, nicht geröstet, nicht entkoffeiniert, entkoffeiniert	Unterpositionen 0901 11 00 und 0901 12 00
5	Tee, auch aromatisiert	Position 0902
6	Getreide	Positionen 1001 bis 1005, 1007 00 und 1008
7	Rohreis (Paddy-Reis)	Unterposition 1006 10
8	Ölsamen und ölhaltige Früchte	Positionen 1201 00 bis 1207
9	Pflanzliche Fette und Öle und deren Fraktionen, roh, auch raffiniert, jedoch nicht chemisch modifiziert	Positionen 1507 bis 1515
10	Rohzucker	Unterpositionen 1701 11 und 1701 12
11	Kakaobohnen und Kakaobohnenbruch, roh oder geröstet	Position 1801 00 00
12	Mineralöle (einschließlich Propan und Butan sowie Rohöle aus Erdöl)	Positionen 2709 00, 2710, Unterpositionen 2711 12 und 2711 13
13	Erzeugnisse der chemischen Industrie	Kapitel 28 und 29
14	Kautschuk, in Primärformen oder in Platten, Blättern oder Streifen	Positionen 4001 bis 4002
15	Chemische Halbstoffe aus Holz, ausgenommen solche zum Auflösen; Halbstoffe aus Holz, durch Kombination aus mechanischem und chemischem Aufbereitungsverfahren	Positionen 4703 bis 4705 00 00
16	Wolle, weder gekrempelt noch gekämmt	Position 5101
17	Silber, in Rohform oder Pulver	aus Position 7106
18	Gold, in Rohform oder als Pulver, zu nicht monetären Zwecken	Unterpositionen 7108 11 00 und 7108 12 00
19	Platin, in Rohform oder als Pulver	aus Position 7110
20	Eisen- und Stahlerzeugnisse	Positionen 7207 bis 7212, 7216, 7219, 7220, 7225 und 7226
21	Nicht raffiniertes Kupfer und Kupferanoden zum elektrolytischen Raffinieren; raffiniertes Kupfer und Kupferlegierungen, in Rohform; Kupfervorlegierungen; Draht aus Kupfer	Positionen 7402 00 00, 7403, 7405 00 00 und 7408
22	Nickel in Rohform	Position 7502
23	Aluminium in Rohform	Position 7601
24	Blei in Rohform	Position 7801
25	Zink in Rohform	Position 7901
26	Zinn in Rohform	Position 8001
27	Andere unedle Metalle, ausgenommen Waren daraus und Abfälle und Schrott	aus Positionen 8101 bis 8112

Die Gegenstände dürfen nicht für die Lieferung auf der Einzelhandelsstufe aufgemacht sein.

Anlage 2
zu § 12 Abs. 2 Nrn. 1 und 2 UStG

Anlage 2
(zu § 12 Abs. 2 Nrn. 1 und 2)

Vom 1. 1. 1968 – 30. 6. 1968:	5 v. H.
Vom 1. 7. 1968 – 31. 12. 1977:	5,5 v. H.
Vom 1. 1. 1978 – 30. 6. 1979:	6 v. H.
Vom 1. 7. 1979 – 30. 6. 1983:	6,5 v. H.
Ab 1. 7. 1983:	7 v. H.

S 7221

Liste der dem ermäßigten Steuersatz unterliegenden Gegenstände

Lfd. Nr.	Warenbezeichnung	Zolltarif (Kapitel, Position, Unterposition)
1	Lebende Tiere, und zwar	
	a) Pferde einschließlich reinrassiger Zuchttiere, ausgenommen Wildpferde,	aus Position 0101
	b) Maultiere und Maulesel,	aus Position 0101
	c) Hausrinder einschließlich reinrassiger Zuchttiere,	aus Position 0102
	d) Hausschweine einschließlich reinrassiger Zuchttiere,	aus Position 0103
	e) Hausschafe einschließlich reinrassiger Zuchttiere,	aus Position 0104
	f) Hausziegen einschließlich reinrassiger Zuchttiere,	aus Position 0104
	g) Hausgeflügel (Hühner, Enten, Gänse, Truthühner und Perlhühner),	Position 0105
	h) Hauskaninchen,	aus Position 0106
	i) Haustauben,	aus Position 0106
	j) Bienen,	aus Position 0106
	k) ausgebildete Blindenführhunde	aus Position 0106
2	Fleisch und genießbare Schlachtnebenerzeugnisse	Kapitel 2
3	Fische und Krebstiere, Weichtiere und andere wirbellose Wassertiere, ausgenommen Zierfische, Langusten, Hummer, Austern und Schnecken	aus Kapitel 3
4	Milch und Milcherzeugnisse; Vogeleier und Eigelb, ausgenommen ungenießbare Eier ohne Schale und ungenießbares Eigelb; natürlicher Honig	aus Kapitel 4
5	Andere Waren tierischen Ursprungs, und zwar	
	a) Mägen von Hausrindern und Hausgeflügel,	aus Position 0504 00 00
	b) (weggefallen)	
	c) rohe Knochen	aus Position 0506
6	Bulben, Zwiebeln, Knollen, Wurzelknollen und Wurzelstöcke, ruhend, im Wachstum oder in Blüte; Zichorienpflanzen und -wurzeln	Position 0601
7	Andere lebende Pflanzen einschließlich ihrer Wurzeln, Stecklinge und Pfropfreiser; Pilzmyzel	Position 0602
8	Blumen und Blüten sowie deren Knospen, geschnitten, zu Binde- oder Zierzwecken, frisch	aus Position 0603
9	Blattwerk, Blätter, Zweige und andere Pflanzenteile, ohne Blüten und Blütenknospen, sowie Gräser, Moose und Flechten, zu Binde- oder Zierzwecken, frisch	aus Position 0604
10	Gemüse, Pflanzen, Wurzeln und Knollen, die zu Ernährungszwecken verwendet werden, und zwar	
	a) Kartoffeln, frisch oder gekühlt,	Position 0701
	b) Tomaten, frisch oder gekühlt,	Position 0702 00 00
	c) Speisezwiebeln, Schalotten, Knoblauch, Porree/Lauch und andere Gemüse der Allium-Arten, frisch oder gekühlt,	Position 0703

Anlage 2
zu § 12 Abs. 2 Nrn. 1 und 2 UStG

Lfd. Nr.	Warenbezeichnung	Zolltarif (Kapitel, Position, Unterposition)
	d) Kohl, Blumenkohl/Karfiol, Kohlrabi, Wirsingkohl und ähnliche genießbare Kohlarten der Gattung Brassica, frisch oder gekühlt,	Position 0704
	e) Salate (Lactuca sativa) und Chicorée (Cichorium-Arten), frisch oder gekühlt,	Position 0705
	f) Karotten und Speisemöhren, Speiserüben, Rote Rüben, Schwarzwurzeln, Knollensellerie, Rettiche und ähnliche genießbare Wurzeln, frisch oder gekühlt,	Position 0706
	g) Gurken und Cornichons, frisch oder gekühlt,	Position 0707 00
	h) Hülsenfrüchte, auch ausgelöst, frisch oder gekühlt,	Position 0708
	i) anderes Gemüse, frisch oder gekühlt,	Position 0709
	j) Gemüse, auch in Wasser oder Dampf gekocht, gefroren,	Position 0710
	k) Gemüse, vorläufig haltbar gemacht (z. B. durch Schwefeldioxid oder in Wasser, dem Salz, Schwefeldioxid oder andere vorläufig konservierend wirkende Stoffe zugesetzt sind), zum unmittelbaren Genuss nicht geeignet,	Position 0711
	l) Gemüse, getrocknet, auch in Stücke oder Scheiben geschnitten, als Pulver oder sonst zerkleinert, jedoch nicht weiter zubereitet,	Position 0712
	m) getrocknete, ausgelöste Hülsenfrüchte, auch geschält oder zerkleinert,	Position 0713
	n) Topinambur	aus Position 0714
11	Genießbare Früchte und Nüsse	Positionen 0801 bis 0813
12	Kaffee, Tee, Mate und Gewürze	Kapitel 9
13	Getreide	Kapitel 10
14	Müllereierzeugnisse, und zwar	
	a) Mehl von Getreide,	Positionen 1101 00 und 1102
	b) Grobgrieß, Feingrieß und Pellets von Getreide,	Position 1103
	c) Getreidekörner, anders bearbeitet; Getreidekeime, ganz, gequetscht, als Flocken oder gemahlen	Position 1104
15	Mehl, Grieß, Pulver, Flocken, Granulat und Pellets von Kartoffeln	Position 1105
16	Mehl, Grieß und Pulver von getrockneten Hülsenfrüchten sowie Mehl, Grieß und Pulver von genießbaren Früchten	aus Position 1106
17	Stärke	aus Position 1108
18	Ölsamen und ölhaltige Früchte sowie Mehl hiervon	Positionen 1201 00 bis 1208
19	Samen, Früchte und Sporen, zur Aussaat	Position 1209
20	(weggefallen)	
21	Rosmarin, Beifuß und Basilikum in Aufmachungen für den Küchengebrauch sowie Dost, Minzen, Salbei, Kamillenblüten und Haustee	aus Position 1211
22	Johannisbrot und Zuckerrüben, frisch oder getrocknet, auch gemahlen; Steine und Kerne von Früchten sowie andere pflanzliche Waren (einschließlich nicht gerösteter Zichorienwurzeln der Varietät Cichorium intybus sativum) der hauptsächlich zur menschlichen Ernährung verwendeten Art, anderweit weder genannt noch inbegriffen; ausgenommen Algen, Tange und Zuckerrohr	aus Position 1212
23	Stroh und Spreu von Getreide sowie verschiedene zur Fütterung verwendete Pflanzen	Positionen 1213 00 00 und 1214
24	Pektinstoffe, Pektinate und Pektate	Unterposition 1302 20
25	(weggefallen)	

Anlage 2
zu § 12 Abs. 2 Nrn. 1 und 2 UStG

Lfd. Nr.	Warenbezeichnung	Zolltarif (Kapitel, Position, Unterposition)
26	Genießbare tierische und pflanzliche Fette und Öle, auch verarbeitet, und zwar	
	a) Schweineschmalz, anderes Schweinefett und Geflügelfett,	aus Position 1501 00
	b) Fett von Rindern, Schafen oder Ziegen, ausgeschmolzen oder mit Lösungsmitteln ausgezogen,	aus Position 1502 00
	c) Oleomargarin,	aus Position 1503 00
	d) fette pflanzliche Öle und pflanzliche Fette sowie deren Fraktionen, auch raffiniert,	aus Positionen 1507 bis 1515
	e) tierische und pflanzliche Fette und Öle sowie deren Fraktionen, ganz oder teilweise hydriert, umgeestert, wiederverestert oder elaidiniert, auch raffiniert, jedoch nicht weiterverarbeitet, ausgenommen hydriertes Rizinusöl (sog. Opalwachs),	aus Position 1516
	f) Margarine; genießbare Mischungen und Zubereitungen von tierischen oder pflanzlichen Fetten und Ölen sowie von Fraktionen verschiedener Fette und Öle, ausgenommen Form- und Trennöle	aus Position 1517
27	(weggefallen)	
28	Zubereitungen von Fleisch, Fischen oder von Krebstieren, Weichtieren und anderen wirbellosen Wassertieren, ausgenommen Kaviar sowie zubereitete oder haltbar gemachte Langusten, Hummer, Austern und Schnecken	aus Kapitel 16
29	Zucker und Zuckerwaren	Kapitel 17
30	Kakaopulver ohne Zusatz von Zucker oder anderen Süßmitteln sowie Schokolade und andere kakaohaltige Lebensmittelzubereitungen	Positionen 1805 00 00 und 1806
31	Zubereitungen aus Getreide, Mehl, Stärke oder Milch; Backwaren	Kapitel 19
32	Zubereitungen von Gemüse, Früchten, Nüssen oder anderen Pflanzenteilen, ausgenommen Frucht- und Gemüsesäfte	Positionen 2001 bis 2008
33	Verschiedene Lebensmittelzubereitungen	Kapitel 21
34	Wasser, ausgenommen	
	– Trinkwasser, einschließlich Quellwasser und Tafelwasser, das in zur Abgabe an den Verbraucher bestimmten Fertigpackungen in den Verkehr gebracht wird,	
	– Heilwasser und Wasserdampf	aus Unterposition 2201 90 00
35	Milchmischgetränke mit einem Anteil an Milch oder Milcherzeugnissen (z. B. Molke) von mindestens 75 Prozent des Fertigerzeugnisses	aus Position 2202
36	Speiseessig	Position 2209 00
37	Rückstände und Abfälle der Lebensmittelindustrie; zubereitetes Futter	Kapitel 23
38	(weggefallen)	
39	Speisesalz, nicht in wäßriger Lösung	aus Position 2501 00
40	a) Handelsübliches Ammoniumcarbonat und andere Ammoniumcarbonate,	Unterposition 2836 99 17
	b) Natriumhydrogencarbonat (Natriumbicarbonat)	Unterposition 2836 30 00
41	D-Glucitol (Sorbit), auch mit Zusatz von Saccharin oder dessen Salzen	Unterpositionen 2905 44 und 2106 90
42	Essigsäure	Unterposition 2915 21 00
43	Natriumsalz und Kaliumsalz des Saccharins	aus Unterposition 2925 11 00

Anlage 2
zu § 12 Abs. 2 Nrn. 1 und 2 UStG

Lfd. Nr.	Warenbezeichnung	Zolltarif (Kapitel, Position, Unterposition)	
44	(weggefallen)		
45	Tierische oder pflanzliche Düngemittel mit Ausnahme von Guano, auch untereinander gemischt, jedoch nicht chemisch behandelt; durch Mischen von tierischen oder pflanzlichen Erzeugnissen gewonnene Düngemittel	aus Position 3101 00 00	
46	Mischungen von Riechstoffen und Mischungen (einschließlich alkoholischer Lösungen) auf der Grundlage eines oder mehrerer dieser Stoffe, in Aufmachungen für den Küchengebrauch	aus Unterposition 3302 10	
47	Gelatine	aus Position 3503 00	
48	Holz, und zwar		
	a) Brennholz in Form von Rundlingen, Scheiten, Zweigen, Reisigbündeln oder ähnlichen Formen,	Unterposition 4401 10 00	
	b) Sägespäne, Holzabfälle und Holzausschuss, auch zu Pellets, Briketts, Scheiten oder ähnlichen Formen zusammengepresst	Unterposition 4401 30	
49	Bücher, Zeitungen und andere Erzeugnisse des graphischen Gewerbes – mit Ausnahme der Erzeugnisse, für die die Hinweispflicht nach § 4 Abs. 2 Satz 2 des Gesetzes über die Verbreitung jugendgefährdender Schriften besteht oder die als jugendgefährdende Trägermedien den Beschränkungen des § 15 Abs. 1 bis 3 des Jugendschutzgesetzes unterliegen, sowie Veröffentlichungen, die überwiegend Werbezwecken (einschließlich Reisewerbung) dienen –, und zwar		S 7225
	a) Bücher, Broschüren und ähnliche Drucke, auch in Teilheften, losen Bogen oder Blättern, zum Broschieren, Kartonieren oder Binden bestimmt, sowie Zeitungen und andere periodische Druckschriften kartoniert, gebunden oder in Sammlungen mit mehr als einer Nummer in gemeinsamem Umschlag (ausgenommen solche, die überwiegend Werbung enthalten),	aus Positionen 4901, 9705 00 00 und 9706 00 00	
	b) Zeitungen und andere periodische Druckschriften, auch mit Bildern oder Werbung enthaltend (ausgenommen Anzeigenblätter, Annoncen-Zeitungen und dergl., die überwiegend Werbung enthalten),	aus Position 4902	
	c) Bilderalben, Bilderbücher und Zeichen- oder Malbücher, für Kinder,	aus Position 4903 00 00	
	d) Noten, handgeschrieben oder gedruckt, auch mit Bildern, auch gebunden,	aus Position 4904 00 00	
	e) kartographische Erzeugnisse aller Art, einschließlich Wandkarten, topographische Pläne und Globen, gedruckt,	aus Position 4905	
	f) Briefmarken und dergleichen (z. B. Ersttagsbriefe, Ganzsachen)	aus Positionen 4907 00 und 9704 00 00	
50	(weggefallen)		
51	Rollstühle und andere Fahrzeuge für Behinderte, auch mit Motor oder anderer Vorrichtung zur mechanischen Fortbewegung	Position 8713	S 7225
52	Körperersatzstücke, orthopädische Apparate und andere orthopädische Vorrichtungen sowie Vorrichtungen zum Beheben von Funktionsschäden oder Gebrechen, für Menschen, und zwar		
	a) künstliche Gelenke, ausgenommen Teile und Zubehör,	aus Unterposition 9021 31 00	
	b) orthopädische Apparate und andere orthopädische Vorrichtungen einschließlich Krücken sowie medizinisch-chirurgischer Gürtel und Bandagen, ausgenommen Teile und Zubehör,	aus Unterposition 9021 10	
	c) Prothesen, ausgenommen Teile und Zubehör,	aus Unterpositionen 9021 21, 9021 29 00 und 9021 39	

Anlage 2 §§ 26–28, 29 UStDV
zu § 12 Abs. 2 Nrn. 1 und 2 UStG H

Lfd. Nr.		Warenbezeichnung	Zolltarif (Kapitel, Position, Unterposition)
	d)	Schwerhörigengeräte, Herzschrittmacher und andere Vorrichtungen zum Beheben von Funktionsschäden oder Gebrechen, zum Tragen in der Hand oder am Körper oder zum Einpflanzen in den Organismus, ausgenommen Teile und Zubehör	Unterpositionen 9021 40 00 und 9021 50 00, aus Unterposition 9021 90
53		Kunstgegenstände, und zwar	
	a)	Gemälde und Zeichnungen, vollständig mit der Hand geschaffen, sowie Collagen und ähnliche dekorative Bildwerke,	Position 9701
	b)	Originalstiche, -schnitte und -steindrucke,	Position 9702 00 00
	c)	Originalerzeugnisse der Bildhauerkunst, aus Stoffen aller Art	Position 9703 00 00
54		Sammlungsstücke	
	a)	zoologische, botanische, mineralogische oder anatomische, und Sammlungen dieser Art,	aus Position 9705 00 00
	b)	von geschichtlichem, archäologischem, paläontologischem oder völkerkundlichem Wert,	aus Position 9705 00 00
	c)	von münzkundlichem Wert, und zwar	
		aa) kursungültige Banknoten einschließlich Briefmarkengeld und Papiernotgeld,	aus Position 9705 00 00
		bb) Münzen aus unedlen Metallen,	aus Position 9705 00 00
		cc) Münzen und Medaillen aus Edelmetallen, wenn die Bemessungsgrundlage für die Umsätze dieser Gegenstände mehr als 250 Prozent des unter Zugrundelegung des Feingewichts berechneten Metallwerts ohne Umsatzsteuer beträgt	aus Positionen 7118, 9705 00 00 und 9706 00 00

S 7229 erscheint in der Randspalte bei Nr. 53.

Vorschriften des Gemeinschaftsrechts

Art. 12 Abs. 3 Buchstabe a sowie Anhang H der 6. USt-Richtlinie.

[USTDV]

UStDV

§§ 26–28 (weggefallen)

§ 29 (weggefallen)

H   **Hinweise**

1   **Ermäßigter Steuersatz für die in der Anlage 2 des UStG bezeichneten Gegenstände**

(BMF vom 5. 8. 2004, BStBl 2004 I S. 638)

Unter Bezugnahme auf das Ergebnis der Erörterungen mit den obersten Finanzbehörden der Länder gilt für die Anwendung des ermäßigten Steuersatzes auf die nach dem 31. 7. 2004 ausgeführten Umsätze der in der Anlage 2 des UStG bezeichneten Gegenstände Folgendes:

A. Allgemeine Voraussetzungen der Steuerermäßigung

Steuerbegünstigte Umsätze

1   Dem ermäßigten Steuersatz unterliegen nach § 12 Abs. 2 Nr. 1 UStG die Lieferungen, die Einfuhr und der innergemeinschaftliche Erwerb der in der Anlage 2 abschließend aufgeführten Gegenstände. Nicht in der Anlage 2 aufgeführte Gegenstände sind somit nicht begünstigt. Die Begünstigung ist nicht davon abhängig, welcher Unternehmer (Hersteller, Großhändler, Einzelhändler) den Umsatz ausführt. Bei Lieferungen gemeinnütziger Körperschaften kann jedoch die Steuerermäßigung nach § 12 Abs. 2 Nr. 8 UStG in Betracht kommen (vgl. Abschnitt 170 UStR). Auf die Umsätze von Land- und Forstwirten, die die Durchschnittssatzbesteuerung nach § 24 UStG anwenden, findet § 12 Abs. 2 Nr. 1 UStG keine Anwendung. Eine Werklieferung ist begünstigt, wenn das fertige Werk als solches ein Gegenstand der Anlage 2 ist. Der Anwendung des ermäßigten Steuersatzes steht es nicht entgegen, wenn der Gegenstand der Werklieferung mit dem Grund und Boden fest verbunden wird (vgl. aber Tz. 41).

Sonstige Leistungen einschließlich Werkleistungen (§ 3 Abs. 9 und 10 UStG) sind nicht nach § 12 Abs. 2 Nr. 1 UStG in Verbindung mit der Anlage 2 des UStG begünstigt. Dies gilt insbesondere für die Abgabe von Speisen und Getränken zum Verzehr an Ort und Stelle (§ 3 Abs. 9 Satz 4 und 5 UStG, Abschnitt 25a UStR). Für sonstige Leistungen kann jedoch eine Steuerermäßigung nach § 12 Abs. 2 Nr. 2 bis 10 UStG in Betracht kommen.

Bei einer einheitlichen Leistung (vgl. Abschnitt 29 UStR), die sowohl Lieferungselemente als auch Elemente einer sonstigen Leistung enthält, richtet sich die Einstufung als Lieferung oder sonstige Leistung danach, welche Leistungselemente unter Berücksichtigung des Willens der Vertragsparteien den wirtschaftlichen Gehalt der Leistungen bestimmen (vgl. Abschnitt 25 UStR). Handelt es sich danach um eine sonstige Leistung, unterliegt diese insgesamt dem allgemeinen Steuersatz. Eine insgesamt dem allgemeinen Steuersatz unterliegende sonstige Leistung liegt auch vor, wenn in der Anlage 2 des UStG aufgeführte Gegenstände als unselbständige Teile in eine sonstige Leistung eingehen (z. B. wenn im Rahmen der sonstigen Leistung eines Seminarveranstalters den Teilnehmern Lehrbücher ohne Berechnung überlassen werden).

Abgrenzung der begünstigten Gegenstände nach dem Zolltarif

Der Umfang der begünstigten Gegenstände bestimmt sich nach dem Inhalt der einzelnen Warenbegriffe, der durch Verweisung auf die jeweils angegebene Stelle des Zolltarifs (Kapitel, Position oder Unterposition) festgelegt ist. Soweit die Verweisungen in der Anlage 2 vollständige Kapitel, Positionen oder Unterpositionen des Zolltarifs umfassen, sind alle hierzu gehörenden Erzeugnisse begünstigt. Bei Expositionen (z. B. aus Position ....) beschränkt sich die Begünstigung auf die ausdrücklich aufgeführten Erzeugnisse der angegebenen Stelle des Zolltarifs. Die Gegenstände der Anlage 2 sind nicht nur begünstigt, wenn es sich um Erzeugnisse im Sinne des Zolltarifs (= bewegliche Sachen) handelt, sondern auch dann, wenn die Gegenstände gemäß § 94 BGB wesentlicher Bestandteil des Grund und Bodens sind (z. B. Obst auf dem Baum oder Getreide auf dem Halm).

Für die Einreihung der Waren zu den Kapiteln, Positionen und Unterpositionen des Zolltarifs gelten die „Allgemeinen Vorschriften für die Auslegung der Kombinierten Nomenklatur" (vgl. Allgemeine Vorschriften – AV – in Teil I Titel 1 Abschnitt A des Gemeinsamen Zolltarifs) sowie der Wortlaut der Kapitel, Positionen und Unterpositionen. Außerdem sind die Erläuterungen zum Zolltarif heranzuziehen, die im Elektronischen Zolltarif im Teil Erläuterungen dargestellt sind. Für die Abgrenzung der Gegenstände der Anlage 2 ist der Zolltarif in der im Zeitpunkt der Ausführung des Umsatzes geltenden Fassung entscheidend.

Bestehen Zweifel, ob die beabsichtigte Einfuhr eines bestimmten Gegenstandes unter die Steuerermäßigung fällt, hat der Einführer die Möglichkeit, bei der zuständigen Zolltechnischen Prüfungs- und Lehranstalt (ZPLA) eine verbindliche Zolltarifauskunft (vZTA) einzuholen. Wenn derartige Zweifel bei einer beabsichtigten Lieferung oder einem beabsichtigten innergemeinschaftlichen Erwerb bestehen, haben die Lieferer und die Abnehmer bzw. die innergemeinschaftlichen Erwerber die Möglichkeit, bei der zuständigen ZPLA eine unverbindliche Zolltarifauskunft für Umsatzsteuerzwecke (uvZTA) einzuholen. UvZTA können auch von den Landesfinanzbehörden (z. B. den Finanzämtern) beantragt werden.

Bei der Erteilung von uvZTA durch die ZPLA ist folgendes Verfahren einzuhalten:

- Geht ein Antrag bei einer nicht für die Erteilung der uvZTA zuständigen Dienststelle ein, ist der Antrag unverzüglich an die zuständige ZPLA abzugeben. Dem Antragsteller ist die Abgabe mitzuteilen.
- Nach der Anlage 2 des UStG können ermäßigte Umsatzsteuersätze Erzeugnisse eines ganzen Kapitels (z. B. Kapitel 2), einer Position (z. B. Position 0105), einer Unterposition des Harmonisierten Systems – HS – (z. B. Unterposition 2836 10) oder einer Unterposition der Kombinierten Nomenklatur – KN – (z. B. 3302 1000) betreffen. Zur Vermeidung unnötigen Untersuchungs- und Kostenaufwands braucht die vollständige Unterposition nur dann ermittelt zu werden, wenn dies zur Bestimmung des zutreffenden Umsatzsteuersatzes im Hinblick auf die Fassung der Anlage 2 des UStG erforderlich ist. In den übrigen Fällen ist z. B. die Ermittlung des Kapitels bzw. der vierstelligen Position oder der sechsstelligen Unterposition ausreichend.

Anlage 2
H

- Die die uvZTA erteilende ZPLA hat in die unverbindliche Auskunft einen Hinweis auf den zutreffenden Umsatzsteuersatz aufzunehmen. Auf den unverbindlichen Charakter dieser Aussage ist ebenfalls ausdrücklich hinzuweisen.
- Je eine Ausfertigung der uvZTA ist an das für den Antragsteller zuständige Finanzamt und an die für den Antragsteller zuständige Oberfinanzdirektion – Umsatzsteuer-Referat – bzw. an die oberste Finanzbehörde des betreffenden Landes unmittelbar zu übersenden.
- Eine papiermäßige Sammlung ist aufgrund der Aufnahme von uvZTA in das DV-System ZEUS nicht erforderlich.
- In den Fällen der Absätze 19 und 20 der Dienstvorschrift betreffend verbindliche Zolltarif- und Ursprungsauskünfte (ZT 04 15) unterrichtet die ZPLA, die die uvZTA erteilt hat, den Empfänger der uvZTA durch Übersendung eines schriftlichen Hinweises darüber, dass die uvZTA wegen einer Änderung der Einreihung nicht mehr zutrifft; dies gilt nicht, wenn die Änderung der Rechtslage allgemein bekannt gemacht wird. Je eine Ausfertigung des Schreibens erhalten das für den Empfänger zuständige Finanzamt und die für den Empfänger zuständige Oberfinanzdirektion – Umsatzsteuer-Referat – bzw. die oberste Finanzbehörde des betreffenden Landes. Die Änderung der Einreihung kann dazu führen, dass auf einen bisher begünstigten Gegenstand nunmehr der allgemeine Umsatzsteuersatz anzuwenden ist. In diesen Fällen ist es nicht zu beanstanden, wenn der allgemeine Steuersatz erst auf Umsätze angewendet wird, die nach der Erteilung der vorbezeichneten schriftlichen Benachrichtigung ausgeführt werden.

8 Die Zuständigkeit für die Erteilung von uvZTA ist wie folgt festgelegt worden (Stand: 1. 1. 2002):
1. OFD Cottbus – ZPLA Berlin – über Waren der Kapitel 10, 11, 20, 22, der Positionen 2301, 2302 und 2307 bis 2309 und der Kapitel 86 bis 92, 94 bis 97 Zolltarif (entspricht den Nummern 13 bis 17, 32, 34 bis 36, 37, 51 bis 54 der Anlage 2 des UStG)
2. OFD Koblenz – ZPLA Frankfurt am Main – über Waren der Kapitel 25, 32, 34 bis 37 (ohne Positionen 3505 und 3506), 41 bis 43 und 50 bis 70 Zolltarif (entspricht den Nummern 39 und 47 der Anlage 2 des UStG)
3. OFD Hamburg – ZPLA – über Waren der Kapitel 2, 3, 5, 9, 12 bis 16, 18, 23 (ohne Positionen 2301, 2302 und 2307 bis 2309), der Kapitel 24, 27, der Positionen 3505 und 3506, der Kapitel 38 bis 40, 45 und 46 Zolltarif (entspricht den Nummern 2, 3, 5, 12, 18 bis 28, 30, 37 und 41 der Anlage 2 des UStG)
4. OFD Köln – ZPLA – über Waren der Kapitel 17, 26, 28 bis 31, 33, 47 bis 49, 71 bis 83 und 93 Zolltarif (entspricht den Nummern 29, 40 bis 46 und 49 der Anlage 2 des UStG)
5. OFD Nürnberg – ZPLA München – über Waren der Kapitel 1, 4, 6 bis 8, 19, 21, 44, 84 und 85 Zolltarif (entspricht den Nummern 1, 4, 6 bis 11, 31, 33 und 48 der Anlage 2 des UStG)

Anträge und Anfragen sind an folgende Anschriften zu richten:

ZPLA Berlin
Grellstrae 18/24
10409 Berlin
ZPLA München
Landsberger Straße 122
80339
ZPLA Köln
Merianstraße 110
50765 Köln

ZPLA Hamburg
Baumacker 3
22523 Hamburg
ZPLA Frankfurt am Main
Gutleutstraße 185
60327 Frankfurt am Main

Für Anträge auf uvZTA kann das anliegende Vordruckmuster (Anlage 2) für tatsächlich beabsichtigte Ein- oder Ausfuhren „0307 Antrag auf Erteilung einer verbindlichen Zolltarifauskunft" entsprechend verwendet werden, wenn in der Bezeichnung des Antrags das Wort „verbindlichen" durch das Wort „unverbindlichen" ersetzt wird.

Umfang der Steuerermäßigung

9 Die Steuerermäßigung umfasst auch die unselbständigen Nebenleistungen. Dazu gehören insbesondere das Verpacken, Befördern und Versenden der begünstigten Gegenstände durch den liefernden Unternehmer. Die Steuermäßigung erstreckt sich auch auf Nebenleistungen, die in der Überlassung eines Gegenstandes bestehen, selbst wenn dieser in der Anlage 2 nicht aufgeführt ist.

10 Ob Verpackungen (innere und äußere Behältnisse, Aufmachungen, Umhüllungen und Unterlagen mit Ausnahme von Beförderungsmitteln, Behältern, Planen, Lademitteln und des bei der Beförderung verwendeten Zubehörs) Gegenstand einer Nebenleistung sind, ist nach den umsatzsteuerlichen Rechtsgrundsätzen zu entscheiden. Diese decken sich jedoch so weitgehend mit der zolltarifrechtlichen Behandlung von Verpackungen, dass bei der Umsatzsteuer entsprechend der

zolltariflichen Beurteilung verfahren werden kann. Eine Nebenleistung ist hiernach anzunehmen, wenn die Verpackung
- als Umschließung für die in ihr verpackten Waren üblich ist oder
- unabhängig von ihrer Verwendung als Verpackung keinen dauernden selbständigen Gebrauchswert hat.

Ob der Gebrauchswert geringfügig ist oder nicht, ist ohne Bedeutung.

Fehlt es an den Voraussetzungen für die Anerkennung als Nebenleistung, gilt für die Einreihung und die entsprechende umsatzsteuerliche Behandlung Folgendes: — 11

Zolltarifrechtlich ist zwischen Waren aus verschiedenen Stoffen oder Bestandteilen im Sinne der Allgemeinen Vorschrift für die Auslegung der Kombinierten Nomenklatur (AV) 3b 1. Alternative und „Warenzusammenstellungen in Aufmachungen für den Einzelverkauf" im Sinne der AV 3b 2. Alternative zu unterscheiden.

Als Waren aus verschiedenen Stoffen oder Bestandteilen gelten Waren, die praktisch zu einem untrennbaren Ganzen verbunden sind. Dies ist z. B. bei hohlen Schokoladeneiern der Fall, die eine Kunststoffkapsel mit Kleinspielzeug enthalten. Die Einreihung richtet sich somit im vorliegenden Fall nach dem Bestandteil der Schokolade. Die Umsätze der so einzureihenden Erzeugnisse unterliegen damit **insgesamt** dem ermäßigten Steuersatz. — 12

„**Warenzusammenstellungen in Aufmachungen für den Einzelverkauf**" im Sinne der AV 3b 2. Alternative sind dagegen solche Zusammenstellungen, die — 13

a) aus mindestens zwei verschiedenen Waren bestehen, für deren Einreihung unterschiedliche Positionen in Betracht kommen,

b) aus Waren bestehen, die zur Befriedigung **eines** speziellen Bedarfs oder zur Ausübung **einer** bestimmten Tätigkeit zusammengestellt worden sind und

c) so aufgemacht sind, dass sie sich ohne vorheriges Umpacken zur direkten Abgabe an die Verbraucher eignen (z. B. in Schachteln, Kästchen, Klarsichtpackungen oder auf Unterlagen).

Derartige Waren werden ebenfalls nach ihrem charakterbestimmenden Bestandteil eingereiht.

Es kann grundsätzlich davon ausgegangen werden, dass es sich bei Warensortimenten bestehend aus Lebensmitteln (insbesondere Süßigkeiten) und sog. „Non-Food-Artikeln" (insbesondere Spielzeug) **nicht** um „Warenzusammenstellungen in Aufmachungen für den Einzelverkauf" im Sinne der AV 3b handelt, da diese Zusammenstellungen nicht zur Befriedigung eines speziellen Bedarfs oder zur Ausübung einer bestimmten Tätigkeit zusammengestellt werden.

Falls die Voraussetzungen für die Einreihung nach der AV 3b nicht vorliegen, sind die aus verschiedenen Waren bestehenden Zusammenstellungen getrennt einzureihen. — 14

Dies führt dazu, dass z. B. bei Zusammenstellungen von Süßigkeiten und Spielzeug auf den Süßigkeitsanteil des Entgelts der ermäßigte und auf den Spielzeuganteil des Entgelts der allgemeine Steuersatz anzuwenden ist. Hierunter fallen z. B. Süßigkeiten und Spielzeug, die gemeinsam in einer Kunststoffkugel verpackt sind. Auch Spielzeug, Kuscheltiere, Kunststoff-Osterhasen usw., die mit Süßigkeiten zusammen in einem Faltkarton oder einer Klarsichtfolie verpackt sind, gehören hierzu.

B. Erläuterungen zur Liste der dem ermäßigten Steuersatz unterliegenden Gegenstände

Lebende Tiere, und zwar — 15

a) Pferde einschließlich reinrassiger Zuchttiere, ausgenommen Wildpferde (aus Position 0101),

b) Maultiere und Maulesel (aus Position 0101),

c) Hausrinder einschließlich reinrassiger Zuchttiere (aus Position 0102),

d) Hausschweine einschließlich reinrassiger Zuchttiere (aus Position 0103),

e) Hausschafe einschließlich reinrassiger Zuchttiere (aus Position 0104),

f) Hausziegen einschließlich reinrassiger Zuchttiere (aus Position 0104),

g) Hausgeflügel (Hühner, Enten, Gänse, Truthühner und Perlhühner) (Position 0105),

h) Hauskaninchen (aus Position 0106),

i) Haustauben (aus Position 0106),

j) Bienen (aus Position 0106),

k) ausgebildete Blindenführhunde (aus Position 0106)

(Nr. 1 der Anlage 2)

Begünstigt sind nur die ausdrücklich aufgeführten lebenden Tiere des Kapitels 1 Zolltarif, gleichgültig zu welchen Zwecken sie verwendet werden (z. B. Zucht-, Nutz-, Schlacht- oder Ziertiere). Nicht lebende Tiere werden von Nr. 2 der Anlage 2 erfasst, wenn sie zur menschlichen Ernährung geeignet sind.

Anlage 2
H

16. Im Einzelnen sind nach Nr. 1 der Anlage 2 **begünstigt**:
    1. zu Buchstabe a):
       Pferde einschließlich Kleinpferde (Hengste, Wallache, Stuten, Fohlen), auch Reit- und Rennpferde (aus Position 0101), **nicht jedoch** Wildpferde, z. B. Przewalski-Pferde oder Tarpane (Mongolei) (Position 0101) sowie Zebras und Zebroide (Kreuzung aus Zebrahengst und Pferdestute), obwohl sie zur Familie der Pferde (Equidae) gehören (Position 0106)
       Soweit beim Handel, z. B. mit Reitpferden (Springpferden), Vermittlungsleistungen (sonstige Leistungen) erbracht werden, unterliegen diese Leistungen dem allgemeinen Steuersatz (vgl. Tz. 2).
    2. zu Buchstabe b):
       Kreuzungen zwischen Eselhengst und Pferdestute (Maultier) sowie zwischen Pferdehengst und Eselstute (Maulesel), **nicht jedoch** Hausesel und alle anderen Esel (aus Position 0101)
    3. zu Buchstabe c):
       Hausrinder (einschließlich der für die Arena halbwild gezüchteten Rassen), Buckelochsen (Zebus) und Wattussirinder, Haus- und Wasserbüffel, **nicht jedoch** Rinder und Büffel, die nicht Haustiere sind, z. B. asiatische Wildrinder der Gattung Bibos, Moschusochsen und Bisons
    4. zu Buchstabe d):
       alle Arten von Hausschweinen, **nicht jedoch** Schweine, die nicht Haustiere sind, z. B. Wild-, Warzen-, Pinselohr- und Waldschweine, Celebes-Hirscheber und Pekaris sowie Flusspferde (aus Position 0106), obgleich sie mit den Schweinen nahe verwandt sind
    5. zu Buchstabe e):
       alle Arten von Hausschafen einschließlich der Rassen, die zur Gewinnung von Haaren oder Pelzfellen aufgezogen werden (Boukharaschafe usw.), **nicht jedoch** Schafe, die nicht Haustiere sind (aus Position 0104), z. B. die verschiedenen Mufflonarten (Dickhornschaf, Mähnenschaf usw.)
    6. zu Buchstabe f):
       alle Arten von Hausziegen einschließlich der Rassen, die zur Gewinnung von Haaren oder Pelzfellen aufgezogen werden (z. B. Kaschmir- oder Angoraziegen), **nicht jedoch** Ziegen, die nicht Haustiere sind, z. B. der Steinbock und die Bezoar-Ziege (aus Position 0104) sowie Moschustiere, Dorkasgazellen und sog. Ziegen-Antilopen, die zwischen Ziegen und Antilopen stehen, z. B. Gämsen (aus Position 0106)
    7. zu Buchstabe g):
       die ausdrücklich aufgeführten Geflügelarten sowie deren Küken und Kapaune, auch wenn sie zum Einsetzen in Käfige, Parks oder Wasseranlagen aufgezogen und gehalten werden, **nicht jedoch** anderes lebendes Geflügel, z. B. Schwäne oder Wildgeflügel (Wildenten, Wildgänse, Rebhühner, Fasane, Wildtruthühner usw.), selbst dann nicht, wenn es als Hausgeflügel gehalten und geschlachtet werden kann (aus Position 0106)
    8. zu Buchstabe h):
       alle Arten von Hauskaninchen, gleichgültig, ob sie ihres Fleisches oder Felles wegen (z. B. Angorakaninchen) oder für andere Zwecke (z. B. Kinderspieltiere oder Zuchtkaninchen für Wettbewerbe) aufgezogen werden, **nicht jedoch** wilde Kaninchen und Hasen (aus Position 0106)
    9. zu Buchstabe i):
       alle Haustauben, z. B. Brief-, Zier- oder Hoftauben, **nicht jedoch** Wildtauben (z. B. Holz-, Ringel-, Hohl-, Felsen-, Glanzfleck-, Turtel- und Lachtauben) (aus Position 0106) sowie andere Tauben, die den Hühnervögeln näher stehen, z. B. Mähnen-, Frucht- und Krontauben sowie Steppenhühner (aus Position 0106)
    10. zu Buchstabe j):
        alle Arten von Bienen, auch Haus- und Waldbienen im Schwarm oder in Stöcken, Körben, Kästen oder dergleichen
    11. zu Buchstabe k):
        Hunde, die erfolgreich an einer Spezialausbildung zum Führen blinder Menschen teilgenommen haben, **nicht jedoch** Haushunde ohne Ausbildung zum Blindenführhund, auch wenn sie an blinde Menschen geliefert werden

17. Nach Nr. 1 der Anlage 2 sind **nicht begünstigt**:
    1. andere Haustiere (aus Position 0106), z. B. Kanarienvögel, Katzen und Hunde, soweit es sich nicht um ausgebildete Blindenführhunde handelt

Anlage 2
H

2. Versuchstiere, wie beispielsweise Mäuse, Ratten und Meerschweinchen (aus Position 0106)
3. lebende Tiere, die zu einem Zirkus, einer Tierschau oder einem ähnlichen Unternehmen gehören und zusammen mit dem Unternehmen umgesetzt werden (Position 9508)

Fleisch und genießbare Schlachtnebenerzeugnisse (Kapitel 2) (Nr. 2 der Anlage 2)

18

Begünstigt sind alle Erzeugnisse des Kapitels 2 Zolltarif. Zu den Positionen 0201 bis 0208 und 0210 gehören nur genießbares Fleisch (ganze Tierkörper, Hälften, Viertel, Stücke usw., auch mit anhaftenden inneren Organen oder Fett) sowie genießbare Schlachtnebenerzeugnisse von Tieren aller Art mit Ausnahme von Fischen, Krebstieren, Weichtieren und anderen wirbellosen Wassertieren aus Kapitel 3 Zolltarif. Erzeugnisse der Position 0209 (Schweinespeck usw.) gehören auch dann zu Kapitel 2 Zolltarif, wenn sie nur technisch verwendbar sind. Fleisch und Schlachtnebenerzeugnisse sind genießbar, soweit sie zur menschlichen Ernährung geeignet sind. Sind sie dazu geeignet, so ist es gleichgültig, ob sie tatsächlich zur menschlichen Ernährung oder zu anderen Zwecken (z. B. zu technischen Zwecken) verwendet werden. Die Erzeugnisse des Kapitels 2 gelten auch dann als genießbar, wenn sie erst nach Bearbeitung oder Zubereitung zur menschlichen Ernährung verwendet werden können.

Genießbare Schlachtnebenerzeugnisse sind z. B. Köpfe, Füße, Schwänze (auch abgelöste Fleischteile hiervon), Euter und bestimmte innere Organe (z. B. Lunge, Leber, Nieren, Zunge, Herz – auch als Geschlinge in natürlichem Zusammenhang mit Schlund und Luftröhre –, Hirn, Thymusdrüse [Bries], Bauchspeicheldrüse, Milz und Rückenmark). Häute gehören nur dazu, wenn sie im Einzelfall zur menschlichen Ernährung geeignet sind. Dies ist zum Beispiel bei der Verwendung von Schweineschwarten als Bindemittel für Fleischkonserven oder zur Herstellung gerösteter Schweineschwarte, einem Snack-Artikel, der Fall. Ansonsten gehören Häute zur Position 4101 und sind **nicht begünstigt**. Ebenfalls sind hiernach **nicht begünstigt** rohe Knochen (aus Position 0506), die jedoch unter Nr. 5 der Anlage 2 fallen können (vgl. Tz. 32).

19

Zu Kapitel 2 Zolltarif gehören nur frische, gekühlte, gefrorene, gesalzene, in Salzlake befindliche, getrocknete oder geräucherte Erzeugnisse. Zubereitungen von Fleisch oder Schlachtnebenerzeugnissen (Position 1601 bis 1603) fallen unter Nr. 28 der Anlage 2 (vgl. Tz. 100).

20

Im Einzelnen sind nach Nr. 2 der Anlage 2 **begünstigt**:

21

1. Fleisch von Rindern, frisch, gekühlt oder gefroren (Positionen 0201 und 0202)

   Hierzu gehört frisches, gekühltes oder gefrorenes Fleisch von Haus- oder Wildrindern der Position 0102.

2. Fleisch von Schweinen, frisch, gekühlt oder gefroren (Position 0203)

   Hierzu gehört frisches, gekühltes oder gefrorenes Fleisch von Haus- oder Wildschweinen (aus Position 0103). Hierzu gehört auch durchwachsener Schweinespeck (d. h. Speck mit eingelagerten Fleischschichten) und Schweinespeck mit einer Schicht anhaftenden Fleisches.

3. Fleisch von Schafen oder Ziegen, frisch, gekühlt oder gefroren (Position 0204)

   Hierzu gehört frisches, gekühltes oder gefrorenes Fleisch sowohl von Haus- oder Wildschafen (Böcke, Muttertiere und Lämmer) als auch von Haus- oder Wildziegen und Zicklein (aus Position 0104).

4. Fleisch von Pferden, Eseln, Maultieren oder Mauleseln, frisch, gekühlt oder gefroren (Position 0205)

   Hierzu gehört frisches, gekühltes oder gefrorenes Fleisch von Tieren, die lebend zu Position 0101 gehören.

5. genießbare Schlachtnebenerzeugnisse von Rindern, Schweinen, Schafen, Ziegen, Pferden, Eseln, Maultieren oder Mauleseln, frisch, gekühlt oder gefroren (Position 0206)

   Hierzu gehören genießbare Schlachtnebenerzeugnisse wie Köpfe und Teile davon (einschließlich Ohren), Füße, Schwänze, Herzen, Eutern, Lebern, Nieren, Thymusdrüsen (Bries), Bauchspeicheldrüsen, Hirn, Lungen, Schlünde, Nierenzapfen, Saumfleisch, Milz, Zungen, Bauchnetz, Rückenmark, genießbare Haut, Geschlechtsorgane (z. B. Gebärmutter, Eierstöcke, Hoden), Schilddrüsen und Hirnanhangdrüsen.

6. Fleisch und genießbare Schlachtnebenerzeugnisse von Hausgeflügel der Position 0105 frisch, gekühlt oder gefroren (Position 0207)

   Hierzu gehören nur Fleisch und Schlachtnebenerzeugnisse, frisch, gekühlt oder gefroren, von Hausgeflügel, das lebend zur Position 0105 gehört, nämlich Hühner, Enten, Gänse, Truthühner und Perlhühner.

   Begünstigt sind insbesondere Hühner-, Gänse- und Entenlebern. Zu diesen gehören auch Fettlebern von Gänsen und Enten, die sich von anderen Lebern dadurch unterscheiden, dass sie wesentlich größer und schwerer, fester und fettreicher sind.

7. anderes Fleisch und andere genießbare Schlachtnebenerzeugnisse, frisch, **gekühlt oder gefroren (Position 0208)**

   Hierzu gehören Fleisch und Schlachtnebenerzeugnisse der in Position 0106 erfassten Tiere, die zur menschlichen Ernährung geeignet sind, z. B. von Haustauben und Hauskaninchen, von Wild (einschließlich Wildgeflügel und Rentieren), Bibern, Walen, Fröschen (z. B. Froschschenkel) und Schildkröten.

   Dem ermäßigten Steuersatz unterliegen hiernach auch die Lieferungen von Wildbret durch Jagdpächter, die der allgemeinen Besteuerung unterliegen. Unter Wild sind die in freier Wildbahn lebenden jagdbaren Tiere zu verstehen. Fleisch und genießbare Schlachtnebenerzeugnisse von Tieren, die üblicherweise gejagt werden (Fasane, Wachteln, Rehe usw.), werden auch dann als Wild angesehen, wenn die Tiere in Gefangenschaft gehalten worden sind.

8. Schweinespeck, ohne magere Teile, Schweinefett und Geflügelfett, nicht ausgeschmolzen noch anders ausgezogen, frisch, gekühlt, gefroren, gesalzen, in Salzlake, getrocknet oder geräuchert (Position 0209)

   Hierzu gehören die aufgeführten Erzeugnisse auch dann, wenn sie nur technisch verwendbar sind. Durchwachsener Schweinespeck fällt unter Position 0203 oder 0210. Zum Schweinefett rechnet auch sog. Micker- oder Gekrösefett.

9. Fleisch und genießbare Schlachtnebenerzeugnisse, gesalzen, in Salzlake, getrocknet oder geräuchert; genießbares Mehl von Fleisch oder von Schlachtnebenerzeugnissen (Position 0210)

   Hierzu gehören Fleisch und Schlachtnebenerzeugnisse (einschließlich genießbares Mehl von Fleisch und Schlachtnebenerzeugnissen) aller Art (ausgenommen Erzeugnisse der Position 0209), die nach den in dieser Position angegebenen Verfahren zubereitet worden sind. Hierzu gehören auch durchwachsener Speck (d. h. Speck mit eingelagerten Fleischschichten) und Schweinespeck mit einer anhaftenden Fleischschicht aus Position 0203, sofern sie nach den in dieser Position angegebenen Verfahren zubereitet worden sind, **nicht jedoch** ungenießbares Mehl von Fleisch und Schlachtnebenerzeugnissen (Position 2301), das jedoch unter Nr. 37 der Anlage 2 fällt (vgl. Tz. 126).

22 Nach Nr. 2 der Anlage 2 sind **nicht begünstigt**:

1. Schweineborsten (aus Position 0502), Rosshaar (aus Position 0503) sowie andere Tierhaare zur Herstellung von Besen, Bürsten oder Pinseln (aus Position 0502)

2. Därme, Blasen und Mägen (aus Position 0504 bzw. 0511) sowie Tierblut der Position 3002 oder 0511, auch wenn die Erzeugnisse genießbar sind

   Mägen von Hausrindern (sog. Kutteln) und von Hausgeflügel gehören jedoch zu Position 0504 und fallen damit unter Nr. 5 der Anlage 2 (vgl. Tz. 32).

3. Flechsen und Sehnen (aus Position 0511)

4. Hörner, Hufe, Klauen und Schnäbel (aus Position 0507)

5. Schlachtnebenerzeugnisse, die zur Herstellung pharmazeutischer Erzeugnisse verwendet werden, z. B. Gallenblasen, Nebennieren, Placenta (Position 0510 oder – in getrocknetem Zustand – Position 3001) und nach der Art oder Aufmachung zur menschlichen Ernährung nicht geeignet sind

   Ebenso nicht begünstigt sind auch genießbare Schlachtnebenerzeugnisse, die sowohl zur menschlichen Ernährung als auch zur Herstellung pharmazeutischer Erzeugnisse verwendet werden können (z. B. Leber, Nieren, Lungen, Hirn, Bauchspeicheldrüse, Milz, Rückenmark, Eierstöcke, Schilddrüsen und Hypophysen), wenn sie im Hinblick auf ihre Verwendung zum Herstellen pharmazeutischer Erzeugnisse vorläufig haltbar gemacht worden sind (mit Erzeugnissen wie Glycerin, Aceton, Alkohol, Formaldehyd oder Natriumborat) (aus Position 0504).

6. ungenießbares Fleisch und ungenießbare Schlachtnebenerzeugnisse (Position 0511 oder 3001), z. B. Fleisch und Schlachtabfall ungenießbarer Tiere oder verdorbenes Fleisch

   Ebenso nicht begünstigt sind ungenießbare Erzeugnisse aus Kapitel 23 Zolltarif, die üblicherweise zum Herstellen von Hunde- und Katzenfutter bestimmt sind und damit unter Nr. 37 der Anlage 2 fallen (vgl. Tz. 125, 126).

7. tierische Fette (Kapitel 15)

   Hierzu gehören auch Schweineschmalz und Geflügelfett, soweit es ausgepresst, ausgeschmolzen oder mit Lösemitteln ausgezogen ist. Die Erzeugnisse des Kapitels 15 können jedoch unter Nr. 26 der Anlage 2 fallen (vgl. Tz. 94, 95).

8. rohes (nicht ausgeschmolzenes) Mickerfett (Gekrösefett) von Rindern, Schafen oder Ziegen

9. Speck von Meeressäugetieren (Kapitel 15)

Anlage 2
H

Fische und Krebstiere, Weichtiere und andere wirbellose Wassertiere, ausgenommen Zierfische, Langusten, Hummer, Austern und Schnecken
(aus Kapitel 3)
(Nr. 3 der Anlage 2)

Begünstigt sind alle Erzeugnisse des Kapitels 3 Zolltarif mit Ausnahme von Zierfischen, Langusten, Hummern einschließlich der sog. Schwänze (Tiere ohne Kopf, Scheren und Füße) sowie genießbaren Mehls von Langusten und Hummern zum Herstellen von Suppen, Soßen usw., Austern einschließlich Austernbrut (für Zucht bestimmt) und Schnecken jeder Art (z. B. Weinberg- und Meeresschnecken). Hierzu gehören lebende Fische, Krebstiere, Weichtiere und andere wirbellose Wassertiere ohne Rücksicht auf ihre Verwendung. Nicht lebende Fische einschließlich Fischlebern, -rogen und -milch, Krebstiere, Weichtiere und andere wirbellose Wassertiere – ganz oder in Teilen – gehören nur dazu, wenn sie genießbar (zur menschlichen Ernährung geeignet) sind und eine in diesem Kapitel bezeichnete Beschaffenheit haben. Nicht genießbar und somit **nicht begünstigt** sind z. B. Kabeljaurogen zur Verwendung als Köder beim Fischfang (Position 0511), nicht lebende Muschelkrebse und getrocknete Garnelen (Futtergarnelen) sowie Schalen von Garnelen und Wasserflöhe, die ausschließlich zum Füttern von Aquariumfischen geeignet sind. Als genießbar gelten Fische, Krebstiere, Weichtiere und andere wirbellose Wassertiere auch dann, wenn sie erst nach Bearbeitung oder Zubereitung zur menschlichen Ernährung verwendet werden können. Nicht genießbares Mehl und Pellets von Fischen oder Krebstieren, Weichtieren oder anderen wirbellosen Wassertieren gehören zu Position 2301 und fallen damit unter Nr. 37 der Anlage 2 (vgl. Tz. 126).

Im Einzelnen sind nach Nr. 3 der Anlage 2 **begünstigt**:

1. Fische, frisch (lebend oder nicht lebend), gekühlt oder gefroren, ausgenommen Zierfische (Positionen 0301 bis 0304)

    Hierzu gehören Süßwasser- und Seefische sowie Fischlebern, Fischrogen und Fischmilch, Fischfilets und anderes Fischfleisch.

2. Fische, getrocknet, gesalzen oder in Salzlake; Fische, geräuchert, auch vor oder während des Räucherns gegart (Position 0305)

    Hierzu gehören auch genießbares Mehl, Pulver und Pellets von Fischen sowie Fischlebern, -rogen und -milch.

3. Krebstiere (auch ohne Panzer), frisch (lebend oder nicht lebend), gekühlt, gefroren, getrocknet, gesalzen oder in Salzlake, ausgenommen Langusten und Hummer; Krebstiere in ihrem Panzer, nur in Wasser oder Dampf gekocht, auch gekühlt, gefroren, getrocknet, gesalzen oder in Salzlake, ausgenommen Langusten und Hummer (aus Position 0306)

    Dazu gehören z. B. Krabben, Süßwasserkrebse, Garnelen, Kaisergranate, lebende Wasserflöhe und genießbares Mehl, Pulver und Pellets dieser Krebstiere.

4. Weichtiere (auch ohne Schale) und andere wirbellose Wassertiere als Krebstiere und Weichtiere, frisch (lebend oder nicht lebend), gekühlt, gefroren, getrocknet, gesalzen oder in Salzlake sowie Mehl und Pellets von Weichtieren und anderen wirbellosen Wassertieren, soweit genießbar (Position 0307)

    Dazu gehören z. B. Muscheln, Kalmare und Tintenfische sowie Seeigel, Seegurken und Quallen.

Nach Nr. 3 der Anlage 2 sind **nicht begünstigt**:

1. lebende Meeressäugetiere, z. B. Wale (aus Position 0106) und deren Fleisch (Position 0208 oder 0210), welches jedoch unter Nr. 2 der Anlage 2 fällt (vgl. Tz. 21)
2. Abfälle von Fischen (Position 0511)
3. getrocknete und gesalzene Schwimmblasen von Kabeljau (aus Position 0511), auch soweit genießbar
4. Würmer (z. B. Angelköder), die weder Weich- oder Wassertiere noch zubereitetes Futter sind (Position 0106)
5. Kaviar (aus Position 1604)
6. Zubereitungen von Fischen, Krebs- und Weichtieren (aus Kapitel 16), z. B. Weichtiere, die einer Wärmebehandlung unterzogen wurden, die ausreichte, um die Proteine zu koagulieren (Position 1605), sowie Krebs- und Weichtiere, anders oder weitergehend behandelt, wie gekochte und geschälte Garnelen, mariniertes Muschelfleisch (Position 1605) und Krebstiere ohne Panzer, nur in Wasser gekocht (Position 1605), ebenso von in Öl und Essig eingelegte Fische, auch ohne andere Zubereitung (Position 1604), sowie gegarter Fisch (Position 1604) und leicht gesalzene, getrocknete oder geräucherte Fische, zur vorläufigen Haltbarmachung mit geringen Mengen pflanzlichen Öls eingelegt (Position 1604)

    Diese Zubereitungen können jedoch unter Nr. 28 der Anlage 2 fallen (vgl. Tz. 100).

Anlage 2
H

26 Die entgeltliche Ausgabe von Angelscheinen durch einen Fischweiherbetrieb unterliegt als sonstige Leistung dem allgemeinen Steuersatz. Dem ermäßigten Steuersatz unterliegt jedoch – neben dem Verkauf von selbst aufgezogenen und zugekauften Fischen – die entgeltliche Überlassung des Tagesfanges an die Angelscheininhaber. Wird jedoch neben dem Entgelt für den Verkauf der Angelkarten kein besonderes Entgelt für die gefangenen Fische verlangt, liegt ausschließlich eine sonstige Leistung vor. Diese Umsätze sind nach dem Grundsatz der Einheitlichkeit der Leistung dann auch nicht teilweise (im Umfang der geangelten Fische) begünstigt. Eine einheitliche sonstige Leistung liegt auch vor, wenn der Käufer oder Verkäufer eine zuvor gekaufte Menge Fisch in einen Angelteich einsetzt und der Käufer die Möglichkeit erhält, diese Fische zu angeln, ohne dass sich der Preis für die zuvor gekauften und ausgesetzten Fische in Abhängigkeit des tatsächlichen Fangergebnisses ändert.

27 **Milch und Milcherzeugnisse; Vogeleier und Eigelb, ausgenommen ungenießbare Eier ohne Schale und ungenießbares Eigelb; natürlicher Honig (aus Kapitel 4)**
(Nr. 4 der Anlage 2)

Begünstigt sind alle Erzeugnisse des Kapitels 4 Zolltarif **mit Ausnahme** von ungenießbaren Eiern ohne Schale und ungenießbarem Eigelb sowie der genießbaren Erzeugnisse tierischen Ursprungs aus Position 0410.

28 Die Positionen 0401 bis 0404 umfassen Vollmilch, Rahm, Magermilch, Buttermilch, Molke, saure Milch, Kefir, Joghurt und andere fermentierte oder gesäuerte Milch. Dazu gehört auch Milch mit Zusatz von Bestandteilen, die in der Milch natürlicherweise vorkommen (z. B. mit Vitaminen oder Mineralsalzen angereicherte Milch), mit Zusatz kleiner Mengen Stabilisierungsmittel zur Erhaltung der natürlichen Beschaffenheit während des Transports sowie mit Zusatz sehr kleiner Mengen Antioxidantien oder nicht in der Milch vorkommender Vitamine. Hierzu gehört auch ungezuckerte und gezuckerte Schlagsahne (geschlagener Rahm).

29 Auf die tatsächliche Verwendung der Produkte kommt es nicht an. Begünstigt ist daher nicht nur Trinkmilch, sondern auch Milch, die für andere Zwecke (z. B. als Werkmilch für Molkereien oder für Futterzwecke) verwendet wird.

30 Im Einzelnen sind nach Nr. 4 der Anlage 2 **begünstigt**:

1. Milch und Rahm, weder eingedickt noch mit Zusatz von Zucker oder anderen Süßmitteln (Position 0401)

   Hierzu gehören Milch und Rahm, auch pasteurisiert, sterilisiert, homogenisiert oder peptonisiert (bzw. pepsiniert), auch entrahmte frische Milch. Die Produkte können auch tiefgekühlt sein.

2. Milch und Rahm, eingedickt oder mit Zusatz von Zucker oder anderen Süßmitteln (Position 0402)

   Hierzu gehören alle von der Position 0401 erfassten Erzeugnisse, eingedickt (z. B. evaporiert) oder gesüßt, flüssig, pastös oder fest (in Blöcken, Pulver oder als Granulat), auch haltbar gemacht oder in luftdicht verschlossenen Behältnissen, und rekonstituierte Milch. Zum Erhalt in ihrem normalen physikalischen Zustand kann Milch in Pulverform in geringer Menge Stärke (nicht mehr als fünf Gewichtshundertteile) zugesetzt sein.

   Ebenso dazu gehören u. a. Vollmilchpulver, Magermilchpulver, Rahmpulver, Kondensmilch und Blockmilch sowie denaturiertes Magermilchpulver für Futterzwecke.

3. Buttermilch, saure Milch, saurer Rahm, Joghurt, Kefir und andere fermentierte oder gesäuerte Milch (einschließlich Rahm), auch eingedickt oder aromatisiert, auch mit Zusatz von Zucker oder anderen Süßmitteln, Früchten (einschließlich Fruchtmark und Konfitüren), Nüssen oder Kakao, auch mit einem Alkoholgehalt von 0,5 % vol. oder weniger (Position 0403)

   Erzeugnisse dieser Position können flüssig, pastenförmig oder fest (auch gefroren) und auch haltbar gemacht sein.

4. Molke, auch eingedickt oder mit Zusatz von Zucker oder anderen Süßmitteln; Erzeugnisse, die aus natürlichen Milchbestandteilen bestehen, auch mit Zusatz von Zucker oder anderen Süßmitteln, anderweit weder genannt noch inbegriffen (Position 0404)

   Hierzu gehört Molke (d. h. die natürlichen Milchbestandteile, die nach dem Entzug des Fettes und des Caseins aus der Milch zurückbleiben) und modifizierte Molke. Ebenso gehört hierzu Molke in Pulverform, der teilweise der Milchzucker entzogen wurde. Diese Erzeugnisse können flüssig, pastenartig oder fest (auch gefroren), auch eingedickt (z. B. als Pulver) oder haltbar gemacht oder gesüßt sein.

5. Butter und andere Fettstoffe aus der Milch; Milchstreichfette (Position 0405)

   Hierzu gehören natürliche Butter (aus Kuh-, Schafs-, Ziegen- oder Büffelmilch), frisch oder gesalzen, auch in luftdicht verschlossenen Behältnissen. Hierzu gehören auch Erzeugnisse aus Butter, die geringe Mengen von z. B. Küchenkräutern, Gewürzen oder Aromastoffen ent-

Anlage 2
H

halten, ausgeschmolzene Butter (Butterschmalz), entwässerte Butter, Butterfett und ranzige Butter.

6. Käse und Quark/Topfen (Position 0406)

   Hierzu gehören alle Arten von Käse, in ganzen Laiben, Stücken, Scheiben, gerieben oder in Pulverform, insbesondere Frischkäse (z. B. Speisequark, Rahmfrischkäse und Schichtkäse), Molkenkäse, Weichkäse (z. B. Limburger, Brie und Camembert), Käse mit Schimmelbildung im Teig (z. B. Roquefort und Gorgonzola), mittelharter Käse (z. B. Gouda), Hartkäse (z. B. Cheddar und Parmesan) und Schmelzkäse. Das gilt auch dann, wenn Gewürze, Vitamine, Fleisch oder Gemüse zugesetzt sind, sofern die Erzeugnisse ihren Charakter als Käse behalten. Hierher gehört auch Casein mit einem Wassergehalt von mehr als 15 Gewichtshundertteilen; **nicht jedoch** Casein mit einem Wassergehalt von höchstens 15 Gewichtshundertteilen und Caseinderivate (aus Position 3501) sowie gehärtetes Casein (Position 3913).

7. Vogeleier in der Schale, frisch, haltbar gemacht oder gekocht (Position 0407)

   Hierzu gehören Eier von Hühnern und von allen anderen Vögeln (z. B. Gänsen, Enten, Puten und Federwild), in der Schale, frisch oder haltbar gemacht (ohne Rücksicht auf die Verwendung). Hierher gehören auch verdorbene oder angebrütete Eier in der Schale.

8. Vogeleier, nicht in der Schale, und Eigelb, frisch, getrocknet, in Wasser oder Dampf gekocht, geformt, gefroren oder anders haltbar gemacht, auch mit Zusatz von Zucker oder anderen Süßmitteln (Position 0408)

   Hierzu gehören genießbare Eier ohne Schale (Vollei) und genießbares Eigelb, frisch, getrocknet (in Stücken oder als Pulver) oder anders haltbar gemacht, z. B. Flüssigei (Eiauslauf), flüssiges Eigelb, gefrorenes Vollei (Gefriervollei), gefrorenes Eigelb (Gefriereigelb), Eipulver (Trockenvollei), Trockeneigelb, ferner Gemische dieser Erzeugnisse, soweit sie unter Position 0408 fallen. Hierher gehört auch Eimasse ohne Schale, die anfällt, wenn beim Aussortieren beschädigter Eier, aus denen die Eimasse teilweise bereits ausläuft, die Schale von diesen Eiern entfernt wird.

   Als genießbar (zur menschlichen Ernährung geeignet) gelten Vollei und Eigelb auch dann, wenn sie erst nach einer besonderen Behandlung, durch die bestimmte pathogene Keime (z. B. Salmonellen) abgetötet werden, für die menschliche Ernährung verwendet werden können, **nicht jedoch**

   a) Eieröl (aus hartgekochtem Eigelb) (aus Position 1506),
   b) gekochte Eier in Form von Lebensmittelzubereitungen des Kapitels 21 (Position 2106); sie sind jedoch nach Nr. 33 der Anlage 2 begünstigt (vgl. Tz. 116),
   c) Eilecithine (aus Position 2923) und gehärtete Eiweißstoffe (Position 3913).

9. natürlicher Honig (Position 0409)

   Hierzu gehört Honig von Bienen oder anderen Insekten, in Waben oder geschleudert, jedoch ohne Zusatz von Zucker oder anderen Stoffen, **nicht jedoch** Gelée royale (Position 0410) sowie Schönheitsmittel, die Gelée royale enthalten.

Nach Nr. 4 der Anlage 2 sind **nicht begünstigt**: 31

1. Getränke aus Milch mit Zusatz anderer Stoffe, z. B. Milch mit Zusatz von Fruchtsäften oder Alkohol (Kapitel 22)

   Sie können jedoch unter Nr. 35 der Anlage 2 fallen (vgl. Tz. 121).

2. Arzneiwaren (Positionen 3003 und 3004)

3. Albumine und Albuminderivate, z. B. Milchalbumin (Milcheiweiß), Molkenproteine (Lactalbumin) und Eieralbumin (Eiereiweiß) (Position 3502)

4. Erzeugnisse tierischen Ursprungs aus Position 0410, insbesondere
   a) Schildkröteneier, frisch, getrocknet oder anders haltbar gemacht,
   b) Nester von Salanganen (unzutreffend „Schwalbennester" genannt)
      Sie bestehen aus einem proteinreichen Stoff, der von Salanganen abgesondert wird, und werden nahezu ausschließlich zum Herstellen von Suppen und anderen Lebensmittelzubereitungen verwendet.

Andere Waren tierischen Ursprungs, und zwar 32

a) **Mägen von Hausrindern und Hausgeflügel (aus Position 0504),**
b) **(weggefallen)**
c) **rohe Knochen (aus Position 0506)**

Anlage 2
H

(Nr. 5 der Anlage 2)
Begünstigt sind:
1. zu Buchstabe a):
   frische, gesalzene oder getrocknete Mägen von Hausrindern und von Hausgeflügel (aus Position 0504), ganz oder geteilt, und zwar ohne Rücksicht darauf, ob sie im Einzelfall zur menschlichen Ernährung verwendet werden
2. zu Buchstabe c):
   Knochen in rohem Zustand (aus Position 0506), d. h. frische nicht bearbeitete Knochen, wie sie bei der Schlachtung anfallen

   Begünstigt sind hiernach z. B. Röhrenknochen mit Mark (sog. Markknochen) und Rinderknochen ohne Mark (sog. krause Knochen), die zur Herstellung von Suppen und Soßen verwendet werden, auch wenn den Knochen noch geringe Mengen Fleischfasern anhaften, ferner auch Knochen, die für technische Zwecke verwendet werden (z. B. Röhrenknochen, aus denen das Mark entfernt worden ist), **nicht jedoch** bearbeitete (z. B. entfettete, mit Säure behandelte oder entbeinte Knochen – z. B. Naturknochen-Präparate – sowie Mehl, Schrot und Abfälle von Knochen [aus Position 0506]). Haften den rohen Knochen jedoch größere Mengen Fleisch an und ist dieses Fleisch für das Erzeugnis charakterbestimmend, gehören sie zu Kapitel 2 Zolltarif und fallen unter Nr. 2 der Anlage 2 (vgl. Tz. 18-21).

33 Nach Nr. 5 der Anlage 2 sind **nicht begünstigt**:
1. Därme und Blasen von Tieren sowie Mägen von anderen Tieren als von Hausrindern und Hausgeflügel, auch wenn sie genießbar sind (aus Position 0504)
2. Hörner, Hufe und Klauen (aus Position 0507)
3. Flechsen und Sehnen (aus Position 0511)

34 **Bulben, Zwiebeln, Knollen, Wurzelknollen und Wurzelstöcke, ruhend, im Wachstum oder in Blüte; Zichorienpflanzen und -wurzeln (Position 0601)**
(Nr. 6 der Anlage 2)

Begünstigt sind alle Erzeugnisse der Position 0601. Hierzu gehören lebende (ruhende, im Wachstum oder in Blüte befindliche) Bulben, Zwiebeln, Knollen, Wurzelknollen und Wurzelstöcke, die gewöhnlich von Gärtnereien, vom Samenfachhandel oder vom Blumenhandel für Anpflanzungen oder zu Zierzwecken geliefert werden (z. B. Orchideen, Hyazinthen, Narzissen, Tulpen, Anthurien, Clivien, Dahlien, Schneeglöckchen, Gladiolen) sowie Zichorienpflanzen und -wurzeln. Hierher gehören auch lebende Bulben, Zwiebeln usw. von Pflanzen, die nicht zu Zierzwecken verwendet werden, wie Wurzelstöcke vom Rhabarber und vom Spargel.

35 Als **unselbständige Nebenleistungen** zu den steuerbegünstigten Lieferungen von Pflanzen- und Pflanzenteilen (Nr. 6 bis 9 der Anlage 2) sind anzusehen:
1. Verpacken und Befördern bzw. Versenden der Ware

   Eine dem ermäßigten Steuersatz unterliegende Pflanzenlieferung liegt **nicht** vor, wenn außer dem Verpacken und Befördern bzw. Versenden der Ware weitere Tätigkeiten, die ihrer Art nach sonstige Leistungen sind (z. B. das Einsetzen der Pflanze in das Erdreich und damit im Zusammenhang stehende Tätigkeiten) erbracht werden. In diesen Fällen besteht die gesamte Leistung in einer Werklieferung (§ 3 Abs. 4 UStG), die dem allgemeinen Steuersatz unterliegt.

   Ob bestimmte Umsätze Lieferungen von Gegenständen oder Dienstleistungen (sonstige Leistungen) sind, richtet sich nach ihrem Wesen. Dieses ist im Rahmen einer Gesamtbetrachtung zu ermitteln; maßgebend ist die Sicht des Durchschnittsverbrauchers.

   Bei einer Leistung, die sowohl Lieferungselemente als auch Elemente sonstiger Leistungen aufweist, hängt die Qualifizierung als einheitliche Lieferung oder sonstige Leistung davon ab, welche Leistungselemente unter Berücksichtigung des Willens der Vertragsparteien den wirtschaftlichen Gehalt der Leistung bestimmen. In der Regel ist jede Lieferung und jede Dienstleistung (sonstige Leistung) als eigene selbständige Leistung zu betrachten.

   So erbringt ein Unternehmer, der einem Landwirt Saatgut liefert und es einsät, umsatzsteuerrechtlich zwei separate Leistungen (Lieferung von Saatgut zum ermäßigten Steuersatz und Einsaat zum Regelsteuersatz), wenn die Saatgutlieferung bereits vom Preis her so gewichtig ist, dass sie nicht in einer einheitlichen Dienstleistung aufgeht (vgl. Tz. 62).

   Anders sind jedoch die Grabpflegeleistungen zu beurteilen, bei denen der Lieferung der Pflanzen kein selbständiger rechtlicher Gehalt beigemessen wird (vgl. Tz. 40, 41).

2. die Abgabe üblicher Warenumschließungen, die unabhängig von ihrer Verwendung als Umschließung keinen dauernden selbständigen Gebrauchswert haben (z. B. Ton- oder Plas-

tiktöpfe und -schalen, Kübel, Körbe, Kästen und andere übliche Behälter, in welche die Gewächse eingepflanzt sind)

Zierübertöpfe, Vasen und Blumensteckschalen (z. B. aus Keramik) sind im Allgemeinen nicht mehr als Gegenstand einer Nebenleistung anzusehen.

3. die Verwendung üblicher Zutaten und Nebensachen, wie z. B. Bindedraht, Bänder, Papiermanschetten und Kranzschleifen

Nicht als eine unselbständige Nebenleistung, sondern als **Hauptleistung** anzusehen sind Lieferungen von Blumenerde, Pflanzendünger, Pflanzennahrung, Pflanzenpflegemittel, Pflanzenschutzmittel, Glaswaren, Keramikwaren, Korbwaren, Kupferwaren, Geschenkartikel und kunstgewerbliche Gegenstände. Pflanzendünger kann jedoch unter Nr. 45 der Anlage 2 fallen (vgl. Tz. 143, 144).

Bezüglich der Zusammenstellung von unterschiedlich zu tarifierenden Erzeugnissen (z. B. Blume mit Ziertopf) wird auf Tz. 13 verwiesen. Zur Behandlung von Hydrokulturen vgl. Tz. 39.

Nach Nr. 6 der Anlage 2 sind **nicht begünstigt**: 36

1. Kartoffeln, Speisezwiebeln, Schalotten, Topinambur (aus Position 0714) und Knoblauch, selbst wenn sie im Einzelfall als Pflanzgut verwendet werden (Positionen 0701 oder 0703)

Sie fallen jedoch unter Nr. 10 der Anlage 2 (vgl. Tz. 48-50).

2. nicht lebende Wurzeln von Dahlien und andere nicht lebende ähnliche Blumenknollen (Kapitel 7)

3. Ingwer (aus Position 0910), der jedoch unter Nr. 12 der Anlage 2 fällt (vgl. Tz. 59) und nicht lebende Rhabarberwurzelstöcke (aus Position 1211)

4. nicht geröstete Zichorienwurzeln der Varietät Cichorium intybus sativum (Position 1212)

Sie fallen jedoch unter Nr. 22 der Anlage 2 (vgl. Tz. 86).

Die Anzucht von Pflanzen unterliegt als sonstige Leistung nach § 12 Abs. 2 Nr. 3 UStG dem ermäßigten Steuersatz. 37

Andere lebende Pflanzen einschließlich ihrer Wurzeln, Stecklinge und Pfropfreiser; Pilzmyzel (Position 0602) 38
(Nr. 7 der Anlage 2)

Begünstigt sind alle Erzeugnisse der Position 0602. Hierzu gehören lebende Pflanzen, die keine Bulben, Zwiebeln, Knollen, Wurzelknollen oder Wurzelstöcke bilden und die gewöhnlich von Gärtnereien oder Baumschulen für Anpflanzungen oder zu Zierzwecken geliefert werden, insbesondere

1. Bäume und Sträucher aller Art (Waldgehölze, Obstgehölze, Ziergehölze usw.) einschließlich Unterlagen zum Veredeln
2. Pflanzen aller Art zum Pikieren oder Umpflanzen
3. lebende Wurzeln (ausgenommen Wurzelknollen der Position 0601)
4. Stecklinge, unbewurzelt, Pfropfreiser und Ableger, Schösslinge
5. Pilzmyzel, auch in Erde oder mit pflanzlichen Stoffen vermischt

Die hierher gehörenden Bäume, Sträucher und anderen Pflanzen können auch Erdballen haben oder in Töpfe, Kübel, Körbe oder andere übliche Behälter gepflanzt sein.

Hydrokulturen (bestehend aus Hydropflanze, Kulturtopf, Wasserstandsanzeiger sowie einem Kulturgefäß, in das der Kulturtopf mit Pflanze eingesetzt wird) sind aus verschiedenen Bestandteilen zusammengesetzte Waren. Aus Vereinfachungsgründen sind Hydrokulturen insgesamt begünstigt, wenn das Kulturgefäß aus Kunststoff oder Keramik besteht. Das gilt auch bei einem anderen Kulturgefäß, wenn dessen Anteil am Gesamtentgelt nicht überwiegt. Insgesamt **nicht begünstigt** ist eine Hydrokultur, wenn der auf ein anderes Kulturgefäß entfallende Anteil am Gesamtentgelt überwiegt. 39

Werden die Einzelteile von Hydrokulturen getrennt geliefert, so fällt nur die Hydropflanze unter die Steuerermäßigung. Die übrigen Teile unterliegen dem allgemeinen Steuersatz. Das gilt auch, wenn ein Abnehmer die getrennt angebotenen Teile erwirbt und nach dem Kauf zusammensetzt.

Der Unternehmer genügt seinen Aufzeichnungspflichten, wenn er bei begünstigten Hydrokulturen die Bezeichnung des Kulturgefäßes (bei Gefäßen aus Kunststoff oder Keramik) bzw. den auf das Kulturgefäß entfallenden Anteil am Gesamtentgelt angibt. Die Angaben können auch in den entsprechenden Belegen enthalten sein, wenn darauf in den Aufzeichnungen hingewiesen wird.

Mit Ausnahme der Anzucht von Pflanzen, die nach § 12 Abs. 2 Nr. 3 UStG dem ermäßigten Steuersatz unterliegt, ist auf sonstige Leistungen (einschließlich der Werkleistungen) der allgemeine Steuersatz anzuwenden (vgl. Tz. 2). Die Grabpflege durch Gärtnereien, Friedhofsgärtnereien 40

Anlage 2
H

usw. unterliegt deshalb als sonstige Leistung bzw. Werkleistung insgesamt dem allgemeinen Steuersatz, auch wenn dabei begünstigte Gegenstände verwendet werden.

Wird Grabpflege für 25 Jahre gegen Einmalzahlung vereinbart, kann dies nach den jeweiligen Besonderheiten zur Annahme einer Vorauszahlung oder eines verzinslichen Darlehens führen.

41   Eine dem ermäßigten Steuersatz unterliegende Lieferung von Pflanzen usw. liegt nur vor, wenn der Unternehmer außer dem Transport keine weiteren Tätigkeiten ausführt, die ihrer Art nach sonstige Leistungen sind (z. B. das Einpflanzen und damit im Zusammenhang stehende Tätigkeiten).

Zur Lieferung und Einsaat von Saatgut vgl. jedoch Tz. 35, 62.

Pflanzt dagegen ein Gärtner, Friedhofsgärtner usw. von ihm gelieferte Pflanzen auftragsgemäß in das Erdreich ein oder führt er weitere Tätigkeiten in diesem Zusammenhang aus, so handelt es sich um eine Werklieferung (§ 3 Abs. 4 UStG), die im Erstellen einer nicht begünstigten Garten- bzw. Grabanlage besteht. Das Gleiche gilt für das Eindecken von Gräbern mit Tannengrün usw. Auf diese Werklieferungen ist insgesamt der allgemeine Steuersatz anzuwenden, auch wenn dabei begünstigte Gegenstände verwendet werden.

Wegen der Nebenleistungen vgl. Tz. 7, 35.

42   **Blumen und Blüten sowie deren Knospen, geschnitten, zu Binde- oder Zierzwecken, frisch (aus Position 0603)**
(Nr. 8 der Anlage)

Begünstigt sind nur frische geschnittene Blüten und Blütenknospen zu Binde- oder Zierzwecken (aus Position 0603), die gewöhnlich von Gärtnereien oder vom Blumenhandel geliefert werden. Hierzu gehören auch Sträuße, Ziergebinde, Kränze, Blumenkörbe und ähnliche Erzeugnisse aus frischen Blüten und Blütenknospen ohne Rücksicht auf Zutaten aus anderen Stoffen, solange diese als Nebensache angesehen werden können (wie Körbe, Bänder, Kranzschleifen, Papierausstattungen, Bindedraht und dergleichen), ferner Blüten und Blütenknospen, deren natürliche Farbe geändert oder aufgefrischt wurde (z. B. durch Absorption von Farblösungen vor oder nach dem Schneiden oder durch einfaches Eintauchen in solche Lösungen), sofern diese Erzeugnisse frisch sind.

43   Nach Nr. 8 der Anlage 2 sind **nicht begünstigt**:
1. getrocknete, gebleichte, gefärbte, imprägnierte oder anders bearbeitete Blüten und Blütenknospen (aus Position 0603)
2. Blüten und Blütenknospen, die hauptsächlich zur Riechmittelherstellung oder für Zwecke der Medizin, Insektenvertilgung, Schädlingsbekämpfung usw. verwendet werden, wenn ihre Beschaffenheit eine Verwendung zu Binde- oder Zierzwecken ausschließt, z. B. welke Rosenblüten (aus Position 1211)
3. Stängel und Blätter von Sonnenblumen und Reseda (ohne Blüten) sowie Weidenzweige ohne Knospen oder Blüten (Positionen 1404 bzw. 1401)

44   Bestattungsunternehmen erbringen regelmäßig gesondert zu beurteilende Leistungen verschiedener Art. Auf die Lieferungen von Sträußen, Blumenkörben und ähnlichen Erzeugnissen, die frische Blüten, frische Blütenknospen, frisches Blattwerk usw. enthalten, ist der ermäßigte Steuersatz anzuwenden. Das gilt nach § 12 Abs. 2 Nr. 2 UStG auch für die Gestellung (Vermietung) frischer Blumen in Vasen.

Wegen der Nebenleistungen vgl. Tz. 7, 35.

45   **Blattwerk, Blätter, Zweige und andere Pflanzenteile, ohne Blüten und Blütenknospen, sowie Gräser, Moose und Flechten, zu Binde- oder Zierzwecken, frisch (aus Position 0604)**
(Nr. 9 der Anlage 2)

Begünstigt sind nur frische Erzeugnisse aus Position 0604 zu Binde- oder Zierzwecken, die gewöhnlich von Gärtnereien oder vom Blumenhandel geliefert werden. Dazu gehören auch Sträuße, Ziergebinde, Kränze, Körbe und ähnliche Erzeugnisse aus frischem Blattwerk usw. Die Verwendung von Zutaten aus anderen Stoffen (z. B. aus getrockneten Pflanzenteilen) ist unschädlich, sofern die Sträuße, Kränze usw. nach ihrem wesentlichen Charakter als frische Erzeugnisse des Blumenhandels anzusehen sind. Wegen der Behandlung von Nebenleistungen vgl. Tz. 7, 35.

Anlage 2
H

Im Einzelnen sind nach Nr. 9 der Anlage 2 **begünstigt**: 46
1. frische Rentierflechte – sog. Islandmoos – (Cladonia rangiferina, Cladonia silvatica und Cladonia alpestris), **nicht jedoch** Isländisches Moos (Cetravia islandica)
   Trockenmoos wird durch Anfeuchten nicht wieder zu frischem Moos.
2. Weihnachtsbäume, geschnitten oder mit Wurzeln, soweit sie zur Wiedereinpflanzung nicht geeignet sind (lebende Bäume mit Ballen, die zur Wiedereinpflanzung geeignet sind, sind nach Nr. 7 der Anlage 2 begünstigt [vgl. Tz. 38]), frisches Tannengrün sowie Gebinde aus Tannengrün und frischem Blattwerk, blatttragende Zweige des Lorbeerbaumes oder frische Zapfen von Nadelbäumen

Nach Nr. 9 der Anlage 2 sind **nicht begünstigt**: 47
1. Blattwerk, Blätter, Zweige und andere Pflanzenteile, Gräser, Moose und Flechten, die getrocknet, gebleicht, gefärbt, imprägniert oder anders bearbeitet sind (aus Position 0604), z. B. gefärbte Blütenköpfe der Weberkarde oder getrocknete Rentierflechte
   Dazu gehören z. B. Adventskränze und Adventsgestecke, die überwiegend aus natürlichen Koniferen-Zapfen mit natürlichen getrockneten und grün gefärbten Zweigen bestehen und mit künstlichen Früchten als Verzierung sowie mit Kerzenhaltern und Kerzen versehen sind. Soweit frisches Material charakterbestimmend ist, sind die Adventskränze und -gestecke jedoch begünstigt.
2. Blattwerk, Blätter usw., die hauptsächlich zur Riechmittelherstellung oder für Zwecke der Medizin, Insektenvertilgung, Schädlingsbekämpfung usw. verwendet werden, wenn ihre Beschaffenheit eine Verwendung zu Binde- oder Zierzwecken ausschließt (aus Position 1211)
   Rosmarin, Beifuß und Basilikum in Aufmachungen für den Küchengebrauch sowie Dost, Minzen, Salbei, Kamillenblüten und Haustee fallen jedoch unter Nr. 21 der Anlage 2 (vgl. Tz. 82).
3. pflanzliche Rohstoffe zum Färben oder Gerben (aus Position 1404)
4. pflanzliche Stoffe der hauptsächlich zur Korb- oder Flechtwarenherstellung verwendeten Art (aus Position 1401)
5. irländisches Moos (Kapitel 14)
6. trockene gemähte Heidekrautpflanzen, in Bündeln oder lose, die insbesondere als Baumaterial für Wasserbaumaßnahmen verwendet werden
7. Unterlagen aus Stroh und Draht (sog. Römer) für die Herstellung von Kränzen
8. „Strohmobiles" (Kränze aus geflochtenem Stroh zum Aufhängen an der Decke)

Gemüse, Pflanzen, Wurzeln und Knollen, die zu Ernährungszwecken verwendet werden, und zwar 48
a) Kartoffeln, frisch oder gekühlt (Position 0701),
b) Tomaten, frisch oder gekühlt (Position 0702),
c) Speisezwiebeln, Schalotten, Knoblauch, Porree/Lauch und andere Gemüse der Allium-Arten, frisch oder gekühlt (Position 0703),
d) Kohl, Blumenkohl/Karfiol, Kohlrabi, Wirsingkohl und ähnliche genießbare Kohlarten der Gattung Brassica, frisch oder gekühlt (Position 0704),
e) Salate (Lactuca sativa) und Chicorée (Cichorium-Arten), frisch oder gekühlt (Position 0705),
f) Karotten und Speisemöhren, Speiserüben, Rote Rüben, Schwarzwurzeln, Knollensellerie, Rettiche und ähnliche genießbare Wurzeln, frisch oder gekühlt (Position 0706),
g) Gurken und Cornichons, frisch oder gekühlt (Position 0707),
h) Hülsenfrüchte, auch ausgelöst, frisch oder gekühlt (Position 0708),
i) anderes Gemüse, frisch oder gekühlt (Position 0709),
j) Gemüse, auch in Wasser oder Dampf gekocht, gefroren (Position 0710),
k) Gemüse, vorläufig haltbar gemacht (z. B. durch Schwefeldioxid oder in Wasser, dem Salz, Schwefeldioxid oder andere vorläufig konservierend wirkende Stoffe zugesetzt sind), zum unmittelbaren Genuss nicht geeignet (Position 0711),
l) Gemüse, getrocknet, auch in Stücke oder Scheiben geschnitten, als Pulver oder sonst zerkleinert, jedoch nicht weiter zubereitet (Position 0712),
m) getrocknete, ausgelöste Hülsenfrüchte, auch geschält oder zerkleinert (Position 0713),
n) Topinambur (aus Position 0714)

(Nr. 10 der Anlage 2)
Begünstigt sind alle Erzeugnisse der Positionen 0701 bis 0713 (Gemüse und Küchenkräuter) – auch gewaschen, geputzt, vom Kraut befreit oder geschält – sowie Topinambur (aus Position 0714). Von den Positionen 0701 bis 0713 werden auch solche Erzeugnisse erfasst, die erst nach

Anlage 2
H

Bearbeitung oder Zubereitung zur menschlichen Ernährung verwendet werden oder die nur teilweise bzw. eingeschränkt genießbar sind (z. B. welkes oder teilweise verdorbenes Gemüse). In vollem Umfang verdorbene Erzeugnisse, die im Allgemeinen nur als Düngemittel verwendbar sind (Position 3101), können unter Nr. 45 der Anlage 2 fallen (vgl. Tz. 143).

49 Zubereitungen von Gemüse und Küchenkräutern (Kapitel 20) fallen unter Nr. 32 der Anlage 2 (vgl. Tz. 112, 113).

50 Im Einzelnen sind nach Nr. 10 der Anlage 2 **begünstigt**:

1. zu Buchstabe a):
    Kartoffeln aller Art, insbesondere auch Pflanz- oder Frühkartoffeln, **nicht jedoch** Süßkartoffeln der Position 0714

2. zu Buchstabe b):
    Tomaten aller Art, auch sog. Partytomaten

3. zu Buchstabe c):
    Speisezwiebeln aller Art einschließlich Zwiebelpflanzen und Frühlingszwiebeln sowie Schnittlauch und andere Gemüse der Allium-Arten

4. zu Buchstabe d):
    genießbare Kohlarten, insbesondere Rosenkohl, Weißkohl, Rotkohl, Chinakohl, Grünkohl, Sprossenbrokkoli oder Spargelkohl und anderer Sprossenkohl, **nicht jedoch** Kohlrüben oder Futterkohl, weiß oder rot, (Position 1214), die aber unter Nr. 23 der Anlage 2 fallen können (vgl. Tz. 89)

5. zu Buchstabe e):
    Salate aller Art, insbesondere Kopf- und Endiviensalat, **nicht jedoch** Zichorienpflanzen und -wurzeln (aus Position 0601 oder aus Position 1212), die aber unter Nr. 6 oder 22 der Anlage 2 fallen (vgl. Tz. 34, 86)

6. zu Buchstabe f):
    Karotten und Speisemöhren, Speiserüben, Rote Rüben, Schwarzwurzeln, Knollensellerie, Rettiche und ähnliche genießbare Wurzeln, z. B. Rote Beete, Haferwurzeln, Radieschen, Meerrettich, Wurzelpetersilie, Knollenziest, Klette und Pastinaken, **nicht jedoch** Wurzeln zu Futterzwecken wie Futterrüben und Kohlrüben (Position 1214), die aber unter Nr. 23 der Anlage 2 fallen (vgl. Tz. 89), **ebenso nicht** genießbare Wurzeln und Knollen mit hohem Gehalt an Stärke oder Inulin, wie z. B. süße Kartoffeln, Taros oder Yamswurzeln (aus Position 0714) und **ebenso nicht** getrocknete Wurzeln von Klette (Position 1211 oder 1212)

7. zu Buchstabe g):
    Gurken und Cornichons aller Art

8. zu Buchstabe h):
    Hülsenfrüchte, insbesondere Bohnen einschließlich Lima-, Urd-, Wachs-, Kuh-, Augen-, Puff-, Pferde-, Acker-, Helm-, Faselbohnen, grüne und dicke Bohnen, Erbsen einschließlich nicht ausgelöste junge Erbsen und Futtererbsen, Kichererbsen, Linsen und Guarsamen, **nicht jedoch** Sojabohnen (aus Position 1201), die aber unter Nr. 18 der Anlage 2 fallen (vgl. Tz. 75, 76) und Johannisbrotkerne (Position 1212), die unter Nr. 22 der Anlage 2 fallen (vgl. Tz. 85, 86)

9. zu Buchstabe i):
    anderes Gemüse, insbesondere
    a) Artischocken,
    b) Spargel,
    c) Auberginen (Eierfrüchte),
    d) Sellerie,
    e) Pilze und Trüffel,
    f) Früchte bestimmter botanischer Varietäten der Gattungen Capsicum und Pimenta. Diese Früchte werden im Allgemeinen als Peperoni oder Paprika bezeichnet. Die Bezeichnung Capsicum umfasst sowohl den großfruchtigen, milden Gemüsepaprika (Capsicum annuum var. annuum), der in grünem oder reifem Zustand meistens für Salate verwendet wird, als auch Früchte mit mehr brennendem Geschmack der Arten Capsicum frutescens und Capsicum annuum, wie Chilis, Cayennepfeffer, Spanischer Pfeffer usw., die meistens zum Würzen von Speisen verwendet werden. Zur Gattung Pimenta gehört insbesondere das unter den Bezeichnungen Jamaika-Pfeffer, Nelkenpfeffer, Allerleigewürz oder Englischgewürz bekannte Gewürz,
    g) Gartenspinat, neuseeländischer Spinat und Gartenmelde,
    h) Zuckermais, auch in Kolben,

i) Kürbisse aller Art,
j) Oliven,
k) Rhabarber, genießbare Kardone (Cady oder Spanische Artischocke), Fenchel, Kapern und Sauerampfer, essbarer Sauerklee,
l) Mangold und Okra (Gumbo),
m) Petersilie, Kerbel, Estragon, Kresse (z. B. Brunnenkresse), Bohnenkraut (Satureja hortensis), Koriander, Dill, Majoran (Majorana hortensis oder Origanum majorana),
n) Bambusschösslinge und Sojabohnensprossen (Sojabohnenkeime),
o) Feldsalat,
p) Löwenzahn,

nicht jedoch Früchte und Gewürze, wenn sie getrocknet, gemahlen oder sonst zerkleinert sind, z. B. Gewürzpaprika in Pulverform (aus Position 0904), die jedoch unter Nr. 12 der Anlage 2 fallen (vgl. Tz. 58, 59); **ebenso nicht** wilder Majoran oder Dost (aus Position 1211), wobei Dost unter Nr. 21 der Anlage 2 fällt (vgl. Tz. 82, 83), und **ebenso nicht** die essbaren Knollen der chinesischen Wasserkastanie (Position 0714)

10. zu Buchstabe j):

gefrorene Gemüse, die in frischem oder gekühltem Zustand in Position 0701 bis 0709 eingereiht werden; auch mit Zusatz von Salz oder Zucker vor dem Gefrieren, insbesondere tiefgekühlte Erbsen, Bohnen, Spargel, Speiserüben, Rote Rüben und Spinat sowie Mischungen von tiefgekühltem Gemüse; **nicht jedoch** Kartoffeln in Scheiben oder Streifen, in Fett oder Öl vorgebacken und gefroren sowie tiefgekühlte Pommes frites (aus Position 2004), die aber unter Nr. 32 der Anlage 2 fallen (vgl. Tz. 112, 113)

11. zu Buchstabe k):

Gemüse, die zur Erhaltung während des Transports und der Lagerung bis zur endgültigen Verwendung in Salzlake oder in Wasser mit Zusatz von Schwefeldioxyd oder anderer geeigneter Stoffe eingelegt sind (meistens in Tonnen oder Fässern)

Die Erzeugnisse (z. B. Oliven, Kapern, grüne Bohnen) dienen im Allgemeinen als Ausgangsstoffe für die Nahrungsmittelindustrie (Konservenindustrie).

12. zu Buchstabe l):

alle Gemüse der Positionen 0701 bis 0709 (mit Ausnahme der Erzeugnisse, die unter andere Nummern der Anlage 2 fallen), die durch verschiedene Verfahren getrocknet sind, ganz, zerkleinert oder als Pulver, die durch Mahlen hergestellt ist (z. B. Trockenzwiebeln, Kartoffelschnitzel sowie Spargelmehl, Knoblauchmehl, Knoblauchschrot und Majoran, gerebelt oder gemahlen), **nicht jedoch** zusammengesetzte Würzmittel (Position 2103) sowie Zubereitungen zum Herstellen von Suppen auf der Grundlage von getrocknetem Gemüse (Position 2104), die aber unter Nr. 33 der Anlage 2 fallen (vgl. Tz. 115, 116), sowie getrocknete Erzeugnisse für Zwecke der Medizin usw. (Position 1211)

13. zu Buchstabe m):

getrocknete ausgelöste Hülsenfrüchte der Position 0708 ohne Rücksicht auf ihren Verwendungszweck (z. B. zur Ernährung, Viehfütterung oder Aussaat), z. B. Erbsen (einschl. Kichererbsen, Taubenerbsen und Arabische Erbsen), Bohnen (einschl. Puffbohnen, dicke Bohnen, Pferdebohnen, Ackerbohnen) und Linsen, **nicht jedoch** Samen von Wicken und Lupinen (Position 1209), die aber unter Nr. 19 der Anlage 2 fallen können (vgl. Tz. 78)

14. zu Buchstabe n):

die verschiedenen Arten von Topinambur (z. B. Helianthus tuberosus, Helianthus strumosus und Helianthus decapetalus), frisch, gekühlt, gefroren oder getrocknet, auch in Stücken

Topinambur ist eine kartoffelähnliche, süßliche Wurzelstockknolle, die wegen ihres Gehaltes an Inulin hauptsächlich als Vieh- und Mastfutter verwendet wird. **Nicht begünstigt** sind jedoch:

a) Wurzeln und Knollen von Manihot (Tapiokawurzeln), Maniok, Maranta und Salep sowie ähnliche Wurzeln und Knollen mit hohem Gehalt an Stärke oder Inulin, z. B. nicht lebende Wurzeln von Dahlien und andere nicht lebende ähnliche Blumenknollen, Yamswurzeln und Wurzelknollen von Taro (Position 0714),
b) Süßkartoffeln, Bataten und Mark des Sagobaumes – sog. Sagomark (Position 0714),
c) Mehl und Grieß von Topinambur oder der vorstehend unter a) bezeichneten Wurzeln und Knollen (Position 1106),
d) Inulin (Position 1108),
e) Knollen von Amorphophallus-Arten, ganz, gemahlen oder sonst zerkleinert (Kapitel 14).

Anlage 2
H

51   Nach Nr. 10 der Anlage 2 sind **nicht begünstigt**:
1. bestimmte Pflanzen, obwohl sie manchmal als Küchenkräuter verwendet werden, z. B. Basilikum (Ocimum basilicum), Borretsch (Borago officinalis), Ysop (Hyssopus officinalis), Rosmarin (Rosmarinus officinalis), Raute (Ruta graveolens) und Eisenkraut (Verbena-Arten), Salbei, Minzen aller Art (Position 1211) sowie Thymian und Lorbeerblätter (Position 0913), die aber unter Nr. 12 der Anlage 2 fallen (vgl. Tz. 57, 59).
2. bestimmte Erzeugnisse pflanzlichen Ursprungs, die der Nahrungsmittelindustrie als Rohstoff dienen, z. B. Getreide (Kapitel 10), das aber unter Nr. 13 der Anlage 2 (vgl. Tz. 61-63) fällt, Zuckerrüben (aus Position 1212), die aber unter Nr. 22 der Anlage 2 fallen (vgl. Tz. 86) und Zuckerrohr (Position 1212)
3. genießbare Tange und Algen (Position 1212)
4. Steckrüben, Futterrüben und andere Wurzeln zu Futterzwecken, Heu, Luzerne, Klee, Esparsette, Lupinen, Wicken und anderes ähnliches Futter (Position 1214), die aber unter Nr. 23 der Anlage 2 fallen (vgl. Tz. 89)
5. Möhrenkraut und Rübenblätter (Position 2308), die aber unter Nr. 37 der Anlage 2 fallen (vgl. Tz. 126)

Genießbare Früchte und Nüsse (Positionen 0801 bis 0813) (Nr. 11 der Anlage 2)

52   **Begünstigt** sind alle Erzeugnisse der Positionen 0801 bis 0813 in der dort vorgesehenen Beschaffenheit. Sie können ganz, in Scheiben oder Stücke geschnitten, entsteint, zerquetscht, geraspelt, enthäutet oder von den Schalen befreit sein. Gekühlte Früchte werden wie frische Früchte behandelt. Außer frischen (bzw. gekühlten) sind auch gefrorene (auch vorher in Wasser oder Dampf gekocht oder mit Zusatz von Süßmitteln versehen) oder getrocknete (auch entwässert, evaporiert oder gefriergetrocknet) oder mit dem Zusatz geringer Mengen Zucker versehene Erzeugnisse begünstigt. Diese Erzeugnisse können auch vorläufig haltbar gemacht sein (z. B. durch gasförmiges Schwefeldioxid oder Wasser, dem Salz, Schwefeldioxid oder andere vorläufig konservierend wirkende Stoffe zugesetzt sind), soweit sie in diesem Zustand zum unmittelbaren Genuss nicht geeignet sind.

53   Als genießbar (zur menschlichen Ernährung geeignet) gelten Früchte auch dann, wenn sie erst nach Zubereitung oder weiterer Bearbeitung zur menschlichen Ernährung verwendet werden können oder wenn sie nur teilweise oder beschränkt genießbar sind (z. B. teilweise verdorbene Beeren oder ranzige Nüsse). In vollem Umfang verdorbene Erzeugnisse, die im Allgemeinen nur als Düngemittel verwendbar sind (Position 3101), können unter Nr. 45 der Anlage 2 fallen (vgl. Tz. 142, 143).

54   Früchte und Nüsse der Positionen 0801 bis 0813 können auch in luftdicht verschlossenen Behältnissen geliefert werden (z. B. getrocknete Pflaumen oder getrocknete Nüsse in Dosen). In den meisten Fällen sind derart verpackte Erzeugnisse jedoch anders zubereitet oder haltbar gemacht und gehören dann zu Kapitel 20. Zubereitungen von Früchten oder Nüssen (aus Positionen 2001 bis 2008) fallen unter Nr. 32 der Anlage 2 (vgl. Tz. 112, 113). Das Homogenisieren allein reicht jedoch nicht aus, um ein Erzeugnis dieses Kapitels als Zubereitung in das Kapitel 20 einzureihen. Zu den begünstigten Erzeugnissen gehören auch für die Destillation bestimmte Fruchtmaischen, die sich in natürlicher Gärung befinden.

55   Im Einzelnen sind nach Nr. 11 der Anlage 2 **begünstigt**:
1. Kokosnüsse, Paranüsse und Kaschu-Nüsse, frisch oder getrocknet, auch ohne Schalen oder enthäutet (Position 0801)

    Hierzu gehört auch geraspeltes und getrocknetes Fruchtfleisch der Kokosnuss, **nicht jedoch** ungenießbares Kopra, welches zwar aus getrocknetem, zerkleinertem Kokosfleisch besteht, jedoch für die Ölgewinnung bestimmt ist (Position 1203) und deshalb nach Nr. 18 der Anlage 2 begünstigt ist (vgl. Tz. 75, 76).

2. andere Schalenfrüchte, frisch oder getrocknet, auch ohne Schalen oder enthäutet (Position 0802)

    Hierzu gehören insbesondere Mandeln (süß oder bitter), Haselnüsse, Walnüsse, Esskastanien (Castanea-Arten), Pistazien, Pekan-(Hickory-)Nüsse und Pinien-Nüsse (Samen von Pinus pinea) sowie Areka-(Betel-)Nüsse, hauptsächlich als Kaumittel verwendet, und Kolanüsse, die als Kaumittel und als Grundstoff zum Herstellen bestimmter Getränke verwendet werden, **nicht jedoch**

    a) die essbare Knolle der Arten Eleocharis dulcis oder Eleocharis tuberosa (chinesische Wasserkastanie) (Position 0714),

    b) grüne Walnussschalen und leere Mandelschalen (Position 1404),

Anlage 2
H

    c) Erdnüsse (Position 1202), geröstete Erdnüsse und Erdnussmark (Position 2008), die aber unter die Nr. 18 bzw. 32 der Anlage 2 fallen (vgl. Tz. 76, 112, 113),

    d) Rosskastanien (Aesculus hippocastanum) (Position 2308), die aber unter Nr. 37 der Anlage 2 fallen (vgl. Tz. 126).

3. Bananen, einschließlich Mehlbananen, frisch oder getrocknet (Position 0803)

   Hierzu gehören alle genießbaren Früchte der Arten der Gattung Musa.

4. Datteln, Feigen, Ananas, Avocadofrüchte, Guaven, Mangofrüchte und Mangostanfrüchte, frisch oder getrocknet (Position 0804)

   Feigen im Sinne dieser Position sind nur die Früchte des Feigenbaums (Ficus carica), auch zur Destillation bestimmt.

5. Zitrusfrüchte, frisch oder getrocknet (Position 0805)

   Hierzu gehören insbesondere Orangen (süß oder bitter), Mandarinen (einschließlich Tangerinen und Satsumas), Clementinen, Wilkings und ähnliche Kreuzungen von Zitrusfrüchten (z. B. Tangelo, Ortanique, Malaquina und Tangor), Zitronen (Citrus limon, Citrus limonum), Limonen (Citrus aurantifolia) und Limetten, Pampelmusen und Grapefruits, Zedratfrüchte, Kumquats, Chinotten und Bergamotten, **nicht jedoch** Schalen von Zitrusfrüchten (Position 0814) sowie die ungenießbaren Orangetten (Position 1211).

6. Weintrauben, frisch oder getrocknet (Position 0806)

   Hierzu gehören nicht nur Tafeltrauben, sondern auch Keltertrauben, auch in Fässern grob geschnitzelt, zerquetscht oder zerstampft (sog. Traubenmaische), ferner getrocknete Weintrauben, z. B. Rosinen, Korinthen, Sultaninen, Sultanas, Muscats und Malagas, **nicht jedoch** Traubensaft und Traubenmost, nicht gegoren, ohne Zusatz von Alkohol (Position 2009) sowie Traubenmost aus Position 2204 (teilweise gegoren – auch stumm gemacht – oder nicht gegoren mit Zusatz von Alkohol – Gehalt mehr als 5 % –).

7. Melonen (einschließlich Wassermelonen) und Papaya-Früchte, frisch (Position 0807)

   Hierzu gehören Wassermelonen und Melonen, frisch, der Arten Citrullus vulgaris und Cucumis melo, z. B. Netzmelonen und Kanatulpen, sowie Papaya-Früchte (die melonenförmigen Früchte der Art Carica papaya).

8. Äpfel, Birnen und Quitten, frisch (Position 0808)

   Zu dieser Position gehören Äpfel und Birnen ohne Rücksicht darauf, ob sie als Tafelobst, zum Herstellen von Getränken (z. B. Apfelwein oder Birnenwein) oder industriell (z. B. zum Herstellen von Apfelpasten, Mus, Gelee oder zur Gewinnung von Pektin) verwendet werden. Quitten dienen hauptsächlich zum Herstellen von Marmelade oder Gelee.

9. Aprikosen, Marillen, Kirschen, Pfirsiche (einschließlich Brugnolen und Nektarinen), Pflaumen und Schlehen, frisch (Position 0809)

   Hierzu gehören auch Herzkirschen, Morellen, Weichseln, wilde Kirschen (z. B. die Gemeine Kirsche), Sauerkirschen, Knorpelkirschen, Vogelkirschen sowie Reineclauden und Zwetschgen.

10. andere Früchte, frisch (Position 0810)

    Zu dieser Position zählen alle genießbaren Früchte, die weder vorstehend genannt noch in anderen Kapiteln erfasst sind. Hierzu gehören insbesondere Erdbeeren, Himbeeren, Brombeeren, Maulbeeren, Loganbeeren, schwarze, weiße oder rote Johannisbeeren, Stachelbeeren, Preiselbeeren, Heidelbeeren, Boysenbeeren, Vogelbeeren, Holunderbeeren, Sapodillen, Granatäpfel, Kaktusfeigen, Hagebutten, Kakifrüchte, Juguben (Brustbeeren), Japanische Mispeln (Wollmispeln), Longane, Jackfrüchte, Litschis, Passionsfrüchte, Granadillas (z. B. Maracuja), Kiwis, saure und süße Amonen, Früchte der Art Asimina triloba, Papayas, Früchte des Erdbeerbaumes, Berberitzen, Früchte des Sand- oder Sauerdorns, Früchte von Sorbus-Arten wie Speierling und Mehlbeeren, Annona-Früchte (z. B. Rahm- oder Zimtapfel) und Früchte von Flacourtiaceen (z. B. Orangenkirsche), **nicht jedoch** Wacholderbeeren (Position 0909), die aber unter Nr. 12 der Anlage 2 fallen (vgl. Tz. 59), sowie Beeren, die kurzzeitig eingefroren worden sind und wieder aufgetaut wurden. Sie fallen jedoch entweder unter Position 0811 oder Position 2008 (Nr. 32 der Anlage 2) (vgl. Tz. 112, 113) und sind somit stets begünstigt.

11. Früchte und Nüsse, auch in Wasser oder Dampf gekocht, gefroren, auch mit Zusatz von Zucker oder anderen Süßmitteln (Position 0811)

    Hierzu gehören alle genießbaren Früchte, die bei Temperaturen unter 0 Celsius – auch mit Zusatz von Salz – bis in ihre inneren Teile fest gefroren sind, und zwar auch dann, wenn sie vor dem Gefrieren gekocht worden sind. Hierzu gehören **nicht** Orangenpressrückstände, die bei der Fruchtsaftherstellung anfallen. Sie gehören zu Position 2308 und fallen unter Nr. 37 der Anlage 2 (vgl. Tz. 125, 126). Gefrorene Früchte und Nüsse, die vor dem Gefrieren

Anlage 2
H

durch andere Verfahren hitzebehandelt wurden, gehören zu Kapitel 20 und können deshalb unter Nr. 32 der Anlage 2 fallen (vgl. Tz. 112, 113).

12. Früchte und Nüsse, vorläufig haltbar gemacht (z. B. durch Schwefeldioxid oder in Wasser, dem Salz, Schwefeldioxid oder andere vorläufig konservierend wirkende Stoffe zugesetzt sind), zum unmittelbaren Genuss nicht geeignet (Position 0812)

Hierzu gehören Früchte und Nüsse, auch gedämpft oder blanchiert, die vor ihrer endgültigen Verwendung ausschließlich zum vorübergehenden Haltbarmachen während des Transports oder der Lagerung behandelt worden sind, soweit sie in diesem Zustand zum unmittelbaren Genuss nicht geeignet sind. Diese Erzeugnisse dienen hauptsächlich als Rohstoffe für die Lebensmittelindustrie (Herstellen von Konfitüren, kandierten Früchten usw.). In dieser Beschaffenheit werden vor allem Kirschen, Erdbeeren, Orangen, Zedratfrüchte, Aprikosen, Marillen und Reineclauden geliefert, die gewöhnlich in Fässern oder Steigen verpackt sind.

13. Früchte (ausgenommen solche der Positionen 0801 bis 0806), getrocknet, Mischungen von getrockneten Früchten oder von Schalenfrüchten des Kapitels 8 (Position 0813)

Hierzu gehören (entweder direkt an der Sonne oder durch industrielle Verfahren) getrocknete Früchte, die in frischem Zustand in die Positionen 0807 bis 0810 einzureihen sind, insbesondere Aprikosen/Marillen, Pflaumen, Äpfel, Pfirsiche und Birnen (in der Regel in Hälften geteilt oder in Scheiben geschnitten und entsteint oder entkernt oder [vor allem Aprikosen und Pflaumen] als platten- oder scheibenförmige Masse). Zu dieser Position gehören auch

a) Tamarindenhülsen, ebenso deren Fruchtfleisch, auch von Samen, Fasern und Bruchstücken des Endokarps befreit, ohne Zusatz von Zucker oder anderen Stoffen, nicht weiter bearbeitet,

b) Mischungen von getrockneten Früchten (ohne Schalenfrüchte), Mischungen von frischen oder getrockneten Schalenfrüchten und Mischungen von frischen oder getrockneten Schalenfrüchten mit getrockneten Früchten,

c) Früchtetees aus getrockneten Früchten (z. B. Hagebuttentee).

Erzeugnisse, die aus einer Mischung von getrockneten Früchten der Position 0 813 mit Pflanzen oder Pflanzenteilen anderer Kapitel oder mit anderen Stoffen bestehen (z. B. Früchtetee mit Zusätzen von Malven- und Hibiscus-Blüten), fallen in der Regel unter Kapitel 21 und damit unter die Nr. 33 der Anlage 2 (vgl. Tz. 115, 116).

56 Nach Nr. 11 der Anlage 2 sind **nicht begünstigt**:

1. Schalen von Zitrusfrüchten (vgl. auch Tz. 55 Nr. 5) oder von Melonen (einschließlich Wassermelonen), frisch, gefroren, getrocknet oder zum vorläufigen Haltbarmachen in Salzlake oder in Wasser mit einem Zusatz von anderen Stoffen eingelegt (Position 0814)
2. genießbare Früchte und Nüsse, die durch andere als vorstehend genannte Verfahren zubereitet oder haltbar gemacht sind (Kapitel 20), die aber unter Nr. 32 der Anlage 2 fallen können (vgl. Tz. 112, 113)
3. Mehl, Grieß und Pulver von Früchten (Position 1106), die aber unter Nr. 16 der Anlage 2 fallen können (vgl. Tz. 70, 71)
4. genießbare geröstete Früchte und Nüsse (insbesondere Esskastanien, Mandeln und Feigen), auch gemahlen, die im Allgemeinen als Kaffeemittel verwendet werden (Position 2101), die aber unter Nr. 33 der Anlage 2 fallen (vgl. Tz. 115, 116)
5. bestimmte Erzeugnisse pflanzlichen Ursprungs, die in anderen Kapiteln erfasst sind, obwohl einige davon – botanisch gesehen – Früchte sind, wie:
    a) Oliven, Tomaten, Gurken, Cornichons, Kürbisse, Auberginen sowie Früchte der Gattungen Capsicum und Pimenta (Kapitel 7), die aber unter Nr. 10 der Anlage 2 fallen können (vgl. Tz. 48-50),
    b) Kaffee, Vanille, Wacholderbeeren (vgl. auch Tz. 55 Nr. 10) und andere Erzeugnisse des Kapitels 9, die aber unter Nr. 12 der Anlage 2 fallen (vgl. Tz. 57, 59),
    c) Erdnüsse und andere Ölsaaten (Kapitel 12), die aber unter Nr. 18 der Anlage 2 fallen (vgl. Tz. 75, 76),
    d) Früchte, die hauptsächlich zur Herstellung von Riechmitteln, zu Zwecken der Medizin, Insektenvertilgung, Schädlingsbekämpfung und dergleichen verwendet werden (Position 1211),
    e) Johannisbrot, Aprikosenkerne und ähnliche Fruchtkerne (Kapitel 12), die aber je nach Beschaffenheit unter andere Nummern der Anlage 2 fallen können, z. B. unter Nr. 22 der Anlage 2 (vgl. Tz. 85, 86),
    f) Kakaobohnen (Position 1801)
6. Früchte der hauptsächlich zum Färben oder Gerben verwendeten Art, z. B. Gelbbeeren (Position 1404)

Anlage 2
H

Kaffee, Tee, Mate und Gewürze (Kapitel 9)
(Nr. 12 der Anlage 2)

Begünstigt sind alle Erzeugnisse des Kapitels 9 Zolltarif. Hierzu gehören Kaffee, Tee, Mate und Erzeugnisse, die reich an ätherischen Ölen und aromatischen Stoffen sind und wegen ihres charakteristischen Geschmacks hauptsächlich zum Würzen verwendet und als Gewürze bezeichnet werden. Die Erzeugnisse können ganz, gemahlen oder sonst zerkleinert sein.

Gemische von Gewürzen einer Position bleiben in dieser Position. Gemische von Gewürzen der Positionen 0904 bis 0910 gehören zu Position 0910 und sind somit begünstigt. Ebenso sind Mischungen von Pflanzen aus verschiedenen Kapiteln hiernach begünstigt, soweit sie unmittelbar zum Aromatisieren von Getränken oder zum Herstellen von Auszügen für die Getränkeherstellung verwendet werden, sofern die darin enthaltenen Erzeugnisse aus den Positionen 0904 bis 0910 charakterbestimmend sind. Sonstige Gewürzmischungen, die nicht zu Kapitel 9 Zolltarif gehören, können als zusammengesetzte Würzmittel zu Position 2103 oder als Lebensmittelzubereitung zu Position 2106 gehören und fallen deshalb unter Nr. 33 der Anlage 2 (vgl. Tz. 115, 116).

Im Einzelnen sind nach Nr. 12 der Anlage 2 **begünstigt**:

1. Kaffee, auch geröstet oder entkoffeiniert; Kaffeeschalen und -häutchen; Kaffeemittel mit beliebigem Gehalt von Kaffee (Position 0901)

    Hierzu gehören u. a.

    a) Rohkaffee in allen seinen Formen (einschließlich der beim Verlesen, Sieben usw. abgesonderten Bohnen und Bruchstücke), auch entkoffeiniert,

    b) Kaffee (auch entkoffeiniert), geröstet, auch glasiert, gemahlen oder gepresst,

    c) Kaffeemittel, bestehend aus einem Gemisch von Kaffee in beliebigem Verhältnis mit anderen Stoffen,

    nicht jedoch

    d) Kaffeewachs (Position 1521),

    e) Auszüge, Essenzen und Konzentrate aus Kaffee, auch als Instantkaffee bezeichnet und Zubereitungen auf der Grundlage solcher Auszüge, Essenzen oder Konzentrate (Position 2101). Diese Erzeugnisse fallen aber unter Nr. 33 der Anlage 2 (vgl. Tz. 115, 116). Die Abgabe von Kaffeegetränken aus Automaten unterliegt dem allgemeinen Steuersatz. Das gilt auch dann, wenn sich der Automatenbenutzer das Getränk aus Kaffeepulver mit heißem Wasser selbst herzustellen hat. Gegenstand der Lieferung ist auch in einem solchen Fall bei wirtschaftlicher Betrachtung das nicht begünstigte fertige Kaffeegetränk (Position 2202),

    f) geröstete Kaffeemittel, die keinen Kaffee enthalten (Position 2101); diese fallen aber unter Nr. 33 der Anlage 2 (vgl. Tz. 115, 116),

    g) Koffein, ein Alkaloid aus Kaffee (Position 2939).

2. Tee, auch aromatisiert (Position 0902)

    Hierzu gehören die verschiedenen Arten von Tee, der von dem Strauch der Gattung Thea stammt, insbesondere Blätter und Knospen sowie Abfälle, gerollt, gedämpft, getrocknet, geröstet, (teilweise) fermentiert (z. B. Oolong Tee), ebenso gemahlen, zu Kugeln oder Tabletten agglomeriert sowie Tee, dem Thein (Koffein) entzogen ist,

    nicht jedoch

    a) Erzeugnisse zum Herstellen von Aufgüssen oder „Kräutertees"

    Diese Erzeugnisse gehören z. B. zu Positionen 0813, 1211 oder 2106 und sind damit nach Nr. 11, ggf. 21 oder nach Nr. 33 der Anlage 2 begünstigt (vgl. Tz. 55, 82, 83, 115, 116). Tee von Dost, Minzen, Salbei und Kamillenblüten sowie anderer Haustee – z. B. Pfefferminz- oder Malventee – gehören zu Position 1211 und sind damit nach Nr. 21 der Anlage 2 begünstigt (vgl. Tz. 82, 83),

    b) Ginseng-„Tee" (eine Mischung von Ginseng-Extrakt mit Lactose oder Glucose) fällt unter Position 2106 und damit unter Nr. 33 der Anlage 2 (vgl. Tz. 115, 116),

    c) Medizinaltee (Positionen 3003 oder 3004),

    d) trinkfertiger Teeaufguss, Teegetränk sowie Teegetränke aus Automaten (vgl. Nr. 1 dieses Absatzes).

3. Mate (Position 0903)

    Mate besteht aus den getrockneten Blättern einer in Südamerika wachsenden Stechpalmenart. Er wird manchmal als Paraguay-Tee oder Jesuiten-Tee bezeichnet. Er dient zur Bereitung eines Aufgusses, der etwas Koffein enthält.

Anlage 2
H

4. a) Pfeffer der Gattung Piper (Position 0904)

   Hierzu gehören die Früchte, Staub und Fegsel (Kehricht) aller Pfefferpflanzen der Gattung Piper, hauptsächlich schwarzer und weißer Pfeffer der Art Piper nigrum sowie Langer Pfeffer (Piper longum), **nicht jedoch** der Cubebenpfeffer der Position 1211.

   b) Früchte der Gattungen Capsicum und Pimenta, getrocknet oder gemahlen oder sonst zerkleinert (Position 0904)

   Hierzu gehören getrocknete, gemahlene oder sonst zerkleinerte Früchte der Gattungen Capsicum und Pimenta einschließlich der unzutreffend als Pfeffer bezeichneten Erzeugnisse wie Indischer, Türkischer und Spanischer Pfeffer oder Cayenne- und Jamaika-Pfeffer.

   Zur Gattung Capsicum gehören die Chilis und Paprikas wie Sierra Leone- und Sansibar-Pfeffer sowie spanischer und ungarischer Paprika, zur Gattung Pimenta gehören auch Nelkenpfeffer, Englisch- oder Allerleigewürz. Die Früchte der Gattungen Capsicum und Pimenta kennzeichnen sich in der Regel durch einen sehr starken, nachhaltig brennend scharfen Geschmack, jedoch verbleiben auch Capsicum-Arten ohne brennenden Geschmack (z. B. Gewürzpaprika) in dieser Position. **Nicht** zu dieser Position gehören frische Früchte der Gattungen Capsicum und Pimenta (Position 0709) weder gemahlen noch ähnlich fein zerkleinert, die aber unter Nr. 11 der Anlage 2 fallen (vgl. Tz. 55).

5. Vanille (Position 0905)

   Vanille ist die sehr aromatische und schwärzliche Frucht (Schote) einer zur Familie der Orchideengewächse gehörenden Kletterpflanze. Neben der langen und der kurzen Vanille gibt es noch eine sehr geringwertige Art (Vanilla pampona), die als Vanillon bezeichnet wird und weich, fast klebrig und immer offen ist.

   Nicht zu dieser Position gehören:

   a) Vanille-Oleoresin (manchmal unzutreffend als „Vanille-Resinoid" oder als „Vanille-Extrakt" bezeichnet [Position 1302]),

   b) Vanillezucker (Position 1701 oder 1702); dieser fällt jedoch unter Nr. 29 der Anlage 2 (vgl. Tz. 102, 103),

   c) Vanillin (der Aromagrundstoff der Vanille) (Position 2912).

6. Zimt und Zimtblüten (Position 0906)

   Zimt ist die innere Rinde junger Schösslinge bestimmter Zimtbaum-Arten (Lauraceen), z. B. Ceylon-Zimt und Chinesischer Zimt. Dazu gehören auch sog. Chips, d. h. kleinere Teilchen der Zimtrinde, die beim Schälen dieser Rinde anfallen und besonders zum Herstellen von Zimtessenz verwendet werden. Zimtblüten sind die gesiebten und getrockneten Blüten des Zimtbaumes. Zu dieser Position gehören auch die Früchte des Zimtbaumes.

7. Gewürznelken, Mutternelken und Nelkenstiele (Position 0907)

   Zu dieser Position gehören – auch gemahlen oder sonst zerkleinert:

   a) die Früchte des Gewürznelkenbaumes (Mutternelken),

   b) die Blütenknospen des Gewürznelkenbaumes (Gewürznelken),

   c) die Blütenstiele des Gewürznelkenbaumes (Nelkenstiele),

   nicht jedoch die Rinde und die Blätter des Gewürznelkenbaumes (Position 1211).

8. Muskatnüsse, Muskatblüte, Amonen und Kardamomen (Position 0908)

   Muskatnüsse sind die Samen des Muskatnussbaumes. Sie können mit oder ohne Schale gemahlen oder sonst zerkleinert sein. Die Muskatblüte ist der Samenmantel der Muskatnuss. Hierzu gehört auch Muskatblütenbruch, der beim Ablösen des Samenmantels von der Muskatnuss oder beim Sortieren der Muskatblüte nach dem Trocknen anfällt. Zu den Amonen und Kardamomen gehören die Traubenkardamomen, kleine, mittlere und große Kardamomen sowie Meleguetapfeffer und Paradieskörner (von brennend-scharfem, pfefferartigem Geschmack).

9. Anis-, Sternanis-, Fenchel-, Koriander-, Kreuzkümmel- und Kümmelfrüchte; Wacholderbeeren (Position 0909)

   Diese Früchte oder Samen werden als Gewürze für Speisen, zum Herstellen von Getränken und zu medizinischen Zwecken verwendet. Sie bleiben auch dann in dieser Position, wenn sie, wie insbesondere im Falle von Anisfrüchten, zum Herstellen von Aufgüssen (z. B. in kleinen Beuteln) aufgemacht sind. Hierzu gehören **nicht** die Fenchelwurzel und der Schwarzkümmel (Hahnenfußgewächse).

10. Ingwer, Safran, Kurkuma, Thymian, Lorbeerblätter, Curry und andere Gewürze (Position 0910)

Zu dieser Position gehören u. a.:
- a) die Wurzelstöcke vom Ingwer, frisch, getrocknet oder zerkleinert als auch Ingwer, in Salzlake vorläufig haltbar gemacht, zum unmittelbaren Genuss in diesem Zustand jedoch ungeeignet, **nicht jedoch** in Sirup haltbar gemachter Ingwer (Position 2008), der aber unter Nr. 32 der Anlage 2 fällt (vgl. Tz. 113),
- b) Feldthymian und Lorbeerblätter, auch getrocknet,
- c) „Indischer Safran" (Kurkuma),
- d) Currypulver, bestehend aus einer Mischung mit wechselndem Gehalt an Kurkuma, verschiedenen anderen Gewürzen und sonstigen aromatisierenden Stoffen, die, obwohl nicht zu diesem Kapitel gehörend, häufig wie Gewürze verwendet werden,
- e) andere Gewürze wie Samen von Dill und Bockshornklee sowie Früchte von Xylopia aethiopica („Kani"),
- f) Mischungen von Erzeugnissen der Positionen 0904 bis 0910, wenn die Bestandteile der Mischungen zu verschiedenen Positionen gehören; der Zusatz anderer Stoffe von untergeordneter Bedeutung bleibt ohne Einfluss auf die Einreihung. Trotz ihrer allgemeinen Verwendung als Gewürze gehören folgende Erzeugnisse **nicht** hierher:
    - aa) Senfsaat (Position 1207) sowie Senfmehl, auch zubereitet (Position 2103); sie können aber unter Nr. 18 oder 33 der Anlage 2 fallen (vgl. Tz. 75, 76, 115, 116),
    - bb) Wurzelstöcke aller Galgant-Arten (Position 1211),
    - cc) Saflor oder Färberdistel (Position 1404) (stärkere Färbung als echter Safran).

Nach Nr. 12 der Anlage 2 sind **nicht begünstigt**:
1. Küchenkräuter des Kapitels 7, wie Petersilie, Kerbel, Estragon, Kresse, Majoran, Koriander und Dill, die aber unter Nr. 10 der Anlage 2 fallen können (vgl. Tz. 48-50)
2. Hopfen (Blütenzapfen) (Position 1210)
3. Bestimmte Früchte, Samen und Pflanzenteile, z. B. Cassiahülsen, Rosmarin, Dost, Basilikum, Borretsch, Ysop, Minzen aller Art, Raute und Salbei, die trotz ihrer Verwendbarkeit als Gewürz vorwiegend zur Riechmittelherstellung oder zu Zwecken der Medizin verwendet werden und deshalb zur Position 1211 gehören; Rosmarin, Beifuß und Basilikum sowie Dost, Minzen, Salbei, Kamilleblüten aus Position 1211 fallen jedoch unter Nr. 21 der Anlage 2 (vgl. Tz. 83)

Getreide (Kapitel 10)
(Nr. 13 der Anlage 2)

Begünstigt sind alle Erzeugnisse des Kapitels 10 Zolltarif. Zu diesem Kapitel gehören nur Getreidekörner, auch in Ähren, Rispen, Garben oder Kolben – auch ausgedroschen oder geschwungen. Körner von unreif geschnittenem Getreide, die mit ihrer Schale vorliegen, werden wie gewöhnliche Getreidekörner behandelt. Frisches Getreide (ausgenommen Zuckermais des Kapitels 7), das wie Gemüse verwendbar ist, gehört ebenfalls zu Kapitel 10.

Reis bleibt auch dann in Position 1006 (siehe Tz. 63 Nr. 6), wenn er geschält, geschliffen, poliert oder glasiert ist oder wenn es sich um parboiled Reis handelt, sofern diese Erzeugnisse nicht anderweitig bearbeitet worden sind. Andere Getreidekörner **jedoch** sind von diesem Kapitel ausgenommen, wenn sie geschält (entspelzt) oder anders bearbeitet (z. B. geschliffen, gemahlen, geschrotet oder zerquetscht) worden sind. Sie gehören dann zur Position 1104 und damit zur Nr. 14 der Anlage 2 (vgl. Tz. 65, 66). Getreide des Kapitels 10 kann einer thermischen Behandlung unterzogen worden sein, die lediglich zu einer Vorverkleisterung der Stärke und manchmal zum Aufplatzen der Getreidekörner führt.

Liefert ein landwirtschaftlicher Lohnunternehmer einem Landwirt Saatgut und sät er es auch in den Boden ein, darf er die (dem ermäßigten Steuersatz unterliegende) Lieferung des Saatgutes und die (dem Regelsteuersatz unterliegende) Einsaat getrennt abrechnen, wenn die Saatgutlieferung bereits vom Preis her so gewichtig ist, dass sie nicht in einer einheitlichen Dienstleistung aufgeht, und umgekehrt auch die Einsaat für den Landwirt eine derartige Bedeutung hat, dass sie keine bloße Nebenleistung zur Saatgutlieferung ist. Wenn der landwirtschaftliche Lohnunternehmer gleichzeitig mit dem gelieferten Saatgut auch noch ein von ihm gestelltes Pflanzenschutzmittel einsät, hindert dies die selbständige Beurteilung der Saatgutlieferung nicht (vgl. Tz. 35).

Anlage 2
H

63 Im Einzelnen sind nach Nr. 13 der Anlage 2 **begünstigt**:

1. Weizen und Mengkorn (Position 1001)

   Hierzu gehören Weichweizen, Hartweizen und auch Spelz, eine Weizenart mit kleinen braunen Körnern, dessen Spelzen sich beim Dreschen nicht vollständig vom Korn lösen. Mengkorn ist ein Gemisch von Weizen und Roggen.

2. Roggen (Position 1002)

   Hierzu gehört **nicht** Mutterkorn (Position 1211).

3. Gerste (Position 1003)

   Hierzu gehört bespelzte und nackte Gerste (von Natur aus ohne anhaftende Spelzen), sofern sie über das Dreschen hinaus nicht weiter bearbeitet ist, **nicht jedoch** gekeimte Gerste (Malz) und geröstetes Malz (Position 1107), geröstete Gerste (Kaffeemittel) (Position 2101), die aber nach Nr. 33 der Anlage 2 begünstigt ist (vgl. Tz. 115, 116), Malzkeimlinge, die beim Keimen von Gerste entstehen und beim Entkeimen anfallen, und andere Abfälle aus Brauereien (Position 2303), die aber nach Nr. 37 der Anlage 2 begünstigt sind (vgl. Tz. 125, 126), sowie Gerste, die durch Schälen von Spelzen, bisweilen auch teilweise von der Silberhaut (Perikarp), befreit ist (Position 1104), die aber nach Nr. 14 der Anlage 2 begünstigt ist (vgl. Tz. 65, 66).

4. Hafer (Position 1004)

   Hierzu gehört grauer/schwarzer und weißer/gelber Hafer, bespelzt oder nackt (vorausgesetzt, dass diese Körner außer Dreschen keine weitere Bearbeitung erfahren haben). Hierzu gehört auch Hafer, dessen Spelzen im Verlauf der üblichen Behandlung (Dreschen, Transport, Umladung) abgebrochen sind.

5. Mais (Position 1005)

   Hierzu gehören Körner aller Maisarten (auch Ziermais) und Maiskolben, auch Körner von unreif geschnittenem Mais, **nicht jedoch** Zuckermais aus Kapitel 7.

6. Reis (Position 1006)

   Hierzu gehören:

   a) Reis in der Strohhülse (Paddy-Reis oder Rohreis), d. h. Reis, dessen Körner noch von ihrer Strohhülse umgeben sind,

   b) geschälter Reis (Cargoreis oder Braunreis), d. h. Reis, der von der Strohhülse durch Enthülsungsmaschinen befreit, aber noch von der Silberhaut (Perikarp) umgeben ist,

   c) halb oder vollständig geschliffener Reis, d. h. ganze Reiskörner, deren Silberhaut durch einen Schälgang (teilweise) entfernt worden ist. Der vollständig geschliffene Reis kann zur Verbesserung des Aussehens poliert und anschließend glasiert sein. Hierzu gehört auch Camolino-Reis, d. h. geschliffener, mit einem dünnen Ölfilm überzogener Reis,

   d) mikronisierter Reis,

   e) Bruchreis, d. h. Reis, der während der Verarbeitung zerbrochen ist.

   Zu dieser Position gehören auch angereicherter Reis (ein Gemisch aus normal geschliffenen Reiskörnern mit einem sehr geringen Anteil [etwa 1 %] an Reiskörnern, die mit vitaminhaltigen Stoffen überzogen oder imprägniert sind) und parboiled Reis (d. h. Reis, der – noch in der Strohhülse und bevor er anderen Behandlungen [z. B. Schälen, Schleifen, Polieren] unterworfen wird – in heißem Wasser eingeweicht oder mit Dampf behandelt und sodann getrocknet worden ist), **nicht jedoch** Reis, der einem Verfahren unterworfen worden ist, das die Struktur des Korns beträchtlich verändert. Vorgekochter Reis (zunächst gegart, dann getrocknet) sowie Puffreis gehören zu Position 1904 und sind nach Nr. 31 der Anlage 2 begünstigt (vgl. Tz. 109, 110).

7. Körner-Sorghum (Position 1007)

   Hierzu gehören nur solche Sorghum-Arten, die als Körner-Sorghum bekannt sind und deren Körner als Getreide zur menschlichen Ernährung verwendet werden können, **nicht jedoch** Futter-Sorghum (zum Gewinnen von Heu oder für die Silage) oder Zucker-Sorghum (hauptsächlich verwendet zum Gewinnen von Sirup oder Melassen). Als Saatgut gehören diese Erzeugnisse zu Position 1209 und fallen damit unter Nr. 19 der Anlage 2 (vgl. Tz. 78). Anderenfalls fallen Futter-Sorghum und Gras-Sorghum (ein Weidegras) in die Position 1214 und damit unter Nr. 23 der Anlage 2 (vgl. Tz. 88, 89). Zucker-Sorghum ist in die Position 1212 einzureihen und damit nach Nr. 22 der Anlage 2 begünstigt (vgl. Tz. 85, 86). Besensorgho (Position 1403) ist **nicht begünstigt**.

8. Buchweizen, Hirse (ausgenommen Körner-Sorghum) und Kanariensaat; anderes Getreide (Position 1008)

   Hierzu gehört der zu Polygonaceae-Familie zählende Buchweizen sowie die Hirsearten Digitaria sanguinalis, Echinochloa, Eleusine, Eragrostis, Panicum, Pennisetum und Setaria.

Zur Gruppe der anderen Getreide gehören bestimmte Getreide-Hybriden, z. B. Triticale, eine Kreuzung zwischen Weizen und Roggen. Zu dieser Position gehören außerdem die Körner Zizania aquatica („Wildreis"), nicht geschält, tannennadelähnlich, von dunkelbrauner Farbe.

Nach Nr. 13 der Anlage 2 sind **nicht begünstigt**: 64
1. Stroh und Spreu von Getreide (Position 1213), die jedoch unter Nr. 23 der Anlage 2 fallen (vgl. Tz. 88, 89)
2. getrocknete Ähren, Kolben und Rispen von Getreide (z. B. Maiskolben), die zu Zierzwecken gebleicht, gefärbt, imprägniert oder anders bearbeitet worden sind (Position 0604)

Müllereierzeugnisse, und zwar 65
a) **Mehl von Getreide (Positionen 1101 und 1102),**
b) **Grobgrieß, Feingrieß und Pellets von Getreide (Position 1103),**
c) **Getreidekörner, anders bearbeitet; Getreidekeime, ganz, gequetscht, als Flocken oder gemahlen (Position 1104)**
(Nr. 14 der Anlage 2)

Unter Nr. 14 der Anlage 2 fallen alle Erzeugnisse der Positionen 1101 bis 1104. Zubereitungen dieser Erzeugnisse sowie Backwaren (Kapitel 19) fallen unter Nr. 31 der Anlage 2 (vgl. Tz. 109, 110).

Im Einzelnen sind nach Nr. 14 der Anlage 2 **begünstigt**: 66
1. zu Buchstabe a):

    Mehl von Getreide des Kapitels 10 Zolltarif (Position 1101 und 1102), d. h. Erzeugnisse aus der Vermahlung dieser Getreidearten

    Es kann durch Zusatz sehr geringer Mengen mineralischer Phosphate, Antioxidantien, Emulgatoren, Vitamine und künstlicher Backtriebmittel verbessert sein. Weizenmehl kann außerdem durch einen Zusatz von Kleber angereichert sein, der gewöhnlich 10 % nicht übersteigt. Hierher gehört auch Quellmehl.
2. zu Buchstabe b):

    Grobgrieß, Feingrieß (auch durch thermische Behandlung aufgeschlossen) und Pellets von Getreide (Position 1103)
3. zu Buchstabe c):

    Getreidekörner, anders bearbeitet (z. B. geschält, gequetscht, als Flocken, perlförmig geschliffen, geschnitten oder geschrotet), ausgenommen Reis der Position 1006; Getreidekeime, ganz, gequetscht, als Flocken oder gemahlen (Position 1104)

    Der hier ausgenommene Reis (Position 1006) fällt unter Nr. 13 der Anlage 2 (vgl. Tz. 63). Der nicht zu Position 1104 gehörende Bulgur-Weizen in Form bearbeiteter Körner (Position 1904) fällt unter Nr. 31 der Anlage 2 (vgl. Tz. 110).

Nach Nr. 14 der Anlage 2 sind **nicht begünstigt**: 67
1. Malz, auch geröstet (Position 1107)

    Ist dieses Erzeugnis als Kaffeemittel aufgemacht, fällt es je nach Beschaffenheit in die Position 0901 oder 2101 und damit unter Nr. 12 bzw. 33 der Anlage 2 (vgl. Tz. 59, 116).
2. Spreu von Getreide (Position 1213), das aber unter Nr. 23 der Anlage 2 fällt (vgl. Tz. 88, 89)
3. Puffreis, Corn Flakes und dergleichen, durch Aufblähen oder Rösten hergestellt (Position 1904), das aber unter Nr. 31 der Anlage 2 fällt (vgl. Tz. 110)
4. Gemüse, zubereitet oder haltbar gemacht (aus Positionen 2001, 2004 und 2005), das aber unter Nr. 32 der Anlage 2 fällt (vgl. Tz. 112, 113)
5. Rückstände aus der Vermahlung von Getreide (z. B. Kleie), auch pelletiert (Kapitel 23), die aber unter Nr. 37 der Anlage 2 fallen können (vgl. Tz. 125, 126)
6. pharmazeutische Erzeugnisse (Kapitel 30)
7. Erzeugnisse des Kapitels 33 (ätherische Öle und Resinoide; zubereitete Riech-, Körperpflege- oder Schönheitsmittel)
8. andere Erzeugnisse des Kapitels 11

    Hierzu gehören:
    a) Mehl, Grieß usw. von Kartoffeln (Position 1105), das aber unter Nr. 15 der Anlage 2 fällt (vgl. Tz. 68),
    b) Mehl, Grieß und Pulver von getrockneten Hülsenfrüchten, von Sagomark oder von Maniok (Manihot), Maranta und anderen Pfeilwurzarten sowie von Salep, Topinambur, Süßkartoffeln und ähnlichen Wurzeln oder von Erzeugnissen des Kapitels 8 (genießbare

Anlage 2
H

      Früchte und Nüsse, Schalen von Zitrusfrüchten oder von Melonen) (Position 1106). Diese Erzeugnisse können aber unter Nr. 10 bzw. 16 der Anlage 2 fallen (vgl. Tz. 48-50, 70, 71),

   c) Stärke der Position 1108 und Inulin (Position 1108); Stärke fällt aber unter Nr. 17 der Anlage 2 (vgl. Tz. 73),

   d) Kleber von Weizen, auch getrocknet (Position 1109).

68 **Mehl, Grieß, Pulver, Flocken, Granulat und Pellets von Kartoffeln (Position 1105)**
(Nr. 15 der Anlage 2)

Begünstigt sind alle Erzeugnisse der Position 1105. Dazu gehören Trockenkartoffeln in Form von Mehl (Pulver), Grieß oder Flocken, z. B. Kartoffelwalzmehl (vermahlene Kartoffelflocken), Kartoffelgrieß (Kartoffelpressschrot) und Kartoffelflocken, auch Kartoffelmehl zum Herstellen von Kartoffelklößen oder Kartoffelbrei sowie Granulat oder Pellets (agglomeriert von Mehl, Grieß, Pulver oder Stücken von Kartoffeln). Erzeugnisse dieser Position können mit sehr geringen Mengen von Antioxidantien, Emulgatoren oder Vitaminen versetzt sein.

69 Nach Nr. 15 der Anlage 2 sind **nicht begünstigt**:
1. Kartoffeln, nur getrocknet (Position 0712), die aber unter Nr. 10 der Anlage 2 fallen (vgl. Tz. 48-50)
2. Kartoffelstärke (Position 1108), die aber unter Nr. 17 der Anlage 2 fällt (vgl. Tz. 73)
3. Kartoffelsago (Position 1903), das aber unter Nr. 31 der Anlage 2 fällt (vgl. Tz. 109, 110)
4. Erzeugnisse dieser Position, die derart mit anderen Stoffen versetzt worden sind, dass sie den Charakter von Kartoffelzubereitungen aufweisen. Diese Erzeugnisse können aber unter Nr. 32 der Anlage 2 fallen (vgl. Tz. 112, 113)

70 **Mehl, Grieß und Pulver von getrockneten Hülsenfrüchten sowie Mehl, Grieß und Pulver von genießbaren Früchten (aus Position 1106)**
(Nr. 16 der Anlage 2)

Begünstigt sind nur die ausdrücklich aufgeführten Erzeugnisse aus Position 1106 Zolltarif.

71 Im Einzelnen sind **begünstigt**:
1. Mehl, Grieß und Pulver von getrockneten Hülsenfrüchten der Position 0713, z. B. von Erbsen, Bohnen oder Linsen, aus denen hauptsächlich Suppen und Püree hergestellt werden, **nicht jedoch** Mehl von Sojabohnen, nicht entfettet (Position 1208), das aber unter Nr. 18 der Anlage 2 fällt (vgl. Tz. 75, 76)
2. Mehl, Grieß und Pulver von Früchten oder Fruchtschalen des Kapitels 8 Zolltarif, insbesondere Kastanien, Mandeln, Datteln, Bananen, Kokosnüsse und Tamarinden, **nicht jedoch** Tamarindenpulver (für den Einzelverkauf zu prophylaktischen oder therapeutischen Zwecken aufgemacht) (Position 3004)

72 Nach Nr. 16 der Anlage 2 sind **nicht begünstigt**:
1. Sagomark (Position 0714) sowie Mehl, Grieß und Pulver hieraus (Position 1106)
2. Mehl, Grieß und Pulver von Wurzeln und Knollen der Position 0714 (Maniok, Pfeilwurz, Salep usw.)
3. Mehl von Johannisbrot (Position 1212), das aber unter Nr. 22 der Anlage 2 fällt (vgl. Tz. 85, 86)
4. Feinschnitt von Hagebutten (Position 0813), der selbst bei mehlartiger Beschaffenheit kein Mehl von Früchten ist, aber wie frische Hagebutten unter Nr. 11 der Anlage 2 fällt (vgl. Tz. 55)
5. a) Zubereitungen zum Herstellen von Suppen oder Brühen auf der Grundlage von Mehl aus Hülsenfrüchten (Position 2104), die aber unter Nr. 33 der Anlage 2 fallen (vgl. Tz. 115, 116)
   b) Lebensmittelzubereitungen, die als Tapiokasago bekannt sind (Position 1903), die aber unter Nr. 31 der Anlage 2 fallen (vgl. Tz. 109, 110)

73 **Stärke (aus Position 1108)**
(Nr. 17 der Anlage 2)

Begünstigt ist nur native Stärke (Kohlenhydrat) aus Position 1108, z. B. aus Weizen, Mais, Maniok und Kartoffeln und zwar ohne Rücksicht auf ihre Form, Aufmachung und Verwendung (z. B. Stärkemehl und Stärkepuder).

Nach Nr. 17 der Anlage 2 sind **nicht begünstigt**:
1. Inulin (aus Position 1108)
2. Dextrine und andere modifizierte Stärken der Position 3505, z. B. lösliche und geröstete Stärke
3. Lebensmittelzubereitungen auf der Grundlage von Stärke (Position 1901), die aber unter Nr. 31 der Anlage 2 fallen (vgl. Tz. 109, 110)
4. Tapiokasago und Sago aus anderen Stärken (Position 1903). Diese Erzeugnisse fallen aber unter Nr. 31 der Anlage 2 (vgl. Tz. 109, 110)
5. Stärke als zubereitetes Riech-, Körperpflege- oder Schönheitsmittel (Kapitel 33), z. B. Reispuder
6. Klebstoffe auf der Grundlage von Stärke (Position 3505 oder 3506)
7. zubereitete Schlichtemittel und Appreturen aus Stärke (Position 3809), z. B. Glanzstärke
8. durch Fraktionieren von Stärke erhaltenes isoliertes Amylopektin und isolierte Amylose (Position 3913)
9. verehterte oder veresterte Stärken (Position 3505)

Ölsamen und ölhaltige Früchte sowie Mehl hiervon (Positionen 1201 bis 1208) (Nr. 18 der Anlage 2)

Begünstigt sind alle Erzeugnisse der Positionen 1201 bis 1208. Hierzu gehören Samen und Früchte, aus denen in der Regel durch Pressen oder mit Lösemitteln Fette oder Öle zu Speise- oder technischen Zwecken gewonnen werden, gleichgültig, ob sie tatsächlich zu diesem Zweck, zur Aussaat oder zu einem anderen Zweck bestimmt sind. Sie können ganz, zerkleinert, enthülst oder geschält, auch einer leichten Wärmebehandlung unterzogen sein, vorausgesetzt, dass diese Behandlung den Charakter als natürliches Erzeugnis nicht ändert.

Im Einzelnen sind nach Nr. 18 der Anlage 2 **begünstigt**:
1. Sojabohnen, auch geschrotet oder zur Entbitterung mit Wärme behandelt (Position 1201), **nicht jedoch** geröstete Sojabohnen, als Kaffeemittel verwendet (Position 2101), die aber unter Nr. 33 der Anlage 2 fallen (vgl. Tz. 115, 116)
2. Erdnüsse, weder geröstet noch auf andere Weise hitzebehandelt, auch geschält oder geschrotet, auch zur Verbesserung ihrer Haltbarkeit mit Wärme behandelt (Position 1202)

    Geröstete oder auf andere Weise hitzebehandelte Erdnüsse gehören zu Kapitel 20 und fallen damit unter Nr. 32 der Anlage 2 (vgl. Tz. 112, 113).
3. Kopra (Position 1203), das für den menschlichen Verzehr ungeeignete, jedoch zum Gewinnen von Kokosöl verwendete getrocknete Fruchtfleisch der Kokosnuss, **nicht jedoch** geschälte, geraspelte und getrocknete genießbare Kokosnüsse (Position 0801), die aber unter Nr. 11 der Anlage 2 fallen (vgl. Tz. 55)
4. Leinsamen (Samen der Flachspflanze), auch geschrotet (Position 1204)
5. Raps- oder Rübsensamen (Samen mehrerer Brassica-Arten), auch geschrotet (Position 1205)
6. Sonnenblumenkerne (Samen der Sonnenblume), auch geschrotet (Position 1206) in der Regel für die Süßwarenherstellung, als Vogelfutter, zum unmittelbaren Verzehr oder auch zur Herstellung von Speiseöl bestimmt
7. andere Ölsamen und ölhaltige Früchte, auch geschrotet (Position 1207)

    Hierzu gehören insbesondere Babassukerne, Bassiasaat, Baumwollsaat, Bucheckern, Candlenüsse, Crotonsaat, Hanfsaat, Holznüsse, Kapoksaat, Mohnsaat, Palmnüsse und ihre Kerne, Rizinussaat, Senfsaat, Sesamsaat, Sheanüsse und Traubenkerne, **nicht jedoch** Kakaobohnen (Position 1801) und geröstete Kerne von Speisekürbissen (Position 2008). Letztere fallen aber unter Nr. 32 der Anlage 2 (vgl. Tz. 113).
8. Mehl von Ölsamen oder ölhaltigen Früchten, ausgenommen Senfmehl (Position 1208)

    Hierzu gehören sowohl, nicht oder teilweise entfettetes Mehl, das durch Mahlen der zu den Positionen 1201 bis 1207 gehörenden Ölsamen oder ölhaltigen Früchten gewonnen wird, als auch Mehle, die entfettet und danach vollständig oder teilweise mit ihren ursprünglichen Ölen aufgefettet worden sind, **nicht jedoch** Erdnussmark (Erdnussmus) (Position 2008), das aber unter Nr. 32 der Anlage 2 fällt (vgl. Tz. 113), Senfmehl, auch entfettet oder zubereitet (Position 2103), das aber unter Nr. 33 der Anlage 2 fällt (vgl. Tz. 116) sowie entfettete Mehle (andere als Senfmehl) (Positionen 2304 bis 2306), die aber unter Nr. 37 der Anlage 2 fallen (vgl. Tz. 125, 126).

Nach Nr. 18 der Anlage 2 sind **nicht begünstigt**:
1. Erzeugnisse der Positionen 0801 und 0802, z. B. Kokosnüsse, Paranüsse, Kaschu-Nüsse und andere Schalenfrüchte, die aber unter Nr. 11 der Anlage 2 fallen (vgl. Tz. 52, 55)

Anlage 2
H

2. Oliven (Kapitel 7 oder 20), die je nach Beschaffenheit aber unter Nr. 10 oder 32 der Anlage 2 fallen können (vgl. Tz. 48-50, 112, 113).
3. bestimmte andere Früchte und Samen, aus denen zwar Öl gewonnen werden kann, die jedoch hauptsächlich anderen Zwecken dienen, z. B. Aprikosen-, Pfirsich- und Pflaumenkerne (Position 1212), die aber unter Nr. 22 der Anlage 2 fallen (vgl. Tz. 85, 86).
4. feste Rückstände aus der Gewinnung pflanzlicher Fette oder Öle von Ölsaaten oder ölhaltigen Früchten (Kapitel 23), die aber unter Nr. 37 der Anlage 2 fallen (vgl. Tz. 125, 126).

78 **Samen, Früchte und Sporen, zur Aussaat (Position 1209)**
(Nr. 19 der Anlage 2)

Begünstigt sind alle Samen, Früchte und Sporen der Position 1209 der zur Aussaat verwendeten Art, auch wenn sie ihre Keimfähigkeit verloren haben, insbesondere Samen von Rüben aller Art, von Gräsern und Futterpflanzen (Luzerne, Esparsette, Klee, Schwingel, Weidegras, Wiesenrispengras usw.), Samen von Zierblumen, Gemüsesamen, Samen von Waldbäumen (einschließlich der gefüllten Zapfen der Nadelbäume), Samen von Obstbäumen, Samen von Wicken (**nicht jedoch** der Art Vicia faba, wie z. B. Puff-, Pferde- und Ackerbohnen [Position 0708], die aber unter Nr. 10 der Anlage 2 fallen [vgl. Tz. 48-50]), von Lupinen, von Tamarinden, von Tabak sowie Samen der in Position 1211 erfassten Pflanzen, soweit diese Samen nicht selbst hauptsächlich zur Riechmittelherstellung, zu Zwecken der Medizin, Insektenvertilgung, Schädlingsbekämpfung und dergleichen verwendet werden.

79 Zur Anwendung des zutreffenden Steuersatzes bei der Lieferung von Saatgut unter gleichzeitiger Einsaat in den Ackerboden sowie zu sonstigen damit verbundenen Leistungen vgl. Tz. 62.

80 Nach Nr. 19 der Anlage 2 sind **nicht begünstigt**:
1. Pilzmycel (Position 0602), das aber unter Nr. 7 der Anlage 2 fällt (vgl. Tz. 38)
2. Hülsenfrüchte und Zuckermais (Kapitel 7), die aber unter Nr. 10 der Anlage 2 fallen (vgl. Tz. 48-50)
3. Früchte des Kapitels 8, die aber unter Nr. 11 der Anlage 2 fallen (vgl. Tz. 52, 55)
4. Gewürze und andere Erzeugnisse des Kapitels 9, die aber unter Nr. 12 der Anlage 2 fallen (vgl. Tz. 57, 59)
5. Getreidekörner (Kapitel 10), die aber unter Nr. 13 der Anlage 2 fallen (vgl. Tz. 61, 63)
6. Ölsamen und ölhaltige Früchte der Positionen 1201 bis 1207, die aber unter Nr. 18 der Anlage 2 fallen (vgl. Tz. 75, 76)
7. Johannisbrotkerne (Position 1212), die aber unter Nr. 22 der Anlage 2 fallen (vgl. Tz. 85, 86)
8. Eicheln und Rosskastanien (Position 2308), die aber unter Nr. 37 der Anlage 2 fallen (vgl. Tz. 125, 126)

81 **Nr. 20 der Anlage 2**
(weggefallen)

82 **Rosmarin, Beifuß und Basilikum in Aufmachungen für den Küchengebrauch sowie Dost, Minzen, Salbei, Kamillenblüten und Haustee (aus Position 1211)**
(Nr. 21 der Anlage 2)

Begünstigt sind nur die ausdrücklich aufgeführten Erzeugnisse aus Position 1211 Zolltarif.

83 Im Einzelnen sind nach Nr. 21 der Anlage 2 **begünstigt**:
1. Rosmarin, Beifuß und Basilikum in Aufmachungen für den Küchengebrauch (d. h. für den Gebrauch als Gewürze bei der Zubereitung von Speisen)

   Eine Aufmachung für den Küchengebrauch ist unabhängig von der tatsächlichen Verwendung immer gegeben, wenn die Erzeugnisse in Packungen mit einem Gewicht bis zu einem Kilogramm abgefüllt sind.
2. Kraut von Dost aller Origanum-Arten außer Origanum majorana aus Position 0709, der aber unter Nr. 10 der Anlage 2 fallen kann (vgl. Tz. 48-50); Blätter und Stängel von Minzen aller Art, Blätter und Blüten von Salbei sowie Blüten von Kamille, auch mit Alkohol getränkt

   Die Erzeugnisse können auch für den Einzelverkauf aufgemacht sein (z. B. Pfefferminztee oder Kamillenblütentee, in Aufgussbeuteln abgepackt). Außerdem können die Erzeugnisse frisch oder getrocknet, ganz, in Stücken, als Pulver oder sonst zerkleinert sein.
3. Haustee

   Hierzu gehören getrocknete Pflanzen, Pflanzenteile, Samen und Früchte (ganz, in Stücken, als Pulver oder sonst zerkleinert), die nach ihrer objektiven Beschaffenheit zur Bereitung einfachen Tees des Hausgebrauchs geeignet sind (sog. Tee-Ersatz), z. B. Malventee (Blätter und Früchte), Lindenblütentee und Holunderblütentee, auch wenn sie im Einzelfall zu anderen

Zwecken (z. B. als Mischungskomponente bei der Herstellung von Medizinaltee) verwendet werden. Die Erzeugnisse können auch für den Einzelverkauf aufgemacht sein (z. B. Lindenblütentee, in Aufgussbeuteln abgepackt).

Nach Nr. 21 der Anlage 2 sind **nicht begünstigt**:
1. a) trinkfertiger Tee- bzw. Hausteeaufguss (Position 2202),
   b) Auszüge, Essenzen und Konzentrate aus Tee (Position 2101), die aber unter Nr. 33 der Anlage 2 fallen (vgl. Tz. 115, 116)
2. Arzneiwaren
   a) ungemischte Erzeugnisse der Position 1211, jedoch dosiert (d. h. gleichmäßig in diejenigen Mengen abgeteilt, in denen sie zu therapeutischen oder prophylaktischen Zwecken gebraucht werden, z. B. Ampullen, Kapseln usw.) oder für den Einzelverkauf zu therapeutischen oder prophylaktischen Zwecken aufgemacht,
   b) zu den gleichen Zwecken gemischte Erzeugnisse (Position 3003 oder 3004)
3. andere Erzeugnisse der Position 1211, die nicht als Haustee verwendet werden, z. B. Baldrianwurzeln, Fenchelwurzeln oder Hagebuttenkerne

   Hierzu gehören:
   a) Riechmittel des Kapitels 33 sowie Insektizide oder Schädlingsbekämpfungsmittel und dergleichen, in Formen oder Aufmachung für den Einzelverkauf (Position 3808),
   b) Früchtetees aus getrockneten Früchten (z. B. Hagebutten) (Position 0813), die aber unter Nr. 11 der Anlage 2 fallen (vgl. Tz. 52-55),
   c) Früchtetees aus getrockneten Früchten mit Zusätzen von Malven- und Hibiscusblüten (Position 2106), die aber unter Nr. 33 der Anlage 2 fallen (vgl. Tz. 116),
   d) Tee aus Fenchelfrüchten (Position 0909), der aber unter Nr. 12 der Anlage 2 fällt (vgl. Tz. 59).

   Die Zuordnung von Teemischungen bestimmt sich nach dem charakterbestimmenden Stoff oder Bestandteil.
4. Erzeugnisse, die aus Pflanzen oder -teilen, Samen oder Früchten verschiedener Arten (auch in Mischung mit Pflanzen oder -teilen anderer Positionen) oder einer Art oder mehrerer Arten in Mischung mit anderen Stoffen bestehen (Position 2106). Diese Erzeugnisse fallen aber unter Nr. 33 der Anlage 2 (vgl. Tz. 115, 116)
5. Erzeugnisse, die unmittelbar zum Aromatisieren von Getränken oder zum Gewinnen von Auszügen zum Herstellen von Getränken verwendet werden:
   a) Mischungen verschiedener Arten von Pflanzen oder -teilen aus Position 1211 gehören zu Position 2106 und fallen damit unter Nr. 33 der Anlage 2 (vgl. Tz. 115, 116),
   b) Mischungen von Pflanzen oder -teilen der Position 1 211 mit pflanzlichen Erzeugnissen anderer Kapitel (z. B. Kapitel 7, 9, 11) gehören zu Kapitel 9 oder zu Position 2106 und fallen damit unter Nr. 12 oder 33 der Anlage 2 (vgl. Tz. 59, 115, 116)

Johannisbrot und Zuckerrüben, frisch oder getrocknet, auch gemahlen; Steine und Kerne von Früchten sowie andere pflanzliche Waren (einschließlich nicht gerösteter Zichorienwurzeln der Varietät Cichorium intybus sativum) der hauptsächlich zur menschlichen Ernährung verwendeten Art, anderweit weder genannt noch inbegriffen; ausgenommen Algen, Tange und Zuckerrohr (aus Position 1212)
(Nr. 22 der Anlage 2)

Begünstigt sind nur die ausdrücklich aufgeführten Erzeugnisse aus Position 1212 in der in dieser Position beschriebenen Beschaffenheit.

Im Einzelnen sind nach Nr. 22 der Anlage 2 **begünstigt**:
1. Johannisbrot (Frucht der Ceratonia siliqua), einschließlich Endosperm, Samen, Samenschalen und Keime, **nicht jedoch** das Endosperm-Mehl, das als Schleim und Verdickungsstoff zu Position 1302 gehört
2. Zuckerrüben, auch Schnitzel, **nicht jedoch** Bagasse, der faserige Rückstand des Zuckerrohrs, der nach dem Ausziehen des Saftes zurückbleibt (Position 2303), und Zuckerrohr (Position 1212)

   Bagasse fällt aber unter Nr. 37 der Anlage 2 (vgl. Tz. 126).
3. Steine und Kerne von Früchten, insbesondere von Pfirsichen, Nektarinen, Aprikosen und Pflaumen, die hauptsächlich als Mandelersatz dienen, auch wenn sie zur Ölgewinnung verwendet werden
4. andere pflanzliche Waren der hauptsächlich zur menschlichen Ernährung verwendeten Art, anderweit weder genannt noch inbegriffen, z. B.

Anlage 2
H

    a) nichtgeröstete Zichorienwurzeln der Varietät Cichorium intybus sativum,
    b) getrocknete Erdbeer-, Brombeer- und Himbeerblätter oder Blätter von schwarzen Johannisbeeren, die zur Zubereitung von Kräutertees (Haustee) geeignet sind,
    c) Angelikastängel, hauptsächlich zum Kandieren und Glasieren verwendet (im Allgemeinen in Salzlake vorläufig haltbar gemacht),
    d) Zucker-Sorghum, wie die Art Sorghum saccharatum (hauptsächlich zum Gewinnen von Sirup oder Melassen verwendet),
    e) geschrotete oder gemahlene Rüben- oder Gemüsesamen (zur Gewinnung von Speiseöl)

87 Nach Nr. 22 der Anlage 2 sind **nicht begünstigt**:

1. geröstete Zichorienwurzeln sowie geröstete Fruchtkerne, die als Kaffeemittel dienen (Position 2101), die aber unter Nr. 33 der Anlage 2 fallen (vgl. Tz. 116)

   Nichtgeröstete Zichorienwurzeln gehören zu Position 0601 und fallen damit unter Nr. 6 der Anlage 2 (vgl. Tz. 34).
2. Fruchtsteine und -kerne der zum Schnitzen verwendeten Art (z. B. Dattelkerne) (Position 1404)
3. Algen und Tange, auch wenn sie genießbar sind (Position 1212)
4. weichschalige Kerne von Kürbissen (Position 1207), die aber unter Nr. 18 der Anlage 2 fallen können (vgl. Tz. 75, 76) bzw. geröstete Kerne von Speisekürbissen (Position 2008), die aber unter Nr. 32 der Anlage 2 fallen (vgl. Tz. 113)

88 **Stroh und Spreu von Getreide sowie verschiedene zur Fütterung verwendete Pflanzen (Positionen 1213 und 1214)**
(Nr. 23 der Anlage 2)

Begünstigt sind alle Erzeugnisse der Positionen 1213 und 1214, d. h. Stroh und Spreu von Getreide sowie verschiedene für Fütterung verwendete Pflanzen, wobei die Zubereitungen der zur Fütterung verwendeten Art unter Position 2309 fallen (vgl. Tz. 90 Nr. 3).

89 Im Einzelnen sind nach Nr. 23 der Anlage 2 **begünstigt**:

1. Stroh und Spreu von Getreide, roh, wie sie beim Dreschen anfallen, auch gehäckselt, gemahlen, gepresst oder in Form von Pellets, **nicht jedoch** weiter zubereitetes Stroh und Spreu (Position 1213) oder gereinigtes, gebleichtes oder gefärbtes Getreidestroh (Position 1401)
2. Steckrüben, Futterrüben, Wurzeln zu Futterzwecken, Heu, Luzerne, Klee, Esparsette, Futterkohl, Lupinen, Wicken und ähnliches Futter, auch in Form von Pellets (frisch, getrocknet, gehäckselt oder anders zerkleinert, gepresst, gesalzen oder siliert) (Position 1214)

   Hierzu gehören z. B. Futtermöhren, Runkelrüben, Kohlrüben und Futtersteckrüben, auch wenn einige von ihnen zur menschlichen Ernährung geeignet sind.

90 Nach Nr. 23 der Anlage 2 sind **nicht begünstigt**:

1. Pflanzliche Erzeugnisse, die trotz ihrer Verwendung als Futter nicht eigens zu diesem Zwecke angebaut werden, wie Rübenblätter, Möhrenkraut, Maisstängel und Maisblätter (Position 2308), die jedoch unter Nr. 37 der Anlage 2 fallen (vgl. Tz. 125, 126)
2. pflanzliche Abfälle für Futterzwecke (Position 2308), die jedoch unter Nr. 37 der Anlage 2 fallen (vgl. Tz. 125, 126)
3. Zubereitungen der zur Fütterung verwendeten Art (z. B. melassiertes Futter) (Position 2309), die jedoch unter Nr. 37 der Anlage 2 fallen (vgl. Tz. 125, 126)
4. Speisemöhren (Position 0706), die jedoch unter Nr. 10 der Anlage 2 fallen können (vgl. Tz. 48-50)
5. Topinambur (Position 0714), der aber unter Nr. 10 der Anlage 2 fallen kann (vgl. Tz. 48-50)
6. Pastinaken (Position 0706), die jedoch unter Nr. 10 der Anlage 2 fallen können (vgl. Tz. 48-50)

91 **Pektinstoffe, Pektinate und Pektate (Unterposition 1302 20)**
(Nr. 24 der Anlage 2)

Begünstigt sind nur Pektinstoffe, Pektinate und Pektate (Unterposition 1302 20). Pektinstoffe (im Handel allgemein als Pektine bezeichnet) sind Polysaccharide, die sich von der Polygalacturonsäure ableiten. Sie kommen in den Zellen bestimmter Pflanzen (insbesondere bestimmter Früchte und Gemüse) vor und werden technisch aus den Rückständen von Äpfeln, Birnen, Quitten, Zitrusfrüchten, Zuckerrüben usw. gewonnen. Pektinstoffe werden hauptsächlich als Geliermittel beim Herstellen von Konfitüren usw. verwendet. Sie können flüssig oder in Pulverform vorliegen oder durch Zusatz von Zucker (Glucose, Saccharose usw.) oder anderer Stoffe standardisiert worden sein, um bei ihrer Verwendung eine gleich bleibende Wirkung sicherzustellen. Pektinstoffe werden manchmal mit Natriumcitrat oder anderen Puffersalzen versetzt. Pektinate sind die Salze der Pektinsäure (teilweise methoxylierten Poly-D-Galacturonsäure), Pektate die Salze der demethoxylierten Pektinsäure; ihre Eigenschaften und ihre Verwendung sind denen der Pektinstoffe vergleichbar.

Nach Nr. 24 der Anlage 2 sind **nicht begünstigt**: 92
1. Pflanzensäfte und -auszüge aus Mohn, Aloe, Eschen, Süßholzwurzeln oder Hopfen (Position 1302) sowie zusammengesetzte Pflanzenauszüge zum Herstellen von Getränken oder Lebensmittelzubereitungen
2. Agar-Agar und andere natürliche pflanzliche Schleime und Verdickungsstoffe (Position 1302), z. B. aus Johannisbrot oder -kernen
3. Zubereitungen aus Pektin und anderen Stoffen, z. B. mit Säuren, Saccharose oder Mineralsalzen (Position 2106), die aber unter Nr. 33 der Anlage 2 fallen können (vgl. Tz. 115, 116)
4. Pflanzenauszüge zu therapeutischen oder prophylaktischen Zwecken (Position 3003 oder 3004)

Nr. 25 der Anlage 2 93
(weggefallen)

Genießbare tierische und pflanzliche Fette und Öle, auch verarbeitet, und zwar 94
a) **Schweineschmalz, anderes Schweinefett und Geflügelfett (aus Position 1501),**
b) **Fett von Rindern, Schafen oder Ziegen, ausgeschmolzen oder mit Lösungsmitteln ausgezogen (aus Position 1502),**
c) **Oleomargarin (aus Position 1503),**
d) **fette pflanzliche Öle und pflanzliche Fette sowie deren Fraktionen, auch raffiniert (aus Positionen 1507 bis 1515),**
e) **tierische und pflanzliche Fette und Öle sowie deren Fraktionen, ganz oder teilweise hydriert, umgeestert, wiederverestert oder elaidiniert, auch raffiniert, jedoch nicht weiterverarbeitet, ausgenommen hydriertes Rizinusöl (sog. Opalwachs) (aus Position 1516),**
f) **Margarine; genießbare Mischungen und Zubereitungen von tierischen oder pflanzlichen Fetten und Ölen sowie von Fraktionen verschiedener Fette und Öle, ausgenommen Form- und Trennöle (aus Position 1517)**

(Nr. 26 der Anlage 2)

Begünstigt sind nur die in den Buchstaben a) bis f) der Vorschrift ausdrücklich aufgeführten tierischen und pflanzlichen Fette und Öle der Positionen 1501 bis 1503 sowie 1507 bis 1517, sofern sie genießbar, d. h. unmittelbar – ohne weitere Bearbeitung und Verarbeitung – für die menschliche Ernährung geeignet sind ohne Rücksicht auf ihren tatsächlichen Verwendungszweck (Ernährungszwecke, Futtermittelherstellung oder technische Zwecke wie Seifen- oder Scheuermittelherstellung).

Im Einzelnen sind nach Nr. 26 der Anlage 2 **begünstigt**: 95
1. zu Buchstabe a):
    genießbares Schweineschmalz, anderes Schweinefett und Geflügelfett, ausgepresst, ausgeschmolzen oder mit Lösemitteln ausgezogen (aus Position 1501)
    Schweineschmalz und Geflügelfett können roh oder raffiniert, gereinigt oder auch gewürzt sein sowie Grieben oder Lorbeerblätter enthalten.
    Hierzu gehört **nicht**:
    a) ungenießbares Schweineschmalz oder ungenießbares Geflügelfett (aus Position 1501), z. B. ungenießbar gemachtes oder ranzig gewordenes Schweineschmalz oder Schweineschmalz, das in Folge von Verunreinigungen (Blut- und Schmutzbestandteilen) ungenießbar ist, oder Geflügelöl, das als Nebenprodukt bei der Herstellung von Geflügelfleisch anfällt,
    b) Schmalzstearin und Schmalzöl (aus Position 1503),
    c) Knochenöl der Position 1506,
    d) Schweinespeck, der keine mageren Teile enthält sowie Schweinefett und Geflügelfett, weder ausgeschmolzen noch auf andere Weise ausgezogen (Position 0209). Diese Erzeugnisse fallen jedoch unter Nr. 2 der Anlage 2 (vgl. Tz. 21).
2. zu Buchstabe b):
    genießbares Fett von Rindern, Schafen oder Ziegen, ausgeschmolzen oder mit Lösemitteln ausgezogen (aus Position 1502)

Anlage 2
H

Hierzu gehört Fett (Talg), das durch Ausschmelzen insbesondere aus Gekröse-, Netz-, Herz-, Mittelfell- und Eingeweidefett von Rindern, Schafen oder Ziegen gewonnen wird (einschließlich Premier Jus – beste Qualität des genießbaren Talgs – und Griebentalg), **nicht jedoch**

   a) roher (d. h. nicht ausgeschmolzener) Talg von Rindern, Schafen oder Ziegen, wie er auf Schlachthöfen, in Fleischereien oder in Verarbeitungsbetrieben für Innereien anfällt (aus Position 1502), z. B. rohes Mickerfett (Gekrösefett) von Rindern, Schafen oder Ziegen,
   b) ausgeschmolzener Talg, ungenießbar (aus Position 1502), z. B. Talg, der wegen seines hohen Gehalts an freien Fettsäuren nicht genießbar ist,
   c) Öle tierischen Ursprungs (z. B. Klauenöl aus Position 1506).

3. zu Buchstabe c):

genießbares Oleomargarin, weder emulgiert, vermischt noch anders verarbeitet (aus Position 1503), durch Auspressen von Talg gewonnen

Oleomargarin besteht vorwiegend aus Glyceriden der Ölsäure (Triolein).

Hierzu gehören **nicht** andere Erzeugnisse, die durch Auspressen von Talg gewonnen werden (z. B. Talgöl oder Oleostearin) sowie Schmalzöl und Schmalzstearin (durch Auspressen von Schweineschmalz gewonnen) (aus Position 1503).

4. zu Buchstabe d):

genießbare fette pflanzliche Öle (flüssig oder fest, roh, gereinigt oder raffiniert) und genießbare pflanzliche Fette sowie deren Fraktionen (aus Positionen 1507 bis 1515) (z. B. Sonnenblumenöl), nicht nur aus ölhaltigen Früchten, sondern auch aus anderen Früchten gewonnenes Öl (z. B. aus Getreidekeimen, Pfirsichen, Walnüssen) und einfache Gemische flüssiger pflanzlicher Öle (sofern sie nicht den Charakter anderer Positionen aufweisen)

Rohe pflanzliche Öle gehören nur dann hierher, wenn sie genießbar, d. h. unmittelbar für die menschliche Ernährung geeignet sind (z. B. Jungfern-Olivenöl und rohes Rüböl), **nicht jedoch** rohes Erdnussöl (aus Position 1508), rohes Maisöl (aus Position 1515) usw.

Hierzu gehört auch raffiniertes Rapsöl (aus Position 1514), und zwar auch dann, wenn das Produkt als Kraftstoff verwendet wird, **nicht jedoch** eine Mischung aus Rapsöl und Dieselkraftstoff.

Hierzu gehören **nicht** ungenießbare Öle, z. B. Myrten- und Japanwachs sowie Rizinusöl (aus Position 1515) und ungenießbar gemachte Öle.

5. zu Buchstabe e):

genießbare tierische und pflanzliche Öle und Fette sowie deren Fraktionen, ganz oder teilweise hydriert (oder durch sonstige Verfahren gehärtet), umgeestert, wiederverestert oder elaidiniert, auch raffiniert, **jedoch nicht** weiterverarbeitet, **ausgenommen** hydriertes Rizinusöl (sog. Opalwachs) (aus Position 1516)

6. zu Buchstabe f):

Margarine; genießbare Mischungen und Zubereitungen von tierischen und pflanzlichen Fetten und Ölen sowie von Fraktionen verschiedener Fette und Öle, ausgenommen Form- und Trennöle (aus Position 1517)

Hierzu gehören Lebensmittelzubereitungen von fester Beschaffenheit, die im Wesentlichen Gemische verschiedener, ggf. auch gehärteter Fette sind. Diese Zubereitungen können aus Gemischen tierischer Fette und Öle, aus Gemischen pflanzlicher Fette und Öle oder aus Gemischen tierischer Fette (oder auch Öle) mit pflanzlichen Fetten (oder auch Ölen) bestehen. Die Gemische können durch Emulgieren mit Vollmilch, Magermilch usw. oder durch Kirnen oder Texturieren verarbeitet sein. Sie gehören auch hierher, wenn sie nicht mehr als 15 Gewichtshundertteile an Erzeugnissen der Position 0405, Lecithin, Stärke, organische Farbstoffe, Aromastoffe oder Vitamine enthalten. Hierher gehören auch Lebensmittelzubereitungen, die aus nur einem Fett oder aus nur einem gehärteten Öl bestehen und ähnlich verarbeitet (emulgiert, gekirnt, texturiert usw.) sind. Die wichtigsten dieser verarbeiteten Fette sind Margarine und Kunstspeisefett, deren charakteristische Besonderheit darin besteht, dass sie nach äußeren Merkmalen (Aussehen, Konsistenz, Farbe usw.) gewisse Ähnlichkeiten mit Butter oder Schweineschmalz aufweisen, sowie sog. shortenings (aus Ölen oder Fetten durch Texturieren hergestellt). Fettmischungen, bei denen das Milchfett (insbesondere Butterfett) der Hauptbestandteil ist, gehören nicht zu Position 1517, sondern im Allgemeinen zu Kapitel 4 oder 21 Zolltarif und fallen somit unter Nr. 4 oder 33 der Anlage 2 (vgl. Tz. 27, 30, 115, 116).

96 Nach Nr. 26 der Anlage 2 sind **nicht begünstigt**:

1. Fette und Öle von Fischen oder Meeressäugetieren, auch raffiniert (Position 1504), z. B. Lebertran sowie Walöl und Walfett einschließlich Spermöl
2. Wollfett und daraus stammende Fettstoffe, einschließlich Lanolin (Position 1505)

3. andere tierische Fette und Öle (z. B. Klauenöl, Knochenfett, Abfallfett) (Position 1506); hierzu rechnen z. B. auch Fett von Pferden, Kaninchen usw., Knochenöl, Markfett, Eieröl, Schildkröteneieröl, Puppenöl; des Weiteren ist Kadaverfett aus Position 1518 nicht begünstigt
4. tierische und pflanzliche Öle, gekocht, oxidiert, dehydratisiert, geschwefelt, geblasen, durch Hitze im Vakuum oder in inertem Gas polymerisiert oder anders modifiziert (aus Position 1518)
5. technische Fettsäuren; saure Öle aus der Raffination; technische Fettalkohole (Position 3823)
6. Glycerin, roh, einschließlich Glycerinwasser und -unterlaugen (Position 1520)
7. Walrat, roh, gepresst, auch raffiniert oder gefärbt (Position 1521)
8. Rückstände aus der Verarbeitung von Fettstoffen oder von tierischen oder pflanzlichen Wachsen (Position 1522), z. B. Öldrass und Soapstock
9. Kakaobutter, einschließlich Kakaofett und Kakaoöl (Position 1804)
10. Linoxyn (Position 1518)
11. Polymerisate von Kaschu-Nussschalen-Auszug (Cashew nutshell liquid [CNSL])

Butter (Position 0405) fällt unter Nr. 4 der Anlage 2 (vgl. Tz. 30). Grieben (Position 2301), Ölkuchen und andere feste Rückstände aus der Gewinnung pflanzlicher Öle (Position 2304 bis 2306) fallen unter Nr. 37 der Anlage 2 (vgl. Tz. 125, 126).

Nr. 27 der Anlage 2 (weggefallen)

Zubereitungen von Fleisch, Fischen oder von Krebstieren, Weichtieren und anderen wirbellosen Wassertieren, ausgenommen Kaviar sowie zubereitete oder haltbar gemachte Langusten, Hummer, Austern und Schnecken (aus Kapitel 16) (Nr. 28 der Anlage 2)

Begünstigt sind alle Erzeugnisse des Kapitels 16 Zolltarif mit Ausnahme von Kaviar und der Zubereitungen von Langusten, Hummern, Austern und Schnecken. Dazu gehören genießbare Zubereitungen aus Fleisch oder aus Schlachtnebenerzeugnissen, auch von Wildbret und Geflügel (z. B. Zubereitungen von Füßen, Häuten, Herzen, Zungen, Lebern, Därmen, Magen und Blut von Tieren) sowie genießbare Zubereitungen aus Fischen, Krebstieren, Weichtieren und anderen wirbellosen Wassertieren, sofern diese Erzeugnisse weitergehend bearbeitet sind als dies in den Kapiteln 2 oder 3 Zolltarif (vgl. dazu Tz. 18-26) vorgesehen ist. Lebensmittelzubereitungen (einschließlich der sog. Fertiggerichte) gehören zu Kapitel 16 Zolltarif, wenn ihr Gehalt an Wurst, Fleisch, Schlachtnebenerzeugnissen, Blut, Fischen, Krebstieren, Weichtieren oder anderen wirbellosen Wassertieren – einzeln oder zusammen – mehr als 20 Gewichtshundertteile beträgt. Gefüllte Teigwaren gehören allerdings zu Position 1902 und fallen damit unter Nr. 31 der Anlage 2 (vgl. Tz. 109, 110). Zusammengesetzte Würzmittel gehören zu Position 2103 und fallen damit unter Nr. 33 der Anlage 2 (vgl. Tz. 115, 116). Zubereitungen zum Herstellen von Suppen und Brühen gehören zu Position 2104 und fallen damit ebenfalls unter Nr. 33 der Anlage 2 (vgl. Tz. 115, 116).

Wegen der umsatzsteuerlichen Behandlung von Zusammenstellungen von unterschiedlich zu tarifierenden Erzeugnissen, z. B. einer Verkaufskombination aus Wurstkonserven und einem Frühstücksbrett, wird auf die Ausführungen im Allgemeinen Teil A (vgl. Tz. 11-14) hingewiesen.

Im Einzelnen sind nach Nr. 28 der Anlage 2 **begünstigt**:
1. Würste und ähnliche Erzeugnisse aus Fleisch, Schlachtnebenerzeugnissen oder Blut; Lebensmittelzubereitungen auf der Grundlage dieser Erzeugnisse (Position 1601)

    Hierzu gehören Zubereitungen aus grob oder fein zerkleinertem Fleisch oder Schlachtnebenerzeugnissen (auch aus Därmen und Magen) oder aus Tierblut, in Därmen, Mägen, Blasen, Häuten oder ähnlichen natürlichen oder künstlichen Umhüllungen. Bei manchen Erzeugnissen kann jedoch die Umhüllung fehlen, wobei dann die charakteristische Wurstform durch Pressen erreicht wird. Die Zubereitungen können roh oder hitzebehandelt, geräuchert oder ungeräuchert sein; Fett, Speck, Stärke, Würzmittel, Gewürze usw. können zugesetzt sein. Sie können auch verhältnismäßig große Stücke von Fleisch oder Schlachtnebenerzeugnissen enthalten. Die Erzeugnisse können in Scheiben geschnitten oder in luftdicht verschlossenen Behältnissen verpackt sein. Hierzu gehören insbesondere Frankfurter, Salami, Leberwürste (einschließlich solcher aus Geflügelleber), Blutwurst, Weißwurst, kleine Würste aus Innereien, Zervelatwurst, Mortadella, Pasteten, Pasten, Galantinen und dergleichen (wenn in Wursthüllen aufgemacht oder durch Pressen in eine charakteristische Wurstform gebracht), Salami, Plockwurst, Teewurst, Rohwürste (sofern unmittelbar genießbar, z. B. durch Lufttrocknung), Brüh- und Kochwürste, **nicht jedoch** rohes Fleisch ohne andere Bestandteile (auch wenn in einer Hülle aufgemacht) (Kapitel 2), welches aber unter Nr. 2 der Anlage 2 fällt (vgl. Tz. 18-21).

Anlage 2
H

2. Fleisch, Schlachtnebenerzeugnisse oder Blut, anders zubereitet oder haltbar gemacht (Position 1602)

   Hierzu gehören insbesondere:

   a) Fleisch und Schlachtnebenerzeugnisse aller Art, die durch andere als im Kapitel 2 Zolltarif vorgesehene Verfahren zubereitet oder haltbar gemacht sind, insbesondere gekochtes, gegrilltes, geschmortes, gebratenes, in Wasser oder Dampf gegartes oder auf andere Weise thermisch behandeltes Fleisch (**nicht jedoch** nur überdämpfte, blanchierte oder ähnlich behandelte Erzeugnisse) sowie mit Teig umhülltes oder paniertes, getrüffeltes, gewürztes oder fein homogenisiertes Fleisch,

   b) Pasteten, Pasten, Galantinen, Sülzen und dergleichen (soweit nicht als Würste oder ähnliches zu Position 1601 gehörend),

   c) Zubereitungen aus Blut (sofern nicht als Blutwürste oder Ähnliches zu Position 1601 gehörend),

   d) genussfertige Fleischgerichte (Fertiggerichte), wenn der Anteil an Fleisch usw. mehr als 20 Gewichtshundertteile beträgt (z. B. „Hamburger" oder „Cheeseburger" mit Brötchen oder Pommes frites usw.).

   Mit Fleisch usw. gefüllte Teigwaren fallen unter Position 1902 und damit unter Nr. 31 der Anlage 2 (vgl. Tz. 109, 110).

3. Extrakte und Säfte von Fleisch, Fischen, Krebstieren, Weichtieren und anderen wirbellosen Wassertieren (Position 1603)

   Hierzu gehören:

   a) Fleischextrakte

   Diese werden im Allgemeinen dadurch gewonnen, dass Fleisch unter Druck durch Kochen oder mit gesättigtem Wasserdampf behandelt wird. Die so erhaltene Brühe wird durch Zentrifugieren oder Filtrieren entfettet und anschließend eingedickt. Je nach dem Grad des Eindickens können diese Fleischextrakte fest, pastenförmig oder flüssig sein.

   b) Fleischsäfte, die lediglich durch Auspressen von rohem Fleisch gewonnen werden,

   c) Extrakte von Fischen oder Krebstieren, von Weichtieren oder anderen wirbellosen Wassertieren

   Fischextrakte werden z. B. durch Konzentrieren wässriger Auszüge von Herings- oder anderem Fischfleisch oder aus (auch entöltem) Fischmehl gewonnen. Während des Gewinnungsvorgangs können die den Fischgeschmack hervorrufenden Stoffe (z. B. Trimethylamin bei Seefischen) ganz oder teilweise entfernt worden sein. Die so behandelten Extrakte haben ähnliche Eigenschaften wie Fleischextrakte.

   d) durch Auspressen gewonnene Säfte aus rohen Fischen, Krebstieren, Weichtieren oder anderen wirbellosen Wassertieren.

   Allen diesen Erzeugnissen können Konservierungsstoffe, wie Salz, in der für das Haltbarmachen erforderlichen Menge zugesetzt sein.

   Nicht zu dieser Position gehören:

   e) Solubles von Fischen oder Meeressäugetieren der Position 2309, die aber unter Nr. 37 der Anlage 2 fallen (vgl. Tz. 125, 126),

   f) Arzneiwaren, bei denen Erzeugnisse dieser Position nur als Trägerstoff oder Verdünnungsmittel für den arzneilichen Wirkstoff dienen (Kapitel 30),

   g) Peptone und Peptonate (Position 3504).

4. Fische, zubereitet oder haltbar gemacht; Kaviarersatz, aus Fischeiern gewonnen (aus Position 1604)

   Hierzu gehören:

   a) gekochte, gegrillte, geschmorte, gebratene, gebackene, in Wasser oder Dampf gegarte oder auf andere Weise thermisch behandelte Fische, **nicht jedoch** geräucherte Fische, vor oder während des Räucherns gegart, die, soweit nicht anders zubereitet, zu Position 0305 gehören und damit unter Nr. 3 der Anlage 2 fallen (vgl. Tz. 23, 24),

   b) genussfertige Fischgerichte (Fertiggerichte), z. B. Fischfilet mit Kartoffelsalat, Gemüse, Reis oder Teigwaren, sofern der Gehalt an Wurst, Fleisch, Schlachtnebenerzeugnissen, Blut, Fischen, Krebstieren, Weichtieren oder anderen wirbellosen Wassertieren – einzeln oder zusammen – mehr als 20 Gewichtshundertteile beträgt. Mit Fisch gefüllte Teigwaren fallen jedoch unter Position 1902 und damit unter Nr. 31 der Anlage 2 (vgl. Tz. 110),

   c) Fische, die mit Essig, Öl oder Tomatensoße haltbar gemacht oder zubereitet sind, Fischmarinaden (Fisch in Wein, Essig usw., denen Gewürze oder andere Stoffe zugesetzt sind), Fischwürste, Fischpasteten und Fischpasten (z. B. Anchovisbutter, Anchovispaste und Lachsbutter),

d) Fische, die durch andere als in den Positionen 0302 bis 0305 vorgesehene Verfahren zubereitet oder haltbar gemacht sind (vgl. Tz. 24), z. B. Fischfilets, die lediglich mit Teig umhüllt oder mit Paniermehl bestreut (paniert) sind, Fischmilch und Fischleber, zubereitet, sowie fein homogenisierte und pasteurisierte oder sterilisierte Fische,

e) Kaviarersatz

Dies sind Zubereitungen aus dem Rogen anderer Fische als Störe (z. B. Lachs, Karpfen, Hecht, Thunfisch, Seehase oder Kabeljau), die wie Kaviar verwendet werden. Die Eier sind gewaschen, von anhängenden Organteilen befreit, gewürzt und gefärbt und manchmal gepresst und getrocknet, **nicht jedoch**:

    aa) Kaviar (aus Position 1604)

        Dies sind Zubereitungen aus dem Rogen von Stören, z. B. Beluga, Schipp, Osietra und Sevruga. Kaviar hat meist die Form einer weichen körnigen Masse aus kleinen Eiern von 2 bis 4 mm Durchmesser, ist silbergrau bis grünlich schwarz, riecht stark und schmeckt leicht salzig. Er kommt auch in gepresster Form vor, d. h. als homogene, feste Paste.

    bb) Fischrogen (d. h. Fischeier, die noch vom Rogensack umgeben sind und nur nach den in Kapitel 3 vorgesehenen Verfahren zubereitet oder haltbar gemacht worden sind)

        Soweit er genießbar ist, fällt er unter Nr. 3 der Anlage 2 (vgl. Tz. 23, 24).

5. Krebstiere, Weichtiere und andere wirbellose Wassertiere, zubereitet oder haltbar gemacht, ausgenommen zubereitete oder haltbar gemachte Langusten, Hummer, Austern und Schnecken (aus Position 1605)

Hierzu gehören Krebstiere und Weichtiere einschließlich Muscheln (auch Teile davon), die durch andere als in Positionen 0306 und 0307 (vgl. Tz. 24) vorgesehene Verfahren zubereitet oder haltbar gemacht sind, z. B. gekochte, gebratene, geräucherte Krebs- oder Weichtiere, auch in Gelee, Tunke usw. Es handelt sich insbesondere um Krabben, Süßwasserkrebse, Garnelen (**nicht jedoch** ungenießbare Garnelen aus Position 0511), Kaisergranate, Kraken, Kalmare, Miesmuscheln, Seeigel, Seegurken und Quallen.

Krebstiere in ihrem Panzer, durch Kochen in Wasser oder Dampfbehandlung gegart, verbleiben in Position 0306 und fallen damit unter Nr. 3 der Anlage 2 (vgl. Tz. 23, 24), auch wenn ihnen zum vorläufigen Haltbarmachen geringe Mengen Konservierungsstoffe zugesetzt worden sind.

Zu Mischungen (z. B. Salate) aus begünstigten und nicht begünstigten Erzeugnissen (z. B. Langusten und Garnelen) vgl. die Ausführungen im Allgemeinen Teil A (vgl. Tz. 11-14).

Nach Nr. 28 der Anlage 2 sind **nicht begünstigt**:

1. Naturdärme (Position 0504)
2. Kunstdärme (Position 3917)
3. genießbares Mehl von Fleisch und von Schlachtnebenerzeugnissen einschließlich Erzeugnissen von Meeressäugetieren (Position 0210) oder von Fischen (Position 0305); diese Erzeugnisse können aber unter Nr. 2 bzw. 3 der Anlage 2 fallen (vgl. Tz. 18-21, 23, 24)
4. ungenießbares Mehl und Pellets von Fleisch, von Meeressäugetieren, von Fischen oder von Krebstieren, von Weichtieren oder anderen wirbellosen Wassertieren (Position 2301); diese Erzeugnisse fallen aber unter Nr. 37 der Anlage 2 (vgl. Tz. 125, 126)
5. Zubereitungen der zur Fütterung verwendeten Art auf der Grundlage von Fleisch, Schlachtnebenerzeugnissen, Fischen usw. (Position 2309); diese Erzeugnisse fallen ebenfalls unter Nr. 37 der Anlage 2 (vgl. Tz. 125, 126)
6. Arzneiwaren des Kapitels 30

Zucker und Zuckerwaren (Kapitel 17)
(Nr. 29 der Anlage 2)

Begünstigt sind alle Erzeugnisse des Kapitels 17 Zolltarif, nämlich Zucker (Saccharose, Lactose, Maltose, Glucose, Fructose usw.), Sirupe, Invertzuckercreme, Melassen aus der Gewinnung oder Raffination von Zucker sowie Zucker und Melassen, karamellisiert, und Zuckerwaren.

Im Einzelnen sind nach Nr. 29 der Anlage 2 **begünstigt**:

1. Rohrzucker und Rübenzucker und chemisch reine Saccharose, fest (Position 1701)

   Rohrzucker wird aus dem Saft des Zuckerrohres, Rübenzucker aus dem Saft der Zuckerrübe gewonnen.

   Begünstigt ist sowohl der Rohzucker (im Allgemeinen aus braunen Kristallen bestehend) als auch der durch weitergehende Bearbeitung des Rohzuckers gewonnene raffinierte Zucker sowie brauner Zucker (Mischung von weißem Zucker mit kleinen Mengen von z. B. karamel-

Anlage 2
H

lisiertem Zucker oder Melasse) und Kandiszucker (in Form größerer Kristalle, die durch langsames Kristallisieren aus konzentrierten Zuckerlösungen gebildet werden). Alle Erzeugnisse sind nur in fester Form (auch als Puder) begünstigt und können Zusätze von Aroma- oder Farbstoffen enthalten. Hierzu gehört auch chemisch reine Saccharose in fester Form, ohne Rücksicht auf ihre Herkunft.

2. andere Zucker, einschließlich chemisch reiner Lactose, Maltose, Glucose und Fructose, fest; Zuckersirupe, ohne Zusatz von Aroma- oder Farbstoffen; Invertzuckercreme, auch mit natürlichem Honig vermischt; Zucker und Melassen, karamellisiert (Position 1702)

   Hierzu gehören insbesondere:

   a) andere Zucker als Rüben- oder Rohrzucker in fester Form (auch als Puder), auch mit Zusatz von Aroma- oder Farbstoffen, wie z. B. Lactose (ein Milchbestandteil, der technisch aus Molke gewonnen wird), auch Milchzucker genannt, Invertzucker (der Hauptbestandteil des Naturhonigs, der technisch durch Hydrolyse von Saccharoselösungen gewonnen wird), Glucose (in der Natur in Früchten und im Honig vorkommend, bildet zusammen mit der gleichen Menge Fructose den Invertzucker), Dextrose (chemisch reine Glucose) und die Glucose des Handels (z. B. Stärkezuckersirup aus Mais), Fructose (sowohl chemisch reine Fructose als auch Fructose des Handels, welche zusammen mit Glucose in großer Menge in süßen Früchten und im Honig vorkommen; sie wird technisch aus handelsüblicher Glucose, Saccharose oder durch Hydrolyse aus Inulin hergestellt, ist süßer als Saccharose und für Diabetiker besonders geeignet), Saccharose aus anderen Pflanzen als Zuckerrohr oder Zuckerrüben (z. B. Ahornzucker oder andere z. B. aus Zuckerhirse, Johannisbrot und bestimmten Palmen gewonnene Saccharosesirupe), Malto-Dextrin bzw. Dextri-Maltose (wird ebenfalls aus Stärke durch Hydrolyse mit Säuren gewonnen, ist jedoch weniger hydrolysiert), **nicht jedoch** Erzeugnisse mit einem Gehalt an reduzierendem Zucker (berechnet als Dextrose und bezogen auf den Trockenstoff) von zehn Gewichtshundertteilen oder weniger (Position 3505) sowie Maltose (sowohl chemisch reine Maltose als auch Maltose des Handels), die technisch aus Stärke durch Hydrolyse in Gegenwart von Malzdiastase gewonnen wird,

   b) Sirupe von Zuckern aller Art (einschließlich Lactosesirup und wässrige Lösungen von anderen als chemisch reinen Zuckern), sofern sie keine zugesetzten Aroma- oder Farbstoffe enthalten (Zuckersirupe mit Zusatz von Aroma- und Farbstoffen aus Position 2106 fallen unter Nr. 33 der Anlage 2 [vgl. Tz. 115, 116]), die unter a) genannten Erzeugnisse (andere Zucker) in Sirupform (Fructosesirup, Maltodextrinsirup usw.) sowie einfache Sirupe, die durch Lösen von Zuckern dieses Kapitels in Wasser gewonnen werden, sowie Säfte und Sirupe, die bei der Zuckergewinnung aus Zuckerrüben, Zuckerrohr usw. anfallen (sie können Verunreinigungen wie Pektine, Eiweißstoffe, Mineralsalze usw. enthalten) und Tafelsirupe oder Sirupe für den Küchengebrauch, die Saccharose und Invertzucker enthalten (sie werden aus dem Sirup hergestellt, der bei der Zuckerraffination nach dem Auskristallisieren und Abtrennen des Weißzuckers anfällt; sie werden auch aus Rohrzucker oder Rübenzucker durch Invertieren eines Teils der Saccharose oder durch Zusatz von Invertzucker gewonnen),

   c) Invertzuckercreme (eine Mischung auf der Grundlage von Saccharose, Glucose oder Invertzucker, im Allgemeinen aromatisiert oder gefärbt, um natürlichen Honig nachzuahmen oder auch Mischungen von natürlichem Honig und Invertzuckercreme),

   d) karamellisierte Zucker und Melassen, die zum Aromatisieren von Speisen verwendet werden. Dies sind braune nicht kristallisierende Stoffe mit aromatischem Geruch. Sie sind mehr oder weniger sirupförmig oder fest (im Allgemeinen pulverförmig) und werden durch mehr oder weniger langes Erhitzen von Zucker oder Melassen gewonnen.

3. Melassen aus der Gewinnung und Raffination von Zucker (Position 1703)

   Melassen sind die bei der Rüben- oder Rohrzuckergewinnung oder -raffination bzw. bei der Gewinnung von Fructose aus Mais anfallenden Nebenerzeugnisse. Sie sind viskose, braune oder schwärzliche Stoffe, die in nennenswertem Umfang noch schwer kristallisierbaren Zucker enthalten. Melassen können auch entfärbt, aromatisiert oder künstlich gefärbt oder in Pulverform sein.

4. Zuckerwaren ohne Kakaogehalt (einschließlich weiße Schokolade) (Position 1704)

   Hierzu gehören die meisten Lebensmittelzubereitungen aus Zucker, fest oder halbfest, die in der Regel zum unmittelbaren Verzehr geeignet sind und im Allgemeinen als Zuckerwaren oder Süßwaren bezeichnet werden, auch wenn sie Branntwein oder Likör enthalten. Hierzu gehören insbesondere:

   a) Hartkaramellen (einschließlich solcher, die Malzextrakt enthalten),

   b) Weichkaramellen, Cachou, Lakritz, weißer Nugat, Fondants (Zuckerwerke aus eingekochter Zuckerlösung), Dragees und Türkischer Honig, mit Zucker überzogene Mandeln,

Anlage 2
H

c) Gummizuckerwaren, einschließlich gezuckertem Kaugummi (chewing gum und dergleichen),
d) Marzipanwaren,
e) Hustenbonbons und Halspastillen, die im Wesentlichen aus Zucker (auch mit anderen Nährstoffen wie Gelatine, Stärke oder Mehl) und aromatisierenden Stoffen (einschließlich solcher Substanzen wie Benzylalkohol, Menthol, Eukalyptol und Tolubalsam) bestehen, wenn ein Stoff mit medizinischen Eigenschaften, ein anderer als aromatisierender Stoff, in jedem Bonbon oder jeder Pastille nur in einer solchen Menge enthalten ist, dass das Erzeugnis dadurch nicht zu therapeutischen oder prophylaktischen Zwecken geeignet ist

Hierher gehören z. B. Hustenbonbons, die zu etwa 99 % aus Zucker und im Übrigen aus verschiedenen anderen Stoffen (z. B. Menthol, Eukalyptol, Anis, Tolubalsam, Huflattich, Andorn, Benzoeharz usw.) bestehen, **nicht jedoch** Arzneiwaren (aus Kapitel 30).

f) Süßholzauszug in allen Formen (Brote, Blöcke, Stäbe, Pastillen usw.) mit einem Gehalt an Saccharose von mehr als 10 Gewichtshundertteilen,
g) Süßholzauszug, als Zuckerware zubereitet, ohne Rücksicht auf seinen Zuckergehalt, auch aromatisiert,
h) gezuckerte Fruchtgelees bzw. Fruchtpasten in Form von Zuckerwaren,
i) „weiße Schokolade", eine Zubereitung aus Zucker, Kakaobutter, Milchpulver und Geschmacksstoffen, die praktisch keinen Kakao enthält (Kakaobutter ist nicht als Kakao anzusehen),
j) Rohmassen auf der Grundlage von Zucker, die nur wenig oder kein zugesetztes Fett enthalten und die unmittelbar zu Zuckerwaren der Position 1704 verarbeitet werden können, jedoch auch als Füllung für Erzeugnisse dieser Position oder anderer Positionen verwendet werden, z. B. Fondantmasse, weiße Nugatmasse und Marzipanrohmasse, **nicht jedoch** Speiseeis, auch wie Lutscher auf Stäbchen aufgemacht (Position 2105), das aber unter Nr. 33 der Anlage 2 fällt (vgl. Tz. 116).

Bei sog. Süßwarenkombinationsartikeln, die aus Süßwaren (Zuckerwaren, Schokolade) und anderen Artikeln bestehen, z. B. aus Umschließungen, die als Kinderspielzeug verwendbar sind, oder aus sonstigen werbewirksamen Aufmachungen, ist die Umschließung oder Aufmachung umsatzsteuerrechtlich als Gegenstand einer Nebenleistung anzusehen, wenn die Umschließung oder Aufmachung entweder üblich ist oder keinen dauernden selbständigen Gebrauchswert hat. Bei Annahme einer Nebenleistung ist der gesamte Kombinationsartikel steuerbegünstigt. Ist die Umschließung oder Aufmachung jedoch nicht üblich und hat sie einen dauernden selbständigen Gebrauchswert, so liegt eine Zusammenstellung aus verschieden einzureihenden Erzeugnissen vor. Hierzu wird auf die Ausführungen im allgemeinen Teil A verwiesen (Tz. 11-14). 104

Nach Nr. 29 der Anlage 2 sind **nicht begünstigt**: 105
1. gesüßtes Kakaopulver (ausgenommen weiße Schokolade) und Zuckerwaren mit beliebigem Gehalt an Kakao (Position 1806), die aber unter Nr. 30 der Anlage 2 fallen (vgl. Tz. 106, 107)
2. zubereitetes Futter, gezuckert (Position 2309), das aber unter Nr. 37 der Anlage 2 fällt (vgl. Tz. 125, 126)
3. chemisch reine Zucker (andere als Saccharose, Lactose, Maltose, Glucose und Fructose) und deren wässrige Lösungen (Position 2940)
4. zuckerhaltige Lebensmittelzubereitungen wie Gemüse, Früchte, Fruchtschalen usw., mit Zucker haltbar gemacht (Position 2006) sowie Konfitüren, Fruchtgelees usw. (Position 2007), die aber unter Nr. 32 der Anlage 2 fallen können (vgl. Tz. 112, 113)
5. Karamellen, Gummibonbons und ähnliche Erzeugnisse (insbesondere für Diabetiker), die synthetische Süßstoffe (z. B. Sorbit) an Stelle von Zucker enthalten sowie Massen auf der Grundlage von Zucker, die eine verhältnismäßig große Menge an zugesetztem Fett und manchmal Milch oder Nüsse enthalten und nicht unmittelbar zu Zuckerwaren verarbeitet werden können (Position 2106)

Diese Erzeugnisse fallen aber unter Nr. 33 der Anlage 2 (vgl. Tz. 116).
6. zuckerhaltige pharmazeutische Erzeugnisse (Kapitel 30)
7. Fruchtsäfte und Gemüsesäfte mit Zusatz von Zucker (Position 2009)

Kakaopulver ohne Zusatz von Zucker oder anderen Süßmitteln sowie Schokolade und andere kakaohaltige Lebensmittelzubereitungen (Positionen 1805 und 1806) (Nr. 30 der Anlage 2) 106

Begünstigt sind alle Erzeugnisse der Positionen 1805 und 1806 Zolltarif.

Wegen der umsatzsteuerlichen Behandlung von Süßwarenkombinationen (z. B. Schokoladewaren und Spielzeug) vgl. die Ausführungen im allgemeinen Teil unter Abschnitt A (vgl. Tz. 11-14).

Anlage 2
H

107 Im Einzelnen sind nach Nr. 30 der Anlage 2 **begünstigt**:
1. Kakaopulver ohne Zusatz von Zucker oder anderen Süßmitteln (Position 1805)

    Kakao ist ein Genuss- und Nahrungsmittel aus den Samen (Kakaobohnen) des Kakaobaums (Theobroma cacao). Zur Position 1805 gehört nur Kakaopulver, das nicht gezuckert oder anderweitig gesüßt ist. Es wird durch Pulverisieren von teilweise entfetteter Kakaomasse der Position 1803 gewonnen. Hierher gehört auch Kakaopulver, zu dessen Herstellung Kakaomasse, Kakaokernbruch oder gemahlener Kakaopresskuchen mit Alkalien (Natriumcarbonat, Kaliumcarbonat usw.) behandelt worden ist, um die „Löslichkeit" zu erhöhen („lösliches Kakaopulver"). Das Gleiche gilt für den Zusatz einer geringen Menge Lecithin (etwa fünf Gewichtshundertteile).

2. Schokolade und andere kakaohaltige Lebensmittelzubereitungen (Position 1806)

    Schokolade besteht im Wesentlichen aus Kakaomasse und Zucker oder anderen Süßmitteln, im Allgemeinen mit Zusatz von Geschmacksstoffen und Kakaobutter versehen. Manchmal wird Kakaomasse durch ein Gemisch aus Kakaopulver und anderen pflanzlichen Fetten ersetzt. Milch, Kaffee, Haselnüsse, Mandeln, Orangenschalen, Getreide, Früchte usw. werden häufig zugesetzt.

    Schokolade und Schokoladewaren werden gehandelt als Blöcke, Tafeln, Stangen, Riegel, Pastillen, Kroketten, Streusel, Kugeln, Raspeln, Flocken, Pulver oder Phantasieformen (z. B. Ostereier, Pralinen usw.) oder in Form von Erzeugnissen, die mit Creme, Früchten, Likör usw. gefüllt sind.

    Hierzu gehören auch alle Zuckerwaren mit beliebigem Gehalt an Kakao (z. B. Bonbons, Toffees oder Dragees), Schokoladenugat, Kakaopulver mit Zusatz von Zucker oder anderen Süßmitteln, Schokoladepulver mit Zusatz von Milchpulver, pastenförmige Erzeugnisse auf der Grundlage von Kakao oder Schokolade und eingedickter Milch, Schokolade mit Vitaminen angereichert, kakaohaltiges Pulver zum Herstellen von Cremes, Speiseeis und Nachspeisen, Mischungen von kakaohaltigen und nichtkakaohaltigen Zuckerwaren in beliebigen Mengenverhältnissen (in einer gemeinsamen Verkaufspackung), Erzeugnisse aus verschiedenen Bestandteilen auf der Grundlage von Schokolade mit einer umschlossenen Plastikkapsel, die als Überraschungsartikel ein Spielzeug enthält (vgl. hierzu auch Tz. 11-14), sowie üblicherweise als Milchschokolade- oder Schokoladeüberzugsmassen (Kuvertüre) bezeichnete Erzeugnisse und Milchschokolade (einschließlich „Chocolate-milk-crumb" genannte Zubereitungen [durch Vakuumtrocknung einer innigen flüssigen Mischung aus Zucker, Milch und Kakao gewonnen]) und zartbittere oder Bitterschokolade sowie kakaohaltige Zubereitungen in Form von Nugatmassen und Brotaufstrichpasten, **nicht jedoch** weiße Schokolade (eine Zubereitung aus Kakaobutter, Zucker und Milchpulver) (Position 1704), die aber unter Nr. 29 der Anlage 2 fällt (vgl. Tz. 103), sowie Biskuits und andere Backwaren mit Schokolade überzogen (Position 1905), die aber unter Nr. 31 der Anlage 2 fallen (vgl. Tz. 109, 110).

108 Nach Nr. 30 der Anlage 2 sind **nicht begünstigt**:
1. Kakaobohnen, auch Bruch, roh oder geröstet (Position 1801)
2. Kakaoschalen, Kakaohäutchen und anderer Kakaoabfall (Position 1802)

    Hierzu gehören Abfälle, die im Laufe der Verarbeitung zu Kakaopulver und Kakaobutter anfallen (auch Kakaokeime, Kakaostaub und Pressrückstände aus Schalen und Häutchen).

3. Kakaomasse, auch entfettet (Position 1803)
4. Kakaobutter, Kakaofett und Kakaoöl (Position 1804)
5. Kakaohaltige Getränke, nicht alkoholhaltig (Position 2202)

    Soweit es sich um Milchmischgetränke mit einem Anteil an Milch oder Milcherzeugnissen von mindestens 75 vom Hundert des Fertigerzeugnisses handelt, fallen diese unter Nr. 35 der Anlage 2 (vgl. Tz. 121).

6. alkoholhaltige Getränke, kakaohaltig (Position 2208) (z. B. Kakaolikör)
7. kakaohaltige Arzneiwaren, z. B. Abführschokolade (Position 3003 oder 3004), wenn die kakaohaltigen Lebensmittel oder Getränke lediglich als Trägerstoff, Bindemittel usw. dienen
8. Theobromin, ein Alkaloid aus Kakao (Position 2939)
9. Speiseeis mit beliebigem Gehalt an Kakao (Position 2105), das aber unter Nr. 33 der Anlage 2 fällt (vgl. Tz. 115, 116)
10. Lebensmittelzubereitungen aus Mehl, Grieß, Grütze, Stärke oder Malzextrakt, mit einem Gehalt an Kakao von weniger als 40 Gewichtshundertteilen (berechnet auf das vollständig entfettete Erzeugnis) und Lebensmittelzubereitungen aus Erzeugnissen der Positionen 0401 bis 0404 (Milch und Milcherzeugnisse) mit einem Gehalt an Kakao von weniger als fünf Gewichtshundertteilen, berechnet auf das vollständig entfettete Erzeugnis (aus Position 1901)

Diese Zubereitungen fallen aber unter Nr. 31 der Anlage 2 (vgl. Tz. 109, 110).

11. Erzeugnisse der Position 0403 (Buttermilch, saure Milch, saurer Rahm, Joghurt, Kefir und andere fermentierte oder gesäuerte Milch [einschließlich Rahm]), auch wenn sie Kakao enthalten

    Diese Erzeugnisse fallen aber unter Nr. 4 der Anlage 2 (vgl. Tz. 30).

Zubereitungen aus Getreide, Mehl, Stärke oder Milch; Backwaren (Kapitel 19) (Nr. 31 der Anlage 2) 109

Begünstigt sind alle Erzeugnisse des Kapitels 19 Zolltarif. Hierzu gehört eine Reihe von im Allgemeinen als Lebensmittel verwendeten Erzeugnissen, die entweder unmittelbar aus Getreide des Kapitels 10, aus Erzeugnissen des Kapitels 11 (Müllereierzeugnisse) oder aus zur Ernährung dienenden Mehlen, Grießen oder Pulvern pflanzlichen Ursprungs anderer Kapitel (Mehl, Grütze, Grieß und Stärke von Getreide sowie Mehl, Grieß und Pulver von Früchten oder Gemüse) oder aus Erzeugnissen der Positionen 0401 bis 0404 (Milcherzeugnisse) hergestellt sind. Hierzu gehören außerdem Backwaren, auch wenn sie weder Mehl oder Stärke noch andere Getreideerzeugnisse enthalten.

Im Einzelnen sind nach Nr. 31 der Anlage 2 **begünstigt:** 110

1. Malzextrakt; Lebensmittelzubereitungen aus Mehl, Grütze, Grieß, Stärke oder Malzextrakt, ohne Gehalt an Kakao oder mit einem Gehalt an Kakao, berechnet als vollständig entfetteter Kakao, von weniger als 40 Gewichtshundertteilen, anderweit weder genannt noch inbegriffen; Lebensmittelzubereitungen aus Erzeugnissen der Positionen 0401 bis 0404 (Milcherzeugnisse), ohne Gehalt an Kakao oder mit einem Gehalt an Kakao, berechnet als vollständig entfetteter Kakao, von weniger als fünf Gewichtshundertteilen, anderweit weder genannt noch inbegriffen (Position 1901)

    a) Malzextrakt

    Malzextrakt wird durch mehr oder weniger starkes Eindicken eines wässrigen Auszuges von Malz (gekeimtes Getreide [meist Gerste], das nach der Keimung wieder getrocknet [gedarrt] wird; bei der Keimung erfolgt durch Diastase der Abbau von Stärke in Zucker) gewonnen, kann mehr oder weniger dickflüssig sein oder die Form von Blöcken oder Pulver haben (getrockneter Malzextrakt) sowie mit Zusatz von Lecithin, Vitaminen, Salzen usw. versehen sein, sofern er keine Arzneiware im Sinne des Kapitels 30 ist.

    Malzextrakt wird insbesondere für Zubereitungen zur Ernährung von Kindern oder zum Diät- oder Küchengebrauch oder zum Herstellen pharmazeutischer Erzeugnisse verwendet. Bestimmte dickflüssige Arten werden auch als Backmittel und in der Textilindustrie eingesetzt.

    Nicht hierzu zählen:

    aa) Zuckerwaren, die Malzextrakt enthalten (Position 1704), die aber unter Nr. 29 der Anlage 2 fallen (vgl. Tz. 102, 103),

    bb) Bier und andere Getränke auf der Grundlage von Malz, z. B. Malzwein (Kapitel 22),

    cc) Malzenzyme der Position 3507,

    dd) geröstetes Malz, das abhängig von seiner Aufmachung zu Position 1107 oder 0901 gehört.

    b) Lebensmittelzubereitungen aus Mehl, Grütze, Grieß, Stärke oder Malzextrakt, ohne Gehalt an Kakao oder mit einem Gehalt an Kakao, berechnet als vollständig entfetteter Kakao, von weniger als 40 Gewichtshundertteilen, anderweit weder genannt noch inbegriffen

    Hierzu gehört eine Reihe von Lebensmittelzubereitungen auf der Grundlage von Mehl, Grütze, Grieß, Stärke oder Malzextrakt, deren Charakter durch die Stoffe bestimmt wird, auch wenn diese nach Gewicht oder Volumen nicht überwiegen. Den verschiedenen Hauptbestandteilen können andere Stoffe zugesetzt sein, wie Milch, Zucker, Eier, Casein, Albumin, Fett, Öl, Aromastoffe, Kleber, Farbstoffe, Vitamine, Früchte oder andere Stoffe zum Verbessern der diätetischen Eigenschaften.

    Die Begriffe „Mehl" und „Grieß" umfassen zwar auch zur Ernährung bestimmte Mehle, Grieße und Pulver pflanzlichen Ursprungs anderer Kapitel, z. B. Sojamehl, **nicht jedoch** Mehl, Grieß und Pulver von getrocknetem Gemüse (Position 0712), welche aber nach Nr. 10 der Anlage 2 begünstigt sind (vgl. Tz. 50), von Kartoffeln (Position 1105), welche aber nach Nr. 15 der Anlage 2 begünstigt sind (vgl. Tz. 68) oder von getrockneten Hülsenfrüchten (Position 1106), die unter Nr. 16 der Anlage 2 fallen (vgl. Tz. 70, 71).

    Der Begriff „Stärke" umfasst sowohl native Stärke als auch Quellstärke oder lösliche Stärke, **nicht jedoch** weitergehend abgebaute Erzeugnisse aus Stärke wie Maltodextrin.

Anlage 2
H

Die hierher gehörenden Lebensmittelzubereitungen dieser Position können flüssig sein oder die Form von Pulver, Granulaten, Teig oder andere feste Formen wie Streifen oder Scheiben aufweisen. Sie sind häufig bestimmt entweder zum schnellen Bereiten von Getränken, Breien, Kindernahrung oder Diätkost usw. durch einfaches Auflösen oder leichtes Aufkochen in Wasser oder Milch oder zum Herstellen von Kuchen, Pudding, Zwischengerichten oder ähnlichen Küchenerzeugnissen. Sie können auch Zwischenerzeugnisse für die Lebensmittelindustrie sein.

Hierzu gehören z. B.:

- aa) Mehle, durch Eindampfen einer Mischung von Milch, Zucker und Mehl hergestellt,
- bb) Zubereitungen aus einem innigen Gemisch von Eipulver, Milchpulver, Malzextrakt und Kakaopulver,
- cc) „Racahout" (eine Zubereitung aus Reismehl, Stärke, Mehl süßer Eicheln, Zucker und Kakaopulver, mit Vanille aromatisiert),
- dd) Zubereitungen aus einem Gemisch von Getreide- und Fruchtmehl (oft mit Zusatz von Kakaopulver) oder aus einem Gemisch von Fruchtmehl und Kakao,
- ee) Zubereitungen aus einer Mischung von Milchpulver und Malzextrakt, mit oder ohne Zucker,
- ff) Knödel, Klöße und Nockerln, mit Bestandteilen wie Grieß, Getreidemehl, Semmelbrösel, Fett, Zucker, Eier, Gewürzen, Hefe, Konfitüre oder Früchten, **nicht jedoch** Erzeugnisse dieser Art auf der Grundlage von Kartoffelmehl (Position 2004 oder 2005), die aber unter Nr. 32 der Anlage 2 fallen (vgl. Tz. 112, 113),
- gg) fertiger Teig, hauptsächlich aus Getreidemehl bestehend, mit Zucker, Fett, Eiern oder Früchten (auch in Formen),

nicht jedoch

- hh) mit Triebmitteln versetztes Mehl und Quellmehl der Position 1101 oder 1102, das aber unter Nr. 14 der Anlage 2 fällt (vgl. Tz. 65, 66),
- ii) Lebensmittelzubereitungen mit einem Gehalt an Kakao, berechnet als vollständig entfetteter Kakao, von 40 Gewichtshundertteilen oder mehr (Position 1806), die aber unter Nr. 30 der Anlage 2 fallen (vgl. Tz. 106, 107),
- jj) Mischungen von Getreidemehlen (Position 1101 oder 1102), die aber unter Nr. 14 der Anlage 2 fallen (vgl. Tz. 65, 66), Mischungen von Mehlen und Grießen aus Hülsenfrüchten oder Früchten (Position 1106), die aber unter Nr. 16 der Anlage 2 fallen (vgl. Tz. 70, 71),
- kk) Zubereitungen zum Herstellen von Würzsoßen und zubereitete Würzsoßen (Position 2103), die aber unter Nr. 33 der Anlage 2 fallen (vgl. Tz. 115, 116),
- ll) Texturierte pflanzliche Eiweißstoffe (Position 2106), die aber unter Nr. 33 der Anlage 2 fallen (vgl. Tz. 115, 116).

c) Lebensmittelzubereitungen aus Erzeugnissen der Positionen 0401 bis 0404 (Milcherzeugnisse), ohne Gehalt an Kakao oder mit einem Gehalt an Kakao, berechnet als vollständig entfetteter Kakao, von weniger als fünf Gewichtshundertteilen, anderweit weder genannt noch inbegriffen

Diese unterscheiden sich von nach Nr. 4 der Anlage 2 begünstigten Erzeugnissen darin, dass sie neben natürlichen Milchbestandteilen noch andere Bestandteile enthalten, die bei Erzeugnissen der Positionen 0401 bis 0404 nicht zugelassen sind. Erzeugnisse der Position 1901 können gesüßt sein und Kakaopulver enthalten, **nicht jedoch** den Charakter von Zuckerwaren (Position 1704) haben bzw. mit einem Gehalt an Kakao, berechnet als vollständig entfetteter Kakao, von fünf Gewichtshundertteilen oder mehr versehen sein (Position 1806). In diesem Fall sind sie nach Nr. 29 oder 30 der Anlage 2 begünstigt (vgl. Tz. 102, 103, 106, 107).

Hierzu gehören:

- aa) pulverförmige oder flüssige Zubereitungen zur Ernährung von Kindern oder für diätetische Zwecke, die als Hauptbestandteil Milch enthalten, der andere Bestandteile (z. B. Getreideflocken, Hefe) zugesetzt sind,
- bb) Zubereitungen auf der Grundlage von Milch, in der Weise gewonnen, dass ein Bestandteil oder mehrere Bestandteile der Milch (z. B. Milchfett) durch einen anderen Stoff (z. B. fette Öle) ersetzt wurden,
- cc) Mischungen und Grundstoffe (z. B. Pulver) zum Herstellen von Speiseeis, **nicht jedoch** Speiseeis auf der Grundlage von Milchbestandteilen (Position 2105), das aber unter Nr. 33 der Anlage 2 fällt (vgl. Tz. 115, 116).

Anlage 2
H

2. Teigwaren, auch gekocht oder gefüllt (mit Fleisch oder anderen Stoffen) oder in anderer Weise zubereitet, z. B. Spaghetti, Makkaroni, Bandnudeln, Lasagne, Gnocchi, Ravioli, Cannelloni; Couscous, auch zubereitet (Position 1902)

   Hierzu gehören frische und getrocknete Erzeugnisse aus Grieß oder Mehl von Weizen, Mais, Reis, Kartoffeln usw., durch Einteigen und anschließendes Formen (z. B. Röhren, Bänder, Fäden, Muscheln, Buchstaben usw.) – ohne Gärprozess – hergestellt (z. B. Bandnudeln, Makkaroni und Spaghetti). Sie können Eier, Milch, Kleber, Sojamehl, Diastase, sehr fein zerkleinertes Gemüse, Gemüsesäfte, Salze, Farbstoffe, Aromastoffe oder Vitamine enthalten. Hierher gehört auch Couscous (ein thermisch behandelter Grieß), auch gekocht oder anders zubereitet, z. B. mit Fleisch, Gemüse und anderen Zutaten.

   Die Teigwaren können gekocht, mit Fleisch, Fisch, Käse oder anderen Stoffen in beliebiger Menge gefüllt oder auch anders zubereitet sein (z. B. als Fertiggericht mit anderen Zutaten, wie Gemüse, Soße, Fleisch usw.).

3. Tapiokasago und Sago aus anderen Stärken, in Form von Flocken, Graupen, Perlen, Krümeln und dergleichen (Position 1903)

   Hierzu gehören Lebensmittelzubereitungen aus Maniokstärke (Tapiokasago), aus Sagostärke (Sago), aus Kartoffelstärke (Kartoffelsago) sowie aus ähnlichen Stärken (von Maranta, Salep, Yucca usw.). Zum Herstellen dieser Zubereitungen wird die Stärke mit Wasser zu einer Paste verrührt, die durch Tropfen auf einer heißen Metallplatte zu Kügelchen oder Klümpchen verkleistern, die manchmal nachträglich zerstoßen oder granuliert werden. Nach einem anderen Verfahren wird Sago durch Behandlung einer Stärkepaste in einem mit Dampf erhitzten Behältnis gewonnen. Diese Zubereitungen weisen im Allgemeinen die Form von Flocken, Graupen, Perlen oder Krümeln auf. Sie werden zum Herstellen von Suppen, Nachspeisen oder Diätkost verwendet.

4. Lebensmittel, durch Aufblähen oder Rösten von Getreide oder Getreideerzeugnissen hergestellt, z. B. Corn Flakes); Getreide (ausgenommen Mais) in Form von Körnern oder Flocken oder anders bearbeiteten Körnern, ausgenommen Mehl, Grütze und Grieß, vorgekocht oder in anderer Weise zubereitet, anderweit weder genannt noch inbegriffen (Position 1904).

   Hierzu gehören:

   a) Lebensmittelzubereitungen aus Getreidekörnern von Mais, Weizen, Reis, Gerste usw., durch Aufbläh- oder Röstverfahren knusprig gemacht, auch mit Zusätzen von Salz, Zucker, Melasse, Malzextrakt, Früchten oder Kakao versehen, in der Regel zusammen mit Milch verwendet, sowie ähnliche Zubereitungen, durch Rösten oder Aufblähen aus Mehl oder Kleie hergestellt. Dazu zählen z. B.

      aa) Corn Flakes

      Zum Herstellen von Corn Flakes werden geschälte und entkeimte Maiskörner mit Zucker, Salz und Malzextrakt in Wasserdampf geweicht, nach dem Trocknen zu Flocken gewalzt und in einem rotierenden Ofen geröstet.

      bb) Puffreis und Puffweizen

      Sie werden aus Reis oder Weizen durch Erhitzen in Behältnissen unter starkem Druck und bei entsprechender Feuchtigkeit gewonnen. Durch plötzlichen Druckabfall und Zuführen kalter Luft tritt ein Aufblähen des Korns um ein Mehrfaches des ursprünglichen Volumens ein.

      cc) knusprige Lebensmittel, nicht gezuckert

      Sie werden dadurch gewonnen, dass angefeuchtete Getreidekörner durch eine thermische Behandlung aufgebläht und anschließend mit einem Würzmittel aus einer Mischung von pflanzlichem Öl, Käse, Hefeextrakt, Salz und Mononatriumglutamat übersprüht werden.

   b) Lebensmittel, hergestellt aus ungerösteten Getreideflocken oder aus Mischungen von ungerösteten oder gerösteten Getreideflocken oder geblähten Getreidekörnern

      Hierzu gehören z. B. als „Müsli" bezeichnete Erzeugnisse, die auch getrocknete Früchte, Nüsse, Zucker, Honig usw. enthalten können.

   c) andere Getreidekörner, ausgenommen Mais, vorgekocht oder auf andere Weise zubereitet

      Hierzu zählen vorgekochter Reis (z. B. „Nasi Nua" – indonesisches Reisgericht mit Rindfleischstreifen, diversen Gemüsen und Früchten – und „Risotto" – italienisches Reisgericht mit geräuchertem Speck, verschiedenen Gemüsen und Gewürzen), vorgekochter Bulgur-Weizen in Form bearbeiteter Körner usw.,

      nicht jedoch

Anlage 2
H

       aa) Getreidekörner, die lediglich eine der in den Kapiteln 10 oder 11 vorgesehenen Bearbeitungsweisen erfahren haben; diese können aber unter Nr. 13 bis 17 der Anlage 2 fallen (vgl. Tz. 61, 63, 65, 66, 68, 70, 71, 73),

       bb) zubereitetes Getreide mit dem Charakter von Zuckerwaren (Position 1704), das aber unter Nr. 29 der Anlage 2 fällt (vgl. Tz. 102, 103),

       cc) Lebensmittelzubereitungen aus Mehl, Grütze, Grieß, Stärke oder Malzextrakt, mit einem Gehalt an Kakao, berechnet als vollständig entfetteter Kakao, von 40 Gewichtshundertteilen oder mehr (Position 1806), die aber unter Nr. 30 der Anlage 2 fallen (vgl. Tz. 106, 107),

       dd) zubereitete, genießbare Maiskolben und Maiskörner (Kapitel 20), die unter Nr. 32 der Anlage 2 fallen können (vgl. Tz. 112, 113).

5. Backwaren, auch kakaohaltig; Hostien (dünne Scheiben aus sehr reinem Weizenmehlteig), leere Oblatenkapseln der für Arzneiwaren verwendeten Art, Siegeloblaten, getrocknete Teigblätter aus Mehl oder Stärke und ähnliche Erzeugnisse (Position 1905)

Hierzu zählen Backwaren mit Bestandteilen wie Getreidemehl, Backtriebmittel, Salz, Kleber, Stärke, Mehl von Hülsenfrüchten, Malzextrakt, Milch, Samen (wie Mohn, Kümmel oder Anis), Zucker, Honig, Eier, Fettstoffe, Käse, Früchte, Kakao in beliebiger Menge, Fleisch, Fisch, Backmittel usw. wie z. B. gewöhnliches Brot, Glutenbrot für Diabetiker, Matzen (ein ungesäuertes Brot), Knäckebrot, Zwieback, Leb- und Honigkuchen, Torten, Brezeln, Semmelbrösel, Kekse und ähnliches Kleingebäck, Waffeln, Konditoreierzeugnisse, Baisers, Crêpes und Pfannkuchen, Quiches, Pizzen aus Brotteig, knusprige Lebensmittel (z. B. solche aus einem Teig auf der Grundlage von Maismehl mit Zusatz von Würzmitteln, unmittelbar genießbar), sowie getrocknete Teigblätter aus Mehl oder Stärke und ähnliche Erzeugnisse, **nicht jedoch** so genanntes Reispapier (in dünnen Blättern aus dem Mark bestimmter Bäume geschnitten) (Position 1404).

111   Nach Nr. 31 der Anlage 2 sind **nicht begünstigt:**

1. Lebensmittelzubereitungen (ausgenommen gefüllte Erzeugnisse der Position 1902 [vgl. Tz. 110 Nr. 2]), deren Gehalt an Wurst, Fleisch, Schlachtnebenerzeugnissen, Blut, Fisch oder Krebstieren, Weichtieren oder anderen wirbellosen Wassertieren – einzeln oder zusammen – 20 Gewichtshundertteile überschreitet (Kapitel 16), die aber unter Nr. 28 der Anlage 2 fallen können (vgl. Tz. 98, 100).

2. Kaffeemittel, geröstet, mit beliebigem Kaffeegehalt (Position 0901) und andere geröstete Kaffeemittel (z. B. geröstete Gerste) (Position 2101), die aber unter Nr. 12 bzw. 33 der Anlage 2 fallen (vgl. Tz. 57, 59, 115, 116)

3. Pulver zum Herstellen von Creme, Speiseeis, Nachspeisen und ähnlichen Zubereitungen, die nicht auf der Grundlage von Mehl, Grieß, Stärke, Malzextrakt oder Erzeugnissen der Positionen 0401 bis 0404 hergestellt sind (im Allgemeinen Position 2106), die aber unter Nr. 33 der Anlage 2 fallen können (vgl. Tz. 115, 116)

4. Zubereitungen auf der Grundlage von Mehl oder Stärke für die Tierfütterung, z. B. Hundekuchen (Position 2303), die aber unter Nr. 37 der Anlage 2 fallen (vgl. Tz. 125, 126)

5. Arzneiwaren und andere pharmazeutische Erzeugnisse (Kapitel 30)

6. Suppen und Brühen sowie Zubereitungen zum Herstellen von Suppen oder Brühen (auch wenn sie Teigwaren [Position 1902] enthalten) und zusammengesetzte homogenisierte Lebensmittelzubereitungen (Position 2104), die aber unter Nr. 33 der Anlage 2 fallen (vgl. Tz. 115, 116)

7. Getränke (Kapitel 22); Milchmischgetränke können aber unter Nr. 35 der Anlage 2 fallen (vgl. Tz. 121)

112   **Zubereitungen von Gemüse, Früchten, Nüssen oder anderen Pflanzenteilen, ausgenommen Frucht- und Gemüsesäfte (Positionen 2001 bis 2008)**
(Nr. 32 der Anlage 2)

Begünstigt sind alle Erzeugnisse der Positionen 2001 bis 2008 Zolltarif. Hierzu gehören Gemüse, Früchte und andere genießbare Pflanzenteile, durch andere als in den Kapiteln 7, 8 oder 11 Zolltarif oder sonst in der Nomenklatur vorgesehene Verfahren zubereitet oder haltbar gemacht, auch homogenisiert, und nicht in anderen Positionen des Zolltarifs erfasst. Außerdem Erzeugnisse der Position 0714 (Maniok, Pfeilwurz, Salep, Topinambur, Süßkartoffeln und ähnliche Wurzeln und Knollen) sowie der Position 1105 und 1106 (Mehl, Grieß, Pulver, Flocken, Granulat und Pellets von Kartoffeln, getrockneten Hülsenfrüchten und Sojamark), ausgenommen Mehl, Grieß und Pulver von Erzeugnissen des Kapitels 8 (Früchte und Nüsse), durch andere als in den Kapiteln 7 oder 11 vorgesehene Verfahren zubereitet oder haltbar gemacht. Die Erzeugnisse können ganz, in Stücken oder sonst zerkleinert sein.

Anlage 2
H

Im Einzelnen sind nach Nr. 32 der Anlage 2 **begünstigt**: 113
1. Gemüse, Früchte, Nüsse und andere genießbare Pflanzenteile, mit Essig oder Essigsäure zubereitet oder haltbar gemacht, auch mit Zusatz von z. B. Salz, Gewürzen, Senf, Öl, Zucker oder anderen Süßmitteln (Position 2001) (z. B. Pickles oder Senfpickles)

   Hierzu gehören u. a. zubereitete Gurken, Cornichons, Zwiebeln, Schalotten, Tomaten, Blumenkohl/Karfiol, Oliven, Kapern, Zuckermais, Artischockenherzen, Palmherzen, Yamswurzeln, Walnüsse und Mangofrüchte. Die Zubereitungen dieser Position unterscheiden sich von den Würzsoßen und zusammengesetzten Würzmitteln der Position 2103 (begünstigt nach Nr. 33 der Anlage 2) dadurch, dass letztere im Allgemeinen Flüssigkeiten, Emulsionen oder Suspensionen sind, die nicht dazu bestimmt sind, allein verzehrt zu werden, sondern als Beigabe zu Speisen oder bei der Zubereitung von Speisen eingesetzt werden.

2. Tomaten, anders als mit Essig oder Essigsäure zubereitet oder haltbar gemacht (Position 2002)

   Hierzu gehören z. B. Tomaten, ganz oder in Stücken (ausgenommen Tomaten mit den im Kapitel 7 vorgesehenen Beschaffenheitsmerkmalen [begünstigt nach Nr. 10 der Anlage 2]), auch homogenisiert, anders als mit Essig oder Essigsäure zubereitet oder haltbar gemacht (vgl. Nr. 1 dieser Tz.), z. B. Tomatenmark, Tomatenpüree oder Tomatenkonzentrat sowie Tomatensaft mit einem Gehalt an Trockenstoff von sieben Gewichtshundertteilen oder mehr, **nicht jedoch** Tomatenketchup und andere Tomatensoßen (Position 2103) sowie Tomatensuppen und Zubereitungen zum Herstellen solcher Suppen (Position 2104), die aber unter Nr. 33 der Anlage 2 fallen (vgl. Tz. 115, 116).

3. Pilze und Trüffeln, anders als mit Essig oder Essigsäure zubereitet oder haltbar gemacht (Position 2003)

   Hierzu gehören Pilze (einschließlich Stiele) und Trüffeln, ganz, in Stücken oder homogenisiert, soweit sie nicht mit Essig oder Essigsäure zubereitet oder haltbar gemacht sind (vgl. Nr. 1 dieser Tz.) oder die im Kapitel 7 vorgesehenen Beschaffenheitsmerkmale aufweisen; letztere sind jedoch nach Nr. 10 der Anlage 2 begünstigt.

4. anderes Gemüse, anders als mit Essig oder Essigsäure zubereitet oder haltbar gemacht, gefroren, ausgenommen Erzeugnisse der Position 2006 (siehe Nr. 6 dieses Absatzes) (Position 2004)

   Gefrorenes Gemüse dieser Position ist solches, das im nicht gefrorenen Zustand zu Position 2005 (siehe Nr. 5) gehört. Hierzu gehören z. B. Kartoffelchips und Pommes frites, Zuckermais als Kolben oder Körner sowie Karotten, Erbsen usw., auch vorgegart, mit Butter oder einer Soße, auch in luftdicht verschlossenen Behältnissen (z. B. Plastikbeuteln) aufgemacht sowie Knödel, Klöße und Nockerln auf der Grundlage von Kartoffelmehl.

5. anderes Gemüse, anders als mit Essig oder Essigsäure zubereitet oder haltbar gemacht, nicht gefroren, ausgenommen der unter Nr. 6 behandelten Erzeugnisse der Position 2006 (Position 2005)

   Alle diese Erzeugnisse, ganz, in Stücken oder sonst zerkleinert, können in einem wässrigen Aufguss haltbar gemacht oder auch mit Tomatensoße oder anderen Bestandteilen zum unmittelbaren Genuss zubereitet sein. Sie können auch homogenisiert oder miteinander vermischt sein. Hierzu gehören z. B.
   a) Oliven, die durch besondere Behandlung mit verdünnter Sodalösung oder durch längeres Mazerieren in Salzlake unmittelbar genussfähig gemacht sind, **nicht jedoch** Oliven, die in Salzlake lediglich vorläufig haltbar gemacht sind (Position 0711), die aber unter Nr. 10 der Anlage 2 fallen (vgl. Tz. 50),
   b) Sauerkraut (klein geschnittener, in Salz teilweise vergorener Kohl),
   c) Zuckermais als Kolben oder Körner sowie Karotten, Erbsen usw., vorgegart oder mit Butter oder einer Soße zubereitet,
   d) „Chips", das sind Erzeugnisse in Form dünner, z. B. rechteckiger Blättchen aus Kartoffelmehl (durch Nassbehandlung und anschließendes Trocknen teilweise verkleistert), Kochsalz und einer geringen Menge Natriumglutamat, in Fett kurz ausgebacken,
   e) „Papad", das sind Erzeugnisse aus getrockneten Teigblättern aus Mehl von Hülsenfrüchten, Salz, Gewürzen, Öl, Triebmitteln und mitunter geringen Mengen Getreide- oder Reismehl.

6. Gemüse, Früchte, Nüsse, Fruchtschalen und andere Pflanzenteile, mit Zucker haltbar gemacht (durchtränkt und abgetropft, glasiert oder kandiert) (Position 2006)

   Hierzu gehören Erzeugnisse in Form ganzer Früchte (wie z. B. Kirschen, Aprikosen, Marillen, Birnen, Pflaumen, Esskastanien, Nüsse) oder Segmente oder andere Teile von Früchten (z. B. von Orangen, Zitronen, Ananas) sowie Fruchtschalen (z. B. von Zedratfrüchten, Zitronen, Orangen, Melonen), andere Pflanzenteile (z. B. von Angelika, Ingwer, Yamswurzeln, Süßkar-

Anlage 2
H

toffeln) und Blüten (von z. B. Veilchen und Mimosen) in Zuckersirup (z. B. eine Mischung von Invertzucker oder Glucose mit Saccharose) getränkt, abgetropft und dadurch haltbar gemacht. Die Erzeugnisse können auch mit einer dünnen glasigen Zuckerschicht (glasiert) oder mit einer starken Kruste von Zuckerkristallen (kandiert) überzogen sein. Hierzu gehören **jedoch nicht** getrocknete Früchte (z. B. Datteln und Pflaumen), auch wenn ihnen geringe Mengen von Zucker zugesetzt wurden oder wenn sich auf ihnen beim natürlichen Trocknen Zucker als Belag abgesetzt hat, der ihnen das Aussehen von kandierten Früchten geben kann (Kapitel 8); sie fallen aber unter Nr. 11 der Anlage 2 (vgl. Tz. 55).

7. Konfitüren, Fruchtgelees, Marmeladen, Fruchtmuse und Fruchtpasten, durch Kochen hergestellt, auch mit Zusatz von Zucker oder anderen Süßmitteln (Position 2007)

   Die Konfitüren (durch Kochen von Früchten, von Fruchtpülpen oder manchmal von bestimmten Gemüsen (z. B. Kürbisse, Auberginen) oder anderen Pflanzen (z. B. Ingwer, Rosenblätter) mit Zucker hergestellt), Marmeladen (eine Art Konfitüre, im Allgemeinen aus Zitrusfrüchten hergestellt), Fruchtgelees (durch Kochen von Fruchtsaft, aus rohen oder gekochten Früchten gepresst, mit Zucker hergestellt), Fruchtmuse (durch längeres Kochen von passiertem Fruchtfleisch oder gemahlenen Schalenfrüchten mit oder ohne Zuckerzusatz hergestellt) und Fruchtpasten (eingedickte Muse von fester oder fast fester Konsistenz aus z. B. Äpfeln, Quitten, Birnen, Aprikosen, Mandeln) können an Stelle von Zucker auch mit synthetischen Süßmitteln (z. B. Sorbit) gesüßt sowie homogenisiert sein.

   Nicht hierzu gehören:

   a) Fruchtgelees und Fruchtpasten in Form von Zucker- und Schokoladenwaren (Position 1704 oder 1806), die aber unter Nr. 29 bzw. 30 der Anlage 2 fallen (vgl. Tz. 103, 107),

   b) Pulver zum Herstellen künstlicher Gelees, aus Gelatine, Zucker, Fruchtsäften oder Fruchtessenzen (Position 2106), das aber unter Nr. 33 der Anlage 2 fällt (vgl. Tz. 115, 116).

8. Früchte, Nüsse und andere genießbare Pflanzenteile, in anderer Weise zubereitet oder haltbar gemacht, auch mit Zusatz von Zucker, anderen Süßmitteln oder Alkohol, anderweit weder genannt noch inbegriffen (Position 2008)

   Hierzu gehören Früchte, Nüsse und andere genießbare Pflanzenteile, einschließlich Mischungen dieser Erzeugnisse, ganz, in Stücken oder sonst zerkleinert, die in anderer Weise zubereitet oder haltbar gemacht worden sind, als in anderen Kapiteln oder in den vorhergehenden Positionen des Kapitels 20 Zolltarif vorgesehen, insbesondere:

   a) Mandeln, Erdnusskerne, Areka- (oder Betel-) Nüsse und andere Schalenfrüchte, trocken oder in Öl oder Fett geröstet, auch mit pflanzlichem Öl, Salz, Aromastoffen, Gewürzen oder anderen Zutaten versetzt oder überzogen,

   b) Erdnussmark, eine Paste aus gemahlenen, gerösteten Erdnüssen, auch mit Zusatz von Salz oder Öl,

   c) Früchte (einschließlich Fruchtschalen und Samen), in einem wässrigen Aufguss, in Sirup, in Alkohol oder durch chemische Konservierungsstoffe haltbar gemacht (z. B. Früchte in Armagnac mit Zuckersirup und natürlichen Fruchtextrakten),

   d) Fruchtpülpe, sterilisiert,

   e) ganze Früchte, wie Pfirsiche (einschließlich Nektarinen), Aprikosen, Marillen, Orangen (auch geschält, entsteint oder entkernt), zerkleinert und sterilisiert, auch mit Zusatz von Wasser oder Zuckersirup in einer Menge, die nicht ausreicht, dass diese Erzeugnisse unmittelbar trinkbar sind (z. B. in Form sog. Ganzfruchtsäfte), **nicht jedoch** Erzeugnisse, die durch Zusatz einer ausreichenden Menge Wasser oder Zuckersirup unmittelbar trinkbar sind (Position 2202),

   f) Früchte, gegart, **nicht jedoch** Früchte, in Wasser oder Dampf gekocht und sodann gefroren (Position 0811), die aber unter Nr. 11 der Anlage 2 fallen (vgl. Tz. 55),

   g) Pflanzenstängel, -wurzeln und andere genießbare Pflanzenteile (z. B. Ingwer, Angelika, Yamswurzeln, Süßkartoffeln, Hopfenschösslinge, Weinblätter, Palmherzen), in Sirup haltbar gemacht oder anders zubereitet oder haltbar gemacht,

   h) Tamarindenfrüchte, in Zuckersirup eingelegt,

   i) Früchte, Nüsse, Fruchtschalen und andere genießbare Pflanzenteile (andere als Gemüse) mit Zucker haltbar gemacht und sodann in Sirup gelegt (z. B. glasierte Esskastanien, Ingwer), ohne Rücksicht auf die Art der Verpackung.

Diese Erzeugnisse können an Stelle von Zucker mit synthetischen Süßmitteln (z. B. Sorbit) gesüßt sein. Andere Zutaten (z. B. Stärke) können diesen Erzeugnissen nur insoweit zugesetzt sein, dass sie den wesentlichen Charakter als Früchten, Nüssen oder anderen essbaren Pflanzenteilen nicht beeinflussen. **Nicht** hierher gehören Erzeugnisse, die aus einer Mischung von Pflanzen oder Pflanzenteilen, Samen oder Früchten verschiedener Arten oder aus Pflanzen oder Pflanzenteilen, Samen oder Früchten einer Art oder mehrerer Arten in Mischung mit anderen Stoffen bestehen (z. B. einem oder mehreren Pflanzenauszügen), die nicht unmittelbar verzehrt werden, sondern von der zum Herstellen von Aufgüssen oder Kräutertees verwendeten Art sind (z. B. Positionen 0813, 0909 oder 2106), die aber unter Nr. 11, 12 bzw. 33 der Anlage 2 fallen können (vgl. Tz. 55, 59, 116).

Ebenso **nicht** hierher gehören auch Mischungen von Pflanzen, Pflanzenteilen, Samen oder Früchten (ganz, in Stücken, als Pulver oder sonst zerkleinert) verschiedener Kapitel (z. B. Kapitel 7, 9, 11, 12), die nicht unmittelbar verzehrt werden, sondern entweder unmittelbar zum Aromatisieren von Getränken oder zum Gewinnen von Auszügen zum Herstellen von Getränken verwendet werden (Kapitel 9 oder Position 2106), die aber unter Nr. 12 bzw. 33 der Anlage 2 fallen können (vgl. Tz. 59, 116).

Nach Nr. 32 der Anlage 2 sind **nicht begünstigt**:   114

1. Schalen von Zitrusfrüchten oder von Melonen, zur vorläufigen Haltbarmachung in Salzlake oder in Wasser mit einem Zusatz von anderen Stoffen eingelegt (Position 0814)
2. Fruchtsäfte (einschließlich Traubenmost) und Gemüsesäfte, nicht gegoren, ohne Zusatz von Alkohol, auch mit Zusatz von Zucker oder anderen Süßmitteln (Position 2009)
   Dazu gehören z. B. auch:
   a) eingedickte (auch gefrorene) Säfte (trinkfertig oder nicht) (auch in Kristall- oder Pulverform), vorausgesetzt, dass sie in dieser Form ganz oder fast ganz wasserlöslich sind,
   b) rückverdünnte Säfte (trinkfertig oder nicht), die dadurch hergestellt werden, dass Dicksäften Wasser in einer Menge zugesetzt wird, wie es in entsprechenden nicht verdickten Säften üblicherweise enthalten ist,
   c) Tomatensaft mit einem Gehalt an Trockenstoff von weniger als sieben Gewichtshundertteilen.
3. nichtalkoholhaltige und alkoholhaltige Getränke, d. h. unmittelbar trinkbare Flüssigkeiten (Kapitel 22), z. B. Fruchtnektare (nicht gegorene, aber gärfähige, durch Zusatz von Wasser und Zucker zu Fruchtsäften, konzentrierten Fruchtsäften, Fruchtmark, konzentriertem Fruchtmark oder einem Gemisch dieser Erzeugnisse hergestellte Zubereitungen, sog. Süßmoste (Fruchtnektar, der ausschließlich aus Fruchtsäften, konzentrierten Fruchtsäften oder einem Gemisch dieser beiden Erzeugnisse, die aufgrund ihres hohen natürlichen Säuregehalts zum unmittelbaren Genuss nicht geeignet sind, hergestellt wird) oder mit Kohlensäure imprägnierte Frucht- oder Gemüsesäfte, sowie Limonaden, Fruchtsaftgetränke und mit Alkohol versehene Frucht- und Gemüsesäfte sowie durch Pressen aus frischem Gemüse oder frischen Küchenkräutern gewonnene Säfte, nicht gegoren, auch konzentriert; nicht trinkbarer Wacholderbeersaft (Position 2106) fällt unter Nr. 33 der Anlage 2 (vgl. Tz. 116) und Milchmischgetränke mit einem Anteil an Milch oder Milcherzeugnissen von mindestens 75 % (Position 2202) fallen unter Nr. 35 der Anlage 2 (vgl. Tz. 121).
4. Lebensmittelzubereitungen, deren Gehalt an Wurst, Fleisch, Schlachtnebenerzeugnissen, Blut, Fisch, Krebstieren, Weichtieren oder anderen wirbellosen Wassertieren – einzeln oder zusammen – 20 Gewichtshundertteile überschreitet (Kapitel 16), die aber unter Nr. 28 der Anlage 2 fallen (vgl. Tz. 100)
5. feine Backwaren, z. B. Fruchttorten (Position 1905), die aber unter Nr. 31 der Anlage 2 fallen (vgl. Tz. 110)
6. Suppen und Brühen sowie Zubereitungen zum Herstellen von Suppen oder Brühen und zusammengesetzte homogenisierte Lebensmittelzubereitungen (Position 2104), die aber unter Nr. 33 der Anlage 2 fallen (vgl. Tz. 116)

Verschiedene Lebensmittelzubereitungen (Kapitel 21)   115
(Nr. 33 der Anlage 2)

Begünstigt sind alle Erzeugnisse des Kapitels 21 Zolltarif.

Im Einzelnen sind nach Nr. 33 der Anlage 2 **begünstigt**:   116

1. Auszüge, Essenzen und Konzentrate aus Kaffee, Tee oder Mate und Zubereitungen auf der Grundlage dieser Erzeugnisse oder auf der Grundlage von Kaffee, Tee oder Mate; geröstete Zichorien und andere geröstete Kaffeemittel sowie Auszüge, Essenzen und Konzentrate hieraus (Position 2101)

   Hierzu gehören auch Erzeugnisse aus entkoffeiniertem Kaffee, Instantkaffee (getrocknet oder gefriergetrocknet), Kaffeepasten (aus gemahlenem, geröstetem Kaffee sowie pflanzlichen Fetten oder anderen Zutaten), Zubereitungen aus Gemischen von Tee, Milchpulver und Zucker, andere geröstete Kaffeemittel (dienen durch Ausziehen mit heißem Wasser als Kaffee-Ersatz-Getränk oder als Zusatz zu Kaffee), wie z. B. Gersten-, Malz- und Eichelkaffee (werden darüber hinaus noch aus Zuckerrüben, Möhren, Feigen, Weizen und Roggen, Lupinen, Sojabohnen, Kichererbsen, Dattel- und Mandelkernen, Löwenzahnwurzeln oder Kastanien hergestellt), sowie Zubereitungen auf der Grundlage von Auszügen, Essenzen oder

Anlage 2
H

Konzentraten aus Kaffee, Tee oder Mate (**nicht jedoch** Mischungen von Kaffee, Tee oder Mate als solchem mit anderen Stoffen), denen im Verlauf der Herstellung Stärke oder andere Kohlenhydrate zugesetzt sein können.

Die Erzeugnisse können in Form von Stücken, Körnern oder Pulver oder in Form flüssiger oder fester Auszüge vorliegen; sie können auch miteinander vermischt sein oder Zusätze anderer Stoffe (z. B. Salz, Alkalicarbonate usw.) enthalten. Sie sind oft in Kleinverkaufspackungen aufgemacht.

Nicht hierzu gehören:

a) geröstete Kaffeemittel mit beliebigem Gehalt an Kaffee (Position 0901), die aber unter Nr. 12 der Anlage 2 fallen (vgl. Tz. 59),

b) aromatisierter Tee (Position 0902), der aber ebenfalls unter Nr. 12 der Anlage 2 fällt (vgl. Tz. 59),

c) Zucker und Melassen, karamellisiert (Position 1702), die aber unter Nr. 29 der Anlage 2 fallen (vgl. Tz. 103),

d) trinkfertiger Kaffee- oder Teeaufguss (Kapitel 22),

e) Malz, auch geröstet, das nicht als Kaffeemittel aufgemacht ist (Position 1107).

2. Hefen (lebend oder nicht lebend); andere Einzeller-Mikroorganismen, nicht lebend (ausgenommen Vaccine [Impfstoffe] der Position 3002); zubereitete Backtriebmittel in Pulverform (Position 2102)

Lebende Hefen bewirken Gärungsvorgänge und bestehen im Wesentlichen aus bestimmten Mikroorganismen, die sich normalerweise während der alkoholischen Gärung vermehren.

Hierzu gehören:

a) Brauereihefe (bildet sich bei der Bierbereitung in den Gärbottichen),

b) Brennereihefe (bildet sich bei der Vergärung von Getreide, Kartoffeln, Früchten usw. in den Brennereien),

c) Backhefe (entsteht durch Züchtung bestimmter Hefestämme auf kohlenhydratreichen Nährböden, z. B. Melassen, unter besonderen Bedingungen),

d) Hefekulturen (im Laboratorium hergestellte Hefereinzuchten),

e) Anstellhefe (durch stufenweise Vermehrung von Hefekulturen hergestellt, dient als Ausgangshefe zum Gewinnen von Handelshefe).

Durch Trocknung gewonnene nicht lebende Hefen (d. h. abgestorbene, inaktive Hefen) sind im Allgemeinen Brauerei-, Brennerei- oder Backhefen, die für die Weiterverwendung in diesen Industriezweigen nicht mehr hinreichend aktiv sind. Sie werden für die menschliche Ernährung oder zur Tierfütterung verwendet.

Andere Einzeller-Mikroorganismen, wie einzellige Bakterien und Algen, nicht lebend, werden u. a. in Kulturen auf Substraten gewonnen, die Kohlenwasserstoffe oder Kohlendioxid enthalten. Sie sind besonders reich an Proteinen und werden im Allgemeinen zur Tierfütterung verwendet.

Die zubereiteten Backtriebmittel in Pulverform bestehen aus Mischungen chemischer Erzeugnisse (z. B. Natriumbicarbonat, Ammoniumcarbonat, Weinsäure oder Phosphaten), auch mit Zusatz von Stärke. Sie entwickeln unter geeigneten Bedingungen Kohlendioxid und werden deshalb in der Bäckerei zur Teiglockerung verwendet. Sie kommen meistens in Kleinverkaufspackungen unter verschiedenen Bezeichnungen (Backpulver usw.) in den Handel.

Nicht hierzu gehören:

f) Getreidemehl, das durch Zusatz sehr geringer Mengen an Backtriebmitteln verbessert ist (Position 1101 oder 1102); dies fällt aber unter Nr. 14 der Anlage 2 (vgl. Tz. 66),

g) Kulturen von Mikroorganismen (ausgenommen Hefen) und Vaccine (Position 3002),

h) Arzneiwaren (Position 3003 oder 3004),

i) Enzyme (Amylasen, Pepsin, Lab usw.) (Position 3507).

3. Zubereitungen zum Herstellen von Würzsoßen und zubereitete Würzsoßen; zusammengesetzte Würzmittel; Senfmehl, auch zubereitet, und Senf (Position 2103)

Hierzu gehören:

a) Zubereitungen, im Allgemeinen stark gewürzt, die zum Verbessern des Geschmacks bestimmter Gerichte (insbesondere Fleisch, Fisch und Salate) bestimmt sind und aus verschiedenen Stoffen (Eier, Gemüse, Fleisch, Früchte, Mehl, Stärke, Öl, Essig, Zucker, Gewürze, Senf, Aromastoffe usw.) hergestellt sind

Würzsoßen sind im Allgemeinen flüssig, Zubereitungen zum Herstellen von Würzsoßen haben meist die Form von Pulver, dem zur Bereitung einer Würzsoße nur Milch, Wasser usw. zugefügt werden muss. Hierzu gehören z. B. Majonäse, Salatsoßen, Sauce Bearnaise, Sauce Bolognese, Sojasoße, Pilzsoße, Worcestersoße, Tomatenketchup und andere Tomatensoßen, Selleriesalz, Minzsoße, aromatische Bitter (alkoholhaltige Zubereitungen unter Verwendung von Enzianwurzeln) und bestimmte zusammengesetzte Würzmittel für die Fleischwarenherstellung sowie bestimmte Getränke, die zum Kochen zubereitet und deshalb zum Trinken ungeeignet geworden sind (z. B. Kochweine und Kochkognak), **nicht jedoch** Extrakte und Säfte von Fleisch, Fischen, Krebstieren, Weichtieren und anderen wirbellosen Wassertieren (Position 1603), die aber unter Nr. 28 der Anlage 2 fallen können (vgl. Tz. 98, 100). „Trasi" oder „Blachan" genannte Zubereitungen, aus Fischen oder Krebstieren gewonnen (ausschließlich zum Würzen bestimmter orientalischer Gerichte bestimmt), auch miteinander vermischt, in Form von Pasten, bleiben aber in Position 2103.

b) Senfmehl, durch Mahlen und Sieben von Senfsamen aus Position 1207 Zolltarif gewonnen, aus weißen oder schwarzen Senfsamen (auch entfettet bzw. auch geschält) oder einer entsprechenden Mischung hieraus hergestellt, ohne Rücksicht auf seinen Verwendungszweck und zubereitetes Senfmehl (eine Mischung aus Senfmehl und geringen Mengen anderer Stoffe wie Getreidemehl, Zimt, Kurkuma, Pfeffer usw.) sowie Senf (eine pastöse Masse aus Senfmehl, Essig, Traubenmost oder Wein, der Salz, Zucker, Gewürze oder andere Würzstoffe zugesetzt sein können), **nicht jedoch**:

    aa) Senfsamen (Position 1207), der aber unter Nr. 18 der Anlage 2 fällt (vgl. Tz. 76),

    bb) fettes Senföl (Position 1514), das aber unter Nr. 26 der Anlage 2 fällt (vgl. Tz. 94, 95),

    cc) Senfölkuchen, der beim Gewinnen von fettem Senföl aus Senfsamen anfällt (Position 2306), der aber nach Nr. 37 der Anlage 2 begünstigt ist (vgl. Tz. 125, 126),

    dd) ätherisches Senföl (Position 3301).

Soweit bei Gewürzkombinationen (Gewürzzubereitungen und Mixflasche) die Gewürze charakterbestimmend sind, unterliegen diese Zusammenstellungen insgesamt dem ermäßigten Steuersatz. Bei der Lieferung von Speiseeis in Trinkgläsern erstreckt sich der Steuerermäßigung auch auf die Gläser, wenn es sich um geringwertige Trinkgläser aus gewöhnlichem Glas handelt (z. B. Gläser mit und ohne Henkel, konische oder zylindrische Gläser, gerippte oder glatte Gläser, Gläser mit Bildern oder Aufschriften, Stilgläser usw.). Solche Gläser sind übliche Warenumschließungen. Im Übrigen vergleiche hierzu die Ausführungen im allgemeinen Teil (vgl. Tz. 10).

4. Zubereitungen zum Herstellen von Suppen oder Brühen; Suppen und Brühen; zusammengesetzte homogenisierte Lebensmittelzubereitungen (Position 2104)

    a) Hierzu gehören sowohl Zubereitungen zum Herstellen von Suppen oder Brühen, denen nur Wasser, Milch usw. zugesetzt werden muss, als auch Suppen und Brühen, die nach einfachem Erwärmen genussfertig sind. Diese Erzeugnisse sind im Allgemeinen auf der Grundlage von pflanzlichen Stoffen (Gemüse, Mehl, Stärke, Sago, Teigwaren, Reis, Pflanzenauszüge usw.), Fleisch, Fleischextrakt, Fett, Fisch, Krebstieren, Weichtieren und anderen wirbellosen Wassertieren, Peptonen, Aminosäuren oder von Hefeextrakt hergestellt. Sie können eine beträchtliche Menge Salz enthalten und liegen im Allgemeinen in Form von Tabletten, Broten, Würfeln, Pulver oder in flüssigem Zustand vor.

    b) Zu den zusammengesetzten homogenisierten Lebensmittelzubereitungen der Position 2104 Zolltarif gehören nur fein homogenisierte Mischungen mehrerer Grundstoffe wie Fleisch, Fisch, Gewürze oder Früchte, für den Einzelverkauf zur Ernährung von Kindern oder zum Diätgebrauch in Behältnissen von 250g oder weniger aufgemacht. Diesen Grundstoffen können zu diätetischen Zwecken oder zum Würzen, Haltbarmachen oder zu anderen Zwecken geringe Mengen unterschiedlicher Stoffe wie Käse, Eigelb, Stärke, Dextrine, Salz oder Vitamine zugesetzt sein. Die Erzeugnisse bilden eine salbenartige Paste unterschiedlicher Konsistenz, die unmittelbar oder nach Aufwärmen verzehrbar ist. Sie sind meistens in luftdicht verschlossenen Gläsern oder Metalldosen aufgemacht, deren Inhalt im Allgemeinen einer vollständigen Mahlzeit entspricht.

    Hierzu gehören **jedoch nicht**:

        aa) zusammengesetzte homogenisierte Lebensmittelzubereitungen, die nicht für den Einzelverkauf zur Ernährung von Kindern oder zum Diätgebrauch aufgemacht sind oder die in Behältnissen mit einem Gewicht des Inhalts von mehr als 250g vorliegen oder auch Zubereitungen dieser Art, die nur aus einem einzigen Grundstoff bestehen (im Allgemeinen Kapitel 16 oder 20), auch wenn ihnen in geringer Menge Bestandteile zum Würzen, Haltbarmachen usw. zugesetzt sind; diese können aber unter Nr. 28 oder 32 der Anlage 2 fallen (vgl. Tz. 98-100, 112, 113),

        bb) Gemüsemischungen, getrocknet (Julienne), auch in Pulverform (Position 0712), die aber unter Nr. 10 der Anlage 2 fallen (vgl. Tz. 48-50),

Anlage 2
H

cc) Mehl, Grieß und Pulver von trockenen Hülsenfrüchten (Position 1106); dies fällt aber unter Nr. 16 der Anlage 2 (vgl. Tz. 70, 71),

dd) Extrakte und Säfte von Fleisch und Fischen (Kapitel 16), die aber unter Nr. 28 der Anlage 2 fallen können (vgl. Tz. 98-100),

ee) kakaohaltige Lebensmittelzubereitungen (im Allgemeinen Position 1806 oder 1901), die aber unter Nr. 30 oder 31 der Anlage 2 fallen können (vgl. Tz. 106, 107, 109,110),

ff) Gemüsemischungen der Position 2004 oder 2005 (anders als mit Essig oder Essigsäure zubereitetes oder haltbar gemachtes Gemüse), auch wenn sie manchmal zum Herstellen von Suppen verwendet werden, die aber unter Nr. 32 der Anlage 2 fallen können (vgl. Tz. 112, 113).

5. Speiseeis, auch kakaohaltig (Position 2105)

Hierzu gehören Speiseeis, meist auf der Grundlage von Milch oder Rahm zubereitet, und ähnliche gefrorene Erzeugnisse (z. B. Sorbet, Eis am Stiel), auch mit beliebigem Gehalt an Kakao, **nicht jedoch** Mischungen und Grundstoffe zum Herstellen von Speiseeis, die nach ihrem charakterbestimmenden Bestandteil eingereiht werden, z. B. Position 1806 (Schokolade und andere kakaohaltige Lebensmittelzubereitungen), die aber unter Nr. 30 der Anlage 2 fallen (vgl. Tz. 106, 107) oder Position 1901 (Mehl-, Grieß-, Stärke- oder Malzextrakterzeugnisse), die aber unter Nr. 31 der Anlage 2 fallen (vgl. Tz. 109, 110). Als Speiseeis im Sinne der Position 2105 Zolltarif gelten Lebensmittelzubereitungen (auch für den Einzelverkauf aufgemacht), deren fester oder teigig-pastöser Zustand durch Gefrieren erzielt worden ist und die zum Verzehr in diesem Zustand bestimmt sind. Diese Erzeugnisse kennzeichnen sich dadurch, dass sie in einen flüssigen oder halbflüssigen Zustand übergehen, wenn sie einer Temperatur um 0 °C ausgesetzt werden. Zubereitungen, die zwar wie Speiseeis aussehen, jedoch nicht die vorbezeichnete Eigenschaft besitzen, gehören **nicht** hierzu (im Allgemeinen aber zu Positionen 1806, 1901, so dass sie nach Nr. 30 oder 31 der Anlage 2 begünstigt sein [vgl. Tz. 106, 107, 109, 110]). Die begünstigten Erzeugnisse haben verschiedene Bezeichnungen (Eis, Eiscreme, Cassata, Neapolitaner Schnitten usw.) und werden in unterschiedlicher Aufmachung geliefert; sie können außer Kakao oder Schokolade auch Zucker, pflanzliche Fette oder Milchfett, Magermilch, Früchte, Stabilisatoren, Aroma- und Farbstoffe usw. enthalten. Zum Herstellen von bestimmtem Speiseeis wird zur Erhöhung des Volumens Luft in die verwendeten Grundstoffe eingeschlagen (Aufschlag).

6. Lebensmittelzubereitungen, anderweit weder genannt noch inbegriffen (Position 2106)

Hierzu gehören – soweit nicht in anderen Positionen des Zolltarifs erfasst – sowohl Zubereitungen, die entweder unmittelbar oder nach weiterer Behandlung (z. B. durch Garen, durch Auflösen oder Aufkochen in Wasser oder Milch usw.) zur menschlichen Ernährung verwendet werden als auch Zubereitungen, die ganz oder teilweise aus Lebensmittel zusammengesetzt sind und beim Herstellen von Getränken oder Lebensmitteln verwendet werden, insbesondere solche, die aus Mischungen von chemischen Erzeugnissen (organische Säuren, Calciumsalzen usw.) mit Lebensmitteln (z. B. Mehl, Zucker, Milchpulver) bestehen und entweder zur Verwendung als Bestandteile oder zum Verbessern bestimmter Eigenschaften (Aussehen, Haltbarkeit usw.) von Lebensmittelzubereitungen bestimmt sind (**nicht jedoch** Enzymzubereitungen, die Lebensmittel enthalten, z. B. Fleischzartmacher, die aus einem eiweißspaltenden Enzym bestehen, dem Dextrose oder andere Lebensmittel zugesetzt sind [im Allgemeinen Position 3507]).

Hierzu gehören z. B.:

a) Pulver zum Herstellen von Pudding, Creme, Speiseeis, Zwischengerichten, Geleespeisen oder ähnlichen Zubereitungen, auch gezuckert,

b) Pulver, aromatisiert (sog. Coco), auch gesüßt, zum Herstellen von Getränken, auf der Grundlage von Natriumbicarbonat und Glycyrrhizin oder Süßholzauszug,

c) Zubereitungen auf der Grundlage von Butter oder anderen Fettstoffen aus der Milch, die insbesondere für Backwaren verwendet werden,

d) Massen auf der Grundlage von Zucker, die eine verhältnismäßig große Menge an zugesetztem Fett und manchmal Milch oder Nüsse enthalten und nicht unmittelbar zu Zuckerwaren verarbeitet werden können, sondern als Füllungen usw. für Schokolade, feine Backwaren usw. verwendet werden,

e) natürlicher Honig, mit Gelee Royale angereichert,

f) Eiweißhydrolysate, die hauptsächlich aus einer Mischung von Aminosäuren und Natriumchlorid bestehen und in Lebensmittelzubereitungen (z. B. zur Geschmacksabrundung) verwendet werden; Eiweißkonzentrate, die aus entfettetem Sojamehl durch Entzug bestimmter Bestandteile gewonnen und zum Anreichern von Lebensmittelzubereitungen mit Eiweiß verwendet werden; texturiertes Sojabohnenmehl und andere texturierte Eiweißstoffe, **nicht jedoch:**

| | aa) | nichttexturiertes, entfettetes Sojabohnenmehl, auch wenn es für die menschliche Ernährung verwendet werden kann (Position 2304); dies fällt aber unter Nr. 37 der Anlage 2 (vgl. Tz. 125, 126), |
| | bb) | Proteinisolate (Position 3504), |

g) nichtalkoholhaltige oder alkoholhaltige Zubereitungen (**nicht jedoch** auf der Grundlage von wohlriechenden Stoffen [Position 3302], die aber unter Nr. 46 der Anlage 2 fallen können [vgl. Tz. 145]), wie sie bei der Herstellung der verschiedenen nichtalkoholhaltigen Getränke verwendet werden

Diese Zubereitungen können aus Pflanzenauszügen durch Zusatz von Milchsäure, Weinsäure, Zitronensäure, Phosphorsäure, Konservierungsstoffen, Schaummitteln, Fruchtsäften usw. hergestellt werden. Die Zubereitungen enthalten (ganz oder zum Teil) Aromastoffe, die dem Getränk einen bestimmten Charakter geben. Das fragliche Getränk kann gewöhnlich dadurch zubereitet werden, dass die Zubereitung einfach mit Wasser, Wein oder Alkohol, auch mit Zusatz von z. B. Zucker oder Kohlendioxid, verdünnt wird. Nach ihrer Beschaffenheit sind diese Zubereitungen nicht für den Gebrauch als Getränk bestimmt und können auf diese Weise von den nicht begünstigten Getränken des Kapitels 22 Zolltarif unterschieden werden.

h) Tabletten für Ernährungszwecke, auf der Grundlage natürlicher oder künstlicher Riechstoffe (z. B. Vanillin),

i) Karamellen, Kaugummis und ähnliche Erzeugnisse, die an Stelle von Zucker synthetische Süßstoffe (z. B. Sorbit) enthalten,

j) Zubereitungen (z. B. Tabletten), die aus Saccharin und einem Lebensmittel, z. B. Lactose, bestehen und zum Süßen verwendet werden,

k) Hefeautolysate und andere Hefeextrakte, Erzeugnisse, die durch Abbau von Hefe gewonnen werden (nicht gärfähig, mit hohem Eiweißgehalt, hauptsächlich in der Lebensmittelindustrie z. B. als Geschmacksverbesserer verwendet),

l) Zubereitungen zum Herstellen von Limonaden und anderen Getränken, die z. B. bestehen aus:

    aa) aromatisierten oder gefärbten Sirupen, die Zuckerlösungen mit zugesetzten natürlichen oder künstlichen Stoffen sind, die ihnen insbesondere den Geschmack bestimmter Früchte oder Pflanzen (Himbeere, Johannisbeere, Zitrone, Minzen usw.) verleihen, auch mit Zusatz von Zitronensäure und Konservierungsmitteln,

    bb) einem Sirup, dem zum Aromatisieren ein Grundstoff (siehe Buchst. g) zugesetzt wurde, der insbesondere entweder Kola-Auszug und Zitronensäure (gefärbt mit karamellisiertem Zucker) oder Zitronensäure und ätherische Öle von Früchten (z. B. Zitrone oder Orange) enthält,

    cc) einem Sirup, mit Fruchtsäften aromatisiert, die durch Zusatz verschiedener Stoffe (Zitronensäure, ätherische Öle aus der Fruchtschale usw.) in einer solchen Menge modifiziert wurden, dass das Verhältnis der Inhaltsstoffe, wie es in einem natürlichen Saft besteht, offensichtlich gestört ist,

    dd) konzentriertem Fruchtsaft mit Zusatz von Zitronensäure (in einer solchen Menge, dass der Gesamtsäuregehalt denjenigen des natürlichen Fruchtsaftes beträchtlich übersteigt), ätherischen Ölen aus Früchten, synthetischen Süßstoffen usw.

Diese Zubereitungen werden nach einfachem Verdünnen mit Wasser oder nach einer zusätzlichen Behandlung als Getränke verwendet. Bestimmte Zubereitungen dieser Art werden auch anderen Lebensmittelzubereitungen zugesetzt.

m) Mischungen eines Ginseng-Auszuges mit anderen Stoffen (z. B. Lactose oder Glucose), die zum Herstellen von „Ginseng-Tees" oder „Ginseng-Getränken" verwendet werden,

n) Erzeugnisse, die bestehen aus einer Mischung von Pflanzen oder Pflanzenteilen, Samen oder Früchten verschiedener Arten oder aus Pflanzen oder Pflanzenteilen, Samen oder Früchten einer Art oder mehrerer Arten in Mischung mit anderen Stoffen (z. B. einem oder mehreren Pflanzenauszügen), die nicht unmittelbar verzehrt werden, sondern von der zum Herstellen von Aufgüssen oder Kräutertees verwendeten Art (z. B. mit abführenden, harntreibenden oder entblähenden Eigenschaften) sind, einschließlich Erzeugnisse, von denen behauptet wird, dass sie bei bestimmten Krankheiten Linderung bieten oder zur allgemeinen Gesundheit und zum Wohlbefinden beitragen, **nicht jedoch** Erzeugnisse, deren Aufguss eine therapeutische oder prophylaktische Dosis eines gegen eine bestimmte einzelne Krankheit spezifisch wirkenden Bestandteils ergibt (Position 3003 oder 3004),

o) Mischungen von Pflanzen, Pflanzenteilen, Samen oder Früchten (ganz, in Stücken, als Pulver oder sonst zerkleinert), die nicht unmittelbar verzehrt werden, sondern von der

Anlage 2
H

        Art sind, wie sie unmittelbar zum Aromatisieren von Getränken oder zum Gewinnen von Auszügen zum Herstellen von Getränken verwendet werden,

   p) Zubereitungen, häufig als „Ergänzungslebensmittel" bezeichnet, auf der Grundlage von Pflanzenauszügen, Fruchtkonzentraten, Honig, Fructose usw., denen Vitamine und manchmal sehr geringe Mengen Eisenverbindungen zugesetzt sind, z. B. Aloe-vera-Tabletten oder Multivitamin-Brausetabletten (soweit es sich nicht um Arzneiwaren handelt)

        Auf den Packungen dieser Zubereitungen ist häufig angegeben, dass sie allgemein der Erhaltung der Gesundheit oder des Wohlbefindens dienen. Nicht begünstigt sind jedoch ähnliche Zubereitungen, die zum Verhüten oder Behandeln von Krankheiten oder Leiden bestimmt sind (Position 3003 oder 3004).

   q) Käsefondue, eine Lebensmittelzubereitung bestehend aus Käse, vermischt mit Weißwein, Wasser, Stärke, Kirschbranntwein und einem Emulgiermittel,

   r) Nicotin-Kaugummi, in Form von Tabletten, die Nicotin enthalten, und die den Geschmack von Tabakrauch simulieren (zum Gebrauch durch Personen, die das Rauchen aufgeben wollen),

   s) Backmittel, z. B. aus Mono- und Diglyceriden, Milchpulver und Saccharose, als Zusatz bei der Herstellung von Backwaren,

   t) Emulgiermittel und Stabilisierungsmittel für bestimmte Lebensmittelzubereitungen (z. B. Majonäse) aus einer Mischung chemischer Erzeugnisse mit Nährstoffen (Magermilchpulver, Eiweiß usw.) sowie entsprechende Kombinationen.

117 Nach Nr. 33 der Anlage 2 sind **nicht begünstigt**:
1. Frucht- und Gemüsesäfte, auch in Pulverform (Position 2009)
2. unmittelbar trinkbare Anregungsmittel (Tonika), auch wenn sie nur in kleinen Mengen (z. B. löffelweise) eingenommen werden (z. B. Vitamin-Tonikum aus Vitaminen, Malzextrakt, Traubenzucker, Honig und Wein) (Kapitel 22)

118 **Wasser, ausgenommen**
– Trinkwasser, einschließlich Quellwasser und Tafelwasser, das in zur Abgabe an den Verbraucher bestimmten Fertigpackungen in den Verkehr gebracht wird,
– Heilwasser und
– Wasserdampf
(aus Unterposition 2201 9000)
(Nr. 34 der Anlage 2)

Begünstigt sind nur die gewöhnlichen Wässer aller Art aus Unterposition 2201 9000, insbesondere sog. Leitungswasser (**nicht jedoch** Meerwasser aus Position 2501). Diese Wässer können auch durch physikalische oder chemische Verfahren gereinigt worden sein (d. h. filtriertes, entkeimtes, geklärtes oder entkalktes natürliches Wasser, **nicht jedoch** destilliertes Wasser, Leitfähigkeitswasser oder Wasser von gleicher Reinheit [Position 2851], wie z. B. Heizwasser, in Kraftwerken aus vollentsalztem Wasser erzeugt). Begünstigt ist auch entsprechendes Warm- oder Heizwasser (siehe jedoch Tz. 120 Nr. 8) und der Verkauf von heißem Wasser aus einem Heißgetränkeautomaten, wenn dieser entweder mit Leitungswasser befüllt oder selbst an die Wasserleitung angeschlossen ist.

119 Als unselbständige Nebenleistung (vgl. auch Tz. 9) zu den begünstigten Umsätzen von Wasser ist die Vermietung von Wassermessgeräten (sog. Wasseruhren) und Standrohren anzusehen.

Die Zahlungen an ein Wasserversorgungsunternehmen für das Legen von Wasserleitungen (Liefererleitungen) einschließlich der Hauswasseranschlüsse (sog. Wasseranschlussbeiträge, Baukostenzuschüsse oder Hausanschlusskosten) sind Entgelt für die umsatzsteuerpflichtige Leistung „Verschaffung der Möglichkeit zum Anschluss an das Versorgungsnetz" und damit **keine** unselbständige Nebenleistung, sondern selbständige Hauptleistung, die dem allgemeinen Steuersatz unterliegt. Ebenso **keine** Nebenleistung zur Wasserlieferung liegt vor, wenn ein Versorgungsunternehmen seine bereits vorhandenen Leitungen auf Veranlassung eines Dritten (z. B. im Rahmen städtebaulicher Planung) verlegt.

120 Nach Nr. 34 der Anlage 2 sind **nicht begünstigt**:
1. Natürliches und künstliches Mineralwasser (aus Unterposition 2201 10)
    Im Sinne des Zolltarifs handelt es sich hierbei um Wasser, das Mineralsalze und Gase enthält, wobei die Zusammensetzung sehr unterschiedlich ist. Es gibt z. B. alkalische, sulfathaltige, halogenhaltige, schwefelhaltige, arsenhaltige oder eisenhaltige Wässer. Natürliches Mineralwasser kann auch natürliches oder künstliches Kohlendioxid enthalten. Da diese Beschreibung zur Abgrenzung des nicht begünstigten Mineralwassers vom begünstigten gewöhnlichen Wasser oft nicht ausreicht, wird natürliches Mineralwasser nach § 2 Mineral- und Tafelwasser-Verordnung vom 1. August 1984 (BGBl. I S. 1036), zuletzt geändert durch Artikel 1 der Verordnung vom 3. März 2003 (BGBl. I S. 352), bestimmt. Hiernach hat natürli-

Anlage 2
H

ches Mineralwasser seinen Ursprung in unterirdischen, vor Verunreinigungen geschützten Wasservorkommen und wird aus einer oder mehreren natürlichen oder künstlich erschlossenen Quellen gewonnen.

Es ist von ursprünglicher Reinheit und gekennzeichnet durch seinen Gehalt an Mineralien, Spurenelementen oder sonstigen Bestandteilen und ggf. durch bestimmte, insbesondere ernährungsphysiologische Wirkungen. Seine Zusammensetzung und seine übrigen wesentlichen Merkmale bleiben im Rahmen natürlicher Schwankungen konstant und werden durch Schwankungen in der Schüttung nicht verändert. Der Gehalt an bestimmten Stoffen darf vorgegebene Grenzwerte nicht übersteigen. Natürliches Mineralwasser darf gewerbsmäßig nur in den Verkehr gebracht werden, wenn es amtlich anerkannt ist. Amtlich anerkannte Mineralwässer werden im Bundesanzeiger bekannt gemacht (§ 3 Mineral- und Tafelwasser-Verordnung).

Künstliche Mineralwässer sind solche, die aus Trinkwasser durch Zusatz fester oder gasförmiger Stoffe, wie sie sich in natürlichen Mineralwässern befinden, hergestellt werden, um ihnen etwa die Eigenschaften zu verleihen, die den natürlichen Mineralwässern entsprechen.

2. Trinkwasser einschließlich Quellwasser und Tafelwasser, das in zur Abgabe an den Verbraucher bestimmten Fertigpackungen in den Verkehr gebracht wird

   Quellwasser ist Wasser, das seinen Ursprung in einem unterirdischen Wasservorkommen hat, aus einer oder mehreren natürlichen oder künstlich erschlossenen Quellen gewonnen worden ist und das bei seiner Herstellung keinen oder lediglich den in § 6 Mineral- und Tafelwasser-Verordnung aufgeführten Verfahren unterworfen worden ist (§ 10 Abs. 1 Mineral- und Tafelwasser-Verordnung).

   Tafelwasser wird aus Trinkwasser oder natürlichem Mineralwasser unter Beifügung bestimmter Zusatzstoffe hergestellt. Es entspricht im Wesentlichen dem künstlichen Mineralwasser aus Unterposition 2201 10.

   Ebenso nicht begünstigt ist kohlensäurehaltiges Wasser, das aus Trinkwasser besteht, dem unter einigen Atmosphären Druck Kohlendioxid zugesetzt worden ist. Es wird häufig unzutreffend als Selterwasser bezeichnet, obwohl echtes Selterwasser ein natürliches Mineralwasser ist.

   Bei dem sonstigen Trinkwasser handelt es sich um Wasser, das nicht die Begriffsbestimmungen für natürliches Mineralwasser, Tafelwasser oder Quellwasser erfüllt (§ 18 Mineral- und Tafelwasser-Verordnung).

3. Heilwasser

   Hierunter fallen Heilwässer aus Position 2201, die nicht bereits als natürliches Mineralwasser oder als abgefülltes Quellwasser von der Begünstigung ausgenommen sind.

4. Wasserdampf (aus Unterposition 2201 9000)

   Dazu gehört Wasserdampf jeglicher Herkunft (aus Unterposition 2201 9000), auch Wasserdampf aus destilliertem Wasser, Leitfähigkeitswasser oder Wasser von gleicher Reinheit, insbesondere Wasserdampf aus vollentsalztem Wasser, der von Kraftwerken als Wärmeträger geliefert wird.

5. Eis und Schnee (aus Unterposition 2201 9000)

   Hierunter sind sowohl künstlich gefrorenes Wasser als auch natürliches Eis und natürlicher Schnee zu verstehen.

6. Kohlensäureschnee oder Trockeneis (Kohlendioxid in fester Form) (Position 2811)

7. Wässer mit Zusatz von Zucker, anderen Süßmitteln oder Aromastoffen (Position 2202)

8. Wärme, bei der dem Abnehmer die Verfügungsmacht über den Wärmeträger (z. B. Warmwasser) nicht verschafft wird (z. B. Wärmelieferungen durch Fernheizwerke an private Haushalte)

   In diesem Fall ist nicht das Heißwasser Liefergegenstand, sondern die Wärme, die ebenso wie andere Energiearten (z. B. Elektrizität oder Gas) dem allgemeinen Steuersatz unterliegt.

Milchmischgetränke mit einem Anteil an Milch oder Milcherzeugnissen (z. B. Molke) von mindestens fünfundsiebzig vom Hundert des Fertigerzeugnisses (aus Position 2202) (Nr. 35 der Anlage 2)

121

Begünstigt sind nur nichtalkoholhaltige Milchmischgetränke aus Position 2202, die mengenmäßig zu mindestens 75 % aus Milch oder Milcherzeugnissen bestehen, z. B. Milchgetränke mit Zusatz von Kakao (Kakaomilch) oder Fruchtsäften (Fruchttrunk), mit oder ohne Zusatz von Kohlensäure.

Anlage 2
H

Der Anteil von 75 % an Milch oder Milcherzeugnissen bezieht sich auf Massenanteile. Somit werden sowohl Erzeugnisse erfasst, die einen Massenanteil, als auch solche, die einen Volumenanteil von mindestens 75 % an Milch oder Milcherzeugnissen aufweisen.

Als Milch oder Milcherzeugnisse gelten Vollmilch, Magermilch, Buttermilch und Molke, **nicht jedoch** Trinkjoghurt und andere fermentierte oder gesäuerte Milch (einschließlich Rahm) mit Zusatz von Kakao, Früchten oder Aromastoffen (Position 0403), die aber unter Nr. 4 der Anlage 2 fallen (vgl. Tz. 30). Die Position 2202 umfasst ausschließlich Getränke, d. h. unmittelbar trinkbare Zubereitungen, auch gezuckert, mit Zusatz von Aromen (z. B. Vanille- oder Fruchtessenzen) oder fein zerkleinerten Früchten (z. B. Erdbeeren, Himbeeren, Mandeln).

122 Nach Nr. 35 der Anlage 2 sind **nicht begünstigt**:
1. Milchmischgetränke mit Zusatz von Alkohol (Position 2206), auch wenn der zugesetzte Alkohol lediglich eine Geschmackszugabe darstellt und mengenmäßig nicht ins Gewicht fällt
2. Getränke, die aus Soja hergestellt sind und als Milchersatz dienen
3. andere nichtalkoholhaltige Getränke der Position 2202 (z. B. Limonaden)

123 **Speiseessig (Position 2209)**
(Nr. 36 der Anlage 2)

Begünstigt ist nur Speiseessig der Position 2209.

Hierzu gehören:
1. Gärungsessig (d. h. durch Essigsäuregärung aus alkoholhaltigen Flüssigkeiten gewonnenes Erzeugnis), z. B. Weinessig, Malzessig, Obstessig, Bieressig, Essig aus Apfelwein, Birnenwein oder anderen vergorenen Fruchtmosten, Branntweinessig oder Essig, hergestellt aus Getreide, Melasse, hydrolysierten Kartoffeln, Molke usw.
2. Essigersatz, und zwar
    a) Essigersatz oder künstlicher Essig (häufig mit Karamell oder anderen organischen Farbstoffen gefärbt), der durch Verdünnen von Essigsäure mit Wasser gewonnen wird, mit einem Gehalt an Essigsäure von zehn Gewichtshundertteilen oder weniger,
    b) Lösungen von Essigsäure in Wasser mit einem Gehalt an Essigsäure von normalerweise 10 bis 15 Gewichtshundertteilen, die im Hinblick auf ihre Verwendung als Essigersatz für Speisen aromatisiert und/oder gefärbt sind.

    Andere Lösungen von Essigsäure in Wasser mit einem Gehalt an Essigsäure von mehr als 10 Gewichtshundertteilen gehören zu Position 2915 und können unter Nr. 42 der Anlage 2 fallen (vgl. Tz. 137).

Gärungsessig und Essigersatz werden zum Würzen oder Haltbarmachen von Lebensmitteln verwendet und können (z. B. mit Estragon) aromatisiert oder mit Gewürzen versetzt sein.

124 Nach Nr. 36 der Anlage 2 ist Toilettenessig aus Position 3307 **nicht begünstigt**.

125 **Rückstände und Abfälle der Lebensmittelindustrie; zubereitetes Futter (Kapitel 23)**
(Nr. 37 der Anlage 2)

Begünstigt sind alle Erzeugnisse des Kapitels 23 Zolltarif. Hierzu gehören verschiedene Rückstände und Abfälle, die bei der Verarbeitung von pflanzlichen Stoffen durch die Lebensmittelindustrie anfallen, sowie bestimmte Rückstände tierischen Ursprungs. Die meisten dieser Erzeugnisse werden hauptsächlich, entweder allein oder vermischt mit anderen Stoffen, als Futter verwendet; einige dienen nach der menschlichen Ernährung oder technischen Zwecken (Weintrub, Weinstein, Ölkuchen usw.).

126 Im Einzelnen sind nach Nr. 37 der Anlage 2 **begünstigt**:
1. Mehle und Pellets von Fleisch, von Schlachtnebenerzeugnissen, von Fischen oder von Krebstieren, von Weichtieren oder anderen wirbellosen Wassertieren, ungenießbar; Grieben (Position 2301)

    Hierzu gehören:
    a) Mehle und Pulver, zur menschlichen Ernährung nicht geeignet, die durch Verarbeitung ganzer Tiere (einschließlich Geflügel, Meeressäugetiere, Fische, Krebstiere, Weichtiere oder andere wirbellose Wassertiere) oder bestimmter Tierteile (Fleisch, Schlachtnebenerzeugnisse usw.), ausgenommen Knochen, Hufe, Hörner, Schalen usw. gewonnen werden (z. B. Tierkörpermehl und Fleischmehl)

    Die Ausgangsstoffe fallen hauptsächlich in Schlachthöfen, auf Fangschiffen, die den Fang an Bord verarbeiten, und in der Konservenindustrie an; sie werden im Allgemeinen mit Dampf behandelt und zum Ausziehen des Fettes oder Öles gepresst oder mit Lösemitteln behandelt; der Rückstand wird durch längere Wärmebehandlung getrocknet und haltbar gemacht und schließlich gemahlen.

Hierzu gehören die o. g. Erzeugnisse auch in Form von Pellets (d. h. Erzeugnisse, die entweder unmittelbar durch Pressen oder durch Zusatz eines Bindemittels wie Melasse oder stärkehaltige Stoffe in einer Menge von nicht mehr als drei Gewichtshundertteilen zu Zylindern, Kügelchen usw. agglomeriert worden sind). Die Erzeugnisse werden im Allgemeinen zum Füttern, einige jedoch für andere Zwecke (z. B. als Dünger) verwendet. **Nicht** hierher, sondern zu Position 0305 gehören Fischmehle, die zur menschlichen Ernährung geeignet sind. Diese können unter Nr. 3 der Anlage 2 fallen (vgl. Tz. 23, 24).

    b) Grieben, die aus Hautgewebe bestehen, das nach dem Ausziehen (durch Schmelzen oder Pressen) von Schweineschmalz oder anderen tierischen Fetten zurückbleibt

       Sie werden hauptsächlich für die Futtermittelherstellung (insbesondere Hundekuchen) verwendet, gehören aber auch dann hierher, wenn sie zur menschlichen Ernährung geeignet sind.

2. Kleie und andere Rückstände, auch in Form von Pellets, vom Sichten, Mahlen oder von anderen Bearbeitungen von Getreide und Hülsenfrüchten (Position 2302)

   Hierzu gehören insbesondere:

    a) Schalenkleie, die aus den äußeren Schalen der Körner besteht, an denen noch ein Teil des Endosperms und etwas Mehl haftet,

    b) Feinkleie (Grießkleie), die als Nebenerzeugnis bei der Mehlgewinnung (Weiterverarbeitung von Schalenkleie) anfällt und die vor allem die feinsten Teile der Schalen, die nach dem Sichten und Sieben übrig bleiben, sowie etwas Mehl enthält,

    c) Rückstände (vom Sichten und anderen Bearbeitungen von Getreidekörnern oder aus Arbeiten zur Vorbereitung des Mahlvorganges, die insbesondere aus Bestandteilen wie kleineren, deformierten oder zerbrochenen Körnern des betreffenden Getreides oder den beigemischten Samen wild wachsender Pflanzen oder verschiedenen Stoffen wie Blattstücke, Halmstücke, mineralische Stoffe usw. bestehen oder Rückstände, die bei der Reinigung von Lagerstätten wie Silos, Schiffsladeräumen usw. anfallen mit einer ähnlichen Zusammensetzung.

       Ebenso dazu gehören Samenschalen, die beim Schleifen von Reis anfallen und Rückstände vom Schälen, Quetschen, Verflocken, perlförmigen Schleifen, Schneiden oder Schroten von Getreidekörnern als auch Rückstände und Abfälle ähnlicher Art, die beim Mahlen oder anderen Bearbeitungen von Hülsenfrüchten anfallen. Hierher gehören auch Erzeugnisse, die entweder durch Mahlen ganzer Maiskolben, auch mit ihren Hüllblättern, gewonnen werden, oder auch Bruchmais, der beim Sichten nicht geschälter, gereinigter Maiskörner anfällt, wenn diese Erzeugnisse nicht die Bedingungen hinsichtlich des Stärke- und Aschegehaltes für Müllereierzeugnisse erfüllen. Ansonsten gehören diese Erzeugnisse zu Kapitel 11 Zolltarif und können damit unter Nr. 14 der Anlage 2 fallen (vgl. Tz. 65, 66). Ebenso **nicht** hierher, sondern zu Position 1213 und damit zu Nr. 23 der Anlage (vgl. Tz. 88, 89) gehört Getreidespreu, die beim Dreschen anfällt (z. B. Spelzen und Buchweizenschalen).

3. Rückstände von der Stärkegewinnung und ähnliche Rückstände, ausgelaugte Rübenschnitzel, Bagasse und andere Abfälle aus der Zuckergewinnung, Treber, Schlempen und Abfälle aus Brauereien oder Brennereien, auch in Form von Pellets (Position 2303)

   Hierzu gehören insbesondere:

    a) Abfälle aus der Stärkegewinnung aus Mais, Reis, Weizen, Kartoffeln usw. (z. B. auch als „Maiskleber", „gluten meal", „Maiskleberfutter", „Sorghumkleberfutter" und als „Kartoffelpülpe" bezeichnete Erzeugnisse), sofern sie bestimmte Stärke- und Fettgehalte nicht übersteigen

       Ansonsten gehören sie im Allgemeinen zu Kapitel 11 und können somit nach Nr. 14, 15 oder 16 der Anlage 2 begünstigt sein (vgl. Tz. 65, 66, 68, 70, 71). Rückstände aus der Stärkegewinnung aus Maniokwurzeln (auch Tapioka genannt), mit einem Stärkegehalt von mehr als 40 Gewichtshundertteilen, in Form von Mehl oder Grieß, gehören zu Position 1106 und sind somit **nicht** nach Nr. 37 der Anlage 2 begünstigt (ebenso **nicht** nach Nr. 16 der Anlage 2, vgl. Tz. 72). Derartige Erzeugnisse in Form von Pellets gehören zu Position 0714 und sind somit ebenso **nicht begünstigt**.

    b) eingedicktes Maisquellwasser, ohne Rücksicht auf seinen Proteingehalt,

    c) nasse oder trockene Rückstände von der Zuckergewinnung aus Zuckerrüben

       Nicht als „Abfall" von der Zuckergewinnung gilt Molke in Pulverform, der ein Teil der Lactose entzogen worden ist (Position 0404), die aber unter Nr. 4 der Anlage 2 fällt (vgl. Tz. 30).

Anlage 2
H

- d) der nach Ausziehen des Saftes anfallende, aus Stängelfasern des Zuckerrohrs bestehende Rückstand (Bagasse), sowie andere Abfälle aus der Zuckergewinnung wie Scheideschlamm oder Filterpressrückstände, **nicht jedoch** Halbstoffe, aus Bagasse hergestellt (Position 4706),
- e) Biertreber (von Gerste, Roggen usw.), nass oder trocken,
- f) Malzkeimlinge, die beim Keimen von Gerste entstehen und beim Entkeimen anfallen,
- g) vollständig ausgelaugte Hopfenrückstände,
- h) Rückstände aus der Destillation von Alkohol aus Getreide, Samen, Kartoffeln usw. (Schlempen), **nicht jedoch** durch Veraschen und Auslaugen von Melassenschlempe gewonnene Schlempekohle (Position 2621),
- i) Melasseschlempe als Rückstand von der Alkoholgewinnung aus Zuckerrübenmelasse, **nicht jedoch** Melassen, die bei der Gewinnung oder Raffination von Zucker anfallen (Position 1703), die aber unter Nr. 29 der Anlage 2 fallen (vgl. Tz. 102, 103).

4. Ölkuchen und einzelne feste Rückstände aus der Gewinnung von Sojaöl und Erdnussöl, auch gemahlen oder in Form von Pellets (Positionen 2304 und 2305)

   Hierzu gehören Ölkuchen und andere feste Rückstände aus der durch Pressen, durch Ausziehen mit Lösemitteln oder durch Zentrifugieren erfolgten Gewinnung von Soja- und Erdnussöl. Diese Rückstände bilden ein wertvolles Tierfutter. Hierher gehört auch nichttexturiertes, entfettetes Sojabohnenmehl zur Verwendung für die menschliche Ernährung. Die Erzeugnisse dieser Positionen können in Form von Kuchen, Schrot oder Pellets vorliegen.

   Nicht hierher gehören:
   - a) Öldrass (Position 1522),
   - b) Eiweißkonzentrate, aus entfettetem Soja- oder Erdnussmehl durch Entzug bestimmter Bestandteile gewonnen und als Zusatz für Lebensmittelzubereitungen bestimmt, sowie texturiertes Sojabohnenmehl.

   Diese Erzeugnisse gehören aber zu Position 2106 und fallen damit unter Nr. 33 der Anlage 2 (vgl. Tz. 115, 116).

5. Ölkuchen und andere feste Rückstände aus der Gewinnung anderer pflanzlicher Fette oder Öle, auch gemahlen oder in Form von Pellets (Position 2306)

   Hierzu gehören insbesondere Ölkuchen und andere feste Rückstände aus der Gewinnung des Öls von Ölsamen, ölhaltigen Früchten oder Getreidekeimen (z. B. von Leinsamen, Baumwollsamen, Sesamsamen, Maissamen und Kopra – als wertvolles Futter verwendet – sowie von Rizinus, als Dünger genutzt), die durch Pressen, Ausziehen mit Lösemitteln oder durch Zentrifugieren gewonnen werden. Hierher gehören auch entölte Kleie, ein Rückstand aus der Ölgewinnung aus Reiskleie, sowie Bittermandel- und Senfkuchen, die zur Gewinnung ätherischer Öle verwendet werden. Die Rückstände können in Form von Kuchen, Schrot oder Pellets vorliegen.

   Hierzu gehört auch nichttexturiertes entfettetes Mehl, das für die menschliche Ernährung verwendet wird.

   Nicht begünstigt ist jedoch Öldrass (Position 1522).

   Erzeugnisse ab einem bestimmten höheren Stärke-, Fett- oder Proteingehalt (die Bestimmung erfolgt nach in EU-Richtlinien festgelegten Methoden) gehören je nach Beschaffenheit im Allgemeinen zu Kapitel 11 Zolltarif und können somit unter Nr. 14, 15 oder 16 der Anlage 2 fallen (vgl. Tz. 65, 66, 68, 70, 71) oder gehören zu einer anderen Position des Kapitels 23 und sind dann anderweitig nach Nr. 37 der Anlage 2 begünstigt. Als Rückstände aus der Gewinnung von Olivenöl gelten nur solche Erzeugnisse, deren Fettgehalt 8 Gewichtshundertteile nicht übersteigt. Erzeugnisse dieser Art (ausgenommen Öldrass) mit einem höheren Fettgehalt gehören zu Position 0709 und können somit nach Nr. 10 der Anlage 2 begünstigt sein (vgl. Tz. 48-50).

6. Weintrub/Weingeläger; Weinstein, roh (Position 2307)

   Hierzu gehören:
   - a) Weintrub, der schlammige Bodensatz, der sich beim Gären und Reifen des Weines absetzt (auch zum Herstellen von Futter verwendet), sowie getrockneter Weintrub, den man durch Pressen über Filter erhält und der als Pulver, Granalien oder in unregelmäßigen Stücken vorkommt.
   - b) roher Weinstein (auch gewaschen), eine Kruste, die sich während der Gärung des Traubenmostes in den Gärbottichen oder während der Lagerung des Weines in den Lagerfässern bildet.

     Er dient als Beizmittel in der Färberei, liegt in Form von Pulver, Flocken oder kristallinen unregelmäßigen Stücken vor und ist grau bis dunkelrot bzw. nach dem ersten Waschen gelblich-grau bis rotbraun gefärbt.

Weintrub und roher Weinstein bestehen aus unreinem Kaliumbitartrat und können einen verhältnismäßig hohen Anteil an Calciumtartrat aufweisen. Aus ihnen wird gereinigter oder raffinierter Weinstein (Position 2918) gewonnen, der jedoch **nicht begünstigt** ist. Er unterscheidet sich von rohem Weinstein dadurch, dass er die Form von kristallinem Pulver oder von Kristallen hat, die rein weiß, geruchlos, von saurem Geschmack und luftbeständig sind.

Ebenfalls **nicht begünstigt** ist reines Calciumtartrat (je nach Beschaffenheit Position 2918 oder 3824).

7. pflanzliche Stoffe und pflanzliche Abfälle, pflanzliche Rückstände und pflanzliche Nebenerzeugnisse der zur Fütterung verwendeten Art, auch in Form von Pellets, anderweit weder genannt noch inbegriffen (Position 2308)

   Hierzu gehören pflanzliche Stoffe und Abfälle sowie Rückstände und Nebenerzeugnisse, die bei der industriellen Verarbeitung von pflanzlichen Stoffen anfallen, vorausgesetzt, dass sie nicht von Positionen mit genauerer Warenbezeichnung erfasst werden und dass sie zur Fütterung von Tieren geeignet sind, z. B.

   a) Eicheln und Rosskastanien,
   b) entkörnte Maiskolben, Maisstängel und Maisblätter,
   c) Möhrenkraut und Rübenblätter,
   d) Gemüseschalen (Erbsen- und Bohnenschoten usw.),
   e) Schalen von Sojabohnen, auch gemahlen, die nicht der Ölextraktion unterworfen wurden,
   f) Abfälle von Früchten (Schalen und Kerngehäuse von Äpfeln, Birnen usw.) und Trester (vom Pressen von Weintrauben, Äpfeln, Birnen, Zitrusfrüchten usw.), auch wenn sie zum Gewinnen von Pektin verwendet werden,
   g) Rückstände vom Schälen der Senfsaat,
   h) Rückstände, die beim Herstellen von Kaffeemitteln (oder Auszügen daraus) aus Getreidekörnern oder anderen pflanzlichen Stoffen anfallen,
   i) Rückstände aus der Reinigung von Maniokwurzeln vor deren Pelletieren, die aus Teilen der Maniokwurzel und Sand (etwa 44 %) bestehen und die beim Waschen und Bürsten der Wurzeln abgelöst worden sind,
   j) Rückstände aus der Reinigung von Rapssamen vor dem Ausziehen des Öls, die aus meist zerbrochenem Rapssamen mit einem Anteil (etwa 50 %) an fremden Pflanzensamen und verschiedenen anderen Verunreinigungen bestehen,
   k) Rückstände, die bei der Gewinnung von Furfurol durch Hydrolyse von Maiskolben anfallen und als „hydrolysierte, gemahlene Maiskolben" bezeichnet werden,
   l) Nebenerzeugnisse, die durch Eindampfen von Abwässern der Zitrusfruchtsaftgewinnung gewonnen und manchmal als „Zitrus-Melassen" bezeichnet werden,
   m) sog. Orangenzellen, Erzeugnisse aus Orangenteilen, die beim Auspressen der Orangen zunächst in den Saft gelangen und später abgesiebt werden und die fast keine Anteile von Fruchtfleisch oder -saft enthalten, sondern zum größten Teil aus Zellhäuten und Albedo bestehen.

   Diese Erzeugnisse sind als Zusatz zu rückverdünnten Orangensäften oder Limonaden bestimmt.

8. Zubereitungen von der zur Fütterung verwendeten Art (Position 2309)

   a) Futter, melassiert oder gezuckert

   Sie bestehen aus einer Mischung von Melasse oder ähnlichen zuckerhaltigen Stoffen (im Allgemeinen mehr als 10 Gewichtshundertteile, mit einem oder mehreren anderen Futtermitteln, hauptsächlich zum Füttern von Rindern, Schafen, Pferden oder Schweinen bestimmt). Abgesehen von ihrem Nährwert verbessert die Melasse den Geschmack des Futters und ermöglicht die Verwertung von Erzeugnissen mit geringem Energiegehalt wie Stroh, Getreideschalen, Leinspreu und Trester. Diese Futtermittel werden im Allgemeinen unmittelbar verfüttert oder dienen zum Herstellen von Allein- oder Ergänzungsfuttermitteln (wenn es sich z. B. um einen Futterstoff mit hohem Nährwert wie Weizenkleie, Ölkuchen aus Palmkernen oder Kopra handelt).

   b) andere Zubereitungen

   aa) Futter, die dem Tier alle Nährstoffe liefern sollen, die täglich für eine mengenmäßig abgestimmte und ausgewogene Fütterung erforderlich sind (Alleinfuttermittel)

   Diese Zubereitungen kennzeichnen sich dadurch, dass sie Stoffe aus allen drei wichtigen Nährstoffgruppen enthalten, die alle Forderungen der tierischen Ernährung erfüllen, d. h. „energiereiche" Nährstoffe wie Stärke, Zucker, Cellulose und

Fette (z. B. in Getreide, zuckerhaltige Rüben, Talg und Stroh enthalten), „Aufbaustoffe", d. h. Nährstoffe, die reich an Eiweißen sind (wie z. B. Hülsenfrüchte, Biertreber, Ölkuchen und Nebenerzeugnisse der Milchverarbeitung) und Mineralstoffen (wie z. B. Calcium, Phosphor, Chlor, Natrium, Kalium, Eisen, Jod usw.) sind sowie „Wirk- und Ergänzungsstoffe" (Stoffe, die ein gutes Verwerten der Kohlenhydrate, des Eiweißes und der Mineralstoffe sicherstellen, wie z. B. Vitamine, Spurenelemente und Antibiotika, deren Fehlen Gesundheitsstörungen verursachen kann).

bb) Zubereitungen, durch die im landwirtschaftlichen Betrieb Futterstoffe ergänzt werden, um ausgewogenes Futter zu erhalten (Ergänzungsfutter)

Diese Zubereitungen weisen in qualitativer Hinsicht fast die gleiche Zusammensetzung auf wie die unter aa) genannten Zubereitungen, unterscheiden sich aber durch den verhältnismäßig hohen Gehalt der Mischung an dem einen oder anderen Nährstoff. Hierzu gehören auch Solubles von Fischen oder Meeressäugetieren, flüssig, dickflüssig, pastenförmig oder getrocknet, durch Konzentrieren und Stabilisieren von Abwässern gewonnen, die wasserlösliche Stoffe (Proteine, Vitamine der Gruppe B, Salze usw.) enthalten und beim Herstellen von Mehl oder Öl aus Fischen oder Meeressäugetieren anfallen, sowie vollständige und fraktionierte Eiweißkonzentrate aus grünen Blättern, die durch thermische Behandlung von Luzernesaft gewonnen werden.

cc) Zubereitungen zum Herstellen der vorstehend unter aa) und bb) beschriebenen Alleinfuttermittel oder Ergänzungsfutter

Diese handelsüblich als Vormischungen bezeichneten Zubereitungen sind komplexe Zusammenstellungen, die eine Anzahl von Stoffen (Additives) enthalten, die die Verwertung des Futters durch das Tier begünstigen und seinen Gesundheitszustand erhalten, die Haltbarkeit des Futters sicherstellen oder die Rolle eines Trägerstoffes spielen und entweder aus organischen oder anorganischen Stoffen (z. B. Maniok- und Sojamehl oder Magnesit, Salz und Phosphate) bestehen.

Hierzu gehören auch Zubereitungen aus mehreren Mineralstoffen, soweit sie nicht Zubereitungen für Veterinärzwecke darstellen.

Zur Position 2309 gehören auch Zubereitungen für Tiere wie Hunde oder Katzen (Mischungen aus Fleisch, Schlachtnebenerzeugnissen und anderen Zutaten, z. B. in luftdicht verschlossenen Dosen, die in etwa die jeweils für eine Fütterung notwendige Menge enthalten), Kuchen und Kauspielzeug für Hunde und andere Tiere (gewöhnlich aus Mehl, Stärke oder Getreide im Gemisch mit Grieben oder Fleischmehl hergestellt), Futterzubereitungen für Vögel (z. B. zusammengesetzt aus Hirse, Kanariensaat, entspelztem Hafer und Leinsamen) und Fische sowie „Brotmehl" aus getrockneten und gemahlenen Brotabfällen, die – für die menschliche Ernährung ungeeignet – für die Tierfütterung bestimmt sind und Erzeugnisse der zur Fütterung verwendeten Art, die aus der Verarbeitung von pflanzlichen oder tierischen Stoffen stammen und die durch die Verarbeitung die wesentlichen Merkmale der Ausgangsstoffe verloren haben, z. B. getrocknete Schweineohren.

Die Futtermittelzubereitungen liegen auch häufig in Form von Pellets vor.

Nicht hierzu gehören jedoch:

aa) Pellets, die aus einem einzigen Stoff oder die aus einer Mischung verschiedener Stoffe bestehen, als solche jedoch zu einer bestimmten anderen Position des Zolltarifs gehören,

bb) Mischungen von Getreidekörnern, von Getreidemehlen oder Mehlen von Hülsenfrüchten (Kapitel 10 bzw. 11), die aber unter Nr. 13 bis 16 der Anlage 2 fallen können (vgl. Tz. 61-72),

cc) Zubereitungen, die auch zur menschlichen Ernährung verwendet werden können (insbesondere Positionen 1901 und 2106), die aber unter Nr. 31 oder 33 der Anlage 2 fallen (vgl. Tz. 109, 110, 115, 116),

dd) Vitamine der Position 2936,

ee) Eiweißstoffe des Kapitels 35,

ff) Zwischenerzeugnisse aus der Gewinnung der Antibiotika, die durch Filtrieren und erstes Extrahieren erhalten worden sind, sowie die Rückstände dieses Prozesses, mit einem Gehalt an Antibiotika von im Allgemeinen nicht mehr als 70 % (Position 3824),

gg) Salzlecksteine für die Tierfütterung (Position 2501).

Anlage 2
H

Nach Nr. 37 der Anlage 2 sind **nicht begünstigt**: 127
1. nicht hydrolisiertes Federmehl (Position 0505)
2. Knochenmehl (Position 0506)
3. Blutmehl (Position 0511)
4. Arzneiwaren für die Veterinärmedizin (aus Position 3003), auch wenn der Trägerstoff ein Futtermittel ist
5. Fütterungsarzneimittel aus Position 3003 und aus 3004 (Arzneiwaren, auch für die Veterinärmedizin), die den Vorschriften des § 56 Abs. 4 des Arzneimittelgesetzes (AMG) entsprechen

Fütterungsarzneimittel sind Arzneimittel in verfütterungsfertiger Form, die aus Arzneimittel-Vormischungen und Mischfuttermitteln hergestellt werden und die dazu bestimmt sind, zur Anwendung bei Tieren in den Verkehr gebracht zu werden (§ 4 Abs. 10 AMG).

Fütterungsarzneimittel dürfen nur in Betrieben hergestellt werden, die eine Erlaubnis zur Herstellung von Arzneimitteln nach § 13 Abs. 1 AMG besitzen oder nach § 30 Abs. 1 Nr. 3 Buchst. a i. V. m. § 31 Abs. 1 und 2 Nr. 2 der Futtermittelverordnung registriert worden sind (§ 13 Abs. 2 Satz 1 Nr. 3 i. V. m. Satz 3 AMG, § 5 Abs. 3 Verordnung über tierärztliche Hausapotheken).

Zur umsatzsteuerrechtlichen Behandlung der Leistungen im Zusammenhang mit der Herstellung von Fütterungsarzneimitteln vgl. BMF-Schreiben vom 29. 5. 2002 – IV B 7 – S 7221 – 20/02 – (BStBl I S. 630).

Nr. 38 der Anlage 2 128
(weggefallen)

Speisesalz, nicht in wässriger Lösung (aus Position 2501) 129
(Nr. 39 der Anlage 2)

Begünstigt ist nur Salz (Natriumchlorid), das für Speisezwecke (Kochsalz, Tafelsalz) verwendet wird (aus Position 2501), d. h. Salz zum Haltbarmachen oder Zubereiten von Lebensmitteln. Es ist im Allgemeinen von großer Reinheit und einheitlichem Weiß. Hierzu gehört auch Salz (z. B. Tafelsalz) mit geringen Zusätzen von Jod oder Phosphat usw. und Salz, das so behandelt wurde, dass es trocken bleibt, sowie Salz mit Zusätzen, die das Zusammenkleben verhindern oder die Streufähigkeit erhalten. Reines Natriumchlorid ist nur dann begünstigt, wenn es seinem Verwendungszweck nach als Speisesalz angesehen werden kann.

Im Einzelnen sind nach Nr. 39 der Anlage 2 **begünstigt**: 130
1. durch konventionellen Abbau bergmännisch gewonnenes Steinsalz
2. durch Eindampfen natürlicher Sole oder wässrigen Steinsalzlösungen gewonnenes Siedesalz
3. durch Verdunsten oder Eindampfen von Meerwasser oder Wasser aus Salzseen gewonnenes Seesalz

Nach Nr. 39 der Anlage 2 sind **nicht begünstigt**: 131
1. Salze zur chemischen Umwandlung (Spaltung in Natrium und Chlor) zum Herstellen anderer Erzeugnisse (aus Position 2501)
2. vergällte Salze (z. B. Viehsalz und Streusalz) oder Salze zu anderen industriellen Zwecken (einschließlich Raffination), ausgenommen zum Haltbarmachen oder Zubereiten von Lebensmitteln (aus Position 2501)
3. Salz in wässriger Lösung, z. B. Salzsole von mehr oder minder hoher Konzentration und Reinheit, in natürlichem Zustand aus Quellen, Bergwerken usw. gewonnen oder künstlich durch Auflösen von Steinsalz hergestellt, sowie wässrige Lösungen von reinem Natriumchlorid (aus Position 2501)
4. Abfallsalze, Abraumsalze (die Verunreinigungen enthalten) sowie Salzlecksteine für die Tierfütterung, durch Pressen von Salz unter Druck hergestellt, bestehend aus mindestens 95 % Natriumchlorid, dem in geringen Mengen Spurenelemente (z. B. Magnesium, Kupfer, Mangan, Kobalt) zugesetzt sind (aus Position 2501)
5. Salinen-Mutterlauge (die als Rückstand beim Versieden von salzhaltigen Flüssigkeiten entsteht) und Meerwasser (aus Position 2501)
6. Natriumchlorid, auch in wässrigen Lösungen, in Aufmachungen als Arzneiware, z. B. in Ampullen (Position 3004)
7. mineralische Düngemittel (Kapitel 31)
8. Badesalz (Position 3307)

Anlage 2
H

9. Pökelsalz (z. B. Zubereitungen auf der Grundlage von Kochsalz, Natriumnitrit, Natriumnitrat), auch mit Zusatz von Zucker (Position 3824)
10. denaturiertes (für den menschlichen Genuss unbrauchbar gemacht) Salz ohne Rücksicht auf das Denaturierungsverfahren (aus Position 2501)
11. gesalzene Würzmittel wie Selleriesalz (Position 2103), die aber unter Nr. 33 der Anlage 2 fallen können (vgl. Tz. 115, 116)
12. künstliche Kristalle des Natriumchlorids mit einem Stückgewicht von 2,5g oder mehr (Position 3824)
13. optische Elemente aus Kristallen des Natriumchlorids (Position 9001)
14. unvergälltes Streusalz (für Winterstreuzwecke) (Position 2501)

132 **a) Handelsübliches Ammoniumcarbonat und andere Ammoniumcarbonate (Unterposition 2836 10),**

b) Natriumhydrogencarbonat (Natriumbicarbonat) (Unterposition 2836 30)
(Nr. 40 der Anlage 2)

Begünstigt sind nur die ausdrücklich in der Vorschrift aufgeführten Erzeugnisse.

133 Im Einzelnen sind nach Nr. 40 der Anlage 2 **begünstigt**:

1. Ammoniumcarbonate

   Diese werden durch Erhitzen einer Mischung von Kreide und Ammoniumsulfat (oder Ammoniumchlorid) oder durch Reaktion von Kohlendioxid mit gasförmigem Ammoniak in Anwesenheit von Wasserdampf hergestellt. Diese Herstellungsverfahren ergeben das handelsübliche Ammoniumcarbonat, das, zusätzlich zu den verschiedenen Verunreinigungen (Chloride, Sulfate, organische Stoffe) Ammoniumhydrogencarbonat und Ammoniumcarbamat (NH_2COONH_4) enthält. Handelsübliches Ammoniumcarbonat kommt als weiße kristalline Masse oder Pulver vor. Es löst sich in heißem Wasser. An feuchter Luft zersetzt es sich unter Bildung des sauren Ammoniumcarbonats an der Oberfläche, kann aber in diesem Zustand auch noch verwendet werden. Ammoniumcarbonat wird als Beizmittel in der Färberei und im Zeugdruck, als Reinigungsmittel für Wolle, als schleimlösendes Mittel in der Medizin, zum Herstellen von Riechsalzen und Backpulvern, ferner in der Gerberei und in der Kautschukindustrie, in der Cadmiummetallurgie, bei organischen Synthesen usw. verwendet.

   Das als Hirschhornsalz bekannte Gemisch aus Ammoniumcarbonat und Ammoniumhydrogencarbonat, das in der Regel als Treibmittel beim Backen verwendet, ist ebenfalls begünstigt.

2. Natriumhydrogencarbonat ($NaHCO_3$)

   Natriumhydrogencarbonat (saures Carbonat, Natriumbicarbonat, „Natron") bildet gewöhnlich ein kristallines Pulver oder weiße Kristalle, ist in Wasser löslich und neigt dazu, an feuchter Luft zu zerfallen. Man verwendet es in der Medizin, zum Herstellen von Verdauungstabletten und kohlesäurehaltigen Getränken, ferner zum Herstellen von Backpulver, in der Porzellanindustrie usw.

   Nicht hierzu gehört natürliches Natriumcarbonat (Position 2530).

134 Nach Nr. 40 der Anlage 2 sind **nicht begünstigt**:

1. Dinatriumcarbonat (Na_2CO_3) (neutrales Carbonat, Solvay'sches Salz), oft fälschlicherweise als „Sodacarbonat" oder „Handelssoda" bezeichnet (Position 2836 20)
2. Arzneiwaren (Position 3003 oder 3004), z. B. für den Einzelverkauf zu therapeutischen oder prophylaktischen Zwecken aufgemachtes Natriumhydrogencarbonat

135 **D-Glucitol (Sorbit), auch mit Zusatz von Saccharin oder dessen Salzen (Unterpositionen 2905 44 und 2106 90)**
(Nr. 41 der Anlage 2)

Begünstigt sind nur die ausdrücklich in der Vorschrift aufgeführten Erzeugnisse der Unterposition 2905 44 (D-Glucitol bzw. Sorbit) und 2106 90 (Sorbit mit Zusatz von Saccharin oder dessen Salzen).

136 Im Einzelnen sind nach Nr. 41 der Anlage 2 **begünstigt**:

1. D-Glucitol (Sorbit) (Unterposition 2905 44)

   Hierher gehört nur isoliertes chemisch einheitliches Sorbit, auch wenn es Verunreinigungen enthält.

   Sorbit ist ein sechswertiger aliphathischer (Zucker-) Alkohol in Form eines weißen, kristallinen, hygroskopischen Pulvers, das gewöhnlich durch Hydrieren von Glucose oder Invertzucker gewonnen wird. Sorbit kommt u. a. in den Früchten des Vogelbeerbaumes vor und wird in der Riechmittelindustrie, zum Herstellen von Ascorbinsäure (in der Medizin gebraucht), zum Herstellen grenzflächenaktiver Stoffe, als Ersatz für Glycerin, als Feuchthaltemittel usw. und in der Diabetikerdiät als Zuckerersatz verwendet.

2. D-Glucitol (Sorbit) mit Zusatz von Saccharin oder dessen Salzen (Unterposition 2106 90)
Begünstigt sind nur Mischungen von Sorbit und Saccharin oder dessen Salzen. Die hierher gehörenden Sorbit-Sirupe enthalten auch andere Polyole. Der Gehalt an D-Glucitol beträgt im Allgemeinen, bezogen auf die Trockenmasse, 60 bis 80 %. Erzeugnisse dieser Art werden durch Hydrieren von Glucosesirupen mit hohem Disaccharid- und Polysaccharidgehalt hergestellt, jedoch ohne Isolierungsprozess. Sie haben die Eigenschaft sehr schwer kristallisierbar zu sein und werden in einer Vielzahl von Industrien verwendet (z. B. für Lebensmittel – insbesondere diätetische –, für Kosmetika oder Arzneiwaren, Kunststoffe, Textilien). Saccharin ist ein künstlicher Süßstoff, dessen Süßkraft rund 500-mal größer ist als die des Rohrzuckers.

Essigsäure (Unterposition 2915 21)   137
(Nr. 42 der Anlage 2)

Begünstigt ist nur Essigsäure der Unterposition 291521 (CH_3COOH).
Dazu gehören Lösungen von Essigsäure in Wasser mit einem Gehalt an Essigsäure von mehr als 10 Gewichtshundertteilen.

Nach Nr. 42 der Anlage 2 sind **nicht begünstigt**:   138
1. Speiseessig (Position 2209), der jedoch unter Nr. 36 der Anlage 2 fällt (vgl. Tz. 123)
2. Salze und Ester der Essigsäure (Unterpositionen 2915 22 00 bis 2915 39 90)
3. roher Holzessig (Position 3824)

Natriumsalz und Kaliumsalz des Saccharins (aus Unterposition 2925 1100)   139
(Nr. 43 der Anlage 2)

Begünstigt sind nur Natriumsalz und Kaliumsalz des Saccharins (oder 1,2-Benzisothiazolin-3-on-1,1-dioxid) (aus Unterposition 2925 1100). Saccharin ist ein geruchloses, weißes, kristallines, sehr süßes Pulver. Sein Natriumsalz hat eine geringere Süßkraft, ist jedoch wasserlöslicher. Tabletten, die als Süßstoff verwendet werden und aus einem dieser Erzeugnisse bestehen, verbleiben in dieser Position.
Hierzu gehören nur isolierte chemisch einheitliche organische Verbindungen, auch wenn sie Verunreinigungen enthalten.

Nach Nr. 43 der Anlage 2 sind **nicht begünstigt**:   140
1. Zubereitungen, die zur menschlichen Diät-Ernährung verwendet werden, aus einer Mischung von Saccharin oder seinen Salzen und einem Nährstoff, z. B. Lactose (Position 2106), die aber unter Nr. 33 der Anlage 2 fallen (vgl. Tz. 115, 116)
2. Zubereitungen aus Saccharin oder seinen Salzen und anderen Stoffen als Nährstoffen, wie Natriumhydrogencarbonat (Natriumbicarbonat) und Weinsäure (Position 3824)
3. Calcium- und Natriumcyclamate (z. B. der Süßstoff „Assugrin"). Cyclamate sind eine Gruppe von Süßstoffen, meist Natrium- oder Calciumsalze der Cyclohexylsulfamidsäure
4. Saccharin
5. Mannit und Xylit (als Nebenprodukt der Holzverzuckerung anfallender Zuckeralkohol)
6. Süßstoffe auf der Grundlage von Sorbit (D-Glucitol) (Position 2905), die aber unter Nr. 41 der Anlage 2 fallen können (vgl. Tz. 135, 136)
7. Chemisch reine Saccharose (Position 1701), die aber unter Nr. 29 der Anlage 2 fällt (vgl. Tz. 102, 103)

Nr. 44 der Anlage 2   141
(weggefallen)

Tierische oder pflanzliche Düngemittel mit Ausnahme von Guano, auch untereinander   142
gemischt, jedoch nicht chemisch behandelt; durch Mischen von tierischen oder pflanzlichen
Erzeugnissen gewonnene Düngemittel (aus Position 3101)
(Nr. 45 der Anlage 2)

Begünstigt sind nur natürliche Düngemittel tierischen oder pflanzlichen Ursprungs, auch untereinander gemischt, wenn sie zu Position 3101 gehören. Chemisch bearbeitete (z. B. aufgeschlossene) natürliche Düngemittel (aus Position 3101) sind **nicht begünstigt**. Unter Position 3105 Zolltarif und damit **nicht** unter Nr. 45 der Anlage 2 fallen natürliche Düngemittel, die in Tabletten, Pastillen oder ähnlichen Formen oder in Packungen bis zu 10 kg Gewicht angeboten werden.

Anlage 2
H

143 Im Einzelnen sind nach Nr. 45 der Anlage 2 **begünstigt**:
1. Hühner- und Taubendung, Stalldünger, Jauche und andere Abfälle tierischen Ursprungs (z. B. beschmutzte Wollabfälle) oder mit Torf vermischter Hühnermist, die im Allgemeinen nur als Düngemittel verwendet werden
2. pflanzliche Erzeugnisse im Zustand des Verrottens, die nur als Düngemittel verwendet werden (z. B. chemisch nicht bearbeiteter Kompost)
3. Mischungen aus verschiedenen tierischen und pflanzlichen Abfallstoffen, die als Düngemittel verwendet werden (z. B. Gemische aus getrocknetem Blut und Knochenmehl)
4. Rückstände aus der Wollwäscherei, soweit nicht chemisch bearbeitet

144 Nach Nr. 45 der Anlage 2 sind **nicht begünstigt**:
1. unvermischtes Horn-, Knochen- oder Klauenmehl sowie Fischabfälle und Muschelschalen (Kapitel 5)
2. Torf und Düngetorf (Position 2703)
3. Guano (aus Position 3101)
   Guano entsteht aus der Ablagerung der Ausscheidungen und Überreste von Seevögeln und ist ein stickstoff- und phosphathaltiges Düngemittel, gewöhnlich ein gelbliches, stark nach Ammoniak riechendes Pulver.
4. mineralische oder chemische Düngemittel (Positionen 3102 bis 3104)
5. Kompost, der mit Zusatz von Kalk usw. versehen ist (Position 3101)
6. Mischungen aus düngenden und nichtdüngenden Stoffen, z. B. Nährsubstrate aus Hühnerdung unter Beimischung von Gips (aus Position 3105)
7. Mischungen von natürlichen Düngern der Position 3101 mit chemischen Düngestoffen (Position 3105)
8. Tierblut, flüssig oder getrocknet (Position 0511)
9. Pflanzenerde (aus Position 3824)
10. Mehl, Pulver und Pellets von Fleisch oder Schlachtabfall, von Fischen oder Krustentieren (Krebstiere), von Weichtieren oder sonstigen wirbellosen Wassertieren, ungenießbar (Position 2301), die aber unter Nr. 37 der Anlage 2 fallen (vgl. Tz. 125, 126) und verschiedene andere Erzeugnisse des Kapitels 23 (Ölkuchen, Treber aus Brauereien oder Brennereien), die ebenfalls unter Nr. 37 der Anlage 2 fallen (vgl. Tz. 125, 126)
11. Knochen-, Holz-, Torf- oder Steinkohleasche (Position 2621)
12. Schnitzel und andere Abfälle von Leder oder von zubereiteten Häuten; Lederspäne, Lederpulver und Ledermehl (Position 4115)
13. Bodenverbesserer, wie z. B. Kalk (Position 2522), Mergel und Humus (Position 2530) sowie Bodenverbesserer auf Kunststoffbasis (Kapitel 39)

145 **Mischungen von Riechstoffen und Mischungen (einschließlich alkoholischer Lösungen) auf der Grundlage eines oder mehrerer dieser Stoffe, in Aufmachungen für den Küchengebrauch (aus Unterposition 3302 10)**
(Nr. 46 der Anlage 2)

Begünstigt sind Mischungen von zwei oder mehreren natürlichen oder künstlichen Riechstoffen und Mischungen auf der Grundlage eines oder mehrerer dieser Stoffe (auch mit Alkohol oder Wasser verdünnt), wenn sie für den Küchengebrauch aufgemacht sind (d. h. in Behältnissen mit einem Inhalt von nicht mehr als 50 ccm abgefüllt sind). Es handelt sich um Aromengemische, die unmittelbar zur Zubereitung von Lebensmitteln verwendbar sind, weil sie den Geschmack eines Lebensmittels wiedergeben (z. B. Frucht-, Wein-, Butter-, Kakao-, Karamell-, Honig-, Kümmel-, Nelken-, Nugat-, Punsch-, Rum-, Zimt-, Apfelsinen-, Clementinen-, Grapefruit-, Limetten-, Mandarinen-, Orangen-, Tangerinen- und Zitronenaromen – auch mit Fruchtteilen) oder dazu dienen, ein bestimmtes Aroma abzurunden. Zu dieser Position gehören auch andere Zubereitungen auf der Grundlage von Riechstoffen von der zum Herstellen alkoholhaltiger oder nichtalkoholhaltiger Getränke verwendeten Art.

146 Nach Nr. 46 der Anlage 2 sind **nicht begünstigt**:
1. zusammengesetzte alkoholhaltige oder nichtalkoholhaltige Zubereitungen von der zum Herstellen verwendeten Art, nicht auf der Grundlage von wohlriechenden Stoffen, sondern z. B. von Pflanzenauszügen, wobei Aromastoffe zugesetzt sein können (Position 2106)
   Diese Zubereitungen fallen jedoch unter Nr. 33 der Anlage 2 (vgl. Tz. 115, 116).

Anlage 2
H

2. Riechstoffe, zur Verwendung als Riechmittel geeignet und zu diesem Zweck für den Einzelverkauf aufgemacht, z. B. Parfüms (Position 3303)
3. Aromengemische, die Rohstoffe für die Riechmittelindustrie und andere Industrien (z. B. Schönheitsmittel- und Seifenindustrie) sind

Gelatine (aus Position 3503)
(Nr. 47 der Anlage 2)

147

Begünstigt ist nur Gelatine aus Unterposition 35030010. Gelatine besteht aus wasserlöslichen Eiweißstoffen, die durch Behandeln von Häuten, Knorpeln, Knochen, Sehnen oder ähnlichen tierischen Stoffen, gewöhnlich mit warmem – auch angesäuertem – Wasser gewonnen werden. Als Gelatine bezeichnet man diejenigen dieser Eiweißstoffe, die weniger klebend und reiner als Leim sind und mit Wasser klarere Gallerten ergeben. Gelatine dient insbesondere zum Herstellen von Lebensmitteln, pharmazeutischen Erzeugnissen, fotografischen Emulsionen, Bakteriennährböden oder zum Klären von Wein und Bier. Man verwendet sie auch in der Spinnstoff- und Papierindustrie, im grafischen Gewerbe oder zum Herstellen von Kunststoffen (gehärtete Gelatine) und Gelatinewaren. Gelatine wird meist in Form dünner, durchscheinender, fast farb- und geruchloser Blätter gewonnen. Sie kommt in Blöcken, Tafeln, Blättern, Flittern, Flocken, Pulver usw. in den Handel. Gelatineblätter, auch gefärbt, mit glatter oder bearbeiteter Oberfläche (z. B. durch Prägen oder Pressen gemustert, metallisiert oder bedruckt) gehören ebenfalls hierzu, sofern sie quadratisch oder rechteckig geschnitten sind. In anderen Formen (z. B. rund) gehören sie nicht hierher, sondern zu Position 9602. Geformte oder geschnitzte Erzeugnisse aus nicht gehärteter Gelatine gehören ebenfalls zu Position 9602 und sind deshalb **nicht begünstigt**.

Nach Nr. 47 der Anlage 2 sind **nicht begünstigt**:

148

1. Hausenblase (aus Position 3503), dessen Gewinnung durch einfache, mechanische Bearbeitung von Schwimmblasen bestimmter Fische erfolgt
2. unreine Gelatine wie Knochenleim, Hautleim, Sehnenleim und Fischleim (aus Position 3503)
3. Gelatinederivate, z. B. Gelatinetannat und Gelatinebromtannat (aus Position 3503)
4. Zubereitungen von Gelatine, z. B. Gelatina sterilisata in Ampullen zu Injektionen (Position 3003 oder 3004) und zubereitete Klärmittel (Position 3824)
5. gehärtete Gelatine (Position 3913)
6. Pasten auf der Grundlage von Gelatine für Druckwalzen, für grafische Reproduktionen und zu ähnlichen Zwecken (Position 3824)
7. Caseinleime (Position 3501)
8. Leime (z. B. Position 3506)

Holz, und zwar

149

a) Brennholz in Form von Rundlingen, Scheiten, Zweigen, Reisigbündeln oder ähnlichen Formen (Unterposition 4401 10),

b) Sägespäne, Holzabfälle und Holzausschuss, auch zu Pellets, Briketts, Scheiten oder ähnlichen Formen zusammengepresst (Unterposition 4401 30)
(Nr. 48 der Anlage 2)

Begünstigt sind nur die ausdrücklich in der Vorschrift aufgeführten Hölzer der Unterposition 4401 10 und 4401 30.

Im Einzelnen sind nach Nr. 48 der Anlage 2 **begünstigt**:

150

1. zu Buchstabe a):
   Holz in Formen, wie es üblicherweise als Brennstoff verwendet wird, sowie Holzabfälle jeder Art
   Im Allgemeinen kommt dieses Holz in folgenden Formen vor:
   a) runde Stücke von Stämmen, mit oder ohne Rinde,
   b) gespaltene Scheite,
   c) Äste, Reisigbündel, Rebholz, Kleinholzbündel, Baumstümpfe und -wurzeln,
   nicht jedoch Holz in Form von Plättchen oder Schnitzeln oder ähnliche Erzeugnisse aus Bambus (Position 4401). Holz zum Zerfasern in Form von Rundlingen oder gespaltenen Vierteln gehört zu Position 4403 und ist deshalb ebenfalls **nicht begünstigt**.
2. zu Buchstabe b):
   a) Sägespäne (ausgenommen Holzmehl und Holzwolle aus Position 4405), auch zu Pellets, Briketts, Scheiten oder ähnlichen Formen zusammengepresst,

Anlage 2
H

b) Holzabfälle und Holzausschuss, die in Tischlereien nicht verwendbar sind

Diese Stoffe werden insbesondere als Faserholz zum Herstellen von Papierhalbstoff, Holzfaserplatten oder Holzspanplatten sowie als Brennholz verwendet. Holzhackschnitzel und Holzhackspäne gehören nur dann hierher, wenn sie nach weiterer Aufbereitung zum entsprechenden Zerfasern geeignet sind und dadurch den Charakter von Holzabfällen haben. Holzabfälle und Holzausschuss sind vor allem Abfälle aus Sägewerken (einschließlich Schwarten), Be- und Verarbeitungsabfälle, zerbrochene Bretter, alte unbrauchbare Kisten, Rinden und Späne (auch zu Pellets, Briketts, Scheiten oder ähnlichen Formen zusammengepresst) und andere Holzabfälle und anderer Holzausschuss, angefallen bei Schreinerei- oder Zimmermannsarbeiten, ausgelaugtes Gerb- oder Färbholz, ausgelaugte Gerbrinde sowie Anmachholz, als Kleinholz in Bündeln aufgemacht.

151 Behandlungen, die zum Konservieren des Holzes notwendig sind, z. B. Trocknen, Ankohlen, Grundieren, Imprägnieren mit Kreosot oder ähnlichen Holzschutzmitteln, bleiben ohne Einfluss auf die Einreihung der unter Nr. 48 der Anlage 2 fallenden Hölzer.

152 Nach Nr. 48 der Anlage 2 sind **nicht begünstigt:**

1. Holz und Holzabfälle mit Harzüberzug, als Feueranzünder aufgemacht (Position 3606)
2. Rundlinge der zum Herstellen von Halbstoff oder Zündholzstäben verwendeten Art (Position 4403), die sich von den Rundlingen für Brennzwecke im Allgemeinen durch ihre Aufmachung unterscheiden

    Sie sind sorgfältig sortiert, entrindet, weißgeschält (entbastet) und enthalten im Allgemeinen keine gespaltenen, faulen, zerbrochenen, gebogenen, ästigen, gegabelten usw. Rundlinge.
3. Holzspäne oder Holzstreifen, die in der Korbmacherei, zum Herstellen von Sieben, von Schachteln für pharmazeutische Erzeugnisse usw. verwendet werden, und Holzspäne der bei der Essigherstellung oder zum Klären von Flüssigkeiten verwendeten Art (Position 4404)
4. Hölzer der hauptsächlich zur Riechmittelherstellung oder zu Zwecken der Medizin, Insektenvertilgung, Schädlingsbekämpfung und dergleichen (z. B. Quassiaholz) (Position 1211) oder Hölzer von hauptsächlich zum Färben oder Gerben (z. B. Fustikholz, Kampecheholz, Brasilholz, rotes Sandelholz oder Kastanienholz bzw. Eichen-, Fichten-, Weiden- oder Mangrovenrinde usw.) (Position 1404) verwendeten Art in Form von Schnitzeln, Spänen oder zerstoßen, gemahlen oder pulverisiert
5. pflanzliche Stoffe, z. B. Bambus von der hauptsächlich zum Herstellen von Korbmacher- oder Flechtwaren verwendeten Art (Position 1401)
6. Holzkohle (einschließlich Kohle aus Schalen oder Nüssen), auch zusammengepresst (Position 4402)
7. Holz in weiterverarbeiteter Form und Holzwaren (aus Kapitel 44), wie z. B. Holz für Fassreifen, Gehstöcke, Werkzeuggriffe usw., Schnittholz, andere Holzwaren, wie z. B. Holzzäune (Position 4421) oder gefräste und imprägnierte Holzpalisaden (Position 4407) sowie Bahnschwellen aus Holz (Position 4406), wobei die als Bahnschwellen unbrauchbar gewordenen Altschwellen (Position 4401) jedoch nach Nr. 48 der Anlage 2 begünstigt sind (vgl. Tz. 150)
8. Rohholz, auch entrindet, vom Splint befreit oder zwei- oder vierseitig grob zugerichtet (Position 4403)
9. Holzpfähle, gespalten; Pfähle und Pflöcke aus Holz, gespitzt, nicht in der Längsrichtung gesägt (aus Unterposition 4404 10 und 4404 20)

153 **Bücher, Zeitungen und andere Erzeugnisse des graphischen Gewerbes – mit Ausnahme der Erzeugnisse, für die die Hinweispflicht nach § 4 Abs. 2 Satz 2 des Gesetzes über die Verbreitung jugendgefährdender Schriften besteht oder die als jugendgefährdende Trägermedien den Beschränkungen des § 15 Abs. 1 bis 3 des Jugendschutzgesetzes unterliegen, sowie Veröffentlichungen, die überwiegend Werbezwecken (einschließlich Reisewerbung) dienen, und zwar**

a) Bücher, Broschüren und ähnliche Drucke, auch in Teilheften, losen Bogen oder Blättern, zum Broschieren, Kartonieren oder Binden bestimmt, sowie Zeitungen und andere periodische Druckschriften kartoniert, gebunden oder in Sammlungen mit mehr als einer Nummer in gemeinsamem Umschlag (ausgenommen solche, die überwiegend Werbung enthalten) (aus Positionen 4901, 9705 und 9706),

b) Zeitungen und andere periodische Druckschriften, auch mit Bildern oder Werbung enthaltend (ausgenommen Anzeigenblätter, Annoncen-Zeitungen und dergleichen, die überwiegend Werbung enthalten) (aus Position 4902),

c) Bilderalben, Bilderbücher und Zeichen- oder Malbücher, für Kinder (aus Position 4903),

d) Noten, handgeschrieben oder gedruckt, auch mit Bildern, auch gebunden (aus Position 4904),

e) kartographische Erzeugnisse aller Art, einschließlich Wandkarten, topographischer Pläne und Globen, gedruckt (aus Position 4905),
f) Briefmarken und dergleichen (z. B. Ersttagsbriefe, Ganzsachen) als Sammlungsstücke (aus Positionen 4907 und 9704) (Nr. 49 der Anlage 2)

Begünstigt sind nur die ausdrücklich in der Vorschrift bezeichneten Erzeugnisse aus den Positionen 4901 bis 4905 sowie aus den Positionen 4907, 9704 bis 9706.

Die Steuerermäßigung gilt **nicht** für sonstige Leistungen (einschließlich der Werkleistungen), die z. B. bei der Herstellung von Druckerzeugnissen als selbständige Leistungen erbracht werden. Eine Druckerei bewirkt z. B. eine nicht begünstigte Werkleistung, wenn der Auftraggeber ohne Mithilfe der Druckerei das Papier beschafft und es bereitstellt, die Druckerei also allenfalls Nebensachen zur Verfügung stellt. Die Gewährung eines Rechts, z. B. des Verlagsrechts, ist ebenfalls eine sonstige Leistung. Das Gleiche gilt für die Übermittlung von Nachrichten, die zur Veröffentlichung bestimmt sind. Die sonstige Leistung besteht in der Übertragung des Verwertungsrechts. Die Einräumung und Übertragung von urheberrechtlich geschützten Rechten ist jedoch nach § 12 Abs. 2 Nr. 7 Buchst. c UStG begünstigt. Die Überlassung von Ergebnissen geistiger Arbeit in Form von Manuskripten, Partituren, zeichnerischen Entwürfen usw. stellt ebenfalls eine sonstige Leistung dar. Die Vergegenständlichung von Entwürfen tritt in der Regel erst durch ihre Vervielfältigung ein. Dies gilt z. B. auch für Informationsdienste, deren Abgabe an Direktbezieher dann eine Lieferung darstellt, wenn sie vervielfältigt, auch hektographiert sind. Der Abdruck von Anzeigen, die Verteilung von Werbebeilagen, das Zusammenstellen von Adressen mit anschließender Weitergabe an Interessenten, die Übersendung von Drucksachen der Eheanbahnungsinstitute sowie das Erstellen eines Horoskops sind ebenfalls sonstige Leistungen. Das gilt grundsätzlich auch für die Anfertigung von Fotokopien, es sei denn, es handelt sich um die gewerbsmäßige Anfertigung von Fotokopien auf den handelsüblichen Fotokopiergeräten, bei denen der Unternehmer von einer Vorlage des Kunden (z. B. maschinenschriftlich gefertigte Dissertation) Fotokopien herstellt und diese in Buch- oder Broschürenform zusammengefasst dem Kunden überlässt. In diesem Fall liegt ausnahmsweise eine begünstigte Lieferung von Druckwerken vor. Hat ein Buchbinder übernommen, aus ihm überlassenen Rohdruckbogen Bücher herzustellen oder die ihm von seinen Auftraggebern (z. B. Bibliotheken) überlassenen Zeitschriften zu binden und verwendet er hierbei Stoffe, die er selbst beschafft hat, so ist seine Leistung zwar als Werklieferung anzusehen, jedoch **nicht begünstigt**, weil Buch- und Zeitschrifteneinbände nicht zu den begünstigten Gegenständen der Anlage 2 gehören. Liefert der Buchbinder dagegen begünstigte Bücher der Position 4901, die er selbst gebunden hat, ist der ermäßigte Steuersatz auf das gesamte Entgelt (einschließlich des Entgelts für die Druckarbeiten) anzuwenden. Das Anleimen von Buchumschlägen an Bücher durch Buchhändler und die Weiterlieferung an Büchereien als Leihbibliotheksbücher ist eine einheitliche begünstigte Werklieferung.

Als „gedruckt" (Drucke) gelten Erzeugnisse, die durch Handdruck (Abzüge von Stichen und Radierungen), mechanische Druckverfahren (Buchdruck, Offsetdruck, Lithographie, Heliogravüre usw.) hergestellt wurden. Auch fotografische Reproduktionen von Texten oder Darstellungen gelten als „gedruckt". Der Druck kann auf Papier oder anderen Stoffen ausgeführt sein, vorausgesetzt, der Verwendungszweck des Erzeugnisses wird durch den Druck bestimmt. Fotografisch hergestellt sind Kopien, die durch Abziehen von belichteten und entwickelten fotografischen Filmen oder Platten hergestellt sind, sowie Fotokopien auf lichtempfindlichen Papieren, Kunststoffen oder anderen Stoffen (z. B. Lichtpausen). Erzeugnisse, die mit Vervielfältigungsapparaten oder in einem ähnlichen Verfahren (z. B. Xeroxverfahren und Thermokopie) oder in einem computergesteuerten Verfahren – auch von hand- oder maschinengeschriebenen Schriftstücken – (durch Prägen, Fotografieren, Fotokopieren oder Thermokopieren) hergestellt sind, werden wie gedruckte Erzeugnisse behandelt.

Die verwendeten Drucktypen können Alphabete und Zahlensysteme aller Art, Kurzschriftzeichen, Morse- oder ähnliche Code-Zeichen, Blindenschrift, Musiknoten und -zeichen sein.

Der Ausdruck „gedruckt" umfasst **jedoch nicht** Aufdrucke und Illustrationen, die in Batiktechnik und dergleichen hergestellt sind, ebenso nicht fotografische Negative oder Positive auf durchsichtigem Träger (z. B. Mikrofilme aus Kapitel 37).

Im Einzelnen sind nach Nr. 49 der Anlage 2 **begünstigt**:
1. zu Buchstabe a):
Bücher, Broschüren und ähnliche Drucke, auch in Teilheften, losen Bogen oder Blättern, zum Broschieren, Kartonieren oder Binden bestimmt, sowie Zeitungen und andere periodische Druckschriften kartoniert, gebunden oder in Sammlungen mit mehr als einer Nummer in gemeinsamem Umschlag (ausgenommen solche, die überwiegend Werbung enthalten) (aus Positionen 4901, 9705 und 9706)

Anlage 2
H

Hierzu gehören:
a) Druckerzeugnisse, die durch Text charakterisiert, zum Lesen oder Nachschlagen bestimmt sind, auch illustriert

   Sie können broschiert, kartoniert, gebunden oder in Loseblatt-Sammlungen vereinigt oder – als Planobogen, gefalzte Druckbogen, Teillieferungen oder Einzelblätter – hierzu bestimmt sein. Sie können auch aus einem einzelnen Blatt bestehen, das einen in sich geschlossenen Text enthält (z. B. Flugblätter). Ihr Inhalt ist – wenn Werbezwecke nicht in Betracht kommen – ohne Einfluss auf die Einreihung, muss jedoch ein vollständiges Werk oder einen Teil hiervon umfassen. Hierzu gehören z. B.:

   aa) literarische Werke jeder Art, Handbücher und technische Veröffentlichungen, Bibliographien,

   bb) Schulbücher und gedruckte Lernprogramme, auch in Form von bedruckten Papierrollen oder Kärtchen,

   cc) Test- und Prüfungsbogen, bei denen der Text charakterbestimmend ist (z. B. Prüfbogen für Fahrprüfungen),

   dd) Wörterbücher, Enzyklopädien und andere Nachschlagewerke (z. B. Adressbücher, Kursbücher, Fahrpläne, Fernsprechbücher, einschließlich der sog. „Gelben Seiten", Bibliotheks- und Museumskataloge, **nicht jedoch** Handelskataloge, die als Werbedrucke anzusehen sind,

   ee) liturgische Bücher, wissenschaftliche Dissertationen und Monographien,

   ff) Veröffentlichungen amtlicher Texte (z. B. Gesetzblätter, Parlamentsdrucksachen),

   gg) Bücher mit einem nicht charakterbestimmenden Kalendarium, z. B. Fachkalender (vgl. jedoch Tz. 156 Nr. 8),

   hh) Wahldrucksachen, wenn sie durch einen in sich geschlossenen, zur Lektüre bestimmten Text charakterisiert sind, z. B.
   - Wahlbroschüren, die Wahlprogramme (oder Teile davon) sowie Personalien der Kandidaten enthalten,
   - Wahlbriefe, die von Parteien und Kandidaten an die Wähler gerichtet werden und in denen die Ziele der Partei oder das Aktionsprogramm der Kandidaten dargelegt werden,
   - Wahlplakate mit programmatischen Erklärungen, wenn der Text der programmatischen Erklärung charakterbestimmend ist. Das ist regelmäßig der Fall, wenn der Raum für diesen Text auf dem Plakat überwiegt;

   wegen der **nicht begünstigten** Wahldrucksachen vgl. Tz. 156 Nr. 10 Buchst. c,

   ii) Vorlesungsverzeichnisse von Universitäten,

   jj) Arbeitspläne und Programme von Volkshochschulen und vergleichbaren gemeinnützigen Einrichtungen.

b) broschierte, kartonierte oder gebundene Bücher, die eine Sammlung von Bilddrucken oder Illustrationen sind,

c) Sammlungen gedruckter Reproduktionen von Kunstwerken, Zeichnungen usw. in Form von losen, in einer Mappe (Heftern) vereinigten Blättern, die ein vollständiges Werk mit nummerierten Seiten sind, sich zum Binden als Bücher eignen und außerdem einen erklärenden Begleittext enthalten, der sich auf diese Darstellung oder ihre Schöpfer bezieht,

d) Bücher, bei denen Notenzeichen gegenüber dem Text nebensächlich sind oder in denen Notenzeichen nur Anführungen oder Beispiele sind,

e) Illustrationsbeilagen für die unter Buchstabe a bezeichneten Werke, wenn sie mit diesen zusammen geliefert werden

   Illustrationsbeilagen sind nur Bilddrucke, die sich durch zusätzlichen, an beliebiger Stelle (z. B. auch auf der Rückseite) aufgedruckten Text als Beilagen kennzeichnen. Der Aufdruck einer Seitenzahl genügt nicht als solche Kennzeichnung.

f) Buchumschläge, Schutzhüllen, Buchzeichen, Ordner, Einbände usw., wenn sie Gegenstand einer unselbständigen Nebenleistung zur Lieferung von begünstigten Erzeugnissen der Position 4901 sind, z. B. Ordner oder Einbände, die im Zusammenhang mit einem Lieferungs- oder Loseblattwerk abgegeben werden und nach ihrer Aufmachung zur Aufnahme des Werkes (einschließlich Ergänzungslieferungen) bestimmt sind, auch wenn sie besonders berechnet werden; das gilt z. B. **jedoch nicht** für Ersatzordner,

g) Gewinnlisten von Lotterieveranstaltungen

Anlage 2
H

    Hierzu gehören **jedoch nicht**:
- h) broschierte Vervielfältigungspapiere und Umdruckpapiere mit Text oder Zeichnungen zum Vervielfältigen (Position 4816),
- i) Notiz- und Tagebücher und andere ähnliche Erzeugnisse des Papierhandels, broschiert, kartoniert oder gebunden, die im Wesentlichen zu Schreibzwecken verwendet werden (Position 4820),
- j) gedruckte Karten mit Glückwünschen, Mitteilungen oder Ankündigungen persönlicher Art (Position 4909),
- k) gedruckte Formulare, die das Einsetzen von zusätzlichen Informationen zur Ergänzung erforderlich machen (Position 4911),
- l) Bilddrucke und Illustrationen, die keinen Text aufweisen, und in Einzelblättern jeden Formats gestellt werden, auch wenn sie offensichtlich zum Einreihen in ein Buch bestimmt sind (Position 4911).

2. zu Buchstabe b):

Zeitungen und andere periodische Druckschriften, auch mit Bildern oder Werbung enthaltend, ausgenommen Firmen- und Kundenzeitschriften sowie Anzeigenblätter, Annoncen-Zeitungen und dergleichen, die überwiegend Werbung enthalten (aus Position 4902)

Hierzu gehören:
- a) Druckschriften, die in laufender Folge unter demselben Titel in regelmäßigen Zeitabständen veröffentlicht werden und deren einzelne Ausgaben mit Datum versehen, in der Regel nummeriert und weder kartoniert noch gebunden sind

  Als Datum genügt auch die Angabe eines Monats oder einer Jahreszeit.

  Begünstigt sind hiernach auch Mitgliederzeitschriften (z. B. von Krankenkassen, Bausparkassen oder Berufsorganisationen), da sie in erster Linie der Information der Mitglieder dienen. Dasselbe gilt für Zeitungen und Zeitschriften, die von Unternehmen für ihre Mitarbeiter herausgegeben und nur innerbetrieblich verbreitet werden, und zwar auch dann, wenn wenige Stücke an Außenstehende zu anderen als Werbezwecken abgegeben werden.

  Ebenfalls begünstigt sind Zeitschriften in Lesemappen.

- b) Bildbeilagen, Schnittmusterbögen, Schnittmuster (Schablonen) und dergleichen, die den Zeitungen oder periodischen Druckschriften beigefügt sind und zusammen mit diesen geliefert werden,
- c) Einbände und Ordner, wenn sie Gegenstände einer Nebenleistung zur Lieferung begünstigter Erzeugnisse der Position 4902 sind, z. B. Einbände, die im Zusammenhang mit Zeitschriften abgegeben werden und nach ihrer Aufmachung zum Einbinden dieser Zeitschriften bestimmt sind, auch wenn sie besonders berechnet werden

  Papierabfälle aus alten Zeitungen und anderen periodischen Druckschriften gehören jedoch zu Position 4707 und sind demnach **nicht begünstigt**.

3. zu Buchstabe c):

Bilderalben, Bilderbücher und Zeichen- oder Malbücher für Kinder (aus Position 4903)

Hierzu gehören Bilderalben und Bilderbücher, bei denen die Bilder vorherrschend sind und der Text nur untergeordnete Bedeutung hat und die nach ihrer Beschaffenheit offensichtlich zur Unterhaltung von Kindern bestimmt sind oder dazu dienen, ihnen die Grundlagen des Alphabets oder des Wortschatzes zu vermitteln, z. B. Bilderfibeln und ähnliche Bücher, bewegliche Zieh- und Aufstellbilderbücher, Bilderbücher mit Bildern oder Vorlagen zum Ausschneiden, soweit die zum Ausschneiden bestimmten Teile nur eine nebensächliche Rolle spielen, ebenso Übungshefte für Kinder, die hauptsächlich Bilder mit begleitendem Text enthalten, die mit Schreib- oder anderen Übungen zu ergänzen sind, Zeichen- oder Malbücher für Kinder, auch mit farbigen Vorlagen und Anleitungsvorschriften, manchmal auch in Form von herausnehmbaren Postkarten, ebenso sog. magische Bilderbücher, bei denen die Umrisse oder Farben entweder durch Reiben mit einem Bleistift oder durch Anfeuchten mit einem Pinsel sichtbar werden, sowie Bücher, die die zum Ausmalen notwendigen Farben auf einer Papierunterlage in Form einer Palette enthalten.

Nicht begünstigt sind dagegen Bilderbücher für Kinder, mit Bildern oder Vorlagen zum Ausschneiden, bei denen mehr als die Hälfte der Seiten (einschließlich Umschlag) ganz oder teilweise zum Ausschneiden bestimmt sind, sowie bewegliche Zieh- und Aufstellbilderbücher, die im Wesentlichen Spielzeug darstellen (Kapitel 95).

Anlage 2
H

4. zu Buchstabe d):

Noten, handgeschrieben oder gedruckt, auch mit Bildern, auch gebunden (Position 4904)

Hierzu gehören handgeschriebene oder gedruckte Musiknoten (auf Papier oder anderem Material geschrieben oder gedruckt) in jeder Schrift oder Druckart ohne Rücksicht auf die Art der verwendeten Notenschrift (Notenschlüssel, Notenzeichen, durch Ziffern bezeichnete Noten, Blindennoten usw.), in Form von losen Blättern, broschierten, kartonierten oder gebundenen Büchern, auch mit Bildern oder begleitendem Text, z. B. Gesangbücher, Partituren, Musikunterrichtswerke und Gesangschulen, ferner Umschläge, Schutzhüllen usw. für Musiknoten, wenn sie zusammen mit ihnen geliefert werden, **nicht jedoch** Karten, Scheiben und Walzen für mechanische Musikinstrumente (Position 9209).

5. zu Buchstabe e):

Kartographische Erzeugnisse aller Art einschließlich Wandkarten, topographischer Pläne und Globen, gedruckt (aus Position 4905)

Hierzu gehören gedruckte kartographische Erzeugnisse, die zu dem Zweck hergestellt sind, eine grafische Darstellung der natürlichen (Berge, Flüsse, Seen, Meere usw.) oder künstlichen (Grenzen, Städte, Straßen, Eisenbahnlinien usw.) Eigenheiten mehr oder weniger ausgedehnter Erdregionen (Topographie) oder Himmelsregionen zu geben, auf Papier, Gewebe oder anderen Stoffen, auch unterlegt oder verstärkt, in Form einfacher, gefalteter oder auch in Buchform gebundener Blätter. Sie können mit Zubehör (z. B. Planzeigern, Gradschienen, Rollen, durchsichtigen Schutzhüllen aus Kunststoff usw.) ausgestattet und auch mit Werbetexten versehen oder zu Werbezwecken aufgelegt sein (z. B. Straßenkarten, durch Hersteller von Autoreifen herausgegeben). Hierher gehören insbesondere geographische, hydrographische und astronomische Karten (einschließlich gedruckte Sektoren für Erd- und Himmelsgloben), geologische Karten und Schnitte, Atlanten, Wandkarten, Straßenkarten, topographische Pläne und Katasterkarten (von Städten, Gemeinden usw.). Gedruckte Erd- und Himmelsgloben (auch mit Zubehör und Innenbeleuchtung) gehören nur hierher, sofern sie kein Spielzeug im Sinne des Kapitels 95 Zolltarif sind.

Nicht hierher gehören:

a) handgezeichnete Karten, Pläne usw. sowie fotografische Abzüge hiervon (Position 4906),

b) fotografische Luft- oder Panoramaaufnahmen der Erdoberfläche, auch mit topographischer Genauigkeit, sofern sie noch kein unmittelbar benutzbares kartographisches Erzeugnis sind (Position 4911),

c) Karten in Form einer schematischen Zeichnung ohne topographische Genauigkeit, mit bildartigen Darstellungen, wie solche, die Aufschlüsse über das Wirtschaftsleben, das Eisenbahnnetz, den Fremdenverkehr usw. eines Gebietes geben (Position 4911),

d) Spinnstoffwaren wie Halstücher, Taschentücher usw. mit schmückenden Aufdrucken (Kapitel 50 bis 63),

e) Reliefkarten, -pläne und -globen, auch gedruckt (Position 9023),

f) Biotopkartierungen.

6. zu Buchstabe f):

a) Briefmarken und dergleichen, nicht entwertet, gültig oder zum Umlauf vorgesehen in dem Land, in dem sie einen Frankaturwert verbriefen oder verbriefen werden, als Sammlungsstücke (aus Position 4907)

Hierzu gehören Briefmarken und dergleichen (z. B. die internationalen Antwortscheine und Ganzsachen wie Briefumschläge, Postkarten und dergleichen mit aufgedruckten Postwertzeichen), vorausgesetzt, dass diese nicht entwertet, gültig oder zum Umlauf vorgesehen sind in dem Land, in dem sie einen Frankaturwert verbriefen oder verbriefen werden. Werden derartige Briefmarken mit Aufschlägen zum aufgedruckten Wert gehandelt, kann die Steuerbefreiung nach § 4 Nr. 8 Buchst. i UStG nicht in Anspruch genommen werden (vgl. Abschn. 70 UStR).

Nicht hierzu gehören:

aa) Briefmarken-Vignetten, die zwar äußerlich den Briefmarken – insbesondere den Briefmarkenblöcken – ähnlich sind, die aber im Gegensatz zu Briefmarken keine Frankaturkraft besitzen und auch sonst nicht zum Nachweis für die Zahlung von Gebühren dienen,

bb) Stempelmarken, Steuerzeichen und dergleichen, nicht entwertet, gültig oder zum Umlauf vorgesehen in dem Land, in dem sie einen Frankaturwert verbriefen oder verbriefen werden (Position 4907).

Die unmittelbar dem Postwesen dienenden Umsätze der Deutsche Post AG sind steuerfrei nach § 4 Nr. 11b UStG.

Anlage 2
H

b) Briefmarken, Ersttagsbriefe, Ganzsachen und dergleichen (z. B. Briefumschläge, Kartenbriefe, Postkarten, Kreuzbänder für Zeitungen, frankiert), entwertet oder nicht entwertet, ausgenommen Erzeugnisse der Position 4907 als Sammlung (aus Position 9704)

Hierzu gehören entwertete oder nicht entwertete Briefmarken und dergleichen (auch internationale Antwortscheine und Maximumkarten, d. h. Karten mit entwerteten Briefmarken und einer Reproduktion des Briefmarkenentwurfs). Darunter fallen auch Alben usw. mit Briefmarkensammlungen, wenn das Album in einem normalen Wertverhältnis zum Wert der Briefmarkensammlung steht, **nicht jedoch** Briefmarkenalben ohne Briefmarkensammlungen.

Nicht hierher gehören:

aa) Maximumkarten und Ersttagsbriefe, auch bebildert, ohne Briefmarken (Position 4911),

bb) Stempelkarten und Steuerzeichen, Ganzsachen und dergleichen, nicht entwertet, gültig oder zum Umlauf vorgesehen in dem Land, in dem sie einen Frankaturwert verbriefen oder verbriefen werden (Position 4907),

cc) Beitrags- oder Sparmarken privater Organisationen sowie Rabattmarken, die von Geschäften an ihre Kundschaft verteilt werden (Position 4911).

7. Antiquarische Bücher, Broschüren und ähnliche Drucke, auch in losen Bogen oder Blättern (aus Position 9705 oder 9706)

Hierzu gehören:

a) Bücher, Broschüren und ähnliche Drucke, auch in losen Bogen oder Blättern, als Sammlungsstücke (aus Position 9705)

Hierzu gehören Gegenstände, die oft nur einen verhältnismäßig geringen Materialwert haben, jedoch wegen ihrer Seltenheit, ihrer Zusammenstellung oder ihrer Aufmachung von Interesse sind,

b) Bücher, Broschüren und ähnliche Drucke, auch in losen Bogen oder Blättern, als Antiquitäten (aus Position 9706)

Hierzu gehören Bücher usw., die mehr als 100 Jahre alt sind, auch dann, wenn sie vor weniger als 100 Jahren Änderungen und Ergänzungen erhalten haben, sofern diese Änderungen und Ergänzungen den ursprünglichen Charakter dieser Erzeugnisse nicht geändert haben und im Verhältnis zum ursprünglichen Erzeugnis nur nebensächlich sind.

Der Wert dieser Gegenstände beruht auf ihrem Alter und ihrer im Allgemeinen dadurch bedingten Seltenheit.

Nicht hierzu gehören andere Antiquitäten der Position 9706.

Nach Nr. 49 der Anlage 2 sind **nicht begünstigt**: 156

1. Erzeugnisse des Buch- und Zeitschriftenhandels und Erzeugnisse des grafischen Gewerbes, für die die Hinweispflicht nach § 4 Abs. 2 Satz 2 des Gesetzes über die Verbreitung jugendgefährdender Schriften besteht oder die als jugendgefährdende Trägermedien den Beschränkungen des § 15 Abs. 1 bis 3 des Jugendschutzgesetzes unterliegen

Diese Hinweispflicht besteht für die von der Bundesprüfstelle für jugendgefährdende Schriften indizierten jugendgefährdenden Schriften sowie für die offensichtlich schwer jugendgefährdenden Schriften. Die von der Bundesprüfstelle für jugendgefährdende Schriften indizierten jugendgefährdenden Schriften werden im Bundesanzeiger veröffentlicht. Für amtliche Zwecke wird von der Bundesprüfstelle jährlich ein Gesamtverzeichnis herausgegeben.

2. Mikrofilme, auch wenn auf sie gedrucktes Schriftgut aufgenommen ist (aus Position 3705)

3. Papiere, Pappen und Zellstoffwatte sowie Erzeugnisse aus diesen Stoffen, mit Aufdrucken oder Bildern nebensächlicher Art, die ihre eigentliche Zweckbestimmung nicht ändern und ihnen nicht die Merkmale der Erzeugnisse des Kapitels 49 verleihen (Kapitel 48)

4. Register, Hefte, Quittungsbücher und dergleichen (z. B. Geschäftsbücher, Auftragsbücher, Rechnungsbücher und -blöcke), Merkbücher, Notizblöcke, Notiz- und Tagebücher, Schreibunterlagen, Ordner, Einbände (für Loseblatt-Systeme oder andere) und andere Erzeugnisse des Papierhandels, aus Papier oder Pappe (aus Position 4820)

Nicht begünstigt sind hiernach z. B. die Lieferungen (Werklieferungen) von Buch- und Zeitschrifteneinbänden durch Buchbinder, welche die von ihren Auftraggebern beigestellten Rohdruckbogen oder Zeitschriften binden (vgl. hierzu auch Tz. 153).

5. Alben für Muster oder für Sammlungen sowie Buchhüllen, aus Papier oder Pappe (aus Position 4820), z. B. Einsteck- und Einklebealben (auch Loseblatt-Alben) für Muster, für Briefmarken (auch mit eingedruckten Abbildungen von Postwertzeichen und einem kurzen erklärenden Begleittext), für Fotografien und für andere Sammlungen

Anlage 2
H

6. Bildbeilagen, Schnittmusterbogen, Schnittmuster (Schablonen) und dergleichen, die gesondert geliefert werden (z. B. aus Position 4823 und 4911)

7. Baupläne, technische Zeichnungen und andere Pläne und Zeichnungen zu Gewerbe-, Handels- oder ähnlichen Zwecken, als Originale mit der Hand hergestellt; handgeschriebene Schriftstücke; auf lichtempfindlichem Papier hergestellte fotografische Reproduktionen und mit Kohlepapier hergestellte Kopien (Position 4906)

   Mit Vervielfältigungsapparaten oder in einem ähnlichen Verfahren hergestellte Vervielfältigungen von hand- oder maschinengeschriebenen Schriftstücken werden jedoch wie gedruckte Erzeugnisse eingereiht.

8. Kalender aller Art, aus Papier oder Pappe, einschließlich Blöcke von Abreißkalendern (aus Position 4910)

   Hierher gehören Erzeugnisse, deren Charakter durch ein aufgedrucktes Kalendarium bestimmt ist (auch Kalender in Buchform). Neben dem eigentlichen Kalendarium können die Erzeugnisse Hinweise auf Märkte, Messen, Ausstellungen usw. sowie Texte (Gedichte, Sprüche usw.), Abbildungen und Werbung enthalten. Anders verhält es sich jedoch bei Fachkalendern mit nicht charakterbestimmendem Kalendarium (vgl. Tz. 155 Nr. 1 Buchst. a Doppelbuchst. gg).

9. Aufkleber, z. B. aus Position 4911, und Etiketten aller Art aus Papier oder Pappe (Position 4821)

10. andere als die in den Positionen 4901 bis 4910 genannten Drucke, einschließlich Bilddrucke und Fotografien (Position 4911)

    Hierzu gehören z. B.:
    a) Bilddrucke, die weder zu Sammlungen i. S. d. Tz. 155 Nr. 1 Buchst. c zusammengefasst noch Illustrationsbeilagen i. S. d. Tz. 155 Nr. 1 Buchst. e sind, auch wenn sie offensichtlich zum Einreihen in Bücher bestimmt sind,
    b) Druckerzeugnisse, die im Zeitpunkt ihrer Verwendung hand- oder maschinenschriftliche Ergänzungen erforderlich machen (z. B. Formblätter),
    c) Wahldrucksachen, die nicht durch einen in sich geschlossenen, zur Lektüre bestimmten Text charakterisiert sind, z. B.
       aa) Wahl-Stimmzettel, die neben der Überschrift („Stimmzettel für die Wahl ...") die Bezeichnung der zur Wahl zugelassenen Parteien, die Namen (evtl. auch Beruf, Stand und Wohnort) der einzelnen Bewerber und ein Feld für die Kennzeichnung bei der Wahl enthalten,
       bb) Wahlhandzettel, die auf eine Wahlveranstaltung hinweisen oder die ohne jede weitere Ausführung zur Wahl einer bestimmten Partei auffordern,
       cc) Briefhüllen mit Werbeaufdruck (Wahlpropaganda),
       dd) Wahlplakate (vgl. aber Tz. 155 Nr. 1 Buchst. a Doppelbuchst. hh),
       ee) Wahllisten und Unterlagen für die Briefwahl,
    d) Lehrprogramme – bestehend aus bedruckten Arbeitstransparenten (Folien zur Tageslichtprojektion) sowie den dazugehörigen Arbeitsblättern und Lehrertexten – die als zusammengesetzte Waren einzureihen sind (vgl. hierzu auch Tz. 12-14), soweit die Arbeitstransparente den Charakter der Lehrprogramme bestimmen

       Sie sind nicht hauptsächlich zum Lesen, sondern zur Projektion bestimmt.
    e) Fremdenverkehrsprospekte jeder Art, die z. B. von Städten, Gemeinden, Fremdenverkehrsämtern sowie Fremdenverkehrsverbänden und -vereinen herausgegeben werden

       Dazu rechnen insbesondere:
       aa) Bildprospekte, d. h. durch Bilder charakterisierte Fremdenverkehrsprospekte, einschließlich der Faltprospekte,
       bb) Orts- und Unterkunftsverzeichnisse einschließlich der Hotel- und Gaststättenverzeichnisse sowie die Übersichten über Pensionen und Privatzimmer,
       cc) Prospekte mit Verzeichnissen landwirtschaftlicher Betriebe, die Feriengäste aufnehmen,
       dd) Prospekte über Heilbäder, die z. B. von Kurverwaltungen herausgegeben werden,
       ee) Hausprospekte, z. B. von Hotels und Gaststätten,
       ff) Veranstaltungskalender,
       gg) Fremdenverkehrsplakate.
    f) Programmhefte für Zirkus-, Sport-, Opern-, Schauspiel- oder ähnliche Veranstaltungen,
    g) Unterrichtstafeln für Anatomie, Botanik usw.,

h) Einlasskarten für z. B. Kino-, Theater-, Konzertveranstaltungen,
i) Fahrkarten,
j) Lotterielose, „Rubbellose" und Tombolalose,
k) bedruckte Karten mit Magnetstreifen oder mit elektronischen integrierten Schaltungen sowie bedruckte kontaktlose Karten und Etiketten,
l) bedruckte Zifferblätter für Instrumente und Apparate.

11. Drucke, die überwiegend Werbezwecken (einschließlich Reisewerbung) dienen (aus Position 4911)

Werbedrucke sind z. B. Werbeplakate, Werbeprospekte, Handelskataloge und Jahrbücher, **nicht jedoch** wissenschaftliche oder andere Veröffentlichungen, die durch oder für Industriebetriebe oder ähnliche Organisationen herausgegeben werden, oder solche Veröffentlichungen, die nur Entwicklungen, technischen Fortschritt oder Tätigkeiten in einem bestimmten Zweig von Handel oder Industrie beschreiben, wenn sie nicht mittelbar oder unmittelbar Werbung enthalten.

Bei Zusammenstellungen von begünstigten und nicht begünstigten Erzeugnissen vgl. Tz. 11-14.   157

Nr. 50 der Anlage 2
(weggefallen)   158

Rollstühle und andere Fahrzeuge für Behinderte, auch mit Motor oder anderer Vorrichtung zur mechanischen Fortbewegung (Position 8713)
(Nr. 51 der Anlage 2)

Begünstigt sind alle Fahrzeuge der Position 8713 Zolltarif. Hierzu gehören Rollstühle und ähnliche Fahrzeuge, die ihrer Beschaffenheit nach speziell zum Befördern von Behinderten bestimmt sind, auch mit Motor oder anderer Vorrichtung zur mechanischen Fortbewegung. Die Fahrzeuge mit Vorrichtung zur mechanischen Fortbewegung werden in der Regel entweder mit Hilfe eines Motors oder mit der Hand durch Hebel oder Kurbel fortbewegt. Die Rollstühle und anderen Fahrzeuge für Behinderte werden mit der Hand geschoben oder direkt mit den Händen durch Drehen der Räder fortbewegt.   159

Motorisierte Fahrzeuge haben keine fest angebaute Karosserie und unterscheiden sich von vergleichbaren **nicht begünstigten** Fahrzeugen der Position 8703 Zolltarif im Wesentlichen durch das Vorhandensein nur eines Sitzes für eine Person, der zum erleichterten Ein- und Aussteigen drehbar sein kann, einer Höchstgeschwindigkeit von maximal 6 km/h als zügige Schrittgeschwindigkeit und einer leichten Handhabbarkeit der Steuer- und Bedienelemente. Hierzu gehören insbesondere rollstuhlähnliche Fahrzeuge mit Elektroantrieb, die ausschließlich der Personenbeförderung von Behinderten dienen.

Die Begünstigung gilt auch für mitgelieferte Werkzeuge und Zubehör, die als Nebenleistungen einzustufen sind (z. B. Luftpumpen) (vgl. Tz. 9) sowie für zerlegte Fahrzeuge, soweit diese die charakteristischen Merkmale vollständiger bzw. fertiger Fahrzeuge haben. Ferner sind fahrbare Zimmer-, Dusch- oder Toilettenstühle für Behinderte begünstigt.

Nach Nr. 51 der Anlage 2 sind **nicht begünstigt**:   160

1. Motorbetriebene Fahrzeuge (sog. Elektroscooter, „mobility scooter"), die mit einer separaten beweglichen Lenksäule ausgestattet sind (Position 8703), vorwiegend auf Golfplätzen und anderen öffentlichen Plätzen eingesetzt und von Personen jeglichen Alters verwendet werden können
2. Fahrzeuge, die nur umgebaut worden sind, damit sie von Behinderten benutzt werden können, z. B. Kraftwagen mit Handkupplung oder Handgashebel (Position 8703) oder Zweiräder mit einer Vorrichtung, die es ermöglicht, die Pedale mit nur einem Bein zu treten (Position 8712)
3. Fahrtragen (Position 9402)
4. fahrbares Hebezeug mit Seilzug zum Anheben und Herablassen von Personen (z. B. Lifter oder Badehelfer) (Position 8428)
5. Treppenlifte, Rollstuhl-Treppenaufzüge und andere elektrische Personenhebebühnen (Position 8428), auch wenn damit Behinderte oder Kranke transportiert werden können
6. Krankenkraftwagen (Position 8703) als Spezialfahrzeuge zur Personenbeförderung
7. Teile und Zubehör für begünstigte Fahrzeuge (Position 8714), z. B. Lenker, Gepäckträger, Fußrasten, Trinkflaschenhalter usw., sofern es sich nicht um Nebenleistungen handelt (vgl. Tz. 159)
8. Kinderwagen (Position 8715)

Anlage 2
H

9. Gehwagen (Position 9019)
10. Gehhilfen/Rollatoren (Position 8716)

161 **Körperersatzstücke, orthopädische Apparate und andere orthopädische Vorrichtungen sowie Vorrichtungen zum Beheben von Funktionsschäden oder Gebrechen, für Menschen, und zwar**

a) künstliche Gelenke, ausgenommen Teile und Zubehör (aus Unterposition 9021 31),

b) orthopädische Apparate und andere orthopädische Vorrichtungen einschließlich Krücken sowie medizinisch-chirurgischer Gürtel und Bandagen, ausgenommen Teile und Zubehör (aus Unterposition 9021 10),

c) Prothesen, ausgenommen Teile und Zubehör (aus Unterpositionen 902121, 902129 und 902139),

d) Schwerhörigengeräte, Herzschrittmacher und andere Vorrichtungen zum Beheben von Funktionsschäden oder Gebrechen, zum Tragen in der Hand oder am Körper oder zum Einpflanzen in den Organismus, ausgenommen Teile und Zubehör (Unterpositionen 9021 40 und 9021 50, aus Unterposition 9021 90)

(Nr. 52 der Anlage 2)

Begünstigt sind nur die ausdrücklich in der Vorschrift aufgeführten künstlichen Körperteile, orthopädischen Apparate und anderen orthopädischen Vorrichtungen sowie Vorrichtungen zum Beheben von Funktionsschäden oder Gebrechen für Menschen.

162 Im Einzelnen sind nach Nr. 52 der Anlage 2 **begünstigt**:

1. zu Buchstabe a):

   vorgefertigte künstliche Gelenke aus Metall oder anderen Stoffen für Menschen (z. B. künstliches Hüft- oder Kniegelenk), die an die Stelle nicht funktionsfähiger natürlicher Gelenke treten sollen (aus Unterposition 9021 31), einschließlich Einzelkomponenten (BFH-Urteil vom 14. Januar 1997, BStBl II S. 481), ausgenommen Teile und Zubehör

2. zu Buchstabe b):

   orthopädische Apparate und andere orthopädische Vorrichtungen einschließlich Krücken sowie medizinisch-chirurgischer Gürtel und Bandagen, ausgenommen Teile und Zubehör (aus Unterposition 90211010), die dazu bestimmt sind, speziell den Bedürfnissen der Patienten angepasst zu werden

   Die Waren dienen zum Verhüten oder Korrigieren körperlicher Fehlbildungen oder zum Stützen oder Halten von Körperteilen oder Organen **nach** einer Krankheit, Verletzung oder Operation.

   Hierzu gehören insbesondere:

   a) orthopädische Apparate für den Fuß (Apparate für Klumpfüße, Beinstützapparate, auch mit Feder für den Fuß, Fußheber usw.)

   Um eine Ware als „Vorrichtung oder auch Apparat" ansprechen zu können, muss sich deren Aussehen deutlich von gewöhnlichen Schuhen unterscheiden.

   b) orthopädische Apparate für Hüftleiden,

   c) Streckapparate gegen die Skoliose und die Verkrümmung des Rückgrates,

   d) Apparate zum Aufrichten des Kopfes und der Wirbelsäule (z. B. bei Pott'scher Krankheit),

   e) Apparate, die bei Falschgelenken (z. B. Oberarmknochen-Resektion) verwendet werden,

   f) orthopädische Suspensorien (vgl. jedoch Buchst. m, Doppelbuchst. aa),

   g) aa) maßgerecht gefertigte orthopädische Schuhe **oder** Schuhe, die serienmäßig hergestellt sind, einzeln und nicht paarweise gestellt werden und passend zu jedem Fuß gleichermaßen hergerichtet sind,

   bb) maßgerecht gefertigte Spezial-Fußeinlagen für Schuhe, z. B. aus Leder, Metall, Leder mit Metallverstärkung oder anderen Stoffen, sowie orthopädische Kissen mit Befestigungsvorrichtung zum Stützen des Fußes

   Waren, die sich vorrangig als Schuh darstellen oder spezielle Einlegesohlen können **nur** als orthopädische Vorrichtung oder Apparat in Unterposition 9021 1010 eingereiht werden, **wenn** sie zum Korrigieren orthopädischer Leiden bestimmt sind.

   h) Krücken und Krückstöcke,

   i) medizinisch-chirurgische Gürtel und Bandagen (einschließlich Stützgürtel, medizinische Leibbinden, Bruchbänder), welche z. B. bei Arthrose, Lähmung, zum Stützen oder Halten nach Operationen, zum Verhüten oder Korrigieren körperlicher Fehlbildungen eingesetzt werden (vgl. jedoch Buchst. m)

Die Waren besitzen in der Regel anformbare Schienen aus Aluminium oder Kunststoff oder einstellbare Gelenke. Die Beweglichkeit des Körperteils bleibt erhalten bzw. wird nur wenig eingeschränkt.

Zur Abgrenzung von Bandagen der Unterposition 9021 1010 gegenüber Waren der Position 6307 (Bandagen, Knöchelschützer, Vorrichtungen zum Behandeln von Knochenbrüchen) und der Position 6212 (Abdominalbandagen, Rückenbandagen, Rückenstützgürtel) wird auf den Teil „Nationale Entscheidungen und Hinweise (NEH)" im Zolltarif/ Erläuterungen zur Kombinierten Nomenklatur verwiesen.

- j) kieferorthopädische Apparate zur Korrektur von Fehlbildungen des Gebisses,
- k) Vorrichtungen (sog. Paletten) zum Richten der Finger

Nicht hierzu gehören:
- l) Krampfaderstrümpfe (Position 6115),
- m) Stützgürtel oder andere Stützvorrichtungen aus Spinnstoffen, deren Wirkung auf den Körperteil, der gestützt oder gehalten werden soll, sich ausschließlich aus ihrer Elastizität herleitet (Kapitel 62 bzw. 63)

  Hierzu gehören:
  - aa) Büstenhalter aller Art, gewöhnliche Korsette oder Gürtel, Schwangerschafts- oder Mutterschaftsgürtel und gewöhnliche Suspensorien, z. B. aus Gewirken (für Sportzwecke) (Position 6212),
  - bb) Abdominalbandagen, Rückenbandagen, Rückenstützgürtel, wie z. B. Leibbinden/ Kreuzstützbandagen von bis zu etwa 27 cm Höhe, Kompressionsbandagen (in Form von Kompressionshosen) bzw. andere Kompressionsbekleidung zur postoperativen Kompression, Rippenbruchbandagen oder Schultergelenkbandagen mit elastischen oder flexiblen Stabilisierungselementen (Position 6307),
  - cc) strumpfähnliche Waren oder Bandagen aus elastischen Gewirken bzw. Geweben aus Spinnstoffen (Position 6307).

  Zur Abgrenzung von Waren der Positionen 6212 und 6307 gegenüber orthopädischen Apparaten und Vorrichtungen der Unterposition 9021 1010 wird auf den Teil „Nationale Entscheidungen und Hinweise (NEH)" im Zolltarif/Erläuterungen zur Kombinierten Nomenklatur verwiesen.
- n) Serienschuhe einschließlich solcher Schuhe, deren Sohlen lediglich eine Erhöhung zum Stützen des Fußes haben (z. B. Stahlgelenk oder hochgewölbte Brandsohle) oder die nur eine verlängerte Hinterkappe haben (Kapitel 64),
- o) Schuhe oder Einlegesohlen, die dazu bestimmt sind, nach einem chirurgischen Eingriff getragen zu werden (postoperative Schuhe), um die Möglichkeit des Patienten zu ermöglichen, den Heilungsprozess zu beschleunigen oder schmerzloseres bzw. leichteres Gehen zu ermöglichen (Kapitel 64),
- p) Konfektionsschuheinlagen (Position 6406), wie z. B. Spreizfußbänder ohne Paletten,
- q) Schienen und andere Vorrichtungen zum Behandeln von Knochenbrüchen, Verrenkungen, Verletzungen der Bänder und Gelenkverletzungen, welche in der Regel breite und starre Schienen besitzen und weich gepolstert sind (aus Unterposition 9021 1090), d. h. Vorrichtungen, die im Allgemeinen dazu dienen, verletzte (gebrochene oder verrenkte) Körperteile stillzulegen, sie zu strecken, zu schützen oder Knochenbrüche zu richten (z. B. Implantate zur Behandlung eines Knochenbruchs, auch wenn sie im Einzelfall zum Korrigieren körperlicher Fehlbildungen (fehlgestellter Gelenke) verwendet werden, d. h. Metall- und Gipsschienen, Brustkorbstützen, ferner Sandalen und Schuhe mit Laufsohlen aus Kunststoff und Oberteil aus Spinn- oder Kunststoff, die zum Tragen über einem Gipsverband am Fuß bestimmt sind,
- r) Gehstöcke, auch besonders geformt, für Behinderte (Position 6602),
- s) Gehhilfen/Rollatoren (Position 8716),
- t) Urinale (Position 4014),
- u) Schutzpflaster gegen Druck an bestimmten Fußstellen, meist aus Kunststoff oder Schaumgummi und mit Heftpflaster auf Gaze befestigt (Position 3926 oder 4014),
- v) Schulter- und Handgelenkriemen, z. B. für Sportzwecke (Position 4203 oder Kapitel 95),
- w) orthopädische Apparate und orthopädische Vorrichtungen für die Behandlung von Tieren

Anlage 2
H

3. zu Buchstabe c):

   Zahnprothesen sowie künstliche massive Zähne aus Porzellan oder Kunststoff (aus Unterpositionen 9021 21 und 9021 29), ausgenommen Teile und Zubehör wie z. B. Hülsen, Ringe, Stifte, Klammern und Ösen

   Hierzu gehören:
   a) Gebisse (Teilgebisse und vollständige Gebisse) mit einer Grundplatte (z. B. aus Kunststoff, Metall oder vulkanisiertem Kautschuk), auf der die künstlichen Zähne befestigt sind,
   b) Kronen aus Porzellan, Kunststoff oder Metall (aus Gold, rostfreiem Stahl usw.), die auf einen natürlichen Zahn aufgesetzt werden,
   c) Stiftzähne.

   Nicht hierzu gehören:
   d) Knochen- oder Hautstücke für Hautverpflanzungen in sterilen Behältern (Position 3001) und Zemente zum Wiederherstellen von Knochen (Position 3006),
   e) Zubereitungen (aus Kunststoffwachs usw.) zum Anfertigen von Gebissabdrücken (z. B. Position 3407).

4. andere Prothesen für Menschen (aus Unterposition 9021 39), ausgenommen Teile und Zubehör, wie z. B. Prothesenschäfte

   Hierzu gehören:
   a) Augenprothesen

   Hierzu gehören künstliche Augenlinsen und künstliche Menschenaugen, meist aus Kunststoff oder Überfangglas hergestellt, dem kleine Mengen Metalloxide beigegeben sind, um Einzelheiten und Tönungen der verschiedenen Teile des menschlichen Auges nachzuahmen, **nicht jedoch** künstliche Augen für Schneiderpuppen, Pelze usw. sowie Kontaktlinsen oder Haftschalen.

   b) andere Prothesen

   Hierzu gehören künstliche Hände, Arme, Beine und Füße und sowohl äußere künstliche Körperteile, wie Finger-, Zehen-, Nasen-, Ohren-, Brust- oder Kinnprothesen, als auch äußerlich nicht erkennbare Prothesen wie z. B. künstliche Herzklappen, Hüftprothesen und Gefäßprothesen, **nicht jedoch**:
   aa) Knochen- und Hautstücke für Transplantationen in sterilen Behältern (Position 3001),
   bb) Haarprothesen,
   cc) Prothesen für Tiere.

5. zu Buchstabe d):

   Schwerhörigengeräte (Unterposition 9021 40)

   Hierzu gehören nur Geräte, die zur Behandlung tatsächlicher Hörfehler bestimmt sind, z. B. elektrische Geräte, die aus einem oder mehreren durch Kabel miteinander verbundenen Mikrofonen (auch mit Verstärker), einem Empfänger (meist im Ohr oder hinter der Ohrmuschel anzubringen) und einer Trockenbatterie bestehen. Hierher gehören auch Schwerhörigengeräte in Form von Brillen (Hörbrillen).

   Bei der Lieferung eines Schwerhörigengerätes mit Akku-Zellen (statt mit Batterien) erstreckt sich die Steuerermäßigung auch auf das – als unselbständige Nebenleistung – mitgelieferte Ladegerät (vgl. hierzu Tz. 9).

   Nicht hierzu gehören:
   a) Teile und Zubehör für Schwerhörigengeräte (z. B. Hörer, Schnüre, Batterien, Mikrofone, Transistoren, Bauelemente, Induktionskissen, Ohrpassstücke und Ladegeräte),
   b) Gegenstände für den vorbeugenden Gehörschutz (z. B. Gehörschutzwatte, Gehörstöpsel und Gehörschutzkapseln aus Kunststoff),
   c) Kopfhörer, Verstärker usw., die nicht zum Korrigieren von Hörfehlern bestimmt sind (z. B. für Telefonisten),
   d) die Reparaturpauschale, die im Zusammenhang mit der Lieferung eines Hörgerätes gezahlt wird. Diese stellt eine Vorauszahlung dar, auf die der allgemeine Steuersatz anzuwenden ist. Dies gilt auch dann, wenn die Verträge über die Lieferung des Hörgerätes und die Reparaturleistung in einem Rahmenvertrag vereint sind.

6. Herzschrittmacher (Unterposition 9021 50)

   Herzschrittmacher (Pulsgeneratoren) dienen zum Anregen funktionsgestörter Herzmuskel. Die implantierbaren oder externen Geräte werden durch Elektroden mit dem Herzen verbunden und liefern die für das Funktionieren des Herzens nötigen Impulse. Wird die Elektrode zusammen mit dem Herzschrittmacher geliefert, teilt sie das Schicksal der Hauptlieferung, da der Herzschrittmacher den wirtschaftlichen Gehalt der Lieferung bestimmt. Wird sie **jedoch** als Gegenstand einer selbständigen Leistung geliefert, ist sie wie Teile und Zubehör (z. B. Adapter, Schrauben und Dichtungsringe) **nicht begünstigt**.

7. andere Vorrichtungen zum Beheben von Funktionsschäden oder Gebrechen, zum Tragen in der Hand oder am Körper oder zum Einpflanzen in den Organismus bestimmt (aus Unterposition 9021 90), ausgenommen Teile und Zubehör für begünstigte Gegenstände wie z. B. Ohrhörer für Blindenleitgeräte

   Hierzu gehören:

   a) Sprechhilfegeräte – die im Wesentlichen aus einem elektronischen Impulsgeber bestehen – für Personen, denen der Gebrauch der Stimmbänder verloren gegangen ist,

   b) Schrittmacher zum Anregen anderer Organe als dem Herzen (z. B. Lunge, Mastdarm oder Blase),

   c) Blindenleitgeräte, die im Wesentlichen aus einer Vorrichtung zum Senden und Empfangen von Ultraschallwellen bestehen und von einer elektrischen Batterie gespeist werden

   Die Frequenzunterschiede, die sich aus der Zeit ergeben, die der Ultraschallwellenstrahl benötigt, um nach Reflektion durch ein Hindernis zurückzukehren, ermöglichen dem Blinden, das Hindernis und seine Entfernung mit Hilfe eines geeigneten Geräts (z. B. Ohrhörer) wahrzunehmen.

   d) Lesegeräte für Blinde, die über eine Miniaturkamera mit Hilfe von Fototransistoren Buchstaben auf ein sog. Abtastfeld übertragen, **nicht jedoch** tragbare Lesevorrichtungen für hochgradig Sehbehinderte, bei denen eine von Hand zu führende Filteroptikkamera Dokumente abtastet und ein vergrößertes Bild auf einen Bildschirm überträgt, elektronische Lesegeräte für hochgradig Sehbehinderte, z. B. elektronische Fernseh-Lesegeräte (Kapitel 85), sowie Brillen (Position 9004),

   e) Vorrichtungen, die in den Körper eingepflanzt werden, um die chemische Funktion eines Organs (z. B. das Absondern von Insulin) zu unterstützen oder zu ersetzen

   Nicht hierzu gehören TENS-Geräte (transkutane elektronische Nervenstimulationsgeräte), die als elektromedizinische Geräte zu Position 9018 gehören.

Nach Nr. 52 der Anlage 2 sind **nicht begünstigt**: 163

1. Krankenpflegeartikel, z. B. Mullbinden (aus Position 3005), Fingerlinge (Position 4014) und Armbinden (Position 6217) sowie Hygieneartikel (Position 4818)

2. Teile und Zubehör für begünstigte Gegenstände der Nr. 52 der Anlage 2, wenn sie Gegenstand einer selbständigen Leistung sind (vgl. hierzu Tz. 162)

   Allerdings kann hierfür eine Steuerermäßigung nach anderen Vorschriften des UStG in Betracht kommen. So unterliegen z. B. die Lieferung von Zubehör und Ersatzteilen sowie die Instandsetzung von orthopädischen Hilfsmitteln dem ermäßigten Steuersatz, wenn diese Umsätze von gemeinnützigen Körperschaften außerhalb eines wirtschaftlichen Geschäftsbetriebs ausgeführt werden (§ 12 Abs. 2 Nr. 8 UStG).

Die Lieferungen von Ersatzteilen für orthopädische Hilfsmittel sowie Instandsetzungen von orthopädischen Hilfsmitteln unterliegen stets dem allgemeinen Steuersatz, gleichgültig, ob es sich um Werkleistungen (z. B. das Abschleifen und Polieren des Holzschaftes einer Beinprothese) oder um Werklieferungen handelt, bei denen nicht begünstigte Teile und Zubehör (z. B. Gelenke, Schienen, Kugellager, Schnallen, Federn, Schrauben, Nägel, Nieten oder Lederteile) verwendet werden. 164

Beispiele:

1. Bei der Instandsetzung einer Beinprothese wird ein Passteil verwendet. Es handelt sich um eine nicht begünstigte Werklieferung eines Passteils als Teil der Beinprothese.

2. Der Fuß einer Beinprothese wird durch einen neuen Fuß ersetzt. Es handelt sich auch hier um eine nicht begünstigte Werklieferung eines Fußes als Teil der Gesamtprothese.

3. Bei der Reparatur von orthopädischem Schuhwerk werden orthopädisch wirksame Einbauteile verwendet (z. B. Stahlsohlen, auswechselbare Fußbettungen oder Verkürzungsausgleiche). Es handelt sich um die nicht begünstigte Werklieferung von Einbauteilen.

4. An Serienschuhen des Auftraggebers werden orthopädische Zurichtungen angebracht (z. B. eine Schmetterlingsrolle oder eine Doppelsohle). Es handelt sich um eine nicht begünstigte Werklieferung. Die Zurichtungen sind als Teile für die Schuhe anzusehen.

Werden die Teile und das Zubehör im Rahmen eines einheitlichen Umsatzgeschäftes zusammen mit den begünstigten orthopädischen Hilfsmitteln geliefert, teilen sie als unselbständige Nebenleistung das Schicksal der Hauptleistung. Dieser Grundsatz gilt für Lieferungen und Werklieferungen.

Anlage 2
H

Beispiele:
5. Ein betriebsfertiges Schwerhörigengerät wird nebst Batterie geliefert. Die Steuerermäßigung erstreckt sich auch auf das Entgelt für die mitgelieferte Batterie.
6. Bei der Herstellung und Lieferung von orthopädischen Schuhen erstreckt sich der ermäßigte Steuersatz auch auf die im Gesamtentgelt enthaltenen Materialien und die Arbeitsleistung.
7. In einen Konfektionsschuh werden auftragsgemäß entsprechend ärztlicher Anordnung orthopädische Zurichtungen fest eingebaut. Gegenstand der einheitlichen Werklieferung ist der zugerichtete fertige Schuh, der als orthopädischer Schuh begünstigt ist.

Unvollständige oder unfertige orthopädische Hilfsmittel werden wie die vollständigen oder fertigen orthopädischen Hilfsmittel behandelt, wenn sie die charakterbestimmenden Merkmale haben. Für solche unvollständigen oder unfertigen orthopädischen Hilfsmittel (z. B. medizinische Leibbinden, die der Hersteller an den Bandagistenhandwerker liefert, der sie ggf. unter Anbringen orthopädischer Zurichtungen dem Kunden anpasst) kann deshalb der ermäßigte Steuersatz angewendet werden. Sog. Passteile für Körperersatzstücke (z. B. Waden oder Schienen mit Gelenken) sind jedoch im Regelfall als nicht begünstigte Teile anzusehen.

165 **Kunstgegenstände, und zwar**

a) Gemälde und Zeichnungen, vollständig mit der Hand geschaffen, sowie Collagen und ähnliche dekorative Bildwerke (Position 9701),

b) Originalstiche, -schnitte und -steindrucke (Position 9702),

c) Originalerzeugnisse der Bildhauerkunst, aus Stoffen aller Art (Position 9703)

(Nr. 53 der Anlage 2)

Begünstigt sind alle Gegenstände der Positionen 9701 bis 9703 Zolltarif. Wiederverkäufer (z. B. Kunsthändler, Galeristen und Versteigerer) können von der Differenzbesteuerung nach § 25a UStG Gebrauch machen. Hierbei unterliegt nicht das gesamte Entgelt (Verkaufspreis ohne Umsatzsteuer) der Umsatzbesteuerung, sondern nur die positive Differenz zwischen Verkaufs- und Einkaufspreis (ohne Umsatzsteuer) für den betreffenden Gegenstand. In diesem Fall ist ausschließlich der allgemeine Steuersatz anzuwenden (§ 25a Abs. 5 Satz 1 UStG). Nr. 53 der Anlage 2 hat demnach nur noch Bedeutung für solche Umsätze, die nicht der Differenzbesteuerung nach § 25a UStG unterliegen.

166 Im Einzelnen sind nach Nr. 53 der Anlage 2 **begünstigt**:

1. zu Buchstabe a):

Gemälde (z. B. Ölgemälde, Aquarelle, Pastelle) und Zeichnungen, vollständig mit der Hand geschaffen (ausgenommen Zeichnungen der Position 4906, wie z. B. Baupläne, technische und gewerbliche Zeichnungen sowie handbemalte oder handverzierte gewerbliche Erzeugnisse) sowie Collagen und ähnliche dekorative Bildwerke

Hierzu gehören:

a) Gemälde und Zeichnungen, die vollständig mit der Hand oder auf andere Weise (z. B. im Falle einer Körperbehinderung mit dem Fuß) geschaffen sind, ohne Rücksicht darauf, ob es sich um alte oder moderne Werke handelt

Diese Werke können Ölgemälde, Gemälde in Wachs, Gemälde in Temperafarben, Acrylfarbgemälde, Aquarelle, Gouachen, Pastelle, Miniaturen, farbig ausgemalte Handzeichnungen, Bleistift- (einschließlich Conté-Bleistift-Zeichnungen), Kohle- oder Federzeichnungen usw. auf Stoffen aller Art sein. Erzeugnisse, die ganz oder teilweise in anderen Verfahren (als mit der Hand oder z. B. mit dem Fuß) hergestellt sind, gehören **nicht** hierzu, wie z. B. Bilder, auch auf Leinen, die im fotomechanischen Verfahren hergestellt sind, sowie Handmalereien auf solchen Umrissskizzen oder Zeichnungen, die im gewöhnlichen Tief- oder Flachdruckverfahren hergestellt sind, sowie sog. originalgetreue Bilder, die mit Hilfe einer mehr oder weniger großen Anzahl von Schablonen hergestellt sind, auch wenn sie vom Künstler selbst signiert sind. Dagegen sind Kopien von Gemälden, die vollständig mit der Hand oder auf andere Weise von Körperbehinderten geschaffen sind, ohne Rücksicht auf ihren künstlerischen Wert begünstigt.

Nicht hierzu gehören:

aa) Baupläne, technische und gewerbliche Zeichnungen, auch wenn sie als Originale mit der Hand hergestellt worden sind (Position 4906),

bb) Originalentwürfe für Mode, Schmuckwaren, Tapeten, Gewebe, Tapisserien, Möbel usw. (Position 4906),

- cc) bemalte Gewebe für Theaterdekorationen, Atelierhintergründe usw. (Position 5907 oder 9706),
- dd) handverzierte gewerbliche Erzeugnisse, wie Wandverkleidungen aus handbemalten Geweben, Reiseandenken, Schachteln und Kästchen, keramische Erzeugnisse (Teller, Schüsseln, Vasen usw.), die je nach Beschaffenheit einzureihen sind,
- ee) Batikarbeiten und handgewebte Wandbehänge (= Spinnstoffwaren) mit künstlerischen, bildlichen Darstellungen,
- ff) keramische Erzeugnisse (Kapitel 69),
- gg) Kunstverglasungen (für Wohnungen, Kirchenfenster usw.), die aus Platten, Rosetten usw. aus Glas (meistens in der Masse gefärbtem oder an der Oberfläche bemaltem Glas oder Antikglas) zusammengesetzt sind, wobei die einzelnen Glasplatten usw. in gefalzte Metallstege gefasst und manchmal durch Metallleisten verstärkt sind (Position 7016).

b) Collagen oder ähnliche dekorative Bildwerke

Hierzu gehören Collagen und ähnliche dekorative Bildwerke, die aus Stücken und Stückchen verschiedener tierischer, pflanzlicher oder anderer Stoffe so zusammengesetzt worden sind, dass ein Bild oder ein dekoratives Motiv entstanden ist, das auf eine Unterlage, z. B. aus Holz, Papier oder ein textiles Material geklebt oder auf andere Weise befestigt worden ist. Die Unterlage kann einfarbig, handbemalt oder mit dekorativen oder bildhaften Elementen bedruckt sein, die einen Teil des Ganzen darstellen. Die Qualität der Collagen erstreckt sich von billig hergestellten Serienerzeugnissen, die zum Verkauf als Reiseandenken bestimmt sind, bis zu Erzeugnissen, die eine große handwerkliche Fähigkeit erfordern und die echte Kunstwerke sein können.

Nicht als „ähnliche Bildwerke" gelten Erzeugnisse, die aus einem Stück eines Materials bestehen, auch wenn es auf einer Unterlage befestigt oder auf eine Unterlage geklebt wird. Diese Erzeugnisse werden von anderen Positionen genauer erfasst, wie Ziergegenstände aus Kunststoff, Holz, unedlen Metallen usw. Solche Erzeugnisse werden je nach Beschaffenheit eingereiht (Positionen 3926, 4420, 8306 usw.) und sind **nicht** nach Nr. 53 der Anlage 2 **begünstigt**.

2. zu Buchstabe b):

Originalstiche, -schnitte und -steindrucke (Position 9702)

Hierzu gehören nur Stiche, Schnitte und Steindrucke, alt oder modern, die von einer Platte oder von mehreren vom Künstler vollständig handgearbeiteten Platten in beliebigem, jedoch keinem mechanischen oder fotomechanischen Verfahren auf einen beliebigen Stoff in schwarz-weiß oder farbig unmittelbar abgezogen sind. Die Übertragungstechnik, die der Lithograph anwendet, der seinen Entwurf zunächst auf Pauspapier zeichnet, um nicht mit einem schweren unhandlichen Stein arbeiten zu müssen, nimmt den Lithographien, die von dem Stein abgezogen wurden, nicht ihren Charakter als Originale, sofern die anderen oben angeführten Bedingungen erfüllt sind. Die Stiche können vorkommen als Kupferstiche, in Schabemanier, in Punktiermanier, in Aquatintamanier oder als Kaltnadel-Radierung usw. Die sog. Probeabdrucke gehören auch hierher, selbst wenn sie nachgebessert sind. Es ist ohne Einfluss auf die Einreihung, ob die Originale vom Künstler nummeriert oder signiert sind. Zu den Originalsteindrucken (Lithographien) gehören auch solche Drucke, die von einer vom Künstler handgearbeiteten Platte abgezogen sind, bei denen der Abzug aber mittels einer mechanischen Presse oder in einem Umdruckverfahren, das ein Mehrfachnutzen ermöglicht, hergestellt wurde.

Nicht hierzu gehören:

a) Druckplatten aus Kupfer, Zink, Stein, Holz oder anderen Stoffen, mit denen die Stiche usw. hergestellt wurden (Position 8442),

b) Kunstfotografien (fotografisch erzeugte Werke)

Unabhängig von ihrem künstlerischen Charakter sind alle Fotografien der Position 4911 zuzuordnen.

c) Bilddrucke, die keine Originalstiche, -schnitte und -steindrucke sind, wie beispielsweise künstlerische Siebdrucke (sog. Serigraphien), auch wenn sie vom Künstler signiert und nur in nummerierter Auflage hergestellt worden sind (Position 4911)

Jedoch sind Sammlungen gedruckter Reproduktionen von Kunstwerken, die ein vollständiges Werk ergeben und zum Binden als Bücher geeignet sind (Position 4901) nach Nr. 49 Buchstabe a der Anlage 2 begünstigt (vgl. Tz. 155).

Anlage 2
H

3. zu Buchstabe c):

Originalerzeugnisse der Bildhauerkunst, aus Stoffen aller Art (Position 9703)

Hierzu gehören Werke, alt oder modern, die von einem Bildhauer als Original hergestellt sind. Bei diesen Werken, die aus allen Stoffen (Natur- oder Kunststein, Terrakotta, Holz, Elfenbein, Metall, Wachs usw.) bestehen können, unterscheidet man die Rundplastiken, die vollständig erhaben sind (Statuen, Büsten, Hermen, sonstige Formen, Gruppen, Tierplastiken usw.) und die Hoch- und Flachreliefs einschließlich der Reliefs für Bauverzierungen.

Die Werke dieser Position können in verschiedenen Verfahren hergestellt werden:

Sie können z. B. aus hartem Material herausgearbeitet, aus weichem Material geformt oder – z. B. in Bronze oder Gips – gegossen sein. Sind von demselben Bildwerk mehrere Nachbildungen – auch aus verschiedenen Stoffen oder in verschiedenen Verfahren – hergestellt, so ist dies ohne Einfluss auf den Charakter dieser Stücke als Originale. Dabei ist es ohne Bedeutung, ob der Bildhauer oder eine andere Person der Schöpfer dieser Nachbildungen ist. Als Originale gelten der „Entwurf" (in der Regel aus Ton), das Gipsmodell und die ggf. aus unterschiedlichen Materialien erstellten Abgüsse bzw. Reproduktionen. Diese Stücke sind nie völlig gleich, da der Künstler jedes Mal durch weiteres Modellieren, durch Korrekturen an den Abgüssen (z. B. auch durch Signatur und Nummerierung) sowie beim Herstellen der Patina, die jedes Stück erhält, eingreift und somit seine persönliche Schöpfung zum Ausdruck bringt.

In der Regel übersteigt die Gesamtzahl dieser Exemplare nicht ein Dutzend. Als Originalerzeugnisse der Bildhauerkunst im Sinne dieser Position können nur solche Erzeugnisse angesehen werden, die, abgesehen von wenigen Fällen, in einer geringen Stückzahl vorkommen und sich schon deshalb nicht jederzeit beschaffen lassen. Sie sind im Allgemeinen nicht Gegenstand laufender Geschäfte und haben in der Regel einen hohen Wert, der in keinem Verhältnis zu dem reinen Materialwert steht.

Künstlerische Bildhauerarbeiten, wie Kirchenportal oder Brunnenplastik, fallen unter die Begünstigung, wenn ihr künstlerischer Eindruck vorherrschend ist und das Erscheinungsbild prägt.

Nicht hierzu gehören:

a) dekorative Bildhauerarbeiten (auch Holzschnitzereien) von handelsgängigem Charakter, z. B. ornamentale Steinmetzarbeiten,

b) Schmuckstücke und andere handwerkliche Erzeugnisse mit dem Charakter einer Handelsware (Devotionalien, Ziergegenstände usw.)

Auch individuell von einem Goldschmied gefertigte Schmuckteile sind keine Originalerzeugnisse der Bildhauerkunst, sondern nicht begünstigte Schmuckwaren (Position 7116 oder 7117).

c) serienmäßige Nachbildungen und Abgüsse von handelsgängigem Charakter aus Metall, Gips, Gips-Faser-Stoff, Zement, Pappmaché, Papierhalbstoff, Holz, Stein, Keramik oder aus unedlem Metall, z. B. Bronzeskulpturen in einer hohen Gesamtzahl, bei deren Herstellung der Künstler nur in unbedeutendem Umfang selbst mitwirkt,

d) keramische Erzeugnisse (Kapitel 69),

e) Sakralgegenstände wie Pulte, Schreine oder Leuchter mit dem Charakter von Handelswaren,

f) „Paperweights" – mit zwei- oder dreidimensionalen Motiven verzierte Glaskugeln mit einer Standfläche, die von bekannten Glaskünstlern in begrenzter Stückzahl vollständig mit der Hand hergestellt und signiert werden

Sie sind als Gegenstände anzusehen, die den Charakter einer Handelsware haben und daher nach ihrer Beschaffenheit einzureihen sind.

g) Modellbauarbeiten (z. B. historische Schiffsmodelle), auch wenn es sich um Unikate handelt

Ob vom Bildhauer hergestellte Grabdenkmäler – soweit es sich nicht um Serien- oder Handwerkserzeugnisse handelt – begünstigt sind, lässt sich nur im Einzelfall entscheiden, z. B. kommt die Einreihung eines Grabdenkmals in Position 9703 als Mahnmal in Betracht. Da die Steuerermäßigung nicht auf Umsätze von Künstlern beschränkt ist, sondern auch für andere Unternehmer gilt, wenn sie Kunstgegenstände liefern, kann die Begünstigung z. B. für Kunstgießereien in Betracht kommen, soweit es sich um Originalerzeugnisse der Bildhauerkunst i. S. der Position 9703 handelt. Einem künstlerisch tätigen Kachelofenbauer steht der ermäßigte Steuersatz **jedoch nicht** zu, wenn seine als Einzelstücke hergestellten Kachelöfen industriell oder handwerklich hergestellten Produkten ähnlich sind.

Nach Nr. 53 der Anlage 2 sind **nicht begünstigt**:
1. echte Perlen sowie Diamanten, Edel- und Schmucksteine (Positionen 7101 bis 7103)
   Dies gilt auch für geschliffene Edelsteine zur Herstellung von Schmuckwaren, auch wenn es sich dabei um Kunstgegenstände handeln sollte.
2. Antiquitäten, mehr als 100 Jahre alt (Position 9706)
   Antiquitäten sind Erzeugnisse, deren Wert hauptsächlich auf ihrem Alter und in der Regel ihrer hierdurch bedingten Seltenheit beruht. Zu Position 9706 gehören **jedoch nicht** Erzeugnisse mit den Merkmalen der Positionen 9701 bis 9703. Für diese zu den Positionen 9701 bis 9703 gehörenden mehr als 100 Jahre alten Erzeugnissen gilt der ermäßigte Steuersatz. Antiquarische Bücher, Broschüren und ähnliche Drucke (Position 9706) können jedoch unter Nr. 49 Buchst. a der Anlage 2 fallen (vgl. Tz. 153-155).

Unter Nr. 53 der Anlage 2 fallen die in den Positionen 9701 bis 9703 genannten Gegenstände der bildenden Kunst. Das bedeutet **jedoch nicht**, dass das Kapitel 97 Zolltarif generell als Auffangposition für Kunstwerke in Betracht kommt oder dass die zu diesem Kapitel gehörenden Erzeugnisse stets dem Bereich der Kunst zuzurechnen sind. Der Zolltarif sieht eine Subsumtion unter dem Begriff „Kunst" nicht vor und schließt auch eine Wertung im künstlerischen Sinne aus. Die Verwendung des Begriffs „Kunstgegenstand" im Zolltarif ist nur als Hinweis, nicht aber als maßgebend für die Einreihung zu werten. Die künstlerische Qualität von Erzeugnissen ist somit für die zolltarifliche Beurteilung ohne Belang.

Zu den Erzeugnissen der Positionen 9701 bis 9703 zählen grundsätzlich nur Originalerzeugnisse, die in bestimmten überkommenen Techniken wie Malerei, Zeichnen, Drucken mit handgearbeiteten Platten oder Bildhauerei gestaltet worden sind. Zeitgenössische Kunstwerke, die mit anderen Techniken oder Ausdrucksmitteln geschaffen werden, sind **nicht** mit Ausnahme von Collagen und ähnlichen dekorativen Bildwerken **begünstigt**. Hierzu zählen z. B. Erzeugnisse aus Textilien, Glas, Kunststoff oder Leder.

Erzeugnisse, die ungeachtet ihres künstlerischen Werts einen eigenen charakterbestimmenden Gebrauchswert aufweisen (z. B. Gitter, Türgriffe, Türverkleidungen, Leuchter, Tabernakel, Ambo, Taufsteindeckel, Sitze, Kredenz, Schmuck, Vasen, Trinkgefäße), sind nach stofflicher Beschaffenheit einzureihen und somit regelmäßig **nicht begünstigt**.

Rahmen (auch Rahmen mit Glas) um Gemälde, Zeichnungen, Collagen und ähnliche dekorative Bildwerke (Position 9701) sowie um Originalstiche, Originalschnitte oder Originalsteindrucke (Position 9702) werden wie diese eingereiht, wenn sie ihnen nach Art und Wert entsprechen. Ist das nicht der Fall, werden sie nach stofflicher Beschaffenheit eingereiht (z. B. Holzrahmen nach Position 4414). Wird ein Gemälde mit einem Rahmen geliefert, der ihm nach Art und Wert entspricht, unterliegt die gesamte Lieferung dem ermäßigten Steuersatz.

Sammlungsstücke,

a) zoologische, botanische, mineralogische oder anatomische, und Sammlungen dieser Art (aus Position 9705),

b) von geschichtlichem, archäologischem, paläontologischem oder völkerkundlichem Wert (aus Position 9705),

c) von münzkundlichem Wert, und zwar

    aa) kursungültige Banknoten einschließlich Briefmarkengeld und Papiernotgeld (aus Position 9705),

    bb) Münzen aus unedlen Metallen (aus Position 9705),

    cc) Münzen und Medaillen aus Edelmetallen, wenn die Bemessungsgrundlage für die Umsätze dieser Gegenstände mehr als 250 vom Hundert des unter Zugrundelegung des Feingewichts berechneten Metallwerts ohne Umsatzsteuer beträgt (aus Positionen 7118, 9705 und 9706)

(Nr. 54 der Anlage 2)

Begünstigt sind nur die ausdrücklich in der Vorschrift aufgeführten Sammlungsstücke. Als Sammlungsstücke in diesem Sinne sind Gegenstände anzusehen, die ohne Rücksicht auf ihr Alter eine exemplarische Bedeutung haben und zur Aufnahme in eine nach wissenschaftlichen Grundsätzen aufgebaute öffentliche Sammlung auf den bezeichneten Gebieten geeignet sind. Der EuGH definiert in seinem Urteil vom 10. Oktober 1985 – 200/84 – Sammlungsstücke im Sinne der Position 9705 als Gegenstände, die geeignet sind, in eine Sammlung aufgenommen zu werden, d. h. Gegenstände, die einen gewissen Seltenheitswert haben, normalerweise nicht ihrem ursprünglichen Verwendungszweck gemäß benutzt werden, Gegenstand eines Spezialhandels außerhalb des üblichen Handels mit ähnlichen Gebrauchsgegenständen sind und einen hohen Wert haben. Ferner dokumentieren sie einen charakteristischen Schritt in der Entwicklung der

Anlage 2
H

menschlichen Errungenschaften oder veranschaulichen einen Abschnitt dieser Entwicklung. Folglich ist ein Gegenstand, der lediglich gesammelt wird – auch wenn er als Belegstück für eine bestimmte Entwicklung in Museen oder in wissenschaftlich aufgebauten Sammlungen anzutreffen ist – nicht als Sammlungsstück im Sinne der Position 9705 einzureihen. Die Vergleichbarkeit mit anderen Museumsexponaten genügt somit nicht, um einem Sammlungsstück einen geschichtlichen oder völkerkundlichen Wert zuzusprechen. Andererseits kann aus Gründen der Verwaltungsvereinfachung unterstellt werden, dass – soweit der Nachweis der übrigen im o. a. EuGH-Urteil genannten Kriterien erbracht ist – die für die künstlerische Entwicklung bahnbrechenden und signierten Werke eines epochemachenden Künstlers generell einen charakteristischen Schritt in der Entwicklung der menschlichen Errungenschaften dokumentieren bzw. einen Abschnitt dieser Entwicklung veranschaulichen. Gleiches gilt für nichtsignierte Gegenstände, die jedoch mit hoher Wahrscheinlichkeit einem bedeutenden Künstler zugeschrieben werden können.

Durch die Voraussetzung der exemplarischen Bedeutung grenzen sie sich auch von den nicht begünstigten Antiquitäten (Position 9706) ab, wobei antiquarische Bücher, Broschüren und ähnliche Drucke aus Position 9706 nach Nr. 49 Buchst. a der Anlage 2 begünstigt sein können (vgl. Tz. 153-155). Zur Begünstigung von Büchern, Broschüren und ähnlichen Drucken als Sammlungsstücke sowie von Sammlerbriefmarken und dergleichen vgl. Nr. 49 der Anlage 2 (vgl. Tz. 153-155).

Wiederverkäufer von Sammlungsstücken können von der Differenzbesteuerung nach § 25a UStG Gebrauch machen (vgl. Tz. 165).

173 Im Einzelnen sind nach Nr. 54 der Anlage 2 **begünstigt**:

1. zu Buchstabe a):

    Zu den zoologischen, botanischen, mineralogischen oder anatomischen Sammlungsstücken gehören – soweit es sich um ausgesuchte Einzelexemplare handelt:

    a) Tiere aller Art, durch Trocknen oder Einlegen in eine Flüssigkeit haltbar gemacht, ausgestopfte Tiere für Sammlungen

    Zoologische Sammlungsstücke müssen sich neben ihrer Seltenheit auch durch einen zoologisch-wissenschaftlichen Wert auszeichnen. Diesen Anforderungen genügen ausgestopfte Tiere für Sammlungen nicht schon dadurch, dass sie als Anschauungsobjekte dienen können. Jagdtrophäen sind somit regelmäßig **nicht begünstigt**.

    b) ausgeblasene Eier, Insekten in Kästen unter Glasrahmen usw. (ausgenommen solche, die für Fantasieschmuck und dergleichen vorgerichtet sind) sowie leere Muscheln (andere als solche zu industriellen Zwecken),

    c) Samen, Pflanzen oder Pflanzenteile, zu Sammlungszwecken getrocknet oder in Flüssigkeiten haltbar gemacht oder präpariert, wenn sie Besonderheiten botanischer Art aufweisen sowie Herbarien,

    d) Steine und Mineralien in ausgesuchten Stücken (ausgenommen Edelstein und Schmuckstein des Kapitels 71) sowie Versteinerungen

    Als mineralogische Sammlungsstücke können nur ausgesuchte Einzelexemplare angesehen werden, die wegen ihrer Seltenheit von besonderem Interesse auf dem Gebiet der Mineralogie sind und die einen hohen Wert haben, der in keinem Verhältnis zum reinen Materialwert steht. Aus diesem Grund kommt eine Zuweisung der sich im Handel befindlichen Mineralien zu Position 9705 nur in wenigen Einzelfällen in Betracht, z. B. kann ein sog. „Herkimer-Quarz" auch bei Vorliegen von Besonderheiten (Größe, spezieller Aufbau usw.) mangels der erforderlichen Seltenheit **nicht** als mineralogisches Sammlungsstück im Sinne der Position 9705 angesehen werden.

    Mineralien und echte Perlen, die wegen ihrer Farbschönheit, Brillanz, Unveränderlichkeit und oft auch wegen ihrer Seltenheit zur Herstellung von Schmuckwaren oder zu ähnlichen Zwecken verwendet werden könnten, obwohl sie tatsächlich anders verwendet werden, gehören ebenfalls nicht hierzu, sondern zu Kapitel 71 Zolltarif und sind somit **nicht begünstigt**. Dies gilt auch für rohe, noch mit dem Muttergestein verbundene Mineralien, wie z. B. Quarz, Pyrit, Opal, Azurit, Fluorit (Flussspat) und Serpentin. Mineralien, die nicht die zur Verwendung für Schmuckwaren oder für ähnliche Zwecke erforderliche Qualität besitzen, fallen dagegen als mineralische Stoffe im Allgemeinen unter Kapitel 25 Zolltarif und sind **nicht begünstigt**, es sei denn, es handelt sich um die oben beschriebenen mineralogischen Sammlungsstücke.

    e) osteologische Stücke (Skelette, Schädel, Gebeine), anatomische und pathologische Stücke, jedoch nur dann, wenn sie Besonderheiten (Anomalien) aufweisen, z. B. Riesen- oder Zwergwuchs und Anomalien

Nicht hierzu gehören:
- aa) Modelle der Human- und Veterinäranatomie (auch mit beweglichen Gliedern) sowie Modelle von stereometrischen Körpern, von Kristallen usw. (Position 9023),
- bb) Skelette und Teile davon, die einen üblichen Skelett- oder Knochenaufbau haben und keinerlei Anomalien aufweisen, auch als Anschauungsmaterial zu Unterrichtszwecken (Position 9023),
- cc) Schaukästen, Tafeln usw. mit Mustern von Rohstoffen (Spinnstoffwaren, Holz usw.) oder mit Erzeugnissen verschiedener Fertigungsstufen, die zum Unterricht in Schulen und dergleichen bestimmt sind (Position 9023),
- dd) mikroskopische Präparate (Position 9023).

2. zu Buchstabe b):

Als **begünstigte** Sammlungsstücke von geschichtlichem, archäologischem, paläontologischem oder völkerkundlichem Wert sind nur solche Gegenstände anzusehen, die oft nur einen verhältnismäßig geringen Materialwert haben, jedoch wegen ihrer Seltenheit, ihrer Zusammenstellung oder ihrer Aufmachung von Interesse sind (zur Definition von Sammlungsstücken durch den EuGH, vgl. Tz. 172). Von geschichtlichem oder völkerkundlichem Wert sind Gegenstände nur dann, wenn sie auch aus der betreffenden Zeit stammen. Die in der Gegenwart nach alten Vorbildern hergestellten originalgetreuen Nachbildungen (z. B. von historischen Waffen oder Schiffen) besitzen keine historische oder völkerkundliche Authentizität und sind deshalb **nicht begünstigt**.

Zu den Sammlungsstücken von geschichtlichem, archäologischem, paläontologischem oder völkerkundlichem Wert gehören:

- a) Gegenstände, die als Beweismittel für menschliches Leben dienen und zum Studium früherer Generationen geeignet sind, z. B. Mumien, Sarkophage, Waffen (jedoch keine Nachbildungen), Kultgegenstände und Kleidungsstücke sowie Gegenstände, die berühmten Menschen gehört haben,
- b) Gegenstände, die dem Studium menschlichen Lebens, der Sitten, Gebräuche und Besonderheiten zeitgenössischer ursprünglich lebender Völker dienen, z. B. Werkzeuge, Waffen (jedoch keine Nachbildungen) oder Kultgegenstände,
- c) Sammlungsstücke geologischer Art, die dem Studium tierischer oder pflanzlicher Fossilien dienen, **nicht jedoch** Fossilien nicht selten vorkommender Arten, die Gegenstand des einschlägigen Fachhandels sind, auch wenn sie sich durch Besonderheiten auszeichnen,
- d) historische Schiffsmodelle, die für die Ausstellung in schiffshistorischen Museen bestimmt sind,
- e) Gebrauchs- und Kleidungsstücke von völkerkundlichem Wert wie z. B. Teppiche (insbesondere Orientteppiche), wobei im Hinblick auf den breiten Handel strenge Anforderungen an den Nachweis zu stellen sind,
- f) Veteranenfahrzeuge (sog. Oldtimer) unter den, in den EuGH-Urteilen vom 10. Oktober 1985 – 200/84 – und vom 3. Dezember 1998 – C-259/97 – festgelegten Voraussetzungen,
- g) historische Wertpapiere (z. B. Aktien, Schuldverschreibungen, Pfandbriefe und dergleichen), wenn es sich um ungültige Einzelexemplare von besonderem wirtschafts- oder industriegeschichtlichen Wert handelt,
- h) Orden, Ehrenzeichen und Medaillen, wenn es sich um ausgesuchte Einzelexemplare im Sinne der Position 9705 handelt

  Dass Orden und Ehrenzeichen erloschen sind, rechtfertigt jedoch allein **nicht** die Begünstigung als Sammlungsstück.
- i) Schmuckstücke, wenn sie die Schmuckkultur ihrer Zeit in ihren wesentlichen Merkmalen wiedergeben und diese Stilepoche in besonderer Weise veranschaulichen,
- j) Musikinstrumente im Einzelfall, auch wenn sie bespielt werden,
- k) Fotografien im Einzelfall, wobei die Beurteilung des geschichtlichen Werts nicht von der technischen Entwicklung der Fotografie abhängt.

Nicht begünstigt sind Telefonkarten (gebraucht oder ungebraucht), Bierdeckel, Streichholzschachteln, Parfümflakons, Armbanduhren neuester Produktion und Möbel, die zwar Sammelobjekte sind, denen aber kein geschichtlicher oder völkerkundlicher Wert zukommt, sowie Briefmarken und dergleichen, Stempelmarken, Steuerzeichen und dergleichen, entwertet oder nicht entwertet (aus Position 4907 oder 9704), soweit es sich nicht um nach Nr. 49 Buchst. f der Anlage 2 (vgl. Tz. 153-155) begünstigte Sammlungsstücke handelt.

Der Unternehmer hat das Vorliegen der Voraussetzungen für die Anwendung des ermäßigten Steuersatzes nachzuweisen. Hierzu ist ein Hinweis in den Aufzeichnungen und Unterlagen (z. B. Rechnungsdurchschriften) erforderlich. Der Nachweis kann geführt

Anlage 2
H

werden durch eine genaue Beschreibung des Gegenstandes, wie sie im Kunsthandel oder für Versicherungszwecke üblich ist. Bei einem Gegenstand von geschichtlichem oder völkerkundlichem Wert muss außerdem nachprüfbar dargelegt werden, aus welchen Gründen dieser Gegenstand einen charakteristischen Schritt in der Entwicklung der menschlichen Errungenschaften dokumentiert oder einen Abschnitt dieser Entwicklung veranschaulicht. Im Zweifelsfall kann eine unverbindliche Zolltarifauskunft für Umsatzsteuerzwecke (vgl. Tz. 6-8) oder ein Gutachten eines anerkannten Sachverständigen verlangt werden. In jedem Fall muss die Beschreibung des Gegenstandes unter Berücksichtigung der im EuGH-Urteil vom 10. Oktober 1985 – 200/84 – aufgestellten Kriterien durch Dritte nach Aktenlage nachprüfbar sein.

3. zu Buchstabe c):
   Zu den Sammlungsstücken von münzkundlichem Wert gehören:
   a) kursungültige Banknoten einschließlich Briefmarkengeld und Papiernotgeld, soweit sie als Sammlungsstücke unter Position 9705 fallen,
   b) Münzen aus unedlen Metallen (z. B. Kupfer), soweit sie als Sammlungsstücke unter Position 9705 fallen,
   c) Münzen und Medaillen aus Edelmetallen, sofern sie als Sammlungsstücke anzusehen sind, wenn die Bemessungsgrundlage für die Umsätze dieser Gegenstände mehr als 250 % des unter Zugrundelegung des Feingewichts berechneten Metallwerts ohne Umsatzsteuer beträgt (aus Positionen 7118, 9705 und 9706).

   Hierzu gehören:
   aa) Münzen aus Edelmetallen (Gold, Platin und Silber), kursgültig (gesetzliche Zahlungsmittel) oder kursungültig (außer Kurs gesetzte Münzen und amtliche Nachbzw. Neuprägungen solcher Münzen), die wegen ihres Sammlerwertes umgesetzt werden und deshalb von der Steuerbefreiung nach § 4 Nr. 8 Buchst. b UStG ausgeschlossen sind bzw. für die die Steuerbefreiung des § 25c UStG (Besteuerung von Umsätzen mit Anlagegold) nicht in Betracht kommt. Ein aktuelles Verzeichnis der nach § 25c UStG steuerbefreiten Goldmünzen wird jährlich im Amtsblatt der Europäischen Gemeinschaft bekannt gemacht.

   Nicht begünstigt sind Münzen, die zu Schmuckstücken verarbeitet worden sind (z. B. Broschen oder Krawattennadeln) sowie beschädigte, nur noch zum Einschmelzen geeignete Münzen.

   bb) Medaillen aus Edelmetallen (Gold, Platin und Silber), **nicht jedoch** Medaillen ohne münzkundlichen Wert (z. B. religiöse oder als Schmuck dienende Medaillen) sowie beschädigte (zerbrochen, zerschnitten, zerhämmert) und nur noch zum Einschmelzen geeignete Medaillen, ebenso **nicht** Orden und Ehrenzeichen, es sei denn, sie können als Sammlungsstücke von geschichtlichem Wert angesehen werden (vgl. Tz. 173 Nr. 2).

174 Bei Münzen und Medaillen aus Edelmetallen ist der ermäßigte Steuersatz für Sammlungsstücke von münzkundlichem Wert anzuwenden, wenn die Bemessungsgrundlage für diese Umsätze mehr als 250 % des unter Zugrundelegung des Feingewichts berechneten Metallwerts ohne Umsatzsteuer beträgt. Für die Ermittlung des Metallwertes gelten folgende Sonderregelungen:

1. Goldmünzen

   Für steuerpflichtige Goldmünzenumsätze muss der Unternehmer zur Bestimmung des zutreffenden Steuersatzes den Metallwert von Goldmünzen grundsätzlich anhand der aktuellen Tagespreise für Gold ermitteln. Maßgebend ist der von der Londoner Börse festgestellte Tagespreis (Nachmittagsfixing) für die Feinunze Gold (eine Unze = 31,1035 Gramm). Dieser in US-Dollar festgestellte Wert muss anhand der aktuellen Umrechnungskurse in Euro umgerechnet werden.

   Aus Vereinfachungsgründen kann der Unternehmer jedoch auch den letzten im Monat November festgestellten Gold-Tagespreis für das gesamte folgende Kalenderjahr zu Grunde legen. Die umgerechneten Tagespreise vom letzten November-Werktag eines Jahres werden jeweils durch BMF-Schreiben bekannt gegeben, das im Bundessteuerblatt Teil I und auf den Internetseiten des BMF veröffentlicht wird. An das gewählte Verfahren (Berechnung nach Tagesnotierung oder nach der letzten Notierung im Monat November des Vorjahres) ist der Unternehmer mindestens für einen Besteuerungszeitraum gebunden.

2. Silbermünzen

   Auf die Umsätze der kursgültigen und kursungültigen Silbermünzen, die nicht in der als Anlage zu diesem Schreiben beigefügten Liste aufgeführt sind, kann der ermäßigte Steuersatz angewendet werden, ohne dass es einer Wertermittlung bedarf. Die Umsätze der in der Liste aufgeführten Silbermünzen unterliegen regelmäßig dem allgemeinen Steuersatz.

Der Unternehmer kann jedoch hierfür den ermäßigten Steuersatz in Anspruch nehmen, wenn er den Nachweis führt, dass die Voraussetzungen im Einzelfall erfüllt sind.

Bei der Ermittlung des Metallwertes (Silberwertes) von Silbermünzen kann der jeweilige Rücknahmepreis je Kilogramm Feinsilber (DEGUSSA-Silberpreis) zugrunde gelegt werden, der regelmäßig in der Tagespresse veröffentlicht wird. Statt der jeweiligen Tagesnotierung kann aus Vereinfachungsgründen der letzte im Monat November ermittelte Silberpreis bei der Wertermittlung für das gesamte folgende Kalenderjahr angesetzt werden. Dieser Wert wird jeweils durch BMF-Schreiben bekannt gegeben, das im Bundessteuerblatt Teil I und auf den Internetseiten des BMF veröffentlicht wird. An das gewählte Verfahren (Berechnung nach Tagesnotierung oder nach der letzten Notierung im Monat November des Vorjahres) ist der Unternehmer mindestens für einen Besteuerungszeitraum gebunden.

Der ermäßigte Steuersatz kann auch für neu ausgegebene Silbermünzen in Anspruch genommen werden, solange sie in die Liste der dem allgemeinen Steuersatz unterliegenden Silbermünzen nicht aufgenommen sind.

Die Liste der dem allgemeinen Steuersatz unterliegenden Silbermünzen wird regelmäßig überprüft und gegebenenfalls angepasst. Etwaige Änderungen der Liste werden besonders bekannt gegeben.

Unternehmer, die den ermäßigten Steuersatz für Münzumsätze in Anspruch nehmen, sind verpflichtet, Aufzeichnungen zum Nachweis der Voraussetzungen für die Steuerermäßigung zu führen. Nach § 22 Abs. 2 Nr. 1 Satz 2 und Nr. 2 Satz 2 UStG ist der Unternehmer verpflichtet, die Entgelte für Münzlieferungen, auf die der ermäßigte Steuersatz angewendet wird, getrennt von den Entgelten für die übrigen Münzlieferungen aufzuzeichnen. Dabei müssen die Aufzeichnungen auch Angaben darüber enthalten, dass die Voraussetzungen für die Steuerermäßigung vorliegen. Ist die betreffende Münze nicht in der Liste der dem allgemeinen Steuersatz unterliegenden Silbermünzen aufgeführt, so ist es ausreichend, nur die Bezeichnung dieser Münze aufzuzeichnen. Es genügt außerdem, dass die erforderlichen Angaben in den zugehörigen Belegen (z. B. Rechnungsdurchschriften) enthalten sind, wenn in den Aufzeichnungen auf diese Belege hingewiesen wird. Nach § 63 Abs. 4 UStDV können die Finanzämter im Einzelfall auf Antrag Erleichterungen für die Trennung der Entgelte gewähren.

C. Aufhebung von BMF-Schreiben

Dieses Schreiben tritt an die Stelle der BMF-Schreiben vom 27. 12. 1983 – IV A 1 – S 7220 – 44/83 – (BStBl I S. 567), geändert durch BMF-Schreiben

vom 7. 1. 1985 – IV A 1 – S 7220 – 23/84 – (BStBl I S. 51),
vom 30. 12. 1985 – IV A 1 – S 7220 – 5/85 – (BStBl I 1986 S. 31),
vom 28. 2. 1989 – IV A 2 – S 7221 – 2/89 – (UR 1989 S. 134),
vom 22. 5. 1989 – IV A 2 – S 7221 – 10/89 – (BStBl I S. 191),
vom 14. 9. 1989 – IV A 2 – S 7225 – 11/89 – (BStBl I S. 345),
vom 21. 3. 1991 – IV A 2 – S 7221 – 4/91 – (BStBl I S. 390),
vom 18. 10. 1993 – IV A 2 – S 7229 – 22/93 – (BStBl I S. 879),
vom 16. 11. 1993 – IV C 3 – S 7221 – 15/93 – (BStBl I S. 956),
vom 24. 7. 1997 – IV C 3 – S 7227 – 8/97 – (BStBl I S. 737),
vom 4. 7. 2000 – IV D 1 – S 7100 – 81/00 – (BStBl I S. 1185) und
vom 12. 7. 2000 – IV D 1 – S 7220 – 11/00 – (BStBl I S. 1209).

Diese Verwaltungsregelungen sind daher überholt und auf Umsätze, die nach dem 31. 7. 2004 ausgeführt werden, nicht mehr anzuwenden.

D. Sonstiges

Dieses Schreiben steht ab sofort für eine Übergangszeit auf den Internet-Seiten des Bundesministeriums der Finanzen unter der Rubrik Steuern – Veröffentlichungen zu Steuerarten – Umsatzsteuer – (http://www.bundesfinanzministerium.de) zum Download bereit.

Anwendung des ermäßigten Steuersatzes auf die Lieferung von Münzen aus unedlen Metallen

(BMF vom 7. 1. 2005, BStBl 2005 I S. 75)

Die steuerpflichtige Lieferung von Münzen aus unedlen Metallen unterliegt gemäß § 12 Abs. 2 Nr. 1 UStG i. V. m. Nr. 54 Buchst. c Doppelbuchst. bb der Anlage 2 zum UStG dem ermäßigten Steuersatz, soweit die Gegenstände als Sammlungsstücke von münzkundlichem Wert (aus Position 9705 des Zolltarifs) anzusehen sind.

Anlage 2
H

Unter Bezugnahme auf das Ergebnis der Erörterungen mit den obersten Finanzbehörden der Länder gilt Folgendes:
Aus Vereinfachungsgründen kann für die steuerpflichtigen Umsätze kursgültiger und kursungültiger Münzen aus unedlen Metallen die Steuerermäßigung stets in Anspruch genommen werden. Dies gilt jedoch nicht, sofern dem Unternehmer eine Zolltarifauskunft vorliegt, die die Anwendung des ermäßigten Steuersatzes ausschließt. Zum Nachweis der Voraussetzungen für die Steuerermäßigung genügt die Bezeichnung der Münze. Im Übrigen gelten die Aufzeichnungspflichten nach Randziffer 175 des BMF-Schreibens vom 5. August 2004 – IV B 7 – S 7220 – 46/04 – (BStBl I S. 638) entsprechend.
Die Vereinfachungsregelung kann auf alle nach dem 31. Juli 2004 ausgeführten Umsätze angewandt werden.

3   Steuersatz für die Lieferungen von Kombinationsartikeln

(BMF vom 9. 5. 2005, BStBl 2005 I S. 674)
Nach den Textziffern 13 und 14 des BMF-Schreibens vom 5. August 2004 (a. a. O.) handelt es sich bei Warensortimenten bestehend aus Lebensmitteln (insbesondere Süßigkeiten) und so genannten Non-Food-Artikeln (insbesondere Spielzeug) grundsätzlich nicht um Warenzusammenstellungen in Aufmachungen für den Einzelverkauf im Sinne der Allgemeinen Vorschrift für die Auslegung der Kombinierten Nomenklatur (AV) 3b. Dies führt dazu, dass auf den Süßigkeitsanteil des Entgelts der ermäßigte und auf den Spielzeuganteil des Entgelts der allgemeine Steuersatz anzuwenden ist.
Unter Bezugnahme auf das Ergebnis der Erörterungen mit den obersten Finanzbehörden der Länder gilt Folgendes:
Beträgt das Entgelt für das gesamte Warensortiment nicht mehr als 20 Euro und sind die Waren vom Hersteller so aufgemacht, dass sie sich ohne vorheriges Umpacken zur direkten Abgabe an den Endverbraucher eignen, wird es für Umsätze auf der letzten Handelsstufe nicht beanstandet, wenn für das gesamte Warensortiment aus Vereinfachungsgründen der Steuersatz einheitlich angewandt wird, der auf die Waren mit dem höchsten Wertanteil entfällt. Zur Bestimmung der Wertanteile der einzelnen Komponenten ist auf die Einkaufspreise zuzüglich der Nebenkosten oder in Ermangelung eines Einkaufspreises auf die Selbstkosten abzustellen.
Besteht das Sortiment aus mehr als zwei Komponenten, sind Waren, die demselben Steuersatz unterliegen, zusammenzufassen. Von der Vereinfachungsregelung ausgeschlossen sind Warensortimente, die nach den Wünschen des Leistungsempfängers selbst zusammengestellt oder vorbereitet werden (z. B. Präsentkörbe).
Die Regelungen können auf vor dem 1. Januar 2006 ausgeführte Umsätze angewandt werden. Nach Eintritt der Unanfechtbarkeit ist eine Berücksichtigung nur möglich, soweit die Steuerfestsetzung noch geändert werden kann.

4   Steuersatz für die Lieferungen von Kombinationsartikeln

(BMF vom 9. 12. 2005, BStBl 2005 I S. 1086)
Unter Bezugnahme auf das Ergebnis der Erörterungen mit den obersten Finanzbehörden der Länder gilt Folgendes:
Es ist nicht zu beanstanden, wenn die im o. g. BMF-Schreiben vorgesehenen Regelungen auf vor dem 1. Juli 2006 ausgeführte Umsätze angewandt werden.

5   Abgrenzung zwischen Lieferungen und sonstigen Leistungen im Zusammenhang mit der Abgabe von Saatgut

(BMF vom 14. 2. 2006, BStBl 2006 I S. 240)
Unter Bezugnahme auf das Ergebnis der Erörterungen mit den obersten Finanzbehörden der Länder gilt hinsichtlich der umsatzsteuerrechtlichen Beurteilung der Zahlungen im Zusammenhang mit der Abgabe von Saatgut Folgendes:
1. Bei der Abgabe von Vorstufen- oder Basissaatgut (sog. technisches Saatgut) im Rahmen von sog. Vermehrerverträgen erfolgt die Verschaffung der Verfügungsmacht mit schuldrechtlichen Einschränkungen. Das Saatgut wird dabei zum Zweck der Vermehrung durch Anbau sowie ggf. vorherige Aufbereitung übergeben, eine Weitergabe oder Vermarktung ist hingegen untersagt. Die Verfügungsmacht an dem durch Vermehrung neu gewonnenen Saatgut wird vielmehr nach Anerkennung als sog. zertifiziertes Saatgut (sog. Z-Saatgut) wiederum dem Züchter oder einem sog. Vertriebsorganisationsunternehmen (sog. VO-Unternehmen) verschafft, welche die anschließende Vermarktung selbst übernehmen. Sowohl die Abgabe des Basissaatguts zur Vermehrung als auch die Abgabe des sog. zertifizierten Saatguts stellen sich in diesem Fall als Lieferungen dar, die – vorbehaltlich der Regelung in Tz. 6 – dem ermä-

ßigten Steuersatz nach § 12 Abs. 2 Nr. 1 UStG i. V. mit Nr. 19 der Anlage 2 des Gesetzes unterliegen.
2. Die Abgabe von sog. zertifiziertem Saatgut durch Züchter oder Vertriebsorganisationsunternehmen z. B. an Landwirte zur Produktion von Konsumgetreide oder an Handelsunternehmen ist eine Lieferung, die – vorbehaltlich der Regelung in Tz. 6 – dem ermäßigten Steuersatz nach § 12 Abs. 2 Nr. 1 UStG i. V. mit Nr. 19 der Anlage 2 des Gesetzes unterliegt. Eine spätere Verwendung des daraus gewonnenen Ernteguts zum Nachbau in Ausübung des sog. Landwirteprivilegs (s. Tz. 5) ist für diese Beurteilung unbeachtlich.
3. Erfolgt die Aufbereitung von sog. technischem Saatgut zum Zwecke der anschließenden Vermehrung durch Reinigen, Beizen, Sortieren und dgl. weder im Rahmen eines sog. Vertriebsorganisationsvertrags (sog. VO-Vertrag) noch im Rahmen eines sog. Vermehrervertrags durch die damit beauftragten Unternehmer selbst, sondern durch einen dritten Unternehmer, erbringt dieser mit der Aufbereitung eine sonstige Leistung. Der Ort dieser sonstigen Leistung bestimmt sich nach § 3a Abs. 2 Nr. 3 Buchst. c UStG. Die sonstige Leistung unterliegt – vorbehaltlich der Regelung in Tz. 6 – dem allgemeinen Steuersatz nach § 12 Abs. 1 UStG.
4. Zahlungen, die z. B. von sog. Vertriebsorganisationsunternehmen für die Überlassung von Vorstufen- oder Basissaatgut im Rahmen von sog. VO-Verträgen, d. h. zum Zweck der Produktion und des Vertriebs des daraus herzustellenden sog. zertifizierten Saatguts, an den Inhaber des Sortenschutzes gezahlt werden (sog. Züchteranteile, Z-Lizenzen), sind insgesamt Entgelt („Lizenzgebühren") für eine sonstige Leistung des Sortenschutzinhabers, welche in der Überlassung des Rechts, eine Saatgutsorte zu produzieren und zu vermarkten, und der Überlassung des hierzu erforderlichen Saatguts besteht. Der Ort dieser nach dem Grundsatz der Einheitlichkeit der Leistung insgesamt als Dienstleistung zu beurteilenden sonstigen Leistung bestimmt sich nach § 3a Abs. 3 und Abs. 4 Nr. 1 UStG. Die sonstige Leistung unterliegt – vorbehaltlich der Regelung in Tz. 6 – dem allgemeinen Steuersatz nach § 12 Abs. 1 UStG.
5. Nachbaugebühren i. S. des § 10a Abs. 2 ff. SortSchG, die ein Landwirt dem Inhaber des Sortenschutzes zu erstatten hat, werden als Entgelt für eine sonstige Leistung des Sortenschutzinhabers gezahlt, welche in der Duldung des Nachbaus durch den Landwirt besteht. Durch die gesetzliche Anordnung der Duldungsleistung (sog. Landwirteprivileg) wird deren Steuerbarkeit nicht berührt (§ 1 Abs. 1 Nr. 1 Satz 2 UStG). Der Ort dieser Leistung bestimmt sich nach § 3a Abs. 3 und Abs. 4 Nr. 8 UStG. Die Duldungsleistung unterliegt – vorbehaltlich der Regelung in Tz. 6 – dem allgemeinen Steuersatz nach § 12 Abs. 1 UStG.
6. Die in Tz. 1 bis 5 bezeichneten Leistungen werden regelmäßig im Rahmen eines land- und forstwirtschaftlichen Betriebs (§ 24 Abs. 2 Satz 1 Nr. 1 UStG) erbracht und unterliegen vorbehaltlich der Anwendung von § 24 Abs. 4 UStG der Durchschnittssatzbesteuerung.
7. Die Grundsätze dieses Schreibens sind in allen noch nicht bestandskräftigen Steuerfestsetzungen zu berücksichtigen.

Steuersatz für die Lieferungen von Kombinationsartikeln

(BMF vom 21. 3. 2006, BStBl 2006 I S. 286)

Nach den Textziffern 13 und 14 des BMF-Schreibens vom 5. 8. 2004 (a. a. O.)[1] sind Warensortimente, die keine Warenzusammenstellungen in Aufmachungen für den Einzelverkauf i. S. der Allgemeinen Vorschrift für die Auslegung der Kombinierten Nomenklatur (AV) 3b darstellen (sog. Kombinationsartikel), getrennt einzureihen. Dies kann dazu führen, dass auf die Lieferung eines Kombinationsartikels sowohl der ermäßigte als auch der allgemeine Steuersatz Anwendung finden.

Unter Bezugnahme auf das Ergebnis der Erörterungen mit den obersten Finanzbehörden der Länder gilt für Umsätze im Sinne des § 1 Abs. 1 Nr. 1 und 5 UStG zur Vereinfachung des Besteuerungsverfahrens Folgendes:

Beträgt das Verkaufsentgelt für die erste Lieferung des Warensortiments nicht mehr als 20 Euro und sind die Waren bei dieser Lieferung so aufgemacht, dass sie sich ohne vorheriges Umpacken zur direkten Abgabe an den Endverbraucher eignen, wird die einheitliche Anwendung des ermäßigten Steuersatzes für diese Lieferung und alle Lieferungen desselben Warensortiments auf den folgenden Handelsstufen nicht beanstandet, wenn der Wertanteil der in der Anlage 2 zum Umsatzsteuergesetz genannten Gegenstände mindestens 90 % beträgt. Liegt der Wertanteil dieser Gegenstände unter 90 %, wird die einheitliche Anwendung des allgemeinen Steuersatzes nicht beanstandet.

Der leistende Unternehmer hat den Leistungsempfänger in geeigneter Weise schriftlich auf die Anwendung der Vereinfachungsregelung hinzuweisen (z. B. im Lieferschein oder in der Rechnung). Dies gilt nicht für Umsätze auf der letzten Handelsstufe. Das Vorliegen der Voraussetzungen für die Anwendung der Vereinfachungsregelung ist in geeigneter Form aufzuzeichnen.

---

[1] Anm.: Siehe Anlage 2 H 1.

Anlage 2
H

Zur Bestimmung der Wertanteile der einzelnen Komponenten ist auf die Einkaufspreise zuzüglich der Nebenkosten oder in Ermangelung eines Einkaufspreises auf die Selbstkosten abzustellen. Besteht das Sortiment aus mehr als zwei Komponenten, sind Bestandteile, die einzeln betrachtet demselben Steuersatz unterliegen, zusammenzufassen.

Von der Vereinfachungsregelung ausgeschlossen sind Warensortimente, die nach den Wünschen des Leistungsempfängers zusammengestellt oder vorbereitet werden (z. B. Präsentkörbe).

Die Regelungen der BMF-Schreiben vom 9. 5. 2005 – IV A 5 – S 7220 – 23/05 – (BStBl I 2005 S. 674)[1]) sowie vom 9. 12. 2005 – IV A 5 – S 7220 – 50/05 – (BStBl I 2005 S. 1086)[2]) bleiben bis zu ihrem Auslaufen unberührt. Beruft sich ein Unternehmer, der in Zeiträumen bis zum Ergehen dieses BMF-Schreibens über den Anwendungsbereich der bisherigen Regelungen hinaus für die Lieferung von Kombinationsartikeln einen einheitlichen Steuersatz angewendet hat, auf die Regelungen dieses Schreibens, ist dies – auch für Zwecke des Vorsteuerabzugs seines Leistungsempfängers – nicht zu beanstanden, wenn die vorstehenden Voraussetzungen vorgelegen haben.

7 Steuersatz für Umsätze mit getrockneten Schweineohren

(BMF vom 16. 10. 2006, BStBl 2006 I S. 620)

Unter Bezugnahme auf das Ergebnis der Erörterungen mit den obersten Finanzbehörden der Länder gilt Folgendes:

Genießbare getrocknete Schweineohren (Schlachtnebenerzeugnis) – auch wenn als Tierfutter verwendet – werden gemäß der Verordnung (EG) Nr. 1125/2006 der Kommission vom 21. 7. 2006 (ABl. EU L 200 S. 3) in die Unterposition 0210 99 49 des Zolltarifs (ZT) eingereiht. Umsätze mit diesen Erzeugnissen unterliegen dem ermäßigten Steuersatz (§ 12 Abs. 2 Nr. 1 UStG i. V. mit Nr. 2 der Anlage 2 zum UStG).

Getrocknete Schweineohren (Schlachtnebenerzeugnis), die nicht für den menschlichen Verehr geeignet sind, werden hingegen der Unterposition 0511 99 90 ZT zugewiesen. Umsätze mit diesen Erzeugnissen unterliegen dem allgemeinen Steuersatz (§ 12 Abs. 1 UStG).

Dem entgegenstehende Regelungen des BMF-Schreibens vom 5. 8. 2004 – IV B 7 – S 7220 – 46/04 – (a. a. O.)[3]) sind nicht mehr anzuwenden.

Für bis zum Ablauf des Monats der Veröffentlichung dieses Schreibens im Bundessteuerblatt ausgeführte Umsätze mit getrockneten Schweineohren, die in die Unterposition 0511 99 90 ZT eingereiht werden, wird es auch für Zwecke des Vorsteuerabzugs nicht beanstandet, wenn der ermäßigte Steuersatz Anwendung findet. Soweit dem Unternehmer allerdings vor diesem Zeitpunkt Zolltarifauskünfte vorliegen, nach denen die Einreihung von getrockneten Schweineohren in die Unterposition 0511 99 90 ZT erfolgte oder vorliegende Zolltarifauskünfte für die Einreihung in Position 2309 ZT entsprechend geändert oder widerrufen wurden, ist die Übergangsregelung ab der Erteilung, der Änderung oder dem Widerruf dieser Zolltarifauskünfte nicht anzuwenden. Auch in Fällen, in denen der Unternehmer durch die Finanzbehörde auf die geänderte zollrechtliche Einordnung hingewiesen wurde, ist die Übergangsregelung ab dem Zeitpunkt des Hinweises nicht mehr zuzulassen.

8 Antrag auf Erteilung einer unverbindlichen Zolltarifauskunft für Umsatzsteuerzwecke

(BMF vom 23. 10. 2006, BStBl 2006 I S. 622)

Unter Bezugnahme auf das Ergebnis der Erörterungen mit den obersten Finanzbehörden der Länder gilt Folgendes:

Bestehen Zweifel, ob eine beabsichtigte Lieferung oder ein beabsichtigter innergemeinschaftlicher Erwerb eines Gegenstands unter die Steuermäßigung nach § 12 Abs. 2 Nr. 1 UStG fällt, haben die Lieferer und die Abnehmer bzw. die innergemeinschaftlichen Erwerber die Möglichkeit, bei der zuständigen Zolltechnischen Prüfungs- und Lehranstalt eine unverbindliche Zolltarifauskunft für Umsatzsteuerzwecke (uvZTA) einzuholen. UvZTA können auch von den Landesfinanzbehörden (z. B. den Finanzämtern) beantragt werden.

Für Anträge auf Erteilung einer uvZTA konnte bisher das Vordruckmuster „0307 Antrag auf Erteilung einer verbindlichen Zolltarifauskunft" verwendet werden, wenn in der Bezeichnung des Antrags das Wort „verbindlichen" durch das Wort „unverbindlichen" ersetzt wurde (vgl. Rz. 8 und Anlage 2 des BMF-Schreibens vom 5. 8. 2004, a. a. O.)[4]). Die Zollverwaltung hat nun-

---

1) Anm.: Siehe Anlage 2 H 3.
2) Anm.: Siehe Anlage 2 H 4.
3) Anm.: Siehe Anlage 2 H 1.
4) Anm.: Siehe Anlage 2 H 1.

mehr den anliegenden Vordruck „Antrag auf Erteilung einer unverbindlichen Zolltarifauskunft für Umsatzsteuerzwecke"[1]) aufgelegt, der ab sofort zu verwenden ist.

Auf die teilweise geänderten Zuständigkeiten der Zolltechnischen Prüfungs- und Lehranstalten wird hingewiesen.

Ermäßigter Umsatzsteuersatz für Umsätze mit Sammlermünzen – Goldpreis-Durchschnittswert und Silberpreis für das Kalenderjahr 2007   9

(BMF vom 1. 12. 2006, BStBl 2006 I S. 795)

Text nicht in die USt-HA aufgenommen.

Goldpreis – ohne Umsatzsteuer – (Kilogramm-Goldbarren) für 2007: 15 701 Euro

Silberpreis – ohne Umsatzsteuer – (Kilogramm) für 2007: 323 Euro

Ermäßigter Umsatzsteuersatz für Umsätze mit Sammlermünzen – Goldpreis-Durchschnittswert und Silberpreis für das Kalenderjahr 2008   10

(BMF vom 3. 12. 2007, BStBl 2008 I S. 22)

Text nicht in die USt-HA aufgenommen.

Goldpreis – ohne Umsatzsteuer – (Kilogramm-Goldbarren) für 2008: 17 217 Euro

Silberpreis – ohne Umsatzsteuer – (Kilogramm) für 2008: 302 Euro

Ermäßigter Umsatzsteuersatz für Umsätze mit Sammlermünzen – Goldpreis-Durchschnittswert und Silberpreis für das Kalenderjahr 2009   11

(BMF vom 1. 12. 2008, BStBl 2008 I S. 995)

Text nicht in die USt-HA aufgenommen.

Goldpreis – ohne Umsatzsteuer – (Kilogramm-Goldbarren) für 2009: 20 617 Euro

Silberpreis – ohne Umsatzsteuer – (Kilogramm) für 2009: 251 Euro

Umsatzsteuerrechtliche Behandlung des Legens von Hauswasseranschlüssen; Konsequenzen der BFH-Urteile vom 8. 10. 2008 – V R 61/03 – und – V R 27/06 –   12

(BMF vom 7. 4. 2009, BStBl 2009 I S. 531)

Mit Urteilen vom 8. 10. 2008 – V R 61/03 – bzw. – V R 27/06 – (BStBl 2009 II S. 321 und 325) hat der BFH entschieden, dass das Legen eines Hausanschlusses durch ein Wasserversorgungsunternehmen gegen gesondert berechnetes Entgelt unter den Begriff „Lieferung von Wasser" i. S. von § 12 Abs. 2 Nr. 1 UStG i. V. m. Nr. 34 der Anlage 2 zum UStG fällt und als eigenständige Leistung dem ermäßigten Umsatzsteuersatz unterliegt. Dies gilt unabhängig davon, ob die Anschlussleistung an den späteren Wasserbezieher oder einen Dritten (z. B. einen Bauunternehmer oder Bauträger) erbracht wird.

Nach dem Ergebnis der Erörterung mit den obersten Finanzbehörden der Länder gilt zur Anwendung der o. g. BFH-Urteile Folgendes:

1. Person des leistenden Unternehmers

Die Grundsätze der o. g. Rechtsprechung sind auf das Legen des Hausanschlusses durch das Wasserversorgungsunternehmen beschränkt. Das bedeutet, dass für die Anwendung des ermäßigten Steuersatzes die Hauswasseranschlussleistung und die Wasserbereitstellung durch ein und denselben Unternehmer erfolgen müssen.

2. Anwendbarkeit des § 13b UStG

Nach Abschnitt 182a Abs. 7 Nr. 8 UStR stellt das Verlegen von Hausanschlüssen durch das Vorsorgungsunternehmen eine Bauleistung dar, wenn es sich hierbei um eine eigenständige Leistung handelt. Diese Rechtslage wird durch die o. g. Rechtsprechung des BFH nicht berührt. Die Entscheidungen des BFH haben ausschließlich Bedeutung für Zwecke des ermäßigten Steuersatzes. Der Charakter des Umsatzes als Bauleistung in Form der „Verschaffung der Möglichkeit zum Anschluss an das Versorgungsnetz" bleibt vollständig erhalten und das Legen eines Hausanschlusses kann weiterhin einen Anwendungsfall des § 13b UStG darstellen. Änderungen zur bisherigen Verwaltungsauffassung – vor allem des Abschnitts 182a Abs. 7 Nr. 8 UStR – ergeben sich nicht.

3. Personenidentität auf Seiten des Leistungsempfängers

Gemäß dem Urteil vom 8. 10. 2008 – V R 27/06 – ist eine Personenidentität auf der Empfängerseite für die Anwendung des ermäßigten Steuersatzes nicht notwendig.

---

[1]) Anm.: Anlage nicht in die USt-HA aufgenommen.

Anlage 2
H

4. Anschlussbeiträge/Baukostenbeiträge

Für die Anwendung des ermäßigten Steuersatzes im Sinne der o. g. Rechtsprechung ist allein entscheidend, ob die Zahlung ein Entgelt für die Verschaffung der Möglichkeit zum Anschluss an das Versorgungsnetz durch den Wasserversorgungsunternehmer ist. Die Bezeichnung durch die Vertragsparteien bzw. die den Bescheid erlassende Behörde ist dabei unerheblich. Sofern es sich mithin um Entgelt für das Legen des Hausanschlusses durch den Wasserversorgungsunternehmer handelt, ist auch die dieser Zahlung zugrunde liegende Leistung ermäßigt zu besteuern.

5. Sonstige Leistungen (Reparatur- und Wartungsleistungen)

Reparatur-, Wartungs- und ähnliche Leistungen an den Hausanschlüssen durch den Wasserversorger unterliegen dem ermäßigten Steuersatz. Dies gilt auch dann, wenn diese Unterhaltungskosten gesondert in Rechnung gestellt werden, da diese nicht als selbständige Hauptleistung beurteilt werden. Eines Rückgriffs auf die neue BFH-Rechtsprechung bedarf es insofern nicht.

Dem entgegen stehende Regelungen im BMF-Schreiben vom 5. 8. 2004 – IV B 7 – S 7220 – 46/04 – (a. a. O.)[1]) sind nicht mehr anzuwenden.

Für vor dem 1. 7. 2009 ausgeführte Leistungen wird es – auch für Zwecke des Vorsteuerabzugs des Leistungsempfängers – nicht beanstandet, wenn sich der leistende Unternehmer auf die entgegenstehenden Regelungen des BMF-Schreibens vom 5. 8. 2004 – IV B 7 – S 7220 – 46/04 – (a.a. O) beruft.

13 Umsatzsteuerrechtliche Behandlung des Legens von Hauswasseranschlüssen; BMF vom 7. 4. 2009

(Thüringer Landesfinanzdirektion, Vfg. vom 20. 8. 2009 – S 7100 A – 50 – A 3.11 –, StEd 2009 S. 668)

Text nicht in die USt-HA aufgenommen.

14 Ermäßigter Umsatzsteuersatz für Umsätze mit Sammlermünzen – Goldpreis-Durchschnittswert und Silberpreis für das Kalenderjahr 2010

(BMF vom 1. 12. 2009, BStBl 2009 I S. 1610)

Text nicht in die USt-HA aufgenommen.

Goldpreis – ohne Umsatzsteuer – (Kilogramm-Goldbarren) für 2010: 26 087 Euro

Silberpreis – ohne Umsatzsteuer – (Kilogramm) für 2010: 378 Euro

15 Steuersatz für die Lieferungen von Pflanzen und damit in Zusammenhang stehende sonstige Leistungen

(BMF vom 4. 2. 2010, BStBl 2010 I S. 214)

Mit Urteil vom 25. 6. 2009 – V R 25/07 – (BStBl 2010 II S. 239) hat der BFH entschieden, dass die Lieferung einer Pflanze und deren Einpflanzen durch den liefernden Unternehmer umsatzsteuerrechtlich jeweils selbständig zu beurteilende Leistungen sein können.

Unter Bezugnahme auf das Ergebnis der Erörterungen mit den obersten Finanzbehörden der Länder gilt Folgendes:

Die umsatzsteuerrechtliche Beurteilung der Pflanzenlieferung und des Einbringens in den Boden als jeweils selbständige Leistung richtet sich im Einzelfall nach den allgemeinen Grundsätzen des Abschnitts 29 der Umsatzsteuer-Richtlinien. Die Annahme einer ermäßigt zu besteuernden Pflanzenlieferung setzt danach insbesondere voraus, dass es das vorrangige Interesse des Verbrauchers ist, die Verfügungsmacht über die Pflanze zu erhalten.

Soweit bisher ergangene Verwaltungsanweisungen – insbesondere Rz. 41 des BMF-Schreibens vom 5. 8. 2004 – IV B 7 – S 7220 – 46/04 – (BStBl I S. 638) – eine dem ermäßigten Steuersatz unterliegende Pflanzenlieferung bereits dann ausschließen, wenn der Unternehmer – über den Transport hinaus – auch das Einpflanzen der von ihm gelieferten Pflanze übernimmt, sind sie nicht mehr anzuwenden.

Sofern zum Einpflanzen weitere Dienstleistungselemente hinzutreten, besteht das vorrangige Interesse des Leistungsempfängers dagegen regelmäßig nicht nur am Erhalt der Verfügungsmacht über die Pflanze. In diesen Fällen, z. B. bei der Grabpflege, ist daher weiterhin von einer einheitlichen, nicht ermäßigt zu besteuernden sonstigen Leistung bzw. Werkleistung auszugehen (vgl. Rz. 40 des BMF-Schreibens vom 5. 8. 2004, a. a. O.), denn das Interesse des Leistungsempfängers besteht hier vorrangig an den gärtnerischen Pflegearbeiten. Ebenso ist bei zusätzlichen

---

1) Anm.: Siehe Anlage 2 H 1.

gestalterischen Arbeiten (z. B. Planungsarbeiten, Gartengestaltung) auch weiterhin insgesamt von einer einheitlichen Werklieferung – Erstellung einer Gartenanlage – auszugehen, die dem allgemeinen Umsatzsteuersatz unterliegt (vgl. Rz. 41 des BMF-Schreibens vom 5. 8. 2004, a. a. O.).

Für vor dem 1. 4. 2010 ausgeführte Umsätze wird es auch für Zwecke des Vorsteuerabzugs des Leistungsempfängers nicht beanstandet, wenn der Unternehmer die Lieferung einer Pflanze sowie deren Einbringen in den Boden als einheitliche, dem allgemeinen Umsatzsteuersatz unterliegende Leistung behandelt.

Ermäßigter Umsatzsteuersatz für Umsätze mit Sammlermünzen – Goldpreis-Durchschnittswert und Silberpreis für das Kalenderjahr 2011   **16**

(BMF vom 1. 12. 2010, BStBl 2010 I S. 1374)

Text nicht in die USt-HA aufgenommen.

Goldpreis – ohne Umsatzsteuer – (Kilogramm-Goldbarren) für 2011: 34 273 Euro

Silberpreis – ohne Umsatzsteuer – (Kilogramm) für 2011: 655 Euro

Umsatzsteuerermäßigung nach § 12 Abs. 2 Nr. 1 UStG i.V.m. Nr. 52 Buchst. b der Anlage 2 zum UStG auf Umsätze mit Gehhilfe-Rollatoren;   **17**
Konsequenzen der EuGH-Urteils vom 22.12.2010 – C-273/09 – (ABl. EU 2011 Nr. C 63 S. 5)

(BMF vom 11. 8. 2011, BStBl 2011 I S. 824

Gemäß § 12 Abs. 2 Nr. 1 i.V.m. Nr. 52 Buchst. b der Anlage 2 zum UStG unterliegen die Lieferungen, die Einfuhr und der innergemeinschaftliche Erwerb von orthopädischen Apparaten und anderen orthopädischen Vorrichtungen einschließlich Krücken sowie medizinisch-chirurgischer Gürtel und Bandagen, ausgenommen Teile und Zubehör (aus Unterposition 9021 10 des Zolltarifs) dem ermäßigten Umsatzsteuersatz von 7 %.

Mit Urteil vom 22.12.2010 - C-273/09 - (ABl. EU 2011 Nr. C 63 S. 5) hat der EuGH entschieden, dass die Verordnung (EG) Nr. 729/2004 der Kommission vom 15.4.2004 zur Einreihung von bestimmten Waren in die Kombinierte Nomenklatur in der Fassung der am 7.5.2004 veröffentlichten Berichtigung ungültig ist, soweit zum einen durch die Berichtigung der Anwendungsbereich der ursprünglichen Verordnung auf Gehhilfe-Rollatoren erstreckt worden ist, die aus einem Aluminiumrohrrahmen auf vier Rädern, mit vorderen Drehlagerrädern, Griffen und Bremsen bestehen und ihrer Beschaffenheit nach als Hilfe für Personen mit Gehschwierigkeiten bestimmt sind, und zum anderen die Verordnung in der berichtigten Fassung diese Gehhilfe-Rollatoren in die Unterposition 8716 80 00 der Kombinierten Nomenklatur einreiht. Nach Rz. 56 des Urteils sind Gehhilfe-Rollatoren in die Position 9021 einzureihen.

Unter Bezugnahme auf das Ergebnis der Erörterungen mit den obersten Finanzbehörden der Länder gilt Folgendes:

Die Lieferungen, die Einfuhr und der innergemeinschaftliche Erwerb von Gehhilfe-Rollatoren unterliegen gemäß § 12 Abs. 2 Nr. 1 i.V.m. Nr. 52 Buchst. b der Anlage 2 zum UStG dem ermäßigten Umsatzsteuersatz von 7 %.

Gehhilfe-Rollatoren dienen dem Nutzer als Stütze beim Gehen und bestehen im Allgemeinen aus einem röhrenförmigen Metallrahmen auf drei oder vier Rädern (von denen einige oder alle drehbar sind), Griffen und Handbremsen. Gehhilfe-Rollatoren können in der Höhe verstellbar und mit einem Sitz zwischen den Griffen sowie einem Korb zur Aufbewahrung persönlicher Gegenstände ausgestattet sein. Der Sitz gestattet dem Benutzer, kurze Rasten einzulegen.

Die Regelungen dieses Schreibens sind in allen offenen Fällen anzuwenden. Soweit bisher ergangene Verwaltungsanweisungen - insbesondere das BMF-Schreiben vom 5.8.2004 - IV B 7 - S 7220 - 46/04 -[1]) die Anwendung der Umsatzsteuerermäßigung nach § 12 Abs. 2 Nr. 1 i.V.m. Nr. 52 Buchst. b der Anlage 2 zum UStG ausschließen, sind sie nicht mehr anzuwenden.

Für vor dem 1.10.2011 ausgeführte Umsätze mit Gehhilfe-Rollatoren wird es - auch für Zwecke des Vorsteuerabzugs des Leistungsempfängers - nicht beanstandet, wenn sich der leistende Unternehmer auf die entgegen stehenden Regelungen des BMF-Schreibens vom 5.8.2004 - IV B 7 - S 7220 - 46/04 -[2]) beruft und den Umsatz dem allgemeinen Umsatzsteuersatz unterwirft.

---

[1]) Anm.: Siehe Anlage 2 H 1.
[2]) Anm.: Siehe Anlage 2 H 1.

Anlage 2
Rsp I   H

18   Ermäßigter Umsatzsteuersatz für Umsätze mit Sammlermünzen – Goldpreis-Durchschnittswert und Silberpreis für das Kalenderjahr 2012
(BMF vom 1. 12. 2011, BStBl 2011 I S. 1268)
Text nicht in die USt-HA aufgenommen.
Goldpreis – ohne Umsatzsteuer – (Kilogramm-Goldbarren) für 2012: 41 776 Euro
Silberpreis – ohne Umsatzsteuer – (Kilogramm) für 2012: 817 Euro

Rsp   **Rechtsprechung**

Rsp I   EUROPÄISCHER GERICHTSHOF

EuGH vom 10. 10. 1985 – Rs. 200/84 – (HFR 1986 S. 431)

Oldtimer als Sammlungsstücke

Sammlungsstücke i. S. der Tarifnr. 99.05 GZT sind Gegenstände, die geeignet sind, in eine Sammlung aufgenommen zu werden, d. h. Gegenstände, die verhältnismäßig selten sind, normalerweise nicht ihrem ursprünglichen Verwendungszweck gemäß benutzt werden, Gegenstand eines Spezialhandels außerhalb des üblichen Handels sind und einen hohen Wert haben.

Von geschichtlichem oder völkerkundlichem Wert i. S. der Tarifnr. 99.05 GZT sind solche Sammlungsstücke, die einen charakteristischen Schritt in der Entwicklung der menschlichen Errungenschaften dokumentieren oder einen Abschnitt dieser Entwicklung veranschaulichen.[1]

EuGH vom 19. 1. 1988 – Rs. 141/86 – (HFR 1989 S. 401)

Tarifierung von Tabakblattrippen

1. Nach der VO Nr. 3517/84 sind Rippen von Tabakblättern der Sorte „flue-cured Virginia" in die Tarifst. 24.01 B GZT einzureihen.
2. Die VO Nr. 3517/84 ist gültig.

Die Klin. des Ausgangsrechtsstreits ist Zigarettenhersteller und Tabakimporteur. Im Jahre 1985 führte sie innerhalb des Kontingents nach der VO (EWG) Nr. 3564/84 Tabakblattrippen der Sorte „flue-cured Virginia" ein und meldete sie als Ware der Tarifst. 24.01 A GZT an. Die britische Zollbehörde ordnete die Ware dagegen in die Tarifst. 24.01 B GZT ein.

EuGH vom 27. 9. 1988 – Rs. 165/87 – (HFR 1990 S. 586)

Zuständigkeit des Rates zur Festlegung der Zolltarifnomenklatur (EWGV Art. 28, 113 und 235; Ratsbeschluß 87/369 vom 7. April 1987 zum Übereinkommen über das Harmonisierte System)

EuGH vom 14. 12. 1988 – Rs. 291/87 – (HFR 1989 S. 219)

Tarifierung von Steindrucken

1. Drucke, die von einer vom Künstler vollständig handgearbeiteten Platte abgezogen sind, sind als Originalsteindrucke i. S. der Tarifnr. 99.02 GZT anzusehen, auch wenn der Abzug mittels eines mechanischen Druckverfahrens erfolgt.
2. Als Originalsteindrucke i. S. der Tarifnr. 99.02 GZT sind auch solche Drucke anzusehen, die in einem Umdruckverfahren abgezogen werden, bei dem die auf einem Spezialpapier, dem Pauspapier oder sog. Berliner Papier, gefertigte Originalzeichnung mehrfach übertragen wird, zunächst vom Pauspapier auf den Stein, von dem dann ein neues Pauspapier reproduziert wird, das seinerseits auf einen neuen Stein übertragen wird, so dass der Abdruck einer zweiten Serie von Drucken möglich ist, usw., bis die gewünschte Anzahl des Mehrfachnutzens erreicht ist.
3. Die Zahl der Abzüge von ein und derselben Originalzeichnung kann zwar ein Anhaltspunkt für den fehlenden Originalcharakter des Werks sein, sie kann aber für sich allein kein entscheidendes Kriterium für die Definition des Originalcharakters eines Steindrucks i. S. der Tarifnr. 99.02 GZT darstellen.

---

[1] Anm.: EuGH-Urteil vom 10. 10. 1985 – Rs. 252/84 – mit gleichem Tenor zur Einfuhr älterer Pistolen und Pistolentaschen aus den USA.

Anlage 2
Rsp I

EuGH vom 25. 5. 1989 – Rs. 40/88 – (HFR 1990 S. 461)

Zu den zolltarifrechtlichen Begriffen „Magermilchpulver" und „Lebensmittelzubereitung"

1. Entscheidende Kriterien für die zollrechtliche Tarifierung sind grundsätzlich die objektiven Merkmale und Eigenschaften der Waren. Auf die Art und Weise der Herstellung kommt es nur an, wenn die betr. Tarifposition dies ausdrücklich vorschreibt. Die Herkunft der Bestandteile der Ware spielt keine Rolle.
2. Magermilchpulver i. S. der Tarifst. 04.02 A II b 1 GZT liegt nur vor, wenn das Erzeugnis die wesentlichen Bestandteile des Ausgangserzeugnisses, d. h. der aus dem Gemelk der Kuh gewonnenen entfetteten und getrockneten Milch, enthält und die prozentuale Zusammensetzung dieses Erzeugnisses nicht wesentlich von derjenigen des Ausgangserzeugnisses abweicht.

EuGH vom 13. 12. 1989 – Rs. C-1/89 – (HFR 1990 S. 277, DB 1991 S. 80)

Tarifierung von Kunstphotographien

Kunstphotographien sind nicht wie Originalstiche, -schnitte, -radierungen und -steindrucke der Tarifnr. 99.02 GZT zuzuordnen und können auch nicht als künstlerische Siebdrucke i. S. der Tarifst. 49.11 B der Tabelle II des Anhangs der VO Nr. 1945/86 angesehen werden. Alle Photographien sind, unabhängig von ihrem eventuellen künstlerischen Charakter, der Tarifst. 49.11 B GZT zuzuordnen.

EuGH vom 18. 9. 1990 – Rs. C-228/89 – (HFR 1991 S. 248)

Zur Tarifierung sog. Paperweights

Als Paperweights bezeichnete, mit zwei- oder dreidimensionalen Motiven verzierte Glaskugeln mit einer Standfläche, die von bekannten Glaskünstlern in begrenzter Stückzahl vollständig mit der Hand hergestellt und signiert werden, sind für die Zwecke der Tarifierung als Gegenstände, die den Charakter einer Handelsware haben, anzusehen und daher nach ihrer Beschaffenheit zu tarifieren.

EuGH vom 18. 9. 1990 – Rs. C-265/89 – (HFR 1992 S. 88)

Tarifierung von zu Pellets gepreßten ausgelaugten Zuckerrübenschnitzeln

1. Die VO Nr. 1388/85 zur Einreihung von Waren in die Tarifst. 12.04 A GZT ist dahin auszulegen, daß Erzeugnisse, die nach einem Zuckergewinnungsprozeß als Rückstand übriggeblieben sind und einen Saccharosegehalt von 12 GHT, bezogen auf den Trockenstoff, aufweisen, unter den Begriff „teilweise entzuckerte Zuckerrübenschnitzel" i. S. des Art. 1 dieser VO fallen.
2. Art. 1 VO Nr. 1388/85 ist ungültig.

EuGH vom 8. 11. 1990 – Rs. C-231/89 – (HFR 1991 S. 245, UVR 1991 S. 78, UR 1992 S. 179)

Tarifierung von Kunstwerken für Zwecke der Einfuhrumsatzsteuer

1. Vorabentscheidungsersuchen nationaler Gerichte nach Art. 177 EWGV sind auch dann zulässig, wenn es sich um die Auslegung einer Vorschrift des Gemeinschaftsrechts handelt, auf deren Inhalt das nationale Recht verweist.
2. Der Gemeinsame Zolltarif (GZT) ist dahin auszulegen, daß ein Kunstgegenstand, der aus einer mit eingebrannten farbigen Email-Glasurfarben überzogenen Stahlplatte besteht, ein vollständig mit der Hand geschaffenes Gemälde i. S. der Pos. 9701 GZT ist.

EuGH vom 18. 4. 1991 – Rs. C-219/89 – (HFR 1991 S. 624)

Tarifierung von gesüßtem Orangensaft

Eine Ware, die aus 39,4 % Orangensaft und 60,6 % Zucker besteht, ist als „Fruchtsaft mit Zusatz von Zucker" in die Position 2009 KN einzureihen.

EuGH vom 18. 4. 1991 – Rs. C-324/89 – (HFR 1991 S. 562)

Tarifierung von Aprikosenpüree

1. Der Gemeinsame Zolltarif ist dahin auszulegen, daß ein durch Siebpressung des Fruchtfleisches gewonnenes, in einem Konzentrierer unter Vakuum für maximal 30 Sekunden auf den Siedepunkt gebrachtes Aprikosenpüree nicht als durch Kochen hergestelltes Fruchtmus der Tarifnr. 20.05 zuzuweisen ist.

Anlage 2
Rsp I

2. Die Auslegung des Gemeinsamen Zolltarifs ergibt, dass die bezeichneten Erzeugnisse als „Früchte, in anderer Weise zubereitet oder haltbar gemacht", der Tarifnr. 20.06 zuzuweisen sind.

EuGH vom 7. 5. 1991 – Rs. C-120/90 – (HFR 1991 S. 563)

Tarifierung eines Molkenproteinkonzentrats

Der Gemeinsame Zolltarif ist dahin auszulegen, dass ein als „Molkenproteinkonzentrat 75 %ig" bezeichnetes, durch Ultrafiltration von Molke gewonnenes Erzeugnis mit 76,6 % Milchprotein, 5 % Laktose und 2,1 % Milchfett, ohne nachweisbaren Zucker, in die Unterposition 04049033: „Erzeugnisse, die aus natürlichen Milchbestandteilen bestehen..." i. d. F. des Anhangs der VO Nr. 3174/88 einzureihen ist.

EuGH vom 30. 1. 1992 – Rs. C-14/91 –

Tarifierung von Backemulgatoren

Der Gemeinsame Zolltarif ist dahin auszulegen, dass zur Herstellung von Backwarenteig bestimmte, im Wesentlichen aus Sorbitsirup (70 % i. Tr.) sowie Monoglyceriden und Diglyceriden bestehende Emulgatoren aus „Mischungen" i. S. der Anm. 1 Buchst. b zu Kap. 28 von diesem Kapitel ausgeschlossen und von der Tarifposition 2106 erfasst sind.

EuGH vom 16. 12. 1992 – Rs. C-194/91 – (HFR 1993 S. 343)

Tarifierung von Rückständen aus der Gewinnung von Maiskeimöl

Nach Art. 1 Satz 2 VO Nr. 482/74 fallen Nebenerzeugnisse der Maisölgewinnung auch dann unter die Tarifst. 23.04 B GZT, wenn darin neben Rückständen von der Gewinnung des Maiskeimöls im eigentlichen Sinne auch andere Bestandteile, die insbesondere von der ganzen Maispflanze, anderen Getreidearten oder Soja stammen, enthalten sind, sofern diese Fremdbestandteile in sehr geringen Mengen vorhanden sind und es nachweislich technisch unmöglich ist, ihr Auftreten unter normalen Bedingungen der Herstellung, der Verarbeitung, der Beförderung, des Umladens und der Lagerung zu vermeiden, ohne dass Kosten entstehen, die außer Verhältnis zum Handelswert der fraglichen Rückstände stehen. Da der Gemeinschaftsgesetzgeber keine obere Toleranzgrenze für Fremdbestandteile festgelegt hat, ist es Sache des vorlegenden Gerichts, für die Entscheidung des Ausgangsrechtsstreits anhand der vorstehend vom Gerichtshof gegebenen Hinweise die zulässige Menge von Fremdbestandteilen festzulegen.

EuGH vom 1. 4. 1993 – Rs. C-256/91 – (HFR 1993 S. 607)

Tarifierung eines Stärkeerzeugnisses

Ein zur Verwendung in der Papier- und Textilindustrie bestimmtes, nach seiner Beschaffenheit auch für die menschliche Ernährung geeignetes, wenn auch lebensmittelrechtlich nicht zugelassenes Stärkeerzeugnis (Stärkegehalt 99 Gewichtshundertteile –GHT– nach Ewers bzw. 81,1 GHT nach der Verzuckerungsmethode; Acetylgehalt 0,65 bzw. 0,67 GHT) bestehend aus nativer Kartoffelstärke, diese versetzt mit einem von Acetaldehyd befreiten und neutralisierten Kartoffelstärkeester, ist in die Unterpos. 1108 13 00 GZT – KN – einzureihen.

EuGH vom 27. 5. 1993 – Rs. C-33/92 – (HFR 1993 S. 608)

Tarifierung von gesalzenem Fleisch

Rindfleisch fällt nur dann als gesalzen unter die Pos. 0210 GZT – KN –, wenn es tiefgehend und in allen Teilen gleichmäßig zum Zweck der langfristigen Haltbarmachung so gesalzen ist, dass ein Gesamtsalzgehalt von mindestens 1,2 Gewichtshundertteilen erreicht wird. Rindfleisch, dem zum Zweck der Haltbarmachung so viel Salz zugesetzt worden ist, dass der Gesamtsalzgehalt mehr als das Dreifache (ungefähr 0,5 %) des natürlichen Salzgehalts (0,15 %) beträgt, ist nicht als gesalzen in die Pos. 0210 einzureihen.

EuGH vom 24. 3. 1994 – Rs. C-148/93 – (HFR 1994 S. 434)

Zum Begriff „orthopädische Vorrichtungen"

1. Sandalen und Schuhe mit Laufsohlen aus Kunststoff und Oberteil aus Spinnstoff bzw. Kunststoff, die zum Tragen über einem Gipsverband am Fuß bestimmt sind, stellen keine „orthopädischen Vorrichtungen" i. S. der Pos. 9021 KN 1992 dar.

2. Die genannten Waren sind nicht als „Vorrichtungen zum Behandeln von Knochenbrüchen" (Unterpos. 9021 19 90) oder als Teile oder Zubehör orthopädischer Apparate, anderer orthopädischer Vorrichtungen oder Vorrichtungen zum Behandeln von Knochenbrüchen anzusehen.

EuGH vom 17. 6. 1997 – Rs. C-164/95 – (HFR 1997 S. 708)

Die Unterpos. 0406 20 90 der VO Nr. 2658/87 i. d. F. der VO Nr. 3174/88 ist dahin auszulegen, dass sie geriebenen Käse umfaßt, der bei der Einfuhr aufgrund der Art und Weise, in der er verpackt und haltbar gemacht ist, eine agglomerierte Form aufweist und der, nachdem er ausgepackt und der frischen Luft ausgesetzt worden ist, in unregelmäßige Körnchen zerfällt.

EuGH vom 10. 12. 1998 – Rs. C-328/97 – (HFR 1999 S. 321)

Tarifierung von Vitamin-C-Präparaten

Die Kombinierte Nomenklatur, wie sie in Anhang I der VO (EWG) Nr. 2658/87 niedergelegt ist, ist dahin auszulegen, dass Erzeugnisse wie Taxofit Vitamin C + Ca Brausetabletten und Taxofit Vitamin C Kautabletten in die Pos. 3004 einzureihen sind.

EuGH vom 28. 4. 1999 – Rs. C-405/97 – (HFR 1999 S. 593)

Tarifierung getrockneter Walnußstücke

Die KN i. d. F. des Anhangs I der VO Nr. 2551/93 ist dahin auszulegen, dass aus einem Drittland eingeführte getrocknete Walnußstücke, die in der Gemeinschaft bei einer Temperatur von $-24°C$ gelagert und nach der Wiedererwärmung zum zollrechtlich freien Verkehr abgefertigt worden sind, in die Pos. 0802 einzureihen sind.

EuGH vom 22.12.2010 – Rs. C-273/09 – (ABl. EU 2011 Nr. C 63 S. 5)

Steuersatz auf Umsätze mit Gehhilfe-Rollatoren

Die Verordnung (EG) Nr. 729/2004 der Kommission vom 15.4.2004 zur Einreihung von bestimmten Waren in die Kombinierte Nomenklatur in der Fassung der am 7.5.2004 veröffentlichten Berichtigung ist ungültig, soweit zum einen durch die Berichtigung der Anwendungsbereich der ursprünglichen Verordnung auf Gehhilfe-Rollatoren erstreckt worden ist, die aus einem Aluminiumrohrrahmen auf vier Rädern, mit vorderen Drehlagerrädern, Griffen und Bremsen bestehen und ihrer Beschaffenheit nach als Hilfe für Personen mit Gehschwierigkeiten bestimmt sind, und zum anderen die Verordnung in der berichtigten Fassung diese Gehhilfe-Rollatoren in die Unterposition 8716 80 00 der Kombinierten Nomenklatur einreiht.[1])

EuGH vom 3.3.2011 – Rs. C-41/09 – (BFH/NV 2011 S. 735, HFR 2011 S. 492)

Steuersatz für Lieferung, Einfuhr und Erwerb von Pferden

Das Königreich der Niederlande hat durch die Anwendung eines ermäßigten Mehrwertsteuersatzes auf sämtliche Lieferungen, Einfuhren und innergemeinschaftlichen Erwerbe von Pferden gegen seine Verpflichtungen aus Art. 12 i.V.m. Anhang H der 6. USt-Richtlinie in der durch die Richtlinie 2006/18/EG des Rates vom 14.2.2006 geänderten Fassung sowie aus den Art. 96 – 99 Abs. 1 MwStSystRL i.V.m. deren Anhang III verstoßen.

EuGH vom 12.5.2011 – Rs. C-441/09 – (BFH/NV 2011 S. 1276, DB 2011 S. 1204)

Steuersatz für Lieferung, Einfuhr und Erwerb von Pferden

Die Republik Österreich hat durch die Anwendung eines ermäßigten Mehrwertsteuersatzes auf sämtliche Lieferungen, Einfuhren und innergemeinschaftlichen Erwerbe von Pferden gegen ihre Verpflichtungen aus den Art. 96 und 98 MwStSystRL i.V.m. deren Anhang III verstoßen.

EuGH vom 12.5.2011 – Rs. C-453/09 – (BFH/NV 2011 S. 1276, UR 2011 S. 827)

Steuersatz für Lieferung, Einfuhr und Erwerb von Pferden

Die Bundesrepublik Deutschland hat durch die Anwendung eines ermäßigten Mehrwertsteuersatzes auf sämtliche Lieferungen, Einfuhren und innergemeinschaftlichen Erwerbe von Pferden gegen ihre Verpflichtungen aus den Art. 96 und 98 MwStSystRL i.V.m. deren Anhang III verstoßen.

---

[1]) Vgl. hierzu BMF vom 11. 8. 2011, Anlage 2 H 17.

Anlage 2
Rsp III

Rsp III   BUNDESFINANZHOF

BFH vom 11.2.2010 – VII B 234/09 – (BFH/NV 2010 S. 1139)

Keine Pflicht des FG zur Einholung einer unverbindlichen Zolltarifauskunft für Umsatzsteuerzwecke

1. Zur Beurteilung der Anwendung eines ermäßigten Umsatzsteuersatzes nach § 12 Abs. 2 Nr. 1 UStG kann das FG eine Einreihung der Ware in eine Position oder Unterposition des Zolltarifs selbst vornehmen, ohne in jedem Fall zur Einholung einer unverbindlichen Zolltarifauskunft verpflichtet zu sein. Dies gilt selbst dann, wenn das FG von bestehenden Verwaltungsanweisungen abzuweichen gedenkt.
2. Hat das Gericht mangels eigener Sachkunde ein Sachverständigengutachten eingeholt, ist es zur Einholung weiterer Gutachten nur dann verpflichtet, wenn das bisherige Gutachten nicht dem Stand der Wissenschaft entspricht oder willkürlich ist oder von unsachlichen Erwägungen getragen wird.

BFH vom 30.3.2010 – VII R 35/09 – (BStBl 2011 II S. 74, StEd 2010 S. 357, UR 2010 S. 497)

Regelsteuersatz für ein trinkbares Nahrungsergänzungsmittel

1. Die Einreihung eines Erzeugnisses in die Position 2202 KN („andere nichtalkoholhaltige Getränke") setzt voraus, dass es sich um eine Flüssigkeit handelt, die zum unmittelbaren menschlichen Genuss geeignet und auch bestimmt ist.
2. Lebensmittelzubereitungen, die als Nahrungsergänzungsmittel gekennzeichnet sind, in flüssiger Form in Trinkfläschchen vertrieben werden und sich unmittelbar zum Trinken eignen, sind in die Position 2202 KN einzureihen, auch wenn sie nach den Empfehlungen des Herstellers nur in kleinen Mengen oder mit einer bestimmten Menge Wasser verdünnt einzunehmen sind.
3. In Bezug auf solche Lebensmittelzubereitungen ist die Position 2202 KN im Sinne der Allgemeinen Vorschrift 3a genauer als die Position 2106 KN.

BFH vom 3.8.2010 – VII B 71/10 – (BFH/NV 2011 S. 321)

Ermäßigter Umsatzsteuersatz für Bandagen erfordert deren besondere Stützwirkung

1. Der Frage, ob auch Bandagen, die nicht zur Anpassung an spezifische Funktionsschäden geeignet sind, oder solche serienmäßig gefertigte Bandagen, deren Anpassung an Funktionsschäden zu einem späteren Zeitpunkt erfolgt, in die Unterposition 9021 10 10 KN eingereiht werden können, kommt keine grundsätzliche Bedeutung zu, da sie bereits höchstrichterlich geklärt ist.
2. Der Einreihung in die Position 9021 KN steht der Umstand nicht entgegen, dass eine in Serienproduktion hergestellte Bandage einer nachträglichen Anpassung an die Bedürfnisse des jeweiligen Patienten bedarf.
3. Bei der Einreihung einer Ware ist das FG nicht verpflichtet, ein Sachverständigengutachten oder eine unverbindliche Zolltarifauskunft einzuholen.

BFH vom 24.8.2010 – VII R 10/10 – (BFH/NV 2011 S. 322, HFR 2011 S. 345)

Ermäßigter Umsatzsteuersatz für Mineralien von nachgewiesener Seltenheit

1. Die Auslegung des Begriffs des Sammlungsstücks in Nr. 54 Buchst. a der Anlage 2 zum UStG richtet sich allein nach zolltariflichen Gesichtspunkten.
2. Entscheidend ist die objektive Beschaffenheit eines Minerals, so dass es auf den Fundort tarifrechtlich nicht ankommt.
3. Hinsichtlich der Seltenheit eines Minerals trägt derjenige die Darlegungs- und Beweislast, der die Anwendung eines ermäßigten Steuersatzes begehrt.
4. Der geforderte Nachweis kann durch nach den Vorgaben des Tarifrechts ausgerichteten Gutachten oder durch Literaturangaben geführt werden; eigene Katalogbeschreibungen des Steuerpflichtigen reichen nicht aus.

BFH vom 9.9.2010 – VII B 63/10 – (BFH/NV 2011 S. 325)

Ermäßigter Umsatzsteuersatz für Originalerzeugnisse der Bildhauerkunst

In Auflagen von 1 000 Stück hergestellte Bronzeskulpturen sind keine dem ermäßigten Steuersatz unterliegende Originalerzeugnisse der Bildhauerkunst, wenn angenommen werden kann, dass bei dieser Anzahl der Reproduktionen der Originalcharakter des Werks sich „verflüchtigt", der Beitrag des Künstlers also an Bedeutung verloren hat.

BFH vom 17.5.2011 – VII R 43/10 – (BFH/NV 2011 S. 1932)

Einreihung von Camcordern mit im Einfuhrzeitpunkt noch nicht aktivierter dv-in-Funktion

Für die zolltarifliche Einreihung eines Camcorders, dessen sog. dv-in-Funktion im Zeitpunkt der Einfuhr nicht aktiviert ist, später aber aktiviert werden kann, kommt es (u.a.) darauf an, ob die dv-in-Funktion leicht und ohne materielle Änderungen am Gerät freigeschaltet werden kann. Es ist unerheblich, wer die dv-in-Funktion nach der Einfuhr des Camcorders freischaltet.

Anlage 3
zu § 13b Absatz 2 Nr. 7 UStG

Anlage 3
(zu § 13b Absatz 2 Nr. 7)

Liste der Gegenstände im Sinne des § 13b Absatz 2 Nummer 7

Lfd. Nr.	Warenbezeichnung	Zolltarif (Kapitel, Position, Unterposition)
1	Granulierte Schlacke (Schlackensand) aus der Eisen- und Stahlherstellung	Unterposition 2618 00 00
2	Schlacken (ausgenommen granulierte Schlacke), Zunder und andere Abfälle der Eisen- und Stahlherstellung	Unterposition 2619 00
3	Schlacken, Aschen und Rückstände (ausgenommen solche der Eisen- und Stahlherstellung), die Metalle, Arsen oder deren Verbindungen enthalten	Position 2620
4	Abfälle, Schnitzel und Bruch von Kunststoffen	Position 3915
5	Abfälle, Bruch und Schnitzel von Weichkautschuk, auch zu Pulver oder Granulat zerkleinert	Unterposition 4004 00 00
6	Bruchglas und andere Abfälle und Scherben von Glas	Unterposition 7001 00 10
7	Abfälle und Schrott von Edelmetallen oder Edelmetallplattierungen; andere Abfälle und Schrott, Edelmetalle oder Edelmetallverbindungen enthaltend, von der hauptsächlich zur Wiedergewinnung von Edelmetallen verwendeten Art	Position 7112
8	Abfälle und Schrott aus Eisen oder Stahl; Abfallblöcke aus Eisen oder Stahl	Position 7204
9	Abfälle und Schrott, aus Kupfer	Position 7404
10	Abfälle und Schrott, aus Nickel	Position 7503
11	Abfälle und Schrott, aus Aluminium	Position 7602
12	Abfälle und Schrott, aus Blei	Position 7802
13	Abfälle und Schrott, aus Zink	Position 7902
14	Abfälle und Schrott, aus Zinn	Position 8002
15	Abfälle und Schrott von anderen unedlen Metallen	Positionen 8101 bis 8113
16	Abfälle und Schrott, von elektrischen Primärelementen, Primärbatterien und Akkumulatoren; ausgebrauchte elektrische Primärelemente, Primärbatterien und Akkumulatoren	Unterposition 8548 10

B.
Anhänge
Anhang 1

Ergänzende Regelungen für das Umsatzsteuerrecht und Übersichten

Internationale Umsatzsteuersätze

Übersicht über die Umsatzsteuersätze und die Bezeichnungen der Umsatzsteuer in wichtigen Staaten 2011

Staaten[1]) (System der Umsatzsteuer)	Bezeichnung der Umsatzsteuer	Steuersätze in v. H.		
		Normalsatz	ermäßigte Sätze[2])	Nullsatz[3])
1	2	3	4	5
EU-Staaten (Mehrwertsteuer)				
Belgien	taxe sur la valeur ajoutée (TVA) oder belasting over de toegevoegde waarde (BTW)	21	6; 12	ja
Bulgarien	Dana Dobavena Stoynost (DDS) ab 1. 4. 2011	20 20	7[4]) 9[4])	– –
Dänemark	omsaetningsavgift (MOMS)	25	–	ja[5])
Deutschland	Umsatzsteuer	19	7	–
Estland	Käibemaks ab 1. 1. 2009 ab 1. 7. 2009	18 18 20	5 9 9	– – –
Finnland	arvonlisävero (AVL) oder mervärdesskatt (ML) ab 1. 10. 2009 ab 1. 7. 2010	22 22 23	8; 17 8; 12 9; 13	ja ja ja
Frankreich	taxe sur la valeur ajoutée (TVA) ab 1. 1. 2012/19,6/2,1;5,5;7	19,6	2,1; 5,5	–
Griechenland	foros prostithemenis axias (FPA) ab 15. 3. 2010 ab 1. 7. 2010 ab 1. 1. 2011	19 21 23 23	4,5; 9 5; 10 5,5; 11 6,5; 13	– – – –
Irland	value added tax (VAT) ab 1. 12. 2008 ab 1. 1. 2010 ab 1. 7. 2011	21 21,5 21 21	4,8; 13,5 4,8; 13,5 4,8; 13,5 4,8; 9; 13,5	ja ja ja ja
Italien	imposta sul valore aggiunto (IVA)	20	4; 10	ja
Lettland	Pievienotas vertibas nodoklis ab 1. 1. 2009 ab 1. 1. 2011	18 21 22	5 10 12	– – –
Litauen	Pridétinés vertés mokestis ab 1. 1. 2009 ab 1. 9. 2009	18 19 21	5; 9 5; 9 5; 9	– – –
Luxemburg	taxe sur la valeur ajoutée (TVA)	15	3; 6; 12	–
Malta	value added tax (VAT) ab 1. 1. 2011	18 18	5 5; 7	ja ja
Niederlande	omzetbelasting (OB) oder belasting over de toegevoegde waarde (BTW)	19	6	–

[1]) Ohne regionale Sondersätze.
[2]) Insbesondere für bestimmte Warengruppen des lebensnotwendigen Bedarfs und für bestimmte Dienstleistungen im Sozial- und Kulturbereich.
[3]) Nullsatz = Steuerbefreiung mit Vorsteuerabzug; wird hier nur erwähnt, sofern er außer für Ausfuhrumsätze auch für bestimmte Inlandsumsätze gilt.
[4]) Gilt nur für Hoteldienstleistungen, wenn sie Teil eines Touristenpakets sind.
[5]) Für Zeitungen.

Anhang 1
Internationale USt-Sätze

Staaten[1]) (System der Umsatzsteuer)	Bezeichnung der Umsatzsteuer	Steuersätze in v. H.		
		Normalsatz	ermäßigte Sätze[2])	Nullsatz[3])
1	2	3	4	5
Österreich	Umsatzsteuer	20	10; 12	–
Polen	Podatek od tomaròw i uslug ab 1. 1. 2011	22 23	3; 7 5; 8	ja ja
Portugal	imposto sobre o valor acrescentado (IVA) ab 1. 7. 2008 ab 1. 7. 2010 ab 1. 1. 2011	21 20 21 23	5; 12 5; 12 6; 13 6; 13	– – – –
Rumänien	Taxa pe valoarea adăugată ab 1. 12. 2008 ab 1. 7. 2010	19 19 24	9 5; 9 5; 9	– – –
Schweden	mervärdeskatt (ML)	25	6; 12	ja
Slowakei	daň z pridanej hodnoty ab 1. 5. 2010 ab 1. 1. 2011	19 19 20	10 6; 10 10	– – –
Slowenien	Davek na dodano vred nost	20	8,5	–
Spanien	impuesto sobre el valor añadido (IVA) ab 1. 7. 2010	16 18	4; 7 4; 8	– –
Tschechien	Daňi z přidané hotnotý ab 1. 1. 2010	19 20	9 10	– –
Ungarn	Általános forgalmi adó ab 1. 7. 2009 ab 1. 1. 2012	20 25 27	5 5; 18 5; 18	– – –
Vereinigtes Königreich	value added tax (VAT) ab 1. 12. 2008 ab 1. 1. 2010 ab 4. 1. 2011	17,5 15 17,5 20	5 5 5 5	ja ja ja ja
Zypern[4])	foros prostithemenis axias (FPA)	15	5; 8	ja
Andere Staaten Japan (Mehrwertsteuer)	Shohizei Ho	5	–	–
Kanada	harmonized sales tax (HST) und provincial sales taxes (PST)	13[5])	5	–
Kroatien	Porez na Dodanu Vrednost (PDV)	22	–	ja
Norwegen (Mehrwertsteuer)	merverdiavgift (MVA)	25	8; 14	ja
Schweiz (Mehrwertsteuer)	Mehrwertsteuer (MWSt) vom 1. 1. 2011 bis 31. 12. 2017	7,6 8	2,4; 3,6 2,5; 3,8	– –
Türkei (Mehrwertsteuer)	Katma deger vergisi (KDV)	18	1; 8	ja

Quelle: Zusammengestellt auf der Grundlage der BMF-Broschüre „Die wichtigsten Steuern im internationalen Vergleich 2005" vom 22. 12. 2005; aktualisiert um Informationen aus dem Dokument der Europäischen Kommission – taxud.c.1(2011)759291 – DE – „Die Mehrwertsteuersätze in den Mitgliedstaaten der Europäischen Gemeinschaft (Stand: 1. 7. 2011)", das unter www.bzst.bund.de zu finden ist, und weitere aktuelle Informationen.

---

1) Ohne regionale Sondersätze.
2) Insbesondere für bestimmte Warengruppen des lebensnotwendigen Bedarfs und für bestimmte Dienstleistungen im Sozial- und Kulturbereich.
3) Nullsatz = Steuerbefreiung mit Vorsteuerabzug; wird hier nur erwähnt, sofern er außer für Ausfuhrumsätze auch für bestimmte Inlandsumsätze gilt.
4) Nur griechischsprachiger Teil.
5) Der Normalsatz (= harmonized sales tax – HST –) ergibt sich aus dem Satz des Bundes (5 v. H. GST) und den „sales taxes" (PST) einiger Provinzen. Der „ermäßigte" Satz ergibt sich allein aus dem Satz des Bundes. Die Umsatzsteuer des Bundes ist eine Mehrwertsteuer nach europäischem Vorbild, die Umsatzsteuern der Provinzen liegen zwischen 7 v. H. und 10 v. H. (ohne die Provinz Alberta und die Territorien, die keine allgemeine Umsatzsteuer erheben).

Anhang 2
Diplomatische Missionen und berufskonsularische Vertretungen

Verordnung über die Erstattung von Umsatzsteuer an ausländische ständige diplomatische Missionen und berufskonsularische Vertretungen sowie an ihre ausländischen Mitglieder (Umsatzsteuererstattungsverordnung – UStErstV)

vom 3. 10. 1988 (BGBl. I S. 1780) zuletzt geändert durch Art. 8 des Gesetzes zur Umsetzung steuerlicher EU-Vorgaben sowie zur Änderung steuerlicher Vorschriften vom 8. 4. 2010 (BGBl. 2010 I S. 386)

§ 1

(1) Hat eine im Geltungsbereich dieser Verordnung errichtete ausländische ständige diplomatische Mission oder ausländische ständige konsularische Vertretung für ihren amtlichen Gebrauch Gegenstände erworben oder sonstige Leistungen in Anspruch genommen, wird ihr auf Antrag aus dem Aufkommen der Umsatzsteuer

1. die von dem Unternehmer nach § 14 des Umsatzsteuergesetzes in Rechnung gestellte und von ihr bezahlte Umsatzsteuer erstattet, wenn der Rechnungsbetrag einschließlich der Steuer 100 Euro übersteigt;
2. die von ihr nach § 13b Absatz 5 des Umsatzsteuergesetzes geschuldete und von ihr entrichtete Umsatzsteuer erstattet, wenn der Rechnungsbetrag zuzüglich der Steuer 100 Euro übersteigt.

(2) Die Vergünstigung nach Absatz 1 ist auf der Grundlage besonderer Vereinbarung mit dem Entsendestaat nach Maßgabe der Gegenseitigkeit zu gewähren.

§ 2

(1) § 1 gilt zugunsten eines Mitglieds der Mission oder der berufskonsularischen Vertretung, das weder Angehöriger der Bundesrepublik Deutschland noch in ihr ständig ansässig ist, auch wenn die Gegenstände oder die sonstigen Leistungen für seinen persönlichen Gebrauch bestimmt sind.

(2) ¹Die Erstattungen dürfen für das Kalenderjahr den Gesamtbetrag von 1 200 Euro nicht übersteigen. ²Der Erwerb eines Kraftfahrzeuges ist hierbei nicht zu berücksichtigen.

§ 3

(1) Die §§ 1 und 2 gelten nicht für den Erwerb von Lebensmitteln und Tabakerzeugnissen sowie die Abgabe von Speisen und Getränken zum Verzehr an Ort und Stelle.

(2) Wird ein Gegenstand während seiner gewöhnlichen Nutzungsdauer nicht oder nur zeitweise zu Zwecken im Sinne der §§ 1 und 2 genutzt, ist die Erstattung zu versagen oder der Erstattungsbetrag angemessen zu kürzen.

§ 4

(1) ¹Der Antrag auf Erstattung ist unter Beifügung der in Betracht kommenden Rechnungen nach einem vom Bundesminister der Finanzen zu bestimmenden Muster beim Auswärtigen Amt einzureichen. ²In ihm hat der Missionschef oder der Leiter der berufskonsularischen Vertretung zu versichern, dass die Gegenstände oder die sonstigen Leistungen für den nach § 1 oder § 2 vorgesehenen Gebrauch bestimmt sind. ³Das Auswärtige Amt sendet den Antrag mit einer Stellungnahme an das Bundeszentralamt für Steuern,, das die Angaben des Antragstellers prüft und über den Antrag entscheidet.

(2) ¹Der Antrag ist bis zum Ablauf des Kalenderjahres zu stellen, das auf das Kalenderjahr folgt, in dem der Umsatz an den Antragsteller bewirkt worden ist. ²Der Antrag muß alle Erstattungsansprüche eines Abrechnungszeitraums, der mindestens ein Kalendervierteljahr beträgt, umfassen.

(3) Dem Antragsteller ist ein schriftlicher Bescheid zu erteilen, wenn dem Antrag nicht entsprochen wird.

(4) ¹Mindert sich der Steuerbetrag, so hat der Antragsteller das Auswärtige Amt unverzüglich zu unterrichten. ²Der zuviel erhaltene Erstattungsbetrag ist innerhalb eines Monats nach Bekanntwerden der Minderung zurückzuzahlen. ³Er kann mit den Erstattungsansprüchen auf Grund eines in diesem Zeitraum abgegebenen Antrags verrechnet werden.

§ 5

Diese Verordnung ist auf Steuerbeträge anzuwenden, denen Lieferungen und sonstige Leistungen zugrunde liegen, die nach dem 31. 12. 1988 bewirkt worden sind.

Anhang 3
Offshore-Umsatzsteuervergünstigungen

Abkommen zwischen der Bundesrepublik Deutschland und den Vereinigten Staaten von Amerika über die von der Bundesrepublik zu gewährenden Abgabenvergünstigungen für die von den Vereinigten Staaten im Interesse der gemeinsamen Verteidigung geleisteten Ausgaben

(BGBl. 1955 II S. 823, BStBl 1955 I S. 620)
– Auszug –

Text siehe USt-HA 1992/93 Anh. 4.

Anhang zu dem Abkommen zwischen der Bundesrepublik Deutschland und den Vereinigten Staaten von Amerika über die von der Bundesrepublik zu gewährenden Abgabenvergünstigungen für die von den Vereinigten Staaten im Interesse der gemeinsamen Verteidigung geleisteten Ausgaben

(BGBl. 1955 II S. 828, BStBl 1955 I S. 622)
– Auszug –

Text siehe USt-HA 1992/93 Anh. 4.

H

Hinweis

1 Umsatzsteuerbefreiung nach Artikel III Nr. 1 Buchstabe a Offshore-Steuerabkommen bei Wohnraumbeschaffungen durch die amerikanischen Streitkräfte für die Truppenangehörigen oder das zivile Gefolge; hier: Besonderheiten bei unmittelbarer Vermietung von Wohnräumen an die amerikanischen Streitkräfte unter Verwendung von Mietverträgen des Amerikanischen Wohnungsamtes (Housing Referral Office Rental Agreement)

(OFD Koblenz, Vfg. vom 29. 4. 1999 – S 7490 A – St 514 –, StEd 1999 S. 378)
Siehe USt-HA 2000/01 Anh. 4 H 1.

Anhang 4
NATO-Stationierungs-Umsatzsteuervergünstigungen

Abkommen zwischen den Parteien des Nordatlantikvertrags über die Rechtsstellung ihrer Truppen – NATO-Truppenstatut –

(BGBl. 1961 II S. 1190)
– Auszug –

Text siehe USt-HA 1992/93 Anh. 5.

Zusatzabkommen zu dem Abkommen zwischen den Parteien des Nordatlantikvertrags über die Rechtsstellung ihrer Truppen hinsichtlich der in der Bundesrepublik Deutschland stationierten ausländischen Truppen – ZA-NTS –

(BGBl. 1961 II S. 1218)
– Auszug –

Text siehe USt-HA 1992/93 Anh. 5.

Unterzeichnungsprotokoll zum Zusatzabkommen

(BGBl. 1961 II S. 1313)
– Auszug –

Text siehe USt-HA 1992/93 Anh. 5.

Artikel 151 Abs. 1 Buchst. c und d der MwStSystRL

Siehe Anh. 7.

Hinweise

Umsatzsteuerbefreiung nach Artikel 67 Abs. 3 des Zusatzabkommens zum NATO-Truppenstatut

(BMF vom 16. 11. 1998 – IV D 2 – S 7492 – 9/98 –, UVR 1999 S. 79, UR 1999 S. 85)

Nach Artikel 5 Abs. 2 des Gesetzes vom 28. 9. 1994 zu dem Abkommen vom 18. 3. 1993 zur Änderung des Zusatzabkommens zum NATO-Truppenstatut und zu weiteren Übereinkünften (BGBl. 1994 II S. 2594, 2598) ist bekannt gemacht worden, daß das Abkommen nach seinem Artikel 52 Abs. 2 für die Bundesrepublik Deutschland am 29. 3. 1998 in Kraft getreten ist (BGBl. 1998 II S. 1691). Das Abkommen ist gleichzeitig für Belgien, Frankreich, Kanada, die Niederlande, das Vereinigte Königreich und die Vereinigten Staaten in Kraft getreten.

Hiermit wird übersandt – auszugsweise – die ab 29. 3. 1998 geltende Fassung des Artikels 67 Abs. 3 des Zusatzabkommens zum NATO-Truppenstatut (ZA-NTS) mit der Bitte um Kenntnisnahme und ggf. weitere Veranlassung (Anlage).

Zu den Änderungen des Artikels 67 Abs. 3 ZA-NTS wird folgendes bemerkt:

In Buchstabe (a) Ziffer (i) ist die Voraussetzung, daß das Entgelt mit Zahlungsmitteln in der Währung des Entsendestaates zu entrichten ist, weggefallen. Für die Beibehaltung dieser Voraussetzung waren keine Gründe mehr ersichtlich.

Die Änderung des Buchstaben (a) Ziffer (ii) dient der Klarstellung. Die Regelung, daß die Steuerbefreiung nicht für die Lieferung von unbebauten und bebauten Grundstücken sowie für die Herstellung von Gebäuden gilt, wenn diese Umsätze für den privaten Bedarf der Mitglieder der Truppe oder des zivilen Gefolges oder von Angehörigen bestimmt sind, entspricht der bisherigen Praxis. Die gestrichenen Sätze betrafen Regelungen, die durch die Einführung des Mehrwertsteuersystems überholt sind.

Die Streichung des Buchstaben (a) Ziffer (iii) ist durch den Wegfall der Beförderungssteuer bedingt.

Im Interesse der Rechtsklarheit wird in Buchstabe (a) Ziffer (i) und Ziffer (iv) jetzt der neue Begriff Abgabenvergünstigung verwendet, da Abgabenvergütungen und Preisvergünstigungen weggefallen sind.

Anlage

Zusatzabkommen zu dem Abkommen zwischen den Parteien des Nordatlantikvertrages über die Rechtsstellung ihrer Truppen hinsichtlich der in der Bundesrepublik Deutschland stationierten ausländischen Truppen

(Auszug)

Artikel 67

(1) ...

(2) ...

(3) (a) (i) Für Lieferungen und sonstige Leistungen an eine Truppe oder ein ziviles Gefolge, die von einer amtlichen Beschaffungsstelle der Truppe oder des zivilen Gefolges in Auftrag gegeben werden und für den Gebrauch oder den Verbrauch durch die Truppe, das zivile Gefolge, deren Mitglieder oder deren Angehörige bestimmt sind, werden die unter den Ziffern (ii) und (iv) genannten Abgabenvergünstigungen gewährt. Die Abgabenvergünstigungen sind bei der Berechnung des Preises zu berücksichtigen.

(ii) Lieferungen und sonstige Leistungen an eine Truppe oder ein ziviles Gefolge sind von der Umsatzsteuer befreit. Diese Steuerbefreiung gilt nicht für die Lieferung von unbebauten und bebauten Grundstücken sowie für die Herstellung von Gebäuden, wenn diese Umsätze für den privaten Bedarf der Mitglieder der Truppe oder des zivilen Gefolges oder von Angehörigen bestimmt sind.

(iii) gestrichen

(iv) Für Waren, die aus dem zollrechtlich freien Verkehr an eine Truppe oder ein ziviles Gefolge geliefert werden, werden die Abgabenvergünstigungen gewährt, die in den Zoll- und Verbrauchsteuergesetzen für den Fall der Ausfuhr vorgesehen sind.

(b) ...

(c) ...

(4) ...

Wohnraumvermietung an eine in der Bundesrepublik Deutschland stationierte ausländische Truppe bei Abschluss eines Gesamtmietvertrages über die von einem Bauträger errichtete Wohnanlage

(OFD Hannover, Vfg. vom 27. 6. 2002 – S 7492 – 163 – StH 441 –/– S 7492 – 86 – StO 353 –, UVR 2003 S. 181)

Anhang 4
H NATO-Stat-USt-Verg.

3	**Steuerbefreiung für Leistungen an Mitglieder anderer NATO-Streitkräfte und das zivile Gefolge** (OFD Karlsruhe/Stuttgart, Vfg. vom 9. 12. 2002 – USt-Kartei S 7492 Karte 1 –, UR 2003 S. 364)
4	**Umsatzsteuervergünstigungen auf Grund Artikel 67 Abs. 3 des Zusatzabkommens zum NATO-Truppenstatut (NATO-ZAbk)** (BMF vom 22. 12. 2004, BStBl 2004 I S. 1200)
5	**Umsatzsteuerbefreiung nach Artikel 67 Abs. 3 des Zusatzabkommens zum NATO-Truppenstatut (NATO-ZAbk); Zeitpunkt der Vorlage von Beschaffungsaufträgen** (OFD Frankfurt/Main, Vfg. vom 15. 2. 2005 – S 7492 A – 85 – St I 2.10 –, StEd 2005 S. 350)
6	**Umsatzsteuervergünstigungen auf Grund Artikel 67 Abs. 3 des Zusatzabkommens zum NATO-Truppenstatut (NATO-ZAbk)** (BMF vom 30. 3. 2006, BStBl 2006 I S. 310)
7	**Umsatzsteuervergünstigungen auf Grund des Zusatzabkommens zum NATO-Truppenstatut; Neuauflage der Liste der amtlichen Beschaffungsstellen – Stand: 1. 6. 2006 –** (BMF vom 7. 6. 2006, BStBl 2006 I S. 401)
8	**Umsatzsteuervergünstigungen auf Grund des Zusatzabkommens zum NATO-Truppenstatut; Neuauflage der Liste der amtlichen Beschaffungsstellen – Stand: 1. 2. 2008 –** (BMF vom 4. 2. 2008, BStBl 2008 I S. 383, UR 2008 S. 201)[1]
9	**Umsatzsteuervergünstigungen auf Grund Artikel 67 Abs. 3 des Zusatzabkommens zum NATO-Truppenstatut; Belgisches Beschaffungsverfahren für Lieferungen und sonstige Leistungen bis zu einem Wert von 1 500 Euro** (BMF vom 20. 5. 2008, BStBl 2008 I S. 630, StEd 2008 S. 383)
10	**Umsatzsteuervergünstigungen auf Grund Artikel 67 Abs. 3 des Zusatzabkommens zum NATO-Truppenstatut; Vordrucke zur Beschaffung von Lieferungen und sonstigen Leistungen für den dienstlichen Bedarf der amerikanischen Streitkräfte** (BMF vom 1. 4. 2009, BStBl 2009 I S. 526)
11	**Umsatzsteuervergünstigungen auf Grund des Zusatzabkommens zum NATO-Truppenstatut; Neuauflage der Liste der amtlichen Beschaffungsstellen – Stand: 1. 7. 2010 –** (BMF vom 2. 7. 2010, BStBl 2010 I S. 607)[2] Text nicht in die USt-HA aufgenommen.
12	**Umsatzsteuervergünstigungen auf Grund des Zusatzabkommens zum NATO-Truppenstatut; Neuauflage der Liste der amtlichen Beschaffungsstellen – Stand: 1. 1. 2011 –** (BMF vom 19. 1. 2011, BStBl 2011 I S. 93)[3]
13	**Umsatzsteuervergünstigungen auf Grund Art. 67 Abs. 3 des Zusatzabkommens zum NATO-Truppenstatut (NATO-ZAbk); Britisches Beschaffungsverfahren unter Verwendung der GPC-VISA-Kreditkarte** (BMF vom 3. 3. 2011, BStBl 2011 I S. 234)
14	**Umsatzsteuervergünstigungen auf Grund des Ergänzungsabkommens zum Protokoll über die NATO-Hauptquartiere und Umsatzsteuerbefreiung nach § 4 Nr. 7 Satz 1 Buchstabe d UStG** (BMF vom 22. 7. 2011, BStBl 2011 I S. 749)[4]
15	**Umsatzsteuervergünstigungen auf Grund Art. 67 Abs. 3 des Zusatzabkommens zum NATO-Truppenstatut (NATO-ZAbk);** **Britisches Beschaffungsverfahren unter Verwendung einer Kreditkarte** (BMF vom 6. 9. 2011, BStBl 2011 I S. 909)[5]

[1] Anm.: Liste ersetzt durch BMF vom 2. 7. 2010, Anhang 4 H 11.
[2] Anm.: Liste ersetzt durch BMF vom 19. 1. 2011, Anhang 4 H 12.
[3] Anm.: Liste ersetzt durch BMF vom 10.1.2012, Anhang 4 H 17.
[4] Anm.: Absatz 2 des BMF-Schreibens ersetzt durch BMF vom 11.1.2012, Anhang 4 H 18.
[5] Anm.: Rückwirkend ersetzt durch BMF vom 29. 11. 2011, Anhang 4 H 16.

Anhang 4, 5
H Rsp III NATO-Stat-USt-Verg. NATO (HQ)-USt-Verg.

Umsatzsteuervergünstigungen auf Grund Art. 67 Abs. 3 des Zusatzabkommens zum NATO-Truppenstatut (NATO-ZAbk); Britisches Beschaffungsverfahren unter Verwendung einer Kreditkarte (BMF vom 29. 11. 2011, BStBl 2011 I S. 1161)	16
Umsatzsteuervergünstigungen auf Grund des Zusatzabkommens zum NATO-Truppenstatut; Neuauflage der Liste der amtlichen Beschaffungsstellen – Stand: 1. 1. 2012 – (BMF vom 10. 1. 2012, BStBl 2012 I S. 131)	17
Umsatzsteuervergünstigungen auf Grund des Ergänzungsabkommens zum Protokoll über die NATO-Hauptquartiere und Umsatzsteuerbefreiung nach § 4 Nr. 7 Satz 1 Buchstabe d UStG (BMF vom 11. 1. 2012, BStBl 2012 I S. 136)	18

Rechtsprechung	Rsp
BUNDESFINANZHOF	Rsp III

BFH vom 16. 5. 2007 – V B 91/06 – (BFH/NV 2007 S. 1932)

Zur Steuerbefreiung nach Art. 67 Abs. 3 Buchst. a NATOZAbk

Im Rahmen der Beurteilung der Steuerfreiheit von Umsätzen nach Art. 67 Abs. 3 Buchst. a NATO-ZAbk bindet eine Bescheinigung der zuständigen deutschen Behörde, dass die Lieferungen und sonstigen Leistungen „für den Gebrauch oder den Verbrauch durch die Truppe ... bestimmt sind", weder die Finanzbehörden noch die Finanzgerichte, wenn die Bescheinigung offenkundig sachlich unzutreffend ist.

BFH vom 14. 4. 2010 – XI R 12/09 – (BStBl 2011 II S. 138, StEd 2010 S. 537, HFR 2010 S. 1197)

Umsatzsteuerbefreiung mehrerer zeitlich aufeinander folgender Leistungen an NATO-Truppenangehörige auf Grund (nur) eines „Beschaffungsauftrags" im sog. vereinfachten Beschaffungsverfahren – Steuerbefreiung auch bei Barzahlung

1. Im Rahmen der Umsatzsteuerbefreiung von Leistungen an NATO-Truppenangehörige nach Art. 67 Abs. 3 NATOTrStatZAbk gilt der im sog. vereinfachten Beschaffungsverfahren für einen Beschaffungsauftrag der amtlichen Beschaffungsstelle zu verwendende Vordruck nicht nur für die Beschaffung einer Leistung, sondern auch für mehrere, zeitlich aufeinander folgende Leistungen.
2. Voraussetzung der Umsatzsteuerbefreiung gemäß Art. 67 Abs. 3 NATOTrStatZAbk einer im vereinfachten Beschaffungsverfahren bezogenen Leistung ist nicht, dass diese Leistung unbar bezahlt wird (Abgrenzung zum BFH-Urteil vom 21. 3. 1974 V R 144/69, BFHE 112, 88, BStBl II 1974, 437).

Anhang 5
NATO-Hauptquartiere-Umsatzsteuervergünstigungen

Gesetz zu dem Protokoll vom 28. August 1952 über die Rechtsstellung der auf Grund des Nordatlantikvertrags errichteten internationalen militärischen Hauptquartiere und zu den dieses Protokoll ergänzenden Vereinbarungen (Gesetz zum Protokoll über die NATO-Hauptquartiere und zu den Ergänzungsvereinbarungen)

Vom 17. 10. 1969
(BGBl. 1969 II S. 1997)
– Auszug –

Text siehe USt-HA 1992/93 Anh. 6.

Anhang 5
NATO (HQ)-USt-Verg. H

Protokoll über die Rechtsstellung der auf Grund des Nordatlantikvertrags errichteten internationalen militärischen Hauptquartiere

(BGBl. 1969 II S. 2000)
– Auszug –

Text siehe USt-HA 1992/93 Anh. 6.

Abkommen zwischen der Bundesrepublik Deutschland und dem Obersten Hauptquartier der Alliierten Mächte, Europa, über die besonderen Bedingungen für die Einrichtung und den Betrieb internationaler militärischer Hauptquartiere in der Bundesrepublik Deutschland (Ergänzungsabkommen)

(BGBl. 1969 II S. 2009)
– Auszug –

Text siehe USt-HA 1992/93 Anh. 6.

Unterzeichnungsprotokoll zu dem Abkommen über die besonderen Bedingungen für die Einrichtung und den Betrieb internationaler militärischer Hauptquartiere in der Bundesrepublik Deutschland

(BGBl. 1969 II S. 2031)
– Auszug –

Text siehe USt-HA 1987/88 S. 740.

Artikel 151 Abs. 1 Buchst. c und d der MwStSystRL

Siehe Anh. 7.

H	Hinweise
1	**Nachweis der Steuerbefreiung für Umsätze an die NATO-Hauptquartiere in der Bundesrepublik Deutschland durch Unternehmer in den übrigen EU-Mitgliedstaaten (Art. 15 Nr. 10 2. Gedankenstrich der 6. EG-Richtlinie)** (BMF vom 12. 5. 1997 – IV C 4 – S 7493 – 8/97 – (UR 1997 S. 316) Siehe USt-HA 1997/98 Anh. 6 H 5.
2	**Umsatzsteuervergünstigungen auf Grund des Ergänzungsabkommens zum Protokoll über die NATO-Hauptquartiere** (BMF-Schreiben vom 9. 11. 1999, BStBl 1999 I S. 967) Siehe USt-HA 2001/02 Anh. 6 H 6.
3	**Umsatzsteuervergünstigungen auf Grund des Ergänzungsabkommens zum Protokoll über die NATO-Hauptquartiere** (BMF vom 16. 1. 2003, BStBl 2003 I S. 99) Das Hauptquartier 1 (German-Netherlands) NATO-Rapid Deployable Corps German/Netherlands (NRDC-GNL), Münster, hat mit Wirkung vom 14. 9. 2002 den internationalen Status erhalten. Auf dieses Hauptquartier finden demnach für die Zeit ab 14. 9. 2002 die Bestimmungen des Protokolls über die Rechtsstellung der auf Grund des Nordatlantikvertrags errichteten internationalen militärischen Hauptquartiere vom 28. 8. 1952 (BGBl. 1969 II S. 2000) und des Ergänzungsabkommens vom 13. 3. 1967 (BGBl. 1969 II S. 2009) Anwendung. Die Hauptquartiere AMF (L), 69019 Heidelberg, sowie Allied Forces, Schleswig-Holstein, und Jutland (LANDJUT), Rendsburg, Eiderkaserne, wurden zwischenzeitlich aufgelöst. Außerdem haben sich die Bezeichnungen einiger Hauptquartiere geändert. Absatz 2 des BMF-Schreibens vom 11. 6. 1981 – IV A 3 – S 7493 – 1/81 – (BStBl I S. 497) in der Fassung des BMF-Schreibens vom 9. 11. 1999 – IV D 2 – S 7493 – 4/99 (BStBl I S. 967) erhält deshalb folgende Fassung:

Hauptquartiere im Sinne des Artikels „(2) 14 des Ergänzungsabkommens zum Protokoll über die NATO-Hauptquartiere sind:
1. Supreme Headquarters Allied Powers Europe (SHAPE) Casteau, Belgien
2. Headquarters Allied Forces Northern Europe (AFNORTH) Brunssum/Niederlande und Glimbach/Deutschland (Anteile)
3. Joint Headquarters Centre, Postfach 10 29 45, 69019 Heidelberg
4. Headquarters AIRNOTH, Ramstein, Air Base
5. NATO Airborne Early Warning and Control Force CommanderHeadquarters, Mons/Belgien
6. NATO-E 3 A Component of the NAEW-Force, Geilenkirchen
7. Headquarters ACE Rapid Reaction Corps (HQ ARRC), Mönchengladbach
8. Reaction Force (AIR) Staff (RF(A)S), Kalkar
9. Headquarters Combined Air Operation Centre (CAOC), Uedem/Kalkar
10. Headquarters Combined Air Operation Centre (CAOC), Sembach
11. Headquarters Combined Air Operation Centre (CAOC), Meßstetten
12. Headquarters Combined Air Operation Centre (CAOC), Finderup/Dänemark
13. Headquarters 1 (German-Netherlands) NATO-Rapid Deployable Corps German/Netherlands (NRDC-GNL), Münster (ab 14. 9. 2002)."

Anhang 6
Zuständigkeit der Finanzbehörden für die Umsatzsteuer

Abgabenordnung

vom 16. 3. 1976 – AO 1977 – (BGBl. 1976 I S. 613, 1977 I S. 269, BStBl 1976 I S. 157, 1977 S. 49) in Bezug auf § 21 AO zuletzt geändert durch Art. 9 Nr. 1 des Gesetzes zum Abbau von Steuervergünstigungen und Ausnahmeregelungen (Steuervergünstigungsabbaugesetz – StVergAbG) vom 16. 5. 2003
(BGBl. 2003 I S. 660, BStBl 2003 I S. 321)

§ 21 Umsatzsteuer

(1) ¹Für die Umsatzsteuer mit Ausnahme der Einfuhrumsatzsteuer ist das Finanzamt zuständig, von dessen Bezirk aus der Unternehmer sein Unternehmen im Geltungsbereich des Gesetzes ganz oder vorwiegend betreibt. ²Das Bundesministerium der Finanzen kann zur Sicherstellung der Besteuerung durch Rechtsverordnung mit Zustimmung des Bundesrates für Unternehmer, die Wohnsitz, Sitz oder Geschäftsleitung außerhalb des Geltungsbereiches dieses Gesetzes haben, die örtliche Zuständigkeit einer Finanzbehörde für den Geltungsbereich des Gesetzes übertragen.

(2) Für die Umsatzsteuer von Personen, die keine Unternehmer sind, ist das Finanzamt zuständig, das auch für die Besteuerung nach dem Einkommen zuständig ist (§§ 19 und 20); in den Fällen des § 180 Abs. 1 Nr. 2 Buchstabe a ist das Finanzamt für die Umsatzsteuer zuständig, das auch für die gesonderte Feststellung zuständig ist (§ 18).

Verordnung über die örtliche Zuständigkeit für die Umsatzsteuer im Ausland ansässiger Unternehmer (Umsatzsteuerzuständigkeitsverordnung – UStZustV)

vom 20. 12. 2001 (BGBl. I S. 3794, BStBl 2002 I S. 4)
zuletzt geändert durch Art. 5 des Jahressteuergesetzes 2010 (JStG 2010) vom 8. 12. 2010
(BGBl. 2010 I S. 1768)
– Auszug –

§ 1

(1) Für die Umsatzsteuer der Unternehmer im Sinne des § 21 Abs. 1 Satz 2 der Abgabenordnung sind folgende Finanzämter örtlich zuständig:
1. das Finanzamt Trier für im Königreich Belgien ansässige Unternehmer,
2. das Finanzamt Neuwied für in der Republik Bulgarien ansässige Unternehmer,
3. das Finanzamt Flensburg für im Königreich Dänemark ansässige Unternehmer,
4. das Finanzamt Rostock für in der Republik Estland ansässige Unternehmer,

Anhang 6
Umsatzsteuer-Zuständigkeit

5. das Finanzamt Bremen-Mitte für in der Republik Finnland ansässige Unternehmer,
6. das Finanzamt Offenburg für in der Französischen Republik ansässige Unternehmer,
7. das Finanzamt Hannover-Nord für im Vereinigten Königreich Großbritannien und Nordirland ansässige Unternehmer,
8. das Finanzamt Berlin Neukölln für in der Griechischen Republik ansässige Unternehmer,
9. das Finanzamt Hamburg-Nord für in der Republik Irland ansässige Unternehmer,
10. das Finanzamt München für in der Italienischen Republik ansässige Unternehmer,
11. das Finanzamt Kassel-Hofgeismar für in der Republik Kroatien ansässige Unternehmer,
12. das Finanzamt Bremen-Mitte für in der Republik Lettland ansässige Unternehmer,
13. das Finanzamt Konstanz für im Fürstentum Liechtenstein ansässige Unternehmer,
14. das Finanzamt Mühlhausen für in der Republik Litauen ansässige Unternehmer,
15. das Finanzamt Saarbrücken Am Stadtgraben für im Großherzogtum Luxemburg ansässige Unternehmer,
16. das Finanzamt Berlin Neukölln für in der Republik Mazedonien ansässige Unternehmer,
17. das Finanzamt Kleve für im Königreich der Niederlande ansässige Unternehmer,
18. das Finanzamt Bremen-Mitte für im Königreich Norwegen ansässige Unternehmer,
19. das Finanzamt München für in der Republik Österreich ansässige Unternehmer,
20. das Finanzamt Oranienburg für in der Republik Polen ansässige Unternehmer mit den Anfangsbuchstaben des Nachnamens oder bei Personen- und Kapitalgesellschaften des Firmennamens A bis M; das Finanzamt Cottbus für in der Republik Polen ansässige Unternehmer mit den Anfangsbuchstaben des Nachnamens oder des Firmennamens N bis Z,
21. das Finanzamt Kassel-Hofgeismar für in der Portugiesischen Republik ansässige Unternehmer,
22. das Finanzamt Chemnitz-Süd für in Rumänien ansässige Unternehmer,
23. das Finanzamt Magdeburg für in der Russischen Föderation ansässige Unternehmer,
24. das Finanzamt Hamburg-Nord für im Königreich Schweden ansässige Unternehmer,
25. das Finanzamt Konstanz für in der Schweizerischen Eidgenossenschaft ansässige Unternehmer,
26. das Finanzamt Chemnitz-Süd für in der Slowakischen Republik ansässige Unternehmer,
27. das Finanzamt Kassel-Hofgeismar für im Königreich Spanien ansässige Unternehmer,
28. das Finanzamt Oranienburg für in der Republik Slowenien ansässige Unternehmer,
29. das Finanzamt Chemnitz-Süd für in der Tschechischen Republik ansässige Unternehmer,
30. das Finanzamt Dortmund-Unna für in der Republik Türkei ansässige Unternehmer,
31. das Finanzamt Magdeburg für in der Ukraine ansässige Unternehmer,
32. das Zentralfinanzamt Nürnberg für in der Republik Ungarn ansässige Unternehmer,
33. das Finanzamt Magdeburg für in der Republik Weißrußland ansässige Unternehmer,
34. das Finanzamt Bonn-Innenstadt für in den Vereinigten Staaten von Amerika ansässige Unternehmer.

(2) Für die Umsatzsteuer der Unternehmer im Sinne des § 21 Abs. 1 Satz 2 der Abgabenordnung, die nicht von Absatz 1 erfasst werden, ist das Finanzamt Berlin Neukölln zuständig.

(2a) Abweichend von den Absätzen 1 und 2 ist für die Unternehmer, die von § 18 Abs. 4c des Umsatzsteuergesetzes Gebrauch machen, das Bundeszentralamt für Steuern zuständig.,

(3) Die örtliche Zuständigkeit nach § 61 Abs. 1 Satz 1 der Umsatzsteuer-Durchführungsverordnung für die Vergütung der abziehbaren Vorsteuerbeträge an im Ausland ansässige Unternehmer bleibt unberührt.

Anhang 7
Richtlinie 2006/112/EG des Rates vom 28. 11. 2006 über das gemeinsame Mehrwertsteuersystem[1]

– MWSt-Richtlinie des Rates –

in der ab 1. 1. 2012 geltenden Fassung

(Amtsblatt der Europäischen Union – ABl. EU – vom 11. 12. 2006 Nr. L 347 S. 1)
(Berichtigung ABl. EU 2007 Nr. L 335 S. 60)

geändert durch

1. Artikel 1 der Richtlinie 2006/138/EG des Rates vom 19. 12. 2006 zur Änderung der Richtlinie 2006/112/EG über das gemeinsame Mehrwertsteuersystem bezüglich der Geltungsdauer der Mehrwertsteuerregelung für Rundfunk- und Fernsehdienstleistungen sowie bestimmte elektronisch erbrachte Dienstleistungen (ABl. EU 2006 Nr. L 384 S. 92);
2. Richtlinie 2007/75/EG des Rates vom 20. 12. 2007 zur Änderung der Richtlinie 2006/112/EG in Bezug auf bestimmte befristete Bestimmungen über die Mehrwertsteuersätze (ABl. EU 2007 Nr. L 346 S. 13);
3. Richtlinie 2008/8/EG des Rates vom 12. 2. 2008 zur Änderung der Richtlinie 2006/112/EG bezüglich des Ortes der Dienstleistung (ABl. EU 2008 Nr. L 44 S. 11);
4. Richtlinie 2008/117/EG des Rates vom 16. 12. 2008 zur Änderung der Richtlinie 2006/112/EG über das gemeinsame Mehrwertsteuersystem zum Zweck der Bekämpfung des Steuerbetrugs bei innergemeinschaftlichen Umsätzen (ABl. EU 2009 Nr. L 14 S. 7);
5. Richtlinie 2009/47/EG des Rates vom 5. 5. 2009 zur Änderung der Richtlinie 2006/112/EG im Bezug auf ermäßigte Mehrwertsteuersätze (ABl. EU 2009 Nr. L 116 S. 18);
6. Richtlinie 2009/69/EG des Rates vom 25. 6. 2009 zur Änderung der Richtlinie 2006/112/EG über das gemeinsame Mehrwertsteuersystem zur Bekämpfung des Steuerbetrugs bei der Einfuhr (ABl. EU 2009 Nr. L 175 S. 12);
7. Richtlinie 2009/162/EU des Rates vom 22. 12. 2009 zur Änderung verschiedener Bestimmungen der Richtlinie 2006/112/EG über das gemeinsame Mehrwertsteuersystem (ABl. EU 2010 Nr. L 10 S. 14);
8. Richtlinie 2010/23/EU des Rates vom 16. 3. 2010 zur Änderung der Richtlinie 2006/112/EG über das gemeinsame Mehrwertsteuersystem im Hinblick auf eine fakultative und zeitweilige Anwendung des Reverse-Charge-Verfahrens auf die Erbringung bestimmter betrugsanfälliger Dienstleistungen (ABl. EU 2010 Nr. L 72 S. 1);
9. Richtlinie 2010/88/EU des Rates vom 7. 12. 2010 zur Änderung der Richtlinie 2006/112/EG über das gemeinsame Mehrwertsteuersystem in Bezug auf die Dauer der Verpflichtung, einen Mindestnormalsatz einzuhalten (ABl. EU 2010 Nr. L 326 S. 1).

Der Rat der Europäischen Union

– gestützt auf den Vertrag zur Gründung der Europäischen Gemeinschaft, insbesondere auf Artikel 93,

auf Vorschlag der Kommission,

nach Stellungnahme des Europäischen Parlaments,

nach Stellungnahme des Europäischen Wirtschafts- und Sozialausschusses,

in Erwägung nachstehender Gründe:

(1) Die Richtlinie 77/388/EWG des Rates vom 17. Mai 1977 zur Harmonisierung der Rechtsvorschriften der Mitgliedstaaten über die Umsatzsteuern – Gemeinsames Mehrwertsteuersystem: einheitliche steuerpflichtige Bemessungsgrundlage[2]) wurde mehrfach erheblich geändert. Anlässlich neuerlicher Änderungen empfiehlt sich aus Gründen der Klarheit und Wirtschaftlichkeit eine Neufassung.

(2) Bei dieser Neufassung sollten die noch geltenden Bestimmungen der Richtlinie 67/227/EWG des Rates vom 11. April 1967 zur Harmonisierung der Rechtsvorschriften der Mitgliedstaaten über die Umsatzsteuer[3]) übernommen werden. Die genannte Richtlinie sollte daher aufgehoben werden.

(3) Im Einklang mit dem Grundsatz besserer Rechtsetzung sollten zur Gewährleistung der Klarheit und Wirtschaftlichkeit der Bestimmungen die Struktur und der Wortlaut der Richtlinie

---

[1]) Anm.: In der ab 1. 1. 2012 geltenden Fassung. Die Anhänge „Anhang XII Entsprechungstabelle" und „Verordnung (EG) Nr. 1777/2005 zur Festlegung von Durchführungsvorschriften zur 6. EG-Richtlinie" sind auf der Online-Datenbank unter http:\\www.stotax-portal.de/anmelden hinterlegt.

[2]) ABl. L 145 vom 13. 6. 1977, S. 1. Zuletzt geändert durch die Richtlinie 2006/98/EG (ABl. L 221 vom 12. 8. 2006, S. 9).

[3]) ABl. 71 vom 14. 4. 1967, S. 1301/67. Zuletzt geändert durch die Richtlinie 77/388/EWG.

neu gefasst werden; dies sollte jedoch grundsätzlich nicht zu inhaltlichen Änderungen des geltenden Rechts führen. Einige inhaltliche Änderungen ergeben sich jedoch notwendigerweise im Rahmen der Neufassung und sollten dennoch vorgenommen werden. Soweit sich solche Änderungen ergeben, sind sie in den Bestimmungen über die Umsetzung und das Inkrafttreten der Richtlinie erschöpfend aufgeführt.

(4) Voraussetzung für die Verwirklichung des Ziels, einen Binnenmarkt zu schaffen, ist, dass in den Mitgliedstaaten Rechtsvorschriften über die Umsatzsteuern angewandt werden, durch die die Wettbewerbsbedingungen nicht verfälscht und der freie Waren- und Dienstleistungsverkehr nicht behindert werden. Es ist daher erforderlich, eine Harmonisierung der Rechtsvorschriften über die Umsatzsteuern im Wege eines Mehrwertsteuersystems vorzunehmen, um soweit wie möglich die Faktoren auszuschalten, die geeignet sind, die Wettbewerbsbedingungen sowohl auf nationaler Ebene als auch auf Gemeinschaftsebene zu verfälschen.

(5) Die größte Einfachheit und Neutralität eines Mehrwertsteuersystems wird erreicht, wenn die Steuer so allgemein wie möglich erhoben wird und wenn ihr Anwendungsbereich alle Produktions- und Vertriebsstufen sowie den Bereich der Dienstleistungen umfasst. Es liegt folglich im Interesse des Binnenmarktes und der Mitgliedstaaten, ein gemeinsames System anzunehmen, das auch auf den Einzelhandel Anwendung findet.

(6) Es ist notwendig, schrittweise vorzugehen, da die Harmonisierung der Umsatzsteuern in den Mitgliedstaaten zu Änderungen der Steuerstruktur führt und merkliche Folgen auf budgetärem, wirtschaftlichem und sozialem Gebiet hat.

(7) Das gemeinsame Mehrwertsteuersystem sollte, selbst wenn die Sätze und Befreiungen nicht völlig harmonisiert werden, eine Wettbewerbsneutralität in dem Sinne bewirken, dass gleichartige Gegenstände und Dienstleistungen innerhalb des Gebiets der einzelnen Mitgliedstaaten ungeachtet der Länge des Produktions- und Vertriebswegs steuerlich gleich belastet werden.

(8) In Durchführung des Beschlusses 2000/597/EG, Euratom des Rates vom 29. September 2000 über das System der Eigenmittel der Europäischen Gemeinschaften[1]) wird der Haushalt der Europäischen Gemeinschaften, unbeschadet der sonstigen Einnahmen, vollständig aus eigenen Mitteln der Gemeinschaften finanziert. Diese Mittel umfassen unter anderem Einnahmen aus der Mehrwertsteuer, die sich aus der Anwendung eines gemeinsamen Satzes auf eine Bemessungsgrundlage ergeben, die einheitlich nach Gemeinschaftsvorschriften bestimmt wird.

(9) Es ist unerlässlich, einen Übergangszeitraum vorzusehen, der eine schrittweise Anpassung der nationalen Rechtsvorschriften in den betreffenden Bereichen ermöglicht.

(10) Während dieser Übergangszeit sollten in den Bestimmungsmitgliedstaaten die innergemeinschaftlichen Umsätze anderer Steuerpflichtiger als derjenigen, die steuerbefreit sind, zu den Sätzen und Bedingungen dieser Mitgliedstaaten besteuert werden.

(11) Ferner sollten in dieser Übergangszeit in den Bestimmungsmitgliedstaaten der innergemeinschaftliche Erwerb, der von steuerbefreiten Steuerpflichtigen oder von nichtsteuerpflichtigen juristischen Personen in Höhe eines bestimmten Betrags getätigt wird, sowie bestimmte innergemeinschaftliche Versandgeschäfte und Lieferungen neuer Fahrzeuge, die an Privatpersonen oder an steuerbefreite oder nichtsteuerpflichtige Einrichtungen bewirkt werden, zu den Sätzen und Bedingungen dieser Mitgliedstaaten insofern besteuert werden, als die Behandlung dieser Umsätze ohne besondere Bestimmungen zu erheblichen Wettbewerbsverzerrungen zwischen den Mitgliedstaaten führen könnten.

(12) Aufgrund ihrer geografischen, wirtschaftlichen und sozialen Lage sollten bestimmte Gebiete vom Anwendungsbereich dieser Richtlinie ausgenommen werden.

(13) Der Begriff des Steuerpflichtigen sollte in einer Weise definiert werden, dass die Mitgliedstaaten zur Gewährleistung größtmöglicher Steuerneutralität auch Personen einbeziehen können, die gelegentlich Umsätze bewirken.

(14) Der Begriff des steuerbaren Umsatzes kann insbesondere hinsichtlich der diesem Umsatz gleichgestellten Umsätze zu Schwierigkeiten führen. Diese Begriffe sollten deshalb genauer definiert werden.

(15) Um den innergemeinschaftlichen Handelsverkehr im Bereich der Bearbeitung beweglicher körperlicher Gegenstände zu erleichtern, sollten die Einzelheiten der Besteuerung dieser Umsätze festgelegt werden, wenn diese für einen Dienstleistungsempfänger erbracht wurden, der eine Mehrwertsteuer-Identifikationsnummer in einem anderen Mitgliedstaat als dem hat, in dem der Umsatz tatsächlich bewirkt wurde.

(16) Der innergemeinschaftlichen Güterbeförderung sollte eine innerhalb des Gebiets eines Mitgliedstaats erbrachte, unmittelbar mit einer Beförderung zwischen Mitgliedstaaten zusammenhängende Beförderung gleichgestellt werden, um nicht nur die Grundsätze und Einzel-

---

[1]) ABl. L 253 vom 7. 10. 2000, S. 42.

heiten der Besteuerung für diese Beförderungsleistungen im Inland, sondern auch die Regeln für Nebentätigkeiten zu diesen Beförderungen und Dienstleistungen von Vermittlern, die sich bei der Erbringung dieser einzelnen Dienstleistungen einschalten, zu vereinfachen.

(17) Die Bestimmung des Ortes des steuerbaren Umsatzes kann insbesondere in Bezug auf Lieferungen von Gegenständen mit Montage und Dienstleistungen zu Kompetenzkonflikten zwischen den Mitgliedstaaten führen. Wenn auch als Ort der Dienstleistung grundsätzlich der Ort gelten sollte, an dem der Dienstleistende den Sitz seiner wirtschaftlichen Tätigkeit hat, ist es doch angebracht, dass insbesondere für bestimmte zwischen Steuerpflichtigen erbrachte Dienstleistungen, deren Kosten in den Preis der Gegenstände eingehen, als Ort der Dienstleistung der Mitgliedstaat des Dienstleistungsempfängers gilt.

(18) Der Ort der Besteuerung bestimmter Umsätze, die an Bord eines Schiffes, eines Flugzeugs oder in einer Eisenbahn während einer Personenbeförderung innerhalb der Gemeinschaft bewirkt werden, sollte genauer definiert werden.

(19) Elektrizität und Gas werden für die Zwecke der Mehrwertsteuer als Gegenstände behandelt. Es ist jedoch äußerst schwierig, den Ort der Lieferung zu bestimmen. Zur Vermeidung von Doppel- oder Nichtbesteuerung und zur Erzielung eines echten Gas- und Elektrizitätsbinnenmarkts ohne Behinderung durch die Mehrwertsteuer sollte daher als Ort der Lieferung von Gas – über das Erdgasverteilungsnetz – und von Elektrizität vor der Stufe des Endverbrauchs der Ort gelten, an dem der Erwerber den Sitz seiner wirtschaftlichen Tätigkeit hat. Die Lieferung von Elektrizität und Gas auf der Stufe des Endverbrauchs, vom Unternehmer und Verteiler an den Endverbraucher, sollte an dem Ort besteuert werden, an dem der Erwerber die Gegenstände tatsächlich nutzt und verbraucht.

(20) Die Anwendung der allgemeinen Regel, nach der Dienstleistungen in dem Mitgliedstaat besteuert werden, in dem der Dienstleistungserbringer ansässig ist, kann bei der Vermietung eines beweglichen körperlichen Gegenstandes zu erheblichen Wettbewerbsverzerrungen führen, wenn Vermieter und Mieter in verschiedenen Mitgliedstaaten ansässig sind und die Steuersätze in diesen Mitgliedstaaten unterschiedlich hoch sind. Daher sollte festgelegt werden, dass der Ort der Dienstleistung der Ort ist, an dem der Dienstleistungsempfänger den Sitz seiner wirtschaftlichen Tätigkeit oder eine feste Niederlassung hat, für die die Dienstleistung erbracht worden ist, oder in Ermangelung eines solchen Sitzes oder einer solchen Niederlassung sein Wohnsitz oder sein gewöhnlicher Aufenthaltsort.

(21) Bei der Vermietung von Beförderungsmitteln sollte diese allgemeine Regel jedoch aus Kontrollgründen strikt angewandt werden und somit als Ort der Dienstleistung der Ort anzusehen sein, an dem der Dienstleistungserbringer ansässig ist.

(22) Sämtliche Telekommunikationsdienstleistungen, die in der Gemeinschaft in Anspruch genommen werden, sollten besteuert werden, um Wettbewerbsverzerrungen in diesem Bereich vorzubeugen. Um dieses Ziel zu erreichen, sollten Telekommunikationsdienstleistungen, die an in der Gemeinschaft ansässige Steuerpflichtige oder an in Drittländern ansässige Dienstleistungsempfänger erbracht werden, grundsätzlich an dem Ort besteuert werden, an dem der Dienstleistungsempfänger ansässig ist. Damit Telekommunikationsdienstleistungen, die von in Drittgebieten oder Drittländern ansässigen Steuerpflichtigen an in der Gemeinschaft ansässige Nichtsteuerpflichtige erbracht und in der Gemeinschaft tatsächlich genutzt oder ausgewertet werden, einheitlich besteuert werden, sollten die Mitgliedstaaten jedoch festlegen, dass sich der Ort der Dienstleistungen in der Gemeinschaft befindet.

(23) Ebenfalls um Wettbewerbsverzerrungen vorzubeugen sollten Rundfunk- und Fernsehdienstleistungen sowie elektronisch erbrachte Dienstleistungen, die aus Drittgebieten oder Drittländern an in der Gemeinschaft ansässige Personen oder aus der Gemeinschaft an in Drittgebieten oder Drittländern ansässige Dienstleistungsempfänger erbracht werden, an dem Ort besteuert werden, an dem der Dienstleistungsempfänger ansässig ist.

(24) Die Begriffe „Steuertatbestand" und „Steueranspruch" sollten harmonisiert werden, damit die Anwendung und die späteren Änderungen des gemeinsamen Mehrwertsteuersystems in allen Mitgliedstaaten zum gleichen Zeitpunkt wirksam werden.

(25) Die Steuerbemessungsgrundlage sollte harmonisiert werden, damit die Anwendung der Mehrwertsteuer auf die steuerbaren Umsätze in allen Mitgliedstaaten zu vergleichbaren Ergebnissen führt.

(26) Um zu gewährleisten, dass die Einschaltung verbundener Personen zur Erzielung von Steuervorteilen nicht zu Steuerausfällen führt, sollten die Mitgliedstaaten die Möglichkeit haben, unter bestimmten, genau festgelegten Umständen hinsichtlich des Wertes von Lieferungen von Gegenständen, Dienstleistungen und innergemeinschaftlichen Erwerben von Gegenständen tätig zu werden.

(27) Zur Vermeidung von Steuerhinterziehung oder -umgehung sollten die Mitgliedstaaten die Möglichkeit haben, in die Steuerbemessungsgrundlage eines Umsatzes, der die Verarbeitung von Anlagegold umfasst, das von einem Leistungsempfänger zur Verfügung gestellt wird, auch den Wert dieses Anlagegolds einzubeziehen, wenn es durch die Verarbeitung sei-

nen Status als Anlagegold verliert. Bei Anwendung dieser Regelungen sollte den Mitgliedstaaten ein gewisser Ermessensspielraum eingeräumt werden.

(28) Die Abschaffung der Steuerkontrollen an den Grenzen erfordert, dass zur Vermeidung von Wettbewerbsverzerrungen neben einer einheitlichen Mehrwertsteuer-Bemessungsgrundlage auch die Steuersätze hinsichtlich ihrer Anzahl und ihrer Höhe zwischen den Mitgliedstaaten hinreichend aneinander angenähert werden.

(29) Der in den Mitgliedstaaten derzeit geltende Normalsatz der Mehrwertsteuer gewährleistet in Verbindung mit den Mechanismen der Übergangsregelung, dass diese Regelung in akzeptabler Weise funktioniert. Um zu verhindern, dass Unterschiede zwischen den von den Mitgliedstaaten angewandten Mehrwertsteuer-Normalsätzen zu strukturellen Ungleichgewichten innerhalb der Gemeinschaft und zu Wettbewerbsverzerrungen in bestimmten Wirtschaftszweigen führen, sollte ein zu überprüfender Mindestnormalsatz von 15 % festgesetzt werden.

(30) Um die Neutralität der Mehrwertsteuer zu erhalten, sollten die von den Mitgliedstaaten angewandten Steuersätze den normalen Abzug der Steuerbelastung der vorausgehenden Umsatzstufe ermöglichen.

(31) Während der Übergangszeit sollten bestimmte Ausnahmen hinsichtlich der Anzahl und der Höhe der Sätze möglich sein.

(32) Zur besseren Bewertung der Auswirkung der ermäßigten Sätze muss die Kommission einen Bericht vorlegen, in dem sie die Auswirkung der auf lokal erbrachte Dienstleistungen angewandten ermäßigten Sätze bewertet, insbesondere in Bezug auf die Schaffung von Arbeitsplätzen, das Wirtschaftswachstum und das reibungslose Funktionieren des Binnenmarkts.

(33) Zur Bekämpfung der Arbeitslosigkeit sollte den Mitgliedstaaten, die dies wünschen, die Möglichkeit eingeräumt werden, zu erproben, wie sich eine Ermäßigung der Mehrwertsteuer auf arbeitsintensive Dienstleistungen auf die Schaffung von Arbeitsplätzen auswirkt. Diese Ermäßigung könnte für die Unternehmen zudem den Anreiz mindern, sich in der Schattenwirtschaft zu betätigen.

(34) Eine derartige Ermäßigung des Steuersatzes könnte allerdings das reibungslose Funktionieren des Binnenmarktes und die Steuerneutralität gefährden. Daher sollte ein Verfahren zur Erteilung von Ermächtigungen für einen festen Zeitraum vorgesehen werden, der ausreichend lang ist, um die Auswirkungen der auf lokal erbrachte Dienstleistungen angewandten ermäßigten Steuersätze einschätzen zu können, und der Anwendungsbereich einer solchen Maßnahme genau definiert werden, um zu gewährleisten, dass sie überprüfbar und begrenzt ist.

(35) Im Hinblick auf eine gleichmäßige Erhebung der Eigenmittel in allen Mitgliedstaaten sollte ein gemeinsames Verzeichnis der Steuerbefreiungen aufgestellt werden.

(36) Zum Vorteil des Steuerschuldner sowie der zuständigen Verwaltungen sollten die Verfahren für die Anwendung der Mehrwertsteuer auf bestimmte innergemeinschaftliche Lieferungen und Erwerbe verbrauchsteuerpflichtiger Waren an die Verfahren und Erklärungspflichten für den Fall der Beförderung derartiger Waren in einen anderen Mitgliedstaat angeglichen werden, die in der Richtlinie 92/12/EWG des Rates vom 25. Februar 1992 über das allgemeine System, den Besitz, die Beförderung und die Kontrolle verbrauchsteuerpflichtiger Waren[1]) geregelt sind.

(37) Die Lieferung von Gas – über das Erdgasverteilungsnetz – und von Elektrizität, wird am Ort des Erwerbers besteuert. Um eine Doppelbesteuerung zu vermeiden, sollte die Einfuhr derartiger Waren daher von der Mehrwertsteuer befreit werden.

(38) Für steuerbare Umsätze, einschließlich Reihengeschäften, im Zusammenhang mit dem innergemeinschaftlichen Handelsverkehr, die während der Übergangszeit im inneren Anwendungsbereich der Steuer von Steuerpflichtigen bewirkt werden, die nicht im Gebiet des Mitgliedstaats des innergemeinschaftlichen Erwerbs der Gegenstände ansässig sind, ist es erforderlich, Vereinfachungsmaßnahmen vorzusehen, die eine gleichartige Behandlung in allen Mitgliedstaaten gewährleisten. Hierzu sollten die Vorschriften über die steuerliche Behandlung dieser Umsätze und zur Bestimmung des Steuerschuldners für diese Umsätze harmonisiert werden. Von der Anwendung dieser Regelungen sollten jedoch grundsätzlich Gegenstände ausgenommen werden, die zur Lieferung auf der Einzelhandelsstufe bestimmt sind.

(39) Der Vorsteuerabzug sollte insoweit harmonisiert werden, als er die tatsächliche Höhe der Besteuerung beeinflusst, und die Pro-rata-Sätze des Vorsteuerabzugs sollten in allen Mitgliedstaaten auf gleiche Weise berechnet werden.

---

[1]) ABl. L 76 vom 23. 3. 1992, S. 1. Zuletzt geändert durch die Richtlinie 2004/106/EG (ABl. L 359 vom 4. 12. 2004, S. 30).

Anhang 7
MWSt-Richtlinie

(40) Die Regelung, die eine Berichtigung des Vorsteuerabzugs für Investitionsgüter entsprechend ihrer tatsächlichen Nutzungsdauer vorsieht, sollte auch auf Dienstleistungen, die die Merkmale von Investitionsgütern aufweisen, Anwendung finden.

(41) Es sollte festgelegt werden, wer Steuerschuldner ist, insbesondere bei bestimmten Dienstleistungen, bei denen der Dienstleistungserbringer nicht in dem Mitgliedstaat ansässig ist, in dem die Steuer geschuldet wird.

(42) Die Mitgliedstaaten sollten in die Lage versetzt werden, in bestimmten Fällen den Erwerber von Gegenständen oder den Dienstleistungsempfänger als Steuerschuldner zu bestimmen. Dies würde es den Mitgliedstaaten erlauben, die Vorschriften zu vereinfachen und die Steuerhinterziehung und -umgehung in bestimmten Sektoren oder bei bestimmten Arten von Umsätzen zu bekämpfen.

(43) Die Mitgliedstaaten sollten den Einfuhrsteuerschuldner nach freiem Ermessen bestimmen können.

(44) Die Mitgliedstaaten sollten auch Regelungen treffen können, nach denen eine andere Person als der Steuerschuldner gesamtschuldnerisch für die Entrichtung der Steuer haftet.

(45) Die Pflichten der Steuerpflichtigen sollten soweit wie möglich harmonisiert werden, um die erforderliche Gleichmäßigkeit bei der Steuererhebung in allen Mitgliedstaaten sicherzustellen.

(46) Die Verwendung elektronischer Rechnungstellung sollte den Steuerverwaltungen ermöglichen, ihre Kontrollen durchzuführen. Um ein reibungsloses Funktionieren des Binnenmarkts zu gewährleisten, sollte daher ein harmonisiertes Verzeichnis der Angaben erstellt werden, die jede Rechnung enthalten muss; ferner sollten eine Reihe gemeinsamer Modalitäten für die elektronische Rechnungstellung, die elektronische Aufbewahrung der Rechnungen, die Erstellung von Gutschriften und die Verlagerung der Rechnungstellung auf Dritte festgelegt werden.

(47) Vorbehaltlich der von ihnen festzulegenden Bedingungen sollten die Mitgliedstaaten die elektronische Einreichung von bestimmten Meldungen und Erklärungen zulassen und die elektronische Übermittlung vorschreiben können.

(48) Das notwendige Streben nach einer Erleichterung der Verwaltungs- und Statistikformalitäten für die Unternehmen, insbesondere für kleine und mittlere Unternehmen, sollte mit der Durchführung wirksamer Kontrollmaßnahmen und mit der sowohl aus wirtschaftlichen als steuerlichen Gründen unerlässlichen Wahrung der Qualität der gemeinschaftlichen Statistikinstrumente in Einklang gebracht werden.

(49) In Bezug auf Kleinunternehmen sollte den Mitgliedstaaten gestattet werden, ihre Sonderregelungen gemäß gemeinsamen Bestimmungen im Hinblick auf eine weiter gehende Harmonisierung beizubehalten.

(50) In Bezug auf die Landwirte sollten die Mitgliedstaaten die Möglichkeit haben, eine Sonderregelung anzuwenden, die zugunsten der Landwirte, die nicht unter die normale Regelung fallen, einen Pauschalausgleich für die Vorsteuerbelastung enthält. Diese Regelung sollte in ihren wesentlichen Grundsätzen festgelegt werden, und für die Erfordernisse der Erhebung der Eigenmittel sollte ein gemeinsames Verfahren für die Bestimmung des von diesen Landwirten erzielten Mehrwerts definiert werden.

(51) Es sollte eine gemeinschaftliche Regelung für die Besteuerung auf dem Gebiet der Gebrauchtgegenstände, Kunstgegenstände, Antiquitäten und Sammlungsstücke erlassen werden, um Doppelbesteuerungen und Wettbewerbsverzerrungen zwischen Steuerpflichtigen zu vermeiden.

(52) Die Anwendung der normalen Steuerregelung auf Gold ist ein großes Hindernis für seine Verwendung als Finanzanlage, weshalb die Anwendung einer besonderen Steuerregelung, auch im Hinblick auf die Verbesserung der internationalen Wettbewerbsfähigkeit des gemeinschaftlichen Goldmarktes, gerechtfertigt ist.

(53) Lieferungen von Gold zu Anlagezwecken entsprechen ihrer Art nach anderen Finanzanlagen, die von der Steuer befreit sind. Die Steuerbefreiung erscheint daher als die geeignetste steuerliche Behandlung der Umsätze von Anlagegold.

(54) Die Definition von Anlagegold sollte Goldmünzen einbeziehen, deren Wert in erster Linie auf dem Preis des in ihnen enthaltenen Goldes beruht. Aus Gründen der Transparenz und der Rechtssicherheit für die mit derartigen Münzen handelnden Wirtschaftsbeteiligten sollte alljährlich ein Verzeichnis der Münzen erstellt werden, auf die die Regelung für Anlagegold anzuwenden ist. Ein solches Verzeichnis schließt die Steuerbefreiung von Münzen, die in dem Verzeichnis nicht enthalten sind, aber die Kriterien dieser Richtlinie erfüllen, nicht aus.

(55) Um Steuerhinterziehungen zu verhindern, gleichzeitig aber die mit der Lieferung von Gold ab einem bestimmten Feingehalt verbundenen Finanzierungskosten zu verringern, ist es gerechtfertigt, den Mitgliedstaaten zu gestatten, den Erwerber als Steuerschuldner zu bestimmen.

(56) Um Wirtschaftsbeteiligten, die elektronisch erbrachte Dienstleistungen anbieten und weder in der Gemeinschaft ansässig sind noch für die Zwecke der Mehrwertsteuer dort erfasst sein

Anhang 7
MWSt-Richtlinie

müssen, die Erfüllung ihrer steuerlichen Pflichten zu erleichtern, sollte eine Sonderregelung festgelegt werden. In Anwendung dieser Regelung kann ein Wirtschaftsbeteiligter, der an Nichtsteuerpflichtige in der Gemeinschaft derartige elektronische Dienstleistungen erbringt, sich für eine Registrierung in einem einzigen Mitgliedstaat entscheiden, falls er nicht in anderer Weise in der Gemeinschaft für die Zwecke der Mehrwertsteuer erfasst ist.

(57) Die Bestimmungen über Rundfunk- und Fernsehdienstleistungen sowie bestimmte elektronisch erbrachte Dienstleistungen sollten befristet werden und nach kurzer Zeit anhand der gesammelten Erfahrungen überprüft werden.

(58) Die koordinierte Anwendung dieser Richtlinie sollte gefördert werden und hierzu ist es unerlässlich, einen Beratenden Ausschuss für die Mehrwertsteuer einzusetzen, der es ermöglicht, eine enge Zusammenarbeit zwischen den Mitgliedstaaten und der Kommission in diesem Bereich herbeizuführen.

(59) Es ist in bestimmten Grenzen und unter bestimmten Bedingungen angebracht, dass die Mitgliedstaaten von dieser Richtlinie abweichende Sondermaßnahmen ergreifen oder weiter anwenden können, um die Steuererhebung zu vereinfachen oder bestimmte Formen der Steuerhinterziehung oder -umgehung zu verhüten.

(60) Um zu verhindern, dass ein Mitgliedstaat im Ungewissen darüber bleibt, wie die Kommission mit seinem Antrag auf Ermächtigung zu einer Ausnahmeregelung zu verfahren beabsichtigt, sollte eine Frist vorgesehen werden, innerhalb derer die Kommission dem Rat entweder einen Vorschlag zur Ermächtigung oder eine Mitteilung über ihre Einwände vorlegen muss.

(61) Eine einheitliche Anwendung des Mehrwertsteuersystems ist von grundlegender Bedeutung. Zur Erreichung dieses Ziels sollten Durchführungsmaßnahmen erlassen werden.

(62) Insbesondere sollten diese Maßnahmen das Problem der Doppelbesteuerung grenzüberschreitender Umsätze behandeln, das durch eine unterschiedliche Anwendung der Regeln für den Ort der steuerbaren Umsätze durch die Mitgliedstaaten auftreten kann.

(63) Trotz des begrenzten Anwendungsbereichs der Durchführungsmaßnahmen haben solche Maßnahmen Auswirkungen auf den Haushalt, die für einen oder mehrere Mitgliedstaaten bedeutend sein könnten. Durch die Auswirkungen dieser Maßnahmen auf den Haushalt der Mitgliedstaaten ist es gerechtfertigt, dass sich der Rat die Durchführungsbefugnisse vorbehält.

(64) Angesichts ihres begrenzten Anwendungsbereichs sollte vorgesehen werden, dass diese Durchführungsmaßnahmen vom Rat auf Vorschlag der Kommission einstimmig angenommen werden.

(65) Da die Ziele dieser Richtlinie aus den dargelegten Gründen auf Ebene der Mitgliedstaaten nicht ausreichend verwirklicht werden können und daher besser auf Gemeinschaftsebene zu verwirklichen sind, kann die Gemeinschaft im Einklang mit dem in Artikel 5 des Vertrags niedergelegten Subsidiaritätsprinzip tätig werden. Entsprechend dem in demselben Artikel genannten Grundsatz der Verhältnismäßigkeit geht diese Richtlinie nicht über das zum Erreichen dieser Ziele erforderliche Maß hinaus.

(66) Die Pflicht zur Umsetzung dieser Richtlinie in nationales Recht sollte nur jene Bestimmungen erfassen, die im Vergleich zu den bisherigen Richtlinien inhaltlich geändert wurden. Die Pflicht zur Umsetzung der inhaltlich unveränderten Bestimmungen ergibt sich aus den bisherigen Richtlinien.

(67) Diese Richtlinie sollte die Verpflichtung der Mitgliedstaaten hinsichtlich der Fristen für die Umsetzung in nationales Recht der in Anhang XI Teil B aufgeführten Richtlinie unberührt lassen –

hat folgende Richtlinie erlassen:

Titel I
Zielsetzung und Anwendungsbereich

Artikel 1

(1) Diese Richtlinie legt das gemeinsame Mehrwertsteuersystem fest.

(2) Das gemeinsame Mehrwertsteuersystem beruht auf dem Grundsatz, dass auf Gegenstände und Dienstleistungen, ungeachtet der Zahl der Umsätze, die auf den vor der Besteuerungsstufe liegenden Produktions- und Vertriebsstufen bewirkt wurden, eine allgemeine, zum Preis der Gegenstände und Dienstleistungen genau proportionale Verbrauchsteuer anzuwenden ist.

Bei allen Umsätzen wird die Mehrwertsteuer, die nach dem auf den Gegenstand oder die Dienstleistung anwendbaren Steuersatz auf den Preis des Gegenstands oder der Dienstleistung errechnet wird, abzüglich des Mehrwertsteuerbetrags geschuldet, der die verschiedenen Kostenelemente unmittelbar belastet hat.

Das gemeinsame Mehrwertsteuersystem wird bis zur Einzelhandelsstufe, diese eingeschlossen, angewandt.

Anhang 7
MWSt-Richtlinie

Artikel 2

(1) Der Mehrwertsteuer unterliegen folgende Umsätze:

a) Lieferungen von Gegenständen, die ein Steuerpflichtiger als solcher im Gebiet eines Mitgliedstaats gegen Entgelt tätigt;

b) der innergemeinschaftliche Erwerb von Gegenständen im Gebiet eines Mitgliedstaats gegen Entgelt

  i) durch einen Steuerpflichtigen, der als solcher handelt, oder durch eine nichtsteuerpflichtige juristische Person, wenn der Verkäufer ein Steuerpflichtiger ist, der als solcher handelt, für den die Mehrwertsteuerbefreiung für Kleinunternehmen gemäß den Artikeln 282 bis 292 nicht gilt und der nicht unter Artikel 33 oder 36 fällt;

  ii) wenn der betreffende Gegenstand ein neues Fahrzeug ist, durch einen Steuerpflichtigen oder eine nichtsteuerpflichtige juristische Person, deren übrige Erwerbe gemäß Artikel 3 Absatz 1 nicht der Mehrwertsteuer unterliegen, oder durch jede andere nichtsteuerpflichtige Person;

  iii) wenn die betreffenden Gegenstände verbrauchsteuerpflichtige Waren sind, bei denen die Verbrauchsteuer nach der Richtlinie 92/12/EWG im Gebiet des Mitgliedstaats entsteht, durch einen Steuerpflichtigen oder eine nichtsteuerpflichtige juristische Person, deren übrige Erwerbe gemäß Artikel 3 Absatz 1 nicht der Mehrwertsteuer unterliegen;

c) Dienstleistungen, die ein Steuerpflichtiger als solcher im Gebiet eines Mitgliedstaats gegen Entgelt erbringt;

d) die Einfuhr von Gegenständen.

(2)

a) Für Zwecke des Absatzes 1 Buchstabe b Ziffer ii gelten als „Fahrzeug" folgende Fahrzeuge zur Personen- oder Güterbeförderung:

  i) motorbetriebene Landfahrzeuge mit einem Hubraum von mehr als 48 Kubikzentimetern oder einer Leistung von mehr als 7,2 Kilowatt;

  ii) Wasserfahrzeuge mit einer Länge von mehr als 7,5 Metern, ausgenommen Wasserfahrzeuge, die auf hoher See im entgeltlichen Passagierverkehr, zur Ausübung einer Handelstätigkeit, für gewerbliche Zwecke oder zur Fischerei eingesetzt werden, Bergungs- und Rettungsschiffe auf See sowie Küstenfischereifahrzeuge;

  iii) Luftfahrzeuge mit einem Gesamtgewicht beim Aufstieg von mehr als 1 550 Kilogramm, ausgenommen Luftfahrzeuge, die von Luftfahrgesellschaften eingesetzt werden, die hauptsächlich im entgeltlichen internationalen Verkehr tätig sind.

b) Diese Fahrzeuge gelten in folgenden Fällen als „neu":

  i) motorbetriebene Landfahrzeuge: wenn die Lieferung innerhalb von sechs Monaten nach der ersten Inbetriebnahme erfolgt oder wenn das Fahrzeug höchstens 6 000 Kilometer zurückgelegt hat;

  ii) Wasserfahrzeuge: wenn die Lieferung innerhalb von drei Monaten nach der ersten Inbetriebnahme erfolgt oder wenn das Fahrzeug höchstens 100 Stunden zu Wasser zurückgelegt hat;

  iii) Luftfahrzeuge: wenn die Lieferung innerhalb von drei Monaten nach der ersten Inbetriebnahme erfolgt oder wenn das Fahrzeug höchstens 40 Stunden in der Luft zurückgelegt hat.

c) Die Mitgliedstaaten legen fest, unter welchen Voraussetzungen die in Buchstabe b genannten Angaben als gegeben gelten.

(3) Als „verbrauchsteuerpflichtige Waren" gelten Energieerzeugnisse, Alkohol und alkoholische Getränke sowie Tabakwaren, jeweils im Sinne der geltenden Gemeinschaftsvorschriften, nicht jedoch Gas, das über ein Erdgasnetz im Gebiet der Gemeinschaft oder jedes an ein solches Netz angeschlossene Netz geliefert wird.

Artikel 3

(1) Abweichend von Artikel 2 Absatz 1 Buchstabe b Ziffer i unterliegen folgende Umsätze nicht der Mehrwertsteuer:

a) der innergemeinschaftliche Erwerb von Gegenständen durch einen Steuerpflichtigen oder durch eine nichtsteuerpflichtige juristische Person, wenn die Lieferung im Gebiet des Mitgliedstaats nach den Artikeln 148 und 151 steuerfrei wäre;

b) der innergemeinschaftliche Erwerb von Gegenständen, ausgenommen der Erwerb von Gegenständen im Sinne des Buchstabens a und des Artikels 4, von neuen Fahrzeugen und von verbrauchsteuerpflichtigen Waren, durch einen Steuerpflichtigen für Zwecke seines landwirtschaftlichen, forstwirtschaftlichen oder fischereiwirtschaftlichen Betriebs, der der gemeinsamen Pauschalregelung für Landwirte unterliegt, oder durch einen Steuerpflichtigen, der nur

Lieferungen von Gegenständen bewirkt oder Dienstleistungen erbringt, für die kein Recht auf Vorsteuerabzug besteht, oder durch eine nichtsteuerpflichtige juristische Person.

(2) Absatz 1 Buchstabe b gilt nur, wenn folgende Voraussetzungen erfüllt sind:
a) im laufenden Kalenderjahr überschreitet der Gesamtbetrag der innergemeinschaftlichen Erwerbe von Gegenständen nicht den von den Mitgliedstaaten festzulegenden Schwellenwert, der nicht unter 10 000 EUR oder dem Gegenwert in Landeswährung liegen darf;
b) im vorangegangenen Kalenderjahr hat der Gesamtbetrag der innergemeinschaftlichen Erwerbe von Gegenständen den in Buchstabe a geregelten Schwellenwert nicht überschritten.

Maßgeblich als Schwellenwert ist der Gesamtbetrag der in Absatz 1 Buchstabe b genannten innergemeinschaftlichen Erwerbe von Gegenständen ohne die Mehrwertsteuer, der im Mitgliedstaat des Beginns der Versendung oder Beförderung geschuldet oder entrichtet wurde.

(3) Die Mitgliedstaaten räumen den Steuerpflichtigen und den nichtsteuerpflichtigen juristischen Personen, auf die Absatz 1 Buchstabe b gegebenenfalls Anwendung findet, das Recht ein, die in Artikel 2 Absatz 1 Buchstabe b Ziffer i vorgesehene allgemeine Regelung anzuwenden.

Die Mitgliedstaaten legen die Modalitäten fest, unter denen die in Unterabsatz 1 genannte Regelung in Anspruch genommen werden kann; die Inanspruchnahme erstreckt sich über einen Zeitraum von mindestens zwei Kalenderjahren.

Artikel 4

Neben den in Artikel 3 genannten Umsätzen unterliegen folgende Umsätze nicht der Mehrwertsteuer:
a) der innergemeinschaftliche Erwerb von Gebrauchtgegenständen, Kunstgegenständen, Sammlungsstücken und Antiquitäten im Sinne des Artikels 311 Absatz 1 Nummern 1 bis 4, wenn der Verkäufer ein steuerpflichtiger Wiederverkäufer ist, der als solcher handelt, und der erworbene Gegenstand im Mitgliedstaat des Beginns der Versendung oder Beförderung gemäß der Regelung über die Differenzbesteuerung nach Artikel 312 bis 325 besteuert worden ist;
b) der innergemeinschaftliche Erwerb von Gebrauchtfahrzeugen im Sinne des Artikels 327 Absatz 3, wenn der Verkäufer ein steuerpflichtiger Wiederverkäufer ist, der als solcher handelt, und das betreffende Gebrauchtfahrzeug im Mitgliedstaat des Beginns der Versendung oder Beförderung gemäß der Übergangsregelung für Gebrauchtfahrzeuge besteuert worden ist;
c) der innergemeinschaftliche Erwerb von Gebrauchtgegenständen, Kunstgegenständen, Sammlungsstücken oder Antiquitäten im Sinne des Artikels 311 Absatz 1 Nummern 1 bis 4, wenn der Verkäufer ein Veranstalter von öffentlichen Versteigerungen ist, der als solcher handelt, und der erworbene Gegenstand im Mitgliedstaat des Beginns der Versendung oder Beförderung gemäß der Regelung für öffentliche Versteigerungen besteuert worden ist.

Titel II
Räumlicher Anwendungsbereich

Artikel 5

Im Sinne dieser Richtlinie bezeichnet der Ausdruck:
1. „Gemeinschaft" und „Gebiet der Gemeinschaft" das Gebiet aller Mitgliedstaaten im Sinne der Nummer 2;
2. „Mitgliedstaat" und „Gebiet eines Mitgliedstaats" das Gebiet jedes Mitgliedstaats der Gemeinschaft, auf den der Vertrag zur Gründung der Europäischen Gemeinschaft gemäß dessen Artikel 299 Anwendung findet, mit Ausnahme der in Artikel 6 dieser Richtlinie genannten Gebiete;
3. „Drittgebiete" die in Artikel 6 genannten Gebiete;
4. „Drittland" jeder Staat oder jedes Gebiet, auf den/das der Vertrag keine Anwendung findet.

Artikel 6

(1) Diese Richtlinie gilt nicht für folgende Gebiete, die Teil des Zollgebiets der Gemeinschaft sind:
a) Berg Athos;
b) Kanarische Inseln;
c) französische überseeische Departements;
d) Åland-Inseln;
e) Kanalinseln.

(2) Diese Richtlinie gilt nicht für folgende Gebiete, die nicht Teil des Zollgebiets der Gemeinschaft sind:
a) Insel Helgoland;
b) Gebiet von Büsingen;
c) Ceuta;
d) Melilla;
e) Livigno;
f) Campione d'Italia;
g) der zum italienischen Gebiet gehörende Teil des Luganer Sees.

Artikel 7

(1) Angesichts der Abkommen und Verträge, die sie mit Frankreich, mit dem Vereinigten Königreich und mit Zypern geschlossen haben, gelten das Fürstentum Monaco, die Insel Man und die Hoheitszonen des Vereinigten Königreichs Akrotiri und Dhekelia für die Zwecke der Anwendung dieser Richtlinie nicht als Drittland.

(2) Die Mitgliedstaaten treffen die erforderlichen Vorkehrungen, damit Umsätze, deren Ursprungs- oder Bestimmungsort im Fürstentum Monaco liegt, wie Umsätze behandelt werden, deren Ursprungs- oder Bestimmungsort in Frankreich liegt, und Umsätze, deren Ursprungs- oder Bestimmungsort auf der Insel Man liegt, wie Umsätze behandelt werden, deren Ursprungs- oder Bestimmungsort im Vereinigten Königreich liegt, und Umsätze, deren Ursprungs- oder Bestimmungsort in den Hoheitszonen des Vereinigten Königreichs Akrotiri und Dhekelia liegt, wie Umsätze behandelt werden, deren Ursprungs- oder Bestimmungsort in Zypern liegt.

Artikel 8

Ist die Kommission der Ansicht, dass die Bestimmungen der Artikel 6 und 7 insbesondere in Bezug auf die Wettbewerbsneutralität oder die Eigenmittel nicht mehr gerechtfertigt sind, unterbreitet sie dem Rat geeignete Vorschläge.

Titel III
Steuerpflichtiger

Artikel 9

(1) Als „Steuerpflichtiger" gilt, wer eine wirtschaftliche Tätigkeit unabhängig von ihrem Ort, Zweck und Ergebnis selbstständig ausübt.

Als „wirtschaftliche Tätigkeit" gelten alle Tätigkeiten eines Erzeugers, Händlers oder Dienstleistenden einschließlich der Tätigkeiten der Urproduzenten, der Landwirte sowie der freien Berufe und der diesen gleichgestellten Berufe. Als wirtschaftliche Tätigkeit gilt insbesondere die Nutzung von körperlichen oder nicht körperlichen Gegenständen zur nachhaltigen Erzielung von Einnahmen.

(2) Neben den in Absatz 1 genannten Personen gilt als Steuerpflichtiger jede Person, die gelegentlich ein neues Fahrzeug liefert, das durch den Verkäufer oder durch den Erwerber oder für ihre Rechnung an den Erwerber nach einem Ort außerhalb des Gebiets eines Mitgliedstaats, aber im Gebiet der Gemeinschaft versandt oder befördert wird.

Artikel 10

Die selbstständige Ausübung der wirtschaftlichen Tätigkeit im Sinne des Artikels 9 Absatz 1 schließt Lohn- und Gehaltsempfänger und sonstige Personen von der Besteuerung aus, soweit sie an ihren Arbeitgeber durch einen Arbeitsvertrag oder ein sonstiges Rechtsverhältnis gebunden sind, das hinsichtlich der Arbeitsbedingungen und des Arbeitsentgelts sowie der Verantwortlichkeit des Arbeitgebers ein Verhältnis der Unterordnung schafft.

Artikel 11

Nach Konsultation des Beratenden Ausschusses für die Mehrwertsteuer (nachstehend „Mehrwertsteuerausschuss" genannt) kann jeder Mitgliedstaat in seinem Gebiet ansässige Personen, die zwar rechtlich unabhängig, aber durch gegenseitige finanzielle, wirtschaftliche und organisatorische Beziehungen eng miteinander verbunden sind, zusammen als einen Steuerpflichtigen behandeln.

Ein Mitgliedstaat, der die in Absatz 1 vorgesehene Möglichkeit in Anspruch nimmt, kann die erforderlichen Maßnahmen treffen, um Steuerhinterziehungen oder -umgehungen durch die Anwendung dieser Bestimmung vorzubeugen.

Artikel 12

(1) Die Mitgliedstaaten können Personen als Steuerpflichtige betrachten, die gelegentlich eine der in Artikel 9 Absatz 1 Unterabsatz 2 genannten Tätigkeiten ausüben und insbesondere einen der folgenden Umsätze bewirken:

a) Lieferung von Gebäuden oder Gebäudeteilen und dem dazugehörigen Grund und Boden, wenn sie vor dem Erstbezug erfolgt;

b) Lieferung von Baugrundstücken.

(2) Als „Gebäude" im Sinne des Absatzes 1 Buchstabe a gilt jedes mit dem Boden fest verbundene Bauwerk.

Die Mitgliedstaaten können die Einzelheiten der Anwendung des in Absatz 1 Buchstabe a genannten Kriteriums des Erstbezugs auf Umbauten von Gebäuden und den Begriff „dazugehöriger Grund und Boden" festlegen.

Die Mitgliedstaaten können andere Kriterien als das des Erstbezugs bestimmen, wie etwa den Zeitraum zwischen der Fertigstellung des Gebäudes und dem Zeitpunkt seiner ersten Lieferung, oder den Zeitraum zwischen dem Erstbezug und der späteren Lieferung, sofern diese Zeiträume fünf bzw. zwei Jahre nicht überschreiten.

(3) Als „Baugrundstück" im Sinne des Absatzes 1 Buchstabe b gelten erschlossene oder unerschlossene Grundstücke entsprechend den Begriffsbestimmungen der Mitgliedstaaten.

Artikel 13

(1) Staaten, Länder, Gemeinden und sonstige Einrichtungen des öffentlichen Rechts gelten nicht als Steuerpflichtige, soweit sie die Tätigkeiten ausüben oder Umsätze bewirken, die ihnen im Rahmen der öffentlichen Gewalt obliegen, auch wenn sie im Zusammenhang mit diesen Tätigkeiten oder Umsätzen Zölle, Gebühren, Beiträge oder sonstige Abgaben erheben.

Falls sie solche Tätigkeiten ausüben oder Umsätze bewirken, gelten sie für diese Tätigkeiten oder Umsätze jedoch als Steuerpflichtige, sofern eine Behandlung als Nichtsteuerpflichtige zu größeren Wettbewerbsverzerrungen führen würde.

Die Einrichtungen des öffentlichen Rechts gelten in Bezug auf die in Anhang I genannten Tätigkeiten in jedem Fall als Steuerpflichtige, sofern der Umfang dieser Tätigkeiten nicht unbedeutend ist.

(2) Die Mitgliedstaaten können die Tätigkeiten von Einrichtungen des öffentlichen Rechts, die nach den Artikeln 132, 135, 136 und 371, den Artikeln 374 bis 377, dem Artikel 378 Absatz 2, dem Artikel 379 Absatz 2 oder den Artikeln 380 bis 390b von der Mehrwertsteuer befreit sind, als Tätigkeiten behandeln, die ihnen im Rahmen der öffentlichen Gewalt obliegen.

Titel IV
Steuerbarer Umsatz

Kapitel 1
Lieferung von Gegenständen

Artikel 14

(1) Als „Lieferung von Gegenständen" gilt die Übertragung der Befähigung, wie ein Eigentümer über einen körperlichen Gegenstand zu verfügen.

(2) Neben dem in Absatz 1 genannten Umsatz gelten folgende Umsätze als Lieferung von Gegenständen:

a) die Übertragung des Eigentums an einem Gegenstand gegen Zahlung einer Entschädigung auf Grund einer behördlichen Anordnung oder kraft Gesetzes;

b) die Übergabe eines Gegenstands auf Grund eines Vertrags, der die Vermietung eines Gegenstands während eines bestimmten Zeitraums oder den Ratenverkauf eines Gegenstands vorsieht, der regelmäßig die Klausel enthält, dass das Eigentum spätestens mit Zahlung der letzten fälligen Rate erworben wird;

c) die Übertragung eines Gegenstands auf Grund eines Vertrags über eine Einkaufs- oder Verkaufskommission.

(3) Die Mitgliedstaaten können die Erbringung bestimmter Bauleistungen als Lieferung von Gegenständen betrachten.

Anhang 7
MWSt-Richtlinie

Artikel 15

(1) Einem körperlichen Gegenstand gleichgestellt sind Elektrizität, Gas, Wärme oder Kälte und ähnliche Sachen.

(2) Die Mitgliedstaaten können als körperlichen Gegenstand betrachten:
a) bestimmte Rechte an Grundstücken;
b) dingliche Rechte, die ihrem Inhaber ein Nutzungsrecht an Grundstücken geben;
c) Anteilrechte und Aktien, deren Besitz rechtlich oder tatsächlich das Eigentums- oder Nutzungsrecht an einem Grundstück oder Grundstücksteil begründet.

Artikel 16

Einer Lieferung von Gegenständen gegen Entgelt gleichgestellt ist die Entnahme eines Gegenstands durch einen Steuerpflichtigen aus seinem Unternehmen für seinen privaten Bedarf oder für den Bedarf seines Personals oder als unentgeltliche Zuwendung oder allgemein für unternehmensfremde Zwecke, wenn dieser Gegenstand oder seine Bestandteile zum vollen oder teilweisen Vorsteuerabzug berechtigt haben.

Jedoch werden einer Lieferung von Gegenständen gegen Entgelt nicht gleichgestellt Entnahmen für Geschenke von geringem Wert und für Warenmuster für die Zwecke des Unternehmens.

Artikel 17

(1) Einer Lieferung von Gegenständen gegen Entgelt gleichgestellt ist die von einem Steuerpflichtigen vorgenommene Verbringung eines Gegenstands seines Unternehmens in einen anderen Mitgliedstaat.

Als „Verbringung in einen anderen Mitgliedstaat" gelten die Versendung oder Beförderung eines im Gebiet eines Mitgliedstaats befindlichen beweglichen körperlichen Gegenstands durch den Steuerpflichtigen oder für seine Rechnung für die Zwecke seines Unternehmens nach Orten außerhalb dieses Gebiets, aber innerhalb der Gemeinschaft.

(2) Nicht als Verbringung in einen anderen Mitgliedstaat gelten die Versendung oder Beförderung eines Gegenstands für die Zwecke eines der folgenden Umsätze:
a) Lieferung dieses Gegenstands durch den Steuerpflichtigen im Gebiet des Mitgliedstaats der Beendigung der Versendung oder Beförderung unter den Bedingungen des Artikels 33;
b) Lieferung dieses Gegenstands durch den Steuerpflichtigen zum Zwecke seiner Installation oder Montage durch den Lieferer oder für dessen Rechnung im Gebiet des Mitgliedstaats der Beendigung der Versendung oder Beförderung unter den Bedingungen des Artikels 36;
c) Lieferung dieses Gegenstands durch den Steuerpflichtigen an Bord eines Schiffes, eines Flugzeugs oder in einer Eisenbahn während einer Personenbeförderung unter den Bedingungen des Artikels 37;
d) Lieferung von Gas über ein Erdgasnetz im Gebiet der Gemeinschaft oder ein an ein solches Netz angeschlossene Netz, Lieferung von Elektrizität oder Lieferung von Wärme oder Kälte über Wärme- oder Kältenetze unter den Bedingungen der Artikel 38 und 39;
e) Lieferung dieses Gegenstands durch den Steuerpflichtigen im Gebiet des Mitgliedstaats unter den Bedingungen der Artikel 138, 146, 147, 148, 151 und 152;
f) Erbringung einer Dienstleistung an den Steuerpflichtigen, die in Arbeiten an diesem Gegenstand besteht, die im Gebiet des Mitgliedstaats der Beendigung der Versendung oder Beförderung des Gegenstands tatsächlich ausgeführt werden, sofern der Gegenstand nach der Bearbeitung wieder an den Steuerpflichtigen in dem Mitgliedstaat zurückgesandt wird, von dem aus er ursprünglich versandt oder befördert worden war;
g) vorübergehende Verwendung dieses Gegenstands im Gebiet des Mitgliedstaats der Beendigung der Versendung oder Beförderung zum Zwecke der Erbringung von Dienstleistungen durch den im Mitgliedstaat des Beginns der Versendung oder Beförderung ansässigen Steuerpflichtigen;
h) vorübergehende Verwendung dieses Gegenstands während eines Zeitraums von höchstens 24 Monaten im Gebiet eines anderen Mitgliedstaats, in dem für die Einfuhr des gleichen Gegenstands aus einem Drittland im Hinblick auf eine vorübergehende Verwendung die Regelung über die vollständige Befreiung von Einfuhrabgaben bei der vorübergehenden Einfuhr gelten würde.

(3) Liegt eine der Voraussetzungen für die Inanspruchnahme des Absatzes 2 nicht mehr vor, gilt der Gegenstand als in einen anderen Mitgliedstaat verbracht. In diesem Fall gilt die Verbringung als zu dem Zeitpunkt erfolgt, zu dem die betreffende Voraussetzung nicht mehr vorliegt.

Artikel 18

Die Mitgliedstaaten können der Lieferung von Gegenständen gegen Entgelt folgende Vorgänge gleichstellen:

a) die Verwendung – durch einen Steuerpflichtigen – eines im Rahmen seines Unternehmens hergestellten, gewonnenen, be- oder verarbeiteten, gekauften oder eingeführten Gegenstands zu seinem Unternehmen, falls ihn der Erwerb eines solchen Gegenstands von einem anderen Steuerpflichtigen nicht zum vollen Vorsteuerabzug berechtigen würde;

b) die Verwendung eines Gegenstands durch einen Steuerpflichtigen zu einem nicht besteuerten Tätigkeitsbereich, wenn dieser Gegenstand bei seiner Anschaffung oder seiner Zuordnung gemäß Buchstabe a zum vollen oder teilweisen Vorsteuerabzug berechtigt hat;

c) mit Ausnahme der in Artikel 19 genannten Fälle der Besitz von Gegenständen durch einen Steuerpflichtigen oder seine Rechtsnachfolger bei Aufgabe seiner der Steuer unterliegenden wirtschaftlichen Tätigkeit, wenn diese Gegenstände bei ihrer Anschaffung oder bei ihrer Verwendung nach Buchstabe a zum vollen oder teilweisen Vorsteuerabzug berechtigt haben.

Artikel 19

Die Mitgliedstaaten können die Übertragung eines Gesamt- oder Teilvermögens, die entgeltlich oder unentgeltlich oder durch Einbringung in eine Gesellschaft erfolgt, behandeln, als ob keine Lieferung von Gegenständen vorliegt, und den Begünstigten der Übertragung als Rechtsnachfolger des Übertragenden ansehen.

Die Mitgliedstaaten können die erforderlichen Maßnahmen treffen, um Wettbewerbsverzerrungen für den Fall zu vermeiden, dass der Begünstigte nicht voll steuerpflichtig ist. Sie können ferner die erforderlichen Maßnahmen treffen, um Steuerhinterziehungen oder -umgehungen durch die Anwendung dieses Artikels vorzubeugen.

Kapitel 2
Innergemeinschaftlicher Erwerb von Gegenständen

Artikel 20

Als „innergemeinschaftlicher Erwerb von Gegenständen" gilt die Erlangung der Befähigung, wie ein Eigentümer über einen beweglichen körperlichen Gegenstand zu verfügen, der durch den Verkäufer oder durch den Erwerber oder für ihre Rechnung nach einem anderen Mitgliedstaat als dem, in dem sich der Gegenstand zum Zeitpunkt des Beginns der Versendung oder Beförderung befand, an den Erwerber versandt oder befördert wird.

Werden von einer nichtsteuerpflichtigen juristischen Person erworbene Gegenstände von einem Drittgebiet oder einem Drittland aus versandt oder befördert und von dieser nichtsteuerpflichtigen juristischen Person in einen anderen Mitgliedstaat als den der Beendigung der Versendung oder Beförderung eingeführt, gelten die Gegenstände als vom Einfuhrmitgliedstaat aus versandt oder befördert. Dieser Mitgliedstaat gewährt dem Importeur, der gemäß Artikel 201 als Steuerschuldner bestimmt oder anerkannt wurde, die Erstattung der Mehrwertsteuer für die Einfuhr, sofern der Importeur nachweist, dass der Erwerb dieser Gegenstände im Mitgliedstaat der Beendigung der Versendung oder Beförderung der Gegenstände besteuert worden ist.

Artikel 21

Einem innergemeinschaftlichen Erwerb von Gegenständen gegen Entgelt gleichgestellt ist die Verwendung eines Gegenstands durch den Steuerpflichtigen in seinem Unternehmen, der von einem Steuerpflichtigen oder für seine Rechnung aus einem anderen Mitgliedstaat, in dem der Gegenstand von dem Steuerpflichtigen im Rahmen seines in diesem Mitgliedstaat gelegenen Unternehmens hergestellt, gewonnen, be- oder verarbeitet, gekauft, im Sinne des Artikels 2 Absatz 1 Buchstabe b erworben oder eingeführt worden ist, versandt oder befördert wurde.

Artikel 22

Einem innergemeinschaftlichen Erwerb von Gegenständen gegen Entgelt gleichgestellt ist die Verwendung von Gegenständen, die nicht gemäß den allgemeinen Besteuerungsbedingungen des Binnenmarkts eines Mitgliedstaats gekauft wurden, durch die Streitkräfte von Staaten, die Vertragsparteien des Nordatlantikvertrags sind, zum Gebrauch oder Verbrauch durch diese Streitkräfte oder ihr ziviles Begleitpersonal, sofern für die Einfuhr dieser Gegenstände nicht die Steuerbefreiung nach Artikel 143 Absatz 1 Buchstabe h in Anspruch genommen werden kann.

Artikel 23

Die Mitgliedstaaten treffen Maßnahmen, die sicherstellen, dass Umsätze als „innergemeinschaftlicher Erwerb von Gegenständen" eingestuft werden, die als „Lieferung von Gegenständen" eingestuft würden, wenn sie in ihrem Gebiet von einem Steuerpflichtigen, der als solcher handelt, getätigt worden wären.

Kapitel 3
Dienstleistungen

Artikel 24

(1) Als „Dienstleistung" gilt jeder Umsatz, der keine Lieferung von Gegenständen ist.

(2) Als „Telekommunikationsdienstleistung" gelten Dienstleistungen zum Zweck der Übertragung, Ausstrahlung oder des Empfangs von Signalen, Schrift, Bild und Ton oder Informationen jeglicher Art über Draht, Funk, optische oder andere elektromagnetische Medien, einschließlich der damit im Zusammenhang stehenden Abtretung oder Einräumung von Nutzungsrechten an Einrichtungen zur Übertragung, Ausstrahlung oder zum Empfang, einschließlich der Bereitstellung des Zugangs zu globalen Informationsnetzen.

Artikel 25

Eine Dienstleistung kann unter anderem in einem der folgenden Umsätze bestehen:
a) Abtretung eines nicht körperlichen Gegenstands, gleichgültig, ob in einer Urkunde verbrieft oder nicht;
b) Verpflichtung, eine Handlung zu unterlassen oder eine Handlung oder einen Zustand zu dulden;
c) Erbringung einer Dienstleistung auf Grund einer behördlichen Anordnung oder kraft Gesetzes.

Artikel 26

(1) Einer Dienstleistung gegen Entgelt gleichgestellt sind folgende Umsätze:
a) Verwendung eines dem Unternehmen zugeordneten Gegenstands für den privaten Bedarf des Steuerpflichtigen, für den Bedarf seines Personals oder allgemein für unternehmensfremde Zwecke, wenn dieser Gegenstand zum vollen oder teilweisen Vorsteuerabzug berechtigt hat;
b) unentgeltliche Erbringung von Dienstleistungen durch den Steuerpflichtigen für seinen privaten Bedarf, für den Bedarf seines Personals oder allgemein für unternehmensfremde Zwecke.

(2) Die Mitgliedstaaten können Abweichungen von Absatz 1 vorsehen, sofern solche Abweichungen nicht zu Wettbewerbsverzerrungen führen.

Artikel 27

Um Wettbewerbsverzerrungen vorzubeugen, können die Mitgliedstaaten nach Konsultation des Mehrwertsteuerausschusses auch die Erbringung einer Dienstleistung durch einen Steuerpflichtigen für das eigene Unternehmen einer Dienstleistung gegen Entgelt gleichstellen, falls ihn die Erbringung einer derartigen Dienstleistung durch einen anderen Steuerpflichtigen nicht zum vollen Vorsteuerabzug berechtigen würde.

Artikel 28

Steuerpflichtige, die bei der Erbringung von Dienstleistungen im eigenen Namen, aber für Rechnung Dritter tätig werden, werden behandelt, als ob sie diese Dienstleistungen selbst erhalten und erbracht hätten.

Artikel 29

Artikel 19 gilt unter den gleichen Voraussetzungen für Dienstleistungen.

Kapitel 4
Einfuhr von Gegenständen

Artikel 30

Als „Einfuhr eines Gegenstands" gilt die Verbringung eines Gegenstands, der sich nicht im freien Verkehr im Sinne des Artikels 24 des Vertrags befindet, in die Gemeinschaft.

Neben dem in Absatz 1 genannten Umsatz gilt als Einfuhr eines Gegenstands auch die Verbringung eines im freien Verkehr befindlichen Gegenstands mit Herkunft aus einem Drittgebiet, das Teil des Zollgebiets der Gemeinschaft ist, in die Gemeinschaft.

Titel V
Ort des steuerbaren Umsatzes

Kapitel 1
Ort der Lieferung von Gegenständen

Abschnitt 1
Lieferung von Gegenständen ohne Beförderung

Artikel 31

Wird der Gegenstand nicht versandt oder befördert, gilt als Ort der Lieferung der Ort, an dem sich der Gegenstand zum Zeitpunkt der Lieferung befindet.

Abschnitt 2
Lieferung von Gegenständen mit Beförderung

Artikel 32

Wird der Gegenstand vom Lieferer, vom Erwerber oder von einer dritten Person versandt oder befördert, gilt als Ort der Lieferung der Ort, an dem sich der Gegenstand zum Zeitpunkt des Beginns der Versendung oder Beförderung an den Erwerber befindet.

Liegt der Ort, von dem aus die Gegenstände versandt oder befördert werden, in einem Drittgebiet oder in einem Drittland, gelten der Ort der Lieferung, die durch den Importeur bewirkt wird, der gemäß Artikel 201 als Steuerschuldner bestimmt oder anerkannt wurde, sowie der Ort etwaiger anschließender Lieferungen jedoch als in dem Mitgliedstaat gelegen, in den die Gegenstände eingeführt werden.

Artikel 33

(1) Abweichend von Artikel 32 gilt als Ort einer Lieferung von Gegenständen, die durch den Lieferer oder für dessen Rechnung von einem anderen Mitgliedstaat als dem der Beendigung der Versendung oder Beförderung aus versandt oder befördert werden, der Ort, an dem sich die Gegenstände bei Beendigung der Versendung oder Beförderung an den Erwerber befinden, sofern folgende Bedingungen erfüllt sind:

a) die Lieferung der Gegenstände erfolgt an einen Steuerpflichtigen oder eine nichtsteuerpflichtige juristische Person, deren innergemeinschaftliche Erwerbe von Gegenständen gemäß Artikel 3 Absatz 1 nicht der Mehrwertsteuer unterliegen, oder an eine andere nichtsteuerpflichtige Person;

b) die gelieferten Gegenstände sind weder neue Fahrzeuge noch Gegenstände, die mit oder ohne probeweise Inbetriebnahme durch den Lieferer oder für dessen Rechnung montiert oder installiert geliefert werden.

(2) Werden die gelieferten Gegenstände von einem Drittgebiet oder einem Drittland aus versandt oder befördert und vom Lieferer in einen anderen Mitgliedstaat als den der Beendigung der Versendung oder Beförderung an den Erwerber eingeführt, gelten sie als vom Einfuhrmitgliedstaat aus versandt oder befördert.

Artikel 34

(1) Artikel 33 gilt nicht für Lieferungen von Gegenständen, die in ein und denselben Mitgliedstaat der Beendigung des Versands oder der Beförderung versandt oder befördert werden, sofern folgende Bedingungen erfüllt sind:

a) die gelieferten Gegenstände sind keine verbrauchsteuerpflichtigen Waren;

b) der Gesamtbetrag – ohne Mehrwertsteuer – der Lieferungen in den Mitgliedstaat unter den Bedingungen des Artikels 33 überschreitet im laufenden Kalenderjahr nicht 100 000 EUR oder den Gegenwert in Landeswährung;

c) der Gesamtbetrag – ohne Mehrwertsteuer – der Lieferungen in den Mitgliedstaat unter den Bedingungen des Artikels 33 von anderen Gegenständen als verbrauchsteuerpflichtigen Waren hat im vorangegangenen Kalenderjahr 100 000 EUR oder den Gegenwert in Landeswährung nicht überschritten.

(2) Der Mitgliedstaat, in dessen Gebiet sich die Gegenstände bei Beendigung der Versendung oder Beförderung an den Erwerber befinden, kann den in Absatz 1 genannten Schwellenwert auf 35 000 EUR oder den Gegenwert in Landeswährung begrenzen, falls er befürchtet, dass der Schwellenwert von 100 000 EUR zu schwerwiegenden Wettbewerbsverzerrungen führt.

Mitgliedstaaten, die von der Möglichkeit nach Unterabsatz 1 Gebrauch machen, treffen die erforderlichen Maßnahmen zur Unterrichtung der zuständigen Behörden des Mitgliedstaats, von dem aus die Gegenstände versandt oder befördert werden.

Anhang 7
MWSt-Richtlinie

(3) Die Kommission unterbreitet dem Rat so bald wie möglich einen Bericht, gegebenenfalls zusammen mit geeigneten Vorschlägen, über die Anwendung und Wirkung des in Absatz 2 genannten besonderen Schwellenwerts von 35 000 EUR.

(4) Der Mitgliedstaat, in dessen Gebiet sich die Gegenstände bei Beginn der Versendung oder Beförderung befinden, räumt den Steuerpflichtigen, auf deren Lieferungen Absatz 1 gegebenenfalls Anwendung findet, das Recht ein, sich dafür zu entscheiden, dass der Ort dieser Lieferungen gemäß Artikel 33 bestimmt wird.

Die betreffenden Mitgliedstaaten legen fest, unter welchen Modalitäten die in Unterabsatz 1 genannte Wahlmöglichkeit in Anspruch genommen werden kann; die Inanspruchnahme dieser Regelung erstreckt sich über einen Zeitraum von mindestens zwei Kalenderjahren.

Artikel 35

Die Artikel 33 und 34 gelten nicht für die Lieferung von Gebrauchtgegenständen, Kunstgegenständen, Sammlungsstücken und Antiquitäten im Sinne des Artikels 311 Absatz 1 Nummern 1 bis 4 sowie für die Lieferung von Gebrauchtfahrzeugen im Sinne des Artikels 327 Absatz 3, die der Mehrwertsteuer gemäß den Sonderregelungen für diese Bereiche unterliegen.

Artikel 36

Wird der vom Lieferer, vom Erwerber oder von einer dritten Person versandte oder beförderte Gegenstand mit oder ohne probeweise Inbetriebnahme durch den Lieferer oder für dessen Rechnung installiert oder montiert, gilt als Ort der Lieferung der Ort, an dem die Installation oder Montage vorgenommen wird.

Wird der Gegenstand in einem anderen Mitgliedstaat als dem des Lieferers installiert oder montiert, trifft der Mitgliedstaat, in dessen Gebiet die Installation oder Montage vorgenommen wird, die zur Vermeidung einer Doppelbesteuerung in diesem Mitgliedstaat erforderlichen Maßnahmen

Abschnitt 3
Lieferung von Gegenständen an Bord eines Schiffes, eines Flugzeugs oder in einer Eisenbahn

Artikel 37

(1) Erfolgt die Lieferung von Gegenständen an Bord eines Schiffes, eines Flugzeugs oder in einer Eisenbahn während des innerhalb der Gemeinschaft stattfindenden Teils einer Personenbeförderung, gilt als Ort dieser Lieferung der Abgangsort der Personenbeförderung.

(2) Für die Zwecke des Absatzes 1 gilt als „innerhalb der Gemeinschaft stattfindender Teil einer Personenbeförderung" der Teil einer Beförderung zwischen dem Abgangsort und dem Ankunftsort einer Personenbeförderung, der ohne Zwischenaufenthalt außerhalb der Gemeinschaft erfolgt.

„Abgangsort einer Personenbeförderung" ist der erste Ort innerhalb der Gemeinschaft, an dem Reisende in das Beförderungsmittel einsteigen können, gegebenenfalls nach einem Zwischenaufenthalt außerhalb der Gemeinschaft.

„Ankunftsort einer Personenbeförderung" ist der letzte Ort innerhalb der Gemeinschaft, an dem in der Gemeinschaft zugestiegene Reisende das Beförderungsmittel verlassen können, gegebenenfalls vor einem Zwischenaufenthalt außerhalb der Gemeinschaft.

Im Fall einer Hin- und Rückfahrt gilt die Rückfahrt als gesonderte Beförderung.

(3) Die Kommission unterbreitet dem Rat möglichst rasch einen Bericht, gegebenenfalls zusammen mit geeigneten Vorschlägen, über den Ort der Besteuerung der Lieferung von Gegenständen, die zum Verbrauch an Bord bestimmt sind, und der Dienstleistungen, einschließlich Bewirtung, die an Reisende an Bord eines Schiffes, eines Flugzeugs oder in einer Eisenbahn erbracht werden.

Bis zur Annahme der in Unterabsatz 1 genannten Vorschläge können die Mitgliedstaaten die Lieferung von Gegenständen, die zum Verbrauch an Bord bestimmt sind und deren Besteuerungsort gemäß Absatz 1 festgelegt wird, mit Recht auf Vorsteuerabzug von der Steuer befreien oder weiterhin befreien.

Abschnitt 4
Lieferung von Gas über ein Erdgasnetz, von Elektrizität und von Wärme oder Kälte über Wärme- und Kältenetze

Artikel 38

(1) Bei Lieferung von Gas über ein Erdgasnetz im Gebiet der Gemeinschaft oder jedes an ein solches Netz angeschlossene Netz, von Elektrizität oder von Wärme oder Kälte über Wärme- oder Kältenetze an einen steuerpflichtigen Wiederverkäufer, gilt als Ort der Lieferung der Ort, an dem dieser steuerpflichtige Wiederverkäufer den Sitz seiner wirtschaftlichen Tätigkeit oder eine feste

Anhang 7
MWSt-Richtlinie

Niederlassung hat, für die die Gegenstände geliefert werden, oder in Ermangelung eines solchen Sitzes oder einer solchen festen Niederlassung sein Wohnsitz oder sein gewöhnlicher Aufenthaltsort.

(2) Für die Zwecke des Absatzes 1 ist ein „steuerpflichtiger Wiederverkäufer" ein Steuerpflichtiger, dessen Haupttätigkeit in Bezug auf den Kauf von Gas, Elektrizität, Kälte oder Wärme im Wiederverkauf dieser Erzeugnisse besteht und dessen eigener Verbrauch dieser Erzeugnisse zu vernachlässigen ist.

Artikel 39

Für den Fall, dass die Lieferung von Gas über ein Erdgasnetz im Gebiet der Gemeinschaft oder jedes andere an ein solches Netz angeschlossene Netz, die Lieferung von Elektrizität oder die Lieferung von Wärme oder Kälte über Wärme- oder Kältenetze nicht unter Artikel 38 fällt, gilt als Ort der Lieferung der Ort, an dem der Erwerber die Gegenstände tatsächlich nutzt und verbraucht.

Falls die Gesamtheit oder ein Teil des Gases, der Elektrizität oder der Wärme oder Kälte von diesem Erwerber nicht tatsächlich verbraucht wird, wird davon ausgegangen, dass diese nicht verbrauchten Gegenstände an dem Ort genutzt und verbraucht worden sind, an dem er den Sitz seiner wirtschaftlichen Tätigkeit oder eine feste Niederlassung hat, für die die Gegenstände geliefert werden. In Ermangelung eines solchen Sitzes oder einer solchen festen Niederlassung wird davon ausgegangen, dass er die Gegenstände an seinem Wohnsitz oder seinem gewöhnlichen Aufenthaltsort genutzt und verbraucht hat.

Kapitel 2
Ort des innergemeinschaftlichen Erwerbs von Gegenständen

Artikel 40

Als Ort eines innergemeinschaftlichen Erwerbs von Gegenständen gilt der Ort, an dem sich die Gegenstände zum Zeitpunkt der Beendigung der Versendung oder Beförderung an den Erwerber befinden.

Artikel 41

Unbeschadet des Artikels 40 gilt der Ort eines innergemeinschaftlichen Erwerbs von Gegenständen im Sinne des Artikels 2 Absatz 1 Buchstabe b Ziffer i als im Gebiet des Mitgliedstaats gelegen, der dem Erwerber die von ihm für diesen Erwerb verwendete Mehrwertsteuer-Identifikationsnummer erteilt hat, sofern der Erwerber nicht nachweist, dass dieser Erwerb im Einklang mit Artikel 40 besteuert worden ist.

Wird der Erwerb gemäß Artikel 40 im Mitgliedstaat der Beendigung der Versendung oder Beförderung der Gegenstände besteuert, nachdem er gemäß Absatz 1 besteuert wurde, wird die Steuerbemessungsgrundlage in dem Mitgliedstaat, der dem Erwerber die von ihm für diesen Erwerb verwendete Mehrwertsteuer-Identifikationsnummer erteilt hat, entsprechend gemindert.

Artikel 42

Artikel 41 Absatz 1 ist nicht anzuwenden und der innergemeinschaftliche Erwerb von Gegenständen gilt als gemäß Artikel 40 besteuert, wenn folgende Bedingungen erfüllt sind:

a) der Erwerber weist nach, dass er diesen Erwerb für die Zwecke einer anschließenden Lieferung getätigt hat, die im Gebiet des gemäß Artikel 40 bestimmten Mitgliedstaats bewirkt wurde und für die der Empfänger der Lieferung gemäß Artikel 197 als Steuerschuldner bestimmt worden ist;

b) der Erwerber ist der Pflicht zur Abgabe der zusammenfassenden Meldung gemäß Artikel 265 nachgekommen.

Kapitel 3
Ort der Dienstleistung

Abschnitt 1
Begriffsbestimmungen

Artikel 43

Für die Zwecke der Anwendung der Regeln für die Bestimmung des Ortes der Dienstleistung gilt

1. ein Steuerpflichtiger, der auch Tätigkeiten ausführt oder Umsätze bewirkt, die nicht als steuerbare Lieferungen von Gegenständen oder Dienstleistungen im Sinne des Artikels 2 Absatz 1 angesehen werden, in Bezug auf alle an ihn erbrachten Dienstleistungen als Steuerpflichtiger;

2. eine nicht steuerpflichtige juristische Person mit Mehrwertsteuer-Identifikationsnummer als Steuerpflichtiger.

Abschnitt 2
Allgemeine Bestimmungen

Artikel 44

Als Ort einer Dienstleistung an einen Steuerpflichtigen, der als solcher handelt, gilt der Ort, an dem dieser Steuerpflichtige den Sitz seiner wirtschaftlichen Tätigkeit hat. Werden diese Dienstleistungen jedoch an eine feste Niederlassung des Steuerpflichtigen, die an einem anderen Ort als dem des Sitzes seiner wirtschaftlichen Tätigkeit gelegen ist, erbracht, so gilt als Ort dieser Dienstleistungen der Sitz der festen Niederlassung. In Ermangelung eines solchen Sitzes oder einer solchen festen Niederlassung gilt als Ort der Dienstleistung der Wohnsitz oder der gewöhnliche Aufenthaltsort des steuerpflichtigen Dienstleistungsempfängers.

Artikel 45

Als Ort einer Dienstleistung an einen Nichtsteuerpflichtigen gilt der Ort, an dem der Dienstleistungserbringer den Sitz seiner wirtschaftlichen Tätigkeit hat. Werden diese Dienstleistungen jedoch von der festen Niederlassung des Dienstleistungserbringers, die an einem anderen Ort als dem des Sitzes seiner wirtschaftlichen Tätigkeit gelegen ist, aus erbracht, so gilt als Ort dieser Dienstleistungen der Sitz der festen Niederlassung. In Ermangelung eines solchen Sitzes oder einer solchen festen Niederlassung gilt als Ort der Dienstleistung der Wohnsitz oder der gewöhnliche Aufenthaltsort des Dienstleistungserbringers.

Abschnitt 2
Besondere Bestimmungen

Unterabschnitt 1
Von Vermittlern erbrachte Dienstleistungen an Nichtsteuerpflichtige

Artikel 46

Als Ort einer Dienstleistung an einen Nichtsteuerpflichtigen, die von einem Vermittler im Namen und für Rechnung eines Dritten erbracht wird, gilt der Ort, an dem der vermittelte Umsatz gemäß den Bestimmungen dieser Richtlinie erbracht wird.

Unterabschnitt 2
Dienstleistungen im Zusammenhang mit Grundstücken

Artikel 47

Als Ort einer Dienstleistung im Zusammenhang mit einem Grundstück, einschließlich der Dienstleistungen von Sachverständigen und Grundstücksmaklern, der Beherbergung in der Hotelbranche oder in Branchen mit ähnlicher Funktion, wie zum Beispiel in Ferienlagern oder auf einem als Campingplatz hergerichteten Gelände, der Einräumung von Rechten zur Nutzung von Grundstücken sowie von Dienstleistungen zur Vorbereitung und Koordinierung von Bauleistungen, wie z. B. die Leistungen von Architekten und Bauaufsichtsunternehmen, gilt der Ort, an dem das Grundstück gelegen ist.

Unterabschnitt 3
Beförderungsleistungen

Artikel 48

Als Ort einer Personenbeförderungsleistung gilt der Ort, an dem die Beförderung nach Maßgabe der zurückgelegten Beförderungsstrecke jeweils stattfindet.

Artikel 49

Als Ort einer Güterbeförderungsleistung an Nichtsteuerpflichtige, die keine innergemeinschaftliche Güterbeförderung darstellt, gilt der Ort, an dem die Beförderung nach Maßgabe der zurückgelegten Beförderungsstrecke jeweils stattfindet.

Artikel 50

Als Ort einer innergemeinschaftlichen Güterbeförderungsleistung an Nichtsteuerpflichtige gilt der Abgangsort der Beförderung.

Artikel 51

Als „innergemeinschaftliche Güterbeförderung" gilt die Beförderung von Gegenständen, bei der Abgangs- und Ankunftsort in zwei verschiedenen Mitgliedstaaten liegen.

"Abgangsort" ist der Ort, an dem die Güterbeförderung tatsächlich beginnt, ungeachtet der Strecken, die bis zu dem Ort zurückzulegen sind, an dem sich die Gegenstände befinden, und „Ankunftsort" ist der Ort, an dem die Güterbeförderung tatsächlich endet.

Artikel 52

Die Mitgliedstaaten haben die Möglichkeit, keine Mehrwertsteuer auf den Teil einer innergemeinschaftlichen Güterbeförderung an Nichtsteuerpflichtige zu erheben, der den Beförderungsstrecken über Gewässer entspricht, die nicht zum Gebiet der Gemeinschaft gehören.

Unterabschnitt 4
Dienstleistungen auf dem Gebiet der Kultur, der Künste, des Sports, der Wissenschaft, des Unterrichts, der Unterhaltung und ähnliche Veranstaltungen, Nebentätigkeiten zur Beförderung, Begutachtung von beweglichen Gegenständen und Arbeiten an solchen Gegenständen

Artikel 53

Als Ort einer Dienstleistung an einen Steuerpflichtigen betreffend die Eintrittsberechtigung sowie die damit zusammenhängenden Dienstleistungen für Veranstaltungen auf dem Gebiet der Kultur, der Künste, des Sports, der Wissenschaft, des Unterrichts, der Unterhaltung oder für ähnliche Veranstaltungen wie Messen und Ausstellungen gilt der Ort, an dem diese Veranstaltungen tatsächlich stattfinden.

Artikel 54

(1) Als Ort einer Dienstleistung sowie der damit zusammenhängenden Dienstleistungen an einen Nichtsteuerpflichtigen betreffend Tätigkeiten auf dem Gebiet der Kultur, der Künste, des Sports, der Wissenschaft, des Unterrichts, der Unterhaltung oder ähnliche Veranstaltungen wie Messen und Ausstellungen, einschließlich der Erbringung von Dienstleistungen der Veranstalter solcher Tätigkeiten, gilt der Ort, an dem diese Tätigkeiten tatsächlich ausgeübt werden.

(2) Als Ort der folgenden Dienstleistungen an Nichtsteuerpflichtige gilt der Ort, an dem sie tatsächlich erbracht werden:

a) Nebentätigkeiten zur Beförderung wie Beladen, Entladen, Umschlag und ähnliche Tätigkeiten;

b) Begutachtung von beweglichen körperlichen Gegenstände und Arbeiten an solchen Gegenständen.

Unterabschnitt 5
Restaurant- und Verpflegungsdienstleistungen

Artikel 55

Als Ort von Restaurant- und Verpflegungsdienstleistungen, die nicht an Bord eines Schiffes oder eines Flugzeugs oder in der Eisenbahn während des innerhalb der Gemeinschaft stattfindenden Teils einer Personenbeförderung tatsächlich erbracht werden, gilt der Ort, an dem die Dienstleistungen tatsächlich erbracht werden.

Unterabschnitt 6
Vermietung von Beförderungsmitteln

Artikel 56

(1) Als Ort der Vermietung eines Beförderungsmittels über einen kürzeren Zeitraum gilt der Ort, an dem das Beförderungsmittel dem Dienstleistungsempfänger tatsächlich zur Verfügung gestellt wird.

(2) Als 'kürzerer Zeitraum' im Sinne des Absatzes 1 gilt der Besitz oder die Verwendung des Beförderungsmittels während eines ununterbrochenen Zeitraums von nicht mehr als 30 Tagen und bei Wasserfahrzeugen von nicht mehr als 90 Tagen.

Unterabschnitt 7
Für den Verbrauch bestimmte Restaurant- und Verpflegungsdienstleistungen an Bord eines Schiffes, eines Flugzeugs oder in der Eisenbahn

Artikel 57

(1) Der Ort von Restaurant- und Verpflegungsdienstleistungen, die an Bord eines Schiffes oder eines Flugzeugs oder in der Eisenbahn während des innerhalb der Gemeinschaft stattfindenden Teils einer Personenbeförderung tatsächlich erbracht werden, ist der Abgangsort der Personenbeförderung.

Anhang 7
MWSt-Richtlinie

(2) Für die Zwecke des Absatzes 1 gilt als 'innerhalb der Gemeinschaft stattfindender Teil einer Personenbeförderung' der Teil einer Beförderung zwischen dem Abgangsort und dem Ankunftsort einer Personenbeförderung, der ohne Zwischenaufenthalt außerhalb der Gemeinschaft erfolgt.

„Abgangsort einer Personenbeförderung" ist der erste Ort innerhalb der Gemeinschaft, an dem Reisende in das Beförderungsmittel einsteigen können, gegebenenfalls nach einem Zwischenaufenthalt außerhalb der Gemeinschaft.

„Ankunftsort einer Personenbeförderung" ist der letzte Ort innerhalb der Gemeinschaft, an dem in der Gemeinschaft zugestiegene Reisende das Beförderungsmittel verlassen können, gegebenenfalls vor einem Zwischenaufenthalt außerhalb der Gemeinschaft.

Im Falle einer Hin- und Rückfahrt gilt die Rückfahrt als gesonderte Beförderung.

Unterabschnitt 8
Elektronisch erbrachte Dienstleistungen an Nichtsteuerpflichtige

Artikel 58

Als Ort elektronisch erbrachter Dienstleistungen, insbesondere der in Anhang II genannten, die von einem Steuerpflichtigen, der den Sitz seiner wirtschaftlichen Tätigkeit oder eine feste Niederlassung, von der aus die Dienstleistung erbracht wird, oder in Ermangelung eines solchen Sitzes oder einer solchen Niederlassung seinen Wohnsitz oder seinen gewöhnlichen Aufenthaltsort außerhalb der Gemeinschaft hat, an Nichtsteuerpflichtige erbracht werden, die in einem Mitgliedstaat ansässig sind oder dort ihren Wohnsitz oder ihren gewöhnlichen Aufenthaltsort haben, gilt der Ort, an dem der Nichtsteuerpflichtige ansässig ist oder seinen Wohnsitz oder gewöhnlichen Aufenthaltsort hat.

Kommunizieren Dienstleistungserbringer und Dienstleistungsempfänger über E-Mail miteinander, bedeutet dies allein noch nicht, dass die erbrachte Dienstleistung eine elektronisch erbrachte Dienstleistung wäre.

Unterabschnitt 9
Dienstleistungen an Nichtsteuerpflichtige außerhalb der Gemeinschaft

Artikel 59

(1) Als Ort der folgenden Dienstleistungen, an einen Nichtsteuerpflichtigen, der außerhalb der Gemeinschaft ansässig ist oder seinen Wohnsitz oder seinen gewöhnlichen Aufenthaltsort außerhalb der Gemeinschaft hat, gilt der Ort, an dem dieser Nichtsteuerpflichtige ansässig ist oder seinen Wohnsitz oder seinen gewöhnlichen Aufenthaltsort hat::

a) Abtretung und Einräumung von Urheberrechten, Patentrechten, Lizenzrechten, Fabrik- und Warenzeichen sowie ähnlichen Rechten;

b) Dienstleistungen auf dem Gebiet der Werbung;

c) Dienstleistungen von Beratern, Ingenieuren, Studienbüros, Anwälten, Buchprüfern und sonstige ähnliche Dienstleistungen sowie die Datenverarbeitung und die Überlassung von Informationen;

d) Verpflichtungen, eine berufliche Tätigkeit ganz oder teilweise nicht auszuüben oder ein in diesem Absatz genanntes Recht nicht wahrzunehmen;

e) Bank-, Finanz- und Versicherungsumsätze, einschließlich Rückversicherungsumsätze, ausgenommen die Vermietung von Schließfächern;

f) Gestellung von Personal;

g) Vermietung beweglicher körperlicher Gegenstände, ausgenommen jegliche Beförderungsmittel;

h) Gewährung des Zugangs zu einem Erdgasnetz im Gebiet der Gemeinschaft oder zu einem an ein solches Netz angeschlossenes Netz, zum Elektrizitätsnetz oder zu Wärme- oder Kältenetzen sowie Fernleitung, Übertragung oder Verteilung über diese Netze und Erbringung anderer unmittelbar damit verbundener Dienstleistungen;

i) Telekommunikationsdienstleistungen;

j) Rundfunk- und Fernsehdienstleistungen;

k) elektronisch erbrachte Dienstleistungen, unter anderem die in Anhang II genannten Dienstleistungen.

Kommunizieren der Dienstleistungserbringer und Dienstleistungsempfänger über E-Mail miteinander, bedeutet dies allein noch nicht, dass die erbrachte Dienstleistung eine elektronisch erbrachte Dienstleistung wäre.

Unterabschnitt 10
Vermeidung der Doppelbesteuerung und Nichtbesteuerung

Artikel 59a

Um Doppelbesteuerung, Nichtbesteuerung und Wettbewerbsverzerrungen zu vermeiden, können die Mitgliedstaaten bei Dienstleistungen, deren Erbringungsort sich gemäß den Artikeln 44, 45, 56 und 59 bestimmt,

a) den Ort einer oder aller dieser Dienstleistungen, der in ihrem Gebiet liegt, so behandeln, als läge er außerhalb der Gemeinschaft, wenn die tatsächliche Nutzung oder Auswertung außerhalb der Gemeinschaft erfolgt;

b) den Ort einer oder aller dieser Dienstleistungen, der außerhalb der Gemeinschaft liegt, so behandeln, als läge er in ihrem Gebiet, wenn in ihrem Gebiet die tatsächliche Nutzung oder Auswertung erfolgt.

Diese Bestimmung gilt jedoch nicht für elektronisch erbrachte Dienstleistungen, wenn diese Dienstleistungen für nicht in der Gemeinschaft ansässige Nichtsteuerpflichtige erbracht werden.

Artikel 59b

Die Mitgliedstaaten wenden Artikel 59a Buchstabe b auf Telekommunikationsdienstleistungen und auf die in Artikel 59 Absatz 1 Buchstabe j genannten Rundfunk- und Fernsehdienstleistungen an, die von einem Steuerpflichtigen, der den Sitz seiner wirtschaftlichen Tätigkeit oder eine feste Niederlassung, von der aus die Dienstleistung erbracht wird, oder in Ermangelung eines solchen Sitzes oder einer solchen Niederlassung seinen Wohnsitz oder seinen gewöhnlichen Aufenthaltsort außerhalb der Gemeinschaft hat, an Nichtsteuerpflichtige erbracht werden, die in einem Mitgliedstaat ansässig sind oder dort ihren Wohnsitz oder ihren gewöhnlichen Aufenthaltsort haben.

Kapitel 4
Ort der Einfuhr von Gegenständen

Artikel 60

Die Einfuhr von Gegenständen erfolgt in dem Mitgliedstaat, in dessen Gebiet sich der Gegenstand zu dem Zeitpunkt befindet, in dem er in die Gemeinschaft verbracht wird.

Artikel 61

Abweichend von Artikel 60 erfolgt bei einem Gegenstand, der sich nicht im freien Verkehr befindet und der vom Zeitpunkt seiner Verbringung in die Gemeinschaft einem Verfahren oder einer sonstigen Regelung im Sinne des Artikels 156, der Regelung der vorübergehenden Verwendung bei vollständiger Befreiung von Einfuhrabgaben oder dem externen Versandverfahren unterliegt, die Einfuhr in dem Mitgliedstaat, in dessen Gebiet der Gegenstand nicht mehr diesem Verfahren oder der sonstigen Regelung unterliegt.

Unterliegt ein Gegenstand, der sich im freien Verkehr befindet, vom Zeitpunkt seiner Verbringung in die Gemeinschaft einem Verfahren oder einer sonstigen Regelung im Sinne der Artikel 276 und 277, erfolgt die Einfuhr in dem Mitgliedstaat, in dessen Gebiet der Gegenstand nicht mehr diesem Verfahren oder der sonstigen Regelung unterliegt.

Titel VI
Steuertatbestand und Steueranspruch

Kapitel 1
Allgemeine Bestimmungen

Artikel 62

Für die Zwecke dieser Richtlinie gilt

1. als „Steuertatbestand" der Tatbestand, durch den die gesetzlichen Voraussetzungen für den Steueranspruch verwirklicht werden;

2. als „Steueranspruch" der Anspruch auf Zahlung der Steuer, den der Fiskus kraft Gesetzes gegenüber dem Steuerschuldner von einem bestimmten Zeitpunkt an geltend machen kann, selbst wenn Zahlungsaufschub gewährt werden kann.

Anhang 7
MWSt-Richtlinie

Kapitel 2
Lieferung von Gegenständen und Dienstleistungen

Artikel 63

Steuertatbestand und Steueranspruch treten zu dem Zeitpunkt ein, zu dem die Lieferung von Gegenständen bewirkt oder die Dienstleistung erbracht wird.

Artikel 64

(1) Geben Lieferungen von Gegenständen, die nicht die Vermietung eines Gegenstands oder den Ratenverkauf eines Gegenstands im Sinne des Artikels 14 Absatz 2 Buchstabe b betreffen, und Dienstleistungen zu aufeinander folgenden Abrechnungen oder Zahlungen Anlass, gelten sie jeweils als mit Ablauf des Zeitraums bewirkt, auf den sich diese Abrechnungen oder Zahlungen beziehen.

(2) Dienstleistungen, für die der Dienstleistungsempfänger nach Artikel 196 die Steuer schuldet und die kontinuierlich über einen längeren Zeitraum als ein Jahr erbracht werden und die in diesem Zeitraum nicht zu Abrechnungen oder Zahlungen Anlass geben, gelten als mit Ablauf eines jeden Kalenderjahres bewirkt, solange die Dienstleistung nicht eingestellt wird.

In bestimmten, nicht von Unterabsatz 1 erfassten Fällen können die Mitgliedstaaten vorsehen, dass kontinuierliche Lieferungen von Gegenständen und Dienstleistungen, die sich über einen bestimmten Zeitraum erstrecken, mindestens jährlich als bewirkt gelten.

Artikel 65

Werden Anzahlungen geleistet, bevor die Lieferung von Gegenständen bewirkt oder die Dienstleistung erbracht ist, entsteht der Steueranspruch zum Zeitpunkt der Vereinnahmung entsprechend dem vereinnahmten Betrag.

Artikel 66

Abweichend von den Artikeln 63, 64 und 65 können die Mitgliedstaaten vorsehen, dass der Steueranspruch für bestimmte Umsätze oder Gruppen von Steuerpflichtigen zu einem der folgenden Zeitpunkte entsteht:

a) spätestens bei der Ausstellung der Rechnung;
b) spätestens bei der Vereinnahmung des Preises;
c) im Falle der Nichtausstellung oder verspäteten Ausstellung der Rechnung binnen einer bestimmten Frist nach dem Eintreten des Steuertatbestands.

Die Ausnahme nach Absatz 1 gilt jedoch nicht für Dienstleistungen, für die der Dienstleistungsempfänger nach Artikel 196 die Steuer schuldet.

Artikel 67

(1) Werden Gegenstände, die in einen anderen Mitgliedstaat als den des Beginns der Versendung oder Beförderung versandt oder befördert wurden, mehrwertsteuerfrei geliefert oder werden Gegenstände von einem Steuerpflichtigen für Zwecke seines Unternehmens mehrwertsteuerfrei in einen anderen Mitgliedstaat verbracht, tritt unter den Voraussetzungen des Artikels 138 der Steueranspruch am 15. Tag des Monats ein, der auf den Monat folgt, in dem der Steuertatbestand eingetreten ist.

(2) Abweichend von Absatz 1 tritt der Steueranspruch bei der Ausstellung der Rechnung gemäß Artikel 220 ein, wenn diese Rechnung vor dem 15. Tag des Monats ausgestellt worden ist, der auf den Monat folgt, in dem der Steuertatbestand eingetreten ist.

Kapitel 3
Innergemeinschaftlicher Erwerb von Gegenständen

Artikel 68

Der Steuertatbestand tritt zu dem Zeitpunkt ein, zu dem der innergemeinschaftliche Erwerb von Gegenständen bewirkt wird.

Der innergemeinschaftliche Erwerb von Gegenständen gilt als zu dem Zeitpunkt bewirkt, zu dem die Lieferung gleichartiger Gegenstände innerhalb des Mitgliedstaats als bewirkt gilt.

Artikel 69

(1) Beim innergemeinschaftlichen Erwerb von Gegenständen tritt der Steueranspruch am 15. Tag des Monats ein, der auf den Monat folgt, in dem der Steuertatbestand eingetreten ist.

(2) Abweichend von Absatz 1 tritt der Steueranspruch bei der Ausstellung der Rechnung gemäß Artikel 220 ein, wenn diese Rechnung vor dem 15. Tag des Monats ausgestellt worden ist, der auf den Monat folgt, in dem der Steuertatbestand eingetreten ist.

Kapitel 4
Einfuhr von Gegenständen

Artikel 70

Steuertatbestand und Steueranspruch treten zu dem Zeitpunkt ein, zu dem die Einfuhr des Gegenstands erfolgt.

Artikel 71

(1) Unterliegen Gegenstände vom Zeitpunkt ihrer Verbringung in die Gemeinschaft einem Verfahren oder einer sonstigen Regelung im Sinne der Artikel 156, 276 und 277, der Regelung der vorübergehenden Verwendung bei vollständiger Befreiung von Einfuhrabgaben oder dem externen Versandverfahren, treten Steuertatbestand und Steueranspruch erst zu dem Zeitpunkt ein, zu dem die Gegenstände diesem Verfahren oder dieser sonstigen Regelung nicht mehr unterliegen.

Unterliegen die eingeführten Gegenstände Zöllen, landwirtschaftlichen Abschöpfungen oder im Rahmen einer gemeinsamen Politik eingeführten Abgaben gleicher Wirkung, treten Steuertatbestand und Steueranspruch zu dem Zeitpunkt ein, zu dem Tatbestand und Anspruch für diese Abgaben entstehen.

(2) In den Fällen, in denen die eingeführten Gegenstände keiner der Abgaben im Sinne des Absatzes 1 Unterabsatz 2 unterliegen, wenden die Mitgliedstaaten in Bezug auf Steuertatbestand und Steueranspruch die für Zölle geltenden Vorschriften an.

Titel VII
Steuerbemessungsgrundlage

Kapitel 1
Begriffsbestimmung

Artikel 72

Für die Zwecke dieser Richtlinie gilt als „Normalwert" der gesamte Betrag, den ein Empfänger einer Lieferung oder ein Dienstleistungsempfänger auf derselben Absatzstufe, auf der die Lieferung der Gegenstände oder die Dienstleistung erfolgt, an einen selbständigen Lieferer oder Dienstleistungserbringer in dem Mitgliedstaat, in dem der Umsatz steuerpflichtig ist, zahlen müsste, um die betreffenden Gegenstände oder Dienstleistungen zu diesem Zeitpunkt unter den Bedingungen des freien Wettbewerbs zu erhalten.

Kann keine vergleichbare Lieferung von Gegenständen oder Erbringung von Dienstleistungen ermittelt werden, ist der Normalwert wie folgt zu bestimmen:

1. bei Gegenständen, ein Betrag nicht unter dem Einkaufspreis der Gegenstände oder gleichartiger Gegenstände oder mangels eines Einkaufspreises nicht unter dem Selbstkostenpreis, und zwar jeweils zu den Preisen, die zum Zeitpunkt der Bewirkung dieser Umsätze festgestellt werden;

2. bei Dienstleistungen, ein Betrag nicht unter dem Betrag der Ausgaben des Steuerpflichtigen für die Erbringung der Dienstleistung.

Kapitel 2
Lieferung von Gegenständen und Dienstleistungen

Artikel 73

Bei der Lieferung von Gegenständen und Dienstleistungen, die nicht unter die Artikel 74 bis 77 fallen, umfasst die Steuerbemessungsgrundlage alles, was den Wert der Gegenleistung bildet, die der Lieferer oder Dienstleistungserbringer für diese Umsätze vom Erwerber oder Dienstleistungsempfänger oder einem Dritten erhält oder erhalten soll, einschließlich der unmittelbar mit dem Preis dieser Umsätze zusammenhängenden Subventionen.

Artikel 74

Bei den in den Artikeln 16 und 18 genannten Umsätzen in Form der Entnahme oder der Zuordnung eines Gegenstands des Unternehmens durch einen Steuerpflichtigen oder beim Besitz von Gegenständen durch einen Steuerpflichtigen oder seine Rechtsnachfolger im Fall der Aufgabe seiner steuerbaren wirtschaftlichen Tätigkeit ist die Steuerbemessungsgrundlage der Einkaufspreis für diese oder gleichartige Gegenstände oder mangels eines Einkaufspreises der Selbstkostenpreis, und zwar jeweils zu den Preisen, die zum Zeitpunkt der Bewirkung dieser Umsätze festgestellt werden.

Artikel 75

Bei Dienstleistungen in Form der Verwendung eines dem Unternehmen zugeordneten Gegenstands für den privaten Bedarf und unentgeltlich erbrachten Dienstleistungen im Sinne des Artikels 26 ist die Steuerbemessungsgrundlage der Betrag der Ausgaben des Steuerpflichtigen für die Erbringung der Dienstleistung.

Artikel 76

Bei der Lieferung von Gegenständen in Form der Verbringung in einen anderen Mitgliedstaat ist die Steuerbemessungsgrundlage der Einkaufspreis der Gegenstände oder gleichartiger Gegenstände oder mangels eines Einkaufspreises der Selbstkostenpreis, und zwar jeweils zu den Preisen, die zum Zeitpunkt der Bewirkung dieser Umsätze festgestellt werden.

Artikel 77

Bei der Erbringung einer Dienstleistung durch einen Steuerpflichtigen für das eigene Unternehmen im Sinne des Artikels 27 ist die Steuerbemessungsgrundlage der Normalwert des betreffenden Umsatzes.

Artikel 78

In die Steuerbemessungsgrundlage sind folgende Elemente einzubeziehen:

a) Steuern, Zölle, Abschöpfungen und Abgaben mit Ausnahme der Mehrwertsteuer selbst;
b) Nebenkosten wie Provisions-, Verpackungs-, Beförderungs- und Versicherungskosten, die der Lieferer oder Dienstleistungserbringer vom Erwerber oder Dienstleistungsempfänger fordert.

Die Mitgliedstaaten können als Nebenkosten im Sinne des Absatzes 1 Buchstabe b Kosten ansehen, die Gegenstand einer gesonderten Vereinbarung sind.

Artikel 79

In die Steuerbemessungsgrundlage sind folgende Elemente nicht einzubeziehen:

a) Preisnachlässe durch Skonto für Vorauszahlungen;
b) Rabatte und Rückvergütungen auf den Preis, die dem Erwerber oder Dienstleistungsempfänger eingeräumt werden und die er zu dem Zeitpunkt erhält, zu dem der Umsatz bewirkt wird;
c) Beträge, die ein Steuerpflichtiger vom Erwerber oder vom Dienstleistungsempfänger als Erstattung in ihrem Namen und für ihre Rechnung verauslagten Beträge erhält und die in seiner Buchführung als durchlaufende Posten behandelt sind.

Der Steuerpflichtige muss den tatsächlichen Betrag der in Absatz 1 Buchstabe c genannten Auslagen nachweisen und darf die Mehrwertsteuer, die auf diese Auslagen gegebenenfalls erhoben worden ist, nicht als Vorsteuer abziehen.

Artikel 80

(1) Zur Vorbeugung gegen Steuerhinterziehung oder -umgehung können die Mitgliedstaaten in jedem der folgenden Fälle Maßnahmen treffen, um sicherzustellen, dass die Steuerbemessungsgrundlage für die Lieferungen von Gegenständen oder für Dienstleistungen, an Empfänger, zu denen familiäre oder andere enge persönliche Bindungen, Bindungen aufgrund von Leitungsfunktionen oder Mitgliedschaften, sowie eigentumsrechtliche, finanzielle oder rechtliche Bindungen, gemäß der Definition des Mitgliedstaats, bestehen, der Normalwert ist:

a) sofern die Gegenleistung niedriger als der Normalwert ist und der Erwerber oder Dienstleistungsempfänger nicht zum vollen Vorsteuerabzug gemäß den Artikeln 167 bis 171 sowie 173 bis 177 berechtigt ist;
b) sofern die Gegenleistung niedriger als der Normalwert ist, der Lieferer oder Dienstleistungserbringer nicht zum vollen Vorsteuerabzug gemäß den Artikeln 167 bis 171 sowie 173 bis 177 berechtigt ist und der Umsatz einer Befreiung gemäß den Artikeln 132, 135, 136, 371, 375, 376, 377, des Artikels 378 Absatz 2, des Artikels 379 Absatz 2 sowie der Artikel 380 bis 390b unterliegt;
c) sofern die Gegenleistung höher als der Normalwert ist und der Lieferer oder Dienstleistungserbringer nicht zum vollen Vorsteuerabzug gemäß den Artikeln 167 bis 171 sowie 173 bis 177 berechtigt ist.

Für die Zwecke des Unterabsatzes 1 kann als rechtliche Bindung auch die Beziehung zwischen Arbeitgeber und Arbeitnehmer, der Familie des Arbeitnehmers oder anderen diesem nahe stehenden Personen, gelten.

(2) Machen die Mitgliedstaaten von der in Absatz 1 vorgesehenen Möglichkeit Gebrauch, können sie festlegen, für welche Kategorien von Lieferern und Dienstleistungserbringern sowie von Erwerbern oder Dienstleistungsempfängern sie von diesen Maßnahmen Gebrauch machen.

(3) Die Mitgliedstaaten unterrichten den Mehrwertsteuerausschuss von nationalen Maßnahmen, die sie im Sinne des Absatzes 1 erlassen, sofern diese nicht Maßnahmen sind, die vom Rat vor dem 13. August 2006 gemäß Artikel 27 Absätze 1 bis 4 der Richtlinie 77/388/EWG genehmigt wurden und gemäß Absatz 1 des vorliegenden Artikels weitergeführt werden.

Artikel 81

Die Mitgliedstaaten, die am 1. Januar 1993 nicht von der Möglichkeit der Anwendung eines ermäßigten Steuersatzes gemäß Artikel 98 Gebrauch gemacht haben, können vorsehen, dass die Steuerbemessungsgrundlage bei der Inanspruchnahme der Möglichkeit nach Artikel 89 für die Lieferung von Kunstgegenständen im Sinne des Artikels 103 Absatz 2 gleich einem Bruchteil des gemäß den Artikeln 73, 74, 76, 78 und 79 ermittelten Betrags ist.

Der Bruchteil im Sinne des Absatzes 1 wird so festgelegt, dass sich die dergestalt geschuldete Mehrwertsteuer auf mindestens 5 % des gemäß den Artikeln 73, 74, 76, 78 und 79 ermittelten Betrags beläuft.

Artikel 82

Die Mitgliedstaaten können vorsehen, dass der Wert von steuerfreiem Anlagegold im Sinne des Artikels 346 in die Steuerbemessungsgrundlage bei der Lieferung von Gegenständen und bei Dienstleistungen einzubeziehen ist, wenn es vom Erwerber oder Dienstleistungsempfänger zur Verfügung gestellt und für die Verarbeitung verwendet wird und infolgedessen bei der Lieferung der Gegenstände oder der Erbringung der Dienstleistungen seinen Status als von der Mehrwertsteuer befreites Anlagegold verliert. Der zugrunde zu legende Wert ist der Normalwert des Anlagegoldes zum Zeitpunkt der Lieferung der Gegenstände oder der Erbringung der Dienstleistungen.

Kapitel 3
Innergemeinschaftlicher Erwerb von Gegenständen

Artikel 83

Beim innergemeinschaftlichen Erwerb von Gegenständen setzt sich die Steuerbemessungsgrundlage aus denselben Elementen zusammen wie denen, die zur Bestimmung der Steuerbemessungsgrundlage für die Lieferung derselben Gegenstände innerhalb des Gebiets des Mitgliedstaats gemäß Kapitel 2 dienen. Bei Umsätzen, die dem innergemeinschaftlichen Erwerb von Gegenständen im Sinne der Artikel 21 und 22 gleichgestellt sind, ist die Steuerbemessungsgrundlage der Einkaufspreis der Gegenstände oder gleichartiger Gegenstände oder mangels eines Einkaufspreises der Selbstkostenpreis, und zwar jeweils zu den Preisen, die zum Zeitpunkt der Bewirkung dieser Umsätze festgestellt werden.

Artikel 84

(1) Die Mitgliedstaaten treffen die erforderlichen Maßnahmen, um sicherzustellen, dass die Verbrauchsteuern, die von der Person geschuldet oder entrichtet werden, die den innergemeinschaftlichen Erwerb eines verbrauchsteuerpflichtigen Erzeugnisses tätigt, gemäß Artikel 78 Absatz 1 Buchstabe a in die Steuerbemessungsgrundlage einbezogen werden.

(2) Erhält der Erwerber nach dem Zeitpunkt der Bewirkung des innergemeinschaftlichen Erwerbs von Gegenständen Verbrauchsteuern zurück, die in dem Mitgliedstaat, von dem aus die Gegenstände versandt oder befördert worden sind, entrichtet wurden, wird die Steuerbemessungsgrundlage im Mitgliedstaat des innergemeinschaftlichen Erwerbs entsprechend gemindert.

Kapitel 4
Einfuhr von Gegenständen

Artikel 85

Bei der Einfuhr von Gegenständen ist die Steuerbemessungsgrundlage der Betrag, der durch die geltenden Gemeinschaftsvorschriften als Zollwert bestimmt ist.

Artikel 86

(1) In die Steuerbemessungsgrundlage sind – soweit nicht bereits darin enthalten – folgende Elemente einzubeziehen:
a) die außerhalb des Einfuhrmitgliedstaats geschuldeten Steuern, Zölle, Abschöpfungen und sonstigen Abgaben, sowie diejenigen, die aufgrund der Einfuhr geschuldet werden, mit Ausnahme der zu erhebenden Mehrwertsteuer;
b) die Nebenkosten – wie Provisions-, Verpackungs-, Beförderungs- und Versicherungskosten –, die bis zum ersten Bestimmungsort der Gegenstände im Gebiet des Einfuhrmitgliedstaats entstehen, sowie diejenigen, die sich aus der Beförderung nach einem anderen Bestimmungsort in der Gemeinschaft ergeben, der zum Zeitpunkt, zu dem der Steuertatbestand eintritt, bekannt ist.

(2) Für Zwecke des Absatzes 1 Buchstabe b gilt als „erster Bestimmungsort" der Ort, der auf dem Frachtbrief oder einem anderen Begleitpapier, unter dem die Gegenstände in den Einfuhrmitgliedstaat verbracht werden, angegeben ist. Fehlt eine solche Angabe, gilt als erster Bestimmungsort der Ort, an dem die erste Umladung im Einfuhrmitgliedstaat erfolgt.

Artikel 87

In die Steuerbemessungsgrundlage sind folgende Elemente nicht einzubeziehen:
a) Preisnachlässe durch Skonto für Vorauszahlungen;
b) Rabatte und Rückvergütungen auf den Preis, die dem Erwerber eingeräumt werden und die er zu dem Zeitpunkt erhält, zu dem die Einfuhr erfolgt.

Artikel 88

Für vorübergehend aus der Gemeinschaft ausgeführte Gegenstände, die wieder eingeführt werden, nachdem sie außerhalb der Gemeinschaft in Stand gesetzt, umgestaltet oder be- oder verarbeitet worden sind, treffen die Mitgliedstaaten Maßnahmen, die sicherstellen, dass die mehrwertsteuerliche Behandlung des fertigen Gegenstands die gleiche ist, wie wenn die genannten Arbeiten in ihrem jeweiligen Gebiet durchgeführt worden wären.

Artikel 89

Die Mitgliedstaaten, die am 1. Januar 1993 nicht von der Möglichkeit der Anwendung eines ermäßigten Steuersatzes gemäß Artikel 98 Gebrauch gemacht haben, können vorsehen, dass die Steuerbemessungsgrundlage bei der Einfuhr von Kunstgegenständen, Sammlungsstücken oder Antiquitäten im Sinne des Artikels 311 Absatz 1 Nummern 2, 3 und 4 einem Bruchteil des gemäß den Artikeln 85, 86 und 87 ermittelten Betrags entspricht.

Der Bruchteil im Sinne des Absatzes 1 wird so festgelegt, dass sich die dergestalt für die Einfuhr geschuldete Mehrwertsteuer auf mindestens 5 % des gemäß den Artikeln 85, 86 und 87 ermittelten Betrags beläuft.

Kapitel 5
Verschiedene Bestimmungen

Artikel 90

(1) Im Falle der Annullierung, der Rückgängigmachung, der Auflösung, der vollständigen oder teilweisen Nichtbezahlung oder des Preisnachlasses nach der Bewirkung des Umsatzes wird die Steuerbemessungsgrundlage unter den von den Mitgliedstaaten festgelegten Bedingungen entsprechend vermindert.

(2) Die Mitgliedstaaten können im Falle der vollständigen oder teilweisen Nichtbezahlung von Absatz 1 abweichen.

Artikel 91

(1) Sind die zur Ermittlung der Steuerbemessungsgrundlage bei der Einfuhr dienenden Elemente in einer anderen Währung als der des Mitgliedstaats ausgedrückt, in dem die Steuerbemessungsgrundlage ermittelt wird, wird der Umrechnungskurs gemäß den Gemeinschaftsvorschriften zur Berechnung des Zollwerts festgesetzt.

(2) Sind die zur Ermittlung der Steuerbemessungsgrundlage eines anderen Umsatzes als der Einfuhr von Gegenständen dienenden Elemente in einer anderen Währung als der des Mitgliedstaats ausgedrückt, in dem die Steuerbemessungsgrundlage ermittelt wird, gilt als Umrechnungskurs der letzte Verkaufskurs, der zu dem Zeitpunkt, zu dem der Steueranspruch entsteht, an dem oder den repräsentativsten Devisenmärkten des betreffenden Mitgliedstaats verzeichnet wurde, oder ein

Kurs, der mit Bezug auf diesen oder diese Devisenmärkte entsprechend den von diesem Mitgliedstaat festgelegten Einzelheiten festgesetzt wurde.

Bei bestimmten Umsätzen im Sinne des Unterabsatzes 1 oder bei bestimmten Gruppen von Steuerpflichtigen können Mitgliedstaaten jedoch den Umrechnungskurs anwenden, der gemäß den Gemeinschaftsvorschriften zur Berechnung des Zollwerts festgesetzt worden ist.

Artikel 92

In Bezug auf die Kosten von zurückzugebenden Warenumschließungen können die Mitgliedstaaten wie folgt verfahren:

a) sie können sie bei der Ermittlung der Steuerbemessungsgrundlage unberücksichtigt lassen, müssen gleichzeitig aber die erforderlichen Vorkehrungen treffen, damit die Steuerbemessungsgrundlage berichtigt wird, wenn diese Umschließungen nicht zurückgegeben werden;

b) sie können sie bei der Ermittlung der Steuerbemessungsgrundlage berücksichtigen, müssen aber gleichzeitig die erforderlichen Vorkehrungen treffen, damit die Steuerbemessungsgrundlage berichtigt wird, wenn diese Umschließungen tatsächlich zurückgegeben werden.

Titel VIII
Steuersätze

Kapitel 1
Anwendung der Steuersätze

Artikel 93

Auf die steuerpflichtigen Umsätze ist der Steuersatz anzuwenden, der zu dem Zeitpunkt gilt, zu dem der Steuertatbestand eintritt.

In folgenden Fällen ist jedoch der Steuersatz anzuwenden, der zu dem Zeitpunkt gilt, zu dem der Steueranspruch entsteht:

a) die in den Artikeln 65 und 66 genannten Fälle;
b) innergemeinschaftlicher Erwerb von Gegenständen;
c) Einfuhr der in Artikel 71 Absatz 1 Unterabsatz 2 und Absatz 2 genannten Gegenstände.

Artikel 94

(1) Beim innergemeinschaftlichen Erwerb von Gegenständen ist der gleiche Steuersatz anzuwenden wie der, der für die Lieferung gleicher Gegenstände innerhalb des Gebiets des Mitgliedstaats gelten würde.

(2) Vorbehaltlich der in Artikel 103 Absatz 1 genannten Möglichkeit, auf die Einfuhr von Kunstgegenständen, Sammlungsstücken und Antiquitäten einen ermäßigten Steuersatz anzuwenden, ist bei der Einfuhr von Gegenständen der gleiche Steuersatz anzuwenden, der für die Lieferung gleicher Gegenstände innerhalb des Gebiets des Mitgliedstaats gilt.

Artikel 95

Ändert sich der Steuersatz, können die Mitgliedstaaten in den in Artikel 65 und 66 geregelten Fällen eine Berichtigung vornehmen, um dem Steuersatz Rechnung zu tragen, der zum Zeitpunkt der Lieferung der Gegenstände oder der Erbringung der Dienstleistungen anzuwenden ist.

Die Mitgliedstaaten können außerdem alle geeigneten Übergangsmaßnahmen treffen.

Kapitel 2
Struktur und Höhe der Steuersätze

Abschnitt 1
Normalsatz

Artikel 96

Die Mitgliedstaaten wenden einen Mehrwertsteuer-Normalsatz an, den jeder Mitgliedstaat als Prozentsatz der Bemessungsgrundlage festsetzt und der für die Lieferungen von Gegenständen und für Dienstleistungen gleich ist.

Artikel 97

Vom 1. Januar 2011 bis zum 31. Dezember 2015 muss der Normalsatz mindestens 15 % betragen.

Abschnitt 2
Ermäßigte Steuersätze

Artikel 98

(1) Die Mitgliedstaaten können einen oder zwei ermäßigte Steuersätze anwenden.

(2) Die ermäßigten Steuersätze sind nur auf die Lieferungen von Gegenständen und die Dienstleistungen der in Anhang III genannten Kategorien anwendbar.

Die ermäßigten Steuersätze sind nicht anwendbar auf elektronisch erbrachte Dienstleistungen.

(3) Zur Anwendung der ermäßigten Steuersätze im Sinne des Absatzes 1 auf Kategorien von Gegenständen können die Mitgliedstaaten die betreffenden Kategorien anhand der Kombinierten Nomenklatur genau abgrenzen.

Artikel 99

(1) Die ermäßigten Steuersätze werden als Prozentsatz der Bemessungsgrundlage festgesetzt, der mindestens 5 % betragen muss.

(2) Jeder ermäßigte Steuersatz wird so festgesetzt, dass es normalerweise möglich ist, von dem Mehrwertsteuerbetrag, der sich bei Anwendung dieses Steuersatzes ergibt, die gesamte nach den Artikeln 167 bis 171 sowie 173 bis 177 abziehbare Vorsteuer abzuziehen.

Artikel 100

Der Rat wird auf der Grundlage eines Berichts der Kommission erstmals 1994 und später alle zwei Jahre den Anwendungsbereich der ermäßigten Steuersätze überprüfen.

Der Rat kann gemäß Artikel 93 des Vertrags beschließen, das Verzeichnis von Gegenständen und Dienstleistungen in Anhang III zu ändern.

Artikel 101

Die Kommission legt dem Europäischen Parlament und dem Rat spätestens am 30. Juni 2007 auf der Grundlage der von einer unabhängigen Expertengruppe für Wirtschaftsfragen durchgeführten Untersuchung einen globalen Bewertungsbericht über die Auswirkungen der auf lokal erbrachte Dienstleistungen – einschließlich Bewirtung – angewandten ermäßigten Sätze vor, insbesondere in Bezug auf die Schaffung von Arbeitsplätzen, das Wirtschaftswachstum und das reibungslose Funktionieren des Binnenmarkts.

Abschnitt 3
Besondere Bestimmungen

Artikel 102

Nach Konsultation des Mehrwertsteuerausschusses kann jeder Mitgliedstaat auf Lieferungen von Erdgas, Elektrizität oder Fernwärme einen ermäßigten Steuersatz anwenden.

Artikel 103

(1) Die Mitgliedstaaten können vorsehen, dass der ermäßigte oder ein ermäßigter Steuersatz, den sie gemäß den Artikeln 98 und 99 anwenden, auch auf die Einfuhr von Kunstgegenständen, Sammlungsstücken und Antiquitäten im Sinne des Artikels 311 Absatz 1 Nummern 2, 3 und 4 anwendbar ist.

(2) Wenn die Mitgliedstaaten von der in Absatz 1 genannten Möglichkeit Gebrauch machen, können sie diesen ermäßigten Steuersatz auch auf folgende Lieferungen anwenden:

a) die Lieferung von Kunstgegenständen durch ihren Urheber oder dessen Rechtsnachfolger;

b) die Lieferung von Kunstgegenständen, die von einem Steuerpflichtigen, der kein steuerpflichtiger Wiederverkäufer ist, als Gelegenheitslieferung bewirkt wird, wenn die Kunstgegenstände von diesem Steuerpflichtigen selbst eingeführt wurden oder ihm von ihrem Urheber oder dessen Rechtsnachfolgern geliefert wurden oder ihm das Recht auf vollen Vorsteuerabzug eröffnet haben.

Artikel 104

Österreich kann in den Gemeinden Jungholz und Mittelberg (Kleines Walsertal) einen zweiten Normalsatz anwenden, der niedriger als der entsprechende, im restlichen Österreich angewandte Steuersatz ist, jedoch nicht unter 15 % liegen darf.

Artikel 104a

Zypern darf auf die Lieferung von Flüssiggas (LPG) in Flaschen einen der zwei ermäßigten Steuersätze gemäß Artikel 98 anwenden.

Artikel 105

(1) Portugal kann auf die Mautgebühren an Brücken im Raum Lissabon einen der zwei ermäßigten Steuersätze gemäß Artikel 98 anwenden.

(2) Portugal kann auf die in den autonomen Regionen Azoren und Madeira bewirkten Umsätze und auf die direkten Einfuhren in diese Regionen Steuersätze anwenden, die unter den entsprechenden, im Mutterland angewandten Steuersätzen liegen.

Kapitel 3
Befristete Bestimmungen für bestimmte arbeitsintensive Dienstleistungen

Artikel 106 bis 108

(gestrichen)

Kapitel 4
Bis zur Einführung der endgültigen Mehrwertsteuerregelung geltende besondere Bestimmungen

Artikel 109

Die Bestimmungen dieses Kapitels gelten bis zur Einführung der in Artikel 402 genannten endgültigen Regelung.

Artikel 110

Die Mitgliedstaaten, die am 1. Januar 1991 Steuerbefreiungen mit Recht auf Vorsteuerabzug oder ermäßigte Steuersätze angewandt haben, die unter dem in Artikel 99 festgelegten Mindestsatz lagen, können diese Regelungen weiterhin anwenden.

Die in Absatz 1 genannten Steuerbefreiungen und -ermäßigungen müssen mit dem Gemeinschaftsrecht vereinbar sein und dürfen nur aus genau definierten sozialen Gründen und zugunsten des Endverbrauchers erlassen worden sein.

Artikel 111

Unter den Voraussetzungen des Artikels 110 Absatz 2 können Steuerbefreiungen mit Recht auf Vorsteuerabzug weiterhin angewandt werden von

a) Finnland auf die Lieferungen von Zeitungen und Zeitschriften im Rahmen eines Abonnements und auf den Druck von Veröffentlichungen zur Verteilung an die Mitglieder gemeinnütziger Vereinigungen;

b) Schweden auf die Lieferungen von Zeitungen, einschließlich gesprochener Zeitungen (über Hörfunk und auf Kassetten) für Sehbehinderte, auf an Krankenhäuser oder auf Rezept verkaufte Arzneimittel und auf die Herstellung regelmäßig erscheinender Veröffentlichungen gemeinnütziger Organisationen und damit verbundene andere Dienstleistungen.

c) Malta auf die Lieferungen von Lebensmitteln für den menschlichen Gebrauch und von Arzneimitteln.

Artikel 112

Sollte Artikel 110 in Irland zu Wettbewerbsverzerrungen bei der Lieferung von Energieerzeugnissen für Heiz- und Beleuchtungszwecke führen, kann Irland auf Antrag von der Kommission ermächtigt werden, auf die Lieferungen dieser Erzeugnisse gemäß den Artikeln 98 und 99 einen ermäßigten Steuersatz anzuwenden.

Ergeben sich Wettbewerbsverzerrungen, unterbreitet Irland der Kommission einen entsprechenden Antrag, dem alle notwendigen Informationen beigefügt sind. Hat die Kommission binnen drei Monaten nach Eingang des Antrags keinen Beschluss gefasst, gilt Irland als zur Anwendung der vorgeschlagenen ermäßigten Steuersätze ermächtigt.

Artikel 113

Mitgliedstaaten, die am 1. Januar 1991 im Einklang mit den Gemeinschaftsvorschriften auf andere Lieferungen von Gegenständen und Dienstleistungen als die des Anhangs III Steuerbefreiungen mit Recht auf Vorsteuerabzug oder ermäßigte Sätze angewandt haben, die unter dem in Artikel 99 festgelegten Mindestsatz lagen, können auf die Lieferungen dieser Gegenstände und auf diese Dienstleistungen den ermäßigten Satz oder einen der beiden ermäßigten Sätze des Artikels 98 anwenden.

Anhang 7
MWSt-Richtlinie

Artikel 114

(1) Mitgliedstaaten, die am 1. Januar 1993 verpflichtet waren, den von ihnen am 1. Januar 1991 angewandten Normalsatz um mehr als 2 % heraufzusetzen, können auf die Lieferungen von Gegenständen und auf Dienstleistungen der in Anhang III genannten Kategorien einen ermäßigten Satz anwenden, der unter dem in Artikel 99 festgelegten Mindestsatz liegt.

Ferner können die in Unterabsatz 1 genannten Mitgliedstaaten einen solchen Satz auf Kinderbekleidung und Kinderschuhe sowie auf Wohnungen anwenden.

(2) Die Mitgliedstaaten dürfen auf der Grundlage des Absatzes 1 keine Steuerbefreiungen mit Recht auf Vorsteuerabzug vorsehen.

Artikel 115

Mitgliedstaaten, die am 1. Januar 1991 auf Kinderbekleidung und Kinderschuhe sowie auf Wohnungen einen ermäßigten Satz angewandt haben, können diesen Satz weiter anwenden.

Artikel 116

(gestrichen)

Artikel 117

(1) (gestrichen)

(2) Österreich darf auf die Vermietung von Grundstücken für Wohnzwecke einen der beiden ermäßigten Sätze des Artikels 98 anwenden, sofern dieser Satz mindestens 10 % beträgt.

Artikel 118

Mitgliedstaaten, die am 1. Januar 1991 auf nicht in Anhang III genannte Lieferungen von Gegenständen und Dienstleistungen einen ermäßigten Satz angewandt haben, können auf diese Umsätze den ermäßigten Satz oder einen der beiden ermäßigten Sätze des Artikels 98 anwenden, sofern dieser Satz mindestens 12 % beträgt.

Absatz 1 gilt nicht für die Lieferungen von Gebrauchtgegenständen, Kunstgegenständen, Sammlungsstücken und Antiquitäten im Sinne des Artikels 311 Absatz 1 Nummern 1 bis 4, die gemäß der Regelung für die Differenzbesteuerung der Artikel 312 bis 325 oder der Regelung für öffentliche Versteigerungen der Mehrwertsteuer unterliegen.

Artikel 119

Für die Zwecke der Anwendung des Artikels 118 darf Österreich auf die Lieferung von Wein aus eigener Erzeugung durch Weinbauern einen ermäßigten Satz anwenden, sofern dieser Satz mindestens 12 % beträgt.

Artikel 120

Griechenland darf in den Verwaltungsbezirken Lesbos, Chios, Samos, Dodekanes, Kykladen und auf den Inseln Thassos, Nördliche Sporaden, Samothrake und Skyros Sätze anwenden, die bis zu 30 % unter den entsprechenden, auf dem griechischen Festland geltenden Sätzen liegen.

Artikel 121

Mitgliedstaaten, die am 1. Januar 1993 die Ablieferung eines aufgrund eines Werkvertrags hergestellten beweglichen Gegenstands als Lieferung von Gegenständen betrachtet haben, können auf solche Lieferungen den Steuersatz anwenden, der auf den Gegenstand nach Durchführung der Arbeiten anwendbar ist.

Für die Zwecke der Anwendung des Absatzes 1 gilt als „Ablieferung eines aufgrund eines Werkvertrags hergestellten beweglichen Gegenstands" die Übergabe eines beweglichen Gegenstands an den Auftraggeber, den der Auftragnehmer aus Stoffen oder Gegenständen hergestellt oder zusammengestellt hat, die der Auftraggeber ihm zu diesem Zweck ausgehändigt hatte, wobei unerheblich ist, ob der Auftragnehmer hierfür einen Teil des verwandten Materials selbst beschafft hat.

Artikel 122

Die Mitgliedstaaten können auf Lieferungen von lebenden Pflanzen und sonstigen Erzeugnissen des Pflanzenanbaus, einschließlich Knollen, Wurzeln und ähnlichen Erzeugnissen, Schnittblumen und Pflanzenteilen zu Binde- oder Zierzwecken, sowie auf Lieferungen von Brennholz einen ermäßigten Satz anwenden.

Kapitel 5
Befristete Bestimmungen

Artikel 123

Die Tschechische Republik darf bis zum 31. Dezember 2010 weiterhin einen ermäßigten Satz von nicht weniger als 5 % auf Bauleistungen für den Wohnungsbau in einem nicht sozialpolitischen Kontext, ausgenommen Baumaterial, beibehalten.

Artikel 124

(gestrichen)

Artikel 125

(1) Zypern darf bis zum 31. Dezember 2010 eine Steuerbefreiung mit Recht auf Vorsteuerabzug auf Arzneimittel und Lebensmittel für den menschlichen Gebrauch, ausgenommen Speiseeis, Eis am Stiel, gefrorenen Joghurt, Wassereis und gleichwertige Erzeugnisse sowie Gesalzenes und Pikantes (Kartoffelchips/-stäbchen, „Puffs" und verpackte gleichwertige, nicht weiter zubereitete Erzeugnisse für den menschlichen Verzehr) beibehalten.

(2) (gestrichen)

Artikel 126

(gestrichen)

Artikel 127

(gestrichen)

Artikel 128

(1) Polen darf bis zum 31. Dezember 2010 eine Steuerbefreiung mit Recht auf Vorsteuerabzug auf die Lieferungen von bestimmten Büchern und Fachzeitschriften beibehalten.

(2) (gestrichen)

(3) Polen darf bis zum 31. Dezember 2010 einen ermäßigten Satz von nicht weniger als 3 % auf die in Anhang III Nummer 1 genannte Lieferung von Nahrungsmitteln beibehalten.

(4) Polen darf bis zum 31. Dezember 2010 einen ermäßigten Satz von nicht weniger als 7 % auf die Erbringung von Dienstleistungen für die Errichtung, die Renovierung und den Umbau von Wohnungen in einem nicht sozialpolitischen Kontext, ausgenommen Baumaterial, und auf die Lieferung der in Artikel 12 Absatz 1 Buchstabe a genannten Wohngebäude oder Teile von Wohngebäuden, die vor dem Erstbezug geliefert werden, beibehalten.

Artikel 129

(1) (gestrichen)

(2) Slowenien darf bis zum 31. Dezember 2010 einen ermäßigten Satz von mindestens 5 % auf die Errichtung, Renovierung und Instandhaltung von Wohngebäuden in einem nicht sozialpolitischen Kontext, ausgenommen Baumaterial, beibehalten.

Artikel 130

(gestrichen)

Titel IX
Steuerbefreiungen

Kapitel 1
Allgemeine Bestimmungen

Artikel 131

Die Steuerbefreiungen der Kapitel 2 bis 9 werden unbeschadet sonstiger Gemeinschaftsvorschriften und unter den Bedingungen angewandt, die die Mitgliedstaaten zur Gewährleistung einer korrekten und einfachen Anwendung dieser Befreiungen und zur Verhinderung von Steuerhinterziehung, Steuerumgehung oder Missbrauch festlegen.

Kapitel 2
Steuerbefreiungen für bestimmte, dem Gemeinwohl dienende Tätigkeiten

Artikel 132

(1) Die Mitgliedstaaten befreien folgende Umsätze von der Steuer:

a) von öffentlichen Posteinrichtungen erbrachte Dienstleistungen und dazugehörende Lieferungen von Gegenständen mit Ausnahme von Personenbeförderungs- und Telekommunikationsdienstleistungen;

b) Krankenhausbehandlungen und ärztliche Heilbehandlungen sowie damit eng verbundene Umsätze, die von Einrichtungen des öffentlichen Rechts oder unter Bedingungen, welche mit den Bedingungen für diese Einrichtungen in sozialer Hinsicht vergleichbar sind, von Krankenanstalten, Zentren für ärztliche Heilbehandlung und Diagnostik und anderen ordnungsgemäß anerkannten Einrichtungen gleicher Art durchgeführt beziehungsweise bewirkt werden;

c) Heilbehandlungen im Bereich der Humanmedizin, die im Rahmen der Ausübung der von dem betreffenden Mitgliedstaat definierten ärztlichen und arztähnlichen Berufe durchgeführt werden;

d) Lieferung von menschlichen Organen, menschlichem Blut und Frauenmilch;

e) Dienstleistungen, die Zahntechniker im Rahmen ihrer Berufsausübung erbringen, sowie Lieferungen von Zahnersatz durch Zahnärzte und Zahntechniker;

f) Dienstleistungen, die selbstständige Zusammenschlüsse von Personen, die eine Tätigkeit ausüben, die von der Steuer befreit ist oder für die sie nicht Steuerpflichtige sind, an ihre Mitglieder für unmittelbare Zwecke der Ausübung dieser Tätigkeit erbringen, soweit diese Zusammenschlüsse von ihren Mitgliedern lediglich die genaue Erstattung des jeweiligen Anteils an den gemeinsamen Kosten fordern, vorausgesetzt, dass diese Befreiung nicht zu einer Wettbewerbsverzerrung führt;

g) eng mit der Sozialfürsorge und der sozialen Sicherheit verbundene Dienstleistungen und Lieferungen von Gegenständen, einschließlich derjenigen, die durch Altenheime, Einrichtungen des öffentlichen Rechts oder andere von dem betreffenden Mitgliedstaat als Einrichtungen mit sozialem Charakter anerkannte Einrichtungen bewirkt werden;

h) eng mit der Kinder- und Jugendbetreuung verbundene Dienstleistungen und Lieferungen von Gegenständen durch Einrichtungen des öffentlichen Rechts oder andere von dem betreffenden Mitgliedstaat als Einrichtungen mit sozialem Charakter anerkannte Einrichtungen;

i) Erziehung von Kindern und Jugendlichen, Schul- und Hochschulunterricht, Aus- und Fortbildung sowie berufliche Umschulung und damit eng verbundene Dienstleistungen und Lieferungen von Gegenständen durch Einrichtungen des öffentlichen Rechts, die mit solchen Aufgaben betraut sind, oder andere Einrichtungen mit von dem betreffenden Mitgliedstaat anerkannter vergleichbarer Zielsetzung;

j) von Privatlehrern erteilter Schul- und Hochschulunterricht;

k) Gestellung von Personal durch religiöse und weltanschauliche Einrichtungen für die unter den Buchstaben b, g, h und i genannten Tätigkeiten und für Zwecke geistlichen Beistands;

l) Dienstleistungen und eng damit verbundene Lieferungen von Gegenständen, die Einrichtungen ohne Gewinnstreben, welche politische, gewerkschaftliche, religiöse, patriotische, weltanschauliche, philanthropische oder staatsbürgerliche Ziele verfolgen, an ihre Mitglieder in deren gemeinsamen Interesse gegen einen satzungsgemäß festgelegten Beitrag erbringen, vorausgesetzt, dass diese Befreiung nicht zu einer Wettbewerbsverzerrung führt;

m) bestimmte, in engem Zusammenhang mit Sport und Körperertüchtigung stehende Dienstleistungen, die Einrichtungen ohne Gewinnstreben an Personen erbringen, die Sport oder Körperertüchtigung ausüben;

n) bestimmte kulturelle Dienstleistungen und eng damit verbundene Lieferungen von Gegenständen, die von Einrichtungen des öffentlichen Rechts oder anderen von dem betreffenden Mitgliedstaat anerkannten kulturellen Einrichtungen erbracht werden;

o) Dienstleistungen und Lieferungen von Gegenständen bei Veranstaltungen durch Einrichtungen, deren Umsätze nach den Buchstaben b, g, h, i, l, m und n befreit sind, wenn die Veranstaltungen dazu bestimmt sind, den Einrichtungen eine finanzielle Unterstützung zu bringen und ausschließlich zu ihrem Nutzen durchgeführt werden, vorausgesetzt, dass diese Befreiung nicht zu einer Wettbewerbsverzerrung führt;

p) von ordnungsgemäß anerkannten Einrichtungen durchgeführte Beförderung von kranken und verletzten Personen in dafür besonders eingerichteten Fahrzeugen;

q) Tätigkeiten öffentlicher Rundfunk- und Fernsehanstalten, ausgenommen Tätigkeiten mit gewerblichem Charakter.

(2) Für die Zwecke des Absatzes 1 Buchstabe o können die Mitgliedstaaten alle erforderlichen Beschränkungen, insbesondere hinsichtlich der Anzahl der Veranstaltungen und der Höhe der für eine Steuerbefreiung in Frage kommenden Einnahmen, vorsehen.

Artikel 133

Die Mitgliedstaaten können die Gewährung der Befreiungen nach Artikel 132 Absatz 1 Buchstaben b, g, h, i, l, m und n für Einrichtungen, die keine Einrichtungen des öffentlichen Rechts sind, im Einzelfall von der Erfüllung einer oder mehrerer der folgenden Bedingungen abhängig machen:

a) Die betreffenden Einrichtungen dürfen keine systematische Gewinnerzielung anstreben; etwaige Gewinne, die trotzdem anfallen, dürfen nicht verteilt, sondern müssen zur Erhaltung oder Verbesserung der erbrachten Leistungen verwendet werden.

b) Leitung und Verwaltung dieser Einrichtungen müssen im Wesentlichen ehrenamtlich durch Personen erfolgen, die weder selbst noch über zwischengeschaltete Personen ein unmittelbares oder mittelbares Interesse am wirtschaftlichen Ergebnis der betreffenden Tätigkeiten haben.

c) Die Preise, die diese Einrichtungen verlangen, müssen von den zuständigen Behörden genehmigt sein oder die genehmigten Preise nicht übersteigen; bei Umsätzen, für die eine Preisgenehmigung nicht vorgesehen ist, müssen die verlangten Preise unter den Preisen liegen, die der Mehrwertsteuer unterliegende gewerbliche Unternehmen für entsprechende Umsätze fordern.

d) Die Befreiungen dürfen nicht zu einer Wettbewerbsverzerrung zum Nachteil von der Mehrwertsteuer unterliegenden gewerblichen Unternehmen führen.

Die Mitgliedstaaten, die am 1. Januar 1989 gemäß Anhang E der Richtlinie 77/388/EWG die Mehrwertsteuer auf die in Artikel 132 Absatz 1 Buchstaben m und n genannten Umsätze erhoben, können die unter Absatz 1 Buchstabe d des vorliegenden Artikels genannten Bedingungen auch anwenden, wenn für diese Lieferung von Gegenständen oder Dienstleistungen durch Einrichtungen des öffentlichen Rechts eine Befreiung gewährt wird.

Artikel 134

In folgenden Fällen sind Lieferungen von Gegenständen und Dienstleistungen von der Steuerbefreiung des Artikels 132 Absatz 1 Buchstaben b, g, h, i, l, m und n ausgeschlossen:

a) sie sind für die Umsätze, für die die Steuerbefreiung gewährt wird, nicht unerlässlich;

b) sie sind im Wesentlichen dazu bestimmt, der Einrichtung zusätzliche Einnahmen durch Umsätze zu verschaffen, die in unmittelbarem Wettbewerb mit Umsätzen von der Mehrwertsteuer unterliegenden gewerblichen Unternehmen bewirkt werden.

Kapitel 3
Steuerbefreiungen für andere Tätigkeiten

Artikel 135

(1) Die Mitgliedstaaten befreien folgende Umsätze von der Steuer:

a) Versicherungs- und Rückversicherungsumsätze einschließlich der dazugehörigen Dienstleistungen, die von Versicherungsmaklern und -vertretern erbracht werden;

b) die Gewährung und Vermittlung von Krediten und die Verwaltung von Krediten durch die Kreditgeber;

c) die Vermittlung und Übernahme von Verbindlichkeiten, Bürgschaften und anderen Sicherheiten und Garantien sowie die Verwaltung von Kreditsicherheiten durch die Kreditgeber;

d) Umsätze – einschließlich der Vermittlung – im Einlagengeschäft und Kontokorrentverkehr, im Zahlungs- und Überweisungsverkehr, im Geschäft mit Forderungen, Schecks und anderen Handelspapieren, mit Ausnahme der Einziehung von Forderungen;

e) Umsätze – einschließlich der Vermittlung –, die sich auf Devisen, Banknoten und Münzen beziehen, die gesetzliches Zahlungsmittel sind, mit Ausnahme von Sammlerstücken, d. h. Münzen aus Gold, Silber oder anderem Metall sowie Banknoten, die normalerweise nicht als gesetzliches Zahlungsmittel verwendet werden oder die von numismatischem Interesse sind;

f) Umsätze – einschließlich der Vermittlung, jedoch nicht der Verwahrung und der Verwaltung –, die sich auf Aktien, Anteile an Gesellschaften und Vereinigungen, Schuldverschreibungen oder sonstige Wertpapiere beziehen, mit Ausnahme von Warenpapieren und der in Artikel 15 Absatz 2 genannten Rechte und Wertpapiere;

g) die Verwaltung von durch die Mitgliedstaaten als solche definierten Sondervermögen;

h) Lieferung von in ihrem jeweiligen Gebiet gültigen Postwertzeichen, von Steuerzeichen und von sonstigen ähnlichen Wertzeichen zum aufgedruckten Wert;
i) Wetten, Lotterien und sonstige Glücksspiele mit Geldeinsatz unter den Bedingungen und Beschränkungen, die von jedem Mitgliedstaat festgelegt werden;
j) Lieferung von anderen Gebäuden oder Gebäudeteilen und dem dazugehörigen Grund und Boden als den in Artikel 12 Absatz 1 Buchstabe a genannten;
k) Lieferung unbebauter Grundstücke mit Ausnahme von Baugrundstücken im Sinne des Artikels 12 Absatz 1 Buchstabe b;
l) Vermietung und Verpachtung von Grundstücken.

(2) Die folgenden Umsätze sind von der Befreiung nach Absatz 1 Buchstabe l ausgeschlossen:
a) Gewährung von Unterkunft nach den gesetzlichen Bestimmungen der Mitgliedstaaten im Rahmen des Hotelgewerbes oder in Sektoren mit ähnlicher Zielsetzung, einschließlich der Vermietung in Ferienlagern oder auf Grundstücken, die als Campingplätze erschlossen sind;
b) Vermietung von Plätzen für das Abstellen von Fahrzeugen;
c) Vermietung von auf Dauer eingebauten Vorrichtungen und Maschinen;
d) Vermietung von Schließfächern.

Die Mitgliedstaaten können weitere Ausnahmen von der Befreiung nach Absatz 1 Buchstabe l vorsehen.

Artikel 136

Die Mitgliedstaaten befreien folgende Umsätze von der Steuer:
a) die Lieferungen von Gegenständen, die ausschließlich für eine auf Grund der Artikel 132, 135, 371, 375, 376, 377, des Artikels 378 Absatz 2, des Artikels 379 Absatz 2 sowie der Artikel 380 bis 390b von der Steuer befreite Tätigkeit bestimmt waren, wenn für diese Gegenstände kein Recht auf Vorsteuerabzug bestanden hat;
b) die Lieferungen von Gegenständen, deren Anschaffung oder Zuordnung gemäß Artikel 176 vom Vorsteuerabzug ausgeschlossen war.

Artikel 137

(1) Die Mitgliedstaaten können ihren Steuerpflichtigen das Recht einräumen, sich bei folgenden Umsätzen für eine Besteuerung zu entscheiden:
a) die in Artikel 135 Absatz 1 Buchstaben b bis g genannten Finanzumsätze;
b) Lieferung von anderen Gebäuden oder Gebäudeteilen und dem dazugehörigen Grund und Boden als den in Artikel 12 Absatz 1 Buchstabe a genannten;
c) Lieferung unbebauter Grundstücke mit Ausnahme von Baugrundstücken im Sinne des Artikels 12 Absatz 1 Buchstabe b;
d) Vermietung und Verpachtung von Grundstücken.

(2) Die Mitgliedstaaten legen die Einzelheiten für die Inanspruchnahme des Wahlrechts nach Absatz 1 fest.
Die Mitgliedstaaten können den Umfang dieses Wahlrechts einschränken.

Kapitel 4
Steuerbefreiungen bei innergemeinschaftlichen Umsätzen

Abschnitt 1
Steuerbefreiungen bei der Lieferung von Gegenständen

Artikel 138

(1) Die Mitgliedstaaten befreien die Lieferungen von Gegenständen, die durch den Verkäufer, den Erwerber oder für ihre Rechnung nach Orten außerhalb ihres jeweiligen Gebiets, aber innerhalb der Gemeinschaft versandt oder befördert werden, von der Steuer, wenn diese Lieferung an einen anderen Steuerpflichtigen oder an eine nichtsteuerpflichtige juristische Person bewirkt wird, der/die als solche/r in einem anderen Mitgliedstaat als dem des Beginns der Versendung oder Beförderung der Gegenstände handelt.

(2) Außer den in Absatz 1 genannten Lieferungen befreien die Mitgliedstaaten auch folgende Umsätze von der Steuer:
a) die Lieferungen neuer Fahrzeuge, die durch den Verkäufer, den Erwerber oder für ihre Rechnung an den Erwerber nach Orten außerhalb ihres jeweiligen Gebiets, aber innerhalb der Gemeinschaft versandt oder befördert werden, wenn die Lieferungen an Steuerpflichtige oder nichtsteuerpflichtige juristische Personen, deren innergemeinschaftliche Erwerbe von Gegen-

ständen gemäß Artikel 3 Absatz 1 nicht der Mehrwertsteuer unterliegen, oder an eine andere nichtsteuerpflichtige Person bewirkt werden;

b) die Lieferungen verbrauchsteuerpflichtiger Waren, die durch den Verkäufer, den Erwerber oder für ihre Rechnung an den Erwerber nach Orten außerhalb ihres jeweiligen Gebiets, aber innerhalb der Gemeinschaft versandt oder befördert werden, wenn die Lieferungen an Steuerpflichtige oder nichtsteuerpflichtige juristische Personen bewirkt werden, deren innergemeinschaftliche Erwerbe von Gegenständen, die keine verbrauchsteuerpflichtigen Waren sind, gemäß Artikel 3 Absatz 1 nicht der Mehrwertsteuer unterliegen, und wenn die Versendung oder Beförderung dieser Waren gemäß Artikel 7 Absätze 4 und 5 oder Artikel 16 der Richtlinie 92/12/EWG durchgeführt wird;

c) die Lieferungen von Gegenständen in Form der Verbringung in einen anderen Mitgliedstaat, die gemäß Absatz 1 und den Buchstaben a und b des vorliegenden Absatzes von der Mehrwertsteuer befreit wäre, wenn sie an einen anderen Steuerpflichtigen bewirkt würde.

Artikel 139

(1) Die Steuerbefreiung nach Artikel 138 Absatz 1 gilt nicht für die Lieferungen von Gegenständen durch Steuerpflichtige, die unter die Steuerbefreiung für Kleinunternehmen nach Maßgabe der Artikel 282 bis 292 fallen.

Ferner gilt die Steuerbefreiung nicht für die Lieferungen von Gegenständen an Steuerpflichtige oder nichtsteuerpflichtige juristische Personen, deren innergemeinschaftliche Erwerbe von Gegenständen gemäß Artikel 3 Absatz 1 nicht der Mehrwertsteuer unterliegen.

(2) Die Steuerbefreiung nach Artikel 138 Absatz 2 Buchstabe b gilt nicht für die Lieferungen verbrauchsteuerpflichtiger Waren durch Steuerpflichtige, die unter die Steuerbefreiung für Kleinunternehmen nach Maßgabe der Artikel 282 bis 292 fallen.

(3) Die Steuerbefreiung nach Artikel 138 Absatz 1 und Absatz 2 Buchstaben b und c gilt nicht für die Lieferungen von Gegenständen, die nach der Sonderregelung über die Differenzbesteuerung der Artikel 312 bis 325 oder der Regelung für öffentliche Versteigerungen der Mehrwertsteuer unterliegen.

Die Steuerbefreiung nach Artikel 138 Absatz 1 und Absatz 2 Buchstabe c gilt nicht für die Lieferungen von Gebrauchtfahrzeugen im Sinne des Artikels 327 Absatz 3, die nach der Übergangsregelung für Gebrauchtfahrzeuge der Mehrwertsteuer unterliegen.

Abschnitt 2
Steuerbefreiungen beim innergemeinschaftlichen Erwerb von Gegenständen

Artikel 140

Die Mitgliedstaaten befreien folgende Umsätze von der Steuer:

a) den innergemeinschaftlichen Erwerb von Gegenständen, deren Lieferung durch Steuerpflichtige in ihrem jeweiligen Gebiet in jedem Fall mehrwertsteuerfrei ist;

b) den innergemeinschaftlichen Erwerb von Gegenständen, deren Einfuhr gemäß Artikel 143 Absatz 1 Buchstaben a, b und c sowie Buchstaben e bis l in jedem Fall mehrwertsteuerfrei ist;

c) den innergemeinschaftlichen Erwerb von Gegenständen, für die der Erwerber gemäß den Artikeln 170 und 171 in jedem Fall das Recht auf volle Erstattung der Mehrwertsteuer hat, die gemäß Artikel 2 Absatz 1 Buchstabe b geschuldet würde.

Artikel 141

Jeder Mitgliedstaat trifft besondere Maßnahmen, damit ein innergemeinschaftlicher Erwerb von Gegenständen, der nach Artikel 40 als in seinem Gebiet bewirkt gilt, nicht mit der Mehrwertsteuer belastet wird, wenn folgende Voraussetzungen erfüllt sind:

a) der Erwerb von Gegenständen wird von einem Steuerpflichtigen bewirkt, der nicht in diesem Mitgliedstaat niedergelassen ist, aber in einem anderen Mitgliedstaat für Mehrwertsteuerzwecke erfasst ist;

b) der Erwerb von Gegenständen erfolgt für die Zwecke einer anschließenden Lieferung dieser Gegenstände durch den unter Buchstabe a genannten Steuerpflichtigen in diesem Mitgliedstaat;

c) die auf diese Weise von dem Steuerpflichtigen im Sinne von Buchstabe a erworbenen Gegenstände werden von einem anderen Mitgliedstaat aus als dem, in dem der Steuerpflichtige für Mehrwertsteuerzwecke erfasst ist, unmittelbar an die Person versandt oder befördert, an die er die anschließende Lieferung bewirkt;

d) Empfänger der anschließenden Lieferung ist ein anderer Steuerpflichtiger oder eine nichtsteuerpflichtige juristische Person, der bzw. die in dem betreffenden Mitgliedstaat für Mehrwertsteuerzwecke erfasst ist;
e) der Empfänger der Lieferung im Sinne des Buchstaben d ist gemäß Artikel 197 als Schuldner der Steuer für die Lieferung bestimmt worden, die von dem Steuerpflichtigen bewirkt wird, der nicht in dem Mitgliedstaat ansässig ist, in dem die Steuer geschuldet wird.

Abschnitt 3
Steuerbefreiungen für bestimmte Beförderungsleistungen

Artikel 142

Die Mitgliedstaaten befreien die innergemeinschaftliche Güterbeförderung nach oder von den Inseln, die die autonomen Regionen Azoren und Madeira bilden, sowie die Güterbeförderung zwischen diesen Inseln von der Steuer.

Kapitel 5
Steuerbefreiungen bei der Einfuhr

Artikel 143

(1) Die Mitgliedstaaten befreien folgende Umsätze von der Steuer:
a) die endgültige Einfuhr von Gegenständen, deren Lieferung durch Steuerpflichtige in ihrem jeweiligen Gebiet in jedem Fall mehrwertsteuerfrei ist;
b) die endgültige Einfuhr von Gegenständen, die in den Richtlinien 69/169/EWG,[1]) 83/181/EWG[2]) und 2006/79/EG[3]) des Rates geregelt ist;
c) die endgültige Einfuhr von Gegenständen aus Drittgebieten, die Teil des Zollgebiets der Gemeinschaft sind, im freien Verkehr, die unter die Steuerbefreiung nach Buchstabe b fallen würde, wenn die Gegenstände gemäß Artikel 30 Absatz 1 eingeführt worden wären;
d) die Einfuhr von Gegenständen, die von einem Drittgebiet oder einem Drittland aus in einen anderen Mitgliedstaat als den Mitgliedstaat der Beendigung der Versendung oder Beförderung versandt oder befördert werden, sofern die Lieferung dieser Gegenstände durch den gemäß Artikel 201 als Steuerschuldner bestimmten oder anerkannten Importeur bewirkt wird und gemäß Artikel 138 befreit ist;
e) die Wiedereinfuhr von unter eine Zollbefreiung fallenden Gegenständen durch denjenigen, der sie ausgeführt hat, und zwar in dem Zustand, in dem sie ausgeführt wurden;
f) die Einfuhr von Gegenständen im Rahmen der diplomatischen und konsularischen Beziehungen, für die eine Zollbefreiung gilt;
fa) die Einfuhr von Gegenständen durch die Europäische Gemeinschaft, die Europäische Atomgemeinschaft, die Europäische Zentralbank oder die Europäische Investitionsbank oder die von den Europäischen Gemeinschaften geschaffenen Einrichtungen, auf die das Protokoll vom 8. April 1965 über die Vorrechte und Befreiungen der Europäischen Gemeinschaften anwendbar ist, und zwar in den Grenzen und zu den Bedingungen, die in diesem Protokoll und den Übereinkünften zu seiner Umsetzung oder in den Abkommen über ihren Sitz festgelegt sind, sofern dies nicht zu Wettbewerbsverzerrungen führt;
g) die Einfuhr von Gegenständen durch internationale Einrichtungen, die nicht unter Buchstabe fa genannt sind und die von den Behörden des Aufnahmemitgliedstaats als internationale Einrichtungen anerkannt sind, sowie durch Angehörige dieser Einrichtungen, und zwar in den Grenzen und zu den Bedingungen, die in den internationalen Übereinkommen über die Gründung dieser Einrichtungen oder in den Abkommen über ihren Sitz festgelegt sind;
h) die Einfuhr von Gegenständen in den Mitgliedstaaten, die Vertragsparteien des Nordatlantikvertrags sind, durch die Streitkräfte anderer Parteien dieses Vertrags für den Gebrauch oder Verbrauch durch diese Streitkräfte oder ihr ziviles Begleitpersonal oder für die Versorgung

---

[1]) Richtlinie 69/169/EWG des Rates vom 28. Mai 1969 zur Harmonisierung der Rechts- und Verwaltungsvorschriften über die Befreiung von den Umsatzsteuern und Sonderverbrauchsteuern bei der Einfuhr im grenzüberschreitenden Reiseverkehr (ABl. L 133 vom 4. 6. 1969, S. 6). Zuletzt geändert durch die Richtlinie 2005/93/EG (ABl. L 346 vom 29. 12. 2005, S. 16).
[2]) Richtlinie 83/181/EWG des Rates vom 28. März 1983 zur Festlegung des Anwendungsbereichs von Artikel 14 Absatz 1 Buchstabe d der Richtlinie 77/388/EWG hinsichtlich der Mehrwertsteuerbefreiung bestimmter endgültiger Einfuhren von Gegenständen (ABl. L 105 vom 23. 4. 1983, S. 38). Zuletzt geändert durch die Beitrittsakte von 1995.
[3]) Richtlinie 2006/79/EG des Rates vom 5. Oktober 2006 über die Steuerbefreiungen bei der Einfuhr von Waren in Kleinsendungen nichtkommerzieller Art mit Herkunft aus Drittländern (kodifizierte Fassung) (ABl. L 286 vom 17. 10. 2006, S. 15).

ihrer Kasinos oder Kantinen, wenn diese Streitkräfte der gemeinsamen Verteidigungsanstrengung dienen;

i) die Einfuhr von Gegenständen, die von den gemäß dem Vertrag zur Gründung der Republik Zypern vom 16. August 1960 auf der Insel Zypern stationierten Streitkräften des Vereinigten Königreichs durchgeführt wird, wenn sie für den Gebrauch oder Verbrauch durch diese Streitkräfte oder ihr ziviles Begleitpersonal oder für die Versorgung ihrer Kasinos oder Kantinen bestimmt ist;

j) die durch Unternehmen der Seefischerei in Häfen durchgeführte Einfuhr von Fischereierzeugnissen, die noch nicht Gegenstand einer Lieferung gewesen sind, in unbearbeitetem Zustand oder nach Haltbarmachung für Zwecke der Vermarktung;

k) die Einfuhr von Gold durch Zentralbanken;

l) die Einfuhr von Gas über ein Erdgasnetz oder jedes an ein solches Netz angeschlossenes Netz, oder von Gas, das von einem Gastanker aus in ein Erdgasnetz oder ein vorgelagertes Gasleitungsnetz eingespeist wird, von Elektrizität oder von Wärme oder Kälte über Wärme- oder Kältenetze.

(2) Die Steuerbefreiung gemäß Absatz 1 Buchstabe d ist in den Fällen, in denen auf die Einfuhr von Gegenständen eine Lieferung von Gegenständen folgt, die gemäß Artikel 138 Absatz 1 und Absatz 2 Buchstabe c von der Steuer befreit ist, nur anzuwenden, wenn der Importeur zum Zeitpunkt der Einfuhr den zuständigen Behörden des Einfuhrmitgliedstaats mindestens die folgenden Angaben hat zukommen lassen:

a) seine im Einfuhrmitgliedstaat erteilte MwSt.-Identifikationsnummer oder die im Einfuhrmitgliedstaat erteilte MwSt.-Identifikationsnummer seines Steuervertreters, der die Steuer schuldet;

b) die in einem anderen Mitgliedstaat erteilte MwSt.-Identifikationsnummer des Erwerbers, an den die Gegenstände gemäß Artikel 138 Absatz 1 geliefert werden, oder seine eigene MwSt.-Identifikationsnummer, die in dem Mitgliedstaat erteilt wurde, in dem die Versendung oder Beförderung der Gegenstände endet, wenn die Gegenstände gemäß Artikel 138 Absatz 2 Buchstabe c verbracht werden;

c) den Nachweis, aus dem hervorgeht, dass die eingeführten Gegenstände dazu bestimmt sind, aus dem Einfuhrmitgliedstaat in einen anderen Mitgliedstaat befördert oder versandt zu werden.

Allerdings können die Mitgliedstaaten festlegen, dass der Nachweis nach Buchstabe c den zuständigen Behörden lediglich auf Ersuchen vorzulegen ist.

Artikel 144

Die Mitgliedstaaten befreien Dienstleistungen, die sich auf die Einfuhr von Gegenständen beziehen und deren Wert gemäß Artikel 86 Absatz 1 Buchstabe b in der Steuerbemessungsgrundlage enthalten ist.

Artikel 145

(1) Falls erforderlich, unterbreitet die Kommission dem Rat so rasch wie möglich Vorschläge zur genauen Festlegung des Anwendungsbereichs der Befreiungen der Artikel 143 und 144 und der praktischen Einzelheiten ihrer Anwendung.

(2) Bis zum Inkrafttreten der in Absatz 1 genannten Bestimmungen können die Mitgliedstaaten die geltenden nationalen Vorschriften beibehalten.

Die Mitgliedstaaten können ihre nationalen Vorschriften anpassen, um Wettbewerbsverzerrungen zu verringern und insbesondere die Nicht- oder Doppelbesteuerung innerhalb der Gemeinschaft zu vermeiden.

Die Mitgliedstaaten können die Verwaltungsverfahren anwenden, die ihnen zur Durchführung der Steuerbefreiung am geeignetsten erscheinen.

(3) Die Mitgliedstaaten teilen der Kommission ihre bereits geltenden nationalen Vorschriften mit, sofern diese noch nicht mitgeteilt wurden, und die Vorschriften, die sie im Sinne des Absatzes 2 erlassen; die Kommission unterrichtet hiervon die übrigen Mitgliedstaaten.

Kapitel 6
Steuerbefreiungen bei der Ausfuhr

Artikel 146

(1) Die Mitgliedstaaten befreien folgende Umsätze von der Steuer:

a) die Lieferungen von Gegenständen, die durch den Verkäufer oder für dessen Rechnung nach Orten außerhalb der Gemeinschaft versandt oder befördert werden;

b) die Lieferungen von Gegenständen, die durch den nicht in ihrem jeweiligen Gebiet ansässigen Erwerber oder für dessen Rechnung nach Orten außerhalb der Gemeinschaft versandt oder befördert werden, mit Ausnahme der vom Erwerber selbst beförderten Gegenstände zur Ausrüstung oder Versorgung von Sportbooten und Sportflugzeugen sowie von sonstigen Beförderungsmitteln, die privaten Zwecken dienen;

c) die Lieferungen von Gegenständen an zugelassene Körperschaften, die diese im Rahmen ihrer Tätigkeit auf humanitärem, karitativem oder erzieherischem Gebiet nach Orten außerhalb der Gemeinschaft ausführen;

d) Dienstleistungen in Form von Arbeiten an beweglichen körperlichen Gegenständen, die zwecks Durchführung dieser Arbeiten in der Gemeinschaft erworben oder eingeführt worden sind und die vom Dienstleistungserbringer oder dem nicht in ihrem jeweiligen Gebiet ansässigen Dienstleistungsempfänger oder für deren Rechnung nach Orten außerhalb der Gemeinschaft versandt oder befördert werden;

e) Dienstleistungen, einschließlich Beförderungsleistungen und Nebentätigkeiten zur Beförderung, ausgenommen die gemäß den Artikeln 132 und 135 von der Steuer befreiten Dienstleistungen, wenn sie in unmittelbarem Zusammenhang mit der Ausfuhr oder der Einfuhr von Gegenständen stehen, für die Artikel 61 oder Artikel 157 Absatz 1 Buchstabe a gilt.

(2) Die Steuerbefreiung des Absatzes 1 Buchstabe c kann im Wege einer Mehrwertsteuererstattung erfolgen.

Artikel 147

(1) Betrifft die in Artikel 146 Absatz 1 Buchstabe b genannte Lieferung Gegenstände zur Mitführung im persönlichen Gepäck von Reisenden, gilt die Steuerbefreiung nur, wenn die folgenden Voraussetzungen erfüllt sind:

a) der Reisende ist nicht in der Gemeinschaft ansässig;

b) die Gegenstände werden vor Ablauf des dritten auf die Lieferung folgenden Kalendermonats nach Orten außerhalb der Gemeinschaft befördert;

c) der Gesamtwert der Lieferung einschließlich Mehrwertsteuer übersteigt 175 EUR oder den Gegenwert in Landeswährung; der Gegenwert in Landeswährung wird alljährlich anhand des am ersten Arbeitstag im Oktober geltenden Umrechnungskurses mit Wirkung zum 1. Januar des folgenden Jahres festgelegt.

Die Mitgliedstaaten können jedoch eine Lieferung, deren Gesamtwert unter dem in Unterabsatz 1 Buchstabe c vorgesehenen Betrag liegt, von der Steuer befreien.

(2) Für die Zwecke des Absatzes 1 gilt ein Reisender als „nicht in der Gemeinschaft ansässig", wenn sein Wohnsitz oder sein gewöhnlicher Aufenthaltsort nicht in der Gemeinschaft liegt. Dabei gilt als „Wohnsitz oder gewöhnlicher Aufenthaltsort" der Ort, der im Reisepass, im Personalausweis oder in einem sonstigen Dokument eingetragen ist, das in dem Mitgliedstaat, in dessen Gebiet die Lieferung bewirkt wird, als Identitätsnachweis anerkannt ist.

Der Nachweis der Ausfuhr wird durch Rechnungen oder entsprechende Belege erbracht, die mit dem Sichtvermerk der Ausgangszollstelle der Gemeinschaft versehen sein müssen.

Jeder Mitgliedstaat übermittelt der Kommission ein Muster des Stempelabdrucks, den er für die Erteilung des Sichtvermerks im Sinne des Unterabsatzes 2 verwendet. Die Kommission leitet diese Information an die Steuerbehörden der übrigen Mitgliedstaaten weiter.

Kapitel 7
Steuerbefreiungen bei grenzüberschreitenden Beförderungen

Artikel 148

Die Mitgliedstaaten befreien folgende Umsätze von der Steuer:

a) die Lieferungen von Gegenständen zur Versorgung von Schiffen, die auf hoher See im entgeltlichen Passagierverkehr, zur Ausübung einer Handelstätigkeit, für gewerbliche Zwecke oder zur Fischerei sowie als Bergungs- oder Rettungsschiffe auf See oder zur Küstenfischerei eingesetzt sind, wobei im letztgenannten Fall die Lieferungen von Bordverpflegung ausgenommen sind;

b) die Lieferungen von Gegenständen zur Versorgung von Kriegsschiffen im Sinne des Codes der Kombinierten Nomenklatur (KN) 8906 10 00, die ihr Gebiet verlassen, um einen Hafen oder Ankerplatz außerhalb des Mitgliedstaats anzulaufen;

c) Lieferung, Umbau, Reparatur, Wartung, Vercharterung und Vermietung der unter Buchstabe a genannten Schiffe, sowie Lieferung, Vermietung, Reparatur und Wartung von Gegenständen, die in diese Schiffe eingebaut sind – einschließlich der Ausrüstung für die Fischerei –, oder die ihrem Betrieb dienen;

d) Dienstleistungen, die nicht unter Buchstabe c fallen und die unmittelbar für den Bedarf der unter Buchstabe a genannten Schiffe und ihrer Ladung erbracht werden;

Anhang 7
MWSt-Richtlinie

e) die Lieferungen von Gegenständen zur Versorgung von Luftfahrzeugen, die von Luftfahrtgesellschaften verwendet werden, die hauptsächlich im entgeltlichen internationalen Verkehr tätig sind;

f) Lieferung, Umbau, Reparatur, Wartung, Vercharterung und Vermietung der unter Buchstabe e genannten Luftfahrzeuge, sowie Lieferung, Vermietung, Reparatur und Wartung von Gegenständen, die in diese Luftfahrzeuge eingebaut sind oder ihrem Betrieb dienen;

g) Dienstleistungen, die nicht unter Buchstabe f fallen und die unmittelbar für den Bedarf der unter Buchstabe e genannten Luftfahrzeuge und ihrer Ladung erbracht werden.

Artikel 149

Portugal kann Beförderungen im See- und Luftverkehr zwischen den Inseln, die die autonomen Regionen Azoren und Madeira bilden, sowie zwischen diesen Regionen und dem Mutterland grenzüberschreitenden Beförderungen gleichstellen.

Artikel 150

(1) Falls erforderlich unterbreitet die Kommission dem Rat so rasch wie möglich Vorschläge zur genauen Festlegung des Anwendungsbereichs der Befreiungen des Artikels 148 und der praktischen Einzelheiten ihrer Anwendung.

(2) Bis zum Inkrafttreten der in Absatz 1 genannten Bestimmungen können die Mitgliedstaaten den Anwendungsbereich der Befreiungen nach Artikel 148 Buchstaben a und b beschränken.

Kapitel 8
Steuerbefreiungen bei bestimmten, Ausfuhren gleichgestellten Umsätzen

Artikel 151

(1) Die Mitgliedstaaten befreien folgende Umsätze von der Steuer:

a) Lieferungen von Gegenständen und Dienstleistungen, die im Rahmen der diplomatischen und konsularischen Beziehungen bewirkt werden;

aa) Lieferungen von Gegenständen und Dienstleistungen, die für die Europäische Gemeinschaft, die Europäische Atomgemeinschaft, die Europäische Zentralbank oder die Europäische Investitionsbank oder die von den Europäischen Gemeinschaften geschaffenen Einrichtungen, auf die das Protokoll vom 8. April 1965 über die Vorrechte und Befreiungen der Europäischen Gemeinschaften anwendbar ist, bestimmt sind, und zwar in den Grenzen und zu den Bedingungen, die in diesem Protokoll und den Übereinkünften zu seiner Umsetzung oder in den Abkommen über ihren Sitz festgelegt sind, sofern dies nicht zu Wettbewerbsverzerrungen führt;

b) Lieferungen von Gegenständen und Dienstleistungen, die für nicht unter Buchstabe aa genannte internationale Einrichtungen, die vom Aufnahmemitgliedstaat als solche anerkannt sind, sowie für die Angehörigen dieser Einrichtungen bestimmt sind, und zwar in den Grenzen und zu den Bedingungen, die in den internationalen Übereinkommen über die Gründung dieser Einrichtungen oder in den Abkommen über ihren Sitz festgelegt sind;

c) Lieferungen von Gegenständen und Dienstleistungen, die in den Mitgliedstaaten, die Vertragsparteien des Nordatlantikvertrags sind, an die Streitkräfte anderer Vertragsparteien bewirkt werden, wenn diese Umsätze für den Gebrauch oder Verbrauch durch diese Streitkräfte oder ihr ziviles Begleitpersonal oder für die Versorgung ihrer Kasinos oder Kantinen bestimmt sind und wenn diese Streitkräfte der gemeinsamen Verteidigungsanstrengung dienen;

d) Lieferungen von Gegenständen und Dienstleistungen, deren Bestimmungsort in einem anderen Mitgliedstaat liegt und die für die Streitkräfte anderer Vertragsparteien des Nordatlantikvertrags als des Bestimmungsmitgliedstaats selbst bestimmt sind, wenn diese Umsätze für den Gebrauch oder Verbrauch durch diese Streitkräfte oder ihr ziviles Begleitpersonal oder für die Versorgung ihrer Kasinos oder Kantinen bestimmt sind und wenn diese Streitkräfte der gemeinsamen Verteidigungsanstrengung dienen;

e) Lieferungen von Gegenständen und Dienstleistungen, die für die gemäß dem Vertrag zu Gründung der Republik Zypern vom 16. August 1960 auf der Insel Zypern stationierten Streitkräfte des Vereinigten Königreichs bestimmt sind, wenn diese Umsätze für den Gebrauch oder Verbrauch durch die Streitkräfte oder ihr ziviles Begleitpersonal oder für die Versorgung ihrer Kasinos oder Kantinen bestimmt sind.

Die in Unterabsatz 1 geregelten Befreiungen gelten unter den vom Aufnahmemitgliedstaat festgelegten Beschränkungen so lange, bis eine einheitliche Steuerregelung erlassen ist.

(2) Bei Gegenständen, die nicht aus dem Mitgliedstaat versandt oder befördert werden, in dem die Lieferung dieser Gegenstände bewirkt wird, und bei Dienstleistungen kann die Steuerbefreiung im Wege der Mehrwertsteuererstattung erfolgen.

Artikel 152

Die Mitgliedstaaten befreien die Lieferungen von Gold an Zentralbanken von der Steuer.

Kapitel 9
Steuerbefreiungen für Dienstleistungen von Vermittlern

Artikel 153

Die Mitgliedstaaten befreien Dienstleistungen von Vermittlern, die im Namen und für Rechnung Dritter handeln, von der Steuer, wenn sie in den Kapiteln 6, 7 und 8 genannte Umsätze oder Umsätze außerhalb der Gemeinschaft betreffen.

Die Befreiung nach Absatz 1 gilt nicht für Reisebüros, wenn diese im Namen und für Rechnung des Reisenden Leistungen bewirken, die in anderen Mitgliedstaaten erbracht werden.

Kapitel 10
Steuerbefreiungen beim grenzüberschreitenden Warenverkehr

Abschnitt 1
Zolllager, andere Lager als Zolllager sowie gleichartige Regelungen

Artikel 154

Für die Zwecke dieses Abschnitts gelten als „andere Lager als Zolllager" bei verbrauchsteuerpflichtigen Waren die Orte, die Artikel 4 Buchstabe b der Richtlinie 92/12/EWG als Steuerlager definiert, und bei nicht verbrauchsteuerpflichtigen Waren die Orte, die die Mitgliedstaaten als solche definieren.

Artikel 155

Unbeschadet der übrigen gemeinschaftlichen Steuervorschriften können die Mitgliedstaaten nach Konsultation des Mehrwertsteuerausschusses besondere Maßnahmen treffen, um einige oder sämtliche in diesem Abschnitt genannten Umsätze von der Steuer zu befreien, sofern diese nicht für die endgültige Verwendung oder einen Endverbrauch bestimmt sind und sofern der beim Verlassen der in diesem Abschnitt genannten Verfahren oder sonstigen Regelungen geschuldete Mehrwertsteuerbetrag demjenigen entspricht, der bei der Besteuerung jedes einzelnen dieser Umsätze in ihrem Gebiet geschuldet worden wäre.

Artikel 156

(1) Die Mitgliedstaaten können folgende Umsätze von der Steuer befreien:

a) die Lieferungen von Gegenständen, die zollamtlich erfasst und gegebenenfalls in einem Übergangslager vorübergehend verwahrt bleiben sollen;

b) die Lieferungen von Gegenständen, die in einer Freizone oder einem Freilager gelagert werden sollen;

c) die Lieferungen von Gegenständen, die einer Zolllagerregelung oder einer Regelung für den aktiven Veredelungsverkehr unterliegen sollen;

d) die Lieferungen von Gegenständen, die in die Hoheitsgewässer verbracht werden sollen, um im Rahmen des Baus, der Reparatur, der Wartung, des Umbaus oder der Ausrüstung von Bohrinseln oder Förderplattformen in diese eingebaut oder für die Verbindung dieser Bohrinseln oder Förderplattformen mit dem Festland verwendet zu werden;

e) die Lieferungen von Gegenständen, die in die Hoheitsgewässer verbracht werden sollen, um zur Versorgung von Bohrinseln oder Förderplattformen verwendet zu werden.

(2) Die in Absatz 1 genannten Orte sind diejenigen, die in den geltenden Zollvorschriften der Gemeinschaft als solche definiert sind.

Artikel 157

(1) Die Mitgliedstaaten können folgende Umsätze von der Steuer befreien:

a) die Einfuhr von Gegenständen, die einer Regelung für andere Lager als Zolllager unterliegen sollen;

b) die Lieferungen von Gegenständen, die in ihrem Gebiet einer Regelung für andere Lager als Zolllager unterliegen sollen.

(2) Die Mitgliedstaaten dürfen bei nicht verbrauchsteuerpflichtigen Waren keine andere Lagerregelung als eine Zolllagerregelung vorsehen, wenn diese Waren zur Lieferung auf der Einzelhandelsstufe bestimmt sind.

Artikel 158

(1) Abweichend von Artikel 157 Absatz 2 können die Mitgliedstaaten eine Regelung für andere Lager als Zolllager in folgenden Fällen vorsehen:

a) sofern die Gegenstände für Tax-free-Verkaufsstellen für Zwecke ihrer gemäß Artikel 146 Absatz 1 Buchstabe b befreiten Lieferungen zur Mitführung im persönlichen Gepäck von Reisenden bestimmt sind, die sich per Flugzeug oder Schiff in ein Drittgebiet oder ein Drittland begeben;

b) sofern die Gegenstände für Steuerpflichtige für Zwecke ihrer Lieferungen an Reisende an Bord eines Flugzeugs oder eines Schiffs während eines Flugs oder einer Seereise bestimmt sind, deren Zielort außerhalb der Gemeinschaft gelegen ist;

c) sofern die Gegenstände für Steuerpflichtige für Zwecke ihrer gemäß Artikel 151 von der Mehrwertsteuer befreiten Lieferungen bestimmt sind.

(2) Mitgliedstaaten, die von der in Absatz 1 Buchstabe a vorgesehenen Möglichkeit der Steuerbefreiung Gebrauch machen, treffen die erforderlichen Maßnahmen, um eine korrekte und einfache Anwendung dieser Befreiung zu gewährleisten und Steuerhinterziehung, Steuerumgehung oder Missbrauch zu verhindern.

(3) Für die Zwecke des Absatzes 1 Buchstabe a gilt als „Tax-free-Verkaufsstelle" jede Verkaufsstelle innerhalb eines Flug- oder Seehafens, die die von den zuständigen Behörden festgelegten Voraussetzungen erfüllt.

Artikel 159

Die Mitgliedstaaten können Dienstleistungen von der Steuer befreien, die mit der Lieferung von Gegenständen im Sinne des Artikels 156, des Artikels 157 Absatz 1 Buchstabe b und des Artikels 158 zusammenhängen.

Artikel 160

(1) Die Mitgliedstaaten können folgende Umsätze von der Steuer befreien:

a) die Lieferungen von Gegenständen und das Erbringen von Dienstleistungen an den in Artikel 156 Absatz 1 genannten Orten, wenn diese Umsätze in ihrem Gebiet unter Wahrung einer der in demselben Absatz genannten Verfahren bewirkt werden;

b) die Lieferungen von Gegenständen und das Erbringen von Dienstleistungen an den in Artikel 157 Absatz 1 Buchstabe b und Artikel 158 genannten Orten, wenn diese Umsätze in ihrem Gebiet unter Wahrung eines der in Artikel 157 Absatz 1 Buchstabe b beziehungsweise Artikel 158 Absatz 1 genannten Verfahren bewirkt werden.

(2) Mitgliedstaaten, die von der Möglichkeit nach Absatz 1 Buchstabe a für in Zolllagern bewirkte Umsätze Gebrauch machen, treffen die erforderlichen Maßnahmen, um Regelungen für andere Lager als Zolllager festzulegen, die die Anwendung von Absatz 1 Buchstabe b auf diese Umsätze ermöglichen, wenn sie in Anhang V genannte Gegenstände betreffen und unter dieser Regelung für andere Lager als Zolllager bewirkt werden.

Artikel 161

Die Mitgliedstaaten können folgende Lieferungen von Gegenständen und damit zusammenhängende Dienstleistungen von der Steuer befreien:

a) die Lieferungen von Gegenständen nach Artikel 30 Absatz 1 unter Wahrung des Verfahrens der vorübergehenden Verwendung bei vollständiger Befreiung von den Einfuhrabgaben oder des externen Versandverfahrens;

b) die Lieferungen von Gegenständen nach Artikel 30 Absatz 2 unter Wahrung des internen Versandverfahrens nach Artikel 276.

Artikel 162

Mitgliedstaaten, die von der Möglichkeit nach diesem Abschnitt Gebrauch machen, stellen sicher, dass für den innergemeinschaftlichen Erwerb von Gegenständen, der unter eines der Verfahren oder eine der Regelungen im Sinne des Artikels 156, des Artikels 157 Absatz 1 Buchstabe b und des Artikels 158 fällt, dieselben Vorschriften angewandt werden wie auf die Lieferungen von Gegenständen, die unter gleichen Bedingungen in ihrem Gebiet bewirkt wird.

Artikel 163

Ist das Verlassen der Verfahren oder der sonstigen Regelungen im Sinne dieses Abschnitts mit einer Einfuhr im Sinne des Artikels 61 verbunden, trifft der Einfuhrmitgliedstaat die erforderlichen Maßnahmen, um eine Doppelbesteuerung zu vermeiden.

Abschnitt 2
Steuerbefreiung von Umsätzen im Hinblick auf eine Ausfuhr und im Rahmen des Handels zwischen den Mitgliedstaaten

Artikel 164

(1) Die Mitgliedstaaten können nach Konsultation des Mehrwertsteuerausschusses folgende von einem Steuerpflichtigen getätigte oder für einen Steuerpflichtigen bestimmte Umsätze bis zu dem Betrag von der Steuer befreien, der dem Wert der von diesem Steuerpflichtigen getätigten Ausfuhren in den vorangegangenen zwölf Monaten entspricht:

a) innergemeinschaftlicher Erwerb von Gegenständen durch einen Steuerpflichtigen sowie Einfuhr und Lieferung von Gegenständen an einen Steuerpflichtigen, der diese unverarbeitet oder verarbeitet nach Orten außerhalb der Gemeinschaft auszuführen beabsichtigt;

b) Dienstleistungen im Zusammenhang mit der Ausfuhrtätigkeit dieses Steuerpflichtigen.

(2) Mitgliedstaaten, die von der Möglichkeit der Steuerbefreiung nach Absatz 1 Gebrauch machen, befreien nach Konsultation des Mehrwertsteuerausschusses auch die Umsätze im Zusammenhang mit Lieferungen des Steuerpflichtigen unter den Voraussetzungen des Artikels 138 bis zu dem Betrag, der dem Wert seiner derartigen Lieferungen in den vorangegangenen zwölf Monaten entspricht, von der Steuer.

Artikel 165

Die Mitgliedstaaten können für die Steuerbefreiungen gemäß Artikel 164 einen gemeinsamen Höchstbetrag festsetzen.

Abschnitt 3
Gemeinsame Bestimmungen für die Abschnitte 1 und 2

Artikel 166

Falls erforderlich unterbreitet die Kommission dem Rat so rasch wie möglich Vorschläge über gemeinsame Modalitäten für die Anwendung der Mehrwertsteuer auf die in den Abschnitten 1 und 2 genannten Umsätze.

Titel X
Vorsteuerabzug

Kapitel 1
Entstehung und Umfang des Rechts auf Vorsteuerabzug

Artikel 167

Das Recht auf Vorsteuerabzug entsteht, wenn der Anspruch auf die abziehbare Steuer entsteht.

Artikel 168

Soweit die Gegenstände und Dienstleistungen für die Zwecke seiner besteuerten Umsätze verwendet werden, ist der Steuerpflichtige berechtigt, in dem Mitgliedstaat, in dem er diese Umsätze bewirkt, vom Betrag der von ihm geschuldeten Steuer folgende Beträge abzuziehen:

a) die in diesem Mitgliedstaat geschuldete oder entrichtete Mehrwertsteuer für Gegenstände und Dienstleistungen, die ihm von einem anderen Steuerpflichtigen geliefert bzw. erbracht wurden oder werden;

b) die Mehrwertsteuer, die für Umsätze geschuldet wird, die der Lieferung von Gegenständen beziehungsweise dem Erbringen von Dienstleistungen gemäß Artikel 18 Buchstabe a sowie Artikel 27 gleichgestellt sind;

c) die Mehrwertsteuer, die für den innergemeinschaftlichen Erwerb von Gegenständen gemäß Artikel 2 Absatz 1 Buchstabe b Ziffer i geschuldet wird;

d) die Mehrwertsteuer, die für dem innergemeinschaftlichen Erwerb gleichgestellte Umsätze gemäß den Artikeln 21 und 22 geschuldet wird;

e) die Mehrwertsteuer, die für die Einfuhr von Gegenständen in diesem Mitgliedstaat geschuldet wird oder entrichtet worden ist.

Anhang 7
MWSt-Richtlinie

Artikel 168a

(1) Soweit ein dem Unternehmen zugeordnetes Grundstück vom Steuerpflichtigen sowohl für unternehmerische Zwecke als auch für seinen privaten Bedarf oder den seines Personals oder allgemein für unternehmensfremde Zwecke verwendet wird, darf bei Ausgaben im Zusammenhang mit diesem Grundstück höchstens der Teil der Mehrwertsteuer nach den Grundsätzen der Artikel 167, 168, 169 und 173 abgezogen werden, der auf die Verwendung des Grundstücks für unternehmerische Zwecke des Steuerpflichtigen entfällt.

Ändert sich der Verwendungsanteil eines Grundstücks nach Unterabsatz 1, so werden diese Änderungen abweichend von Artikel 26 nach den in dem betreffenden Mitgliedstaat geltenden Vorschriften zur Anwendung der in den Artikeln 184 bis 192 festgelegten Grundsätze berücksichtigt.

(2) Die Mitgliedstaaten können Absatz 1 auch auf die Mehrwertsteuer auf Ausgaben im Zusammenhang mit von ihnen definierten sonstigen Gegenständen anwenden, die dem Unternehmen zugeordnet sind.

Artikel 169

Über den Vorsteuerabzug nach Artikel 168 hinaus hat der Steuerpflichtige das Recht, die in jenem Artikel genannte Mehrwertsteuer abzuziehen, soweit die Gegenstände und Dienstleistungen für die Zwecke folgender Umsätze verwendet werden:

a) für seine Umsätze, die sich aus den in Artikel 9 Absatz 1 Unterabsatz 2 genannten Tätigkeiten ergeben, die außerhalb des Mitgliedstaats, in dem diese Steuer geschuldet oder entrichtet wird, bewirkt werden und für die das Recht auf Vorsteuerabzug bestünde, wenn sie in diesem Mitgliedstaat bewirkt worden wären;

b) für seine Umsätze, die gemäß den Artikeln 138, 142, 144, 146 bis 149, 151, 152, 153, 156, dem Artikel 157 Absatz 1 Buchstabe b, den Artikeln 158 bis 161 und Artikel 164 befreit sind;

c) für seine gemäß Artikel 135 Absatz 1 Buchstaben a bis f befreiten Umsätze, wenn der Dienstleistungsempfänger außerhalb der Gemeinschaft ansässig ist oder wenn diese Umsätze unmittelbar mit Gegenständen zusammenhängen, die zur Ausfuhr aus der Gemeinschaft bestimmt sind.

Artikel 170

Jeder Steuerpflichtige, der im Sinne des Artikels 1 der Richtlinie 86/560/EWG[1]), des Artikels 2 Nummer 1 und des Artikels 3 der Richtlinie 2008/9/EG[2]) und des Artikels 171 der vorliegenden Richtlinie nicht in dem Mitgliedstaat ansässig ist, in dem er die Gegenstände und Dienstleistungen erwirbt oder mit der Mehrwertsteuer belastete Gegenstände einführt, hat Anspruch auf Erstattung dieser Steuer, soweit die Gegenstände und Dienstleistungen für die Zwecke folgender Umsätze verwendet werden:

a) die in Artikel 169 genannten Umsätze;

b) die Umsätze, bei denen die Steuer nach den Artikeln 194 bis 197 und 199 lediglich vom Empfänger geschuldet wird.

Artikel 171

(1) Die Erstattung der Mehrwertsteuer an Steuerpflichtige, die nicht in dem Mitgliedstaat, in dem sie die Gegenstände und Dienstleistungen erwerben oder mit der Mehrwertsteuer belastete Gegenstände einführen, sondern in einem anderen Mitgliedstaat ansässig sind, erfolgt nach dem in der Richtlinie 2008/9/EG vorgesehenen Verfahren.

(2) Die Erstattung der Mehrwertsteuer an nicht im Gebiet der Gemeinschaft ansässige Steuerpflichtige erfolgt nach dem in der Richtlinie 86/560/EWG vorgesehenen Verfahren.

Steuerpflichtige im Sinne des Artikels 1 der Richtlinie 86/560/EWG, die in dem Mitgliedstaat, in dem sie die Gegenstände und Dienstleistungen erwerben oder mit der Mehrwertsteuer belastete Gegenstände einführen, ausschließlich Lieferungen von Gegenständen und Dienstleistungen bewirken, für die gemäß den Artikeln 194 bis 197 und 199 der Empfänger der Umsätze als Steuerschuldner bestimmt worden ist, gelten bei Anwendung der genannten Richtlinie ebenfalls als nicht in der Gemeinschaft ansässige Steuerpflichtige.

---

[1]) Dreizehnte Richtlinie 86/560/EWG des Rates vom 17. November 1986 zur Harmonisierung der Rechtsvorschriften der Mitgliedstaaten über die Umsatzsteuern – Verfahren der Erstattung der Mehrwertsteuer an nicht im Gebiet der Gemeinschaft ansässige Steuerpflichtige (ABl. L 326 vom 21. 11. 1986, S. 40).

[2]) Richtlinie 2008/9/EG des Rates vom 12. Februar 2008 zur Regelung der Erstattung der Mehrwertsteuer gemäß der Richtlinie 2006/112/EG an nicht im Mitgliedstaat der Erstattung, sondern in einem anderen Mitgliedstaat ansässige Steuerpflichtige (ABl. L 44 vom 20. 2. 2008, S. 23).

(3) Die Richtlinie 86/560/EWG gilt nicht für:
a) nach den Rechtsvorschriften des Mitgliedstaats der Erstattung fälschlich in Rechnung gestellte Mehrwertsteuerbeträge;
b) in Rechnung gestellte Mehrwertsteuerbeträge für Lieferungen von Gegenständen, die gemäß Artikel 138 oder Artikel 146 Absatz 1 Buchstabe b von der Steuer befreit sind oder befreit werden können.

Artikel 171a

Die Mitgliedstaaten können anstatt der Gewährung einer Erstattung der Mehrwertsteuer gemäß den Richtlinien 86/560/EWG oder 2008/9/EG für Lieferungen von Gegenständen oder Dienstleistungen an einen Steuerpflichtigen, für die dieser Steuerpflichtige die Steuer gemäß den Artikeln 194 bis 197 oder Artikel 199 schuldet, den Abzug dieser Steuer nach dem Verfahren gemäß Artikel 168 erlauben. Bestehende Beschränkungen nach Artikel 2 Absatz 2 und Artikel 4 Absatz 2 der Richtlinie 86/560/EWG können beibehalten werden.

Zu diesem Zweck können die Mitgliedstaaten den Steuerpflichtigen, der die Steuer zu entrichten hat, von dem Erstattungsverfahren gemäß den Richtlinien 86/560/EWG oder 2008/9/EG ausschließen.

Artikel 172

(1) Jede Person, die als Steuerpflichtiger gilt, weil sie gelegentlich die Lieferung eines neuen Fahrzeugs unter den Voraussetzungen des Artikels 138 Absatz 1 und Absatz 2 Buchstabe a bewirkt, hat in dem Mitgliedstaat, in dem die Lieferung bewirkt wird, das Recht auf Abzug der im Einkaufspreis enthaltenen oder bei der Einfuhr oder dem innergemeinschaftlichen Erwerb dieses Fahrzeugs entrichteten Mehrwertsteuer im Umfang oder bis zur Höhe des Betrags, den sie als Steuer schulden würde, wenn die Lieferung nicht befreit wäre.

Das Recht auf Vorsteuerabzug entsteht zum Zeitpunkt der Lieferung des neuen Fahrzeugs und kann nur zu diesem Zeitpunkt ausgeübt werden.

(2) Die Mitgliedstaaten legen die Einzelheiten der Anwendung des Absatzes 1 fest.

Kapitel 2
Pro-rata-Satz des Vorsteuerabzugs

Artikel 173

(1) Soweit Gegenstände und Dienstleistungen von einem Steuerpflichtigen sowohl für Umsätze verwendet werden, für die ein Recht auf Vorsteuerabzug gemäß den Artikeln 168, 169 und 170 besteht, als auch für Umsätze, für die kein Recht auf Vorsteuerabzug besteht, darf nur der Teil der Mehrwertsteuer abgezogen werden, der auf den Betrag der erstgenannten Umsätze entfällt.

Der Pro-rata-Satz des Vorsteuerabzugs wird gemäß den Artikeln 174 und 175 für die Gesamtheit der von dem Steuerpflichtigen bewirkten Umsätze festgelegt.

(2) Die Mitgliedstaaten können folgende Maßnahmen ergreifen:
a) dem Steuerpflichtigen gestatten, für jeden Bereich seiner Tätigkeit einen besonderen Pro-rata-Satz anzuwenden, wenn für jeden dieser Bereiche getrennte Aufzeichnungen geführt werden;
b) dem Steuerpflichtigen verpflichten, für jeden Bereich seiner Tätigkeit einen besonderen Pro-rata-Satz anzuwenden und für jeden dieser Bereiche getrennte Aufzeichnungen zu führen;
c) dem Steuerpflichtigen gestatten oder ihn verpflichten, den Vorsteuerabzug je nach der Zuordnung der Gesamtheit oder eines Teils der Gegenstände oder Dienstleistungen vorzunehmen;
d) dem Steuerpflichtigen gestatten oder ihn verpflichten, den Vorsteuerabzug gemäß Absatz 1 Unterabsatz 1 bei allen Gegenständen und Dienstleistungen vorzunehmen, die für die dort genannten Umsätze verwendet wurden;
e) vorsehen, dass der Betrag der Mehrwertsteuer, der vom Steuerpflichtigen nicht abgezogen werden kann, nicht berücksichtigt wird, wenn er geringfügig ist.

Artikel 174

(1) Der Pro-rata-Satz des Vorsteuerabzugs ergibt sich aus einem Bruch, der sich wie folgt zusammensetzt:
a) im Zähler steht der je Jahr ermittelte Gesamtbetrag – ohne Mehrwertsteuer – der Umsätze, die zum Vorsteuerabzug gemäß den Artikeln 168 und 169 berechtigen;
b) im Nenner steht der je Jahr ermittelte Gesamtbetrag – ohne Mehrwertsteuer – der im Zähler stehenden Umsätze und der Umsätze, die nicht zum Vorsteuerabzug berechtigen.

Die Mitgliedstaaten können in den Nenner auch den Betrag der Subventionen einbeziehen, die nicht unmittelbar mit dem Preis der Lieferungen von Gegenständen oder der Dienstleistungen im Sinne des Artikels 73 zusammenhängen.

(2) Abweichend von Absatz 1 bleiben bei der Berechnung des Pro-rata-Satzes des Vorsteuerabzugs folgende Beträge außer Ansatz:
a) der Betrag, der auf die Lieferungen von Investitionsgütern entfällt, die vom Steuerpflichtigen in seinem Unternehmen verwendet werden;
b) der Betrag, der auf Hilfsumsätze mit Grundstücks- und Finanzgeschäften entfällt;
c) der Betrag, der auf Umsätze im Sinne des Artikels 135 Absatz 1 Buchstaben b bis g entfällt, sofern es sich dabei um Hilfsumsätze handelt.

(3) Machen die Mitgliedstaaten von der Möglichkeit nach Artikel 191 Gebrauch, keine Berichtigung in Bezug auf Investitionsgüter zu verlangen, können sie den Erlös aus dem Verkauf dieser Investitionsgüter bei der Berechnung des Pro-rata-Satzes des Vorsteuerabzugs berücksichtigen.

Artikel 175

(1) Der Pro-rata-Satz des Vorsteuerabzugs wird auf Jahresbasis in Prozent festgesetzt und auf einen vollen Prozentsatz aufgerundet.

(2) Der für ein Jahr vorläufig geltende Pro-rata-Satz bemisst sich nach dem auf der Grundlage der Umsätze des vorangegangenen Jahres ermittelten Pro-rata-Satz. Ist eine solche Bezugnahme nicht möglich oder nicht stichhaltig, wird der Pro-rata-Satz vom Steuerpflichtigen unter Überwachung durch die Finanzverwaltung nach den voraussichtlichen Verhältnissen vorläufig geschätzt.

Die Mitgliedstaaten können jedoch die Regelung beibehalten, die sie am 1. Januar 1979 beziehungsweise im Falle der nach diesem Datum der Gemeinschaft beigetretenen Mitgliedstaaten am Tag ihres Beitritts angewandt haben.

(3) Die Festsetzung des endgültigen Pro-rata-Satzes, die für jedes Jahr im Laufe des folgenden Jahres vorgenommen wird, führt zur Berichtigung der nach dem vorläufigen Pro-rata-Satz vorgenommenen Vorsteuerabzüge.

Kapitel 3
Einschränkungen des Rechts auf Vorsteuerabzug

Artikel 176

Der Rat legt auf Vorschlag der Kommission einstimmig fest, welche Ausgaben kein Recht auf Vorsteuerabzug eröffnen. In jedem Fall werden diejenigen Ausgaben vom Recht auf Vorsteuerabzug ausgeschlossen, die keinen streng geschäftlichen Charakter haben, wie Luxusausgaben, Ausgaben für Vergnügungen und Repräsentationsaufwendungen.

Bis zum Inkrafttreten der Bestimmungen im Sinne des Absatzes 1 können die Mitgliedstaaten alle Ausschlüsse beibehalten, die am 1. Januar 1979 beziehungsweise im Falle der nach diesem Datum der Gemeinschaft beigetretenen Mitgliedstaaten am Tag ihres Beitritts in ihren nationalen Rechtsvorschriften vorgesehen waren.

Artikel 177

Nach Konsultation des Mehrwertsteuerausschusses kann jeder Mitgliedstaat aus Konjunkturgründen alle oder bestimmte Investitionsgüter oder andere Gegenstände teilweise oder ganz vom Vorsteuerabzug ausschließen.

Anstatt den Vorsteuerabzug abzulehnen, können die Mitgliedstaaten zur Wahrung gleicher Wettbewerbsbedingungen Gegenstände, welche der Steuerpflichtige selbst hergestellt oder innerhalb der Gemeinschaft erworben oder auch eingeführt hat, in der Weise besteuern, dass dabei der Betrag der Mehrwertsteuer nicht überschritten wird, der beim Erwerb vergleichbarer Gegenstände zu entrichten wäre.

Kapitel 4
Einzelheiten der Ausübung des Rechts auf Vorsteuerabzug

Artikel 178

Um das Recht auf Vorsteuerabzug ausüben zu können, muss der Steuerpflichtige folgende Bedingungen erfüllen:
a) für den Vorsteuerabzug nach Artikel 168 Buchstabe a in Bezug auf die Lieferungen von Gegenständen und dem Erbringen von Dienstleistungen muss er eine gemäß den Artikeln 220 bis 236 sowie 238, 239 und 240 ausgestellte Rechnung besitzen;

b) für den Vorsteuerabzug nach Artikel 168 Buchstabe b in Bezug auf die Lieferungen von Gegenständen und das Erbringen von Dienstleistungen gleichgestellte Umsätze muss er die von dem jeweiligen Mitgliedstaat vorgeschriebenen Formalitäten erfüllen;
c) für den Vorsteuerabzug nach Artikel 168 Buchstabe c in Bezug auf den innergemeinschaftlichen Erwerb von Gegenständen muss er in der Mehrwertsteuererklärung nach Artikel 250 alle Angaben gemacht haben, die erforderlich sind, um die Höhe der Steuer festzustellen, die für die von ihm erworbenen Gegenstände geschuldet wird, und eine gemäß den Artikeln 220 bis 236 ausgestellte Rechnung besitzen;
d) für den Vorsteuerabzug nach Artikel 168 Buchstabe d in Bezug auf den innergemeinschaftlichen Erwerb von Gegenständen gleichgestellte Umsätze muss er die von dem jeweiligen Mitgliedstaat vorgeschriebenen Formalitäten erfüllen;
e) für den Vorsteuerabzug nach Artikel 168 Buchstabe e in Bezug auf die Einfuhr von Gegenständen muss er ein die Einfuhr bescheinigendes Dokument besitzen, das ihn als Empfänger der Lieferung oder Importeur ausweist und den Betrag der geschuldeten Mehrwertsteuer ausweist oder deren Berechnung ermöglicht;
f) hat er die Steuer in seiner Eigenschaft als Dienstleistungsempfänger oder Erwerber gemäß den Artikeln 194 bis 197 sowie 199 zu entrichten, muss er die von dem jeweiligen Mitgliedstaat vorgeschriebenen Formalitäten erfüllen.

Artikel 179

Der Vorsteuerabzug wird vom Steuerpflichtigen global vorgenommen, indem er von dem Steuerbetrag, den er für einen Steuerzeitraum schuldet, den Betrag der Mehrwertsteuer absetzt, für die während des gleichen Steuerzeitraums das Abzugsrecht entstanden ist und gemäß Artikel 178 ausgeübt wird.

Die Mitgliedstaaten können jedoch den Steuerpflichtigen, die nur die in Artikel 12 genannten gelegentlichen Umsätze bewirken, vorschreiben, dass sie das Recht auf Vorsteuerabzug erst zum Zeitpunkt der Lieferung ausüben.

Artikel 180

Die Mitgliedstaaten können einem Steuerpflichtigen gestatten, einen Vorsteuerabzug vorzunehmen, der nicht gemäß den Artikeln 178 und 179 vorgenommen wurde.

Artikel 181

Die Mitgliedstaaten können einen Steuerpflichtigen, der keine gemäß den Artikeln 220 bis 236 ausgestellte Rechnung besitzt, ermächtigen, in Bezug auf seine innergemeinschaftlichen Erwerbe von Gegenständen einen Vorsteuerabzug gemäß Artikel 168 Buchstabe c vorzunehmen.

Artikel 182

Die Mitgliedstaaten legen die Bedingungen und Einzelheiten für die Anwendung der Artikel 180 und 181 fest.

Artikel 183

Übersteigt der Betrag der abgezogenen Vorsteuer den Betrag der für einen Steuerzeitraum geschuldeten Mehrwertsteuer, können die Mitgliedstaaten den Überschuss entweder auf den folgenden Zeitraum vortragen lassen oder nach den von ihnen festgelegten Einzelheiten erstatten.

Die Mitgliedstaaten können jedoch festlegen, dass geringfügige Überschüsse weder vorgetragen noch erstattet werden.

Kapitel 5
Berichtigung des Vorsteuerabzugs

Artikel 184

Der ursprüngliche Vorsteuerabzug wird berichtigt, wenn der Vorsteuerabzug höher oder niedriger ist als der, zu dessen Vornahme der Steuerpflichtige berechtigt war.

Artikel 185

(1) Die Berichtigung erfolgt insbesondere dann, wenn sich die Faktoren, die bei der Bestimmung des Vorsteuerabzugsbetrags berücksichtigt werden, nach Abgabe der Mehrwertsteuererklärung geändert haben, zum Beispiel bei rückgängig gemachten Käufen oder erlangten Rabatten.

(2) Abweichend von Absatz 1 unterbleibt die Berichtigung bei Umsätzen, bei denen keine oder eine nicht vollständige Zahlung geleistet wurde, in ordnungsgemäß nachgewiesenen oder belegten Fällen von Zerstörung, Verlust oder Diebstahl sowie bei Entnahmen für Geschenke von geringem Wert und Warenmuster im Sinne des Artikels 16.

Bei Umsätzen, bei denen keine oder eine nicht vollständige Zahlung erfolgt, und bei Diebstahl können die Mitgliedstaaten jedoch eine Berichtigung verlangen.

Artikel 186

Die Mitgliedstaaten legen die Einzelheiten für die Anwendung der Artikel 184 und 185 fest.

Artikel 187

(1) Bei Investitionsgütern erfolgt die Berichtigung während eines Zeitraums von fünf Jahren einschließlich des Jahres, in dem diese Güter erworben oder hergestellt wurden.

Die Mitgliedstaaten können jedoch für die Berichtigung einen Zeitraum von fünf vollen Jahren festlegen, der mit der erstmaligen Verwendung dieser Güter beginnt.

Bei Grundstücken, die als Investitionsgut erworben wurden, kann der Zeitraum für die Berichtigung bis auf 20 Jahre verlängert werden.

(2) Die jährliche Berichtigung betrifft nur ein Fünftel beziehungsweise im Falle der Verlängerung des Berichtigungszeitraums den entsprechenden Bruchteil der Mehrwertsteuer, mit der diese Investitionsgüter belastet waren.

Die in Unterabsatz 1 genannte Berichtigung erfolgt entsprechend den Änderungen des Rechts auf Vorsteuerabzug, die in den folgenden Jahren gegenüber dem Recht für das Jahr eingetreten sind, in dem die Güter erworben, hergestellt oder gegebenenfalls erstmalig verwendet wurden.

Artikel 188

(1) Bei der Lieferung eines Investitionsgutes innerhalb des Berichtigungszeitraums ist dieses so zu behandeln, als ob es bis zum Ablauf des Berichtigungszeitraums weiterhin für eine wirtschaftliche Tätigkeit des Steuerpflichtigen verwendet worden wäre.

Diese wirtschaftliche Tätigkeit gilt als in vollem Umfang steuerpflichtig, wenn die Lieferung des Investitionsgutes steuerpflichtig ist.

Die wirtschaftliche Tätigkeit gilt als in vollem Umfang steuerfrei, wenn die Lieferung des Investitionsgutes steuerfrei ist.

(2) Die in Absatz 1 genannte Berichtigung wird für den gesamten noch verbleibenden Berichtigungszeitraum auf einmal vorgenommen. Ist die Lieferung des Investitionsgutes steuerfrei, können die Mitgliedstaaten jedoch von der Berichtigung absehen, wenn es sich bei dem Erwerber um einen Steuerpflichtigen handelt, der die betreffenden Investitionsgüter ausschließlich für Umsätze verwendet, bei denen die Mehrwertsteuer abgezogen werden kann.

Artikel 189

Für die Zwecke der Artikel 187 und 188 können die Mitgliedstaaten folgende Maßnahmen treffen:

a) den Begriff „Investitionsgüter" definieren;
b) den Betrag der Mehrwertsteuer festlegen, der bei der Berichtigung zu berücksichtigen ist;
c) alle zweckdienlichen Vorkehrungen treffen, um zu gewährleisten, dass keine ungerechtfertigten Vorteile aus der Berichtigung entstehen;
d) verwaltungsmäßige Vereinfachungen ermöglichen.

Artikel 190

Für die Zwecke der Artikel 187, 188, 189 und 191 können die Mitgliedstaaten Dienstleistungen, die Merkmale aufweisen, die den üblicherweise Investitionsgütern zugeschriebenen vergleichbar sind, wie Investitionsgüter behandeln.

Artikel 191

Sollten die praktischen Auswirkungen der Anwendung der Artikel 187 und 188 in einem Mitgliedstaat unwesentlich sein, kann dieser nach Konsultation des Mehrwertsteuerausschusses unter Berücksichtigung der gesamten mehrwertsteuerlichen Auswirkungen in dem betreffenden Mitgliedstaat und der Notwendigkeit verwaltungsmäßiger Vereinfachung auf die Anwendung dieser Artikel verzichten, vorausgesetzt, dass dies nicht zu Wettbewerbsverzerrungen führt.

Artikel 192

Geht der Steuerpflichtige von der normalen Mehrwertsteuerregelung auf eine Sonderregelung über oder umgekehrt, können die Mitgliedstaaten die erforderlichen Vorkehrungen treffen, um zu vermeiden, dass dem Steuerpflichtigen ungerechtfertigte Vorteile oder Nachteile entstehen.

Titel XI
Pflichten der Steuerpflichtigen und bestimmter nichtsteuerpflichtiger Personen

Kapitel 1
Zahlungspflicht

Abschnitt 1
Steuerschuldner gegenüber dem Fiskus

Artikel 192a

Für die Zwecke der Anwendung dieses Abschnitts gilt ein Steuerpflichtiger, der im Gebiet des Mitgliedstaats, in dem die Steuer geschuldet wird, über eine feste Niederlassung verfügt, als nicht in diesem Mitgliedstaat ansässig, wenn die folgenden Voraussetzungen erfüllt sind:

a) er liefert steuerpflichtig Gegenstände oder erbringt steuerpflichtig eine Dienstleistung im Gebiet dieses Mitgliedstaats;

b) eine Niederlassung des Lieferers oder Dienstleistungserbringers im Gebiet dieses Mitgliedstaats ist nicht an der Lieferung oder Dienstleistung beteiligt.

Artikel 193

Die Mehrwertsteuer schuldet der Steuerpflichtige, der Gegenstände steuerpflichtig liefert oder eine Dienstleistung steuerpflichtig erbringt, außer in den Fällen, in denen die Steuer gemäß den Artikeln 194 bis 199 sowie 202 von einer anderen Person geschuldet wird.

Artikel 194

(1) Wird die steuerpflichtige Lieferung von Gegenständen bzw. die steuerpflichtige Dienstleistung von einem Steuerpflichtigen bewirkt, der nicht in dem Mitgliedstaat ansässig ist, in dem die Mehrwertsteuer geschuldet wird, können die Mitgliedstaaten vorsehen, dass die Person, für die die Lieferung bzw. Dienstleistung bestimmt ist, die Steuer schuldet.

(2) Die Mitgliedstaaten legen die Bedingungen für die Anwendung des Absatzes 1 fest.

Artikel 195

Die Mehrwertsteuer schulden die Personen, die in dem Mitgliedstaat, in dem die Steuer geschuldet wird, für Mehrwertsteuerzwecke erfasst sind und an die die Gegenstände unter den Bedingungen der Artikel 38 und 39 geliefert werden, wenn die betreffende Lieferung von einem nicht in diesem Mitgliedstaat ansässigen Steuerpflichtigen bewirkt wird.

Artikel 196

Die Mehrwertsteuer schuldet der Steuerpflichtige oder die nicht steuerpflichtige juristische Person mit einer Mehrwertsteuer-Identifikationsnummer, für den/die eine Dienstleistung nach Artikel 44 erbracht wird, wenn die Dienstleistung von einem nicht in diesem Mitgliedstaat ansässigen Steuerpflichtigen erbracht wird.

Artikel 197

(1) Die Mehrwertsteuer schuldet der Empfänger einer Lieferung von Gegenständen, wenn folgende Voraussetzungen erfüllt sind:

a) der steuerpflichtige Umsatz ist eine Lieferung von Gegenständen im Sinne von Artikel 141;

b) der Empfänger dieser Lieferung von Gegenständen ist ein anderer Steuerpflichtiger oder eine nichtsteuerpflichtige juristische Person, der bzw. die in dem Mitgliedstaat für Mehrwertsteuerzwecke erfasst ist, in dem die Lieferung bewirkt wird;

c) die von dem nicht im Mitgliedstaat des Empfängers der Lieferung ansässigen Steuerpflichtigen ausgestellte Rechnung entspricht den Artikeln 220 bis 236.

(2) Wurde gemäß Artikel 204 ein Steuervertreter bestellt, der die Steuer schuldet, können die Mitgliedstaaten eine Ausnahme von Absatz 1 des vorliegenden Artikels vorsehen.

Anhang 7
MWSt-Richtlinie

Artikel 198

(1) Werden bestimmte Umsätze in Bezug auf Anlagegold zwischen einem auf einem geregelten Goldmarkt tätigen Steuerpflichtigen und einem anderen nicht auf diesem Markt tätigen Steuerpflichtigen gemäß Artikel 352 besteuert, legen die Mitgliedstaaten fest, dass die Steuer vom Erwerber geschuldet wird.

Ist der nicht auf dem geregelten Goldmarkt tätige Erwerber ein Steuerpflichtiger, der nur für die in Artikel 352 genannten Umsätze in dem Mitgliedstaat, in dem die Steuer geschuldet wird, für Mehrwertsteuerzwecke erfasst sein muss, erfüllt der Verkäufer die steuerlichen Pflichten des Erwerbers in dessen Namen gemäß den Vorschriften jenes Mitgliedstaats.

(2) Wird eine Lieferung von Goldmaterial oder Halbfertigerzeugnissen mit einem Feingehalt von mindestens 325 Tausendsteln oder eine Lieferung von Anlagegold im Sinne des Artikels 344 Absatz 1 durch einen Steuerpflichtigen bewirkt, der eine der in den Artikeln 348, 349 und 350 vorgesehenen Wahlmöglichkeiten in Anspruch genommen hat, können die Mitgliedstaaten festlegen, dass die Steuer vom Erwerber geschuldet wird.

(3) Die Mitgliedstaaten legen die Verfahren und Voraussetzungen für die Anwendung der Absätze 1 und 2 fest.

Artikel 199

(1) Die Mitgliedstaaten können vorsehen, dass der steuerpflichtige Empfänger die Mehrwertsteuer schuldet, an den folgende Umsätze bewirkt werden:

a) Bauleistungen, einschließlich Reparatur-, Reinigungs-, Wartungs-, Umbau- und Abbruchleistungen im Zusammenhang mit Grundstücken sowie die auf Grund des Artikels 14 Absatz 3 als Lieferung von Gegenständen betrachtete Erbringung bestimmter Bauleistungen;

b) Gestellung von Personal für die unter Buchstabe a fallenden Tätigkeiten;

c) Lieferung von in Artikel 135 Absatz 1 Buchstaben j und k genannten Grundstücken, wenn der Lieferer gemäß Artikel 137 für die Besteuerung optiert hat;

d) Lieferung von Gebrauchtmaterial, auch solchem, das in seinem unveränderten Zustand nicht zur Wiederverwendung geeignet ist, Schrott, von gewerblichen und nichtgewerblichen Abfallstoffen, recyclingfähigen Abfallstoffen und teilweise verarbeiteten Abfallstoffen, und gewissen in Anhang VI aufgeführten Gegenständen und Dienstleistungen;

e) Lieferung sicherungsübereigneter Gegenstände durch einen steuerpflichtigen Sicherungsgeber an einen ebenfalls steuerpflichtigen Sicherungsnehmer;

f) Lieferung von Gegenständen im Anschluss an die Übertragung des Eigentumsvorbehalts auf einen Zessionar und die Ausübung des übertragenen Rechts durch den Zessionar;

g) Lieferung von Grundstücken, die vom Schuldner im Rahmen eines Zwangsversteigerungsverfahrens verkauft werden.

(2) Bei der Anwendung der in Absatz 1 geregelten Möglichkeit können die Mitgliedstaaten die Lieferungen von Gegenständen und Dienstleistungen und die Kategorien von Lieferern und Dienstleistungserbringern sowie von Erwerbern oder Dienstleistungsempfängern bestimmen, für die sie von diesen Maßnahmen Gebrauch machen.

(3) Für die Zwecke des Absatzes 1 können die Mitgliedstaaten folgende Maßnahmen ergreifen:

a) vorsehen, dass ein Steuerpflichtiger, der auch Tätigkeiten ausführt oder Umsätze bewirkt, die nicht als steuerbare Lieferungen von Gegenständen oder als nicht steuerbare Dienstleistungen im Sinne des Artikels 2 angesehen werden, in Bezug auf Lieferungen von Gegenständen oder Dienstleistungen, die er gemäß Absatz 1 des vorliegenden Artikels erhält, als Steuerpflichtiger gilt;

b) vorsehen, dass eine nicht steuerpflichtige Einrichtung des öffentlichen Rechts in Bezug auf gemäß Absatz 1 Buchstaben e, f und g erhaltene Lieferungen von Gegenständen, als Steuerpflichtiger gilt.

(4) Die Mitgliedstaaten unterrichten den Mehrwertsteuerausschuss von nationalen Maßnahmen, die sie im Sinne des Absatzes 1 erlassen, sofern diese nicht vom Rat vor dem 13. August 2006 gemäß Artikel 27 Absätze 1 bis 4 der Richtlinie 77/388/EWG genehmigt wurden und gemäß Absatz 1 des vorliegenden Artikels weitergeführt werden.

Artikel 199a

(1) Die Mitgliedstaaten können bis zum 30. Juni 2015 für einen Zeitraum von mindestens zwei Jahren vorsehen, dass die Mehrwertsteuer von dem steuerpflichtigen Empfänger folgender Leistungen geschuldet wird:

a) Übertragung von Treibhausgasemissionszertifikaten entsprechend der Definition in Artikel 3 der Richtlinie 2003/87/EG des Europäischen Parlaments und des Rates vom 13. Oktober 2003 über ein System für den Handel mit Treibhausgasemissionszertifikaten in der Gemeinschaft[1]), die gemäß Artikel 12 der genannten Richtlinie übertragen werden können,
b) Übertragung von anderen Einheiten, die von den Wirtschaftsbeteiligten genutzt werden können, um den Auflagen der Richtlinie nachzukommen.

(2) Die Mitgliedstaaten teilen der Kommission die Anwendung des in Absatz 1 vorgesehenen Verfahrens bei seiner Einführung mit und legen der Kommission die folgenden Angaben vor:
a) Erklärung über den Geltungsbereich der Maßnahme zur Anwendung des Verfahrens und detaillierte Beschreibung der begleitenden Maßnahmen, einschließlich etwaiger Mitteilungspflichten für Steuerpflichtige und etwaiger Kontrollmaßnahmen;
b) Evaluierungskriterien für einen Vergleich zwischen betrügerischen Tätigkeiten im Zusammenhang mit den in Absatz 1 genannten Dienstleistungen vor und nach der Anwendung des Verfahrens, betrügerischen Tätigkeiten im Zusammenhang mit anderen Dienstleistungen vor und nach Anwendung des Verfahrens und einem Anstieg bei anderen Arten betrügerischer Tätigkeiten vor und nach der Anwendung des Verfahrens;
c) Zeitpunkt des Geltungsbeginns und Geltungszeitraum der Maßnahme zur Anwendung des Verfahrens.

(3) Die Mitgliedstaaten, die das in Absatz 1 vorgesehene Verfahren anwenden, legen der Kommission ausgehend von den Evaluierungskriterien gemäß Absatz 2 Buchstabe b bis spätestens 30. Juni 2014 einen Bericht vor. In dem Bericht ist eindeutig anzugeben, welche Informationen als vertraulich zu behandeln sind und welche veröffentlicht werden können.
Der Bericht enthält eine detaillierte Bewertung der Gesamtwirksamkeit und -effizienz der Maßnahme insbesondere unter Berücksichtigung der folgenden Punkte:
a) Auswirkung auf betrügerische Tätigkeiten im Zusammenhang mit der Erbringung der von der Maßnahme erfassten Dienstleistungen;
b) mögliche Verlagerung betrügerischer Tätigkeiten auf Gegenstände oder andere Dienstleistungen;
c) die den Steuerpflichtigen aufgrund der Maßnahme entstehenden Kosten zur Einhaltung der Vorschriften.

(4) Jeder Mitgliedstaat, der ab dem Zeitpunkt des Inkrafttretens dieses Artikels in seinem Hoheitsgebiet eine Veränderung der Betrugsmuster in Bezug auf die Dienstleistungen gemäß Absatz 1 festgestellt hat, hat der Kommission bis spätestens 30. Juni 2014 einen entsprechenden Bericht vorzulegen.

Artikel 200

Die Mehrwertsteuer wird von der Person geschuldet, die einen steuerpflichtigen innergemeinschaftlichen Erwerb von Gegenständen bewirkt.

Artikel 201

Bei der Einfuhr wird die Mehrwertsteuer von der Person oder den Personen geschuldet, die der Mitgliedstaat der Einfuhr als Steuerschuldner bestimmt oder anerkennt.

Artikel 202

Die Mehrwertsteuer wird von der Person geschuldet, die veranlasst, dass die Gegenstände nicht mehr einem Verfahren oder einer sonstigen Regelung im Sinne der Artikel 156, 157, 158, 160 und 161 unterliegen.

Artikel 203

Die Mehrwertsteuer wird von jeder Person geschuldet, die diese Steuer in einer Rechnung ausweist.

Artikel 204

(1) Ist der Steuerschuldner gemäß den Artikeln 193 bis 197 sowie 199 und 200 ein Steuerpflichtiger, der nicht in dem Mitgliedstaat ansässig ist, in dem die Mehrwertsteuer geschuldet wird, können die Mitgliedstaaten ihm gestatten, einen Steuervertreter zu bestellen, der die Steuer schuldet.
Wird der steuerpflichtige Umsatz von einem Steuerpflichtigen bewirkt, der nicht in dem Mitgliedstaat ansässig ist, in dem die Mehrwertsteuer geschuldet wird, und besteht mit dem Staat, in dem

---
[1]) ABl. L 275 vom 25. 10. 2003, S. 32.

dieser Steuerpflichtige seinen Sitz oder eine feste Niederlassung hat, keine Rechtsvereinbarung über Amtshilfe, deren Anwendungsbereich mit dem der Richtlinie 76/308/EWG[1]) sowie der Verordnung (EG) Nr. 1798/2003[2]) vergleichbar ist, können die Mitgliedstaaten Vorkehrungen treffen, nach denen ein von dem nicht in ihrem Gebiet ansässigen Steuerpflichtigen bestellter Steuervertreter die Steuer schuldet.

Die Mitgliedstaaten dürfen die Option nach Unterabsatz 2 jedoch nicht auf nicht in der Gemeinschaft ansässige Steuerpflichtige im Sinne des Artikels 358 Nummer 1 anwenden, die sich für die Anwendung der Sonderregelung für elektronisch erbrachte Dienstleistungen entschieden haben.

(2) Die Wahlmöglichkeit nach Absatz 1 Unterabsatz 1 unterliegt den von den einzelnen Mitgliedstaaten festgelegten Voraussetzungen und Modalitäten.

Artikel 205

In den in den Artikeln 193 bis 200 sowie 202, 203 und 204 genannten Fällen können die Mitgliedstaaten bestimmen, dass eine andere Person als der Steuerschuldner die Steuer gesamtschuldnerisch zu entrichten hat.

Abschnitt 2
Einzelheiten der Entrichtung

Artikel 206

Jeder Steuerpflichtige, der die Steuer schuldet, hat bei der Abgabe der Mehrwertsteuererklärung nach Artikel 250 den sich nach Abzug der Vorsteuer ergebenden Mehrwertsteuerbetrag zu entrichten. Die Mitgliedstaaten können jedoch einen anderen Termin für die Zahlung dieses Betrags festsetzen oder Vorauszahlungen erheben.

Artikel 207

Die Mitgliedstaaten treffen die erforderlichen Maßnahmen, damit die Personen, die gemäß den Artikeln 194 bis 197 sowie 199 und 204 anstelle eines nicht in ihrem jeweiligen Gebiet ansässigen Steuerpflichtigen als Steuerschuldner gelten, ihren Zahlungspflichten nach diesem Abschnitt nachkommen.

Die Mitgliedstaaten treffen darüber hinaus die erforderlichen Maßnahmen, damit die Personen, die gemäß Artikel 205 die Steuer gesamtschuldnerisch zu entrichten haben, diesen Zahlungspflichten nachkommen.

Artikel 208

Wenn die Mitgliedstaaten den Erwerber von Anlagegold gemäß Artikel 198 Absatz 1 als Steuerschuldner bestimmen oder von der in Artikel 198 Absatz 2 vorgesehenen Möglichkeit Gebrauch machen, den Erwerber von Goldmaterial oder Halbfertigerzeugnissen oder von Anlagegold im Sinne des Artikels 344 Absatz 1 als Steuerschuldner zu bestimmen, treffen sie die erforderlichen Maßnahmen, um sicherzustellen, dass diese Person ihren Zahlungspflichten nach diesem Abschnitt nachkommt.

Artikel 209

Die Mitgliedstaaten treffen die erforderlichen Maßnahmen, um sicherzustellen, dass die nichtsteuerpflichtigen juristischen Personen, die die Steuer für den in Artikel 2 Absatz 1 Buchstabe b Ziffer i genannten innergemeinschaftlichen Erwerb von Gegenständen schulden, ihren Zahlungspflichten nach diesem Abschnitt nachkommen.

Artikel 210

Die Mitgliedstaaten legen die Einzelheiten der Entrichtung der Mehrwertsteuer für den innergemeinschaftlichen Erwerb neuer Fahrzeuge im Sinne des Artikels 2 Absatz 1 Buchstabe b Ziffer ii sowie für den innergemeinschaftlichen Erwerb verbrauchsteuerpflichtiger Waren im Sinne des Artikels 2 Absatz 1 Buchstabe b Ziffer iii fest.

---

[1]) Richtlinie 76/308/EWG des Rates vom 15. März 1976 über die gegenseitige Unterstützung bei der Beitreibung von Forderungen in Bezug auf bestimmte Abgaben, Zölle, Steuern und sonstige Maßnahmen (ABl. L 73 vom 19. 3. 1976, S. 18). Zuletzt geändert durch die Beitrittsakte von 2003.

[2]) Verordnung (EG) Nr. 1798/2003 des Rates vom 7. Oktober 2003 über die Zusammenarbeit der Verwaltungsbehörden auf dem Gebiet der Mehrwertsteuer (ABl. L 264 vom 15. 10. 2003, S. 1). Geändert durch die Verordnung (EG) Nr. 885/2004 (ABl. L 168 vom 1. 5. 2004, S. 1).

Artikel 211

Die Mitgliedstaaten legen die Einzelheiten der Entrichtung der Mehrwertsteuer für die Einfuhr von Gegenständen fest.

Insbesondere können die Mitgliedstaaten vorsehen, dass die für die Einfuhr von Gegenständen durch Steuerpflichtige oder Steuerschuldner oder bestimmte Gruppen derselben geschuldete Mehrwertsteuer nicht zum Zeitpunkt der Einfuhr zu entrichten ist, sofern sie als solche in der gemäß Artikel 250 erstellten Mehrwertsteuererklärung angegeben wird.

Artikel 212

Die Mitgliedstaaten können die Steuerpflichtigen von der Entrichtung der geschuldeten Mehrwertsteuer befreien, wenn der Steuerbetrag geringfügig ist.

Kapitel 2
Identifikation

Artikel 213

(1) Jeder Steuerpflichtige hat die Aufnahme, den Wechsel und die Beendigung seiner Tätigkeit als Steuerpflichtiger anzuzeigen.

Die Mitgliedstaaten legen fest, unter welchen Bedingungen der Steuerpflichtige die Anzeigen elektronisch abgeben darf, und können die elektronische Abgabe der Anzeigen auch vorschreiben.

(2) Unbeschadet des Absatzes 1 Unterabsatz 1 müssen Steuerpflichtige und nichtsteuerpflichtige juristische Personen, die gemäß Artikel 3 Absatz 1 nicht der Mehrwertsteuer unterliegende innergemeinschaftliche Erwerbe von Gegenständen bewirken, dies anzeigen, wenn die in Artikel 3 genannten Voraussetzungen für die Nichtanwendung der Mehrwertsteuer nicht mehr erfüllt sind.

Artikel 214

(1) Die Mitgliedstaaten treffen die erforderlichen Maßnahmen, damit folgende Personen jeweils eine individuelle Mehrwertsteuer-Identifikationsnummer erhalten:

a) jeder Steuerpflichtige, der in ihrem jeweiligen Gebiet Lieferungen von Gegenständen bewirkt oder Dienstleistungen erbringt, für die ein Recht auf Vorsteuerabzug besteht und bei denen es sich nicht um Lieferungen von Gegenständen oder um Dienstleistungen handelt, für die die Mehrwertsteuer gemäß den Artikeln 194 bis 197 sowie 199 ausschließlich vom Dienstleistungsempfänger beziehungsweise der Person, für die die Gegenstände oder Dienstleistungen bestimmt sind, geschuldet wird; hiervon ausgenommen sind die in Artikel 9 Absatz 2 genannten Steuerpflichtigen;

b) jeder Steuerpflichtige und jede nichtsteuerpflichtige juristische Person, der bzw. die gemäß Artikel 2 Absatz 1 Buchstabe b der Mehrwertsteuer unterliegende innergemeinschaftliche Erwerbe von Gegenständen bewirkt oder von der Möglichkeit des Artikels 3 Absatz 3, seine bzw. ihre innergemeinschaftlichen Erwerbe der Mehrwertsteuer zu unterwerfen, Gebrauch gemacht hat;

c) jeder Steuerpflichtige, der in ihrem jeweiligen Gebiet innergemeinschaftliche Erwerbe von Gegenständen für die Zwecke seiner Umsätze bewirkt, die sich aus in Artikel 9 Absatz 1 Unterabsatz 2 genannten Tätigkeiten ergeben, die er außerhalb dieses Gebiets ausübt;

d) jeder Steuerpflichtige, der in seinem jeweiligen Gebiet Dienstleistungen empfängt, für die er die Mehrwertsteuer gemäß Artikel 196 schuldet;

e) jeder Steuerpflichtige, der in seinem jeweiligen Gebiet ansässig ist und Dienstleistungen im Gebiet eines anderen Mitgliedstaats erbringt, für die gemäß Artikel 196 ausschließlich der Empfänger die Mehrwertsteuer schuldet.

(2) Die Mitgliedstaaten haben die Möglichkeit, bestimmten Steuerpflichtigen, die nur gelegentlich Umsätze etwa im Sinne von Artikel 12 bewirken, keine Mehrwertsteuer-Identifikationsnummer zu erteilen.

Artikel 215

Der individuellen Mehrwertsteuer-Identifikationsnummer wird zur Kennzeichnung des Mitgliedstaats, der sie erteilt hat, ein Präfix nach dem ISO-Code 3166 Alpha 2 vorangestellt.

Griechenland wird jedoch ermächtigt, das Präfix „EL" zu verwenden.

Artikel 216

Die Mitgliedstaaten treffen die erforderlichen Maßnahmen, damit ihr Identifikationssystem die Unterscheidung der in Artikel 214 genannten Steuerpflichtigen ermöglicht und somit die korrekte Anwendung der Übergangsregelung für die Besteuerung innergemeinschaftlicher Umsätze des Artikels 402 gewährleistet.

Kapitel 3
Erteilung von Rechnungen

Abschnitt 1
Begriffsbestimmung

Artikel 217

Für die Zwecke dieses Kapitels gilt als „elektronische Übermittlung oder Bereitstellung" die Übermittlung oder Bereitstellung von Daten für den Empfänger mittels elektronischer Einrichtungen zur Verarbeitung (einschließlich der digitalen Kompression) und Aufbewahrung unter Verwendung von Draht, Funk, optischen oder anderen elektromagnetischen Medien.

Abschnitt 2
Definition der Rechnung

Artikel 218

Für die Zwecke dieser Richtlinie erkennen die Mitgliedstaaten als Rechnung alle auf Papier oder elektronisch vorliegenden Dokumente oder Mitteilungen an, die den Anforderungen dieses Kapitels genügen.

Artikel 219

Einer Rechnung gleichgestellt ist jedes Dokument und jede Mitteilung, das/die die ursprüngliche Rechnung ändert und spezifisch und eindeutig auf diese bezogen ist.

Abschnitt 3
Ausstellung der Rechnung

Artikel 220

Jeder Steuerpflichtige stellt in folgenden Fällen eine Rechnung entweder selbst aus oder trägt dafür Sorge, dass eine Rechnung vom Erwerber oder Dienstleistungsempfänger oder in seinem Namen und für seine Rechnung von einem Dritten ausgestellt wird:

1. Er liefert Gegenstände oder erbringt Dienstleistungen an einen anderen Steuerpflichtigen oder an eine nichtsteuerpflichtige juristische Person.
2. Er liefert in Artikel 33 genannte Gegenstände.
3. Er liefert Gegenstände unter den Voraussetzungen des Artikels 138.
4. Er erhält Vorauszahlungen, bevor eine Lieferung von Gegenständen im Sinne der Nummern 1, 2 und 3 erfolgt ist.
5. Er erhält Vorauszahlungen von einem anderen Steuerpflichtigen oder einer nichtsteuerpflichtigen juristischen Person, bevor eine Dienstleistung abgeschlossen ist.

Artikel 221

(1) Die Mitgliedstaaten können Steuerpflichtigen vorschreiben, auch für andere als die in Artikel 220 genannten Lieferungen von Gegenständen und Dienstleistungen, die sie in ihrem Gebiet bewirken, eine Rechnung auszustellen.

Die Mitgliedstaaten können an die in Unterabsatz 1 genannten Rechnungen geringere Anforderungen stellen als an die in den Artikeln 226, 230, 233, 244 und 246 genannten.

(2) Die Mitgliedstaaten können Steuerpflichtige von der Pflicht nach Artikel 220 befreien, eine Rechnung für Lieferungen von Gegenständen oder Dienstleistungen auszustellen, die sie in ihrem Gebiet bewirken und die mit oder ohne Recht auf Vorsteuerabzug gemäß den Artikeln 110, 111, dem Artikel 125 Absatz 1, dem Artikel 127, dem Artikel 128 Absatz 1, den Artikeln 132, 135, 136, 371, 375, 376, 377, dem Artikel 378 Absatz 2, dem Artikel 379 Absatz 2 sowie den Artikeln 380 bis 390b befreit sind.

Artikel 222

Die Mitgliedstaaten können Steuerpflichtigen, die in ihrem Gebiet Gegenstände liefern und Dienstleistungen erbringen, Fristen für die Ausstellung der Rechnung setzen.

Artikel 223

Unter den Voraussetzungen, die von den Mitgliedstaaten festzulegen sind, in deren Gebiet die Gegenstände geliefert oder die Dienstleistungen erbracht werden, kann für mehrere getrennte Lieferungen oder Dienstleistungen periodisch eine zusammenfassende Rechnung ausgestellt werden.

Artikel 224

(1) Rechnungen dürfen von einem Erwerber oder Dienstleistungsempfänger für Lieferungen von Gegenständen oder für Dienstleistungen, die von einem Steuerpflichtigen bewirkt werden, ausgestellt werden, sofern dies zwischen den beiden Parteien vorher vereinbart wurde und sofern jede Rechnung Gegenstand eines Verfahrens zur Akzeptierung durch den Steuerpflichtigen ist, der die Gegenstände liefert oder die Dienstleistungen erbringt.

(2) Die Mitgliedstaaten, in deren Gebiet die Gegenstände geliefert oder die Dienstleistungen erbracht werden, legen die Voraussetzungen und Einzelheiten der vorherigen Vereinbarungen sowie der Verfahren zur Rechnungsakzeptierung zwischen dem Steuerpflichtigen und dem Erwerber oder Dienstleistungsempfänger fest.

(3) Die Mitgliedstaaten können für Steuerpflichtige, die in ihrem Gebiet Gegenstände liefern oder Dienstleistungen erbringen, weitere Anforderungen für die Ausstellung von Rechnungen durch den Erwerber oder Dienstleistungsempfänger festlegen. Sie können insbesondere verlangen, dass solche Rechnungen im Namen und für Rechnung des Steuerpflichtigen ausgestellt werden.

Auf jeden Fall müssen die in Unterabsatz 1 genannten Anforderungen unabhängig vom Sitz des Erwerbers oder Dienstleistungsempfängers gelten.

Artikel 225

Die Mitgliedstaaten können für Steuerpflichtige, die in ihrem Gebiet Gegenstände liefern oder Dienstleistungen erbringen, besondere Anforderungen festlegen, wenn der Dritte oder der Erwerber oder Dienstleistungsempfänger, der die Rechnung ausstellt, seinen Sitz in einem Land hat, mit dem keine Rechtsvereinbarung über Amtshilfe besteht, deren Anwendungsbereich mit dem der Richtlinie 76/308/EWG sowie der Verordnung (EG) Nr. 1798/2003 vergleichbar ist.

Abschnitt 4
Rechnungsangaben

Artikel 226

Unbeschadet der in dieser Richtlinie festgelegten Sonderbestimmungen müssen gemäß den Artikeln 220 und 221 ausgestellte Rechnungen für Mehrwertsteuerzwecke nur die folgenden Angaben enthalten:

1. das Ausstellungsdatum;
2. eine fortlaufende Nummer mit einer oder mehreren Zahlenreihen, die zur Identifizierung der Rechnung einmalig vergeben wird;
3. die Mehrwertsteuer-Identifikationsnummer im Sinne des Artikels 214, unter der der Steuerpflichtige die Gegenstände geliefert oder die Dienstleistung erbracht hat;
4. die Mehrwertsteuer-Identifikationsnummer im Sinne des Artikels 214, unter der der Erwerber oder Dienstleistungsempfänger eine Lieferung von Gegenständen oder eine Dienstleistung, für die er Steuerschuldner ist, oder eine Lieferung von Gegenständen nach Artikel 138 erhalten hat;
5. den vollständigen Namen und die vollständige Anschrift des Steuerpflichtigen und des Erwerbers oder Dienstleistungsempfängers;
6. Menge und Art der gelieferten Gegenstände beziehungsweise Umfang und Art der erbrachten Dienstleistungen;
7. das Datum, an dem die Gegenstände geliefert werden oder die Dienstleistung erbracht bzw. abgeschlossen wird, oder das Datum, an dem die Vorauszahlung im Sinne des Artikels 220 Nummern 4 und 5 geleistet wird, sofern dieses Datum feststeht und nicht mit dem Ausstellungsdatum der Rechnung identisch ist;
8. die Steuerbemessungsgrundlage für die einzelnen Steuersätze beziehungsweise die Befreiung, den Preis je Einheit ohne Mehrwertsteuer sowie jede Preisminderung oder Rückerstattung, sofern sie nicht im Preis je Einheit enthalten sind;
9. den anzuwendenden Mehrwertsteuersatz;
10. den zu entrichtenden Mehrwertsteuerbetrag, außer bei Anwendung einer Sonderregelung, bei der nach dieser Richtlinie eine solche Angabe ausgeschlossen wird;
11. bei Steuerbefreiung oder wenn die Steuer vom Erwerber oder Dienstleistungsempfänger geschuldet wird: Verweis auf die einschlägige Bestimmung dieser Richtlinie oder die entsprechende nationale Bestimmung oder Hinweis darauf, dass für die Lieferung von Gegenständen beziehungsweise die Dienstleistung eine Steuerbefreiung gilt beziehungsweise diese der Verlagerung der Steuerschuldnerschaft unterliegt;

12. bei Lieferung neuer Fahrzeuge unter den Voraussetzungen des Artikels 138 Absatz 1 und Absatz 2 Buchstabe a: die in Artikel 2 Absatz 2 Buchstabe b genannten Angaben;
13. im Falle der Anwendung der Sonderregelung für Reisebüros: Verweis auf Artikel 306 oder auf die entsprechenden nationalen Bestimmungen oder ein anderer Hinweis darauf, dass diese Regelung angewandt wurde;
14. im Falle der Anwendung einer der auf Gebrauchtgegenstände, Kunstgegenstände, Sammlungsstücke und Antiquitäten anwendbaren Sonderregelungen: Verweis auf Artikel 313, 326 oder 333 oder auf die entsprechenden nationalen Bestimmungen oder ein anderer Hinweis darauf, dass eine dieser Regelungen angewandt wurde;
15. wenn der Steuerschuldner ein Steuervertreter im Sinne des Artikels 204 ist: Mehrwertsteuer-Identifikationsnummer im Sinne des Artikels 214, vollständiger Name und Anschrift des Steuervertreters.

Artikel 227

Die Mitgliedstaaten können von Steuerpflichtigen, die in ihrem Gebiet ansässig sind und dort Lieferungen von Gegenständen bewirken oder Dienstleistungen erbringen, verlangen, in anderen als den in Artikel 226 Nummer 4 genannten Fällen die Mehrwertsteuer-Identifikationsnummer des Erwerbers oder Dienstleistungsempfängers im Sinne des Artikels 214 anzugeben.

Artikel 228

Die Mitgliedstaaten, in deren Gebiet die Lieferungen von Gegenständen bewirkt oder die Dienstleistungen erbracht werden, können die Steuerpflichtigen davon entbinden, in einer Rechnung gleichgestellten Dokumenten oder Mitteilungen im Sinne des Artikels 219 bestimmte obligatorische Angaben zu machen.

Artikel 229

Die Mitgliedstaaten verlangen nicht, dass die Rechnungen unterzeichnet sind.

Artikel 230

Die auf der Rechnung ausgewiesenen Beträge können in jeder Währung angegeben sein, sofern die zu zahlende Mehrwertsteuer nach Anwendung der Umrechnungsmethode nach Artikel 91 in der Währung des Mitgliedstaats angegeben ist, in dem der Ort der Lieferung von Gegenständen beziehungsweise der Ort der Dienstleistung gelegen ist.

Artikel 231

Zu Kontrollzwecken können die Mitgliedstaaten verlangen, dass Rechnungen, die sich auf Lieferungen von Gegenständen oder auf Dienstleistungen in ihrem Gebiet beziehen, sowie Rechnungen, die von Steuerpflichtigen mit Sitz in ihrem Gebiet empfangen werden, in die Landessprache übersetzt werden.

Abschnitt 5
Elektronische Übermittlung von Rechnungen

Artikel 232

Die gemäß Abschnitt 2 ausgestellten Rechnungen können auf Papier oder vorbehaltlich der Zustimmung des Rechnungsempfängers elektronisch übermittelt oder bereitgestellt werden.

Artikel 233

(1) Elektronisch übermittelte oder bereitgestellte Rechnungen werden von den Mitgliedstaaten unter der Voraussetzung akzeptiert, dass die Echtheit ihrer Herkunft und die Unversehrtheit ihres Inhalts mittels einer der folgenden Methoden gewährleistet werden:

a) durch eine fortgeschrittene elektronische Signatur im Sinne des Artikels 2 Nummer 2 der Richtlinie 1999/93/EG des Europäischen Parlaments und des Rates vom 13. Dezember 1999 über gemeinschaftliche Rahmenbedingungen für elektronische Signaturen[1]);

b) durch elektronischen Datenaustausch (EDI) nach Artikel 2 der Empfehlung 94/820/EG der Kommission vom 19. Oktober 1994 über die rechtlichen Aspekte des elektronischen Datenaustausches[2]), wenn in der Vereinbarung über diesen Datenaustausch der Einsatz von Verfahren vorgesehen ist, die die Echtheit der Herkunft und die Unversehrtheit der Daten gewährleisten.

[1]) ABl. L 13 vom 19. 1. 2000, S. 12.
[2]) ABl. L 338 vom 28. 12. 1994, S. 98.

Rechnungen können jedoch vorbehaltlich der Zustimmung des betreffenden Mitgliedstaats oder der betreffenden Mitgliedstaaten auf andere Weise elektronisch übermittelt oder bereitgestellt werden.

(2) Für die Zwecke des Absatzes 1 Unterabsatz 1 Buchstabe a können die Mitgliedstaaten ferner verlangen, dass die fortgeschrittene elektronische Signatur auf einem qualifizierten Zertifikat beruht und von einer sicheren Signaturerstellungseinheit im Sinne des Artikels 2 Nummern 6 und 10 der Richtlinie 1999/93/EG erstellt wird.

(3) Für die Zwecke des Absatzes 1 Unterabsatz 1 Buchstabe b können die Mitgliedstaaten ferner verlangen, dass unter von ihnen festzulegenden Bedingungen zusätzlich ein zusammenfassendes Dokument in Papierform zu übermitteln ist.

Artikel 234

Die Mitgliedstaaten dürfen den Steuerpflichtigen, die in ihrem Gebiet Lieferungen von Gegenständen bewirken oder Dienstleistungen erbringen, keine weiteren Pflichten oder Formalitäten in Bezug auf den Einsatz eines Systems zur elektronischen Übermittlung oder Bereitstellung von Rechnungen auferlegen.

Artikel 235

Die Mitgliedstaaten können spezifische Anforderungen für die elektronische Ausstellung von Rechnungen festlegen, wenn die Rechnungen für Lieferungen von Gegenständen oder für Dienstleistungen in ihrem Gebiet in einem Land ausgestellt werden, mit dem keine Rechtsvereinbarung über Amtshilfe besteht, deren Anwendungsbereich mit dem der Richtlinie 76/308/EWG sowie der Verordnung (EG) Nr. 1798/2003 vergleichbar ist.

Artikel 236

Werden mehrere Rechnungen gebündelt elektronisch an ein und denselben Rechnungsempfänger übermittelt oder für diesen bereitgehalten, ist es zulässig, Angaben, die allen Rechnungen gemeinsam sind, nur ein einziges Mal aufzuführen, sofern für jede Rechnung die kompletten Angaben zugänglich sind.

Artikel 237

Die Kommission legt spätestens am 31. Dezember 2008 einen Bericht, gegebenenfalls zusammen mit einem Vorschlag zur Änderung der Bedingungen der elektronischen Ausstellung von Rechnungen, vor, damit etwaige künftige technologische Entwicklungen in diesem Bereich berücksichtigt werden können.

Abschnitt 6
Vereinfachungsmaßnahmen

Artikel 238

(1) Nach Konsultation des Mehrwertsteuerausschusses und unter von ihnen festzulegenden Bedingungen können die Mitgliedstaaten bei Rechnungen für Lieferungen von Gegenständen oder für Dienstleistungen in ihrem Gebiet vorsehen, dass diese Rechnungen je nach der von den Mitgliedstaaten gemäß den Artikeln 227, 228 und 231 gewählten Möglichkeiten in folgenden Fällen bestimmte in den Artikeln 226 und 230 genannte Angaben nicht enthalten müssen:
a) wenn der Rechnungsbetrag geringfügig ist;
b) wenn die Einhaltung aller in den Artikeln 226 und 230 genannten Verpflichtungen aufgrund der Handels- oder Verwaltungspraktiken in dem betreffenden Wirtschaftsbereich oder aufgrund der technischen Bedingungen der Erstellung dieser Rechnungen schwierig ist.

(2) Die Rechnungen müssen auf jeden Fall die folgenden Angaben enthalten:
a) das Ausstellungsdatum;
b) die Identität des Steuerpflichtigen;
c) die Art der gelieferten Gegenstände oder der erbrachten Dienstleistungen;
d) den zu entrichtenden Mehrwertsteuerbetrag oder die Angaben zu dessen Berechnung.

(3) Die Vereinfachung nach Absatz 1 darf nicht auf in den Artikeln 20, 21, 22, 33, 36, 138 und 141 genannte Umsätze angewandt werden.

Artikel 239

Machen die Mitgliedstaaten von der Möglichkeit nach Artikel 272 Absatz 1 Unterabsatz 1 Buchstabe b Gebrauch, Steuerpflichtigen, die keine der in den Artikeln 20, 21, 22, 33, 36, 138 und

141 genannten Umsätze bewirken, keine Mehrwertsteuer-Identifikationsnummer zu erteilen, ist
– sofern keine Mehrwertsteuer-Identifikationsnummer erteilt wurde – auf der Rechnung die Mehrwertsteuer-Identifikationsnummer des Lieferers oder Dienstleistungserbringers und des Erwerbers oder Dienstleistungsempfängers durch eine andere, von den betreffenden Mitgliedstaaten näher bestimmte Nummer, die so genannte Steuerregisternummer, zu ersetzen.

Artikel 240

Mitgliedstaaten, die von der Möglichkeit nach Artikel 272 Absatz 1 Unterabsatz 1 Buchstabe b Gebrauch machen, können, wenn dem Steuerpflichtigen eine Mehrwertsteuer-Identifikationsnummer erteilt wurde, außerdem vorsehen, dass die Rechnung folgende Angaben enthält:

1. bei den in den Artikeln 44, 47, 50, 53, 54 und 55 genannten Dienstleistungen sowie bei den in den Artikeln 138 und 141 genannten Lieferungen von Gegenständen: die Mehrwertsteuer-Identifikationsnummer sowie die Steuerregisternummer des Lieferers bzw. Dienstleistungserbringers;

2. bei anderen Lieferungen von Gegenständen und Dienstleistungen: lediglich die Steuerregisternummer des Lieferers bzw. Dienstleistungserbringers oder lediglich die Mehrwertsteuer-Identifikationsnummer.

Kapitel 4
Aufzeichnungen

Abschnitt 1
Begriffsbestimmung

Artikel 241

Für die Zwecke dieses Kapitels gilt als „elektronische Aufbewahrung einer Rechnung" die Aufbewahrung von Daten mittels elektronischer Einrichtungen zur Verarbeitung (einschließlich der digitalen Kompression) und Aufbewahrung unter Verwendung von Draht, Funk, optischen oder anderen elektromagnetischen Medien.

Abschnitt 2
Allgemeine Pflichten

Artikel 242

Jeder Steuerpflichtige hat Aufzeichnungen zu führen, die so ausführlich sind, dass sie die Anwendung der Mehrwertsteuer und ihre Kontrolle durch die Steuerverwaltung ermöglichen.

Artikel 243

(1) Jeder Steuerpflichtige muss ein Register der Gegenstände führen, die er für die Zwecke seiner in Artikel 17 Absatz 2 Buchstaben f, g und h genannten Umsätze in Form von Arbeiten an diesen Gegenständen oder ihrer vorübergehenden Verwendung nach Orten außerhalb des Mitgliedstaats des Beginns der Versendung oder Beförderung, aber innerhalb der Gemeinschaft versandt oder befördert hat oder die für seine Rechnung dorthin versandt oder befördert wurden.

(2) Jeder Steuerpflichtige hat Aufzeichnungen zu führen, die so ausführlich sind, dass sie die Identifizierung der Gegenstände ermöglichen, die ihm aus einem anderen Mitgliedstaat von einem Steuerpflichtigen mit Mehrwertsteuer-Identifikationsnummer in diesem anderen Mitgliedstaat oder für dessen Rechnung im Zusammenhang mit einer in Artikel 52 Buchstabe c genannten Dienstleistung in Form der Begutachtung dieser Gegenstände oder von Arbeiten an diesen Gegenständen gesandt worden sind.

Abschnitt 3
Pflichten in Bezug auf die Aufbewahrung aller Rechnungen

Artikel 244

Jeder Steuerpflichtige sorgt für die Aufbewahrung von Kopien aller Rechnungen, die er selbst, der Erwerber oder Dienstleistungsempfänger oder ein Dritter in seinem Namen und für seine Rechnung ausgestellt hat, sowie aller Rechnungen, die er erhalten hat.

Artikel 245

(1) Für die Zwecke dieser Richtlinie kann der Steuerpflichtige den Aufbewahrungsort aller Rechnungen bestimmen, sofern er den zuständigen Behörden auf deren Verlangen alle gemäß Artikel 244 aufzubewahrenden Rechnungen oder Daten unverzüglich zur Verfügung stellt.

(2) Die Mitgliedstaaten können von den in ihrem Gebiet ansässigen Steuerpflichtigen verlangen, ihnen den Aufbewahrungsort mitzuteilen, wenn sich dieser außerhalb ihres Gebiets befindet.

Die Mitgliedstaaten können ferner von den in ihrem Gebiet ansässigen Steuerpflichtigen verlangen, alle von ihnen selbst oder vom Erwerber oder Dienstleistungsempfänger oder von einem Dritten in ihrem Namen und für ihre Rechnung ausgestellten Rechnungen sowie alle Rechnungen, die sie erhalten haben, im Inland aufzubewahren, soweit es sich nicht um eine elektronische Aufbewahrung handelt, die einen vollständigen Online-Zugriff auf die betreffenden Daten gewährleistet.

Artikel 246

Die Echtheit der Herkunft und die Unversehrtheit des Inhalts der aufbewahrten Rechnungen sowie deren Lesbarkeit müssen für die gesamte Dauer der Aufbewahrung gewährleistet sein.

Die in den in Artikel 233 Absatz 1 Unterabsatz 2 genannten Rechnungen enthaltenen Daten dürfen nicht geändert werden und müssen während des genannten Zeitraums lesbar bleiben.

Artikel 247

(1) Jeder Mitgliedstaat legt fest, über welchen Zeitraum Steuerpflichtige Rechnungen für Lieferungen von Gegenständen oder für Dienstleistungen in seinem Gebiet aufbewahren müssen und Rechnungen, die in seinem Gebiet ansässige Steuerpflichtige erhalten haben, aufbewahrt werden müssen.

(2) Um die Einhaltung der in Artikel 246 genannten Anforderungen sicherzustellen, kann der in Absatz 1 des vorliegenden Artikels genannte Mitgliedstaat vorschreiben, dass die Rechnungen in der Originalform, in der sie übermittelt oder zur Verfügung gestellt wurden, d. h. auf Papier oder elektronisch, aufzubewahren sind. Er kann zudem verlangen, dass bei der elektronischen Aufbewahrung der Rechnungen die Daten, mit denen die in Artikel 246 Absatz 1 geregelte Echtheit der Herkunft und die Unversehrtheit des Inhalts der jeweiligen Rechnung nachgewiesen wird, ebenfalls aufzubewahren sind.

(3) Der in Absatz 1 genannte Mitgliedstaat kann spezifische Anforderungen festlegen, wonach die Aufbewahrung der Rechnungen in einem Land verboten oder eingeschränkt wird, mit dem keine Rechtsvereinbarung über Amtshilfe, deren Anwendungsbereich mit dem der Richtlinie 76/308/EWG sowie der Verordnung (EG) Nr. 1798/2003 vergleichbar ist, und keine Rechtsvereinbarung über das in Artikel 249 genannte Recht auf elektronischen Zugriff auf diese Rechnungen, deren Herunterladen und Verwendung besteht.

Artikel 248

Die Mitgliedstaaten können vorschreiben, dass an nichtsteuerpflichtige Personen ausgestellte Rechnungen aufzubewahren sind und dafür entsprechende Bedingungen festlegen.

Abschnitt 4
Recht auf Zugriff auf in einem anderen Mitgliedstaat elektronisch aufbewahrte Rechnungen

Artikel 249

Bewahrt ein Steuerpflichtiger von ihm ausgestellte oder empfangene Rechnungen elektronisch in einer Weise auf, die einen Online-Zugriff auf die Daten gewährleistet, und liegt der Aufbewahrungsort in einem Mitgliedstaat, in dem er nicht ansässig ist, haben die zuständigen Behörden des Mitgliedstaats, in dem er ansässig ist, für die Zwecke dieser Richtlinie im Rahmen der Rechtsvorschriften des Mitgliedstaats, in dem der Steuerpflichtige ansässig ist, und soweit dies für diese Behörden zur Kontrolle erforderlich ist, das Recht auf elektronischen Zugriff auf diese Rechnungen sowie auf deren Herunterladen und Verwendung.

Kapitel 5
Erklärungspflichten

Artikel 250

(1) Jeder Steuerpflichtige hat eine Mehrwertsteuererklärung abzugeben, die alle für die Festsetzung des geschuldeten Steuerbetrags und der vorzunehmenden Vorsteuerabzüge erforderlichen Angaben enthält, gegebenenfalls einschließlich des Gesamtbetrags der für diese Steuer und Abzüge maßgeblichen Umsätze sowie des Betrags der steuerfreien Umsätze, soweit dies für die Feststellung der Steuerbemessungsgrundlage erforderlich ist.

(2) Die Mitgliedstaaten legen fest, unter welchen Bedingungen der Steuerpflichtige die in Absatz 1 genannte Erklärung elektronisch abgeben darf, und können die elektronische Abgabe auch vorschreiben.

Artikel 251

Neben den in Artikel 250 genannten Angaben muss die Mehrwertsteuererklärung, die einen bestimmten Steuerzeitraum umfasst, folgende Angaben enthalten:

a) Gesamtbetrag ohne Mehrwertsteuer der in Artikel 138 genannten Lieferungen von Gegenständen, für die während dieses Steuerzeitraums der Steueranspruch eingetreten ist;
b) Gesamtbetrag ohne Mehrwertsteuer der in den Artikeln 33 und 36 genannten Lieferungen von Gegenständen, im Gebiet eines anderen Mitgliedstaats, für die der Steueranspruch während dieses Steuerzeitraums eingetreten ist, wenn der Ort des Beginns der Versendung oder Beförderung der Gegenstände in dem Mitgliedstaat liegt, in dem die Erklärung abzugeben ist;
c) Gesamtbetrag ohne Mehrwertsteuer der innergemeinschaftlichen Erwerbe von Gegenständen sowie der diesen gemäß Artikel 21 und 22 gleichgestellten Umsätze, die in dem Mitgliedstaat bewirkt wurden, in dem die Erklärung abzugeben ist, und für die der Steueranspruch während dieses Steuerzeitraums eingetreten ist;
d) Gesamtbetrag ohne Mehrwertsteuer der in den Artikeln 33 und 36 genannten Lieferungen von Gegenständen, in dem Mitgliedstaat, in dem die Erklärung abzugeben ist, und für die der Steueranspruch während dieses Steuerzeitraums eingetreten ist, wenn der Ort des Beginns der Versendung oder Beförderung der Gegenstände im Gebiet eines anderen Mitgliedstaats liegt;
e) Gesamtbetrag ohne Mehrwertsteuer der Lieferungen von Gegenständen, in dem Mitgliedstaat, in dem die Erklärung abzugeben ist, für die der Steuerpflichtige gemäß Artikel 197 als Steuerschuldner bestimmt wurde und für die der Steueranspruch während dieses Steuerzeitraums eingetreten ist.

Artikel 252

(1) Die Mehrwertsteuererklärung ist innerhalb eines von den einzelnen Mitgliedstaaten festzulegenden Zeitraums abzugeben. Dieser Zeitraum darf zwei Monate nach Ende jedes einzelnen Steuerzeitraums nicht überschreiten.

(2) Der Steuerzeitraum kann von den Mitgliedstaaten auf einen, zwei oder drei Monate festgelegt werden.

Die Mitgliedstaaten können jedoch andere Zeiträume festlegen, sofern diese ein Jahr nicht überschreiten.

Artikel 253

Schweden kann für kleine und mittlere Unternehmen ein vereinfachtes Verfahren anwenden, das es Steuerpflichtigen, die ausschließlich im Inland steuerbare Umsätze bewirken, gestattet, die Mehrwertsteuererklärung drei Monate nach Ablauf des Steuerjahrs für Zwecke der direkten Steuern abzugeben.

Artikel 254

In Bezug auf Lieferungen von neuen Fahrzeugen unter den Bedingungen des Artikels 138 Absatz 2 Buchstabe a durch einen Steuerpflichtigen mit Mehrwertsteuer-Identifikationsnummer an einen Erwerber ohne Mehrwertsteuer-Identifikationsnummer oder durch einen Steuerpflichtigen im Sinne des Artikels 9 Absatz 2 treffen die Mitgliedstaaten die erforderlichen Maßnahmen, damit der Verkäufer alle Informationen meldet, die für die Anwendung der Mehrwertsteuer und ihre Kontrolle durch die Verwaltung erforderlich sind.

Artikel 255

Wenn die Mitgliedstaaten den Erwerber von Anlagegold gemäß Artikel 198 Absatz 1 als Steuerschuldner bestimmen oder von der in Artikel 198 Absatz 2 vorgesehenen Möglichkeit Gebrauch machen, den Erwerber von Goldmaterial oder Halbfertigerzeugnissen oder von Anlagegold im Sinne des Artikels 344 Absatz 1 als Steuerschuldner zu bestimmen, treffen sie die erforderlichen Maßnahmen, um sicherzustellen, dass diese Person ihren Erklärungspflichten nach diesem Kapitel nachkommt.

Artikel 256

Die Mitgliedstaaten treffen die erforderlichen Maßnahmen, damit die Personen, die gemäß den Artikeln 194 bis 197 und Artikel 204 anstelle des nicht in ihrem Gebiet ansässigen Steuerpflichtigen als Steuerschuldner angesehen werden, ihren Erklärungspflichten nach diesem Kapitel nachkommen.

Artikel 257

Die Mitgliedstaaten treffen die erforderlichen Maßnahmen, damit die nichtsteuerpflichtigen juristischen Personen, die die für den in Artikel 2 Absatz 1 Nummer 2 Buchstabe b Ziffer i genannten innergemeinschaftlichen Erwerb von Gegenständen zu entrichtende Steuer schulden, ihren Erklärungspflichten nach diesem Kapitel nachkommen.

Artikel 258

Die Mitgliedstaaten legen die Einzelheiten der Erklärungspflichten in Bezug auf den innergemeinschaftlichen Erwerb von neuen Fahrzeugen im Sinne des Artikels 2 Absatz 1 Buchstabe b Ziffer ii und von verbrauchsteuerpflichtigen Waren im Sinne des Artikels 2 Absatz 1 Buchstabe b Ziffer iii fest.

Artikel 259

Die Mitgliedstaaten können verlangen, dass Personen, die innergemeinschaftliche Erwerbe neuer Fahrzeuge nach Artikel 2 Absatz 1 Buchstabe b Ziffer ii tätigen, bei der Abgabe der Mehrwertsteuererklärung alle Informationen melden, die für die Anwendung der Mehrwertsteuer und ihre Kontrolle durch die Verwaltung erforderlich sind.

Artikel 260

Die Mitgliedstaaten legen die Einzelheiten der Erklärungspflichten in Bezug auf die Einfuhr von Gegenständen fest.

Artikel 261

(1) Die Mitgliedstaaten können von dem Steuerpflichtigen verlangen, dass er eine Erklärung über sämtliche Umsätze des vorangegangenen Jahres mit allen in den Artikeln 250 und 251 genannten Angaben abgibt. Diese Erklärung muss alle Angaben enthalten, die für etwaige Berichtigungen von Bedeutung sind.

(2) Die Mitgliedstaaten legen fest, unter welchen Bedingungen der Steuerpflichtige die in Absatz 1 genannte Erklärung elektronisch abgeben darf, und können die elektronische Abgabe auch vorschreiben.

Kapitel 6
Zusammenfassende Meldung

Artikel 262

Jeder Steuerpflichtige mit Mehrwertsteuer-Identifikationsnummer muss eine zusammenfassende Meldung abgeben, in der Folgendes aufgeführt ist:

a) die Erwerber mit Mehrwertsteuer-Identifikationsnummer, denen er Gegenstände unter den Bedingungen des Artikels 138 Absatz 1 und Absatz 2 Buchstabe c geliefert hat;

b) die Personen mit Mehrwertsteuer-Identifikationsnummer, denen er Gegenstände geliefert hat, die ihm im Rahmen eines innergemeinschaftlichen Erwerbs im Sinne des Artikels 42 geliefert wurden;

c) die Steuerpflichtigen sowie die nicht steuerpflichtigen juristischen Personen mit Mehrwertsteuer-Identifikationsnummer, für die er Dienstleistungen erbracht hat, die keine Dienstleistungen sind, die in dem Mitgliedstaat, in dem der Umsatz steuerbar ist, von der Mehrwertsteuer befreit sind, und für die der Dienstleistungsempfänger gemäß Artikel 196 der Steuerschuldner ist.

Artikel 263

(1) Eine zusammenfassende Meldung ist für jeden Kalendermonat innerhalb einer Frist von höchstens einem Monat und nach den Modalitäten abzugeben, die von den Mitgliedstaaten festzulegen sind.

(1a) Die Mitgliedstaaten können jedoch unter von ihnen festzulegenden Bedingungen und innerhalb von ihnen festzulegender Grenzen den Steuerpflichtigen gestatten, die zusammenfassende Meldung für jedes Kalenderquartal innerhalb eines Zeitraums von höchstens einem Monat ab dem Quartalsende abzugeben, wenn der Gesamtbetrag der Lieferungen von Gegenständen gemäß Artikel 264 Absatz 1 Buchstabe d und Artikel 265 Absatz 1 Buchstabe c für das Quartal ohne Mehrwertsteuer weder für das jeweilige Quartal noch für eines der vier vorangegangenen Quartale den Betrag von 50 000 EUR oder den Gegenwert in Landeswährung übersteigt.

Die in Unterabsatz 1 vorgesehene Möglichkeit besteht ab Ende desjenigen Monats nicht mehr, in dem der Gesamtbetrag der Lieferungen von Gegenständen gemäß Artikel 264 Absatz 1 Buchstabe d und Artikel 265 Absatz 1 Buchstabe c für das laufende Quartal ohne Mehrwertsteuer den Betrag von

50 000 EUR oder den Gegenwert in Landeswährung übersteigt. In diesem Fall ist eine zusammenfassende Meldung für den oder die seit Beginn des Quartals vergangenen Monate innerhalb eines Zeitraums von höchstens einem Monat abzugeben.

(1b) Bis zum 31. Dezember 2011 können die Mitgliedstaaten den in Absatz 1a vorgesehenen Betrag auf 100 000 EUR oder den Gegenwert in Landeswährung festlegen.

(1c) Die Mitgliedstaaten können unter von ihnen festzulegenden Bedingungen und innerhalb von ihnen festzulegender Grenzen den Steuerpflichtigen in Bezug auf die Dienstleistungen gemäß Artikel 264 Absatz 1 Buchstabe d gestatten, die zusammenfassende Meldung für jedes Kalenderquartal innerhalb eines Zeitraums von höchstens einem Monat ab Quartalsende abzugeben.

Die Mitgliedstaaten können insbesondere verlangen, dass die Steuerpflichtigen, die Lieferungen von Gegenständen und Dienstleistungen gemäß Artikel 264 Absatz 1 Buchstabe d bewirken, die zusammenfassende Meldung innerhalb des Zeitraums abgeben, der sich aus der Anwendung der Absätze 1 bis 1b ergibt.

(2) Die Mitgliedstaaten legen fest, unter welchen Bedingungen der Steuerpflichtige die in Absatz 1 genannte zusammenfassende Meldung im Wege der elektronischen Datenübertragung abgeben darf, und können die Abgabe im Wege der elektronischen Dateiübertragung auch vorschreiben.

Artikel 264

(1) Die zusammenfassende Meldung muss folgende Angaben enthalten:

a) die Mehrwertsteuer-Identifikationsnummer des Steuerpflichtigen in dem Mitgliedstaat, in dem die zusammenfassende Meldung abzugeben ist, und unter der er Gegenstände im Sinne des Artikels 138 Absatz 1 geliefert hat oder steuerpflichtige Dienstleistungen im Sinne des Artikels 44 erbracht hat;

b) die Mehrwertsteuer-Identifikationsnummer eines jeden Erwerbers von Gegenständen oder eines jeden Empfängers von Dienstleistungen in einem anderen Mitgliedstaat als dem, in dem die zusammenfassende Meldung abzugeben ist, und unter der ihm die Gegenstände geliefert oder für ihn die Dienstleistungen erbracht wurden;

c) die Mehrwertsteuer-Identifikationsnummer des Steuerpflichtigen in dem Mitgliedstaat, in dem die zusammenfassende Meldung abzugeben ist, und unter der er eine Verbringung in einen anderen Mitgliedstaat nach Artikel 138 Absatz 2 Buchstabe c bewirkt hat, sowie seine Mehrwertsteuer-Identifikationsnummer im Mitgliedstaat der Beendigung der Versendung oder Beförderung;

d) für jeden einzelnen Erwerber von Gegenständen oder Empfänger von Dienstleistungen den Gesamtbetrag der Lieferungen von Gegenständen und den Gesamtbetrag der Dienstleistungen durch den Steuerpflichtigen;

e) bei der Lieferung von Gegenständen in Form der Verbringung in einen anderen Mitgliedstaat nach Artikel 138 Absatz 2 Buchstabe c den gemäß Artikel 76 ermittelten Gesamtbetrag der Lieferungen;

f) den Betrag der gemäß Artikel 90 durchgeführten Berichtigungen.

(2) Der in Absatz 1 Buchstabe d genannte Betrag ist für den gemäß Artikel 263 Absätze 1 bis 1c festgelegten Abgabezeitraum zu melden, in dem der Steueranspruch eingetreten ist.

Der in Absatz 1 Buchstabe f genannte Betrag ist für den gemäß Artikel 263 Absätze 1 bis 1c festgelegten Abgabezeitraum zu melden, in dem die Berichtigung dem Erwerber mitgeteilt wird.

Artikel 265

(1) Im Falle des innergemeinschaftlichen Erwerbs von Gegenständen im Sinne des Artikels 42 hat der Steuerpflichtige mit Mehrwertsteuer-Identifikationsnummer in dem Mitgliedstaat, der ihm die Mehrwertsteuer-Identifikationsnummer erteilt hat, unter der er diesen Erwerb getätigt hat, in der zusammenfassenden Meldung folgende Einzelangaben zu machen:

a) seine Mehrwertsteuer-Identifikationsnummer in diesem Mitgliedstaat, unter der er die Gegenstände erworben und anschließend geliefert hat;

b) die Mehrwertsteuer-Identifikationsnummer des Empfängers der anschließenden Lieferungen des Steuerpflichtigen im Mitgliedstaat der Beendigung der Versendung oder Beförderung;

c) für jeden einzelnen dieser Empfänger der Lieferung den Gesamtbetrag ohne Mehrwertsteuer derartiger Lieferungen des Steuerpflichtigen im Mitgliedstaat der Beendigung der Versendung oder Beförderung.

(2) Der in Absatz 1 Buchstabe c genannte Betrag ist für den gemäß Artikel 263 Absätze 1 bis 1b festgelegten Abgabezeitraum zu melden, in dem der Steueranspruch eingetreten ist.

Artikel 266

Abweichend von den Artikeln 264 und 265 können die Mitgliedstaaten verlangen, dass die zusammenfassende Meldung weitere Angaben enthält.

Artikel 267

Die Mitgliedstaaten treffen die erforderlichen Maßnahmen, damit die Personen, die gemäß den Artikeln 194 und 204 anstelle eines nicht in ihrem Gebiet ansässigen Steuerpflichtigen als Steuerschuldner angesehen werden, ihrer Pflicht zur Abgabe von zusammenfassenden Meldungen nach diesem Kapitel nachkommen.

Artikel 268

Die Mitgliedstaaten können von Steuerpflichtigen, die in ihrem Gebiet innergemeinschaftliche Erwerbe von Gegenständen sowie diesen gleichgestellte Umsätze im Sinne der Artikel 21 und 22 bewirken, die Abgabe von Erklärungen mit ausführlichen Angaben über diese Erwerbe verlangen; für Zeiträume von weniger als einem Monat dürfen solche Erklärungen jedoch nicht verlangt werden.

Artikel 269

Der Rat kann die einzelnen Mitgliedstaaten auf Vorschlag der Kommission einstimmig ermächtigen, die in den Artikeln 270 und 271 vorgesehenen besonderen Maßnahmen zu treffen, um die Pflicht zur Abgabe einer zusammenfassenden Meldung nach diesem Kapitel zu vereinfachen. Diese Maßnahmen dürfen die Kontrolle der innergemeinschaftlichen Umsätze nicht beeinträchtigen.

Artikel 270

Aufgrund der Ermächtigung nach Artikel 269 können die Mitgliedstaaten einem Steuerpflichtigen gestatten, eine jährliche zusammenfassende Meldung mit den Mehrwertsteuer-Identifikationsnummern derjenigen Erwerber in anderen Mitgliedstaaten abzugeben, denen er Gegenstände unter den Bedingungen des Artikels 138 Absatz 1 und Absatz 2 Buchstabe c geliefert hat, wenn der Steuerpflichtige die folgenden drei Voraussetzungen erfüllt:

a) der jährliche Gesamtbetrag ohne Mehrwertsteuer seiner Lieferungen von Gegenständen und seiner Dienstleistungen übersteigt den Jahresumsatz, der als Referenzbetrag für die Steuerbefreiung für Kleinunternehmen nach den Artikeln 282 bis 292 dient, um nicht mehr als 35 000 EUR oder den Gegenwert in Landeswährung;

b) der jährliche Gesamtbetrag ohne Mehrwertsteuer seiner Lieferungen von Gegenständen unter den Bedingungen des Artikels 138 übersteigt nicht den Betrag von 15 000 EUR oder den Gegenwert in Landeswährung;

c) bei den von ihm unter den Voraussetzungen des Artikels 138 gelieferten Gegenständen handelt es sich nicht um neue Fahrzeuge.

Artikel 271

Aufgrund der Ermächtigung nach Artikel 269 können diejenigen Mitgliedstaaten, die die Dauer des Steuerzeitraums, für der der Steuerpflichtige die in Artikel 250 genannte Mehrwertsteuererklärung abzugeben hat, auf mehr als drei Monate festlegen, einem Steuerpflichtigen gestatten, die zusammenfassende Meldung für denselben Zeitraum vorzulegen, wenn der Steuerpflichtige die folgenden drei Voraussetzungen erfüllt:

a) der jährliche Gesamtbetrag ohne Mehrwertsteuer seiner Lieferungen von Gegenständen und seiner Dienstleistungen beläuft sich auf höchstens 200 000 EUR oder den Gegenwert in Landeswährung;

b) der jährliche Gesamtbetrag ohne Mehrwertsteuer seiner Lieferungen von Gegenständen unter den Bedingungen des Artikels 138 übersteigt nicht den Betrag von 15 000 EUR oder den Gegenwert in Landeswährung;

c) bei den von ihm unter den Bedingungen des Artikels 138 gelieferten Gegenständen handelt es sich nicht um neue Fahrzeuge.

Kapitel 7
Verschiedenes

Artikel 272

(1) Die Mitgliedstaaten können folgende Steuerpflichtige von bestimmten oder allen Pflichten nach den Kapiteln 2 bis 6 befreien:
a) Steuerpflichtige, deren innergemeinschaftliche Erwerbe von Gegenständen gemäß Artikel 3 Absatz 1 nicht der Mehrwertsteuer unterliegen;
b) Steuerpflichtige, die keine der in den Artikeln 20, 21, 22, 33, 36, 138 und 141 genannten Umsätze bewirken;
c) Steuerpflichtige, die nur Gegenstände liefern oder Dienstleistungen erbringen, die gemäß den Artikeln 132, 135 und 136, den Artikeln 146 bis 149 sowie den Artikeln 151, 152 und 153 von der Steuer befreit sind;
d) Steuerpflichtige, die die Steuerbefreiung für Kleinunternehmen nach den Artikeln 282 bis 292 in Anspruch nehmen;
e) Steuerpflichtige, die die gemeinsame Pauschalregelung für Landwirte in Anspruch nehmen.

Die Mitgliedstaaten dürfen die in Unterabsatz 1 Buchstabe b genannten Steuerpflichtigen nicht von den in den Artikeln 220 bis 236 sowie 238, 239 und 240 vorgesehenen Pflichten in Bezug auf die Rechnungsstellung entbinden.

(2) Machen die Mitgliedstaaten von der Möglichkeit nach Absatz 1 Unterabsatz 1 Buchstabe e Gebrauch, treffen sie die Maßnahmen, die für eine korrekte Anwendung der Übergangsregelung für die Besteuerung innergemeinschaftlicher Umsätze erforderlich sind.

(3) Die Mitgliedstaaten können auch andere als die in Absatz 1 genannten Steuerpflichtigen von bestimmten in Artikel 242 genannten Aufzeichnungspflichten entbinden.

Artikel 273

Die Mitgliedstaaten können vorbehaltlich der Gleichbehandlung der von Steuerpflichtigen bewirkten Inlandsumsätze und innergemeinschaftlicher Umsätze weitere Pflichten vorsehen, die sie für erforderlich erachten, um eine genaue Erhebung der Steuer sicherzustellen und um Steuerhinterziehung zu vermeiden, sofern diese Pflichten im Handelsverkehr zwischen den Mitgliedstaaten nicht zu Formalitäten beim Grenzübertritt führen.

Die Möglichkeit nach Absatz 1 darf nicht dazu genutzt werden, zusätzlich zu den in Kapitel 3 genannten Pflichten weitere Pflichten in Bezug auf die Rechnungsstellung festzulegen.

Kapitel 8
Pflichten bei bestimmten Einfuhr- und Ausfuhrumsätzen

Abschnitt 1
Einfuhrumsätze

Artikel 274

Bei der Einfuhr von Gegenständen im freien Verkehr, die aus einem Drittgebiet in die Gemeinschaft verbracht werden, das Teil des Zollgebiets der Gemeinschaft ist, sind die Artikel 275, 276 und 277 anzuwenden.

Artikel 275

Für die Formalitäten bei der Einfuhr der in Artikel 274 genannten Gegenstände sind die für die Einfuhr von Gegenständen in das Zollgebiet der Gemeinschaft geltenden gemeinschaftlichen Zollvorschriften maßgebend.

Artikel 276

Liegt der Ort der Beendigung der Versendung oder Beförderung der in Artikel 274 genannten Gegenstände nicht in dem Mitgliedstaat, in dem sie in die Gemeinschaft gelangen, fallen sie in der Gemeinschaft unter das interne gemeinschaftliche Versandverfahren gemäß den gemeinschaftlichen Zollvorschriften, sofern sie bereits zum Zeitpunkt ihrer Verbringung in die Gemeinschaft zu diesem Verfahren angemeldet wurden.

Artikel 277

Ist bei den in Artikel 274 genannten Gegenständen zum Zeitpunkt ihrer Verbringung in die Gemeinschaft eine Situation gegeben, der zufolge sie bei einer Einfuhr im Sinne des Artikels 30 Absatz 1 unter eines der in Artikel 156 genannten Verfahren oder einer der dort genannten sonstigen Regelungen oder unter eine Zollregelung der vorübergehenden Verwendung unter vollständiger Befreiung von Einfuhrabgaben fallen könnten, treffen die Mitgliedstaaten die erforderlichen Maßnahmen, damit diese Gegenstände unter den gleichen Bedingungen in der Gemeinschaft verbleiben können, wie sie für die Anwendung dieser Verfahren oder sonstigen Regelungen vorgesehen sind.

Abschnitt 2
Ausfuhrumsätze

Artikel 278

Bei der Ausfuhr von Gegenständen im freien Verkehr, die aus einem Mitgliedstaat in ein Drittgebiet versandt oder befördert werden, das Teil des Zollgebiets der Gemeinschaft ist, sind die Artikel 279 und 280 anzuwenden.

Artikel 279

Für die Formalitäten bei der Ausfuhr der in Artikel 278 genannten Gegenstände aus dem Gebiet der Gemeinschaft sind die für die Ausfuhr von Gegenständen aus dem Zollgebiet der Gemeinschaft geltenden gemeinschaftlichen Zollvorschriften maßgebend.

Artikel 280

In Bezug auf Gegenstände, die vorübergehend aus der Gemeinschaft ausgeführt werden, um wieder eingeführt zu werden, treffen die Mitgliedstaaten die erforderlichen Maßnahmen, damit für diese Gegenstände bei ihrer Wiedereinfuhr in die Gemeinschaft die gleichen Bestimmungen gelten, wie wenn sie vorübergehend aus dem Zollgebiet der Gemeinschaft ausgeführt worden wären.

Titel XII
Sonderregelungen

Kapitel 1
Sonderregelung für Kleinunternehmen

Abschnitt 1
Vereinfachte Modalitäten für die Besteuerung und die Steuererhebung

Artikel 281

Mitgliedstaaten, in denen die normale Besteuerung von Kleinunternehmen wegen deren Tätigkeit oder Struktur auf Schwierigkeiten stoßen würde, können unter den von ihnen festgelegten Beschränkungen und Voraussetzungen nach Konsultation des Mehrwertsteuerausschusses vereinfachte Modalitäten für die Besteuerung und Steuererhebung, insbesondere Pauschalregelungen, anwenden, die jedoch nicht zu einer Steuerermäßigung führen dürfen.

Abschnitt 2
Steuerbefreiungen und degressive Steuerermäßigungen

Artikel 282

Die Steuerbefreiungen und -ermäßigungen nach diesem Abschnitt gelten für Lieferungen von Gegenständen und für Dienstleistungen, die von Kleinunternehmen bewirkt werden.

Artikel 283

(1) Dieser Abschnitt gilt nicht für folgende Umsätze:
a) die in Artikel 12 genannten gelegentlichen Umsätze;
b) die Lieferungen neuer Fahrzeuge unter den Voraussetzungen des Artikels 138 Absatz 1 und Absatz 2 Buchstabe a;
c) die Lieferungen von Gegenständen und Erbringung von Dienstleistungen durch einen Steuerpflichtigen, der nicht in dem Mitgliedstaat ansässig ist, in dem die Mehrwertsteuer geschuldet wird.

(2) Die Mitgliedstaaten können von der Anwendung dieses Abschnitts auch andere als die in Absatz 1 genannten Umsätze ausschließen.

Artikel 284

(1) Mitgliedstaaten, die von der Möglichkeit nach Artikel 14 der Richtlinie 67/228/EWG des Rates vom 11. April 1967 zur Harmonisierung der Rechtsvorschriften der Mitgliedstaaten über die

Anhang 7
MWSt-Richtlinie

Umsatzsteuern – Struktur und Anwendungsmodalitäten des gemeinsamen Mehrwertsteuersystems[1]) Gebrauch gemacht und Steuerbefreiungen oder degressive Steuerermäßigungen eingeführt haben, dürfen diese sowie die diesbezüglichen Durchführungsbestimmungen beibehalten, wenn sie mit dem Mehrwertsteuersystem in Einklang stehen.

(2) Mitgliedstaaten, in denen am 17. Mai 1977 für Steuerpflichtige mit einem Jahresumsatz unter dem Gegenwert von 5 000 Europäischen Rechnungseinheiten in Landeswährung zu dem an dem genannten Datum geltenden Umrechnungskurs eine Steuerbefreiung galt, können diesen Betrag bis auf 5 000 EUR anheben.

Mitgliedstaaten, die eine degressive Steuerermäßigung angewandt haben, dürfen die obere Grenze für diese Ermäßigung nicht heraufsetzen und diese Ermäßigung nicht günstiger gestalten.

Artikel 285

Mitgliedstaaten, die von der Möglichkeit nach Artikel 14 der Richtlinie 67/228/EWG keinen Gebrauch gemacht haben, können Steuerpflichtigen mit einem Jahresumsatz von höchstens 5 000 EUR oder dem Gegenwert dieses Betrags in Landeswährung eine Steuerbefreiung gewähren.

Die in Absatz 1 genannten Mitgliedstaaten können den Steuerpflichtigen, deren Jahresumsatz die von ihnen für die Steuerbefreiung festgelegte Höchstgrenze überschreitet, eine degressive Steuerermäßigung gewähren.

Artikel 286

Mitgliedstaaten, in denen am 17. Mai 1977 für Steuerpflichtige mit einem Jahresumsatz von mindestens dem Gegenwert von 5 000 Europäischen Rechnungseinheiten in Landeswährung zu dem an dem genannten Datum geltenden Umrechnungskurs eine Steuerbefreiung galt, können diesen Betrag zur Wahrung des realen Wertes anheben.

Artikel 287

Mitgliedstaaten, die nach dem 1. Januar 1978 beigetreten sind, können Steuerpflichtigen eine Steuerbefreiung gewähren, wenn ihr Jahresumsatz den in Landeswährung ausgedrückten Gegenwert der folgenden Beträge nicht übersteigt, wobei der Umrechnungskurs am Tag des Beitritts zugrunde zu legen ist:

1. Griechenland: 10 000 Europäische Rechnungseinheiten;
2. Spanien: 10 000 ECU;
3. Portugal: 10 000 ECU;
4. Österreich: 35 000 ECU;
5. Finnland: 10 000 ECU;
6. Schweden: 10 000 ECU;
7. Tschechische Republik: 35 000 EUR;
8. Estland: 16 000 EUR;
9. Zypern: 15 600 EUR;
10. Lettland: 17 200 EUR;
11. Litauen: 29 000 EUR;
12. Ungarn: 35 000 EUR;
13. Malta: 37 000 EUR, wenn die wirtschaftliche Tätigkeit hauptsächlich in der Lieferung von Waren besteht, 24 300 EUR, wenn die wirtschaftliche Tätigkeit hauptsächlich in der Erbringung von Dienstleistungen mit geringer Wertschöpfung (hoher Input) besteht und 14 600 EUR in anderen Fällen, nämlich bei Dienstleistungen mit hoher Wertschöpfung (niedriger Input);
14. Polen: 10 000 EUR;
15. Slowenien: 25 000 EUR;
16. Slowakei: 35 000 EUR;
17. Bulgarien: 25 600 EUR;
18. Rumänien: 35 000 EUR.

Artikel 288

Der Umsatz, der bei der Anwendung der Regelung dieses Abschnitts zugrunde zu legen ist, setzt sich aus folgenden Beträgen ohne Mehrwertsteuer zusammen:
1. Betrag der Lieferungen von Gegenständen und Dienstleistungen, soweit diese besteuert werden;

---

[1]) ABl. 71 vom 14. 4. 1967, S. 1303/67. Aufgehoben durch die Richtlinie 77/388/EWG.

2. Betrag der gemäß Artikel 110, Artikel 111 und Artikel 125 Absatz 1 sowie Artikel 127 und Artikel 128 Absatz 1 mit Recht auf Vorsteuerabzug von der Steuer befreiten Umsätze;
3. Betrag der gemäß den Artikeln 146 bis 149 sowie den Artikeln 151, 152 und 153 von der Steuer befreiten Umsätze;
4. Betrag der Umsätze mit Immobilien, der in Artikel 135 Absatz 1 Buchstaben b bis g genannten Finanzgeschäfte sowie der Versicherungsdienstleistungen, sofern diese Umsätze nicht den Charakter von Nebenumsätzen haben.

Veräußerungen von körperlichen oder nicht körperlichen Investitionsgütern des Unternehmens bleiben bei der Ermittlung dieses Umsatzes jedoch außer Ansatz.

Artikel 289

Steuerpflichtige, die eine Steuerbefreiung in Anspruch nehmen, haben kein Recht auf Vorsteuerabzug gemäß den Artikeln 167 bis 171 und 173 bis 177 und dürfen die Mehrwertsteuer in ihren Rechnungen nicht ausweisen.

Artikel 290

Steuerpflichtige, die für die Steuerbefreiung in Betracht kommen, können sich entweder für die normale Mehrwertsteuerregelung oder für die Anwendung der in Artikel 281 genannten vereinfachten Modalitäten entscheiden. In diesem Fall gelten für sie die in den nationalen Rechtsvorschriften gegebenenfalls vorgesehenen degressiven Steuerermäßigungen.

Artikel 291

Steuerpflichtige, für die die degressive Steuerermäßigung gilt, werden vorbehaltlich der Anwendung des Artikels 281 als der normalen Mehrwertsteuerregelung unterliegende Steuerpflichtige betrachtet.

Artikel 292

Dieser Abschnitt gilt bis zu einem Zeitpunkt, der vom Rat gemäß Artikel 93 des Vertrags festgelegt wird und der nicht nach dem Zeitpunkt des Inkrafttretens der endgültigen Regelung im Sinne von Artikel 402 liegen darf.

Abschnitt 3
Bericht und Überprüfung

Artikel 293

Die Kommission legt dem Rat auf der Grundlage der von den Mitgliedstaaten erlangten Informationen alle vier Jahre nach der Annahme dieser Richtlinie einen Bericht über die Anwendung der Bestimmungen dieses Kapitels vor. Falls erforderlich fügt sie diesem Bericht unter Berücksichtigung der Notwendigkeit einer allmählichen Konvergenz der nationalen Regelungen Vorschläge bei, die Folgendes zum Gegenstand haben:
1. die Verbesserung der Sonderregelung für Kleinunternehmen;
2. die Angleichung der nationalen Regelungen über die Steuerbefreiungen und degressiven Steuerermäßigungen;
3. die Anpassung der in Abschnitt 2 genannten Schwellenwerte.

Artikel 294

Der Rat entscheidet gemäß Artikel 93 des Vertrags darüber, ob im Rahmen der endgültigen Regelung eine Sonderregelung für Kleinunternehmen erforderlich ist, und befindet gegebenenfalls über die gemeinsamen Beschränkungen und Bedingungen für die Anwendung der genannten Sonderregelung.

Kapitel 2
Gemeinsame Pauschalregelung für landwirtschaftliche Erzeuger

Artikel 295

(1) Für die Zwecke dieses Kapitels gelten folgende Begriffsbestimmungen:
1. „landwirtschaftlicher Erzeuger" ist ein Steuerpflichtiger, der seine Tätigkeit im Rahmen eines land-, forst- oder fischwirtschaftlichen Betriebs ausübt;
2. „land-, forst- oder fischwirtschaftlicher Betrieb" ist ein Betrieb, der in den einzelnen Mitgliedstaaten im Rahmen der in Anhang VII genannten Erzeugertätigkeiten als solcher gilt;

Anhang 7
MWSt-Richtlinie

3. „Pauschallandwirt" ist ein landwirtschaftlicher Erzeuger, der unter die Pauschalregelung dieses Kapitels fällt;
4. „landwirtschaftliche Erzeugnisse" sind die Gegenstände, die im Rahmen der in Anhang VII aufgeführten Tätigkeiten von den land-, forst- oder fischwirtschaftlichen Betrieben der einzelnen Mitgliedstaaten erzeugt werden;
5. „landwirtschaftliche Dienstleistungen" sind Dienstleistungen, die von einem landwirtschaftlichen Erzeuger mit Hilfe seiner Arbeitskräfte oder der normalen Ausrüstung seines land-, forst- oder fischwirtschaftlichen Betriebs erbracht werden und die normalerweise zur landwirtschaftlichen Erzeugung beitragen, und zwar insbesondere die in Anhang VIII aufgeführten Dienstleistungen;
6. „Mehrwertsteuer-Vorbelastung" ist die Mehrwertsteuer-Gesamtbelastung der Gegenstände und Dienstleistungen, die von der Gesamtheit der der Pauschalregelung unterliegenden land-, forst- und fischwirtschaftlichen Betriebe jedes Mitgliedstaats bezogen worden sind, soweit diese Steuer bei einem der normalen Mehrwertsteuerregelung unterliegenden landwirtschaftlichen Erzeuger gemäß den Artikeln 167, 168 und 169 und 173 bis 177 abzugsfähig wäre;
7. „Pauschalausgleich-Prozentsätze" sind die Prozentsätze, die die Mitgliedstaaten gemäß den Artikeln 297, 298 und 299 festsetzen und in den in Artikel 300 genannten Fällen anwenden, damit die Pauschallandwirte den pauschalen Ausgleich der Mehrwertsteuer-Vorbelastung erlangen;
8. „Pauschalausgleich" ist der Betrag, der sich aus der Anwendung des Pauschalausgleich-Prozentsatzes auf den Umsatz des Pauschallandwirts in den in Artikel 300 genannten Fällen ergibt.

(2) Den in Anhang VII aufgeführten Tätigkeiten der landwirtschaftlichen Erzeugung gleichgestellt sind die Verarbeitungstätigkeiten, die ein Landwirt bei im Wesentlichen aus seiner landwirtschaftlichen Produktion stammenden Erzeugnissen mit Mitteln ausübt, die normalerweise in land-, forst- oder fischwirtschaftlichen Betrieben verwendet werden.

Artikel 296

(1) Die Mitgliedstaaten können auf landwirtschaftliche Erzeuger, bei denen die Anwendung der normalen Mehrwertsteuerregelung oder gegebenenfalls der Sonderregelung des Kapitels 1 auf Schwierigkeiten stoßen würde, als Ausgleich für die Belastung durch die Mehrwertsteuer, die auf die von den Pauschallandwirten bezogenen Gegenstände und Dienstleistungen gezahlt wird, eine Pauschalregelung nach diesem Kapitel anwenden.

(2) Jeder Mitgliedstaat kann bestimmte Gruppen landwirtschaftlicher Erzeuger sowie diejenigen landwirtschaftlichen Erzeuger, bei denen die Anwendung der normalen Mehrwertsteuerregelung oder gegebenenfalls der vereinfachten Bestimmungen des Artikels 281 keine verwaltungstechnischen Schwierigkeiten mit sich bringt, von der Pauschalregelung ausnehmen.

(3) Jeder Pauschallandwirt hat nach den von den einzelnen Mitgliedstaaten festgelegten Einzelheiten und Voraussetzungen das Recht, sich für die Anwendung der normalen Mehrwertsteuerregelung oder gegebenenfalls der vereinfachten Bestimmungen des Artikels 281 zu entscheiden.

Artikel 297

Die Mitgliedstaaten legen bei Bedarf Pauschalausgleich-Prozentsätze fest. Sie können die Höhe der Pauschalausgleich-Prozentsätze für die Forstwirtschaft, die einzelnen Teilbereiche der Landwirtschaft und die Fischwirtschaft unterschiedlich festlegen.

Die Mitgliedstaaten teilen der Kommission die gemäß Absatz 1 festgelegten Pauschalausgleich-Prozentsätze mit, bevor diese angewandt werden.

Artikel 298

Die Pauschalausgleich-Prozentsätze werden anhand der allein für die Pauschallandwirte geltenden makroökonomischen Daten der letzten drei Jahre bestimmt.

Die Prozentsätze können auf einen halben Punkt ab- oder aufgerundet werden. Die Mitgliedstaaten können diese Prozentsätze auch bis auf Null herabsetzen.

Artikel 299

Die Pauschalausgleich-Prozentsätze dürfen nicht dazu führen, dass die Pauschallandwirte insgesamt Erstattungen erhalten, die über die Mehrwertsteuer-Vorbelastung hinausgehen.

Artikel 300

Die Pauschalausgleich-Prozentsätze werden auf den Preis ohne Mehrwertsteuer der folgenden Gegenstände und Dienstleistungen angewandt:

1. landwirtschaftliche Erzeugnisse, die die Pauschallandwirte an andere Steuerpflichtige als jene geliefert haben, die in dem Mitgliedstaat, in dem diese Erzeugnisse geliefert werden, diese Pauschalregelung in Anspruch nehmen;
2. landwirtschaftliche Erzeugnisse, die die Pauschallandwirte unter den Voraussetzungen des Artikels 138 an nichtsteuerpflichtige juristische Personen geliefert haben, deren innergemeinschaftliche Erwerbe gemäß Artikel 2 Absatz 1 Buchstabe b im Mitgliedstaat der Beendigung der Versendung oder Beförderung dieser landwirtschaftlichen Erzeugnisse der Mehrwertsteuer unterliegen;
3. landwirtschaftliche Dienstleistungen, die die Pauschallandwirte an andere Steuerpflichtige als jene erbracht haben, die in dem Mitgliedstaat, in dem diese Dienstleistungen erbracht werden, diese Pauschalregelung in Anspruch nehmen.

Artikel 301

(1) Für die in Artikel 300 genannten Lieferungen landwirtschaftlicher Erzeugnisse und Dienstleistungen sehen die Mitgliedstaaten vor, dass die Zahlung des Pauschalausgleichs entweder durch den Erwerber bzw. den Dienstleistungsempfänger oder durch die öffentliche Hand erfolgt.

(2) Bei anderen als den in Artikel 300 genannten Lieferungen landwirtschaftlicher Erzeugnisse und landwirtschaftlichen Dienstleistungen wird davon ausgegangen, dass die Zahlung des Pauschalausgleichs durch den Erwerber bzw. den Dienstleistungsempfänger erfolgt.

Artikel 302

Nimmt ein Pauschallandwirt einen Pauschalausgleich in Anspruch, hat er in Bezug auf die dieser Pauschalregelung unterliegenden Tätigkeiten kein Recht auf Vorsteuerabzug.

Artikel 303

(1) Zahlt der steuerpflichtige Erwerber oder Dienstleistungsempfänger einen Pauschalausgleich gemäß Artikel 301 Absatz 1, ist er berechtigt, nach Maßgabe der Artikel 167, 168, 169 und 173 bis 177 und der von den Mitgliedstaaten festgelegten Einzelheiten von der Mehrwertsteuer, die er in dem Mitgliedstaat, in dem er seine besteuerten Umsätze bewirkt, schuldet, den Betrag dieses Pauschalausgleichs abzuziehen.

(2) Die Mitgliedstaaten erstatten dem Erwerber oder Dienstleistungsempfänger den Betrag des Pauschalausgleichs, den er im Rahmen eines der folgenden Umsätze gezahlt hat:
a) Lieferung landwirtschaftlicher Erzeugnisse unter den Voraussetzungen des Artikels 138, soweit der Erwerber ein Steuerpflichtiger oder eine nichtsteuerpflichtige juristische Person ist, der/die als solcher/solche in einem anderen Mitgliedstaat handelt, in dessen Gebiet seine/ihre innergemeinschaftlichen Erwerbe von Gegenständen gemäß Artikel 2 Absatz 1 Buchstabe b der Mehrwertsteuer unterliegen;
b) Lieferung von landwirtschaftlichen Erzeugnissen unter den Bedingungen der Artikel 146, 147, 148 und 156, Artikel 157 Absatz 1 Buchstabe b sowie der Artikel 158, 160 und 161 an einen außerhalb der Gemeinschaft ansässigen steuerpflichtigen Erwerber, soweit der Erwerber diese landwirtschaftlichen Erzeugnisse für die Zwecke seiner in Artikel 169 Buchstaben a und b genannten Umsätze oder seiner Dienstleistungen verwendet, die als im Gebiet des Mitgliedstaats erbracht gelten, in dem der Dienstleistungsempfänger ansässig ist, und für die gemäß Artikel 196 nur der Dienstleistungsempfänger die Steuer schuldet;
c) landwirtschaftliche Dienstleistungen, die an einen innerhalb der Gemeinschaft, jedoch in einem anderen Mitgliedstaat ansässigen oder an einen außerhalb der Gemeinschaft ansässigen steuerpflichtigen Dienstleistungsempfänger erbracht werden, soweit der Dienstleistungsempfänger diese Dienstleistungen für die Zwecke seiner in Artikel 169 Buchstaben a und b genannten Umsätze oder seiner Dienstleistungen verwendet, die als im Gebiet des Mitgliedstaats erbracht gelten, in dem der Dienstleistungsempfänger ansässig ist, und für die gemäß Artikel 196 nur der Dienstleistungsempfänger die Steuer schuldet.

(3) Die Mitgliedstaaten legen die Einzelheiten für die Durchführung der in Absatz 2 vorgesehenen Erstattungen fest. Dabei können sie sich insbesondere auf die Richtlinien 79/1072/EWG und 86/560/EWG stützen.

Artikel 304

Die Mitgliedstaaten treffen alle zweckdienlichen Maßnahmen für eine wirksame Kontrolle der Zahlung des Pauschalausgleichs an die Pauschallandwirte.

Anhang 7
MWSt-Richtlinie

Artikel 305

Wenden die Mitgliedstaaten diese Pauschalregelung an, treffen sie alle zweckdienlichen Maßnahmen, um sicherzustellen, dass Lieferung landwirtschaftlicher Erzeugnisse zwischen den Mitgliedstaaten unter den Voraussetzungen des Artikels 33 immer in derselben Weise besteuert wird, unabhängig davon, ob die Erzeugnisse von einem Pauschallandwirt oder von einem anderen Steuerpflichtigen geliefert werden.

Kapitel 3
Sonderregelung für Reisebüros

Artikel 306

(1) Die Mitgliedstaaten wenden auf Umsätze von Reisebüros die Mehrwertsteuer-Sonderregelung dieses Kapitels an, soweit die Reisebüros gegenüber dem Reisenden in eigenem Namen auftreten und zur Durchführung der Reise Lieferungen von Gegenständen und Dienstleistungen anderer Steuerpflichtiger in Anspruch nehmen.

Diese Sonderregelung gilt nicht für Reisebüros, die lediglich als Vermittler handeln und auf die zur Berechnung der Steuerbemessungsgrundlage Artikel 79 Absatz 1 Buchstabe c anzuwenden ist.

(2) Für die Zwecke dieses Kapitels gelten Reiseveranstalter als Reisebüro.

Artikel 307

Die zur Durchführung der Reise vom Reisebüro unter den Voraussetzungen des Artikels 306 bewirkten Umsätze gelten als eine einheitliche Dienstleistung des Reisebüros an den Reisenden.

Die einheitliche Dienstleistung wird in dem Mitgliedstaat besteuert, in dem das Reisebüro den Sitz seiner wirtschaftlichen Tätigkeit oder eine feste Niederlassung hat, von wo aus es die Dienstleistung erbracht hat.

Artikel 308

Für die von dem Reisebüro erbrachte einheitliche Dienstleistung gilt als Steuerbemessungsgrundlage und als Preis ohne Mehrwertsteuer im Sinne des Artikels 226 Nummer 8 die Marge des Reisebüros, das heißt die Differenz zwischen dem vom Reisenden zu zahlenden Gesamtbetrag ohne Mehrwertsteuer und den tatsächlichen Kosten, die dem Reisebüro für die Lieferungen von Gegenständen und die Dienstleistungen anderer Steuerpflichtiger entstehen, soweit diese Umsätze dem Reisenden unmittelbar zugute kommen.

Artikel 309

Werden die Umsätze, für die das Reisebüro andere Steuerpflichtige in Anspruch nimmt, von diesen außerhalb der Gemeinschaft bewirkt, wird die Dienstleistung des Reisebüros einer gemäß Artikel 153 von der Steuer befreiten Vermittlungstätigkeit gleichgestellt.

Werden die in Absatz 1 genannten Umsätze sowohl innerhalb als auch außerhalb der Gemeinschaft bewirkt, ist nur der Teil der Dienstleistung des Reisebüros als steuerfrei anzusehen, der auf die Umsätze außerhalb der Gemeinschaft entfällt.

Artikel 310

Die Mehrwertsteuerbeträge, die dem Reisebüro von anderen Steuerpflichtigen für die in Artikel 307 genannten Umsätze in Rechnung gestellt werden, welche dem Reisenden unmittelbar zugute kommen, sind in keinem Mitgliedstaat abziehbar oder erstattungsfähig.

Kapitel 4
Sonderregelungen für Gebrauchtgegenstände, Kunstgegenstände, Sammlungsstücke und Antiquitäten

Abschnitt 1
Begriffsbestimmungen

Artikel 311

(1) Für die Zwecke dieses Kapitels gelten unbeschadet sonstiger Bestimmungen des Gemeinschaftsrechts folgende Begriffsbestimmungen:
1. „Gebrauchtgegenstände" sind bewegliche körperliche Gegenstände, die keine Kunstgegenstände, Sammlungsstücke oder Antiquitäten und keine Edelmetalle oder Edelsteine im Sinne der Definition der Mitgliedstaaten sind und die in ihrem derzeitigen Zustand oder nach Instandsetzung erneut verwendbar sind;

2. „Kunstgegenstände" sind die in Anhang IX Teil A genannten Gegenstände;
3. „Sammlungsstücke" sind die in Anhang IX Teil B genannten Gegenstände;
4. „Antiquitäten" sind die in Anhang IX Teil C genannten Gegenstände;
5. „steuerpflichtiger Wiederverkäufer" ist jeder Steuerpflichtige, der im Rahmen seiner wirtschaftlichen Tätigkeit zum Zwecke des Wiederverkaufs Gebrauchtgegenstände, Kunstgegenstände, Sammlungsstücke oder Antiquitäten kauft, seinem Unternehmen zuordnet oder einführt, gleich, ob er auf eigene Rechnung oder aufgrund eines Einkaufs- oder Verkaufskommissionsvertrags für fremde Rechnung handelt;
6. „Veranstalter einer öffentlichen Versteigerung" ist jeder Steuerpflichtige, der im Rahmen seiner wirtschaftlichen Tätigkeit Gegenstände zur öffentlichen Versteigerung anbietet, um sie an den Meistbietenden zu verkaufen;
7. „Kommittent eines Veranstalters öffentlicher Versteigerungen" ist jede Person, die einem Veranstalter öffentlicher Versteigerungen einen Gegenstand aufgrund eines Verkaufskommissionsvertrags übergibt.

(2) Die Mitgliedstaaten können vorsehen, dass die in Anhang IX Teil A Nummern 5, 6 und 7 genannten Gegenstände nicht als Kunstgegenstände gelten.

(3) Der in Absatz 1 Nummer 7 genannte Verkaufskommissionsvertrag muss vorsehen, dass der Veranstalter der öffentlichen Versteigerung den Gegenstand in eigenem Namen, aber für Rechnung seines Kommittenten zur öffentlichen Versteigerung anbietet und an den Meistbietenden übergibt, der in der öffentlichen Versteigerung den Zuschlag erhalten hat.

Abschnitt 2
Sonderregelung für steuerpflichtige Wiederverkäufer

Unterabschnitt 1
Differenzbesteuerung

Artikel 312

Für die Zwecke dieses Unterabschnitts gelten folgende Begriffsbestimmungen:
1. „Verkaufspreis" ist die gesamte Gegenleistung, die der steuerpflichtige Wiederverkäufer vom Erwerber oder von einem Dritten erhält oder zu erhalten hat, einschließlich der unmittelbar mit dem Umsatz zusammenhängenden Zuschüsse, Steuern, Zölle, Abschöpfungen und Abgaben sowie der Nebenkosten wie Provisions-, Verpackungs-, Beförderungs- und Versicherungskosten, die der steuerpflichtige Wiederverkäufer dem Erwerber in Rechnung stellt, mit Ausnahme der in Artikel 79 genannten Beträge;
2. „Einkaufspreis" ist die gesamte Gegenleistung gemäß der Begriffsbestimmung unter Nummer 1, die der Lieferer von dem steuerpflichtigen Wiederverkäufer erhält oder zu erhalten hat.

Artikel 313

(1) Die Mitgliedstaaten wenden auf die Lieferungen von Gebrauchtgegenständen, Kunstgegenständen, Sammlungsstücken und Antiquitäten durch steuerpflichtige Wiederverkäufer eine Sonderregelung zur Besteuerung der von dem steuerpflichtigen Wiederverkäufer erzielten Differenz (Handelsspanne) gemäß diesem Unterabschnitt an.

(2) Bis zur Einführung der endgültigen Regelung nach Artikel 402 gilt Absatz 1 des vorliegenden Artikels nicht für die Lieferung neuer Fahrzeuge unter den Voraussetzungen des Artikels 138 Absatz 1 und Absatz 2 Buchstabe a.

Artikel 314

Die Differenzbesteuerung gilt für die Lieferungen von Gebrauchtgegenständen, Kunstgegenständen, Sammlungsstücken und Antiquitäten durch einen steuerpflichtigen Wiederverkäufer, wenn ihm diese Gegenstände innerhalb der Gemeinschaft von einer der folgenden Personen geliefert werden:

a) von einem Nichtsteuerpflichtigen;
b) von einem anderen Steuerpflichtigen, sofern die Lieferungen des Gegenstands durch diesen anderen Steuerpflichtigen gemäß Artikel 136 von der Steuer befreit ist;
c) von einem anderen Steuerpflichtigen, sofern für die Lieferung des Gegenstands durch diesen anderen Steuerpflichtigen die Steuerbefreiung für Kleinunternehmen gemäß den Artikeln 282 bis 292 gilt und es sich dabei um ein Investitionsgut handelt;
d) von einem anderen steuerpflichtigen Wiederverkäufer, sofern die Lieferung des Gegenstands durch diesen anderen steuerpflichtigen Wiederverkäufer gemäß dieser Sonderregelung mehrwertsteuerpflichtig ist.

Artikel 315

Die Steuerbemessungsgrundlage bei der Lieferung von Gegenständen nach Artikel 314 ist die von dem steuerpflichtigen Wiederverkäufer erzielte Differenz (Handelsspanne), abzüglich des Betrags der auf diese Spanne erhobenen Mehrwertsteuer.

Die Differenz (Handelsspanne) des steuerpflichtigen Wiederverkäufers entspricht dem Unterschied zwischen dem von ihm geforderten Verkaufspreis und dem Einkaufspreis des Gegenstands.

Artikel 316

(1) Die Mitgliedstaaten räumen den steuerpflichtigen Wiederverkäufern das Recht ein, die Differenzbesteuerung bei der Lieferung folgender Gegenstände anzuwenden:

a) Kunstgegenstände, Sammlungsstücke und Antiquitäten, die sie selbst eingeführt haben;
b) Kunstgegenstände, die ihnen vom Urheber oder von dessen Rechtsnachfolgern geliefert wurden;
c) Kunstgegenstände, die ihnen von einem Steuerpflichtigen, der kein steuerpflichtiger Wiederverkäufer ist, geliefert wurden, wenn auf die Lieferung dieses anderen Steuerpflichtigen gemäß Artikel 103 der ermäßigte Steuersatz angewandt wurde.

(2) Die Mitgliedstaaten legen die Einzelheiten der Ausübung der Option des Absatzes 1 fest, die in jedem Fall für einen Zeitraum von mindestens zwei Kalenderjahren gelten muss.

Artikel 317

Macht ein steuerpflichtiger Wiederverkäufer von der Option des Artikels 316 Gebrauch, wird die Steuerbemessungsgrundlage gemäß Artikel 315 ermittelt.

Bei der Lieferung von Kunstgegenständen, Sammlungsstücken oder Antiquitäten, die der steuerpflichtige Wiederverkäufer selbst eingeführt hat, ist der für die Berechnung der Differenz zugrunde zu legende Einkaufspreis gleich der gemäß den Artikeln 85 bis 89 ermittelten Steuerbemessungsgrundlage bei der Einfuhr zuzüglich der für die Einfuhr geschuldeten oder entrichteten Mehrwertsteuer.

Artikel 318

(1) Die Mitgliedstaaten können zur Vereinfachung der Steuererhebung und nach Konsultation des Mehrwertsteuerausschusses für bestimmte Umsätze oder für bestimmte Gruppen von steuerpflichtigen Wiederverkäufern vorsehen, dass die Steuerbemessungsgrundlage bei der Lieferung von Gegenständen, die der Differenzbesteuerung unterliegen, für jeden Steuerzeitraum festgesetzt wird, für den der steuerpflichtige Wiederverkäufer die in Artikel 250 genannte Mehrwertsteuererklärung abzugeben hat.

Wird Unterabsatz 1 angewandt, ist die Steuerbemessungsgrundlage für Lieferungen von Gegenständen, die ein und demselben Mehrwertsteuersatz unterliegen, die von dem steuerpflichtigen Wiederverkäufer erzielte Gesamtdifferenz abzüglich des Betrags der auf diese Spanne erhobenen Mehrwertsteuer.

(2) Die Gesamtdifferenz entspricht dem Unterschied zwischen den beiden folgenden Beträgen:

a) Gesamtbetrag der der Differenzbesteuerung unterliegenden Lieferungen von Gegenständen des steuerpflichtigen Wiederverkäufers während des Steuerzeitraums, der von der Erklärung umfasst wird, d. h. Gesamtsumme der Verkaufspreise;
b) Gesamtbetrag der Käufe von Gegenständen im Sinne des Artikels 314, die der steuerpflichtige Wiederverkäufer während des Steuerzeitraums, der von der Erklärung umfasst wird, getätigt hat, d. h. Gesamtsumme der Einkaufspreise.

(3) Die Mitgliedstaaten treffen die erforderlichen Maßnahmen, damit sich für die in Absatz 1 genannten Steuerpflichtigen weder ungerechtfertigte Vorteile noch ungerechtfertigte Nachteile ergeben.

Artikel 319

Der steuerpflichtige Wiederverkäufer kann auf jede der Differenzbesteuerung unterliegende Lieferung die normale Mehrwertsteuerregelung anwenden.

Artikel 320

(1) Wendet der steuerpflichtige Wiederverkäufer die normale Mehrwertsteuerregelung an, ist er berechtigt, bei der Lieferung eines von ihm selbst eingeführten Kunstgegenstands, Sammlungsstücks oder einer Antiquität die für die Einfuhr dieses Gegenstands geschuldete oder entrichtete Mehrwertsteuer als Vorsteuer abzuziehen.

Wendet der steuerpflichtige Wiederverkäufer die normale Mehrwertsteuerregelung an, ist er berechtigt, bei der Lieferung eines Kunstgegenstands, der ihm von seinem Urheber oder dessen Rechtsnachfolgern oder von einem Steuerpflichtigen, der kein steuerpflichtiger Wiederverkäufer ist, geliefert wurde, die von ihm dafür geschuldete oder entrichtete Mehrwertsteuer als Vorsteuer abzuziehen.

(2) Das Recht auf Vorsteuerabzug entsteht zu dem Zeitpunkt, zu dem der Steueranspruch für die Lieferung entsteht, für die der steuerpflichtige Wiederverkäufer die Anwendung der normalen Mehrwertsteuerregelung gewählt hat.

Artikel 321

Werden der Differenzbesteuerung unterliegende Gebrauchtgegenstände, Kunstgegenstände, Sammlungsstücke oder Antiquitäten unter den Voraussetzungen der Artikel 146, 147, 148 und 151 geliefert, sind sie von der Steuer befreit.

Artikel 322

Sofern die Gegenstände für Lieferungen verwendet werden, die der Differenzbesteuerung unterliegen, darf der steuerpflichtige Wiederverkäufer von seiner Steuerschuld folgende Beträge nicht abziehen:

a) die geschuldete oder entrichtete Mehrwertsteuer auf von ihm selbst eingeführte Kunstgegenstände, Sammlungsstücke oder Antiquitäten;
b) die geschuldete oder entrichtete Mehrwertsteuer auf Kunstgegenstände, die ihm vom Urheber oder von dessen Rechtsnachfolgern geliefert werden;
c) die geschuldete oder entrichtete Mehrwertsteuer auf Kunstgegenstände, die ihm von einem Steuerpflichtigen geliefert werden, der kein steuerpflichtiger Wiederverkäufer ist.

Artikel 323

Ein Steuerpflichtiger darf die für Gegenstände, die ihm von einem steuerpflichtigen Wiederverkäufer geliefert werden, geschuldete oder entrichtete Mehrwertsteuer nicht als Vorsteuer abziehen, wenn die Lieferung dieser Gegenstände durch den steuerpflichtigen Wiederverkäufer der Differenzbesteuerung unterliegt.

Artikel 324

Wendet der steuerpflichtige Wiederverkäufer sowohl die normale Mehrwertsteuerregelung als auch die Differenzbesteuerung an, muss er die unter die jeweilige Regelung fallenden Umsätze nach den von den Mitgliedstaaten festgelegten Modalitäten in seinen Aufzeichnungen gesondert ausweisen.

Artikel 325

Der steuerpflichtige Wiederverkäufer darf die Mehrwertsteuer auf die Lieferungen von Gegenständen, auf die er die Differenzbesteuerung anwendet, in der von ihm ausgestellten Rechnung nicht gesondert ausweisen.

Unterabschnitt 2
Übergangsregelung für Gebrauchtfahrzeuge

Artikel 326

Die Mitgliedstaaten, die am 31. Dezember 1992 auf die Lieferungen von Gebrauchtfahrzeugen durch steuerpflichtige Wiederverkäufer eine andere Sonderregelung als die Differenzbesteuerung angewandt haben, können diese Regelung für die Dauer des in Artikel 402 genannten Zeitraums beibehalten, sofern diese Regelung die in diesem Unterabschnitt festgelegten Voraussetzungen erfüllt oder dergestalt angepasst wird, dass sie diese erfüllt.

Dänemark ist berechtigt, die in Absatz 1 vorgesehene Regelung einzuführen.

Artikel 327

(1) Diese Übergangsregelung gilt für die Lieferungen von Gebrauchtfahrzeugen durch steuerpflichtige Wiederverkäufer, die der Differenzbesteuerung unterliegt.

(2) Die Übergangsregelung gilt nicht für die Lieferungen neuer Fahrzeuge unter den Voraussetzungen des Artikels 138 Absatz 1 und Absatz 2 Buchstabe a.

(3) Für die Zwecke des Absatzes 1 gelten als „Gebrauchtfahrzeuge" die in Artikel 2 Absatz 2 Buchstabe b genannten Land-, Wasser- und Luftfahrzeuge, wenn sie Gebrauchtgegenstände sind und nicht die Voraussetzungen erfüllen, um als neue Fahrzeuge angesehen zu werden.

Artikel 328

Die für jede Lieferung im Sinne des Artikels 327 geschuldete Mehrwertsteuer ist gleich dem Betrag der Steuer, die geschuldet würde, wenn die betreffende Lieferung der normalen Mehrwertsteuerregelung unterläge, abzüglich des Betrags der Mehrwertsteuer, die als in dem Einkaufspreis enthalten gilt, den der steuerpflichtige Wiederverkäufer für das Fahrzeug entrichtet hat.

Artikel 329

Die Mehrwertsteuer, die als in dem Einkaufspreis enthalten gilt, den der steuerpflichtige Wiederverkäufer für das Fahrzeug entrichtet hat, wird nach folgendem Verfahren berechnet:

a) Als Einkaufspreis ist der Einkaufspreis im Sinne des Artikels 312 Nummer 2 zugrunde zu legen.
b) In diesem vom steuerpflichtigen Wiederverkäufer entrichteten Einkaufspreis gilt die Mehrwertsteuer als enthalten, die geschuldet worden wäre, wenn der Lieferer des steuerpflichtigen Wiederverkäufers auf seine Lieferung die normale Mehrwertsteuerregelung angewandt hätte.
c) Es ist der Steuersatz gemäß Artikel 93 anzuwenden, der in dem Mitgliedstaat angewandt wird, in dessen Gebiet der Ort der Lieferung an den steuerpflichtigen Wiederverkäufer im Sinne der Artikel 31 und 32 als gelegen gilt.

Artikel 330

Die für jede Lieferung von Fahrzeugen im Sinne des Artikels 327 Absatz 1 geschuldete und gemäß Artikel 328 festgesetzte Mehrwertsteuer darf nicht unter dem Steuerbetrag liegen, der geschuldet würde, wenn auf die betreffende Lieferung die Differenzbesteuerung angewandt worden wäre.

Die Mitgliedstaaten können für den Fall, dass die Lieferung der Differenzbesteuerung unterlegen hätte, vorsehen, dass die Gewinnspanne nicht unter 10 % des Verkaufspreises im Sinne des Artikels 312 Nummer 1 angesetzt werden darf.

Artikel 331

Ein Steuerpflichtiger darf von seiner Steuerschuld die für die Lieferung eines Gebrauchtfahrzeugs durch einen steuerpflichtigen Wiederverkäufer geschuldete oder entrichtete Mehrwertsteuer nicht als Vorsteuer abziehen, wenn die Lieferung dieses Gegenstands durch den steuerpflichtigen Wiederverkäufer gemäß dieser Übergangsregelung besteuert wurde.

Artikel 332

Der steuerpflichtige Wiederverkäufer darf auf der von ihm ausgestellten Rechnung die Mehrwertsteuer auf die Lieferungen, auf die er diese Übergangsregelung anwendet, nicht gesondert ausweisen.

Abschnitt 3
Sonderregelung für öffentliche Versteigerungen

Artikel 333

(1) Die Mitgliedstaaten können gemäß diesem Abschnitt eine Sonderregelung für die Besteuerung der Differenz anwenden, die ein Veranstalter öffentlicher Versteigerungen bei der Lieferung von Gebrauchtgegenständen, Kunstgegenständen, Sammlungsstücken und Antiquitäten erzielt, die er in eigenem Namen aufgrund eines Kommissionsvertrags zum Verkauf dieser Gegenstände im Wege einer öffentlichen Versteigerung für Rechnung von in Artikel 334 genannten Personen bewirkt.

(2) Die Regelung des Absatzes 1 gilt nicht für die Lieferungen neuer Fahrzeuge unter den Voraussetzungen des Artikels 138 Absatz 1 und Absatz 2 Buchstabe a.

Artikel 334

Diese Sonderregelung gilt für Lieferungen eines Veranstalters öffentlicher Versteigerungen, der in eigenem Namen für Rechnung einer der folgenden Personen handelt:

a) eines Nichtsteuerpflichtigen;
b) eines anderen Steuerpflichtigen, sofern die Lieferung des Gegenstands durch diesen anderen Steuerpflichtigen aufgrund eines Verkaufskommissionsvertrags gemäß Artikel 136 von der Steuer befreit ist;

c) eines anderen Steuerpflichtigen, sofern für die Lieferung des Gegenstands durch diesen anderen Steuerpflichtigen aufgrund eines Verkaufskommissionsvertrags die Steuerbefreiung für Kleinunternehmen der Artikel 282 bis 292 gilt und es sich bei dem Gegenstand um ein Investitionsgut handelt;
d) eines steuerpflichtigen Wiederverkäufers, sofern die Lieferung des Gegenstands durch diesen steuerpflichtigen Wiederverkäufer aufgrund eines Verkaufskommissionsvertrags gemäß der Differenzbesteuerung der Mehrwertsteuer unterliegt.

Artikel 335

Die Lieferung eines Gegenstands an einen steuerpflichtigen Veranstalter öffentlicher Versteigerungen gilt als zum Zeitpunkt des Verkaufs dieses Gegenstands im Wege der öffentlichen Versteigerung erfolgt.

Artikel 336

Die Steuerbemessungsgrundlage für die einzelnen Lieferungen von Gegenständen im Sinne dieses Abschnitts ist der dem Erwerber vom Veranstalter der öffentlichen Versteigerung gemäß Artikel 339 in Rechnung gestellte Gesamtbetrag abzüglich folgender Beträge:
a) vom Veranstalter der öffentlichen Versteigerung an seinen Kommittenten gezahlter oder zu zahlender Nettobetrag gemäß Artikel 337;
b) Betrag der vom Veranstalter der öffentlichen Versteigerung für seine Lieferung geschuldeten Mehrwertsteuer.

Artikel 337

Der vom Veranstalter der öffentlichen Versteigerung an seinen Kommittenten gezahlte oder zu zahlende Nettobetrag ist gleich der Differenz zwischen dem Preis, zu dem in der Versteigerung der Zuschlag für den Gegenstand erteilt wurde, und dem Betrag der Provision, die der Veranstalter der öffentlichen Versteigerung von seinem Kommittenten gemäß dem Verkaufskommissionsvertrag erhält oder zu erhalten hat.

Artikel 338

Veranstalter öffentlicher Versteigerungen, die Gegenstände gemäß den Artikeln 333 und 334 liefern, müssen folgende Beträge in ihren Aufzeichnungen als durchlaufende Posten verbuchen:
a) die vom Erwerber des Gegenstands erhaltenen oder zu erhaltenden Beträge;
b) die dem Verkäufer des Gegenstands erstatteten oder zu erstattenden Beträge.

Die in Absatz 1 genannten Beträge müssen ordnungsgemäß nachgewiesen sein.

Artikel 339

Der Veranstalter der öffentlichen Versteigerung muss dem Erwerber eine Rechnung ausstellen, in der folgende Beträge gesondert auszuweisen sind:
a) Zuschlagspreis des Gegenstands;
b) Steuern, Zölle, Abschöpfungen und Abgaben;
c) Nebenkosten wie Provisions-, Verpackungs-, Beförderungs- und Versicherungskosten, die der Veranstalter dem Erwerber des Gegenstands in Rechnung stellt.

In der von dem Veranstalter der öffentlichen Versteigerung ausgestellten Rechnung darf jedoch die Mehrwertsteuer nicht gesondert ausgewiesen werden.

Artikel 340

(1) Der Veranstalter der öffentlichen Versteigerung, dem der Gegenstand aufgrund eines Kommissionsvertrags zum Verkauf im Wege der öffentlichen Versteigerung übergeben wurde, muss seinem Kommittenten eine Ausführungsanzeige aushändigen.

In der Ausführungsanzeige des Veranstalters der öffentlichen Versteigerung muss der Umsatzbetrag, d. h. der Preis, zu dem der Zuschlag für den Gegenstand erteilt wurde, abzüglich des Betrags der vom Kommittenten erhaltenen oder zu erhaltenden Provision gesondert ausgewiesen werden.

(2) Die gemäß Absatz 1 ausgestellte Ausführungsanzeige tritt an die Stelle der Rechnung, die der Kommittent, sofern er steuerpflichtig ist, dem Veranstalter der öffentlichen Versteigerung gemäß Artikel 220 ausstellen muss.

Artikel 341

Die Mitgliedstaaten, die die Sonderregelung dieses Abschnitts anwenden, wenden sie auch auf die Lieferungen von Gebrauchtfahrzeugen im Sinne des Artikels 327 Absatz 3 durch den Veranstalter einer öffentlichen Versteigerung an, der in eigenem Namen aufgrund eines Kommissionsvertrags zum Verkauf dieser Gegenstände im Wege einer öffentlichen Versteigerung für Rechnung eines steuerpflichtigen Wiederverkäufers handelt, sofern diese Lieferung gemäß der Übergangsregelung für Gebrauchtfahrzeuge der Mehrwertsteuer unterläge, wenn sie durch diesen steuerpflichtigen Wiederverkäufer erfolgen würde.

Abschnitt 4
Verhütung von Wettbewerbsverzerrungen und Steuerbetrug

Artikel 342

Die Mitgliedstaaten können hinsichtlich des Rechts auf Vorsteuerabzug Maßnahmen treffen, um zu verhindern, dass steuerpflichtigen Wiederverkäufern, die unter eine der Regelungen des Abschnitts 2 fallen, ungerechtfertigte Vor- oder Nachteile entstehen.

Artikel 343

Der Rat kann auf Vorschlag der Kommission einstimmig jeden Mitgliedstaat zu besonderen Maßnahmen zur Bekämpfung des Steuerbetrugs ermächtigen, nach denen die gemäß der Differenzbesteuerung geschuldete Mehrwertsteuer nicht unter dem Betrag der Steuer liegen darf, die bei Zugrundelegung einer Differenz (Handelsspanne) in Höhe eines bestimmten Prozentsatzes des Verkaufspreises geschuldet würde.

Der Prozentsatz des Verkaufspreises wird unter Zugrundelegung der in dem betreffenden Sektor üblichen Handelsspannen festgelegt.

Kapitel 5
Sonderregelung für Anlagegold

Abschnitt 1
Allgemeine Bestimmungen

Artikel 344

(1) Für die Zwecke dieser Richtlinie und unbeschadet anderer Gemeinschaftsvorschriften gilt als „Anlagegold":

1. Gold in Barren- oder Plättchenform mit einem von den Goldmärkten akzeptierten Gewicht und einem Feingehalt von mindestens 995 Tausendsteln, unabhängig davon, ob es durch Wertpapiere verbrieft ist oder nicht;
2. Goldmünzen mit einem Feingehalt von mindestens 900 Tausendsteln, die nach dem Jahr 1800 geprägt wurden, die in ihrem Ursprungsland gesetzliches Zahlungsmittel sind oder waren und die üblicherweise zu einem Preis verkauft werden, der den Offenmarktwert ihres Goldgehalts um nicht mehr als 80 % übersteigt.

(2) Die Mitgliedstaaten können kleine Goldbarren oder -plättchen mit einem Gewicht von höchstens 1g von dieser Sonderregelung ausnehmen.

(3) Für die Zwecke dieser Richtlinie gilt der Verkauf von in Absatz 1 Nummer 2 genannten Münzen als nicht aus numismatischem Interesse erfolgt.

Artikel 345

Ab 1999 teilt jeder Mitgliedstaat der Kommission vor dem 1. Juli eines jeden Jahres mit, welche die in Artikel 344 Absatz 1 Nummer 2 genannten Kriterien erfüllenden Münzen in dem betreffenden Mitgliedstaat gehandelt werden. Die Kommission veröffentlicht vor dem 1. Dezember eines jeden Jahres ein erschöpfendes Verzeichnis dieser Münzen in der Reihe C des Amtsblatts der Europäischen Union. Die in diesem Verzeichnis aufgeführten Münzen gelten als Münzen, die die genannten Kriterien während des gesamten Jahres erfüllen, für das das Verzeichnis gilt.

Abschnitt 2
Steuerbefreiung

Artikel 346

Die Mitgliedstaaten befreien von der Mehrwertsteuer die Lieferung, den innergemeinschaftlichen Erwerb und die Einfuhr von Anlagegold, einschließlich Anlagegold in Form von Zertifikaten über sammel- oder einzelverwahrtes Gold und über Goldkonten gehandeltes Gold, insbesondere auch Golddarlehen und Goldswaps, durch die ein Eigentumsrecht an Anlagegold oder ein schuldrechtlicher Anspruch auf Anlagegold begründet wird, sowie Terminkontrakte und im Freiverkehr getätigte Terminabschlüsse mit Anlagegold, die zur Übertragung eines Eigentumsrechts an Anlagegold oder eines schuldrechtlichen Anspruchs auf Anlagegold führen.

Artikel 347

Die Mitgliedstaaten befreien Dienstleistungen von im Namen und für Rechnung Dritter handelnden Vermittlern von der Steuer, wenn diese die Lieferung von Anlagegold an ihre Auftraggeber vermitteln.

Abschnitt 3
Besteuerungswahlrecht

Artikel 348

Die Mitgliedstaaten räumen Steuerpflichtigen, die Anlagegold herstellen oder Gold in Anlagegold umwandeln, das Recht ein, sich für die Besteuerung der Lieferung von Anlagegold an einen anderen Steuerpflichtigen, die ansonsten gemäß Artikel 346 von der Steuer befreit wäre, zu entscheiden.

Artikel 349

(1) Die Mitgliedstaaten können Steuerpflichtigen, die im Rahmen ihrer wirtschaftlichen Tätigkeit üblicherweise Gold für gewerbliche Zwecke liefern, das Recht einräumen, sich für die Besteuerung der Lieferung von Goldbarren oder -plättchen im Sinne des Artikels 344 Absatz 1 Nummer 1 an einen anderen Steuerpflichtigen, die ansonsten gemäß Artikel 346 von der Steuer befreit wäre, zu entscheiden.

(2) Die Mitgliedstaaten können den Umfang des Wahlrechts nach Absatz 1 einschränken.

Artikel 350

Hat der Lieferer das Recht, sich für die Besteuerung gemäß den Artikeln 348 und 349 zu entscheiden, in Anspruch genommen, räumen die Mitgliedstaaten dem Vermittler in Bezug auf die in Artikel 347 genannten Vermittlungsleistungen das Recht ein, sich für eine Besteuerung zu entscheiden.

Artikel 351

Die Mitgliedstaaten regeln die Einzelheiten der Ausübung des Wahlrechts im Sinne dieses Abschnitts und unterrichten die Kommission entsprechend.

Abschnitt 4
Umsätze auf einem geregelten Goldmarkt

Artikel 352

Jeder Mitgliedstaat kann nach Konsultation des Mehrwertsteuerausschusses bestimmte Umsätze mit Anlagegold in diesem Mitgliedstaat zwischen Steuerpflichtigen, die auf einem von dem betreffenden Mitgliedstaat geregelten Goldmarkt tätig sind, oder zwischen einem solchen Steuerpflichtigen und einem anderen Steuerpflichtigen, der nicht auf diesem Markt tätig ist, der Mehrwertsteuer unterwerfen. Der Mitgliedstaat darf jedoch Lieferungen unter den Voraussetzungen des Artikels 138 und Ausfuhren von Anlagegold nicht der Mehrwertsteuer unterwerfen.

Artikel 353

Ein Mitgliedstaat, der gemäß Artikel 352 die Umsätze zwischen auf einem geregelten Goldmarkt tätigen Steuerpflichtigen besteuert, gestattet zur Vereinfachung die Aussetzung der Steuer und entbindet die Steuerpflichtigen von den Aufzeichnungspflichten zu Mehrwertsteuerzwecken.

Abschnitt 5
Besondere Rechte und Pflichten von Händlern mit Anlagegold

Artikel 354

Ist seine anschließende Lieferung von Anlagegold gemäß diesem Kapitel von der Steuer befreit, hat der Steuerpflichtige das Recht, folgende Beträge abzuziehen:

a) die Mehrwertsteuer, die für Anlagegold geschuldet wird oder entrichtet wurde, das ihm von einer Person, die von dem Wahlrecht nach den Artikeln 348 und 349 Gebrauch gemacht hat, oder gemäß Abschnitt 4 geliefert wurde;

b) die Mehrwertsteuer, die für an ihn geliefertes oder durch ihn innergemeinschaftlich erworbenes oder eingeführtes Gold geschuldet wird oder entrichtet wurde, das kein Anlagegold ist und anschließend von ihm oder in seinem Namen in Anlagegold umgewandelt wird;

c) die Mehrwertsteuer, die für an ihn erbrachte Dienstleistungen geschuldet wird oder entrichtet wurde, die in der Veränderung der Form, des Gewichts oder des Feingehalts von Gold, einschließlich Anlagegold, bestehen.

Artikel 355

Steuerpflichtige, die Anlagegold herstellen oder Gold in Anlagegold umwandeln, dürfen die für die Lieferung, den innergemeinschaftlichen Erwerb oder die Einfuhr von Gegenständen oder für direkt im Zusammenhang mit der Herstellung oder Umwandlung dieses Goldes stehende Dienstleistungen von ihnen geschuldete oder entrichtete Steuer als Vorsteuer abziehen, so als ob die anschließende, gemäß Artikel 346 steuerfreie Lieferung des Goldes steuerpflichtig wäre.

Artikel 356

(1) Die Mitgliedstaaten stellen sicher, dass Anlagegoldhändler zumindest größere Umsätze mit Anlagegold aufzeichnen und die Unterlagen aufbewahren, um die Feststellung der Identität der an diesen Umsätzen beteiligten Kunden zu ermöglichen.

Die Händler haben die in Unterabsatz 1 genannten Unterlagen mindestens fünf Jahre lang aufzubewahren.

(2) Die Mitgliedstaaten können gleichwertige Auflagen nach Maßgabe anderer Vorschriften zur Umsetzung des Gemeinschaftsrechts, beispielsweise der Richtlinie 2005/60/EG des Europäischen Parlaments und des Rates vom 26. Oktober 2005 zur Verhinderung der Nutzung des Finanzsystems zum Zwecke der Geldwäsche und der Terrorismusfinanzierung[1]) gelten lassen, um den Anforderungen des Absatzes 1 nachzukommen.

(3) Die Mitgliedstaaten können strengere Vorschriften, insbesondere über das Führen besonderer Nachweise oder über besondere Aufzeichnungspflichten, festlegen.

Kapitel 6
Sonderregelung für nicht in der Gemeinschaft ansässige Steuerpflichtige, die elektronische Dienstleistungen an Nichtsteuerpflichtige erbringen

Abschnitt 1
Allgemeine Bestimmungen

Artikel 357

Die Bestimmungen dieses Kapitels gelten bis zum 31. Dezember 2014.

Artikel 358

Für die Zwecke dieses Kapitels und unbeschadet anderer Gemeinschaftsvorschriften gelten folgende Begriffsbestimmungen:

1. „nicht in der Gemeinschaft ansässiger Steuerpflichtiger": ein Steuerpflichtiger, der im Gebiet der Gemeinschaft weder den Sitz seiner wirtschaftlichen Tätigkeit noch eine feste Niederlassung hat und der nicht anderweitig verpflichtet ist, sich gemäß Artikel 214 eine Mehrwertsteuer-Identifikationsnummer erteilen zu lassen;
2. „elektronische Dienstleistungen" und „elektronisch erbrachte Dienstleistungen": die in Artikel 59 Absatz 1 Buchstabe k genannten Dienstleistungen;
3. „Mitgliedstaat der Identifizierung": der Mitgliedstaat, in dem der nicht in der Gemeinschaft ansässige Steuerpflichtige die Aufnahme seiner Tätigkeit als Steuerpflichtiger im Gebiet der Gemeinschaft gemäß diesem Kapitel anzeigt;
4. „Mitgliedstaat des Verbrauchs": der Mitgliedstaat, in dem der Ort der elektronischen Dienstleistung gemäß Artikel 58 als gelegen gilt;
5. „Mehrwertsteuererklärung": die Erklärung, in der die für die Ermittlung des in den einzelnen Mitgliedstaaten geschuldeten Mehrwertsteuerbetrags erforderlichen Angaben enthalten sind.

Abschnitt 2
Sonderregelung für elektronisch erbrachte Dienstleistungen

Artikel 359

Die Mitgliedstaaten gestatten nicht in der Gemeinschaft ansässigen Steuerpflichtigen, die elektronische Dienstleistungen an Nichtsteuerpflichtige erbringen, die in einem Mitgliedstaat ansässig sind oder dort ihren Wohnsitz oder ihren gewöhnlichen Aufenthaltsort haben, diese Sonderrege-

---

[1]) ABl. L 309 vom 25. 11. 2005, S. 15.

lung in Anspruch zu nehmen. Diese Regelung gilt für alle derartigen Dienstleistungen, die in der Gemeinschaft erbracht werden.

Artikel 360

Der nicht in der Gemeinschaft ansässige Steuerpflichtige hat dem Mitgliedstaat der Identifizierung die Aufnahme und die Beendigung seiner Tätigkeit als Steuerpflichtiger sowie diesbezügliche Änderungen, durch die er die Voraussetzungen für die Inanspruchnahme dieser Sonderregelung nicht mehr erfüllt, zu melden. Diese Meldung erfolgt elektronisch.

Artikel 361

(1) Der nicht in der Gemeinschaft ansässige Steuerpflichtige macht dem Mitgliedstaat der Identifizierung bei der Aufnahme seiner steuerpflichtigen Tätigkeit folgende Angaben zu seiner Identität:
a) Name;
b) Postanschrift;
c) elektronische Anschriften einschließlich Websites;
d) nationale Steuernummer, falls vorhanden;
e) Erklärung, dass er in der Gemeinschaft nicht für Mehrwertsteuerzwecke erfasst ist.

(2) Der nicht in der Gemeinschaft ansässige Steuerpflichtige teilt dem Mitgliedstaat der Identifizierung jegliche Änderung der übermittelten Angaben mit.

Artikel 362

Der Mitgliedstaat der Identifizierung erteilt dem nicht in der Gemeinschaft ansässigen Steuerpflichtigen eine individuelle Identifikationsnummer für die Mehrwertsteuer, die er dem Betreffenden elektronisch mitteilt. Auf der Grundlage der für diese Erteilung der Identifikationsnummer verwendeten Angaben können die Mitgliedstaaten des Verbrauchs ihre eigenen Identifikationssysteme verwenden.

Artikel 363

Der Mitgliedstaat der Identifizierung streicht den nicht in der Gemeinschaft ansässigen Steuerpflichtigen aus dem Register, wenn
a) dieser mitteilt, dass er keine elektronischen Dienstleistungen mehr erbringt;
b) aus anderen Gründen davon ausgegangen werden kann, dass seine steuerpflichtigen Tätigkeiten beendet sind;
c) er die Voraussetzungen für die Inanspruchnahme dieser Sonderregelung nicht mehr erfüllt;
d) er wiederholt gegen die Vorschriften dieser Sonderregelung verstößt.

Artikel 364

Der nicht in der Gemeinschaft ansässige Steuerpflichtige hat im Mitgliedstaat der Identifizierung für jedes Kalenderquartal eine Mehrwertsteuererklärung elektronisch abzugeben, unabhängig davon, ob elektronische Dienstleistungen erbracht wurden oder nicht. Die Erklärung ist innerhalb von 20 Tagen nach Ablauf des Steuerzeitraums, der von der Erklärung umfasst wird, abzugeben.

Artikel 365

In der Mehrwertsteuererklärung anzugeben sind die Identifikationsnummer und in Bezug auf jeden Mitgliedstaat des Verbrauchs, in dem Mehrwertsteuer geschuldet wird, der Gesamtbetrag ohne Mehrwertsteuer der während des Steuerzeitraums erbrachten elektronischen Dienstleistungen sowie der Gesamtbetrag der entsprechenden Steuer. Ferner sind die anzuwendenden Mehrwertsteuersätze und der Gesamtbetrag der geschuldeten Steuer anzugeben.

Artikel 366

(1) Die Beträge in der Mehrwertsteuererklärung sind in Euro anzugeben.
Diejenigen Mitgliedstaaten, die den Euro nicht eingeführt haben, können vorschreiben, dass die Beträge in der Mehrwertsteuererklärung in ihrer Landeswährung anzugeben sind. Wurden für die Dienstleistungen Beträge in anderen Währungen berechnet, hat der nicht in der Gemeinschaft ansässige Steuerpflichtige für die Zwecke der Mehrwertsteuererklärung den Umrechnungskurs vom letzten Tag des Steuerzeitraums anzuwenden.

(2) Die Umrechnung erfolgt auf der Grundlage der Umrechnungskurse, die von der Europäischen Zentralbank für den betreffenden Tag oder, falls an diesem Tag keine Veröffentlichung erfolgt, für den nächsten Tag, an dem eine Veröffentlichung erfolgt, veröffentlicht werden.

Artikel 367

Der nicht in der Gemeinschaft ansässige Steuerpflichtige entrichtet die Mehrwertsteuer bei der Abgabe der Mehrwertsteuererklärung.

Der Betrag wird auf ein auf Euro lautendes Bankkonto überwiesen, das vom Mitgliedstaat der Identifizierung angegeben wird. Diejenigen Mitgliedstaaten, die den Euro nicht eingeführt haben, können vorschreiben, dass der Betrag auf ein auf ihre Landeswährung lautendes Bankkonto überwiesen wird.

Artikel 368

Der nicht in der Gemeinschaft ansässige Steuerpflichtige, der diese Sonderregelung in Anspruch nimmt, nimmt keinen Vorsteuerabzug gemäß Artikel 168 der vorliegenden Richtlinie vor. Unbeschadet des Artikels 1 Absatz 1 der Richtlinie 86/560/EWG wird diesem Steuerpflichtigen eine Mehrwertsteuererstattung gemäß der genannten Richtlinie gewährt. Artikel 2 Absätze 2 und 3 sowie Artikel 4 Absatz 2 der Richtlinie 86/560/EWG gelten nicht für Erstattungen im Zusammenhang mit elektronischen Dienstleistungen, die unter die vorliegende Sonderregelung fallen.

Artikel 369

(1) Der nicht in der Gemeinschaft ansässige Steuerpflichtige führt über seine dieser Sonderregelung unterliegenden Umsätze Aufzeichnungen. Diese müssen so ausführlich sein, dass die Steuerbehörden des Mitgliedstaats des Verbrauchs feststellen können, ob die Mehrwertsteuererklärung korrekt ist.

(2) Die Aufzeichnungen nach Absatz 1 sind dem Mitgliedstaat des Verbrauchs und dem Mitgliedstaat der Identifizierung auf Verlangen elektronisch zur Verfügung zu stellen.

Die Aufzeichnungen sind vom 31. Dezember des Jahres an, in dem der Umsatz bewirkt wurde, zehn Jahre lang aufzubewahren.

Titel XIII
Ausnahmen

Kapitel 1
Bis zur Annahme einer endgültigen Regelung geltende Ausnahmen

Abschnitt 1
Ausnahmen für Staaten, die am 1. Januar 1978 Mitglied der Gemeinschaft waren

Artikel 370

Mitgliedstaaten, die am 1. Januar 1978 die in Anhang X Teil A genannten Umsätze besteuert haben, dürfen diese weiterhin besteuern.

Artikel 371

Mitgliedstaaten, die am 1. Januar 1978 die in Anhang X Teil B genannten Umsätze von der Steuer befreit haben, dürfen diese zu den in dem jeweiligen Mitgliedstaat zu dem genannten Zeitpunkt geltenden Bedingungen weiterhin befreien.

Artikel 372

Mitgliedstaaten, die am 1. Januar 1978 Bestimmungen angewandt haben, die vom Grundsatz des sofortigen Vorsteuerabzugs des Artikels 179 Absatz 1 abweichen, dürfen diese weiterhin anwenden.

Artikel 373

Mitgliedstaaten, die am 1. Januar 1978 Bestimmungen angewandt haben, die von Artikel 28 und Artikel 79 Absatz 1 Buchstabe c abweichen, dürfen diese weiterhin anwenden.

Artikel 374

Abweichend von den Artikeln 169 und 309 dürfen die Mitgliedstaaten, die am 1. Januar 1978 die in Artikel 309 genannten Dienstleistungen von Reisebüros ohne Recht auf Vorsteuerabzug von der Steuer befreit haben, diese weiterhin befreien. Diese Ausnahme gilt auch für Reisebüros, die im Namen und für Rechnung des Reisenden tätig sind.

Anhang 7
MWSt-Richtlinie

Abschnitt 2
Ausnahmen für Staaten, die der Gemeinschaft nach dem 1. Januar 1978 beigetreten sind

Artikel 375

Griechenland darf die in Anhang X Teil B Nummern 2, 8, 9, 11 und 12 genannten Umsätze weiterhin zu den Bedingungen von der Steuer befreien, die in diesem Mitgliedstaat am 1. Januar 1987 galten.

Artikel 376

Spanien darf die in Anhang X Teil B Nummer 2 genannten Dienstleistungen von Autoren und die in Anhang X Teil B Nummern 11 und 12 genannten Umsätze weiterhin zu den Bedingungen von der Steuer befreien, die in diesem Mitgliedstaat am 1. Januar 1993 galten.

Artikel 377

Portugal darf die in Anhang X Teil B Nummern 2, 4, 7, 9, 10 und 13 genannten Umsätze weiterhin zu den Bedingungen von der Steuer befreien, die in diesem Mitgliedstaat am 1. Januar 1989 galten.

Artikel 378

(1) Österreich darf die in Anhang X Teil A Nummer 2 genannten Umsätze weiterhin besteuern.

(2) Solange die betreffenden Umsätze in einem Staat von der Steuer befreit werden, der am 31. Dezember 1994 Mitglied der Gemeinschaft war, darf Österreich die folgenden Umsätze weiterhin zu den in diesem Mitgliedstaat zum Zeitpunkt seines Beitritts geltenden Bedingungen von der Steuer befreien:

a) die in Anhang X Teil B Nummern 5 und 9 genannten Umsätze;
b) mit Recht auf Vorsteuerabzug, sämtliche Teile der grenzüberschreitenden Personenbeförderung im Luft-, See- und Binnenwasserstraßenverkehr mit Ausnahme der Personenbeförderung auf dem Bodensee.

Artikel 379

(1) Finnland darf die in Anhang X Teil A Nummer 2 genannten Umsätze weiterhin besteuern, solange diese Umsätze in einem Staat besteuert werden, der am 31. Dezember 1994 Mitglied der Gemeinschaft war.

(2) Finnland darf die in Anhang X Teil B Nummer 2 genannten Dienstleistungen von Autoren, Künstlern und Interpreten von Kunstwerken sowie die in Anhang X Teil B Nummern 5, 9 und 10 genannten Umsätze zu den in diesem Mitgliedstaat zum Zeitpunkt seines Beitritts geltenden Bedingungen weiterhin von der Steuer befreien, solange diese Umsätze in einem Mitgliedstaat befreit sind, der am 31. Dezember 1994 Mitglied der Gemeinschaft war.

Artikel 380

Schweden darf die in Anhang X Teil B Nummer 2 genannten Dienstleistungen von Autoren, Künstlern und Interpreten von Kunstwerken sowie die in Anhang X Teil B Nummern 1, 9 und 10 genannten Umsätze zu den in diesem Mitgliedstaat zum Zeitpunkt seines Beitritts geltenden Bedingungen weiterhin von der Steuer befreien, solange diese Umsätze in einem Mitgliedstaat befreit sind, der am 31. Dezember 1994 Mitglied der Gemeinschaft war.

Artikel 381

Die Tschechische Republik darf die in Anhang X Teil B Nummer 10 genannte grenzüberschreitende Personenbeförderung zu den in diesem Mitgliedstaat zum Zeitpunkt seines Beitritts geltenden Bedingungen weiterhin von der Steuer befreien, solange diese Umsätze in einem Mitgliedstaat befreit sind, der am 30. April 2004 Mitglied der Gemeinschaft war.

Artikel 382

Estland darf die in Anhang X Teil B Nummer 10 genannte grenzüberschreitende Personenbeförderung zu den in diesem Mitgliedstaat zum Zeitpunkt seines Beitritts geltenden Bedingungen weiterhin von der Steuer befreien, solange diese Umsätze in einem Mitgliedstaat befreit sind, der am 30. April 2004 Mitglied der Gemeinschaft war.

Artikel 383

Zypern darf weiterhin die folgenden Umsätze zu den in diesem Mitgliedstaat zum Zeitpunkt seines Beitritts geltenden Bedingungen von der Steuer befreien:

Anhang 7
MWSt-Richtlinie

a) bis zum 31. Dezember 2007 die in Anhang X Teil B Nummer 9 genannte Lieferung von Baugrundstücken;
b) die in Anhang X Teil B Nummer 10 genannte grenzüberschreitende Personenbeförderung, solange diese Umsätze in einem Mitgliedstaat befreit sind, der am 30. April 2004 Mitglied der Gemeinschaft war.

Artikel 384
Solange die betreffenden Umsätze in einem Mitgliedstaat von der Steuer befreit sind, der am 30. April 2004 Mitglied der Gemeinschaft war, darf Lettland zu den in diesem Mitgliedstaat zum Zeitpunkt seines Beitritts geltenden Bedingungen folgende Umsätze weiterhin von der Steuer befreien:
a) die in Anhang X Teil B Nummer 2 genannten Dienstleistungen von Autoren, Künstlern und Interpreten von Kunstwerken;
b) die in Anhang X Teil B Nummer 10 genannte grenzüberschreitende Personenbeförderung.

Artikel 385
Litauen darf die in Anhang X Teil B Nummer 10 genannte grenzüberschreitende Personenbeförderung zu den in diesem Mitgliedstaat zum Zeitpunkt seines Beitritts geltenden Bedingungen weiterhin von der Steuer befreien, solange diese Umsätze in einem Mitgliedstaat befreit sind, der am 30. April 2004 Mitglied der Gemeinschaft war.

Artikel 386
Ungarn darf die in Anhang X Teil B Nummer 10 genannte grenzüberschreitende Personenbeförderung zu den in diesem Mitgliedstaat zum Zeitpunkt seines Beitritts geltenden Bedingungen weiterhin von der Steuer befreien, solange diese Umsätze in einem Mitgliedstaat befreit sind, der am 30. April 2004 Mitglied der Gemeinschaft war.

Artikel 387
Solange die betreffenden Umsätze in einem Mitgliedstaat von der Steuer befreit sind, der am 30. April 2004 Mitglied der Gemeinschaft war, darf Malta zu den in diesem Mitgliedstaat zum Zeitpunkt seines Beitritts geltenden Bedingungen folgende Umsätze weiterhin von der Steuer befreien:
a) ohne Recht auf Vorsteuerabzug, die in Anhang X Teil B Nummer 8 genannte Lieferung von Wasser durch Einrichtungen des öffentlichen Rechts;
b) ohne Recht auf Vorsteuerabzug, die in Anhang X Teil B Nummer 9 genannte Lieferung von Gebäuden und Baugrundstücken;
c) mit Recht auf Vorsteuerabzug, die in Anhang X Teil B Nummer 10 genannte inländische Personenbeförderung, grenzüberschreitende Personenbeförderung und inselverbindende Personenbeförderung im Seeverkehr.

Artikel 388
Polen darf die in Anhang X Teil B Nummer 10 genannte grenzüberschreitende Personenbeförderung zu den in diesem Mitgliedstaat zum Zeitpunkt seines Beitritts geltenden Bedingungen weiterhin von der Steuer befreien, solange diese Umsätze in einem Mitgliedstaat befreit sind, der am 30. April 2004 Mitglied der Gemeinschaft war.

Artikel 389
Slowenien darf die in Anhang X Teil B Nummer 10 genannte grenzüberschreitende Personenbeförderung zu den in diesem Mitgliedstaat zum Zeitpunkt seines Beitritts geltenden Bedingungen weiterhin von der Steuer befreien, solange diese Umsätze in einem Mitgliedstaat befreit sind, der am 30. April 2004 Mitglied der Gemeinschaft war.

Artikel 390
Die Slowakei darf die in Anhang X Teil B Nummer 10 genannte grenzüberschreitende Personenbeförderung zu den in diesem Mitgliedstaat zum Zeitpunkt seines Beitritts geltenden Bedingungen weiterhin von der Steuer befreien, solange diese Umsätze in einem Mitgliedstaat befreit sind, der am 30. April 2004 Mitglied der Gemeinschaft war.

Artikel 390a

Bulgarien darf die in Anhang X Teil B Nummer 10 genannte grenzüberschreitende Personenbeförderung zu den in diesem Mitgliedstaat zum Zeitpunkt seines Beitritts geltenden Bedingungen weiterhin von der Steuer befreien, solange diese Umsätze in einem Mitgliedstaat befreit sind, der am 31. Dezember 2006 Mitglied der Gemeinschaft war.

Artikel 390b

Rumänien darf die in Anhang X Teil B Nummer 10 genannte grenzüberschreitende Personenbeförderung zu den in diesem Mitgliedstaat zum Zeitpunkt seines Beitritts geltenden Bedingungen weiterhin von der Steuer befreien, solange diese Umsätze in einem Mitgliedstaat befreit sind, der am 31. Dezember 2006 Mitglied der Gemeinschaft war.

Abschnitt 3
Gemeinsame Bestimmungen zu den Abschnitten 1 und 2

Artikel 391

Die Mitgliedstaaten, die die in den Artikeln 371, 375, 376 und 377, in Artikel 378 Absatz 2, Artikel 379 Absatz 2 und den Artikeln 380 bis 390b genannten Umsätze von der Steuer befreien, können den Steuerpflichtigen die Möglichkeit einräumen, sich für die Besteuerung der betreffenden Umsätze zu entscheiden.

Artikel 392

Die Mitgliedstaaten können vorsehen, dass bei der Lieferung von Gebäuden und Baugrundstücken, die ein Steuerpflichtiger, der beim Erwerb kein Recht auf Vorsteuerabzug hatte, zum Zwecke des Wiederverkaufs erworben hat, die Steuerbemessungsgrundlage in der Differenz zwischen dem Verkaufspreis und dem Ankaufspreis besteht.

Artikel 393

(1) Im Hinblick auf einen einfacheren Übergang zur endgültigen Regelung nach Artikel 402 überprüft der Rat auf der Grundlage eines Berichts der Kommission die Lage in Bezug auf die Ausnahmen der Abschnitte 1 und 2 und beschließt gemäß Artikel 93 des Vertrags über die etwaige Abschaffung einiger oder aller dieser Ausnahmen.

(2) Im Rahmen der endgültigen Regelung wird die Personenbeförderung für die innerhalb der Gemeinschaft zurückgelegte Strecke im Mitgliedstaat des Beginns der Beförderung nach den vom Rat gemäß Artikel 93 des Vertrags zu beschließenden Einzelheiten besteuert.

Kapitel 2
Im Wege einer Ermächtigung genehmigte Ausnahmen

Abschnitt 1
Maßnahmen zur Vereinfachung und zur Verhinderung der Steuerhinterziehung und -umgehung

Artikel 394

Die Mitgliedstaaten, die am 1. Januar 1977 Sondermaßnahmen zur Vereinfachung der Steuererhebung oder zur Verhütung der Steuerhinterziehung oder -umgehung angewandt haben, können diese beibehalten, sofern sie sie der Kommission vor dem 1. Januar 1978 mitgeteilt haben und unter der Bedingung, dass die Vereinfachungsmaßnahmen mit Artikel 395 Absatz 1 Unterabsatz 2 in Einklang stehen.

Artikel 395

(1) Der Rat kann auf Vorschlag der Kommission einstimmig jeden Mitgliedstaat ermächtigen, von dieser Richtlinie abweichende Sondermaßnahmen einzuführen, um die Steuererhebung zu vereinfachen oder Steuerhinterziehungen oder -umgehungen zu verhindern.

Die Maßnahmen zur Vereinfachung der Steuererhebung dürfen den Gesamtbetrag der von dem Mitgliedstaat auf der Stufe des Endverbrauchs erhobenen Steuer nur in unerheblichem Maße beeinflussen.

(2) Ein Mitgliedstaat, der die in Absatz 1 bezeichneten Maßnahmen einführen möchte, sendet der Kommission einen Antrag und übermittelt ihr alle erforderlichen Angaben. Ist die Kommission der Auffassung, dass ihr nicht alle erforderlichen Angaben vorliegen, teilt sie dem betreffenden Mitgliedstaat innerhalb von zwei Monaten nach Eingang des Antrags mit, welche zusätzlichen Angaben sie benötigt.

Sobald die Kommission über alle Angaben verfügt, die ihres Erachtens für die Beurteilung des Antrags zweckdienlich sind, unterrichtet sie den antragstellenden Mitgliedstaat hiervon innerhalb eines Monats und übermittelt den Antrag in der Originalsprache an die anderen Mitgliedstaaten.

(3) Innerhalb von drei Monaten nach der Unterrichtung gemäß Absatz 2 Unterabsatz 2 unterbreitet die Kommission dem Rat einen geeigneten Vorschlag oder legt ihm gegebenenfalls ihre Einwände in einer Mitteilung dar.

(4) In jedem Fall ist das in den Absätzen 2 und 3 geregelte Verfahren innerhalb von acht Monaten nach Eingang des Antrags bei der Kommission abzuschließen.

Abschnitt 2
Internationale Übereinkommen
Artikel 396

(1) Der Rat kann auf Vorschlag der Kommission einstimmig einen Mitgliedstaat ermächtigen, mit einem Drittland oder einer internationalen Organisation ein Übereinkommen zu schließen, das Abweichungen von dieser Richtlinie enthalten kann.

(2) Ein Mitgliedstaat, der ein Übereinkommen gemäß Absatz 1 schließen will, sendet der Kommission einen Antrag und übermittelt ihr alle erforderlichen Angaben. Ist die Kommission der Auffassung, dass ihr nicht alle erforderlichen Angaben vorliegen, teilt sie dem betreffenden Mitgliedstaat innerhalb von zwei Monaten nach Eingang des Antrags mit, welche zusätzlichen Angaben sie benötigt.

Sobald die Kommission über alle Angaben verfügt, die ihres Erachtens für die Beurteilung erforderlich sind, unterrichtet sie den antragstellenden Mitgliedstaat hiervon innerhalb eines Monats und übermittelt den Antrag in der Originalsprache an die anderen Mitgliedstaaten.

(3) Innerhalb von drei Monaten nach der Unterrichtung gemäß Absatz 2 Unterabsatz 2 unterbreitet die Kommission dem Rat einen geeigneten Vorschlag oder legt ihm gegebenenfalls ihre Einwände in einer Mitteilung dar.

(4) In jedem Fall ist das in den Absätzen 2 und 3 geregelte Verfahren innerhalb von acht Monaten nach Eingang des Antrags bei der Kommission abzuschließen.

Titel XIV
Verschiedenes

Kapitel 1
Durchführungsmaßnahmen
Artikel 397

Der Rat beschließt auf Vorschlag der Kommission einstimmig die zur Durchführung dieser Richtlinie erforderlichen Maßnahmen.

Kapitel 2
Mehrwertsteuerausschuss
Artikel 398

(1) Es wird ein Beratender Ausschuss für die Mehrwertsteuer (nachstehend „Mehrwertsteuerausschuss" genannt) eingesetzt.

(2) Der Mehrwertsteuerausschuss setzt sich aus Vertretern der Mitgliedstaaten und der Kommission zusammen.

Den Vorsitz im Ausschuss führt ein Vertreter der Kommission.

Die Sekretariatsgeschäfte des Ausschusses werden von den Dienststellen der Kommission wahrgenommen.

(3) Der Mehrwertsteuerausschuss gibt sich seine Geschäftsordnung.

(4) Neben den Punkten, für die nach dieser Richtlinie eine Konsultation erforderlich ist, prüft der Mehrwertsteuerausschuss die Fragen im Zusammenhang mit der Anwendung der gemeinschaftsrechtlichen Vorschriften im Bereich der Mehrwertsteuer, die ihm der Vorsitzende von sich aus oder auf Antrag des Vertreters eines Mitgliedstaats vorlegt.

Kapitel 3
Umrechnungskurs
Artikel 399

Unbeschadet anderer Bestimmungen wird der Gegenwert der in dieser Richtlinie in Euro ausgedrückten Beträge in Landeswährung anhand des am 1. Januar 1999 geltenden Umrechnungskurses des Euro bestimmt. Die nach diesem Datum beigetretenen Mitgliedstaaten, die den Euro als einheitliche Währung nicht eingeführt haben, wenden den zum Zeitpunkt ihres Beitritts geltenden Umrechnungskurs an.

Artikel 400

Bei der Umrechnung der Beträge gemäß Artikel 399 in Landeswährung können die Mitgliedstaaten die Beträge, die sich aus dieser Umrechnung ergeben, um höchstens 10 % auf- oder abrunden.

Kapitel 4
Andere Steuern, Abgaben und Gebühren

Artikel 401

Unbeschadet anderer gemeinschaftsrechtlicher Vorschriften hindert diese Richtlinie einen Mitgliedstaat nicht daran, Abgaben auf Versicherungsverträge, Spiele und Wetten, Verbrauchsteuern, Grunderwerbsteuern sowie ganz allgemein alle Steuern, Abgaben und Gebühren, die nicht den Charakter von Umsatzsteuern haben, beizubehalten oder einzuführen, sofern die Erhebung dieser Steuern, Abgaben und Gebühren im Verkehr zwischen den Mitgliedstaaten nicht mit Formalitäten beim Grenzübertritt verbunden ist.

Titel XV
Schlussbestimmungen

Kapitel 1
Übergangsregelung für die Besteuerung des Handelsverkehrs zwischen den Mitgliedstaaten

Artikel 402

(1) Die in dieser Richtlinie vorgesehene Regelung für die Besteuerung des Handelsverkehrs zwischen den Mitgliedstaaten ist eine Übergangsregelung, die von einer endgültigen Regelung abgelöst wird, die auf dem Grundsatz beruht, dass die Lieferungen von Gegenständen und die Erbringung von Dienstleistungen im Ursprungsmitgliedstaat zu besteuern sind.

(2) Der Rat erlässt, wenn er nach Prüfung des Berichts nach Artikel 404 zu der Feststellung gelangt ist, dass die Voraussetzungen für den Übergang zur endgültigen Regelung erfüllt sind, gemäß Artikel 93 des Vertrags die für das Inkrafttreten und die Anwendung der endgültigen Regelung erforderlichen Maßnahmen.

Artikel 403

Der Rat erlässt gemäß Artikel 93 des Vertrags geeignete Richtlinien zur Vervollständigung des gemeinsamen Mehrwertsteuersystems und insbesondere zur allmählichen Einschränkung beziehungsweise Aufhebung der von diesem System abweichenden Regelungen.

Artikel 404

Die Kommission unterbreitet dem Europäischen Parlament und dem Rat auf der Grundlage der von den Mitgliedstaaten erlangten Informationen alle vier Jahre nach der Annahme dieser Richtlinie einen Bericht über das Funktionieren des gemeinsamen Mehrwertsteuersystems in den Mitgliedstaaten und insbesondere über das Funktionieren der Übergangsregelung für die Besteuerung des Handelsverkehrs zwischen den Mitgliedstaaten und fügt ihm gegebenenfalls Vorschläge für die endgültige Regelung bei.

Kapitel 2
Übergangsbestimmungen im Rahmen der Beitritte zur Europäischen Union

Artikel 405

Für die Zwecke dieses Kapitels gelten folgende Begriffsbestimmungen:
1. „Gemeinschaft" ist das Gebiet der Gemeinschaft im Sinne des Artikels 5 Nummer 1, vor dem Beitritt neuer Mitgliedstaaten;
2. „neue Mitgliedstaaten" ist das Gebiet der Mitgliedstaaten, die der Europäischen Union nach dem 1. Januar 1995 beigetreten sind, wie es für jeden dieser Mitgliedstaaten nach Artikel 5 Nummer 2 definiert ist;
3. „erweiterte Gemeinschaft" ist das Gebiet der Gemeinschaft im Sinne des Artikels 5 Nummer 1, nach dem Beitritt neuer Mitgliedstaaten.

Artikel 406

Die Vorschriften, die zu dem Zeitpunkt galten, an dem der Gegenstand in ein Verfahren der vorübergehenden Verwendung mit vollständiger Befreiung von den Einfuhrabgaben, in ein Verfahren

Anhang 7
MWSt-Richtlinie

oder eine sonstige Regelung nach Artikel 156 oder in ähnliche Verfahren oder Regelungen des neuen Mitgliedstaates überführt wurde, finden weiterhin Anwendung bis der Gegenstand nach dem Beitrittsdatum diese Verfahren oder sonstige Regelungen verlasst, sofern die folgenden Voraussetzungen erfüllt sind:
a) der Gegenstand wurde vor dem Beitrittsdatum in die Gemeinschaft oder in einen der neuen Mitgliedstaaten verbracht;
b) der Gegenstand war seit der Verbringung in die Gemeinschaft oder in einen der neuen Mitgliedstaaten dem Verfahren oder der sonstigen Regelung unterstellt;
c) der Gegenstand hat das Verfahren oder die sonstige Regelung nicht vor dem Beitrittsdatum verlassen.

Artikel 407

Die Vorschriften, die zum Zeitpunkt der Unterstellung des Gegenstands unter ein zollrechtliches Versandverfahren galten, finden nach dem Beitrittsdatum bis zum Verlassen dieses Verfahrens weiterhin Anwendung, sofern alle folgenden Voraussetzungen erfüllt sind:
a) der Gegenstand wurde vor dem Beitrittsdatum unter ein zollrechtliches Versandverfahren gestellt;
b) der Gegenstand hat dieses Verfahren nicht vor dem Beitrittsdatum verlassen.

Artikel 408

(1) Die nachstehenden Vorgänge werden der Einfuhr eines Gegenstands gleichgestellt, sofern nachgewiesen wird, dass sich der Gegenstand in einem der neuen Mitgliedstaaten oder in der Gemeinschaft im freien Verkehr befand:
a) das Verlassen, einschließlich des unrechtmäßigen Verlassens, eines Verfahrens der vorübergehenden Verwendung, unter das der betreffende Gegenstand vor dem Beitrittsdatum gemäß Artikel 406 gestellt worden ist;
b) das Verlassen, einschließlich des unrechtmäßigen Verlassens entweder eines Verfahrens oder einer sonstigen Regelung des Artikels 156 oder ähnlicher Verfahren oder Regelungen, unter den der betreffende Gegenstand vor dem Beitrittsdatum gemäß Artikel 406 gestellt worden ist;
c) die Beendigung eines der in Artikel 407 genannten Verfahren, das vor dem Beitrittsdatum im Gebiet eines der neuen Mitgliedstaaten für die Zwecke einer vor dem Beitrittsdatum im Gebiet dieses Mitgliedstaates gegen Entgelt bewirkten Lieferung von Gegenständen durch einen Steuerpflichtigen als solchen begonnen wurde;
d) jede Unregelmäßigkeit oder jeder Verstoß anlässlich oder im Verlauf eines zollrechtlichen Versandverfahrens, das gemäß Buchstabe c begonnen wurde.

(2) Neben dem in Absatz 1 genannten Vorgang wird die im Gebiet eines Mitgliedstaates durch einen Steuerpflichtigen oder Nichtsteuerpflichtigen nach dem Beitrittsdatum erfolgende Verwendung von Gegenständen, die ihm vor dem Beitrittsdatum im Gebiet der Gemeinschaft oder eines der neuen Mitgliedstaaten geliefert wurden, einer Einfuhr eines Gegenstands gleichgestellt, sofern folgende Voraussetzungen gegeben sind:
a) die Lieferung dieser Gegenstände war entweder nach Artikel 146 Absatz 1 Buchstaben a und b oder nach einer entsprechenden Bestimmung in den neuen Mitgliedstaaten von der Steuer befreit oder befreiungsfähig;
b) die Gegenstände wurden nicht vor dem Beitrittsdatum in einen der neuen Mitgliedstaaten oder in die Gemeinschaft verbracht.

Artikel 409

Für die in Artikel 408 Absatz 1 genannten Vorgänge gilt die Einfuhr im Sinne des Artikels 61 als in dem Mitgliedstaat erfolgt, in dem die Gegenstände das Verfahren oder die Regelung verlassen, unter die sie vor dem Beitrittsdatum gestellt worden sind.

Artikel 410

(1) Abweichend von Artikel 71 stellt die Einfuhr eines Gegenstands im Sinne des Artikels 408 keinen Steuertatbestand dar, sofern eine der folgenden Bedingungen erfüllt ist:
a) der eingeführte Gegenstand wird nach außerhalb der erweiterten Gemeinschaft versandt oder befördert;
b) der im Sinne des Artikels 408 Absatz 1 Buchstabe a eingeführte Gegenstand – mit Ausnahme von Fahrzeugen – wird in den Mitgliedstaat, aus dem er ausgeführt wurde und an denjenigen, der ihn ausgeführt hat, zurückversandt oder -befördert;

c) der im Sinne des Artikels 408 Absatz 1 Buchstabe a eingeführte Gegenstand ist ein Fahrzeug, welches unter den für den Binnenmarkt eines der neuen Mitgliedstaaten oder eines der Mitgliedstaaten der Gemeinschaft geltenden allgemeinen Steuerbedingungen vor dem Beitrittsdatum erworben oder eingeführt wurde oder für welches bei der Ausfuhr keine Mehrwertsteuerbefreiung oder -vergütung gewährt worden ist.

(2) Die in Absatz 1 Buchstabe c genannte Bedingung gilt in folgenden Fällen als erfüllt:
a) wenn der Zeitraum zwischen der ersten Inbetriebnahme des Fahrzeugs und dem Beitritt zur Europäischen Union mehr als 8 Jahre beträgt;
b) wenn der Betrag der bei der Einfuhr fälligen Steuer geringfügig ist.

Kapitel 3
Umsetzung und Inkrafttreten

Artikel 411

(1) Die Richtlinie 67/227/EWG und die Richtlinie 77/388/EWG werden unbeschadet der Verpflichtung der Mitgliedstaaten hinsichtlich der in Anhang XI Teil B genannten Fristen für die Umsetzung in innerstaatliches Recht und der Anwendungsfristen aufgehoben.

(2) Verweisungen auf die aufgehobenen Richtlinien gelten als Verweisungen auf die vorliegende Richtlinie und sind nach Maßgabe der Entsprechungstabelle in Anhang XII zu lesen.

Artikel 412

(1) Die Mitgliedstaaten erlassen die Rechts- und Verwaltungsvorschriften, die erforderlich sind, um Artikel 2 Absatz 3, Artikel 44, Artikel 59 Absatz 1, Artikel 399 und Anhang III Nummer 18 dieser Richtlinie mit Wirkung zum 1. Januar 2008 nachzukommen. Sie teilen der Kommission unverzüglich den Wortlaut dieser Rechtsvorschriften mit und fügen eine Entsprechungstabelle dieser Rechtsvorschriften und der vorliegenden Richtlinie bei.
Wenn die Mitgliedstaaten diese Vorschriften erlassen, nehmen sie in den Vorschriften selbst oder durch einen Hinweis bei der amtlichen Veröffentlichung auf diese Richtlinie Bezug. Die Mitgliedstaaten regeln die Einzelheiten der Bezugnahme.

(2) Die Mitgliedstaaten teilen der Kommission den Wortlaut der wesentlichen innerstaatlichen Rechtsvorschriften mit, die sie auf dem unter diese Richtlinie fallenden Gebiet erlassen.

Artikel 413

Diese Richtlinie tritt am 1. Januar 2007 in Kraft.

Artikel 414

Diese Richtlinie ist an die Mitgliedstaaten gerichtet.

Anhang I

Verzeichnis der Tätigkeiten im Sinne des Artikels 13 Absatz 1 Unterabsatz 3
1. Telekommunikationswesen;
2. Lieferung von Wasser, Gas, Elektrizität und thermischer Energie;
3. Güterbeförderung;
4. Hafen- und Flughafendienstleistungen;
5. Personenbeförderung;
6. Lieferung von neuen Gegenständen zum Zwecke ihres Verkaufs;
7. Umsätze der landwirtschaftlichen Interventionsstellen aus landwirtschaftlichen Erzeugnissen, die in Anwendung der Verordnungen über eine gemeinsame Marktorganisation für diese Erzeugnisse bewirkt werden;
8. Veranstaltung von Messen und Ausstellungen mit gewerblichem Charakter;
9. Lagerhaltung;
10. Tätigkeiten gewerblicher Werbebüros;
11. Tätigkeiten der Reisebüros;
12. Umsätze von betriebseigenen Kantinen, Verkaufsstellen und Genossenschaften und ähnlichen Einrichtungen;
13. Tätigkeiten der Rundfunk- und Fernsehanstalten sofern sie nicht nach Artikel 132 Absatz 1 Buchstabe q steuerbefreit sind.

Anhang II

Exemplarisches Verzeichnis elektronisch erbrachter Dienstleistungen im Sinne des Artikels 59 Absatz 1 Buchstabe k

1. Bereitstellung von Websites, Webhosting, Fernwartung von Programmen und Ausrüstungen;
2. Bereitstellung von Software und deren Aktualisierung;
3. Bereitstellung von Bildern, Texten und Informationen sowie Bereitstellung von Datenbanken;
4. Bereitstellung von Musik, Filmen und Spielen, einschließlich Glücksspielen und Lotterien sowie von Sendungen und Veranstaltungen aus den Bereichen Politik, Kultur, Kunst, Sport, Wissenschaft und Unterhaltung;
5. Erbringung von Fernunterrichtsleistungen.

Anhang III

Verzeichnis der Lieferungen von Gegenständen und Dienstleistungen, auf die ermäßigte MWSt-Sätze gemäß Artikel 98 angewandt werden können

1. Nahrungs- und Futtermittel (einschließlich Getränke, alkoholische Getränke jedoch ausgenommen), lebende Tiere, Saatgut, Pflanzen und üblicherweise für die Zubereitung von Nahrungs- und Futtermitteln verwendete Zutaten sowie üblicherweise als Zusatz oder als Ersatz für Nahrungs- und Futtermittel verwendete Erzeugnisse;
2. Lieferung von Wasser;
3. Arzneimittel, die üblicherweise für die Gesundheitsvorsorge, die Verhütung von Krankheiten und für ärztliche und tierärztliche Behandlungen verwendet werden, einschließlich Erzeugnissen für Zwecke der Empfängnisverhütung und der Monatshygiene;
4. medizinische Geräte, Hilfsmittel und sonstige Vorrichtungen, die üblicherweise für die Linderung und die Behandlung von Behinderungen verwendet werden und die ausschließlich für den persönlichen Gebrauch von Behinderten bestimmt sind, einschließlich der Instandsetzung solcher Gegenstände, sowie Kindersitze für Kraftfahrzeuge;
5. Beförderung von Personen und des mitgeführten Gepäcks;
6. Lieferung von Büchern auf jeglichen physischen Trägern, einschließlich des Verleihs durch Büchereien (einschließlich Broschüren, Prospekte und ähnliche Drucksachen, Bilder-, Zeichen- oder Malbücher für Kinder, Notenhefte und Manuskripte, Landkarten und hydrografische oder sonstige Karten), Zeitungen und Zeitschriften, mit Ausnahme von Druckerzeugnissen, die vollständig oder im Wesentlichen Werbezwecken dienen;
7. Eintrittsberechtigung für Veranstaltungen, Theater, Zirkus, Jahrmärkte, Vergnügungsparks, Konzerte, Museen, Tierparks, Kinos und Ausstellungen sowie ähnliche kulturelle Ereignisse und Einrichtungen;
8. Empfang von Rundfunk- und Fernsehprogrammen;
9. Dienstleistungen von Schriftstellern, Komponisten und ausübenden Künstlern sowie diesen geschuldete urheberrechtliche Vergütungen;
10. Lieferung, Bau, Renovierung und Umbau von Wohnungen im Rahmen des sozialen Wohnungsbaus;
10a. Renovierung und Reparatur von Privatwohnungen, mit Ausnahme von Materialien, die einen bedeutenden Teil des Wertes der Dienstleistung ausmachen;
10b. Reinigung von Fenstern und Reinigung in privaten Haushalten;
11. Lieferung von Gegenständen und Dienstleistungen, die in der Regel für den Einsatz in der landwirtschaftlichen Erzeugung bestimmt sind, mit Ausnahme von Investitionsgütern wie Maschinen oder Gebäuden;
12. Beherbergung in Hotels und ähnlichen Einrichtungen, einschließlich der Beherbergung in Ferienunterkünften, und Vermietung von Campingplätzen und Plätzen für das Abstellen von Wohnwagen;
12a. Restaurant- und Verpflegungsdienstleistungen, mit der Möglichkeit, die Abgabe von (alkoholischen und/oder alkoholfreien) Getränken auszuklammern;
13. Eintrittsberechtigung für Sportveranstaltungen;
14. Überlassung von Sportanlagen;
15. Lieferung von Gegenständen und Erbringung von Dienstleistungen durch von den Mitgliedstaaten anerkannte gemeinnützige Einrichtungen für wohltätige Zwecke und im Bereich der sozialen Sicherheit, soweit sie nicht gemäß den Artikeln 132, 135 und 136 von der Steuer befreit sind;

16. Dienstleistungen von Bestattungsinstituten und Krematorien, einschließlich der Lieferung von damit im Zusammenhang stehenden Gegenständen;
17. medizinische Versorgungsleistungen und zahnärztliche Leistungen sowie Thermalbehandlungen, soweit sie nicht gemäß Artikel 132 Absatz 1 Buchstaben b bis e von der Steuer befreit sind;
18. Dienstleistungen im Rahmen der Straßenreinigung, der Abfuhr von Hausmüll und der Abfallbehandlung mit Ausnahme der Dienstleistungen, die von Einrichtungen im Sinne des Artikels 13 erbracht werden;
19. kleine Reparaturdienstleistungen betreffend Fahrräder, Schuhe und Lederwaren, Kleidung und Haushaltswäsche (einschließlich Ausbesserung und Änderung);
20. häusliche Pflegedienstleistungen (z. B. Haushaltshilfe und Betreuung von Kindern, älteren, kranken oder behinderten Personen);
21. Friseurdienstleistungen.

Anhang IV

Verzeichnis der Dienstleistungen im Sinne des Artikels 106
(gestrichen)

Anhang V

Kategorien von Gegenständen, die nach Artikel 160 Absatz 2 Regelungen für andere Lager als Zolllager unterliegen

	KN-Code	Beschreibung der Gegenstände
1.	0701	Kartoffeln
2.	0711 20	Oliven
3.	0801	Kokosnüsse, Paranüsse und Kaschu-Nüsse
4.	0802	Andere Schalenfrüchte
5.	0901 11 00	Kaffee, nicht geröstet
	0901 12 00	
6.	0902	Tee
7.	1001 bis 1005	Getreide
	1007 bis 1008	
8.	1006	Rohreis
9.	1201 bis 1207	Samen und ölhaltige Früchte (einschließlich Sojabohnen)
10.	1507 bis 1515	Pflanzliche Fette und Öle und deren Fraktionen, roh, raffiniert, jedoch nicht chemisch modifiziert
11.	1701 11	Rohzucker
	1701 12	
12.	1801	Kakao, Kakaobohnen und Kakaobohnenbruch; roh oder geröstet
13.	2709	Mineralöle (einschließlich Propan und Butan sowie Rohöle aus Erdöl)
	2710	
	2711 12	
	2711 13	
14.	Kapitel 28 und 29	Chemische Produkte, lose
15.	4001 4002	Kautschuk, in Primärformen oder in Platten, Blättern oder Streifen
16.	5101	Wolle
17.	7106	Silber
18.	7110 11 00	Platin (Palladium, Rhodium)
	7110 21 00	
	7110 31 00	
19.	7402	Kupfer
	7403	
	7405	
	7408	
20.	7502	Nickel
21.	7601	Aluminium
22.	7801	Blei
23.	7901	Zink
24.	8001	Zinn
25.	ex 8112 92	Indium
	ex 8112 99	

Anhang VI

Verzeichnis der in Artikel 199 Absatz 1 Buchstabe d genannten Lieferungen von Gegenständen und Dienstleistungen

1. Lieferung von Alteisen und Nichteisenabfällen, Schrott und Gebrauchtmaterial einschließlich Halberzeugnissen aus Verarbeitung, Herstellung oder Schmelzen von Eisen oder Nichteisenmetallen oder deren Legierungen;
2. Lieferung von Halberzeugnissen aus Eisen- und Nichteisenmetallen sowie Erbringung bestimmter damit verbundener Verarbeitungsleistungen;
3. Lieferung von Rückständen und anderen recyclingfähigen Materialien aus Eisen- und Nichteisenmetallen, Legierungen, Schlacke, Asche, Walzschlacke und metall- oder metalllegierungshaltigen gewerblichen Rückständen sowie Erbringung von Dienstleistungen in Form des Sortierens, Zerschneidens, Zerteilens und Pressens dieser Erzeugnisse;
4. Lieferung von Alteisen und Altmetallen, sowie von Abfällen, Schnitzeln und Bruch sowie gebrauchtem und recyclingfähigem Material in Form von Scherben, Glas, Papier, Pappe und Karton, Lumpen, Knochen, Häuten, Kunstleder, Pergament, rohen Häuten und Fellen, Sehnen und Bändern, Schnur, Tauwerk, Leinen, Tauen, Seilen, Kautschuk und Plastik und Erbringung bestimmter Verarbeitungsleistungen in Zusammenhang damit;
5. Lieferung der in diesem Anhang genannten Stoffe, nachdem sie gereinigt, poliert, sortiert, geschnitten, fragmentiert, zusammengepresst oder zu Blöcken gegossen wurden;
6. Lieferung von Schrott und Abfällen aus der Verarbeitung von Rohstoffen.

Anhang VII

Verzeichnis der Tätigkeiten der landwirtschaftlichen Erzeugung im Sinne des Artikels 295 Absatz 1 Nummer 4

1. Anbau:
    a) Ackerbau im Allgemeinen, einschließlich Weinbau;
    b) Obstbau (einschließlich Olivenanbau) und Gemüse-, Blumen- und Zierpflanzengartenbau, auch unter Glas;
    c) Anbau von Pilzen und Gewürzen, Erzeugung von Saat- und Pflanzgut;
    d) Betrieb von Baumschulen.
2. Tierzucht und Tierhaltung in Verbindung mit der Bodenbewirtschaftung:
    a) Viehzucht und -haltung;
    b) Geflügelzucht und -haltung;
    c) Kaninchenzucht und -haltung;
    d) Imkerei;
    e) Seidenraupenzucht;
    f) Schneckenzucht.
3. Forstwirtschaft.
4. Fischwirtschaft:
    a) Süßwasserfischerei;
    b) Fischzucht;
    c) Muschelzucht, Austernzucht und Zucht anderer Weich- und Krebstiere;
    d) Froschzucht.

Anhang VIII

Exemplarisches Verzeichnis der landwirtschaftlichen Dienstleistungen im Sinne des Artikels 295 Absatz 1 Nummer 5

1. Anbau-, Ernte-, Dresch-, Press-, Lese- und Einsammelarbeiten, einschließlich Säen und Pflanzen;
2. Verpackung und Zubereitung, wie beispielsweise Trocknung, Reinigung, Zerkleinerung, Desinfektion und Einsilierung landwirtschaftlicher Erzeugnisse;
3. Lagerung landwirtschaftlicher Erzeugnisse;
4. Hüten, Zucht und Mästen von Vieh;
5. Vermietung normalerweise in land-, forst- und fischwirtschaftlichen Betrieben verwendeter Mittel zu landwirtschaftlichen Zwecken;

6. technische Hilfe;
7. Vernichtung schädlicher Pflanzen und Tiere, Behandlung von Pflanzen und Böden durch Besprühen;
8. Betrieb von Be- und Entwässerungsanlagen;
9. Beschneiden und Fällen von Bäumen und andere forstwirtschaftliche Dienstleistungen.

Anhang IX

Kunstgegenstände, Sammlungsstücke und Antiquitäten im Sinne des Artikels 311 Absatz 1 Nummern 2, 3 und 4

Teil A Kunstgegenstände

1. Gemälde (z. B. Ölgemälde, Aquarelle, Pastelle) und Zeichnungen sowie Collagen und ähnliche dekorative Bildwerke, vollständig vom Künstler mit der Hand geschaffen, ausgenommen Baupläne und -zeichnungen, technische Zeichnungen und andere Pläne und Zeichnungen zu Gewerbe-, Handels-, topografischen oder ähnlichen Zwecken, handbemalte oder handverzierte gewerbliche Erzeugnisse, bemalte Gewebe für Theaterdekorationen, Atelierhintergründe oder dergleichen (KN-Code 9701);
2. Originalstiche, -schnitte und -steindrucke, die unmittelbar in begrenzter Zahl von einer oder mehreren vom Künstler vollständig handgearbeiteten Platten nach einem beliebigen, jedoch nicht mechanischen oder fotomechanischen Verfahren auf ein beliebiges Material in schwarzweiß oder farbig abgezogen wurden (KN-Code 9702 00 00);
3. Originalerzeugnisse der Bildhauerkunst, aus Stoffen aller Art, sofern vollständig vom Künstler geschaffen; unter Aufsicht des Künstlers oder seiner Rechtsnachfolger hergestellte Bildgüsse bis zu einer Höchstzahl von acht Exemplaren (KN-Code 9703 00 00). In bestimmten, von den Mitgliedstaaten festgelegten Ausnahmefällen darf bei vor dem 1. Januar 1989 hergestellten Bildgüssen die Höchstzahl von acht Exemplaren überschritten werden;
4. handgearbeitete Tapisserien (KN-Code 5805 00 00) und Textilwaren für Wandbekleidung (KN-Code 6304 00 00) nach Originalentwürfen von Künstlern, höchstens jedoch acht Kopien je Werk;
5. Originalwerke aus Keramik, vollständig vom Künstler geschaffen und von ihm signiert;
6. Werke der Emailkunst, vollständig von Hand geschaffen, bis zu einer Höchstzahl von acht nummerierten und mit der Signatur des Künstlers oder des Kunstateliers versehenen Exemplaren; ausgenommen sind Erzeugnisse des Schmuckhandwerks, der Juwelier- und der Goldschmiedekunst;
7. vom Künstler aufgenommene Photographien, die von ihm oder unter seiner Überwachung abgezogen wurden und signiert sowie nummeriert sind; die Gesamtzahl der Abzüge darf, alle Formate und Trägermaterialien zusammengenommen, 30 nicht überschreiten.

Teil B Sammlungsstücke

1. Briefmarken, Stempelmarken, Steuerzeichen, Ersttagsbriefe, Ganzsachen und dergleichen, entwertet oder nicht entwertet, jedoch weder gültig noch zum Umlauf vorgesehen (KN-Code 9704 00 00);
2. zoologische, botanische, mineralogische oder anatomische Sammlungsstücke und Sammlungen; Sammlungsstücke von geschichtlichem, archäologischem, paläontologischem, völkerkundlichem oder münzkundlichem Wert (KN-Code 9705 00 00).

Teil C Antiquitäten

Andere Gegenstände als Kunstgegenstände und Sammlungsstücke, die mehr als hundert Jahre alt sind (KN-Code 9706 00 00).

Anhang X

Verzeichnis der Umsätze, für die die Ausnahmen gemäß den Artikeln 370 und 371 sowie 375 bis 390b gelten

Teil A Umsätze, die die Mitgliedstaaten weiterhin besteuern dürfen

1. Dienstleistungen, die von Zahntechnikern im Rahmen ihrer beruflichen Tätigkeit erbracht werden, sowie Lieferungen von Zahnersatz durch Zahnärzte und Zahntechniker;
2. Tätigkeiten der öffentlichen Rundfunk- und Fernsehanstalten, die keinen gewerblichen Charakter aufweisen;

Anhang 7
MWSt-Richtlinie

3. Lieferungen von anderen Gebäuden oder Gebäudeteilen und dem dazugehörigen Grund und Boden als den in Artikel 12 Absatz 1 Buchstabe a genannten, wenn sie von Steuerpflichtigen getätigt werden, die für das betreffende Gebäude ein Recht auf Vorsteuerabzug hatten;
4. Dienstleistungen der Reisebüros im Sinne des Artikels 306 sowie der Reisebüros, die im Namen und für Rechnung des Reisenden für Reisen außerhalb der Gemeinschaft tätig werden.

Teil B Umsätze, die die Mitgliedstaaten weiterhin von der Steuer befreien dürfen

1. Einnahme von Eintrittsgeldern bei Sportveranstaltungen;
2. Dienstleistungen von Autoren, Künstlern und Interpreten von Kunstwerken sowie Dienstleistungen von Rechtsanwälten und Angehörigen anderer freier Berufe, mit Ausnahme der ärztlichen oder arztähnlichen Heilberufe sowie mit Ausnahme folgender Dienstleistungen:
   a) Abtretung von Patenten, Warenzeichen und gleichartigen Rechten sowie Gewährung von Lizenzen betreffend diese Rechte;
   b) Arbeiten an beweglichen körperlichen Gegenständen, die für Steuerpflichtige durchgeführt werden und die nicht in der Ablieferung eines aufgrund eines Werkvertrags hergestellten beweglichen Gegenstands bestehen;
   c) Dienstleistungen zur Vorbereitung oder zur Koordinierung der Durchführung von Bauleistungen wie zum Beispiel Leistungen von Architekten und Bauaufsichtsbüros;
   d) Dienstleistungen auf dem Gebiet der Wirtschaftswerbung;
   e) Beförderung und Lagerung von Gegenständen sowie Nebendienstleistungen;
   f) Vermietung von beweglichen körperlichen Gegenständen an Steuerpflichtige;
   g) Überlassung von Arbeitskräften an Steuerpflichtige;
   h) Dienstleistungen von Beratern, Ingenieuren und Planungsbüros auf technischem, wirtschaftlichem oder wissenschaftlichem Gebiet sowie ähnliche Leistungen;
   i) Ausführung einer Verpflichtung, eine unternehmerische Tätigkeit oder ein Recht im Sinne der Buchstaben a bis h und j ganz oder teilweise nicht auszuüben;
   j) Dienstleistungen von Spediteuren, Maklern, Handelsagenten und anderen selbstständigen Vermittlern, soweit sie die Lieferungen oder die Einfuhren von Gegenständen oder Dienstleistungen gemäß den Buchstaben a bis i betreffen;
3. Telekommunikationsdienstleistungen und dazu gehörende Lieferungen von Gegenständen, die von öffentlichen Posteinrichtungen erbracht bzw. getätigt werden;
4. Dienstleistungen der Bestattungsinstitute und Krematorien sowie dazu gehörende Lieferungen von Gegenständen;
5. Umsätze, die von Blinden oder Blindenwerkstätten bewirkt werden, wenn ihre Befreiung von der Steuer keine erheblichen Wettbewerbsverzerrungen verursacht;
6. Lieferung von Gegenständen und Dienstleistungen an Einrichtungen, die mit der Anlage, Ausstattung und Instandhaltung von Friedhöfen, Grabstätten und Denkmälern für Kriegsopfer beauftragt sind;
7. Umsätze von nicht unter Artikel 132 Absatz 1 Buchstabe b fallenden Krankenhäusern;
8. Lieferung von Wasser durch Einrichtungen des öffentlichen Rechts;
9. Lieferung von Gebäuden oder Gebäudeteilen und dem dazugehörigen Grund und Boden vor dem Erstbezug sowie Lieferung von Baugrundstücken im Sinne des Artikels 12;
10. Beförderung von Personen und von Begleitgütern der Reisenden, wie Gepäck und Kraftfahrzeuge, sowie Dienstleistungen im Zusammenhang mit der Personenbeförderung, soweit die Beförderung dieser Personen von der Steuer befreit ist;
11. Lieferung, Umbau, Reparatur, Wartung, Vercharterung und Vermietung von Luftfahrzeugen, die von staatlichen Einrichtungen verwendet werden, einschließlich der Gegenstände, die in diese Luftfahrzeuge eingebaut sind oder ihrem Betrieb dienen;
12. Lieferung, Umbau, Reparatur, Wartung, Vercharterung und Vermietung von Kriegsschiffen;
13. Dienstleistungen der Reisebüros im Sinne des Artikels 306 sowie der Reisebüros, die im Namen und für Rechnung des Reisenden für Reisen innerhalb der Gemeinschaft tätig werden.

Anhang XI

Teil A Aufgehobene Richtlinien mit ihren nachfolgenden Änderungen

1. Richtlinie 67/227/EWG (ABl. 71 vom 14. 4. 1967, S. 1301)
   Richtlinie 77/388/EWG

2. Richtlinie 77/388/EWG (ABl. L 145 vom 13. 6. 1977, S. 1)
   Richtlinie 78/583/EWG (ABl. L 194 vom 19. 7. 1978, S. 16)
   Richtlinie 80/368/EWG (ABl. L 90 vom 3. 4. 1980, S. 41)
   Richtlinie 84/386/EWG (ABl. L 208 vom 3. 8. 1984, S. 58)
   Richtlinie 89/465/EWG (ABl. L 226 vom 3. 8. 1989, S. 21)
   Richtlinie 91/680/EWG (ABl. L 376 vom 31. 12. 1991, S. 1) – nicht Artikel 2
   Richtlinie 92/77/EWG (ABl. L 316 vom 31. 10. 1992, S. 1)
   Richtlinie 92/111/EWG (ABl. L 384 vom 30. 12. 1992, S. 47)
   Richtlinie 94/4/EG (ABl. L 60 vom 3. 3. 1994, S. 14) – nur Artikel 2
   Richtlinie 94/5/EG (ABl. L 60 vom 3. 3. 1994, S. 16)
   Richtlinie 94/76/EG (ABl. L 365 vom 31. 12. 1994, S. 53)
   Richtlinie 95/7/EG (ABl. L 102 vom 5. 5. 1995, S. 18)
   Richtlinie 96/42/EG (ABl. L 170 vom 9. 7. 1996, S. 34)
   Richtlinie 96/95/EG (ABl. L 338 vom 28. 12. 1996, S. 89)
   Richtlinie 98/80/EG (ABl. L 281 vom 17. 10. 1998, S. 31)
   Richtlinie 1999/49/EG (ABl. L 139 vom 2. 6. 1999, S. 27)
   Richtlinie 1999/59/EG (ABl. L 162 vom 26. 6. 1999, S. 63)
   Richtlinie 1999/85/EG (ABl. L 277 vom 28. 10. 1999, S. 34)
   Richtlinie 2000/17/EG (ABl. L 84 vom 5. 4. 2000, S. 24)
   Richtlinie 2000/65/EG (ABl. L 269 vom 21. 10. 2000, S. 44)
   Richtlinie 2001/4/EG (ABl. L 22 vom 24. 1. 2001, S. 17)
   Richtlinie 2001/115/EG (ABl. L 15 vom 17. 1. 2002, S. 24)
   Richtlinie 2002/38/EG (ABl. L 128 vom 15. 5. 2002, S. 41)
   Richtlinie 2002/93/EG (ABl. L 331 vom 7. 12. 2002, S. 27)
   Richtlinie 2003/92/EG (ABl. L 260 vom 11. 10. 2003, S. 8)
   Richtlinie 2004/7/EG (ABl. L 27 vom 30. 1. 2004, S. 44)
   Richtlinie 2004/15/EG (ABl. L 52 vom 21. 2. 2004, S. 61)
   Richtlinie 2004/66/EG (ABl. L 168 vom 1. 5. 2004, S. 35) – nur Anhang Nummer V
   Richtlinie 2005/92/EG (ABl. L 345 vom 28. 12. 2005, S. 19)
   Richtlinie 2006/18/EG (ABl. L 51 vom 22. 2. 2006, S. 12)
   Richtlinie 2006/58/EG (ABl L 174 vom 28. 6. 2006, S. 5)
   Richtlinie 2006/69/EG (ABl L 221 vom 12. 8. 2006, S. 9) – nur Artikel 1
   Richtlinie 2006/98/EG (ABl L 363 vom 12. 12. 2006, S. 129) – nur Nummer 2 des Anhangs

Teil B Fristen für die Umsetzung in nationales Recht (Artikel 411)

Richtlinie	Umsetzungsfrist
Richtlinie 67/227/EWG	1. Januar 1970
Richtlinie 77/388/EWG	1. Januar 1978
Richtlinie 78/583/EWG	1. Januar 1979
Richtlinie 80/368/EWG	1. Januar 1979
Richtlinie 84/386/EWG	1. Juli 1985
Richtlinie 89/465/EWG	1. Januar 1990
	1. Januar 1991
	1. Januar 1992
	1. Januar 1993
	1. Januar 1994 für Portugal
Richtlinie 91/680/EWG	1. Januar 1993
Richtlinie 92/77/EWG	31. Dezember 1992
Richtlinie 92/111/EWG	1. Januar 1993
	1. Januar 1994
	1. Oktober 1993 für Deutschland
Richtlinie 94/4/EG	1. April 1994

Anhang 7
MWSt-Richtlinie

Richtlinie	Umsetzungsfrist
Richtlinie 94/5/EG	1. Januar 1995
Richtlinie 94/76/EG	1. Januar 1995
Richtlinie 95/7/EG	1. Januar 1996
Richtlinie 96/42/EG	1. Januar 1997 für Deutschland und Luxemburg
Richtlinie 96/95/EG	1. Januar 1995
Richtlinie 98/80/EG	1. Januar 1997
Richtlinie 1999/49/EG	1. Januar 2000
Richtlinie 1999/59/EG	1. Januar 1999
Richtlinie 1999/85/EG	1. Januar 2000
Richtlinie 2000/17/EG	–
Richtlinie 2000/65/EG	
Richtlinie 2001/4/EG	31. Dezember 2001
Richtlinie 2001/115/EG	1. Januar 2001
Richtlinie 2002/38/EG	1. Januar 2004
Richtlinie 2002/93/EG	1. Juli 2003
Richtlinie 2003/92/EG	–
Richtlinie 2004/7/EG	1. Januar 2005
Richtlinie 2004/15/EG	30. Januar 2004
	–
Richtlinie 2004/66/EG	1. Mai 2004
Richtlinie 2005/92/EG	1. Januar 2006
Richtlinie 2006/18/EG	–
Richtlinie 2006/58/EG	1. Juli 2006
Richtlinie 2006/69/EG	1. Januar 2008
Richtlinie 2006/98/EG	1. Januar 2007

C. Stichwortverzeichnis

Es bezeichnen:

halbfette Zahlen	=	die Paragraphen des Gesetzes
kursive Zahlen	=	die Paragraphen der DV
normale Zahlen	=	Richtlinienabschnitte, laufende Nummern, Anlagen, Anhänge, Hinweise, Rechtsprechung
eingeklammerte Zahlen	=	die Absätze der Paragraphen, der Richtlinienabschnitte u. der Durchführungsverordnungen
AE	=	Anwendungserlass (z. B. **6** AE 6.1 (2) = Anwendungserlass 6.1 Absatz 2 zu Paragraph 6)
H	=	Hinweis (z. B. **4** H 5 = Hinweis zu Paragraph 4 lfd. Nr. 5)
Rsp I	=	Europäischer Gerichtshof (z. B. **4** Rsp I 2 = EGH-Entscheidung zu Paragraph 4 lfd. Nr. 2)
Rsp II	=	Bundesverfassungsgericht (z. B. **3** Rsp II 4 = BVG-Entscheidung zu Paragraph 3 lfd. Nr. 4)
Rsp III	=	Bundesfinanzhof (z. B. **4** Rsp III 1 = BFH-Entscheidung zu Paragraph 4 lfd. Nr. 1)
Rsp IV	=	Sonstige Gerichte (z. B. **10** Rsp IV 5 = Entscheidung eines sonstigen Gerichts (z. B. BGH, OLG, LG) zu Paragraph 10 lfd. Nr. 5)
Anl.	=	Anlage (z. B. Anl. 2 = Anlage lfd. Nr. 2)
Anh.	=	Anhang (z. B. Anh. 5 = Anhang lfd. Nr. 5)

1-Euro-Jobs
– Maßnahmepauschale für den Träger   **10** H 10 (8)
– Mehraufwandsentschädigungen   **10** H 10 (8)

1. EG-Richtlinie
– Aufhebung   Anh. 7
– Verweisung   Anh. 7

6. EG-Richtlinie
– Aufhebung   Anh. 7
– Verweisung   Anh. 7

A

Abbauvertrag   **4** AE 4.12.4
Abbringerflüge
– Reiseleistungen   **25** H 25 (5)

Abfall   **3** (5)
– der Eisen- und >Stahlherstellung   Anl. 3
– der Lebensmittelindustrie   Anl. 2
– Einsammeln von –   **1** H 1 (18)
– Verwertung von –   **1** H 1 (18)

Abfälle
Abfälle, werthaltige
– tauschähnlicher Umsatz   **10** H 10 (14)

Abfallentsorger   **1** H 1 (18)
Abfallentsorgung   **2** H 2 (6, 12)
Abfertigungsbestätigung   **6** AE 6.6
Abfertigungsplatz   21

Abgabe
– werthaltiger Stoffe   **10** H 10 (14)
Abgabe von Mahlzeiten
– an Arbeitnehmer   **1** AE 1.8.9
– Bemessungsgrundlage   **3** Rsp I
– im Kino   **3** Rsp I
– Imbissstand   **3** Rsp I
– Lieferung   **3** Rsp I
– Partyservice   **3** Rsp I
– Personalverpflegung   **3** Rsp I
– unter dem Selbstkostenpreis   **3** Rsp I
– zum Verzehr an Ort und Stelle   **3** Rsp I
Abgabe von Saatgut
– Durchschnittssatzbesteuerung   Anl. 2
– Ort der sonstigen Leistung   Anl. 2
– Steuersatz   Anl. 2
Abgabe von Speisen
– an Arbeitnehmer   **1** AE 1.8
Abgabenvergünstigung   Anh. 4
– Vereinigte Staaten   Anh. 3
Abgabenverpflichtung   Anh. 4
Abgrenzung
– zolltarifliche   **26** (1)
Abholfall   **6** AE 6.1
Abkommen
– Bundesrepublik Deutschland/Vereinigte Staaten von Amerika   Anh. 3
– Parteien des Nordatlantikvertrags   Anh. 4
Ablagebretter
– beim Verzehr an Ort und Stelle   **3** AE 3.6

Stichwortverzeichnis

Ablagerungsvertrag 4 AE 4.12.4
Ablöseentschädigung
– bei Fußballspielern 1 AE 1.1
Ablösezahlung
– bei Berufsfußballspielern 3a AE 3a.9; 3a H 3a (5, 11)
Abnehmer
– ausländischer 6 AE 6.3
– letzter 25b AE 25b.1.5
– Steuerschuldner bei Goldlieferungen Anh. 7
Abnehmerbestätigung
– durch Dienstpass 6 AE 6.11
– durch Diplomatenpass 6 AE 6.11
– durch Geschäftsvisum 6 AE 6.11
– im nichtkommerziellen Reiseverkehr 6 AE 6.11
Abnehmernachweis
– Ausfuhr (Lieferungen) 4 17; 6; 6 AE 6.11
– im nichtkommerziellen Reiseverkehr 6 AE 6.11
Abonnement
– Prämien für Verlängerung 10 AE 10.3
– von Online-Zeitungen 3a AE 3a.12; 3a H 3a (5)
Abrechnung
– durch Gutschrift 14 AE 14.3
– elektronische 14 AE 14.8.8
– über steuerfreie Umsätze 14 AE 14.3
– von Teilentgelten 12 H 12 (7)
– von Teilleistungen 12 H 12 (7)
Abrechnungsdokument
– als Rechnung 14 AE 14.1
Abrissverpflichtung
– bei Lieferung eines Grundstücks 4 Rsp I
Absatzförderung
– In der Automobilindustrie 1 H 1 (39)
– Zinssubventionen 1 H 1 (39)
Abschlagszahlung(en) 13 AE 13.4; 13b H 13b (2)
– Rechnungserteilung 14 AE 14.8
Abschleppleistungen 3a H 3a (3)
Abschlüsse
– regelmäßige 20
Absetzung für Abnutzung
– Verteilung 10 AE 10.6.3
Abstandszahlung
– des Vermieters 4 AE 4.12.1
Abstellbord
– beim Verzehr an Ort und Stelle 3 AE 3.6
Abstellfläche 4 AE 4.12.2
Abstellplatz
– beim Verzehr an Ort und Stelle 3 AE 3.6
Abtretung 13c AE 13c.1
– Änderung der Bemessungsgrundlage 10 Rsp III
– von Forderungen 13 AE 13.6
Abtretungsempfänger
– als Unternehmer 13c AE 13c.1
– Haftung 13c H 13c (2)
– Vereinnahmung abgetretener Forderungen 13c H 13c (2)
Abwrackprämie
– Kfz-Handel 10 H 10 (4)
Abzahlungsgeschäft(e) 3 AE 3.10

Abzug
– der Mehrwertsteuer 15 Rsp I
Abzugsverfahren 22a H 22a (2)
– Vorliegen der Rechnung 18 Rsp I
Agenturgeschäft(e) 3 AE 3.7; 3 H 3 (1, 2)
Agrarreform
– Zahlungsansprüche für land- und forstwirtschaftliche Betriebe 10 H 10 (10)
Akkumulatoren
– Abfall Anl. 3
– Schrott Anl. 3
Akrotiri 1 AE 1.10; Anh. 7
Aktienveräußerung
– Vorsteuerabzug 15 Rsp I
Aland-Inseln 1 AE 1.10
Algen Anl. 2
Alkohol 1a (5)
Alkohol-Gutachten
– keine heilberufliche Tätigkeit 4 AE 4.14.6
Altbauten
– Steuerbefreiung Anh. 7
Altenheim 4
– Abgabe von Speisen und Getränken an Besucher 4 AE 4.16.6
– eng verbundener Umsatz 4 AE 4.16.6
– gemischter Vertrag 4 AE 4.12.5
– Steuerbefreiung 4 AE 4.16.6; 4 H 4 (27); Anh. 7
– Telefongestellung 4 AE 4.16.6
– Überlassung von Pflegemitteln 4 AE 4.16.6
– Voraussetzung der Steuerbefreiung 4 AE 4.16.4
Altenpfleger 4 AE 4.14.4
Altenwohnheim
– Abgabe von Speisen und Getränken an Besucher 4 AE 4.16.6
– Aufnahme nicht begünstigter Personen 4 AE 4.16.4
– eng verbundener Umsatz 4 AE 4.16.6
– Steuerbefreiung 4 AE 4.16.6; 4 H 4 (27)
– Telefongestellung 4 AE 4.16.6
– Überlassung von Pflegemitteln 4 AE 4.16.6
– Voraussetzung der Steuerbefreiung 4 AE 4.16.4
Altmetall
– Steuerschuldner 13b (2); 13b AE 13b.1; 13b H 13b (12, 14)
Altteile bei Kraftfahrzeugen
– Austausch 10 AE 10.5
Aluminium
– Abfall Anl. 3
– in Rohform Anl. 1
– Schrott Anl. 3
Ambulante Pflegedienstleistungen
– Umsatzsteuerbefreiung(en) 4 Rsp I
Ambulanter Pflegedienst
– Umsatzsteuerbefreiung(en) 4 Rsp III
Ammoniumcarbonat Anl. 2
Amtshilfe, zwischenstaatliche
– Anleitung 18 H 18 (1)
– auf Gibraltar Allg.
– EU-Rechtsgrundlage 18 Rsp I

Stichwortverzeichnis

Anästhesistische Leistungen
– Umsatzsteuerbefreiung(en) **4** Rsp III

Änderung
– der Bemessungsgrundlage **17** AE 17.1
– des Umsatzsteuergesetzes **29 (2)**

Änderung der Bemessungsgrundlage
– aufgrund Abtretung **17** Rsp III
– aufgrund einer Abtretung **10** Rsp III
– bei Verkauf einer Gewerbeimmobilie **17** Rsp III
– Entgeltsminderung **17** H 17 (1)
– nach Rückgewähr der Anzahlung **17** H 17 (5)
– nach Rückgewähr des Entgelts **17** H 17 (5)
– Umsatzsteuerberichtigung **17** H 17 (2, 3)
– vor Rückgewähr der Anzahlung **17** Rsp III
– Vorsteuerberichtigung **17** H 17 (2, 3)
– Zeitpunkt **17** H 17 (1)

Änderung der Verhältnisse
– bei fehlendem Eigentumsübergang **15a** AE 15a.2

Andorra 1 AE 1.10

Anerkennungsverfahren
– Einrichtungen **4** Rsp I

Angehörige
– eines freien Berufs **20**
– mitbeförderte **16** AE 16.2

Angestellte des Beförderers
– Begleitpersonen **16** AE 16.2

Anlage
– als Betriebsstätte **3a** AE 3a.1; **3a** H 3a (5)
– von Vermögenswerten **1** AE 1.1

Anlage UN
– zur Umsatzsteuererklärung 2006 **18** H 18 (12)
– zur Umsatzsteuererklärung 2007 **18** H 18 (16)
– zur Umsatzsteuererklärung 2008 **18** H 18 (18)
– zur Umsatzsteuererklärung 2009 **18** H 18 (22)
– zur Umsatzsteuererklärung 2010 **18** H 18 (30)
– zur Umsatzsteuererklärung 2011 **18** H 18 (40)

Anlage UR
– zur Umsatzsteuererklärung 2006 **18** H 18 (12)
– zur Umsatzsteuererklärung 2007 **18** H 18 (16)
– zur Umsatzsteuererklärung 2008 **18** H 18 (18)
– zur Umsatzsteuererklärung 2009 **18** H 18 (22)
– zur Umsatzsteuererklärung 2010 **18** H 18 (30)
– zur Umsatzsteuererklärung 2011 **18** H 18 (40)

Anlagegold
– Aufzeichnungspflichten bei Umsätzen von Anh. 7
– Bemessungsgrundlage Anh. 7
– Gewichtsguthaben **25c** AE 25c.1
– Goldbarren **25c** AE 25c.1
– Goldmünzen **25c** AE 25c.1
– Goldplättchen **25c** AE 25c.1
– Goldswaps **25c** AE 25c.1
– Goldvorhaben **25c** AE 25c.1
– Goldzertifikate **25c** AE 25c.1
– Miteigentumsanteile **25c** AE 25c.1
– Option zur Besteuerung Anh. 7
– Optionsgeschäfte **25c** AE 25c.1
– Sonderregelung **25c** H 25c (1, 3–10); Anh. 7
– Steuerbefreiung **25c** AE 25c.1; Anh. 7
– Terminkontrolle **25c** AE 25c.1
– Vermittlung Anh. 7
– Verzeichnis der Goldmünzen **25c** AE 25c.1
– Vorsteuerabzug Anh. 7

Anlagegold, Umsätze
– Besteuerung **25c**

Anlagegoldlieferungen
– Steuerschuldner **13b (2)**

Anlagenbau
– Steuerschuldner **13b** H 13b (2)

Anlagevermögen
– Differenzbesteuerung **25a** H 25a (5)
– Veräußerung oder Entnahme **19** AE 19.3
– Veräußerung von **25a** H 25a (5)

Anleitung
– zur Umsatzsteuer-Voranmeldung 2008 **18** H 18 (17)
– zur Umsatzsteuer-Voranmeldung 2009 **18** H 18 (19)
– zur Umsatzsteuer-Voranmeldung 2010 **18** H 18 (23, 26)
– zur Umsatzsteuer-Voranmeldung 2011 **18** H 18 (33, 39)
– zur Umsatzsteuer-Voranmeldung 2012 **18** H 18 (41)
– zur Umsatzsteuererklärung 2006 **18** H 18 (12)
– zur Umsatzsteuererklärung 2007 **18** H 18 (16)
– zur Umsatzsteuererklärung 2008 **18** H 18 (18)
– zur Umsatzsteuererklärung 2009 **18** H 18 (22)
– zur Umsatzsteuererklärung 2010 **18** H 18 (30)
– zur Umsatzsteuererklärung 2011 **18** H 18 (40)

Anmeldung
– der Sondervorauszahlung 2008 **18** H 18 (17)
– der Sondervorauszahlung 2009 **18** H 18 (19)
– der Sondervorauszahlung 2010 **18** H 18 (23)

Anmietung
– Berichtigung des Vorsteuerabzugs **15a** AE 15a.7

Annehmlichkeiten 1 AE 1.8

Annoncenzeitung Anl. 2

Anordnung
– gesetzliche oder behördliche **1 (1)**

Ansässigkeit
– Begriff **13b** Rsp I; **13b** Rsp III
– Nachweis **3** Rsp III
– Schuldnerschaft des Leistungsempfängers **13b** Rsp I; **13b** Rsp III

Anschaffungskosten
– bei Landwirten **24** Rsp III

Anschaffungskosten, nachträgliche
– Berichtigung des Vorsteuerabzugs **15a** AE 15a.8

Anschluss
– von Elektrogeräten **13b** H 13b (2)

Anschlüsse des Telefonnetzes
– Überlassung **4**

Anspruch (Ansprüche) auf Ausgleich der umsatzsteuerlichen Mehr- oder Minderbelastung 29 AE 29.1

Ansprüche
– für land- und forstwirtschaftliche Betriebe **10** H 10 (10)
– nach Agrarreform **10** H 10 (10)

Anteile
– Übertragung von **3** H 3 (21)

Anteilseigner 1 (1)

Antiquitäten 25a (2); **25a** AE 25a.1
– Differenzbesteuerung Anh. 7
– Steuersatz Anh. 7

Stichwortverzeichnis

Antrag
- auf Dauerfristverlängerung 2008   **18** H 18 (17)
- auf Dauerfristverlängerung 2009   **18** H 18 (19)
- auf Dauerfristverlängerung 2010   **18** H 18 (23)
- auf Dauerfristverlängerung u. Anmeldung der Sondervorauszahlung   **18 (6)**; **18** AE 18.4
- Vorsteuer-Vergütung für anderen Mitgliedstaat   **18g**

Antragsfrist
- Vorsteuervergütung   **18 (9)**; **18** 61; **18** 61a; **18** AE 18.14.5

Anwendung
- Vorsteuer-Durchschnittssätze   **23** AE 23.1

Anwendungsbeginn
- Änderungen des Umsatzsteuergesetzes   **27 (1)**

Anwendungsbereich
- räumlicher   Anh. 7

Anzahlung   **13 (1)**; **13** AE 13.1
- bei Istversteuerung   **13** AE 13.6; **13** H 13 (3); **20** AE 20.1
- bei Reiseleistungen   **13** AE 13.5
- bei Teilentgelten   **13** AE 13.5
- Rechnungsausstellung   **14** AE 14.1
- Rechnungserteilung   **14** AE 14.8
- Rückgewährung   **13** H 13 (4)
- Steuerschuldner   **13b** H 13b (2)

Anzeigenblätter   Anl. 2

Apparate
- kieferorthopädische   **4** AE 4.14.3
- orthopädische   Anl. 2

Apparategemeinschaft   **4** AE 4.14.8
- Steuerbefreiung   **4** H 4 (26)

Arbeiten
- an beweglichen körperlichen Gegenständen   **3a** AE 3a.2; **3a** AE 3a.6; **3a** H 3a (5, 11)

Arbeiterwohlfahrt   **4**; **4** 23

Arbeitnehmer   **1 (1)**; **1** AE 1.5
- Beförderung Wohnung – Arbeitsstelle   **12** AE 12.15
- Beköstigung, Vorsteuerabzug   **12** H 12 (7); **15** AE 15.2
- Bemessungsgrundlage bei Leistungen an   **10** AE 10.7
- Leistungen an –   **1** H 1 (2)
- Sachzuwendungen   **1** AE 1.8; **1** H 1 (12)
- Versicherungsschutz   **19** AE 19.3.2

Arbeitnehmerbeköstigung   **1** AE 1.8.9; **12** H 12 (7)

Arbeitnehmerbescheinigung
- im nichtkommerziellen Reiseverkehr   **6** AE 6.11

Arbeitnehmerfreistellung
- Aufwendungsersatz   **1** H 1 (29)

Arbeitnehmersachzuwendungen   **1** AE 1.8.2

Arbeitnehmerüberlassung
- Inrechnungstellung   **15** AE 15.2.18
- Steuerschuldner   **13b** H 13b (1, 2)

Arbeitnehmervertreter
- Aufsichtsrat   **2** AE 2.2

Arbeitsgemeinschaft   **1** AE 1.6.8
- des Baugewerbes   **2** AE 2.1.4
- Steuerschuldner   **13b** H 13b (2)

Arbeitskräfte
- Gestellung in der Land- u. Forstwirtschaft   **4**; **4** AE 4.27.2

Arbeitszimmer
- Vorsteuerabzug   **15** Rsp I

Architekt
- Sollversteuerung   **13** AE 13.3

Architektenleistungen
- Begriff   **13b** AE 13b.1; **13b** H 13b (1)

Archive   **4**

Aruba   **1** AE 1.10

Arzneimittel
- gesetzlicher Rabatt   **10** AE 10.3

Arzt   **4**; **4** AE 4.14.2
- als Gerichtssachverständiger zugelassen   **4** Rsp I
- in Krankenanstalten   **2** AE 2.2
- Steuerbefreiung   **4** H 4 (26); Anh. 7

Arztähnliche Berufe
- Steuerbefreiung   Anh. 7

Ärztliche Leistung
- Steuerbefreiung   **4** AE 4.14.1; **4** H 4 (26)

Ärztliche Tätigkeit   **4** AE 4.14.2; **4** AE 4.14.3

Asche   Anl. 3

Asylbewerberheim
- Einheitlichkeit der Leistung   **3** Rsp III

Atemlehrer   **4** AE 4.14.4

ATLAS-Ausfuhr   **6** AE 6.2; **6** AE 6.6; **6** AE 6.7; **6** H 6 (9, 10)

Aufbewahrung
- von Rechnungen   **14b**; **14b** AE 14b.1; Anh. 7

Aufbewahrungsfrist
- Aufzeichnungen   **22** AE 22.1

Aufbewahrungsort
- von Rechnungen   **14b (1)**; **14b (4)**; **14b (5)**

Aufbewahrungspflicht   **25c (6)**

Aufführungsrecht   **12** AE 12.7.3

Aufhebung
- der 1. EG-Richtlinie   Anh. 7
- der 6. EG-Richtlinie   Anh. 7
- von BMF-Schreiben   Allg.

Auflieger
- Beförderungsmittel   **3a** AE 3a.5; **3a** H 3a (5, 11)

Aufmachungen
- für den Küchengebrauch   Anl. 2

Aufmerksamkeiten   **1 (1)**; **1** AE 1.8

Aufnahme
- von Jugendlichen   **4** AE 4.23.1

Aufnahme eines Gesellschafters
- gegen Bareinlage   **1** Rsp I

Aufnahmeleiter   **23** AE 23.2.3

Aufrechnung
- Umsatzsteuervergütungsanspruch   **18** Rsp I
- Vorsteuervergütungsanspruch   **16** Rsp III
- Zeitpunkt der Versteuerung   **13** AE 13.6

Aufschläge
- tatsächliche   **22** AE 22.6.9–13; **22** H 22 (3, 7)
- übliche   **22** AE 22.6.9–13; **22** H 22 (3, 7)

Aufschlagsätze
- ermittelte   **22** H 22 (3, 7)

Aufschlagsverfahren   **22** AE 22.6.3–7
- erleichterte Trennung der Bemessungsgrundlage   **22** H 22 (3, 7)

Stichwortverzeichnis

Aufsichtsratsmitglieder 2 AE 2.2
Aufsichtsratstätigkeit
- eines kommunalen Ratsmitglieds 4 AE 4.26.1

Aufspaltung
- einheitlicher Leistungen 3 AE 3.10

Aufstellen von Zigarettenautomaten
- Umsatzsteuerbefreiung(en) 4 Rsp I

Aufteilung
- von Vorsteuerbeträgen 15 AE 15.2

Aufteilung des Entgelts
- bei Mischleistungen 3a AE 3a.10; 3a H 3a (5)

Aufteilung, Vorsteuerbeträge (Vorsteuern)
- Aufzeichnungen 22 (3); 22 AE 22.4

Aufteilungsmaßstab
- bei Spielhalle 15 Rsp III
- Flächenschlüssel 15 Rsp III
- Umsatzschlüssel 15 Rsp III
- Verhältnis steuerfreier und steuerpflichtiger Umsätze 15 Rsp III
- Vorsteuerabzug 15 Rsp III

Auftragserteilung
- gemeinschaftliche 15 H 15 (14)

Auftragsgutachten 10 AE 10.2

Aufwendungen i. S. d. § 15 Abs. 1a Nr. 1 17 (2)

Aufwendungseigenverbrauch
- Steuerbefreiung 4 AE 4.28.1

Aufwendungsersatz
- als Gegenleistung 1 AE 1.6
- bei Arbeitnehmerfreistellung 1 H 1 (29)

Aufwuchsschäden 3 AE 3.10

Aufzeichnungen 22; 25 (5); Anh. 7
- bei Differenzbesteuerung Anh. 7
- bei innergemeinschaftlichen Dreiecksgeschäften 25b (6)
- buchmäßige 22b (3)
- der Auslagerer, aus einem Umsatzsteuerlager 22 (2)
- des Leistungsempfängers als Steuerschuldner 22 (2)
- von be- und verarbeiteten Gegenständen Anh. 7

Aufzeichnungspflicht 22; 22 AE 22.4.2; 22 AE 22.5.5; 25c (6)
- bei der Anwendung der Vorsteuer-Durchschnittssätze 22 66; 22 AE 22.5.4
- bei der Aufteilung der Vorsteuern 22 (3); 22 AE 22.4
- bei der Durchschnittsbesteuerung für Land- u. Forstwirte 22 67
- bei Einfuhren 22 (2); 22 (3); 22 AE 22.2.11; 22 AE 22.5.2
- bei innergemeinschaftlichen Dreiecksgeschäften 25b 25b.1
- bei Reiseleistungen 25 (5); 25 AE 25.5
- bei Steuerschuldnerschaft des Leistungsempfängers 13b AE 13b.1
- bei Umsätzen von Anlagegold Anh. 7
- Bemessungsgrundlagen, Ausgleich 22 (4)
- des Leistungsempfängers 13b AE 13b.1
- des Umsatzsteuerlagerhalters 22
- Differenzbesteuerung 25a AE 25a.1.17
- Erleichterungen 22 (6); 22 63.4; 22 65; 22 66; 22 66a; 22 67; 22 AE 22.5; 22 AE 22.6
- Erleichterungen für die Trennung der Entgelte u. sonstigen Bemessungsgrundlagen 22 (6); 22 63.4
- Führung des Umsatzsteuerhefts 22 (5); 22 (6)
- für ausgeführte Leistungen 22 63.3–5
- für Bemessungsgrundlagen für ausgeführte Leistungen 2; 4; 5; 15a AE 15a.12; 22 (2); 22 63; 22 AE 22.2.1–12
- für die Umsatzsteuer 22 AE 22.1; 22 AE 22.2; 22 AE 22.3; 22 AE 22.4; 22 AE 22.5; 22 AE 22.6
- für empfangene Leistungen 22 (2); 22 63.2
- für Entgeltsminderungen 22 (2); 22 63.3
- für Kleinunternehmer 22 65; 22 AE 22.5.3
- für Reisegewerbetreibende 22 (5); 22 (6)
- für Reiseleistungen 25 72
- für Unternehmer ohne gewerbliche Niederlassung 22 (5); 22 (6)
- für vereinbarte Entgelte 22 (2); 22 63.4
- in Haftungsfällen 22
- innergemeinschaftliche Erwerbe 22 AE 22.3
- innergemeinschaftliche Warenlieferung(en) 22 AE 22.3
- Kleinunternehmer 22 65
- Ordnungsgrundsätze 22 (1); 22 63.1, 2; 22 AE 22.1
- Trennung der Entgelte u. sonstigen Bemessungsgrundlagen 22 63.2; 22 AE 22.6
- Umfang 22 (2); 22 (3); 22 63.3–5; 22 64; 22 65; 22 66; 22 66a; 22 67; 22 AE 22.2.1–12 AE 22.3 AE 22.4 AE 22.5 AE 22.6; 25 (5); 25 72; 25 AE 25.5
- Umsatzsteuerlagerregelung 4 H 4 (2)

Auktionator 3 AE 3.7

Auktionatoren
- Steuersatz 12 Rsp I

Ausbildung
- von Jugendlichen 4 AE 4.23.1

Ausbildungsbegleitende Hilfen
- Steuerbefreiung 4 H 4 (17, 19)

Ausbildungsmaßnahme 4 AE 4.21.2

Ausbuchung, Forderung 17 AE 17.1.6

Ausflugsfahrten 16 AE 16.2.4
- Übergangsregelung 3e H 3e (1)

Ausflugszweck
- gleicher u. gemeinsam verfolgter 16 AE 16.2

Ausfuhr
- im persönlichen Reisegepäck Anh. 7
- Steuerbefreiung Anh. 7

Ausfuhranmeldung 6 AE 6.2; 6 AE 6.6

Ausfuhrbefreiung
- Merkblatt 6 H 6 (5)
- Vordruckmuster 6 H 6 (1)

Ausfuhrbegleitdokument 6 AE 6.2; 6 AE 6.6; 6 AE 6.7

Ausfuhrbeleg
- auf Bildträger 6 AE 6.5
- auf Datenträger 6 AE 6.5
- auf Diskette 6 AE 6.5
- auf elektro-optischer Speicherplatte 6 AE 6.5
- auf Magnetband 6 AE 6.5
- auf Magnetplatte 6 AE 6.5
- Ausdruck gespeicherter Daten 6 AE 6.5
- Ausdruck mikroverfilmter Unterlagen 6 AE 6.5
- bei Versendung durch Kurierdienste 6 AE 6.9

Ausfuhrbescheinigung 6 AE 6.2; 6 AE 6.6

Ausfuhrbestätigung 6 AE 6.7
- im nichtkommerziellen Reiseverkehr 6 AE 6.11

Ausfuhrfristnachweis
- im nichtkommerziellen Reiseverkehr 6 AE 6.11

Stichwortverzeichnis

Ausfuhrlieferung 4
- ATLAS-Ausfuhr 6 H 6 (9, 10)
- Ausfuhrbegleitdokument 6 H 6 (9, 10)
- Ausfuhrnachweis 6 H 6 (11, 12)
- bei Bearbeitung von Ausfuhr 6 H 6 (2)
- bei Verarbeitung von Ausfuhr 6 H 6 (2)
- Belegnachweis 6 H 6 (7, 8)
- Buchnachweis 6 AE 6.11
- elektronische Nachweise 6 H 6 (9, 10)
- gesonderter Steuerausweis 6 AE 6.12
- im Reiseverkehr 6 AE 5.11
- Merkblatt 6 H 6 (5)
- Nachweis in Beförderungsfällen 6 Rsp I
- Nachweise 4 AE 4.3.6; 6 H 6 (3, 4, 9, 10)
- nicht kommerzieller Reiseverkehr 6 H 6 (11)
- Reihengeschäft 6 AE 6.1
- Spediteurbescheinigung 6 H 6 (8)
- Steuerbefreiung 4 8; 4 9; 4 10; 4 11; 4 12; 4 13; 4 14; 4 17; 4 AE 4.1.1; 6 AE 6.1; 6 AE 6.3; 6 AE 6.4
- Steuerbefreiung im Billigkeitswege 6 Rsp I
- steuerfreie 6 AE 6.1
- Vernichtung von Ausfuhrbelegen 6 H 6 (6)
- von Kraftfahrzeugen 6 AE 6.9.11
- Vordruck für Nachweis 6 H 6 (3, 4)
- Vordruck für Nachweis bei ATLAS-Ausfuhr 6 H 6 (9, 10)
- Vordruckmuster 6 H 6 (1)

Ausfuhrnachweis
- Ausfuhrbegleitdokument 6 AE 6.2; 6 AE 6.6
- Ausgangsvermerk 6 AE 6.2
- bei Lohnveredelungen 7 AE 7.2
- Belegnachweis 6 H 6 (7)
- Buchnachweis 6 AE 6.10
- Erledigungsbescheinigung 6 AE 6.6
- im nichtkommerziellen Reiseverkehr 6 AE 6.11
- in Bearbeitungsfällen 6 AE 6.8
- in Beförderungsfällen 6 AE 6.6
- in Verarbeitungsfällen 6 AE 6.8
- in Versendungsfällen 6 AE 6.7
- nicht kommerzieller Reiseverkehr 6 H 6 (11)
- nichtkommerzieller Reiseverkehr 6 H 6 (6)
- sachliche Prüfung der Angaben 6 AE 6.5
- Sonderregelungen 6 AE 6.9
- sonstige Leistungen 4 AE 4.3.3; 4 AE 4.3.4
- Vernichtung 6 H 6 (6)

Ausfuhrumsätze
- Steuerbefreiung Anh. 7

Ausgabe von Aktien
- kein Umsatz 1 Rsp I

Ausgabe von UMTS-Lizenzen
- keine wirtschaftliche Tätigkeit 1 Rsp I

Ausgaben 2; 3; **10 (4)**

Ausgangsvermerk
- Ausfuhrlieferungen 6 AE 6.2

Ausgangszollstelle 2 AE 2.1; **16 (5)**

Ausgleich
- der umsatzsteuerlichen Mehr- oder Minderbelastung 12 H 12 (7); 29 AE 29.1

Ausgleichsanspruch
- Umsatzsteuer 12 H 12 (7); 29 AE 29.1
- zivilrechtliche 12 H 12 (7); 29 AE 29.1

Ausgleichszahlung
- an Handelsvertreter 1 AE 1.3; 4 AE 4.5.1

Auslagerer
- aus Umsatzsteuerlager als Steuerschuldner **13a (1)**
- Bestätigung der USt-IdNr. 4 H 4 (2)

Auslagerung
- an Umsatzsteuerlager 4
- aus Umsatzsteuerlager 4 H 4 (2)
- von Gegenständen aus einem Umsatzsteuerlager **13 (1)**

Auslagerung von Dienstleistungen
- Umsatzsteuerbefreiung(en) 4 Rsp I

Ausland 1 AE 1.9

Auslandsbeamte 6 AE 6.3

Ausnahmen
- Steuerschuldnerschaft des Leistungsempfängers 13b AE 13b.1

Ausnahmeregelung
- für Bulgarien Anh. 7
- für die Slowakei Anh. 7
- für die Tschechische Republik Anh. 7
- für Estland Anh. 7
- für Finnland Anh. 7
- für Griechenland Anh. 7
- für Lettland Anh. 7
- für Litauen Anh. 7
- für Malta Anh. 7
- für Österreich Anh. 7
- für Polen Anh. 7
- für Portugal Anh. 7
- für Rumänien Anh. 7
- für Schweden Anh. 7
- für Slowenien Anh. 7
- für Spanien Anh. 7
- für Ungarn Anh. 7
- für Zypern Anh. 7

Ausrüstung
- von Beförderungsmitteln 6 AE 6.4

Ausschluss der Vergütung
- bei vorheriger Nutzung des Gegenstands 4a AE 4a.2

Ausschluss des Vorsteuerabzugs
- bei Bewirtungskosten 15 H 15 (2)
- bei Reisekosten 15 AE 15.2
- bei Übernachtungskosten 15 AE 15.2
- bei Umzugskosten 15 AE 15.2
- bei Verpflegungskosten 15 AE 15.2
- für nichtunternehmerische Verwendung 15 AE 15.12
- im Zusammenhang mit unentgeltlichen Leistungen 15 H 15 (6, 8)

Ausschluss vom Vorsteuerabzug
- bei Änderung der Verwendung 15 AE 15.12
- bei unentgeltlichen Wertabgaben 15 AE 15.12

Ausschlussfrist
- Erstattung der Mehrwertsteuer 18 Rsp I

Außer-Haus-Verkäufe 3 H 3 (13, 27)

Aussteller
- Rechnung 14 Rsp I

Ausstellung der Rechnung
- durch Insolvenzverwalter 14 AE 14.1

Ausstellungen
- Leistungsort 3a H 3a (9)

Ausstellungsleistungen
- Steuerschuldner 13b H 13b (4, 5)

Stichwortverzeichnis

Austauschverfahren
– Kraftfahrzeugwirtschaft 10 AE 10.5
Austauschwaren
– innergemeinschaftliches Verbringen 1a AE 1a.2
Austern Anl. 2
– zubereitet oder haltbar gemacht Anl. 2
Ausübung
– öffentlicher Gewalt 2 Rsp I
Ausübung von Sport
– eng zusammenhängende Dienstleistungen 4 Rsp I
– Umsatzsteuerbefreiung(en) 4 Rsp I
Automobilindustrie
– Absatzförderung 1 H 1 (39)
Autoschmierstoffe 3 AE 3.7

B

Bäcker
– erleichterte Trennung der Bemessungsgrundlagen 22 H 22 (3, 7)
Backoffice-Tätigkeiten
– Umsatzsteuerbefreiung(en) 4 Rsp I
Backwaren Anl. 2
Badeanlagen
– an Arbeitnehmer 1 AE 1.8
Bademeister
– medizinischer 4 AE 4.14.4
Bagatellgrenze
– Bei unentgeltlichen Wertabgabe 3 H 3 (10)
Ballett 12 AE 12.7.19
Bandage Anl. 2
– Steuersatz Anl. 2
Bankbürgschaft
– Sicherheitsleistung 18f AE 18f (1)
Bankenschlüssel 15 AE 15.17
Bankmitteilung 16 (6); 16 AE 16.4
Banknote
– kursungültige Anl. 2
Bankumsätze
– Bareboat-Vercharterung 8 AE 8.1
– Leistungsort Anh. 7
– Steuerbefreiung Anh. 7
Bareinlage
– Aufnahme eines Gesellschafters 1 Rsp I
Barzahlungsnachlass 12 H 12 (7)
Basilikum Anl. 2
Basislinie 1 AE 1.9
Bauen auf fremdem Grund und Boden 1 AE 1.1.5
Baugerätelieferung
– Steuerschuldner 13b AE 13b.1; 13b H 13b (1, 2)
Baugewerbe
– Arbeitsgemeinschaften 1 AE 1.6.8
– Merkblatt zur Besteuerung 18 H 18 (6, 24)
– Sollversteuerung 13 AE 13.2
Baugrundstücke 4 Rsp I; Anh. 7
– Differenzbesteuerung Anh. 7

Bauherrenmodell 9 AE 9.2.4
– einheitliche Leistung 3 AE 3.10
Baukosten
– zulässige Doppelbesteuerung mit Umsatz- und Grunderwerbsteuer 4 Rsp I
Baukrane
– Steuerschuldner 13b H 13b (2)
Bauleister
– Freistellungsbescheinigung 13b H 13b (2)
– Steuerschuldner 13b H 13b (2)
Bauleistungen 13b AE 13b.1
– Abschlagszahlungen 13b H 13b (2)
– an Anteilseigner 13b H 13b (2)
– an Gesellschafter 13b H 13b (2)
– Arbeitsgemeinschaften 13b H 13b (2)
– Begriff 13b AE 13b.1; 13b H 13b (1, 2)
– Steuerschuldner 13b (2)
Bausparkassenvertreter 4; 4 AE 4.11.1
– Steuerbefreiung Anh. 7
Bausparkonto 1 AE 1.1; 2 AE 2.3
Baustrom 3 AE 3.8
Bauträger
– Steuerschuldner 13b H 13b (6, 8, 13)
Bauwasser 3 AE 3.8
Bauwerke
– Begriff 13b H 13b (2)
– Betriebsvorrichtungen 13b H 13b (2)
– Versorgungsleitungen als - 13b H 13b (2)
Bauwesenversicherung 3 AE 3.8
Bauwirtschaft
– Sollbesteuerung 13 H 13 (1, 2)
– Sollversteuerung 13 AE 13.2
Bearbeitung 3 (4); 3 (5); 6 (4)
– Angaben in der Rechnung 14a AE 14a.1
– Steuerbefreiung 6 H 6 (2)
Beaufsichtigung
– von Jugendlichen 4 AE 4.23.1
Beauftragter 3 (6)
Beförderung von Kranken
– aufgrund Dienstvertrag 4 AE 4.17.2
– Einsatzbereitschaft 4 AE 4.17.2
– Vorhalteleistungen 4 AE 4.17.2
Beförderung von Organen
– Umsatzsteuerbefreiung(en) 4 Rsp I
Beförderung von Verletzten
– aufgrund Dienstvertrag 4 AE 4.17.2
– Einsatzbereitschaft 4 AE 4.17.2
– Vorhalteleistungen 4 AE 4.17.2
Beförderung(en) 3 (6); 4; 25b (1)
– des Arbeitgebers 12 AE 12.15
– für Kindergartenträger 12 AE 12.13
– grenzüberschreitende 3b AE 3b.1; 4; 4 AE 4.3.1; 4 AE 4.3.2; 26 H 26 (3, 5)
– grenzüberschreitende im Luftverkehr 26 (3); 26 AE 26.1; 26 AE 26.2; 26 AE 26.3; 26 AE 26.4; 26 AE 26.5
– im Linienverkehr 12 AE 12.14
– Kranke 4 AE 4.17.2
– kranke Personen 4 H 4 (42)
– mit Kraftfahrzeugen 12 AE 12.13
– mit Kraftomnibussen 2 AE 2.2.3; 16 (5)

Stichwortverzeichnis

- Steuerbefreiung **4** H 4 (42)
- über Teilstrecken **26** AE 26.3
- verletzte Personen **4** H 4 (42)
- von Arbeitnehmern **1** AE 1.8.9; **12** AE 12.13; **12** AE 12.15
- von Kranken **4** AE 4.17.2
- von Personen **16 (5)**; **16** AE 16.2; **26 (3)**; **26** H 26 (3, 5)
- von Verletzten **4** AE 4.17.2
- zu einzelnen Reisezielen **25** AE 25.1

Beförderungeinzelbesteuerung **10** AE 10.2.6; **16 (5)**; **16** AE 16.2; **18 (5)**; **18** AE 18.8

Beförderungsentgelt **10** AE 10.2.6; **10** AE 10.8

Beförderungsleistung(en) **3** AE 3.12; **12** AE 12.13; **16** AE 16.2; **18** AE 18.8; **25** AE 25.1; **26** AE 26.1; **26** AE 26.2; **26** AE 26.3; **26** AE 26.4; **26** AE 26.5
- Entgelt **10** AE 10.8
- Leistungsort Anh. 7
- Ort **3b** AE 3b.1
- Steuerbefreiung **4** H 4 (3, 6)
- von Gegenständen der Einfuhr **4** H 4 (3, 6)

Beförderungsmittel **1 (3)**
- Auflieger **3a** AE 3a.5; **3a** H 3a (5, 11)
- Elektro-Caddywagen **3a** AE 3a.5; **3a** H 3a (5, 11)
- Fahrzeuganhänger **3a** AE 3a.5; **3a** H 3a (5, 11)
- Sattelanhänger **3a** AE 3a.5; **3a** H 3a (5, 11)
- Vermietung Anh. 7
- Wohnmobil **3a** AE 3a.5; **3a** H 3a (5, 11)

Beförderungsstrecke **10** AE 10.2.5; **12** AE 12.14
- ausländische **16** AE 16.2
- im Inland **16** AE 16.2

Beförderungsverkehr
- grenzüberschreitender **16** AE 16.2

Begebung von Inhaberschuldverschreibungen
- Vorsteuerabzug **15** Rsp III

Begleitpersonen
- Angestellte des Beförderers **16** AE 16.2

Begutachtung
- beweglicher körperlicher Gegenstände Anh. 7
- Leistungsort Anh. 7
- von Gegenständen **3a** AE 3a.2; **3a** AE 3a.6; **3** H 3a (5)

Behälter
- innergemeinschaftliches Verbringen **1a** AE 1a.2

Beherbergung **4** AE 4.12.9
- der Besatzung eines Luftfahrzeugs **8** AE 8.2
- Stornogebühren **1** H 1 (30)
- von Fremden **4**
- von Jugendlichen **4** AE 4.23.1
- von Passagieren eines Luftfahrzeugs **8** AE 8.2

Beherbergungsleistungen
- Leistungsort **3a** H 3a (8)
- Steuersatz **12** H 12 (17)
- Vermittlung von **3a** H 3a (8)

Behinderte
- Werkstätten für – **4** AE 4.21.2

Behindertenwerkstätten
- Steuerbefreiung **4** H 4 (27)

Beifahrer **16** AE 16.2

Beifuß Anl. 2

Beihilfen **10** AE 10.2.6
- in der Landwirtschaft **10** AE 10.2
- Unterlassung der Vorsteuerberichtigung **15a** Rsp I

Beiratsmitglied **2** AE 2.2

Beistellung
- von Personal **3** AE 3.9

Beitragsinkasso **4** AE 4.10.2

Beitragszuschüsse zur privaten Krankenversicherung
- Bemessungsgrundlage **10** Rsp III

Beitragszuschüsse zur privaten Pflegeversicherung
- Bemessungsgrundlage **10** Rsp III

Beitreibung
- zu Unrecht abgezogene Steuer **18** Rsp I

Beitritt
- zur Europäischen Union Anh. 7

Beitritt zur EU
- Estland Allg.
- Lettland Allg.
- Litauen Allg.
- Malta Allg.
- Polen Allg.
- Slowakische Republik Allg.
- Slowenien Allg.
- Tschechische Republik Allg.
- Ungarn Allg.
- zum 1. 5. 2004 Allg.
- Zypern Allg.

Beköstigung **1** AE 1.8.9
- der Besatzung eines Luftfahrzeugs **8** AE 8.2
- durch Kantinenpächter **4** AE 4.23.1
- von Jugendlichen **4** AE 4.23.1
- von Passagieren eines Luftfahrzeugs **8** AE 8.2

Beladen **3b** AE 3b.1.14

Belege
- zollamtliche **4**; **4** 22; **4** AE 4.3.1; **4** AE 4.3.3; **22** 64

Belegerteilung **17** AE 17.1.4; **17** AE 17.2.4

Beleghebamme **4** AE 4.14.4

Belegnachweis **16**; **17**; **18**; **18** 62; **18** AE 18.15
- bei Beförderung eines neuen Fahrzeugs **6a** AE 6a.6
- bei Steuerbefreiung für innergemeinschaftliche Lieferung **6a** AE 6a.2; **6a** AE 6a.3; **6a** AE 6a.4; **6a** AE 6a.5; **6a** AE 6a.6; **6a** H 6a (4–7)
- bei Versendung eines neuen Fahrzeugs **6a** AE 6a.6
- für abziehbare Vorsteuerbeträge **18** 62.2
- Gelangensbestätigung **6a** H 6a (7)
- in Bearbeitungsfällen **6a** AE 6a.5
- in Beförderungsfällen **6a** AE 6a.3
- in Verarbeitungsfällen **6a** AE 6a.5
- in Versendungsfällen **6a** AE 6a.4
- innergemeinschaftliche Lieferungen **6a** Rsp III

Belgien
- vereinfachte Besteuerung von Tabakwaren Allg.

Belohnungen
- als Minderung der Bemessungsgrundlage **10** AE 10.3

Bemessung
- Eigenverbrauch **10** AE 10.6
- unentgeltliche Wertabgabe **10** AE 10.2.4; **10** AE 10.6

Bemessungsgrundlage **25a (3)**; **25a (4)**; **25b** AE 25b.1
- 1-Euro-Jobs **10** H 10 (8)
- Abgabe in Rechnung **14 (4)**
- Abgabe von Mahlzeiten **3** Rsp I
- Abschöpfungen Anh. 7
- Abwrackprämie im Kfz-Handel **10** H 10 (4)
- Änderung **12** H 12 (7); **13** H 13 (4); **17**; **17** AE 17.1

Stichwortverzeichnis

- Änderung durch Ausgabe von Gutscheinen **17** AE 17.2
- bei Abgabe werthaltiger Stoffe **10** H 10 (14)
- bei Anlagegold Anh. 7
- bei Auslagerung aus einem Umsatzsteuerlager **4** H 4 (2)
- bei College-Programmen **25** H 25 (4); **25** Rsp I
- bei Dienstleistungen Anh. 7
- bei Differenzbesteuerung **25a** AE 25a.1.8–14
- bei echten Zuschüssen **10** H 10 (18)
- bei Eigenverbrauch **10** AE 10.6
- bei Einfuhr Anh. 7
- bei Einfuhr von Antiquitäten Anh. 7
- bei Einfuhr von Kunstgegenständen Anh. 7
- bei Einfuhr von Sammlungsstücken Anh. 7
- bei Einlösung von Einkaufsgutscheinen **10** Rsp I
- bei Entnahmen Anh. 7
- bei Grundstückskaufverträgen **10** H 10 (12)
- bei High-School-Programmen **25** H 25 (4); **25** Rsp I
- bei innergemeinschaftlichem Erwerb Anh. 7
- bei kreditfinanzierten Warenkäufen **10** Rsp I
- bei Kundenbindungsprogrammen **10** Rsp I
- bei Kunstgegenständen Anh. 7
- bei Lieferungen Anh. 7
- bei Nichtbezahlung eines Umsatzes Anh. 7
- bei Prämien **10** AE 10.3
- bei Reiseleistungen **25** Rsp I
- bei Rückgängigmachung eines Umsatzes Anh. 7
- bei Sachbezügen **10** Rsp I
- bei Sachzuwendungen **1** AE 1.8.6
- bei Schüleraustauschprogrammen **25** Rsp I
- bei Sprachreisen **25** H 25 (4); **25** Rsp I
- bei Steuersatzänderung **12** H 12 (7)
- bei Studienreisen **25** H 25 (4); **25** Rsp I
- bei tauschähnlichem Umsatz **10** H 10 (4)
- bei Treueprämien **10** Rsp I
- bei Überlassung von Firmenwagen **10** Rsp III
- bei Umsätzen mit Spielautomaten **10** Rsp III
- bei unentgeltlicher Wertabgabe **10** AE 10.2.4; **10** AE 10.6
- bei unmittelbar mit dem Preis zusammenhängenden Subventionen **10** Rsp I
- bei unternehmensinternem Verbringen Anh. 7
- bei Verwendung von Abwärme für private Zwecke **10** H 10 (17)
- bei Verwendung von Dienstleistungen für das eigene Unternehmen Anh. 7
- bei Verwendungseigenverbrauch Anh. 7
- bei Warengutscheinen **10** AE 10.3
- bei Warenkäufen mit Rabattgewährung **10** Rsp I
- bei Warenumschließungen Anh. 7
- Beitragszuschüsse zur privaten Krankenversicherung **10** Rsp III
- Beitragszuschüsse zur privaten Pflegeversicherung **10** Rsp III
- Bonus Anh. 7
- Druckkostenzuschüsse **10** H 10 (6)
- *durchlaufende Posten* Anh. 7
- durchlaufender Posten **10** H 10 (20)
- Einbeziehung der Mautgebühr **10** H 10 (3)
- Einbeziehung der Vergnügungsteuer **10** Rsp III
- Einbeziehung von Abgaben **10** Rsp I
- einheitliche Steuerpflichtige **9** Rsp I
- Einkaufspreis **10** AE 10.6; Anh. 7
- Entgelt Anh. 7
- erleichterte Trennung **22** AE 22.6; **22** H 22 (3, 7)
- für eine Sachprämie **10** Rsp I
- geänderte bei Gutscheinen **17 (1)**
- Gegenleistung Anh. 7
- gemischt genutztes Gebäude **10** Rsp I
- in der Insolvenz **10** AE 10.2
- Investitionskostenzuschüsse von Gemeinden **10** H 10 (16)
- Kulturförderabgabe **10** H 10 (20)
- Mehraufwandsentschädigungen **10** H 10 (8)
- Minderung **10** AE 10.3
- Nebenkosten Anh. 7
- Nebenkosten des Leistenden **10** AE 10.1
- Nennwertgutscheine **10** H 10 (19)
- Normalwert Anh. 7
- Preisnachlass durch Verkaufsagent **10** H 10 (9, 15)
- Preisnachlässe Anh. 7
- Preisnachlassgutschein **10** Rsp I
- Rabatte Anh. 7
- Ratewettbewerb **10** Rsp I
- Rückvergütungen Anh. 7
- Sachprämie **10** AE 10.5
- Selbstkosten Anh. 7
- Skonto Anh. 7
- Steuern Anh. 7
- Steuerschuldnerschaft des Leistungsempfängers **10** AE 10.1.10
- Trockenfutter **10** Rsp I
- Tronc **10** Rsp III
- Umrechnung aus anderen Währungen Anh. 7
- Umsatzsteuer **10** AE 10.1; **10** AE 10.2; **10** AE 10.3; **10** AE 10.4; **10** AE 10.5; **10** AE 10.6; **10** AE 10.7; **10** AE 10.8; **11** H 11 (1); **17** AE 17.1
- unentgeltliche Wertabgabe **10** AE 10.6; **10** H 10 (11, 17)
- verdeckter Preisnachlass **10** H 10 (5)
- Vermittlung von Kunden **10** AE 10.5
- Wiederbeschaffungspreis **10** AE 10.6
- Zölle Anh. 7
- Zulassungsabgabe **10** Rsp I
- Zulassungsteuer **Allg.**
- Zuwendungen **10** AE 10.2
- Zuwendungen aus öffentlichen Kassen **10** H 10 (18)

Benutzung
- von Internetverzeichnissen **3a** AE 3a.12; **3a** H 3a (5)
- von Suchmaschinen **3a** AE 3a.12; **3a** H 3a (5)

Bepflanzungen
- Steuerschuldner **13b** AE 13b.1; **13b** H 13b (1, 2)

Beratung
- rechtliche **3a** AE 3a.9; **3a** H 3a (5)
- technische **3a** AE 3a.9; **3a** H 3a (5)
- wirtschaftliche **3a** AE 3a.9; **3a** H 3a (5)

Beratungsleistung(en) **4** AE 4.16.3
- Berichtigung des Vorsteuerabzugs **15a** AE 15a.7
- Leistungsort Anh. 7

Beratungsleistungen an Kapitalgesellschaft
- Umsatzsteuerbefreiung(en) **4** Rsp I

Berechnung
- der Steuer **20**
- geschuldete Umsatzsteuer **25b** AE 25b.1.4
- steuerlicher Wert **Allg.**

Berechnungsbogen, Muster
- Fahrzeugeinzelbesteuerung **18** H 18 (4)

Bereich
- nichtunternehmerischer **16** AE 16.3
- unternehmerischer **16** AE 16.3

Bereitstellung
- Software **3a** AE 3a.12; **3a** H 3a (5)

Stichwortverzeichnis

- von Datenbanken 3a AE 3a.12; 3a H 3a (5)
- von Filmen 3a AE 3a.12; 3a H 3a (5)
- von Sendungen 3a AE 3a.11; 3a AE 3a.12; 3a H 3a (5)
- von Spielen 3a AE 3a.12; 3a H 3a (5)
- von Veranstaltungen 3a AE 3a.11; 3a H 3a (5)

Berg Athos Anh. 7

Bergbahnen 12 (2); 12 AE 12.13; 28 (4)

Bergen
- von Schiffen 8 AE 8.1

Bergungskran
- kein Beförderungsmittel 3a AE 3a.5; 3a H 3a (5, 11)

Berichtigung
- durch Nichtsteuerpflichtigen ausgestellter Steuer 14 Rsp I
- unberechtigt in Rechnung gestellter Steuer 14 Rsp I
- von Rechnungen 14 AE 14.11

Berichtigung des Vorsteuerabzugs 15a H 15a (3); 17 (1); 17 AE 17.1; Anh. 7
- Änderung der maßgeblichen Verhältnisse 15a AE 15a.1
- Änderung der Verhältnisse 15a AE 15a.3; 15a AE 15a.4; 15a AE 15a.5; 15a H 15a (1)
- Änderung der Verwendung 15a H 15a (1)
- Anmietung 15a AE 15a.7
- Anwendung 15a H 15a (6, 7)
- Anwendung bei steuerpflichtiger Verwendungsabsicht 27 (7)
- Anwendungsbereich 15a AE 15a.1
- Anwendungsregelung 27 (12); 27 (16)
- Aufzeichnungspflichten 15a AE 15a.12
- bei Änderung der Besteuerungsart 15a H 15a (2)
- bei Änderung der tatsächlichen Verwendung 15a AE 15a.1; 15a AE 15a.2
- bei Bestandteilen 15a H 15a (4)
- bei Dienstleistungen Anh. 7
- bei Entnahme eines Fahrzeugs 15a AE 15a.2
- bei Erwerb durch Nichtsteuerpflichtigen 15a Rsp I
- bei Forstwirten 15a AE 15a.9
- bei geänderter rechtlicher Beurteilung 15a AE 15a.2
- bei Gegenständen des Anlagevermögens 15a AE 15a.1
- bei Gegenständen des Umlaufvermögens 15a AE 15a.1
- bei gemischt-genutzten Fahrzeugen 15a AE 15a.2
- bei gemischt-genutzten Grundstücken 27 (16)
- bei Gesamtrechtsnachfolge 15a AE 15a.10
- bei Geschäftsveräußerung 15a AE 15a.2; 15a AE 15a.9; 15a AE 15a.10
- bei Investitionsgütern Anh. 7
- bei Kleinunternehmern 15a AE 15a.9
- bei Land- und Forstwirten 15a H 15a (2)
- bei Landwirten 15a AE 15a.9
- bei Rechtsnachfolge 15a AE 15a.10
- bei sonstigen Leistungen 15a H 15a (4)
- bei Übergang von der Regel- zur Durchschnittssatzbesteuerung 15a Rsp III
- bei Übergang zur Durchschnittssatzbesteuerung 15a AE 15a.2
- bei Umlaufvermögen 15a AE 15a.5
- bei unlöslich miteinander verbundenen Umsätzen 15a Rsp I
- bei Veräußerung eines Fahrzeugs 15a AE 15a.2
- bei vorsteuerpauschalierenden Unternehmern 15a AE 15a.9
- Beihilfe bei Unterlassung 15a Rsp I
- Beratungsleistungen 15a AE 15a.7
- Berichtigungsobjekt 15a AE 15a.6; 15a AE 15a.7
- Berichtigungsverfahren 15a AE 15a.4; 15a AE 15a.5
- Berichtigungszeitraum 15a AE 15a.3
- Berichtigungszeitraum für Betriebsvorrichtungen 15a Rsp III
- Bestandteile 15a AE 15a.6
- Computerprogramme 15a AE 15a.7
- durch Kleinunternehmer 15a AE 15a.2
- Entnahme eines Wirtschaftsguts 15a AE 15a.6
- fehlerhafter Abschn. 217e UStR 15a H 15a (5)
- für Rechtsnachfolger 15 Rsp III
- für zunächst für steuerfreie Tätigkeit genutzte Immobilie 15a Rsp I
- Gutachten 15a AE 15a.7
- im Voranmeldungsverfahren 15a AE 15a.11
- Leasing 15a AE 15a.7
- maßgebliches Vorsteuervolumen 15a AE 15a.1
- nach erstmaliger Verwendung 15a AE 15a.3; 15a AE 15a.4
- nach unrichtiger Steuerfestsetzung 15a AE 15a.4
- nach unzutreffendem Vorsteuerabzug 15a AE 15a.4
- nachträgliche Anschaffungskosten 15a AE 15a.8
- nachträgliche Herstellungskosten 15a AE 15a.8
- Rechte 15a AE 15a.7
- Rechtsänderungen im Folgejahr 15a AE 15a.2
- Sonstige Leistungen 15a AE 15a.6; 15a AE 15a.7
- Übergangsregelung 27 (11)
- Überwachen 15a H 15a (7)
- Vereinfachungen 15a AE 15a.11
- Werbeleistungen 15a AE 15a.7
- zeitnahe Aufzeichnungen 15a AE 15a.12

Berichtigung, zulässige
- bei unrichtigem Steuerausweis 14c AE 14c.1.11

Berufliche Tätigkeit 2

Berufsausbildung
- Steuerbefreiung 4 AE 4.21.2; 4 AE 4.21.4

Berufsausrüstung
- innergemeinschaftliches Verbringen 1a AE 1a.2

Berufsbildende Einrichtung 4 AE 4.21.2; 4 AE 4.21.3; 4 AE 4.21.4; 4 AE 4.21.5

Berufsfortbildung
- Steuerbefreiung 4 AE 4.21.2; 4 AE 4.21.4

Berufsfußballspieler
- Ablösezahlungen 3a AE 3a.9; 3a H 3a (5, 11)

Berufsvorbereitung 4 AE 4.21.2

Berufszweige
- Durchschnittssätze 23 AE 23.2

Besamung
- künstliche 12 AE 12.3.6

Besamungsbeauftragter 12 H 12 (15)

Besamungsgenossenschaften 12 H 12 (15)

Besamungsleistung(en) 12 AE 12.3

Beschaffungsaufträge
- Zeitpunkt der Vorlage Anh. 4

Beschaffungsstellen, amtliche
- Liste Anh. 4

Beschaffungsverfahren
- amerikanisches Anh. 4
- bei Barzahlung Anh. 4
- belgisches Anh. 4
- britisches Anh. 4
- kanadisches Anh. 4

Stichwortverzeichnis

- Vereinfachung Anh. 4
- Wohnraumvermietung Anh. 4

Beschaffungsverfahren, amerikanisches
- Vereinfachung Anh. 4
- Wertgrenze Anh. 4

Beschaffungsverfahren, belgisches
- Vereinfachung Anh. 4
- Wertgrenze Anh. 4

Beschaffungsverfahren, britisches
- Vereinfachung Anh. 4
- Verwendung einer Kreditkarte Anh. 4
- Wertgrenze Anh. 4

Beschaffungsverfahren, kanadisches
- Vereinfachung Anh. 4
- Wertgrenze Anh. 4

Beschäftigungs- u. Arbeitstherapeuten 4 AE 4.14.4

Bescheid, Muster
- Fahrzeugeinzelbesteuerung 18 H 18 (4)

Bescheinigung
- Ansässigkeit im Inland Anh. 4
- über Ansässigkeit 13b H 13b (10)
- über den Status als Gebäudereiniger 13b H 13b (11)

Bescheinigung nach NATOZAbk
- keine Bindungswirkung Anh. 4

Bescheinigungsverfahren 4 AE 4.20.5; 4 AE 4.21.3; 4 AE 4.21.5

Beseitigung von Unbilligkeiten
- in Härtefällen 26 (1)

Besitzposten 10 AE 10.5

Besorgungsleistung 3 AE 3.15; 4 AE 4.3.3; 4 AE 3.4

Besorgungsunternehmer 3 AE 3.15

Bestandsaufnahmen
- jährliche 20

Bestandskraft
- keine Durchbrechung bei Verstoß gegen Unionsrecht Allg.

Bestandspflegeleistungen
- von Versicherungsvertretern 4 AE 4.11.1

Bestandsprovision 4 AE 4.8.8

Bestandsprovisionen 4 H 4 (20)

Bestandteile
- Berichtigung des Vorsteuerabzugs 15a AE 15a.6
- Einbau 3 AE 3.3
- eingebaute 10 AE 10.6

Bestätigungsverfahren 18e

Bestattung
- Besteuerung 16; 17; 18; 18a; 18c; 18d; 18e; 18f; 19; 20; 21; 22
- Kleinunternehmer 19
- vereinnahmte Entgelte 16; 17; 18

Bestattungsunternehmer
- Steuersatz 12 Rsp I

Bestellerkonkurs 13 AE 13.2

Besteuerung
- bestimmter Unternehmer 18; 18 62
- Einzelbesteuerung 16 AE 16.2
- Gleichmäßigkeit 26 (1)
- nach vereinbarten Entgelten 16 (1)
- nach vereinnahmten Entgelten 20 AE 20.1

- Umsatzsteuer 18
- von Umsätzen und Anlagegold 25c

Besteuerung der öffentlichen Hand
- Irland Allg.

Besteuerung, im Baugewerbe
- Merkblatt 18 H 18 (6, 24)

Besteuerungsform
- Wechsel 19 AE 19.5

Besteuerungsverfahren 18; 18 61; 18 61a; 18 AE 18.1; 18 AE 18.2; 18 AE 18.3
- allgemeines 13b AE 13b.1
- bei der Erwerbsbesteuerung 1a H 1a (2, 3)
- bei der Erwerbsbesteuerung neuer Fahrzeuge 1b H 1b (1)
- bei innergemeinschaftlichen Dienstleistungen 3a AE 3a.16
- bei Steuerschuldnerschaft des Leistungsempfängers 13b AE 13b.1
- bei Unternehmen mit elektronischen Dienstleistungen 18
- gesonderte Erklärung 18b; 18b H 18b (1)
- Vereinfachung 18 (9); 26 (1)
- Vordrucke 18b H 18b (1)

Besteuerungszeitraum 16; 16 (1); 16 (2); 18
- bei Unternehmen mit elektronischen Dienstleistungen 16
- kürzerer 16 (3); 16 (4)

Bestimmungsort, erster
- in der EG 4 AE 4.3.3

Beteiligungen
- stille 4 AE 4.8.10
- Vorsteuerabzug 15 H 15 (12)

Beteiligungen, gesellschaftsrechtliche
- Erwerben von 2 AE 2.3
- Halten von 2 AE 2.3
- Veräußern von 2 AE 2.3

Betonlieferungen
- Steuerschuldner 13b AE 13b.1; 13b H 13b (1, 2)

Betonpumpen
- Steuerschuldner 13b AE 13b.1; 13b H 13b (1, 2)

Betreutes Wohnen
- Einheitlichkeit der Leistung 4 Rsp III
- Umsatzsteuerbefreiung(en) 4 Rsp III

Betreuung
- von Reitpferden 12 AE 12.2

Betreuungsangebote
- niedrigschwellige 4 AE 4.16.5

Betreuungsleistungen
- an hilfsbedürftige Personen 4 AE 4.16.1; 4 AE 4.16.2
- an nicht hilfsbedürftige Personen 4 AE 4.16.1; 4 AE 4.16.2
- durch anerkannte Einrichtungen 4 AE 4.16.1; 4 AE 4.16.2
- eng verbundener Umsatz 4 AE 4.16.6
- Steuerbefreiung 4 AE 4.18.1; 4 H 4 (27)
- Umfang der Steuerbefreiung 4 AE 4.16.1

Betrieb gewerblicher Art 2 AE 2.2.3; 2 AE 2.11
- Unternehmereigenschaft 2 Rsp III

Betrieb, land- und forstwirtschaftlicher
- gesondert geführter 24 (3)

Betriebsaufspaltung 2 AE 2.9

Stichwortverzeichnis

Betriebsgrundstück
- Übertragung **4** AE 4.9.1
- Verkauf **19** AE 19.3.2

Betriebshelfer
- Gestellung **4** AE 4.27.2
- Gestellung von - **4** AE 4.16.5

Betriebshelferleistungen
- Steuerbefreiung **4** H 4 (24)

Betriebshilfsdienste **4** AE 4.27.2

Betriebskindergarten **1** AE 1.8

Betriebsstätte **1 (2); 3a (1)**
- als Leistungsort **3a** AE 3a.1; **3a** H 3a (5, 11); Anh. 7
- Begründung im Erhebungsgebiet **18** AE 18.10
- Beständigkeit **3a** AE 3a.1; **3a** H 3a (5)
- Definition **3a** AE 3a.1; **3a** H 3a (5, 11)
- Personalausstattung **3a** AE 3a.1; **3a** H 3a (5)
- richtlinienkonforme Auslegung **3a** Rsp III
- Sachmittelausstattung **3a** AE 3a.1; **3a** H 3a (5)

Betriebsstätte, ausländische
- inländische Leistungen **13b** AE 13b.1

Betriebsvorrichtungen **4; 4** AE 4.12.11
- Berichtigung des Vorsteuerabzugs **15a** Rsp III
- Steuerschuldner **13b** H 13b (2)
- Vermietung **4** AE 4.12.10; **4** AE 4.12.11.2
- Verpachtung **4** AE 4.12.10; **4** AE 4.12.11.2

Bewirtungsaufwendungen **1 (1)**

Bewirtungskosten
- Vorsteuerabzug **15** AE 15.6; **15** H 15 (2, 5)

Bibliotheken
- innergemeinschaftlicher Erwerb von Druckerzeugnissen **4b** H 4b (1)

Bildagenturen **12** AE 12.7.18

Bilderalben Anl. 2

Bilderbücher Anl. 2

Bildhauerkunst
- Originalerzeugnisse Anl. 2

Bildjournalisten **12** AE 12.7.18

Bildschirmübertragung **12** AE 12.7.3

Bildträger
- innergemeinschaftliches Verbringen **1a** AE 1a.2

Bildungseinrichtung **4** AE 4.21.5
- berufsbildende **4** AE 4.21.3
- Steuerbefreiung **4** H 4 (1)

Bildwerk
- dekoratives Anl. 2

Bindezwecke Anl. 2

Bindungen
- zeitliche, verkürzen **26 (1)**

Binnenfischerei **24 (2)**

Biotopkartierung
- Steuersatz **12** AE 12.7.1

Blätter Anl. 2

Blattwerk Anl. 2

Blei
- Abfall Anl. 3
- in Rohform Anl. 1
- Schrott Anl. 3

Blinde **4** AE 4.19.1
- Umsätze der Blinden **4**

Blindenverein **4**

Blindenwaren **4; 4** AE 4.19.2

Blindenwarenvertriebsgesetz **4**

Blindenwerkstätte **4; 4** AE 4.19.2

Blockheizkraftwerk **2** AE 2.5; **2** H 2 (10, 20, 21)

Blumen
- geschnittene, zu Binde- und Zierzwecken, frisch Anl. 2

Blumenkohl Anl. 2

Blut **4** AE 4.17.1
- menschliches **4**

Blüten Anl. 2
- geschnittene, zu Binde- und Zierzwecken, frisch Anl. 2

Blütenknospen Anl. 2

Blutkonserven **4** AE 4.17.1

Blutspendedienst **1** H 1 (27)

BMF-Schreiben bis 2009
- Aufhebung Allg.

BMF-Schreiben bis 2010
- Aufhebung Allg.

BMF-Schreiben von 1980 bis 2004
- Aufhebung Allg.

BMF-Schreiben vor 1980
- Aufhebung Allg.

Bodenerzeugnisse, ungetrennte
- als Liefergegenstand **3** AE 3.1

Bohrer **12** AE 12.4

Bonusmeilenprogramm **3** H 3 (6)

Bootsliegeplatz, Vermietung
- Umsatzsteuerbefreiung(en) **4** Rsp I

Bootsliegeplätze **3a** AE 3a.3

Bordero
- als Nachweis **4** AE 4.3.4

Bordproviant **8 (1)**

Börsengeschäfte
- mit Edelmetallen **18 (7)**

Botschaften
- Steuerbefreiung Anh. 7

Brassica
- Kohlarten der Gattung – Anl. 2

Breitbandversorgung
- Investitionskostenzuschüsse von Gemeinden **10** H 10 (16)

Breitbandverteilnetze **4**

Brennholz Anl. 2

Briefe
- vorphilatelistische Anl. 2

Briefmarke(n) Anl. 2

Briefmarkengeld Anl. 2

Briefumschlag
- freigestempelter Anl. 2

Briketts Anl. 2

Stichwortverzeichnis

Brillen u. Brillenteile 2 AE 2.2.3; 4
Bruch
– Verlustabschlag 22 AE 22.6.4
Bruchglas Anl. 3
Bruchteilsgemeinschaft 2 AE 2.1
Bücher Anl. 2
– erleichterte Trennung der Bemessungsgrundlagen 22 AE 22.6.3
Büchereien 4
Buchführungssysteme, gestützte 22 AE 22.1
Buchhändler
– erleichterte Trennung der Bemessungsgrundlage 22 AE 22.6.3; 22 H 22 (3, 7)
Buchmacher 4 AE 4.9.2
Buchnachweis
– bei Ausfuhrlieferungen 4 AE 4.3.6; 6 AE 6.10
– bei Ausfuhrlieferungen im Reiseverkehr 6 AE 6.11
– bei Lohnveredelungen 7 AE 7.3
– bei Reiseleistungen 4 AE 4.5.4
– bei Steuerbefreiung für innergemeinschaftliche Lieferung 6a AE 6a.2; 6a AE 6a.7; 6a H 6a (4–7)
– bei Umsätzen für die Luftfahrt 8 AE 8.3
– bei Umsätzen für die Schifffahrt 8 AE 8.3
Buffer II
– Vorsteuerabzug 15 Rsp III
Bühne
– Mitarbeiter 23 AE 23.2.3
Bühnenarchitekt 23 AE 23.2.3
Bühnenbildner 23 AE 23.2.3
Bühnenwerk 12 AE 12.7.16
Bulben Anl. 2
Bulgarien 1 AE 1.10
– Beitritt zur EU Allg.
Bundesagentur für Arbeit 4 AE 4.21.2
– Zuschüsse 10 AE 10.2
Bundesamt für Finanzen 18e; 27a
Bundesanstalt für Landwirtschaft u. Ernährung 2 AE 2.2.3
Bundesfernstraßenbau
– Errichtung privater Strecken 3 H 3 (12, 15)
– Mauterhebung 3 H 3 (12, 15)
– Public-Private-Partnerships 3 H 3 (12, 15)
Bundesnotarordnung 2 (3)
Bundespost 2 AE 2.11.13
Bundesschatzbriefe 4 AE 4.8.8
Bundeswehreinsatzkontingente 6 AE 6.3
Bundeszentralamt für Steuern 18 AE 18.15
Bunkeröl 6a H 6a (2)
Bürgschaft 4; 4 AE 4.8.12
Bürocontainer 4 AE 4.12.1
– Steuerschuldner 13b H 13b (1)
Büsingen Anh. 7
Busreisen 25 Rsp I
Busse
– Beförderung Allg.
– Nichtabgabe von Steuererklärungen in Österreich 18 Rsp I

– pauschale Besteuerung in Polen 18 Rsp I
Bußgeldvorschrift 26a
Butan Anl. 1

C

Cafeteria
– Studentenwerk 4 AE 4.18.1; 12 AE 12.9
Call-Center-Leistungen
– Umsatzsteuerbefreiung(en) 4 Rsp I
Calling-Card 1 H 1 (2); 3a AE 3a.10; 3a H 3a (5)
Camcorder
– Steuersatz Anl. 2
Campingplatz
– Steuerbefreiung Anh. 7
– Vermietung 4; 4 AE 4.12.3
Campione d Anh. 7
Carnet TIR 6 AE 6.6
Cartoonisten 12 AE 12.7.16
Catering 3 AE 3.6
– Verzehr an Ort und Stelle 3 H 3 (27)
CEREC-Geräte 4 AE 4.14.3
Ceuta Anh. 7
Chansons 12 AE 12.7.20
Charterflugscheine 4 AE 4.5.3
Charterverkehr 26 AE 26.4
Chemiker
– klinischer 4
Chemiker, klinische
– Steuerbefreiung 4 H 4 (26)
Chemische Halbstoffe
– aus Holz Anl. 1
Chicorée Anl. 2
Chor 4; 4 AE 4.20.2; 12 (2); 12 AE 12.5
– Steuersatz 12 H 12 (2)
Choreograph 23 AE 23.2.3
Chorleiter 23 AE 23.2.3
Chorwerke 12 AE 12.7.16
CMR-Frachtbrief
– innergemeinschaftliche Lieferungen 6a Rsp III
– Nachweis 6a Rsp III
Coaching 4 AE 4.21.2
Collagen Anl. 2
College-Programme
– Bemessungsgrundlage 25 H 25 (4); 25 Rsp I
– Reiseleistungen 25 H 25 (4); 25 Rsp I
Computer-Tomograph 4 AE 4.14.6
Computerlehrgang 4 AE 4.21.2
Computerprogramme
– Berichtigung des Vorsteuerabzugs 15a AE 15a.7
– Steuersatz 12 H 12 (3, 11)
– Überlassung 12 (AE) 12.7.1; 12 H 12 (3, 11)
Conférenciers 23 AE 23.2.3
Consolidator
– Vereinfachungsregelung 4 AE 4.5.3

987

Stichwortverzeichnis

Container
– kein Beförderungsmittel 3a AE 3a.5; 3a H 3a (5, 11)
Cornichons Anl. 2
Crew-Management 8 AE 8.1
Cross-Boarder-Leasing 3 AE 3.5
Cross-Border-Leasing 1 H 1 (36)
Cutter 23 AE 23.2.3

D

D-Glucitol Anl. 2
Darlehen
– als Gegenleistung 10 AE 10.5
– an Unternehmer 14 H 14 (1)
– Rechnungsausstellung 14 H 14 (1)
Data-Warehousing 3a AE 3a.12; 3a H 3a (5)
Datenaustausch 3a AE 3a.10; 3a H 3a (5)
Datendienste 3a AE 3a.10; 3a H 3a (5)
Datenträger 18; 22 AE 22.1.2
Datenträger, wiedergabefähige
– für Ausfuhrnachweis 6 AE 6.5
Datenübermittlung 18 (9)
Datenverarbeitung 3a AE 3a.9; 3a H 3a (5)
– Ort der Leistung 3a (4)
Datenverarbeitungsprogramm
– Erstellung von – 3a AE 3a.9; 3a H 3a (5)
Dauerfristverlängerung 18
– Antrag 18 H 18 (17, 19, 23)
– Antragsmuster 18 AE 18.4
– Fristverlängerung 18 *46*; 18 AE 18.4
– Neuregelung 18 *46*; 18 *47*; 18 *48*; 18 AE 18.4
– Sondervorauszahlung 18 (6); 18 *47*; 18 AE 18.4
– Übermittlung auf elektronischem Weg
  18 H 18 (35)
– Verfahren 18 (6); 18 *48*; 18 AE 18.4
– Voranmeldungen 18 AE 18.4
Dauerleistungen 3 AE 3.1; 12 H 12 (7); 13 AE 13.1
– Angaben in der Rechnung 14 AE 14.5
– Angaben in Rechnung 14 AE 14.5.21
– Steuerentstehung 13b (3)
Dauernutzungsrecht 3a AE 3a.3; 4; 4 AE 4.12.8
Dauerschuldverhältnisse
– Angaben in Rechnung 14 AE 14.5.17
Dauerwohnrecht 3a AE 3a.3; 3a H 3a (5, 11); 4; 4 AE 4.12.8
Dekorationsmaterial
– keine unentgeltliche Wertabgabe 3 AE 3.3
Delphinarium 4 AE 4.20.4; 12 AE 12.8
Denkmal 4; 4 AE 4.20.3
Dentist 4 AE 4.14.3
Deponiegebühren 10 AE 10.4
Depotgeschäft 4 AE 4.8.8
Deputate 1 AE 1.8.9
Desktop-Gestaltung 3a AE 3a.12; 3a H 3a (5)
Detektivleistungen 3a AE 3a.9; 3a H 3a (5)
Deutsche Bundesbahn 4

Deutsche Post AG
– Postumsätze 4
Deutsche Reichsbahn 4 AE 4.6.1
Deutsches Jugendherbergswerk 4
Deutsches Rotes Kreuz
– Blutspendedienst 1 H 1 (27)
Dhekalia 1 AE 1.10; Anh. 7
Dia-Multivisionsvorführung 12 AE 12.6
Diagnosekliniken 4
– eng verbundene Umsätze 4 AE 4.14.6
– selbst bewirkte Umsätze 4 AE 4.14.5
Diagnosezentrum
– Steuerbefreiung Anh. 7
Diamanten
– bearbeitete 25a AE 25a.1
Diätassistent 4 AE 4.14.4
Diebstahl
– Verlustabschlag 22 AE 22.6.4
Diebstahl von Waren
– kein Umsatz 1 Rsp I
Dienstbarkeit
– beschränkte 4 AE 4.12.8
– persönliche 4 AE 4.12.8
Dienstleistungen 15 Rsp I; 25 Rsp I; Anh. 7
– auf elektronischem Weg 3a (4); 3a AE 3a.12; 3a H 3a (5)
– Begriff Anh. 7
– Bemessungsgrundlage Anh. 7
– elektronische 3a AE 3a.12; 3a H 3a (5); Anh. 7
– Geschäftsveräußerung im Ganzen Anh. 7
– im Zusammenhang mit Elektrizitätslieferungen
  3a (4)
– Nichtunternehmerische Verwendung Anh. 7
– Ort Anh. 7
– Teilgeschäftsveräußerung Anh. 7
Dienstleistungen, elektronische
– Sonderregelung für Drittlandsunternehmer Anh. 7
Dienstleistungskommission 3 (11); Anh. 7
– Einkaufskommission 3 AE 3.15
– Übergangsregelung Anh. 7
– Verkaufskommission 3 AE 3.15
Dienstleistungsort
– bei Leistungen im Zusammenhang mit Lieferungen von Wärme Anh. 7
– am Ort der Auswertung Anh. 7
– am Ort der Betriebsstätte des leistenden Unternehmers Anh. 7
– am Ort der Betriebsstätte des Leistungsempfängers Anh. 7
– am Ort der Nutzung Anh. 7
– am Sitz des leistenden Unternehmers Anh. 7
– am Sitz des Leistungsempfängers Anh. 7
– auf elektronischem Weg erbrachte Dienstleistungen Anh. 7
– bei Ausstellungen Anh. 7
– bei Beförderungsleistungen Anh. 7
– bei Begutachtung beweglicher körperlicher Gegenstände Anh. 7
– bei Grundstücksumsätzen Anh. 7
– bei Güterbeförderungsleistungen Anh. 7
– bei Katalogleistungen Anh. 7
– bei kulturellen Veranstaltungen Anh. 7

Stichwortverzeichnis

- bei Leistungen im Zusammenhang mit Lieferungen von Elektrizität   Anh. 7
- bei Leistungen im Zusammenhang mit Lieferungen von Erdgas   Anh. 7
- bei Leistungen im Zusammenhang mit Lieferungen von Kälte   Anh. 7
- bei Messen   Anh. 7
- bei Nebentätigkeiten des Transportgewerbes   Anh. 7
- bei Restaurantdienstleistungen   Anh. 7
- bei sportlichen Veranstaltungen   Anh. 7
- bei unterrichtenden Veranstaltungen   Anh. 7
- bei Verarbeitung beweglicher körperlicher Gegenstände   Anh. 7
- bei Vermietung von Beförderungsmitteln   Anh. 7
- bei Verpflegungsdienstleistungen   Anh. 7
- bei wissenschaftlichen Veranstaltungen   Anh. 7

Dienstpass
- als Abnehmerbestätigung   6 AE 6.11

Dienstverhältnis   1 (1)

Differenzbesteuerung   25a
- Angaben in der Rechnung   14a AE 14a.1
- Aufzeichnungen   Anh. 7
- Ausschluss des Vorsteuerabzug   Anh. 7
- bei Baugrundstücken   Anh. 7
- bei Einfuhr durch Wiederverkäufer   25a Rsp I
- bei Gebäuden   Anh. 7
- bei Gebrauchtwagen (Agentur)   25a H 25a (1)
- bei Sicherungsübereignung   25a H 25a (4)
- bei Veräußerung von Anlagevermögen   25a H 25a (5)
- bei Versteigerungen   Anh. 7
- beim Wiederverkauf gebraucht gekaufter Fahrzeuge durch eine Leasinggesellschaft   25a Rsp I; 25a Rsp III
- Berechnung   Anh. 7
- für Antiquitäten   Anh. 7
- für Gebrauchtgegenstände   Anh. 7
- für Kunstgegenstände   Anh. 7
- für Sammlungsstücke   Anh. 7
- im Anschluss an Geschäftsveräußerung im Ganzen   25a H 25a (2)
- Mindeststeuer   Anh. 7
- Option   Anh. 7
- Rechnungsausstellung   14a (6)
- Rechnungsinhalt   Anh. 7
- Steuerausweis   Anh. 7
- Steuerbefreiung bei Ausfuhr   Anh. 7
- Steuersatz   Anh. 7
- Tiere   25a Rsp I
- Verkauf wiedergefundener gestohlener Fahrzeuge   25a H 25a (2)
- Versicherungswirtschaft   25a H 25a (3)
- Vorsteuerabzug   Anh. 7

Differenzbesteuerung, Antiquitäten, Sammlungsstücke, Kunstgegenstände usw. (insbes. Gebrauchtgegenstände)
- Aufzeichnungspflichten   25a AE 25a.1.17
- Bemessungsgrundlage   25a AE 25a.1.8–14
- innergemeinschaftlicher Warenverkehr (Besonderheiten)   25a AE 25a.1.18–20
- Steuerbefreiungen   25a AE 25a.1.15
- Steuersatz   25a AE 25a.1.15
- Verbot, offener Steuerausweis   25a AE 25a.1.16
- Verzicht   25a AE 25a.1.21

Differenz-Umsatzbesteuerung   25a AE 25a.1

Dinnershow
- Einheitlichkeit der Leistung   12 Rsp III
- Steuersatz   12 Rsp III

Diplomaten   4; 4 AE 4.7.1; 4 H 4 (44); 6 AE 6.3
- Steuerbefreiung   Anh. 7

Diplomatenpass
- als Abnehmerbestätigung   6 AE 6.11

Diplomatische Mission   4; Anhang 2

Diplompsychologe
- Umsatzsteuerbefreiung(en)   4 Rsp I

Dirigent   4 AE 4.20.2; 12 AE 12.7.16; 23 AE 23.2.3

Diskette(n)   22 AE 22.1.2

Diskriminierung
- steuerliche und verfahrensrechtliche   **Allg.**

Diskriminierungsverbot
- gemeinschaftsrechtliches   **Allg.**

Dispacheur   8 AE 8.1

Dolmetscher   16 AE 16.2

Doppelumsatz   1 AE 1.2

Dorfhelferinnendienst   4; 4 AE 4.27.2

Dost   Anl. 2

Download
- von Software   3a AE 3a.12; 3a H 3a (5)

Dramaturg   23 AE 23.2.3

Dreiecksgeschäft   22a H 22a (1)
- innergemeinschaftliches   19 AE 19.3; 22 AE 22.3; 22a H 22a (2); 25b; 25b AE 25b.1

Dreiecksgeschäft, innergemeinschaftliches
- Rechnungserteilung   14a AE 14a.1
- Vorsteuerabzug   15 AE 15.10

Dreifachumsatz   1 AE 1.2

Dreiviertelkronen   4 AE 4.14.3

Drittlandsgebiet   1 (2); 16 AE 16.2; 22; 25 (2)

Drittlandsgrenze   16 AE 16.2

Drittlandsunternehmen
- Einortbesteuerung   3a AE 3a.12; 3a AE 3a.16; 3a H 3a (5)

Drittlandsunternehmer
- Besteuerung elektronischer Dienstleistungen   Anh. 7

Drittmittelforschung   1 H 1 (10)

Drittstaaten   18 H 18 (10, 20, 21, 29)

Drogisten
- erleichterte Trennung der Bemessungsgrundlagen   22 AE 22.6.3; 22 H 22 (3, 7)

Druckerzeugnisse
- Ausfuhrnachweis   6 AE 6.9.7

Druckkostenzuschüsse   10 AE 10.2.5; 10 H 10 (6)

Druckschriften
- periodische   Anl. 2

Dulden einer Handlung   3 (9)

Duldungsleistung   2 AE 2.3; 3 AE 3.1

Düngemittel
- tierische oder pflanzliche   Anl. 2

Durchfuhr   4; 4 AE 4.3.4

Durchführungsbestimmungen   Anh. 7

Durchlaufender Posten   10 AE 10.5
- Mautgebühr   10 AE 10.4
- Portokosten   10 H 10 (13)

989

Stichwortverzeichnis

- Servicegebühr beim Lotto   10 Rsp III
- Zulassungsabgabe   10 Rsp I

Durchschnittsaufschlag, gewogener   22 AE 22.6.14, 15;
22 H 22 (3, 7)

Durchschnittsaufschlagsatz, gewogener
- Neuermittlung   22 AE 22.6.15

Durchschnittsbeförderungsentgelt   10 AE 10.2.6;
10 AE 10.8

Durchschnittsbesteuerung
- aktiv bewirtschafteter Betrieb   24 AE 24.1
- allgemein   24 AE 24.3
- Ausfuhrlieferungen   24 AE 24.5
- Ausstellung von Rechnungen   24 AE 24.9
- Entsorgungsleistungen   24 AE 24.3
- Erzeugnisse i. S. d. § 24 Abs. 1 Satz 1 Nr. 1 UStG
  24 AE 24.2
- Erzeugnisse i. S. d. § 24 Abs. 1 Satz 1 Nr. 2 UStG
  24 AE 24.2
- Erzeugnisse i. S. d. § 24 Abs. 1 Satz 1 Nr. 3 UStG
  24 AE 24.2
- Gewerbebetrieb kraft Rechtsform   24 AE 24.1
- Halten von fremden Vieh   24 AE 24.3
- immaterielle Wirtschaftsgüter   24 AE 24.3
- Kleinunternehmerregelung   24 AE 24.7
- land- u. forstwirtschaftlicher Betriebe   24 AE 24.1
- land- u. forstwirtschaftlicher Betriebe, Verzicht   24 (4)
- Lieferung von Baugrundstücken   2 Rsp I
- Rechtsmissbrauch   24 AE 24.2
- richtlinienkonforme Auslegung   24 AE 24.1
- steuerfreie Umsätze   24 AE 24.4
- Umsätze im Ausland   24 AE 24.5
- Verarbeitungstätigkeiten   24 AE 24.2
- Vereinfachungsregelung   24 AE 24.6
- Verhältnis zu anderen Vorschriften des UStG
  24 AE 24.1
- Vermietungsleistungen   24 AE 24.3
- Verpachtungsleistungen   24 AE 24.3
- Verzicht   24 AE 24.8
- Vorsteuerabzug   24 AE 24.7
- weitere Einzelfälle   24 AE 24.3
- Zusammentreffen mit anderen
  Besteuerungsformen   24 AE 24.7

Durchschnittskurse   16 (6); 16 AE 16.4

Durchschnittssatzbesteuerung   24 H 24 (9, 10)
- bei Abgabe von Saatgut   Anl. 2
- bei Gewerbebetrieben kraft Rechtsform   24 H 24 (6, 8)
- für Land- und Forstwirte   Anh. 7
- gewerbliche Dienstleistungen   24 H 24 (2)
- Hofladen   24 H 24 (5)
- Jagdbezirk   2 Rsp I
- Land- und Forstwirte   1a H 1a (1)
- Lieferung sicherungsübereigneter Gegenstände
  24 H 24 (1)
- Lieferung von Baugrundstücken   2 Rsp I
- nach Aufgabe des landwirtschaftlichen Betriebs
  24 H 24 (7)
- nach Einstellung der Bodennutzung   24 H 24 (4)
- nur bei Verkauf selbst erzeugter Produkte   24 H 24 (5)
- Pensionspferdehaltung   24 Rsp III
- Reitstunden   24 Rsp III
- Verpachtungsumsätze   24 Rsp I
- Wechsel zur Regelbesteuerung   24 H 24 (3)
- Zahlungen aus GAP-Reform   24 Rsp I

Durchschnittssätze   24 AE 24.4; 24 AE 24.6
- aktiv bewirtschafteter Betrieb   24 AE 24.1
- allgemein   24 AE 24.3

- Allgemeine   23; 23 69; 23 70; 23 AE 23.1; 23 AE 23.2;
  23 AE 23.3; 23 AE 23.4
- Aufzeichnungspflichten   22 66a; 22 AE 22.5.2–5
- Ausfuhrlieferungen   24 AE 24.5
- Ausstellung von Rechnungen   24 AE 24.9
- Entsorgungsleistungen   24 AE 24.3
- Erzeugnisse i. S. d. § 24 Abs. 1 Satz 1 Nr. 1 UStG
  24 AE 24.2
- Erzeugnisse i. S. d. § 24 Abs. 1 Satz 1 Nr. 2 UStG
  24 AE 24.2
- Erzeugnisse i. S. d. § 24 Abs. 1 Satz 1 Nr. 3 UStG
  24 AE 24.2
- für Vorsteuerabzug   15 AE 15.1
- Gewerbebetrieb kraft Rechtsform   24 AE 24.1
- Halten von fremden Vieh   24 AE 24.3
- immaterielle Wirtschaftsgüter   24 AE 24.3
- Kleinunternehmerregelung   24 AE 24.7
- Körperschaften, Personenvereinigungen u.
  Vermögensmassen   22 66a; 23a
- Land- u. Forstwirte   22 AE 22.5.5
- land- u. forstwirtschaftlicher Betriebe   24 (1); 24 71;
  24 AE 24.1
- Rechtsmissbrauch   24 AE 24.2
- richtlinienkonforme Auslegung   24 AE 24.1
- Umsätze im Ausland   24 AE 24.5
- Verarbeitungstätigkeiten   24 AE 24.2
- Verhältnis zu anderen Vorschriften des UStG
  24 AE 24.1
- Vermietungsleistungen   24 AE 24.3
- Verpachtungsleistungen   24 AE 24.3
- Verzicht   24 AE 24.8
- Vorsteuer   23
- Vorsteuerabzug   24 AE 24.7
- weitere Einzelfälle   24 AE 24.3
- Zusammentreffen mit anderen
  Besteuerungsformen   24 AE 24.7

**Durchschnittssätze für land- u. forstwirtschaftliche
Betriebe**   24

Durchschnittswert
- für Kilogramm-Goldbarren für 2007   Anl. 2
- für Kilogramm-Goldbarren für 2008   Anl. 2
- für Kilogramm-Goldbarren für 2009   Anl. 2
- für Kilogramm-Goldbarren für 2010   Anl. 2
- für Kilogramm-Goldbarren für 2011   Anl. 2
- für Kilogramm-Goldbarren für 2012   Anl. 2
- für Silber für 2007   Anl. 2
- für Silber für 2008   Anl. 2
- für Silber für 2009   Anl. 2
- für Silber für 2010   Anl. 2
- für Silber für 2011   Anl. 2
- für Silber für 2012   Anl. 2
- Gesamtübersicht für 2006   16 H 16 (1)
- Gesamtübersicht für 2007   16 H 16 (2)
- Gesamtübersicht für 2008   16 H 16 (3)
- Gesamtübersicht für 2009   16 H 16 (4)
- Gesamtübersicht für 2010   16 H 16 (5)
- Gesamtübersicht für 2011   16 H 16 (6)

DV-gestütztes Buchführungssystem   22 AE 22.1.2

E

Edelmetalle
- Abfall   Anl. 3
- Börsenhandel   18; 18 49
- Schrott   Anl. 3

Edelmetalllegierung   25a AE 25a.1

Stichwortverzeichnis

Edelmetallplattierung 25a AE 25a.1
Edelmetallumsätze 3a AE 3a.9; 3a H 3a (5)
Edelsteine 25a AE 25a.1
EDI-Verfahren
– Rechnungsübermittlung 14 AE 14.4.4
EDV-Anlagen-Lieferungen
– Steuerschuldner 13b H 13b (2)
EG-Richtlinie, 8. Allg.
EG-Richtlinien
– Anwendungsvorrang Allg.
– Bedeutung Allg.
Ehegatten
– Vorschaltung 1 AE 1.1
Ehegattengemeinschaft 2 AE 2.1
– Rechnungserteilung 15 Rsp I
– Rechnungsinhalt 15 Rsp I
– Vorsteuerabzug 15 Rsp I
Ehrenamt
– Umsatzsteuerbefreiung(en) 4 Rsp III
Ehrenamtliche Tätigkeit 4 AE 4.26.1
– Steuerbefreiung Anh. 7
Eier, ohne Schale
– ungenießbare Anl. 2
Eigelb
– ungenießbar Anl. 2
Eigengesellschaft, kommunale
– Aufsichtsratstätigkeit 4 AE 4.26.1
Eigenhandel 3 AE 3.7
Eigenjagdverpachtung 2 AE 2.11.19
Eigenveranstaltung
– von Schauspielern 12 AE 12.8
Eigenverbrauch 1 (1); 4; Anh. 7
– Absetzung für Abnutzung 10 AE 10.6
– Bemessung 10 AE 10.6
– Bemessungsgrundlage 10 H 10 (11)
– Gebäudenutzung 10 H 10 (11)
Eigenverbrauchsbesteuerung
– in Österreich Allg.
Einbehaltung
– Umsatzsteuer 18
Einforderungsverzicht
– Einrede 17 AE 17.1.6
Einfuhr 1 (1); 4; 11; 18; 23a (1); 23a (2); Anh. 7
– Aufzeichnungspflichten 22 (2); 22 (3); 22 64; 22 AE 22.2.11; 22 AE 22.4.2; 22 AE 22.5.2
– Beförderungen von eingeführten Gegenständen 4 H 4 (6)
– bei Auslagerung aus einem Umsatzsteuerlager 4 H 4 (2)
– bei Einlagerung in ein Umsatzsteuerlager 4 H 4 (2)
– Bemessungsgrundlage 11 H 11 (1); Anh. 7
– Bemessungsgrundlage bei Antiquitäten Anh. 7
– Bemessungsgrundlage bei Kunstgegenständen Anh. 7
– Bemessungsgrundlage bei Sammlungsstücken Anh. 7
– Dienstleistung im Zusammenhang mit der - Anh. 7
– durch Beendigung des Zollverfahrens 5 Rsp I
– endgültige, von Pkw 5 Rsp I
– Entstehung durch Pflichtverletzung im externen Versandverfahren 5 Rsp I

– Entziehung einer Ware aus der zollamtlichen Überwachung 5 Rsp I
– im Einfuhrmitgliedstaat Anh. 7
– im Inland 4 H 4 (2)
– im Mitgliedstaat der Abfertigung in den freien Verkehr Anh. 7
– Ort Anh. 7
– Ort der Einfuhr 5 Rsp I
– Steuerbefreiung 4 H 4 (2); 5; Anh. 7
– Steuerschuldner Anh. 7
– Umfang Anh. 7
– vorschriftswidrige Beendigung des externen Versandverfahrens 5 Rsp I
– vorübergehende 5 Rsp I
– vorübergehende, von Pkw 5 Rsp I
Einfuhr gebrauchter Gegenstände
– Differenzbesteuerung 25a Rsp I
Einfuhrabgaben
– Begriff Allg.
Einfuhrbegriff 4 H 4 (2)
Einfuhrbeschränkungen Anh. 4
Einfuhrdokument
– Abhandenkommen 18 Rsp I
– Zweitschrift 18 Rsp I
Einfuhrland 3 AE 3.4.8
Einfuhrumsatzsteuer 1 (1); 11; 16 (2); 16 (7); 21 (2)
– Absehen von der Steuererhebung 5 1
– Abzug als Vorsteuer 4 H 4 (2); 14 AE 14.1; 15 (1); 15 AE 15.8; 15 AE 15.9; 16 AE 16.1; 17 AE 17.2.3; 25a (3)
– Abzug als Vorsteuer bei Reihengeschäft 15 AE 15.8
– besondere Vorschriften 21
– Dienstanweisung 5 H 5 (1)
– entrichtete 25a AE 25a.1.21
– für Übersiedlungsgut 5 H 5 (1)
– für vorschriftswidrig verbrachte Waren 21 Rsp I
– Sicherheitsleistung 5 1
– Steuerbefreiung Allg.
– Verbrauchsteuer 21 (1)
– Vorsteuerabzug 15 H 15 (9)
– Zahlung 21 (3)
– Zeitpunkt des Entstehens 21 (4)
Einfuhrumsatzsteuer-Befreiungsverordnung 5
– Inkrafttreten 5 1
Einfuhrumsatzsteuerfreiheit
– Einfuhrumsatzsteuer-Befreiungsverordnung 5
Einführung
– des umsatzsteuerlichen Fiskalvertreters 22a H 22a (2)
– eines Fiskalvertreters 22a H 22a (3)
Eingangsumsatz 15 Rsp I
– ausländische 18 Rsp I
Eingangszollstelle 16 (5)
Eingehen einer Mietverpflichtung
– Umsatzsteuerbefreiung(en) 4 Rsp I
Eingliederungshilfe 4 H 4 (8)
Eingliederungsmaßnahmen
– berufliche 1 H 1 (17); 4 H 4 (33, 38)
– Steuerbefreiung 4 H 4 (38)
– Umsatzsteuerbefreiung 4 H 4 (33)
Einheitlichkeit der Leistung
– Abgabe von Saatgut Anl. 2
– Asylbewerberheim 3 Rsp III
– Aufspaltung 3 AE 3.10

Stichwortverzeichnis

- Aufspaltung einer Leistung 3 Rsp I
- betreutes Wohnen 4 Rsp III
- Dinnershow 12 Rsp III
- Getränkelieferung im Kino 12 Rsp III
- Hochseeangelreise 3b Rsp III
- Leistungen an Seniorengemeinschaft 4 Rsp III
- Leistungsbündel zum Zwecke der Freizeitgestaltung 3 Rsp III
- Lieferung einer Pflanze und Dienstleistungen Anl. 2
- Mitvermietung von Betriebsvorrichtungen 4 Rsp III
- partielle Besteuerung 3 Rsp I
- Portfolioverwaltung 4 Rsp III
- Reinigung von Gemeinschaftsräumen und Vermietung 4 Rsp I
- Rennservice 3a Rsp III
- Softwareüberlassung 4 Rsp III
- Übernahme radioaktiver Strahlenquellen 3a Rsp III
- zusätzliches Entgelt für Verwendung bestimmter Zahlungsweisen 4 Rsp I

Einheitspapier 6 AE 6.7

Einigungsvertrag 20 (2)

Einkaufsentgelte
- der Bemessungsgrundlage 22 H 22 (3, 7)

Einkaufsgutschein
- Abgabe an das Personal 1 Rsp I
- Bemessungsgrundlage 10 Rsp I

Einkaufskommission 3 (11); 3 AE 3.15; Anh. 7

Einkaufskommissionär 3 (3)

Einkaufspreis 10 AE 10.6; 22 AE 22.2.7
- als Bemessungsgrundlage Anh. 7

Einlagengeschäft 4; 4 AE 4.8.5

Einlagerung
- in Umsatzsteuerlager 4 H 4 (2)

Einnahmeerzielungsabsicht 1 AE 1.8

Einortbesteuerung
- von Drittlandsunternehmen 3a AE 3a.12; 3a AE 3a.16; 3a H 3a (5)

Einrede
- Einforderungsverzicht 17 AE 17.1.6

Einrichtung ärztlicher Befunderhebung 4
- eng verbundene Umsätze 4 AE 4.14.6
- selbst bewirkte Umsätze 4 AE 4.14.5
- therapeutische Ziele 4 AE 4.14.5

Einrichtung ohne Gewinnstreben
- Steuerbefreiung 1 Rsp I

Einrichtung(en) 4; 12 (2)
- allgemeinbildende 4 AE 4.21.2; 4 H 4 (12)
- Anerkennungsverfahren 4 Rsp I
- berufsbildende 4; 4 AE 4.21.2; 4 H 4 (12)
- der gesetzlichen Unfallversicherung 4 AE 4.14.5
- für Betreuungsleistungen 4 AE 4.16.3
- für Pflegeleistungen 4 AE 4.16.3
- gemeinnützige 12 AE 12.9; 12 AE 12.10
- kirchliche 12 AE 12.9; 12 AE 12.10
- mildtätige 12 AE 12.9; 12 AE 12.10
- mit sozialem Charakter 4 Rsp I
- ohne Gewinnstreben 2 Rsp I
- ohne Zulassung nach § 108 SGB V 4 AE 4.14.5
- zum Maßregelvollzug 4 AE 4.14.5
- zur Geburtshilfe 4 AE 4.14.5
- Zusammenschlüsse 12 AE 12.9.5
- zwischenstaatliche 4 AE 4.7.1; 4 H 4 (44, 46)

Einrichtung, gemeinnützige 12 AE 12.10
- unentgeltliche Wertabgaben 12 AE 12.9

Einrichtung, kirchliche
- unentgeltliche Wertabgaben 12 AE 12.9

Einrichtung, mildtätige 12 AE 12.10
- unentgeltliche Wertabgaben 12 AE 12.9

Einrichtungen des öffentlichen Rechts Anh. 7

Einrichtungsgegenstände
- Steuerschuldner 13b H 13b (2)

Einsaat
- von geliefertem Saatgut 3 AE 3.10

Einsatz betrieblicher Arbeitskräfte
- als unentgeltliche Wertabgabe 3 AE 3.4

Einschaltung von Unternehmern
- in Erfüllung von Hoheitsaufgaben 1 H 1 (5)

Einschränkung des Vorsteuerabzugs
- Anwendungszeitpunkt 27 (5)
- für Fahrzeuge 15 AE 15.2

Einspeisevergütung
- Photovoltaikanlage 2 H 2 (13)

Einstellung
- von Reitpferden 12 AE 12.2

Eintragung als Unternehmer
- Nachweis 18 AE 18.14.7

Eintrittsberechtigungen
- für Ausstellungen 13b H 13b (4, 5)
- für Kongresse 13b H 13b (4, 5)
- für Messen 13b H 13b (4, 5)
- Leistungsort 3a H 3a (9)
- Steuersatz 12 H 12 (20)
- zu Ausstellungen Anh. 7
- zu kulturellen Veranstaltungen Anh. 7
- zu Messen Anh. 7
- zu sportlichen Veranstaltungen Anh. 7
- zu unterrichtenden Veranstaltungen Anh. 7
- zu wissenschaftlichen Veranstaltungen Anh. 7

Einwegpfand
- Clearing 3a H 3a (10)
- Leistungsort 3a H 3a (10)

Einzelauskunftsersuchen 18d AE 18d.1

Einziehen von Hallenmieten
- Umsatzsteuerbefreiung(en) 4 Rsp III

Einziehung von Geldforderungen
- Umsatzsteuerbefreiung(en) 4 Rsp I

Eisen
- Abfall Anl. 3
- Schrott Anl. 3

Eisenbahn 3e

Eisenbahnfahrausweis
- Angabe der Tariffernung 14 AE 14.7
- Mindestangaben 14 AE 14.7

Eisenbahnfahrzeug
- innergemeinschaftliches Verbringen 1a AE 1a.2

Eisenbahnfrachtverkehr 4; 4 AE 4.3.2; 4 AE 4.3.3.6

Eisenbahnwaggons 3a AE 3a.5; 3a H 3a (5, 11)

Eisenerzeugnisse Anl. 1

Electronic Data Interchange 3a AE 3a.10; 3a H 3a (5)

Stichwortverzeichnis

Elektrizität Anh. 7
- Einspeisung 3g H 3g (1)
- Lieferort 3g H 3g (1)
- Lieferung 1 AE 1.6
- Ort Anh. 7
- Ort der Lieferung 3g; 3g AE 3g.1
- Steuersatz Anh. 7

Elektrizitätsnetze 3a AE 3a.13; 3a H 3a (5)

Elektro-Caddywagen 4 AE 4.12.2
- als Beförderungsmittel 3a AE 3a.5; 3a H 3a (5, 11)

Elektrogeräte-Anschließen
- Steuerschuldner 13b H 13b (2)

Elektronische Dienstleistungen
- Leistungsort Anh. 7

Embryonenlieferung
- Steuersatz 12 H 12 (21)

Emissionsgeschäft(e) 4; 4 AE 4.8.8

Emissionshandelssystem
- für Treibhausgase 1 H 1 (9)

Energieerzeugungsanlage 2 AE 2.5

Energielieferungen
- Steuerschuldner 13b H 13b (1)

Enteignung 1 AE 1.3

Entgelt 10 AE 10.2; 10 AE 10.8; 13 AE 13.5; 13 AE 13.6
- Abgrenzung zum Zuschuss 1 H 1 (21)
- als Bemessungsgrundlage Anh. 7
- Angabe in Rechnung 14 AE 14.5.19
- Aufteilung 10 AE 10.1
- Bedienungszuschläge 10 Rsp I
- erleichterte Trennung 22 H 22 (3, 7)
- Erzielung von 2 AE 2.3
- marktübliches 10 AE 10.7
- Minderung 17 (1)
- nachträglich vereinnahmtes 17 (2)
- niedrigeres 10 AE 10.7
- öffentliche Zuwendungen 1 H 1 (21)
- Rückgewährung 13 H 13 (4)
- Schätzung bei verspäteter Abrechnung 13 AE 13.2
- Teilleistungen 13 AE 13.4
- Trennung 22 (2); 22 63.4; 22 AE 22.6
- Uneinbringlichkeit 17 (2); 17 AE 17.1.6
- verdeckte Gewinnausschüttung 10 AE 10.1
- vereinbartes 13 AE 13.1; 16 (1); 17 (2)
- vereinnahmtes 13 (1); 16 (2); 20
- vereinnahmtes, Berechnung der Steuer 20 AE 20.1
- Zuwendung 1 AE 1.1

Entgeltanspruch
- Abtretung 13a H 13a (1)

Entgeltsaufteilung
- bei hoheitlicher Leistung 3 AE 3.10

Entgeltsbegriff
- umsatzsteuerrechtlicher 10 AE 10.5

Entgeltsminderung 10 AE 10.3; 12 H 12 (7); 17 AE 17.1.1, 2
- erleichterte Trennung 22 AE 22.6.20, 21

Entgeltsvereinnahmung
- bei Steuersatzänderung 12 H 12 (7)

Entladen 3b AE 3b.1.14

Entnahme Anh. 7
- bei Diebstahl 3 AE 3.3
- bei Zerstörung 3 AE 3.3

- Bemessungsgrundlage Anh. 7
- eingebaute Bestandteile 3 AE 3.3
- private Zwecke 1 Rsp I
- von Gegenständen 3 AE 3.3
- von Gegenständen aus dem Unternehmen 1 Rsp I
- von Grundstücken 4 AE 4.9.1

Entschädigung 1 AE 1.3
- von Zeugen 1 AE 1.3.9

Entschädigungsleistungen
- bei ehrenamtlicher Tätigkeit 4 AE 4.26.1

Entsorgungsleistung 10 AE 10.5

Entstehung
- bei Vorauszahlung(en) 13 Rsp I
- der Umsatzsteuer 13 (1)

Entstehung der Steuer 3 AE 3.1; 3 AE 3.2; 3 AE 3.3; 3 AE 3.4; 3 AE 3.5; 3 AE 3.6; 3 AE 3.7; 3 AE 3.8; 3 AE 3.9 AE 3.10
- bei Anzahlungen 13 AE 13.1
- bei irrtümlich nicht angegebenen Umsätzen 13 AE 13.1

Entwicklungsaufträge 12 AE 12.7.14

Entwicklungsträger
- Leistungen nach BauGB 3 H 3 (17)

Entwicklungsvorhaben
- Zuschüsse 10 AE 10.2
- Zuschüsse für 10 AE 10.2

Erbbaurechte 3 AE 3.1
- Bestellung 13b H 13b (7)
- Steuerschuldner 13b H 13b (7)
- Übertragung 13b H 13b (7)

Erbe
- als Unternehmer 2 AE 2.6

Erbengemeinschaft
- Unternehmereigenschaft 1 Rsp III

Erbfälle 2 H 2 (22)

Erdbeben-Katastrophe
- in Haiti 4a H 4a (2)

Erdgas
- Ort Anh. 7
- Ort der Lieferung 3g; 3g AE 3g.1
- Steuersatz Anh. 7

Erdgasnetze 3a AE 3a.13; 3a H 3a (5)

Erfahrung
- gewerbliche, Überlassung 3a (4)

Erfassung
- umsatzsteuerliche 18 (11)

Erfolgloser Unternehmer
- Vorsteuerabzug 15 Rsp I

Erfüllungsgehilfe 3a H 3a (5)

Ergänzungsabkommen
- zum Protokoll über NATO-Hauptquartiere Anh. 5

Ergänzungsschulden 4 AE 4.21.2

Ergänzungsschule
- Franchising 4 AE 4.21.5

Ergänzungsvereinbarung Anh. 5

Erhöhung des allgemeinen Steuersatzes
- zum 1. 1. 2007 12 H 12 (7)

Erholung 4

Erholungsaufenthalt 16 AE 16.2

993

Stichwortverzeichnis

Erklärungspflicht 22a H 22a (1)
Erlass
– nach § 26 Abs. 3 UStG 26 H 26 (1–5)
Erlass von Säumniszuschlägen
– Sachliche Billigkeit 18 Rsp III
Erlass von Umsatzsteuer
– grenzüberschreitende Beförderungen im Luftverkehr 26 H 26 (3, 5)
– Zubringerbeförderungen 26 H 26 (1, 4)
Erledigungsbescheinigung
– der Zollbehörde 6 AE 6.6
Erledigungsnachweis
– der Zollbehörde 6 AE 6.2
Erleichterung
– Trennung der Bemessungsgrundlagen 22 (2); 22 63.4; 22 AE 22.2.3–9; 22 AE 22.6.3
Erlöschen
– des Unternehmens 2 AE 2.6
Ermäßigter Steuersatz
– auf Zypern Anh. 7
Ernte, stehende
– als Liefergegenstand 3 AE 3.1
Ersatzdokumente
– Anerkennung 18 Rsp I
Ersatzschule 4; 4 AE 4.21.1
Ersatzteile
– innergemeinschaftliches Verbringen 1a AE 1a.2
Erschließungsmaßnahmen 1 AE 1.1.5
Erstattung
– Ausschlussfrist 18 Rsp I
– der Mehrwertsteuer 18 Rsp I
– von Fahrgeldausfällen 10 AE 10.2.3
– von Umsatzsteuer Anh. 2
– zu Unrecht erhobener Steuer 18 Rsp I
Erstattung von Vorsteuern Allg.
– in der Schweiz Allg.
Ersttagsbriefe Anl. 2
Erwerb (Inlands-)Lieferung
– innergemeinschaftliche 25b AE 25b.1
Erwerb zahlungsgestörter Forderung
– steuerbarer Umsatz 1 Rsp III
Erwerb(e), innergemeinschaftliche(r) 1 (1); 1a; 1a H 1a (1); 3; 4a (1); 7; 10 AE 10.5; 16 AE 16.3; 17 (2); 18 AE 18.9; 18a; 22 (2); 22 AE 22.3; 22a H 22a (1); 23a (1); 23a (2); 25a (7); 25b (2); 25b AE 25b.1.3; 27a (1)
– durch diplomatische Mission 1c
– durch NATO-Streitkräfte 1c
– durch zwischenstaatliche Einrichtungen 1c
– neuer Fahrzeuge 1b; 13 (1); 16; 18 (10)
– Ort 3d
– Steuerbefreiung 4b
– Steuerschuldner 13 (2)
– Vorsteuerabzug 15 (1)
Erwerber 17 (2)
Erwerbsschwelle
– bei Gebietskörperschaften 1a AE 1a.1
Erzeugnisse
– kartographische Anl. 2
Erzeugnisse der chemischen Industrie Anl. 1

Erzeugnisse, andere
– des graphischen Gewerbes Anl. 2
Erziehung
– von Jugendlichen 4 AE 4.23.1
Erziehungs-, Ausbildungs- oder Fortbildungszwecke 4
Essigsäure Anl. 2
Estland
– Beitritt zur EU Allg.
Ethylalkohol
– aus Drittstaaten eingeschmuggelter 1 Rsp I
EU-Ermächtigungen
– Rückwirkung 15 Rsp I
– Voraussetzungen Allg.; 15 Rsp I
– vorherige Konsultationspflicht 15 Rsp I
EU-Privilegienprotokoll
– Vorsteuererstattung(en) Allg.
EuGH-Entscheidungen
– Anwendungsvorrang Allg.
– Auswirkungen auf das deutsche Recht Allg.
– Bedeutung Allg.
Euro Anh. 7
Europäische Gemeinschaften 4
Europäische Wirtschaftsgemeinschaft
– Mitgliedstaat 3 AE 3.4.8
Europäische Zentralbank
– Lieferung von Gold 4 AE 4.4.1
– Vorsteuererstattung(en) Allg.
Europäischer Rechnungshof
– Prüfungsrecht Allg.
Existenzgründungsseminare 4 AE 4.21.2

F

Factoring 1 Rsp I; 2 AE 2.3
– echtes 4 AE 4.8.4
Fahrausweis 18 AE 18.14.3
– als Rechnung 14; 14 34.1, 2; 14 AE 14.7
– bei grenzüberschreitenden Beförderungen 14 AE 14.7
– im internationalen Eisenbahnverkehr 14 AE 14.7
– im Online-Verfahren 14 AE 14.7
– Mindestangaben 14 AE 14.7
– Vorsteuerabzug 15 AE 15.5
Fahrer 16 AE 16.2
Fahrerlaubnis
– Erwerb 4 AE 4.21.2
Fahrlehrer 2 AE 2.2
Fahrschule 4 AE 4.21.2
– Teilleistungen 13 AE 13.4
– Umsatzsteuerbefreiung 4 H 4 (32)
Fahrten
– zur Betriebsstätte 15 H 15 (3)
– zur Wohnung 15 H 15 (3)
Fahrten zur Betriebsstätte
– Vorsteuerabzug 15 AE 15.6
Fahrtenbuch 15 H 15 (3)
Fahrtenbuchregelung
– bei unentgeltlicher Überlassung 15 H 15 (3)

Stichwortverzeichnis

Fahrunterricht
- Erteilung   4 AE 4.21.2

Fährverkehr   12 (2); 12 AE 12.13; 28 (4)

Fahrzeug
- eingeschränkter Vorsteuerabzug   15 H 15 (3)
- für Kranke und Körperbehinderte   Anl. 2
- innergemeinschaftliches Verbringen   1a AE 1a.2
- Registrierung   18 AE 18.9
- Überlassung an Personal   15 H 15 (3)
- Vorsteuerabzug   15 H 15 (3)
- Vorsteuerabzug für 1999 bis 2003   15 H 15 (3)

Fahrzeug(e), gemischt-genutzt
- Berichtigung des Vorsteuerabzugs   15a AE 15a.2
- Fahrtenbuch   15 H 15 (3)
- Mindestnutzung   15 H 15 (3)
- nichtunternehmerische Nutzung   15 H 15 (3)
- Zuordnung zum Unternehmen   15 H 15 (3)

Fahrzeug, neues
- Informationsaustausch   18 H 18 (2, 3)
- innergemeinschaftliche Lieferungen   19 (4)
- innergemeinschaftlicher Erwerb   1b AE 1b.1; 1b H 1b (1); 1b Rsp III

Fahrzeugabstellplätze   4 AE 4.12.1; 4 AE 4.12.2

Fahrzeuganhänger
- als Beförderungsmittel   3a AE 3a.5; 3a H 3a (5, 11)

Fahrzeugeinzelbesteuerung   16; 16 AE 16.3; 18; 18 AE 18.9
- bei Veräußerung   1b H 1b (1)
- Muster   18 H 18 (13)
- Muster, Berechnungsbogen und Bescheid   18 H 18 (4)

Fahrzeugentnahme
- Bemessungsgrundlage   10 AE 10.6
- eingebaute Bestandteile   10 AE 10.6

Fahrzeugleasing
- Ort der Leistung   3a Rsp I

Fahrzeuglieferer   2a; 18; 18 AE 18.9; Anh. 7
- Rechnungsausstellung   14a (3)

Fahrzeuglieferungs-Meldepflichtverordnung
- Abgabe der Meldungen   18c AE 18c.1
- Verfahren   18c AE 18c.1

Fahrzeugmiete   15 H 15 (3)

Fahrzeugschein   18 (10)

Fahrzeugüberlassung
- an freie Mitarbeiter   3 H 3 (33)
- an Gesellschaft   1 H 1 (24)
- an Gesellschafter   15 H 15 (3)
- an Kommunen   3 H 3 (26)
- an soziale Einrichtungen   3 H 3 (26)
- an Sportvereine   3 H 3 (26)

Faktoren-Präparate   4 AE 4.17.1

Fälligkeit der Steuer
- Abzugsverfahren   16; 17; 18

Fälligkeitszinsen   1 AE 1.3

Familienheimfahrten   1 AE 1.8
- Vorsteuerabzug   15 AE 15.6

Familienhelfer   4 AE 4.25.1

Fassungen, zeitlich begrenzte
- einzelner Gesetzesvorschriften   28

Fautfracht   1 AE 1.1.22

Feingrieß
- von Getreide   Anl. 2

Ferienwohnung
- Vermietung   25 AE 25.1

Ferienziel-Reisen   16 AE 16.2

Fernmeldenetz
- digitales   4

Fernsehanstalten
- Leistungsort bei Leistungen an   3a AE 3a.2; 3a AE 3a.3; 3a H 3a (5, 11)

Fernsehdienstleistungen   3a (4); 3a AE 3a.11; 3a H 3a (5)
- Leistungsort   Anh. 7

Fernsehfilme   12 AE 12.7.20

Fernsehprogramme
- über Antenne   3a AE 3a.11; 3a H 3a (5)
- über Kabel   3a AE 3a.11; 3a H 3a (5)
- über Satellit   3a AE 3a.11; 3a H 3a (5)

Fernsehübertragungsrechte   3a AE 3a.9; 3a H 3a (5, 11)
- an Sportveranstaltungen   12 H 12 (14)
- Steuersatz   12 H 12 (14)

Fernsprech-Nebenstellenanlagen   2 AE 2.2.3

Fernunterricht   3a AE 3a.12; 3a H 3a (5)

Fertigcontainer
- Vermietung   4 AE 4.12.1

Festpreis   29 AE 29.1.4

Fett
- genießbare tierische und pflanzliche   Anl. 2
- pflanzliche   Anl. 2
- von Rindern, Schafen und Ziegen   Anl. 2

Fette
- pflanzliche   Anl. 1

Filialunternehmen
- erleichterte Trennung der Bemessungsgrundlagen   22 AE 22.6.16; 22 H 22 (3, 7)

Film(e)
- Mitarbeiter   23 AE 23.2.3
- Überlassung   12 (2); 12 AE 12.6

Filmvorführung   12 (2); 12 AE 12.6

Finanzamt
- zuständiges   16 (5); 18
- zuständiges, für Umsatzbesteuerung   22d

Finanzbehörde
- zuständige   18 (11); 22e (1)
- Zuständigkeit für die Umsatzsteuer   Anh. 6

Finanzumsätze
- Leistungsort   Anh. 7
- Steuerbefreiung   Anh. 7

Finnland
- Fiskalvertreter   Allg.
- Zulassungssteuer   Allg.

Firmenkunden-Reisebüros
- Leistungen   3a H 3a (4)
- Leistungsinhalt   3a H 3a (4)
- Leistungsort   3a H 3a (4)

Firmenreisebüros   4 AE 4.5.2.7

Firmenwert   3 AE 3.1; 3 H 3 (34)

Fische   Anl. 2
- Zubereitungen   Anl. 2

Stichwortverzeichnis

Fischerei
- Binnenfischerei **24 (2)**
- Ort der sonstigen Leistung **3a** Rsp I

Fischzucht **24 (2)**

Fiskalvertreter **22a**; **22c**
- Einführung in das Umsatzsteuerrecht **22a** H 22a (3)
- im Umsatzsteuerrecht **22a** H 22a (1)
- in Finnland **Allg.**
- Rechte und Pflichten **22a** H 22a (1); **22b**
- umsatzsteuerlicher **22a** H 22a (2)

Fiskalvertreter, umsatzsteuerlicher
- Einführung **22a** H 22a (2); **25b** H 25b (1)

Fiskalvertretung **22a**; **22a** H 22a (2); **22c**
- Beendigung **22a** H 22a (1)
- im Umsatzsteuerrecht **22a** H 22a (1)
- Untersagung **22e (1)**

Flechten Anl. 2

Fleisch Anl. 2
- Zubereitungen Anl. 2

Fleischer
- erleichterte Trennung der Bemessungsgrundlagen **22** AE 22.6.3; **22** H 22 (3, 7)

Fleurop AG
- Pflichtangaben in Rechnungen **14** H 14 (2)

Flocken Anl. 2
- von Kartoffeln Anl. 2

Flugpauschalreise **25** AE 25.2

Flugreise **25** AE 25.2

Flugschein
- Verkauf durch IATA-Reisebüros **4** AE 4.5.3
- Verkauf durch Reisebüros **4** AE 4.5.3
- Verkauf durch Tickethändler **4** AE 4.5.3

Flüssigkeit
- alkoholische **4**; **24 (1)**

Flut-Katastrophe
- in Pakistan **4a** H 4a (3)

Folgerecht **1** AE 1.1.21
- bei Werken bildender Künstler **12** AE 12.7.16

Förderprämie **10** AE 10.2.7

Forderungen
- Einziehung von – **1 (1)**

Forderungsabtretung **13c** AE 13c.1
- bei Vereinnahmung durch den Abtretungsempfänger **13c** H 13c (2)
- Haftung für USt **13c**; **27 (7)**
- Zeitpunkt der Versteuerung **13** AE 13.6

Forderungseinzug **2** AE 2.4

Forderungskauf **2** AE 2.3; **2** AE 2.4; **10** AE 10.5

Forderungspfändung
- Haftung für USt **13c**; **27 (7)**

Forderungsverkauf **2** AE 2.3
- Haftung **13c** AE 13c.1

Förmliche Zustellung **4** AE 4.11b.1; **4** H 4 (36)

Formöle Anl. 2

Forschungs- und Entwicklungsarbeiten
- Ort der sonstigen Leistung **3a** Rsp I

Forschungsauftrag **12** AE 12.7.14

Forschungsbetriebe **2** AE 2.10

Forschungseinrichtung **1** H 1 (10)
- Vorsteuerabzug **15** Rsp III

Forschungstätigkeit
- der Hochschulen **27 (10)**
- Durch Hochschulen **2** H 2 (7)
- Umsatzsteuerbefreiung(en) **4** Rsp I

Forschungsvorhaben
- Zuschüsse **10** AE 10.2
- Zuschüsse für **10** AE 10.2

Forstwirte
- Berichtigung des Vorsteuerabzugs **15a** AE 15a.9

Forstwirtschaft **24 (2)**

Fortbewegung, mechanische
- Vorrichtungen Anl. 2

Fortbildung
- von Jugendlichen **4** AE 4.23.1

Fotokopie **3** AE 3.5
- als Beleg **4** AE 4.3.3

Frachtführer
- erleichterte Trennung der Bemessungsgrundlagen **22** H 22 (8)
- erleichterte Umsatzaufteilung **22** AE 22.6.18

Frachturkunde **4** AE 4.3.4

Fraktionen
- verschiedener Fette und Öle Anl. 2

Franchising
- bei Ersatzschulen **4** AE 4.21.5

Frauenmilch **4**; **4** AE 4.17.1

Freiberufler
- Kapitalgesellschaft **20** AE 20.1

Freiberufliche Tätigkeit
- als Angehöriger eines Heilberufs **4** AE 4.14.1; **4** AE 4.14.4
- Umsätze, Aufhebung der Steuerermäßigung **12** H 12 (7)

Freifahrten **1** AE 1.8.15

Freihafen **1 (3)**; **1** AE 1.12; **4**
- Ausfuhrlieferung **6** H 6 (7)
- Ausfuhrnachweis **6** H 6 (7)
- Belegnachweis **6** H 6 (7)
- Verzehr an Ort und Stelle **1** AE 1.11
- Wassersport-Lehrgänge **1** AE 1.11

Freihafen-Veredelung **5**; **5** *1*

Freihafen-Veredelungsverkehr **1 (3)**; **1** AE 1.12

Freihafenlagerung **1 (3)**; **1** AE 1.12; **5**; **5** *1*

Freiinspektion
- in der Kraftfahrzeugwirtschaft **1** H 1 (3)

Freistellungsbescheinigung
- bauleistender Unternehmer **13b** H 13b (2)

Freistempler **4** AE 4.11b.1; **4** H 4 (36)

Freitabakwaren **1** AE 1.8.14

Freizeiten **4**

Freizeitgegenstände
- nichtunternehmerische Nutzung **10** AE 10.6
- Vorsteuerabzug **15** AE 15.2

Freizeitzentren **12** AE 12.11

Stichwortverzeichnis

Freizone
- als Inland **1 (2)**
- Kontrolltyp I **1** AE 1.12

Frischblutkonserven **4** AE 4.17.1

Fristverlängerung **18; 18** 46; **18** AE 18.4
- rückwirkende **24 (4)**

Früchte
- genießbare Anl. 2
- ölhaltige Anl. 1; Anl. 2
- Steine und Kerne Anl. 2
- zur Aussaat Anl. 2

Fruchtsaft Anl. 2

Frühförderstellen
- interdisziplinäre **4** AE 4.16.5

Fun-Games **4** AE 4.9.2

Funk
- Mitarbeiter **23** AE 23.2.3

Fußpraktiker **4** AE 4.14.4

Futter Anl. 2
- zubereitetes Anl. 2

Fütterungsarzneimittel Anl. 2

G

Ganzsachen Anl. 2

Garantieleistungen **1** AE 1.3
- in der Kraftfahrzeugwirtschaft **1** H 1 (3)
- Reifenindustrie **1** H 1 (2)
- Vorsteuerabzug **15** AE 15.2.22

Garantieverpflichtung
- Übernahme **4** AE 4.8.12

Garantieversicherung **3** AE 3.7

Garantieversprechen **4** AE 4.8.12

Garantiezusage
- eines Autohändlers **4** H 4 (39)
- Steuerbefreiung **4** H 4 (39)
- Umsatzsteuerbefreiung(en) **4** Rsp III

Garten **12 (2)**
- botanischer **4**
- zoologischer **4**

Gartenbau **24 (2)**
- Steuerschuldner **13b** H 13b (2)

Gas Anh. 7
- Lieferung **1** AE 1.6

Gastarbeiter **6** AE 6.3

Gastgewerbe
- Steuersatzänderung **12** H 12 (7)

Gastspieldirektionen **12** H 12 (19)
- Steuersatz **12** H 12 (23)

Gaststättenunternehmen **12** H 12 (7)

Gebäude
- aus Fertigteilen **4** AE 4.12.1
- Differenzbesteuerung Anh. 7
- Ehegattengemeinschaft **15** Rsp I
- einheitliche Option **9** AE 9.1
- Einschränkung der Option **9** AE 9.2
- Errichtung **15** Rsp I; **27 (2)**
- Option für die Besteuerung **9** Rsp I

Gebäude, gemischt-genutztes
- Vorsteuerabzug **15** H 15 (13)

Gebäudebegriff Anh. 7

Gebäudereiniger
- Begriff **13b** AE 13b.1
- Bescheinigung **13b** AE 13b.1
- Nachhaltigkeit **13b** AE 13b.1
- öffentliche Hand **13b** AE 13b.1
- Organgesellschaft **13b** AE 13b.1
- Organschaft **13b** AE 13b.1
- Organträger **13b** AE 13b.1
- Steuerschuldner **13b** AE 13b.1

Gebäudereinigung
- Steuerschuldner **13b (2)**; **13b** AE 13b.1; **13b** H 13b (12)

Gebäudeteile
- Option für die Besteuerung **9** Rsp I

Gebietskörperschaften **2** AE 2.11
- Betriebe gewerblicher Art **2** AE 2.11.19
- Betriebe in privatrechtlicher Form **2** AE 2.11.20

Gebrauchsgraphiker **12** AE 12.7.16

Gebrauchsüberlassung
- von Grundstücken **4** AE 4.12.6

Gebrauchtfahrzeuge
- Besteuerung **25a** AE 25a.1.10
- Differenzbesteuerung **25a** AE 25a.1.10
- Übergangsregelung Anh. 7

Gebrauchtgegenstände **25a** AE 25a.1
- Differenzbesteuerung Anh. 7

Gebrauchtwagen **3** AE 3.7; **3** H 3 (3); **25a** AE 25a.1
- Inzahlungnahme bei Neukauf **10** AE 10.5.4
- Vermittlung **3** H 3 (4)

Gebrauchtwagen (Agentur)
- Differenzbesteuerung **25a** H 25a (1)

Gebrauchtwagenhandel
- verdeckter Preisnachlass **10** H 10 (5)

Gebrauchtwaren
- aus Privathand, Handel **25a** AE 25a.1

Geburtshilfe
- bei Tieren **12** AE 12.3

Geburtshilfeeinrichtung(en) **4** AE 4.14.5
- Steuerbefreiung **4** H 4 (26)

Gedichte
- Vortragen **12** AE 12.7.20

Geflügelfett Anl. 2

Gefolge
- ziviles Anh. 3; Anh. 4

Gegenleistung
- bei Pkw-Überlassung **10** AE 10.1
- beim Tausch **10** AE 10.4
- beim tauschähnlichen Umsatz **10** AE 10.4
- Übernahme einer Baulast **10** AE 10.5

Gegenseitigkeit
- nach § 26 Abs. 3 UStG **26** H 26 (1–5)
- Vorsteuer-Vergütungsverfahren **18** H 18 (10, 20, 21, 29)

Gegenseitigkeit, grenzüberschreitender Luftverkehr **26** AE 26.4
- Verzeichnis der Länder **26** AE 26.5

Gegenstand der Ausfuhr **7**

997

Stichwortverzeichnis

Gegenstände 15 H 15 (3)
– Aufteilung 15 AE 15.2
– dressiertes und trainiertes Pferd 3 Rsp I
– nicht Waren i. S. d. Zollrechts 21 (5)
– Überlassung an Gesellschafter 1 AE 1.9
– Zuordnung zum Unternehmen 15 AE 15.2.21

Gegenstandsüberlassung
– an Gesellschafter 1 H 1 (13)
– an Gesellschafter-Geschäftsführer 1 H 1 (14)

Gehhilfe-Rollatoren
– Steuersatz Anl. 2

Gelangensbestätigung
– Nachweis bei Steuerbefreiung für innergemeinschaftliche Lieferung 6a H 6a (7)
– Steuerbefreiung für innergemeinschaftliche Lieferungen 4 *17a*

Gelatine Anl. 2

Geldforderung
– Optionsgeschäfte 4 AE 4.8.4
– Umsätze von 4
– Vermittlung der Geschäfte mit – 4

Geldgeschenke 1 (1)

Geldspielautomaten
– Benutzung 3a AE 3a.6; 3a H 3a (5)
– Steuerbefreiung 4 AE 4.8.3

Geldspielgeräte
– Umsatzsteuerbefreiung(en) 4 Rsp I

Geldwechselgeschäft 4 AE 4.8.3

Gelegenheitsverkehr
– Personenbeförderung mit Kraftomnibussen 16 (5); 16 AE 16.2

Gelegenheitsverkehr mit Kraftomnibussen 10 AE 10.2.5, 6
– grenzüberschreitender 16 (5)

Gelenk, künstliches 1
– Teile und Zubehör Anl. 2

Gemälde Anl. 2

Gemeinde
– Vermietungstätigkeit 2 Rsp I

Gemeinschaft
– Vorsteueraufteilung 15 H 15 (14)

Gemeinschaft der Wohnungseigentümer 4

Gemeinschaftsbahnhof 2

Gemeinschaftsgebiet 1 (2); 1 AE 1.9; 1a (1); 18 AE 18.11.3
– Festlandssockel 3 Rsp I
– übriges 22

Gemeinschaftsleistungen 4 AE 4.14.8

Gemeinschaftspraxis 4 AE 4.14.7

Gemeinschaftswaren
– in Zollverfahren 4 H 4 (2)

Gemeinschuldner
– Konkurs 17 AE 17.1.5

Gemischt genutzter Pkw
– Vorsteuerabzug 15 Rsp I

Gemischt genutztes Gebäude
– Aufteilungsmaßstab 15 Rsp III
– Bemessungsgrundlage 10 Rsp I

– Vorsteuerabzug 15 Rsp III

Gemischte Verträge 4 AE 4.12.5

Gemüse
– andere, frisch oder gekühlt Anl. 2
– getrocknet Anl. 2
– vorläufig haltbar gemacht Anl. 2

Gemüsebau 24 (2)

Gemüsesäfte Anl. 2

Genossenschaft
– geistliche 4; 4 AE 4.27.1
– umsatzabhängige Zusatzvergütung 17 AE 17.1.3

Geräteidentifikationsnummer
– Angabe in der Rechnung 14 H 14 (5)

Gericht
– ordentliches 29 AE 29.1

Gerichtssachverständiger 4 Rsp I

Gerüstbau
– Steuerschuldner 13b AE 13b.1; 13b H 13b (1, 2)

Gesamtentgelt
– für Verpflegung u. Unterkunft 16 AE 16.2

Gesamtrechtsnachfolge 23 AE 23.1.3
– Berichtigung des Vorsteuerabzugs 15a AE 15a.10

Gesamtschuldner
– als Steuerschuldner Anh. 7
– Umsatzsteuerlagerhalle 13a (1)

Gesamtumsatz 19 (1); 19 (3); 19 AE 19.1.3–6; 20
– bei Differenzbesteuerung 19 H 19 (2)
– bei Reiseleistungen 19 H 19 (2)
– Berechnung 19 AE 19.1.2; 19 AE 19.3.2

Gesamtvollstreckungsverfahren 1 AE 1.2; 17 AE 17.1.5

Gesandtschaften 1 AE 1.9

Gesangssolist
– Umsatzsteuerbefreiung(en) 4 Rsp I

Geschäftsbesorgung 3 AE 3.15

Geschäftsbetrieb, wirtschaftlicher 12 AE 12.9; 12 AE 12.10
– Steuersatz 12 H 12 (10)

Geschäftseinrichtung
– als Betriebsstätte 3a AE 3a.1; 3a H 3a (5, 11)

Geschäftsführer 2 AE 2.3
– einer Kapitalgesellschaft 2 AE 2.2

Geschäftsführerleistungen
– durch Gesellschafter 2 H 2 (2, 4)
– eines Gesellschafters 1 AE 1.6; 2 AE 2.2
– eines Gesellschafters an die Gesellschaft 1 H 1 (20, 22, 25)

Geschäftsveräußerung 1; 10 AE 10.5; 1 H 1 (8); 24 (4); 25; Anh. 7
– Berichtigung des Vorsteuerabzugs 15a AE 15a.9; 15a AE 15a.10
– entgeltliche 1 H 1 (19)
– Übernahme von Einrichtungsgegenständen 1 AE 1.5
– unentgeltliche 1 H 1 (19)
– unrichtiger Steuerausweis 14c AE 14c.1
– zuständige Finanzbehörde 2 H 2 (17)

Geschäftsveräußerung im Ganzen 1 Rsp I
– bei Übertragung auf Organträger 1 Rsp III
– bei Verkauf eines vermieteten Grundstücks 1 Rsp III
– Differenzbesteuerung 25a H 25a (2)

998

Stichwortverzeichnis

- ohne Übertragung des
  Grundstücksmietvertrags 1 Rsp III
- Rechnungsberichtigung 1 Rsp III
- unionsrechtlicher Übertragungsbegriff 1 Rsp III
- Vollverzinsung 1 Rsp III

Geschäftsvisum
- als Abnehmerbestätigung 6 AE 6.11

Geschäftswert 3 AE 3.1; 4 AE 4.28.1

Geschenk von geringem Wert
- Begriff 3 Rsp I
- unentgeltliche Wertabgabe 3 Rsp I

Geschenke
- als unentgeltliche Zuwendungen 3 AE 3.3
- von geringem Wert 3 H 3 (35)
- Vorsteuerabzug 15 AE 15.6

Gesellschaft
- Leistungen durch Gesellschafter 1 AE 1.6; 2 AE 2.2
- Neugründung 1 AE 1.6
- Vorschaltung 1 AE 1.1

Gesellschaft bürgerlichen Rechts
- niederländische 2 Rsp I

Gesellschafter 1 (1)
- als Mitunternehmer 2 AE 2.1
- als Unternehmer 1 AE 1.6.1
- Ausscheiden von – 1 AE 1.6
- Eintritt neuer – 1 AE 1.6
- Fahrzeugüberlassung an – 15 H 15 (3)
- Fahrzeugüberlassung an Gesellschaft 1 H 1 (24)
- Geschäftsführungsleistungen 1 H 1 (20, 22, 25)
- gleichzeitiger Wechsel aller – 1 AE 1.6
- Leistungen an – 1 AE 1.6
- Sacheinlagen von – 1 AE 1.6
- Überlassung eines Gegenstands 1 H 1 (13, 14)
- Vermietung an Gesellschaft 2 Rsp I
- Vertretungsleistungen an Gesellschaft
  1 H 1 (20, 22, 25)

Gesellschafter-Geschäftsführer
- kein Unternehmer 2 Rsp I
- Überlassung eines Gegenstands 1 H 1 (14)

Gesellschafterleistungen 1 AE 1.6.4
- an Gesellschaft 1 AE 1.6; 2 AE 2.2
- Personalgestellung 3 Rsp III

Gesellschafterverbrauch
- als unentgeltliche Wertabgabe 3 AE 3.2

Gesellschaftsanteile 4 AE 4.8.9
- Ausgabe 15 AE 15.21
- Ausgabe von 15 H 15 (10)
- Erwerb von – 4 AE 4.8.10
- gegen Bareinlage 15 H 15 (10)
- gegen Sacheinlage 15 H 15 (10)
- Halten 15 AE 15.22
- Vermittlung 4 AE 4.8.10
- Vorsteuerabzug 15 AE 15.21; 15 AE 15.22
- Vorsteuerabzug bei Ausgabe 15 H 15 (10)

Gesellschaftsverhältnisse 1 AE 1.6

Gesetzesvorschriften
- zeitlich begrenzte Fassungen 28

Gesetzliche Zahlungsmittel 4 AE 4.8.3

Gestaltungsmissbrauch 1 AE 1.1

Gestellung eines Lehrers
- Umsatzsteuerbefreiung(en) 4 Rsp I

Gestellungsvertrag 25 AE 25.1.8

Gesundheitspfleger 4 AE 4.14.4

Getränke 4; 24 (1)
- Abgabe in Theatern 4 AE 4.20.1
- alkoholische 1a (5)

Getränkelieferung im Kino
- Einheitlichkeit der Leistung 12 Rsp III
- Steuersatz 12 Rsp III

Getränkesteuer
- Beibehaltung Allg.

Getreide Anl. 1; Anl. 2
- Stroh und Spreu Anl. 2

Getreidekerne Anl. 2

Getreidekörner Anl. 2

Gewährleistungsfälle 1 AE 1.3

Gewährleistungspflicht 1 H 1 (3)

Gewässer u. Watten 1 (3)

Gewerbe, graphisches
- Erzeugnisse Anl. 2

Gewerbebetrieb
- kraft Rechtsform 24 (2)

Gewerbebetriebe kraft Rechtsform
- Durchschnittssatzbesteuerung 24 H 24 (6, 8)

Gewerbezweige
- Durchschnittssätze 23 AE 23.2

Gewerbliche Tätigkeit 2

Gewerkschaften 2 Rsp I

Gewinnpoolung 2 AE 2.1

Gewinnreisen 25 H 25 (3)

Gewürze Anl. 2

Gibraltar 1 AE 1.10
- Amtshilfe, zwischenstaatliche Allg.

Gips 12 AE 12.4

Girokonto 1 AE 1.1; 2 AE 2.3

Glas Anl. 3

Glasfaserkabel (Verlegung)
- Lieferung und Ort der Lieferung 3 Rsp I

Gläubiger 17 AE 17.1.6

Gleichmäßigkeit der Besteuerung
- Wahrung 26 (1)

Globen Anl. 2

Glücksspiele
- Umsatzsteuerbefreiung(en) 4 Rsp I

Glücksspielumsätze
- kein Erlass bei unionsrechtswidriger Steuerfestsetzung 4 Rsp III
- kein Nichtigkeit bei unionsrechtswidriger Steuerfestsetzung 4 Rsp III
- Umsatzsteuerbefreiung(en) 4 Rsp III

GmbH
- aufgelöste 2 AE 2.6
- Überlassung eines Gegenstands an Gesellschafter-Geschäftsführer 1 H 1 (14)

Gold 4 AE 4.4.1; 25a AE 25a.1
- aus Pulver Anl. 1

Stichwortverzeichnis

- in Rohform   Anl. 1
- Lieferung von –   4

Goldbarren
- Sonderregelung   Anh. 7
- Steuerbefreiung   Anh. 7

Golddarlehen   Anh. 7

Goldlieferungen
- Steuerschuldner   **13b (2)**; **13b** H 13b (12)

Goldmarkt, geregelter
- Steuerbefreiung für Umsätze auf einem   Anh. 7

Goldmünzen   **4** AE 4.8.3; **4** AE 4.11.1; **25c (2)**
- 1-DM-Goldmünze   **25c** H 25c (2, 3)
- Sonderregelung   Anh. 7
- Steuerbefreiung   Anh. 7
- Verzeichnis   **25c** H 25c (1, 3–10)

Goldplattierungen
- Steuerschuldner   **13b (2)**

Goldschmiedewaren   **25a** AE 25a.1

Goldswaps   Anh. 7

Goldumsätze
- Steuerschuldner   **13b** AE 13b.1

Goldzertifikate   Anh. 7

Golfeinzelunterricht
- Umsatzsteuerbefreiung(en)   **4** Rsp III

Granulat
- von Kartoffeln   Anl. 2

Graphik-Designer   **12** AE 12.7.17

Graphiker   **12** AE 12.7.16

Gräser   Anl. 2

Greenfee   **4** AE 4.12.6

Grenzbetriebsstrecke   **4**

Grenzüberschreitende Beförderung
- im Luftverkehr   **26 (3)**; **26** AE 26.1; **26** AE 26.2; **26** AE 26.3; **26** AE 26.4; **26** AE 26.5

Grieß
- von genießbaren Früchten   Anl. 2
- von getrockneten Hülsenfrüchten   Anl. 2
- von Kartoffeln   Anl. 2

Grobgrieß
- von Getreide   Anl. 2

Großgeräte, medizinische
- Überlassung   **4** AE 4.14.6

Grund und Boden
- Option für die Besteuerung   **9** Rsp I

Grundbuchführer
- wirtschaftliche Tätigkeit   **1** Rsp I

Gründergesellschaft
- Organträger   **2** AE 2.8

Grunderwerbsteuer   **4** AE 4.9.1
- zulässige Doppelbesteuerung von Baukosten   **4** Rsp I

Grunderwerbsteuern   Anh. 7

Grundsicherung   **4** H 4 (4)

Grundstück   **27 (2)**
- bebaute u. unbebaute   Anh. 4
- einheitliche Option   **9** AE 9.1
- Einschränkung der Option   **9** AE 9.2
- Entnahme   **4** AE 4.9.1

- Ort der sonstigen Leistung   **3a (2)**
- steuerfreier Erwerb   **4**; **4** AE 4.9.1
- Vermietung   **Allg.**
- Verpachtung   **4**; **4** AE 4.12.1

Grundstück, gemischt genutztes
- Vermietung   **9** AE 9.1; **9** H 9 (1)
- Vorsteuerabzug   **15** AE 15.6a; **15** H 15 (16, 19)

Grundstücksflächen
- Überlassung   **3** H 3 (18)

Grundstücksgemeinschaft
- Unternehmereigenschaft   **2** Rsp III

Grundstückskaufverträge
- Bemessungsgrundlage   **10** H 10 (12)

Grundstücksmakler   **3a** AE 3a.3; **3a** H 3a (5)

Grundstücksnutzung
- nichtunternehmerische   **10** H 10 (11)

Grundstückssachverständiger   **3a** AE 3a.3; **3a** H 3a (5)

Grundstücksteile
- Überlassung   **4** AE 4.12.8

Grundstücksübertragungen
- bei Einräumung eines Vorbehaltsnießbrauchs   **3** H 3 (16)
- zwischen Angehörigen   **1** H 1 (28); **3** H 3 (19)

Grundstücksumsätze
- Leistungsempfänger als Steuerschuldner   **13b (2)**
- Leistungsort   Anh. 7
- Steuerschuldner   **13b** H 13b (1, 2)

Grundstücksvermietung   **4**; **4** AE 4.12.1

Grundstücksvermietung, steuerfreie
- Fertigcontainer   **4** AE 4.12.1

Guano   Anl. 2

Guernsey   **1** AE 1.10

Gurken   Anl. 2

Gürtel
- medizinisch-chirurgische   Anl. 2

Gutachten
- Berichtigung des Vorsteuerabzugs   **15a** AE 15a.7
- in Versicherungsangelegenheiten   **4** AE 4.14.6
- keine heilberufliche Tätigkeit   **4** AE 4.14.6
- über Berufstauglichkeit   **4** AE 4.14.6
- über Seevermögen   **4** AE 4.14.6
- Vaterschaftsermittlung   **4** Rsp I
- Vervielfältigung von –   **12** AE 12.7.14

Güter, subventioniert
- Vorsteuerabzug   **15** Rsp I

Güterbeförderung
- an Nichtunternehmer   **3b** H 3b (2)
- gebrochene   **3b** AE 3b.4; **3b** H 3b (1)
- grenzüberschreitende   **4**; **4** AE 4.3.2; **4** AE 4.3.3
- innergemeinschaftliche   **3b** AE 3b.3; **3b** AE 3b.4
- Leistungsort   **3b** H 3b (2)

Güterbeförderung, innergemeinschaftliche
- Nachweis des Zusammenhangs   **3b** AE 3b.4

Güterbeförderungsleistungen
- Leistungsort   Anh. 7
- Nachweis der Steuerbefreiung   **4** H 4 (6)
- von Gegenständen der Einfuhr   **4** H 4 (6)

Güterbesichtiger   **8** AE 8.1

Stichwortverzeichnis

Gutschein 12 H 12 (7)
- Änderung der Bemessungsgrundlage 17 AE 17.2
- geänderte Bemessungsgrundlage 17 (1)

Gutschrift
- als Rechnung 14 AE 14.3; 14 AE 14.8.8; Anh. 7
- Steuerausweis (Widerspruch) 17 AE 17.1.10
- Übermittlung auf elektronischem Weg 14 AE 14.4.6
- unrichtiger Steuerausweis 14c AE 14c.1
- Widerspruch 14 AE 14.3; 17 AE 17.1.10
- Wirksamkeit als Rechnung 14 AE 14.3
- Zeitpunkt der Versteuerung 13 AE 13.6

Gutschriftsausstellung
- durch juristische Personen 14 AE 14.3
- durch Unternehmer 14 AE 14.3
- Vereinbarung über 14 AE 14.3
- Widerspruch 14 AE 14.5

H

Hafenbetriebe 8 AE 8.1

Haftung
- Aufzeichnungspflichten 22
- bei Abtretung 13c AE 13c.1; 13c H 13c (1–3)
- bei Abtretung von Forderungen 13c; 27 (7)
- bei Forderungsabtretung 13c AE 13c.1; 13c H 13c (1–3)
- bei Forderungsabtretung an Dritten 13c AE 13c.1
- bei Forderungsverkauf 13c AE 13c.1
- bei Insolvenz 13c AE 13c.1
- bei Kauf durch Bruchteilsgemeinschaft 18 Rsp III
- bei Kleinunternehmern 13c AE 13c.1
- bei Land- und Forstwirten 13c AE 13c.1
- bei Leasing von Gegenständen 13d; 27 (7)
- bei nicht entrichteter Steuer 13c AE 13c.1
- bei Pfändung 13c AE 13c.1; 13c H 13c (1–3)
- bei Pfändung von Forderungen 13c; 13c H 13c (2); 27 (7)
- bei streitiger Steuerfestsetzung 13c AE 13c.1
- bei teilweise entrichteter Steuer 13c AE 13c.1
- bei vereinnahmter Forderung 13c AE 13c.1
- bei Vermietung von Gegenständen 13d; 27 (7)
- bei Verpfändung 13c AE 13c.1; 13c H 13c (1–3)
- bei Verpfändung von Forderungen 13c; 27 (7)
- für die Zahlung der Umsatzsteuer 25d Rsp I
- für schuldhaft nicht abgeführte Steuer 25d
- für Umsatzsteuer beim Abzugsverfahren 16; 17; 18
- schuldhaft nicht abgeführte Steuer 25d AE 25d.1
- Übergangsregelung 13c AE 13c.1
- Umsatzsteuerkarussell 15 Rsp III

Haftungsbescheid
- bei Inanspruchnahme des Abtretungsempfängers 13c AE 13c.1

Haftungsschuld
- durch Zahlung 13c AE 13c.1
- Festsetzung 13c AE 13c.1
- Gesamtschuldverhältnis 13c AE 13c.1

Haftungsschuldner
- Inanspruchnahme 13c AE 13c.1

Haftungstatbestand 13c AE 13c.1

Haftungsvergütung
- an Gesellschafter 1 H 1 (40)
- einer Personengesellschaft 1 H 1 (40)

Halbstoffe
- aus Holz Anl. 1

Halbtages-Schülerheime 4 AE 4.23.1

Handel
- mit Ökopunkten 1 H 1 (23)

Handelschemiker 3a AE 3a.9; 3a H 3a (5)

Handelsmakler 12 H 12 (7)

Handelspapiere 4 AE 4.8.6

Handelsschiffe Anh. 5

Handelsvertreter 12 H 12 (7)
- Ausgleichszahlungen an – 4 AE 4.5.1

Händlerfinanzierung
- Zinssubventionen 1 H 1 (39)

Handwerkskammer 2 AE 2.11

Harmonisierung, Umsatzsteuer
- MWSt-Richtlinie Anh. 7

Härtefälle
- Beseitigung von Unbilligkeiten 26 (1)

Hauptfrachtführer 4 AE 4.3.2

Hauptverband für Jugendwandern u. Jugendherbergen 4

Hausanschlussleitung
- Rechnungsberichtigung Anl. 2
- Steuersatz Anl. 2
- Steuerschuldnerschaft des Leistungsempfängers Anl. 2
- Umfang Anl. 2
- umsatzsteuerliche Behandlung 2 Rsp I

Hausgeflügel
- Mägen von Anl. 2

Haushaltsführung, doppelte
- Vorsteuerabzug 15 AE 15.6

Haushaltshilfe 4 AE 4.16.5
- Steuerbefreiung 4 H 4 (24)

Haushaltshilfeleistungen 4 AE 4.16.5
- Steuerbefreiung 4 H 4 (27)

Hausrinder
- Mägen von Anl. 2

Haustee Anl. 2

Haustrunk 1 AE 1.8.14

Havariekommissar 8 AE 8.1

Hebamme 4; 4 AE 4.14.4
- Steuerbefreiung 4 H 4 (26)

Heilbäder 12 (2); 12 AE 12.11
- Steuersatz 12 H 12 (12); 12 Rsp III

Heilbehandlung
- Steuerbefreiung 4 H 4 (26)
- Umsatzsteuerbefreiung(en) 4 Rsp I

Heilbehandlungsleistung
- Umsatzsteuerbefreiung(en) 4 Rsp I

Heilberuf(e) 4 AE 4.14.1
- Berufsausübung 4 AE 4.14.4
- berufsrechtliche Regelungen 4 AE 4.14.4
- Umfang der Steuerbefreiung 4 AE 4.14.6
- Zulassung durch Krankenkasse 4 AE 4.14.4

Heilberufliche Tätigkeit 4

Heileurythmist 4 AE 4.14.4

Heilpraktiker 4; 4 AE 4.14.1; 4 AE 4.14.4
- Steuerbefreiung 4 H 4 (26)

1001

Stichwortverzeichnis

Heilpraktiker-Schulen 4 AE 4.21.2
Heilwasser Anl. 2
Helgoland 1 AE 1.9; Anh. 7
Heparin-Blutkonserven 4 AE 4.17.1
Herauslösen menschlicher Gelenkknorpelzellen
– Ort der sonstigen Leistung 4 Rsp III
– Umsatzsteuerbefreiung(en) 3 Rsp III
Herauslösen von Knorpelzellen zur Reimplantation
– Umsatzsteuerbefreiung(en) 3 Rsp I
Herstellung von Erschließungsanlagen
– Lieferung 3 Rsp III
Herstellungskosten
– bei Landwirten 24 Rsp III
Herstellungskosten, nachträgliche
– Berichtigung des Vorsteuerabzugs 15a AE 15a.8
Herzschrittmacher Anl. 2
High-School-Programme 25 AE 25.1.1
– Bemessungsgrundlage 25 H 25 (4); 25 Rsp I
– Reiseleistungen 25 H 25 (4); 25 Rsp I
Hilfsgeschäft 2 AE 2.7; 12 AE 12.4
– eines Versicherungsvertreters 4 AE 4.11.1
Hilfsmittel 4 AE 4.14.1
Hilfsmittellieferung(en)
– keine heilberufliche Tätigkeit 4 AE 4.14.6
Hilfsstoffe
– land- u. forstwirtschaftliche Betriebe 24 (1)
Hilfsumsätze
– im Rahmen von Grundstücksgeschäften 15 Rsp I
Hochschulen
– Forschungstätigkeit 2 H 2 (7)
Hochseeangelreise
– Einheitlichkeit der Leistung 3b Rsp III
Hochseeschiffe
– Umsatzsteuerbefreiung(en) 4 Rsp I
Hofladen
– Durchschnittsatzbesteuerung 24 H 24 (5)
Hoheitliche Aufgabe
– Einschaltung von Unternehmern 1 H 1 (5)
Holding Anh. 7
Holdinggesellschaft
– Unternehmereigenschaft 2 Rsp I; 15 Rsp I
– Vorsteuerabzug 2 Rsp I; 15 Rsp I
Holz Anl. 2
Holzabfälle Anl. 2
Holzausschuss Anl. 2
Honig
– natürlicher Anl. 2
Honorar
– als Teilleistung 13 AE 13.3
Hörgeräte
– Anpassung 4 AE 4.14.2
Hörspiele 12 AE 12.7.20
Hospitality-Leistungen
– als unentgeltliche Wertabgaben 3 H 3 (20)
Hospiz 4 AE 4.14.5
– Steuerbefreiung 4 H 4 (26)

Hotel(s) 12 H 12 (7)
Housing Referral Office Rental Agreement Anh. 3
Hülsenfrüchte
– geschält oder zerkleinert Anl. 2
– getrocknete, ausgelöste Anl. 2
Humanmedizin
– Heilbehandlungen 4 Rsp I
– Umsatzsteuerbefreiung(en) 4 Rsp I
Hummer Anl. 2
– zubereitet oder haltbar gemacht Anl. 2
Hygieneleistungen durch Ärzte
– Umsatzsteuerbefreiung(en) 4 Rsp III

I

Identifikationssystem Anh. 7
Identifizierungspflicht 25c (6)
Imbissstand
– Verzehr an Ort und Stelle 3 H 3 (27)
Imbisswagenspeisen
– Lieferung 3 Rsp III
– sonstige Leistung 3 Rsp III
Imkerei 24 (2)
Immunglobuline 4 AE 4.17.1
Impfstoff 12 AE 12.3
Impfung
– von Zuchttieren 12 AE 12.3
Incentive-Reise(n) 25 AE 25.1.2; 25 AE 25.3.5
Individual-Software
– Übertragung 3a AE 3a.9; 3a H 3a (5)
– Übertragung über Internet 3 AE 3.5
Informationsaustausch
– neue Fahrzeuge 18 H 18 (2, 3)
Informationsdienste 3a AE 3a.10; 3a H 3a (5)
Informationsüberlassung
– bei Leistungen im Internet 3a AE 3a.9; 3a H 3a (5)
Ingenieur(e)
– Sollversteuerung 13 AE 13.3
Ingenieurleistungen 3a AE 3a.9; 3a H 3a (5)
Inkasso
– von Handelspapieren 4 AE 4.8.6
Inkassobüro 17 AE 17.1.6
Inkrafttreten
– MWSt-Richtlinie Anh. 7
Inland 1; 1 (2); 1 (3); 1 AE 1.9; 3 AE 3.4.8; 3a (2); 6 (2); 10 AE 10.2.5; 16 (5); 16 AE 16.2
– Festlandssockel 3 Rsp I
– s. auch Erhebungsgebiet 1 (1)
Inlays 4 AE 4.14.3
Innengesellschaft 2 AE 2.2; 3 AE 3.1
Innergemeinschaftliche Güterbeförderungen
– an Nichtunternehmer 3b H 3b (2)
– Begriff Anh. 7
– gebrochene 3b H 3b (1)
– Leistungsort 3b H 3b (2); Anh. 7
– Nichterhebung von Umsatzsteuer Anh. 7
– Steuerbefreiung Anh. 7

Stichwortverzeichnis

Innergemeinschaftliche Lieferung
- Ausschluss der Steuerbefreiung   Anh. 7
- Aussetzung der Vollziehung   **6a** H 6a (3)
- Belegnachweis   **6a** AE 6a.2; **6a** AE 6a.3; **6a** AE 6a.4; **6a** AE 6a.5; **6a** AE 6a.6; **6a** H 6a (4–7); **6a** Rsp III
- Beteiligung an Steuerhinterziehung   **6a** Rsp I
- Buchnachweis   **6a** AE 6a.2; **6a** AE 6a.7; **6a** H 6a (4–7)
- Bunkeröl   **6a** H 6a (2)
- CMR-Frachtbrief   **6a** Rsp III
- gutgläubiger Lieferant   **6a** Rsp I
- im Reihengeschäft   **3** AE 3.14
- in ein Konsignationslager   **3** H 3 (30)
- kollusives Zusammenwirken   **6a** Rsp I
- Nachweis   **6a** AE 6a.2; **6a** AE 6a.3; **6a** AE 6a.4; **6a** AE 6a.5; **6a** AE 6a.6; **6a** AE 6a.7; **6a** H 6a (1, 3–7); **6a** Rsp III
- Nachweis des Gelangens in anderen Mitgliedstaat   **6a** Rsp I
- neue Fahrzeuge   **6a** Rsp I
- Rechnungsausstellung   **14a** (3)
- Reihengeschäft   **6a** Rsp I; **6a** Rsp III
- Steuerbefreiung   **6a** AE 6a.1; **6a** AE 6a.2; **6a** AE 6a.3; **6a** AE 6a.4; **6a** AE 6a.5; **6a** AE 6a.6; **6a** AE 6a.7; **6a** AE 6a.8; **6a** H 6a (4–6); Anh. 7
- Steuerhinterziehung   **6a** Rsp I; **6a** Rsp III
- Täuschung über Abnehmer   **6a** Rsp III
- Verbringen in anderen Mitgliedstaat   **6a** AE 6a.1; **6a** AE 6a.2; **6a** AE 6a.3; **6a** AE 6a.7; **6a** H 6a (4, 5)
- Verpflichtung zur Inanspruchnahme der Amtshilfe   **6a** Rsp I
- Verschleierung der Abnehmeridentität   **6a** Rsp III
- verspäteter Nachweis   **6a** Rsp I
- Vertrauensschutz   **6a** AE 6a.8; **6a** H 6a (1, 3–6)
- von Schmierstoffen   **6a** H 6a (2)
- Voraussetzungen   **6a** AE 6a.1; **6a** AE 6a.4; **6a** AE 6a.6; **6a** AE 6a.7; **6a** H 6a (4, 5)
- Vordruckmuster   **6** H 6 (1)
- Zeitpunkt   **6a** Rsp I

Innergemeinschaftlicher Erwerb   **1a** AE 1a.1; **1a** H 1a (4)
- Ausnahmen   Anh. 7
- Begriff   Anh. 7
- bei Diplomaten   **1c** AE 1c.1
- bei Konsulaten   **1c** AE 1c.1
- beim innergemeinschaftlichen Dreiecksgeschäft   Anh. 7
- Bemessungsgrundlage   Anh. 7
- Besteuerungsverfahren   **1a** H 1a (2, 3)
- durch Pauschallandwirte   **1a** H 1a (1)
- durch zwischenstaatliche Einrichtungen   **1c** AE 1c.1
- im Reihengeschäft   **3** AE 3.14
- neue Fahrzeuge   **6a** Rsp I
- neuer Fahrzeuge   **1b** AE 1b.1; **1b** H 1b (1); **1b** Rsp III
- neuer Fahrzeuge bei Veräußerung aus vorübergehender Verwendung   **1b** H 1b (2)
- Ort   **3d** AE 3d.1
- Ort beim innergemeinschaftlichen Dreiecksgeschäft   Anh. 7
- Ort im Bestimmungsmitgliedstaat   Anh. 7
- Ort im Mitgliedstaat der verwendeten USt-IdNr.   Anh. 7
- Steuerbefreiung   **4b** AE 4b.1; Anh. 7
- Steuerschuldner   Anh. 7
- unternehmensinterne Verwendung   Anh. 7
- Verwendung durch NATO-Streitkräfte   Anh. 7
- von Druckerzeugnissen durch Bibliotheken   **4b** H 4b (1)
- von NATO-Streitkräften   **1c** AE 1c.1
- Vorsteuerabzug   **15** H 15 (20); **15** Rsp I; **15** Rsp III
- vorübergehende Verwendung   **1a** H 1a (3)

Innergemeinschaftliches Dreiecksgeschäft   Anh. 7
- Rechnungserteilung   **14a** AE 14a.1
- Vorsteuerabzug   **15** AE 15.10
- Umsatzsteuerbefreiung   **25b** Rsp I
- Zurechnung der Beförderung   **25b** Rsp I

Innergemeinschaftliches Leasing
- Vorsteuerabzug   **15** Rsp I

Innergemeinschaftliches Reihengeschäft
- Umsatzsteuerbefreiung(en)   **25b** Rsp I
- Zurechnung der Beförderung   **25b** Rsp I

Innergemeinschaftliches Verbringen
- Aufzeichnungspflichten   **1a** AE 1a.2.15
- Ausnahmen   **1a** AE 1a.2.9
- Austauschwaren   **1a** AE 1a.2
- befristete Verwendung   **1a** AE 1a.2.12
- Behälter   **1a** AE 1a.2
- Berufsausrüstung   **1a** AE 1a.2
- Bildträger   **1a** AE 1a.2
- Eisenbahnfahrzeuge   **1a** AE 1a.2
- Ersatzteile   **1a** AE 1a.2
- Fahrzeuge   **1a** AE 1a.2
- Paletten   **1a** AE 1a.2
- Tonträger   **1a** AE 1a.2
- Umschließungen   **1a** AE 1a.2
- Verkaufskommission   **1a** H 1a (4)
- Voraussetzungen   **1a** AE 1a.2.3
- Vorführwaren   **1a** AE 1a.2
- vorübergehende Verwendung   **1a** AE 1a.2.10; **1a** H 1a (3)
- Warenmuster   **1a** AE 1a.2
- Werbematerial   **1a** AE 1a.2

Insel Man   Anh. 7

Insolvenz
- Beendigung der Organschaft   **2** H 2 (16)
- Bemessungsgrundlage in der   **10** AE 10.2

Insolvenzeröffnung   **13** AE 13.2

Insolvenzverfahren   **13** AE 13.2; **17** AE 17.1
- Rückgängigmachung der Lieferung   **17** AE 17.1.8
- Uneinbringlichkeit   **17** AE 17.1; **17** H 17 (4)
- Unternehmereigenschaft   **1** Rsp III
- Werklieferung   **3** AE 3.9

Insolvenzverwalter   **2** AE 2.1; **2** H 2 (14); **13** AE 13.2
- Ausstellung von Rechnungen   **14** AE 14.1
- Unternehmereigenschaft   **1** H 1 (34)

Inszenierung einer Oper
- Steuersatz   **4** Rsp III
- Umsatzsteuerbefreiung(en)   **4** Rsp III

Integrationsfachdienst
- Steuerbefreiung   **4** AE 4.21.2

Integrationsfachdienste   **4** AE 4.16.5
- Steuerbefreiung   **4** H 4 (27)

Integrationskurse   **4** H 4 (7, 13)
- Steuerbefreiung   **4** H 4 (41, 45, 50)

Integrierte Versorgung   **4** AE 4.14.9

Interessenvertretung
- berufliche   **2** Rsp I

Internationale Abkommen
- Ermächtigung durch den Rat   Anh. 7

Stichwortverzeichnis

Internationale Einrichtungen
- Steuerbefreiung Anh. 7

Internationaler Luftverkehr
- Umsatzsteuerbefreiung(en) der Vorbezüge 8 Rsp I

Internetleistungen 3a AE 3a.9; 3a H 3a (5)

Internet-Service-Pakete 3a AE 3a.12; 3a H 3a (5)

Internet-Telefonie 3a AE 3a.12; 3a H 3a (5)

Internet-Zugang 3a AE 3a.12; 3a H 3a (5)

Investitionskostenzuschüsse
- von Gemeinden 10 H 10 (16)

Investmentaktiengesellschaft
- Teilgesellschaftsvermögen 2 H 2 (15)
- Unternehmereigenschaft 2 H 2 (15)

Investmentgesellschaft (SICAV)
- Unternehmereigenschaft 3a Rsp I

Investmentvermögen
- Steuerbefreiung 4 H 4 (35)
- Verwaltung 4 H 4 (35)

IRAP
- Italien Allg.

Iridium 25a AE 25a.1

Irland
- Besteuerung der öffentlichen Hand Allg.

Istbesteuerung 12 H 12 (7); 13 (1); 13 AE 13.6; 20 AE 20.1
- Anzahlungen 13 H 13 (3)

Istversteuerung
- Anzahlungen 13 AE 13.6
- auf buchführungspflichtige Unternehmer 20 Rsp III
- auf freiwillig Buchführende 20 Rsp III
- aufgrund fehlender Buchführungspflicht 20 Rsp III
- bei Aufrechnung 13 AE 13.6
- bei Forderungsabtretung 13 AE 13.6
- bei Gutschriften 13 AE 13.6
- bei Steuerberatungs-GmbH 20 Rsp III
- konkludente Antragstellung 20 Rsp III
- Masseverbindlichkeit 20 Rsp III
- maßgeblicher Gesamtumsatz 20 H 20 (1)
- Wechsel zur Sollbesteuerung 20 H 20 (2)
- Zeitpunkt der Vereinnahmung 13 AE 13.5

IT-Flugscheine 4 AE 4.5.3

Italien
- IRAP Allg.
- Rechtskraftdurchbrechung Allg.
- Steueramnestie Allg.

J

Jagdbezirk
- Durchschnittssatzbesteuerung 24 Rsp I
- Land- und Forstwirte 24 Rsp I
- Verpachtungsumsätze 24 Rsp I

Jagdprüfung
- Vorbereitung auf 4 AE 4.21.2

Jagdschule 4 AE 4.21.2

Jahresbonus 12 H 12 (7); 17 AE 17.2.4

Jahresrückvergütung 12 H 12 (7); 17 AE 17.2.4

Jahresumsatz
- Umrechnung 19 AE 19.3

Jahreswagenverkäufer 2 AE 2.3

Jahrmärkte
- Steuersatz für Veranstalterleistungen 12 H 12 (1)

Jazz 12 AE 12.7.20

Jersey 1 AE 1.10

Johannisbrot Anl. 2

Journalisten 12 AE 12.7.9; 23 AE 23.2.5

Jubiläumsgeschenke 1 AE 1.8.14

Jugendfürsorge 4 AE 4.25.1
- Steuerbefreiung Anh. 7

Jugendherbergen 4 AE 4.24.1

Jugendherbergswesen 4; 4 AE 4.24.1

Jugendhilfe
- freie 4
- Leistungen 4; 4 AE 4.25.1
- Steuerbefreiung 4 H 4 (21)

Jugendliche 4

Jugendwohlfahrt 4 AE 4.25.1

Jungholz 6 AE 6.1

Juristische Person 2 (2); 4a (1)
- des öffentlichen Rechts 3a H 3a (6)
- Leistungsort 3a H 3a (6)
- mit Umsatzsteuer-Identifikationsnummer Anh. 7
- nichtunternehmerisch tätig 3a AE 3a.2; 3a H 3a (5, 11)
- Ort der sonstigen Leistung 3a (2)

Juristische Person des öffentlichen Rechts
- als Steuerschuldner 13b AE 13b.1.2
- drittschützende Wirkung des Wettbewerbsvorbehalts 2 Rsp I
- Standortvermietung 2 H 2 (3)
- Unternehmereigenschaft 2 Rsp I
- Vorsteuerabzug 15 AE 15.19
- Wettbewerbsverzerrungen 2 Rsp I

K

Kabarett 12 AE 12.7.20

Kabarettist 23 AE 23.2.3

Kabelanschluss 4

Kaffee Anl. 1; Anl. 2

Kaiserschnitt
- bei Tieren 12 AE 12.3

Kakaobohne Anl. 1

Kakaobohnenbruch Anl. 1

Kakaopulver Anl. 2

Kalenderjahr 16 (3)

Kaliumsalz
- des Saccharins Anl. 2

Kälte Anh. 7
- Ort Anh. 7

Kameraleute 23 AE 23.2.3

Kameramann 12 AE 12.7.18

Kamillenblüten Anl. 2

Kammermusikensemble 4; 4 AE 4.20.2; 12 (2); 12 AE 12.5
- Steuersatz 12 H 12 (2)

Stichwortverzeichnis

Kammermusikwerk 12 AE 12.7.20
Kanarische Inseln Anh. 7
Kantate 12 AE 12.7.20
Kapellmeister 23 AE 23.2.3
Kapitalanlagegesellschaft
– Sondervermögen 2 H 2 (15)
– Steuerbefreiung Anh. 7
– Unternehmereigenschaft 2 H 2 (15)
Kapitalgesellschaft
– heilberufliche Tätigkeit 4 AE 4.14.7
– Unternehmereigenschaft 2 H 2 (5)
Kapitalüberlassung
– verbilligte 10 AE 10.5
Karfiol Anl. 2
Karikaturist 12 AE 12.7.16
Karnevalsveranstaltung
– Steuersatz 12 Rsp III
Karotten Anl. 2
Kartoffel Anl. 2
– frisch Anl. 1
– gekühlt Anl. 1
Karusselle
– Buffer II 15 Rsp III
– Haftung 15 Rsp III
– Vorsteuerabzug 15 Rsp III
Kassenärztliche Vereinigung 2 AE 2.3
Katasterbehörde 2 AE 2.2.3; 2 AE 2.11.7; 12 H 12 (7)
Katasterverwaltung 2 H 2 (11)
Kauf
– auf Probe 13 AE 13.1
Kauf zahlungsgestörter Forderungen
– Unternehmereigenschaft 2 Rsp I
Kaufanwartschaft 4; 4 AE 4.12.7
Kaufpreis
– Minderung 17 AE 17.1
Kautschuk Anl. 1
Kaviar Anl. 2
Kegelbahn(en)
– Vermietung 4 AE 4.12.11
Kerne
– von Früchten Anl. 2
Kettengeschäft 25 AE 25.1
– Restaurationsleistungen 25 H 25 (2)
Kieferorthopädische Apparate 4
Kinderbekleidung
– Steuersatz 12 Rsp I
Kinderbetreuung
– Steuerbefreiung Anh. 7
Kindergarten 4 AE 4.23.1
Kinderhilfe
– Steuerbefreiung 4 H 4 (21)
Kinderkrankenpfleger 4 AE 4.14.4
Kindertageseinrichtungsspeisung
– sonstige Leistung 3 Rsp III
Kindertagesstätte 4 AE 4.23.1

Kirchliche Einrichtung 12 (2); 12 AE 12.9
Klassenfahrt
– als Linienverkehr 12 AE 12.13
Kleinbahn
– in Ausstellungen 12 AE 12.13
– in Tierparks 12 AE 12.13
Kleinbetragsrechnung 14; 14 33; 15
– Angabe in der Rechnungsnummer 14 AE 14.5.14
– Ausschluss 14 AE 14.6.3
– Mindestangaben 14 AE 14.6
– unberechtigter Steuerausweis 14c AE 14c.2
– unrichtiger Steuerausweis 14c AE 14c.1
– Vorsteuerabzug 15 AE 15.4
Kleines Walsertal 1 AE 1.9
Kleinkinder 16 AE 16.2
Kleinsendungen
– aus dem Drittland 3 H 3 (24)
Kleinunternehmer 25b AE 25b.1
– als Steuerschuldner 13b AE 13b.1.2
– Aufzeichnungspflicht 22 65
– bei stark schwankenden Umsätzen 19 H 19 (1)
– Berichtigung des Vorsteuerabzugs 15a AE 15a.9
– Beschränkung auf Inland 19 Rsp I
– Beschränkung auf inländische Umsätze 19 Rsp I
– Besteuerung 19 AE 19.1; 19 AE 19.2; 19 AE 19.3; 19 AE 19.4; 19 AE 19.5
– degressive Steuerermäßigung Anh. 7
– Jahresumsatz 19 Rsp I
– Nichterhebung der Steuer 19 AE 19.1; 19 AE 19.2
– Steuerbefreiung Anh. 7
– unberechtigter Steuerausweis 14c AE 14c.2
– Vereinfachungen Anh. 7
– Verpachtung landwirtschaftlicher Betriebe 19 H 19 (3)
– Vorsteuerabzug 15 AE 15.1
Klinische Laborärzte 4 AE 4.14.5
Klinischer Chemiker 4; 4 AE 4.14.5
Knoblauch Anl. 2
Knochen
– rohe Anl. 2
Knollen Anl. 2
Knollensellerie Anl. 2
Knospen
– geschnittene, zu Binde- und Zierzwecken, frisch Anl. 2
Kohl Anl. 2
Kohlrabi Anl. 2
Kolpinghaus 4 AE 4.18.1
Kombinationsartikel
– Steuersatz Anl. 2
– Vereinfachungsregelung Anl. 2
Kommanditist
– als Beiratsmitglied 2 AE 2.2; 2 AE 2.3
Kommissionär 3 (3)
Kommissionsgeschäft 3 (3); 3 AE 3.1; 3 AE 3.5
Kommissionsgut 3 AE 3.1
Kommittent 3 (3)
Kommunale Pflichtaufgabe
– steuerbarer Umsatz 1 Rsp III

Stichwortverzeichnis

Komplementär
– Unternehmereigenschaft   2 Rsp III
Komponist   23 AE 23.2.6
Kongressleistungen
– Steuerschuldner   13b H 13b (4, 5)
Konkurs
– Veräußerung, Verwertung   1 AE 1.2
Konkursfreies Vermögen   1 AE 1.2
Konkursverfahren   17 AE 17.1
Konnossement   4 AE 4.3.4
Konsignationslager   3 H 3 (30)
Konsolidierer   3 AE 3.7.10
– postvorbereitende Leistungen   3 H 3 (22)
Konsolidierungsleistungen   4 AE 4.11b.1; 4 H 4 (36)
Konsulat   1 AE 1.9; 4
Kontaktlinsen   4 AE 4.14.6
Kontinuitätsprovision   4 AE 4.8.8; 4 H 4 (20)
Kontoauszug
– als Rechnung   14 H 14 (3)
Kontokorrentverkehr
– steuerfreier   4; 4 AE 4.8.7
Kontrolle
– grenzüberschreitender Personenbeförderungen   18 (12); 18 AE 18.17
– zeitlich und örtlich begrenzte   18 (11)
Kontrollleistung im internationalen Warenverkehr
– Ort der sonstigen Leistung   4 Rsp III
– Umsatzsteuerbefreiung(en)   4 Rsp III
Konzert   4
– Steuersatz   12 AE 12.5
Konzert, begünstigtes
– durch Solisten   4 AE 4.20.2
Konzertveranstaltungen
– Steuersatz   12 H 12 (5, 6)
Körperbehinderte
– Rollstühle und andere Fahrzeuge   Anl. 2
Körperersatzstücke   12; Anl. 2
Körperliche Gegenstände   Anh. 3
Körperschaft(en)   1 (1)
– gemeinnützige, mildtätige u. kirchliche   12 (2); 22 *66a*; **23a**
– Vorsteuerdurchschnittssatz   22 AE 22.2.10
Korrespondenzbüro   23 AE 23.2.5
Kosten
– entstandene   22 AE 22.2.7
Kostümbildner   23 AE 23.2.3
Kraftdroschke   12 (2); 12 AE 12.13
Kraftdroschkenverkehr   12 (2); 28 (4)
Kraftfahrzeug   12 H 12 (7)
– Ausfuhr   6 AE 6.9.11
– Erwerb   **Allg.**
– gebrauchtes, Besteuerung   3 AE 3.7
– mit eigener Antriebskraft   6 AE 6.9.11
– neues   13 (1); 16; 18a
– neues, innergemeinschaftlicher Erwerb   2; 18 (10)
– unentgeltliche Wertabgabe   10 AE 10.6

– Vermittlung   3 AE 3.7
Kraftfahrzeughandel
– Eigenhandel   3 H 3 (23)
– Vermittlungsleistungen   3 H 3 (23)
Kraftfahrzeugleasing   1 AE 1.1.5
Kraftfahrzeugüberlassung
– an Gesellschafter   3 H 3 (14)
Kraftfahrzeugwirtschaft
– Austauschverfahren   10 AE 10.5
– Garantieleistungen u. Freiinspektionen   1 H 1 (3)
– Vermittlung   3 AE 3.7
Kraftomnibus   10 AE 10.2.5
– nicht im Inland zugelassenes   18 (11)
– Personenbeförderung im Gelegenheitsverkehr   10 25; 10 AE 10.2.6; 10 AE 10.8; 16 (5); 16 AE 16.2; 18 (5); 18 AE 18.8
Kraftstoff
– Bezug   18 AE 18.11.5
Kraftstofflieferung   1 AE 1.1.5
– bei Leasingverträgen   1 H 1 (7)
Kraft- und Schmierstofflieferung
– für den Eigenbedarf   1 H 1 (1)
Kraftwärme-Kopplungsanlagen   2 AE 2.5; 2 H 2 (20, 21)
Kranke
– Rollstühle und andere Fahrzeuge   Anl. 2
Krankenfahrzeug
– Steuerbefreiung   Anh. 7
Krankengymnast   4
Krankenhaus
– eng verbundener Umsatz   4 AE 4.14.6
– Organschaft   4 H 4 (30)
– selbst bewirkter Umsatz   4 AE 4.14.5
– Steuerbefreiung   4; 4 AE 4.14.5; 4 AE 4.14.6; 4 H 4 (26); Anh. 7
– Umfang der Steuerbefreiung   4 AE 4.14.5
– Umsatzsteuerbefreiung   4 H 4 (30, 31)
– vom Arzt betrieben   4 AE 4.14.2
Krankenhausapotheke   4 AE 4.18.1
Krankenhauswäscherei   4 AE 4.18.1
Krankenpflegedienst, ambulanter   4 AE 4.14.4
Krankenpfleger   4 AE 4.14.4
Krankenpflegerhelfer   4 AE 4.14.4
Krankenschwester   4 AE 4.14.4
Krebstiere   Anl. 2
– Zubereitungen   Anl. 2
Kredit
– Gewährung   3 AE 3.10; 4; 4 AE 4.8.2
– Vermittlung   3 AE 3.10; 4 AE 4.8.1; 4 AE 4.8.2
Kreditgewährung   3 AE 3.11
Kreditvermittler   4 AE 4.8.1; 4 AE 4.8.2
Kreditvermittlung
– im eigenen Namen, für fremde Rechnung   4 AE 4.8.1; 4 AE 4.8.2
Kreuzfahrt   25 AE 25.1.2
Kreuzfahrtschiffe
– Lieferort bei Abgaben   3e Rsp I

Stichwortverzeichnis

Kriegsopferversorgung 4; 4 AE 4.15.1
Kriegsschiff 8 AE 8.1
- kein Beförderungsmittel 3a AE 3a.5; 3a H 3a (5, 11)
- Versorgung 8

Krücken Anl. 2
Küchengebrauch
- Mischungen von Riechstoffen Anl. 2

Kulturelle Leistungen
- Umsatzsteuerbefreiung(en) 4 Rsp I

Kulturförderabgabe
- Bemessungsgrundlage 10 H 10 (20)
- durchlaufender Posten 10 H 10 (20)

Kundenbindungsprogramm
- Bemessungsgrundlage 10 Rsp I

Kundenfinanzierung
- Zinssubventionen 1 H 1 (39)

Kundenstamm 3 AE 3.1; 3 H 3 (34)
Kundenvermittlung
- Bemessungsgrundlage 10 AE 10.5

Kunstausstellung 4 AE 4.20.3
Kunstgegenstand 25a (2); 25a AE 25a.1
- Lieferungen, Einfuhr u. Vermietung Anl. 2
- Umsatzsteuerermäßigung Anl. 2

Kunstgegenstände
- Bemessungsgrundlage Anh. 7
- Differenzbesteuerung Anh. 7
- Steuersatz Anh. 7

Künstler
- ausübende 12 AE 12.7,19

Künstler, ausübende
- Steuersatz 12 H 12 (2)

Künstlerische Leistungen
- als Bauleistungen 13b AE 13b.1; 13b H 13b (1)

Kunstsammlung 4
Kunststoff
- Abfall Anl. 3
- Bruch Anl. 3
- Schnitzel Anl. 3

Kunstwerk 12 AE 12.7.16
Kupfer
- Abfall Anl. 3
- nicht raffiniertes Anl. 1
- raffiniertes Anl. 1
- Schrott Anl. 3

Kupferanode Anl. 1
Kupferdraht Anl. 1
Kupferlegierung Anl. 1
Kupfervorlegierung Anl. 1
Kureinrichtungen 12 (2); 12 AE 12.11
- Steuersatz 12 H 12 (22)

Kurförderungsabgabe 2 AE 2.11.13
Kurierdienste 6 AE 6.9
- Ausfuhrnachweis 6 AE 6.9

Kurszettel 16 (6)
Kurtaxe 2 AE 2.11.13; 12 (2); 12 AE 12.11
Kurverwaltung 2 AE 2.11.13

Kurzzeitpflege 4 AE 4.16.4
Küstengebiet 8 (1)

L

Laborleistung
- Steuerschuldner 13b AE 13b.1; 13b H 13b (1)

Laboruntersuchung
- Ort der Leistung 3a Rsp III

Lagerhalter
- erleichterte Trennung der Bemessungsgrundlagen 22 H 22 (8)
- erleichterte Umsatzaufteilung 22 AE 22.6.18, 19

Lagerung
- Steuerbefreiung 4 AE 4.3.3; 4 AE 4.3.4

Land- u. Forstwirt
- Berichtigung des Vorsteuerabzugs 15a H 15a (2)
- Durchschnittsatzbesteuerung Anh. 7
- gewerbliche Dienstleistungen 24 H 24 (2)
- Jagdbezirk 24 Rsp I
- Lieferung sicherungsübereigneter Gegenstände 24 H 24 (1)
- nach Einstellung der Bodennutzung 24 H 24 (4)
- pauschalierende 25b AE 25b.1
- Vereinfachungsregelung Anh. 7
- Verpachtungsumsätze 24 Rsp I

Land- u. Forstwirtschaft 24 (1)
- Durchschnittsätze 12 H 12 (7)

Land- u. forstwirtschaftlicher Betrieb 2 AE 2.2.3; 24 (2)
Länder, Gegenseitigkeit
- Verzeichnis 26 H 26 (1–5)

Länderverzeichnis
- Gegenseitigkeit 26 AE 26.5

Landesfinanzbehörden 18a (1); 27a (2)
Landesjugendbehörden 4
Landesvermessung 2 AE 2.2.3
Landfahrzeug
- motorbetriebenes 18 (10)

Landwirt
- Berichtigung des Vorsteuerabzugs 15a AE 15a.9
- innergemeinschaftliche Erwerbe 1a H 1a (1)
- pauschalierender 1a H 1a (1)

Landwirtschaft 2 AE 2.2.3; 24 (2)
- Beihilfen 10 AE 10.2
- Subventionen 10 AE 10.2

Langfristiger Vertrag
- umsatzsteuerliche Mehrbelastung 29 AE 29.1

Languste Anl. 2
- zubereitet oder haltbar gemacht Anl. 2

Lauch Anl. 2
Leasing 1 H 1 (36); 3 AE 3.5.6; 3 H 3 (28)
- Ausgleichsansprüche nach Beendigung 1 H 1 (32)
- Ausgleichszahlungen nach Beendigung 1 H 1 (35)
- Beendigung 1 H 1 (35)
- Berichtigung des Vorsteuerabzugs 15a AE 15a.7
- Entstehung der Steuer 13 AE 13.1
- innergemeinschaftlich 15 Rsp I
- Lieferung 2 AE 2.2
- Minderwertausgleich 1 H 1 (16)
- Rückgabe des Leasinggegenstands 1 H 1 (16)

Stichwortverzeichnis

- Steuergestaltung 15 Rsp I
- Vorsteuerabzug 15 Rsp I
- vorzeitige Beendigung 1 H 1 (32)
- Zwischenschaltung von Unternehmern 15 Rsp I

Leasing von Gegenständen
- Haftung für USt 13d; 27 (7)

Leasinggesellschaft
- Differenzbesteuerung beim Wiederverkauf gebraucht gekaufter Fahrzeuge 25a Rsp I

Lebensmitteleinzelhandel
- Trennung der Entgelte 22 AE 22.6.3

Lebensmitteleinzelhändler
- erleichterte Trennung der Bemessungsgrundlagen 22 AE 22.6.3

Lebensmittelhändler
- erleichterte Trennung der Bemessungsgrundlagen 22 H 22 (3, 7)

Lebensmittelindustrie
- Rückstände, Abfälle Anl. 2

Lebensmittelzubereitung
- kakaohaltige Anl. 2
- verschiedene Anl. 2

Lebensrettung
- Steuerbefreiung 4 AE 4.17.2

Lehrkräfte
- Bereitstellung von 4 AE 4.21.4

Lehrmaterial 4 AE 4.21.4

Lehrtätigkeit 4 AE 4.14.1
- keine heilberufliche Tätigkeit 4 AE 4.14.6

Leichenschau 4 AE 4.14.1

Leistender 2 AE 2.1
- Bestimmung 1 Rsp I

Leistung 3 AE 3.2; 3 AE 3.3; 3 AE 3.4; 3 AE 3.5; 3 AE 3.6; 3 AE 3.7; 3 AE 3.8; 3 AE 3.9; 3 AE 3.11 AE 3.12 AE 3.13 AE 3.14 AE 3.15
- an NATO-Hauptquartiere 4 H 4 (46)
- an Vertragsparteien der NATO 4 AE 4.7.1; 4 H 4 (44)
- Bemessungsgrundlage 10
- der Deutschen Reichsbahn 4 AE 4.6.1
- des Gesellschafters 1 AE 1.6.4
- einer Gesellschaft an den Gesellschafter 1 H 1 (24)
- eines Gesellschafters an die Gesellschaft 1 H 1 (24)
- Einheitlichkeit der – 1 Rsp I; 3 AE 3.10
- für Gegenstände der Ausfuhr 4; 4 AE 4.3.4; 4 AE 4.3.5
- für Gegenstände der Durchfuhr 4; 4 AE 4.3.4; 4 AE 4.3.5
- für Gegenstände der Einfuhr 4 AE 4.3.3; 4 AE 4.3.5
- kommunaler Wasserversorgungsunternehmer 1 H 1 (26)
- Kopplung von – 3 AE 3.10
- Medizinische 4 Rsp I
- postvorbereitende 3 AE 3.7.10
- s. auch Sonstige Leistung 3 AE 3.1
- sonstige 1 (1); 1 (3)
- steuerbare 4 AE 4.7.1; 4 H 4 (44)
- tontechnische 3a AE 3a.6; 3a H 3a (5)
- unentgeltliche 1 AE 1.6; 14 AE 14.9
- verbilligte 14 AE 14.9
- von Wohnungseigentümergemeinschaften 4 AE 4.13.1
- zu Schul- u. Bildungszwecken 4 AE 4.21.4

Leistung im Zusammenhang mit einem Grundstück
- Ort der sonstigen Leistung 3a Rsp I

Leistung, ästhetisch-plastische
- keine heilberufliche Tätigkeit 4 AE 4.14.6

Leistung, einheitliche
- Dinnershow 12 Rsp III
- Entgeltsaufteilung 3 AE 3.10

Leistung, kosmetische
- keine heilberufliche Tätigkeit 4 AE 4.14.6

Leistung, sonstige
- Abgabe von Saatgut 1 H 1 (15)
- Abgrenzung zu Lieferungen 3 H 3 (21)
- s. Sonstige Leistung 10 AE 10.6

Leistung, steuerfreie
- an diplomatische Missionen 4 AE 4.7.1; 4 H 4 (44)
- an NATO-Hauptquartiere 4 H 4 (46)
- an zwischenstaatliche Einrichtungen 4 AE 4.7.1; 4 H 4 (44)
- Mindestverwendung 4 AE 4.7.1; 4 H 4 (44)

Leistung, tontechnische
- Ort der Leistung 3a AE 3a.6; 3a H 3a (5)

Leistung, unentgeltliche
- an Arbeitnehmer 1 H 1 (12)
- an Gesellschafter 1 AE 1.6
- Nutzung eines Gegenstandes 1 AE 1.6.2
- Nutzung eines Pkw 1 AE 1.6.2

Leistung, verbilligte
- an juristische Personen 14 AE 14.9

Leistungen an Seniorengemeinschaft
- Einheitlichkeit der Leistung 4 Rsp III
- Umsatzsteuerbefreiung(en) 4 Rsp III

Leistungen, postvorbereitende 3 H 3 (22)

Leistungen, sonstige
- Berichtigung des Vorsteuerabzugs 15a H 15a (4)
- postvorbereitende 3 H 3 (22)
- Übertragung von Anteilen 3 H 3 (21)
- Übertragung von Wertpapieren 3 H 3 (21)

Leistungsaustausch 1 AE 1.6.3
- Abgrenzung zum Schadensersatz 1 Rsp III
- Anforderungen 1 Rsp III
- Aufnahme eines Gesellschafters gegen Bareinlage 1 Rsp I
- Ausgabe von Aktien 1 Rsp I
- Ausgabe von Einkaufsgutscheinen 1 Rsp I
- Begriff 1 AE 1.1
- bei Gesellschaftsverhältnissen 1 AE 1.6
- bei Liquiditätsschwierigkeiten 1 AE 1.1
- bei Vorschaltung von Minderjährigen 1 AE 1.1
- beim Folgerecht 1 AE 1.1.21
- Diebstahl von Waren 1 Rsp I
- Haftungsvergütung des Komplementärs 1 Rsp III
- mit Gemeinde 1 AE 1.1
- PKW-Nutzung durch Sozietätsmitglieder 1 Rsp III
- Verkaufswettbewerbe 1 Rsp III
- Zuschuss zum Ausbau von Schienenkreuzungen 1 Rsp III
- zwischen Gesellschafter und Gesellschaft 1 AE 1.6; 1 Rsp I
- zwischen Körperschaft und Beliehenem 1 Rsp III
- zwischen nahen Angehörigen 1 AE 1.1

Leistungsbeziehung
- Kraftstofflieferung 1 Rsp I

Stichwortverzeichnis

Leistungsbezüge
- unmittelbar für Begünstigte bestimmt   4 AE 4.7.1; 4 H 4 (44)

Leistungsempfänger   1 (1); 17 AE 17.1.10
- als Steuerschuldner   13b; 13b AE 13b.1.2; 13b H 13b (1, 2)
- an Unternehmer   3a (2)
- Arbeitsgemeinschaft   13b H 13b (2)
- Bestimmung   1 Rsp I
- Organgesellschaft   13b H 13b (2)
- Organträger   13b H 13b (2)
- Ort der Betriebsstätte   3a (2)
- Ort der sonstigen Leistung   3a (2)
- Ort der sonstigen Leistung an juristische Personen   3a (2)
- Ort des Sitzes   3a (2)
- Steuerschuldner   13b H 13b (3); 27 (4); Anh. 7
- Wohnungseigentümergemeinschaft   13b H 13b (2)

Leistungskommission   3 AE 3.5

Leistungsort
- am Sitz des Leistungsempfängers   Anh. 7
- an der Betriebsstätte des Leistungsempfängers   Anh. 7

Leistungsrechte
- an land- u. forstwirtschaftlichen Grundstücken   4 AE 4.12.8

Leistungszeitpunkt
- Angabe in der Rechnung   14 H 14 (2)

Lektor   23 AE 23.2.3

Lesbarmachen
- Aufzeichnungen u. Geschäftsunterlagen   22 AE 22.1.2

Lettland
- Beitritt zur EU   Allg.

Librettist   23 AE 23.2.6

Lichtbild   12 AE 12.7.18

Lichtbildwerk   12 AE 12.7.18

Lied   12 AE 12.7.20

Liederdichter   23 AE 23.2.6

Lieferort
- bei Abgaben an Bord von Schiffen   3e Rsp III
- bei Abgaben auf Kreuzfahrtschiffen   3e Rsp I
- bei Lieferungen an Bord einer Eisenbahn   Anh. 7
- bei Lieferungen an Bord eines Flugzeugs   Anh. 7
- bei Lieferungen an Bord eines Schiffes   Anh. 7
- bei Lieferungen von Elektrizität   Anh. 7
- bei Lieferungen von Erdgas   Anh. 7
- bei Lieferungen von Kälte   Anh. 7
- bei Lieferungen von Wärme   Anh. 7
- bei Montagelieferungen   Anh. 7
- bei unentgeltlicher Wertabgabe   3 AE 3.2
- bei Versendungslieferungen   3c; Anh. 7
- Bewegte   Anh. 7
- im Einfuhrstaat   Anh. 7
- unbewegte   Anh. 7

Lieferschwelle   3c (3); Anh. 7
- Überschreiten im Kalenderjahr   3c AE 3c.1

Lieferung   1 (1); 1 (2); 3 (1); 3 (2); 3 (3); 3 (4); 3 (5); 3 (6); 3 (7) (8) (9) (10) (11) (12) AE 3.1 AE 3.9
- Abgabe von Saatgut   1 H 1 (15); Anl. 2
- Abgrenzung zu sonstigen Leistungen   3 H 3 (21)
- als unentgeltliche Wertabgabe   3 AE 3.2
- an berufskonsularische Vertretungen   4

- an Diplomaten   4
- an diplomatische Missionen   4
- an NATO-Streitkräfte   4
- an zwischenstaatliche Einrichtungen   4
- außerunternehmerische Verwendung   Anh. 7
- Baugrundstücke   Anh. 7
- Bemessungsgrundlage   Anh. 7
- des Gemeinschuldners   1 AE 1.2
- dingliche Rechte   Anh. 7
- Eigenverbrauch   Anh. 7
- einer Einfuhr vorangehend   4 AE 4.4b.1
- Elektrizität   1 AE 1.6
- Gas   1 AE 1.6
- Geschäftsveräußerung im Ganzen   Anh. 7
- Grundstücksrechte   Anh. 7
- Herstellung von Erschließungsanlagen   3 Rsp III
- innergemeinschaftliche   6a; 22a H 22a (1); 25a (7); 25b AE 25b.1
- Kleinsendungen aus dem Drittland   3 H 3 (24)
- nicht ausgeführt   17 (2)
- Nutzungsrechte   Anh. 7
- Ort   Anh. 7
- Ort der –   3 AE 3.12; 3 AE 3.13; 3e
- Partyservice   3 Rsp I
- Reprographietätigkeit   3 Rsp I
- rückgängig gemachte   17 (2)
- sonstige Leistungen   3 AE 3.5
- Speisen eines Imbisswagens   3 Rsp III
- Steuerbefreiung, bestimmte Gegenstände der –   4; 4 AE 4.26.1
- steuerpflichtige   3; 17 (2)
- Teilgeschäftsveräußerung   Anh. 7
- Übertragung von Anteilen   3 H 3 (21)
- Übertragung von Wertpapieren   3 H 3 (21)
- unternehmensinternes Verbringen   Anh. 7
- Verlegung von Glasfaserkabeln   3 Rsp I
- Verzehr an Ort und Stelle   3 H 3 (27)
- Verzehrabgabe im Kino   3 Rsp III
- von Gebäude und Grund und Boden   9 Rsp I
- Zeitpunkt   1 (3)

Lieferung in besonderen Fällen
- Ort   3e

Lieferung neuer Fahrzeuge
- Angaben in der Rechnung   14a AE 14a.1

Lieferung von Baugrundstücken
- Unternehmereigenschaft   2 Rsp I

Lieferung von Elektrizität
- Leistungsempfänger als Steuerschuldner   13b (2)

Lieferung von Gas
- Leistungsempfänger als Steuerschuldner   13b (2)

Lieferung von getrockneten Schweineohren
- ermäßigter Steuersatz   Anl. 2

Lieferung von Kälte
- Leistungsempfänger als Steuerschuldner   13b (2)

Lieferung von Wärme
- Leistungsempfänger als Steuerschuldner   13b (2)

Lieferung, innergemeinschaftliche   4; 18a; 18b; 27a (1)
- neuer Fahrzeuge   19 (4)
- Steuerbefreiung   6a

Lieferungen, unentgeltliche
- Vorsteuerabzug   15 H 15 (6, 8)

Liegenschaftskataster   2 AE 2.2.3; 2 H 2 (11)
- Auszüge   2 H 2 (9)

1009

Stichwortverzeichnis

Linienflugschein
- Verkauf durch Reisebüros 4 AE 4.5.3

Linienverkehr 28 (4)
- Kfz 12 (2); 12 AE 12.13; 12 AE 12.14
- Klassenfahrt 12 AE 12.13
- Schiffe 12 (2); 12 AE 12.12
- Steuersatz 12 Rsp III

Liste
- amtlicher Beschaffungsstellen Anh. 4
- NATO-Hauptquartiere Anh. 4
- steuerermäßigter Gegenstände 12; 12 26

Litauen
- Beitritt zur EU Allg.
- Steuer zur Finanzierung des Straßenbaus Allg.

Livigno Anh. 7

Lizenzspieler
- Freigabe 1 AE 1.1

Logopäde 4 AE 4.14.1; 4 AE 4.14.4

Lohnveredelung(en) 4; 4 8; 4 9; 4 10; 4 11; 4 14; 4 17;
4 AE 4.1.1; 6 AE 6.8
- Abgrenzung 7 AE 7.4
- Ausfuhr 4; 4 12; 4 13; 7; 7 AE 7.1; 7 AE 7.2; 7 AE 7.3;
7 AE 7.4

Lösungen, alkoholische Anl. 2

Lotterien
- als Zweckbetrieb 12 H 12 (16)
- Steuerbefreiung Anh. 7
- steuerfreie 4; 4 AE 4.9.2
- Steuersatz 12 H 12 (16)
- von gemeinnützigen Körperschaften 12 H 12 (16)

Luftbeförderung 4 AE 4.3.1

Luftdurchlässigkeitsmessungen
- Steuerschuldner 13b H 13b (2)

Luftfahrt Anh. 7
- Steuerbefreiung 4; 4 AE 4.2.1; 8 AE 8.1; 8 H 8 (2)
- steuerfreie Umsätze 8 H 8 (2)
- Umsätze für die – 4; 4 18; 8 (2); 8 AE 8.2; 8 AE 8.3;
8 H 8 (2)

Luftfahrzeug(e) 1b; 3e
- Beförderung Allg.
- neue, innergemeinschaftlicher Erwerb 18 (10)
- Umsatzsteuerbefreiung(en) für Lieferung 4 Rsp I

Luftfrachtführer 26 AE 26.4

Luftverkehr
- Beförderung 26 H 26 (3, 5)
- grenzüberschreitende Beförderungen im
Luftverkehr 26 (3); 26 AE 26.1; 26 AE 26.2; 26 AE 26.3;
26 AE 26.4; 26 AE 26.5
- Steuererlass 26 (3)

Luftverkehrsunternehmer 26 AE 26.1

Luganer See Anh. 7

Luxemburg
- Verstoß gegen 8. USt-Richtlinie Allg.

M

Madrigale 12 AE 12.7.20

Magen
- von Hausgeflügel Anl. 2
- von Hausrindern Anl. 2

Magnetband 22 AE 22.1.2

Magnetplatte 22 AE 22.1.2

Mahnwesen
- Umsatzsteuerbefreiung(en) 4 Rsp III

Mailbox-Systeme 3a AE 3a.10; 3a H 3a (5)

Malbücher
- für Kinder Anl. 2

Malta
- Beitritt zur EU Allg.

Malus-Komponente
- berufliche Eingliederungsmaßnahme 1 H 1 (17)

Managementgesellschaft(en) 4 AE 4.14.5; 4 AE 4.14.9
- Steuerbefreiung 4 H 4 (26)

Mängelrüge 17 AE 17.1.2

Margarine Anl. 2

Marge
- (Bemessungsgrundlage) 25 AE 25.1.15; 25 AE 25.3

Margenbesteuerung
- Ausschluss des Vorsteuerabzugs Anh. 7
- Einzelverkauf von Veranstaltungskarten 25 Rsp I
- für Reisebüros Anh. 7

Markenrecht 3a (4)

Marktordnung 2 (3)

Marktpreis 3 (10)

Maskenbildner 23 AE 23.2.3

Masseur 4 AE 4.14.4

Masseverbindlichkeit
- Istversteuerung 20 Rsp III
- Sollversteuerung 20 Rsp III
- Vorsteuerberichtigungsanspruch 15a Rsp III

Maßnahmen, steuerliche
- zur Seebebenkatastrophe Allg.

Maßregelvollzug 4 AE 4.14.5
- Steuerbefreiung 4 H 4 (26)

Mate Anl. 2

Materialabfall 10 AE 10.5

Materialbeistellung 3 AE 3.8

Materialcontainer
- Steuerschuldner 13b AE 13b.1; 13b H 13b (1)

Materialgestellung 3 AE 3.8

Materialprüfungsamt 2 AE 2.11.14

Materialprüfungsanstalt 2 AE 2.11.14

Maut
- ermäßigter Steuersatz Allg.

Mautgebühr 10 AE 10.4
- Einbeziehung in die Bemessungsgrundlage
10 H 10 (3)

Medaille
- aus Edelmetall Anl. 2

Medikament
- ermäßigter Steuersatz Allg.

Medikamentenabgabe
- an ambulante Patienten 4 AE 4.14.6
- an Ambulanzen 4 AE 4.14.6
- an Institutsambulanzen 4 AE 4.14.6
- an Personal 4 AE 4.14.6

Stichwortverzeichnis

- an Polikliniken 4 AE 4.14.6
- an sozialpädiatrische Zentren 4 AE 4.14.6
- Innenumsätze 4 AE 4.14.6

Medizinisch-technische Assistentin 4 AE 4.14.4

Medizinische Geräte
- Nutzung 4

Medizinische Großgeräte 4 AE 4.14.1

Medizinischer Bademeister 4 AE 4.14.4

Medizinischer Dienst 4

Medizinisches Versorgungszentrum 4 AE 4.14.5

Mehl
- von genießbaren Früchten Anl. 2
- von Getreide Anl. 2
- von getrockneten Hülsenfrüchten Anl. 2
- von Kartoffeln Anl. 2
- von Ölsamen und ölhaltigen Früchten Anl. 2

Mehrbelastung
- umsatzsteuerliche 12 H 12 (7); 29 (1); 29 AE 29.1

Mehrwertsteuer
- Abzug 15 Rsp I
- Ausschlussfrist für Erstattung 18 Rsp I
- Erstattung 18 Rsp I
- Grundsatz der Neutralität 14 Rsp I
- spanische Allg.

Mehrwertsteuer-Richtlinie Anh. 7

Mehrwertsteuer-Systemrichtlinie Allg.

Mehrwertsteuerausschuss Anh. 7

Mehrwertsteuersystem
- Bericht über Anwendung Anh. 7
- endgültiges Anh. 7
- Funktionieren Anh. 7
- gemeinsames 18 Rsp I

Mehrwertsteuersystem, gemeinsames Anh. 7

Meldepflicht
- bei der Lieferung neuer Fahrzeuge 18c; 18c AE 18c.1
- eines Kreditinstituts 4 AE 4.8.8

Meldung(en), zusammenfassende
- Abgabefrist 18a AE 18a.2
- Abgabeverpflichtung 18a AE 18a.1
- Änderung, Bemessungsgrundlage 18a AE 18a.4
- Angaben 18a AE 18a.3
- Bemessungsgrundlage, Änderung 18a AE 18a.4
- Berichtigung 18a AE 18a.5
- Verschwiegenheitspflicht von Notaren 18a H 18a (1)

Melilla Anh. 7

Mensen 4 AE 4.18.1; 12 AE 12.9

Merkblatt
- für Ausfuhrlieferungen im Reiseverkehr 6 H 6 (5)
- Umsatzbesteuerung im Baugewerbe 18 H 18 (6, 24)
- Umsatzbesteuerung von grenzüberschreitender Personenbeförderung 18 H 18 (11, 34)
- zur erleichterten Trennung der Bemessungsgrundlagen 22 H 22 (3, 7)
- zur Sollbesteuerung 13 H 13 (1, 2)

Messe 12 AE 12.7.20
- Leistungsort 3a H 3a (9)
- Ort der sonstigen Leistung 3a AE 3a.4; 3a H 3a (5); 3a Rsp I

Messebau
- Ort der sonstigen Leistung 3a Rsp I

Messedurchführungsgesellschaft
- Steuerschuldner 3a AE 3a.4; 3a H 3a (5)

Messeleistungen
- Steuerschuldner 13b H 13b (4, 5)

Messestand
- Steuerschuldner 13b H 13b (1)

Metalle
- Abfall Anl. 3
- Schrott Anl. 3
- unedle Anl. 3

Meta-Verbindung 2 AE 2.1

Mietomnibus 16 AE 16.2

Mietwagen 12 AE 12.14

Mikrofilm 22 AE 22.1.2, 3

Mikrofilm-Grundsätze 22 AE 22.1.2

Mikrofilmverfahren 22 AE 22.1.2, 3

Mikrokopie 22 AE 22.1.2, 3

Mikroverfilmung 22 AE 22.1.2, 3

Milch Anl. 2

Milcherzeugnis Anl. 2

Milchhändler
- erleichterte Trennung der Bemessungsgrundlagen 22 AE 22.6.3; 22 H 22 (3, 7)

Milchmischgetränk Anl. 2

Milchquoten-Verkaufsstelle
- Unternehmereigenschaft 2 Rsp I

Milchwirtschaft 12 (2); 12 AE 12.3.5

Mildtätige Einrichtung 12 (2); 12 AE 12.9

Minderbelastung
- umsatzsteuerliche 29 (1); 29 AE 29.1

Minderwertausgleich
- bei Rückgabe des Leasinggegenstands 1 H 1 (16)

Mindest-Istbesteuerung 12 H 12 (7)
- Rechnungserteilung 14 AE 14.8

Mindestbemessungsgrundlage 10 AE 10.2.5; 10 AE 10.7; 22 AE 22.2.7
- Anwendung 10 Rsp I; 10 Rsp III
- verbilligte Zeitungslieferung an Arbeitnehmer 10 Rsp III
- Verstoß gegen Unionsrecht 10 Rsp I

Mineralarmes Wasser 12; 12 26

Mineralien
- Steuersatz Anl. 2

Mineralöl 1a (5); 4; 4 AE 4.19.1; Anl. 1

Mineralölsteuer 4

Minzen Anl. 2

Mischungen
- genießbare, von tierischen oder pflanzlichen Fetten und Ölen Anl. 2
- von Riechstoffen Anl. 2

Missionen, ausländische ständige diplomatische
- Erstattung von Umsatzsteuer Anh. 7

Mitarbeiter
- bei Bühne, Film u. Funk 23 AE 23.2.3

Mitarbeiterabonnements
- Unentgeltliche Wertabgabe 3 H 3 (9)

1011

Stichwortverzeichnis

Mitarbeiterzeitschriften
– Unentgeltliche Wertabgabe   3 H 3 (9)

Miteigentumsanteil   2 AE 2.1
– unentgeltliche Übertragung   3 AE 3.3

Mitglieder, ausländische   Anh. 2

Mitgliederbeiträge   1 AE 1.4
– an Sportverein   1 Rsp I
– Steuerbefreiung   Anh. 7

Mitgliedstaat
– anderer   18e

Mitnahme eines Fahrzeugs
– als Nebenleistungen zur Personenbeförderung   12 AE 12.12

Mittelberg   1 AE 1.9

Mitvermieter   2 AE 2.1

Mitvermietung von Betriebvorrichtungen
– Einheitlichkeit der Leistung   4 Rsp III
– Umsatzsteuerbefreiung(en)   4 Rsp III

Mobilfunkeinrichtung   4

Mobilfunkgerät, kostenloses
– keine unentgeltliche Wertabgabe   3 AE 3.3

Mobilfunkgeräte
– Steuerschuldner   13b AE 13b.1; 13b H 13b (13, 15)

Mobilfunkgerätelieferungen
– Steuerschuldner   13b (2)

Mobilitätslehrer   4 AE 4.16.5

Molke   Anl. 2

Monaco   Anh. 7

Montagelieferungen
– Ort   Anh. 7

Moor   Anl. 2

Motette   12 AE 12.7.20

Müllereierzeugnis   Anl. 2

Münze
– aus Edelmetall   Anl. 2
– aus unedlem Metall   Anl. 2

Münzen aus unedlen Metallen
– Sammlungsstücke von münzkundlichem Wert   Anl. 2
– Steuersatz   Anl. 2
– Vereinfachungsregelung   Anl. 2

Museum
– Steuerbefreiung   4; 4 AE 4.20.3
– Steuerermäßigung/Steuersatz   12 (2); 12 AE 12.5

Musical   12 AE 12.7.20

Musikarrangeur   23 AE 23.2.3

Musikberater   23 AE 23.2.3

Musiker   12 AE 12.7.20; 23 AE 23.2.3

Musikkapelle
– Steuersatz   12 H 12 (5, 6, 18)

Muster
– Anmeldung der Sondervorauszahlung   18 AE 18.4.3
– Antrag auf Dauerfristverlängerung   18 AE 18.4.3
– Befreiungsbescheinigung zur Führung des Umsatzsteuerhefts   22 H 22 (1, 6)
– der Umsatzsteuererklärung 2006   18 H 18 (12)
– der Umsatzsteuererklärung 2007   18 H 18 (16)
– der Umsatzsteuererklärung 2008   18 H 18 (18)
– der Umsatzsteuererklärung 2009   18 H 18 (22)
– der Umsatzsteuererklärung 2010   18 H 18 (30)
– der Umsatzsteuererklärung 2011   18 H 18 (40)
– Fahrzeugeinzelbesteuerung   18 H 18 (13)
– Umsatzsteuer-Voranmeldungs- und Vorauszahlungsverfahren 2008   18 H 18 (17)
– Umsatzsteuer-Voranmeldungs- und Vorauszahlungsverfahren 2009   18 H 18 (19)
– Umsatzsteuer-Voranmeldungs- und Vorauszahlungsverfahren 2010   18 H 18 (23, 26)
– Umsatzsteuer-Voranmeldungs- und Vorauszahlungsverfahren 2011   18 H 18 (33, 39)
– Umsatzsteuer-Voranmeldungs- und Vorauszahlungsverfahren 2012   18 H 18 (41)
– Umsatzsteuerheft   22 (5); 22 H 22 (2, 5)

Muster, bundeseinheitliches
– für die Umsatzsteuer-Sonderprüfung   18 H 18 (5, 38)

Müttergenesungswerk   4 AE 4.14.5
– Steuerbefreiung   4 H 4 (26)

Mutterhaus   4
– Angehörige von –   4 AE 4.27.1

MWSt-Richtlinie   Anh. 7
– Anwendungsbereich   Anh. 7
– Inkrafttreten   Anh. 7
– Umsetzung   Anh. 7
– Zielsetzung   Anh. 7

Mysterienspiele   12 AE 12.7.20

N

Nabelschnurblutbank
– Umsatzsteuerbefreiung(en)   4 Rsp I

Nachbaugebühren   3 AE 3.5

Nachhaltige Tätigkeit   2 (1)

Nachhaltigkeit   2 AE 2.3

Nachhilfeleistungen
– Umsatzsteuerbefreiung   4 H 4 (48)

Nachhilfeunterricht
– Steuerbefreiung   4 H 4 (14)

Nachlauf
– zu Güterbeförderung   3b AE 3b.4

Nachrichtenbüro   23 AE 23.2.5

Nachrichtenmaterial   23 AE 23.2.5

Nachschau   27b AE 27b.1

Nachweis
– bei Ausfuhrlieferungen   4 AE 4.3.6
– bei Güterbeförderungen   3b AE 3b.4
– bei Steuerbefreiung für innergemeinschaftliche Lieferung   6a AE 6a.2; 6a AE 6a.3; 6a AE 6a.4; 6a AE 6a.5; 6a AE 6a.6; 6a AE 6a.7; 6a H 6a (4–7)
– Eintragung als Unternehmer   18 AE 18.14.7
– Frachtnebenkosten   4 AE 4.3.4; 17 (2)
– für Steuerbefreiung bei Einfuhr   4 H 4 (2)
– für Steuerbefreiung für Umsätze mit Waren in Zollverfahren   4 H 4 (2)
– Gelangensbestätigung   4 17a
– Steuerbefreiung   Anh. 5
– Steuerbefreiung für innergemeinschaftliche Lieferungen   4 17a

Stichwortverzeichnis

– Steuerbefreiung für Umsätze im Zusammenhang mit Ein- und Ausfuhren 4 H 4 (16)
– Umsatzsteuerlagerregelung 4 H 4 (2)

Nahrungsergänzungsmittel, trinkbar
– Steuersatz Anl. 2

Nahrungsmittelhilfe 2 (3)

Nahverkehr
– Steuersatz 12 (2); 12 AE 12.13; 12 AE 12.14

NATO-Hauptquartiere 4 H 4 (46)
– Abgabe von deutschen Soldaten Anh. 4
– Liste Anh. 4; Anh. 5
– Steuerbefreiung Anh. 5
– Umsatzsteuerbefreiung nach § 4 Nr. 7 Satz 1 Buchst. d UStG Anh. 4
– Umsatzsteuervergünstigung Anh. 4
– Umsatzsteuervergünstigungen Anh. 5

NATO-Hauptquartiere-Umsatzsteuervergünstigungen 26 (5); 26 73

NATO-Streitkräfte 4
– Steuerbefreiung Anh. 4; Anh. 7

NATO-Truppenstatut
– Umsatzsteuervergünstigungen 26 (5); 26 73; Anh. 4
– Zusatzabkommen Anh. 4

Natriumbicarbonat Anl. 2

Natriumhydrogenkarbonat Anl. 2

Natriumsalz
– des Saccharins Anl. 2

Naturalleistung 4; 23; 24; 25

Natürliche Person 2 (2)

Navigationshilfe 3a AE 3a.10; 3a H 3a (5)

Nebenbetrieb
– land- u. forstwirtschaftlicher 24 (2)

Nebenerzeugnisse 3 (5)

Nebenkosten
– als Bemessungsgrundlage 10 AE 10.1

Nebenleistung 3 AE 3.10
– selbständige, zur Güterbeförderung 3b AE 3b.1.14; 3b AE 3b.2
– Strom 4 H 4 (28)
– unselbständige, zur Personenbeförderung 3b Rsp III; 12 AE 12.13
– zu Übernachtungsumsätzen 3 H 3 (32)
– zur Vermietung 4 H 4 (28)

Nebensachen 3 (4)

Nennwertgutscheine
– Bemessungsgrundlage 10 H 10 (19)

Netzmonopol, des Bundes 4

Neue Fahrzeuge Anh. 4
– Informationsaustausch 18 H 18 (2, 3)
– innergemeinschaftliche Lieferung 6a Rsp I
– innergemeinschaftlicher Erwerb 6a Rsp I

Neugründungsfälle
– Abgabe der Umsatzsteuer-Voranmeldung 18 AE 18.7

Nichteisenmetall Anl. 1

Nichterhebung
– Steuer 19 AE 19.1
– Steuer, Kleinunternehmer 19 (1); 19 AE 19.1
– Steuer, Verzicht 19 (2); 19 AE 19.2

Nichterhebungsverfahren
– zollrechtliches 4 H 4 (2)

Nichtgemeinschaftswaren
– in Zollverfahren 4 H 4 (2)

Nichtigkeit des UStG
– Verstoß gegen Zitiergebot 27b Rsp III

Nichtunternehmer
– Ort der Leistung 3a (3)

Nichtunternehmerische Zwecke 9 AE 9.2

Nickel
– Abfall Anl. 3
– in Rohform Anl. 1
– Schrott Anl. 3

Niederländische Antillen 1 AE 1.10

Niederlassung
– feste 3a Rsp I
– Unternehmereigenschaft 2 Rsp I

Nießbrauch 2 AE 2.3; 3 AE 3.1

Nießbrauch an Grundstück
– Umsatzsteuerbefreiung(en) 4 Rsp I

Nießbrauchbestellung 2 AE 2.3
– unentgeltliche Übertragung 3 AE 3.3

Nießbraucheinräumung 10 AE 10.5
– Bemessungsgrundlage 10 AE 10.6

Normalsatz
– Höhe Anh. 7
– in Österreich Anh. 7
– zweiter Anh. 7

Normalwert
– als Bemessungsgrundlage Anh. 7

Normverbrauchsabgabe
– Bemessungsgrundlage 10 Rsp I

Notar(e)
– berufliche Tätigkeit 2 (3)
– im Landesdienst 2 (3)
– Ort der Leistung 3a AE 3a.3; 3a AE 3a.9; 3a H 3a (5)

Noten Anl. 2

Notfallrettung
– Steuerbefreiung 4 AE 4.17.2

Novelle
– Vorlesen 12 AE 12.7.20

Nullprovisionsmodell 4 AE 4.5.2.6; 10 AE 10.1.9

Null-Regelung 22a H 22a (2)

Nullsatz Anh. 7
– auf Energieerzeugnisse Anh. 7
– in Polen Anh. 7

Null-Vouchers 4 AE 4.5.3

Nuss
– genießbare Anl. 2

Nutztier
– als Zuchttier 12 AE 12.3

Nutzung
– für nichtunternehmerische Zwecke 9 AE 9.2

Nutzung einer Mietwohnung
– als unentgeltliche Wertabgabe 3 AE 3.4

Nutzung einer Telefonanlage
– als unentgeltliche Wertabgabe 3 AE 3.4

1013

Stichwortverzeichnis

Nutzung eines Parkhauses
- als unentgeltliche Wertabgabe   3 AE 3.4

Nutzung eines Schwimmbads
- als unentgeltliche Wertabgabe   3 AE 3.4

Nutzung von Wohnräumen
- als unentgeltliche Wertabgabe   3 AE 3.4

Nutzung, nichtunternehmerische
- eines unternehmerischen Grundstücks   4 AE 4.12.1
- Schätzung   15 H 15 (3)

Nutzungsrecht(e)
- dingliche   4 AE 4.12.1; 4 AE 4.12.8
- urheberrechtliche   12 AE 12.7.13

Nutzungsüberlassung   9 AE 9.2
- Betriebsvorrichtungen   4 AE 4.12.11
- Räume   4 AE 4.12.11
- Sportanlagen   4 AE 4.12.11; 27 (6)
- Veranstaltungsräume   4 AE 4.12.11
- von medizinischen Großgeräten   4 AE 4.14.2
- von Sportanlagen   1 H 1 (4)
- von Sportgeräten   4 AE 4.22.2

Nutzungsüberlassung von Großgeräten
- keine heilberufliche Tätigkeit   4 AE 4.14.6

Nutzungsüberlassung von Sportanlagen
- einheitliche Leistung   3 AE 3.10

Nutzungszinsen   1 AE 1.3

O

Oberleitungsomnibus   12 (2); 12 AE 12.13; 28 (4)

Obstbau   24 (2)

Öffentliche Hand
- als Wirtschaftsteilnehmer   2 Rsp I
- Personalgestellung   4 Rsp I
- Umsatzsteuerbefreiung(en)   4 Rsp I

Öffentliche Kassen
- Zuschuss   10 H 10 (18)

Öffentliche Posteinrichtung
- Umsatzsteuerbefreiung(en)   4 Rsp I

Öffentlichkeitsarbeit   3a H 3a (5)
- Ort der Leistung   3a (4); 3a AE 3a.9; 3a H 3a (5)

Offshore-Steuerabkommen   26 (5); 26 73; Anh. 3

Offshore-Umsatzsteuervergünstigungen   26 (5)

Ökopunkt   1 H 1 (23)

Öle
- fette pflanzliche   Anl. 2
- genießbare tierische und pflanzliche   Anl. 2
- pflanzliche   Anl. 1

Oleomargarine   Anl. 2

Oliven   Anl. 1

Ölsamen   Anl. 1; Anl. 2

Omnibus
- grenzüberschreitende Personenbeförderung   18 H 18 (11, 34)

Omnibusunternehmer   25 AE 25.1.8

Omnibusverkehr
- grenzüberschreitender   18 (5)
- Nichtabgabe von Steuererklärungen in Österreich   18 Rsp I

- pauschale Besteuerung   18 Rsp I

Onlays   4 AE 4.14.3

Online-Anbieter
- Telekommunikationsleistungen   3a AE 3a.10; 3a H 3a (5)

Online-Einkaufsportal   3a AE 3a.12; 3a H 3a (5)

Online-Fahrausweise
- als Rechnung   14 AE 14.4

Online-Marktplatz   3a AE 3a.12; 3a H 3a (5)

Online-Versteigerung   3a AE 3a.12; 3a H 3a (5)

Online-Zeitung   3a AE 3a.12; 3a H 3a (5)

Opalwachs   Anl. 2

Oper   12 AE 12.7.20

Operette   12 AE 12.7.20

Option
- auf Grund Verwendungsabsicht   9 AE 9.1
- Aufhebung des Optionsrechts   9 Rsp I
- bei Differenzbesteuerung   Anh. 7
- bei Vermietung gemischt genutzter Grundstücke   9 AE 9.1; 9 H 9 (1)
- bei Zwischenvermietung eines Bürgersaals   9 Rsp III
- Beschränkung bei Grundstückslieferungen   9 (3)
- durch schlüssiges Verhalten   9 AE 9.1
- einheitliche   9 AE 9.1
- Einschränkung   9 AE 9.2
- Form   9 AE 9.1
- Frist   9 AE 9.1
- in notariellem Vertrag   9 AE 9.2
- Rückgängigmachung   9 AE 9.1
- Voraussetzungen   9 AE 9.1
- vorherige Zustimmung durch Verwaltung   15 Rsp I
- Vorsteuerabzug   7 Rsp I
- Zeitpunkt der Erklärung   20 H 20 (2)
- zur Besteuerung   4 Rsp I; 9; 9 Rsp I
- zur Steuerbefreiung   Anh. 7
- zur Steuerpflicht   9 H 9 (2)
- Zustimmung der Finanzverwaltung   9 Rsp I

Option für Besteuerung
- Kleinunternehmer   19 (2); 19 AE 19.2

Option für Regelbesteuerung
- Widerruf   4; 19 (2); 24 (4)

Option zur Steuerpflicht
- bei unentgeltlicher Wertabgabe   3 AE 3.2

Optionsfrist
- für Kleinunternehmer   19 (2); 19 AE 19.2

Optionsgeschäft   4 AE 4.8.4; 4 AE 4.8.8
- mit Wertpapieren   4

Orchester
- Steuerbefreiung   4; 4 AE 4.20.2
- Steuerermäßigung   12 (2); 12 AE 12.5
- Steuersatz   12 H 12 (2)

Orchestermusiker
- Umsatzsteuerbefreiung(en)   4 Rsp III

Ordergeschäfte   15

Ordnungsgrundsätze
- für Aufzeichnungen   22 AE 22.1

Organe
- menschliche   4

Stichwortverzeichnis

Organgesellschaft 2 (2); 6 (2); 27a AE 27a.1
– Abhängigkeit von Organträger 2 AE 2.8
Organisation, zwischenstaatliche 4
Organschaft 27a (1)
– Angaben in der Rechnung 14 AE 14.5
– ausländische 2 AE 2.9
– Beendigung 2 H 2 (8, 16, 18)
– Beendigung bei Insolvenz 2 H 2 (16)
– Begriff 2 (2); 2 AE 2.7
– bei Betriebsaufspaltung 2 AE 2.9
– bei gemeinsamer Anteilsmehrheit 2 Rsp I
– bei Zwangsversteigerung 2 H 2 (18)
– bei Zwangsverwaltung 2 H 2 (18)
– Ende 2 AE 2.8
– finanzielle Eingliederung 2 (2); 2 AE 2.7; 2 AE 2.8; 2 H 2 (19, 23); 2 Rsp II
– Gründergesellschaft 2 AE 2.8
– inländische 2 AE 2.9
– Konsultationsverfahren auf EU-Ebene 2 Rsp I
– organisatorische Eingliederung 2 (2); 2 AE 2.7; 2 Rsp III
– Rechnung für Innenleistung 2 Rsp III
– Steuerschuldner 13b H 13b (2)
– unternehmerischer Bereich 2 AE 2.8
– Vorsteuerabzug 15 H 15 (12)
– wirtschaftliche Eingliederung 2 (2); 2 AE 2.7; 2 AE 2.8; 2 Rsp II
– Zuständigkeit 2 H 2 (17)
Organschaftsende
– bei Beginn des Insolvenzverfahrens 2 AE 2.8
Organträger
– als Steuerschuldner 2 AE 2.9
– Angaben in der Rechnung 14 AE 14.5
– Eingliederung in 2 AE 2.8
– im Ausland 2 AE 2.9
– im Inland 2 AE 2.9
– juristische Person 2 AE 2.8
Orgelwerke 12 AE 12.7.20
Orientierungslehrer 4 AE 4.16.5
Originalerzeugnis
– der Bildhauerkunst Anl. 2
Originalerzeugnisse der Bildhauerkunst
– Steuersatz Anl. 2
Originalrechnung, Verlust
– Vorlage für Vorsteuerabzug 15 AE 15.11
Originalschnitt Anl. 2
Originalsteindruck Anl. 2
Originalstich Anl. 2
Ort
– des innergemeinschaftlichen Erwerbs 3d
Ort der Leistung
– bei innergemeinschaftlichen Güterbeförderungen 3b AE 3b.3
– beim Tausch von Teilzeitnutzungsrechten an Ferienwohnungen 3a Rsp II
– Laboruntersuchung 3a Rsp III
– Leistung im Zusammenhang mit einem Grundstück 3a Rsp I
– Rennservice 3a Rsp III
– Übernahme radioaktiver Strahlenquellen 3a Rsp III
– Vermittlungsumsätze 3a Rsp I
– Werbeleistung 3a Rsp I
– Zellvermehrung 3a Rsp II

Ort der Lieferung 3 (6); 3 (7); 3 (8); 3 (9); 3 (10); 3 (11); 3 (12); 3e
– Abgabe von Speisen 3 Rsp I
– bei Abgaben an Bord von Schiffen 3e Rsp III
– bei Abgaben auf Kreuzfahrtschiffen 3e Rsp I
– bei Beförderung an Bord eines Schiffs 3e AE 3e.1
– bei Einfuhren 3 AE 3.4.8
– bei innergemeinschaftlichen Kommissionsgeschäften 3 AE 3.12
– bei Versendungen 3c AE 3c.1
– Einspeisung von Elektrizität 3g H 3g (1)
– Elektrizität 3g; 3g AE 3g.1
– Erdgas 3g; 3g AE 3g.1
– im Abholfall 3 AE 3.12
– im Reihengeschäft 3 AE 3.13; 3 AE 3.14
– in besonderen Fällen 3 AE 3.13
– Reihengeschäft 3 Rsp I
– unentgeltliche Wertabgaben 3f; 3f AE 3f.1
– Verlegung von Glasfaserkabeln 3 Rsp I
Ort der sonstigen Leistung 3a 1; 3a AE 3a.7; 3a AE 3a.11; 3a AE 3a.12; 3a AE 3a.14; 3a H 3a (5, 11)
– Abgabe von Getränken 3a (3)
– Abgabe von Speisen 3a (3)
– an Nichtunternehmer 3a (3); 3b H 3b (2)
– Arbeiten an beweglichen körperlichen Gegenständen 3a (3)
– Arbeiten an Gegenständen 3a AE 3a.2; 3a AE 3a.6; 3a H 3a (5)
– Beförderungsmittel 3a (3)
– Begutachtung von Gegenständen 3a (3); 3a AE 3a.2; 3a AE 3a.6; 3a H 3a (5)
– bei Ablösezahlungen 3a AE 3a.9; 3a H 3a (5, 11)
– bei Aufsichtsratstätigkeiten 3a H 3a (1)
– bei Ausstellungen 3a (3)
– bei Beförderungsleistungen 3b (1); 3b (2); 3b (3)
– bei Beförderungsmitteln 3a AE 3a.5; 3a H 3a (5, 11)
– bei Beherbergungsleistungen 3a H 3a (8)
– bei Beratungsleistungen 3a Rsp I
– bei Datenverarbeitung 3a AE 3a.9; 3a H 3a (5)
– bei Detektivleistungen 3a AE 3a.9; 3a H 3a (5)
– bei Dienstleistungen im Rahmen von Schiffsmessen 3a Rsp I
– bei Einräumung von Fischereirechten 3a Rsp I
– bei Einschaltung eines Erfüllungsgehilfen 3a H 3a (5)
– bei Eintrittsberechtigungen 3a H 3a (9)
– bei Erbenermittlern 3a AE 3a.9; 3a H 3a (5)
– bei Forschungs- und Entwicklungsarbeiten 3a Rsp I
– bei Geldspielautomatenumsätzen 3a Rsp I
– bei Grundschuldbestellung 3a AE 3a.3; 3a H 3a (5)
– bei Handelsvertretern 3a AE 3a.1; 3a H 3a (5, 11)
– bei im Drittland erbrachten Dienstleistungen 3a H 3a (9)
– bei Informationsüberlassung 3a AE 3a.9; 3a H 3a (5)
– bei innergemeinschaftlichen Güterbeförderungen 3b H 3b (1)
– bei Leistungen an juristische Personen des öffentlichen Rechts 3a H 3a (6)
– bei Leistungen im Internet 3a AE 3a.9; 3a H 3a (5)
– bei Leistungen im Zusammenhang mit einem Grundstück 3a (3); 3a AE 3a.3; 3a H 3a (5); 3a Rsp I
– bei Messen 3a (3)
– bei Messen u. Ausstellungen 3a AE 3a.4; 3a H 3a (5)
– bei Messen und Ausstellungen 3a H 3a (9)
– bei Restaurationsleistungen 3a H 3a (7)
– bei Softwareüberlassung 3 Rsp I
– bei Tätigkeit der Notare 3a AE 3a.9; 3a H 3a (5)
– bei Teilnutzungsrechten an Grundstücken 4 Rsp I
– bei Telekommunikationsdienstleistungen 3a H 3a (9)

1015

Stichwortverzeichnis

- bei Telekommunikationsleistungen 3a AE 3a.10; 3a H 3a (5)
- bei tontechnischen Leistungen 3a AE 3a.6; 3a H 3a (5)
- bei Übertragung von Nutzungsrechten 3a AE 3a.6; 3a H 3a (5)
- bei Vermittlungsleistungen 3a H 3a (8)
- bei Vermögensverwaltung 3a H 3a (2)
- bei Werbeagenturen 3a AE 3a.9; 3a H 3a (5)
- bei Werbung 3a Rsp I
- bei wissenschaftlichen Gutachten 3a AE 3a.6; 3a H 3a (5)
- beim Einwegpfand-Clearing 3a H 3a (10)
- beim Erwerb von Grundstücken 3a (3); 3a AE 3a.3; 3a H 3a (5)
- beim Fahrzeugleasing 3a Rsp I
- beim Tausch von Teilzeitnutzungsrechten an Ferienwohnungen 3a Rsp I
- beim Verzehr an Ort und Stelle 3 AE 3.6
- der Tätigkeit 3a (3); 3a AE 3a.6; 3a H 3a (5)
- Einbeziehung Leistungen Dritter 3a Rsp I
- eines Abschleppunternehmers 3a H 3a (3)
- Grundregel(ung) 3a (1); 3a AE 3a.1; 3a AE 3a.2; 3a H 3a (5, 11)
- Güterbeförderungen 3b H 3b (2)
- Herauslösen menschlicher Gelenkknorpelzellen 4 Rsp III
- im Zusammenhang mit Saatgut Anl. 2
- Kontrollleistung im internationalen Warenverkehr 4 Rsp III
- kurzfristige Vermietung 3a (3)
- Leistungsempfänger 3a (1); 3a AE 3a.2; 3a AE 3a.8; 3a AE 3a.9; 3a H 3a (5, 11)
- Messebau 3a Rsp I
- nichtunternehmerisch tätige juristische Person 3a AE 3a.2; 3a H 3a (5, 11)
- Portfolioverwaltung 4 Rsp III
- Senderechte 3a AE 3a.8; 3a H 3a (5, 11)
- Sonderfälle 3a
- Testamentsvollstrecker 3a Rsp I
- tontechnische Leistungen 3a AE 3a.6; 3a H 3a (5)
- Überlassung von technischem Gerät 3a AE 3a.8; 3a H 3a (5)
- Überlassung von Übertragungsnetzwerk 3a AE 3a.8; 3a H 3a (5)
- Übertragung über Erdgasnetze 3a AE 3a.13; 3a H 3a (5)
- Übertragung von Lebensrückversicherungsverträgen 3a Rsp I
- Überwachungsleistung im internationalen Warenverkehr 4 Rsp III
- unentgeltliche Wertabgaben 3f; 3f AE 3f.1
- Unterbringung auf einem Schiff 3a AE 3a.3; 3a H 3a (5)
- Vermehrung menschlicher von Gelenkknorpelzellen 4 Rsp III
- Vermietung von Beförderungsmitteln 3a (3)
- Verwertungsrechte 3a AE 3a.8; 3a H 3a (5)
- von Reisebüros 3a H 3a (4)
- Zugang zu Elektrizitätsnetzen 3a AE 3a.13; 3a H 3a (5)
- Zugang zu Erdgasnetzen 3a AE 3a.13; 3a H 3a (5)

Ort der sonstigen Leistung in besonderen Fällen
- Restaurationsleistungen 3e; 3e H 3e (3)

Ort des innergemeinschaftlichen Erwerbs 3d AE 3d.1

Ort des Leistungsempfängers 3a AE 3a.2; 3a AE 3a.8; 3a H 3a (5, 11)

Orthopädische Apparate u. Vorrichtungen 12; Anl. 2

Orthoptist 4 AE 4.14.4

Osmium 25a AE 25a.1

Österreich
- Eigenverbrauchsbesteuerung **Allg.**
- Nichtabgabe von Steuererklärungen durch ausländische Busunternehmer 18 Rsp I

Outsourcing von Dienstleistungen
- Umsatzsteuerbefreiung(en) 4 Rsp I

P

Paketveranstalter 25 AE 25.2

Palette
- innergemeinschaftliches Verbringen 1a AE 1a.2

Palladium 25a AE 25a.1

Palliativversorgung
- Umsatzsteuerbefreiung 4 H 4 (34)

Pannenhilfe
- Umsatzsteuerbefreiung(en) 4 Rsp I

Panzer
- kein Beförderungsmittel 3a AE 3a.5; 3a H 3a (5, 11)
- kein Beförderungsmittel Planierraupe 3a H 3a (5)

Papiernotgeld Anl. 2

Parkfläche
- Vermietung 4; 4 AE 4.12.2

Parkhaus
- einer Gemeinde 2 AE 2.11.13

Parkplatz
- Steuerbefreiung Anh. 7
- Überlassung, Ort der Leistung 4 AE 4.12.2
- Vermietung, Ort der Leistung 4 AE 4.12.2

Parkraumbewirtschaftung
- durch eine juristische Person des öffentlichen Rechts 2 Rsp I

Partei
- Steuerbefreiung Anh. 7

Partei, politische
- Befreiung für Umsätze 4

Partyservice 3 AE 3.6; 3 H 3 (27)
- Lieferung 3 Rsp III
- sonstige Leistung 3 Rsp III

Patentanwalt 3a H 3a (5)
- Durchschnittssatz 23 AE 23.2.7
- Ort der Leistung 3a (4); 3a AE 3a.9; 3a H 3a (5)

Patente
- Ort der Leistung 3a (4); 3a AE 3a.9; 3a H 3a (5)

Patentingenieure 23 AE 23.2.7

Pauschallandwirte
- Erwerbsbesteuerung 1a H 1a (1)

Pauschalreise 25 AE 25.1

Pauschbeträge
- bei unentgeltlichen Wertabgaben 10 H 10 (11)
- Vorsteuerabzug 15

Pektate Anl. 2

Pektinate Anl. 2

Pektinstoffe Anl. 2

Stichwortverzeichnis

Pellets Anl. 2
- von Getreide Anl. 2
- von Kartoffeln Anl. 2

Pensionskassenbeiträge
- als Bemessungsgrundlage 10 AE 10.1.7

Pensionspferdehaltung
- Durchschnittssatzbesteuerung 24 Rsp III

Person
- beförderte 16 AE 16.2
- Beförderung(en) 16 (5); 16 AE 16.2; 26 H 26 (3, 5)
- Beförderungen im Gelegenheitsverkehr mit Kraftomnibussen 16 (5); 16 AE 16.2
- Beförderungen mit Schiffen 12 (2)
- juristische 18; 25b (1)
- keine Unternehmer 18
- nahestehende 10 AE 10.7
- natürliche und juristische 27a (2)

Person(en), juristische 1 (3); 1a (1); 1a (3); 7; 27a (1)
- des öffentlichen Rechts 2 AE 2.11

Personalbeistellung 3 AE 3.9
- zu sonstigen Leistungen 3 H 3 (5)

Personalgestellung 3a H 3a (5)
- Gesellschafterleistungen 3 Rsp III
- Körperschaften des öffentlichen Rechts 2 AE 2.11.15
- Leistungsaustausch 1 AE 1.1
- Leistungsort Anh. 7
- Ort der Leistung 3a (4)
- Steuerbefreiung Anh. 7

Personalmittel 25 Rsp I

Personalrabatt
- an Arbeitnehmer 1 AE 1.8

Personalverpflegung
- Abgabe von Mahlzeiten 3 Rsp I

Personenbeförderung mit Schiffen 12 (2)
- Mitnahme eines Fahrzeugs 12 AE 12.12
- Übergangsregelung 12 AE 12.12

Personenbeförderung(en) 18 (11)
- auf dem Bodensee 3a H 3a (1)
- Aufteilung des Entgelts 10 AE 10.1.9
- Einzelbesteuerung, Kraftomnibusse 10 25; 10 AE 10.2.6; 16 (5); 16 AE 16.2; 18 (5)
- Entgelt 10 AE 10.1.9
- Gelegenheitsverkehr 16 AE 16.2
- Gelegenheitsverkehr mit Kraftomnibussen 16 (5); 16 AE 16.2
- grenzüberschreitende Allg.; 10 AE 10.2.6; 16 (5); 18 (5)
- grenzüberschreitende mit Omnibussen 18 H 18 (11, 34)
- im Mietwagenverkehr 12 H 12 (7)
- Leistungsort 3b H 3b (2)
- mit Bergbahnen 12 AE 12.13
- mit *Hochbahnen* 12 AE 12.13
- mit Schwebebahnen 12 AE 12.13
- mit Straßenbahnen 12 AE 12.13
- mit Untergrundbahnen 12 AE 12.13
- Nahverkehr 12 (2); 12 AE 12.12; 12 H 12.13; 12 AE 12.14; 12 H 12 (7)
- Nebenleistung 3b Rsp III
- Ort der sonstigen Leistung 3b AE 3b.1
- Steuerbefreiung 4 H 4 (5)
- Vermittlung 4; 4 AE 4.5.1
- Vermittlung von 10 AE 10.1.9
- Vermittlungsleistungen 4 H 4 (10); 10 H 10 (7)

Personen-Beförderungsunternehmen
- erleichterte Trennung der Bemessungsgrundlagen 22 AE 22.6.17

Personen-Beförderungsunternehmer
- Aufzeichnungen 22 AE 22.6.17

Personengesellschaft
- heilberufliche Tätigkeit 4 AE 4.14.7
- Überlassung eines Gegenstands 1 H 1 (13)
- Überlassung von Gegenständen an Gesellschafter 15 H 15 (4)
- Vorsteuerabzug 15 H 15 (4)

Personenkilometer 10 AE 10.2.5
- maßgebliche Zahl 16 AE 16.2

Personenkraftwagen
- zur Beförderung von kranken Personen 4 AE 4.17.2

Personenkreis
- zusammengehöriger 16 AE 16.2

Personenschifffahrt
- Steuerermäßigung 12 (2)

Personenvereinigung(en) 1 (1); 2 (2); 22 66a; 27a (2)
- als Unternehmer 2 AE 2.1
- Durchschnittssatz 23a

Pfandgeld
- Behandlung bei Steuersatzänderung 10 H 10 (1)
- Warenumschließungen 10 AE 10.1.8

Pfandgläubiger
- als Unternehmer 13c AE 13c.1

Pfandleiher 1 AE 1.2

Pfandschein(e) 10 AE 10.5

Pfändung 13c AE 13c.1

Pferd, dressiert und trainiert
- kein aufgrund eines Werkvertrags hergestellter Gegenstand 3 Rsp I

Pferdebetreuung
- Steuersatz 12 H 12 (4)

Pferdepension
- Steuersatz 12 H 12 (4); 12 Rsp III

Pferdetraining
- Steuersatz 12 H 12 (4)

Pflanzen
- andere lebende Anl. 2

Pflanzenteile
- andere Anl. 2

Pflanzenzucht 12 (2); 12 AE 12.2

Pflanzpflege
- Steuerschuldner 13b AE 13b.1; 13b H 13b (1, 2)

Pflegeberatung
- der Pflegeeinrichtungen 4 AE 4.16.5

Pflegedienst
- Umsatzsteuerbefreiung 4 Rsp III

Pflegeeinrichtung
- ambulante 4 AE 4.16.5
- stationäre 4 AE 4.16.5

Pflegeheim 4 Rsp I
- Abgabe von Speisen und Getränken an Besucher 4 AE 4.16.6
- Anerkennung bei Kurzzeitpflege 4 AE 4.16.4
- Anzeigepflicht 4 AE 4.16.4

1017

Stichwortverzeichnis

- Aufnahme nicht begünstigter Personen 4 AE 4.16.4
- eng verbundener Umsatz 4 AE 4.14.6; 4 AE 4.16.6
- gemischter Vertrag 4 AE 4.12.5
- Steuerbefreiung 4; 4 AE 4.14.6; 4 AE 4.16.4; 4 AE 4.16.6; 4 H 4 (27)
- Telefongestellung 4 AE 4.16.6
- Überlassung von Pflegemitteln 4 AE 4.16.6
- Voraussetzung der Steuerbefreiung 4 AE 4.16.4

Pflegekosten
- Übernahme durch Sozialversicherung

Pflegeleistungen
- Abgabe von Speisen und Getränken an Besucher 4 AE 4.16.6
- an hilfsbedürftige Personen 4 AE 4.16.1; 4 AE 4.16.2
- an nicht hilfsbedürftige Personen 4 AE 4.16.1; 4 AE 4.16.2
- durch anerkannte Einrichtungen 4 AE 4.16.1; 4 AE 4.16.2
- eng verbundener Umsatz 4 AE 4.16.6
- Steuerbefreiung 4 H 4 (27)
- Telefongestellung 4 AE 4.16.6

Pflichten
- des Unternehmers 18 Rsp I

Pfropfreiser Anl. 2

Photo-Designer 12 AE 12.7.15

Photovoltaikanlage 2 AE 2.3
- Anlagenbetreiber 2 H 2 (13)
- Vorsteuerabzug 2 H 2 (13); 15 H 15 (15); 15 Rsp III

Physiotherapeut 4 AE 4.14.1
- Steuerbefreiung 4 H 4 (26)
- Umsatzsteuerbefreiung 4 H 4 (49)

Physiotherapeutische Behandlung
- Umsatzsteuerbefreiung(en) 4 Rsp I

Pilzmyzel Anl. 2

Pkw-Einfuhr 5 Rsp I

Pkw-Überlassung 1 AE 1.8.18

Pläne
- topographische Anl. 2

Planierraupe
- kein Beförderungsmittel 3a AE 3a.5; 3a H 3a (5, 11)

Planungsarbeiten
- Steuerschuldner 13b AE 13b.1; 13b H 13b (1)

Platin 25a AE 25a.1
- als Pulver Anl. 1
- Börsengeschäfte, Lieferungen 18 49
- in Rohform Anl. 1

Platinbeimetalle 3a AE 3a.9

Platinbimetalle 3a H 3a (5)

Podologe 4 AE 4.14.1; 4 AE 4.14.4

Polen
- Beitritt zur EU Allg.
- pauschale Besteuerung ausländischer Busunternehmer 18 Rsp I
- Zulassungssteuer Allg.

Politische Partei 2 H 2 (1)
- keine wirtschaftliche Tätigkeit durch Werbung zugunsten der Unterorganisationen 2 Rsp I

Pornofilmvorführung 12 AE 12.6

Porree Anl. 2

Portfolioverwaltung 3a H 3a (2); 4 AE 4.8.9
- Einheitlichkeit der Leistung 4 Rsp III
- Ort der sonstigen Leistung 4 Rsp III
- Umsatzsteuerbefreiung(en) 4 Rsp III

Portokosten 10 H 10 (13)

Portugal
- ermäßigter Steuersatz Allg.
- Steuersatz Anh. 7
- Straßenbenutzungsgebühr Allg.

Post-Universaldienstleistungen
- auf Grund von Allgemeinen Geschäftsbedingungen 4 AE 4.11b.1; 4 H 4 (36)
- auf Grund von Sondervereinbarungen 4 AE 4.11b.1; 4 H 4 (36)
- bei Freistemplerbenutzung 4 AE 4.11b.1; 4 H 4 (36)
- flächendeckende 4 AE 4.11b.1; 4 H 4 (36)
- förmliche Zustellung 4 AE 4.11b.1; 4 H 4 (36)
- Qualitätsmerkmale 4 AE 4.11b.1; 4 H 4 (36)
- Steuerbefreiung 4 AE 4.11b.1; 4 H 4 (36)

Postkonsolidierer 4 AE 4.11b.1; 4 H 4 (36)

Postsendung
- Ausfuhrnachweis 6 AE 6.9.5
- M-Beutel 6 AE 6.9.5

Prämie
- für Altabonnenten 10 AE 10.3

Praxisgemeinschaft(en)
- Steuerbefreiung 4 H 4 (26); Anh. 7
- u. Apparategemeinschaften 4 AE 4.14.7; 4 AE 4.14.8

Praxiswert 3 AE 3.1; 4 AE 4.28.1

Preiserstattungsgutschein 17 AE 17.2

Preisnachlass 1 Rsp I; 3 AE 3.11; 10 AE 10.3
- als Personalrabatt 1 AE 1.1
- durch Agenten 17 AE 17.1.1
- durch Verkaufagent 10 H 10 (9, 15)

Preisnachlassgutschein 17 AE 17.2
- Bemessungsgrundlage 10 Rsp I

Preisvergünstigung Anh. 4

Presseagentur 12 AE 12.7.9

Pressezeichner 12 AE 12.7.16

Primärbatterien
- Abfall Anl. 3
- Schrott Anl. 3

Primärelemente
- Abfall Anl. 3
- Schrott Anl. 3

Private Kfz-Nutzung
- als unentgeltliche Wertabgabe 3 AE 3.4

Privatklinik
- Umsatzsteuerbefreiung(en) 4 Rsp III

Privatlehrer
- an Volkshochschulen 4 H 4 (11)

Privatschulen 4 H 4 (12)

Probierpackung
- keine unentgeltliche Wertabgabe 3 AE 3.3

Produktionsassistent 23 AE 23.2.3

Produktionsleiter 23 AE 23.2.3

Projektförderung
- öffentliche Zuwendungen 1 H 1 (21)

Stichwortverzeichnis

Propan Anl. 1
Pro-rata-Satz Anh. 7
– bei steuerpflichtigen und steuerfreien
  Ausgangsumsätzen 15 Rsp I
– Rundungsregelung 15 Rsp I
– Vorsteuerabzug 15 Rsp I
Prothese
– ausgen. Teile und Zubehör Anl. 2
Prozesskostenhilfe
– Steuersatz 12 Rsp I
Prozesszinsen 1 AE 1.3
Psychagoge 4 AE 4.14.4
Psychotherapeut
– psychologischer 4 AE 4.14.4
Psychotherapeutische Behandlung
– Umsatzsteuerbefreiung(en) 4 Rsp I
Public-Private-Partnership 3 AE 3.11; 10 AE 10.1.10
Publikumsgesellschaft(en) 4 AE 4.8.10
Pulver
– von genießbaren Früchten Anl. 2
– von getrockneten Hülsenfrüchten Anl. 2
– von Kartoffeln Anl. 2
Puppentheater 4 AE 4.20.1

Q

Quellwasser Anl. 2
Quotennießbrauch 3 AE 3.1

R

Rabattgewährung 3 AE 3.11
Rabattmarke 12 H 12 (7)
Ratewettbewerb
– Bemessungsgrundlage 10 Rsp I
Ratschreiber 2 (3); 2 AE 2.11
Ratsermächtigung
– Gültigkeit Allg.
– Voraussetzungen Allg.
Ratsmitglied
– Tätigkeit als Aufsichtsratsmitglied 4 AE 4.26.1
Räume
– Überlassung 4 AE 4.12.5
Rebanlagen
– als Liefergegenstand 3 AE 3.1
Rechenzentrum
– Umsätze eines - 4 AE 4.8.7
Rechnung 14 31; 14 32; Anh. 7
– Abhandenkommen 18 Rsp I
– Angaben 14 H 14 (4); Anh. 7
– Angaben in – 14 AE 14.5
– auf elektronischem Weg 14 AE 14.1
– auf Papier 14 AE 14.1
– auf Thermopapier 14b AE 14b.1
– Aufbewahrung 14b AE 14b.1; Anh. 7
– Aufbewahrungsfrist 14b AE 14b.1
– Aufbewahrungsort Anh. 7
– Aufbewahrungspflicht 14b AE 14b.1
– Aufbewahrungszeitraum Anh. 7
– Ausstellung 14 AE 14.2; 22c; 27 (15); Anh. 7
– Ausstellungsfrist Anh. 7
– Begriff 14 (1); 14 AE 14.1
– bei Differenzbesteuerung 14a (6); Anh. 7
– bei Lieferung neuer Fahrzeuge 14a (4)
– bei Reihengeschäften 14a (7)
– bei Reiseleistungen 14a (6)
– Berichtigung 14 Rsp I
– Bezeichnung des Leistungsempfängers 15 AE 15.2
– Definition Anh. 7
– Einzelfälle 14 AE 14.10
– elektronische 27 (18); Anh. 7
– Entgelt von dritter Seite 14 AE 14.10
– Erteilung Anh. 7
– Fahrausweise 14; 14 34; 14 AE 14.7; 15
– für Vorsteuerabzug 15 AE 15.11
– Geräteidentifikationsnummer 14 H 14 (5)
– Gutschrift 14 AE 14.3; 14 AE 14.8.8; Anh. 7
– Identität des leistenden Unternehmers 15 AE 15.2.15
– in besonderen Fällen 14 AE 14.10
– Inhalt bis 30. 6. 2004 15 H 15 (1)
– Kleinbeträge, Vorsteuerabzug 14; 14 33; 15; 15 AE 15.4
– Kontoauszüge als 14 H 14 (3)
– Leistungen verschiedener Unternehmer 14 AE 14.10
– Leistungszeitpunkt 14 H 14 (2)
– Lesbarkeit 14b AE 14b.1
– Mindestinhalt 15 H 15 (1)
– mit elektronischer Registrierkasse 14b AE 14b.1
– Pflichtangaben 14 H 14 (2)
– Rundung der Steuer 14 Rsp I
– über Kleinbeträge 14 AE 14.6
– über Teilentgelte, Anzahlungen 14 AE 14.8
– unberechtigt in Rechnung gestellte Steuer 14 Rsp I
– Verpflichtung zur Ausstellung 14 AE 14.2
– Vorsteuerabzug 15 AE 15.2; 15 AE 15.4
– Wiedergabe auf Bildträger 14b AE 14b.1
– Wiedergabe auf Datenträger 14b AE 14b.1
– zusammengefasste Anh. 7
– Zweitschrift 18 Rsp I
Rechnung, elektronisch übermittelte
– Aufbewahrungsfrist 14b AE 14b.1
– Aufbewahrungspflicht 14b AE 14b.1
Rechnung, elektronische Anh. 7
– Anforderungen Anh. 7
– Angaben Anh. 7
– Voraussetzungen Anh. 7
– Zugriff der Verwaltung Anh. 7
Rechnungsanforderungen
– bei Steuerschuldnerschaft des Leistungsempfängers 15 Rsp I
Rechnungsangaben 14 H 14 (4); Anh. 7
– Art der gelieferten Gegenstände 14 AE 14.5.15
– Art der sonstigen Leistung 14 AE 14.5.15
– Aufbewahrungspflicht 14 AE 14.5.23
– bei Dauerleistungen 14 AE 14.5
– bei Eigenschaften 14 AE 14.5
– bei nichtsteuerbaren Umsätzen 14 (4)
– bei Organschaft 14 AE 14.5
– bei Teilrechnungen 14 (5)
– bei Vermittlungen 14 AE 14.5
– Bonus 14 AE 14.5.19
– Durchschnittssatz 14 AE 14.5.22
– Entgelt 14 AE 14.5.18

Stichwortverzeichnis

- Menge der gelieferten Gegenstände   14 AE 14.5.15
- Minderungen des Entgelts   14 AE 14.5.19
- Mindestangaben   14 AE 14.5
- Name des leistenden Unternehmers   14 AE 14.5
- Name des Leistungsempfängers   14 AE 14.5
- Rabatte   14 AE 14.5.19
- Rechnungsnummer   14 AE 14.5
- Skonto   14 AE 14.5.19
- Steuerbefreiung   14 (4); 14 AE 14.5.20
- Steuerbetrag   14 AE 14.5.20
- Steuernummer des Leistenden   14 AE 14.5
- Steuersatz   14 AE 14.5.20
- Übersetzung in Landessprache   Anh. 7
- Umfang der sonstigen Leistung   14 AE 14.5.15
- Umrechnung fremder Währungen   Anh. 7
- Umsatzsteuer-Identifikationsnummer   Anh. 7
- USt-IdNr. des Leistenden   14 AE 14.5
- Vereinfachungen   Anh. 7
- Vereinnahmung des Entgelts   14 AE 14.5.16
- verpflichtende   14 (4)
- verschiedene Steuersätze   14 AE 14.5.21
- Verzicht auf Unterschrift   Anh. 7
- Zeitpunkt der Leistung   14 AE 14.5.16
- Zeitpunkt der noch nicht ausgeführten Leistung   14 AE 14.5.16

Rechnungsaufbewahrung
- im Gemeinschaftsgebiet   14b AE 14b.1
- im Inland   14b AE 14b.1

Rechnungsaussteller
- Steuerschuldner   13a (1)

Rechnungsausstellung
- bei Anzahlungen   14 AE 14.1
- bei Bearbeitungen   14a AE 14a.1
- bei Darlehen an Unternehmer   14 H 14 (1)
- bei Differenzbesteuerung   14a AE 14a.1
- bei gemeinsamer Auftragserteilung   15 AE 15.2.16
- bei innergemeinschaftlichen Güterbeförderungen   14a AE 14a.1
- bei innergemeinschaftlichen Lieferungen   14a (3); 14a AE 14a.1
- bei Lieferungen neuer Fahrzeuge   14a AE 14a.1
- bei Reiseleistungen   14a AE 14a.1
- bei sonstigen Leistungen   14 AE 14.1
- bei Steuerschuldnerschaft des Leistungsempfängers   14a AE 14a.1
- bei Teilentgelten   14 (5)
- bei Umsätzen an juristische Personen   14 AE 14.8.8
- bei Umsätzen an Unternehmer   14 AE 14.8.8
- bei unentgeltlicher Wertabgabe   3 AE 3.2
- bei Verarbeitungen   14a AE 14a.1
- bei Vermittlungsleistungen   14a AE 14a.1
- bei Versendungslieferungen   14a (2); 14a AE 14a.1
- bei Werklieferungen   14 AE 14.1
- Bezeichnung des Leistungsempfängers   15 AE 15.2.16
- durch beauftragten Dritten   14 AE 14.1
- durch Dritte   Anh. 7
- durch Leistungsempfänger   14 AE 14.1
- gegenüber juristischen Personen   14 AE 14.1
- gegenüber Unternehmern   14 AE 14.1
- im Falle der Fiskalvertretung   22a H 22a (1)
- in besonderen Fällen   14a AE 14a.1
- Verjährung   14 AE 14.1
- Verpflichtung   14 AE 14.1; 14 AE 14.8.8
- Zeitraum   14 AE 14.1

Rechnungsberichtigung   14 AE 14.8.8
- Angabe der Mindestbemessungsgrundlage   14 AE 14.11

- bei fehlenden Angaben   14 AE 14.11
- bei unzutreffenden Angaben   14 AE 14.11
- durch beauftragten Dritten   14 AE 14.11
- durch gesondertes Dokument   14 AE 14.11
- durch Rechnungsaussteller   14 AE 14.11
- durch Rechnungsempfänger   14 AE 14.11
- Ergänzung durch Rechnungsempfänger   14 AE 14.11
- Geschäftsveräußerung im Ganzen   1 Rsp III
- Umfang   14 AE 14.11
- Verpflichtung   14 AE 14.11

Rechnungsergänzung   15 AE 15.2.9

Rechnungserstellung   Anh. 7

Rechnungserteilung   14 AE 14.1
- Angabe der Mindestbemessungsgrundlage   14 AE 14.9
- ausländische Währung   16 (5)
- bei Anzahlungen   14 AE 14.8
- bei innergemeinschaftlichem Dreiecksgeschäft   14a AE 14a.1
- bei Istversteuerung   20 AE 20.1
- bei Leistungen an Ehegattengemeinschaft   15 Rsp I
- bei Steuerschuldnerschaft des Leistungsempfängers   13b AE 13b.1
- bei Strohmanngeschäften   14 Rsp IV
- bei unentgeltlichen Leistungen   14 AE 14.9
- bei verbilligten Leistungen   14 AE 14.9
- Besonderheiten   25b AE 25b.1
- des Leistungsempfängers   13b AE 13b.1

Rechnungserteilungspflicht
- bei Leistungen im Zusammenhang mit einem Grundstück   14 AE 14.2

Rechnungsinhalt
- bei Leistungen an Ehegattengemeinschaft   15 Rsp I
- Leistungsbeschreibung   14 Rsp III
- Leistungszeitpunkt   14 H 14 (2)
- Übergangsregelung   15 H 15 (1)
- Überprüfung durch Leistungsempfänger   15 AE 15.2
- Vorsteuerabzug   15 Rsp III

Rechnungsnummer
- Angabe in der Gutschrift   14 AE 14.5.13
- Angabe in der Rechnung   14 AE 14.5
- Angabe in Kleinbetragsrechnungen   14 AE 14.5.14

Rechnungsübermittlung
- an Computer-Telefax   14 AE 14.4.5
- an Standard-Telefax   14 AE 14.4.5
- auf elektronischem Weg   14 AE 14.4
- durch Dritte   14 AE 14.4.7
- im EDI-Verfahren   14 AE 14.4
- mit elektronischer Signatur   14 AE 14.4
- Online-Fahrausweise   14 AE 14.4.5
- per Computer-Telefax   14 AE 14.4.5
- per E-Mail   14 AE 14.4.5
- per Echtfax   14 AE 14.4.5
- per Standard-Telefax   14 AE 14.4.5
- per Telefax   14 AE 14.4.5
- per Telefax auf Thermopapier   14 AE 14.4.5

Rechnungsübermittlung, elektronische
- Ablauf   14 AE 14.4
- Aufbau   14 AE 14.4
- Nachprüfbarkeit   14 AE 14.4
- Sonderregelungen   14 AE 14.4.5

Rechte
- Berichtigung des Vorsteuerabzugs   15a AE 15a.7
- Ort der Leistung   3a (4); 3a AE 3a.9; 3a H 3a (5)
- Übertragung   3 AE 3.1

Stichwortverzeichnis

Rechteeinräumung
– Leistungsort   Anh. 7
Rechtsanwalt   3a H 3a (5)
– Ort der Leistung   3a (4); 3a AE 3a.9; 3a H 3a (5)
Rechtsanwaltshonorare   15 Rsp I
Rechtsanwaltssozietät   2 AE 2.1.4
Rechtsberater   23 AE 23.2.7
Rechtshilfebüro
– wirtschaftliche Tätigkeit   1 Rsp I
Rechtskraftdurchbrechung
– aufgrund EG-Rechts   Allg.
Rechtsnachfolge
– Berichtigung des Vorsteuerabzugs   15a AE 15a.10
Rechtsschutz   23 AE 23.2.7
– vorläufiger   22e (2)
Rechtssicherheit
– bei rückwirkender Gesetzesänderung   9 Rsp I
Rechtsvertreter   23 AE 23.2.7
Rede   12 AE 12.7.13
Regelbesteuerung
– Option zur –   19 (2); 24 (4)
– Wechsel   19 AE 19.5
Regisseur   23 AE 23.2.3
Rehabilitationseinrichtungen
– medizinische   4 AE 4.14.5
– Steuerbefreiung   4 H 4 (26)
Rehabilitationsleistungen   4 AE 4.16.5
– Steuerbefreiung   4 H 4 (37)
Reihengeschäft   25b AE 25b.1
– Begriff   3 AE 3.14
– bei Ausfuhr   6 AE 6.1
– bei Warenbewegungen ins Drittland   3 AE 3.14
– im Inland   3 AE 3.14
– innergemeinschaftliche Lieferung   3 AE 3.14; 6a Rsp I
– innergemeinschaftliche Lieferungen   6a Rsp I
– innergemeinschaftlicher Erwerb   3 AE 3.14
– innergemeinschaftliches   3 AE 3.14
– Lieferort   3 AE 3.13; 3 AE 3.14
– Lieferortbestimmung nach Lieferklausel   3 AE 3.14
– mit Letztverbrauchern   3 AE 3.14
– Ort der Lieferung   3 Rsp I
– Ort des innergemeinschaftlichen Erwerbs   3d
– Rechnungsausstellung   14a (7)
– Vorsteuerabzug   15 AE 15.8
– Zuordnung der Beförderung   3 AE 3.14; 6a Rsp I
– Zuordnung der Versendung   3 AE 3.14
Reinigung von Gebäudeteilen
– Steuerschuldner   13b (2)
Reinigung von Gemeinschaftsräumen
– Umsatzsteuerbefreiung(en)   4 Rsp I
Reinigungsleistung
– Steuerschuldner   13b AE 13b.1; 13b H 13b (1, 2)
Reisebetreuungsleistung   3a AE 3a.1; 3a AE 3a.2;
3a H 3a (5)
Reisebüro   4 AE 4.5.2.6; 25 Rsp I
– Ausschluss des Vorsteuerabzugs   Anh. 7
– Einzelverkauf von Veranstaltungskarten   25 Rsp I
– Leistungen an Firmenkunden   3a H 3a (4)
– Leistungsort   3a H 3a (4)

– Margenbesteuerung   Anh. 7
– Vereinfachungsregelung   Anh. 7
– Verkauf von Flugscheinen   4 AE 4.5.3
– Vermittlungsleistung   Anh. 7
– Vermittlungsleistungen   4; 4 AE 4.5.2
Reischarterleistung
– im Seeverkehr   8 AE 8.1
Reisegepäckverkehr   14 34.3
Reisekatalog
– keine unentgeltliche Wertabgabe   3 AE 3.3
Reisekosten
– Vorsteuerabzug   15
Reiseleistung   25 AE 25.1; 25 AE 25.2
– als Vermittlungsleistung   Anh. 7
– an Arbeitnehmer   1 AE 1.8.19
– Angaben in der Rechnung   14a AE 14a.1
– Anzahlungen   13 AE 13.5
– Aufzeichnung der Bemessungsgrundlagen   25 AE 25.5.11–13
– Aufzeichnungspflichten   22 AE 22.2.12; 25 (5)
– Ausschluss des Vorsteuerabzugs   Anh. 7
– Bemessungsgrundlage   25 (3); 25 AE 25.3; 25 H 25 (4); 25 Rsp I
– Besteuerung   25
– buchmäßiger Nachweis (bei steuerfreien Reiseleistungen)   25; 25 72
– College-Programme   25 H 25 (4); 25 Rsp I
– Einzelverkauf von Veranstaltungskarten   25 Rsp I
– gemischte   25 AE 25.1.11; 25 AE 25.5
– handeln für eigene Rechnung   25 Rsp III
– High-School-Programme   25 H 25 (4); 25 Rsp I
– Leistungsort   Anh. 7
– Margenbesteuerung   Anh. 7
– Ort   3a AE 3a.1; 3a AE 3a.2; 3a H 3a (5)
– Ort der Restaurationsleistungen   25 H 25 (1)
– Rechnungsausstellung   14a (6)
– Reiseleistungen   25 Rsp I
– Schüleraustauschprogramme   25 Rsp I
– Sprachreisen   25 H 25 (4); 25 Rsp I
– Steuerfreiheit   25 AE 25.4
– Studienreisen   25 H 25 (4); 25 Rsp I
– Übergangsregelung   Anh. 7
– Vermittlung   4 AE 4.5.2; 4 AE 4.5.4
– Vorsteuerabzug   15 AE 15.2; 25 AE 25.4
– Zu- und Abbringerflüge   25 H 25 (5)
– Zweckbestimmung   25 AE 25.1.3
Reiseleiter   16 AE 16.2
– Betreuung durch –   25 AE 25.1
Reisende
– Dienstleistungen für   25 Rsp I
Reisepreis   25 AE 25.1.11
Reiseteilnehmer   25 AE 25.1
Reiseunternehmer   25 AE 25.1
Reiseveranstalter   4 AE 4.5.2.3, 7; 25 AE 25.1; 25 AE 25.2
– Sitz in einem Mitgliedstaat   25 Rsp I
Reiseverkehr
– außergemeinschaftlicher   6 AE 6.11
– Grenzüberschreitender   Allg.
– Sonderregelungen bei Ausfuhren   4; 4 14; 4 17; 6
Reiseverkehr, nicht kommerzieller
– Abnehmerbestätigung   6 H 6 (11)
– Merkblatt   6 H 6 (5)

1021

Stichwortverzeichnis

– Vernichtung von Ausfuhrbelegen 6 H 6 (6)
– Vordruckmuster 6 H 6 (3, 4)
Reisevorleistung 25 AE 25.1.6, 9–11; 25 AE 25.2.3; 25 AE 25.3
Reisevorleistungsminderung 25 AE 25.2.6
Reisigbündel Anl. 2
Reitpferd
– Betreuung 12 AE 12.2
– Einstellen 12 AE 12.2
Reitstunden
– Durchschnittssatzbesteuerung 24 Rsp III
Rennservice
– Einheitlichkeit der Leistung 3a Rsp III
– Ort der Leistung 3a Rsp III
Rennwett- u. Lotteriegesetz
– Umsätze 4; 4 AE 4.9.2
Reparatur
– Bagatellgrenze 13b H 13b (2)
– Steuerschuldner 13b AE 13b.1; 13b H 13b (1, 2)
Reportagen 23 AE 23.2.5
Repräsentationsaufwand
– Vorsteuerabzug 15 H 15 (17)
Repräsentationsaufwendungen
– Eigenverbrauch 1 (1)
– Vorsteuerabzug 15 AE 15.6
Reprographietätigkeit
– Abgrenzung Lieferung / sonstige Leistung 3 Rsp I
Restaurantdienstleistungen
– an Bord eines Flugzeugs Anh. 7
– an Bord eines Schiffes Anh. 7
– in der Eisenbahn Anh. 7
– Leistungsort Anh. 7
Restaurantumsätze 3 H 3 (11, 13, 25)
– Partyservice 3 H 3 (27)
Restaurationsleistungen 3e
– an Bord von Flugzeugen 13b H 13b (9)
– an Bord von Schiffen 13b H 13b (9)
– im Zusammenhang mit Kettengeschäften 25 H 25 (2)
– in der Eisenbahn 13b H 13b (9)
– Leistungsort 3a H 3a (7)
– Ort 3e H 3e (3)
– Ort im Zusammenhang mit Reiseleistungen 25 H 25 (1)
– Steuerschuldner 13b H 13b (9)
Restaurationsumsatz
– an Bord eines Seeschiffs 4 AE 4.6.2
– beim Verzehr an Ort und Stelle 3 AE 3.6
Rettich Anl. 2
Rettungsassistent 4 AE 4.14.4
Rettungsdienstleistungen
– Umsatzsteuerbefreiung 4 H 4 (47)
Rhodium 25a AE 25a.1
Richtlinie über das gemeinsame Mehrwertsteuersystem Anh. 7
Riechstoff
– Mischungen Anl. 2
Rind
– Fett Anl. 2

Rizinusöl
– hydriertes Anl. 2
Rohreis Anl. 1
Rohzucker Anl. 1
Rollstuhl Anl. 2
Röntgeneinrichtung 4 AE 4.14.6
Rosmarin Anl. 2
Rote Rübe Anl. 2
Rubine 25a AE 25a.1
Rückgabe
– kein Leistungsaustausch 1 AE 1.1
Rückstände
– der Lebensmittelindustrie Anl. 2
Rückwirkende Fristverlängerung 24 (4)
Rückwirkung 9 Rsp I
– des nationalen Gesetzes bei Änderung des Vorsteuerabzugs 15 Rsp I
– von EU-Ermächtigungen 15 Rsp I
Rumänien 1 AE 1.10
– Beitritt zur EU Allg.
Rundfunkanstalten 2 AE 2.11; 12 AE 12.7.20
– Leistungsort bei Leistungen an 3a AE 3a.2; 3a AE 3a.3; 3a H 3a (5, 11)
Rundfunkdienstleistung 3a (4); 3a AE 3a.11; 3a H 3a (5)
– Leistungsort Anh. 7
Rundfunkprogramm
– über Antenne 3a AE 3a.11; 3a H 3a (5)
– über Kabel 3a AE 3a.11; 3a H 3a (5)
– über Satellit 3a AE 3a.11; 3a H 3a (5)
Rundfunksprecher 2 AE 2.2
Rundlinge Anl. 2
Rundung der Steuer
– Rechnung 14 Rsp I
Ruthenium 25a AE 25a.1

S

Saatgut
– Abgabe von - 1 H 1 (15)
– einheitliche Leistung 3 AE 3.10
– Ort der sonstigen Leistung Anl. 2
– Steuersatz Anl. 2
Saatzucht 24 (2)
Saccharin
– Natriumsalz u. Kaliumsalz Anl. 2
Sachbezüge
– Bemessungsgrundlage 10 Rsp I
Sachbezugswert 1 AE 1.8
Sachen
– Verwertung 1 AE 1.2
Sachgesamtheit(en) 3 AE 3.1
Sachgeschenk 1 AE 1.8.9
Sachleistung(en)
– s. auch Sachzuwendung 12 (2)
Sachlotterien 3 H 3 (8)

Stichwortverzeichnis

Sachmittel 25 Rsp I
Sachprämie
- keine unentgeltliche Wertabgabe 3 AE 3.3
- Wert als Bemessungsgrundlage 10 AE 10.5

Sachverständiger
- anerkannter Gutachten, Ort der Leistung 3a (4); 3a AE 3a.9; 3a H 3a (5)
- medizinischer 13a H 13a (1)

Sachverständiger, medizinischer
- Gutachten 13a H 13a (1)

Sachzuwendung 22 AE 22.2.7
- an Arbeitnehmer 1 AE 1.8; 1 H 1 (12)
- an das Personal 3 AE 3.3
- bei Arbeitnehmerbeförderungen 1 AE 1.8.9
- Bemessungsgrundlage 1 AE 1.8.6
- Betriebskindergärten 1 AE 1.8
- Freifahrten 1 AE 1.8.9
- Reise als – 25 AE 25.3.5
- unentgeltliche 3 AE 3.2
- Werkdienstwohnungen 1 AE 1.8.9

Sägespäne Anl. 2
Sägewerkserzeugnis 24 (1)
Salat Anl. 2
Salbei Anl. 2
Sale-and-lease-back 1 H 1 (36); 3 AE 3.5.7
Sale-and-lease-back-Geschäfte 3 H 3 (28)
Samen
- zur Aussaat Anl. 2

Sammelband Anl. 2
Sammelbeförderung 1 AE 1.8
Sammlermünze 4; Anl. 2
- Steuerbefreiung Anh. 7
- Steuersatz Anl. 2
- Vereinfachungsregelung Anl. 2

Sammlertätigkeit
- Unternehmereigenschaft 2 Rsp III

Sammlung
- wissenschaftliche 4

Sammlungsstück 25a (2); 25a AE 25a.1
- anatomisches Anl. 2
- botanisches Anl. 2
- Briefmarken und dergleichen Anl. 2
- Differenzbesteuerung Anh. 7
- mineralogisches Anl. 2
- Steuersatz Anh. 7
- von geschichtlichem, archäologischem, pädagogischem oder völkerkundlichem Wert Anl. 2
- von münzkundlichem Wert Anl. 2
- zoologisches Anl. 2

Sänger 12 AE 12.7.19; 23 AE 23.2.3
Sanierungsträger 3 AE 3.15
- Leistungen nach BauGB 3 H 3 (17)

Sanktion
- in Form einer „zusätzlichen Steuerschuld" 18 Rsp I

Saphir 25a AE 25a.1
Sattelanhänger
- Beförderungsmittel 3a AE 3a.1; 3a H 3a (5, 11)

Säuglingspflege 4

Säumniszuschläge
- Erlass aus sachlicher Billigkeit 18 Rsp III

Sauna 4 AE 4.14.4; 12 AE 12.11
Schadensersatz
- Abgrenzung zum Leistungsaustausch 1 Rsp III
- bei vorzeitiger Beendigung des Leasings 1 AE 1.3
- einbehaltene Anzahlung 1 Rsp I

Schaf
- Fett Anl. 2

Schalenfrucht Anl. 1
Schallplatten 12 AE 12.6
Schalotten Anl. 2
Schaltkreise
- integrierte 13b AE 13b.1
- Steuerschuldner 13b AE 13b.1

Schaltkreise, integrierte
- Steuerschuldner 13b H 13b (13, 15)

Schaltkreislieferungen, integrierte
- Steuerschuldner 13b (2)

Schattenspieltheater 4 AE 4.20.1
Schätzung
- des Entgelts 13 AE 13.2

Schauspiel 12 AE 12.7.20
Schauspieler 12 AE 12.7.19; 23 AE 23.2.3
Schausteller
- Steuersatz 12 (2); 12 30; 12 AE 12.8; 12 H 12 (1)

Scheingeschäft 2 AE 2.1
Scheite Anl. 2
Schenkung
- unter Vorbehaltsnießbrauch 3 H 3 (16)

Schienenbahn
- Anschlussstrecken 3b
- Steuersatz 12 (2); 12 AE 12.13

Schienenbahnverkehr 3b
- Steuerermäßigung 12 (2); 28 (4)

Schießanlage, Überlassung 4 AE 4.12.6
Schiff
- Beförderung 3e; 3e AE 3e.1
- Personenbeförderung 12 (2)

Schifffahrt Anh. 7
Schiffsausrüstung 8 (1); 8 (2); 8 AE 8.1; Anh. 4; Anh. 5; Anh. 7
Schiffsbesichtiger 8 AE 8.1
Schiffsklassifizierungsunternehmer 8 AE 8.1
Schiffsmakler 8 AE 8.1
Schlachtnebenerzeugnis
- genießbares Anl. 2

Schlacke Anl. 3
- granulierte Anl. 3

Schlafräume
- Beherbergung 4

Schleppen 8 AE 8.1
Schlepplift in Skihalle
- Steuersatz 12 Rsp III

Schlussvorschriften 26; 28

Stichwortverzeichnis

Schmierstoffe 6a H 6a (2)
Schmuckstein 25a AE 25a.1
Schmuggel
– Ethylalkohol 1 Rsp I
Schnecke Anl. 2
– zubereitet oder haltbar gemacht   Anl. 2
Schokolade Anl. 2
Schönheitsoperationen
– Umsatzsteuerbefreiung(en) 4 Rsp III
Schriften, jugendgefährdende
– Gesetz über die Verbreitung – Anl. 2
– Steuersatz Anl. 2
Schriftsteller
– Durchschnittssatz 23 AE 23.2.5
– Steuersatz 12 (2); 12 AE 12.7.6
Schrott
– Steuerschuldner 13b (2); 13b AE 13b.1;
  13b H 13b (12, 14)
Schuheinlagen 4 AE 4.14.6
Schul- u. Bildungszweck 4
Schuldhaft nicht abgeführte Steuer
– Haftung 25d AE 25d.1
Schuldner 17 AE 17.1.6
Schuldnerschaft des Leistungsempfängers
– Altmetalllieferungen 13b H 13b (12, 14)
– Anlagenbau 13b H 13b (2)
– Anwendung 13b H 13b (1, 2)
– Anzahlungen 13b H 13b (1, 2)
– Arbeitnehmerüberlassung 13b H 13b (2)
– Ausnahmen 13b H 13b (4, 5)
– Bagatellgrenze 13b H 13b (2)
– Baugeräte 13b H 13b (2)
– Bauleistungen 13b H 13b (1, 2)
– Bauträger 13b H 13b (6, 8, 13)
– Begriff der Ansässigkeit 13b Rsp I; 13b Rsp III
– bei inländischer Ansässigkeit des Leistenden
  13b Rsp III
– bei Leistungen für nichtunternehmerischen
  Bereich 13b H 13b (1)
– bei Verwertung von Sicherungsgut 13b Rsp III
– Beleuchtungen 13b H 13b (2)
– Betonlieferungen 13b H 13b (1, 2)
– Betonpumpen 13b H 13b (2)
– Betriebsvorrichtungen 13b H 13b (2)
– EDV-Anlagen 13b H 13b (2)
– Einrichtungsgegenstände 13b H 13b (2)
– Elektrogeräte 13b H 13b (2)
– Freistellungsbescheinigung 13b H 13b (2)
– für ausländischen Leistungsempfänger 13b Rsp III
– Gartenbau 13b H 13b (2)
– Gebäudelieferungen 13b H 13b (11)
– Gebäudereinigung 13b H 13b (12)
– Gerüstbau 13b H 13b (1)
– Goldlieferungen 13b H 13b (12)
– Grundstücksumsätze 13b H 13b (1)
– im Ausland ansässiger Leistender 13b H 13b (10)
– im Inland ansässiger Leistender 13b H 13b (10)
– künstlerische Leistungen 13b H 13b (1)
– Lieferung sicherungsübereigneter
  Gegenstände 13b Rsp III
– Luftdurchlässigkeitsmessungen 13b H 13b (2)
– Materiallieferungen 13b H 13b (1)
– Mobilfunkgerätelieferungen 13b H 13b (13, 15)

– Reinigungsleistungen 13b H 13b (1, 2)
– Reparaturen 13b H 13b (1, 2)
– Schaltkreislieferungen 13b H 13b (13, 15)
– Schrottlieferungen 13b H 13b (12, 14)
– sonstige Leistungen 13b H 13b (1)
– statuarischer Sitz im Ausland 13b Rsp III
– Telefonanlagen 13b H 13b (2)
– Übergangsregelung 13b H 13b (6, 8, 12, 13, 15)
– Übergangsregelungen 13b H 13b (1, 2)
– Umsatzgrenze 13b H 13b (2)
– Vereinbarkeit mit Unionsrecht 13b Rsp III
– Verkehrssicherungseinrichtungen 13b H 13b (2)
– Versorgungsleistungen 13b H 13b (2)
– Wartungsleistungen 13b H 13b (1, 2)
– Wegebau 13b H 13b (2)
– Werklieferungen 13b H 13b (1, 2)
Schuldübernahme
– als Leistung 1 AE 1.1
Schule
– private 4
– Steuerbefreiung Anh. 7
Schüleraustauschprogramm
– Bemessungsgrundlage 25 Rsp I
– Reiseleistungen 25 Rsp I
Schulfördervereine 4 H 4 (29)
Schulspeisung
– Verzehr an Ort und Stelle 3 H 3 (27)
Schulungskurs 4 AE 4.16.3
– der Pflegeeinrichtungen 4 AE 4.16.5
Schützenfest 12 (2); 12 30
Schwangerschaftsberatung 4 AE 4.14.2
Schwarzwurzeln Anl. 2
Schweinefett, anderes Anl. 2
Schweineschmalz Anl. 2
Schweiz
– Vorsteuer-Erstattung Allg.
Schwerhörigengerät Anl. 2
Schwimmbad
– gemeindliches 2 AE 2.11.18
– Steuersatz 12 (2); 12 AE 12.11
– Vermietung 4 AE 4.12.11
Schwimm- u. Heilbäder 12 (2)
Schwund
– Verlustabschlag 22 AE 22.6.4
Seebebenkatastrophe
– steuerliche Maßnahmen Allg.
Seeschifffahrt 4; 4 AE 4.2.1
– Steuerbefreiung 8 H 8 (1)
– steuerfreie Umsätze 8 H 8 (1)
– steuerfreie Umsätze für die – 4 18; 8 (1); 8 AE 8.1
– Umsätze für die – 8 H 8 (1)
– Umsatzsteuerbefreiung(en) der Vorbezüge 8 Rsp I
– unmittelbarer Bedarf 8 Rsp I
Selbstabgabestelle
– Abgabe von Brillen 2 (3); 2 AE 2.11; 4; 4 AE 4.15.1
Selbständigkeit
– eines Fahrlehrers 2 AE 2.2
– eines Kommanditisten als Beiratsmitglied 2 AE 2.2
– Geschäftsführer einer Kapitalgesellschaft 2 AE 2.2

Stichwortverzeichnis

Selbstkosten 22 AE 22.2.7
- als Bemessungsgrundlage Anh. 7

Sendeanlagen
- Überlassung 4

Serumkonserven 4 AE 4.17.1

Service-Fee 4 AE 4.5.2.6

Sessellift in Skihalle
- Steuersatz 12 Rsp III

Sexfilm-Kabinen
- Steuersatz 12 Rsp I

Sicherheiten
- Übernahme von 4; 4 AE 4.8.12

Sicherheitsleistung 18f AE 18 f.1
- Bankbürgschaft 18f H 18f (1)
- für die geschuldete Umsatzsteuer 25d Rsp I

Sicherung
- des Steueranspruchs 18 (10)

Sicherungsleistung 18f; 21 (3)

Sicherungsübereignete Gegenstände
- Anwendung der Durchschnittssatzbesteuerung 24 H 24 (1)
- Schuldnerschaft des Leistungsempfängers 13b Rsp III

Sicherungsübereignung 1 AE 1.2
- Differenzbesteuerung 25a H 25a (4)
- Steuerabzugsverfahren 25a H 25a (4)
- Steuerschuldnerschaft des Leistungsempfängers 25a H 25a (4)

Signatur
- elektronischer Datenaustausch 14 AE 14.8.8
- qualifizierte elektronische 14 AE 14.4.3; 14 AE 14.8.8

Silber 25a AE 25a.1
- aus Pulver Anl. 1
- Börsengeschäfte, Lieferungen 18 49
- in Rohform Anl. 1

Sinfonie 12 AE 12.7.20

Skontierung 17 AE 17.1.1

Skonto 3 AE 3.11; 17 AE 17.1.1, 4

Skontoabzug 17 AE 17.1.1

Skontobeträge 17 AE 17.1.4

Slot-Vercharterung 8 AE 8.1

Slowakische Republik
- Beitritt zur EU Allg.

Slowenien
- Beitritt zur EU Allg.

Smaragd 25a AE 25a.1

Software 3a AE 3a.9; 3a H 3a (5)
- Bereitstellung 3a AE 3a.12; 3a H 3a (5)
- Down-Load 3a AE 3a.12; 3a H 3a (5)
- standardisierte 3 AE 3.5
- Steuersatz 12 AE 12.7; 12 H 12 (3, 11)
- Überlassung 12 H 12 (3, 11)

Softwareüberlassung
- Einheitlichkeit der Leistung 3 Rsp I
- Ort der sonstigen Leistung 3 Rsp I

Solist(en) 12 AE 12.7.16
- ermäßigter Steuersatz 12 (2)
- Steuerbefreiung 4 AE 4.20.2

- Steuersatz 12 AE 12.5; 12 H 12 (2, 18); 12 Rsp I

Sollbesteuerung
- Behandlung von Vorsteuerüberschüssen 15 Rsp I
- in der Bauwirtschaft 13 H 13 (1, 2)

Sollversteuerung 13 (1); 13 AE 13.2
- Architekten, Ingenieure 13 AE 13.3
- Bauwirtschaft 13 AE 13.4
- Entstehung der Steuer 13 AE 13.1
- Teilleistungen 13 AE 13.4

Solokünstler
- Steuersatz 12 H 12 (5, 6)

Sonderentgelt
- für Leistungen des Gesellschafters 1 AE 1.6

Sonderfälle
- Umsatzsteuer-Voranmeldungen 18 AE 18.6

Sonderregelung
- für Anlagegold 25c H 25c (1, 3–10)

Sondervermögen
- Umsatzsteuerbefreiung(en) 4 Rsp I
- Verwaltung von – 4; 4 AE 4.3.3

Sondervorauszahlung
- Anmeldung 2008 18 H 18 (17)
- Anmeldung 2009 18 H 18 (19)
- Anmeldung 2010 18 H 18 (23)
- Muster der Anmeldung 18 AE 18.4
- Übermittlung auf elektronischem Weg 18 H 18 (35)

Sondervorschriften
- Besteuerung bestimmter Unternehmer 16; 17; 18; 18 62; 18 AE 18.15

Sonstige Leistung
- Abgabe von Speisen 3 Rsp I
- an Arbeitnehmer 1 AE 1.8
- Begriff 3 (9); 3 AE 3.1
- Besteuerungsverfahren 3a AE 3a.16
- im Zusammenhang mit Saatgut Anl. 2
- innergemeinschaftliche 3a AE 3a.16
- nicht ausgeführt 17 (2)
- Ort der Leistung 3a; 3a 1; 3a AE 3a.1; 3a AE 3a.2; 3a AE 3a.3; 3a AE 3a.4; 3a AE 3a.5; 3a AE 3a.6; 3a AE 3a.8 3a AE 3a.9 AE 3a.10 AE 3a.11 AE 3a.12 AE 3a.13 AE 3a.14 H 3a (5, 11); 3b 2; 3b 3; 3b 4; 3b 5; 3b 6; 3b 7
- Ort der Vermittlungsleistung 3a AE 3a.7; 3a H 3a (5, 11)
- Partyservice 3 Rsp III
- Reprographietätigkeit 3 Rsp I
- rückgängig gemachte 17 (2)
- s. auch Leistung 3 (9)
- Sortenwechsel 3 Rsp III
- Speisen eines Imbisswagens 3 Rsp III
- Speisen für Kindertageseinrichtung 3 Rsp III
- Steuerschuldner 3a AE 3a.16
- und Lieferungen 3 AE 3.1
- unentgeltliche Wertabgabe 3 AE 3.4
- Verzehr an Ort und Stelle 3 H 3 (27)
- Verzehrabgabe im Kino 3 Rsp III
- Zellvermehrung 3a Rsp III

Sorbit Anl. 2

Sortengeschäfte 4 AE 4.8.3
- von Wechselstuben 3 H 3 (36)

Sortenwechsel
- sonstige Leistung 3 Rsp III

1025

Stichwortverzeichnis

Souffleuse 23 AE 23.2.3
Sozialfürsorge
− Steuerbefreiung Anh. 7
Sozialhilfe 4 AE 4.15.1
− Empfänger von − 4
Sozialhilfeleistungen 4 AE 4.16.5
Sozialhilfeträger 4; 4 AE 4.15.1
Sozialpädagogische Familienhilfe 4 AE 4.25.1
Sozialversicherung
− Träger der − 2 AE 2.2.3; 4
Sozialversicherungsträger
− Leistungen an die − 4 AE 4.27.2
Soziokulturelle Zentren 4 AE 4.25.1
Spanien
− Steuer auf beurkundete Rechtsakte Allg.
− Steuer auf vermögensrechtliche Übertragungen Allg.
Sparkonto 1 AE 1.1; 2 AE 2.3
Spazier- u. Wanderwege
− Vorsteuerabzug der Gemeinden 15 AE 15.19
Spediteur(e)
− Aufzeichnungen 22 AE 22.6.18, 19
− erleichterte Trennung der Entgelte 22 AE 22.6.18, 19
Spediteurbescheinigung
− als Ausfuhrnachweis 6 H 6 (8)
Spediteure
− erleichterte Trennung der Bemessungsgrundlagen 22 H 22 (8)
Speicherkontoneröffnung 22a H 22a (1)
Speise
− Abgabe in Theatern 4 AE 4.20.1
Speiseessig Anl. 2
Speisemöhre Anl. 2
Speisen und Getränke 3 H 3 (31)
Speisen, verzehrfertige
− Verzehr an Ort und Stelle 3 H 3 (27)
Speiserübe Anl. 2
Speisesalz Anl. 2
Speisezwiebel Anl. 2
Spielautomaten
− in Gaststätten 3 AE 3.7; 4 AE 4.8.3
Spielbanken
− öffentliche 4
Spielbankenumsätze 4
Spielhalle
− Aufteilungsmaßstab 15 Rsp III
Spirituals 12 AE 12.7.16
Sponsoring 1 H 1 (6, 31)
Sporen
− zur Aussaat Anl. 2
Sport 4
Sportanlagen
− Nutzungsüberlassung 1 H 1 (4); 27 (6)
− Überlassung 3 H 3 (7); 4 AE 4.12.3
− Vermietung 4 AE 4.12.6; 4 AE 4.12.11

Sportanlagenüberlassung
− Übergangsregelung 27 (6)
Sportgeräte
− Nutzungsüberlassung 4 AE 4.22.2
Sportreisen 4 AE 4.22.2
Sportveranstaltungen 12 AE 12.9.5
− Fernsehübertragungsrechte 12 H 12 (14)
− Steuerbefreiung 4; 4 AE 4.22.2; 4 AE 4.25.1
− Steuersatz 12 H 12 (14)
− Unternehmer 2 AE 2.1
Sportverband
− als Veranstalter 2 AE 2.1.6
Sportverein
− Mitgliedsbeiträge 1 Rsp I
Sportzentren 12 AE 12.11
Sprachheilpädagoge 27
Sprachreisen
− Bemessungsgrundlage 25 H 25 (4); 25 Rsp I
− Reiseleistungen 25 H 25 (4); 25 Rsp I
Sprachtherapeut 4 AE 4.14.4
Sprachtherapie 27
Sprecher 23 AE 23.2.3
Sprechlehrer 4 AE 4.14.4
Spreu
− von Getreide Anl. 2
Staatsangehöriger
− deutscher 1 (2)
Städtebauförderungsgesetz
− Abbruchkosten 1 AE 1.1
− Betriebsverlagerungen 1 AE 1.1
− Härteausgleich 1 AE 1.1
Stadtrundfahrt
− Steuersatz 12 Rsp III
Stahl
− Abfall Anl. 3
− Schrott Anl. 3
Stahlerzeugnis Anl. 1
Standardsoftware
− Übertragung 3a AE 3a.9; 3a H 3a (5)
− Übertragung über Internet 3 AE 3.5
Standfotografen 23 AE 23.2.3
Standortkartierung
− Steuersatz 12 AE 12.7.1
Standortvermietung
− Durch juristische Personen des öffentlichen Rechts 2 H 2 (3)
Stärke Anl. 2
Startpakete 3 H 3 (29)
Steckling Anl. 2
Steine
− rekonstruierte u. synthetische 25a AE 25a.1
− von Früchten Anl. 2
Steuer
− Abzug der Einfuhrumsatzsteuer 16 (1); 16 AE 16.1
− durch Nichtsteuerpflichtigen ausgestellte 14 Rsp I
− Einzelbesteuerung 18 (5); 18 AE 18.8; 18 AE 18.9

Stichwortverzeichnis

- Entrichtung der Umsatzsteuer **18 (3); 18 (4)**
- Entrichtung der Umsatzsteuervorauszahlung **18 (1); 18 (2)**
- unberechtigt in Rechnung gestellte **14 Rsp I**

Steuer (Umsatzsteuer)
- Entstehung **13 (1)**
- keine durchlaufenden Posten **10 AE 10.4**
- Schätzung **18 AE 18.9**

Steuer, nicht abgeführte
- Haftung **25d**

Steuerabkommen
- Umsätze der Heilberufe (Ärzte, Hebammen, Heilpraktiker, Krankengymnasten, Zahnärzte usw.) **4**
- Umsätze der im Erhebungsgebiet gültigen amtlichen Wertzeichen **4**
- Umsätze der Krankenhäuser, Diagnosekliniken u. anderen Einrichtungen ärztlicher Heilbehandlung, Diagnostik oder Befunderhebung **4; 4 AE 4.14.5**
- Umsätze der Museen (wissenschaftliche Sammlungen u. Kunstsammlungen) **4; 4 AE 4.20.3**
- Umsätze der politischen Parteien **4**
- Umsätze der zugelassenen öffentlichen Spielbanken, die durch den Betrieb der Spielbank bedingt sind **4**
- Umsätze eines Arztes aus dem Betrieb eines Krankenhauses **4**
- Umsätze für die Seeschiffahrt u. für die Luftfahrt **4; 8**
- Umsätze im Einlagengeschäft **4**
- Umsätze im Geld- u. Kapitalverkehr **4**
- Umsätze im Kontokorrentverkehr **4**
- Umsätze im Zahlungs- u. Überweisungsverkehr **4**
- Umsätze u. die Vermittlung der Umsätze von Anteilen an Gesellschaften u. anderen Vereinigungen **4**
- Umsätze u. die Vermittlung der Umsätze von Geldforderungen **4**
- Umsätze u. die Vermittlung der Umsätze von gesetzlichen Zahlungsmitteln **4**
- Umsätze von kulturellen Einrichtungen der Gebietskörperschaften (Bund, Länder, Gemeinden, Gemeindeverbände) **4**
- Umsätze von Wertpapieren **4**
- Umsätze vor der Einfuhr **4**
- Umsätze wissenschaftlicher Sammlungen u. Kunstsammlungen (Museen) **4; 4 AE 4.20.3**
- Umsätze, die unter das Grunderwerbsteuergesetz fallen **4**
- Umsätze, die unter das Rennwett- u. Lotteriegesetz fallen **4**
- Umsatzsteuer **4**
- Veranstaltungen durch Jugendhilfeträger u. -einrichtungen sowie öffentlich anerkannte Vereinigungen **4**
- Veranstaltungen für den Sport oder zur Erholung **4**
- Veranstaltungen für Jugendliche oder Mitarbeiter in der Jugendhilfe **4**
- Veranstaltungen von Theatervorführungen u. Konzerten (Theater, Orchester, Kammermusikensembles oder Chöre) durch andere Unternehmer **4; 4 AE 4.20.1; 4 AE 4.20.2**
- Veranstaltungen wissenschaftlicher Art **4; 4 AE 4.22.1; 4 AE 4.22.2**
- Verbindlichkeiten **4; 4 AE 4.8.11**
- Vermietung u. Verpachtung von Grundstücken, Grundstücksteilen u. grundstücksgleichen Berechtigungen **4**
- Vermietung u. Verpachtung von staatlichen Hoheitsrechten über Nutzungen von Grund u. Boden **4**
- Vermittlung der Übernahme von Verbindlichkeiten, Bürgschaften u. ähnlichen Sicherheiten **4**
- Vermittlung der Umsätze von Anteilen an Gesellschaften u. anderen Vereinigungen **4**
- Vermittlung der Umsätze von Geldforderungen **4**
- Vermittlung der Umsätze von gesetzlichen Zahlungsmitteln **4**
- Vermittlung der Umsätze von Wertpapieren u. der Optionsgeschäfte mit Wertpapieren **4**
- Vermittlung von bestimmten steuerfreien Umsätzen u. Umsätzen im Außengebiet **4; 4 22; 4 AE 4.5.1; 4 AE 4.5.2; 4 AE 4.5.3; 4 AE 4.5.4**
- Vermittlungsleistungen, Ausfuhr **4; 4 22**
- Versicherungsleistungen **4 AE 4.10.1**
- Versicherungsschutz **4 AE 4.10.2**
- Verträge besonderer Art **4 AE 4.12.6**
- Verwaltung von Sondervermögen **4**
- Verwendung, unternehmensfremde, von Gegenständen, die im Unternehmen für steuerfreie Umsätze (Tätigkeiten) verwendet worden sind **4; 4 AE 4.28.1**
- Vorsteuerabzug, Ausschluss **15 (2); 15 AE 15.13**
- Wertpapiere **4; 4 AE 4.8.8**
- Wertzeichen **4; 4 AE 4.8.14**
- wiss. od. belehrende Veranstaltungen v. juristischen Personen des öffentlichen Rechts, Verwaltungs- u. Wirtschaftsakademien, Volkshochschulen, gemeinnützigen Einrichtungen und/oder Einrichtungen für Zwecke von Berufsverbänden **4; 4 AE 4.22.1**
- Wohnungseigentümergemeinschaften **4; 4 AE 4.13.1**
- Zahlungsverkehr usw. **4; 4 AE 4.8.7**
- Zahnärzte **4; 4 AE 4.14.3**

Steuerabzugsverfahren
- bei Sicherungsübereignung **25a H 25a (4)**

Steueramnestie
- Italien **Allg.**

Steueranmeldung 18 (1); 18 (3); 18 (4)

Steueranspruch Anh. 7
- bei Anzahlungen **Anh. 7**
- bei der Einfuhr **Anh. 7**
- bei innergemeinschaftlichem Erwerb **Anh. 7**
- bei innergemeinschaftlicher Lieferung **Anh. 7**
- bei Istversteuerung **Anh. 7**
- bei Rechnungsausstellung **Anh. 7**
- bei unberechtigtem Steuerausweis **14c AE 14c.2**
- Bestehen bei unberechtigtem Steuerausweis **14c AE 14c.2**
- Gefährdung bei unberechtigtem Steuerausweis **14c AE 14c.2**
- Sicherung **18 (10)**

Steueraufsicht 18 (11)

Steuerausweis
- auf Zuzahlungsquittungen **14c H 14c (1)**
- bei Änderung des Umsatzsteuersatzes **12 H 12 (7)**
- gesonderter **14 31; 14 32; 14 33; 14 34; 14 AE 14.1; 15 (1); 15 AE 15.10; 25 (4)**
- in Rechnungen von Apotheken **14c H 14c (1)**
- unberechtigter **14c; 14c AE 14c.2**
- unrichtiger **14c; 14c AE 14c.1**
- zu hoher **14c AE 14c.1**
- zu niedriger **14c AE 14c.1.9**

Steuerausweis, unberechtigter
- bei Kleinbetragsrechnungen **14c AE 14c.1.2; 14c AE 14c.2**
- Berichtigung **14c; 14c AE 14c.2**
- Berichtigungsverfahren **14c AE 14c.2**
- durch Kleinunternehmer **14c AE 14c.2**
- durch Nichtunternehmer **14c AE 14c.2**

Stichwortverzeichnis

- Inanspruchnahme des Rechnungsausstellers **14** Rsp III
- maßgeblicher Mitgliedstaat **14c** Rsp I
- organschaftliche Innenleistung **2** Rsp III
- Rechnungsanforderung **14c** Rsp III
- Rechnungsinhalt **14c** Rsp III

Steuerausweis, unrichtiger
- bei Geschäftsveräußerungen **14c** AE 14c.1
- bei Gutschriften **14c** AE 14c.1.3
- bei nicht steuerbaren Umsätzen **14c** AE 14c.1
- bei nicht versteuerten Umsätzen **14c** AE 14c.1
- bei steuerfreien Umsätzen **14c** AE 14c.1
- bei steuerpflichtigen Umsätzen **14c** AE 14c.1
- bei unentgeltlichen Leistungen **14c** AE 14c.1
- Berichtigung **14c**; **14c** AE 14c.1.5
- Berichtigung des Vorsteuerabzugs **14c** AE 14c.1.10
- organschaftliche Innenleistung **2** Rsp III

Steuerbarkeit 1 (1)

Steuerbefreiter 4

Steuerbefreiung 5; 6; 6a; 7; 8
- Angabe in Rechnung **14** AE 14.5.20
- Anlagegold **25c** AE 25c.1
- Ausfuhr Anh. 7
- Ausschluss von - Anh. 7
- Beförderungen im Luftverkehr Anh. 7
- Beförderungen im Seeverkehr Anh. 7
- Bestimmung des Umfangs **26 (1)**
- Dienstleistungen im Zusammenhang mit Ausfuhren von Gegenständen in Steuerlagern Anh. 7
- Dienstleistungen im Zusammenhang mit Ausfuhren von Gegenständen unter zollamtlicher Überwachung Anh. 7
- Dienstleistungen im Zusammenhang mit der Ausfuhr Anh. 7
- Dienstleistungen im Zusammenhang mit der Einfuhr Anh. 7
- Dienstleistungen im Zusammenhang mit Gegenständen in Steuerlagern Anh. 7
- Dienstleistungen im Zusammenhang mit Gegenständen unter zollamtlicher Überwachung Anh. 7
- Einfuhr Anh. 7
- Einfuhren von Gegenständen, die unter zollamtlicher Überwachung verbleiben Anh. 7
- Einrichtung ohne Gewinnstreben **1** Rsp I
- für bestimmte Tätigkeiten Anh. 7
- für bestimmte Umsätze Anh. 7
- für dem Gemeinwohl dienende Zwecke Anh. 7
- für Kleinunternehmer Anh. 7
- für Sortengeschäfte **3** H 3 (36)
- für Vermögensverwaltung **3a** H 3a (2)
- innergemeinschaftliche Güterbeförderungen Anh. 7
- innergemeinschaftliche Lieferung **19 (1)**
- innergemeinschaftliche Lieferungen Anh. 7
- innergemeinschaftlicher Erwerb Anh. 7
- innergemeinschaftlicher Erwerb im Zusammenhang mit Gegenständen in Steuerlagern Anh. 7
- innergemeinschaftlicher Erwerb im Zusammenhang mit Gegenständen unter zollamtlicher Überwachung Anh. 7
- innergemeinschaftlicher Erwerb von Gegenständen **4b**
- Leistungen von Flugsportvereinen Anh. 4
- Lieferungen von Gegenständen in Steuerlagern Anh. 7
- Lieferungen von Gegenständen unter zollamtlicher Überwachung Anh. 7
- Luftfahrt Anh. 7
- nach NATO-ZAbk Anh. 4
- Nachweis **25 (2)**
- NATO-Hauptquartiere, Nachweis Anh. 5
- Option zur Anh. 7
- Option zur Besteuerung Anh. 7
- Reiseleistungen **25** AE 25.2
- s. auch Umsatzsteuerbefreiung(en) **4**
- Schifffahrt Anh. 7
- Übertragung von Lebensrückversicherungsverträgen **3a** Rsp I
- Umfang Anh. 7
- Umsätze an Botschaften Anh. 7
- Umsätze an Diplomaten Anh. 7
- Umsätze an internationale Einrichtungen Anh. 7
- Umsätze an NATO-Hauptquartiere Anh. 5
- Umsätze an NATO-Streitkräfte Anh. 4; Anh. 7
- Umsätze im Geld- u. Kapitalverkehr **4** AE 4.8.1; **4** AE 4.8.2
- Umsätze im Zusammenhang mit Steuerlagern Anh. 7
- Vermeidung einer Doppelbesteuerung bei nachträglicher Besteuerung von Umsätzen Anh. 7
- Vermittlungsleistungen Anh. 7
- Verzicht **15** H 15 (14)
- Voraussetzungen Anh. 7
- Zentralbankgold Anh. 7

Steuerberater
- Ort der Leistung **3a (4)**; **3a** AE 3a.9; **3a** H 3a (5, 11)

Steuerberatungs-GmbH
- Istversteuerung **20** Rsp III
- Steuerberechnung **20** Rsp III

Steuerberechnung 16 (1); 16 (2); 16 AE 16.1; **16** AE 16.2; **18**
- auf buchführungspflichtige Unternehmer **20** Rsp III
- auf freiwillig Buchführende **20** Rsp III
- aufgrund fehlender Buchführungspflicht **20** Rsp III
- bei fremden Währungen **16 (6)**
- bei Kreditverkäufen **18** AE 18.5
- bei Steuerberatungs-GmbH **20** Rsp III
- Masseverbindlichkeit **20** Rsp III
- nach vereinnahmten Entgelten **20**; **20 (2)**; **20** H 20 (1)
- vereinfachte **18** AE 18.5
- Wechsel der Art der **20**

Steuerberichtigung 17 AE 17.1.7

Steuerbescheid 18 AE 18.8

Steuerbetrag 17 (2); 18
- Angabe in Rechnung **14 (4)**; **14** AE 14.5.20

Steuerbetrug
- Umsatz **15** Rsp I
- Unternehmereigenschaft **15** Rsp I
- Vorsteuerabzug **15** Rsp I

Steuerentrichtung Anh. 7
- Befreiung bei geringfügiger Steuerschuld Anh. 7
- bei der Einfuhr Anh. 7
- beim innergemeinschaftlichen Erwerb Anh. 7
- durch nichtsteuerpflichtige juristische Personen als Steuerschuldner Anh. 7
- durch Steuerschuldner Anh. 7
- durch Steuerschuldner bei Lieferungen von Anlagegold Anh. 7

Steuerentstehung
- bei Rechnungserteilung **13b (1)**; **13b** AE 13b.1
- bei Steuerschuldnerschaft des Leistungsempfängers **13b** AE 13b.1
- bei Vorauszahlung(en) **13** Rsp I

Stichwortverzeichnis

– bei Wechsel der Besteuerungsform 13 AE 13.6
– Dauerleistungen 13b (3)
Steuererhebung
– Sanktion 18 Rsp I
– Sicherstellung 18 Rsp I
– Verzicht 18; 18 *49*
Steuererklärung 18 (3); 18 (5); 22b (2); Anh. 6
– Abgabepflicht Anh. 7
– Abgabepflicht bei der Einfuhr Anh. 7
– Abgabepflicht beim innergemeinschaftlichen Erwerb Anh. 7
– Abgabepflicht beim innergemeinschaftlichen Erwerb neuer Fahrzeuge Anh. 7
– Abgabepflicht des Leistungsempfängers Anh. 7
– Abgabepflicht in Schweden Anh. 7
– Abgabepflicht nichtsteuerpflichtiger juristischer Personen Anh. 7
– Angaben Anh. 7
– bei Lieferungen neuer Fahrzeuge Anh. 7
– bei Lieferungen von Anlagegold Anh. 7
– Besteuerungszeitraum Anh. 7
– Inhalt Anh. 7
Steuerermäßigung(en)
– Bestimmung des Umfangs 26 (1)
– Personenschifffahrt 12 (2)
Steuerermäßigung, degressive
– für Kleinunternehmer Anh. 7
Steuerfestsetzung
– Änderung Anh. 4
– bei ausgewiesener Vorsteuererstattung 15 AE 15.12
– unter Vorbehalt der Nachprüfung 15 AE 15.12
Steuerfestsetzungsverfahren 18
Steuerfreiheit
– s. Umsatzsteuerbefreiung(en) Anl. 2
Steuergegenstand 1 (1)
Steuergestaltung
– Vorsteuerabzug 15 Rsp I
– Zwischenschaltung von Unternehmern 15 Rsp I
Steuerheft
– Befreiung 22 (6)
– Befreiungsbescheinigung 22 (6)
– Führung 22 (5)
– Muster 22 (5)
– Nebenhefte 22 (5)
Steuerhinterziehung
– gesamtschuldnerische Haftung 25d Rsp I
– innergemeinschaftliche Lieferung 6a Rsp I
– innergemeinschaftliche Lieferungen 6a Rsp III
– kollusives Zusammenwirken 6a Rsp I
– Sicherheitsleistung 25d Rsp I
– Umsatz 15 Rsp I
– Unternehmereigenschaft 15 Rsp I
– Vorsteuerabzug 15 Rsp I
Steuerlager
– Bewilligung 4
Steuerlagerregelung Anh. 7
Steuernummer
– Angabe in der Rechnung 14 (4); 14 AE 14.5; 27 (3)
– Anspruch auf Erteilung 14 H 14 (6)
– für Fiskalvertreter 22d
Steuernummer des Leistenden
– Überprüfung durch Leistungsempfänger 15 AE 15.2

Steuerpflichtiger Anh. 7
– Abgabe von Steuererklärungen Anh. 7
– Anzeigepflichten Anh. 7
– Befreiung von Pflichten Anh. 7
– bei gelegentlichen Tätigkeiten Anh. 7
– bei Lieferungen von Baugrundstücken Anh. 7
– bei Lieferungen von Gebäuden Anh. 7
– bei Lieferungen von Gebäudeteilen Anh. 7
– Einrichtungen des öffentlichen Rechts Anh. 7
– Identifizierung Anh. 7
– Pflichten bei Ausfuhren Anh. 7
– Pflichten bei Einfuhren Anh. 7
– Umsatzsteuer-Identifikationsnummer Anh. 7
Steuersatz Anh. 3
– Abgabe von Saatgut Anl. 2
– Abgabe von Speisen 3 Rsp I
– allgemeiner 12 (1); 12 AE 12.1; 12 AE 12.11
– Änderung 12 AE 12.1; Anh. 7
– Angabe in Rechnung 14 (4); 14 AE 14.5.20
– Anhebung auf 19 % 12 H 12 (9, 13)
– Anwendung Anh. 7
– Anwendung eines geänderten Satzes Anh. 7
– auf Werkleistungen Anh. 7
– auf Zypern Anh. 7
– Bandagen Anl. 2
– Begriff des freien Berufes 12 Rsp I
– bei Auslagerung aus einem Umsatzsteuerlager 4 H 4 (2)
– bei Differenzbesteuerung Anh. 7
– bei Konzerten 12 AE 12.5
– bei Mitwirkung an Fernsehsendung 12 AE 12.7.22
– bei Mitwirkung an Rundfunksendung 12 AE 12.7.22
– bei Pferdetraining 12 H 12 (4)
– bei Theateraufführungen 12 AE 12.5
– bei Vervielfältigung von Gutachten 12 AE 12.7.14
– beim innergemeinschaftlichen Erwerb Anh. 7
– beim Verzehr an Ort und Stelle 3 AE 3.6
– Camcorder Anl. 2
– Computerprogramme 12 H 12 (11)
– Differenzbesteuerung 25a (5); 25a AE 25a.1.15
– Dinnershow 12 Rsp III
– ermäßigter Anh. 7
– Fernsehübertragungsrechte 12 H 12 (14)
– Filme 12 (2); 12 AE 12.6
– für Heil- u. Schwimmbäder 12 AE 12.11
– für importierten Zahnersatz 12 H 12 (8)
– für Konzerte von Solisten 12 AE 12.5
– für Leistungen der Landessportverbände (Landessportbünde) 12 AE 12.9
– für Leistungen von Pressediensten u. -agenturen 12 AE 12.7.9
– für Tätowierungen 12 AE 12.7.17
– Gegenstände Anlage 2 Anl. 2
– Gehhilfe-Rollatoren Anl. 2
– gemeinnützige Einrichtungen usw. 12 (2); 12 AE 12.9.5
– Getränkelieferung im Kino 12 Rsp III
– Heilbäder 12 H 12 (12); 12 Rsp III
– Höhe Anh. 7
– in der Slowakei Anh. 7
– in Österreich Anh. 7
– in Portugal Anh. 7
– Inszenierung einer Oper 4 Rsp III
– Karnevalsveranstaltung 12 Rsp III
– Kombinationsartikel Anl. 2
– Kureinrichtungen 12 (2); 12 AE 12.11
– Legen eines Hauswasseranschlusses Anl. 2
– Leistungen der Besamungsbeauftragten 12 H 12 (15)

1029

Stichwortverzeichnis

- Leistungen der Besamungsgenossenschaften 12 H 12 (15)
- Leistungen der Gastspieldirektionen 12 H 12 (19)
- Leistungen der Musikkapellen 12 H 12 (18)
- Leistungen der Solisten 12 H 12 (18)
- Leistungen der Tierärzte 12 H 12 (15)
- Leistungen eines Partyservices 3 Rsp III
- Leistungen eines wirtschaftlichen Geschäftsbetriebs 12 H 12 (10)
- Leistungen eines Zweckbetriebe 12 H 12 (10)
- Leistungen nach dem Wohnungsgemeinnützigkeitsgesetz 12 AE 12.9
- Lieferung einer Pflanze und Dienstleistungen Anl. 2
- Lieferung von getrockneten Schweineohren Anl. 2
- Lieferung von Kinderbekleidung 12 Rsp I
- Linienverkehr 12 Rsp III
- Mineralien Anl. 2
- Nahverkehr 12 (2); 12 AE 12.13; 12 AE 12.14
- Nullsatz Anh. 7
- Nullsatz in Finnland Anh. 7
- Nullsatz in Irland Anh. 7
- Nullsatz in Schweden Anh. 7
- Originalerzeugnisse der Bildhauerkunst Anl. 2
- Pensionspferdehaltung 24 Rsp III
- Personenbeförderungen, Schiffe 12 (2); 12 AE 12.12
- Pferdepension 12 Rsp III
- Provisionen von Auktionatoren 12 Rsp I
- Prozesskostenhilfe 12 Rsp I
- Sammlermünzen Anl. 2
- Schlepplift in Skihalle 12 Rsp III
- Sessellift in Skihalle 12 Rsp III
- Sexfilm-Kabinen 12 Rsp I
- Software 12 H 12 (11)
- Speisen eines Imbisswagens 3 Rsp III
- Stadtrundfahrt 12 Rsp III
- superermäßigter Anh. 7
- Theater usw. 12 (2); 12 AE 12.5
- trinkbares Nahrungsergänzungsmittel Anl. 2
- Übergangsregelungen Anh. 7
- Urheberrechte 12 (2); 12 AE 12.7
- Vatertierhaltung usw. 12 (2); 12 AE 12.3
- Verzehrabgabe im Kino 3 Rsp III
- Vieh- u. Pflanzenzucht 12 (2); 12 AE 12.2
- Wettbewerbsneutralität 12 Rsp I
- Zahnärzte, Zahntechniker 12 (2); 12 AE 12.4
- Zirkus u. a. 12 (2); 12 AE 12.8
- Zolltarifauskunft Anl. 2
- zutreffender Anh. 7
- Zwischensatz Anh. 7

Steuersatz, ermäßigter 12 (2); 12 30; 12 AE 12.1; 12 AE 12.2; 12 AE 12.3; 12 AE 12.4; 12 AE 12.5; 12 AE 12.6; 12 AE 12.7 AE 12.8 AE 12.9 AE 12.11 AE 12.12 AE 12.13 AE 12.14 AE 12.15

- Abgabe von Saatgut Anl. 2
- Antiquitäten Anl. 2
- Anwendungsbereich Anh. 7
- auf Blumen Anh. 7
- auf Brennholz Anh. 7
- auf Pflanzen Anh. 7
- auf Wein Anh. 7
- auf Zypern Anh. 7
- Bandagen Anl. 2
- Beförderung von Leichnamen 12 Rsp I
- Beherbergungsleistungen 12 H 12 (17)
- bei Verzehr an Ort und Stelle 3 H 3 (27)
- Camcorder Anl. 2
- Eintrittsberechtigungen zu kulturellen Veranstaltungen 12 H 12 (20)
- Elektrizität Anh. 7
- Erdgas Anh. 7
- für importierten Zahnersatz 12 H 12 (8)
- für Konzertveranstaltungen 12 H 12 (5, 6)
- für Lotterien 12 H 12 (16)
- für Musikkapellen 12 H 12 (5, 6)
- für Solokünstler 12 H 12 (5, 6)
- für Vermietung von Grundstücken Anh. 7
- für Zweckbetriebe gemeinnütziger Körperschaften 12 H 12 (16)
- Gastspieldirektionen 12 H 12 (23)
- Gegenstände Anlage 2 Anl. 2
- Gehhilfe-Rollatoren Anl. 2
- Höhe Anh. 7
- in der Tschechischen Republik Anh. 7
- in Estland Anh. 7
- in Griechenland Anh. 7
- in Österreich Anh. 7
- in Polen Anh. 7
- in Slowenien Anh. 7
- Kinderbekleidung Anh. 7
- Kinderschuhe Anh. 7
- Kombinationsartikel Anl. 2
- kulturelle Leistungen 12 H 12 (23)
- Kunstgegenstände Anh. 7
- Legen eines Hauswasseranschlusses Anl. 2
- Leistungen aus der Bereitstellung von Kureinrichtungen 12 H 12 (22)
- Leistungen eines wirtschaftlichen Geschäftsbetriebs 12 H 12 (10)
- Leistungen eines Zweckbetriebs 12 H 12 (10)
- Lieferung einer Pflanze und Dienstleistungen Anl. 2
- Lieferung von Embryonen 12 H 12 (21)
- Lieferung von getrockneten Schweineohren Anl. 2
- Mineralien Anl. 2
- Münzen aus unedlen Metallen Anl. 2
- Originalerzeugnisse der Bildhauerkunst Anl. 2
- Pferdepension 12 H 12 (4)
- Pferdetraining 12 H 12 (4)
- Sammlermünzen Anl. 2
- Sammlungsstücke Anh. 7
- Schausteller 12 H 12 (1)
- Umsätze von Solisten 12 Rsp I
- Wettbewerbsneutralität 12 Rsp I
- Wohnungen Anh. 7
- Zolltarifauskunft Anl. 2

Steuerschuld
- Übertragung 25b AE 25b.1

Steuerschuldner 13a (1)
- Abnehmer im innergemeinschaftlichen Dreiecksgeschäft Anh. 7
- Abtretung des Entgeltanspruchs 13a H 13a (1)
- Ansässigkeit Anh. 7
- Auslagerer 13a (1)
- bei Altmetalllieferungen 13b H 13b (12, 14)
- bei Ausstellungen 13b H 13b (4–6, 8, 13)
- bei Ausweis der USt in der Rechnung Anh. 7
- bei der Einfuhr 13a (2); Anh. 7
- bei Gebäudereinigung 13b H 13b (12)
- bei Goldlieferung 13b H 13b (12)
- bei Goldlieferungen Anh. 7
- bei innergemeinschaftlichen sonstigen Leistungen 3a AE 3a.16
- bei Kongressen 13b H 13b (4–6, 8, 13)
- bei Messen 13b H 13b (4–6, 8, 13)
- bei Mobilfunkgerätelieferungen 13b H 13b (13, 15)
- bei Restaurationsleistungen 13b H 13b (9)
- bei Schaltkreislieferungen 13b H 13b (13, 15)

Stichwortverzeichnis

- bei Schrottlieferung **13b** H 13b (12, 14)
- bei unberechtigtem Steuerausweis **14c** AE 14c.2
- bei unfreien Versendungen **13b**; 13b *30a*
- bei unrichtigem Steuerausweis **14c** AE 14c.1
- bei zu hohem Steuerausweis **14c** AE 14c.1
- beim innergemeinschaftlichen Erwerb Anh. 7
- Einfuhrumsatzsteuer **Allg.**
- Erbbaurechte **13b** H 13b (7)
- Gesamtschuldner Anh. 7
- leistender Unternehmer Anh. 7
- Leistungsempfänger **27 (4)**; Anh. 7
- Messedurchführungsgesellschaften **3a** AE 3a.4; **3a** H 3a (5)
- Rechnungsaussteller **13a (1)**
- Steuervertreter Anh. 7
- Umsatzsteuerlagerhalter **13a (1)**

Steuerschuldner als Leistungsempfänger
- bei unfreien Versendungen **13b**; 13b *30a*

Steuerschuldnerschaft des Leistungsempfängers 13b
- allgemeines Besteuerungsverfahren **13b** AE 13b.1
- Altmetall **13b** AE 13b.1
- Anforderung an die Rechnung **15** Rsp I
- Angaben in der Rechnung **14a** AE 14a.1
- Aufzeichnungspflichten **13b** AE 13b.1
- ausländische Betriebsstätte **13b** AE 13b.1
- ausländischer Unternehmer **13b** AE 13b.1
- Ausnahmen **13b** AE 13b.1.2
- Bauleistungen **13b** AE 13b.1
- bei Sicherungsübereignung **25a** H 25a (4)
- bei unfreien Versendungen **13b** AE 13b.1
- Bemessungsgrundlage **10** AE 10.1.10
- Berechnung der Steuer **13b** AE 13b.1
- Besteuerungsverfahren **13b** AE 13b.1
- Betonlieferungen **13b** AE 13b.1
- Gebäudereinigung **13b** AE 13b.1
- Gerüstbau **13b** AE 13b.1
- Goldumsätze **13b** AE 13b.1
- Grundstücksumsätze **13b** AE 13b.1
- integrierte Schaltkreise **13b** AE 13b.1
- künstlerische Leistungen **13b** AE 13b.1
- Legen eines Hauswasseranschlusses Anl. 2
- Materiallieferungen **13b** AE 13b.1
- Mobilfunkgeräte **13b** AE 13b.1
- Nichtanwendung **13b** AE 13b.1
- Rechnungsausstellung **14a (5)**
- Rechnungserteilung **14a** AE 14a.1
- Reparaturen **13b** AE 13b.1
- Schrott **13b** AE 13b.1
- sonstige Leistungen **13b** AE 13b.1
- Steuerberechnung **13b** AE 13b.1
- Steuerentstehung **13b** AE 13b.1
- Übergangsregelung **27 (4)**
- Übergangsregelungen **13b** AE 13b.1
- Vereinfachungsregelung **13b** AE 13b.1
- Voranmeldungszeitraum **18**
- Vorliegen der Rechnung **18** Rsp I
- Vorsteuerabzug **13b** AE 13b.1; **15** AE 15.1; **15** AE 15.10; **15** Rsp I
- Wartungsleistungen **13b** AE 13b.1
- Werklieferungen **13b** AE 13b.1

Steuertatbestand Anh. 7
- Ausnahmen Anh. 7
- bei Anzahlungen Anh. 7
- bei der Einfuhr Anh. 7
- bei innergemeinschaftlichem Erwerb Anh. 7
- bei innergemeinschaftlicher Lieferung Anh. 7
- bei Istversteuerung Anh. 7

- bei Rechnungsausstellung Anh. 7
- Dienstleistungen Anh. 7
- Einfuhr Anh. 7
- innergemeinschaftlicher Erwerb Anh. 7
- Leistungen, sonstige Anh. 7
- Lieferungen Anh. 7

Steuerumgehung
- Umsatz **15** Rsp I
- Unternehmereigenschaft **15** Rsp I
- Vorsteuerabzug **15** Rsp I

Steuervergütung 4 8; **4** 9; **4** 10; **4** 11; **4a**; **4a** 24; **4a** AE 4a.1; **4a** AE 4a.2; **4a** AE 4a.3; **4a** AE 4a.4; **4a** AE 4a.5

Steuervertreter Anh. 7
- als Steuerschuldner Anh. 7

Stewardess 16 AE 16.2
Stiftung 2 AE 2.11
Stille Beteiligung 4 AE 4.8.10
Stille Gesellschaft 2 AE 2.1
Stimmlehrer 4 AE 4.14.4
Stornogebühren 25 AE 25.1.14
- bei Beherbergungsverträgen **1** H 1 (30)

Strafvorschrift 26c
Strandlinie 1 AE 1.9
Straßenbenutzungsgebühr
- ermäßigter Steuersatz **Allg.**

Streckenanteil
- ausländischer **18**

Stroh
- von Getreide Anl. 2

Strohmann
- Unternehmereigenschaft **2** Rsp III

Strohmanngeschäft 2 AE 2.1; **15** AE 15.2
Strohmanngeschäfte
- Rechnungserteilung **14** Rsp IV

Stromgewinnungsanlage 2 AE 2.3; **2** AE 2.5
Stromlieferung 12 H 12 (7)
Studentenwerk 4 AE 4.18.1
- Abgabe bei Mahlzeiten **4** H 4 (18)
- Mensaessen **4** H 4 (18)
- Steuerbefreiung **4** H 4 (18)
- Vermietungsleistungen **4** H 4 (18)

Studien 12 AE 12.7.14
Studienreisen
- Bemessungsgrundlage **25** H 25 (4); **25** Rsp I
- Reiseleistungen **25** H 25 (4); **25** Rsp I

Subvention 10 AE 10.2.3
- Einbeziehung in die Bemessungsgrundlage **10** Rsp I
- Trockenfutter **10** Rsp I

Subverlagsrechte
- Verlegeranteile (GEMA) **12** AE 12.7.15

Superprovision 4 AE 4.11.1
Supervisionsleistungen 4 AE 4.14.1
Swift-Dienste
- Umsatzsteuerbefreiung(en) **4** Rsp I

Systemwetten
- von Lottoserviceunternehmen **4** H 4 (23)

1031

Stichwortverzeichnis

T

Tabakwaren 1a (5)
– Vereinfachungsmaßnahme   Allg.
Tafelwasser   Anl. 2
Tageskurs
– Umrechnung nach –   16 (6)
Tange   Anl. 2
Tankstellenagenturvertrag   4 AE 4.12.6
Tänzer   12 AE 12.7.16; 23 AE 23.2.3
Tanzkurse   4 AE 4.22.1
Tätigkeit   2 AE 2.3
– ehrenamtliche   4; 4 AE 4.26.1
– Scheitern   9 Rsp I
Tätigkeit, ehrenamtliche
– bei Innungskrankenkassen   1 AE 1.1
Tätigkeit, heilberufliche
– durch Einzelunternehmen   4 AE 4.14.7
– durch Kapitalgesellschaft   4 AE 4.14.7
– durch Personengesellschaft   4 AE 4.14.7
– Umfang der Steuerbefreiung   4 AE 4.14.6
Tätigkeit, schriftstellerische
– keine heilberufliche Tätigkeit   4 AE 4.14.6
Tätigkeitsort   Anh. 7
Tätowierung
– Steuersatz   12 AE 12.7.17
Tausch   3 (12); 10 AE 10.5
– Schätzung des Entgelts   10 AE 10.4
Tausch von Teilzeitnutzungsrechten an Ferienwohnungen
– Ort der sonstigen Leistung   3a Rsp I
Tauschähnlicher Umsatz   3 (12); 10 AE 10.5
– Abgabe werthaltiger Stoffe   10 H 10 (14)
Tax-free-Regelung
– Wegfall ab 1. 7. 1999   3e H 3e (2)
Taxi
– Beförderungen mit –   12 AE 12.13
Tee   Anl. 1; Anl. 2
Teichwirtschaft   24 (2)
Teileigentümer
– Leistungen an   4
Teilentgelt   13 (1)
– Entstehung der Steuer   12 H 12 (7); 13a (1)
Teilhonorare
– als Teilleistungen   13 AE 13.3
– bei aufgegliedertem Leistungsbild   13 AE 13.3
Teilleistung   13 (1)
– Anzahlungen   13 AE 13.5
– bei Fahrschulen   13 AE 13.4
– Entgelt   13 AE 13.4
– Steuersatzänderung   12 AE 12.1; 12 H 12 (7)
– Teilhonorare   13 AE 13.3
– Versteuerung   13 AE 13.4
– Vorsteuerabzug   15 AE 15.2
Teilnehmergebühr   4
Teilnutzungsrechte an Grundstücken
– Ort der sonstigen Leistung   4 Rsp I
– Umsatzsteuerbefreiung(en)   4 Rsp I

Teiloption   9 AE 9.1
Teilstrecke
– Beförderung über –   26 AE 26.3
Telebanking   3a AE 3a.10; 3a H 3a (5)
Teledienste   3a AE 3a.10; 3a H 3a (5)
Telefonanlagen
– Steuerschuldner   13b H 13b (2)
Telefondienstleistung   15 AE 15.2
Telefongestellung   4 AE 4.16.6
TELEKOM, Deutsche Bundespost   4
Telekommunikationsanlage
– Vermietung   3a AE 3a.10; 3a H 3a (5)
– Zurverfügungstellung   3a AE 3a.10; 3a H 3a (5)
Telekommunikationsdienstleistungen   3a (4); Anh. 3
– Aufteilung des Entgelts   3a AE 3a.10; 3a H 3a (5)
– durch Mischanbieter   3a AE 3a.10; 3a H 3a (5)
– durch Zugangsanbieter   3a AE 3a.10; 3a H 3a (5)
– Einrichtung von Mailbox-Systemen   3a AE 3a.10; 3a H 3a (5)
– Electronic Data Interchange   3a AE 3a.10; 3a H 3a (5)
– Leistungsort   3a H 3a (9); Anh. 7
– per Fernsehen   3a AE 3a.10; 3a H 3a (5)
– per Festnetz   3a AE 3a.10; 3a H 3a (5)
– per Mobilfunk   3a AE 3a.10; 3a H 3a (5)
– per Rundfunk   3a AE 3a.10; 3a H 3a (5)
– per Satellit   3a AE 3a.10; 3a H 3a (5)
– Übertragung elektronischer Post   3a AE 3a.10; 3a H 3a (5)
– Vorsteuerabzug   15 Rsp I
– Zusammenarbeit zwischen Diensteanbietern   1 H 1 (38)
Telekommunikationsleistungen
– Leistungsbeziehungen zwischen Anbietern   1 H 1 (33)
Telekommunikationsleistungsanbieter
– Leistungen zwischen Anbietern   1 H 1 (33)
Telespiele   3a AE 3a.10; 3a H 3a (5)
Tennisplatz
– Vermietung   4 AE 4.12.11
Testamentsvollstrecker   3a AE 3a.1; 3a H 3a (5)
– Ort der Leistung   3a Rsp I
Testamentsvollstreckung   2 AE 2.3
– einer Rechtsanwaltssozietät   2 AE 2.1.4
Textfernübertragung   1
Theater
– Abgabe von Speisen und Getränken   4 AE 4.20.1
– Steuerbefreiung   4; 4 AE 4.20.1
– Steuersatz   12 H 12 (2)
– Steuersatz, ermäßigter   12 (2); 12 AE 12.5
Theatergaststätte   4 AE 4.20.1
Theatervorführung (= Theateraufführung)   4
– Steuersatz   12 AE 12.5
Tickethändler
– Verkauf von Flugscheinen   4 AE 4.5.3
Ticketverkauf   4 AE 4.5.3
Tierarzneimittel
– Abgabe von   12 AE 12.3
Tierarzt   4; 12 H 12 (15)

Stichwortverzeichnis

Tierbesamung
- künstliche   **12 (2)**; **12** AE 12.3.4

Tierbesamung, künstliche   **12** AE 12.3

Tiere
- lebende   Anl. 2

Tiere, Verkauf
- Differenzbesteuerung   **25a** Rsp I

Tierhaltungsbetriebe   **24 (2)**

Tierparks   **4**; **4** AE 4.20.4; **4** AE 4.20.5
- ermäßigter Steuersatz   **12** AE 12.8

Tiersamen
- Abgabe von   **12** AE 12.3

Tierzuchtbetrieb(e)   **24 (2)**

Tomate   Anl. 2

Tonmeister   **23** AE 23.2.3

Tonträger
- innergemeinschaftliches Verbringen   **1a** AE 1a.2

Topinambur   Anl. 2

Trächtigkeitsuntersuchungen   **12** AE 12.3

Trainingsmaßnahmen   **4** AE 4.21.2

Transfer   **25** AE 25.1

Transitstreckenanteil   **16** AE 16.2

Transitverkehr   **16** AE 16.2

Treibhausemissionszertifikate
- Steuerschuldner   **13b (2)**
- Übertragung von Berechtigungen   **13b (2)**

Treibhausgas
- Emissionshandelssystem   **1** H 1 (9)

Trennöle   Anl. 2

Trennung   **22** H 22 (3, 7, 8)
- der Bemessungsgrundlagen   **22 (2)**; **22 (3)**; **22** 63.3, 5; **22** AE 22.2.2–7; **22** AE 22.6; **25 (3)**
- der Entgelte   **22 (2)**; **22** 63.3, 5; **22** AE 22.2.2
- der Entgelte, erleichterte   **22** AE 22.6
- der Teilentgelte   **22 (2)**; **22** 63.3, 5; **22** AE 22.2.5
- nachträglicher Entgeltsminderungen   **22** AE 22.6.20

Trennung, erleichterte
- der Bemessungsgrundlage   **22** H 22 (3, 7, 8)

Treuerabatt   **12** H 12 (7)

Trinkgeld   **10** AE 10.1

Trinkwasser   Anl. 2

Trockenfutter
- Beihilfe unterliegt nicht der Umsatzsteuer   **10** Rsp I
- keine unmittelbar mit dem Preis zusammenhängende Subvention   **10** Rsp I

Tronc
- Bemessungsgrundlage   **10** Rsp III

Truppe
- stationierte ausländische   Anh. 4

Truppenangehörige
- der amerikanischen Streitkräfte   Anh. 3

Tschechische Republik
- Beitritt zur EU   **Allg.**

U

Übergang
- Besteuerung   **19** AE 19.5

Übergangsregelung
- Abschaffung   Anh. 7
- bei Beitritt zur Europäischen Union   Anh. 7
- Beibehaltung von Steuerbefreiungen   Anh. 7
- beim Vorsteuerabzug   Anh. 7
- Dauer   Anh. 7
- für den innergemeinschaftlichen Waren- und Dienstleistungsverkehr   Anh. 7
- für Dienstleistungskommission   Anh. 7
- für Reiseleistungen   Anh. 7
- für Sportanlagenüberlassung   **27 (6)**
- Option   Anh. 7
- weitere Befreiung bestimmter Umsätze   Anh. 7
- weitere Besteuerung bestimmter Umsätze   Anh. 7

Übergangsvorschriften   **14**; **26**; **26a**
- allgemeine   **27**

Überlandleitungen   **3** AE 3.10
- Ausgleichszahlungen   **3** H 3 (18)
- Dienstbarkeiten   **3** H 3 (18)
- Überlassung von Grundstücksflächen   **3** H 3 (18)

Überlassung
- eines Übertragungsnetzwerks   **3a** AE 3a.8; **3a** H 3a (5)
- kieferorthopädischer Apparate   **4** AE 4.14.3
- körperlicher Gegenstände   **1** AE 1.1; **1** AE 1.6.2
- unentgeltliche   **1** AE 1.1; **1** AE 1.6.3
- von Computerprogrammen   **12** AE 12.7.1; **12** H 12 (3)
- von Fahrzeugen an Mitarbeiter   **3** H 3 (33)
- von Gegenständen   **1** AE 1.1; **1** AE 1.6.2
- von gewerblichen Verfahren u. Erfahrungen   **3a (4)**
- von Kantinenräumen   **1** AE 1.8.9
- von medizinisch-technischen Großgeräten   **4** AE 4.14.6
- von Parkraum   **2** AE 2.11.12
- von Praxisräumen   **1** AE 1.1
- von Räumen an Saison-Arbeitnehmer   **4** AE 4.12.9
- von Sportanlagen   **3** H 3 (7)
- von technischem Gerät   **3a** AE 3a.8; **3a** H 3a (9)

Überlassung von Firmenwagen
- bei Landwirten   **24** Rsp III
- Bemessungsgrundlage   **10** Rsp III

Überlassung von Gebäuden
- als unentgeltliche Wertabgabe   **3** AE 3.4

Übermittlung von Daten
- an Statistisches Bundesamt   **27a (2)**

Übernachtungen, unentgeltliche
- an Arbeitnehmer   **1** AE 1.8

Übernachtungsumsätze   **3** H 3 (32)

Übernahme einer Renovierungsverpflichtung
- Umsatzsteuerbefreiung(en)   **4** Rsp I

Übernahme eines Mietvertrags gegen Entgelt
- Umsatzsteuerbefreiung(en)   **4** Rsp I

Übernahme radioaktiver Strahlenquellen
- Einheitlichkeit der Leistung   **3a** Rsp III
- Ort der Leistung   **3a** Rsp III

Übernahmegarantie („underwriting guarantee")
- Umsatzsteuerbefreiung(en)   **4** Rsp I

1033

Stichwortverzeichnis

Überseeische Departements Anh. 7
Übersetzungen 12 AE 12.7.12
Übersetzungsleistungen 3a AE 3a.9; 3a H 3a (5)
Übersiedlungsgut
– Einfuhrumsatzsteuerbefreiung 5 H 5 (1)
Übertragung
– der Steuerschuld 25b AE 25b.1
– hoheitlicher Aufgaben auf Private 2 AE 2.11.3
– immaterieller Wirtschaftsgüter 3 H 3 (34)
– von Anteilen 3 AE 3.5.8
– von Grundstücken 1 H 1 (28)
Übertragung von Lebensrückversicherungsverträgen
– Ort der Leistung 3a Rsp I
– Steuerbefreiung 3a Rsp I
Übertragung von Miteigentumsanteilen
– als unentgeltliche Wertabgabe 3 AE 3.4
Übertragung von Rechten
– nach dem Urheberrechtsgesetz 12 (2); 12 AE 12.7
Übertragungsrechte 3a AE 3a.9; 3a H 3a (5)
Übertragungswege
– Überlassung 4
Überwachungsarbeiten
– Steuerschuldner 13b AE 13b.1; 13b H 13b (1, 2)
Überwachungsleistung im internationalen Warenverkehr
– Ort der sonstigen Leistung 4 Rsp I
– Umsatzsteuerbefreiung(en) 4 Rsp I
Überweisungsgebühr 10 AE 10.1
Überweisungsverkehr 4
– durch Rechenzentrum 4 AE 4.8.7
Umbauten
– von Wasserfahrzeugen 8 (1)
Umfang
– Aufzeichnungspflichten 15a AE 15a.12; 22 (2);
  22 (3); 22 63.3; 22 64; 22 65; 22 66; 22 66a; 22 67;
  22 AE 22.2 AE 22.3 AE 22.4 AE 22.5 AE 22.6; 25 (5);
  25 72; 25 AE 25.5
– der Durchschnittssätze 23; 23 70; 23 AE 23.3
– der Steuerbefreiungen, Steuerermäßigungen u. des
  Vorsteuerabzugs 26 (1)
Umfrage 23 AE 23.2.5
Umlage 4 AE 4.13.1
Umlaufvermögen
– Berichtigung des Vorsteuerabzugs 15a AE 15a.5
Umrechnung
– bei Rechnung in anderer Währung Anh. 7
– fremde Währung 16 AE 16.3
– Jahresumsatz 19 AE 19.3
– nach dem Tageskurs 16 (6)
– von Währungen Anh. 7
– von Werten in fremder Währung 16 (6)
Umrechnung fremder Währungen
– in Rechnung Anh. 7
Umrechnungskurs Anh. 7
– Umsatzsteuer 16 AE 16.3
Umsatz
– ausgeführter 17 (1)
– bei Entnahme nicht entlasteten Pkw 1 Rsp I
– für die Luftfahrt 8 H 8 (2)
– für die Seeschifffahrt 8 H 8 (1)

– im Zusammenhang mit einem
  Umsatzsteuerlager 15 AE 15.13
– tauschähnlicher 10 H 10 (14)
Umsatzbesteuerung
– grenzüberschreitende Personenbeförderung
  18 H 18 (11, 34)
– von Reiseleistungen 25; 25 AE 25.1; 25 AE 25.2; 25 AE
  25.3; 25 AE 25.4; 25 AE 25.5
Umsätze eines Personenzusammenschlusses an seine Mitglieder
– Umsatzsteuerbefreiung(en) 4 Rsp I
Umsätze, besteuerte
– Beginn 15 Rsp I
Umsätze, die sich auf Wertpapiere beziehen
– Umsatzsteuerbefreiung(en) 4 Rsp I
Umsätze, stark schwankend
– Kleinunternehmer 19 H 19 (1)
Umsätze, steuerfreie
– unrichtiger Steuerausweis 14c AE 14c.1
Umsatzschlüssel
– Vorsteueraufteilung 15 AE 15.9.4; 15 AE 15.17
Umsatzsteuer
– anzurechnende 18 AE 18.8
– Aufzeichnungspflichten 15a AE 15a.12; 22;
  22 63; 22 64; 22 65; 22 66; 22 66a; 22 67; 22 AE 22.1;
  22 AE 22.2 AE 22.3 AE 22.4 AE 22.5 AE 22.6; 25 72;
  25 AE 25.5
– Berichtigung 14 Rsp I
– Erlass 26 (3); 26 AE 26.1; 26 AE 26.2; 26 AE 26.3;
  26 AE 26.4; 26 AE 26.5; 26 H 26 (1–5)
– geschuldete 17 (1)
– Nachforderung unberechtigt in Rechnung gestellter
  Steuer 14 Rsp I
– nicht erhoben 19 (1)
Umsatzsteuer, schuldhaft nicht abgeführt
– Haftung 25d Rsp I
Umsatzsteuer-Anwendungserlass
– Änderungen zum 31.12.2011 Allg.
– Einarbeitung neuer Rechtsprechung Allg.
– redaktionelle Änderungen Allg.
Umsatzsteuer-Bemessungsgrundlage(n) 10; 10 25;
10 AE 10.1; 10 AE 10.2; 10 AE 10.3; 10 AE 10.4;
10 AE 10.5; 10 AE 10.6; 10 AE 10.7 AE 10.8; 11 H 11 (1)
Umsatzsteuer-Identifikationsnummer 19 (1); 22; 22a H
22a (1); 22c; 25b (2); 27a
– Angabe in Rechnung 14 (4); 14a (1); 14a (3)
– Antrag auf Erteilung 27a AE 27a.1; 27a H 27a (1)
– Aufbau 18e AE 18e.2
– Aussehen Anh. 7
– Bestätigung 18e; 18e AE 18e.1
– der Auslagerer 18c
– dringlicher Antrag 27a H 27a (1)
– Erteilung an juristische Personen des öffentlichen
  Rechts 27a H 27a (2)
– für Fiskalvertreter 22d
– Gültigkeit 18e
– Vergabe Anh. 7
Umsatzsteuer-Jahreserklärung
– elektronische 27 (17)
Umsatzsteuer-Nachschau 27b; 27b AE 27b.1

Stichwortverzeichnis

Umsatzsteuer-Sonderprüfung Anh. 4
- Muster für bundeseinheitliche Vordrucke
  18 H 18 (5, 38)

Umsatzsteuer-Überschüsse 18 (4)

Umsatzsteuer-Umrechnungskurse 16 AE 16.4
- Gesamtübersicht für das Kalenderjahr 2006
  16 H 16 (1)
- Gesamtübersicht für das Kalenderjahr 2007
  16 H 16 (2)
- Gesamtübersicht für das Kalenderjahr 2008
  16 H 16 (3)
- Gesamtübersicht für das Kalenderjahr 2009
  16 H 16 (4)
- Gesamtübersicht für das Kalenderjahr 2010
  16 H 16 (5)
- Gesamtübersicht für das Kalenderjahr 2011
  16 H 16 (6)

Umsatzsteuer-Voranmeldung(en) 18 (2); **18** AE 18.1;
18 AE 18.2; **18** AE 18.5
- Abgabe auf elektronischem Weg
  18 H 18 (7–9, 15, 42)
- Abgabe in Sonderfällen **18** H 18 (32)
- abweichende Vordrucke **18** AE 18.3
- Anleitung **18** H 18 (17, 19, 23, 26, 33, 39, 41)
- Dauerfristverlängerung **18**; **18** 46; **18** 47; **18** 48;
  18 AE 18.4
- elektronische **18 (1)**; **27 (9)**
- Muster **18** H 18 (17, 19, 23, 26, 33, 39, 41)
- Neugründungsfälle **18** AE 18.7
- Sonderfälle **18** AE 18.6
- Vordrucke **18** AE 18.3

Umsatzsteuer-Voranmeldungsverfahren 18 (1); **18 (2)**;
18 AE 18.5; **18** AE 18.6; **18** AE 18.7
- Abgabe auf elektronischem Weg **18** H 18 (7–9, 15, 42)
- abweichende Vordrucke **18** AE 18.3
- Dauerfristverlängerung **18** AE 18.4
- Vordrucke für das Kalenderjahr 2008 **18** H 18 (17)
- Vordrucke für das Kalenderjahr 2009 **18** H 18 (19)
- Vordrucke für das Kalenderjahr 2010 **18** H 18 (23, 26)
- Vordrucke für das Kalenderjahr 2011 **18** H 18 (33, 39)
- Vordrucke für das Kalenderjahr 2012 **18** H 18 (41)

Umsatzsteuer-Vorauszahlung 18 (1); **18 (2)**

Umsatzsteuer-Vorauszahlungsverfahren 18 (1);
18 (2); **18** AE 18.1; **18** AE 18.2; **18** AE 18.5; **18** AE 18.6;
18 AE 18.7
- Abgabe auf elektronischem Weg
  18 H 18 (7–9, 15, 42)
- abweichende Vordrucke **18** AE 18.3
- Dauerfristverlängerung **18** AE 18.4
- Sondervorauszahlung **18** AE 18.4
- Vordrucke für das Kalenderjahr 2008 **18** H 18 (17)
- Vordrucke für das Kalenderjahr 2009 **18** H 18 (19)
- Vordrucke für das Kalenderjahr 2010 **18** H 18 (23, 26)
- Vordrucke für das Kalenderjahr 2011 **18** H 18 (33, 39)
- Vordrucke für das Kalenderjahr 2012 **18** H 18 (41)

Umsatzsteueraufkommen
- Schädigung **26b**; **26c**

Umsatzsteuerbefreiung(en) **4** *17b*; **4** *17c*; **4** *21*; **4** *22*;
4 AE 4.5.1; **4** AE 4.19.1; **7** AE 7.1; **7** AE 7.2; **7** AE 7.3;
8; **8 (1)**; **8** AE 8.1; **8** AE 8.2; **8** AE 8.3; **9** AE 9.1; **9** AE 9.2;
10 AE 10.1; **24 (1)**
- Abbauverträge **4** AE 4.12.4
- Abgabe von Mahlzeiten **4** H 4 (18)
- allgemeinbildende Einrichtungen **4** H 4 (12)

- Altenheime **4**; **4** AE 4.16.4; **4** AE 4.16.5; **4** AE 4.18.1;
  4 H 4 (27)
- Altenpfleger **4** AE 4.14.4
- Altenwohnheime **4** H 4 (27)
- ambulante Pflegedienstleistungen **4** Rsp I
- ambulanter Pflegedienst **4** Rsp III
- anästhesistische Leistungen **4** Rsp III
- Anfertigung und Reparatur von Zahnersatz **4** Rsp I
- Angehörige von Mutterhäusern, Gestellung für
  gemeinnützige, mildtätige, kirchliche oder schulische
  Zwecke **4**; **4** AE 4.27.1
- Apparategemeinschaften **4** H 4 (26)
- Arbeitskräftegestellungen **4**
- Arzt **4** H 4 (26)
- Ärzte **4**; **4** AE 4.14.2
- ärztliche Befunderhebung **4**; **4** AE 4.14.5; **4** AE 4.14.6
- ärztliche Leistungen **4** AE 4.14.1; **4** H 4 (26)
- Aufhebung des Optionsrechts **9** Rsp I
- Aufstellen von Zigarettenautomaten **4** Rsp I
- Ausbildung **4** H 4 (17)
- Ausfuhrlieferungen **4**; **4** *8*; **4** *9*; **4** *10*; **4** *11*; **4** *13*; **4** *14*;
  4 *17*; **4** AE 4.1.1; **6**; **6** AE 6.1; **6** AE 6.2; **6** AE 6.3; **6** AE
  6.4; **6** AE 6.5; **6** AE 6.6; **6** AE 6.7; **6** AE 6.8 AE 6.9 AE
  6.10 AE 6.11 AE 6.12 H 6 (2–4, 6, 8–12)
- Ausfuhrlieferungen in Freihafen **6** H 6 (7)
- Auslagerung von Dienstleistungen **4** Rsp I
- Ausübung der Heilkunde **4** AE 4.14.2
- Ausübung von Sport **4** Rsp I
- Backoffice-Tätigkeiten **4** Rsp I
- Ballettschulen **4** H 4 (19)
- Bausparkassenvertreter usw. **4**; **4** AE 4.11.1
- Beförderungen im internationalen Eisenbahnfracht-
  verkehr **4**; **4** *19*
- Beförderungen von kranken u. verletzten Personen mit
  dafür besonders eingerichteten Fahrzeugen **4**
- Beförderungen von Personen mit Schiffen **4**
- Beförderungen, grenzüberschreitende, von Gegenstän-
  den **4**; **4** *19*
- Befunderhebung **4** H 4 (26)
- Begriff des Versicherungsumsatzes **4** Rsp I
- Beherbergung, Beköstigung u. übliche Naturalleistungen durch das Jugendherbergswerk, Jugendherbergen
  u. andere Vereinigungen mit gleichen Aufgaben **4**
- Beherbergung, Beköstigung u. übliche Naturalleistungen durch Personen u. Einrichtungen, die Jugendliche
  zur Erziehung, Ausbildung oder Fortbildung aufnehmen oder Säuglingspflege betreiben **4**
- Beherbergung, Beköstigung u. übliche Naturalleistungen durch Verbände, Körperschaften, Personenvereinigungen u. Vermögensmassen der freien Wohlfahrtspflege **4**
- Beherbergung, Beköstigung u. übliche Naturalleistungen im Rahmen der Jugendhilfe **4**
- Beherbergungsumsätze (Vermietung) **4**; **4** AE 4.12.9
- Behinderte **4** AE 4.16.5
- Behindertenwerkstätten **4** H 4 (27)
- bei Bearbeitung vor Ausfuhr **6** H 6 (2)
- bei Einfuhren nach Auslagerung aus einem
  Umsatzsteuerlager **5 (1)**
- bei Freihafenlagerung **18** *49*
- bei Freihafenveredelung **18** *49*
- bei innergemeinschaftlicher Lieferung **6a** AE 6a.1;
  6a AE 6a.2; **6a** AE 6a.3; **6a** AE 6a.4; **6a** AE 6a.5; **6a** AE
  6a.6; **6a** AE 6a.7; **6a** AE 6a.8; **6a** H 6a (4–7)
- bei Teilnutzungsrechten an Grundstücken **4** Rsp I
- bei Verarbeitung vor Ausfuhr **6** H 6 (2)
- Belegnachweis **6** H 6 (8); **6a** Rsp III
- Beratungsleistungen an Kapitalgesellschaft **4** Rsp III
- berufliche Eingliederungsmaßnahmen **4** H 4 (33)

1035

Stichwortverzeichnis

- berufsbildende Einrichtungen 4 H 4 (12)
- Beschäftigungs- u. Arbeitstherapeuten 4 AE 4.14.4
- Bestellung u. Veräußerung von Dauerwohnrechten u. Dauernutzungsrechten 4
- bestimmte Umsätze der Deutschen Bundespost TELEKOM 4
- betreutes Wohnen 4 Rsp III
- Betreuungsleistungen 4 AE 4.18.1; 4 H 4 (27)
- Betriebshelferleistungen 4 H 4 (24)
- Betriebshilfsdienste 4
- Betriebsvorrichtungen 4; 4 AE 4.12.10
- Blinde, Blindenwerkstätten 4
- Blutkonserven 4; 4 AE 4.17.1
- Bootsliegeplatz 4 Rsp I
- botanische Gärten 4
- Büchereien 4
- Bürgschaften u. Ä. 4; 4 AE 4.8.12
- Campingflächen, Vermietung 4; 4 AE 4.12.3
- CMR-Frachtbrief 6a Rsp III
- Dauernutzungs-, Dauerwohnrechte 4; 4 AE 4.12.8
- Depotgeschäfte 4
- Deutsche Bundesbahn 4; 4 AE 4.6.1
- Diagnosekliniken u. Ä. 4; 4 AE 4.14.4
- Diagnostik 4 H 4 (26)
- Diätassistenten 4 AE 4.14.4
- Diplompsychologen 4 Rsp I
- Dorfhelferinnendienste 4
- Ehrenamt 4 Rsp III
- ehrenamtliche Tätigkeit(en) 4; 4 AE 4.26.1
- Einfuhr 5
- Einfuhr von Elektrizität 5 (1)
- Einfuhr von Erdgas 5 (1)
- Einfuhr von Gegenständen 5
- Einfuhr von Gegenständen, die in ein Umsatzsteuerlager eingelagert werden 5 (1)
- Einfuhr von Gegenständen, die nach Gemeinschaftsrecht zollbegünstigt sind 5
- Einfuhren landwirtschaftlicher Erzeugnisse 5
- Einfuhren nach Jungholz 5 1
- Einfuhren nach Mittelberg 5 1
- Einfuhren reinrassiger Pferde 5 (2)
- Einfuhren üblicher gefüllter Umschließungen (Verpackungen) 5 (2); 5 1
- Einfuhren von – im Erhebungsgebiet – gültigen amtlichen Wertzeichen (z. B. Briefmarken einschl. Sondermarken, Invalidenmarken, Stempelmarken, Steuerzeichen) 5 (1)
- Einfuhren von amtlichen Veröffentlichungen 5 1
- Einfuhren von Ausrüstungsgegenständen 5 (2)
- Einfuhren von Ausstattungsgegenständen für französische kulturelle Einrichtungen (nur: belichtete Filme, bespielte Schallplatten u. Tonbänder, Bücher, Kunstwerke, Musikpartituren, Nachbildungen von Kunstwerken u. Zeitschriften) 5
- Einfuhren von befüllbaren Verpackungen 5 1
- Einfuhren von Behältnissen 5 1
- Einfuhren von Briefmarken in Briefen oder Wertbriefen u. einem Wert von nicht mehr als 50 DM 5 (2)
- Einfuhren von Büchern, Musiknoten u. periodischen Druckschriften für Büchereien, Wissenschaftler oder Autoren 5 (2)
- Einfuhren von Düngemitteln, Pflanzgut, Saatgut u. Schädlingsbekämpfungsmitteln durch vom Zollausland aus bewirtschaftete land- und forstwirtschaftliche Betriebe 5 (2)
- Einfuhren von Erbschaftsgut 5
- Einfuhren von Fängen deutscher Fischer 5
- Einfuhren von Frauenmilch, menschlichem Blut u. menschlichen Organen 5 (1)
- Einfuhren von Gegenständen 5
- Einfuhren von Gegenständen der Wohlfahrtspflege 5 (2)
- Einfuhren von Gegenständen erzieherischen, wissenschaftlichen oder kulturellen Charakters 5 (2); 5 1
- Einfuhren von Gegenständen für Behinderte 5 (2)
- Einfuhren von Gegenständen für internationale Organisationen 5 (2)
- Einfuhren von Gegenständen für Organisationen der Wohlfahrtspflege 5 1
- Einfuhren von Gegenständen von geringem Wert 5 (2); 5 1
- Einfuhren von Gegenständen zur Ausrüstung von Luftfahrzeugen 5 (1)
- Einfuhren von Gegenständen zur Forschung 5 (2)
- Einfuhren von Gegenständen zur vorübergehenden Verwendung (z. B. Verpackungsmaterial, gemietete Gegenstände, Ausstattungsgegenstände für französische kulturelle Einrichtungen 5; 5 1
- Einfuhren von Gegenständen, die nach Gemeinschaftsrecht zollbegünstigt sind 5
- Einfuhren von gemieteten Gegenständen 5
- Einfuhren von gesetzlichen Zahlungsmitteln (Münzen u. Banknoten) 5 (1)
- Einfuhren von Gold für die Deutsche Bundesbank u. für Zentralbanken anderer Staaten 5 (1)
- Einfuhren von gültigen Steuerzeichen 5 (1)
- Einfuhren von Hausrat für eine Zweitwohnung 5
- Einfuhren von Heiratsgut 5
- Einfuhren von in einem anderen EG-Mitgliedstaat veredelten Gegenständen 5
- Einfuhren von Investitionsgütern 5 (2)
- Einfuhren von Kunstgegenständen u. Sammlungsstücken, die von Nichtunternehmern geliefert worden sind 5 (2)
- Einfuhren von Kunstgegenständen, die Bewohner des Zollgebiets bei vorübergehendem Aufenthalt außerhalb des Zollgebiets geschaffen haben 5 (2)
- Einfuhren von landwirtschaftlichen Erzeugnissen 5 (2)
- Einfuhren von Luftfahrzeugen zur Verwendung im internationalen Luftverkehr 5 (1)
- Einfuhren von Meerwasser, Muschelschalen, Sand, Schlick, Seegras, Seetang, Steinen u. dergl. durch Fischer, Steinfischer u. dergl. oder vom Strand aus gewonnen 5 (2)
- Einfuhren von Rückwaren 5
- Einfuhren von Seeschiffen (Wasserfahrzeugen für den Erwerb durch Seeschiffahrt u. zur Rettung Schiffbrüchiger) 5 (1)
- Einfuhren von Tieren für Laborzwecke 5 (2); 5 1
- Einfuhren von Übersiedlungsgut 5
- Einfuhren von Verpackungsmitteln 5 1
- Einfuhren von Verwendungsgut (Freigutverwendung oder bleibende Zollgutverwendung) 5
- Einfuhren von Wahlmaterialien 5
- Einfuhren von Waren nach zollamtlich besonders zugelassener Freihafenlagerung 5
- Einfuhren von Waren, die für bleibende Zollgutverwendung bestimmt sind 5
- Einfuhren von Waren, die für Freigutverwendung bestimmt sind 5
- Einfuhren von Werbedrucken 5 1
- Einfuhren von Werbematerial/Werbemitteln für den Fremdenverkehr 5 (2); 5 1
- Einfuhren von Wertpapieren (z. B. Aktien, Grundschuld- u. Hypothekenbriefe, Inhaberschuldverschreibungen, Kuxe, Pfandbriefe, Erneuerungs-, Gewinnanteil- u. Zinsscheine) 5 (1)
- Einfuhren zur Ausrüstung von Seeschiffen 5 (1)

Stichwortverzeichnis

- Eingehen einer Mietverpflichtung 4 Rsp I
- Eingliederungshilfe 4 H 4 (8)
- Einlagengeschäft 4; 4 AE 4.8.5
- Einrichtung mit sozialem Charakter 4 Rsp I
- Einrichtungen zur ambulanten Pflege kranker u. pflegebedürftiger Personen 4
- Einrichtungen zur Geburtshilfe 4
- Einschränkung des Optionsrechts 4 Rsp I; 9 Rsp I
- Einziehen von Hallenmieten 4 Rsp III
- Einziehung von Geldforderungen 4 Rsp I
- Emissionsgeschäfte 4; 4 AE 4.8.9
- eng verbundene Umsätze 4 Rsp I
- Erben, Praxisfortführung 4 AE 4.15.1
- Ergänzungsschulen 4; 4 AE 4.21.2; 4 AE 4.21.3; 4 AE 4.21.4; 4 AE 4.21.5
- Erholungsveranstaltungen für Jugendliche oder Mitarbeiter in der Jugendhilfe 4
- Ersatzschulen 4; 4 AE 4.21.1; 4 AE 4.21.4; 4 AE 4.21.5
- Erteilung von Unterricht 4 AE 4.21.3
- Fahrten, Freizeiten, Lehrgänge, Treffen u. Zeltlager für Jugendliche oder Mitarbeiter in der Jugendhilfe durch Jugendhilfeträger u. -einrichtungen sowie öffentlich anerkannte Vereinigungen 2; 4; 4 AE 4.25.1
- Forschungstätigkeit 4 Rsp I
- Frauenmilch 4 AE 4.8.4
- Freizeiten für Jugendliche oder Mitarbeiter in der Jugendhilfe 4
- Frühförderstellen 4 AE 4.16.5
- für Beförderung von Organen 4 Rsp I
- für Beförderungen kranker und verletzter Personen 4 H 4 (42)
- für Beförderungsleistungen 4 H 4 (3)
- für berufliche Eingliederungsmaßnahmen 4 H 4 (38)
- für berufskonsularische Vertretungen 4
- für Betreuungsleistungen 4 AE 4.16.1; 4 AE 4.16.2; 4 AE 4.16.3; 4 AE 4.16.6
- für Bildungseinrichtungen 4 H 4 (1)
- für Call-Center-Leistungen 4 Rsp I
- für dem Postwesen dienende Umsätze 4
- für diplomatische Missionen 4
- für Dirigenten 4 AE 4.20.2
- für einer Einfuhr vorangehende Lieferungen 4 AE 4.4b.1
- für Garantiezusagen 4 H 4 (39)
- für Gegenstände in Zollverfahren 4 H 4 (2)
- für Gegenstände, die im Anschluss an die Einfuhr innergemeinschaftlich geliefert werden 5 (1)
- für Golfplatznutzung 4 Rsp I
- für Halbtages-Schülerheime 4 AE 4.23.1
- für Herauslösen und Vermehrung von Knorpelzellen zur Reimplantation 4 Rsp I
- für Integrationskurse 4 H 4 (41, 45, 50)
- für Kindergärten 4 AE 4.23.1
- für Kindertagesstätte 4 AE 4.23.1
- für Leistungen der Grundsicherung 4 H 4 (4)
- für Lieferung eines Grundstücks bei gleichzeitiger Abrissverpflichtung 4 Rsp I
- für Lieferung von Baugrundstücken 4 Rsp I
- für Lieferung von Gegenständen 4 Rsp I
- für Lieferung von Hochseeschiffen 4 Rsp I
- für Lieferung von Luftfahrzeugen 4 Rsp I
- für Lieferung von Zahnersatz durch Zwischenhändler 4 Rsp I
- für Lieferungen von Gegenständen, die dem Aufwendungseigenverbrauch unterlagen 4 AE 4.28.1
- für Lieferungen von Gegenständen, die nicht zum Vorsteuerabzug berechtigten 4 AE 4.28.1
- für medizinische Dienste 4
- für NATO-Streitkräfte 4
- für Personenbeförderungen behinderter Menschen 4 H 4 (5)
- für Pflegeleistungen 4 AE 4.16.1; 4 AE 4.16.2; 4 AE 4.16.3; 4 AE 4.16.6
- für Post-Universaldienstleistungen 4 AE 4.11b.1; 4 H 4 (36)
- für Rehabilitationsleistungen 4 H 4 (37)
- für Restaurationsumsätze 4 AE 4.6.2
- für Solisten 4 AE 4.20.2
- für Sondervermögen 4 Rsp I
- für Sportreisen 4 AE 4.22.2
- für Swift-Dienste 4 Rsp I
- für Umsätze von Pflegeeinrichtungen 4 AE 4.16.5
- für Vermietung von Grundstücken 9 Rsp I
- für Versicherungsleistungen 4 Rsp I
- für Verwaltung von Versorgungseinrichtungen 4 H 4 (40)
- für Verzehr an Ort und Stelle 4 AE 4.6.2
- für zwischenstaatliche Einrichtungen 4
- Fußpfleger, Fußpraktiker 4 AE 4.14.4
- Garantiezusage eines Autoverkäufers 4 Rsp III
- Geburtshilfeeinrichtungen 4; 4 H 4 (26)
- Geldforderungen 4; 4 AE 4.8.4
- Geldspielgeräte 4 Rsp I
- Gemeinschaftspraxen 4 AE 4.14.7
- gemischte Verträge 4 AE 4.12.5
- Gesangssolisten 4 Rsp I
- Gesellschaftsanteile 4; 4 AE 4.8.9
- gesetzliche Zahlungsmittel 4; 4 AE 4.8.3
- Gestellung eines Lehrers 4 Rsp I
- Gestellung von Mitgliedern geistlicher Genossenschaften u. Angehörigen von Mutterhäusern für gemeinnützige, mildtätige, kirchliche oder schulische Zwecke 4; 4 AE 4.27.1
- Gesundheitspfleger 4 AE 4.14.4
- Gewährung, Vermittlung u. Verwaltung von Krediten 4
- Glücksspiele 4 Rsp I
- Glücksspielumsätze 4 Rsp III
- Gold 4; 4 AE 4.4.1
- Golfeinzelunterricht 4 Rsp III
- grenzüberschreitende Beförderung(en) 4; 4 AE 4.3.2
- grenzüberschreitende Beförderungen im Güterfernverkehr mit Kraftfahrzeugen 4 AE 4.3.2
- Grunderwerbsteuergesetz 4; 4 AE 4.9.1
- Grundstücke, Vermietung 4; 4 AE 4.12.1; 4 AE 4.12.2; 4 AE 4.12.3
- Haushaltshilfe 4 H 4 (24)
- Haushaltshilfeleistungen 4 H 4 (27)
- Hebamme 4 H 4 (26)
- Heilbehandlung 4 H 4 (26); 4 Rsp I
- Heilbehandlungen 4 AE 4.14.1
- Heilbehandlungsleistung 4 Rsp III
- Heilberufliche Leistungen 4 AE 4.14.1
- Heileurythmist 4 AE 4.14.4
- Heilpraktiker 4; 4 AE 4.14.4; 4 H 4 (26)
- Herauslösen menschlicher von Gelenkknorpelzellen 4 Rsp III
- Hospize 4 H 4 (26)
- Humanmedizin 4 Rsp I
- Hygieneleistungen durch Ärzte 4 Rsp III
- im Reiseverkehr 6 H 6 (1)
- Inkasso von Handelspapieren 4
- innergemeinschaftliche Lieferungen 6a; 6a Rsp III
- innergemeinschaftlicher Erwerb von Gegenständen 4b AE 4b.1
- innergemeinschaftliches Dreiecksgeschäft 25b Rsp I
- innergemeinschaftliches Reihengeschäft 25b Rsp I
- Inszenierung einer Oper 4 Rsp III

1037

Stichwortverzeichnis

- Integrationsfachdienste 4 H 4 (27)
- Integrationskurse 4 H 4 (7, 13)
- integrierte Versorgung 4 AE 4.14.9
- Investmentvermögen 4 H 4 (35)
- Jugendbetreuung 4 AE 4.23.1
- Jugenderziehung 4 AE 4.23.1
- Jugendherbergen 4; 4 AE 4.24.1
- Jugendhilfe 4; 4 AE 4.23.1; 4 AE 4.25.1
- Kartenspiele 4 Rsp I
- Kaufanwartschaftsverhältnisse 4; 4 AE 4.12.7
- Kinderbetreuung 4 AE 4.23.1
- Kindererziehung 4 AE 4.23.1
- Kinderkrankenpfleger 4 AE 4.14.4
- klinische Chemiker 4 H 4 (26)
- Kontrollleistung im internationalen Warenverkehr 4 Rsp III
- Krankenhaus 4
- Krankenhausbehandlungen 4 AE 4.14.1
- Krankenhausleistungen 4 H 4 (30, 31)
- Krankenhäuser 4 AE 4.14.5; 4 AE 4.14.6; 4 H 4 (26)
- Krankenpfleger, -schwestern 4 AE 4.14.4
- Krankenpflegerhelfer 4 AE 4.14.1; 4 AE 4.14.4
- Kredite 4; 4 AE 4.8.1; 4 AE 4.8.2
- kulturelle Leistungen 4 Rsp I
- kulturelle oder sportliche Veranstaltungen durch juristische Personen des öffentlichen Rechts, gemeinnützige Einrichtungen, Verwaltungs- u. Wirtschaftsakademien, Volkshochschulen usw. 4; 4 AE 4.22.2
- kulturelle u. sportliche Veranstaltungen (z. B. durch Jugendliche) im Rahmen der Jugendhilfe 4; 4 AE 4.25.1
- Kurse u. Vorträge von juristischen Personen des öffentlichen Rechts, Verwaltungs- u. Wirtschaftsakademien, Volkshochschulen, gemeinnützigen Einrichtungen und/oder Einrichtungen für Zwecke von Berufsverbänden 4; 4 AE 4.22.1
- Laboranalysen 4 Rsp I
- Land- u. Forstwirtschaft 4
- Lehrgänge, Fahrten, Freizeiten, Treffen u. Zeltlager für Jugendliche oder Mitarbeiter in der Jugendhilfe durch Jugendhilfeträger u. -einrichtungen sowie öffentlich anerkannte Vereinigungen 4; 4 AE 4.25.1
- Leistungen an NATO-Hauptquartiere 4 H 4 (46)
- Leistungen an Seniorengemeinschaft 4 Rsp III
- Leistungen an Vertragsparteien der NATO 4 AE 4.7.1; 4 H 4 (44)
- Leistungen an Volkshochschulen 4 H 4 (11)
- Leistungen auf Grund eines Versicherungsverhältnisses i. S. des VersStG 4; 4 AE 4.10.1; 4 AE 4.10.2
- Leistungen der amtlich anerkannten Verbände der freien Wohlfahrtspflege u. der freien Wohlfahrtspflege dienenden Körperschaften, Personenvereinigungen und Vermögensmassen, die Mitglied eines Wohlfahrtsverbands sind 4; 4 23
- Leistungen der Wohlfahrtsverbände 4; 4 23
- Leistungen der Wohnungseigentümergemeinschaften an Wohnungseigentümer u. Teileigentümer 4
- Leistungen des Deutschen Jugendherbergswerks, der diesem Verband angeschlossenen Untergliederungen, Einrichtungen u. Jugendherbergen u. anderer entsprechender Einrichtungen 4; 4 AE 4.24.1
- Leistungen eines Musikers gegenüber seinem Orchester 4 Rsp III
- Leistungen eines Studentenwerks 4 H 4 (18)
- Leistungen im Vorschulbereich 4 H 4 (19)
- Leistungen in der Verschaffung von Versicherungsschutz für andere Personen 4; 4 AE 4.10.2
- Leistungen privater Schulen u. ähnlicher Einrichtungen, die auf einen Beruf oder eine Prüfung vor einer juristischen Person des öffentlichen Rechts ordnungsmäßig vorbereiten 4; 4 AE 4.21.1; 4 AE 4.21.2
- Leistungen von Ersatzschulen 4; 4 AE 4.21.1
- Leistungen von Fahrschulen 4 H 4 (32)
- Leistungen von Privatlehrern 4 H 4 (11)
- Leistungen von Privatschulen 4; 4 AE 4.21.1; 4 AE 4.21.2
- Leistungen, bestimmte, der Träger u. Einrichtungen der freien Jugendhilfe u. der Organe der öffentlichen Jugendhilfe 4; 4 AE 4.25.1
- Leistungen, bestimmte, von Jugendgruppen öffentlich anerkannter Vereinigungen 4; 4 AE 4.25.1
- Leistungen, die unmittelbar Schul- u. Bildungszwecken dienen, private Schulen u. anderer allgemeinbildender oder berufsbildender Einrichtungen 4; 4 AE 4.21.4
- Leistungen, sonstige – andere als Beförderungen –, für Gegenstände der Ausfuhr, Durchfuhr u. Einfuhr 4; 4 AE 4.3.3; 4 AE 4.3.4; 4 AE 4.3.5; 4 AE 4.3.6
- Leistungen, sonstige, der Gemeinschaften von Angehörigen der Heilberufe (Arzt, Zahnarzt, Heilpraktiker usw.) 4
- Leistungen, sonstige, durch Blindenwerkstätten u. deren Zusammenschlüsse 4; 4 AE 4.19.2
- Leistungen, sonstige, im Emissionsgeschäft 4
- Lieferung bestimmter Gegenstände 4; 4 AE 4.28.1
- Lieferungen oder Wiederherstellungen von Zahnprothesen u. kieferorthopädischen Apparaten, soweit Herstellung oder Wiederherstellung nicht im eigenen Unternehmen vorgenommen 4; 4 AE 4.14.3
- Lieferungen u. Eigenverbrauch von Blinden- u. Zusatzwaren durch Blindenwerkstätten u. deren Zusammenschlüsse 4; 4 AE 4.19.2
- Lieferungen u. Eigenverbrauch von Gegenständen, die ausschließlich für steuerfreie Tätigkeiten verwendet worden sind oder für die bereits ein Eigenverbrauch der Besteuerung unterlegen hat 4; 4 AE 4.28.1
- Lieferungen u. sonstige Leistungen an amtl. Beschaffungsstellen der Stationierungstruppen oder das zivile Gefolge – auf Grund des Zusatzabkommens zum NATO-Truppenstatut 26 (5)
- Lieferungen u. sonstige Leistungen an Stellen der Vereinigten Staaten – auf Grund des Offshore-Steuerabkommens – 26 (5); 26 73; Anh. 3
- Lieferungen u. sonstige Leistungen der Deutschen Bundesbahn auf Gemeinschaftsbahnhöfen, Betriebswechselbahnhöfen, Grenzbetriebsstrecken u. Durchgangsstrecken an Eisenbahnverwaltungen im Außengebiet 4
- Lieferungen u. sonstige Leistungen durch NATO-Hauptquartiere – auf Grund des Ergänzungsabkommens zum Protokoll über die NATO-Hauptquartiere 26 (5)
- Lieferungen u. sonstige Leistungen durch NATO-Hauptquartiere sowie an NATO-Hauptquartiere – auf Grund des Ergänzungsabkommens zum Protokoll über die NATO-Hauptquartiere 26 73; Anh. 5
- Lieferungen von Frauenmilch, von menschlichem Blut u. menschlichen Organen 4 AE 4.17.1
- Lieferungen von Gold an Zentralbanken 4; 4 AE 4.4.1
- Lieferungen von Wärme u. ähnlichen Gegenständen durch Wohnungseigentümergemeinschaften 4
- Logopäden 4 AE 4.14.4
- Lohnveredelungen an Gegenständen der Ausfuhr 4; 4 8; 4 9; 4 10; 4 11; 4 12; 4 AE 4.1.1; 4 AE 4.2.1; 4 AE 4.3.1; 7
- Luftfahrt, Umsätze für die – 4; 4 18; 8 (2); 8 (3); 8 H 8 (2)
- Mahnwesen 4 Rsp III
- Managementgesellschaft 4 H 4 (26)

Stichwortverzeichnis

- Masseure, medizinische Bademeister 4 AE 4.14.4
- Maßregelvollzug 4 H 4 (26)
- medizinisch-technische Assistentin 4 AE 4.14.4
- medizinisches Versorgungszentrum 4 H 4 (26)
- Mensaessen 4 H 4 (18)
- menschliches Blut 4; 4 AE 4.17.1
- Mitglieder geistlicher Genossenschaften, Gestellung für gemeinnützige, mildtätige, kirchliche oder schulische Zwecke 4; 4 AE 4.27.1
- Mitvermietung von Betriebvorrichtungen 4 Rsp III
- Mobilitätslehrer 4 AE 4.16.5
- Museen u. Ä. 4; 4 AE 4.20.3; 4 AE 4.20.5
- Musikschulen 4 H 4 (19)
- Müttergenesungswerk 4 H 4 (26)
- Nabelschnurblutbank 4 Rsp I
- nach Artikel 67 Abs. 3 des Zusatzabkommens zum NATO-Truppenstatut Anh. 4
- nach Offshore-Steuerabkommen Anh. 3
- nach Zusatzabkommen zum Truppenstatut Anh. 4
- Nachhilfeleistungen 4 H 4 (48)
- Nachhilfeunterricht 4 H 4 (14)
- Nachweis 4 H 4 (16); 6a Rsp III
- Nachweis bei Beförderungen eingeführter Gegenstände 4 H 4 (6)
- Nachweis der Voraussetzungen 26 73
- Nachweis der Voraussetzungen für Pflegeleistungen 4 AE 4.16.2
- Nachweise 6 H 6 (9, 10)
- NATO-Hauptquartiere Anh. 4
- NATO-Hauptquartiere-Umsatzsteuervergünstigungen Anh. 5
- nichtärztliche Heilberufe 4 AE 4.14.4
- Nießbrauch an Grundstück 4 Rsp I
- öffentliche Posteinrichtung 4
- Offshore-Umsatzsteuervergünstigungen Anh. 3
- Optionsgeschäfte mit Wertpapieren 4
- Orchester, Chöre usw. 4; 4 AE 4.19.2; 4 AE 4.20.5
- Ordensmitglieder u. Ä., Gestellung von – 4; 4 AE 4.27.1
- Orientierungslehrer 4 AE 4.16.5
- Orthoptisten 4 AE 4.14.4
- Outsourcing von Dienstleistungen 4 Rsp I
- Palliativversorgung 4 H 4 (34)
- Pannenhilfe 4 Rsp I
- Parkflächen, Vermietung 4 AE 4.12.2
- Personalgestellung für dem Gemeinwohl dienende Tätigkeiten 4 Rsp I
- Pflegedienst 4 Rsp III
- Pflegeheime 4 H 4 (27)
- Pflegeleistungen 4 H 4 (27)
- Physiotherapeut 4 H 4 (26)
- Physiotherapeuten 4 AE 4.14.1
- physiotherapeutische Behandlung 4 Rsp I
- Physiotherapieleistungen 4 H 4 (49)
- Podologen 4 AE 4.14.1; 4 AE 4.14.4
- Portfolioverwaltung 4 Rsp III
- Praxis- u. Apparategemeinschaften 4; 4 AE 4.14.8
- Praxisgemeinschaft 4 H 4 (26)
- Privatklinik 4 Rsp III
- Privatschulen 4 H 4 (12)
- Psychagogen, Psychotherapeuten – nichtärztliche 4
- psychologische Psychotherapeuten 4 AE 4.14.4
- psychotherapeutische Behandlung 4 Rsp I; 25 (2)
- Rehabilitationseinrichtungen 4 H 4 (26)
- Rehabilitationsleistungen 4 AE 4.16.5
- Reihengeschäft 6a Rsp III
- Reinigung von Gemeinschaftsräumen 4 Rsp I

- Rettungsassistenten 4 AE 4.14.4
- Rettungsdienstleistungen 4 H 4 (47)
- s. auch Steuerbefreiung(en) 4
- Sauna 4 AE 4.14.4
- Schifffahrt, Umsätze 4
- Schönheitsoperationen 4 Rsp III
- Seeschifffahrt, Umsätze für die – 4 18; 4 AE 4.1.1; 4 AE 4.2.1; 8 H 8 (1)
- Sondervermögen, Verwaltung 4
- sonstige Leistungen, Ausfuhr, Durchfuhr 4; 4 20; 4 AE 4.3.4
- sonstige Leistungen, Einfuhr 4; 4 20; 4 AE 4.3.3
- Sozialhilfeleistungen 4 AE 4.16.5
- Sozialpädagogische Zentren 4 AE 4.16.5
- Sozialversicherung 4; 4 AE 4.15.1
- Spielautomatenumsätze 4 Rsp I
- Sportanlagen, Vermietung 4 AE 4.12.11
- Sportveranstaltungen für Jugendliche oder Mitarbeiter in der Jugendhilfe 4; 4 AE 4.25.1
- Sprachtherapeuten 4 AE 4.14.4
- Steuerbefreiung für innergemeinschaftliche Lieferungen 4 17a
- Steuerhinterziehung 6a Rsp III
- Subunternehmer ohne Heilbehandlungsbefähigungsnachweis 4 Rsp III
- Systemwetten 4 H 4 (23)
- Tätigkeit als Arzt 4 AE 4.14.2
- Täuschung über Abnehmer 6a Rsp III
- Theater 4; 4 AE 4.20.1; 4 AE 4.20.5
- Tierparks, zoologische Gärten 4; 4 AE 4.20.4; 4 AE 4.20.5
- Treffen für Jugendliche oder Mitarbeiter in der Jugendhilfe 4
- Überlassung des gemeinschaftlichen Eigentums durch Wohnungseigentümergemeinschaften zum Gebrauch, seine Instandhaltung, Instandsetzung u. sonstige Verwaltung 4
- Überlassung von Grundstücken u. Grundstücksteilen zur Nutzung 4
- Übernahme der Verpflichtung zur Renovierung einer Immobilie 4 Rsp I
- Übernahme eines Mietvertrags gegen Entgelt 4 Rsp I
- Übernahme von Verbindlichkeiten, von Bürgschaften u. ähnlichen Sicherheiten sowie die Vermittlung dieser Umsätze 4
- Übernahmegarantie („underwriting guarantee") 4 Rsp I
- Überwachungsleistung im internationalen Warenverkehr 4 Rsp III
- Umsätze aus der Tätigkeit als Arzt, Zahnarzt, Heilpraktiker, Krankengymnast, Hebamme oder aus ähnlicher heilberuflicher Tätigkeit 4
- Umsätze aus der Tätigkeit als Bausparkassenvertreter, Versicherungsmakler u. Versicherungsvertreter 4
- Umsätze aus der Tätigkeit als klinischer Chemiker 4
- Umsätze der Altenheime, Altenwohnheime u. Pflegeheime 4; 4 AE 4.16.4
- Umsätze der Archive u. Büchereien 4
- Umsätze der botanischen Gärten, zoologischen Gärten u. Tierparks 4; 4 AE 4.20.4
- Umsätze der Chöre, Kammermusikensembles, Orchester u. Theater 4; 4 AE 4.20.2
- Umsätze der Denkmäler der Bau- u. Gartenbaukunst 4; 4 AE 4.20.3
- Umsätze der Deutschen Bundespost TELEKOM, bestimmte 4

1039

Stichwortverzeichnis

- Umsätze der gesetzlichen Träger der Sozialversicherung, der örtlichen u. überörtlichen Träger der Sozialhilfe, der Verwaltungsbehörden u. sonstigen Stellen der Kriegsopferversorgung u. Träger der Kriegsopferfürsorge   4
- Umsätze der Krankenhäuser, Diagnosekliniken u. anderen Einrichtungen ärztlicher Heilbehandlung, Diagnostik oder Befunderhebung   4 AE 4.14.5
- Umsätze einer natürlichen Person   4 Rsp I
- Umsätze eines Personenzusammenschlusses an seine Mitglieder   4 Rsp I
- Umsätze eines Pflegeheims   4 Rsp I
- Umsätze, bestimmte, der Blindenwerkstätten u. deren Zusammenschlüsse   4; 4 AE 4.19.2
- Umsätze, die sich auf Wertpapiere beziehen   4 Rsp I
- Umsatzsteuerlager   4 H 4 (2)
- Umsatzsteuerlagerregelung   4 AE 4.4a.1
- Unterbringung von Patientenbegleitpersonen   4 Rsp I
- Unterricht durch Privatlehrer   4 Rsp I
- Untervermittlung von Krediten   4 Rsp I
- Untervermittlung von Versicherungen   4 Rsp I
- Vercharterung von Schiffen   8 Rsp I
- Verein für Rettungsdienste   4 Rsp III
- Vermehrung menschlicher von Gelenkknorpelzellen   4 Rsp III
- Vermietung   4 H 4 (22)
- Vermietung durch Studentenwerk   4 H 4 (18)
- Vermietung von Fernsehgeräten an Krankenhauspatienten   4 Rsp I
- Vermietung von Grundstücken   4 Rsp I
- Vermietung von Hochseeschiffen für Vergnügungsfahrten   8 Rsp I
- Vermietung von Seegebieten   4 Rsp I
- Vermietung von zu vorübergehenden Zwecken errichteten Gebäuden   4 Rsp I
- Vermittlung eines Kinderbetreuungsdienstes   4 Rsp I
- Vermittlung von Personenbeförderungen im Luftverkehr   4 H 4 (10); 10 H 10 (7)
- Vermittlung von Pferdewetten   4 Rsp I
- Vermittlung von Wertpapieren   4 H 4 (20)
- Vermittlungsleistungen   4 H 4 (10, 25); 10 H 10 (7)
- Vermögensverwaltung   4 H 4 (9)
- Verpachtung von Fischereirechten   4 Rsp I
- Verpflegung bei Seminaren   4 Rsp III
- Verpflegung von Lehrern   4 H 4 (29)
- Verpflegung von Patientenbegleitpersonen   4 Rsp I
- Verpflegung von Schülern   4 H 4 (29)
- Verschleierung der Abnehmeridentität   6a Rsp III
- Versicherungsmakler   4 Rsp I
- Versicherungsumsätze   4 Rsp I
- Versicherungsvertreter   4 Rsp I
- Verwaltung von Investmentvermögen   4 H 4 (35)
- Vollstreckungswesen   4 Rsp III
- von Güterbeförderungen im Zusammenhang mit der Einfuhr   4 H 4 (6)
- Vorbezüge der Seeschifffahrt   8 Rsp I
- Vorbezüge des internationalen Luftverkehrs   8 Rsp I
- Vorrang der Befreiungen ohne Vorsteuerabzug   4 H 4 (43)
- Vorsorgeeinrichtungen   4 H 4 (26)
- Warenterminmingeschäfte   4 H 4 (15)
- Wellnessmaßnahmen   4 H 4 (49)
- Wettbüro   4 Rsp I
- Wohnungsüberlassung an Prostituierte   4 Rsp III
- Wucherzinsen   4 Rsp I
- Zurverfügungstellung eines Telefons an Krankenhauspatienten   4 Rsp I
- zusätzliches Entgelt für Verwendung bestimmter Zahlungsweisen   4 Rsp I
- Zweidrittelgrenze sozial versicherter Leistungen   4 Rsp III

Umsatzsteuerbefreiung(en) im Drittlandsreiseverkehr
- Merkblatt   6 H 6 (5)

Umsatzsteuerberechnung   16; 18

Umsatzsteuerbescheid   18 (4)

Umsatzsteuererklärung   18 AE 18.1
- Abgabe auf elektronischem Weg   18 H 18 (15, 42)
- Anlage UR und UN   18 H 18 (12, 16, 18, 22, 30, 40)
- Muster   18 (3); 18 (5); 18 H 18 (12, 16, 18, 22, 30, 40)
- Übermittlung auf elektronischem Weg   18 H 18 (36)

Umsatzsteuerermäßigung   12 (2); 12 26; 12 AE 12.9; 12 AE 12.14; 28 (4)
- Anzucht von Pflanzen   12 (2); 12 AE 12.2
- Aufzucht u. Halten von Vieh   12 (2); 12 AE 12.2
- Automatenverkäufe   12 AE 12.2
- Beförderung in der Personenschifffahrt   12 (2)
- Beförderungen im Fährverkehr   12 (2); 12 AE 12.13
- Beförderungen von Arbeitnehmern zwischen Wohnung u. Arbeitsstelle   12 (2); 12 AE 12.15
- Beförderungen von Personen im genehmigten Linienverkehr mit Kraftfahrzeugen   12 (2); 12 AE 12.13
- Beförderungen von Personen im Kraftdroschkenverkehr   12 (2); 12 AE 12.13
- Beförderungen von Personen im Schienenverkehr   12 (2); 12 AE 12.13
- Beförderungen von Personen im Verkehr mit Oberleitungsomnibussen   12 (2); 12 AE 12.13
- Beförderungen von Personen mit Schiffen   12 (2); 12 AE 12.12
- Bereitstellung von Kureinrichtungen   12 (2); 12 AE 12.11
- Einräumung, Übertragung u. Wahrnehmung von Rechten aus dem Urheberrechtsgesetz   12 (2); 12 AE 12.7
- Filmvorführungen   12 (2); 12 AE 12.6
- Goldmünzen   12
- Leistungen (bestimmte) der Zahnärzte   12 (2); 12 AE 12.4
- Leistungen aus der Tätigkeit als Schausteller   12 (2); 12 30; 12 AE 12.8
- Leistungen der Chöre, Kammermusikensembles, Museen, Orchester u. Theater   12 (2); 12 AE 12.5
- Leistungen der gemeinnützigen, mildtätigen u. kirchlichen Körperschaften   12 (2)
- Leistungen der Zahntechniker   12 (2); 12 AE 12.4
- Leistungen für die Förderung der Tierzucht, die künstliche Tierbesamung u. die Vatertierhaltung   12 (2); 12 AE 12.3
- Leistungen für die Leistungs- u. Qualitätsprüfung in der Tierzucht u. in der Milchwirtschaft   12 (2); 12 AE 12.3.5
- Leistungen u. Eigenverbrauch aus der Tätigkeit als Zahntechniker   2; 6; 12 (2); 12 AE 12.1; 12 AE 12.4
- Leistungen von Solisten   12 (2)
- Lieferungen, Eigenverbrauch u. Einfuhr von Lebensmitteln   12 (2)
- Lieferungen, Eigenverbrauch u. Einfuhr von Wasser   12 (2); Anl. 2
- Lieferungen, Eigenverbrauch, Einfuhr und innergemeinschaftlicher Erwerb von Düngemitteln   12 (2)
- Lieferungen, Eigenverbrauch, Einfuhr und innergemeinschaftlicher Erwerb von Futtermitteln   12 (2)

Stichwortverzeichnis

- Lieferungen, Eigenverbrauch, Einfuhr und innergemeinschaftlicher Erwerb von Fütterungsarzneimitteln **12 (2)**
- Lieferungen, Eigenverbrauch, Einfuhr und innergemeinschaftlicher Erwerb von landwirtschaftlichen Erzeugnissen **12 (2)**
- Lieferungen, Eigenverbrauch, Einfuhr und innergemeinschaftlicher Erwerb von Wolle **12 (2)**
- Lieferungen, Eigenverbrauch, Einfuhr, innergemeinschaftlicher Erwerb und Vermietung von Fahrstühlen u. ähnlichen Fahrzeugen für Körperbehinderte **2; 12 (2)**
- Lieferungen, Eigenverbrauch, Einfuhr, innergemeinschaftlicher Erwerb und Vermietung von Holz **2; 12 (2)**
- Lieferungen, Eigenverbrauch, Einfuhr, innergemeinschaftlicher Erwerb und Vermietung von Körperersatzstücken, orthopädischen Apparaten u. anderen orthopädischen Vorrichtungen **2; 12 (2)**
- Lieferungen, Eigenverbrauch, Einfuhr, innergemeinschaftlicher Erwerb und Vermietung von Kunstgegenständen **2; 12 (2)**; Anl. 2
- Lieferungen, Eigenverbrauch, Einfuhr, innergemeinschaftlicher Erwerb und Vermietung von lebenden Tieren **2; 12 (2)**; Anl. 2
- Lieferungen, Eigenverbrauch, Einfuhr, innergemeinschaftlicher Erwerb und Vermietung von Sammlungsstücken **2; 12 (2)**; Anl. 2
- Lieferungen, Eigenverbrauch, Einfuhr, innergemeinschaftlicher Erwerb und Vermietung von Waren des Buchhandels u. Erzeugnissen des graphischen Gewerbes **2; 12 (2)**
- Lieferungen, Einfuhr u. Vermietung von Büchern, Zeitungen und anderen Erzeugnissen des graphischen Gewerbes Anl. 2
- Lieferungen, Einfuhr u. Vermietung von Holz Anl. 2
- Lieferungen, Einfuhr u. Vermietung von Rollstühlen u. anderen Fahrzeugen für Kranke und Körperbehinderte Anl. 2
- Lieferungen, u. Einfuhr von Düngemitteln Anl. 2
- Lieferungen, u. Einfuhr von Fütterungsarzneimitteln Anl. 2
- Münzen aus Edelmetallen und unedlen Metallen Anl. 2
- Personenschifffahrt **12 (2); 12** AE 12.12
- Pflanzenzucht **12 (2); 12** AE 12.2
- Sammlermünzen Anl. 2
- Sammlungsstücke Anl. 2
- Sammlungsstücke, zoologische Anl. 2
- Tierparks **12** AE 12.8
- Überlassung von Filmen zur Auswertung u. Vorführung **12 (2); 12** AE 12.6
- Übertragung von Rechten nach dem Urheberrechtsgesetz **12 (2); 12** AE 12.7
- Umsätze, die mit dem Betrieb der Schwimmbäder verbunden sind **12 (2); 12** AE 12.11
- Umsätze, die mit dem Betrieb zoologischer Gärten verbunden sind **12 (2); 12** AE 12.8
- Verabreichung von Heilbädern **12 (2); 12** AE 12.11
- Veranstaltungen von Theatervorführungen u. Konzerten **12 (2); 12** AE 12.5
- Viehaufzucht u. Viehhaltung **12 (2); 12** AE 12.2
- Zirkusvorführungen **12 (2); 12** AE 12.8
- zoologische Gärten, Leistungen **12 (2); 12** AE 12.8

Umsatzsteuergesetz
- Änderung **29 (2)**

Umsatzsteuerheft
- Befreiung **22 (6)**
- Befreiungsbescheinigung **22 (6)**
- Befreiungsbescheinigung, Muster **22** H 22 (1, 6)
- Befreiungsbescheinigung, Vordruck **22** H 22 (1, 6)
- Führung **22 (5)**
- Führung des Umsatzsteuerhefts **22** H 22 (4)
- Muster **22 (5); 22** H 22 (2, 5)
- Nebenheft **22 (5)**
- Vordruckmuster **22** H 22 (2, 5)

Umsatzsteuerkarussell
- Buffer II **15** Rsp III
- Haftung **15** Rsp III
- Umsatz **15** Rsp I
- Unternehmereigenschaft **15** Rsp I
- Vorsteuerabzug **15** Rsp I; **15** Rsp III

Umsatzsteuerkontrolle **27a (2)**

Umsatzsteuerlager **4**
- Auslagerung **4** H 4 (2)
- Bewilligung **4** H 4 (2)
- Einlagerung **4** H 4 (2)
- Steuerbefreiung **4** H 4 (2)

Umsatzsteuerlagerhalter
- Steuerschuldner **13a (1)**

Umsatzsteuerlagerregelung
- Anwendungsbereich **4** H 4 (2)
- Aufzeichnungspflichten **4** H 4 (2)
- befreite Einfuhren **4** H 4 (2)
- befreite Umsätze **4** H 4 (2)
- Befreiung von Lieferungen **4** H 4 (2)
- für Aluminium **4** H 4 (2)
- für Blei **4** H 4 (2)
- für chemische Erzeugnisse **4** H 4 (2)
- für Eisenerzeugnisse **4** H 4 (2)
- für Getreide **4** H 4 (2)
- für Gold **4** H 4 (2)
- für Holz **4** H 4 (2)
- für Iridium **4** H 4 (2)
- für Kaffee **4** H 4 (2)
- für Kakaobohnen **4** H 4 (2)
- für Kakaobohnenbruch **4** H 4 (2)
- für Kartoffeln **4** H 4 (2)
- für Kautschuk **4** H 4 (2)
- für Kupfer **4** H 4 (2)
- für Mineralöl **4** H 4 (2)
- für Nichteisenmetalle **4** H 4 (2)
- für Nickel **4** H 4 (2)
- für ölhaltige Früchte **4** H 4 (2)
- für Oliven **4** H 4 (2)
- für Ölsamen **4** H 4 (2)
- für Osmium **4** H 4 (2)
- für Palladium **4** H 4 (2)
- für pflanzliche Fette **4** H 4 (2)
- für pflanzliche Öle **4** H 4 (2)
- für Platin **4** H 4 (2)
- für Reis **4** H 4 (2)
- für Rhodium **4** H 4 (2)
- für Ruthenium **4** H 4 (2)
- für Schalenfrüchte **4** H 4 (2)
- für Silber **4** H 4 (2)
- für Stahlerzeugnisse **4** H 4 (2)
- für Tee **4** H 4 (2)
- für Wolle **4** H 4 (2)
- für Zink **4** H 4 (2)
- für Zinn **4** H 4 (2)
- für Zucker **4** H 4 (2)
- Lagerbewilligung **4** H 4 (2)
- Lieferungen zwischen Lagern **4** H 4 (2)
- Nachweispflichten **4** H 4 (2)

Stichwortverzeichnis

- Steuerbefreiung **4** AE 4.4a.1
- Steuerschuldner **4** H 4 (2)

Umsatzsteuersatz **12** AE 12.2; **12** AE 12.3; **12** AE 12.4; **12** AE 12.5; **12** AE 12.6; **12** AE 12.7; **12** AE 12.8; **12** AE 12.9; **12** AE 12.11 AE 12.12 AE 12.13 AE 12.14 AE 12.15; 24 (1)
- Erhöhung zum 1. 1. 2007 **12** H 12 (7)
- s. auch Steuersatz **12** AE 12.1
- s. auch Umsatzsteuerermäßigung **12** AE 12.1

Umsatzsteuervergünstigung
- nach Zusatzabkommen zum Truppenstatut Anh. 4
- NATO-Hauptquartiere Anh. 4; Anh. 5

Umsatzsteuervergütung **4**; **4** 8; **4** 9; **4** 10; **4** 11; **4a**; **4a** 24; **4a** AE 4a.1; **4a** AE 4a.2; **4a** AE 4a.3; **4a** AE 4a.4; **4a** AE 4a.5; **18** (9); **18** 59; **18** 60; **18** 61a; **18** 74a; **18** AE 18.10; **18** AE 18.11; **18** AE 18.12; **18** AE 18.15 AE 18.16; **27** 74a; Anh. 3
- an im Gemeinschaftsgebiet ansässige Unternehmer **18** 61
- für im Drittlandsgebiet ansässige Unternehmer **18** AE 18.14
- für im übrigen Gemeinschaftsgebiet ansässige Unternehmer **4a** AE 18.13
- Vordruckmuster **4a** H 4a (1, 4)

Umsatzsteuervergütungsanspruch
- Aufrechnung mit vorinsolvenzlichen Steuerschulden **18** Rsp III

Umschlag
- Ort der Leistung **3a** (3)
- Steuerbefreiung **4** AE 4.3.3

Umschlagen **3b** AE 3b.1.14

Umschlagunternehmer
- erleichterte Trennung der Bemessungsgrundlagen **22** H 22 (8)

Umschließung
- innergemeinschaftliches Verbringen **1a** AE 1a.2

Umstellung
- langfristiger Verträge 29

Umtausch **12** H 12 (7)

UMTS-Lizenzen
- Zuteilung **1** Rsp I

Umwandlung **1** AE 1.6.2

Umwandlungsverfahren **4** H 4 (2)

Umzugskosten
- Vorsteuerabzug 15

Unbilligkeiten in Härtefällen
- Beseitigung 26 (1)

Uneinbringlichkeit
- der Forderung **17** AE 17.1.5
- des Entgelts (der Entgelte) **17** AE 17.1.5
- Insolvenzverfahren **17** AE 17.1; **17** H 17 (4)
- substantiiertes Bestreiten der Forderung **17** AE 17.1.5

Unentgeltliche Leistung **1** AE 1.8
- Ausschluss des Vorsteuerabzugs **15** AE 15.15

Unentgeltliche Überlassung
- 1 %-Regelung **15** H 15 (3)
- an Personal **15** H 15 (3)

Unentgeltliche Wertabgabe
- als Lieferungen **3** AE 3.2; **3** AE 3.3
- an Personal **3** Rsp III

- bei Einzelunternehmen **3** AE 3.2
- bei juristischen Personen **3** AE 3.2
- bei Kapitalgesellschaften **3** AE 3.2
- bei land- und forstwirtschaftlichen Betrieben **3** AE 3.2
- bei Personengesellschaften **3** AE 3.2
- Bemessung **10** AE 10.2.4
- eines Grundstücks **3** AE 3.3
- eines unternehmerischen Grundstücks **4** AE 4.12.1
- Gegenstand **3** AE 3.3
- Geschenk von geringem Wert **3** Rsp I
- Geschenke von geringem Wert **3** H 3 (35)
- Lieferort **3** AE 3.2
- Option zur Steuerpflicht **3** AE 3.2
- Rechnungsausstellung **3** AE 3.2
- Steuerbefreiung **3** AE 3.2
- Steuersatz **3** AE 3.2
- Übertragung eines Miteigentums **3** AE 3.3
- Vorsteuerabzug **3** AE 3.2
- Warenmuster **3** H 3 (35); **3** Rsp I

Unfreie Versendung
- Vorsteuerabzug 15; 15 40; 15 AE 15.7

Unfruchtbarkeitsbekämpfung **12** AE 12.3

Ungarn
- Beitritt zur EU **Allg.**
- lokale Unternehmensteuer **Allg.**
- Zulassungssteuer **Allg.**

Ungleichbehandlung
- gemeinschaftsrechtswidrige **Allg.**

Universität
- Unternehmereigenschaft **2** Rsp III

Unselbständigkeit **2** (2)

Unterbringung
- als Reiseleistung **25** AE 25.1.1
- auf einem Schiff **3a** AE 3a.3; **3a** H 3a (5)
- von Asylanten **4** Rsp I
- von Aussiedlern **4** Rsp I
- von Patientenbegleitpersonen **4** Rsp I

Untergliederung
- von Vereinen **2** AE 2.2

Unterkunft **1** AE 1.8.9
- Gesamtentgelt **16** AE 16.2

Unterlassen
- einer Handlung **3** (9)

Unterlassung
- von Wettbewerb **2** AE 2.3

Unternehmen **2** AE 2.1
- aufgelöste GmbH **2** AE 2.6
- Erlöschen **2** AE 2.6
- im Ausland ansässiges **22d**
- Umfang **2** AE 2.7

Unternehmensfremde Verwendung **4**; **4** AE 4.28.1

Unternehmensgründer
- Voranmeldungszeitraum **18** (2)

Unternehmensteuer, lokale
- Ungarn **Allg.**

Unternehmer Anh. 7
- Abtretungsempfänger **13c** AE 13c.1
- ausländische, Aufzeichnungspflichten **22** AE 22.1
- Beginn u. Ende der Unternehmereigenschaft **2** AE 2.6
- Begriff **2** AE 2.1
- Blockheizkraftwerk **2** AE 2.5; **2** H 2 (10, 20, 21)

Stichwortverzeichnis

- dritter **17 (1)**
- Eintragung als – **18** AE 18.14.7
- Energieerzeugungsanlage **2** AE 2.5
- erfolgloser **2** AE 2.6
- feste Niederlassung **2** Rsp I
- gewerbliche oder berufliche Tätigkeit **16 (3)**
- im Ausland ansässiger – **13b** AE 13b.1;
  22a H 22a (1, 3)
- im Inland ansässiger **14b (3)**
- Insolvenzverwalter **1** H 1 (34)
- Investmentaktiengesellschaft **2** H 2 (15)
- Kapitalanlagegesellschaft **2** H 2 (15)
- Kraftwärmekopplungsanlage **2** AE 2.5; **2** H 2 (20, 21)
- mit hoheitlichen Aufgaben betraut **2** AE 2.11.3
- Miteigentumsanteil **2** AE 2.1
- Mitvermieter **2** AE 2.1
- Pfandgläubiger **13c** AE 13c.1
- Schulung **19** AE 19.3
- Stromgewinnungsanlage **2** AE 2.5
- umsatzsteuerlich registrierter **25b** AE 25b.1
- Vereine u. Ä. **2** AE 2.10
- vergütungsberechtigter **18; 18** 59; **18** AE 18.10; **18** AE 18.11; **18** AE 18.12; **18** AE 18.13; **18** AE 18.14
- Vollstreckungsgläubiger **13c** AE 13c.1

Unternehmer, bauleistender
- Begriff **13b** AE 13b.1; **13b** H 13b (1, 2)
- Definition **13b** H 13b (6, 8, 13)
- Freistellungsbescheinigung **13b** AE 13b.1; **13b** H 13b (1, 2)
- Nachhaltigkeit **13b** AE 13b.1; **13b** H 13b (1, 2)
- öffentliche Hand **13b** AE 13b.1; **13b** H 13b (1, 2)
- Organgesellschaft **13b** AE 13b.1; **13b** H 13b (1; 2)
- Organschaft **13b** AE 13b.1; **13b** H 13b (1, 2)
- Organträger **13b** AE 13b.1; **13b** H 13b (1, 2)
- Steuerschuldner **13b** AE 13b.1; **13b** H 13b (1, 2, 6, 8, 13)
- Wohnungseigentümergemeinschaften **13b** AE 13b.1; **13b** H 13b (1, 2)

Unternehmerbescheinigung 18 AE 18.16

Unternehmereigenschaft 2 AE 2.10
- Beginn **2** AE 2.6; **2** H 2 (5)
- bei Bezug von Leistungen **2** AE 2.6
- bei Eröffnung des Konkursverfahrens **2** AE 2.6
- bei Lieferung von Baugrundstücken **2** Rsp I
- bei Marktplatzvermietung **2** Rsp III
- bei unentgeltlicher Überlassung **2** Rsp III
- bei Vorbereitungshandlungen **2** AE 2.3; **2** AE 2.6
- beim Kauf zahlungsgestörter Forderungen **2** Rsp I
- Betrieb gewerblicher Art **2** Rsp III
- des Gesellschafters **1** AE 1.6.2, 3
- des Komplementärs einer KG **2** Rsp III
- einer festen Niederlassung **2** Rsp I
- einer Holdinggesellschaft **2** Rsp I
- einer juristischer Person des öffentlichen Rechts **2** Rsp I
- einer Milchquoten-Verkaufsstelle **2** Rsp I
- einer politischen Partei **2** Rsp I
- eines Gesellschafter-Geschäftsführers **2** Rsp I
- Ende **2** H 2 (5)
- Energieerzeugungsanlage **2** AE 2.5
- Erbengemeinschaft **2** Rsp III
- Feststellung **2** AE 2.6
- GbR **18** Rsp III
- Grundstücksgemeinschaft **2** Rsp III
- Holdinggesellschaft **15** Rsp I
- Insolvenzverfahren **1** Rsp III
- Investmentgesellschaft (SICAV) **3a** Rsp I
- kommunaler Wasserbeschaffungsverband **2** Rsp III
- Leistungsempfänger **25** AE 25.1
- nach Aufgabe des Geschäftsbetriebs **2** Rsp I
- nachträgliches Entfallen **2** AE 2.6
- Sammlertätigkeit **2** Rsp III
- SICAV (Investmentgesellschaft) **3a** Rsp I
- Strohmann **2** Rsp III
- Stromgewinnungsanlage **2** AE 2.5
- Vorbereitungshandlungen **2** AE 2.6

Unternehmerische Tätigkeit
- beim An- und Verkauf von Pkw **2** AE 2.3
- Vermietung eines Wohnmobils **2** AE 2.3
- Vermietung von Freizeitgegenständen **2** AE 2.3

Unterricht
- Erteilung von – durch Lehrer **4** AE 4.21.3

Unterricht durch Privatlehrer
- Umsatzsteuerbefreiung(en) **4** Rsp I

Unterrichtsleistung
- Bestätigung **4** AE 4.21.3
- Bestätigung durch Bildungseinrichtung **4** AE 4.21.3
- Nachweis **4** AE 4.21.3
- per Internet **3a** AE 3a.12; **3a** H 3a (5)

Untersagung
- der Fiskalvertretung **22e (1)**

Untervermittlung von Krediten
- Umsatzsteuerbefreiung(en) **4** Rsp I

Untervermittlung von Versicherungen
- Umsatzsteuerbefreiung(en) **4** Rsp I

Unterzeichnungsprotokoll
- Abkommen über militärische Hauptquartiere Anh. 5
- NATO-Zusatzabkommen Anh. 4

Updates 3 AE 3.5

Urheberrechte 3a H 3a (5)
- bei Biotopkartierungen **12** AE 12.7.1
- bei Standortkartierungen **12** AE 12.7.1
- Ort der Leistung **3a (4)**; **3a** AE 3a.9; **3a** H 3a (5)
- Steuersatz **12 (2); 12** AE 12.7

Urheberrechtsgesetz 3a H 3a (5)
- Rechte, die sich aus dem – ergeben **12 (2);**
  12 AE 12.7

Urkunden
- Vorlage **18d**

USt-IdNr.
- Angabe in der Rechnung **14** AE 14.5; **14a** AE 14a.1
- Überprüfung durch Leistungsempfänger **15** AE 15.2

USt-Richtlinie
- an Mitgliedstaaten Anh. 7

V

Varietészenen 12 AE 12.7.20

Vaterschaftsermittlung
- Gutachten **4** Rsp I

Vatertierhaltung 12 (2); 12 AE 12.3

Vatikan 1 AE 1.10

Veranstalter
- Hilfsperson des **25** Rsp I
- von Jahrmärkten **12** H 12 (1)
- von Volksfesten **12** H 12 (1)

1043

Stichwortverzeichnis

Veranstaltung
- belehrende 4
- durch Kulturverein 12 AE 12.9
- durch Sportverein 12 AE 12.9
- Durchführung als Reiseleistung 25 AE 25.1
- gesellige 12 AE 12.9.5
- kulturelle 4; 12 AE 12.9.5
- kulturelle u. sportliche 4 AE 4.22.2
- sportliche 12 AE 12.9.6
- von Theateraufführungen u. Konzerten 4; 12 (2)
- wissenschaftlicher u. belehrender Art 4; 4 AE 4.22.1
- zur Leibeserziehung u. Erholung 4

Verarbeitung 3 (4); 3 (5); 6 (4)
- Angaben in der Rechnung 14a AE 14a.1
- Steuerbefreiung 6 H 6 (2)

Veräußerungen
- von Gegenständen 1 H 1 (11)

Verband Deutscher Wohltätigkeitsstiftungen e. V. 4; 4 23

Verbände der freien Wohlfahrtspflege 4; 4 23

Verbindlichkeiten
- Übernahme 4; 4 AE 4.8.11

Verbindungsstrecken
- im Außengebiet 3b; 3b 3
- im Erhebungsgebiet 3b; 3b 2

Verbrauchsteuer 10 AE 10.5; 21 (4); Anh. 7
- Einfuhrumsatzsteuer 21 (1)

Verbringen
- in die EU 1 Rsp I

Verbringen von Gegenständen
- innergemeinschaftliches 1a (2); 3; 6a (2)
- vorübergehendes 10 AE 10.1.8

Verbringen, unternehmensinternes Anh. 7
- Bemessungsgrundlage Anh. 7

Verbringungsfälle
- innergemeinschaftliche 22 AE 22.3

Vercharterung 3a AE 3a.5; 3a H 3a (5, 11)
- von Wasserfahrzeugen 8 (1)

Vercharterung von Schiffen
- Umsatzsteuerbefreiung(en) 8 Rsp I

Verderb
- Verlustabschlag 22 AE 22.6.4

Veredelungsverfahren
- aktives 4 H 4 (2)

Veredelungsverkehr, aktiver/passiver 21 (2)

Verein 2
- Abfallentsorgung 2 H 2 (6)
- Einsammeln von Abfall 1 H 1 (18)
- Erleichterungen beim Vorsteuerabzug 2 AE 2.10.6
- Sonderregelungen 12 AE 12.9.5
- sozialpädagogische Familienhilfe 4 AE 4.25.1
- Unternehmereigenschaft 2 AE 2.7; 2 AE 2.10
- Verwertung von Abfall 1 H 1 (18)
- Vorsteuerabzug 2 AE 2.10.2
- Vorsteuerdurchschnittssatz 22 AE 22.2.10

Verein für Rettungsdienste
- Umsatzsteuerbefreiung(en) 4 Rsp I

Vereinfachung
- des Besteuerungsverfahrens 18 (9); 26 (1)
- für Kleinunternehmer Anh. 7

- für Land- und Forstwirte Anh. 7

Vereinfachungsmaßnahmen Anh. 7
- Ermächtigung durch den Rat Anh. 7

Vereinfachungsregelung(en)
- Steuerschuldnerschaft des Leistungsempfängers 13b AE 13b.1
- Vorsteuer-Vergütungsverfahren 18 AE 18.14.3

Vereinigte Staaten von Amerika
- Ausgaben der gemeinsamen Verteidigung Anh. 3

Vereinnahmung
- von abgetretenen Forderungen 13c H 13c (2)
- Zeitpunkt der Istversteuerung 13 AE 13.5

Vereinsgaststätte 12 AE 12.9.5

Verfahren
- automatisierte 22a H 22a (3)
- besonderes (Vergütung) 18; 18 59; 18 60; 18 61; 18 61a; 18 AE 18.10; 18 AE 18.11; 18 AE 18.12; 18 AE 18.13 AE 18.14 AE 18.15 AE 18.16
- Dauerfristverlängerung 18; 18 48; 18 AE 18.4
- Durchschnittssätze 23 AE 23.4
- vorübergehende Verwendung 4 H 4 (2)

Verfassungswidrigkeit
- bei Vollzugsdefizit Allg.

Verfrachter
- erleichterte Trennung der Bemessungsgrundlagen 22 H 22 (8)
- erleichterte Umsatzaufteilung 22 AE 22.6.18, 19

Verfügungsmacht
- Verschaffung der – 3 (1); 3 (7); 10

Vergnügungsteuer
- Einbeziehung in Bemessungsgrundlage 10 Rsp III

Vergünstigungen 18
- Umsatzsteuer (NATO-Truppenstatut) Anh. 4
- Vorsteuerbeträge 18 (9); 18 59; 18 60; 18 61; 18 61a

Vergütung
- an im Drittlandsgebiet ansässige Unternehmer 18 61a; 18 74a; 18 AE 18.11; 27 74a
- an im Gemeinschaftsgebiet ansässige Unternehmer 18 61; 18 74a; 27 74a
- Antragsverfahren 4a AE 4a.4
- bei Wiedereinfuhr von Gegenständen 4a AE 4a.5
- Nachweis 4a AE 4a.3
- s. auch Steuervergütung 4a
- s. auch Umsatzsteuervergütung 4a
- Umsatzsteuer 4a 24; 4a AE 4a.1; 4a AE 4a.2; 4a AE 4a.3
- Vorsteuerbeträge (besonderes Verfahren) 18; 18 59; 18 60; 18 61; 18 61a; 18 74a; 18 AE 18.10; 18 AE 18.11; 18 AE 18.12 AE 18.13 AE 18.14 AE 18.15 AE 18.16; 27 74a

Vergütungsanspruch 4a (2)

Vergütungsverfahren 18 (9); 18 61; 18 61a; 18 74a; 18 AE 18.13; 18 AE 18.14; 18 AE 18.15; 27 74a

Vergütungszeitraum 18; 18 60; 18 AE 18.12

Verjährung
- bei Rechnungsausstellung 14 AE 14.1
- des Zahlungsanspruchs der Umsatzsteuer 10 Rsp I

Verkauf einer Gewerbeimmobilie
- Änderung der Bemessungsgrundlage 17 Rsp III

Verkaufsagent 10 H 10 (9, 15)

Verkaufsentgelt 22 H 22 (3, 7)

Stichwortverzeichnis

Verkaufshilfen
- keine unentgeltliche Wertabgabe 3 AE 3.3

Verkaufskatalog
- keine unentgeltliche Wertabgabe 3 AE 3.3

Verkaufskommission 1a H 1a (4); 3 (3); 3 (11); 3 AE 3.15; Anh. 7

Verkaufskommissionär 3 (3)

Verkaufsstände
- Verzehr an Ort und Stelle 3 H 3 (27)

Verkaufstheken
- beim Verzehr an Ort und Stelle 3 AE 3.6

Verkaufstresen
- beim Verzehr an Ort und Stelle 3 AE 3.6
- Verzehr an Ort und Stelle 3 H 3 (27)

Verkaufswettbewerb 1 AE 1.1; 1 AE 1.8.19

Verkehr
- freier 1 (3)

Verkehrssicherungsleistungen
- Steuerschuldner 13b H 13b (2)

Verkehrszählung
- repräsentative 22 AE 22.6.17

Verlängerung der Erstattungsfrist
- Verstoß gegen Unionsrecht 15 Rsp I
- Vorsteuerabzug 15 Rsp I

Verlegeranteile
- ausgeschüttete 12 AE 12.7.15

Verlegung von Glasfaserkabeln
- Lieferung und Ort der Lieferung 3 Rsp I

Verlustabschlag
- erleichterte Trennung der Entgelte 22 AE 22.6.4

Vermehrung menschlicher von Gelenkknorpelzellen
- Ort der sonstigen Leistung 4 Rsp III
- Umsatzsteuerbefreiung(en) 4 Rsp III

Vermehrung von Knorpelzellen zur Reimplantation
- Umsatzsteuerbefreiung(en) 4 Rsp I

Vermessung
- einer Liegenschaft 2 H 2 (11)

Vermessungs- u. Katasterbehörde 2 AE 2.2.3; 2 AE 2.11.7

Vermessungsbehörde 2 AE 2.11.7

Vermessungsingenieur
- öffentlich bestellter 2 H 2 (11)

Vermietung
- an Gesellschafter 2 Rsp I
- Beförderungsmittel 3a AE 3a.1; 3a AE 3a.14; 3a H 3a (5, 11)
- Betriebsvorrichtungen 4; 4 AE 4.12.10
- eines Fertigcontainers 4 AE 4.12.1
- eines Tisches zum Drogenverkauf 1 Rsp I
- eines Wohnmobils 2 AE 2.3
- einheitliche 4 H 4 (22)
- Golfanlage 4 AE 4.12.6
- Kurzfristige 4 Rsp I
- kurzfristige 4 AE 4.12.9
- längerfristige 4 AE 4.12.9
- Leistungsort Anh. 7
- Nebenleistung 4 H 4 (28)
- Ort der Leistung 3a (3); 3a AE 3a.3; 3a H 3a (5, 11)
- Standplätze auf Wochenmärkte 4 H 4 (22)
- Steuerbefreiung 4 H 4 (22); Anh. 7
- steuerpflichtige 15 Rsp I
- Strom 4 H 4 (28)
- von Altenheimen 9 AE 9.2
- von Altenwohnheimen 9 AE 9.2
- von Beförderungsmitteln Anh. 7
- von Bürocontainern 4 AE 4.12.1
- von Campingflächen 4; 4 AE 4.12.3
- von Fahrzeugabstellplätzen 4 AE 4.12.1; 4 AE 4.12.2
- von Ferienwohnungen 9 AE 9.2.3
- von Freizeitgegenständen 2 AE 2.3
- von Grundstücken Allg.; 4; 4 AE 4.12.1; 9 AE 9.2.3; 9 Rsp I
- von Kegelbahnanlagen 4 AE 4.12.11
- von Maschinen 4
- von Parkflächen 4; 4 AE 4.12.2
- von Pflegeheimen 9 AE 9.2
- von Schießanlagen 4 AE 4.12.6
- von Schlafräumen an Studenten 12 AE 12.9
- von Sportanlagen 4 AE 4.12.6; 4 AE 4.12.11
- von Telekommunikationsanlagen 3a AE 3a.10; 3a H 3a (5)
- von Wasserfahrzeugen 8 (1)
- von Wohncontainern 4 AE 4.12.1
- von Wohnräumen Anh. 3
- von Wohnräumen an Studenten 12 AE 12.9

Vermietung beweglicher körperlicher Gegenstände
- Leistungsort Anh. 7

Vermietung von Bootsliegeplätzen
- Umsatzsteuerbefreiung(en) 4 Rsp I

Vermietung von Fernsehgeräten an Krankenhauspatienten
- Umsatzsteuerbefreiung(en) 4 Rsp I

Vermietung von Gegenständen
- Haftung für USt 13d; 27 (7)
- Ort der Leistung 3a (4)

Vermietung von Grundstücken
- Option 9 AE 9.1; 9 H 9 (1)
- Umsatzsteuerbefreiung(en) 4 Rsp I

Vermietung von Hochseeschiffen für Vergnügungsfahrten
- Umsatzsteuerbefreiung(en) 8 Rsp I

Vermietung von Seegebieten
- Umsatzsteuerbefreiung(en) 4 Rsp I

Vermietung von zu vorübergehenden Zwecken errichteten Gebäuden
- Umsatzsteuerbefreiung(en) 4 Rsp I

Vermietungsleistung 16 AE 16.2

Vermietungsumsätze 15 Rsp I
- Vorsteuerabzug 15 AE 15.12

Vermittlung 3a (3); 25 Rsp I
- Ausfuhr usw. 4; 4 AE 4.5.1
- Eigenhandel 3 AE 3.7
- Kredite 4 AE 4.8.1; 4 AE 4.8.2
- Reisebüro 4 AE 4.5.2
- steuerfreie 4
- von Gesellschaftsanteilen 4 AE 4.8.10
- von Kraftfahrzeugen 3 AE 3.7
- von Umsätzen mit Anlagegold Anh. 7
- von Wertpapieren 4 H 4 (20)

Vermittlung eines Kinderbetreuungsdienstes
- Umsatzsteuerbefreiung(en) 4 Rsp I

Stichwortverzeichnis

Vermittlung von Pferdewetten
- Umsatzsteuerbefreiung(en)   **4** Rsp I

Vermittlungsleistung   **4**; **4** AE 4.3.3; **4** AE 4.5.1; **5**; **25** AE 25.1.4
- Angaben in der Rechnung   **14a** AE 14a.1
- bei Gebrauchtwagen   **3** H 3 (3, 4)
- bei Reiseleistungen   Anh. 7
- durch Verkaufagent   **10** H 10 (9, 15)
- eines Reisebüros   **3** AE 3.7
- im Kraftfahrzeughandel   **3** H 3 (23)
- Leistungsort   **3a** H 3a (8)
- Ort   Anh. 7
- Ort der Leistung   **3a** AE 3a.2; **3a** AE 3a.7; **3a** H 3a (5, 11)
- Steuerbefreiung   **4** H 4 (25); Anh. 7
- steuerfreie   **4** AE 4.5.2
- von Personenbeförderungen im Luftverkehr   **4** H 4 (10); **10** H 10 (7)
- von Reisebüros   **4**; **4** AE 4.5.2

Vermittlungsleistung, steuerfreie
- Nachweis   **4** AE 4.5.3

Vermittlungsumsätze
- Ort der Leistung   **3a** Rsp I

Vermögensmassen   **22** *66a*; **23a**

Vermögensverwaltung   **3** AE 3.10; **3a** AE 3a.1; **3a** H 3a (5); **4** AE 4.8.9; **4** H 4 (9)
- Ort der Leistung   **3a** H 3a (2)
- Steuerbefreiung   **3a** H 3a (2)

Verpachtung
- Steuerbefreiung   Anh. 7
- von Grundstücken   **4**; **4** AE 4.12.1; Anh. 7
- von Maschinen   **4**
- von sonstigen Vorrichtungen   **4**

Verpachtung von Fischereirechten
- Umsatzsteuerbefreiung(en)   **4** Rsp I

Verpachtungsumsätze
- Durchschnittssatzbesteuerung   **24** Rsp I
- Jagdbezirk   **24** Rsp I
- Land- und Forstwirte   **24** Rsp I

Verpfändung   **13c** AE 13c.1
- rechtsgeschäftliche   **3** AE 3.1

Verpflegung
- als Reiseleistung   **25** AE 25.1.1

Verpflegung bei Seminaren
- Umsatzsteuerbefreiung(en)   **4** Rsp III

Verpflegung von Patientenbegleitpersonen
- Umsatzsteuerbefreiung(en)   **4** Rsp I

Verpflegungsdienstleistungen
- an Bord eines Flugzeugs   Anh. 7
- an Bord eines Schiffes   Anh. 7
- in der Eisenbahn   Anh. 7
- Leistungsort   Anh. 7

Verpflegungsleistung   **25** AE 25.1
- an Arbeitnehmer   **1** AE 1.8.13
- in Schulen   **3** AE 3.6

Verpflichtung
- Bücher zu führen, Abschlüsse zu machen   **20**

Versandbestätigung
- für Umsatzsteuerzwecke   **4**; **4** *10*; **6**; **6** AE 6.7; **6** AE 6.9.5

Versandhandel
- Kauf auf Probe   **13** AE 13.1
- Lieferort   **3c**

Versandhauskatalog
- keine unentgeltliche Wertabgabe   **3** AE 3.3

Versandschein   **4** AE 4.3.4

Versandverfahren   **4** H 4 (2)
- gemeinschaftliches   **4** AE 4.3.4

Verschaffung der Verfügungsmacht   **3** (1); **3** (7)
- bei rechtsgeschäftlicher Verpfändung   **3** AE 3.1

Verschmelzung
- von Kapitalgesellschaften   **1** AE 1.6.2

Versendung   **3** (6); **3** AE 3.4.8; **25b** (1)
- nach Grenzbahnhöfen   **6** AE 6.9.2
- nach Güterabfertigungsstellen   **6** AE 6.9.2
- Steuerschuldnerschaft des Leistungsempfängers   **13b** AE 13b.1
- unfreie   **13b**; **13b** *30a*; **13b** AE 13b.1

Versendungen, unfreie
- Steuerschuldner   **13b**; **13b** *30a*

Versendungslieferung(en)   **3** AE 3.12; **3c** AE 3c.1
- Angaben in der Rechnung   **14a** AE 14a.1
- Lieferort   **3c**
- Rechnungsausstellung   **14a** (2)

Versicherer   **4** Rsp I

Versicherungsleistung   **4**; **4** AE 4.10.1
- Abgrenzung nach Gemeinschaftsrecht   **4** Rsp I

Versicherungsmakler   **4**; **4** AE 4.11.1

Versicherungsprämiensteuer
- Gemeinschaftskonformität   **4** Rsp I
- Vereinigtes Königreich   **4** Rsp I

Versicherungsschutz
- Verschaffung von   **4**; **4** AE 4.10.2; **19** AE 19.3.2

Versicherungssteuer   Anh. 7
- kein Vorsteuerabzug   **15** Rsp III

Versicherungsumsätze
- Leistungsort   Anh. 7
- Umsatzsteuerbefreiung(en)   **4** Rsp I

Versicherungsvertreter   **4**
- Bestandspflegeleistungen   **4** AE 4.11.1
- Hilfsgeschäfte   **4** AE 4.11.1
- nachwirkende Vertragsbetreuung   **4** AE 4.11.1

Versicherungswirtschaft
- Differenzbesteuerung   **25a** H 25a (3)

Versorgung
- von Beförderungsmitteln   **6** AE 6.4
- von Kriegsschiffen   **8** AE 8.1
- von Luftfahrzeugen   **8** AE 8.2
- von Schiffen   **8** AE 8.1

Versorgungseinrichtungen
- Steuerbefreiung   **4** H 4 (40)
- Verwaltung   **4** H 4 (40)

Versorgungsleitungen
- Steuerschuldner   **13b** H 13b (2)

Versorgungslieferungen   **8** AE 8.1

Versorgungszentrum, medizinisches
- Steuerbefreiung   **4** H 4 (26)

Stichwortverzeichnis

Versteigerer 3 AE 3.7
Versteigerung
– Differenzbesteuerung   Anh. 7
Versteigerung, öffentliche
– Differenzbesteuerung   Anh. 7
Verstoß gegen Unionsrecht
– Glücksspielumsätze   4 Rsp III
– kein Erlass   4 Rsp III
– keine Durchbrechung der Bestandskraft   **Allg.**
– keine Nichtigkeit   4 Rsp III
– Mindestbemessungsgrundlage   10 Rsp I
– Schuldnerschaft des Leistungsempfängers   13b Rsp III
– Verlängerung der Erstattungsfrist   15 Rsp I
Verstoß gegen Zitiergebot
– keine Nichtigkeit des UStG   27b Rsp III
Verträge
– besonderer Art   4 AE 4.12.6
– gemischte   4 AE 4.12.5
– langfristige   12 H 12 (7); 29; 29 AE 29.1
Vertragsänderung
– spätere   17 AE 17.1
Vertragsbetreuung, nachwirkende
– von Versicherungsvertretern   4 AE 4.11.1
Vertrauensschutz
– bei rückwirkender Gesetzesänderung   9 Rsp I
– bei Steuerbefreiung für innergemeinschaftliche Lieferung   6a AE 6a.8; 6a H 6a (1, 3–5)
Vertretung, berufskonsularische
– Erstattung von Umsatzsteuer   Anh. 2
Vertretungsleistung
– durch Gesellschafter   2 H 2 (2, 4)
– eines Gesellschafters   1 AE 1.6; 2 AE 2.2
– eines Gesellschafters an die Gesellschaft   1 H 1 (20, 22, 25)
Vertrieb
– von Calling-Cards   1 H 1 (2)
Vervielfältigung
– von Werken der Literatur u. Tonkunst   12 AE 12.7
Verwahrung von Wertpapieren   4; 4 AE 4.8.9
Verwaltung
– von Investmentvermögen   4 H 4 (35)
– von Krediten   4
– von Vermögenswerten   1 AE 1.1
– von Wertpapieren   4; 4 AE 4.8.9
Verwaltungsakademien   4
Verwaltungsbehörden
– Zusammenarbeit   18d AE 18d.1; 27a (2)
Verweisungen
– auf die 1. EG-Richtlinie   Anh. 7
– auf die 6. EG-Richtlinie   Anh. 7
Verwendung
– befristete   1a AE 1a.2.12
– unternehmensfremde   4
– von Gegenständen   4 AE 4.28.1
– vorübergehende   1a AE 1a.2.10
Verwendung von Räumen
– als unentgeltliche Wertabgabe   3 AE 3.3
Verwendung, erstmalige
– bei Leerstand   15a AE 15a.2
– eines Wirtschaftsguts   15a AE 15a.2

– unentgeltliche Wertabgabe   15a AE 15a.2
Verwendung, vorübergehende
– innergemeinschaftlicher Erwerb   1a H 1a (3)
Verwendungsabsicht
– ausreichend für Option   9 AE 9.1
– bei Eingangsleistungen   15 AE 15.12
– bei Erwerb des Gegenstands   15 AE 15.12
Verwendungseigenverbrauch   1 AE 1.1; 10 AE 10.6; Anh. 7
– Bemessungsgrundlage   Anh. 7
– Gebäude   1 Rsp I
Verwendungsumsätze
– steuerfreie, steuerpflichtige   18 Rsp I
Verwertung
– Doppelumsatz   1 AE 1.2
– Dreifachumsatz   1 AE 1.2
– durch den Gerichtsvollzieher   1 AE 1.2
– durch Sicherungsgeber   1 AE 1.2
– im Konkurs   1 AE 1.2
– von Sicherungseigentum   1 AE 1.2
– von Sicherungsgut   1 AE 1.2
– von Warenanforderungen   1 AE 1.2
Verzehr an Ort und Stelle   1 AE 1.11; 3 H 3 (11, 13, 25)
– an Bord eines Seeschiffs   4 AE 4.6.2
– Catering   3 H 3 (27)
– Definition   3 AE 3.6
– im Gartenlokal   3 AE 3.6
– im Geschäftslokal   3 AE 3.6
– im Haushalt des Unternehmers   3 AE 3.6
– in Kantinen   3 AE 3.6
– in Multiplexkinos   3 AE 3.6
– Leistungsort   3 AE 3.6
– Partyservice   3 H 3 (27)
– Schulspeisung   3 H 3 (27)
– sonstige Leistung   3 (9)
– Speisen eines Imbisswagens   3 Rsp III
– Speisen und Getränke   3 H 3 (31)
– Steuersatz   3 AE 3.6
– Verzehrabgabe im Kino   3 Rsp III
– Verzehreinrichtungen   3 AE 3.6
– Verzehrvorrichtungen   3 AE 3.6
– von Arbeitnehmern   3 AE 3.6
– Vorrichtungen   3 AE 3.6
Verzehreinrichtung   3 H 3 (27)
– beim Verzehr an Ort und Stelle   3 AE 3.6; 3 H 3 (27)
Verzehrvorrichtungen
– beim Verzehr an Ort und Stelle   3 AE 3.6
Verzeichnis
– der Goldmünzen   25c H 25c (1, 3–10)
– der Länder, Gegenseitigkeit   26 AE 26.4; 26 AE 26.5; 26 H 26 (1–5)
Verzicht
– auf Differenzbesteuerung   25a (8)
– auf Umsatzsteuerbefreiung   9 AE 9.1
– auf Umsatzsteuererhebung   18 (7); 18 49; 19 AE 19.1
Verzicht auf Anwendungen des § 19 Abs. 1   19 (2); 19 AE 19.2
Verzicht auf Durchschnittsbesteuerung   24 (4)
Verzicht auf Steuerbefreiung   9 AE 9.1
Verzicht auf Steuererhebung   18; 18 49; 19 AE 19.1
Verzichtsleistung
– steuerbarer Umsatz   1 Rsp III

1047

Stichwortverzeichnis

Verzugszinsen 1 AE 1.3
Video-Kassetten 12 AE 12.6
Videofonie 3a AE 3a.12; 3a H 3a (5)
Vieh
– Aufzucht u. Halten 12 (2)
Viehhaltung 12 (2)
Viehzucht 12 (2); 12 AE 12.2
VIP-Logen
– Überlassung als unentgeltliche Wertabgaben 3 H 3 (20)
Vogeleier Anl. 2
Volksfest 12 (2); 12 *30*
– Steuersatz für Veranstalterleistungen 12 H 12 (1)
Volkshochschule 4; 4 AE 4.22.1
– Leistungen von Privatlehrern 4 H 4 (11)
Vollblutkonserve 4 AE 4.17.1
Vollmacht
– des ausländischen Unternehmers 22a (3)
– Fiskalvertreter 22a H 22a (1)
Vollstreckungsgläubiger
– als Unternehmer 13c AE 13c.1
Vollstreckungswesen
– Umsatzsteuerbefreiung(en) 4 Rsp III
Vollzugsdefizit
– Besteuerung von Prostituierten 22 Rsp III
– Verfassungswidrigkeit der materiell-rechtlichen Norm Allg.
Voranmeldung(en) 18 (2); 18 (6); 18 *46*; 18 *47*; 18 *48*; 18 AE 18.1; 18 AE 18.2; 18 AE 18.3 AE 18.4 AE 18.5 AE 18.6 AE 18.7
– s. auch Umsatzsteuer-Voranmeldung(en) 18 (1)
Voranmeldungsverfahren 18 (1); 18 (2); 18 (6); 18 *46*; 18 *47*; 18 *48*
– abweichende Vordrucke 18 AE 18.3
Voranmeldungszeitraum 13 (1); 18 (1); 18 AE 18.2; 18 AE 18.4.3; 18 AE 18.5
– bei Unternehmensgründern 18 (2)
– beim Leistungsempfänger als Steuerschuldner 18
Vorauszahlung(en) 13 AE 13.4; 18 (1); 18 (2); 18 (4); 18 (6); 18 AE 18.3; 18 AE 18.4
– Entstehung der Umsatzsteuer 13 Rsp I
– Rechnungserteilung 14 AE 14.8
Vorauszahlungsverfahren 18 AE 18.4
– abweichende Vordrucke 18 AE 18.3
Vorbehaltsnießbrauch
– bei Grundstücksübertragung 3 H 3 (16)
Vorbereitungshandlung 2 AE 2.3; 2 AE 2.6
Vordruck 18 (1); 18 (3); 18 AE 18.3
– bundeseinheitlicher für die Umsatzsteuer-Sonderprüfung 18 H 18 (5, 38)
– im Umsatzsteuer-Voranmeldungsverfahren für 2008 18 H 18 (17)
– im Umsatzsteuer-Voranmeldungsverfahren für 2009 18 H 18 (19)
– im Umsatzsteuer-Voranmeldungsverfahren für 2010 18 H 18 (23, 26)
– im Umsatzsteuer-Voranmeldungsverfahren für 2011 18 H 18 (33, 39)
– im Umsatzsteuer-Voranmeldungsverfahren für 2012 18 H 18 (41)
– zusammenfassende Meldungen 18a AE 18a.1; 18a AE 18a.2; 18a AE 18a.3; 18a AE 18a.4; 18a AE 18a.5
Vordrucke, abweichende
– Umsatzsteuer-Voranmeldungs- u. -Vorauszahlungsverfahren 18 AE 18.3
– Zulassung abweichender Vordrucke 18 H 18 (14)
Vordruckmuster
– ATLAS-Ausfuhr 6 H 6 (9, 10)
– Befreiungsbescheinigung zur Führung des Umsatzsteuerhefts 22 H 22 (1, 6)
– für Ausfuhrlieferung 6 H 6 (1)
– für innergemeinschaftliche Lieferung 6 H 6 (1)
– nichtkommerzieller Reiseverkehr 6 H 6 (3, 4)
Vordruckmuster, redaktionell geändertes
– Umsatzsteuerheft 22 H 22 (2, 5)
Vorführwaren
– innergemeinschaftliches Verbringen 1a AE 1a.2
Vorgründungsgesellschaft
– Vorsteuerabzug 2 Rsp I
Vorlauf
– zu Güterbeförderung 3b AE 3b.4
Vorratshaltung 2 (3)
Vorrichtungen
– orthopädische Anl. 2
– zum Verzehr an Ort und Stelle 3 AE 3.6
Vorrichtungen, andere
– zur mechanischen Fortbewegung Anl. 2
Vorschaltgesellschaften 1 AE 1.1
Vorschaltung
– von Ehegatten 1 AE 1.1
– von Gesellschaften 1 AE 1.1
Vorschriften
– straf- u. bußgeldrechtliche 26a
Vorsorgeeinrichtungen 4 AE 4.14.5
– Steuerbefreiung 4 H 4 (26)
Vorstandsmitglied
– kassenärztliche Vereinigung 2 AE 2.3
Vorsteuer 21 (3)
– abziehen 25b AE 25b.1.5
– Einfuhrumsatzsteuer 17 AE 17.2.3
– Erstattung Anh. 3
Vorsteuer-Durchschnittssatz 22 *66a*; 22 AE 22.2.10; 23 AE 23.1; 23 AE 23.2; 23 AE 23.3; 23 AE 23.4
– Körperschaften, Personenvereinigungen u. Vermögensmassen 23
Vorsteuer-Vergütung
– Abgabe des Antrags 18g
– Antrag für anderen Mitgliedstaat 18g
Vorsteuer-Vergütungsverfahren
– ab 1. 1. 2010 18 H 18 (25)
– ab 2010 27 (14)
– Abgabe von Anträgen für 2009 18 H 18 (31)
– Gegenseitigkeit 18 H 18 (20, 21, 29)
– im Drittland 18 H 18 (28)
– in einem anderen Mitgliedstaat 18g AE 18g.1
– Verfahren für im Inland ansässige Unternehmer 18g AE 18g.1
– Vordruckmuster für den Nachweis der Eintragung als Steuerpflichtiger 18 H 18 (27)

Stichwortverzeichnis

Vorsteuerabzug 15a; 16 (2); 17 (1); 17 (2); 19 (1); 21 (4); 22 (3); 25 (4)
- Abschaffung des Aufschubs 15 Rsp I
- Abzugsverfahren 15 AE 15.2.9; 18 (9)
- Anfertigung und Reparatur von Zahnersatz 4 Rsp I
- Angabe des Entgelts 15 AE 15.11
- Anwendungsregelung 27 (16)
- Aufteilung 15 43; 15 AE 15.9.4; 15 AE 15.16; 15 AE 15.17; 15 AE 15.18
- Aufteilung bei Gemeinschaft 15 H 15 (14)
- Aufteilung der Vorsteuer 15 Rsp I
- Aufteilungsmaßstab 15 Rsp III
- Aufzeichnungspflichten 15 AE 15.11
- aus Aktienveräußerung 15 Rsp I
- aus Aufwendungen für den Betriebsausflug 15 Rsp III
- aus Ausgabe stiller Beteiligung 15 Rsp I
- aus Begebung von Inhaberschuldverschreibungen 15 Rsp III
- aus Billigkeitsgründen 15 H 15 (18); 15 Rsp III
- aus gemischt genutztem Gebäude 15 Rsp III
- aus häuslichem Arbeitszimmer 15 Rsp I
- aus innergemeinschaftlichem Erwerb 15 Rsp I
- aus Kfz-Hauptuntersuchung 15 Rsp III
- aus Kostenerstattung 15 Rsp I
- aus Kraftstofflieferungen an Arbeitnehmer 15 Rsp I
- aus Lieferungen in sog. „Karussellen" 15 Rsp III
- aus Marktplatzsanierung 2 Rsp III
- aus Rechnungen an Gesellschafter 15 Rsp III
- aus Vorgründungskosten 15 Rsp I
- Ausgabe von Aktien 1 Rsp I
- Ausgabe von Gesellschaftsanteilen 15 AE 15.21
- ausreichende Zweitschrift einer Rechnung 15 AE 15.11
- ausreichende Zweitschrift eines Einfuhrbelegs 15 AE 15.11
- Ausschluss 15 (2); 15 AE 15.1; 15 AE 15.2; 15 AE 15.9.3; 15 AE 15.12; 15 AE 15.13; 15 AE 15.15; 15 Rsp I
- Ausschluss bei Differenzbesteuerung Anh. 7
- Ausschluss für Kleinunternehmer Anh. 7
- Ausschluss für Land- und Forstwirte Anh. 7
- außerunternehmerische Zwecke 15 Rsp I
- Begrenzung der 1 %-Regelung 15 H 15 (7)
- bei Anwendung des Abzugsverfahrens 15 39a
- bei Arbeitnehmerbeköstigung 15 AE 15.2.23
- bei Arbeitnehmerüberlassung 15 AE 15.2.18
- bei Auslagerung aus einem Umsatzsteuerlager 4 H 4 (2)
- bei Betriebs-Pkw 15 H 15 (7)
- bei Bewirtung von Geschäftsfreunden 15 AE 15.2.17
- bei Bewirtungskosten 15 AE 15.2 (2, 5)
- bei Dienstreisen 15; 15 AE 15.5
- bei Differenzbesteuerung Anh. 7
- bei doppelter Haushaltsführung 15 AE 15.6
- bei Ehegatten 15 AE 15.2.22
- bei Einbeziehung in „Umsatzsteuerkarussell" 15 Rsp III
- bei Einbeziehung in betrügerische Handlung 15 Rsp III
- bei Einfuhren 15; 15 AE 15.8; 15 AE 15.9
- bei Errichtung eines Dachgeschosses 15 Rsp III
- bei Fahrausweisen 15; 15 AE 15.5
- bei Fahrten zur Betriebsstätte 15 AE 15.6
- bei Fahrzeugen 15 H 15 (3)
- bei Familienheimfahrten 15 AE 15.6
- bei Forschungsbetrieben 16 AE 16.2
- bei Garantieleistungen 15 AE 15.2
- bei Gebäudeherstellung 15 AE 15.16
- bei gemeinnütziger Forschungseinrichtung 15 Rsp III
- bei gemeinschaftlicher Auftragserteilung 15 AE 15.2.22; 15 H 15 (14)
- bei gemeinschaftlicher Auftragserteilung durch mehrere Personen 15 H 15 (11)
- bei gemischt genutzten Gegenständen 15 AE 15.2
- bei gemischt genutzten Grundstücken 15 AE 15.6a; 15 H 15 (16, 19)
- bei gemischt-genutzten Fahrzeugen 15 AE 15.2.22; 15 H 15 (3)
- bei gemischt-genutzten Gebäuden 15 H 15 (13)
- bei gemischt-genutzten Gegenständen Anh. 7
- bei gemischt-genutzten Grundstücken 27 (16)
- bei Geschenken 15 AE 15.6
- bei Gesellschaft/Gesellschafter 15 AE 15.20
- bei gesonderter Inrechnungstellung 15 AE 15.2
- bei Grundstücken Anh. 7
- bei Innenumsatz 15 AE 15.2.14
- bei innergemeinschaftlichem Dreiecksgeschäft 15 AE 15.10
- bei innergemeinschaftlichen Güterbeförderungen 15 AE 15.7
- bei Installation einer Photovoltaikanlage 15 Rsp III
- bei juristischen Personen des öffentlichen Rechts 15 AE 15.19
- bei Kfz-Leasingunternehmen 15 Rsp I
- bei Kleinbeträgen 15 AE 15.4
- bei Leistungen an Gesellschafter 15 H 15 (4)
- bei Lieferung eines neuen Fahrzeugs durch Nichtunternehmer Anh. 7
- bei nachträglicher Eintragung als Steuerpflichtiger 15 Rsp I
- bei Option 15 Rsp I
- bei Ordergeschäften 15
- bei ordnungsgemäßer Rechnung 15 AE 15.2
- bei Photovoltaikanlagen 15 H 15 (15)
- bei privater PKW-Verwendung 15 Rsp III
- bei Rechnungen über Kleinbeträge 15 AE 15.4
- bei Rechnungen von pauschalierenden Land- und Forstwirten Anh. 7
- bei Reisekosten 15; 15 AE 15.5
- bei Reiseleistungen 15 AE 15.2
- bei Repräsentationsaufwendungen 15 AE 15.6
- bei Scheitern der beabsichtigten Tätigkeit 15 Rsp I
- bei Spielhalle 15 Rsp III
- bei Steuerbetrug 15 Rsp I
- bei steuerfreien Goldumsätzen 15 AE 15.13
- bei steuerfreien Lieferungen im Umsatzsteuerlager 15 AE 15.13
- bei Steuerhinterziehung 15 Rsp I
- bei Steuerschuld des Leistungsempfängers 15 AE 15.1; 15 AE 15.10
- bei Steuerschuldnerschaft des Leistungsempfängers 15 Rsp I
- bei Steuerumgehung 15 Rsp I
- bei Strohmanngeschäft 15 AE 15.2
- bei subventionierten Gütern 15 Rsp I
- bei Teilleistungen 15 AE 15.2
- bei Telekommunikationsdienstleistungen 15 Rsp I
- bei Überlassung von Gegenständen durch Gesellschafter an die Gesellschaft 15 AE 15.20
- bei Übertragung eines Rechts an einer gemeinsamen Erfindung 15 Rsp I
- bei Umsätzen im Freihafen 15 AE 15.8
- bei Umsätzen von Anlagegold Anh. 7
- bei Umzugskosten 15
- bei unentgeltlicher Wertabgabe 3 AE 3.2
- bei unfreien Versendungen 15; 15 AE 15 40; 15 AE 15.7

1049

Stichwortverzeichnis

- bei Ungenauigkeiten in der Rechnung   15 AE 15.2.4
- bei unrichtigem Steuerausweis   14c AE 14c.1
- bei unzutreffenden Rechnungsangaben   15 Rsp III
- bei unzutreffender Angabe der Steuernummer   15 Rsp III
- bei Vereinen   16 AE 16.2
- bei Vermessungs- u. Katasterbehörden   2 AE 2.11
- bei Vermietung an Miteigentümer   15 Rsp III
- bei Vermietungsumsätzen   15 AE 15.12
- bei Vorausrechnung(en)   12 H 12 (7)
- bei Widerspruch des Gutschriftsempfängers   15 AE 15.2.13
- bei Zahlung vor Empfang der Leistung   15 AE 15.3
- bei Zahlungen in Steuerparadies   15 Rsp I
- bei Zuordnung zum Unternehmen   15 AE 15.2
- bei Zuwendung von Erschließungsanlagen   15 Rsp I
- bei Zwischenschaltung von Unternehmern   15 Rsp I
- beim innergemeinschaftlichen Erwerb   15 H 15 (20); 15 Rsp III; Anh. 7
- beim innergemeinschaftlichen Leasing   15 Rsp I
- beim steuerfreien Beteiligungsverkauf   15 Rsp III
- beim Steuerschuldner als Leistungsempfänger   15 (1)
- berechtigter Personenkreis   15 AE 15.1
- Berechtigung   15 AE 15.1
- Berechtigung des Abzugs der Einfuhrumsatzsteuer   15 AE 15.8; 15 AE 15.9
- Berichtigung   15a H 15a (3, 4, 6, 7); 17 AE 17.2.3; Anh. 7
- Berichtigung, Änderung der Bemessungsgrundlage   17 AE 17.1
- Berichtigung, Änderung der Verhältnisse   15a AE 15a.2
- Berichtigung, Anwendungsgrundsätze   15a AE 15a.1
- Berichtigung, Aufzeichnungen   15a AE 15a.12
- Berichtigung, Steuerabzugsbetrag   19 AE 19.5.9
- Berichtigung, Vereinfachungen   15a AE 15a.11
- Berichtigungsverfahren   15a AE 15a.4; 15a AE 15a.5
- Berichtigungszeitraum   15a AE 15a.3
- Besteuerung des Umfangs   26 (1)
- Bewirtungskosten   15 AE 15.6
- Billigkeitsgründe   15 AE 15.11
- des Fahrzeuglieferers   15
- des Leistungsempfängers   13b AE 13b.1
- Dieselkraftstoff   Allg.
- durch Vorsteuerpauschalierung   23 (1); 23 AE 23.1; 23 AE 23.2; 23 AE 23.3; 23 AE 23.4; 24 (1)
- einer Holdinggesellschaft   2 Rsp I
- einer Vorgründungsgesellschaft   2 Rsp I
- Einfuhrumsatzsteuer   4 H 4 (2); 15 H 15 (9)
- Einschränkungen   Anh. 7
- Entstehung   Anh. 7
- Erleichterungen   15
- Fahrzeuge   Allg.
- Fahrzeugleasing   15 H 15 (3)
- Fahrzeugmiete   15 H 15 (3)
- Flächenschlüssel   15 Rsp III
- für Erwerb eines Flugzeugs durch Ehefrau   15 AE 15.2.17
- für Fahrzeuge   15 AE 15.2
- für Freizeitgegenstände   15 AE 15.2.17
- für geschuldete Steuer   15 AE 15.2
- für im Ausland ansässige Unternehmer   Anh. 7
- für Rechtsnachfolger   15 Rsp III
- für Reisekosten   15 AE 15.2
- für Spazier- u. Wanderwege einer Gemeinde   15 AE 15.19
- für Übernachtungskosten   15 AE 15.2
- für Umzugskosten   15 AE 15.2

- für unzutreffende Steuer   15 AE 15.2
- für Verpflegungskosten   15 AE 15.2
- für Vorgründungsgesellschaft   15 AE 15.2.17
- Gebäude   1 Rsp I
- gemischt genutzte Gebäude   15 Rsp III
- gemischt genutzter Pkw   15 Rsp I
- Geschäftsveräußerung im Ganzen   1 Rsp I
- Halten von Gesellschaftsanteilen   15 AE 15.22
- Holdinggesellschaft   Allg.; 15 Rsp I
- im Billigkeitsweg   15 AE 15.11
- im MwSt-System   Allg.
- im Reihengeschäft   15 AE 15.8
- im Umsatzsteuerkarussell   15 Rsp I
- im Zusammenhang mit dem Halten von Beteiligungen   15 H 15 (12)
- im Zusammenhang mit der Ausgabe von Gesellschaftsanteilen   15 H 15 (10)
- im Zusammenhang mit unentgeltlichen Leistungen   15 H 15 (6, 8)
- kein – bei steuerfreien Umsätzen   15 AE 15.13
- Leistungsbeschreibung   14 Rsp III
- nach Aufgabe des Geschäftsbetriebs   2 Rsp I
- nach Durchschnittssätzen   15 AE 15.1; 23 (1)
- Nachweis   15 AE 15.11
- Nennung in Rechnung   15 AE 15.2
- nicht ohne Angabe des Entgelts in der Rechnung   15 AE 15.11
- Nichtgewährung als sachliche Härte   15 AE 15.11
- ohne Steuerausweis   15 AE 15.10
- Pro-rata-Satz   15 Rsp I; Anh. 7
- Rechnung   Anh. 7
- Rechnungen vor dem 30. 6. 2004   15 H 15 (1)
- Rechnungsinhalt   15 H 15 (1)
- Recht   9 Rsp I; 15 Rsp I
- Repräsentationsaufwand   15 H 15 (17)
- Rundungsregelung   15 Rsp I
- Schätzung   15 AE 15.11
- Steuer für den innergemeinschaftlichen Erwerb   15 AE 15.1
- Übergangsregelung   15 H 15 (1); Anh. 7
- Überprüfung der Rechnungsangaben   15 AE 15.2
- Umfang   Anh. 7
- Umsatzschlüssel   15 Rsp III
- Umsatzsteuererhöhung   12 H 12 (7)
- ungewisse Höhe   15 AE 15.12
- unternehmensfremde Zwecke   15 Rsp I
- Vereinfachungen   15a AE 15a.11
- Verlängerung der Erstattungsfrist   15 Rsp I
- Versagung bei unrichtigen Rechnungen   15 AE 15.2
- Verwendungsabsicht   15 AE 15.12
- von Einfuhrumsatzsteuer   15 AE 15.8; 15 AE 15.9
- Voraussetzungen   15 AE 15.1; 15 AE 15.2; 15 AE 15.11; 15 Rsp I; Anh. 7
- Vorlage der Originalrechnung   15 AE 15.11
- Vorlage des Bescheids über Einfuhrabgaben   15 AE 15.11
- Vornahme   Anh. 7
- Wechsel der Besteuerungsform   24 H 24 (3)
- Zahlungen vor Leistungsempfang   15 AE 15.3
- Zeitpunkt der Zuordnungsentscheidung   15 Rsp III
- Zeitpunkt   15 AE 15.1; 15 AE 15.2.5; 15 Rsp I
- zu hoch ausgewiesener Steuerbetrag   15 AE 15.2
- Zuordnung eines Gegenstands zum Unternehmen   15 AE 15.2.21
- Zuordnung eines gemischt-genutzten Gebäudes   15 Rsp III
- Zuordnung zum Unternehmen   1 Rsp I
- Zustimmung der Finanzverwaltung bei Option   9 Rsp I

Stichwortverzeichnis

Vorsteuerabzug, Berichtigung
- Aufzeichnungspflichten 22 AE 22.3

Vorsteuerabzug, eingeschränkter
- bei Fahrzeugen 15 H 15 (3)

Vorsteuerabzug, unzutreffender
- Berichtigung 15a AE 15a.4; 15a AE 15a.5

Vorsteueraufteilung 15 43; 15 AE 15.9.4
- bei gemischt-genutzten Gebäuden 15 H 15 (13)
- Erleichterungen 15 AE 15.18
- Ertragswert zu Verkehrswert 15 AE 15.17
- nach Kostenzurechnung 15 AE 15.17
- nach Kostenzurechnungsgesichtspunkten 15 AE 15.12; 15 AE 15.16
- Umsatzschlüssel 15 AE 15.17
- Zuordnung von Wirtschaftsgütern 15 AE 15.17

Vorsteuerausschluss 15 (2); 15 AE 15.9.3; 15 AE 15.12; 15 AE 15.13; 15 AE 15.15
- Ausdehnung 15 Rsp I
- bei Abrechnung durch Vermittler 15 AE 15.2.15
- bei Differenzbesteuerung 15 AE 15.2
- bei falscher Angabe in der Rechnung 15 Rsp I
- bei Rechnung eines nicht registrierten Unternehmers 15 Rsp I
- bei unberechtigtem Steuerausweis 15 AE 15.2
- bei unrichtigem Steuerausweis 15 AE 15.2
- bei Verstoß der Verwendung einer Registrierkasse 15 Rsp I
- Beibehaltung 15 Rsp I
- Gemeinschaftsrechtswidrigkeit 15 Rsp I
- Rückwirkung des nationalen Gesetzes 15 Rsp I

Vorsteuerberichtigung 15a H 15a (3); 17 AE 17.1
- bei Aufhebung des Optionsrechts 9 Rsp I
- bei Bestandteilen 15a H 15a (4)
- bei sonstigen Leistungen 15a H 15a (4)
- bei Übergang von der Regel- zur Durchschnittssatzbesteuerung 15a Rsp III
- Berichtigungszeitraum für Betriebsvorrichtungen 15a Rsp III
- für Rechtsnachfolger 15 Rsp III
- gegenüber einem Zwangsverwalter 15a Rsp III
- Vereinfachungen 15a; 15a 44; 15a 45; 15a AE 15a.11
- Vorsteuerberichtigungsanspruchs Masseverbindlichkeit 15a Rsp III

Vorsteuerbeträge 17 (1); 23 (1); 24 (1); 25 (4)
- abziehbare 16 (6)
- Abzug 15; 15a; 16 (2)
- Aufteilung 15 AE 15.2
- Berücksichtigung 16; 18; 18 62
- Vergütung 18 (9); 18 59; 18 60; 18 61; 18 61a; 18 74a; 18 AE 18.10; 18 AE 18.11; 18 AE 18.12 AE 18.13 AE 18.14 AE 18.15 AE 18.16; 27 74a
- Zuordnung 15 AE 15.16

Vorsteuererstattung(en) Anh. 4
- an die EZB Allg.
- in anderen EG-Mitgliedstaaten Allg.
- in Ungarn Allg.
- nach EU-Privilegienprotokoll Allg.

Vorsteuererstattungsbetrag
- Berechnung 18 Rsp I

Vorsteuern
- abziehbare 15 AE 15.1; 15 AE 15.2; 15 AE 15.10; 15a
- Aufteilung 15 AE 15.16; 15 AE 15.17; 15 AE 15.18
- Aufteilung, Aufzeichnung 22 (3); 22 AE 22.4

- bei Verpflegungsmehraufwendungen 15 AE 15.5
- Erleichterungen bei der Aufteilung 15 AE 15.18

Vorsteuerpauschalierung 23
- Berichtigung des Vorsteuerabzugs 15a AE 15a.9

Vorsteuerrückerstattung 17 AE 17.1

Vorsteuerüberschuss
- Auszahlung 15 Rsp I
- Sollbesteuerung 15 Rsp I
- Verlängerung der Erstattungsfrist 15 Rsp I
- Verstoß gegen Unionsrecht 15 Rsp I

Vorsteuervergütung
- Abgrenzung Regel- und Vergütungsverfahren 18 Rsp III

Vorsteuervergütung(en) in besonderem Verfahren 18 (9); 18 59; 18 60; 18 61; 18 62; 18 AE 18.10; 18 AE 18.11; 18 AE 18.12; 18 AE 18.13 AE 18.14 AE 18.15 AE 18.16
- an im Drittlandsgebiet ansässige Unternehmer 18 61a; 18 74a; 27 74a
- an im Gemeinschaftsgebiet ansässige Unternehmer 18 74a; 27 74a

Vorsteuervergütungsanspruch
- Aufrechnung 16 Rsp III
- Verrechnung mit Insolvenzforderung 16 Rsp III

Vorsteuervergütungsverfahren 18 59; 18 60; 18 61; 18 61a; 18 62; 18 74a; 22a H 22a (2); 27 74a
- Anerkennung von Ersatzdokumenten 18 Rsp I
- ausgeschlossene Beträge 18 (9); 18 AE 18.11.5
- Ausschluss für Drittlandsunternehmer 18 Rsp I
- Begriff „Unterschrift" 18 Rsp I
- Feststellung des Sitzes der wirtschaftlichen Tätigkeit 18 Rsp I
- Gegenseitigkeit 18 AE 18.11.4; 18 H 18 (10)
- Gegenseitigkeitserfordernis und Meistbegünstigungsklausel des GATS 18 Rsp I
- keine eigenhändige Unterschrift 18 Rsp III
- Müllbeseitigung Allg.
- normales Besteuerungsverfahren 18 AE 18.15; 18 H 18 (37)
- rechtsgrundlos gezahlte Steuer 18 Rsp I
- Unternehmer 18 AE 18.11.4
- Unternehmerbescheinigung 18 AE 18.16
- Verfahren 18 AE 18.13; 18 AE 18.14; 18 AE 18.15; 18 H 18 (37)
- Vorsteuerbeträge 18 AE 18.10
- Zeitraum 18 AE 18.12

Vorträge
- Steuerbefreiung 4; 4 AE 4.22.1
- Steuersatz 12 AE 12.7.13

Vortragstätigkeit
- keine heilberufliche Tätigkeit 4 AE 4.14.6

Voucher 4 AE 4.5.3

W

Wahrnehmung von Rechten nach dem Urheberrechtsgesetz 12 (2)

Währung
- fremde 16 AE 16.4

Währung, fremde
- Umrechnung 16 (6); 16 AE 16.4

1051

Stichwortverzeichnis

Waldarbeiten 3 AE 3.5
Wallach
- als Zuchttiere 12 AE 12.3

Wanderschäferei 24 (2)
Wandkarte Anl. 2
Ware
- andere tierischen Ursprungs Anl. 2
- verbrauchsteuerpflichtige **1a (5)**

Waren-Anfangsbestand 22 AE 22.6
Warenautomaten 3 AE 3.7
Warenbezüge
- Belohnungen für – 10 AE 10.3

Wareneingang 22 63.4; 22 AE 22.6.3–7, 9–16
Wareneingangsbuch 22 AE 22.6.9–11, 14; 22 H 22 (3, 7)
Wareneinkaufskonto 22 AE 22.6.9, 11; 22 H 22 (3, 7)
Warengutschein
- Minderung der Bemessungsgrundlage 10 AE 10.3

Warenkreditversicherung 1 AE 1.3
Warenlieferung, innergemeinschaftliche **18a**; 22 AE 22.3
Warenmuster 3 H 3 (35)
- als unentgeltliche Zuwendungen 3 AE 3.3
- Begriff **3** Rsp I
- innergemeinschaftliches Verbringen 1a AE 1a.2
- unentgeltliche Wertabgabe 3 Rsp I

Warenterminbörse 4 H 4 (15)
Warentermingeschäfte
- Steuerbefreiung 4 H 4 (15)

Warenumschließung
- Pfandgeld 10 AE 10.1.8

Warenumschließungen
- Einbeziehung in die Bemessungsgrundlage Anh. 7

Warenzeichenrecht 3a AE 3a.9; 3a H 3a (5)
Wärme Anh. 7
- Lieferung von – **4**
- Ort Anh. 7

Wärmelieferung 12 H 12 (7)
- durch Wohnungseigentümergemeinschaften **4**

Wartungsarbeiten
- Leistungsempfänger als Steuerschuldner 13b H 13b (3)

Wartungsleistung 3a AE 3a.6; 3a H 3a (5)
- Steuerschuldner 13b AE 13b.1; 13b H 13b (1, 2)

Wasser Anl. 2
Wasserdampf Anl. 2
Wasserfahrzeug **1b**
- Steuerbefreiung **8 (1)**

Wasserlieferungen Anl. 2
- Steuerschuldner 13b AE 13b.1; 13b H 13b (1, 2)

Wasserliegeplatz 3a AE 3a.3; 3a H 3a (5)
Wassersport-Lehrgang 1 AE 1.11
Wassersportfahrzeuge 1 AE 1.11
Wassertiere
- andere wirbellose Anl. 2

Wassertiere, andere wirbellose
- Zubereitungen Anl. 2

Wasserversorgungsunternehmen
- kommunale 1 H 1 (37)

Wasserversorgungsunternehmer 1 H 1 (26)
Web-Rundfunk 3a AE 3a.12; 3a H 3a (5)
Webpage 3a AE 3a.12; 3a H 3a (5)
Website 3a AE 3a.12; 3a H 3a (5)
Wechsel
- Besteuerungsform 19 AE 19.5

Wechsel der Besteuerungsform
- Steuerentstehung 13 AE 13.6
- Vorsteuerabzug 24 H 24 (3)

Wechseldiskont 10 AE 10.3
Wechselstuben
- Umsätze aus Sortengeschäften 3 H 3 (36)

Wechselvorzinsen 10 AE 10.3
Wegebau
- Steuerschuldner 13b H 13b (2)

Weichkautschuk
- Abfall Anl. 3
- Bruch Anl. 3
- Schnitzel Anl. 3

Weichtier Anl. 2
- Zubereitungen Anl. 2

Weichwährungstickets 4 AE 4.5.3
Weinbau 24 (2)
Weiterbildungsmaßnahme 4 AE 4.21.2
Wellnessleistungen 4 H 4 (49)
Werbegemeinschaft
- Leistungen Gesellschafter 1 AE 1.4

Werbeleistungen
- Berichtigung des Vorsteuerabzugs 15a AE 15a.7
- Leistungsort Anh. 7
- Ort der Leistung 3a Rsp I

Werbemaßnahme
- Ausgabe von Gutscheinen 17 AE 17.2
- Minderung der Bemessungsgrundlage 10 AE 10.3

Werbematerial
- innergemeinschaftliches Verbringen 1a AE 1a.2
- keine unentgeltliche Wertabgabe 3 AE 3.3

Werbemobile
- Überlassung 3 H 3 (26)

Werbeprospekt
- keine unentgeltliche Wertabgabe 3 AE 3.3

Werbung
- Ort der Leistung 3a (4); 3a AE 3a.9; 3a H 3a (5)

Werbungsmittler 3a H 3a (5)
Werkdienstwohnung 1 AE 1.8
- Errichtung 4 AE 4.12.1

Werke bildender Künstler
- Folgerecht 12 AE 12.7.16

Werke der Literatur u. Tonkunst 12 AE 12.7
Werkleistung(en) 3 (10); 3 AE 3.8; 3a (3); 3a AE 3a.9; 3a H 3a (5); **4**; **12**
- Materialabfall 10 AE 10.5
- Steuersatz Anh. 7

Werklieferung(en) 3 (4); 3 AE 3.8; 3 AE 3.9
- dressiertes und trainiertes Pferd 3 Rsp I

Stichwortverzeichnis

- grenzüberschreitende **3** AE 3.12
- steuerpflichtige **22a** H 22a (2)

Werklohn **3** (10)

Werkstätten
- für behinderte Menschen **4** AE 4.16.5

Werkstätten für Behinderte **4** AE 4.21.2

Werkstätten für behinderte Menschen **12** AE 12.9

Werkunternehmerkonkurs **13** AE 13.2

Wert
- fremde Währung **16 (6)**; **16** AE 16.4
- lohnsteuerlicher **22** AE 22.2.7
- Steuerlicher Allg.

Wertabgabe
- unentgeltliche **10** AE 10.6

Wertabgabe, unentgeltliche
- Absetzung für Abnutzung **10** AE 10.6
- als sonstige Leistung **3** AE 3.4
- Ausgaben **10** AE 10.6; **10** H 10 (11)
- bei Verzehr an Ort und Stelle **3** H 3 (27)
- bei Zahnärzten **12** AE 12.4
- bei Zahntechnikern **12** AE 12.4
- Bemessung **10** AE 10.6
- Bemessungsgrundlage **10** H 10 (11)
- Einsatz betrieblicher Arbeitskräfte **3** AE 3.4
- Kosten **10** AE 10.6; **10** H 10 (11)
- nichtunternehmerische Grundstücksnutzung **10** H 10 (11)
- nichtunternehmerische Verwendung **10** AE 10.6
- Nutzung einer Mietwohnung **3** AE 3.4
- Nutzung einer Telefonanlage **3** AE 3.4
- Nutzung eines Parkhauses **3** AE 3.4
- Nutzung eines Schwimmbads **3** AE 3.4
- Nutzung von Wohnräumen **3** AE 3.4
- private Kfz-Nutzung **3** AE 3.4
- Reise als **25** AE 25.3.5
- sonstige Leistungen **10** H 10 (11)
- Überlassung von Gebäuden **3** AE 3.4
- Übertragung von Miteigentumsanteilen **3** AE 3.4
- Verwendung von Abwärme für private Zwecke **10** H 10 (17)
- Vorsteuerausschuss **15** AE 15.12

Wertabgaben, unentgeltliche
- Bagatellgrenze **3** H 3 (10)
- Hospitality-Leistungen **3** H 3 (20)
- Im Zusammenhang mit Sportveranstaltungen **3** H 3 (20)
- Mitarbeiterabonnements **3** H 3 (9)
- Überlassung von Business-Seats **3** H 3 (20)
- VIP-Logen **3** H 3 (20)
- Zeitschriften an Mitarbeiter **3** H 3 (9)

Wertberichtigung
- pauschale **17** AE 17.1.6

Werte in fremder Währung
- Umrechnung **16 (6)**; **16** AE 16.4

Wertpapierbörse **18** 49

Wertpapiere **4** AE 4.8.8
- Übertragung von **3** H 3 (21)
- Umsätze von – **4**
- Vermittlung der Umsätze von – **4**
- Verwahrung u. Verwaltung von – **4**; **4** AE 4.8.9
- Verwaltung **4**; **4** AE 4.8.9

Wertzeichen
- amtliche, Umsätze **4**

- steuerfreie **4** AE 4.8.14

Wertzoll **11**

Wettbüro
- Umsatzsteuerbefreiung(en) **4** Rsp I

Wetten
- steuerfreie **4**; **4** AE 4.9.2

Wettgeschäft **4** AE 4.9.2

Widerrufserklärungen
- für Optionen **19 (2)**; **19** AE 19.2.4; **24 (4)**

Wiederbeschaffungswert **10** AE 10.6

Wiedereinsetzung
- in vorigen Stand **18** AE 18.14.5

Wiederverkauf gebraucht gekaufter Fahrzeuge
- Differenzbesteuerung **25a** Rsp I; **25a** Rsp III

Wiederverkäufer **25a** AE 25a.1.2

Wiederverkäufer, steuerpflichtiger Anh. 7

Wirsingkohl Anl. 2

Wirtschaftliche Tätigkeit
- Grundbuchführer **1** Rsp I
- öffentliches Rechtshilfebüro **1** Rsp I

Wirtschaftlicher Geschäftsbetrieb **12 (2)**; **12** AE 12.9; **12** AE 12.10

Wirtschaftsakademien **4**

Wirtschaftsgüter
- immaterielle **3** H 3 (34)

Wirtschaftsprüfer **3a** H 3a (5)
- Ort der Leistung **3a (4)**; **3a** AE 3a.9; **3** H 3a (5)

Wirtschaftsteilnehmer **25** Rsp I

Wirtschaftsverbände **2** AE 2.10

Wissenschaftliche Kurse, Vorträge u. Veranstaltungen **4**

Wochenmärkte
- Standplätze **4** H 4 (22)

Wohlfahrtseinrichtung **4** AE 4.18.1
- Steuerbefreiung **4**; **4** 23

Wohlfahrtspflege
- Verbände der freien – **4**; **4** 23

Wohlfahrtsverband
- amtlich anerkannter – **4**; **4** 23; **4** AE 4.18.1
- Mensabetriebe **4** AE 4.18.1
- mittelbare Mitgliedschaft **4** AE 4.18.1

Wohn- u. Schlafraum
- Vermietung **4**

Wohncontainer **4** AE 4.12.1

Wohnraum
- Vermietung Anh. 3

Wohnraumbeschaffung
- durch amerikanische Streitkräfte Anh. 3

Wohnung
- freie **1** AE 1.8.9

Wohnungsamt
- amerikanisches Anh. 3

Wohnungseigentümergemeinschaft(en)
- Leistungen **4** AE 4.13.1
- Steuerbefreiung **4**; **4** AE 4.13.1
- Steuerschuldner **13b** H 13b (1, 2)

Stichwortverzeichnis

Wohnungsüberlassung an Prostituierte
- Umsatzsteuerbefreiung(en) 4 Rsp III

Wohnzwecke 9 AE 9.2; 27 (2)

Wolle Anl. 1

Wortlaut des Zolltarifs
- Anpassung 26 (2)

Wucherzinsen
- Umsatzsteuerbefreiung(en) 4 Rsp I

Wurzelknollen Anl. 2

Wurzeln Anl. 2
- ähnlich genießbare Anl. 2

Wurzelstöcke Anl. 2

Z

Zahlungen aus GAP-Reform
- Durchschnittssatzbesteuerung 24 Rsp III

Zahlungen durch Dritte 10 AE 10.1

Zahlungsansprüche
- aus EU-Agrarreform 4 AE 4.8.4
- Veräußerung 10 H 10 (10)
- Verjährung 10 Rsp I
- Verpachtung 10 H 10 (10)
- Zuteilung 10 H 10 (10)

Zahlungsaufschub
- Einfuhrumsatzsteuer 16 AE 16.1

Zahlungsbeleg 14b AE 14b.1
- als Rechnung 14 AE 14.1

Zahlungsgestörte Forderung
- steuerbarer Umsatz 1 Rsp III

Zahlungsmittel
- gesetzliche 4; 4 AE 4.8.3

Zahlungsverkehr
- steuerfreier 4; 4 AE 4.8.7
- Umsätze im – 4; 4 AE 4.8.7

Zahlungsverpflichtung 17 AE 17.1.6

Zahnarzt
- Prothetikumsätze 4; 4 AE 4.14.3; 12 (2); 12 AE 12.4
- Steuerbefreiung 4; 4 H 4 (26); Anh. 7
- unentgeltliche Wertabgaben 12 AE 12.4

Zahnersatz 4 AE 4.14.3
- Lieferung oder Wiederherstellung 4; 12 (2); 12 AE 12.4
- Umsatzsteuerbefreiung(en) 4 Rsp I

Zahnersatz, importierter
- Steuersatz 12 H 12 (8)

Zahnfüllung 4 AE 4.14.3

Zahnprothese 4 AE 4.14.3
- halbfertige Teile 12 AE 12.4
- Lieferungen oder Wiederherstellung 4; 12 AE 12.4

Zahnprothetik 4 AE 4.14.3

Zahntechniker 12 (2)
- Steuerbefreiung Anh. 7
- unentgeltliche Wertabgaben 12 AE 12.4

Zeichenbücher
- für Kinder Anl. 2

Zeichnung Anl. 2

Zeit-Vercharterung 8 AE 8.1

Zeitpunkt 18; 18 AE 18.13; 18 AE 18.14
- der Abgabe der Umsatzsteuererklärung 18 AE 18.1
- der Abgabe der Umsatzsteuervoranmeldung 18 (3); 18 (4); 18 AE 18.2; 18 AE 18.4; 18 AE 18.6
- der Abgabe der Voranmeldung 18 48.1
- der Berechnung der Umsatzsteuer 16 (1)
- der Berechnung, Anmeldung u. Entrichtung der Sondervorauszahlung 18 AE 18.4

Zeitung Anl. 2

Zellvermehrung
- Abgrenzung zur Lieferung 3a Rsp III
- Ort der Leistung 3a Rsp III

Zeltlager 4

Zentralbanken
- Lieferung von Gold 4; 4 AE 4.4.1

Zentralbankgold
- Steuerbefreiung Anh. 7

Zentralregulierer 17 AE 17.1.4; 22 AE 22.2.3

Zentralregulierungsgeschäft 17 AE 17.1.4; 22 AE 22.2.3

Zentralwäscherei 4 AE 4.14.6

Zentren
- für ärztliche Heilbehandlung 4 AE 4.14.5
- für Befunderhebung 4 AE 4.14.5
- für Diagnostik 4 AE 4.14.5

Zentrum
- sozialpädagogisches 4 AE 4.16.5

Zeugenentschädigung 1 AE 1.3.9

Zichorienpflanze Anl. 2

Zichorienwurzeln Anl. 2

Ziege
- Fett Anl. 2

Zielflughafen 26 AE 26.2.2

Zierfisch Anl. 2

Zierzweck Anl. 2

Zink
- Abfall Anl. 3
- in Rohform Anl. 1
- Schrott Anl. 3

Zinn
- Abfall Anl. 3
- in Rohform Anl. 1
- Schrott Anl. 3

Zinssubventionen
- Absatzförderung 1 H 1 (39)

Zirkusunternehmen 12 (2); 12 AE 12.8

Zirkusvorführung 12 (2); 12 AE 12.8

Zoll
- Vorschriften 21 (2)

Zollanschluss
- Mittelberg u. Jungholz 1 AE 1.9

Zollausschluss 1 (2); 1 AE 1.9

Zolldienststelle 18 AE 18.8

Zolldienststelle, zuständige 16 AE 16.2; 18 (5)
- Einzelbesteuerung 16 (5)

Zollfreigebiet 1 (2); 1 (3); 1 AE 1.9; 6 (1)

Stichwortverzeichnis

Zollkodex 16 AE 16.1
Zolllagerverfahren 4 H 4 (2)
Zollrückvergütung 21 (2)
Zollschuld 21 (4)
Zolltarif
– Anpassung an Wortlaut **26 (2)**
Zolltarifauskunft
– für Umsatzsteuerzwecke Anl. 2
– keine Verpflichtung zur Einholung durch FG   Anl. 2
Zollvorschriften 21 (5)
Zollwert
– Einbeziehung eines Aufgelds **11** Rsp III
Zoologischer Garten
– Steuerbefreiung **4; 4** AE 4.20.4
– Steuersatz **12 (2); 12** AE 12.8
Zubereitung
– genießbare, von tierischen oder pflanzlichen Fetten und Ölen   Anl. 2
Zubringerbeförderung
– Erlass von Umsatzsteuer **26** H 26 (1, 4)
Zubringerflüge
– Reiseleistungen **25** H 25 (5)
Zuchttier
– registriertes **12** AE 12.3
– Wallache **12** AE 12.3
Zucker Anl. 2
Zuckerrohr Anl. 2
Zuckerrübe Anl. 2
Zuckerwaren Anl. 2
Zugangsanbieter
– zum Internet **3a** AE 3a.10; **3a** H 3a (5)
Zukünftige Fassungen
– einzelner Gesetzesvorschriften **28**
Zulassungsabgabe
– Bemessungsgrundlage **10** Rsp I
Zulassungsbehörde 18 (10)
Zulassungssteuer
– Finnland **Allg.**
– Polen **Allg.**
– Ungarn **Allg.**
Zunder Anl. 3
Zuordnung
– gemischt genutztes Gebäude **15** Rsp I
– Gleichheitsgrundsatz **15** Rsp I
– unternehmensfremde und außerunternehmerische Zwecke **15** Rsp I
– von gemischt genutzten Gegenständen **15** AE 15.2
– von gemischt genutzten Grundstücken **15** AE 15.2
– von gemischt-genutzten Fahrzeugen **15** H 15 (3)
Zuordnung zum Unternehmen
– Gebäude **1** Rsp I
– Investitionsgut **1** Rsp I
Zurverfügungstellung eines Telefons an Krankenhauspatienten
– Umsatzsteuerbefreiung(en) **4** Rsp I
Zusammenarbeit
– der Verwaltungsbehörden **27a (2)**

– Verwaltungsbehörden der EG-Mitgliedstaaten **18d** AE 18d.1
Zusammenfassende Meldung 18a AE 18a.1
– Abgabe **18a**; Anh. 7
– Abgabepflicht   Anh. 7
– Abgabezeitraum   Anh. 7
– Angaben **18a**; Anh. 7
– Anwendungsregelung zur monatlichen Abgabe **27 (13)**
– auf elektronischem Weg **18a**
– bei innergemeinschaftlichen Erwerben   Anh. 7
– Berichtigung **18a**
– Erleichterungen **18a**
– jährliche   Anh. 7
– Monatliche Abgabe **27 (13)**
– monatliche Abgabe **18a**
– Vereinfachung bei den Angaben   Anh. 7
– Verschwiegenheitspflicht von Notaren **18a** H 18a (1)
Zusammenschluss
– steuerbegünstigter Einrichtungen **12** AE 12.9.5
– von Blindenwerkstätten **4**
Zusatzabkommen
– zum NATO-Truppenstatut   Anh. 4
Zusatzware 4
Zuschuss
– Abgrenzung nach Förderungsziel **10** AE 10.2
– Abgrenzung zum Entgelt **1** H 1 (21); **1** Rsp I
– als zusätzliches Entgelt **10** AE 10.2
– an Werbegemeinschaft **10** AE 10.2
– aus öffentlichen Kassen **10** H 10 (18)
– Beihilfen in der Landwirtschaft **10** AE 10.2
– der Bundesagentur für Arbeit **10** AE 10.2
– des Leistungsempfängers **10** AE 10.2
– echte **10** AE 10.2
– für Entwicklungsvorhaben **10** AE 10.2
– für Forschungsvorhaben **10** AE 10.2
– Kapitalüberlassung **10** AE 10.5
– nicht steuerbare **10** AE 10.2.7
– öffentliche Zuwendungen **1** H 1 (21)
– zur Erfüllung öffentlich-rechtlicher Verpflichtung **10** AE 10.2.7
Zuständigkeit
– bei Organschaft **2** H 2 (17)
– der Finanzbehörden für die Umsatzsteuer   Anh. 6
– Umsatzbesteuerung **18 (5); 18 (7); 18 (8); 18** 61; **18** 61a; **18** AE 18.15; Anh. 6
– Umsatzsteuererlass beim Luftverkehr **26** AE 26.5
Zuständigkeitsregelung 22a H 22a (3)
Zuteilung
– UMTS-Lizenzen **1** Rsp I
Zuwendungen
– an das Personal **1** AE 1.8
– aus öffentlichen Kassen **1** H 1 (21)
– für Entwicklungsvorhaben **10** AE 10.2
– für Forschungsvorhaben **10** AE 10.2
– für nichtunternehmerischen Bereich **1** AE 1.1
– für Vertragsnaturschutzmaßnahmen **10** AE 10.2
– unentgeltliche **3** AE 3.3
Zuzahlungsquittungen
– Steuerausweis **14c** H 14c (1)
– von Apotheken **14c** H 14c (1)
Zwangsverwalter 16 AE 16.1

1055

Stichwortverzeichnis

Zwangsverwaltung
- über ein Grundstück   **16** AE 16.1
- von Grundstücken   **2** AE 2.1.7

Zwangsverwaltung, kalte
- steuerbarer Umsatz   **1** Rsp III

Zweckbestimmung
- Reiseleistung   **25** AE 25.1.3

Zweckbetrieb   **12** AE 12.9; **12** AE 12.10
- Lotterien   **12** H 12 (16)
- Steuersatz   **12** H 12 (10)

Zwecke
- gemeinnützige, mildtätige, kirchliche   **4**; **4a (1)**; **6** AE 6.1; **6** AE 6.3; **6** AE 6.4; **12 (2)**
- humanitäre, karitative, erzieherische   **4a (1)**; **6** AE 6.1; **6** AE 6.3; **6** AE 6.4

Zweige   Anl. 2

Zweigniederlassung   **6 (2)**; **18** AE 18.10; **22**

Zweitschrift
- einer Rechnung   **15** AE 15.11
- eines Einfuhrbelegs   **15** AE 15.11

Zwiebel   Anl. 2

Zwischenlandung   **26** AE 26.2.2

Zwischenschaltung von Unternehmern
- Vorsteuerabzug   **15** Rsp I

Zwischenstaatliche Amtshilfe
- Anleitung   **18** H 18 (1)

Zwischenvermietung   **9** AE 9.1

Zypern   **1** AE 1.10; Anh. 7
- Beitritt zur EU   **Allg.**